菏泽人大志

1984—2020

《菏泽人大志》编纂委员会 编

方志出版社
Publishing House of Local Records

图书在版编目（CIP）数据

菏泽人大志：1984—2020 / 《菏泽人大志》编纂委员会编. -- 北京 ：方志出版社，2021.9
ISBN 978-7-5144-4857-3

Ⅰ. ①菏… Ⅱ. ①菏… Ⅲ. ①地方各级人民代表大会—工作概况—菏泽—1984—2020 Ⅳ. ①D624.523

中国版本图书馆 CIP 数据核字（2021）第 217189 号

菏泽人大志（1984—2020）

编　　者：《菏泽人大志》编纂委员会
责任编辑：张　颢

出 版 者：方志出版社
地址　北京市朝阳区潘家园东里9号（国家方志馆4层）
邮编　100021
网址　http://www.zgfzcb.cn
发　　行：方志出版社图书经销中心
电话（010）67110500
经　　销：各地新华书店
印　　刷：山东黄氏印务有限公司

开　　本：889×1194　　1/16
印　　张：68.5
字　　数：2184千字
版　　次：2021年9月第1版　2021年9月第1次印刷
印　　数：0001～2500册

ISBN 978-7-5144-4857-3　　定价：599.00元

2001 年 1 月 6 日至 10 日，菏泽市第十五届人民代表大会第一次会议召开

2003 年 2 月 18 日至 22 日，菏泽市第十六届人民代表大会第一次会议召开

目 录

第一编 历史沿革

第二编 菏泽市人民代表大会

第三编　菏泽市人民代表大会常务委员会

第四编　菏泽市人民代表大会专门委员会

第五编 菏泽市人民代表大会常务委员会机关

第六编　菏泽市人民代表大会代表

第七编　县区人大

第八编 人物

第九编　重要文献

1984—2020

概述

菏泽人大志

HEZE RENDA ZHI

（一）

菏泽是山东省地级市，位于山东省西南部，东南与江苏、安徽两省接壤，南、西、北均与河南省毗连，东与济宁市为邻，介于北纬34° 39′ ~ 35° 52′ 、东经 114° 45′ ~ 116° 25′ 之间，南北长 157 千米，东西宽 140 千米，总面积 12239 平方千米。辖牡丹区、定陶区、曹县、成武县、单县、巨野县、郓城县、鄄城县、东明县两区七县和一个省级经济技术开发区、一个省级高新技术产业开发区，是国家命名的“中国牡丹之都”和“书画之乡”“戏曲之乡”“武术之乡”“民间艺术之乡”。

菏泽历史悠久，文化底蕴深厚。古称曹州，原系天然古泽，济水所汇，菏水所出。清雍正十三年（1735 年）升曹州为府，附郭设县，因南有“菏山”，北有“雷泽”，赐名菏泽。菏泽传说是伏羲桑梓、尧舜故里，自商代到西汉 1400 多年间，数度成为中原地区政治、经济、文化中心，素有“天下之中”之称。菏泽是中华文明的重要发祥地，祖源文化、汉文化、黄河文化、水浒文化、牡丹文化等交相融汇，存有尧王墓、蚩尤冢、刘邦登基坛等 100 多处古迹，国家级非物质文化遗产数量居全国地级市第 3 位。菏泽是革命老区，红色文化基因厚重。抗战时期开辟了鲁西南、运西、湖西 3 个抗日根据地，解放战争时期两度成为冀鲁豫边区首府所在地，是冀鲁豫革命根据地的核心战区。刘邓大军在这里强渡黄河，揭开千里跃进大别山、转入战略反攻的序幕。冀鲁豫革命纪念馆就坐落在这里。

菏泽物产丰茂，资源优势明显。属温带季风型大陆性气候，四季分明，光照充足，热量丰富，雨热同季，适宜多种农作物生长；地处黄河中下游，为黄河冲积平原，地势平坦，土壤肥沃，农业生产条件得天独厚，是全省、全国重要的“粮袋子”“菜篮子”“果盘子”，粮食总产约占全省的 1/7，蔬菜约占 1/10，瓜果约占 1/4，拥有菏泽木瓜、陈集山药、曹县芦笋、单县青山羊、东明西瓜、成武大蒜、鄄城鲁锦等国家地理标志产品。牡丹是菏泽的市花，已有 1500 多年的历史，享有“曹州牡丹甲天下”的美誉，2020 年有 9 大色系、10 大花型、1259 个栽培品种，种植面积 48.6 万亩，是世界上最大的牡丹繁育、观赏、研发和输出基地。境内石油和天然气地质储量分别为 5625 万吨、273 亿立方米，煤炭资源储量 46 亿吨，地热、盐、铁、砂金、石灰岩等资源都有分布，是山东省重要的石油化工和煤电化工生产基地。

菏泽区位优越，基础设施日趋完善。地处鲁苏豫皖四省交界地带，东接沿海港口，西连中原腹地，是东部沿海向中西部地区辐射的桥头堡，周边 200 公里范围内约有 1.2 亿人口，市场空间大。贯穿南北的京九铁路与连接东西的新兖石铁路在此“十”字交会，6 条国道和 14 条省道贯穿境内，菏宝、济广、日兰、德上、濮新、岚菏 6 条高速公路形成“米”字形框架，是国家公路运输主枢纽城市。牡丹机场建成投用，鲁南高铁、京雄商高铁、万福河航道等重大基础设施工程正在加快实施建设。辖区内口岸、海关、国检、集装箱运输中心等涉外机构齐全，口岸实现与青岛港直通，金融、保险、通信及商贸流通业发展迅速，城市供水、供热、供气、污水处理等设施齐全，已成为以“花城、水邑、林海”为突出特色的平原森林城市。

新中国成立以来特别是近年来，全市上下牢记习近平总书记 2013 年 11 月到菏泽视察时寄予的“后来居上”殷殷嘱托，担当作为、谋事力作，统筹做好全面深化改革、加快新旧动能转换、打好三大攻坚战、保障和改善民生、全面从严治党等各项工作，经济社会发展取得显著成绩，综合实力在全省位次不断前移，城乡面貌发生重大变化，各项事业全面进步，生态环境加速改善，民生水平持续提高，社会更加和谐稳定。先后被评为全国粮食生产先进市、全国平原绿化先进市、全国科技进步先进市、全国双拥模范城、中国优秀旅游城市、中国优秀节庆城市、中国特色魅力城市、国家园林城市。

（二）

1984 年以前，菏泽地区未设人大工作专门机构，具体工作由行署办公室安排专人负责。1984 年 10 月，设立菏泽地区人大工作联络处，至 2001 年撤地设市，历经山东省人民代表大会常务委员会菏泽地区联络组、山东省人民代表大会常务委员会菏泽地区工作委员会的变迁，级别由副县级升至正厅级。2000 年 6 月 23 日，经国务院批准撤销菏泽地区，设立地级菏泽市（2001 年 1 月 10 日正式挂牌）。根据《中华人民共和国宪法》《中华人民共和国地方各级人民代表大会和地方各级人民政府组织法》的规定，借鉴全省其他市地关于地改市的做法，2001 年 1 月设立菏泽市人民代表大会，顺延原县级菏泽市人民代表大会的届数，地级菏泽市首届人民代表大会设定为市第十五届人民代表大会。在 2001 年 1 月 4 日至 10 日召开的市第十五届人民代表大会第一次会议上，选举产生菏泽市人民代表大会常务委员会。由此，菏泽市人大工作进入一个崭新的发展时期。

自 2001 年菏泽市第十五届人民代表大会第一次会议召开至 2020 年，菏泽市人民代表大会历经十五届、十六届、十七届、十八届、十九届 5 个届次，先后有李明先、陈光、赵润田、于晓明、孙爱军在任菏泽市委书记时兼任菏泽市人大常委会主任，先后有阎世海、王祖和、贾凤英、杨永昌、段伯汉、杨晓玲在任菏泽市人大常委会第一副主任或副主任时主持工作。2019 年 1 月 19 日至 22 日召开的菏泽市第十九届人民代表大会第四次会议，选举尹玉明为菏泽市人大常委会主任，菏泽市人大常委会主任实现专职化。

2015 年 2 月 4 日至 7 日召开的菏泽市第十八届人民代表大会第四次会议决定设立菏泽市第十八届人民代表大会法制委员会、财政经济委员会、内务司法委员会、教育科学文化卫生委员会、城乡建设与环境资源保护委员会、农业与农村委员会、民族侨务外事委员会，并分别选出各专门委员会的主任委员、副主任委员。2019 年 1 月 19 日至 22 日召开的菏泽市第十九届人民代表大会第四次会议作出关于增设菏泽市第十九届人民代表大会社会建设委员会和更名菏泽市第十九届人民代表大会内务司法委员会为菏泽市第十九届人民代表大会监察和司法委员会的决定，并表决通过菏泽市第十九届人民代表大会有关专门委员会组成人员名单，菏泽市人民代表大会组织机构日趋完善。

2014 年 10 月 20 日至 23 日召开的中共十八届四中全会提出完善立法体制，依法赋予设区的市地方立法权。2015 年 3 月，十二届全国人大三次会议修改立法法，赋予所有设区的市地方立法权。2015 年 7 月 24 日，山东省第十二届人大常委会第十五次会议决定，自 2015 年 8 月 1 日起，东营、烟台、潍坊、济宁、泰安、威海、莱芜、临沂、菏泽等市人民代表大会及其常务委员会可以制定地方性法规。菏泽市人大及其常委会承接地方立法权以来，根据宪法及有关法律的规定，紧扣全市经济社会发展所需和人民群众所想所盼，积极发挥立法主导作用，深入推进科学立法、民主立法、依法立法，先后审议通过并颁布实施《菏泽市制定地方性法规条例》《菏泽市大气污染防治条例》《菏泽市城镇容貌和环境卫生管理条例》《菏泽市煤炭清洁生产使用监督管理条例》《菏泽市物业管理条例》《菏泽市供热条例》《菏泽市非物质文化遗产条例》《菏泽市城乡规划条例》《菏泽市烟花爆竹燃放管理条例》《菏泽市文明行为促进条例》《菏泽市水污染防治条例》《菏泽市餐厨废弃物管理条例》《菏泽市城市供水条例》等地方性法规，为全市的民主法治建设和经济社会发展提供了有力的法治保障。

（三）

菏泽市人民代表大会及其常务委员会已走过20年的辉煌历程。在这20年中，菏泽市历届人大及其常委会自觉接受党委领导，全面贯彻落实党中央决策部署，坚持不负人民重托、代表人民意志，认真履行宪法和法律赋予的职责，为推进菏泽市的民主法治建设和经济社会发展做出重要贡献，切实发挥了地方国家权力机关的职能作用。特别是随着全市经济建设和改革开放的深入推进，在党的“依法治国，建设社会主义法治国家”方针指引下，市人大及其常委会坚持与时俱进、开拓创新，勇于担当、积极作为，立法工作不断取得新进展，监督工作连年取得新成效，讨论决定重大事项和人事任免工作持续迈出新步伐，代表工作不断开创新局面，人大常委会及其机关自身建设不断得到新加强，人大整体工作持续位居全省人大系统前列，扩大了菏泽的对外影响，树立了地方国家权力机关的良好形象，受到省人大常委会和市委的充分肯定，赢得社会各界和广大人民群众的普遍赞誉与好评。

站在新的历史起点，展望未来，任重道远。党的十八大以来，以习近平同志为核心的党中央团结带领全国各族人民坚定不移走中国特色社会主义政治发展道路，坚持党的领导、人民当家作主、依法治国有机统一，推动人大工作取得历史性成就，人民代表大会制度理论和实践创新取得丰硕成果。习近平总书记就坚持和完善人民代表大会制度、发展社会主义民主政治发表一系列重要论述，科学阐述了国家根本政治制度的历史必然、特点优势、实践要求，形成关于坚持和完善人民代表大会制度的重要思想。习近平总书记关于坚持和完善人民代表大会制度的重要思想是习近平新时代中国特色社会主义思想的重要组成部分，是新时代坚持和完善人民代表大会制度的根本遵循，既为各级人大及其常委会做好人大工作提供了科学指导和政治保障，也为人大工作创新发展提供了取之不尽的精神财富和用之不竭的力量源泉。面对新形势新任务，全市各级人大及其常委会一定要把习近平总书记关于坚持和完善人民代表大会制度的重要思想作为必修课和基本功，深刻学习领会、系统准确把握其精髓要义，自觉适应推进国家治理体系和治理能力现代化的新要求，用以武装头脑、指导实践，用以指引和推动人大工作与时俱进，不断取得新进展新成效。相信，在中共菏泽市委的坚强领导下，市人大及其常委会必将在菏泽“后来居上”的征程中发挥更大作用，在加快法治菏泽建设和推动全市高质量发展中贡献出更多人大力量、谱写出更加辉煌的人大新篇章。

1984—2020

大事记

菏泽人大志

HEZE RENDA ZHI

1984 年

10 月

30 日　中共山东省委办公厅下发《关于地区设立人大工作联络处的通知》（鲁机发〔1984〕61 号），确定设立地区人大工作联络处。

30 日 《中共菏泽地委办公室　菏泽地区行署办公室关于设立人大工作联络处、行署接待处和单县卫生学校升格的通知》（菏办发〔1984〕78 号），确定设立菏泽地区人大工作联络处，由地委办公室代管，编制 3 人。

11 月

3 日　中共菏泽地委任命地委副秘书长张登崑兼任菏泽地区人大工作联络处主任。

12 月

22 日至 28 日　全国人大常委会委员、全国人大财经委员会副主任委员韩哲一，在省人大常委会办公厅副主任孙志皓陪同下，到菏泽视察工作。

30 日　中共菏泽地委任命郭国怀为菏泽地区人大工作联络处副主任（科级）。

1985 年

2 月

7 日　中共菏泽地委办公室《关于纠正县市人大常委会主任、副主任分工政府工作的通知》（菏办发〔1985〕3 号）规定，各县市人大常委会主任、副主任不能再分工政府的工作。

3 月

10 日至 15 日　根据上级人大安排意见，地区人大工作联络处组织驻菏泽地区的六届全国人大代表赵瑞麟、申玉仁、江时、任忠宽、李善修、徐学娟开展视察活动。

9 月

15 日至 25 日　地委副秘书长、地区人大工作联络处主任张登崑，地区人大工作联络处副主任郭国怀，一起到全区 10 个县市，检查了解各县市人大工作情况。

10 月

3 日　中共菏泽地委任命吴倩之为菏泽地区人大工作联络处主任（正县级）。

12 日　地委组织部任命郭国怀为菏泽地区人大工作联络处秘书，免去其菏泽地区人大工作联络处副主任（科级）职务。

12 月

3 日至 9 日　全国人大常委会委员、全国人大财政经济委员会委员徐运北到菏泽视察工作。

1986 年

1 月

16 日至 23 日 地区人大工作联络处主任吴倩之，登门走访 17 名驻菏泽地区的全国、省人大代表，通报工作情况和工作计划，征集建议、批评和意见。

2 月

1 日至 2 日 地委在曹州宾馆南楼召开全区县市人大常委会主任座谈会。会议由地区人大工作联络处主任吴倩之主持。会上，各县市人大常委会主任汇报交流县市人大常委会的工作经验，研究开创地方人大常委会工作新局面的问题，地委副书记许希亮代表地委讲话。其间，地委书记于波海到会看望与会人员并讲话。

24 日至 3 月 1 日 地区人大工作联络处组织驻菏泽地区的全国人大代表赵瑞麟、申玉仁、江时、徐学娟就地视察工作。地区人大工作联络处主任吴倩之陪同视察。

4 月

16 日至 20 日 省人大常委会委员向克率领省人大常委会药品管理法视察小组视察菏泽地区药品管理工作。地区人大工作联络处主任吴倩之陪同活动。

6 月

30 日至 7 月 13 日 省人大常委会副主任严庆清率领省人大贯彻落实义务教育法调查小组到菏泽，调查了解实施九年义务教育的工作情况。地区人大工作联络处主任吴倩之陪同活动。

8 月

12 日 地区人大工作联络处主任吴倩之向地委书记张守福汇报《梁山县人大常委会党组关于全县乡镇长变动情况的调查报告》。张守福即作批示，各级党委、政府和组织、人事部门要增强依法办事的自觉性，严格按照有关规定办事，对法律规定有任期的乡镇长，要保持相对稳定，不要频繁或成批调动，以利其增强事业心和责任感，个别确需调整时，也要严格按照法律程序履行调动、任免手续，以维护法律的尊严，保证人民代表大会全面行使自己的职权。

1987 年

5 月

17 日至 23 日 省人大常委会主任李振到菏泽视察工作。地区人大工作联络处主任吴倩之陪同活动。

7 月

12 日至 19 日 省人大常委会委员、省人大法制委员会副主任委员李洪成一行 4 人到菏泽，视察公检法机关工作。地区人大工作联络处主任吴倩之陪同活动。

1988 年

1 月

18 日　山东省第六届人民代表大会常务委员会第三十次会议通过的《山东省人民代表大会常务委员会关于调整加强省人大常委会办事机构的决定》指出：“将惠民、德州、聊城、菏泽、临沂地区人大工作联络处改为省人大常委会派驻各地区的联络组，以上均为厅局级单位。”

3 月

10 日至 15 日　地区人大工作联络处组织驻菏泽地区的六届、七届全国人大代表进行就地视察。地区人大工作联络处主任吴倩之陪同视察。

4 月

1 日至 7 日　省人大常委会委员、省人大民族侨务外事委员会委员李文一行 4 人到菏泽，调查了解民族、宗教、外事工作情况。地区人大工作联络处主任吴倩之陪同活动。

21 日至 27 日　省人大常委会副主任林萍一行 3 人到菏泽，视察工农业生产和计划生育工作。地委书记张守福、地区人大工作联络处主任吴倩之陪同活动。

6 月

17 日至 21 日　省人大常委会委员张植萍一行 4 人到菏泽，视察食品卫生法贯彻实施情况。

9 月

24 日　山东省第七届人民代表大会常务委员会第五次会议，决定任命于法杰为山东省人大常委会菏泽地区联络组组长。省人大常委会任命李玉祥、刘广新、吴倩之为山东省人大常委会菏泽地区联络组副组长。省人大常委会《关于启用山东省人民代表大会常务委员会德州地区联络组等五个单位印章的通知》（鲁人发字〔1988〕27 号），明确启用山东省人大常委会菏泽地区联络组印章，并宣布原地区人大工作联络处印章作废。

10 月

5 日　地区人大联络组组长于法杰，副组长李玉祥、刘广新、吴倩之到地委报到，地区人大联络组正式组建，开始办公。

25 日　地区人大联络组转发山东省第七届人大常委会第十三次主任会议通过的《山东省人大常委会地区联络组暂行工作条例》，印发地直各部门、各县市，广泛进行宣传。

25 日　地区人大联络组《关于启用山东省人大常委会菏泽地区联络组办公室印章的通知》（菏地人字〔1988〕2 号），启用“山东省人大常委会菏泽地区联络组办公室”印章。

28 日　地区人大联络组召开组务会议。地区人大联络组组长于法杰、副组长李玉祥、刘广新、吴倩之出席会议，联络组办公室郭国怀列席会议。会议的主要内容：一是吴倩之汇报原菏泽地区人大工作联络处工作开展情况，介绍联络处的干部情况；二是于法杰传达省人大常委会主任李振、副主任卢洪在地区联络组组长座谈会上的讲话精神，学习《地区联络组暂行工作条例》；三是确定组长、副组长工作分工；四是议定领导干部廉洁从政的措施；五是研究地区联络组未来三个月的工作。

11 月

12 日　地区人大联络组召开驻菏泽地区的七届全国、省人大代表座谈会议，共 11 名代表到会。地区人大联络组组长于法杰，副组长刘广新、吴倩之出席会议。联络组办公室全体人员列席会议。会议由刘广新主持，传达中央领导在党的十三届三中全会上的讲话，吴倩之宣读山东省人大常委会关于设立地区人大联络组的决定和地区人大联络组暂行工作条例。代表们围绕如何学习贯彻三中全会精神和提高人大工作新水平进行讨论，并发表意见。最后，于法杰作总结讲话。

12 月

5 日　地区人大联络组印发《关于组织驻菏泽地区省七届人大代表视察的安排意见》。

7 日　地区人大联络组召开第二次组务会议。会议主要研究联络组办公室的人事安排问题、地委召开全区人大工作会议的筹备问题、组织驻菏泽地区的省七届人大代表视察问题。地区人大联络组组长于法杰，副组长李玉祥、刘广新、吴倩之出席会议。

19 日至 22 日　地区人大联络组组织部分驻菏泽地区的全国人大代表、省人大代表进行视察活动。地区人大联络组组长于法杰、副组长吴倩之陪同视察。

1989 年

1 月

11 日　地区人大联络组、行署、中级人民法院、检察分院负责人在行署小楼二楼会议室召开第一次联席会议。地区人大联络组组长于法杰主持会议。

23 日　山东省第七届人民代表大会常务委员会第七次会议决定将地区联络组改为地区工作委员会。菏泽地区机构全称为“山东省人民代表大会常务委员会菏泽地区工作委员会”，简称为“菏泽地区人大工委”。

25 日　地区人大工委召开主任会议，传达全省人大工作经验交流会议精神和省七届人大常委会第七次会议精神，讨论研究贯彻意见。

30 日　地区人大工委举行挂牌仪式。

3 月

10 日　地区人大工委组织驻菏泽地区的全国人大代表韩棣、马善伦、黄佩伟、张留林视察部分县市、乡镇农业生产发展情况和农村工作。

18 日　地委、地区人大工委召开地直各部门负责人会议，传达省七届人大二次会议精神和全省人大工作经验交流会精神。

21 日至 24 日　省人大常委会原主任秦和珍一行 3 人到菏泽，就中原老区开发等问题到黄河滩区考察。地区人大工委主任、中原老区开发委员会特邀委员于法杰陪同考察。

28 日　地区人大工委召开主任会议。会议研究有关人员的任命，并决定将办公室的原法制科、代表联络科改名为人事监察科、行政管理科，原秘书科名称不变。

30 日　地区人大工委召开主任扩大会议。正、副主任，正、副秘书长以及各处室的负责人参加会议。会议明确孙建江为地区人大工委专职委员，明确各处室的职责范围。

4 月

26 日至 27 日 菏泽、临沂、聊城、德州、惠民五地区人大工作研讨会在菏泽召开。省人大常委会副主任卢洪，省人大常委会原副主任张竹生，省人大常委会办公厅、研究室、人事代表工作室的负责人和五地区人大工委主任、办公室主任参加会议。

27 日 《关于启用山东省人民代表大会常务委员会菏泽地区工作委员会印章的通知》（菏人字〔1989〕5 号）明确启用“山东省人民代表大会常务委员会菏泽地区工作委员会”印章,原“山东省人民代表大会常务委员会菏泽地区联络组”印章同时作废。

28 日 《关于公布山东省人大常委会菏泽地区工作委员会组成人员的通知》（菏人字〔1989〕6 号）公布山东省人民代表大会常务委员会菏泽地区工作委员会组成人员名单，山东省人大常委会菏泽地区工作委员会由于法杰、李玉祥、刘广新、吴倩之、边家亭、黄绍正、黄先立、侯玉忠、孙建江 9 人组成。

5 月

3 日 地区人大工委召开工委组成人员会议（以下简称工委会议）。会议由地区人大工委主任于法杰主持，副主任李玉祥、刘广新、吴倩之，委员边家亭、黄绍正、黄先立、侯玉忠、孙建江出席会议。会上学习《山东省人民代表大会常务委员会地区工作委员会暂行工作条例》，研究确定主任、副主任和委员的分工，明确各处室的职责范围和工作重点。

16 日 地区人大工委启用地区人大工委办公室、财经处、法制处、联络处、农经处印章。

31 日 地区人大工委召开工委会议。会议研究通过工委机关不设科的处，经请示省人大常委会同意，设主任科员、副主任科员；经地委同意，科级、副科级干部由地区人大工委自行管理并下文公布；经地区编委同意，地区人大工委办公室下设秘书科、人事监察科、行政管理科，并对有关工作人员的职务进行调整。

6 月

22 日 地区人大工委召开驻菏泽城区的七届全国、省人大代表会议。地区人大工委主任于法杰，副主任李玉祥、刘广新、吴倩之出席会议。刘广新主持会议。

7 月

7 日 地区人大工委印发《关于认真贯彻落实山东省人大常委会办公厅关于开展〈山东省计划生育条例〉颁布实施一周年宣传活动的通知》（菏人字〔1989〕12 号）。

20 日至 25 日 省人大常委会副主任林萍一行 8 人到菏泽，了解计划生育和青少年政治思想教育等情况，并到定陶县、曹县进行实地考察。

8 月

17 日 地区编委同意地区人大工委增设教科文卫处，编制 2 人。

9 月

5 日至 6 日 地区人大工委在行署第一招待所召开各县市人大常委会主任座谈会。地区人大工委主任于法杰，副主任李玉祥、刘广新、吴倩之参加会议。

11 日 地区人大工委在地委三楼会议室召开工委会议。出席会议的有地区人大工委主任于法杰，副主任李玉祥、刘广新、吴倩之，委员边家亭、黄绍正、黄先立、侯玉忠。会议决定：李继明任山东省人大常委会菏泽地区工作委员会委员、正县级副秘书长，穆新民任山东省人大常委会菏泽地区工作委员会专职委员。原则同意法制处《关于对省人大常委会任命的中级人民法院的审判人员和检察分院的检察人员进行考察了解的实施意见》。

25 日至 27 日　省人大常委会副主任卢洪一行 6 人到菏泽，考察了解黄河水资源的开发利用情况。地区人大工委主任于法杰，副主任李玉祥、刘广新、吴倩之参加汇报座谈。

10 月

30 日至 11 月 1 日　全国政协委员、天津市人大常委会副主任白桦一行 3 人到菏泽，考察了解有关党史的情况。地区人大工委副主任李玉祥陪同活动。

11 月

8 日至 11 日　全国人大常委会委员徐运北、全国妇联书记处书记王淑，在省人大常委会委员于波海陪同下，到梁山县视察工作。地区人大工委副主任刘广新陪同活动。

8 日至 11 日　省人大常委会原主任秦和珍到菏泽，检查黄河滩区扶贫和冬季水利建设情况。地区人大工委副主任李玉祥、秘书长边家亭陪同活动。

11 日　地区人大工委召开主任会议。会议听取地区人大工委副主任李玉祥关于省选举工作会议精神的汇报，研究向地委汇报县乡人大换届选举工作时提出的意见，学习省人大常委会办公厅下发的传真电报《关于组织全国人大代表和省人大代表就地视察的安排意见》，并研究贯彻落实意见。

22 日　地区人大工委召开县乡人大换届选举会议。地区人大工委副主任刘广新主持会议，地区人大工委主任、地区选举工作委员会主任于法杰讲话。

23 日　地区人大工委召开驻菏泽地区的全国人大代表、驻地直单位省人大代表和县市人大常委会主任参加的会议，会议由地区人大工委副主任刘广新主持。地区人大工委主任于法杰传达省人大常委会办公厅关于组织驻山东省全国人大代表和省人大代表就地视察的安排意见和地区人大工委主任会议研究的意见。

28 日至 12 月 5 日　地区人大工委组织驻菏泽地区的全国人大代表和驻地直的省人大代表开展集中视察活动。

12 月

12 日至 15 日　省人大常委会副主任徐建春一行 7 人到菏泽，检查以宪法为核心内容的法制宣传教育工作情况。

13 日至 15 日　省选举工作委员会委员、省人大法制委员会委员孙志皓一行 3 人到菏泽，检查指导县乡人大换届选举工作。地区人大工委副主任、地区选举工作委员会副主任吴倩之陪同活动。

1990 年

1 月

3 日至 4 日　地区人大工委召开扩大会议，回顾总结 1989 年工作，研究部署 1990 年任务。地区人大工委主任于法杰，副主任李玉祥、刘广新、吴倩之出席会议。

4日 中共菏泽地委《关于胡工厘等同志任免职的通知》（菏任〔1990〕2号）：张宝光任山东省人大常委会菏泽地区工作委员会党组副书记；李玉祥任菏泽地区行署党组成员，不再担任山东省人大常委会菏泽地区工作委员会党组副书记职务。

6日 地区人大工委主任、地区选举工作委员会主任于法杰、副主任吴倩之等到鄄城县旧城镇葛楼选区，具体指导选民选举县、乡两级人大代表。

11日 地区人大工委在曹州宾馆召开各县市人大常委会分管主任会议，传达贯彻全省人大系统民族侨务外事和信访工作会议精神，并介绍和交流县、乡人大换届选举工作的情况和经验。地区人大工委主任于法杰、副主任李玉祥、党组副书记张宝光、副主任刘广新出席会议。

11日 山东省人大常委会《关于张宝光等同志任免职的通知》（鲁人任〔1990〕1号）：张宝光为山东省人大常委会菏泽地区工作委员会副主任（列刘广新之前）；李玉祥不再担任山东省人大常委会菏泽地区工作委员副主任职务。

2月

12日 地区人大工委副主任刘广新赴济南市列席省七届人大常委会第十四次会议。

13日 地区人大工委在曹州宾馆召开全区县乡人大换届选举工作座谈会。地区人大工委主任于法杰，副主任张宝光、吴倩之参加会议。

19日 地区人大工委主任于法杰、副主任张宝光、秘书长边家亭走访联系省人大代表李振德、苑宪章。

25日至3月4日 山东省第七届人民代表大会第三次会议在济南召开。菏泽代表团由62名代表组成，团长为樊思宝、副团长为于法杰、吴倩之、毕可文、汪孚臣。

3月

10日 贵州省安顺地区人大工委副主任李清泉一行到菏泽，考察了解地区一级人大工作情况。

12日 地区人大工委召开工委会议。会议贯彻学习省七届人大三次会议精神，研究传达和落实的具体措施。地区人大工委主任于法杰，副主任张宝光、刘广新、吴倩之出席会议。

19日 地区人大工委主任于法杰、副主任刘广新、秘书长边家亭参加巨野县人大常委会召开的乡镇人大工作会议。

27日 地区人大工委在地委办公大楼三楼会议室召开工委会议，研究人事任免事项。地区人大工委主任于法杰，副主任张宝光、刘广新、吴倩之，委员边家亭、李继明、黄绍正、黄先立、侯玉忠、穆新民、孙建江参加会议。

4月

3日至5日 地区人大工委召开各县市人大常委会主任和办公室主任会议，听取各县市关于县乡换届选举、新一届人大常委会工作意见等情况汇报。地区人大工委主任、副主任、委员，各处室负责人及地区中级人民法院、检察分院、公安处、司法局、监察局、法制局等单位的负责人参加会议。会议结束时，地委副书记丁宗山讲话。

14日至19日 省人大常委会副主任卢洪、李晔等一行7人到菏泽，重点视察有关稳定局势、加强社会治安综合治理等情况。

16日 地委、地区人大工委、地区行署在曹州宾馆北餐厅二楼会议室召开地直机关副县级以上干部会议，传达贯彻七届全国人大三次会议精神。

18日至20日 省人大常委会原主任秦和珍

到菏泽，考察了解黄河滩区扶贫等情况。地区人大工委主任于法杰陪同活动。

21日 全国人大常委会办公厅研究室副主任程相清到菏泽，参加县乡换届选举工作研讨会。地区人大工委主任于法杰参加会议。

5月

21日 地区人大工委主任会议研究决定，从5月下旬至6月上旬，工委正副主任和部分委员划分为3个小组，到各县市采取座谈、走访等形式了解社情民意，重点听取人大代表和人大机关老干部对地委决定开展的社会治安突击战效果的反映。

24日至25日 河南省三门峡市人大常委会副主任樊瑞庆一行8人到菏泽，了解人大工作开展情况。

28日至31日 省人大常委会副主任王树芳一行3人到菏泽，视察农村经济工作。地区人大工委主任于法杰、副主任刘广新陪同视察。

6月

11日至15日 省人大常委会委员、省人大法制委员会副主任委员李洪成一行4人到菏泽，检查内务司法情况，听取地区公、检、法、司等有关部门和菏泽市、定陶县的汇报。

21日至28日 地区人大工委主任于法杰赴济南市列席省七届人大常委会第十六次会议。

7月

5日至7日 淄博市人大常委会副主任孙化梓一行5人到菏泽，考察了解人大工作。

6日 地区人大工委召开工委会议，传达省七届人大常委会第十六次会议情况，通过《山东省人大常委会菏泽地区工作委员会例会议事规则（试行）》，研究人事任免事项。地区人大工委主任于法杰，副主任张宝光、刘广新、吴倩之出席会议。

7日 地区人大工委在曹州宾馆召开全区人大代表工作会议。地区人大工委主任于法杰，副主任刘广新、吴倩之出席会议。

10日 地区人大工委召开第一次例会，集中研究防汛问题。地区人大工委主任于法杰，副主任张宝光、刘广新、吴倩之出席会议。

24日至26日 地区人大工委召开第二次例会。会议按照省农村工作会议精神，总结全区小麦、棉花生产的经验和教训，重点研讨麦棉套种问题。地区人大工委主任于法杰，副主任张宝光、刘广新、吴倩之出席会议。

8月

20日 中共菏泽地区委员会转发地区人大工委党组《关于进一步发展我区麦棉生产的几点建议》。

20日 地区人大工委副主任吴倩之赴济南市列席省七届人大常委会第十七次会议。

27日至28日 地区人大工委召开第三次例会，集中讨论研究搞好食品卫生法的贯彻落实问题。地区人大工委主任于法杰，副主任张宝光、刘广新出席会议。与会人员分别到单县和菏泽市，视察食品市场、饮食摊点、食品加工、饭店、宾馆、招待所、机关工厂食堂等30多个单位，听取两县市和地区卫生局的汇报，并进行讨论和研究。

30日 地区人大工委召开第九次全委会。地区人大工委主任于法杰、副主任张宝光、刘广新出席会议。会议同意地委提名郭国怀任菏泽地区人大工委联络处处长，免去其办公室副主任职务。会议还讨论研究工委第四次例会召开的时间和议题。

9 月

7 日至 8 日 地区人大工委召开第四次例会，集中讨论研究行政诉讼法实施前的准备工作和如何进一步搞好贯彻落实的问题。地区人大工委主任于法杰，副主任张宝光、刘广新、吴倩之出席会议。

16 日至 19 日 地区人大工委副主任刘广新一行 4 人赴德州地区参加山东省五地区第二次人大工作研讨会。

25 日至 10 月 13 日 地区人大工委主任于法杰，副主任张宝光、刘广新带领全区 9 县市人大常委会主任赴江苏省、浙江省、江西省、安徽省等地考察学习人大工作经验。

10 月

16 日至 19 日 地区人大工委副主任吴倩之赴临沂地区参加全国八省（区）十二地区（盟、市）人大工作联席会第二次会议。

23 日至 31 日 地区人大工委主任于法杰赴济南市列席省七届人大常委会第十八次会议。

11 月

5 日至 6 日 地区人大工委召开第五次例会，研究讨论“科技兴菏”工作。地区人大工委主任于法杰，副主任张宝光、刘广新、吴倩之出席会议。

13 日至 17 日 省人大民族侨务外事委员会副主任委员李文一行 5 人到菏泽，调查了解宗教工作情况。

16 日至 23 日 省人大常委会副主任萧寒一行 6 人到菏泽，检查普法教育开展情况。

20 日至 25 日 省人大教科文卫委员会副主任委员向克、委员张植萍等一行 5 人到菏泽，检查未成年人保护条例和档案法的贯彻实施情况。

12 月

12 日至 17 日 省人大常委会委员于培宽到菏泽，走访省七届人大农民代表。地区人大工委副主任张宝光、刘广新陪同活动。

16 日至 17 日 省七届人大代表、地区人大工委主任于法杰，地区人大工委副主任吴倩之，七届全国人大代表马善伦、韩棣等，参加驻巨野县的省人大代表视察活动。

1991 年

1 月

7 日至 11 日 全省人大工作经验交流会在济南南郊宾馆召开，地委副书记樊思宝、地区人大工委主任于法杰参加会议。

15 日至 17 日 省人大常委会副主任萧寒一行 4 人到菏泽，座谈了解宅基地有偿使用等情况。

28 日 地区人大工委召开工委会议，传达全省人大工作经验交流会精神，研究有关人事任免事项，布置安排春节前的有关工作。地区人大工委主任于法杰主持会议，副主任张宝光、刘广新、吴倩之出席会议。

30 日 地区人大工委主任于法杰等到郓城县走访慰问全国人大代表张留林、省人大代表郑爱花。

31 日 地委、地区人大工委联合召开地直副县级以上单位负责人会议。地区人大工委主任于法杰传达全省人大工作经验交流会精神，地委副书记樊思宝讲话。地区行署、地区政协工委、菏泽军分区的负责人参加会议。

3 月

9 日至 15 日 地区人大工委主任于法杰赴济南市列席省七届人大常委会第二十次会议。

21 日至 26 日 省人大常委会委员、省人大农经委副主任委员高传杰一行 4 人到菏泽，视察了解森林法贯彻执行情况和棉花生产情况。

21 日 省人大常委会原主任秦和珍到菏泽座谈了解黄河滩区开发和全区农业生产情况。

29 日至 30 日 地区人大工委召开第六次例会，集中讨论如何进一步搞好治理“三乱”工作的问题。地区人大工委主任于法杰，副主任张宝光、刘广新、吴倩之出席会议。

4 月

4 日至 9 日 省人大常委会委员金钊一行 4 人到菏泽，实地察看单县、曹县、东明、鄄城、郓城等县有线广播覆盖情况。

13 日 地区人大工委召开第七次例会，听取地区财政局关于 1990 年财政预算执行情况的报告和 1991 年财政预算报告。地区人大工委主任于法杰，副主任张宝光、刘广新出席会议。

16 日至 26 日 山东省第七届人民代表大会第四次会议在济南珍珠泉人民会堂召开。菏泽地区代表团 60 名代表（实有 66 名，因事因病请假 6 名）出席会议。代表们围绕西部开发、向农业倾斜、扶持贫困落后地区等提出 9 件议案和 18 件建议、批评和意见。菏泽地区代表团团长为樊思宝，副团长为于法杰、毕可文、汪孚臣。

16 日至 17 日 安徽省宿县地区人大联络处主任石继宪、宿县地委原书记周祖昌率领县市人大常委会主任一行 28 人到菏泽，座谈交流人大工作。

16 日 河南省商丘地区人大工委副主任董信道、施敬民一行 4 人到菏泽，座谈交流地区人大工作开展情况。

18 日 河南省周口地区人大工委副主任张本领一行 9 人到菏泽，交流人大工委工作开展情况。

5 月

8 日至 9 日 省人大常委会副主任李晔一行 3 人到菏泽，了解银杏树的生产和经济效益等情况。地区人大工委主任于法杰陪同到单县高老家等地进行实地考察。

19 日至 21 日 四川省南充地区人大工委副主任王以徇一行 5 人到菏泽，座谈交流人大工作经验。

24 日至 27 日 全国人大民侨外委员会研究室处长曹育明一行 3 人到菏泽，调查了解少数民族状况。

28 日至 30 日 地区人大工委副主任吴倩之赴济南市参加全省法制工作座谈会。

6 月

5 日至 6 日 地区人大工委召开第八次例会，集中讨论计划生育工作，研究如何进一步贯彻落实《山东省计划生育条例》的问题。

10 日至 12 日 地区人大工委副主任吴倩之赴临沂地区参加全省人大城乡建设环境保护工作座谈会。

17 日至 22 日 地区人大工委主任于法杰列席在济南东郊饭店召开的省七届人大常委会第二十二次会议。

7 月

8 日 地区人大工委召开工委会议。地区人大工委主任于法杰主持会议，副主任张宝光、刘广新、吴倩之出席会议。会议同意地委提名刘金全任菏泽地区人大工作委员会专职委员，听取关于全省人大工作理论研讨会会议情况的汇报，并讨论调查研究的有关问题。

17日至20日 地区人大工委召开第九次例会，重点讨论和研究黄河防汛、黄河滩区建设和黄淮海平原农业综合开发等问题。

8月

16日至19日 全国十省(区)二十地区(盟、市)人大工作联席会第三次会议在黑龙江省黑河地区黑河市举行。地区人大工委主任于法杰参加会议。

16日至17日 地区人大工委在曹州宾馆召开全区人大法制工作座谈会，传达全省人大法制工作座谈会议精神。会议由地区人大工委副主任张宝光、吴倩之分别主持，副主任刘广新作总结讲话。

23日至30日 地区人大工委副主任吴倩之列席省七届人大常委会第二十三次会议。

9月

11日至14日 地区人大工委召开第十次例会，检查了解全区贯彻实施义务教育法的情况。会议通过听取汇报、查阅档案资料、察看学校教学设施、召开教师座谈会等方式，检查视察9个县市的17个乡镇，36所学校。地区人大工委主任于法杰，副主任刘广新、吴倩之出席会议。

15日至20日 省人大常委会委员、省人大教科文卫委员会委员杜秀明一行8人，视察菏泽市、单县义务教育法贯彻实施情况。地区人大工委主任于法杰、副主任刘广新分别陪同活动。

10月

4日 地区人大工委主任于法杰等到巨野县核桃园乡调查了解乡镇人大工作及棉花生产情况。

9日至16日 省人大常委会委员、省人大财经委员会委员孙英联系和看望驻菏泽市、定陶县、巨野县的全国和省人大代表，并听取地区经委、外经委和外贸局的工作汇报。地区人大工委主任于法杰、副主任吴倩之陪同活动。

18日至22日 地区人大工委主任于法杰赴济南市列席省七届人大常委会第二十四次会议。

31日至11月1日 省人大常委会办公厅副主任苏永璞一行4人到菏泽，座谈了解有关信访案件情况。

11月

7日至11日 省人大常委会委员高中正联系和看望驻曹县、成武县、单县的省人大代表。地区人大工委副主任张宝光陪同活动。

18日至20日 省人大常委会委员、省人大城乡建设委员会副主任委员陈世斌、姜万禧，委员赵伟武到菏泽，座谈了解有关修改邮电管理条例等情况。

24日至26日 上海市川沙县人大常委会副主任朱赐福一行18人到菏泽，座谈了解全区乡镇人大主席团工作开展情况。地区人大工委副主任张宝光陪同活动。

25日至27日 第一次全区人大工作经验交流会召开。省人大常委会副主任林萍、副秘书长王义德到会祝贺，地委书记刘洪仁讲话，地区人大工委主任于法杰主持会议并作工作报告。

26日 地区人大工委副主任吴倩之赴惠民地区人大工委听取省人大常委会关于对修改地区人大工委工作条例议案的答复。

26日至29日　省人大常委会副主任严庆清一行4人到菏泽，检查“二五”普法情况。地区人大工委副主任刘广新陪同活动。

27日至28日　河北省人大民侨外委员会副主任委员张德庭一行7人到菏泽，座谈了解全区少数民族工作情况。地区人大工委副主任张宝光陪同活动。

28日至12月1日　省人大农经委副主任委员于培宽到菏泽联系和看望农民代表。

12月

14日至20日　地区人大工委副主任吴倩之赴济南市列席省七届人大常委会第二十五次会议。

1992年

1月

5日至9日　地区人大工委组织4名全国人大代表和29名省人大代表进行视察。地区人大工委主任于法杰，副主任张宝光、刘广新、吴倩之陪同视察。

20日　地区人大工委召开工委会议。研究人事任免事项，并通报公费医疗和房租改革情况。地区人大工委主任于法杰，副主任张宝光、刘广新、吴倩之出席会议。

2月

22日至24日　省人大常委会副主任李晔一行3人，到菏泽地区林科所，菏泽市烈士陵园，鄄城县、郓城县的林场、药圃等地考察了解白果树种植和管理情况。地区人大工委主任于法杰，副主任吴倩之陪同活动。

26日　地区人大工委主任于法杰到巨野县参加全县人大工作经验交流会并讲话。

3月

7日至14日　山东省第七届人民代表大会第五次会议在济南珍珠泉人民会堂召开。菏泽地区代表团64名代表（实有66名，因事因病请假2名）出席会议。菏泽代表团的代表们审议各项报告，并紧密联系本地实际，为振兴山东和菏泽经济献计献策，共提出建议、批评和意见23件，议案6件，被大会主席团列为议案的2件。菏泽代表团团长为樊思宝，副团长为于法杰、毕可文、汪孚臣。

25日至26日　地区人大工委副主任吴倩之赴济南市参加由省委、省人大常委会、省政府联合召开的全省法制宣传工作会议。

28日　地区人大工委主任于法杰参加菏泽市人大工作经验交流会并讲话。

4月

2日至7日　省人大民侨外委员会副主任委员李文一行5人到菏泽，考察了解民族、宗教、外事、侨务等工作情况。地区人大工委副主任吴倩之陪同活动。

6日至7日　地区人大工委副主任吴倩之到郓城县视察减轻农民负担等情况。

7日至8日　地区人大工委在东明县召开第十一次例会，重点讨论和研究乡镇人大工作。地区人大工委主任于法杰，副主任刘广新、吴倩之出席会议。各县市人大常委会主任、代表联络科科长和部分乡镇人大工作处主任以及地区人大工委各处室负责人列席会议。

8日至12日 省人大常委会副主任萧寒一行3人到菏泽，重点视察成武县、菏泽市减轻农民负担和市场商品流动情况。地区人大工委副主任吴倩之陪同活动。

18日至23日 省人大常委会原主任秦和珍到菏泽，视察黄河滩区开发治理情况，并听取行署、地区河务局、鄄城县、郓城县的工作汇报。地区人大工委主任于法杰陪同活动。

25日 地区人大工委主任于法杰应邀到郓城县参加人大工作联谊会，并代表地区人大工委讲话。

5月

4日至11日 地区人大工委主任于法杰赴济南市列席省七届人大常委会第二十八次会议。

6日至8日 地区人大工委召开第十二次例会，组织部分省人大代表对鄄城县、郓城县、巨野县进行视察，进一步推动国务院《农民承担费用和劳务管理条例》及《山东省农民负担管理条例》的贯彻落实。地区人大工委副主任张宝光、刘广新、吴倩之出席会议。

13日 地区人大工委召开第十三次例会，听取地区财政局关于1991年度财政预算执行情况和1992年财政预算安排的汇报。地区人大工委主任于法杰，副主任张宝光、吴倩之出席会议。

19日至21日 省人大常委会副主任李晔，副秘书长袁文光一行7人到菏泽，视察巨野县、菏泽市减轻农民负担和贯彻落实国务院《农民承担费用和劳务管理条例》《山东省农民负担管理条例》的情况，并听取行署的汇报。地区人大工委主任于法杰陪同活动。

26日至29日 省人大法制委员会委员谢金成到菏泽视察社会治安综合治理情况，并针对山东省禁止赌博条例（草案）进行座谈。地区人大工委副主任刘广新陪同活动。

6月

1日至5日 地区人大工委副主任张宝光赴济宁市参加全省人大代表工作会议。

2日至5日 地区人大工委主任于法杰、副主任吴倩之，秘书长边家亭赴四川省宜宾地区参加全国十一省（区）二十三地区（盟、市）人大工作联席会第四次会议。

16日至17日 省人大常委会委员宫云泮、许立文等到菏泽检查环保法执行情况。地区人大工委副主任吴倩之陪同活动。

22日至28日 省人大常委会主任李振带领视察组到菏泽视察计划生育工作。地区人大工委主任于法杰、副主任张宝光陪同活动。

7月

15日 地区人大工委主任于法杰，秘书长边家亭到曹县参加“人民代表大会制度宣传教育年活动”动员大会。于法杰代表地区人大工委讲话，并与参加会议的省人大常委会人事代表工作室副主任杜忠臣，就换届选举工作的有关问题交换意见。

23日至25日 地区人大工委召开第十四次例会，邀请驻菏泽地区的部分全国、省人大代表视察企业法及涉外经济法规在全区的贯彻实施情况。地区人大工委主任于法杰，副主任张宝光、刘广新、吴倩之出席会议。

9月

2日至4日 省人大常委会原主任秦和珍一行3人到菏泽，视察黄河滩区建设工作。地区人大工委主任于法杰，副主任吴倩之，秘书长边家亭陪同活动。

5日至10日 地区人大工委主任于法杰赴济南市列席省七届人大常委会第三十次会议。

10月

5日至7日 地区人大工委主任于法杰，地委副书记樊思宝等赴济南市参加山东省各级人大换届选举工作会议。

13日至16日 地区人大工委副主任吴倩之赴湖南省益阳地区，参加全国十二省（区）三十二地区（盟、市）人大工作联席会第五次会议。

15日至20日 华东六省一市人大法制工作座谈会在济南珍珠泉宾馆召开。地区人大工委副主任刘广新参加座谈会。

29日 全区各级人大换届选举会议召开。地区人大工委主任、地区选举工作委员会主任于法杰，地委委员、组织部部长、地区选举工作委员会副主任王启杰，地区人大工委副主任张宝光、刘广新，地区人大工委各委员，地区选举工作委员会委员，各县市人大常委会主任、选举委员会办公室主任，地区人大工委各处室负责人参加会议。

30日 地区人大工委副主任吴倩之为纪念矿产法颁布5周年作电视讲话。

11月

3日 地区人大工委召开工委会议。地区人大工委主任于法杰，副主任张宝光、刘广新、吴倩之出席会议。会议同意于法杰提名的有关人事任免事项，并通报机关办实体的有关情况。

12日至15日 地区人大工委副主任吴倩之赴淄博市参加全省人大财经工作会议。

24日 地区人大工委主任、地区选举工作委员会主任于法杰，地区人大工委副主任刘广新，前往巨野县检查和指导县乡换届选举工作。

27日 地区选举工作委员会召开会议。出席会议的有地区选举工作委员会主任于法杰，副主任王启杰、吴倩之，委员边家亭、聂书江、王志远、晁岳坤、曹修寅、郭国怀、石建才。吴倩之主持会议，刘广新传达省人大常委会主任李振在各市地人大负责人座谈会上的讲话精神，边家亭汇报全区换届选举工作的进展情况。于法杰就如何做好全区的换届选举工作作总结讲话。

12月

1日 为纪念《中华人民共和国宪法》颁布10周年，地区人大工委主任于法杰在地区电视台发表电视讲话。

3日至6日 省人大常委会副秘书长李庆鸿一行3人到菏泽，检查指导华夏文化促进会筹建情况。

7日 为纪念《中华人民共和国宪法》颁布10周年，地区人大工委召开部分全国和省人大代表座谈会。地区人大工委主任于法杰，副主任刘广新、吴倩之参加座谈会。

1993年

1月

7日至9日 山东省第七届人民代表大会第六次会议在济南珍珠泉人民会堂举行。这次会议的主要任务是选举山东省出席第八届全国人民代表大会代表。菏泽地区代表团有63名代表（实有 66 名，因事因病请假 3 名）出席会议。大会选举的驻菏泽地区的八届全国人大代表有 7 人：李明先、李格森、张留林、苑宪章、孟红霞、黄利群、焦祖光。菏泽地区代表团团长为樊思宝，副团长为于法杰、毕可文、汪孚臣。

29 日 地区人大工委召开主任会议。会议同意提名驻地区省八届人大代表的候选人名单，并研究讨论新调进领导的办公、住宿、用车问题，以及仁达购销服务公司的经营管理问题等。地区人大工委主任于法杰主持会议，副主任张宝光、刘广新、吴倩之出席会议，秘书长边家亭列席会议。

2 月

3 日 地区人大工委召开主任会议。会议听取仁达购销服务公司成立以来工作、经营情况的汇报，明确地区人大工委是其主管机关，公司自身是具有独立经营权的法人单位。地区人大工委主任于法杰主持会议，工委党组书记毕可文，副主任张宝光、刘广新、吴倩之、李家玉出席会议，秘书长边家亭列席会议。

9 日 地区人大工委召开主任会议。地区人大工委主任于法杰，党组书记毕可文，副主任张宝光、王启杰、刘广新、吴倩之、李家玉出席会议。会议听取关于与机关经济实体仁达购销服务公司负责人座谈情况的汇报，并就如何进一步搞好经济实体的有关具体问题进行讨论研究，作出相应的决定。

10 日 地区选举工作委员会召开全区县乡人大换届选举工作会议。地委副书记路绍昌，地区人大工委党组书记毕可文，工委主任、选举工作委员会主任于法杰，工委副主任张宝光，工委副主任、选举工作委员会副主任王启杰、吴倩之和工委副主任李家玉等出席会议。地区选举工作委员会委员，各县市委分管书记、县市人大常委会主任、选举办公室主任及地区人大工委各处室负责人，共 60 余人参加会议。会议由吴倩之主持，于法杰、路绍昌先后讲话。会议研究各县市的选举日及有关换届选举事宜。

11 日至 16 日 省人大常委会委员、省人大法制委员会副主任委员李洪成一行 4 人到菏泽开展立法前调研，征求对残疾人保护法（草案）的修改意见。地区人大工委副主任刘广新陪同活动。

13 日至 16 日 省人大常委会委员、副秘书长、人事代表工作室主任、省选举工作委员会办公室主任朱广新到菏泽，指导换届选举工作。地区人大工委副主任吴倩之陪同活动。地区人大工委党组书记毕可文，主任于法杰，副主任张宝光、王启杰、刘广新，秘书长边家亭参加座谈会。

17 日 地区人大工委召开党组会议。地区人大工委党组书记毕可文主持会议，工委主任于法杰，党组副书记张宝光、王启杰，党组成员刘广新、吴倩之、李家玉出席会议。会议原则通过地区人大工委 1992 年工作总结和 1993 年工作要点，研究同意向地委全面汇报一次地区人大工委的工作，并讨论研究有关人事安排问题。

19 日至 23 日 省人大民族侨务外事委员会副主任委员卢健民一行 4 人到菏泽，检查民族、宗教工作情况。地区人大工委主任于法杰陪同活动。

25 日 地区人大工委召开党组会议。地区人大工委党组书记毕可文，工委主任于法杰，党组副书记张宝光、王启杰，党组成员刘广新、李家玉出席会议；秘书长边家亭列席会议。会议通报需要向地委汇报的有关问题、有关人事安排及原华泽汽修厂等方面的情况，确定召开工委机关全体人员会议，总结部署工作。

26 日 地区人大工委召开工委会议，通过有关人事任免事项。地区人大工委主任于法杰主持会议，副主任张宝光、王启杰、刘广新、吴倩之、李家玉出席会议。

3 月

5 日 省七届人大常委会第三十三次主任会议决定任命毕可文为菏泽地区人大工委主任，同时，免去于法杰的菏泽地区人大工委主任职务。

24 日 省人大常委会办公厅副主任王珍行一行 3 人到菏泽，了解督促对个别上访案件的处理。地区人大工委副主任刘广新陪同活动。

4 月

1 日至 2 日 地区人大工委召开主任会议。地区人大工委主任毕可文主持会议，副主任张宝光、王启杰、刘广新、吴倩之、李家玉出席会议，工委原主任于法杰参加会议，秘书长边家亭列席会议。会议重点讨论研究县乡人大换届选举，为省八届人大一次会议所准备的代表议案、建议，主任分工，机关整顿以及仁达购销公司承包等问题。

3 日 地区人大工委主任毕可文、副主任王启杰到巨野县，迎接参加八届全国人大一次会议归来的驻菏泽地区的全国人大代表。

9 日 地区人大工委在地委第三会议室召开机关全体人员会议。地区人大工委副主任张宝光主持会议，工委主任毕可文讲话。会上，新老领导班子进行交接。工委副主任王启杰、刘广新、吴倩之、李家玉，工委原主任于法杰出席会议。

10 日 地区人大工委召开全区县市人大常委会主任会议。各县市人大常委会通报交流工作情况和下一步打算。地区人大工委主任毕可文主持会议并讲话，副主任张宝光、王启杰、刘广新、吴倩之、李家玉出席会议。

15 日至 27 日 山东省第八届人民代表大会第一次会议在济南举行。菏泽地区代表团共有省八届人大代表 61 名，因事因病请假 2 名，实际出席会议 59 名。会上，代表们履行职责，提出建议、批评和意见 45 条。代表团团长为林廷生，副团长为毕可文、阎世海、于法杰、汪孚臣。

5 月

3 日 地委、地区人大工委、地区行署、地区政协工委在地委第四会议室召开地直副县级以上单位主要负责人会议，传达贯彻省八届人大一次会议精神。林廷生、李明先、曾昭起、路绍昌、毕可文、樊思宝等地区领导及驻地直的省八届人大代表出席会议。会议由八届全国人大代表、地委副书记、行署专员李明先主持。省八届人大代表、地区人大工委主任毕可文传达省八届人大一次会议精神，省八届人大代表、地委书记林廷生讲话。

11 日 地区人大工委召开主任会议。地区人大工委主任毕可文主持会议，副主任张宝光、王启杰、刘广新、吴倩之、李家玉出席会议，秘书长边家亭列席会议。会议研究决定修改工委机关规章制度、秘书长分工、向地委汇报人大工作等方面的工作。

17 日至 18 日 地区人大工委主任毕可文到郓城县联系代表、考察经济工作。

18 日至 21 日 全国十二省（区）三十二地区（盟、市）人大工作联席会第六次会议在浙江省舟山市举行。地区人大工委副主任张宝光、王启杰等出席会议。

19 日 地区人大工委召开议事会议，听取审议地区财政局副局长张秋冬受行署委托所作的关于菏泽地区 1992 年财政预算执行情况和 1993 年财政预算安排情况的汇报，听取地区商检局局长宋登杰关于商检工作情况的汇报。地区人大工委主任毕可文主持会议，副主任刘广新、吴倩之、李家玉，秘书长边家亭出席会议。行署副专员李玉祥参加会议。

20 日 地区人大工委主任毕可文、副主任李家玉到菏泽市吴店乡调查研究乡镇企业发展情况。

22日至26日 地区人大工委副主任刘广新到郓城县、定陶县、曹县调查关于减轻农民负担两个条例的贯彻落实情况。

26日 地区人大工委在地委第三会议室召开各县市人大常委会办公室主任会议。地区人大工委秘书长边家亭主持会议，通报地区人大工委议事会议的安排、主要规章制度、秘书长分工等方面的情况。副秘书长、办公室主任黄绍正介绍关于人大制度的宣传和通讯报道方面的情况。

28日 地区人大工委秘书长边家亭应邀到东明县参加县人大常委会召开的颁发任命书暨人民代表大会制度宣传月活动动员大会。

31日 地区人大工委主任毕可文陪同省人大常委会原副主任李晔到郓城、鄄城等县视察，调查有关黄河灌淤情况。

6月

12日 地区人大工委在地委第三会议室召开议事会议，地区人大工委主任毕可文主持会议，副主任张宝光、王启杰、刘广新、吴倩之、李家玉出席会议。行署副专员孔令昌参加会议，省人大代表陈东洲、晁中胜应邀参加会议。会议听取孔令昌关于减轻农民负担工作情况的汇报，听取工委农经处关于农民负担问题的调查汇报。

15日至17日 全国人大常委会副委员长费孝通一行7人，在省人大常委会副主任苗枫林等陪同下到菏泽视察。其间，实地察看定陶县陈集国华贸易公司及中沙海行政村等处乡镇村办企业，并深入农户调查了解情况；在曹州宾馆分别听取地委书记林廷生、地区人大工委主任毕可文和行署副专员阎世海的汇报，费孝通围绕欠发达地区如何加快经济发展问题讲话。

21日 省人大常委会委员、省人大农经委副主任委员李兆新到单县检查农民负担情况。地区人大工委副主任刘广新陪同活动。

21日至23日 地区人大工委副主任张宝光赴潍坊市参加全省人大教科文卫工作座谈会。

22日至25日 地区人大工委副主任刘广新到鄄城县、东明县、曹县检查黄河、内河防汛准备工作。

24日 中共菏泽地委批转《中共菏泽地区人大工委党组关于减轻农民负担工作情况的报告》，要求全区各级党委、政府认真参照执行。

25日 地区人大工委在地委第三会议室召开工委会议，听取地区交通局局长张秀长关于全区交通事业发展情况的汇报。地区人大工委副主任王启杰主持会议，副主任张宝光、刘广新、李家玉出席会议。

7月

5日 地区人大工委党组召开民主生活会。地区人大工委党组书记毕可文，党组副书记张宝光、王启杰，党组成员刘广新、吴倩之、李家玉参加会议，秘书长边家亭列席会议。会议查找思想上、作风上、行动上与新形势不相适应的有关问题，并相互交换思想。

6日 地区人大工委召开主任办公会议。地区人大工委主任毕可文主持会议，副主任张宝光、王启杰、刘广新、吴倩之、李家玉出席会议，秘书长边家亭列席会议。会议听取副主任张宝光关于全省人大教科文卫工作座谈会精神的汇报，研究有关信访工作、仁达公司的经营管理及办公用房的调整等方面的问题。

8日 地区人大工委召开驻地直的八届全国、省人大代表座谈会议。会议学习代表法，组建地直代表小组。地区人大工委副主任王启杰主持会议并作总结讲话，秘书长边家亭出席会议。

9日 地区人大工委副主任刘广新到地区中

级人民法院、菏泽市、单县、曹县进行调查研究，了解有关行政诉讼法的贯彻实施情况，为工委议事会议提前做好准备工作。

15日至16日 地区人大工委主任毕可文到曹县考察工作。

17日 地区人大工委主任毕可文、副主任王启杰到巨野县视察洪涝灾情。

18日 地区人大工委主任毕可文陪同省经委主任韩寓群到曹县、巨野县了解灾情。

20日至21日 驻菏泽地区的省八届人大代表毕可文、朱振华、陈东洲、晁中胜等，在地区人大工委副主任王启杰、刘广新及有关部门负责人陪同下，视察全区的防汛工作。

28日 驻菏泽地区的省八届人大代表于法杰、马玲等视察地区中医医院。地区人大工委副主任张宝光、刘广新、吴倩之、李家玉和秘书长边家亭陪同视察。

28日 地区人大工委副主任刘广新听取地区检察分院检察长朱献瑞关于全省检察长会议精神的汇报。

31日 地区人大工委在地委第三会议室召开议事会议，听取地区中级人民法院关于全区贯彻实施行政诉讼法情况的汇报。地区人大工委主任毕可文，副主任张宝光、王启杰、刘广新、吴倩之、李家玉出席会议。驻菏泽地区的八届全国人大代表黄利群，省八届人大代表于法杰、田德全、史崇亮等应邀参加会议。

8月

2日至4日 省人大常委会原主任秦和珍、副主任卢洪到菏泽指导抗涝救灾和黄河防汛工作。

5日 地区人大工委主任毕可文与地委副书记曾昭起一同到定陶县、曹县察看雨情和灾情。

8日至17日 省人大常委会委员、省人大农经委副主任委员李兆新到菏泽市、曹县、单县的部分乡镇、村户调查棉花生产情况。地区人大工委副主任刘广新陪同活动。

13日至15日 地区人大工委副主任刘广新赴日照市参加全省人大法制工作座谈会。

16日至17日 地区人大工委副主任李家玉赴青岛市参加全省人大城乡建设环境保护工作座谈会。

18日 地区人大工委召开主任会议，重点讨论研究召开县市人大常委会主任座谈会和工委各主任、秘书长的工作分工及报批增补工委委员等问题。地区人大工委主任毕可文主持会议，副主任张宝光、王启杰、许修堂出席会议，地区人大工委原副主任吴倩之、秘书长边家亭列席会议。

24日至25日 地区人大工委召开全区县市人大常委会主任座谈会。会议结合学习全国人大常委会委员长乔石、副委员长田纪云有关讲话精神，进行发言交流。地区人大工委主任毕可文，副主任张宝光、王启杰分别主持会议，副主任刘广新、李家玉、许修堂出席会议。地委书记林廷生和地区人大工委主任毕可文分别讲话。

31日至9月1日 地区人大工委主任毕可文到东明县联系省人大代表，考察经济工作。

9月

7日至8日 地区人大工委主任毕可文到成武县联系人大代表，考察县乡企业。

7日至14日 地区人大工委副主任李家玉带队调查全区企业法及省条例的贯彻实施情况。

13日 地区人大工委副主任张宝光带队到成武县调查义务教育法贯彻实施情况。

16日 地区人大工委召开主任会议，研究如何贯彻落实全区深入开展反腐败斗争，加强党风廉政建设大会精神。地区人大工委主任毕可文主持会议，副主任张宝光、王启杰、李家玉、许修堂出席会议。

19日至23日 地区人大工委副主任李家玉赴临沂地区参加山东省五地区人大工作研讨会第五次会议。

21日 地区人大工委机关在地委第三会议室召开反腐倡廉动员大会。地区人大工委主任毕可文主持会议，副主任张宝光、王启杰分别传达地委《关于贯彻和实施中央、省委近期反腐败斗争工作部署的实施意见》和地委、行署批转的地纪委、监察局《关于贯彻执行〈党政机关保持清正廉洁的若干规定〉的意见》,毕可文作动员报告。

22日至23日 地区人大工委主任毕可文到单县联系人大代表，考察经济工作。

10月

5日至9日 省人大常委会委员、省人大教科文卫委员会委员梁自洁、程汉邦等一行6人到菏泽，考察义务教育法贯彻实施情况。地区人大工委副主任张宝光陪同活动。

5日至8日 省人大常委会委员、省人大城乡建设环境保护委员会副主任委员孙宝珠到菏泽，走访联系部分驻菏泽地区的全国、省人大代表。地区人大工委副主任王启杰陪同活动。

8日至9日 地区人大工委召开议事会议，研究《全民所有制工业企业转换经营机制条例》贯彻落实问题。地区人大工委主任毕可文，副主任李家玉、许修堂出席会议。行署副专员张国敏，八届全国人大代表孟红霞，省人大代表史崇亮，省人大代表、菏泽市人大常委会主任李永亮列席会议。

10日至11日 省人大常委会委员、人事代表工作室主任朱广新到菏泽联系代表，先后走访八届全国人大代表焦祖光，省八届人大代表杨秋云、陈东洲、田德全、史崇亮等。地区人大工委副主任王启杰陪同活动。

12日 地区人大工委副主任张宝光到鄄城县检查秋种工作。

13日至15日 地区人大工委副主任李家玉赴泰安市参加全省人大财经工作会议。

22日至28日 省人大常委会委员、省人大农经委副主任委员李兆新到菏泽，联系走访全国、省人大代表，检查水利建设和种子条例贯彻落实情况。地区人大工委副主任王启杰、刘广新陪同活动。

23日 地区人大工委召开主任会议。会议重点研究决定有关工委机关与仁达公司脱钩问题、机关财务管理问题，研究贯彻全省人大财经工作座谈会精神问题和筹备山东省五地区人大工作研讨会问题以及年终工作总结和制订1994年工作计划等方面的问题。地区人大工委主任毕可文主持会议，副主任张宝光、刘广新、李家玉、许修堂出席会议，秘书长边家亭列席会议。

26日 地区人大工委召开议事会议，讨论研究义务教育法在全区的贯彻落实问题。地区人大工委主任毕可文主持会议，副主任张宝光、王启杰、李家玉、许修堂出席会议。行署副专员潘兴玺，省八届人大代表田德全等列席会议。

29日至31日 省人大常委会研究室刊物编辑部主任姜翕芬到菏泽了解宣传报道工作。

11月

9日 地区人大工委在地委第三会议室召开工委会议。地区人大工委主任毕可文主持会议，副主任王启杰传达贯彻全省人大代表工作会议精神，副主任张宝光、刘广新、李家玉、许修堂出席会议。

11日至14日 山东省“齐鲁环保世纪行”记者团第三团到菏泽市、东明县、成武县进行采访活动。地区人大工委副主任李家玉陪同活动。

20日 地区人大工委召开议事会议。会议听取地区计生委主任潘建荣关于全区计划生育工作情况的汇报，讨论研究如何进一步贯彻落实计划生育条例，搞好全区计划生育工作问题。地区人大工委主任毕可文主持会议，副主任张宝光、李家玉、许修堂出席会议。行署副专员潘兴玺列席会议。

26 日至 27 日 地区人大工委召开全区人大代表工作座谈会。会议由地区人大工委副主任王启杰主持，地区人大工委主任毕可文出席会议并讲话，副主任张宝光、刘广新、李家玉、许修堂出席会议。

12 月

1 日至 11 日 地区人大工委副主任李家玉到菏泽市、曹县、成武县、单县、巨野县、郓城县、鄄城县、东明县 8 个县市，听取人大财经工作情况汇报，了解县市财政预算执行情况，考察企业生产经营状况，调查有关条例的贯彻实施情况。

13 日 地区人大工委主任毕可文，副主任李家玉视察菏泽康庄服装市场。

21 日至 24 日 省人大常委会委员、省人大农经委副主任委员李兆新到菏泽，参加东明县人大常委会组织的驻本县的省人大代表集体视察活动。地区人大工委副主任王启杰陪同活动。

24 日 地区人大工委召开议事会议，讨论研究代表法和山东省实施代表法办法的贯彻落实问题。地区人大工委主任毕可文主持会议，副主任张宝光、王启杰、李家玉、许修堂出席会议。

29 日 地区人大工委在地区教育局招待所召开庆祝教师法颁布实施座谈会。地区人大工委副主任张宝光主持会议并讲话。

31 日 地区人大工委在地委联席会议室召开工委会议，听取地区检察分院检察长朱献瑞关于全区检察工作情况的汇报。地区人大工委主任毕可文主持会议，副主任张宝光、王启杰、刘广新、李家玉、许修堂出席会议。

1994 年

1 月

3 日 地区人大工委召开 1994 年第一次主任会议。会议主要研究 1994 年工委工作要点、驻菏泽地区的八届全国人大代表和驻地直的省八届人大代表集中视察活动的内容和时间、关于廉政建设的几个文件的贯彻落实问题，通报 1994 年经费预算和仁达贸易公司的善后工作，议定工委机关人员不再在华夏文化促进会兼职的问题，研究提交有关人事任免事项等。地区人大工委主任毕可文主持会议，副主任张宝光、王启杰、李家玉、许修堂出席会议，秘书长边家亭列席会议。

4 日 地区人大工委、地区行署座谈会召开。地区人大工委主任毕可文，副主任张宝光、王启杰、刘广新、李家玉、许修堂参加座谈会。行署专员李明先通报 1993 年全区经济工作情况和 1994 年行署工作的初步打算，与会人员对全区经济工作提出意见建议。

5 日至 7 日 地区人大工委主任毕可文参加全省人大工作会议。

10 日至 13 日 地区人大工委组织驻菏泽地区的八届全国人大代表和驻地直的省八届人大代表进行人代会前的集中视察活动。地区人大工委副主任张宝光、王启杰、李家玉，秘书长边家亭陪同视察。

11 日至 17 日 地区人大工委副主任许修堂列席省八届人大常委会第五次会议。

15 日 地区人大工委召开 1994 年第一次工

委会议。会议传达学习全省人大工作会议精神，讨论研究工委1994年工作要点，通过有关人事任免事项。地区人大工委主任毕可文主持会议，副主任张宝光、王启杰、刘广新、李家玉出席会议。

2月

2日 地区人大工委主任毕可文，副主任张宝光、王启杰、李家玉、许修堂，秘书长李继明，分5组走访驻地直的部分八届全国人大代表及省八届人大代表。

4日 地区人大工委机关召开全体人员迎春茶话会，地区人大工委主任毕可文，副主任张宝光、王启杰、刘广新、李家玉、许修堂出席茶话会。

15日 地区人大工委召开党组会议，根据地纪委、地委组织部“关于开好民主生活会”的精神，研究讨论人大工委机关反腐败工作情况，审查出席全国、省八届人大二次会议的有关材料，确定山东省五地区人大工作研讨会召开的时间和议题。地区人大工委党组书记毕可文主持会议，党组副书记张宝光、王启杰，党组成员刘广新、李家玉、许修堂出席会议，秘书长李继明列席会议。

22日 地区人大工委向地委全委会议汇报全省人大工作会议精神、地区人大工委1993年工作情况和1994年工作打算。会议同意地区人大工委1994年工作打算，并确定地委书记林廷生分工联系人大工作，地委副书记路绍昌协助分工联系人大工作。同时，确定召开全区人大工作会议，并在本区召开山东省五地区人大工作研讨会。

27日至3月5日 山东省第八届人民代表大会第二次会议在济南举行。菏泽地区代表团共有省八届人大代表61名，因事请假的1名，出席会议的60名。菏泽地区代表林廷生、毕可文为大会主席团成员。菏泽地区代表团审议各项工作报告，共提出议案2件（均作为建议处理），建议、批评、意见39条。会议期间，省长赵志浩到菏泽代表团听取代表对政府工作报告审议的意见，并就如何加快发展菏泽地区经济问题讲话。

3月

6日 驻菏泽地区的八届全国人大代表在菏泽曹州宾馆集合，赴北京参加八届全国人大二次会议。地委副书记、行署专员李明先，地委副书记路绍昌，地区人大工委副主任张宝光、王启杰、李家玉、许修堂等，在曹州宾馆南楼会议室会见代表。

11日 地区人大工委召开1994年第二次主任会议。重点讨论研究关于加强机关思想作风建设问题、关于全区人大工作会议及山东省五地区人大工作研讨会的筹备工作、关于补选1名八届全国人大代表以及仁达公司承包、机关经费情况等问题，并作出相应的决定。地区人大工委主任毕可文主持会议，副主任张宝光、王启杰、刘广新、李家玉、许修堂出席会议，秘书长李继明列席会议。

12日 地区人大工委召开机关全体人员会议，动员、部署关于加强机关思想作风建设工作。确定自14日至18日分组进行思想作风建设整顿活动。

16日 地区人大工委在地委第三会议室召开1994年第一次议事会议，审议全区1993年财政决算和1994年财政预算情况。地区人大工委主任毕可文主持会议，副主任张宝光、王启杰、刘广新、李家玉、许修堂，秘书长李继明出席会议。行署副专员潘兴玺列席会议。

23日 参加八届全国人大二次会议的驻菏泽地区的代表返回菏泽。地委副书记路绍昌，地区人大工委主任毕可文，地区政协工委主任樊思宝，地委委员、行署副专员阎世海，地区人大工委副主任刘广新、许修堂，行署副专员孔令昌等，在曹州宾馆南楼会议室会见6位全国人大代表。八届全国人大代表、地委副书记、行署专员李明先介绍大会盛况和会议基本精神。

29日和4月1日 地区人大工委召开1994年第三次主任会议。地区人大工委主任毕可文主持会议，副主任张宝光、刘广新、李家玉、许修堂出席会议，秘书长李继明列席会议。会议听取人大工委机关思想作风整顿情况的总结汇报、全省人大教科文卫工作座谈会和全省人文自然遗产开发研讨会的主要精神的汇报、全省人大城建环保工作会议精神的汇报，研究确定1994年地区人大工委议事会议安排意见。

30日至31日 地区人大工委主任毕可文到鄄城县考察指导工作。

4月

13日至14日 中共菏泽地委在曹州宾馆会议室召开全区人大工作会议。

15日至21日 地区人大工委副主任李家玉列席省八届人大常委会第七次会议。

20日至22日 山东省五地区人大工作研讨会第八次会议在菏泽召开。德州、聊城、滨州、临沂、菏泽五地区人大工委的负责人李宝贵、李朝琪、王元甫、张敬清、毕可文、张宝光、王启杰、刘广新、李家玉、许修堂，菏泽地区人大工委原主任于法杰、原副主任吴倩之等共32人出席会议。省人大常委会副主任郭松年、人事代表工作室副主任李宏祥等到会指导。

21日至22日 全国人大常委会副委员长陈慕华在山东省人大常委会主任李振陪同下到菏泽参加第三届菏泽国际牡丹花会开幕式。陈慕华在菏泽期间，接见参加山东省五地区人大工作研讨会的人员，并同大家合影留念。

5月

6日至13日 省人大常委会副主任徐学孟一行6人，会同17名驻菏泽地区的全国、省人大代表，对全区环保法贯彻执行情况进行视察。地区人大工委副主任李家玉陪同活动。

6日至11日 省人大常委会委员、省人大法制委员会副主任委员蒋永昶一行5人到菏泽，检查残疾人保障法和山东省实施办法的学习贯彻落实情况。地区人大工委副主任许修堂陪同活动。

12日 全区人大教科文卫工作座谈会召开。会议传达全省人大教科文卫工作座谈会及民侨外工作座谈会主要精神，总结交流工作经验和体会。地区人大工委副主任张宝光出席会议并讲话。

13日 地区人大工委教科文卫处召开地直教科文卫和民侨外部门工作座谈会。地区人大工委副主任张宝光出席会议。

24日至25日 地区人大工委召开1994年第二次议事会议，重点讨论研究环境保护法律法规的贯彻落实问题。会议视察菏泽仪表厂、菏泽烟厂、菏泽生建机械厂和地区人民医院的环保工作，听取行署关于全区贯彻实施环保法情况的汇报。地区人大工委主任毕可文主持会议，副主任王启杰、刘广新、李家玉、许修堂出席会议。八届全国人大代表黄利群，省八届人大代表于法杰、刘兰钦、史崇亮、马玲应邀参加会议。

24日至26日 省人大常委会副主任徐学孟一行4人到菏泽，考察民族宗教工作。地区人大工委副主任张宝光陪同活动。

26日 地区人大工委党组召开民主生活会。会议的主要内容是学习地纪委、地委组织部关于县处级以上领导班子召开民主生活会的通知，学习领导干部廉洁自律五条规定及其实施意见，对照检查存在的问题制定改进措施。党组书记毕可文主持会议，党组副书记张宝光、王启杰，党组成员刘广新、李家玉、许修堂出席会议，秘书长李继明列席会议。

6 月

7 日至 14 日 地区人大工委副主任张宝光列席省八届人大常委会第八次会议。

15 日至 16 日 地区人大工委主任毕可文到巨野县考察工作。

16 日 地区人大工委副主任李家玉到单县考察经济工作情况。

22 日至 28 日 省人大常委会副主任苗枫林带领视察组对全区贯彻实施教师法的情况进行视察。地区人大工委副主任张宝光陪同活动。

7 月

12 日 地区人大工委召开 1994 年第四次主任会议。会议重点研究纪念人大成立 40 周年活动的安排意见，研究确定召开工委第三次议事会议的有关事项，向地委汇报工作的主要内容及有关人事任免事项。地区人大工委主任毕可文主持会议，副主任张宝光、王启杰、刘广新、李家玉、许修堂出席会议。

13 日 地区人大工委召开 1994 年第二次工委会议，主要研究人事任免事项。地区人大工委主任毕可文主持会议，副主任张宝光、王启杰、刘广新、李家玉、许修堂出席会议。

14 日至 16 日 地区人大工委召开 1994 年第三次议事会议，重点讨论研究防汛问题。会议视察黄河、内河和城市防汛情况，听取有关工作汇报。地区人大工委主任毕可文、副主任刘广新分别主持会议，副主任张宝光、王启杰、李家玉、许修堂出席会议。驻菏泽地区八届全国人大代表李明先、黄利群，省八届人大代表于法杰、李永亮、刘兰钦、陈东洲、晁中胜应邀参加会议。

8 月

3 日至 9 日 地区人大工委副主任王启杰列席省八届人大常委会第九次会议。

4 日 地区人大工委召开 1994 年第五次主任会议。会议重点研究向地委汇报人大工作的问题，纪念人大成立 40 周年活动及关于召开工委第四次议事会议的事项。地区人大工委主任毕可文主持会议，副主任张宝光、刘广新、李家玉、许修堂出席会议。秘书长李继明列席会议。

8 日 地区人大工委党组书记、主任毕可文向地委书记办公会议汇报人大工委上半年工作和下半年工作安排情况。地区人大工委党组副书记、副主任张宝光、王启杰，党组成员、副主任刘广新、李家玉、许修堂和秘书长李继明参加汇报会。

13 日 地区人大工委召开机关全体人员会议，传达贯彻全区县市委书记会议精神。地区人大工委主任毕可文主持会议，副主任王启杰、许修堂参加会议。

13 日 地区人大工委召开会议，听取地区工商局工作汇报，评议省工商局工作。

19 日 地区人大工委召开 1994 年第四次议事会议。主要议题是听取地区公安处关于全区社会治安情况的汇报。地区人大工委主任毕可文主持会议，副主任王启杰、刘广新、李家玉、许修堂出席会议。驻菏泽地区的全国人大代表孟红霞，省人大代表于法杰、陈东洲、晁中胜等应邀参加会议。

23 日至 9 月 7 日 地区人大工委主任毕可文、副主任李家玉带领菏泽、定陶、成武、单县、郓城、鄄城 6 县市人大常委会主任（副主任）及地区人大工委财经处一行 14 人，先后到辽宁省沈阳市、大连市和山东省威海市、烟台市、潍坊市考察学习人大常委会组织人大代表评议“一府两院”和人大财经工作经验，并参观天津市静海县大邱庄和威海、烟台的两个高新技术开发区。

9 月

14 日 地区人大工委在地委会议室召开纪念人民代表大会成立 40 周年座谈会。地委书记林廷生，地区人大工委主任毕可文，地委委员、宣传部部长贾凤英，地委委员、行署副专员阎世海，地委委员、组织部部长苏衍训，地委委员、政法委书记张瑞生，地委委员、纪委书记温新月，地委委员、军分区政委林长凯，地区人大工委副主任张宝光、王启杰、李家玉、许修堂等出席会议。驻地直的全国、省人大代表黄利群、于法杰、田德全、李锡林、陈东洲、丁继民、李进民、刘兰钦、朱振华、朱桂芹、马玲、杨大显、晁中胜应邀参加座谈会。地直部分单位负责人参加座谈会。

15 日 地区人大工委在地区财政局会议室听取地区财政局关于全区财政情况的汇报。地区人大工委主任毕可文，副主任李家玉，秘书长李继明出席会议。

23 日至 28 日 省人大常委会委员、省人大城建环保委副主任委员孙宝珠到菏泽，联系驻菏泽地区的八届全国、省人大代表。其间，地区人大工委主任毕可文到住处看望并进行座谈。

10 月

6 日 地区人大工委召开 1994 年第六次主任会议。会议重点传达学习党的十四届四中全会精神，研究贯彻落实工作。地区人大工委主任毕可文主持会议，副主任王启杰、刘广新、李家玉、许修堂出席会议。

6 日 地区人大工委召开全体党员会议。地区人大工委主任毕可文主持会议，副主任王启杰传达《中共中央关于加强党的建设几个重大问题的决定》。

8 日至 13 日 地区人大工委主任毕可文列席省八届人大常委会第十次会议。

18 日至 19 日 全区人大财经工作座谈会在东明县召开。地区人大工委副主任李家玉出席会议。

21 日 地区人大工委召开“纪念人民代表大会成立 40 周年‘花冠杯’知识竞赛”颁奖会。地区人大工委主任毕可文，副主任张宝光、刘广新、李家玉、许修堂出席会议。

24 日至 27 日 省人大常委会委员、人事代表工作室主任朱广新带领检查组到菏泽，检查贯彻执行代表法和《山东省实施代表法办法》的情况。地区人大工委主任毕可文、副主任王启杰陪同活动。

11 月

1 日 地区人大工委召开 1994 年第七次主任会议。会议重点研究人大代表集中视察活动安排问题，听取办公室关于全省市（地区）人大常委会（工委）秘书长、办公室（厅）主任会议精神的汇报，讨论研究有关人事任免事项及人大工委机关办公楼的筹建问题。地区人大工委主任毕可文主持会议，副主任张宝光、王启杰、刘广新、李家玉出席会议，秘书长李继明列席会议。

3 日至 5 日 地区人大工委主任毕可文、秘书长李继明看望部分省人大代表，并同丹阳办事处人大代表小组部分代表进行座谈。

7 日至 9 日 省人大常委会委员、省人大法制委员会副主任委员王盛林一行 7 人到菏泽，检查视察妇女权益保障法和山东省实施办法贯彻实施情况。地区人大工委主任毕可文、副主任许修堂陪同活动。

9 日至 10 日 地区人大工委主任毕可文到单县考察指导工作，并看望驻单县的部分省人大代表。

21 日 地区人大工委召开 1994 年第八次主任会议。会议重点研究纠风工作、办公楼筹建方案及有关人事任免事项。地区人大工委主任毕可文主持会议，副主任张宝光、王启杰、刘广新、李家玉、许修堂出席会议，秘书长李继明列席会议。

22日 地区人大工委召开1994年第三次工委会议。会议传达全区纠风工作专项检查会议精神，研究办公楼的筹建问题，通过有关人事任免事项。地区人大工委主任毕可文主持会议，副主任张宝光、王启杰、李家玉、许修堂出席会议。

23日 地区人大工委召开1994年第五次议事会议。会议主要是听取地区计划生育委员会关于全区计划生育工作情况的汇报，讨论研究进一步做好计划生育工作的问题。地区人大工委主任毕可文主持会议，副主任张宝光、王启杰、许修堂出席会议。省八届人大代表于法杰、田德全、李锡林、马玲、陈东洲应邀参加会议。行署副专员潘兴玺列席会议。

24日至28日 省人大常委会委员、省人大农经委副主任委员李兆新到菏泽，联系驻菏泽地区的全国、省人大代表。地区人大工委副主任王启杰陪同活动。

25日 全区人大农经工作座谈会在东明县召开。地区人大工委副主任刘广新出席会议。

29日 全区人大法制工作座谈会召开。地区人大工委副主任许修堂出席会议。

12月

2日至6日 地区人大工委主任毕可文列席省八届人大常委会第十一次会议。

12日 地区人大工委召开1994年第九次主任会议。会议重点讨论研究关于驻菏泽地区的全国、省人大代表集中视察活动安排问题及1994年人大工委议事会议内容安排意见。地区人大工委主任毕可文主持会议，副主任张宝光、王启杰、刘广新、李家玉、许修堂出席会议，秘书长李继明列席会议。

14日 地区人大工委主任毕可文在定陶县人大常委会主任程玉峰、副主任刘春兰的陪同下看望驻定陶县的全国人大代表和部分省人大代表，并同定陶镇代表小组的部分代表进行座谈。

19日至23日 地区人大工委组织驻菏泽地区的八届全国人大代表和驻地直的省八届人大代表开展集中视察活动。地区人大工委主任毕可文，副主任张宝光、王启杰、刘广新、李家玉、许修堂等陪同视察。

26日 地区人大工委听取地区经贸委和开发区管委会工作情况的汇报。地区人大工委主任毕可文主持会议，副主任李家玉、许修堂参加汇报会。

1995年

1月

3日 地区人大工委听取地区工商银行的工作汇报。地区人大工委主任毕可文，副主任李家玉、许修堂参加汇报会。

4日 地区人大工委召开1995年第一次主任会议。会议主要研究关于1994年工作总结和1995年工作要点，安排春节前的主要活动。地区人大工委主任毕可文主持会议，副主任张宝光、王启杰、刘广新、李家玉、许修堂出席会议，秘书长李继明列席会议。

6日 地区人大工委党组召开民主生活会。会议重温《中共中央关于加强党的建设几个重大问题的决定》，集中讨论人大工委党的建设问题，并紧密联系个人思想工作实际，进行对照检查，制定改进措施。

18日 地区人大工委召开机关退离休老干部座谈会，通报1994年工作情况和1995年工作打算，征求意见并致以春节慰问。

18日 地区人大工委召开机关全体人员迎春座谈会。地区人大工委主任毕可文主持会议并讲话，副主任张宝光、许修堂参加座谈会。

2月

15日 地区人大工委主任毕可文，副主任张宝光、刘广新、李家玉、许修堂与其他地区领导一道迎接参加省八届人大三次会议的代表。

28日 地区领导到曹州宾馆为赴北京参加八届全国人大三次会议的驻菏泽地区的八届全国人大代表送行。地委书记林廷生，副书记、行署专员李明先，副书记路绍昌，地区人大工委主任毕可文，地区政协工委主任樊思宝，地区人大工委副主任张宝光，党组副书记王启杰，副主任刘广新、许修堂等参加活动。

3月

7日 地区人大工委听取地区人事局的工作汇报。地区人大工委主任毕可文主持会议，副主任张宝光、李家玉、许修堂，秘书长李继明参加会议。

14日至15日 地区人大工委副主任许修堂赴潍坊市参加全省法制工作座谈会。

17日至20日 地区人大工委副主任刘广新赴济宁市参加全省人大农经工作座谈会。

20日至22日 地区人大工委副主任张宝光赴淄博市参加全省人大教科文卫工作座谈会。

30日至31日 地区人大工委副主任张宝光赴济南市长清县参加全省人大民族侨务外事工作座谈会。

4月

3日 地委、地区人大工委召开纪念代表法颁布实施3周年大会。

4日至8日 地区人大工委副主任许修堂列席省八届人大常委会第十四次会议。

11日 地区人大工委听取地区土地管理局的工作汇报。地区人大工委主任毕可文主持会议，副主任张宝光、刘广新、许修堂，秘书长李继明参加会议。

12日 地区人大工委召开1995年第二次主任会议。会议主要研究关于省人大各专门委员会会议精神的传达贯彻、关于牡丹花期接待等问题。地区人大工委主任毕可文主持会议，副主任张宝光，党组副书记王启杰，副主任李家玉、许修堂出席会议，秘书长李继明列席会议。

14日至15日 地区人大工委副主任李家玉赴东营市参加全省人大城乡建设环境保护工作座谈会。

20日至26日 省人大常委会副主任郭长才带领视察组到菏泽，视察全区农业法贯彻实施情况。地区人大工委主任毕可文、副主任刘广新陪同视察。

5月

3日 地区人大工委副主任李家玉主持召开有关部门负责人会议，研究全区关于继续深入开展“菏泽环保世纪行”宣传活动事项。

18日 地区人大工委主任毕可文到鄄城县视察工作，听取县人大常委会工作汇报，视察鲁西制药厂和精细化工厂。

19日 地区人大工委召开1995年第三次主任会议。会议主要研究全区县市人大常委会主任座谈会的筹备工作和办公楼建设问题。地区人大工委主任毕可文主持会议，副主任张宝光、刘广新、李家玉出席会议，秘书长李继明列席会议。

23日 地区人大工委听取地区劳动局工作汇报。地区人大工委主任毕可文，副主任张宝光、刘广新、李家玉、许修堂参加会议。

25日至26日 全区县市人大常委会主任座谈会在菏泽召开。地委书记林廷生，地区人大工委主任毕可文，副主任张宝光，党组副书记王启杰，副主任刘广新、李家玉、许修堂参加会议。

30日 驻地直的八届全国、省人大代表小组在地委第三会议室召开会议。省人大代表毕可文、史崇亮、董茂伦、陈东洲、刘兰钦、田德全、李振堂、马玲、朱振华、晁中胜、李锡林出席会议。会议由地直代表小组组长、地区妇联主任刘兰钦主持。会议传达全省省人大代表小组长学习工作交流会议精神，研究下半年代表小组活动内容，并结合全区实际，提出意见、建议。

31日至6月1日 山西省运城地区人大工委主任董寿安一行8人到菏泽，考察交流地区人大工作开展情况。地区人大工委主任毕可文、副主任张宝光、秘书长李继明陪同活动。

6月

6日至14日 地区人大工委主任毕可文列席省八届人大常委会第十五次会议。

7日至28日 地区人大工委副主任张宝光参加全国人大常委会在北戴河人大培训中心举办的人大干部培训班。

20日至23日 省人大常委会委员、省人大城乡建设环境保护委员会副主任委员王义德到菏泽视察城建、环保工作。地区人大工委副主任刘广新陪同活动。

22日 地区人大工委主任毕可文到成武县考察工作。

27日至28日 地区人大工委副主任刘广新赴临沂地区参加全省人大代表工作座谈会。

7月

5日 地区人大工委主任毕可文到曹县考察工作。

7日 地区人大工委副主任刘广新赴青岛市参加全省人大财经工作座谈会。

13日 地区人大工委召开1995年第一次议事会议，主要研究防汛工作。地区人大工委主任毕可文主持会议并讲话。驻菏泽地区的省八届人大代表于法杰、朱振华、陈东洲、晁中胜应邀参加会议。行署副专员孔令昌列席会议。

27日 地区人大工委听取地区地税局工作汇报。地区人大工委主任毕可文主持会议并讲话，副主任张宝光、刘广新，秘书长李继明参加会议。

28日 地区人大工委召开1995年第二次议事会议，听取审议地区财政局关于财政情况的汇报。地区人大工委主任毕可文出席会议并讲话，副主任张宝光主持会议，副主任刘广新，秘书长李继明出席会议。驻地直的省八届人大代表田德全、李振堂、刘兰钦应邀参加会议。行署副专员李玉祥列席会议。

8月

1日 地区人大工委召开党组会议，按照地纪委和地委组织部的通知要求召开民主生活会，研究贯彻地委扩大会议精神和干部任免事项。

3日 地区人大工委召开工委会议，决定干部任免事项，通报地委扩大会议精神。

8日至16日 地区人大工委副主任张宝光列席省八届人大常委会第十七次会议。

11日 地区人大工委主任毕可文、副主任李家玉、秘书长李继明听取地区投资开发公司的工作汇报，并视察南华产业区。

14日 地区人大工委召开处长以上干部会

议，对学习《邓小平同志建设有中国特色社会主义理论学习纲要》进行动员，并确定用1周时间集中学习。

18日 地区人大工委召开处长以上干部会，用1天的时间集中讨论纲要学习体会，与会人员均结合实际进行发言。

22日 地区人大工委主任毕可文到郓城县考察工作，实地考察苏阁乡工业小区皮革厂、服装厂，县亨运曲轴厂和拖拉机配件厂。

25日 地区人大工委主任毕可文、副主任张宝光、秘书长李继明向新任地委书记董昭合汇报人大工作。

28日至9月1日 省人大常委会委员、省人大法制委员会副主任委员蒋永昶等到菏泽视察行政诉讼法贯彻实施情况。地区人大工委主任毕可文、副主任许修堂陪同活动。

29日至31日 地区人大工委召开1995年第三次议事会议，讨论研究进一步贯彻实施食品卫生法问题。会议视察菏泽、巨野两县市的食品生产、经营情况，听取地区卫生局关于全区食品卫生法贯彻实施情况的汇报。地区人大工委主任毕可文，副主任张宝光、刘广新、李家玉，秘书长李继明出席会议。驻菏泽地区的的部分全国、省人大代表卢新文、马玲、姚树涛、申兆庆等应邀参加会议。行署副专员潘兴玺列席会议。

9月

4日 地区人大工委召开1995年第四次主任会议，主要研究开展环境保护法执行情况检查和乡镇人大换届选举问题，确定分组外出考察人大机构改革设置情况，并推荐纠风监督检查员。

6日至7日 地区人大工委组成3个检查组，检查全区贯彻落实省、地委有关文件精神，执行环保法律法规的情况。地区人大工委主任毕可文，副主任张宝光、刘广新、李家玉分别带队，重点对菏泽市、曹县、鄄城县进行检查。部分全国、省人大代表应邀参加检查。

12日 地区人大工委召开1995年第五次主任会议，主要研究机关整顿、乡镇政权班子调查和省人大常委会主办的“一报两刊”(《人民权利报》《山东人大工作》《人大工作文摘》)发行问题。

13日 地区人大工委召开县市人大分管主任会议，布置乡镇政权调查和省人大常委会主办的“一报两刊”(《人民权利报》《山东人大工作》《人大工作文摘》)发行工作。地区人大工委主任毕可文、副主任张宝光出席会议并讲话。

14日 地区人大工委召开会议，听取地区科委的工作汇报。地区人大工委主任毕可文主持会议，副主任张宝光、刘广新、李家玉出席会议。

18日至20日 地区人大工委副主任李家玉到单县单城镇、李半庄乡、罗庄乡调查乡级政权班子建设情况。

19日 地区人大工委副主任刘广新到曹县曹城镇、青堌集镇、砖庙镇调查换届以来乡镇政权班子建设情况。

20日至21日 地区人大工委副主任张宝光到成武县成武镇、南鲁乡、宝峰乡调查乡镇政权班子建设情况。

21日至22日 地区人大工委主任毕可文到定陶县定陶镇、陈集镇调查乡镇政权班子建设情况。

26日 地区人大工委主任毕可文到定陶县东王店乡调查乡镇政权班子建设情况。

10月

4日 地区人大工委召开机关全体党员干部会议，传达党的十四届五中全会精神。

5日 地区人大工委召开1995年第六次主

任会议。会议研究确定外出考察地级市人大常委会机构改革和人大工作的具体方案。地区人大工委主任毕可文主持会议，副主任张宝光、李家玉、许修堂出席会议，秘书长李继明列席会议。

6日至12日 地区人大工委副主任刘广新列席省八届人大常委会第十八次会议。

10日 地区人大工委主任毕可文到单县调研人大工作情况。

10日至14日 地区人大工委副主任张宝光、许修堂带队，先后赴德州市、淄博市、泰安市进行考察学习，重点考察市人大及其常委会的机构改革、人代会的召开及人大机关自身建设等方面的情况。

16日 地区人大工委召开1995年第七次主任会议，主要研究安排工委机关学习党的十四届五中全会精神问题，听取关于省八届人大常委会第十次会议精神的汇报、外出考察市人大常委会情况的汇报，讨论乡镇人大换届选举工作。地区人大工委主任毕可文主持会议，副主任张宝光、刘广新、李家玉、许修堂出席会议。

18日至25日 地区人大工委主任毕可文、副主任李家玉带队，先后赴济宁市、临沂市、日照市、枣庄市学习考察人大工作。

19日至20日 地区人大工委副主任刘广新赴济南市参加全省乡镇人大换届选举工作会议。

27日 地区人大工委召开1995年第八次主任会议，听取关于全省乡镇人大换届选举工作会议精神的汇报、赴外地考察市人大常委会的情况汇报、关于1995年第四次议事会议准备情况的汇报。

11月

1日 地区人大工委听取审议地区计划委员会关于菏泽地区国民经济和社会发展第九个五年计划及2010年远景目标纲要的汇报。地区人大工委主任毕可文主持会议，党组副书记张宝光，副主任刘广新、李家玉、许修堂，秘书长李继明参加会议。

2日至3日 省人大常委会委员、人事代表工作室主任、省选举工作办公室主任朱广新一行3人到菏泽，联系省人大代表并检查全省乡镇人大换届选举工作会议精神的贯彻情况。地区人大工委副主任、党组副书记张宝光，地区人大工委副主任、地区乡镇人大换届选举领导小组副组长刘广新等陪同活动。

9日至10日 地区人大工委举行1995年第四次议事会议，主要议题是检查产品质量法在全区的贯彻实施情况。集中观看全区宣传实施产品质量法情况的录像，视察菏泽市百货大楼、菏泽第二毛纺厂和菏泽市桑盾集团，听取地区技术监督局关于全区贯彻实施产品质量法情况的汇报。地区人大工委主任毕可文主持会议，副主任李家玉，秘书长李继明出席会议。省八届人大代表于法杰、李永亮、李进民、晁中胜、陈东洲应邀参加会议。

10日至11日 省人大常委会副主任王树芳带领检查组到菏泽检查“二五”普法实施情况。地区人大工委主任毕可文陪同活动。

17日 地区人大工委副主任刘广新到巨野县了解乡镇人大换届选举工作进展情况。

21日 地区人大工委主任毕可文、秘书长李继明到曹县考察橡胶助剂厂，联系省人大代表马存生。

22日 地区人大工委召开1995年第九次主任会议。会议主要讨论确定代表集中视察活动方案，研究人大工委组成人员分县市联系代表活动的安排，布置工委及各处室做好年终工作总结和制定明年工作要点的工作、深入学习贯彻党的五中全会和地委全委扩大会会议精神、修订完善各项规章制度、加强机关自身建设等工作。地区人大工委主任毕可文主持会议，副主任刘广新、李家玉、许修堂出席会议，秘书长李继明列席会议。

23 日 地区人大工委在地委第三会议室召开地区行署、计委、财政局、公安处、教育局、计生委等单位办公室主任会议，研究部署驻菏泽地区的部分全国、省人大代表集中视察活动汇报材料的准备工作。地区人大工委副主任李家玉出席会议并讲话，秘书长李继明主持会议。

23 日 地区人大工委副主任刘广新到东明县了解乡镇人大换届选举工作进展情况。

23 日至 27 日 省人大常委会委员、省人大农经委副主任委员李兆新到菏泽联系八届全国、省人大代表。地区人大工委副主任刘广新陪同活动。

27 日 地区人大工委副主任李家玉到单县参加曹叵集乡韦洼村建村 30 周年纪念活动，联系驻单县八届全国、省人大代表。

28 日 地区人大工委副主任许修堂到成武县宝峰乡、大田集镇，走访看望省人大代表刘昌富、李成祥，听取建议、批评和意见。

28 日 地区人大工委主任毕可文到定陶县联系人大代表，并调研乡镇人大换届选举工作情况。

29 日 地区人大工委副主任许修堂到郓城县联系驻郓城的全国、省人大代表张留林、唐有虞、吴绪祥、张宗彦、朱琳。

30 日 地区人大工委副主任刘广新到巨野县联系驻巨野的省八届人大代表王效春、王春玲、姚树涛、申兆庆。

12 月

1 日 地区人大工委在曹县召开南五县（曹县、单县、成武、定陶、巨野）乡镇人大换届选举工作座谈会。地区乡镇人大换届选举领导小组副组长、地区人大工委副主任刘广新出席会议并讲话。

5 日至 8 日 地区人大工委组织驻菏泽地区的八届全国人大代表和驻地直的省八届人大代表开展集中视察活动。地区人大工委副主任刘广新、李家玉、许修堂陪同视察。

7 日至 15 日 地区人大工委副主任许修堂列席省八届人大常委会第十九次会议。

14 日 地区人大工委主任毕可文到菏泽市联系、看望驻菏泽市的省八届人大代表李永亮、孙洪成、李振德、杨秋云、贾学英、杨永昌，并在菏泽市南城办事处召开市人大代表小组座谈会。

18 日至 23 日 省人大常委会委员、省人大城乡建设环境保护委员会副主任委员孙宝珠到菏泽联系八届全国人大代表和省八届人大代表。地区人大工委副主任刘广新、李家玉陪同活动。

21 日 安徽省五地区人大工委主任一行 27 人到菏泽考察。地区人大工委主任毕可文、副主任李家玉、秘书长李继明陪同考察。

25 日 地区人大工委主任毕可文到地区交通集团总公司看望省八届人大代表、菏泽地区交通集团总公司党委书记、总经理史崇亮，并征求其意见、建议。

26 日 地区人大工委主任毕可文到地区印刷厂看望省八届人大代表，地区印刷厂党委书记、厂长杨大显，并征求其意见、建议。

28 日 地区人大工委召开工委会议，欢迎张朝玉和李胜华到地区人大工委任职。工委主任毕可文主持会议，副主任刘广新、李家玉、许修堂和新任工委副主任张朝玉、李胜华，以及原副主任张宝光、王启杰，秘书长李继明等参加会议。

1996年

1月

2日　地区人大工委召开1996年第一次主任会议。会议主要研究工委主任、副主任、秘书长的分工问题，关于1995年工作总结和1996年工作要点，春节前的具体工作安排等内容。地区人大工委主任毕可文主持会议，副主任刘广新、李家玉、许修堂、张朝玉、李胜华出席会议，秘书长李继明列席会议。

4日　地区人大工委副主任刘广新在地委第三会议室主持召开征集人大代表建议座谈会。

5日　地区人大工委副主任刘广新到鄄城县检查乡镇人大换届选举工作。

6日　地区人大工委副主任李家玉带领地区公安处、地区监察局的负责人到巨野县太平乡刘庄村调查人大代表上访案件。

9日　地区人大工委主任毕可文到定陶县陈集镇视察乡镇企业发展情况。

10日　全区人大信访工作会议在菏泽召开。地区人大工委副主任刘广新、秘书长李继明出席会议。

12日　地区人大工委召开1996年第二次主任会议。会议主要研究全区乡镇人大换届选举工作、工委组成人员联系代表分工调整、机关干部职工年度考核、学习张家港等问题。地区人大工委主任毕可文主持会议，副主任刘广新、李家玉、许修堂、张朝玉出席会议，秘书长李继明列席会议。

15日　地区人大工委机关召开学习张家港精神动员会，传达地委关于深入开展学习张家港精神活动的决定，部署人大工委机关学习张家港的活动安排。地区人大工委主任毕可文出席会议并作动员讲话，秘书长李继明主持会议。

17日至19日　地区人大工委副主任许修堂带队对曹县、东明县、菏泽市贯彻食品卫生法的情况进行检查、抽查。

18日　地区人大工委召开1996年第一次工委会议，主要研究人事任免事项。地区人大工委主任毕可文主持会议，副主任刘广新、许修堂、张朝玉、李胜华，秘书长李继明出席会议。

18日　地区人大工委听取地区地税局上半年工作情况汇报。地区人大工委主任毕可文，副主任刘广新、李家玉、张朝玉、李胜华参加会议。

22日　地区人大工委听取地区人事局关于全区人事工作情况的汇报。地区人大工委主任毕可文，副主任李家玉、许修堂、张朝玉、李胜华参加会议。

22日　地区人大工委副主任张朝玉到地区建委、环保局调研。

23日　地区人大工委副主任张朝玉在地区技术监督局负责人的陪同下，视察菏泽市水建街副食品市场、青年北路商品批发市场、解放北街粮油门市和市第二百货大楼。

24日　地区人大工委在地委第三会议室召开工委组成人员及各处室负责人会议。会议传达地委关于学习江泽民同志“领导干部一定要讲政治”的重要讲话的通知，并结合学习张家港，讨论完善机关规章制度。地区人大工委主任毕可文主持会议，副主任刘广新、李家玉、许修堂、张朝玉，秘书长李继明出席会议。

26日　全区人大教科文卫工作座谈会在地区人大工委三楼会议室召开。地区人大工委副主任许修堂出席会议并讲话。

29日至31日　省人大常委会委员、省人大农经委副主任委员李兆新到菏泽检查农业投入情况。地区人大工委副主任刘广新陪同活动。

29日　地区人大工委召开工委组成人员和各处室负责人会议，讨论1996年人大工委工作要点。

30日 地区人大工委召开机关全体人员会议。总结1995年工作，明确1996年工作要点，并对机关自身建设提出要求。地区人大工委主任毕可文出席会议并讲话。

31日 地区人大工委邀请驻地直的省人大代表田德全、杨大显、刘兰钦、晁中胜、朱振华、马玲等讨论省政府工作报告（草案）。地区人大工委主任毕可文，副主任刘广新、李家玉、许修堂、张朝玉参加会议。

2月

5日 地区人大工委召开1996年第三次主任会议。会议主要研究乡镇人大换届选举工作和人事任免事项。地区人大工委主任毕可文主持会议，副主任刘广新、李家玉、许修堂、张朝玉出席会议，秘书长李继明列席会议。

5日 地区人大工委党组召开民主生活会，学习廉洁自律方面的有关文件，对1995年度思想作风和党风廉政建设情况进行检查总结。

9日 地区人大工委召开机关全体人员迎春茶话会，畅谈1995年工作，布置1996年工作。

12日 地区人大工委召开1996年第四次主任会议。会议主要研究年度考核、驻菏泽地区的省人大代表参加省八届人大四次会议前准备工作、部分主任科员工作安排和外欠账清理等问题。地区人大工委主任毕可文主持会议，副主任刘广新、李家玉、许修堂、张朝玉出席会议，秘书长李继明列席会议。

23日至3月2日 地区人大工委主任毕可文与驻菏泽地区的省人大代表出席山东省第八届人民代表大会第四次会议。参加会议的菏泽代表团代表59名，因病请假3名。菏泽代表团团长为毕可文，副团长为阎世海、于法杰、汪孚臣。

28日 地区人大工委副主任刘广新到东明县检查指导乡镇人大换届选举工作。

3月

5日 地区人大工委召开1996年第五次主任会议。会议传达省八届人大四次会议的基本情况和主要精神，研究传达贯彻意见，并研究近期人大工作。地区人大工委主任毕可文主持会议，副主任刘广新、李家玉、张朝玉、李胜华出席会议，秘书长李继明列席会议。

5日 地区人大工委副主任张朝玉到东明县调查研究。

11日 地委在第四会议室召开地直副县级以上单位负责人会议，传达省“两会”精神。地区人大工委主任毕可文向地直各部门负责人传达省八届人大四次会议精神。地委副书记路绍昌主持会议并代表地委讲话。

14日 辽宁省阜新市人大常委会副主任辛寿明一行4人到菏泽交流代表评议工作经验。地区人大工委副主任刘广新参加座谈会。

16日至18日 河南省人大常委会教科文卫工作委员会副主任石训一行4人到菏泽，考察广播电视管理、文物保护情况。地区人大工委副主任许修堂陪同活动。

21日 地区人大工委副主任刘广新到单县指导乡镇人大换届选举工作。

22日 地区人大工委召开1996年第六次主任会议。会议主要研究举办全区乡镇人大主席培训班、乡镇人大换届选举工作、办公楼搬迁准备工作、机关人员进修费用及住房维修等问题。地区人大工委主任毕可文主持会议，副主任刘广新、李家玉、张朝玉出席会议，秘书长李继明列席会议。

26日至28日 地区人大工委副主任许修堂到菏泽市、成武县、曹县检查法制工作开展情况。

4 月

2 日至 4 日　全区乡镇人大换届选举工作总结座谈会分两片分别在鄄城县和成武县召开。地区人大工委副主任兼地区乡镇人大换届选举工作领导小组副组长刘广新出席会议。

2 日至 3 日　地区人大工委副主任张朝玉赴淄博市参加全省人大城乡建设环境保护工作座谈会。

4 日至 6 日　地区人大工委副主任李胜华赴青岛市参加全省人大农经工作座谈会。

13 日至 17 日　地区人大工委副主任刘广新列席省八届人大常委会第二十一次会议。

16 日　地区人大工委主任毕可文，副主任李家玉、许修堂等一行 14 人视察南华产业区。

16 日　全区人大机关档案工作会议召开。地区人大工委副主任李家玉出席会议并讲话。

19 日至 22 日　省人大常委会副主任苗枫林到菏泽，考察曹县商都遗址和龙山文化遗址、定陶仿山古墓群遗址，视察郓城一中和宋江武校。地区人大工委副主任许修堂陪同活动。

27 日至 30 日　省人大常委会副主任徐学孟一行 12 人到菏泽视察农业法贯彻落实情况。地区人大工委主任毕可文、副主任刘广新陪同活动。

29 日　枣庄市人大常委会主任段振方到菏泽考察。地区人大工委副主任李家玉陪同活动。

30 日　地区人大工委召开 1996 年第七次主任会议。会议重点讨论举办全区乡镇人大主席培训班的具体事项。地区人大工委主任毕可文主持会议，副主任刘广新、许修堂、张朝玉出席会议。

5 月

4 日至 5 日　地区人大工委分两期在地委党校举办全区乡镇人大主席培训班。

9 日至 10 日　地区人大工委副主任许修堂带领教科文卫处和有关部门的人员对地直医药生产、经营单位和巨野县的医药部门进行检查。

10 日　地区人大工委召开 1996 年第八次主任会议。会议听取全区乡镇人大主席第一期培训班的情况汇报，研究新办公楼验收及搬迁准备工作、向地委汇报人大工作等问题。地区人大工委主任毕可文主持会议，副主任刘广新、李家玉、张朝玉出席会议。

16 日　地区人大工委召开 1996 年第九次主任会议。会议主要研究需要办理的若干工作和关于全区乡镇人大主席培训班的总结。地区人大工委副主任刘广新主持会议，副主任李家玉、许修堂、张朝玉出席会议。

30 日至 6 月 1 日　地区人大工委副主任李胜华赴东营市参加全省人事代表工作座谈会。

31 日　全区人大城乡建设环境保护工作座谈会召开。地区人大工委副主任张朝玉出席会议并讲话。

6 月

4 日　地区人大工委召开 1996 年第十次主任会议。会议主要研究部门包乡镇联系村、省人大及其常委会多个会议精神传达、1996 年第一次工委议事会议召开、办公楼搬迁等问题。地区人大工委主任毕可文主持会议，副主任李家玉、许修堂、张朝玉、李胜华出席会议。

6 日　驻地直的省人大代表小组视察菏泽市种植业结构调整情况。地区人大工委主任毕可文、副主任李胜华参加视察活动。

7 日　地区人大工委召开 1996 年第一次议事会议，听取地区行署关于 1995 年国民经济和社会发展计划的汇报。地区人大工委主任毕可文主持会议，副主任刘广新、李家玉、许修堂、张朝玉、李胜华出席会议。驻地直的省八届人大代表于法杰、朱振华、陈东洲应邀参加会议。

11 日　地区人大工委副主任张朝玉到巨野县联系省人大代表并与代表一起视察“三夏”生产和乡镇企业等项工作。

11 日至 15 日　地区人大工委主任毕可文列席省八届人大常委会第二十二次会议。

12 日　地区人大工委副主任刘广新、李家玉、许修堂、张朝玉、李胜华与机关部分工作人员到定陶县力本屯乡参加麦收。

20 日　地区人大工委召开 1996 年第十一次主任会议。会议主要研究 1996 年第二次工委议事会议的方案和包乡镇联系村、迁入新楼办公等问题。地区人大工委主任毕可文，副主任刘广新、李家玉、许修堂、张朝玉、李胜华出席会议，秘书长李继明列席会议。

26 日至 28 日　地区人大工委召开 1996 年第二次议事会议，组织驻菏泽地区的部分全国人大代表、省人大代表对防汛工作进行视察。会议期间，与会人员视察黄河、内河及城市防汛工作，听取有关县市及地区防汛指挥部、黄河河务局和城市防汛办公室的工作汇报，并进行讨论。地区人大工委主任毕可文、副主任李胜华分别主持会议，副主任刘广新、许修堂、张朝玉出席会议。八届全国人大代表李明先、卢新文，省八届人大代表于法杰、丁继民、朱振华、陈东洲、晁中胜等应邀参加会议。行署副专员李德章列席会议。

7 月

1 日　地区人大工委正式迁入新建办公楼办公。

2 日至 4 日　地区人大工委副主任张朝玉赴烟台市参加全省人大财经工作座谈会。

8 月

6 日至 11 日　地区人大工委副主任李胜华赴济南市列席省八届人大常委会第二十三次会议。

23 日　地区人大工委召开党组会议。会议重点研究机构改革“三定”方案和参照实行公务员制度问题。地区人大工委党组书记毕可文主持会议，党组副书记刘广新，党组成员李家玉、许修堂、张朝玉、李胜华出席会议。

29 日　地区人大工委召开 1996 年第十三次主任会议，重点听取办公楼基建工作情况总结。地区人大工委主任毕可文主持会议，副主任刘广新、李家玉、许修堂、张朝玉、李胜华出席会议。

9 月

2 日至 14 日　地区人大工委副主任李家玉一行 4 人赴山西省晋中地区出席全国十三省（区）三十二地区（盟、市）人大工作联席会，并作大会发言。

2 日至 3 日　地区人大工委副主任刘广新赴聊城地区茌平县参加全省乡镇人大工作座谈会。

3 日　地区人大工委听取地区公路局工作情况汇报。

10 日　地区人大工委召开 1996 年第十四次主任会议。会议听取全省乡镇人大工作座谈会精神的汇报，研究传达贯彻意见，讨论关于出席全省人大工作会议发言材料准备工作，通报工委机关部分干部职务变动情况。地区人大工委主任毕可文主持会议，副主任刘广新、许修堂、张朝玉、李胜华出席会议。

13 日　全区人大系统农经工作座谈会召开。地区人大工委副主任李胜华主持会议并讲话。

17 日　地区人大工委召开 1996 年第三次议事会议，听取地区行署关于贯彻实施教育法、教师法及山东省实施教师法办法情况的汇报。地区人大工委主任毕可文，副主任刘广新、许修堂、张朝玉、李胜华出席会议。驻地直的省八届人大代表于法杰、李锡林、田德全、马玲、关爱芝应邀参加会议。行署副专员高运启列席会议。

18日 全区人大系统财经工作座谈会召开。地区人大工委副主任张朝玉主持会议并讲话。

19日 地区人大工委召开1996年第四次议事会议，听取地区行署关于1995年财政决算、1996年财政预算安排及1月至8月执行情况的汇报，听取1995年度地区本级预算执行及其他财政财务收支情况的审计工作报告。地区人大工委主任毕可文主持会议，副主任刘广新、李家玉、许修堂、张朝玉、李胜华，秘书长李继明出席会议；驻菏泽地区的省八届人大代表于法杰、史崇亮、刘兰钦、田德全应邀参加会议；行署副专员李玉祥列席会议。

19日 地区人大工委召开1996年第十五次主任会议。会议主要研究人事任免事项、包乡镇联系村工作、出席全省人大工作会议地委领导发言材料的起草、组织离退休干部外出考察等问题。地区人大工委主任毕可文主持会议，副主任刘广新、李家玉、许修堂、张朝玉、李胜华出席会议，秘书长李继明列席会议。

19日 地区人大工委召开1996年第二次工委会议，研究通过有关人事任免事项。地区人大工委主任毕可文主持会议，副主任刘广新、李家玉、许修堂、张朝玉、李胜华出席会议。

20日 地区人大工委组织视察地区财政局的养殖场、油漆厂、高效农业示范园和减振器厂4个财源建设项目。

20日 地区人大工委副主任刘广新到菏泽市听取全市乡镇人大工作情况汇报。

23日 地区人大工委主任毕可文赴济南市参加全省人大工作会议。

24日 地区人大工委副主任刘广新到东明县调研乡镇人大工作情况。

10月

4日至8日 全区乡镇人大工作座谈会先后在东明县、巨野县召开。地区人大工委副主任刘广新出席会议。

8日至14日 地区人大工委副主任张朝玉赴济南市列席省八届人大常委会第二十四次会议。

10日至11日 全区人大宣传工作会议在曹州宾馆召开。地区人大工委主任毕可文，地委委员、宣传部部长贾凤英，地区人大工委副主任李家玉、秘书长李继明出席会议。

16日至18日 省人事代表工作室副主任杜忠臣到菏泽调研县乡人大工作情况。地区人大工委副主任刘广新陪同活动。

21日 地区人大工委召开1996年第十六次主任会议。会议重点研究关于学习贯彻党的十四届六中全会精神问题。地区人大工委主任毕可文主持会议，副主任刘广新、李家玉、张朝玉、李胜华出席会议，秘书长李继明列席会议。

22日 地区人大工委主任毕可文到巨野县调研人大工作情况，并视察部分企业。

25日 地区人大工委召开1996年第十七次主任会议。会议重点研究关于驻菏泽地区的全国人大代表和省人大代表在八届人大五次会议前开展集中视察活动问题。地区人大工委副主任刘广新主持会议，副主任李家玉、张朝玉、李胜华出席会议，秘书长李继明列席会议。

30日 省人大城建环保委员会副主任委员孙宝珠到菏泽召集有关部门座谈，听取对《山东省环境保护条例》的修改意见。地区人大工委副主任刘广新、张朝玉参加座谈。

30日 地区人大工委主任毕可文到地区农用汽车集团公司调研生产经营情况。

31日 地区人大工委主任毕可文到定陶县联系人大代表，考察工作。

11 月

4 日至 12 日 地区人大工委副主任许修堂带领法制处及地区劳动局的人员，分组对全区 9 个县市和开发区以及地直部门对贯彻落实劳动法情况进行检查。

5 日 地区人大工委副主任张朝玉主持召开菏泽市人大及有关部门负责人座谈会，讨论修改《山东省城市建设管理条例》。

5 日 地区人大工委主任毕可文到鄄城县调研人大工作。

21 日 地区人大工委召开 1996 年第十八次主任会议，主要研究地委全委扩大会议精神学习贯彻意见、工委机关机构改革方案、代表集中视察活动安排、全区人大工作会议的筹备等工作。地区人大工委主任毕可文主持会议，副主任刘广新、李家玉、许修堂、张朝玉出席会议，秘书长李继明列席会议。

26 日至 28 日 地区人大工委副主任刘广新赴潍坊市参加全省人大代表工作座谈会。

27 日 地区人大工委副主任张朝玉到巨野县联系人大代表并召开座谈会。

28 日 地区人大工委主任毕可文向地委全委会议汇报地区人大工委工作情况、意见和泽地区的要求及全省人大工作会议精神。

28 日 地区人大工委副主任李胜华到鄄城县走访省人大代表。

12 月

4 日 地区人大工委主任毕可文听取地区环保局的工作汇报。

6 日 地区人大工委主任毕可文到东明县调研人大工作情况。

9 日至 13 日 地区人大工委组织驻菏八届全国人大代表和部分省八届人大代表进行集中视察。地区人大工委副主任刘广新、李家玉、许修堂、张朝玉、李胜华陪同视察。

10 日至 14 日 地区人大工委副主任李家玉列席省八届人大常委会第二十五次会议。

17 日 地区人大工委召开 1996 年第十九次主任会议，主要研究全区人大工作会议的准备工作和地委、行署联席会议精神及全省人大代表工作座谈会精神的传达贯彻问题。地区人大工委主任毕可文主持会议，副主任刘广新、李家玉、许修堂、张朝玉、李胜华出席会议，秘书长李继明列席会议。

17 日 地区人大工委召开 1996 年第三次工委会议，研究决定人事任免事项。地区人大工委主任毕可文主持会议，副主任刘广新、李家玉、许修堂、张朝玉、李胜华，秘书长李继明出席会议。

23 日至 24 日 全区人大工作会议在牡丹大酒店召开。地区领导董昭合、李明先、路绍昌、杨成训、阎世海、毕可文、温新月、霍正气、刘广新、李家玉、许修堂、张朝玉、李胜华等出席会议。各县市负责联系人大工作的书记、人大常委会主任，地直有关部门负责人，地区人大工委秘书长、副秘书长、各处室负责人，各新闻单位负责人参加会议；董昭合、李明先、路绍昌、毕可文分别讲话。

25 日 省人大常委会委员、省农科院院长王大刚到菏泽联系全国、省人大代表。地区人大工委副主任李胜华陪同活动。

1997年

1月

3日 地区人大工委召开1997年第一次主任会议。会议主要讨论研究地区人大工委1996年工作总结和1997年工作要点以及春节前的工作安排。地区人大工委主任毕可文主持会议，副主任刘广新、李家玉、张朝玉、李胜华出席会议，秘书长李继明列席会议。

21日 地区人大工委召开1997年第二次主任会议。会议研究通过地区人大工委1996年工作总结和1997年工作要点，并确定分别以工委和工委党组文件报省人大常委会、地委。地区人大工委主任毕可文主持会议，副主任刘广新、李家玉、许修堂、张朝玉、李胜华出席会议，秘书长李继明列席会议。

2月

3日 地区人大工委召开1997年第三次主任会议。会议通报人事任免事项。地区人大工委主任毕可文主持会议，副主任刘广新、李家玉、张朝玉、李胜华出席会议，秘书长李继明列席会议。

3日 地区人大工委召开1997年第一次工委会议。会议根据地委提名，研究通过有关人事任免事项。地区人大工委主任毕可文主持会议，副主任刘广新、李家玉、许修堂、张朝玉、李胜华出席会议，秘书长李继明列席会议。

15日至20日 省八届人大代表、地区人大工委主任毕可文与驻菏泽地区的省人大代表在济南出席山东省第八届人民代表大会第五次会议。菏泽代表团共有代表62名，因病请假5名，实到57名。菏泽代表团团长毕可文为大会主席团成员，副团长为阎世海、于法杰、汪孚臣。

3月

3日 地区人大工委副主任张朝玉到郓城县人大常委会和部分企业检查指导工作。

11日至12日 地区人大工委副主任刘广新赴青岛市参加全省人大法制工作座谈会。

14日 地区人大工委召开1997年第四次主任会议。会议主要研究机关学习、招考及选调机关工作人员、人事任免等问题。地区人大工委主任毕可文，副主任李家玉、张朝玉、李胜华出席会议。

17日 地区人大工委召开1997年第五次主任会议。会议重点研究关于评选1996年度“双文明”先进单位和先进个人有关事项。地区人大工委主任毕可文，副主任刘广新、李家玉、张朝玉出席会议，秘书长徐福增列席会议。

26日 地区人大工委副主任张朝玉到东明县部分县属企业和乡镇企业视察工作。

27日 地区人大工委召开1997年第一次党组会议。会议研究当前的工作和机构改革等方面的事项。地区人大工委党组书记毕可文，党组副书记李家玉，党组成员张朝玉、李胜华、徐福增出席会议。

4月

1日 地区人大工委视察地区财政局直属企业。地区人大工委主任毕可文，副主任李家玉、张朝玉参加视察。

1日至10日 地区人大工委副主任李胜华列席省八届人大常委会第二十七次会议。

2日 地区人大工委召开1997年第一次议事会议。会议听取行署关于菏泽地区1996年国民经济和社会发展计划执行情况及1997年计划安排的汇报、关于菏泽地区1996年财政预算执行情况和1997年预算安排意见的汇报。地区人大工委主任毕可文，副主任李家玉、张朝玉，工委委员及部分驻地直的全国、省人大代表出席会议。

3日 地区人大工委副主任张朝玉主持召开地直教科文卫部门负责人座谈会。地区人大工委研究室、教科文卫处，地区教委、科委、计生委、文化局、卫生局、新闻出版局等部门的负责人出席会议。

8日 地区人大工委主任毕可文到定陶县陈集镇检查指导工作。

8日 地区人大工委副主任李家玉到菏泽造纸厂检查企业安全生产情况。

14日 地区人大工委召开1997年第六次主任会议。会议主要研究省八届人大常委会第二十七次会议和省人大有关法律条例培训班精神的贯彻意见、工委主任分工、人事任免、机关财务管理等事项。地区人大工委主任毕可文，副主任李家玉、许修堂、张朝玉、李胜华出席会议，秘书长徐福增列席会议。

18日 地区人大工委领导在工委会议室听取地区地方税务局工作汇报。地区人大工委主任毕可文，副主任许修堂参加会议。

23日至25日 省人大常委会副主任郭长才率领视察团到菏泽视察农业法实施情况。地区人大工委主任毕可文、副主任李胜华陪同活动。

23日至25日 地区人大工委副主任许修堂赴济南市参加省人大民族侨务立法座谈会。

28日 全区“环保世纪行”总结表彰会在菏泽召开。地区人大工委副主任张朝玉出席会议。

30日 地区人大工委副主任张朝玉到地区浸出油厂、粮油期货贸易公司等企业检查工作。

5月

3日 德州市人大常委会副主任王克功到菏泽考察县乡人大工作。地区人大工委副主任李胜华陪同活动。

4日 烟台市人大常委会主任周训德到菏泽考察县乡人大工作。地区人大工委副主任李家玉陪同活动。

6日至7日 地区人大工委副主任许修堂带队对巨野县、菏泽市食品卫生法的贯彻执行情况进行检查。

13日 地区人大工委召开1997年第七次主任会议。会议听取全省人大民侨外工作座谈会精神的汇报，研究工委各项规章制度的修订完善等方面工作，通过关于调整工委组成人员分工联系代表的意见。地区人大工委主任毕可文，副主任李家玉、许修堂、张朝玉、李胜华出席会议。

14日 地区人大工委副主任张朝玉带领财经处、城建环保处负责人到地区交通集团检查工作。

14日 地区人大工委主任毕可文到东明县五大企业集团检查工作。

15日 地区人大工委副主任许修堂带领教科文卫处、地区教育局负责人到东明县调查“普九”工作。

15日 地区人大工委副主任张朝玉到齐鲁音乐学校、地区税务局联系省人大代表。

16日 地区人大工委听取地区新闻出版局工作汇报。地区人大工委主任毕可文，副主任李家玉、许修堂、李胜华参加会议。

16日 “菏泽环保世纪行”组委会在人大工委会议室召开成员单位联席会议。地区人大工委副主任张朝玉出席会议并讲话。

16日 地区人大工委主任毕可文主持召开机关新进工作人员座谈会。

19日至26日 省人大常委会委员、省人大教科文卫委员会副主任委员朱广新，省人大常委会委员、省科协副主席周弘初一行5人到菏泽，就山东省科学技术协会条例（草案）开展调查研究工作。地区人大工委副主任许修堂陪同活动。

20 日 地区人大工委组织驻地直的全国、省人大代表举行第一次小组活动，代表视察地区财政局的 3 个财源建设项目，并围绕香港回归主题进行座谈学习。地区人大工委主任毕可文以省人大代表的身份参加活动。地区人大工委副主任李胜华陪同活动。

21 日 地区人大工委主任毕可文到曹县庄寨镇、曹县威环集团、五里墩冠华实业集团总公司等单位视察指导工作。

23 日 全区人大宣传暨档案工作表彰会议召开。地区人大工委副主任李家玉出席会议并讲话。

6 月

2 日至 7 日 地区人大工委主任毕可文列席省八届人大常委会第二十八次会议。

4 日 地区人大工委副主任许修堂主持召开地区侨办、侨联、民委、外事办等部门负责人座谈会。

4 日 地区人大工委副主任张朝玉带领城建环保处的人员到巨野县联系省人大代表，并参加代表小组视察活动。

17 日 地区人大工委主任毕可文到成武县大田集镇、县电机厂等单位视察工作。

18 日 地区人大工委听取地区统计局统计法制工作情况汇报。地区人大工委主任毕可文，副主任李家玉、许修堂、张朝玉、李胜华参加会议。

20 日 地区人大工委召开 1997 年第八次主任会议。会议重点研究 1997 年第二次工委议事会议的筹备情况，进一步加强车辆管理办法，同时重新调整人大信访工作领导小组。地区人大工委主任毕可文，副主任李家玉、张朝玉、李胜华出席会议。

23 日至 26 日 地区人大工委召开 1997 年第二次议事会议。会议视察和研讨黄河、内河、城市防汛工作。工委各主任、委员，部分驻地直的全国、省人大代表出席会议。行署分管专员及有关部门负责人列席会议。

23 日 地区人大工委副主任李家玉带领机关部分工作人员到工委所包的定陶县力本屯乡帮助指导群众抗旱“双保”。

27 日 地区人大工委到青岛海关驻菏泽办事处视察工作。地区人大工委各主任、委员及处室负责人参加视察。

7 月

3 日 地区人大工委召开 1997 年第九次主任会议。会议重点研究工委 7 月、8 月的工作安排。地区人大工委主任毕可文，副主任李家玉、许修堂、张朝玉、李胜华出席会议，秘书长徐福增列席会议。

3 日至 17 日 地区人大工委副主任许修堂带队到东明县、曹县、定陶县、菏泽市检查科技工作。

4 日 地区人大工委召开 1997 年第二次党组会议。地区人大工委党组书记毕可文，党组副书记李家玉，党组成员张朝玉、李胜华、徐福增出席会议。地纪委、地委组织部派员列席会议。这次会议也是一次党组民主生活会，各党组成员都按地委要求，对照有关文件规定检讨廉洁自律情况。

10 日 地区人大工委召开 1997 年第二次工委会议。会议讨论通过修改后的机关工作制度，听取工委办公室关于机关上半年财务情况的汇报。工委各主任、委员出席会议。

11 日 地区人大工委主任毕可文到曹县普连集镇、曹城镇部分乡镇企业视察工作。

14 日 地区人大工委组织视察南华产业区并听取地区投资开发公司负责人工作情况汇报。

地区人大工委主任毕可文，副主任许修堂、张朝玉、李胜华参加活动。

15 日 地区人大工委听取地区土管局工作汇报。地区人大工委副主任李家玉、许修堂、张朝玉、李胜华参加会议。

17 日 地区人大工委召开 1997 年第三次工委会议。会议根据地委提名，研究决定任命时维英为地区人大工委财经处调研员。地区人大工委副主任李家玉、许修堂、张朝玉、李胜华出席会议。

18 日 地区人大工委召开 1997 年第三次议事会议。会议听取审议行署关于菏泽地区 1997 年上半年国民经济和社会发展计划执行情况的报告、1996 年财政决算及 1997 年上半年预算执行情况的报告、1996 年度地区本级预算执行及其他财政收支情况的审计报告。地区人大工委副主任李家玉、许修堂、张朝玉、李胜华出席会议。驻地直的部分全国、省人大代表参加会议。

21 日 地区人大工委召开 1997 年第三次党组会议。会议主要就廉政建设、政治组织纪律、勤俭节约、领导班子建设 4 个方面，向地委上半年民主生活会提出意见和建议。地区人大工委党组副书记李家玉主持会议，党组成员许修堂、张朝玉、李胜华、徐福增出席会议。

22 日至 23 日 地区人大工委副主任张朝玉带领财经处和城建环保处负责人到菏泽市和定陶县调查了解企业改革和环保工作进展情况。

24 日 地区人大信访暨研究工作座谈会召开。地区人大工委副主任李家玉出席会议并讲话，秘书长徐福增主持会议。

30 日 地区人大工委复退转军人座谈会召开。地区人大工委主任毕可文出席会议并讲话，副主任李家玉主持会议。

30 日 地区人大工委听取地区地税局工作汇报。地区人大工委主任毕可文，副主任张朝玉、李胜华参加会议。

8 月

1 日 地区人大工委召开 1997 年第十次主任会议。会议重点研究人大工委 8 月工作安排。地区人大工委主任毕可文，副主任李家玉、许修堂、李胜华出席会议，秘书长徐福增列席会议。

5 日 地区人大工委召开机关全体人员会议，座谈讨论人大工委和各处室上半年工作总结及下半年工作打算。地区人大工委主任毕可文出席会议并讲话，副主任李家玉主持会议。

5 日至 10 日 地区人大工委副主任许修堂带队组织开展科技进步法执法检查。

8 日 地区人大工委听取地区计划生育委员会工作汇报。地区人大工委主任毕可文，副主任李家玉、许修堂、张朝玉、李胜华等参加听取汇报。

12 日至 14 日 地区人大工委办公室与地委组织部联合举办全区人大和组织系统法律培训班。地区人大工委副主任李胜华、秘书长徐福增出席。

17 日至 18 日 地区人大工委副主任李胜华赴济南市参加全省县级以上人大换届选举工作会议。

19 日 地区人大工委组织驻地直的全国、省人大代表进行 1997 年第二次小组活动。代表们视察全区土地管理法的贯彻实施情况，并重点视察单县、定陶两县的土地管理工作情况。工委各主任、有关处室负责人陪同视察。

20 日 江西省抚州地区人大工委副主任饶俊达一行 4 人到菏泽，考察组织人大代表评议政府职能部门的做法。地区人大工委副主任许修堂作情况介绍并陪同活动。

22 日 地区人大工委听取地区经贸委工作情况的汇报。地区人大工委主任毕可文，副主任李家玉、张朝玉、李胜华参加会议。

25 日 地区人大工委听取地区财贸办公室

及流通部门工作汇报。地区人大工委主任毕可文，副主任李家玉、张朝玉、李胜华参加听取汇报。

27 日　地区人大工委召开 1997 年第十一次主任会议。会议重点研究工委 9 月工作安排。地区人大工委主任毕可文，副主任李家玉、许修堂、张朝玉、李胜华出席会议，秘书长徐福增列席会议。

28 日至 29 日　地区人大工委视察地区交通集团总公司和地区公路局的工作。地区人大工委主任毕可文，副主任李家玉、许修堂、张朝玉，秘书长徐福增等参加视察。

9 月

1 日至 5 日　省人大城乡建设环境保护委员会副主任委员张同生率领省人大环保执法检查团到菏泽，检查全区《淮河流域水污染防治暂行条例》《山东省南四湖流域水污染防治条例》的贯彻执行情况。地区人大工委副主任张朝玉陪同活动。

1 日至 23 日　地区人大工委在全区范围内组织开展母婴保健法检查活动。地区人大工委副主任许修堂带队对单县进行抽查。

4 日至 6 日　省人大常委会人事代表工作室代表联络处处长穆萍一行 2 人到菏泽，调查了解省人大代表议案、建议办理落实情况。地区人大工委副主任李胜华、秘书长徐福增陪同活动。

7 日至 10 日　地区人大工委主任毕可文带队赴桂林参加全国十四省（区）三十二地区（盟、市）人大工作联席会第十次会议。

10 日至 10 月 20 日　地区人大工委副主任许修堂带队实地检查全区贯彻落实档案法和《山东省档案条例》情况。

10 日至 12 日　地区人大工委副主任张朝玉赴潍坊市参加全省人大城乡建设环境保护工作座谈会。

16 日　地区人大工委召开第四次党组会议。会议研究人大工委机关关于党的十五大精神的学习安排。地区人大工委党组副书记李家玉主持会议，党组成员许修堂、张朝玉、李胜华、徐福增出席会议。

17 日　地区人大工委副主任张朝玉赴济南市长清县参加全省人大财经工作座谈会。

22 日至 26 日　省人大常委会委员、省人大城建环保委副主任委员孙宝珠到菏泽联系八届全国、省人大代表。地区人大工委主任毕可文、副主任李胜华、秘书长徐福增参加座谈。

29 日　地区人大工委召开 1997 年第十二次主任会议。会议通报 9 月人大工委各方面的工作，研究 10 月至 11 月的工作安排。地区人大工委主任毕可文，副主任许修堂、张朝玉、李胜华出席会议，秘书长徐福增列席会议。

10 月

9 日至 30 日　地区人大工委副主任许修堂带领教科文卫处、地区文化局、文管处的人员，到定陶县、曹县等县市开展文物保护法、《山东省文物保护管理条例》《山东省人大常委会关于〈山东省 1996—2010 年人文自然、遗产保护与开发规划纲要〉的决议》贯彻执行情况的检查。

9 日　全区人大财经城建环保工作座谈会在地区人大工委会议室召开。地区人大工委副主任张朝玉、秘书长徐福增出席会议。

17 日至 18 日　地区人大工委副主任李胜华赴济南市参加全省县级以上人大换届选举工作会议。

21 日　地区人大工委召开机关新进人员半年工作总结会议。地区人大工委副主任李家玉讲话，同意他们如期转为人大工委机关工作人员，并提出希望和要求。

21 日至 11 月 5 日　地区人大工委副主任张

朝玉带领各县市人大常委会主任赴江苏省、浙江省等地考察经济工作。

23 日 地区人大工委召开 1997 年第五次党组会议。地区人大工委党组书记毕可文，党组副书记李家玉，党组成员许修堂、李胜华、徐福增出席会议。会议听取李胜华关于全省县级以上人大换届选举工作会议精神的汇报，并对全区下一步人大换届选举工作进行研究。

26 日至 11 月 6 日 地区人大工委副主任许修堂带领工委教科文卫处、法制处、民侨外处负责人和部分县市人大常委会副主任赴湖北省、江西省、江苏省等地考察学习。

29 日 地区人大工委副主任李家玉参加在单县召开的苏鲁豫皖毗邻县市第十次人大工作联谊会并讲话。

29 日 地区人大工委副主任李家玉带领研究室负责人到单县李半庄乡检查指导工作。

30 日 地区人大工委副主任李家玉到郓城县联系人大代表工作。

11 月

4 日 全区县级以上人大换届选举工作会议在地委组织部干部培训中心召开。地区人大工委主任毕可文、副主任李胜华出席会议。

11 日 地区人大工委组织驻地直的全国、省人大代表视察地区交警支队工作。地区人大工委各主任、委员和处室负责人陪同视察。

15 日至 20 日 地区人大工委副主任李胜华赴烟台市参加全省人大农经工作座谈会。

25 日 地区人大工委召开 1997 年第十三次主任会议。地区人大工委主任毕可文主持会议。会议研究工委第四、五、六次议事会议的安排，听取各主任外出开会及考察情况的汇报，研究换届选举工作及人事任免事项等。

28 日 地区人大工委召开 1997 年第四次议事会议。会议视察研讨环境保护法、淮河流域水污染防治暂行条例和《山东省南四湖流域水污染防治条例》在菏泽地区的贯彻执行情况。地区人大工委主任毕可文，副主任李家玉、许修堂、张朝玉、李胜华及各委员，部分驻地直的全国和省人大代表参加会议。行署副专员李德章列席会议。

12 月

4 日 地区人大工委召开 1997 年第五次议事会议。会议听取行署关于贯彻实施职业教育法工作情况的汇报。地区人大工委主任毕可文，副主任许修堂、张朝玉、李胜华及工委各委员，部分驻地直的全国和省人大代表参加会议。行署副专员潘兴玺列席会议。

9 日 全区换届选举工作座谈会在地区人大工委三楼会议室召开。地区人大工委副主任、地区选举工作委员会副主任李胜华出席会议。

10 日至 11 日 地区人大工委召开 1997 年第六次议事会议。会议听取全区农业技术推广法贯彻实施情况的汇报，重点检查曹县青堌集镇、菏泽市侯集乡基层农技推广机构“三定”工作落实情况。地区人大工委副主任李家玉主持会议，副主任许修堂、李胜华，各委员及驻地直的全国和省人大代表参加会议，行署副专员孔令昌列席会议。

18 日 地区人大工委召开 1997 年第六次党组会议。会议讨论研究地直的省人大代表候选人人选及有关情况和工委机关有关人事调配安排。地区人大工委党组书记毕可文，党组副书记李家玉，党组成员张朝玉、李胜华、徐福增出席会议。

24 日至 29 日 地区人大工委副主任张朝玉到地区地税局、粮食局、二轻总会检查指导工作。

26 日 地区人大工委召开全区县市人大常

委会主任座谈会。地委书记李明先到会讲话。地区人大工委党组书记路绍昌，主任毕可文，副主任李家玉、许修堂、张朝玉、李胜华，党组成员周书运及各县市人大常委会主任、办公室主任，共40余人参加会议。

31日 地区人大工委机关召开年终述职和考评工作会议。地区人大工委副主任李家玉作动员报告，秘书长徐福增主持会议，工委机关全体人员参加会议。工委秘书长，各处室处长、主任，以及广大干部职工先后进行述职汇报，并对全体领导干部和职工进行测评。

1998年

1月

4日 山东省人民代表大会常务委员会任命路绍昌为山东省人大常委会菏泽地区工作委员会主任。

5日 出席山东省第八届人民代表大会第六次会议的代表赴济南市参加会议，地区领导李明先、陈光、孔令昌、杜昌文、路绍昌、毕可文、杨成训、樊思宝、温新月、李家玉、许修堂、张朝玉、周书运等前往地区军转干部培训中心为代表送行。地委书记李明先发表讲话。

15日 地区人大工委召开1998年第一次主任会议。会议主要研究工委各主任的分工，1997年工委工作总结及1998年工作安排意见和春节前的工作安排。地区人大工委主任路绍昌主持会议，副主任李家玉、许修堂、张朝玉、李胜华、范福临、周书运出席会议，秘书长徐福增列席会议。

16日 地区人大工委听取地区检察分院检察长朱献瑞关于全省市地检察长会议精神及贯彻意见的汇报。地区人大工委主任路绍昌主持会议并讲话，副主任许修堂、张朝玉、李胜华、周书运出席会议。

21日 地区人大工委召开机关全体工作人员迎春座谈会，总结1997年工作，讨论1998年工作安排意见。地区人大工委主任路绍昌主持会议并讲话，副主任李家玉、许修堂、张朝玉、李胜华、范福临、周书运出席会议。

2月

12日 地区人大工委召开1998年第二次主任会议。会议研究通过《菏泽地区人大工委1997年工作总结和1998年工作安排》，并确定就此内容分别以工委、工委党组的名义向省人大常委会、地委写出报告，同时讨论1998年工委议事会议安排意见、县市人大换届选举工作及离退休干部有关待遇等问题。地区人大工委主任路绍昌主持会议，副主任李家玉、许修堂、张朝玉、李胜华、范福临、周书运出席会议。

12日 地区人大工委召开1998年第一次工委会议。会议通过有关人事任免事项。地区人大工委主任路绍昌主持会议，副主任李家玉、许修堂、张朝玉、李胜华、范福临、周书运出席会议。

17日 地区人大工委副主任张朝玉带领财经处全体人员到鄄城县调查研究。

19日至21日 省人大常委会人事代表工作室副主任、省选举工作委员会办公室副主任方兴和等一行4人到菏泽，检查县级以上人大换届选举工作。地区人大工委主任路绍昌，副主任范福临、周书运，秘书长徐福增陪同活动。

19日 地区人大工委副主任李家玉带队到单县检查指导人大换届选举工作。

19日 地区人大工委副主任张朝玉带领财

经处全体人员到郓城县调查研究。

23日至24日 地区人大工委副主任范福临带领教科文卫处的人员到地区科委、计生委、教委、体委、广播电视局检查工作。

25日 地区人大工委副主任张朝玉与财经处的人员听取计委关于全区经济运行情况的汇报。

26日 地区人大工委听取地区地方税务局局长李进民关于全区1997年地方税收工作情况和1998年工作安排意见的汇报。地区人大工委主任路绍昌主持会议，副主任李家玉、许修堂、张朝玉、范福临、周书运，秘书长徐福增参加会议。

28日 地区领导李明先、阎世海、李延良、杜昌文、路绍昌、温新月、王祖和、李家玉、许修堂、张朝玉、李胜华、范福临、周书运、黄爱菊等在菏泽牡丹大酒店热情欢送全国人大代表陈光、田德全、晁中胜、马思爱、孟红霞、汤建梅赴北京参加九届全国人大一次会议。

3月

3日 地区人大工委副主任张朝玉带领财经处的人员到东明县调查研究。

4日 地区人大工委副主任张朝玉与财经处的人员听取地区经委关于全区经济运行情况及工作情况的汇报。

5日 地区人大工委副主任范福临听取行署外办工作汇报。

9日 地区人大工委副主任范福临听取地区民委工作汇报。

11日 地区人大工委副主任周书运在地区电视台发表关于贯彻森林法，搞好义务植树活动的电视讲话。

12日 地区人大工委副主任李家玉带领工委机关人员参加由地委、行署统一组织的植树活动。

16日 地区人大工委召开1998年第三次主任会议。会议重点研究在省九届人大一次会议前工委的主要工作安排。地区人大工委主任路绍昌，副主任李家玉、许修堂、张朝玉、李胜华、范福临、周书运出席会议，秘书长徐福增列席会议。

17日 地区人大工委副主任范福临听取地区侨办工作汇报。

19日 地区人大工委召开处室负责人会议。会议研究各处室1998年工作打算，并征集对人大工委1998年工作的建议。地区人大工委主任路绍昌主持会议并讲话，副主任李家玉、许修堂、张朝玉、李胜华、范福临、周书运，秘书长徐福增出席会议。

20日 全区人大宣传工作座谈会召开。地区人大工委副主任李家玉主持会议并讲话。

21日 地区人大工委召开1998年第一次党组会议。会议专题研究关于人大机关干部的使用问题。地区人大工委党组书记路绍昌，党组副书记李家玉，党组成员许修堂、张朝玉、李胜华、范福临、周书运、徐福增出席会议。

23日 地区人大工委召开1998年第四次主任会议。会议听取财经处关于对全区1997年国民经济和社会发展计划及1997年财政预算执行情况、1998年国民经济和社会发展计划及1997年财政预算安排意见初审情况的汇报。地区人大工委副主任李家玉主持会议，副主任许修堂、张朝玉、周书运出席会议。

25日 地区人大工委召开1998年第二次工委会议。会议听取审议行署《1997年国民经济和社会发展计划执行情况与1998年计划安排意见》《1997年财政预算执行情况与1998年财政预算安排意见》的报告。地区人大工委各主任、委员参加会议。

31日 地区人大工委召开1998年第五次主任会议。会议重点研究《路绍昌同志在全区县市人大常委会主任座谈会上的讲话（初稿）》及会议的有关事项。地区人大工委主任路绍昌，副主任李家玉、张朝玉、范福临、周书运出席会议，秘书长徐福增列席会议。

31 日 驻地直的九届全国、省人大代表小组开展 1998 年第一次学习活动，并选举全国人大代表田德全为组长，省人大代表郭仲生、徐光璞为副组长。地区人大工委副主任李胜华出席会议并作学习辅导，秘书长徐福增主持会议。

4 月

1 日 地区人大工委召开全区县市人大常委会主任座谈会。地委书记李明先到会讲话，地区人大工委主任路绍昌作总结讲话。会议先后由路绍昌和地区人大工委副主任李家玉主持。

2 日 地区人大工委财经处、城建环保处对口联系地直部门工作座谈会召开。地区人大工委副主任张朝玉主持会议并讲话。

3 日 地区人大工委召开 1998 年第六次主任会议。会议主要研究机关财务状况、强化工委职权、机关整顿、房改政策等方面的问题。地区人大工委主任路绍昌，副主任李家玉、张朝玉、李胜华、周书运出席会议，秘书长徐福增列席会议。

3 日 地区人大工委副主任李胜华在地区电视台发表《进一步实施代表法、保障人民当家作主》的电视讲话。

6 日 地区领导阎世海、李延良、杜昌文、温新月、霍正气、王祖和、李家玉、许修堂、张朝玉、李胜华、范福临、周书运、黄爱菊参加欢送仪式，欢送驻菏泽地区的省九届人大代表赴济南市参加山东省第九届人民代表大会第一次会议。

9 日至 15 日 地区人大工委副主任范福临带领教科文卫处、民侨外处的人员先后到郓城县、东明县、鄄城县进行调查研究，分别听取三县人大工作及教育、科技、民侨外方面工作情况汇报，并实地考察部分基层学校。

10 日 地区人大工委副主任张朝玉到菏泽棉纺织厂调查研究。

14 日 地区人大工委副主任张朝玉带领财经处的人员到定陶县调查研究。

18 日 地区人大工委主任路绍昌列席省九届人大常委会第一次会议。

19 日 地区人大工委召开 1998 年第七次主任会议，重点研究机关整顿及相关事项。地区人大工委主任路绍昌主持会议，副主任李家玉、许修堂、李胜华、范福临、周书运出席会议，秘书长徐福增列席会议。

23 日至 26 日 地区人大工委副主任李胜华到郓城县参加晋冀鲁豫边区县级人大工作研讨会第二十次会议。

28 日 省人大常委会副主任张瑞凤到地区人大工委检查指导工作。地区人大工委主任路绍昌，原主任毕可文，工委副主任李家玉、许修堂、张朝玉、李胜华、范福临参加会议。

5 月

3 日至 4 日 滨州地区人大工委主任赵延孝一行 7 人到菏泽参观考察人大工作。地区人大工委主任路绍昌、副主任李家玉陪同活动。

5 日至 7 日 省人大常委会人事代表工作室主任杜忠臣一行 3 人到菏泽，为人大代表作辅导讲课，并到部分代表所在企业视察工作。地区人大工委副主任李胜华陪同活动。

5 日 地区人大工委主任路绍昌到郓城县检查指导小康村建设，并召开驻郓城县的省人大代表和部分县人大代表座谈会。

7 日至 8 日 湖南省益阳市人大常委会主任汪国忠一行 10 人到菏泽，考察经济发展和人大工作情况。地区人大工委主任路绍昌、原主任毕可文、副主任李家玉陪同活动。

7日 地区人大工委副主任范福临带领教科文卫处、民侨外处的人员到省人大相关专门委员会联系汇报工作。

11日至15日 地区人大工委集中开展机关整顿活动。地区人大工委主任路绍昌作动员报告，副主任李家玉作总结讲话。

11日至13日 泰安市人大常委会副主任王庆泗一行5人到菏泽实地参观考察少数民族经济发展情况。地区人大工委副主任范福临陪同活动。

19日 地区人大工委副主任范福临到定陶县检查指导小康村建设工作，并与驻定陶县的全国、省人大代表及驻定陶镇的县人大代表进行座谈。

19日 地区人大工委召开土地管理法修订草案座谈会。地区人大工委副主任周书运主持会议并讲话。

19日 地区人大工委副主任范福临听取地区专利局的工作情况及实施专利法情况的汇报。

20日至23日 地区人大工委副主任许修堂赴济南市长清县参加全省人大内务司法工作座谈会。

22日 地区人大工委召开1998年第八次主任会议。会议研究有关人事任免事项。地区人大工委主任路绍昌主持会议，副主任李家玉、范福临、周书运出席会议，秘书长徐福增列席会议。

22日 地区人大工委召开1998年第三次工委会议。会议通过有关人事任免事项。地区人大工委主任路绍昌主持会议，副主任李家玉、范福临、周书运，秘书长徐福增出席会议。

22日 地区人大工委听取地区环保局环保执法情况汇报。地区人大工委主任路绍昌主持会议，副主任李家玉、范福临、周书运，秘书长徐福增出席会议。

25日至6月3日 地区人大工委副主任范福临带领教科文卫处、民侨外处的人员到单县、成武县、巨野县进行调查研究，分别听取县人大常委会、教委、科委和民族、侨务、外事、宗教工作情况汇报，并实地察看单县第五中学、巨野亚威科技信息开发公司等单位。

26日至28日 地区人大工委副主任张朝玉赴潍坊市参加全省人大财经工作座谈会并作发言。

27日 地区机构编制委员会批复地区人大工委部分内设机构名称变更：法制工作处更名为内务司法工作处，农村经济工作处更名为农业与农村工作处，教育科学文化卫生工作处更名为教育科学文化卫生人口工作处。

27日 地区人大工委召开全体人员会议，传达全区房改工作会议精神。地区人大工委副主任范福临主持会议。

30日至6月1日 全国人大常委会副委员长丁石孙，全国人大常委会原副委员长费孝通到菏泽考察工作。地区人大工委主任路绍昌、秘书长徐福增陪同活动。

6月

1日至5日 地区人大工委副主任李胜华一行5人，赴潍坊、昌邑、招远、蓬莱等市、县考察学习人大代表评议工作。

3日至4日 地区人大工委副主任张朝玉赴济南市参加全省人大城建环保工作座谈会。

5日 地区人大工委召开全区人大内务司法工作座谈会。地区人大工委副主任许修堂主持会议并讲话。

11日 地区人大工委副主任张朝玉到地区交通局、地税局调查研究，分别听取两部门上半年工作情况汇报。

15日至17日 地区人大工委副主任周书运赴莱芜市参加全省人大农业与农村工作座谈会。

17日 地区人大工委副主任张朝玉到曹县

检查指导公路建设工作。

18日至19日 地区人大工委召开1998年第九次主任会议。会议主要研究机关规章制度、人事安排、房改、财务管理、代表评议等工作。地区人大工委主任路绍昌主持会议，副主任李家玉、许修堂、张朝玉、李胜华、范福临、周书运出席会议，秘书长徐福增列席会议。

19日 地区人大工委听取地区检察分院检察长朱献瑞关于开展教育整顿情况的汇报。地区人大工委主任路绍昌，副主任李家玉、许修堂、张朝玉、李胜华、范福临、周书运，秘书长徐福增出席会议。

22日 地区人大工委主任会议听取地区人事局关于人事编制工作情况汇报。地区人大工委主任路绍昌，副主任李家玉、许修堂、张朝玉、李胜华、范福临、周书运，秘书长徐福增出席会议。

24日至26日 省人大民侨外委副主任委员张延水一行3人到菏泽，调查研究有关少数民族经济和宗教界人士关心的热点难点问题。地区人大工委副主任李家玉陪同活动。

24日至26日 地区人大工委副主任范福临赴东营市参加全省人大教科文卫工作座谈会。

25日至26日 地区人大工委召开1998年第一次议事会议。会议期间，与会人员视察黄河、内河及城市防汛工作，听取地区黄河河务局、水利局、建委及菏泽市政府关于防汛工作情况的汇报，并提出意见和建议。地区人大工委主任、省人大代表路绍昌，副主任许修堂、张朝玉、李胜华、周书运出席会议。九届全国人大代表田德全、晁中胜、孟红霞、汤建梅，省九届人大代表李明先、毕可文、郭仲生、崔庆长、杜荷法、李荣海、张建华、朱桂芹应邀参加会议。行署副专员李德章、孙义福列席会议。

29日 地区人大工委召开1998年第四次工委会议。会议研究有关机关规章制度的修改意见。工委各主任、委员出席会议。

30日至7月3日 地区人大工委副主任张朝玉带队对全区9县市环保执法情况进行检查。

7月

3日 地区人大工委全体党员会议召开。会议对工委党支部进行改选，成立地区人大工委机关总支部委员会，下设3个支部；选举徐福增为党总支书记，李继明为副书记，选举张伯元、黄先立、边家亭、吴东华为总支成员；选举张伯元为第一党支部书记，王永成、刘祥德为委员；选举黄先立为第二党支部书记，王令海、朱喜迁为委员；选举边家亭为第三党支部书记，黄绍正、张作田为委员。

6日至7日 地区人大工委副主任张朝玉主持召开会议，听取地区经贸委关于全区上半年工业经济运行情况的汇报、地区体改委关于企业改革情况的汇报。

6日 全区环保执法检查总结会在地区人大工委二楼会议室召开。地区人大工委副主任张朝玉出席会议。

7日至10日 地区人大工委副主任李胜华赴烟台市参加全省人大人事代表工作座谈会。

9日至20日 地区人大工委副主任许修堂赴烟台市参加省人大内务司法委员会举办的法律培训班。

12日至13日 河北省人大常委会副秘书长、研究室主任蔡一润一行4人到菏泽，考察了解人大研究工作与理论研究会的情况。地区人大工委副主任李家玉陪同活动。

13日 全区人大农业与农村工作座谈会召开。地区人大工委主任路绍昌、副主任周书运出席会议并讲话。

14日至15日 地区人大工委召开1998年第二次议事会议。会议先后视察曹县、地直及菏泽市部分改制企业的生产和经营情况，听取行署及两县市政府关于企业改革情况的汇报，并进行讨论，提出指导性意见和建议。地区人大工委主任路绍昌，副主任李家玉、张朝玉、李胜华、范福临、周书运，秘书长徐福增出席会议。九届全国人大代表孟红霞，省九届人大代表毕可文、崔庆长、史崇亮、胡月臣应邀出席会议。行署副专员贾凤英列席会议。路绍昌、张朝玉分别主持会议，张朝玉作总结讲话。

14 日　全区人大财经和城建环保工作座谈会召开。地区人大工委主任路绍昌、副主任张朝玉、秘书长徐福增出席会议。

16 日　全区人大教科文卫工作座谈会召开。地区人大工委主任路绍昌、副主任范福临出席会议。

17 日至 18 日　省人大常委会研究室副主任张丙昌一行 3 人到菏泽调查了解人大工作开展情况。地区人大工委副主任李家玉陪同活动。

18 日至 8 月 1 日　地区人大工委副主任张朝玉赴内蒙古自治区乌兰察布盟参加十四省（市、区）三十二地区（盟、市）人大工作联席会。

20 日　地区人大工委召开 1998 年第十次主任会议。会议听取关于开展代表评议工作初步方案的汇报。地区人大工委主任路绍昌主持会议，副主任李家玉、李胜华、范福临、周书运出席会议，秘书长徐福增列席会议。

21 日至 23 日　地区人大工委副主任李家玉带队到成武县、东明县、定陶县对《山东省计划生育条例》进行执法检查。

28 日　地区人大工委召开 1998 年第二次党组会议。会议传达地委关于推选省七次党代会代表候选人会议精神，并提出建议名单，确定提请机关全体党员会议通过；经请示地委同意，确定1998 年不再进行评议工作；安排上半年工作总结；确定举办由县市人大常委会主任，驻地直的全国、省人大代表参加的培训班；根据省人大常委会、省委办公厅的答复，决定以党组名义，写出地改市报告，并建立领导班子。地区人大工委党组书记路绍昌，党组副书记李家玉，党组成员许修堂、李胜华、范福临、周书运、徐福增出席会议。

29 日　地区人大工委召开各处室负责人会议。各处室负责人分别总结上半年工作开展情况并提出下半年工作打算。地区人大工委主任路绍昌主持会议，副主任李家玉、张朝玉、李胜华、范福临、周书运，秘书长徐福增出席会议。

30 日　地区人大工委召开机关全体人员会议。地区人大工委主任路绍昌出席会议并讲话，总结回顾地区人大工委上半年的工作经验和成绩，并对下半年工作进行安排和部署。副主任李家玉主持会议。

30 日　省人大常委会研究室副主任蔡世聪一行 3 人到菏泽调查了解人大研究和宣传工作情况。地区人大工委副主任李家玉、秘书长徐福增陪同活动。

31 日　全区人大人事代表工作座谈会召开。地区人大工委主任路绍昌、副主任李胜华出席会议并讲话。

8 月

3 日至 5 日　地区人大工委副主任李胜华到曹县、菏泽市联系省九届人大代表。

4 日　地区人大工委副主任范福临带队到定陶县检查指导小康村建设工作。

6 日　地区人大工委召开 1998 年第十一次主任会议。地区人大工委主任路绍昌主持会议，副主任李家玉、许修堂、张朝玉、李胜华、范福临、周书运出席会议，秘书长徐福增列席会议。会议听取办公室关于机关工作人员工资调整情况的汇报，研究有关人事问题，听取秘书长徐福增关于机关车辆保险、维修等有关情况的汇报。

11 日　地区人大工委召开会议，听取地区中级人民法院院长张玉佩关于上半年工作情况及下半年工作打算的汇报。地区人大工委主任路绍昌主持会议，副主任李家玉、许修堂、张朝玉、李胜华、范福临、周书运，秘书长徐福增出席会议。

11 日 地直有关部门信访工作座谈会召开。地区人大工委副主任李家玉出席会议并讲话，秘书长徐福增主持会议。

13 日至 14 日 地区人大工委副主任许修堂、范福临分别带领检查组到单县、曹县、菏泽市、郓城县进行食品卫生法执法检查。

17 日 地区人大工委机关全体人员开展向灾区赈灾募捐献爱心活动，共捐款 5600 余元。

20 日 地区人大工委召开 1998 年第五次工委会议。听取地区审计局局长陈好孔关于 1997 年度地区本级预算执行及其他财政收支情况的审计汇报。地区人大工委主任路绍昌，副主任李家玉、许修堂、张朝玉、李胜华及委员出席会议。

24 日 地区人大工委副主任张朝玉带领财经处的人员到定陶县调查研究。

25 日至 26 日 地区人大工委召开 1998 年第三次议事会议。会议视察菏泽市、定陶县、曹县部分少数民族集体和民营企业及少数民族家庭。听取行署关于全区少数民族经济工作情况的汇报和 3 县市政府关于贯彻落实《山东省民族工作条例》情况的汇报，进行讨论，并提出意见和建议。地区人大工委主任路绍昌，副主任李家玉、许修堂、张朝玉、李胜华、范福临、周书运，秘书长徐福增出席会议。九届全国人大代表孟红霞、汤建梅、马思爱，省九届人大代表毕可文、崔庆长、史崇亮、胡月臣、李荣海、徐光璞应邀出席会议。行署副专员杨宪文列席会议。

27 日至 28 日 地区人大工委举办全区首期人大新闻报道培训班。地区人大工委副主任李家玉出席培训班并讲话。

28 日 地区人大工委副主任张朝玉到鄄城县检查指导小康村建设工作。

31 日 地区人大工委召开 1998 年第十二次主任会议。会议主要研究学习邓小平理论、举办各县市人大常委会主任、副主任和驻地直的全国、省人大代表培训班，省人大常委会主任赵志浩到菏泽视察准备工作，机关电话管理等事项。地区人大工委主任路绍昌主持会议，副主任李家玉、许修堂、李胜华、周书运出席会议，秘书长徐福增列席会议。

9 月

1 日 地区人大工委主任路绍昌到郓城县郓城镇视察指导小康村建设工作。

2 日 地区人大工委副主任李家玉到地区交通集团、曹州书画院走访联系省九届人大代表，听取代表的意见和建议。

4 日 地区人大工委听取地区科委关于科技成果转化法贯彻实施情况的汇报。地区人大工委副主任李家玉主持会议并讲话，副主任许修堂、李胜华、周书运，秘书长徐福增出席会议。

7 日至 8 日 地区人大工委副主任许修堂带队到定陶县、菏泽市和地直有关部门对科技成果转化法贯彻实施情况进行执法检查。

8 日 地区人大工委主任路绍昌到曹县视察工作。

9 日至 19 日 地区人大工委主任路绍昌，副主任李家玉、许修堂带领教科文卫处和地直有关部门的负责人分别到各县市对全区科协条例贯彻落实情况进行执法检查。

9 日至 15 日 地区人大工委副主任李家玉带队到菏泽市、郓城县、鄄城县调查指导工作。

10 日 地区人大工委副主任许修堂、秘书长徐福增和有关处室人员，听取地区中级人民法院关于执行工作情况的汇报。

13 日至 14 日 省人大常委会主任赵志浩、副主任墨文川率领省人大常委会环保执法检查组到菏泽对全区环保执法情况进行检查。驻菏泽地区的全国人大代表晁中胜、汤建梅应邀参加检查。地区人大工委主任路绍昌、副主任张朝玉陪同检查。

21日 地区人大工委组织视察全区公路建设情况。地区人大工委主任路绍昌，副主任李家玉、许修堂、张朝玉、李胜华参加视察。九届全国人大代表晁中胜、汤建梅，省九届人大代表史崇亮应邀参加视察。

22日 地区人大工委召开1998年第十三次主任会议。会议主要研究省人大关于办理《加大对“京九”沿线欠发达地区扶持力度》议案（即“14号议案”）座谈会的接待服务工作，举办县市人大常委会主任培训班等方面问题。地区人大工委主任路绍昌主持会议，副主任李家玉、许修堂、张朝玉、李胜华出席会议。

24日 地区人大工委召开1998年第六次工委会议。听取并审议行署关于全区1998年上半年国民经济和社会发展计划执行情况及关于1997年全区财政决算和1998年上半年财政预算执行情况的汇报。地区人大工委主任路绍昌主持会议，副主任许修堂、张朝玉、李胜华出席会议。行署副专员贾凤英列席会议。

27日至29日 省人大常委会在菏泽召开关于办理《加大对“京九”沿线欠发达地区扶持力度》议案座谈会，专门研究如何加大对“京九”沿线欠发达地区扶持力度的问题。

28日至30日 地区人大工委在地委党校举办全区县市人大常委会主任培训班。全区县市人大常委会主任、副主任和人事代表机构负责人，驻地直的全国、省人大代表，以及地区人大工委各处室负责人，共80余人参加培训。

10月

6日 地区人大工委召开1998年第十四次主任会议，重点研究工委第四、五次议事会议的时间安排和内容等事项，听取工委领导和有关处室关于近期参加省内外会议情况的汇报。地区人大工委主任路绍昌主持会议，副主任李家玉、许修堂、张朝玉、李胜华、范福临、周书运出席会议。

6日至16日 地区人大工委主任路绍昌列席省九届人大常委会第四次会议。

8日 地区人大工委听取地区工商局关于全区个体私营经济发展情况的汇报。地区人大工委副主任李家玉主持会议，副主任许修堂、张朝玉、李胜华参加会议。

14日 地区人大工委召开1998年第四次议事会议。会议听取并审议地区行署关于全区贯彻实施农业法（侧重农业投入）情况的汇报。地区人大工委主任路绍昌主持会议，副主任李家玉、许修堂、张朝玉、李胜华、范福临、周书运出席会议。

15日 全区人大报刊发行工作座谈会召开。地区人大工委副主任李家玉出席会议并讲话，秘书长徐福增主持会议。

20日至21日 地区人大工委副主任李胜华赴济南市参加全省乡镇人大换届选举工作会议。

27日 地区人大工委召开1998年第五次议事会议。会议听取地区行署关于《山东省计划生育条例》的贯彻及全区计划生育工作情况的汇报，进行研讨，并提出意见建议。地区人大工委主任路绍昌主持会议，副主任许修堂、张朝玉、李胜华出席会议。部分驻地直的全国、省九届人大代表应邀出席会议。

27日 地区人大工委召开1998年第十五次主任会议，听取并研究有关乡镇人大换届选举方面的工作意见。地区人大工委主任路绍昌主持会议，副主任许修堂、张朝玉、李胜华出席会议，秘书长徐福增列席会议。

29日 地区人大工委副主任张朝玉到定陶县陈集镇看望八届全国人大代表苑宪章。

11 月

3 日至 5 日 省人大常委会研究室副主任张丙昌一行 2 人到菏泽，调查了解人大报刊宣传发行工作情况。地区人大工委主任路绍昌、秘书长徐福增陪同活动。

5 日 全区乡镇人大换届选举工作会议召开。地委副书记李延良，地区人大工委主任路绍昌，地委委员、组织部部长王祖和，地区人大工委副主任李胜华出席会议。

6 日 “菏泽环保世纪行”组委会在曹州宾馆召开“菏泽环保世纪行”总结表彰会，表彰一批先进单位和个人以及“环保世纪行”好新闻作品。地区人大工委副主任张朝玉出席会议并讲话。

11 日至 17 日 “菏泽环保世纪行”组委会组织新闻媒体开展集中采访活动。地区人大工委副主任张朝玉参加活动。

12 日 地区人大工委视察地区广播电视工作。地区人大工委主任路绍昌，副主任李家玉、许修堂、李胜华、范福临、周书运参加视察。

13 日 地区人大工委召开 1998 年第十六次主任会议，重点研究关于驻菏泽地区的全国、省人大代表在九届人大二次会议前开展集中视察活动等事项。地区人大工委主任路绍昌，副主任李家玉、许修堂、李胜华、范福临出席会议，秘书长徐福增列席会议。

16 日 地区人大工委主任路绍昌带队到郓城县检查指导小康村建设。

19 日 全区人大信访工作会议召开，传达贯彻全省第六次人大信访工作会议精神，研究部署全区人大信访工作。地区人大工委副主任李家玉出席会议并讲话，秘书长徐福增主持会议。

24 日至 27 日 省人大常委会委员、省人大城建环保委委员段璋银到菏泽，联系省九届人大代表。地区人大工委副主任李胜华陪同活动。

24 日至 28 日 省人大常委会委员、省人大教科文卫委员会副主任委员宋存胜到菏泽，联系省人大代表。地区人大工委副主任许修堂陪同活动。

24 日至 26 日 地区人大工委秘书长徐福增赴济南市参加全省市地人大秘书长、办公室（厅）主任座谈会。

25 日至 27 日 地区人大工委副主任范福临赴泰安市参加全省人大民侨外工作座谈会。

27 日 地区人大工委召开 1998 年第六次议事会议。视察菏泽市城市规划及城市建设工作，并听取行署及菏泽市政府关于贯彻执行城市规划法工作情况的汇报。地区人大工委副主任李家玉、张朝玉、李胜华、周书运出席会议。部分驻地直的全国、省人大代表应邀参加会议。行署副专员李德章列席会议。

12 月

3 日 地区人大工委组织部分驻菏泽地区的全国、省人大代表视察全区地税工作。地区人大工委副主任李家玉、许修堂、张朝玉、李胜华、范福临、周书运陪同视察。

7 日 地区人大工委召开 1998 年第十七次主任会议，主要研究驻菏泽地区的九届全国人大代表和驻地直的省九届人大代表在九届人大二次会议前进行集中视察活动和关于工委年终工作总结等事项。地区人大工委主任路绍昌，副主任李家玉、许修堂、张朝玉、李胜华、范福临、周书运出席会议，秘书长徐福增列席会议。

7 日至 11 日 地区人大工委组织驻菏泽地区的九届全国人大代表和驻地直的省九届人大代表开展集中视察活动。地区人大工委主任路绍昌，副主任李家玉、许修堂、张朝玉、李胜华、范福临、周书运，秘书长徐福增陪同活动。

14 日 地区人大工委副主任张朝玉到地区酒厂等企业联系代表。

15日 地区人大工委召开会议，听取地区技术监督局贯彻实施产品质量法情况汇报。地区人大工委主任路绍昌主持会议，副主任许修堂、张朝玉、李胜华、范福临、周书运等出席会议。

16日 地区人大工委副主任张朝玉到鄄城县联系省九届人大代表。

18日 地区人大工委召开1998年第十八次主任会议。地区人大工委主任路绍昌，副主任李家玉、许修堂、李胜华、范福临、周书运出席会议。会议主要研究人事任免事项，传达全省市地人大秘书长、办公室（厅）主任会议精神，通报全区乡镇人大换届选举工作进展情况，同意将秘书长列为主任会议组成人员。

23日 全区人大民侨外工作座谈会召开。地区人大工委主任路绍昌、副主任范福临、秘书长徐福增出席会议。

27日至28日 地区人大工委副主任许修堂带队赴济南市参加全省贯彻村民委员会组织法座谈会。

28日 地区人大工委召开1998年第十九次主任会议，听取仁达贸易公司工作情况的汇报，并就有关方面的问题提出指导性意见。地区人大工委主任路绍昌，副主任李家玉、张朝玉、范福临，秘书长徐福增出席会议。

1999年

1月

8日 地区人大工委召开1999年第一次主任会议，重点讨论研究人大如何贯彻落实省委、省政府关于东西结合，加快菏泽地区发展的重大决策和地委重要部署的问题。地区人大工委主任路绍昌主持会议，副主任李家玉、许修堂、张朝玉、李胜华、范福临、周书运，秘书长徐福增出席会议。

11日至14日 省人大常委会人事代表工作室副主任方兴和到菏泽检查指导乡镇人大换届选举工作。地区人大工委主任路绍昌、副主任李胜华、秘书长徐福增陪同活动。

15日 地区人大工委召开机关全体人员会议，各处室负责人总结交流1998年工作情况，并汇报1999年工作打算。

18日 地区人大工委召开1999年第二次主任会议，重点讨论研究工委1998年工作总结和1999年工作安排意见。地区人大工委副主任李家玉、张朝玉、李胜华、范福临、周书运，秘书长徐福增出席会议。

18日 地委批转地区人大工委党组《关于促进东西结合，加快菏泽发展工作的意见》。

20日 地区人大工委副主任张朝玉到定陶县陈集镇联系九届全国人大代表马思爱和省九届人大代表张九勋、华保章等，就如何贯彻落实省委、省政府作出的“东西结合，加快菏泽发展”的重大决策，充分发挥各级人大代表作用进行座谈讨论。

22日 地区人大工委召开1999年第三次主任会议，重点研究确定工委1999年重要活动安排、机关工作人员年度考核意见及春节前的几项活动安排。地区人大工委主任路绍昌，副主任李家玉、张朝玉、李胜华、范福临、周书运，秘书长徐福增出席会议。

26日 地区人大工委召开全区乡镇人大换届选举工作座谈会。地区人大工委主任路绍昌，副主任李胜华，秘书长徐福增出席会议。

27日 地区人大工委召开机关工作总结会议。地区人大工委主任路绍昌就地区人大工委1998年工作总结和1999年工作安排意见讲话。机关全体人员参加会议。

30日至2月6日 驻菏泽地区的李明先、路绍昌、陈光等66名省九届人大代表赴济南市出席山东省第九届人民代表大会第二次会议。

2月

8日 地区人大工委召开离退休老干部迎春茶话会，地区人大工委主任路绍昌通报工委1998年工作情况。

3月

2日 地区人大工委召开1999年第四次主任会议，重点研究有关人事任免事项和机关部分人员的工作变动问题。地区人大工委主任路绍昌，副主任许修堂、张朝玉、李胜华、范福临、周书运，秘书长徐福增出席会议。

3日至4日 省人大常委会副主任张瑞凤到菏泽视察冀鲁豫边区革命纪念馆的工程建设情况。地区领导李明先、阎世海、路绍昌、贾凤英等陪同活动。

3日至15日 驻菏泽地区的全国人大代表陈光、田德全、晁中胜、孟红霞、汤建梅、马思爱赴北京出席九届全国人大二次会议。

10日至14日 省人大常委会委员、省人大内务司法委员会副主任委员郑义堂一行5人到菏泽，对菏泽地区贯彻实施《山东省村民委员会选举办法》和第六届村民委员会选举工作情况进行检查。地区人大工委副主任许修堂陪同活动。

18日 地区人大工委召开1999年第一次工委会议。会议分别研究通过马文选、王永成、宋波和郭国怀、时维英、申玉仁的任免事项。工委各主任、委员出席会议。

23日 地区人大工委在菏泽召开全区县市人大常委会主任座谈会。地委书记李明先出席会议并讲话。工委各主任、处室负责人及全区各县市人大常委会主任参加会议，地区人大工委主任路绍昌作总结讲话。

24日至26日 地区人大工委副主任李胜华赴潍坊市参加全省人大农业与农村工作座谈会。

29日至4月3日 地区人大工委主任路绍昌列席省九届人大常委会第八次会议。

31日至4月4日 地区人大工委副主任许修堂赴济南市参加全省人大内务司法工作座谈会。

4月

2日 地区人大工委召开驻地直的全国、省人大代表纪念代表法颁布实施7周年座谈会。地区人大工委副主任李胜华出席会议并讲话。

16日至20日 地区人大工委副主任范福临带队赴巨野县和菏泽市进行文物保护“一法一条例”执法检查活动。

16日 地区人大工委副主任张朝玉到东明县检查公路建设情况。

25日至30日 省人大常委会副主任王道玉率领视察组到菏泽，视察农业法和村民委员会组织法贯彻实施情况。地区人大工委主任路绍昌、副主任李胜华陪同活动。

28日至30日 省人大常委会委员、省人大财经委副主任委员张敬茂一行7人到菏泽，视察台胞投资保护法贯彻执行情况。地区人大工委副主任张朝玉陪同活动。

5月

5日至8日 由省人大常委会委员、省人大城建环保委副主任委员朱关兴，省人大常委会委员张连明和地区人大工委副主任张朝玉，驻菏泽地区的全国人大代表晁中胜、汤建梅组成的环保执法检查组在菏泽进行环保执法检查。

7日　地区人大工委主任路绍昌在“三讲”教育中到郓城县召开部分省、县、乡三级人大代表参加的座谈会，征求对地区人大工委党组和对其本人的意见和建议。

9日　地区人大工委主任路绍昌分别主持召开主任座谈会和驻菏泽地区的部分全国、省人大代表座谈会，强烈抗议和谴责以美国为首的北约轰炸我国驻南联盟大使馆的野蛮暴行，坚决支持我国政府的严正立场。

10日　地区人大工委副主任许修堂、秘书长徐福增到菏泽市都司乡看望慰问地区人大工委包村干部。

11日　地区人大工委副主任范福临带队到鄄城县考察旅游景点规划建设和开发利用情况。

13日至18日　地区人大工委副主任张朝玉赴泰安市参加全省人大财经工作研讨会。

17日至19日　全国人大常委会委员、全国人大农业与农村委员会委员、北京军区原司令员李来柱一行6人到菏泽，调查农业法贯彻实施情况。地区人大工委主任路绍昌、副主任周书运陪同活动。

20日至31日　地区人大工委副主任张朝玉分别到定陶县、鄄城县、成武县调查研究。

20日　地区人大工委副主任范福临到郓城县考察旅游景点开发建设情况。

22日至23日　地区人大工委主任路绍昌在“三讲”教育中分别到曹县、东明县征求意见。

6月

2日　地区人大工委召开1999年第二次工委会议，听取审议行署关于国民经济计划和财政预决算情况的汇报。地区人大工委主任路绍昌主持会议，副主任许修堂、张朝玉、李胜华、范福临、周书运，秘书长徐福增出席会议。地委副书记、行署副专员杜昌文，行署秘书长侯宪秀列席会议。

10日至11日　地区人大工委副主任李胜华参加全省人大人事代表工作座谈会。

14日至18日　地区人大工委副主任李胜华赴济南市列席省九届人大常委会第十次会议。

14日至16日　地区人大工委副主任张朝玉到定陶县陈集镇调查研究和联系人大代表。

15日　地区人大工委副主任范福临和教科文卫处的人员听取地区科委关于科技“一法一条例”贯彻实施情况的汇报。

19日　辽宁省锦州市人大常委会副主任王永才、耿维忠等一行12人到菏泽，考察有关人大财经和代表工作方面的情况。地区人大工委副主任张朝玉陪同活动。

21日　地区人大工委主任路绍昌、副主任周书运到单县检查指导工作。

23日　地区人大工委副主任范福临带队到定陶县考察文物保护“一法一条例”贯彻实施情况和旅游景点规划建设与开发利用情况。

28日至7月1日　省人大常委会副主任、省人大农业与农村委员会主任委员王玉玺一行5人到菏泽视察森林法贯彻实施情况。地区人大工委主任路绍昌、副主任周书运陪同活动。

7月

2日　地区人大工委机关党员干部在地区人大工委党组成员、机关党总支书记、秘书长徐福增带领下赴聊城市参观孔繁森同志纪念馆。

5日　地区人大工委召开1999年第一次议事会议，重点研讨全区黄河、内河和城市防汛工作。地区人大工委主任路绍昌主持会议，副主任张朝玉、范福临、周书运出席会议。驻菏泽地区的九届全国人大代表田德全、晁中胜、孟红霞、汤建梅和省九届人大代表李明先、毕可文、史崇亮、李荣海、张建华应邀参加会议。行署副专员孙义福列席会议。

5日至8日　地区人大工委副主任李胜华赴青岛市出席全省人大城建环保工作座谈会。

6日　地区人大工委副主任范福临和民侨外处的人员听取地区旅游局关于全省旅游工作会议精神的汇报。

7日　德州市人大常委会副主任耿文献一行到菏泽，考察无偿献血情况。地区人大工委副主任范福临陪同活动。

14日　地区人大工委召开1999年第五次主任会议，重点研究工委领导分工和机关管理工作。地区人大工委主任路绍昌主持会议，副主任李胜华、范福临、周书运，秘书长徐福增出席会议。

16日　全区人大人事代表工作座谈会在定陶县召开。地区人大工委副主任李胜华出席会议并讲话。

21日　中华环保世纪行“爱我黄河”记者采访团到菏泽采访。地区人大工委副主任周书运陪同活动。

22日　地区人大工委召开1999年第三次工委会议，听取行署关于1998年地区本级预算执行及其财政收支情况的审计工作报告。地区人大工委主任路绍昌主持会议，副主任李胜华、范福临，秘书长徐福增出席会议。

23日　全区人大农业与农村工作座谈会在东明县召开。地区人大工委副主任周书运出席会议并讲话。

26日至29日　地区人大工委副主任周书运赴日照市参加全省人大教科文卫工作座谈会。

27日　地区人大工委主任路绍昌到郓城县考察指导小康村建设。

8月

6日　地区人大工委主任路绍昌到巨野县调查研究。

9日　地区人大工委主任路绍昌到东明县调查研究。

17日　全区人大财经工作座谈会在成武县召开。地区人大工委副主任李胜华出席会议并讲话。

18日至22日　地区人大工委副主任周书运赴济南市列席省九届人大常委会第十一次会议。

19日至20日　地区人大工委副主任范福临和教科文卫处的人员听取全区专利法执法情况的汇报，并对菏泽市、单县贯彻执行专利法和山东省专利保护条例情况进行抽查。

25日　地区人大工委主任路绍昌，副主任李胜华、范福临、周书运带领工委委员和驻地直的部分全国、省人大代表，视察菏泽诚信集团公司和地区交警支队车管所。

9月

1日　地区人大工委副主任李胜华到郓城县丁里长镇何垓村调查指导小康村建设。

2日至7日　省人大常委会副主任何宗贵一行9人到菏泽视察计划生育法规执行情况。地区人大工委主任路绍昌、副主任范福临陪同活动。

2日　全区人大城建环保工作座谈会在单县召开。地区人大工委副主任周书运出席会议并讲话。

8日至9日　地区人大工委副主任李胜华赴济南市参加全省人大宣传工作座谈会。

10日　地区人大工委副主任李胜华赴济南市参加全省人大报刊宣传工作座谈会。

14日　地区人大工委召开1999年第六次主任会议，重点研究关于召开全区人大宣传工作会议和制止公款吃喝等事项。地区人大工委主任路绍昌主持会议，副主任许修堂、李胜华、范福临、周书运，秘书长徐福增出席会议。

24日　地区人大工委机关组织传达学习党的十五届四中全会精神。

10 月

11 日　全区人大宣传工作会议在菏泽召开，地区人大工委主任路绍昌，地委副书记李延良，地委委员、宣传部部长韩广洁和地区人大工委副主任李胜华先后讲话。地区人大工委各处室主要负责人和地区各新闻单位负责人及各县市人大常委会、各县市委宣传部分管人大宣传工作的负责人出席会议。

12 日至 15 日　地区人大工委副主任李胜华赴河南省驻马店地区出席十省（区）十七地区（市）人大工作联席会第十四次会议。

20 日至 12 月 28 日　地区人大工委机关县级领导干部集中开展以“讲学习、讲政治、讲正气”为主要内容的党性党风教育活动。

24 日至 28 日　地区人大工委主任路绍昌赴浙江省丽水地区出席十四省（市、区）三十二地区（盟、市）第十二次人大工作联席会。

29 日至 31 日　省人大常委会副主任张瑞凤到菏泽参加蒋震高等工业学校开学典礼活动，并视察冀鲁豫边区革命纪念馆的建设情况。地区人大工委副主任许修堂、秘书长徐福增陪同活动。

11 月

1 日至 2 日　省人大常委会委员、省人大城建环保委员会委员段璋银到菏泽联系省人大代表。地区人大工委副主任李胜华陪同活动。

3 日　地区人大工委副主任许修堂、李胜华、周书运，秘书长徐福增听取地区公安局关于行风评议情况的汇报。

7 日至 10 日　地区人大工委副主任李胜华赴济南市参加全省人大代表工作会议。

12 日　全区人大教科文卫工作座谈会在郓城县召开。地区人大工委副主任范福临出席会议并讲话。

15 日　地区人大工委召开 1999 年第七次主任会议，重点研究代表集中视察活动问题。地区人大工委主任路绍昌主持会议，副主任许修堂、李胜华、范福临、周书运，秘书长徐福增出席会议。

16 日　地区人大工委组织部分驻地直的全国、省人大代表视察全区电业工作。地区人大工委主任路绍昌，副主任许修堂、李胜华、范福临、周书运参加视察活动。

17 日　地区人大工委主任路绍昌，副主任许修堂、李胜华、范福临、周书运，工委各委员，部分驻地直的全国、省人大代表视察全区地税工作情况。

19 日　地区人大工委召开 1999 年第四次工委会议，研究有关人事任免事项。

24 日至 30 日　地区人大工委副主任范福临带领教科文卫处和地区档案局的人员，到曹县、定陶县、单县、成武县、郓城县，检查档案法和山东省档案管理条例贯彻落实情况。

24 日　地区人大工委主任路绍昌，副主任许修堂、李胜华、范福临、周书运和工委各委员及驻地直部分全国、省人大代表视察全区公路建设情况。

28 日至 29 日　地区人大工委副主任许修堂参加省人大内司委召开的贯彻实施法官法和检察官法座谈会。

12 月

5 日至 6 日　九届全国人大常委会委员杨兴富一行 6 人到菏泽调查研究，听取地区人大工委主任路绍昌关于工委工作情况的汇报，工委副主任许修堂等陪同活动。

6 日至 8 日　地区人大工委副主任范福临赴济南市参加全省人大民侨外工作座谈会。

8 日至 11 日　地区人大工委组织驻菏泽地区的九届全国人大代表和驻地直的省九届人大代

表进行人代会前的集中视察活动。地区人大工委副主任许修堂、李胜华、范福临、周书运陪同视察。

14 日 地区人大工委机关召开全体工作人员会议，专题学习讨论省委书记吴官正、省人大常委会主任赵志浩在纪念地方人大常委会设立20周年座谈会上的讲话。

17 日至 19 日 省人大常委会委员、省人大财经委副主任委员曹允江到菏泽联系人大代表。地区人大工委主任路绍昌，副主任范福临、周书运，秘书长徐福增陪同活动。

21 日至 23 日 省人大常委会委员、省人大财经委副主任委员刘秀胜一行6人到菏泽，检查省九届人大二次会议上菏泽代表团的部分代表联名所提“14号议案”的办理落实情况。地区人大工委主任路绍昌，副主任许修堂、李胜华陪同活动。

24 日 地区人大工委召开1999年第八次主任会议，重点研究元旦前的几项工作。地区人大工委主任路绍昌主持会议，副主任许修堂、李胜华、范福临、周书运，秘书长徐福增出席会议。

24 日 全区贯彻《山东省职业病防治条例》座谈会在菏泽召开。地区人大工委副主任范福临出席会议并讲话。

24 日 地区人大工委副主任周书运在菏泽电视台发表关于宣传贯彻《中华人民共和国气象法》的电视讲话。

27 日至 29 日 省人大常委会委员、省人大教科文卫委员会副主任委员朱广新一行3人到菏泽联系人大代表。地区人大工委主任路绍昌，副主任范福临，秘书长徐福增陪同活动。

27 日 地区人大工委主任路绍昌，副主任许修堂、李胜华、范福临、周书运，秘书长徐福增听取地区检察分院检察长朱献瑞关于全区检察工作情况汇报。

2000 年

1 月

10 日 地区人大工委召开2000年第一次主任会议，研究机关1999年工作总结、年度考核、机关财务工作和关于组团参加省九届人大三次会议的有关事项。地区人大工委主任路绍昌，副主任范福临、周书运，秘书长徐福增出席会议。

27 日 地区人大工委召开机关离退休老干部座谈会。

2 月

14 日 地区人大工委副主任许修堂、李胜华、范福临、周书运和地区其他领导一道在菏泽南华牡丹大酒店为李明先、陈光等省人大代表参加省九届人大三次会议送行。这次会议于2月16日至21日在济南举行。全区有64名代表参加，有2名代表因病请假。

25 日 全区人大民侨外工作座谈会在鄄城县召开。地区人大工委副主任范福临出席会议并讲话。

29 日 地区人大工委副主任许修堂、李胜华、范福临、周书运与地区其他领导一道在菏泽南华牡丹大酒店为驻菏泽地区的全国人大代表陈光、田德全、晁中胜、孟红霞、汤建梅、马思爱赴北京参加九届全国人大三次会议送行。

3 月

3 日 省人大常委会办公厅副主任杨明一行5人到菏泽，就省级班子“三讲”教育整改措施落实和省“三讲”结束后出现的新问题到菏泽征求意见。地区人大工委副主任许修堂参加座谈。

8 日 地区人大工委召开 2000 年第二次主任会议，重点研究关于召开全区县市人大常委会主任座谈会、全国十四省(市、区)三十二地区(盟、市)人大工作联席会及全区人大信访工作会议的相关事项。地区人大工委主任路绍昌，副主任许修堂、李胜华、范福临，秘书长徐福增出席会议。

12 日 地区人大工委副主任范福临带领机关干部职工一行 20 余人到菏泽市都司镇南刘庄行政村义务植树。

14 日 全区县市人大常委会主任座谈会在菏泽召开。地委书记李明先出席会议并讲话。工委在家各主任、处室负责人及全区各县市人大常委会主任或副主任参加会议。地区人大工委主任路绍昌作总结讲话。

29 日 地区人大工委抽调王永成、刘祥德、安克林、许素洋、王敏英、马刚 6 名县级和科级干部到菏泽市都司镇开展包村工作，时间一年。

31 日至 4 月 2 日 中共中央政治局委员、全国人大常委会副委员长田纪云，在省委副书记吴爱英、省人大常委会副主任王渭田等陪同下到菏泽视察。地区人大工委副主任许修堂、秘书长徐福增陪同活动。

4 月

2 日 地区人大工委副主任范福临到定陶县为搞好工委领导班子“三讲”教育“回头看”活动征求意见、调查研究。

6 日 地区人大工委副主任李胜华赴济南市专题向省人大常委会秘书长王懿诚汇报全国十四省（市、区）三十二地区（盟、市）人大工作联席会筹备工作情况。

13 日 地区人大工委组织部分驻地直的全国、省人大代表到定陶、菏泽两县市视察代表法贯彻执行情况。地区人大工委副主任李胜华在代表座谈讨论后作总结讲话。

24 日至 27 日 地区人大工委副主任范福临赴德州市参加全省人大财经工作座谈会。

25 日至 27 日 十四省（市、区）三十二地区（盟、市）人大工作联席会第十三次会议在菏泽南华牡丹大酒店召开。省人大常委会副主任墨文川到会讲话。地区人大工委副主任许修堂致开幕词，地委书记李明先致欢迎词，地委副书记、行署副专员杜昌文介绍菏泽区情。这次会议交流的议题是重视发挥人大代表作用，推进社会主义民主法制建设。

5 月

12 日 地区人大工委组织工委全体组成人员和部分驻地直的全国、省人大代表视察定陶县工农业生产和城乡经济发展情况。地区人大工委副主任许修堂、李胜华、范福临参加视察活动。

15 日至 19 日 地区人大工委副主任周书运赴龙口市参加全省城建环保工作座谈会。

16 日 地区人大工委召开 2000 年第一次党组会议。会议集体学习全区“三讲”教育“回头看”实施方案，逐条对照菏泽地区人大工委党组关于“三讲”教育的整改意见，各党组成员结合思想和工作实践，对照领导班子和个人“三讲”教育中制定的整改方案和措施进行讨论，会议还研究关于人大工委机关干部的提拔任用问题。地区人大工委党组副书记许修堂主持会议，党组成员李胜华、范福临、徐福增出席会议。

28 日 冀鲁豫边区革命纪念馆开馆。中共中央政治局委员、全国人大常委会副委员长田纪云出席典礼并剪彩。山东省人大常委会副主任张瑞凤主持开馆仪式。地区人大工委各主任及离退休老干部参加开馆典礼。

29 日 地区人大工委召开 2000 年第二次党组会议。会议主要研究社会养老保险和 1998、

1999年度机关事业单位工作人员正常晋升职务工资档次等问题。地区人大工委党组副书记许修堂主持会议，党组成员李胜华、周书运、徐福增参加会议。

29日至30日 地区人大工委召开2000年第一次工委会议。分别听取行署关于1999年度地区本级预算审计和关于全区国民经济计划及财政预决算情况的汇报。地区人大工委副主任许修堂主持会议，副主任李胜华、周书运出席会议。

29日至31日 地区人大工委副主任范福临赴乳山市参加全省人大教科文卫工作座谈会。

6月

7日至9日 省人大常委会委员、省人大内务司法委员会副主任委员郑义堂一行3人到菏泽，检查《山东省司法工作人员违法办案责任追究条例》贯彻执行情况。地区人大工委副主任许修堂陪同活动。

10日至7月10日 地区人大工委机关县级领导干部开展"三讲"教育"回头看"活动。

22日 全区人大财经工作座谈会召开。地区人大工委副主任李胜华出席会议并讲话。

26日至30日 地区人大工委副主任李胜华列席省九届人大常委会第十五次会议。

28日 地区人大工委副主任周书运在《菏泽日报》发表题为《依法保持水土，振兴农业经济》的署名文章。

7月

4日至7日 省人大城建环保委员会副主任委员朱关兴率领执法检查组到菏泽，检查土地管理法执行情况，驻菏泽地区的省人大代表毕可文、张建华作为检查组成员参加检查，地区人大工委副主任周书运陪同活动。

12日至13日 地区人大工委召开2000年第一次议事会议，中心议题是检查防洪法在菏泽地区的贯彻实施情况，重点是视察并研讨2000年黄河、内河与城市防汛工作。地区人大工委副主任许修堂、李胜华、范福临、周书运出席会议。工委委员、处室负责人和驻地直的部分全国、省人大代表参加会议。

15日 地区人大工委副主任许修堂赴济南市参加全省贯彻实施预防未成年人犯罪法座谈会。

21日 全区人大教科文卫工作座谈会在菏泽召开。地区人大工委副主任范福临出席会议并讲话。

24日 地区人大工委召开2000年第三次党组会议，重点通报工委部分处室负责人的任免问题。地区人大工委党组副书记许修堂主持会议，党组成员李胜华、范福临、周书运、徐福增出席会议。

24日 地区人大工委召开2000年第二次工委会议，研究决定有关人事任免事项。

25日 地区人大工委召开第三次主任会议。地区人大工委副主任许修堂主持会议，副主任李胜华、范福临、周书运出席会议。

8月

3日 全区人大农业与农村工作座谈会在曹县召开。地区人大工委副主任许修堂、李胜华、周书运，秘书长徐福增参加会议。

7日 地区人大工委召开2000年第四次党组会议。会议重点通报省纪委关于给予路绍昌开除党籍处分的决定和关于菏泽地区人大工委主任路绍昌有关问题的调查报告。地区人大工委党组副书记许修堂主持会议，党组成员李胜华、范福临、周书运、徐福增出席会议。

15日至22日 地区人大工委副主任范福临带队到鄄城县、曹县等有关部门，就全区出生人口性别比例情况进行调查研究。

17 日 全区人大城建环保工作座谈会在菏泽召开。地区人大工委副主任周书运出席会议并讲话。

22 日至 9 月 25 日 地区人大工委开展全体党员警示教育活动。

25 日 省九届人大常委会第十六次会议，根据省人大常委会主任会议的提请，决定任命李明先为山东省人大常委会菏泽地区工作委员会主任（兼）。

28 日 地区人大工委召开第四次主任会议，重点研究工委领导分工、撤地设市工作、人事安排及近期有关工作。地委书记、地区人大工委主任李明先，地区人大工委副主任李胜华、范福临、周书运、郭仲生出席会议。

29 日至 31 日 地区人大工委副主任李胜华赴济南市参加全省乡镇人大工作会议。

9 月

1 日至 3 日 地区人大工委党组副书记许修堂、秘书长徐福增一行 5 人，赴甘肃省武威地区参加十省（区）十八地市人大工作联席会第十五次会议。

3 日 地委成立菏泽市第十五届人民代表大会第一次会议筹备工作委员会。地委书记、地区人大工委主任李明先为主任，陈光、李延良、王祖和、李胜华、范福临、周书运、郭仲生为副主任。地区人大工委秘书长徐福增及有关部门负责人为成员。

4 日至 7 日 地区人大工委副主任范福临带队对全区刑事诉讼法实施情况进行执法检查。

6 日 地区人大工委召开 2000 年第五次主任会议，听取关于全省乡镇人大工作会议精神的汇报，研究地改市后人大常委会会议室的改建、干部培训等有关事项。地委书记、地区人大工委主任李明先，地区人大工委副主任李胜华、范福临、周书运、郭仲生出席会议。

7 日 地区人大工委副主任许修堂、李胜华、范福临分别到区内教学第一线视察学校建设，慰问教职员工，向人民教师致以节日祝贺。

14 日至 15 日 地区人大工委召开 2000 年第二次议事会议，对《中华人民共和国义务教育法》及《中共中央、国务院关于深化教育改革全面推进素质教育的决定》在全区的贯彻实施情况进行视察。地区人大工委副主任李胜华、周书运，秘书长徐福增及工委委员，部分驻地直的省人大代表参加视察。

21 日至 23 日 省人大常委会委员、省人大内务司法委员会副主任委员李春田率领检查组一行 7 人到菏泽，对全区刑事诉讼法的贯彻实施情况进行检查。地区人大工委副主任周书运、秘书长徐福增陪同活动。

21 日 全区人大报刊宣传工作座谈会在菏泽召开。地区人大工委副主任李胜华出席会议并讲话。

25 日 全区乡镇人大工作会议在菏泽召开。地委书记、地区人大工委主任李明先，地区人大工委副主任李胜华、范福临、周书运、郭仲生，秘书长徐福增出席会议。

26 日至 28 日 地区人大工委副主任范福临赴枣庄市参加全省人大内务司法督查会议。

27 日至 28 日 地区人大工委组织部分驻地直的全国、省人大代表，对全区贯彻实施《菏泽地区妇女发展纲要（1996—2000 年）》《菏泽地区儿童事业发展“九五”计划（1996—2000）》情况进行视察。地区人大工委副主任李胜华、周书运，秘书长徐福增参加视察。

10 月

10 日 地区人大工委副主任范福临在《菏

泽日报》发表题为《切实维护归侨侨眷的合法权益》的署名文章。

11日 地区人大工委召开全体人员会议。地区人大工委副主任李胜华就有关撤地设市情况和人代会筹备工作讲话。

13日 地区人大工委召开会议，听取地区环保局工作汇报。地区人大工委副主任李胜华、周书运，秘书长徐福增和全体工委委员及部分驻地直的全国、省人大代表参加听取汇报。

14日至17日 《山东人大工作》第二期通讯员培训班在菏泽开班。地区人大工委副主任李胜华在开班典礼上致欢迎词。省人大常委会副秘书长王启信在开班典礼上讲话。

11月

1日至2日 地区人大工委召开2000年第六次主任会议，重点研究撤地设市召开人代会的有关筹备工作及工委机关工作。地区人大工委副主任李胜华、范福临、周书运，秘书长徐福增出席会议。

1日和3日 地区人大工委组织全体人员收看菏泽电视台播出的《中国与WTO》电视讲座。

13日至17日 地区人大工委组织驻地直的九届全国人大代表、省九届人大代表对东明县、曹县农业结构调整、企业改革情况及地区重点建设项目进行集中视察，并听取行署及地直7个部门的工作汇报。地委书记、地区人大工委主任李明先作总结讲话。地区人大工委副主任李胜华、范福临、周书运、郭仲生，秘书长徐福增参加视察活动。地委副书记、行署副专员杜昌文，行署副专员潘兴玺、李玉祥、贾凤英、孙义福、崔建平等分别陪同视察。

13日至16日 省人大常委会副主任董凤基率领执法检查组到菏泽检查《山东省禁止非医学需要鉴定胎儿性别和选择性终止妊娠的规定》贯彻实施情况。地委书记、地区人大工委主任李明先，地区人大工委副主任范福临等先后陪同活动。

16日至19日 省人大常委会委员、省人大财经委副主任委员曹允江一行4人到菏泽，考察《山东省机关事业单位及国有企业法定代表人离任审计条例》贯彻实施情况并联系代表。地区人大工委副主任李胜华、周书运、郭仲生，秘书长徐福增先后陪同活动。

25日 地区人大工委组织全体人员参加中国与WTO知识考试。

12月

12日 地区人大工委召开2000年第五次党组会议。会议重点研究市十五届人大一次会议的各项筹备工作。地委书记、地区人大工委党组书记李明先主持会议，党组副书记阎世海，党组成员李胜华、周书运、郭仲生出席会议。

30日 省人大常委会人事代表工作室主任殷鲁谦等到菏泽，对菏泽召开首次人代会工作给予会前指导。

2001年

1月

6日至10日 市第十五届人民代表大会第一次会议在中华影剧院召开。会议听取审议政府工作报告，通过菏泽市第十五届人民代表大会第一次会议关于政府工作报告的决议、关于2001年国民经济和社会发展计划的决议、关于国民经济和社会发展第十个五年计划纲要的决议、关于

2001年预算的决议、关于菏泽市中级人民法院工作报告的决议、关于菏泽市人民检察院工作报告的决议。大会选举李明先为市十五届人大常委会主任，阎世海、潘兴玺、李胜华、范福临、周书运、文廷良、郭仲生、常洪珍、汤建梅为副主任，李顺广为秘书长，选举丁继民等27人为常委会委员；大会选举陈光为菏泽市人民政府市长，杜昌文、贾凤英、李德章、孙义福、朱效明、侯成君、孙述涛、何茂远为副市长；选举张玉佩为菏泽市中级人民法院院长，朱献瑞为菏泽市人民检察院检察长。

10日 新当选的市人大常委会各主任参加菏泽撤地设市庆祝大会，并参加菏泽市人民代表大会常务委员会揭牌仪式。省人大常委会副主任王道玉参加庆祝大会。

2001年1月10日，菏泽市人民代表大会常务委员会举行揭牌仪式

15日 市十五届人大常委会党组召开第一次党组会议。会议研究确定市人大常委会各主任的分工、市十五届人大常委会第一次会议的建议议程，讨论确定向市委推荐的各工作委员会主任、副主任人选。市委书记、市人大常委会党组书记李明先主持会议，党组副书记阎世海、潘兴玺，党组成员李胜华、周书运、文廷良、郭仲生、常洪珍、李顺广出席会议。

16日 市十五届人大常委会第一次会议召开。会议审议通过《菏泽市人民代表大会常务委员会议事规则》《菏泽市人民代表大会常务委员会关于加强自身建设的决定》《菏泽市人民代表大会常务委员会人事任免办法》等6项决议、决定文件；审议通过市十五届人大常委会各工作委员会组成人员名单。会议补选殷鲁谦、阎世海、牛喜凡为省九届人民代表大会代表。市委书记、市人大常委会主任李明先，市人大常委会副主任阎世海、潘兴玺、李胜华、周书运、文廷良、常洪珍、汤建梅，秘书长李顺广出席会议。

2月

1日 市十五届人大常委会召开第一次主任会议。会议重点研究常委会机关自身建设问题。市人大常委会副主任阎世海主持会议，副主任潘兴玺、李胜华、范福临、周书运、文廷良、郭仲生、常洪珍、汤建梅，秘书长李顺广出席会议。

8日 市人大常委会副主任潘兴玺、李胜华、范福临、周书运、文廷良、郭仲生、常洪珍、汤建梅和市委、市政府、市政协其他领导一道在菏泽南华牡丹大酒店为李明先、陈光、阎世海等省人大代表赴济南市参加省九届人大四次会议送行。这次会议于2月10日至18日在济南举行。全市有68名代表参加，菏泽代表团团长李明先为大会主席团成员，副团长为陈光、阎世海、毕可文。会议期间，出席会议的菏泽代表团代表共提出建议、批评、意见16件。

27日 市十五届人大常委会党组召开第二次党组会议。会议的主要内容：一是决定在适当时间召开一次机关全体人员会议；二是讨论市十五届人大常委会第二次会议的筹备问题；三是研究决定向市委推荐的市人大常委会机关部分工作人员的人选等。市人大常委会党组副书记阎世海主持会议，党组副书记潘兴玺，党组成员周书运、文廷良、郭仲生、常洪珍、李顺广出席会议。

28日 市人大常委会民侨外工委召开市政府有关部门联系会议。市人大常委会副主任常洪珍主持会议并讲话。

3月

1日 市委书记、市人大常委会主任李明先，市人大常委会副主任阎世海、潘兴玺、李胜华、范福临、周书运、文廷良、郭仲生、常洪珍与市委其他领导一道，在菏泽南华牡丹大酒店为驻菏全国人大代表陈光、汤建梅、晁中胜、马思爱、孟红霞赴北京参加九届全国人大四次会议送行。

6日至9日 市人大常委会副主任范福临带领调查组，到曹县、成武县、单县调查村民委员会组织法贯彻实施情况。

7日 市十五届人大常委会召开第二次主任会议。会议确定市十五届人大常委会第二次会议的议程，通过向市十五届人大常委会第二次会议提交的人事任免事项。市委书记、市人大常委会主任李明先主持会议，市人大常委会副主任阎世海、潘兴玺、李胜华、范福临、周书运、文廷良、郭仲生、常洪珍，秘书长李顺广出席会议。

7日 市十五届人大常委会党组召开第三次党组会议。会议听取市委组织部关于拟向市人大常委会提请任命的市人民政府组成人员的情况介绍并决定提请市十五届人大常委会第二次会议予以任命。市委书记、市人大常委会党组书记李明先主持会议，党组副书记阎世海、潘兴玺，党组成员李胜华、范福临、周书运、文廷良、郭仲生、常洪珍、李顺广出席会议。市人大常委会副秘书长、办公室主任张伯元，人代室主任宋波列席会议。

13日至15日 市十五届人大常委会第二次会议召开。会议听取对提请市人大常委会决定任免、任命和批准任命人选情况的介绍，听取审议拟任职的35名市政府组成人员的供（述）职报告。会议分别以举手表决和无记名投票方式通过有关任免、任命和批准任命事项。市委书记、市人大常委会主任李明先，市人大常委会副主任阎世海、潘兴玺、李胜华、周书运、文廷良、郭仲生、常洪珍，秘书长李顺广出席会议。市政府、市法检两院有关负责人列席会议。

2001年3月13日至15日，市十五届人大常委会第二次会议召开

14日至16日 市人大常委会副主任范福临带领市人大常委会内司工委工作室有关人员赴潍坊市参加全省人大内务司法工作座谈会。

21日 市人大常委会机关全体人员会议召开。市人大常委会副主任阎世海、潘兴玺、李胜华、范福临、周书运、文廷良、常洪珍、汤建梅，秘书长李顺广出席会议。潘兴玺主持会议，阎世海讲话。

21日 市人大常委会财经工委召开市政府有关财经部门联系会议。市人大常委会副主任潘兴玺出席会议并讲话。

22日 全国人大常委会办公厅研究室主任程湘清到菏泽市讲课。市委书记、市人大常委会主任李明先，市人大常委会副主任阎世海、李胜华、范福临、常洪珍、汤建梅和机关全体工作人员听取讲课。

27日 市人大常委会教科文卫工委召开联系市直部门负责人座谈会。市人大常委会副主任李胜华出席会议并讲话。

27日至30日 市人大常委会副主任文廷良赴聊城市参加全省人大农业与农村工作座谈会。

29日 市人大常委会内司工委召开市直内务司法部门及法检两院工作座谈会。市人大常委会副主任范福临出席会议并讲话。

29日 市人大常委会城建环保工委召开联系市直部门工作座谈会。市人大常委会副主任周书运出席会议并讲话。

4月

5日 市人大常委会副主任李胜华带领教科文卫工委工作室有关人员到郓城县调查研究费改税、乡镇合并进展情况。

9日至14日 市人大常委会副主任潘兴玺带领财经工委有关人员赴临沂市参加全省人大财经工作座谈会。

10日至12日 市人大常委会副主任常洪珍带领民侨外工委有关人员赴青岛市参加全省人大民侨外工作座谈会。

12日 市人大常委会组织视察市公安局工作。市人大常委会副主任阎世海、周书运、文廷良、郭仲生，秘书长李顺广参加视察。

16日至19日 市人大常委会副主任周书运带领城环工委有关人员赴威海市参加全省人大城建环保工作座谈会。

17日 全市人大农业与农村工作座谈会召开。市人大常委会副主任文廷良、汤建梅出席会议并讲话。

27日 市十五届人大常委会召开第三次主任会议。会议主要研究市十五届人大常委会第三次会议的建议议程及其他事项。市人大常委会副主任阎世海主持会议，副主任潘兴玺、李胜华、范福临、周书运、郭仲生、常洪珍，秘书长李顺广出席会议。

5月

8日至11日 市人大常委会副主任李胜华带领教科文卫工委工作室的人员赴济南市参加全省人大教科文卫工作座谈会。

10日 市人大常委会对市中级人民法院、市人民检察院拟任命的人员进行任前法律考试。市人大常委会副主任阎世海、范福临、郭仲生等进行巡视。

14日 市十五届人大常委会召开第四次主任会议。会议研究通过市十五届人大常委会第三次会议的议程及其他事项。市人大常委会副主任阎世海主持会议，副主任潘兴玺、李胜华、范福临、周书运、文廷良、郭仲生、常洪珍、汤建梅，秘书长李顺广出席会议。

15日 全市人大内务司法工作座谈会召开。市人大常委会副主任范福临出席会议并讲话。

16日至18日 市十五届人大常委会第三次会议召开。会议审议通过《菏泽市人民代表大会常务委员会联系人民代表大会代表办法》《菏泽市人民代表大会常务委员会关于办理市人大代表建议、批评、意见的办法》；听取审议市政府《关于2001年预算草案调整情况的报告》并通过决议。会议通过市人大常委会机关、市法检“两院”有关人事任免事项，并决定对“两院”无故缺席会议的拟任职人员暂缓任命。市委书记、市人大常委会主任李明先，市人大常委会副主任阎世海、潘兴玺、李胜华、范福临、周书运、文廷良、郭仲生、常洪珍、汤建梅，秘书长李顺广出席会议。市政府、市法检“两院”有关负责人列席会议。

19日 市十五届人大常委会召开第五次主任会议。会议研究机关人事任免事项。市人大常委会副主任阎世海主持会议，副主任潘兴玺、李胜华、范福临、周书运、文廷良、郭仲生、常洪珍、汤建梅，秘书长李顺广出席会议。

21日至23日 市人大常委会副主任郭仲生

带领人代室有关人员赴德州市参加全省人大人事代表工作研讨会。

22日 全市人大民侨外工作座谈会召开。市人大常委会副主任常洪珍出席会议并讲话。

23日 全市城建环保工作座谈会召开。市人大常委会副主任周书运出席会议并讲话。

24日 全市人大教科文卫工作座谈会召开。市人大常委会副主任李胜华出席会议并讲话。

25日 市人大常委会副主任、党组副书记阎世海与机关新提拔干部集体谈话。

25日 全市人大财经工作座谈会召开。市人大常委会副主任潘兴玺出席会议并讲话。

28日至31日 省人大常委会委员、省人大教科文卫人口委员会副主任委员朱广新、助理巡视员朱前贵等一行8人到菏泽进行农村卫生立法调研。市人大常委会副主任李胜华陪同活动。

29日 市人大常委会农工委召开联系市直有关部门座谈会。市人大常委会副主任文廷良、汤建梅出席会议并讲话。

6月

1日 市人大常委会对科技进步法、山东省科技进步条例的贯彻实施情况进行执法检查。市人大常委会副主任阎世海、李胜华、范福临、周书运、常洪珍，秘书长李顺广参加检查。

12日至15日 市人大常委会副主任常洪珍列席省九届人大常委会第二十一次会议。

7月

1日 市人大常委会机关组织全体人员集中收看中共中央庆祝建党80周年大会实况。市人大常委会副主任潘兴玺、范福临、文廷良、郭仲生，秘书长李顺广参加活动。

3日 市十五届人大常委会召开第六次主任会议。会议确定市十五届人大常委会第四次会议建议议程。市委书记、市人大常委会主任李明先主持会议，市人大常委会副主任阎世海、潘兴玺、李胜华、范福临、周书运、郭仲生、汤建梅，秘书长李顺广出席会议。

6日 市人大常委会机关组织全体人员学习江泽民在庆祝中国共产党成立80周年大会上的讲话。市人大常委会副主任阎世海、潘兴玺、李胜华、范福临、周书运、文廷良、郭仲生、常洪珍、汤建梅，秘书长李顺广参加学习讨论。

7日 市人大常委会副主任潘兴玺在《菏泽日报》发表题为《全面贯彻实施会计法，依法整顿财经秩序》的署名文章。

11日至13日 市十五届人大常委会第四次会议召开。会议听取审议市政府关于菏泽市2001年上半年国民经济和社会发展计划执行情况的汇报、菏泽市2001年上半年财政预算执行情况的汇报和关于《菏泽市在公民中开展法制宣传教育的第四个五年规划（草案）》《菏泽市2001—2005年依法治市五年规划（草案）》的说明。会议还通过有关人事任免事项。市委书记、市人大常委会主任李明先主持会议，市人大常委会副主任阎世海、潘兴玺、李胜华、范福临、周书运、文廷良、郭仲生、常洪珍、汤建梅，秘书长李顺广出席会议。市政府副市长贾凤英、市中级人民法院院长张玉佩、市人民检察院检察长朱献瑞列席会议。

18日到19日 市人大常委会组织视察全市贯彻实施防洪法情况，并就全市防汛工作进行座谈。市人大常委会副主任阎世海、潘兴玺、李胜华、范福临、周书运、文廷良、郭仲生、常洪珍、汤建梅，秘书长李顺广和驻会的常委会委员及部分人大代表参加视察活动。副市长李德章、孙义福陪同视察。

8月

1日至3日 省人大常委会委员、省人大内司委副主任委员薄振明一行5人到菏泽，就老年人权益保障“一法一条例”实施情况进行执法调研。市人大常委会副主任范福临陪同活动。

3日 市人大常委会举办“七一”讲话辅导讲座，市委讲师团团长吕复伦作辅导报告。市人大常委会副主任阎世海、李胜华、文廷良、郭仲生、常洪珍、汤建梅，秘书长李顺广及离退休老干部、机关全体人员参加报告会。

8日 省人大常委会副主任张瑞凤到蒋震高等工业学校视察工作。市人大常委会副主任阎世海，秘书长李顺广陪同视察。

13日至18日 市人大常委会副主任李胜华列席省九届人大常委会第二十二次会议。

14日至21日 市人大常委会副主任常洪珍带领民侨外工委负责人先后到曹县、东明县、鄄城县调查了解全市少数民族经济发展情况。

27日至28日 市人大常委会副主任李胜华带领教科文卫工委有关人员，先后到鄄城县、东明县、曹县就全市中小学布局调整及危房改造工作进展情况进行视察。

28日 市十五届人大常委会召开第七次主任会议。会议重点研究市十五届人大常委会第五次会议建议议程及机关会计委派工作等有关事项。市人大常委会副主任阎世海主持会议，副主任潘兴玺、李胜华、范福临、周书运、文廷良、郭仲生、常洪珍、汤建梅，秘书长李顺广出席会议。

29日 市人大常委会组织部分驻菏全国、省人大代表视察全市电业工作。市人大常委会副主任阎世海、潘兴玺、李胜华、周书运、文廷良、郭仲生、常洪珍、汤建梅，秘书长李顺广及部分常委会委员参加视察。

9月

4日至5日 市人大常委会副主任李胜华带队到成武县、单县检查职业病防治条例执行情况和食品卫生打假情况。

10日至14日 省人大常委会委员周志仁到菏泽对《山东省教师法实施办法》进行调查研究。市人大常委会副主任李胜华陪同活动。

14日 全市人大报刊发行工作座谈会召开。市人大常委会副主任阎世海出席会议并讲话，秘书长李顺广主持会议。

17日 市十五届人大常委会召开第八次主任会议。会议听取并初审市政府关于调整菏泽市2001年度财政支出预算的报告，同意把市政府提请审议菏泽市平原绿化工程“十五”计划的议案增列为常委会第五次会议议程。市人大常委会副主任阎世海主持会议，副主任潘兴玺、文廷良、郭仲生、汤建梅，秘书长李顺广出席会议。

18日至19日 市十五届人大常委会第五次会议召开。会议听取审议市政府有关部门、市中级人民法院工作情况汇报，通过菏泽市人民代表大会常务委员会《关于批准市政府调整2001年市级支出预算意见》的决议、菏泽市人民代表大会常务委员会《关于菏泽市在公民中开展法制宣传教育的第十个五年规划》的决议和菏泽市人民代表大会常务委员会《关于菏泽市2001—2005年依法治市规划》的决议。会议还审议通过市政府书面提交的《菏泽市平原绿化工程“十五”计划》。市委书记、市人大常委会主任李明先，市人大常委会副主任阎世海、潘兴玺、范福临、文廷良、郭仲生、汤建梅，秘书长李顺广出席会议。副市长贾凤英、市中级人民法院院长张玉佩、市人民检察院检察长朱献瑞列席会议。

21日至25日 省人大常委会副主任何宗贵率领视察组到菏泽检查农业法贯彻实施情况及全

市农业、农村工作情况。市人大常委会副主任阎世海、文廷良陪同活动。

24日至31日 市人大常委会副主任李胜华出席在广西河池地区召开的十四省（市、区）三十二地区（盟、市）人大工作联席会议第十四次会议。

25日至27日 省人大常委会副主任王克玉率领调查组一行11人到菏泽，就《山东省民族工作条例》《山东省宗教事务管理条例》贯彻执行情况进行调查研究。市人大常委会副主任阎世海、汤建梅等陪同活动。

10月

13日 市人大常委会副主任郭仲生参加全市县乡机构改革和乡镇领导班子换届选举工作会议。

20日 市人大常委会副主任范福临参加“四五”普法宣传活动。

27日 市人大常委会副主任周书运在《菏泽日报》发表题为《依法推进人民防空建设》的署名文章。

29日至30日 市人大常委会副主任阎世海出席全省东西结合加快菏泽市发展第三次工作会议。

11月

9日 市十五届人大常委会召开第九次主任会议。会议重点研究市十五届人大常委会第六次会议建议议程、年终代表集中视察等工作事项。市委书记、市人大常委会主任李明先主持会议，市人大常委会副主任阎世海、潘兴玺、周书运、文廷良、郭仲生、汤建梅，秘书长李顺广出席会议。

12日 省人大教科文卫委员会副主任委员朱广新率领检查组到菏泽检查《山东省文化市场管理条例》贯彻落实情况和文化市场整顿治理情况。市人大常委会副主任周书运陪同检查。

12日至13日 省人大常委会委员、省人大农业与农村委员会委员易炳炎到单县、成武县联系代表。市人大常委会副主任文廷良陪同活动。

19日至20日 市十五届人大常委会第六次会议召开。会议听取并分组审议市政府《关于全市民营经济发展工作情况的汇报》《关于发展外向型经济工作情况的汇报》。会议以无记名投票的方式表决通过市人大常委会主任会议提请任命的市人大常委会工作人员职务，市长陈光提请任命的部分政府组成人员职务和市人民检察院检察长朱献瑞提请任命的检察人员的职务。市委书记、市人大常委会主任李明先出席并主持会议，副主任阎世海、潘兴玺、范福临、周书运、文廷良、郭仲生、汤建梅，秘书长李顺广出席会议。市政府副市长孙义福、市中级人民法院院长张玉佩、市人民检察院检察长朱献瑞列席会议。

29日 市人大常委会组织视察菏泽邮政、电信工作。市人大常委会副主任阎世海、周书运、文廷良、汤建梅，秘书长李顺广及部分常委会委员及驻市直部分全国、省人大代表参加视察。

2001年11月29日，市人大常委会视察邮政、电信工作

30日 市人大常委会组织视察全市交通、公路工作。市人大常委会副主任阎世海、潘兴玺、

范福临、周书运、文廷良、汤建梅，秘书长李顺广和部分委员及驻市直部分全国、省人大代表参加视察。

12 月

4 日至 7 日 市人大常委会组织驻菏九届全国人大代表和驻市直的省九届人大代表及部分市十五届人大代表进行集中视察活动。代表们先后视察成武县、郓城县工业生产经营和农业结构调整情况，视察市直部分企业和菏泽师专等单位，听取市直 8 个部门的工作汇报。市委书记、市人大常委会主任李明先作总结讲话。市人大常委会副主任阎世海、潘兴玺、李胜华、范福临、周书运、文廷良、郭仲生，秘书长李顺广及部分常委会委员参加视察。

6 日 市人大常委会副主任郭仲生到鄄城县联系代表。

20 日 市人大常委会副主任常洪珍到单县联系代表。

26 日 市人大常委会副主任李胜华到郓城县联系代表。

29 日 市人大常委会副主任阎世海到东明县联系代表。

31 日 全市人大宣传工作座谈会召开。市人大常委会副主任阎世海出席会议并讲话。

2002 年

1 月

8 日 市人大常委会副主任范福临在《菏泽日报》发表题为《贯彻实施劳动合同条例，促进经济发展社会稳定》的署名文章。

11 日 市十五届人大常委会召开第十次主任会议。会议重点研究市十五届人大常委会第七次会议建议议程及市十五届人大二次会议有关筹备工作等事项。市委书记、市人大常委会主任李明先主持会议，市人大常委会副主任阎世海、李胜华、范福临、文廷良、郭仲生、常洪珍、汤建梅，秘书长李顺广出席会议。

17 日 市人大常委会副主任阎世海、李胜华、范福临、周书运、文廷良、常洪珍、汤建梅，秘书长李顺广等视察定陶县企业、农村经济工作。

18 日 市十五届人大常委会召开第十一次主任会议。会议研究确定将市人民政府关于提请夏鲁青职务的议案列入市十五届人大常委会第七次会议的建议议题。市委书记、市人大常委会主任李明先主持会议，市人大常委会副主任阎世海、潘兴玺、李胜华、范福临、周书运、文廷良、郭仲生、常洪珍、汤建梅，秘书长李顺广出席会议。

21 日 市十五届人大常委会第七次会议召开。会议审议通过市十五届人大二次会议有关决定、议程（草案）和报告，并以无记名投票表决方式通过市政府关于提请夏鲁青为市人民政府副市长职务的人事任免事项。市委书记、市人大常委会主任李明先主持会议，市人大常委会副主任阎世海、潘兴玺、李胜华、范福临、周书运、文廷良、郭仲生、常洪珍、汤建梅，秘书长李顺广出席会议。市人民政府市长陈光、市中级人民法院院长张玉佩、市人民检察院检察长朱献瑞列席会议。

22 日至 24 日 市人大常委会副主任李胜华列席省九届人大常委会第二十五次会议。

30 日 市人大常委会召开办理人大代表建议、批评和意见表彰会。市人大常委会副主任郭仲生出席会议。

2 月

5 日 贯彻实施《山东省动物防疫条例》座谈会在市人大常委会会议室召开。市人大常委会副主任文廷良参加座谈并讲话。

22 日至 25 日 市第十五届人民代表大会第二次会议召开。会议先后听取审议菏泽市人民政府、计划、财政、市人大常委会、市中级人民法院和市人民检察院 6 个工作报告，并通过关于 6 个报告的决议。大会补选马欲圣为菏泽市第十五届人民代表大会常务委员会委员。

2002 年 2 月 22 日至 25 日，菏泽市第十五届人民代表大会第二次会议召开

31 日 市人大常委会副主任阎世海、潘兴玺、李胜华、范福临、周书运、文廷良、郭仲生、常洪珍，秘书长李顺广等视察牡丹区城建和经济工作。

3 月

1 日 市十五届人大常委会召开第十二次主任会议。市委书记、市人大常委会主任李明先主持会议，市人大常委会副主任阎世海、潘兴玺、李胜华、范福临、周书运、文廷良、郭仲生、常洪珍，秘书长李顺广出席会议。

1 日 市委书记、市人大常委会主任李明先，市人大常委会副主任阎世海、潘兴玺、李胜华、范福临、周书运、文廷良、郭仲生、常洪珍与市委其他领导一道，在菏泽南华牡丹大酒店为驻菏全国人大代表陈光、汤建梅、晁中胜、马思爱、孟红霞赴北京参加九届全国人大五次会议送行。

7 日 市人大常委会城环工委召开联系市直部门工作座谈会。市人大常委会副主任周书运出席座谈会并讲话。

12 日 市十五届人大常委会召开第十三次主任会议。会议重点研究市人大常委会 2002 年工作要点、市十五届人大常委会第八次会议建议议程等工作。市人大常委会副主任阎世海主持会议，副主任潘兴玺、李胜华、范福临、周书运、文廷良、郭仲生、常洪珍，秘书长李顺广出席会议。

14 日 市人大常委会副主任阎世海、李胜华、范福临、周书运、郭仲生，秘书长李顺广到菏泽龙燕化纤制造有限公司、菏泽华英食品有限公司、惠慈医院等进行视察。

17 日至 19 日 市人大常委会副主任阎世海列席省九届人大常委会第二十六次会议。

19 日 市人大常委会副主任潘兴玺、李胜华、范福临、周书运、文廷良、常洪珍、汤建梅和市委、市政协其他领导一道在菏泽南华牡丹大酒店为李明先、陈光、阎世海、郭仲生、毕可文等驻菏省人大代表参加省九届人大五次会议送行。这次会议于 3 月 21 日至 28 日在济南举行。菏泽市有 66 名代表参加，会议期间共提出议案 1 件，建议、批评、意见 19 件。

29 日 市人大常委会副主任潘兴玺、李胜华、范福临、周书运、文廷良、常洪珍、汤建梅到菏泽南华牡丹大酒店迎接出席山东省第九届人民代表大会第五次会议的驻菏省人大代表。

4 月

3 日 为纪念代表法颁布实施 10 周年，市人大常委会副主任郭仲生在《菏泽日报》发表题为《进一步贯彻落实代表法保障人民当家作主的权利》的署名文章。

4日至5日 市十五届人大常委会第八次会议召开。会议审议通过《菏泽市人大常委会关于对司法机关个案实施监督的暂行办法（草案）》《菏泽市人大常委会评议工作办法（草案）》；听取审议市计生委、市建委、市旅游局工作情况的汇报；通过市法检两院有关人事任免事项。市委书记、市人大常委会主任李明先，市人大常委会副主任阎世海、潘兴玺、李胜华、范福临、周书运、文廷良、郭仲生、常洪珍、汤建梅，秘书长李顺广出席会议。市政府副市长贾凤英、市人民检察院检察长朱献瑞、市中级人民法院副院长宋展列席会议。

9日 省人大常委会主任韩喜凯到菏泽视察。市人大常委会副主任阎世海陪同活动。

17日至19日 省人大常委会委员、省人大农委副主任委员徐炳熙、王玉柱率领省人大检查组到菏泽视察种子法贯彻执行情况。市人大常委会副主任文廷良陪同活动。

22日至24日 省人大常委会副主任王渭田到菏泽，就农业高科技企业情况考察调研。市人大常委会副主任阎世海、文廷良陪同活动。

22日至25日 省人大常委会委员、省人大内司委副主任委员袁文光到菏泽调研农村两委换届情况。市人大常委会副主任范福临陪同活动。

25日至27日 省人大常委会办公厅副主任杨明到菏泽调研。市人大常委会副主任周书运陪同活动。

27日至29日 市人大常委会副主任范福临赴济南市参加全省人大内务司法工作座谈会。

27日至29日 市人大常委会副主任文廷良赴济南市长清县参加全省人大农业与农村工作座谈会。

5月

16日 全市人大内务司法工作座谈会召开。市人大常委会副主任范福临出席会议并讲话。

17日 市人大常委会内司工委召开市直内务司法部门及法检两院工作座谈会。市人大常委会副主任范福临出席会议并讲话。

21日至23日 市人大常委会副主任李胜华赴聊城市参加全省人大教科文卫工作座谈会。

22日 市人大常委会农工委召开联系市直部门负责人座谈会。市人大常委会副主任文廷良出席会议并讲话。

24日 市人大常委会副主任阎世海、周书运、文廷良、郭仲生，秘书长李顺广视察菏泽卫校及单县城市建设。

28日 全市人大农业与农村工作座谈会召开。市人大常委会副主任汤建梅主持会议，副主任文廷良出席会议并讲话。

29日至30日 市人大常委会副主任李胜华带领检查组到东明县、牡丹区对食品卫生法贯彻情况进行执法检查。

30日 市十五届人大常委会召开第十四次主任会议。会议研究通过市十五届人大常委会第九次会议的建议议程。市委书记、市人大常委会主任李明先主持会议，市人大常委会副主任阎世海、潘兴玺、李胜华、周书运、文廷良、郭仲生、汤建梅，秘书长李顺广出席会议。

6月

3日至7日 市委书记、市人大常委会主任李明先，市人大常委会副主任阎世海出席山东省第八次党代会。

12日 市十五届人大常委会第九次会议召开。会议听取审议市政府关于治理和优化经济发展环境工作情况的汇报、关于严打整治工作情况的汇报和关于贯彻执行土地管理法情况的汇报。市委书记、市人大常委会主任李明先，市人大常委会副主任阎世海、潘兴玺、范福临、周书运、文廷良、郭仲生、常洪珍、汤建梅，秘书长李顺广出席会议。市人民政府副市长李德章、市人民检察院检察长朱献瑞列席会议。

17日 市人大常委会副主任阎世海、潘兴玺、范福临、周书运、文廷良、常洪珍、汤建梅，秘书长李顺广到鄄城县视察招商引资工作和民营经济发展情况。

26日至28日 市人大常委会副主任常洪珍赴淄博市参加全省人大民侨外工作座谈会。

7月

1日至2日 市人大常委会组织视察全市防汛工作。市人大常委会副主任阎世海、潘兴玺、李胜华、范福临、周书运、文廷良、常洪珍、汤建梅，秘书长李顺广和部分常委会委员及部分驻菏全国、省人大代表及部分市人大代表参加视察活动。市政府副市长孙义福、市政协副主席张建华等陪同视察。

2日 市十五届人大常委会召开第十五次主任会议。会议研究机关建商品房问题，并通过有关人事任免事项。市人大常委会副主任阎世海主持会议，副主任潘兴玺、李胜华、范福临、周书运、文廷良、常洪珍、汤建梅，秘书长李顺广出席会议。

4日至5日 市人大常委会组织部分驻菏全国、省人大代表对全市四县八企业污水治理情况进行突击视察。市人大常委会副主任周书运参加视察。

18日 全市人大民侨外工作座谈会召开。市人大常委会副主任常洪珍出席会议并讲话。

22日至27日 市人大常委会副主任常洪珍列席省九届人大常委会第三十次会议。

8月

5日 市十五届人大常委会召开第十六次主任会议。会议决定市十五届人大常委会第十次会议于2002年8月13日至14日在菏泽举行。市人大常委会副主任阎世海主持会议，副主任潘兴玺、李胜华、范福临、周书运、文廷良、郭仲生、常洪珍，秘书长李顺广出席会议。

13日至14日 市十五届人大常委会第十次会议召开。会议听取审议关于2002年全市上半年计划及预算执行情况的汇报等7个报告。市委书记、市人大常委会主任李明先出席会议并讲话。市人大常委会副主任阎世海、潘兴玺、李胜华、范福临、周书运、郭仲生、常洪珍、汤建梅，秘书长李顺广出席会议。市政府副市长贾凤英列席会议。

2002年8月13日至14日，市十五届人大常委会第十次会议召开

15日至16日 市人大常委会视察全市人防工作。市人大常委会副主任阎世海、李胜华、范福临、周书运、郭仲生、常洪珍、汤建梅，秘书长李顺广等参加视察。

21日至22日 市人大常委会副主任李胜华带领部分常委会委员视察全市药品管理法贯彻执行情况。

27日至30日 市人大常委会副主任常洪珍

带领市人大常委会民侨外工委和市宗教局负责人到巨野县、曹县、东明县，就《山东省宗教事务管理条例》贯彻执行情况调研。

28日 市十五届人大常委会召开第十七次主任会议。会议通过有关人事任免事项，并研究市人大常委会机关大门改造等问题。市人大常委会副主任阎世海主持会议，副主任潘兴玺、李胜华、范福临、文廷良、郭仲生、常洪珍、汤建梅，秘书长李顺广出席会议。

9月

2日至13日 市人大常委会副主任范福临、常洪珍分别带领部分省、市人大代表和市人大常委会内司工委及市直有关部门负责人，对市直和县区有关工会法贯彻实施情况进行执法检查。

2日至5日 市人大常委会副主任周书运赴东营市参加全省人大城建环保工作座谈会。

6日 全市人大教科文卫工作座谈会召开。市人大常委会副主任李胜华出席会议并讲话。

9日至10日 全国人大常委会预算工委副主任陈光瑞一行3人，在省人大财经委副主任委员刘寿北陪同下，到菏泽调研财税情况。市委书记、市人大常委会主任李明先，市人大常委会副主任潘兴玺陪同调研。

10日 市人大常委会副主任阎世海、李胜华、范福临、文廷良、郭仲生、常洪珍，秘书长李顺广，先后到成武县、单县视察“严打”和社会治安综合治理工作。

17日 市人大常委会副主任阎世海、李胜华、范福临、文廷良、郭仲生、常洪珍，秘书长李顺广，视察牡丹区民营经济发展情况。

27日 市人大常委会副主任阎世海、潘兴玺、李胜华、范福临、文廷良，秘书长李顺广和部分委员，视察定陶县农业结构调整工作。

10月

8日 市十五届人大常委会召开第十八次主任会议。会议重点研究召开市十五届人大常委会第十一次会议的有关事项。市委书记、市人大常委会主任李明先主持会议，市人大常委会副主任潘兴玺、李胜华、范福临、周书运、文廷良、常洪珍，秘书长李顺广出席会议。

10日 市人大常委会副主任周书运带领各县区人大常委会分管主任视察菏泽城区市政建设，并就城建工作召开座谈会。

10日至12日 市人大常委会副主任潘兴玺赴烟台市参加全省人大财经工作座谈会。

14日至15日 市十五届人大常委会第十一次会议召开。会议听取市中级人民法院关于执行工作情况的汇报、市人民检察院关于查办职务犯罪情况的汇报等5个报告。市人大常委会副主任阎世海、潘兴玺、李胜华、范福临、周书运、文廷良、郭仲生、常洪珍，秘书长李顺广出席会议。市人民政府副市长贾凤英、市中级人民法院院长张玉佩、市人民检察院副检察长张汉民列席会议。

18日 全市人大报刊宣传工作座谈会在市人大常委会会议室召开。市人大常委会副主任阎世海出席会议并讲话。

22日 市十五届人大常委会召开第十九次主任会议。会议重点研究全市人大换届选举工作和常委会机构改革方案。市人大常委会副主任阎世海主持会议，副主任潘兴玺、李胜华、范福临、周书运、文廷良、郭仲生、常洪珍，秘书长李顺广出席会议。

28日 市十五届人大常委会召开第二十次主任会议。会议决定市十五届人大常委会第十二次会议于2002年10月30日举行。市委书记、市人大常委会主任李明先主持会议，市人大常委会副主任阎世海、李胜华、范福临、周书运、文廷良、郭仲生、常洪珍，秘书长李顺广出席会议。

28日至29日 市人大常委会副主任常洪珍带领民侨外工委有关人员先后到牡丹区、巨野县等县区调查归侨侨眷权益保护法贯彻执行情况。

29日 全市人大财经工作座谈会召开。市人大常委会副主任潘兴玺出席会议并讲话。

30日 市十五届人大常委会第十二次会议召开。会议审议并表决通过《菏泽市选举工作委员会关于2003年市县（区）人大换届选举工作安排意见》。市人大常委会副主任阎世海、潘兴玺、李胜华、范福临、周书运、文廷良、郭仲生、常洪珍，秘书长李顺广出席会议。

31日 全市县级以上人大换届选举工作会议召开。市人大常委会副主任阎世海、郭仲生出席会议。

11月

5日 市人大常委会副主任李胜华到郓城县视察征兵工作。

8日 市人大常委会机关全体人员收看中央电视台直播的党的十六大开幕式盛况。

11日 市十五届人大常委会召开第二十一次主任会议。会议重点学习党的十六大报告，研究全国人大代表候选人推荐和机关基建问题等事项。市人大常委会副主任阎世海主持会议，副主任潘兴玺、李胜华、范福临、周书运、文廷良、郭仲生、常洪珍，秘书长李顺广出席会议。

12月

17日 市十五届人大常委会召开第二十二次主任会议。会议确定市十五届人大常委会第十三次会议的建议议程和人事任免事项。市委书记、市人大常委会主任李明先主持会议，市人大常委会副主任阎世海、潘兴玺、李胜华、范福临、周书运、文廷良、常洪珍、汤建梅，秘书长李顺广出席会议。

18日 市十五届人大常委会第十三次会议召开。会议通过任命杜昌文为菏泽市人民政府代理市长、同意陈光辞去市人民政府市长职务等人事任免事项。市委书记、市人大常委会主任李明先主持会议，市人大常委会副主任阎世海、潘兴玺、李胜华、范福临、周书运、文廷良、郭仲生、常洪珍、汤建梅，秘书长李顺广出席会议。

2002年12月18日，市十五届人大常委会第十三次会议召开

18日至19日 省人大教科文卫委员会副主任委员朱广新一行5人到菏泽，就省定点项目建设档案工作到菏泽发电厂进行执法调研。市人大常委会副主任李胜华陪同活动。

26日 市人大常委会副主任文廷良带领市人大常委会农工委有关人员，就《山东省盐业管理条例》贯彻落实情况到市盐务局进行调研。

31日 市十五届人大常委会召开第二十三次主任会议。会议主要研究市人代会筹备工作等事项。市委副书记王祖和参加会议。市人大常委会副主任阎世海主持会议，副主任潘兴玺、李胜华、范福临、周书运、文廷良、郭仲生、常洪珍、汤建梅，秘书长李顺广出席会议。

2003年

1月

7日　参加省九届人大六次会议的菏泽代表团在团长陈光带领下赴济南市。市人大常委会副主任潘兴玺、李胜华、范福临、文廷良、常洪珍、汤建梅与其他市领导一道在牡丹大酒店为代表团送行。

8日　市十五届人大常委会召开第二十四次主任会议。会议主要研究市十五届人大常委会第十四次会议的建议议程等事项。市人大常委会副主任阎世海主持会议，副主任潘兴玺、李胜华、范福临、周书运、文廷良、郭仲生、汤建梅，秘书长李顺广出席会议。

18日　市十五届人大常委会第十四次会议召开。会议表决通过《菏泽市人大常委会关于召开市十六届人民代表大会第一次会议的决定》《菏泽市人大常委会工作报告》《关于市十五届人大二次会议以来代表所提建议、批评和意见办理情况的报告》。市人大常委会副主任阎世海、潘兴玺、李胜华、范福临、周书运、文廷良、郭仲生、常洪珍，秘书长李顺广出席会议。市政府副市长何茂远列席会议。

19日　市十五届人大常委会召开第二十五次主任会议。会议研究召开市十五届人大常委会第十五次会议的有关事项。市人大常委会副主任阎世海主持会议，副主任潘兴玺、李胜华、范福临、周书运、文廷良、郭仲生、常洪珍出席会议。

26日　市十五届人大常委会第十五次会议召开。会议表决通过菏泽市第十六届人民代表大会代表选举资格的审查报告、市十六届人大一次会议主席团和秘书长名单（草案）、列席市十六届人大一次会议的人员范围、市十六届人大一次会议议案审查委员会名单（草案）、市十六届人大一次会议计划、预算审查委员会名单（草案）等，会议投票表决通过任命丁伟民为菏泽市人民检察院代理检察长。市人大常委会副主任阎世海、潘兴玺、李胜华、范福临、周书运、文廷良、郭仲生、常洪珍、汤建梅，秘书长李顺广出席会议。市政府副市长贾凤英列席会议。

2月

10日　市十五届人大常委会第十六次会议召开。会议决定菏泽市第十六届人民代表大会第一次会议于2003年2月18日在菏泽召开。市人大常委会副主任阎世海、潘兴玺、李胜华、范福临、周书运、文廷良、郭仲生、常洪珍，秘书长李顺广出席会议。

18日至22日　市第十六届人民代表大会第一次会议在中华影剧院召开。会议听取审议政府工作报告、菏泽市2002年国民经济和社会发展计划执行情况与2003年计划草案、菏泽市2002年预算执行情况和2003年预算草案的报告，听取审议市人大常委会工作报告以及市中级人民法院、市人民检察院的工作报告，并通过相关决议。

22日　陈光、王祖和、赵润田等市委领导会见新当选的菏泽市第十六届人大常委会组成人员和从市人大常委会工作岗位上退下来的老干部。

26日　菏泽市参加第十届全国人民代表大会第一次会议和政协第十届全国委员会第一次会议的代表、委员赴北京参会。市委书记、市人大常委会主任陈光等市领导为代表、委员送行。

3月

4日 市十六届人大常委会召开第一次主任会议。会议重点研究领导分工、召开第一次常委会会议的建议议程等事项。市委书记、市人大常委会主任陈光主持会议。市人大常委会第一副主任王祖和，副主任潘兴玺、范福临、朱献瑞、文廷良、郭仲生、常洪珍、潘建荣，秘书长李顺广出席会议。

6日 市十六届人大常委会第一次会议召开。会议表决通过《菏泽市人大常委会关于进一步加强自身建设的决定》，同时，以无记名投票方式表决通过对市人大常委会各工作委员会组成人员和市政府组成人员的人事任免事项，通过对各县区人民检察院检察长的批准任命事项。市委书记、市人大常委会主任陈光，市人大常委会第一副主任王祖和，副主任潘兴玺、范福临、朱献瑞、文廷良、郭仲生、常洪珍、潘建荣，秘书长李顺广出席会议。市委副书记、市政府副市长赵润田，市中级人民法院院长孙寿海，市人民检察院代检察长丁伟民列席会议。

20日 市人大常委会民侨外工委召开市政府有关部门负责人座谈会。市人大常委会副主任潘建荣出席会议。

21日 市十六届人大常委会召开第二次主任会议。会议传达贯彻十届全国人大一次会议精神，讨论通过市十六届人大常委会2003年工作要点（草案）等。市委书记、市人大常委会主任陈光主持会议，市人大常委会第一副主任王祖和，副主任潘兴玺、范福临、朱献瑞、文廷良、郭仲生、常洪珍、汤建梅、潘建荣，秘书长李顺广出席会议。

21日 办理市人大代表建议工作表彰会召开。市人大常委会第一副主任王祖和、副主任郭仲生、秘书长李顺广等出席会议。

21日 驻菏省人大代表、省政协委员学习培训班举行。市委书记、市人大常委会主任陈光出席并讲话。

25日 菏泽市出席山东省第十届人民代表大会第一次会议的代表陈光、杜昌文、王祖和、阎世海等赴济南市参会。市领导赵润田、贾凤英等到菏泽牡丹大酒店为代表们送行。省十届人大一次会议于3月27日至4月5日在济南召开，菏泽市选出的68名省人大代表全部出席会议。

4月

2日 全市人大城建环保工作座谈会召开。市人大常委会副主任文廷良出席会议并讲话。

4日 市人大常委会城环工委召开联系市直部门负责人座谈会。市人大常委会副主任文廷良出席会议并讲话。

14日 市十六届人大常委会召开第三次主任会议。会议传达省十届人大一次会议、市第十次党代会精神，研究机关整顿等工作事项。市人大常委会第一副主任王祖和主持会议，副主任潘兴玺、范福临、朱献瑞、文廷良、郭仲生、常洪珍、汤建梅、潘建荣，秘书长李顺广出席会议。

21日 市十六届人大常委会召开第四次主任会议。会议重点传达全市领导干部会议精神，研究部署市人大常委会机关防治“非典”的工作措施。同时决定于21日至25日开展机关思想、作风、纪律整顿。市人大常委会第一副主任王祖和主持会议，副主任潘兴玺、范福临、朱献瑞、文廷良、郭仲生、常洪珍出席会议。

21日 市人大常委会副主任朱献瑞到市卫生局调查研究，听取市卫生局关于防治“非典”工作情况的汇报。

21日 市人大常委会机关召开思想、作风、纪律整顿动员会。市人大常委会第一副主任王祖和，副主任潘兴玺、朱献瑞、文廷良、郭仲生、常洪珍、潘建荣出席会议。

24日至25日 省人大常委会副主任李明先

率队到菏泽进行山东省黄河防汛条例立法调研。市人大常委会第一副主任王祖和，副主任常洪珍、汤建梅陪同活动。

29日 市十六届人大常委会召开第五次主任会议。会议主要传达市委第三次常委会会议精神，研究市十六届人大常委会第二次会议建议议程等事项。市委书记、市人大常委会主任陈光出席并讲话，市人大常委会第一副主任王祖和主持会议，副主任潘兴玺、范福临、朱献瑞、文廷良、郭仲生、常洪珍、汤建梅、潘建荣，秘书长李顺广出席会议。

5月

6日 市人大常委会第一副主任王祖和及机关全体人员分别为"非典"防治捐款献爱心。

7日至9日 市人大常委会组成6个调研组，分别由第一副主任王祖和，副主任潘兴玺、范福临、文廷良、常洪珍、潘建荣带队，抽调各委室和部分省、市人大代表参加，到定陶县马集镇、曹县普连集镇、东明县武胜桥乡、牡丹区杜庄乡、单县孙溜镇、郓城县黄堆集乡的60个行政村，对村民委员会组织法贯彻实施情况进行执法调研。

13日至14日 市十六届人大常委会第二次会议召开。会议听取审议市政府关于防治非典型肺炎工作情况的报告、关于村民委员会组织法贯彻实施情况的汇报，通过《菏泽市人大常委会关于贯彻实施传染病防治法加强非典型肺炎防治工作的决定》《菏泽市人大常委会关于组织人大代表对政府部分职能部门进行评议的决定》。会议还举办法律知识讲座。市委书记、市人大常委会主任陈光，市人大常委会第一副主任王祖和，副主任潘兴玺、范福临、朱献瑞、文廷良、郭仲生、常洪珍、汤建梅、潘建荣，秘书长李顺广出席会议。市政府副市长张存金、市中级人民法院院长孙寿海、市人民检察院检察长丁伟民列席会议。市政府组成人员列席听取法律讲座。

2003年5月13日至14日，市十六届人大常委会第二次会议召开

27日 市人大常委会农工委召开联系部门负责人座谈会。市人大常委会副主任常洪珍出席并讲话。

29日 市十六届人大常委会召开第六次主任会议。会议重点研究修改完善机关规章制度等工作事项。市人大常委会第一副主任王祖和主持会议，副主任潘兴玺、范福临、朱献瑞、文廷良、郭仲生、常洪珍、汤建梅、潘建荣，秘书长李顺广出席会议。

30日 省人大畜牧法立法调研组到鄄城县、郓城县开展调研。市人大常委会副主任常洪珍陪同活动。

6月

4日 市人大常委会财经工委召开市直财经部门及省直驻菏有关单位工作联系会。市人大常委会副主任潘兴玺出席会议并讲话。

17日 市十六届人大常委会召开第七次主任会议。会议研究决定市十六届人大常委会第三次会议于6月28日举行。市人大常委会第一副主任王祖和主持会议，市人大常委会副主任潘兴玺、范福临、朱献瑞、文廷良、郭仲生、常洪珍、汤建梅出席会议。

20 日 中共菏泽市人大常委会党组研究决定，用两个月时间在人大机关开展“解放思想，干事创业”大讨论活动。

26 日 市人大常委会召开党组成员会。学习讨论市委十届二次全会和市委工作会议精神，研究通过《菏泽市人大常委会党组关于学习贯彻市委十届二次全会和市委工作会议精神的意见》和其他事项。市人大常委会党组副书记王祖和主持会议，党组副书记潘兴玺，党组成员范福临、朱献瑞、文廷良、郭仲生、常洪珍、潘建荣、李顺广出席会议。

27 日 市十六届人大常委会召开第八次主任会议。会议听取市政府关于贯彻执行土地管理法、矿产资源法、测绘法及整顿、规范土地市场秩序和全市国土资源管理工作情况的汇报。市人大常委会第一副主任王祖和出席会议并作总结讲话，市人大常委会副主任文廷良主持会议，副主任潘兴玺、范福临、朱献瑞、郭仲生、常洪珍、汤建梅、潘建荣，秘书长李顺广出席会议。市政府副市长张存金列席会议。

28 日 市十六届人大常委会第三次会议召开。会议听取审议《菏泽市人民政府关于加强市直行政事业单位国有资产管理和运营的实施意见》，表决通过《菏泽市人大常委会关于市政府加强市直行政事业单位国有资产管理和运营实施意见的决议》。会议以无记名投票方式通过对市中级人民法院和市人民检察院提请的有关人事任免事项。市委书记、市人大常委会主任陈光，市人大常委会第一副主任王祖和，副主任潘兴玺、范福临、朱献瑞、文廷良、郭仲生、常洪珍、汤建梅、潘建荣，秘书长李顺广出席会议。市中级人民法院院长孙寿海、市人民检察院检察长丁伟民及各县区人大常委会主任（副主任）列席会议。

30 日 市人大常委会机关召开“解放思想、干事创业”大讨论活动动员会。市人大常委会第一副主任王祖和出席会议并作动员讲话。

7 月

7 日 市人大常委会党组召开扩大会议。学习胡锦涛总书记“七一”讲话精神和市委书记、市人大常委会主任陈光在全市领导干部会议上的讲话。党组副书记王祖和、潘兴玺，党组成员范福临、朱献瑞、文廷良、郭仲生、常洪珍、潘建荣、李顺广出席会议，副主任汤建梅列席会议。

14 日至 15 日 市人大常委会视察防洪法在全市的贯彻落实情况，重点视察黄河、内河、城市防汛工作。市人大常委会第一副主任王祖和，副主任常洪珍、汤建梅参加视察。

15 日至 20 日 市人大常委会副主任文廷良带领城环工委全体人员到市规划局、市建设局、市房产局、市市政局、市国土资源局对城建工作进行调研。

17 日 市十六届人大常委会第九次主任会议召开。会议确定市十六届人大常委会第四次会议建议议程，听取人代室关于《菏泽市人大常委会人事任免办法》的修改意见的汇报。市人大常委会第一副主任王祖和主持会议，副主任潘兴玺、范福临、朱献瑞、文廷良、郭仲生、常洪珍、汤建梅出席会议。

18 日至 29 日 市人大常委会副主任朱献瑞赴湖南省郴州市参加十四省（市、区）三十一地区（盟、市）人大工作第十六次联席会。

30 日 市十六届人大常委会第四次会议召开。会议听取审议市政府关于 2002 年度市级预算执行情况和其他财政收支情况的审计工作报告、关于 2003 年上半年国民经济和社会发展计划执行情况的汇报、关于 2003 年上半年预算执行情况的汇报。会议以无记名投票方式通过任命宋波、王永成为菏泽市人大常委会副秘书长。会议还表决通过《菏泽市人民代表大会常务委员会人事任免办法（修正案）》。市委书记、市人大常委会主任陈光，市人大常委会第一副主任王祖和，副主任潘兴玺、范福临、朱献瑞、文廷良、郭仲生、常洪珍、汤建梅、潘建荣，秘书长李顺广出席会议。市政府副市长夏鲁青、市人民检察院检察长丁伟民列席会议。

8 月

4 日　市人大常委会党组理论学习中心组读书会开班。市委书记、市人大常委会主任陈光作动员讲话，要求以“三个代表”重要思想为统领，开创人大工作新局面。

4 日　市人大常委会副主任潘兴玺带领财经工委有关人员赴青岛市参加全省人大财经工作座谈会。

8 日　市人大常委会副主任朱献瑞到成武县调查研究，同成武县人大常委会、卫生局、教育局有关人员座谈义务教育、职业教育和农村群众用药情况。

8 日至 14 日　市人大常委会副主任常洪珍带领农工委有关人员到郓城县、东明县、定陶县、牡丹区等县区进行农民增收减负工作情况的调研。

11 日　市十六届人大常委会第十次主任会议召开。会议听取办公室关于市人大常委会机关规章制度修改意见和财务收支情况的汇报，听取研究室关于各委室调研题目确定情况的汇报。市人大常委会第一副主任王祖和主持会议，副主任潘兴玺、范福临、朱献瑞、文廷良、郭仲生、常洪珍、汤建梅、潘建荣，秘书长李顺广出席会议。

13 日　市人大常委会民侨外工委召开工作座谈会。市人大常委会副主任潘建荣出席会议并讲话。

18 日至 20 日　市人大常委会副主任范福临带领内司工委有关人员赴日照市参加全省南片八市人大内务司法督办案件座谈会。

20 日　省人大常委会研究室主任赵瑞林一行到菏泽调研。市人大常委会第一副主任王祖和等陪同活动。

22 日　市人大常委会教科文卫工委联系部门座谈会召开。市人大常委会副主任朱献瑞出席会议并讲话。

26 日至 27 日　市人大常委会第一副主任王祖和，副主任朱献瑞带领教科文卫工委全体人员到牡丹区、东明县、巨野县视察药品管理法实施情况。

28 日　市人大常委会党组召开会议。专题研究贯彻落实省委书记张高丽讲话精神。市人大常委会党组副书记王祖和主持会议，党组副书记潘兴玺，党组成员范福临、朱献瑞、文廷良、郭仲生、常洪珍、李顺广出席会议。

28 日　市人大常委会机关全体工作人员会议召开，就如何学习领会张高丽讲话精神，更好地用讲话精神指导人大工作进行讨论。市人大常委会第一副主任王祖和作总结发言。

29 日　全市人大财经工作座谈会召开。市人大常委会副主任潘兴玺出席会议并讲话。

9 月

8 日　市十六届人大常委会召开第十一次主任会议。会议确定市十六届人大常委会第五次会议建议议程，研究确定副厅级以上离退休老干部医疗费用问题等机关其他事项。市人大常委会第一副主任王祖和主持会议，副主任潘兴玺、范福临、朱献瑞、文廷良、郭仲生、常洪珍、潘建荣，秘书长李顺广出席会议。

15 日至 16 日　市人大常委会副主任范福临带领部分驻菏省、市人大代表和有关部门负责人，组成3个检查组，到单县、郓城县、鄄城县、东明县、牡丹区就落实《中华人民共和国老年人权益保障法》《山东省老年人权益保障条例》及老年人优待政策进行执法检查。

15日 省人大常委会委员单兆正带领“齐鲁环保世纪行”记者团到菏泽，重点采访全市水污染防治法的贯彻落实及碧水工程的实施情况。市人大常委会副主任文廷良陪同记者采访。

17日至18日 市十六届人大常委会第五次会议召开。会议听取审议市政府关于实施《中华人民共和国劳动法》、开展就业和再就业工作情况的汇报，关于《中华人民共和国环境保护法》实施情况的汇报和关于《中华人民共和国土地管理法》实施情况的汇报。会议表决通过《菏泽市人大常委会关于对市政府贯彻实施劳动法、环境保护法、土地管理法和就业再就业、水污染防治及土地管理工作的汇报的审议意见》。市委书记、市人大常委会主任陈光，市人大常委会第一副主任王祖和，副主任范福临、朱献瑞、郭仲生、常洪珍、汤建梅、潘建荣，秘书长李顺广出席会议。市政府副市长何茂远、市中级人民法院院长孙寿海、市人民检察院检察长丁伟民列席会议。

17日至19日 省人大常委会副主任时立军带领省人大环保执法检查组到菏泽检查指导水污染防治工作。市人大常委会第一副主任王祖和，

2003年9月17日至19日，省人大常委会副主任时立军率领环保执法检查组到菏泽进行执法检查

副主任文廷良等陪同活动。

20日至10月2日 市人大常委会第一副主任王祖和带队赴新疆参加人大工作研讨会。

22日至24日 市人大常委会副主任常洪珍、汤建梅带领农工委全体人员视察《中华人民共和国森林法》贯彻实施情况。

27日至29日 市人大常委会副主任常洪珍赴潍坊市参加全省人大农业与农村工作座谈会。

10月

7日 市人大常委会召开党组会议。传达学习中央、省、市关于抗洪抢险的指示精神，研究讨论贯彻落实问题。市人大常委会党组副书记王祖和主持会议，党组成员范福临、朱献瑞、潘建荣、李顺广出席会议。

7日 市人大常委会机关召开会议，要求全体工作人员全力以赴，尽职尽责，创造性地做好抗洪抢险各项工作。市人大常委会第一副主任王祖和，副主任潘兴玺、范福临、朱献瑞、汤建梅、潘建荣等出席会议。

8日 市人大常委会第一副主任王祖和，秘书长李顺广到东明县检查视察防洪抢险情况。

10日 市十六届人大常委会召开第十二次主任会议。会议研究决定有关人事任免事项。市人大常委会第一副主任王祖和，副主任潘兴玺、范福临、朱献瑞、文廷良、常洪珍、汤建梅、潘建荣，秘书长李顺广出席会议。

11日 市人大常委会第一副主任王祖和，副主任潘兴玺、范福临、朱献瑞、文廷良、郭仲生、常洪珍、汤建梅，秘书长李顺广听取市规划局关于老城区和赵王河滨河公园规划的汇报，部分常委会委员参加活动。

13日至17日 市人大常委会副主任朱献瑞带领教科文卫工委有关人员赴德州市参加全省人大教科文卫工作座谈会。

14日至17日 市人大常委会副主任文廷良带领城环工委有关人员赴泰安市参加全省人大城建环保工作座谈会。

16日 市人大常委会机关全体人员会议召开，集中学习贯彻党的十六届三中全会精神。市人大常委会第一副主任王祖和强调，要努力做好结合大文章，开创人大工作新局面。副主任潘兴玺、范福临、郭仲生、常洪珍、潘建荣，秘书长李顺广等出席会议。

16日至17日 市十六届人大代表培训班在菏泽中银大酒店举办。市人大常委会副主任郭仲生在开班典礼上讲话，省人大常委会人事代表工作室主任毛春智到菏泽授课。

17日 市十六届人大常委会召开第十三次主任会议。会议听取人代室《关于市人大常委会组织人大代表评议市公安局、市交通局、市工商局工作的实施方案（草案）》的汇报，并对评议工作具体安排进行研究。市人大常委会第一副主任王祖和主持会议，副主任潘兴玺、范福临、郭仲生、常洪珍、潘建荣出席会议。

17日 全市内务司法工作座谈会召开。市人大常委会副主任范福临出席会议并讲话。

17日至18日 市十六届人大常委会第七次会议召开。会议听取审议市政府有关工作报告，通过人事任免事项。市人大常委会第一副主任王祖和，副主任潘兴玺、范福临、朱献瑞、文廷良、郭仲生、常洪珍、汤建梅、潘建荣，秘书长李顺广出席会议。副市长邵好学、市中级人民法院院长孙寿海等列席会议。

18日 市十六届人大常委会召开第十四次主任会议。市人大常委会第一副主任王祖和主持会议，副主任潘兴玺、范福临、郭仲生、常洪珍出席会议。

22日 全市人大宣传工作座谈会召开。市人大常委会第一副主任王祖和出席会议并讲话。

22日至24日 市人大常委会副主任潘建荣参加全省人大民侨外工作座谈会。

27日至28日 市人大常委会教科文卫工委对重点建设项目档案工作开展执法检查。市人大常委会副主任朱献瑞参加活动。

29日 市十六届人大常委会第六次会议召开。市人大常委会第一副主任王祖和，副主任潘兴玺、范福临、朱献瑞、文廷良、郭仲生、常洪珍、汤建梅、潘建荣，秘书长李顺广出席会议。

30日 市十六届人大常委会召开第十五次主任会议。会议确定市十六届人大常委会第七次会议建议议程，研究通过《菏泽市人大常委会关于组织人大代表评议市公安局、市交通局、市工商局工作的实施方案（草案）》，听取市人大常委会财政经济工作委员会关于《菏泽市市级预算审批监督办法（草案）》的汇报，审定《市人大常委会关于进一步严肃常委会会议纪律决定》的有关内容。市人大常委会第一副主任王祖和主持会议，副主任潘兴玺、范福临、朱献瑞、文廷良、郭仲生、常洪珍、汤建梅、潘建荣，秘书长李顺广出席会议。

31日 市人大代表评议工作座谈会在菏泽召开。市人大常委会第一副主任王祖和，副主任郭仲生出席会议。

11月

3日 人大代表评议工作动员大会在菏泽召开。300名驻菏全国、省人大代表和部分市人大代表开始对市公安局、市交通局、市工商局三部门的工作进行评议。市人大常委会第一副主任王祖和，副主任潘兴玺、范福临、朱献瑞、文廷良、郭仲生、常洪珍、汤建梅、潘建荣等出席会议。

4日至6日 市人大常委会副主任潘兴玺、范福临、朱献瑞、文廷良、郭仲生、常洪珍、汤建梅、潘建荣，秘书长李顺广分别带队分别到市直和九县（区）对市公安局、市交通局、市工商局三部门进行评议前测评、调查。

12 日　市十六届人大常委会召开第十六次主任会议。会议听取各调查组关于组织人大代表评议市公安局、市交通局、市工商局工作调查情况的汇报，听取市委组织部常务副部长程民光关于人事任免有关事项的说明，研究组织代表视察和走访联系代表有关事项。市人大常委会第一副主任王祖和主持会议，副主任潘兴玺、范福临、朱献瑞、文廷良、郭仲生、常洪珍、汤建梅、潘建荣，秘书长李顺广出席会议。

14 日　人大代表评议大会在菏泽召开。市工商局被评为信任单位，市交通局、市公安局被评为基本信任单位。市委书记、市人大常委会主任陈光主持会议，市人大常委会第一副主任王祖和讲话。市人大常委会副主任潘兴玺、范福临、朱献瑞、文廷良、郭仲生、常洪珍、汤建梅、潘建荣，秘书长李顺广，副市长邵好学及部分全国、省、市人大代表，市政府组成人员，市法院、检察院负责人，被评议单位主要负责人等 400 余人参加会议。

17 日至 18 日　市十六届人大常委会第七次会议召开。会议听取审议市政府有关工作报告，通过人事任免事项。市人大常委会第一副主任王祖和，副主任潘兴玺、范福临、朱献瑞、文廷良、郭仲生、常洪珍、汤建梅、潘建荣，秘书长李顺广出席会议。副市长邵好学、市中级人民法院院长孙寿海等列席会议。

20 日　全市人大民侨外工作座谈会召开。市人大常委会副主任潘建荣出席会议并讲话。

21 日　全市人大农业与农村工作座谈会召开。市人大常委会副主任常洪珍、汤建梅出席会议。

24 日　市人大常委会第一副主任王祖和、副主任潘兴玺到牡丹区、成武县、定陶县、开发区水利施工工地视察指导工作。

12 月

1 日　市十六届人大常委会召开第十七次主任会议。会议传达省、市关于加快发展县域经济工作会议精神，研究组织人大代表视察有关具体事项和市十六届人民代表大会第二次会议的筹备问题。市人大常委会第一副主任王祖和主持会议，副主任潘兴玺、范福临、朱献瑞、文廷良、郭仲生、常洪珍、汤建梅、潘建荣，秘书长李顺广出席会议。

2 日至 3 日　市人大常委会第一副主任王祖和分别到牡丹区、成武县联系人大代表。

2 日　市人大常委会副主任潘建荣到单县联系人大代表并召开座谈会。

2 日至 5 日　市人大常委会副主任范福临赴东营市参加全省人大内务司法工作座谈会。

3 日　市人大常委会副主任朱献瑞到巨野县联系人大代表。

8 日至 10 日　部分驻菏全国、省人大代表和部分市人大代表对全市经济、社会发展情况进行视察。市委书记、市人大常委会主任陈光，市人大常委会第一副主任王祖和，副主任潘兴玺、范福临、朱献瑞、文廷良、郭仲生、常洪珍、汤建梅、潘建荣，秘书长李顺广和常委会委员等参加视察活动。

2003 年 12 月 8 日至 10 日，市人大常委会组织代表对全市经济社会发展情况进行集中视察

11日至12日 省人大常委会委员易炳炎一行到成武县、单县联系代表，市人大常委会副主任常洪珍陪同活动。

19日至21日 市人大常委会副主任文廷良带领城环工委全体人员到市邮政局、市公路局、菏泽电业公司等单位，对有关执法情况进行调研。

22日 市十六届人大常委会召开第十八次主任会议。会议研究关于胡锦涛总书记讲话精神的贯彻落实问题，确定市十六届人大常委会第八次会议建议议程及市十六届人民代表大会第二次会议的相关事项，讨论市人大常委会在市十六届人民代表大会第二次会议上的工作报告（讨论稿）。市人大常委会第一副主任王祖和主持会议，副主任潘兴玺、范福临、朱献瑞、文廷良、郭仲生、常洪珍、汤建梅、潘建荣，秘书长李顺广出席会议。

26日 市十六届人大常委会第八次会议召开。会议确定，市第十六届人民代表大会第二次会议于2004年1月31日至2月2日召开。会议审议通过市十六届人民代表大会第二次会议有关事项。市人大常委会第一副主任王祖和，副主任潘兴玺、范福临、朱献瑞、文廷良、郭仲生、常洪珍、汤建梅、潘建荣，秘书长李顺广出席会议。

30日 市十六届人大常委会召开第十九次主任会议。会议通过市十六届人大常委会在市十六届人民代表大会第二次会议上的工作报告，研究中共菏泽市第十届委员会第四次全体会议精神的传达贯彻问题。市人大常委会第一副主任王祖和主持会议，副主任潘兴玺、范福临、朱献瑞、文廷良、常洪珍、潘建荣，秘书长李顺广出席会议。

2004年

1月

6日 57名驻菏省人大代表赴济南市出席山东省第十届人民代表大会第二次会议。市人大常委会副主任潘兴玺、文廷良、常洪珍、潘建荣，秘书长李顺广与其他市领导在牡丹大酒店为代表们送行。

14日 市十六届人大常委会召开第二十次主任会议。会议研究部署春节前的有关工作。市人大常委会第一副主任王祖和主持，副主任潘兴玺、范福临、朱献瑞、文廷良、郭仲生、常洪珍、汤建梅、潘建荣，秘书长李顺广出席会议。

31日至2月2日 菏泽市第十六届人民代表大会第二次会议在中华影剧院召开。会议听取审议菏泽市人民政府、计划、财政，市人大常委会、市中级人民法院、市人民检察院6个工作报告，并表决通过关于6个报告的决议。

2月

9日 市人大常委会召开主任扩大会议，学习贯彻省委、省政府“突破菏泽、加快发展”现场办公会精神和市委常委扩大会议精神。市人大常委会第一副主任王祖和，副主任潘兴玺、范福临、朱献瑞、文廷良、常洪珍、汤建梅、潘建荣，秘书长李顺广等出席会议。

10日 市十六届人大常委会召开第二十一次主任会议。会议重点研究2004年工作要点。市人大常委会第一副主任王祖和主持会议，副主任潘兴玺、范福临、朱献瑞、文廷良、常洪珍、汤建梅、潘建荣，秘书长李顺广出席会议。

16日 市十六届人大常委会召开第二十二

次主任会议。会议重点研究建议列入常委会的议题和重大事项及年终考核问题。市人大常委会第一副主任王祖和主持会议，副主任潘兴玺、范福临、朱献瑞、文廷良、常洪珍、汤建梅、潘建荣，秘书长李顺广出席会议。

17日 市人大常委会机关召开会议，学习贯彻全市加快发展誓师大会精神。市人大常委会第一副主任王祖和，副主任潘兴玺、范福临、朱献瑞、文廷良、潘建荣，秘书长李顺广出席会议。

17日至19日 市人大常委会副主任常洪珍、汤建梅带队视察全市高致病性禽流感防治工作。

24日 市人大常委会第一副主任王祖和到单县调查研究，强调要围绕突破菏泽，做好人大工作。

3月

1日 市十六届人大常委会召开第二十三次主任会议。会议重点研究市十六届人大常委会第九次会议建议议程。市委书记、市人大常委会主任陈光主持会议并讲话，市人大常委会第一副主任王祖和，副主任潘兴玺、范福临、朱献瑞、郭仲生、文廷良、常洪珍、潘建荣，秘书长李顺广出席会议。

1日 十届全国人大代表杜昌文、楚德留、张九勋、尚瑞芬、汤建梅、张凤仙、李建军赴北京，参加第十届全国人民代表大会第二次会议。市委书记、市人大常委会主任陈光，第一副主任王祖和，副主任潘兴玺、范福临、朱献瑞、文廷良、郭仲生、常洪珍、潘建荣，秘书长李顺广及市委其他领导为代表们送行。

1日 市人大常委会副主任常洪珍主持召开农机工作座谈会。

4日 市人大常委会机关全体人员会议召开，决定在人大常委会机关内部开展“集中教育整顿和解放思想大讨论”活动。市人大常委会第一副主任王祖和，副主任潘兴玺、范福临、朱献瑞、文廷良、郭仲生、常洪珍、秘书长李顺广出席会议。

10日至11日 市十六届人大常委会第九次会议召开。会议审议通过《菏泽市人大常委会决议决定和审议意见执行办理办法》《菏泽市人大常委会会议公民旁听办法》《菏泽市人大常委会关于组织人大代表开展评议工作的决定》等，并听取审议市政府关于防治高致病性禽流感情况汇报和3个被评议单位的书面整改报告。市委书记、市人大常委会主任陈光，市人大常委会第一副主任王祖和，副主任潘兴玺、范福临、朱献瑞、文廷良、郭仲生、常洪珍、潘建荣，秘书长李顺广出席会议。市政府副市长夏鲁青、市中级人民法院院长孙寿海、市人民检察院检察长丁伟民列席会议。

15日 市人大常委会副主任常洪珍主持召开农村稳定工作座谈会。

19日 全市人大人事代表工作座谈会召开。市人大常委会副主任郭仲生出席会议。

24日 市十六届人大常委会召开第二十四次主任会议。会议重点研究学习和贯彻实施《中华人民共和国宪法》问题。市人大常委会第一副主任王祖和主持会议，副主任潘兴玺、范福临、朱献瑞、郭仲生、常洪珍、汤建梅、潘建荣，秘书长李顺广出席会议。

30日 市人大常委会副主任朱献瑞到菏泽信息工程学校、市劳动技校调研职业教育工作。

30日 全市人大内务司法工作座谈会召开。市人大常委会副主任范福临出席会议。

31日 市人大常委会召开办理2003年市人大代表建议工作表彰会暨2004年代表建议交办会。市人大常委会副主任潘兴玺、郭仲生出席会议。

4 月

7 日至 8 日 市人大常委会副主任朱献瑞到郓城县、鄄城县、巨野县视察《中华人民共和国村民委员会组织法》贯彻情况。

8 日 市人大常委会邀请部分省、市人大代表召开村民委员会组织法贯彻实施情况座谈会。市人大常委会第一副主任王祖和，副主任范福临、朱献瑞、汤建梅，秘书长李顺广等出席会议。

12 日 市人大常委会召开党组会议。研究机关招考工作人员的相关事项。市人大常委会党组副书记王祖和主持会议，党组副书记潘兴玺，党组成员范福临、朱献瑞、文廷良、郭仲生、常洪珍、潘建荣、李顺广出席会议。

13 日 全市人大宣传工作座谈会召开。市人大常委会第一副主任王祖和出席会议并讲话。

16 日 临沂市人大常委会副主任李荣强一行到菏泽参观考察。市人大常委会第一副主任王祖和陪同活动。

20 日 市十六届人大常委会召开第二十五次主任会议。会议研究通过市十六届人大常委会第十次会议建议议程。市人大常委会第一副主任王祖和主持会议，副主任潘兴玺、朱献瑞、文廷良、郭仲生、汤建梅、潘建荣，秘书长李顺广出席会议。

22 日至 23 日 省人大教科文卫委员会副主任委员腾昭庆到菏泽调研。市人大常委会副主任朱献瑞陪同活动。

27 日 市人大常委会副主任朱献瑞到郓城宋江武校调研职业教育工作情况。

28 日 市人大常委会召开党组会议。会议研究市人大常委会党组关于贯彻市委十届五次全委会精神的意见等。市人大常委会党组副书记王祖和主持会议，党组副书记潘兴玺，党组成员范福临、朱献瑞、文廷良、郭仲生、常洪珍、李顺广出席会议。

30 日 市人大常委会副主任朱献瑞带队对全市职业教育法贯彻落实情况进行执法检查。

5 月

8 日 市十六届人大常委会召开第二十六次主任会议。会议重点研究市十六届人大常委会第十次会议的准备工作。市人大常委会第一副主任王祖和主持会议，副主任潘兴玺、范福临、朱献瑞、文廷良、郭仲生、常洪珍、潘建荣，秘书长李顺广出席会议。

10 日至 12 日 省人大常委会委员齐秀嵛、易炳炎率调研组到菏泽开展立法调研。市人大常委会副主任常洪珍陪同活动。

11 日至 12 日 市十六届人大常委会第十次会议召开。会议审议市政府关于 2003 年市级预算执行和其他财政收支情况的审计工作报告、关于 2003 年市级财政决算报告等，通过《市十六届人大常委会关于评选菏泽人民功臣决定》等事项，会议还通过有关人事任免事项。市委书记、市人大常委会主任陈光，市人大常委会第一副主任王祖和，副主任潘兴玺、范福临、朱献瑞、文廷良、郭仲生、常洪珍、汤建梅、潘建荣，秘书长李顺广出席会议。市政府副市长张存金、市中级人民法院院长孙寿海、市人民检察院检察长丁伟民列席会议。

25 日 市十六届人大常委会召开第二十七次主任会议。会议重点研究市十六届人大常委会第十一次会议建议议程。市委书记、市人大常委会主任陈光主持会议，市人大常委会第一副主任王祖和，副主任潘兴玺、朱献瑞、文廷良、常洪珍、汤建梅，秘书长李顺广出席会议。

25 日 市十六届人大常委会第十一次会议召开。会议审议通过有关报告，投票表决通过市政府关于提请任命李卫国为菏泽市人民政府副市长的议案。市委书记、市人大常委会主任陈光，市人大常委会第一副主任王祖和，副主任潘兴玺、朱献瑞、文廷良、常洪珍、汤建梅，秘书长李顺广出席会议。市政府副市长赵润田，市中级人民法院院长孙寿海和市人民检察院负责人列席会议。

6月

10日 市人大常委会召开《中华人民共和国动物防疫法》贯彻落实情况座谈会。市人大常委会副主任常洪珍出席会议。

15日 市十六届人大常委会召开第二十八次主任会议。会议研究通过关于市十六届人大常委会第十二次会议建议议程。市人大常委会第一副主任王祖和主持会议，副主任潘兴玺、范福临、文廷良、常洪珍、汤建梅、潘建荣，秘书长李顺广出席会议。

23日至25日 市人大常委会视察全市防汛工作。

2004年6月24日，市人大常委会视察黄河防汛工作

28日 市十六届人大常委会召开第二十九次主任会议。会议研究关于市十六届人大常委会第十二次会议的筹备工作事项。市人大常委会第一副主任王祖和主持会议，副主任潘兴玺、范福临、朱献瑞、文廷良、郭仲生、汤建梅、潘建荣，秘书长李顺广出席会议。

29日 全市人大宣传工作会议召开。市人大常委会第一副主任王祖和出席会议并讲话。

7月

1日 市人大常委会召开党组会议。会议研究关于市房管局、市外贸局局长拟任人选并向常委会提请任命的相关事项。市人大常委会党组副书记王祖和主持会议，党组副书记潘兴玺，党组成员朱献瑞、文廷良、郭仲生、常洪珍、潘建荣、李顺广出席会议。

3日 市人大常委会副主任潘建荣带领民侨外工委有关人员到曹县、定陶县调研少数民族经济发展情况。

5日 市十六届人大常委会召开第三十次主任会议。会议重点研究提请常委会审议的有关人事任免事项。市人大常委会第一副主任王祖和主持会议，副主任潘兴玺、朱献瑞、文廷良、郭仲生、常洪珍、潘建荣，秘书长李顺广出席会议。

5日至6日 市十六届人大常委会第十二次会议召开。会议听取审议市政府关于2004年上半年国民经济和社会发展计划执行情况的汇报、关于2004年上半年财政预算执行情况的汇报等6个报告，表决通过《菏泽市人大常委会关于市政府贯彻〈中华人民共和国土地管理法〉、开展土地市场清理整顿工作的决议》和人事任免事项。市委书记、市人大常委会主任陈光，市人大常委会第一副主任王祖和，副主任潘兴玺、范福临、朱献瑞、文廷良、郭仲生、常洪珍、汤建梅、潘建荣，秘书长李顺广出席会议。市政府副市长夏鲁青、市中级人民法院院长孙寿海、市人民检察院检察长丁伟民，各县区人大常委会主任，市政府有关部门和市人大常委会有关委室负责人列席会议。

7日至21日 市人大常委会第一副主任王祖和、秘书长李顺广赴黑龙江省加格达奇区参加全国十四省（市、区）三十二地区（盟、市）人大工作联席会第十七次会议。

23日 市十六届人大常委会召开第三十一次主任会议。会议重点研究向市人大常委会提交关于罢免李安现省十届人大代表职务问题。市委书记、市人大常委会主任陈光主持会议，市人大常委会第一副主任王祖和，副主任潘兴玺、范福临、朱献瑞、文廷良、郭仲生、常洪珍、汤建梅，秘书长李顺广出席会议。

24日 市十六届人大常委会第十三次会议召开。会议表决通过关于罢免李安现山东省第十届人民代表大会代表职务的报告。市人大常委会第一副主任王祖和，副主任潘兴玺、范福临、朱献瑞、文廷良、郭仲生、常洪珍、汤建梅、潘建荣，秘书长李顺广出席会议。

26日至30日 市人大常委会副主任常洪珍列席省十届人大常委会第九次会议。

28日 市委书记、市人大常委会主任陈光，市人大常委会第一副主任王祖和，副主任潘兴玺、范福临、文廷良、汤建梅、潘建荣，秘书长李顺广及市委、市政府、市政协有关领导一起观看由市人大常委会办公室主办的"中国电信杯"宪法法律知识竞赛。

29日 市十六届人大常委会召开第三十二次主任会议。会议重点研究市委有关会议精神的学习贯彻和当前几项工作的部署安排。市人大常委会第一副主任王祖和主持会议，副主任潘兴玺、范福临、朱献瑞、文廷良、郭仲生、汤建梅、潘建荣，秘书长李顺广出席会议。

8月

1日至6日 市人大常委会副主任文廷良赴日照市参加省人大常委会召开的推进生态建设发展循环经济工作座谈会。

2日至9日 市人大常委会第一副主任王祖和参加在临沂市举办的省人大常委会党组理论学习中心组读书会，并随后参加全省十七市人大常委会主任座谈会。

3日至9日 市人大常委会副主任常洪珍分别到单县孙溜镇、巨野县麒麟镇、鄄城县什集镇、东明县武胜桥乡、牡丹区小留镇调研农民增收政策落实情况。

10日 市人大常委会召开党组会议。会议研究有关机关工作人员人事调整问题。市人大常委会党组副书记王祖和主持会议，党组副书记潘兴玺，党组成员范福临、朱献瑞、文廷良、郭仲生、常洪珍、潘建荣、李顺广出席会议。

12日至15日 市人大常委会副主任潘兴玺赴威海市参加省人大财经委举办的全省人大财经干部培训班。

13日 市人大常委会第一副主任王祖和，副主任郭仲生、常洪珍、汤建梅、潘建荣，秘书长李顺广及部分驻会委员等视察东明县黄河滩区移民迁建和工业经济发展情况。

19日 市人大常委会第一副主任王祖和参加在济南珍珠泉人民会堂举行的山东省暨济南市纪念人民代表大会成立50周年大会。

24日 市十六届人大常委会召开第三十三次主任会议。会议重点研究市十六届人大常委会第十四次会议建议议程及公民旁听常委会会议等工作事项。市人大常委会第一副主任王祖和主持会议，副主任潘兴玺、范福临、朱献瑞、文廷良、郭仲生、常洪珍、汤建梅，秘书长李顺广出席会议。

24日至26日 市人大常委会副主任潘建荣参加省人大民侨外委组织召开的集中调研会议。

25日至26日 市人大常委会副主任朱献瑞到牡丹区、曹县、定陶县、巨野县、开发区对科技进步法实施情况进行视察。

9 月

3 日 市人大常委会第一副主任王祖和到郓城县调研人大宣传工作。

6 日至 7 日 省人大常委会委员、省人大城环委副主任委员董昭合一行到菏泽，就省辖淮河流域水污染防治情况进行执法检查。市人大常委会第一副主任王祖和、副主任文廷良陪同活动。

6 日 市纪念人民代表大会成立 50 周年座谈会召开。市委书记、市人大常委会主任陈光，市人大常委会第一副主任王祖和及在家的各副主任和秘书长，市委领导，市法院、市检察院主要负责人，市人大常委会部分委员、各县区人大常委会主任、市直有关部门负责人、部分驻菏全国及省人大代表等出席会议。

7 日 市十六届人大常委会召开第三十四次主任会议。会议重点研究市十六届人大常委会第十四次会议准备工作。市人大常委会第一副主任王祖和主持会议，副主任潘兴玺、范福临、郭仲生、汤建梅、潘建荣，秘书长李顺广出席会议。

9 日至 10 日 市十六届人大常委会第十四次会议召开。会议听取审议市政府、市中级人民法院、市人民检察院分别关于贯彻执行农村土地承包法准备工作及《山东省实施〈中华人民共和国法官法〉办法》贯彻实施、检察机关推行人民监督员制度试点工作情况的汇报，表决通过《菏泽市人大常委会关于贯彻〈中华人民共和国农村土地承包法〉及〈山东省实施农村土地承包法办法〉的决议》和人大代表评议的部门。市委书记、市人大常委会主任陈光，市人大常委会第一副主任王祖和，副主任潘兴玺、范福临、朱献端、文廷良、郭仲生、汤建梅、潘建荣，秘书长李顺广出席会议。市政府副市长夏鲁青、张存金，市中级人民法院院长孙寿海，市人民检察院检察长丁伟民列席会议。

21 日 市人大常委会机关组织全体人员学习党的十六届四中全会精神。市人大常委会第一副主任王祖和，副主任潘兴玺、范福临、朱献瑞、常洪珍、汤建梅，秘书长李顺广参加学习。

10 月

9 日 市十六届人大常委会召开第三十五次主任会议。会议研究重点工作的部署安排。市人大常委会第一副主任王祖和主持会议，副主任范福临、朱献瑞、郭仲生、常洪珍、汤建梅、潘建荣，秘书长李顺广出席会议。

11 日至 13 日 省人大常委会副主任莫振奎一行到菏泽检查贯彻实施《中华人民共和国农业法》情况。市人大常委会副主任汤建梅作为省人大常委会执法检查组成员参加活动。市人大常委会副主任常洪珍陪同活动。

17 日至 29 日 市人大常委会副主任朱献瑞参加全省人大教科文卫工作座谈会。

18 日 全市人大监督工作研讨会召开。市人大常委会第一副主任王祖和出席会议并讲话。

2004 年 10 月 18 日，全市人大监督工作研讨会召开

21 日 市人大常委会第一副主任王祖和，副主任潘兴玺、范福临、文廷良、郭仲生、常洪珍、汤建梅、潘建荣和秘书长李顺广率视察组视察城市重点工程建设情况。

22 日至 26 日 省人大常委会委员、省人大民侨外委副主任委员张延水，民侨外委员会助理巡视员马光磊一行 4 人到菏泽调研。市人大常委会副主任潘建荣陪同活动。

26 日 市十六届人大常委会召开第三十六次主任会议。会议重点研究市十六届人大常委会第十五次会议有关事项、补选市十六届人大代表等工作。市人大常委会第一副主任王祖和主持会议，副主任潘兴玺、范福临、文廷良、郭仲生、常洪珍、汤建梅，秘书长李顺广出席会议。

11 月

4 日 烟台市人大常委会副主任荣风刚、王德和率团到菏泽考察。市人大常委会第一副主任王祖和，副主任潘兴玺，秘书长李顺广陪同活动。

6 日 市十六届人大常委会召开第三十七次主任会议。会议重点研究市十六届人大常委会第十五次会议筹备工作事项。市人大常委会第一副主任王祖和，副主任潘兴玺、范福临、朱献瑞、文廷良、常洪珍、汤建梅、潘建荣，秘书长李顺广出席会议。

9 日至 10 日 市十六届人大常委会第十五次会议召开。会议听取审议市政府关于农民增收情况和关于贯彻实施《中华人民共和国行政许可法》情况的汇报，表决通过《菏泽市级预算审批监督办法》《菏泽市人大常委会关于召开市第十六届人大第三次会议的决定》，会议还表决通过有关人事任免事项。市人大常委会第一副主任王祖和，副主任潘兴玺、范福临、朱献瑞、文廷良、郭仲生、常洪珍、汤建梅、潘建荣，秘书长李顺广出席会议。市政府副市长张存金、邵好学，市中级人民法院院长孙寿海，市人民检察院检察长丁伟民列席会议。

10 日 全市人大代表对市国土局、环保局、劳动局、民政局、质量监督局工作进行评议动员大会召开。市人大常委会第一副主任王祖和，副主任潘兴玺、朱献瑞、文廷良、郭仲生、常洪珍、汤建梅、潘建荣，秘书长李顺广出席会议。副市长张存金，市中级人民法院院长孙寿海及部分驻菏全国、省、市人大代表参加会议。

11 日至 13 日 全国人大常委会委员、全国人大内司委委员、中央直属机关工委委员杨兴富，全国人大教科文卫委员会委员、人民日报社副总编于宁，全国人大农业与农村委员会委员、中国农业科学院作物所研究员李梅芳到菏泽视察；省人大常委会人事代表工作室主任毛春智随同视察。市人大常委会第一副主任王祖和，秘书长李顺广陪同活动。

15 日至 18 日 市人大常委会各位副主任及秘书长分别带队到市直和县区对民政局、劳动保障局、技术监督局、国土资源局、环保局进行评议调查。

22 日 市十六届人大常委会召开第三十八次主任会议。会议重点研究代表评议工作的相关事项。市人大常委会第一副主任王祖和主持会议，副主任潘兴玺、范福临、文廷良、郭仲生、汤建梅、潘建荣，秘书长李顺广出席会议。

22 日 市人大常委会召开党组会议。会议研究关于补选市人大代表、评议调查和有关人事任免等项工作。市人大常委会党组副书记王祖和主持会议，党组副书记潘兴玺，党组成员范福临、朱献瑞、文廷良、郭仲生、常洪珍、潘建荣、李顺广出席会议。

22 日至 25 日 市人大常委会副主任常洪珍列席省十届人大常委会第十一次会议。

24 日 人大代表评议大会召开。市国土资源局、市民政局、市劳动和社会保障局、市质量技术监督局被评为信任单位，市环境保护局被评为基本信任单位。市委书记、市人大常委会主任陈光主持会议，市人大常委会第一副主任王祖和讲话，副主任潘兴玺、范福临、朱献瑞、文廷良、郭仲生、汤建梅、潘建荣，秘书长李顺广，市政府副市长夏鲁青及部分全国、省、市人大代表，市政府组成人员，市法院、检察院负责人，被评议单位主要负责人，共300余人参加会议。

29日 市十六届人大常委会召开第三十九次主任会议。会议重点研究市十六届人大常委会第三次会议的筹备及年终代表集中视察工作。市人大常委会第一副主任王祖和主持会议，副主任潘兴玺、范福临、文廷良、郭仲生、常洪珍、汤建梅、潘建荣，秘书长李顺广出席会议。

12月

3日 市十六届人大常委会召开第四十次主任会议。会议重点研究市第十六届人大常委会第十六次会议准备工作。市人大常委会第一副主任王祖和主持会议，副主任潘兴玺、范福临、朱献瑞、文廷良、郭仲生、常洪珍、潘建荣，秘书长李顺广出席会议。

7日 省人大常委会办公厅副主任杨明到菏泽督办信访案件。市人大常委会副主任范福临陪同活动。

8日至9日 市人大常委会组织部分驻菏全国、省人大代表和部分市人大代表分别到巨野县、鄄城县就经济发展和建设"平安菏泽"情况进行视察。市人大常委会第一副主任王祖和，副主任潘兴玺、范福临、朱献瑞、汤建梅，秘书长李顺广和部分常委会委员参加视察。

13日 市人大常委会召开党组会议。会议研究市人大常委会党组《关于贯彻落实〈张高丽同志关于大力支援菏泽加快发展的批示〉》的意见。市人大常委会党组副书记王祖和主持会议，党组副书记潘兴玺，党组成员范福临、朱献瑞、文廷良、郭仲生、常洪珍、潘建荣、李顺广出席会议。

15日 市人大常委会副主任朱献瑞到巨野县联系人大代表。

17日 市十六届人大常委会第十六次会议召开。会议审议《菏泽市城市总体规划》并作出相应决定，表决通过有关人事任免事项。市人大常委会第一副主任王祖和，副主任潘兴玺、范福临、朱献瑞、文廷良、郭仲生、常洪珍、汤建梅、潘建荣，秘书长李顺广出席会议。市政府副市长杨永昌，市中级人民法院院长孙寿海，市人民检察院检察长丁伟民列席会议。

20日 市人大常委会副主任潘建荣到单县联系人大代表。

24日 市十六届人大常委会召开第四十一次主任会议。会议重点研究市人大常委会工作报告稿的修改意见及"菏泽人民功臣"正式候选人名单确定问题。市人大常委会第一副主任王祖和主持会议，副主任潘兴玺、范福临、朱献瑞、文廷良、郭仲生、常洪珍、汤建梅、潘建荣，秘书长李顺广出席会议。

24日 全市人大农业与农村工作座谈会召开。市人大常委会副主任常洪珍、汤建梅出席会议。

28日 市人大常委会第一副主任王祖和，副主任范福临、朱献瑞、常洪珍、潘建荣分别组成检查组到成武县、郓城县和牡丹区，对全市第八届村民委员会换届选举工作进行视察。

28日 市人大常委会副主任文廷良带领城环工委全体人员，到鄄城县对贯彻落实防空法情况进行调研。

29日 市人大常委会副主任文廷良带领城环工委全体人员到巨野县、郓城县对贯彻落实防空法情况进行调研。

2005年

1月

11日至12日 市十六届人大常委会第十七次会议召开。会议审议通过市十六届人大三次会议有关事项。决定授予楚德留、段金彪“菏泽人民功臣”称号。会议表决通过人事任免案。市委书记、市人大常委会主任陈光，市人大常委会第一副主任王祖和，副主任潘兴玺、范福临、朱献瑞、文廷良、郭仲生、常洪珍、汤建梅、潘建荣，秘书长李顺广出席会议。副市长邵好学，市中级人民法院院长孙寿海，市人民检察院检察长丁伟民列席会议。

15日 驻菏省人大代表、省政协委员赴济南参会。市委书记、市人大常委会主任陈光、第一副主任王祖和、副主任潘兴玺、范福临、朱献瑞、文廷良、郭仲生、常洪珍同其他市领导为“两会”代表、委员送行。

27日至30日 市第十六届人民代表大会第三次会议在菏泽中华影剧院召开。会议听取审议并通过菏泽市人民政府工作报告、关于菏泽市2004年国民经济和社会发展计划执行情况与2005年国民经济和社会发展计划的报告、关于2004年预算执行情况与2004年预算的报告、菏泽市人民代表大会常务委员会工作报告、菏泽市中级人民法院工作报告、菏泽市人民检察院工作报告。在审议的基础上，作出相应的决议。会议表决通过关于接受郭仲生辞去市十六届人大常委会副主任职务请求的决定，会议补选时启坤、张秋冬、张晓云为市十六届人大常委会委员。会议还对“菏泽人民功臣”进行表彰。552名代表出席会议。

2005年1月27日至30日，菏泽市第十六届人民代表大会第三次会议召开

31日 市十六届人大常委会召开第四十二次主任会议。会议调整主任分工。市人大常委会第一副主任王祖和主持会议，副主任潘兴玺、朱献瑞、文廷良、常洪珍、潘建荣，秘书长李顺广出席会议。

31日 市人大常委会机关召开保持共产党员先进性教育活动动员大会。市人大常委会第一副主任王祖和，副主任潘兴玺、范福临、朱献瑞、文廷良、常洪珍、潘建荣，秘书长李顺广和市委督导组负责人出席会议。

2月

21日 市十六届人大常委会召开第四十三次主任会议。会议研究市人大常委会2005年工作要点，听取市人大常委会办公室2004年度机关财务收支情况的汇报。市人大常委会第一副主任王祖和主持会议，副主任潘兴玺、范福临、朱献瑞、常洪珍、潘建荣，秘书长李顺广出席会议。

26日 市人大常委会机关举办保持共产党员先进性教育活动专题辅导。市人大常委会第一副主任王祖和作辅导报告，副主任潘兴玺、范福临、朱献瑞、文廷良、常洪珍、潘建荣，秘书长李顺广出席辅导报告会。

3 月

1 日　驻菏全国人大代表杜昌文、汤建梅、李建军、张九勋、尚瑞芬、张凤仙赴北京，出席第十届全国人民代表大会第三次会议。市委书记、市人大常委会主任陈光，市人大常委会第一副主任王祖和，副主任潘兴玺、范福临、朱献瑞、文廷良、常洪珍、潘建荣，秘书长李顺广与其他市领导到牡丹大酒店为代表送行。

2 日　市十六届人大常委会召开第四十四次主任会议。会议研究确定市十六届人大常委会第十八次会议相关事项。市人大常委会第一副主任王祖和主持会议，副主任潘兴玺、范福临、朱献瑞、常洪珍、潘建荣，秘书长李顺广出席会议。

10 日　市人大常委会第一副主任王祖和到定陶县看望市人大常委会机关包村干部。

14 日　市十六届人大常委会召开第四十五次主任会议。会议研究贯彻落实市委十届八次全委会精神的意见和市十六届人大常委会第十八次会议筹备事项。市人大常委会第一副主任王祖和主持会议，副主任潘兴玺、范福临、朱献瑞、文廷良、常洪珍、潘建荣，秘书长李顺广出席会议。

15 日　市十六届人大常委会第十八次会议召开。会议听取审议并批准 5 个被评议单位整改工作报告，表决通过有关人事任免事项。市委书记、市人大常委会主任陈光，市人大常委会第一副主任王祖和，副主任潘兴玺、范福临、朱献瑞、文廷良、常洪珍、潘建荣，秘书长李顺广出席会议。副市长何茂远、市中级人民法院院长孙寿海、市人民检察院检察长丁伟民列席会议。

16 日　市人大常委会举办环保法制讲座，省环保局副局长王光和应邀到菏泽讲授环保法。市人大常委会组成人员、“一府两院”负责人、市政府组成部门主要负责人等参加听取讲座。

21 日　市人大常委会机关召开保持共产党员先进性教育活动分析评议阶段动员会议。市人大常委会第一副主任王祖和，副主任潘兴玺、范福临、朱献瑞、文廷良、常洪珍、潘建荣，秘书长李顺广出席会议。

25 日　全市人大宣传会议召开。市人大常委会第一副主任王祖和出席会议并讲话。

29 日　市人大常委会第一副主任王祖和列席省十届人大常委会第十三次会议。

30 日　市人大教科文卫工委召开市直部门负责人联席会。市人大常委会副主任朱献瑞、汤建梅出席会议。

30 日至 4 月 1 日　市人大常委会副主任范福临到曹县、单县调研农村民主法制建设工作。

4 月

4 日　省人大常委会副主任时立军到菏泽视察。市人大常委会第一副主任王祖和，副主任潘兴玺、文廷良，秘书长李顺广陪同活动。

2005 年 4 月 4 日，省人大常委会副主任时立军到菏泽视察环保工作

6 日　全市人大人事代表工作座谈会召开。市人大常委会副主任朱献瑞出席。

7 日　市人大常委会副主任范福临赴济南市参加全省人大信访工作座谈会。

9 日至 13 日　省人大常委会副主任曹学成一行 11 人到菏泽，就《山东省民族工作条例》贯彻实施情况进行执法检查。市人大常委会第一副主任王祖和、副主任潘建荣陪同活动。

11日至12日 市人大常委会副主任常洪珍赴济宁市参加全省人大农业与农村工作座谈会。

15日 市人大常委会党组召开民主生活会。市人大常委会党组副书记王祖和、潘兴玺，党组成员范福临、朱献瑞、文廷良、常洪珍、潘建荣、李顺广出席会议。

21日至23日 市人大常委会副主任范福临赴泰安市参加全省人大法制工作座谈会。

26日 全市人大信访工作会议召开。市人大常委会第一副主任王祖和、副主任范福临出席会议。

27日 市十六届人大常委会召开第四十六次主任会议。会议研究市十六届人大常委会第十九次会议的有关事项。市人大常委会第一副主任王祖和主持会议，副主任潘兴玺、范福临、朱献瑞、文廷良、常洪珍、潘建荣，秘书长李顺广出席会议。

28日 市人大常委会机关全体人员会议召开，传达贯彻市委十届八次全委会精神。市人大常委会第一副主任王祖和，副主任潘兴玺、范福临、文廷良、常洪珍、潘建荣出席会议。

28日至29日 市十六届人大代表培训班在菏泽牡丹大酒店举办。市人大常委会第一副主任王祖和讲话，副主任潘兴玺、朱献瑞出席开班典礼，省人大常委会人事代表工作室主任毛春智到菏泽授课。

5月

8日 市十六届人大常委会召开第四十七次主任会议。会议确定市十六届人大常委会第十九次会议有关事项及其他事项。市人大常委会第一副主任王祖和主持会议，副主任潘兴玺、范福临、朱献瑞、文廷良、常洪珍、潘建荣，秘书长李顺广出席会议。

12日 市人大常委会机关保持共产党员先进性教育活动转段会议召开。市人大常委会第一副主任王祖和，副主任潘兴玺、范福临、朱献瑞、文廷良、常洪珍，秘书长李顺广以及市委督导组有关负责人出席会议。

18日至19日 市十六届人大常委会第十九次会议召开。会议听取审议市政府《关于2004年市级预算执行和其他财政收支情况的审计工作报告》《关于2004年市级财政决算的报告》，通过《关于批准菏泽市2004年市级财政决算的决议（草案）》，听取审议市中级人民法院《关于基层建设情况的报告》，听取审议市政府关于贯彻实施土地管理法、矿产资源法及对矿区土地保护应对措施的汇报，审议通过《菏泽市人大常委会关于2005年对市人民政府部分组成人员进行述职评议工作的实施意见（草案）》。会议还听取有关专家所作的土地管理法法制讲座。会议分别由市委书记、市人大常委会主任陈光，市人大常委会第一副主任王祖和主持，市人大常委会副主任潘兴玺、范福临、朱献瑞、文廷良、常洪珍、汤建梅、潘建荣，秘书长李顺广出席会议。副市长杨永昌、市中级人民法院院长孙寿海、市人民检察院检察长丁伟民列席会议。

2005年5月18日至19日，市十六届人大常委会第十九次会议召开

19日 市十六届人大常委会召开第四十八次主任会议。会议讨论市人大常委会整改方案。

市人大常委会第一副主任王祖和主持会议，副主任潘兴玺、范福临、朱献瑞、文廷良、常洪珍、汤建梅、潘建荣，秘书长李顺广出席会议。

24日至26日 市人大常委会对全市贯彻实施《中华人民共和国农业法》情况进行执法检查。市人大常委会副主任常洪珍参加活动。

31日至6月2日 市人大常委会副主任范福临赴淄博市参加全省人大内务司法工作座谈会。

6月

1日至3日 市人大常委会副主任朱献瑞赴安徽省蚌埠市参加淮海经济区第十七届顾问会议。

2日 市人大常委会第一副主任王祖和、副主任常洪珍、汤建梅，秘书长李顺广及部分人大常委会委员视察全市工商系统工作。

9日至10日 市人大常委会副主任常洪珍对黄河防汛和内河防汛问题进行调研。

20日至24日 市人大常委会副主任文廷良赴东营市参加全省人大城乡建设与环境资源保护工作座谈会。

22日 市十六届人大常委会召开第四十九次主任会议。会议研究菏泽市与韩国金浦市缔结友好城市关系、市人大常委会信访机构升格等问题。市人大常委会第一副主任王祖和主持会议，副主任潘兴玺、范福临、朱献瑞、常洪珍、潘建荣，秘书长李顺广出席会议。

27日至7月2日 市人大常委会第一副主任王祖和与市长杜昌文带团对韩国金浦市进行友好访问。

28日 市人大常委会第一副主任王祖和，副主任潘兴玺、范福临、朱献瑞、文廷良、常洪珍、潘建荣收看全省保持共产党员先进性教育活动第一批总结和第二批动员大会。

7月

4日至7日 省人大常委会委员、省人大财经委副主任委员王同生一行3人到菏泽，对全市经济发展、财政预算执行情况进行调研。市人大常委会副主任潘兴玺陪同活动。

7日 市十六届人大常委会召开第五十次主任会议。会议研究确定市十六届人大常委会第二十次会议的有关事项。市人大常委会第一副主任王祖和主持会议，副主任潘兴玺、范福临、朱献瑞、文廷良、常洪珍、汤建梅，秘书长李顺广出席会议。

8日 省人大常委会副秘书长李宏祥到菏泽调研，市人大常委会第一副主任王祖和陪同活动。

14日至15日 市十六届人大常委会第二十次会议召开。会议表决通过《菏泽市人大常委会关于进一步加强水污染防治工作的决议（草案）》《菏泽市人大常委会关于同意菏泽市与韩国金浦市缔结友好城市的决定（草案）》。会议先后由市人大常委会第一副主任王祖和、副主任潘兴玺主持，副主任范福临、朱献瑞、文廷良、常洪珍、汤建梅，秘书长李顺广出席会议。副市长张存金，市中级人民法院院长孙寿海、市人民检察院检察长丁伟民列席会议。

21日至22日 市人大常委会执法检查组先后到牡丹区、单县视察《山东省人口与计划生育条例》贯彻实施情况。市人大常委会第一副主任王祖和，副主任朱献瑞、汤建梅参加视察。

25日至26日 市人大常委会副主任常洪珍到郓城县、巨野县、曹县调研气象工作。

26日 市人大常委会第一副主任王祖和，副主任范福临、文廷良、常洪珍、汤建梅、潘建荣到国税系统就组织体系、管理基础、党风廉政建设等工作情况进行专题视察。

26日 省人大常委会委员、“齐鲁环保世纪行”组委会副主任单兆正带领“齐鲁环保世纪行”记者采访团一行26人到菏泽采访。市人大常委会副主任文廷良出席记者采访团汇报会。

27日 市十六届人大常委会召开第五十一次主任会议，研究需向省人大常委会读书班提交几个建议等工作。市人大常委会第一副主任王祖和主持会议，副主任潘兴玺、范福临、文廷良、常洪珍、汤建梅、潘建荣，秘书长李顺广出席会议。

28日 市人大常委会副主任文廷良出席“菏泽环保世纪行”组委会调度会。

28日至30日 市人大常委会副主任文廷良带队，组织“菏泽环保世纪行”记者采访团就全市生态环境建设及水污染防治情况到东明县、曹县进行采访。

8月

13日 市人大常委会第一副主任王祖和，副主任常洪珍、汤建梅、潘建荣，秘书长李顺广视察东明县黄河滩区居民迁建和工业发展情况。

17日至18日 市人大常委会副主任潘兴玺到市质检局和有关县区，对全市实施计量法和《山东省计量条例》情况进行调研。

17日至19日 市人大常委会副主任范福临带领内司工委有关人员就全市律师法贯彻实施情况进行检查。

20日 全市人大内务司法工作座谈会召开。市人大常委会副主任范福临出席会议并讲话。

21日至24日 市人大常委会副主任朱献瑞赴烟台市参加省人大教科文卫工作座谈会。

25日至26日 市人大常委会对全市贯彻实施科学技术进步“一法一条例”、科学技术普及“一法一条例”情况进行视察。市人大常委会第一副主任王祖和、副主任朱献瑞、秘书长李顺广参加视察。

9月

2日至3日 市委书记、市人大常委会主任陈光，市人大常委会第一副主任王祖和、秘书长李顺广出席全省人大工作会议。

6日 市十六届人大常委会召开第五十二次主任会议。会议传达全省人大工作会议精神，研究确定召开市十六届人大常委会第二十一次会议和对市政府部分组成人员进行述职评议的有关事项。市人大常委会第一副主任王祖和主持会议，副主任潘兴玺、朱献瑞、文廷良、汤建梅、潘建荣，秘书长李顺广出席会议。

7日至9日 市人大常委会副主任潘兴玺带领财经工委有关人员赴烟台市参加全省人大财经工作座谈会。

8日至9日 市人大常委会副主任文廷良带队，组织“菏泽环保世纪行”记者采访团到郓城县、鄄城县、曹县、定陶县对全市生态林业发展情况进行采访。

12日 市人大常委会副主任文廷良带队，组织“菏泽环保世纪行”记者采访团到单县、巨野县对全市环境保护情况进行采访。

15日至16日 市十六届人大常委会第二十一次会议召开。会议听取审议市政府关于行政事业单位国有资产监督管理和社会治安综合整治工作的情况汇报，投票决定2005年度市政府述职人员。市委书记、市人大常委会主任陈光，市人大常委会第一副主任王祖和分别主持会议。市人大常委会副主任潘兴玺、范福临、朱献瑞、文廷良、常洪珍、汤建梅、潘建荣，秘书长李顺广出席会议。副市长张存金，市中级人民法院院长孙寿海列席会议，3名公民旁听会议。

22日至24日 市人大常委会副主任常洪珍带领调查组到市水利局和东明县、鄄城县，就评议市水利局负责人履职情况进行调查。

26日 市人大常委会副主任朱献瑞到郓城

县、巨野县就评议市教育局负责人进行调研。

28日 市十六届人大常委会召开第五十三次主任会议。会议通报市委关于市人大常委会机关干部任免文件精神。市人大常委会第一副主任王祖和主持会议，副主任潘兴玺、朱献瑞、文廷良、常洪珍，秘书长李顺广出席会议。

10月

8日至20日 市人大常委会第一副主任王祖和赴广西壮族自治区贺州市参加全国十四省（市、区）三十二地区（盟、市）人大工作联席会议第十八次会议。

11日至13日 市人大常委会组织驻菏全国人大代表杜昌文、汤建梅、李建军、张九勋、尚瑞芬、张凤仙6人先后到市直和牡丹区有关单位对下岗人员实现再就业情况进行专题调研。市人大常委会副主任潘兴玺、朱献瑞，秘书长李顺广陪同调研。

11日至14日 省人大常委会委员、省人大内司委副主任委员刘学德、邢来田一行到菏泽视察平安建设工作。市人大常委会副主任范福临陪同活动。

14日至16日 省人大农委副主任委员马洪顺带领农民职业技能培训调研组到牡丹区、单县等县区调研。市人大常委会副主任常洪珍陪同活动。

26日 市人大常委会第一副主任王祖和，副主任潘兴玺、范福临、朱献瑞、文廷良、常洪珍，秘书长李顺广及部分人大常委会委员视察菏泽开发区。

11月

2日 市十六届人大常委会召开第五十四次主任会议。会议传达市委十届九次全委会精神，传达全市人大工作会议精神并研究贯彻落实意见，研究确定市十六届人大常委会第二十二次会议有关事项。市人大常委会第一副主任王祖和主持会议，副主任潘兴玺、朱献瑞、文廷良、常洪珍、汤建梅，秘书长李顺广出席会议。

2日至4日 以议长李庸峻为团长的韩国金浦市议会代表团一行15人到菏泽市访问。市人大常委会第一副主任王祖和陪同活动。

10日 市人大常委会第一副主任王祖和，副主任潘兴玺、范福临、朱献瑞、文廷良、常洪珍及部分常委会委员到定陶县、成武县、巨野县、郓城县、鄄城县等县区，对市境内国、省道公路建设进行视察。副市长杨永昌陪同视察。

11日 市人大常委会机关全体工作人员会议召开，学习市委常委会防控高致病性禽流感工作会议纪要。市人大常委会第一副主任王祖和，副主任范福临、朱献瑞出席会议。

15日 市人大常委会副主任常洪珍到曹县调研禽流感防治工作。

16日 潍坊市人大常委会党组书记、第一副主任毕可仁，副主任韩俊生等一行10人考察鄄城（潍坊）工业园。市人大常委会第一副主任王祖和陪同活动。

16日至17日 市十六届人大常委会第二十二次会议召开。会议审议通过《菏泽市人民代表大会常务委员会讨论决定重大事项的规定（草案）》《菏泽市人民代表大会常务委员会关于加强和规范人民代表活动的若干意见（草案）》《菏泽市人大常委会关于2005年对市政府部分组成人员述职评议工作办法（草案）》。会议对市教育局局长张修田、市司法局局长梁志成、市人事局局长郭志民、市市政管理局局长卞维平、市水利局局长马春田5位市政府组成人员首次进行述职评议。马春田被评为优秀，其余被评为称职。市委书记、市人大常委会主任陈光，市人大常委会第一副主任王祖和，副主任潘兴玺、范福临、朱献瑞、文廷良、常洪珍、汤建梅、潘建荣出席会议。副市长何茂远、市中级人民法院院长孙寿海列席会议。

17 日至 19 日　省人大常委会法制工作委员会主任赵瑞林就山东省村务公开条例（草案）到菏泽进行立法调研。市人大常委会副主任范福临陪同活动。

28 日至 29 日　市人大常委会副主任范福临赴滨州市参加全省人大信访工作会议。

12 月

8 日至 9 日　市人大常委会组织驻菏全国人大代表和部分省人大代表及部分市人大代表进行年终集中视察活动。市人大常委会第一副主任王祖和，副主任潘兴玺、文廷良、常洪珍、潘建荣，秘书长李顺广和部分常委会委员参加视察。

15 日　市人大常委会副主任朱献瑞到巨野县联系人大代表。

22 日　市十六届人大常委会召开第五十五次主任会议。会议讨论确定召开市十六届人民代表大会第四次会议的有关事项，确定有关人事任免事项及其他事项。市人大常委会副主任潘兴玺主持会议，副主任范福临、朱献瑞、文廷良、常洪珍、潘建荣，秘书长李顺广出席会议。

25 日　市十六届人大常委会第二十三次会议召开。会议确定十六届人民代表大会第四次会议于 2006 年 2 月 7 日至 11 日召开。根据市长杜昌文的提请，会议决定任命刘士合、段伯汉为菏泽市政府副市长。会议通过市十六届人民代表大会第四次会议建议议程（草案）；会议决定接受王祖和辞去菏泽市人大常委会第一副主任职务的请求，会议还通过其他人事任免事项。市委书记、市人大常委会主任陈光，市人大常委会第一副主任王祖和，副主任潘兴玺、范福临、朱献瑞、文廷良、常洪珍、汤建梅、潘建荣，秘书长李顺广出席会议。副市长张存金、市中级人民法院院长孙寿海、市检察院检察长丁伟民列席会议。

2006 年

1 月

9 日　市十六届人大常委会召开第五十六次主任会议。会议通报有关人员调整情况，研究补选部分市人大代表事项，通过市十六届人大四次会议主席团组成人员建议范围和秘书长建议人选，研究市十六届人大四次会议筹备事项，确定于 2006 年 1 月 23 日召开市十六届人大常委会第二十四次会议。市委书记、市人大常委会主任陈光主持会议，市委副书记、市人大常委会党组副书记贾凤英，副主任潘兴玺、朱献瑞、文廷良、常洪珍、汤建梅、潘建荣，秘书长李顺广出席会议。

13 日　市委副书记、市人大常委会党组副书记贾凤英，市人大常委会副主任潘兴玺、范福临、朱献瑞、常洪珍、汤建梅、潘建荣在牡丹大酒店为即将参加省“两会”的省人大代表、政协委员举行欢送仪式。

21 日　市十六届人大常委会召开第五十七次主任会议。会议研究确定市十六届人大常委会第二十四次会议相关事项。市人大常委会副主任潘兴玺、范福临、朱献瑞、文廷良、常洪珍、潘建荣，秘书长李顺广出席会议；市人大常委会党组副书记贾凤英列席会议。

23 日　市十六届人大常委会第二十四次会议召开。会议审议通过市第十六届人民代表大会第四次会议主席团和秘书长建议名单及建议列席人员范围等事项，决定提请大会预备会议通过。会议表决通过有关人事任免事项。市委书记、市人大常委会主任陈光，副主任潘兴玺、范福临、朱献瑞、文廷良、常洪珍、汤建梅、潘建荣，秘书长李顺广出席会议。市委副书记、市人大常委会党组副书记贾凤英，副市长张存金，市中级人民法院院长孙寿海，市人民检察院检察长丁伟民列席会议。

2 月

7 日至 10 日 市第十六届人民代表大会第四次会议在中华影剧院召开。会议听取审议并通过菏泽市人民政府工作报告、菏泽市 2005 年国民经济和社会发展计划执行情况与 2006 年计划草案的报告、菏泽市 2005 年预算执行情况和 2006 年预算草案的报告、菏泽市人民代表大会常务委员会工作报告、菏泽市中级人民法院工作报告、菏泽市人民检察院工作报告。在审议的基础上，作出相应的决议。大会补选贾凤英为市十六届人大常委会第一副主任（正厅级），补选邵好学、刘金俊、张秀长、李玉华为市十六届人大常委会副主任，补选马春田为市十六届人大常委会秘书长。

10 日 市十六届人大常委会召开第五十九次主任会议。会议通报市委研究的有关人事任免情况，听取市人民检察院有关报告，确定提交市十六届人大常委会第二十五次会议审议表决。市委书记、市人大常委会主任陈光主持会议，市委副书记、市人大常委会第一副主任贾凤英，副主任朱献瑞、文廷良、常洪珍、汤建梅、刘金俊、张秀长、李玉华，秘书长马春田出席会议。

10 日 市十六届人大常委会第二十五次会议召开。会议通过有关人事任免事项及其他事项。市委书记、市人大常委会主任陈光，市委副书记、市人大常委会第一副主任贾凤英，市人大常委会副主任朱献瑞、文廷良、常洪珍、汤建梅、邵好学、刘金俊、张秀长、李玉华，秘书长马春田出席会议。副市长张存金、市中级人民法院院长孙寿海、市人民检察院检察长丁伟民列席会议。

10 日 市委书记、市人大常委会主任陈光向辞去市人大常委会副主任职务的潘兴玺、范福临、潘建荣，秘书长李顺广和市人大常委会委员马欲圣、孔繁芝、吕恒芝、刘宝祥、李振堂、陈好孔、周连瑞、晁岳坤、唐留书、陶冶生、崔冠民 15 人颁发荣誉证书；向新当选的市人大常委会第一副主任贾凤英，副主任邵好学、刘金俊、张秀长、李玉华，秘书长马春田和新当选的市人大常委会委员任茂廉、刘祥德、孟繁为、曹绪宝、樊庆堂颁发当选证书。

24 日 市十六届人大常委会召开第六十次主任会议。会议研究市人大常委会 2006 年工作要点和 2006 年重要活动计划安排，传达市纪委第五次全委会暨党风廉政建设工作会议精神，学习市委书记、市人大常委会主任陈光在会议上的讲话。会议决定 2006 年 3 月 2 日召开市十六届人大常委会第二十六次会议。市人大常委会第一副主任贾凤英主持会议，副主任朱献瑞、文廷良、常洪珍、汤建梅、邵好学、刘金俊、张秀长、李玉华，秘书长马春田参加会议。

28 日至 3 月 2 日 市人大常委会副主任朱献瑞赴临沂市参加全省人大财经工作座谈会。

3 月

1 日 菏泽市的 5 名全国人大代表汤建梅、李建军、张九勋、张凤仙、尚瑞芬启程赴济南市，与山东省的全国人大代表一起赴北京出席即将举行的第十届全国人民代表大会第四次会议。市委书记、市人大常委会主任陈光，市人大常委会副主任常洪珍与其他市领导为代表们送行。

2 日 市十六届人大常委会召开第六十一次主任会议。会议听取市委组织部关于有关人事任免事项的介绍，同意提交市十六届人大常委会第二十六次会议审议表决，研究确定市十六届人大常委会第二十六次会议建议议程。市人大常委会第一副主任贾凤英主持会议，副主任朱献瑞、文廷良、常洪珍、邵好学、刘金俊、李玉华，秘书长马春田出席会议。

2日 市十六届人大常委会第二十六次会议召开。会议审议通过菏泽市人大常委会2006年工作重点，根据市人大常委会主任会议的提请，决定接受杜昌文辞去菏泽市人民政府市长职务的请求，决定任命赵润田为菏泽市人民政府代理市长。市委书记、市人大常委会主任陈光主持会议，市人大常委会第一副主任贾凤英，副主任朱献瑞、文廷良、常洪珍、邵好学、刘金俊、李玉华出席会议。市委副书记、副市长赵润田，副市长张存金，市中级人民法院院长孙寿海列席会议。

8日至9日 省人大常委会副主任邵桂芳到菏泽，就落实科学发展观、建设和谐社会、新时期如何开展好人大工作以及“突破菏泽”战略的实施情况进行调查研究。市委书记、市人大常委会主任陈光，市人大常委会第一副主任贾凤英、副主任朱献瑞等陪同活动。

2006年3月8日，省人大常委会副主任邵桂芳到菏泽调研，并与市人大常委会机关干部合影

10日 市人大常委会财经工委召开工委与市直财经部门及省直驻菏单位的联系会议。市人大常委会副主任朱献瑞主持会议并讲话。

10日 市人大常委会城环工委召开市直对口联系部门工作座谈会。市人大常委会副主任刘金俊出席会议。

14日 市人大常委会机关全体工作人员会议召开。市人大常委会第一副主任贾凤英，副主任朱献瑞、文廷良、常洪珍、邵好学、刘金俊、李玉华出席会议。

17日 市人大常委会农工委组织召开市直涉农部门联席会议。市人大常委会副主任张秀长出席会议并讲话。

22日 市人大常委会内司工委召开对口联系部门工作座谈会。市人大常委会副主任文廷良出席会议并讲话。

22日 全市人大城乡建设与环境资源保护工作座谈会召开。市人大常委会副主任刘金俊出席会议。

22日 全市人大农业与农村工作座谈会召开。市人大常委会副主任张秀长出席会议并讲话。

22日 市人大常委会民侨外工委召开与市政府联系部门工作座谈会。市人大常委会副主任李玉华出席会议并讲话。

23日 全市人大人事代表工作座谈会召开。市人大常委会副主任常洪珍出席会议。

27日 全市人大内务司法机构工作座谈会召开。市人大常委会副主任文廷良出席会议。

30日 市人大常委会副主任朱献瑞赴泰安市参加全省人大工作会议。

4月

3日 市十六届人大常委会召开第六十二次主任会议。会议研究提交市十六届人大常委会第二十七次会议审议表决的有关人事任免事项，传达学习十届全国人大四次会议精神和省十届人大常委会第十九次会议精神，研究市十六届人大常委会第二十七次会议召开、人口与计划生育法贯彻实施情况视察方案、各委室2006年调研课题、关于进一步规范接待工作的意见和建议等事项。市人大常委会第一副主任贾凤英主持会议，副主任朱献瑞、文廷良、常洪珍、汤建梅、邵好学、刘金俊、张秀长、李玉华，秘书长马春田出席会议。

13日 市十六届人大常委会第二十七次会议召开。会议传达学习十届全国人大四次会议精神，听取审议市政府关于《中华人民共和国道路交通安全法》等贯彻实施情况的汇报，通过有关人事任免事项。市委书记、市人大常委会主任陈光，市人大常委会第一副主任贾凤英，副主任朱献瑞、文廷良、常洪珍、汤建梅、邵好学、刘金俊、张秀长、李玉华，秘书长马春田出席会议。副市长张存金、李卫国，市中级人民法院院长孙寿海、市检察院检察长丁伟民列席会议。

17日 安徽省人大工作研究会会长、安徽省人大常委会原主任孟富林，安徽省人大工作研究会副会长、安徽省人大常委会原副主任卢声道、陈基余等到单县、牡丹区考察社会主义新农村建设情况。市人大常委会副主任张秀长陪同活动。

23日 市十六届人大常委会召开第六十四次主任会议。会议确定市十六届人大常委会第二十八次会议议程（草案），确定市十六届人大常委会第二十八次会议于5月8日在菏泽召开，研究有关人事任免事项及其他事项。市人大常委会第一副主任贾凤英主持会议，副主任朱献瑞、文廷良、常洪珍、汤建梅、邵好学、刘金俊、李玉华，秘书长马春田出席会议。

27日 市人大代表建议办理工作会议召开。市人大常委会副主任常洪珍主持会议。

28日至30日 市人大常委会第一副主任贾凤英，副主任朱献瑞、文廷良、常洪珍、汤建梅、邵好学、刘金俊、张秀长、李玉华分别到全市9县区对人口与计划生育法实施情况进行视察。

30日 全市人口与计划生育法实施情况视察总结会议召开。市人大常委会第一副主任贾凤英出席会议。

2006年4月28日至30日，市人大常委会开展计划生育工作视察

5月

8日 市十六届人大常委会第二十八次会议召开，研究决定市人代会召开和人事任免事项。市委书记、市人大常委会主任陈光，市人大常委会第一副主任贾凤英，副主任朱献瑞、文廷良、常洪珍、汤建梅、邵好学、刘金俊、张秀长、李玉华，秘书长马春田出席会议。副市长张存金，市中级人民法院院长张寿海等列席会议。

13日至14日 市第十六届人民代表大会第五次会议在菏泽中华影剧院召开。会议选举赵润田为菏泽市人民政府市长，赵润田当选后作表态发言，大会在完成各项议程后闭幕。

29日至30日 市人大常委会对市内6县区贯彻落实《中华人民共和国水污染防治法》《山东省水污染防治条例》情况进行执法检查，并就检查中出现的问题与有关部门进行座谈。市人大常委会第一副主任贾凤英，副主任朱献瑞、刘金俊参加活动。

6月

5日至9日 市人大常委会副主任刘金俊赴滨州市参加全省人大推进资源节约型、环境友好型社会建设座谈会。

8日至9日 省人大常委会委员、省人大农业与农村委员会副主任乔秀仑率检查组一行到菏泽检查《山东省黄河防汛条例》《山东省黄河河道管理条例》贯彻执行情况。市人大常委会副主任常洪珍陪同检查。

8日至10日 省人大农委组成《山东省黄河防汛条例》《山东省黄河河道管理条例》执法检查组对郓城县、鄄城县、牡丹区、东明县等沿黄县区进行执法检查。市人大常委会副主任常洪珍、张秀长陪同检查。

14日 市十六届人大常委会召开第六十六次主任会议。会议研究确定召开市十六届人大常委会第二十九次会议的相关事项。市人大常委会第一副主任贾凤英主持会议，副主任朱献瑞、文廷良、常洪珍、汤建梅、邵好学、刘金俊、张秀长，秘书长马春田出席会议。

20日 市十六届人大常委会第二十九次会议召开。会议审议市政府关于2005年财政决算的报告（书面），批准市政府2005年市级财政决算。听取审议市政府关于2005年市级预算执行和其他财政收支的审计工作报告等。会议还听取审议市中级人民法院关于审判监督工作情况的汇报、市政府关于贯彻环保法律法规实施“碧水蓝天”工程工作情况的汇报；审议通过市人大常委会关于修改《菏泽市人民代表大会常务委员会关于办理市人大代表建议、批评和意见的办法》的决定；听取审议市政府关于编制《菏泽生态市建设总体规划（草案）》情况的报告，审议批准《菏泽生态市建设总体规划（草案）》；审议通过《关于调整菏泽市人大常委会代表资格审查委员会部分组成人员职务的报告》。市人大常委会第一副主任贾凤英，副主任朱献瑞、文廷良、常洪珍、汤建梅、邵好学、刘金俊、张秀长，秘书长马春田出席会议。副市长张存金、市中级人民法院院长孙寿海列席会议。

26日至27日 市人大常委会副主任常洪珍参加全省人大代表工作会议。

29日至30日 市人大常委会针对就业再就业、社会保险、保护劳动者权益等有关劳动法贯彻落实过程中的重点问题，在全市开展执法大检查。市人大常委会第一副主任贾凤英、副主任文廷良、邵好学分别带队到曹县、成武县、郓城县进行检查。

7月

2日至3日 市人大常委会第一副主任贾凤英，副主任刘金俊、张秀长，秘书长马春田等组成检查组，对全市防洪法贯彻落实情况进行执法检查。

2006年7月2日至3日，市人大常委会对全市防洪法贯彻落实情况进行执法检查

20日 市十六届人大常委会召开第六十七次主任会议。会议传达学习《中共山东省委关于认真学习贯彻胡锦涛总书记重要批示的通知》《关于认真学习贯彻吴官正重要讲话的通知》，传达学习7月11日市委常委扩大会议精神，传达贯彻全省人大代表工作会议精神，研究确定市人大常委会2006年工作评议实施方案。会议确定市人大常委会近期将组织6个调查组，分别到6部门了解情况，听取被评议部门的工作报告。会议初审市政府关于授予金惠星为“菏

泽市荣誉市民”的议案，建议提交市人大常委会审议通过。会议研究通过关于进一步加强和改进人大代表工作的意见。市人大常委会第一副主任贾凤英主持会议，副主任朱献瑞、文廷良、常洪珍、汤建梅、邵好学、刘金俊、张秀长、李玉华，秘书长马春田出席会议。

24 日至 8 月 1 日 市人大常委会副主任常洪珍到牡丹区、成武县、郓城县、东明县就发挥人大代表作用问题开展调查研究。

8 月

1 日至 4 日 市人大常委会副主任刘金俊带领评议调查组，对市建设局的工作情况进行调研。

3 日至 14 日 市人大常委会副主任常洪珍带领调查组到市规划局和单县，对市规划局、市建设局、市人口与计划生育委员会、市宗教局、市粮食局的工作进行评议。

7 日至 17 日 市人大常委会第一副主任贾凤英赴烟台市参加省人大常委会读书班。

17 日 市十六届人大常委会召开第六十八次主任会议。会议确定市十六届人大常委会第三十次会议于 8 月 23 日在菏泽召开。市人大常委会第一副主任贾凤英主持会议，副主任朱献瑞、文廷良、常洪珍、邵好学、刘金俊、李玉华，秘书长马春田出席会议。

23 日 市十六届人大常委会第三十次会议召开。会议听取审议市政府关于 2006 年上半年国民经济和社会发展计划执行情况及预算执行情况的汇报等；听取审议市政府接受工作评议的市建设局、市粮食局、市民委（宗教局）、市科技局、市计生委、市规划局 6 个部门的工作汇报，对市政府有关部门的工作汇报进行分组审议，并提出审议意见；表决通过《菏泽市人大常委会关于菏泽市 2006—2010 年依法治市五年规划的决议（草案）》《菏泽市人大常委会关于〈在全市公民中开展法制宣传教育的第五个五年规划〉的决议（草案）》《菏泽市人大常委会关于批准授予金惠星女士为“菏泽市荣誉市民”的决定（草案）》《菏泽市人大常委会关于批准菏泽市与乌拉圭黑河省弗莱宾多市缔结友好城市的决定（草案）》。市委书记、市人大常委会主任陈光，市人大常委会第一副主任贾凤英分别主持会议，副主任朱献瑞、文廷良、常洪珍、邵好学、刘金俊、张秀长、李玉华，秘书长马春田出席会议。副市长童彩云、市中级人民法院院长孙寿海、市人民检察院检察长丁伟民列席会议。

30 日至 9 月 1 日 受省人大常委会委托，市人大常委会组成由副主任张秀长带队，农工委部分人员和市直有关部门负责人参加的执法检查组，对农业法、土地管理法、农村土地承包法和有关农业政策、金融支农政策在全市的贯彻实施情况进行检查。

31 日 省人大财经委副主任委员张义国一行 3 人到菏泽调研，市人大常委会副主任朱献瑞陪同。

9 月

1 日 省人大常委会委员、省人大内司委副主任委员刘统侠一行 4 人到菏泽，对贯彻实施《中华人民共和国消防法》《山东省消防条例》情况进行执法检查。市人大常委会副主任文廷良陪同视察。

1 日 市人大常委会副主任张秀长带队到牡丹区、单县、鄄城县进行农业法执法检查。

12 日 市人大常委会副主任常洪珍参加东明县人大代表述职观摩活动。

12 日 临沂市人大常委会第一副主任李荣强，副主任奚霞、王友忠、李宝智率考察团一行 26 人到菏泽参观考察，重点考察全市经济社会发展情况。市人大常委会第一副主任贾凤英、副主任刘金俊陪同考察。

22 日至 26 日 市人大常委会第一副主任贾凤英出席十五省（市、区）三十二地区（盟、市）人大工作联席会第十九次会议。

25 日至 29 日 市人大常委会副主任常洪珍列席省十届人大常委会第二十三次会议。

10 月

8 日 省人大常委会副主任陈延明到菏泽调研，先后考察定陶艺达工业园、商业步行街和城市建设情况。市委书记、市人大常委会主任陈光，第一副主任贾凤英陪同调研。

10 日 市人大常委会副主任朱献瑞对义务教育法贯彻情况进行调研。

12 日 市十六届人大常委会召开第六十九次主任会议。会议学习贯彻党的十六届六中全会精神，确定十六届市人大常委会第三十一次会议相关事项等。市人大常委会第一副主任贾凤英主持会议，副主任朱献瑞、文廷良、常洪珍、汤建梅、邵好学、刘金俊、李玉华，秘书长马春田出席会议。

17 日 全市人大代表工作会议召开。市人大常委会第一副主任贾凤英出席会议并讲话，副主任常洪珍主持会议。

18 日至 20 日 市人大常委会第一副主任贾凤英，副主任朱献瑞、文廷良、常洪珍、汤建梅、邵好学、刘金俊、李玉华带领市人大常委会教科文卫工委和部分常委会委员及部分人大代表，对全市贯彻实施《中华人民共和国义务教育法》情况进行视察。

21 日 市十六届人大常委会第三十一次会议召开。市人大常委会第一副主任贾凤英主持会议，副主任朱献瑞、文廷良、常洪珍、汤建梅、邵好学、刘金俊、李玉华，秘书长马春田出席会议。副市长童彩云，市法院、市检察院、市公安局负责人列席会议。

26 日 市十六届人大常委会第三十二次会议召开。会议听取审议市政府关于贯彻实施《山东省资源综合利用条例》工作情况汇报等。根据菏泽市人民政府市长赵润田提请，会议决定任命郭保存为菏泽市经济贸易委员会主任。市人大常委会第一副主任贾凤英，副主任朱献瑞、文廷良、常洪珍、汤建梅、邵好学、刘金俊、张秀长、李玉华，秘书长马春田出席会议。副市长何茂远、杨永昌，市人民检察院检察长丁伟民列席会议。

31 日 市人大常委会第一副主任贾凤英、秘书长马春田赴济南市参加全省人大常委会主任、秘书长监督法学习培训班。

11 月

3 日 全市人大宣传工作座谈会召开。市人大常委会副主任邵好学出席会议并讲话。

10 日 全市人大学习监督法培训班在菏泽举行。市人大常委会第一副主任贾凤英，副主任朱献瑞、常洪珍、汤建梅、邵好学、刘金俊、李玉华，秘书长马春田出席培训班开班仪式。

13 日至 15 日 市人大常委会副主任李玉华赴淄博市参加省人大民侨外委召开的《山东省旅游条例》执法检查情况汇报会。

15 日 市人大常委会副主任朱献瑞到成武县对园区建设情况进行调研。

17 日 市十六届人大常委会召开第七十一次主任会议。会议确定市十六届人大常委会第三十三次会议于 12 月 8 日在菏泽举行。市人大常委会第一副主任贾凤英主持会议，副主任朱献瑞、文廷良、常洪珍、邵好学、刘金俊、李玉华，秘书长马春田出席会议。

23 日至 24 日 2006 年“菏泽环保世纪行”活动举行。市人大常委会副主任刘金俊参加活动。

24日至25日 全国人大常委会办公厅信访局助理巡视员张永顺一行到菏泽对拆迁信访案件督导调研。市人大常委会副主任常洪珍陪同活动。

25日至28日 市人大常委会副主任文廷良参加省人大常委会2006年信访工作会议。

28日 市十六届人大常委会召开第七十二次主任会议。会议传达学习加快菏泽发展第二次现场会精神和市委书记、市人大常委会主任陈光在市委常委会上的讲话精神，研究讨论贯彻实施监督法的若干意见（征求意见稿），研究有关人事任免事项。市人大常委会第一副主任贾凤英主持会议，副主任朱献瑞、文廷良、常洪珍、汤建梅、邵好学，秘书长马春田出席会议。

29日 市人大常委会第一副主任贾凤英在《菏泽日报》刊发《加强民主法制建设促进社会公正和谐》，文章指出民主法制建设是各级人大及其常委会的中心任务，人大工作在构建社会主义和谐社会中，肩负着重大责任。

12月

5日 市人大常委会副主任常洪珍赴德州市参加全省人大代表小组建设现场观摩会。

10日 全市人大信访工作会议召开。市人大常委会副主任文廷良出席会议并讲话。

12日至13日 市人大常委会组织驻菏全国、省人大代表和部分市人大代表进行集中视察活动。市委书记、市人大常委会主任陈光、第一副主任贾凤英、副主任朱献瑞、文廷良、常洪珍、汤建梅、邵好学、刘金俊、张秀长、李玉华参加活动。

20日 市人大常委会第一副主任贾凤英、副主任朱献瑞、文廷良、常洪珍、邵好学、刘金俊、张秀长、李玉华到市中级人民法院视察工作。

21日 市人大常委会副主任刘金俊到巨野县联系代表。

26日 市十六届人大常委会召开第七十三次主任会议。会议传达学习市委常委会扩大会议精神和全省人大代表小组建设观摩会精神，研究关于召开市十六届人大常委会第三十四次会议相关事项。市人大常委会第一副主任贾凤英主持会议，副主任朱献瑞、常洪珍、邵好学、刘金俊、张秀长、李玉华，秘书长马春田出席会议。

26日 市人大常委会第一副主任贾凤英、副主任朱献瑞、常洪珍、汤建梅、邵好学、刘金俊、张秀长、李玉华，秘书长马春田到市公安局视察工作。

27日 市人大常委会副主任张秀长到鄄城县联系人大代表。

27日 市人大常委会副主任常洪珍到单县联系人大代表。

2007年

1月

8日 市十六届人大常委会召开第七十四次主任会议。会议研究确定市十六届人大常委会第三十四次会议有关事项。市人大常委会第一副主任贾凤英主持会议，副主任朱献瑞、文廷良、常洪珍、汤建梅、邵好学、刘金俊、张秀长、李玉华，秘书长马春田出席会议。

9日 市十六届人大常委会第三十四次会议召开。会议审议通过关于召开菏泽市第十六届人民代表大会第六次会议的决定（草案）；审议菏泽市第十六届人民代表大会第六次会议主席团和秘书长建议名单及建议列席人员范围、菏泽市第十六届人民代表大会第六次会议议案审查委员会建议名单、菏泽市第十六届人民代表大会第六次会议计划预算审查委员会建议名单，决定提请大会预备会议通过；审议通过菏泽市人大常委会代表资格审查委员会关于补选菏泽市第十六届人大代表的代表资格审查的报告；审议通过关于办理市人大代表建议、批评和意见情况的报告；审议菏泽市人大常委会工作报告（审议稿），决定提请菏泽市第十六届人民代表大会第六次会议审议；审议通过菏泽市人大常委会2007年工作要点（草案）；审议菏泽市人民政府关于提请审议综合开发建设牡丹区18万亩优质小麦生产基地项目的议案，并作出相关决定；审议通过人事任免有关事项。市委书记、市人大常委会主任陈光，市人大常委会第一副主任贾凤英，副主任朱献瑞、文廷良、常洪珍、汤建梅、邵好学、刘金俊、张秀长、李玉华、秘书长马春田出席会议。

17日　市十六届人大常委会召开第七十五次主任会议。会议听取市十六届人民代表大会第六次会议筹备情况的汇报，研究评选“菏泽人民功臣”事宜。市人大常委会第一副主任贾凤英主持会议，副主任朱献瑞、文廷良、常洪珍、汤建梅、刘金俊、李玉华，秘书长马春田出席会议。

18日　全市人大信访工作会议召开。市人大常委会副主任文廷良出席会议并讲话。

24日至26日　市第十六届人民代表大会第六次会议在中华影剧院召开。大会先后听取审议菏泽市人民政府工作报告、菏泽市2006年国民经济和社会发展计划执行情况与2007年计划的报告、菏泽市2006年预算执行情况和2007年预算的报告、菏泽市人大常委会工作报告、菏泽市中级人民法院工作报告、菏泽市人民检察院工作报告，并通过有关决议。大会表决通过关于同意朱献瑞、文廷良辞去市人大常委会副主任职务的决定，选举马春田、彭靖华为菏泽市十六届人大常委会副主任，选举党文生、郭志民为市十六届人大常委会委员。

2007年1月24日至26日，菏泽市第十六届人民代表大会第六次会议召开

30日　省人大常委会副主任王道玉到菏泽调研，市人大常委会副主任张秀长陪同活动。

2月

5日　市十六届人大常委会召开第七十六次主任会议。会议主要传达学习省委关于加强作风建设的意见。市人大常委会第一副主任贾凤英主持会议，副主任常洪珍、汤建梅、邵好学、刘金俊、张秀长、李玉华，副主任兼秘书长马春田，副主任彭靖华出席会议。

7日　市委书记、市人大常委会主任陈光，市人大常委会第一副主任贾凤英、副主任张秀长，前往济南参加省十届人大五次会议、省政协九届五次会议。市人大常委会副主任常洪珍、汤建梅、邵好学、刘金俊、李玉华，马春田、彭靖华为代表们送行。

27日　市十六届人大常委会召开第七十七次主任会议。会议传达学习省十届人大五次会议精神，研究有关人事任免事项，研究关于菏泽市与美国亚拉巴马州莫比尔市缔结友好城市的有关事宜，确定市十六届人大常委会第三十五次会议于3月9日召开。市人大常委会第一副主任贾凤英主持会议，副主任常洪珍、汤建梅、邵好学、刘金俊、李玉华，副主任兼秘书长马春田，副主任彭靖华出席会议。

3 月

1 日　市委书记、市人大常委会主任陈光，市人大常委会第一副主任贾凤英、副主任常洪珍、邵好学、刘金俊、张秀长、李玉华为参加十届全国人大五次会议的驻菏全国人大代表汤建梅、李建军、张九勋、张凤仙、尚瑞芬送行。

9 日　市十六届人大常委会第三十五次会议召开。会议听取审议市政府关于林业产业化工作情况的汇报、市中级人民法院关于行政审判工作情况的汇报，审议通过市政府关于菏泽市与美国亚拉巴马州莫比尔市缔结友好城市的议案和有关人事任免事项。市委书记、市人大常委会主任陈光，市人大常委会第一副主任贾凤英，副主任常洪珍、邵好学、刘金俊、张秀长、李玉华、马春田、彭靖华出席会议。

12 日　全市各县区人大教科文卫系统会议在东明县召开。市人大常委会副主任邵好学出席会议。

17 日　全市教科文卫系统部门联系会召开。市人大常委会副主任邵好学出席会议。

19 日　市十六届人大常委会召开第七十八次主任会议。会议主要传达十届全国人大五次会议精神，研究人事调整和机关 2006 年度考核的有关事项，研究菏泽市与牡丹江市缔结友好城市的事宜。市人大常委会第一副主任贾凤英主持会议，副主任常洪珍、汤建梅、邵好学、刘金俊、张秀长，副主任兼秘书长马春田出席会议。

21 日　全市人大城乡建设与环境资源保护工作座谈会在单县召开。市人大常委会副主任刘金俊出席会议。

22 日　市人大常委会城环工委在市规划局召开市直对口联系部门工作座谈会。市人大常委会副主任刘金俊出席会议。

23 日　枣庄市人大常委会副主任魏建国一行到菏泽考察价格调节基金情况。市人大常委会副主任常洪珍陪同考察。

27 日　市人大常委会财经工委召开市政府有关财政经济部门及省直驻菏有关单位工作联系会。市人大常委会副主任常洪珍出席会议。

29 日　市人大常委会内务司法工委召开对口联系部门工作座谈会。市人大常委会副主任李玉华出席会议并讲话。

30 日　市人大常委会农业与农村工作委员会召开市直农口部门联系会议。市人大常委会副主任张秀长出席会议并讲话。

4 月

3 日　全市人大农业与农村工作座谈会召开。市人大常委会副主任张秀长出席会议并讲话。

4 日　全市人大财经工作座谈会在定陶县召开。市人大常委会副主任常洪珍出席会议并讲话。

6 日　全国人大环资委、国家发改委、财政部组成调研组，由全国人大环资委主任委员毛如柏，全国人大环资委委员、北京军区原政委吕志中将带队，在省人大常委会副主任时立军等陪同下到菏泽调研可再生能源法颁布实施一年来在菏泽的实施情况，听取制定完善可再生能源法配套政策法规的意见。市人大常委会第一副主任贾凤英，副主任刘金俊，副主任兼秘书长马春田陪同调研。

9 日　全市人大民侨外工作座谈会暨与市政府对口部门联系会议召开。市人大常委会副主任彭靖华出席会议并讲话。

11 日　聊城市人大常委会副主任李望尘一行到菏泽参观考察。市人大常委会副主任常洪珍陪同活动。

11 日至 14 日　全省人大教科文卫工作座谈会在菏泽召开。省人大常委会副主任邵桂芳，市委书记、市人大常委会主任陈光出席会议。市人大常委会第一副主任贾凤英，副主任邵好学，副主任兼秘书长马春田参加会议。

2007年4月，全省人大教科文卫工作座谈会在菏泽召开，省人大常委会副主任邵桂芳参加

23日 省人大常委会办公厅巡视员杨明带领省人大信访督察组一行到菏泽督察信访工作。市人大常委会副主任张秀长陪同督察。

28日至29日 市人大常委会召开贯彻实施残疾人保障法执法检查会议。市人大常委会副主任李玉华出席会议。

28日至29日 市人大常委会内司工委组织3个执法检查组分别到曹县、郓城县和菏泽发电厂进行抽查。市人大常委会副主任李玉华带队到曹县进行执法检查。

5月

11日 市十六届人大常委会召开第七十九次主任会议。会议主要研究关于菏泽市与巴西巴拉那州哥伦布市缔结友好城市的事宜，研究通过《关于表彰优秀市人大代表、先进市人大代表小组、代表工作先进个人和先进单位的决定》，通过市人大常委会2007年调研题目，研究确定市十六届人大常委会第三十六次会议的相关事项。市人大常委会第一副主任贾凤英主持会议，副主任常洪珍、邵好学、刘金俊、张秀长、李玉华，副主任兼秘书长马春田出席会议。

12日至13日 全国人大常委会委员、全国人大农委主任委员刘明祖、副主任委员李春亭带领全国人大农委调研组到菏泽，就全市如何从体制、机制、政策、法律以及科学技术、结构调整等方面促进农业生产、农民增收及农村信用联社改革和支农情况进行调研。市委书记、市人大常委会主任陈光，市人大常委会第一副主任贾凤英、副主任张秀长、副主任兼秘书长马春田陪同调研。

17日 市人大常委会副主任邵好学到东明县对义务教育法贯彻实施情况进行执法检查。

17日至18日 省人大常委会委员、省人大财经委副主任委员王启信一行到菏泽，就山东省中小企业促进条例进行立法调研。市人大常委会副主任常洪珍陪同。

21日 市十六届人大常委会召开第八十次主任会议。会议研究有关人事任免事项。市人大常委会第一副主任贾凤英主持会议，副主任常洪珍、汤建梅、刘金俊、张秀长、李玉华，副主任兼秘书长马春田出席会议。

22日 市十六届人大常委会第三十六次会议召开。会议听取审议市政府关于2006年财政决算草案的报告，并作出相应决议；听取审议市政府关于安全生产监督管理工作情况、房产工作情况、农业工作情况、卫生工作情况、统计工作情况的报告；审议通过市人民政府关于菏泽市与巴西巴拉那州哥伦布市缔结友好城市的议案及与黑龙江省牡丹江市缔结友好城市的议案；通过有关人事任免事项。市委书记、市人大常委会主任陈光，市人大常委会第一副主任贾凤英，副主任常洪珍、汤建梅、邵好学、刘金俊、张秀长、李玉华、马春田出席会议。

24日 市人大常委会副主任邵好学到单县对义务教育法贯彻实施情况进行执法检查。

25日 市人大常委会副主任邵好学到成武县对义务教育法贯彻实施情况进行执法检查。

6 月

1 日至 2 日 市人大常委会副主任兼秘书长马春田参加全省人大代表工作经验交流暨表彰会。

6 日至 7 日 滨州市人大常委会党组副书记、副主任李成明率党政考察团一行 32 人到菏泽，考察民营经济和招商引资工作。市人大常委会第一副主任贾凤英、副主任兼秘书长马春田陪同考察。

18 日至 20 日 市人大常委会副主任刘金俊赴德州市参加全省人大城建环保工作座谈会。

20 日至 23 日 省人大民侨外委员会副主任委员王科三、张延水一行 7 人到菏泽，联系少数民族代表，并到定陶县、曹县、单县、郓城县、巨野县就民族、宗教、旅游等工作进行调研。市人大常委会副主任彭靖华陪同调研。

23 日 丹麦王国议会议长克里斯蒂安·迈达尔率领的丹麦议会主席团代表团访问菏泽，参观考察由丹麦提供技术服务的国能（单县）生物发电有限公司。丹麦驻华大使米磊陪同访问。市人大常委会副主任彭靖华陪同活动。

7 月

6 日 市十六届人大常委会召开第八十一次主任会议。会议确定召开市十六届人大常委会第三十七次会议的相关事项。市人大常委会第一副主任贾凤英主持会议，副主任常洪珍、刘金俊、张秀长、李玉华，副主任兼秘书长马春田，副主任彭靖华出席会议。

9 日至 10 日 市人大常委会对全市贯彻实施《中华人民共和国防空法》情况进行执法检查。市人大常委会第一副主任贾凤英，副主任刘金俊参加执法检查。

10 日 全市人大代表工作经验交流暨表彰会召开。市人大常委会第一副主任贾凤英，副主任兼秘书长马春田出席会议并分别讲话，副主任常洪珍、汤建梅、邵好学、张秀长、彭靖华出席会议。

2007 年 7 月 10 日，全市人大代表工作经验交流暨表彰会召开

11 日至 12 日 市人大常委会组成执法检查组对防洪法贯彻落实情况进行执法检查。市人大常委会第一副主任贾凤英，副主任常洪珍、汤建梅、邵好学、刘金俊、张秀长、马春田、彭靖华参加检查。

20 日 省人大常委会办公厅信访局处长魏兴荣一行到菏泽，听取关于杨镇昌一案的汇报。市人大常委会副主任李玉华陪同活动。

27 日 市十六届人大常委会召开第八十二次主任会议。会议传达省委书记李建国在全省领导干部会议上的讲话，传达学习省十届人大常委会第二十九次会议精神，研究通过市十六届人大常委会第三十七次会议相关事项。市人大常委会第一副主任贾凤英主持会议，副主任常洪珍、汤建梅、邵好学、刘金俊、张秀长、李玉华，副主任兼秘书长马春田，副主任彭靖华出席会议。

30 日 市十六届人大常委会第三十七次会议召开。会议传达贯彻省十届人大常委会第二十九次会议精神，听取审议市政府关于 2007 年上半年国民经济和社会发展计划执行情况汇报、关于 2007 年上半年预算执行情况的汇报、关于贯彻实施《中华人民共和国人民防空法》情况的汇报、关于友好城市工作情况的汇报，听取市人大常委会内务司法工作委员会关于《中华人民共和国残疾人保障法》执行情况的报告、市人大常委会城建环保工作委员会关于《中华人民共和国人民防空法》执行检查情况的报告、市人大常委会农业与农村工作委员会关于《中华人民共和国防洪法》执行检查情况的报告，通过有关人事任免事项及其他事项。市人大常委会第一副主任贾凤英，副主任常洪珍、汤建梅、邵好学、刘金俊、张秀长、李玉华、马春田、彭靖华出席会议。

8月

1日至3日 市人大常委会副主任兼秘书长马春田参加全省人大换届选举工作会议。

5日至15日 市人大常委会副主任邵好学赴威海市参加省人大常委会读书会活动。

6日 市人大常委会组织驻菏全国人大代表和部分市人大代表分别到定陶县、鄄城县及市直有关单位开展年中专题调研活动，重点围绕市委确定的“十大民生工程”具体调研就业再就业、社会救助、教育普惠、平安建设工作。市人大常委会第一副主任贾凤英，副主任常洪珍、汤建梅、马春田参加调研活动。

6日至13日 市人大常委会副主任常洪珍到牡丹区、单县、东明县、成武县和开发区就大项目建设情况进行调研。

6日至7日 德州市人大常委会副主任王绍荣一行11人到菏泽，考察人大工作、经济社会发展和旅游工作情况。市人大常委会副主任张秀长陪同考察。

7日 全国人大常委会委员、全国人大内务司法委员会副主任委员祝铭山一行，在省人大常委会委员、省人大内司委副主任委员邢来田等陪同下对菏泽市贯彻落实法官法、检察官法情况进行调研。市人大常委会第一副主任贾凤英、副主任李玉华陪同调研。

8日 市十六届人大常委会召开第八十三次主任会议。会议主要传达全省人大换届选举工作会议精神，确定十六届人大常委会第三十八次会议于8月14日在市人大常委会机关五楼会议室召开。市人大常委会第一副主任贾凤英主持会议，副主任常洪珍、汤建梅、刘金俊、张秀长、李玉华，副主任兼秘书长马春田，副主任彭靖华出席会议。

14日 市十六届人大常委会第三十八次会议召开。会议审议通过《菏泽市选举工作委员会关于2007—2008年全市各级人大换届选举工作安排意见》和由北京大衍致用旅游规划设计院编制的《菏泽市旅游产业发展总体规划（草案）》。市人大常委会第一副主任贾凤英，副主任常洪珍、汤建梅、刘金俊、张秀长、马春田、彭靖华出席会议。

15日 全市人大换届选举工作会议召开。市人大常委会第一副主任贾凤英，副主任兼秘书长马春田出席会议。

2007年8月15日，全市人大换届选举工作会议召开

17日至18日 市人大常委会组成检查组，对全市贯彻落实《山东省南水北调工程沿线区域水污染防治条例》情况进行执法检查。市人大常委会第一副主任贾凤英、副主任刘金俊参加执法检查。

9 月

4 日至 5 日　市人大常委会副主任常洪珍赴威海市参加全省人大财经工作座谈会。

10 日　市十六届人大常委会召开第八十四次主任会议。会议研究《关于菏泽市第十七届人民代表大会代表选举问题的议案（草案）》《菏泽市人大常委会关于进一步加强和改进信访工作的意见（草案）》《〈菏泽市人大常委会关于对司法机关个案监督的暂行办法〉废止案（草案）》，确定提交常委会审议表决，研究确定市十六届人大常委会第三十九次会议的有关事项。市人大常委会第一副主任贾凤英主持会议，副主任常洪珍、汤建梅、刘金俊、李玉华，副主任兼秘书长马春田，副主任彭靖华出席会议。

11 日至 14 日　市人大常委会副主任彭靖华带领民侨外工委有关人员对全市创建中国优秀旅游城市工作情况进行调研。

13 日　市十六届人大常委会第三十九次会议召开。会议听取审议市政府关于贯彻实施《中华人民共和国房地产管理法》情况的汇报、关于贯彻实施《中华人民共和国警察法》情况的汇报、市人大常委会城环工委关于对《山东省南水北调工程沿线区域水污染防治条例》实施情况进行执法检查的汇报，审议通过《菏泽市人大常委会关于进一步加强和改进信访工作的意见》《菏泽市人大常委会信访督办工作办法》《菏泽市人大常委会信访工作考核办法》《关于菏泽市第十七届人民代表大会代表选举问题的决定》《〈菏泽市人大常委会关于对司法机关个案监督的暂行办法〉废止案》以及市外侨办、市人防办关于贯彻落实市十六届人大常委会第三十七次会议有关审议意见的整改情况的报告。市委书记、市人大常委会主任陈光，市人大常委会第一副主任贾凤英，副主任常洪珍、汤建梅、刘金俊、李玉华、马春田、彭靖华出席会议。

19 日至 21 日　市人大常委会副主任常洪珍列席省十届人大常委会第三十次会议。

19 日　河南省人大常委会副主任夏清成一行 13 人到菏泽调研，省人大财经委副巡视员翟振波、市人大常委会副主任刘金俊陪同调研。

10 月

9 日至 11 日　市人大常委会副主任常洪珍赴滨州市参加十五省（市、区）三十二地区（市）人大工作联席会第二十次会议。

22 日至 25 日　市人大常委会副主任张秀长带领农工委有关人员赴青岛市参加全省人大农业与农村工作座谈会。

25 日　市人大常委会副主任常洪珍参加省人大常委会《人民权利报》宣传工作座谈会。

30 日至 31 日　市人大常委会组织视察全市社会主义新农村建设活动。市人大常委会副主任张秀长主持会议，第一副主任贾凤英讲话，副主任兼秘书长马春田，部分全国、省人大代表参加活动。

2007 年 10 月 30 日至 31 日，市人大常委会视察新农村建设工作

31 日至 11 月 2 日　省人大常委会委员、省人大内司委副主任委员邢来田率省人大执法检查组到菏泽，对公务员法贯彻实施情况进行执法检查。市人大常委会第一副主任贾凤英、副主任李

玉华陪同检查。

11 月

13 日　市十六届人大常委会召开第八十五次主任会议。会议主要传达学习省九届人大二次会议和市委常委会精神，研究市十六届人大常委会第四十次会议的有关事项。市人大常委会第一副主任贾凤英主持会议，副主任汤建梅、刘金俊、张秀长、李玉华，副主任兼秘书长马春田，副主任彭靖华出席会议。

19 日　市十六届人大常委会第四十次会议召开。会议审议《菏泽市人民代表大会常务委员会关于召开菏泽市第十七届人民代表大会第一次会议的决定（草案）》，听取审议市人民检察院关于刑事监督工作情况的汇报，审议市政府办公室、市发改委、市经贸委、市财政局、市监察局、市林业局工作情况报告（书面），听取市人大常委会农工委关于视察全市社会主义新农村建设情况的报告，书面印发市政府关于落实市十六届人大常委会第三十九次会议对城市房地产管理法、警察法贯彻实施情况汇报的审议意见的整改情况的报告，还研究人事任免事项及其他有关事项。市委书记、市人大常委会主任陈光，市人大常委会第一副主任贾凤英，副主任常洪珍、汤建梅、刘金俊、张秀长、李玉华、马春田、彭靖华出席会议。

12 月

19 日　市人大常委会副主任张秀长就贯彻实施《山东省农业机械化促进条例》发表电视讲话。

21 日　市十六届人大常委会召开第八十六次主任会议。会议主要研究确定市十七届人大一次会议议程，听取市十七届人大一次会议筹备情况的汇报。市人大常委会第一副主任贾凤英主持会议，副主任常洪珍、汤建梅、邵好学、刘金俊、李玉华，副主任兼秘书长马春田，副主任彭靖华出席会议。

28 日　市人大常委会副主任张秀长就贯彻实施《中华人民共和国动物防疫法》发表电视讲话。

29 日　市十六届人大常委会第四十一次会议召开。会议审议通过菏泽市第十七届人民代表大会第一次会议的议程草案、有关建议名单和报告等。市人大常委会第一副主任贾凤英、副主任常洪珍、汤建梅、邵好学、刘金俊、张秀长、李玉华、马春田、彭靖华出席会议。

2008 年

1 月

5 日至 8 日　市第十七届人民代表大会第一次会议在菏泽召开。大会听取审议菏泽市人民政府工作报告、菏泽市 2007 年国民经济和社会发展计划执行情况的报告与 2008 年计划、菏泽市 2007 年预算执行情况和 2008 年预算草案、菏泽市人民代表大会常务委员会工作报告、菏泽市中级人民法院工作报告、菏泽市人民检察院工作报告。大会表决通过关于菏泽市人民政府工作报告的决议，关于菏泽市 2007 年国民经济和社会发展计划执行情况与 2008 年计划的决议，关于菏泽市 2007 预算执行情况和 2008 年预算的决议，关于菏泽市人大常委会工作报告的决议，关于菏泽市中级人民法院工作报告的决议，关于菏泽市人民检察院工作报告的决议。大会选举产生新一届市级国家机关领导班子，选举陈光为菏泽市第十七届人民代表大会常务委员会主任，杨永昌为第一副主任，汤建梅（女，回族）、邵好学、刘金俊、李玉华、马春田、彭靖华为副主任，赵普为秘书长；选举赵润田为菏泽市人民政府市长，王浩、李卫国、张存金、段伯汉、李法洪（回族）、朱培吉、黄秀玲（女）为副市长；选举孙寿海为菏泽市中级人民法院院长；丁伟民为菏泽市人民检察院检察长；选举产生菏泽市出席山东省第十一届人民代表大会代表66名。

18日 市人大常委会第一副主任杨永昌等驻菏省人大代表赴济南市参加省十一届人大一次会议。市人大常委会副主任汤建梅、邵好学、刘金俊、李玉华、马春田、彭靖华在牡丹大酒店为代表们送行。

27日 市人大常委会机关全体人员会议召开。市人大常委会第一副主任杨永昌传达省十一届人大一次会议精神及市委常委会议精神，副主任邵好学主持会议，副主任汤建梅、刘金俊、李玉华、马春田、彭靖华出席会议。

2月

15日 市十七届人大常委会召开第一次主任会议。会议研究市人大常委会2008年工作计划（建议稿），研究确定全市人大工作会议有关事项。市人大常委会第一副主任杨永昌，副主任汤建梅、邵好学、刘金俊、李玉华、马春田、彭靖华出席会议。

20日 市十七届人大常委会召开第二次主任会议。会议传达学习赵润田关于对市人大常委会党组《关于召开市十七届人大常委会第一次会议及有关工作的请示》的批示，研究完善2008年市人大常委会视察、听取专项工作报告、执法检查、调研工作计划，安排工作制度制定等有关工作。市人大常委会第一副主任杨永昌主持会议，副主任汤建梅、邵好学、刘金俊、李玉华、马春田、彭靖华出席会议。

26日 市十七届人大常委会召开第三次主任会议。会议传达学习市委常委会精神，并按照市委常委会要求，安排部署市人大常委会当前主要工作。市人大常委会第一副主任杨永昌主持会议，副主任汤建梅、邵好学、刘金俊、李玉华、马春田、彭靖华出席会议。

28日 赴北京出席第十一届全国人民代表大会第一次会议的驻菏全国人大代表汤建梅、郁章玉、王银香、李湘平、尚瑞芬、赵步长启程。市人大常委会副主任邵好学、马春田为代表送行。

29日 市十七届人大常委会召开第四次主任会议。会议研究提请刘士合为代市长的有关事项。市人大常委会第一副主任杨永昌主持会议，副主任汤建梅、邵好学、刘金俊、李玉华、马春田、彭靖华出席会议。

3月

1日 市十七届人大常委会第一次会议召开。会议主要审议通过菏泽市人大常委会2008年工作计划（建议稿）；决定任命刘士合为市人民政府副市长、代理市长，任免市人大常委会工作人员、部分市政府组成人员和市法院、市检察院工作人员。市人大常委会第一副主任杨永昌主持会议，副主任汤建梅、邵好学、刘金俊、李玉华、

2008年3月1日，市十七届人大常委会第一次会议召开

马春田、彭靖华，秘书长赵普出席会议。市委书记、市人大常委会党组书记赵润田，市委副书记、市政府党组书记刘士合参加会议。

5日 市十七届人大常委会召开第五次主任会议。会议传达学习市委十一届三次全委会精神，听取各委室工作汇报，并安排部署重点工作。市人大常委会第一副主任杨永昌主持会议，副主任邵好学、刘金俊、李玉华、马春田、彭靖华，秘书长赵普出席会议。

14日 全市人大教科文卫工作会议在郓城县召开。市人大常委会副主任邵好学出席会议。

14日 市人大常委会农工委召开市直涉农部门负责人联系会议。市人大常委会副主任马春田出席会议并讲话。

19日 全市人大农业与农村工作座谈会召开。市人大常委会副主任马春田出席会议并讲话。

19日 市直教科文卫系统部门联系会召开。市人大常委会副主任邵好学出席会议。

20日 市十七届人大常委会召开第六次主任会议。会议主要传达十一届全国人大一次会议精神，研究近期重点工作安排。市人大常委会第一副主任杨永昌主持会议，副主任汤建梅、邵好学、刘金俊、李玉华、马春田、彭靖华，秘书长赵普出席会议。

20日 市人大常委会教科文卫工委联系部门会议召开。市人大常委会副主任邵好学出席会议并讲话。

21日 市人大常委会内司工委召开市直对口联系部门工作座谈会。市人大常委会副主任彭靖华出席会议并讲话。

21日 全市人大城乡建设与环境保护工作座谈会在东明县召开。市人大常委会副主任刘金俊出席会议并讲话。

21日 市人大常委会民侨外工委召开市政府民侨外部门联系会议。市人大常委会副主任汤建梅出席会议并讲话。

26日至28日 市人大常委会副主任彭靖华带领内司工委有关人员，到市直有关部门、单县、成武县，对全市贯彻实施道路交通安全法的情况进行调研。

26日 “菏泽环保世纪行”新闻工作座谈会召开。市人大常委会副主任刘金俊出席会议并讲话。

28日 全市人大民侨外工作座谈会召开。市人大常委会副主任汤建梅出席会议并讲话。

28日至29日 市人大常委会举办的菏泽市第十七届人大代表培训班开班。市人大常委会副主任马春田主持开班仪式并讲话，全国人大法律委员会委员、全国人大常委会法工委副主任张春生，省人大常委会委员、副秘书长，省人大内司委副主任委员毛春智分别进行授课。

4月

1日至5日 省人大常委会原副主任李明先到菏泽调研，考察全市经济建设、社会发展和社会主义新农村建设情况等。市人大常委会副主任刘金俊陪同活动。

2日 市人大常委会财经工委与市政府经济管理部门和驻菏中央、省直单位工作联系会召开。市人大常委会副主任李玉华出席会议并讲话。

3日 市人大常委会举办金融知识讲座。山东经济学院财税金融研究所所长、博士，硕士研究生导师陈华主讲《当前国内外经济形势与企业上市融资问题探讨》。市人大常委会副主任邵好学、彭靖华及市人大常委会委员、市人大常委会机关全体工作人员听取讲座。

7日 市十七届人大常委会召开第七次主任会议。会议听取各委室3月工作情况及4月工作安排的汇报，并针对花会期间的接待工作及信访工作进行安排部署。市人大常委会第一副主任杨永昌主持会议，副主任邵好学、刘金俊、李玉华、马春田、彭靖华出席会议。

9日至10日 省人大常委会副主任崔曰臣带队到菏泽调研人大民侨外工作情况。市委书记、市人大常委会党组书记赵润田，市人大常委会第一副主任杨永昌，副主任汤建梅陪同活动。

10日 市人大常委会副主任刘金俊赴济南市出席“齐鲁环保世纪行”15周年座谈会。

16日至17日 省人大教科文卫委员会副主任委员陈巽生到菏泽，对《山东省人口与计划生育条例》修订立法进行调研。市人大常委会副主任邵好学陪同活动。

18日 市十七届人大常委会第八次主任会议召开。会议讨论修改杨永昌在全市人大工作会议上的讲话，研究制订《菏泽市人大常委会工作制度汇编》的相关事项，确定菏泽市第十七届人大常委会第二次会议于4月28日在菏泽召开。市人大常委会第一副主任杨永昌主持会议，副主任邵好学、刘金俊、李玉华、马春田、彭靖华，秘书长赵普出席会议。

18日 省人大教科文卫委员会办公室组织泰安市、德州市人大有关人员到菏泽考察。市人大常委会副主任邵好学陪同活动。

20日 市人大常委会副主任刘金俊带领城环工委有关人员，到曹县对城乡规划法的贯彻落实情况进行调研。

22日 省人大常委会办公厅信访局局长张建国带领信访调研督查组一行到菏泽检查指导工作，并对信访案件进行调研督办。市人大常委会副主任彭靖华陪同。

26日 省人大常委会副主任王道玉到巨野县视察。市人大常委会副主任邵好学陪同活动。

28日 市十七届人大常委会第二次会议召开。会议听取审议市政府关于道路交通安全法和城乡规划法贯彻实施情况的汇报，审议通过《菏泽市人大常委会组成人员及人大代表视察暂行办法》。市委书记、市人大常委会党组书记赵润田，市人大常委会第一副主任杨永昌，副主任汤建梅、邵好学、刘金俊、李玉华、马春田、彭靖华，秘书长赵普出席会议。

5月

4日 市十七届人大常委会召开第九次主任会议。会议主要听取各委室汇报4月工作情况及5月工作计划。市人大常委会第一副主任杨永昌主持会议，副主任邵好学、刘金俊、李玉华、马春田、彭靖华，秘书长赵普出席会议。

6日至7日 省人大常委会副主任鲍志强率《山东省黄河河道管理条例（修正案草案）》立法调研组一行20人到菏泽调研。市人大常委会第一副主任杨永昌、副主任马春田陪同调研。

12日 市十七届人大常委会召开第十次主任会议。会议研究确定全市县区人大工作现场会相关事项，研究对土地管理法、水污染防治法、水法贯彻实施情况视察的相关问题，听取关于全省市人大常委会秘书长工作会议精神汇报。市人大常委会第一副主任杨永昌主持会议，副主任邵好学、刘金俊、李玉华、彭靖华出席会议。

19日 全市“增强人大工作实效，开创人大工作新局面”现场会在单县召开。市人大常委

2008年5月19日，全市增强人大工作实效开创人大工作新局面现场会在单县召开。会前，与会人员向汶川大地震遇难者默哀

会第一副主任杨永昌，副主任邵好学、刘金俊、李玉华、马春田、彭靖华，秘书长赵普出席会议，邵好学主持会议。

21 日至 23 日 市人大常委会对市政府贯彻执行土地管理法、水污染防治法、水法情况进行现场视察。市人大常委会第一副主任杨永昌，主任邵好学、刘金俊、李玉华、马春田、彭靖华参加视察。

26 日 市十七届人大常委会召开第十一次主任会议。会议研究修改关于对市政府贯彻实施土地管理法、水污染防治法、水法情况的视察反馈意见。市人大常委会第一副主任杨永昌主持会议，副主任邵好学、刘金俊、彭靖华出席会议。

6 月

2 日 市十七届人大常委会召开第十二次主任会议。会议主要听取各委室 5 月工作情况及 6 月工作计划，安排常委会及机关 6 月重点工作。市人大常委会第一副主任杨永昌主持会议，副主任邵好学、刘金俊、李玉华、马春田、彭靖华出席会议。

10 日 市十七届人大常委会召开第十三次主任会议。会议研究决定市十七届人大常委会第三次会议于 6 月 18 日召开。市人大常委会第一副主任杨永昌主持会议，副主任刘金俊、李玉华、马春田、彭靖华出席会议。

12 日至 14 日 市人大常委会副主任汤建梅赴威海市参加全省人大民侨外工作座谈会。

18 日 市十七届人大常委会第三次会议召开。听取审议市政府关于 2007 年财政决算的报告等。市人大常委会第一副主任杨永昌主持会议，副主任汤建梅、邵好学、刘金俊、李玉华、马春田、彭靖华，秘书长赵普出席会议。副市长张存金、市中级人民法院院长孙寿海、市检察院检察长丁伟民列席会议。

19 日 全省各级人大常委会监督法集体学习电视电话会议召开。市人大常委会第一副主任杨永昌，副主任汤建梅、邵好学、刘金俊、李玉华、马春田、彭靖华在菏泽分会场收听收看。

19 日 省人大常委会法制工作委员会到菏泽立法调研，围绕《山东省各级人民代表大会常务委员会规范性文件备案审查规定（征求意见稿）》召开座谈会。市人大常委会副主任彭靖华出席座谈会。

20 日 全市各县区人大常委会主任座谈会在菏泽召开。市人大常委会第一副主任杨永昌，副主任汤建梅、邵好学、刘金俊、李玉华、马春田、彭靖华出席会议。

24 日 市人大常委会召开《山东省药品使用条例》执法检查座谈会。市人大常委会副主任邵好学出席会议。

24 日至 26 日 市人大常委会副主任刘金俊赴烟台市参加全省人大城乡建设与环境资源保护工作座谈会。

25 日至 27 日 市人大常委会副主任李玉华赴聊城市参加全省人大财经工作座谈会。

26 日 市人大常委会举行信息产业知识专题讲座，邀请山东大学软件学院软件工程所教授、博士生导师张立群主讲。市人大常委会第一副主任杨永昌、副主任汤建梅听取讲座。

27 日 市人大常委会对全市法院系统贯彻实施行政诉讼法情况进行执法检查。市人大常委会第一副主任杨永昌，副主任汤建梅、马春田、彭靖华参加执法检查。

30 日 市十七届人大常委会召开第十四次主任会议。会议主要研究关于开展人大代表建功立业活动实施方案等事项。市人大常委会第一副主任杨永昌主持会议，副主任邵好学、刘金俊、李玉华、马春田、彭靖华出席会议。

7月

3日至4日 市人大常委会组织全市各大媒体，组成记者团开展“菏泽环保世纪行”活动，对有关县区重点企业的节能减排工作进行采访。市人大常委会副主任刘金俊参加活动。

10日至12日 《大众日报》《山东卫视》等13家媒体组成的“齐鲁环保世纪行”记者团一行到菏泽采访节能减排工作。市人大常委会第一副主任杨永昌出席座谈会并讲话，副主任刘金俊陪同采访。

11日 市人大常委会机关工作总结会召开。会议总结上半年工作，安排下半年工作任务。市人大常委会第一副主任杨永昌就下一步人大工作提出要求，副主任汤建梅、邵好学、李玉华、马春田、彭靖华，秘书长赵普出席会议。

16日 市十七届人大常委会召开第十五次主任会议。会议主要研究召开第十七届人民代表大会第二次会议的事项。市人大常委会副主任汤建梅、邵好学、刘金俊、李玉华、马春田出席会议。

17日 全市人大财经工作座谈会在牡丹区召开。市人大常委会副主任李玉华出席会议并讲话。

18日 市十七届人大常委会第四次会议召开。会议审议通过关于召开市第十七届人民代表大会第二次会议的决定及选举菏泽市第十七届人民代表大会常务委员会主任、菏泽市人民政府市长及其他事项。市人大常委会第一副主任杨永昌主持会议，副主任汤建梅、邵好学、刘金俊、李玉华、马春田、彭靖华，秘书长赵普出席会议。

24日至25日 市第十七届人民代表大会第二次会议在中华影剧院举行。会议选举赵润田为菏泽市十七届人大常委会主任，刘士合为菏泽市人民政府市长。赵润田、刘士合当选后分别作表态发言。大会完成各项议程后胜利闭幕。

26日 市人大常委会副主任李玉华带领财经委、安监局到牡丹区、东明县、曹县就安全生产工作进行调研。

8月

4日 市十七届人大常委会召开第十六次主任会议。会议主要传达学习省委工作会议、全省人大工作会议和市委十一届四次全委会精神，安排部署市人大常委会当前主要工作。市人大常委会第一副主任杨永昌主持会议，副主任汤建梅、邵好学、刘金俊、李玉华、马春田、彭靖华，秘书长赵普出席会议。

5日 市人大常委会副主任汤建梅带领民侨外工委有关人员，到单县、成武县走访部分少数民族代表。

12日至13日 市人大常委会对食品安全、安全生产工作情况进行视察。市人大常委会第一副主任杨永昌，副主任汤建梅、刘金俊、李玉华、马春田、彭靖华，秘书长赵普参加视察。

14日 全市人大代表“建功立业”活动动员会暨新闻发布会召开，决定从2008年开始，在市级以上人大代表中开展“建功立业”活动。市人大常委会第一副主任杨永昌，副主任马春田出席会议。

2008年8月14日，市人大常委会召开人大代表“建功立业”活动动员会暨新闻发布会

18日 市十七届人大常委会召开第十七次主任会议。会议研究召开市十七届人大常委会第五次会议的相关事项。市人大常委会第一副主任杨永昌主持会议，副主任汤建梅、刘金俊、李玉华、马春田、彭靖华出席会议。

26日 市十七届人大常委会召开第十八次主任会议。会议主要研究市十七届人大常委会第五次会议相关事项。市人大常委会第一副主任杨永昌主持会议，副主任邵好学、刘金俊、李玉华、彭靖华，秘书长赵普出席会议。

28日 市十七届人大常委会第五次会议召开。会议表决通过补选刘士合为山东省第十一届人民代表大会代表，报山东省人大常委会代表资格审查委员会予以确认。会议听取审议市政府有关报告等。市委书记、市人大常委会主任赵润田，第一副主任杨永昌，副主任邵好学、刘金俊、李玉华、彭靖华，秘书长赵普出席会议。

9月

1日 市十七届人大常委会召开第十九次主任会议。会议主要听取各委室8月工作完成情况汇报，安排部署市人大常委会及机关9月重点工作。市人大常委会第一副主任杨永昌主持会议，副主任邵好学、刘金俊、李玉华、马春田、彭靖华出席会议。

2日至4日 十一届全国人大代表、原中纪委委员、山东省委副书记赵春兰率山东省全国人大代表调研组一行33人到菏泽，调研农产品质量安全等。市人大常委会第一副主任杨永昌，副主任汤建梅、马春田陪同调研。

3日至5日 市人大常委会副主任李玉华带领财经工委有关人员到巨野县、郓城县、鄄城县调研，对节能降耗、重点项目、城市供暖等项工作督促落实。

9日至10日 省人大常委会执法检查组到菏泽，就全市贯彻实施法官法、检察官法情况进行执法检查。市人大常委会副主任彭靖华陪同检查。

10日至17日 市人大常委会副主任汤建梅带领民侨外工委和市政府创优办有关人员对全市创建中国优秀旅游城市工作情况进行调研。

16日 市十七届人大常委会召开第二十次主任会议。会议主要研究通过常委会机关工作制度，听取关于视察节能降耗、工业和基础设施大项目工作情况等汇报。市人大常委会第一副主任杨永昌主持会议，副主任汤建梅、邵好学、刘金俊、李玉华、马春田、彭靖华，秘书长赵普出席会议。

20日 市人大常委会副主任马春田带队，就水法视察反馈意见中盗拉堤土问题进行回查。

22日至24日 市人大常委会组织常委会组成人员和部分驻菏全国、省人大代表及部分市人大代表，对市政府节能降耗、重点项目、城市建设工作情况进行视察。市人大常委会第一副主任杨永昌，副主任邵好学、刘金俊、李玉华、马春田、彭靖华，秘书长赵普参加视察。

27日 全省人大教科文卫委员会办公室工作经验交流会在菏泽召开。省人大常委会委员、省人大教科文卫委员会主任委员李新泰出席会议并讲话。市人大常委会第一副主任杨永昌、副主任邵好学出席会议，邵好学在会上致辞。

10月

13日 市十七届人大常委会第二十一次主任会议召开。会议传达学习市委书记、市人大常委会主任赵润田在全市领导干部会议上的讲话精神，听取各委室9月工作完成情况和10月工作安排汇报，研究市十七届人大常委会第六次会议相关事项。市人大常委会第一副主任杨永昌主持会议，副主任邵好学、刘金俊、李玉华、马春田、彭靖华，秘书长赵普出席会议。

14日 市人大常委会召开会议，传达贯彻党的十七届三中全会精神，研究市人大贯彻落实方案。市人大常委会第一副主任杨永昌，副主任邵好学、刘金俊、李玉华、彭靖华出席会议。

20日至21日 市十七届人大常委会第六次会议召开。会议听取审议市政府关于老年人权益保障法贯彻实施情况的报告、关于创建中国优秀旅游城市工作情况的汇报，审议通过市人大常委会有关工作制度，审议表决确定“人民满意乡镇卫生院”。市人大常委会第一副主任杨永昌，副主任汤建梅、邵好学、刘金俊、李玉华、马春田、彭靖华，秘书长赵普出席会议。副市长李法洪、黄秀玲列席会议。

24日 市人大常委会在中华影剧院举行授牌仪式，对评选出的15家“人民满意乡镇卫生院”进行授牌表彰。市人大常委会第一副主任杨永昌、副主任邵好学出席授牌仪式。

24日 市人大常委会机关组织“送温暖、献爱心”向四川地震灾区捐赠活动。在市人大常委会第一副主任杨永昌的带领下，市人大机常委会机关全体工作人员积极捐赠棉衣棉被。

24日 市人大常委会副主任马春田到郓城县调研农业产业化龙头企业和新农村建设工作。

11月

3日 市十七届人大常委会召开第二十二次主任会议。会议传达全市大项目建设观摩会议精神，研究部署11月主要工作。市人大常委会第一副主任杨永昌主持会议，副主任汤建梅、邵好学、刘金俊、李玉华、马春田，秘书长赵普出席会议。

10日 黑龙江省大兴安岭地区人大工委主任周玉环率考察团一行到菏泽考察招商。市人大常委会第一副主任杨永昌出席会议并讲话。

11日至12日 市人大常委会第一副主任杨永昌，副主任汤建梅、邵好学、刘金俊、马春田、彭靖华，在副市长黄秀玲等陪同下，视察全市基础教育和农村卫生工作。

13日 市人大常委会第一副主任杨永昌，副主任汤建梅、邵好学、刘金俊、马春田、彭靖华，秘书长赵普，分别对市检察院和牡丹区检察院贯彻实施刑事诉讼法情况进行执法检查。

2008年11月13日，市人大常委会对贯彻实施刑事诉讼法情况进行执法检查

24日 市十七届人大常委会召开第二十三次主任会议。会议主要听取关于市十七届人大三次会议筹备方案的汇报、关于市人大常委会工作报告起草思路的汇报、关于市人大常委会2009年工作思路的汇报。市人大常委会第一副主任杨永昌主持会议，副主任汤建梅、邵好学、李玉华、马春田，秘书长赵普出席会议。

12月

3日 市十七届人大常委会第二十四次主任会议召开。会议听取市委组织部关于人事任免情况的说明，听取市人大常委会各委室11月工作情况和12月工作安排的汇报。确定召开市十七届人大常委会第七次会议的相关事项。市人大常委会第一副主任杨永昌主持会议，副主任汤建梅、邵好学、刘金俊、李玉华、马春田、彭靖华出席会议。

9日 市十七届人大常委会第七次会议召开。会议表决通过有关人事任免事项，审议通过《菏泽市人大常委会关于加强基础教育和农村卫生工作的决定（草案）》等，听取审议有关报告、汇报。市委书记、市人大常委会主任赵润田出席会议。市人大常委会第一副主任杨永昌主持会议，副主任汤建梅、邵好学、刘金俊、李玉华、马春田、彭靖华，秘书长赵普出席会议。市委常委、副市长李卫国，市中级人民法院院长孙寿海，市人民检察院检察长丁伟民等列席会议。

26日 市十七届人大常委会召开第二十五次主任会议。会议研究安排市人代会筹备、组织人大代表年终视察等工作。市人大常委会第一副主任杨永昌主持会议，副主任邵好学、刘金俊、李玉华、马春田、彭靖华出席会议。

29日至30日 市人大常委会组织驻菏全国人大代表和驻菏部分省人大及部分市人大代表集中视察全市大项目建设和招商引资情况、新农村建设情况和有关社会事业发展情况，并对人大代表“建功立业”活动进行现场观摩。市人大常委会第一副主任杨永昌，副主任汤建梅、邵好学、刘金俊、李玉华、马春田、彭靖华，秘书长赵普参加视察。

31日 市十七届人大常委会召开第二十六次主任会议。会议主要研究市人大常委会2009年工作思路及工作计划等事项。市人大常委会第一副主任杨永昌，副主任汤建梅、邵好学、刘金俊、马春田、彭靖华出席会议。

2009年

1月

8日 滨州市人大常委会副主任侯宪秀到菏泽考察。市人大常委会副主任邵好学陪同活动。

12日 市十七届人大常委会召开第二十七次主任会议。会议研究确定2008年工作总结及2009年计划，确定市十七届人大常委会第八次会议于1月19日在牡丹大酒店召开。市人大常委会第一副主任杨永昌主持会议，副主任汤建梅、邵好学、刘金俊、李玉华、马春田、彭靖华，秘书长赵普出席会议。

14日 市人大常委会副主任李玉华带领财经工委的有关人员到东明玉皇化工看望联系人大代表。

14日 市人大常委会规范性文件备案审查工作会议召开。市人大常委会副主任邵好学、彭靖华出席会议。

14日至15日 省人大常委会常务副主任高新亭率省人大常委会部分组成人员到菏泽，走访看望各级人大代表。市委书记、市人大常委会主任赵润田，市人大常委会第一副主任杨永昌陪同活动。

2009年1月14日至15日，省人大常委会常务副主任高新亭率队到菏泽看望各级人大代表

19日 市十七届人大常委会第八次会议召开。会议审议通过关于召开菏泽市第十七届人民代表大会第三次会议的决定，菏泽市第十七届人民代表大会第三次会议定于2009年2月5日至8日在菏泽大剧院召开。会议对市直部分单位拟任

正职人员进行投票表决，市委书记、市人大常委会主任赵润田向被任命人员颁发任命书。会议审议通过市十七届人大三次会议主席团和秘书长建议名单，决定提请大会预备会议通过；审议通过市十七届人大三次会议建议列席人员范围；审议通过市十七届人大三次会议议案审查委员会和计划、预算审查委员会建议名单，决定提请大会预备会议通过；审议通过菏泽市人大常委会工作报告（审议稿），决定提请市十七届人大三次会议审议；审议通过菏泽市人大常委会2009年工作计划（草案），审议通过菏泽市第十七届人民代表大会常务委员会代表资格审查委员会关于个别代表的代表资格的报告；审议通过关于菏泽市第十七届人民代表大会第一次会议代表建议、批评和意见办理情况报告；审议通过市政府关于贯彻实施市人大常委会对节能降耗、重点项目、城市建设等工作情况视察反馈意见的报告。市人大常委会第一副主任杨永昌主持会议，副主任汤建梅、邵好学、刘金俊、李玉华、马春田、彭靖华，秘书长赵普出席会议。副市长段伯汉、市中级人民法院院长孙寿海、市人民检察院检察长丁伟民列席会议。

2月

2日 市十七届人大常委会召开第二十八次主任会议。会议听取各委室2月工作安排并通报市人代会的筹备情况。市人大常委会第一副主任杨永昌主持会议，副主任汤建梅、邵好学、刘金俊、李玉华、马春田、彭靖华，秘书长赵普出席会议。

6日至8日 市第十七届人民代表大会第三次会议在菏泽大剧院召开。大会分别听取、审议并通过《菏泽市人民政府工作报告》《菏泽市人民代表大会常务委员会工作报告》《菏泽市中级人民法院工作报告》《菏泽市人民检察院工作报告》，大会审议、审查、批准菏泽市2008年国民经济和社会发展计划执行情况与2009年国民经济和社会发展计划、菏泽市2008年预算执行情况和2009年市级预算，补选冯建云为菏泽市十七届人大常委会委员。565名代表出席会议。

11日 市十七届人大常委会召开第二十九次主任会议。会议研究市十七届人大常委会第九次会议和市十七届人大三次会议有关事项，研究关于加强机关建设等问题。市人大常委会第一副主任杨永昌主持会议，副主任邵好学、李玉华、马春田、彭靖华，秘书长赵普出席会议。

11日 市委书记、市人大常委会主任赵润田，第一副主任杨永昌等十一届省人大代表启程，赴济南市参加省十一届人大二次会议。市人大常委会副主任邵好学、李玉华、马春田、彭靖华出席欢送仪式。

19日 市人大常委会副主任刘金俊出席联系市直对口部门工作座谈会。

23日 市十七届人大常委会第九次会议召开。会议听取市政府关于全市金融工作情况的报告、关于当前工业经济运行情况的报告，审议通过关于表彰“建功立业优秀人大代表”的决定。市人大常委会第一副主任杨永昌主持会议，副主任汤建梅、邵好学、刘金俊、李玉华、马春田、彭靖华，秘书长赵普出席会议。

24日至25日 日本静冈县热海市代表团在热海市议会议员村山宪三的率领下到菏泽市考察访问，并签订建立友好城市意向书。市人大常委会副主任汤建梅接待代表团一行。

26日至27日 安徽省阜阳市人大常委会副主任程风军一行8人到菏泽，对秸秆发电、秸秆综合利用和水资源利用及管理工作进行考察。市人大常委会副主任刘金俊陪同活动。

3月

1日 出席第十一届全国人民代表大会第二

次会议的驻菏全国人大代表启程。市人大常委会副主任邵好学、马春田为代表送行。

8日至9日 河南省人大常委会委员、省人大农工委主任杨春雨一行10人到菏泽，考察黄河河道立法、引黄工程建设、农业产业化等情况。市人大常委会副主任马春田陪同考察。

9日 市人大常委会召开动员大会，部署深入开展学习实践科学发展观活动。市人大常委会副主任邵好学、刘金俊和学习实践科学发展观活动市委第一督导组负责人出席会议，邵好学作动员讲话。

16日 市十七届人大常委会召开第三十次主任会议。会议听取各委室2月工作完成情况和3月工作安排汇报，安排部署市人大常委会及机关3月重点工作。市人大常委会第一副主任杨永昌主持会议，副主任汤建梅、邵好学、刘金俊、李玉华、马春田、彭靖华，秘书长赵普出席会议。

20日 市人大常委会民侨外工委召开市直对口联系部门工作座谈会。市人大常委会副主任汤建梅出席会议并讲话。

20日 市人大常委会财经工委召开对口单位和部门联系会。市人大常委会副主任李玉华主持会议并讲话。

20日 市直涉农部门主要负责人联系会议召开。市人大常委会副主任马春田出席会议并讲话。

23日 市人大常委会教科文卫工委召开对口单位和联系部门会议。市人大常委会副主任邵好学出席会议并讲话。

26日 市人大常委会内司工委召开对口部门工作联系会议。市人大常委会副主任彭靖华出席会议并讲话。

27日 市人大常委会副主任彭靖华带领内司工委有关人员，到东明县城关镇李江庄行政村，对加快该村的种植结构调整和小康村建设进行调研。

27日 全市人大民侨外工作座谈会召开。市人大常委会副主任汤建梅出席会议并讲话。

30日至31日 市人大常委会副主任汤建梅带领民侨外工委有关人员，到鄄城县和定陶县少数民族村居和企业，对全市少数民族经济发展情况进行调研。

31日至4月1日 市人大常委会开展电力法执法检查。市人大常委会第一副主任杨永昌，副主任汤建梅、邵好学、刘金俊、李玉华、马春田、彭靖华，秘书长赵普参加活动。

4月

2日 市人大常委会机关举行学习实践科学发展观活动集中学习，听取金融知识讲座。市人大常委会第一副主任杨永昌，副主任汤建梅、邵好学、刘金俊、李玉华、马春田、彭靖华听取讲座。

2日至3日 聊城市人大常委会副主任郭秀华一行到菏泽，考察经济发展和城市建设等工作。市人大常委会副主任刘金俊陪同考察。

3日 市十七届人大常委会召开第三十一次主任会议。会议研究市十七届人大常委会第十次会议相关事项，确定召开市十七届人大常委会第十次会议的相关事项。市人大常委会第一副主任杨永昌主持会议。副主任汤建梅、邵好学、刘金俊、李玉华、马春田、彭靖华，秘书长赵普出席会议。

14日 市人大常委会学习实践科学发展观活动暨党组中心组学习交流研讨会召开。市人大常委第一副主任杨永昌，副主任汤建梅、邵好学、刘金俊、李玉华出席会议。

21日 全市人大代表建功立业表彰会在市委第四会议室召开。市委书记、市人大常委会主任赵润田，市委副书记、市长刘士合发来贺信。市人大常委会第一副主任杨永昌，副主任汤建梅、李玉华、彭靖华出席会议，副主任马春田主持会议。

23 日　“菏泽环保世纪行”工作会议召开。市人大常委会副主任刘金俊出席会议并讲话。

28 日　市十七届人大常委会第十次会议召开。会议听取审议市政府关于社会主义新农村建设工作情况、城市建设及城市重大基础设施建设工作情况、就业和社会保障工作情况的汇报；审议通过副市长段伯汉提交的菏泽市人民政府《关于提请审议菏泽市与美国路易斯安那州巴吞鲁日市缔结友好城市关系的议案》，市中级人民法院院长孙寿海提交的《关于提请任免法院审判人员职务的报告》，市人民检察院检察长丁伟民提交的《关于提请任免人民检察院人员职务的报告》《菏泽市人大常委会对市政府贯彻实施电力法情况的执行检查报告（草案）》《关于贯彻落实市人大常委会对全市金融工作审议意见的报告》《关于贯彻落实市人大常委会对全市当前工业经济运行情况审议意见的报告》等。会议对有关人事任免进行投票，通过有关人事任免案。市人大常委会第一副主任杨永昌主持会议，副主任邵好学、刘金俊、李玉华、彭靖华，秘书长赵普出席会议。副市长段伯汉、市中级人民法院院长孙寿海、市人民检察院检察长丁伟民等列席会议。

5 月

4 日　市十七届人大常委会召开第三十二次主任会议。会议传达全市领导干部会议精神，研究贯彻落实意见；听取各委室 4 月工作总结和 5 月工作安排的汇报，安排市人大常委会及机关 5 月重点工作。市人大常委会第一副主任杨永昌主持会议，副主任汤建梅、邵好学、刘金俊、李玉华、马春田、彭靖华，秘书长赵普出席会议。

4 日至 6 日　省人大常委会副主任温孚江率领执法检查组到菏泽，对全市实施《中华人民共和国文物保护法》《山东省文物保护条例》的情况进行执法检查。市人大常委会第一副主任杨永昌、副主任邵好学陪同检查。

12 日至 14 日　市人大常委会副主任汤建梅陪同韩国金浦市议会代表团一行 13 人到县区进行参观考察和洽谈合作事宜。

13 日　市委书记、市人大常委会主任赵润田会见到菏泽考察的韩国金浦市议会 3 代议长李庸峻一行。市人大常委会第一副主任杨永昌、副主任汤建梅参加会见。

14 日至 15 日　市人大常委会对劳动合同法贯彻实施情况进行执法检查。市人大常委会第一副主任杨永昌，副主任邵好学、刘金俊、李玉华、彭靖华参加检查。

16 日　滨州市人大常委会党组副书记、副主任侯宪秀到菏泽考察，市人大常委会副主任马春田陪同活动。

18 日　市人大常委会机关举行“慈心一日捐”爱心捐赠活动。全体干部职工及离退休老干部在市人大常委会第一副主任杨永昌，副主任汤建梅、邵好学、刘金俊、李玉华、彭靖华的带领下积极捐款，共筹集善款 5590 元。

19 日至 20 日　市人大常委会副主任马春田赴济南市参加全省人大农业投入立法研讨会。

19 日至 20 日　市人大常委会副主任刘金俊带领“菏泽环保世纪行”记者小分队,对全市“蓝天工程”建设情况进行采访。

22 日　市人大常委会第一副主任杨永昌带领有关部门负责人，到东明县城关镇李江庄村，对包村工作调查研究。市人大常委会副主任彭靖华参加调研。

6 月

2 日　市人大工作座谈会召开。市人大常委会第一副主任杨永昌，副主任汤建梅、邵好学、李玉华、马春田、彭靖华，秘书长赵普出席会议。

3日至5日 省人大常委会信访局副局长连建华一行5人到菏泽，督办重点信访案件。市人大常委会副主任彭靖华陪同活动并多次召开案件协调会。

4日 市十七届人大常委会召开第三十三次主任会议。会议听取市人大常委会各委室关于5月工作情况和6月工作安排的汇报，研究通过召开市十七届人大常委会第十一次会议的相关事项。市人大常委会第一副主任杨永昌主持会议，副主任汤建梅、邵好学、刘金俊、李玉华、马春田、彭靖华，秘书长赵普出席会议。

16日 市十七届人大常委会第十一次会议召开。会议听取审议市政府关于2008年财政决算（草案）、2008年市级预算执行和其他财政收支的审计和水利工作情况的汇报。会议审议通过菏泽市人大常委会对市政府贯彻实施劳动合同法情况的执法检查报告（草案），市政府关于贯彻落实市人大常委会对电力法执法检查反馈意见的报告，市政府关于贯彻落实市人大常委会对社会主义新农村建设工作情况审议意见的报告，市政府关于贯彻落实市人大常委会对城市建设及城市重大基础设施建设工作情况审议意见的报告，市政府关于贯彻落实市人大常委会对就业和社会保障工作情况审议意见的报告。会议还对有关人事任免进行投票，通过有关人事任免案。市人大常委会第一副主任杨永昌主持会议，副主任汤建梅、邵好学、刘金俊、李玉华、彭靖华，秘书长赵普出席会议。

21日至24日 市人大常委会副主任邵好学赴济宁市参加全省人大教科文卫工作会议。

23日 市人大常委会第一副主任杨永昌，副主任汤建梅、刘金俊、李玉华、马春田、彭靖华，秘书长赵普对全市社会治安和综合治理情况进行调研。

30日 市人大常委会副主任马春田一行5人调研全市防汛工作。先后察看东鱼河截污导流扩大治理、城市防汛、鄄城县夏季防洪除涝等工程建设现场。

7月

1日 市十七届人大常委会召开第三十四次主任会议。会议主要传达学习省委书记、省人大常委会主任姜异康关于做好当前人大工作的意见，传达学习全省人大教科文卫工作会议精神。市人大常委会第一副主任杨永昌主持会议，副主任汤建梅、邵好学、刘金俊、李玉华、马春田、彭靖华出席会议。

2日至3日 受省人大内司委委托，市人大常委会组成执法检查组，对《关于〈2006—2010年依法治市规划〉的决议》《关于在全市公民中开展第五个五年法制宣传教育的决议》的贯彻实施情况进行执法检查。

2日 市人大常委会第一副主任杨永昌、副主任邵好学一行6人，视察第十一届全运会菏泽赛区筹备工作进展情况。

6日 市十七届人大常委会召开第三十五次主任会议。会议听取各委室上半年工作情况的总结和下半年及7月工作计划安排的汇报，研究通过召开市十七届人大常委会第十二次会议的相关事项；对《菏泽市人大常委会2009年工作评议实施细则（征求意见稿）》《菏泽市人大代表建功立业、争创一流活动方案（征求意见稿）》《菏泽市人大常委会关于争创融入大局参与发展一流工作实施方案（草案）》进行研究修改。市人大常委会第一副主任杨永昌主持会议，副主任汤建梅、邵好学、刘金俊、李玉华、马春田、彭靖华，秘书长赵普出席会议。

15日 市人大常委会进行宪法集体学习。会议收听收看全国人大常委会委员、法律委员会主任胡康生作的宪法辅导报告和省人大常委会常务副主任高新亭的讲话。市人大常委会第一副主任杨永昌，副主任汤建梅、刘金俊、李玉华、马春田出席学习会。

15日至16日 省人大常委会委员、省人大内务司法委员会主任委员陈明甫一行9人到菏泽，就《中华人民共和国工会法》贯彻实施情况进行执法检查。市人大常委会副主任彭靖华陪同检查。

15日至16日 市人大常委会副主任刘金俊参加2009年“菏泽环保世纪行”活动。

27日至28日 市人大常委会对《关于加强食品安全和安全生产工作的决议》落实情况进行视察。市人大常委会第一副主任杨永昌，副主任邵好学、刘金俊、李玉华、马春田、彭靖华，秘书长赵普参加视察。

2009年7月27日至28日，市人大常委会对《关于加强食品安全和安全生产工作的决议》落实情况进行视察

8月

3日 市十七届人大常委会召开第三十六次主任会议。会议研究确定市十七届人大常委会第十二次会议相关事项；研究讨论市委办公室、市政府办公室《关于进一步改进市领导同志到基层考察调研接待工作的规定（讨论稿）》；研究确定关于对市政府贯彻实施《关于加强食品安全和安全生产工作的决议》视察情况的反馈意见，研究确定向市委报送的视察报告；研究确定《中共菏泽市人大常委会党组深入学习实践科学发展观活动整改落实方案》；听取各委室8月工作安排汇报，研究确定各委室下半年会议活动相关事项；研究市人大常委会机关干部包村工作。市人大常委会第一副主任杨永昌主持会议，副主任汤建梅、邵好学、刘金俊、李玉华、马春田、彭靖华，秘书长赵普出席会议。

14日 市十七届人大常委会第十二次会议召开。会议传达市委理论学习中心组读书会精神。会议表决通过菏泽市人民政府关于贯彻落实市人大常委会对劳动合同法执法检查反馈意见的报告、关于贯彻落实市人大常委会对水利工作情况审议意见的报告及有关人事任免事项。市人大常委会第一副主任杨永昌主持会议，副主任汤建梅、邵好学、刘金俊、马春田、彭靖华，秘书长赵普出席会议。

14日 全市规范性文件备案审查现场调度会在牡丹区召开。市人大常委会副主任彭靖华出席会议并讲话。

20日 市人大代表建议办理工作会议在市政府第四会议室召开。市人大常委会第一副主任杨永昌，副主任马春田出席会议。

21日 市十七届人大常委会召开第三十七次主任会议。会议听取关于学习实践科学发展观活动情况的汇报，对下一步活动开展以及市人大常委会视察工作进行研究安排。市人大常委会第一副主任杨永昌主持会议，副主任汤建梅、邵好学、刘金俊、马春田、彭靖华，秘书长赵普出席会议。

26日至27日 市人大常委会组织部分驻菏全国人大代表，对全市职业教育工作进行专题调研。市人大常委会副主任汤建梅参加调研活动。

9月

2日 市十七届人大常委会召开第三十八次主任会议。市人大常委会第一副主任杨永昌主持会议，副主任汤建梅、邵好学、刘金俊、李玉华、马春田、彭靖华，秘书长赵普出席会议。会议听取各委室8月工作完成情况和9月工作安排汇报，研究确定市人大常委会视察“四大基地一大产业”重大项目和城市建设重点工程相关事项。

3日 市人大常委会副主任马春田和部分常委会委员调研全市农业机械化工作。

7日至8日 省人大常委会委员郭庆惠、姚学政等一行8人到菏泽，调研农村住房建设和危房改造工作。市人大常委会副主任刘金俊陪同调研。

9日 市十七届人大常委会召开第三十九次主任会议。会议学习市委书记、市人大常委会主任赵润田对市人大常委会《关于化解信访老案积案的请示》的批示精神，研究贯彻落实意见，决定进一步加大对信访老案积案督办力度，分解任务，狠抓落实，确保实效。市人大常委会第一副主任杨永昌主持会议并讲话，副主任汤建梅、邵好学、刘金俊、李玉华出席会议。

10日 市人大常委会机关邀请牡丹区检察院检察长张敬艳、市公安局牡丹分局南城派出所中和社区警务室民警张弓作先进事迹报告。市人大常委会第一副主任杨永昌，副主任汤建梅、邵好学、刘金俊、李玉华和机关工作人员一起听取张敬艳、张弓作的先进事迹报告。

11日 市人大信访案件督办会议召开。市人大常委会第一副主任杨永昌、副主任彭靖华出席会议。

17日 市人大常委会第一副主任杨永昌，副主任汤建梅、邵好学、刘金俊、李玉华、彭靖华与市人大常委会机关全体人员一起，在菏泽新世纪影城观看电影《建国大业》。

24日至26日 市人大常委会组织常委会组成人员和部分全国、省、市人大代表及各县区人大常委会负责人对全市“四大基地一大产业”重大项目和城市建设重点工程进行视察。座谈会上，老领导于法杰、毕可文、阎世海以代表身份作发言。市人大常委会第一副主任杨永昌，副主任邵好学、刘金俊、李玉华、马春田、彭靖华，秘书长赵普参加视察。

25日 “菏泽环保世纪行”记者小分队对菏泽市部分企业发展循环经济、减少污染排放、创建环境友好型社会的经验做法进行采访报道。市人大常委会副主任刘金俊参加活动。

27日 市人大常委会举行庆祝新中国成立60周年联欢会。市人大常委会第一副主任杨永昌，副主任汤建梅、邵好学、刘金俊、李玉华、彭靖华出席联欢会。

28日 市十七届人大常委会召开第四十次主任会议。市人大常委会第一副主任杨永昌主持会议，副主任汤建梅、邵好学、彭靖华，秘书长赵普出席会议。

29日 市人大常委会机关全体人员会议召开。会议传达学习省委九届八次全体会议和中国共产党菏泽市第十一届委员会第八次全体会议精神，安排部署有关工作。市人大常委会第一副主任杨永昌，副主任汤建梅、邵好学、刘金俊、李玉华、彭靖华，秘书长赵普出席会议。

10月

10日 市十七届人大常委会召开第四十一次主任会议。会议研究确定召开市十七届人大常委会第十四次会议的相关事项，通过菏泽市十七届人大常委会代表资格审查委员会关于个别代表的代表资格终止的报告，研究市人大常委会关于“四大基地一大产业”重点项目和城市建设重点工作视察反馈意见，听取市人大常委会各委室、市石油化工基地领导小组办公室等9月工作总结、10月工作安排及第四季度工作思路的汇报。市人大常委会第一副主任杨永昌主持会议，副主任邵好学、刘金俊、李玉华、彭靖华，秘书长赵普出席会议。

20日至21日 市人大常委会副主任刘金俊带领“菏泽环保世纪行”记者团一行，到曹县、东明县、单县采访污水处理工作开展情况。

21日 市人大常委会第一副主任杨永昌到东明县人大常委会调研，并到市县人大常委会包村点东明县城关镇李江庄行政村察看包村工作进展情况。

2009年10月22日，市十七届人大常委会第十四次会议召开

22日 市十七届人大常委会第十四次会议召开。会议听取审议市政府关于社会治安工作情况的报告、市中级人民法院关于商事审判工作情况的报告、市人民检察院关于反渎职侵权工作情况的报告等。市人大常委会第一副主任杨永昌主持会议，副主任汤建梅、邵好学、刘金俊、李玉华、彭靖华，秘书长赵普出席会议。

11月

4日 市十七届人大常委会召开第四十二次主任会议。会议研究确定对市政府贯彻落实《关于加强基础教育和农村卫生的决定》情况视察相关事项、全市人大代表工作座谈会方案和乡镇人大干部培训班方案，研究通过市十七届人大常委会第十四次会议有关议题的审议意见，讨论修改《关于进一步规范人大代表小组建设的意见》《关于乡镇人大工作规范》《菏泽市人大常委会2009年工作评议实施细则》等文件，传达全省人大研究和宣传工作会议精神，听取市人大常委会各委室、市石油化工基地领导小组办公室等10月工作总结、11月工作安排的汇报。市人大常委会第一副主任杨永昌主持会议，副主任汤建梅、邵好学、李玉华、彭靖华，秘书长赵普出席会议。

18日 全市人大代表工作座谈会在东明县召开。市人大常委会第一副主任杨永昌、副主任马春田、秘书长赵普出席会议。

24日至25日 市人大常委会对全市基础教育和农村卫生工作进行视察。市人大常委会第一副主任杨永昌，副主任汤建梅、邵好学、李玉华、彭靖华，秘书长赵普参加视察。

12月

2日 市十七届人大常委会召开第四十三次主任会议。会议听取市人大常委会各委室11月工作情况、12月工作重点以及全年工作任务完成情况的汇报。审议《关于视察市政府贯彻落实〈市人大常委会关于加强基础教育和农村卫生工作的决定〉情况的报告（汇报稿）》《关于对贯彻落实〈市人大常委会关于加强基础教育和农村卫生工作的决定〉情况的视察意见（汇报稿）》，对2010年有关工作进行讨论。市人大常委会第一副主任杨永昌主持会议，副主任汤建梅、邵好学、刘金俊、李玉华、彭靖华，秘书长赵普出席会议。

8日 为期三天的全市乡镇人大干部培训班在市委党校开班。市人大常委会第一副主任杨永昌主持开班典礼，市委副书记王浩代表市委讲话，市人大常委会副主任马春田、秘书长赵普出席开班典礼。

10日　全市乡镇人大干部培训班结束。市人大常委会第一副主任杨永昌对培训班的成功举办给予肯定，并对进一步做好乡镇人大工作提出要求。市人大常委会副主任马春田、秘书长赵普出席会议。

15日至17日　省人大常委会副主任鲍志强率省人大常委会财经委调研组一行10人到菏泽，对菏泽市2009年经济社会运行情况、存在的突出矛盾及问题和2010年经济工作安排的设想进行调研。市人大常委会第一副主任杨永昌，副主任李玉华陪同调研。

18日　市十七届人大常委会召开第四十四次主任会议。会议听取市人大常委会各委室2009年争先创优目标完成情况和2010年工作计划及争先创优计划情况的汇报，研究《菏泽市人大常委会工作报告（讨论稿）》及《菏泽市人大常委会2010年工作计划要点（讨论稿）》等。市人大常委会第一副主任杨永昌主持会议，副主任邵好学、刘金俊、李玉华、马春田、彭靖华，秘书长赵普出席会议。

23日　市人大常委会机关开展“送温暖、献爱心”社会捐助活动。市人大常委会第一副主任杨永昌，副主任汤建梅、邵好学、刘金俊、李玉华、马春田、彭靖华等带头捐献棉衣棉被。

30日　全市人大代表建功立业座谈会召开。市人大常委会第一副主任杨永昌、副主任马春田、秘书长赵普出席会议。

2010年

1月

12日　市十七届人大常委会召开第四十五次主任会议。会议传达学习1月12日市委常委会会议精神；听取市十七届人大四次会议筹备情况的汇报；研究确定市十七届人大常委会第十五次会议相关事项；研究“一府两院”关于贯彻落实市人大常委会有关审议意见的报告，决定提交市十七届人大常委会第十五次会议审议。市人大常委会第一副主任杨永昌主持会议，副主任汤建梅、邵好学、刘金俊、李玉华、马春田、彭靖华，秘书长赵普出席会议。

13日　市十七届人大常委会第十五次会议召开。会议审议讨论有关决定、报告等。市人大常委会第一副主任杨永昌，副主任汤建梅、邵好学、刘金俊、李玉华、马春田、彭靖华，秘书长赵普出席会议。

15日　市十七届人大常委会召开第四十六次主任会议。会议传达学习市委常委会会议精神；听取有关人事任免事项的汇报，决定提交市十七届人大常委会第十六次会议审议表决；听取关于个别代表的代表资格报告，决定提交十七届人大常委会第十六次会议审议表决。市人大常委会第一副主任杨永昌主持会议，副主任汤建梅、邵好学、刘金俊、李玉华、马春田、彭靖华，秘书长赵普出席会议。

15日　市十七届人大常委会第十六次会议召开。会议审议表决通过有关报告和议案以及其他事项。市人大常委会第一副主任杨永昌主持会议，副主任汤建梅、邵好学、刘金俊、李玉华、马春田、彭靖华，秘书长赵普出席会议。

20日至22日　市第十七届人民代表大会第四次会议在菏泽大剧院召开。会议先后听取审议菏泽市人民政府工作报告、菏泽市2009年国民经济和社会发展计划执行情况与2010年计划的报告，菏泽市2009预算执行情况和2010年预算的报告，菏泽市人大常委会工作报告，菏泽市中级人民法院工作报告，菏泽市人民检察院工作报告。大会表决通过关于菏泽市人民政府工作报告的决议、关于菏泽市2009年国民经济和社会发展计划执行情况与2010年计划的决议、关于菏泽市2009预算执行情况和2010年预算的决议、关于菏泽市人大常委会工作报告的决议、关于菏泽市中级人民法院工作报告的决议、关于菏泽市人民检察院工作报告的决议。

22日 市十七届人大常委会第四十七次主任会议召开。会议对2010年工作作出整体安排。市人大常委会第一副主任杨永昌主持会议，副主任汤建梅、邵好学、刘金俊、李玉华、马春田、彭靖华，秘书长赵普出席会议。

23日 欢送驻菏省人大代表赴济南市参加山东省第十一届人民代表大会第三次会议。市人大常委会第一副主任杨永昌，副主任邵好学、马春田出席欢送会。

27日 市人大常委会召开电力法执法检查落实情况座谈会。市人大常委会副主任刘金俊出席会议。

2月

1日 市十七届人大常委会召开第四十八次主任会议。会议传达学习省十一届人大三次会议精神，研究各委室2月工作安排和市十七届人大常委会第十七次会议事项，安排市人大常委会及机关春节前有关工作。市人大常委会第一副主任杨永昌主持会议，副主任汤建梅、邵好学、刘金俊、李玉华、马春田、彭靖华，秘书长赵普出席会议。

8日 市人大常委会机关举行年度报告会，总结2009年工作经验，安排2010年工作。市人大常委会第一副主任杨永昌，副主任汤建梅、邵好学、刘金俊、李玉华、马春田、彭靖华，秘书长赵普出席会议。

26日 市十七届人大常委会第十七次会议召开。会议听取审议市政府关于消防工作、民族工作情况的报告，通过市政府关于贯彻落实市人大常委会对基础教育和农村卫生工作视察反馈意见的报告和有关人事任免事项，会议通过《菏泽市人大常委会关于进一步加强监督工作的意见》。市人大常委会第一副主任杨永昌主持会议，副主任汤建梅、邵好学、刘金俊、李玉华、马春田、彭靖华，秘书长赵普出席会议。

3月

2日 市十七届人大常委会召开第五十次主任会议。会议学习《中国共产党党员领导干部廉洁从政若干准则》，听取有关委室3月工作计划和工作安排。市人大常委会第一副主任杨永昌主持会议，副主任邵好学、刘金俊、李玉华、马春田、彭靖华，秘书长赵普出席会议。

5日 全市人大教科文卫工作座谈会召开。市人大常委会副主任邵好学出席会议。

18日 市人大代表建议办理工作表彰暨交办会在市人大常委会会议室召开。市人大常委会副主任彭靖华、秘书长赵普出席会议。

22日 市人大常委会机关传达学习十一届全国人大三次会议精神。市人大常委会第一副主任杨永昌，副主任汤建梅、邵好学、刘金俊、马春田、彭靖华，秘书长赵普出席会议。

26日至27日 全国人大常委会副委员长、全国妇联主席陈至立率领全国人大常委会妇女权益保障法执法检查组到菏泽执法检查。在菏泽期间，执法检查组先后召开农村出嫁女座谈会、乡村干部座谈会，了解妇女权益保障法实施情况。市委书记、市人大常委会主任赵润田向执法检查组汇报介绍有关情况。市人大常委会第一副主任杨永昌，副主任彭靖华陪同检查。

30 日　2009 年度全市人大代表“建功立业”表彰会召开。市人大常委会第一副主任杨永昌，副主任李玉华、马春田，秘书长赵普出席会议。

4 月

2 日　市十七届人大常委会第五十一次主任会议召开。会议研究市十七届人大常委会第十八次会议相关事项。市人大常委会第一副主任杨永昌主持会议，副主任汤建梅、刘金俊、马春田、彭靖华，秘书长赵普出席会议。

2 日　济宁市人大常委会第一副主任祝金焕，副主任许谦迎、殷允岭、梁东成一行 60 余人到菏泽考察。市人大常委会第一副主任杨永昌，副主任刘金俊陪同考察。

13 日　市十七届人大常委会第十八次会议召开。会议听取审议市政府关于强农惠农政策落实情况的报告、关于全市交通公路工作情况的报告，审议通过菏泽市人大常委会关于对市政府贯彻实施节约能源法情况的执法检查报告、市政府关于菏泽开发区和牡丹区污水处理厂污水处理费列入财政预算的议案以及有关人事任免事项。市人大常委会第一副主任杨永昌主持会议，副主任汤建梅、邵好学、刘金俊、李玉华、马春田、彭靖华，秘书长赵普出席会议。

13 日至 14 日　省人大执法检查组到菏泽对《山东省南水北调工程沿线区域水污染治理条例》贯彻落实情况进行执法检查。市人大常委会副主任刘金俊陪同检查。

5 月

4 日　市十七届人大常委会召开第五十二次主任会议。会议听取各委室 4 月工作汇报和 5 月工作计划及具体工作安排。市人大常委会第一副主任杨永昌主持会议，副主任汤建梅、邵好学、刘金俊、李玉华、马春田、彭靖华，秘书长赵普出席会议。

7 日　全市人大工作座谈会在柏青大酒店召开。市人大常委会第一副主任杨永昌出席会议并讲话，副主任汤建梅、邵好学、刘金俊、李玉华、马春田、彭靖华，秘书长赵普出席会议。

13 日　市人大常委会党组理论中心组集体学习全省贯彻实施四项监督制度，进一步提高选人用人公信度视频会议精神。市人大常委会第一副主任杨永昌，副主任邵好学、刘金俊、李玉华、马春田、彭靖华参加集体学习。

21 日　全市人大代表工作座谈会在单县召开。现场观摩牡丹区、定陶、成武、单县 4 县区 7 个代表小组活动室建设，听取单县、定陶人大常委会负责人和有关部分县区代表小组召集人就代表小组建设的经验介绍。市人大常委会第一副主任杨永昌、副主任马春田出席会议。

2010 年 5 月 21 日，全市人大代表工作座谈会在单县召开

31 日　全市人大规范性文件备案审查工作座谈会召开。市人大常委会副主任彭靖华出席会议。

6 月

1 日　市十七届人大常委会召开第五十三次主任会议。会议听取各委室 5 月工作情况和 6 月工作安排的汇报，确定市十七届人大常委会第十九次会议相关事项。市人大常委会第一副主任杨永昌主持会议并讲话，副主任汤建梅、邵好学、李玉华、彭靖华，秘书长赵普出席会议。

10 日　全市乡镇人大工作座谈会召开。市人大常委会第一副主任杨永昌出席会议并讲话，副主任马春田主持会议。

2010 年 6 月 10 日，全市乡镇人大工作座谈会召开

10 日至 11 日　市人大常委会副主任刘金俊带领“菏泽环保世纪行”记者团到东明县、开发区、牡丹区、鄄城县采访水污染治理开展情况、企业“十个一工程”建设情况、污水管网建设及污水处理厂运行情况等。

17 日　市十七届人大常委会召开第五十四次主任会议。会议对“万件矛盾化解”和“千件信访案件督办”两项活动开展情况进行调度，研究市十七届人大常委会第十九次会议相关事项。市人大常委会第一副主任杨永昌主持会议并讲话，副主任汤建梅、邵好学、刘金俊、李玉华、马春田、彭靖华，秘书长赵普出席会议。

22 日至 23 日　省人大常委会委员、省人大农委主任委员班开庆率省人大执法检查组到菏泽，就《中华人民共和国农业机械化促进法》《山东省农业机械化促进条例》《山东省农业机械化管理条例》贯彻落实情况进行执法检查。市人大常委会副主任马春田陪同检查。

23 日　市人大常委会邀请山东财政学院副教授、公共管理教研室主任、经济学博士、山东省财政厅特聘专家郭磊到菏泽举办预算法与预算知识专题讲座。市人大常委会第一副主任杨永昌，副主任汤建梅、邵好学、刘金俊、李玉华、彭靖华，秘书长赵普听取讲座。

24 日　市十七届人大常委会第十九次会议召开。会议听取并审议通过市政府关于 2009 年财政决算（草案）的报告、关于 2009 年度市级预算执行和其他财政收支情况的审计工作报告。市人大常委会副主任汤建梅、李玉华、马春田、彭靖华，秘书长赵普出席会议。市委常委、市政府副市长李卫国，市中级人民法院院长王玮，市人民检察院副检察长范玉国列席会议。

29 日　市人大常委会机关党委召开庆“七一”优秀党员表彰会。市人大常委会第一副主任杨永昌，副主任汤建梅、邵好学、刘金俊、李玉华、彭靖华，秘书长赵普出席表彰会，常委会机关全体党员参加会议。

7 月

6 日　市十七届人大常委会召开第五十五次主任会议。会议听取各委室上半年工作计划完成情况和下半年工作安排的汇报；研究食品安全和安全生产视察，对“一府两院”办理市人大常委会 2010 年度有关审议意见情况实行票决，组织开展菏泽市人大常委会成立 10 周年纪念活动，出台《关于规范闭会期间市人大代表小组活动的意见》等事项。市人大常委会第一副主任杨永昌主持会议，副主任汤建梅、邵好学、刘金俊、马春田、彭靖华，秘书长赵普出席会议。

7 日　市人大常委会副主任马春田带队视察防汛工作。

8 日至 9 日　市人大常委会组织常委会组成人员及部分驻菏全国、省、市人大代表，视察食品安全和安全生产工作。市人大常委会第一副主任杨永昌，副主任邵好学、刘金俊、马春田、彭靖华，秘书长赵普参加视察。

27日 全市人大农业与农村工作座谈会召开。市人大常委会副主任马春田出席会议。

28日 市人大代表建议督办会议召开。市人大常委会副主任马春田出席会议。

30日 市十七届人大常委会召开第五十六次主任会议。会议听取关于提请审议菏泽市与濮阳市缔结友好城市议案的说明，听取有关委室8月工作计划和具体工作安排，研究市十七届人大常委会第二十次会议相关事项。会议还就市人大常委会参与发展座谈会，省人大及其常委会领导到菏泽检查节能减排等工作进行安排部署。市人大常委会第一副主任杨永昌主持会议并讲话，副主任汤建梅、邵好学、李玉华、马春田、彭靖华，秘书长赵普出席会议。

8月

9日 市十七届人大常委会召开第五十七次主任会议。会议传达市委108次常委会会议精神和省人大理论中心组学习精神，听取有关委室7月工作总结和8月工作计划及具体工作安排，研究市十七届人大常委会第二十次会议事项。市人大常委会第一副主任杨永昌主持会议并讲话，副主任邵好学、刘金俊、李玉华、马春田、彭靖华，秘书长赵普出席会议。

16日至19日 省人大常委会副主任鲍志强一行9人到菏泽，调研经济社会发展情况。市人大常委会第一副主任杨永昌，副主任李玉华陪同调研。

18日 市十七届人大常委会第二十次会议召开。会议听取审议市政府关于2010年全市上半年国民经济和社会发展计划执行情况的报告、关于菏泽市2010年上半年财政预算执行情况的报告，市中级人民法院关于全市法院执行工作情况的报告，市人民检察院关于全市检察机关开展法律监督工作情况的报告，审议通过关于菏泽市与濮阳市缔结友好城市的议案，菏泽市第十七届人大常委会代表资格审查委员会关于个别代表资格终止的报告及其他事项。市人大常委会第一副主任杨永昌主持会议，副主任汤建梅、邵好学、刘金俊、李玉华、马春田、彭靖华出席会议。

20日 全市人大参与发展座谈会召开。与会人员到牡丹区、定陶县、单县现场观摩县区人大常委会领导参与的企业和城建项目。市人大常委会第一副主任杨永昌，副主任汤建梅、邵好学、刘金俊、李玉华、马春田、彭靖华，秘书长赵普出席座谈会。

26日至27日 市人大常委会副主任刘金俊带领“菏泽环保世纪行”记者团，先后到鄄城县、牡丹区和曹县进行集中采访报道。

30日至31日 市人大常委会副主任马春田带领市人大常委会农工委调研组一行，对菏泽市农机合作社建设情况进行专题调研。

9月

2日 市十七届人大常委会召开第五十八次主任会议。会议听取有关委室8月工作完成情况和9月工作安排汇报，研究讨论“四大基地一大产业”和城镇化视察相关事项。市人大常委会第一副主任杨永昌主持会议，副主任汤建梅、刘金俊、李玉华、马春田、彭靖华出席会议。

7日 市人大常委会监督工作座谈会召开。市人大常委会第一副主任杨永昌、副主任邵好学出席会议。

16日 市人大常委会召开“千件信访案件督办”工作会议。市人大常委会副主任彭靖华出席会议并讲话。

27日至29日　市人大常委会视察全市“四大基地一大产业”重大项目、城镇建设重点工程。市人大常委会第一副主任杨永昌，副主任汤建梅、邵好学、刘金俊、李玉华、彭靖华，秘书长赵普，部分市人大常委会委员和部分全国、省、市人大代表以及劳模代表，各县区人大常委会主任、主持工作的副主任参加视察，市人大老领导于法杰、毕可文、阎世海、常洪珍、张秀长以代表身份参加视察。

2010年9月27日至29日，市人大常委会视察全市“四大基地一大产业”重大项目、城镇建设重点工程

30日　市十七届人大常委会召开第五十九次主任会议。会议研究有关人事任免事项。市人大常委会第一副主任杨永昌主持会议，副主任汤建梅、邵好学、刘金俊、李玉华、马春田、彭靖华，秘书长赵普出席会议。

30日　市十七届人大常委会第二十一次会议召开。会议表决通过李卫国、朱培吉辞去菏泽市人民政府副市长职务的报告，同意接受李卫国、朱培吉辞去菏泽市人民政府副市长职务，选举付伟为菏泽市人民政府副市长。市人大常委会第一副主任杨永昌主持会议，副主任汤建梅、邵好学、刘金俊、李玉华、马春田、彭靖华出席会议。

10月

8日　市十七届人大常委会召开第六十次主任会议。会议研究同意市政府提请的关于菏泽市与俄罗斯联邦奥廖尔市缔结友好城市的议案，听取各委室9月工作完成情况和10月工作安排汇报，研究确定市十七届人大常委会第二十二次会议相关事项。市人大常委会第一副主任杨永昌，副主任邵好学、刘金俊、马春田、彭靖华，秘书长赵普出席会议。

25日　市十七届人大常委会召开第六十一次主任会议。会议讨论市人代会的筹备工作及其他事项。市人大常委会第一副主任杨永昌主持会议，副主任汤建梅、邵好学、刘金俊、李玉华、马春田、彭靖华，秘书长赵普出席会议。

26日　市十七届人大常委会第二十二次会议召开。会议审议并通过市政府关于菏泽市国民经济和社会发展“十一五”规划实施和“十二五”规划编制情况的报告、市政府关于人民群众切身利益的十项重点民生工作进展情况的报告、市政府关于全市“五五”普法依法治理工作情况的报告、市政府关于“一六五五”企业成长计划进展情况的报告。表决通过菏泽市人民政府关于提请审议菏泽市与俄罗斯联邦奥廖尔市缔结友好城市的议案（草案）、菏泽市人民政府关于贯彻落实市人大常委会对2010年上半年财政预算执行情况审议意见的报告、市中级人民法院关于贯彻落实市人大常委会对执行工作报告审议意见情况的报告、市人民检察院关于贯彻落实市人大常委会对法律监督工作报告审议意见情况的报告以及有关人事任免事项。市人大常委会第一副主任杨永昌，副主任汤建梅、邵好学、刘金俊、李玉华、马春田、彭靖华，秘书长赵普出席会议。

28日　全市人大机关建设座谈会在牡丹大酒店召开。市人大常委会第一副主任杨永昌，副主任邵好学、刘金俊、李玉华、马春田，秘书长赵普出席会议。

29 日至 30 日 全市举行 2010 年“菏泽环保世纪行”采访活动。由菏泽日报、牡丹晚报、市电视台、市广播电台记者组成的“菏泽环保世纪行”采访团，先后到郓城县、巨野县部分企业和工业园区采访，重点采访生态湿地建设、企业治污“十个一”工程及机动车尾气治理情况。市人大常委会副主任刘金俊参加活动。

11 月

1 日至 4 日 省人大常委会副主任鲍志强一行到菏泽，就进一步贯彻落实省委、省政府区域协调发展战略，及时总结菏泽加快发展的成功做法，深入探讨跨越发展的目标途径，为菏泽创造更加良好的发展环境进行调研。市委书记、市人大常委会主任赵润田，市人大常委会第一副主任杨永昌、副主任李玉华陪同调研。

23 日至 24 日 市人大常委会对全市基础教育和农村卫生工作进行视察。市人大常委会第一副主任杨永昌，副主任邵好学、刘金俊、李玉华、马春田，秘书长赵普参加视察。

12 月

8 日 市十七届人大常委会召开第六十二次主任会议。会议听取各委室 11 月工作完成情况和 12 月工作安排汇报，并就有关工作进行安排部署。市人大常委会第一副主任杨永昌主持会议，副主任汤建梅、邵好学、刘金俊、李玉华、马春田、彭靖华，秘书长赵普出席会议。

16 日 市十七届人大常委会召开第六十三次主任会议。会议听取各委室工作汇报，讨论研究 2011 年创先争优工作和人大常委会成立 10 周年庆祝活动安排。市人大常委会第一副主任杨永昌主持会议，副主任汤建梅、邵好学、刘金俊、李玉华、马春田，秘书长赵普出席会议。

23 日 市十七届人大常委会召开第六十四次主任会议。会议主要研究票决制的相关事项。市人大常委会第一副主任杨永昌主持会议，副主任汤建梅、邵好学、刘金俊、李玉华、马春田、彭靖华，秘书长赵普出席会议。

24 日 市人大常委会办公室被山东省精神文明建设委员会授予“省级文明机关”荣誉称号。

31 日 市十七届人大常委会召开第六十五次主任会议。市人大常委会第一副主任杨永昌主持会议并讲话，副主任汤建梅、邵好学、刘金俊、李玉华、马春田、彭靖华，秘书长赵普出席会议。

31 日 市十七届人大常委会第二十三次会议召开。会议审议表决通过有关报告、人事任免事项。市人大常委会第一副主任杨永昌，副主任汤建梅、邵好学、刘金俊、李玉华、马春田、彭靖华，秘书长赵普出席会议。

31 日 市人大常委会召开纪念市人大常委会成立 10 周年座谈会。市人大常委会第一副主任杨永昌，市委副书记孙爱军，市人大常委会副主任汤建梅、邵好学、刘金俊、李玉华、马春田、彭靖华，秘书长赵普出席会议。

2010 年 12 月 31 日，纪念菏泽市人大常委会设立 10 周年座谈会召开

2011 年

1 月

10 日 市十七届人大常委会召开第六十六次主任会议。会议主要研究市人代会筹备事项。市人大常委会第一副主任杨永昌，副主任汤建梅、邵好学、李玉华、马春田、彭靖华，秘书长赵普出席会议。

13 日 市十七届人大常委会第二十四次会议召开。会议审议表决通过有关决定、报告等。市人大常委会第一副主任杨永昌，副主任邵好学、李玉华、马春田、彭靖华，秘书长赵普出席会议。

2011 年 1 月 22 日，市第十七届人民代表大会第五次会议期间，市人大代表建议办理情况票决会议召开

21 日至 23 日 市第十七届人民代表大会第五次会议在菏泽大剧院召开。会议听取审议菏泽市人民政府工作报告、菏泽市人民代表大会常务委员会工作报告、菏泽市中级人民法院工作报告、菏泽市人民检察院工作报告。大会还书面印发关于菏泽市国民经济和社会发展第十二个五年规划纲要（草案）、关于菏泽市 2010 年国民经济和社会发展计划执行情况与 2011 年计划草案的报告、关于菏泽市 2010 年预算执行情况和 2011 年预算草案的报告。大会依次表决通过关于菏泽市国民经济和社会发展第十二个五年规划纲要的决议、关于菏泽市人民政府工作报告的决议、关于菏泽市 2010 年国民经济和社会发展计划执行情况与 2011 年国民经济和社会发展计划的决议、关于 2010 年菏泽市财政预算执行情况与 2011 年菏泽市财政预算的决议、关于菏泽市人大常委会工作报告的决议、关于菏泽市中级人民法院工作报告的决议、关于菏泽市人民检察院工作报告的决议。大会以无记名投票方式，选举刘贞坚、王桂松为市人民政府副市长，朱庆安为市人民检察院检察长，丁志刚、王敏英、安克林、梁志成、彭华为市十七届人大常委会委员。大会执行主席赵润田、杨永昌、孙爱军、汤建梅、邵好学、刘金俊、李玉华、马春田、彭靖华、赵普等在主席团前排就座。刘士合、贾凤英、支建立等和主席团成员在主席台就座。大会应到代表 576 名，因病因事请假 15 名，实到代表 561 名，符合法定人数。

2 月

10 日 市人大常委会党组书记、第一副主任杨永昌，副主任汤建梅、邵好学、马春田、彭靖华在牡丹大酒店为参加省十一届人大四次会议的代表举行欢送仪式。

20 日 市十七届人大常委会召开第六十七次主任会议。会议传达省十一届人大四次会议精神，并确定 3 月初召开市十七届人大常委会第二十五次会议。市人大常委会第一副主任杨永昌，副主任汤建梅、邵好学、马春田、彭靖华，秘书长赵普出席会议。

24 日 市人大常委会机关举行反腐倡廉教育。市人大常委会副主任邵好学、马春田、彭靖华和机关人员一道观看《笑脸背后的罪恶——徐国元受贿案警示录》《孙瑜受贿案警示录》两部反腐倡廉警示片。

3 月

1 日　驻菏全国人大代表进京出席第十一届全国人民代表大会第四次会议。市人大常委会副主任邵好学、秘书长赵普为代表送行。

3 日　市十七届人大常委会第二十五次会议召开。会议传达省十一届人大四次会议精神，听取和审议市政府关于物价工作情况的报告、关于实行最严格水资源管理制度工作情况的报告，通过有关人事任免事项。市人大常委会党组书记、第一副主任杨永昌主持会议，副主任邵好学、彭靖华，秘书长赵普出席会议。

7 日　全市人大教科文卫工作会议召开。会议听取部分市直部门和县区人大常委会负责人的发言，回顾总结 2010 年工作，并对 2011 年工作进行安排部署。市人大常委会副主任邵好学出席会议并讲话。

18 日　市人大常委会民侨外工委召开对口联系部门工作座谈会。市人大常委会副主任汤建梅出席会议。

25 日　全市人大信访工作会议在成武县召开。市人大常委会党组书记、第一副主任杨永昌，副主任彭靖华出席会议。

4 月

6 日　市十七届人大常委会召开第六十八次主任会议。会议听取各委室 3 月工作完成情况和 4 月工作安排汇报，研究菏泽市人大常委会菏泽经济开发区工作委员会工作职责以及表彰建功立业优秀人大代表等相关事项。市人大常委会第一副主任杨永昌主持会议，副主任汤建梅、邵好学、马春田、彭靖华，秘书长赵普参加会议。

8 日　市人大常委会机关全体人员为中小学生捐书捐款。市人大常委会党组书记、第一副主任杨永昌，副主任马春田、彭靖华带头捐款捐书。

9 日　“菏泽环保世纪行”2010 年总结表彰会暨 2011 年启动仪式召开。市人大常委会党组成员、城环工委主任丁志刚出席会议并讲话。

12 日　市人大常委会副主任马春田到牡丹区调研农副产品生产加工基地建设情况。

23 日　市人大常委会组织的“百万册图书进校园”活动正式启动。市人大常委会党组书记、第一副主任杨永昌，副主任邵好学出席启动仪式。

25 日　市十七届人大常委会第二十六次会议召开。会议听取审议市政府关于商务工作情况的报告、市中级人民法院关于立案审判工作情况的报告、市人民检察院关于反贪污贿赂工作情况的报告，通过有关人事任免事项等。市人大常委会党组书记、第一副主任杨永昌，副主任汤建梅、邵好学、马春田、彭靖华，秘书长赵普出席会议。

25 日至 26 日　省人大常委会委员、省人大教科文卫委员会主任委员王天瑞一行 9 人到菏泽，对菏泽市贯彻执行《中华人民共和国食品安全法》情况进行执法检查。市人大常委会副主任邵好学陪同检查。

25 日至 27 日　省人大常委会副主任崔曰臣率领省人大法制委、省环保厅、省农业厅有关负责人到菏泽进行立法调研。市委书记、市人大常委会主任赵润田，市人大常委会党组书记、第一副主任杨永昌，副主任彭靖华陪同调研。

27 日　全市建功立业优秀代表表彰暨代表建议办理工作会议召开。市人大常委会党组书记、第一副主任杨永昌，副主任马春田出席会议。

29 日　市人大常委会预算工委组织召开联系部门会议。市人大常委会副主任邵好学出席会议并讲话。

5 月

4 日　市十七届人大常委会召开第六十九次

主任会议。会议听取各委室4月工作情况汇报以及5月工作计划，就下一步工作进行安排部署。市人大常委会第一副主任杨永昌主持会议，副主任汤建梅、邵好学、马春田，秘书长赵普出席会议。

9日 市人大常委会对政府部门贯彻落实《中华人民共和国水污染防治法》情况进行执法检查。市人大常委会副主任汤建梅、邵好学、马春田参加。

12日 市人大常委会举行“慈心一日捐”活动。市人大常委会党组书记、第一副主任杨永昌，副主任汤建梅、邵好学、马春田、彭靖华带头捐款，共捐善款6700元。

19日至21日 省人大常委会委员、省人大农委副主任委员仲崇高带领执法检查组到菏泽，对贯彻实施气象法、气象灾害防御条例情况进行执法检查。市人大常委会副主任马春田陪同活动。

20日 全市人大创新工作座谈会召开。市人大常委会党组书记、第一副主任杨永昌，副主任汤建梅、邵好学、彭靖华，秘书长赵普出席会议。

24日 市人大常委会全体干部职工到市博物馆参观“法制与责任——全国检察机关惩治和预防渎职侵权犯罪展览·菏泽巡展”。

24日 市委书记、市人大常委会主任赵润田会见到菏泽考察的韩国金浦市议会议长皮光成一行。市人大常委会副主任汤建梅参加会见。

30日 市人大常委会机关创新工作交流会召开。市人大常委会党组书记、第一副主任杨永昌，副主任汤建梅、邵好学、马春田、彭靖华，秘书长赵普出席会议。

30日至6月1日 市人大常委会副主任马春田赴邹城市参加全省人大农业与农村工作座谈会。

6月

1日 市十七届人大常委会第七十次主任会议召开。会议听取各委室5月工作情况汇报及6月工作计划，并就下一步工作进行安排部署。市人大常委会第一副主任杨永昌，副主任汤建梅、邵好学、彭靖华，秘书长赵普出席会议。

5日 市人大常委会副主任邵好学带领预算工委有关人员，到市财政局就2010年度财政决算情况进行调查研究。

10日至11日 省人大教科文卫委员会副巡视员任晓清一行到菏泽，调研“百万册图书进校园”工作开展情况。市人大常委会副主任邵好学陪同调研。

14日 市人大常委会副主任邵好学带领预算工委有关人员，到市审计局就2010年度市级预算执行和其他财政收支审计情况进行调查研究。

16日 市人大“百万册图书进校园”活动表彰会在牡丹大酒店召开。市人大常委会党组书记、第一副主任杨永昌，副主任汤建梅、邵好学、马春田、彭靖华，秘书长赵普出席会议。

2011年6月16日，市人大“百万册图书进校园”活动表彰会召开

20日 市人大常委会副主任彭靖华赴日照市参加全省规范性文件备案审查工作培训会。

22日至23日 市人大常委会副主任邵好学赴莱芜市参加全省人大财政暨预算监督工作座谈会。

25日 市人大常委会副主任马春田到东明县调研联乡包村工作。

28日 市十七届人大常委会第二十七次会议召开。会议听取并审议通过市政府关于2010年财政决算（草案）的报告、关于2010年市级预算执行和其他财政收支的审计工作报告，审议通过菏泽市人大常委会关于加强和改进调查研究工作的意见（审议稿）、关于深入开展“千件信访案件督办”和“万件社会矛盾化解”活动的意见（审议稿）、关于对市政府贯彻实施水污染防治法情况的执法检查报告等。市人大常委会党组书记、第一副主任杨永昌，副主任汤建梅、邵好学、马春田、彭靖华，秘书长赵普出席会议。

7月

1日 市人大常委会组织部分人大代表、各县区重点企业法人、市环保局等市直有关单位召开迎淮核查座谈会。市人大常委会副主任邵好学、党组成员丁志刚出席会议。

6日 市十七届人大常委会召开第七十一次主任会议。会议听取各委室6月工作完成情况和7月工作安排汇报，研究市政府关于社会保障体系建设工作视察的相关事项。市人大常委会第一副主任杨永昌主持会议，副主任汤建梅、邵好学、马春田、彭靖华，秘书长赵普出席会议，党组成员丁志刚列席会议。

14日 市人大常委会举办学习胡锦涛总书记“七一”重要讲话精神专题讲座。市人大常委会机关全体干部参加学习。

15日 市人大常委会举办机关公务礼仪知识讲座。市人大常委会机关全体人员参加学习。

25日 市人大常委会民侨外工委组织召开全市商务工作情况报告审议意见会商座谈会。市人大常委会副主任汤建梅出席会议并讲话。

28日 市人大常委会副主任邵好学带领预算工委有关人员到市国税局召开座谈会，就上半年预算执行情况进行调研。

8月

5日 市十七届人大常委会召开第七十二次主任会议。会议传达学习市委十一届十二次全委会精神，安排部署下一步工作。市人大常委会第一副主任杨永昌，副主任汤建梅、邵好学、彭靖华，秘书长赵普出席会议，党组成员丁志刚列席会议。

8日 市十七届人大常委会召开第七十三次主任会议。会议传达全省县乡换届工作精神，研究部署全市县乡人大换届工作。市人大常委会第一副主任杨永昌，副主任汤建梅、马春田、彭靖华，秘书长赵普出席会议，党组成员丁志刚列席会议。

9日 市人大常委会民侨外工委召开市少数民族人大代表座谈会。市人大常委会副主任汤建梅出席会议并讲话。

11日 市人大常委会党组成员丁志刚带领城环工委调研组，对全市住房保障工作情况进行调研。

12日 市人大常委会副主任邵好学带领有关部门负责人，对全市贯彻执行药品管理法情况进行调研。

12日 全市人大农业与农村工作座谈会召开。市人大常委会副主任马春田出席会议并讲话。

15日 市人大常委会副主任马春田带队视察全市防汛工作。

18日 市人大常委会副主任汤建梅带领民侨外工委有关人员到单县、成武县就全市侨务工作进行实地调研。

18日 全市人大代表建议督办工作会议召开。市人大常委会副主任马春田出席会议。

22日至23日 市人大常委会党组成员丁志刚带领“菏泽环保世纪行”记者采访团，对迎淮核查水污染治理重点工程、企业治污“十个一”工程进行采访报道。

24日 全市县乡两级人大换届选举工作学习班开班。市人大常委会党组书记、第一副主任杨永昌，副主任马春田出席开班仪式。

26日 市人大常委会社会保障体系建设视察情况通报会在牡丹大酒店召开。市人大常委会党组书记、第一副主任杨永昌，副主任邵好学、马春田、彭靖华，秘书长赵普出席会议。

29日 市十七届人大常委会第二十八次会议召开。会议听取审议市政府关于2011年上半年全市国民经济和社会发展计划执行情况的报告、关于2011年上半年预算执行情况的报告、关于全市住房保障工作情况的报告，书面交流审议市政府关于全市贯彻落实市人大常委会关于物价和水资源管理工作情况审议意见的报告、关于贯彻落实水污染防治执法检查反馈意见的报告。市人大常委会党组书记、第一副主任杨永昌主持会议，副主任汤建梅、邵好学、马春田、彭靖华，秘书长赵普，党组成员丁志刚出席会议。

9月

2日 市十七届人大常委会召开第七十四次主任会议。会议听取各委室8月工作完成情况和9月工作安排汇报，并对9月重点工作进行安排部署。市人大常委会第一副主任杨永昌主持会议，副主任汤建梅、邵好学、彭靖华，秘书长赵普出席会议，党组成员丁志刚列席会议。

5日 全省人大宣传工作会议在牡丹大酒店召开。省人大常委会副秘书长韩军，市人大常委会党组书记、第一副主任杨永昌，副主任邵好学出席会议。

7日 市人大常委会离退休老干部座谈会在牡丹大酒店召开。市人大常委会党组书记、第一副主任杨永昌，副主任汤建梅、马春田、彭靖华，秘书长赵普出席会议。原地区人大工委主任于法杰、毕可文、阎世海等老领导应邀出席会议。

8日 全市人大代表工作会议在东明县召开。市人大常委会党组书记、第一副主任杨永昌，副主任马春田出席会议。

2011年9月8日，全市人大代表工作会议在东明召开

20日至21日 中共中央委员、全国人大环境资源委员会副主任委员、沈阳军区原政委黄献中上将在省军区原副政委车全保的陪同下到菏泽调研。市人大常委会党组书记、第一副主任杨永昌陪同调研。

22日至23日 省人大常委会副主任鲍志强到菏泽，调研经济社会发展情况。市人大常委会党组书记、第一副主任杨永昌，副主任彭靖华陪同调研。

27日 市人大常委会副主任邵好学带领预算工委有关人员，在市人社局、市财政局有关负责人的陪同下，对全市2011年以来的社保基金预算执行情况进行调研。

10月

8日 市十七届人大常委会召开第七十五次主任会议。会议听取各委室9月工作总结和10月工作安排，研究确定市十七届人大常委会第二十九次会议相关事项，研究关于“五大基地一大产业”重点项目和城镇建设重点工程视察、保障性安居工程建设情况视察的相关事项。市人大常委会第一副主任杨永昌主持会议，副主任汤建梅、邵好学、马春田、彭靖华，秘书长赵普出席会议，党组成员丁志刚列席会议。

18 日 市十七届人大常委会召开第七十六次主任会议。会议研究市人大常委会工作机制建设，进一步推进部分工作机制的科学界定、完善提升、总结定型。市人大常委会第一副主任杨永昌主持会议，副主任汤建梅、马春田、彭靖华，秘书长赵普出席会议，党组成员丁志刚列席会议。

18 日 市十七届人大常委会第二十九次会议召开。会议听取并通过市政府有关部门报告、决议，通过有关人事任免事项。市人大常委会党组书记、第一副主任杨永昌，副主任汤建梅、马春田、彭靖华，秘书长赵普，党组成员丁志刚出席会议。

19 日 市人大常委会机关集体学习党的十七届六中全会精神。市人大常委会党组书记、第一副主任杨永昌，副主任马春田、彭靖华，秘书长赵普、党组成员丁志刚参加学习。

20 日至 21 日 受省人大常委会委托，市人大常委会视察全市八县两区保障性安居工程建设情况，并召开座谈会。市人大常委会党组书记、第一副主任杨永昌出席会议并讲话，副主任马春田陪同视察。

24 日 湖北省人大常委会老干部考察团一行 37 人，在省人大常委会办公厅副主任高月塘陪同下到菏泽参观考察。市人大常委会副主任邵好学陪同考察。

27 日 市人大常委会副主任马春田到市盐务局调研盐务工作。

11 月

1 日 市十七届人大常委会召开第七十七次主任会议。会议听取各委室 10 月工作完成情况和 11 月工作安排情况的汇报，并对有关重点工作进行安排部署。市人大常委会第一副主任杨永昌主持会议，副主任汤建梅、邵好学、彭靖华，秘书长赵普出席会议，党组成员丁志刚列席会议。

11 日 全市人大代表述职与县乡人大换届选举工作调度会召开。市人大常委会党组书记、第一副主任杨永昌，副主任马春田，秘书长赵普出席会议。

22 日至 23 日 市人大常委会对市政府“五大基地一大产业”重大项目、城镇建设重点工程和迎淮核查工程进行视察。市人大常委会党组书记、第一副主任杨永昌，副主任邵好学、马春田、彭靖华，秘书长赵普、党组成员丁志刚参加视察。

29 日 全市人大代表小组建设工作现场会召开。市人大常委会党组书记、第一副主任杨永昌，副主任马春田、秘书长赵普参加会议。

12 月

2 日 市十七届人大常委会召开第七十八次主任会议。会议听取各委室 11 月工作完成情况和 12 月工作安排情况的汇报，并对有关重点工作进行安排部署。市人大常委会第一副主任杨永昌主持会议，副主任汤建梅、邵好学、马春田出席会议，党组成员丁志刚列席会议。

2 日 市委宣讲团成员、市委讲师团副团长仝永华教授到市人大常委会机关作党的十七届六中全会精神辅导报告。市人大常委会副主任邵好学、马春田出席报告会。

5 日 全市人大代表候选人审查工作会议召开，安排部署市、县、乡三级人大代表选举工作。市人大常委会党组书记、第一副主任杨永昌，副主任马春田，秘书长赵普出席会议。

5 日至 6 日 全国人大教科文卫委员会副主任委员宋法棠一行，在省人大常委会副主任刘玉功，省人大常委会委员、省人大教科文卫委员会主任委员王天瑞陪同下，到菏泽调研小摊贩、小作坊、小餐饮监管情况。市委书记、市人大常委会主任赵润田，市人大常委会党组书记，市人大常委会第一副主任杨永昌、副主任邵好学陪同调研。

2011年12月5日至6日，全国人大教科文卫委员会副主任委员宋法棠一行到菏泽调研小摊贩、小作坊、小餐饮监管情况

6日至8日 驻鲁中直机关全国人大代表、驻省直机关全国人大代表、解放军驻山东部队全国人大代表，驻济宁市全国人大代表、驻菏全国人大代表一行25人到菏泽，视察全市经济社会发展情况。全国人大常委会委员、全国人大外事委员会主任委员李肇星，山东省人大常委会副主任温孚江参加视察。市委书记、市人大常委会主任赵润田，市人大常委会党组书记、第一副主任杨永昌，副主任汤建梅、马春田陪同视察。

9日 市人大常委会副主任邵好学带领教科文卫工作委员会部门负责人，到市食品药品监督管理局视察食品药品监管工作。

16日 市十七届人大常委会召开第七十九次主任会议。会议审议有关任免事项。市人大常委会第一副主任杨永昌主持会议，副主任汤建梅、邵好学、马春田、彭靖华，秘书长赵普出席会议，党组成员丁志刚列席会议。

16日 市人大常委会2011年度票决事项投票会召开。市人大常委会副主任马春田出席会议并讲话。

16日 市十七届人大常委会第三十次会议召开。选举任命市委副书记孙爱军为菏泽市人民政府代市长。会议审议通过关于提请任命孙爱军职务的议案、关于提请审议刘士合辞去菏泽市人民政府市长职务的报告、关于提请菏泽市人民政府孙爱军为代市长的报告以及其他事项。市人大常委会党组书记、第一副主任杨永昌代表市委书记、市人大常委会主任赵润田向市委副书记、代市长孙爱军颁发任命书。副主任汤建梅、邵好学、马春田、彭靖华，秘书长赵普，党组成员丁志刚出席会议。

23日至24日 市人大常委会对市政府2011年承诺的十件民生实事的落实情况进行视察，与年终代表集中视察合并进行。市人大常委会党组书记、第一副主任杨永昌，副主任汤建梅、邵好学、彭靖华，秘书长赵普，党组成员丁志刚参加视察。

27日 市十七届人大常委会召开第八十次主任会议。会议研究确定市十七届人大常委会第三十一次会议相关事项。市人大常委会第一副主任杨永昌主持会议，副主任汤建梅、邵好学、马春田、彭靖华，秘书长赵普出席会议，党组成员丁志刚列席会议。

27日 市十七届人大常委会第三十一次会议召开。市人大常委会党组书记、第一副主任杨永昌主持会议，副主任汤建梅、邵好学、马春田、彭靖华，党组成员丁志刚出席会议。

31日 市十七届人大常委会召开第八十一次主任会议。会议传达学习全市经济工作会议精神，听取各委室2011年工作总结以及2012年工作计划和争先创优目标等。市人大常委会第一副主任杨永昌主持会议，副主任邵好学、马春田、彭靖华、秘书长赵普出席会议，党组成员丁志刚列席会议。

31日 市人大常委会机关在和平大酒店召开迎新年茶话会。邀请市人大常委会历届老领导、老干部欢聚一堂，共话菏泽发展。市人大常委会党组书记、第一副主任杨永昌，副主任汤建梅、邵好学、马春田、彭靖华、秘书长赵普、党组成员丁志刚，市人大老领导于法杰、毕可文、阎世海等，市人大常委会委员、人大常委会机关全体工作人员参加茶话会。

2012年

1月

9日　市人大常委会机关全体人员会议召开。会议传达学习省委、省政府支持菏泽打造鲁苏豫皖交界地区科学发展高地座谈会精神，总结2011年工作，表彰优秀委室，安排部署当前重点工作。市人大常委会党组书记、第一副主任杨永昌，市人大常委会副主任汤建梅、邵好学、马春田、彭靖华参加会议。

16日　市十七届人大常委会召开第八十二次主任会议。会议研究确定市十八届人大一次会议相关事项，听取市人民检察院检察长朱庆安关于提请批准任命县区检察院检察长职务的报告。市人大常委会第一副主任杨永昌主持会议，副主任汤建梅、邵好学、马春田、彭靖华，秘书长赵普出席会议，党组成员丁志刚列席会议。

16日　市十七届人大常委会第三十二次会议召开。会议听取政府有关部门工作报告，审议通过有关决议报告，对有关人事进行任免。市人大常委会党组书记、第一副主任杨永昌，副主任汤建梅、邵好学、马春田、彭靖华，秘书长赵普出席会议。

31日　市十七届人大常委会召开第八十三次主任会议。会议传达学习全市科学发展考核奖惩兑现大会精神，听取市十八届人大一次会议筹备情况的汇报，并就有关重点工作进行安排部署。市人大常委会第一副主任杨永昌主持会议，市人大常委会副主任邵好学、马春田、彭靖华，秘书长赵普出席会议。

2月

6日　市人大常委会机关全体工作人员会议召开。会议传达学习市第十二次党代会精神，安排部署2012年有关工作。市人大常委会党组书记、第一副主任杨永昌，市人大常委会副主任汤建梅、邵好学、马春田、彭靖华，秘书长赵普参加会议。

9日至12日　市第十八届人民代表大会第一次会议在菏泽大剧院召开。与会代表听取和审议菏泽市人民政府工作报告、菏泽市人民代表大会常务委员会工作报告、菏泽市中级人民法院工作报告、菏泽市人民检察院工作报告等，大会通过关于菏泽市人民政府工作报告的决议、关于菏泽市2011年国民经济和社会发展计划执行情况与2012年国民经济和社会发展计划的决议、关于菏泽市2011年预算执行情况和2012年预算的决议、关于菏泽市人民代表大会常务委员会工作报告的决议、关于菏泽市中级人民法院工作报告的决议、关于菏泽市人民检察院工作报告的决议。大会选举赵润田为菏泽市第十八届人大常委会主任，杨永昌为第一副主任（正厅级），赵传山、汤建梅、丁志刚、孙忠生为副主任，赵传山为秘书长（兼），选举于海寅等39人为常委会委员；选举孙爱军为菏泽市人民政府市长，段伯汉、付伟、李法洪、黄秀玲、王桂松、刘国生、任仲义为副市长；选举王玮为菏泽市中级人民法院院长，朱庆安为菏泽市人民检察院检察长。大会应到代表611名，实到代表599名，符合法定人数。

10日　市十八届人大一次会议期间，市人大常委会组织部分代表对代表建议办理情况进行票决。市人大常委会党组书记、第一副主任杨永昌，市人大常委会副主任马春田出席会议。

13 日 市十八届人大常委会召开第一次主任会议。会议传达学习市“两会”精神，安排部署当前工作，对市人大常委会工作报告确定的任务目标进行责任分工。市人大常委会第一副主任杨永昌主持会议，副主任兼秘书长赵传山，党组副书记彭靖华，副主任汤建梅、丁志刚、孙忠生参加会议。

17 日 菏泽市为出席山东省第十一届人民代表大会第五次会议驻菏代表举行欢送会。市人大常委会党组书记、第一副主任杨永昌主持会议，市人大常委会副主任兼秘书长赵传山，市人大常委会副主任汤建梅、丁志刚、孙忠生出席欢送会。

3 月

2 日 市十八届人大常委会召开第二次主任会议。会议听取各委室 3 月工作安排汇报，研究讨论市十八届人大常委会 2012 年活动方案。市人大常委会第一副主任杨永昌主持会议，副主任兼秘书长赵传山，党组副书记彭靖华，副主任丁志刚、孙忠生参加会议。

2 日 市人大常委会机关全体人员会议召开。会议传达省十一届人大五次会议精神，安排部署如何贯彻落实好会议精神等相关工作。市人大常委会党组书记、第一副主任杨永昌，市人大常委会副主任兼秘书长赵传山，市人大常委会党组副书记彭靖华，市人大常委会副主任丁志刚、孙忠生出席会议。

3 日 市人大常委会副主任丁志刚到牡丹区专题调研城镇化工作。

4 日 菏泽市“学雷锋我行动”志愿服务活动动员大会召开。市人大常委会副主任兼秘书长赵传山出席会议。

10 日 市人大常委会预算工委联系部门会议召开。市人大常委会副主任兼秘书长赵传山出席会议并讲话。

16 日 2011 年代表建议办理工作表彰会暨 2012 年代表建议交办会召开。市人大常委会党组副书记彭靖华出席会议。

16 日 市人大常委会召开县区人大常委会主任座谈会。市人大常委会党组书记、第一副主任杨永昌出席会议并讲话，副主任兼秘书长赵传山主持会议。

16 日 全市人大预算审查监督工作座谈会召开。市人大常委会副主任兼秘书长赵传山出席会议并讲话。

21 日 菏泽市城市发展战略研究和总体规划修编人大代表研讨会召开。市人大常委会党组书记、第一副主任杨永昌，市人大常委会副主任丁志刚出席会议。

21 日 全市人大内务司法工作座谈会召开。市人大常委会副主任兼秘书长赵传山出席会议并讲话。

21 日 市人大常委会预算工委联系部门会议在市地税局召开。市人大常委会副主任兼秘书长赵传山出席会议。

23 日 全市人大民侨外工作座谈会召开。市人大常委会副主任汤建梅出席会议。

23 日 市人大财经工委对口部门联系会召开。市人大常委会副主任孙忠生出席会议。

24 日至 25 日 安徽省人大工作研究会会长、安徽省人大常委会原主任孟富林，副会长、原副主任吴天栋、陈瑞鼎等一行 10 人到菏泽考察调研。市人大常委会党组书记、第一副主任杨永昌，市人大常委会副主任兼秘书长赵传山陪同活动。

27 日 市十八届人大常委会第一次会议召开。会议传达学习十一届全国人大五次会议精神，通过有关人事任免等。市人大常委会党组书记、第一副主任杨永昌主持会议，副主任兼秘书长赵传山，副主任汤建梅、丁志刚、孙忠生出席会议。

2012年3月27日，市十八届人大常委会第一次会议召开

29日 市人大常委会民侨外工委与对口联系部门工作座谈会召开。市人大常委会副主任汤建梅出席会议并讲话。

4月

1日 市十八届人大常委会召开第三次主任会议。会议听取各委室3月工作完成情况和4月工作安排汇报，安排部署市人大常委会及机关4月重点工作。市人大常委会第一副主任杨永昌主持会议，副主任兼秘书长赵传山，党组副书记彭靖华，副主任汤建梅、丁志刚、孙忠生参加会议。

1日 全市人大教科文卫工作会议在花都大酒店召开。市人大常委会副主任丁志刚出席会议。

6日 全市人大参与发展现场观摩交流会召开。市人大常委会党组书记、第一副主任杨永昌，市人大常委会副主任兼秘书长赵传山，市人大常委会党组副书记彭靖华，市人大常委会副主任汤建梅、丁志刚、孙忠生参加观摩。

9日 全市人大信访工作会议在成武县召开。省人大常委会办公厅信访局局长王秀芬，市人大常委会党组副书记彭靖华出席会议。

10日 市人大代表、乡镇人大干部培训班暨“建功立业”动员会在定陶县召开。市人大常委会党组书记、第一副主任杨永昌，党组副书记彭靖华出席会议。

12日 “百家文艺团体装备改善”活动座谈会召开。市人大常委会党组书记、第一副主任杨永昌，市人大常委会副主任丁志刚出席会议。

13日 全国人大财经委员会副主任委员吴晓灵一行到菏泽，调研村镇银行发展情况。市人大常委会副主任孙忠生陪同调研。

15日 市人大常委会召开“百家文艺团体装备改善”活动动员会。市人大常委会党组书记、第一副主任杨永昌，副主任丁志刚出席会议。

17日 市人大常委会召开“万户群众脱贫致富帮扶”活动动员大会。市人大常委会党组书记、第一副主任杨永昌，副主任兼秘书长赵传山，党组副书记彭靖华，副主任汤建梅、丁志刚、孙忠生出席会议。

18日 市人大常委会城环工委与市直对口部门联系会召开。市人大常委会副主任丁志刚参加会议。

23日至24日 省人大常委会委员、省人大农业和农村委员会主任委员宋继峰一行到菏泽，调研农村金融体系建设和涉农贷款情况。市人大常委会副主任孙忠生陪同调研。

24日 省人大常委会预算工委副主任李玉海一行到菏泽，调研县乡财政建设和公共文化体系财政保障机制情况。市人大常委会副主任兼秘书长赵传山陪同调研。

24日 “菏泽环保世纪行”活动2011年总结表彰会暨2012年活动启动会议召开。市人大常委会副主任丁志刚出席会议。

25日 市人大常委会机关全体党员干部会议召开。会议安排部署人大系统贯彻落实“百日会战”活动的具体工作。市人大常委会党组书记、第一副主任杨永昌，市人大常委会副主任兼秘书长赵传山，市人大常委会副主任孙忠生出席会议。

26 日　市人大常委会党组书记、第一副主任杨永昌到牡丹区就“百日会战”开展情况进行调研。

5 月

3 日　市十八届人大常委会召开第四次主任会议。会议听取各委室 4 月工作完成情况和 5 月工作安排汇报，研究确定市十八届人大常委会第二次会议相关事项。市人大常委会第一副主任杨永昌主持会议，副主任兼秘书长赵传山，党组副书记彭靖华，副主任汤建梅、丁志刚、孙忠生参加会议。

14 日　市人大常委会党组书记、第一副主任杨永昌到东明县参加市人大代表小组活动，并与其他代表一起到武胜桥镇人大、玉皇化工集团、玉皇新村、东明县北化工园区进行实地调研。

15 日　市十八届人大常委会召开第五次主任会议。会议研究通过提交市十八届人大常委会第二次会议人事任免名单及全市人大打造工作创新高地座谈会相关事项。市人大常委会第一副主任杨永昌主持会议，副主任兼秘书长赵传山，党组副书记彭靖华，副主任丁志刚、孙忠生参加会议。

17 日　市十八届人大常委会第二次会议召开。会议听取审议“一府两院”报告等。市人大常委会党组书记、第一副主任杨永昌主持会议，副主任兼秘书长赵传山，副主任丁志刚、孙忠生出席会议。党组副书记彭靖华列席会议。

21 日　全市人大打造工作创新高地座谈会在东明召开。市人大常委会党组书记、第一副主任杨永昌，市人大常委会副主任兼秘书长赵传山，市人大常委会党组副书记彭靖华，市人大常委会副主任汤建梅、丁志刚、孙忠生出席会议。

6 月

1 日　市十八届人大常委会召开第六次主任会议。会议对贯彻落实省党代会精神及市人大常委会近期重点工作等进行安排部署。市人大常委会第一副主任杨永昌主持会议，副主任兼秘书长赵传山，党组副书记彭靖华，副主任汤建梅、丁志刚、孙忠生参加会议。

2 日　市人大常委会党组书记、第一副主任杨永昌到定陶县专题调研人大系统参与发展工作并看望驻村“第一书记”。市人大常委会副主任兼秘书长赵传山，市人大常委会党组副书记彭靖华，市人大常委会副主任汤建梅、丁志刚、孙忠生参加活动。

2 日　市人大常委会党组书记、第一副主任杨永昌带领市相关部门到东明县，就加快东明石化产业发展及重点化工项目建设进行现场调度。

6 日　市人大“百家文艺团体装备改善”活动赠送仪式在菏泽大剧院广场举行。市人大常委会党组书记、第一副主任杨永昌，副主任兼秘书长赵传山，副主任丁志刚出席赠送仪式。

18 日至 20 日　全省人大财经暨预算监督工作座谈会在菏泽召开。省人大常委会副主任尹慧敏和省人大财经、预算委员会有关领导出席会议。市委书记、市人大常委会主任赵润田，市人大常委会党组书记、第一副主任杨永昌，市人大常委会副主任兼秘书长赵传山、市人大常委会副主任孙忠生参加会议并陪同参观菏泽“五大基地一大产业”和城市建设、新农村建设情况。

25 日　市十八届人大常委会召开第七次主任会议。会议主要对近期工作进行安排部署。市人大常委会第一副主任杨永昌主持会议，副主任兼秘书长赵传山，党组副书记彭靖华，副主任汤建梅、丁志刚、孙忠生参加会议。

27 日　市人大常委会迎“七一”老干部座谈会召开。市人大常委会党组书记、第一副主任杨永昌，副主任兼秘书长赵传山，党组副书记彭靖华，副主任汤建梅、丁志刚、孙忠生参加座谈。

29日 市人大常委会机关党委开展党课教育活动。市人大常委会副主任兼秘书长赵传山，市人大常委会党组副书记彭靖华，市人大常委会副主任丁志刚、孙忠生参加活动。

29日 市人大常委会机关党委召开表彰大会，表彰市人大常委会机关2012年度优秀共产党员和在庆祝建党91周年党史知识竞赛中获奖者。市人大常委会党组书记、第一副主任杨永昌，市人大常委会副主任兼秘书长赵传山，市人大常委会党组副书记彭靖华，市人大常委会副主任丁志刚、孙忠生出席会议。

7月

5日 市十八届人大常委会召开第八次主任会议。会议传达学习全市大项目建设观摩会议精神，总结上半年工作经验，安排部署下半年有关工作。市人大常委会第一副主任杨永昌主持会议，副主任兼秘书长赵传山，党组副书记彭靖华，副主任汤建梅参加会议。

6日 市十八届人大常委会第三次会议召开。会议听取并审议通过市政府有关报告等。市人大常委会党组书记、第一副主任杨永昌主持会议，副主任兼秘书长赵传山，副主任汤建梅、孙忠生出席会议。党组副书记彭靖华列席会议。

13日 市十八届人大常委会召开第九次主任会议。会议总结上半年任务完成情况，研究完成下半年任务措施。市人大常委会第一副主任杨永昌主持会议，副主任兼秘书长赵传山，党组副书记彭靖华，副主任汤建梅、丁志刚、孙忠生参加会议。

17日至18日 市人大常委会组成执法检查组，对全市贯彻实施土地管理法情况进行执法检查。市人大常委会党组书记、第一副主任杨永昌，市人大常委会副主任兼秘书长赵传山，市人大常委会副主任汤建梅、丁志刚、孙忠生参加检查。

27日 全市人大代表小组建设工作座谈会在单县召开。市人大常委会党组书记、第一副主任杨永昌，副主任兼秘书长赵传山，党组副书记彭靖华出席会议。

8月

2日 市十八届人大常委会召开第十次主任会议。会议总结7月工作情况，安排部署8月工作。市人大常委会第一副主任杨永昌主持会议，副主任兼秘书长赵传山，党组副书记彭靖华，副主任丁志刚、孙忠生参加会议。

8日 全市“千件信访案件督办”调度会召开，就尽快办结一批涉法涉诉案件进行调度。市人大常委会党组副书记彭靖华出席会议。

8日 2012年度市人大代表建议督办会召开。市人大常委会党组副书记彭靖华出席会议。

13日 市人大常委会组织全市人大代表捐资救助千名贫困学子，并对“百家文艺团体装备改善”“千名贫困学子救助”两项活动中的先进集体和个人给予表彰。市人大常委会党组书记、第一会副主任杨永昌，副主任兼秘书长赵传山，副主任丁志刚出席会议。

2012年8月13日，市人大常委会组织代表捐资救助贫困学子，对“百家文艺团体装备改善”“千名贫困学子救助”活动先进集体和个人给予表彰

14日至15日 省人大常委会副主任柏继民率视察组到菏泽视察南水北调工程沿线区域水污染防治工作。市人大常委会党组书记、第一副主任杨永昌，副主任丁志刚陪同视察。

15日至17日 全国人大环境和资源保护委员会副主任委员、解放军总后勤部原政委张文台一行到菏泽调研。市人大常委会党组书记、第一副主任杨永昌，市人大常委会副主任丁志刚陪同调研。

16日 市十八届人大常委会第四次会议召开。会议听取并审议通过市政府有关报告。市人大常委会党组书记、第一副主任杨永昌主持会议，副主任兼秘书长赵传山，副主任汤建梅、丁志刚、孙忠生出席会议。党组副书记彭靖华列席会议。

31日 中共菏泽市人大常委会机关委员会换届选举工作会议召开，选举产生新一届机关党委。市人大常委会副主任兼秘书长赵传山出席会议。

9月

4日 市十八届人大常委会召开第十一次主任会议。会议总结8月工作完成情况，研究部署下一步工作和其他事项。市人大常委会第一副主任杨永昌主持会议，副主任兼秘书长赵传山，党组副书记彭靖华，副主任汤建梅、丁志刚、孙忠生参加会议。

4日至6日 市人大常委会副主任丁志刚赴济南市参加全省人大教科文卫工作座谈会。

12日 市人大“千名代表听百案、看执行”活动在市中级人民法院启动。市人大常委会党组书记、第一副主任杨永昌，副主任兼秘书长赵传山，党组副书记彭靖华，副主任汤建梅、丁志刚出席启动仪式。

13日至15日 市人大常委会组织常委会组成人员、部分驻菏全国、省、市人大代表视察全市“五大基地一大产业”重大项目和城镇化重点工程建设情况。市人大常委会党组书记、第一副主任杨永昌，市人大常委会副主任兼秘书长赵传山，市人大常委会党组副书记彭靖华，市人大常委会副主任汤建梅、丁志刚、孙忠生参加视察。

10月

9日至11日 省人大常委会副主任温孚江率领省人大视察组到菏泽，视察教育投入情况。市人大常委会党组书记、第一副主任杨永昌，副主任汤建梅、丁志刚陪同视察。

12日 市十八届人大常委会召开第十二次主任会议。会议听取各委室9月工作完成情况汇报，安排部署近期重点工作。市人大常委会第一副主任杨永昌主持会议，副主任兼秘书长赵传山，党组副书记彭靖华，副主任汤建梅、丁志刚参加会议。

24日 市十八届人大常委会第五次会议召开。会议听取并审议通过有关报告。市人大常委会党组书记、第一副主任杨永昌主持会议，副主任兼秘书长赵传山，副主任汤建梅、丁志刚出席会议。党组副书记彭靖华列席会议。

25日 市人大“千名代表听百案、看执行”活动示范现场会暨牡丹区人大“千名代表听百案、看执行”活动启动仪式举行。市人大常委会副主任兼秘书长赵传山、市人大常委会党组副书记彭靖华出席会议。

26日 “万件社会矛盾化解”“千件信访案件督办”活动培训暨经验交流会召开。市人大常委会副主任兼秘书长赵传山，党组副书记彭靖华出席会议。

27日 市人大“万户群众脱贫致富帮扶”活动现场会召开。市人大常委会副主任孙忠生参加现场会。

11 月

2 日 市十八届人大常委会召开第十三次主任会议。会议听取各委室 10 月工作情况汇报，安排部署 11 月工作。市人大常委会第一副主任杨永昌，副主任兼秘书长赵传山，党组副书记彭靖华，副主任汤建梅、丁志刚参加会议。赵传山主持会议。

14 日至 15 日 省人大常委会委员、代表资格审查委员会主任委员傅新元，省人大常委会人事代表工作委员会主任徐京信，省人大常委会办公厅副巡视员牛保平一行到菏泽，调研代表小组建设、代表建功立业活动及乡镇人大工作。市人大常委会党组书记、第一副主任杨永昌，副主任兼秘书长赵传山，党组副书记彭靖华陪同活动。

20 日 市人大常委会机关召开学习党的十八大精神专题会议，传达省、市领导干部会议精神，安排部署学习党的十八大会议精神有关工作。市人大常委会党组书记、第一副主任杨永昌，市人大常委会副主任兼秘书长赵传山，市人大常委会党组副书记彭靖华，市人大常委会副主任汤建梅、丁志刚、孙忠生参加会议。

20 日 驻菏全国人大代表换届选举座谈会召开。市人大常委会副主任兼秘书长赵传山、党组副书记彭靖华出席会议。

22 日至 23 日 省人大常委会委员、省人大教科文卫委员会主任委员王天瑞一行到菏泽调研。市人大常委会党组书记、第一副主任杨永昌，副主任丁志刚陪同调研。

28 日 市人大常委会机关举行学习党的十八大精神专题辅导报告会。市人大常委会副主任兼秘书长赵传山，市人大常委会副主任汤建梅、孙忠生出席报告会。

28 日至 29 日 市人大常委会对全市新医药产业发展及药品安全工作进行调研。市人大常委会副主任丁志刚参加调研。

2012 年 11 月 30 日至 12 月 1 日，市人大常委会对市政府承诺的十件民生实事完成情况进行视察

30 日至 12 月 1 日 市人大常委会组织部分常委会组成人员对市政府承诺的十件民生实事完成情况进行视察。市人大常委会党组书记、第一副主任杨永昌，市人大常委会副主任兼秘书长赵传山，市人大常委会副主任汤建梅、丁志刚、孙忠生参加视察。

12 月

4 日 市十八届人大常委会召开第十四次主任会议。会议听取各委室 11 月工作汇报，安排部署 12 月工作。市人大常委会第一副主任杨永昌，副主任兼秘书长赵传山，副主任汤建梅、丁志刚、孙忠生参加会议。赵传山主持会议。

5 日至 7 日 省人大常委会委员、省人大民族侨务外事委员会主任委员王维新一行到菏泽，对全市经济社会发展和民族工作进行调研。市人大常委会副主任汤建梅陪同活动。

6 日 市人大常委会组织召开机关青年干部座谈会。市人大常委会党组书记、第一副主任杨永昌出席会议并讲话，副主任兼秘书长赵传山出席会议。

10 日 市十八届人大常委会召开第十五次主任会议。会议专题研究市十八届人大二次会议的筹备和相关工作。市人大常委会第一副主任杨永昌，副主任兼秘书长赵传山，党组副书记彭靖华，副主任汤建梅、丁志刚、孙忠生参加会议。赵传山主持会议。

18 日 全市乡镇人大工作座谈会召开。市人大常委会党组书记、第一副主任杨永昌，副主任兼秘书长赵传山，党组副书记彭靖华出席会议。

20 日 市十八届人大常委会召开第十六次主任会议。会议研究市十八届人大二次会议工作报告初稿和会议的筹备相关工作，以及 2013 年重点工作计划。市人大常委会第一副主任杨永昌，副主任兼秘书长赵传山，党组副书记彭靖华，副主任汤建梅、丁志刚参加会议。赵传山主持会议。

21 日 市人大常委会机关党委召开党员领导干部民主生活会。市人大常委会党组书记、第一副主任杨永昌，市人大常委会副主任兼秘书长赵传山，市人大常委会党组副书记彭靖华，市人大常委会副主任丁志刚、孙忠生出席会议。

26 日 市十八届人大常委会第六次会议召开。会议审议通过市十八届人大二次会议相关事项。市人大常委会党组书记、第一副主任杨永昌主持会议，副主任兼秘书长赵传山，副主任汤建梅、丁志刚、孙忠生出席会议。党组副书记彭靖华列席会议。

31 日 市人大常委会党组书记、第一副主任杨永昌带领有关部门负责人到东明县陆圈镇，就重点镇建设进行专题调研。

2013 年

1 月

4 日 市十八届人大常委会召开第十七次主任会议。会议听取各委室 2012 年 12 月工作情况汇报，安排部署 2013 年 1 月工作。市人大常委会第一副主任杨永昌，副主任兼秘书长赵传山，党组副书记彭靖华，副主任汤建梅、丁志刚、孙忠生参加会议。赵传山主持会议。

4 日 市十八届人大常委会第七次会议召开。会议传达学习全市经济工作会议精神，对有关报告进行满意度票决，审议通过关于个别代表的代表资格审查报告。市人大常委会党组书记、第一副主任杨永昌主持会议，副主任兼秘书长赵传山，副主任汤建梅、丁志刚、孙忠生出席会议。党组副书记彭靖华列席会议。

8 日至 11 日 市第十八届人民代表大会第二次会议在菏泽大剧院举行。与会代表听取和审议菏泽市人民政府工作报告、菏泽市人民代表大会常务委员会工作报告、菏泽市中级人民法院工作报告、菏泽市人民检察院工作报告。书面印发关于菏泽市 2012 年国民经济和社会发展计划执行情况与 2013 年计划草案的报告、关于菏泽市 2012 年预算执行情况和 2013 年预算草案的报告。大会表决通过关于菏泽市人民政府工作报告的决议、关于菏泽市 2012 年国民经济和社会发展计划执行情况与 2013 年计划的决议、关于菏泽市 2012 年预算执行情况和 2013 年预算的决议、关于菏泽市人民代表大会常务委员会工作报告的决议、关于菏泽市中级人民法院工作报告的决议、关于菏泽市人民检察院工作报告的决议。会议以无记名投票的方式，补选 6 名市十八届人大常委会委员，选举产生菏泽市出席山东省第十二届人民代表大会的代表。大会应到代表 616 名，实到代表 592 名，符合法定人数。

9 日 市十八届人大二次会议期间，组织 69 名人大代表对推选出的 10 件代表建议办理情况进行票决。市人大常委会党组书记、第一副主任杨永昌，副主任兼秘书长赵传山，党组副书记彭靖华出席会议。

12 日 市十八届人大常委会召开第十八次主任会议。会议传达学习市十八届人大二次会议精神，研究安排市人大常委会 2013 年工作任务责任分工事项。市人大常委会第一副主任杨永昌，副主任兼秘书长赵传山，党组副书记彭靖华，副主任汤建梅、孙忠生参加会议。赵传山主持会议。

21 日 市十八届人大常委会召开第十九次主任会议。会议听取各委室 2013 年工作任务责任分工实施方案汇报，安排部署下一步工作。市人大常委会第一副主任杨永昌主持会议，副主任兼秘书长赵传山，党组副书记彭靖华，副主任汤建梅、丁志刚、孙忠生参加会议。

23 日 驻菏省人大代表赴济南市出席山东省第十二届人民代表大会第一次会议，市人大常委会党组书记、第一副主任杨永昌，副主任兼秘书长赵传山，党组副书记彭靖华，副主任丁志刚出席欢送会。

29 日 全市人大农业与农村工作座谈会召开。市人大常委会副主任孙忠生出席会议并讲话。

2 月

17 日 市十八届人大常委会召开第二十次主任会议。会议听取各委室 1 月工作完成情况和 2 月工作安排的汇报；讨论市人大常委会和机关各委室 2013 年重点工作实施方案（审议稿）和《菏泽市人大常委会调查研究暂行办法》；研究提请市十八届人大常委会第八次会议表决的有关人事任免事项。市人大常委会第一副主任杨永昌，副主任兼秘书长赵传山，副主任丁志刚、孙忠生出席会议。赵传山主持会议。

19 日 市人大常委会年度考核暨优秀委室评选表彰会议召开。市人大常委会党组书记、第一副主任杨永昌，副主任兼秘书长赵传山，党组副书记彭靖华，副主任丁志刚、孙忠生出席会议。

26 日 市十八届人大常委会第八次会议召开。会议传达全市党政联席会议精神，听取审议有关报告，表决通过有关制度及人事任免事项。市人大常委会党组书记、第一副主任杨永昌，副主任兼秘书长赵传山，副主任汤建梅、丁志刚、孙忠生出席会议。

27 日 出席第十二届全国人大第一次会议驻菏全国人大代表欢送会召开。市人大常委会党组书记、第一副主任杨永昌，副主任兼秘书长赵传山出席欢送会。

28 日 全市人大宣传调研工作会议召开。市人大常委会副主任兼秘书长赵传山出席会议。

3 月

4 日 市十八届人大常委会召开第二十一次主任会议。会议听取各委室 2 月工作完成情况的汇报，安排部署 3 月工作。市人大常委会副主任兼秘书长赵传山主持会议，副主任汤建梅、丁志刚、孙忠生出席会议。

5 日 市人大常委会机关学习收看第十二届全国人大一次会议开幕式。市人大常委会副主任兼秘书长赵传山参加活动。

8 日 市人大常委会民侨外工委与市直对口联系部门工作座谈会召开。市人大常委会副主任汤建梅出席会议并讲话。

12 日 市人大常委会财经工委与市直对口部门联系会召开。市人大常委会副主任孙忠生出席会议并讲话。

14 日 市人大常委会城环工委与市直对口部门联系会召开。市人大常委会副主任丁志刚出席会议并讲话。

15 日 全市人大教科文卫工作座谈会召开。市人大常委会副主任丁志刚出席会议并讲话。

19 日 全市人大民侨外工作座谈会召开。市人大常委会副主任汤建梅出席会议。

20 日 市人大常委会组织召开“菏泽环保世纪行”活动 2012 年总结表彰暨 2013 年启动会。市人大常委会副主任丁志刚出席会议。

21 日 市人大常委会机关全体会议召开。会议传达学习全国“两会”和市委常委会、全市领导干部会议精神，并就下一步贯彻落实会议精神作出部署。市人大常委会党组书记、第一副主任杨永昌，副主任兼秘书长赵传山，副主任汤建梅、丁志刚、孙忠生出席会议。

25 日至 27 日 市人大常委会副主任丁志刚带领调研组，到曹县、成武县、郓城县对全市食品安全工作情况进行调研。

25 日 全市人大预算审查监督工作座谈会暨联系部门座谈会召开。市人大常委会副主任兼秘书长赵传山出席会议。

26 日 全市人大信访工作座谈会召开。市人大常委会副主任兼秘书长赵传山出席会议。

28 日至 29 日 市人大常委会副主任丁志刚带领调研组，对城区规划和 30 个重点镇建设情况进行调研。

28 日 2012 年代表建议办理工作表彰会暨 2013 年代表建议交办会召开。市人大常委会副主任兼秘书长赵传山出席会议。

4 月

3 日 市十八届人大常委会召开第二十二次主任会议。会议听取各委室 3 月工作完成情况和 4 月工作安排汇报。市人大常委会第一副主任杨永昌，副主任兼秘书长赵传山，副主任丁志刚出席会议。赵传山主持会议。

9 日 市十八届人大常委会召开第二十三次主任会议。会议听取学习贯彻全国“两会”精神成果汇报。市人大常委会第一副主任杨永昌主持会议，副主任兼秘书长赵传山，副主任汤建梅、丁志刚、孙忠生出席会议。

10 日 市人大常委会“主任接待代表日”活动启动。市人大常委会党组书记、第一副主任杨永昌接待首批来访的三位省、市人大代表。

12 日 省市人大代表培训班暨代表建功立业动员会召开。市人大常委会党组书记、第一副主任杨永昌，副主任兼秘书长赵传山出席会议。

18 日 市人大常委会机关学习全国“两会”精神研讨成果汇报会召开，有关人员结合工作实际作学习研讨发言。市人大常委会党组书记、第一副主任杨永昌，副主任兼秘书长赵传山，副主任汤建梅、丁志刚、孙忠生参加会议。

25 日 市十八届人大常委会第九次会议召开。会议听取审议有关报告。市人大常委会党组书记、第一副主任杨永昌，副主任兼秘书长赵传山，副主任丁志刚、孙忠生出席会议。

25 日 全市人大“助学圆梦”活动启动会召开。市人大常委会副主任丁志刚出席会议。

28 日 市人大常委会副主任丁志刚带领部分市人大常委会委员、市人大代表，到单县、定陶县调研环境保护法贯彻落实情况。

5 月

3 日 市十八届人大常委会召开第二十四次主任会议。会议听取各委室 4 月工作完成情况和 5 月工作安排汇报。市人大常委会第一副主任杨永昌，副主任兼秘书长赵传山，副主任汤建梅、丁志刚、孙忠生出席会议。赵传山主持会议。

3 日 市人大常委会机关学习党的十八大和全国“两会”精神交流会召开。市人大常委会副主任兼秘书长赵传山，副主任汤建梅、丁志刚参加会议。

6日 全省各市人大常委会主任座谈会在济南召开。市人大常委会党组书记、第一副主任杨永昌，副主任兼秘书长赵传山参加会议。

9日 市人大常委会副主任丁志刚带领“菏泽环保世纪行”记者团，到单县、定陶县采访水污染防治工作。

14日 市人大常委会机关召开会议，学习全市加快科学发展工作会议精神。市人大常委会副主任孙忠生参加会议。

16日至17日 市人大常委会副主任汤建梅带队到单县、定陶县、巨野县就全市旅游产业发展情况进行调研。

27日至28日 市人大常委会对贯彻实施环境保护法情况进行执法检查。市人大常委会党组书记、第一副主任杨永昌，副主任兼秘书长赵传山，副主任汤建梅、丁志刚、孙忠生参加检查。

2013年5月27日至28日，市人大常委会开展环境保护法执法检查

29日至31日 市人大常委会对各县区“万户群众脱贫致富帮扶”实施情况进行检查验收。市人大常委会副主任汤建梅、孙忠生分别带队到县区进行抽查。

30日至6月2日 市人大常委会副主任兼秘书长赵传山列席省十二届人大常委会第二次会议。

6月

2日 贵州省黔南州人大常委会副主任韦祖宏一行19人到菏泽，考察人大代表工作。市人大常委会副主任丁志刚陪同活动。

6日 市十八届人大常委会召开第二十五次主任会议。会议传达学习省十二届人大二次会议精神，听取各委室5月工作完成情况和6月工作安排汇报，研究拟向《中国人大》推荐发表的3项成果。市人大常委会第一副主任杨永昌，副主任兼秘书长赵传山，副主任汤建梅、孙忠生出席会议。赵传山主持会议。

6日至8日 省人大常委会委员、省人大教科文卫委员会副主任委员安世银一行到菏泽，进行防震减灾“一法一条例”执法检查。市人大常委会副主任丁志刚陪同活动。

8日 市人大常委会副主任兼秘书长赵传山到市财政局调研全市2012年度财政决算工作。

19日 市人大常委会机关组织开展党史知识竞赛。

24日至25日 省人大常委会副秘书长、预算工作委员会主任王守涛率领执法检查组到菏泽，对《山东省地方税收保障条例》执行情况进行执法检查，同时对全市经济社会发展情况进行调研。市人大常委会副主任兼秘书长赵传山，副主任孙忠生陪同活动。

25日 全市人大规范性文件备案审查工作座谈会召开。市人大常委会副主任兼秘书长赵传山出席会议。

25日至26日 省人大常委会委员、省人大民侨外委员会副主任委员段华东一行到菏泽，对全市少数民族工作进行调研。市人大常委会副主任汤建梅陪同活动。

26日 全市人大“万户群众脱贫致富帮扶”活动现场会在成武县召开。市人大常委会党组书记、第一副主任杨永昌，副主任兼秘书长赵传山，副主任孙忠生出席会议。

27日 市人大常委会副主任丁志刚到开发区调研重点城建项目。

7月

1日 市人大常委会召开机关老干部座谈会。市人大常委会党组书记、第一副主任杨永昌，副主任兼秘书长赵传山，副主任汤建梅、孙忠生出席会议。

2日 市人大常委会召开机关党委庆“七一”表彰会。市人大常委会副主任兼秘书长赵传山出席会议。

3日 市人大常委会党组书记、第一副主任杨永昌到东明县参加市人大代表小组活动，与其他代表一起视察东明县重点文化旅游产业项目。

5日 市十八届人大常委会召开第二十六次主任会议。会议审议拟提请市十八届人大常委会第十次会议表决的有关人事任免事项和议案，听取各委室6月工作完成情况和7月工作安排汇报，研究讨论有关暂行办法。市人大常委会第一副主任杨永昌，副主任兼秘书长赵传山，副主任汤建梅、丁志刚、孙忠生出席会议。赵传山主持会议。

8日至10日 省人大常委会副主任、党组副书记柏继民率省人大节能减排视察组一行23人到菏泽视察节能减排工作。市人大常委会党组书记、第一副主任杨永昌，副主任丁志刚陪同活动。

15日 市十八届人大常委会召开第二十七次主任会议。会议听取老干部座谈会所提交意见建议落实办理情况。市人大常委会第一副主任杨永昌主持会议，副主任兼秘书长赵传山，副主任汤建梅、丁志刚、孙忠生出席会议。

16日 市十八届人大常委会第十次会议召开。会议听取审议市政府关于14个千亿、五百亿级产业园建设情况的报告、关于2012年财政决算（草案）的报告、关于2012年市级预算执行和其他财政收支的审计报告，提交关于菏泽市2012年市级财政决算的审查报告，审议表决关于对市政府贯彻实施环境保护法情况的执法检查报告（草案）、关于全市农业产业化龙头企业发展情况报告审议意见贯彻落实情况的报告，审议讨论《菏泽市第十八届人大常委会第九次会议对城区规划和30个重点镇建设情况报告的审议意见（审议稿）》《菏泽市第十八届人大常委会第九次会议对全市食品安全工作情况报告的审议意见（审议稿）》。会议表决通过有关人事任免事项。市人大常委会党组书记、第一副主任杨永昌，副主任兼秘书长赵传山，副主任汤建梅、丁志刚、孙忠生出席会议。

8月

1日 市十八届人大常委会召开第二十八次主任会议。会议听取各委室7月工作完成情况和8月工作安排汇报。市人大常委会第一副主任杨永昌，副主任兼秘书长赵传山，副主任孙忠生以及各委室负责人参加会议。赵传山主持会议。

9日 市人大常委会机关全体会议召开。会议传达学习中国共产党菏泽市第十二届委员会第四次全体会议精神。市人大常委会党组书记、第一副主任杨永昌，副主任丁志刚、孙忠生出席会议。

15日 全市人大代表小组工作座谈会在定陶县召开。市人大常委会副主任兼秘书长赵传山出席会议。

16日 “千名贫困学子金秋助学”活动启动仪式举行。市人大常委会副主任丁志刚出席。

20日 全市打造人大工作创新高地座谈会在曹县召开。市人大常委会党组书记、第一副主任杨永昌，副主任兼秘书长赵传山，副主任汤建梅、孙忠生出席会议。

21 日　市人大常委会对全市道路交通安全工作进行视察。市人大常委会党组书记、第一副主任杨永昌，副主任兼秘书长赵传山参加活动。

27 日　市人大信访督办案件交办会召开。市人大常委会副主任兼秘书长赵传山出席会议。

28 日　市十八届人大常委会召开第二十九次主任会议。会议研究有关人事任免事项。市人大常委会第一副主任杨永昌主持会议，副主任兼秘书长赵传山，副主任汤建梅、丁志刚、孙忠生出席会议。

28 日至 30 日　省人大常委会委员、省人大农委主任委员战树毅一行到菏泽，对菏泽市贯彻实施《中华人民共和国农村土地承包经营纠纷调解仲裁法》情况进行执法检查。市人大常委会副主任孙忠生陪同检查。

29 日　市十八届人大常委会第十一次会议召开。会议听取市政府关于 2013 年上半年国民经济和社会发展计划执行情况的报告、关于 2013 年上半年预算执行情况的报告、关于加强国税征管工作情况的报告、关于加强地税征管工作情况的报告，提交市政府关于提请审议菏泽市投资开发公司发行企业债券的议案。市人大常委会党组书记、第一副主任杨永昌，副主任兼秘书长赵传山，副主任汤建梅、丁志刚、孙忠生出席会议。

9 月

2 日　市十八届人大常委会召开第三十次主任会议。会议听取各委室 8 月工作完成情况和 9 月工作安排汇报。市人大常委会第一副主任杨永昌，副主任兼秘书长赵传山，副主任汤建梅、丁志刚参加会议。

17 日　全市人大“助学圆梦”活动关爱金发放暨启动仪式举行。市人大常委会党组书记、第一副主任杨永昌，副主任丁志刚出席启动仪式。

2013 年 9 月 17 日，全市人大“助学圆梦”活动关爱金发放暨启动仪式举行

28 日至 29 日　市人大常委会视察全市“五大主导产业”重大项目和城镇化重点工程建设情况。市人大常委会党组书记、第一副主任杨永昌，副主任汤建梅、丁志刚、孙忠生，以及部分驻菏省市人大代表参加视察。

10 月

8 日　市十八届人大常委会召开第三十一次主任会议。会议听取各委室 9 月工作完成情况和 10 月工作安排汇报。市人大常委会第一副主任杨永昌主持会议，副主任汤建梅、孙忠生出席会议。

15 日至 16 日　省人大常委会委员、省人大法制委员会主任委员彭绪进一行到菏泽，就山东省供热条例（草案）、山东省厂务公开条例（草案）进行立法调研。市人大常委会副主任孙忠生陪同调研。

28 日　市人大常委会机关全体会议召开。市人大常委会党组书记、第一副主任杨永昌，副主任汤建梅、孙忠生出席会议。

29 日　市十八届人大常委会第十二次会议召开。会议听取审议市政府关于医疗改革工作情况的报告、市中级人民法院关于审判监督工作情况的报告、市人民检察院关于控告申诉工作情况的报告，审议表决市政府关于对城区规划和 30 个重点镇建设情况报告审议意见研究处理情况的报告、关于对食品安全工作情况报告审议意见研究处理情况的报告、关于对 14 个千亿和五百亿产业园建设情况报告审议意见研究处理情况的报告、关于对 2012 年财政决算（草案）报告审议意见研究处理情况的报告、关于对 2012 年市级预算执行和其他财政收支审计报告审议意见研究处理情况的报告、关于对环境保护执法检查反馈意见研究处理情况的报告，表决通过有关人事任免事项。市人大常委会党组书记、第一副主任杨永昌主持会议，副主任汤建梅、丁志刚、孙忠生出席会议。

11 月

4 日　市十八届人大常委会召开第三十二次主任会议。会议听取各委室 10 月工作完成情况和 11 月工作安排汇报。市人大常委会第一副主任杨永昌主持会议，副主任汤建梅、丁志刚、孙忠生出席会议。

8 日　全市乡镇人大工作座谈会在单县召开。市人大常委会党组书记、第一副主任杨永昌，副主任孙忠生出席会议。

2013 年 11 月 8 日，全市乡镇人大工作座谈会在单县召开

18 日　市人大常委会机关全体会议召开。会议学习贯彻党的十八届三中全会精神。市人大常委会党组书记、第一副主任杨永昌，副主任兼秘书长赵传山，副主任汤建梅、丁志刚、孙忠生出席会议。

29 日　市十八届人大常委会召开第三十三次主任会议。会议审议拟提请市十八届人大常委会第十三次会议表决的事项。市人大常委会第一副主任杨永昌，副主任兼秘书长赵传山，副主任丁志刚、孙忠生出席会议。赵传山主持会议。

12 月

2 日　市十八届人大常委会召开第三十四次主任会议。会议听取各委室 11 月工作完成情况和 12 月工作安排汇报。市人大常委会第一副主任杨永昌，副主任兼秘书长赵传山，副主任汤建梅、丁志刚、孙忠生以及各委室负责人出席会议。

2 日　市十八届人大常委会第十三次会议召开。会议审议关于建议对 2013 年全市经济社会发展主要指标计划进行调整的报告，投票选定市人大常委会 2013 年度票决事项，审议市人大常委会代表资格审查委员会关于个别代表的代表资格审查报告，审议表决市政府关于对 2013 年上半年国民经济和社会发展计划执行情况报告审议意见研究处理情况的报告、关于对 2013 年上半年预算执行情况报告审议意见研究处理情况的报告、关于对加强国税征管工作情况报告审议意见研究处理情况的报告、关于对加强地税征管工作情况报告审议意见研究处理情况的报告。市人大常委会党组书记、第一副主任杨永昌，副主任兼秘书长赵传山，副主任汤建梅、丁志刚、孙忠生出席会议。

3 日至 4 日　市人大常委会对 2013 年政府民生实事完成情况进行视察。市人大常委会党组书记、第一副主任杨永昌，副主任兼秘书长赵传山，副主任汤建梅、丁志刚、孙忠生，部分委员和人大代表参加视察。

10 日　市人大常委会机关全体会议召开。

会议传达学习市委十二届五次全会精神。市人大常委会副主任兼秘书长赵传山，副主任丁志刚、孙忠生出席会议。

23 日 市十八届人大常委会召开第三十五次主任会议。会议研究机关公务用车清理整顿工作。市人大常委会第一副主任杨永昌主持会议，副主任兼秘书长赵传山，副主任汤建梅、丁志刚、孙忠生出席会议。

28 日 市十八届人大常委会第十四次会议召开。会议审议通过市十八届人大三次会议主席团、秘书长名单（草案）；审议通过市人大常委会工作报告（审议稿）、市人大常委会 2014 年工作计划（草案），以及市政府关于提请审议菏泽市投资开发公司申请国家开发银行棚户区改造专项贷款的议案；表决通过市人大常委会代表资格审查委员会关于个别代表的代表资格审查报告，市政府关于对医疗改革工作情况报告审议意见研究处理情况的报告、关于对“五大主导产业”重大项目和城镇化重点工程建设情况视察反馈意见研究处理情况的报告，市中级人民法院关于对审判监督工作情况报告审议意见研究处理情况的报告，市人民检察院关于对控告申诉工作情况报告审议意见研究处理情况的报告；以及有关人事任免事项等。市人大常委会党组书记、第一副主任杨永昌，副主任兼秘书长赵传山，副主任汤建梅、丁志刚、孙忠生出席会议。

2014 年

1 月

6 日 市十八届人大常委会召开第三十六次主任会议。会议听取各委室 2013 年 12 月工作完成情况和 2014 年 1 月工作安排汇报。市人大常委会第一副主任杨永昌主持会议，副主任兼秘书长赵传山，副主任汤建梅、丁志刚、孙忠生出席会议。

8 日至 11 日 市第十八届人民代表大会第三次会议在菏泽大剧院召开。与会代表听取和审议菏泽市人民政府工作报告，菏泽市人民代表大会常务委员会工作报告，菏泽市中级人民法院工作报告，菏泽市人民检察院工作报告。书面印发关于菏泽市 2013 年国民经济和社会发展计划执行情况与 2014 年计划草案的报告、关于菏泽市 2013 年预算执行情况和 2014 年预算草案的报告。大会表决通过关于菏泽市人民政府工作报告的决议、关于菏泽市 2013 年国民经济和社会发展计划执行情况与 2014 年计划的决议、关于菏泽市 2013 年预算执行情况和 2014 年预算的决议、关于菏泽市人民代表大会常务委员会工作报告的决议，关于菏泽市中级人民法院工作报告的决议，关于菏泽市人民检察院工作报告的决议。会议以无记名投票的方式，补选于晓明为菏泽市第十八届人大常委会主任，张廷善为菏泽市第十八届人大常委会委员。大会应到代表 617 名，实到代表 585 名，符合法定人数。

13 日 市十八届人大常委会召开第三十七次主任会议。市人大常委会第一副主任杨永昌主持会议，副主任兼秘书长赵传山，副主任汤建梅、丁志刚、孙忠生出席会议。

15 日 市人大常委会党组书记、第一副主任杨永昌，副主任兼秘书长赵传山，副主任汤建梅、孙忠生为赴济南市出席山东省第十二届人民代表大会的驻菏省人大代表送行。

21 日 市人大常委会副主任汤建梅到牡丹区马岭岗镇穆李村调研乡村旅游建设情况。

2 月

10 日 市十八届人大常委会召开第三十八

次主任会议。会议听取各委室 1 月工作完成情况和 2 月工作安排汇报。市人大常委会第一副主任杨永昌，副主任兼秘书长赵传山，副主任汤建梅、丁志刚、孙忠生出席会议。赵传山主持会议。

27 日　全市推行街道人大监督员工作会议召开。市人大常委会党组书记、第一副主任杨永昌，副主任兼秘书长赵传山出席会议。

27 日　市十八届人大常委会第十五次会议召开。会议听取审议市政府关于政府性债务管理工作情况的报告，通过有关人事任免事项。市人大常委会党组书记、第一副主任杨永昌，副主任兼秘书长赵传山，副主任汤建梅、丁志刚、孙忠生出席会议。市委常委、常务副市长段伯汉，市中级人民法院院长王玮，市人民检察院检察长朱庆安列席会议。

3 月

6 日　市十八届人大常委会召开第三十九次主任会议。会议听取各委室 2 月工作完成情况和 3 月工作安排汇报。市人大常委会第一副主任杨永昌，副主任兼秘书长赵传山，副主任汤建梅、丁志刚、孙忠生出席会议。赵传山主持会议。

7 日　市人大常委会党的群众路线教育实践活动动员会召开。市人大常委会党组书记、第一副主任杨永昌，副主任兼秘书长赵传山，副主任汤建梅、丁志刚、孙忠生，省委、市委督导组有关人员参加会议。

2014 年 3 月 7 日，市人大常委会党的群众路线教育实践活动动员会召开

9 日至 11 日　市人大常委会党组利用三天时间集中学习教育实践活动规定书目。市人大常委会党组书记、第一副主任杨永昌，副主任兼秘书长赵传山，副主任汤建梅、丁志刚、孙忠生参加学习。

10 日至 11 日　省人大常委会委员、省人大农委副主任委员侯英民一行到菏泽，就山东省水土保持条例（草案）进行立法调研。市人大常委会副主任孙忠生陪同调研。

10 日　市人大常委会副主任汤建梅接访市人大代表，听取和记录代表们所反映的相关意见、建议。

18 日　市人大常委会党的群众路线教育实践活动机关老干部集中学习会召开。市人大常委会副主任兼秘书长赵传山出席会议并讲话。

19 日　市人大常委会举办党的群众路线教育实践活动专题辅导报告会。市人大常委会党组书记、第一副主任杨永昌，副主任兼秘书长赵传山，副主任丁志刚、孙忠生出席会议，副主任汤建梅列席会议。

24 日　市人大常委会机关全体人员集体上党课。市人大常委会副主任兼秘书长赵传山作专题党课讲座，副主任丁志刚、孙忠生参加学习。

26 日　全市人大宣传调研工作会议召开。市人大常委会副主任兼秘书长赵传山出席会议并讲话。

26 日　市人大常委会民侨外工委对口联系部门座谈会召开。市人大常委会副主任汤建梅出席会议并讲话。

27 日　全市人大信访工作会议召开。市人大常委会副主任兼秘书长赵传山出席会议。

28 日　市人大代表建议办理工作暨建功立业活动表彰会召开。市人大常委会副主任兼秘书长赵传山出席会议。

28 日 市人大农业与农村工作联系会议召开。市人大常委会副主任孙忠生出席会议。

31 日 市人大常委会集中学习习近平总书记在调研指导兰考县党的群众路线教育实践活动时的重要讲话精神。市人大常委会党组书记、第一副主任杨永昌，副主任汤建梅、孙忠生参加学习。

31 日 全市人大预算监督工作座谈会暨市直部门联系会召开。市人大常委会副主任兼秘书长赵传山出席会议。

4 月

1 日 “千名代表听百案、千名代表看执行”活动座谈会召开。市人大常委会副主任兼秘书长赵传山出席会议。

2 日 市十八届人大常委会召开第四十次主任会议。会议听取各委室 3 月工作情况和 4 月工作安排汇报。市人大常委会第一副主任杨永昌，副主任兼秘书长赵传山，副主任汤建梅、丁志刚、孙忠生出席会议。赵传山主持会议。

9 日至 10 日 省人大常委会委员、省人大教科文卫委员会主任委员王文升一行到菏泽，就专利“一法一条例”贯彻实施情况进行检查指导。市人大常委会副主任丁志刚陪同活动。

9 日 市人大常委会召开党的群众路线教育实践活动征求意见建议座谈会。市人大常委会党组书记、第一副主任杨永昌出席会议。

10 日至 11 日 省人大常委会副主任贾万志率视察组到菏泽视察大气污染防治工作。市人大常委会党组书记、第一副主任杨永昌，副主任丁志刚陪同活动。

10 日 市人大常委会副主任孙忠生接待部分人大代表，了解基层代表的意见和建议。

14 日 市十八届人大常委会召开第四十一次主任会议。会议研究街道人大监督员制度等事项。市人大常委会第一副主任杨永昌主持会议，副主任兼秘书长赵传山，副主任汤建梅、丁志刚、孙忠生出席会议。

14 日至 15 日 省人大常委会副主任于建成率省人大常委会执法检查组到菏泽对《山东省实施〈中华人民共和国残疾人保障法〉办法》进行执法检查。市人大常委会党组书记、第一副主任杨永昌，副主任兼秘书长赵传山陪同活动。

21 日 市人大常委会机关集中学习高德荣先进事迹。市人大常委会党组书记、第一副主任杨永昌，副主任汤建梅、丁志刚、孙忠生参加学习。

29 日 市十八届人大常委会第十六次会议召开。会议听取审议并表决通过市政府关于扶贫开发、加快牡丹产业化、金融工作、城镇化工作等报告，审议并表决通过有关人事任免、关于批准《菏泽市 2013—2014 年棚户区改造项目融资及建设方案的请示》的决定（草案）等。市人大常委会党组书记、第一副主任杨永昌，副主任兼秘书长赵传山，副主任汤建梅、丁志刚、孙忠生出席会议。

5 月

4 日 市十八届人大常委会召开第四十二次主任会议。会议听取各委室 4 月工作情况和 5 月工作安排汇报。市人大常委会第一副主任杨永昌，副主任兼秘书长赵传山，副主任汤建梅、丁志刚、孙忠生出席会议。

8 日 市人大常委会机关全体工作人员会议召开。市人大常委会副主任兼秘书长赵传山，副主任丁志刚、孙忠生参加会议。

12 日 市人大常委会副主任丁志刚接待部分人大代表，了解基层代表的意见和建议。

13 日至 14 日 市人大常委会民侨外工委对

全市开放型经济发展情况进行调研。市人大常委会副主任汤建梅参加调研。

14日 市人大常委会对全市城市防汛工作进行调研。市人大常委会党组书记、第一副主任杨永昌，副主任丁志刚参加调研。

19日 全市街道人大监督员小组召集人培训班开班。市人大常委会副主任兼秘书长赵传山出席会议并讲话。

20日至21日 市人大常委会组织部分常委会组成人员和驻菏全国、省人大代表，对大气污染防治法贯彻实施情况进行执法检查。市人大常委会党组书记、第一副主任杨永昌，副主任兼秘书长赵传山，副主任汤建梅、丁志刚、孙忠生参加活动。

2014年5月20日至21日，市人大常委会对大气污染防治法贯彻实施情况进行执法检查

22日至23日 省人大常委会秘书长翟鲁宁一行到菏泽，征求驻菏全国、省人大代表意见，调研指导人大工作。市人大常委会副主任兼秘书长赵传山、副主任汤建梅陪同调研。

6月

3日 市十八届人大常委会召开第四十三次主任会议。会议听取各委室5月工作情况和6月工作安排汇报。市人大常委会第一副主任杨永昌，副主任兼秘书长赵传山，副主任汤建梅、丁志刚、孙忠生出席会议。

10日 市人大常委会副主任兼秘书长赵传山接待4名基层人大代表，听取代表们的意见和建议。

16日 市十八届人大常委会第十七次会议召开。会议听取审议市政府关于2013年财政决算（草案）的报告、关于2013年市级预算执行和其他财政收支的审计报告、关于城市防汛工作情况的报告，审议表决市人大常委会关于对市政府贯彻实施大气污染防治法情况的执法检查报告（草案）等报告。市人大常委会党组书记、第一副主任杨永昌，副主任兼秘书长赵传山，副主任汤建梅、丁志刚出席会议。

20日 市人大常委会对《中华人民共和国邮政法》《山东省邮政条例》贯彻实施情况进行执法检查。市人大常委会副主任丁志刚参加活动。

7月

1日 市十八届人大常委会召开第四十四次主任会议。会议听取各委室6月工作完成情况和7月工作安排汇报。市人大常委会第一副主任杨永昌，副主任兼秘书长赵传山，副主任丁志刚、孙忠生出席会议。

1日 市人大常委会机关全体人员集体上党课。市人大常委会副主任兼秘书长赵传山作专题党课讲座，市人大常委会副主任丁志刚、孙忠生参加学习。

4日 市人大代表培训班开班。市人大常委会副主任兼秘书长赵传山出席开班仪式。

22日 市十八届人大常委会召开第四十五次主任会议。会议听取关于精简人大常委会机关简报和内部刊物的汇报；审议讨论关于进一步加强人大宣传工作的意见、市人大常委会机关在职人员带薪年休假实施办法；听取关于进一步提高

《菏泽人大》办刊质量的汇报。市人大常委会第一副主任杨永昌，副主任兼秘书长赵传山，副主任汤建梅、丁志刚、孙忠生出席会议。

23日　市人大常委会党组召开专题民主生活会。市人大常委会党组书记、第一副主任杨永昌，副主任兼秘书长赵传山，副主任丁志刚、孙忠生出席会议，副主任汤建梅列席会议。

23日　市人大常委会党组专题民主生活会情况通报会召开。市人大常委会党组书记、第一副主任杨永昌主持会议，并通报民主生活会有关情况。市人大常委会领导班子成员，正厅级离退休老领导，近五年退下来的副厅级以上领导干部，驻会委员，各县区人大主要负责人，机关全体人员参加会议。

8月

1日　市十八届人大常委会召开第四十六次主任会议。会议传达市委十二届七次全体会议精神，听取各委室7月工作完成情况和8月工作安排汇报。市人大常委会第一副主任杨永昌，副主任兼秘书长赵传山，副主任汤建梅、丁志刚、孙忠生出席会议。

5日至6日　市人大常委会组织部分委员和驻菏全国、省人大代表，对市政府贯彻实施土地管理法情况进行执法检查，并就相关问题进行专题询问。市人大常委会党组书记、第一副主任杨永昌，副主任兼秘书长赵传山，副主任汤建梅、丁志刚、孙忠生参加执法检查。

7日　市人大常委会机关党委召开专题民主生活会。市人大常委会党组书记、第一副主任杨永昌到会指导并作点评，市人大常委会党组副书记、机关党委书记赵传山主持会议。

8日　市十八届人大常委会召开第四十七次主任会议。会议研究关于进一步加强代表建议工作的意见、全市街道人大联络处工作的调研报告、全市乡镇人大工作情况的调研报告，听取关于进一步加强人大宣传工作的意见和精简内部刊物工作方案修改完善情况的汇报，听取关于提高《菏泽人大》办刊质量近期落实情况的汇报。市人大常委会第一副主任杨永昌，副主任兼秘书长赵传山，副主任汤建梅、丁志刚、孙忠生出席会议。赵传山主持会议。

14日　“菏泽环保世纪行”2014年工作会议召开。市人大常委会副主任丁志刚出席会议并讲话。

19日　市人大常委会“万户群众脱贫致富帮扶”活动年度总结暨“百个新型农村社区领建”活动启动工作会议在定陶县召开。市人大常委会党组书记、第一副主任杨永昌，副主任丁志刚、孙忠生出席会议。

21日　全市人大代表建议工作会议召开。市人大常委会党组书记、第一副主任杨永昌，副主任兼秘书长赵传山出席会议。

22日　市人大常委会党组书记、第一副主任杨永昌，副主任兼秘书长赵传山，副主任丁志刚、孙忠生分别参加市人大常委会机关各党支部专题组织生活会。

26日　市十八届人大常委会第十八次会议召开。会议听取审议市政府关于2014年上半年国民经济和社会发展计划执行情况的报告等。市人大常委会党组书记、第一副主任杨永昌，副主任兼秘书长赵传山，副主任汤建梅、丁志刚出席会议。市政府副市长任仲义，市中级人民法院院长王玮，市人民检察院检察长朱庆安列席会议。

27日至31日　全省县级人大干部培训班开班。市人大常委会副主任丁志刚及各县区人大常委会负责人参加培训班。

9月

2日　市十八届人大常委会召开第四十八次

主任会议。会议听取各委室8月工作完成情况和9月工作安排汇报。市人大常委会第一副主任杨永昌，副主任兼秘书长赵传山，副主任丁志刚、孙忠生出席会议。赵传山主持会议。

4日 省人大常委会委员、省人大城环委副主任委员贾学英率调研组到菏泽，调研《山东省民用建筑节能条例》贯彻实施情况，征求对山东省国有土地上房屋征收与补偿条例（草案）的修改意见和建议。市人大常委会党组书记、第一副主任杨永昌，副主任丁志刚陪同调研。

18日至19日 省人大法制委员会副主任委员程辉、省政府法制办公室主任孟富强等执法检查组一行到菏泽，就《山东省行政复议条例》贯彻实施情况进行执法检查。市人大常委会副主任丁志刚、孙忠生陪同活动。

25日 市十八届人大常委会第十九次会议召开。会议审议通过市人大常委会代表资格审查委员会关于个别代表的代表资格审查报告。市人大常委会党组书记、第一副主任杨永昌主持会议，副主任丁志刚、孙忠生出席会议。

2014年9月25日至26日，市人大常委会视察"五大主导产业"重大项目和城镇化重点工程建设情况

25日至26日 市人大常委会组织部分常委会组成人员和全国、省、市人大代表对全市"五大主导产业"项目和城镇化工程建设情况进行视察。市人大常委会党组书记、第一副主任杨永昌，副主任兼秘书长赵传山，副主任丁志刚、孙忠生参加视察。

29日 市实验中学15名家庭困难、品学兼优的学生得到人大代表的资助。市人大常委会副主任孙忠生出席仪式。

10月

9日 市十八届人大常委会召开第四十九次主任会议。会议传达学习习近平总书记在党的群众路线教育实践活动总结大会上的重要讲话精神，听取各委室9月工作完成情况和10月工作安排汇报。市人大常委会第一副主任杨永昌，副主任兼秘书长赵传山，副主任丁志刚、孙忠生出席会议。

10日 市人大常委会在菏泽一中举行"助千名学子圆梦"活动资助金发放仪式。市人大常委会党组书记、第一副主任杨永昌出席仪式。

11日 市人大常委会在牡丹区二十一中、二十二中举行"助千名学子圆梦"活动资助金发放仪式。市人大常委会副主任丁志刚出席仪式。

17日 市人大常委会召开"百个新型农村社区领建"活动对接会。市人大常委会党组书记、第一副主任杨永昌，副主任兼秘书长赵传山，副主任丁志刚、孙忠生出席会议。

24日 全市乡镇（街道）人大工作座谈会在单县召开。市人大常委会党组书记、第一副主任杨永昌，副主任兼秘书长赵传山出席会议。

27日 市人大常委会机关集体学习党的十八届四中全会和十八届中央纪委四次全会精神。市人大常委会党组书记、第一副主任杨永昌，副主任兼秘书长赵传山，副主任丁志刚、孙忠生参加集中学习。

28日 市人大常委会党的群众路线教育实践活动总结会议召开。市人大常委会党组书记、第一副主任杨永昌，副主任兼秘书长赵传山，副主任丁志刚、孙忠生出席会议。

30日 市十八届人大常委会第二十次会议召开。会议听取审议市中级人民法院关于人民陪审员制度落实情况的报告、市人民检察院关于刑事诉讼法贯彻实施情况的报告，审议通过市政府关于对大气污染防治法执法检查反馈意见研究处理情况的报告、关于对2013年财政决算报告审议意见研究处理情况的报告、关于对2013年市级预算执行和其他财政收支审计报告审议意见研究处理情况的报告、关于对城市防汛工作情况报告审议意见研究处理情况的报告，通过有关人事任免事项。市人大常委会党组书记、第一副主任杨永昌主持会议，副主任丁志刚、孙忠生出席会议。市委常委、副市长张毓华，市中级人民法院院长王玮，市人民检察院检察长朱庆安列席会议。

11月

3日 市十八届人大常委会召开第五十次主任会议。会议听取各委室10月工作完成情况和11月工作安排汇报。市人大常委会第一副主任杨永昌，副主任兼秘书长赵传山，副主任丁志刚出席会议。赵传山主持会议。

17日 浙江省嘉兴市人大常委会副主任金成胜一行到菏泽，考察自然文化遗产保护和物流管理工作。市人大常委会副主任丁志刚陪同考察。

18日至19日 省人大常委会委员、省人大城环委主任委员、"齐鲁环保世纪行"组委会执行主任杨焕彩一行到菏泽，采访大气污染防治工作。市人大常委会副主任丁志刚陪同活动。

19日 市人大常委会机关全体会议召开。会议传达学习市委十二届九次全体会议精神，全文学习市委书记于晓明在市委十二届九次全体会议上的讲话及全会公报。市人大常委会副主任兼秘书长赵传山，副主任孙忠生出席会议。

12月

1日 市十八届人大常委会召开第五十一次主任会议。会议听取各委室11月工作完成情况和12月工作安排汇报。市人大常委会第一副主任杨永昌，副主任兼秘书长赵传山，副主任汤建梅、丁志刚出席会议。赵传山主持会议。

3日 济宁市人大常委会党组书记、第一副主任陈民率人大考察团到菏泽，就经济开发区、乡镇人大机构设置、街道办事处设立人大监督员情况进行考察。市人大常委会党组书记、第一副主任杨永昌陪同活动。

4日 市人大常委会党组书记、第一副主任杨永昌带领市相关部门负责人，到东明县视察人大代表领建新型农村社区建设情况。市人大常委会副主任孙忠生参加活动。

5日 市十八届人大常委会召开第五十二次主任会议。会议审议有关人事任免事项及教育实践活动中形成的相关制度。市人大常委会第一副主任杨永昌，副主任兼秘书长赵传山，副主任汤建梅出席会议。赵传山主持会议。

5日 市十八届人大常委会第二十一次会议召开。会议审议表决市人大常委会专题调研暂行办法（草案）、市级全口径预算决算审查监督暂行办法（草案）、市人大常委会组成人员联系代表暂行办法（草案）；表决通过有关办法（草案）、人事任免事项。市人大常委会党组书记、第一副主任杨永昌，副主任兼秘书长赵传山，副主任汤建梅、丁志刚、孙忠生出席会议。市中级人民法院、市人民检察院有关负责人列席会议。

24日至25日 市人大常委会组织部分常委会组成人员和人大代表对市政府承诺的民生实事完成情况进行视察。市人大常委会党组书记、第一副主任杨永昌，副主任兼秘书长赵传山，副主任汤建梅、丁志刚、孙忠生参加视察。

30日 市十八届人大常委会第二十二次会议召开。会议审议通过关于召开市十八届人大四次会议的决定（草案），投票选定市人大常委会2014年度票决事项，审议表决菏泽市人大常委会代表资格审查委员会关于个别代表的代表资格审查报告，审议表决关于建议对2014年全市公共财政收入预算和市级公共财政支出预算主要指标计划进行调整的报告，通报2014年度常委会创先争优目标完成情况、推行街道人大监督员制度及有关代表活动情况，审议表决市政府关于对2014年上半年国民经济和社会发展计划执行情况报告审议意见研究处理情况的报告、市政府关于对2014年上半年预算执行情况报告审议意见研究处理情况的报告、市政府关于对土地管理法执法检查反馈意见研究处理情况的报告、市政府关于对“五大主导产业”项目和城镇化工程建设情况视察反馈意见研究处理情况的报告、市中级人民法院关于对人民陪审员制度落实情况报告审议意见研究处理情况的报告、市人民检察院关于对刑事诉讼法贯彻实施情况报告审议意见研究处理情况的报告6项报告，会议通过有关人事任免事项，会议还研究其他事项。市人大常委会党组书记、第一副主任杨永昌主持会议，副主任兼秘书长赵传山，副主任汤建梅、孙忠生出席会议。市人民检察院党组书记、副检察长王金庆，市中级人民法院有关负责人等列席会议。

2015年

1月

4日 市十八届人大常委会召开第五十三次主任会议。会议听取各委室2014年12月工作完成情况和2015年1月工作安排汇报。市人大常委会第一副主任杨永昌，副主任兼秘书长赵传山，副主任汤建梅、丁志刚、孙忠生出席会议。赵传山主持会议。

2015年1月6日至8日，省人大常委会组织部分全国人大代表和驻鲁部队部分全国人大代表到菏泽开展集中视察活动

6日至8日 受全国人大常委会委托，省人大常委会组织山东省选举的部分全国人大代表和驻鲁部队部分全国人大代表一行44人到菏泽市开展集中视察活动。全国人大常委会委员、全国人大法律委员会副主任委员张鸣起，济南军区原副参谋长马秋星等参加视察。市人大常委会党组书记、第一副主任杨永昌，副主任丁志刚参加视察活动。

16日 市十八届人大常委会第二十三次会议召开。会议对市政府有关部门、市中级人民法院办理落实市人大常委会审议意见的8项报告，进行满意度票决。会议经过无记名投票，决定任命解维俊为菏泽市人民政府副市长、代理市长，审议通过关于提请任命解维俊职务的议案、关于提请审议孙爱军辞去菏泽市人民政府市长职务的报告、关于提请决定菏泽市人民政府副市长解维俊为代理市长的报告、关于提请审议于晓明辞去市人大常委会主任职务的报告。市人大常委会党组书记、第一副主任杨永昌，副主任兼秘书长赵传山，副主任丁志刚、孙忠生出席会议。

19日 市人大常委会机关全体会议召开。会议传达学习市委十二届十次全体会议和全市经济工作会议精神。市人大常委会党组书记、第一副主任杨永昌，副主任兼秘书长赵传山，副主任汤建梅、丁志刚、孙忠生参加会议。

24日 市十八届人大常委会第二十四次会议召开。会议确定市十八届人大四次会议相关事项，审议通过市十八届人大四次会议主席团、秘书长名单（草案），市十八届人大四次会议列席人员范围（草案），市十八届人大四次会议议案审查委员会建议名单（草案），市十八届人大四次会议计划、预算审查委员会建议名单（草案），市十八届人大三次会议代表建议、批评和意见办理情况的书面报告（草案）；审议通过市人大常委会工作报告（审议稿），决定提请市十八届人大四次会议审议；审议通过市人大常委会2015年工作计划（草案）；表决通过市人大常委会代表资格审查委员会关于个别代表的代表资格审查报告。听取市政府关于对城镇化工作情况报告审议意见办理落实情况的报告，以无记名投票方式，进行满意度表决。市人大常委会党组书记、第一副主任杨永昌，副主任兼秘书长赵传山，副主任丁志刚、孙忠生出席会议。

2月

4日至7日 市第十八届人民代表大会第四次会议在菏泽大剧院召开。与会代表听取和审议菏泽市人民政府工作报告、菏泽市人民代表大会常务委员会工作报告、菏泽市中级人民法院工作报告、菏泽市人民检察院工作报告。书面印发关于菏泽市2014年国民经济和社会发展计划执行情况的报告与2015年计划草案的报告、关于菏泽市2014年预算执行情况的报告和2015年预算草案的报告。大会表决通过关于菏泽市人民政府工作报告的决议、关于菏泽市2014年国民经济和社会发展计划执行情况与2015年计划的决议、关于菏泽市2014年预算执行情况和2015年预算的决议、关于菏泽市人民代表大会常务委员会工作报告的决议、关于菏泽市中级人民法院工作报告的决议、关于菏泽市人民检察院工作报告的决议。会议以无记名投票的方式，补选孙爱军为市人大常委会主任，郭景堂为市人大常委会秘书长，杨东波、杨光忠、杨晓军、梁惠民为市人大常委会委员，解维俊为市人民政府市长，王金庆为市人民检察院检察长。

5日 市十八届人大四次会议期间，组织部分人大代表对代表建议办理情况进行票决。市人大常委会副主任兼秘书长赵传山，副主任丁志刚出席会议。

10日 市十八届人大常委会召开第五十四次主任会议。会议传达学习省十二届人大四次会议和市十八届人大四次会议精神，安排部署2月重点工作。市人大常委会第一副主任杨永昌，副主任赵传山、汤建梅、丁志刚、孙忠生出席会议，秘书长郭景堂主持会议。

3月

2日 市十八届人大常委会召开第五十五次主任会议。会议听取各委室2月工作完成情况和3月工作汇报。市人大常委会第一副主任杨永昌，副主任赵传山、汤建梅、丁志刚、孙忠生出席会议，秘书长郭景堂主持会议。

10日 全市人大宣传调研工作会议召开。市人大常委会副主任赵传山、汤建梅，秘书长郭景堂出席会议。

10日 全市人大教科文卫工作会议召开。市人大常委会副主任丁志刚出席会议。

12日至13日 市人大常委会副主任丁志刚先后到牡丹区、单县调研食品安全工作。

13 日　全市人大信访工作会议召开。市人大常委会副主任汤建梅、秘书长郭景堂出席会议。

13 日　全市人大财经预算审查监督座谈会暨对口部门联系会召开。市人大常委会副主任孙忠生出席会议。

17 日　市十八届人大常委会召开第五十六次主任会议。会议就人大工作如何强化抓好落实进行研究。市人大常委会第一副主任杨永昌，副主任赵传山、汤建梅、丁志刚、孙忠生出席会议，秘书长郭景堂主持会议。

18 日　全市人大民侨外工作座谈会召开。市人大常委会副主任汤建梅出席会议。

19 日　市人大常委会机关全体人员会议召开。市人大常委会党组书记、第一副主任杨永昌，副主任赵传山、丁志刚、孙忠生，秘书长郭景堂参加会议。

20 日　日照市人大常委会党组书记、第一副主任黄金华，秘书长赵久成一行到菏泽，考察市人大体制机制创新等工作。市人大常委会党组书记、第一副主任杨永昌，秘书长郭景堂陪同考察。

25 日　市十八届人大常委会召开第五十七次主任会议。会议研究各委室 2015 年工作实施方案。市人大常委会第一副主任杨永昌，副主任赵传山、汤建梅、丁志刚、孙忠生出席会议，秘书长郭景堂主持会议。

26 日　全市人大农业与农村工作座谈会召开。市人大常委会副主任孙忠生出席会议。

27 日　全市人大城乡建设与环境资源保护工作座谈会召开。市人大常委会副主任丁志刚出席会议并讲话。

27 日　德州市人大常委会党组书记、第一副主任兰忠良一行到菏泽考察。市人大常委会党组书记、第一副主任杨永昌，秘书长郭景堂陪同考察。

31 日　市十八届人大常委会第二十五次会议召开。会议听取审议市政府关于食品安全工作情况的报告、关于安全生产工作情况的报告、关于生态市建设情况的报告，审议通过关于个别代表的资格审查报告及有关人事任免事项。市人大常委会党组书记、第一副主任杨永昌，副主任汤建梅、丁志刚、孙忠生出席会议。

4 月

3 日　市十八届人大常委会召开第五十八次主任会议。会议听取地方立法权筹备工作汇报、各委室 3 月工作完成情况和 4 月工作安排汇报。市人大常委会第一副主任杨永昌，副主任丁志刚、孙忠生出席会议，秘书长郭景堂主持会议。

14 日至 15 日　市人大常委会副主任丁志刚率执法检查组，就菏泽市贯彻实施《中华人民共和国职业教育法》《山东省职业教育条例》情况进行执法检查。

22 日　全市人大代表建议工作暨代表建功立业活动表彰会召开。市人大常委会副主任丁志刚、秘书长郭景堂出席会议。

5 月

5 日　市十八届人大常委会召开第五十九次主任会议。会议听取各委室 4 月工作完成情况和 5 月工作安排汇报。市人大常委会第一副主任杨永昌，副主任赵传山、汤建梅、孙忠生出席会议，秘书长郭景堂主持会议。

5 日至 6 日　省人大常委会委员、省人大教科文卫委员会主任委员王文升一行到菏泽，调研食品药品安全监管工作开展情况。市人大常委会副主任丁志刚陪同活动。

11 日　市十八届人大常委会第二十六次会议召开。会议听取审议市政府关于重大基础设施建设情况的报告、关于扶贫攻坚工程实施情况的报告，通过有关人事任免事项。市人大常委会党组书记、第一副主任杨永昌主持会议，副主任赵传山、汤建梅、丁志刚、孙忠生，秘书长郭景堂出席会议。

20日 市人大常委会机关“三严三实”专题教育党课举行。市人大常委会党组书记、第一副主任杨永昌作专题教育党课，副主任赵传山、秘书长郭景堂参加专题教育党课。

21日至22日 市人大常委会对菏泽市各级政府贯彻实施行政许可法情况进行执法检查。市人大常委会党组书记、第一副主任杨永昌，副主任赵传山、丁志刚，秘书长郭景堂参加活动。

2015年5月21日至22日，市人大常委会开展行政许可法执法检查

26日 “菏泽环保世纪行”组委会2015年工作会议召开。市人大常委会副主任丁志刚出席会议并讲话。

26日 市人大常委会召开涉法涉诉信访案件督办联系会。市人大常委会副主任汤建梅出席会议。

27日 市人大常委会副主任丁志刚带领“菏泽环保世纪行”记者团一行，到郓城县、鄄城县采访大气污染防治工作，对在大气污染防治工作中取得的优异成绩和涌现出来的先进典型进行集中采访报道。

6月

1日 市十八届人大常委会召开第六十次主任会议。会议听取各委室5月工作完成情况和6月工作安排汇报。市人大常委会第一副主任杨永昌，副主任赵传山、汤建梅、丁志刚、孙忠生出席会议，秘书长郭景堂主持会议。

7月

1日 市人大常委会机关人员集体上党课。市人大常委会副主任赵传山作专题党课讲座。

1日至2日 省人大常委会委员、省人大城环委主任委员杨焕彩一行到菏泽，就山东省土地整治条例（草案）进行立法调研。市人大常委会副主任丁志刚、孙忠生陪同活动。

3日 市十八届人大常委会召开第六十一次主任会议。会议对贯彻落实全市人大工作会议精神作出部署，听取各委室6月工作完成情况和7月工作安排汇报。市人大常委会第一副主任杨永昌，副主任汤建梅、丁志刚、孙忠生出席会议，秘书长郭景堂主持会议。

3日 市十八届人大常委会第二十七次会议召开。会议听取审议市政府关于2014年财政决算（草案）的报告、关于2014年市级预算执行和其他财政收支的审计报告，审议表决市人大常委会民侨外委员会关于全市商贸物流业发展情况的调研报告（草案）等报告。会议决定接受张毓华辞去菏泽市人民政府副市长职务的请求，报菏泽市第十八届人民代表大会第五次会议备案。市人大常委会党组书记、第一副主任杨永昌主持会议，副主任赵传山、汤建梅、丁志刚、孙忠生，秘书长郭景堂出席会议。

13日 市人大常委会理论中心组“三严三实”专题教育学习研讨会召开。市人大常委会党组书记、第一副主任杨永昌，副主任赵传山、汤建梅、丁志刚、孙忠生，秘书长郭景堂参与研讨并发言。

13日至14日 省人大常委会法工委副主

任石晓一行到菏泽，开展矿山地质环境保护和治理立法调研。市人大常委会副主任赵传山陪同调研。

24日 山东省第十二届人民代表大会常务委员会第十五次会议审议通过《山东省人民代表大会常务委员会关于确定14个设区的市人民代表大会及其常务委员会开始制定地方性法规的时间的决定》。根据决定，自2015年8月1日起，菏泽市人民代表大会及其常务委员会可以开始制定地方性法规，在全省14个设区的市中首批获得地方立法授权。

31日 省编办批复菏泽市人大常委会设立法工委，为正县级机构。市编制部门批复法工委4个编制，并设综合科、法规科2个科。

8月

3日 市十八届人大常委会召开第六十二次主任会议。市人大常委会第一副主任杨永昌，副主任汤建梅、丁志刚、孙忠生出席会议，秘书长郭景堂主持会议。

3日至7日 市人大常委会副主任赵传山带领人大参与立法筹备的人员和市政府法制办负责人，参加全国人大法工委组织的立法培训班。

5日至6日 市人大常委会对全市教育工作开展情况进行专题调研。市人大常委会副主任丁志刚参加活动。

11日 市十八届人大常委会第二十八次会议召开。会议听取审议市政府关于2015年上半年国民经济和社会发展计划执行情况的报告、市政府关于2015年上半年预算执行情况的报告、市政府关于“六五”普法依法治理规划实施情况的报告，会议还表决通过有关报告、议案、人事任免事项等。市人大常委会党组书记、第一副主任杨永昌主持会议，副主任赵传山、汤建梅、丁志刚、孙忠生，秘书长郭景堂出席会议。

14日 市人大常委会理论学习中心组召开“三严三实”专题教育第二专题学习研讨会。市人大常委会党组书记、第一副主任杨永昌主持会议，副主任赵传山、丁志刚、孙忠生，秘书长郭景堂参加研讨并发言。

18日 市人大地方立法工作座谈会召开。市人大常委会副主任赵传山出席会议。

19日至21日 省人大常委会副主任、党组副书记才利民率立法调研组一行17人到菏泽，就《山东省非物质文化遗产条例（草案修改稿）》《山东省信访条例（草案修改稿）》《山东省土地整治条例（草案修改稿）》三项法规开展调研。市人大常委会党组书记、第一副主任杨永昌，副主任赵传山、汤建梅，秘书长郭景堂分别陪同调研。

20日 市人大常委会机关全体人员会议召开。会议贯彻落实市委“双联双创”活动。市人大常委会副主任孙忠生主持会议并传达贯彻落实意见。

20日至21日 市人大常委会副主任丁志刚带领部分省人大代表组成调研组赴济南市就“关于加强非物质文化遗产保护和利用，弘扬优秀传统文化情况”开展专题调研活动。

27日 省人大常委会委员、省人大内务司法委员会主任委员张国琛一行到菏泽，进行立法调研。市人大常委会副主任赵传山陪同活动。

28日 全市人大“万户群众脱贫致富帮扶”暨“百个新型农村社区领建”活动工作会议在曹县召开。市人大常委会党组书记、第一副主任杨永昌，副主任赵传山、孙忠生，各县区人大常委会负责人，部分省市人大代表参加会议。

28日 市人大常委会召开涉法涉诉信访案件督办联席会议。市人大常委会副主任汤建梅出席会议。

31日 市人大常委会副主任丁志刚带领“菏泽环保世纪行”记者团一行，到东明县、开发区采访大气污染防治工作。

9月

1日 市十八届人大常委会召开第六十三次主任会议。会议听取各委室8月工作完成情况和9月工作安排汇报。市人大常委会第一副主任杨永昌，副主任赵传山、丁志刚、孙忠生出席会议，秘书长郭景堂主持会议。

2日 市人大常委会对菏泽市文化大市建设和文化产业发展情况进行专题调研。市人大常委会副主任丁志刚，部分驻菏全国、省人大代表和部分市人大代表参加调研。

7日至8日 省人大常委会党组副书记、副主任柏继民带领山东省选举的部分全国人大代表和部分省人大代表到菏泽，围绕“关于采煤塌陷地综合治理及推动矿山地质环境保护和治理立法问题”进行专题调研。市人大常委会党组书记、第一副主任杨永昌，副主任赵传山、孙忠生陪同调研。

2015年9月7日至8日，省人大常委会党组副书记、副主任柏继民带队到菏泽，围绕“关于采煤塌陷地综合治理及推动矿山地质环境保护和治理立法问题”进行专题调研

8日至9日 省人大常委会委员、省人大财经委副主任委员王同生率调研组一行到菏泽，就山东省经济开发区条例（草案）、山东省特种设备安全条例（草案）展开立法调研。市人大常委会副主任孙忠生陪同活动。

10日 市人大常委会理论中心组召开“三严三实”专题教育第二专题第二次学习研讨会。市人大常委会党组书记、第一副主任杨永昌，副主任赵传山、汤建梅、孙忠生，秘书长郭景堂参加研讨。

15日 市十八届人大常委会召开第六十四次主任会议。会议专题研究贯彻落实全市人大工作会议精神新增制度。市人大常委会第一副主任杨永昌，副主任汤建梅、孙忠生出席会议，秘书长郭景堂主持会议。

15日 市人大常委会副主任赵传山带领调研组到市检察院、市法院进行调研。

15日至16日 潍坊市人大常委会副主任毛秀凤带领部分驻潍省人大代表到菏泽，就“完善老年人社会保障机制，加快养老服务体系建设”情况进行专题调研。市人大常委会副主任赵传山、孙忠生，秘书长郭景堂分别陪同有关活动。

26日 市人大常委会举行2015年度“助千名学子圆梦”活动市直资助金发放仪式。市人大常委会副主任汤建梅出席仪式。

29日 市人大代表培训班暨履职经验交流会举行。市人大常委会副主任汤建梅参加培训班并讲话。

10月

12日至14日 市人大常委会副主任赵传山赴烟台市参加省人大常委会举办的全省立法工作会议。

13日 市十八届人大常委会召开第六十五次主任会议。会议听取各委室9月工作完成情况和10月工作安排汇报。市人大常委会第一副主任杨永昌，副主任汤建梅、孙忠生出席会议，秘书长郭景堂主持会议。

13日至14日 济南军区装备部原副部长尹

家铜少将带领省十二届人大部分解放军代表一行到菏泽，视察国防教育、军事设施保护、双拥等工作开展情况。市人大常委会副主任孙忠生陪同活动。

19 日至 20 日 省人大常委会委员、省人大内司委副主任委员郭建昌一行到菏泽，对菏泽市贯彻落实《中华人民共和国消防法》《山东省消防条例》情况进行执法检查。市人大常委会副主任赵传山陪同活动。

28 日 市十八届人大常委会第二十九次会议召开。会议听取审议市政府关于产业提升工程进展情况的报告、市中级人民法院关于少年审判工作情况的报告、市人民检察院关于规范司法行为工作情况的报告；审议表决市人大教科文卫委关于文化大市建设和文化产业发展情况的专题调研报告（草案），市政府关于对 2014 年财政决算、2014 年市级预算执行和其他财政收支审计、2015 年上半年国民经济和社会发展计划执行情况、2015 年上半年预算执行情况、商贸物流业发展情况专题调研 5 项报告审议意见研究处理情况的报告，《菏泽市制定地方性法规条例（审议稿）》和年度地方立法计划编制、立法听证、地方性法规草案征求意见 3 项办法草案，市人大常委会监督事项跟踪督办、监督问责、讨论决定重大事项、代表活动、代表辞职、专门委员会工作规则 6 项制度草案。市人大常委会党组书记、第一副主任杨永昌主持会议，副主任赵传山、汤建梅、孙忠生，秘书长郭景堂出席会议。

28 日至 29 日 省人大常委会委员战树毅一行到菏泽调研精准扶贫工作。市人大常委会副主任孙忠生陪同调研。

30 日 市人大常委会理论学习中心组举办“三严三实”专题教育第三专题第一次学习研讨会。市人大常委会党组书记、第一副主任杨永昌主持会议并作总结讲话，副主任赵传山、汤建梅、孙忠生，秘书长郭景堂参加研讨会并依次发言。

11 月

2 日 市十八届人大常委会召开第六十六次主任会议。会议传达学习党的十八届五中全会精神，听取各委室 10 月工作完成情况和 11 月工作安排汇报。市人大常委会第一副主任杨永昌，副主任赵传山、汤建梅、孙忠生出席会议，秘书长郭景堂主持会议。

17 日 全市地方立法工作会议召开。市人大常委会副主任赵传山出席会议。

25 日 市人大常委会理论学习中心组“三严三实”专题教育第三专题第二次学习研讨会召开。市人大常委会党组书记、第一副主任杨永昌，副主任赵传山、汤建梅、丁志刚、孙忠生，秘书长郭景堂参加研讨会。

12 月

1 日 市十八届人大常委会召开第六十七次主任会议。会议听取各委室 11 月工作完成情况和 12 月工作安排汇报，审议市人大常委会 2016 年地方立法计划。市人大常委会第一副主任杨永昌，副主任汤建梅、孙忠生，秘书长郭景堂出席会议。

5 日 市人大常委会驻曹县“第一书记”工作座谈会召开。市人大常委会党组书记、第一副主任杨永昌出席座谈会并讲话，副主任赵传山、汤建梅、丁志刚、孙忠生，秘书长郭景堂参加座谈会。

8 日至 9 日 市人大常委会对全市公共卫生事业发展情况进行调研。市人大常委会副主任丁志刚参加调研。

21 日 济宁市人大常委会第一副主任陈民、副主任丁颖、秘书长刘绪平一行到菏泽，考察菏泽市城市建设、市人大工作和贯彻落实全省县乡人大工作座谈会精神情况等。市人大常委会党组书记、第一副主任杨永昌，副主任丁志刚、秘书长郭景堂陪同考察。

25日至26日 市人大常委会组织部分常委会组成人员和全国、省、市人大代表对市政府承诺的10件民生实事完成情况进行视察。市人大常委会党组书记、第一副主任杨永昌，副主任赵传山、汤建梅、丁志刚、孙忠生，秘书长郭景堂参加视察。

2016年

1月

4日 市十八届人大常委会召开第六十八次主任会议。会议安排部署下一步工作。市人大常委会第一副主任杨永昌，副主任赵传山、汤建梅、丁志刚、孙忠生出席会议，秘书长郭景堂主持会议。

11日 市十八届人大常委会召开第六十九次主任会议。会议研究审议人事任免事项。市人大常委会第一副主任杨永昌，副主任赵传山、汤建梅、丁志刚、孙忠生出席会议，秘书长郭景堂主持会议。

12日 市十八届人大常委会第三十次会议召开。会议决定市十八届人大五次会议于1月18日至21日在菏泽大剧院召开。会议审议通过关于召开市十八届人大五次会议的决定（草案）；审议确定市十八届人大五次会议相关事项；审议通过市人大常委会工作报告（审议稿），决定提请市十八届人大五次会议审议；审议通过市人大常委会2016年工作计划（草案）；审议通过市十八届人大四次会议代表建议、批评和意见办理情况的书面报告（草案）；审议表决市人大常委会代表资格审查委员会关于个别代表的代表资格审查报告；审议通过市人大常委会2016年地方立法计划（草案）；听取市政府关于菏泽市"十三五"规划纲要（草案）编制情况的汇报；审议表决市政府关于2015年全市政府债务限额的报告；审议表决市政府关于对行政许可法执法检查反馈意见研究处理情况的报告、市中级人民法院关于对少年审判工作情况报告审议意见研究处理情况的报告、市人民检察院关于对规范司法行为工作情况报告审议意见研究处理情况的报告等6项报告；审议表决《菏泽市人民代表大会代表议案处理办法（草案）》等4项制度；投票选定市人大常委会2015年度票决事项。市人大常委会第一副主任杨永昌主持会议，副主任赵传山、汤建梅、丁志刚、孙忠生，秘书长郭景堂出席会议。

15日 市人大2016年立法工作部署会议召开。市人大常委会副主任赵传山出席会议。

18日 市十八届人大常委会第三十一次会议召开。会议补选部分山东省第十二届人民代表大会代表。市人大常委会党组书记、第一副主任杨永昌主持会议，副主任赵传山、汤建梅、丁志刚、孙忠生，秘书长郭景堂出席会议。

18日至21日 市第十八届人民代表大会第五次会议在菏泽大剧院召开。会议听取审议菏泽市人民政府工作报告、菏泽市人民代表大会常务委员会工作报告、菏泽市中级人民法院工作报告、菏泽市人民检察院工作报告。会议书面提交关于菏泽市国民经济和社会发展第十三个五年规划纲要（草案）、关于菏泽市2015年国民经济和社会发展计划执行情况与2016年计划（草案）的报告、关于菏泽市2015年预算执行情况和2016年预算（草案）的报告、菏泽市制定地方性法规条例（草案）。大会表决通过关于菏泽市人民政府工作报告的决议、关于菏泽市国民经济和社会发展第十三个五年规划纲要的决议、关于菏泽市2015年国民经济和社会发展计划执行情况与2016年计划的决议、关于菏泽市2015年预算执行情况和2016年预算的决议、关于菏泽市人民代表大会常务委员会工作报告的决议、关于菏泽市中级人民法院工作报告的决议、关于菏泽市人民检察院工作报告的决议。大会表决通过市十八届人大五次会议选举办法，表决接受有关人员辞职请求的决定，表决通过总监票人、监票人名单。会议以无记名投票的方式，补选段伯汉为市十八届人大常委会第一副主任（正厅级），闫剑波、曹升灵、王忠想为市人民政府副市长，张正智为市中级人民法院院长，补选丁峰、马志伟、王乃光、刘波、李茂楠、沙启忠、张柱军、陈自飞、罗衍玲、姜继彬、秦玉亭、黄高潮、梁振坤（按姓名笔画排序）为菏泽市人大常委会委员。

2016年1月18日至21日，菏泽市第十八届人民代表大会第五次会议召开

22日 市十八届人大常委会召开第七十次主任会议。会议安排部署当前重点工作。市人大常委会第一副主任段伯汉，副主任赵传山、汤建梅、丁志刚、孙忠生出席会议，秘书长郭景堂主持会议。

22日 菏泽市举行欢送会，为出席山东省十二届人大五次会议的代表送行。市人大常委会党组书记、第一副主任段伯汉，副主任赵传山、汤建梅、丁志刚、孙忠生出席欢送会。

26日至27日 市人大常委会副主任丁志刚带领调研组，就“全面改薄”工作进行调研。

2月

3日 市十八届人大常委会召开第七十一次主任会议。会议听取立法工作情况汇报，研究常委会2016年学习方案。市委书记、市人大常委会主任孙爱军出席会议并讲话，市人大常委会第一副主任段伯汉主持会议，副主任赵传山、汤建梅、丁志刚、孙忠生，秘书长郭景堂出席会议。

17日 市人大常委会机关全体人员会议召开。会议贯彻落实省人代会精神和市委书记、市人大常委会主任孙爱军在市十八届人大常委会第七十一次主任会议上的讲话要求，推动人大工作扎实有效开展。市人大常委会党组书记、第一副主任段伯汉，副主任赵传山、汤建梅、孙忠生，秘书长郭景堂出席会议。

22日 市十八届人大常委会召开第七十二次主任会议。会议听取市十八届人大常委会第三十二次会议筹备情况的汇报，研究确定第三十二次常委会会议于2月29日召开。市人大常委会第一副主任段伯汉主持会议，副主任赵传山、汤建梅、孙忠生，秘书长郭景堂出席会议。

23日 全市人大宣传调研工作会议召开。市人大常委会副主任赵传山出席会议并讲话，秘书长郭景堂主持会议。

24日 市人大常委会党组书记、第一副主任段伯汉到市中级人民法院调研，并召开座谈会。市人大常委会秘书长郭景堂陪同调研。

25日 市人大常委会党组书记、第一副主任段伯汉到市人民检察院调研，并召开座谈会。市人大常委会副主任赵传山陪同活动。

25日 淄博市人大常委会第一副主任王顶岐、副主任王树武带领淄博市人大考察组到菏泽，就全省人大工作会议和县乡人大工作座谈会精神贯彻落实情况，以及开发区人大工委有关情况进行考察。市人大常委会党组书记、第一副主任段伯汉会见考察组一行，副主任孙忠生陪同考察。

29日 市十八届人大常委会第三十二次会议召开。会议听取审议市政府关于“全面改薄”和解决城镇普通中小学“大班额”问题情况的报告、关于电子商务产业发展情况的报告、关于提请审议《山东菏泽国家农业科技园区总体规划》的议案、关于将菏泽市城市建设发展基金纳入市级财政预算管理的报告；听取审议接受票决的市政府有关部门对市人大常委会2015年度有关审议意见办理落实情况的报告，并进行满意度票决；通过有关决定及人事任免事项。市人大常委会党组书记、第一副主任段伯汉主持会议，副主任赵传山、汤建梅、孙忠生，秘书长郭景堂出席会议。

2016年2月29日，在市十八届人大常委会第三十二次会议上首次举行新任命人员宪法宣誓仪式

29日 全市县区人大常委会主任座谈会召开。市人大常委会党组书记、第一副主任段伯汉主持会议并讲话，副主任赵传山、汤建梅、孙忠生，秘书长郭景堂出席会议。

3月

2日 市人大常委会召开主任办公会，听取各委室2月工作情况汇报，调度推进、部署落实近期各项重点工作。市人大常委会党组书记、第一副主任段伯汉主持会议，副主任赵传山、汤建梅、孙忠生，秘书长郭景堂出席会议。

3日 市人大常委会副主任赵传山率市人大常委会调研组，就全市城市道路交通秩序整治工作进行调研。

11日 市人大常委会党组书记、第一副主任段伯汉到东明县、郓城县调研能源化工产业发展情况。

14日 全市人大贫困群众脱贫帮扶活动工作座谈会召开。市人大常委会党组书记、第一副主任段伯汉，副主任孙忠生，秘书长郭景堂出席会议。

15日 全市人大民侨外委工作座谈会召开。市人大常委会副主任汤建梅出席会议并讲话。

16日 市人大财经预算农业工作对口部门联系会召开。市人大常委会副主任孙忠生出席会议。

18日 市人大常委会召开代表建议办理工作暨代表建功立业活动动员会。市人大常委会副主任赵传山、秘书长郭景堂出席会议。

24日 市人大常委会召开党组会议。会议学习《党委会的工作方法》和《中国共产党党组工作条例（试行）》。市人大常委会党组书记、第一副主任段伯汉主持会议。

4月

8日 市人大常委会召开主任办公会，听取各委室3月工作完成情况汇报，安排部署4月各项重点工作。市人大常委会党组书记、第一副主任段伯汉主持会议，副主任赵传山、孙忠生，秘书长郭景堂出席会议。

13日 省人大常委会副主任于建成率省大气污染防治检查组，到市大气污染防治指挥部、顺宇机动车尾气检测站、菏泽发电厂超低排放改造项目等地，对全市贯彻实施《中华人民共和国大气污染防治法》情况进行执法检查，并召开座谈会。市人大常委会党组书记、第一副主任段伯汉，市人大常委会副主任孙忠生参加活动。

2016年4月13日，省人大常委会副主任于建成带队到菏泽就贯彻实施《中华人民共和国大气污染防治法》情况进行执法检查

13日 省人大常委会法工委副主任石晓一行到菏泽，就地方立法工作进行调研座谈。市人大常委会副主任赵传山陪同活动。

19日 市十八届人大常委会召开第七十三次主任会议。会议研究提交市十八届人大常委会第三十三次会议的议题及其他有关事项，确定市十八届人大常委会第三十三次会议于4月28日召开，会期一天。市人大常委会第一副主任段伯汉主持会议，副主任赵传山、汤建梅、孙忠生，秘书长郭景堂出席会议。

25日 市人大常委会机关“两学一做”学习教育动员会召开。市人大常委会党组书记、第一副主任段伯汉出席会议并讲话，副主任赵传山主持会议，副主任孙忠生、秘书长郭景堂参加会议。

26日至27日 省人大常委会委员、省人大教科文卫委员会副主任委员安世银率领执法检查组到菏泽，对《中华人民共和国食品安全法》贯彻落实情况进行执法检查。市人大常委会副主任汤建梅陪同活动。

26日 全市人大信访工作会议召开。市人大常委会副主任汤建梅出席会议。

28日 市十八届人大常委会第三十三次会议召开。会议听取审议市政府关于2014年度市级预算执行和其他财政收支审计查出问题整改情况的报告、市政府关于城市道路交通秩序整治工作情况的报告、市政府关于农村饮水安全工作情况的报告；对《菏泽市大气污染防治条例（草案）》进行第一次审议，审议通过《菏泽市人大常委会立法评估办法》；表决通过有关决定及人事任免事项。市人大常委会党组书记、第一副主任段伯汉主持会议，副主任赵传山、汤建梅、孙忠生，秘书长郭景堂出席会议。

5月

5日 市人大常委会召开主任办公会，听取各委室4月工作总结和5月工作安排情况汇报。市人大常委会党组书记、第一副主任段伯汉主持会议，副主任赵传山、汤建梅、孙忠生，秘书长郭景堂出席会议。

12日 市人大常委会邀请市委讲师团副团长袁增华，对机关全体党员进行“两学一做”专题辅导。市人大常委会党组书记、第一副主任段伯汉，副主任赵传山、丁志刚，秘书长郭景堂参加辅导活动。

12日 市人大常委会预算审查监督咨询专家库成立会议召开。市人大常委会副主任孙忠生出席会议并讲话。

17日 市人大常委会对全市贯彻实施安全生产法情况进行执法检查。市人大常委会党组书记、第一副主任段伯汉，副主任赵传山、汤建梅、丁志刚、孙忠生，秘书长郭景堂参加检查。

6月

2日 市人大常委会召开主任办公会，听取各委室5月工作总结和6月工作安排情况汇报。

市人大常委会党组书记、第一副主任段伯汉主持会议，副主任赵传山、汤建梅、丁志刚、孙忠生，秘书长郭景堂出席会议。

14日 市人大常委会党组书记、第一副主任段伯汉，副主任赵传山、孙忠生一行，到东明县、巨野县就重点县区能源化工产业发展规划编制情况进行调研。

15日至16日 市人大常委会党组书记、第一副主任段伯汉，副主任丁志刚、秘书长郭景堂一行，到鄄城县、定陶区调研县乡人大工作座谈会精神贯彻落实情况。

21日 市十八届人大常委会召开第七十四次主任会议。会议研究确定召开市十八届人大常委会第三十四次会议有关议题等事项。市人大常委会第一副主任段伯汉主持会议，副主任赵传山、汤建梅、丁志刚、孙忠生，秘书长郭景堂出席会议。

27日 市人大法制委对《菏泽市城镇容貌和环境卫生管理条例》进行统一审议。市人大常委会副主任赵传山参加会议。

28日 省人大常委会委员、省人大农委主任委员战树毅一行到菏泽，就农机创新发展工作进行调研。市人大常委会副主任孙忠生陪同调研。

29日 省人大常委会办公厅巡视员张玉成一行4人到菏泽，就深化财政转移支付制度改革工作进行专题调研。市人大常委会副主任孙忠生出席座谈会。

29日 全市人大代表培训班暨履职经验交流会举行。市人大常委会副主任丁志刚参加并讲话。

29日 市十八届人大常委会第三十四次会议召开。会议听取审议市政府关于2015年财政决算（草案）的报告，审查批准2015年市级财政决算；听取审议市政府关于2015年度市级预算执行和其他财政收支的审议工作报告、市扶贫办关于扶贫开发工作情况的报告；审议《菏泽市大气污染防治条例（草案修改稿）》《菏泽市城镇容貌和环境卫生管理条例（草案）》；审议表决市政府关于对“全面改薄”和解决普通中小学“大班额”问题情况报告审议意见研究处理情况的报告、关于对电子商务产业发展情况报告审议意见研究处理情况的报告；审议通过有关决定及人事任免事项。市人大常委会党组书记、第一副主任段伯汉主持会议，副主任赵传山、汤建梅、丁志刚、孙忠生，秘书长郭景堂出席会议。

7月

1日 2016年“菏泽环保世纪行”活动启动仪式举行。市人大常委会副主任丁志刚出席会议。

5日 市人大常委会召开主任办公会，传达学习市委常委会议关于地方立法的决定精神，听取各委室上半年工作总结和7月工作安排汇报、机关“两学一做”学习教育开展情况汇报和机关公务用车制度改革有关情况的汇报。市人大常委会党组书记、第一副主任段伯汉主持会议，副主任赵传山、汤建梅、丁志刚、孙忠生，秘书长郭景堂出席会议。

6日 全市人大“贫困群众脱贫帮扶”活动现场会召开。市人大常委会党组书记、第一副主任段伯汉，副主任孙忠生出席会议。

7日至8日 省人大常委会委员、省人大城环委副主任委员张秋波、贾学英一行到菏泽视察保障性安居工程建设情况。市人大常委会副主任丁志刚陪同活动。

11日 市人大常委会党组书记、第一副主任段伯汉为市人大常委会机关全体人员上党课。市人大常委会副主任赵传山、汤建梅、丁志刚、孙忠生，秘书长郭景堂参加会议。

12日至13日 省人大常委会委员、省人大民侨外委副主任委员段华东、朱晓强一行到菏泽，对《山东省旅游条例（修订草案）》开展立法调研。市人大常委会副主任汤建梅陪同调研。

21 日 市人大常委会机关第一党支部召开“两学一做”学习教育专题研讨会。市人大常委会党组书记、第一副主任段伯汉参加党支部学习讨论。

22 日 市人大常委会机关第三党支部举行“两学一做”专题党课和专题讨论活动。市人大常委会副主任丁志刚参加讨论，并为支部党员上党课。

25 日至 27 日 市人大常委会副主任丁志刚带领部分省人大代表组成调研组，赴潍坊市就农产品质量安全工作开展专题调研。

29 日 市人大常委会机关全体会议召开。会议传达学习市委十二届十三次全体会议精神，举办“两学一做”专题辅导讲座。市人大常委会党组书记、第一副主任段伯汉，副主任赵传山、丁志刚，秘书长郭景堂出席会议。

8 月

2 日 市人大常委会召开主任办公会，听取各委室 7 月工作总结和 8 月工作安排汇报、宣传工作情况的汇报。市人大常委会党组书记、第一副主任段伯汉，副主任赵传山、汤建梅，秘书长郭景堂出席会议。

2 日至 3 日 市人大常委会副主任丁志刚带队赴济南市参加全省县乡两级人大换届选举工作学习班。

4 日至 5 日 省人大常委会委员、省人大财经委副主任委员宋文瑄一行到菏泽，对全市贯彻实施安全生产“一法一条例”情况进行调研。市人大常委会副主任丁志刚、秘书长郭景堂陪同调研。

8 日 市人大常委会组织召开立法咨询员座谈会，对《菏泽市大气污染防治条例（草案表决稿）》进行讨论、修改和技术把关。市人大常委会副主任赵传山出席会议。

9 日 济宁市人大常委会第一副主任周洪率领部分驻济宁省人大代表到菏泽，考察电商扶贫工作。市人大常委会党组书记、第一副主任段伯汉，副主任丁志刚陪同调研。

11 日至 12 日 市人大常委会副主任丁志刚带领市人大城环委及有关部门负责人，就省级文明城市创建工作进行调研，并分别在牡丹区、开发区、定陶区召开座谈会听取相关汇报。

15 日 市十八届人大常委会召开第七十五次主任会议。会议听取全省县乡两级人大换届选举工作学习班精神汇报，研究提交市十八届人大常委会第三十五次会议议题等，审议通过《菏泽市人大常委会立法咨询工作规则》。市人大常委会第一副主任段伯汉主持会议，副主任赵传山、汤建梅、丁志刚，秘书长郭景堂出席会议。

16 日至 17 日 市人大常委会副主任丁志刚带领部分驻菏全国、省人大代表和部分市人大代表就全市食品安全工作进行专题调研。

22 日 市人大法制委对《菏泽市城镇容貌和环境卫生管理条例（草案修改稿）》进行讨论修改，对《菏泽市水污染防治条例（草案）》《菏泽市煤炭清洁使用监督管理条例（草案）》进行统一审议。市人大常委会副主任赵传山参加会议。

24 日至 25 日 受省人大常委会委托，市人大常委会副主任丁志刚一行对全市贯彻实施文物保护“一法一条例”情况进行执法检查，实地检查定陶汉墓、单县朱家大院等文物保护情况。

30 日 市十八届人大常委会第三十五次会议召开。会议听取审议市政府关于 2016 年上半年国民经济和社会发展计划执行情况的报告、关于 2016 年上半年预算执行情况的报告、市中级人民法院关于行政审判工作情况的报告，表决通过《菏泽市人民代表大会常务委员会关于菏泽市 2016—2020 年依法治市规划的决议》《菏泽市人民代表大会常务委员会关于在全市公民中开展法治宣传教育的第七个五年规划（2016—2020 年）的决议》《菏泽市人民代表大会常务委员会关于批准将赵王河上游生态公园PPP项目相关费用纳入市级财政预算的决定》《菏泽市大气污染防治条例》，审议《菏泽市城镇容貌和环境卫生管理条例（草案修改稿）》《菏泽市水污染防治条例（草案）》《菏泽市煤炭清洁使用监督管理条例（草案）》，审议表决市政府关于对审计查出问题整改情况报告、城市道路交通秩序整治情况报告、农村饮水安全工作情况报告、安全生产法执法检查4项审议意见研究处理情况的报告及有关人事任免事项。市人大常委会党组书记、第一副主任段伯汉主持会议，副主任赵传山、汤建梅、丁志刚、孙忠生，秘书长郭景堂出席会议。

9月

1日 市人大常委会召开主任办公会，听取各委室8月工作完成情况和9月工作计划汇报。市人大常委会党组书记、第一副主任段伯汉主持会议，副主任赵传山、汤建梅、丁志刚、孙忠生，秘书长郭景堂出席会议。

6日至7日 市人大常委会副主任丁志刚带领“菏泽环保世纪行”记者团一行，对大气水污染防治、水资源节约和保护、生态林业建设工作进行采访。

8日至9日 市人大常委会副主任赵传山赴吉林省长春市参加第二十二次全国地方立法研讨会。

9日 省人大常委会委员、省人大城环委主任委员杨焕彩一行到菏泽，就贯彻实施《山东省电力设施和电能保护条例》情况进行执法调研。市人大常委会副主任丁志刚陪同调研。

13日 全市县乡人大换届选举工作会议召开。市人大常委会党组书记、第一副主任段伯汉，副主任丁志刚、秘书长郭景堂出席会议。

22日 市人大内司委组成调研组对市人民检察院刑事执行检察工作进行专题调研。

23日 《菏泽市大气污染防治条例》经山东省第十二届人民代表大会常务委员会第二十三次会议批准。

23日 市人大常委会党组书记、第一副主任段伯汉，副主任丁志刚、秘书长郭景堂一行，到牡丹区部分人大代表领军企业、乡镇办事处，就“贫困群众脱贫帮扶”“建功立业”活动开展以及区乡人大换届选举工作进行实地调研。

27日 全市县乡人大换届选举工作联席会议第一次全体会议召开。市人大常委会副主任丁志刚出席会议，秘书长郭景堂主持会议。

28日至29日 市人大常委会党组书记、第一副主任段伯汉，副主任赵传山、汤建梅、丁志刚，秘书长郭景堂，带领部分常委会驻会委员组成视察组，到牡丹区、高新区、开发区和定陶区实地察看创建省级文明城市有关城市基础设施建设项目和城市管理工作情况。

2016年9月28日至29日，市人大常委会视察创建省级文明城市有关城市基础设施建设项目和城市管理工作情况

29日 《菏泽市大气污染防治条例》颁布施行新闻发布会在市图书馆召开，通报有关情况，回答记者提问。

10月

8日 市人大常委会召开主任办公会，听取各委室9月工作总结和10月工作安排汇报。市人大常委会党组书记、第一副主任段伯汉，副主任赵传山、汤建梅、丁志刚，秘书长郭景堂出席会议。

9日至10日 省人大常委会委员、省人大民侨外委主任委员卢得志一行到菏泽，就《山东省宗教事务条例》贯彻实施情况进行执法检查。市人大常委会副主任汤建梅陪同活动。

10日至11日 市人大常委会副主任丁志刚带领调研组，到成武县、牡丹区、鄄城县对棚户区改造工作情况进行调研。

11日 市人大常委会民生实事调研座谈会召开。市人大常委会副主任赵传山出席会议。

13日至14日 市人大常委会副主任丁志刚一行，就迎接省级卫生城市复审工作，到牡丹区、开发区、高新区、定陶区进行专题调研。

17日至18日 省人大法制委员会副主任委员吕明辰带领省人大立法调研组到菏泽，就《山东省旅游条例（修订草案修改稿）》《山东省企业工资集体协商条例（草案修改稿）》《山东省地方立法条例（草案修改稿）》进行立法调研。市人大常委会副主任赵传山陪同调研。

20日 市十八届人大常委会召开第七十六次主任会议。会议研究确定召开市十八届人大常委会第三十六次会议的议题。市人大常委会第一副主任段伯汉主持会议，副主任赵传山、汤建梅、丁志刚，秘书长郭景堂出席会议。

21日 市人大法制委召开会议，对《菏泽市城镇容貌和环境卫生管理条例（草案建议表决稿）》进行讨论修改。市人大常委会副主任赵传山参加会议。

21日 受省人大常委会委托，市人大常委会副主任丁志刚一行，就全市土壤污染防治工作情况到牡丹区、东明县进行视察。

28日 市十八届人大常委会第三十六次会议召开。会议听取审议市政府关于民生实事进展情况的报告、市政府关于重大基础设施建设情况的报告、关于全市棚户区改造工作情况的报告、关于新预算法贯彻实施情况的报告，市人民检察院关于刑事执行检察工作情况的报告；表决通过《菏泽市城镇容貌和环境卫生管理条例》；审议《菏泽市水污染防治条例（草案修改稿）》《菏泽市煤炭清洁生产使用监督管理条例（草案修改稿）》，表决通过《菏泽市人民代表大会常务委员会关于批准菏泽市老年大学和全民健身中心PPP项目相关费用纳入市级财政预算的决定》，审议通过市人大教科文卫委关于全市食品安全工作情况的调研报告、市人大常委会关于创建省级文明城市有关城市基础设施建设和提升城市管理工作情况的视察报告，审议表决市政府关于对2015年财政决算报告审议意见研究处理情况的报告、市政府关于对2015年市级预算执行和其他财政收支审计报告审议意见研究处理情况的报告、市政府关于对2016年上半年国民经济和社会发展计划执行情况报告审议意见研究处理情况的报告、市政府关于对2016年上半年预算执行情况报告审议意见研究处理情况的报告。会议还表决通过有关人事任免事项。市人大常委会党组书记、第一副主任段伯汉主持会议，副主任赵传山、汤建梅、丁志刚，秘书长郭景堂出席会议。

11月

1日 市人大常委会召开主任办公会，听取各委室10月工作汇报，安排部署11月重点工作。市人大常委会党组书记、第一副主任段伯汉，副主任赵传山、汤建梅、丁志刚，秘书长郭景堂出席会议。

1日 市人大常委会召开党组（扩大）会议。会议传达学习党的十八届六中全会精神，研究贯彻落实意见。市人大常委会党组书记、第一副主任段伯汉，副主任赵传山、丁志刚，秘书长郭景堂出席会议，副主任汤建梅列席会议。

3 日 全市县乡人大换届选举工作联席会议召集人、市人大常委会副主任丁志刚带队到曹县、定陶县、巨野县、郓城县、鄄城县，就县乡人大换届选举工作进行现场调研督导。

18 日 市人大常委会召开县乡人大换届选举工作调度会议，调度各县区县乡人大换届选举工作。市人大常委会副主任丁志刚出席会议。

24 日 全市县乡人大换届选举工作联席会议召集人、市人大常委会副主任丁志刚带队到曹县、定陶县、巨野县、郓城县、鄄城县，就县乡人大换届选举工作进行现场调研督导。

26 日 省十二届人大常委会第二十四次会议批准《菏泽市城镇容貌和环境卫生管理条例》。

30 日 《菏泽市城镇容貌和环境卫生管理条例》颁布施行新闻发布会在市图书馆召开，通报有关情况，回答记者提问。

12 月

1 日 市人大常委会召开主任办公会，听取各委室 11 月工作汇报，安排部署 12 月重点工作。市人大常委会党组书记、第一副主任段伯汉，副主任赵传山、丁志刚、孙忠生，秘书长郭景堂出席会议。

1 日 《菏泽市大气污染防治条例》《菏泽市城镇容貌和环境卫生管理条例》正式施行。

5 日 市选举工作委员会第一次会议召开。市人大常委会副主任丁志刚参加会议。

13 日 市人大常委会机关全体会议召开。会议传达学习市委十二届十四次全体会议精神，安排部署近期重点工作。

15 日 市十八届人大常委会召开第七十七次主任会议。会议研究提交市十八届人大常委会第三十七次会议的议题，研究市人大常委会 2017 年监督议题等。市人大常委会第一副主任段伯汉主持会议，副主任赵传山、汤建梅、丁志刚、孙忠生，秘书长郭景堂出席会议。

23 日 市十八届人大常委会第三十七次会议召开。会议听取审议市政府关于 2015 年审计查出问题整改情况的报告；听取审议市政府关于 2016 年全市政府债务限额的报告，并作出相关决议；表决通过《菏泽市煤炭清洁生产使用监督管理条例（草案表决稿）》；审议表决市政府关于对食品安全专题调研反馈意见研究处理情况的报告、关于对创建省级文明城市有关城市基础设施建设和提升城市管理工作视察反馈意见研究处理情况的报告、关于对民生实事进展情况报告审议意见研究处理情况的报告、关于对全市重大基础设施建设情况报告审议意见研究处理情况的报告、关于对全市棚户区改造工作情况报告审议意见研究处理情况的报告、关于对新预算法贯彻实施情况报告审议意见研究处理情况的报告，市中级人民法院关于对行政审判工作情况报告审议意见研究处理情况的报告，市人民检察院关于对刑事执行检察工作情况报告审议意见研究处理情况的报告。会议还表决通过有关人事任免事项。市人大常委会党组书记、第一副主任段伯汉主持会议，副主任赵传山、汤建梅、丁志刚、孙忠生，秘书长郭景堂出席会议。

2017 年

1 月

4 日 市人大常委会召开主任办公会，听取各委室月度工作、2016 年创先争优工作完成情况、市人代会筹备进展情况、驻村“第一书记”工作情况汇报等，安排部署下一步重点工作。市人大常委会党组书记、第一副主任段伯汉，副主任赵传山、汤建梅、丁志刚、孙忠生，秘书长郭景堂出席会议。

13日 市人大常委会机关人员到冀鲁豫边区革命纪念馆，缅怀革命先烈，传承革命精神，并举行重温入党宣誓仪式。市人大常委会党组书记、第一副主任段伯汉，副主任赵传山、孙忠生，秘书长郭景堂参加活动。

15日 市十八届人大常委会第三十八次会议召开。会议审议表决市人大常委会主任会议关于提请接受贾学英辞去山东省第十二届人民代表大会代表职务的议案。市人大常委会党组书记、第一副主任段伯汉主持会议，副主任赵传山、汤建梅、丁志刚、孙忠生，秘书长郭景堂出席会议。

17日 市十八届人大常委会召开第七十八次主任会议。会议研究提交市十八届人大常委会第三十九次会议的议题。市人大常委会第一副主任段伯汉主持会议，副主任赵传山、汤建梅、丁志刚、孙忠生，秘书长郭景堂出席会议。

20日 市人大常委会党组召开2016年度民主生活会。市人大常委会党组书记、第一副主任段伯汉主持会议，市人大常委会党组成员参加会议。

2017年1月24日，市十八届人大常委会第三十九次会议召开

24日 市十八届人大常委会第三十九次会议召开。会议审议确定市十九届人大一次会议的相关事项，审议通过市人大常委会工作报告（审议稿）、市人大常委会2017年工作要点、市人大常委会2017年地方立法计划、市人大常委会2017—2021年地方立法规划，审议表决市十八届人大五次会议代表建议、批评和意见办理情况的书面报告（草案），审议通过市政府关于菏泽市社会治安数字化监控PPP项目相关费用纳入预算的议案，听取审议市政府有关部门对市人大常委会2016年度有关审议意见办理落实情况的报告并进行满意度票决，通过有关人事任免事项。市人大常委会党组书记、第一副主任段伯汉主持会议，副主任赵传山、汤建梅、丁志刚、孙忠生，秘书长郭景堂出席会议。市委常委、市政府常务副市长闫剑波、市中级人民法院院长张正智、市人民检察院检察长王金庆列席会议。

2月

23日至26日 市第十九届人民代表大会第一次会议在菏泽大剧院召开。会议听取审议菏泽市人民政府工作报告、菏泽市人民代表大会常务委员会工作报告、菏泽市中级人民法院工作报告、菏泽市人民检察院工作报告。会议书面提交关于菏泽市2016年国民经济和社会发展计划执行情况与2017年计划草案的报告、关于菏泽市2016年预算执行情况和2017年预算草案的报告。大会表决通过关于菏泽市人民政府工作报告的决议、关于菏泽市2016年国民经济和社会发展计划执行情况与2017年计划的决议、关于菏泽市2016年预算执行情况和2016年预算的决议、关于菏泽市人民代表大会常务委员会工作报告的决议、关于菏泽市中级人民法院工作报告的决议、关于菏泽市人民检察院工作报告的决议、关于设立菏泽市第十九届人民代表大会专门委员会的决定。大会表决通过市十九届人大一次会议选举办法，表决通过关于设立市十九届人大专门委员会的决定，表决通过市十九届人大各专门委员会组成人员人选表决办法，通过总监票人、监票人名单，选举产生市十九届人大常委会主任、副主任、秘书长、委员，市人民政府市长、副市长，市中级人民法院院长，市人民检察院检察长；表决通过市十九届人大各专门委员会组成人员人选名单。大会应到代表621名，实到代表609名，符合法定人数。

24日 市人大代表建议办理情况票决会议召开，对市十八届人大五次会议代表提出的部分建议办理情况进行满意度票决。市人大常委会副主任、党组副书记丁志刚出席会议并讲话。

26日 市十九届人大常委会召开第一次主任会议。会议对新一届市人大常委会工作的开展作安排部署。市委书记、市人大常委会主任孙爱军出席会议，市人大常委会副主任杨晓玲主持会议，副主任丁志刚、汤建梅、孙忠生、谷瑞灵，秘书长郭景堂出席会议。市委常委、市委秘书长任仲义列席会议。

3月

2日 市人大常委会机关全体人员会议召开。会议传达学习市第十三次党代会、市人代会以及市委书记、市人大常委会主任孙爱军在市十九届人大常委会第一次主任会议上的讲话精神。

6日 市人大常委会召开主任办公会，传达学习关于对市委书记、市人大常委会主任孙爱军在市十九届人大常委会第一次主任会议上讲话精神的贯彻落实意见，公布常委会领导班子成员、各位副秘书长的工作分工，听取各委室3月工作安排汇报，并对近期重点工作进行安排部署。市人大常委会副主任、党组副书记杨晓玲主持会议，副主任、党组副书记丁志刚，副主任汤建梅、孙忠生，秘书长郭景堂出席会议。

8日 市人大常委会组织机关全体人员集中收听收看十二届全国人大五次会议第二次全体会议现场实况直播。市人大常委会副主任、党组副书记杨晓玲，副主任孙忠生，秘书长郭景堂参加会议。

8日 河北省人大常委会城建环资工委主任姬振海一行15人到菏泽，就开展党支部建设主题教育活动、城市规划建设情况进行考察调研。市人大常委会副主任、党组副书记丁志刚陪同活动。

9日 市人大常委会副主任、党组副书记杨晓玲率调研组，到巨野县、郓城县实地调研未成年人检察工作。

10日 市人大常委会2017年立法计划及2017—2021年立法规划落实部署会议召开。市人大常委会副主任、党组副书记杨晓玲出席会议并讲话。

13日 市人大常委会机关全体会议召开。会议深入贯彻落实市委书记、市人大常委会主任孙爱军讲话精神。市人大常委会副主任、党组副书记杨晓玲出席会议并讲话，副主任、党组副书记丁志刚，副主任汤建梅、孙忠生、谷瑞灵参加会议，秘书长郭景堂主持会议。

16日 市人大常委会机关全体会议召开。会议传达贯彻市委常委（扩大）会议精神。市人大常委会副主任、党组副书记杨晓玲主持会议并讲话，副主任汤建梅、孙忠生，秘书长郭景堂参加会议。

17日 市人大常委会组织机关干部职工到定陶区湿地公园参加义务植树活动。市人大常委会副主任、党组副书记杨晓玲，副主任、党组副书记丁志刚，秘书长郭景堂参加活动。

17日 全市人大民侨外工作座谈会召开。市人大常委会副主任汤建梅出席会议。

18日至19日 黑龙江省黑河市人大常委会副主任屈树广率考察团到菏泽，考察城市市容和环境卫生立法等工作。市人大常委会副主任、党组副书记杨晓玲陪同考察。

22日 市十九届人大常委会召开第二次主任会议。会议研究提交市十九届人大常委会第一次会议的议题。市人大常委会副主任杨晓玲主持会议，副主任丁志刚、孙忠生、谷瑞灵，秘书长郭景堂出席会议。

23日 2017年度市人大代表建议集中交办会召开。市人大常委会副主任、党组副书记丁志刚出席会议。

27日 全市人大信访工作会议召开。市人大常委会副主任汤建梅出席会议。

30日 全市县区人大主任座谈会召开。市人大常委会副主任、党组副书记杨晓玲主持会议并讲话，副主任、党组副书记丁志刚，副主任汤建梅、孙忠生、谷瑞灵，秘书长郭景堂出席会议。

2017年3月30日，市十九届人大常委会第一次会议召开，并颁发任命书

30日 市十九届人大常委会第一次会议召开。会议听取审议市政府关于“一村一品、一乡一业”发展情况的报告、市人民检察院关于未成年人检察工作情况的报告；听取审议市政府关于设立菏泽市城市投资发展基金的议案，并作出相关决定；表决通过有关人事任免事项。市委书记，市人大常委会主任、党组书记孙爱军主持会议并讲话，市人大常委会副主任、党组副书记杨晓玲、丁志刚，副主任汤建梅、孙忠生、谷瑞灵，秘书长郭景堂出席会议。市委常委、市政府常务副市长闫剑波、市中级人民法院院长张正智、市人民检察院检察长王金庆列席会议。

31日 全市人大城建环保工作座谈会召开。市人大常委会副主任、党组副书记丁志刚出席会议并讲话。

4月

1日 市人大常委会召开党组（扩大）会议。会议传达学习市委常委会议精神，研究贯彻落实意见。市人大常委会副主任、党组副书记杨晓玲主持会议并讲话，副主任、党组副书记丁志刚，副主任孙忠生，秘书长郭景堂出席会议，副主任汤建梅列席会议。

11日 全市人大教科文卫工作座谈会召开。市人大常委会副主任、党组副书记丁志刚出席会议。

12日至13日 省人大常委会副主任张新起一行到菏泽，对全市法院执行工作进行视察。市人大常委会副主任、党组副书记杨晓玲陪同活动。

13日 市人大常委会机关全体会议召开。会议传达贯彻市委常委（扩大）会议精神，传达学习市委书记孙爱军在全市工业强市暨招商引资动员大会和全市创建省级文明城市推进会议上的讲话精神。市人大常委会副主任汤建梅、孙忠生，秘书长郭景堂出席会议。

25日至26日 市人大城环委对全市贯彻实施《中华人民共和国大气污染防治法》《山东省大气污染防治条例》《菏泽市大气污染防治条例》情况进行专题调研。市人大常委会副主任、党组副书记丁志刚参加调研。

5月

3日 市十九届人大常委会召开第三次主任

会议。会议研究确定提交市十九届人大常委会第二次会议的议题，听取各委室月度工作汇报，安排部署5月重点工作，审议研究“后来居上、代表先行”系列活动意见和实施方案等。市人大常委会副主任杨晓玲主持会议，副主任丁志刚、汤建梅、孙忠生、谷瑞灵，秘书长郭景堂出席会议。

4日至5日 市人大常委会副主任、党组副书记杨晓玲赴济南市参加全省地方立法暨地方立法研究服务基地工作经验交流会议。

8日至9日 市人大常委会副主任汤建梅一行，先后到牡丹区、定陶区等现场，就全市民族工作基本情况、民族工作存在问题和进一步加强民族工作的思路措施等问题进行专题调研。

10日 市十九届人大常委会第二次会议召开。会议听取审议市政府关于全市金融工作情况的报告、关于全市脱贫攻坚工作情况的报告；听取审议市中级人民法院关于基本解决执行难工作情况的报告；听取审议市政府关于菏泽市民政医养服务中心PPP项目相关费用纳入财政预算的议案，并作出相关决定；表决通过有关人事任免事项，对首批员额法官和检察官进行备案，对首批法官遴选未入额法官、首批检察官遴选未入额检察官进行备案。受市委书记、市人大常委会主任孙爱军委托，杨晓玲向新任命的市政府部分组成人员和1名市人民检察院副检察长颁发任命书。市人大常委会副主任、党组副书记杨晓玲主持会议，副主任、党组副书记丁志刚，副主任汤建梅、孙忠生，秘书长郭景堂出席会议。市政府副市长王卫东、市中级人民法院院长张正智、市人民检察院检察长王金庆列席会议。

12日 市人大城环委对菏泽市创建省级文明城市工作进行专题调研。市人大常委会副主任、党组副书记丁志刚参加调研。

23日 市人大常委会“后来居上、代表先行”系列活动动员会召开，对开展“立岗建功促发展”“牵手帮扶促脱贫”“化解矛盾促和谐”“听评庭审促公正”系列活动进行动员部署。市人大常委会副主任、党组副书记杨晓玲出席会议并讲话，副主任、党组副书记丁志刚主持会议，副主任汤建梅、孙忠生，秘书长郭景堂出席会议。

23日 市人大代表履职培训班开班，对新当选的400余名市人大代表进行履职培训。市人大常委会副主任、党组副书记杨晓玲、丁志刚，副主任汤建梅、孙忠生，秘书长郭景堂出席开班仪式。

24日至25日 市人大常委会对市政府贯彻实施大气污染防治“一法两条例”情况进行执法检查。市人大常委会副主任、党组副书记杨晓玲、丁志刚，副主任孙忠生、谷瑞灵，秘书长郭景堂参加执法检查。

2017年5月24日至25日，市人大常委会对市政府贯彻实施大气污染防治“一法两条例”情况进行执法检查

24日至26日 市人大常委会副主任汤建梅赴青岛市参加全省人大民侨外工作座谈会暨骨干培训班。

6月

1日 市人大常委会召开主任办公会，听取各委室5月工作完成情况和6月工作安排汇报，安排部署6月重点工作。市人大常委会副主任、党组副书记杨晓玲主持会议，副主任、党组副书记丁志刚，副主任汤建梅、孙忠生，秘书长郭景堂出席会议。

7 日 市人大常委会副主任、党组副书记杨晓玲带领内司工委一行 6 人，到市中级人民法院对人大代表“听评庭审促公正”活动开展情况进行专题调研。

19 日至 21 日 省人大城环委副主任委员张传亭一行 7 人到菏泽，对村镇建设工作情况进行视察。市人大常委会副主任、党组副书记丁志刚陪同视察。

21 日 市十九届人大常委会召开第四次主任会议。会议传达市委常委（扩大）会议精神，学习省第十一次党代会精神，研究贯彻落实意见，研究确定提交市十九届人大常委会第三次会议的议题。市人大常委会副主任杨晓玲主持会议，副主任丁志刚、孙忠生，秘书长郭景堂出席会议。

22 日至 23 日 市人大常委会副主任、党组副书记丁志刚带领调研组，到开发区、牡丹区对贯彻实施《菏泽市城镇容貌和环境卫生管理条例》情况进行专题调研，并对《菏泽市供热条例（草案）》进行立法调研。

27 日 受省人大城环委委托，市人大城环委对全市贯彻实施环境保护法、固体废物污染防治法情况进行执法检查。市人大常委会副主任、党组副书记丁志刚参加活动。

28 日 市十九届人大常委会第三次会议召开。会议听取审议市政府关于创建省级文明城市工作情况的报告；听取审议市政府关于 2016 年财政决算（草案）的报告，审查批准 2016 年市级财政决算；听取审议市政府关于 2016 年市级预算执行和其他财政收支的审计工作报告；审议《菏泽市供热条例（草案）》；审议表决市人大常委会执法检查组关于对市政府贯彻落实大气污染防治“一法两条例”情况的执法检查报告、市人大民侨外委关于全市民族工作情况的专题调研报告、市政府关于对“一村一品、一乡一业”发展情况报告审议意见研究处理情况的报告、市人民检察院关于对未成年人检察工作情况报告审议意见研究处理情况的报告等；表决通过有关人事任免事项。受市委书记、市人大常委会主任孙爱军委托，杨晓玲向新任命人员颁发任命书。市人大常委会副主任、党组副书记杨晓玲主持会议，市人大常委会副主任、党组副书记丁志刚，副主任汤建梅、孙忠生，秘书长郭景堂出席会议。市委常委、常务副市长闫剑波、市人民检察院检察长王金庆列席会议。

7 月

3 日 市人大常委会召开主任办公会，听取各委室 6 月工作完成情况和 7 月工作安排汇报，安排部署 7 月重点工作。市人大常委会副主任、党组副书记杨晓玲主持会议，副主任、党组副书记丁志刚，副主任汤建梅、孙忠生，秘书长郭景堂出席会议。

7 日 市人大常委会地方立法研究服务基地授牌暨地方立法咨询员聘任仪式举行。市人大常委会副主任、党组副书记杨晓玲，秘书长郭景堂参加仪式。

2017 年 7 月 7 日，市人大常委会地方立法研究服务基地授牌暨地方立法咨询员聘任仪式举行

10 日至 11 日 市人大常委会副主任、党组副书记丁志刚带队，到市农业局、市民政局、市

人社局、市交通局、市卫计委、市住建局、市城管局等承办单位进行代表建议的现场集中督办。

10 日至 11 日 省人大常委会法工委副主任石晓带领立法调研组到菏泽，就地方立法工作开展情况和有关法规起草、修改情况进行调研。市人大常委会副主任、党组副书记杨晓玲陪同活动。

12 日至 13 日 市人大常委会组成检查组，对市政府贯彻落实《菏泽市城镇容貌和环境卫生管理条例》情况进行执法检查。市人大常委会副主任、党组副书记杨晓玲、丁志刚，副主任汤建梅、孙忠生，秘书长郭景堂参加执法检查。

14 日 市人大法制委召开会议，对《菏泽市供热条例（草案修改一稿）》进行统一审议。市人大常委会副主任、党组副书记杨晓玲参加会议。

17 日 市人大常委会副主任、党组副书记丁志刚到单县、成武县现场调研督导“后来居上、代表先行”系列活动。

18 日 市人大常委会副主任、党组副书记杨晓玲带领市人大驻村扶贫工作队到曹县青菏街道办事处，调研市人大派驻“第一书记”工作。市人大常委会秘书长郭景堂参加活动。

18 日至 20 日 市人大常委会副主任、党组副书记杨晓玲一行先后到牡丹区、曹县和郓城县，实地督导“后来居上、代表先行”系列活动开展情况。市人大常委会秘书长郭景堂参加活动。

19 日 市人大常委会副主任孙忠生先后到鄄城县、东明县对“后来居上、代表先行”系列活动进行调研督导。

20 日至 21 日 市人大常委会组织部分驻菏全国、省人大代表和部分市人大代表，就全市科技创新工作情况、存在问题和不足进行专题调研。市人大常委会副主任、党组副书记丁志刚参加活动。

21 日 市人大常委会副主任汤建梅分别到定陶区、巨野县现场调研督导“后来居上、代表先行”系列活动。

31 日 市十九届人大常委会召开第五次主任会议。会议听取人代工委、预算工委有关汇报。市人大常委会副主任杨晓玲主持会议，副主任丁志刚、汤建梅、孙忠生，秘书长郭景堂出席会议。

8 月

1 日 市人大常委会召开主任办公会，听取各委室 7 月工作完成情况汇报，安排部署 8 月重点工作。市人大常委会副主任、党组副书记杨晓玲主持会议，副主任、党组副书记丁志刚，副主任汤建梅、孙忠生，秘书长郭景堂出席会议。

4 日 市人大常委会党组（扩大）会议召开。会议集中传达学习习近平总书记在省部级主要领导干部专题研讨班上的重要讲话精神、省委有关通知精神和市委理论学习中心组集体学习研讨精神。市人大常委会副主任、党组副书记杨晓玲主持会议并讲话，副主任、党组副书记丁志刚，副主任、党组成员孙忠生，秘书长、党组成员郭景堂出席会议，副主任汤建梅列席会议。

5 日至 6 日 省人大常委会委员、省人大教科文卫委员会主任委员骆宝臻一行到菏泽，就贯彻实施《中华人民共和国安全生产法》《山东省安全生产条例》情况进行执法检查。市人大常委会副主任孙忠生参加活动。

11 日 市十九届人大常委会召开第六次主任会议。市人大常委会副主任杨晓玲主持会议，副主任丁志刚、汤建梅、孙忠生，秘书长郭景堂出席会议。

15 日至 16 日 省人大法制委员会副主任委员倪明元一行到菏泽，对《山东省建设工程抗震设防条例（草案修改稿）》《山东省水资源条例（草案修改稿）》《山东省法治宣传教育条例（草案修改稿）》三部法规开展立法调研。市人大常委会副主任、党组副书记杨晓玲陪同活动。

15 日 2017 年“菏泽环保世纪行”活动启

动仪式举行。市人大常委会副主任、党组副书记丁志刚出席仪式。

15日至16日 市人大常委会对菏泽市环保突出问题综合整治情况进行专项督导。市人大常委会副主任、党组副书记丁志刚参加活动。

17日至18日 市人大常委会副主任、党组副书记丁志刚带领部分市人大代表到牡丹区、东明县、鄄城县调研公立医院综合改革工作情况。

18日 市人大民侨外委组成调研组，对全市乡村旅游发展情况进行专题调研。市人大常委会副主任汤建梅参加调研。

21日 市十九届人大常委会召开第七次主任会议。会议确定提交市十九届人大常委会第四次会议的议题，研究县区人大常委会主任座谈会方案。市人大常委会副主任杨晓玲主持会议，副主任丁志刚、汤建梅、孙忠生，秘书长郭景堂出席会议。

22日 省人大常委会委员、省人大农委副主任委员宋玉山一行到菏泽，对菏泽市提出的《关于制定〈山东省黄河条例〉的议案》进行调研。市人大常委会副主任孙忠生陪同活动。

28日 市人大法制委召开会议，统一审议《菏泽市供热条例（草案修改建议二稿）》。市人大常委会副主任、党组副书记杨晓玲出席会议。

30日 市十九届人大常委会第四次会议召开。会议听取审议市政府关于2017年上半年国民经济和社会发展计划执行情况的报告、市政府关于2017年上半年预算执行情况的报告、市政府关于公立医院综合改革情况的报告，审议《菏泽市供热条例（草案修改二稿）》《菏泽市物业管理条例（草案）》，审议表决市人大常委会执法检查组关于对市政府贯彻实施《菏泽市城镇容貌和环境卫生管理条例》情况的执法检查报告、市人大教科文卫委关于全市科技创新工作情况的专题调研报告，审议表决市政府关于对全市金融工作情况报告审议意见研究处理情况的报告、市中级人民法院关于对执行工作情况报告审议意见研究处理情况的报告，审议通过关于提请审议市人大常委会代表资格审查委员会组成人员的报告、市人大常委会代表资格审查委员会关于个别代表的代表资格审查报告，表决通过有关人事任免事项等。市人大常委会副主任、党组副书记杨晓玲主持会议，副主任、党组副书记丁志刚，副主任汤建梅、孙忠生，秘书长郭景堂出席会议。副市长王忠想、市中级人民法院院长张正智、市人民检察院检察长王金庆列席会议。

30日 全市县区人大常委会主任座谈会召开，专题调度“后来居上、代表先行”系列活动开展情况。市人大常委会副主任、党组副书记杨晓玲主持会议，副主任、党组副书记丁志刚，副主任汤建梅、孙忠生，秘书长郭景堂出席会议。

31日 市人大常委会组成调研组到曹县、巨野县，对棚户区改造工作情况进行调研。市人大常委会副主任、党组副书记丁志刚参加调研。

9月

1日 市人大常委会召开主任办公会，听取各委室8月工作完成情况汇报，安排部署9月重点工作。市人大常委会副主任、党组副书记杨晓玲主持会议，副主任、党组副书记丁志刚，副主任孙忠生，秘书长郭景堂出席会议。

6日至7日 市人大常委会调研组到牡丹区、鄄城县、郓城县、巨野县，对电子商务发展情况进行专题调研。市人大常委会副主任汤建梅参加调研。

12日 市十九届人大常委会召开第八次主任会议。会议研究提交市十九届人大常委会第五次会议的议题，听取关于个别代表的代表资格审查情况汇报。市人大常委会副主任杨晓玲主持会议，副主任丁志刚、汤建梅、孙忠生、谷瑞灵，秘书长郭景堂出席会议。

12 日 市十九届人大常委会第五次会议召开。会议审议通过市人大常委会代表资格审查委员会关于个别代表的代表资格审查报告。市人大常委会副主任、党组副书记杨晓玲主持会议，副主任、党组副书记丁志刚，副主任汤建梅、孙忠生、谷瑞灵，秘书长郭景堂出席会议。

13 日至 19 日 市人大常委会举办综合能力提升班。市人大常委会副主任、党组副书记杨晓玲，副主任汤建梅、孙忠生参加培训。

21 日 省人大常委会办公厅和省委组织部、统战部联合召开全省人大代表、政协委员推荐提名工作座谈会。市人大常委会副主任、党组副书记杨晓玲参加会议。

26 日至 27 日 市人大常委会对全市棚户区改造工作情况进行视察。市人大常委会副主任、党组副书记杨晓玲、丁志刚，副主任汤建梅、孙忠生，秘书长郭景堂参加视察。

28 日 市人大常委会对菏泽市贯彻实施《中华人民共和国工会法》《山东省厂务公开条例》《山东省企业工资集体协商条例》情况进行执法检查。市人大常委会副主任、党组副书记杨晓玲，秘书长郭景堂参加执法检查。

2017 年 9 月 28 日，市人大常委会对菏泽市贯彻实施《中华人民共和国工会法》《山东省厂务公开条例》《山东省企业工资集体协商条例》情况进行执法检查

30 日 全市新一届全国和省人大代表推荐提名工作会议召开。市人大常委会副主任、党组副书记杨晓玲出席会议。

10 月

11 日 市人大常委会召开主任办公会，听取各委室 9 月工作完成情况汇报，安排部署 10 月重点工作。市人大常委会副主任、党组副书记杨晓玲主持会议，副主任、党组副书记丁志刚，副主任汤建梅、孙忠生，秘书长郭景堂出席会议。

12 日至 13 日 市人大常委会副主任、党组副书记杨晓玲赴淄博市参加全省人大规范性文件备案审查工作会议。

16 日至 17 日 省人大常委会委员、省人大城环委副主任委员周清利、张传亭，省环保厅副厅长周杰及部分省人大代表一行到菏泽，就菏泽市环保督察问题落实情况进行“回头看”。市人大常委会副主任、党组副书记丁志刚陪同检查。

23 日 市十九届人大常委会召开第九次主任会议。会议确定提交市十九届人大常委会第六次会议的议题。市人大常委会副主任杨晓玲主持会议，副主任丁志刚、汤建梅、孙忠生、谷瑞灵，秘书长郭景堂出席会议。

31 日 市十九届人大常委会第六次会议召开。会议传达学习党的十九大精神；听取审议市政府关于民生实事进展、2016 年审计查出问题整改、全民创业等 3 项工作报告；听取审议市政府关于 2017 年全市政府债务限额的议案及说明，作出相关决议；表决通过《菏泽市供热条例（草案表决稿）》，审议《菏泽市物业管理条例（草案修改稿）》；审议表决市人大常委会视察组关于全市棚户区改造工作情况的视察报告、市人大农委关于全市农村土地流转工作情况的专题调研报告、市人大民侨外委关于全市电子商务产业发展情况的专题调研报告、市人大内司委关于市政府贯彻实施工会“一法两条例”情况的执法检查报告；审议表决市政府关于对2016年财政决算（草案）报告、2016年市级预算执行和其他财政收支审计工作报告、2017年上半年国民经济和社会发展计划执行情况报告、2017年上半年预算执行情况报告、公立医院综合改革情况报告5项审议意见研究处理情况的报告；审议表决市政府关于对大气污染防治“一法两条例”执法检查、《菏泽市城镇容貌和环境卫生管理条例》执法检查、全市科技创新工作情况专题调研、全市民族工作情况专题调研4项反馈意见研究处理情况的报告；表决通过有关人事任免事项等。市人大常委会副主任、党组副书记杨晓玲主持会议，副主任、党组副书记丁志刚，副主任汤建梅、孙忠生、谷瑞灵，秘书长郭景堂出席会议。副市长曹升灵、市中级人民法院院长张正智、市人民检察院检察长王金庆列席会议。

11月

2日 市人大常委会召开主任办公会，研究部署学习宣传贯彻党的十九大精神，听取各委室10月工作完成情况汇报，安排部署11月重点工作。市人大常委会副主任、党组副书记杨晓玲主持会议，副主任、党组副书记丁志刚，副主任汤建梅、孙忠生，秘书长郭景堂出席会议。

8日至9日 省人大常委会办公厅巡视员张玉成带领调研组到菏泽，就地方财政投融资情况进行专题调研。市人大常委会副主任孙忠生陪同活动。

14日 市人大常委会召集各县区人大常委会有关负责人召开会议，就在市人大代表中推行“民情日记”工作进行安排部署。市人大常委会副主任、党组副书记丁志刚出席会议并讲话。

14日 市人大常委会召开“立岗建功促发展”活动座谈会。市人大常委会副主任、党组副书记丁志刚出席会议并讲话。

24日 市人大常委会副主任、党组副书记杨晓玲参加所在的市人大常委会机关第二党支部会议，就学习贯彻党的十九大精神与支部党员交流学习心得体会。市人大常委会秘书长、党组成员郭景堂参加会议。

24日 市人大法制委员会统一审议会召开，审议研究《菏泽市水污染防治条例（草案修改二稿）》《菏泽市人大常委会2018年地方立法计划（审议稿）》。市人大常委会副主任、党组副书记杨晓玲出席会议。

12月

4日 市人大常委会召开主任办公会，听取常委会2017年创先争优工作目标完成情况的汇报，调度11月工作完成情况，安排部署12月重点工作。市人大常委会副主任、党组副书记杨晓玲主持会议，副主任、党组副书记丁志刚，副主任汤建梅、孙忠生，秘书长郭景堂出席会议。

6日 市人大常委会机关举办党的十九大精神宣讲报告会，特邀市委党的十九大精神宣讲团成员、市委讲师团副团长徐兆斌作宣讲报告。市人大常委会副主任孙忠生、秘书长郭景堂参加报告会。

11日 省人大常委会副主任夏耕一行到菏

2017年12月11日，省人大常委会副主任夏耕到菏泽开展走访联系代表活动

泽，开展走访联系代表活动。市人大常委会副主任、党组副书记杨晓玲、丁志刚，秘书长郭景堂参加活动。

14日 市十九届人大常委会召开第十次主任会议。会议研究提交市十九届人大常委会第七次会议的议题，审议《菏泽市人大常委会立法工作规程》。市人大常委会副主任杨晓玲主持会议，副主任丁志刚、汤建梅、孙忠生、谷瑞灵，秘书长郭景堂出席会议。

14日 市人大法制委召开会议对《菏泽市物业管理条例（草案表决稿）》进行统一审议。市人大常委会副主任、党组副书记杨晓玲参加会议。

14日 代表建议票决承办单位工作会议召开。市人大常委会副主任、党组副书记丁志刚出席会议并讲话。

19日至20日 菏泽市组织开展“菏泽环保世纪行”专题调研采访活动。市人大常委会副主任、党组副书记丁志刚参加活动。

25日 市十九届人大常委会第七次会议召开。会议决定市十九届人大二次会议于2018年1月3日至6日召开；审议通过市人大常委会工作报告（审议稿），决定提请市十九届人大二次会议审议；审议表决关于市十九届人大一次会议代表建议、批评和意见办理情况的书面报告（草案）；表决通过《菏泽市物业管理条例（草案表决稿）》；听取审议市政府关于提请审议调整2017年政府性基金收支预算的议案及说明，作出相关决议；审议表决市政府关于对棚户区改造视察、工会“一法两条例”执法检查、农村土地流转专题调研、电子商务产业发展专题调研、民生实事进展、全民创业6项审议意见研究处理情况的报告；表决通过有关人事任免事项等。市人大常委会副主任、党组副书记杨晓玲主持会议，副主任、党组副书记丁志刚，副主任汤建梅、孙忠生、谷瑞灵，秘书长郭景堂出席会议。市政府副市长侯婕、市中级人民法院院长张正智、市人民检察院检察长王金庆列席会议。

2018年

1月

3日至6日 市十九届人大二次会议在菏泽大剧院召开。会议听取审议菏泽市人民政府工作报告、菏泽市人民代表大会常务委员会工作报告、菏泽市中级人民法院工作报告、菏泽市人民检察院工作报告。会议书面提交关于菏泽市2017年国民经济和社会发展计划执行情况与2018年计划草案的报告、关于菏泽市2017年预算执行情况和2018年预算草案的报告。大会依次表决通过关于菏泽市人民政府工作报告的决议、关于菏泽市2017年国民经济和社会发展计划执行情况与2018年国民经济和社会发展计划的决议、关于菏泽市2017年预算执行情况和2018年预算的决议、关于菏泽市人大常委会工作报告的决议、关于菏泽市中级人民法院工作报告的决议、关于菏泽市人民检察院工作报告的决议。大会表决通过市十九届人大二次会议选举办法；会议以无记名投票的方式，选举杨光忠为市监察委员会主任，补选王有杰、宋波、张道学（按姓名笔画排序）为市十九届人大常委会委员，选举菏泽市出席山东省第十三届人民代表大会代表。

4日 在市十九届人大二次会议期间，65名市人大代表对教育、公安、民政等10个政府部门办理的10件代表建议情况进行票决评议，并现场公布票决结果。市人大常委会副主任、党组副书记丁志刚出席会议，秘书长郭景堂主持会议。

6日 市十九届人大常委会召开第十一次主

任会议。会议研究确定市十九届人大常委会第八次会议的有关事项。市人大常委会副主任杨晓玲主持会议，副主任丁志刚、汤建梅、孙忠生、谷瑞灵，秘书长郭景堂出席会议。

6日 市十九届人大常委会第八次会议召开。会议审议并表决任命市监察委副主任、委员，审议表决关于提请审议李茂楠辞去市人大常委会委员职务的报告。市委书记、市人大常委会主任孙爱军主持会议，市人大常委会副主任、党组副书记杨晓玲、丁志刚，副主任汤建梅、孙忠生、谷瑞灵，秘书长郭景堂出席会议。市委常委、市纪委书记、市监察委主任杨光忠列席会议。

9日 市人大常委会召开主任办公会，听取各委室1月工作安排、部署常委会1月重点工作。市人大常委会副主任、党组副书记杨晓玲主持会议，副主任、党组副书记丁志刚，副主任汤建梅、孙忠生，秘书长郭景堂出席会议。

11日 省人大代表议案建议征集会议召开。市人大常委会副主任、党组副书记丁志刚出席会议。

17日 新当选的省十三届人大代表座谈会召开。市人大常委会副主任、党组副书记丁志刚出席会议。

23日 菏泽市召开座谈会，欢送驻菏省人大代表赴济南出席省十三届人大一次会议。市人大常委会副主任、党组副书记杨晓玲、丁志刚，副主任汤建梅、孙忠生参加座谈会。

2月

5日 市十九届人大常委会召开第十二次主任会议。会议确定市十九届人大常委会第九次会议于2018年2月下旬召开，会期半天。市人大常委会副主任杨晓玲主持会议，副主任丁志刚、汤建梅、孙忠生，秘书长郭景堂出席会议。

7日 市人大常委会党组以《认真学习领会习近平新时代中国特色社会主义思想、坚定维护以习近平同志为核心的党中央权威和集中统一领导、全面贯彻落实党的十九大各项决策部署》为主题，组织召开2017年度民主生活会。市委书记、市人大常委会主任、党组书记孙爱军主持会议，副主任、党组副书记杨晓玲、丁志刚，副主任、党组成员孙忠生、谷瑞灵，秘书长、党组成员郭景堂出席会议，副主任汤建梅列席会议。

23日 市人大常委会召开主任办公会，传达贯彻市委十三届五次全体会议精神，安排部署当前重点工作。市人大常委会副主任、党组副书记杨晓玲主持会议，副主任、党组副书记丁志刚，副主任汤建梅、孙忠生，秘书长郭景堂出席会议。

24日 驻菏新一届全国人大代表座谈会召开。市人大常委会副主任、党组副书记丁志刚出席会议并讲话。

28日 菏泽市召开座谈会，欢送驻菏十三届全国人大代表赴北京出席会议。市委书记、市人大常委会主任孙爱军，市人大常委会副主任、党组副书记杨晓玲、丁志刚参加座谈会。

3月

1日 市十九届人大常委会第九次会议召开。会议表决通过市人大常委会2018年工作要点和市人大常委会2018年地方立法计划，表决通过有关人事任免事项，对市人大常委会2017年度票决事项进行满意度票决。市委书记、市人大常委会主任孙爱军主持会议，市人大常委会副主任、党组副书记杨晓玲、丁志刚，副主任汤建梅、孙忠生、谷瑞灵，秘书长郭景堂出席会议。副市长曹升灵、市中级人民法院院长张正智、市人民检察院检察长王金庆列席会议。

2日 市人大常委会召开主任办公会，传达学习党的十九届三中全会精神，听取各委室月度工作汇报，安排部署常委会3月重点工作。市人大常委会副主任、党组副书记杨晓玲主持会议，副主任、党组副书记丁志刚，副主任汤建梅、孙忠生，秘书长郭景堂出席会议。

5日 市人大常委会组织机关全体干部集中收看十三届全国人大一次会议开幕实况直播。市人大常委会副主任、党组副书记杨晓玲、丁志刚，副主任汤建梅、孙忠生，秘书长郭景堂参加收看。

8日至9日 市人大常委会副主任、党组副书记丁志刚带领调研组对《菏泽市供热条例》贯彻实施情况开展调研。

12日 市人大常委会组织机关干部到牡丹区七里河湿地公园开展义务植树活动。市人大常委会副主任、党组副书记杨晓玲、丁志刚，副主任汤建梅，秘书长郭景堂参加活动。

13日 全市人大民侨外工作座谈会召开。市人大常委会副主任汤建梅出席会议。

15日至16日 河南省人大环资委副巡视员冯建勋一行5人到菏泽，考察固体废物污染防治立法监督情况及固体废物污染防治工作。市人大常委会副主任、党组副书记丁志刚参加活动。

23日 市人大常委会召开2018年立法计划落实部署会议。市人大常委会副主任、党组副书记杨晓玲出席会议。

27日至28日 市人大常委会对市政府贯彻实施《菏泽市供热条例》情况进行执法检查。市人大常委会副主任、党组副书记杨晓玲、丁志刚，副主任汤建梅，秘书长郭景堂参加执法检查。

29日 2017年度市人大代表建议办理工作表彰会暨2018年度代表建议交办会召开。市人大常委会副主任、党组副书记丁志刚出席会议。

4月

3日 市十九届人大常委会召开第十三次主任会议。会议专题研究提交第十次常委会会议审议表决的有关人事任免事项。市人大常委会副主任杨晓玲主持会议，副主任丁志刚，副主任汤建梅、孙忠生、谷瑞灵，秘书长郭景堂出席会议。

3日 市人大常委会召开主任办公会。会议学习《中华人民共和国宪法》，传达学习十三届全国人大一次会议精神；听取各委室3月工作完成情况和4月工作安排汇报，安排部署常委会4月重点工作。市人大常委会副主任、党组副书记杨晓玲主持会议，副主任、党组副书记丁志刚，副主任汤建梅、孙忠生，秘书长郭景堂出席会议。

3日 市十九届人大常委会第十次会议召开。会议决定接受解维俊辞去菏泽市人民政府市长职务的请求；会议以无记名投票表决的方式，决定任命陈平为菏泽市人民政府副市长，决定陈平为菏泽市人民政府代理市长。市委书记、市人大常委会主任孙爱军主持会议，市人大常委会副主任、党组副书记杨晓玲、丁志刚，副主任汤建梅、孙忠生、谷瑞灵，秘书长郭景堂出席会议。市委常委、市政府常务副市长闫剑波列席会议。

9日 全市人大教科文卫工作座谈会召开。市人大常委会副主任、党组副书记丁志刚出席会议并讲话。

17日 省人大常委会党组副书记、副主任王良带领执法检查组到菏泽，对全市贯彻实施《中华人民共和国大气污染防治法》《山东省大气污

2018年4月17日，省人大常委会党组副书记、副主任王良带队到菏泽开展大气污染防治“一法一条例”执法检查

染防治条例》情况进行检查。市委书记、市人大常委会主任孙爱军，市人大常委会副主任、党组副书记杨晓玲陪同活动。

20 日 市十九届人大常委会召开第十四次主任会议。会议研究确定提交市十九届人大常委会第十一次会议的议题。市人大常委会副主任杨晓玲主持会议，副主任丁志刚、汤建梅、孙忠生、谷瑞灵，秘书长郭景堂出席会议。

23 日 市人大调研组对巨野县、牡丹区贯彻实施《山东省食品小作坊小餐饮和食品摊点管理条例》情况进行调研。市人大常委会副主任、党组副书记丁志刚参加调研。

24 日 全市人大城建环保工作座谈会召开。市人大常委会副主任、党组副书记丁志刚出席会议。

26 日 市十九届人大常委会第十一次会议召开。会议听取审议市政府关于化工产业转型升级工作情况的报告、市政府关于全市农村移风易俗工作情况的报告、市政府关于生态循环农业发展情况的报告，审议《菏泽市非物质文化遗产条例（草案）》，审议表决市人大常委会执法检查组关于对市政府贯彻实施《菏泽市供热条例》情况的执法检查报告，表决通过有关人事任免事项。市人大常委会副主任、党组副书记杨晓玲主持会议，市人大常委会副主任、党组副书记丁志刚，副主任汤建梅、孙忠生、谷瑞灵，秘书长郭景堂出席会议。市政府副市长高荣国，市中级人民法院院长张正智，市人民检察院检察长王金庆列席会议。

26 日至 27 日 省人大常委会委员、省人大教科文卫委员会副主任委员安世银带领执法检查组一行到菏泽，检查食品安全法贯彻落实情况。市人大常委会副主任、党组副书记丁志刚参加活动。

28 日 市人大常委会副主任汤建梅带领调研组到郓城县人大常委会进行调研，对《菏泽市人大常委会审议意见研究处理办法（草案）》征求意见。

28 日 全市人大财经预算农业与农村工作座谈会召开。市人大常委会副主任孙忠生出席会议。

5 月

2 日 市人大常委会召开主任办公会，听取各委室 4 月工作完成情况，安排部署常委会 5 月重点工作，就近期做好市人大代表小组召集人培训、《菏泽市煤炭清洁生产使用监督管理条例》执法检查、全市旅游工作专题调研、全市职业教育和特殊教育发展情况专题调研、代表建议办理督办等几项重点工作作安排部署。市人大常委会副主任、党组副书记杨晓玲主持会议，副主任、党组副书记丁志刚，副主任汤建梅、孙忠生、谷瑞灵，秘书长郭景堂出席会议。

3 日至 4 日 市人大常委会副主任、党组副书记杨晓玲赴济南市参加全省地方立法工作暨设区的市立法工作经验交流会议。

7 日 广州市人大常委会副主任于绍文一行 10 人到菏泽，考察花卉产业发展和设施农业用地保障工作。市人大常委会副主任孙忠生陪同活动。

8 日 市人大常委会副主任、党组副书记丁志刚带领市人大教科文卫委部分委员和相关部门负责人，到菏泽学院就进一步深化产教融合、服务新旧动能转换工作进行座谈研讨。

11 日 全市人大规范性文件备案审查工作会议召开。市人大常委会副主任、党组副书记杨晓玲出席会议。

15 日 市人大常委会党组理论学习中心组召开集中学习研讨会议。市人大常委会副主任、党组副书记杨晓玲、丁志刚，副主任、党组成员孙忠生、谷瑞灵，秘书长、党组成员郭景堂出席会议，副主任汤建梅列席会议。

17日至18日 市人大常委会副主任、党组副书记丁志刚带领市人大教科文卫委部分委员，对全市职业教育和特殊教育发展情况开展专题调研。

22日至24日 市人大常委会副主任、党组副书记杨晓玲赴北京市参加全国省市两级人大常委会负责人学习班。

23日 市人大常委会副主任汤建梅赴济南市参加全省人大民侨外工作座谈会。

23日 市人大常委会举办市人大代表小组召集人培训班。市人大常委会副主任、党组副书记丁志刚出席会议。

25日 市人大常委会副主任、党组副书记丁志刚带领市人大城环委委员，对全市环境保护工作情况开展专题调研。

26日 市十九届人大常委会召开第十五次主任会议。会议研究确定提交市十九届人大常委会第十二次会议的议题。市人大常委会副主任杨晓玲主持会议，副主任丁志刚、汤建梅、孙忠生、谷瑞灵，秘书长郭景堂出席会议。

26日 市十九届人大常委会第十二次会议召开。会议审议通过关于召开市十九届人大三次会议的决定，市十九届人大三次会议主席团、秘书长建议名单，市人大常委会代表资格审查委员会关于个别代表的代表资格审查报告，有关人事任免事项。市人大常委会副主任、党组副书记杨晓玲主持会议，副主任、党组副书记丁志刚，副主任汤建梅、孙忠生、谷瑞灵，秘书长郭景堂出席会议。

6月

5日至6日 市十九届人大三次会议在菏泽大剧院召开。经过选举，陈平当选为市人民政府市长。

7日 市人大常委会召开主任办公会，传达学习全国省市两级人大常委会负责人学习班精神，听取各委室月度工作汇报，安排部署重点工作。市人大常委会副主任、党组副书记杨晓玲主持会议，副主任、党组副书记丁志刚，副主任孙忠生、谷瑞灵，秘书长郭景堂出席会议。

8日 市人大常委会预算工委召开审计工作调研座谈会。市人大常委会副主任谷瑞灵出席会议。

12日 市人大常委会机关开展“慈心一日捐”爱心捐赠活动。市人大常委会副主任、党组副书记杨晓玲、丁志刚，副主任汤建梅、孙忠生，秘书长郭景堂参加活动。

13日 全市人大“后来居上、代表先行”系列活动推进会召开。市人大常委会副主任、党组副书记杨晓玲出席会议并讲话，副主任、党组副书记丁志刚主持会议，副主任汤建梅、孙忠生，秘书长郭景堂出席会议。

15日 市十九届人大常委会召开第十六次主任会议。会议研究确定提交市十九届人大常委会第十三次会议的议题。市人大常委会副主任杨晓玲主持会议，副主任丁志刚、汤建梅、孙忠生、谷瑞灵，秘书长郭景堂出席会议。

22日 省人大常委会副主任王云鹏带领检

2018年6月22日，省人大常委会副主任王云鹏带队到菏泽开展安全生产“一法一条例”执法检查

查组，对菏泽市贯彻实施《中华人民共和国安全生产法》《山东省安全生产条例》情况进行执法检查。市人大常委会副主任、党组副书记杨晓玲，副主任孙忠生陪同活动并出席座谈会。

25 日 市十九届人大常委会第十三次会议召开。会议听取审议市政府关于 2017 年财政决算（草案）的报告，审查批准 2017 年市级财政决算，批准菏泽经济开发区 2017 年财政决算；听取审议市政府关于 2017 年市级预算执行和其他财政收支的审计工作报告、市政府关于环境保护工作情况的报告；审议《菏泽市非物质文化遗产条例（草案修改稿）》《菏泽市城乡规划条例（草案）》；表决通过《菏泽市人民代表大会代表履职规范》；审议表决市人大财经委关于对市政府贯彻实施《菏泽市煤炭清洁生产使用监督管理条例》情况的执法检查报告、市人大教科文卫委关于全市职业教育和特殊教育发展情况的专题调研报告、市人大民侨外委关于全市旅游工作情况的专题调研报告；表决通过有关人事任免事项。市人大常委会副主任、党组副书记杨晓玲主持会议，副主任、党组副书记丁志刚，副主任汤建梅、孙忠生、谷瑞灵，秘书长郭景堂出席会议。市政府副市长王卫东列席会议。

26 日至 28 日 市人大常委会副主任、党组副书记杨晓玲赴济南市参加省十三届人大初任代表学习班。

27 日至 29 日 省人大教科文卫委员会副主任委员毕玉惠带领调研组到菏泽，开展山东省学生体质健康促进条例（草案）立法调研和学前教育、城乡义务教育一体化改革发展、乡村教师队伍建设情况专题调研。市人大常委会副主任、党组副书记丁志刚陪同调研。

7 月

4 日 市人大常委会召开主任办公会，传达学习市委十三届六次全体会议精神，听取各委室月度工作汇报，安排部署常委会 7 月重点工作。市人大常委会副主任、党组副书记杨晓玲主持会议，副主任、党组副书记丁志刚，副主任汤建梅、孙忠生、谷瑞灵，秘书长郭景堂出席会议。

17 日至 19 日 全省人大工作座谈会暨市县人大常委会主任学习班在济南举行。市人大常委会副主任、党组副书记杨晓玲参加会议。

19 日至 20 日 省人大常委会委员、省人大城环委主任委员张传亭带领调研组到菏泽，就固体废物、危险废物污染防治情况和农村公路建设工作开展调研。市人大常委会副主任、党组副书记丁志刚参加调研。

20 日 市十九届人大常委会召开第十七次主任会议。会议研究确定提交市十九届人大常委会第十四次会议的议题。市人大常委会副主任杨晓玲主持会议，副主任丁志刚、汤建梅、孙忠生、谷瑞灵，秘书长郭景堂出席会议。

20 日 市十九届人大常委会第十四次会议在菏泽大剧院召开。会议以无记名投票表决的方式，决定任命王磊为市人民政府副市长。市委书记、市人大常委会主任孙爱军主持会议，市人大常委会副主任、党组副书记杨晓玲、丁志刚，副主任汤建梅、孙忠生、谷瑞灵，秘书长郭景堂出席会议。市委副书记、市长陈平列席会议。

20 日 市人大常委会党组召开扩大会议。会议传达学习市委书记孙爱军在听取市人大常委会、市政府、市政协、市法院、市检察院党组工作汇报后的讲话精神、市委理论学习中心组（扩大）专题报告会精神和全省人大工作座谈会暨市县人大常委会主任学习班精神，研究贯彻落实意见。市人大常委会副主任、党组副书记杨晓玲主持会议并讲话；副主任、党组副书记丁志刚，副主任、党组成员孙忠生、谷瑞灵，秘书长、党组成员郭景堂出席会议，副主任汤建梅列席会议。

23 日至 27 日 市人大常委会副主任、党组副书记杨晓玲列席省十三届人大常委会第四次会议。

24 日至 25 日 市人大常委会副主任、党组副书记丁志刚带领调研组，对全市食品安全工作进行调研。

27 日 市十九届人大常委会召开第十八次主任会议。市人大常委会副主任丁志刚主持会议，副主任汤建梅、孙忠生、谷瑞灵，秘书长郭景堂出席会议。

30 日至 31 日 市人大常委会副主任谷瑞灵带领调研组，对全市上半年预算执行及税收情况进行调研。

31 日 市人大常委会副主任、党组副书记杨晓玲带领调研组，对城市道路交通拥堵情况进行专题调研。

8 月

2 日 市人大常委会召开主任办公会，听取各委室月度工作汇报，安排部署常委会 8 月重点工作。市人大常委会副主任、党组副书记杨晓玲主持会议，副主任、党组副书记丁志刚，副主任汤建梅、孙忠生、谷瑞灵，秘书长郭景堂出席会议。

6 日 市人大常委会党组召开扩大会议。会议书面印发并研究讨论《中共菏泽市人大常委会党组关于做好中央巡视组反馈意见整改落实工作方案（征求意见稿）》《中共菏泽市人大常委会党组工作规则（征求意见稿）》，并就文稿的修改完善提出具体要求，对下一步工作作出安排部署。市人大常委会副主任、党组副书记杨晓玲、丁志刚，副主任、党组成员孙忠生、谷瑞灵，秘书长、党组成员郭景堂出席会议，副主任汤建梅列席会议。

10 日 市十九届人大常委会召开第十九次主任会议。会议研究确定提交市十九届人大常委会第十五次会议的议题。市人大常委会副主任杨晓玲主持会议，副主任丁志刚、汤建梅、孙忠生、谷瑞灵，秘书长郭景堂出席会议。

28 日 市十九届人大常委会第十五次会议召开。会议听取审议市政府关于 2018 年上半年国民经济和社会发展计划执行、2018 年上半年预算执行、食品安全 3 项工作报告，表决通过《菏泽市非物质文化遗产条例》，审议《菏泽市城乡规划条例（草案修改稿）》，审议通过《菏泽市人大常委会审议意见研究处理办法》，审议表决市人大内司委关于对城市道路交通拥堵情况的专题调研报告，审议表决市政府关于对《菏泽市供热条例》执法检查、化工产业转型升级工作情况报告、全市农村移风易俗工作情况报告、生态循环农业发展情况报告 4 项审议意见研究处理情况的报告，审议表决市人大常委会代表资格审查委员会关于个别代表的代表资格审查报告，表决通过有关人事任免事项等。市人大常委会副主任、党组副书记杨晓玲主持会议，副主任、党组副书记丁志刚，副主任孙忠生、谷瑞灵，秘书长郭景堂出席会议。市委常委、市政府常务副市长王磊，市中级人民法院院长张正智，市人民检察院检察长王金庆，市政府秘书长李士三列席会议。

2018 年 8 月 28 日，市十九届人大常委会第十五次会议召开

30 日 市人大常委会组织部分驻菏全国、省人大代表，对全市民营经济发展情况进行专题调研。市人大常委会副主任、党组副书记丁志刚

参加调研。

31 日　市人大常委会党组召开扩大会议。市人大常委会副主任、党组副书记杨晓玲、丁志刚，副主任、党组成员孙忠生、谷瑞灵，秘书长、党组成员郭景堂出席会议。

31 日　市人大常委会党组召开巡视整改专题民主生活会。市人大常委会副主任、党组副书记杨晓玲、丁志刚，副主任、党组成员孙忠生、谷瑞灵，秘书长、党组成员郭景堂出席会议。

31 日　市人大常委会机关开展“情系灾区”募捐活动。市人大常委会副主任、党组副书记杨晓玲带头捐款，共募集善款 5850 元。

9 月

6 日　市人大常委会召开主任办公会，听取创先争优工作验收情况和各委室月度工作汇报，安排部署常委会 9 月重点工作。市人大常委会副主任、党组副书记杨晓玲主持会议，副主任、党组副书记丁志刚，秘书长郭景堂出席会议。

25 日至 26 日　省人大常委会委员、省人大城环委主任委员张传亭一行到菏泽，调研清洁能源推广应用情况。市人大常委会副主任、党组副书记丁志刚陪同活动。

28 日至 29 日　市人大常委会副主任、党组副书记丁志刚带领市人大城环委调研组，对菏泽市贯彻落实《土壤污染防治行动计划》情况开展专题调研。

10 月

8 日　市人大常委会召开主任办公会，听取各委室月度工作汇报，安排部署常委会 10 月重点工作。市人大常委会副主任、党组副书记杨晓玲主持会议，副主任、党组副书记丁志刚，副主任汤建梅、孙忠生，秘书长郭景堂出席会议。

11 日　市人大常委会组成视察组对黄河滩区脱贫迁建工作进行视察。市人大常委会副主任、党组副书记杨晓玲、丁志刚，副主任汤建梅、孙忠生，秘书长郭景堂参加视察。

23 日　市十九届人大常委会召开第二十次主任会议。会议研究确定提交市十九届人大常委会第十六次会议的议题，确定将《菏泽市文明行为促进条例》纳入 2018 年立法调研预备项目。市人大常委会副主任杨晓玲主持会议，副主任丁志刚、汤建梅、孙忠生出席会议。

26 日　市人大常委会副主任汤建梅带领调研组，对全市侨资企业发展情况进行专题调研。

28 日　市人大法制委员会召开会议，对《菏泽市城乡规划条例（草案建议表决稿）》《菏泽市水污染防治条例（草案建议修改三稿）》进行统一审议。市人大常委会副主任、党组副书记杨晓玲主持会议。

29 日　市十九届人大常委会第十六次会议召开。会议听取审议市政府关于 2017 年审计查出问题整改情况的报告、市中级人民法院关于知识产权审判工作情况的报告、市人民检察院关于公诉工作情况的报告；表决通过《菏泽市城乡规划条例》，审议《菏泽市水污染防治条例（草案修改三稿）》；审议表决关于对黄河滩区脱贫迁建工作的视察报告、关于市政府落实《土壤污染防治行动计划》情况的专题调研报告；审议通过《菏泽市人民代表大会常务委员会讨论决定重大事项的规定（修订草案）》；审议表决市政府关于对 2017 年财政决算（草案）、2017 年市级预算执行和其他财政收支审计、2018 年上半年国民经济和社会发展计划执行、2018 年上半年预算执行、环境保护、食品安全 6 项工作报告，对职业教育和特殊教育发展、旅游、城市道路交通拥堵 3 项专题调研，对《菏泽市煤炭清洁生产使用监督管理条例》执法检查，共 10 项审议意见研究处理情况的报告；表决通过有关人事任免事项。市人大常委会副主任、党组副书记杨晓玲主持会议，副主任、党组副书记丁志刚，副主任汤建梅、孙忠生，秘书长郭景堂出席会议。市政府副市长王忠想列席会议。

30 日至 11 月 2 日 市人大常委会副主任、党组副书记杨晓玲赴济南市参加全省地方立法统一审议工作会议暨地方立法培训班。

11 月

5 日 市人大常委会召开主任办公会，听取各委室月度工作汇报，安排部署常委会 11 月重点工作。市人大常委会副主任、党组副书记杨晓玲主持会议，副主任、党组副书记丁志刚，副主任汤建梅、孙忠生，秘书长郭景堂出席会议。

12 日 市人大常委会党组理论学习中心组举行集体学习研讨会。市人大常委会副主任、党组副书记杨晓玲主持会议并带头发言，副主任、党组副书记丁志刚，副主任、党组成员孙忠生，秘书长、党组成员郭景堂出席会议；市人大常委会副主任汤建梅列席会议。

20 日 部分乡镇（街道）人大工作座谈会在鄄城县召开。市人大常委会副主任、党组副书记丁志刚出席会议。

2018 年 11 月 20 日，省人大常委会委员、研究室主任王树忠到菏泽走访联系驻菏省人大代表

20 日 省人大常委会委员、研究室主任王树忠到菏泽走访联系驻菏省人大代表。市人大常委会副主任汤建梅参加活动。

28 日至 29 日 滨州市人大常委会副主任王立勇带领考察组到菏泽，就有关地方立法工作进行考察。市人大常委会副主任、党组副书记杨晓玲陪同活动。

12 月

4 日 市人大常委会召开主任办公会，听取各委室月度工作汇报，安排部署常委会 12 月重点工作。市人大常委会副主任、党组副书记杨晓玲主持会议，副主任、党组副书记丁志刚，副主任汤建梅、孙忠生、谷瑞灵，秘书长郭景堂出席会议。

10 日至 11 日 省人大常委会委员、省人大城环委主任委员张传亭到菏泽，走访联系部分驻菏全国、省人大代表。市人大常委会副主任谷瑞灵参加活动。

11 日至 12 日 市人大常委会副主任孙忠生赴济南市参加全省人大农业与农村工作座谈会。

18 日 市人大常委会机关组织全体干部职工集中收看庆祝改革开放 40 周年大会直播。市人大常委会副主任、党组副书记杨晓玲、丁志刚，副主任汤建梅、谷瑞灵，秘书长郭景堂参加活动。

18 日 市人大常委会组织部分驻菏全国人大代表及市直省人大代表，对菏泽市 2018 年部分民生实事完成情况进行视察。市人大常委会副主任、党组副书记丁志刚参加活动。

19 日 市十九届人大常委会召开第二十一次主任会议。会议研究确定提交市十九届人大常委会第十七次会议的议题，审议《中共菏泽市委办公室关于人大预算审查监督重点向支出预算和政策拓展的实施意见（代拟稿）》。市人大常委会副主任杨晓玲主持会议，副主任丁志刚、汤建梅、谷瑞灵，秘书长郭景堂出席会议。

25 日　市人大常委会法制委员会召开会议，对《菏泽市水污染防治条例（草案建议表决稿）》进行统一审议，并研究市人大常委会 2019 年地方立法计划。市人大常委会副主任、党组副书记杨晓玲主持会议。

26 日　市十九届人大常委会第十七次会议召开。会议首次听取审议市政府关于 2017 年度全市及市级企业国有资产管理情况的专项报告，审议市政府关于 2017 年度全市国有资产管理情况的综合报告；听取审议市政府关于提请审议《菏泽市城市总体规划（2018—2035 年）》的议案及说明，作出相关决定，同意由市政府修改后报省政府批准实施；听取审议市政府关于 2018 年全市政府债务限额、调整 2018 年市级政府性基金收支预算 2 项议案及说明，作出相关决议；表决通过《菏泽市水污染防治条例》；审议表决市政府关于对黄河滩区脱贫迁建工作视察及落实《土壤污染防治行动计划》专题调研、市中级人民法院关于对知识产权审判工作报告、市人民检察院关于对公诉工作报告 4 项审议意见研究处理情况的报告；表决通过有关人事任免事项，并依法对提请备案的市政府机构改革方案情况、员额法官、员额检察官进行备案。市人大常委会副主任、党组副书记杨晓玲主持会议，副主任、党组副书记丁志刚，副主任汤建梅、孙忠生、谷瑞灵，秘书长郭景堂出席会议。市政府副市长侯婕、市中级人民法院院长张正智列席会议。

27 日　市人大常委会召开代表议案、建议征集工作座谈会。市人大常委会副主任、党组副书记丁志刚出席会议并讲话。

29 日　市人大常委会召开市人大代表建议办理情况票决筹备会议，对相关事项作出安排部署。市人大常委会副主任、党组副书记丁志刚出席会议并讲话。

2019 年

1 月

8 日　市十九届人大常委会召开第二十二次主任会议。会议研究提交市十九届人大常委会第十八次会议的议题。市人大常委会副主任杨晓玲主持会议，副主任丁志刚、汤建梅、孙忠生、谷瑞灵，秘书长郭景堂出席会议。

10 日　市十九届人大常委会召开第二十三次主任会议。会议研究确定提交市十九届人大常委会第十八次会议的议题。市人大常委会副主任杨晓玲主持会议，副主任丁志刚、汤建梅、孙忠生、谷瑞灵，秘书长郭景堂出席会议。

10 日　市十九届人大常委会第十八次会议召开。会议审议通过关于召开市十九届人大四次会议的决定，市十九届人大四次会议主席团、秘书长建议名单（草案），市十九届人大四次会议列席人员范围（草案），市十九届人大四次会议议案审查委员会建议名单（草案），市十九届人大四次会议计划预算审查委员会建议名单（草案），市人大常委会代表资格审查委员会关于个别代表的代表资格审查报告；审议通过市人大常委会工作报告（审议稿），决定提请市十九届人大四次会议审议；审议表决关于市十九届人大二次会议代表建议、批评和意见办理情况的书面报告（草案）；表决通过有关人事任免事项。市委书记、市人大常委会主任孙爱军主持会议，市人大常委会副主任杨晓玲、丁志刚、汤建梅、孙忠生、谷瑞灵，秘书长郭景堂出席会议。

19 日至 22 日　市十九届人大四次会议召开。会议听取菏泽市人民政府工作报告、菏泽市人民代表大会常务委员会工作报告、菏泽市中级人民法院工作报告、菏泽市人民检察院工作报告。

大会表决通过市十九届人大四次会议选举办法；表决通过关于增设和更名市十九届人大有关专门委员会的决定；表决通过市十九届人大四次会议有关专门委员会组成人员人选表决办法；表决通过接受有关人员辞职请求的决定；表决通过总监票人、监票人名单；表决通过市十九届人大有关专门委员会组成人员人选名单。大会依次表决通过关于菏泽市人民政府工作报告的决议、关于菏泽市2018年国民经济和社会发展计划执行情况与2019年计划的决议、关于菏泽市2018年预算执行情况和2019年预算的决议、关于菏泽市人大常委会工作报告的决议、关于菏泽市中级人民法院工作报告的决议、关于菏泽市人民检察院工作报告的决议。大会以无记名投票的方式，选举尹玉明为市人大常委会主任。补选王宏、王金聚、张洪兴、胡钦畅、席巍、黄福平（按姓名笔画排序）为市人大常委会委员。

20日 近百名市人大代表对市公安局、市住建局、市林业局等10个政府部门办理的10件代表建议情况进行票决评议。市人大常委会副主任、党组副书记丁志刚出席会议并讲话。

22日 市十九届人大常委会召开第二十四次主任会议。会议研究确定提交市十九届人大常委会第十九次会议的议题。市人大常委会主任尹玉明主持会议，副主任杨晓玲、丁志刚、汤建梅、孙忠生、谷瑞灵，秘书长郭景堂出席会议。

22日 市十九届人大常委会第十九次会议召开。根据主任会议的提请，经过无记名投票表决，依法补选陈平为山东省第十三届人民代表大会代表，选举结果报省人大常委会代表资格审查委员会审查确认。市人大常委会主任尹玉明主持会议，副主任杨晓玲、丁志刚、汤建梅、孙忠生、谷瑞灵，秘书长郭景堂出席会议。

28日 市人大常委会党组（扩大）会议召开。市人大常委会主任、党组书记尹玉明主持会议，副主任、党组副书记杨晓玲、丁志刚，副主任、党组成员孙忠生、谷瑞灵，秘书长、党组成员郭景堂，党组成员张洪兴出席会议，副主任汤建梅列席会议。

31日 市人大常委会党组召开2018年度民主生活会。市人大常委会主任、党组书记尹玉明主持会议并讲话，副主任、党组副书记杨晓玲、丁志刚，副主任、党组成员孙忠生、谷瑞灵，秘书长、党组成员郭景堂，党组成员张洪兴出席会议。

2月

21日 市十九届人大常委会召开第二十五次主任会议。市人大常委会主任尹玉明主持会议，副主任杨晓玲、丁志刚、汤建梅、孙忠生、谷瑞灵，秘书长郭景堂出席会议，党组成员张洪兴列席会议。

25日至26日 市人大常委会副主任汤建梅赴济南市参加山东省人大工作理论研究会2018年年会。

3月

4日 市人大常委会机关全体会议召开。市人大常委会主任、党组书记尹玉明出席会议并讲

2019年3月4日，市人大常委会召开机关全体会议

话，副主任、党组副书记杨晓玲主持会议，副主任、党组副书记丁志刚，副主任汤建梅、孙忠生、谷瑞灵出席会议。

6日 市十九届人大常委会第二十次会议召开。会议审议通过市人大常委会2019年工作要点、市人大常委会2019年地方立法计划，审议表决市政府有关审议意见研究处理情况的报告，确定2018年度问责表决事项；表决通过有关人事任免事项。市人大常委会主任尹玉明主持会议，副主任杨晓玲、丁志刚、汤建梅、孙忠生、谷瑞灵，秘书长郭景堂，党组成员张洪兴出席会议。

12日 市人大常委会组织机关干部到牡丹区七里河湿地公园开展义务植树活动。市人大常委会主任、党组书记尹玉明，副主任、党组副书记杨晓玲，副主任汤建梅、孙忠生、谷瑞灵，秘书长郭景堂，党组成员张洪兴参加活动。

19日 市十九届人大常委会召开第二十六次主任会议。会议传达学习十三届全国人大二次会议精神，听取关于交办2019年度代表建议及表彰2018年度代表建议办理工作先进单位（个人）和优秀代表建议情况的汇报。市人大常委会主任尹玉明主持会议，副主任杨晓玲、汤建梅、孙忠生、谷瑞灵，秘书长郭景堂出席会议，党组成员张洪兴列席会议。

20日至21日 市人大常委会组成调研组，

2019年3月20日至21日，市人大常委会调研基层医疗卫生工作

对全市基层医疗卫生事业发展情况进行专题调研。市人大常委会副主任、党组副书记杨晓玲参加调研。

21日 市人大常委会2019年立法计划落实部署会议召开。市人大常委会副主任、党组副书记杨晓玲出席会议。

22日 市人大监察和司法委员会调研组对全市法院家事审判工作情况进行调研。市人大常委会副主任、党组副书记杨晓玲参加调研。

25日 洛阳市人大常委会副主任吉振华带领考察组到菏泽，考察农村电子商务工作。市人大常委会副主任汤建梅陪同考察。

27日 市人大常委会召开2018年度市人大代表建议办理工作表彰暨2019年度代表建议交办会。市人大常委会副主任谷瑞灵出席会议。

4月

2日 市人大常委会机关党员干部赴河南省兰考县开展学习焦裕禄精神主题教育活动。市人大常委会副主任、党组副书记杨晓玲，副主任汤建梅参加活动。

8日 市人大常委会党组理论学习中心组举行学习研讨会，围绕意识形态工作进行交流研讨。市人大常委会主任、党组书记尹玉明主持会议并讲话，副主任、党组副书记杨晓玲，副主任、党组成员孙忠生、谷瑞灵出席会议。

9日 省人大大气污染防治“一法一条例”执法检查组全体会议在济南召开。市人大常委会副主任、党组副书记杨晓玲参加会议。

10日 省人大常委会副主任、党组副书记王良带队到单县开展大气污染防治“一法一条例”执法检查。市人大常委会副主任、党组副书记杨晓玲陪同检查。

11日 全市人大预算监督工作会议召开。市人大常委会副主任谷瑞灵出席会议。

21 日至 26 日 市人大常委会副主任、党组副书记杨晓玲参加在浙江大学举办的省人大常委会 2019 年地方立法培训班。

23 日 市十九届人大常委会召开第二十七次主任会议。会议研究提交市十九届人大常委会第二十一次会议的议题。市人大常委会主任尹玉明主持会议，副主任汤建梅、孙忠生、谷瑞灵，秘书长郭景堂出席会议，党组成员张洪兴列席会议。

29 日 市十九届人大常委会第二十一次会议召开。会议听取审议市政府关于全市民营经济发展情况、全市基层医疗卫生事业发展情况的报告以及市中级人民法院关于家事审判工作情况的报告，审议《菏泽市烟花爆竹燃放管理条例（草案）》，审议表决市人大常委会执法检查组关于对市政府贯彻实施大气污染防治“一法两条例”情况的执法检查报告，对市政府关于对城市道路交通拥堵专题调研、环境保护工作报告、《菏泽市供热条例》执法检查、化工产业转型升级工作报告、农村移风易俗工作报告、职业教育和特殊教育发展专题调研 6 项审议意见的办理落实情况进行满意度表决，表决通过有关人事任免事项。市人大常委会主任尹玉明主持会议，副主任杨晓玲、孙忠生、谷瑞灵，秘书长郭景堂，党组成员张洪兴出席会议。

5 月

9 日 市人大常委会副主任汤建梅带领调研组，对全市现代商贸物流产业发展情况进行调研。

15 日至 16 日 省人大常委会副主任王华带队到菏泽，就水污染防治法贯彻实施情况开展执法检查。市人大常委会主任、党组书记尹玉明，副主任、党组副书记杨晓玲，副主任孙忠生参加活动。

2019 年 5 月 15 日至 16 日，省人大常委会副主任王华带队到菏泽开展水污染防治法执法检查

21 日 市人大常委会副主任、党组副书记杨晓玲带领调研组，对全市环境状况和环境保护目标完成情况进行调研。

22 日至 23 日 市人大常委会组成视察组对全市乡村振兴工作情况进行视察。视察组先后到牡丹区、东明县、鄄城县、郓城县、巨野县，听取县区有关工作情况汇报，实地察看开展乡村振兴工作部分有代表性的村庄、社区。市人大常委会主任尹玉明，副主任杨晓玲、汤建梅、孙忠生、谷瑞灵参加视察。

29 日 市人大常委会组织离退休老干部赴聊城市参观孔繁森纪念馆，学习孔繁森精神。市人大常委会副主任、党组副书记杨晓玲参加活动。

6 月

2 日 省人大常委会副主任、省工商联主席王随莲会同爱心企业到菏泽，开展“六一”儿童节爱心助学捐赠活动，并到省工商联“第一书记”帮包村调研。市人大常委会主任、党组书记尹玉明参加活动。

3 日至 6 日 市人大常委会副主任、党组副书记杨晓玲赴聊城市参加省十三届人大第三期代表学习班。

11 日　市人大法制委员会召开会议，对《菏泽市烟花爆竹燃放管理条例（草案建议修改稿）》进行统一审议。市人大常委会副主任、党组副书记杨晓玲主持会议。

12 日　市十九届人大常委会召开第二十八次主任会议。会议研究提交市十九届人大常委会第二十二次会议的议题。市人大常委会副主任杨晓玲主持会议，副主任丁志刚、汤建梅、孙忠生、谷瑞灵，秘书长郭景堂出席会议，党组成员张洪兴列席会议。

13 日　市人大教科文卫委召开全体会议，对《菏泽市文明行为促进条例（草案）》进行审议。市人大常委会副主任、党组副书记丁志刚出席会议。

18 日至 19 日　省人大常委会委员、省人大社会建设委员会主任委员张光峰率执法检查组到菏泽，就贯彻实施安全生产“一法一条例”法律法规情况进行检查。市人大常委会副主任、党组副书记杨晓玲参加座谈。

21 日　市十九届人大常委会第二十二次会议召开。会议听取审议市政府关于全市行政事业性国有资产管理情况的专项报告，审议市政府关于全市国有资产管理情况的综合报告；听取审议市政府关于全市环境状况和环境保护目标完成情况、全市现代商贸物流产业发展情况 2 项报告；审议《菏泽市烟花爆竹燃放管理条例（草案修改稿）》《菏泽市文明行为促进条例（草案）》；审议表决市人大常委会视察组关于全市乡村振兴工作情况的视察报告、市人大常委会执法检查组关于对市政府贯彻实施安全生产“一法一条例”情况的执法检查报告；表决通过有关人事任免事项。市人大常委会副主任杨晓玲主持会议，副主任汤建梅、孙忠生、谷瑞灵，秘书长郭景堂，党组成员张洪兴出席会议。

24 日至 25 日　省人大教科文卫委员会副主任委员毕玉惠一行到菏泽，开展山东省学前教育条例（草案）立法调研。市人大常委会副主任、党组副书记丁志刚参加调研。

26 日　市人大常委会副主任、党组副书记丁志刚到市自然资源和规划局走访检查代表建议办理情况。

7 月

9 日至 10 日　潍坊市人大常委会副主任毛秀凤一行到菏泽，考察民族宗教监督管理工作。市人大常委会副主任汤建梅陪同活动。

11 日至 12 日　枣庄市人大常委会副主任徐玲带领部分驻枣庄市全国、省人大代表到菏泽，就“推进医养结合、健全养老服务体系”工作情况开展专题调研。市人大常委会副主任、党组副书记丁志刚陪同调研。

16 日至 17 日　省人大常委会委员、省人大民族侨务外事委员会副主任委员刘俭朴到菏泽，对修订《山东省民族工作条例》进行立法调研和宗教工作调研。市人大常委会副主任汤建梅陪同活动。

17 日至 18 日　市人大常委会组织部分驻菏全国、省人大代表和部分市人大代表，对全市生物医药产业发展情况进行专题调研。市人大常委会副主任、党组副书记丁志刚参加调研。

24 日至 25 日　市人大常委会副主任谷瑞灵带领调研组，对全市 2018 年财政决算和 2019 年上半年预算执行情况进行专题调研。

30 日　市人大常委会党组理论学习中心组召开主题教育学习研讨会，围绕“不忘初心、牢记使命”主题进行交流研讨。市人大常委会副主任、党组副书记杨晓玲主持会议并讲话，市人大常委会副主任、党组副书记丁志刚，副主任、党组成员孙忠生、谷瑞灵，秘书长、党组成员郭景堂，党组成员张洪兴参加会议。

31 日　市人大常委会副主任、党组副书记丁志刚带队到巨野县组织召开“立岗建功促发展”活动推进会。

8 月

5 日 市十九届人大常委会召开第二十九次主任会议。会议传达学习市委十三届九次全会精神，研究提交市十九届人大常委会第二十三次会议的议题。市人大常委会副主任杨晓玲主持会议，副主任丁志刚、汤建梅、孙忠生，秘书长郭景堂出席会议，党组成员张洪兴列席会议。

5 日 市人大常委会机关举行“慈心一日捐”爱心捐赠活动。

7 日至 8 日 省人大常委会党组书记、副主任于晓明带领调研组到菏泽，就《山东省乡镇人民政府工作条例》《山东省优化营商环境条例》开展立法调研，并到联系企业走访。市人大常委会副主任、党组副书记杨晓玲参加活动。

2019 年 8 月 7 日至 8 日，省人大常委会党组书记、副主任于晓明带队到菏泽，就《山东省乡镇人民政府工作条例》《山东省优化营商环境条例》开展立法调研，并到联系企业走访

14 日 市人大法制委员会召开会议，对《菏泽市烟花爆竹燃放管理条例（草案建议表决稿）》《菏泽市文明行为促进条例（草案建议修改二稿）》进行统一审议。市人大常委会副主任、党组副书记杨晓玲，市人大常委会原副主任、立法顾问赵传山出席会议。

16 日 市十九届人大常委会第二十三次会议召开。会议听取审议市政府关于 2019 年上半年国民经济和社会发展计划执行情况的报告、市政府关于 2018 年度市级预算执行和其他财政收支的审计工作报告；听取审议市政府关于 2018 年财政决算和 2019 年上半年预算执行情况的报告，审查 2018 年市级财政决算草案并作出相应决议；表决通过《菏泽市烟花爆竹燃放管理条例（草案表决稿）》，待报请省人大常委会批准后实施；审议《菏泽市文明行为促进条例（草案修改稿）》；审议表决市人大教科文卫委关于对全市生物医药产业发展情况的专题调研报告；审议表决市政府关于对全市民营经济发展情况报告审议意见研究处理情况的报告、市政府关于对全市基层医疗卫生事业发展情况报告审议意见研究处理情况的报告、市中级人民法院关于对家事审判工作报告审议意见研究处理情况的报告；表决通过有关人事任免事项。市人大常委会副主任杨晓玲主持会议；副主任丁志刚、汤建梅、孙忠生、谷瑞灵，秘书长郭景堂，党组成员张洪兴出席会议。市政府副市长曹升灵，市中级人民法院院长张正智，市人民检察院检察长王金庆列席会议。

22 日至 23 日 市人大城环委组成调研组，对全市贯彻落实《山东省物业管理条例》《菏泽市物业管理条例》情况进行调研。市人大常委会副主任、党组副书记丁志刚参加调研活动。

9 月

4 日 市人大监察和司法委员会成立调研组，对全市检察机关公益诉讼工作情况进行专题调研。市人大常委会副主任、党组副书记杨晓玲参加调研。

4 日至 6 日 河南省济源市人大常委会副主任吴丽鸣一行 8 人到菏泽考察。市人大常委会副主任、党组副书记丁志刚参加活动。

15日 市人大常委会召开党组会议。会议传达省委人大工作会议精神，研究讨论市人大常委会及人大机关“不忘初心、牢记使命”主题教育实施方案及工作会议讲话。市人大常委会主任、党组书记尹玉明主持会议并讲话，副主任、党组副书记杨晓玲、丁志刚，副主任、党组成员孙忠生、谷瑞灵，秘书长、党组成员郭景堂，党组成员张洪兴出席会议。

15日 市人大常委会及人大机关“不忘初心、牢记使命”主题教育工作会议召开。市人大常委会主任、党组书记尹玉明出席会议并作动员讲话，副主任、党组副书记杨晓玲主持会议，副主任、党组副书记丁志刚，副主任汤建梅，副主任、党组成员孙忠生、谷瑞灵，秘书长、党组成员郭景堂，党组成员张洪兴参加会议。市委第六巡回指导组组长吴义刚到会指导。

2019年9月15日，市人大常委会及机关召开“不忘初心、牢记使命”主题教育工作会议

19日至20日 根据省人大常委会要求和市人大常委会工作安排，市人大常委会副主任、党组副书记丁志刚带领部分驻菏省人大代表到济宁市开展文旅融合专题调研。

20日 市人大常委会党组围绕党的政治建设、全面从严治党两个专题进行集中学习研讨。省委第七巡回指导组成员许云涛到会指导。市人大常委会主任、党组书记尹玉明主持研讨会，常委会党组班子成员出席会议。

21日 市人大常委会主任、党组书记尹玉明先后到原地区人大工委主任、离休干部于法杰和市人大常委会原副主任、全国劳动模范李玉华家中走访慰问，并为其颁发“庆祝中华人民共和国成立70周年”纪念章。市人大常委会秘书长、党组成员郭景堂一同参加活动。

29日 市人大常委会预算工委召开审计查出问题整改情况调研座谈会。市人大常委会副主任谷瑞灵出席会议。

10月

8日至9日 省人大法制委员会主任委员王本群带领调研组到菏泽，就山东省历史文化名城名镇名村保护条例（草案）开展立法调研。市人大常委会副主任、党组副书记杨晓玲陪同活动。

10日至11日 市人大常委会组成执法检查组，对市政府贯彻实施山东省及菏泽市物业管理条例情况进行执法检查，并召开专题询问会。市人大常委会主任尹玉明参加会议并讲话，副主任杨晓玲、丁志刚、汤建梅、孙忠生、谷瑞灵，秘书长郭景堂参加活动。

14日 根据市委要求和市人大常委会党组主题教育工作安排，市人大常委会党组围绕坚定理想信念、提升党性修养两个专题进行集中学习研讨。省委第七巡回指导组成员单香福到会指导。市人大常委会副主任、党组副书记杨晓玲主持研讨会，常委会党组班子成员出席会议。

14日至15日 省人大常委会委员、研究室主任王树忠一行到菏泽，联系选举单位和走访人大代表。市人大常委会副主任、党组副书记杨晓玲，副主任汤建梅陪同活动。

15日 市人大法制委员会召开会议，对《菏泽市文明行为促进条例（草案建议表决稿）》进行统一审议。市人大常委会副主任、党组副书记杨晓玲出席会议。

16 日 市人大城环委对全市城乡规划实施情况开展专题调研。市人大常委会副主任、党组副书记丁志刚参加活动。

17 日至 18 日 市人大常委会主任、党组书记尹玉明赴德州市参加全省人大代表工作座谈会。

18 日 市人大常委会党组围绕“牢记宗旨性质”专题进行集中学习研讨。市人大常委会副主任、党组副书记杨晓玲主持研讨会，常委会党组班子成员出席会议。

24 日 市十九届人大常委会召开第三十次主任会议。会议传达学习全省人大代表工作座谈会、全省各市人大常委会秘书长工作交流会精神，研究提交市十九届人大常委会第二十四次会议的议题。市人大常委会主任尹玉明主持会议，副主任杨晓玲、汤建梅、孙忠生、谷瑞灵，秘书长郭景堂出席会议，党组成员张洪兴列席会议。

24 日至 25 日 根据市委要求和市人大常委会党组主题教育工作安排，市人大常委会党组围绕“勇于担当作为”专题进行集中学习研讨。市人大常委会主任、党组书记尹玉明主持研讨会，常委会党组班子成员出席会议。

24 日至 25 日 省人大常委会委员、省人大城乡建设与环境资源保护委员会主任委员张传亭一行到菏泽，对可再生能源法贯彻落实情况进行执法检查，对省十三届人大二次会议交付市人大城环委审议的 3 件代表议案进行工作调研，走访联系省人大代表。市人大常委会副主任、党组副书记丁志刚陪同活动。

25 日 市人大常委会组织机关县处级以上领导干部先后到菏泽监狱和冀鲁豫边区革命纪念馆，现场接受反面警示教育和革命传统教育。市人大常委会主任、党组书记尹玉明，副主任、党组副书记杨晓玲，副主任汤建梅、孙忠生、谷瑞灵，秘书长、党组成员郭景堂，党组成员张洪兴参加活动。

2019 年 10 月 25 日，市人大常委会组织开展警示教育和革命传统教育

29 日 市人大常委会党组召开主题教育调研成果交流会。省委第七巡回指导组副组长姜其宾、指导组成员李自长，市委第六巡回指导组组长吴义刚到会指导。市人大常委会主任、党组书记尹玉明主持会议并作交流发言，常委会党组班子成员出席会议。

30 日 市十九届人大常委会第二十四次会议召开。会议听取审议市政府关于 2018 年度市级预算执行和其他财政收支审计查出问题整改情况的报告、市政府关于城乡规划实施情况的报告、市人民检察院关于公益诉讼工作情况的报告；表决通过《菏泽市文明行为促进条例（草案表决稿）》，待报请省人大常委会批准后颁布实施；审议表决市人大常委会执法检查组关于对《山东省物业管理条例》《菏泽市物业管理条例》贯彻实施情况的执法检查报告、市人大农业与农村委关于对全市创建国家森林城市工作整体推进情况的专题调研报告、市人大社会建设委关于对“归雁兴菏”行动贯彻落实情况的专题调研报告，市政府关于对乡村振兴工作视察情况、国有资产管理情况综合报告和行政事业性国有资产管理情况专项报告、环境状况和环境保护目标完成情况报告、现代商贸物流产业发展情况报告、安全生产“一法一条例”执法检查情况、2019 年上半年国民经济和社会发展计划执行情况报告、2018 年财政决算和 2019 年上半年预算执行情况报告、2018 年度市级预算执行和其他财政收支审计工作报告 8 项审议意见研究处理情况的报告，《菏泽市人民代表大会常务委员会议事规则（修订草案）》《菏泽市人大常委会跟踪督办暂行办法（修订草案）》《菏泽市人大机关信访工作办法（草案）》《菏泽市人民代表大会代表建议、批评和意见办理办法（修订草案）》4 项制度；表决通过有关人事任免事项。市人大常委会主任尹玉明主持会议，副主任杨晓玲、丁志刚、汤建梅、孙忠生、谷瑞灵，秘书长郭景堂，党组成员张洪兴出席会议。市政府副市长曹升灵、市中级人民法院院长张正智、市人民检察院检察长王金庆列席会议。

31 日 受省人大民侨外委委托，市人大民侨外委对全市《山东省台湾同胞投资保护条例》贯彻实施情况进行执法调研。市人大常委会副主任汤建梅参加活动。

11 月

4 日 根据市委要求和市人大常委会党组主题教育工作安排，市人大常委会党组围绕“强化政治纪律和政治规矩”“廉洁自律”两个专题进行集中学习研讨。市人大常委会主任、党组书记尹玉明主持研讨会，常委会党组班子成员出席会议。

4 日至 6 日 市人大常委会副主任、党组副书记丁志刚赴济南市参加全省人大教科文卫工作座谈会。

6 日至 8 日 省人大农业与农村委员会副主任委员周林率调研组到菏泽，就全市乡村人才振兴工作进行专题调研。市人大常委会副主任孙忠生陪同活动。

7 日 市人大常委会主任、党组书记尹玉明为市人大常委会机关全体党员干部讲主题教育专题党课。省委第七巡回指导组成员单香福、许云涛，市委第六巡回指导组组长吴义刚到会指导。市人大常委会副主任、党组副书记杨晓玲、丁志刚，副主任汤建梅、谷瑞灵，秘书长、党组成员郭景堂，党组成员张洪兴收听党课。

9 日至 10 日 市人大常委会副主任、党组副书记杨晓玲赴江苏省徐州市参加淮海经济区立法协作联席会议。

12 日 根据“不忘初心、牢记使命”主题教育工作安排，市人大常委会党组召开对照党章党规找差距专题会议。省委第七巡回指导组副组长姜其宾、指导组成员单香福，市委第六巡回指导组组长吴义刚到会指导。市人大常委会主任、党组书记尹玉明主持会议、带头检查并作总结讲话，常委会党组班子成员出席会议。

13 日 市人大常委会副主任、党组副书记丁志刚带队，先后到市城管局、市医保局、供电公司等单位，对代表建议办理情况进行走访检查。

12 月

2 日 根据市委要求和市人大常委会党组主题教育工作安排，市人大常委会党组围绕党的十九届四中全会精神专题进行集中学习研讨。省委第七巡回指导组成员许云涛到会指导。市人大常委会主任、党组书记尹玉明主持研讨会，常委会党组班子成员出席会议。

4 日 市人大常委会组织部分省、市人大代表，围绕有关部门依法行政、服务民生等情况以及群众普遍关心的热点难点问题，开展年终视察活动。市人大常委会副主任、党组副书记丁志刚参加视察。

6 日 根据中央和省委主题教育部署要求和市委工作安排，市人大常委会党组召开“不忘初心、牢记使命”专题民主生活会。省委第七巡回指导组副组长姜其宾和成员许云涛、李自长到会指导。市人大常委会主任、党组书记尹玉明主持会议并作总结讲话，常委会党组班子成员出席会议。

2019年12月6日，市人大常委会党组召开“不忘初心、牢记使命”专题民主生活会

11日 市人大常委会人代工委召开代表议案建议征集工作座谈会。市人大常委会副主任、党组副书记丁志刚出席会议。

20日 市十九届人大常委会召开第三十一次主任会议。会议听取2019年度创先争优工作目标完成情况汇报，研究提交市十九届人大常委会第二十五次会议的议题。市人大常委会副主任杨晓玲主持会议，副主任丁志刚、汤建梅、孙忠生、谷瑞灵，秘书长郭景堂出席会议。

26日 市十九届人大常委会召开第三十二次主任会议。会议研究提交市十九届人大常委会第二十五次会议的议题。会议审议研究市十九届人大五次会议主席团、秘书长建议名单（草案），列席人员范围（草案），计划预算审查委员会建议名单（草案），议案审查委员会建议名单（草案），市人大常委会工作报告（审议稿），市人大常委会代表资格审查委员会关于个别代表的代表资格审查报告，决定提请市十九届人大常委会第二十五次会议审议表决。市人大常委会主任尹玉明主持会议，副主任杨晓玲、丁志刚、汤建梅、孙忠生、谷瑞灵，秘书长郭景堂出席会议，党组成员张洪兴列席会议。

27日 市十九届人大常委会第二十五次会议召开。会议审议通过关于召开市十九届人大五次会议的决定，市十九届人大五次会议主席团、秘书长建议名单，市十九届人大五次会议列席人员范围，市十九届人大五次会议计划预算审查委员会建议名单，市十九届人大五次会议议案审查委员会建议名单，市人大常委会代表资格审查委员会关于个别代表的代表资格审查报告；审议通过市人大常委会工作报告（审议稿），决定提请市十九届人大五次会议审议；审议表决关于市十九届人大四次会议代表建议、批评和意见办理情况的书面报告；表决通过关于批准菏泽市2019年地方政府债务限额的决议、关于批准2019年菏泽经济开发区预算调整方案的决议；表决通过市政府、市人民检察院对市人大常委会有关审议意见研究处理情况的报告；表决通过有关人事任免事项。市人大常委会主任尹玉明主持会议；副主任杨晓玲、丁志刚、汤建梅、孙忠生、谷瑞灵，秘书长郭景堂，党组成员张洪兴出席会议。市政府副市长王忠想、市中级人民法院院长张正智列席会议。

2020年

1月

2日至3日 省人大常委会法工委副主任王仲泉一行到菏泽对规范性文件备案审查工作情况进行调研，并就《山东省人才发展条例（草案二次修改稿）》征求意见建议。市人大常委会副主任、党组副书记杨晓玲参加活动。

11日至14日 市十九届人大五次会议在

菏泽大剧院召开。会议听取和审议菏泽市人民政府工作报告、菏泽市人民代表大会常务委员会工作报告、菏泽市中级人民法院工作报告、菏泽市人民检察院工作报告，审查菏泽市2019年国民经济和社会发展计划执行情况的报告、菏泽市2019年预算执行情况的报告和2020年预算草案，表决通过有关决议决定。大会以无记名投票的方式，选举魏琳为市人大常委会副主任、李茂楠为市监察委员会主任、王新建为市人民检察院检察长、曹格林为市人大常委会委员。

12日 58名市人大代表对教育、住建、民政、交通等10个政府部门办理的10件代表建议情况进行票决评议。市委常委、常务副市长王磊，市人大常委会副主任、党组副书记丁志刚出席会议并讲话。

15日 市人大常委会及机关“不忘初心、牢记使命”主题教育总结会议召开。市人大常委会主任、党组书记尹玉明出席会议并讲话，副主任、党组副书记杨晓玲主持会议，副主任、党组副书记丁志刚，副主任汤建梅、谷瑞灵，秘书长郭景堂，党组成员张洪兴参加会议。市委第六巡回指导组组长吴义刚到会指导。

16日 驻菏省人大代表赴济南出席会议，菏泽市举行欢送会为代表送行。市人大常委会主任尹玉明主持会议，市人大常委会副主任杨晓玲、汤建梅、魏琳出席会议。

18日 省委副书记、省长龚正到他所在的省十三届人大三次会议菏泽代表团，与代表们一起审议政府工作报告。市人大常委会主任尹玉明、副主任杨晓玲参加审议。

2月

10日 市人大常委会机关组织开展“众志成城、抗击新冠肺炎”捐款活动。市人大常委会主任尹玉明，副主任杨晓玲、丁志刚、汤建梅、谷瑞灵、魏琳，秘书长郭景堂，党组成员张洪兴等领导带头捐款。

12日至13日 省人大常委会党组书记、副主任于晓明率领省疫情处置工作督导组到菏泽督导检查疫情防控和企业复工复产情况。市人大常委会主任尹玉明陪同活动。

17日 市人大常委会党组扩大会议召开。市人大常委会主任、党组书记尹玉明主持会议，副主任、党组副书记杨晓玲，副主任、党组成员谷瑞灵、魏琳，秘书长、党组成员郭景堂出席会议；副主任汤建梅、一级调研员张洪兴列席会议。会议研究确定市人大常委会领导班子成员的工作分工。

17日 市人大常委会召开第33次主任会议，研究提交市人大常委会第二十六次会议的有关议题。市人大常委会主任尹玉明主持会议，副主任杨晓玲、丁志刚、汤建梅、谷瑞灵、魏琳，秘书长郭景堂出席会议；一级调研员张洪兴列席会议。

17日 市人大常委会秘书长、党组成员郭景堂带队到市人大常委会机关派驻东明县武胜桥镇“第一书记”驻村、东明集镇乡村振兴服务队和市人大常委会机关“双报到”社区——牡丹区西城街道民泰社区，走访慰问坚守在战“疫”一线的基层干部群众，送去防疫、生活急需物资。

28日 市十九届人大常委会召开第34次主任会议，研究提交市十九届人大常委会第二十六次会议的有关议题。市人大常委会主任尹玉明主持会议，副主任杨晓玲、丁志刚、汤建梅、谷瑞灵、魏琳，秘书长郭景堂出席会议。

3月

5日 市十九届人大常委会召开第二十六次会议。会议审议通过市人大常委会2020年工作要点、市人大常委会2020年地方立法计划，确定2019年度问责表决事项，表决通过有关人事任免事项。市人大常委会主任尹玉明主持会议；副主任杨晓玲、丁志刚、汤建梅、谷瑞灵、魏琳，秘书长郭景堂出席会议。市政府副市长王卫东、市中级人民法院院长张正智列席会议。

12日 市人大常委会组织机关干部到定陶区机场路参加2020年市直机关义务植树活动。市人大常委会主任尹玉明，副主任杨晓玲、汤建梅、谷瑞灵、魏琳参加活动。

12日 市人大常委会机关2019年度党支部书记抓党建工作述职会议召开。市人大常委会秘书长、党组成员、机关党委书记郭景堂主持会议并讲话。

17日至18日 省人大常委会副主任、省工商联主席王随莲一行到菏泽调研中小民营企业复工复产情况。市人大常委会主任尹玉明参加相关活动。

26日 2020年度市人大代表建议交办会召开。市委常委、常务副市长王磊，市人大常委会副主任、党组副书记丁志刚出席会议并讲话。

31日 市人大常委会党组围绕"如何把我国制度优势更好转化为国家治理效能"进行集中学习研讨。市人大常委会主任、党组书记尹玉明主持研讨会，市人大常委会党组班子成员出席会议。

31日 市人大常委会召开2020年立法计划落实部署会议。市人大常委会副主任、党组副书记杨晓玲出席会议并讲话。

4月

1日 市人大教科文卫委组织调研组先后赴巨野县、单县，对全市扩增学前教育资源及中小学教师队伍建设情况进行调研。市人大常委会副主任、党组副书记丁志刚参加调研。

1日至3日 省人大常委会副主任、党组副书记王良到菏泽，对统筹推进疫情防控、经济发展、民生保障、耕地保护、生态环保等工作情况开展督导检查。市人大常委会主任尹玉明、副主任杨晓玲参加相关活动。

2020年4月1日至3日，省人大常委会副主任、党组副书记王良到菏泽对统筹推进疫情防控、经济发展、民生保障、耕地保护、生态环保、安全生产等工作情况开展督导检查

3日 市人大常委会秘书长、党组成员郭景堂主持召开制度修订座谈会，围绕新修订的《菏泽市人民代表大会常务委员会主任会议议事规则（征求意见稿）》等7项制度进行座谈讨论。

9日 市人大监司委调研组对全市法院诉讼服务中心建设情况进行调研。市人大常委会副主任、党组副书记杨晓玲参加活动。

14日 市人大常委会调研组就《菏泽市餐厨废弃物管理条例》开展立法初审调研。市人大常委会副主任、党组副书记丁志刚参加活动。

15日 市人大常委会召开第35次主任会议，研究确定提交市十九届人大常委会第二十七次会议的有关议题。市人大常委会主任尹玉明主持会议，副主任杨晓玲、丁志刚、汤建梅、谷瑞灵、魏琳，秘书长郭景堂出席会议。

15日 市十九届人大常委会第二十七次会议召开。会议依法补选李干杰为山东省第十三届人民代表大会代表。市人大常委会主任尹玉明主持会议，副主任杨晓玲、丁志刚、汤建梅、谷瑞灵、魏琳，秘书长郭景堂出席会议。

21日 市十九届人大常委会召开第36次主任会议，研究提交市十九届人大常委会第二十八次会议的有关议题，听取《菏泽人大志》编纂工作准备情况的汇报。市人大常委会主任尹玉明主持会议，副主任杨晓玲、丁志刚、汤建梅、谷瑞灵、魏琳，秘书长郭景堂出席会议。

21日 市人大常委会党组扩大会议召开，研究制定《中共菏泽市人大常委会党组关于进一步加强自身建设的意见》《中共菏泽市人大常委会党组理论学习中心组学习规则》；修订《中共菏泽市人大常委会党组工作规则》。市人大常委会主任、党组书记尹玉明主持会议，副主任、党组副书记杨晓玲、丁志刚，副主任、党组成员谷瑞灵、魏琳，秘书长、党组成员郭景堂出席会议。副主任汤建梅列席会议。

23日至24日 省人大常委会法工委副主任王仲泉一行到菏泽开展《山东省中医药条例（草案）》立法调研工作，市人大常委会副主任、党组副书记杨晓玲参加活动。

28日 市十九届人大常委会第二十八次会议召开。会议听取审议市政府关于扩增学前教育资源及中小学教师队伍建设、农村人居环境综合整治工作以及市中级人民法院关于诉讼服务中心建设3项工作报告，审议《菏泽市餐厨废弃物管理条例（草案）》，审议表决市人大常委会修订、制定的有关制度。市人大常委会主任尹玉明主持会议，副主任杨晓玲、丁志刚、汤建梅、谷瑞灵、魏琳，秘书长郭景堂出席会议。市委常委、常务副市长王磊，市中级人民法院院长张正智，市人民检察院检察长王新建列席会议。

29日 市人大常委会党组理论学习中心组围绕“习近平总书记关于安全生产工作的重要指示精神和相关法律法规”进行集中学习。市人大常委会主任、党组书记尹玉明主持会议，市人大常委会党组理论学习中心组成员出席会议。

29日至30日 市人大教科文卫委调研组对传染病防治法在全市的贯彻实施情况进行专题调研。市人大常委会副主任、党组副书记丁志刚参加活动。

5月

9日 市人大常委会秘书长、党组成员郭景堂带队到东明县，实地调研市人大“四进”攻坚行动工作组、驻东明集镇乡村振兴服务队、驻武胜桥镇包村“第一书记”工作开展情况。

14日 市人大常委会机关召开党风廉政工作会议。市人大常委会秘书长、党组成员、机关党委书记郭景堂主持会议并讲话。

18日 市领导欢送10名驻菏全国人大代表赴北京参加会议。市人大常委会主任尹玉明、副主任杨晓玲、丁志刚，市人大常委会秘书长郭景堂出席活动。

20日 市人大常委会党组理论学习中心组围绕“力戒形式主义官僚主义、全面落实从严治党责任”进行集中学习。市人大常委会主任、党组书记尹玉明主持会议，市人大常委会党组理论学习中心组成员出席会议。

20日至22日 市人大民侨外委就全市全域旅游工作进行专题调研，市人大常委会副主任汤建梅参加活动。

21日 市人大常委会副主任、党组副书记丁志刚一行到市林业局督导建议办理情况。

21日 市人大财经委对市政府贯彻实施食品安全法情况进行执法检查。市人大常委会副主任谷瑞灵参加活动。

26日 省人大常委会委员、社会建设委副主任委员王兆玉一行到菏泽，就安全生产执法检查相关工作进行调研。市人大常委会副主任、党组副书记杨晓玲参加活动。

27日至28日 市人大常委会组成执法检查

组，对市政府贯彻实施《中华人民共和国传染病防治法》情况进行执法检查，并召开专题询问会和执法检查座谈会。市人大常委会副主任、党组副书记丁志刚，秘书长郭景堂参加执法检查；副市长曹升灵陪同活动。

6月

2日 市人大法制委员会召开会议对《菏泽市餐厨废弃物管理条例（草案建议修改二稿）》进行统一审议。市人大常委会副主任杨晓玲出席会议。

3日 市人大城环委召开关于制定《菏泽市土壤污染防治条例》的议案办理调研座谈会。市人大常委会副主任丁志刚出席会议并讲话。

3日 市人大城环委组成调研组对全市环境状况和环境目标完成情况进行调研。市人大常委会副主任丁志刚参加调研。

10日 市十九届人大常委会召开第37次主任会议，传达学习十三届全国人大三次会议精神，研究提交市十九届人大常委会第二十九次会议的有关议题，研究争创全国文明单位的有关事宜。市人大常委会主任尹玉明主持会议，副主任杨晓玲、丁志刚、汤建梅、谷瑞灵、魏琳，秘书长郭景堂出席会议。

10日 市人大常委会召开创建全国文明单位部署会议，市人大常委会主任、党组书记尹玉明主持会议，副主任、党组副书记杨晓玲、丁志刚，秘书长郭景堂出席会议。

18日 市十九届人大常委会第二十九次会议召开。会议听取审议市政府有关工作报告，审议《菏泽市餐厨废弃物管理条例（草案修改稿）》《菏泽市城市供水条例（草案）》，审议表决有关执法检查、专题调研等报告，表决通过有关人事任免事项。市人大常委会主任尹玉明主持会议，副主任杨晓玲、丁志刚、汤建梅、谷瑞灵、魏琳，秘书长郭景堂出席会议。市政府副市长曹升灵、市法院院长张正智、市检察院检察长王新建列席会议。

19日 市人大常委会召开机关创建全国文明单位动员大会。市人大常委会主任、党组书记尹玉明出席会议并讲话，副主任汤建梅、谷瑞灵出席会议，秘书长郭景堂主持会议。

2020年6月19日，市人大常委会召开创建全国文明单位动员大会

19日 省人大常委会开展安全生产“一法一条例”视频执法检查。市人大常委会副主任杨晓玲在菏泽分现场参加活动。

19日 市人大农业与农村委对贯彻实施《中华人民共和国农业机械促进法》情况开展执法检查，市人大常委会副主任魏琳参加活动。

22日至23日 市人大常委会副主任、党组副书记丁志刚带领考察组赴济宁市、临沂市人大常委会机关，实地考察学习全国文明单位创建工作。

23日 市人大常委会对《全国人民代表大会常务委员会关于全面禁止非法野生动物交易、革除滥食野生动物陋习、切实保障人民群众生命健康安全的决定》和《中华人民共和国野生动物保护法》贯彻实施情况开展执法检查。市人大常委会副主任魏琳参加活动。

24日 市人大常委会机关组织开展经典传承诵端午暨主题党日活动。市人大常委会副主任杨晓玲、汤建梅、谷瑞灵、魏琳，秘书长郭景堂参加活动。

29日 市人大常委会党组理论学习中心组围绕“如何立足人大工作实际 推动全市经济社会高质量发展”进行集中学习研讨。市人大常委会主任、党组书记尹玉明主持会议，市人大常委会党组理论学习中心组成员出席会议。

30日 市人大常委会召开《菏泽人大志（1984—2020）》责任分工落实会议，正式启动《菏泽人大志（1984—2020）》编纂工作。市人大常委会副主任、党组副书记杨晓玲主持会议并讲话，市人大常委会秘书长郭景堂参加会议。

7月

1日 市人大常委会秘书长、党组成员、机关党委书记郭景堂以《坚持和完善人民代表大会制度厚植动力源泉奋力担当作为》为题，为机关全体党员干部讲授党课。

3日 驻菏省人大代表城建环保小组及部分市人大代表，对市区城市管理情况和牡丹园建设与管理工作进行专题调研。市人大常委会副主任丁志刚参加调研。

6日 市人大常委会召开党组（扩大）会议，传达学习市委十三届十一次全体会议精神。市人大常委会主任、党组书记尹玉明主持会议，副主任、党组副书记杨晓玲、丁志刚，副主任、党组成员魏琳，秘书长、党组成员郭景堂，各委室主要负责人参加会议。

9日 市人大常委会党组理论学习中心组举办意识形态工作讲座，邀请市委讲师团副团长徐兆斌为机关全体干部职工进行意识形态工作专题辅导授课。市人大常委会主任、党组书记尹玉明出席，副主任、党组副书记杨晓玲主持，副主任汤建梅，副主任、党组成员谷瑞灵、魏琳，秘书长、党组成员郭景堂出席。

16日 市人大常委会副主任、党组副书记杨晓玲组织召开省十三届人大四次会议菏泽代表团服务工作调度会议。市人大常委会秘书长郭景堂主持会议。

16日 市人大常委会机关举办《中华人民共和国民法典》专题辅导讲座，邀请山东信法律师事务所党支部书记潘帅进行授课辅导。市人大常委会副主任杨晓玲、丁志刚、谷瑞灵、魏琳出席讲座。

16日 市人大民侨外委对《中华人民共和国归侨侨眷权益保护法》《山东省归侨侨眷权益保护法》的贯彻实施情况开展执法检查。市人大常委会副主任汤建梅参加活动。

23日 省人大常委会第二十二次会议通过云视频+5G连线方式，对全省安全生产工作情况进行专题询问。市人大常委会副主任汤建梅在菏泽分会场参加会议。

23日 市人大监司委就菏泽市“七五”普法决议贯彻实施情况进行专题调研。市人大常委会副主任、党组副书记杨晓玲参加活动。

24日 市人大常委会组织驻菏部分全国、省、市人大代表就菏泽市“七五”普法决议贯彻实施情况进行专题调研。市人大常委会副主任、党组副书记丁志刚参加活动。

28日 市人大常委会预算工委召开2019年财政决算和2020年上半年预算执行调研座谈会，市人大常委会副主任谷瑞灵出席会议并讲话。

30日 “立岗建功促发展”代表活动总结交流会召开。市人大常委会副主任、党组副书记丁志刚出席会议。

8月

5日 市人大常委会召开2019年度市级预算执行和其他财政收支情况调研座谈会。市人大常委会副主任谷瑞灵出席会议并讲话。

5日至7日 省人大常委会副主任王随莲率

调研组到菏泽，就制定《山东省中医药条例（草案）》进行立法调研，市人大常委会主任、党组书记尹玉明，市人大常委会副主任、党组副书记丁志刚参加相关活动。

2020年8月5日至7日，省人大常委会副主任王随莲带队到菏泽，开展《山东省中医药条例》立法调研

6日 市人大常委会副主任谷瑞灵带领调研组到单县、成武县调研2019年财政决算情况和2020年上半年预算执行情况。

7日 市人大法制委员会召开会议，对《菏泽市餐厨废弃物管理条例（草案建议表决稿）》《菏泽市城市供水条例（草案建议修改稿）》进行统一审议。市人大常委会副主任、党组副书记杨晓玲出席会议并讲话。

10日 市人大农业与农村委员会开展《菏泽市湿地保护管理条例》立法预调研。市人大常委会副主任魏琳参加调研。

10日至11日 省人大常委会委员、城环委主任委员张传亭率调研组到菏泽，就菏泽市黑臭水体整治和土壤污染防治工作进行调研。市人大常委会副主任、党组副书记丁志刚参加活动。

12日 市人大常委会举办人大代表履职学习班。市人大常委会副主任、党组副书记丁志刚出席开班仪式并讲话。

13日 市人大常委会机关召开建设模范机关工作会议。市人大常委会秘书长、党组成员郭景堂出席会议并讲话。

18日 市十九届人大常委会召开第38次主任会议，研究提交市十九届人大常委会第三十次会议的有关议题，审议《菏泽市人大常委会预算审计专家库成员名单（草案）》。市人大常委会主任尹玉明主持会议，副主任杨晓玲、丁志刚、谷瑞灵、魏琳，秘书长郭景堂出席会议。

20日 市人大常委会党组暨机关党组理论学习中心组学习研读习近平总书记关于脱贫攻坚工作的重要论述。市人大常委会主任、党组书记尹玉明主持学习并讲话，市人大常委会党组和机关党组理论学习中心组全体成员参加学习。

21日 市人大常委会机关党组召开（扩大）会议，调度机关派驻东明县“第一书记”“乡村振兴服务队”“四进”工作组的脱贫攻坚工作。市人大常委会秘书长、党组成员、机关党组书记郭景堂主持会议并讲话。

24日 市十九届人大常委会第三十次会议召开。会议听取审议市政府有关工作报告，审查2019年市级决算草案并作出相应决议；表决通过《菏泽市餐厨废弃物管理条例（草案表决稿）》，待报请省人大常委会批准后实施；审议《菏泽市城市供水条例（草案修改稿）》；审议表决有关专题调研报告、审议意见研究处理情况的报告。会议还表决通过有关人事任免事项。市人大常委会主任尹玉明主持会议，副主任杨晓玲、丁志刚、谷瑞灵、魏琳，秘书长郭景堂出席会议。市委常委、常务副市长王磊，市中级人民法院院长张正智列席会议。

9月

11日 市人大常委会副主任、党组副书记丁志刚带领调研组对全市交通重点工程建设情况进行调研。

15日 市人大常委会召开《菏泽人大志

（1984—2020）》编纂工作推进会议。市人大常委会副主任、党组副书记杨晓玲主持会议并讲话，市人大常委会秘书长郭景堂参加会议。

16日至17日 第二届淮海经济区立法协作联席会议在安徽省淮北市召开。市人大常委会副主任、党组副书记杨晓玲参加会议，并应邀作交流发言。

17日 市人大教科文卫委召开关于对《菏泽市非物质文化遗产条例》贯彻落实情况进行执法检查的议案审议座谈会。市人大常委会副主任、党组副书记丁志刚出席会议并讲话。

18日 市人大代表建议办理座谈会召开。市人大常委会副主任、党组副书记丁志刚出席会议并讲话。

23日至24日 市人大常委会对全市交通重点工程建设情况进行视察。市人大常委会副主任、党组副书记丁志刚参加视察，秘书长郭景堂参加视察并主持视察座谈会；副市长王忠想陪同活动。

2020年9月23日至24日，市人大常委会对全市交通重点工程建设情况进行视察

24日 市人大监司委调研组对市人民检察院法律监督工作进行专题调研。市人大常委会副主任、党组副书记杨晓玲参加活动。

24日 省人大常委会第二十三次会议在济南举行联组会议，对全省城市黑臭水体治理情况进行专题询问。市人大常委会副主任、党组副书记丁志刚在菏泽分会场参加会议。

25日 市人大常委会召开预算审查监督暨专家库工作会议。市人大常委会副主任谷瑞灵出席会议并讲话。

28日 市人大常委会党组暨机关党组理论学习中心组围绕“守正创新做好新形势下意识形态工作”进行集中学习研讨。市人大常委会主任、党组书记尹玉明主持会议，市人大常委会党组暨机关党组理论学习中心组成员出席会议。

28日 市人大法制委员会召开会议对《菏泽市城市供水条例（草案建议表决稿）》进行统一审议。市人大常委会副主任、党组副书记杨晓玲出席会议并讲话。

28日至29日 省人大财经委副主任委员郭述禹、刘冠凤一行到菏泽对优化营商环境开展专题调研。市人大常委会副主任谷瑞灵、魏琳分别陪同活动。

29日 市人大常委会召开部分（北部片区）县区人大常委会及人大代表座谈会，总结交流“立岗建功促发展”代表活动开展情况。市人大常委会副主任、党组副书记丁志刚出席会议并讲话。

10月

13日至14日 市人大常委会机关老干部支部组织30余名党员，先后赴单县、曹县开展“践悟入党初心、见证发展变化”主题党日活动。市人大常委会副主任、党组副书记丁志刚参加活动。

20日 市十九届人大常委会召开第39次主任会议，传达学习全省人大预算联网监督工作会议精神，听取关于第二届淮海经济区立法协作联席会议精神及工作建议的汇报，研究提交市十九届人大常委会第三十一次会议的有关议题。市人大常委会主任、党组书记尹玉明主持会议，副主任、党组副书记杨晓玲、丁志刚，副主任汤建梅、谷瑞灵，秘书长郭景堂出席会议。

21日至22日 省人大常委会委员、研究室主任王树忠到菏泽，走访联系部分驻菏全国、省人大代表。市人大常委会副主任、一级巡视员汤建梅参加活动。

22日 市人大常委会机关党组召开会议，专题研究全面从严治党工作。市人大常委会秘书长、党组成员、机关党组书记郭景堂主持会议并讲话，市纪委监委派驻第二纪检监察组副组长薛排国应邀参加会议。

23日 市人大常委会副主任、党组副书记杨晓玲主持召开《菏泽人大志（1984—2020）》编纂工作调度会。

23日 市人大常委会副主任、一级巡视员汤建梅到鄄城县，对所包保的重点项目建设情况实地调研。

27日 市十九届人大常委会第三十一次会议召开。市人大常委会主任尹玉明主持会议，副主任杨晓玲、丁志刚、汤建梅、谷瑞灵，秘书长郭景堂出席会议。市政府副市长侯婕，市中级人民法院院长张正智，市人民检察院检察长王新建列席会议。

28日 市人大常委会党组暨机关党组理论学习中心组围绕《中国共产党问责条例》《中国共产党党内法规制定条例》进行集体学习。市人大常委会主任、党组书记尹玉明主持会议，市人大常委会党组暨机关党组理论学习中心组成员出席会议。

28日 市人大常委会党组召开会议，审议并通过《菏泽市人大常委会党组及其成员落实全面从严治党责任清单》。市人大常委会主任、党组书记尹玉明主持会议，市人大常委会党组成员出席会议。

11月

3日 市人大常委会秘书长、党组成员、机关党组书记郭景堂主持召开市人大常委会机关全体会议，专题传达学习党的十九届五中全会精神，研究贯彻落实意见。

10日 市人大常委会党组召开意识形态工作专题会议。市人大常委会主任、党组书记尹玉明出席会议并讲话，副主任、党组副书记杨晓玲主持会议，常委会党组成员参加会议，机关党组成员列席会议。

11日 安徽省淮北市人大常委会主任、党组书记方宗泽带领考察组，到菏泽考察乡村振兴工作。市人大常委会主任、党组书记尹玉明，副主任谷瑞灵参加活动。

11日 市人大常委会副主任、党组副书记杨晓玲主持召开《菏泽人大志（1984—2020）》编纂工作调度会议。

12日 济宁市人大常委会副主任陈颖带领考察组到菏泽，就水环境保护和水污染防治地方立法工作进行考察。市人大常委会副主任、党组副书记杨晓玲参加活动。

2020年11月17日，市十九届人大常委会召开第40次主任会议，专题研究《菏泽人大志（1984—2020）》编纂工作

17日 市十九届人大常委会召开第40次主任会议，专题研究《菏泽人大志（1984—2020）》

编纂工作。市人大常委会主任尹玉明主持会议，副主任杨晓玲、丁志刚、汤建梅、魏琳出席会议。

20日 省人大常委会委员、省人大城环委主任委员张传亭到菏泽，走访联系部分驻菏全国、省人大代表。市人大常委会副主任、党组副书记丁志刚参加活动。

20日 菏泽市人大常委会办公室被中央文明委授予“第六届全国文明单位”荣誉称号。

26日 省十三届人大常委会第二十四次会议举行联组会议，对全省优化营商环境工作进行专题询问。市人大常委会副主任汤建梅、二级巡视员张洪兴在菏泽分会场参加会议。

27日 市委全面依法治市委员会立法协调小组全体会议在市人大常委会机关四楼会议室召开。市人大常委会副主任、党组副书记杨晓玲主持会议并讲话。

30日 市人大常委会党组理论学习中心组举办学习贯彻党的十九届五中全会精神专题辅导讲座。市人大常委会副主任、党组副书记杨晓玲主持，副主任、党组副书记丁志刚，副主任、党组成员谷瑞灵，秘书长、党组成员郭景堂出席。

12月

1日 全市人大预算联网监督工作推进会召开。市人大常委会副主任谷瑞灵参加会议。

2020年12月1日，全市人大预算联网监督工作推进会召开

4日 省人大常委会举办的2020年设区的市地方立法工作会议在日照市召开。市人大常委会副主任、党组副书记杨晓玲参加会议并发言。

18日 省人大常委会委员，省残联党组书记、理事长邹斌芳到菏泽，走访联系部分驻菏全国、省人大代表。市人大常委会副主任、党组副书记丁志刚参加活动。

18日 市人大常委会秘书长、党组成员、机关党组书记郭景堂带队赴东明县调研市人大机关“加强农村基层党组织建设”工作队和驻村“第一书记”工作。

21日 市人大法制委员会召开会议对《菏泽市城镇容貌和环境卫生管理条例修正案（草案）》进行统一审议。市人大常委会副主任、党组副书记杨晓玲主持会议并讲话。

22日 市十九届人大常委会召开第41次主任会议，听取关于市人大常委会2020年度创先争优工作目标完成情况的汇报，研究提交市十九届人大常委会第三十二次会议的有关议题。市人大常委会主任尹玉明主持会议，副主任杨晓玲、丁志刚、汤建梅、谷瑞灵出席会议。

24日 市人大常委会党组暨机关党组理论学习中心组围绕“以习近平法治思想为统领，运用法治思维做好人大工作”进行集中学习研讨。市人大常委会主任、党组书记尹玉明主持会议，市人大常委会党组暨机关党组理论学习中心组成员出席会议。

24日 省人大法制委员会副主任委员张志华、周杰带领立法调研组到菏泽，就《山东省实施〈中华人民共和国农村土地承包法〉办法（修订草案修改稿）》立法工作开展调研。市人大常委会副主任、党组副书记杨晓玲主持座谈会并陪同调研。

24日 市人大常委会召开省人大代表议案建议征集工作座谈会。市人大常委会副主任、党组副书记丁志刚出席会议并讲话。

29 日 市十九届人大常委会第三十二次会议召开。会议表决通过有关报告、决定；表决通过有关人事任免事项；确定市人大常委会2020年度问责表决事项。市人大常委会主任尹玉明主持会议，副主任杨晓玲、汤建梅、谷瑞灵，秘书长郭景堂出席会议。市政府副市长高荣国、市中级人民法院院长张正智、市人民检察院检察长王新建列席会议。

第一编

历史沿革

1984—2020

菏泽人大志

HEZE RENDA ZHI

1984年以前，菏泽地区未设人大工作专门机构，具体工作由行署办公室安排专人负责。主要任务是：组织区内的全国、省人大代表参加人代会，做好服务工作；为驻菏泽地区的省人大常委会委员出席省人大常委会会议服务，征求、汇集宪法法律草案的讨论修改意见。

1984年10月，成立菏泽地区人大工作联络处，历经山东省人民代表大会常务委员会菏泽地区联络组、山东省人民代表大会常务委员会菏泽地区工作委员会的变迁，至2001年撤地设市，级别由副县级、正县级升至正厅级。

2000年6月23日，经国务院批准撤销菏泽地区，设立地级菏泽市（2001年1月10日正式挂牌）。根据《中华人民共和国宪法》《中华人民共和国地方各级人民代表大会和地方各级人民政府组织法》的规定，借鉴全省其他市地关于地改市的做法，2001年1月设立菏泽市人民代表大会，顺延原县级菏泽市人民代表大会的届数，地级菏泽市首届人民代表大会设定为市十五届人民代表大会，在市十五届人民代表大会第一次会议上选举产生菏泽市人民代表大会常务委员会。由此，菏泽市人大工作进入一个崭新的发展时期。

第一章 菏泽地区人大工作联络处

（1984.10—1988.1）

第一节 建制沿革

一、机构沿革

1984年10月30日,《中共菏泽地委办公室菏泽地区行署办公室关于设立人大工作联络处、行署接待处和单县卫生学校升格的通知》（菏办发〔1984〕78号）指出：“经地委、行署研究设立‘菏泽地区人大工作联络处’，为地委办公室代管、比局低半格的单位。编制三人。”1985年8月，升格为正县级单位，隶属地委领导。

二、领导人更迭

主 任 张登崑（兼，1984.11—1985.10）

吴倩之（1985.10— ）

副主任 郭国怀（1984.12—1985.10）

第二节 工作职责

1. 了解县（市）人大常委会的工作情况，为地委加强县（市）人大工作的领导当好参谋。

2. 总结交流本地区各县(市)人大工作经验，研究重大问题。

3. 联系驻本地区全国人大代表和省人大代表，反映其意见和要求，为其执行职务提供方便。

第三节 重要工作

一、重要会议

1985年12月6日，地委在曹州宾馆北二楼会议室召开有县市委书记、县市长和地直部委办局负责人参加的会议。地委副书记张守福讲话，提出：一是进一步提高对人大常委会性质、地位和作用的认识。要弄清设立地方各级人大常委会的目的，明确地方各级人大常委会的职权和任务，增强法制观念。二是政府、法院和检察院要进一步提高接受人大常委会监督的自觉性。三是党委要进一步加强对人大常委会工作的领导。要从政治上加强对人大常委会的领导；党委和党的领导干部要带头执法守法；注意发挥人大常委会的整体作用；严格执行中央关于人大主任列席同级党委会议的决定和依法任免干部的规定；帮助人大常委会解决实际困难。

1986年2月1日至2日，地委在曹州宾馆南楼召开全区县市人大常委会主任座谈会。会议由地区人大工作联络处主任吴倩之主持。会上，各县市人大常委会主任汇报交流人大工作经验，座谈研究开创地方人大常委会工作新局面问题。会议结束时，地委副书记许希亮作了《提高认识，勇于实践，努力开创人大工作新局面》的讲话。讲话肯定了各县市人大常委会自1980年至1981年相继设立以来，在组织、思想和业务建设上所取得的成绩，同时指出存在的问题，并就人大自身的认识和人大常委会的工作、建设提出四点要求：一是认清神圣职责，进一步增强做好人大工作的责任感。二是依法行使好监督权。三是主动争取党委的领导。四是进一步加强自身建设。要加强学习，搞好调查研究，同人大代表保持密切联系。地委书记于波海到会看望与会人员并讲话。讲话中肯定县市人大常委会的工作成绩，通报地委1986年工作打算，要求大力支持人大工作，在办公用房、宿舍、小车等方面尽量给解决得好些。

1986年5月27日，地委、行署在地委楼前会议室，召开有地委委员、行署副专员、顾问和已离休的原地委、行署领导，驻地直单位的省六届人大代表和各县市委书记、地直各部委办局负责人参加的会议。省六届人大代表、地委副书记、行署专员刘洪仁传达省六届人大四次会议精神，地委书记张守福主持会议并讲话。

1987年5月7日，地委、行署召开有地委委员、行署副专员、顾问，已离休的原地委、行署领导，地直各部委办局、高等院校负责人参加的会议，传达贯彻全国和省六届人大五次会议精神。六届全国人大代表、菏泽师专副校长赵瑞麟和省六届人大代表、地委副书记、行署专员刘洪仁，分别传达全国和省六届人大五次会议精神。地委书记张守福主持会议，并就学习贯彻两个会议精神提出要求。一要统一思想认识，在加深对会议精神的理解上下功夫。要统一对形势的认识，统一对基本任务的认识，统一对经济建设方针的认识。二要在两个会议精神指导下，努力做好本职工作。三要结合全区实际，围绕落实好会议精神，重点在农业问题、工业问题、精神文明建设问题三个方面狠下功夫。

二、重要活动

1984年12月22日至28日，全国人大常委会委员、全国人大财政经济委员会副主任委员韩哲一，在省人大常委会办公厅副主任孙志皓陪同下到菏泽视察。先后听取地委副书记张守福，地委副书记、行署专员刘洪仁和定陶、东明、梁山县委、县政府负责人工作情况汇报。由地委顾问许光陪同，视察菏泽市的农贸市场，定陶县陈集镇的工业生产，东明县境内正在修建的长东黄河铁路桥，梁山县境内的十里堡、林辛两个黄河放水闸和湖区渔民的生产生活。还察看原冀鲁豫边区党委、行署住址，曹州牡丹园和正在修复的水泊梁山。

1985年12月3日至9日，全国人大常委会委员、全国人大财政经济委员会委员徐运北到菏泽视察，听取地委副书记张守福、许希亮关于全区整党工作和农业生产情况的汇报。由地委顾问许光和地区人大工作联络处主任吴倩之陪同，视察菏泽烟厂、菏泽市毛纺厂、印刷厂，沙土镇酿造厂、丝绸厂，定陶县羊毛剪绒厂、陈集镇裘皮厂等。到革命老区菏泽市大杨湖、沙土集，曹县“红三村”、巨野县章缝集、定陶县中沙海等行政村，召开有村支书、老干部、老农会长等参加的座谈会，并访问部分农户。

1986年4月16日至20日，省人大常委会委员向克率领省人大药品管理法视察小组一行7人到菏泽，视察全区药品管理工作。视察小组先后听取行署副专员耿德祥、曹县副县长杨宪文和地区医药公司、地区药检所负责人关于贯彻实施药品管理法情况的汇报。由地区人大工作联络处主任吴倩之、地区卫生局副局长从源滋等陪同，视察地区药检所、药材站、制药厂、人民医院、中医院，菏泽市药检所、生化制药厂、中医院，曹县药材站、药检所、中医院、县医院12个单位，到药房、病房、车间、仓库进行察看、访问和座谈。并和耿德祥及地区卫生局、工商局、医药公司、药检所的负责人进行座谈。

1986年6月30日至7月13日，省人大常委会副主任严庆清率领省人大贯彻落实义务教育法调查小组一行8人到菏泽，调查了解实施九年义务教育工作情况。调查小组先后听取地区教育局副局长王思伦、定陶县副县长李汉云、曹县副县长杨宪文和部分乡镇、行政村、学校负责人关于贯彻落实义务教育法的情况汇报，召开人大代表、政协委员、地县直有关部门负责人、中小学教师、农村党支部书记、老党员等一系列座谈会，听取其对实施义务教育法的意见和要求。由行署副专员耿德祥、地区人大工作联络处主任吴倩之和地委宣传部、地区教育局的人员陪同，到菏泽师专、菏泽一中，菏泽市二十一中、二完小、四完小，定陶县一中、三中、陈集镇中学和七一行政村小学、崔庄小学、一千王乡中学、一千王小学、沙山寺小学，曹县二中、四中、四完小、西关小学、青堌堆镇中学、南门小学、樊楼小学、刘岗乡中心小学、曹楼小学、伊庄小学，东明县陆圈乡中学、张占乡中学、渔沃乡中学、高村乡中心校、斜街小学18个单位，以及城乡中小学教室、宿舍、办公室和师生中察看、访问和座谈。调查结束时，严庆清同地委副书记樊思宝、行署副专员耿德祥、地区人大工作联络处主任吴倩之进行座谈。

1987年5月17日至23日，省人大常委会主任李振到菏泽视察。在地委书记张守福、地区人大工作联络处主任吴倩之陪同下，先后到巨野、菏泽、东明、定陶、曹县、成武、郓城、梁山8个县市，听取县市人大常委会和政府负责人的工作汇报，并视察这些县市的8个工厂、6个乡镇、4个行政村的工农业生产情况。视察中，李振对全区的工农业生产和人大工作予以肯定，提出指导意见。

1987年7月12日至19日，省人大常委会委员、省人大法制工作委员会副主任委员李洪成一行4人到菏泽，视察公检法机关工作。地委书记张守福、副书记许希亮，地委委员、行署副专员毕可文等到曹州宾馆看望。地区人大工作联络处主任吴倩之、地委政法委书记王进宝陪同李洪成一行，先后到地区检察分院、地区中级人民法院、地区公安处进行视察，分别听取地区检察分院检察长王德君、地区中级人民法院院长许修堂、地区公安处副处长张建英的工作汇报，并与检察分院检察委员会成员、中级人民法院审判委员会成员、公安处党组成员进行座谈，详细了解公检法机关学法、执法情况。视察结束后，在曹州宾馆南楼圆桌会议室召开有检察分院检察委员会成员，中级人民法院审判委员会成员，公安处、司法局党组成员，菏泽市人大常委会负责人参加的座谈会。毕可文主持会议，李洪成讲话，许希亮作总结讲话。

1988年4月1日至7日，省人大常委会委员、省人大民族侨务外事委员会委员李文一行4人到菏泽，调查了解民族、宗教、外事工作。地委书记张守福，地委委员、行署副专员毕可文到菏泽军分区招待所看望李文。李文先后听取地区民族宗教处主任梁抗美，地区侨务办公室副主任、侨联办事处主任黄利群，地区外事办公室主任姚庆林和菏泽市民族宗教侨务外事旅游办公室主任岳中海的工作汇报。由地区人大工作联络处主任吴倩之、地区民族宗教处主任梁抗美陪同，先后到菏泽市马垓回族乡东马垓、西马垓回民行政村；定陶县中沙海、前沙海回民村，陈集镇国华贸易公司；曹县侯集回族镇、侯集回民村，听取回民乡镇和回民村的乡办、村办企业、联合体、个体户企业有关情况的汇报，并到农户、清真寺和村办、个体户企业的车间察看、座谈。

1988年4月21日至27日，省人大常委会副主任林萍一行3人到菏泽，视察工农业生产和计划生育工作。地委书记张守福，地委副书记、行署专员刘洪仁，行署副专员王玉柱等到地区第一招待所看望林萍，并向其汇报工作。地委书记张守福、地区人大工作联络处主任吴倩之陪同林萍，先后视察定陶县陈集镇国华贸易公司、前沙海、中沙海和菏泽市沙土镇酿造总厂等镇办、村办企业，视察单县、东明县的工农业生产和计划生育工作，察看计划生育指导服务站，同工人、农民交谈。

1988年6月17日至21日，省人大常委会委员张植萍一行4人到菏泽，视察食品卫生法贯彻实施情况。地委书记张守福，地委委员、行署副专员王玉柱到曹州宾馆看望，地区人大工作联络处郭国怀随同服务。张植萍先后听取地区卫生局、工商局、农业局和菏泽市卫生局、工商局负责人关于贯彻执行食品卫生法五周年情况的汇报，并到菏泽市沙土酿造厂、东方酒楼、水上餐厅、啤酒厂、罐头厂、行署第一招待所、东关农贸市场、菏泽二中饮料厂、地区药材招待所、北关个体摊点群、菏泽生化制药厂饮料车间等单位进行视察。6 月 20 日，根据张植萍的建议，在曹州宾馆南楼会议室，地委、行署召开有地区人大工作联络处、行署办公室、卫生局、工商局、农业局、防疫站、兽医站和菏泽市人大常委会、市政府，市卫生局、工商局、农业局负责人参加的座谈会。王玉柱主持会议，张植萍讲话。6 月 21 日，张植萍到梁山县农贸市场察看个体户摊点群，当场销毁一个体户出售的变质熟肉，并对梁山县卫生局、工商局提出严格要求。

三、代表工作

地区人大工作联络处履行职责，联系服务驻菏泽地区的全国、省人大代表。一是走访慰问。每年春节期间，对驻地直单位的全国和省人大代表，派人逐一登门走访慰问；对驻各县市的全国和省人大代表，委托各县市人大常委会派人走访慰问。对走访慰问中代表反映的一些意见和要求，及时转给行署和县市政府进行解决和答复。二是召开座谈会。每年利用元旦等节日，召开驻菏泽城区的全国和省人大代表座谈会，征求对一些法律、法规（草案）的修改意见。三是组织代表就地视察。根据全国、省人大常委会办公厅的统一部署，组织驻菏泽地区的全国、省人大代表开展就地视察活动。四是向代表邮寄学习材料、《人大工作通讯》、信函等，转发全国、省人大常委会下发给代表的公报、文件、答复意见等，使代表及时了解上级人大的活动情况。

1985 年 3 月 10 日至 15 日，根据上级人大安排意见，驻菏泽地区的六届全国人大代表赵瑞麟、申玉仁、江时、任忠宽、李善修、徐学娟（于波海、陈兴芝请假）开展视察。地委、行署负责人于波海、刘洪仁、许光、田秀山到代表住处看望代表。由行署顾问田秀山陪同，代表视察 9 个单位，听取行署、地区计委、财政局，定陶县陈集镇、陈集国货贸易公司、定陶县橡胶厂，菏泽市沙土酿造厂、前楼王和菏泽印刷厂负责人工作情况的汇报，并深入车间、农户，与工人、农民交谈。视察结束时，地委顾问许光参加代表的座谈讨论。

1986 年 1 月 16 日至 23 日，地区人大工作联络处主任吴倩之走访 17 名驻菏泽地区的全国、省人大代表，通报人大工作联络处 1985 年工作情况和 1986 年工作计划，征集代表的建议和意见，探讨加强同代表联系的制度和方法。

1986 年 2 月 24 日至 3 月 1 日，根据全国、省人大常委会办公厅关于组织全国人大代表进行视察的意见，地区人大工作联络处组织驻菏泽地区的全国人大代表赵瑞麟、申玉仁、江时、徐学娟（于波海、陈兴芝、任忠宽因事请假）进行就地视察。地委、行署领导于波海、张守福、刘洪仁、许希亮、毕可文、王新波等到代表住处看望代表。视察组听取行署副专员毕可文，地区计委主任潘明桓、财政局副局长王志远、司法局副局长魏忠林、经济体制改革委员会办公室主任马化霖、民政局副局长王润德、教育局副局长王思伦、科委主任刘清河，东明县政府副县长王锡璞、长兴集乡姚头村会计陈同明、临河店乡党委书记冯铁柱，菏泽市木器厂党支部书记王清华、菏泽一中校长刘家启、菏泽第二毛纺厂厂长杜荷法、菏泽地区第二医院院长苏长湖 15 人的工作情况汇报；到工厂车间，农村农户，学校食堂、宿舍，医院病房，与工人、农民、学生、病人交谈。视察结束时，地委副书记许希亮和地区人大工作联络处主任吴倩之参加代表的座谈讨论。

1988 年 3 月 10 日至 15 日，根据上级人大安排，地区人大工作联络处组织驻菏泽地区的六届全国人大代表任忠宽、徐学娟，七届全国人大代表李明先、马善伦、张留林、黄佩伟、韩棣，六届、七届全国人大代表江时（六届全国人大代表赵瑞麟、申玉仁、陈兴芝、李善修，七届全国人大代表刘洪仁因事请假）进行就地视察。地委书记张守福，地委委员、行署副专员毕可文到代表住处看望代表。地区人大工作联络处主任吴倩之全程陪同视察。视察人员听取地区行署、计委、财政局、体改委、经委、普法办，菏泽造纸厂，梁山县普法办、梁山国棉厂、馆里乡张庄村、前集乡马振扬村，菏泽市沙土镇党委、沙土镇酿造厂13个单位负责人的工作情况汇报；到工厂、农村，察看车间、农户，与工人、农民交谈。视察结束时，地委委员、行署副专员毕可文参加代表的座谈，征求代表意见。

四、重要事项

1984年11月3日，中共菏泽地委任命张登崑兼任菏泽地区人大工作联络处主任。

1984年12月30日，中共菏泽地委任命郭国怀为菏泽地区人大工作联络处副主任（科级）。

1985年10月3日，中共菏泽地委任命吴倩之为菏泽地区人大工作联络处主任（正县级）。

1985年10月12日，地委组织部任命郭国怀为菏泽地区人大工作联络处秘书。免去其菏泽地区人大工作联络处副主任（科级）职务。

第二章　山东省人大常委会菏泽地区联络组

（1988.1—1989.1）

第一节　建制沿革

一、机构沿革

1988年1月，菏泽地区人大工作联络处改为山东省人民代表大会常务委员会菏泽地区联络组，为正厅级，下设办公室为正县级。1988年11月设立党组。

二、领导人更迭

组　　长　于法杰（1988.9—）

副 组 长　李玉祥（1988.9—）

　　　　　刘广新（1988.9—）

　　　　　吴倩之（1988.9—）

党组书记　于法杰（1988.11—）

党组成员　李玉祥（1988.11—）

　　　　　刘广新（1988.11—）

　　　　　吴倩之（1988.11—）

第二节　工作职责

1. 联系驻本地区的全国人大代表、省人大代表，协助组织代表开展活动，反映代表的意见和要求，向代表通报有关工作情况，为人大代表履行职权服务。

2. 负责组织驻本地区省人大代表视察行署、地区中级人民法院、山东省人民检察院地区分院执行宪法、法律、法规和上级人大及其常委会决议、决定的情况，视察省国民经济和社会发展计划、财政预算在本地区的执行情况，提出建议和意见，并向省人大常委会报告。

3. 按照省人大及其常委会准备审议的议题进行调查研究，征求驻本地区全国人大代表、省人大代表和有关部门的意见，向省人大常委会提供情况。

4. 按照省人大常委会关于征求对法律、法规（草案）意见的要求，征求驻本地区全国人大代表、省人大代表及有关部门的意见，向省人大常委会提出建议。

5. 会同地区领导机关做好宪法、法律、法规和上级人大及其常委会决议、决定的宣传工作，了解宪法、法律、法规和上级人大及其常委会决议、决定的执行情况，重要情况及时向省人大常委会反映。

6. 了解本地区由省人大常委会任命的审判人员、检察人员履行职责的情况，并向省人大常委会反映。

7. 指导本地区内县（市）人大及其常委会、乡镇人大及其主席团依法开展工作，及时总结交流人大工作经验。

8. 会同地区领导机关做好县、乡两级人大换届选举的组织工作和全国人大、省人大换届需由本地区承担的工作。

9. 检查督促行署、法院、检察分院做好驻本地区全国、省人大代表提出的有关本地区的建议、批评和意见的办理工作，接待办理驻本地区的全国、省人大代表的来访来信。

10. 承办省人大常委会及其主任会议交办的其他事项。

第三节　重要工作

一、重要会议

1988 年 10 月 28 日，地区人大联络组召开组务会议。组长于法杰，副组长李玉祥、刘广新、吴倩之出席会议，联络组办公室郭国怀列席会议。会议的主要内容：一是吴倩之汇报原菏泽地区人大工作联络处工作开展情况，介绍联络处的干部情况；二是于法杰传达省人大常委会主任李振、副主任卢洪在地区联络组组长座谈会上的讲话精神，学习《地区联络组暂行工作条例》；三是确定组长、副组长工作分工；四是议定领导干部廉洁从政的措施；五是研究地区联络组未来三个月的工作。

1988 年 11 月 25 日至 30 日，地区人大联络组先后在定陶、郓城召开全区执法大检查座谈会。地区人大联络组组长于法杰，副组长刘广新、吴倩之出席会议。各县市人大常委会主任或副主任、法制科科长，共 30 余人参加会议。刘广新、吴倩之分别主持会议。各县市座谈交流执法大检查思想发动阶段的情况、经验、问题和下一步工作打算。于法杰作总结讲话。

1988 年 12 月 7 日，地区人大联络组召开第二次组务会议，组长于法杰，副组长李玉祥、刘广新、吴倩之出席会议。会议的主要内容是：（一）关于联络组办公室的人事安排问题。一是根据地委提名，研究决定任命办公室主任、副主任；二是研究决定任命办公室科长、副科长；三是预选确定调入办公室的工作人员。（二）关于地委召开全区人大工作会议筹备问题。一是提请地委确定会议日期、会期、参加人员；二是向省人大常委会汇报，邀请省人大一位主任莅临会议指导；三是会后由联络组办公室代地委起草会议情况报告，报省委和省人大常委会。（三）关于组织驻菏泽地区的省七届人大代表视察问题。一是视察时间、方法；二是视察内容；三是制定视察方案，发给代表和有关单位做好准备；四是视察结束后，办公室起草视察报告，报告地委和省人大常委会，并将代表的建议汇集整理，发行署、法院、检察分院办理落实。

1988 年 12 月 9 日至 10 日，地委召开全区人大工作会议。地委、地纪委、地区人大联络组、地区行署、地区政协联络组、地区中级人民法院、地区检察分院、地直部委办局、人民团体、县级企事业单位的主要负责人，各县市委分管人大工作的书记、人大常委会主任，共 160 余人参加会议。省人大常委会副主任徐建春到会指导。地委副书记樊思宝主持会议，并传达《山东省人大常委会关于建立山东省人大常委会菏泽地区联络组的决定》《山东省人大常委会地区联络组暂行工作条例》。地委书记、行署专员刘洪仁讲话，省人大常委会副主任徐建春作指示，地区人大联络组组长于法杰作发言。会议集中一天半时间进行座谈讨论，研究解决以下问题：一是提高对人大工作重要性的认识；二是明确建立地区人大联络组的重要作用及其主要工作任务；三是加强县、乡两级人大自身建设；四是进一步明确各级人大及其常委会把正确有效地行使职权作为自己工作的主要内容，重申把选举任免和依法监督干部有机结合起来；五是进一步明确在逐步实行党政职能分开基础上，充分发挥地方国家权力机关作用。

二、重要活动

1988年10月17日，省人大常委会副主任严庆清一行4人到菏泽，视察经济和计划生育工作。地委书记张守福，地委副书记、行署专员刘洪仁，地委副书记樊思宝，地区人大联络组组长于法杰，副组长李玉祥、刘广新、吴倩之，行署副专员刘延谟，到曹州宾馆看望严庆清。严庆清听取地委委员、行署副专员毕可文，地区计生委主任魏忠民关于菏泽地区经济形势和计划生育工作情况的汇报，到成武、鄄城两县视察4个乡镇的计划生育工作和站、室建设情况。

1988年10月25日，地区人大联络组转发山东省第七届人大常委会第十三次主任会议通过的《山东省人大常委会地区联络组暂行工作条例》，印发地直各部门、各县市进行学习宣传。

三、代表工作

菏泽地区人大联络组联系驻菏泽地区的全国人大代表和省人大代表，完成七届全国人大代表赴北京和省七届人大代表赴济南开会的组织工作，参加省人代会期间代表团的服务工作。根据山东省人大常委会联系代表办法，将61名省人大代表组编为12个代表活动小组，将7名全国人大代表组编为1个代表活动小组，选举产生代表活动小组正副组长。

1988年11月12日，地区人大联络组召开驻菏泽地区的七届全国、省人大代表座谈会，共11名代表到会。地区人大联络组组长于法杰、副组长刘广新、吴倩之出席会议，联络组办公室全体人员列席会议。刘广新主持会议，传达中央领导在党的十三届三中全会上的讲话；吴倩之宣读山东省人大常委会关于建立地区人大联络组的决定和地区人大联络组暂行工作条例。代表们围绕学习贯彻党的十三届三中全会精神和提高人大工作水平，进行讨论，发表意见。于法杰在总结讲话中主要讲三个问题：一是深刻领会三中全会精神，把人大代表的思想认识统一到党中央指示上来；二是围绕改革和经济建设，把全区人大工作提高到一个新水平；三是进一步加强同代表的联系，做好为代表履行职权的服务工作，充分发挥代表作用。

1988年12月19日至22日，地区人大联络组组织驻菏泽地区的4名全国人大代表、29名省人大代表，由地区人大联络组组长于法杰、副组长吴倩之和各县市人大常委会主任陪同，对行署、法院、检察分院进行视察。代表们首先集中一天半时间，先后听取地区行署、计委、财政局、中级人民法院、检察分院、公安处等单位的工作情况和执法情况汇报；随后分3个小组分别视察菏泽师专、医专、地区人民医院、中医院、水利机械厂、印染厂，听取这些单位负责人的工作汇报，并到学校教室、宿舍、伙房，医院门诊、病房，工厂车间，与工人、医务人员、教职员工、学生和病人交谈；最后用一天的时间，进行座谈讨论，提出40多条建议、批评和意见。

四、重要事项

1988年1月18日，山东省第六届人民代表大会常务委员会第三十次会议通过的《山东省人民代表大会常务委员会关于调整加强省人大常委会办事机构的决定》指出："将惠民、德州、聊城、菏泽、临沂地区人大工作联络处改为省人大常委会派驻各地区的联络组，以上均为厅局级单位。”

1988年9月24日，山东省七届人大常委会第五次会议，决定任命于法杰为山东省人大常委会菏泽地区联络组组长。山东省人大常委会任命李玉祥、刘广新、吴倩之为山东省人大常委会菏泽地区联络组副组长。省人大常委会《关于启用山东省人民代表大会常务委员会德州地区联络组等五个单位印章的通知》（鲁人发字〔1988〕27号），明确启用山东省人大常委会菏泽地区联络组印章，并宣布原地区人大工作联络处印章作废。

1988年10月5日，地区人大联络组组长于法杰，副组长李玉祥、刘广新、吴倩之到地委报到，地区人大联络组正式组建，开始办公。

1988年10月25日，地区人大联络组《关于启用山东省人大常委会菏泽地区联络组办公室印章的通知》（菏地人字〔1988〕2号），启用“山东省人大常委会菏泽地区联络组办公室”印章。

1988年12月7日，地区人大联络组《关于黄绍正等同志任职的通知》（菏人任字〔1988〕5号），任命黄绍正为地区人大联络组办公室主任、郭国怀为地区人大联络组办公室副主任。《关于张惠民等同志任职的通知》（菏人任字〔1988〕6号），任命张惠民为地区人大联络组办公室秘书科科长、王令海为地区人大联络组办公室秘书科副科长，袁怀福为地区人大联络组办公室法制科科长，宋波为地区人大联络组办公室联络科副科长。

第三章　山东省人大常委会菏泽地区工作委员会

（1989.1—2001.1）

第一节　建制沿革

一、机构沿革

1989年1月，山东省人民代表大会常务委员会菏泽地区联络组改为山东省人民代表大会常务委员会菏泽地区工作委员会（正厅级），下设办公室；同年3月，设立财经处、法制处、农经处、联络处；同年8月，设立教科文卫处，1室5处均为正县级规格。1996年12月，根据地委批准的机构改革方案，内设机构调整为办公室、研究室、人事代表工作室3个处级综合办事机构，法制工作处、财政经济工作处、农村经济工作处、城乡建设环境保护工作处、教育科学文化卫生工作处、民族侨务外事工作处6个处级工作机构。1998年5月，根据省九届人大专门委员会设立情况，相应将法制工作处改为内务司法工作处，农村经济工作处改为农业与农村工作处，教育科学文化卫生工作处改为教育科学文化卫生人口工作处。

二、领导人更迭

主　　任　于法杰（1989.3—1993.3）
　　　　　毕可文（1993.3—1998.1）
　　　　　路绍昌（1998.1—2000.8）
　　　　　李明先（2000.8—　）

副 主 任　李玉祥（1989.3—1990.1）
　　　　　张宝光（1990.1—1995.9）
　　　　　王启杰（1992.12—1995.2）
　　　　　刘广新（1989.3—1997.3）

吴倩之（1989.3—1993.7）
李家玉（1992.12—1998.10）
许修堂（1993.7—2000.8）
张朝玉（1995.11—1999.5）
李胜华（1995.11— ）
范福临（1997.12— ）
周书运（1997.12— ）
郭仲生（2000.8— ）

委　　员 边家亭　李继明　黄绍正
黄先立　侯玉忠　时维英
穆新民　孙建江　刘金全
郭国怀　张作田　高祥坤
刘玉平（女）刘清河　李光盛
张伯元　徐福增　卢方亮
李志华　崔冠民　马文选
王永成　宋　波　孔繁芝

党组书记 于法杰（1989.4—1993.2）
毕可文（1993.2—1997.12）
路绍昌（1997.12—2000.8）
李明先（2000.8— ）

党组副书记 李玉祥（1989.4—1990.1）
张宝光（1990.1—1995.12）
王启杰（1993.2—1995.12）
刘广新（1995.12—1997.4）
李家玉（1997.5—1999.3）
许修堂（1999.3—2000.8）

党组成员 刘广新（1989.4—1995.12）
吴倩之（1989.4—1993.8）
李家玉（1993.2—1997.5）
许修堂（1993.8—1999.3）
张朝玉（1995.12—1999.5）
李胜华（1995.12— ）
范福临（1997.12— ）
周书运（1997.12— ）
徐福增（1997.1— ）

秘 书 长 边家亭（1989.3—1994.1）
李继明（1994.1—1997.2）
徐福增（1997.2— ）

副秘书长 李继明（1989.9—1994.1）
黄绍正（1989.3—1994.11）
高祥坤（1993.7—1996.12）
刘清河（1994.7—1997.12）
张伯元（1994.11— ）
马文选（1999.3— ）

三、内设机构负责人更选

办公室

主　　任 黄绍正（ —1994.11）
张伯元（1994.11— ）

副 主 任 郭国怀（ —1990.8）
王永成（1996.9—1999.3）
宋　波（1997.2—1999.3）

研究室

主　　任 王永成（1999.3— ）

副 主 任 刘祥德（1998.5— ）

人事代表工作室（联络处）

主任（处长） 郭国怀（1990.8—1999.3）
宋　波（1999.3— ）

副 处 长 姜怀胜（1989.3—1990.7）

内务司法工作处（法制处　法制工作处）

处　　长 侯玉忠（1989.3—2000.7）

副 处 长 安克林（1997.12— ）

财政经济工作处（财经处）

处　　长 黄先立（1989.3—1990.3）
时维英（1990.3—1997.2）
卢方亮（1998.2—2000.7）
孔繁芝（2000.7— ）

副 处 长 王令海（1997.2— ）

农业与农村工作处（农经处　农村经济工作处）

处　　长 张作田（1993.2—1997.2）
黄先立（1997.2— ）

副 处 长 李光盛（1990.7—1994.6）

张保德（1989.3—1994.1）
申玉仁（1993.2—1999.3）

城乡建设环境保护工作处

处　　长　李志华（1998.2—　）
副 处 长　郭怀民（1997.2—1998.5）

教育科学文化卫生人口工作处
（教科文卫处　教育科学文化卫生工作处）

处　　长　刘玉平（女，1994.1—2000.7）
副 处 长　王笃庆（1994.1—1997.2）
朱喜迁（1998.5—　）

民族侨务外事工作处

处　　长　崔冠民（1998.2—　）
副 处 长　崔冠民（1997.2—1998.2）

第二节　工作职责

1．组织驻本地区的全国人大代表、省人大代表开展活动，为代表履行职权做好服务工作。

2．组织驻本地区的全国人大代表、省人大代表视察行署、地区中级人民法院和山东省人民检察院菏泽地区分院（简称“两院”）的工作，并向省人大常委会报告视察情况；向代表反馈行署、“两院”对建议、批评和意见的答复。

3．会同地区领导机关做好宪法、法律、法规和上级人大及其常委会决议、决定的宣传教育工作，了解贯彻执行情况，及时向省人大常委会反映。

4．听取行署关于财政预决算的汇报，提出意见，并报告省人大常委会。

5．了解地区“两院”由省人大常委会任命的审判员、检察员履行职责的情况，并向省人大常委会反映。

6．联系各县市人大及其常委会、乡镇人大及其工作处，了解工作情况，总结交流经验。

7．会同地区领导机关做好县、乡人民代表大会换届选举工作和全国人民代表大会、省人民代表大会换届由本地区承担的具体工作。

8．检查督促行署、“两院”做好人大代表提出的建议、批评和意见的办理工作。接待办理驻本地区的全国人大代表和省人大代表的来信来访。

第三节　重要工作

一、重要会议

1989年1月25日，地区人大工委召开主任会议，传达全省人大工作经验交流会议精神和省七届人大常委会第七次会议精神，讨论研究贯彻意见，并就对人大工作的认识，地区人大工委机关的编制、经费、车辆、办公用房等问题，向地委提出建议。

1989年3月18日，地委、地区人大工委召开地直各部门负责人会议，地委委员、地区人大工委各主任、行署各专员、地区政协工委各主任、中级人民法院院长、检察分院检察长，地直部委办局、群众团体、县级事业单位、中型企业主要负责人出席会议。省七届人大代表、地区人大工委主任于法杰传达省七届人大二次会议精神，地区人大工委副主任李玉祥传达全省人大工作经验交流会精神。省七届人大代表、地委委员、行署副专员毕可文主持会议，就贯彻落实好省两个会议精神提出具体意见和要求。

1989年4月26日至27日，菏泽、临沂、聊城、德州、惠民五地区人大工作研讨会在菏泽召开。省人大常委会副主任卢洪，省人大常委会原副主任张竹生，省人大常委会办公厅、调研室、人事代表工作室的负责人和五地区人大工委主任、办公室主任，共36人参加会议。会议就进一步开展地区人大工作从五个方面进行研讨。一是进一步为人大代表履行职权做好服务工作；二是积极探索新路子，依法做好监督工作；三是进一步加强同县、乡人大的联系；四是按照宪法、组织法、选举法的规定，做好1990年县、乡两级人大换届选举工作；五是加强各级人大机关的自身建设，以适应人大工作需要。

1989年5月3日，地区人大工委召开第一次工委会议。会议由地区人大工委主任于法杰主持，副主任李玉祥、刘广新、吴倩之，委员边家亭、黄绍正、黄先立、侯玉忠、孙建江出席会议。会上学习《山东省人民代表大会常务委员会地区工作委员会暂行工作条例》，研究确定主任、副主任和委员分工，明确各处室职责范围和工作重点。

1989年5月31日，地区人大工委召开第二次工委会议。会议的中心议题：一是工委机关不设科的处，经请示省人大常委会同意，设主任科员、副主任科员。经地委同意，地区人大工委的正科级、副科级干部由自己管理，地区人大工委下文公布。二是地区编委下文同意，地区人大工委办公室下设秘书科、人事监察科、行政管理科，并对有关工作人员职务进行调整。三是做好各级人大代表工作，促进社会安定团结。

1989年9月5日至6日，地区人大工委在行署第一招待所召开各县市人大常委会主任座谈会。地区人大工委主任于法杰，副主任李玉祥、刘广新、吴倩之，及各处室的负责人参加会议。于法杰传达省七届人大常委会第十一次会议和全省人大工作座谈会议精神。各县市人大负责人汇报和交流前段学习贯彻党的十三届四中全会和全省人大工作经验交流会议精神情况，并围绕在新的形势下进一步做好地方人大工作这一主题进行讨论。地委副书记樊思宝到会讲话，通报全区副县级以上干部调整和交流情况，要求人大在近期内认真抓好三项工作：一是把学习贯彻党的十三届四中全会精神和邓小平等中央领导的讲话，作为首要任务；二是大胆依法监督“一府两院”，积极支持政府工作；三是提前做好1990年县乡人大换届选举准备工作，确保换届选举工作顺利进行。

1989年9月11日，地区人大工委在地委三楼会议室举行第三次工委会议。地区人大工委主任于法杰，副主任李玉祥、刘广新、吴倩之，委员边家亭、黄绍正、黄先立、侯玉忠出席会议。会议的主要议题：一是根据中共菏泽地委提名，决定李继明任山东省人大常委会菏泽地区工作委员会委员、正县级副秘书长，穆新民任山东省人大常委会菏泽地区工作委员会专职委员。二是明确新增委员的分工。三是明确当前工作重点。四是原则同意法制处《关于对省人大常委会任命的中级人民法院的审判人员和检察分院的检察人员进行考察了解的实施意见》。

1989年11月11日，地区人大工委举行主任会议，地区人大工委主任于法杰，副主任李玉祥、刘广新、吴倩之出席会议，秘书长边家亭，副秘书长李继明，副秘书长、办公室主任黄绍正，财经处处长黄先立，办公室副主任郭国怀列席会议。会议的主要内容：一是听取李玉祥关于省选举工作会议精神的汇报，研究向地委汇报做好县、乡人大换届选举工作的六条意见：进一步提高认识，深入搞好思想发动；抓紧做好县市、乡镇两级领导班子的考察和推荐；做好代表选举，注意代表合理构成；充分发扬民主，严格依法办事；切实加强领导，保证换届选举工作顺利进行；建立地区选举委员会。建议地区选举工作委员会由于法杰、吴倩之、苏衍训、朱献瑞、边家亭、李顺广、孙建江、张莹、刘云兰、李松柏、曹修寅、石建才、郭国怀13人组成，于法杰任主任，吴倩之、苏衍训任副主任。下设选举工作办公室，边家亭兼任主任，孙建江、石建才、郭国怀兼任副主任。二是学习省人大常委会办公厅下发的传真电报《关于组织驻我省全国人大代表和省人大代表就地视察的安排意见》，研究确定三点意见：驻菏泽地区的全国人大代表和驻地直单位的省人大代表，由地区人大工委组织视察，时间七天，听取行署及有关委办局等10个单位的汇报，到菏泽市、单县、东明县等县市和地直有关单位进行视察；驻县市的省人大代表由县市人大常委会组织就地视察，并负责联系由各县市选出的驻省直单位的省人大代表到各县市一起进行；召开一次驻菏泽地区的全国人大代表、驻地直单位的省人大代表和各县市人大常委会主任会议，传达贯彻省人大常委会办公厅电报精神和地区人大工委主任会议研究的意见，征求代表对视察的建议。

1990年1月3日至4日，地区人大工委召开工委组成人员扩大会议。会议的中心议题是回顾总结1989年工作，研究部署1990年工作要点。会议由地区人大工委主任于法杰主持，副主任李玉祥、刘广新、吴倩之，委员边家亭、李继明、黄绍正、黄先立、侯玉忠、孙建江、穆新民及各处室有关负责人出席会议。于法杰首先传达省七届人大常委会第十三次会议精神，介绍会议的有关情况，并要求为将在2月25日召开的省七届人大三次会议做好充分的准备工作。地区人大工委副秘书长、办公室主任黄绍正传达省人大民族侨务外事委员会召开的全省市地人大分管民族、侨务、外事工作的主任会议精神；研究确定于1月11日召开各县市人大常委会分管这项工作的副主任会议，将省会议的有关精神贯彻落实下去，推进全区民族、侨务、外事工作的健康发展。地区人大工委秘书长、地区选举工作委员会办公室主任边家亭在会上汇报全区县乡人大换届选举工作的进展情况和主要特点，并针对存在问题提出下一步工作意见。于法杰听取汇报后作总结讲话。

1990年1月11日，为贯彻落实全省人大系统民族侨务外事工作会议和信访工作会议精神，交流县乡人大换届选举工作的情况和经验，地区人大工委在曹州宾馆召开全区各县市人大常委会分管主任会议。地区人大工委主任于法杰，副主任李玉祥，党组副书记张宝光，副主任刘广新、吴倩之，秘书长边家亭，副秘书长李继明、黄绍正及委员黄先立、侯玉忠、孙建江出席会议，工委各有关处室及地区民族宗教处、外事办公室、侨务办公室的负责人参加会议。上午，会议由于法杰主持。黄绍正传达全省人大系统民族侨务外事工作会议精神，李继明传达全省人大系统信访工作会议精神，与会人员进行讨论。下午，会议在李玉祥主持下继续进行。鄄城县人大常委会副主任董允彦在会上重点介绍县、乡人大换届选举工作中的具体做法和经验。最后，于法杰就会议的三项议题发表讲话。

1990年2月13日，地区人大工委在曹州宾馆召开全区县、乡人大换届选举工作座谈会。地区人大工委主任于法杰，副主任张宝光、吴倩之，工委委员、地区选举工作委员会委员，各县市人大常委会分管选举工作的副主任，共30余人参加会议。会上，吴倩之传达全省县、乡人大换届选举工作座谈会议精神，县市参加会议的人员汇报交流工作情况和经验，以及存在问题、下一步打算和建议等。于法杰作总结讲话。

1990年3月17日，地委、地区人大工委、地区行署召开地直副县级以上干部会议，传达贯彻省七届人大三次会议精神。山东省第七届人民代表大会第三次会议闭幕之后，菏泽地区人大工委于3月12日召开工委组成人员扩大会议，贯彻学习省七届人大三次会议精神，并研究确定会议精神的汇报、传达、贯彻落实的具体措施。会后，向地委领导进行全面汇报，决定召开地直副县级以上干部会议进行传达贯彻。3月17日，地委、地区人大工委、地区行署在曹州宾馆北餐厅二楼会议室召开地直机关副县级以上干部会议，地委委员、人大工委各主任、行署副专员、政协工委副主任、驻地直的省七届人大代表出席会议，并在主席台就座。中级人民法院、检察分院、军分区、地直部委办局、群众团体、县级事业、中型企业、大中专院校正副职负责人，共500余人参加会议。会议由省七届人大代表、地委委员、行署副专员毕可文主持，省七届人大代表、地区人大工委主任于法杰传达省七届人大三次会议精神。

1990年4月16日，地委、地区人大工委、地区行署在曹州宾馆北餐厅二楼会议室召开地直机关副县级以上干部会议，传达贯彻七届全国人大三次会议精神。地委委员、地纪委各书记，人大工委组成人员、行署各专员、政协工委各主任、驻地直单位的七届全国人大代表出席会议。中级人民法院、检察分院、军分区、地直部委办局、群众团体、县级事业、中型企业、大中专院校正副职，地委、行署副科级以上干部，共600余人参加会议。会议由地委副书记樊思宝主持，七届全国人大代表、地委书记刘洪仁传达七届全国人大三次会议精神，共讲五个方面的问题：一是关于稳定局势的问题；二是关于发展经济的问题；三是关于廉政建设的问题；四是关于加强社会主义民主和法治建设的问题；五是关于国际形势和外交工作的问题。

1990年7月10日，地区人大工委举行第一次例会，集中研究防汛问题。地区人大工委主任于法杰，副主任张宝光、刘广新、吴倩之，委员边家亭、黄绍正、侯玉忠、时维英、穆新民、孙建江出席会议。行署副专员阎世海，省七届人大代表曹莲舫，行署综合研究室、水利局、建委、黄河修防处、农委、农业局、供销社、物资局、商业局和工委有关处室的负责人列席会议。会议听取水利局、黄河修防处、建委关于内河、黄河、城市防汛情况的汇报，并进行讨论研究。

1990年7月24日至26日，地区人大工委召开第二次例会。按照省农村工作会议精神，总结全区小麦、棉花生产的经验和教训，重点研讨麦棉套种问题。地区人大工委主任于法杰，副主任张宝光、刘广新、吴倩之，委员边家亭、李继明、黄绍正、侯玉忠、时维英、穆新民、孙建江出席会议。行署副专员阎世海参加会议。七届全国人大代表马善伦，省七届人大代表卢效玉、曹莲舫、汪孚臣，中国农科院副研究员黄润海、刘蔚然等5名高级农艺师，米盛等6名农艺师，及农业局、棉办、科委、供销社的负责人，曹县人大常委会副主任韩大志和工委有关处室负责人参加会议。与会人员到曹县庄寨镇、常乐集乡、曹城镇，定陶县邓集乡，菏泽市佃户屯乡察看麦田套种棉花的生长情况，听取全区小麦、棉花生产情况的汇报。

1990年8月27日至28日，地区人大工委召开第三次例会。会议集中讨论研究进一步搞好食品卫生法的贯彻落实问题。主任于法杰，副主任张宝光、刘广新，委员边家亭、李继明、黄绍正、侯玉忠、时维英、穆新民、孙建江出席会议。行署副专员刘延谟，七届全国人大代表韩棣，省七届人大代表钱本忠、陈鑫元、苏光亮，行署办公室、地区卫生局、粮食局、商业局、农业局、工商局、防疫站、兽医站和工委有关处室的负责人参加会议。与会人员分别到单县和菏泽市，视察食品市场、饮食摊点、食品加工、饭店、宾馆、招待所、机关工厂食堂等30多个单位，听取两县市和地区卫生局的汇报，并进行讨论研究。

1990年9月7日至8日，地区人大工委召开第四次例会。集中讨论研究行政诉讼法实施前的准备工作和进一步搞好贯彻落实问题。地区人大工委主任于法杰主持会议，副主任张宝光、刘广新、吴倩之，委员边家亭、李继明、黄绍正、侯玉忠、穆新民、孙建江出席会议。省人大代表、地委委员、行署副专员毕可文，省人大代表田德全，行署副秘书长耿庆阁，地区法制局、中级人民法院、检察分院、司法局、公安处、法学学会和人大工委有关处室的负责人列席会议。会议对行政诉讼法进行学习辅导，听取中级人民法院、法制局关于行政诉讼法实施前各项准备工作情况的汇报，针对保证行政诉讼法的顺利实施展开讨论。

1990年11月5日至6日，地区人大工委召开第五次例会，研究讨论“科技兴菏”工作。主任于法杰，副主任张宝光、刘广新、吴倩之，委员边家亭、李继明、黄绍正、侯玉忠、时维英、穆新民、孙建江出席会议。七届全国人大代表马善伦、黄佩伟，省七届人大代表卢效玉、曹莲舫、陈东洲、刘志业及地区科委、经委和地区人大工委联络处、农经处的负责人参加会议。与会人员现场视察鄄城县麻寨乡的沙河水产和果树开发，大埝乡连庄村的吨粮田开发，左营乡和旧城镇的黄河滩区开发，菏泽第二毛纺厂和菏泽油嘴油泵厂依靠科技开发新产品的情况。听取地区科委关于“科技兴菏”工作情况的汇报。与会人员提出意见和建议。于法杰作总结讲话。

1991年3月29日至30日，地区人大工委召开第六次例会，集中讨论进一步搞好治理“三乱”工作的问题。地区人大工委主任于法杰，副主任张宝光、刘广新、吴倩之，委员边家亭、李继明、黄绍正、侯玉忠、时维英出席会议。省七届人大代表钱本忠、马同恩、何玉玲应邀参加会议。会议听取地区治理“三乱”领导小组办公室和地区物价局、计委、财政局、经委、农业局、人民医院及人大工委两个调查组对地直和菏泽市部分单位关于“三乱”问题调查情况的汇报，并集中进行讨论。会议结束时，于法杰作总结讲话。

1991年4月13日，地区人大工委召开第七次例会。会议听取地区财政局关于1990年财政预算执行情况的报告和1991年财政预算报告。地区人大工委主任于法杰，副主任张宝光、刘广新，委员边家亭、李继明、黄绍正、侯玉忠、时维英出席会议。会议提出，财政工作要加强管理，严肃财政纪律，要向全体干部进行勤俭节约教育，增加收入，发展经济，坚决杜绝不正常的开支，取消单位小金库，把有限的资金用到扩大再生产上来。

1991年6月5日至6日，地区人大工委召开第八次例会。会议集中讨论计划生育工作，研究进一步贯彻落实《山东省计划生育条例》问题。会议分别由地区人大工委主任于法杰和副主任张宝光、吴倩之主持。委员边家亭、李继明、黄绍正、侯玉忠、时维英、孙建江出席会议。七届全国人大代表韩棣，省七届人大代表田德全、陈东洲、马同恩，各县市人大常委会主任，行署及有关部门负责人，地区人大工委有关处室的负责人参加会议。

1991年7月8日，地区人大工委主任于法杰主持召开工委组成人员会议。地区人大工委副主任张宝光、刘广新、吴倩之，委员边家亭、李继明、黄绍正、侯玉忠、时维英、孙建江参加会议。会议同意地委提名刘金全任菏泽地区人大工作委员会专职委员，听取黄绍正关于全省人大工作理论研讨会情况的汇报，并讨论调查研究的有关问题。

1991年7月17日至20日，地区人大工委召开第九次例会，重点讨论和研究黄河防汛、黄河滩区建设和黄淮海平原农业综合开发等问题。地区人大工委主任于法杰，副主任张宝光、刘广新、吴倩之，委员边家亭、李继明、黄绍正、侯玉忠、孙建江出席会议。七届全国人大代表马善伦，省七届人大代表马同恩、陈东洲、曹莲舫，行署副专员阎世海，地区黄河河务局、黄淮海开发办、水利局的负责人应邀参加会议。会议分别由于法杰、张宝光、刘广新、吴倩之主持。会议听取黄河防汛、滩区建设和黄淮海平原开发情况的汇报，考察东明县武胜桥乡养鸡场，菏泽市黄河河务局防汛器材仓库和刘庄引黄闸，鄄城县葛庄乡黄河防汛和滩区建设、河务局机动抢险队、苏泗庄引黄闸、连庄开发区，郓城县黄河河务局、西沙河流域综合开发治理等。最后，于法杰作总结讲话。

1991年8月16日至17日，地区人大工委在曹州宾馆召开全区人大法制工作座谈会。会议由地区人大工委副主任张宝光、吴倩之分别主持。地区人大工委法制处处长侯玉忠在会上传达全省人大法制工作座谈会精神。各县市人大常委会分管法制工作的副主任和法制机构负责人在座谈发言中总结交流人大法制工作中取得的成绩和经验，研究探讨在新形势下进一步做好人大法制工作，特别是人大法制机构协助人大及其常委会做好监督工作的途径和措施。地区人大工委副主任刘广新讲话，对在新形势下做好人大工作作出安排和部署，指出当前要着重抓好以下方面的工作：一是围绕社会稳定加强监督，特别是进一步做好以宪法为核心内容的普法教育，增强广大干部群众的法律观念和法制意识，努力为全区创造一个良好的社会环境和法制环境，促进全区经济稳定发展。二是监督执法部门严格执法，切实解决有法不依、执法不严、违法不究问题。三是进一步监督搞好社会治安的综合治理，把综合治理的各项措施落到实处，保证社会的长治久安。四是围绕惩治腐败和廉洁勤政加强监督，推动全区廉政建设。秘书长边家亭、副秘书长李继明、财经处处长时维英、联络处处长郭国怀、农经处副处长李光盛，及地区公、检、法、司和行署法制局的负责人出席会议。

1991年9月11日至14日，地区人大工委召开第十次例会。地区人大工委主任于法杰，副主任刘广新、吴倩之，委员李继明、黄绍正、侯玉忠、时维英、孙建江出席会议。七届全国人大代表李新芝，省七届人大代表田德全、何玉玲，地委委员、行署副专员毕可文及行署综合调研室、地区教育局、计委、财政局的负责人应邀列席会议。会议围绕检查了解全区贯彻实施《中华人民共和国义务教育法》情况的主题，采取听汇报、查阅档案资料、察看学校教学设施、召开教师座谈会等方式，检查视察9县市的17个乡镇36所学校。最后，于法杰作总结讲话。

1991年11月25日至27日，全区人大工作经验交流会召开。省人大常委会副主任林萍、副秘书长王义德到会表示祝贺，地委书记刘洪仁讲话，地区人大工委主任于法杰主持会议并作工作报告。地委副书记樊思宝，地区人大工委副主任张宝光、刘广新、吴倩之，地委委员、行署副专员毕可文，地区政协工委副主任黄爱菊，军分区原政治部主任闫伯存等出席会议。各县市分管人大工作的副书记、人大常委会主任及部分乡镇人大工作处主任，地直副县级以上单位负责人，共300余人参加会议。会上，35个单位作典型发言，介绍做好人大工作的经验和体会。

1992年4月7日至8日，地区人大工委在东明县召开第十一次例会。会议重点讨论和研究乡镇人大工作。地区人大工委主任于法杰，副主任刘广新、吴倩之，委员边家亭、李继明、黄绍正、侯玉忠、时维英出席会议。各县市人大常委会主任、代表联络科科长，部分乡镇人大工作处主任，及地区人大工委各处室负责人，共50余人列席会议。会议采取现场考察和听取汇报相结合的方式，实地考察东明的陆圈、胡庄、大屯、马头、小井、张寨、武胜桥、菜园集、渔沃等乡镇人大主席团及其工作处的工作；听取经验介绍和东明县人大常委会关于加强对乡镇人大工作指导方面的工作汇报。最后，于法杰作总结讲话。

1992年5月6日至8日，为进一步推动国务院《关于农民负担费用和劳务管理条例》及《山东省农民负担管理条例》的贯彻落实，地区人大工委组织部分省人大代表，在视察鄄城县、郓城县、巨野县后，召开第十二次例会。地区人大工委副主任张宝光、刘广新、吴倩之，委员边家亭、李继明、黄绍正、时维英参加会议。各县市人大常委会分管此项工作的副主任，行署，地区农业局、经管站及人大工委有关处室的负责人列席会议。会上，各县市对前段宣传贯彻两个条例的情况进行汇报和讨论。最后，刘广新作总结讲话。

1992年5月13日，地区人大工委召开第十三次例会。听取地区财政局关于1991年度财政预算执行情况和1992年财政预算安排的汇报。地区人大工委主任于法杰，副主任张宝光、吴倩之，委员边家亭、李继明、黄绍正、时维英参加会议。

1992年7月23日至25日，地区人大工委召开第十四次例会。邀请驻菏泽地区部分全国和省人大代表视察企业法及涉外经济法规在全区的贯彻实施情况。地区人大工委主任于法杰，副主任张宝光、刘广新、吴倩之，委员边家亭、李继明、侯玉忠、时维英出席会议。七届全国人大代表、行署副专员李明先，省七届人大代表张朝玉、刘志业、马敬义，行署副秘书长朱保忠，地区经委主任李松柏、经贸委副主任孙永香，菏泽市人大常委会主任李永亮及地区人大工委各处室负责人列席会议。会议视察菏泽棉纺织厂、柴油机厂、印刷厂、副食品公司和中外合资的菏泽三利实业有限公司；听取行署副专员李明先，地区经委、经贸委负责人关于全区贯彻实施企业法及涉外经济法规的情况汇报，并进行讨论。最后，于法杰作总结讲话。

1992年10月29日，菏泽地区各级人大换届选举会议召开。地区人大工委主任、地区选举工作委员会主任于法杰，地委委员、地委组织部部长、地区选举工作委员会副主任王启杰，地区人大工委副主任张宝光、刘广新，地区人大工委各委员，地区选举工作委员会各委员，各县市人大常委会主任、选举委员会办公室主任，地区人大工委各处室负责人参加会议。会议由刘广新主持，张宝光传达中共中央关于做好地方各级人大换届选举工作的通知，于法杰传达地委对做好人大换届选举工作的意见。王启杰通报对县市领导班子考察调整进展情况。

1993年2月3日，地区人大工委召开主任会议。地区人大工委主任于法杰主持会议；工委党组书记毕可文，副主任张宝光、刘广新、吴倩之、李家玉出席会议；秘书长边家亭，副秘书长李继明、黄绍正列席会议。会议听取仁达购销服务公司成立以来工作、经营情况的汇报，明确人大工委是其主管机关，公司自身是具有独立经营权的法人单位。

1993年2月9日，地区人大工委召开主任会议。会议由地区人大工委主任于法杰和工委党组书记毕可文主持，副主任张宝光、王启杰、刘广新、吴倩之、李家玉出席会议，秘书长边家亭列席会议。会议听取边家亭关于与机关经济实体仁达购销服务公司负责人座谈情况的汇报，并就进一步搞好经济实体的有关具体问题进行讨论研究，作出相应决定。

1993年5月19日，地区人大工委召开议事会议，听取审议地区财政局副局长张秋冬受行署委托所作的《关于菏泽地区1992年财政预算执行情况和1993年财政预算安排情况》的汇报；听取地区商检局局长宋登杰关于商检工作情况的汇报。会议由地区人大工委主任毕可文主持，副主任刘广新、吴倩之、李家玉，委员边家亭、黄绍正、侯玉忠、时维英、刘金全出席会议。行署副专员李玉祥、副秘书长耿庆阁参加会议。

1993年6月12日，地区人大工委在地委第三会议室召开议事会议，中心议题是研究关于减轻农民负担两个条例的贯彻落实问题。会议由地区人大工委主任毕可文主持，副主任张宝光、王启杰、刘广新、吴倩之、李家玉，委员边家亭、李继明、黄绍正、侯玉忠、时维英、刘金全出席会议。行署副专员孔令昌，省人大代表陈东洲、晁中胜参加会议。会议听取孔令昌关于减轻农民负担工作情况的汇报，听取人大工委农经处关于农民负担问题的调查汇报。与会人员在讨论发言中肯定全区在贯彻落实减轻农民负担的两个条例中取得的成绩，同时针对存在的问题，提出一些建议和意见。

1993年7月31日，地区人大工委在地委第三会议室召开议事会议，听取地区中级人民法院关于全区贯彻实施行政诉讼法情况的汇报，讨论研究下一步意见和措施。地区人大工委主任毕可文，副主任张宝光、王启杰、刘广新、吴倩之、李家玉，委员边家亭、李继明、黄绍正、侯玉忠、时维英、刘金全出席会议。驻菏泽地区的八届全国人大代表黄利群，省八届人大代表于法杰、田德全、史崇亮和地区中级人民法院院长燕振安、副院长朱惠民，检察分院副检察长张正国，地区司法局局长张建英，行署法制局局长马义年，地区公安处副处长蔡胜兰及人大工委联络处处长郭国怀，农经处处长张作田、副处长张保德等参加会议。会议由刘广新主持。地区中级人民法院副院长朱惠民汇报全区法院贯彻实施行政诉讼法，开展行政审判工作的情况；地区人大工委法制处处长侯玉忠作关于全区贯彻实施行政诉讼法情况的调查汇报。会议在听取汇报后进行讨论发言。最后，毕可文、刘广新分别讲话。

1993年8月24日至25日，地区人大工委召开县市人大常委会主任座谈会。地区人大工委主任毕可文，副主任张宝光、王启杰分别主持会议，副主任刘广新、李家玉、许修堂及各委员、处室负责人参加会议。会议结合学习全国人大常委会委员长乔石、副委员长田纪云有关讲话精神，紧密联系实际进行发言交流；围绕新一届人大常委会开创人大工作新局面进行研究探讨。地委书记林廷生和地区人大工委主任毕可文分别讲话。

1993年9月21日，地区人大工委机关在地委第三会议室召开反腐倡廉动员大会，工委机关全体人员参加会议。会议由地区人大工委主任毕可文主持。副主任张宝光、王启杰分别传达地委《关于贯彻实施中央、省委近期反腐败斗争工作部署的实施意见》和地委、行署批转的地纪委、监察局《关于贯彻执行〈党政机关保持清正廉洁的若干规定〉的意见》。毕可文作动员讲话强调：一要认真学习文件，统一思想认识，提高反腐败斗争的自觉性。二要联系本单位实际，自觉廉洁自律，解决存在问题。三要发挥人大的职能作用，积极开展人大工作，协助党委支持行政执法部门搞好反腐败斗争。

1993年10月8日至9日，地区人大工委召开议事会议，重点讨论研究《全民所有制工业企业转换经营机制条例》的贯彻落实问题。地区人大工委主任毕可文，副主任李家玉、许修堂，委员边家亭、李继明、黄绍正、侯玉忠、时维英、刘金全出席会议。行署副专员张国敏，八届全国人大代表孟红霞，省人大代表史崇亮，省人大代表、菏泽市人大常委会主任李永亮，地区人大工委副秘书长高祥坤、农经处副处长张保德，地区经委副主任乔廷龙列席会议。毕可文、李家玉分别主持会议。会议视察菏泽造纸厂、地区印刷厂、地区肉联总厂等企业，听取张国敏关于全区贯彻落实条例情况的汇报，听取人大工委财经处关于条例贯彻落实情况的调查报告。会议肯定全区贯彻落实条例取得的成绩，针对存在的问题，从加快转变政府职能、进一步落实好企业14项经营自主权、强化服务意识和社会保障体系、尽快建立起适应社会主义市场经济发展要求的宏观调控体系，以及培养和完善包括劳动力市场在内的市场经济体制等方面，提出意见和建议。最后，李家玉作总结讲话。

1993年10月23日，地区人大工委主任毕可文主持召开工委主任会议。副主任张宝光、刘广新、李家玉、许修堂出席会议，秘书长边家亭，副秘书长李继明、黄绍正、高祥坤列席会议。会议重点研究决定有关工委机关与仁达购销服务公司脱钩、机关财务管理、贯彻全省人大财经工作座谈会精神、筹备山东省五地区人大工作研讨会，以及年终工作总结和制订1994年工作计划等方面的问题。

1993年10月26日，地区人大工委召开议事会议，讨论研究义务教育法在全区的贯彻落实问题。会议由地区人大工委主任毕可文主持，副主任张宝光、王启杰、李家玉、许修堂，委员边家亭、李继明、黄绍正、侯玉忠、时维英、郭国怀、高祥坤出席会议。行署副专员潘兴玺，省八届人大代表田德全，地区教育局局长王思伦、副局长李荣启，地区财政局副局长张秋冬及地区人大工委农经处副处长张保德等列席会议。会议听取地区教育局关于全区贯彻实施义务教育法情况的汇报，听取地区人大工委办公室、教科文卫处和地区教育局联合调查组关于成武、巨野、东明三县实施义务教育法情况的调查汇报，并进行讨论发言。最后，毕可文、张宝光分别作总结性讲话。

1993年11月20日，地区人大工委召开议事会议，讨论研究进一步贯彻落实计划生育条例、搞好全区计划生育工作问题。地区人大工委主任毕可文主持会议，副主任张宝光、李家玉、许修堂，委员边家亭、黄绍正、侯玉忠、时维英、刘金全、高祥坤出席会议。行署副专员潘兴玺，地区计生委主任潘建荣，行署办公室副主任朱瑞琳等列席会议。会议听取关于全区计划生育工作情况的汇报，进行讨论发言。最后，毕可文、张宝光分别作总结性讲话。

1993年12月24日，地区人大工委召开议事会议，讨论研究代表法和省实施办法的贯彻落实问题。地区人大工委主任毕可文主持会议，副主任张宝光、王启杰、李家玉、许修堂，委员边家亭、李继明、黄绍正、侯玉忠、时维英、郭国怀、张作田出席会议。公安处纪检书记姬月生、检察分院副检察长殷治礼、中级人民法院副院长刘培章、地区司法局局长张建英、地区财政局纪检书记杨绪欣等有关人员列席会议。会议听取人大工委联络处关于贯彻实施代表法和省实施办法，发挥人大代表在经济建设中作用情况的调查汇报，进行讨论发言。最后，毕可文、王启杰分别作总结性讲话。

1994年1月15日，地区人大工委召开1994年第一次工委会议。会议由地区人大工委主任毕可文主持，副主任张宝光、王启杰、刘广新、李家玉，委员边家亭、李继明、黄绍正、侯玉忠、时维英、刘金全、郭国怀、张作田、高祥坤出席会议。会议传达学习全省人大工作会议精神，讨论研究工委1994年工作要点，通过有关人事任免事项。

1994年3月10日，地区召开地直副县级以上单位负责人会议，传达贯彻省八届人大二次会议精神。会议由地委书记林廷生主持，地区人大工委主任毕可文传达省八届人大二次会议的主要精神。最后，林廷生讲话，要求各级各部门认真抓好会议精神的传达、学习和贯彻落实，以省八届人大二次会议为动力，进一步加快全区改革开放和经济发展步伐，继续保持稳定的大好局面。

1994年3月11日，地区人大工委召开1994年第二次主任会议。会议由地区人大工委主任毕可文主持，副主任张宝光、王启杰、刘广新、李家玉、许修堂出席会议；秘书长李继明，副秘书长黄绍正、高祥坤列席会议。会议重点讨论研究关于加强机关思想作风建设问题，关于全区人大工作会议及山东省五地区人大工作研讨会的筹备工作，关于补选一名八届全国人大代表以及仁达购销服务公司承包、机关经费情况等方面的问题，并作出相应决定。

1994年3月16日，地区人大工委在地委第三会议室召开1994年第一次议事会议。会议由地区人大工委主任毕可文主持，副主任张宝光、王启杰、刘广新、李家玉、许修堂和委员李继明、黄绍正、侯玉忠、时维英、刘金全、郭国怀、张作田、高祥坤出席会议。行署副专员潘兴玺，地区人大工委机关各副处长列席会议。会议议题是审议全区1993年财政决算和1994年财政预算情况。地区财政局副局长李协奎受行署委托汇报全区1993年财政预算执行情况及1994年财政预算安排情况，各位主任、委员进行审议发言，并就存在的问题提出一些意见和建议。最后，毕可文作总结性讲话。

1994年4月13日至14日，地委在曹州宾馆会议室召开全区人大工作会议。地委书记林廷生，地委副书记、行署专员李明先，地委副书记路绍昌，地区人大工委主任毕可文，副主任张宝光、王启杰、刘广新、李家玉、许修堂；地委委员、组织部部长苏衍训，地委委员、菏泽市委书记杨成训，地委委员、菏泽军分区政委林长凯，地区政协工委副主任赵文启等出席会议。会议的中心任务是贯彻落实全省人大工作会议精神，总结前段人大工作经验，讨论研究新形势下人大工作的任务。林廷生、毕可文分别讲话。各县市委书记、县市人大常委会主任和部分县长及部分乡镇党委、人大、政府负责人在会上交流做好人大工作的经验和做法，研究新形势下进一步加强人大工作的意见和措施。

1994年4月20日至22日，山东省五地区人大工作研讨会第八次会议在菏泽召开。德州、聊城、滨州、临沂、菏泽五地区人大工委的负责人李宝贵、李朝琪、王元甫、张敬清、毕可文、张宝光、王启杰、刘广新、李家玉、许修堂，菏泽地区人大工委原主任于法杰、原副主任吴倩之等共32人出席会议。省人大常委会副主任郭松年、人事代表工作室副主任李宏祥等专程到会指导。会议由地区人大工委主任毕可文主持，地委书记林廷生致欢迎词，地委副书记、行署专员李明先介绍菏泽地区的基本情况。五地区人大工委的负责人围绕新形势下更好地履行职责、发挥代表作用、促进社会主义市场经济体制的建立和完善等议题，进行交流和探讨。地区人大工委副主任王启杰代表菏泽地区人大工委作发言。郭松年针对会议研讨的主题，从做好新形势下的代表工作，加强立法、监督，重视调查研究，充分发挥地区人大工委作用等方面谈指导性意见。

1994年5月24日至25日，地区人大工委召开1994年第二次议事会议。主要议题是讨论研究环境保护法律法规的贯彻落实问题。地区人大工委主任毕可文主持会议，副主任王启杰、刘广新、李家玉、许修堂，委员李继明、黄绍正、侯玉忠、时维英、郭国怀、张作田、高祥坤出席会议。八届全国人大代表黄利群，省八届人大代表于法杰、刘兰钦、史崇亮、马玲应邀参加会议。会议视察菏泽仪表厂、菏泽烟厂、菏泽生建机械厂和地区人民医院的环保工作；听取行署副专员阎世海关于全区贯彻实施环保法情况的汇报，并进行讨论。最后，李家玉作总结讲话。

1994年7月12日，地区人大工委召开1994年第四次主任会议。会议由地区人大工委主任毕可文主持，副主任张宝光、王启杰、刘广新、李家玉、许修堂出席会议，秘书长李继明，副秘书长黄绍正、高祥坤列席会议。会议研究确定纪念人大成立40周年活动的安排意见、召开工委第三次议事会议的有关事项、向地委汇报工作的主要内容及有关人事任免事项。

1994年7月13日，地区人大工委召开1994年第二次工委会议。会议由地区人大工委主任毕可文主持，副主任张宝光、王启杰、刘广新、李家玉、许修堂，委员李继明、黄绍正、侯玉忠、时维英、刘金全、郭国怀、张作田出席会议。会议主要研究人事任免事项。根据地委提名，与会各主任、委员一致同意：刘清河任人大工委委员、副秘书长，李光盛任人大工委委员；张惠民不再担任办公室人事监察科科长职务。

1994年7月14日至16日，地区人大工委召开1994年第三次议事会议，重点讨论研究防汛问题。地区人大工委主任毕可文，副主任张宝光、王启杰、刘广新、李家玉、许修堂，委员李继明、侯玉忠、时维英、刘金全、郭国怀、张作田、高祥坤出席会议。驻菏泽地区的八届全国人大代表李明先、黄利群，省八届人大代表于法杰、李永亮、刘兰钦、陈东洲、晁中胜应邀参加会议。会议由毕可文和刘广新主持。会议视察黄河、内河和城市防汛情况，听取有关负责人工作汇报，进行讨论发言，提出建议、意见。最后，地区人大工委副主任刘广新作总结讲话。

1994 年 8 月 19 日，地区人大工委召开 1994 年第四次议事会议。主要议题是听取地区公安处关于全区社会治安情况的汇报。地区人大工委主任毕可文主持会议，副主任王启杰、刘广新、李家玉、许修堂，委员李继明、黄绍正、侯玉忠、时维英、郭国怀、张作田、高祥坤出席会议。驻菏泽地区的全国人大代表孟红霞，省人大代表于法杰、陈东洲、晁中胜等应邀参加会议。在听取地区公安处关于全区社会治安情况的汇报和人大工委法制处对全区社会治安情况的调查报告后，与会人员针对全区社会治安工作存在的问题，就进一步加强、支持和促进公安工作，巩固和发展全区的治安形势发表意见和建议。

1994 年 10 月 18 日至 19 日，地区人大工委财经处在东明县召开全区人大财经工作座谈会。各县市人大常委会分管财经工作的主任及财经科（工委）的负责人参加会议。会议交流换届以来的工作情况和下一步的打算，重点探讨在建立社会主义市场经济体制新形势下，做好人大对财经工作的监督问题等。地区人大工委财经处处长时维英主持会议，副秘书长刘清河出席会议，副主任李家玉作总结讲话。

1994 年 11 月 23 日，地区人大工委召开 1994 年第五次议事会议。主要议题是听取地区计划生育委员会关于全区计划生育工作情况的汇报，讨论研究进一步做好计划生育工作的问题。地区人大工委主任毕可文主持会议，副主任张宝光、王启杰、许修堂，委员李继明、黄绍正、侯玉忠、时维英、郭国怀、张作田、高祥坤、刘玉平出席会议。省八届人大代表于法杰、田德全、李锡林、马玲、陈东洲应邀参加会议。行署副专员潘兴玺及行署办公室、地区计生委、劳动局、人事局、民政局、财政局、公安处的负责人列席会议。会议首先听取地区计生委主任潘建荣关于全区计划生育工作情况的汇报，然后进行讨论发言。最后，毕可文、张宝光分别作总结讲话。

1994 年 11 月 25 日，地区人大工委农经处在东明县召开全区人大农经工作座谈会。各县市人大常委会分管农经工作的主任及农经科（工委）的负责人参加会议。会议由地区人大工委委员李光盛主持，各县市交流人大农经工作情况和基本经验，探讨新形势下做好人大农经工作问题。地区人大工委副主任刘广新、农经处处长张作田分别讲话。

1994 年 11 月 29 日，地区人大工委法制处召开全区人大法制工作座谈会。各县市人大常委会分管法制工作的主任及法制科（工委）的负责人参加会议。会议由地区人大工委副主任许修堂主持，总结交流开展人大法制工作的情况和经验，讨论研究在新形势下更好地开展人大法制工作问题。最后，地区人大工委法制处处长侯玉忠作总结讲话。

1995 年 3 月 1 日，地委召开地直副县级以上单位负责人会议，传达贯彻省八届人大三次会议精神。会议由地委书记林廷生主持。地区人大工委主任毕可文传达省八届人大三次会议精神，地区政协工委主任樊思宝传达省政协七届三次会议精神。最后，林廷生就进一步贯彻落实好“两会”精神讲话。地区领导王启杰、刘广新、许修堂、李家玉、李宝珊、赵文启、丛德普等出席会议。

1995 年 5 月 25 日至 26 日，全区县市人大常委会主任座谈会在菏泽召开。地委书记林廷生，地区人大工委主任毕可文、副主任张宝光、党组副书记王启杰和副主任刘广新、李家玉、许修堂及各处室负责人参加会议。会议总结前段的人大工作，研究下一步的工作任务。林廷生、毕可文分别讲话。各县市人大常委会主任紧紧围绕改革、发展、稳定这一中心议题，分别从加强自身建设、强化法律监督和工作监督、充分发挥人大代表的作用、开展人大制度的宣传等方面谈经验和体会，并对新形势下的人大工作和机构改革提出一些意见和建议。毕可文在讲话中简要回顾1994年工作，并提出下一步全区人大工作的基本思路。一要坚持依靠党的领导，摆正人大工作的位置；二要紧紧围绕经济建设中心，深入开展调查研究；三要强化监督工作，不断推进社会主义民主与法治建设；四要充分发挥人大代表的作用，把代表工作提高到一个新水平；五要搞好自身建设，提高工作质量和效率，进一步开创全区人大工作的新局面。座谈会后，与会人员视察菏泽第二毛纺厂和菏泽发电厂。

1995年7月13日，地区人大工委召开1995年第一次议事会议，主要研究讨论防汛工作。地区人大工委主任毕可文主持会议，委员郭国怀、张作田、高祥坤出席会议。行署副专员孔令昌及地市有关部门负责人，驻菏泽地区的省八届人大代表于法杰、朱振华、陈东洲、晁中胜等出席会议。会议听取地区水利局、黄河河务局、菏泽市城建部门关于防汛工作的汇报。最后，毕可文作总结讲话。

1995年7月28日，地区人大工委召开1995年第二次议事会议，听取、审议地区财政局关于财政情况的汇报。地区人大工委主任毕可文，副主任张宝光、刘广新，委员李继明、侯玉忠、时维英、刘金全、郭国怀、刘玉平出席会议。驻地直的省八届人大代表田德全、李振堂、刘兰钦应邀参加会议。行署副专员李玉祥、地区人大工委教科文卫处副处长王笃庆和地区财政局有关负责人列席会议。会议由张宝光主持，毕可文作总结讲话。

1995年8月29日至31日，地区人大工委召开1995年第三次议事会议，讨论研究进一步贯彻实施食品卫生法问题。地区人大工委主任毕可文，副主任张宝光、刘广新、李家玉，委员李继明、时维英、郭国怀、张作田、高祥坤、刘玉平、李光盛、张伯元出席会议。驻菏泽地区的部分全国、省人大代表卢新文、马玲、姚树涛、申兆庆等应邀参加会议。行署副专员潘兴玺及地直有关部门的负责人列席会议。会议视察菏泽、巨野两县市的食品生产、经营情况，听取地区卫生局局长闫传礼关于全区食品卫生法贯彻实施情况的汇报；然后进行讨论，就进一步深入贯彻执行食品卫生法提出意见和建议；最后，毕可文、张宝光分别作总结讲话。

1995年11月1日，地区人大工委在地委第二会议室召开会议，听取审议地区计划委员会关于《菏泽地区国民经济和社会发展第九个五年计划及2010年远景目标纲要》的汇报。地区人大工委主任毕可文主持会议，工委党组副书记张宝光，工委副主任刘广新、李家玉、许修堂，各委员及副处长参加会议。地区计划委员会将纲要分五个部分进行汇报：一是“八五”期间全区经济和社会发展取得的主要成就及未来发展环境分析；二是国民经济和社会发展的任务与目标；三是经济和社会发展的区域布局；四是经济和社会发展的重点；五是经济和社会发展的政策措施。听取汇报后，会议对纲要的每个部分进行审议和讨论，在对纲要肯定的同时，指出一些问题并提出意见和建议。此外，会议还就充分利用京九铁路优势加快经济发展、农业良种化、提高经济产品科技含量、正确处理三大产业比例关系、宏观调控和微观搞活、生产布局和资源配置、环境保护、成人教育生存和发展等问题提出意见和建议。

1995年11月9日至10日，地区人大工委召开1995年第四次议事会议，中心议题是检查产品质量法在全区的贯彻实施情况。地区人大工委主任毕可文，副主任李家玉，委员李继明、侯玉忠、时维英、郭国怀、张作田、高祥坤、刘清河、张伯元出席会议。省八届人大代表于法杰、李永亮、李进民、晁中胜、陈东洲应邀出席会议。会议由毕可文主持。首先观看全区宣传实施产品质量法情况的录像，视察菏泽市百货大楼、菏泽第二毛纺厂和菏泽市桑盾集团；然后听取地区技术监督局局长彭继绍关于全区贯彻实施产品质量法情况的汇报，并进行讨论，提出意见、建议；最后，李家玉作总结讲话。

1995年12月1日，地区人大工委在曹县召开南五县（曹县、单县、成武、定陶、巨野）乡镇人大换届选举工作座谈会。各县分管选举工作的主任及有关科室负责人参加会议。会议交流开展乡镇人大换届选举工作的经验，研究讨论工作中存在的一些具体问题。会议由地区人大工委联络处处长、地区乡镇人大换届选举领导小组办公室副主任郭国怀主持，地区人大工委副主任、地区乡镇人大换届选举领导小组副组长刘广新到会讲话。

1996年1月10日，全区人大信访工作会议在菏泽召开。各县市人大常委会办公室主任、信访机构负责人参加会议。地区人大工委副主任刘广新到会讲话。地区人大工委秘书长李继明、办公室主任张伯元出席会议。会议传达贯彻全国第二次、山东省第四次人大信访工作会议精神，总结交流1994年以来全区人大信访工作的情况和经验，探讨人大信访工作的新方法、新途径；通报部署全区人大宣传报道、信息交流、报刊发行等方面的工作。

1996年1月24日，地区人大工委在地委第三会议室召开工委主任及各处室负责人会议。地区人大工委主任毕可文，副主任刘广新、李家玉、许修堂、张朝玉；秘书长李继明，副秘书长高祥坤、刘清河、张伯元，财经处处长时维英，法制处处长侯玉忠，农经处处长张作田，联络处处长郭国怀，教科文卫处处长刘玉平、副处长王笃庆出席会议。会议由毕可文主持。首先，传达地委关于学习江泽民“领导干部一定要讲政治”重要讲话的通知；其次，结合学习张家港活动，讨论完善机关规章制度。

1996年3月11日，地委在第四会议室召开有地直副县级以上单位负责人参加的传达贯彻省“两会”精神会议。会议由地委副书记杨成训主持，地委、地纪委、地区人大工委、地区行署、地区政协工委的领导出席会议。省八届人大代表、地区人大工委主任毕可文传达省八届人大四次会议精神和省委书记赵志浩、省长李春亭在参加菏泽代表团讨论时的讲话，并围绕更好传达、学习、贯彻、落实省人代会精神，提出具体建议。最后，地委副书记杨成训代表地委讲话。

1996年3月25日，地委召开有地直副县级以上单位负责人参加的传达八届全国人大四次会议精神会议。会议由地委副书记路绍昌主持，地委、地纪委、地区人大工委、地区行署、地区政协工委、菏泽军分区的领导出席会议。八届全国人大代表、地委副书记、行署专员李明先传达八届全国人大四次会议精神。最后，地委副书记路绍昌结合全区实际，就贯彻落实八届全国人大四次会议精神提出要求。

1996年6月7日，地区人大工委召开1996年第一次议事会议，听取地区行署关于1995年国民经济和社会发展计划的汇报。地区人大工委主任毕可文，副主任刘广新、李家玉、许修堂、张朝玉、李胜华，委员侯玉忠、时维英、刘金全、郭国怀、张作田、刘玉平出席会议。驻地直的省八届人大代表于法杰、朱振华、陈东洲应邀参加会议。行署副秘书长高睦朋、地区计划委员会主任郭仲生列席会议。会议由毕可文主持，张朝玉作总结讲话。

1996年6月26日至28日，地区人大工委召开1996年第二次议事会议，组织驻菏泽地区的部分全国人大代表、省人大代表对防汛工作进行视察。地区人大工委主任毕可文，副主任刘广新、许修堂、张朝玉、李胜华，委员侯玉忠、李继明、时维英、郭国怀、张作田、高祥坤、刘玉平出席会议。八届全国人大代表李明先、卢新文，省八届人大代表于法杰、丁继民、朱振华、陈东洲、晁中胜等应邀参加会议。行署副专员李德章、副秘书长于希臣和地区建委主任马欲圣、地区水利局局长马文选，黄河河务局局长许建忠及人大工委教科文卫处副处长王笃庆等列席会议。毕可文、李胜华分别主持会议。会议期间，与会人员视察黄河、内河及城市防汛工作，听取有关县市及地区防汛指挥部、黄河河务局和城市防汛办公室的工作汇报，并进行讨论。

1996年9月17日，地区人大工委召开1996年第三次议事会议，听取地区行署关于贯彻实施教师法及山东省实施办法情况的汇报。地区人大工委主任毕可文，副主任刘广新、许修堂、张朝玉、李胜华，委员侯玉忠、时维英、郭国怀、张作田、高祥坤、张伯元出席会议。驻地直的省八届人大代表于法杰、李锡林、田德全、马玲、关爱芝应邀参加会议。行署副专员高运启、副秘书长高睦朋，地区教育局局长王思伦和地区人大工委教科文卫处副处长王笃庆等列席会议。会议由刘广新主持，许修堂作总结讲话。

1996年9月19日，地区人大工委召开1996年第四次议事会议，听取地区行署关于1995年财政决算、1996年财政预算安排及1月至8月执行情况的汇报；并听取1995年度地区本级预算执行及其他财政财务收支情况的审计工作报告。地区人大工委主任毕可文主持会议，副主任张朝玉作总结讲话。副主任刘广新、李家玉、许修堂、李胜华和委员侯玉忠、李继明、时维英、郭国怀、张作田、高祥坤、刘清河、张伯元出席会议。驻菏省八届人大代表于法杰、史崇亮、刘兰钦、田德全应邀参加会议。行署副专员李玉祥、副秘书长高睦朋、田学诗和地区财政局局长朱效明、审计局副局长武合书及人大工委教科文卫处副处长王笃庆等列席会议。

1996年10月4日至8日，全区乡镇人大工作座谈会分别在东明、巨野召开。地区人大工委副主任刘广新、副秘书长高祥坤、联络处处长郭国怀出席会议。各县市人大常委会分管主任、办公室主任或人事代表机构负责人及部分乡镇人大主席等40余人参加会议。高祥坤主持会议，郭国怀传达全省乡镇人大工作座谈会精神，传达学习省人大常委会副主任马仲才在全省乡镇人大工作座谈会上的讲话。各县市和参加会议的乡镇汇报交流指导和开展乡镇人大工作的情况和经验，针对存在的问题，提出意见和建议，并就在新形势下做好乡镇人大工作的思路和措施进行研讨。最后，刘广新作总结讲话。

1996年10月10日至11日，全区人大宣传工作会议在曹州宾馆召开。地区人大工委主任毕可文，地委委员、地委宣传部部长贾凤英，地区人大工委副主任李家玉，秘书长李继明，副秘书长、办公室主任张伯元，办公室副主任王永成出席会议。各县市人大常委会分管主任、办公室主任，宣传部分管人大宣传工作的部长，地直和省驻菏新闻单位的负责人，共60余人参加会议。会议传达贯彻全省人大宣传工作会议精神，总结交流全区人大宣传工作的情况和经验，分析研究当前人大宣传工作的形势、任务和存在的问题。毕可文、贾凤英分别讲话。李家玉就做好省人大“一报两刊”（《人民权利报》《山东人大工作》《人大工作文摘》）的征订发行等工作提出要求。地委宣传部和地区人大工委办公室联合下发《关于进一步加强和改进人大宣传工作的意见》，为做好全区人大宣传工作进一步明确目标任务和要求。会上，九县市围绕进一步加大人大宣传工作的力度、广度和深度等交流工作和体会；各新闻单位围绕对人大宣传工作的认识进行交流。

1996年12月23日至24日，全区人大工作会议在牡丹大酒店召开。地区领导董昭合、李明先、路绍昌、杨成训、阎世海、毕可文、温新月、霍正气、刘广新、李家玉、许修堂、张朝玉、李胜华等出席会议。各县市委负责联系人大工作的书记，县市人大常委会主任，地直有关部门负责人，地区人大工委秘书长、副秘书长、各处室负责人，地直和省驻菏新闻单位负责人参加会议。董昭合、李明先、路绍昌、毕可文分别讲话。

1997年4月2日，地区人大工委召开1997年第一次议事会议。地区人大工委主任毕可文，副主任李家玉、张朝玉，委员及部分驻地直的全国、省人大代表出席会议。行署分管专员及有关部门的负责人列席会议。会议听取行署关于菏泽地区1996年国民经济和社会发展计划执行情况及1997年计划安排的汇报，以及关于菏泽地区1996年财政预算执行情况和1997年预算安排意见的汇报。地区人大工委及党组分别就这次会议的基本情况向省人大常委会、地委提交书面报告。

1997年5月13日，地区人大工委召开1997年第七次主任会议。地区人大工委主任毕可文，副主任李家玉、许修堂、张朝玉、李胜华出席会议；副秘书长张伯元，办公室副主任王永成列席会议。会议的主要内容：一是关于工委各项规章制度的修订完善。二是关于人大机关学习问题。三是听取关于全省人大民侨外工作座谈会精神的汇报。会议还研究通过工委人代室关于调整工委组成人员分工联系代表的意见等。

1997年5月16日，地区人大工委主任毕可文主持召开机关新进工作人员座谈会。地区人大工委秘书长徐福增，副秘书长、办公室主任张伯元和办公室副主任王永成参加座谈会。徐福增、张伯元、王永成在发言中肯定新进人员所取得的成绩，并结合自身实践提出意见和要求。毕可文在总结讲话时，详细介绍人大工委的工作性质、任务和职责，对新进人员提出希望和要求：一是为适应改革开放的新形势和人大工作的需要，必须不断加强学习。二是增强自身素质，树立人大形象。三是加强团结协作，努力把人大工作做得更好。

1997年5月16日，“菏泽环保世纪行”组委会在地区人大工委三楼会议室召开成员单位联席会议。地区人大工委城建环保处、地委宣传部、地区广播电视局、环保局、经贸委、财政局、司法局等部门和工、青、妇、科协等群团组织共18个主办单位的负责人，及地直和省驻菏新闻单位的负责人和记者参加会议。地区人大工委副主任张朝玉、行署副专员李德章出席会议并讲话。李德章首先通报当前全区环境形势的严峻性和治理污染的紧迫性，然后就“菏泽环保世纪行”活动进行发动和部署。张朝玉就下一步组委会18个成员单位的活动发表意见，要求各成员单位要进一步提高认识，切实加强领导，发挥宣传单位的主力军作用，加大宣传实效，掀起全区环保宣传工作的新高潮。最后，地区经贸委、广播电视局等主办单位和菏泽日报社、地区电视台、地区广播电台的负责人和新闻工作者作表态发言，并一致通过《关于继续深入开展“菏泽环保世纪行”活动的通知》。

1997年5月23日，全区人大宣传暨档案工作表彰会议在人大工委会议室召开。地区人大工委副主任李家玉、秘书长徐福增、副秘书长张伯元、办公室副主任王永成、菏泽日报社副总编李全琦、地区广播电台台长李留起和地区档案局副局长朱昆领等出席会议。地委宣传部、地区人大工委研究室和地直新闻单位的有关负责人及各县市人大常委会办公室主任等50余人参加会议。会议由徐福增主持，曹县人大常委会办公室主任张树申、曹州晚报社新闻部主任陈奇、定陶县人大常委会办公室主任何卫国、曹县人大常委会办公室档案员刘保平等先后作典型发言。李家玉讲话。会上还对全区6个人大宣传工作先进单位、10个人大档案工作先进单位、17名人大宣传报道先进工作者以及20名人大档案先进工作者进行表彰。

1997年6月23日至26日，地区人大工委召开1997年第二次议事会议。地区人大工委各主任、委员，部分驻地直的全国、省人大代表出席会议。行署分管专员及有关部门的负责人列席会议。会议视察和研讨黄河、内河、城市防汛工作，肯定全区防汛工作所取得的成绩，并针对防汛工作中存在的问题提出意见。会后就视察情况向地委和省人大常委会提交报告。

1997年7月18日，地区人大工委召开1997年第三次议事会议。地区人大工委在家的各主任、委员，部分驻地直的全国、省人大代表出席会议。行署分管专员及有关部门的负责人列席会议。会议听取审议行署关于菏泽地区1997年上半年国民经济和社会发展计划执行情况、1996年财政决算及1997年上半年预算执行情况和1996年度地区本级预算执行及其他财政收支情况的审计3个报告。与会人员结合全区实际和当前经济发展形势，进行讨论，并提出意见。会议确定，将会议情况形成书面报告，上报省人大常委会。

1997年7月24日，全区人大信访暨研究工作座谈会在地区人大工委会议室召开。地区人大工委副主任李家玉，秘书长徐福增，副秘书长、办公室主任张伯元，地区人大工委信访领导小组全体成员，及各县市人大常委会分管主任、办公室主任、信访科科长等40余人参加会议。会议由徐福增主持。各县市人大信访科科长分别就一年来的信访工作进行座谈发言，交流经验，探讨下一步工作意见和措施。地区人大工委信访领导小组成员刘清河、研究室负责人王笃庆先后传达全省人大信访工作表彰会和全省人大研究工作座谈会精神，总结一年多来全区人大信访工作和研究工作的开展情况，提出下一步工作的任务和要求。最后，李家玉作总结讲话。

1997年10月9日，全区人大财经、城建环保工作座谈会在地区人大工委会议室召开。地区人大工委副主任张朝玉、秘书长徐福增、有关处室负责人和各县市人大常委会分管主任参加会议。会议传达全省人大财经和城建环保工作座谈会精神，回顾总结全区人大五年来的财经、城建环保工作。会议由徐福增主持，地区人大工委财经处副处长王令海、城建环保处副处长郭怀民分别传达全省人大财经和全省人大城建环保工作座谈会精神。各县市进行发言。最后，张朝玉讲话。

1997年11月4日，全区县级以上人大换届选举工作会议在地委组织部干部培训中心召开。地区人大工委主任毕可文、副主任李胜华，地委组织部副部长张存金出席会议。毕可文讲话，李胜华传达省选举工作委员会和地委对县级以上人大换届选举工作的安排意见，张存金通报县市领导班子考察情况。

1997年11月28日，地区人大工委召开1997年第四次议事会议。地区人大工委主任毕可文，副主任李家玉、许修堂、张朝玉、李胜华及各委员，部分驻地直的全国、省人大代表参加会议；行署副专员李德章、地区环保局及地区人大工委有关处室负责人列席会议。会议视察研讨环境保护法、国务院《淮河流域水污染防治暂行条例》《山东省南四湖流域水污染防治条例》在全区的贯彻执行情况，针对全区所有工业污染源要在1997年底实现达标排放的要求，提出意见和建议。

1997年12月4日，地区人大工委召开1997年第五次议事会议。地区人大工委主任毕可文，副主任许修堂、张朝玉、李胜华，各委员，部分驻地直的全国和省人大代表参加会议。行署副专员潘兴玺及地区教委、地区人大工委各处室负责人列席会议。会议听取行署关于贯彻实施职业教育法工作情况的汇报。许修堂作总结讲话。

1997 年 12 月 10 日至 11 日，地区人大工委召开 1997 年第六次议事会议。地区人大工委副主任李家玉、许修堂、李胜华，各委员及驻地直的全国、省人大代表参加会议，行署副专员孔令昌、地直农口各部门主要负责人及人大工委各处室负责人列席会议。会议听取全区农业技术推广法贯彻实施情况的汇报，重点检查曹县青堌集镇、菏泽市侯集乡基层农技推广机构“三定”工作落实情况。会议由李家玉主持，李胜华作总结讲话。会议针对全区农技推广工作和“三定”工作中面临的问题和困难提出建议，并向地委提交专题报告。

1997 年 12 月 26 日，全区县市人大常委会主任座谈会在地区人大工委会议室召开。地委书记李明先到会讲话，地区人大工委主任毕可文作总结发言。地区人大工委党组书记路绍昌，工委副主任李家玉、许修堂、张朝玉、李胜华，工委党组成员周书运，秘书长徐福增，及各处室负责人和各县市人大常委会主任、办公室主任，共 40 余人参加会议。李家玉主持会议，各县市人大常委会主任分别回顾本届人大工作，总结交流经验，畅谈体会，分析探讨问题，并谈下一步打算。李明先向与会人员介绍全区的政治经济形势，分析全区面临的艰巨任务，提出“振奋精神，团结实干，注重实效，稳中求进”的指导思想和工作思路，要求全区各级人大及其常委会要进一步增强责任感和使命感，认真行使好宪法和法律赋予的各项职权，紧紧围绕经济建设这个中心开展工作，为推动全区改革开放和经济及各项社会事业的发展做出更大贡献。毕可文在发言中回顾 1993 年换届以来的全区人大工作，总结经验和体会，并就当前人大工作的开展提出建议。

1998 年 3 月 6 日，地委书记李明先在地区人大工委会议室召集地区人大工委、地区政协工委领导召开关于全区农业与农村工作座谈会。地区人大工委主任路绍昌，副主任李家玉、许修堂、张朝玉、李胜华、范福临、周书运，地区政协工委副主任从德普、杨大显等参加座谈。会议由路绍昌主持。与会人员针对全区农业发展的现状，围绕农村小康建设、农业结构调整，农村一、二、三产业的关系，农业基础设施建设、农民负担问题、农村基层组织建设和干部作风问题等提出意见和建议。李明先对人大工委、政协工委领导发表的见解与意见给予肯定，并要求地委、行署认真进行研究，在发展农业的指导思想、工作原则和政策措施上要很好地借鉴和吸纳。

1998 年 3 月 19 日，地区人大工委召开处室负责人会议。座谈处室 1998 年工作打算，讨论提出对人大工委 1998 年工作的建议。地区人大工委主任路绍昌主持会议，副主任李家玉、许修堂、张朝玉、李胜华、范福临、周书运，秘书长徐福增，副秘书长、办公室主任张伯元及各处室负责人参加会议。各处室按照省人大常委会及省人大各专门委员会的安排，围绕市委中心工作，结合工委和处室实际，分别制定工作计划。路绍昌作总结讲话，要求各处室要再接再厉，振奋精神，团结实干，推动人大工作再上新台阶。

1998 年 3 月 20 日，地区人大工委在二楼会议室召开全区人大宣传工作座谈会。地区人大工委宣传领导小组全体成员、地直各新闻单位负责人参加座谈会。会议就加大人大工作宣传力度、提高宣传水平，以及人大系统与宣传主管部门和各新闻单位之间的工作联络办法、具体实施措施等方面进行深入研究。地区人大工委副主任李家玉主持座谈会并讲话。

1998 年 3 月 23 日，地委召开传达全国九届人大一次会议精神报告会。地委领导阎世海、李延良、杜昌文和驻菏泽地区的九届全国人大代表陈光、田德全、晁中胜、孟红霞、汤建梅、马思爱出席会议。地区人大工委各主任、各处室负责人，各县市主要负责人，地直副县级以上单位的负责人参加会议。会议由地委副书记阎世海主持。九届全国人大代表、行署专员陈光传达会议精神，对贯彻落实会议精神做出安排，要求各部门、单位要学好文件，统一思想，依靠群众，转变作风，狠抓落实，扎实工作，全面推进全区经济建设和社会事业发展。

1998 年 4 月 1 日，全区县市人大常委会主任座谈会在地区人大工委会议室召开。地区人大工委各主任、秘书长、处室负责人，及各县市人大常委会主任、办公室主任参加会议。地委书记李明先到会并讲话。会议先后由地区人大工委主任路绍昌和副主任李家玉主持。会议传达全国人大常委会委员长李鹏在第九届全国人民代表大会常务委员会第一次会议上的讲话精神，各县市座谈交流 1998 年工作打算。路绍昌代表地区人大工委总结全区换届选举工作，通报工委 1998 年工作要点，对新一届县市人大常委会的工作提出建议。

1998 年 4 月 2 日，地区人大工委财经处、城建环保处对口联系地直部门工作座谈会在人大工委三楼会议室召开。地区计划、财政、金融、城建、环保等 40 多个部门负责人参加会议。地区人大工委副主任张朝玉主持会议，并传达地委书记李明先、地区人大工委主任路绍昌在全区县市人大常委会主任座谈会上讲话精神，对 1998 年工作提出希望和要求。地区人大工委财经处处长卢方亮、城建环保处处长李志华分别通报 1998 年本处的工作打算，征求与会人员意见，进一步加强与地直部门联系，积极配合，共同做好全区财经和城建环保工作。

1998 年 5 月 19 日，地区人大工委召开有各县市人大常委会分管主任、土管局局长和地直有关部门负责人参加的土地管理法（修订草案）征求意见座谈会。地区人大工委副主任周书运主持会议并讲话，地区人大工委农经处处长黄先立、地区土管局长李汉云分别传达全国人大常委会办公厅有关修订土地管理法的通知精神和有关讲话要求。土地管理法是自宪法之后第二部交全民讨论的法律。

1998 年 6 月 18 日至 19 日，地区人大工委召开 1998 年第九次主任会议。地区人大工委主任路绍昌主持会议，副主任李家玉、许修堂、张朝玉、李胜华、范福临、周书运出席会议。秘书长徐福增，副秘书长、办公室主任张伯元列席会议。会议的主要内容：一是关于机关规章制度。会议确定人大工委机关规章制度，提交工委会议研究通过后执行。二是关于机关人事安排。会议研究决定任命王敏英为地区人大工委办公室信访科科长，田文建、彭德启为地区人大工委办公室秘书科副主任科员，姜东生为地区人大工委研究室副主任科员，马刚为地区人大工委财经处副主任科员，吴爱国为地区人大工委城建环保处副主任科员。同时，免去王敏英的地区人大工委农业与农村工作处主任科员职务。三是关于机关房改工作。腾出机关车库楼二楼的五套房子，解决本机关无房户的住房问题。四是通报机关财务状况，研究确定进一步加强管理工作的意见。五是关于当前的几项工作。六是关于代表评议工作。七是其他事项。根据上级有关文件精神，确定在人大工委机关建立党总支，下设 3 个支部，具体事项由机关全体党员大会讨论通过。

1998 年 6 月 25 日至 26 日，地区人大工委召开 1998 年第一次议事会议。地区人大工委主任、省九届人大代表路绍昌，地区人大工委副主任许修堂、张朝玉、李胜华、周书运，委员郭国怀、张伯元、黄先立、卢方亮、李志华出席会议。九届全国人大代表田德全、晁中胜、孟红霞、汤建梅，省九届人大代表李明先、毕可文、郭仲生、崔庆长、杜荷法、李荣海、张建华、朱桂芹应邀参加会议。行署副专员李德章、孙义福，地直有关部门及人大工委有关处室的负责人列席会议。路绍昌、张朝玉、李胜华、周书运分别主持会议，周书运作总结讲话。会议期间，与会人员视察黄河、内河及城市防汛工作，听取地区黄河河务局、水利局、建委及菏泽市政府关于防汛工作情况的汇报并进行讨论，提出意见和建议。

1998 年 7 月 14 日至 15 日，地区人大工委召开 1998 年第二次议事会议，视察研讨全区工业企业改革。地区人大工委主任路绍昌，副主任李家玉、张朝玉、李胜华、范福临、周书运，委员徐福增、郭国怀、刘玉平、张伯元、黄先立、卢方亮、李志华、崔冠民出席会议。九届全国人大代表孟红霞，省九届人大代表毕可文、崔庆长、史崇亮、胡月臣应邀出席会议。行署副专员贾凤英、副秘书长范玉国，地区经委及地区人大工委各处室负责人列席会议。路绍昌、张朝玉分别主持会议，张朝玉作总结讲话。会议先后视察曹县、地直及菏泽市部分改制企业的生产和经营情况，听取行署及两县市政府关于企业改革情况的汇报，并进行讨论，提出意见和建议。

1998 年 7 月 14 日，地区人大工委召开全区人大财经和城建环保工作座谈会。地区人大工委主任路绍昌，副主任张朝玉，秘书长徐福增，副秘书长、办公室主任张伯元，财经处处长卢方亮，城建环保处处长李志华，办公室副主任宋波，财经处副处长王令海，研究室副主任刘祥德出席会议。各县市人大常委会分管主任及科（委）负责人参加会议。会议由徐福增主持，卢方亮、李志华先后传达全省人大财经和城建环保工作座谈会精神，路绍昌、张朝玉分别讲话。会议就各县市人大财经和城建环保工作进行总结和交流，并对下一步工作进行分析和探讨。

1998 年 7 月 16 日，地区人大工委在三楼会议室召开全区人大教科文卫工作座谈会。地区人大工委主任路绍昌、副主任范福临，教科文卫处处长刘玉平、副处长朱喜迁，办公室副主任王永成及各县市人大常委会分管主任、科长和地直有关部门负责人参加会议。会议由刘玉平主持，朱喜迁传达全省人大教科文卫工作座谈会精神。部分县市和地直有关部门的人员作发言，总结交流工作。路绍昌、范福临分别讲话。

1998 年 7 月 28 日，地区人大工委召开人大工委 1998 年第二次党组会议。党组书记路绍昌，党组副书记李家玉，党组成员许修堂、李胜华、范福临、周书运、徐福增出席会议。人大工委调研员、机关党支部副书记李继明，助理调研员吴东华列席会议。会议的主要内容：一是李继明传达地委关于推选省七次党代会代表候选人会议精神。党组提出建议名单，并提请机关全体党员会议通过。二是人大工委经请示地委同意，1998 年不再进行评议工作。三是安排上半年工作总结。四是确定举办由县市人大常委会主任，驻地直的全国、省人大代表参加的培训班。五是根据省人大常委会、省委办公厅的答复，决定以党组名义，写出地改市报告，并建立领导班子。

1998 年 8 月 20 日，地区人大工委召开 1998 年第三次工委会议。听取地区审计局局长陈好孔关于 1997 年度地区本级预算执行及其他财政收支情况的审计汇报。地区人大工委主任路绍昌，副主任李家玉、许修堂、张朝玉、李胜华及委员出席会议。工委办公室、研究室、财经处等有关处室负责人列席会议。工委各主任、委员针对本级预算执行和财政收支审计工作进行讨论发言，并提出意见和建议。路绍昌作总结讲话。

1998 年 8 月 25 日至 26 日，地区人大工委召开 1998 年第三次议事会议，对全区贯彻实施《山东省民族工作条例》情况进行视察。地区人大工委主任路绍昌，副主任李家玉、许修堂、张朝玉、李胜华、范福临、周书运，委员徐福增、侯玉忠、郭国怀、张伯元、黄先立、卢方亮、李志华、崔冠民出席会议。九届全国人大代表孟红霞、汤建梅、马思爱，省九届人大代表毕可文、崔庆长、史崇亮、胡月臣、李荣海、徐光璞应邀出席会议。行署副专员杨宪文和行署办公室、地区民委、地区人大工委有关处室负责人列席会议。路绍昌、范福临分别主持会议。范福临作总结讲话。会议视察菏泽市、定陶县、曹县部分少数民族集体和民营企业及少数民族家庭。听取行署关于全区少数民族经济工作情况的汇报和三县市政府关于贯彻落实《山东省民族工作条例》情况的汇报，并进行讨论，提出意见和建议。

1998 年 9 月 22 日，地区人大工委召开 1998 年第十三次主任会议。地区人大工委主任路绍昌，副主任李家玉、许修堂、张朝玉、李胜华出席会议，办公室副主任宋波、研究室副主任刘祥德列席会议。路绍昌主持会议。会议的主要内容：一是关于省人大 14 号议案座谈会的接待工作。确定路绍昌、张朝玉出席会议，工委办公室、财经处负责会议的接待服务工作。二是关于举办县市人大常委会主任培训班问题。会议确定时间、地点、参加人员、收费标准和议程安排。三是通报乡镇人大换届选举经费分配情况，决定如数分给各县。四是关于申玉仁工资问题，决定待查阅会议记录和有关文件，请示地委组织部后再研究决定。五是关于偿还部分外欠账和办公区、生活区改造问题。会议通报外欠账情况和两区改造方案。决定拿出部分资金偿还部分外欠账，加高办公区院墙，改善生活区安全措施，增加一名保安人员。此外，还通报地委同意撤地设市的答复情况。

1998 年 9 月 24 日，地区人大工委召开 1998 年第六次工委会议。听取并审议行署关于全区 1998 年上半年国民经济和社会发展计划执行情况及关于 1997 年全区财政决算和 1998 年上半年财政预算执行情况的汇报。地区人大工委主任路绍昌，副主任许修堂、张朝玉、李胜华及工委委员出席会议。行署副专员贾凤英、地区计委主任郭仲生、地区财政局局长张秋冬等列席会议。会议由路绍昌主持。路绍昌、张朝玉分别讲话。会议在肯定成绩的同时，指出计划和预算执行过程中存在的问题和不足，提出意见和建议。一要加大企业改革力度，切实加强企业管理，促进经济增长。二要加大结构调整力度，努力培植新的经济增长点。三要抓住全区软硬环境改善机遇，进一步扩大对外开放，加大外贸出口和招商引资力度。四要大力培植财源，强化各级征管，增加财政收入。五要加强预算外资金管理，缓解财政困难局面。六要加强国有资产管理，坚决杜绝国有资产流失。七要厉行节约，艰苦奋斗，从严控制支出，勤俭办社会事业。

1998 年 10 月 14 日，地区人大工委召开 1998 年第四次议事会议。听取并审议地区行署关于全区贯彻实施农业法（侧重农业投入）情况的汇报。地区人大工委各主任、委员及部分驻地直的全国、省人大代表参加会议。行署及有关部门的负责人列席会议。地区人大工委副主任李家玉主持会议，与会人员进行讨论发言，地区人大工委副主任周书运作总结讲话。会议要求各级政府要认真学习宣传农业法，切实加大对农业的实际投入；要发挥财政资金的导向作用，拓宽农业投入渠道，加大对农业基础设施、农业产业化龙头企业、高产高质高效农业、农业示范基地等投入力度，尤其加大对农业的科技投入；要重视发挥农业科技人才的作用，努力提高农民科技文化素质，使农业的增长真正转到依靠科技进步和提高劳动者素质的轨道上来，加快促进全区农业和农村经济快速发展。

1998 年 10 月 14 日，“菏泽环保世纪行”组委会在地区人大工委三楼会议室召开主办单位联席会。组委会主任、地区人大工委副主任张朝玉，行署副专员李德章，地区人大工委城建环保处、地委宣传部等 20 个主办单位和菏泽日报社、地区电视台、有线电视台、广播电台等协办单位的负责人参加会议。会上，张朝玉传达省“齐鲁环保世纪行”组委会关于继续开展“环保世纪行”宣传活动的通知，地区环保局副局长郝爱梅通报全区水污染治理工作的进展情况，地区人大工委城建环保处处长李志华宣读“菏泽环保世纪行”通知。会议还讨论决定下一步开展“环保世纪行”活动的一些具体事项。张朝玉主持会议并作总结讲话。

1998年10月15日，地区人大工委召开全区人大报刊发行工作座谈会。地区人大工委副主任李家玉，秘书长徐福增，副秘书长、办公室主任张伯元，办公室副主任王永成和有关处室负责人，及各县市人大常委会分管主任、办公室主任等40余人参加会议。徐福增主持会议，李家玉讲话。会议传达全省人大报刊宣传工作座谈会精神，回顾总结1998年度全区人大报刊发行工作，部署1999年度人大报刊发行工作任务。

1998年10月27日，地区人大工委召开1998年第五次议事会议。地区人大工委主任路绍昌，副主任许修堂、张朝玉、李胜华，委员及部分驻地直的全国、省九届人大代表出席会议。行署有关部门负责人列席会议。会议听取关于《山东省计划生育条例》的贯彻及全区计划生育工作情况的汇报，地区人大工委教科文卫处处长刘玉平介绍到5个县的调查情况；然后进行研讨，提出建议意见。路绍昌主持会议并作总结讲话。

1998年11月5日，全区乡镇人大换届选举工作会议召开。地委副书记李延良，地区人大工委主任路绍昌，地委委员、组织部部长王祖和，地区人大工委副主任李胜华出席会议。地区乡镇领导班子换届选举工作指导小组成员，各县市党委分管书记，组织部部长，组织部干部科科长，各县市人大常委会分管主任、人事代表工作机构负责人及地直有关部门负责人等70余人参加会议。王祖和主持会议，会议的主要任务是部署全区乡镇党委、人大换届选举工作。李延良、李胜华分别讲话，地委组织部副部长张存金传达《中共菏泽地委关于做好1999年乡镇领导班子换届工作的通知》，路绍昌进行总结并就会议的贯彻和工作中需要注意的问题提出要求。

1998年11月11日至17日，“菏泽环保世纪行”组委会组织菏泽日报社、地区电视台、有线电视台、广播电台和曹州晚报社的记者进行集中采访活动。地区人大工委副主任张朝玉参加活动。

1998年11月19日，全区人大信访工作会议召开。会议传达贯彻全省第六次人大信访工作会议精神，研究部署全区人大信访工作。地区人大工委副主任李家玉，秘书长徐福增，副秘书长、办公室主任张伯元，人代室主任郭国怀，办公室副主任王永成，及各县市人大分管主任、信访科科长等30余人参加会议。徐福增主持会议，李家玉讲话。各县市人大总结交流开展人大信访工作的经验、做法和理论研究成果，座谈研究下一步做好人大信访工作的措施和办法。

1998年11月27日，地区人大工委召开1998年第六次议事会议。视察菏泽市城市规划及城市建设工作，听取行署及菏泽市政府关于贯彻执行城市规划法情况的汇报。地区人大工委副主任李家玉、张朝玉、李胜华、周书运及部分工委委员和驻地直的全国、省人大代表出席会议。行署副专员李德章及地直有关部门负责人列席会议。李家玉、张朝玉分别主持会议，张朝玉作总结讲话。会议提出，全区各级人大及其常委会要依托宪法和法律赋予的职权，加强对城市建设工作的监督和支持，推动全区城市建设工作不断迈上新台阶。

1998年12月23日，地区人大工委召开全区人大民侨外工作座谈会。地区人大工委主任路绍昌，副主任范福临，秘书长徐福增，副秘书长、办公室主任张伯元，民侨外处处长崔冠民，办公室副主任王永成和各县市人大常委会分管主任及有关科室负责人参加会议。地区外办主任朱瑞琳、侨办主任张再源、民委副主任沙启忠应邀参加会议。会议传达全省人大民侨外工作座谈会精神，介绍地区人大工委民侨外工作情况，部分县市进行交流发言。路绍昌、范福临分别讲话。

1999年3月23日，地区人大工委在菏泽召开全区县市人大常委会主任座谈会。地委书记李明先出席会议并讲话。地区人大工委各主任、各处室负责人及各县市人大常委会主任参加会议，路绍昌作总结讲话指出，1999年是20世纪的最后一年，也是新中国成立50周年和地方人大常委会成立20周年，做好全年的人大工作具有特别重要的意义。一要围绕党委中心任务开展人大工作，积极做好东西结合文章；二要依法履行各项职权，强化人大监督；三要积极做好代表工作，加强各级人大之间的联系；四要加大人大宣传和研究工作力度，增强人大权威形象；五要适应形势发展需要，切实强化人大自身建设。

1999年7月5日，地区人大工委召开1999年第一次议事会议，重点研讨全区黄河、内河和城市防汛工作。地区人大工委主任路绍昌主持会议，地区人大工委副主任张朝玉、范福临、周书运，工委委员徐福增、侯玉忠、刘玉平、张伯元、黄先立、卢方亮、崔冠民、王永成、宋波出席会议。驻菏泽地区的九届全国人大代表田德全、晁中胜、孟红霞、汤建梅和省九届人大代表李明先、毕可文、史崇亮、李荣海、张建华应邀参加会议。行署副专员孙义福、副秘书长付章丽及地区农委、水利局、城建委、黄河河务局的负责人列席会议。会议听取行署关于黄河、内河及城市防汛工作汇报，进行讨论，并结合全区防汛工作存在的困难和问题，从进一步加强防汛工作重要性的认识、抓紧备齐备足防汛物料及各级各部门要密切配合、形成合力、团结抗洪等方面，提出意见建议。

1999年7月16日，全区人大人事代表工作座谈会在定陶县召开。各县市人大常委会分管主任及人事代表工作部门负责人等30余人出席会议。会议由地区人大工委人代室主任宋波主持，地区人大工委副主任李胜华讲话。会议总结交流1998年以来各县市人大常委会开展人事代表工作的情况和经验，探讨下一步工作的新思路、新打算。李胜华在总结讲话中针对全区人大人事代表工作面临的形势和任务，提出具体要求：一是把贯彻执行代表法作为代表工作的重点，切实抓出成效。二是加强与代表的联系，做好为代表执行职务的服务工作。三是组织好闭会期间的代表活动，充分发挥各级人大代表的作用。四是总结经验，深入扎实地开展好代表评议工作。五是进一步做好人事任免工作，完善监督制约机制。六是加强对乡镇人大工作的指导。七是加强人事代表工作部门的自身建设。

1999年7月23日，全区人大农业与农村工作座谈会在东明县召开。会议由地区人大工委农业与农村处处长黄先立主持，全区各县市人大常委会分管主任和农业科（工委）负责人出席会议，地区人大工委副主任周书运作总结讲话。

1999年8月17日，全区人大财经工作座谈会在成武县召开。会议传达学习全省人大财经工作研讨会精神，总结交流人大财经工作经验，并就做好新形势下的人大财经工作进行研究和探讨。会议由地区人大工委财经处副处长王令海主持，财经处处长卢方亮传达全省人大财经工作研讨会精神，地区人大工委副主任李胜华作总结讲话。各县市人大常委会分管财经工作的副主任、财经工委（科）负责人出席会议。成武县委书记杨永昌、县人大常委会主任庞如圣等列席会议。李胜华在讲话中强调，对于下一步工作，一是进一步明确人大财经工作的指导思想；二是切实加强对本行政区域计划、预算的审查工作；三是加强执法监督和工作监督；四是深入实际，加强调查研究；五是努力强化自身建设，不断提高人大财经工作水平。

1999 年 10 月 11 日，由地委和地区人大工委联合召开的全区人大宣传工作会议在菏泽举行。地区人大工委主任路绍昌，地委副书记李延良，地委委员、宣传部部长韩广洁先后讲话；地区人大工委副主任李胜华主持会议，并就人大报刊发行工作作部署。地直各新闻单位和各县市的与会人员总结交流全区人大宣传工作的做法和经验。地区人大工委各处室负责人，菏泽日报社、菏泽电视台、地区广播电台，地区司法局、新闻出版局、广播电视局的有关负责人，各县市人大常委会、各县市委宣传部分管宣传工作的负责人出席会议。

2000 年 5 月 30 日，地区人大工委召开 2000 年第一次工委会议。会议先后听取地区计委主任郭仲生、地区财政局局长张秋冬受行署委托所作的《关于全区 1999 年国民经济和社会发展计划执行情况及 2000 年计划安排意见的报告》《关于 1999 年财政决算和 2000 年财政预算的报告》。地区人大工委副主任许修堂主持会议，副主任李胜华、周书运及工委全体委员出席会议，行署及有关部门负责人列席会议。会议对 1999 年全区经济和财政工作取得的成绩给予肯定，并在分析全区经济运行和财政工作中存在的困难与问题的基础上，提出意见和建议。一是深入贯彻党的十五届四中全会精神，努力开创国有企业改革和发展新局面。二是以促进农民增收和农村稳定为重点，全面发展农村经济。三是加快发展个体私营经济，增强全区经济发展活力。四是抓住“东西结合”机遇，扩大对外开放，加快全区经济发展。五是努力做好财政工作，确保全年财政收支平衡。

2000 年 6 月 22 日，全区人大财经工作座谈会在地区人大工委会议室召开。地区人大工委财经处处长卢方亮主持会议，副处长王令海传达全省人大财经工作座谈会精神，各县市人大常委会分管主任或财经科室负责人进行发言交流，地区人大工委副主任李胜华作总结讲话。讲话对全区人大财经工作取得的成绩给予肯定，并强调指出，全国人大常委会作出的《关于加强中央预算审查监督的决定》《关于加强经济工作监督的决定》，对于指导改进和加强人大财经监督工作有着重要意义。全区各级人大一定要深刻领会其精神实质，准确把握其基本要求，解决不敢监督和不善于监督的问题。要进一步完善程序，增强针对性和实效性，积极促进人大财经工作由程序性向实质性转变，切实把全区人大财经工作提高到一个新水平。

2000 年 7 月 21 日，全区人大教科文卫工作座谈会召开。地区人大工委委员、教科文卫处处长刘玉平主持会议，副处长朱喜迁传达全省人大教科文卫工作座谈会精神，各县市人大常委会交流工作经验，地区教育局局长丁继民介绍全区实施素质教育的情况。地区人大工委副主任范福临作总结讲话，指出实施素质教育是党中央、国务院适应时代发展的要求，从事人大教科文卫工作的人员，要紧紧围绕党中央的决策，从人大工作的角度出发，发挥自身优势，积极探索和实践，依法推进素质教育。

2000 年 8 月 3 日，地区人大工委在曹县召开全区人大农业与农村工作座谈会。与会人员实地参观曹县农业结构调整典型。曹县、菏泽等 6 县市就进一步推进农业和农村经济结构战略性调整，做好下一步人大农业与农村工作进行交流探讨。地区人大工委副主任许修堂、李胜华、范福临、周书运，秘书长徐福增，副秘书长、办公室主任张伯元，农业与农村工作处处长黄先立及各县市人大常委会分管主任和农业与农村工委（科）负责人出席会议。曹县县委、县人大常委会、县政府负责人列席会议。周书运、黄先立分别主持会议，周书运作总结讲话。周书运在讲话中通报地区人大工委一年来农业与农村方面的工作情况，分析全区农业与农村工作在入世之际面临的新情况新问题，并强调指出，要充分发挥人大工作优势，认真调查研究，围绕增加农民收入和保持农村稳定，积极推进农业和农村经济结构的战略性调整；要加强同人大代表的联系，特别是要注意加强同农业第一线上人大代表的联系，切实保障和尊重代表的合法权益，倾听其呼声，充分发挥其作用。

2000年9月14日至15日，地区人大工委召开2000年第二次议事会议，对《中华人民共和国义务教育法》及《中共中央、国务院关于深化教育改革全面推进素质教育的决定》在全区的贯彻实施情况进行视察。地区人大工委副主任李胜华、周书运，秘书长徐福增及委员，部分驻地直的省人大代表参加视察。

2000年9月21日，全区人大报刊宣传工作座谈会在地区人大工委会议室召开。会议传达全省人大报刊宣传工作座谈会精神，总结交流经验、研究部署2001年人大报刊的征订发行工作。地区人大工委副主任李胜华出席会议并讲话，秘书长徐福增主持会议。《山东人大工作》杂志社副社长敬同泉、编辑李云刚应邀出席会议。地区人大工委副秘书长、办公室主任张伯元，人代室主任宋波及各县市人大常委会分管主任、办公室主任和地区人大工委有关处室、地区行署办公室、地直有关部门的负责人参加会议。

2000年9月25日，全区乡镇人大工作会议在南华牡丹大酒店召开。各县市人大常委会主任、分管人事代表工作的副主任、人事代表工作部门负责人、部分乡镇人大主席及地区人大工委委员和有关处室负责人，共60余人参加会议。地委书记兼地区人大工委主任李明先，地区人大工委副主任李胜华、范福临、周书运、郭仲生出席会议。会议总结交流做好乡镇人大工作的经验和体会，分析乡镇人大工作中存在的问题，并就做好下一步乡镇人大工作提出意见和建议。李明先代表地委讲话，要求全区各级党政领导要从依法治国的战略高度，提高对乡镇人大工作重要性的认识；乡镇人大要通过依法履行职权，保证党的路线、方针、政策在农村的落实；各级党委要加强对乡镇人大工作的领导；乡镇人大要努力加强自身建设，以适应新形势对乡镇人大工作的需要。李胜华结合全区乡镇人大工作实际，回顾总结近年来乡镇人大工作的开展情况，提出切实改进和加强乡镇人大工作的意见和措施。范福临就会议的贯彻落实问题提出具体要求。

二、重要活动

1989年11月8日至11日，全国人大常委会委员徐运北、全国妇联书记处书记王淑，在省人大常委会委员于波海陪同下，到梁山县视察工作。地区人大工委副主任刘广新、副秘书长李继明前往陪同。徐运北、王淑先后视察梁山县前集镇独山村、黑虎庙乡、赵堌堆乡，走访西小吴和蔡楼村部分群众，听取梁山县政府负责人关于工农业生产、基层党组织建设、打击拐卖妇女儿童等情况汇报。

1989年12月13日至15日，省选举工作委员会委员、省人大法制委员会委员孙志皓一行3人到菏泽，检查指导县乡人大换届选举工作。孙志皓一行先后到梁山、郓城、曹县、单县进行检查指导，地区人大工委副主任、地区选举工作委员会副主任吴倩之陪同活动。孙志皓在曹州宾馆听取地区人大工委秘书长、地区选举工作委员会办公室主任边家亭关于全区县乡人大换届选举工作情况的汇报。地区人大工委主任、地区选举工作委员会主任于法杰，地区人大工委副主任李玉祥、刘广新看望孙志皓。

1990年1月6日，地区人大工委主任、地区选举工作委员会主任于法杰，副主任吴倩之，委员、秘书长、地区选举委员会办公室主任边家亭到鄄城县旧城镇葛楼选区，指导选民选举县、乡两级人大代表。听取镇、村选举委员会和选举指导小组关于选举工作情况的汇报。于法杰在该村选举大会上讲话，并与选民交谈。

1990年4月14日至19日，省人大常委会副主任卢洪、李晔及法制委员会副主任委员陈天有一行7人到菏泽视察稳定局势、加强社会治安综合治理等情况。视察期间，听取地委、地区人大工委、地区行署主要领导，及地区公安处、中级人民法院、检察分院、司法局、监察局等有关部门主要负责人的汇报，到菏泽市及其所属西城办事处、龙厅居委会水洼街，东明县及其所属渔沃乡、县粮局粮油中转库等单位进行视察，与基层干部、工人、农民、居民进行座谈。并召开有全国、省和县市人大代表参加的座谈会，听取代表的意见和反映。

1990年5月28日至31日，省人大常委会副主任王树芳一行3人到菏泽视察农村经济工作。地区人大工委主任于法杰、副主任刘广新陪同视察，地委书记刘洪仁接待并汇报工作。视察期间，王树芳听取有关部门负责人关于农村经济工作和农民负担情况的汇报，到菏泽市白虎乡袁堌堆行政村、沙土镇，定陶县陈集镇，东明县谢寨引黄闸进行实地察看，同基层干部和乡镇企业的人员进行座谈。

1990年9月25日至10月13日，地区人大工委主任于法杰，副主任张宝光、刘广新，委员边家亭、侯玉忠等带领全区九县市人大常委会主任，赴江苏省、浙江省、江西省、安徽省等地考察学习。

1991年5月17日至28日，七届全国人大常委会委员、全国人大教科文卫委员会副主任委员、中国计生协会顾问王伟，在省七届人大常委会委员、省人大教科文卫委员会委员张植萍和省政协常委、省计生协会会长袁承恩陪同下，到菏泽考察指导计划生育等方面的工作。王伟一行在听取行署及有关部门的汇报后，在地区人大工委副主任张宝光，副秘书长、办公室主任黄绍正陪同下，到东明、单县、成武、定陶4个县的部分县直单位、乡镇及行政村，听取汇报并检查指导工作。5月27日，地委书记刘洪仁，地委副书记、行署专员王玉柱，地区人大工委主任于法杰、副主任张宝光，行署副专员刘延谟等在曹州宾馆南楼会议室，听取王伟对全区计划生育工作的意见和要求。5月28日，王伟一行从郓城返济时，听取郓城县的汇报，检查指导潘渡乡及任屯行政村的计划生育工作。

1992年6月2日至5日，全国十一省（区）二十三地区（盟、市）人大工作联席会第四次会议，在四川省宜宾地区召开。地区人大工委主任于法杰、副主任吴倩之、秘书长边家亭、人事科科长张惠民赴四川省宜宾地区参加会议。会议围绕更好地履行地区人大工作机构的职责，发挥在两个文明建设中的作用，进行广泛的交流和探讨。菏泽地区以《密切同代表联系，充分发挥代表作用》为题作大会发言。会议在以下方面取得共识：一是紧紧依靠党委的领导是做好地区人大工作的根本保证；二是人大工作必须以党的基本路线为指导，积极促进、支持、参与经济建设；三是加强执法检查是地区人大工作机构的重要职责；四是密切同代表联系，充分发挥代表作用是地区人大工委的重要工作；五是加强自身建设，是提高地区人大工作水平的重要条件。会议期间，参加会议的经协部门人员，本着增进了解、密切合作、互惠互利的原则，广泛地交流合作项目，积极开展经济技术的横向联系，进行双边多边洽谈。菏泽地区与四川省经协办、吕梁、松花江、黑河、零陵、龙岩、雁北、临沂、桂林、台州等地区达成经济技术项目21项，其中引进技术1项，合作合资4项，输出物资及技术8项，购进物资8项。

1992年10月13日至16日，全国十二省（区）三十地区（盟市）人大工作联席会第五次会议在湖南省益阳地区举行。会议由益阳地区人大联工委主持。地区人大工委副主任吴倩之、农经处副处长张保德、菏泽市人大常委会副主任杨凤生参加会议。会议以党的十四大和邓小平南方谈话精神为指导，围绕以经济建设为中心，发挥地方人大特别是地区人大机构的职能作用等问题，进行广泛的讨论。与会人员畅所欲言，介绍和交流各自的情况和经验，体现"民主、求实、团结、鼓劲"的精神。会议期间，大家还瞻仰毛泽东、刘少奇故居，考察益阳市金花湖乡人大主席团的工作，参观益阳市啤酒厂等企业。会议就地方人大工作如何把握经济建设这个中心，促进改革开放和经济发展进行探讨，达成以下共识：一是人大工作必须突出以经济建设为中心。二是地区人大工作必须把加快经济发展作为工作的出发点和落脚点。三是加强人大自身建设，不断提高服务经济建设的水平。四是会议还围绕完善人民代表大会制度和加强民主与法治建设这个主题，探讨地区人大机构设置问题。五是会议经过研究，同意接纳广西壮族自治区柳州地区人大联络处、湖南省娄底地区人大联工委为联席会成员。

1993 年 3 月 5 日，地区人大工委主任于法杰到河南省濮阳市参加黄河下游滩区工作座谈会。会上听取水利部黄河水利委员会，濮阳市，山东、河南两省黄河河务局的汇报，研究黄河下游滩区水利建设和经济发展等问题。于法杰就进一步加强滩区水利建设的有关问题作发言。

1993 年 5 月 17 日至 18 日，地区人大工委主任毕可文到郓城县联系代表、考察经济工作。毕可文在郓城县人大常委会、县政府领导陪同下，实地考察郓城县拖拉机配件厂、化工机械厂、搪瓷厂、郓城镇张兴庄村办地毯厂、苏阁乡制革总厂等企业的生产经营情况，并结合实际提出意见建议。

1993 年 5 月 18 日至 21 日，全国十二省（区）三十二地区（盟、市）人大工作联席会第六次会议在浙江省舟山市举行。菏泽地区人大工委副主任张宝光、王启杰，副秘书长李继明出席会议。会议总结交流各地人大加强社会主义民主与法治建设、保障改革开放和经济建设顺利进行的经验体会。

1993 年 6 月 15 日至 17 日，全国人大常委会副委员长费孝通一行 7 人，在省人大常委会副主任苗枫林陪同下，到菏泽视察、调查了解经济发展情况。在菏期间，费孝通在曹州宾馆听取地委书记林廷生、地区人大工委主任毕可文和行署副专员阎世海的汇报。地委副书记路绍昌，地区政协工委主任樊思宝，地区人大工委副主任张宝光、王启杰、刘广新、吴倩之、李家玉等参加座谈会。听取汇报后，费孝通围绕欠发达地区加快经济发展问题讲话，并实地考察定陶县陈集国华贸易公司及中沙海行政村等乡镇、村办企业，并深入农户调查了解情况。

1993 年 7 月 15 日至 16 日，地区人大工委主任毕可文到曹县考察工作。毕可文在曹县县委书记朱保忠、县人大常委会主任谢新治等陪同下，看望驻曹县的省八届人大代表，察看邵庄乡农业生产情况，考察橡胶厂、橡胶助剂厂、棉纺织厂、毛巾厂、中医院、泽祥医用保健有限公司、王集乡郭庄村、普连集镇草柳编工艺公司、桐木工艺厂、养鸡场和曹普工艺总厂。

1993 年 9 月 20 日至 22 日，山东省五地区人大工作研讨会第五次会议在临沂地区召开。会议由临沂地区人大工委负责人主持。出席会议的有德州、滨州、菏泽、聊城、临沂 5 个地区的人大工委负责人。省人大常委会委派人事代表工作室副主任李宏祥到会指导。临沂地委书记兼地区人大工委主任王久祜，地委副书记、行署专员张守业，地委副书记乔延春等到会祝贺，并介绍临沂地区的基本情况。菏泽地区人大工委副主任李家玉、财经处处长时维英、办公室秘书科科长王永成参加研讨会。会议期间，与会人员参观临沂市批发市场、罗庄镇的改革建设、郯城县的银杏生产等。会议最后商定，五地区人大工作研讨会第六次会议于 1994 年在菏泽地区召开。

1993 年 12 月 29 日，为推动教师法的贯彻落实，地区人大工委在地区教育局招待所召开庆祝教师法颁布实施座谈会。地直大中专学校、中小学、幼儿园的负责人和教师代表，地区政协工委副主任刘文军和行署办公室、地区教育局、司法局等单位的负责人，共 40 余人参加座谈会。地区人大工委副主任张宝光主持会议，并在听取座谈发言后作总结讲话。与会人员结合全区实际，就教师法颁布实施的重大意义和深入贯彻落实等问题发表看法和意见，并针对当前存在的问题提出意见和建议。一是政府和教育行政部门要尽快结合全区的实际制定出实施细则，规定出具体办法，推动教师法的落实。二是尽快制订教师培训计划，对教师进行多种形式的思想政治、业务培训。三是同解决教师的实际问题结合起来。如拖欠教师工资问题，住房、医疗、子女就业难等问题，要通过贯彻实施教师法逐步解决。

1994 年 3 月 12 日，地区人大工委召开机关全体人员会议，动员、部署关于加强机关思想作风建设问题。确定自 3 月 14 日至 18 日，利用一周的时间，分组进行思想作风建设整顿活动。

1994 年 4 月 20 日至 22 日，山东省五地区人大工作研讨会第六次会议在菏泽召开。德州、聊城、滨州、临沂、菏泽五地区人大工委的负责人李宝贵、李朝琪、王元甫、张敬清、毕可文、张宝光、王启杰、刘广新、李家玉、许修堂及原菏泽地区人大工委主任于法杰、副主任吴倩之等共 32 人出席会议。省人大常委会副主任郭松年、人事代表工作室副主任李洪祥到会指导。会议由菏泽地区人大工委主任毕可文主持。地委书记林廷生致欢迎词，地委副书记、行署专员李明先介绍菏泽地区的基本情况。郭松年针对会议研讨的主题，从做好新形势下的代表工作，加强立法、监督，重视调查研究，充分发挥地区人大工委作用等方面提出意见。会议围绕新形势下更好地履行地区人大工委的职责，发挥代表作用，促进社会主义市场经济体制的建立和完善，为改革、发展、稳定的大局做出应有的贡献，进行广泛深入地交流和探讨。通过研讨交流，与会人员取得三点共识：一是必须不断加强学习，转变思想观念，强化“中心”意识，提高参与社会主义市场经济体制建立和完善的主动性。二是必须用足省人大常委会制定的地区工委暂行工作条例，注重代表工作，充分发挥代表的重要作用，强化宪法、法律的权威性，在省人大常委会和地委的领导下，不断增强地区人大工作的“刚”性。三是必须围绕党的中心任务和上级人大的立法工作开展调查研究，为党委决策和人大立法提供可靠依据。会议期间，与会人员观赏菏泽牡丹，参观定陶县陈集国华实业集团总公司、曹州书画院、东明黄河公路大桥和东明石油化工厂，出席第三届菏泽国际牡丹花会开幕式。会议结束时，经过共同协商确定，1995 年山东省五地区人大工作研讨会第七次会议在德州地区召开。

1994 年 4 月 27 日至 28 日，苏鲁豫皖毗邻的丰县、单县、夏邑、永城、砀山、萧县 6 县第三次人大工作联谊会议在单县召开。会议围绕人大代表评议工作进行交流和研讨。菏泽地区人大工委副主任王启杰、代表联络处处长郭国怀、教科文卫处处长刘玉平应邀参加会议。会议由单县人大常委会副主任黄启祥主持，单县县委副书记、县长侯宪秀致欢迎词，地区人大工委副主任王启杰致祝贺词，单县县委常委、副县长陶继田介绍单县的基本情况。会议汇报交流组织人大代表对县、乡有关职能部门的工作开展民主评议的情况和经验，对进一步推行代表评议工作的发展和完善进行探讨。

1994 年 8 月 23 日至 9 月 7 日，地区人大工委主任毕可文、副主任李家玉带领菏泽、定陶、成武、单县、郓城、鄄城 6 县市人大常委会主任或副主任及地区人大工委财经处处长时维英一行14人，先后到辽宁省沈阳市、大连市和山东省威海市、烟台市、潍坊市，考察学习人大常委会组织人大代表评议“一府两院”和人大财经工作经验。并参观考察天津市静海县大邱庄和威海、烟台的两个高新技术开发区。

1994年9月14日，地区人大工委在地委会议室召开纪念人民代表大会成立40周年座谈会。地委书记林廷生，地区人大工委主任毕可文，地委委员、宣传部部长贾凤英，地委委员、行署副专员阎世海，地委委员、组织部部长苏衍训，地委委员、政法委书记张瑞生，地委委员、纪委书记温新月，地委委员、军分区政委林长凯，地区人大工委副主任张宝光、王启杰、李家玉、许修堂等出席会议。驻地直的全国、省人大代表黄利群、于法杰、田德全、李锡林、陈东洲、丁继民、李进民、刘兰钦、朱振华、朱桂芹、马玲、杨大显、晁中胜应邀参加座谈会。地直部分单位负责人出席会议。会议由毕可文主持。林廷生和毕可文分别讲话。阎世海及检察分院、地区计委、财政局、工商局、教育局、环保局等单位负责人在座谈会上作发言。与会的全国、省人大代表在会上发表意见。

1994年10月21日，地区人大工委召开“纪念人民代表大会成立40周年‘花冠杯’知识竞赛”颁奖会。地区人大工委主任毕可文，副主任张宝光、刘广新、李家玉、许修堂和地委宣传部副部长张莹、菏泽日报副总编李全琦，山东花冠酒厂厂长姚树涛及各县市人大常委会办公室主任、获奖人员代表等，共30余人出席会议。会议由地区人大工委秘书长李继明主持，张宝光在颁奖会上讲话。

1994年10月24日至27日，省人大常委会检查组，由省人大常委会委员、人事代表工作室主任朱广新带队到菏泽，检查贯彻执行《中华人民共和国全国人民代表大会和地方各级人民代表大会代表法》及《山东省实施〈中华人民共和国全国人民代表大会和地方各级人民代表大会代表法〉办法》的情况。10月25日上午，在曹州宾馆会议室，由地区人大工委主任毕可文主持，省人大常委会检查组先后听取地区人大工委副主任王启杰关于全区学习宣传代表法及省实施代表法办法、各级人大及其常委会联系代表、组织代表开展活动、为代表执行职务提供条件和服务情况的汇报；听取地委委员、行署副专员阎世海、中级人民法院院长燕振安、检察分院检察长朱献瑞关于全区各级人民政府及其职能部门、人民法院、人民检察院为代表执行职务提供物质、司法保障的情况及接受代表视察、检查和办理代表建议、批评、意见情况的汇报。下午，召开驻地直单位的部分省人大代表和菏泽市人大代表座谈会，听取代表们自身执行代表法、依法履行代表职务和代表所在单位依照代表法规定支持代表工作情况的座谈发言。10月26日，朱广新到菏泽看望联系驻菏泽市的省人大代表，并召开代表座谈会。10月27日，省人大常委会检查组到单县听取单县人大常委会主任龚彦海关于贯彻执行代表法及省实施代表法办法情况的汇报，并召开驻单县的全国、省人大代表座谈会。朱广新肯定菏泽地区贯彻执行代表法及省实施代表法办法的成绩，并提出意见。一要加大措施，再下功夫，继续加深对代表法及省实施代表法办法的学习宣传。二要继续抓好人大代表和人大机关工作人员的自身学习，把贯彻执行代表法及省实施代表法办法的工作不断引向深入。三要把代表活动经费再提高一些。

1995年4月3日，地委、地区人大工委召开纪念代表法颁布实施3周年大会。地区人大工委主任毕可文，地委副书记路绍昌，地区政协工委主任樊思宝，地委委员、地纪委书记温新月，地区人大工委副主任张宝光，地区人大工委党组副书记王启杰，地区人大工委副主任刘广新、李家玉，行署副专员潘兴玺出席会议。地直各部门负责人、驻地直单位的八届全国、省人大代表，共200余人参加会议。会议由张宝光主持，毕可文、路绍昌分别讲话。

1995年4月22日至24日，全国人大常委会副委员长李锡铭，在省人大常委会副主任赵林山陪同下，到菏泽参加第四届菏泽国际牡丹花会活动。地委书记林廷生、地区人大工委主任毕可文、行署副专员李玉祥等陪同活动。李锡铭参加花会开幕式，参观曹州牡丹园、牡丹花会经济技术交易会产品展厅及曹州书画院。

1995年4月22日至25日，全国人大常委会原副委员长廖汉生，在省人大常委会副主任郭长才等陪同下，到菏泽参加第四届国际牡丹花会活动。地委书记林廷生、地区行署专员李明先、地区人大工委副主任张宝光、菏泽军分区司令员孙进珊陪同活动。廖汉生参加花会开幕式，参观曹州牡丹园、牡丹花会经济技术交易会产品展厅和曹州书画院。

1995年4月25日，全国人大常委会副委员长王光英到菏泽视察，参观曹州牡丹园和曹州书画院，4月26日到郓城县参加宋江武校的十年庆典活动。地委书记林廷生、地区人大工委主任毕可文、地委副书记路绍昌陪同活动。

1995年5月3日，地区人大工委副主任李家玉主持召开有地区人大工委财经处、地委宣传部、地区广播电视局、环保局、经委、计委、财政局、司法局、农业局、林业局、乡镇企业局、土管局、团地委等部门负责人参加的会议。会议传达省人大城乡建设环境保护委员会等14个部门关于在全省继续开展“齐鲁环保世纪行”宣传活动的文件，研究全区关于继续深入开展“菏泽环保世纪行”宣传活动事项。

1995年7月18日至21日，全国十三省（区）三十四地（盟、市）人大工作联席会第八次会议在贵州省毕节地区召开。会议由贵州省人大常委会毕节地区工作委员会主办。菏泽地区人大工委党组副书记王启杰、副主任许修堂等4人出席会议。王启杰就地方人大机构改革问题作大会发言。会议交流推进社会主义民主法制建设、促进各地经济社会发展的经验，探讨进一步做好省（区）人大常委会派出机构工作的问题。

1995年9月6日至7日，地区人大工委组成3个检查组，检查全区贯彻落实省、地委有关文件精神，执行环保法律法规的情况。地区人大工委主任毕可文，副主任张宝光、刘广新、李家玉分别带队，邀请部分驻菏泽地区的全国、省人大代表参加，在地区环保局负责人的陪同下，对菏泽市、曹县、鄄城县进行检查。检查组听取县、市政府的汇报，检查9个企业的污染防治情况，察看两城区和一个农业生态平衡区；听取行署的汇报，并进行讨论审议，提出意见建议。最后，李家玉作总结讲话。

1996年1月15日，地区人大工委机关召开学习张家港精神动员会。地区人大工委秘书长李继明主持会议，副秘书长、办公室主任张伯元传达地委《关于深入开展学习张家港精神活动的决定》。地区人大工委主任毕可文作动员讲话，部署人大工委机关学习张家港的活动安排。

1996年5月上旬，为进一步强化药品监督管理，整顿和规范药品生产经营秩序，保证人民群众用药安全有效，地区人大工委会同行署有关部门对药品管理法在全区的贯彻执行情况开展执法检查。地区人大工委副主任许修堂参加对地直医药、医疗生产、经营单位和巨野县的检查。检查后，成武、定陶、巨野、单县、郓城5个县对检查及时总结，梳理存在的突出问题，提出整改意见，并分别向地区人大工委和地区卫生局写出书面报告。

1996年5月5日至16日，地区人大工委在地委党校对全区新当选的250余名乡镇人大主席或副主席进行分批培训。地区人大工委主任毕可文，地委副书记路绍昌，地委委员、地委组织部部长李延良，地区人大工委副主任刘广新、李家玉、许修堂、张朝玉和地委党校党委书记范福临出席开班典礼。路绍昌在讲话中指出，人大干部要适应不断发展的新形势需要，用党的各项方针政策武装自己，了解和掌握各项法律法规，肩负起历史赋予的光荣使命。毕可文要求参训人员坚持和发扬理论联系实际的优良学风，遵守纪律，团结互助，保质保量地完成学习任务。这次培训采取集中讲课与分组讨论相结合的方式进行。在结业典礼上，刘广新号召大家切实加强学习，围绕党的中心开展人大工作，进一步加强乡镇人大的自身建设，廉洁勤政，开拓进取，向党和人民交一份满意的答卷。

1996 年 7 月 17 日至 19 日，地区人大工委对食品卫生法在全区的执行情况开展执法检查。地区人大工委副主任许修堂带领地区人大工委教科文卫处和行署办公室、地区卫生局、地区防疫站的人员，对曹县、东明县、菏泽市进行检查。通过检查，大家认为，全区贯彻食品卫生法的任务仍相当艰巨。要继续做好食品卫生方面法律法规的宣传教育工作，进一步提高认识，增强执法人员、从业人员及广大消费者的法制观念，真正把食品卫生工作当作与经济发展、繁荣市场、保障人民群众身体健康紧密相连的大事来抓；卫生、防疫部门要本着强化监督和有利于工作开展的原则，依法建立健全执法机构，制订切实可行的措施，搞好食品卫生监督监测和管理工作；要抓好执法人员和食品从业人员的培训，做好各有关职能部门的组织协调工作，做到目标一致、各司其职、密切配合，共同推动食品卫生监督管理工作上档次上水平。

1996 年 9 月 2 日至 5 日，全国十三省（区）三十二地区（盟、市）人大工作联席会第九次会议在山西省晋中地区榆次市召开。菏泽地区人大工委副主任李家玉、副秘书长刘清河及办公室秘书科科长王永成参加会议。李家玉作大会发言。会议由山西省晋中地区人大工委主持，出席会议的有 26 个成员单位共 101 人。山西省人大常委会领导到会指导，晋中地委、行署、纪委、军分区领导到会祝贺。会议组织参观昔阳县大寨和介休义安工业小区等。26 个与会成员单位交流加强地区一级人大工作和组织代表开展评议、加强执法检查、加大监督力度等好的经验和做法。通过交流和讨论，会议达成以下共识：一是地区一级人大机构的建立和发展是完善人民代表大会制度的需要。二是地区一级人大工作的开展，对社会主义民主法制建设和经济发展做出积极贡献。三是进一步完善地区一级人大工作机构、职能，是形势发展需要。四是依法行使监督职能，努力提高监督实效，保障国家法律法规的正确贯彻实施，是当前人大工作面临的重大课题。经过充分酝酿讨论，会议提出三条建议：一是适应形势发展的需要，应进一步强化地区一级人大工作机构的职能。建议省（区）人大常委会在规定地区（盟）工作委员会的工作职能中应考虑增加如下内容：授予地区（盟）人大工委对“一署两院”的监督权；授予地区（盟）人大工委对本行政区域内重大事项的决议决定权，并对重大事项的范围作出明确界定；授予地区（盟）人大工委对行署所属工作部门主要负责人的任免权。建议全国人大常委会对全国地区一级人大工作机构的名称予以统一和规范。二是重视人大干部的培养和交流，按照“四化”方针和德才兼备标准配备干部，积极实行人大干部与党委、政府机关干部的双向交流，以改变人大机关干部年龄老化、只进不出的状况。三是建议党委进一步加强对地区一级人大机构的领导，加强对人大制度和人大工作的宣传，并积极为人大开展工作创造各种必要条件。会议研究决定，将本次联席会议的纪要报送全国人大常委会办公厅及各成员单位所在的省（区）人大常委会。会议结束时，经与会人员充分酝酿协商确定：

十三省（区）三十二地区（盟、市）人大工作联席会第十次会议于1997年适时在广西壮族自治区桂林地区召开。

1997年4月23日至25日，省人大常委会组织的农业法视察团对菏泽地区进行为期3天的视察。视察团由省人大常委会副主任郭长才带队，成员有省人大常委会委员王忠民、王建亭，地区人大工委副主任李胜华，八届全国人大代表苑宪章，省八届人大代表晁中胜。随同视察的有省农委副主任张殿忠，省农委扶贫办副主任孟庆忠，省农业厅副厅长耿文清，省水利厅副厅长韩修民，省林业厅党组成员鲍树凯，省乡镇企业局纪检组长尹静文，及省农机局、省畜牧局，省农科院等单位的负责人。4月23日，视察团听取行署副专员孔令昌关于全区扶贫开发工作情况的汇报。地委书记董昭合、地区人大工委主任毕可文出席汇报会。4月24日至25日，视察团在地区人大工委委员、农经处处长黄先立，地区农委主任周书运等陪同下，视察鄄城县6个乡镇、10个行政村。除听取鄄城县政府汇报外，又召开座谈会，走访农户，实地进行考察。视察后，省人大常委会副主任郭长才讲话。要求：一是对扶贫工作要认识到艰巨性，尽量防止脱贫后的受灾返贫。二是对中央的扶贫政策措施要认真研究，坚决予以落实。三是在扶贫工作中要从实际情况出发，不能减少农民的收入、增加农民的负担。四是对脱贫先进单位的经验要认真总结推广。五是对县乡关于扶贫工作提出的建议，省直有关部门要充分考虑，帮助落实。

1997年4月28日，“菏泽环保世纪行”总结表彰会议在海联大酒店召开。会议由地区人大工委副主任张朝玉主持，行署副专员李德章讲话。地区人大工委城建环保处、地委宣传部、地区环保局等18个“菏泽环保世纪行”组委会成员单位的负责人出席会议。各县市人大常委会、政府和地委宣传部、地区环保局的负责人，及获奖的新闻工作者，共120余人参加会议。张朝玉传达省“齐鲁环保世纪行”活动的通知并宣布“菏泽环保世纪行”组委会成员单位名单，地区环保局局长徐源泽传达“中华环保世纪行”文件，地区人大工委城建环保处副处长郭怀民代表“菏泽环保世纪行”组委会讲话，地委宣传部副部长张海峰就宣传部门和新闻单位参与“菏泽环保世纪行”活动讲话，李德章全面总结1996年“菏泽环保世纪行”的工作，并就1997年活动安排进行部署。张朝玉、李德章为13篇优秀稿件的28名获奖作者颁奖。会议要求：一要深刻理解“保护资源,永续利用”的主题含义，突出重点，改进方式，开展宣传活动，促进资源永续利用，实现可持续发展；二要紧紧围绕环保中心工作，配合环保执法检查，加大力度，强化环境宣传和舆论监督，进一步增强全区环保法制意识和基本国策观念；三要努力提高认识，切实加强领导，增加资金投入，确保“菏泽环保世纪行”活动的顺利开展。

1997年5月5日至8日，山东省人文自然遗产保护与开发促进会在聊城召开山东运河文化研讨会。省人大常委会副主任、省人文促进会名誉会长苗枫林，省人大常委会委员、省人大教科文卫委员会副主任委员、省人文促进会顾问刘守璞，省人大常委会委员、省人大教科文卫委员会副主任委员、省人文促进会会长于德普，省人大常委会委员朱广新、赵锦良、梁自洁及省直有关部门、省沿运河六市地、山东师范大学等大专院校近30个部门的领导、专家、学者近百人参加会议。菏泽地区人大工委主任、省人文促进会常务理事毕可文，菏泽师专讲师王志华一行4人出席会议。会议由于德普主持，聊城地区人大工委主任侯继唐致开幕词，聊城地区行署领导汇报聊城地区人文资源开发与经济发展情况，副省长张瑞凤发表书面讲话，苗枫林讲话。会议共收到学术论文30余篇。菏泽地区就运河、京九铁路对菏泽经济的影响提交论文并进行大会发言。会议期间，与会人员还对聊城、临清、阳谷三市县进行参观考察。

1997 年 6 月 27 日，地区人大工委主任毕可文，副主任李家玉、许修堂、张朝玉、李胜华，工委委员及各处室负责人到青岛海关驻菏泽办事处视察指导工作。毕可文一行参观办事处的基础设施和工作现场，听取工作情况汇报。通过视察，地区人大工委对海关的工作给予肯定，并就进一步贯彻执行好海关法，提出以下建议：一是进一步加大宣传力度，努力提高对海关重要性的认识。二是进一步加强管理，加大执法力度。三是建立一支高素质的海关干部队伍，为搞好海关工作提供保障。四是处理好执法与服务的关系，切实加强与有关部门的工作联系。

1997 年 8 月 12 日至 14 日，为做好全区县级以上人大换届选举工作，地委组织部和地区人大工委办公室在菏泽地区干部培训中心联合举办专题培训班，深入学习贯彻选举法、地方组织法和《国家公务员暂行条例》《党政领导干部选拔工作暂行条例》《关于对违反〈党政领导干部选拔任用工作暂行条例〉行为的处理规定》等法律法规。地委委员、地委组织部部长李延良，地区人大工委副主任李胜华，地委组织部副部长张存金，地区人大工委秘书长徐福增，人事代表工作室主任郭国怀，办公室副主任宋波出席培训班开班典礼。各县市人大常委会分管主任、人事代表工作机构负责人和各县市委组织部分管部长、干部科科长及地区人大工委、地委组织部有关科室人员，共 50 余人参加培训。开班典礼上，李胜华、张存金分别讲话。培训班上，大家学习后，进行研讨发言和交流。最后，李延良作总结讲话。

1997 年 8 月 28 日至 29 日，地区人大工委组织视察地区交通集团总公司和地区公路局的工作。地区人大工委主任毕可文，副主任李家玉、许修堂、张朝玉，秘书长徐福增和部分处室负责人参加视察活动。毕可文一行实地考察交通集团总公司的部分企业和菏东一级汽车专用公路、定砀二级汽车专用公路、人民路立交桥等重点公路建设工程，听取两个单位负责人的工作汇报。视察结束后，地区人大工委就地区交通集团总公司的有关困难和问题，向地委提交专题报告。

1997 年 9 月 7 日至 10 日，全国十四省（区）三十二地区（盟、市）人大工作联席会第十次会议，在广西壮族自治区桂林地区召开。地区人大工委主任毕可文及办公室、研究室、人事代表工作室负责人参加会议，毕可文作题为《更新观念，强化措施，努力做好新形势下的人大代表工作》的大会发言。会议由广西桂林地区人大工委主持。桂林地区人大工委主任郑宗汉致开幕词，桂林地委书记覃远通介绍桂林地区的基本情况，广西壮族自治区人大常委会副主任张敦颢讲话。26 个与会成员单位交流和探讨地区（盟、市）人大在加强代表工作、开展代表活动发挥代表作用方面的情况和经验。会议经过交流和讨论，形成会议纪要，取得以下共识：一是代表工作是各级人大工作的基础，必须认真学习、宣传和贯彻落实代表法。二是人大代表在闭会期间的活动，是人大代表依法行使职权的主要方式和途径。三是要为代表参与经济建设创造良好的条件。会议经过充分酝酿讨论，提出四条建议：一是继续加强对代表法的宣传和学习，充分发挥人大代表在“两个文明”建设中的作用，更好地履行宪法和法律赋予的职权。二是在换届选举中注重代表整体素质的提高，使人大代表既有参政议政能力，又有一定的文化水平、政策水平和法律意识。三是鉴于地区人大工作机构已列入地方组织法，建议在机构编制上全国应有统一规定。四是对连续两次无故不参加联席会议的成员单位，建议下一次联席会议作出决定，视为自动退出。会议商定：将本次联席会议的纪要报送全国人大常委会办公厅及各成员单位所在的省（区）人大常委会；十四省

（区）三十三地区（盟、市）人大工作联席会第十一次会议于1998年适时在内蒙古自治区乌兰察布盟召开。

1997年10月29日，四省九县市人大工作联谊会第十次会议在单县召开。地区人大工委副主任李家玉及研究室有关人员参加开幕式。李家玉在讲话中向与会人员介绍菏泽地区的概况和地区人大工委的工作情况。李家玉一行在单县县长宋绍先的陪同下，到所包点单县李半庄乡检查指导工作，听取乡负责人的工作汇报，并视察该乡的农田水利建设和部分乡镇企业。

1997年12月30日，地区人大工委机关召开年终述职和考评工作会议。地区人大工委秘书长徐福增主持会议，工委全体人员参加会议。地区人大工委副主任李家玉作动员报告，就考评的目的、原则、内容、标准作简要介绍和传达。工委各副秘书长，各处室负责人，及机关干部职工先后进行述职汇报，最后对全体领导干部和职工进行测评。

1998年4月23日至26日，晋冀鲁豫边区的武安市、邯郸县、馆陶县、冠县、梁山县、郓城县、林州市、安阳县8县市县级人大工作研讨会第二十次会议在郓城召开。会议围绕搞好执法检查这一主题进行交流和研讨。8县市的人大常委会负责人和有关科室负责人，共40余人出席会议。山东省人大常委会人代室副主任方兴和、人代室办公室副主任马效东，菏泽地区人大工委副主任李胜华、人代室主任郭国怀应邀参加会议。与会人员从理论和实践的结合上，交流和探讨各地人大开展执法检查工作的新思路、新做法，对进一步搞好执法检查提出建议。

1998年5月11日至15日，地区人大工委集中开展机关整顿活动。地区人大工委主任路绍昌作动员报告，副主任李家玉作总结讲话。整顿的总体要求是“内强素质，外树形象，爱岗敬业，有所作为”。整顿采取集中学习和分组讨论相结合的方法。通过听取动员报告、学习文件、认真讨论、查摆问题、修改制度，进一步提高对人大性质、地位和作用的认识，明确新形势下人大工作的任务要求，增强做好人大工作的责任感、使命感和紧迫感。

1998年6月3日至4日，地区人大工委副主任张朝玉带领城建环保处处长李志华等，赴济南市参加全省人大城建环保工作座谈会。会议由省人大常委会副主任王渭田主持，省人大常委会主任赵志浩就进一步增强做好人大工作的责任感，发挥人大城建环保机构的作用，改进工作方法，注重工作实效等问题讲话。王渭田就下一步工作提出具体要求。张朝玉以《把握地区人大工作特点，创建性地开展人大城建环保工作》为题作书面发言。

1998年6月15日至17日，地区人大工委副主任周书运带领农经处处长黄先立，赴莱芜市参加全省人大农业与农村工作座谈会。会议由省人大常委会副主任王道玉主持，省人大常委会主任赵志浩出席会议并讲话。各地市围绕加强农业立法、执法监督和工作监督等进行研讨。周书运就菏泽地区人大工委上半年农业与农村工作情况及下半年工作安排作大会发言。

1998年6月24日至26日，地区人大工委副主任范福临带领教科文卫处处长刘玉平、副处长朱喜迁赴东营市参加全省人大教科文卫工作座谈会，并以《加强自身建设是适应新时期人大教科文卫工作的迫切需要》为题作书面发言。会上，省人大常委会主任赵志浩就发挥人大教科文卫专门机构作用讲话，全省17地市人大负责人作书面发言。省人大常委会副主任董凤基作总结讲话。会议期间，还组织参观东营市的港口、水库及城市建设。

1998年8月27日至28日，地区人大工委举办全区首期人大新闻报道培训班。地区人大工委机关及各县市人大新闻报道通讯员40余人参加培训。地区人大工委副主任李家玉在培训班上讲话。培训班聘请大众日报社、菏泽日报社、曹州晚报社、菏泽地区广播电台等新闻单位的高级记者、主任编辑分别讲解新闻报道知识。

1998年9月13日至14日，省人大常委会主任赵志浩、副主任墨文川率领省人大常委会环保执法检查组对菏泽地区环保执法情况进行检查。地区人大工委副主任张朝玉及驻菏泽地区的全国人大代表晁中胜、汤建梅应邀参加检查。地委书记李明先，行署专员陈光，地区人大工委主任路绍昌、副主任张朝玉，行署副专员李德章等陪同检查。检查期间，先后听取行署及菏泽市、定陶县政府关于环保工作情况的汇报，现场察看菏泽造纸印刷包装集团公司、菏泽酒厂、山东菏达集团有限公司、山东圣龙集团造纸厂4家企业的水污染治理情况。检查组对全区水污染治理工作取得的成绩给予肯定，并对下一步工作提出具体建议。一是进一步加强宣传教育，提高广大干部群众特别是各级领导干部的环保意识。二是进一步加大环保执法力度，促进水污染防治工作开展。三是依靠科技进步，促进环保产业发展。四是加快城市污水处理厂的规划和建设。最后，陈光就进一步做好全区环保工作作表态发言。检查组在菏期间，墨文川到地区人大工委看望机关工作人员，并与副处级以上干部进行座谈。路绍昌汇报工委有关工作情况，墨文川给予肯定，并对下一步工作提出意见。

1998年9月21日，地区人大工委组织视察全区公路建设情况。地区人大工委主任路绍昌，副主任李家玉、许修堂、张朝玉、李胜华和部分工委委员参加视察。九届全国人大代表晁中胜、汤建梅，省九届人大代表史崇亮应邀参加视察。视察人员在地区交通局和公路局负责人的陪同下，先后到菏东高速公路和东丰路改建工程工地，实地察看施工现场，听取两项工程施工情况介绍和地区公路局负责人关于全区公路建设工作的汇报。路绍昌、张朝玉分别讲话。

1998年9月27日至29日，省人大常委会在菏泽召开关于办理《加大对“京九”沿线欠发达地区扶持力度》议案座谈会，专门研究加大对“京九”沿线欠发达地区扶持力度的问题。会议先后由省人大常委会副主任、财经委主任委员李文全，省人大常委会委员、财经委副主任委员张敬茂、曹允江主持。省计委、经贸委、财政厅等有关部门及菏泽、聊城、德州、济宁四市地的有关领导和部分省人大代表，共40余人出席会议。菏泽地委副书记、行署副专员杜昌文，地区人大工委主任路绍昌、副主任张朝玉、财经处处长卢方亮，驻菏泽地区的省人大代表李荣海、徐光璞，地区计委主任郭仲生、财政局局长张秋冬参加会议。地委书记李明先，行署专员陈光列席会议。会议听取省计委负责人等就议案初步办理情况的汇报，并进行座谈讨论。会议在肯定省政府及有关部门在办理14号议案工作中取得初步成绩的同时，就进一步办好议案、加快工作进度提出意见和建议。

1998年9月28日至30日，地区人大工委在地委党校举办全区县市人大常委会主任培训班。全区县市人大常委会主任、副主任和人事代表机构负责人，驻地直的全国、省人大代表，及地区人大工委各处室负责人，共80余人参加培训。地委书记李明先，地委委员、秘书长霍正气，地委委员、组织部部长王祖和，地区人大工委副主任李家玉、许修堂、李胜华、周书运出席开班典礼，李明先讲话，李胜华作动员报告。地区人大工委主任路绍昌在培训班结束时作总结讲话。

1998年11月11日至17日，“菏泽环保世纪行”组委会组织菏泽日报社、地区电视台、有线电视台、地区广播电台和曹州晚报社的记者进行集中采访活动。地区人大工委副主任张朝玉，城建环保处长李志华及地区经委、环保局的负责人参加本次活动。活动先后采访全区9县市的34个重点污染企业和3个地直企业。

1998年11月12日，地区人大工委视察地区广播电视工作。地区人大工委主任路绍昌，副主任李家玉、许修堂、李胜华、范福临、周书运及有关处室负责人参加视察。视察人员先后视察地区广播电视局、菏泽有线电视台、地区广播电台、地区电视台，听取地区广播电视局局长陈宗显关于全区广播电视工作情况的汇报。视察人员在肯定菏泽地区广播电视事业取得成绩的同时，针对全区广播电视事业发展中存在的困难和问题提出意见和建议。

1999年5月17日至19日，全国人大常委会委员、全国人大农业与农村委员会委员、北京军区原司令员李来柱一行6人到菏泽，调查农业法贯彻实施情况，地区人大工委主任路绍昌、菏泽军分区司令员杨炳河、地区人大工委副主任周书运陪同活动。

1999年9月2日至7日，在省人大常委会副主任何宗贵带领下，省人大常委会委员、教科文卫委员会副主任委员张青林，省人大常委会委员、教科文卫委员会委员刘静，省计生委副主任孙爱玲等一行9人组成的视察组，对《山东省计划生育条例》《山东省禁止非医学需要鉴定胎儿性别和选择性终止妊娠的规定》和国家《流动人口计划生育工作管理办法》等有关计生法规在菏泽地区的贯彻实施情况进行视察。地区领导李明先、陈光、路绍昌、范福临、杨宪文和驻菏泽地区的全国人大代表晁中胜、孟红霞陪同视察。省人大视察组先后视察菏泽棉纺织厂、地区计生科研所和菏泽市、鄄城县、成武县的部分单位和乡镇、行政村。听取当地政府关于计生法规贯彻实施和计划生育工作情况的汇报，召开座谈会，实地察看计生服务站、室以及人口学校的建设情况，查阅有关计划生育的文件、档案、资料，走访、询问基层计生干部、业务人员和育龄群众。最后，张青林代表视察组将视察情况作反馈。视察组建议：一要继续加大对计划生育法规的宣传教育力度，再次掀起学习宣传计生法规的高潮，形成人人关心计划生育事业、人人了解计生政策、人人学习计划生育科学知识的良好社会氛围。二要继续加大对计划生育工作的投入，确保独生子女待遇、计划生育家庭优惠政策的落实，保证广大人民群众对计划生育生殖保健服务的需要，保证各级计划生育工作的开展。三要增强执法力度，提高执法水平。四要实施“强根固本”工程，建立新型的计划生育管理体制。要将计划生育工作的重心逐渐下移，重点工作、工作责任下移，真正实行村级自治。

1999年9月2日，省人大常委会研究室副主任蔡世聪一行4人到菏泽，组织撰写纪念地方人大常委会设立20周年《民主与法制》山东专刊的稿件。地区人大工委主任路绍昌、副主任李胜华和各秘书长会见蔡世聪一行，副秘书长马文选、研究室主任王永成陪同活动。

1999年10月20日至12月28日，按照地委部署，地区人大工委机关县级领导干部集中开展以“讲学习、讲政治、讲正气”为主要内容的党性党风教育活动。活动共分为思想发动、学习提高，反馈意见、自我剖析，交流思想、开展批评和认真整改、巩固提高四个阶段。

1999年12月21日至23日，省人大常委会委员、省人大财经委副主任委员刘秀胜和省人大常委会委员、省人大财经委委员成希瑛等一行6人到菏泽，检查省九届人大二次会议上驻菏泽地区代表所提“14号议案”的办理落实情况。地区人大工委主任路绍昌，副主任许修堂、李胜华和工委各委员，及部分驻菏泽地区的省人大代表参加汇报、座谈活动。

2000年3月31日至4月2日，中共中央政治局委员、全国人大常委会副委员长田纪云，在省委副书记吴爱英、省人大常委会副主任王渭田等陪同下到菏泽视察。地区人大工委副主任许修堂、秘书长徐福增等陪同活动。

2000年4月25日至27日,全国十四省(市、区)三十二地区(盟、市)人大工作联席会第十三次会议在菏泽南华牡丹大酒店召开。会议由菏泽地区人大工委主持。10个省(区)的18个地区(盟、市)参加会议。菏泽地区人大工委委员和9个县市人大常委会主任(或副主任)列席会议。山东省人大常委会副主任墨文川、人代室主任殷鲁谦到会指导,菏泽地委、地区行署、地区政协工委的领导到会祝贺。地区人大工委副主任许修堂致开幕词,地委书记李明先致欢迎词,地委副书记、行署副专员杜昌文介绍菏泽区情,墨文川讲话。会议围绕经济建设这个中心,理论联系实际,交流和探讨地区(盟、市)人大在重视发挥人大代表作用,积极推进社会主义民主法制建设等方面的情况、做法和经验。会议建议:一是尽快明确人大代表评议工作的法律地位。二是建议尽快出台监督法,在监督法中把组织人大代表评议"一府两院"工作这种监督方式和手段明确下来。三是建议改革人大代表活动经费的审批办法。四是建议下一步会议交流的议题不一定局限于某一个方面,应结合各自的特色、特点进行交流,以利于取长补短,丰富会议的内容。会议商定,十四省(市、区)三十二地区(盟、市)人大工作联席会第十四次会议于2001年适时在广西壮族自治区河池地区召开。

2000年5月28日,冀鲁豫边区革命纪念馆开馆。中共中央政治局委员、全国人大常委会副委员长田纪云出席典礼并剪彩。山东省人大常委会副主任张瑞凤主持开馆仪式。地区人大工委在家各主任及离退休老干部参加开馆典礼。

2000年9月1日至3日,地区人大工委党组副书记许修堂带领秘书长徐福增、内司处调研员侯玉忠等一行5人,赴甘肃省武威市参加十省(区)十八地市人大工作联席会第十五次会议。

2000年10月14日至17日,省人大常委会研究室在菏泽南华牡丹大酒店举办《山东人大工作》第二期通讯员培训班。来自全国人大常委会、省人大常委会的有关领导出席开班典礼,菏泽地区人大工委副主任李胜华致欢迎词,全省各市地从事人大新闻报道工作的100多名通讯员参加培训。省人大常委会副秘书长王启信在开班典礼上讲话,对参加培训的通讯员提出希望。在随后的两天里,全国人大常委会新闻局巡视员、中国人大制度新闻协会会长沈掌荣,山东大学文学院副院长、新闻系主任耿建华,大众日报社新闻信息中心主任、高级记者王忠烈,《山东人大工作》杂志社社长、总编辑姜翕芬分别为培训班学员授课;部分优秀学员结合各自从事人大新闻宣传工作的实践经验与心得体会,进行发言。

三、代表工作

1989年3月10日,地区人大工委组织驻菏泽地区的全国人大代表韩棣、马善伦、黄佩伟、张留林视察部分县市、乡镇农业生产情况和农村工作。代表们先后到菏泽市沙土镇和定陶县陈集镇,分别听取菏泽市副市长赵守增、沙土镇镇长袁亭珍和定陶县副县长张善朋、陈集镇党委书记刘启福关于农业生产和乡村企业发展情况的汇报,并视察沙土镇棉纺织厂、陈集镇国华贸易公司,走访部分农户。3月11日上午,在地委全委会议室,代表们同参加地区三级干部会议的苏集、伯乐、徐砦、夏官屯、黄堆集、拳铺、红船、胡庄8个乡镇的党委书记、乡镇长,就农业生产、干群关系、社会治安等问题进行座谈。3月11日下午,代表们受地区民政局邀请,视察地区社会福利轮车厂。通过视察,代表们体察民情,了解下情,为出席七届全国人大二次会议做好准备。

1989年11月28日至12月5日,根据省人大常委会的安排部署,报经地委同意,地区人大工委组织驻菏泽地区的全国人大代表和驻地直单位的省人大代表进行视察。根据代表情况，划分两个视察小组，第一组由省人大代表、地区人大工委主任于法杰和全国人大代表马善伦为召集人；第二组由省人大代表、地区人大工委副主任吴倩之和全国人大代表韩棣为召集人。视察时，地区人大工委副主任李玉祥、刘广新和机关各处室负责人全程陪同，行署副专员阎世海陪同视察农业方面工作。这次视察，听取行署和地区计委、经委、农委、财政局、监察局、公安处、计生委、供销社、环保局、水利局 11 个单位负责人汇报，实地察看东明、单县、菏泽市和菏泽农校、菏泽师范、菏泽第二毛纺厂、菏泽印染厂、地区农科所等单位的有关情况。视察结束时，代表们进行座谈讨论，肯定成绩，指出不足，并提出意见和建议。

1990 年 2 月 25 日至 3 月 4 日，山东省第七届人民代表大会第三次会议于济南召开。菏泽代表团由 62 名代表组成，选举樊思宝为团长，于法杰、吴倩之、毕可文、汪浮臣为副团长。随团的工作人员有边家亭、黄先立、郭国怀、张惠民、郭怀民、王永成、刘月华、徐东、李淑凤。

1990 年 5 月 21 日，地区人大工委主任会议研究决定，从 5 月下旬至 6 月上旬，工委正副主任和部分委员划分 3 个小组，采取座谈、走访等形式，到各县市了解社情民意，重点听取人大代表和人大老干部对地委决定开展的社会治安突击战的效果反应。活动中，召开座谈会 16 次，参加座谈的省人大代表 24 人，县市人大代表 38 人，原县市人大常委会主任、副主任 30 人；对 7 位家住农村的人大代表和年老体弱的老干部进行登门走访。

1990 年 7 月 7 日，地区人大工委在菏泽曹州宾馆召开全区人大代表工作会议。地区人大工委主任于法杰，副主任刘广新、吴倩之和工委委员出席会议。各县市人大常委会分管代表工作的主任、代表组织科科长和地区人大工委各处、室负责人，共 40 余人参加会议。吴倩之传达全省人大代表工作座谈会议精神和省人大常委会主任李振、副主任卢洪在座谈会上的讲话精神。于法杰讲话。

1991 年 4 月 16 日，山东省第七届人民代表大会第四次会议在济南珍珠泉人民会堂开幕。菏泽地区代表团 60 名代表（实有 66 名，因事因病请假 6 名）出席会议。菏泽地区代表团团长为樊思宝，副团长为于法杰、毕可文、汪孚臣。工作人员是黄绍正、郭国怀、张惠民、王永成、安克林、宋波、徐东、李淑凤。出席会议的代表围绕西部开发、向农业倾斜、扶持贫困落后地区等，提出 9 件议案和 18 件建议、批评、意见。

1991 年 5 月 28 日，全区政府系统办理人大代表建议、政协委员提案工作经验交流会在菏泽召开。各县市政府办公室负责人及工作人员和地直行署系统各承办单位的办公室负责人，地区人大工委联络处、地区政协工委提案处负责人，共 60 余人出席会议。省政府办公厅查办处处长于永旭到会指导。行署副秘书长、办公室主任李顺广主持会议。会上，行署办公室副主任贾付德传达贯彻全省政府系统办理人大代表建议、政协委员提案工作经验交流会议精神。菏泽、成武、单县、巨野 4 个县市政府办公室负责人介绍办理工作经验。全区政府系统 4 个办理工作先进单位和 17 名先进工作者受到表彰。地委委员、行署副专员毕可文对 1990 年全区政府系统办理工作作总结，并对 1991 年的办理工作提出要求。地区人大工委主任于法杰、地区政协工委副主任李宝珊出席会议并讲话。

1991 年 12 月 7 日，为纪念《中华人民共和国宪法》颁布 10 周年，推动全区更好地宣传、贯彻、实施宪法，促进各项事业发展，地区人大工委召开全国和省人大代表纪念现行宪法颁布 10 周年座谈会。参加座谈会的有：全国人大代表韩棣、马善伦；省人大代表李胜华、卢效玉、张朝玉、马同思、陈东洲、曹连舫；省人大代表、地区人大工委主任于法杰，副主任吴倩之及地区公、检、法、司部门负责人。座谈会由地区人大工委副主任刘广新主持，于法杰作总结讲话。代表们结合全区实际，就宪法颁布10年来取得的成就以及全区在宣传、贯彻、实施宪法方面的基本情况和工作中存在的问题等，进行座谈讨论，发表意见，提出建议。

1992年1月5日至9日，地区人大工委组织4名全国人大代表和29名省人大代表进行视察。陪同视察的有地区人大工委主任于法杰，副主任张宝光、刘广新、吴倩之，工委各委员、各处室负责人及各县市人大常委会主任。代表们视察菏泽地区等级面粉厂、菏泽第一毛纺厂和菏泽市金堤镇、何楼乡敬老院。听取地区行署、计委、财政局、公安处、检察分院、中级人民法院、司法局、监察局、农委、计生委、治理“三乱”办公室等单位的工作汇报，并进行讨论和审议。视察过程中，代表们实事求是分析全区政治经济形势，肯定成绩，指出不足，并提出意见和建议。最后，于法杰作总结讲话。

1992年3月7日至14日，山东省第七届人民代表大会第五次会议在济南珍珠泉人民会堂举行。菏泽地区代表团64名代表（实有66名，因事因病请假2名）出席会议。菏泽地区代表团团长为樊思宝，副团长为于法杰、毕可文、汪孚臣。工作人员是边家亭、黄绍正、张惠民、王永成、郭怀民、宋波、徐东、李淑凤。菏泽地区代表以主人翁的姿态，审议各项报告，并紧密联系本地实际，为振兴山东和菏泽经济献计献策。菏泽地区代表共提出建议、批评和意见23件，议案6件，被大会主席团列为议案的2件。

1993年1月7日至9日，山东省第七届人民代表大会第六次会议在济南珍珠泉人民会堂举行。这次会议的主要任务是选举山东省出席第八届全国人民代表大会代表。菏泽地区代表团有63名代表（共有66名，因事因病请假3名）出席会议。大会选举的驻菏泽地区的八届全国人大代表有李明先、李格森、张留林、苑宪章、孟红霞、黄利群、焦祖光7人。菏泽地区代表团团长为樊思宝，副团长为于法杰、毕可文、汪孚臣。工作人员是黄绍正、郭怀民、宋波、徐东、李淑凤。

1993年4月15日至27日，山东省第八届人民代表大会第一次会议在济南举行。菏泽地区代表团共有省八届人大代表61名，因事因病请假2名，实际出席会议59名。会上，菏泽地区代表团的代表履行职责，讨论审议省政府、计委、财政厅及省人大常委会、省“两院”的工作报告，并紧密联系本地实际，提出建议、批评和意见45条。特别是针对加快后进地区的发展问题、强化农业基础问题、重视和搞好平原地区河道治理问题、向贫困地区实行政策倾斜问题等，提出意见和建议。菏泽地区代表团团长为林廷生，副团长为毕可文、阎世海、于法杰、汪孚臣。工作人员是边家亭、黄绍正、胡卫东、王永成、郭怀民、宋波、王令海。

1993年7月8日，地区人大工委召开驻地直的八届全国、省人大代表座谈会议。会议学习代表法第三章《代表在本级人民代表大会闭会期间的活动》、省人大常委会人事代表工作室《关于建立全国及省人大代表小组和省人大代表小组活动建议内容的通知》等文件；通报省人大常委会、地区人大工委组成人员联系全国、省人大代表的分工情况。与会代表民主商定驻地直机关全国人大代表4名、省人大代表14名组建一个代表小组。民主推选省人大代表、地区妇联主任刘兰钦为地直代表小组组长；全国人大代表、地区侨联主任黄利群，省人大代表、菏泽师专副校长田德全为地直代表小组副组长。并根据代表法的规定和上级人大常委会指示精神，商定地直代表小组下半年活动计划及内容。代表们依照宪法和法律赋予的职权，针对菏泽地区工业生产、减轻农民负担、市场管理、社会治安等方面的工作，提出建议、批评和意见。并责成人大工委联络处整理，转交有关单位办理落实。地区人大工委副主任王启杰，秘书长边家亭、联络处处长郭国怀等出席会议。

1993 年 7 月 20 日至 21 日，驻菏泽地区的省八届人大代表毕可文、朱振华、陈东洲、晁中胜等，在地区人大工委副主任王启杰、刘广新及有关部门负责人陪同下，检查视察全区的防汛工作。代表们到郓城、鄄城沿黄河大堤视察黄河防汛情况后，分别听取地区黄河河务局、水利局和城建委负责人关于黄河、内河和城市防汛工作情况的汇报，对全区的防汛工作进行讨论和研究；并针对视察中发现的问题和薄弱环节，提出意见和建议。视察活动结束后，省人大代表向地委写出专题报告。

1993 年 7 月 28 日，驻菏泽地区的省八届人大代表于法杰、马玲等在地区人大工委副主任张宝光、刘广新、吴倩之、李家玉和秘书长边家亭、副秘书长李继明、黄绍正及地区卫生局副局长张汉魁、庞业俊等负责人陪同下，视察地区中医医院。代表和参加视察的人员实地考察医院各科室，听取院长许德常关于医院改革发展情况的汇报，并就进一步深化医院改革、加快发展提出意见和建议。视察结束时，省人大代表、原地区人大工委主任于法杰为地区中医医院书写“弘扬民族文化，振兴中医事业”的题词。

1993 年 11 月 26 日至 27 日，地区人大工委召开全区人大代表工作座谈会。各县市人大常委会分管代表工作的副主任和代表联络科（委）负责人参加会议。会议由地区人大工委副主任王启杰主持，地区人大工委主任毕可文讲话，副主任张宝光、刘广新、李家玉、许修堂，委员边家亭、李继明、黄绍正、侯玉忠、时维英、刘金全、郭国怀、张作田、高祥坤出席会议。

1994 年 1 月 10 日至 13 日，菏泽地区人大工委组织驻菏泽地区的全国、省人大代表开展集中视察活动。八届全国人大代表苑宪章、黄利群、李格森、孟红霞和省八届人大代表毕可文、于法杰、田德全、刘兰钦、陈东洲、晁中胜、史崇亮、朱振华、马玲、关爱芝共 14 名代表集中进行视察活动。这次视察活动是按照全国人大常委会和省人大常委会的统一部署安排，为即将召开的全国、省八届人大二次会议作准备。陪同代表参加这次视察活动的有地区人大工委副主任张宝光、王启杰、李家玉，委员边家亭、李继明、黄绍正、侯玉忠、时维英、刘金全、郭国怀、张作田、高祥坤等。行署副专员潘兴玺代表行署汇报工作，并和有关部门负责人一起听取代表的意见和建议。在视察过程中，代表们分别听取地区行署、计委、财政局、经委、农业局、监察局、公安处、中级人民法院、检察分院及曹县人民政府的工作汇报；视察菏泽毛纺厂、菏泽第二毛纺厂，曹县橡胶厂、曹县橡胶助剂厂、曹县王集乡郭庄行政村、曹县普连集镇镇办企业，菏泽市吴店乡乡办企业和个体企业；并深入车间、农户，与人民群众广泛交谈。代表们在讨论发言中，肯定全区一年来取得的成绩，根据存在的问题，从进一步加强农业基础地位、重视发展城市经济、切实加强社会治安综合治理、注重发挥科技人才重要作用和抓好反腐倡廉工作等方面提出一些意见、批评和建议。最后，地区人大工委主任毕可文作总结讲话。视察结束后，地区人大工委向省人大常委会和地委写出视察报告。

1994 年 2 月 27 日至 3 月 5 日，山东省第八届人民代表大会第二次会议在济南举行。菏泽地区代表团共有省八届人大代表 61 名，因事请假 1 名，出席会议 60 名。菏泽地区代表林廷生、毕可文为大会主席团成员。菏泽地区代表团团长为林廷生，副团长为毕可文、阎世海、于法杰、汪孚臣。工作人员有黄绍正、胡卫东、郭国怀、王永成、郭怀民、宋波。与会期间，菏泽地区代表审议各项工作报告，共提出议案2件（均作为建议处理），建议、批评、意见39条。特别是针对增强欠发达地区财力和东西部地区的经济协调发展、强化农业基础地位全面发展农村经济、向欠发达地区实行政策倾斜等方面的问题，提出意见和建议。会议期间，省长赵志浩到菏泽地区代表团听取代表对政府工作报告的审议意见，并就加快发展菏泽地区经济讲话。

1994年6月22日至28日，省人大常委会副主任苗枫林、省人大常委会委员梁自洁、省教委副主任张传真和驻菏泽地区的省人大代表李锡林、周合元等组成视察组，对菏泽地区贯彻实施教师法情况进行视察。视察组首先听取行署的汇报，并由地委书记林廷生、地区人大工委主任毕可文陪同，视察地直3所学校；然后由地区人大工委副主任张宝光和行署副专员潘兴玺陪同，到东明、单县进行视察，听取政府负责人汇报，视察2县6所学校。并深入基层，召开教育界人士座谈会，走访教师家庭，广泛听取意见。视察结束时，视察组与地区领导进行座谈，就视察中发现的问题提出意见和建议。

1994年10月24日至27日，省人大常委会派出由省人大常委会委员、人事代表工作室主任朱广新带队一行4人的检查组到菏泽，检查贯彻执行代表法和山东省实施代表法办法的情况。检查组首先听取地区人大工委主任毕可文、副主任王启杰、行署副专员阎世海及中级人民法院院长燕振安、检察分院检察长朱献瑞等在全区贯彻实施代表法及省实施办法的情况汇报；然后，由地区人大工委副主任王启杰、联络处处长郭国怀陪同分别到菏泽市、单县听取汇报，召开代表座谈会了解情况。

1994年11月3日至5日，地区人大工委主任毕可文、秘书长李继明在菏泽市人大常委会主任李永亮、副主任李培岭的陪同下，看望部分省人大代表；并同丹阳办事处代表小组部分代表进行座谈，听取代表们对人大常委会和“一府两院”的建议、批评和意见；要求代表们进一步解放思想，履行代表职责，发挥代表作用。

1994年12月19日至23日，根据省人大常委会办公厅通知要求，地区人大工委组织驻菏泽地区的八届全国人大代表和驻地直的省八届人大代表进行集中视察活动。参加视察活动的有八届全国人大代表李明先、苑宪章、张留林，省八届人大代表林廷生、毕可文、阎世海、于法杰、史崇亮、杨大显、刘兰钦、李进民、田德全、李锡林、朱振华、陈东洲、晁中胜、马玲、关爱芝。地区人大工委各主任、委员陪同视察。视察过程中，代表们听取行署副专员阎世海关于1994年全区工农业发展情况、地区计委主任郭仲生关于1994年国民经济和社会发展情况、地区财政局局长朱效明关于1994年财政预算执行情况、地区工商局局长韩同成和地区技术监督局局长彭继绍关于“三法一决定一条例”实施情况的汇报；视察东明县、菏泽市、定陶县的乡镇办、村办、联户办、个体私营企业20余个，畜牧场点10余个，中小学校2所，并走访部分农户，与基层工人、农民、教师进行广泛交谈；最后进行讨论和总结。

1995年2月18日至24日，山东省第八届人民代表大会第三次会议在济南举行。菏泽地区代表团共有省八届人大代表61名，因病请假1名，出席会议60名。菏泽代表团团长为林廷生，副团长为毕可文、阎世海、于法杰；工作人员有张伯元、郭国怀、王永成、郭怀民、宋波、赵汝坤、陈化明等。大会主席团成员共93名，菏泽地区代表林廷生、毕可文为大会主席团成员。会上，菏泽地区代表讨论审议省政府和省计委、财政厅以及省人大常委会和省“两院”的报告，并紧密联系实际，提出意见和建议。菏泽地区代表的建议重点集中在强化农业基础地位、增加农业投入、全面发展农村经济和增加菏泽地区的重点项目的立项及向欠发达地区实行倾斜政策等方面，比较全面地反映菏泽地区人民的要求和期望。这次会议补选赵林山为省人大常委会副主任，王懿诚为省人大常委会秘书长，卢兆铭、孟云、赵玉兰、赵锦良为省人大常委会委员；补选李春亭为省长，邵桂芳为副省长。

1995年4月3日，地委、地区人大工委召开纪念代表法颁布实施3周年大会。地区人大工委主任毕可文，地区政协工委主任樊思宝，地委副书记路绍昌，地委委员、地纪委书记温新月，地区人大工委副主任张宝光，地区人大工委党组副书记王启杰，地区人大工委副主任刘广新、李家玉，行署副专员潘兴玺出席会议。地直各部门负责人，驻地直的八届全国、省人大代表，共200余人参加会议。会议由张宝光主持，毕可文、路绍昌分别讲话。毕可文讲三个问题：一是充分认识在当前新形势下深入贯彻执行代表法和省实施代表法办法的重大意义；二是深入持久地学习、宣传好代表法，使广大干部和人民群众熟悉了解代表法和省实施代表法办法的基本内容。三是人大代表要作执行代表法的模范，全社会都要尊重和支持代表依法执行职务。路绍昌在讲话中就进一步深入持久地学习、宣传、贯彻、实施代表法提出五点要求：一是进一步提高对贯彻实施代表法重要意义的认识；二是在各级党组织的领导下继续深入学习宣传代表法；三是各级人大代表要模范执行代表法，自觉履行代表职责；四是各级人大及其常委会要把贯彻实施代表法的工作不断引向深入；五是各级党组织、政府及其他一切组织和个人都要积极支持和保障代表依法执行职务。

1995年5月30日，驻地直的八届全国、省人大代表小组在地委第三会议室举行会议。省人大代表毕可文、史崇亮、董茂伦、陈东洲、刘兰钦、田德全、李振堂、马玲、朱振华、晁中胜、李锡林11名代表出席会议。地区人大工委联络处有关人员参加会议。会议由地直全国、省人大代表小组组长、地区妇联主任刘兰钦主持。内容共五项：一是地直全国、省人大代表小组副组长、菏泽师专副校长田德全传达全省省人大代表小组长学习工作交流会议精神。二是田德全通读代表法全文和省实施代表法办法有关代表闭会期间活动的条文。三是地区人大工委代表联络处处长郭国怀传达省人大常委会人事代表工作室副主任杜忠臣在全省省人大代表小组长学习工作交流会上作的关于选举法、地方组织法辅导讲话的要点。四是讨论研究地直全国、省人大代表小组下半年活动的内容。五是代表们就环境保护、土地管理、计划生育、棉花种植等方面的工作提出一些建议、批评和意见。

1995年12月5日至8日，地区人大工委组织驻菏泽地区的八届全国人大代表和驻地直的省八届人大代表开展为期4天的集中视察活动。参加视察活动的有全国人大代表卢新文、苑宪章，省人大代表毕可文、阎世海、于法杰、杨大显、李进民、田德全、李锡林、李振堂、丁继民、董茂伦、陈东洲、晁中胜、马玲、关爱芝等。地区人大工委副主任刘广新、李家玉、许修堂和各工委委员陪同视察。代表们首先到成武县、郓城县，听取县政府的工作汇报，视察部分工厂、农村、乡镇企业、种植业、养殖业和专业村、专业户等。然后，听取地区计委关于1995年国民经济和社会发展计划执行情况的汇报；地区财政局关于1995年1月至10月财政预算执行情况的汇报；地区公安处关于全区社会治安基本情况的汇报；地区计生委关于《山东省计划生育条例》贯彻执行情况的汇报；地区教育局关于教育法贯彻实施情况的汇报。接着进行审议讨论。最后，省人大代表、地区人大工委主任毕可文作总结讲话。

1996年2月23日至3月2日，山东省第八届人民代表大会第四次会议在济南举行。参加会议的菏泽代表团代表59名，因病请假3名。会议听取省政府报告并审查批准省政府关于“九五”计划及2010年远景目标纲要，听取并审查批准全省计划、财政报告和省人大常委会、省法院、检察院的工作报告，补选赵志浩为省人大常委会主任、陈抗甫为副省长。菏泽代表团团长为毕可文，副团长为阎世海、于法杰、汪孚臣；工作人员有张伯元、王永成、郭怀民、宋波、王令海、许素洋、陈化明等。

1996年4月3日，为纪念代表法颁布实施4周年，进一步推动代表法在全区的深入贯彻实施，地区人大工委副主任刘广新在地区电视台作关于代表法颁布实施4周年的专题电视讲话。讲话的主要内容为：一是充分认识在当前形势下深入贯彻执行代表法和省实施代表法办法的重要意义。二是深入持久地宣传好代表法。三是人大代表要作执行代表法的模范。四是全社会都要尊重和支持代表依法执行职务。

1996年6月6日，驻地直的全国、省人大代表小组视察菏泽市种植业结构调整情况。省人大代表、地区人大工委主任毕可文和于法杰、杨大显、刘兰钦、李进民、朱振华、朱桂芹、马玲、晁中胜、陈东洲、关爱芝等代表参加视察。地直全国、省人大代表小组组长、地区妇联主任刘兰钦主持视察活动。上午，在地区人大工委副主任李胜华，省人大代表、地委委员、菏泽市委书记贾学英，省人大代表、菏泽市人大常委会主任李永亮，地区人大工委联络处处长郭国怀，菏泽市人大常委会副主任郭志文、市政府副市长吴延印陪同下，先后到菏泽市侯集乡、吴店镇的5个行政村进行现场察看，在田间与农民群众交谈，详细了解有关情况，并听取乡镇和行政村负责人的情况汇报。下午，在菏泽市人大常委会会议室听取吴延印关于农业结构调整情况的汇报，然后进行座谈。代表们在座谈中提出建议和意见。一是农业结构要不断调整，年年调整，加强规模经营，提高发展档次。二是抓好农业科技人才建设，调动其积极性。三是抓好种子繁育，多培植符合当地土质的“拳头”种苗。四是发挥典型带动战略，避免“一刀切”。五是抓好夏粮征购和减轻农民负担工作。

1996年6月11日，地区人大工委副主任张朝玉到巨野县联系省人大代表，并与代表一起视察“三夏”、乡镇企业等工作。驻巨野的省人大代表常贵民、姚树涛、王春玲、申兆庆参加视察活动。张朝玉首先就经济生活中存在的一些问题同代表进行座谈。随后同代表们一起到巨野镇视察“三夏”工作，并实地察看巨野镇万堂村养牛场、大义镇和新城乡造纸厂。

1996年12月9日至13日，地区人大工委组织驻菏泽地区的八届全国人大代表和部分省八届人大代表进行为期5天的集中视察活动。参加视察的八届全国人大代表有：李明先、卢新文、苑宪章、张留林、孟红霞、李格森；驻地直的省八届人大代表有毕可文、阎世海、于法杰、李振堂、李进民、董茂伦、丁继民、刘兰钦、史崇亮、田德全、马玲、陈东洲、晁中胜、关爱芝、朱振华；驻各县市省八届人大代表小组组长有：孙洪成、万伟之、龚彦海、楚德留、周合元、王春玲、唐有虞、汪孚臣、金焕民。地区人大工委副主任刘广新、李家玉、许修堂、张朝玉、李胜华及各工委委员、处室负责人陪同代表参加视察活动。

1997年2月15日至20日，山东省第八届人民代表大会第五次会议在济南举行。菏泽代表团共有代表62名，因病请假5名，实到57名。会议听取并审查批准省政府工作报告；听取并审查批准全省计划、财政报告和省人大常委会，省高级法院、检察院的工作报告；审议并表决通过关于山东省第九届人民代表大会代表选举问题和常委会组成人员名额的决议。菏泽代表团团长毕可文为大会主席团成员，副团长为阎世海、于法杰、汪孚臣；工作人员有郭国怀、唐留书、王永成、宋波、许素洋、朱喜迁、陈化明等。

1997年5月20日，地区人大工委组织驻地直的全国、省人大代表举行1997年第一次小组活动。代表们先后视察地区财政局的综合养殖试验场、农业高新技术示范区、亚鑫减振器有限公司3个财源建设项目，围绕“迎香港回归”主题进行座谈。地区人大工委主任毕可文以省人大代表的身份参加活动。地区人大工委副主任李胜华和办公室、人事代表工作室负责人陪同活动。

1997年8月19日，地区人大工委组织驻地直的全国、省人大代表举行1997年第二次小组活动，视察全区贯彻落实土地管理法情况。参加陪同视察的有地区人大工委在家的各主任和有关处室负责人及地区土管部门负责人。驻单县和定陶县的全国、省人大代表分别参加本县内的视察活动。代表们视察单县和定陶县的土地管理工作情况，听取县委、县政府和地区土管局工作汇报，并进行深入讨论。最后，地区人大工委副主任李胜华根据代表们的讨论，总结提出意见和建议：大力宣传土地管理这一基本国策和土地管理法、新刑法中关于违反土地管理法规的处罚条款，增强干部和群众的法制观念，严格监管，依法用地，支持土管部门依法行政。

1997年11月11日，地区人大工委组织驻地直的全国、省人大代表视察地区交警支队工作。地区人大工委各主任、委员和处室负责人陪同视察。视察组听取地区交警队负责人的工作汇报，视察地区交警支队122指挥中心、车管所等工作情况，并进行座谈讨论。地区人大工委副主任李胜华作总结讲话。

1998年3月31日，地区人大工委组织驻地直的九届全国、省人大代表小组开展1998年第一次学习活动，并选举全国人大代表田德全为组长，省人大代表郭仲生、徐光璞为副组长。会议由地区人大工委秘书长徐福增主持。地区人大工委副主任李胜华作关于人大代表基础知识的辅导，人代室主任郭国怀宣读选举法、代表法、地方组织法和《山东省人民代表大会议事规则》等法律法规的有关章节。

1998年5月5日，地区人大工委主任路绍昌到郓城县检查指导小康村建设工作，并召开驻郓城县省人大代表和驻郓城镇县人大代表座谈会。代表们围绕在“两个文明”建设中更好履行职权、发挥作用等进行发言，并针对公路“三乱”、乡镇经济发展、小康村建设、减轻农民负担、农村电价、学校乱收费等问题提出意见建议。路绍昌对代表提出以下要求：一要加强自身学习。二要依法搞好视察、监督。三要在各自岗位上认真做好本职工作，起模范带头表率作用，为全区“两个文明”建设做出积极贡献。郓城县委副书记、县长高木斗，县委副书记童彩云，县人大常委会主任杨志森陪同活动。

1998年5月19日至21日，地区人大工委分别在成武县、菏泽市分片召开代表评议工作座谈会。各县市人大常委会分管主任和人事代表工作机构负责人参加会议。会议由人代室主任郭国怀主持。各县市汇报交流上届人大常委会开展代表评议工作的基本情况、成功做法，座谈本届县市人大常委会开展代表评议工作的打算和建议。最后，地区人大工委副主任李胜华作总结讲话。

1998年12月3日，地区人大工委组织部分驻菏泽地区的全国、省人大代表视察全区地税工作。地区人大工委副主任李家玉、许修堂、张朝玉、李胜华、范福临、周书运及工委委员、有关处室负责人陪同视察。视察人员先后实地察看东明地税局陆圈分局、菏泽市地税局办税服务厅等，听取地区地税局局长李进民关于全区地税工作的汇报。与会人员就视察和听取汇报情况进行讨论发言，张朝玉作总结讲话。

1998年12月7日至11日，地区人大工委组织驻菏泽地区的九届全国人大代表和驻地直的省九届人大代表开展集中视察活动。地区人大工委各主任、委员及有关处室负责人陪同活动。地区人大工委主任路绍昌在视察活动结束时作总结讲话。视察中，代表们先后听取行署及地区计委、财政局、经贸委、农委和地区中级人民法院、检察分院等有关部门工作情况的汇报。然后分两个小组，分别到巨野县、鄄城县了解国有企业改革情况，到部分乡村了解发展农业、农村经济和民主法制建设情况，以及土地承包政策、村民委员会组织法贯彻执行情况。并集中视察地区交通集团、粮油集团部分企业改革经营情况和菏泽市个体私营经济发展情况。代表们在讨论时既肯定全区在“两个文明”建设中所取得的成绩，也实事求是地指出当前全区国民经济和各项社会事业发展中存在的困难和问题，并提出建议、批评和意见。这次视察是为代表参加全国和省九届人大二次会议作准备。

1999 年 8 月 25 日，地区人大工委邀请部分驻地直的全国、省人大代表参加，先后对菏泽诚信集团有限公司和地区交警支队车管所进行视察。参加视察人员在省人大代表、地区人大工委主任路绍昌和副主任李胜华、范福临、周书运的带领下，首先实地察看诚信沙发家具厂的生产车间和销售大楼；然后，听取省人大代表、诚信集团董事长郑子昌的汇报，并进行座谈。视察人员在参观考察地区交警支队车管所后，地区公安局局长李福祥和交警支队队长李庆涛汇报有关工作情况。视察人员在讨论发言中，就进一步加强公安干警队伍建设，强化管理、端正警风，严厉打击违法犯罪分子，努力为全区经济建设保驾护航等方面提出意见和建议。

1999 年 11 月 16 日、17 日和 24 日，地区人大工委组织部分驻地直的全国、省人大代表，对全区电业、地税、公路工作分别进行视察。地区人大工委主任路绍昌，副主任许修堂、李胜华、范福临、周书运和工委委员参加视察活动。视察人员先后到成武县、单县、曹县，视察电业建设与服务情况、地税工作情况和公路建设情况，并听取地区电业局、地税局、交通局、公路局主要负责人的工作汇报。所到县的县委、县人大常委会、县政府有关领导和驻县直的省人大代表参加视察活动。代表们根据实地视察和听取汇报情况进行讨论。路绍昌、李胜华分别作总结讲话。

2000 年 2 月 16 日至 21 日，山东省第九届人民代表大会第三次会议在济南举行。菏泽地区代表团共有 64 名代表参加，有 2 名代表因病请假。菏泽代表团团长李明先为大会主席团成员，副团长为陈光、毕可文。会议期间，菏泽地区代表提出建议、批评、意见 17 件。地区人大工委秘书长徐福增，副秘书长、办公室主任张伯元，研究室主任王永成、副主任刘祥德等 10 人参加服务工作。

2000 年 5 月 13 日，地区人大工委组织全体委员和部分驻地直的全国、省人大代表，对定陶县工农业生产和城乡经济发展情况进行视察。视察人员先后到定陶县林盾木业有限责任公司、九发集团公司果蔬罐头分公司、菏泽金豆饲料公司、圣龙集团、陈集镇都庆集团和邓集乡优质小麦生产基地、黄店镇蔬菜生产基地等进行参观视察，并听取有关单位的工作汇报。地区人大工委副主任许修堂、李胜华、范福临参加视察，定陶县委、县人大常委会、县政府负责人陪同视察。视察人员在肯定定陶县经济发展所取得成绩的同时，还就农业结构调整的平衡、加工项目与原料生产基地结合、经济发展环境的治理等问题提出建议。李胜华作总结讲话，就企业改革中的制度创新、管理创新、技术创新，农业产业化问题以及第三产业、个体私营经济、外向型经济发展等问题作分析讨论，提出意见。

2000 年 9 月 27 日至 28 日，地区人大工委组织部分驻地直的全国、省人大代表，对全区贯彻实施《菏泽地区妇女发展纲要（1996—2000 年）》《菏泽地区儿童事业发展“九五”规划（1996—2000 年）》情况进行视察。地区人大工委副主任李胜华、周书运，秘书长徐福增及工委有关处室负责人参加视察，行署及地区妇联、劳动局、卫生局、教委、统计局，地委组织部有关负责人陪同视察。视察人员先后到鄄城县、郓城县视察部分行政村、企业、学校、医院等妇女儿童工作情况和纲要规划落实情况，听取两县政府负责人的汇报及各现场的情况介绍，并在地区人大工委会议室听取行署关于全区实施妇女发展纲要、儿童发展规划情况的全面汇报。接着，参加视察人员进行发言，提出意见和建议。最后，李胜华代表地区人大工委作总结讲话。

2000年11月13日至17日，地区人大工委组织驻地直的九届全国人大代表、省九届人大代表，对东明县、曹县农业结构调整、企业改革情况及地区重点建设项目进行集中视察，并听取行署及地直7个部门的工作汇报。地委书记、地区人大工委主任李明先作总结讲话。地区人大工委副主任李胜华、范福临、周书运、郭仲生，秘书长徐福增及工委委员、处室负责人参加视察活动。地委副书记、行署副专员杜昌文，行署副专员潘兴玺、李玉祥、贾凤英、孙义福、崔建平等分别陪同视察。

四、重要事项

1989年1月23日，山东省第七届人民代表大会常务委员会第七次会议决定，将菏泽地区联络组改名为菏泽地区工作委员会，全称为“山东省人民代表大会常务委员会菏泽地区工作委员会”。1月30日，地区人大工委举行挂牌仪式。地委书记、行署专员刘洪仁，地委副书记樊思宝、丁宗山，地委委员、秘书长王新波，地委委员、行署副专员王玉柱，地委委员、团地委书记贾凤英，地纪委副书记张志美，地区人大工委主任于法杰、副主任李玉祥、刘广新、吴倩之，地区政协联络组副组长邹学信、刘温如，中级人民法院院长许修堂，检察分院检察长王进宝和地委、地区行署有关部委办局、群众团体的负责人，及驻城的全国、省人大代表，共50余人出席。李玉祥主持仪式，刘广新宣读省七届人大常委会第七次会议通过的《山东省人民代表大会常务委员会关于改变山东省人大常委会地区联络组名称的决定》，樊思宝代表地委表示祝贺，于法杰作表态发言，刘洪仁讲话。

1989年3月28日，地区人大工委召开主任会议，地区人大工委办公室主任黄绍正列席。会议研究有关人员的任命决定，边家亭任地区人大工委秘书长，黄绍正任副秘书长（兼）。经地委建议，山东省人大常委会菏泽地区工作委员会暂由下列人员组成：主任为于法杰，副主任为李玉祥、刘广新、吴倩之，委员为边家亭、黄绍正、黄先立、侯玉忠、孙建江。会议明确将办公室的原法制科、代表联络科改名为人事监察科、行政管理科，原秘书科名称不变。4月28日，《关于公布山东省人大常委会菏泽地区工作委员会组成人员的通知》（菏人字〔1989〕6号），公布山东省人民代表大会常务委员会菏泽地区工作委员会组成人员名单。根据地委提名，经省人大常委会同意，山东省人大常委会菏泽地区工作委员会由于法杰、李玉祥、刘广新、吴倩之、边家亭、黄绍正、黄先立、侯玉忠、孙建江9人组成。

1989年4月27日，《关于启用山东省人民代表大会常务委员会菏泽地区工作委员会印章的通知》（菏人字〔1989〕5号），明确启用“山东省人民代表大会常务委员会菏泽地区工作委员会”印章，原“山东省人民代表大会常务委员会菏泽地区联络组”印章同时作废。5月16日，启用地区人大工委办公室、财经处、法制处、联络处、农经处印章。8月17日，同意地区人大工委增设教科文卫处，编制2人。

1990年7月6日，地区人大工委召开第八次工委会议。地区人大工委主任于法杰，副主任张宝光、刘广新、吴倩之，委员边家亭、李继明、黄绍正、侯玉忠、时维英、穆新民、孙建江参加会议。于法杰介绍省七届人大常委会第十六次会议情况。会议研究有关人事任免，通过《山东省人大常委会菏泽地区工作委员会例会议事规则（试行）》。

1990 年 8 月 20 日，中共菏泽地委转发地区人大工委党组《关于进一步发展我区麦棉生产的几点建议》指出，地区人大工委党组提出的搞好麦棉套种的建议，完全符合全国、全省农村工作座谈会关于进一步深化农村改革、搞好农业开发、推进科技进步的基本精神；要求认真抓好落实，从根本上解决麦棉争地问题，为下一年麦棉双丰收打下良好基础。

1993 年 3 月 5 日，省七届人大常委会第三十三次主任会议通过，任命毕可文为菏泽地区人大工委主任，同时免去于法杰菏泽地区人大工委主任职务。

1993 年 6 月 24 日，中共菏泽地委批转《中共菏泽地区人大工委党组关于减轻农民负担工作情况的报告》，要求全区各级党委、政府认真参照执行。

1996 年 7 月 1 日，地区人大工委正式迁入位于曹州路的新办公楼办公。

1998 年 1 月 4 日，山东省八届人大常委会第三十二次会议，根据山东省人大常委会主任会议提请，决定任命路绍昌为山东省人大常委会菏泽地区工作委员会主任。

1998 年 5 月 27 日，地区机构编制委员会批复地区人大工委部分内设机构名称变更为：法制工作处更名为内务司法工作处，农村经济工作处更名为农业与农村工作处，教育科学文化卫生工作处更名为教育科学文化卫生人口工作处。

1998 年 7 月 3 日，地区人大工委召开全体党员会议，改选工委党支部，成立地区人大工委机关总支部委员会，下设 3 个支部。会议分别选举徐福增为党总支书记、李继明为副书记，选举张伯元、黄先立、边家亭、吴东华为总支成员。同时分别选举张伯元为第一党支部书记，王永成、刘祥德为委员；选举黄先立为第二党支部书记，王令海，朱喜迁为委员；选举边家亭为第三党支部书记，黄绍正、张作田为委员。

1999 年 1 月 18 日，中共菏泽地委批转《中共菏泽地区人大工委党组关于促进东西结合，加快菏泽发展工作的意见》。

2000 年 8 月 25 日，山东省九届人大常委会第十六次会议，根据省人大常委会主任会议的提请，决定任命李明先为山东省人大常委会菏泽地区工作委员会主任。

2000 年 9 月 3 日，地委成立菏泽市第十五届人民代表大会第一次会议筹备工作委员会。地委书记、地区人大工委主任李明先为主任，陈光、李延良、王祖和、李胜华、范福临、周书运、郭仲生为副主任，地区人大工委秘书长徐福增及有关部门负责人为成员。

2000 年 10 月 26 日，山东省第九届人民代表大会常务委员会第十七次会议通过《关于设区的滨州市、菏泽市人民代表大会有关问题的决定》（鲁人发〔2000〕69 号）。决定指出：根据国务院关于撤销滨州地区和县级滨州市设立设区的滨州市、撤销菏泽地区和县级菏泽市设立设区的菏泽市的批复，按照《中华人民共和国全国人民代表大会和地方各级人民代表大会选举法》《中华人民共和国地方各级人民代表大会和地方各级人民政府组织法》的有关规定，对设区的滨州市、菏泽市人民代表大会有关问题决定如下：一是设区的滨州市人民代表大会代表名额为 384 名，人民代表大会常务委员会组成人员名额为 33 名。设区的菏泽市人民代表大会代表名额为 576 名，人民代表大会常务委员会组成人员名额为 41 名。二是设区的滨州市、菏泽市人民代表大会代表的名额，按照农村每一代表所代表的人口数应多于市区每一代表所代表的人口数的原则分配。两市人民代表大会代表，由其所辖各区、县人民代表大会和中国人民解放军驻该市部队分别按照《中华人民共和国全国人民代表大会和地方各级人民代表大会选举法》《中国人民解放军选举全国人民代表大会和县级以上地方各级人民代表大会代表的办法》选举产生。三是设区的滨州市、菏泽市人民代表大会的届数，分别顺延原滨州市、菏泽市人民代表大会的届数，召开新一届人民代表大会第一次会议。滨城区、牡丹区人民代表大会分别沿用原滨州市、菏泽市人民代表大会的届次。四是原滨州、菏泽两地区的各县（市）选举的山东省第九届人民代表大会代表，除调离或者迁出山东省行政区域的其代表资格自行终止外，均相应改为设区的滨州市、菏泽市出席山东省第九届人民代表大会代表，任期到届满为止。

第二编

菏泽市人民代表大会

1984—2020

菏泽人大志

HEZE RENDA ZHI

人民代表大会制度，是我国人民民主专政的政权组织形式，是我国的根本政治制度。人民代表大会会议，是国家权力机关依法行使职权的主要方式，是人大代表管理国家和社会事务的主要途径。根据《中华人民共和国宪法》《中华人民共和国地方各级人民代表大会和地方各级人民政府组织法》的规定，2001 年 1 月设立设区的菏泽市人民代表大会及其常务委员会，顺延原县级菏泽市人民代表大会的届数，设定为市十五届人民代表大会。自 2001 年 1 月菏泽市第十五届人民代表大会第一次会议至 2020 年 1 月菏泽市第十九届人民代表大会第五次会议，已举行 5 届 23 次会议，共审议各项议题 124 项，通过、批准报告和作出决议、决定 137 项，选举历届菏泽市国家机关领导人员 127 名，选举菏泽市出席山东省第九届至第十三届人民代表大会代表 350 名，提出议案和建议、批评、意见 1625 件。

第一章　第十五届人民代表大会

第一节　第十五届人民代表大会第一次会议

一、概况

2001 年 1 月 6 日至 10 日，菏泽市第十五届人民代表大会第一次会议在菏泽召开，会期 5 天。

2001 年 1 月 6 日至 10 日，菏泽市第十五届人民代表大会第一次会议召开

会议主要议程：选举市第十五届人大常委会主任、副主任、秘书长、委员；选举菏泽市人民政府市长、副市长；选举市中级人民法院院长、市人民检察院检察长；听取和审议菏泽市人民政府工作报告；审议菏泽市 2001 年国民经济和社会发展计划草案的报告，审查、批准菏泽市 2001 年国民经济和发展计划、菏泽市国民经济和社会发展第十个五年计划纲要；审议菏泽市 2001 年财政预算草案的报告，审查、批准菏泽市 2001 年财政预算；审议菏泽市中级人民法院工作报告（书面）；审议菏泽市人民检察院工作报告（书面）；其他事项。

二、组织机构及组成人员

主席团（52 人，按姓名笔画排序）

于法杰　马平昌　王祖和　王　浩
王银香（女）牛喜凡　文廷良　孔令昌
尹正仁　史崇亮　包谊春　毕可文
朱效明　刘　勇　刘殿毅
汤建梅（女，回族）　许　光　孙建民
杨永昌　杨成训　杨志森　杨炳河
李延良　李明先　李顺广　李胜华
何茂远　宋绍先　张广营（回族）
张玉昌　陈孝金　邵好学　邵清成
范天柱　范福临　周书运　庞如圣
孟祥伦　侯成君　段伯汉　贾学英
晁中胜　徐光璞（女）郭仲生　常贵民
常洪珍　崔建平　阎世海　韩广洁
董玉忠　樊思宝　潘兴玺

主席团常务主席

李明先　孔令昌　李延良　阎世海
潘兴玺　李胜华　范福临　周书运
文廷良　郭仲生

秘书长

李胜华（兼）

副秘书长

李顺广　陈好孔　刘金俊　张存金
张海峰　张伯元　李福祥

执行主席

李明先　孔令昌　李延良　阎世海
潘兴玺　李胜华　范福临　周书运
文廷良　郭仲生　王　浩　段伯汉
刘　勇　杨永昌　宋绍先　邵好学
常洪珍　汤建梅（女，回族）　李顺广

代表资格审查委员会

主任委员

李胜华

副主任委员

张存金　董茂伦　宋　波

委　员（按姓名笔画排序）

王铁祥　王银香（女）田永亮　吕恒芝（女）
刘金俊　刘维亭　何常丽（女）张庆海
晁岳坤　徐光璞（女）曹修寅

议案审查委员会

主任委员

范福临

副主任委员

李顺广　张伯元　张建瑛

委　员（按姓名笔画排序）

丁继民　马效坤　刘莲秋（女）李保进
李恩义　沙启忠（回族）　张忠卿
张振和　姜秀生　晁中胜　郭志民
崔冠民　董桂玲（女）

计划预算审查委员会

主任委员

郭仲生

副主任委员

孔繁芝　刘宝祥　王永成

委　员（按姓名笔画排序）

史崇亮　乔效振　朱　斌　杜荷法
李文玲（女）吴保良　张玉昌　张玉荣（女）
张圣朝　陈晓君（女）赵思常　段有志
谢孔焕　谭振彬　霍保银

三、决议决定

（一）关于菏泽市人民政府工作报告的决议

（2001 年 1 月 10 日菏泽市第十五届人民代表大会第一次会议第四次全体会议通过）

菏泽市第十五届人民代表大会第一次会议，认真审议陈光市长代表市人民政府做的政府工作报告。一致认为，报告对“九五”期间政府工作的回顾总结实事求是，提出的“十五”期间和今年的任务目标具体明确，工作重点突出，对策措施得力，体现改革、发展、稳定、协调推进的要求，符合党的十五大和十五届五中全会精神，符合我市实际，决定予以批准。

会议认为，党的十一届三中全会以来，特别是“九五”期间，菏泽人民在党和政府的领导下，高举邓小平理论伟大旗帜，认真贯彻党的一系列路线方针政策，不断解放思想，更新观念，深化改革，扩大开放，团结拼搏，艰苦奋斗，国民经济和各项社会事业取得较快发展，菏泽面貌有较大变化。在世纪之交我们又迎来撤地设市的良好机遇，在 21 世纪曙光映照下，菏泽人民正健步向着富裕、民主、文明的社会主义现代化宏伟目标迈进，这是历史性的转折和突破。

会议指出，“十五”计划是新世纪第一个国民经济和社会事业发展的五年计划，也是菏泽撤地设市后第一个政府工作五年计划，做好“十五”期间尤其是今年的各项工作具有重要的现实意义和历史意义，各级政府要坚持以邓小平理论和“三个代表”重要思想为指导，全面贯彻党的十五大和十五届五中全会精神，正确处理改革、发展、稳定的关系，以改革开放和科技进步为动力，抓住入世机遇，把结构调整作为主线，把发展作为主题，坚持增加总量与提高素质并重，保持全市国民经济持续、快速、健康发展，推进社会主义精神文明建设和社会主义民主法制建设，促进各项事业协调发展和社会的全面进步。

会议强调，完成“十五”计划和今年的工作任务必须突出重点，强化措施，加强领导。要加快农业结构调整和农业产业化步伐，提高农业经济效益，依法减轻农民负担，切实提高农民收入水平。进一步深化农村各项改革，加快农村市场体系和社会化服务体系建设，推进科技兴农战略，多渠道增加农业投入，改善农村生产生活条件，促进我市由农业大区向农业强区跨越。要围绕社会主义市场经济体制，以建立现代企业制度为目标，按照“三改一加强”的总体要求，全面推进企业改革增强企业技术创新能力，培植我市主导产业和骨干产品，加快新兴产业的发展步伐，推进工业化进程。要拓宽经济发展领域，大力发展第三产业，落实各项优惠政策，促进民营经济快速发展，加强城市基础设施建设，加快城镇化发展步伐。要进一步扩大对外开放，增强外向型经济对全市经济发展的拉动作用。要继续把科技教育作为战略重点来抓，以提高国民经济整体素质为重点，促进经济与科技的结合，努力提高科技进步对经济增长的贡献率。继续抓好基础教育，积极发展职业教育高等教育，加快人才的培养和引进，提高全市人民的科学文化素质。切实抓好三大基本国策，实现人口、资源、环境与经济协调发展。要积极扩大就业，形成市场导向的就业机制，完善社会保障体系，为改革开放、经济发展和社会稳定创造良好的环境条件。

会议强调，要进一步加强社会主义精神文明建设，坚持用邓小平理论和“三个代表”重要思想武装广大干部群众的头脑，深入开展爱国主义、集体主义、社会主义教育和理想、道德、法纪教育，努力提高全市人民的思想觉悟和道德水平。要加强社会主义民主法制建设，保护人民群众的合法权益。要强化法律、法规的执行和监督检查，严格依法办事，依法行政，公正司法。要继续加强社会治安综合治理，加大打击犯罪活动的力度，促进社会治安秩序进一步好转。

会议要求，各级政府要以撤地设市为契机，切实加强自身建设，全面提高政府人员的政治业务素质；积极稳妥地搞好机构改革，切实转变政府职能，增强公仆意识和服务观念，防止和克服官僚主义、形式主义等错误行为，努力形成求真务实，真抓实干的工作作风；加强基层组织建设，密切同基层和人民群众的联系；继续深入开展反腐败斗争，加强廉政建设；发扬艰苦奋斗、勤俭节约的优良传统，勤俭办一切事业；牢记党的宗旨，全心全意为人民服务，树立良好的政府形象。

会议号召，全市人民要在省委、省政府和市委的领导下，更加紧密地团结在以江泽民同志为核心的党中央周围，坚持党的基本路线，认真贯彻党的十五大和十五届五中全会精神，解放思想，实事求是，团结拼搏，开拓进取，为菏泽的更加繁荣昌盛，为夺取改革开放和社会主义现代化建设的新胜利而努力奋斗。

（二）关于菏泽市 2001 年国民经济和社会发展计划的决议（2001 年 1 月 10 日菏泽市第十五届人民代表大会第一次会议第四次全体会议通过）

菏泽市第十五届人民代表大会第一次会议经过审议，并根据市人民代表大会计划预算审查委员会的审查报告，决定批准市计划委员会《关于菏泽市 2001 年国民经济和社会发展计划草案的报告》。

（三）关于菏泽市 2001 年预算的决议（2001 年 1 月 10 日菏泽市第十五届人民代表大会第一次会议第四次全体会议通过）

菏泽市第十五届人民代表大会第一次会议经过审议，并根据市人民代表大会计划预算审查委员会的审查报告，决定批准市财政局《关于菏泽市 2001 年预算草案的报告》。

（四）关于菏泽市国民经济和社会发展第十个五年计划纲要的决议（2001 年 1 月 10 日菏泽市第十五届人民代表大会第一次会议第四次全体会议通过）

菏泽市第十五届人民代表大会第一次会议经过审议，决定批准市人民政府提出的《菏泽市国民经济和社会发展第十个五年计划纲要》。

（五）关于菏泽市中级人民法院工作报告的决议（2001 年 1 月 10 日菏泽市第十五届人民代表大会第一次会议第四次全体会议通过）

菏泽市第十五届人民代表大会第一次会议经过审议，批准菏泽市中级人民法院院长张玉佩代表菏泽市中级人民法院所作的《菏泽市中级人民法院工作报告》。

（六）关于菏泽市人民检察院工作报告的决议（2001 年 1 月 10 日菏泽市第十五届人民代表大会第一次会议第四次全体会议通过）

菏泽市第十五届人民代表大会第一次会议经过审议，批准大会选出的菏泽市人民检察院检察长朱献瑞代表菏泽市人民检察院所作的《菏泽市人民检察院工作报告》。

四、选举情况

（一）菏泽市第十五届人民代表大会公告（第一号）

菏泽市第十五届人民代表大会常务委员会主任、副主任、秘书长和委员由菏泽市第十五届人民代表大会第一次会议于 2001 年 1 月 8 日选出：

主　任

李明先

副主任

阎世海　潘兴玺　李胜华　范福临

周书运　文廷良　郭仲生　常洪珍

汤建梅（女，回族）

秘书长

李顺广

委　员（按姓名笔画排序）

丁继民　王永成　王银香（女）孔繁芝

史崇亮　吕恒芝（女）刘金俊　刘宝祥

刘莲秋（女）杨炳河　何常丽（女）宋　波

张玉昌　张圣朝　张存金　张伯元

张忠卿　张建瑛　张振和　陈晓君（女）

赵思常　晁中胜　晁岳坤　徐光璞（女）

崔冠民　董茂伦　董桂玲（女）

（二）菏泽市第十五届人民代表大会公告（第二号）

菏泽市第十五届人民代表大会第一次会议于 2001 年 1 月 8 日选出：

市　长

陈　光

副市长

杜昌文　贾凤英（女）李德章　孙义福

朱效明　侯成君　孙述涛　何茂远

（三）菏泽市第十五届人民代表大会公告（第三号）

菏泽市第十五届人民代表大会第一次会议于 2001 年 1 月 8 日选举张玉佩为菏泽市中级人民法院院长。

（四）菏泽市第十五届人民代表大会第一次会议于 2001 年 1 月 8 日选举朱献瑞为菏泽市人民检察院检察长。根据《中华人民共和国地方各级人民代表大会和地方各级人民政府组织法》第八条关于“选出的人民检察院检察长，须报经上一级人民检察院检察长提请该级人民代表大会常务委员会批准”的规定，另行备文报批。

五、代表议案、建议、批评和意见及办理情况

（一）议案、建议、批评和意见的提出情况

截至 2001 年 1 月 8 日 16 时，会议共收到代表提出的议案 30 件。其中，属于工业交通方面的 11 件，属于农林水方面的 5 件，属于财贸金融方面的 2 件，属于城建环保方面的 6 件，属于教科文卫方面的 3 件,其他方面的 3 件。根据《中华人民共和国地方各级人民代表大会和地方各级人民政府组织法》有关代表议案的规定，菏泽市第十五届人民代表大会第一次会议议案审查委员会经过审查后认为，这些议案都是有关经济建设和社会发展的具体问题，属于市人民政府或其职能部门工作范围内的事情，不属于本级人民代表大会职权范围内的议案问题，拟作为代表建议、批评和意见处理。

另外，截至 2001 年 1 月 8 日 16 时，会议还收到代表建议、批评和意见 34 件。其中，工业交通方面2件，农林水方面8件，财贸金融方面2件，城建环保方面5件，教科文卫方面5件，政法方面3件，其他方面9件。加上由议案转为建议处理的30件，共64件。

（二）代表建议、批评和意见的办理情况

市十五届人大一次会议期间及会后，市人大常委会共收到代表建议、批评和意见（以下简称建议）83件。其中，涉及市政府系统办理的76件，转交市委有关部门办理的4件，转交市法院办理的2件，其他方面3件。截至2001年底，83件代表建议已全部办理完毕，各承办单位均向提出建议的代表作书面答复，答复率达到100%。从已收到的市人大代表的反馈意见看，满意的78件，占94%；基本满意的7件，占6%。

具体办理情况：

1．建议所涉及问题已经解决或正在解决的69件，占办理总数的83.2%。

2．建议所涉及问题因条件限制待以后解决或留作参考的14件，占办理总数的16.8%。

第二节 第十五届人民代表大会第二次会议

一、概况

2002年2月22日至25日，菏泽市第十五届人民代表大会第二次会议在菏泽召开，会期4天。

会议主要议程：听取和审议市人民政府工作报告；听取和审议市人民政府关于菏泽市2001年国民经济和社会发展计划执行情况与2002年国民经济和社会发展计划草案的报告，审查、批准菏泽市2001年国民经济和社会发展计划执行情况的报告与2002年国民经济和社会发展计划；听取和审议市人民政府关于菏泽市2001年预算执行情况和2002年预算草案的报告，审查菏泽市2001年预算执行情况的报告和2002年预算草案，批准菏泽市2001年市级预算执行情况的报告和2002年市级预算；听取和审议市人大常委会工作报告；听取和审议市中级人民法院工作报告；听取和审议市人民检察院工作报告；选举事项；其他事项。

2002年2月24日，市委书记、市人大常委会主任李明先在菏泽市第十五届人民代表大会第二次会议上作市人大常委会工作报告

二、组织机构及组成人员

主席团（50人，按姓名笔画排序）

于法杰　马平昌　王长松　王祖和
王　浩　王银香（女）文廷良　孔令昌
史崇亮　包谊春　毕可文　朱效明
刘庆忍　刘　勇　刘殿毅
汤建梅（女，回族）　许　光　孙建民
杨永昌　杨成训　杨炳河　李延良
李明先　李顺广　李胜华　李贵章
宋绍先　张广营（回族）　张玉昌
张宪会　何常丽（女）陈孝金　邵好学
范福临　周书运　孟祥伦　段伯汉
高木斗　晁中胜　徐光璞（女）郭仲生
常洪珍　崔建平　阎世海　黄秀玲（女）
韩广洁　董玉忠　樊思宝　潘兴玺
魏庆禄

主席团常务主席

李明先　孔令昌　李延良　王祖和
阎世海　潘兴玺　李胜华　范福临

周书运　文廷良　郭仲生　常洪珍
汤建梅（女，回族）

秘书长

阎世海（兼）

副秘书长

李顺广　陈好孔　刘金俊　张存金
赵和平　张伯元　李福祥

执行主席

李明先　孔令昌　李延良　王祖和
阎世海　潘兴玺　李胜华　范福临
周书运　文廷良　郭仲生　常洪珍
汤建梅（女，回族）　李顺广　朱效明
王　浩　段伯汉　杨永昌　宋绍先
王长松　高木斗　邵好学　刘　勇

三、决议决定

（一）关于菏泽市人民政府工作报告的决议（2002 年 2 月 25 日菏泽市第十五届人民代表大会第二次会议第四次全体会议通过）

菏泽市第十五届人民代表大会第二次会议，认真审议陈光市长代表市人民政府所作的政府工作报告。会议认为报告以邓小平理论和党的基本路线为指导，对去年政府工作的回顾总结实事求是，提出的今年政府工作的指导思想和任务目标具体明确，制定的工作措施切实可行，符合“三个代表”重要思想的要求，符合菏泽的实际，会议决定批准这个报告。

会议认为，2001 年，全市人民在中共菏泽市委的领导下，高举邓小平理论伟大旗帜，以“三个代表”重要思想为指导，认真贯彻党的路线方针政策，解放思想、抢抓机遇、开拓进取，取得改革开放和经济与社会发展的新成就，基本完成改革和发展的各项目标，实现“十五”计划的良好开局，成绩的取得是来之不易的。

会议指出，2002 年是我国历史发展中的重要一年，党的十六大将要召开，我国已进入全面建设小康社会，加快推进社会主义现代化的新的发展阶段。菏泽的经济发展正处于负重奋进，蓄势待发并已经步入实现大发展、大转折的关键时期。全市上下要把抓住机遇，加快发展作为各项工作的重中之重，围绕结构调整主线，坚持“十五”计划提出的“四大战略”，加快我市工业化、农业产业化、城市化进程，进一步处理好改革、发展、稳定的关系，保持国民经济持续快速健康发展，促进社会全面进步，努力完成本次会议确定的各项任务。

会议强调，面对中国加入世界贸易组织和世界经济日趋一体化的新形势，深化结构调整、加快发展步伐，提高国民经济整体素质已成为我市的当务之急。要加快农业和农村经济结构调整，推进农业产业化进程，培育各具特色的农业生产基地和市场主体，狠抓龙头企业，推行农业标准化生产，增加农业科技含量，提高农业经济效益，增加财政收入和农民收入。要切实落实好党在农村的各项方针政策，转变领导农业的工作方式，建立健全农村社会化服务体系，逐步加强农村基础设施建设，切实减轻农民负担，真心实意为群众办实事、办好事。要大力实施工业立市战略。进一步深化企业改革，加快建立现代企业制度，通过外引内联，推动企业战略性改组，增强企业抵御市场风险的竞争能力。要树立新的理念，加强企业技术创新能力，促进企业管理创新，提高企业经营管理水平。要发挥菏泽资源优势，抓住国际、国内产业结构调整的机遇，壮大我市传统产业规模，发展高新技术产业，形成菏泽的工业特色，培育菏泽的名牌产品，树立菏泽的品牌形象。要进一步扩大对外开放，加大招商引资力度，积极发展对外贸易，尽快形成全方位、多层次、宽领域的对外开放格局，增强外向型经济对全市经济发展的拉动作用。要大力培植财源，确保财政收入较快增长，优化支出结构，勤俭办一切事业。要优化经济结构，拓宽经济发展领域，大力发展第三产业，把实施商贸兴城战略与城市化战略和民营经济发展战略有机结合起来，促进第三产业成为我市经济发展的强力增长点。要加大经济发展环境治理力度，坚决杜绝“三难五乱”现象，规范市场经济秩序，为菏泽经济发展创造一个优良的投资环境。会议强调，要在经济发展的基础上全面发展各项社会事业。认真实施“科教兴菏”战略，全面贯彻党的教育方针，巩固“普九”成果，推进素质教育，以建设菏泽学院为契机，抓好职业教育和高等教育，加快专业人才的培养和引进，提高全市广大干部群众的科学文化水平。搞好文化大市建设，积极发展文化、体育事业。加强劳动和社会保障工作，完善社会保障体系，多渠道扩大就业，增加城乡居民收入，努力提高人民生活水平，为改革开放、经济发展和社会稳定创造良好的环境条件。继续抓好三大基本国策的落实，实现人口、资源、环境与经济社会协调发展。

会议强调，要始终坚持“两手抓、两手都要硬”的方针，切实加强社会主义精神文明建设和民主法制建设。要加强新形势下的思想政治工作，坚持用邓小平理论和“三个代表”重要思想武装头脑，深入开展爱国主义、集体主义、社会主义教育和理想、道德教育，努力提高全市人民的思想道德素质。发展社会主义民主政治，推进依法治市，保护人民群众的合法权益。深入开展“四五”普法教育，严格执法，公正司法，切实维护法律的尊严。正确处理新时期人民内部矛盾，强化社会治安综合治理，依法严厉打击各种犯罪活动，坚决打击和取缔邪教组织，保持社会的稳定。

会议要求，各级政府和工作人员要自觉与以江泽民同志为核心的党中央保持高度一致，做好上级方针政策与本地实际相结合的文章，创造性地开展工作，积极稳妥地搞好机构改革切实转变政府职能，自觉接受人民群众的监督，坚持依法行政，提高决策的民主化、科学化水平。要从严治政，深入开展廉政建设和反腐败斗争，严惩一切腐败分子。牢记全心全意为人民服务的宗旨，切实转变工作作风，密切同基层和人民群众的血肉联系，防止和克服形式主义、官僚主义，反对弄虚作假和虚报浮夸，勤政为民，真抓实干，树立良好的政府形象。

会议号召，全市人民要在市委的领导下，高举邓小平理论伟大旗帜，按照“三个代表”重要思想的要求，进一步解放思想，坚定信心，迎难而上，团结奋斗，推进我市改革开放和现代化建设更快更好地发展，以改革和发展的丰硕成果迎接党的十六大召开。

（二）关于菏泽市2001年国民经济和社会发展计划执行情况与2002年计划的决议（2002年2月25日菏泽市第十五届人民代表大会第二次会议第四次全体会议通过）

菏泽市第十五届人民代表大会第二次会议经过审议，并根据市人大常委会财政经济工作委员会的审查报告，决定批准市发展计划委员会主任李学军受市人民政府委托所作的《关于菏泽市2001年国民经济和社会发展计划执行情况与2002年计划草案的报告》。

（三）关于2001年全市和市级预算执行情况与2002年全市和市级预算的决议（2002年2月25日菏泽市第十五届人民代表大会第二次会议第四次全体会议通过）

菏泽市第十五届人民代表大会第二次会议经过审议，并根据市人大常委会财政经济工作委员会的审查报告，决定批准市财政局局长张秋冬受市人民政府委托所作的《关于菏泽市2001年预算执行情况和2002年预算草案的报告》。

（四）关于菏泽市人民代表大会常务委员会工作报告的决议（2002年2月25日菏泽市第十五届人民代表大会第二次会议第四次全体会议通过）

菏泽市第十五届人民代表大会第二次会议，听取并审议李明先代表菏泽市人民代表大会常务委员会所作的工作报告。

会议认为，市十五届人大一次会议以来，市人大常委会在中共菏泽市委的领导下，认真履行宪法和法律赋予的各项职权，在依法搞好监督，发挥代表作用，加强常委会自身建设等方面开创工作新局面，取得可喜的成绩，为维护全市改革、发展、稳定大局，推进社会主义民主法制建设，做出积极的努力。会议对市人大常委会一年来的工作表示满意，决定批准这个报告。

会议指出，2002 年是我国历史上具有重大意义的一年，菏泽的改革、开放和发展面临着新的机遇和挑战，做好今年的人大工作，具有深远的历史意义和重要的现实意义。会议要求，市人大常委会在新的一年里，要以邓小平理论和党的基本路线为指导，按照“三个代表”重要思想的要求，深入贯彻落实党的十五大和十五届五中、六中全会精神，坚持以经济建设为中心，努力为改革、发展、稳定大局服务。要把加强社会主义民主法制建设作为根本任务，坚持民主集中制原则，依法履行各项职权，全面执行本次会议的各项决议。要进一步加强对法律法规实施情况的监督，加强对“一府两院”的行政、执法和司法工作监督，抓好评议和个案监督，开创监督工作新局面。要随着形势的发展和变化，不断拓宽监督途径，改进监督方法，提高监督实效，督促行政机关依法行政，司法机关公正司法。要进一步密切人大代表和人民群众的联系，注重发挥代表作用，维护代表权利，注重倾听人民群众的愿望和呼声，当好维护人民群众根本利益的忠实代表。要进一步加强常委会自身建设，认真学习政治、法律、经济与科技知识，深入开展调查研究，切实转变工作作风，努力提高依法履行职责的水平，为推进社会主义民主法制建设，实现本次大会确定的我市国民经济和社会发展目标任务做出积极的贡献。

（五）关于菏泽市中级人民法院工作报告的决议（2002 年 2 月 25 日菏泽市第十五届人民代表大会第二次会议第四次全体会议通过）

菏泽市第十五届人民代表大会第二次会议经过审议，批准张玉佩院长所作的《菏泽市中级人民法院工作报告》。

（六）关于菏泽市人民检察院工作报告的决议（2002 年 2 月 25 日菏泽市第十五届人民代表大会第二次会议第四次全体会议通过）

菏泽市第十五届人民代表大会第二次会议经过审议，批准朱献瑞检察长所作的《菏泽市人民检察院工作报告》。

四、选举情况

菏泽市第十五届人民代表大会公告（第四号）

菏泽市第十五届人民代表大会第二次会议，于 2002 年 2 月 25 日补选马欲圣同志为菏泽市第十五届人民代表大会常务委员会委员。

五、代表议案、建议、批评和意见及办理情况

（一）代表议案、建议、批评和意见的提出情况

截至 2002 年 2 月 23 日 17 时，会议共收到代表提出的议案 12 件。其中，属于工业交通方面的 2 件，属于农林水方面的 3 件，属于财贸金融方面的 1 件，属于劳动人事方面的 1 件，属于城建环保方面的 1 件，其他方面 4 件。根据《中华人民共和国地方各级人民代表大会和地方各级人民政府组织法》有关代表议案的规定，菏泽市第十五届人民代表大会第二次会议议案审查委员会经过审查后认为，这些议案都是有关经济建设和社会发展的具体问题，属于市人民政府职能部门工作范围内的事情，不属于本级人民代表大会职权范围内的议案问题，作为代表建议、批评和意见处理。

另外，截至 2002 年 2 月 23 日 17 时，大会

秘书处议案组还收到代表提出的建议、批评和意见 78 件。其中，农业与农村方面 22 件，财贸金融方面 19 件，城建环保方面 25 件，教科文卫方面 11 件，其他方面 1 件。加上由议案转为建议处理的 12 件，共 90 件。这些建议，由市人大常委会人事代表工作室会后交有关部门办理，并在三个月内答复代表。

（二）代表建议、批评和意见的办理情况

市十五届人大二次会议期间及会后，市人大常委会共收到代表建议、批评和意见（以下简称建议）98 件。其中，涉及市政府系统办理的 92 件，转交市委有关部门办理的 2 件，由市人大办理的 1 件，转交市法院办理的 1 件，转县区政府办理的 2 件。截至 2002 年底，98 件代表建议已全部办理完毕，各承办单位均向提出建议的代表作书面答复，答复率达到 100%。从已收到的市人大代表的反馈意见看，满意的 92 件，占 93.9%；基本满意的 6 件，占 6.1%。

具体办理情况：

1. 建议所涉及问题已经解决或正在解决的 89 件，占办理总数的 91%。

2. 建议所涉及问题因条件限制待以后解决或留作参考的 9 件，占办理总数的 9%。

第二章　第十六届人民代表大会

第一节　第十六届人民代表大会第一次会议

一、概况

2003 年 2 月 18 日至 22 日，菏泽市第十六届人民代表大会第一次会议在菏泽召开，会期 5 天。

会议主要议程：听取和审议菏泽市人民政府工作报告；听取和审议菏泽市人民政府关于菏泽市 2002 年国民经济和社会发展计划执行情况与 2003 年计划草案的报告，审查、批准菏泽市 2002 年国民经济和社会发展计划执行情况的报告与 2003 年计划；听取和审议菏泽市人民政府关于菏泽市 2002 年预算执行情况和 2003 年预算草案的报告，审查菏泽市 2002 年预算执行情况的报告和 2003 年预算草案，批准菏泽市 2002 年市级预算执行情况的报告和 2003 年市级预算；听取和审议菏泽市人大常委会工作报告；听取和审议菏泽市中级人民法院工作报告；听取和审议菏泽市人民检察院工作报告；选举菏泽市出席山东省第十届人民代表大会的代表；选举菏泽市第十六届人民代表大会常务委员会主任、副主任、秘书长、委员；选举菏泽市人民政府市长、副市长；选举菏泽市中级人民法院院长、菏泽市人民检察院检察长；其他事项。

2003 年 2 月 19 日，市人大常委会副主任阎世海在菏泽市第十六届人民代表大会第一次会议上作市人大常委会工作报告

二、组织机构及组成人员

主席团（50 人，按姓名笔画排序）

于法杰　马平昌　王　浩　王长松
王祖和　王振钦　王银香（女）文廷良
孔令昌　史崇亮　付守明　包谊春
毕可文　朱献瑞　刘　勇　刘春华（女）
刘殿毅　汤建梅（女，回族）　许　光
孙建民　杨成训　杨炳河　李明先
李贵章　李顺广　李胜华　何常丽（女）
宋绍先　张玉昌　张玉佩　陈　光
陈孝金　邵信斋　范福临　尚瑞芬（女）
岳　滨　周书运　孟祥伦　赵润田
段伯汉　徐光璞（女）郭仲生　高木斗
常洪珍　崔建平　阎世海　韩广洁
樊思宝　潘兴玺　潘建荣

主席团常务主席

陈　光　王祖和　潘兴玺　范福临
朱献瑞　文廷良　郭仲生　常洪珍
汤建梅（女，回族）　潘建荣　李顺广

秘书长

潘兴玺（兼）

副秘书长

李顺广　陈好孔　刘金俊　张存金
赵和平　张伯元　李福祥

议案审查委员会

主任委员

范福临

副主任委员

李顺广　马欲圣　崔冠民

委　员（按姓名笔画排序）

刘付德　刘宝祥　刘春华（女）刘莲秋（女）
李　民　李振亮　李福祥　董桂玲（女）

计划预算审查委员会

主任委员

潘兴玺

副主任委员

孔繁芝　王永成　陶冶生

委　员（按姓名笔画排序）

王德业　史崇亮　付章丽　任茂廉
李贵章　李振堂　何常丽（女）张玉昌
张修田　陈晓君（女）党文生　韩明理
彭　华　焦守进　霍保银

三、决议决定

（一）关于菏泽市人民政府工作报告的决议

（2003 年 2 月 22 日菏泽市第十六届人民代表大会第一次会议通过）

菏泽市第十六届人民代表大会第一次会议，认真审议杜昌文代市长代表市人民政府所作的政府工作报告。会议认为，报告以邓小平理论和“三个代表”重要思想为指导，对市十五届人大一次会议以来政府工作的回顾实事求是，提出的今后五年的任务目标和今年的工作措施，明确具体，切实可行，符合党的十六大精神的要求，符合菏泽的实际，会议决定批准这个报告。

会议认为，市十五届人大一次会议以来，全市人民在中共菏泽市委的领导下，高举邓小平理论伟大旗帜，认真实践“三个代表”重要思想，团结奋进，开拓创新，经济和社会各项事业都取得新的成就，实现新世纪开好头、起好步的目标。成绩的取得来之不易。

会议指出，经济欠发达是我市面临的最为突出的矛盾，加快发展是我市压倒一切的任务。要牢固树立以经济建设为中心的思想，强化发展是硬道理的理念，把“三个有利于”作为评判是非的唯一标准，抢抓机遇，加快发展；要千方百计扩大投资，不断提高对外开放水平。要围绕把菏泽建成商贸流通中心、能源化工基地和绿色农产品加工出口基地调整优化经济结构。积极推进农业产业化经营，大力发展以牛羊为主的畜牧小区，加强龙头企业建设，提高加工深度，拉长产业链条，使农民获得更多的增值效益，加快农村富余劳动力向非农产业和城镇转移，多渠道增加农民收入。继续抓好现有企业的技术改造和产权重组，膨胀企业规模，提升管理水平，推动传统产业优化升级。加快煤电化、油气化、生化制药开发进程，使之成为新的经济增长点。大力发展第三产业，加快菏泽口岸和市场体系建设，构筑完备高效、适应市场经济发展的服务体系；放手发展民营经济，帮助个体民营企业联合重组，建立现代企业制度，支持他们在更大范围、更广领域和更高层次上参与国际竞争；切实加强财政建设，把发展经济的过程作为培植财源的过程，使经济发展的成果充分体现到财政上来，坚持依法治税，强化预算约束，提高财政支持经济发展的能力；加快城市建设步伐，运用市场手段，激活城市资产，加快城市开发建设，提高城市承载能力和综合服务能力；要坚持不懈地治理经济发展环境，严厉打击各类霸头，坚决治理“三难五乱”，创造公正合理、竞争有序的发展环境。

会议强调，要切实抓好就业再就业和社会保障工作，要广开就业渠道，扩大就业容量，努力为下岗职工和失业人员提供就业机会；抓好劳务输出，搞好专业技术培训，使更多的富余劳动力进入劳务市场；加大保险基金征缴力度，建立稳定可靠的社会保障基金筹措机制和有效运营机制，努力保障下岗职工基本生活费、离退休人员养老金和城镇居民最低生活保障金足额按时发放。

会议强调，要坚持“两手抓，两手都要硬”的方针，全面发展各项社会事业，坚持用邓小平理论和“三个代表”重要思想武装广大党员干部。大力宣传爱国守法、明礼诚信、团结友善、勤俭自强、敬业奉献的道德规范，倡导社会公德、家庭美德和职业道德，培养和造就“四有”公民，加强社会主义民主与法治建设，扩大基层民主，增强全民法制观念和法律意识，积极实施“科教兴市”战略，加快科技成果转化，重视发展教育事业，推进文化大市建设，稳步推进医疗体制改革，继续做好计划生育、环境保护、国土资源保护工作，推动经济与人口、资源和环境协调发展。

会议要求，积极推进政府提速，建立起服务发展的快捷通道。认真落实领导干部廉洁自律的各项规定，深入开展反腐败斗争。各级政府工作人员要恪守为民之责，善谋富民之策，多办利民之事，保持同人民群众的血肉联系。通过卓有成效的工作体现自己在加快菏泽发展中的作用和价值，以崭新的精神风貌树立起新时代人民政府的良好形象。

会议号召，全市人民要高举邓小平理论伟大旗帜，躬身实践“三个代表”重要思想，在市委领导下，与时俱进，开拓创新，扎实工作，尽快把菏泽经济发展推向快车道，为如期实现全面建设小康社会的目标而努力奋斗！

（二）关于菏泽市人民代表大会常务委员会工作报告的决议（2003 年 2 月 22 日菏泽市第十六届人民代表大会第一次会议通过）

菏泽市第十六届人民代表大会第一次会议，听取并审议阎世海副主任代表菏泽市人大常委会所作的工作报告。会议认为，菏泽市人大常委会设立以来，在中共菏泽市委的领导下，按照市十五届人大一次和二次会议有关决议的要求，认真履行宪法和法律赋予的职责，在依法行使重大事项决定权、监督权和人事任免权，发挥代表作用，加强常委会自身建设等方面开创人大工作新局面，为推进社会主义民主法制建设，保障和促进全市经济和社会各项事业的健康发展做出积极的贡献。会议决定批准这个报告。

会议要求，新的一届市人大常委会，要以邓小平理论和“三个代表”重要思想为指导，深入贯彻落实党的十六大精神，紧紧围绕全市改革发展稳定的大局和依法治市的各项任务，积极履行宪法和法律赋予的各项职权，大力推进社会主义民主法制建设，保障和促进全市经济持续快速健康发展和社会全面进步，要继续加强对“一府两院”的法律监督和工作监督，探索监督工作新途径，提高监督质量，增强监督实效，督促“一府两院”依法行政、公正司法，切实维护政府形象和法律尊严。要依据有关法律法规，认真讨论决定重大事项，促进决策的民主化、科学化，要按照充分发扬民主，严格依法办事的要求，积极行使人事任免权。要重视代表工作，加强与代表的联系，发挥代表作用，坚持走群众路线，把代表和体现最广大人民群众的根本利益作为人大工作的出发点和归宿。要广泛深入地开展以宪法为核心内容的法制宣传教育，加强对人民代表大会制度和人大工作的宣传，增强人大在全社会的地位和作用，营造诚实守信、民主文明的社会氛围，不断推进依法治市进程。要进一步加强常委会的自身建设，努力提高政治理论水平、法律素质和业务能力，深入实际开展调查研究，切实转变工作作风，解放思想，振奋精神，与时俱进，开拓创新，为全面实现本次大会确定的各项工作目标而团结奋斗，为促进全市的物质文明、政治文明、精神文明做出积极的贡献。

（三）关于菏泽市 2002 年国民经济和社会发展计划执行情况与 2003 年计划的决议（2003 年 2 月 22 日菏泽市第十六届人民代表大会第一次会议通过）

菏泽市第十六届人民代表大会第一次会议经过审议，并根据本次会议计划预算审查委员会的审查报告，决定批准市政府提出的 2003 年国民经济和社会发展计划，批准市发展计划委员会主任李学军受市人民政府委托所作的《关于菏泽市 2002 年国民经济和社会发展计划执行情况与 2003 年计划草案的报告》。

（四）关于菏泽市 2002 年预算执行情况和 2003 年市级预算的决议（2003 年 2 月 22 日菏泽市第十六届人民代表大会第一次会议通过）

菏泽市第十六届人民代表大会第一次会议经过审议，并根据本次会议计划预算审查委员会的审查报告，决定批准市人民政府提出的菏泽市 2003 年市级预算，批准市财政局局长张秋冬受市政府委托所作的《关于菏泽市 2002 年预算执行情况和 2003 年预算草案的报告》。

（五）关于菏泽市中级人民法院工作报告的决议（2003 年 2 月 22 日菏泽市第十六届人民代表大会第一次会议通过）

菏泽市第十六届人民代表大会第一次会议，听取并审议菏泽市中级人民法院代院长孙寿海所作的《菏泽市中级人民法院工作报告》。会议对市中级人民法院市十五届人大一次会议以来的工作表示满意，决定批准这个报告。

（六）关于菏泽市人民检察院工作报告的决议（2003 年 2 月 22 日菏泽市第十六届人民代表大会第一次会议通过）

菏泽市第十六届人民代表大会第一次会议，听取并审议菏泽市人民检察院代检察长丁伟民所作的《菏泽市人民检察院工作报告》。会议对市人民检察院市十五届人大一次会议以来的工作表示满意，决定批准这个报告。

四、选举情况

（一）菏泽市第十六届人民代表大会公告（第一号）

菏泽市第十六届人民代表大会第一次会议，于 2003 年 2 月 22 日选出菏泽市第十六届人民代表大会常务委员会组成人员：

主　任

陈　光

副主任

王祖和（正厅级）　潘兴玺　范福临

朱献瑞　文廷良　郭仲生　常洪珍

汤建梅（女，回族）　潘建荣

秘书长

李顺广

委　员（按姓名笔画排序）

于海寅	马欲圣	王永成	王银香（女）
孔繁芝	史崇亮	吕恒芝（女）	朱玉烨
刘金俊	刘春华（女）	刘宝祥	刘莲秋（女）
杨炳河	李　民	李振堂	何常丽（女）
宋　波	张玉昌	陈好孔	陈晓君（女）
尚瑞芬（女）	周连瑞	晁岳坤	徐光璞（女）
唐留书	陶冶生	曹修寅	崔冠民
董桂玲（女）	程民光		

（二）菏泽市第十六届人民代表大会公告（第二号）

菏泽市第十六届人民代表大会第一次会议，于2003年2月22日选出菏泽市人民政府市长、副市长：

市　长

杜昌文

副市长

赵润田	何茂远	夏鲁青	王文升
杨永昌	张存金	邵好学	童彩云（女）

（三）菏泽市第十六届人民代表大会公告（第三号）

菏泽市第十六届人民代表大会第一次会议，于2003年2月22日选举孙寿海为菏泽市中级人民法院院长。

（四）菏泽市第十六届人民代表大会公告（第四号）

菏泽市第十六届人民代表大会第一次会议，于2003年2月22日选举丁伟民为菏泽市人民检察院检察长。

根据《中华人民共和国地方各级人民代表大会和地方各级人民政府组织法》的规定，须报经山东省人民检察院检察长提请山东省人民代表大会常务委员会批准。

五、代表议案、建议、批评和意见及办理情况

（一）代表议案、建议、批评和意见的提出情况

截至2003年2月19日17时，会议共收到代表提出的议案19件。其中，属于工业交通方面的3件，属于农业与农村方面的1件，属于财贸金融方面的4件，属于城建环保方面的4件，属于教科文卫方面的4件，其他方面3件。根据《中华人民共和国地方各级人民代表大会和地方各级人民政府组织法》有关代表议案的规定，菏泽市第十六届人民代表大会第一次会议议案审查委员会经过审查后认为，这些议案都是有关经济建设和社会发展的具体问题，属于市人民政府职能部门工作范围内的事情，不属于本级人民代表大会职权范围内的议案问题，确定作为代表建议、批评和意见处理。

另外，截至2003年2月19日17时，大会秘书处议案组还收到代表提出的建议、批评和意见8件。其中，农业与农村方面2件，财贸金融方面2件，城建环保方面3件，其他方面1件。加上由议案转为建议处理的19件，共27件。这些建议，由市人大常委会人事代表工作室会后交有关部门办理，并在三个月内答复代表。

（二）代表建议、批评和意见的办理情况

市十六届人大一次会议期间及会后，市人大常委会共收到代表建议、批评和意见（以下简称建议）94件。其中，涉及市政府系统办理的91件，转交市委有关部门办理的2件，转金融部门办理的1件。截至2003年底，94件代表建议已全部办理完毕，各承办单位均向提出建议的代表作书面答复，答复率达到100%。从已收到的市人大代表的反馈意见看，满意的92件，占97.8%；基本满意的2件，占2.2%。

具体办理情况：

1．建议所涉及问题已经解决或正在解决的78件，占办理总数的83%。

2．建议所涉及问题因条件限制待以后解决或留作参考的16件，占办理总数的17%。

第二节　第十六届人民代表大会第二次会议

一、概况

2004年1月31日至2月2日，菏泽市第十六届人民代表大会第二次会议在菏泽召开，会期3天。

2004年2月1日，市人大常委会第一副主任王祖和在菏泽市第十六届人民代表大会第二次会议上作市人大常委会工作报告

会议主要议程：听取和审议菏泽市人民政府工作报告；听取和审议菏泽市人民政府关于菏泽市2003年国民经济和社会发展计划执行情况与2004年计划草案的报告，审查、批准菏泽市2003年国民经济和社会发展计划执行情况的报告与2004年计划；听取和审议菏泽市人民政府关于菏泽市2003年预算执行情况和2004年预算草案的报告，审查菏泽市2003年预算执行情况的报告和2004年预算草案，批准菏泽市2003年市级预算执行情况的报告和2004年市级预算；听取和审议菏泽市人大常委会工作报告；听取和审议菏泽市中级人民法院工作报告；听取和审议菏泽市人民检察院工作报告；其他事项。

二、组织机构及组成人员

主席团（50人，按姓名笔画排序）

于法杰　马平昌　王　浩　王长松
王祖和　王振钦　王银香（女）文廷良
孔令昌　史崇亮　付守明　付章丽
毕可文　朱献瑞　刘　勇　刘春华（女）
刘殿毅　汤建梅（女，回族）　许　光
杨成训　杨炳河　李贵章　李顺广
李胜华　何常丽（女）张玉昌　张玉佩
陈　光　陈孝金　邵信斋　范福临
尚瑞芬（女）岳　滨　周书运　孟祥伦
赵传山　段伯汉　徐光璞（女）贾凤英（女）
郭仲生　高木斗　常洪珍　曹修寅
崔建平　阎世海　韩广洁　樊思宝
潘兴玺　潘建荣　霍保银

主席团常务主席

陈　光　王祖和　潘兴玺　范福临
朱献瑞　文廷良　郭仲生　常洪珍
汤建梅（女，回族）　潘建荣　李顺广

秘书长

王祖和（兼）

副秘书长

李顺广　刘金俊　朱　斌　程民光
赵和平　宋　波　王永成　李福祥

执行主席

陈　光　王祖和　潘兴玺　范福临
朱献瑞　文廷良　郭仲生　常洪珍
汤建梅（女，回族）　潘建荣　李顺广
王　浩　王振钦　段伯汉　付守明
赵传山　王长松　高木斗　岳　滨
刘　勇

议案审查委员会

主任委员

范福临

副主任委员

李顺广　李振堂　晁岳坤

委　员（按姓名笔画排序）

刘付德　刘宝祥　刘春华（女）李　民

李振亮　李福祥　董桂玲（女）

计划预算审查委员会

主任委员

潘兴玺

副主任委员

陶冶生　孔繁芝　王永成

委　员（按姓名笔画排序）

王德业　史崇亮　任茂廉　李贵章

何常丽（女）张玉昌　张修田　党文生

彭　华

三、决议决定

（一）关于菏泽市人民政府工作报告的决议（2004 年 2 月 2 日菏泽市第十六届人民代表大会第二次会议通过）

菏泽市第十六届人民代表大会第二次会议，认真审议市长杜昌文代表市人民政府所作的政府工作报告。会议认为，报告对 2003 年工作的总结是实事求是的，提出的 2004 年的目标任务和工作重点，贯彻"三个代表"重要思想和党的十六大、十六届三中全会精神，体现市委工作会议提出的解放思想、干事创业、加快发展的要求，符合菏泽实际，代表全市人民的意愿，是积极可行的。会议决定批准这个报告。

会议认为，过去的一年，市政府在省委、省政府和中共菏泽市委的正确领导下，高举邓小平理论伟大旗帜，躬身实践"三个代表"重要思想，深入贯彻落实党的十六大、十六届三中全会和省市委工作会议精神，带领全市人民夺取抗击"非典"和抗洪救灾的重大胜利，国民经济持续健康发展，经济结构调整步伐加快，固定资产投资实现重大突破，城市和基础设施建设成效明显，政府自身建设进一步加强，社会安定团结，各项事业全面进步，人民生活进一步改善，除农民收入因灾减少外，市十六届人大一次会议确定的其他目标任务均圆满完成，改革开放和现代化建设取得显著成效。会议对市政府一年来的工作表示满意。同时指出，前进中还存在不少困难和问题，一定要高度重视，采取有效措施认真加以解决。

会议指出，今年是省委、省政府实施"突破菏泽"战略的第一年，也是我市乘势而上、加快发展的关键一年。为做好今年的工作，市政府要坚持以邓小平理论和"三个代表"重要思想为指导，全面贯彻落实党的十六大和十六届三中全会精神，按照省委、省政府提出的"三三一一"目标要求，坚持全面、协调、可持续的科学发展观，以加快发展为主题，以结构调整为主线，以扩大投资为总抓手，以优化环境为关键措施，高度重视解决"三农"问题，大力推进工业化、城市化进程，加快服务业发展，促进国民经济持续快速协调健康发展和社会全面进步。

会议强调，要继续把扩大投资作为经济工作的总抓手，以招商引资为重点，优化投资结构，确保固定资产投资实现新突破；坚持"多予、少取、放活"的方针，把解决"三农"问题作为政府工作的重中之重，深化农村改革，统筹城乡发展，加快农村劳动力转移，促进农民增收、农业增效、农村经济社会全面发展；继续实施重点带动战略，加快提升改造传统产业，大力发展能源化工产业，推进工业化进程；以商贸流通为重点，实施"商贸兴城"战略，加快专业批发市场建设，大力发展现代物流业，全面推进旅游、社区服务、房地产开发和金融保险等新型服务业，努力实现服务业发展的新跨越；积极调整出口产品结构，提高出口产品质量档次，努力扩大出口规模，大力实施"走出去"战略，进一步增强参与国际竞争的能力；全面落实对民营经济的各项扶持政策，努力激活民间资本，推动民营经济快速发展；坚持高起点规划、高标准建设、高效能管理、高效益经营，加快推进菏泽区域中心城市建设，提高城市化水平；全面推行财政管理体制改革，强化税收征管，严格支出管理，努力发挥财政宏观调控作用；统筹兼顾，繁荣发展各项社会事业，加强民主法制建设，促进社会主义物质文明、政治文明、精神文明协调发展；围绕人民群众最现实、最关心、最直接的困难和问题，千方百计扩大就业再就业，完善社会保障体系，实施“扶贫济困”工程，整顿规范市场经济秩序，切实维护社会稳定。

会议强调，市政府必须按照“为民、务实、清廉”的要求，进一步加强自身建设，不断提高政府工作水平。深入持久学习实践“三个代表”重要思想，建立健全政府系统科学民主决策制度，努力提高科学判断形势、驾驭市场经济、总揽全局和应对复杂局面的能力。按照精简、统一、效能原则，进一步推动政府提速，转变政府职能，切实把政府的经济管理职能转到主要为市场主体服务和创造良好发展环境上来。实施“阳光政务”工程，推行政务公开，接受群众监督。深入学习贯彻行政许可法，创新管理体制，健全工作制度，完善工作规程，不断提高依法执政水平。加强作风建设，推进反腐倡廉，大力弘扬求真务实精神，大兴求真务实之风，力戒官僚主义、形式主义和光说空话、不干实事的恶劣作风。把狠抓政策措施落实作为转变作风的关键环节，进一步建立完善决策目标、执行责任、考核监督“三个体系”，明确任务，落实责任，切实把各项工作落到实处。深入开展廉政建设和反腐败斗争，严肃查办以权谋私、侵害群众利益的案件，加大对各类违法违纪行为特别是大案要案的查处力度，坚决惩治和清除腐败分子。

会议认为，全市正处在加快发展的关键时期，机遇千载难逢，发展时不我待。会议号召，全市人民必须紧密团结在以胡锦涛同志为总书记的党中央周围，在省委、省政府和市委的坚强领导下，紧紧围绕全面建设小康社会的宏伟目标，解放思想、抢抓机遇、凝聚力量、干事创业，为实现菏泽的超常规、高速度、跨越式发展而努力奋斗。

（二）关于菏泽市人民代表大会常务委员会工作报告的决议（2004年2月2日菏泽市第十六届人民代表大会第二次会议通过）

菏泽市第十六届人民代表大会第二次会议，听取并审议市人民代表大会常务委员会第一副主任王祖和代表市人民代表大会常务委员会所作的工作报告，决定批准这个报告。

会议认为，换届以来，菏泽市人民代表大会常务委员会在中共菏泽市委的领导下，认真学习贯彻“三个代表”重要思想和党的十六大、十六届三中全会精神，按照市第十六届人民代表大会第一次会议各项决议的要求，紧紧围绕全市改革发展稳定的大局，认真履行宪法法律赋予的职责，大力加强社会主义民主法制建设，重大事项决定、监督、人事任免、代表工作、自身建设等各方面都取得新的进展，为我市经济发展和社会全面进步做出积极贡献。会议对常务委员会一年来的工作表示满意。

会议要求，菏泽市人民代表大会常务委员会要继续坚持以毛泽东思想、邓小平理论和“三个代表”重要思想为指导，全面贯彻落实党的十六大、十六届三中全会精神和胡锦涛总书记视察菏泽时的重要讲话精神，坚持全面、协调、可持续的科学发展观，把发展社会主义民主、健全社会主义法制作为根本任务，紧紧围绕全市工作大局，切实履行各项法定职责，努力维护好、实现好、发展好最广大人民群众的根本利益。依法行使好重大事项决定权，对事关全市改革发展稳定大局的重大事项及时作出决议决定。要把经济社会发展中的重大问题和人民群众普遍关注的“热点”“难点”问题作为监督工作的重点，不断探索监督工作的新途径，切实增强人大监督工作的实效性和权威性，支持和促进“一府两院”依法行政、公正司法。依法行使好人事任免权，积极营造鼓励干事创业的用人机制。支持代表依法执行职务，充分发挥代表作用。进一步密切与人民群众的联系，倾听和反映人民群众的意见和要求，自觉接受人民的监督。继续加强常务委员会的自身建设，努力提高整体素质和决策水平，使人大工作不断创新发展。

（三）关于菏泽市中级人民法院工作报告的决议（2004年2月2日菏泽市第十六届人民代表大会第二次会议通过）

菏泽市第十六届人民代表大会第二次会议，听取并审议菏泽市中级人民法院院长孙寿海所作的《菏泽市中级人民法院工作报告》。会议对市中级人民法院一年来的工作表示满意，决定批准这个报告。

（四）关于菏泽市人民检察院工作报告的决议（2004年2月2日菏泽市第十六届人民代表大会第二次会议通过）

菏泽市第十六届人民代表大会第二次会议，听取并审议菏泽市人民检察院检察长丁伟民所作的《菏泽市人民检察院工作报告》。会议对市人民检察院一年来的工作表示满意，决定批准这个报告。

（五）关于菏泽市2003年国民经济和社会发展计划执行情况与2004年国民经济和社会发展计划的决议（2004年2月2日菏泽市第十六届人民代表大会第二次会议通过）

菏泽市第十六届人民代表大会第二次会议经过审议并根据本次会议计划预算审查委员会的审查报告，决定批准市人民政府提出的2004年国民经济和社会发展计划，批准市发展计划委员会主任李学军受市人民政府委托所作的《关于菏泽市2003年国民经济和社会发展计划执行情况与2004年计划草案的报告》。

（六）关于2003年全市和市级预算执行情况与2004年全市和市级预算的决议（2004年2月2日菏泽市第十六届人民代表大会第二次会议通过）

菏泽市第十六届人民代表大会第二次会议经过审议并根据本次会议计划预算审查委员会的审查报告，决定批准市人民政府提出的菏泽市2004年市级预算，同意市财政局局长张秋冬受市人民政府委托所作的《关于菏泽市2003年预算执行情况和2004年预算草案的报告》。

四、代表议案、建议、批评和意见及办理情况

（一）代表议案、建议、批评和意见的提出情况

截至2004年2月1日10时，会议共收到代表提出的议案5件。其中，属于工业交通方面的4件，属于农业与农村方面的1件。根据《中华人民共和国地方各级人民代表大会和地方各级人民政府组织法》有关代表议案的规定，菏泽市第十六届人民代表大会第二次会议议案审查委员会经过审查后认为，这些议案都是有关经济建设和社会发展的具体问题，属于市人民政府职能部门工作范围内的事情，不属于本级人民代表大会职权范围内的议案问题，拟作为代表建议、批评和意见处理。

另外，截至2004年2月1日10时，大会秘书处议案组还收到代表提出的建议、批评和意见7件。其中，工业交通方面1件，农业与农村方面1件，财贸金融方面1件，城建环保方面1件，政法方面1件，教科文卫方面1件，其他方面1件。加上由议案转为建议处理的5件，共12件。

（二）代表建议、批评和意见的办理情况

在市十六届人大二次会议期间及会后，市人大常委会共收到代表就全市各方面工作提出建议、批评和意见（以下简称建议）74件，其中转交市政府系统办理的69件，转交市委有关部门办理的4件，由市人大常委会办理的1件。截至2004年底，74件代表建议已全部办理完毕，各承办单位均向提出建议的代表作书面答复，答复率达到100%。从已收到的市人大代表的反馈意见看，满意的70件，占94.5%；基本满意的4件，占5.5%。

具体办理情况：

1. 建议所提问题已经解决或正在解决的 61 件，占办理总数的 82%。

2. 建议所提问题因条件、职权所限待以后解决或留作参考的 13 件，占办理总数的 18%。

第三节　第十六届人民代表大会第三次会议

一、概况

2005 年 1 月 27 日至 30 日，菏泽市第十六届人民代表大会第三次会议在菏泽举行，会期 4 天。

2005 年 1 月 27 日至 30 日，菏泽市第十六届人民代表大会第三次会议召开

会议主要议程：听取和审议市政府工作报告；审议市政府关于菏泽市 2004 年国民经济和社会发展计划执行情况与 2005 年计划草案的报告，审查、批准菏泽市 2004 年国民经济和社会发展执行情况的报告与 2005 年计划；审议市政府关于菏泽市 2004 年预算执行情况和 2005 年预算草案的报告，审查菏泽市 2004 年预算执行情况的报告和 2005 年预算草案，批准菏泽市 2004 年市级预算执行情况的报告和 2005 年市级预算；听取和审议市人大常委会工作报告；听取和审议市中级人民法院工作报告；听取和审议市人民检察院工作报告；选举事项；其他事项。

二、组织机构及组成人员

主席团（52 人，按姓名笔画排序）

于法杰　马平昌　王　浩　王长松
王文升　王祖和　王振钦　王银香（女）
支建立　文廷良　尹玉明　孔令昌
史崇亮　付守明　付章丽　毕可文
朱培吉　朱献瑞　刘　勇　刘春华（女）
汤建梅（女，回族）　许　光　杨成训
杨炳河　李贵章　李顺广　李胜华
何常丽（女）宋新立　张玉昌　张玉佩
陈　光　陈孝金　邵信斋　范福临
尚瑞芬（女）岳　滨　周书运　孟祥伦
段伯汉　徐光璞（女）贾凤英（女）郭仲生
高木斗　常洪珍　曹修寅　崔建平
阎世海　韩广洁　樊思宝　潘兴玺
潘建荣

主席团常务主席

陈　光　王祖和　潘兴玺　范福临
朱献瑞　文廷良　郭仲生　常洪珍
汤建梅（女，回族）　潘建荣　李顺广

秘书长

王祖和（兼）

副秘书长

李顺广　刘金俊　朱　斌　程民光
赵和平　宋　波　王永成　李福祥

执行主席

陈　光　王祖和　潘兴玺　范福临
朱献瑞　文廷良　郭仲生　常洪珍
汤建梅（女，回族）　潘建荣　李顺广
王长松　高木斗　尹玉明　王振钦
段伯汉　付守明　朱培吉　岳　滨
刘　勇

议案审查委员会

主任委员

范福临

副主任委员

李顺广　李振堂　晁岳坤

委　员（按姓名笔画排序）

刘付德　刘宝祥　刘春华（女）李　民

李振亮　李福祥　董桂玲（女）

计划预算审查委员会

主任委员

潘兴玺

副主任委员

陶冶生　孔繁芝　王永成

委　员（按姓名笔画排序）

王德业　史崇亮　任茂廉　李贵章

何常丽（女）张玉昌　张修田　党文生

彭　华

三、决议决定

（一）关于菏泽市人民政府工作报告的决议（2005 年 1 月 29 日菏泽市第十六届人民代表大会第三次会议通过）

菏泽市第十六届人民代表大会第三次会议听取和审议市长杜昌文代表菏泽市人民政府所作的工作报告，同意这个报告，决定批准这个报告。

（二）关于菏泽市 2004 年国民经济和社会发展计划执行情况与 2005 年国民经济和社会发展计划的决议（2005 年 1 月 30 日菏泽市第十六届人民代表大会第三次会议通过）

菏泽市第十六届人民代表大会第三次会议经过审议并根据本次会议计划预算审查委员会的审查报告，决定批准市人民政府提出的 2005 年国民经济和社会发展计划，批准市发展和改革委员会主任李学军受市人民政府委托向大会提交的《关于菏泽市 2004 年国民经济和社会发展计划执行情况与 2005 年计划草案的报告》。

（三）关于菏泽市 2004 年预算执行情况和 2005 年预算的决议（2005 年 1 月 30 日菏泽市第十六届人民代表大会第三次会议通过）

菏泽市第十六届人民代表大会第三次会议经过审议并根据本次会议计划预算审查委员会的审查报告，决定批准市人民政府提出的 2005 年市级预算，批准市财政局局长赵传山受市人民政府委托向大会提交的《关于菏泽市 2004 年预算执行情况和 2005 年预算草案的报告》。

（四）关于菏泽市人民代表大会常务委员会工作报告的决议（2005 年 1 月 30 日菏泽市第十六届人民代表大会第三次会议通过）

菏泽市第十六届人民代表大会第三次会议听取和审议市人大常委会第一副主任王祖和代表菏泽市人民代表大会常务委员会所作的工作报告，同意这个报告，决定批准这个报告。

（五）关于菏泽市中级人民法院工作报告的决议（2005 年 1 月 30 日菏泽市第十六届人民代表大会第三次会议通过）

菏泽市第十六届人民代表大会第三次会议听取和审议市中级人民法院院长孙寿海代表菏泽市中级人民法院所作的工作报告，同意这个报告，决定批准这个报告。

（六）关于菏泽市人民检察院工作报告的决议（2005 年 1 月 30 日菏泽市第十六届人民代表大会第三次会议通过）

菏泽市第十六届人民代表大会第三次会议听取和审议市人民检察院检察长丁伟民代表菏泽市人民检察院所作的工作报告，同意这个报告，决定批准这个报告。

（七）关于接受郭仲生辞去菏泽市第十六届人民代表大会常务委员会副主任职务请求的决定（2005 年 1 月 30 日菏泽市第十六届人民代表大会第三次会议通过）

菏泽市第十六届人民代表大会第三次会议决定：接受郭仲生辞去菏泽市第十六届人民代表大会常务委员会副主任职务的请求。

四、选举情况

菏泽市第十六届人民代表大会公告（第五号）

菏泽市第十六届人民代表大会第三次会议，

于2005年1月30日补选时启坤、张秋冬、张晓云（女）为菏泽市第十六届人民代表大会常务委员会委员。

五、代表议案、建议、批评和意见及办理情况

（一）代表议案、建议、批评和意见的提出情况

截至2005年1月29日12时，会议共收到代表提出的议案13件。其中，属于工业交通方面的5件，属于财贸金融方面的2件，属于城建环保方面的1件，属于政法方面的2件，其他方面的3件。根据《中华人民共和国地方各级人民代表大会和地方各级人民政府组织法》有关代表议案的规定，菏泽市第十六届人民代表大会第三次会议议案审查委员会经过审查后认为，这些议案都是有关经济建设和社会发展的具体问题，属于市人民政府职能部门工作范围内的事情，不属于本级人民代表大会职权范围内的议案问题，应作为代表建议、批评和意见处理。

另外，截至2005年1月28日12时，大会秘书处议案组还收到代表提出的建议、批评和意见27件。其中，工业交通方面5件，农业与农村方面3件，财贸金融方面5件，城建环保方面5件，教科文卫方面4件，劳动人事方面3件，其他方面2件。加上由议案转为建议处理的13件，共40件。

（二）代表建议、批评和意见的办理情况

在市十六届人大三次会议期间及会后，市人大常委会共收到代表就全市各方面工作提出建议、批评和意见（以下简称建议）65件，其中转交市政府系统办理的60件，转交市委有关部门办理的3件，转交县区政府办理的2件。截至2005年底，65件代表建议已全部办理完毕，各承办单位均向提出建议的代表作书面答复，答复率达到100%。从已收到的市人大代表的反馈意见看，满意的62件，占95.4%；基本满意的3件，占4.6%。

具体办理情况：

1. 建议所提问题已经解决或正在解决的61件，占办理总数的93.8%。

2. 建议所提问题因条件、职权所限待以后解决或留作参考的4件，占办理总数的6.2%。

第四节　第十六届人民代表大会第四次会议

一、概况

2006年2月7日至10日，菏泽市第十六届人民代表大会第四次会议在菏泽召开，会期4天。

2006年2月8日，市人大常委会副主任朱献瑞在菏泽市第十六届人民代表大会第四次会议上作市人大常委会工作报告

会议主要议程：听取和审议菏泽市人民政府工作报告，审查、批准菏泽市国民经济和社会发展第十一个五年规划纲要；审议菏泽市人民政府关于菏泽市2005年国民经济和社会发展计划执行情况与2006年计划草案的报告，审查、批准菏泽市2005年国民经济和社会发展计划执行情况的报告与2006年计划；审议菏泽市人民政府关于菏泽市2005年预算执行情况和2006年预算草案的报告，审查菏泽市2005年预算执行情况的报告和2006年预算草案，批准菏泽市2005年

市级预算执行情况的报告和2006年市级预算；听取和审议菏泽市人民代表大会常务委员会工作报告；听取和审议菏泽市中级人民法院工作报告；听取和审议菏泽市人民检察院工作报告；选举事项；其他事项。

二、组织机构及组成人员

主席团（49人，按姓名笔画排序）

于法杰　马平昌　王　浩　王文升
王长松　王彤宇　王银香（女）支建立
文廷良　尹玉明　孔令昌　史崇亮
付守明　付章丽　毕可文　朱培吉
朱献瑞　刘国生　刘　勇
汤建梅（女，回族）　许　光　杨成训
杨炳河　李顺广　李胜华　何常丽（女）
宋新立　张玉昌　张玉佩　陈　光
陈孝金　邵信斋　范福临　尚瑞芬（女）
岳　滨　周书运　孟祥伦　徐光璞（女）
贾凤英（女）郭仲生　高木斗　常洪珍
曹修寅　阎世海　韩广洁　傅清卿
樊思宝　潘兴玺　潘建荣

主席团常务主席

陈　光　贾凤英（女）潘兴玺　范福临
朱献瑞　文廷良　常洪珍
汤建梅（女，回族）　潘建荣　李顺广

秘书长

贾凤英（女，兼）

副秘书长

李顺广　刘金俊　朱　斌　程民光
刘建威　赵　普　宋　波

执行主席

陈　光　贾凤英（女）马平昌　潘兴玺
范福临　朱献瑞　文廷良　常洪珍
汤建梅（女，回族）　潘建荣　李顺广
尹玉明　傅清卿　王彤宇　付守明
朱培吉　王长松　刘国生　岳　滨
刘　勇

议案审查委员会

主任委员

范福临

副主任委员

李顺广　李振堂　晁岳坤

委　员（按姓名笔画排序）

刘付德　刘宝祥　刘新云　刘春华（女）
李　民　李振亮　董桂玲（女）

计划预算审查委员会

主任委员

潘兴玺

副主任委员

陶冶生　孔繁芝　张秋冬

委　员（按姓名笔画排序）

王永成　王德业　史崇亮　任茂廉
何常丽（女）张玉昌　张修田　党文生
彭　华

三、决议决定

（一）关于菏泽市人民政府工作报告的决议（2006年2月10日菏泽市第十六届人民代表大会第四次会议通过）

菏泽市第十六届人民代表大会第四次会议听取和审议市长杜昌文代表菏泽市人民政府所作的工作报告，决定批准这个报告。

（二）关于菏泽市2005年国民经济和社会发展计划执行情况与2006年国民经济和社会发展计划的决议（2006年2月10日菏泽市第十六届人民代表大会第四次会议通过）

菏泽市第十六届人民代表大会第四次会议经过审议并根据本次会议计划预算审查委员会的审查报告，决定批准市人民政府提出的2006年国民经济和社会发展计划，批准市发展和改革委员会主任李学军受市人民政府委托向大会提交的《关于菏泽市2005年国民经济和社会发展计划执行情况与2006年计划草案的报告》。

（三）关于菏泽市2005年预算执行情况和

2006年预算的决议（2006年2月10日菏泽市第十六届人民代表大会第四次会议通过）

菏泽市第十六届人民代表大会第四次会议经过审议并根据本次会议计划预算审查委员会的审查报告，决定批准市人民政府提出的2006年市级预算，批准市财政局局长赵传山受市人民政府委托向大会提交的《关于菏泽市2005年预算执行情况和2006年预算草案的报告》。

（四）关于菏泽市人民代表大会常务委员会工作报告的决议（2006年2月10日菏泽市第十六届人民代表大会第四次会议通过）

菏泽市第十六届人民代表大会第四次会议听取和审议市人大常委会副主任朱献瑞代表菏泽市人民代表大会常务委员会所作的工作报告，同意这个报告，决定批准这个报告。

（五）关于菏泽市中级人民法院工作报告的决议（2006年2月10日菏泽市第十六届人民代表大会第四次会议通过）

菏泽市第十六届人民代表大会第四次会议听取和审议市中级人民法院院长孙寿海代表菏泽市中级人民法院所作的工作报告，同意这个报告，决定批准这个报告。

（六）关于菏泽市人民检察院工作报告的决议（2006年2月10日菏泽市第十六届人民代表大会第四次会议通过）

菏泽市第十六届人民代表大会第四次会议听取和审议市人民检察院检察长丁伟民代表菏泽市人民检察院所作的工作报告，同意这个报告，决定批准这个报告。

（七）关于接受邵好学同志辞去菏泽市人民政府副市长职务请求的决定（2006年2月10日菏泽市第十六届人民代表大会第四次会议通过）

菏泽市第十六届人民代表大会第四次会议决定：接受邵好学同志辞去菏泽市人民政府副市长职务的请求。

（八）关于接受李顺广同志辞去菏泽市人大常委会秘书长职务请求的决定（2006年2月10日菏泽市第十六届人民代表大会第四次会议通过）

菏泽市第十六届人民代表大会第四次会议决定：接受李顺广同志辞去菏泽市人大常委会秘书长职务的请求。

（九）关于接受潘兴玺、范福临、潘建荣三位同志辞去菏泽市人大常委会副主任职务请求的决定（2006年2月10日菏泽市第十六届人民代表大会第四次会议通过）

菏泽市第十六届人民代表大会第四次会议决定：接受潘兴玺、范福临、潘建荣三位同志辞去菏泽市人大常委会副主任职务的请求。

（十）关于接受陶冶生等11位同志辞去菏泽市人大常委会委员职务请求的决定（2006年2月10日菏泽市第十六届人民代表大会第四次会议通过）

菏泽市第十六届人民代表大会第四次会议决定：接受陶冶生、孔繁芝、吕恒芝、唐留书、李振堂、晁岳坤、陈好孔、刘宝祥、马欲圣、周连瑞、崔冠民11位同志辞去菏泽市人大常委会委员职务的请求。

四、选举情况

（一）菏泽市第十六届人民代表大会公告（第六号）

菏泽市第十六届人民代表大会第四次会议，于2006年2月10日补选贾凤英（女）同志为菏泽市第十六届人民代表大会常务委员会第一副主任（正厅级）。

（二）菏泽市第十六届人民代表大会公告（第七号）

菏泽市第十六届人民代表大会第四次会议，于2006年2月10日补选邵好学、刘金俊、张秀长、李玉华同志为菏泽市第十六届人民代表大会常务委员会副主任。

（三）菏泽市第十六届人民代表大会公告（第

八号）

菏泽市第十六届人民代表大会第四次会议，于2006年2月10日补选马春田同志为菏泽市第十六届人民代表大会常务委员会秘书长。

（四）菏泽市第十六届人民代表大会公告（第九号）

菏泽市第十六届人民代表大会第四次会议，于2006年2月10日补选任茂廉、刘祥德、孟繁为、曹绪宝、樊庆堂同志为菏泽市第十六届人民代表大会常务委员会委员。

五、代表议案、建议、批评和意见及办理情况

（一）代表议案、建议、批评和意见的提出情况

截至2006年2月8日12时，会议共收到代表提出的议案4件。其中，属于工业交通方面的3件，属于农业农方面的1件。根据《中华人民共和国地方各级人民代表大会和地方各级人民政府组织法》有关代表议案的规定，菏泽市第十六届人民代表大会第四次会议议案审查委员会经过审查后认为，这些议案都是有关经济建设和社会发展的具体问题，属于市人民政府职能部门工作范围内的事情，不属于本级人民代表大会职权范围内的议案问题，拟作为代表建议、批评和意见处理。

另外，截至2006年2月8日12时，会议还收到代表建议、批评和意见39件。其中，工业交通方面5件，农业与农村方面1件，财贸金融方面8件，城建环保方面13件，政法方面1件，教科文卫方面3件，其他方面8件。加上由议案转为建议处理的4件，共43件。

（二）代表建议、批评和意见的办理情况

在市十六届人大四次会议期间及会后，市人大常委会共收到代表就全市各方面工作提出建议、批评和意见（以下简称建议）83件，其中转交市政府系统办理的79件，转交市委有关部门办理的1件，转交市中级人民法院办理的2件，转交县区政府办理的1件。截至2006年底，83件代表建议已全部办理完毕，各承办单位均向提出建议的代表作书面答复，答复率达到100%。从已收到的市人大代表的反馈意见看，满意的80件，占96.4%；基本满意的3件，占3.6%。

具体办理情况：

1. 建议所提问题已经解决或正在解决的77件，占办理总数的93%。

2. 建议所提问题因条件、职权所限待以后解决或留作参考的6件，占办理总数的7%。

第五节　第十六届人民代表大会第五次会议

一、概况

2006年5月13日至14日，菏泽市第十六届人民代表大会第五次会议在菏泽举行，会期2天。

会议主要议程是补选菏泽市人民政府市长。

2006年5月13日至14日，菏泽市第十六届人民代表大会第五次会议召开

二、组织机构及组成人员

主席团（54人，按姓名笔画排序）

于法杰	马平昌	马春田	王　浩
王文升	王长松	王彤宇	王银香（女）
支建立	文廷良	尹玉明	孔令昌
史崇亮	付守明	付章丽	毕可文
朱培吉	朱献瑞	任仲义	刘国生
刘金俊	刘　勇	汤建梅（女，回族）	

许　光　杨成训　杨炳河　李玉华
李胜华　何常丽（女）宋新立　张玉昌
张玉佩　张秀长　陈　光　陈孝金
邵好学　邵信斋　范福临　尚瑞芬（女）
岳　滨　周书运　孟祥伦　贾凤英（女）
徐光璞（女）郭仲生　高木斗　常洪珍
曹修寅　阎世海　韩广洁　傅清卿
樊思宝　潘兴玺　潘建荣

主席团常务主席

陈　光　贾凤英（女）马平昌　朱献瑞
文廷良　常洪珍　汤建梅（女，回族）
邵好学　刘金俊　张秀长　李玉华
马春田

秘书长

贾凤英（女，兼）

副秘书长

马春田　张洪兴　朱　斌　程民光
刘建威　宋　波　周凤文

执行主席

陈　光　贾凤英（女）马平昌　朱献瑞
文廷良　常洪珍　汤建梅（女，回族）
邵好学　刘金俊　张秀长　李玉华
马春田　尹玉明　傅清卿　王彤宇
付守明　朱培吉　王长松　刘国生
任仲义　岳　滨

三、选举情况

菏泽市第十六届人民代表大会公告（第十号）

菏泽市第十六届人民代表大会第五次会议，于2006年5月14日补选赵润田为菏泽市人民政府市长。

第六节　第十六届人民代表大会第六次会议

一、概况

2007年1月24日至26日，菏泽市第十六届人民代表大会第六次会议在菏泽召开，会期3天。

2007年1月24日至26日，菏泽市第十六届人民代表大会第六次会议召开

会议主要议程：听取和审议菏泽市人民政府工作报告；审议菏泽市人民政府关于菏泽市2006年国民经济和社会发展计划执行情况与2007年计划草案的报告，审查、批准菏泽市2006年国民经济和社会发展计划执行情况的报告与2007年计划；审议菏泽市人民政府关于菏泽市2006年预算执行情况和2007年预算草案的报告，审查菏泽市2006年预算执行情况的报告和2007年预算草案，批准菏泽市2006年市级预算执行情况的报告和2007年市级预算；听取和审议菏泽市人民代表大会常务委员会工作报告；听取和审议菏泽市中级人民法院工作报告；听取和审议菏泽市人民检察院工作报告；选举事项；其他事项。

二、组织机构及组成人员

主席团（54人，按姓名笔画排序）

于法杰　马春田　王　浩　王长松
王文升　王永江　王彤宇　王银香（女）
支建立　文廷良　尹玉明　孔令昌
史崇亮　付章丽　毕可文　朱献瑞
任仲义　刘　勇　刘士合　刘贞坚
刘国生　刘金俊　汤建梅（女，回族）
许　光　孙丰华（女）李玉华　李胜华
李德章　杨成训　杨炳河　杨晓玲（女）

何常丽（女）宋新立　张玉昌　张秀长
陈　光　陈孝金　邵好学　邵信斋
范福临　尚瑞芬（女）岳　滨　周书运
贾凤英（女）高木斗　郭仲生　曹修寅
常洪珍　阎世海　彭靖华　韩广洁
傅清卿　樊思宝　潘建荣

主席团常务主席

陈　光　贾凤英（女）朱献瑞　文廷良
常洪珍　汤建梅（女，回族）　邵好学
刘金俊　张秀长　李玉华　马春田

秘书长

贾凤英（女，兼）

副秘书长

马春田　张洪兴　朱　斌　程民光
刘建威　宋　波　周风文

执行主席

陈　光　贾凤英（女）朱献瑞　文廷良
常洪珍　汤建梅（女，回族）　邵好学
刘金俊　刘士合　张秀长　李玉华
马春田　尹玉明　傅清卿　王彤宇
杨晓玲（女）王永江　刘贞坚　刘国生
任仲义　岳　滨

议案审查委员会

主任委员

文廷良

副主任委员

马春田　时启坤　孟繁为

委　员（按姓名笔画排序）

刘付德　刘春华（女）刘新云　李　民
李振亮　曹绪宝　董桂玲（女）

计划预算审查委员会

主任委员

朱献瑞

副主任委员

张秋冬　王永成

委　员（按姓名笔画排序）

史崇亮　任茂廉　孙庆华　何常丽（女）
张修田　党文生　党明娜（女）彭　华

三、决议决定

（一）关于菏泽市人民政府工作报告的决议（2007 年 1 月 26 日菏泽市第十六届人民代表大会第六次会议通过）

菏泽市第十六届人民代表大会第六次会议听取和审议菏泽市人民政府市长赵润田所作的政府工作报告，会议同意报告提出的对 2007 年工作的安排部署，决定批准这个报告。

会议号召，全市人民高举邓小平理论和“三个代表”重要思想伟大旗帜，以科学发展观统领全局，在市委的正确领导下，万众一心，奋力拼搏，夺取 2007 年各项工作的全面胜利。

（二）关于菏泽市 2006 年国民经济和社会发展计划执行情况与 2007 年国民经济和社会发展计划的决议（2007 年 1 月 26 日菏泽市第十六届人民代表大会第六次会议通过）

菏泽市第十六届人民代表大会第六次会议经过审议并根据本次会议计划预算审查委员会的审查报告，决定批准市人民政府提出的 2007 年国民经济和社会发展计划，批准市发展和改革委员会主任赵晓英受市人民政府委托向大会提交的《关于菏泽市 2006 年国民经济和社会发展计划执行情况与 2007 年国民经济和社会发展计划草案的报告》。

（三）关于菏泽市 2006 年预算执行情况和 2007 年预算的决议（2007 年 1 月 26 日菏泽市第十六届人民代表大会第六次会议通过）

菏泽市第十六届人民代表大会第六次会议经过审议并根据本次会议计划预算审查委员会的审查报告，决定批准市人民政府提出的 2007 年市级预算，批准市财政局局长赵传山受市人民政府委托向大会提交的《关于菏泽市 2006 年预算执行情况和 2007 年预算草案的报告》。

（四）关于菏泽市人民代表大会常务委员会工作报告的决议（2007 年 1 月 26 日菏泽市第十六届人民代表大会第六次会议通过）

菏泽市第十六届人民代表大会第六次会议听取和审议菏泽市人民代表大会常务委员会第一副主任贾凤英代表菏泽市人民代表大会常务委员会所作的工作报告，决定批准这个报告。

（五）关于菏泽市中级人民法院工作报告的决议（2007 年 1 月 26 日菏泽市第十六届人民代表大会第六次会议通过）

菏泽市第十六届人民代表大会第六次会议听取和审议菏泽市中级人民法院院长孙寿海代表菏泽市中级人民法院所作的工作报告，决定批准这个报告。

（六）关于菏泽市人民检察院工作报告的决议（2007 年 1 月 26 日菏泽市第十六届人民代表大会第六次会议通过）

菏泽市第十六届人民代表大会第六次会议听取和审议菏泽市人民检察院检察长丁伟民代表菏泽市人民检察院所作的工作报告，决定批准这个报告。

（七）关于接受朱献瑞、文廷良辞去菏泽市人民代表大会常务委员会副主任职务请求的决定（2007 年 1 月 26 日菏泽市第十六届人民代表大会第六次会议通过）

菏泽市第十六届人民代表大会第六次会议决定：接受朱献瑞、文廷良辞去菏泽市第十六届人民代表大会常务委员会副主任职务的请求。

四、选举情况

（一）菏泽市第十六届人民代表大会公告（第十一号）

菏泽市第十六届人民代表大会第六次会议，于 2007 年 1 月 26 日补选马春田、彭靖华为菏泽市第十六届人民代表大会常务委员会副主任。

（二）菏泽市第十六届人民代表大会公告（第十二号）

菏泽市第十六届人民代表大会第六次会议，于 2007 年 1 月 26 日补选党文生、郭志民为菏泽市第十六届人民代表大会常务委员会委员。

五、代表议案、建议、批评和意见及办理情况

（一）代表议案、建议、批评和意见的提出情况

截至 2007 年 1 月 25 日 17 时，会议共收到代表提出的议案 13 件。其中，属于工业交通方面的 5 件，属于财贸金融方面的 1 件，属于城建环保方面的 1 件，属于教科文卫方面的 1 件，属于劳动人事方面的 2 件，其他方面的 3 件。根据《中华人民共和国地方各级人民代表大会和地方各级人民政府组织法》有关代表议案的规定，菏泽市第十六届人民代表大会第六次会议议案审查委员会经过审查后认为，这些议案都是有关经济建设和社会发展的具体问题，属于市人民政府职能部门工作范围内的事情，不属于本级人民代表大会职权范围内的议案问题，拟作为代表建议、批评和意见处理。

另外，截至 2007 年 1 月 25 日 17 时，会议还收到代表建议、批评和意见 11 件。其中，工业交通方面 3 件，农业与农村方面 1 件，财贸金融方面 2 件，城建环保方面 1 件，政法方面 1 件，教科文卫方面 3 件。加上由议案转为建议处理的 13 件，共 24 件。

（二）代表建议、批评和意见的办理情况

在市十六届人大六次会议期间及会后，市人大常委会共收到代表就全市各方面工作提出建议、批评和意见（以下简称建议）51 件，其中转交市政府系统办理的 47 件，转交市中级人民法院办理的 3 件，转交市人民检察院办理的 1 件。截至 2007 年底，51 件代表建议已全部办理完毕，各承办单位均向提出建议的代表作书面答复，答复率达到 100%。从已收到的市人大代表反馈意见看，满意的 50 件，占 98%；基本满意的 1 件，

占2%。

具体办理情况：

1. 建议所提问题已经解决或正在解决的48件，占办理总数的94.1%。

2. 建议所提问题因条件、职权所限待以后解决或留作参考的3件，占办理总数的5.9%。

第三章 第十七届人民代表大会

第一节 第十七届人民代表大会第一次会议

一、概况

2008年1月5日至8日，菏泽市第十七届人民代表大会第一次会议在菏泽召开，会期4天。

会议主要议程：听取和审议菏泽市人民政府工作报告；审议菏泽市人民政府关于菏泽市2007年国民经济和社会发展计划执行情况与2008年计划草案的报告，审查、批准菏泽市2007年国民经济和社会发展计划执行情况的报告与2008年计划；审议菏泽市人民政府关于菏泽市2007年预算执行情况和2008年预算草案的报告，审查菏泽市2007年预算执行情况的报告和2008年预算草案，批准菏泽市2007年市级预算执行情况的报告和2008年市级预算；听取和审议菏泽市人民代表大会常务委员会工作报告；听取和审议菏泽市中级人民法院工作报告；听取和审议菏泽市人民检察院工作报告；选举菏泽市第十七届人大常委会主任、副主任、秘书长、委员；选举菏泽市人民政府市长、副市长；选举菏泽市中级人民法院院长、菏泽市人民检察院检察长；选举菏泽市出席山东省第十一届人民代表大会代表；其他事项。

2008年1月6日，市人大常委会第一副主任贾凤英在菏泽市第十七届人民代表大会第一次会议上作市人大常委会工作报告

二、组织机构及组成人员

主席团（54人，按姓名笔画排序）

丁伟民　于法杰　马春田　王　浩
王文升　王永江　王彤宇　王银香（女）
支建立　尹玉明　孔令昌　付守明
付章丽　傅清卿　毕可文　任仲义
刘　勇　刘　鲁　刘士合　刘巧云（女）
刘永凤　刘贞坚　刘国生　刘金俊
刘新云　汤建梅（女，回族）　许　光
孙丰华（女）孙寿海　李卫国　李玉华
杨永昌　杨成训　杨晓玲（女）何常丽（女）
宋新立　张秀长　陈　光　邵好学
林　健　郁章玉　尚瑞芬（女）岳　滨
孟祥伦　赵润田　侯永信　耿振华
贾凤英（女）高木斗　曹修寅　常洪珍
阎世海　彭靖华　樊思宝

主席团常务主席

陈　光　贾凤英（女）刘士合　杨永昌
常洪珍　汤建梅（女，回族）　邵好学
刘金俊　张秀长　李玉华　马春田
彭靖华

秘书长

杨永昌（兼）

副秘书长

赵　普　张洪兴　朱　斌　程民光
刘建威　宋　波　周凤文

执行主席

陈　光　贾凤英（女）刘士合　杨永昌
常洪珍　汤建梅（女，回族）　邵好学
刘金俊　张秀长　李玉华　马春田
彭靖华　尹玉明　傅清卿　王彤宇
杨晓玲（女）王永江　刘贞坚　刘国生
任仲义　刘　鲁

议案审查委员会

主任委员

邵好学

副主任委员

赵　普　张友海

委　员（按姓名笔画排序）

刘巧云（女）刘新云　宋　波　宋占良
陈建华　张之昱　侯永信　耿振华

计划预算审查委员会

主任委员

常洪珍

副主任委员

郭志民　党文生

委　员（按姓名笔画排序）

王永华　王令海　王泽启　乔廷勇
孙庆华　李含英　何东方　彭　华
蔡玉河

三、决议决定

（一）关于菏泽市人民政府工作报告的决议（2008 年 1 月 8 日菏泽市第十七届人民代表大会第一次会议第三次全体会通过）

菏泽市第十七届人民代表大会第一次会议听取和审议赵润田市长所作的政府工作报告，会议同意这个报告，决定批准这个报告。

（二）关于菏泽市 2007 年国民经济和社会发展计划执行情况与 2008 年国民经济和社会发展计划的决议（2008 年 1 月 8 日菏泽市第十七届人民代表大会第一次会议第三次全体会通过）

菏泽市第十七届人民代表大会第一次会议经过审议，并根据本次会议计划预算审查委员会的审查报告，决定批准市人民政府提出的 2008 年国民经济和社会发展计划，批准市发展和改革委员会主任赵晓英受市人民政府委托向大会提交的《关于菏泽市 2007 年国民经济和社会发展计划执行情况与 2008 年计划草案的报告》。

（三）关于菏泽市 2007 年预算执行情况和 2008 年预算的决议（2008 年 1 月 8 日菏泽市第十七届人民代表大会第一次会议第三次全体会通过）

菏泽市第十七届人民代表大会第一次会议经过审议，并根据本次会议计划预算审查委员会的审查报告，决定批准市人民政府提出的 2008 年市级预算，批准市财政局局长赵传山受市人民政府委托向大会提交的《关于菏泽市 2007 年预算执行情况和 2008 年预算草案的报告》。

（四）关于菏泽市人民代表大会常务委员会工作报告的决议（2008 年 1 月 8 日菏泽市第十七届人民代表大会第一次会议第三次全体会通过）

菏泽市第十七届人民代表大会第一次会议听取和审议菏泽市第十六届人民代表大会常务委员会第一副主任贾凤英所作的市人大常委会工作报告，决定批准这个报告。

（五）关于菏泽市中级人民法院工作报告的决议（2008 年 1 月 8 日菏泽市第十七届人民代表大会第一次会议第三次全体会通过）

菏泽市第十七届人民代表大会第一次会议听取和审议菏泽市中级人民法院院长孙寿海代表菏泽市中级人民法院所作的工作报告，决定批准这个报告。

（六）关于菏泽市人民检察院工作报告的决

议（2008年1月8日菏泽市第十七届人民代表大会第一次会议第三次全体会通过）

菏泽市第十七届人民代表大会第一次会议听取和审议菏泽市人民检察院检察长丁伟民代表菏泽市人民检察院所作的工作报告，决定批准这个报告。

四、选举情况

（一）菏泽市第十七届人民代表大会公告（第一号）

菏泽市第十七届人民代表大会常务委员会主任、副主任、秘书长、委员由菏泽市第十七届人民代表大会第一次会议于2008年1月8日选出：

主　任

陈　光

第一副主任（正厅级）

杨永昌

副主任

汤建梅（女，回族）　邵好学　刘金俊

李玉华　马春田　彭靖华

秘书长

赵　普

委　员（按姓名笔画排序）

于海寅　王泽启　王银香（女）朱玉烨

朱洪亮　刘巧云（女）刘付德　刘承贵

刘祥德　许素洋　李建国　何常丽（女）

宋占良　宋绍先　张之昱　张友海

张保德　张洪兴　陈化明　陈志起

陈建华　陈晓君（女）林　健　尚瑞芬（女）

赵和平　赵锋利　侯永信　侯宪会

秦　毅　耿振华　贾庆军　党文生

郭志民　曹修寅　董桂玲（女）程民光

（二）菏泽市第十七届人民代表大会公告（第二号）

菏泽市第十七届人民代表大会第一次会议于2008年1月8日选出：

市　长

赵润田

副市长

王　浩　朱培吉　李卫国

李法洪（回族）　张存金　段伯汉

黄秀玲（女）

（三）菏泽市第十七届人民代表大会公告（第三号）

菏泽市第十七届人民代表大会第一次会议于2008年1月8日选出孙寿海为菏泽市中级人民法院院长。

（四）菏泽市第十七届人民代表大会公告（第四号）

菏泽市第十七届人民代表大会第一次会议于2008年1月8日选出丁伟民为菏泽市人民检察院检察长（需经省人大常委会批准任命）。

五、代表议案、建议、批评和意见及办理情况

（一）代表议案、建议、批评和意见的提出情况

截至2008年1月6日10时，会议共收到代表提出的议案12件。其中，属于工业交通方面的5件，属于农业农村方面的1件，属于财贸金融方面的1件，属于城建环保方面的1件，属于教科文卫方面的3件，属于劳动人事方面的1件。根据《中华人民共和国地方各级人民代表大会和地方各级人民政府组织法》有关代表议案的规定，菏泽市第十七届人民代表大会第一次会议议案审查委员会经过审查后认为，这些议案都是有关经济建设和社会发展的具体问题，属于市人民政府职能部门工作范围内的事情，不属于本级人民代表大会职权范围内的议案问题，拟作为代表建议、批评和意见处理。

另外，截至2008年1月6日10时，会议还收到代表建议、批评和意见11件。其中，工业交通方面2件，农业与农村方面2件，财贸金融

方面1件，城建环保方面1件，政法方面2件，教科文卫方面1件，劳动人事方面2件。加上由议案转为建议处理的12件，共23件。

（二）代表建议、批评和意见的办理情况

在市十七届人大一次会议期间及会后，市人大常委会共收到代表就全市各方面工作提出建议、批评和意见（以下简称建议）55件，其中转交市政府系统办理的53件，转交市委相关部门办理的2件。截至2008年底，55件代表建议已全部办理完毕，各承办单位均向提出建议的代表作书面答复，答复率达到100%。从已收到的市人大代表反馈意见看，满意的52件，占94.5%；基本满意的3件，占5.5%。

具体办理情况：

1．建议所提问题已经解决或正在解决的49件，占办理总数的89%。

2．建议所提问题因条件、职权所限待以后解决或留作参考的6件，占办理总数的11%。

第二节　第十七届人民代表大会第二次会议

一、概况

2008年7月24日至25日，菏泽市第十七届人民代表大会第二次会议在菏泽召开，会期2天。

2008年7月24日至25日，菏泽市第十七届人民代表大会第二次会议召开

会议主要议程：补选菏泽市第十七届人民代表大会常务委员会主任；补选菏泽市人民政府市长；其他事项。

二、组织机构及组成人员

主席团（49人，按姓名笔画排序）

于法杰　马春田　王　浩　王文升　王永江　王彤宇　王银香（女）支建立　尹玉明　孔令昌　付守明　付章丽　毕可文　任仲义　刘　勇　刘　鲁　刘巧云（女）刘永凤　刘贞坚　刘国生　刘金俊　刘新云　汤建梅（女，回族）　许　光　孙丰华（女）李卫国　李玉华　杨永昌　杨成训　杨晓玲（女）何常丽（女）　宋新立　张存金　邵好学　林　健　郁章玉　尚瑞芬（女）岳　滨　赵　普　赵润田　侯永信　耿振华　贾凤英（女）　高木斗　曹修寅　阎世海　彭靖华　傅清卿　樊思宝

主席团常务主席

赵润田　杨永昌　汤建梅（女，回族）　邵好学　刘金俊　李玉华　马春田　彭靖华　赵　普

秘书长

杨永昌（兼）

副秘书长

赵　普　张洪兴　朱　斌　程民光　刘建威　宋　波　周凤文

执行主席

赵润田　杨永昌　汤建梅（女，回族）　邵好学　刘金俊　李玉华　马春田　彭靖华　赵　普　尹玉明　傅清卿　王彤宇　杨晓玲（女）王永江　刘贞坚　刘国生　任仲义　刘　鲁

三、选举情况

（一）菏泽市第十七届人民代表大会公告（第

五号）

菏泽市第十七届人民代表大会第二次会议，于2008年7月25日补选赵润田为菏泽市第十七届人民代表大会常务委员会主任。

（二）菏泽市第十七届人民代表大会公告（第六号）

菏泽市第十七届人民代表大会第二次会议，于2008年7月25日补选刘士合为菏泽市人民政府市长。

第三节 第十七届人民代表大会第三次会议

一、概况

2009年2月6日至8日，菏泽市第十七届人民代表大会第三次会议在菏泽召开，会期3天。

2009年2月6日至8日，菏泽市第十七届人民代表大会第三次会议召开

会议主要议程：听取和审议菏泽市人民政府工作报告；审议菏泽市人民政府关于菏泽市2008年国民经济和社会发展计划执行情况与2009年计划草案的报告，审查、批准菏泽市2008年国民经济和社会发展计划执行情况的报告与2009年计划；审议菏泽市人民政府关于菏泽市2008年预算执行情况和2009年预算草案的报告，审查菏泽市2008年预算执行情况的报告和2009年预算草案，批准菏泽市2008年市级预算执行情况的报告和2009年市级预算；听取和审议菏泽市人大常委会工作报告；听取和审议菏泽市中级人民法院工作报告；听取和审议菏泽市人民检察院工作报告；补选菏泽市第十七届人大常委会委员；其他事项。

二、组织机构及组成人员

主席团（58人，按姓名笔画排序）

丁伟民　于法杰　马春田　支建立
王　浩　王永江　王志强　王彤宇
王银香（女）孔令昌　尹玉明　付守明
付章丽　毕可文　朱培吉　任仲义
刘士合　刘巧云（女）刘永凤　刘贞坚
刘国生　刘金俊　刘　勇　刘　鲁
刘新云　汤建梅（女，回族）　许　光
孙丰华（女）孙寿海　杨永昌　杨成训
杨晓玲（女）李卫国　李玉华
李法洪（回族）　何常丽（女）张本进
张存金　张珠银　邵好学　林　健
郁章玉　尚瑞芬（女）岳　滨　胡上山
赵润田　赵　普　侯永信　段伯汉
耿振华　贾凤英（女）高木斗　黄秀玲（女）
阎世海　彭靖华　童彩云（女）傅清卿
樊思宝

主席团常务主席

赵润田　杨永昌　汤建梅（女，回族）
邵好学　刘金俊　李玉华　马春田
彭靖华　赵　普

秘书长

杨永昌（兼）

副秘书长

赵　普　张洪兴　朱　斌　程民光
刘建威　周凤文

执行主席

赵润田　杨永昌　王　浩
汤建梅（女，回族）　邵好学　刘金俊

李玉华　　马春田　　彭靖华　　赵　普
尹玉明　　傅清卿　　王彤宇　　杨晓玲（女）
王永江　　刘贞坚　　刘国生　　任仲义
刘　鲁

议案审查委员会

主任委员

邵好学

副主任委员

张友海　　陈化明

委　员（按姓名笔画排序）

刘巧云（女）安克林　　吴东华（女）宋占良
陈建华　　张之昱　　侯永信　　耿振华

计划预算审查委员会

主任委员

李玉华

副主任委员

郭志民　　党文生

委　员（按姓名笔画排序）

王永华　　王令海　　王泽启　　乔廷勇
孙庆华　　何东方　　彭　华　　蔡玉河

三、决议决定

（一）关于政府工作报告的决议（2009年2月8日菏泽市第十七届人民代表大会第三次会议通过）

菏泽市第十七届人民代表大会第三次会议听取和审议刘士合市长所作的政府工作报告，会议同意这个报告，决定批准这个报告。

（二）关于菏泽市2008年国民经济和社会发展计划执行情况与2009年国民经济和社会发展计划的决议（2009年2月8日菏泽市第十七届人民代表大会第三次会议通过）

菏泽市第十七届人民代表大会第三次会议经过审议，并根据本次会议计划预算审查委员会的审查报告，决定批准市人民政府提出的2009年国民经济和社会发展计划，批准市发展和改革委员会主任赵晓英受市人民政府委托向大会提交的《关于菏泽市2008年国民经济和社会发展计划执行情况与2009年计划草案的报告》。

（三）关于菏泽市2008年预算执行情况和2009年预算的决议（2009年2月8日菏泽市第十七届人民代表大会第三次会议通过）

菏泽市第十七届人民代表大会第三次会议经过审议，并根据本次会议计划预算审查委员会的审查报告，决定批准市人民政府提出的2009年市级预算，批准市财政局局长赵传山受市人民政府委托向大会提交的《关于菏泽市2008年预算执行情况和2009年预算草案的报告》。

（四）关于菏泽市人大常委会工作报告的决议（2009年2月8日菏泽市第十七届人民代表大会第三次会议通过）

菏泽市第十七届人民代表大会第三次会议听取和审议菏泽市人大常委会第一副主任杨永昌代表菏泽市人大常委会所作的工作报告，决定批准这个报告。

（五）关于菏泽市中级人民法院工作报告的决议（2009年2月8日菏泽市第十七届人民代表大会第三次会议通过）

菏泽市第十七届人民代表大会第三次会议听取和审议菏泽市中级人民法院院长孙寿海代表菏泽市中级人民法院所作的工作报告，决定批准这个报告。

（六）关于菏泽市人民检察院工作报告的决议（2009年2月8日菏泽市第十七届人民代表大会第三次会议通过）

菏泽市第十七届人民代表大会第三次会议听取和审议菏泽市人民检察院检察长丁伟民代表菏泽市人民检察院所作的工作报告，决定批准这个报告。

四、选举情况

菏泽市第十七届人民代表大会公告（第七号）

菏泽市第十七届人民代表大会第三次会议，于2009年2月8日补选冯建云为菏泽市人大常委会委员。

五、代表议案、建议、批评和意见及办理情况

（一）代表议案、建议、批评和意见的提出情况

截至2009年2月7日上午10时，会议共收到代表提出的议案2件，均属于工业交通方面。根据《中华人民共和国地方各级人民代表大会和地方各级人民政府组织法》有关代表议案的规定，菏泽市第十七届人民代表大会第三次会议议案审查委员会经过审查后认为，这些议案都是有关经济建设和社会发展的具体问题，属于市人民政府职能部门工作范围内的事情，不属于本级人民代表大会职权范围内的议案问题，拟作为代表建议、批评和意见处理。

另外，截至2009年2月7日10时，会议还收到代表建议、批评和意见48件。其中，工业交通方面15件，农业与农村方面3件，财贸金融方面2件，城建环保方面6件，政法方面2件，教科文卫方面12件，其他方面8件。加上由议案转为建议处理的2件，共50件。

（二）代表建议、批评和意见的办理情况

在市十七届人大三次会议期间及会后，市人大常委会共收到代表就全市各方面工作提出建议、批评和意见（以下简称建议）65件，其中转交市政府系统办理的63件，转交市委相关部门办理的2件。截至2009年底，65件代表建议已全部办理完毕，各承办单位均向提出建议的代表作书面答复，答复率达到100%。从已收到的市人大代表反馈意见看，满意的62件，占95.4%；基本满意的3件，占4.6%。

具体办理情况：

1. 建议所提问题已经解决或正在解决的59件，占办理总数的91%。

2. 建议所提问题因条件、职权所限待以后解决或留作参考的6件，占办理总数的9%。

第四节　第十七届人民代表大会第四次会议

一、概况

2010年1月20日至22日，菏泽市第十七届人民代表大会第四次会议在菏泽举行，会期3天。

2010年1月20日至22日，菏泽市第十七届人民代表大会第四次会议召开

会议主要议程：听取和审议菏泽市人民政府工作报告；审查、批准菏泽市2009年国民经济和社会发展计划执行情况的报告与2010年计划；审查菏泽市2009年预算执行情况的报告和2010年预算草案，批准菏泽市2009年市级预算执行情况的报告和2010年市级预算；听取和审议菏泽市人大常委会工作报告；听取和审议菏泽市中级人民法院工作报告；听取和审议菏泽市人民检察院工作报告；选举事项；其他事项。

二、组织机构及组成人员

主席团（58人，按姓名笔画排序）

丁伟民　于法杰　马春田　王　浩
王永江　王志强　王彤宇　王银香（女）
支建立　尹玉明　孔令昌　付守明
付章丽　毕可文　朱培吉　任仲义
刘　勇　刘　峰　刘　鲁　刘士合
刘巧云（女）刘永凤　刘贞坚　刘国生
刘金俊　刘新云　汤建梅（女，回族）

许　光　　孙丰华（女）李卫国　　李玉华
李法洪（回族）　　杨永昌　　杨成训
杨晓玲（女）何常丽（女）张本进　　张存金
张珠银　　邵好学　　林　健　　郁章玉
尚瑞芬（女）岳　滨　　段伯汉　　赵　普
赵润田　　胡上山　　侯永信　　耿振华
贾凤英（女）高木斗　　黄秀玲（女）阎世海
彭靖华　　童彩云（女）傅清卿　　樊思宝

主席团常务主席

赵润田　　杨永昌　　王　浩
汤建梅（女，回族）　　邵好学　　刘金俊
李玉华　　马春田　　彭靖华　　赵　普

秘书长

杨永昌（兼）

副秘书长

赵　普　　张洪兴　　朱　斌　　程民光
刘建威　　周风文

执行主席

赵润田　　杨永昌　　王　浩　　尹玉明
汤建梅（女，回族）　　邵好学　　刘金俊
李玉华　　马春田　　彭靖华　　赵　普
傅清卿　　王彤宇　　杨晓玲（女）王永江
刘贞坚　　刘国生　　任仲义　　刘　鲁

议案审查委员会

主任委员

邵好学

副主任委员

党文生　　刘付德　　刘祥德

委　员（按姓名笔画排序）

于海寅　　刘巧云（女）安克林　　吴东华（女）
陈化明　　陈建华　　侯宪会　　侯永信
耿振华

计划预算审查委员会

主任委员

李玉华

副主任委员

宋绍先　　郭志民　　陈志起

委　员（按姓名笔画排序）

王令海　　孙庆华　　乔廷勇　　刘新建
张之昱　　郭保存　　陶体华　　彭　华
蔡玉河

三、决议决定

（一）关于菏泽市政府工作报告的决议（2010年1月22日菏泽市第十七届人民代表大会第四次会议通过）

菏泽市第十七届人民代表大会第四次会议听取和审议市人民政府市长刘士合所作的政府工作报告，会议同意这个报告，决定批准这个报告。

（二）关于菏泽市2009年国民经济和社会发展计划执行情况与2010年国民经济和社会发展计划的决议（2010年1月22日菏泽市第十七届人民代表大会第四次会议通过）

菏泽市第十七届人民代表大会第四次会议经过审议，并根据本次会议计划预算审查委员会的审查报告，决定批准市人民政府提出的2010年国民经济和社会发展计划，批准市发展和改革委员会主任赵晓英受市人民政府委托向大会提交的《关于菏泽市2009年国民经济和社会发展计划执行情况与2010年计划草案的报告》。

（三）关于菏泽市2009年预算执行情况和2010年预算的决议（2010年1月22日菏泽市第十七届人民代表大会第四次会议通过）

菏泽市第十七届人民代表大会第四次会议经过审议并根据本次会议计划预算审查委员会的审查报告，决定批准市人民政府提出的2010年市级预算，批准市财政局局长赵传山受市人民政府委托向大会提交的《关于菏泽市2009年预算执行情况和2010年预算草案的报告》。

（四）关于菏泽市人大常委会工作报告的决议（2010年1月22日菏泽市第十七届人民代表

大会第四次会议通过）

菏泽市第十七届人民代表大会第四次会议听取和审议菏泽市人大常委会第一副主任杨永昌代表菏泽市人大常委会所作的工作报告，决定批准这个报告。

（五）关于菏泽市中级人民法院工作报告的决议（2010 年 1 月 22 日菏泽市第十七届人民代表大会第四次会议通过）

菏泽市第十七届人民代表大会第四次会议听取和审议菏泽市中级人民法院代院长王玮代表菏泽市中级人民法院所作的工作报告，决定批准这个报告。

（六）关于菏泽市人民检察院工作报告的决议（2010 年 1 月 22 日菏泽市第十七届人民代表大会第四次会议通过）

菏泽市第十七届人民代表大会第四次会议听取和审议菏泽市人民检察院检察长丁伟民代表菏泽市人民检察院所作的工作报告,决定批准这个报告。

四、选举情况

（一）菏泽市第十七届人民代表大会公告（第八号）

菏泽市第十七届人民代表大会第四次会议，于 2010 年 1 月 22 日补选王玮为菏泽市中级人民法院院长。

（二）菏泽市第十七届人民代表大会公告（第九号）

菏泽市第十七届人民代表大会第四次会议，于 2010 年 1 月 22 日补选刘中琴、郭景堂为菏泽市第十七届人民代表大会常务委员会委员。

五、代表议案、建议、批评和意见及办理情况

（一）代表议案、建议、批评和意见的提出情况

截至 2010 年 1 月 21 日 10 时，会议共收到代表提出的议案 4 件，其中，属于农业农村方面的 1 件，属于财贸金融方面的 1 件，属于城建环保方面的 1 件,属于教科文卫方面的 1 件。根据《中华人民共和国地方各级人民代表大会和地方各级人民政府组织法》有关代表议案的规定，菏泽市第十七届人民代表大会第四次会议议案审查委员会经过审查后认为，这些议案都是有关经济建设和社会发展的具体问题，属于市人民政府职能部门工作范围内的事情，不属于本级人民代表大会职权范围内的议案问题，拟作为代表建议、批评和意见处理。

另外，截至 2010 年 1 月 21 日 10 时，会议还收到代表建议、批评和意见 40 件。其中，工业交通方面 6 件，农业与农村方面 7 件，财贸金融方面 4 件，城建环保方面 8 件，政法方面 3 件，教科文卫方面 12 件。加上由议案转为建议处理的 2 件，共 42 件。

（二）代表建议、批评和意见的办理情况

在市十七届人大四次会议期间及会后，市人大常委会共收到代表就全市各方面工作提出建议、批评和意见（以下简称建议）52 件，其中转交市政府系统办理的 50 件，转交市委相关部门办理的 2 件。截至 2010 年底，52 件代表建议已全部办理完毕，各承办单位均向提出建议的代表作书面答复，答复率达到 100%。从已收到的市人大代表反馈意见看，满意的 48 件，占 92.3%；基本满意的 4 件，占 7.7%。

具体办理情况：

1. 建议所提问题已经解决或正在解决的 46 件，占办理总数的 88.5%。

2. 建议所提问题因条件、职权所限待以后解决或留作参考的 6 件，占办理总数的 11.5%。

第五节　第十七届人民代表大会第五次会议

一、概况

2011 年 1 月 21 日至 23 日，菏泽市第十七

届人民代表大会第五次会议在菏泽举行，会期3天。

2011年1月21日至23日，菏泽市第十七届人民代表大会第五次会议召开

会议主要议程：听取和审议菏泽市人民政府工作报告；审议菏泽市人民政府关于菏泽市国民经济和社会发展第十二个五年规划纲要（草案），审查批准菏泽市国民经济和社会发展第十二个五年规划纲要；审议菏泽市人民政府关于菏泽市2010年国民经济和社会发展计划执行情况与2011年计划草案的报告，审查批准菏泽市2010年国民经济和社会发展计划执行情况的报告与2011年计划；审议菏泽市人民政府关于菏泽市2010年预算执行情况和2011年预算草案的报告，审查菏泽市2010年预算执行情况的报告和2011年预算草案，批准菏泽市2010年市级预算执行情况的报告和2011年市级预算；听取和审议菏泽市人民代表大会常务委员会工作报告；听取和审议菏泽市中级人民法院工作报告；听取和审议菏泽市人民检察院工作报告；选举事项；其他事项。

二、组织机构及组成人员

主席团（63人，按姓名笔画排序）

丁志刚　于法杰　万存周　马春田
王　玮　王永江　王志强　王彤宇
王忠想　王桂松　王银香（女）支建立
尹玉明　孔令昌　付　伟　付守明
付章丽　毕可文　朱　斌　朱庆安
许志强　任仲义　刘　勇　刘士合
刘巧云（女）刘永凤　刘贞坚　刘传谨
刘国生　刘金俊　刘新云
汤建梅（女，回族）许　光　孙丰华（女）
孙爱军　李玉华　李法洪（回族）
杨永昌　杨成训　杨晓玲（女）何常丽（女）
张本进　张存金　张珠银　邵好学
林　健　郁章玉　尚瑞芬（女）岳　滨
段伯汉　赵　普　赵润田　胡上山
侯永信　耿振华　贾凤英（女）高木斗
黄秀玲（女）曹升灵　阎世海　彭靖华
童彩云（女）樊思宝

主席团常务主席

赵润田　杨永昌　孙爱军
汤建梅（女，回族）邵好学　刘金俊
李玉华　马春田　彭靖华　赵　普

秘书长

杨永昌（兼）

副秘书长

赵　普　朱　斌　张洪兴　程民光
刘建威　周凤文

执行主席

赵润田　杨永昌　孙爱军　王永江
汤建梅（女，回族）邵好学　刘金俊
李玉华　马春田　彭靖华　刘贞坚
赵　普　刘传谨　王忠想　王彤宇
杨晓玲（女）刘国生　任仲义

议案审查委员会

主任委员

邵好学

副主任委员

党文生　刘付德　刘祥德

委　员（按姓名笔画排序）

于海寅　刘巧云（女）安克林　吴东华（女）
陈化明　陈建华　侯宪会　侯永信
耿振华

计划预算审查委员会

主任委员

李玉华

副主任委员

宋绍先　郭志民　陈志起

委　员（按姓名笔画排序）

王令海　朱文魁　乔廷勇　刘新建

张洪兴　张之昱　郭保存　陶体华

彭　华

三、决议决定

（一）关于菏泽市人民政府工作报告的决议（2011 年 1 月 23 日菏泽市第十七届人民代表大会第五次会议通过）

菏泽市第十七届人民代表大会第五次会议听取和审议刘士合市长所作的政府工作报告，会议同意这个报告，决定批准这个报告。

（二）关于菏泽市国民经济和社会发展第十二个五年规划纲要的决议（2011 年 1 月 23 日菏泽市第十七届人民代表大会第五次会议通过）

菏泽市第十七届人民代表大会第五次会议经过审议，决定批准市人民政府提出的《菏泽市国民经济和社会发展第十二个五年规划纲要》。

会议强调，规划纲要是“十二五”时期菏泽市国民经济和社会发展的行动纲领。实施规划纲要必须紧紧围绕科学发展、跨越发展主题，牢牢把握加快转变经济发展方式主线，更加注重保障和改善民生，努力推动经济社会更好更快发展。

会议号召，全市上下要紧密团结在以胡锦涛同志为总书记的党中央周围，以邓小平理论和“三个代表”重要思想为指导，全面落实科学发展观，在中共菏泽市委领导下，同心同德，真抓实干，开拓创新，为圆满完成“十二五”规划目标，夺取全面建设小康社会新胜利而努力奋斗。

（三）关于菏泽市 2010 年国民经济和社会发展计划执行情况与 2011 年国民经济和社会发展计划的决议（2011 年 1 月 23 日菏泽市第十七届人民代表大会第五次会议通过）

菏泽市第十七届人民代表大会第五次会议经过审议，并根据本次会议计划预算审查委员会的审查报告，决定批准市人民政府提出的 2011 年国民经济和社会发展计划，批准市发展和改革委员会主任赵晓英受市人民政府委托向大会提交的《关于菏泽市 2010 年国民经济和社会发展计划执行情况与 2011 年计划草案的报告》。

（四）关于菏泽市 2010 年预算执行情况和 2011 年预算的决议（2011 年 1 月 23 日菏泽市第十七届人民代表大会第五次会议通过）

菏泽市第十七届人民代表大会第五次会议经过审议，并根据本次会议计划预算审查委员会的审查报告，决定批准市人民政府提出的 2011 年市级预算，批准市财政局局长赵传山受市人民政府委托向大会提交的《关于菏泽市 2010 年预算执行情况和 2011 年预算草案的报告》。

（五）关于菏泽市人民代表大会常务委员会工作报告的决议（2011 年 1 月 23 日菏泽市第十七届人民代表大会第五次会议通过）

菏泽市第十七届人民代表大会第五次会议听取和审议菏泽市人民代表大会常务委员会第一副主任杨永昌代表菏泽市人大常委会所作的工作报告，决定批准这个报告。

（六）关于菏泽市中级人民法院工作报告的决议（2011 年 1 月 23 日菏泽市第十七届人民代表大会第五次会议通过）

菏泽市第十七届人民代表大会第五次会议听取和审议菏泽市中级人民法院院长王玮代表菏泽市中级人民法院所作的工作报告，决定批准这个报告。

（七）关于菏泽市中级人民法院工作报告的决议（2011 年 1 月 23 日菏泽市第十七届人民代表大会第五次会议通过）

菏泽市第十七届人民代表大会第五次会议听

取和审议菏泽市人民检察院检察长朱庆安代表菏泽市人民检察院所作的工作报告，决定批准这个报告。

（八）关于接受李玉华同志辞去菏泽市人民代表大会常务委员会副主任职务请求的决定（2011 年 1 月 23 日菏泽市第十七届人民代表大会第五次会议通过）

菏泽市第十七届人民代表大会第五次会议决定：接受李玉华同志辞去菏泽市人民代表大会常务委员会副主任职务的请求。

（九）关于接受刘金俊同志辞去菏泽市人民代表大会常务委员会副主任职务请求的决定（2011 年 1 月 23 日菏泽市第十七届人民代表大会第五次会议通过）

菏泽市第十七届人民代表大会第五次会议决定：接受刘金俊同志辞去菏泽市人民代表大会常务委员会副主任职务的请求。

（十）关于接受党文生同志辞去菏泽市人民代表大会常务委员会委员职务请求的决定（2011 年 1 月 23 日菏泽市第十七届人民代表大会第五次会议通过）

菏泽市第十七届人民代表大会第五次会议决定：接受党文生同志辞去菏泽市人民代表大会常务委员会委员职务的请求。

（十一）关于接受郭志民同志辞去菏泽市人民代表大会常务委员会委员职务请求的决定（2011 年 1 月 23 日菏泽市第十七届人民代表大会第五次会议通过）

菏泽市第十七届人民代表大会第五次会议决定：接受郭志民同志辞去菏泽市人民代表大会常务委员会委员职务的请求。

四、选举情况

（一）菏泽市第十七届人民代表大会公告（第十号）

菏泽市第十七届人民代表大会第五次会议，于 2011 年 1 月 23 日补选刘贞坚、王桂松为菏泽市人民政府副市长。

（二）菏泽市第十七届人民代表大会公告（第十一号）

菏泽市第十七届人民代表大会第五次会议，于 2011 年 1 月 23 日补选朱庆安为菏泽市人民检察院检察长。按照法律规定的程序，须报经山东省人民检察院检察长提请山东省人民代表大会常务委员会批准。

（三）菏泽市第十七届人民代表大会公告（第十二号）

菏泽市第十七届人民代表大会第五次会议，于 2011 年 1 月 23 日补选丁志刚、王敏英、安克林、梁志成、彭华为菏泽市第十七届人民代表大会常务委员会委员。

五、代表议案、建议、批评和意见及办理情况

（一）代表议案、建议、批评和意见的提出情况

截至 2011 年 1 月 21 日 17 时，会议共收到代表提出的议案 2 件，均属于工业交通方面。根据《中华人民共和国地方各级人民代表大会和地方各级人民政府组织法》有关代表议案的规定，菏泽市第十七届人民代表大会第五次会议议案审查委员会经过审查后认为，这些议案都是有关经济建设和社会发展的具体问题，属于市人民政府职能部门工作范围内的事情，不属于本级人民代表大会职权范围内的议案问题，应作为代表建议、批评和意见处理。

另外，截至 2011 年 1 月 21 日 17 时，会议还收到代表建议、批评和意见 40 件。其中，工业交通方面 12 件，农业与农村方面 3 件，财贸金融方面 2 件，城建环保方面 5 件，政法方面 2 件，教科文卫方面 10 件，其他方面 6 件。加上由议案转为建议处理的 2 件，共 42 件。

（二）代表建议、批评和意见的办理情况

在市十七届人大五次会议期间及会后，市

人大常委会共收到代表就全市各方面工作提出建议、批评和意见（以下简称建议）44 件，其中转交市政府系统办理的 42 件，转交市委相关部门办理的 2 件。截至 2011 年底，44 件代表建议已全部办理完毕，各承办单位均向提出建议的代表作书面答复，答复率达到 100%。从已收到的市人大代表反馈意见看，满意的 42 件，占 95.4%；基本满意的 2 件，占 4.6%。

具体办理情况：

1．建议所提问题已经解决或正在解决的 41 件，占办理总数的 93.6%。

2．建议所提问题因条件、职权所限待以后解决或留作参考的 3 件，占办理总数的 6.4%。

第四章　第十八届人民代表大会

第一节　第十八届人民代表大会第一次会议

一、概况

2012 年 2 月 9 日至 12 日，菏泽市第十八届人民代表大会第一次会议在菏泽召开，会期 4 天。

2012 年 2 月 10 日，市人大常委会第一副主任杨永昌在菏泽市第十八届人民代表大会第一次会议上作市人大常委会工作报告

会议主要议程：听取和审议菏泽市人民政府工作报告；审议菏泽市人民政府关于菏泽市 2011 年国民经济和社会发展计划执行情况与 2012 年计划草案的报告，审查、批准菏泽市 2011 年国民经济和社会发展计划执行情况的报告与 2012 年计划；审议菏泽市人民政府关于菏泽市 2011 年预算执行情况和 2012 年预算草案的报告，审查菏泽市 2011 年预算执行情况的报告和 2012 年预算草案，批准菏泽市 2011 年市级预算执行情况的报告和 2012 年市级预算；听取和审议菏泽市人民代表大会常务委员会工作报告；听取和审议菏泽市中级人民法院工作报告；听取和审议菏泽市人民检察院工作报告；选举事项；其他事项。

二、组织机构及组成人员

主席团（60 人，按姓名笔画排序）

丁志刚　于法杰　万存周　马春田
王卫东　王永华　王永江　王　玮
王忠想　王金书　王桂松　王银香（女）
孔令昌　尹玉明　付　伟　付章丽
成　伟　毕可文　朱庆安　任仲义
刘巧云（女）刘贞坚　刘传谨　刘自杰
刘国生　刘金俊　刘　勇　刘鲁湘
汤建梅（女，回族）　许志强　孙丰华（女）
孙忠生　孙爱军　杨东明　杨永昌
杨成训　李玉华　李法洪（回族）
谷瑞灵　张珠银　张毓华　邵好学
郁章玉　岳　滨　单立新　胡上山
赵传山　赵润田　段伯汉　贾凤英（女）
高木斗　黄秀玲（女）曹升灵　阎世海

彭靖华　　程民光　　鲁志成　　童彩云（女）
解维俊　　樊思宝

主席团常务主席

赵润田　　杨永昌　　解维俊
汤建梅（女，回族）　邵好学　　马春田
彭靖华　　赵传山　　丁志刚　　孙忠生

秘书长

杨永昌（兼）

副秘书长

朱　斌　　赵　普　　程民光　　张洪兴
刘建威　　郭景堂　　周凤文

执行主席

赵润田　　杨永昌　　解维俊　　张毓华
汤建梅（女，回族）　邵好学　　马春田
彭靖华　　赵传山　　丁志刚　　孙忠生
刘传谨　　王忠想　　鲁志成　　王卫东
成　伟　　王永华　　谷瑞灵　　万存周
曹升灵

议案审查委员会

主任委员

邵好学

副主任委员

刘付德　　刘祥德

委　员（按姓名笔画排序）

刘巧云（女）安克林　李金民　　吴东华（女）
张修田　　陈化明　　郭保存　　高艳民（女）

计划预算审查委员会

主任委员

彭靖华

副主任委员

彭　华　　冯建云

委　员（按姓名笔画排序）

王令海　　朱文魁　　乔廷勇　　刘新建
张洪兴　　周铁伦　　赵晓英　　闫　凌

三、决议决定

（一）关于菏泽市人民政府工作报告的决议（2012 年 2 月 12 日菏泽市第十八届人民代表大会第一次会议通过）

菏泽市第十八届人民代表大会第一次会议听取和审议菏泽市人民政府代市长孙爱军代表菏泽市人民政府所作的政府工作报告，决定批准这个报告。

（二）菏泽市第十八届人民代表大会第一次会议关于菏泽市 2011 年国民经济和社会发展计划执行情况与 2012 年国民经济和社会发展计划的决议（2012 年 2 月 12 日菏泽市第十八届人民代表大会第一次会议通过）

菏泽市第十八届人民代表大会第一次会议经过审议并根据本次会议计划预算审查委员会的审查报告，决定批准市人民政府提出的 2012 年国民经济和社会发展计划，批准市发展和改革委员会主任赵晓英受市人民政府委托向大会提交的《关于菏泽市 2011 年国民经济和社会发展计划执行情况与 2012 年计划草案的报告》。

（三）关于菏泽市 2011 年预算执行情况和 2012 年预算的决议（2012 年 2 月 12 日菏泽市第十八届人民代表大会第一次会议通过）

菏泽市第十八届人民代表大会第一次会议经过审议并根据本次会议计划预算审查委员会的审查报告，决定批准市人民政府提出的 2012 年市级预算，批准市财政局局长赵传山受市人民政府委托向大会提交的《关于菏泽市 2011 年预算执行情况和 2012 年预算草案的报告》。

（四）关于菏泽市人大常委会工作报告的决议（2012 年 2 月 12 日菏泽市第十八届人民代表大会第一次会议通过）

菏泽市第十八届人民代表大会第一次会议听取和审议菏泽市人大常委会第一副主任杨永昌代表菏泽市第十七届人大常委会所作的工作报告，决定批准这个报告。

（五）关于菏泽市中级人民法院工作报告的决议（2012 年 2 月 12 日菏泽市第十八届人民代

表大会第一次会议通过）

菏泽市第十八届人民代表大会第一次会议听取和审议菏泽市中级人民法院院长王玮代表菏泽市中级人民法院所作的工作报告，决定批准这个报告。

（六）关于菏泽市人民检察院工作报告的决议（2012 年 2 月 12 日菏泽市第十八届人民代表大会第一次会议通过）

菏泽市第十八届人民代表大会第一次会议听取和审议菏泽市人民检察院检察长朱庆安代表菏泽市人民检察院所作的工作报告，决定批准这个报告。

四、选举情况

（一）菏泽市第十八届人民代表大会公告（第一号）

菏泽市第十八届人民代表大会常务委员会主任、第一副主任、副主任、秘书长、委员由菏泽市第十八届人民代表大会第一次会议于 2012 年 2 月 12 日选出：

主　任

赵润田

第一副主任（正厅级）

杨永昌

副主任

赵传山　汤建梅（女，回族）　丁志刚

孙忠生

秘书长

赵传山（兼）

委　员（按姓名笔画排序）

于海寅　王令海　王利言　王金书

王银香（女）王敏英　王雅芹（女）乔廷勇

乔忠义　刘巧云（女）刘自杰　刘建威

刘洪来　刘祥德　刘　彬　刘鲁湘

安克林　许志强　许素洋　李龙蛟

李兆成　李怀堂　李金民　吴东华（女）

张洪兴　张　甦　陈化明　范新印

季敬存　赵晓英　侯宪会　党明娜（女）

郭景堂　高艳民（女）梁志成　彭　华

程民光　焦守进　潘信文

（二）菏泽市第十八届人民代表大会公告（第二号）

菏泽市人民政府市长、副市长由菏泽市第十八届人民代表大会第一次会议于 2012 年 2 月 12 日选出：

市　长

孙爱军

副市长

段伯汉　付　伟　李法洪（回族）

黄秀玲（女）王桂松　刘国生　任仲义

（三）菏泽市第十八届人民代表大会公告（第三号）

菏泽市第十八届人民代表大会第一次会议于 2012 年 2 月 12 日选出王玮为菏泽市中级人民法院院长。

（四）菏泽市第十八届人民代表大会公告（第四号）

菏泽市第十八届人民代表大会第一次会议于 2012 年 2 月 12 日选举朱庆安为菏泽市人民检察院检察长。

根据《中华人民共和国地方各级人民代表大会和地方各级人民政府组织法》的规定，须报经山东省人民检察院检察长提请山东省人民代表大会常务委员会批准。

五、代表议案、建议、批评和意见及办理情况

（一）代表议案、建议、批评和意见的提出情况

截至 2012 年 2 月 10 日 12 时，会议共收到代表提出的议案 2 件，均属于工业交通方面。根据《中华人民共和国地方各级人民代表大会和地方各级人民政府组织法》有关代表议案的规定，菏泽市第十八届人民代表大会第一次会议议案审

查委员会经过审查后认为，这些议案都是有关经济建设和社会发展的具体问题，属于市人民政府职能部门工作范围内的事情，不属于本级人民代表大会职权范围内的议案问题，拟作为代表建议、批评和意见处理。

另外，截至2012年2月10日12时，会议还收到代表建议、批评和意见44件。其中，工业交通方面11件，农业与农村方面11件，财贸金融方面6件，城建环保方面4件，政法方面3件，教科文卫方面8件，其他方面1件。加上由议案转为建议处理的2件，共46件。

（二）代表建议、批评和意见的办理情况

在市十八届人大一次会议期间及会后，市人大常委会共收到代表就全市各方面工作提出建议、批评和意见（以下简称建议）90件，其中转交市政府系统办理的86件，转交党群系统办理的3件，转交市中级人民法院办理的1件。截至2012年底，90件代表建议已全部办理完毕，各承办单位均向提出建议的代表作书面答复，答复率达到100%。从已收到的市人大代表反馈意见看，满意的86件，占95.6%；基本满意的4件，占4.4%。

具体办理情况：

1. 建议所提问题已经解决或正在解决的88件，占办理总数的97.8%。

2. 建议所提问题因条件、职权所限待以后解决或留作参考的2件，占办理总数的2.2%。

第二节　第十八届人民代表大会第二次会议

一、概况

2013年1月8日至11日，菏泽市第十八届人民代表大会第二次会议在菏泽召开，会期4天。

会议主要议程：听取和审议菏泽市人民政府工作报告；审查、批准菏泽市2012年国民经济和社会发展计划执行情况的报告与2013年计划；审查菏泽市2012年预算执行情况的报告和2013年预算草案，批准菏泽市2012年市级预算执行情况的报告和2013年市级预算；听取和审议菏泽市人民代表大会常务委员会工作报告；听取和审议菏泽市中级人民法院工作报告；听取和审议菏泽市人民检察院工作报告；选举出席山东省第十二届人民代表大会代表；补选市十八届人大常委会委员；其他事项。

2013年1月8日至11日，菏泽市第十八届人民代表大会第二次会议召开

二、组织机构及组成人员

主席团（62人，按姓名笔画排序）

丁志刚　于法杰　万存周　马春田
王卫东　王永华　王永江　王　玮
王忠想　王金书　王桂松　王银香（女）
孔令昌　尹玉明　付　伟　付章丽
成　伟　毕可文　朱庆安　任仲义
刘巧云（女）刘贞坚　刘传谨　刘自杰
刘国生　刘金俊　刘　勇　刘鲁湘
汤建梅（女，回族）　许志强　孙丰华（女）
孙忠生　孙爱军　杨东明　杨东波
杨永昌　杨成训　李玉华
李法洪（回族）　谷瑞灵　张珠银
张毓华　邵好学　郁章玉　岳　滨
周继东　单立新　胡上山　赵传山
赵润田　段伯汉　贾凤英（女）高木斗

黄秀玲（女）曹升灵　阎世海　彭靖华
程民光　鲁志成　童彩云（女）解维俊
樊思宝

主席团常务主席

赵润田　杨永昌　解维俊　赵传山
彭靖华　汤建梅（女，回族）　丁志刚
孙忠生

秘书长

杨永昌（兼）

副秘书长

赵传山　郭保存　张洪兴　赵豪情
刘建威　郭景堂　周凤文

执行主席

赵润田　杨永昌　解维俊　张毓华
赵传山　彭靖华　汤建梅（女，回族）
丁志刚　孙忠生　刘传谨　王忠想
鲁志成　王卫东　成　伟　王永华
谷瑞灵　万存周　曹升灵

议案审查委员会

主任委员

彭靖华

副主任委员

季敬存　高艳民（女）

委　员（按姓名笔画排序）

刘巧云（女）刘祥德　安克林　李金民
吴东华（女）张洪兴　张修田　陈化明
侯宪会　郭保存

计划预算审查委员会

主任委员

赵传山

副主任委员

赵晓英　彭　华

委　员（按姓名笔画排序）

王令海　王金书　朱文魁　乔廷勇
刘新建　张培华　张　甦　周铁伦
党明娜（女）闫　凌

三、决议决定

（一）关于政府工作报告的决议（2013 年 1 月 11 日菏泽市第十八届人民代表大会第二次会议通过）

菏泽市第十八届人民代表大会第二次会议听取和审议菏泽市人民政府市长孙爱军代表菏泽市人民政府所作的政府工作报告，决定批准这个报告。

（二）关于菏泽市 2012 年国民经济和社会发展计划执行情况与 2013 年国民经济和社会发展计划的决议（2013 年 1 月 11 日菏泽市第十八届人民代表大会第二次会议通过）

菏泽市第十八届人民代表大会第二次会议经过审议并根据本次会议计划预算审查委员会的审查报告，决定批准市人民政府提出的 2013 年国民经济和社会发展计划，批准市发展和改革委员会主任张培华受市人民政府委托向大会提交的《关于菏泽市 2012 年国民经济和社会发展计划执行情况与 2013 年计划草案的报告》。

（三）关于菏泽市 2012 年预算执行情况和 2013 年预算的决议（2013 年 1 月 11 日菏泽市第十八届人民代表大会第二次会议通过）

菏泽市第十八届人民代表大会第二次会议经过审议并根据本次会议计划预算审查委员会的审查报告，决定批准市人民政府提出的 2013 年市级预算，批准市财政局局长周铁伦受市人民政府委托向大会提交的《关于菏泽市 2012 年预算执行情况和 2013 年预算草案的报告》。

（四）关于菏泽市人大常委会工作报告的决议（2013 年 1 月 11 日菏泽市第十八届人民代表大会第二次会议通过）

菏泽市第十八届人民代表大会第二次会议听取和审议菏泽市人大常委会第一副主任杨永昌代表菏泽市人大常委会所作的工作报告，决定批准这个报告。

（五）关于菏泽市中级人民法院工作报告的

决议（2013 年 1 月 11 日菏泽市第十八届人民代表大会第二次会议通过）

菏泽市第十八届人民代表大会第二次会议听取和审议菏泽市中级人民法院院长王玮代表菏泽市中级人民法院所作的工作报告，决定批准这个报告。

（六）关于菏泽市人民检察院工作报告的决议（2013 年 1 月 11 日菏泽市第十八届人民代表大会第二次会议通过）

菏泽市第十八届人民代表大会第二次会议听取和审议菏泽市人民检察院检察长朱庆安代表菏泽市人民检察院所作的工作报告，决定批准这个报告。

四、选举情况

菏泽市第十八届人民代表大会公告(第五号)

菏泽市第十八届人民代表大会第二次会议于 2013 年 1 月 11 日补选孔令海、史步军、张修田、周继东、赵豪情、徐平为菏泽市第十八届人民代表大会常务委员会委员。

五、代表议案、建议、批评和意见及办理情况

（一）代表议案、建议、批评和意见的提出情况

截至 2013 年 1 月 9 日 10 时，会议共收到代表提出的议案 2 件，均属于工业交通方面。根据《中华人民共和国地方各级人民代表大会和地方各级人民政府组织法》有关代表议案的规定，菏泽市第十八届人民代表大会第二次会议议案审查委员会经过审查后认为，这些议案都是有关经济建设和社会发展的具体问题，属于市人民政府职能部门工作范围内的事情，不属于本级人民代表大会职权范围内的议案问题，拟作为代表建议、批评和意见处理。

另外，截至 2013 年 1 月 9 日 10 时，会议还收到代表建议、批评和意见 48 件。其中，工业交通方面 10 件，农业与农村方面 11 件，财贸金融方面 4 件，城建环保方面 7 件，政法方面 3 件，教科文卫方面 12 件，其他方面 1 件。加上由议案转为建议处理的 2 件，共 50 件。

（二）代表建议、批评和意见的办理情况

在市十八届人大二次会议期间及会后，市人大常委会共收到代表就全市各方面工作提出建议、批评和意见（以下简称建议）53 件，其中转交市政府系统办理的 49 件，转交党群系统办理的 3 件，转交市中级人民法院办理的 1 件。截至 2013 年底，53 件代表建议已全部办理完毕，各承办单位均向提出建议的代表作书面答复，答复率达到 100%。从已收到的市人大代表反馈意见看，满意的 50 件，占 94.3%；基本满意的 3 件，占 5.7%。

具体办理情况：

1．建议所提问题已经解决或正在解决的 51 件，占办理总数的 96.2%。

2．建议所提问题因条件、职权所限待以后解决或留作参考的 2 件，占办理总数的 3.8%。

第三节　第十八届人民代表大会第三次会议

一、概况

2014 年 1 月 8 日至 11 日，菏泽市第十八届人民代表大会第三次会议在菏泽召开，会期 4 天。

2014 年 1 月 8 日至 11 日，菏泽市第十八届人民代表大会第三次会议召开

会议主要议程：听取和审议菏泽市人民政府工作报告；审查、批准菏泽市2013年国民经济和社会发展计划执行情况的报告与2014年计划；审查菏泽市2013年预算执行情况的报告和2014年预算草案，批准菏泽市2013年市级预算执行情况的报告和2014年市级预算；听取和审议菏泽市人民代表大会常务委员会工作报告；听取和审议菏泽市中级人民法院工作报告；听取和审议菏泽市人民检察院工作报告；选举事项；其他事项。

二、组织机构及组成人员

主席团（66人，按姓名笔画排序）

丁志刚　于松巍　于法杰　于晓明
万存周　马春田　王卫东　王永华
王永江　王　玮　王忠想　王金书
王桂松　王银香（女）孔令昌　尹玉明
付　伟　付章丽　成　伟　毕可文
乔廷龙　朱庆安　任仲义　刘传谨
刘自杰　刘国生　刘金俊　刘建威
刘　勇　刘鲁湘　汤建梅（女，回族）
许志强　孙丰华（女）孙忠生　孙爱军
杨东明　杨东波　杨永昌　杨成训
李玉华　李法洪（回族）　谷瑞灵
张廷善　张红旗　张修田　张珠银
张晓海　张毓华　邵好学　郁章玉
周继东　单立新　赵传山　段伯汉
贾凤英（女）高木斗　黄秀玲（女）曹升灵
阎世海　梁惠民（女）彭靖华　程民光
鲁志成　童彩云（女）解维俊　樊思宝

主席团常务主席

于晓明　杨永昌　解维俊　赵传山
汤建梅（女，回族）　丁志刚　孙忠生

秘书长

杨永昌（兼）

副秘书长

赵传山　郭保存　张洪兴　赵豪情
杨晓军　郭景堂　朱继法

执行主席

于晓明　杨永昌　解维俊　赵传山
汤建梅（女，回族）　丁志刚　孙忠生
刘传谨　曹升灵　王忠想　张红旗
鲁志成　王卫东　成　伟　王永华
谷瑞灵　万存周

议案审查委员会

主任委员

汤建梅（女，回族）

副主任委员

季敬存　高艳民（女）

委　员（按姓名笔画排序）

刘巧云（女）刘祥德　安克林　李金民
吴东华（女）张洪兴　张修田　陈化明
侯宪会　郭保存

计划预算审查委员会

主任委员

赵传山

副主任委员

赵晓英　彭　华

委　员（按姓名笔画排序）

王令海　王金书　朱文魁　乔廷勇
刘新建　张培华　张　甦　周铁伦
党明娜（女）闫　凌

三、决议决定

（一）菏泽市第十八届人民代表大会第三次会议关于政府工作报告的决议（2014年1月11日菏泽市第十八届人民代表大会第三次会议通过）

菏泽市第十八届人民代表大会第三次会议听取和审议菏泽市人民政府市长孙爱军代表市人民政府所作的政府工作报告，决定批准这个报告。

（二）菏泽市第十八届人民代表大会第三次会议关于菏泽市2013年国民经济和社会发展计划执行情况与2014年国民经济和社会发展计划

的决议（2014年1月11日菏泽市第十八届人民代表大会第三次会议通过）

菏泽市第十八届人民代表大会第三次会议经过审议并根据本次会议计划预算审查委员会的审查报告，决定批准市人民政府提出的2014年国民经济和社会发展计划，批准市发展和改革委员会主任张培华受市人民政府委托向大会提交的《关于菏泽市2013年国民经济和社会发展计划执行情况与2014年计划草案的报告》。

（三）菏泽市第十八届人民代表大会第三次会议关于菏泽市2013年预算执行情况和2014年预算的决议（2014年1月11日菏泽市第十八届人民代表大会第三次会议通过）

菏泽市第十八届人民代表大会第三次会议经过审议并根据本次会议计划预算审查委员会的审查报告，决定批准市人民政府提出的2014年市级预算，批准市财政局局长周铁伦受市人民政府委托向大会提交的《关于菏泽市2013年预算执行情况和2014年预算草案的报告》。

（四）菏泽市第十八届人民代表大会第三次会议关于菏泽市人大常委会工作报告的决议（2014年1月11日菏泽市第十八届人民代表大会第三次会议通过）

菏泽市第十八届人民代表大会第三次会议听取和审议菏泽市人大常委会第一副主任杨永昌代表市人大常委会所作的工作报告，决定批准这个报告。

（五）菏泽市第十八届人民代表大会第三次会议关于菏泽市中级人民法院工作报告的决议（2014年1月11日菏泽市第十八届人民代表大会第三次会议通过）

菏泽市第十八届人民代表大会第三次会议听取和审议菏泽市中级人民法院院长王玮代表市中级人民法院所作的工作报告，决定批准这个报告。

（六）菏泽市第十八届人民代表大会第三次会议关于菏泽市人民检察院工作报告的决议（2014年1月11日菏泽市第十八届人民代表大会第三次会议通过）

菏泽市第十八届人民代表大会第三次会议听取和审议菏泽市人民检察院检察长朱庆安代表市人民检察院所作的工作报告，决定批准这个报告。

四、选举情况

（一）菏泽市第十八届人民代表大会公告（第六号）

菏泽市第十八届人民代表大会第三次会议于2014年1月11日补选于晓明为菏泽市第十八届人民代表大会常务委员会主任。

（二）菏泽市第十八届人民代表大会公告（第七号）

菏泽市第十八届人民代表大会第三次会议于2014年1月11日补选张廷善为菏泽市第十八届人民代表大会常务委员会委员。

五、代表议案、建议、批评和意见及办理情况

（一）代表议案、建议、批评和意见的提出情况

截至2014年1月10日10时，会议共收到代表提出的议案3件。其中，工业交通方面1件，城建环保方面2件。根据《中华人民共和国地方各级人民代表大会和地方各级人民政府组织法》有关代表议案的规定，菏泽市第十八届人民代表大会第三次会议议案审查委员会经过审查后认为，这些议案都是有关经济建设和社会发展的具体问题，属于市人民政府职能部门工作范围内的事情，不属于本级人民代表大会职权范围内的议案问题，拟作为代表建议、批评和意见处理。

另外，截至2014年1月10日10时，会议还收到代表建议、批评和意见37件。其中，工业交通方面8件，农业与农村方面6件，财贸金融方面2件，城建环保方面12件，教科文卫方面6件，其他方面3件。加上由议案转为建议处理的3件，共40件。

（二）代表建议、批评和意见的办理情况

在市十八届人大三次会议期间及会后，市人大常委会共收到代表就全市各方面工作提出建议、批评和意见（以下简称建议）53 件，其中转交市政府系统办理的 50 件，转交党群系统办理的 3 件。截至 2014 年底，53 件代表建议已全部办理完毕，各承办单位均向提出建议的代表作书面答复，答复率达到 100%。从已收到的市人大代表反馈意见看，满意的 50 件，占 94.3%；基本满意的 3 件，占 5.7%。

具体办理情况：

1. 建议所提问题已经解决或正在解决的 51 件，占办理总数的 96.2%。

2. 建议所提问题因条件、职权所限待以后解决或留作参考的 2 件，占办理总数的 3.8%。

第四节　第十八届人民代表大会第四次会议

一、概况

2015 年 2 月 4 日至 7 日，菏泽市第十八届人民代表大会第四次会议在菏泽召开，会期 4 天。

2015 年 2 月 4 日至 7 日，菏泽市第十八届人民代表大会第四次会议召开

会议主要议程：听取和审议菏泽市人民政府工作报告；审查、批准菏泽市 2014 年国民经济和社会发展计划执行情况的报告与 2015 年计划；审查菏泽市 2014 年预算执行情况的报告和 2015 年预算草案，批准菏泽市 2014 年市级预算执行情况的报告和 2015 年市级预算；听取和审议菏泽市人民代表大会常务委员会工作报告；听取和审议菏泽市中级人民法院工作报告；听取和审议菏泽市人民检察院工作报告；选举事项；其他事项。

二、组织机构及组成人员

主席团（64 人，按姓名笔画排序）

丁志刚　于松巍　于法杰　万存周
马春田　王卫东　王永华　王永江
王　玮　王忠想　王金书　王金庆
王桂松　王银香（女）王焕良　孔令昌
尹玉明　付　伟　付章丽　成　伟
毕可文　乔廷龙　任仲义　刘传谨
刘自杰　刘金俊　刘建威　刘　勇
刘鲁湘　汤建梅（女，回族）　许志强
孙丰华（女）孙忠生　孙爱军　杨东明
杨东波　杨永昌　杨成训　李玉华
李法洪（回族）　谷瑞灵　张廷善
张红旗　张修田　张珠银　张晓海
张毓华　邵好学　周继东　单立新
赵传山　段伯汉　贾凤英（女）高木斗
黄秀玲（女）曹升灵　阎世海　梁惠民（女）
彭靖华　程民光　鲁志成　童彩云（女）
解维俊　樊思宝

主席团常务主席

孙爱军　杨永昌　赵传山
汤建梅（女，回族）　丁志刚　孙忠生

秘书长

杨永昌（兼）

副秘书长

赵传山　郭保存　张洪兴　赵豪情
杨晓军　郭景堂　朱继法

执行主席

孙爱军　杨永昌　赵传山
汤建梅（女，回族）　丁志刚　孙忠生

刘传谨　曹升灵　王忠想　张红旗
鲁志成　王卫东　成　伟　王永华
谷瑞灵　万存周

议案审查委员会

主任委员

丁志刚

副主任委员

史步军　季敬存

委　员（按姓名笔画排序）

刘祥德　李兆成　李怀堂　李金民
吴东华（女）张洪兴　陈化明　侯宪会
郭保存　高艳民（女）

计划预算审查委员会

主任委员

孙忠生

副主任委员

赵晓英　张　甦

委　员（按姓名笔画排序）

王令海　王　进　王利言　王金书
刘巧云（女）刘新建　张培华　陈　刚
范新印　周铁伦　徐　平　闫　凌

三、决议决定

（一）关于政府工作报告的决议（2015年2月7日菏泽市第十八届人民代表大会第四次会议通过）

菏泽市第十八届人民代表大会第四次会议听取和审议菏泽市人民政府代市长解维俊代表菏泽市人民政府所作的政府工作报告，决定批准这个报告。

（二）关于菏泽市2014年国民经济和社会发展计划执行情况与2015年国民经济和社会发展计划的决议（2015年2月7日菏泽市第十八届人民代表大会第四次会议通过）

菏泽市第十八届人民代表大会第四次会议经过审议并根据本次会议计划预算审查委员会的审查报告，决定批准市人民政府提出的2015年国民经济和社会发展计划，批准市发展和改革委员会主任张培华受市人民政府委托向大会提交的《关于菏泽市2014年国民经济和社会发展计划执行情况与2015年计划草案的报告》。

（三）关于菏泽市2014年预算执行情况和2015年预算的决议（2015年2月7日菏泽市第十八届人民代表大会第四次会议通过）

菏泽市第十八届人民代表大会第四次会议经过审议并根据本次会议计划预算审查委员会的审查报告，决定批准市人民政府提出的2015年市级预算，批准市财政局局长周铁伦受市人民政府委托向大会提交的《关于菏泽市2014年预算执行情况和2015年预算草案的报告》。

（四）关于菏泽市人大常委会工作报告的决议（2015年2月7日菏泽市第十八届人民代表大会第四次会议通过）

菏泽市第十八届人民代表大会第四次会议听取和审议菏泽市人大常委会第一副主任杨永昌代表菏泽市人大常委会所作的工作报告，决定批准这个报告。

（五）关于菏泽市中级人民法院工作报告的决议（2015年2月7日菏泽市第十八届人民代表大会第四次会议通过）

菏泽市第十八届人民代表大会第四次会议听取和审议菏泽市中级人民法院院长王玮代表菏泽市中级人民法院所作的工作报告，决定批准这个报告。

（六）关于菏泽市人民检察院工作报告的决议（2015年2月7日菏泽市第十八届人民代表大会第四次会议通过）

菏泽市第十八届人民代表大会第四次会议听取和审议菏泽市人民检察院副检察长王金庆代表菏泽市人民检察院所作的工作报告，决定批准这个报告。

四、选举情况

（一）菏泽市第十八届人民代表大会公告（第

八号）

菏泽市第十八届人民代表大会第四次会议于2015年2月7日补选孙爱军为菏泽市第十八届人民代表大会常务委员会主任。

（二）菏泽市第十八届人民代表大会公告（第九号）

菏泽市第十八届人民代表大会第四次会议于2015年2月7日补选解维俊为菏泽市人民政府市长。

（三）菏泽市第十八届人民代表大会公告（第十号）

菏泽市第十八届人民代表大会第四次会议于2015年2月7日补选王金庆为菏泽市人民检察院检察长。

（四）菏泽市第十八届人民代表大会公告（第十一号）

菏泽市第十八届人民代表大会第四次会议于2015年2月7日补选郭景堂为菏泽市第十八届人民代表大会常务委员会秘书长。

（五）菏泽市第十八届人民代表大会公告（第十二号）

菏泽市第十八届人民代表大会第四次会议于2015年2月7日补选杨东波、杨光忠、杨晓军、梁惠民（女）（按姓名笔画排序）为菏泽市第十八届人民代表大会常务委员会委员。

（六）菏泽市第十八届人民代表大会公告（第十三号）

菏泽市第十八届人民代表大会第四次会议于2015年2月7日选出菏泽市第十八届人民代表大会各专门委员会主任委员、副主任委员。

法制委员会

主任委员

赵传山

副主任委员

李金民

财政经济委员会

主任委员

孙忠生

副主任委员

赵晓英　王令海　范新印　徐　平

内务司法委员会

主任委员

赵传山

副主任委员

焦守进　秦玉亭

教育科学文化卫生委员会

主任委员

丁志刚

副主任委员

李怀堂　刘　彬

城乡建设与环境资源保护委员会

主任委员

丁志刚

副主任委员

王利言　吴东华（女）

农业与农村委员会

主任委员

孙忠生

副主任委员

潘信文　梁振坤

民族侨务外事委员会

主任委员

汤建梅（女，回族）

副主任委员

李兆成

五、代表议案、建议、批评和意见及办理情况

（一）代表议案、建议、批评和意见的提出情况

截至2015年2月5日10时，会议共收到

代表提出的议案12件。其中，工业交通方面3件，农业、农村方面1件，财贸金融方面2件，城建环保方面2件，教科文卫方面3件，其他方面1件。

根据《中华人民共和国地方各级人民代表大会和地方各级人民政府组织法》有关代表议案的规定，菏泽市第十八届人民代表大会第四次会议议案审查委员会经过审查后认为，这些议案都是有关经济建设和社会发展的具体问题，属于市人民政府职能部门工作范围内的事情，不属于本级人民代表大会职权范围内的议案问题，拟作为代表建议、批评和意见处理。

另外，截至2015年2月5日10时，会议还收到代表建议、批评和意见58件。其中，工业交通方面18件，农业、农村方面9件，财贸金融方面4件，城建环保方面10件，政法方面3件，教科文卫方面13件，其他方面1件。加上由议案转为建议处理的12件，共70件。

（二）代表建议、批评和意见的办理情况

在市十八届人大四次会议期间及会后，市人大常委会共收到代表就全市各方面工作提出建议、批评和意见（以下简称建议）102件，其中转交党群系统办理的5件，转交市政府系统办理的97件。截至2015年底，102件代表建议已全部办理完毕，各承办单位均向提出建议的代表作书面答复，答复率达到100%。从已收到的市人大代表反馈意见看，满意的98件，占96%；基本满意的4件，占4%。

具体办理情况：

1. 建议所提问题已经解决或正在解决的99件，占办理总数的97.1%。

2. 建议所提问题因条件、职权所限待以后解决或留作参考的3件，占办理总数的2.9%。

第五节　第十八届人民代表大会第五次会议

一、概况

2016年1月18日至21日，菏泽市第十八届人民代表大会第五次会议在菏泽召开，会期4天。

2016年1月18日至21日，菏泽市第十八届人民代表大会第五次会议召开

会议主要议程：听取和审议菏泽市人民政府工作报告；审查、批准菏泽市国民经济和社会发展第十三个五年规划纲要；审查、批准菏泽市2015年国民经济和社会发展计划执行情况的报告与2016年计划；审查菏泽市2015年预算执行情况的报告和2016年预算草案，批准菏泽市2015年市级预算执行情况的报告和2016年市级预算；听取和审议菏泽市人民代表大会常务委员会工作报告；审议通过《菏泽市制定地方性法规条例（草案）》；听取和审议菏泽市中级人民法院工作报告；听取和审议菏泽市人民检察院工作报告；选举事项；其他事项。

二、组织机构及组成人员

主席团（67人，按姓名笔画排序）

丁志刚	丁　峰	于松巍	于法杰
万存周	马春田	王卫东	王永江
王忠想	王金书	王金庆	王焕良
王银香（女）	王　磊	孔令昌	尹玉明

付章丽　　成　伟　　毕可文　　乔廷龙
乔忠义　　任仲义　　刘文林　　刘传谨
刘自杰　　刘金俊　　刘建威　　刘　勇
刘鲁湘　　闫剑波　　汤建梅（女，回族）
孙忠生　　孙爱军　　杨东明　　杨东波
杨永昌　　杨成训　　杨光忠　　李玉华
李法洪（回族）　　李建华（女）谷瑞灵
张正智　　张红旗　　张修田　　张珠银
张晓海　　张福龙　　邵好学　　周继东
单立新　　赵传山　　段伯汉　　姜同松
贾凤英（女）郭景堂　　高木斗　　黄秀玲（女）
曹升灵　　阎世海　　梁惠民（女）彭靖华
程民光　　鲁志成　　童彩云（女）解维俊
樊思宝

主席团常务主席

孙爱军　　杨永昌　　李建华（女）段伯汉
赵传山　　汤建梅（女，回族）　　丁志刚
孙忠生　　郭景堂

秘书长

赵传山（兼）

副秘书长

郭景堂　　郭保存　　张洪兴　　赵豪情
杨晓军　　许素洋　　朱继法

执行主席

孙爱军　　杨永昌　　李建华（女）段伯汉
赵传山　　汤建梅（女，回族）　　丁志刚
孙忠生　　郭景堂　　曹升灵　　张福龙
王忠想　　张红旗　　鲁志成　　王卫东
成　伟　　刘文林　　谷瑞灵　　万存周

议案审查委员会

主任委员

丁志刚

副主任委员

史步军　　李金民

委　员（按姓名笔画排序）

刘祥德　　李兆成　　李怀堂　　吴东华（女）
张洪兴　　陈化明　　季敬存　　侯宪会
郭保存　　高艳民（女）

计划预算审查委员会

主任委员

孙忠生

副主任委员

王令海　　刘巧云（女）

委　员（按姓名笔画排序）

王　进　　王利言　　王金书　　刘新建
张培华　　张　甦　　陈　刚　　范新印
周铁伦　　赵晓英　　徐　平　　闫　凌

三、决议决定

（一）关于菏泽市人民政府工作报告的决议（2016 年 1 月 21 日菏泽市第十八届人民代表大会第五次会议通过）

菏泽市第十八届人民代表大会第五次会议听取和审议菏泽市人民政府市长解维俊代表菏泽市人民政府所作的政府工作报告，决定批准这个报告。

（二）关于菏泽市国民经济和社会发展第十三个五年规划纲要的决议（2016 年 1 月 21 日菏泽市第十八届人民代表大会第五次会议通过）

菏泽市第十八届人民代表大会第五次会议经过审议并根据本次会议计划预算审查委员会的审查报告，决定批准市人民政府提出的《菏泽市国民经济和社会发展第十三个五年规划纲要》。

会议强调，规划纲要是“十三五”时期菏泽市国民经济和社会发展的行动纲领。实施规划纲要必须统筹推进“四个全面”战略布局，坚持发展是第一要务，以创新、协调、绿色、开放、共享“五大发展理念”为引领，以提高发展质量和效益为中心，深入实施产业提升、基础突破、扶贫攻坚、和谐创建“四项工程”，全力加快科学赶超、后来居上步伐，确保与全省一道全面建成小康社会。

会议号召，全市上下要高举中国特色社会主

义伟大旗帜，全面贯彻落实党的十八大和十八届三中、四中、五中全会精神，以马克思列宁主义、毛泽东思想、邓小平理论、“三个代表”重要思想、科学发展观为指导，深入贯彻习近平总书记系列重要讲话特别是视察菏泽重要讲话精神，在中共菏泽市委领导下，同心同德，真抓实干，开拓创新，为圆满完成“十三五”规划目标，夺取全面建成小康社会新胜利而努力奋斗！

（三）关于菏泽市2015年国民经济和社会发展计划执行情况与2016年国民经济和社会发展计划的决议（2016年1月21日菏泽市第十八届人民代表大会第五次会议通过）

菏泽市第十八届人民代表大会第五次会议经过审议并根据本次会议计划预算审查委员会的审查报告，决定批准市人民政府提出的2016年国民经济和社会发展计划，批准市发展和改革委员会主任张培华受市人民政府委托向大会提交的《关于菏泽市2015年国民经济和社会发展计划执行情况与2016年计划草案的报告》。

（四）关于菏泽市2015年预算执行情况和2016年预算的决议（2016年1月21日菏泽市第十八届人民代表大会第五次会议通过）

菏泽市第十八届人民代表大会第五次会议经过审议并根据本次会议计划预算审查委员会的审查报告，决定批准市人民政府提出的2016年市级预算，批准市财政局局长周铁伦受市人民政府委托向大会提交的《关于菏泽市2015年预算执行情况和2016年预算草案的报告》。

（五）关于菏泽市人大常委会工作报告的决议（2016年1月21日菏泽市第十八届人民代表大会第五次会议通过）

菏泽市第十八届人民代表大会第五次会议听取和审议菏泽市人大常委会第一副主任杨永昌代表菏泽市人大常委会所作的工作报告，决定批准这个报告。

（六）关于菏泽市中级人民法院工作报告的决议（2016年1月21日菏泽市第十八届人民代表大会第五次会议通过）

菏泽市第十八届人民代表大会第五次会议听取和审议菏泽市中级人民法院代院长张正智代表菏泽市中级人民法院所作的工作报告，决定批准这个报告。

（七）关于菏泽市人民检察院工作报告的决议（2016年1月21日菏泽市第十八届人民代表大会第五次会议通过）

菏泽市第十八届人民代表大会第五次会议听取和审议菏泽市人民检察院检察长王金庆代表菏泽市人民检察院所作的工作报告，决定批准这个报告。

（八）关于接受杨永昌辞去菏泽市第十八届人民代表大会常务委员会第一副主任职务的请求的决定（2016年1月21日菏泽市第十八届人民代表大会第五次会议通过）

菏泽市第十八届人民代表大会第五次会议决定：接受杨永昌辞去菏泽市第十八届人民代表大会常务委员会第一副主任职务的请求。

四、选举情况

（一）菏泽市第十八届人民代表大会公告（第十四号）

菏泽市第十八届人民代表大会第五次会议于2016年1月21日补选段伯汉为菏泽市第十八届人民代表大会常务委员会第一副主任（正厅级）。

（二）菏泽市第十八届人民代表大会公告（第十五号）

菏泽市第十八届人民代表大会第五次会议于2016年1月21日补选丁峰、马志伟、王乃光、刘波、李茂楠、沙启忠、张柱军、陈自飞、罗衍玲（女）、姜继彬、秦玉亭、黄高潮、梁振坤（按姓名笔画排列）为菏泽市第十八届人民代表大会常务委员会委员。

（三）菏泽市第十八届人民代表大会公告（第十六号）

菏泽市第十八届人民代表大会第五次会议于2016年1月21日补选闫剑波、曹升灵、王忠想为菏泽市人民政府副市长。

（四）菏泽市第十八届人民代表大会公告（第十七号）

菏泽市第十八届人民代表大会第五次会议于2016年1月21日补选张正智为菏泽市中级人民法院院长。

五、代表议案、建议、批评和意见及办理情况

（一）代表议案、建议、批评和意见的提出情况

截至2016年1月20日10时，会议共收到代表提出的议案1件，类别为工业交通方面。根据《中华人民共和国地方各级人民代表大会和地方各级人民政府组织法》有关代表议案的规定，菏泽市第十八届人民代表大会第五次会议议案审查委员会经过审查后认为，这些议案都是有关经济建设和社会发展的具体问题，属于市人民政府职能部门工作范围内的事情，不属于本级人民代表大会职权范围内的议案问题，拟作为代表建议、批评和意见处理。

另外，截至2016年1月20日10时，会议还收到代表建议、批评和意见33件。其中，工业交通方面4件，农业、农村方面2件，财贸金融方面4件，城建环保方面8件，政法方面3件，教科文卫方面10件，其他方面2件。加上由议案转为建议处理的1件，共34件。

（二）代表建议、批评和意见的办理情况

在市十八届人大五次会议期间及会后，市人大常委会共收到代表就全市各方面工作提出建议、批评和意见（以下简称建议）46件，其中转交党群系统办理的3件，转交市政府系统办理的42件，转交市中级人民法院办理的1件。截至2016年底，46件代表建议已全部办理完毕，各承办单位均向提出建议的代表作书面答复，答复率达到100%。从已收到的市人大代表反馈意见看，满意的44件，占95.7%；基本满意的2件，占4.3%。

具体办理情况：

1. 建议所提问题已经解决或正在解决的45件，占办理总数的97.8%。

2. 建议所提问题因条件、职权所限待以后解决或留作参考的1件，占办理总数的2.2%。

第五章　第十九届人民代表大会

第一节　第十九届人民代表大会第一次会议

一、概况

2017年2月23日至26日，菏泽市第十九届人民代表大会第一次会议在菏泽召开，会期4天。

会议主要议程：听取和审议菏泽市人民政府工作报告；审议菏泽市人民政府关于菏泽市2016年国民经济和社会发展计划执行情况与2017年计划草案的报告，审查批准菏泽市2016年国民经济和社会发展计划执行情况的报告与2017年计划；审议菏泽市人民政府关于菏泽市2016年预算执行情况和2017年预算草案的报告，审查菏泽市2016年预算执行情况的报告和2017年预算草案，批准菏泽市2016年市级预算执行情况的报告和2017年预算；听取和审议菏泽市人民代表大会常务委员会工作报告；听取和审议菏泽市中级人民

法院工作报告；听取和审议菏泽市人民检察院工作报告；审议通过关于设立菏泽市第十九届人民代表大会专门委员会的决定；选举菏泽市第十九届人民代表大会常务委员会主任、副主任、秘书长、委员；选举菏泽市人民政府市长、副市长；选举菏泽市中级人民法院院长、菏泽市人民检察院检察长；表决通过菏泽市第十九届人民代表大会各专门委员会组成人选名单；其他事项。

2017 年 2 月 25 日，市人大常委会第一副主任段伯汉在菏泽市第十九届人民代表大会第一次会议上作市人大常委会工作报告

二、组织机构及组成人员

主席团（58 人，按姓名笔画排序）

丁志刚　丁　峰　于海寅　万存周
马　骏　王卫东　王永华　王永江
王昌华　王忠想　王金庆　王　磊
毛丕显　孔令昌　尹玉明　乔忠义
任兰花（女）任仲义　刘文林　刘守文
刘　勇　闫剑波　汤建梅（女，回族）
孙忠生　孙爱军　杨东明　杨东波
杨永昌　杨光忠　杨晓军　杨晓玲（女）
李国珍　李法洪（回族）　李建华（女）
李建林　何茂远　谷瑞灵　张正智
张乾山　张福龙　单立新　赵传山
侯宪会　侯　婕（女）段伯汉　姜同松
聂元科　贾凤英（女）郭景堂　高荣国
高　强（女）曹升灵　崔学民　谢圣稳
解维俊　樊庆斌　穆　杰　魏　琳

主席团常务主席

孙爱军　段伯汉　李建华（女）王　磊
赵传山　杨晓玲（女）汤建梅（女，回族）
丁志刚　孙忠生　谷瑞灵　郭景堂

秘书长

丁志刚（兼）

副秘书长

郭景堂　郭保存　张洪兴　赵豪情
杨晓军　许素洋　朱继法

执行主席

孙爱军　段伯汉　李建华（女）王　磊
赵传山　杨晓玲（女）汤建梅（女，回族）
丁志刚　孙忠生　谷瑞灵　郭景堂
张福龙　聂元科　张乾山　崔学民
穆　杰　王昌华　刘文林　魏　琳
李国珍

议案审查委员会

主任委员

丁志刚

副主任委员

孙　慧　陈允全　陈化明

委　员（按姓名笔画排序）

于海寅　王桂荣（女）杨东波　李　亮
宋爱珍（女）赵文东　侯宪会
夏建胜（回族）　高　强（女）曾广国
潘若松

计划预算审查委员会

主任委员

孙忠生

副主任委员

王清华　张中华　秦英魁

委　员（按姓名笔画排序）

王　升　王　进　邓小华　闫　凌
许从法　李士三　邵新宇　周铁伦
周登宪　赵　磊　郭保存

三、决议决定

（一）关于菏泽市人民政府工作报告的决议（2017年2月26日菏泽市第十九届人民代表大会第一次会议通过）

菏泽市第十九届人民代表大会第一次会议听取和审议菏泽市人民政府市长解维俊代表菏泽市人民政府所作的工作报告，决定批准这个报告。

（二）关于菏泽市2016年国民经济和社会发展计划执行情况与2017年计划的决议（2017年2月26日菏泽市第十九届人民代表大会第一次会议通过）

菏泽市第十九届人民代表大会第一次会议经过审议并根据本次会议计划预算审查委员会的审查报告，决定批准市人民政府提出的2017年国民经济和社会发展计划，批准市发展和改革委员会主任张培华受市人民政府委托向大会提交的《关于菏泽市2016年国民经济和社会发展计划执行情况与2017年计划草案的报告》。

（三）关于菏泽市2016年预算执行情况和2017年预算的决议（2017年2月26日菏泽市第十九届人民代表大会第一次会议通过）

菏泽市第十九届人民代表大会第一次会议经过审议并根据本次会议计划预算审查委员会的审查报告，决定批准市人民政府提出的2017年市级预算，批准市财政局局长周铁伦受市人民政府委托向大会提交的《关于菏泽市2016年预算执行情况和2017年预算草案的报告》。

（四）关于菏泽市人大常委会工作报告的决议（2017年2月26日菏泽市第十九届人民代表大会第一次会议通过）

菏泽市第十九届人民代表大会第一次会议听取和审议菏泽市人大常委会第一副主任段伯汉代表菏泽市第十八届人大常委会所作的工作报告，决定批准这个报告。

（五）关于菏泽市中级人民法院工作报告的决议（2017年2月26日菏泽市第十九届人民代表大会第一次会议通过）

菏泽市第十九届人民代表大会第一次会议听取和审议菏泽市中级人民法院院长张正智代表菏泽市中级人民法院所作的工作报告，决定批准这个报告。

（六）关于菏泽市人民检察院工作报告的决议（2017年2月26日菏泽市第十九届人民代表大会第一次会议通过）

菏泽市第十九届人民代表大会第一次会议听取和审议菏泽市人民检察院检察长王金庆代表菏泽市人民检察院所作的工作报告，决定批准这个报告。

（七）关于设立菏泽市第十九届人民代表大会专门委员会的决定（2017年2月26日菏泽市第十九届人民代表大会第一次会议通过）

根据《中华人民共和国地方各级人民代表大会和地方各级人民政府组织法》第三十条的规定和工作需要，菏泽市第十九届人民代表大会第一次会议决定：菏泽市第十九届人民代表大会设立法制委员会、财政经济委员会、内务司法委员会、教育科学文化卫生委员会、城乡建设与环境资源保护委员会、农业与农村委员会、民族侨务外事委员会。

四、选举情况

（一）菏泽市第十九届人民代表大会公告（第一号）

菏泽市第十九届人民代表大会常务委员会主任、副主任、秘书长、委员由菏泽市第十九届人民代表大会第一次会议于2017年2月26日选出：

主　任

孙爱军

副主任

杨晓玲（女）丁志刚　　汤建梅（女，回族）

孙忠生　　谷瑞灵

秘书长

郭景堂

委　员（按姓名笔画排序）

丁　峰　于海寅　马喜荣（女）王乃光
王宝军　王清华　毛丕显　白圣同
宁友明　成洪雷　任兰花（女）刘守文
刘超峰　刘景西　许素洋　孙　慧
杨东波　李克和　李茂楠　李建林
李冠斌　李振杰　吴凤荣（女）宋爱珍（女）
张中华　张治安　陈化明　陈允全
陈北国　周美兰（女）郑子昌　郑　欣
南　雁（女）侯宪会　姜东生　祝金忠
姚艳萍（女）秦英魁　殷正红　高　强（女）
常俊哲　梁振坤　谢圣稳

（二）菏泽市第十九届人民代表大会公告（第二号）

菏泽市人民政府市长、副市长由菏泽市第十九届人民代表大会第一次会议于 2017 年 2 月 26 日选出：

市　长

解维俊

副市长

闫剑波　曹升灵　王忠想　侯　婕（女）
高荣国　王卫东

（三）菏泽市第十九届人民代表大会公告（第三号）

菏泽市第十九届人民代表大会第一次会议于 2017 年 2 月 26 日选出张正智为菏泽市中级人民法院院长。

（四）菏泽市第十九届人民代表大会公告（第四号）

菏泽市第十九届人民代表大会第一次会议于 2017 年 2 月 26 日选举王金庆为菏泽市人民检察院检察长。

根据《中华人民共和国地方各级人民代表大会和地方各级人民政府组织法》的规定，须报经山东省人民检察院检察长提请山东省人民代表大会常务委员会批准。

（五）菏泽市第十九届人民代表大会公告（第五号）

菏泽市第十九届人民代表大会第一次会议于 2017 年 2 月 26 日通过菏泽市第十九届人民代表大会各专门委员会组成人员：

法制委员会

主任委员

杨晓玲（女）

副主任委员

姜东生　成洪雷　于海寅

委　员（按姓名笔画排序）

杜　勇　李志献　张　琨　曹建文
潘若松

财政经济委员会

主任委员

孙忠生

副主任委员

张中华　秦英魁　邵新宇

委　员（按姓名笔画排序）

王淑昌　车景仁　尚中栋　袁绍飞
夏俊祥

内务司法委员会

主任委员

杨晓玲（女）

副主任委员

李克和　宁友明　李　亮

委　员（按姓名笔画排序）

马建敏　邓小华　刘瑞芳（女）张雅维
高登福

教育科学文化卫生委员会

主任委员

丁志刚

副主任委员

周美兰（女）郑　欣　冯计富

委　员（按姓名笔画排序）

王英杰　孙艳玲（女）何西良　邵　瑞（女）

曾广国

城乡建设与环境资源保护委员会

主任委员

丁志刚

副主任委员

祝金忠　白圣同　宋爱珍（女）

委　员（按姓名笔画排序）

李信强　赵文东　赵　磊　杨金强

靳松鹏

农业与农村委员会

主任委员

孙忠生

副主任委员

南　雁（女）张治安　王安民

委　员（按姓名笔画排序）

任　丽（女）宋世朋　郑灵芝（女）樊继文

潘先军

民族侨务外事委员会

主任委员

汤建梅（女，回族）

副主任委员

刘景西　王宝军　侯宪会

委　员（按姓名笔画排序）

马化彬（回族）　王　光（回族）

赵建峰　夏建胜（回族）　黄　波

五、代表议案、建议、批评和意见及办理情况

（一）代表议案、建议、批评和意见的提出情况

截至 2017 年 2 月 24 日 12 时，会议共收到代表提出的议案 7 件，其中，工业交通方面 2 件，城建环保方面 2 件，教科文卫方面 2 件，其他方面 1 件。根据《中华人民共和国地方各级人民代表大会和地方各级人民政府组织法》有关代表议案的规定，菏泽市第十九届人民代表大会第一次会议议案审查委员会经过审查后认为，这些议案都是有关经济建设和社会发展的具体问题，属于市人民政府职能部门工作范围内的事情，不属于本级人民代表大会职权范围内的议案问题，拟作为代表建议、批评和意见处理。

另外，截至 2017 年 2 月 24 日 12 时，会议还收到代表建议、批评和意见 106 件。其中，工业交通方面 31 件，农业、农村方面 14 件，财贸金融方面 8 件，城建环保方面 6 件，政法方面 2 件，教科文卫方面 29 件，其他方面 16 件。加上由议案转为建议处理的 7 件，共 113 件。

（二）代表建议、批评和意见的办理情况

在市十九届人大一次会议期间及会后，市人大常委会共收到代表就全市各方面工作提出建议、批评和意见（以下简称建议）130 件，其中转交党群系统办理的 6 件，转交市政府系统办理的 124 件。截至 2017 年底，130 件代表建议已全部办理完毕，各承办单位均向提出建议的代表作书面答复，答复率达到 100%。从已收到的市人大代表反馈意见看，满意的 125 件，占 96.2%；基本满意的 5 件，占 3.8%。

具体办理情况：

1. 建议所提问题已经解决或正在解决的 128 件，占办理总数的 98.5%。

2. 建议所提问题因条件、职权所限待以后解决或留作参考的 2 件，占办理总数的 1.5%。

第二节　第十九届人民代表大会第二次会议

一、概况

2018 年 1 月 3 日至 6 日，菏泽市第十九届人民代表大会第二次会议在菏泽召开，会期 4 天。

会议主要议程：听取和审议菏泽市人民政府工作报告；审查、批准菏泽市 2017 年国民经济和社会发展计划执行情况的报告与 2018 年计划；审查菏泽市 2017 年预算执行情况的报告和 2018

年预算草案，批准菏泽市2017年市级预算执行情况的报告和2018年市级预算；听取和审议菏泽市人民代表大会常务委员会工作报告；听取和审议菏泽市中级人民法院工作报告；听取和审议菏泽市人民检察院工作报告；选举菏泽市监察委员会主任；补选菏泽市第十九届人民代表大会常务委员会委员；选举菏泽市出席山东省第十三届人民代表大会代表；其他事项。

2018年1月5日，市人大常委会副主任杨晓玲在菏泽市第十九届人民代表大会第二次会议上作市人大常委会工作报告

二、组织机构及组成人员

主席团（48人，按姓名笔画排序）

丁志刚　丁　峰　于海寅　万存周
马　骏　王永华　王昌华　王　磊
毛丕显　孔令昌　尹玉明　乔忠义
任兰花（女）任仲义　刘文林　刘守文
刘　勇　闫传银　汤建梅（女，回族）
孙忠生　孙爱军　杨东波　杨永昌
杨光忠　杨晓军　杨晓玲（女）李国珍
李法洪（回族）　李建林　何茂远
谷瑞灵　宋　涛　张乾山　张福龙
单立新　赵传山　侯宪会　段伯汉
姜同松　聂元科　贾凤英（女）郭保存
郭景堂　高　强（女）崔学民　樊庆斌
穆　杰　魏　琳

主席团常务主席

孙爱军　王　磊　杨晓玲（女）丁志刚
汤建梅（女，回族）　孙忠生　谷瑞灵
郭景堂

秘书长

杨晓玲（女，兼）

副秘书长

郭景堂　王有杰　田继雷　许素洋
王清华　陈允全　陈化明　祝兰华

执行主席

孙爱军　王　磊　杨晓玲（女）丁志刚
汤建梅（女，回族）　孙忠生　谷瑞灵
郭景堂　张福龙　聂元科　张乾山
崔学民　穆　杰　王昌华　刘文林
郭保存　魏　琳　李国珍

议案审查委员会

主任委员

丁志刚

副主任委员

王有杰　陈允全　陈化明

委　员（按姓名笔画排序）

于海寅　王桂荣（女）杨东波　李　亮
宋爱珍（女）赵文东　侯宪会
夏建胜（回族）　高　强（女）曾广国
潘若松

计划预算审查委员会

主任委员

孙忠生

副主任委员

王清华　张中华　秦英魁

委　员（按姓名笔画排序）

王　升　王　进　邓小华　闫　凌
许从法　李士三　邵新宇　周铁伦
周登宪　赵　磊　姚艳萍（女）

三、决议决定

（一）关于菏泽市人民政府工作报告的决议

（2018年1月6日菏泽市第十九届人民代表大会第二次会议通过）

菏泽市第十九届人民代表大会第二次会议听取和审议菏泽市人民政府市长解维俊代表菏泽市人民政府所作的工作报告，决定批准这个报告。

（二）关于菏泽市2017年国民经济和社会发展计划执行情况与2018年国民经济和社会发展计划的决议（2018年1月6日菏泽市第十九届人民代表大会第二次会议通过）

菏泽市第十九届人民代表大会第二次会议经过审议并根据本次会议计划预算审查委员会的审查报告，决定批准市人民政府提出的2018年国民经济和社会发展计划，批准市发展和改革委员会主任康兵受市人民政府委托向大会提交的《关于菏泽市2017年国民经济和社会发展计划执行情况与2018年计划草案的报告》。

（三）关于菏泽市2017年预算执行情况和2018年预算的决议（2018年1月6日菏泽市第十九届人民代表大会第二次会议通过）

菏泽市第十九届人民代表大会第二次会议经过审议并根据本次会议计划预算审查委员会的审查报告，决定批准市人民政府提出的2018年市级预算，批准市财政局局长周铁伦受市人民政府委托向大会提交的《关于菏泽市2017年预算执行情况和2018年预算草案的报告》。

（四）关于菏泽市人大常委会工作报告的决议（2018年1月6日菏泽市第十九届人民代表大会第二次会议通过）

菏泽市第十九届人民代表大会第二次会议听取和审议菏泽市人大常委会副主任杨晓玲代表菏泽市人大常委会所作的工作报告，决定批准这个报告。

（五）关于菏泽市中级人民法院工作报告的决议（2018年1月6日菏泽市第十九届人民代表大会第二次会议通过）

菏泽市第十九届人民代表大会第二次会议听取和审议菏泽市中级人民法院院长张正智代表菏泽市中级人民法院所作的工作报告，决定批准这个报告。

（六）关于菏泽市人民检察院工作报告的决议（2018年1月6日菏泽市第十九届人民代表大会第二次会议通过）

菏泽市第十九届人民代表大会第二次会议听取和审议菏泽市人民检察院检察长王金庆代表菏泽市人民检察院所作的工作报告，决定批准这个报告。

四、选举情况

（一）菏泽市第十九届人民代表大会公告（第六号）

菏泽市第十九届人民代表大会第二次会议于2018年1月6日补选杨光忠为菏泽市监察委员会主任。

（二）菏泽市第十九届人民代表大会公告（第七号）

菏泽市第十九届人民代表大会第二次会议于2018年1月6日补选王有杰、宋波、张道学（按姓名笔画排序）为菏泽市第十九届人民代表大会常务委员会委员。

（三）菏泽市第十九届人民代表大会公告（第八号）

菏泽市第十九届人民代表大会第二次会议于2018年1月6日依法选举产生菏泽市出席山东省第十三届人民代表大会代表73名。根据法律规定，其代表资格报山东省人民代表大会常务委员会审查确认。现将名单公告如下（按姓名笔画排序）：

丁　丽（女）　马国兴　王凤芹（女）　王光立
王红勇　王秀芹（女）　王昌华　王明华
王金庆　王树忠　孔令建　孔保华
朱中华　朱艳霞（女）　任兰花（女）　任庆生
全　勇　刘万国　刘文林　刘良臣

刘念波　孙爱军　苏姗姗(女)李　伟
李孝春(女)李金亮　李继锋　杨　立
杨光忠　杨晓玲(女)时　伟　邹斌芳(女)
宋爱珍(女)张化良　张正智　张冬菊(女)
张传亭　张泽中　张继争　张乾山
张雅维　邵　瑞(女)周　林　周铁伦
赵中华　赵建峰　赵胜利　郝敬忠
段伯汉　侯彦丽(女)侯宪会　侯福顺
袁红兵　栗　甲　夏俊祥　夏　耕
徐玉静(女)徐　姗(女，白族)　徐清华
高凤良(蒙古族)　郭玉宝　郭秋霞(女)
郭绪福(回族)　龚　正　康　兵
彭继先　靳松鹏　甄爱华(女)解维俊
翟鲁宁(女)穆　杰　魏春芝(女)魏衍杰(女)

五、代表议案、建议、批评和意见及办理情况

（一）代表议案、建议、批评和意见的提出情况

截至2018年1月4日12时，会议共收到代表提出的议案4件，其中，教科文卫方面2件，城乡建设与环境资源保护方面2件。根据《中华人民共和国地方各级人民代表大会和地方各级人民政府组织法》有关代表议案的规定，菏泽市第十九届人民代表大会第二次会议议案审查委员会经过审查后认为，这些议案都是有关经济建设和社会发展的具体问题，属于市人民政府职能部门工作范围内的事情，不属于本级人民代表大会职权范围内的议案问题，拟作为代表建议、批评和意见处理。

另外，截至2018年1月4日12时，会议还收到代表建议、批评和意见108件。其中，财政经济方面的12件，内务司法方面的6件，教育科学文化卫生方面的19件，城乡建设与环境资源保护方面的52件，农业与农村方面的11件，民族侨务外事方面的4件，其他方面的4件。加上由议案转为建议处理的4件，共112件。

（二）代表建议、批评和意见的办理情况

在市十九届人大二次会议期间及会后，市人大常委会共收到代表就全市各方面工作提出建议、批评和意见（以下简称建议）122件，其中转交党群系统办理的2件，转交市政府系统办理的114件，转交党群系统和市政府系统联合办理的6件。截至2018年底，122件代表建议已全部办理完毕，各承办单位均向提出建议的代表作书面答复，答复率达到100%。从已收到的市人大代表反馈意见看，满意的118件，占96.7%；基本满意的4件，占3.3%。

具体办理情况：

1. 建议所提问题已经解决或正在解决的120件，占办理总数的98.4%。

2. 建议所提问题因条件、职权所限待以后解决或留作参考的2件，占办理总数的1.6%。

第三节　第十九届人民代表大会第三次会议

一、概况

2018年6月5日至6日，菏泽市第十九届人民代表大会第三次会议在菏泽召开，会期2天。

2018年6月5日至6日，菏泽市第十九届人民代表大会第三次会议召开

会议主要议程：选举菏泽市人民政府市长；其他事项。

二、组织机构及组成人员

主席团（49 人，按姓名笔画排序）

丁志刚　丁　峰　于海寅　万存周
马　骏　王永华　王有杰　王昌华
王新国　王　磊　毛丕显　孔令昌
尹玉明　乔忠义　任兰花（女）任仲义
刘文林　刘守文　刘　勇　闫传银
汤建梅（女，回族）　孙忠生　孙爱军
杨永昌　杨晓军　杨晓玲（女）李国珍
李法洪（回族）　李建林　何茂远
谷瑞灵　宋　涛　张　伦　张乾山
张福龙　单立新　赵传山　侯宪会
段伯汉　姜同松　聂元科　贾凤英（女）
郭保存　郭景堂　高　强（女）崔学民
樊庆斌　穆　杰　魏　琳

主席团常务主席

孙爱军　张　伦　王　磊　杨晓玲（女）
丁志刚　汤建梅（女，回族）　孙忠生
谷瑞灵　郭景堂

秘书长

杨晓玲（女，兼）

副秘书长

郭景堂　王有杰　田继雷　许素洋
王清华　陈允全　朱继法

执行主席

孙爱军　张　伦　王　磊　杨晓玲（女）
丁志刚　汤建梅（女，回族）　孙忠生
谷瑞灵　郭景堂　张福龙　聂元科
刘文林　李国珍　王昌华　魏　琳
穆　杰　张乾山　崔学民　郭保存

三、选举情况

菏泽市第十九届人民代表大会公告（第九号）

菏泽市第十九届人民代表大会第三次会议于 2018 年 6 月 6 日补选陈平为菏泽市人民政府市长。

第四节　第十九届人民代表大会第四次会议

一、概况

2019 年 1 月 19 日至 22 日，菏泽市第十九届人民代表大会第四次会议在菏泽召开，会期 4 天。

2019 年 1 月 19 日至 22 日，菏泽市第十九届人民代表大会第四次会议召开

会议主要议程：听取和审议菏泽市人民政府工作报告；审查、批准菏泽市 2018 年国民经济和社会发展计划执行情况的报告与 2019 年计划；审查菏泽市 2018 年预算执行情况的报告和 2019 年预算草案，批准菏泽市 2018 年市级预算执行情况的报告和 2019 年市级预算；听取和审议菏泽市人民代表大会常务委员会工作报告；听取和审议菏泽市中级人民法院工作报告；听取和审议菏泽市人民检察院工作报告；审议菏泽市第十九届人民代表大会第四次会议关于增设菏泽市第十九届人民代表大会社会建设委员会和更名菏泽市第十九届人民代表大会内务司法委员会为菏泽市第十九届人民代表大会监察和司法委员会的决定（草案）；选举事项；其他事项。

二、组织机构及组成人员

主席团（51 人，按姓名笔画排序）

丁志刚　于海寅　万存周　马　骏
王永华　王有杰　王　宏　王昌华

王新国　毛丕显　孔令昌　尹玉明
乔忠义　任兰花（女）任仲义　刘文林
刘守文　刘　勇　闫传银
汤建梅（女，回族）　孙忠生　孙爱军
杨永昌　杨晓军　杨晓玲（女）李国珍
李法洪（回族）　李建林　李春英（女）
何茂远　谷瑞灵　宋　涛　张　伦
张洪兴　张乾山　张福龙　陈北国
单立新　赵传山　侯宪会　段伯汉
姜同松　聂元科　贾凤英（女）郭保存
郭景堂　高　强（女）崔学民　樊庆斌
穆　杰　魏　琳

主席团常务主席

孙爱军　尹玉明　张　伦　李春英（女）
杨晓玲（女）丁志刚　汤建梅（女，回族）
孙忠生　谷瑞灵　郭景堂

秘书长

杨晓玲（女，兼）

副秘书长

郭景堂　王有杰　田继雷　许素洋
王清华　陈允全　陈化明　祝兰华

执行主席

孙爱军　尹玉明　张　伦　李春英（女）
杨晓玲（女）丁志刚　汤建梅（女，回族）
孙忠生　谷瑞灵　郭景堂　张福龙
聂元科　刘文林　李国珍　王昌华
魏　琳　穆　杰　张乾山　崔学民
郭保存

议案审查委员会

主任委员

丁志刚

副主任委员

王有杰　陈允全　陈化明

委　员（按姓名笔画排序）

于海寅　王桂荣（女）王新国　杨东波
宋爱珍（女）赵文东　侯宪会
夏建胜（回族）　高　强（女）曾广国
潘若松

计划预算审查委员会

主任委员

孙忠生

副主任委员

王清华　张中华　秦英魁

委　员（按姓名笔画排序）

王　升　王　进　邓小华　闫　凌
李士三　邵新宇　周铁伦　周登宪
赵　磊　姜来魁　姚艳萍（女）

三、决议决定

（一）关于菏泽市人民政府工作报告的决议（2019 年 1 月 22 日菏泽市第十九届人民代表大会第四次会议通过）

菏泽市第十九届人民代表大会第四次会议听取和审议菏泽市市长陈平代表菏泽市人民政府所作的工作报告，决定批准这个报告。

（二）关于菏泽市 2018 年国民经济和社会发展计划执行情况与 2019 年国民经济和社会发展计划的决议（2019 年 1 月 22 日菏泽市第十九届人民代表大会第四次会议通过）

菏泽市第十九届人民代表大会第四次会议经过审议并根据本次会议计划预算审查委员会的审查报告，决定批准《关于菏泽市 2018 年国民经济和社会发展计划执行情况与 2019 年计划草案的报告》，批准菏泽市 2019 年国民经济和社会发展计划。

（三）关于菏泽市 2018 年预算执行情况和 2019 年预算的决议（2019 年 1 月 22 日菏泽市第十九届人民代表大会第四次会议通过）

菏泽市第十九届人民代表大会第四次会议经过审议并根据本次会议计划预算审查委员会的审查报告，决定批准《关于菏泽市 2018 年预算执行情况和 2019 年预算草案的报告》，批准菏泽市 2019 年市级预算。

（四）关于菏泽市人大常委会工作报告的决议（2019 年 1 月 22 日菏泽市第十九届人民代表大会第四次会议通过）

菏泽市第十九届人民代表大会第四次会议听取和审议菏泽市人大常委会副主任杨晓玲代表菏泽市人大常委会所作的工作报告，决定批准这个报告。

（五）关于菏泽市中级人民法院工作报告的决议（2019 年 1 月 22 日菏泽市第十九届人民代表大会第四次会议通过）

菏泽市第十九届人民代表大会第四次会议听取和审议菏泽市中级人民法院院长张正智代表菏泽市中级人民法院所作的工作报告，决定批准这个报告。

（六）关于菏泽市人民检察院工作报告的决议（2019 年 1 月 22 日菏泽市第十九届人民代表大会第四次会议通过）

菏泽市第十九届人民代表大会第四次会议听取和审议菏泽市人民检察院检察长王金庆代表菏泽市人民检察院所作的工作报告，决定批准这个报告。

（七）关于增设菏泽市第十九届人民代表大会社会建设委员会和更名菏泽市第十九届人民代表大会内务司法委员会为菏泽市第十九届人民代表大会监察和司法委员会的决定（2019 年 1 月 22 日菏泽市第十九届人民代表大会第四次会议通过）

根据我市机构改革方案和有关法律规定，菏泽市第十九届人民代表大会第四次会议决定：菏泽市第十九届人民代表大会增设社会建设委员会，菏泽市第十九届人民代表大会内务司法委员会更名为菏泽市第十九届人民代表大会监察和司法委员会。菏泽市第十九届人民代表大会内务司法委员会主任委员、副主任委员、委员职务相应更名为菏泽市第十九届人民代表大会监察和司法委员会主任委员、副主任委员、委员职务。

（八）关于接受孙爱军辞去菏泽市第十九届人民代表大会常务委员会主任职务请求的决定（2019 年 1 月 22 日菏泽市第十九届人民代表大会第四次会议通过）

菏泽市第十九届人民代表大会第四次会议决定：接受孙爱军辞去菏泽市第十九届人民代表大会常务委员会主任职务的请求。

四、选举情况

（一）菏泽市第十九届人民代表大会公告（第十号）

菏泽市第十九届人民代表大会第四次会议于 2019 年 1 月 22 日补选尹玉明为菏泽市第十九届人民代表大会常务委员会主任。

（二）菏泽市第十九届人民代表大会公告（第十一号）

菏泽市第十九届人民代表大会第四次会议于 2019 年 1 月 22 日补选王宏、王金聚、张洪兴、胡钦畅、席巍、黄福平（按姓名笔画排序）为菏泽市第十九届人民代表大会常务委员会委员。

（三）菏泽市第十九届人民代表大会公告（第十二号）

菏泽市第十九届人民代表大会第四次会议于 2019 年 1 月 22 日表决通过菏泽市第十九届人民代表大会有关专门委员会组成人员名单。

社会建设委员会

主任委员

张洪兴

副主任委员

黄福平　　王金聚

委　员（按姓名笔画排序）

王西胜　　冯　震　　李宪君　　张　钊

张新德

教育科学文化卫生委员会

副主任委员

席　巍

城乡建设与环境资源保护委员会

副主任委员

胡钦畅

五、代表议案、建议、批评和意见及办理情况

（一）代表议案、建议、批评和意见的提出情况

截至2019年1月20日12时，会议共收到代表提出的议案9件，其中，财政经济方面的1件；教育科学文化卫生方面的2件，内容涉及促进城乡教育均衡发展、加强高中阶段教育；城乡建设与环境资源保护方面的4件，内容涉及煤化工园区污染治理、交通道路的升级改造；民族侨务外事方面的2件，内容涉及发展全域旅游、升级旅游景区。根据《中华人民共和国地方各级人民代表大会和地方各级人民政府组织法》有关代表议案的规定，菏泽市第十九届人民代表大会第四次会议议案审查委员会经过审查后认为，这些议案都是有关经济建设和社会发展的具体问题，属于市人民政府职能部门工作范围内的事情，不属于本级人民代表大会职权范围内的议案问题，拟作为代表建议、批评和意见处理。

另外，截至2019年1月20日12时，会议还收到代表建议、批评和意见146件。其中，财政经济方面的16件，内容涉及加快新旧动能转换、优化经济发展环境、支持民营企业发展、构建企业诚信体系等；内务司法方面的16件，内容涉及营造良好法治环境、治理集市占道经营、加强道路标识管理、加强公益组织引导支持等；教育科学文化卫生方面的37件，内容涉及加强校车管理、规范校外培训市场、完善城市文化建设、规范保健品市场等；城乡建设与环境资源保护方面的42件，内容涉及提升物业管理水平、治理交通拥堵、道路桥梁提升改造、推进城市精细化管理等；农业与农村方面的24件，内容涉及加强美丽乡村建设、加大农村基础设施建设、关爱农村留守儿童、遏制"天价彩礼"等；民族侨务外事方面的6件，内容涉及发展休闲农业和乡村旅游、开发黄河沿线旅游资源、规范旅游市场秩序等；其他方面的5件，内容涉及构建新型政商关系、修订村规民约等。加上由议案转为建议处理的9件，共155件。

（二）代表建议、批评和意见的办理情况

在市十九届人大四次会议期间及会后，市人大常委会共收到代表就全市各方面工作提出建议、批评和意见（以下简称建议）155件，其中转交党群系统办理的3件，转交市政府系统办理的147件，转交党群系统和市政府系统联合办理的4件，转交市人大常委会和市人民检察院联合办理的1件。截至2019年底，155件代表建议已全部办理完毕，各承办单位均向提出建议的代表作书面答复，答复率达到100%。从已收到的市人大代表反馈意见看，满意的148件，占95.5%；基本满意的7件，占4.5%。

具体办理情况：

1. 建议所提问题已经解决或正在解决的152件，占办理总数的98%。

2. 建议所提问题因条件、职权所限待以后解决或留作参考的3件，占办理总数的2%。

第五节　第十九届人民代表大会第五次会议

一、概况

2020年1月11日至14日，菏泽市第十九届人民代表大会第五次会议在菏泽召开，会期4天。

会议主要议程：听取和审议菏泽市人民政府工作报告；审查、批准菏泽市2019年国民经济和社会发展计划执行情况的报告与2020年计划；审查菏泽市2019年预算执行情况的报告和2020年预算草案，批准菏泽市2019年市级预算执行情况的报告和2020年市级预算；听取和审议菏泽市人民代表大会常务委员会工作报告；听取和审议菏

泽市中级人民法院工作报告；听取和审议菏泽市人民检察院工作报告；选举事项；其他事项。

2020 年 1 月 12 日，市人大常委会主任尹玉明在菏泽市第十九届人民代表大会第五次会议上作市人大常委会工作报告

二、组织机构及组成人员

主席团（51 人，按姓名笔画排序）

丁志刚　于海寅　万存周　王永华
王有杰　王　宏　王昌华　王新国
毛丕显　孔令昌　尹玉明　乔忠义
任兰花（女）任仲义　刘文林　刘守文
刘　勇　闫传银　汤建梅（女，回族）
孙忠生　杨永昌　杨晓军　杨晓玲（女）
李国珍　李法洪（回族）　李建林
李春英（女）何茂远　谷瑞灵　宋　涛
张　伦　张洪兴　张乾山　张新文
张福龙　陈北国　陈　强　单立新
赵传山　侯宪会　段伯汉　姜同松
聂元科　贾凤英（女）郭保存　郭景堂
高　强（女）崔学民　樊庆斌　穆　杰
魏　琳

主席团常务主席

张新文　尹玉明　张　伦　李春英（女）
杨晓玲（女）丁志刚　汤建梅（女，回族）
孙忠生　谷瑞灵　魏　琳　郭景堂

秘书长

杨晓玲（女，兼）

副秘书长

郭景堂　王有杰　马喜荣（女）许素洋
王清华　陈允全　陈化明　祝兰华

执行主席

张新文　尹玉明　张　伦　李春英（女）
杨晓玲（女）丁志刚　汤建梅（女，回族）
孙忠生　谷瑞灵　魏　琳　郭景堂
聂元科　穆　杰　张福龙　刘文林
王昌华　张乾山　李国珍　崔学民
郭保存

议案审查委员会

主任委员

丁志刚

副主任委员

王有杰　陈允全　陈化明

委　员（按姓名笔画排序）

于海寅　王桂荣（女）杨东波　宋爱珍（女）
张雅维　赵文东　侯宪会　高　强（女）
曾广国　潘若松

计划预算审查委员会

主任委员

孙忠生

副主任委员

王清华　张中华　秦英魁

委　员（按姓名笔画排序）

王　进　邓小华　闫　凌　李士三
邵新宇　赵　磊　郝丕进　姚艳萍（女）
程传政　樊庆芳（女）

三、决议决定

（一）关于菏泽市人民政府工作报告的决议

（2020 年 1 月 14 日菏泽市第十九届人民代表大会第五次会议通过）

菏泽市第十九届人民代表大会第五次会议听取和审议菏泽市市长陈平代表菏泽市人民政府所作的工作报告，决定批准这个报告。

（二）关于菏泽市 2019 年国民经济和社会发

展计划执行情况与2020年国民经济和社会发展计划的决议（2020年1月14日菏泽市第十九届人民代表大会第五次会议通过）

菏泽市第十九届人民代表大会第五次会议经过审议并根据本次会议计划预算审查委员会的审查报告，决定批准《关于菏泽市2019年国民经济和社会发展计划执行情况与2020年计划草案的报告》，批准菏泽市2020年国民经济和社会发展计划。

（三）关于菏泽市2019年预算执行情况和2020年预算的决议（2020年1月14日菏泽市第十九届人民代表大会第五次会议通过）

菏泽市第十九届人民代表大会第五次会议经过审议并根据本次会议计划预算审查委员会的审查报告，决定批准《关于菏泽市2019年预算执行情况和2020年预算草案的报告》，批准2020年市级预算。

（四）关于菏泽市人大常委会工作报告的决议（2020年1月14日菏泽市第十九届人民代表大会第五次会议通过）

菏泽市第十九届人民代表大会第五次会议听取和审议菏泽市人大常委会主任尹玉明代表菏泽市人大常委会所作的工作报告，决定批准这个报告。

（五）关于菏泽市中级人民法院工作报告的决议（2020年1月14日菏泽市第十九届人民代表大会第五次会议通过）

菏泽市第十九届人民代表大会第五次会议听取和审议菏泽市中级人民法院院长张正智代表菏泽市中级人民法院所作的工作报告，决定批准这个报告。

（六）关于菏泽市人民检察院工作报告的决议（2020年1月14日菏泽市第十九届人民代表大会第五次会议通过）

菏泽市第十九届人民代表大会第五次会议听取和审议菏泽市人民检察院代检察长王新建代表菏泽市人民检察院所作的工作报告，决定批准这个报告。

（七）接受孙忠生辞职请求的决定（2020年1月14日菏泽市第十九届人民代表大会第五次会议通过）

菏泽市第十九届人民代表大会第五次会议决定：接受孙忠生辞去菏泽市第十九届人民代表大会常务委员会副主任和菏泽市第十九届人民代表大会财政经济委员会主任委员、农业与农村委员会主任委员职务的请求。

四、选举情况

（一）菏泽市第十九届人民代表大会公告（第十三号）

菏泽市第十九届人民代表大会第五次会议于2020年1月14日补选魏琳为菏泽市第十九届人民代表大会常务委员会副主任。

（二）菏泽市第十九届人民代表大会公告（第十四号）

菏泽市第十九届人民代表大会第五次会议于2020年1月14日补选李茂楠为菏泽市监察委员会主任。

（三）菏泽市第十九届人民代表大会公告（第十五号）

菏泽市第十九届人民代表大会第五次会议于2020年1月14日补选王新建为菏泽市人民检察院检察长。

根据《中华人民共和国地方各级人民代表大会和地方各级人民政府组织法》的规定，须报经山东省人民检察院检察长提请山东省人民代表大会常务委员会批准。

（四）菏泽市第十九届人民代表大会公告（第十六号）

菏泽市第十九届人民代表大会第五次会议于2020年1月14日补选曹格林为菏泽市第十九届人民代表大会常务委员会委员。

（五）菏泽市第十九届人民代表大会公告（第

十七号）

菏泽市第十九届人民代表大会第五次会议于2020年1月14日表决通过菏泽市第十九届人民代表大会有关专门委员会组成人员名单：

财政经济委员会

主任委员

谷瑞灵

农业与农村委员会

主任委员

魏　琳

五、代表议案、建议、批评和意见及办理情况

（一）代表议案、建议、批评和意见的提出情况

截至2020年1月12日12时，会议共收到代表提出的议案8件。这些议案涉及环境保护、城乡建设规划、非物质文化遗产保护、新农村建设等方面。根据《中华人民共和国地方各级人民代表大会和地方各级人民政府组织法》有关代表议案的规定，菏泽市第十九届人民代表大会第五次会议议案审查委员会经过审查后认为，任兰花等10名代表提出的《关于制定〈菏泽市土壤污染防治条例〉的议案》(议案第1号)，充分体现中央全面加强生态环境保护，坚决打好污染防治攻坚战的精神，议案审查委员会建议列为议案处理;侯宪会等10名代表提出的《关于对〈菏泽市非物质文化遗产条例〉贯彻落实情况进行执法检查的议案》（议案第3号），符合议案要求，议案审查委员会建议列为议案处理。列入大会的2件议案，建议会后分别交由城乡建设与环境资源保护委员会、教育科学文化卫生委员会审议。

代表提出的其他6件议案，或属于有关经济建设和社会发展的具体问题，为市人民政府职能部门工作范围内的事情，不属于本级人民代表大会职权范围内的议案问题，应作为代表建议、批评和意见处理。其中，于海寅等10名代表提出的《关于制定〈菏泽市城市公共场地使用管理条例〉的议案》（议案第2号），着眼于城市建设和长远发展发展；张建彬等11名代表提出的《关于建立农村人居环境整治长效机制的议案》（议案第4号），关系到农村环境整治，是实施乡村振兴战略的一项重要任务，事关广大农民根本福祉；王昌志等11名代表提出的《关于出台进一步规范农村闲散宅基地使用办法的议案》（议案第5号），着眼于城乡一体化建设；曾宪钦等11名代表提出的《关于取消偏远落后乡镇涉农项目配套资金的议案》（议案第6号），着眼于贫困落后乡镇的建设发展，事关提升全市经济社会发展水平；李春生等11名代表提出的《关于进一步提高基础教育阶段教育教学质量的议案》（议案第7号），着眼于全市教育高质量发展，事关广大群众切身利益和人的全面发展；郑子昌等10名代表提出的《关于加强城市绿化管理的议案》（议案第8号），立足于全市城市建设，有利于提升菏泽的城市形象、建设和管理水平。

另外，截至2020年1月12日12时，会议还收到代表建议、批评和意见102件。其中，其中，财政经济方面的14件，监察和司法方面的1件，教育科学文化卫生方面的23件，城乡建设与环境资源保护方面的29件，农业与农村方面的15件，民族侨务外事方面的1件，社会建设方面的16件，其他方面的3件，加上由议案转为建议处理的6件，共108件。

（二）代表建议、批评和意见的办理情况

在市十九届人大五次会议期间及会后，代表就全市各方面工作提出建议、批评和意见（以下简称建议）108件，其中转交党群系统办理的6件，转交市政府系统办理的98件，转交党群系统和市政府系统联合办理的4件。截至2020年底，108件代表建议已全部办理完毕，各承办单位均向提出建议的代表作书面答复，答复

率达到100%。从已收到的市人大代表反馈意见看，满意的105件，占97.2%；基本满意的3件，占2.8%。

具体办理情况：

1. 建议所提问题已经落实或正在解决的106件，占办理总数的98%。

2. 建议所提问题因条件限制待以后解决的2件，占办理总数的2%。

第三编

菏泽市人民代表大会常务委员会

1984—2020

菏泽人大志

HEZE RENDA ZHI

根据《中华人民共和国地方各级人民代表大会和地方各级人民政府组织法》规定，设区的市的人民代表大会设立常务委员会，是本级人民代表大会的常设机关，对本级人民代表大会负责并报告工作。

菏泽市人民代表大会常务委员会行使下列职权：(一)在本行政区域内，保证宪法、法律、行政法规和上级人民代表大会及其常务委员会决议的遵守和执行；(二)领导或者主持市人民代表大会代表的选举；(三)召集市人民代表大会会议；(四)讨论、决定本市政治、经济、教育、科学、文化、卫生、环境和资源保护、民政、民族等工作的重大事项；(五)根据市人民政府的建议，决定对本行政区域内的国民经济和社会发展计划、预算的部分变更；(六)根据本市具体情况和实际需要，在不同宪法、法律、行政法规和省的地方性法规相抵触的前提下，对城乡建设与管理、环境保护、历史文化保护等方面的事项制定地方性法规，报省人民代表大会常务委员会批准后施行；(七)监督市人民政府、市人民法院和市人民检察院的工作，联系市人民代表大会代表，受理人民群众对上述机关和国家工作人员的申诉和意见；(八)撤销县区人民代表大会及其常务委员会的不适当的决议；(九)撤销市人民政府的不适当的决定和命令；(十)在市人民代表大会闭会期间，决定副市长的个别任免；在市长和市人民法院院长、市人民检察院检察长因故不能担任职务的时候，从市人民政府、市人民法院、市人民检察院副职领导人员中决定代理的人选；决定代理检察长，须报省人民检察院和省人大常委会备案；(十一)根据市长的提名，决定市人民政府秘书长、局长、委员会主任的任免，报省人民政府备案；(十二)按照人民法院组织法和人民检察院组织法的规定，任免市人民法院副院长、庭长、副庭长、审判委员会委员、审判员，任免市人民检察院副检察长、检察委员会委员、检察员，批准任免县区人民检察院检察长；根据市人民检察院检察长的提名，决定市人民检察院分院检察长的任免；(十三)在市人民代表大会闭会期间，决定撤销个别副市长；决定撤销由其任命的市人民政府其他组成人员和人民法院副院长、庭长、副庭长、审判委员会委员、审判员；人民检察院副检察长、检察委员会委员、检察员、人民检察院分院检察长的职务；(十四)在市人民代表大会闭会期间，补选省级人民代表大会出缺的代表和罢免个别代表；(十五)决定授予地方的荣誉称号。

第一章 中共菏泽市人大常委会党组

第一节 菏泽市人大常委会党组主要职责

中共菏泽市人大常委会党组是中共菏泽市委在市人大常委会设立的党的领导机构，在市委领导下开展工作，对市委负责，于2001年1月设立。

党组讨论和决定本单位下列重大问题：（一）贯彻落实党中央以及上级党组织决策部署的重大举措。（二）制定法规和重要规范性文件中的重大事项。（三）业务工作发展战略、重大部署和重大事项。（四）重大改革事项。（五）有关人事任免事项。（六）大额资金使用、大额资产处置、预算安排。（七）职能配置、机构设置、人员编制事项。（八）有关审计、巡视巡察、督查检查、考核奖惩等重大事项。（九）重大思想动态的政治引导。（十）党的建设方面的重大事项。（十一）其他应当由党组讨论和决定的重大事项。

第二节 菏泽市人大常委会党组组成人员

书　记 李明先（2001.1—2003.2）
陈　光（2003.2—2008.2）
赵润田（2008.2—2010.12）
杨永昌（2010.12—2016.1）
段伯汉（2016.1—2017.2）
孙爱军（2017.2—2019.1）
尹玉明（2019.1— ）

副书记 阎世海（2001.1—2003.2）
潘兴玺（2001.1—2006.2）
王祖和（2003.1—2005.12）
贾凤英（女，2006.2—2008.1）
杨永昌（2008.1—2010.12）
邵好学（2008.1—2012.4）
赵传山（2012.2—2017.2）
彭靖华（2012.2—2013.4）
杨晓玲（女，2017.2— ）
丁志刚（2017.2— ）

成　员 李胜华（2001.1—2003.2）
范福临（2001.1—2006.2）
周书运（2001.1—2003.2）
文廷良（2001.1—2007.1）
郭仲生（2001.1—2005.1）
常洪珍（2001.1—2008.1）
李顺广（2001.1—2006.2）
朱献瑞（2003.1—2007.1）
潘建荣（2003.1—2006.2）
邵好学（2006.2—2008.1）
刘金俊（2006.2—2011.2）
张秀长（2006.2—2008.1）
李玉华（2006.2—2011.2）
马春田（2006.2—2012.2）
彭靖华（2007.1—2012.2）
赵　普（2008.1—2012.2）
丁志刚（2010.12—2017.2）
孙忠生（2012.2—2020.1）
郭景堂（2015.4— ）
谷瑞灵（2017.2— ）
张洪兴（2019.1—2020.1）
魏　琳（2020.1— ）

第二章　历届人大常委会及其组成人员

第一节　第十五届人大常委会及其组成人员

（2001.1—2003.2）

2001 年 1 月，菏泽撤地设市。2001 年 1 月 4 日，召开菏泽市第十五届人民代表大会第一次会议，并于 2001 年 1 月 10 日选举产生菏泽市第十五届人民代表大会常务委员会。选举市十五届人大常委会主任 1 名、副主任 9 名、秘书长 1 名、委员 27 名。选举李明先为市十五届人大常委会主任，阎世海、潘兴玺、李胜华、范福临、周书运、文廷良、郭仲生、常洪珍、汤建梅（女，回族）为副主任，李顺广为秘书长；选举丁继民等 27 人为市十五届人大常委会委员。市十五届人大二次会议于 2002 年 2 月 25 日补选马欲圣为市十五届人大常委会委员。

主　任　李明先

副主任　阎世海

潘兴玺

李胜华

范福临

周书运

文廷良

郭仲生

常洪珍

汤建梅（女，回族）

秘书长　李顺广

委　员（按姓名笔画排序）

丁继民

马欲圣（2002.2— ）

王永成

王银香（女）

孔繁芝

史崇亮

吕恒芝（女）

刘金俊

刘宝祥

刘莲秋（女）

杨炳河

何常丽（女）

宋　波

张玉昌

张圣朝

张存金

张伯元

张忠卿

张建瑛

张振和

陈晓君（女）

赵思常

晁中胜

晁岳坤

徐光璞（女）

崔冠民

董茂伦

董桂玲（女）

第二节　第十六届人大常委会及其组成人员

（2003.2—2008.1）

2003 年 2 月 18 日，召开菏泽市第十六届人民代表大会第一次会议，并于 2003 年 2 月

22日选举产生菏泽市第十六届人民代表大会常务委员会。选举市十六届人大常委会主任1名、副主任9名、秘书长1名、委员30名。选举陈光为市十六届人大常委会主任，王祖和、潘兴玺、范福临、朱献瑞、文廷良、郭仲生、常洪珍、汤建梅（女，回族）、潘建荣为副主任，李顺广为秘书长；选举于海寅等30人为市十六届人大常委会委员。市十六届人大三次会议于2005年1月30日决定接受郭仲生辞去市人大常委会副主任职务，于2005年1月30日补选时启坤、张秋冬、张晓云（女）为市人大常委会委员。市十六届人大常委会第23次会议于2005年12月25日决定接受王祖和辞去市人大常委会副主任职务。市十六届人大四次会议于2006年2月10日决定接受潘兴玺、范福临、潘建荣辞去市人大常委会副主任职务，接受李顺广辞去市人大常委会秘书长职务，接受陶冶生、孔繁芝、吕恒芝、唐留书、李振堂、晁岳坤、陈好孔、刘宝祥、马欲圣、周连瑞、崔冠民辞去市人大常委会委员职务；于2006年2月10日补选贾凤英(女)为市人大常委会第一副主任(正厅级)，补选邵好学、刘金俊、张秀长、李玉华为市人大常委会副主任，补选马春田为市人大常委会秘书长，补选任茂廉、刘祥德、孟繁为、曹绪宝、樊庆堂为市人大常委会委员。市十六届人大常委会第28次会议于2006年5月8日决定接受李民辞去市人大常委会委员职务。市十六届人大六次会议于2007年1月26日决定接受朱献瑞、文廷良辞去市人大常委会副主任职务，补选马春田、彭靖华为市人大常委会副主任，补选党文生、郭志民为市人大常委会委员。

主　　任　陈　光

第一副主任　王祖和（正厅级，—2005.12）
贾凤英（女，正厅级，2006.2— ）

副 主 任　潘兴玺（ —2006.2）
范福临（ —2006.2）
朱献瑞（ —2007.1）
文廷良（ —2007.1）
郭仲生（ —2005.1）
常洪珍
汤建梅（女，回族）
潘建荣（ —2006.2）
邵好学（2006.2— ）
刘金俊（2006.2— ）
张秀长（2006.2— ）
李玉华（2006.2— ）
马春田（2007.1— ）
彭靖华（2007.1— ）

秘 书 长　李顺广（ —2006.2）
马春田（2006.2—2007.1；兼，2007.1— ）

委　　员（按姓名笔画排序）
于海寅
马欲圣（ —2006.2）
王永成
王银香（女）
孔繁芝（ —2006.2）
史崇亮
吕恒芝（女，—2006.2）
朱玉烨
任茂廉（2006.2— ）
刘宝祥（ —2006.2）
刘春华（女）
刘莲秋（女）
刘祥德（2006.2— ）
杨炳河
李　民（ —2006.5）
李振堂（ —2006.2）
时启坤（2005.1— ）
何常丽（女）
宋　波
张玉昌

张秋冬（2005.1— ）
张晓云（女，2005.1— ）
陈好孔（ —2006.2）
陈晓君（女）
尚瑞芬（女）
周连瑞（ —2006.2）
孟繁为（2006.2— ）
党文生（2007.1— ）
晁岳坤（ —2006.2）
徐光璞（女）
郭志民（2007.1— ）
唐留书（ —2006.2）
陶冶生（ —2006.2）
曹修寅
曹绪宝（2006.2— ）
崔冠民（ —2006.2）
董桂玲（女）
程民光
樊庆堂（2006.2— ）

第三节　第十七届人大常委会及其组成人员

（2008.1—2012.2）

2008年1月5日，召开菏泽市第十七届人民代表大会第一次会议，并于2008年1月8日选举产生菏泽市第十七届人民代表大会常务委员会。选举市十七届人大常委会主任1名、第一副主任1名、副主任6名、秘书长1名、委员36名。选举陈光为市十七届人大常委会主任，杨永昌为第一副主任，汤建梅（女，回族）、邵好学、刘金俊、李玉华、马春田、彭靖华为副主任，赵普为秘书长；选举于海寅等36人为市十七届人大常委会委员。市十七届人大常委会第一次会议于2008年3月1日决定接受陈光辞去市人大常委会主任职务。市十七届人大二次会议于2008年7月25日补选赵润田为市人大常委会主任。市十七届人大三次会议于2009年2月8日补选冯建云为市人大常委会委员。市十七届人大四次会议于2010年1月22日补选刘中琴、郭景堂为市人大常委会委员。市十七届人大五次会议于2011年1月23日接受李玉华、刘金俊辞去市人大常委会副主任职务，接受党文生、郭志民辞去市人大常委会委员职务，补选丁志刚、王敏英、安克林、梁志成、彭华为市人大常委会委员。市十七届人大常委会第25次会议于2011年3月3日决定接受耿振华辞去市人大常委会委员职务。

主　　任　陈　光（ —2008.3）
赵润田（2008.7— ）
第一副主任　杨永昌（正厅级）
副 主 任　汤建梅（女，回族）
邵好学
刘金俊（ —2011.1）
李玉华（ —2011.1）
马春田
彭靖华
秘 书 长　赵　普
委　　员（按姓名笔画排序）
丁志刚（2011.1— ）
于海寅
王泽启
王银香（女）
王敏英（2011.1— ）
冯建云（2009.2— ）
朱玉烨
朱洪亮
刘中琴（女，2010.1— ）
刘巧云（女）
刘付德
刘承贵
刘祥德

安克林（2011.1— ）
许素洋
李建国
何常丽（女）
宋占良
宋绍先
张之昱
张友海
张保德
张洪兴
陈化明
陈志起
陈建华
陈晓君（女）
林　健
尚瑞芬（女）
赵和平
赵锋利
侯宪会
秦　毅
耿振华（ —2011.3）
贾庆军
党文生（ —2011.1）
郭志民（ —2011.1）
郭景堂（2010.1— ）
曹修寅
梁志成（2011.1— ）
彭　华（2011.1— ）
董桂玲（女）
程民光

第四节　第十八届人大常委会及其组成人员

（2012.2—2017.2）

2012年2月8日，召开菏泽市第十八届人民代表大会第一次会议，并于2012年2月12日选举产生菏泽市第十八届人民代表大会常务委员会。选举市十八届人大常委会主任1名、第一副主任1名、副主任4名、秘书长1名、委员39名。选举赵润田为市十八届人大常委会主任，杨永昌为第一副主任，赵传山、汤建梅（女，回族）、丁志刚、孙忠生为副主任，赵传山为秘书长；选举于海寅等39人为市十八届人大常委会委员。市十八届人大二次会议于2013年1月11日补选孔令海、史步军、张修田、周继东、赵豪情、徐平为市人大常委会委员。市十八届人大三次会议于2014年1月11日补选于晓明为市人大常委会主任，补选张廷善为市人大常委会委员。市十八届人大常委会第二十次会议于2014年10月30日决定接受彭华辞去人大常委会委员职务。市十八届人大常委会第二十三次会议于2015年1月16日决定接受于晓明辞去人大常委会主任职务，接受安克林、梁志成、王敏英辞去市人大常委会委员职务。市十八届人大常委会第二十四次会议于2015年1月24日决定接受赵传山辞去人大常委会秘书长职务。市十八届人大四次会议于2015年2月7日补选孙爱军为市人大常委会主任，补选郭景堂为市人大常委会秘书长，补选杨东波、杨光忠、杨晓军、梁惠民（女）为市人大常委会委员。市十八届人大常委会第二十九次会议于2015年10月28日决定接受刘祥德、许志强、杨光忠、李龙蛟、张廷善、赵晓英、程民光、潘信文辞去市人大常委会委员职务。市十八届人大常委会第三十次会议于2016年1月12日决定接受王利言、刘彬、李兆成、李怀堂、张甦、范新印、季敬存、高艳民、焦守进辞去市人大常委会委员职务。市十八届人大五次会议于2016年1月21日决定接受杨永昌辞去市人大常委会第一副主任职务，补选段伯汉为市人大常委会第一副主任，补选丁峰、马志伟、王乃光、刘波、李茂楠、沙启忠、张柱军、陈自飞、罗衍玲（女）、姜继彬、秦玉亭、黄高潮、梁振坤为市人大常委会委员。市十八届人大常委会第三十四次会议于2016年6月29日决定接受刘巧云、李金民、徐平辞去市人大常委会委员职务。市十八届人大常委会第三十五次会议于2016年8月30日决定接受张修田、史步军辞去市人大常委会委员职务。市十八届人大常委会第三十六次会议于2016年10月28日决定接受梁惠民辞去市人大常委会委员职务。

主　　任　赵润田（—2013.2）
于晓明（2014.1—2015.1）
孙爱军（2015.2— ）

第一副主任　杨永昌（—2016.1）
段伯汉（2016.1— ）

副 主 任　赵传山
汤建梅（女，回族）
丁志刚
孙忠生

秘 书 长　赵传山（兼，—2015.1）
郭景堂（2015.2— ）

委　　员（按姓名笔画排序）
丁　峰（2016.1— ）
于海寅
马志伟（2016.1— ）
王乃光（2016.1— ）
王令海
王利言（—2016.1）
王金书
王银香（女）
王敏英（—2015.1）
王雅芹（女）
孔令海（2013.1— ）
史步军（2013.1—2016.8）
乔廷勇
乔忠义
刘巧云（女，—2016.6）
刘自杰
刘　波（2016.1— ）
刘建威
刘洪来（—2012.12）
刘祥德（—2015.10）
刘　彬（—2016.1）
刘鲁湘
安克林（—2015.1）
许志强（—2015.10）
许素洋
杨东波（2015.2— ）
杨光忠（2015.2—2015.10）
杨晓军（2015.2— ）
李龙蛟（—2015.10）
李兆成（—2016.1）
李怀堂（—2016.1）
李茂楠（2016.1— ）
李金民（—2016.6）
吴东华（女）
沙启忠（回族，2016.1— ）
张廷善（2014.1—2015.10）
张柱军（2016.1— ）
张修田（2013.1—2016.8）
张洪兴
张　甦（—2016.1）
陈化明
陈自飞（2016.1— ）
范新印（—2016.1）
罗衍玲（女，2016.1— ）
季敬存（—2016.1）
周继东（2013.1— ）
赵晓英（—2015.10）
赵豪情（2013.1— ）
侯宪会
姜继彬（2016.1— ）
秦玉亭（2016.1— ）

党明娜（女，—2014.9）
徐　平（2013.1—2016.6）
郭景堂（ —2015.2）
高艳民（女，—2016.1）
黄高潮（2016.1— ）
梁志成（ —2015.1）
梁振坤（2016.1— ）
梁惠民（女，2015.2—2016.10）
彭　华（ —2014.10）
程民光（ —2015.10）
焦守进（ —2016.1）
潘信文（ —2015.10）

第五节　第十九届人大常委会及其组成人员

（2017.2— ）

2017 年 2 月 22 日，召开菏泽市第十九届人民代表大会第一次会议，并于 2017 年 2 月 26 日选举产生菏泽市第十九届人民代表大会常务委员会。选举市十九届人大常委会主任 1 名、副主任 5 名、秘书长 1 名、委员 43 名。选举孙爱军为市十九届人大常委会主任，杨晓玲（女）、丁志刚、汤建梅（女，回族）、孙忠生、谷瑞灵为副主任，郭景堂为秘书长；选举丁峰等 43 人为市十九届人大常委会委员。市十九届人大常委会第二次会议于 2017 年 5 月 10 日决定接受孙慧辞去市人大常委会委员职务。市十九届人大常委会第七次会议于 2017 年 12 月 25 日决定接受谢圣稳辞去市人大常委会委员职务。市十九届人大二次会议于 2018 年 1 月 6 日补选王有杰、宋波、张道学为市人大常委会委员。市十九届人大常委会第八次会议于 2018 年 1 月 6 日决定接受李茂楠辞去市人大常委会委员职务。市十九届人大常委会第九次会议于 2018 年 3 月 1 日决定接受杨东波辞去市人大常委会委员职务。市十九届人大常委会第十六次会议于 2018 年 10 月 29 日决定接受张道学辞去市人大常委会委员职务。市十九届人大常委会第十八次会议于 2019 年 1 月 10 日决定接受宋波、陈北国、姜东生辞去市人大常委会委员职务。市十九届人大四次会议于 2019 年 1 月 22 日决定接受孙爱军辞去市人大常委会主任职务，补选尹玉明为市人大常委会主任，补选王宏、王金聚、张洪兴、胡钦畅、席巍、黄福平为市人大常委会委员。市十九届人大常委会第二十五次会议于 2019 年 12 月 27 日决定接受胡钦畅辞去市人大常委会委员职务。市十九届人大五次会议于 2020 年 1 月 14 日决定接受孙忠生辞去市人大常委会副主任职务，补选魏琳为市人大常委会副主任，补选曹格林为市人大常委会委员。市十九届人大常委会第二十八次会议于 2020 年 4 月 28 日决定接受王金聚辞去市人大常委会委员职务。市十九届人大常委会第三十次会议于 2020 年 8 月 24 日决定接受王宝军辞去市人大常委会委员职务。市十九届人大常委会第三十二次会议于 2020 年 12 月 29 日决定接受梁振坤辞去市人大常委会委员职务。

主　任　孙爱军（ —2019.1）
　　　　尹玉明（2019.1— ）
副主任　杨晓玲（女）
　　　　丁志刚
　　　　汤建梅（女，回族）
　　　　孙忠生（ —2020.1）
　　　　谷瑞灵
　　　　魏　琳（2020.1— ）
秘书长　郭景堂
委　员（按姓名笔画排序）
　　　　丁　峰（ —2019.1）
　　　　于海寅
　　　　马喜荣（女）
　　　　王乃光
　　　　王有杰（2018.1— ）

王　宏（2019.1— ）
王金聚（2019.1—2020.4）
王宝军（ —2020.8）
王清华
毛丕显
白圣同
宁友明
成洪雷
任兰花（女）
刘守文
刘超峰
刘景西
许素洋
孙　慧（ —2017.5）
杨东波（ —2018.3）
李克和
李茂楠（ —2018.1）
李建林
李冠斌
李振杰（ —2020.8）
吴凤荣（女）
宋　波（2018.1—2019.1）
宋爱珍（女）
张中华
张治安
张洪兴（2019.1— ）
张道学（2018.1—2018.10）
陈化明
陈允全
陈北国（ —2019.1）
周美兰（女）
郑子昌
郑　欣
胡钦畅（2019.1—2019.12）
南　雁（女）
侯宪会
姜东生（ —2019.1）
祝金忠
姚艳萍（女）
秦英魁
殷正红
高　强（女）
席　巍（2019.1— ）
黄福平（2019.1— ）
曹格林（2020.1— ）
常俊哲
梁振坤（ —2020.12）
谢圣稳（ —2017.12）

第三章　人大常委会会议

第一节　第十五届人大常委会历次会议

（2001.1—2003.2）

市十五届人大常委会第一次会议

2001 年 1 月 16 日，菏泽市第十五届人大常委会第一次会议在菏泽市人大常委会五楼会议室召开。市委书记、市人大常委会主任李明先，市人大常委会副主任阎世海、潘兴玺、李胜华、周书运、文廷良、常洪珍、汤建梅，秘书长李顺广出席会议。阎世海、潘兴玺分别主持全体会议。

会议议程

审议表决《菏泽市人民代表大会常务委员会议事规则》；审议表决《菏泽市人民代表大会常务委员会人事任免办法》；审议表决《菏泽市人民代表大会常务委员会关于加强自身建设的决定》；审议决定《菏泽市人民代表大会常务委员会 2001 年工作要点》；审议通过市人大常委会各工作委员会组成人员名单；审议通过《关于撤地设市后市直国家机关工作人员职务称谓变更及任免问题的决定》；补选省九届人大代表；市委书记、市人大常委会主任李明先讲话。

会议决定

菏泽市人大常委会关于加强自身建设的决定

新的菏泽市人大常委会伴随着新世纪的到来而诞生，为适应新形势和新任务的要求，更好地履行宪法和法律赋予的各项职权，充分发挥地方国家权力机关的重要作用，必须全面加强市人大常委会的自身建设。为此，特作如下决定：

一、坚持党的领导，提高贯彻执行党的路线、方针、政策的自觉性

市人大常委会要认真坚持党的基本理论、基本路线和基本方针，坚决贯彻执行党的方针、政策，在思想上、政治上、行动上同以江泽民同志为核心的党中央保持高度一致。要自觉服从市委的领导，认真执行市委的决议、决定，重大事情及时向市委请示、汇报，紧紧围绕市委的工作部署开展人大工作。

二、加强学习，提高理论修养和知识水平

市人大常委会要认真坚持学习制度，深入学习马克思列宁主义、毛泽东思想、邓小平理论和江泽民同志的重要讲话。要形成良好学风，坚持理论联系实际，学会运用马克思主义的立场、观点、方法研究问题、认识问题，提高解决实际问题的能力。要认真学习宪法、法律，增强法律意识，提高依法办事的自觉性。还要认真学习经济、科技、法律、金融、历史等方面的知识，把学习作为自己的终身任务，不断提高知识水平。在个人自学的基础上，每半年组织一次集体学习活动，邀请有关领导和专家、学者作专题报告。

三、坚持民主集中制原则，集体依法行使职权

市人大常委会要严格遵守民主集中制原则，坚持集体依法行使职权。凡属于改革开放、经济建设、社会事业发展、民主法制建设等重大问题，必须经常委会集体讨论决定。坚持少数服从多数，个人服从组织的原则。对集体讨论通过的决议、决定，如有不同意见可以保留，但必须无条件地服从集体的决定，并在实际工作中坚决贯彻执行。常委会组成人员之间要相互学习，相互尊重，加强团结，做到大事讲原则，小事讲风格，彼此多理解、多支持，密切配合，齐心协力做好各项工作。

四、坚持群众路线，加强同群众的联系，自觉接受人民群众监督

常委会组成人员要牢固树立全心全意为人民服务的思想观念，想问题、办事情、作决定，都要从人民群众的根本利益出发，急群众所急，想群众所想，帮群众所需。坚决反对形式主义、官僚主义的不良作风，努力做到说实话、办实事、求实效。要坚持从群众中来，到群众中去的工作作风和工作方法，下基层要轻车简从，真正深入实际，深入群众，调查研究，认真听取群众的意见和要求，自觉接受群众监督。要坚持常委会组成人员分工联系代表的制度，坚持主任、副主任接待代表和群众来访制度，了解社情民意，关心群众疾苦，充分发挥人大联系群众、反映民意、解决矛盾的主要民主渠道作用。

五、加强廉政建设，廉洁自律，率先垂范

常委会组成人员要带头严格执行廉政规定，做到一身正气，两袖清风。时时事事处处以身作则，严于律己，自觉接受监督，抵制腐朽思想的侵蚀，做到自重、自省、自警、自励，不得假公济私、化公为私，不得利用职权和职务上的便利为个人或亲友及身边的工作人员谋取利益，不得讲排场、比阔气、铺张浪费，不得参加高消费娱乐活动。每位成员还要管好自己的配偶、子女和身边工作人员，管好分工的部门，作艰苦奋斗、廉洁奉公的表率，坚决同一切腐败行为做斗争。

六、加强制度建设，严格纪律约束

常委会组成人员要严格按照宪法、法律和规章制度办事，严格要求，严格管理，严格监督；要讲原则，讲纪律，讲奉献，勇于开展积极的思想斗争，弘扬正气，狠刹歪风。要切实制定好常委会组成人员守则、议事规则等有关思想作风建设方面的规章制度，用制度规范每个人的行为。常委会组成人员要严格按照规定出席常委会会议，恪尽职守，扎实工作，使常委会成为一个“务实高效、团结协作、廉洁奉公、遵纪守法”的战斗集体，不断开创全市人大工作新局面。

菏泽市人大常委会关于撤地设市后市直国家机关工作人员职务称谓变更及任免问题的决定

菏泽市人大常委会组成人员，市人民政府市长、副市长，市中级人民法院院长，市人民检察院检察长，已经菏泽市第十五届人民代表大会第一次会议选举产生。市人大常委会、市人民政府、市中级人民法院、市人民检察院已公告挂牌成立。为规范过渡时期市直国家机关工作人员职务称谓，根据地方组织法及有关法律规定，菏泽市第十五届人大常委会第一次会议决定：

一、原菏泽地区人大工委办公室、研究室、人事代表工作室、内务司法工作处、财政经济工作处、农业与农村工作处、城乡建设环境保护工作处、教育科学文化卫生人口工作处、民族侨务外事工作处，分别改称为菏泽市人大常委会办公室、研究室、人事代表工作室、内务司法工作委员会、财政经济工作委员会、农业与农村工作委员会、城乡建设环境保护工作委员会、教育科学文化卫生人口工作委员会、民族侨务外事工作委员会。其人事安排本次会议已另案通过。

二、原菏泽地区行署秘书长，各委、办、局主任、局长，分别暂改称为菏泽市人民政府秘书长，委、办、局主任、局长，待市人大常委会正式任命后另行公布。

三、原由省人大常委会任命的菏泽地区中级人民法院副院长、审判委员会委员、审判员和各有关庭庭长，分别暂改称为菏泽市中级人民法院副院长、审判委员会委员、庭长，待市人大常委会正式任命后另行公布。

四、原由省人大常委会任命的山东省人民检察院菏泽分院副检察长、检察委员会委员、检察员，分别暂改称为菏泽市人民检察院副检察长、检察委员会委员、检察员，待菏泽市人大常委会正式任命后另行公布。

人事任免

补选：牛喜凡、殷鲁谦、阎世海为省九届人民代表大会代表。

决定：潘兴玺为菏泽市人大常委会财政经济工作委员会主任（兼），孔繁芝为菏泽市人大常委会财政经济工作委员会副主任；李胜华为菏泽市人大常委会教育科学文化卫生人口工作委员会主任（兼），吕恒芝为菏泽市人大常委会教育科学文化卫生人口工作委员会副主任；范福临为菏泽市人大常委会内务司法工作委员会主任（兼），张建瑛为菏泽市人大常委会内务司法工作委员会副主任，晁岳坤为菏泽市人大常委会内务司法工作委员会副主任；周书运为菏泽市人大常委会城乡建设环境保护工作委员会主任（兼），刘宝祥为菏泽市人大常委会城乡建设环境保护工作委员会副主任；文廷良为菏泽市人大常委会农业与农村工作委员会主任（兼），丁继民为菏泽市人大常委会农业与农村工作委员会副主任；常洪珍为菏泽市人大常委会民族侨务外事工作委员会主任（兼），崔冠民为菏泽市人大常委会民族侨务外事工作委员会副主任。

市十五届人大常委会第二次会议

2001年3月13日至15日，菏泽市第十五届人大常委会第二次会议在菏泽牡丹大酒店召开。市委书记、市人大常委会主任李明先，市人大常委会副主任阎世海、潘兴玺、李胜华、周书运、文廷良、郭仲生、常洪珍，秘书长李顺广出席会议。阎世海、潘兴玺分别主持全体会议。市人民政府副市长杜昌文、市中级人民法院院长张玉佩、市人民检察院检察长朱献瑞列席会议。

2001年3月13日至15日，市十五届人大常委会第二次会议召开

会议议程

审议批准孙述涛辞去菏泽市人民政府副市长职务的报告；任命市人大常委会机关工作人员；任命市人民政府组成人员；审议批准任命任孔全为郓城县人民检察院检察长职务的报告。

人事任免

决定：接受孙述涛辞去菏泽市人民政府副市长职务的请求，报菏泽市第十五届人民代表大会第二次会议备案。

任命：张伯元为菏泽市人大常委会副秘书长、办公室主任，王永成为菏泽市人大常委会研究室主任，宋波为菏泽市人大常委会人事代表工作室主任，刘祥德为菏泽市人大常委会办公室副主任，王令海为菏泽市人大常委会财政经济工作委员会工作室副主任，朱喜迁为菏泽市人大常委会教育科学文化卫生人口工作委员会工作室副主任，安克林为菏泽市人大常委会内务司法工作委员会工作室副主任，吴东华为菏泽市人大常委会城乡建设环境保护工作委员会工作室副主任。

决定任命：陈好孔为菏泽市人民政府秘书长兼办公室主任，李学军为菏泽市计划委员会主任，李玉华为菏泽市经济贸易委员会主任，陈守军为菏泽市经济体制改革委员会主任，张修田为菏泽市教育委员会主任，彭华为菏泽市科学技术委员会主任，付章丽为菏泽市对外经济贸易委员会主任，周连瑞为菏泽市农业委员会主任，李福祥为菏泽市公安局局长，焦守进为菏泽市民政局局长，梁志成为菏泽市司法局局长，张秋冬为菏泽市财政局局长，唐留书为菏泽市人事局局长，李振堂为菏泽市劳动和社会保障局局长，马欲圣为菏泽市建设委员会主任，张秀长为菏泽市交通局局长，马春田为菏泽市水利局局长，任茂廉为菏泽市农业局局长，曹绪宝为菏泽市林业局局长，王殿常为菏泽市水产局局长，吴延印为菏泽市畜牧局局长，李运斋为菏泽市农业机械管理局局长，朱斌为菏泽市粮食局局长，王忠美为菏泽市文化局局长，张晓云为菏泽市卫生局局长，刘付德为菏泽市广播电视局局长，冯建云为菏泽市体育运动委员会主任，彭靖华为菏泽市计划生育委员会主任，霍保银为菏泽市审计局局长，李贵钦为菏泽市统计局局长，张贵田为菏泽市乡镇企业管理局局长，张本进为菏泽市环境保护局局长，童彩云为菏泽市土地管理局局长，沙启忠为菏泽市民族事务委员会（市政府宗教局）主任（局长），张在源为菏泽市政府侨务办公室主任。

批准任命：任孔全为郓城县人民检察院检察长。

市十五届人大常委会第三次会议

2001 年 5 月 16 日至 18 日，菏泽市第十五届人大常委会第三次会议在菏泽牡丹大酒店召开。市委书记、市人大常委会主任李明先，市人大常委会副主任阎世海、潘兴玺、李胜华、范福临、周书运、文廷良、郭仲生、常洪珍、汤建梅，秘书长李顺广出席会议。李明先、阎世海、潘兴玺、李胜华分别主持全体会议。市人民政府副市长贾凤英、市中级人民法院院长张玉佩、市人民检察院检察长朱献瑞列席会议。

会议议程

审议《菏泽市人民代表大会常务委员会联系人民代表大会代表办法（草案）》《菏泽市人大常委会关于办理市人大代表建议、批评和意见的办法（草案）》；审议市人民政府关于 2001 年预算调整情况的报告；人事任免事项。

会议决议

菏泽市人大常委会关于菏泽市 2001 年预算调整意见的决议

菏泽市第十五届人民代表大会常务委员会第三次会议经过审议，决定批准市政府提出的 2001 年预算调整意见，同意财政局局长张秋冬代表市政府所作的《关于 2001 年预算草案调整情况的报告》及其补充说明。

会议要求，市政府要认真贯彻《中华人民共和国预算法》，维护预算的严肃性，大力整顿财经秩序，加强预算外资金管理，积极推进预算制度改革，全面实行部门预算，细化预算编制，增强预算的透明度和约束力，自觉接受人民代表大会及其常务委员会对预算的监督。在预算执行中，要努力开源节流增收节支，严格依法治税，强化收入征管，争取市级财政收入比调整后的预算有较多增长，达到或超过去年水平。按照“一要吃饭，二要建设”的原则，优化支出结构，努力保稳定，保重点。

人事任免

任命：许素洋为菏泽市人大常委会办公室副主任，陈化明为菏泽市人大常委会人事代表工作室副主任，田素兰为菏泽市人大常委会民族侨务外事工作委员会工作室副主任。

任命：李端海为菏泽市中级人民法院审判委员会委员、审判员，宋展为菏泽市中级人民法院副院长、审判委员会委员、审判员，吴光侠为菏泽市中级人民法院副院长、审判委员会委员、审判员，李旭光为菏泽市中级人民法院副院长、审判委员会委员、审判员，范德平为菏泽市中级人民法院审判委员会委员、审判员，祝玉哲为菏泽市中级人民法院审判委员会委员、审判员，王健为菏泽市中级人民法院审判委员会委员、刑事审判第一庭庭长、审判员，张逢继为菏泽市中级人民法院刑事审判第二庭庭长、审判员，于玉才为菏泽市中级人民法院民事审判庭庭长、审判员，李良运为菏泽市中级人民法院经济审判第一庭庭长、审判员，李贤臻为菏泽市中级人民法院立案庭庭长、审判员，夏乾振为菏泽市中级人民法院行政审判庭庭长、审判员，王常贺为菏泽市中级人民法院审判监督庭庭长、审判员，王思华为菏泽市中级人民法院执行一庭庭长、审判员，杨方运为菏泽市中级人民法院执行二庭庭长、审判员，聂震为菏泽市中级人民法院经济审判第二庭庭长、审判员，袁素华、毛丕家为菏泽市中级人民法院刑事审判第一庭副庭长、审判员，曹新良、陈凡岭为菏泽市中级人民法院刑事审判第二庭副庭长、审判员，闫亚红、韩文明、李冠军为菏泽市中级人民法院民事审判庭副庭长、审判员，徐峥、李守臣、张克勤为菏泽市中级人民法院经济审判第一庭副庭长、审判员，崔敬涛为菏泽市中级人民法院经济审判第二庭副庭长、审判员，焦炜华为菏泽市中级人民法院行政审判庭副庭长、审判员，田传允为菏泽市中级人民法院执行一庭副庭长、审判员，韩德华为菏泽市中级人民法院执行二庭副庭长、审判员，王力争、王学忠为菏泽市中级人民法院立案庭副庭长、审判员，于博、田佰旺为菏泽市中级人民法院审判监督庭副庭长、审判员，陈卫华为菏泽市中级人民法院刑事审判第一庭副庭长、审判员，陈安娜、李立森、王显玉、胡玉发、王聚合、祝秀玲、贾西启、于建国、王崇进、全西友、李报录、梁方强、蒋家增、李玉广、权金牛、陈聚海、李树梓、晁岱选、胡存良、宋新宇、鹿令平、宋玉香、王安生、刘庆文、刘化忠、王俊、蓝涛、李继亮、刘秋桦、周梅彦、张丽、常静、段连春为菏泽市中级人民法院审判员。

免去：李端海的菏泽市中级人民法院副院长职务，张保年、张怀新、王振华的菏泽市中级人民法院审判员职务。

任命：张汉民、范玉国、刘爱菊、董瑞钦、陶学森为菏泽市人民检察院副检察长、检察委员会委员、检察员，刘建国、尘学义、倪华刚、徐方、曾铁林为菏泽市人民检察院检察委员会委员、检察员，潘景生、韩方景、刘汉石、孙效奇、冯俊普、尹云生、张保平、张捍民、聂延东、李贵忠、钱广龙、杨依柱、官兆义、刘爱敏、樊飚、于庆茸、穆月英、许永堂、刘会民、齐新年、王兴军、何建华、刘冠英、王利中、陈新元、李树进、赵东风、杨春婷、马继刚、李志勇、张军、赵海树、赵军、李文斌、张一民、孟凡欣、潘培晨、国同生、张勤、马秀芝、常广法、程连栋、朱瑞英、盛鲁宁、雍建军、李忠、时启海为菏泽市人民检察院检察员。

批准：陶学森辞去牡丹区人民检察院检察长职务。

批准：撤销蒋万斌原巨野县人民法院院长职务。

市十五届人大常委会第四次会议

2001 年 7 月 11 日至 13 日，菏泽市第十五届人大常委会第四次会议在菏泽牡丹大酒店召开。市委书记、市人大常委会主任李明先，市人大常委会副主任阎世海、潘兴玺、李胜华、范福临、周书运、文廷良、郭仲生、常洪珍、汤建梅，秘书长李顺广出席会议。李明先、范福临、周书运分别主持全体会议。市人民政府副市长贾凤英、市中级人民法院院长张玉佩、市人民检察院检察长朱献瑞列席会议。

会议议程

听取审议市人民政府关于菏泽市 2001 年上半年国民经济和社会发展计划执行情况的汇报；听取审议市人民政府关于菏泽市 2001 年上半年财政预算执行情况的汇报；审议通过《菏泽市在公民中开展法制宣传教育的第四个五年规划（草案）》《菏泽市 2001—2005 年依法治市五年规划（草案）》；人事任免事项。

会议决定

菏泽市人大常委会关于追认主任会议许可市人民检察院对市人大代表张文法采取强制措施的决定

菏泽市第十五届人民代表大会常务委员会第四次会议决定，对市人大常委会主任会议关于许可市人民检察院对市人大代表张文法采取强制措施的决定给予追认。

人事任免

决定任命：陶冶生为菏泽市经济贸易委员会主任，党文生为菏泽市建设委员会主任。

决定免去：马欲圣的菏泽市建设委员会主任职务，李玉华的菏泽市经济贸易委员会主任职务，李运斋的菏泽市农业机械管理局局长职务。

任命：于玉才、李良运、夏乾振、李贤臻为菏泽市中级人民法院审判委员会委员，王成贵为菏泽市中级人民法院审判委员会委员、审判员，刘海林、赵明军为菏泽市中级人民法院刑事审判第二庭副庭长、审判员，郑孝义为菏泽市中级人民法院民事审判庭副庭长、审判员，徐毅、韩继峰为菏泽市中级人民法院经济审判第一庭副庭长、审判员，张仲平、樊忠民、徐青峰为菏泽市中级人民法院经济审判第二庭副庭长、审判员，于志刚为菏泽市中级人民法院行政审判庭副庭长、审判员，韩同山为菏泽市中级人民法院执行一庭副庭长、审判员，刘清明为菏泽市中级人民法院执行二庭副庭长、审判员，运献茹、袁平为菏泽市中级人民法院立案庭副庭长、审判员，李健民为菏泽市中级人民法院审判监督庭副庭长、审判员，陆远亮、赵完方、胡慈亮、姜守新、纪自强、孙凤池、王春民、马法元、刘义成、王思明、孔令健、李金岭、赵平、张万松、刘中华、苗丛叶、孙振鸿、石兴荣、苑丕峰、孙自林、李丰科、逯心超、马勤让、徐德学、李福祥、史存山、王书鑫、安祥吉、刘建忠、刘思静为菏泽市中级人民法院审判员。

免去：李端海、祝玉哲的菏泽市中级人民法院审判委员会委员职务，王思华的菏泽市中级人民法院执行一庭庭长、审判员职务。

任命：马增元、李建军、乔付华、孙若聚、王建亭、陈天生、许宜之、王义然、谷守传、刘希芳、胡沛林、祝玉爱、杨建全、张武建、薛新赞、任广田、平善刚、徐占书、刘存益、王占魁、葛米海、董永行、陈新京、朱瑞亚、胡彩云、刘晓明、陈洪春、周文伟、许澎涛、孙世斌、曹国如、杨德华、史卜芹、刘春诚、王国芹、单衍锁、孟想、李建力、徐伟、李同军、张洪勤、王雪芹、燕玉杰、李墉、逯其彦、王传祥、宋秀金、刘道勤、白云展、桑希志、马卫东为菏泽市人民检察院检察员。

市十五届人大常委会第五次会议

2001年9月18日至19日，菏泽市第十五届人大常委会第五次会议在菏泽市人大常委会五楼会议室召开。市委书记、市人大常委会主任李明先，市人大常委会副主任阎世海、潘兴玺、范福临、文廷良、郭仲生、汤建梅，秘书长李顺广出席会议。李明先、阎世海、潘兴玺分别主持全体会议。市人民政府副市长贾凤英、市中级人民法院院长张玉佩、市人民检察院检察长朱献瑞列席会议。

会议议程

听取审议市中级人民法院关于《山东省司法工作人员违法办案追究条例》贯彻执行情况的汇报；听取审议市政府关于社会治安综合治理工作情况的汇报；听取审议市政府关于劳动和社会保障工作情况的汇报；听取审议市政府关于环境保护工作情况的汇报；听取审议市政府关于贯彻执行动物防疫法情况的汇报；听取审议市政府关于调整菏泽市2001年度市级财政支出预算的报告并作出相应决议；书面听取审议《菏泽市平原绿化工程“十五”计划（草案）》；审议通过《菏泽市人大常委会关于菏泽市在公民中开展法制宣传教育的第四个五年规划（草案）》《菏泽市人大常委会关于菏泽市2001—2005年依法治市五年规划（草案）》，并作出相应决议；人事任免事项。

会议决议

菏泽市人大常委会关于批准市人民政府调整

2001年市级支出预算意见的决议

菏泽市第十五届人民代表大会常务委员会第五次会议经过审议，决定批准市政府提出的调整2001年市级支出预算意见，同意财政局局长张秋冬代表市政府所作的《关于调整2001年市级支出预算的报告》。

会议要求，市政府及财政部门统揽全局、把握重点，努力开源节流，增收节支，做到收支平衡，确保今年预算目标的实现。

菏泽市人大常委会关于《菏泽市2001—2005年依法治市规划》的决议

菏泽市第十五届人民代表大会常务委员会第五次会议经过审议，决定通过《菏泽市2001—2005年依法治市规划》，由市人民政府、市中级人民法院、市人民检察院组织实施。

菏泽市人大常委会关于《菏泽市在公民中开展法制宣传教育的第四个五年规划》的决议

自1986年以来，我市已经实施三个五年法制宣传教育规划，使广大公民的法制观念明显增强，社会各项事业的依法治理工作逐步开展，在保障改革发展稳定的大局、促进依法治国基本方略的实施中发挥了积极的作用。为适应新世纪我国社会主义现代化建设的要求，根据中央及省有关指示精神，结合我市实际，市人大常委会认为有必要在全市公民中继续开展第四个五年法制宣传教育规划。为此，特作如下决议：

一、第四个五年法制宣传教育要以邓小平法制理论、党的十五大精神和“三个代表”重要思想为指导，在全体公民中深入开展以宪法、国家基本法律、社会主义市场经济法律法规、加入世贸组织后相关的法律知识及维护社会稳定有关的法律法规为主要的法律知识的宣传教育，进一步提高全市公民的法律知识水平和依法办事、依法维权的能力，全面提高社会各项事业的法治化管理水平。

二、第四个五年法制宣传教育的对象是一切有接受教育能力的公民。重点对象是：领导干部、国家公务员、司法和行政执法人员、青少年学生和企业经营管理人员。

三、一切有接受教育能力的公民都要通过法制教育，做到知法、守法、护法，自觉维护宪法的尊严和法律的权威，自觉地同各种违法犯罪行为做斗争，维护社会的稳定。各级领导干部要在学法用法活动中作出表率，不断提高依法决策和依法管理的水平。国家公务员要认真学习行政法律法规，不断提高依法行政的能力。司法和行政执法人员要努力熟悉和运用与本职工作相关的法律知识，不断提高公正司法和严格执法的水平。大中小学校都要把法律教育纳入素质教育的重要内容，努力把青少年学生培养成为社会主义“四有”新人。企业经营管理人员要重点学习和掌握与生产经营有关的社会主义市场经济法律法规知识，不断提高依法管理企业的能力。

四、在实施第四个五年法制宣传教育规划中，要坚持法制教育与法制实践相结合，法制教育与道德教育相结合，普法与依法治理相结合，注重工作实效，克服形式主义，使法制宣传教育开展得既生动活泼，又富有成效。要充分发挥各类普法宣传阵地和各类普法宣讲队伍的作用，强化舆论宣传，营造普法氛围，搞好宣讲活动，抓好典型带动。要通过法制宣传教育，掀起全民性的学法用法热潮，使法制宣传教育成为促进经济发展和社会稳定的有效手段，为依法治市工作的不断深化创造条件。

五、要通过第四个五年法制宣传教育规划的实施，进一步实现由提高全民法制观念向增强全民法律素质的转变，由普治并举向全方位推进依法治理的转变，由偏重依靠行政手段向注重运用法律手段的转变，为我市各项事业的健康发展创造更加良好的法制环境。

六、实施第四个五年法制宣传教育规划，深入开展全民普法教育工作，是全党全民和社会各界的共同任务，必须在各级党委的统一领导下，动员和依靠全社会的力量去完成。一切国家机关、社会团体和企事业组织，都应当按照规划要求，认真组织好本系统、本部门、本单位普法对象的法律知识学习。要采取切实措施，搞好统筹安排，保证第四个五年法制宣传教育规划提出的各项任务落到实处。

菏泽市人大常委会关于《菏泽市平原绿化工程“十五”计划》的决议

菏泽市第十五届人民代表大会常务委员会第五次会议经过审议，决定通过《菏泽市平原绿化工程“十五”计划》，由市人民政府组织实施。

人事任免

免去：李长照、徐淑显、阎修翠、杨贵明、许桂英、韩贵镇的菏泽市人民检察院检察员职务。

市十五届人大常委会第六次会议

2001 年 11 月 19 日至 20 日，菏泽市第十五届人大常委会第六次会议在菏泽市人大常委会五楼会议室召开。市委书记、市人大常委会主任李明先，市人大常委会副主任阎世海、潘兴玺、范福临、周书运、文廷良、郭仲生、汤建梅，秘书长李顺广出席会议。李明先、范福临分别主持全体会议。市人民政府副市长孙义福、市中级人民法院院长张玉佩、市人民检察院检察长朱献瑞列席会议。

会议议程

听取审议市政府关于全市民营经济发展工作情况的汇报；听取审议市政府关于发展外向型经济工作情况的汇报；人事任免事项。

人事任免

任命：马欲圣为菏泽市人大常委会农业与农村工作委员会副主任。

决定任命：李学军为菏泽市发展计划委员会主任，陶冶生为菏泽市经济贸易委员会主任，童彩云为菏泽市国土资源局局长，任茂廉为菏泽市农业局局长，王忠美为菏泽市文化局（新闻出版局、版权局）局长，张修田为菏泽市教育局局长，彭华为菏泽市科学技术局局长，付章丽为菏泽市对外贸易经济合作局局长，冯建云为菏泽市体育局局长。

任命：刘勇为菏泽市人民检察院检察员。

市十五届人大常委会第七次会议

2002 年 1 月 21 日，菏泽市第十五届人大常委会第七次会议在菏泽牡丹大酒店召开。市委书记、市人大常委会主任李明先主持会议，市人大常委会副主任阎世海、潘兴玺、李胜华、范福临、周书运、文廷良、郭仲生、常洪珍、汤建梅，秘书长李顺广出席会议。市人民政府市长陈光、市中级人民法院院长张玉佩、市人民检察院检察长朱献瑞列席会议。

会议议程

审议通过《菏泽市人大常委会关于召开市十五届人民代表大会第二次会议的决定（草案）》；审议市十五届人民代表大会第二次会议建议议程（草案）；听取审议市人大常委会代表资格审查委员会关于补选代表的代表资格的审查报告和市人大常委会人代室关于市人大代表意见、建议办理情况的报告；审议市人大常委会工作报告稿；人事任免事项。

会议决定

菏泽市人大常委会关于召开菏泽市第十五届人民代表大会第二次会议的决定

菏泽市第十五届人民代表大会常务委员会第七次会议决定：菏泽市第十五届人民代表大会第二次会议于 2002 年 2 月 22 日在菏泽召开。建议会议的主要议程为：听取和审议菏泽市人民政府工作报告；听取和审议菏泽市人民政府关于菏泽市 2001 年国民经济和社会发展计划执行情况与 2002 年国民经济和社会发展计划草案的报告，审查、批准菏泽市 2001 年国民经济和社会发展计划执行情况的报告与 2002 年国民经济和社会发展计划；听取和审议菏泽市人民政府关于菏泽市2001年预算执行情况和2002年预算草案的报告，审查菏泽市2001年预算执行情况的报告和2002年预算草案，批准菏泽市2001年市级预算执行情况的报告和2002年市级预算；听取和审议菏泽市人大常委会工作报告；听取和审议菏泽市中级人民法院工作报告；听取和审议菏泽市人民检察院工作报告；选举事项等。

人事任免

决定任命：夏鲁青为菏泽市人民政府副市长。

市十五届人大常委会第八次会议

2002年4月4日至5日，菏泽市第十五届人大常委会第八次会议在菏泽牡丹大酒店召开。市委书记、市人大常委会主任李明先，市人大常委会副主任阎世海分别主持全体会议，副主任潘兴玺、李胜华、范福临、周书运、文廷良、郭仲生、常洪珍、汤建梅，秘书长李顺广出席会议。市人民政府副市长贾凤英、市人民检察院检察长朱献瑞、市中级人民法院副院长宋展列席会议。

会议议程

审议通过《菏泽市人大常委会关于对司法机关个案实施监督的暂行办法（草案）》；审议通过《菏泽市人大常委会评议工作办法（草案）》；听取市政府关于计划生育工作情况的汇报；听取市政府关于城建工作情况的汇报；听取市政府关于旅游工作情况的汇报；人事任免事项。

人事任免

免去：胡慈亮、郑全新的菏泽市中级人民法院审判委员会委员、审判员职务，石兴荣的菏泽市中级人民法院审判员职务。

免去：杜宪义、陈福金的菏泽市人民检察院检察员职务。

批准任命：王乾为牡丹区人民检察院检察长，刘义成为东明县人民检察院检察长，吴三军为定陶县人民检察院检察长。

市十五届人大常委会第九次会议

2002年6月12日，菏泽市第十五届人大常委会第九次会议在菏泽牡丹大酒店召开。市委书记、市人大常委会主任李明先，市人大常委会副主任阎世海分别主持全体会议，副主任潘兴玺、范福临、周书运、文廷良、郭仲生、常洪珍、汤建梅，秘书长李顺广出席会议。市人民政府副市长李德章、市人民检察院检察长朱献瑞、市中级人民法院副院长吴光侠列席会议。

会议议程

听取市政府关于治理和优化经济发展环境工作情况的汇报；听取市政府关于严打整治工作情况的汇报；听取市政府关于贯彻执行土地管理法情况的汇报。

市十五届人大常委会第十次会议

2002年8月13日至14日，菏泽市第十五届人大常委会第十次会议在菏泽牡丹大酒店召开。市委书记、市人大常委会主任李明先，市人大常委会副主任阎世海、潘兴玺、李胜华、范福临、周书运、郭仲生、常洪珍、汤建梅，秘书长李顺广出席会议。阎世海、潘兴玺、李胜华分别主持全体会议。市人民政府副市长贾凤英列席会议。

2002年8月13日至14日，市十五届人大常委会第十次会议召开

会议议程

听取和审议市政府关于菏泽市2002年上半

年国民经济和社会发展计划执行情况的汇报；听取和审议市政府关于菏泽市2002年上半年预算执行情况的汇报；听取和审议市政府关于菏泽市2001年市级预算执行和其他财政收支的审计工作报告；听取和审议市政府关于菏泽市2001年市级决算（草案）的报告；听取市政府关于全市贯彻执行药品管理法情况的汇报；听取市政府关于全市贯彻执行公务员条例情况的汇报。

会议决议

菏泽市人大常委会关于批准菏泽市2001年市级财政决算的决议

菏泽市人民代表大会常务委员会第十次会议，结合市审计局局长霍保银受市政府委托所作的《关于2001年度市本级预算执行和其他财政收支情况的审计工作报告》，对市财政局局长张秋冬受市政府委托所作的《关于菏泽市2001年财政决算的报告》进行审议，经审议决定：批准《菏泽市2001年市级财政决算（草案）》，同意《关于菏泽市2001年财政决算的报告》。

会议认为，2001年市政府及其财税部门，在市委的领导下，加强税收征管，积极培植财源，财政收入有较大幅度增长。进一步加大预算支出管理，调整支出结构，较好地保证重点支出，促进社会稳定。预算外资金管理得到加强。财政体制改革取得明显进展，为促进全市国民经济和社会各项事业的发展发挥重要作用。

会议要求，市政府及有关部门要认真落实《菏泽市第十五届人民代表大会第二次会议关于2002年市级预算的决议》，并按照审计报告中提出的各项建议要求，进一步强化税收征管，确保财政收入持续稳定增长；加强预算支出管理，努力保证重点支出需要，确保社会稳定；要积极推进财政管理体制改革，进一步完善综合预算，提高依法理财水平；要进一步严肃财经纪律，强化财政监管，加大审计监督力度，坚决查处纠正各种违反财经纪律、法规的行为，制止各种形式的铺张浪费，切实提高财政资金的使用效益，更好地发挥财政的宏观调控作用，为更好地实现2002年预算而努力。

市十五届人大常委会第十一次会议

2002年10月14日至15日，菏泽市第十五届人大常委会第十一次会议在菏泽牡丹大酒店召开。市委书记、市人大常委会主任李明先，市人大常委会副主任阎世海分别主持全体会议，副主任潘兴玺、李胜华、范福临、周书运、文廷良、常洪珍，秘书长李顺广出席会议。市人民政府副市长贾凤英、市中级人民法院院长张玉佩、市人民检察院副检察长张汉民列席会议。

会议议程

听取市中级人民法院关于执行工作情况的汇报；听取市人民检察院关于查办职务犯罪情况汇报；听取市政府关于贯彻实施矿产资源法情况的汇报；听取市政府关于巨野煤田综合开发情况的汇报；听取市政府关于宗教工作情况的汇报。

市十五届人大常委会第十二次会议

2002年10月30日，菏泽市第十五届人大常委会第十二次会议在菏泽牡丹大酒店召开。市人大常委会副主任阎世海、潘兴玺分别主持全体会议，副主任李胜华、范福临、周书运、文廷良、郭仲生、常洪珍，秘书长李顺广出席会议。市人民政府副市长李德章、市中级人民法院院长张玉佩、市人民检察院副检察长张汉民列席会议。

会议议程

审议通过《菏泽市选举工作委员会关于2003年市县（区）人大换届选举工作安排意见（草案）》。

市十五届人大常委会第十三次会议

2002年12月18日，菏泽市第十五届人大常委会第十三次会议在菏泽牡丹大酒店召开。市委书记、市人大常委会主任李明先主持会议，市人大常委会副主任阎世海、潘兴玺、李胜华、范福临、周书运、文廷良、郭仲生、常洪珍、汤建梅，秘书长李顺广出席会议。市人民政府市长陈光、市中级人民法院院长张玉佩、市人民检察院检察长朱献瑞列席会议。

2002 年 12 月 18 日，市十五届人大常委会第十三次会议召开

会议议程

人事任免事项。

人事任免

决定：接受陈光辞去菏泽市人民政府市长职务，孙义福、侯成君辞去菏泽市人民政府副市长职务，张玉佩辞去菏泽市中级人民法院院长职务，朱献瑞辞去菏泽市人民检察院检察长职务的请求，报市十六届人民代表大会第一次会议备案。

决定任命：杜昌文为菏泽市人民政府代理市长，王文升为菏泽市人民政府副市长。

任命：孙寿海为菏泽市中级人民法院副院长、代理院长。

任命：丁伟民为菏泽市人民检察院副检察长。

市十五届人大常委会第十四次会议

2003 年 1 月 18 日，菏泽市第十五届人大常委会第十四次会议在菏泽牡丹大酒店召开。市人大常委会副主任阎世海、潘兴玺分别主持全体会议，副主任李胜华、范福临、周书运、文廷良、郭仲生、常洪珍，秘书长李顺广出席会议。市人民政府副市长何茂远、市中级人民法院副院长宋展、市人民检察院副检察长丁伟民列席会议。

会议议程

审议通过《菏泽市人大常委会关于召开市十六届人大第一次会议的决定（草案）》；审议通过市人大常委会工作报告稿；审议通过《关于市十五届人大二次会议以来代表所提建议、批评和意见办理情况的报告》。

市十五届人大常委会第十五次会议

2003 年 1 月 26 日，菏泽市第十五届人大常委会第十五次会议在菏泽牡丹大酒店召开。市人大常委会副主任阎世海主持会议，副主任潘兴玺、李胜华、范福临、周书运、文廷良、郭仲生、常洪珍、汤建梅，秘书长李顺广出席会议。市人民政府副市长贾凤英、市中级人民法院代院长孙寿海、市人民检察院副检察长丁伟民列席会议。

会议议程

听取审议市人大常委会代表资格审查委员会关于选举的菏泽市第十六届人大代表资格的审查报告；审议市第十六届人大一次会议主席团和秘书长名单（草案），决定提请菏泽市第十六届人大一次会议预备会议选举；决定列席市第十六届人大一次会议人员范围；审议市十六届人大一次会议议案审查委员会名单和计划预算审查委员会名单（草案），决定提请市十六届人大一次会议预备会议通过；审议通过《菏泽市人大常委会关于推迟召开市第十六届人大一次会议的决定（草案）》；人事任免事项。

人事任免

任命：丁伟民为菏泽市人民检察院代理检察长。

市十五届人大常委会第十六次会议

2003 年 2 月 10 日，菏泽市第十五届人大常委会第十六次会议在菏泽市人大常委会五楼会议室召开。市人大常委会副主任阎世海主持会议，副主任潘兴玺、李胜华、范福临、周书运、文廷良、郭仲生、常洪珍，秘书长李顺广出席会议。

会议议程

审议通过《菏泽市人大常委会关于召开市第十六届人大第一次会议的决定（草案）》。

会议决定

菏泽市人大常委会关于召开菏泽市第十六届人民代表大会第一次会议的决定

菏泽市第十五届人民代表大会常务委员会第十六次会议决定：菏泽市第十六届人民代表大会第一次会议于2003年2月18日在菏泽召开。建议会议的主要议程为：一、听取和审议菏泽市人民政府工作报告；二、听取和审议菏泽市人民政府关于菏泽市2002年国民经济和社会发展计划执行情况与2003年计划草案的报告，审查、批准菏泽市2002年国民经济和社会发展计划执行情况的报告与2003年计划；三、听取和审议菏泽市人民政府关于菏泽市2002年预算执行情况和2003年预算草案的报告，审查菏泽市2002年预算执行情况的报告和2003年预算，批准菏泽市2002年市级预算执行情况的报告和2003年市级预算；四、听取和审议菏泽市人民代表大会常务委员会工作报告；五、听取和审议菏泽市中级人民法院工作报告；六、听取和审议菏泽市人民检察院工作报告；七、选举菏泽市出席山东省第十届人民代表大会的代表；八、选举菏泽市第十六届人民代表大会常务委员会主任、副主任、秘书长、委员；九、选举菏泽市人民政府市长、副市长；十、选举菏泽市中级人民法院院长、菏泽市人民检察院检察长；十一、其他事项。

第二节　第十六届人大常委会历次会议

（2003.2—2008.1）

市十六届人大常委会第一次会议

2003年3月6日，菏泽市第十六届人大常委会第一次会议在菏泽牡丹大酒店召开。市委书记、市人大常委会主任陈光，市人大常委会第一副主任王祖和分别主持全体会议，副主任潘兴玺、范福临、朱献瑞、文廷良、郭仲生、常洪珍、潘建荣，秘书长李顺广出席会议。市委副书记、市人民政府副市长赵润田，市中级人民法院院长孙寿海，市人民检察院检察长丁伟民列席会议。

会议议程

审议通过《菏泽市人大常委会关于进一步加强自身建设的决定（草案）》；人事任免事项。

会议决定

菏泽市人大常委会关于进一步加强自身建设的决定

菏泽市第十六届人民代表大会常务委员会已经换届选举产生，为深入贯彻党的十六大精神，适应新形势和新任务的要求，更好地履行宪法和法律赋予的各项职权，充分发挥地方国家权力机关的重要作用，必须进一步加强市人大常委会的自身建设。为此，特作如下决定：

一、坚持党的领导，强化政治素质。市人大常委会要以邓小平理论和“三个代表”重要思想为指导，坚持党的基本理论、基本路线和基本纲领，坚决贯彻执行党的路线、方针、政策。要自觉服从市委的领导，认真执行市委的决议、决定，重大事情及时向市委请示汇报，紧紧围绕市委的工作部署开展人大工作。

二、注重自身学习，增强履职能力。市人大常委会要认真坚持学习制度，深入学习马克思列宁主义、毛泽东思想、邓小平理论和“三个代表”重要思想，坚持理论联系实际，不断增强运用马克思主义的立场、观点、方法认识问题、研究问题、解决问题的能力。要认真学习宪法、法律和法规，熟悉人大工作的有关规定和程序，掌握履行职权所必备的知识。

三、充分发扬民主，严格依法办事。市人大常委会按照充分发扬民主，严格依法办事的原则，坚持依法集体行使职权，凡属于事关全市改革开放、经济建设、社会发展和民主法制建设等方面的重大问题，必须经常委会集体讨论决定。对集体讨论通过的决议、决定要认真贯彻执行。常委会组成人员之间要相互学习，相互尊重，相互支持，密切配合，齐心协力做好各项工作。

四、密切联系群众，自觉接受监督。常委会组成人员要牢固树立全心全意为人民服务的思想观念，想问题、办事情、作决定，都要从人民群众的根本利益出发，保持和人民群众的血肉联系。坚决反对形式主义、官僚主义的不良作风，做到说实话、办实事、求实效。要大兴调查研究之风，注重深入基层，深入实际，了解社情民意，关心群众疾苦，认真听取群众的意见和要求，自觉接受人大代表和人民群众的监督，充分发挥人大联系群众、反映民意、化解矛盾的主渠道作用。

五、加强廉政建设，抵制不正之风。常委会组成人员要牢记“两个务必”，带头发扬艰苦奋斗的优良传统和作风，严格执行中央和省、市委有关领导干部廉政建设方面的各项规定，做到一身正气，两袖清风，自觉抵制腐朽思想的侵蚀，坚决摒弃拜金主义和享乐主义，做到：自重、自省、自警、自励，作廉洁勤政、克己奉公的表率，坚决同一切腐败行为和不正之风作斗争。

六、健全规章制度，提高工作效率。常委会组成人员要严格按照宪法、法律、法规和规章制度办事，严格要求，认真检查落实情况。要根据常委会工作需要，建立健全会议制度、议事规则等规章制度，用制度规范每个人的行为，保障常委会决策的民主化、程序化、规范化，切实提高工作效率。常委会组成人员要严格按照规定按时出席常委会会议，恪尽职守，扎实工作，使常委会成为一个“务实高效、团结协作、廉洁奉公、奋发进取”的战斗集体，坚持解放思想，实事求是，与时俱进，开拓创新，不断开创全市人大工作新局面。

人事任免

任命：潘兴玺为菏泽市人大常委会财政经济工作委员会主任（兼），陶冶生为菏泽市人大常委会财政经济工作委员会副主任，孔繁芝为菏泽市人大常委会财政经济工作委员会副主任；范福临为菏泽市人大常委会内务司法工作委员会主任（兼），李振堂为菏泽市人大常委会内务司法工作委员会副主任，晁岳坤为菏泽市人大常委会内务司法工作委员会副主任；朱献瑞为菏泽市人大常委会教育科学文化卫生人口工作委员会主任（兼），吕恒芝为菏泽市人大常委会教育科学文化卫生人口工作委员会副主任，唐留书为菏泽市人大常委会教育科学文化卫生人口工作委员会副主任；文廷良为菏泽市人大常委会城乡建设环境保护工作委员会主任（兼），陈好孔为菏泽市人大常委会城乡建设环境保护工作委员会副主任，刘宝祥为菏泽市人大常委会城乡建设环境保护工作委员会副主任；常洪珍为菏泽市人大常委会农业与农村工作委员会主任（兼），马欲圣为菏泽市人大常委会农业与农村工作委员会副主任，周连瑞为菏泽市人大常委会农业与农村工作委员会副主任；潘建荣为菏泽市人大常委会民族侨务外事工作委员会主任（兼），崔冠民为菏泽市人大常委会民族侨务外事工作委员会副主任。

决定任命：朱斌为菏泽市人民政府秘书长、办公室主任，李学军为菏泽市发展计划委员会主任，石爱作为菏泽市经济贸易委员会主任，张修田为菏泽市教育局局长，彭华为菏泽市科学技术局局长，李福祥为菏泽市公安局局长，董茂伦为菏泽市监察局局长，焦守进为菏泽市民政局局长，梁志成为菏泽市司法局局长，张秋冬为菏泽市财政局局长，郭志民为菏泽市人事局局长，李传刚为菏泽市劳动和社会保障局局长，张本进为菏泽市国土资源局局长，王利言为菏泽市规划局局长，党文生为菏泽市建设局局长，卞维平为菏泽市市政管理局局长，丁志刚为菏泽市房产管理局局长，张秀长为菏泽市交通局局长，马春田为菏泽市水利局局长，任茂廉为菏泽市农业局局长，付章丽为菏泽市对外贸易经济合作局局长，刘永凤为菏泽市文化局（新闻出版局、版权局）局长，张晓云为菏泽市卫生局局长，彭靖华为菏泽市计划生育委员会主任，霍保银为菏泽市审计局局长，胡卫东为菏泽市环境保护局局长，沙启忠为菏泽市宗教事务局（市民族事务委员会）局长（主任），刘付德为菏泽市广播电视局（台）局（台）长，冯建云为菏泽市体育局局长，李贵钦为菏泽市统计局局长，曹绪宝为菏泽市林业局局长，张志华为菏泽市粮食局局长，朱峰为菏泽市外事与侨务办公室主任。

批准任命：王乾为牡丹区人民检察院检察长，孙忠华为曹县人民检察院检察长，吴三军为定陶县人民检察院检察长，王厚元为成武县人民检察院检察长，张捍民为单县人民检察院检察长，蒋银院为巨野县人民检察院检察长，任孔全为郓城县人民检察院检察长，韩念元为鄄城县人民检察院检察长，刘义成为东明县人民检察院检察长。

市十六届人大常委会第二次会议

2003 年 5 月 13 日至 14 日，菏泽市第十六届人大常委会第二次会议在菏泽牡丹大酒店召开。市委书记、市人大常委会主任陈光，市人大常委会第一副主任王祖和、副主任潘兴玺分别主持全体会议，副主任范福临、朱献瑞、文廷良、郭仲生、常洪珍、汤建梅、潘建荣，秘书长李顺广出席会议。市人民政府副市长张存金、市中级人民法院院长孙寿海、市人民检察院检察长丁伟民列席会议。

2003 年 5 月 13 日至 14 日，市十六届人大常委会第二次会议召开

会议议程

听取市政府关于防治非典型性肺炎工作情况的汇报；通过《菏泽市人大常委会关于贯彻落实〈传染病防治法〉加强非典型性肺炎防治工作的决定（草案）》；听取市政府关于《村民委员会组织法》贯彻实施情况的汇报；通过《菏泽市人大常委会关于组织代表对政府部分职能部门进行评议的决定（草案）》；请专家讲授法律知识。

会议决定

菏泽市人大常委会关于贯彻落实传染病防治法，加强非典型肺炎防治工作的决定

当前，一场突如其来的重大灾害——非典型肺炎（以下简称“非典”）在我国部分地区发生。这种传染性很强的疫病发展迅速，对人民群众的身体健康和生命安全造成严重危害，也对我国经济、社会等诸方面造成严重影响。党中央、国务院正在领导全国人民，依靠科学，依靠法制，进行着一场防治“非典”的人民战争。在适时把“非典”防治纳入《中华人民共和国传染病防治法》（以下简称传染病防治法）规范管理的基础上，国务院又迅急依照此法，制定并发布《突发公共卫生事件应急条例》（以下简称应急条例），使“非典”防治进一步融入法制轨道，为战胜“非典”提供法治保障。

市人民政府按照市委的部署，以对党和全市人民高度负责的精神，直面“非典”，精心组织，广泛动员全市人民团结互助，迎难而上，万众一心，积极防治。各级政府领导紧紧依靠法律法规和科学正确决策，率先垂范，亲临防治“非典”第一线，采取一系列积极可行的“非典”防治措施，取得明显的阶段性成果。对此，全市人民是满意的。但由于目前对“非典”还没有特效的诊断方法和治疗手段，也还未能掌握这种传染性极强的疾病的流行特点；加上我市地处四省交界，人口流动量大，众多的外出务工人员又大量返乡，使疫病传入的危险增大，给有效防治“非典”带来极大困难。因此，我们对“非典”的防治不容麻痹，不容乐观，防治的形势依然严峻；必须树立长期作战的思想，进一步用法制用科学教育组织群众，更加深入扎实有效的做好“非典”防治工作。为此，市人大常委会决定如下：

一、认真学习宣传传染病防治法和应急条例，进一步增强法制观念，形成依法防治“非典”的强大合力

传染病防治法和条例，是教育组织公民依法防治“非典”的重要法律和法规。全市各级人民政府都必须把学习、宣传传染病防治法和应急条例当作防治“非典”的重要措施落在实处。要切实组织新闻宣传部门和新闻媒体，充分利用各种宣传手段和宣传阵地，大力宣传传染病防治法和应急条例，同时要认真发动机关、团体、企事业单位和行政村组织好广大干部职工学生和村民的学习活动。通过学习宣传使每个公职人员都懂得法律所赋予的神圣职责，让每个公民都了解法律所赋予的权利和义务，切实增强依法防治“非典”的观念，进一步激发起全市人民自强不息、顽强拼搏的精神，团结奉献、敢于胜利的精神，敢于负责、不怕牺牲的精神，遵纪守法、密切协作的精神，更加自觉地依法凝聚起万众一心、众志成城战胜“非典”的合力。

二、依法尽职，科学防治，战胜“非典”

“非典”是一种传染性很强的疫病，只有依法规范各方的防治行为，同心协力科学防治，才能夺取胜利。

传染病防治法和应急条例既明确规定各级政府及主管部门、广大公务员和人民群众应尽的职责和义务，又具体规定一系列可行的应急措施，为依法防治“非典”提供规范具体的行为准则。各级政府在防治“非典”斗争中，必须切实依法担负起领导防治工作，制定防治规划方案和精心组织相关措施实施的责任。卫生行政部门必须依法对防治“非典”工作实施统一监督管理，并切实做好法律法规赋予的监管责任和具体工作任务的落实。卫生防疫机构必须按照专业分工承担的责任范围，依法做好疫病的监测管理工作。医疗保健机构必须依法切实承担责任范围内的疫病防治管理任务，并适时做好病人的救治工作。各机关、单位和广大公务员，要在政府的统一领导下，做好应担负的疫病防控任务，并做好本机关全体人员的疫情防控工作。广大公民应按照法律赋予的权利和义务，以公共利益至上，不危害他人利益，自觉维护个人的合法权益为原则，努力围绕全市大局做好疫病防治工作。各级人大代表要在依法防治“非典”斗争中起骨干带头作用。

各级政府和部门，对在防治“非典”斗争中做出显著成绩和贡献的单位和个人，应依法适时给予鼓励和表彰，以弘扬先进。同时必须十分关注防治“非典”第一线的广大医务工作者和其他防治人员的健康，依照规定给予适当的补贴，努力为他们顺利开展“非典”防治工作创造良好的环境和条件。

要坚持科学防治。从防治机制的建立到重点部位、重点环节的防治方案制定及各项防治措施的落实，都要尊重科学，依靠群众，精心组织，积极工作。要进一步健全和完善科学的疫病防控网络和防控机制。市、县（区）、乡（镇）、村四

级防控网，必须以科学的精神严密组织，使其充分发挥作用。要用科学的态度进一步加强重点部位、重点方面和重点环节的防控措施，堵塞漏洞，严防疫病的传入和传播。应特别重视和落实好用科学方法防止疫病传入农村的各项措施。要加强对职业医疗人员和广大公民的科普培训，使之更好地掌握科学的防治技术和方法，进一步提高科学防治水平和防治效果。继续深入扎实地开展好爱国卫生运动和全民健身活动，政府和有关部门要强化实施措施，努力增强广大人民群众对疫病的抵御能力。要及时学习引入外地的科学防治经验和办法，不断总结推广本地科学有效地防控经验和措施，使“非典”防治工作更加富有成效地顺利进行。

三、一手抓“非典”防治，一手抓经济建设

经济建设是全党的工作中心，防治“非典”是当前的重大任务，防“非典”、搞建设都是维护广大人民群众的根本利益的集中体现，必须一手抓防治“非典”，一手抓经济建设。各级人民政府，必须统揽全局、统筹兼顾、突出重点，切实抓好“非典”防治这项十分紧迫的工作，同时，又要一天也不能放松地抓好经济工作。在全力防治“非典”的斗争中，要紧紧围绕省委、省政府的统一部署，按照市委、市政府的要求和市十六届人大一次会议精神，周密部署，强化措施，努力把各项经济发展计划完成好，把“非典”带来的经济损失减少到最低限度。要纵观国际国内经济发展全局和现状，认真研究，审时度势，随机应变，抢抓机遇，发挥优势，以优补劣，突出菏泽区域经济的特色，抓好重点项目建设和关键措施的落实，并实行责任制，促进全市经济的快速发展。对关系防治“非典”所必需的药物、药械、食品的生产和供应要不失时机地抓紧抓好，使其既能促进经济的繁荣发展，又能直接为防治“非典”提供必要的物资保证。各相关部门和单位，务必高度重视，协调动作，促进自身发展，共创繁荣，为全市经济建设做出新的更大的贡献。

四、依法做好稳定工作，确保“非典”防治工作顺利进行

稳定压倒一切，在防治“非典”的斗争中，尤其要重视稳定工作。政府和各有关部门，必须一如既往地把做好稳定工作拿在手上。防治“非典”工作任务重、涉及面大、难度高，极易让犯罪分子钻空子，也容易使个别国家工作人员失职渎职,还会使不法经营者,借机发不义之财。因此，整顿社会治安秩序和经济秩序的任务相当繁重。

为确保防治“非典”和经济工作的顺利进行，各级政府和有关职能部门必须依法严厉打击各种刑事犯罪分子和经济犯罪分子。对妨碍传染病防治法和应急条例实施的，对造谣生事、蛊惑人心、破坏“非典”防治工作的必须依法严惩；对借机哄抬物价，破坏市场秩序的必须严厉打击；对国家工作人员失职渎职的必须严肃处理。在做好依法打击犯罪的同时，要十分注重依法做好预防犯罪的工作，组织广大人民群众，群策群力地防止各类犯罪的发生，确保社会稳定。司法机关和政府行政执法部门，要通力协作，加大力量，强化措施，共同做好社会稳定和经济秩序稳定的工作。

要继续做好稳定民心的工作，大力加强精神文明建设，提倡崇尚科学，反对封建迷信。教育广大群众，不信谣不传谣，自觉消除恐慌心理，面对“非典”，迎难而上不退缩。相信“非典”这种疫病也和历史上曾经发生过的其他疫病一样，是可防、可控、可治的，相信政府完全有能力，带领广大人民群众打赢这场防治“非典”的攻坚战。

防治“非典”，是一项重大而艰巨的任务，我们要坚定地依靠党的领导，依靠法律、依靠科学、依靠群众，认真贯彻落实以胡锦涛同志为总书记的党中央和省委、市委的一系列指示精神，大力发扬团结互助、和衷共济、迎难而上、勇于拼搏的民族精神。

菏泽市人大常委会关于组织人大代表对政府部分职能部门进行评议的决定

人大常委会对“一府两院”的监督、是宪法和法律赋予的职权。人大代表评议政府职能部门的工作，是新形势下人民行使民主权利、实施法律监督的有效形式，是密切党群、干群关系，加强民主与法治建设，提高依法行政水平，促进全市“三个文明”建设的需要。为开展好我市的代表评议工作，菏泽市第十六届人大常委会第二次会议决定：菏泽市人大常委会于2003年第四季度组织我市的部分全国、省、市人大代表，对菏泽市公安局、交通局、工商局的工作进行评议。

一、评议的指导思想

以邓小平理论和“三个代表”重要思想为指导，以宪法、法律及《菏泽市人大常委会评议工作办法》为依据，本着实事求是、客观公正的原则，进一步加强对所评部门机关工作人员的执法监督和工作监督，增强其公仆意识、服务意识、法律意识和廉洁勤政意识，提高依法行政水平，改进部门工作，促进全市经济建设和各项事业的健康发展。

二、评议的主要内容

1. 贯彻执行国家法律、法规和人大及其常委会决议、决定情况；

2. 学习实践“三个代表”重要思想，依法行政情况；

3. 围绕市委中心工作，为加快菏泽经济和社会发展优化环境、搞好服务的情况；

4. 自觉接受人大监督，办理人大代表建议、批评和意见的情况；

5. 廉洁勤政和思想作风建设的情况。

三、评议的方法步骤

邀请部分驻我市的全国、省人大代表以及市人大代表（300名左右），对市公安局、交通局、工商局进行民主评议。

整个评议活动分宣传发动，走访、调查、考查和被评单位自查自纠，民主评议，评后整改四个阶段进行。

四、评议的目的要求

通过评议，肯定成绩，找出问题，鼓励先进，鞭策后进，克服官僚主义和各种腐败现象，提高队伍素质，牢固树立“三个代表”重要思想，改进工作作风，强化服务意识，提高工作效率和依法行政水平，优化经济发展环境，为我市的经济发展和社会主义民主法制建设做出更大的贡献。

被评议部门要端正态度，提高认识，密切配合，认真听取人大代表的意见和建议，切实改进工作中存在的问题和不足，积极主动地做好工作，切实增强公仆意识，自觉接受人大代表的评议和监督，确保评议工作健康、有序地进行，以取得良好的评议效果。

市十六届人大常委会第三次会议

2003年6月28日，菏泽市第十六届人大常委会第三次会议在菏泽牡丹大酒店召开。市委书记、市人大常委会主任陈光，市人大常委会第一副主任王祖和分别主持全体会议，副主任潘兴玺、范福临、朱献瑞、文廷良、郭仲生、常洪珍、汤建梅、潘建荣，秘书长李顺广出席会议。市人民政府副市长张存金、市中级人民法院院长孙寿海、市人民检察院检察长丁伟民列席会议。

2003年6月28日，市十六届人大常委会第三次会议召开

会议议程

审议通过《菏泽市人民政府关于加强市直行政事业单位国有资产管理和运营的实施意见（草案）》，并作出相应决议；人事任免事项。

会议决议

菏泽市人大常委会关于菏泽市人民政府《关于加强市直行政事业单位国有资产管理和运营的意见》的决议

菏泽市第十六届人民代表大会常务委员会第三次会议经过审议，同意市政府《关于加强市直行政事业单位国有资产管理和运营的实施意见》的意见。

会议认为，行政事业单位资产是我市整个国有资产总量的重要组成部分，市直行政事业单位国有资产占总国有资产的比例高达50%。近年来，我市行政事业单位国有资产管理方面，开展清产核资、产权登记等工作，制定非经营性资产转经营性资产管理、资产评估和处置等办法，取得较大成绩。但是，由于受计划经济体制管理模式的制约，行政事业单位国有资产长期被无偿占用、资产闲置浪费严重。党的十六大指出："在坚持国家所有的基础上，充分发挥中央和地方两个积极性。国家要制定法律法规，建立中央政府和地方政府分别代表国家履行出资人职责，享有所有者权益，权利义务和责任相统一，管资产和管人、管事相结合的国有资产管理体制"。改革市直行政单位国有资产管理和运营体制，符合党的十六大精神，对于优化资产结构，盘活资产存量，防止资产流失，减少贫富不均，纠正行业不正之风，改善机关工作环境条件，充分调动广大干部职工的积极性，都具有十分重要的意义。它的颁布实施无疑会对我市国有资产管理和运营起到极大的推动作用。

会议认为，市政府《关于加强市直行政事业单位国有资产管理和运营的意见》符合我市实际情况、是切实可行的。改革国有资产管理体制，建立有效的国有资产管理监督运营机制，是对行政事业单位国有资产管理制度的重大变革，也是对传统的国有资产管理方式的挑战和突破。把行政事业单位国有资产集中统一管理，产权将非经营性资产变为经营性资产，通过资产运营，引入竞争机制，进行资本运作。树立经营城市理念，围绕向企业性国有资产要效益，向行政事业性国有资产要收益，向城市资产要收入的原则，国有资产逐步退出，尽快走向以资产养资产良性发展的轨道，确保国有资产的保值增值。

会议要求，市政府要切实加强对国有资产管理工作的领导，精心组织，稳妥操作，实施有效监管，实行国有资产营运收入、收支两条线制度，市政府应根据本意见尽快制定实施办法。财政、工商、公安、土地、房产、监察、审计等部门要严格按照市政府《关于加强市直行政事业单位国有资产管理和运营的意见》执行，切实履行职责，维护其严肃性。并在工作中，要不断总结经验、在实践中不断充实完善。

会议指出，由于国有资产管理工作涉及面广，政策性强，特别是国有资产管理体制的改革关系到各部门、单位的切身利益，要求市直各部门、单位以大局为重，克服本位主义，站到全局和深入贯彻"三个代表"重要思想的高度来认识国有资产管理工作的重要性和必要性，为全市的改革做出好榜样。

会议要求，市人大常委会要加强对市直机关事业单位国有资产管理和运营的实施采取有效的监督，并适时听取、审议贯彻执行情况的汇报。会议最后要求，对在工作中出现的拒绝变更权属登记、隐瞒国有资产或突击出租、转让、抵押、拍卖国有资产或突击改变现有经营性资产用途等行为，一经发现，要严肃查处，并追究单位领导和直接责任人的责任，构成犯罪的，由司法机关追究刑事责任，切实保障国有资产管理和运营在市直单位的实施。

人事任免

免去：张伯元的菏泽市人大常委会副秘书长、办公室主任职务。

任命：王常贺、孔令健为菏泽市中级人民法院审判委员会委员，聂震为菏泽市中级人民法院审判委员会委员、刑事审判第四庭庭长，袁素华为菏泽市中级人民法院审判委员会委员、刑事审判第一庭庭长，于博为菏泽市中级人民法院刑事审判第二庭庭长，于玉才为菏泽市中级人民法院民事审判第一庭庭长，徐毅为菏泽市中级人民法院民事审判第二庭庭长，郑孝义为菏泽市中级人民法院民事审判第三庭庭长，李贤臻为菏泽市中级人民法院开发区审判庭庭长，刘清明为菏泽市中级人民法院执行一庭庭长，李守臣为菏泽市中级人民法院开发区审判庭副庭长，李建民为菏泽市中级人民法院开发区审判庭副庭长，赵明军为菏泽市中级人民法院开发区审判庭第一庭庭长，韩继峰为菏泽市中级人民法院开发区审判庭第二庭庭长，田佰旺为菏泽市中级人民法院开发区审判庭第三庭庭长，闫亚红为菏泽市中级人民法院民事审判第一庭副庭长，李冠军为菏泽市中级人民法院民事审判第一庭副庭长，张克勤为菏泽市中级人民法院民事审判第二庭副庭长，徐锋为菏泽市中级人民法院民事审判第二庭副庭长，刘思静为菏泽市中级人民法院民事审判第三庭副庭长，徐青峰为菏泽市中级人民法院民事审判第四庭副庭长，李报录为菏泽市中级人民法院审判监督庭副庭长，蓝涛为菏泽市中级人民法院执行一庭副庭长，周梅彦为菏泽市中级人民法院执行二庭副庭长，刘从真为菏泽市中级人民法院审判委员会委员、审判员，张明珠为菏泽市中级人民法院审判委员会委员、审判员，吴长群为菏泽市中级人民法院刑事审判第一庭副庭长、审判员，郭玉亭为菏泽市中级人民法院刑事审判第二庭副庭长、审判员，吴树峰为菏泽市中级人民法院刑事审判第一庭副庭长、审判员，王雷为菏泽市中级人民法院刑事审判第一庭副庭长、审判员，杨永汉为菏泽市中级人民法院刑事审判第二庭副庭长、审判员，苏兆胜为菏泽市中级人民法院刑事审判第三庭副庭长、审判员，曹肖冰为菏泽市中级人民法院刑事审判第四庭副庭长、审判员，楚军为菏泽市中级人民法院刑事审判第四庭副庭长、审判员；张天正为菏泽市中级人民法院行政审判庭副庭长、审判员，张效谦为菏泽市中级人民法院审判监督庭副庭长、审判员，丁亚涛为菏泽市中级人民法院审判监督庭副庭长、审判员，耿守刚为菏泽市中级人民法院执行二庭副庭长、审判员，张邦亮、沙向东、崔冰、张中斌、杜勇、杨学臣、姚长河、李学军、路风娟、端木凡立、张福合、李认银、张洪涛、尚杰、曾庆生、吴为、李卫东、马敬印、李昌安、王卫、刘宝印、李文生、海媛媛、时圣友、魏秀蕊为菏泽市中级人民法院审判员。

免去：赵宪方的菏泽市中级人民法院审判员职务，王健的菏泽市中级人民法院审判委员会委员、刑事审判第一庭庭长、审判员职务，李良运的菏泽市中级人民法院审判委员会委员、经济审判第一庭庭长职务，刘海林的菏泽市中级人民法院刑事审判第二庭副庭长、审判员职务，张仲平的菏泽市中级人民法院经济审判第二庭副庭长职务，崔敬涛的菏泽市中级人民法院经济审判第二庭副庭长职务，樊忠民的菏泽市中级人民法院经济审判第二庭副庭长职务，焦炜华的菏泽市中级人民法院行政审判庭副庭长职务，韩文明的菏泽市中级人民法院民事审判庭副庭长职务，姜守新、马法元、刘义成、胡玉发、王聚合、孙凤池、纪自强、王春民、祝秀玲、贾西启、孙自林、胡存良、晁岱选、李丰科、马勤让、苑丕峰、李树梓、逯新超、徐德学、宋新字、史存山、王安生、刘庆文、李福祥、安祥吉、王崇进的菏泽市中级人民法院审判员职务。

任命：张保平、乔付华、杨依柱、李志勇、

杨建全为菏泽市人民检察院检察委员会委员。

免去：张汉民的菏泽市人民检察院副检察长、检察委员会委员、检察员职务，尘学义的菏泽市人民检察院检察委员会委员、检察员职务，曾铁林的菏泽市人民检察院检察委员会委员、检察员职务，倪华刚的菏泽市人民检察院检察委员会委员职务，徐方的菏泽市人民检察院检察委员会委员职务，韩方景、刘希芳、胡沛林、冯俊普、谷守传、王义然、刘汉石、孙效奇、祝玉爱、董永行、刘存益、刘冠英、陈新京、白云展、许永堂、常广法、王占魁、王兴军、穆月英、许宜之、朱瑞英、宋桂荣、聂延东、孙若聚、马继刚、李贵忠、任广田、刘道勤的菏泽市人民检察院检察员职务。

市十六届人大常委会第四次会议

2003 年 7 月 30 日，菏泽市第十六届人大常委会第四次会议在菏泽牡丹大酒店召开。市委书记、市人大常委会主任陈光，市人大常委会第一副主任王祖和分别主持全体会议，副主任潘兴玺、范福临、朱献瑞、文廷良、郭仲生、常洪珍、汤建梅、潘建荣，秘书长李顺广出席会议。市人民政府副市长夏鲁青、市人民检察院检察长丁伟民、市中级人民法院副院长宋展列席会议。

会议议程

审议市政府关于菏泽市 2002 年财政决算（草案）的报告（书面）；听取审议市政府关于 2002 年度市级预算执行情况和其他财政收支情况的审计工作报告；审议市人大常委会关于批准菏泽市 2002 年市级财政决算的决议（草案）；听取市政府关于 2003 年上半年国民经济和社会发展计划执行情况的汇报；听取审议市政府关于 2003 年上半年预算执行情况的汇报；审议通过市人大常委会人事任免办法修改草案；人事任免事项。

会议决议

菏泽市人大常委会关于批准菏泽市 2002 年市级财政决算的决议

菏泽市第十六届人大常委会第四次会议结合市审计局局长霍保银关于 2002 年度市本级预算执行和其他财政收支情况的审计工作报告，对市财政局局长张秋冬受市政府委托所作的《关于菏泽市 2002 年财政决算的报告》进行审议，经过审议决定批准《菏泽市 2002 年市级财政决算（草案）》。

会议认为，2002 年市财政和其他预算执行部门，在市委市政府的领导下，进一步深化财政改革，严格财税管理，狠抓依法治税，努力增收节支，使财政收入保持一定幅度的增长，较好地保证重点支出，为促进全市经济和社会各项事业的发展发挥重要作用。

会议要求，市政府及有关部门继续落实《菏泽市第十六届人民代表大会第一次会议关于菏泽市 2002 年预算执行情况和 2003 年市级预算的决议》，严格按照审计报告中提出的各项建议要求，努力深化财政体制改革。进一步完善综合预算，提高依法理财水平。强化预算外资金和专项资金管理，切实提高资金使用效益。要进一步严肃财经纪律，强化财政监管，加大审查监督力度，坚决查处和纠正各种违反财经纪律、法规的行为，对那些乱收费、乱花钱、违反财经纪律并屡查屡犯的单位，要通过媒体曝光等形式，督促尽快纠正。要更好地发挥财政的宏观调控作用，为全面实现 2003 年预算而努力。

人事任免

任命：宋波、王永成为菏泽市人大常委会副秘书长。

市十六届人大常委会第五次会议

2003 年 9 月 18 日至 19 日，菏泽市第十六届人大常委会第五次会议在菏泽牡丹大酒店召开。市委书记、市人大常委会主任陈光，市人大常委会第一副主任王祖和分别主持全体会议，副主任范福临、朱献瑞、郭仲生、常洪珍、汤建梅、潘建荣，秘书长李顺广出席会议。市人民政府副市长何茂远、市中级人民法院院长孙寿海、市人民检察院检察长丁伟民列席会议。

2003年9月18日至19日，市十六届人大常委会第五次会议召开

会议议程

听取市政府关于实施《中华人民共和国劳动法》，开展就业和再就业工作情况的汇报；听取市政府关于《中华人民共和国环境保护法》实施情况的汇报；听取市政府关于《中华人民共和国土地管理法》实施情况的汇报；通过《菏泽市人大常委会关于对市政府贯彻实施劳动法、环境保护法、土地管理法和就业再就业、水污染防治及土地管理工作汇报的审议意见（草案）》。

市十六届人大常委会第六次会议

2003年10月29日，菏泽市第十六届人大常委会第六次会议在菏泽市人大常委会五楼会议室召开。市人大常委会第一副主任王祖和主持会议，副主任潘兴玺、范福临、朱献瑞、文廷良、郭仲生、常洪珍、汤建梅、潘建荣，秘书长李顺广出席会议。

会议议程

表决通过《菏泽市人大常委会关于高玉生涉嫌经济犯罪批准逮捕的议案（草案）》。

会议决定

菏泽市人大常委会关于许可逮捕市人大代表高玉生的决定

菏泽市第十六届人民代表大会常务委员会第六次会议，于2003年10月29日表决通过菏泽市人大常委会主任会议《关于许可逮捕市人大代表高玉生的报告》。

市十六届人大常委会第七次会议

2003年11月17日至18日，菏泽市第十六届人大常委会第七次会议在菏泽牡丹大酒店召开。市人大常委会第一副主任王祖和、副主任潘兴玺分别主持全体会议，副主任范福临、朱献瑞、文廷良、郭仲生、常洪珍、汤建梅、潘建荣，秘书长李顺广出席会议。市人民政府副市长邵好学、市中级人民法院院长孙寿海、市人民检察院副检察长范玉国列席会议。

会议议程

听取审议市政府关于畜牧产业化发展情况的汇报；听取审议市政府关于《中华人民共和国科学技术进步法》贯彻执行情况的汇报；听取审议市政府关于侨务工作情况的汇报；听取审议市政府关于旅游工作情况的汇报；听取审议市人民检察院关于查办和预防渎职犯罪工作情况的汇报；审议《菏泽市市级预算审批监督办法（草案）》；人事任免事项。

人事任免

决定任命：王永江为菏泽市对外贸易经济合作局局长，王永华为菏泽市审计局局长。

决定免去：霍宝银的菏泽市审计局局长职务，付章丽的菏泽市对外贸易经济合作局局长职务。

任命：王思明为菏泽市中级人民法院副院长、审判委员会委员。

任命：刘建国为菏泽市人民检察院副检察长。

市十六届人大常委会第八次会议

2003年12月26日，菏泽市第十六届人大常委会第八次会议在菏泽牡丹大酒店召开。市委书记、市人大常委会主任陈光主持会议，市人大常委会第一副主任王祖和，副主任潘兴玺、范福临、朱献瑞、文廷良、郭仲生、常洪珍、汤建梅、潘建荣，秘书长李顺广出席会议。市人民政府副市长张存金、市中级人民法院院长孙寿海、市人民检察院检察长丁伟民列席会议。

会议议程

审议通过市人大常委会《关于召开菏泽市第十六届人民代表大会第二次会议的决定》；审议通过市十六届人民代表大会第二次会议建议议程（草案）；审议通过市十六届人民代表大会第二次会议主席团和秘书长建议名单（草案）；审议通过市十六届人民代表大会第二次会议计划、预算审查委员会建议名单（草案）；审议通过市十六届人民代表大会第二次会议议案审查委员会建议名单（草案）；审议通过市十六届人民代表大会第二次会议建议列席人员范围。

会议决定

菏泽市人大常委会关于召开菏泽市第十六届人民代表大会第二次会议的决定

菏泽市第十六届人民代表大会常务委员会第八次会议决定：菏泽市第十六届人民代表大会第二次会议于2004年1月31日至2月2日在菏泽召开。建议会议的主要议程为：一、听取和审议菏泽市人民政府工作报告；二、听取和审议菏泽市人民政府关于菏泽市2003年国民经济和社会发展计划执行情况与2004年计划草案的报告，审查、批准菏泽市2003年国民经济和社会发展计划执行情况的报告与2004年计划；三、听取和审议泽市人民政府关于菏泽市2003年预算执行情况和2004年预算草案的报告，审查菏泽市2003年预算执行情况的报告和2004年预算草案，批准菏泽市2003年市级预算执行情况的报告和2004年市级预算；四、听取和审议菏泽市人民代表大会常务委员会工作报告；五、听取和审议菏泽市中级人民法院工作报告；六、听取和审议菏泽市人民检察院工作报告；七、其他事项。

市十六届人大常委会第九次会议

2004年3月10日至11日，菏泽市第十六届人大常委会第九次会议在菏泽牡丹大酒店召开。市委书记、市人大常委会主任陈光主持会议，市人大常委会第一副主任王祖和，副主任潘兴玺、范福临、朱献瑞、文廷良、郭仲生、常洪珍，秘书长李顺广出席会议。市人民政府副市长夏鲁青、市中级人民法院院长孙寿海、市人民检察院检察长丁伟民列席会议。

会议议程

审议通过《菏泽市人大常委会决议决定和审议意见执行办理办法（草案）》；审议通过《菏泽市人民代表大会常务委员会会议公民旁听办法（草案）》；审议通过《菏泽市人大常委会关于组织人大代表开展评议工作的决定（草案）》；审议通过《菏泽市人大常委会关于提高代表素质、发挥代表作用的意见（草案）》；听取市政府关于防治高致病性禽流感情况汇报；通过《菏泽市人大常委会关于市公安局、市交通局、市工商局整改工作报告的决议（草案）》；通过《菏泽市人大常委会关于加强禽流感防治工作的决议（草案）》；邀请专家讲授行政许可法知识。

决议决定

菏泽市人大常委会关于组织人大代表开展评议工作的决定

人民代表大会及其常委会对“一府两院”的监督是宪法和法律赋予的职权。人大代表评议政府及法院、检察院的工作，是新形势下人民行使民主权利、实施法律监督的有效形式，是密切党群、干群关系，加强民主与法治建设，提高依法行政水平，促进全市“三个文明”建设的需要。为贯彻落实省委关于加快菏泽发展的战略决策，开展好我市的代表工作，市十六届人大常委会第九次会议决定，在总结去年代表评议工作的基础上，2004年第四季度继续组织驻我市的部分全国、省人大代表以及市人大代表，对政府部分职能部门及市法院、市检察院的工作进行评议。

一、评议的指导思想

以邓小平理论和“三个代表”重要思想为指导，以宪法法律及《菏泽市人大常委会评议工作办法》为依据，本着实事求是、客观公正的原则，进一步加强对所评部门工作人员的法律监督和工作监督。通过评议，增强其公仆意识、服务意识、法律意识和廉洁勤政意识，克服官僚主义和各种腐败现象，改进工作作风，提高依法行政、公正司法水平和队伍素质，优化经济发展环境，促进省委“突破菏泽”和建设“平安山东”战略决策的实施，加快全市经济建设和社会事业的健康发展。

二、评议的主要内容

1. 贯彻执行国家法律、法规和人大及其常委会决议、决定情况；

2. 学习实践“三个代表”重要思想，依法行政和公正司法情况；

3. 围绕实现“三三一一”目标和市委提出的十大措施，为加快菏泽经济发展优化环境、搞好服务的情况；

4. 自觉接受人大监督，办理人大代表建议、批评和意见的情况；

5. 自身建设及干部队伍素质情况。

三、评议的方法步骤

这次评议在广泛征求人大代表和社会各界意见的基础上，由市人大常委会组成人员投票确定被评议单位。对被评单位分信任、基本信任、不信任三个档次，人大代表采取现场无记名投票方式表决。

整个评议活动分宣传发动，自查自纠，走访调查，民主评议和评后整改5个阶段进行。

四、评议的要求

被评议部门要端正态度，提高认识，密切配合，认真听取人大代表的意见和建议，切实改进工作中存在的问题和不足，积极主动地做好工作，切实增强公仆意识，自觉接受人大代表的评议和监督。参评代表要深入调查研究，广泛征求群众意见，以高度负责的态度，认真履行代表职责，确保评议工作健康、有序地进行，以取得良好的评议效果。

菏泽市人大常委会关于加强高致病性禽流感防治工作的决议

菏泽市第十六届人民代表大会常务委员会第九次会议，听取并审议市政府关于防治高致病性禽流感工作情况的汇报。会议认为，自农业部发布我国部分省市（区）发生高致病性禽流感以来，市政府及其部门按照市委的部署，高度重视，迅速行动，坚决贯彻、全面落实党中央、国务院和省委、省政府关于防治高致病性禽流感工作的指导方针和一系列政策措施，以对人民高度负责的精神，切实加强组织领导，正确把握舆论导向，狠抓防治措施落实，及时加强督导检查，做了大量卓有成效的工作，取得明显成效，全市禽流感防治工作正在积极有序地进行。截至目前，我市尚未有疫情发生。但是，防治工作也存在着思想松懈麻痹，有些防治措施不够落实、基层防疫队伍力量薄弱、防疫物资储备不足等方面的一些问题。为更加扎实有效地做好禽流感防治工作，确保“三三一一”目标的实现，特作出如下决议。

一、进一步加大动物防疫法宣传力度。《中华人民共和国动物防疫法》，是加强对动物防疫工作的管理，预防、控制和扑灭动物疫病，促进养殖业发展，保护人体健康的重要法律。各级政府要充分利用各种宣传手段，大力宣传动物防疫法。通过学习宣传，使每个公职人员都懂得法律所赋予的神圣职责，让每个公民都了解法律所赋予的权利和义务，凝聚起万众一心、众志成城战胜禽流感的合力，确保疫病不在我市发生。

二、切实克服侥幸心理和麻痹松懈情绪。防

治禽流感工作，事关农村经济发展、农民增收和农村社会稳定。各级政府和有关部门一定要站在立党为公、执政为民的高度，提高警惕，加强防范，以对人民高度负责的精神，加强领导、密切配合，依靠科学、依法防治，群防群控、果断处置，扎扎实实持之以恒地做好各项防疫工作，确保实现市委、市政府提出的防疫工作目标。

三、进一步落实各项防疫措施。继续严把入口、消毒、防控“三关”，不能有丝毫放松，切实做好预防工作。建立和完善处理重大动物疫情应急机制，及时、准确地发现、报告疫情，增强快速反应能力，确保一旦发生疫情，坚决扑杀，彻底消毒，绝不让一只家禽流出疫区。进一步搞好技术培训，全面提高防疫人员的技术和能力。强化保障措施，保证防疫经费，搞好防疫物资储备，足量购买、使用防疫疫苗。严厉打击各种制售假冒伪劣产品的行为，努力提高整体防疫水平。

四、确保国家扶持政策落到实处。高致病性禽流感的发生，对发展家禽业造成较大影响。为振兴家禽业，国家及时出台扶持家禽业发展的若干政策措施。各级政府及其部门要紧密结合本地实际，不折不扣地加以贯彻落实，确保家禽养殖加工企业和养殖农户得到政策实惠。继续加大招商引资工作力度，大力发展家禽业加工龙头企业，大力发展规模饲养，推动家禽业发展再上一个新台阶。

五、研究和建立畜牧防疫工作的长效机制。防治禽流感工作，要从根本上解决问题，必须建立市场经济条件下的长效防治机制，按照公益性事业和非公益性事业划分投资主体，尽快解决防疫队伍和防疫基础设施与动物防疫工作不相适应的问题。市政府及其有关部门要根据动物防疫法的有关规定和党中央、国务院、省委、省政府关于防疫工作的要求，组织力量，搞好调查研究，就建立防疫工作的长效机制进行探讨，尽快出台有关政策和措施。

六、坚持疫情防治和经济发展两手抓。我市是畜牧大市，畜牧业收入是农民收入的重要组成部分。现在，又面临省委、省政府决定突破菏泽的历史机遇。各级政府要统筹兼顾，全面安排，一手抓好高致病性禽流感防治工作，一手抓好农业生产、农民增收工作，切实把各项农业与农村工作做好，努力夺取禽流感防治与农业发展、农民增收的双胜利，为实现“三三一一”目标奠定坚实基础。

菏泽市人大常委会关于市公安局、市交通局、市工商局整改工作报告的决议

菏泽市第十六届人大常委会第九次会议，认真审议市公安局、市交通局、市工商局 3 个部门的整改工作报告。会议认为，3 个部门从促进改革、发展、稳定的高度，充分认识这次整改活动的重要性和必要性。在整改工作中，分别建立组织，切实加强领导，一把手负总责，领导班子共同抓，一级抓一级，层层抓落实。对反映的问题和不足，3 个部门都进行认真研究，确定整改重点，制定整改计划和措施，在系统内全面开展集中整顿活动。通过整改，3 个部门的队伍建设、精神面貌、工作态度、服务水平、工作作风都发生明显的变化，群众的满意程度有很大提高。会议认为，3 个部门的整改工作态度是诚恳的，措施是扎实的，效果是明显的。会议决定批准这 3 个报告。

会议在充分肯定 3 个部门整改工作成绩的同时，也指出目前还存在的一些问题。主要表现在：执法队伍建设工作有待进一步加强，执法不严、执法不公的现象在某些部门、某些地方还不同程度的存在；重收费、罚款，轻管理、服务的倾向还不同程度的存在；优化经济发展环境、服务经济发展的意识有待进一步加强；社会治安以及公共场所车辆乱停放与乱收费等问题，都需要进一步引起重视，在今后的工作中，认真加以改正。

会议指出，今年是省委、省政府实施“突破

菏泽”战略的第一年，也是我市乘势而上、加快发展的关键一年，我市相继召开“加快发展誓师大会”和“机关干部作风整顿动员会”。3个部门要按照陈光书记提出的“十个坚持，十个反对”的要求，真抓实干，为实现“三三一一”目标提供有力的保证。

会议强调，3个部门要以这次代表评议、整改活动为契机，继续发扬成绩，克服不足，不断提高执法水平。要加强队伍建设，加大对执法人员特别是对基层执法人员的政治、法制教育力度，提高队伍整体素质，切实做到依法行政、公正执法、文明执法，提高执法水平和工作效率；要努力维护人民群众的利益，树立执法机关良好形象；要增强服务观念，强化公仆意识，转变政府职能，转变工作作风，杜绝执法过程中的简单粗暴行为，消除特权思想，多为群众办实事、办好事；要推行政务公开，实施“阳光”执法，认真兑现承诺，加强内部监督制约机制，对违法违纪人员严肃处理，净化执法队伍；要加强社会治安工作，加大工作力度，提高办案水平和工作效率，努力为人民群众创造一个安全的生产、生活环境。

会议要求，全市正处在加快发展的关键时期，机遇千载难逢。3个部门要紧紧围绕“突破菏泽”、建设“平安菏泽”、实现“三三一一”目标开展工作，以只争朝夕的精神，进一步解放思想、更新观念、转变作风，按照“为民、务实、清廉”的要求，为加快菏泽经济和社会发展优化环境搞好服务，为实现菏泽的超常规、高速度、跨越式发展做出新的更大的贡献。

市十六届人大常委会第十次会议

2004年5月11日至12日，菏泽市第十六届人大常委会第十次会议在菏泽牡丹大酒店召开。市委书记、市人大常委会主任陈光，市人大常委会第一副主任王祖和，副主任潘兴玺分别主持会议，副主任范福临、朱献瑞、文廷良、郭仲生、常洪珍、汤建梅、潘建荣，秘书长李顺广出席会议。市人民政府副市长张存金、市中级人民法院院长孙寿海、市人民检察院检察长丁伟民列席会议。

2004年5月11日至12日，市十六届人大常委会第十次会议召开

会议议程

听取审议市政府关于2003年市级预算执行和其他财政收支的审计工作报告；听取审议市政府关于2003年市级财政决算的报告（书面）；听取和审议市政府关于依法加强公共卫生体系建设、健全疾病预防控制体系、突发公共卫生事件医疗救治体系情况的汇报；听取市政府关于全市少数民族经济工作情况的汇报；审议通过《菏泽市人大常委会关于评选“菏泽人民功臣”的决定》；审议通过《菏泽市第十六届人大常委会第十次会议关于批准菏泽市2003年市级财政决算的决议（草案）》；人事任免事项；邀请专家作《中华人民共和国宪法》讲座。

决议决定

菏泽市第十六届人大常委会第十次会议关于批准菏泽市2003年市级财政决算的决议

菏泽市第十六届人大常委会第十次会议，结合市审计局局长王永华受市政府委托所作的《关于2003年市级预算执行和其他财政收支的审计工作报告》，对市财政局局长张秋冬受市政府委托所作的《关于菏泽市2003年财政决算的报告》进行审议，经过审议，决定批准《菏泽市2003

年市级财政决算（草案）》，同意《关于菏泽市2003年财政决算的报告》。

会议认为，2003年市政府及财政部门，在市委的正确领导下，认真贯彻中央和省委的各项方针政策，努力培植财源，加大税收征管力度，使财政收入保持一定幅度的增长，不断加大支出结构调整力度，严格控制一般性支出，集中财力保重点、保工资、保稳定，财政支出结构得到进一步优化，进一步深化财政改革，加强财政管理，严格财经纪律，依法理财水平不断提高，为促进全市经济和社会各项事业的发展发挥重要作用。

会议要求，市政府及有关部门要认真落实《菏泽市第十六届人民代表大会第二次会议关于2003年预算执行情况和2004年市级预算的决议》，按照计划预算审查委员会审查报告中提出的建议和要求，继续贯彻积极的财政政策，充分发挥财政的宏观调控作用，促进经济结构进一步优化，促进经济社会全面、协调、可持续发展；要严格依法治税，加强税收征管，确保财政收入持续稳定增长；要调整优化支出结构，确保重点支出需要；要进一步深化财政体制改革，完善综合预算，加强预算外资金和专项资金管理，进一步规范、完善会计委派制，提高依法理财水平；要进一步严肃财经纪律，强化财政监管，加大审计监督力度，坚决查处纠正各种违反财经法规的行为，切实提高财政资金使用效益，更好地发挥财政在全市经济和社会发展中的宏观调控作用，为加快菏泽发展，实现“三三一一”目标做出积极的贡献。

菏泽市人大常委会关于评选“菏泽人民功臣”的决定

为深入贯彻党的十六大、十六届三中全会精神和“三个代表”重要思想，牢固树立和认真落实以人为本的科学发展观，进一步推进解放思想、干事创业，促进省、市委“突破菏泽”，加快我市经济社会事业发展战略决策的实施，市人大常委会决定在全市范围内组织开展“菏泽人民功臣”评选活动。

一、指导思想

评选“菏泽人民功臣”活动，要以邓小平理论和“三个代表”重要思想为指导，以宪法和地方组织法为依据，立足于树正气，鼓干劲，办实事，通过评选活动，切实增强全市干部群众的宗旨意识、责任意识、创新意识和奉献意识，充分调动广大干部群众一心一意谋发展的积极性、主动性和创造性，促进我市经济和社会事业持续快速健康发展。

二、时间和范围

评选“菏泽人民功臣”活动，定于今年第四季度进行，全市拟评选“菏泽人民功臣”5名。

评选的范围是：我市行政区域内（外）对菏泽经济和社会事业发展做出突出贡献的公民，按照一定程序推定后，由市人大常委会授予其“菏泽人民功臣”称号。

三、条件和方法

“菏泽人民功臣”评选的基本条件是：

（一）政治坚定，坚持党的基本路线，认真实践“三个代表”重要思想，在思想上、政治上、行动上与党中央保持高度一致。

（二）思想解放，与时俱进，开拓进取，求实创新，在推动“突破菏泽”战略决策实施和加快菏泽“三个文明”建设中业绩突出。

（三）模范遵纪守法，坚持依法办事，克己奉公，自觉抵制不正之风，在人民群众中享有很高威信。

（四）遵守社会公德，为社会公益事业发展做出突出贡献。

“菏泽人民功臣”评选的方法步骤为：各县、区（由县、区人大常委会牵头）和市直（由市人大常委会负责）在广泛征求人大代表和人民群众意见的基础上推荐初步人选，经市人大常委会“评选‘菏泽人民功臣’办公室”审查汇总后，按1∶3提名推荐预备人选，由主任会议研究按1∶2

确定正式候选人，报经市委同意，然后对“菏泽人民功臣”候选人在《菏泽日报》、菏泽电视台、菏泽人民广播电台等新闻媒体上公布征求意见，最后由市人大常委会组成人员以无记名投票方式产生5名“菏泽人民功臣”。对选出的“菏泽人民功臣”，市人大常委会将依法授予其荣誉称号，并颁发“菏泽人民功臣”勋章。

四、组织领导

这次评选活动，实行“党委领导、人大主办、各方配合、上下联动”的工作原则，市人大常委会成立评选“菏泽人民功臣”办公室，坚持高标准、严要求，精心组织，周密安排，制定详细实施方案，严格按程序进行，确保宣传、推荐、审查、评选、表彰等各项工作的顺利进行。

人事任免

决定任命：张保德为菏泽市农业局局长。

决定免去：任茂廉的菏泽市农业局局长职务。

任命：袁建东、贺劲松、李庆英、陈亚勇、刘敏、田明丰、唐晓玲、王福玲、于晓阶、王琦、朱世奎、刘艳凤、路玉萍、邵晓利、高利军、牛光桥、张景存、邓奋学、张海波、程娟、刘文启、王秀梅、刘献岐、聂学敏、徐龙才、赵伟、吴心伟、王留印、郑萍、温华春为菏泽市人民检察院检察员。

免去：倪华刚、马增元、宫兆义的菏泽市人民检察院检察员职务。

市十六届人大常委会第十一次会议

2004年5月25日，菏泽市第十六届人大常委会第十一次会议在菏泽牡丹大酒店召开。市委书记、市人大常委会主任陈光主持会议，市人大常委会第一副主任王祖和，副主任潘兴玺、朱献瑞、文廷良、常洪珍、汤建梅，秘书长李顺广出席会议。市人民政府副市长赵润田、市人民检察院检察长丁伟民、市中级人民法院副院长王思明列席会议。

会议议程

关于提请审议许可逮捕市人大代表刘怀柱的报告；人事任免事项。

人事任免

决定任命：李卫国为菏泽市人民政府副市长。

市十六届人大常委会第十二次会议

2004年7月5日至6日，菏泽市第十六届人大常委会第十二次会议在菏泽牡丹大酒店召开。市委书记、市人大常委会主任陈光，市人大常委会第一副主任王祖和分别主持会议，副主任潘兴玺、范福临、朱献瑞、文廷良、郭仲生、常洪珍、汤建梅、潘建荣，秘书长李顺广出席会议。市人民政府副市长夏鲁青、市中级人民法院院长孙寿海、市人民检察院检察长丁伟民列席会议。

会议议程

听取审议市政府关于2004年上半年国民经济和社会发展计划执行情况的汇报；听取审议市政府关于2004年上半年财政预算执行情况的汇报；听取市政府关于防汛工作情况的汇报；听取市政府关于治安工作情况的汇报；听取市政府关于“四五”普法工作情况的汇报；听取市政府关于贯彻《中华人民共和国土地管理法》，开展土地市场清理整顿工作情况的汇报；通过《菏泽市人大常委会关于市政府贯彻〈中华人民共和国土地管理法〉，开展土地市场清理整顿工作的决议（草案）》；人事任免事项。

会议决议

菏泽市人大常委会关于贯彻土地管理法搞好土地市场清理整顿工作的决议

菏泽市第十六届人大常委会第十二次会议，听取并审议市政府《关于治理整顿土地市场秩序情况的汇报》。

会议认为，2003年以来，市政府认真贯彻执行《中华人民共和国土地管理法》，严格按照国务院和省政府的统一部署，在全市范围内开展治理整顿土地市场秩序工作，违规设立的各类园区得到清理，土地违法行为得到依法查处，耕地保护特别是基本农田保护得到强化，建设用地审批管理更加严格，清欠农民征地补偿基本完成，土地市场秩序得到进一步规范，土地经营力度进一步加大，政府土地收益大幅度提高，治理整顿取得阶段性成果。总得看，市政府对治理整顿土地市场工作高度重视，措施有力，领导到位，国土资源部门的工作积极主动，取得明显效果。

会议指出，我市在《中华人民共和国土地管理法》的贯彻执行和治理整顿土地市场工作中还存在着一些不可忽视的问题：一是对《中华人民共和国土地管理法》的宣传力度不够，致使有些领导同志认识不到位，土地法制观念淡薄尤其是部分基层领导干部没有树立起科学的发展观和正确的政绩观，国策观念、土地法制意识不强，在招商引资中存有短期行为，甚至违背国家产业政策，用地随意性强，土地利用效率低。二是违法占地现象还没有根本杜绝。三是对解决农民失地又失业的问题还缺乏有效的机制保障。四是有些违法用地还没有得到根本治理。五是国土资源干部队伍自身素质仍需进一步提高。为此，特作如下决议：

（一）加大土地管理法律法规的宣传力度。要加强对土地管理相关的法律法规宣传，增强全社会土地法制观念，特别是各级领导干部依法办事的自觉性，切实把认识和行动统一到土地管理法律、政策规定上来，正确处理好经济发展和土地保护的关系，珍惜和合理利用每一寸土地。

（二）继续深化土地市场秩序治理整顿。进一步加强领导，强化措施，推动治理整顿土地市场工作的深入开展。要严格政策和用地标准，按照国务院紧急通知精神，坚决停止不符合法律法规和国家产业政策的项目建设。要进一步强化执法监察。全面落实执法监察动态巡查制度，对顶风违法、损害群众利益的行为坚决从严查处。要强化信访工作，及时掌握土地信访出现的新情况、新问题，按照标本兼治，重心下移，源头治理，化解矛盾的总体要求，避免矛盾激化，维护社会稳定。对于群众的土地补偿金要补偿到位，不准截留。市政府要对那些既享受着建设经济适用房的优惠政策，又不按有关规定办事的小区，应依法追缴其土地出让金和相关税费，并取消其正在享受的优惠政策。

（三）落实耕地保护政策，依法保护耕地。目前，国家对基本农田保护力度越来越大，我市要对基本农田采取特殊保护措施。要坚决贯彻执行“五不准”，严格落实基本农田保护责任制，做到“位置、面积、标志、档案、责任、资金”六落实。要严格执行基本农田保护规划，进一步加大对基本农田保护区的巡查力度，对新发生的占用基本农田的违法行为，及时制止，严肃查处，坚决遏止乱圈乱占基本农田现象的发生。要严格按照全国基本农田保护大检查的要求，切实做好自查自纠。要加大土地开发复垦整理力度，把开发复垦整理土地作为增加农民收入，做好“三农”工作的“民心工程”，采取多种积极措施，千方百计地抓实做好。

（四）抓住机遇，加大土地招标拍卖出让力度，促进经济发展。要加强调研，认真学习领会党中央、国务院最近为加强经济宏观调控所作的一系列指示精神，找出国家政策与我市实际的结合点，以国家宏观调整为机遇，大力招商引资，千方百计确保招商引资项目落地，加快菏泽经济发展。要盘活存量土地，对可盘活的存量土地，逐一摸清底数，宗地位置、面积，自然条件，该置换的置换，该整合的整合，确保项目建设用地需求。进一步加大土地招标拍卖挂牌公开出让力度，建立和完善土地招标拍卖过程中的监督机制，为我市经济建设和城市建设提供资金保障。

（五）进一步加强队伍建设，提高依法行政水平。要把树立和落实科学发展观和正确政绩观作为国土资源队伍建设的重要内容，建立一支政治强、业务精、纪律严、作风正的国土资源队伍，要坚持依法行政，将有关法律依据、工作纪律、承诺时限办事结果、监督措施全面公开。要抓好全市国土资源管理“优质服务年”活动，强化发展意识、服务意识、公仆意识，提高国土资源队伍的政治意识、法制意识、大局意识、责任意识，改进工作作风，更好地为经济社会全面发展提供服务。

人事任免

决定任命：曹升灵为菏泽市房产管理局局长，胡钦畅为菏泽市对外贸易经济合作局局长。

决定免去：王永江的菏泽市对外贸易经济合作局局长职务，丁志刚的菏泽市房产管理局局长职务。

市十六届人大常委会第十三次会议

2004 年 7 月 24 日，菏泽市第十六届人大常委会第十三次会议在菏泽牡丹大酒店召开。市人大常委会第一副主任王祖和主持会议，副主任潘兴玺、范福临、朱献瑞、文廷良、郭仲生、常洪珍、汤建梅、潘建荣，秘书长李顺广出席会议。

会议议程

罢免李安现的山东省第十届人民代表大会代表职务。

市十六届人大常委会第十四次会议

2004 年 9 月 9 日至 10 日，菏泽市第十六届人大常委会第十四次会议在菏泽牡丹大酒店召开。市人大常委会第一副主任王祖和、副主任潘兴玺分别主持会议，副主任范福临、朱献瑞、文廷良、郭仲生、汤建梅、潘建荣，秘书长李顺广出席会议。市人民政府副市长夏鲁青、市中级人民法院院长孙寿海、市人民检察院检察长丁伟民列席会议。

会议议程

听取市中级人民法院关于《中华人民共和国法官法》贯彻实施情况的汇报；听取市人民检察院关于全市检察机关推行人民监督员制度试点工作情况的汇报；听取市政府关于贯彻执行《中华人民共和国农村土地承包法》及实施《山东省实施〈中华人民共和国农村土地承包法〉办法》准备情况的汇报；表决通过菏泽市人大常委会关于贯彻《中华人民共和国农村土地承包法》及《山东省实施〈中华人民共和国农村土地承包法〉办法》的决议（草案）；投票表决人大代表评议的部门。

2004 年 9 月 9 日至 10 日，市十六届人大常委会第十四次会议召开

会议决议

菏泽市人大常委会关于贯彻《中华人民共和国农村土地承包法》及《山东省实施〈中华人民共和国农村土地承包法〉办法》的决议

菏泽市十六届人大常委会第十四次会议，听取并审议市政府关于贯彻执行《中华人民共和国农村土地承包法》情况及《山东省实施〈中华人民共和国农村土地承包法〉办法》准备情况的汇报。会议认为，市政府对我市第二轮土地承包工作，高度重视，政策把握比较准确，执行承包合同比较严格，从实际出发稳妥处理一些问题，取得明显效果。对贯彻执行《中华人民共和国农村土地承包法》，态度是积极的，措施是有力的；对贯彻执行《山东省实施〈中华人民共和国农村土地承包法〉办法》，市政府做了大量的调查研

究工作，准备是充分的。为认真执行《山东省实施〈中华人民共和国农村土地承包法〉办法》(以下简称“办法”)，解决我市存在的执行政策不够统一，少数乡、村乱调土地，有些地方乱占乱租耕地，征地补偿损害群众利益等问题，进一步稳定和完善我市农村土地承包关系，维护农村土地承包当事人的合法权益，促进农业农村经济发展和农村社会稳定，特作如下决议：

一、高度重视新形势下的农村土地承包问题。“三农”问题是全党工作的重中之重，搞好土地承包是解决“三农”问题的基础。近年来，我市人口逐年增多，土地逐年减少，特别是农村税费改革后土地经营收入归自己，农民越来越看重土地。在新的形势下，搞好土地承包工作，有利于调动农民增加投入的积极性，有利于土地规模经营、经济结构调整、培育主导产业和增加农民收入，也有利于农村社会稳定。因此，各级政府要把这项工作列入重要日程，切实抓紧抓好抓出成效。

二、采取有效形式，广泛开展学习宣传活动。“办法”的颁布实施，对贯彻落实农村土地承包法，解决当前土地承包中出现的新情况、新问题，促进农村经济发展，增加农民收入，稳定农村形势，具有十分重要的意义。各级领导干部特别是分管和从事这项工作的同志，一定要学习好、领会好这个“办法”，进一步提高依法行政能力和执法水平，更好地指导实践。要采取有效形式，广泛宣传这个“办法”。市政府要把这个“办法”印刷、张贴到各个村，各县区要编印成小册子或明白纸发放到农户，报社、电台、电视台要通过专访、开辟专栏等形式加大宣传力度，让广大干部和每个农户都知道并熟悉这个“办法”。通过宣传，使发包方知道怎么依法发包，承包方知道怎么依法维护自己的合法权益，政府有关部门知道怎么搞好仲裁。

三、深入调查研究，抓紧制定配套规章。各级政府要认真进行农村土地承包问题的调研，向农民、乡村干部和专门从事农村经营管理的同志广泛征求意见，深入了解当前农村土地承包中存在的问题和群众的意见及要求。在调查研究的基础上，在不与法律、法规相抵触的情况下，根据菏泽的实际情况制定地方政府实施意见，确保“办法”落到实处。

四、依法办事，认真做好第二轮土地承包完善工作。在落实“办法”的过程中，要严格依法办事，村规民约不能与法律法规相抵触；要充分尊重群众意愿，具体问题具体分析，争取绝大多数干部群众的支持和拥护；要改进方式方法，做到既符合法律法规的要求，又要维护群众利益，保持政策的连续性；要搞好试点，循序渐进；要严格执行土地承包期30年不变政策，在法律法规的框架内可适度调整。

五、严格执法，加强监督，确保“办法”贯彻实施。各级人大及其常委会要认真履行法律监督职责，采取执法检查、听取汇报等多种形式，加大对法律法规贯彻实施情况的监督力度，督促有关部门改进执法工作。各级政府要高度重视农业执法工作，加强对土地承包执法的组织、指导和监督，提高农业执法队伍的业务素质和执法水平，确保公正执法、严格执法。各级人民法院要重视土地承包案件的审理，严格依法办事，保护农民合法权益。新闻媒体要发挥舆论监督作用，既要大力宣传执行“办法”的好典型，也要揭露批评违法行为，为法律法规的贯彻实施创造良好氛围，促进执法部门严格依法办事。

市十六届人大常委会第十五次会议

2004年11月9日至10日，菏泽市第十六届人大常委会第十五次会议在菏泽牡丹大酒店召开。市人大常委会第一副主任王祖和、副主任潘兴玺分别主持会议，副主任范福临、朱献瑞、文廷良、郭仲生、常洪珍、汤建梅、潘建荣，秘书长李顺广出席会议。市人民政府副市长张存金、市中级人民法院院长孙寿海、市人民检察院检察长丁伟民列席会议。

会议议程

听取审议市政府关于农民增收情况的汇报；听取审议市政府关于贯彻实施《中华人民共和国行政许可法》情况的汇报；审议通过《市级预算审批监督办法（草案）》；审议通过《菏泽市人民代表大会常务委员会关于召开菏泽市第十六届人民代表大会第三次会议的决定（草案）》；人事任免事项。

会议决定

菏泽市人大常委会关于召开菏泽市第十六届人民代表大会第三次会议的决定

菏泽市第十六届人民代表大会常务委员会第十五次会议决定：菏泽市第十六届人民代表大会第三次会议于2005年1月27日至31日在菏泽召开。建议会议的主要议程为：一、听取和审议菏泽市人民政府工作报告；二、听取和审议菏泽市人民政府关于菏泽市2004年国民经济和社会发展计划执行情况与2005年计划草案的报告，审查、批准菏泽市2004年国民经济和社会发展计划执行情况的报告与2005年计划；三、听取和审议菏泽市人民政府关于菏泽市2004年预算执行情况和2005年预算草案的报告，审查菏泽市2004年预算执行情况的报告和2005年预算，批准菏泽市2004年市级预算执行情况的报告和2005年市级预算；四、听取和审议菏泽市人民代表大会常务委员会工作报告；五、听取和审议菏泽市中级人民法院工作报告；六、听取和审议菏泽市人民检察院工作报告；七、选举事项；八、其他事项。

人事任免

决定任命：赵传山为菏泽市财政局局长，张莹为菏泽市文化局（新闻出版局、版权局）局长。

决定免去：张秋冬的菏泽市财政局局长职务，刘永凤的菏泽市文化局（新闻出版局、版权局）局长职务。

市十六届人大常委会第十六次会议

2004年12月17日，菏泽市第十六届人大常委会第十六次会议在菏泽牡丹大酒店召开。市人大常委会第一副主任王祖和、副主任潘兴玺分别主持全体会议，副主任范福临、朱献瑞、文廷良、郭仲生、常洪珍、潘建荣，秘书长李顺广出席会议。市人民政府副市长杨永昌、市中级人民法院院长孙寿海、市人民检察院检察长丁伟民列席会议。

会议议程

审议《菏泽市城市总体规划（2003—2020）》，并作出相关决定；人事任免事项。

会议决定

菏泽市人大常委会关于通过《菏泽市城市总体规划（2003—2020）》的决定

根据《中华人民共和国城市规划法》第二十一条和《山东省实施〈中华人民共和国城市规划法〉办法》第十八条规定，2004年12月17日，菏泽市第十六届人大常委会第十六次会议听取市规划局局长王利言受市政府委托所作的关于菏泽市新一轮城市总体规划编制情况的说明，审议由上海同济城市规划设计研究院编制的《菏泽市城市总体规划（2003—2020）》。会议认为，该规划以科学的发展观为指导，认真贯彻落实省委、省政府“突破菏泽”重大战略决策，提出的菏泽经济社会发展目标和区域城镇体系科学合理，确定的城市发展方向和用地布局符合菏泽的实际情况。规划有利于将我市建成以“花城水邑”为依托的中国平原森林城市和以能源化工、农副产品加工、商贸物流为主的区域性中心城市。

会议一致同意该规划，并同意由市政府修改后报请省政府批准实施。

人事任免

批准：蒋银院辞去巨野县人民检察院检察长职务。

市十六届人大常委会第十七次会议

2005年1月11日至12日，菏泽市第十六届人大常委会第十七次会议在菏泽市人大常委会五楼会议室召开。市委书记、市人大常委会主任陈光，市人大常委会第一副主任王祖和，副主任潘兴玺、范福临、朱献瑞、文廷良、郭仲生、常洪珍、汤建梅、潘建荣，秘书长李顺广出席会议。王祖和、潘兴玺分别主持全体会议。市人民政府副市长邵好学、市中级人民法院院长孙寿海、市人民检察院检察长丁伟民列席会议。

会议议程

审议通过市十六届人大三次会议有关事项；选举“菏泽人民功臣”；人事任免事项。

会议决定

菏泽市人大常委会关于授予楚德留、段金彪“菏泽人民功臣”称号的决定

2005年1月12日，菏泽市第十六届人民代表大会常务委员会第十七次会议决定，授予楚德留、段金彪同志“菏泽人民功臣”称号。

楚德留，男，中共党员，大专学历，高级工程师，山东达驰电工电气股份有限公司董事长。由于长期超负荷工作和对生命的严重透支，积劳成疾，于2004年12月以身殉职。20多年来，他带领“达驰”人历尽艰辛，自强不息，开拓创新，把一个手工作坊式小厂发展成为拥有资产4亿元的国家级高新技术企业，综合经济效益跃居全国同行业前六名。先后被评为“山东省新长征突击手”“科教兴鲁先进工作者”“菏泽地区劳动模范”“山东省劳动模范”“全国劳动模范”，享受国务院特殊津贴，并当选为山东省第八、九届人大代表，第十届全国人大代表，被省委授予“山东省优秀共产党员”称号。

段金彪，男，45岁，中共党员，大学文化，一级警督，现任菏泽市公安局交警支队政委。段金彪同志参加公安工作23年来，牢记宗旨，爱岗敬业，脚踏实地，忘我工作，无私奉献，在平凡的岗位上做出不平凡的业绩，赢得广大人民群众的普遍赞誉和衷心爱戴。1996年以来他带领所属干警接处警11万余次，其中先期处置刑事、治安案件5万余起，抓获各类违法犯罪嫌疑人8300余人，调解民事纠纷24300余人次，为群众提供各类服务34700余次，其中紧急求助5000余人次。他先后被授予“全国一级英模”“全国优秀人民警察”“全国学济南交警先进个人”“全省优秀共产党员”“全省执法为民先进个人”等称号，荣立个人二等功1次、个人三等功2次。中央多家新闻媒体对他的事迹进行报道，中共中央政治局常委、政法委书记罗干等对段金彪同志的事迹作出重要批示，他还受到中共中央总书记胡锦涛同志的接见。

楚德留、段金彪同志是以实际行动践行“三个代表”重要思想，坚持立党为公、执政为民的楷模，是与时俱进、开拓创新的楷模，是牢记宗旨、一心为民的楷模，是爱岗敬业、恪尽职守的楷模，是立足本职、服务大局的楷模，是艰苦奋斗、廉洁勤政的楷模，为我市经济社会事业的发展和“突破菏泽”战略的实施做出巨大贡献，是全市人民的功臣。他们的先进事迹集中反映新时期共产党人的崇高理想和不懈追求，生动体现菏泽党员干部的新形象、新风貌，是全市广大干部群众学习的榜样。

向楚德留、段金彪同志学习，就要学习他们心系百姓、竭诚为民的情怀。要像他们那样，时刻牢记党的宗旨，自觉践行“三个代表”重要思想，坚持立党为公、执政为民，忠诚党和人民的事业，忠实履行职责，多谋富民之策，多办利民之事。要像他们那样视人民为父母，时刻把群众的安危冷暖牵挂在心上，永远同人民群众同呼吸、共命运、心连心，做到“权为民所用，情为民所系，利为民所谋”；做到思想上尊重群众，感情上贴近群众，行动上深入群众，工作上依靠群众，多为群众办好事、实事。

学习他们爱岗敬业、自强不息的精神。坚决克服“等、靠、要”的思想，充分发挥主观能动性，既要善借外力、对外开放，更要自力更生、奋发图强；坚决克服畏难发愁情绪，振奋精神，鼓足干劲，树立信心，迎难而上；坚决克服墨守成规、故步自封的心态，充分发挥后发优势，解放思想，干事创业，大干快上，在“突破菏泽”、加快发展的洪流中，一显身手，建功立业。

学习他们清正廉洁、公而忘私的情操。牢固树立正确的世界观、人生观、价值观，过好权力关、名利关、金钱关，牢记“两个务必”，继承和发扬党的优良传统和作风，求真务实，勤政高效，清正廉洁，甘于奉献，不辱使命，让党放心，让人民满意。

学习他们追求卓越、勇于创新的品格。无论从事什么工作都要以创新的态度、创新的思维、创新的举措，追求一流、追求卓越，切勿墨守成规，因循守旧，得过且过。要敢闯、敢冒、敢干，敢为天下先，要闯出一番新天地，干出一番大事业。

楚德留、段金彪同志的事迹感人，精神崇高。全市广大干部群众要迅速掀起向“菏泽人民功臣”学习的热潮。要把这次学习同保持共产党员先进性教育活动结合起来，用邓小平理论和“三个代表”重要思想武装头脑、指导实践，从思想上、行动上体现共产党员的先进性，树立党在人民群众中的良好形象；要同“弘扬和培育菏泽精神、塑造菏泽新形象”主题教育活动结合起来，大力弘扬“求实、创新、诚信、奋进”的新时期菏泽精神，与时俱进，开拓创新，扎实工作，勇创一流；要同党的十六届四中全会精神集中教育活动结合起来，广大党员干部特别是各级领导干部要对照楚德留、段金彪同志的先进事迹和崇高精神，从思想上、作风上、工作上找差距、找不足，切实提高执政能力和领导水平，把党的十六届四中全会精神贯彻好、落实好，全面实现省委、省政府提出的“三三一一”目标，为实现菏泽经济和社会事业更快更好的发展而奋斗。

人事任免

决定任命：李学军为菏泽市发展和改革委员会主任，彭靖华为菏泽市人口与计划生育委员会主任，陈志起为菏泽市安全生产监督管理局局长，沙启忠为菏泽市民族事务委员会（宗教局）主任（局长）。

任命：徐毅为菏泽市中级人民法院审判委员会委员，韩文明为菏泽市中级人民法院立案庭庭长，徐青峰为菏泽市中级人民法院民事审判第四庭庭长，崔敬涛为菏泽市中级人民法院审判监督庭庭长，权金牛为菏泽市中级人民法院执行二庭庭长。

免去：陈凡岭的菏泽市中级人民法院刑事审判第二庭副庭长职务，聂震的菏泽市中级人民法院民事审判第四庭庭长职务，徐青峰的菏泽市中级人民法院民事审判第四庭副庭长职务，王常贺的菏泽市中级人民法院审判监督庭庭长职务，杨方运的菏泽市中级人民法院执行二庭庭长职务。

决定：接受王文升辞去菏泽市人民政府副市长职务的请求，报菏泽市第十六届人民代表大会第三次会议备案。

批准：韩念元辞去鄄城县人民检察院检察长职务，王厚元辞去成武县人民检察院检察长职务，孙忠华辞去曹县人民检察院检察长职务。

市十六届人大常委会第十八次会议

2005 年 3 月 15 日至 16 日，菏泽市第十六届人大常委会第十八次会议在菏泽牡丹大酒店召开。市委书记、市人大常委会主任陈光，市人大常委会第一副主任王祖和，副主任潘兴玺分别主持全体会议，副主任范福临、朱献瑞、文廷良、常洪珍、潘建荣，秘书长李顺广出席会议。市人民政府副市长何茂远、市中级人民法院院长孙寿海、市人民检察院检察长丁伟民列席会议。

会议议程

听取审议被评议单位整改工作的报告，并作出相应决议；人事任免事项；听取《中华人民共和国环境保护法》讲座。

2005年3月15日至16日，市十六届人大常委会第十八次会议召开

会议决议

菏泽市人大常委会关于2004年度市国土资源局评议整改工作报告的决议

菏泽市第十六届人大常委会第十八次会议，认真审议市国土资源局的整改工作报告。会议认为：市国土资源局在代表评议活动中，对人大代表提出的建议、批评和意见非常重视，从实践“三个代表”重要思想的高度狠抓落实，进一步增强广大干部职工的公仆意识、服务意识、法律意识和廉政意识，依法行政水平有明显提高。会议决定批准这个报告。

会议要求，市国土资源局要继续加大对国土资源法律法规的宣传力度，营造人人珍惜国土资源的社会氛围；以开展保持共产党员的先进性教育活动为契机，搞好国土资源队伍建设，为实施“突破菏泽”战略提供强有力的国土资源保障，为菏泽经济和社会发展做出更大的贡献。

菏泽市人大常委会关于2004年度市劳动和社会保障局评议整改工作报告的决议

菏泽市第十六届人大常委会第十八次会议，认真审议市劳动和社会保障局的整改工作报告。会议认为：市劳动和社会保障局对待市人大代表反馈的意见和建议态度端正，思想重视，制定的整改方案切实可行，工作措施具体，有很强的针对性和可操作性。通过认真整改，市劳动和社会保障局的干部队伍的整体素质明显提高，工作态度、服务水平有显著改进。会议决定批准这个报告。

会议要求，市劳动和社会保障局要以开展党员先进性教育活动为契机，努力加强干部队伍的思想建设和作风纪律建设，严格纪律约束，改进工作作风，坚持依法行政，提高服务水平，努力维护人民群众的合法权益，充分发挥职能作用，为菏泽经济和社会发展做出新的贡献。

菏泽市人大常委会关于2004年度市民政局评议整改工作报告的决议

菏泽市第十六届人大常委会第十八次会议，认真审议市民政局关于2004年度代表评议整改工作情况的报告。会议认为：市民政局对人大代表评议中提出的问题和建议，能够以对人民高度负责的态度，高度重视，积极整改，突出实效抓落实，使依法行政的水平有新的提高，有效地推动民政工作的深入开展。会议决定批准这个报告。

会议要求，市民政局在今后的工作中，要以“三个代表”重要思想为指针，以“突破菏泽”为机遇，以“为民解困”为要事，继续“出实招、办实事、见实效”，提高民政工作的透明度，使各项工作在原来的基础上再上一个新台阶，努力为全市改革、发展、稳定的大局服务，争取新的更大的成绩。

菏泽市人大常委会关于2004年度市环境保护局评议整改工作报告的决议

菏泽市第十六届人大常委会第十八次会议，认真审议市环境保护局的整改工作报告。会议认为：市环境保护局在整改工作中，思想端正，认识到位，针对人大代表提出的意见和建议，层层召开会议，深入分析问题根源，实事求是地议定整改措施，全面整顿思想作风、纪律，加大各项环保工作力度，防治各类环境污染工作取得显著成绩，收到良好效果。会议决定批准这个报告。

会议要求，市环境保护局要进一步加大环保法规宣传力度，狠抓队伍建设，强化服务意识，提高执法水平，围绕实施“碧水、蓝天工程”，着力防治污染，为菏泽全面建设小康社会提供良好的生态环境，为全市经济和社会健康发展做出新的贡献。

菏泽市人大常委会关于2004年度市质量技术监督局评议整改工作报告的决议

菏泽市第十六届人大常委会第十八次会议，认真审议市质量技术监督局的整改工作报告。会议认为：市质量技术监督局针对市人大代表提出的意见和建议，思想端正，态度积极，认真进行自查自纠，深入分析问题根源，找准症结，制定整改方案，下大力气狠抓措施的落实，在系统内掀起以办实事、树行风为主题的整改热潮，干部队伍的精神面貌焕然一新，工作作风更加扎实，服务水平明显提高。会议决定批准这个报告。

会议要求，市质量技术监督局要在整改工作的基础上，以正在开展的保持共产党员先进性教育活动为动力，进一步加强队伍纪律、作风建设，强化服务、文明执法，为实施“突破菏泽”战略、实现“三三一一”目标做出积极的贡献。

人事任免

任命：张秋冬为菏泽市人大常委会财政经济工作委员会副主任，时启坤为菏泽市人大常委会内务司法工作委员会副主任，张晓云为菏泽市人大常委会教育科学文化卫生人口工作委员会副主任。

决定任命：赵和平为菏泽市卫生局局长，史步军为菏泽市劳动和社会保障局局长。

决定免去：张晓云的菏泽市卫生局局长职务。

决定撤销：李传刚的菏泽市劳动和社会保障局局长职务。

任命：李维为菏泽市中级人民法院审判委员会委员、审判员。

免去：孔令健的菏泽市中级人民法院审判委员会委员、审判员职务。

任命：孙忠华为菏泽市人民检察院检察员、检察委员会委员，韩念元、梁衍峰、张继民为市人民检察院检察员。

批准任命：王厚元为鄄城县人民检察院检察长，陈天生为成武县人民检察院检察长，张景郁为曹县人民检察院检察长，杨依柱为巨野县人民检察院检察长。

市十六届人大常委会第十九次会议

2005年5月18日至19日，菏泽市第十六届人大常委会第十九次会议在菏泽牡丹大酒店召开。市委书记、市人大常委会主任陈光，市人大常委会第一副主任王祖和，副主任潘兴玺分别主持全体会议，副主任范福临、朱献瑞、文廷良、常洪珍、汤建梅、潘建荣，秘书长李顺广出席会议。市人民政府副市长杨永昌、市中级人民法院院长孙寿海、市人民检察院检察长丁伟民列席会议。

2005年5月18日至19日，市十六届人大常委会第十九次会议召开

会议议程

听取审议市政府关于2004年市级预算执行和其他财政收支的审计工作报告；审议市政府关于2004年市级财政决算的报告（书面），通过关于批准2004年市级财政决算的决议（草案）；听

取审议市中级人民法院关于基层建设情况的报告；听取审议市人民检察院关于检察官法贯彻实施情况的报告；听取审议市政府关于贯彻实施土地管理法、矿产资源法及对矿区土地保护应对措施的汇报；审议通过《菏泽市人大常委会关于2005年对市人民政府部分组成人员进行述职评议工作的实施意见（草案）》；举办土地管理法法制讲座。

会议决议

菏泽市人大常委会关于批准2004年市级财政决算的决议

菏泽市第十六届人大常委会第十九次会议，结合市审计局局长王永华受市政府委托所作的《关于2004年市级预算执行和其他财政收支的审计工作报告》，对市财政局局长赵传山受市政府委托所作的《关于菏泽市2004年财政决算的报告》进行审议，经过审议，同意《关于菏泽市2004年财政决算的报告》，决定批准《菏泽市2004年市级财政决算（草案）》。

市十六届人大常委会第二十次会议

2005年7月14日至15日，菏泽市第十六届人大常委会第二十次会议在菏泽牡丹大酒店召开。市人大常委会第一副主任王祖和、副主任潘兴玺分别主持全体会议，副主任范福临、朱献瑞、文廷良、常洪珍、汤建梅，秘书长李顺广出席会议。市人民政府副市长张存金、市中级人民法院副院长宋展、市人民检察院副检察长范玉国列席会议。

会议议程

听取审议菏泽市2005年上半年国民经济和社会发展计划执行情况的汇报；听取审议菏泽市2005年上半年财政预算执行情况的汇报；听取审议市政府关于《中华人民共和国未成年人保护法》贯彻落实情况的汇报；听取审议市政府关于发展科技事业、促进全市经济发展情况的汇报；听取审议市人大常委会视察组关于视察全市水污染防治工作情况的汇报，并作出相关决议；审议市政府《关于提请审议菏泽市与韩国金浦市缔结友好城市关系的议案》，并作出相关决定。

2005年7月14日至15日，市十六届人大常委会第二十次会议召开

决议决定

菏泽市人大常委会关于进一步加强水污染防治工作的决议

2005年7月14日，菏泽市第十六届人大常委会第二十次会议，听取审议市人大常委会视察组对全市水污染防治法贯彻实施和城市污水处理厂建设及运营情况的视察报告，分析研究我市近几年来水污染防治的形势，并对下一步水污染防治和城市污水处理厂建设及运营工作提出重要意见。会议形成以下决议：

一、在市委的正确领导下，市政府及市环保系统以科学发展观为指导，坚持可持续发展战略，坚持以人为本，认真贯彻落实水污染防治法，积极实践“三个代表”重要思想，踏踏实实地做许多卓有成效的工作，环保执法监督力度明显加大，水环境质量明显改善，水污染防治工作取得比较明显的进展，为我市经济可持续发展和构建和谐菏泽、生态菏泽做出积极贡献。

二、在水污染防治方面，尽管各级政府付出很大努力，也取得一定成效，但当前全市水环境质量仍不容乐观，水污染现象还没有得到根本治理，个别地方领导和企业对环境保护认识不到位，对水污染防治工作重视不够，全社会的环保意识不强。治污项目建设总体进展缓慢。城市污水处理设施建设严重滞后，城市生活污水处理率较低，全市三条主要河流水质距南水北调东线工程要求还有很大差距，形势十分严峻，任务十分艰巨。

三、各级人大、政府要进一步提高对贯彻实施水污染防治法重要性的认识。贯彻实施水污染防治法是一个严肃的法律问题，是一个重大的政治问题，也是一项十分紧迫的工作任务。各级政府要切实履行对辖区环境质量负总责的法定职责，从以下几个方面进一步加大水污染防治的工作力度。一是坚决不欠新账，要加强新建项目管理，特别是在招商引资过程中，要严格执行环境影响评价法的要求，新建项目一律经过环境影响评价。必须坚持“三同时”制度，坚决不引进、不上马重污染项目。二是尽快还上老账。要尽快解决老污染源问题，根据实际情况，排出时间表，限期搞好点源污染治理，确保企业污水稳定达标排放。三是严格执法执纪。各级政府及环保部门要严格按照国家环保法律法规的要求，对环境违法企业，该停产的停产，该关闭的关闭，决不姑息迁就。对环境违法企业负责人、当地政府及有关部门负责人要坚决处理到位。四是用市场经济方法、高科技手段治理水污染。水污染防治工作是一项复杂的系统工程，各级政府必须运用市场经济的方法，解决治污工作中遇到的资金等难题。治理水污染，关键是要解决资金投入和技术问题，要借助外力，采用高科技手段加快水污染治理。

四、要进一步加快城市污水处理工程建设。菏泽城区要进一步扩大污水管网，提高污水收集率。七县城污水处理厂建设要加快工程进度，确保年底前主体工程基本竣工，尚未开工的郓城县污水处理厂要限期开工建设，配套管网工程要力争与主体工程同时竣工、同时投入使用。要建立市场化、产业化的运作机制，加强污水处理厂管理。按照“谁污染，谁治理”的原则，进一步加大污水处理费征收力度，确保污水处理厂正常运营。城市规划区所有排放污水的企业、单位和个人均应按时、按标准缴纳污水处理费。对拒不缴纳的可采取行政的、法律的手段予以强制执行。

五、全社会都要关心水污染防治工作。水污染防治工作，是一项庞大的系统工程，必须动员全社会方方面面的力量，才能打好水污染防治这场战役。一是各级政府要进一步加强对水污染防治工作的领导。要认真落实科学发展观，树立正确的政绩观，进一步提高对搞好水污染防治工作在构建和谐社会、加快生态市建设中的重要性的认识，切实加强对水污染防治工作的领导。要按照建立决策目标、执行责任、考核监督三个体系的要求，建立严格的责任考核制度，将水污染防治工作作为考核领导班子和领导干部政绩的重要内容，纳入各级政府年终目标考核，实行严格的责任制。对辖区内发生严重水环境污染事故的，要依法严肃处理。二是各级人大要高度重视水污染防治工作，进一步加强对各级政府贯彻实施水污染防治法工作的监督，依法对各级政府、各有关部门履行职责情况进行经常性的督促检查。三是各级环保部门要依法行政。作为各级政府行使环境保护职能的各级环保部门，一定要严格按照国家环保法律法规的要求，不断加大执法力度，采取有力措施，加强监管。各级政府和各行各业要支持环保部门依法监管环境，任何单位和个人都不得拒绝、阻挠环保执法。四是所有企业都要认真贯彻执行环保法律法规。要把点源治理工作作为企业的生命线切实抓紧抓好，特别要搞好水污染综合治理，采取有效措施，确保废水稳定达标排放。五是每个公民都要自觉遵守环保法律法规。要从自我做起、从身边小事做起，节约用水，保护好水资源。每个公民都要自觉提高环保意识，加强对政府有关部门企业水污染防治工作的监督。各级政府要高度重视环境方面的人民来信来访，对人民生命财产造成危害的污染案件，要严查深究，决不姑息。六是新闻媒体要加强对水污染防治工作的宣传和舆论监督。要认真开展好“环保世纪行”活动，对各类严重环境违法行为要跟踪报道。要进一步加大对水污染防治法的宣传，提高全社会的生态保护意识、水污染防治意识，形成全社会关心、支持环保事业的氛围，为营造和谐、美好的生态环境而共同努力！

菏泽市人大常委会关于同意菏泽市与韩国金浦市缔结友好城市关系的决定

菏泽市第十六届人民代表大会常务委员会第二十次会议听取和审议市人民政府《关于提请审议我市与韩国金浦市缔结友好城市关系的议案》。会议认为，缔结友好城市可以扩大我市对外合作交流的领域，提高我市的知名度，促进我市经济和社会的发展。会议决定批准菏泽市与韩国金浦市缔结为友好城市，由市政府按有关程序办理。

市十六届人大常委会第二十一次会议

2005年9月15日至16日，菏泽市第十六届人大常委会第二十一次会议在菏泽牡丹大酒店召开。市委书记、市人大常委会主任陈光，市人大常委会第一副主任王祖和分别主持全体会议，副主任潘兴玺、范福临、朱献瑞、文廷良、常洪珍、汤建梅、潘建荣，秘书长李顺广出席会议。市人民政府副市长张存金、市中级人民法院院长孙寿海、市人民检察院副检察长范玉国列席会议。

2005年9月15日至16日，市十六届人大常委会第二十一次会议召开

会议议程

听取审议市政府关于行政事业单位国有资产监督管理情况的汇报；听取审议市政府关于社会治安综合治理工作情况的汇报；投票表决决定2005年度进行述职评议的市政府部分组成部门负责人。

市十六届人大常委会第二十二次会议

2005年11月16日至17日，菏泽市第十六届人大常委会第二十二次会议在菏泽牡丹大酒店召开。市委书记、市人大常委会主任陈光，市人大常委会第一副主任王祖和分别主持全体会议，副主任潘兴玺、范福临、朱献瑞、文廷良、常洪珍、汤建梅、潘建荣出席会议。市人民政府副市长何茂远、市中级人民法院院长孙寿海、市人民检察院副检察长范玉国列席会议。

会议议程

对市人大常委会任命的市政府组成人员市教育局局长张修田、市司法局局长梁志成、市人事局局长郭志民、市市政管理局局长卞维平、市水利局局长马春田进行述职评议；审议通过《菏泽市人民代表大会常务委员会讨论决定重大事项的规定（草案）》；审议通过《菏泽市人民代表大会常务委员会关于加强和规范人民代表大会闭会期间代表活动的若干意见（草案）》；审议通过《菏泽市人大常委会关于2005年对市政府部分组成人员述职评议工作办法（草案）》；审议通过人事任免案、补选省十届人大代表；学习《中华人民共和国公务员法》。

人事任免

任命：刘祥德为菏泽市人大常委会副秘书长。

免去：王永成的菏泽市人大常委会副秘书长

职务。

市十六届人大常委会第二十三次会议

2005 年 12 月 25 日，菏泽市第十六届人大常委会第二十三次会议在菏泽牡丹大酒店召开。市委书记、市人大常委会主任陈光主持会议，市人大常委会第一副主任王祖和，副主任潘兴玺、范福临、朱献瑞、文廷良、常洪珍、汤建梅、潘建荣，秘书长李顺广出席会议。市人民政府副市长张存金、市中级人民法院院长孙寿海、市人民检察院检察长丁伟民列席会议。

会议议程

确定召开菏泽市第十六届人民代表大会第四次会议事项；人事任免事项；其他事项。

会议决定

菏泽市人大常委会关于召开菏泽市第十六届人民代表大会第四次会议的决定

市十六届人大常委会第二十三次会议确定，菏泽市第十六届人民代表大会第四次会议，于 2006 年 2 月 7 日至 11 日（农历正月初十至十四日）在菏泽召开，会议的建议议程是：一、听取和审议菏泽市人民政府关于菏泽市国民经济和社会发展第十一个五年规划纲要的报告，审查、批准菏泽市国民经济和社会发展第十一个五年规划纲要；二、审议菏泽市人民政府关于菏泽市 2005 年国民经济和社会发展计划执行情况与 2006 年计划草案的报告，审查、批准菏泽市 2005 年国民经济和社会发展计划执行情况的报告与 2006 年计划；三、审议菏泽市人民政府关于菏泽市 2005 年预算执行情况和 2006 年预算草案的报告，审查菏泽市 2005 年预算执行情况的报告和 2006 年预算草案，批准菏泽市 2005 年市级预算执行情的报告和 2006 年市级预算；四、听取和审议菏泽市人民代表大会常务委员会工作报告；五、听取和审议菏泽市中级人民法院工作报告；六、听取和审议菏泽市人民检察院工作报告；七、选举事项；八、其他事项。

人事任免

决定任命：刘士合、段伯汉为菏泽市人民政府副市长，刘新云为菏泽市公安局局长。

决定免去：李福祥的菏泽市公安局局长职务，董茂伦的菏泽市监察局局长职务。

免去：陶学森的菏泽市人民检察院副检察长、检察委员会委员职务。

接受：王祖和辞去菏泽市人大常委会副主任职务的请求，报菏泽市第十六届人民代表大会第四次会议备案。

市十六届人大常委会第二十四次会议

2006 年 1 月 23 日，菏泽市第十六届人大常委会第二十四次会议在菏泽牡丹大酒店召开。市委书记、市人大常委会主任陈光，副主任潘兴玺分别主持全体会议，副主任范福临、朱献瑞、文廷良、常洪珍、汤建梅、潘建荣，秘书长李顺广出席会议。市人民政府副市长、市人大常委会党组副书记贾凤英，市人民政府副市长张存金，市中级人民法院院长孙寿海，市人民检察院检察长丁伟民列席会议。

会议议程

审议菏泽市第十六届人民代表大会第四次会议主席团和秘书长建议名单及建议列席人员范围，决定提请大会预备会议通过；审议通过关于调整菏泽市第十六届人民代表大会代表资格审查委员会主任委员职务的报告；审议菏泽市第十六届人民代表大会第四次会议议案审查委员会建议名单，决定提请大会预备会议通过；审议菏泽市第十六届人民代表大会第四次会议计划预算审查委员会建议名单，决定提请大会预备会议通过；审议通过菏泽市人大常委会代表资格审查委员会关于补选菏泽市第十六届人大代表的代表资格审查报告；审议通过关于办理市人大代表建议、批评和意见情况的报告；书面印发菏泽市第十六届人民代表大会第四次会议全体代表；审议菏泽市人大常委会工作报告稿，决定提请菏泽市第十六届人民代表大会第四次会议审议；表决关于提请许可对市人大代表李峰志采取刑事拘留强制措施的报告；人事任免事项；其他事项。

会议决定

菏泽市人大常委会关于调整菏泽市人大常委会代表资格审查委员会主任委员职务的决定

菏泽市人大常委会原副主任郭仲生已辞去副主任职务，其担任的代表资格审查委员会主任职务相应终止。根据工作需要和法律规定，经市十六届人大常委会第二十四次会议审议，确定菏泽市人大常委会副主任朱献瑞兼任代表资格审查委员会主任委员职务。

菏泽市人大常委会关于许可对市人大代表李峰志采取刑事拘留强制措施的决定

根据市公安局的提请，驻单县的市人大代表李峰志涉嫌挪用资金，数额巨大，已构成经济犯罪，单县公安局拟对其采取刑事拘留强制措施。根据《中华人民共和国全国人民代表大会和地方各级人民代表大会代表法》第三十条规定，市十六届人大常委会第二十四次会议审议决定，许可对市人大代表李峰志采取刑事拘留措施。

人事任免

批准：王乾辞去牡丹区人民检察院检察长职务的请求。

任命：王乾为菏泽市人民检察院副检察长、检察委员会委员、检察员，刘化珍为菏泽市人民检察院检察员。

免去：刘爱菊的菏泽市人民检察院副检察长、检察委员会委员、检察员职务。

市十六届人大常委会第二十五次会议

2006年2月10日，菏泽市第十六届人大常委会第二十五次会议在菏泽牡丹大酒店召开。市委书记、市人大常委会主任陈光，市人大常委会第一副主任贾凤英分别主持全体会议，副主任朱献瑞、文廷良、常洪珍、汤建梅、邵好学、刘金俊、张秀长、李玉华，秘书长马春田出席会议。市人民政府副市长张存金、市中级人民法院院长孙寿海、市人民检察院检察长丁伟民列席会议。

会议议程

人事任免事项；其他事项。

会议决定

菏泽市人大常委会关于许可对市人大代表李峰志采取逮捕措施的决定

根据市人民检察院的提请，驻单县的市人大代表李峰志涉嫌挪用资金，数额巨大，已涉嫌挪用资金犯罪，单县人民检察院拟对其采取逮捕措施。根据《中华人民共和国全国人民代表大会和地方各级人民代表大会代表法》第三十条规定，经市十六届人大常委会第二十五次会议审议，决定许可对市人大代表李峰志采取逮捕措施。

人事任免

任命：朱献瑞为菏泽市人大常委会财政经济工作委员会主任，文廷良为菏泽市人大常委会内务司法工作委员会主任，邵好学为菏泽市人大常委会教科文卫人口工作委员会主任，刘金俊为菏泽市人大常委会城建环保工作委员会主任，张秀长为菏泽市人大常委会农业与农村工作委员会主任，李玉华为菏泽市人大常委会民族侨务外事工作委员会主任，任茂廉为菏泽市人大常委会农业与农村工作委员会副主任，孟繁为、王永成为菏泽市人大常委会内务司法工作委员会副主任，曹绪宝为菏泽市人大常委会城建环保工作委员会副主任，樊庆堂为菏泽市人大常委会民族侨务外事工作委员会副主任。

免去：潘兴玺的菏泽市人大常委会财政经济工作委员会主任职务，范福临的菏泽市人大常委会内务司法工作委员会主任职务，朱献瑞的菏泽市人大常委会教科文卫人口工作委员会主任职务，文廷良的菏泽市人大常委会城建环保工作委员会主任职务，常洪珍的菏泽市人大常委会农业与农村工作委员会主任职务，潘建荣的菏泽市人大常委会民族侨务外事工作委员会主任职务，陶冶生、孔繁芝的菏泽市人大常委会财政经济工作委员会副主任职务，吕恒芝、唐留书的菏泽市人大常委会教科文卫人口工作委员会副主任职务，李振堂、晁岳坤的菏泽市人大常委会内务司法工作委员会副主任职务，陈好孔、刘宝祥的菏泽市人大常委会城建环保工作委员会副主任职务，马欲圣、周连瑞的菏泽市人大常委会农业与农村工作委员会副主任职务，崔冠民的菏泽市人大常委会民族侨务外事工作委员会副主任职务。

决定任命：赵晓英为菏泽市发展和改革委员会主任，赵普为菏泽市交通局局长，王振钦为菏泽市水利局局长，黄秀玲为菏泽市环境保护局局长。

决定免去：李学军的菏泽市发展和改革委员会主任职务，石爱作的菏泽市经济贸易委员会主任职务，张秀长的菏泽市交通局局长职务，马春田的菏泽市水利局局长职务，胡卫东的菏泽市环境保护局局长职务，曹续宝的菏泽市林业局局长职务。

任命：王振华、杜永宏、张逢继为菏泽市中级人民法院审判委员会委员、审判员，李贤臻为菏泽市中级人民法院民事审判第一庭庭长，李守臣为菏泽市中级人民法院民事审判第三庭副庭长，田佰旺为菏泽市中级人民法院民事审判第四庭副庭长，王乃忠为菏泽经济开发区人民法院院长、审判委员会委员审判员，李建民为菏泽经济开发区人民法院副院长、审判委员会委员、审判员，孙振鸿为菏泽经济开发区人民法院审判委员会委员、审判员，韩继峰为菏泽经济开发区人民法院审判委员会委员、民事审判庭庭长、审判员，吴为为菏泽经济开发区人民法院立案庭庭长、审判员，吴长群为菏泽经济开发区人民法院刑事审判庭庭长、审判员，李卫东为菏泽经济开发区人民法院行政审判庭庭长、审判员，耿守刚为菏泽经济开发区人民法院执行庭庭长、审判员，周梅彦为菏泽经济开发区人民法院审判员。

免去：于玉才的菏泽市中级人民法院民事审判第一庭庭长职务，李贤臻的菏泽市中级人民法院开发区审判庭庭长职务，李守臣的菏泽市中级人民法院开发区审判庭副庭长职务，田佰旺的菏泽市中级人民法院开发区审判庭第三庭庭长职务，李建民的菏泽市中级人民法院开发区审判庭副庭长、审判员职务，韩继峰的菏泽市中级人民法院开发区审判庭第二庭庭长、审判员职务，吴长群的菏泽市中级人民法院刑事审判第一庭副庭长、审判员职务，耿守刚、周梅彦的菏泽市中级人民法院执行二庭副庭长、审判员职务，孙振鸿、吴为、李卫东的菏泽市中级人民法院审判员职务。

任命：任孔全为菏泽市人民检察院副检察长、检察委员会委员、检察员。

市十六届人大常委会第二十六次会议

2006 年 3 月 2 日，菏泽市第十六届人大常委会第二十六次会议在菏泽市人大常委会五楼会议室召开。市委书记、市人大常委会主任陈光主持会议，市人大常委会第一副主任贾凤英，副主任朱献瑞、文廷良、常洪珍、邵好学、刘金俊，秘书长马春田出席会议。市委副书记、市人民政府副市长赵润田，市人民政府副市长张存金，市中级人民法院院长孙寿海，市人民检察院副检察长范玉国列席会议。

会议议程

审议通过菏泽市人大常委会 2006 年工作要点；人事任免事项。

人事任免

决定接受：杜昌文辞去菏泽市人民政府市长职务的请求，报菏泽市第十六届人民代表大会第五次会议备案。

决定任命：赵润田为菏泽市人民政府代理市长。

决定任命：张培华为菏泽市统计局局长。

决定免去：李贵钦的菏泽市统计局局长职务。

市十六届人大常委会第二十七次会议

2006年4月13日，菏泽市第十六届人大常委会第二十七次会议在菏泽市人大常委会五楼会议室召开。市委书记、市人大常委会主任陈光，市人大常委会第一副主任贾凤英分别主持全体会议，副主任朱献瑞、文廷良、常洪珍、汤建梅、邵好学、刘金俊、张秀长、李玉华，秘书长马春田出席会议。市人民政府副市长李卫国、市中级人民法院院长孙寿海、市人民检察院检察长丁伟民列席会议。

会议议程

传达学习十届全国人大四次会议精神；听取审议市政府关于《中华人民共和国道路交通安全法》贯彻实施情况的汇报；听取审议市政府关于《中华人民共和国药品管理法》贯彻实施情况的汇报；听取审议市政府关于《中华人民共和国动物防疫法》贯彻实施情况的汇报；听取审议市政府关于《中华人民共和国电力法》贯彻实施情况的汇报；人事任免事项。

会议决定

菏泽市人大常委会关于接受谭振彬辞去省十届人民代表大会代表职务请求的决定

菏泽市第十六届人民代表大会常务委员会第二十七次会议决定：接受谭振彬辞去省十届人民代表大会代表职务的请求。

人事任免

任命：徐光璞为菏泽市人大常委会城乡建设环境保护工作委员会副主任。

决定任命：曹升灵为菏泽市人民政府办公室主任，潘信文为菏泽市林业局局长。

决定免去：朱斌的菏泽市人民政府办公室主任职务。

任命：韩文明为菏泽市中级人民法院立案第一庭庭长，王学忠为菏泽市中级人民法院立案第二庭庭长，陈凡岭为菏泽市中级人民法院审判监督庭庭长，王力争为菏泽市中级人民法院立案第一庭副庭长，尚杰为菏泽市中级人民法院立案第一庭副庭长，运献茹为菏泽市中级人民法院民事审判第一庭副庭长，路凤娟为菏泽市中级人民法院民事审判第二庭副庭长，李学军为菏泽市中级人民法院执行二庭副庭长，李胜力、孙富柱、赵国华、任培良为菏泽市中级人民法院审判员，袁平为菏泽经济开发区人民法院审判委员会委员、审判员。

免去：韩文明的菏泽市中级人民法院立案庭庭长职务，王力争的菏泽市中级人民法院立案庭副庭长职务，王学忠的菏泽市中级人民法院立案庭副庭长职务，运献茹的菏泽市中级人民法院立案庭副庭长职务，蓝涛的菏泽市中级人民法院执行一庭副庭长职务，袁平的菏泽市中级人民法院立案庭副庭长、审判员职务。

批准任命：张敬艳为牡丹区人民检察院检察长，韩文进为郓城县人民检察院检察长，李爱国为鄄城县人民检察院检察长。

批准：王厚元辞去鄄城县人民检察院检察长职务，任孔全辞去郓城县人民检察院检察长职务。

免去：乔付华的菏泽市人民检察院检察委员会委员职务。

市十六届人大常委会第二十八次会议

2006年5月8日，菏泽市第十六届人大常委会第二十八次会议在菏泽市人大常委会五楼会议室召开。市委书记、市人大常委会主任陈光，市人大常委会第一副主任贾凤英分别主持全体会议，副主任朱献瑞、文廷良、常洪珍、汤建梅、邵好学、刘金俊、张秀长、李玉华，秘书长马春田出席会议。市人民政府副市长张存金、市中级人民法院院长孙寿海、市人民检察院副检察长范玉国列席会议。

会议议程

审议通过菏泽市人大常委会关于召开菏泽市第十六届人民代表大会第五次会议的决定（草

案）；审议通过菏泽市第十六届人民代表大会第五次会议主席团和秘书长建议名单，决定提请菏泽市第十六届人民代表大会第五次会议预备会议选举；人事任免事项；其他事项。

2006 年 5 月 8 日，市十六届人大常委会第二十八次会议召开

会议决定

菏泽市人大常委会关于召开菏泽市第十六届人民代表大会第五次会议的决定

菏泽市第十六届人大常委会第二十八次会议决定：菏泽市第十六届人民代表大会第五次会议于 2006 年 5 月 13 日至 14 日在菏泽召开，建议会议的主要议程为：选举菏泽市人民政府市长。

菏泽市人大常委会关于接受李民辞去市人民代表大会常务委员会委员职务请求的决定

菏泽市第十六届人民代表大会常务委员会第二十八次会议决定：接受李民辞去菏泽市人民代表大会常务委员会委员职务的请求，报市十六届人民代表大会第五次会议备案。

人事任免

决定任命：李民为菏泽市监察局局长，成伟为菏泽市房产管理局局长。

决定免去：曹升灵的菏泽市房产管理局局长职务。

市十六届人大常委会第二十九次会议

2006 年 6 月 20 日，菏泽市第十六届人大常委会第二十九次会议在菏泽牡丹大酒店召开。市人大常委会第一副主任贾凤英、副主任朱献瑞分别主持全体会议，副主任文廷良、常洪珍、汤建梅、邵好学、刘金俊、张秀长，秘书长马春田出席会议。市人民政府副市长张存金、市中级人民法院院长孙寿海、市人民检察院副检察长范玉国列席会议。

会议议程

审议市政府关于 2005 年财政决算草案的报告（书面），批准市政府 2005 年市级财政决算；听取审议市政府关于 2005 年市级预算执行和其他财政收支的审计工作报告；听取审议市中级人民法院关于审判监督工作情况的汇报；听取审议市政府关于贯彻环保法律法规实施“碧水蓝天”工程情况的汇报；审议通过菏泽市人大常委会关于修改《菏泽市人民代表大会常务委员会关于办理市人大代表建议、批评和意见的办法》的决定（草案）；听取市政府关于编制《菏泽生态市建设总体规划（草案）》情况的报告，审议批准《菏泽生态市建设总体规划（草案）》；审议通过关于调整菏泽市人大常委会代表资格审查委员会部分组成人员职务的报告。

决议决定

菏泽市人大常委会关于批准菏泽市 2005 年市级财政决算的决议

菏泽市第十六届人大常委会第二十九次会议，结合市审计局局长王永华受市政府委托所作的《关于 2005 年市级预算执行和其他财政收支的审计工作报告》，对市财政局局长赵传山受市政府委托所作的《关于菏泽市 2005 年财政决算的报告》进行审议，经过审议，同意《关于菏泽市 2005 年财政决算的报告》，决定批准《菏泽市 2005 年市级财政决算》。

菏泽市人大常委会关于修改《菏泽市人民代表大会常务委员会关于办理市人大代表建议、批评和意见的办法》的决定菏泽市第十六届人民代表大会常务委员会第二十九次会议决定对《菏泽市人民代表大会常务委员会关于办理市人大代表建议、批评和意见的办法》作如下修改：

一、将《菏泽市人民代表大会常务委员会关于办理市人大代表建议、批评和意见的办法》修改为《菏泽市人民代表大会代表建议、批评和意见办理办法》（以下简称“办法”）。

二、原“办法”中第四章第十五条规定：承办单位办理代表建议时限为三个月。特殊情况下不能按期办理的，应当提前书面报告交办机关并申请延期，时限不超过六个月。办理建议的时间从交办单位转交代表建议之日算起。修改后的“办法”中第四章第十六条规定：对大会会议期间提出的代表建议、批评和意见，承办单位应当在闭会之日起三个月内，至迟不超过六个月，予以答复。大会闭会期间提出的代表建议、批评和意见，承办单位应当在交办之日起三个月内，至迟不超过六个月，予以答复。

三、新增内容

第二章第九条：代表可以要求撤回本人提出的建议、批评和意见。要求撤回的，应当以书面形式提出，其办理工作即行终止。

第三章第十条第二款：市人民代表大会常务委员会组成人员联系代表时，对代表书面提出的建议、批评和意见，应当及时转交市人大常委会人事代表工作室，由市人大常委会人事代表工作室按照前款规定交承办单位办理。

第三章第十一条：对于代表本人要求予以保密或者代表所提建议、批评和意见有可能使代表或者当事人受到打击、报复、要挟等行为侵害的，交办机关及承办单位应当为其保密。

第三章第十三条：在市人民代表大会会议期间，对代表建议、批评和意见中的重要事项，大会秘书处议案、建议组应当及时向市人民代表大会主席团报告。在市人民代表大会闭会期间，对代表建议、批评和意见中的重要事项，市人大常委会人事代表工作室应当及时向市人民代表大会常务委员会主任会议报告。交办机关在对代表建议、批评和意见进行综合分析的基础上，应当对代表提出的内容属于全市中心工作，事关改革发展稳定的重大问题，以及群众普遍关心的热点难点问题的建议、批评和意见，提出拟重点处理的建议，交由有关机关组织重点研究办理。

第四章第十五条（四）第二款：承办单位对于代表建议、批评和意见所提问题正在解决或者列入计划、规划解决的，应当在落实后再次答复代表。因情况发生变化，致使原答复不能落实的，应当及时向代表说明原因。

第五章第三十条：对办理代表建议、批评和意见不认真、敷衍推诿、答复意见不符合实际，答复不落实又不说明原因的；贻误工作造成重大损失的；对代表进行刁难、无理指责或者打击报复的；违反本办法规定没有为代表保密的，市人民代表大会常务委员会主任会议可以责成承办单位限期改正，并报告处理结果；情节严重的，责成有关机关依法追究承办单位负责人及其工作人员的行政责任或者刑事责任。

第五章第三十一条：市人民代表大会常务委员会组织对优秀代表建议、批评和意见的评选活动，并对评选出的优秀代表建议的建议人（或领衔代表）进行表彰。

《菏泽市人民代表大会常务委员会关于办理市人大代表建议、批评和意见的办法》根据本决定作相应修改，重新公布。

市十六届人大常委会第三十次会议

2006年8月23日，菏泽市第十六届人大常委会第三十次会议在菏泽牡丹大酒店召开。市委书记、市人大常委会主任陈光，市人大常委会第一副主任贾凤英分别主持全体会议，副主任朱献瑞、文廷良、常洪珍、邵好学、刘金俊、张秀长、李玉华，秘书长马春田出席会议。市人民政府副市长童彩云、市人民检察院检察长丁伟民列席会议。

会议议程

对市政府六个部门进行工作评议；听取审议市政府关于2006年上半年国民经济和社会发展计划执行情况的汇报；听取审议市政府关于2006年上半年预算执行情况的汇报；审议《菏泽市2006—2010年依法治市五年规划（草案）》，并作出相应决议；审议市政府《关于在全市公民中开展法制宣传教育的第五个五年规划（草案）》，并作出相应决议；听取审议市政府关于授予金惠星女士为"菏泽市荣誉市民"的议案，并作出决定；听取审议市政府关于菏泽市与乌拉圭黑河省弗莱宾多市缔结友好城市的议案，并作出决定；其他事项。

决议决定

菏泽市人大常委会关于《菏泽市2006—2010年依法治市五年规划》的决议

菏泽市第十六届人民代表大会常务委员会第三十次会议经过审查，决定通过《菏泽市2006—2010年依法治市五年规划》，由市人民政府、市中级人民法院、市人民检察院组织实施。

菏泽市人大常委会关于《在全市公民中开展法制宣传教育的第五个五年规划》的决议

2001年至2005年，我市在全市公民中实施第四个五年法制宣传教育规划。五年来，以宪法为核心的法律知识得到进一步普及，公民的法律意识和依法办事的能力进一步提高，依法治市进一步深化，各项事业的管理水平明显提高，为全市"一城三乡"建设、"三三一一"目标的实现、创建平安和谐社会创造良好的法制环境。根据中央和省委的要求，为全面落实科学发展观，促进依法治国方略的实施，践行社会主义法治理念，加快依法治市步伐，保证我市国民经济和社会发展"十一五"规划目标的实现，推动平安和谐菏泽建设，有必要从2006年至2010年在全市公民中继续开展法制宣传教育活动。为此，特作如下决议：

一、充分认识开展法制宣传教育的重大意义。法制宣传教育是推进依法治国方略实施、建设社会主义法治国家的一项基础性工程，继续深入开展法制宣传教育，是贯彻落实党的十六大和十六届五中全会精神的一项重要任务，是实施国民经济和社会发展"十一五"规划、构建社会主义和谐社会和全面建设小康社会的重要保障，也是提高党的执政能力、提高全民法律素质的重要途径。各级各部门要充分认识开展法制宣传教育的重要性和必要性，增强使命感和责任感，按照规划的要求，认真抓好实施。

二、关于第五个五年普法规划的指导思想。以邓小平理论和"三个代表"重要思想为指导，以科学发展观为统揽，紧紧围绕经济和社会发展"十一五"规划，围绕构建社会主义和谐社会和建设社会主义新农村的总体部署，围绕依法治国的基本方略，深入贯彻落实党的十六大和十六届三中、四中、五中全会精神，坚持普法教育与依法治理相结合、法制教育与法制实践相结合、法制教育与道德教育相结合，继续深入开展法制宣传教育，扎实推进依法治理，为保障和促进平安和谐社会建设，为"突破菏泽"战略的实现和全面建设小康社会奠定坚实的法制基础，营造良好的法治环境。

三、关于法制宣传教育的主要内容。根据我市国民经济和社会发展"十一五"规划提出的目标，确定法制宣传教育的内容。要广泛深入地学习宣传宪法，开展社会主义法治理念教育，使全市公民进一步掌握宪法的基本知识，提高宪法意识，自觉遵守宪法，维护宪法尊严，树立宪法权威。适应公民学习和运用法律的需求，进一步学习宣传与经济社会发展相关的法律法规，学习宣传与群众生产生活密切相关的法律法规，学习宣传与维护社会和谐稳定、促进社会公平正义相关的法律法规，增强全市公民社会主义法治理念和爱国意识、责任意识及权利义务观念，培养全市公民自觉学法、用法、守法、护法的行为习惯，保障和促进全市政治、经济、文化和社会建设。

四、区分层次、突出重点，进一步增强法制宣传教育工作的针对性和实效性。在继续做好全市公民法制宣传教育工作的基础上，重点做好公务员特别是各级领导干部和司法、行政执法人员的法制宣传教育，同时做好青少年、企业经营管理人员、农村“两委”成员和农民工的法制宣传教育。各级领导干部要带头学法用法，提高依法决策和管理经济和社会事务的能力；所有公务员特别是司法和行政执法人员要牢固树立有权必有责、用权受监督、违法要追究的观念，提高依法行使公共权力的能力，确保国家法律法规的正确实施。进一步强化青少年特别是在校学生的法制宣传教育，努力培养青少年的爱国意识、守法意识和权利义务意识，养成学法守法的行为习惯。继续加强企业经营管理人员的法制宣传教育，着力培养诚信守法观念和社会责任意识，提高依法生产经营和依法管理能力。开展对农村“两委”成员和农民工法制宣传教育培训活动，引导广大农民依法参与村民自治活动和其他社会管理，了解和掌握维护自身合法权益、解决矛盾纠纷的法律知识和途径，推动社会主义新农村建设。

五、创新形式，丰富载体，增强法制宣传教育的社会效果。深入开展以“学法律、讲权利、讲义务、讲责任”为主要内容的公民法制宣传教育，大力推进法制宣传教育进机关、进乡村、进社区、进学校、进企业主题活动，把法制宣传教育融入基层人民群众的生产和生活之中，形成崇尚法律、遵守法律、依法办事的社会氛围。报刊、广播、电视等大众传播媒体要树立责任意识，加强法制栏目建设，开展准确生动、通俗易懂的法制宣传教育。加强法制文艺宣传工作，繁荣法制文化事业，提高法制宣传教育的吸引力和感染力。加强政府和专业普法网站建设，利用互联网平台开展法制宣传教育。加强各种法制宣传教育园地、“148”法律服务热线、“普法一条街”等阵地建设，鼓励、引导和规范法制宣传教育志愿者活动。搞好“12·4”全国法制宣传日活动。

六、加强组织领导，确保“五五”普法规划的各项目标、任务落到实处。各机关、各企事业单位、各社会团体和其他各类组织，都要高度重视法制宣传教育工作，进一步健全法制宣传教育制度，落实工作责任，在搞好内部宣传教育的同时，面向全社会开展法制宣传教育活动，确保各项工作落到实处。要力戒形式主义，注重实际效果。要加强调查研究，总结推广开展法制宣传教育的先进经验和先进典型。要切实加强基层基础工作，采取有效措施，解决人员、教材、经费、设施等问题，为基层法制宣传教育顺利开展创造良好条件。

七、加强监督检查，保证本决议得到切实执行。各级人大及其常委会要把对法律实施的监督工作与法制宣传教育工作结合起来，搞好对规划落实情况的执法检查和视察，推动法制宣传教育工作的不断深入。

菏泽市人大常委会关于批准菏泽市与乌拉圭黑河省弗莱宾多市缔结友好城市的决定

菏泽市第十六届人民代表大会常务委员会第三十次会议听取和审议市人民政府《关于提请审议菏泽市与乌拉圭黑河省弗莱宾多市缔结友好城市的议案》。会议认为，乌拉圭黑河省弗莱宾多市与我市经济结构具有很大的相似之处，双方合作具有良好的基础，两市缔结友好城市关系后，我市可以此为依托扩展与乌拉圭及南美洲的合作，促进我市企业开拓国外市场，实施市场多元化战略。会议决定批准菏泽市与乌拉圭黑河省弗莱宾多市缔结为友好城市，由市人民政府按照有关程序办理。

菏泽市人大常委会关于同意授予金惠星女士为“菏泽市荣誉市民”的决定

菏泽市第十六届人民代表大会常务委员会第三十次会议听取和审议市人民政府《关于授予金惠星女士为“菏泽市荣誉市民”的议案》。会议认为，金惠星女士在菏泽市与韩国金浦市结成友好城市工作中做出突出贡献，授予金惠星女士为“菏泽市荣誉市民”，可以进一步巩固两市业已建立的友好关系，推动双方友好交流合作向更高层次发展，鼓励更多外国友人积极投身到菏泽的对外友好合作事业中来。会议决定同意授予金惠星女士为“菏泽市荣誉市民”，由市人民政府按照有关程序办理。

市十六届人大常委会第三十一次会议

2006年10月21日，菏泽市第十六届人大常委会第三十一次会议在菏泽市人大常委会五楼会议室召开。市人大常委会第一副主任贾凤英主持会议，副主任朱献瑞、文廷良、常洪珍、汤建梅、邵好学、刘金俊、李玉华，秘书长马春田出席会议。市人民政府副市长童彩云列席会议。

会议议程

审议表决关于提请许可对市人大代表王青山采取刑事拘留强制措施的报告。

会议决定

菏泽市人大常委会关于许可对市人大代表王青山采取刑事拘留强制措施的决定

菏泽市第十六届人大常委会第三十一次会议，审议主任会议提请的关于许可对市十六届人大代表王青山采取刑事拘留强制措施的报告。会议认为，驻单县的市人大代表王青山，已涉嫌寻衅滋事罪。根据《中华人民共和国全国人民代表大会和地方各级人民代表大会代表法》第三十条、四十条之规定，决定许可对市人大代表王青山采取刑事拘留强制措施，暂时停止其执行代表职务。

市十六届人大常委会第三十二次会议

2006年10月26日，菏泽市第十六届人大常委会第三十二次会议在菏泽牡丹大酒店召开。市人大常委会第一副主任贾凤英、副主任朱献瑞分别主持全体会议，副主任文廷良、常洪珍、汤建梅、邵好学、刘金俊、张秀长、李玉华，秘书长马春田出席会议。市人民政府副市长杨永昌、市人民检察院检察长丁伟民、市中级人民法院副院长宋展列席会议。

会议议程

听取审议市政府关于贯彻实施《山东省资源综合利用条例》工作情况的汇报；听取审议市人民检察院关于民事行政检察工作情况的汇报；听取审议市政府关于贯彻实施建筑法、规划法及城市建设工作情况的汇报；听取审议市政府关于推进社会主义新农村建设情况的汇报；听取审议市政府关于旅游工作情况的汇报；人事任免事项；其他事项。

人事任免

决定任命：郭保存为菏泽市经济贸易委员会主任。

市十六届人大常委会第三十三次会议

2006年12月8日，菏泽市第十六届人大常委会第三十三次会议在菏泽牡丹大酒店召开。市委书记、市人大常委会主任陈光，市人大常委会第一副主任贾凤英分别主持全体会议，副主任朱献瑞、文廷良、常洪珍、汤建梅、邵好学、刘金俊、张秀长、李玉华，秘书长马春田出席会议。市人民政府副市长张存金、市中级人民法院院长孙寿海、市人民检察院检察长丁伟民列席会议。

会议议程

听取审议市政府关于国有企业改革和国有资产监督管理工作情况的汇报；听取审议市政府关于《中华人民共和国公务员法》贯彻实施情况的汇报；听取审议市政府关于贯彻实施《中华人民共和国公路法》情况及交通公路工作情况的汇报；

听取审议市政府关于贯彻实施《中华人民共和国农业法》情况的汇报；审议市政府关于广播电视工作情况的报告（书面）；审议市政府关于体育工作情况的报告（书面）；审议市政府关于外事与侨务工作情况的报告（书面）；审议市政府关于审计工作情况的报告（书面）；审议市政府关于文化工作情况的报告（书面）；审议市政府关于对外经济贸易工作情况的报告（书面）；人事任免事项；其他事项。

会议决定

菏泽市第十六届人民代表大会常务委员会关于接受李贵章辞去省十届人民代表大会代表职务请求的决定

菏泽市第十六届人民代表大会常务委员会第三十三次会议决定：接受李贵章辞去省十届人民代表大会代表职务的请求。

人事任免

决定任命：李法洪为菏泽市人民政府副市长。

任命：赵明军为菏泽市中级人民法院刑事审判第三庭庭长，焦炜华为菏泽市中级人民法院行政审判庭庭长。

免去：夏乾振的菏泽市中级人民法院行政审判庭庭长职务。

市十六届人大常委会第三十四次会议

2007 年 1 月 9 日，菏泽市第十六届人大常委会第三十四次会议在菏泽市人大常委会五楼会议室召开。市委书记、市人大常委会主任陈光，市人大常委会第一副主任贾凤英分别主持全体会议，副主任朱献瑞、文廷良、常洪珍、汤建梅、邵好学、刘金俊、张秀长、李玉华，秘书长马春田出席会议。市人民政府副市长张存金、市中级人民法院院长孙寿海、市人民检察院检察长丁伟民列席会议。

会议议程

审议通过关于召开菏泽市第十六届人民代表大会第六次会议的决定（草案）；审议菏泽市第十六届人民代表大会第六次会议主席团和秘书长建议名单及建议列席人员范围，决定提请大会预备会议通过；审议菏泽市第十六届人民代表大会第六次会议议案审查委员会建议名单，决定提请大会预备会议通过；审议菏泽市第十六届人民代表大会第六次会议计划预算审查委员会建议名单，决定提请大会预备会议通过；审议通过菏泽市人大常委会代表资格审查委员会关于补选菏泽市第十六届人大代表的代表资格审查的报告，书面印发菏泽市第十六届人民代表大会第六次会议全体代表；审议通过关于办理市人大代表建议、批评和意见情况的报告，书面印发菏泽市第十六届人民代表大会第六次会议全体代表；审议菏泽市人大常委会工作报告（审议稿），决定提请菏泽市第十六届人民代表大会第六次会议审议；审议通过菏泽市人大常委会 2007 年工作要点（草案）；审议菏泽市人民政府关于提请审议综合开发建设牡丹区 18 万亩优质小麦生产基地项目的议案，并作出相关决定；人事任免事项；其他事项。

会议决定

菏泽市人大常委会关于召开菏泽市第十六届人民代表大会第六次会议的决定

菏泽市第十六届人大常委会第三十四次会议决定：菏泽市第十六届人民代表大会第六次会议于 2007 年 1 月 23 日至 26 日在菏泽召开。建议会议的主要议程（草案）为：听取和审议菏泽市人民政府工作报告；审议菏泽市人民政府关于菏泽市 2006 年国民经济和社会发展计划执行情况与 2007 年计划草案的报告，审查、批准菏泽市 2006 年国民经济和社会发展计划执行情况的报告与 2007 年计划；审议菏泽市人民政府关于菏泽市 2006 年预算执行情况和 2007 年预算草案的报告，审查菏泽市 2006 年预算执行情况的报告和 2007 年预算草案，批准菏泽市 2006 年市级预算执行情况的报告和2007年市级预算；听取和审议菏泽市人民代表大会常务委员会工作报告；听取和审议菏泽市中级人民法院工作报告；听取和审议菏泽市人民检察院工作报告；选举事项；其他事项。

菏泽市人大常委会关于批准《菏泽市人民政府关于提请审议综合开发建设牡丹区18万亩优质小麦生产基地项目的议案》的决定

菏泽市第十六届人民代表大会常务委员会第三十四次会议经过审议，决定批准市政府关于综合开发建设牡丹区18万亩优质小麦生产基地项目的议案，由市政府组织实施。

人事任免

决定任命:朱培吉为菏泽市人民政府副市长。

决定：接受刘士合、夏鲁青辞去菏泽市人民政府副市长职务的请求，报市十六届人民代表大会第六次会议备案。

市十六届人大常委会第三十五次会议

2007年3月9日，菏泽市第十六届人大常委会第三十五次会议在菏泽市人大常委会五楼会议室召开。市委书记、市人大常委会主任陈光，市人大常委会第一副主任贾凤英分别主持全体会议，副主任常洪珍、邵好学、刘金俊、张秀长、李玉华、马春田、彭靖华出席会议。市人民政府副市长段伯汉、市中级人民法院院长孙寿海、市人民检察院检察长丁伟民列席会议。

会议议程

听取审议市政府关于林业产业化工作情况的汇报；听取审议市中级人民法院关于行政审判工作情况的汇报；审议通过市人民政府关于菏泽市与美国亚拉巴马州莫比尔市缔结友好城市的议案；人事任免事项；其他事项。

会议决定

菏泽市人大常委会关于批准菏泽市与美国亚拉巴马州莫比尔市缔结友好城市的决定

菏泽市第十六届人民代表大会常务委员会第三十五次会议听取和审议市人民政府《关于菏泽市与美国亚拉巴马州莫比尔市缔结友好城市的议案》。会议认为，菏泽市与莫比尔市在经济、农业等领域有很大的互补性和合作的潜力，两市之间的合作前景非常广阔，两市缔结为友好城市，可以进一步巩固和发展两市的友好合作关系，推进两市在更高层次、更宽广领域的合作与交流，促进两市经济社会的发展。会议决定批准菏泽市与美国亚拉巴马州莫比尔市缔结友好城市，由市人民政府按照有关程序办理。

人事任免

任命：常洪珍为菏泽市人大常委会财政经济工作委员会主任（兼），李玉华为菏泽市人大常委会内务司法工作委员会主任（兼），马春田为菏泽市人大常委会代表资格审查委员会主任（兼），彭靖华为菏泽市人大常委会民族侨务外事工作委员会主任（兼），郭志民为菏泽市人大常委会财政经济工作委员会副主任，党文生为菏泽市人大常委会城建环保工作委员会副主任。

免去：朱献瑞的菏泽市人大常委会财政经济工作委员会主任职务，文廷良的菏泽市人大常委会内务司法工作委员会主任职务，常洪珍的菏泽市人大常委会代表资格审查委员会主任职务，李玉华的菏泽市人大常委会民族侨务外事工作委员会主任职务。

决定任命：于松巍为菏泽市人事局局长，陈庆勇为菏泽市文化局(新闻出版局、版权局)局长，乔廷龙为菏泽市人口和计划生育委员会主任。

决定免去:郭志民的菏泽市人事局局长职务，党文生的菏泽市建设局局长职务，张莹的菏泽市文化局（新闻出版局、版权局）局长职务，彭靖华的菏泽市人口和计划生育委员会主任职务。

任命：韩文明、于博、郑孝义、刘清明、焦炜华、权金牛、陈凡岭、徐青峰为菏泽市中级人民法院审判委员会委员。

市十六届人大常委会第三十六次会议

2007年5月22日，菏泽市第十六届人大常委会第三十六次会议在菏泽牡丹大酒店召开。市委书记、市人大常委会主任陈光，市人大常委会第一副主任贾凤英分别主持全体会议，副主任常洪珍、汤建梅、邵好学、刘金俊、张秀长、李玉华，副主任兼秘书长马春田出席会议。市人民政府副市长何茂远、市人民检察院检察长丁伟民、市中级人民法院副院长王思明列席会议。

会议议程

听取审议市政府关于2006年财政决算草案的报告，并作出相应决议；听取审议市政府关于2006年市级预算执行和其他财政收支的审计报告；听取审议市政府关于安全生产监督管理工作情况的报告；听取审议市政府关于房产工作情况的报告；听取审议市政府关于农业工作情况的报告；听取审议市政府关于卫生工作情况的报告；听取审议市政府关于统计工作情况的报告；审议通过市人民政府关于菏泽市与巴西巴拉那州哥伦布市缔结友好城市的议案及与黑龙江省牡丹江市缔结友好城市的议案；人事任免事项。

决议决定

菏泽市人大常委会关于批准菏泽市2006年市级财政决算的决议

菏泽市第十六届人大常委会第三十六次会议，结合市审计局局长王永华受市政府委托所作的《关于2006年市级预算执行和其他财政收支的审计工作报告》，对市财政局局长赵传山受市政府委托所作的《关于菏泽市2006年财政决算的报告》进行审议。经过审议，同意《关于菏泽市2006年财政决算的报告》，决定批准《菏泽市2006年市级财政决算》。

菏泽市人大常委会关于批准菏泽市与巴西巴拉那州哥伦布市缔结友好城市的决定

菏泽市第十六届人民代表大会常务委员会第三十六次会议听取和审议市人民政府《关于菏泽市与巴西巴拉那州哥伦布市缔结友好城市的议案》。会议认为，菏泽市与哥伦布市在经济领域有很大的互补性和合作的潜力，两市之间的合作前景非常广阔。为进一步巩固和发展两市的友好合作关系，在更高层次、更宽广领域推进合作与交流，促进两市的经济社会发展，会议决定批准菏泽市与巴西巴拉那州哥伦布市缔结为友好城市，由市人民政府按照有关程序办理。

菏泽市人大常委会关于批准菏泽市与黑龙江省牡丹江市缔结友好城市的决定

菏泽市第十六届人民代表大会常务委员会第三十六次会议听取和审议市人民政府《关于菏泽市与黑龙江省牡丹江市缔结友好城市的议案》。会议认为，菏泽市与牡丹江市经济和贸易有较强的互补性，缔结为友好城市，有利于加强和促进两市间的交流与合作，对于促进两市的共同发展具有重大意义。会议决定批准菏泽市与黑龙江省牡丹江市缔结为友好城市，由市人民政府按照有关程序办理。

人事任免

任命：许素洋为菏泽市人大常委会副秘书长。

市十六届人大常委会第三十七次会议

2007年7月30日，菏泽市第十六届人大常委会第三十七次会议在菏泽市人大常委会五楼会议室召开。市人大常委会第一副主任贾凤英、副主任常洪珍分别主持全体会议，副主任汤建梅、邵好学、刘金俊、张秀长、李玉华、马春田、彭靖华出席会议。市人民政府副市长何茂远，市人民检察院检察长丁伟民，市中级人民法院副院长宋展列席会议。

会议议程

传达贯彻省十届人大常委会第二十九次会议有关精神；听取审议市政府关于2007年上半年国民经济和社会发展计划执行情况的汇报；听取审议市政府关于2007年上半年预算执行情况的汇报；听取审议市政府关于贯彻实施《中华人民

共和国防空法》情况的汇报；听取审议市政府关于友好城市工作情况的汇报；听取菏泽市人大常委会内务司法工作委员会关于《中华人民共和国残疾人保障法》执法检查的报告；听取菏泽市人大常委会城建环保工作委员会关于《中华人民共和国人民防空法》执法检查情况的报告；听取菏泽市人大常委会农业与农村工作委员会关于《中华人民共和国防洪法》执法检查情况的报告；人事任免事项；书面印发市安全生产监督管理局、市房管局、市农业局、市卫生局、市统计局关于贯彻落实市十六届人大常委会第三十六次会议有关审议意见的整改情况的报告；其他事项。

人事任免

决定任命：王乃光为菏泽市建设局局长。

任命：王思华为菏泽市中级人民法院审判员、审判委员会委员、副院长。

市十六届人大常委会第三十八次会议

2007年8月14日，菏泽市第十六届人大常委会第三十八次会议在菏泽市人大常委会五楼会议室召开。市人大常委会第一副主任贾凤英、副主任常洪珍分别主持全体会议，副主任汤建梅、刘金俊、张秀长、马春田、彭靖华出席会议。市人民政府副市长李法洪、市中级人民法院副院长宋展、市人民检察院副检察长范玉国列席

2007年8月14日，市十六届人大常委会第三十八次会议召开

会议。

会议议程

审议通过《菏泽市选举工作委员会关于2007—2008年全市各级人大换届选举工作安排意见》；审议通过《菏泽市旅游产业发展总体规划（草案）》；其他事项。

会议决定

菏泽市人大常委会关于《菏泽市旅游产业发展总体规划》的决定

菏泽市第十六届人大常委会第三十八次会议听取市旅游局局长王殿常受市人民政府委托所作的关于菏泽市旅游产业发展总体规划编制情况的汇报，审议由北京大衍致用旅游规划设计院编制的《菏泽市旅游产业发展总体规划》。会议认为，该规划以科学发展观为指导，指导思想正确，任务目标明确，对我市旅游产业主体形象定位准确，旅游产品结构设计合理，重点旅游项目规划起点高，可操作性强，符合我市旅游业发展实际，该总体规划的实施，必将对我市旅游业的健康快速发展起到积极的促进和保障作用。

会议同意该规划，由市人民政府组织实施。

市十六届人大常委会第三十九次会议

2007年9月13日，菏泽市第十六届人大常委会第三十九次会议在菏泽牡丹大酒店召开。市委书记、市人大常委会主任陈光，市人大常委会第一副主任贾凤英分别主持全体会议，副主任常洪珍、汤建梅、刘金俊、李玉华、马春田、彭靖华出席会议。市人民政府副市长何茂远、市中级人民法院院长孙寿海、市人民检察院检察长丁伟民列席会议。

会议议程

听取审议市政府关于贯彻实施《中华人民共和国房地产管理法》情况的汇报；听取审议市政府关于贯彻实施《中华人民共和国警察法》情况的汇报；审议通过《菏泽市人大常委会关于进

一步加强和改进信访工作的意见（草案）》《菏泽市人大常委会信访督办工作办法》《菏泽市人大常委会信访工作考核办法》；审议通过《关于菏泽市第十七届人民代表大会代表选举问题的决定（草案）》；审议关于提请审议《〈菏泽市人大常委会关于对司法机关个案监督的暂行办法〉废止案（草案）》的议案，并作出相应决定；听取菏泽市人大常委会城建环保工委关于对《山东省南水北调工程沿线区域水污染防治条例》实施情况进行执法检查的汇报；书面印发市外侨办、市人防办关于贯彻落实市十六届人大常委会第三十七次会议有关审议意见的整改情况的报告；其他事项。

市十六届人大常委会第四十次会议

2007 年 11 月 19 日，菏泽市第十六届人大常委会第四十次会议在菏泽市人大常委会五楼会议室召开。市委书记、市人大常委会主任陈光，市人大常委会第一副主任贾凤英分别主持全体会议，副主任常洪珍、汤建梅、刘金俊、张秀长、李玉华、马春田、彭靖华出席会议。市人民政府副市长张存金、市中级人民法院院长孙寿海、市人民检察院检察长丁伟民列席会议。

2007 年 11 月 19 日，市十六届人大常委会第四十次会议召开

会议议程

审议通过《菏泽市人民代表大会常务委员会关于召开菏泽市第十七届人民代表大会第一次会议的决定（草案）》；听取审议市人民检察院关于刑事监督工作情况的汇报；审议市政府办公室、市发改委、市经贸委、市财政局、市监察局、市林业局工作情况报告（书面）；听取市人大常委会农工委关于视察我市社会主义新农村建设情况的报告；书面印发市政府关于落实市十六届人大常委会第三十九次会议对城市房地产管理法、警察法贯彻实施情况汇报的审议意见的整改情况的报告；人事任免事项；其他事项。

会议决定

菏泽市人大常委会关于召开菏泽市第十七届人民代表大会第一次会议的决定

菏泽市第十七届人民代表大会第一次会议，于 2008 年 1 月 5 日至 8 日在菏泽召开，会期 4 天。

人事任免

任命：李维为菏泽市中级人民法院副院长，李忠海为菏泽市中级人民法院审判员、审判委员会委员，王乃忠为菏泽市中级人民法院审判员、审判委员会委员，郑孝义为菏泽经济开发区人民法院审判员、审判委员会委员、院长。

免去：郑孝义的菏泽市中级人民法院审判委员会委员、民事审判第三庭庭长、审判员职务，陈凡岭的菏泽市中级人民法院审判委员会委员、审判监督庭庭长、审判员职务，王乃忠的菏泽经济开发区人民法院院长、审判委员会委员、审判员职务。

市十六届人大常委会第四十一次会议

2007 年 12 月 29 日，菏泽市第十六届人大常委会第四十一次会议在菏泽市人大常委会五楼会议室召开。市人大常委会第一副主任贾凤英主持会议，副主任常洪珍、汤建梅、邵好学、刘金俊、张秀长、李玉华、马春田、彭靖华出席会议。市人民政府副市长张存金列席会议。

会议议程

审议菏泽市第十七届人民代表大会第一次

会议主席团和秘书长建议名单及列席人员建议范围，决定提请大会预备会议通过；审议菏泽市第十七届人民代表大会第一次会议议程草案，决定提请大会预备会议通过；审议菏泽市第十七届人民代表大会第一次会议议案审查委员会建议名单，决定提请大会预备会议通过；审议菏泽市第十七届人民代表大会第一次会议计划预算审查委员会建议名单，决定提请大会预备会议通过；审议通过菏泽市人人常委会代表资格审查委员会关于菏泽市第十七届人大代表的代表资格审查情况的报告；审议通过关于办理市人大代表建议、批评和意见情况的报告，书面印发菏泽市第十七届人民代表大会第一次会议全体代表；审议菏泽市人大常委会工作报告稿，决定提请菏泽市第十七届人民代表大会第一次会议审议；其他事项。

第三节　第十七届人大常委会历次会议

（2008.1—2012.2）

市十七届人大常委会第一次会议

2008年3月1日，菏泽市第十七届人大常委会第一次会议在菏泽和平大酒店召开。市人大常委会第一副主任杨永昌、副主任汤建梅分别主持全体会议，副主任邵好学、刘金俊、李玉华、马春田、彭靖华，秘书长赵普出席会议。市委书记、市人大常委会党组书记赵润田，市委副书记、市人民政府党组书记刘士合，市人民政府副市长张存金，市中级人民法院院长孙寿海，市人民检察院检察长丁伟民列席会议。

2008年3月1日，市十七届人大常委会第一次会议召开

会议议程

审议通过菏泽市人大常委会2008年工作计划（要点）（草案）；人事任免事项；其他事项。

人事任免

任命：汤建梅为菏泽市人大常委会民族侨务外事工作委员会主任（兼），邵好学为菏泽市人大常委会教育科学文化卫生人口工作委员会主任（兼），刘金俊为菏泽市人大常委会城乡建设环境保护工作委员会主任（兼），李玉华为菏泽市人大常委会财政经济工作委员会主任（兼），马春田为菏泽市人大常委会农业与农村工作委员会主任（兼），彭靖华为菏泽市人大常委会内务司法工作委员会主任（兼），宋绍先、郭志民、陈志起为菏泽市人大常委会财政经济工作委员会副主任，张友海、李建国、刘承贵为菏泽市人大常委会内务司法工作委员会副主任，刘付德、赵和平、贾庆军为菏泽市人大常委会教育科学文化卫生人口工作委员会副主任，张保德、赵锋利为菏泽市人大常委会农业与农村工作委员会副主任，党文生、宋占良、王泽启为菏泽市人大常委会城乡建设环境保护工作委员会副主任，曹修寅、朱洪亮为菏泽市人大常委会民族侨务外事工作委员会副主任。

免去：常洪珍的菏泽市人大常委会财政经济工作委员会主任职务，张秀长的菏泽市人大常委会农业与农村工作委员会主任职务，李玉华的菏泽市人大常委会内务司法工作委员会主任职务，彭靖华的菏泽市人大常委会民族侨务外事工作委员会主任职务，张秋冬的菏泽市人大常委会财政经济工作委员会副主任职务，时启坤、孟繁为、王永成的菏泽市人大常委会内务司法工作委员会副主任职务，张晓云的菏泽市人大常委会教育科学文化卫生人口工作委员会副主任职务，徐光璞、曹绪宝的菏泽市人大常委会城乡建设环境保护工作委员会副主任职务，任茂廉的菏泽市人大常委会农业与农村工作委员会副主任职务，樊庆堂的菏泽市人大常委会民族侨务外事工作委员会副主任职务。

决定任命：刘士合为菏泽市人民政府副市长、代理市长。

决定任命：朱斌为菏泽市人民政府秘书长，曹升灵为菏泽市人民政府办公室主任，赵晓英为菏泽市发展和改革委员会主任，郭保存为菏泽市经济贸易委员会主任，张修田为菏泽市教育局局长，彭华为菏泽市科学技术局局长，刘新云为菏泽市公安局局长，焦守进为菏泽市民政局局长，梁志成为菏泽市司法局局长，赵传山为菏泽市财政局局长，于松巍为菏泽市人事局局长，史步军为菏泽市劳动和社会保障局局长，张本进为菏泽市国土资源局局长，王利言为菏泽市规划局局长，王乃光为菏泽市建设局局长，卞维平为菏泽市市政管理局局长，成伟为菏泽市房产管理局局长，王振钦为菏泽市水利局局长，胡钦畅为菏泽市对外贸易经济合作局局长，陈庆勇为菏泽市文化局局长，乔廷龙为菏泽市人口和计划生育委员会主任，王永华为菏泽市审计局局长，沙启忠为菏泽市民族事务委员会（宗教事务局）主任（局长），冯建云为菏泽市体育局局长，张培华为菏泽市统计局局长，潘信文为菏泽市林业局局长，张志华为菏泽市粮食局局长，朱峰为菏泽市外事与侨务办公室主任。

决定：接受陈光辞去菏泽市人大常委会主任职务的请求，报菏泽市第十七届人民代表大会第二次会议备案。

决定：接受赵润田辞去菏泽市人民政府市长职务的请求，报菏泽市第十七届人民代表大会第二次会议备案。

免去：杜永宏的菏泽市中级人民法院审判委员会委员、审判员职务，权金牛的菏泽市中级人民法院审判委员会委员、执行二庭庭长、审判员职务。

任命：杨依柱为菏泽经济开发区人民检察院检察长，张捍民、李克宇、夏辉、宋文亭、侯长现、赵爱国、昝洪民为菏泽市人民检察院检察员。

免去：许澎涛、周文伟、王国芹、赵海树的菏泽市人民检察院检察员职务。

批准任命：张敬艳为牡丹区人民检察院检察长，周文伟为曹县人民检察院检察长，吴三军为定陶县人民检察院检察长，陈天生为成武县人民检察院检察长，许澎涛为单县人民检察院检察长，辛同军为巨野县人民检察院检察长，韩文进为郓城县人民检察院检察长，李爱国为鄄城县人民检察院检察长，张新德为东明县人民检察院检察长。

市十七届人大常委会第二次会议

2008 年 4 月 28 日，菏泽市第十七届人大常委会第二次会议在菏泽牡丹大酒店召开。市人大常委会第一副主任杨永昌主持会议，副主任汤建梅、邵好学、刘金俊、李玉华、马春田、彭靖华，秘书长赵普出席会议。市人民政府副市长李法洪、市中级人民法院院长孙寿海、市人民检察院检察长丁伟民列席会议。

2008 年 4 月 28 日，市十七届人大常委会第二次会议召开

会议议程

听取审议市政府关于道路交通安全法贯彻实施情况的汇报；听取审议市政府关于城乡规划法贯彻实施情况的汇报；审议通过《菏泽市人大常委会组成人员及人大代表视察暂行办法（草案）》；其他事项。

市十七届人人常委会第三次会议

2008年6月18日，菏泽市第十七届人大常委会第三次会议在菏泽牡丹大酒店召开。市人大常委会第一副主任杨永昌主持会议，副主任汤建梅、邵好学、刘金俊、李玉华、马春田、彭靖华，秘书长赵普出席会议。市人民政府副市长张存金、市中级人民法院院长孙寿海、市人民检察院检察长丁伟民列席会议。

会议议程

听取审议市政府关于2007年财政决算的报告；听取审议市政府关于2007年度市级预算执行和其他财政收支的审计工作报告；听取审议市政府关于防汛工作情况的报告；其他事项。

会议决议

菏泽市人大常委会关于批准菏泽市2007年市级财政决算的决议

菏泽市第十七届人大常委会第三次会议，听取市政府关于菏泽市2007年财政决算的报告、关于2007年度市级预算执行和其他财政收支情况的审计工作报告。会议结合审议审计工作报告，对菏泽市2007年市级财政决算（草案）和财政决算的报告进行审查。经过审查，同意《关于菏泽市2007年财政决算的报告》，决定批准菏泽市2007年市级财政决算。

市十七届人大常委会第四次会议

2008年7月18日，菏泽市第十七届人大常委会第四次会议在菏泽市人大常委会五楼会议室召开。市人大常委会第一副主任杨永昌主持会议，副主任汤建梅、邵好学、刘金俊、李玉华、马春田、彭靖华，秘书长赵普出席会议。市人民政府副市长李法洪、市中级人民法院院长孙寿海、市人民检察院检察长丁伟民列席会议。

2008年7月18日，市十七届人大常委会第四次会议召开

会议议程

审议通过菏泽市人大常委会关于召开菏泽市第十七届人民代表大会第二次会议的决定（草案）；审议通过菏泽市第十七届人大二次会议主席团和秘书长建议名单，提请市十七届人大二次会议预备会议推选；人事任免事项；其他事项。

会议决定

菏泽市人大常委会关于召开菏泽市第十七届人民代表大会第二次会议的决定

菏泽市第十七届人大常委会第四次会议决定：菏泽市第十七届人民代表大会第二次会议于2008年7月24日至25日在菏泽召开。会议的主要建议议程为：一、选举菏泽市第十七届人民代表大会常务委员会主任；二、选举菏泽市人民政府市长。

人事任免

决定：接受张存金辞去市人民政府副市长职务的请求，报菏泽市第十七届人民代表大会第二次会议备案。

市十七届人大常委会第五次会议

2008年8月28日，菏泽市第十七届人大常委会第五次会议在菏泽市人大常委会五楼会议室召开。市委书记、市人大常委会主任赵润田主持会议，市人大常委会第一副主任杨永昌，副主任邵好学、刘金俊、李玉华、彭靖华，秘书长赵普出席会议。市人民政府副市长黄秀玲、市中级人民法院院长孙寿海、市人民检察院检察长丁伟民列席会议。

会议议程

听取审议市政府关于2008年上半年国民经济和社会发展计划执行情况的报告；听取审议市政府关于2008年上半年财政预算执行情况的报告；听取审议市政府关于人民防空法贯彻实施情况的报告；听取审议市政府关于落实市人大常委会对土地管理法、水污染防治法、水法贯彻实施情况视察反馈意见的报告；审议通过《菏泽市人大常委会关于行政诉讼法执法检查报告》；审议通过关于修改《菏泽市人大常委会评议工作办法》的决定（草案）；审议通过《菏泽市人大常委会关于加强全市食品安全和安全生产工作的决议（草案）》；审议通过《菏泽市人民政府关于贯彻落实市人大常委会对市政府关于2007年度市级预算执行和其他财政收支的审计工作报告、财政决算的报告及防汛工作情况汇报的审议意见的报告》；人事任免事项；其他事项。

会议决议

菏泽市人大常委会关于加强全市食品安全和安全生产工作的决议

食品安全和安全生产是科学发展观的重要体现，关系到人民群众身体健康和生命财产安全，关系到经济发展和社会稳定，关系到小康社会的建设与和谐社会目标的实现。为进一步加强食品安全和安全生产工作，现作出如下决议：

一、认清严峻形势，提高思想认识

（一）加强食品安全和安全生产工作对我市尤为重要和迫切。食品安全涉及千家万户，触及城镇乡村。我市是人口大市，一旦食品出现安全问题，必将危及民生、影响稳定、影响和谐。我市当前正处于工业化初期向中期快速发展阶段，煤炭综合开发、石油化工、医药化工等产业属于安全生产的高危行业，交通运输、棉花木材加工、烟花爆竹制造以及易燃易爆物品经销等是安全事故的多发行业。一旦发生重大安全生产事故势必危害生命、影响发展、影响大局。

（二）食品安全和安全生产工作取得积极进展。近年来，市政府对食品安全和安全生产工作高度重视，不断加强领导，强化目标管理，突出工作重点，开展专项整治，取得明显成效。

（三）食品安全和安全生产仍存在一些突出问题和薄弱环节。主要是食品安全和安全生产宣传教育不够深入，主体责任落实不够到位，监测手段相对滞后，监管体系有待完善，监管效能尚需增强，救援能力亟须提高，队伍建设有待加强等。对这些问题必须高度重视，切实用科学发展观统领食品安全和安全生产工作，强化措施，尽快解决。

二、加大宣传力度，营造良好氛围

（四）强化领导干部的安全责任意识。进一步学习宣传关于食品安全和安全生产方面的法律法规和方针政策，提高对食品安全和安全生产工作重要性的认识，切实增强做好食品安全和安全生产工作的责任感和紧迫感。

（五）强化经营业主和企业法人的安全经营意识。坚决克服麻痹松懈思想和侥幸心理，坚决纠正重当前利益轻食品安全、重企业效益轻安全生产的倾向。

（六）强化广大人民群众的安全防范意识。充分利用各种宣传平台，大力开展食品安全和安全生产群众性教育活动，提高广大群众的识劣防假、识灾防害能力。充分发挥社会监督、群众监督和舆论监督作用，对严重忽视食品安全和安全生产、导致重特大事故发生的事例要在新闻媒体曝光，营造“关爱生命，关注安全”的良好舆论氛围。

三、建立完善机制，落实目标责任

（七）明确工作目标。建立健全企业自律、行政监管和社会监督三位一体的食品安全保障体系，使食品企业的安全责任意识明显增强，食品产业现代化水平明显提高，流通秩序更加有序，确保人民群众饮食更加安全放心。建立健全完善的安全生产监管体系，确保一般事故逐年减少，较大以上事故得到有效遏制，各类安全生产事故死亡人数在省政府下达的控制指标范围内，安全生产管理水平跨入全省先进行列。

（八）严格落实食品安全和安全生产责任制。按照“一岗双责”的要求，进一步明确责任，建立健全食品安全和安全生产监管体系和综合监督机制。依法落实食品安全和安全生产主体责任。

（九）建立完善食品安全和安全生产责任考核体系。把食品安全和安全生产纳入政府责任目标考核，实行一票否决。对食品安全和安全生产监管工作中失职、渎职的部门和个人，依法依规严肃处理。

四、实施全程监管，保障食品安全

（十）建立健全农产品源头生产标准化制度。进一步开展农产品源头治理和农业投入品专项整治。积极开展农产品和食品认证工作，大力推进规模化、基地化、标准化种植养殖模式，逐步实现农产品产前、产中、产后全过程标准化生产与管理，保障农产品质量安全。

（十一）建立健全食品安全市场监管长效机制。全面落实市场巡查制度，完善监督抽查和食品卫生例行监测制度，积极推进经销企业落实进货检查验收、索证索票购销台账和质量承诺制度，推广食品送货车备案制度，规范食品市场经营行为和流通秩序。积极支持商贸龙头企业到农村发展连锁网点，建立食品配送和供应网络，鼓励超市进乡镇、连锁店进村经营。

（十二）建立健全食品安全信用体系。以加强食品生产经营单位信用建设为核心，建立失信惩戒机制，引导企业诚信守法。大力推进食品安全示范县、示范乡、示范街、示范店创建活动，以点带面，逐步扩展。

（十三）严格执行食品质量安全市场准入制度。实行生产单位巡查、回访、监督抽查等监管制度，规范生产加工行为。大力实施标准化生产，强化证后监管，确保企业持续保证必备的生产条件，提高监管水平。

（十四）深化食品安全专项整治。加强对食品作坊、餐饮摊点、村镇餐馆、学校食堂的监管。推进农村集体聚餐备案管理，规范农村集体聚餐行为。建立餐具集中消毒管理模式。加强生猪定点屠宰管理。严厉打击制售假冒伪劣食品的违法行为。

五、加大执法力度，提升安监效能

（十五）完善安全监察执法机制。强化监管职责，加强督促检查。注重对企业日常生产过程的安全监察，做到关口前移、重心下移。要按照“四不放过”原则，严格事故查处，及时公布处理结果。对事故频发、隐患突出的区域和单位，要加大监督检查力度，发现问题及时通报，并跟踪督导。

（十六）严格执行安全生产许可制度。煤矿、非煤矿山、供气供油、建筑施工、危险化学品、烟花爆竹、棉花木材加工、民用爆破器材等企业，必须具备法律法规规定的安全生产条件，并依法向政府有关部门申请办理安全生产许可。新建、改建、扩建和危险化学品生产、经营、储存企业及新设立的危险化学品运输和道路客运企业，必须符合产业政策、技术标准和规划布局。

（十七）严格执行建设项目安全设施“三同时”制度。新、改、扩建工程项目安全设施必须与主体工程同时设计、同时施工、同时投入生产和使用，安全设施投资要纳入建设项目概算。

（十八）建立健全重大安全隐患和危险源监管制度。以治理大隐患、防范大事故为重点，全面推进隐患排查治理工作。加强对重大危险源的监控和管理，认真开展危险源的普查登记工作，督促生产经营单位对重大危险源进行全程监控。同时加强对中小企业的安全生产监督管理。

（十九）深化安全生产专项整治。突出抓好煤矿、非煤矿山、供气供油、危险化学品、交通运输、烟花爆竹、棉花木材加工、人员聚集场所、建筑施工和特种设备等方面的安全生产专项整治。对不具备安全生产条件的生产经营单位，责令限期整改；达不到整改要求的，责令停产停业整顿；整顿后仍不具备安全生产条件的，坚决依法予以关闭。

六、搞好应急预案，增强救援能力

（二十）建立健全风险评估预警体系。进一步规范食品安全和安全生产信息管理制度，定期公开发布食品安全和安全生产监测信息，整合检测资源，加强信息沟通，建立食品安全和安全生产信息平台，实现互联互通与信息资源共享。

（二十一）建立健全应急救援体系。建立食品应急预警指挥中心，加快建立安全生产应急救援体系。不断完善重大食品安全和安全生产事故应急处理程序和技能，及时更新预案，加强实战演练，有效提高重大食品安全事故应急处置和安全生产抢险救灾能力。

（二十二）建立健全防范自然灾害联动机制。明确相关部门职责，加快信息化建设，建立健全防范自然灾害预报、预警、预防工作联动机制，确保灾害信息在第一时间传达到各部门、各生产经营单位和群众，并启动相关应急预案，采取有针对性的防范应对措施。

七、加强组织领导，落实保障措施

（二十三）加大支持力度。把食品安全和安全生产工作纳入国民经济和社会发展规划，列入政府重要议事日程，将食品安全和安全生产监管经费列入本级财政预算，逐年加大财政投入。

（二十四）加强队伍建设。加强食品安全和安全生产队伍建设，建立健全监管机构，切实做到编制、人员、经费、装备到位。加快乡镇食品监管站建设，完善农村食品监管网络。采取多种方式，加强对食品安全和安全生产相关业务培训，提高履行职责能力。

（二十五）构建齐抓共管格局。充分调动各方面的积极性，统筹协调，密切配合，努力构建“政府统一领导、部门依法监管、企业全面负责、群众参与监督、全社会广泛支持”的工作格局。

市政府要按照本决议的精神，制定措施，抓好落实，切实保障人民群众饮食安全，防止安全生产事故发生，促进我市经济发展与和谐社会目标的实现。

菏泽市人大常委会关于修改《菏泽市人大常委会评议工作办法》的决定

《菏泽市人大常委会评议工作办法》（以下简称“办法”）于 2002 年 4 月 5 日由市十五届人大常委会第八次会议通过。该“办法”实施以来，对于规范我市人大的评议工作，促进民主与法治建设，起到重要作用。近年来，尤其是《中华人民共和国各级人民代表大会常务委员会监督法》颁布实施以来，该“办法”的一些条款已经与形势发展不相适应。因此，决定对该“办法”进行修改完善。

人事任免

任命：赵明军为菏泽市中级人民法院少年审判庭庭长、审判委员会委员，苗丛叶、张邦亮、王学忠、李继亮、刘秋桦为菏泽市中级人民法院审判委员会委员，聂震为菏泽市中级人民法院审判监督第二庭庭长，张中斌为菏泽市中级人民法院审判监督第二庭副庭长。

免去：赵明军的菏泽市中级人民法院刑事审判第三庭庭长职务。

市十七届人大常委会第六次会议

2008年10月20日至21日，菏泽市第十七届人大常委会第六次会议在菏泽牡丹大酒店召开。市人大常委会第一副主任杨永昌主持会议，副主任汤建梅、邵好学、刘金俊、李玉华、马春田、彭靖华，秘书长赵普出席会议。市人民政府副市长李法洪、黄秀玲，市中级人民法院副院长宋展，市人民检察院副检察长范玉国列席会议。

2008年10月20日至21日，市十七届人大常委会第六次会议召开

会议议程

听取审议市政府关于老年人权益保障法贯彻实施情况的报告；听取审议市政府关于创建中国优秀旅游城市工作情况的报告；审议通过《菏泽市人大常委会议事规则（草案）》《菏泽市人大常委会组成人员守则（草案）》《菏泽市人民代表大会代表守则（草案）》《菏泽市人大常委会主任会议议事规则（草案）》《菏泽市人大常委会关于加强自身建设的意见（草案）》《菏泽市人大常委会执法检查暂行办法（草案）》《菏泽市人大常委会组成人员和人大代表视察暂行办法（草案）》《菏泽市人大常委会工作评议办法（草案）》《菏泽市人大常委会人事任免办法（草案）》《菏泽市人大常委会讨论决定重大事项的规定（草案）》《菏泽市人大常委会联系人民代表大会代表办法（草案）》《菏泽市人大常委会决议决定和审议意见办理办法（草案）》《关于加强和规范人民代表大会闭会期间代表活动的若干意见（草案）》《菏泽市人大常委会会议公民旁听办法（草案）》《菏泽市人民代表大会代表建议、批评和意见办理办法（草案）》《菏泽市市级预算审批监督办法（草案）》《菏泽市人大常委会关于进一步加强和改进信访工作的意见（草案）》《菏泽市人大常委会信访督办工作办法（草案）》《菏泽市人大常委会信访工作考核办法（草案）》；审议表决确定人民满意乡镇卫生院；其他事项。

市十七届人大常委会第七次会议

2008年12月9日，菏泽市第十七届人大常委会第七次会议在菏泽牡丹大酒店召开。市委书记、市人大常委会主任赵润田出席会议，市人大常委会第一副主任杨永昌主持会议，副主任汤建梅、邵好学、刘金俊、李玉华、马春田、彭靖华，秘书长赵普出席会议。市委常委、市人民政府副市长李卫国，市中级人民法院院长孙寿海，市人民检察院检察长丁伟民列席会议。

会议议程

听取审议市政府关于贯彻落实市人大常委会对2007年度市级预算执行和其他财政收支审计工作报告审议意见情况的报告；听取审议市中级人民法院关于贯彻落实市人大常委会对行政诉讼法执法检查意见情况的报告；审议表决关于市人民检察院贯彻实施刑事诉讼法情况的执法检查报告；审议通过市政府对市人大常委会关于贯彻实施人民防空法情况审议意见落实情况的报告；审议通过市政府对市人大常委会关于贯彻实施老年人权益保障法审议意见落实情况的报告；审议通过市政府对市人大常委会关于创建中国优秀旅游城市工作审议意见落实情况的报告；审议通过《菏泽市人大常委会关于加强基础教育和农村卫生工作的决定（草案）》；审议通过《菏泽市人大常委会关于代表建功立业活动优秀代表评选办法（草案）》；人事任免事项；其他事项。

2008年12月9日，市第十七届人大常委会第七次会议召开

会议决定

菏泽市人大常委会关于加强基础教育和农村卫生工作的决定

根据有关法律法规和市人大常委会视察基础教育和农村卫生工作的情况，为进一步促进基础教育和农村卫生工作，提高全市人民智力素质和健康水平，为构建和谐菏泽、促进全市经济社会更好更快发展提供支持，现就加强基础教育和农村卫生工作作如下决定：

一、认清形势，提高认识

（一）基础教育和农村卫生工作取得显著成效。近年来，市政府对基础教育和农村卫生工作非常重视，强化政府领导和责任，注重加大财政投入和队伍建设力度，经费保障和人员补充机制初步形成，办学和医疗服务条件明显改善，教育质量和公共卫生服务能力明显提高，惠民政策得到落实，基础教育和农村卫生工作出现良好局面。

（二）基础教育和农村卫生工作还存在一些突出问题。主要是经费投入不足，条件落后，人才匮乏等，严重影响着基础教育和农村卫生事业的快速发展。对这些问题，必须从落实科学发展观、构建和谐社会、振兴菏泽的高度，采取有效措施，认真加以解决。

（三）加强基础教育和农村卫生工作的重要性。基础教育和农村卫生工作是教育和卫生工作的基石和重点。加强基础教育和农村卫生工作是贯彻落实党的十七届三中全会精神的重要体现，是关注改善民生的重要方面。我市是拥有900多万人口的大市，其中农民730多万，提高人口素质，将人口资源转化为人力资源任务十分艰巨。做好基础教育和农村卫生工作十分必要，必须从战略高度充分认识做好基础教育和农村卫生工作的重要性。

二、加大投入，加快发展

（四）抢抓机遇，争取支持。紧紧抓住国家拉动内需，加大对教育和卫生事业投入的机遇，研究出台与上级政策相吻合、符合我市实际的发展规划，积极争取国家、省在项目、资金等方面的支持，进一步改善基础教育和农村卫生工作条件，促其均衡发展。

（五）建立经费保障机制。认真落实中央、省有关文件精神，严格按照有关法律法规及政策的要求，优先保障基础教育和农村卫生事业经费。

（六）按时足额拨付义务教育保障资金。市、县区政府要严格按照省、市、县分担比例，落实义务教育保障资金并及时足额拨付到位，坚决杜绝截留、挪用教育经费的行为。

（七）建立校舍危房改造长效机制。市、县区政府要确保危房改造专项经费，全市到2010年底前基本消除现有危房，进一步建立完善校舍危房改造长效机制。

（八）加快城区学校建设。市、县区政府要认真做好城区学校建设规划，切实落实城区学校建设享受省重点工程的优惠政策，2010年底前，在城区改扩建部分学校，同时严格执行招生政策，满足城区适龄学生就学需要，逐步解决城区学校大班额和择校问题。

（九）加强公共卫生事业。要根据国家确定的农村公共卫生基本项目，安排专项资金用于落实国家扩大免疫规划、农村传染病防治、妇幼保健、健康教育等公共卫生工作。

（十）加强乡镇卫生院建设。每个乡镇建设一所政府举办的卫生院，尽快完成乡镇卫生院房屋改造和建设任务，实现房屋、设备、人员三配套，做到规模适宜、功能适用、装备适度、经济合理，满足开展公共卫生和基本医疗服务的需要，保证群众一般病就医不出乡镇。

（十一）提升村卫生室服务能力。2009 年底前，通过各级配套联动，各负其责，对全市现有村卫生室进行整体规划建设。重点加强村卫生室业务用房整修、基本设备配置，全面提升村卫生室服务能力，保证群众小病就医不出村。

三、完善机制，稳定队伍

（十二）建立基础教育和农村卫生工作人员补充机制。市、县区政府要每年公开招录一批大中专毕业生补充基础教育和农村卫生工作队伍，积极解决基础教育和农村卫生工作人员缺编和结构不合理问题。

（十三）改善基础教育特别是农村基础教育和农村卫生人员工作和生活条件。2010 年底前，全市各县区要统一城乡教师工资标准。落实乡镇卫生院预防保健人员工资待遇，妥善解决乡村医生补助，稳定农村基础教育和农村卫生工作队伍。

（十四）加强培训。采取多种形式，加强基础教育和农村卫生工作人员培训，提高其管理和业务能力。

（十五）加强交流。在开展农村支教和卫生支农工作的同时，选派农村青年教师和医护人员进城锻炼和到上级医院进修，不断提高农村教师和医护人员的素质。

四、深化改革，提高水平

（十六）全面推行素质教育。认真落实国家课程标准，开齐开全课程；推行日常考试无分数评价办法，实行成绩评定等级制，建立完善学业水平考试、学生综合素质评价制度和适应素质教育要求的学校办学水平、教育教学质量评价体系。

（十七）理顺农村卫生管理体制。根据区域卫生规划和乡镇行政区划，合理确定乡镇中心卫生院和一般卫生院的数量和布局，进一步明确职能定位，其人员、业务、经费等由县级卫生行政部门按照职责统一管理。积极推行乡村卫生服务一体化管理，提高农村卫生服务网络的整体功能。

（十八）切实落实惠民政策。全面落实家庭经济困难学生救助政策，逐步扩大救助范围，提高救助标准；完善家庭经济困难学生资助体系，确保家庭经济困难学生顺利完成学业。巩固、完善新型农村合作医疗制度，提高农民参合率；完善补偿机制，提高参合农民受益水平。

五、强化领导，落实责任

（十九）加强领导。各级政府要切实加强对基础教育和农村卫生工作的领导，增强责任感和使命感，把基础教育和农村卫生工作列入重要议事日程和评价干部的内容之一，作为各级政府和教育、卫生主管部门领导任期责任目标，严格考核，落实奖惩。

（二十）建立应急机制。要建立基础教育学校突发事件和医患纠纷处置机制，制定预案，一旦发生突发事件和医患纠纷及时处置，营造基础教育和农村卫生工作和谐氛围。

（二十一）齐抓共管，各尽其职。各有关部门要尽职尽责，支持基础教育和农村卫生事业发展，加大基础教育和农村卫生工作环境治理力度，营造利于发展的良好环境。优化校园周边环境，维护学校的正常教学秩序。严厉打击“黑诊所”“黑专家”“医托”“医闹”和非法医疗广告行为，净化医疗市场。大力开展教育乱收费和医疗机构药价虚高治理活动，为群众提供优质的教育和医疗卫生服务。

市政府要按照本决定精神，采取有效措施，切实抓好落实，确保我市基础教育和农村卫生事业更好更快发展。市人大常委会将把基础教育和农村卫生工作作为改善民生的重要内容，倍加关注和支持，经常了解基础教育和农村卫生工作情况，及时发现基础教育和农村卫生工作存在的问题，依法加强监督，对市政府落实情况进行视察或听取专项汇报，推动和促进基础教育和农村卫生工作再上新台阶。

人事任免

决定：接受王浩辞去菏泽市人民政府副市长职务的请求，报菏泽市第十七届人民代表大会第三次会议备案。

决定任命：刘勇为菏泽市人民政府副市长，刘新云为菏泽市人民政府副市长。

市十七届人大常委会第八次会议

2009 年 1 月 19 日，菏泽市第十七届人大常委会第八次会议在菏泽市人大常委会五楼会议室召开。市委书记、市人大常委会主任赵润田出席会议，市人大常委会第一副主任杨永昌主持会议，副主任汤建梅、邵好学、刘金俊、李玉华、马春田、彭靖华、秘书长赵普出席会议。市人民政府副市长段伯汉、市中级人民法院院长孙寿海、市人民检察院检察长丁伟民列席会议。

2009 年 1 月 19 日，市十七届人大常委会第八次会议召开

会议议程

审议表决关于召开市十七届人大三次会议的决定（草案）；审议通过市十七届人大三次会议主席团和秘书长建议名单，决定提请大会预备会议通过；审议通过市十七届人大三次会议建议列席人员范围；审议通过市十七届人大三次会议议案审查委员会和计划、预算审查委员会建议名单，决定提请大会预备会议通过；审议表决菏泽市人大常委会工作报告（审议稿），决定提请市十七届人大三次会议审议；审议通过菏泽市人大常委会 2009 年工作计划（草案）；审议通过菏泽市第十七届人民代表大会常务委员会代表资格审查委员会关于个别代表的代表资格的报告；审议表决关于菏泽市第十七届人民代表大会第一次会议代表建议、批评和意见办理情况的报告；审议通过市政府关于贯彻实施市人大常委会对节能降耗、重点项目、城市建设等工作情况视察反馈意见的报告；人事任免事项；其他事项。

会议决定

菏泽市人大常委会关于召开菏泽市第十七届人民代表大会第三次会议的决定

菏泽市第十七届人民代表大会第三次会议定于 2009 年 2 月 5 日至 8 日在菏泽大剧院召开，时间 4 天。会议主要建议议程为：一、听取和审议菏泽市人民政府工作报告；二、审议菏泽市人民政府关于菏泽市 2008 年国民经济和社会发展计划执行情况与 2009 年计划草案的报告，审查、批准菏泽市 2008 年国民经济和社会发展计划执行情况的报告与 2009 年计划；三、审议菏泽市人民政府关于菏泽市 2008 年预算执行情况和 2009 年预算草案的报告，审查菏泽市 2008 年预算执行情况的报告和 2009 年预算草案，批准菏泽市 2008 年市级预算执行情况的报告和 2009 年市级预算；四、听取和审议菏泽市人民代表大会常务委员会工作报告；五、听取和审议菏泽市中级人民法院工作报告；六、听取和审议菏泽市人民检察院工作报告；七、补选菏泽市第十七届人大常委会委员；八、其他事项。

人事任免

免去：宋波的菏泽市人大常委会副秘书长

职务。

决定任命：闫传银为菏泽市安全生产监督管理局局长，李怀堂为菏泽市交通局局长，赵豪情为菏泽市卫生局局长，杨自源为菏泽市环境保护局局长，潘若雷为菏泽市广播电视局局长，张魁为菏泽市体育局局长。

决定免去：冯建云的菏泽市体育局局长职务。

任命：高志玺为菏泽市人民检察院检察员，刘绍军、刘晓明为菏泽经济开发区人民检察院副检察长、检察委员会委员、检察员，刘玉佩、郑玉松、高利军、段亚青、夏乾豹、刘建青、房彦红、殷玉玲、侯晓琳、王清华、曹厚平、陈永玲、杨惠、姜瑞、毕红奇、卢晴、聂松虎、邓仰庆为菏泽经济开发区人民检察院检察员。

免去：刘晓明、高利军、王雪芹的菏泽市人民检察院检察员职务。

市十七届人大常委会第九次会议

2009年2月23日，菏泽市第十七届人大常委会第九次会议在菏泽市人大常委会五楼会议室召开。市人大常委会第一副主任杨永昌主持会议，副主任汤建梅、邵好学、刘金俊、李玉华、马春田、彭靖华，秘书长赵普出席会议。市人民政府副市长朱培吉、市中级人民法院院长孙寿海、市人民检察院检察长丁伟民列席会议。

2009年2月23日，市十七届人大常委会第九次会议召开

会议议程

听取审议市人民政府关于全市金融工作情况的报告；听取审议市人民政府关于当前工业经济运行情况的报告；审议通过关于表彰建功立业优秀人大代表的决定（草案）；人事任免事项；其他事项。

会议决定

菏泽市人大常委会关于表彰建功立业优秀人大代表的决定

2008年以来，我市市级以上人大代表在市人大常委会组织领导下，按照市委“四高”要求，围绕实施“四大基地一大产业”战略，积极响应建功立业倡议，认真履行代表职责，积极发挥代表作用，爱岗敬业，开拓进取，在各自的工作岗位上取得可喜的成绩。根据《关于人大代表建功立业活动优秀代表评选办法》（菏人发〔2008〕27号）通知要求，人大代表建功立业活动领导小组对优秀代表候选人认真评审，最后评选出21名优秀代表。这些优秀代表中，既有功勋卓著的企业家，也有成绩突出的教育、卫生战线的工作者，既有执法为民的政法领导干部，还有辛勤工作在金融、交通战线的负责同志。他们以领先一步的全新理念、高人一等的发展思路，坚定信念，负重奋进，克服重重困难，率先建新功、立大业，取得显著成绩。全市各级人大代表要向优秀代表学习，深入贯彻党的十七大、十七届三中全会精神，牢固树立科学发展观，在复杂严峻的形势面前，把依法执行代表职务融入人大代表建功立业活动中去，锐意进取，埋头苦干，化危为机，再创佳绩，为实现菏泽经济社会更好更快发展做出新的贡献。

菏泽市建功立业优秀人大代表名单（按姓名笔画排序）：

马效坤　山东达驰电气股份有限公司董事长

王可正　菏泽市教育局副局长、菏泽一中校长

王金书　山东玉皇化工有限公司董事长、东

明县武胜桥乡玉皇庙村党总支书记

王银香　山东银香伟业集团董事长、曹县磐石办事处五里墩村党支部书记

韦　斌　曹县人民医院院长

史崇亮　菏泽交通集团总经理、党委书记

付明时　菏泽发电厂厂长

孙文英　菏泽供电公司总经理

李湘平　东明石化集团有限公司董事长、总经理

李新民　山东四君子集团公司董事长、总经理

刘树民　郓城县供电公司总经理

刘法来　山东花冠集团有限公司董事长、总经理

时　伟　鄄城县农村信用合作联社理事长

余庆明　山东洪业化工集团有限公司董事长

张敬艳　牡丹区人民检察院检察长

尚瑞芬　巨野县工商业联合会会长、丽天大酒店总经理

赵步长　山东（菏泽）步长集团董事长

赵建华　山东华鹏玻璃有限公司总经理

徐承秋　中国（单县）尚舜化工有限公司董事局执行主席

桑圣钦　山东圣达实业集团董事长、总经理

韩宪玉　定陶县交通局局长

人事任免

任命：张钢强为菏泽市农业局局长。

市十七届人大常委会第十次会议

2009 年 4 月 28 日，菏泽市第十七届人大常委会第十次会议在菏泽市人大常委会五楼会议室召开。市人大常委会第一副主任杨永昌主持会议，副主任邵好学、刘金俊、李玉华、彭靖华，秘书长赵普出席会议。市人民政府副市长段伯汉、市中级人民法院院长孙寿海、市人民检察院检察长丁伟民等列席会议。

会议议程

听取审议市政府关于社会主义新农村建设工作情况的报告；听取审议市政府关于城市建设及城市重大基础设施建设工作情况的报告；听取审议市政府关于就业和社会保障工作情况的报告；审议通过市政府关于提请审议菏泽市与美国路易斯安那州巴吞鲁日市缔结友好城市关系的议案；审议通过市人大常委会对市政府贯彻实施电力法情况的执法检查报告（草案）；审议通过市政府关于贯彻落实市人大常委会对全市金融工作审议意见的报告；审议通过市政府关于贯彻落实市人大常委会对全市当前工业经济运行情况审议意见的报告；人事任免事项；其他事项。

2009 年 4 月 28 日，市十七届人大常委会第十次会议召开

会议决定

菏泽市人大常委会关于批准菏泽市与美国路易斯安那州巴吞鲁日市缔结友好城市的决定

菏泽市第十七届人大常委会第十次会议听取和审议市人民政府《关于提请审议菏泽市与美国路易斯安那州巴吞鲁日市缔结友好城市的议案》。会议认为，菏泽市与巴吞鲁日市在石油化工、木材加工等领域有很大的互补性，两市合作前景非常广阔。为进一步巩固和发展两市的友好合作关系，在更高层次、更宽广的领域合作与交流，促进两市在经济、社会、文化等各领域的共同繁荣和发展，会议决定批准菏泽市与美国路易斯安那

州巴吞鲁日市缔结为友好城市，由市人民政府按照有关程序办理。

人事任免

任命：苏兆胜为菏泽市中级人民法院民事审判第三庭庭长，丁亚涛为菏泽市中级人民法院审判监督第一庭庭长，田传允为菏泽市中级人民法院执行一庭庭长，张效谦为菏泽市中级人民法院执行二庭庭长，刘中华为菏泽市中级人民法院立案第一庭副庭长，李认银为菏泽市中级人民法院立案第一庭副庭长，蒋玉锁为菏泽市中级人民法院审判员、立案第二庭副庭长，张福合为菏泽市中级人民法院刑事审判第一庭副庭长，王力争为菏泽市中级人民法院刑事审判第二庭副庭长，李昌安为菏泽市中级人民法院刑事审判第二庭副庭长，李文生为菏泽市中级人民法院少年审判庭副庭长，曾强为菏泽市中级人民法院审判员、少年审判庭副庭长，路凤娟为菏泽市中级人民法院民事审判第一庭副庭长，曾庆生为菏泽市中级人民法院民事审判第四庭副庭长，李胜力为菏泽市中级人民法院行政审判庭副庭长，张克勤为菏泽市中级人民法院审判监督第一庭副庭长，陈淑梅为菏泽市中级人民法院审判员、审判监督第一庭副庭长，陈尔森为菏泽市中级人民法院审判员、审判监督第二庭副庭长，韩德华为菏泽市中级人民法院执行一庭副庭长，马敬印为菏泽市中级人民法院执行一庭副庭长，韩同山为菏泽市中级人民法院执行二庭副庭长，李玉广为菏泽市中级人民法院执行二庭副庭长，王卫为菏泽市中级人民法院执行二庭副庭长，孙新军、魏彩君、孙杰、赵洪科、桑贤普、赵圣寅为菏泽市中级人民法院审判员。

免去：李贤臻的菏泽市中级人民法院民事审判第一庭庭长职务，刘清明的菏泽市中级人民法院执行一庭庭长职务，王力争的菏泽市中级人民法院立案第一庭副庭长职务，王雷的菏泽市中级人民法院民事审判第一庭副庭长职务，张克勤的菏泽市中级人民法院民事审判第二庭副庭长职务，路凤娟的菏泽市中级人民法院民事审判第二庭副庭长职务，苏兆胜的菏泽市中级人民法院民事审判第三庭副庭长职务，丁亚涛的菏泽市中级人民法院审判监督第一庭副庭长职务，张效谦的菏泽市中级人民法院审判监督第一庭副庭长职务，张中斌的菏泽市中级人民法院审判监督第二庭副庭长职务，田传允的菏泽市中级人民法院执行一庭副庭长职务，韩同山的菏泽市中级人民法院执行一庭副庭长职务，韩德华的菏泽市中级人民法院执行二庭副庭长职务，李学军的菏泽市中级人民法院执行二庭副庭长职务。

任命：刘爱敏、潘培晨为菏泽市人民检察院检察委员会委员。

免去：孙忠华的菏泽市人民检察院检察委员会委员职务。

市十七届人大常委会第十一次会议

2009年6月16日，菏泽市第十七届人大常委会第十一次会议在菏泽市人大常委会五楼会议室召开。市人大常委会第一副主任杨永昌主持会议，副主任汤建梅、邵好学、刘金俊、李玉华、彭靖华，秘书长赵普出席会议。市委常委、市人民政府副市长李卫国，市中级人民法院院长孙寿海，市人民检察院检察长丁伟民列席会议。

2009年6月16日，市十七届人大常委会第十一次会议召开

会议议程

听取审议市政府关于2008年财政决算（草案）的报告；听取审议市政府关于2008年市级预算执行和其他财政收支的审计工作报告；听取审议市政府关于水利工作情况的报告；审议通过市人大常委会对市政府贯彻实施劳动合同法情况的执法检查报告（草案）；审议通过市政府关于贯彻落实市人大常委会对电力法执法检查反馈意见的报告；审议通过市政府关于贯彻落实市人大常委会对社会主义新农村建设工作情况审议意见的报告；审议通过市政府关于贯彻落实市人大常委会对城市建设及城市重大基础设施建设工作情况审议意见的报告；审议通过市政府关于贯彻落实市人大常委会对就业和社会保障工作情况审议意见的报告；人事任免事项；其他事项。

会议决议

菏泽市人大常委会关于批准菏泽市2008年市级财政决算的决议

菏泽市第十七届人大常委会第十一次会议，听取市政府关于菏泽市2008年财政决算的报告、关于2008年度市级预算执行和其他财政收支情况的审计工作报告。会议结合审议审计工作报告，对菏泽市2008年市级财政决算（草案）和财政决算的报告进行审查。经过审查，同意《关于菏泽市2008年财政决算的报告》，决定批准菏泽市2008年市级财政决算。

人事任免

任命：冯建云为菏泽市人大常委会教育科学文化卫生人口工作委员会副主任。

决定任命：王永华为菏泽市监察局局长，陶体华为菏泽市审计局局长。

决定免去：成伟的菏泽市房产管理局局长职务，王永华的菏泽市审计局局长职务。

市十七届人大常委会第十二次会议

2009年8月19日，菏泽市第十七届人大常委会第十二次会议在菏泽市人大常委会五楼会议室召开。市人大常委会第一副主任杨永昌主持会议，副主任汤建梅、邵好学、刘金俊、马春田、彭靖华，秘书长赵普出席会议。市人民政府副市长李法洪、市中级人民法院院长孙寿海、市人民检察院副检察长董瑞钦列席会议。

2009年8月19日，市十七届人大常委会第十二次会议召开

会议议程

听取审议市政府关于2009年上半年国民经济和社会发展计划执行情况的报告；听取审议市政府关于2009年上半年财政预算执行情况的报告；听取审议市政府关于外经贸工作情况的报告；审议通过市政府关于贯彻落实市人大常委会对劳动合同法执法检查反馈意见的报告；审议通过市政府关于贯彻落实市人大常委会对水利工作情况审议意见的报告；人事任免事项；其他事项。

人事任免

决定任命：李玉明为菏泽市国土资源局局长。

决定免去：张本进的菏泽市国土资源局局长职务。

任命：李建民为菏泽市中级人民法院审判员、民事审判第一庭庭长、审判委员会委员，周梅彦、石磊为菏泽市中级人民法院审判员，韩继峰为菏泽经济开发区人民法院副院长，耿守刚、吴为为菏泽经济开发区人民法院审判委员会委员，吴长群为菏泽经济开发区人民法院刑事审判一庭庭长、审判委员会委员，李卫东为菏泽经济开发区人民法院民事审判二庭庭长、审判委员会委员，张洪涛为菏泽经济开发区人民法院审判员、执行二庭庭长，石胜利为菏泽经济开发区人民法院审判员、立案庭副庭长，朱秋英为菏泽经济开发区人民法院审判员、民事审判一庭副庭长，杜永刚为菏泽经济开发区人民法院审判员、行政审判庭副庭长，刘西磊为菏泽经济开发区人民法院审判员、刑事审判一庭副庭长，袁鹏里、何利军、石喜云、孔炜、王平文、李改勤、周登亮、宋时灿、仵新忠、李蕴、王召庆、侯明生、徐卫东为菏泽经济开发区人民法院审判员。

免去：张洪涛的菏泽市中级人民法院审判员职务，李建民的菏泽经济开发区人民法院副院长、审判委员会委员、审判员职务，韩继峰的菏泽经济开发区人民法院民事审判庭庭长职务，耿守刚的菏泽经济开发区人民法院执行庭庭长职务，吴为的菏泽经济开发区人民法院立案庭庭长职务，吴长群的菏泽经济开发区人民法院刑事审判庭庭长职务，李卫东的菏泽经济开发区人民法院行政审判庭庭长职务，周梅彦的菏泽经济开发区人民法院审判员职务。

市十七届人大常委会第十三次会议

2009 年 9 月 28 日，菏泽市第十七届人大常委会第十三次会议在菏泽市人大常委会五楼会议室召开。市人大常委会第一副主任杨永昌主持会议，副主任汤建梅、邵好学、彭靖华，秘书长赵普出席会议。

会议议程

审议通过关于提请许可对市十七届人大代表孔祥训采取刑事拘留等强制措施的报告。

会议决定

菏泽市人大常委会关于许可对市十七届人大代表孔祥训采取刑事拘留等强制措施的决定

菏泽市第十七届人大常委会第十三次会议，审议市人民检察院关于提请许可对市十七届人大代表孔祥训采取刑事拘留和逮捕等强制措施的报告。会议认为，孔祥训在担任定陶县仿山乡党委书记期间，利用职务之便私分公款、贪污公款、收受他人贿赂、非法套取国家专项资金，涉嫌贪污犯罪。据此，依照《中华人民共和国全国人民代表大会和地方各级人民代表大会代表法》第三十条的规定，同意市人民检察院的报告，决定许可对市十七届人大代表孔祥训采取刑事拘留、逮捕等强制措施。

市十七届人大常委会第十四次会议

2009 年 10 月 22 日，菏泽市第十七届人大常委会第十四次会议在菏泽市人大常委会五楼会议室召开。市人大常委会第一副主任杨永昌主持会议，副主任汤建梅、邵好学、刘金俊、李玉华、彭靖华，秘书长赵普出席会议。市人民政府副市长刘新云、市中级人民法院院长孙寿海、市人民检察院检察长丁伟民列席会议。

2009 年 10 月 22 日，市十七届人大常委会第十四次会议召开

会议议程

听取审议市政府关于社会治安工作情况的报告；听取审议市中级人民法院关于商事审判工作情况的报告；听取审议市人民检察院关于反渎职侵权工作情况的报告；审议通过市政府关于提请审议菏泽学院扩建项目贷款有关问题的议案；审

议通过市人大常委会代表资格审查委员会关于个别代表的代表资格终止的报告；审议通过市政府关于贯彻落实市人大常委会对2009年上半年国民经济和社会发展计划、财政预算执行情况及外经贸工作情况审议意见的报告；其他事项。

会议决定

菏泽市人大常委会关于菏泽学院扩建项目贷款有关问题的决定

《市政府关于提请审议菏泽学院扩建项目贷款有关问题的议案》已经市十七届人大常委会第十四次会议审议通过。

会议认为，市政府确定由市城市建设投资有限责任公司申请向省鲁信投资控股公司贷款，用于菏泽学院扩建项目，对提高菏泽学院办学水平，加快我市高等教育事业发展步伐，不断满足全市经济社会发展需要和人民群众接受高等教育需求，具有重要和深远的意义。会议建议，市政府要高度重视贷款项目的实施，加强领导协调和组织监管，严格执行项目建设程序，认真落实项目建设目标责任制，建立责任追究制度，从严控制支出，按时归还贷款，确保项目顺利实施。

市十七届人大常委会第十五次会议

2010年1月13日，菏泽市第十七届人大常委会第十五次会议在菏泽市人大常委会五楼会议室召开。市人大常委会第一副主任杨永昌主持会议，副主任汤建梅、邵好学、刘金俊、李玉华、马春田、彭靖华，秘书长赵普出席会议。市人民政府副市长刘新云、市人民检察院检察长丁伟民、市中级人民法院副院长宋展列席会议。

会议议程

审议通过关于召开市十七届人大四次会议的决定（草案）；审议通过市十七届人大四次会议主席团和秘书长建议名单，决定提请大会预备会议通过；审议通过市十七届人大四次会议建议列席人员范围；审议通过市十七届人大四次会议议案审查委员会和计划、预算审查委员会建议名单，决定提请大会预备会议通过；审议通过菏泽市人大常委会工作报告稿（审议稿），决定提请市十七届人大四次会议审议；审议通过菏泽市第十七届人民代表大会常务委员会代表资格审查委员会关于个别代表的代表资格的报告；审议通过菏泽市第十七届人民代表大会第三次会议代表建议、批评和意见办理情况的报告；审议通过菏泽市人大常委会2010年工作计划（要点）（草案）；审议通过《菏泽市人大常委会关于进一步加强监督工作的意见》；审议通过《菏泽市人大常委会关于进一步提高常委会会议质量的办法》；审议通过关于申请调整2009年市级地方财政收入预算的报告；审议通过市政府关于贯彻落实市人大常委会对食品安全、安全生产工作，“四大基地一大产业”重大项目和城市建设重点工程视察反馈意见的报告，关于贯彻落实市人大常委会对审计工作报告和社会治安工作情况审议意见的报告；审议通过市中级人民法院关于贯彻落实市人大常委会对商事审判工作情况审议意见的报告；审议通过市人民检察院关于贯彻落实市人大常委会对反渎职侵权工作情况审议意见的报告；其他事项。

决议决定

菏泽市人大常委会关于同意调整2009年市级地方财政收入预算的决议

市十七届人大常委会第十五次会议审议市政府关于2009年市级地方财政收入预算调整方案（草案）的议案。

会议认为，由于我市国民经济的平稳较快发展和财税收入征管力度的加大，财政收入保持稳步增长。由于一些不可预见性和政策性因素影响，对2009年市级地方财政收入预算作适当调整是必要的。会议同意调整2009年市级地方财政收入预算，将2009年市级地方财政预算收入由82351万元调整为78000万元。

菏泽市人大常委会关于召开菏泽市第十七届

人民代表大会第四次会议的决定

菏泽市第十七届人民代表大会第四次会议定于2010年1月19日至22日在菏泽大剧院召开，时间4天。会议的主要建议议程为：一、听取和审议菏泽市人民政府工作报告；二、审查、批准菏泽市2009年国民经济和社会发展计划执行情况的报告与2010年计划；三、审查菏泽市2009年预算执行情况的报告和2010年预算草案，批准菏泽市2009年市级预算执行情况的报告和2010年市级预算；四、听取和审议菏泽市人大常委会工作报告；五、听取和审议菏泽市中级人民法院工作报告；六、听取和审议菏泽市人民检察院工作报告；七、选举事项；八、其他事项。

市十七届人大常委会第十六次会议

2010年1月15日，菏泽市第十七届人大常委会第十六次会议在菏泽市人大常委会五楼会议室召开。市人大常委会第一副主任杨永昌主持会议，副主任汤建梅、邵好学、刘金俊、李玉华、马春田、彭靖华，秘书长赵普出席会议。市政府副市长李法洪、市人民检察院检察长丁伟民、市中级人民法院副院长李维列席会议。

会议议程

审议表决关于任命市人大常委会工作人员职务的报告；审议表决菏泽市人民政府关于提请任命部分组成人员职务的议案；审议表决关于提请任命法院审判人员职务的报告；审议通过菏泽市第十七届人大常委会代表资格审查委员会关于个别代表的代表资格的报告；审议通过关于决定接受孙寿海辞去市中级人民法院院长职务的报告；审议表决关于市中级人民法院代理院长的提请报告；其他事项。

人事任免

任命：郭景堂为菏泽市人大常委会副秘书长，刘中琴为菏泽市人大常委会农业与农村工作委员会副主任。

决定任命：郭保存为菏泽市经济和信息化委员会主任，史步军为菏泽市人力资源和社会保障局局长，王乃光为菏泽市城乡建设局局长，姜守民为菏泽市城市管理局局长，练建军为菏泽市住房保障和房产管理局局长，李怀堂为菏泽市交通运输局局长，胡钦畅为菏泽市商务局局长，陈庆勇为菏泽市文化广电新闻出版局局长，史国生为菏泽市食品药品监督管理局局长，沙启忠为菏泽市民族宗教事务局局长，宋波为菏泽市人民防空办公室主任。

任命：王玮为菏泽市中级人民法院审判员、审判委员会委员、副院长、代理院长。

决定：接受孙寿海辞去菏泽市中级人民法院院长职务的请求，报市十七届人民代表大会第四次会议备案。

市十七届人大常委会第十七次会议

2010年2月26日，菏泽市第十七届人大常委会第十七次会议在菏泽市人大常委会五楼会议室召开。市人大常委会第一副主任杨永昌主持会议，副主任汤建梅、邵好学、刘金俊、李玉华、马春田、彭靖华，秘书长赵普出席会议。市委常委、市人民政府副市长李卫国，市中级人民法院院长王玮，市人民检察院检察长丁伟民列席会议。

会议议程

听取审议市政府关于消防工作的报告；听取审议市政府关于民族工作情况的报告；人事任免事项；其他事项。

人事任免

任命：张捍民、陈天生、胡彩云、袁建东、逯其彦为菏泽市人民检察院检察委员会委员，陈天生、赵华峰、刘峰、程秀立、张玉林、黄启军、黄贤亭、董雪凝、曲海舰为菏泽市人民检察院检察员，刘玉佩、高利军为菏泽经济开发区人民检察院检察委员会委员，马玲、田连合、范莹、安伟杰、张莉、乔建设为菏泽经济开发区人民检察院检察员。

免去：陶学森的菏泽市人民检察院检察员职务。

批准任命：郑建生为成武县人民检察院检察长。

批准：陈天生辞去成武县人民检察院检察长职务。

市十七届人大常委会第十八次会议

2010年4月13日，菏泽市第十七届人大常委会第十八次会议在菏泽市人大常委会五楼会议室召开。市人大常委会第一副主任杨永昌主持会议，副主任汤建梅、邵好学、刘金俊、李玉华、马春田、彭靖华，秘书长赵普出席会议。市人民政府副市长段伯汉、市中级人民法院院长王玮、市人民检察院副检察长董瑞钦列席会议。

会议议程

听取审议市政府关于强农惠农政策落实情况的报告；听取审议市政府关于全市交通公路工作情况的报告；审议通过菏泽市人大常委会关于对市政府贯彻实施节约能源法情况的执法检查报告；审议通过市政府关于菏泽开发区和牡丹区污水处理厂污水处理费列入财政预算的议案；人事任免事项；其他事项。

会议决议

菏泽市人大常委会关于将菏泽开发区和牡丹区污水处理厂污水处理费列入财政预算的决议

《菏泽市人民政府关于将菏泽开发区和牡丹区污水处理厂污水处理费列入财政预算的议案》，已经市十七届人大常委会第十八次会议审议通过。

会议认为，菏泽开发区和牡丹区污水处理厂的建设，能够有效解决两区工业、生活污水处理问题，对改善我市城市水质环境，提高两区工业项目承载能力，推动我市经济社会可持续发展将起到重要作用。会议同意将菏泽开发区和牡丹区污水处理厂污水处理费列入“城乡社区事务——其他城乡社区公共设施支出”预算科目，支付来源为我市每年收取两区工业企业的污水处理费。

会议要求，市政府及有关部门和两区要全力推进工程建设进度，认真履行相关协议，专款专用，确保两区污水处理厂建成后正常运行。

人事任免

免去：李旭光的菏泽市中级人民法院副院长、审判委员会委员职务，李良运的菏泽市中级人民法院审判委员会委员、审判员职务，李立森的菏泽市中级人民法院审判员职务，宋玉香的菏泽市中级人民法院审判员职务。

市十七届人大常委会第十九次会议

2010年6月24日，菏泽市第十七届人大常委会第十九次会议在菏泽市人大常委会五楼会议室召开。市人大常委会第一副主任杨永昌主持会议，副主任汤建梅、李玉华、马春田、彭靖华，秘书长赵普出席会议。市委常委、市人民政府副市长李卫国，市中级人民法院院长王玮，市人民检察院副检察长范玉国列席会议。

2010年6月24日，市十七届人大常委会第十九次会议召开

会议议程

听取审议市政府关于2009年财政决算（草

案）的报告；听取审议市政府关于2009年度市级预算执行和其他财政收支情况的审计工作报告;审议通过《菏泽市市级预算审查监督办法（修订草案）》；审议通过市政府关于贯彻落实市人大常委会对消防工作情况和民族工作情况报告审议意见的报告；审议通过市政府关于贯彻落实市人大常委会对强农惠农政策落实情况和全市交通公路工作审议意见的报告；审议通过市政府关于落实市人大常委会节约能源法执法检查反馈意见情况的报告；人事任免事项；其他事项。

会议决议

菏泽市人大常委会关于批准菏泽市2009年市级财政决算的决议

菏泽市第十七届人大常委会第十九次会议听取市财政局局长赵传山受市政府委托所作的《关于菏泽市2009年财政决算的报告》和市审计局局长陶体华受市政府委托所作的《关于2009年度市级预算执行和其他财政收支情况的审计工作报告》。会议结合审议审计工作报告，对菏泽市2009年市级财政决算报告进行审查。决定批准菏泽市2009年市级财政决算。

人事任免

决定任命：郭保存为菏泽市水利局局长。

决定免去：郭保存的菏泽市经济和信息化委员会主任职务，王振钦的菏泽市水利局局长职务。

市十七届人大常委会第二十次会议

2010年8月18日，菏泽市第十七届人大常委会第二十次会议在菏泽市人大常委会五楼会议室召开。市人大常委会第一副主任杨永昌主持会议，副主任汤建梅、邵好学、刘金俊、李玉华、马春田、彭靖华，秘书长赵普出席会议。市委常委、市人民政府副市长李卫国，市中级人民法院院长王玮，市人民检察院检察长丁伟民列席会议。

会议议程

听取审议市政府关于2010年全市上半年国民经济和社会发展计划执行情况的报告；听取审议市政府关于菏泽市2010年上半年财政预算执行情况的报告；听取审议市中级人民法院关于全市法院执行工作情况的报告；听取审议市人民检察院关于全市检察机关开展法律监督工作情况的报告；审议通过关于菏泽市与濮阳市缔结友好城市的议案；审议通过菏泽市第十七届人大常委会代表资格审查委员会关于邹成传的代表资格终止的报告；其他事项。

2010年8月18日，市十七届人大常委会第二十次会议召开

会议决定

菏泽市人大常委会关于批准菏泽市与濮阳市缔结友好城市的决定

菏泽市第十七届人大常委会第二十次会议听取审议市政府《关于提请审议菏泽市与濮阳市缔结友好城市的议案》。

会议认为，菏泽市与濮阳市同属于中原经济区和大京九协作带，在经济社会发展上具有良好的合作基础和较强的互补性，两市缔结为友好城市，有利于在招商引资、商贸物流、基础设施建设、文化旅游等方面的合作，对促进两市经济社会发展具有重大意义。为进一步巩固发展两市的友好合作关系，促进两市在经济、社会、文化等领域的共同繁荣和发展，会议决定批准菏泽市与濮阳市缔结为友好城市，由市人民政府按照有关程序办理。

市十七届人大常委会第二十一次会议

2010年9月30日，菏泽市第十七届人大常委会第二十一次会议在菏泽市人大常委会五楼会议室召开。市人大常委会第一副主任杨永昌主持会议，副主任汤建梅、邵好学、刘金俊、李玉华、马春田、彭靖华，秘书长赵普出席会议。市委常委、市人民政府常务副市长刘勇列席会议。

会议议程

审议表决关于提请审议李卫国、朱培吉辞去菏泽市人民政府副市长职务的报告；审议表决关于提请任命付伟职务的议案。

人事任免

决定：接受李卫国、朱培吉辞去菏泽市人民政府副市长职务的请求，报菏泽市第十七届人民代表大会第五次会议备案。

决定任命：付伟为菏泽市人民政府副市长。

市十七届人大常委会第二十二次会议

2010年10月26日，菏泽市第十七届人大常委会第二十二次会议在菏泽市人大常委会五楼会议室召开。市人大常委会第一副主任杨永昌主持会议，副主任汤建梅、邵好学、刘金俊、李玉华、马春田、彭靖华，秘书长赵普出席会议。市委常委、市人民政府常务副市长刘勇，市中级人民法院副院长李维，市人民检察院副检察长范玉国列席会议。

会议议程

听取审议市政府关于菏泽市国民经济和社会发展“十一五”规划实施和“十二五”规划编制情况的报告；听取审议市政府关于人民群众切身利益的十项重点民生工作进展情况的报告；听取审议市政府关于全市“五五”普法依法治理工作情况的报告；听取审议市政府关于“一六五五”企业成长计划进展情况的报告；审议通过菏泽市人民政府关于提请审议菏泽市与俄罗斯联邦奥廖尔市缔结友好城市的议案；人事任免事项；其他事项。

会议决定

菏泽市人大常委会关于批准菏泽市与俄罗斯联邦奥廖尔市缔结友好城市的决定

菏泽市第十七届人大常委会第二十二次会议听取审议市人民政府《关于提请审议菏泽市与俄罗斯联邦奥廖尔市缔结友好城市的议案》。会议认为，菏泽市与奥廖尔市在机械制造、林木和农产品深加工等领域有较强的互补性和巨大的合作潜力，合作前景非常广阔。两市缔结为友好城市，有利于进一步巩固和发展两市的友好合作关系，推进两市在更高层次、更宽广领域的合作与交流，促进两市经济社会共同繁荣和发展。会议决定批准菏泽市与俄罗斯联邦奥廖尔市缔结为友好城市，由市人民政府按照有关程序办理。

人事任免

任命：翟福利、李伟、李娟、孟中文、付继坤、陈国梁、张景增、沈家林、刘文义、范平、张焱、朱来启、曾广国、庞子惠、王越、李传占、杜保生、侯铮、李爱萍、高永燕、郑子昌、盛长新为菏泽经济开发区人民法院人民陪审员。

市十七届人大常委会第二十三次会议

2010年12月31日，菏泽市第十七届人大常委会第二十三次会议在菏泽市人大常委会五楼会议室召开。市人大常委会第一副主任杨永昌主持会议，副主任汤建梅、邵好学、刘金俊、李玉华、马春田、彭靖华，秘书长赵普出席会议。市人民政府副市长黄秀玲、市中级人民法院副院长王思明、市人民检察院副院长王乾列席会议。

会议议程

审议通过市政府关于贯彻落实市人大常委会对食品安全和安全生产视察、“四大基地一大产业”重点项目和城镇建设重点工程视察反馈意见的报告；表决市人大常委会2010年度票决事项；表决人事任免案；其他事项。

人事任免

决定任命：吴修印为菏泽市人民政府办公室主任。

决定免去：曹升灵的菏泽市人民政府办公室主任职务。

任命：朱庆安为菏泽市人民检察院副检察长、检察委员会委员、检察员。

决定：接受丁伟民辞去菏泽市人民检察院检察长职务的请求，报菏泽市第十七届人民代表大会第五次会议备案，并报经山东省人民代表大会常务委员会批准。

市十七届人大常委会第二十四次会议

2011 年 1 月 13 日，菏泽市第十七届人大常委会第二十四次会议在菏泽牡丹大酒店召开。市人大常委会党组书记、第一副主任杨永昌主持会议，副主任邵好学、李玉华、马春田、彭靖华，秘书长赵普出席会议。市委副书记孙爱军，市人民政府副市长黄秀玲，市中级人民法院院长王玮，市人民检察院党组书记、副检察长朱庆安列席会议。

2011 年 1 月 13 日，市十七届人大常委会第二十四次会议召开

会议议程

表决市人大常委会 2010 年度票决事项；审议通过关于召开市十七届人大五次会议的决定（草案）；审议通过市十七届人大五次会议主席团、秘书长建议名单，决定提请大会预备会议通过；审议通过市十七届人大五次会议列席人员范围；审议通过市十七届人大五次会议议案审查委员会和计划、预算审查委员会建议名单，决定提请大会预备会议通过；审议菏泽市人大常委会工作报告（审议稿），决定提请市十七届人大五次会议审议；审议通过菏泽市人大常委会 2011 年工作计划（要点）（草案）；审议通过菏泽市第十七届人民代表大会常务委员会代表资格审查委员会关于个别代表的代表资格的报告；审议表决通过菏泽市第十七届人民代表大会第四次会议代表建议、批评和意见办理情况的报告；其他事项。

会议决定

菏泽市人大常委会关于召开菏泽市第十七届人民代表大会第五次会议的决定

市十七届人大常委会第二十四次会议确定，菏泽市第十七届人民代表大会第五次会议，于 2011 年 1 月 20 日至 23 日在菏泽召开，会议的建议议程是：一、听取和审议菏泽市人民政府工作报告；二、审议菏泽市人民政府关于菏泽市国民经济和社会发展第十二个五年规划纲要（草案），审查批准菏泽市国民经济和社会发展第十二个五年规划纲要；三、审议菏泽市人民政府关于菏泽市 2010 年国民经济和社会发展计划执行情况与 2011 年计划草案的报告，审查、批准菏泽市 2010 年国民经济和社会发展计划执行情况的报告与 2011 年计划；四、审议菏泽市人民政府关于菏泽市 2010 年预算执行情况和 2011 年预算草案的报告，审查菏泽市 2010 年预算执行情况的报告和 2011 年预算草案，批准菏泽市 2010 年市级预算执行情况的报告和 2011 年市级预算；五、听取和审议菏泽市人民代表大会常务委员会工作报告；六、听取和审议菏泽市中级人民法院工作报告；七、听取和审议菏泽市人民检察院工作报告；八、选举事项；九、其他事项。

市十七届人大常委会第二十五次会议

2011 年 3 月 3 日，菏泽市第十七届人大常委会第二十五次会议在菏泽市人大常委会五楼会议室召开。市人大常委会党组书记、第一副主任杨永昌主持会议，副主任邵好学、彭靖华，秘书长赵普出席会议。市人民政府副市长王桂松、市人民检察院检察长朱庆安、市中级人民法院副院长李维列席会议。

2011 年 3 月 3 日，市十七届人大常委会第二十五次会议召开

会议议程

传达省十一届人大四次会议精神；听取审议市政府关于物价工作情况的报告；听取审议市政府关于实行最严格水资源管理制度工作情况的报告；人事任免事项；其他事项。

人事任免

任命：邵好学为菏泽市人大常委会预算工作委员会主任（兼），彭华、冯建云为菏泽市人大常委会预算工作委员会副主任；马春田为菏泽市人大常委会人事代表工作委员会主任（兼），李建国、朱洪亮、陈化明为菏泽市人大常委会人事代表工作委员会副主任；彭靖华为菏泽市人大常委会财政经济工作委员会主任（兼），丁志刚为菏泽市人大常委会城乡建设环境保护工作委员会主任，秦玉亭为菏泽市人大常委会城乡建设环境保护工作委员会副主任；安克林为菏泽市人大常委会内务司法工作委员会副主任；梁志成、王敏英为菏泽市人大常委会民族侨务外事工作委员会副主任。

免去：刘金俊的菏泽市人大常委会城乡建设环境保护工作委员会主任职务，党文生的菏泽市人大常委会城乡建设环境保护工作委员会副主任职务，李玉华的菏泽市人大常委会财政经济工作委员会主任职务，郭志民的菏泽市人大常委会财政经济工作委员会副主任职务。

决定：接受段伯汉辞去菏泽市人民政府副市长职务的请求，接受耿振华辞去菏泽市人大常委会委员职务的请求，报菏泽市第十七届人民代表大会第六次会议备案。

决定任命：阎凌为菏泽市经济和信息化委员会主任，耿振华为菏泽市科学技术局局长，康兵为菏泽市司法局局长。

决定免去：彭华的菏泽市科学技术局局长职务，梁志成的菏泽市司法局局长职务。

市十七届人大常委会第二十六次会议

2011 年 4 月 25 日，菏泽市第十七届人大常委会第二十六次会议在菏泽市人大常委会五楼会议室召开。市人大常委会党组书记、第一副主任杨永昌主持会议，副主任汤建梅、邵好学、马春田、彭靖华，秘书长赵普出席会议。市人民政府副市长王桂松、市中级人民法院院长王玮、市人民检察院检察长朱庆安列席会议。

会议议程

听取审议市政府关于商务工作情况的报告；听取审议市中级人民法院关于立案审判工作情况的报告；听取审议市人民检察院关于反贪污贿赂工作情况的报告；人事任免事项；其他事项。

会议决定

菏泽市人大常委会关于表彰建功立业优秀人大代表的决定

2010 年以来，我市各级人大代表在中共菏泽市委的领导下，积极响应市人大常委会开展建功立业活动的号召，认真履行代表职责，积极参与“五大基地一大产业”建设，充分发挥人大代表的模范带头作用。根据市人大常委会关于人大代表建功立业活动优秀代表评选办法的要求，各选举单位积极参与优秀人大代表的推荐工作，并及时报送有关材料。市人大代表建功立业活动领导小组对优秀代表候选人逐一评审，最后确定10名优秀代表人选。这些优秀代表中，既有勤政务实的领导干部，也有功勋卓著的企业家；既有财贸金融方面的行家里手，也有从事教书育人的教育工作者。他们抓住机遇，加快发展，爱岗敬业，负重奋进，在各自的工作岗位上取得显著成绩。2011年是“十二五”时期开局之年，我市的发展处于大有可为的重要战略机遇期，既面临难得的历史机遇，也面临诸多风险和挑战。全市各级人大代表要向优秀代表学习，深入学习贯彻党的路线、方针和政策，牢固树立科学发展观，把依法履行代表职责与面临的形势任务紧密结合起来，同心协力，锐意进取，为实现菏泽经济社会更好更快发展做出新的更大的贡献。

建功立业优秀人大代表名单：

牡丹区　冯天杰　菏泽广源铜带股份有限公司董事长

曹　县　刘振义　曹县鲁艺集团公司董事长

定陶县　马法运　定陶县卫生局局长、县人民医院院长

成武县　李洪光　成武县交通运输局党组书记、局长

单　县　刘仰成　单县教育局局长、单县一中校长

巨野县　王志国　巨野县供电公司经理

郓城县　郑从军　郓城县恒基工程机械有限公司董事长

鄄城县　秦朝华　鄄城县第一中学校长

东明县　尚胜友　山东明胜纺织有限公司董事长、总经理

市　直　党明娜　菏泽市银监局局长

人事任免

免去：刘从真、王常贺的菏泽市中级人民法院审判委员会委员、审判员职务，杨方运、张仲平、王安生的菏泽市中级人民法院审判员职务。

任命：刘东平、张敬艳为菏泽市人民检察院副检察长、检察委员会委员、检察员。

市十七届人大常委会第二十七次会议

2011年6月28日，菏泽市第十七届人大常委会第二十七次会议在菏泽市人大常委会五楼会议室召开。市人大常委会党组书记、第一副主任杨永昌主持会议，副主任汤建梅、邵好学、马春田、彭靖华，秘书长赵普出席会议。市人民政府副市长黄秀玲、市人民检察院检察长朱庆安、市中级人民法院副院长宋展列席会议。

会议议程

听取审议市政府关于2010年财政决算（草案）的报告；听取审议市政府关于2010年市级预算执行和其他财政收支的审计工作报告；审议通过菏泽市人大常委会关于加强和改进调查研究工作的意见（审议稿）；审议通过菏泽市人大常委会关于深入开展“千件信访案件督办”和“万件社会矛盾化解”活动的意见（审议稿）；审议通过关于对市政府贯彻实施水污染防治法情况的执法检查报告；其他事项。

会议决议

菏泽市人大常委会关于批准菏泽市2010年市级财政决算的决议

菏泽市第十七届人大常委会第二十七次会议听取市财政局局长赵传山受市政府委托所作的《关于菏泽市2010年财政决算的报告》和市审计局局长陶体华受市政府委托所作的《关于2010年度市级预算执行和其他财政收支情况的审计工作报告》。会议结合审计工作报告，对菏泽市

2010年市级财政决算报告进行审查。决定批准菏泽市2010年市级财政决算。

市十七届人大常委会第二十八次会议

2011年8月29日，菏泽市第十七届人大常委会第二十八次会议在菏泽市人大常委会五楼会议室召开。市人大常委会党组书记、第一副主任杨永昌主持会议，副主任汤建梅、邵好学、马春田、彭靖华，秘书长赵普出席会议。市人民政府副市长黄秀玲、市中级人民法院副院长李维、市人民检察院副检察长范玉国列席会议。

会议议程

听取审议市政府关于2011年上半年全市国民经济和社会发展计划执行情况的报告；听取审议市政府关于2011年上半年预算执行情况的报告；听取审议市政府关于全市住房保障工作情况的报告；其他事项。

市十七届人大常委会第二十九次会议

2011年10月18日，菏泽市第十七届人大常委会第二十九次会议在菏泽市人大常委会五楼会议室召开。市人大常委会党组书记、第一副主任杨永昌主持会议，副主任汤建梅、马春田、彭靖华，秘书长赵普出席会议。市人民政府副市长黄秀玲、市中级人民法院副院长王思明、市人民检察院副检察长董瑞钦列席会议。

2011年10月18日，市十七届人大常委会第二十九次会议召开

会议议程

听取审议市政府关于全市基础教育和农村卫生工作情况的报告；听取审议市政府关于“一六五五”企业成长计划进展情况的报告；听取审议市政府关于“六五”普法、2011—2015年依法治市规划情况的报告；人事任免事项；其他事项。

会议决议

菏泽市人大常委会关于在全市公民中深入开展第六个五年法制宣传教育的决议

2006年至2010年，我市法制宣传教育第五个五年规划已经顺利完成，取得明显成效，在落实依法治国基本方略、促进经济社会更好更快发展、维护社会和谐稳定中发挥重要作用。中国特色社会主义法律体系形成后，加强法制宣传教育、确保法律有效实施尤为迫切和重要。为深入实施依法治国基本方略，加快依法治市进程，增强全社会法治观念，有必要从2011年至2015年在全市公民中组织实施法制宣传教育第六个五年规划。为此，特作决议如下：

一、深入学习宣传以宪法为统帅的中国特色社会主义法律体系。以中国特色社会主义法律体系的形成为契机，在全社会掀起新一轮法制宣传教育的高潮。要突出抓好中国特色社会主义法律体系重大意义、基本经验、基本构成、基本特征的学习宣传，形成学法守法用法的社会风尚；突出抓好宪法确立的我国的国体、政体、基本政治制度、基本经济制度、公民的基本权利义务等内容和精神的学习宣传，形成崇尚宪法、遵守宪法、维护宪法权威的浓厚氛围；紧紧围绕“五大基地一大产业”和工业化城镇化战略实施，突出抓好国家基本法律和促进经济发展、保障改善民生、加强社会管理相关法律法规的学习宣传，为我市打造鲁苏豫皖交界地区科学发展高地营造良好的法治环境。深入开展社会主义法治理念教育，加强反腐倡廉法制宣传教育，不断增强各级领导干部和公务员的大局意识、法治意识和反腐倡廉意识，提高依法行政和廉洁自律的自觉性。

二、进一步增强法制宣传教育的针对性和实效性。要把法制宣传教育作为深化“平安菏泽”建设的一项重要内容，在对一切有接受教育能力的公民进行法制宣传教育的基础上，重点加强对领导干部、公务员、青少年、企事业经营管理人员、农民和社会特殊群体的法制宣传教育。广大公务员尤其是各级领导干部要带头学习宪法和与履行职责相关的法律法规，增强依法决策、依法行政、公正司法的能力，不断改善领导方式和执政方式，作学法守法用法的表率。要根据青少年的身心特点和接受能力，结合道德品质教育和公民意识教育，有针对性地加强法制宣传教育，努力培养青少年遵纪守法的行为习惯。企业经营管理人员、事业单位和新经济、新社会组织管理人员应当重点学习掌握与市场经济、经营管理相关的法律法规，增强诚信守法、依法管理、依法经营的观念。要在农民和社会特殊群体中重点宣传与生产生活密切相关的法律法规，引导依法维护权益、依法表达诉求、依法化解纠纷，提高参与基层自治和其他社会管理活动的意识与能力。

三、进一步丰富法制宣传教育的形式和载体。要积极推进社会主义法治文化建设，坚持贴近基层、贴近群众、贴近生活，扎实开展法制宣传教育活动，力戒形式主义。广播、电视、报刊等各类媒体要切实履行好社会责任，广泛开展公益性法制宣传教育。要充分发挥互联网、移动媒体等新兴媒体的特点和优势，针对不同群体，积极开展法制宣传教育。要努力办好普法网站，发挥政府网及门户网站在法制宣传中的重要平台和示范带动作用。鼓励、支持、引导和组织各类文化团体参与法治文化建设，丰富法制宣传教育进机关、进学校、进企业、进单位、进乡村、进社区的内容和形式，完善并落实公务员学法考法制度，进一步加强城乡法制宣传教育阵地、法制宣传教育讲师团和志愿者队伍建设，加强法制宣传教育工作研究，推进法制宣传教育工作的制度化、规范化和法制化。

四、坚持法制教育与法治实践相结合，深入推进法治菏泽建设。认真贯彻落实《菏泽市2011—2015年依法治市规划》，深化法治城市、法治县区创建活动，推进经济、政治、文化、生态、社会法治化建设。开展“依法行政示范单位”“诚信守法企业”“依法治校示范单位”创建活动，推动各行业、部门、单位结合自身特点开展依法治理。开展“民主法治示范村（社区）”创建活动，推进基层依法治理和民主法治建设。围绕社会热点难点问题，组织开展专项治理活动，提高全社会法治化管理水平。

五、强化法制宣传教育工作的组织领导和保障机制。要把法制宣传教育纳入当地国民经济和社会发展规划，纳入政府目标管理，进一步健全完善组织领导和运行机制，落实牵头部门责任制，加强执法主体的法制宣传教育责任，加强各部门间的协调配合，形成工作合力。各国家机关、群众团体、企事业单位和社会组织，都要高度重视法制宣传教育工作，积极组织开展本部门、本单位以及面向社会的法制宣传教育，鼓励和引导各类社会组织和公民个人参与、支持法制宣传教育工作。要加强普法机构队伍建设，各级普法办公室立户列编，配备专职主任或副主任。建立市县两级法制宣传教育人才库，发展壮大法制宣传志愿者队伍，组织动员全社会力量参与法制宣传教育。要把法制宣传教育经费列入本级政府财政预算，切实予以保障。“六五”普法期间，市级普法经费按普法对象年人均不低于0.2元，县级经费按年人均不低于0.3元拨付。各部门、各单位要结合自身实际，统筹安排经费和人员，保证法制宣传教育工作正常开展。

六、加强对本决议贯彻实施情况的监督检查。要进一步完善法制宣传教育考核评估机制，加强年度考核、阶段性检查。各级人民政府要切实组织实施好法制宣传教育第六个五年规划，做好中期督导检查和终期评估验收，并向本级人民代表大会常务委员会报告。各级人民代表大会及其常务委员会要充分运用执法检查、听取和审议工作报告以及组织代表视察、专题调研等形式，加强对法制宣传教育工作的监督检查，保证本决议切实得到贯彻落实。

菏泽市人大常委会关于菏泽市 2011—2015 年依法治市规划的决议

菏泽市第十七届人民代表大会常务委员会第二十九次会议经过审议，决定通过《菏泽市 2011—2015 年依法治市规划》，由菏泽市人民政府、菏泽市中级人民法院、菏泽市人民检察院组织实施。

人事任免

免去：范德平、于玉才、张明珠的菏泽市中级人民法院审判委员会委员、审判员职务，王显玉的菏泽市中级人民法院审判员职务。

市十七届人大常委会第三十次会议

2011 年 12 月 16 日，菏泽市第十七届人大常委会第三十次会议在菏泽市人大常委会五楼会议室召开。市人大常委会党组书记、第一副主任杨永昌主持会议，副主任汤建梅、邵好学、马春田、

2011 年 12 月 16 日，市十七届人大常委会第三十次会议召开

彭靖华、秘书长赵普出席会议。市委常委、组织部部长胡上山，市委常委、市人民政府副市长付伟，市人民检察院检察长朱庆安列席会议。

会议议程

审议表决关于提请任命孙爱军职务的议案；审议表决关于提请审议刘士合辞去菏泽市人民政府市长职务的报告；审议表决关于提请决定菏泽市人民政府副市长孙爱军为代理市长的报告；其他事项。

人事任免

决定：接受刘士合辞去菏泽市人民政府市长职务的请求，报菏泽市第十八届人民代表大会第一次会议备案。

决定任命：孙爱军为菏泽市人民政府副市长、代理市长。

市十七届人大常委会第三十一次会议

2011 年 12 月 27 日，菏泽市第十七届人大常委会第三十一次会议在菏泽市人大常委会五楼会议室召开。市人大常委会党组书记、第一副主任杨永昌主持会议，副主任汤建梅、邵好学、马春田、彭靖华，秘书长赵普出席会议。市人民政府特邀咨询童彩云、市中级人民法院院长王玮、市人民检察院检察长朱庆安列席会议。

会议议程

审议通过《菏泽市人大常委会听取和审议专项工作报告暂行办法》等 7 项工作制度；表决市人大常委会 2011 年度票决事项；审议表决菏泽市人民政府关于落实 2010 年财政决算（草案）报告审议意见的报告、菏泽市中级人民法院关于贯彻落实市人大常委会对全市法院立案审判工作报告审议意见情况的报告、菏泽市人民检察院关于贯彻落实市人大常委会对全市检察机关反贪污贿赂工作报告审议意见情况的报告等七项工作报告；人事任免事项；其他事项。

人事任免

免去：徐青峰的菏泽市中级人民法院审判委员会委员、民事审判第四庭庭长、审判员职务，杜勇、沙向东的菏泽市中级人民法院审判员职务。

市十七届人大常委会第三十二次会议

2012年1月16日，菏泽市第十七届人大常委会第三十二次会议在菏泽牡丹大酒店召开。市人大常委会党组书记、第一副主任杨永昌主持会议，副主任汤建梅、邵好学、马春田、彭靖华，秘书长赵普出席会议。市委常委、市人民政府常务副市长刘勇，市人民检察院检察长朱庆安，市中级人民法院副院长宋展列席会议。

会议议程

审议通过关于召开市十八届人大一次会议的决定（草案）；审议通过市十八届人大一次会议主席团、秘书长建议名单，决定提请大会预备会议通过；审议通过市十八届人大一次会议建议列席人员范围；审议通过市十八届人大一次会议议案审查委员会和计划、预算审查委员会建议名单，决定提请大会预备会议通过；审议通过菏泽市人大常委会工作报告（审议稿），决定提请市十八届人大一次会议审议；审议通过关于市十八届人大代表的代表资格的审查报告；审议通过关于市十七届人大五次会议代表建议、批评和意见办理情况的报告；审议通过菏泽市人大常委会2012年工作计划（要点）（草案）；表决市人大常委会2011年度票决事项；人事任免事项；其他事项。

会议决定

菏泽市人大常委会关于召开菏泽市第十八届人民代表大会第一次会议的决定

菏泽市第十八届人民代表大会第一次会议定于2012年2月8日至12日在菏泽大剧院召开，时间5天。会议的主要建议议程为：一、听取和审议菏泽市人民政府工作报告；二、审议菏泽市人民政府关于菏泽市2011年国民经济和社会发展计划执行情况与2012年计划草案的报告，审查、批准菏泽市2011年国民经济和社会发展计划执行情况的报告与2012年计划；三、审议菏泽市人民政府关于菏泽市2011年预算执行情况和2012年预算草案的报告，审查菏泽市2011年预算执行情况的报告和2012年预算草案，批准菏泽市2011年市级预算执行情况的报告和2012年市级预算；四、听取和审议菏泽市人民代表大会常务委员会工作报告；五、听取和审议菏泽市中级人民法院工作报告；六、听取和审议菏泽市人民检察院工作报告；七、选举事项；八、其他事项。

人事任免

决定任命：单立新为菏泽市公安局局长。

决定免去:刘新云的菏泽市公安局局长职务。

批准任命：张敬艳为牡丹区人民检察院检察长，刘绍军为曹县人民检察院检察长，袁建东为定陶县人民检察院检察长，吴三军为成武县人民检察院检察长，郑建生为单县人民检察院检察长，周文伟为巨野县人民检察院检察长，逯其彦为郓城县人民检察院检察长，赵东为鄄城县人民检察院检察长，张光辉为东明县人民检察院检察长。

免去：刘绍军的菏泽经济开发区人民检察院副检察长职务。

第四节 第十八届人大常委会历次会议
（2012.2—2017.2）

市十八届人大常委会第一次会议

2012年3月27日，菏泽市第十八届人大常委会第一次会议在菏泽市人大常委会五楼会议室召开。市人大常委会党组书记、第一副主任杨永昌主持会议，副主任兼秘书长赵传山，副主任汤建梅、丁志刚、孙忠生出席会议。市委常委、市人民政府常务副市长段伯汉，市中级人民法院院长王玮，市人民检察院检察长朱庆安列席会议。

2012 年 3 月 27 日，市十八届人大常委会第一次会议召开

会议议程

人事任免事项；传达学习十一届全国人大五次会议精神；通报市人大常委会相关重点工作；其他事项。

人事任免

任命：孙忠生为菏泽市人大常委会财政经济工作委员会主任、农业与农村工作委员会主任，赵传山为菏泽市人大常委会预算工作委员会主任、内务司法工作委员会主任，彭靖华为菏泽市人大常委会人事代表工作委员会主任，丁志刚为菏泽市人大常委会教育科学文化卫生人口工作委员会主任、城乡建设环境保护工作委员会主任，汤建梅为菏泽市人大常委会民族侨务外事工作委员会主任，赵晓英、王令海、范新印为菏泽市人大常委会财政经济工作委员会副主任，彭华、张甦为菏泽市人大常委会预算工作委员会副主任，季敬存、高艳民、陈化明为菏泽市人大常委会人事代表工作委员会副主任，焦守进、安克林、李金民为菏泽市人大常委会内务司法工作委员会副主任，李怀堂、刘彬为菏泽市人大常委会教育科学文化卫生人口工作委员会副主任，潘信文为菏泽市人大常委会农业与农村工作委员会副主任，王利言、吴东华、秦玉亭为菏泽市人大常委会城乡建设环境保护工作委员会副主任，梁志成、李兆成、王敏英为菏泽市人大常委会民族侨务外事工作委员会副主任，刘祥德、许素洋、郭景堂、田文建、王清华为菏泽市人大常委会副秘书长。

免去：邵好学的菏泽市人大常委会预算工作委员会主任、教育科学文化卫生人口工作委员会主任职务，马春田的菏泽市人大常委会人事代表工作委员会主任、农业与农村工作委员会主任职务，彭靖华的菏泽市人大常委会财政经济工作委员会主任、内务司法工作委员会主任职务，宋绍先、陈志起的菏泽市人大常委会财政经济工作委员会副主任职务，冯建云的菏泽市人大常委会预算工作委员会副主任职务，李建国、朱洪亮的菏泽市人大常委会人事代表工作委员会副主任职务，张友海、刘承贵的菏泽市人大常委会内务司法工作委员会副主任职务，刘付德、赵和平、贾庆军的菏泽市人大常委会教育科学文化卫生人口工作委员会副主任职务，张保德、赵锋利、刘中琴的菏泽市人大常委会农业与农村工作委员会副主任职务，宋占良、王泽启的菏泽市人大常委会城乡建设环境保护工作委员会副主任职务，曹修寅的菏泽市人大常委会民族侨务外事工作委员会副主任职务。

决定任命：郭保存为菏泽市人民政府秘书长，吴修印为菏泽市人民政府办公室主任，张培华为菏泽市发展和改革委员会主任，闫凌为菏泽市经济和信息化委员会主任，张修田为菏泽市教育局局长，耿振华为菏泽市科学技术局局长，单立新为菏泽市公安局局长，陈建华为菏泽市监察局局长，李士三为菏泽市民政局局长，康兵为菏泽市司法局局长，周铁伦为菏泽市财政局局长，史步军为菏泽市人力资源和社会保障局局长，闫传银为菏泽市安全生产监督管理局局长，李玉明为菏泽市国土资源局局长，崔学民为菏泽市规划局局长，王乃光为菏泽市城乡建设局局长，姜守民为菏泽市城市管理局局长，练建军为菏泽市住房保障和房产管理局局长，程传政为菏泽市交通运输局局长，张钢强为菏泽市农业局局长，胡钦畅为菏泽市商务局局长，陈庆勇为菏泽市文化广电新闻出版局局长，史国生为菏泽市食品药品监督管理局局长，乔廷龙为菏泽市人口和计划生育委员会主任，杨晓玲为菏泽市审计局局长，杨自源为菏泽市环境保护局局长，沙启忠为菏泽市民族宗教事务局局长，张魁为菏泽市体育局局长，张代卿为菏泽市林业局局长，朱峰为菏泽市人民政府外事侨务办公室主任，宋波为菏泽市人民防空办公室主任。

市十八届人大常委会第二次会议

2012年5月17日，菏泽市第十八届人大常委会第二次会议在菏泽市人大常委会五楼会议室召开。市人大常委会党组书记、第一副主任杨永昌主持会议，副主任兼秘书长赵传山，副主任丁志刚、孙忠生出席会议。市人大常委会党组副书记彭靖华，市人民政府副市长王桂松、市人民检察院检察长朱庆安、市中级人民法院副院长宋展列席会议。

2012年5月17日，市十八届人大常委会第二次会议召开

会议议程

听取审议市政府关于文化事业和产业改革发展工作情况的报告；听取审议市中级人民法院关于诉前调解工作情况的报告；听取审议市人民检察院关于民事行政检察工作情况的报告；审议通过市政府关于提请将菏泽城区污水管网泵站及城市防汛应急工程BT项目回收款列入财政土地收益预算的议案；审议通过《菏泽市人大常委会关于打造鲁苏豫皖交界地区人大工作创新高地的实施意见（审议稿）》；人事任免事项；其他事项。

会议决议

菏泽市人大常委会关于批准将菏泽城区污水管网泵站及城市防汛应急工程BT项目回收款列入财政土地收益预算的决议

《菏泽市人民政府关于提请将菏泽城区污水管网泵站及城市防汛应急工程BT项目回收款列入财政土地收益预算的议案》，已经市十八届人大常委会第二次会议审议通过。

会议认为，采用BT方式建设菏泽城区污水管网、泵站和城市应急防汛工程，对有效改善城市环境、提升城市承载能力，推动我市经济社会可持续发展将起到重要作用。会议同意将城区污水管网泵站及城市防汛应急工程BT项目回收款列入财政土地收益预算，项目建设完成后，市政府在四年内予以回购。

人事任免

决定任命：张善甲为菏泽市安全生产监督管理局局长，王尊亮为菏泽市水利局局长，闫传银为菏泽市卫生局局长，高会峰为菏泽市统计局局长。

决定免去：闫传银的菏泽市安全生产监督管理局局长职务。

任命：杜永宏、陈文法、仵宗立、陈凡岭为菏泽市中级人民法院审判员、审判委员会委员。

免去：王成贵的菏泽市中级人民法院审判委员会委员、审判员职务。

任命：张新德为菏泽经济开发区人民检察院检察长、检察委员会委员、检察员，许澎涛、韩文进、李爱国、辛同军为菏泽市人民检察院检察委员会委员、检察员，燕玉杰为菏泽市人民检察院检察委员会委员。

免去：杨依柱的菏泽经济开发区人民检察院检察长、检察委员会委员职务，袁建东、逯其彦的菏泽市人民检察院检察委员会委员、检察员职务。

市十八届人大常委会第三次会议

2012 年 7 月 6 日，菏泽市第十八届人大常委会第三次会议在菏泽市人大常委会五楼会议室召开。市人大常委会党组书记、第一副主任杨永昌主持会议，副主任兼秘书长赵传山，副主任汤建梅、孙忠生出席会议。市委常委、市人民政府副市长付伟，市人大常委会党组副书记彭靖华，市中级人民法院院长王玮，市人民检察院副检察长范玉国列席会议。

2012 年 7 月 6 日，市十八届人大常委会第三次会议召开

会议议程

听取审议市政府关于 2011 年财政决算（草案）的报告；听取审议市政府关于 2011 年市级预算执行和其他财政收支的审计报告；听取审议市政府关于金融工作情况的报告；其他事项。

决议决定

菏泽市人大常委会关于批准菏泽市 2011 年市级财政决算的决议

菏泽市十八届人大常委会第三次会议听取市政府《关于菏泽市 2011 年财政决算的报告》《关于 2011 年度市级预算执行和其他财政收支情况的审计工作报告》。会议结合审计工作报告，对菏泽市 2011 年市级财政决算报告进行审查。决定批准菏泽市 2011 年市级财政决算。

关于许可对市人大代表宋化军采取强制措施的决定

根据郓城县人大常委会和郓城县公安局的报告，由郓城县选举的市十八届人大代表宋化军涉嫌非法占用农用地罪。依照《中华人民共和国全国人民代表大会和地方各级人民代表大会代表法》的有关规定，经市人大常委会主任会议研究并提交市十八届人大常委会第三次会议审议通过，决定许可对市人大代表宋化军采取刑事拘留等强制措施，暂时停止其执行代表职务。

市十八届人大常委会第四次会议

2012 年 8 月 16 日，菏泽市第十八届人大常委会第四次会议在菏泽市人大常委会五楼会议室召开。市人大常委会党组书记、第一副主任杨永昌主持会议，副主任兼秘书长赵传山，副主任汤建梅、丁志刚、孙忠生出席会议。市委常委、市人民政府常务副市长段伯汉，市人大常委会党组副书记彭靖华，市人民政府副市长王桂松，市中级人民法院副院长宋展，市人民检察院副检察长范玉国列席会议。

会议议程

听取审议市政府关于外事侨务工作情况的报告；听取审议市政府关于 2012 年上半年国民经济和社会发展计划执行情况的报告；听取审议市政府关于 2012 年上半年预算执行情况的报告；审议通过市人大常委会关于对市政府贯彻实施土地管理法情况的执法检查报告（草案）；人事任免事项；其他事项。

人事任免

免去：运献茹的菏泽市中级人民法院民事审判第一庭副庭长、审判员职务。

市十八届人大常委会第五次会议

2012年10月24日，菏泽市第十八届人大常委会第五次会议在菏泽市人大常委会五楼会议室召开。市人大常委会党组书记、第一副主任杨永昌主持会议，副主任兼秘书长赵传山，副主任汤建梅、丁志刚出席会议。市人大常委会党组副书记彭靖华，市人民政府副市长王桂松、市人民检察院检察长朱庆安、市中级人民法院副院长工思明列席会议。

会议议程

听取审议市政府关于“一六五五”企业成长计划进展情况的报告；听取审议市政府关于高新技术产业发展情况的报告；听取审议市政府关于农业基础设施建设工作情况的报告；审议表决市政府关于落实市人大常委会对全市文化事业和产业改革工作情况报告审议意见的报告、市政府关于落实市人大常委会对2011年财政决算（草案）报告审议意见的报告、市政府关于落实市人大常委会对2011年市级预算执行和其他财政收支的审计报告审议意见的报告、市政府关于落实市人大常委会对全市金融工作情况报告审议意见的报告、市政府关于落实市人大常委会对2012年上半年国民经济和社会发展计划执行情况报告审议意见的报告、市中级人民法院关于落实市人大常委会对诉前调解工作情况报告审议意见的报告、市人民检察院关于落实市人大常委会对民事行政检察工作审议意见情况的报告；人事任免事项；其他事项。

会议决定

菏泽市人大常委会关于确认对市人大代表户付生采取刑事拘留等强制措施的决定

由曹县选举的菏泽市第十八届人大代表户付生涉嫌受贿，菏泽市人民检察院提请对其采取刑事拘留等强制措施。市人大常委会主任会议已许可对市人大代表户付生采取强制措施，暂停其执行代表职务。本次常委会予以确认。

人事任免

免去：焦炜华的菏泽市中级人民法院行政审判庭庭长职务，王学忠的菏泽市中级人民法院立案第二庭庭长职务，毛丕家的菏泽市中级人民法院刑事审判第一庭副庭长职务，曹新良的菏泽市中级人民法院刑事审判第二庭副庭长、审判员职务，闫亚红的菏泽市中级人民法院民事审判第一庭副庭长职务，李守臣、刘思静的菏泽市中级人民法院民事审判第三庭副庭长职务，李报录的菏泽市中级人民法院审判监督庭副庭长职务，韩同山的菏泽市中级人民法院执行二庭副庭长职务。

市十八届人大常委会第六次会议

2012年12月26日，菏泽市第十八届人大常委会第六次会议在菏泽市人大常委会五楼会议室召开。市人大常委会党组书记、第一副主任杨永昌主持会议，副主任兼秘书长赵传山，副主任汤建梅、丁志刚、孙忠生出席会议。市人大常委会党组副书记彭靖华，市人民政府副市长黄秀玲、市中级人民法院院长王玮、市人民检察院检察长朱庆安列席会议。

2012年12月26日，市十八届人大常委会第六次会议召开

会议议程

审议确定市十八届人大二次会议召开的有关事宜；审议通过市人大常委会工作报告（审议稿），决定提请市十八届人大二次会议审议；审议通过

市人大常委会2013年工作计划（要点）（草案）；审议通过《菏泽市人大常委会专题询问暂行办法（修订稿）》《菏泽市人大常委会万件社会矛盾化解和千件信访案件督办暂行办法（修订稿）》《菏泽市人大常委会涉法涉诉信访案件督办联席会议制度（草案）》；审议表决市政府关于落实市人大常委会对2012年上半年预算执行情况报告审议意见的报告、市政府关于落实市人大常委会对外事侨务工作情况报告审议意见的报告等7项工作报告；投票确定市人大常委会2012年度票决事项；人事任免事项；其他事项。

会议决定

菏泽市人大常委会关于召开菏泽市第十八届人民代表大会第二次会议的决定

菏泽市第十八届人民代表大会第二次会议定于2013年1月7日至11日在菏泽大剧院召开，时间5天。会议建议议程为：一、听取和审议菏泽市人民政府工作报告；二、审查、批准菏泽市2012年国民经济和社会发展计划执行情况的报告与2013年计划；三、审查菏泽市2012年预算执行情况的报告和2013年预算草案，批准菏泽市2012年市级预算执行情况的报告和2013年市级预算；四、听取和审议菏泽市人民代表大会常务委员会工作报告；五、听取和审议菏泽市中级人民法院工作报告；六、听取和审议菏泽市人民检察院工作报告；七、选举事项；八、其他事项。

人事任免

任命：时维建、付泓炜、刘媛媛为菏泽市人民检察院检察员，沈俊丽、毛玉、姚爱云为菏泽经济开发区人民检察院检察员。

市十八届人大常委会第七次会议

2013年1月4日，菏泽市第十八届人大常委会第七次会议在菏泽市人大常委会五楼会议室召开。市人大常委会党组书记、第一副主任杨永昌主持会议，副主任兼秘书长赵传山，副主任汤建梅、丁志刚、孙忠生出席会议。市委常委、市人民政府副市长付伟，市人大常委会党组副书记彭靖华，市中级人民法院副院长宋展，市人民检察院副检察长范玉国列席会议。

会议议程

听取市政府关于对2012年上半年国民经济和社会发展计划执行情况报告审议意见办理落实情况的报告、市中级人民法院关于对诉前调解工作情况报告审议意见办理落实情况的报告等8项报告；对有关报告进行满意度票决；审议通过关于个别代表的代表资格审查报告；传达学习全市经济工作会议精神；其他事项。

市十八届人大常委会第八次会议

2013年2月26日，菏泽市第十八届人大常委会第八次会议在菏泽市人大常委会五楼会议室召开。市人大常委会党组书记、第一副主任杨永昌主持会议，副主任兼秘书长赵传山，副主任汤建梅、丁志刚、孙忠生出席会议。市人民政府副市长王桂松、市中级人民法院院长王玮、市人民检察院检察长朱庆安列席会议。

会议议程

听取审议市政府关于社会治安工作情况的报告；听取审议市政府关于农业产业化龙头企业发展情况的报告；审议通过《菏泽市人大常委会调查研究暂行办法（草案）》；人事任免事项；其他事项。

人事任免

免去：夏乾振的菏泽市中级人民法院审判委员会委员、审判员职务，张克勤的菏泽市中级人民法院审判监督庭副庭长职务。

市十八届人大常委会第九次会议

2013年4月25日，菏泽市第十八届人大常委会第九次会议在菏泽市人大常委会五楼会议室召开。市人大常委会党组书记、第一副主任杨永昌主持会议，副主任兼秘书长赵传山，副主任丁志刚、孙忠生出席会议。市人民政府副市长任仲义、市中级人民法院副院长王思明、市人民检察院副检察长范玉国列席会议。

2013 年 4 月 25 日，市第十八届人大常委会第九次会议召开

会议议程

听取审议市政府关于城区规划和 30 个重点镇建设情况的报告；听取审议市政府关于食品安全工作情况的报告；审议表决市政府关于全市社会治安工作情况报告审议意见贯彻落实情况的报告；其他事项。

市十八届人大常委会第十次会议

2013 年 7 月 16 日，菏泽市第十八届人大常委会第十次会议在菏泽市人大常委会五楼会议室召开。市人大常委会党组书记、第一副主任杨永昌主持会议，副主任兼秘书长赵传山，副主任汤建梅、丁志刚、孙忠生出席会议。市委常委、市人民政府常务副市长段伯汉，市中级人民法院院长王玮，市人民检察院副检察长王乾列席会议。

会议议程

听取审议市政府关于 14 个千亿、五百亿级产业园区建设情况的报告，关于 2012 年财政决算（草案）的报告，关于 2012 年市级预算执行和其他财政收支的审计报告；提交关于菏泽市 2012 年市级财政决算的审查报告；审议表决关于对市政府贯彻实施环境保护法情况的执法检查报告（草案）、市政府关于全市农业产业化龙头企业发展情况报告审议意见贯彻落实情况的报告；审议讨论《菏泽市第十八届人大常委会第九次会议对城区规划和 30 个重点镇建设情况报告的审议意见（审议稿）》《菏泽市第十八届人大常委会第九次会议对全市食品安全工作情况报告的审议意见（审议稿）》；人事任免事项；其他事项。

决议决定

菏泽市人大常委会关于批准菏泽市 2012 年市级财政决算的决议

菏泽市十八届人大常委会第十次会议听取市政府《关于菏泽市 2012 年财政决算的报告》《关于 2012 年度市级预算执行和其他财政收支情况的审计工作报告》。会议结合审计工作报告，对菏泽市 2012 年市级财政决算报告进行审查。决定批准菏泽市 2012 年市级财政决算。

菏泽市人大常委会关于批准菏泽市花市树的决定

菏泽市第十八届人民代表大会常务委员会第十次会议听取和审议市政府《关于提请审议确定菏泽市花市树的议案》。会议同意这个议案，决定批准“牡丹”为菏泽市“市花”，“木瓜树”为菏泽市“市树”。市政府及相关部门要切实加强对发展市花、市树工作的领导和宣传，优化城市生态环境，带动相关产业发展，展示我市独具特色的人文景观、文化底蕴和精神风貌，进一步提高城市品位和知名度。

关于确认对市人大代表陈安柱采取强制措施的决定

根据市人民检察院的报告，由鄄城县选举的市人大代表陈安柱涉嫌贪污罪。依照《中华人民共和国全国人民代表大会和地方各级人民代表大会代表法》的有关规定，经市人大常委会主任会议许可并提交市十八届人大常委会第十次会议审议通过，决定确认对市人大代表陈安柱采取强制措施，暂时停止其执行代表职务。

人事任免

免去：彭靖华的菏泽市人大常委会人事代表工作委员会主任职务。

决定：接受付伟、李法洪辞去菏泽市人民政府副市长职务的请求，报菏泽市第十八届人民代表大会第三次会议备案。

决定任命：张毓华为菏泽市人民政府副市长，刘传谨为菏泽市人民政府副市长。

免去：李旭光的菏泽市中级人民法院审判员职务，王乃忠的菏泽市中级人民法院审判委员会委员、审判员职务，陈安娜的菏泽市中级人民法院审判员职务。

市十八届人大常委会第十一次会议

2013 年 8 月 30 日，菏泽市第十八届人大常委会第十一次会议在菏泽市人大常委会五楼会议室召开。市人大常委会党组书记、第一副主任杨永昌主持会议，副主任兼秘书长赵传山，副主任汤建梅、丁志刚、孙忠生出席会议。市人民政府副市长王桂松、市中级人民法院院长王玮、市人民检察院检察长朱庆安列席会议。

2013 年 8 月 30 日，市十八届人大常委会第十一次会议召开

会议议程

听取审议市政府关于 2013 年上半年国民经济和社会发展计划执行情况的报告；听取审议市政府关于 2013 年上半年预算执行情况的报告；听取审议市政府关于加强国税征管工作情况的报告；听取审议市政府关于加强地税征管工作情况的报告；审议通过市政府关于提请审议菏泽市投资开发公司发行企业债券的议案；人事任免事项；其他事项。

会议决定

菏泽市人大常委会关于《菏泽市人民政府关于提请审议菏泽市投资开发公司发行企业债券的议案》的决定

菏泽市第十八届人民代表大会常务委员会第十一次会议审议《菏泽市人民政府关于提请审议菏泽市投资开发公司发行企业债券的议案》。会议认为，多方面融通基础设施建设资金，对于加快菏泽市基础设施建设步伐、改善投资环境、促进经济社会全面发展十分必要，市政府提出的方案是可行的。会议决定：

一、同意《菏泽市人民政府关于提请审议菏泽市投资开发公司发行企业债券的议案》，由菏泽市投资开发公司报请国家发改委批准发行 7 亿元（金额以实际发行金额为准）企业债券，募集资金用于菏泽市北外环路（上海路—昆明路）建设工程项目。

二、同意菏泽市投资开发公司建设菏泽市北外环路（上海路—昆明路）建设工程项目，并由菏泽市人民政府出资人民币 18.06 亿元收购上述项目资产，该项资金收购安排列入年度财政预算。

三、同意中国投资担保有限公司向债券持有人提供保证担保，以提升本期债券的信用级别。同时，菏泽市投资开发公司以其拥有的基于转让上述募集资金项目资产产生的对菏泽市人民政府的应收账款人民币 18.06 亿元向中国投资担保有限公司提供质押反担保，并由菏泽市投资开发公司、市人民政府和中国投资担保有限公司签署应收账款质押相关协议。

四、市政府及有关部门应加强对该企业债券

建设项目监管，确保专款专用，降低投资成本，提高资金使用效益，增强偿还能力；由市政府在菏泽市投资开发公司自身到期不能偿还本期债券本息时，安排专门资金，确保该债券本息按时偿还。

五、市人大常委会将加强对本决定执行情况的监督。市政府应定期向市人大常委会报告建设项目的进展、资金使用和债券偿还情况。市人大常委会将加强监督检查，在审查计划和财政预决算时，对此进行专项重点审查。

关于确认对市人大代表李兰增采取强制措施的决定

根据市人民检察院的报告，由成武县选举的市十八届人大代表李兰增涉嫌受贿罪、单位受贿罪。依照《中华人民共和国全国人民代表大会和地方各级人民代表大会代表法》的有关规定，经市人大常委会主任会议许可并提交市十八届人大常委会第十一次会议审议通过，决定确认对市人大代表李兰增采取刑事拘留等强制措施，暂时停止其执行代表职务。

关于许可对市人大代表周玲娟采取强制措施的决定

根据市公安局的报告，由牡丹区选举的市十八届人大代表周玲娟涉嫌虚报注册资本罪。依照《中华人民共和国全国人民代表大会和地方各级人民代表大会代表法》的有关规定，经市人大常委会主任会议研究并提交市十八届人大常委会第十一次会议审议通过，决定许可对市人大代表周玲娟采取刑事拘留等强制措施，暂时停止其执行代表职务。

人事任免

决定任命：张忠宁为菏泽市人民政府副市长，侯婕为菏泽市科学技术局局长，陈北国为菏泽市人口和计划生育委员会主任。

决定免去：张修田的菏泽市教育局局长职务，耿振华的菏泽市科学技术局局长职务，乔廷龙的菏泽市人口和计划生育委员会主任职务。

任命：石胜利为菏泽经济开发区人民法院立案庭庭长，袁鹏里为菏泽经济开发区人民法院刑事审判二庭庭长，朱秋英为菏泽经济开发区人民法院民事审判一庭庭长，杜永刚为菏泽经济开发区人民法院行政审判庭庭长，刘西磊为菏泽经济开发区人民法院执行一庭庭长，仵新忠为菏泽经济开发区人民法院刑事审判一庭副庭长，周登亮为菏泽经济开发区人民法院刑事审判二庭副庭长，李改勤为菏泽经济开发区人民法院民事审判一庭副庭长，王召庆为菏泽经济开发区人民法院民事审判一庭副庭长，侯明生为菏泽经济开发区人民法院民事审判二庭副庭长，李蕴为菏泽经济开发区人民法院行政审判庭副庭长，顾震、魏兵、闫敏、翟艳英、郭红梅、石军、荣晓雪、李斌为菏泽经济开发区人民法院审判员。

免去：石胜利的菏泽经济开发区人民法院立案庭副庭长职务，刘西磊的菏泽经济开发区人民法院刑事审判一庭副庭长职务，朱秋英的菏泽经济开发区人民法院民事审判一庭副庭长职务，杜永刚的菏泽经济开发区人民法院行政审判庭副庭长职务。

任命：贺劲松、刘化珍为菏泽市人民检察院检察委员会委员，庞现亭、王磊、张玉霞、宋林、毕潇堃、张军锋、杨益东、王臣、王润华、范世成、靳素兰、赵平、刘永欣、李燕、陈海英、张心为菏泽市人民检察院检察员。

免去：韩念元、孙忠华、张洪勤、刘会民、张武建、陈新元的菏泽市人民检察院检察员职务。

市十八届人大常委会第十二次会议

2013 年 10 月 29 日，菏泽市第十八届人大常委会第十二次会议在菏泽市人大常委会五楼会议室召开。市人大常委会党组书记、第一副主任杨永昌主持会议，副主任汤建梅、丁志刚、孙忠生出席会议。市委常委、市人民政府副市长张毓华，市人民检察院检察长朱庆安，市中级人民法院副院长王思明列席会议。

会议议程

听取审议市政府关于医疗改革工作情况的报告；听取审议市中级人民法院关于审判监督工作情况的报告；听取审议市人民检察院关于控告申诉工作情况的报告；审议表决市政府关于对城区规划和30个重点镇建设情况报告审议意见研究处理情况的报告、市政府关于对食品安全工作情况报告审议意见研究处理情况的报告、市政府关于对14个千亿和五百亿级产业园区建设情况报告审议意见研究处理情况的报告、市政府关于对2012年财政决算（草案）报告审议意见研究处理情况的报告、市政府关于对2012年市级预算执行和其他财政收支审计报告审议意见研究处理情况的报告、市政府关于对环境保护法执法检查反馈意见研究处理情况的报告，关于提请确认对市人大代表王元斌采取强制措施的报告；人事任免事项；其他事项。

会议决定

关于确认对市人大代表王元斌采取强制措施的决定

根据市人民检察院的报告，由成武县选举的市十八届人大代表王元斌涉嫌受贿罪、贪污罪，依照《中华人民共和国全国人民代表大会和地方各级人民代表大会代表法》的有关规定，经市人大常委会主任会议许可并提交市十八届人大常委会第十二次会议审议通过，决定确认对市人大代表王元斌采取刑事拘留等强制措施，暂时停止其执行代表职务。

人事任免

任命：徐平为菏泽市人大常委会财政经济工作委员会副主任，刘巧云为菏泽市人大常委会预算工作委员会副主任，史步军为菏泽市人大常委会人事代表工作委员会副主任（列副主任第一位），梁振坤为菏泽市人大常委会农业与农村工作委员会副主任。

决定任命：陈宝华为菏泽市教育局局长，王有杰为菏泽市人力资源和社会保障局局长。

决定免去：史步军的菏泽市人力资源和社会保障局局长职务。

市十八届人大常委会第十三次会议

2013年12月2日，菏泽市第十八届人大常委会第十三次会议在菏泽市人大常委会五楼会议室召开。市人大常委会党组书记、第一副主任杨永昌主持会议，副主任兼秘书长赵传山，副主任汤建梅、丁志刚、孙忠生出席会议。市委常委、市人民政府常务副市长段伯汉，市中级人民法院院长王玮，市人民检察院检察长朱庆安列席会议。

2013年12月2日，市十八届人大常委会第十三次会议召开

会议议程

审议通过关于召开市十八届人大三次会议的决定（草案）；审议表决关于建议对2013年全市经济社会发展主要指标计划进行调整的报告；投票选定市人大常委会2013年度票决事项；审议表决市人大常委会代表资格审查委员会关于个别代表的代表资格审查报告；审议表决市政府关于对2013年上半年国民经济和社会发展计划执行情况报告审议意见研究处理情况的报告、市政府关于对2013年上半年预算执行情况报告审议意见研究处理情况的报告、市政府关于对加强国税征管工作情况报告审议意见研究处理情况的报

告、市政府关于对加强地税征管工作情况报告审议意见研究处理情况的报告；其他事项。

决议决定

菏泽市人大常委会关于批准2013年国民经济和社会发展计划调整的决议

菏泽市第十八届人民代表大会常务委员会第十三次会议听取市人民政府关于建议对2013年全市经济社会发展主要指标计划进行调整的报告，经审议，决定批准2013全市地区生产总值增幅由13%调整为12%，规模以上工业主营业务收入增幅由25%调整为18%，公共财政预算收入增幅由16%调整为6%，社会消费品零售总额增幅由15%调整为13%，进出口总额与去年基本持平，城镇化率增幅由2.5%调整为1.5%，城镇居民人均可支配收入增幅由13%调整为10.5%，农民人均纯收入增幅由13%调整为11.5%。

菏泽市人大常委会关于召开菏泽市第十八届人民代表大会第三次会议的决定

菏泽市第十八届人民代表大会第三次会议定于2014年1月8日至11日在菏泽大剧院召开，时间4天。会议建议议程为：一、听取和审议菏泽市人民政府工作报告；二、审查、批准菏泽市2013年国民经济和社会发展计划执行情况的报告与2014年计划；三、审查菏泽市2013年预算执行情况的报告和2014年预算草案，批准菏泽市2013年市级预算执行情况的报告和2014年市级预算；四、听取和审议菏泽市人民代表大会常务委员会工作报告；五、听取和审议菏泽市中级人民法院工作报告；六、听取和审议菏泽市人民检察院工作报告；七、选举事项；八、其他事项。

市十八届人大常委会第十四次会议

2013年12月28日，菏泽市第十八届人大常委会第十四次会议在菏泽市人大常委会五楼会议室召开。市人大常委会党组书记、第一副主任杨永昌主持会议，副主任兼秘书长赵传山，副主任汤建梅、丁志刚、孙忠生出席会议。市委常委、市人民政府常务副市长段伯汉，市人民检察院检察长朱庆安，市中级人民法院副院长王思明列席会议。

2013年12月28日，市十八届人大常委会第十四次会议召开

会议议程

审议确定市十八届人大三次会议有关事宜；审议通过市人大常委会工作报告（审议稿），决定提请市十八届人大三次会议审议；审议通过市人大常委会2014年工作计划（要点）（草案）；审议通过市政府关于提请审议菏泽市投资开发公司申请国家开发银行棚户区改造专项贷款的议案；审议表决市人大常委会代表资格审查委员会关于个别代表的代表资格审查报告；审议表决市政府关于对医疗改革工作情况报告审议意见研究处理情况的报告等4项报告；听取审议市政府关于对食品安全工作情况报告审议意见办理落实情况的报告、市人民检察院关于对控告申诉工作情况报告审议意见办理落实情况的报告等8项报告；对有关报告进行满意度票决；人事任免事项；其他事项。

会议决定

菏泽市人大常委会关于批准菏泽市投资开发公司申请国家开发银行棚户区改造专项贷款的决定

菏泽市第十八届人民代表大会常务委员会第十四次会议审议《菏泽市人民政府关于提请审议菏泽市投资开发公司申请国家开发银行棚户区改造专项贷款的议案》。会议认为，争取国家开发银行棚户区改造专项贷款，将在很大程度上解决我市棚户区改造资金不足的问题，推动城市基础设施建设，改变城市面貌和形象，推进菏泽社会经济整体发展。会议决定：

一、同意市政府委托菏泽市投资开发公司负责对菏泽市棚户区改造项目进行投融资、建设和移交事宜，并与之签署相应的委托代建协议。

二、同意市政府委托菏泽市投资开发公司申请国家开发银行棚户区改造专项贷款，额度不超过 50 亿元，贷款资金用于全市包括县区棚户区改造项目。

三、同意市政府按照委托代建协议约定向菏泽市投资开发公司支付相应资金，并同意将上述资金由市财政列入相应年度财政预算。

四、市政府有关职能部门要依法行政，加强监督，保证工程质量。财政部门要加强对资金使用情况的监督；审计部门要及时搞好审计，并就资金使用情况及时向市人大常委会汇报，确保资金使用安全，发挥最佳效益。

人事任免

决定任命：史国生为菏泽市食品药品监督管理局（菏泽市食品安全委员会办公室）局长（主任）。

任命：卢凯、李彦玲、任爽、代继粉、马洪雷为菏泽经济开发区人民检察院检察员。

免去：何建华、孟繁欣、薛新赞的菏泽市人民检察院检察员职务。

市十八届人大常委会第十五次会议

2014 年 2 月 27 日，菏泽市第十八届人大常委会第十五次会议在菏泽市人大常委会五楼会议室召开。市人大常委会党组书记、第一副主任杨永昌主持会议，副主任兼秘书长赵传山，副主任汤建梅、丁志刚、孙忠生出席会议。市委常委、市人民政府常务副市长段伯汉，市中级人民法院院长王玮，市人民检察院检察长朱庆安列席会议。

2014 年 2 月 27 日，市十八届人大常委会第十五次会议召开

会议议程

听取审议市政府关于政府性债务管理工作情况的报告；人事任免事项；其他事项。

人事任免

免去：张逢继的菏泽市中级人民法院审判委员会委员、审判员职务。

任命：刘玉佩为菏泽经济开发区人民检察院副检察长，段亚青、郑玉松、殷玉玲、侯晓琳为菏泽经济开发区人民检察院检察委员会委员。

免去：聂学敏的菏泽市人民检察院检察员职务。

批准任命：聂学敏为单县人民检察院检察长。

批准：郑建生辞去单县人民检察院检察长职务。

市十八届人大常委会第十六次会议

2014 年 4 月 29 日，菏泽市第十八届人大常委会第十六次会议在菏泽市人大常委会五楼会议室召开。市委书记、市人大常委会主任于晓明主持会议；市人大常委会党组书记、第一副主任杨永昌，副主任兼秘书长赵传山，副主任汤建梅、丁志刚、孙忠生出席会议。市人民政府副市长王桂松、市中级人民法院院长王玮、市人民检察院副检察长范玉国列席会议。

会议议程

听取审议市政府关于扶贫开发工作情况的报告；听取审议市政府关于加快牡丹产业化发展情况的报告；听取审议市政府关于金融工作情况的报告；听取审议市政府关于城镇化工作情况的报告；审议表决市政府关于菏泽市2013—2014年棚户区改造项目融资及建设方案的请示；人事任免事项；其他事项。

会议决定

菏泽市人大常委会关于批准《菏泽市人民政府关于菏泽市2013—2014年棚户区改造项目融资及建设方案的请示》的决定

菏泽市第十八届人民代表大会常务委员会第十六次会议听取审议菏泽市人民政府关于菏泽市投资开发公司申请国家开发银行棚户区改造专项贷款事项，现就《菏泽市人民政府关于菏泽市2013—2014年棚户区改造项目融资及建设方案的请示》，决定如下：

一、同意菏泽市人民政府委托菏泽市投资开发公司负责对菏泽市2013—2014年棚户区改造项目进行投融资、建设和移交事宜，并与之签署相应的委托代建协议及还款差额补足协议。

该项目总投资348197万元，其中项目资本金94197万元，拟向国家开发银行申请贷款254000万元。该项资金用于棚户区改造及重点基础设施建设。如项目建设期和还款期资金出现缺口，同意菏泽市人民政府调整安排相应资金补足差额。

二、同意菏泽市人民政府按照菏泽市2013—2014年棚户区改造项目委托代建协议及还款差额补足协议约定向菏泽市投资开发公司支付相应资金，并同意将上述资金由市财政列入相应年度财政预算，同时确保预算的实施和执行。

三、菏泽市人民政府及有关职能部门要做好资金和项目的监督和规划工作，并就资金使用情况及时向市人大常委会汇报，确保资金使用安全。菏泽市投资开发公司要抓紧菏泽市2013—2014年棚户区改造项目的建设进度，保质保量地完成该项目建设，为优化我市发展环境做好工作。

四、上述同意事项不以菏泽市行政区划调整而改变。

关于确认对市人大代表李华伟采取强制措施的决定

根据市人民检察院的报告，由东明县选举的市十八届人大代表李华伟涉嫌受贿、挪用公款、贪污罪，依照《中华人民共和国全国人民代表大会和地方各级人民代表大会代表法》的有关规定，经市人大常委会主任会议许可并提交市十八届人大常委会第十六次会议审议通过，决定确认对市人大代表李华伟采取刑事拘留等强制措施，暂时停止其执行代表职务。

人事任免

决定任命：郝丕进为菏泽市食品药品监督管理局（菏泽市食品安全委员会办公室）局长（主任）。

决定免去：史国生的菏泽市食品药品监督管理局（菏泽市食品安全委员会办公室）局长（主任）职务。

市十八届人大常委会第十七次会议

2014年6月16日，菏泽市第十八届人大常委会第十七次会议在菏泽市人大常委会五楼会议室召开。市人大常委会党组书记、第一副主任杨永昌主持会议，副主任兼秘书长赵传山，副主任汤建梅、丁志刚出席会议。市委常委、市政府常务副市长段伯汉，市中级人民法院院长王玮，市人民检察院检察长朱庆安列席会议。

会议议程

听取审议市政府关于2013年财政决算（草

案）的报告、关于2013年市级预算执行和其他财政收支的审计报告、关于城市防汛工作情况的报告；审议表决市人大常委会关于对市政府贯彻实施大气污染防治法情况的执法检查报告（草案）、关于提请确认对市人大代表付道春采取强制措施的报告；人事任免事项；其他事项。

2014年6月16日，市十八届人大常委会第十七次会议召开

决议决定

菏泽市人大常委会关于批准菏泽市2013年市级财政决算的决议

菏泽市第十八届人大常委会第十七次会议听取市政府《关于菏泽市2013年财政决算的报告》《关于2013年度市级预算执行和其他财政收支情况的审计工作报告》。会议结合审计工作报告，对菏泽市2013年市级财政决算报告进行审查。决定批准菏泽市2013年市级财政决算。

关于确认对市人大代表付道春采取强制措施的决定

根据市人民检察院的报告，由单县选举的市十八届人大代表付道春涉嫌受贿罪，依照《中华人民共和国全国人民代表大会和地方各级人民代表大会代表法》的有关规定，经市人大常委会主任会议许可并提交市十八届人大常委会第十七次会议审议通过，决定确认对市人大代表付道春采取刑事拘留等强制措施，暂时停止其执行代表职务。

人事任免

任命：杨永汉为菏泽市中级人民法院立案第一庭庭长，蒋玉锁为菏泽市中级人民法院立案第二庭庭长，陈卫华为菏泽市中级人民法院刑事审判第一庭庭长，李昌安为菏泽市中级人民法院刑事审判第二庭庭长，路凤娟为菏泽市中级人民法院民事审判第一庭庭长，王雷为菏泽市中级人民法院民事审判第二庭庭长，徐峥为菏泽市中级人民法院商事审判第一庭庭长，田佰旺为菏泽市中级人民法院商事审判第二庭庭长，张天正为菏泽市中级人民法院行政审判庭庭长，李学军为菏泽市中级人民法院审判监督第二庭庭长，曹肖冰为菏泽市中级人民法院执行局执行二庭庭长。

免去：韩文明的菏泽市中级人民法院立案第一庭庭长职务，袁素华的菏泽市中级人民法院刑事审判第一庭庭长职务，于博的菏泽市中级人民法院刑事审判第二庭庭长职务，李建民的菏泽市中级人民法院民事审判第一庭庭长职务，徐毅的菏泽市中级人民法院民事审判第二庭庭长职务，聂震的菏泽市中级人民法院审判监督第二庭庭长职务，张效谦的菏泽市中级人民法院执行局执行二庭庭长职务，蒋玉锁的菏泽市中级人民法院立案第二庭副庭长职务，陈卫华的菏泽市中级人民法院刑事审判第一庭副庭长职务，张福合的菏泽市中级人民法院刑事审判第一庭副庭长职务，李昌安的菏泽市中级人民法院刑事审判第二庭副庭长职务，路凤娟的菏泽市中级人民法院民事审判第一庭副庭长职务，徐峥的菏泽市中级人民法院民事审判第二庭副庭长职务，杨永汉的菏泽市中级人民法院民事审判第二庭副庭长职务，田佰旺的菏泽市中级人民法院民事审判第四庭副庭长职务，曹肖冰的菏泽市中级人民法院民事审判第四庭副庭长职务，张天正的菏泽市中级人民法院行政审判庭副庭长职务，陈淑梅的菏泽市中级人民法院审判监督庭副庭长职务，王卫的菏泽市中级人民法院执行局执行二庭副庭长职务。

任命：张力、柴清华、张艳君、王方军、卢桂云、翼方新、南孟强、张国强、郭邵存、李东娟、李拥军、张继雪、季爱国、刘汉宇、王春梅、韩联合、冯芳、徐广清、姚保国、李保真、陈良敬、郝慧娟、刘红军、邵传红、牛银姣、武景瑞、赵明华、孟江华、于慧、段秋梅、祝冰为菏泽经济开发区人民法院人民陪审员。

市十八届人大常委会第十八次会议

2014 年 8 月 26 日，菏泽市第十八届人大常委会第十八次会议在菏泽市人大常委会五楼会议室召开。市人大常委会党组书记、第一副主任杨永昌主持会议，副主任兼秘书长赵传山，副主任汤建梅、丁志刚出席会议。市人民政府副市长任仲义、市中级人民法院院长王玮、市人民检察院检察长朱庆安列席会议。

2014 年 8 月 26 日，市十八届人大常委会第十八次会议召开

会议议程

听取审议市政府关于 2014 年上半年国民经济和社会发展计划执行情况的报告、关于 2014 年上半年预算执行情况的报告；审议表决市人大常委会关于对市政府贯彻实施土地管理法情况的执法检查报告（草案）；审议表决市政府关于对扶贫开发工作情况报告审议意见研究处理情况的报告、市政府关于对政府性债务管理工作情况报告审议意见研究处理情况的报告、市政府关于对金融工作情况报告审议意见研究处理情况的报告、市政府关于对城镇化工作情况报告审议意见研究处理情况的报告、市政府关于对加快牡丹产业化发展情况报告审议意见研究处理情况的报告；人事任免事项。

人事任免

免去：韩文明的菏泽市中级人民法院审委会委员、审判员职务，毛丕家的菏泽市中级人民法院审判员职务。

市十八届人大常委会第十九次会议

2014 年 9 月 25 日，菏泽市第十八届人大常委会第十九次会议在菏泽市人大常委会五楼会议室召开。市人大常委会党组书记、第一副主任杨永昌主持会议，副主任丁志刚、孙忠生出席会议。

会议议程

审议表决市人大常委会代表资格审查委员会关于个别代表的代表资格审查报告。

市十八届人大常委会第二十次会议

2014 年 10 月 30 日，菏泽市第十八届人大常委会第二十次会议在菏泽市人大常委会五楼会议室召开。市人大常委会党组书记、第一副主任杨永昌主持会议，副主任丁志刚、孙忠生出席会议。市委常委、市人民政府副市长张毓华，市中级人民法院院长王玮，市人民检察院检察长朱庆安列席会议。

会议议程

听取审议市中级人民法院关于人民陪审员制度落实情况的报告、市人民检察院关于刑事诉讼法贯彻实施情况的报告；审议表决市政府关于对大气污染防治法执法检查反馈意见研究处理情况的报告、市政府关于对 2013 年财政决算报告审议意见研究处理情况的报告、市政府关于对 2013 年市级预算执行和其他财政收支审计报告审议意见研究处理情况的报告、市政府关于对城市防汛工作情况报告审议意见研究处理情况的报告；人事任免事项；其他事项。

人事任免

免去：彭华的菏泽市人大常委会预算工作委员会副主任职务。

决定任命：闫传银为菏泽市卫生和计划生育委员会（菏泽市中医药管理局）主任（局长）。

决定免去：刘国生的菏泽市人民政府副市长职务。

免去：马秀芝、李镛、刘春诚的菏泽市人民检察院检察员职务，张保平的菏泽市人民检察院检察委员会委员、检察员职务，董瑞钦的菏泽市人民检察院副检察长、检察委员会委员、检察员职务。

决定：接受彭华关于辞去菏泽市人大常委会委员职务的请求，报菏泽市第十八届人民代表大会第四次会议备案。

市十八届人大常委会第二十一次会议

2014 年 12 月 5 日，菏泽市第十八届人大常委会第二十一次会议在菏泽市人大常委会五楼会议室召开。市人大常委会党组书记、第一副主任杨永昌主持会议，副主任兼秘书长赵传山，副主任汤建梅、丁志刚、孙忠生出席会议。市人民政府副市长黄秀玲、市中级人民法院副院长宋展、市人民检察院副检察长王乾列席会议。

2014 年 12 月 5 日，市十八届人大常委会第二十一次会议召开

会议议程

审议表决菏泽市人大常委会专题调研暂行办法（草案）、菏泽市市级全口径预算决算审查监督暂行办法（草案）、菏泽市人大常委会组成人员联系代表暂行办法（草案）；人事任免事项；其他事项。

人事任免

任命：王金庆为菏泽市人民检察院副检察长、检察委员会委员、检察员。

决定：接受朱庆安辞去菏泽市人民检察院检察长职务的请求，报菏泽市第十八届人民代表大会第四次会议备案，并报经山东省人民代表大会常务委员会批准。

市十八届人大常委会第二十二次会议

2014 年 12 月 30 日，菏泽市第十八届人大常委会第二十二次会议在菏泽市人大常委会五楼会议室召开。市人大常委会党组书记、第一副主任杨永昌主持会议，副主任兼秘书长赵传山，副主任汤建梅、孙忠生出席会议。市人民检察院党组书记、副检察长王金庆，市中级人民法院副院长宋展列席会议。

会议议程

审议通过关于召开市十八届人大四次会议的决定（草案）；投票选定市人大常委会 2014 年度票决事项；审议表决菏泽市人大常委会代表资格审查委员会关于个别代表的代表资格审查报告；审议表决关于建议调整 2014 年全市公共财政收入预算和市级公共财政支出预算的报告；通报 2014 年度常委会创先争优目标完成情况、街道人大工作开展情况、有关代表活动情况；审议表决市政府关于对 2014 年上半年国民经济和社会发展计划执行情况报告审议意见研究处理情况的报告、市政府关于对 2014 年上半年预算执行情况报告审议意见研究处理情况的报告、市政府关于对土地管理法执法检查反馈意见研究处理情况的报告、市政府关于对“五大主导产业”项目和城镇化工程建设情况视察反馈意见研究处理情况的报告、市中级人民法院关于对人民陪审员制度落实情况报告审议意见研究处理情况的报告、市人民检察院关于对刑事诉讼法贯彻实施情况报告审议意见研究处理情况的报告 6 项报告；人事任免事项；其他事项。

决议决定

菏泽市人大常委会关于批准 2014 年公共财政预算调整的决议

菏泽市第十八届人民代表大会常务委员会第二十二次会议听取市人民政府《关于建议对 2014 年全市公共财政收入预算和市级公共财政支出预算主要指标计划进行调整的报告》，经审议，决定批准 2014 年全市公共财政收入预算增幅由 7% 调整为 1.6%，市级公共财政支出预算调增 11 亿元。

菏泽市人大常委会关于召开菏泽市第十八届人民代表大会第四次会议的决定

菏泽市第十八届人民代表大会第四次会议定于 2015 年 1 月下旬在菏泽大剧院召开，时间 4 天。会议建议议程为：一、听取和审议菏泽市人民政府工作报告；二、审查、批准菏泽市 2014 年国民经济和社会发展计划执行情况的报告与 2015 年计划；三、审查菏泽市 2014 年预算执行情况的报告和 2015 年预算草案，批准菏泽市 2014 年市级预算执行情况的报告和 2015 年市级预算；四、听取和审议菏泽市人民代表大会常务委员会工作报告；五、听取和审议菏泽市中级人民法院工作报告；六、听取和审议菏泽市人民检察院工作报告；七、选举事项；八、其他事项。

人事任免

任命：傅德慧为菏泽市中级人民法院审判员。

市十八届人大常委会第二十三次会议

2015 年 1 月 16 日，菏泽市第十八届人大常委会第二十三次会议在菏泽市人大常委会五楼会议室召开。市人大常委会党组书记、第一副主任杨永昌主持会议，副主任兼秘书长赵传山，副主任丁志刚、孙忠生出席会议。市委常委、市人民政府常务副市长段伯汉，市人民检察院党组书记、副检察长王金庆，市中级人民法院副院长宋展列席会议。

会议议程

听取市政府关于对金融工作情况报告审议意见办理落实情况的报告、市政府关于对扶贫开发工作情况报告审议意见办理落实情况的报告、市政府关于对政府性债务管理工作情况报告审议意见办理落实情况的报告、市政府关于对土地管理法执法检查反馈意见办理落实情况的报告、市政府关于对城镇化工作情况报告审议意见办理落实情况的报告、市政府关于对 2013 年市级预算执行和其他财政收支审计报告审议意见办理落实情况的报告、市政府关于对大气污染防治法执法检查反馈意见办理落实情况的报告、市中级人民法院关于对人民陪审员制度落实情况报告审议意见办理落实情况的报告；对市政府有关部门、市中级人民法院办理落实市人大常委会有关审议意见的报告进行满意度票决；人事任免事项；其他事项。

人事任免

决定：接受孙爱军辞去菏泽市人民政府市长职务的请求，报菏泽市第十八届人民代表大会第四次会议备案。

决定任命：解维俊为菏泽市人民政府副市长、代理市长。

决定：接受于晓明关于辞去菏泽市人大常委会主任职务的请求，报菏泽市第十八届人民代表大会第四次会议备案。

免去：安克林的菏泽市人大常委会内务司法工作委员会副主任职务，梁志成、王敏英的菏泽市人大常委会民族侨务外事工作委员会副主任职务。

决定：接受安克林、梁志成、王敏英关于辞

去菏泽市人大常委会委员职务的请求，报菏泽市第十八届人民代表大会第四次会议备案。

市十八届人大常委会第二十四次会议

2015 年 1 月 24 日，菏泽市第十八届人大常委会第二十四次会议在菏泽市人大常委会五楼会议室召开。市人大常委会党组书记、第一副主任杨永昌主持会议，副主任兼秘书长赵传山，副主任汤建梅、丁志刚、孙忠生出席会议。市人民政府副市长刘传谨、市中级人民法院副院长宋展、市人民检察院副检察长刘建国列席会议。

会议议程

审议确定市十八届人大四次会议有关事宜；审议通过市人大常委会工作报告（审议稿），决定提请市十八届人大四次会议审议；审议通过市人大常委会 2015 年工作计划（要点）（草案）；审议表决市人大常委会代表资格审查委员会关于个别代表的代表资格审查报告；听取市政府关于对城镇化工作情况报告审议意见办理落实情况的报告，进行满意度票决；人事任免事项；其他事项。

人事任免

决定：接受赵传山关于辞去菏泽市人大常委会秘书长职务的请求，报菏泽市第十八届人民代表大会第四次会议备案。

市十八届人大常委会第二十五次会议

2015 年 3 月 31 日，菏泽市第十八届人大常委会第二十五次会议在菏泽市人大常委会五楼会议室召开。市人大常委会党组书记、第一副主任杨永昌主持会议，副主任汤建梅、丁志刚、孙忠生，秘书长郭景堂出席会议。市人民政府副市长黄秀玲、市中级人民法院院长王玮、市人民检察院检察长王金庆列席会议。

会议议程

听取审议市政府关于食品安全工作情况的报告；听取审议市政府关于安全生产工作情况的报告；听取审议市政府关于生态市建设情况的报告；审议表决关于个别代表的代表资格审查报告；人事任免事项；其他事项。

2015 年 3 月 31 日，市十八届人大常委会第二十五次会议召开

人事任免

任命：姚长河、王雷、苏兆胜、丁亚涛为菏泽市中级人民法院审判委员会委员。

免去：韩同山、李报录的菏泽市中级人民法院审判员职务。

市十八届人大常委会第二十六次会议

2015 年 5 月 11 日，菏泽市第十八届人大常委会第二十六次会议在菏泽市人大常委会五楼会议室召开。市人大常委会党组书记、第一副主任杨永昌主持会议，副主任赵传山、汤建梅、丁志刚、孙忠生，秘书长郭景堂出席会议。市人民政府副市长王桂松、市中级人民法院院长王玮、市人民检察院检察长王金庆列席会议。

会议议程

听取审议市政府关于重大基础设施建设情况的报告；听取审议市政府关于扶贫攻坚工程实施情况的报告；人事任免事项；其他事项。

人事任免

决定任命：张震为菏泽市工商行政管理局局长，范业赞为菏泽市质量技术监督局局长，蔡文厚为菏泽市林业局局长。

决定免去：陈建华的菏泽市监察局局长职务，范业赞的菏泽市工商行政管理局局长职务，赵波的菏泽市质量技术监督局局长职务，张代卿的菏泽市林业局局长职务。

任命：郑建生为菏泽市人民检察院检察员，付德、肖艳丽为菏泽经济开发区人民检察院检察员。

免去：张敬艳的菏泽市人民检察院副检察长职务，时启海、王利中、李树进、桑希志、徐占书的菏泽市人民检察院检察员职务。

市十八届人大常委会第二十七次会议

2015 年 6 月 3 日，菏泽市第十八届人大常委会第二十七次会议在菏泽市人大常委会五楼会议室召开。市人大常委会党组书记、第一副主任杨永昌主持会议，副主任赵传山、汤建梅、丁志刚、孙忠生，秘书长郭景堂出席会议。市人民政府副市长黄秀玲、市中级人民法院副院长宋展、市人民检察院副检察长范玉国列席会议。

会议议程

听取审议市政府关于 2014 年财政决算（草案）的报告；听取审议市政府关于 2014 年市级预算执行和其他财政收支的审计报告；审议表决市人大民侨外委员会关于全市商贸物流业发展情况的调研报告（草案）；人事任免事项；其他事项。

决议决定

菏泽市人大常委会关于批准菏泽市 2014 年市级财政决算的决议

菏泽市十八届人大常委会第二十七次会议听取市政府《关于菏泽市 2014 年财政决算的报告》《关于 2014 年度市级预算执行和其他财政收支情况的审计工作报告》。会议结合审计工作报告，对菏泽市 2014 年市级财政决算报告进行审查。决定批准菏泽市 2014 年市级财政决算。

关于许可对市人大代表张景进采取强制措施的决定

菏泽市第十八届人民代表大会常务委员会第二十七次会议，根据菏泽市人大常委会主任会议的提请，于 2015 年 6 月 3 日决定：许可对市人大代表张景进采取强制措施，暂时停止其执行人大代表职务。

人事任免

决定：接受张毓华辞去菏泽市人民政府副市长职务的请求，报菏泽市第十八届人民代表大会第五次会议备案。

决定任命：胡钦畅为菏泽市国土资源局局长，吴修印为菏泽市住房和城乡建设局局长，练建军为菏泽市商务局局长。

决定免去：吴修印的菏泽市人民政府办公室主任职务，李玉明的菏泽市国土资源局局长职务，胡钦畅的菏泽市商务局局长职务。

市十八届人大常委会第二十八次会议

2015 年 8 月 11 日，菏泽市第十八届人大常委会第二十八次会议在菏泽市人大常委会五楼会议室召开。市人大常委会党组书记、第一副主任杨永昌主持会议，副主任赵传山、汤建梅、丁志刚、孙忠生，秘书长郭景堂出席会议。市委常委、市人民政府常务副市长段伯汉，市人

2015 年 8 月 11 日，市十八届人大常委会第二十八次会议召开

民检察院检察长王金庆，市中级人民法院副院长李维列席会议。

会议议程

听取审议市政府关于2015年上半年国民经济和社会发展计划执行情况的报告、市政府关于2015年上半年预算执行情况的报告、市政府关于“六五”普法依法治理规划实施情况的报告；审议表决市人大常委会关于对市政府贯彻实施行政许可法情况的执法检查报告（草案）；审议表决市政府关于对食品安全工作情况报告审议意见研究处理情况的报告、市政府关于对安全生产工作情况报告审议意见研究处理情况的报告、市政府关于对生态市建设情况报告审议意见研究处理情况的报告、市政府关于对重大基础设施建设情况报告审议意见研究处理情况的报告、市政府关于对扶贫攻坚工程实施情况报告审议意见研究处理情况的报告；审议表决市政府关于申请调整2015年市级公共财政预算的报告；审议《菏泽市制定地方性法规条例》《菏泽市人民代表大会常务委员会年度地方立法计划编制办法》《菏泽市人民代表大会常务委员会立法听证办法》《菏泽市人民代表大会常务委员会地方性法规草案征求意见工作办法》4项地方立法制度（审议稿）；人事任免事项；其他事项。

会议决议

菏泽市人大常委会关于批准2015年市级公共财政预算调整的决议

菏泽市第十八届人民代表大会常务委员会第二十八次会议听取市人民政府《关于申请调整2015年市级公共财政预算的报告》，经审议，决定批准2015年市级公共财政支出预算调增6.7亿元。

人事任免

决定任命：单立新为菏泽市人民政府副市长，孟凡荣为菏泽市人民政府办公室主任，吴福华为菏泽市金融工作办公室（菏泽市地方金融监督管理局）主任（局长）。

决定：接受王桂松辞去菏泽市人民政府副市长职务的请求，报菏泽市第十八届人民代表大会第五次会议备案。

任命：张正智为菏泽市中级人民法院审判员、审判委员会委员、副院长、代理院长，崔学敏为菏泽经济开发区人民法院审判委员会委员、审判员，吴长群为菏泽经济开发区人民法院民事审判二庭庭长，朱秋英为菏泽经济开发区人民法院刑事审判一庭庭长，石胜利为菏泽经济开发区人民法院民事审判一庭庭长，刘西磊为菏泽经济开发区人民法院行政审判庭庭长，杜永刚为菏泽经济开发区人民法院执行一庭庭长，吴倩为菏泽经济开发区人民法院审判员。

免去：吴长群的菏泽经济开发区人民法院刑事审判一庭庭长职务，李卫东的菏泽经济开发区人民法院民事审判二庭庭长职务，朱秋英的菏泽经济开发区人民法院民事审判一庭庭长职务，石胜利的菏泽经济开发区人民法院立案庭庭长职务，刘西磊的菏泽经济开发区人民法院执行一庭庭长职务，杜永刚的菏泽经济开发区人民法院行政审判庭庭长职务，周登亮的菏泽经济开发区人民法院刑事审判二庭副庭长职务，李改勤的菏泽经济开发区人民法院民事审判一庭副庭长职务，徐卫东、石喜云的菏泽经济开发区人民法院审判员职务。

决定：接受王玮辞去菏泽市中级人民法院院长职务的请求，报菏泽市第十八届人民代表大会第五次会议备案。

免去：杨建全、钱广龙、李文斌、李建军的菏泽市人民检察院检察员职务。

市十八届人大常委会第二十九次会议

2015年10月28日，菏泽市第十八届人大常委会第二十九次会议在菏泽市人大常委会五楼会议室召开。市人大常委会党组书记、第一副主任杨永昌主持会议，副主任赵传山、汤建梅、孙忠生，秘书长郭景堂出席会议。市人民政府副市长刘传谨、市中级人民法院代理院长张正智、市人民检察院副检察长范玉国列席会议。

2015 年 10 月 28 日，市十八届人大常委会第二十九次会议召开

会议议程

听取审议市政府关于产业提升工程进展情况的报告、市中级人民法院关于少年审判工作情况的报告、市人民检察院关于规范司法行为工作情况的报告；审议表决市人大教科文卫委关于文化大市建设和文化产业发展情况的专题调研报告（草案）、市政府关于对 2014 年财政决算报告审议意见研究处理情况的报告、市政府关于对全市商贸物流业发展情况专题调研报告审议意见研究处理情况的报告等 6 项报告；审议表决市政府关于申请调整 2015 年政府性基金收支预算的报告；审议表决《菏泽市制定地方性法规条例（审议稿）》《菏泽市人民代表大会常务委员会监督事项跟踪督办暂行办法（草案）》《菏泽市人民代表大会专门委员会工作规则（草案）》等 10 项制度；人事任免事项；其他事项。

会议决议

菏泽市人大常委会关于批准 2015 年政府性基金收支预算调整的决议

菏泽市第十八届人民代表大会常务委员会第二十九次会议听取市人民政府《关于申请调整 2015 年政府性基金收支预算的报告》，经审议，决定批准调整 2015 年政府性基金收支预算：

全市基金收入预算调整为 594349 万元，调减 397025 万元。其中：国有土地使用权出让收入预算调整为 501166 万元，调减 382262 万元。全市基金支出预算调整为 865490 万元，调减 395199 万元。

市级基金收入预算调整为 104799 万元，调减 102000 万元。其中：国有土地使用权出让收入预算调整为 67891 万元，调减 100000 万元。市级基金支出预算调整为 204573 万元，调减 102000 万元。

人事任免

决定：接受刘祥德、许志强、杨光忠、李龙蛟、张廷善、赵晓英、程民光、潘信文关于辞去菏泽市人大常委会委员职务的请求，报菏泽市第十八届人民代表大会第五次会议备案。

任命：伊敬国为菏泽市人大常委会副秘书长，于海寅、杨东波、周继东、梁惠民为菏泽市人大法制委员会委员，秦玉亭为菏泽市人大常委会内务司法工作委员会副主任。

免去：刘祥德的菏泽市人大常委会副秘书长职务，赵晓英的菏泽市人大常委会财政经济工作委员会副主任、菏泽市人大财政经济委员会副主任委员职务，秦玉亭的菏泽市人大常委会城乡建设环境保护工作委员会副主任职务，潘信文的菏泽市人大常委会农业与农村工作委员会副主任、菏泽市人大农业与农村委员会副主任委员职务。

免去：宋展的菏泽市中级人民法院副院长、审判委员会委员、审判员职务，李贤臻的菏泽市中级人民法院审判委员会委员、审判员职务，刘思静、仝西友、傅德慧的菏泽市中级人民法院审判员职务。

任命：刘思静为菏泽市人民检察院检察员。

市十八届人大常委会第三十次会议

2016 年 1 月 12 日，菏泽市第十八届人大常委会第三十次会议在菏泽市人大常委会五楼会议室召开。市人大常委会党组书记、第一副主任杨永昌主持会议，副主任赵传山、汤建梅、丁志刚、孙忠生，秘书长郭景堂出席会议。市人民政府副市长任仲义、市中级人民法院代理院长张正智、市人民检察院检察长王金庆列席会议。

2016 年 1 月 12 日，市十八届人大常委会第三十次会议召开

会议议程

审议通过关于召开市十八届人大五次会议的决定（草案）；审议确定市十八届人大五次会议有关事宜；审议通过市人大常委会工作报告（审议稿），决定提请市十八届人大五次会议审议；审议通过市人大常委会 2016 年工作计划（要点）（草案）；审议通过市十八届人大四次会议代表建议、批评和意见办理情况的书面报告（草案）；审议表决市人大常委会代表资格审查委员会关于个别代表的代表资格审查报告；审议通过市人大常委会 2016 年地方立法计划（草案）；听取市政府关于菏泽市“十三五”规划纲要（草案）编制情况的汇报；审议表决市政府关于 2015 年全市政府债务限额的报告；审议表决市政府关于对行政许可法执法检查反馈意见研究处理情况的报告、市中级人民法院关于对少年审判工作情况报告审议意见研究处理情况的报告、市人民检察院关于对规范司法行为工作情况报告审议意见研究处理情况的报告等 6 项报告；审议表决《菏泽市人民代表大会代表议案处理办法（草案）》等 4 项制度；投票选定市人大常委会 2015 年度票决事项；人事任免事项；其他事项。

决议决定

菏泽市人大常委会关于批准菏泽市 2015 年地方政府债务限额的决议

菏泽市第十八届人大常委会第三十次会议听取市财政局局长周铁伦受市人民政府委托所作的《关于 2015 年全市政府债务限额的报告》，并对报告进行审议，决定按上级核定数批准菏泽市 2015 年地方政府债务限额为 217.99 亿元。

菏泽市人大常委会关于召开菏泽市第十八届人民代表大会第五次会议的决定

菏泽市第十八届人民代表大会第五次会议定于 2016 年 1 月 18 日至 21 日在菏泽大剧院召开，时间 4 天。会议建议议程为：一、听取和审议菏泽市人民政府工作报告；二、审查、批准菏泽市国民经济和社会发展第十三个五年规划纲要；三、审查、批准菏泽市 2015 年国民经济和社会发展计划执行情况的报告与 2016 年计划；四、审查菏泽市 2015 年预算执行情况的报告和 2016 年预算草案，批准菏泽市 2015 年市级预算执行情况的报告和 2016 年市级预算；五、听取和审议菏泽市人民代表大会常务委员会工作报告；六、审议通过《菏泽市制定地方性法规条例（草案）》；七、听取和审议菏泽市中级人民法院工作报告；八、听取和审议菏泽市人民检察院工作报告；九、选举事项；十、其他事项。

人事任免

决定：接受王利言、刘彬、李兆成、李怀堂、张甦、范新印、季敬存、高艳民、焦守进关于辞去菏泽市人大常委会委员职务的请求，报菏泽市第十八届人民代表大会第五次会议备案。

任命：刘自杰为菏泽市人大农业与农村委员

会副主任委员（不驻会），侯宪会为菏泽市人大民族侨务外事委员会副主任委员（不驻会），姚艳萍为菏泽市人大常委会副秘书长，姜东生为菏泽市人大常委会法制工作委员会主任，吴凤荣为菏泽市人大常委会民族侨务外事工作委员会副主任。

免去：范新印的菏泽市人大常委会财政经济工作委员会副主任、菏泽市人大财政经济委员会副主任委员职务，张甦的菏泽市人大常委会预算工作委员会副主任职务，季敬存的菏泽市人大常委会人事代表工作委员会副主任职务，高艳民的菏泽市人大常委会人事代表工作委员会副主任职务，焦守进的菏泽市人大常委会内务司法工作委员会副主任、菏泽市人大内务司法委员会副主任委员职务，李怀堂的菏泽市人大常委会教育科学文化卫生人口工作委员会副主任、菏泽市人大教育科学文化卫生委员会副主任委员职务，刘彬的菏泽市人大常委会教育科学文化卫生人口工作委员会副主任、菏泽市人大教育科学文化卫生委员会副主任委员职务，王利言的菏泽市人大常委会城乡建设环境保护工作委员会副主任、菏泽市人大城乡建设与环境资源保护委员会副主任委员职务，李兆成的菏泽市人大常委会民族侨务外事工作委员会副主任、菏泽市人大民族侨务外事委员会副主任委员职务。

决定任命：彭益芳为菏泽市民族宗教事务局局长。

决定免去：沙启忠的菏泽市民族宗教事务局局长职务。

免去：于建国的菏泽市中级人民法院审判员职务。

市十八届人大常委会第三十一次会议

2016年1月18日，菏泽市第十八届人大常委会第三十一次会议在菏泽大剧院主席团会议厅召开。市人大常委会党组书记、第一副主任杨永昌主持会议，副主任赵传山、汤建梅、丁志刚、孙忠生，秘书长郭景堂出席会议。

会议议程

补选部分山东省第十二届人民代表大会代表；人事任免事项；其他事项。

人事任免

决定：接受段伯汉辞去菏泽市人民政府副市长职务的请求，报菏泽市第十八届人民代表大会第五次会议备案。

市十八届人大常委会第三十二次会议

2016年2月29日，菏泽市第十八届人大常委会第三十二次会议在菏泽市人大常委会五楼会议室召开。市人大常委会党组书记、第一副主任段伯汉主持会议，副主任赵传山、汤建梅、孙忠生，秘书长郭景堂出席会议。市人民政府副市长黄秀玲、市中级人民法院院长张正智、市人民检察院检察长王金庆列席会议。

2016年2月29日，市十八届人大常委会第三十二次会议召开

会议议程

听取审议市政府关于“全面改薄”和解决城镇普通中小学“大班额”问题情况的报告；听取审议市政府关于电子商务产业发展情况的报告；听取审议市政府关于提请审议《山东菏泽国家农业科技园区总体规划》的议案；听取审议市政府关于将菏泽市城市建设发展基金纳入市级财政预

算管理的报告；听取审议接受票决的市政府有关部门对市人大常委会2015年度有关审议意见办理落实情况的报告，进行满意度票决；人事任免事项；其他事项。

决议决定

菏泽市人大常委会关于批准菏泽市人民政府关于《山东菏泽国家农业科技园区规划》的决议

菏泽市第十八届人大常委会第三十二次会议听取市人民政府提交的关于《山东菏泽国家农业科技园区规划》，会议决定批准《山东菏泽国家农业科技园区规划》，由市人民政府公布施行。

会议认为，国家农业科技园区是以市场为导向，以科技为支撑，以企业为主导的现代农业建设新模式。菏泽市人民政府提交的关于山东菏泽国家农业科技园区规划方案，指导思想和发展思路明确，园区功能布局、发展重点与主导产业符合我市农业发展实际，对于将园区建设成为引领全国牡丹产业科学健康持续发展的示范园区具有重要现实指导作用，对于促进我市经济转型升级、现代农业建设和城乡统筹发展具有重要意义。

会议要求，建设国家农业科技园区，要与菏泽市经济发展长远规划相衔接，不得随意更改变动规划。市人民政府要切实加强对《山东菏泽国家农业科技园区规划》的实施领导，制定出台相应支持政策，列入财政预算，建立健全组织机构，有计划分步骤推进规划实施，尽快把园区建设成引领全国牡丹产业科学健康持续发展的示范园区。

菏泽市人大常委会关于批准菏泽市城市建设发展基金纳入市级财政预算管理的决定

菏泽市第十八届人大常委会第三十二次会议听取市财政局局长周铁伦受市人民政府委托所作的《关于将菏泽市城市建设发展基金纳入市级财政预算管理的报告》，并对报告进行审议，决定批准菏泽市城市建设发展基金纳入市级财政预算管理，融资偿还由市级公共财政预算、政府性基金预算和地方政府债券等各项资金统筹安排。

人事任免

任命：刘波、马志伟、张柱军为菏泽市人民代表大会法制委员会副主任委员，孔令海、杨晓军为菏泽市人民代表大会财政经济委员会副主任委员，姜继彬、罗衍玲为菏泽市人民代表大会内务司法委员会副主任委员，黄高潮为菏泽市人民代表大会教育科学文化卫生委员会副主任委员，陈自飞、王乃光为菏泽市人民代表大会城乡建设与环境资源保护委员会副主任委员，沙启忠为菏泽市人民代表大会民族侨务外事委员会副主任委员，秦立生、陈刚、李波、郝敬忠、秦毅为菏泽市人民代表大会财政经济委员会委员，李信强、朱玉烨、赵文东、孙鹏、杨金强为菏泽市人民代表大会城乡建设与环境资源保护委员会委员。

决定任命：赵中华为菏泽市司法局局长。

决定免去：康兵的菏泽市司法局局长职务。

任命：赵东为菏泽市人民检察院检委会委员、检察员。

免去：时维建、张勤的菏泽市人民检察院检察员职务。

批准任命：时维建为牡丹区人民检察院检察长，张勤为鄄城县人民检察院检察长。

批准：张敬艳辞去牡丹区人民检察院检察长职务，赵东辞去鄄城县人民检察院检察长职务。

市十八届人大常委会第三十三次会议

2016年4月28日，菏泽市第十八届人大常委会第三十三次会议在菏泽市人大常委会五楼会议室召开。市人大常委会党组书记、第一副主任段伯汉主持会议，副主任赵传山、汤建梅、孙忠生，秘书长郭景堂出席会议。市人民政府副市长任仲义、市人民检察院检察长王金庆、市中级人民法院副院长李维列席会议。

会议议程

听取审议市政府关于2014年度市级预算执行和其他财政收支审计查出问题整改情况的报告；听取审议市政府关于城市道路交通秩序整治工作情况的报告；听取审议市政府关于农村饮水安全工作情况的报告；审议《菏泽市大气污染防治条例（草案）》；审议《菏泽市人大常委会立法评估办法（草案）》；书面提交市政府关于定陶县撤县设区有关情况的报告；审议表决关于许可对市人大代表陈章瑜采取强制措施的决定（草案）、关于确认许可对市人大代表史同立采取强制措施的决定（草案）；人事任免事项；其他事项。

2016年4月28日，市十八届人大常委会第三十三次会议召开

会议决定

关于确认许可对市人大代表史同立采取强制措施的决定

根据市人民检察院的报告，由鄄城县选举的市十八届人大代表史同立涉嫌贪污及受贿等重大犯罪问题，属现行犯罪，依照《中华人民共和国全国人民代表大会和地方各级人民代表大会代表法》的有关规定，经市人大常委会主任会议许可并提交市十八届人大常委会第三十三次会议审议通过，决定确认许可对市人大代表史同立采取刑事强制措施，暂时停止其执行代表职务。

关于许可对市人大代表陈章瑜采取强制措施的决定

根据江阴市公安局的提请报告，由单县选举的菏泽市第十八届人大代表陈章瑜涉嫌合同诈骗罪。依照《中华人民共和国全国人民代表大会和地方各级人民代表大会代表法》的有关规定，经市人大常委会主任会议提请市十八届人大常委会第三十三次会议审议通过，决定许可对市人大代表陈章瑜采取刑事强制措施，暂时停止其执行人大代表职务。

人事任免

决定任命：朱峰为菏泽市质量技术监督局局长。

决定免去：范业赞的菏泽市质量技术监督局局长职务，朱峰的菏泽市人民政府外事与侨务办公室主任职务。

任命：张敬艳为菏泽市人民检察院副检察长。

免去：范玉国的菏泽市人民检察院副检察长、检委会委员、检察员职务，齐新年、赵军的菏泽市人民检察院检察员职务。

市十八届人大常委会第三十四次会议

2016年6月29日，菏泽市第十八届人大常委会第三十四次会议在菏泽市人大常委会五楼会议室召开。市人大常委会党组书记、第一副主任段伯汉主持会议，副主任赵传山、汤建梅、丁志刚、孙忠生，秘书长郭景堂出席会议。市委常委、市人民政府常务副市长闫剑波，市中级人民法院院长张正智，市人民检察院检察长王金庆列席会议。

会议议程

听取审议市政府关于2015年财政决算（草案）的报告，审查批准2015年市级财政决算；听取审议市政府关于2015年度市级预算执行和其他财政收支的审计工作报告；听取审议市扶贫办关于扶贫开发工作情况的报告；审议《菏泽市大气污染防治条例（草案修改稿）》；审议《菏泽市城镇容貌和环境卫生条例（草案）》；审议表决市政府关于对“全面改薄”和解决普通中小学“大班额”问题情况报告审议意见研究处理情况的报告；审议表决市政府关于对电子商务产业发展情况报告审议意见研究处理情况的报告；审议表决关于确认许可对市人大代表曹德建采取强制措施的决定（草案）；人事任免事项；其他事项。

2016年6月29日，市十八届人大常委会第三十四次会议召开

决议决定

菏泽市人大常委会关于批准菏泽市2015年市级财政决算的决议

菏泽市第十八届人大常委会第三十四次会议听取市财政局局长周铁伦受市政府委托所作的《关于菏泽市2015年财政决算（草案）的报告》和市审计局局长杨晓玲受市政府委托所作的《关于2015年度市级预算执行和其他财政收支的审计工作报告》。会议结合审议审计工作报告，对菏泽市2015年市级财政决算和决算报告进行审查。同意市人大财政经济委员会提出的《关于菏泽市2015年市级财政决算审查结果的报告》，决定批准菏泽市2015年市级财政决算。

关于确认许可对市人大代表曹德建采取强制措施的决定

根据市公安局的提请报告，由牡丹区选举的市十八届人大代表曹德建涉嫌非法吸收公众存款罪，目前已逃逸，系现行犯罪，依照《中华人民共和国全国人民代表大会和地方各级人民代表大会代表法》的有关规定，经市人大常委会主任会议许可并提交市十八届人大常委会第三十四次会议审议通过，决定确认许可对市人大代表曹德建采取刑事强制措施，暂时停止其执行代表职务。

人事任免

决定：接受刘巧云、李金民、徐平关于辞去菏泽市人大常委会委员职务的请求，报菏泽市第十九届人民代表大会第一次会议备案。

任命：陈允全为菏泽市人民代表大会常务委员会副秘书长。

免去：田文建的菏泽市人民代表大会常务委员会副秘书长职务，刘巧云的菏泽市人民代表大会常务委员会预算工作委员会副主任职务，李金民的菏泽市人民代表大会法制委员会副主任委员、菏泽市人民代表大会常务委员会内务司法工作委员会副主任职务，徐平的菏泽市人民代表大会财政经济委员会副主任委员、菏泽市人民代表大会常务委员会财政经济工作委员会副主任职务。

决定任命：王桂荣为菏泽市城市管理局局长，马敬青为菏泽市人民政府外事侨务办公室主任。

决定免去：姜守民的菏泽市城市管理局局长职务。

任命：王振华为菏泽市中级人民法院副院长。

市十八届人大常委会第三十五次会议

2016年8月30日，菏泽市第十八届人大常委会第三十五次会议在菏泽市人大常委会五楼会议室召开。市人大常委会党组书记、第一副主任段伯汉主持会议，副主任赵传山、汤建梅、丁志刚、孙忠生，秘书长郭景堂出席会议。市委常委、市人民政府常务副市长闫剑波，市中级人民法院院长张正智，市人民检察院检察长王金庆列席会议。

会议议程

听取审议市政府关于2016年上半年国民经济和社会发展计划执行情况的报告；听取审议市

政府关于2016年上半年预算执行情况的报告；听取审议市中级人民法院关于行政审判工作情况的报告；审议《菏泽市2016—2020年依法治市规划（草案）》《关于在全市公民中开展法治宣传教育的第七个五年规划（2016—2020年）（草案）》，分别作出相应决议；听取审议市政府关于将赵王河上游生态公园PPP项目相关费用纳入预算的议案及有关说明，作出相关决定；表决《菏泽市大气污染防治条例（草案表决稿）》；审议《菏泽市城镇容貌和环境卫生管理条例（草案修改稿）》；审议《菏泽市水污染防治条例（草案）》；审议《菏泽市煤炭清洁使用监督管理条例（草案）》；审议表决市政府关于对审计查出问题整改情况报告审议意见研究处理情况的报告；审议表决市政府关于对城市道路交通秩序整治情况报告审议意见研究处理情况的报告；审议表决市政府关于对农村饮水安全工作情况报告审议意见研究处理情况的报告；审议表决市政府关于对安全生产法执法检查反馈意见研究处理情况的报告；人事任免事项；其他事项。

2016年8月30日，市十八届人大常委会第三十五次会议召开

决议决定

菏泽市人大常委会关于《菏泽市2016—2020年依法治市规划》的决议

菏泽市第十八届人民代表大会常务委员会第三十五次会议经过审议，决定通过《菏泽市2016—2020年依法治市规划》，由菏泽市人民政府、菏泽市中级人民法院、菏泽市人民检察院组织实施。

菏泽市人大常委会关于在全市公民中开展第七个五年法治宣传教育的决议

2011年至2015年，我市第六个五年法制宣传教育规划顺利实施完成，取得明显成效，在全面落实依法治国基本方略、提高社会治理法治化水平、促进经济社会更好更快发展、维护社会和谐稳定中发挥重要的保障支撑作用。党的十八届四中全会对全面推进依法治国作出重大战略部署，对法治宣传教育工作提出新的更高要求。为深入实施依法治市进程，增强全社会法治观念，有必要从2016年至2020年在全市公民中组织实施法治宣传教育第七个五年规划。为此，特作决议如下：

一、深入学习宣传以宪法为核心的中国特色社会主义法律体系。突出学习宣传宪法，坚持把学习宣传宪法摆在首要位置，以组织开展“12·4”国家宪法日宣传活动为契机，在全社会掀起宪法宣传教育的高潮，推动宪法家喻户晓、深入人心。抓好宪法宣誓制度的实施，提高各级领导干部和国家工作人员的宪法意识，增强宪法观念。大力弘扬宪法精神，培育法治理念，树立法治意识，教育引导一切组织和个人都必须以宪法为根本活动准则，在全社会形成崇尚宪法、遵守宪法、维护宪法权威的良好氛围。突出抓好宪法相关法、民商法、行政法、刑法等国家基本法律的学习宣传，重点学习宣传与服务经济发展新常态、创新驱动战略、供给侧结构性改革、保障改善民生、创新社会治理、维护社会和谐稳定和促进公平正义相关的法律法规，为不断开创全市经济社会发展新局面，实现科学赶超、后来居上的宏伟目标营造良好的法治环境。深入开展社会主义法治理念教育，加强反腐倡廉法制宣传教育，不断增强各级领导干部和公务员的大局意识、法治意识和反腐倡廉意识，提高依法行政和廉洁自律的自觉性。

二、进一步增强法治宣传教育的针对性和实效性。要把法治宣传教育作为深化“平安菏泽”建设的一项重要内容，法治宣传教育的对象是一切有接受教育能力的公民，要重点加强对领导干部和青少年的教育。国家工作人员尤其是各级领导干部要带头学习宪法和履职相关的法律法规，切实提高运用法治思维和法治方式深化改革、推动发展、化解矛盾、维护稳定的能力。健全各级国家工作人员学法用法制度，把法治教育纳入干部教育培训总体规划，把尊法学法守法用法情况纳入公务员年度考核和领导班子、领导干部年度述职的重要内容。把法治教育纳入干部教育培训总体规划，列为党校、行政学院、社会主义学院必修课程，纳入国家工作人员入职、晋升培训内容。健全完善国家工作人员学法用法制度，建立国家工作人员网上学法考法系统，定期组织国家工作人员法律考试，完善落实国家工作人员任职法律考试制度。完善重大决策合法性审查机制，推行政府法律顾问制度，推动行政机关依法行政，促进司法机关公正司法。进一步抓好青少年的法治宣传教育，深化法律进校园活动，充分发挥课堂主渠道作用，落实国家青少年法治教育大纲。将法治教育纳入中小学教师培训计划，因地制宜建设青少年法治教育基地，强化学校、家庭、社会“三位一体”的青少年法治教育格局，引导学生树立法治意识，养成遵纪守法的习惯。加强对企业经营管理人员的法治宣传教育，培养树立诚信守法、爱国敬业、依法经营、依法管理的意识。加强对进城务工人员的法治宣传教育，提高自身运用法律手段解决矛盾纠纷、依法维权的能力。

三、进一步创新法治宣传教育的形式和载体。要积极推进社会主义法治文化建设，坚持贴近基层、贴近群众、贴近生活，扎实开展法治宣传教育活动，充分发挥法治文化的引领、熏陶作用，使公民内心拥护和真诚信仰法律。促进法治文化与牡丹文化、地域文化、行业文化、民俗民间文化相融合，形成有品牌、有特色、有亮点的法治文化格局。大力实施法治文化活动惠民工程，广泛开展法治文艺展演展播、法治文艺下基层、法律知识竞赛活动，最大限度地满足群众的法治文化需求。大力实施法治文化媒体传播工程，加强媒体公益普法宣传，打造各类以案释法平台载体，增强法治文化的渗透力和影响力。创新载体阵地，因地制宜建设法治宣传橱窗、法治广场、法治公园，在政府机关、社会服务机构的服务大厅和服务窗口增加法治宣传教育功能，积极运用楼宇电视、公共场所电子屏、服务窗口触摸屏、公交移动电视屏等，推送法治宣传教育内容，广泛开展法治宣传教育活动。打造“互联网+”法治宣传阵地，加强普法网站和普法网络集群建设，搭建法治宣传教育云平台。突出抓好微信、微博、客户端等新媒体新技术在普法中的运用，创新发展普法动漫、法治微电影等传播平台，提高普法宣传的覆盖面和影响力。健全公民和组织守法信用记录，完善守法诚信褒奖机制和违法失信行为惩戒机制。创新法治宣传教育工作理念、体制机制、方式方法和载体平台，采取群众喜闻乐见、易于接受的形式，提升法治宣传教育感染力和影响力，形成崇德尚法的浓厚社会氛围。

四、坚持法治教育与法治实践相结合，深入推进法治菏泽建设。全面实施《菏泽市2016—2020年依法治市规划》，深化基层组织和部门、行业等多层次多领域的依法治理，推进法治城市、法治县（区）、民主法治示范村（社区）等法治创建活动，广泛开展依法行政示范单位、依法行政示范窗口、文明执法示范窗口、诚信守法示范企业、依法治校示范单位创建活动。建立健全社会组织参与社会事务、维护公共利益、帮教特殊人群、预防违法犯罪的机制和制度化渠道，支持行业协会商会类社会组织发挥行业自律和专业服务功能，发挥社会组织对其成员的行为引导、规则约束、权益维护作用。继续开展法律进机关、进乡村、进社区、进学校、进企业、进单位“法律六进”主题活动，促进法治宣传教育和社会治理的常态化、规范化。结合脱贫攻坚工程和美丽乡村建设，把法治宣传教育纳入农村公共服务内容，提高广大农民群众的学法遵法守法和依法维权意识。

五、强化法治宣传教育工作的组织领导和保障机制。健全党委领导、人大监督、政府实施、部门各负其责、全社会广泛参与的法治宣传教育领导体制和工作机制。把法治宣传教育列入当地国民经济和社会发展规划，纳入综合绩效考核、综治考核和文明创建考核内容。落实“谁主管谁负责”的普法责任，督促引导各行业、各单位结合行业特点和特定群体的法律需求，有针对性地开展法治宣传教育，实行精准普法。落实国家机关“谁执法谁普法”的普法责任制，建立普法责任清单制度，完善落实法官、检察官、行政执法人员、律师等以案释法制度。落实新闻媒体的普法责任，健全媒体公益普法制度，鼓励新媒体新技术在普法中的运用，推进“互联网＋法治宣传”行动。进一步充实壮大普法讲师团和志愿者队伍，强化业务培训，提高普法服务的质量和水平。健全完善法治宣传经费保障制度，建立动态调整机制，把法治宣传教育列入政府购买服务指导性目录，鼓励和引导社会资金参与、支持法治宣传教育工作，为深入开展法治宣传教育提供必要的物质保障。

六、加强对本决议贯彻实施情况的监督检查。要进一步健全完善法治宣传教育考核评估机制，加强年度考核、阶段性检查。各级人民政府要切实组织实施好法治宣传教育第七个五年规划，认真做好中期督导检查和终期总结验收，表彰先进集体和个人，切实保证法治宣传教育目标任务的顺利完成，并向本级人民代表大会常务委员会报告。各级人民代表大会及其常务委员会要充分运用执法检查、视察、听取和审议专项工作报告、组织代表视察、专题调研等形式，加强对法治宣传教育的监督检查，保证本决议得到贯彻落实。

菏泽市人大常委会关于批准将赵王河上游生态公园PPP项目相关费用纳入市级财政预算的决定

菏泽市第十八届人民代表大会常务委员会第三十五次会议听取市国土资源局局长胡钦畅受市人民政府委托所作的《关于将赵王河上游生态公园PPP项目相关费用纳入预算议案的说明》，审议《菏泽市人民政府关于将赵王河上游生态公园PPP项目相关费用纳入预算的议案》。会议认为，市政府及相关部门对赵王河上游生态公园项目采用PPP项目模式开发建设，做大量工作，并经市政府常务会议研究通过，且该项目已通过物有所值评价和财政承受能力论证分析等相关必要程序。会议决定，批准将赵王河上游生态公园PPP项目相关费用支出纳入市政府中长期财政规划及各年度财政预算。会议要求，市政府及相关部门要依法依规运作，加强对项目建设、运营和管理的全程监督，加强预算管理，严格对财政资金投入的绩效考核，对社会资本进行履约管理和绩效评估，严肃财经纪律，确保财政资金的使用效益和项目的顺利实施。

人事任免

决定：接受张修田、史步军关于辞去菏泽市人大常委会委员职务的请求，报下一次市人民代表大会会议备案。

免去：伊敬国的菏泽市人民代表大会常务委员会副秘书长职务，史步军的菏泽市人民代表大会常务委员会人事代表工作委员会副主任职务。

决定任命：康兵为菏泽市商务局局长。

决定免去：练建军的菏泽市商务局局长职务。

任命：高贤钊为菏泽市中级人民法院审判员、审判委员会委员。

免去：王思明的菏泽市中级人民法院副院长、审判委员会委员、审判员职务，李继亮的菏泽市中级人民法院审判委员会委员、审判员职务。

任命：沙向东为菏泽市人民检察院副检察长、检察委员会委员、检察员。

免去：刘东平的菏泽市人民检察院副检察长、检察委员会委员、检察员职务，梁衍锋的菏泽市人民检察院检察员职务。

市十八届人大常委会第三十六次会议

2016 年 10 月 28 日，菏泽市第十八届人大常委会第三十六次会议在菏泽市人大常委会五楼会议室召开。市人大常委会党组书记、第一副主任段伯汉主持会议，副主任赵传山、汤建梅、丁志刚，秘书长郭景堂出席会议。市委常委、市人民政府常务副市长闫剑波，市中级人民法院院长张正智，市人民检察院检察长王金庆列席会议。

2016 年 10 月 28 日，市十八届人大常委会第三十六次会议召开

会议议程

听取审议市政府关于民生实事进展情况的报告；听取审议市政府关于重大基础设施建设情况的报告；听取审议市政府关于全市棚户区改造工作情况的报告；听取审议市政府关于新预算法贯彻实施情况的报告；听取审议市人民检察院关于刑事执行检察工作情况的报告；审议表决《菏泽市城镇容貌和环境卫生管理条例（草案表决稿）》；审议《菏泽市水污染防治条例（草案修改稿）》；审议《菏泽市煤炭清洁生产使用监督管理条例（草案修改稿）》；审议市政府关于菏泽市老年大学和全民健身中心 PPP 项目相关费用纳入预算的议案，并作出有关决定；审议表决市人大教科文卫委关于全市食品安全工作情况的调研报告（草案）；审议表决关于创建省级文明城市有关城市基础设施建设和提升城市管理工作情况的视察报告（草案）；审议表决市政府关于对 2015 年财政决算报告审议意见研究处理情况的报告；审议表决市政府关于对 2015 年市级预算执行和其他财政收支审计报告审议意见研究处理情况的报告；审议表决市政府关于对 2016 年上半年国民经济和社会发展计划执行情况报告审议意见研究处理情况的报告；审议表决市政府关于对 2016 年上半年预算执行情况报告审议意见研究处理情况的报告；人事任免事项；其他事项。

会议决定

菏泽市人大常委会关于批准菏泽市老年大学和全民健身中心 PPP 项目相关费用纳入市级财政预算的决定

菏泽市第十八届人民代表大会常务委员会第三十六次会议听取审议《菏泽市人民政府关于菏泽市老年大学和全民健身中心 PPP 项目相关费用纳入预算的议案》及其说明。会议认为，市老年大学和全民健身中心项目作为市重点民生工程，于 9 月 2 日经市政府第 52 次常务会议研究确定采用政府和社会资本合作（PPP）模式运作，且该项目已通过物有所值评价和财政承受能力论证分析等相关必要程序。会议决定，批准菏泽市老年大学和全民健身中心 PPP 项目相关费用支付纳入市政府中长期财政规划和各年度财政预算，自项目合作期的第 3 年始至第 17 年止，政府补贴总额 23999.98 万元，年均 1600 万元。

会议要求，市政府及有关部门要依照相关法律和规定，加强 PPP 项目的管理和监督，确保不产生新的政府性债务，并适时将项目建设进展、绩效考核及审计结果等情况向市人大常委会报告。

人事任免

决定：接受梁惠民关于辞去菏泽市人大常委会委员职务的请求，报下一次市人民代表大会会议备案。

免去：梁惠民的菏泽市人民代表大会法制委员会委员职务。

决定任命：朱瑞军为菏泽市农业局局长。

决定免去：张钢强的菏泽市农业局局长职务。

任命：戴磊为菏泽市中级人民法院审判员、审判委员会委员、副院长。

免去：樊忠民的菏泽市中级人民法院审判员职务。

免去：刘勇的菏泽市人民检察院检察员职务，杨依柱的菏泽经济开发区人民检察院检察员职务。

市十八届人大常委会第三十七次会议

2016年12月23日，菏泽市第十八届人大常委会第三十七次会议在菏泽市人大常委会五楼会议室召开。市人大常委会党组书记、第一副主任段伯汉主持会议，副主任赵传山、汤建梅、丁志刚、孙忠生，秘书长郭景堂出席会议。市委常委、市人民政府常务副市长闫剑波，市中级人民法院院长张正智，市人民检察院检察长王金庆列席会议。

会议议程

听取审议市政府关于2015年审计查出问题整改情况的报告；听取审议市政府关于2016年全市政府债务限额的报告，作出有关决议；审议表决《菏泽市煤炭清洁生产使用监督管理条例（草案表决稿）》；审议表决市政府关于对食品安全专题调研反馈意见研究处理情况的报告；审议表决市政府关于对创建省级文明城市有关城市基础设施建设和提升城市管理工作视察反馈意见研究处理情况的报告；审议表决市政府关于对民生实事进展情况报告审议意见研究处理情况的报告；审议表决市政府关于对全市重大基础设施建设情况报告审议意见研究处理情况的报告；审议表决市政府关于对全市棚户区改造工作情况报告审议意见研究处理情况的报告；审议表决市政府关于对新预算法贯彻实施情况报告审议意见研究处理情况的报告；审议表决市中级人民法院关于对行政审判工作情况报告审议意见研究处理情况的报告；审议表决市人民检察院关于对刑事执行检察工作情况报告审议意见研究处理情况的报告；人事任免事项；投票选定市人大常委会2016年度票决事项；其他事项。

2016年12月23日，市十八届人大常委会第三十七次会议召开

会议决议

菏泽市人大常委会关于批准菏泽市2016年地方政府债务限额的决议

菏泽市第十八届人民代表大会常务委员会第三十七次会议听取审议市财政局局长周铁伦受市人民政府委托所作的《菏泽市人民政府关于2016年全市政府债务限额的报告》，决定按上级核定数批准菏泽市2016年地方政府债务限额254.5亿元（其中市级政府债务限额92.85亿元）。

会议要求，市政府要严格执行预算法和国务院关于加强地方政府性债务管理的意见，切实将政府债务纳入预算管理，加强债务监管和风险防控，确保债务规模严格控制在债务限额内，有效防范化解财政金融风险。

人事任免

免去：平善刚、杨春婷的菏泽市人民检察院检察员职务。

市十八届人大常委会第三十八次会议

2017年1月15日，菏泽市第十八届人大常委会第三十八次会议在菏泽市人大常委会五楼会议室召开。市人大常委会党组书记、第一副主任段伯汉主持会议，副主任赵传山、汤建梅、丁志刚、孙忠生，秘书长郭景堂出席会议。

会议议程

审议表决市人大常委会主任会议关于提请接受贾学英辞去山东省第十二届人民代表大会代表职务的议案。

会议决议

菏泽市人大常委会关于接受贾学英辞去山东省第十二届人民代表大会代表职务的决议

根据《中华人民共和国全国人民代表大会和地方各级人民代表大会选举法》的规定，菏泽市第十八届人民代表大会常务委员会第三十八次会议决定，接受贾学英辞去山东省第十二届人民代表大会代表职务，报山东省人民代表大会常务委员会备案。

市十八届人大常委会第三十九次会议

2017年1月24日，菏泽市第十八届人大常委会第三十九次会议在菏泽市人大常委会五楼会议室召开。市人大常委会党组书记、第一副主任段伯汉主持会议，副主任赵传山、汤建梅、丁志刚、孙忠生，秘书长郭景堂出席会议。市委常委、市人民政府常务副市长闫剑波，市中级人民法院院长张正智，市人民检察院检察长王金庆列席会议。

会议议程

审议确定市十九届人大一次会议的有关事宜；审议通过市人大常委会工作报告（审议稿），决定提请市十九届人大一次会议审议；审议通过市人大常委会2017年工作要点（草案）；审议通过市人大常委会2017年地方立法计划（草案）、市人大常委会2017—2021年地方立法规划（草案）；审议表决关于市十八届人大五次会议代表建议、批评和意见办理情况的书面报告（草案）；审议市政府关于菏泽市社会治安数字化监控PPP项目相关费用纳入预算的议案，作出有关决定；听取审议市政府有关部门对市人大常委会2016年度有关审议意见办理落实情况的报告，进行满意度票决；人事任免事项；其他事项。

2017年1月24日，市十八届人大常委会第三十九次会议召开

会议决定

菏泽市人大常委会关于召开菏泽市第十九届人民代表大会第一次会议的决定

菏泽市第十九届人民代表大会第一次会议定于2017年2月23日至26日在菏泽大剧院召开，时间4天。会议建议议程为：一、听取和审议菏泽市人民政府工作报告；二、审查、批准菏泽市2016年国民经济和社会发展计划执行情况的报告与2017年计划；三、审查菏泽市2016年预算执行情况的报告和2017年预算草案，批准菏泽市2016年市级预算执行情况的报告和2017

年市级预算；四、听取和审议菏泽市人民代表大会常务委员会工作报告；五、听取和审议菏泽市中级人民法院工作报告；六、听取和审议菏泽市人民检察院工作报告；七、审议通过《菏泽市第十九届人民代表大会第一次会议关于设立菏泽市第十九届人民代表大会专门委员会的决定》；八、选举菏泽市第十九届人民代表大会常务委员会主任、副主任、秘书长、委员；九、选举菏泽市市长、副市长；十、选举菏泽市中级人民法院院长、菏泽市人民检察院检察长；十一、表决通过菏泽市第十九届人民代表大会各专门委员会组成人员人选名单；十二、其他事项。

菏泽市人大常委会关于批准菏泽市社会治安数字化监控 PPP 项目相关费用纳入市级财政预算的决定

菏泽市第十八届人民代表大会常务委员会第三十九次会议听取审议《菏泽市人民政府关于菏泽市社会治安数字化监控 PPP 项目相关费用纳入预算的议案》及其说明，决定批准菏泽市社会治安数字化监控 PPP 项目相关费用纳入市政府中长期财政规划及各年度财政预算。

会议要求，市政府及有关部门要依法依规运作，加强对项目建设、运营和管理的全程监督，严格对财政资金投入的绩效考核，对社会资本进行履约管理和绩效评估，严肃财经纪律，确保财政资金的使用效益和项目的顺利实施。

人事任免

任命：许宜福为菏泽市人民代表大会常务委员会教育科学文化卫生人口工作委员会副主任。

决定任命：高荣国为菏泽市公安局局长。

决定免去：单立新的菏泽市公安局局长职务，崔学民的菏泽市规划局局长职务。

任命：李金岭为菏泽市中级人民法院审判员、审判委员会委员，孔令健为菏泽市中级人民法院审判员、审判委员会委员，张万松为菏泽市中级人民法院审判员、审判委员会委员，崔敬涛为菏泽市中级人民法院审判员、审判委员会委员。

免去：崔冰的菏泽市中级人民法院审判员职务，蓝涛的菏泽市中级人民法院审判员职务，张中斌的菏泽市中级人民法院审判员职务，王雷的菏泽市中级人民法院审判委员会委员、民事审判第二庭庭长、审判员职务，王书鑫的菏泽市中级人民法院审判员职务。

任命：吴三军为菏泽市人民检察院检察员。

免去：张敬艳的菏泽市人民检察院副检察长、检察委员会委员、检察员职务。

第五节 第十九届人大常委会历次会议

（2017.2— ）

市十九届人大常委会第一次会议

2017 年 3 月 30 日，菏泽市第十九届人大常委会第一次会议在菏泽和平大酒店召开。市委书记、市人大常委会主任孙爱军主持会议，市人大常委会副主任杨晓玲、丁志刚、汤建梅、孙忠生、谷瑞灵，秘书长郭景堂出席会议。市委常委、市人民政府常务副市长闫剑波，市中级人民法院院长张正智，市人民检察院检察长王金庆列席会议。

会议议程

听取审议市政府关于“一村一品、一乡一业”发展情况的报告；听取审议市人民检察院关于未成年人检察工作情况的报告；听取审议市政府关于设立菏泽市城市投资发展基金的议案，作出相关决定；人事任免事项；其他事项。

会议决定

菏泽市人大常委会关于批准菏泽市城市投资发展基金纳入市级财政预算管理的决定

菏泽市第十九届人民代表大会常务委员会第一次会议听取审议《菏泽市人民政府关于设立菏泽市城市投资发展基金的议案》及其说明。会议同意这个议案，决定批准菏泽市城市投资发展基金纳入市政府中长期财政预算规划，并纳入市级财政预算。

会议要求，市政府及财政部门要对本基金的投放、使用进行全面监管，确保资金按有关规定使用，同时提高资金使用效率，确保在市城市投资发展基金建设项目财政收支预算平衡的基础上不产生新的政府性债务。

2017 年 3 月 30 日，市十九届人大常委会第一次会议召开

人事任免

任命：杨晓玲为菏泽市人民代表大会常务委员会内务司法工作委员会主任，孙忠生为菏泽市人民代表大会常务委员会预算工作委员会主任。

免去：赵传山的菏泽市人民代表大会常务委员会预算工作委员会主任、内务司法工作委员会主任职务。

决定任命：李士三为菏泽市人民政府秘书长，孟凡荣为菏泽市人民政府办公室主任，康兵为菏泽市发展和改革委员会主任，闫凌为菏泽市经济和信息化委员会主任，陈宝华为菏泽市教育局局长，彭德启为菏泽市科学技术局局长，高荣国为菏泽市公安局局长，赵中华为菏泽市司法局局长，周铁伦为菏泽市财政局局长，王有杰为菏泽市人力资源和社会保障局局长，张善甲为菏泽市安全生产监督管理局局长，胡钦畅为菏泽市国土资源局局长，吴修印为菏泽市住房和城乡建设局局长，王桂荣为菏泽市城市管理局局长，程传政为菏泽市交通运输局局长，王尊亮为菏泽市水利局局长，耿振华为菏泽市商务局局长，吴福华为菏泽市文化广电新闻出版局局长，闫传银为菏泽市卫生和计划生育委员会主任，郝丕进为菏泽市食品药品监督管理局局长，陈庆勇为菏泽市审计局局长，杨自源为菏泽市环境保护局局长，彭益芳为菏泽市民族宗教事务局局长，高会峰为菏泽市统计局局长，张魁为菏泽市工商行政管理局局长，朱峰为菏泽市质量技术监督局局长，马敬青为菏泽市人民政府外事侨务办公室主任，宋波为菏泽市人民防空办公室主任。

免去：田传允的菏泽市中级人民法院执行一庭庭长、审判员职务，李冠军的菏泽市中级人民法院民事审判第一庭副庭长、审判员职务。

批准任命：时维建为牡丹区人民检察院检察长，周文伟为定陶区人民检察院检察长，逯其彦为曹县人民检察院检察长，张光辉为成武县人民检察院检察长，聂学敏为单县人民检察院检察长，袁建东为巨野县人民检察院检察长，刘绍军为郓城县人民检察院检察长，张勤为鄄城县人民检察院检察长，孙振宇为东明县人民检察院检察长。

批准：袁建东辞去定陶区人民检察院检察长职务，刘绍军辞去曹县人民检察院检察长职务，吴三军辞去成武县人民检察院检察长职务，周文伟辞去巨野县人民检察院检察长职务，逯其彦辞去郓城县人民检察院检察长职务，张光辉辞去东明县人民检察院检察长职务。

市十九届人大常委会第二次会议

2017 年 5 月 10 日，菏泽市第十九届人大常委会第二次会议在菏泽市人大常委会五楼会议室召开。市人大常委会副主任杨晓玲主持会议，副主任丁志刚、汤建梅、孙忠生，秘书长郭景堂出席会议。市人民政府副市长王卫东、市中级人民法院院长张正智、市人民检察院检察长王金庆列席会议。

会议议程

听取审议市人民政府关于全市金融工作情况的报告；听取全市脱贫攻坚工作情况的报告；听取审议市中级人民法院关于基本解决执行难工作情况的报告；听取审议市人民政府关于菏泽市民政医养服务中心 PPP 项目相关费用纳入财政预算的议案，作出相关决定；人事任免事项；其他事项。

2017 年 5 月 10 日，市十九届人大常委会第二次会议召开

会议决定

菏泽市人大常委会关于批准菏泽市民政医养服务中心 PPP 项目相关费用纳入市级财政预算的决定

菏泽市第十九届人民代表大会常务委员会第二次会议听取审议《菏泽市人民政府关于菏泽市民政医养服务中心 PPP 项目相关费用纳入财政预算的议案》及其说明，决定批准菏泽市民政医养服务中心 PPP 项目相关费用纳入市政府中长期财政规划及各年度财政预算，在政府财务报告中进行反映和管理，并向市人大及其常委会报告。

会议要求，市政府及有关部门要依法依规运作，加强对项目建设、运营和管理的全程监督，严格对财政资金投入的绩效考核，对社会资本进行履约管理和绩效评估，严肃财经纪律，确保财政资金的使用效益和项目的顺利实施。

人事任免

决定：接受孙慧辞去菏泽市第十九届人民代表大会常务委员会委员职务的请求，报菏泽市第十九届人民代表大会第二次会议备案。

任命：范阳春为菏泽市人民代表大会常务委员会市经济开发区工作委员会主任。

免去：李守玉的菏泽市人民代表大会常务委员会市经济开发区工作委员会主任职务。

决定任命：孔令海为菏泽市监察局局长，赵斌为菏泽市民政局局长，孙慧为菏泽市人力资源和社会保障局局长，尹茂林为菏泽市规划局局长，房忠宪为菏泽市农业局局长，李永辉为菏泽市体育局局长，曹格林为菏泽市林业局局长，姜涛为菏泽市金融工作办公室（菏泽市地方金融监督管理局）主任（局长）。

决定免去：王有杰的菏泽市人力资源和社会保障局局长职务。

任命：吴慧星、成爱梅、梁坤、陈浩、徐龙震、王令已、张浩、郝银刚、张秀云、徐建林、王英超、于莉、李锋、于辉、李兴、张宪明、孙岩、梁春丽、潘宜英、王华栋、岳晓艳、唐代明、姜健、王媛媛、朱晨曦、史春雷、庞宠、井慧、侯圣春、秦迅、吴景仲、谢新磊为菏泽市中级人民法院审判员。

免去：魏秀蕊的菏泽市中级人民法院审判员职务，韩德华的菏泽市中级人民法院执行一庭副庭长、审判员职务，刘宝印的菏泽市中级人民法院审判员职务。

任命：许澎涛为菏泽市人民检察院副检察长，王晓翠、宁洁、边宁、张心、李永璐、李克明、李艳琳、李燕、范陆珍、秦飞海、聂元昌、袁言涛为菏泽市人民检察院检察员。

市十九届人大常委会第三次会议

2017 年 6 月 28 日，菏泽市第十九届人大常委会第三次会议在菏泽市人大常委会五楼会议室召开。市人大常委会副主任杨晓玲主持会议，副主任丁志刚、汤建梅、孙忠生，秘书长郭景堂出席会议。市委常委、市人民政府常务副市长闫剑波，市中级人民法院院长张正智，市人民检察院检察长王金庆列席会议。

2017 年 6 月 28 日，市十九届人大常委会第三次会议召开

会议议程

听取审议市人民政府关于创建省级文明城市工作情况的报告；听取审议市人民政府关于 2016 年财政决算（草案）的报告，审查批准 2016 年市级财政决算；听取审议市人民政府关于 2016 年市级预算执行和其他财政收支的审计工作报告；审议《菏泽市供热条例（草案）》；审议表决市人大常委会执法检查组关于对市人民政府贯彻落实大气污染防治“一法两条例”情况的执法检查报告；审议表决市人大民侨外委关于全市民族工作情况的专题调研报告；审议表决市人民政府关于对“一村一品、一乡一业”发展情况报告审议意见研究处理情况的报告；审议表决市人民检察院关于对未成年人检察工作情况报告审议意见研究处理情况的报告；审议表决关于许可对市人大代表高登福采取强制措施的决定（草案）；人事任免事项；其他事项。

决议决定

菏泽市人大常委会关于批准菏泽市 2016 年市级财政决算的决议

菏泽市第十九届人民代表大会常务委员会第三次会议听取审议市财政局局长周铁伦受市政府委托所作的《关于菏泽市 2016 年财政决算（草案）的报告》和市审计局局长陈庆勇受市政府委托所作的《关于 2016 年度市级预算执行和其他财政收支的审计工作报告》。会议结合审计工作报告，对菏泽市 2016 年市级财政决算草案和决算报告进行审查，同意《关于 2016 年市级财政决算审查结果的报告》，决定批准菏泽市 2016 年市级财政决算。

关于许可对市人大代表高登福采取强制措施的决定

根据市公安局的提请报告，由单县选举的菏泽市第十九届人大代表高登福涉嫌危险驾驶罪。依照《中华人民共和国全国人民代表大会和地方各级人民代表大会代表法》的有关规定，市十九届人大常委会第三次会议决定：许可对市人大代表高登福采取刑事强制措施，暂停其执行人大代表职务。

人事任免

决定任命：冯艳丽为菏泽市安全生产监督管理局局长，张善甲为菏泽市环境保护局局长。

决定免去：张善甲的菏泽市安全生产监督管理局局长职务，杨自源的菏泽市环境保护局局长职务。

任命：夏乾豹、聂松虎为菏泽经济开发区人民检察院检察委员会委员。

市十九届人大常委会第四次会议

2017 年 8 月 30 日，菏泽市第十九届人大常委会第四次会议在菏泽市人大常委会五楼会议室召开。市人大常委会副主任杨晓玲主持会议，副主任丁志刚、汤建梅、孙忠生，秘书长郭景堂出席会议。市人民政府副市长王忠想、市中级人民法院院长张正智、市人民检察院检察长王金庆列席会议。

会议议程

听取审议市人民政府关于 2017 年上半年国

民经济和社会发展计划执行情况的报告；听取审议市人民政府关于2017年上半年预算执行情况的报告；听取审议市人民政府关于公立医院综合改革情况的报告；审议《菏泽市供热条例（草案修改二稿）》;审议《菏泽市物业管理条例（草案）》;审议表决市人大常委会执法检查组关于对市人民政府贯彻实施《菏泽市城镇容貌和环境卫生管理条例》情况的执法检查报告；审议表决市人大教科文卫委关于全市科技创新工作情况的专题调研报告；审议表决市人民政府关于对全市金融工作情况报告审议意见研究处理情况的报告；审议表决市中级人民法院关于对执行工作情况报告审议意见研究处理情况的报告；审议表决关于提请审议市人大常委会代表资格审查委员会组成人员的报告；审议表决市人大常委会代表资格审查委员会关于个别代表的代表资格审查报告；人事任免事项；其他事项。

2017年8月30日，市十九届人大常委会第四次会议召开

人事任免

免去：秦玉亭的菏泽市人民代表大会常务委员会内务司法工作委员会副主任职务。

免去：张克勤的菏泽市中级人民法院审判员职务。

市十九届人大常委会第五次会议

2017年9月12日，菏泽市第十九届人大常委会第五次会议在菏泽市人大常委会五楼会议室召开。市人大常委会副主任杨晓玲主持会议，副主任丁志刚、汤建梅、孙忠生、谷瑞灵，秘书长郭景堂出席会议。

会议议程

审议表决市人大常委会代表资格审查委员会关于个别代表的代表资格审查报告。

市十九届人大常委会第六次会议

2017年10月31日，菏泽市第十九届人大常委会第六次会议在菏泽市人大常委会五楼会议室召开。市人大常委会副主任杨晓玲主持会议，副主任丁志刚、汤建梅、孙忠生、谷瑞灵，秘书长郭景堂出席会议。市人民政府副市长曹升灵、市中级人民法院院长张正智、市人民检察院检察长王金庆列席会议。

会议议程

传达学习党的十九大会议精神；听取审议市政府关于民生实事进展情况的报告；听取审议市政府关于2016年审计查出问题整改情况的报告；听取审议市政府关于全民创业工作情况的报告；听取审议市政府关于2017年全市政府债务限额的议案及说明，作出相关决议；表决《菏泽市供热条例（草案表决稿）》;审议《菏泽市物业管理条例（草案修改稿）》;审议表决市人大常委会视察组关于全市棚户区改造工作情况的视察报告；审议表决市人大农委关于全市农村土地流转工作情况的专题调研报告；审议表决市人大民侨外委关于全市电子商务产业发展情况的专题调研报告；审议表决市人大内司委关于对市政府贯彻实施工会“一法两条例”情况的执法检查报告；审议表决市政府关于对2016年财政决算（草案）报告审议意见研究处理情况的报告；审议表决市政府关于对2016年市级预算执行和其他财政收支审计工作报告审议意见研究处理情况的报告；审议表决市政府关于对2017年上半年国民经济和社会发展计划执行情况报告审议意见研究处理情况的报告；审议表决市政府关于对2017年上半年预算执行情况报告审议意见研究处理情况的报告；审议表决市政府关于对公立医院综合改革情况报告审议意见研究处理情况的报告；审议表决市政府关于对大气污染防治“一法两条例”执法检查反馈意见研究处理情况的报告；审议表决市政府关于对《菏泽市城镇容貌和环境卫生管理条例》执法检查反馈意见研究处理情况的报告；审议表决市政府关于对全市科技创新工作情况专题调研反馈意见研究处理情况的报告；审议表决市政府关于对全市民族工作情况专题调研反馈意见研究处理情况的报告；人事任免事项；其他事项。

2017年10月31日，市十九届人大常委会第六次会议召开

会议决议

菏泽市人大常委会关于批准菏泽市2017年地方政府债务限额的决议

菏泽市第十九届人民代表大会常务委员会第六次会议听取审议市政府关于2017年全市政府债务限额的议案及说明，决定按上级核定数批准菏泽市2017年地方政府债务限额314.4亿元（其中市级债务限额102.85亿元）。

会议要求，市政府要严格执行预算法和国务院关于加强地方政府性债务管理的意见，切实将政府债务纳入预算管理，建立“借、用、还”相统一的地方政府性债务管理机制，加强债务监管和风险防控，确保债务规模严格控制在债务限额内，切实防范化解财政金融风险。

人事任免

任命：李认银为菏泽市中级人民法院立案第一庭庭长，张福合为菏泽市中级人民法院刑事审判第一庭庭长，曾强为菏泽市中级人民法院少年审判庭庭长，孙富柱为菏泽市中级人民法院民事审判第二庭庭长，李胜力为菏泽市中级人民法院民事审判第三庭庭长，吴树峰为菏泽市中级人民法院环境资源审判庭庭长，曾庆生为菏泽市中级人民法院商事审判第一庭庭长，陈淑梅为菏泽市中级人民法院商事审判第二庭庭长，尚杰为菏泽市中级人民法院审判监督庭庭长，陈尔森为菏泽市中级人民法院审判监督第二庭庭长，马敬印为菏泽市中级人民法院执行一庭庭长。

免去：杨永汉的菏泽市中级人民法院立案第一庭庭长职务，尚杰的菏泽市中级人民法院立案第一庭副庭长职务，李认银的菏泽市中级人民法院立案第一庭副庭长职务，陈卫华的菏泽市中级人民法院刑事审判第一庭庭长职务，赵明军的菏泽市中级人民法院少年审判庭庭长职务，曾强的菏泽市中级人民法院少年审判庭副庭长职务，吴树峰的菏泽市中级人民法院民事审判第一庭副庭长职务，苏兆胜的菏泽市中级人民法院民事审判第三庭庭长职务，徐峥的菏泽市中级人民法院商事审判第一庭庭长职务，田佰旺的菏泽市中级人民法院商事审判第二庭庭长职务，李胜力的菏泽市中级人民法院行政审判庭副庭长职务，丁亚涛的菏泽市中级人民法院审判监督庭庭长职务，李学军的菏泽市中级人民法院审判监督第二庭庭长职务，陈尔森的菏泽市中级人民法院审判监督第二庭副庭长职务，马敬印的菏泽市中级人民法院执行一庭副庭长职务。

免去：张捍民的菏泽市人民检察院检察委员会委员、检察员职务。

市十九届人大常委会第七次会议

2017 年 12 月 25 日，菏泽市第十九届人大常委会第七次会议在菏泽市人大常委会五楼会议室召开。市人大常委会副主任杨晓玲主持会议，副主任丁志刚、汤建梅、孙忠生、谷瑞灵，秘书长郭景堂出席会议。市人民政府副市长侯婕、市中级人民法院院长张正智、市人民检察院检察长王金庆列席会议。

2017 年 12 月 25 日，市十九届人大常委会第七次会议召开

会议议程

审议确定市十九届人大二次会议的有关事项；审议通过市人大常委会工作报告（审议稿），决定提请市十九届人大二次会议审议；审议表决关于市十九届人大一次会议代表建议、批评和意见办理情况的书面报告（草案）；表决《菏泽市物业管理条例（草案表决稿）》；审议市政府关于提请审议调整 2017 年政府性基金收支预算的议案，作出相关决议；审议表决市政府关于对全市棚户区改造工作视察情况审议意见研究处理情况的报告；审议表决市政府关于对工会“一法两条例”执法检查情况审议意见研究处理情况的报告；审议表决市政府关于对全市农村土地流转工作专题调研情况审议意见研究处理情况的报告；审议表决市政府关于对全市电子商务产业发展专题调研情况审议意见研究处理情况的报告；审议表决市政府关于对民生实事进展情况报告审议意见研究处理情况的报告；审议表决市政府关于对全民创业工作情况报告审议意见研究处理情况的报告；投票选定市人大常委会 2017 年度票决事项；人事任免事项；其他事项。

决议决定

菏泽市人大常委会关于批准 2017 年菏泽市市级预算调整方案的决议

菏泽市第十九届人民代表大会常务委员会第七次会议听取市政府《关于提请审议调整 2017 年政府性基金收支预算的议案》及其说明，对市政府提出的 2017 年菏泽市市级政府性基金预算调整方案（草案）进行审查，决定批准 2017 年菏泽市市级政府性基金预算调整方案。

菏泽市人大常委会关于召开菏泽市第十九届人民代表大会第二次会议的决定

菏泽市第十九届人民代表大会第二次会议定于 2018 年 1 月 3 日至 6 日在菏泽大剧院召开，时间 4 天。会议建议议程为：一、听取和审议菏泽市人民政府工作报告；二、审查、批准菏泽市 2017 年国民经济和社会发展计划执行情况的报告与 2018 年计划；三、审查菏泽市 2017 年预算执行情况的报告和 2018 年预算草案，批准菏泽市 2017 年市级预算执行情况的报告和 2018 年市级预算；四、听取和审议菏泽市人民代表大会常务委员会工作报告；五、听取和审议菏泽市中级人民法院工作报告；六、听取和审议菏泽市人民检察院工作报告；七、选举菏泽市监察委员会主任；八、补选菏泽市第十九届人民代表大会常务委员会委员；九、选举菏泽市出席山东省第十三届人民代表大会代表；十、其他事项。

人事任免

决定：接受谢圣稳辞去菏泽市第十九届人民代表大会常务委员会委员职务的请求，报菏泽市第十九届人民代表大会第二次会议备案。

任命：顿文英为菏泽市人民代表大会常务委员会副秘书长，刘超峰为菏泽市人民代表大会内务司法委员会副主任委员，姚艳萍为菏泽市人民代表大会常务委员会预算工作委员会副主任，刘清晖为菏泽市人民代表大会常务委员会内务司法工作委员会副主任。

免去：姚艳萍的菏泽市人民代表大会常务委员会副秘书长职务。

决定任命：谢圣稳为菏泽市教育局局长，陈宝华为菏泽市卫生和计划生育委员会（市中医药管理局）主任（局长），李永垠为菏泽市统计局局长。

决定免去：陈宝华的菏泽市教育局局长职务，闫传银的菏泽市卫生和计划生育委员会（市中医药管理局）主任（局长）职务，高会峰的菏泽市统计局局长职务。

免去：时圣友的菏泽市中级人民法院审判员职务。

任命：冯丽、洪常森、刘志为菏泽市人民检察院检察员。

免去：宋文婷、赵华峰、吴新伟的菏泽市人民检察院检察员职务。

市十九届人大常委会第八次会议

2018 年 1 月 6 日，菏泽市第十九届人大常委会第八次会议在菏泽牡丹大酒店召开。市委书记、市人大常委会主任孙爱军主持会议，市人大常委会副主任杨晓玲、丁志刚、汤建梅、孙忠生、谷瑞灵，秘书长郭景堂出席会议。市委常委、市人民政府常务副市长闫剑波，市委常委、市纪委书记、市监察委主任杨光忠，市中级人民法院院长张正智，市人民检察院检察长王金庆列席会议。

会议议程

听取市政府有关部门、市中级人民法院对市人大常委会 2017 年度有关审议意见办理落实情况的报告，进行满意度票决；审议表决市人大常委会关于市监察委员会副主任、委员任免办法的决定（草案）；人事任免事项；其他事项。

2018 年 1 月 6 日，市十九届人大常委会第八次会议召开

会议决定

菏泽市人大常委会关于市监察委员会副主任、委员任免办法的决定

根据《全国人民代表大会常务委员会关于在全国各地推开国家监察体制改革试点工作的决定》《菏泽市人民代表大会常务委员会人事任免办法》等有关规定，对市监察委员会副主任、委员的任免办法作如下决定：

一、市监察委员会副主任、委员，由监察委员会主任提请市人民代表大会常务委员会（以下简称市人大常委会）任免。

二、市监察委员会副主任、委员的任免，采用无记名投票或采用按电子表决器的方式进行表决，以常委会全体组成人员的过半数赞成通过。

三、通过任命的市监察委员会副主任、委员，由市人大常委会颁发任命书。

任命书由市人大常委会主任或者委托的副主任颁发。市监察委员会委员的任命书，也可以委托市监察委员会主任颁发，任命书由市人大常委会主任署名。

四、市监察委员会主任依照法定程序产生后，由市人民代表大会主席团组织进行宪法宣誓。

市监察委员会副主任任命后，由市人大常委会主任会议组织进行宪法宣誓。

市监察委员会委员任命后，由市监察委员会

组织进行宪法宣誓。

五、市监察委员会副主任、委员任免工作中的其他事项，参照适用《菏泽市人民代表大会常务委员会人事任免办法》。

本决定自公布之日起施行。

人事任免

决定：接受李茂楠辞去菏泽市第十九届人民代表大会常务委员会委员职务的请求，报菏泽市第十九届人民代表大会第三次会议备案。

任命：李茂楠、孔令海、沈玉霞为菏泽市监察委员会副主任，李进雷、张良英、郭冠华、陈天生、万勇为菏泽市监察委员会委员。

市十九届人大常委会第九次会议

2018年3月1日，菏泽市第十九届人大常委会第九次会议在菏泽市人大常委会五楼会议室召开。市委书记、市人大常委会主任孙爱军主持会议，市人大常委会副主任杨晓玲、丁志刚、汤建梅、孙忠生、谷瑞灵，秘书长郭景堂出席会议。市人民政府副市长曹升灵、市中级人民法院院长张正智、市人民检察院检察长王金庆列席会议。

会议议程

审议表决市人大常委会2018年工作要点（草案）；审议表决市人大常委会2018年地方立法计划（草案）；对2017年度市人大常委会6项审议意见的办理落实情况进行满意度票决；人事任免事项；其他事项。

人事任免

决定：接受杨东波辞去菏泽市第十九届人民代表大会常务委员会委员职务的请求，报菏泽市第十九届人民代表大会第三次会议备案。

任命：张道学为菏泽市人民代表大会财政经济委员会副主任委员，宋波为菏泽市人民代表大会城乡建设与环境资源保护委员会副主任委员。

免去：王令海的菏泽市人民代表大会常务委员会财政经济工作委员会副主任职务，吴东华的菏泽市人民代表大会常务委员会城乡建设环境保护工作委员会副主任职务。

决定任命：张建新为菏泽市人民防空办公室主任。

决定免去：宋波的菏泽市人民防空办公室主任职务。

免去：刘建国的菏泽市人民检察院副检察长、检委会委员、检察员职务，刘爱敏的菏泽市人民检察院检委会委员、检察员职务。

市十九届人大常委会第十次会议

2018年4月3日，菏泽市第十九届人大常委会第十次会议在菏泽市人大常委会五楼会议室召开。市委书记、市人大常委会主任孙爱军主持会议，市人大常委会副主任杨晓玲、丁志刚、汤建梅、孙忠生、谷瑞灵，秘书长郭景堂出席会议。市委常委、市人民政府常务副市长闫剑波列席会议。

会议议程

人事任免事项。

2018年4月3日，市十九届人大常委会第十次会议召开

人事任免

决定：接受解维俊辞去菏泽市人民政府市长职务的请求，报菏泽市第十九届人民代表大会第

三次会议备案。

决定任命：陈平为菏泽市人民政府副市长、代理市长。

市十九届人大常委会第十一次会议

2018 年 4 月 26 日，菏泽市第十九届人大常委会第十一次会议在菏泽市人大常委会五楼会议室召开。市人大常委会副主任杨晓玲主持会议，副主任丁志刚、汤建梅、孙忠生、谷瑞灵，秘书长郭景堂出席会议。市人民政府副市长高荣国，市中级人民法院院长张正智，市人民检察院检察长王金庆，市纪委常务副书记、市监察委副主任李茂楠列席会议。

会议议程

听取审议市政府关于化工产业转型升级工作情况的报告；听取审议市政府关于全市农村移风易俗工作情况的报告；听取审议市政府关于生态循环农业发展情况的报告；审议《菏泽市非物质文化遗产条例（草案）》；审议表决市人大常委会执法检查组关于对市政府贯彻实施《菏泽市供热条例》情况的执法检查报告；人事任免事项；其他事项。

人事任免

任命：成爱梅为菏泽市中级人民法院立案第一庭副庭长，梁坤为菏泽市中级人民法院立案第二庭副庭长，陈浩、徐龙震、王令己为菏泽市中级人民法院刑事审判第一庭副庭长，张浩、郝银刚为菏泽市中级人民法院刑事审判第二庭副庭长，王英超为菏泽市中级人民法院刑事审判第三庭副庭长，于莉为菏泽市中级人民法院少年审判庭副庭长，侯圣春、李兴、张宪明为菏泽市中级人民法院民事审判第一庭副庭长，李锋、孙岩为菏泽市中级人民法院民事审判第二庭副庭长，梁春丽、王华栋为菏泽市中级人民法院民事审判第三庭副庭长，潘宜英为菏泽市中级人民法院环境资源审判庭副庭长，唐代明为菏泽市中级人民法院商事审判第一庭副庭长，朱晨曦、姜健为菏泽市中级人民法院商事审判第二庭副庭长，庞宠、岳晓艳为菏泽市中级人民法院行政审判庭副庭长，井慧、秦迅为菏泽市中级人民法院审判监督庭副庭长，张秀云为菏泽市中级人民法院审判监督第二庭副庭长，于辉、吴景仲为菏泽市中级人民法院执行一庭副庭长，谢新磊、徐建林为菏泽市中级人民法院执行二庭副庭长。

免去：李忠海的菏泽市中级人民法院审判委员会委员、审判员职务，蒋家增的菏泽市中级人民法院审判员职务，徐毅的菏泽市中级人民法院审判委员会委员、审判员职务，刘中华的菏泽市中级人民法院立案第一庭副庭长职务，王力争的菏泽市中级人民法院刑事审判第二庭副庭长职务，李玉广的菏泽市中级人民法院执行二庭副庭长职务，李文生的菏泽市中级人民法院少年审判庭副庭长职务。

市十九届人大常委会第十二次会议

2018 年 5 月 26 日，菏泽市第十九届人大常委会第十二次会议在菏泽市人大常委会五楼会议室召开。市人大常委会副主任杨晓玲主持会议，副主任丁志刚、汤建梅、孙忠生、谷瑞灵，秘书长郭景堂出席会议。

会议议程

审议表决关于召开市十九届人大三次会议的决定（草案）；审议表决市十九届人大三次会议主席团、秘书长建议名单（草案）；审议表决市人大常委会代表资格审查委员会关于个别代表的代表资格审查报告；人事任免事项；其他事项。

会议决定

菏泽市人大常委会关于召开菏泽市第十九届人民代表大会第三次会议的决定

菏泽市第十九届人民代表大会第三次会议定于 2018 年 6 月 5 日至 6 日在菏泽大剧院召开，

时间 2 天。会议建议议程为：一、选举菏泽市人民政府市长；二、其他事项。

人事任免

任命：谷瑞灵为菏泽市人民代表大会常务委员会预算工作委员会主任。

免去：孙忠生的菏泽市人民代表大会常务委员会预算工作委员会主任职务。

决定：接受闫剑波辞去菏泽市人民政府副市长职务的请求，报菏泽市第十九届人民代表大会第三次会议备案。

市十九届人大常委会第十三次会议

2018 年 6 月 25 日，菏泽市第十九届人大常委会第十三次会议在菏泽市人大常委会五楼会议室召开。市人大常委会副主任杨晓玲主持会议，副主任丁志刚、汤建梅、孙忠生、谷瑞灵，秘书长郭景堂出席会议。市人民政府副市长王卫东，市纪委副书记、市监察委副主任孔令海，市中级人民法院副院长王振华，市人民检察院副检察长许澎涛列席会议。

2018 年 6 月 25 日，市十九届人大常委会第十三次会议召开

会议议程

听取审议市政府关于 2017 年财政决算（草案）的报告，审查批准 2017 年市级财政决算，批准菏泽经济开发区 2017 年财政决算；听取审议市政府关于 2017 年市级预算执行和其他财政收支的审计工作报告；听取审议市政府关于环境保护工作情况的报告；审议《菏泽市非物质文化遗产条例（草案修改稿）》；审议《菏泽市城乡规划条例（草案）》；审议表决《菏泽市人民代表大会代表履职规范（草案）》；审议表决市人大财经委关于对市政府贯彻实施《菏泽市煤炭清洁生产使用监督管理条例》情况的执法检查报告；审议表决市人大教科文卫委关于全市职业教育和特殊教育发展情况的专题调研报告；审议表决市人大民侨外委关于全市旅游工作情况的专题调研报告；人事任免事项；其他事项。

会议决议

菏泽市人大常委会关于批准 2017 年市级财政决算的决议

菏泽市第十九届人民代表大会常务委员会第十三次会议，听取市财政局局长周铁伦受市政府委托所作的《关于 2017 年财政决算（草案）的报告》和市审计局局长陈庆勇受市政府委托所作的《关于 2017 年市级预算执行和其他财政收支的审计工作报告》。会议结合审议审计工作报告，对菏泽市 2017 年市级财政决算草案、决算报告和菏泽经济开发区 2017 年财政决算草案进行审查。会议同意《关于菏泽市 2017 年市级财政决算审查结果的报告》，决定批准菏泽市 2017 年市级财政决算，批准菏泽经济开发区 2017 年财政决算。

人事任免

决定免去：彭德启的菏泽市科学技术局局长职务。

市十九届人大常委会第十四次会议

2018 年 7 月 20 日，菏泽市第十九届人大常委会第十四次会议在菏泽市人大常委会五楼会议室召开。市委书记、市人大常委会主任孙爱军主持会议，市人大常委会副主任杨晓玲、丁志刚、汤建梅、孙忠生、谷瑞灵，秘书长郭景堂出席会议。市委副书记、市人民政府市长陈平列席会议。

会议议程

人事任免事项。

2018 年 7 月 20 日，市十九届人大常委会第十四次会议召开

人事任免

决定任命：王磊为菏泽市人民政府副市长。

市十九届人大常委会第十五次会议

2018 年 8 月 28 日，菏泽市第十九届人大常委会第十五次会议在菏泽市人大常委会五楼会议室召开。市人大常委会副主任杨晓玲主持会议，副主任丁志刚、孙忠生、谷瑞灵，秘书长郭景堂出席会议。市委常委、市人民政府常务副市长王磊，市中级人民法院院长张正智，市人民检察院检察长王金庆，市纪委常务副书记、市监察委副主任李茂楠列席会议。

会议议程

听取审议市政府关于 2018 年上半年国民经济和社会发展计划执行情况的报告；听取审议市政府关于 2018 年上半年预算执行情况的报告；听取审议市政府关于食品安全工作情况的报告；表决《菏泽市非物质文化遗产条例（草案表决稿）》；审议《菏泽市城乡规划条例（草案修改稿）》；审议表决《菏泽市人大常委会审议意见研究处理办法（草案）》；审议表决市人大内司委关于对城市道路交通拥堵情况的专题调研报告；审议表决市政府关于对《菏泽市供热条例》执法检查审议意见研究处理情况的报告；审议表决市政府关于对化工产业转型升级工作情况报告审议意见研究处理情况的报告；审议表决市政府关于对全市农村移风易俗工作情况报告审议意见研究处理情况的报告；审议表决市政府关于对生态循环农业发展情况报告审议意见研究处理情况的报告；审议表决市人大常委会代表资格审查委员会关于个别代表的代表资格审查报告；人事任免事项；其他事项。

会议决定

关于确认许可对市人大代表李亮采取刑事强制措施的决定

根据菏泽市公安局的提请报告，由牡丹区选举的菏泽市第十九届人大代表李亮涉嫌包庇罪，属现行犯罪。依照《中华人民共和国全国人民代表大会和地方各级人民代表大会代表法》的有关规定，经市人大常委会主任会议许可并提交市十九届人大常委会第十五次会议审议通过，决定确认许可对市人大代表李亮采取刑事强制措施，暂停其执行市人大代表职务。

人事任免

免去：闫亚红、刘建忠、孙杰的菏泽市中级人民法院审判员职务。

市十九届人大常委会第十六次会议

2018 年 10 月 29 日，菏泽市第十九届人大常委会第十六次会议在菏泽市人大常委会五楼会议室召开。市人大常委会副主任杨晓玲主持会议，副主任丁志刚、汤建梅、孙忠生，秘书长郭景堂出席会议。市人民政府副市长王忠想，市纪委副书记、市监察委副主任孔令海，市中级人民法院副院长李维，市人民检察院副检察长任孔全列席会议。

会议议程

听取审议市政府关于 2017 年审计查出问题整改情况的报告；听取审议市中级人民法院关于

知识产权审判工作情况的报告；听取审议市人民检察院关于公诉工作情况的报告；表决《菏泽市城乡规划条例（草案表决稿）》；审议《菏泽市水污染防治条例（草案修改三稿）》；审议表决关于对黄河滩区脱贫迁建工作的视察报告；审议表决关于市政府落实《土壤污染防治行动计划》情况的专题调研报告；审议《菏泽市人民代表大会常务委员会讨论决定重大事项的规定（修订草案）》；审议表决市政府关于对2017年财政决算（草案）报告审议意见研究处理情况的报告；审议表决市政府关于对2017年市级预算执行和其他财政收支审计工作报告审议意见研究处理情况的报告；审议表决市政府关于对2018年上半年国民经济和社会发展计划执行情况报告审议意见研究处理情况的报告；审议表决市政府关于对2018年上半年预算执行情况报告审议意见研究处理情况的

2018年10月29日，市十九届人大常委会第十六次会议召开

报告；审议表决市政府关于对环境保护工作情况报告审议意见研究处理情况的报告；审议表决市政府关于对食品安全工作情况报告审议意见研究处理情况的报告；审议表决市政府关于对全市职业教育和特殊教育发展专题调研情况审议意见研究处理情况的报告；审议表决市政府关于对全市旅游工作专题调研情况审议意见研究处理情况的报告；审议表决市政府关于对城市道路交通拥堵专题调研情况审议意见研究处理情况的报告；审议表决市政府关于对《菏泽市煤炭清洁生产使用监督管理条例》执法检查审议意见研究处理情况的报告；人事任免事项；其他事项。

人事任免

决定：接受张道学辞去菏泽市第十九届人民代表大会常务委员会委员职务的请求，报菏泽市第十九届人民代表大会第四次会议备案。

免去：张道学的菏泽市人民代表大会财政经济委员会副主任委员职务。

决定任命：杜岩为菏泽市科学技术局局长，楚喜斌为菏泽市金融工作办公室（市地方金融监督管理局）主任（局长）。

决定免去：姜涛的菏泽市金融工作办公室（市地方金融监督管理局）主任（局长）职务。

免去：王留印的菏泽市人民检察院检察员职务。

市十九届人大常委会第十七次会议

2018年12月26日，菏泽市第十九届人大常委会第十七次会议在菏泽市人大常委会五楼会议室召开。市人大常委会副主任杨晓玲主持会议，副主任丁志刚、汤建梅、孙忠生、谷瑞灵，秘书长郭景堂出席会议。市人民政府副市长侯婕，市中级人民法院院长张正智，市纪委常务副书记、市监察委副主任李茂楠，市人民检察院副检察长任孔全列席会议。

会议议程

听取审议市政府关于2017年度全市及市级企业国有资产管理情况的专项报告，审议市政府关于2017年度全市国有资产管理情况的综合报告；听取审议市政府关于提请审议《菏泽市城市总体规划（2018—2035年）》的议案，作出相关决定；听取审议市政府关于提请审议2018年全市政府债务限额的议案及说明，作出相关决议；听取审议市政府关于提请审议调整2018年市级政府性基金收支预算的议案及说明，作出相关决议；表决《菏泽市水污染防治条例（草案表决稿）》；审议表决市政府关于对黄河滩区脱贫迁建工作视察情况审议意见研究处理情况的报告；审议表决市政府关于对落实《土壤污染防治行动计划》专题调研情况审议意见研究处理情况的报告；审议表决市中级人民法院关于对知识产权审判工作报告审议意见研究处理情况的报告；审议表决市人民检察院关于对公诉工作报告审议意见研究处理情况的报告；人事任免事项；其他事项。

决议决定

菏泽市人大常委会关于批准菏泽市 2018 年地方政府债务限额的决议

菏泽市第十九届人大常委会第十七次会议听取审议市政府关于 2018 年全市政府债务限额的议案及说明，决定按上级核定数批准菏泽市 2018 年地方政府债务限额 398.08 亿元（其中市级债务限额 100.34 亿元）。会议要求，市政府要严格执行预算法和国务院关于加强地方政府性债务管理的意见，切实将政府债务纳入预算管理，加强债务监管和风险防控，确保债务规模严格控制在债务限额内，切实防范化解财政金融风险。

菏泽市人大常委会关于批准 2018 年菏泽市市级预算调整方案的决议

菏泽市第十九届人民代表大会常务委员会第十七次会议听取《菏泽市人民政府关于提请审议调整 2018 年市级政府性基金收支预算的议案》及其说明，对市政府提出的 2018 年菏泽市市级政府性基金预算调整方案（草案）进行审查，决定批准 2018 年菏泽市市级政府性基金预算调整方案。

菏泽市人大常委会关于《菏泽市城市总体规划（2018—2035 年）》的决定

根据《中华人民共和国城乡规划法》第十六条和《山东省城乡规划条例》第十二条规定，2018 年 12 月 26 日，菏泽市第十九届人民代表大会常务委员会第十七次会议听取市自然资源和规划局党组书记尹茂林受市政府委托所作的《关于〈菏泽市城市总体规划（2018—2035 年）〉编制情况的说明》，审议由北京清华同衡规划设计研究院有限公司（清华大学规划设计院）编制的《菏泽市城市总体规划（2018—2035 年）》。会议认为，该规划以习近平新时代中国特色社会主义思想为指导，全面贯彻落实党的十九大精神和习近平总书记视察山东重要讲话及指示精神，全面贯彻落实山东省新旧动能转换和“突破菏泽、鲁西崛起”战略部署，提出的菏泽经济社会发展目标和城乡发展策略科学合理，确定的城市发展方向和用地布局符合菏泽的实际情况。规划有利于将我市建成中国牡丹城、鲁苏豫皖四省交界的区域性中心城市、黄淮平原生态田园城市。会议原则同意该规划，并同意由市政府修改后报请省政府批准实施。

人事任免

决定免去：吴福华的菏泽市文化广电新闻出版局局长职务。

任命：张红梅、李忠钦为菏泽经济开发区人民法院审判员。

免去：盛鲁宁、张一民、温华春的菏泽市人民检察院检察员职务。

市十九届人大常委会第十八次会议

2019 年 1 月 10 日，菏泽市第十九届人大常委会第十八次会议在菏泽市人大常委会五楼会议室召开。市委书记、市人大常委会主任孙爱军主持会议，市人大常委会副主任杨晓玲、丁志刚、汤建梅、孙忠生、谷瑞灵，秘书长郭景堂出席会议。市委常委、市纪委书记、市监察委主任杨光忠，市人民政府副市长高荣国，市中级人民法院院长张正智，市人民检察院检察长王金庆列席会议。

会议议程

审议确定市十九届人大四次会议的有关事

项；审议通过市人大常委会工作报告（审议稿），决定提请市十九届人大四次会议审议；审议表决关于市十九届人大二次会议代表建议、批评和意见办理情况的书面报告（草案）；人事任免事项；其他事项。

2019年1月10日，市十九届人大常委会第十八次会议召开

会议决定

菏泽市人大常委会关于召开菏泽市第十九届人民代表大会第四次会议的决定

菏泽市第十九届人民代表大会第四次会议定于2019年1月19日至22日在菏泽大剧院召开，时间4天。会议建议议程为：一、听取和审议菏泽市人民政府工作报告；二、审查、批准菏泽市2018年国民经济和社会发展计划执行情况的报告与2019年计划；三、审查菏泽市2018年预算执行情况的报告和2019年预算草案，批准菏泽市2018年市级预算执行情况的报告和2019年市级预算；四、听取和审议菏泽市人民代表大会常务委员会工作报告；五、听取和审议菏泽市中级人民法院工作报告；六、听取和审议菏泽市人民检察院工作报告；七、审议《菏泽市第十九届人民代表大会第四次会议关于增设菏泽市第十九届人民代表大会社会建设委员会和更名菏泽市第十九届人民代表大会内务司法委员会为菏泽市第十九届人民代表大会监察和司法委员会的决定（草案）》；八、选举事项；九、其他事项。

人事任免

决定：接受宋波、陈北国、姜东生辞去菏泽市第十九届人民代表大会常务委员会委员职务的请求，报菏泽市第十九届人民代表大会第四次会议备案。

任命：李克文为菏泽市人民代表大会常务委员会法制工作委员会主任，田言林为菏泽市人民代表大会常务委员会财政经济工作委员会副主任，邓露为菏泽市人民代表大会常务委员会城乡建设环境保护工作委员会副主任。

免去：姜东生的菏泽市人民代表大会法制委员会副主任委员、菏泽市人民代表大会常务委员会法制工作委员会主任职务，宋波的菏泽市人民代表大会城乡建设与环境资源保护委员会副主任委员职务。

决定任命：郝丕进为菏泽市工业和信息化局局长，李建刚为菏泽市自然资源和规划局局长，张善甲为菏泽市生态环境局局长，王尊亮为菏泽市水务局局长，房忠宪为菏泽市农业农村局局长，尹慧萍为菏泽市文化和旅游局局长，陈宝华为菏泽市卫生健康委员会主任，王清海为菏泽市退役军人事务局局长，冯艳丽为菏泽市应急管理局局长，马敬青为菏泽市人民政府外事办公室主任，柏立新为菏泽市人民政府国有资产监督管理委员会主任，张魁为菏泽市市场监督管理局局长，史长华为菏泽市体育局局长，朱峰为菏泽市医疗保障局局长，刘建东为菏泽市人民政府研究室主任，楚喜斌为菏泽市地方金融监督管理局（市金融工作办公室）局长（主任），刘勇为菏泽市信访局局长。

决定免去：李永辉的菏泽市体育局局长职务。

闫凌的原菏泽市经济和信息化委员会主任职务自然免除，冯艳丽的原菏泽市安全生产监督管理局局长职务自然免除，胡钦畅的原菏泽市国土资源局局长职务自然免除，尹茂林的原菏泽市规划局局长职务自然免除，王尊亮的原菏泽市水利局局长职务自然免除，房忠宪的原菏泽市农业局局长职务自然免除，陈宝华的原菏泽市卫生和计划生育委员会（市中医药管理局）主任（局长）职务自然免除，郝丕进的原菏泽市食品药品监督管理局（市食品安全委员会办公室）局长（主任）职务自然免除，张善甲的原菏泽市环境保护局局长职务自然免除，张魁的原菏泽市工商行政管理局局长职务自然免除，朱峰的原菏泽市质量技术监督局局长职务自然免除，马敬青的原菏泽市人民政府外事侨务办公室主任职务自然免除，楚喜斌的原菏泽市金融工作办公室（市地方金融监督管理局）主任（局长）职务自然免除。

市十九届人大常委会第十九次会议

2019 年 1 月 22 日，菏泽市第十九届人大常委会第十九次会议在菏泽大剧院主席团会议厅召开。市人大常委会主任尹玉明主持会议，副主任杨晓玲、丁志刚、汤建梅、孙忠生、谷瑞灵，秘书长郭景堂出席会议。

2019 年 1 月 22 日，市十九届人大常委会第十九次会议召开

会议议程

补选部分山东省第十三届人民代表大会代表；其他事项。

市十九届人大常委会第二十次会议

2019 年 3 月 6 日，菏泽市第十九届人大常委会第二十次会议在菏泽市人大常委会五楼会议室召开。市人大常委会主任尹玉明主持会议，市人大常委会副主任杨晓玲、丁志刚、汤建梅、孙

2019 年 3 月 6 日，市十九届人大常委会第二十次会议召开

忠生、谷瑞灵，秘书长郭景堂，党组成员张洪兴出席会议。市人民政府副市长王卫东，市中级人民法院院长张正智，市人民检察院检察长王金庆，市纪委副书记、市监察委副主任孔令海列席会议。

会议议程

审议通过市人大常委会 2019 年工作要点（草案）；审议通过市人大常委会 2019 年地方立法计划（草案）；审议表决市政府关于对 2017 年度全市国有资产管理情况综合报告审议意见研究处理情况的报告；审议表决市政府关于对 2017 年度全市及市级企业国有资产管理情况专项报告审议意见研究处理情况的报告；投票选择市人大常委会 2018 年度问责表决事项；人事任免事项；其他事项。

人事任免

决定任命：孔祥岩为菏泽市教育局局长，仝明金为菏泽市行政审批服务局（菏泽市政务服务管理办公室）局长（主任）。

决定免去：谢圣稳的菏泽市教育局局长职务。

免去：鹿令平的菏泽市中级人民法院审判员职务。

免去：潘培晨、刘化珍的菏泽市人民检察院

检察委员会委员、检察员职务，李燕的菏泽市人民检察院检察员职务。

批准任命：刘化珍为郓城县人民检察院检察长。

批准：刘绍军辞去郓城县人民检察院检察长职务。

市十九届人大常委会第二十一次会议

2019 年 4 月 29 日，菏泽市第十九届人大常委会第二十一次会议在菏泽市人大常委会五楼会议室召开。市人大常委会主任尹玉明主持会议，市人大常委会副主任杨晓玲、孙忠生、谷瑞灵，秘书长郭景堂，党组成员张洪兴出席会议。市人民政府副市长王卫东，市人民检察院检察长王金庆，市纪委常务副书记、市监察委副主任李茂楠，市中级人民法院副院长李维列席会议。

会议议程

听取审议市政府关于全市民营经济发展情况的报告；听取审议市政府关于全市基层医疗卫生事业发展情况的报告；听取审议市中级人民法院关于家事审判工作情况的报告；审议《菏泽市烟花爆竹燃放管理条例（草案）》；审议表决市人大常委会执法检查组关于对市政府贯彻实施大气污染防治“一法两条例”情况的执法检查报告；听取审议市政府关于对城市道路交通拥堵专题调研、环境保护工作报告、《菏泽市供热条例》执法检查、化工产业转型升级工作报告、农村移风易俗工作报告、职业教育和特殊教育发展专题调研 6 项审议意见办理落实情况的报告，并进行问责表决；人事任免事项；其他事项。

人事任免

免去：邓露的菏泽市人民代表大会常务委员会城乡建设环境保护工作委员会副主任职务。

任命：刘建青为菏泽经济开发区人民检察院检察委员会委员。

免去：王乾的菏泽市人民检察院副检察长、检察委员会委员、检察员职务。

市十九届人大常委会第二十二次会议

2019 年 6 月 21 日，菏泽市第十九届人大常委会第二十二次会议在菏泽市人大常委会五楼会议室召开。市人大常委会副主任杨晓玲主持会议，副主任汤建梅、孙忠生、谷瑞灵，秘书长郭景堂，党组成员张洪兴出席会议。市人民政府副市长曹升灵，市中级人民法院院长张正智，市人民检察院检察长王金庆，市纪委副书记、市监察委副主任孔令海列席会议。

2019 年 6 月 21 日，市十九届人大常委会第二十二次会议召开

会议议程

听取审议市政府关于全市行政事业性国有资产管理情况的专项报告，审议市政府关于全市国有资产管理情况的综合报告；听取审议市政府关于全市环境状况和环境保护目标完成情况的报告；听取审议市政府关于全市现代商贸物流产业发展情况的报告；审议《菏泽市烟花爆竹燃放管理条例（草案修改稿）》；审议《菏泽市文明行为促进条例（草案）》；审议表决市人大常委会视察组关于全市乡村振兴工作情况的视察报告；其他事项。

市十九届人大常委会第二十三次会议

2019 年 8 月 16 日，菏泽市第十九届人大常委会第二十三次会议在菏泽市人大常委会五楼会议室召开。市人大常委会副主任杨晓玲主持会议，副主任丁志刚、汤建梅、孙忠生、谷瑞灵，秘书长郭景堂，党组成员张洪兴出席会议。市人民政府副市长曹升灵，市中级人民法院院长张正智，市人民检察院检察长王金庆，市纪委副书记、市监察委副主任孔令海列席会议。

会议议程

听取审议市政府关于2019年上半年国民经济和社会发展计划执行情况的报告；听取审议市政府关于2018年财政决算和2019年上半年预算执行情况的报告，审查2018年市级决算草案并作出相应决议；听取审议市政府关于2018年度市级预算执行和其他财政收支的审计工作报告；表决《菏泽市烟花爆竹燃放管理条例（草案表决稿）》；审议《菏泽市文明行为促进条例（草案修改稿）》；审议表决市人大教科文卫委关于对全市生物医药产业发展情况的专题调研报告；审议表决市政府关于对全市民营经济发展情况报告审议意见研究处理情况的报告；审议表决市政府关于对全市基层医疗卫生事业发展情况报告审议意见研究处理情况的报告；审议表决市中级人民法院关于对家事审判工作报告审议意见研究处理情况的报告；人事任免事项；其他事项。

会议决议

菏泽市人大常委会关于批准2018年市级财政决算的决议

菏泽市第十九届人民代表大会常务委员会第二十三次会议，听取市财政局局长周铁伦受市政府委托所作的《关于菏泽市2018年财政决算和2019年上半年预算执行情况的报告》和市审计局局长陈庆勇受市政府委托所作的《关于2018年度市级预算执行和其他财政收支的审计工作报告》。会议结合审议审计工作报告，对菏泽市2018年市级财政决算（草案）、决算报告、菏泽经济开发区2018年财政决算（草案）进行审查。会议同意《关于菏泽市2018年市级财政决算审查结果的报告》，决定批准菏泽市2018年市级财政决算，批准菏泽经济开发区2018年财政决算。

人事任免

决定：接受杨光忠辞去菏泽市监察委员会主任职务的请求，报菏泽市第十九届人民代表大会第五次会议备案。

市十九届人大常委会第二十四次会议

2019年10月30日，菏泽市第十九届人大常委会第二十四次会议在菏泽市人大常委会五楼会议室召开。市人大常委会主任尹玉明主持会议，副主任杨晓玲、丁志刚、汤建梅、孙忠生、谷瑞灵，秘书长郭景堂，党组成员张洪兴出席会议。市人民政府副市长曹升灵，市中级人民法院院长张正智，市人民检察院检察长王金庆，市纪委副书记、市监察委副主任沈玉霞列席会议。

2019年10月30日，市十九届人大常委会第二十四次会议召开

会议议程

听取审议市政府关于2018年度市级预算执行和其他财政收支审计查出问题整改情况的报告；听取审议市政府关于城乡规划实施情况的报告；听取审议市人民检察院关于公益诉讼工作情况的报告；表决《菏泽市文明行为促进条例（草案表决稿）》；审议表决市人大常委会执法检查组关于对《山东省物业管理条例》《菏泽

市物业管理条例》贯彻实施情况的执法检查报告；审议表决市人大农业与农村委关于对全市创建国家森林城市工作整体推进情况的专题调研报告；审议表决市人大社会建设委关于对“归雁兴菏”行动贯彻落实情况的专题调研报告；审议表决市政府关于对乡村振兴工作视察情况审议意见研究处理情况的报告；审议表决市政府关于对全市国有资产管理情况综合报告和行政事业性国有资产管理情况专项报告审议意见研究处理情况的报告；审议表决市政府关于对全市环境状况和环境保护目标完成情况报告审议意见研究处理情况的报告；审议表决市政府关于对全市现代商贸物流产业发展情况报告审议意见研究处理情况的报告；审议表决市政府关于对安全生产“一法一条例”执法检查情况审议意见研究处理情况的报告；审议表决市政府关于对 2019 年上半年国民经济和社会发展计划执行情况报告审议意见研究处理情况的报告；审议表决市政府关于对 2018 年财政决算和 2019 年上半年预算执行情况报告审议意见研究处理情况的报告；审议表决市政府关于对 2018 年度市级预算执行和其他财政收支审计工作报告审议意见研究处理情况的报告；审议表决市人大常委会有关制度；人事任免事项；其他事项。

人事任免

任命：姚艳萍为菏泽市人民代表大会常务委员会副秘书长。

免去：顿文英的菏泽市人民代表大会常务委员会副秘书长职务，姚艳萍的菏泽市人民代表大会常务委员会预算工作委员会副主任职务。

任命：顿文英为菏泽市中级人民法院副院长。

免去：王振华的菏泽市中级人民法院副院长、审判委员会委员、审判员职务。

任命：王振华为菏泽市人民检察院检察员、检察委员会委员、副检察长。

免去：辛同军的菏泽市人民检察院检察委员会委员、检察员职务。

市十九届人大常委会第二十五次会议

2019 年 12 月 27 日，菏泽市第十九届人大常委会第二十五次会议在菏泽市人大常委会五楼会议室召开。市人大常委会主任尹玉明主持会议，副主任杨晓玲、丁志刚、汤建梅、孙忠生、谷瑞灵，秘书长郭景堂，党组成员张洪兴出席会议。市人民政府副市长王忠想，市中级人民法院院长张正智，市纪委常务副书记、市监察委副主任孔令海，市人民检察院副检察长许澎涛列席会议。

会议议程

审议确定市十九届人大五次会议的有关事项；审议通过市人大常委会工作报告（审议稿），决定提请市十九届人大五次会议审议；审议表决关于市十九届人大四次会议代表建议、批评和意见办理情况的书面报告（草案）；听取审议市政府关于提请审议 2019 年全市政府债务限额的议案及其说明，作出相关决议；听取审议市政府关于提请审议调整 2019 年菏泽经济开发区财政预算的议案及其说明，作出相关决议；审议表决市政府关于对全市生物医药产业发展专题调研情况审议意见研究处理情况的报告；审议表决市政府关于对《山东省物业管理条例》《菏泽市物业管理条例》执法检查情况审议意见研究处理情况的报告；审议表决市政府关于对全市创建国家森林城市工作整体推进专题调研情况审议意见研究处理情况的报告；审议表决市政府关于对“归雁兴菏”行动贯彻落实专题调研情况审议意见研究处理情况的报告；审议表决市政府关于对城乡规划实施情况报告审议意见研究处理情况的报告；审议表决市人民检察院关于对公益诉讼工作报告审议意见研究处理情况的报告；人事任免事项；其他事项。

决议决定

菏泽市人大常委会关于批准菏泽市 2019 年

地方政府债务限额的决议

菏泽市第十九届人民代表大会常务委员会第二十五次会议听取审议《菏泽市人民政府关于提请审议 2019 年全市政府债务限额的议案》及其说明，决定按上级核定数批准菏泽市 2019 年地方政府债务限额。

市政府及财政部门要严格按照预算法规定，在省级核定下达当年新增政府债务限额后，及时提请市人民代表大会常务委员会审议批准。除上级核定下达的政府债务限额外，各级政府及其所属部门不得以任何方式举借债务。市级及经济开发区依照限额举借的债务，依法列入预算调整方案，报市人民代表大会常务委员会批准。要严格规范政府债务资金的使用和管理，切实发挥好政府债券使用效益，有效推进全市经济社会发展和城乡建设。

菏泽市人大常委会关于批准 2019 年菏泽经济开发区预算调整方案的决议

菏泽市第十九届人民代表大会常务委员会第二十五次会议听取《菏泽市人民政府关于提请审议调整 2019 年菏泽经济开发区财政预算的议案》及其说明，对市政府提出的 2019 年菏泽经济开发区预算调整方案（草案）进行审查，决定批准 2019 年菏泽经济开发区预算调整方案。

市政府要严格按照预算法规定，对于必须进行的预算调整，要及时分析、编制预算调整方案，严格按照时间节点，在市人民代表大会常务委员会举行会议审查和批准预算调整方案的三十日前，将预算调整初步方案送交市人民代表大会常务委员会有关工作机构征求意见。要严格执行市人民代表大会常务委员会决议，按照预算调整方案执行本年度预算，强化预算管理，切实优化支出结构，着力提升财政资金使用绩效。要科学编制下一年度预算，把预算收入支出做细做实，进一步增强预算的预见性和约束力。

菏泽市人大常委会关于召开菏泽市第十九届人民代表大会第五次会议的决定

菏泽市第十九届人民代表大会第五次会议定于 2020 年 1 月 10 日至 13 日在菏泽大剧院召开，时间 4 天。会议建议议程为：一、听取和审议菏泽市人民政府工作报告；二、审查、批准菏泽市 2019 年国民经济和社会发展计划执行情况的报告与 2020 年计划；三、审查菏泽市 2019 年预算执行情况的报告和 2020 年预算草案，批准菏泽市 2019 年市级预算执行情况的报告和 2020 年市级预算；四、听取和审议菏泽市人民代表大会常务委员会工作报告；五、听取和审议菏泽市中级人民法院工作报告；六、听取和审议菏泽市人民检察院工作报告；七、选举事项；八、其他事项。

人事任免

任命：周福举为菏泽市人民代表大会常务委员会预算工作委员会副主任。

免去：胡钦畅的菏泽市人民代表大会城乡建设与环境资源保护委员会副主任委员职务。

决定：接受胡钦畅辞去菏泽市第十九届人民代表大会常务委员会委员职务的请求，报菏泽市第十九届人民代表大会第五次会议备案。

免去：李维的菏泽市中级人民法院副院长、审判委员会委员、审判员职务，赵国华的菏泽市中级人民法院审判员职务。

免去：陈天生的菏泽市人民检察院检察委员会委员、检察员职务，国同生、樊飚、于晓阶、邵晓利、刘文起、侯长现、赵平、杨益东、单衍锁、张玉林、杨德华、李克明、毕潇堃、张军锋、郑建生、尹云生、朱瑞亚、李克宇、李庆英、王琦、李永璐、聂元昌、李建力、赵爱国、徐伟、郑萍的菏泽市人民检察院检察员职务，侯晓琳、聂松虎、夏乾豹的菏泽经济开发区人民检察院检察委员会委员、检察员职务，王清华、杨惠、李彦玲、洪丹丹的菏泽经济开发区人民检察院检察员职务。

决定：接受王金庆辞去菏泽市人民检察院检

察长职务的请求，报菏泽市第十九届人民代表大会第五次会议备案。

任命：王新建为菏泽市人民检察院检察员、检察委员会委员、副检察长、代理检察长。

市十九届人大常委会第二十六次会议

2020 年 3 月 5 日，菏泽市第十九届人大常委会第二十六次会议在菏泽市人大常委会五楼会议室召开。市人大常委会主任尹玉明主持会议，副主任杨晓玲、丁志刚、汤建梅、谷瑞灵、魏琳，秘书长郭景堂出席会议。市人民政府副市长王卫东，市中级人民法院院长张正智，市纪委常务副书记、市监察委副主任孔令海，市人民检察院副检察长许澎涛列席会议。

会议议程

审议表决市人大常委会 2020 年工作要点（草案）；审议表决市人大常委会 2020 年地方立法计划（草案）；投票选择市人大常委会 2019 年度问责表决事项；人事任免事项；其他事项。

人事任免

任命：谷瑞灵为菏泽市人民代表大会常务委员会财政经济工作委员会主任，魏琳为菏泽市人民代表大会常务委员会农业与农村工作委员会主任。

免去：孙忠生的菏泽市人民代表大会常务委员会财政经济工作委员会主任、农业与农村工作委员会主任职务。

决定任命：肖友华为菏泽市财政局局长，梁衍锋为菏泽市人民政府外事办公室主任，王铁军为菏泽市医疗保障局局长，邵新宇为菏泽市地方金融监督管理局（市金融工作办公室）局长（主任）。

决定免去：马敬青的菏泽市人民政府外事办公室主任职务，楚喜斌的菏泽市地方金融监督管理局（市金融工作办公室）局长（主任）职务，周铁伦的菏泽市财政局局长职务。

任命：房斌为菏泽市监察委员会副主任。

任命：文广源、王静娜、刘潇为菏泽市中级人民法院审判员。

免去：张宪明的菏泽市中级人民法院民事审判第一庭副庭长、审判员职务，王力争的菏泽市中级人民法院审判员职务。

免去：李爱国的菏泽市人民检察院检察委员会委员、检察员职务，张景存的菏泽市人民检察院检察员职务。

市十九届人大常委会第二十七次会议

2020 年 4 月 15 日，菏泽市第十九届人大常委会第二十七次会议在菏泽市人大常委会五楼会议室召开。市人大常委会主任尹玉明主持会议，副主任杨晓玲、丁志刚、汤建梅、谷瑞灵、魏琳，秘书长郭景堂出席会议。

会议议程

补选部分山东省第十三届人民代表大会代表。

市十九届人大常委会第二十八次会议

2020 年 4 月 28 日，菏泽市第十九届人大常委会第二十八次会议在菏泽市人大常委会五楼会议室召开。市人大常委会主任尹玉明主持会议，副主任杨晓玲、丁志刚、汤建梅、谷瑞灵、魏琳，秘书长郭景堂出席会议。市委常委、市人民政府常务副市长王磊，市中级人民法院院长张正智，市人民检察院检察长王新建，市纪委常务副书记、市监察委副主任孔令海列席会议。

会议议程

听取审议市政府关于扩增学前教育资源及中小学教师队伍建设情况的报告；听取审议市政府关于农村人居环境综合整治工作情况的报告；听取审议市中级人民法院关于诉讼服务中心建设情况的报告；审议《菏泽市餐厨废弃物管理条例（草案）》；听取审议市政府关于对《山东省物业管理

条例》《菏泽市物业管理条例》执法检查、基层医疗卫生事业发展情况报告、环境状况和环境保护目标完成情况报告、国有资产管理情况综合报告和行政事业性国有资产管理情况专项报告、城乡规划实施情况报告、乡村振兴工作视察6项审议意见办理落实情况的报告，并进行问责表决；审议表决市人大常委会有关制度；人事任免事项；其他事项。

会议决议

关于接受周铁伦辞去山东省第十三届人民代表大会代表职务的决议

根据《中华人民共和国全国人民代表大会和地方各级人民代表大会选举法》的规定，菏泽市第十九届人民代表大会常务委员会第二十八次会议决定，接受周铁伦辞去山东省第十三届人民代表大会代表职务，报山东省人民代表大会常务委员会备案。

人事任免

决定：接受王金聚辞去菏泽市第十九届人民代表大会常务委员会委员职务的请求，报菏泽市第十九届人民代表大会第六次会议备案。

免去：王金聚的菏泽市人民代表大会社会建设委员会副主任委员职务。

免去：赵东风、李忠的菏泽市人民检察院检察员职务。

市十九届人大常委会第二十九次会议

2020年6月18日，菏泽市第十九届人大常委会第二十九次会议在菏泽市人大常委会五楼会议室召开。市人大常委会主任尹玉明主持会议，副主任杨晓玲、丁志刚、汤建梅、谷瑞灵、魏琳，秘书长郭景堂出席会议。市人民政府副市长曹升灵，市中级人民法院院长张正智，市人民检察院检察长王新建，市纪委常务副书记、市监察委副主任孔令海列席会议。

会议议程

听取审议市政府关于菏泽市2019年度国有自然资源（资产）管理情况的专项报告，审议市政府关于菏泽市2019年度国有资产管理情况的综合报告；听取审议市政府关于全市环境状况和环境保护目标完成情况的报告；听取审议市政府关于推进“放管服”和“一次办好”改革情况的报告；审议《菏泽市餐厨废弃物管理条例（草案修改稿）》；审议《菏泽市城市供水条例（草案）》；审议表决市人大常委会执法检查组关于对《中华人民共和国传染病防治法》贯彻实施情况的执法检查报告；审议表决市人大常委会执法检查组关于对《中华人民共和国食品安全法》贯彻实施情况的执法检查报告；审议表决市人大民侨外委关于全市全域旅游工作情况的专题调研报告；人事任免事项；其他事项。

人事任免

免去：沈玉霞的菏泽市监察委员会副主任职务。

免去：仵新忠的菏泽经济开发区人民法院刑事审判一庭副庭长、审判员职务。

任命：孙世斌、邓奋学、张海波、张继民、洪常森、冯丽为菏泽市人民检察院检察委员会委员。

免去：王秀梅的菏泽市人民检察院检察员职务。

市十九届人大常委会第三十次会议

2020年8月24日，菏泽市第十九届人大常委会第三十次会议在和平大酒店召开。市人大常委会主任尹玉明主持会议，副主任杨晓玲、丁志刚、谷瑞灵、魏琳，秘书长郭景堂出席会议。市人民政府副市长王忠想，市中级人民法院院长张正智，市纪委常务副书记、市监察委副主任孔令海，市人民检察院副检察长沙向东列席会议。

会议议程

听取审议市政府关于2020年上半年国民经

济和社会发展计划执行情况的报告；听取审议市政府关于2019年财政决算和2020年上半年预算执行情况的报告，审查2019年市级决算草案并作出相应决议；听取审议市政府关于2019年度市级预算执行和其他财政收支的审计工作报告；听取审议市政府关于推进“放管服”和“一次办好”改革情况的报告；表决《菏泽市餐厨废弃物管理条例（草稿表决稿）》；审议《菏泽市城市供水条例（草案修改稿）》；审议表决市人大监察和司法委关于对“七五”普法决议贯彻实施情况的专题调研报告；审议表决市政府关于对扩增学前教育资源及中小学教师队伍建设情况报告审议意见研究处理情况的报告；审议表决市政府关于对全市农村人居环境整治工作情况报告审议意见研究处理情况的报告；审议表决市中级人民法院关于对诉讼服务中心建设情况报告审议意见研究处理情况的报告；人事任免事项；其他事项。

2020年8月24日，市十九届人大常委会第三十次会议召开

会议决议

菏泽市人民代表大会常务委员会关于批准2019年市级财政决算的决议

菏泽市第十九届人民代表大会常务委员会第三十次会议，听取市财政局局长肖友华受市政府委托所作的《市人民政府关于2019年财政决算和2020年上半年预算执行情况的报告》和市审计局局长陈庆勇受市政府委托所作的《市人民政府关于2019年度市级预算执行和其他财政收支的审计工作报告》。会议结合审议审计工作报告，对菏泽市2019年市级财政决算（草案）、2019年菏泽经济开发区财政决算（草案）进行审查。会议同意《关于菏泽市2019年市级财政决算审查结果的报告》，决定批准菏泽市2019年市级财政决算，批准2019年菏泽经济开发区财政决算。

人事任免

决定：接受王宝军辞去菏泽市第十九届人民代表大会常务委员会委员职务的请求，报菏泽市第十九届人民代表大会第六次会议备案。

任命：曹格林为菏泽市人民代表大会农业与农村委员会副主任委员（不驻会）。

免去：王宝军的菏泽市人民代表大会民族侨务外事委员会副主任委员职务。

决定任命：李建刚为菏泽市人力资源和社会保障局局长；尹茂林为菏泽市自然资源和规划局局长；季士峰为菏泽市住房和城乡建设局局长；赵福龙为菏泽市商务局局长；王新国为菏泽市应急管理局局长；司品供为菏泽市人民政府国有资产监督管理委员会主任；张体信为菏泽市行政审批服务局（市政务服务管理办公室）局长（主任）；王本现为菏泽市林业局局长。

决定免去：孙慧的菏泽市人力资源和社会保障局局长职务；李建刚的菏泽市自然资源和规划局局长职务；吴修印的菏泽市住房和城乡建设局局长职务；耿振华的菏泽市商务局局长职务；冯艳丽的菏泽市应急管理局局长职务；柏立新的菏泽市人民政府国有资产监督管理委员会主任职务；仝明金的菏泽市行政审批服务局（市政务服务管理办公室）局长（主任）职务；曹格林的菏泽市林业局局长职务。

任命：石胜利、朱秋英、杜永刚、刘西磊、袁鹏里为菏泽经济开发区人民法院审判委员会委员；刘潇、文广源为菏泽经济开发区人民法院审判员。

免去：聂震的菏泽市中级人民法院审判委员会委员、审判员职务；崔学敏的菏泽经济开发区人民法院审判委员会委员、审判员职务。

市十九届人大常委会第三十一次会议

2020年10月27日，市十九届人大常委会第三十一次会议召开。市人大常委会主任尹玉明主持会议，副主任杨晓玲、丁志刚、汤建梅、谷瑞灵，秘书长郭景堂出席会议。市政府副市长侯婕，市中级人民法院院长张正智，市人民检察院检察长王新建列席会议。

2020年10月27日，市十九届人大常委会第三十一次会议召开

会议议程

听取审议市政府关于2019年度市级预算执行和其他财政收支审计查出问题整改情况的报告；听取审议市政府关于代表建议办理情况的报告；听取审议市人民检察院关于全面加强法律监督工作情况的报告；表决《菏泽市城市供水条例（草案表决稿）》；审议表决市人大常委会视察组关于全市交通重点工程建设情况的视察报告；审议表决市人大农业与农村委关于我市黄河保护与治理工作情况的专题调研报告；审议表决市人大社会建设委关于全市养老服务工作情况的专题调研报告；审议表决市政府关于对《中华人民共和国传染病防治法》执法检查情况审议意见研究处理情况的报告；审议表决市政府关于对《中华人民共和国食品安全法》执法检查情况审议意见研究处理情况的报告；审议表决市政府关于对全市2019年度国有自然资源（资产）管理情况专项报告审议意见研究处理情况的报告；审议表决市政府关于对全市2019年度国有资产管理情况综合报告审议意见研究处理情况的报告；审议表决市政府关于对全市环境状况和环境保护目标完成情况报告审议意见研究处理情况的报告；审议表决市政府关于对全市全域旅游工作专题调研情况审议意见研究处理情况的报告；审议表决市政府关于对2020年上半年国民经济和社会发展计划执行情况报告审议意见研究处理情况的报告；审议表决市政府关于对2019年财政决算和2020年上半年预算执行情况报告审议意见研究处理情况的报告；审议表决市政府关于对2019年度市级预算执行和其他财政收支审计工作报告审议意见研究处理情况的报告；人事任免事项；其他事项。

会议决议

菏泽市人民代表大会常务委员会关于加强检察机关法律监督促进行政机关依法行政的决议

菏泽市第十九届人民代表大会常务委员会第三十一次会议听取和审议市人民检察院关于全市检察机关全面加强法律监督工作情况的报告。会议认为，加强新时代检察机关法律监督工作，对于保障法律统一正确实施，促进严格执法和公正司法，推进法治菏泽建设，服务经济社会高质量发展具有重要意义。为进一步监督和支持全市检察机关依法履行法律监督职责，增强法律监督工作实效，根据宪法和法律规定，结合我市实际，特作如下决议：

一、全市检察机关要深入学习贯彻习近平新时代中国特色社会主义思想和全面依法治国新理念新思想新战略，全面贯彻落实省人大常委会审议通过的《关于加强新时代检察机关法律监督工作的决议》以及中共菏泽市委出台的《关于进一步加强新时代检察机关法律监督工作 深入推进法治菏泽建设的实施意见》，始终坚持党对政法工作的绝对领导，坚持国家法律监督机关的宪法定位，自觉接受本级党委、上级检察机关的领导和本级人大及其常委会的监督，忠实履行各项法律监督职责，统筹推进刑事、民事、行政、公益诉讼“四大检察”全面协调充分发展，为实现突破菏泽、后来居上的奋斗目标提供法治保障、贡献检察力量。

二、行政检察和公益诉讼是守护公共利益、促进依法行政的重要手段。全市检察机关应当充分履行行政检察和公益诉讼监督职责，积极构建多元化工作新格局，积极促进依法行政，努力推进法治政府建设。

三、市人民检察院在开展行政执法检察监督中发现有下列情形之一的，可以采取督促履职、督促起诉、支持起诉和提起公益诉讼等方式进行监督：(一)发现行政机关存在违法行为或失职行为；(二)发现生态环境和资源保护、食品药品安全、国有资产保护、国有土地使用权出让等领域负有监督管理职责的行政机关违法行使职权或者不作为，致使国家利益和社会公共利益受到侵害。

四、市人民检察院依法开展行政执法监督工作中，可以邀请市人大常委会相关人员参加，在行政执法监督中遇到阻力和困难时，应及时向市人大常委会报告。市人大常委会对市人民检察院法律监督中的重大事项可以依法作出相应决议、决定。

五、市人大常委会发现市人民检察院提出的检察建议等监督文书缺少法律依据和事实根据时，应当及时提出处理意见或建议，市人民检察院应当依法核查，如确有不当，应当撤销。

六、市人民检察院向行政机关发出检察建议后，行政机关应当在规定期限内将整改落实情况书面回复市人民检察院。对于重大复杂的行政执法案件，在检察建议回复期满前，市人大常委会认为有必要的，可召集市人民检察院、被监督的行政机关、与行政行为有利害关系的公民、法人或者其他组织代表、部分市人大代表及相关单位召开意见征询会。听取市人民检察院案情介绍及被监督行政机关对检察建议的整改落实情况，形成相关决议，推动全面整改落实。

七、被监督行政机关应当主动接受检察机关的法律监督，积极配合、支持检察机关查阅案卷材料、调查核实等工作，认真办理检察机关提出的监督事项，对检察建议等监督决定没有正当理由不予整改落实，市人民检察院应当按照有关规定跟进监督或提起公益诉讼，并向市人大常委会书面报告有关情况，市人大常委会可依法向被监督行政机关启动询问、质询程序。被监督行政机关仍不整改落实的，市人大常委会可依法启动相关监督程序。

八、市人民检察院应将市人大常委会确定的年度监督对象作为重点监督单位，并将检察监督情况及时报告市人大常委会，为市人大常委会开展专项工作调查、执法检查、履职报告调查提供可靠依据。

九、监督、支持检察机关依法开展法律监督工作，是全市人大及其常委会的一项重要职权，对全面推进依法治市、实现市域社会治理现代化具有重要意义。全市人大及其常委会要按照宪法和法律的规定，通过听取和审议专项工作报告或者开展执法检查、工作视察、专题调研、备案审查，组织询问、质询、特定问题调查等方式，监督和支持检察机关依法开展法律监督工作，加强对有关机关接受配合法律监督工作情况的监督，促进依法行政严格执法，不断提升法律监督工作质效和司法公信力。

十、市人民检察院应明确专人与市人大常委会相关工作机构保持联系，负责日常工作沟通。

本决议自公布之日起施行。

人事任免

免去：田言林的菏泽市人民代表大会常务委员会财政经济工作委员会副主任职务。

任命：李艳丽为菏泽市监察委员会副主任。

市十九届人大常委会第三十二次会议

2020年12月29日，菏泽市第十九届人大常委会第三十二次会议在菏泽市人大常委会五楼会议室召开。市人大常委会主任尹玉明主持会议，副主任杨晓玲、汤建梅、谷瑞灵，秘书长郭景堂出席会议。市人民政府副市长高荣国，市中级人民法院院长张正智，市人民检察院检察长王新建，市纪委常务副书记、市监察委副主任孔令海列席会议。

2020年12月29日，市十九届人大常委会三十二次会议召开

会议议程

一、听取审议市政府关于提请审议批准2020年菏泽市新增政府债务限额调整方案(草案)的议案及其说明，作出相关决议；二、听取审议市政府关于提请审议批准2020年市级及开发区财政预算调整方案（草案）的议案及其说明，作出相关决议；三、听取审议市政府关于提请审议《菏泽市城镇容貌和环境卫生管理条例修正案(草案)》的议案及其说明，作出相关决定；四、审议表决关于市十九届人大五次会议代表建议、批评和意见办理情况的书面报告（草案）；五、审议表决菏泽市人大常委会代表资格审查委员会关于个别代表的代表资格审查报告；六、审议表决菏泽市人大常委会关于加强检察机关公益诉讼工作的决定（草案）；七、审议表决菏泽市人大常委会关于加强检察建议工作的决定（草案）；八、审议表决市人大教科文卫委关于市十九届人大五次会议主席团交付审议的代表议案审议结果的报告（草案）；九、审议表决市人大城环委关于市十九届人大五次会议主席团交付审议的代表议案审议结果的报告（草案）；十、审议表决市政府关于对推进“放管服”和“一次办好”改革情况报告审议意见研究处理情况的报告；十一、审议表决市政府关于对代表建议办理情况报告审议意见研究处理情况的报告；十二、审议表决市政府关于对全市交通重点工程建设视察情况审议意见研究处理情况的报告；十三、审议表决市政府关于对我市黄河保护与治理专题调研情况审议意见研究处理情况的报告；十四、审议表决市政府关于对全市养老服务工作专题调研情况审议意见研究处理情况的报告；十五、审议表决市人民检察院关于对全面加强法律监督工作情况报告审议意见研究处理情况的报告；十六、确定市人大常委会2020年度问责表决事项；十七、人事任免事项；十八、其他事项。

决议决定

菏泽市人民代表大会常务委员会关于批准2020年菏泽市新增政府债务限额调整方案的决议

菏泽市第十九届人民代表大会常务委员会第三十二次会议听取审议了《菏泽市人民政府关于提请审议批准2020年菏泽市新增政府债务限额调整方案（草案）的议案》及其说明，会议决定批准2020年菏泽市新增地方政府债务限额调整方案。

市政府及财政部门要认真贯彻落实预算法及其实施条例，在省级核定下达当年新增政府债务限额后，及时提请市人民代表大会常务委员会审议批准。除上级核定下达的政府债务限额外，各级政府及其所属部门不得以任何方式举借债务。市级及市经济开发区依照限额举借的债务，依法列入预算调整方案，报市人民代表大会常务委员会批准。严格规范政府债务资金的使用和管理，切实发挥好政府债券使用效益，有效推进全市经济社会发展和城乡建设。

菏泽市人民代表大会常务委员会关于批准2020年菏泽市市级及市经济开发区财政预算调整方案的决议

菏泽市第十九届人民代表大会常务委员会第三十二次会议听取审议了《菏泽市人民政府关于提请审议批准2020年菏泽市市级及市经济开发区财政预算调整方案（草案）的议案》及其说明，对市政府提出的2020年菏泽市市级及市经济开发区财政预算调整方案（草案）进行了审查，决定批准2020年菏泽市市级及市经济开发区财政预算调整方案。

市政府要认真贯彻落实预算法及其实施条例，及时编制预算调整方案，在市人民代表大会常务委员会举行会议的三十日前，将预算调整初步方案送交市人民代表大会常务委员会有关工作机构征求意见。严格执行市人民代表大会常务委员会决议，强化预算管理，切实优化支出结构，着力提升财政资金使用绩效。科学编制下年度预算，把预算收支做细做实，进一步增强预算的预见性和约束力。

菏泽市人民代表大会常务委员会关于加强检察机关公益诉讼工作的决定

为深入贯彻落实党中央关于建立检察机关提起公益诉讼制度的重大决策部署和省人大常委会《关于加强新时代检察机关法律监督工作的决议》，切实加强我市检察机关公益诉讼工作，维护国家利益和社会公共利益，促进依法行政，高水平推进市域治理现代化，根据《中华人民共和国民事诉讼法》《中华人民共和国行政诉讼法》《中华人民共和国人民检察院组织法》等有关法律规定，结合我市实际，作出如下决定：

一、充分认识检察机关公益诉讼工作的重要意义。检察机关提起公益诉讼制度，是以习近平同志为核心的党中央推进全面深化改革、全面依法治国的重大决策部署，对于深化法律监督，建设法治国家、法治政府、法治社会，推进国家治理体系和治理能力现代化具有重要意义。全市国家机关和有关单位要切实提高政治站位，充分认识检察机关提起公益诉讼制度在完善公益保护体系、建设法治政府、维护公平正义和高水平推进市域治理现代化等方面的重要作用，切实增强责任感和使命感，支持和配合检察机关公益诉讼工作，共同维护国家利益和社会公共利益。

二、积极发挥检察机关公益保护的职能作用。全市检察机关要坚持国家法律监督机关的宪法定位，紧紧围绕党委政府中心大局和人民群众关注的切身利益问题，依法履行法律监督职能，充分运用诉前磋商、诉前检察建议、提起诉讼和支持起诉等方式，全面深入开展公益诉讼工作。依法办理生态环境和资源保护、食品药品安全、国有土地使用权出让、国有财产保护和英雄烈士权益保护、未成年人保护等领域公益诉讼案件。要坚持以人民为中心、以效果为导向，积极稳妥办理教育、就业、安全生产、道路交通安全、文物和文化遗产保护、网络信息安全、金融及残疾人、老年人、妇女权利保护、扶贫、国防军事等新领域的公益诉讼案件，回应人民群众日益增长的美好生活需求。

三、进一步加强检察机关调查核实权。检察机关办理公益诉讼案件，可以要求行政机关提供所需的证据材料，也可以自行调查核实。检察机关自行调查核实的，可以通过以下方式进行：

（一）查阅、调取、复制有关执法、诉讼卷宗材料；

（二）进入被调查单位现场检查，询问违法行为人、行政机关相关人员以及行政相对人、利害关系人、证人等；

（三）向有关单位和个人收集书证、物证、视听资料、电子数据等证据；

（四）咨询专业人员、相关部门或者行业协会等对专业问题的意见；

（五）勘验物证、现场，进行取样、快速检测；

（六）委托鉴定、评估、审计、检验、检测、监测；

（七）其他必要的调查方式。

有关单位和个人要主动配合检察机关开展调查核实工作，不得以任何理由拒绝、推诿和阻挠。妨碍调查核实的，依照下列方式作出处理：

（一）行政机关及其工作人员不配合调查的，检察机关可以将相关情况报送本级党委、政府，并建议被调查机关上级部门或者监察机关依法依规问责；

（二）企事业单位、社会团体、其他社会组织及其工作人员不配合调查的，检察机关可以建议其主管部门或者所在单位做出处理；

（三）被调查单位或者个人以暴力、威胁等手段妨碍调查的，检察机关司法警察应当及时采取制止、控制、强行带离现场等处置措施。紧急情况下可按照规定使用警械、戒具，必要时检察机关可以通知公安机关出警配合，依法及时处理。构成犯罪的，依法追究刑事责任。

四、进一步增强检察建议刚性。全市国家机关和有关单位要高度重视诉前检察建议在完善社会治理机制、促进依法行政、维护国家利益和社会公共利益等方面的重要作用，严格落实检察建议。检察机关可以采用公开宣告等方式送达检察建议，督促行政机关依法履行职责，必要时可以邀请人大代表、政协委员、人民监督员等参加。行政机关对于检察机关提出的诉前检察建议，应当在收到检察建议书之日起两个月内依法履行职责，并书面回复整改情况。由于生态环境修复、行政处罚时限等客观因素无法在两个月内整改完毕的，行政机关应当向检察机关书面回复说明情况，并制定分阶段整改措施，每一阶段整改情况应当及时书面回复。行政机关书面回复的，应当附相关证明材料。检察机关应当及时对检察建议采纳落实情况进行跟进督促，对于诉前检察建议发出后，行政机关逾期不回复或虽回复但仍怠于履行职责、非因客观原因不能整改到位的，检察机关应当依法提起行政公益诉讼。检察机关提起的行政公益诉讼案件，被诉行政机关负责人应当出庭应诉。

五、人大及其常委会要支持和监督检察机关公益诉讼工作。通过听取和审议专项工作报告、适时开展执法检查、调研、视察等方式督促检察机关加强公益诉讼工作，监督审判机关、行政机关等有关单位依法办理检察机关提出的维护国家利益和社会公共利益的监督事项。

六、人民政府及所属部门要加大对检察机关公益诉讼工作支持力度。人民政府要将支持检察机关开展公益诉讼工作纳入全面深化改革、全面依法治国的重要内容，纳入法治政府建设考核。建立健全府检联席会议制度，定期听取工作情况汇报，及时帮助检察机关解决实际困难和问题。坚持以数字化治理为支撑，充分运用大数据、网格化管理等手段，提高府检信息共享，以政府数字化转型带动公益诉讼社会治理的信息化建设。行政机关要加强与检察机关在线索移送、调查核实、专业支持等方面的协作配合。建立健全生态环境损害赔偿、生态环境保护督察与生态环境公益诉讼衔接机制，完善生态环境公益诉讼制度，共同构建全域美丽的绿色发展体制机制。检察机关要支持行政机关提起生态环境损害赔偿诉讼，提供法律帮助，依法追偿生态环境损害赔偿费用。

七、监察机关要加强与检察机关线索移送和协作配合。监察机关在办案中发现公益诉讼案件线索，应当及时移送检察机关依法办理。检察机关在办案中发现行政机关不落实诉前检察建议，导致国家利益和社会公共利益出现重大损失或者造成损失进一步扩大的，可以向监察机关通报，由监察机关依法依规办理。

八、审判机关要自觉接受检察监督并积极配合检察机关公益诉讼工作。要加强与检察机关在公益诉讼案件受理、管辖、审理、裁判、执行等方面的沟通协调，共同研究解决实践中存在的突出问题，形成公益保护司法合力。对于检察机关提起的公益诉讼案件，人民法院应当受理。探索建立食品药品安全领域民事公益诉讼惩罚性赔偿制度，提高违法成本。对于公益诉讼案件中难以鉴定或不宜鉴定的专门性问题，应当结合案件其他证据以及行政机关的意见、专家意见等予以合理认定。对于生效判决和裁定，应当及时移交执行，灵活运用补植复绿、增殖放流、劳务代偿、替代性修复等多元化执行方式，确保生效裁判执行。对不履行相关义务的被执行人，依法追究相应的责任。审判机关审理涉及公益诉讼相对人的行政诉讼案件时，应当通过适当方式听取检察机关的意见，并及时通报相关案件审理情况，共同维护国家利益和社会公共利益。检察机关发现审判机关的生效公益诉讼判决、裁定确有错误，或者公益诉讼调解书损害国家利益或者社会公共利益的，应当依法进行监督。

九、公安机关要加强与检察机关线索移送和协作配合。公安机关在办案中发现公益诉讼案件线索，应当及时移送检察机关依法办理。检察机关在办理公益诉讼案件过程中发现涉嫌犯罪线索，应当及时移送公安机关依法办理。在办理破坏生态环境和资源保护、食品药品安全等领域刑事犯罪案件时，公安机关应当按照检察机关的建议积极协助收集、固定涉及侵害国家利益和社会公共利益的相关证据，协助鉴定评估。

十、司法行政机关要加强与检察机关协作配合。要加强行政执法监督与公益诉讼工作的衔接，在国家利益和社会公共利益受到侵害或存在严重侵害危险的重点执法领域，适时开展专项行政执法监督检查，针对存在的普遍性问题，探索建立市域治理制度机制，加强源头防控和事中治理。要加强公共法律服务体系建设，完善司法鉴定机构建设，依法规范鉴定行为，全面落实检察公益诉讼案件“先鉴定、后收费”工作机制。指导公证机构、仲裁机构、律师协会等为检察机关公益诉讼工作提供支持保障。

十一、财政部门要加强对检察机关公益诉讼工作经费保障。支持检察机关公益诉讼办案装备建设，将检察机关办理公益诉讼案件所需的调查核实、鉴定评估、专家咨询、举报奖励等费用纳入同级财政预算。支持科研院所、企事业单位向检察机关公益诉讼工作提供技术帮助。建立检察公益诉讼赔偿金管理机制和办法，实行专账管理，规范资金使用，确保赔偿款项依法用于公益修复或赔偿。

十二、共同构建全社会参与公益保护的良好氛围。宣传文化部门、新闻媒体要加大对检察机关公益诉讼工作的宣传力度，提高社会知晓度和群众参与度，提升全民的法治意识和公益保护意识。司法行政机关要将公益诉讼内容纳入普法宣传教育范围，依托普法宣传平台做好普法教育。倡导、鼓励各有关单位和个人向检察机关举报损害国家利益和社会公共利益的违法行为，参与检察机关公益诉讼工作，共同维护国家利益和社会公共利益。

菏泽市人民代表大会常务委员会关于加强检察建议工作的决定

为深入落实贯彻习近平新时代中国特色社会主义思想和党的十九大、十九届四中、五中全会精神，充分发挥检察机关法律监督职能，加强和规范全市检察建议工作，落实《中共菏泽市委关于进一步加强新时代检察机关法律监督工作 深入推进法治菏泽建设的实施意见》，根据《中共中央关于全面推进依法治国若干重大问题的决定》《中华人民共和国各级人民代表大会常务委员会监督法》《中华人民共和国人民检察院组织法》的规定，结合我市实际，对加强检察建议工作作出如下决定：

一、检察建议是人民检察院依法履行法律监督职责，参与社会治理，维护司法公正，促进依法行政，预防和减少违法犯罪，保护国家利益和社会公共利益，维护个人和组织合法权益，保障法律统一正确实施的重要方式。

检察建议包括再审检察建议、纠正违法检察建议、公益诉讼检察建议、社会治理检察建议以及其他检察建议。

二、人民检察院提出检察建议，应立足检察职能，结合执法办案实际，坚持以事实为依据，以法律为准绳，依法调查核实，做到程序规范、论证严密，建议内容具体明确、切实可行。

三、人民检察院可以直接向本院所办理案件的涉案单位、本级有关主管机关以及其他有关单位提出检察建议。

需要向涉案单位以外的上级有关主管机关提出检察建议的，应当层报被建议单位的同级人民检察院决定并提出检察建议，或者由办理案件的人民检察院制作检察建议书后，报被建议单位的同级人民检察院审核并转送被建议单位。

四、被建议单位在收到检察建议后，应及时研究制定整改措施，在规定期限内将检察建议落实情况书面回复人民检察院。

被建议单位对检察建议如有异议，应当在检察建议书确定的异议期限内向人民检察院提出。人民检察院对被建议单位的意见应进行核实，异议成立的，应当修改或者撤回检察建议；异议不成立的，应当向被建议单位说明理由。

五、人民检察院应加强与被建议单位的沟通协调，提醒、协助被建议单位落实好检察建议。

六、对所涉事项社会影响大、群众关注度高、违法情形具有典型性的检察建议，可以抄送同级党委、人大、政府、纪检监察机关或者被建议单位的上级机关、行政主管部门以及行业自律组织等。

七、被建议单位在规定时限内不回复人民检察院或无正当理由不采纳检察建议，经人民检察院催办而拒不回复和整改的，人民检察院可以就该事项提请人大常委会启动监督程序，并可向被建议单位的上级机关或主管部门反映有关情况。

八、人大常委会对于人民检察院提出的事关经济社会发展、民生民利等重大问题的检察建议，或者人民检察院提请监督的检察建议，可以启动监督程序。

九、人大常委会应加强对人民检察院检察建议工作的监督，可以采取视察、专项审议、执法检查、询问、质询以及监督法规定的其他监督形式，监督人民检察院依法开展检察建议工作，督促相关单位依法行政、公正司法，自觉接受检察监督。

十、每年人民代表大会上，人民检察院应通过人民检察院工作报告向人大代表报告检察建议工作情况。

人事任免

决定：接受梁振坤辞去菏泽市第十九届人民代表大会常务委员会委员职务的请求，报菏泽市第十九届人民代表大会第六次会议备案。

免去：梁振坤的菏泽市人民代表大会常务委员会农业与农村工作委员会副主任职务。

任命：刘标为菏泽经济开发区人民法院审判员。

免去：李玉广的菏泽市中级人民法院审判员职务。

免去：刘彦凤的菏泽市人民检察院检察员职务。

第四章　人大常委会主任会议

主任会议的主要职责：

（一）研究决定市人大常委会会议举行的日期，拟定会议议程草案；研究市人大常委会会议的筹备工作。

（二）拟定市人大常委会决议、决定（草案），提请市人大常委会会议审议。

（三）拟定市人大常委会工作报告稿，提请市人大常委会会议审议。

（四）讨论和拟定市人大常委会年度工作要点、地方立法规划和年度立法计划，决定提请市人大常委会会议审议。

（五）研究决定市人大常委会开展执法检查、视察、专题调研等重要活动的实施方案。

（六）听取市人大专门委员会有关工作汇报，指导、安排市人大专门委员会的工作。

（七）根据工作需要，听取市人民政府、市监察委员会、市中级人民法院、市人民检察院及有关部门的专项工作报告，提出意见和建议。

（八）研究确定提请市人大常委会任免的人选。

（九）向市人大常委会提出有关国家机关工作人员的撤职案。对五分之一以上的市人大常委会组成人员书面联名，向市人大常委会提出有关国家机关工作人员的撤职案，决定是否提请市人大常委会会议审议。撤职案在提请表决前，被提出撤职的人员书面提出申辩意见的，决定印发市人大常委会会议。

（十）研究提出提请市人大常委会会议审议的属于市人大常委会职权范围内的议案。

研究市人大常委会组成人员5人以上联名向市人大常委会提出的属于市人大常委会职权范围内的议案，决定是否提请市人大常委会会议审议，或者先交有关专门委员会审议并提出报告，再决定是否提请市人大常委会会议审议。

研究市人民政府、市人大各专门委员会向市人大常委会提出的属于市人大常委会职权范围内的议案，决定提请市人大常委会会议审议；或者先交有关专门委员会审议并提出报告，再提请市人大常委会会议审议。

（十一）市人大常委会会议期间，对市人大常委会组成人员5人以上联名提出的质询案，决定受质询机关的答复形式和时间；提质询案的市人大常委会组成人员过半数对受质询机关的答复不满意的，决定受质询机关再作答复；主任会议认为必要的时候，可以将答复质询案的情况报告印发市人大常委会会议。

（十二）向市人大常委会提议组织关于特定问题的调查委员会，决定提请市人大常委会会议审议。

对五分之一以上的市人大常委会组成人员书面联名，向市人大常委会提议组织关于特定问题的调查委员会，提请市人大常委会会议审议；或者先交有关专门委员会审议、提出报告，再决定提请常委会会议审议。

在市人大常委会组成人员和本级人大代表中提名调查委员会主任委员、副主任委员、委员人选，提请市人大常委会会议通过。

（十三）在市人大常委会组成人员中提名代表资格审查委员会主任委员、副主任委员和委员的人选，提请市人大常委会会议通过。

在市人大常委会组成人员和本级人大代表中提名计划预算审查委员会、议案审查委员会主任委员、副主任委员、委员人选，提请市人大常委会会议审议。

（十四）研究市人大常委会其他重要工作。

第一节　第十五届人大常委会历次主任会议

市十五届人大常委会第 1 次主任会议

2001 年 2 月 1 日，市十五届人大常委会第 1 次主任会议在菏泽举行。市人大常委会副主任阎世海、潘兴玺、李胜华、范福临、周书运、文廷良、郭仲生、常洪珍、汤建梅，秘书长李顺广出席会议。阎世海主持会议。

会议议题：研究市人大常委会机关自身建设工作；其他事项。

市十五届人大常委会第 2 次主任会议

2001 年 3 月 7 日，市十五届人大常委会第 2 次主任会议在菏泽举行。市委书记、市人大常委会主任李明先，市人大常委会副主任阎世海、潘兴玺、李胜华、范福临、周书运、文廷良、郭仲生、常洪珍，秘书长李顺广出席会议。李明先主持会议。

会议议题：研究确定市十五届人大常委会第二次会议建议议程；研究提交市十五届人大常委会审议表决的有关人事任免事项；其他事项。

市十五届人大常委会第 3 次主任会议

2001 年 4 月 27 日，市十五届人大常委会第 3 次主任会议在菏泽举行。市人大常委会副主任阎世海、潘兴玺、李胜华、范福临、周书运、郭仲生、常洪珍，秘书长李顺广出席会议。阎世海主持会议。

会议议题：研究市十五届人大常委会第三次会议建议议程；其他事项。

市十五届人大常委会第 4 次主任会议

2001 年 5 月 14 日，市十五届人大常委会第 4 次主任会议在菏泽举行。市人大常委会副主任阎世海、潘兴玺、李胜华、范福临、周书运、文廷良、郭仲生、常洪珍、汤建梅，秘书长李顺广出席会议。阎世海主持会议。

会议议题：研究确定市十五届人大常委会第三次会议建议议程；其他事项。

市十五届人大常委会第 5 次主任会议

2001 年 5 月 19 日，市十五届人大常委会第 5 次主任会议在菏泽举行。市人大常委会副主任阎世海、潘兴玺、李胜华、范福临、周书运、文廷良、郭仲生、常洪珍、汤建梅，秘书长李顺广出席会议。阎世海主持会议。

会议议题：研究市人大常委会机关有关人事任免事项；其他事项。

会议决定，任命田文建为市人大常委会办公室秘书科科长，彭德启为市人大常委会办公室人事监察科科长，姜东生为市人大常委会研究室主任科员，马刚为市人大常委会财经工委工作室主任科员，姜来魁为市人大常委会农工委工作室主任科员，许宜福为市人大常委会民侨外工委工作室主任科员，吴晓凤为市人大常委会办公室人事监察科主任科员，祝金忠为市人大常委会城环工委工作室主任科员；免去吴东华的市人大常委会办公室人事监察科科长职务，许素洋的市人大常委会办公室秘书科科长职务，陈化明的市人大常委会人事代表工作室主任科员职务，田素兰的市人大常委会办公室行政科副科长（正科级）职务。

市十五届人大常委会第 6 次主任会议

2001 年 7 月 3 日，市十五届人大常委会第 6 次主任会议在菏泽举行。市委书记、市人大常委会主任李明先，市人大常委会副主任阎世海、潘兴玺、李胜华、范福临、周书运、郭仲生、汤建梅，秘书长李顺广出席会议。李明先主持会议。

会议议题：研究确定市十五届人大常委会第四次会议建议议程；其他事项。

市十五届人大常委会第 7 次主任会议

2001 年 8 月 28 日，市十五届人大常委会第 7 次主任会议在菏泽举行。市人大常委会副主任阎世海、潘兴玺、李胜华、范福临、周书运、文廷良、郭仲生、常洪珍、汤建梅，秘书长李顺广出席会议。阎世海主持会议。

会议议题：研究确定市十五届人大常委会第五次会议建议议程；研究机关会计委派工作有关事宜；其他事项。

市十五届人大常委会第 8 次主任会议

2001 年 9 月 17 日，市十五届人大常委会第 8 次主任会议在菏泽举行。市人大常委会副主任阎世海、潘兴玺、文廷良、郭仲生、汤建梅，秘书长李顺广出席会议。阎世海主持会议。

会议议题：听取市财政局关于市政府调整菏泽市 2001 年财政支出预算报告有关情况的汇报；研究确定将市政府关于提请审议菏泽市平原绿化工程“十五”计划的议案增列为市十五届人大常委会第五次会议的议程；其他事项。

市十五届人大常委会第 9 次主任会议

2001 年 11 月 9 日，市十五届人大常委会第 9 次主任会议在菏泽举行。市委书记、市人大常委会主任李明先，市人大常委会副主任阎世海、潘兴玺、周书运、文廷良、郭仲生、汤建梅，秘书长李顺广出席会议。李明先主持会议。

会议议题：研究确定市十五届人大常委会第六次会议建议议程；研究人大代表年终集中视察有关事宜；其他事项。

市十五届人大常委会第 10 次主任会议

2002 年 1 月 11 日，市十五届人大常委会第 10 次主任会议在菏泽举行。市委书记、市人大常委会主任李明先，市人大常委会副主任阎世海、李胜华、范福临、文廷良、郭仲生、常洪珍、汤建梅，秘书长李顺广出席会议。李明先主持会议。

会议议题：研究确定市十五届人大常委会第七次会议建议议程；研究市十五届人大二次会议筹备工作；其他事项。

市十五届人大常委会第 11 次主任会议

2002 年 1 月 18 日，市十五届人大常委会第 11 次主任会议在菏泽举行。市委书记、市人大常委会主任李明先，市人大常委会副主任阎世海、潘兴玺、李胜华、范福临、周书运、文廷良、郭仲生、常洪珍、汤建梅，秘书长李顺广出席会议。李明先主持会议。

会议议题：听取关于提请任命夏鲁青为市政府副市长有关情况的介绍；研究确定将市政府关于提请任命夏鲁青职务的议案列入市十五届人大常委会第七次会议的建议议题；其他事项。

市十五届人大常委会第 12 次主任会议

2002 年 3 月 1 日，市十五届人大常委会第 12 次主任会议在菏泽举行。市委书记、市人大常委会主任李明先，市人大常委会副主任阎世海、潘兴玺、李胜华、范福临、周书运、文廷良、郭仲生、常洪珍，秘书长李顺广出席会议。李明先主持会议。

会议议题：听取审议市公安局《关于对菏泽市十五届人大代表刘杰采取强制措施的请示》，会议同意市公安局依法对市十五届人大代表刘杰采取强制措施。

市十五届人大常委会第 13 次主任会议

2002 年 3 月 12 日，市十五届人大常委会第

13 次主任会议在菏泽举行。市人大常委会副主任阎世海、潘兴玺、李胜华、范福临、周书运、文廷良、郭仲生、常洪珍，秘书长李顺广出席会议。阎世海主持会议。

会议议题：讨论通过市人大常委会 2002 年工作要点；对《菏泽市人大常委会关于对司法机关个案监督暂行办法（草案）》《菏泽市人大常委会评议工作办法（草案）》进行初审，同意将两个办法草案提交市十五届人大常委会第八次会议审议；研究确定提交市十五届人大常委会第八次会议审议的建议议题；其他事项。

市十五届人大常委会第 14 次主任会议

2002 年 5 月 30 日，市十五届人大常委会第 14 次主任会议在菏泽举行。市委书记、市人大常委会主任李明先，市人大常委会副主任阎世海、潘兴玺、李胜华、周书运、文廷良、郭仲生、汤建梅，秘书长李顺广出席会议。李明先主持会议。

会议议题：研究确定市十五届人大常委会第九次会议建议议程；其他事项。

会议确定市十五届人大常委会第九次会议于 2002 年 6 月 12 日至 13 日在牡丹大酒店举行。

市十五届人大常委会第 15 次主任会议

2002 年 7 月 2 日，市十五届人大常委会第 15 次主任会议在菏泽举行。市人大常委会副主任阎世海、潘兴玺、李胜华、范福临、周书运、文廷良、常洪珍、汤建梅，秘书长李顺广出席会议。阎世海主持会议。

会议议题：研究市人大常委会机关集资建商品房问题，确定在华阳二区招标建设楼房二栋，并组建筹建班子；研究市人大常委会机关有关人事任免事项；其他事项。

会议决定，任命瞿振兴为市人大常委会教科文卫工委工作室主任科员。

市十五届人大常委会第 16 次主任会议

2002 年 8 月 5 日，市十五届人大常委会第 16 次主任会议在菏泽举行。市人大常委会副主任阎世海、潘兴玺、李胜华、范福临、周书运、文廷良、郭仲生、常洪珍，秘书长李顺广出席会议。阎世海主持会议。

会议议题：研究确定市十五届人大常委会第十次会议建议议程；其他事项。

市十五届人大常委会第 17 次主任会议

2002 年 8 月 28 日，市十五届人大常委会第 17 次主任会议在菏泽举行。市人大常委会副主任阎世海、潘兴玺、李胜华、范福临、文廷良、郭仲生、常洪珍、汤建梅，秘书长李顺广出席会议。阎世海主持会议。

会议议题：研究市人大常委会机关有关人事任免事项；研究市人大常委会机关大门改造问题，审定改造建筑设计方案；其他事项。

会议决定，任命刘庆山为市人大常委会办公室老干部科副科长（试用期 1 年）。

市十五届人大常委会第 18 次主任会议

2002 年 10 月 8 日，市十五届人大常委会第 18 次主任会议在菏泽举行。市委书记、市人大常委会主任李明先，市人大常委会副主任潘兴玺、李胜华、范福临、周书运、文廷良、常洪珍，秘书长李顺广出席会议。李明先主持会议。

会议议题：研究确定市十五届人大常委会第十一次会议建议议程；其他事项。

会议确定市十五届人大常委会第十一次会议于 2002 年 10 月 14 日至 15 日在牡丹大酒店举行。

市十五届人大常委会第 19 次主任会议

2002 年 10 月 22 日，市十五届人大常委会第 19 次主任会议在菏泽举行。市人大常委会副主任阎世海、潘兴玺、李胜华、范福临、周书运、文廷良、郭仲生、常洪珍，秘书长李顺广出席会议。阎世海主持会议。

会议议题：研究2003年全市人大换届选举工作的有关问题；研究市人大常委会机构改革方案；其他事项。

市十五届人大常委会第20次主任会议

2002年10月28日，市十五届人大常委会第20次主任会议在菏泽举行。市委书记、市人大常委会主任李明先，市人大常委会副主任阎世海、李胜华、范福临、周书运、文廷良、郭仲生、常洪珍，秘书长李顺广出席会议。李明先主持会议。

会议议题：研究2003年全市人大换届选举工作；研究确定提请市十五届人大常委会第十二次会议的建议议题；审议通过《菏泽市选举委员会关于2003年市县（区）人大换届选举工作安排意见（草案）》；其他事项。

会议确定市十五届人大常委会第十二次会议于2002年10月30日举行，全市人大换届选举工作会议于2002年10月31日举行。

市十五届人大常委会第21次主任会议

2002年11月11日，市十五届人大常委会第21次主任会议在菏泽举行。市人大常委会副主任阎世海、潘兴玺、李胜华、范福临、周书运、文廷良、郭仲生、常洪珍，秘书长李顺广出席会议。阎世海主持会议。

会议议题：学习党的十六大报告；研究全国人大代表候选人提名推荐问题，确定陈光、王可正、楚德留、周晓东、张九勋、尚瑞芬、汤建梅、张凤仙、侯良义9人为全国人大代表候选人建议人选；研究市人大常委会机关大门改造、集资建设宿舍楼等有关基建项目建设问题；其他事项。

市十五届人大常委会第22次主任会议

2002年12月17日，市十五届人大常委会第22次主任会议在菏泽举行。市委书记、市人大常委会主任李明先，市人大常委会副主任阎世海、潘兴玺、李胜华、范福临、周书运、文廷良、常洪珍、汤建梅，秘书长李顺广出席会议。李明先主持会议。

会议议题：研究确定市十五届人大常委会第十三次会议建议议程；其他事项。

会议确定市十五届人大常委会第十三次会议于2002年12月18日在牡丹大酒店举行。

市十五届人大常委会第23次主任会议

2002年12月31日，市十五届人大常委会第23次主任会议在菏泽举行。市人大常委会副主任阎世海、潘兴玺、李胜华、范福临、周书运、文廷良、郭仲生、常洪珍、汤建梅，秘书长李顺广出席会议。阎世海主持会议。

会议议题：研究市十六届人大一次会议的筹备工作；研究省、市人大代表候选人的推荐安排问题；市委副书记王祖和就市人代会筹备工作提出要求；其他事项。

市十五届人大常委会第24次主任会议

2003年1月8日，市十五届人大常委会第24次主任会议在菏泽举行。市人大常委会副主任阎世海、潘兴玺、李胜华、范福临、周书运、文廷良、郭仲生、汤建梅，秘书长李顺广出席会议。阎世海主持会议。

会议议题：研究确定市十五届人大常委会第十四次会议建议议程；其他事项。

市十五届人大常委会第25次主任会议

2003年1月19日，市十五届人大常委会第25次主任会议在菏泽举行。市人大常委会副主任阎世海、潘兴玺、李胜华、范福临、周书运、文廷良、郭仲生、常洪珍，秘书长李顺广出席会议。阎世海主持会议。

会议议题：听取市委组织部关于市十六届人大一次会议主席团和秘书长名单安排意见的通报，同意将名单提请市十五届人大常委会第十五次会议审议；研究确定市十五届人大常委会第十五次会议建议议程；研究市十六届人大一次会议日程（草案）；其他事项。

第二节　第十六届人大常委会历次主任会议

市十六届人大常委会第 1 次主任会议

2003 年 3 月 4 日，市十六届人大常委会第 1 次主任会议在菏泽举行。市委书记、市人大常委会主任陈光，市人大常委会第一副主任王祖和，副主任潘兴玺、范福临、朱献瑞、文廷良、郭仲生、常洪珍、潘建荣，秘书长李顺广出席会议。陈光主持会议。

会议议题：研究市人大常委会领导班子成员工作分工；研究确定市十六届人大常委会第一次会议建议议程；其他事项。

市十六届人大常委会第 2 次主任会议

2003 年 3 月 21 日，市十六届人大常委会第 2 次主任会议在菏泽举行。市委书记、市人大常委会主任陈光，市人大常委会第一副主任王祖和，副主任潘兴玺、范福临、朱献瑞、文廷良、郭仲生、常洪珍、汤建梅、潘建荣，秘书长李顺广出席会议。陈光主持会议。

会议议题：传达学习十届全国人大一次会议精神；讨论通过市人大常委会 2003 年工作要点（草案）；其他事项。

市十六届人大常委会第 3 次主任会议

2003 年 4 月 14 日，市十六届人大常委会第 3 次主任会议在菏泽举行。市人大常委会第一副主任王祖和，副主任潘兴玺、范福临、朱献瑞、文廷良、郭仲生、常洪珍、汤建梅、潘建荣，秘书长李顺广出席会议。王祖和主持会议。

会议议题：传达学习省十届人大一次会议精神；传达学习市第十次党代会精神；研究市人大常委会机关整顿学习等事宜；其他事项。

市十六届人大常委会第 4 次主任会议

2003 年 4 月 21 日，市十六届人大常委会第 4 次主任会议在菏泽举行。市人大常委会第一副主任王祖和，副主任潘兴玺、范福临、朱献瑞、文廷良、郭仲生、常洪珍出席会议。王祖和主持会议。

会议议题：传达学习全市领导干部会议（部署防治非典型肺炎工作）精神；研究部署市人大常委会机关防治“非典”的工作措施；其他事项。

会议确定于 2003 年 4 月 21 日至 25 日开展市人大常委会机关思想、作风、纪律整顿。

市十六届人大常委会第 5 次主任会议

2003 年 4 月 29 日，市十六届人大常委会第 5 次主任会议在菏泽举行。市委书记、市人大常委会主任陈光，市人大常委会第一副主任王祖和，副主任潘兴玺、范福临、朱献瑞、文廷良、郭仲生、常洪珍、汤建梅、潘建荣，秘书长李顺广出席会议。王祖和主持会议。

会议议题：传达市委常委会会议精神；研究确定市十六届人大常委会第二次会议建议议程；研究成立市人大常委会信访工作领导小组；其他事项。

市十六届人大常委会第 6 次主任会议

2003 年 5 月 29 日，市十六届人大常委会第 6 次主任会议在菏泽举行。市人大常委会第一副主任王祖和，副主任潘兴玺、范福临、朱献瑞、文廷良、郭仲生、常洪珍、汤建梅、潘建荣，秘书长李顺广出席会议。王祖和主持会议。

会议议题：研究修改市人大常委会机关规章制度；其他事项。

市十六届人大常委会第 7 次主任会议

2003 年 6 月 17 日，市十六届人大常委会第 7 次主任会议在菏泽举行。市人大常委会第一副主任王祖和，副主任潘兴玺、范福临、朱献瑞、文廷良、郭仲生、常洪珍、汤建梅出席会议。王祖和主持会议。

会议议题：研究确定市十六届人大常委会第三次会议建议议程；审议通过关于任命市人大常委会各工作委员会委员的报告；研究补选部分市人大代表有关事宜；研究通过关于市人大常委会组成人员分工联系驻菏全国、省和市人大代表的意见；其他事项。

市十六届人大常委会第 8 次主任会议

2003 年 6 月 27 日，市十六届人大常委会第 8 次主任会议在菏泽举行。市人大常委会第一副主任王祖和，副主任潘兴玺、范福临、朱献瑞、文廷良、郭仲生、常洪珍、汤建梅、潘建荣，秘书长李顺广出席会议。文廷良主持会议。

会议议题：听取市政府关于贯彻执行土地管理法、矿产资源法、测绘法及整顿规范土地市场秩序和国土资源管理工作情况的汇报；其他事项。

市十六届人大常委会第 9 次主任会议

2003 年 7 月 17 日，市十六届人大常委会第 9 次主任会议在菏泽举行。市人大常委会第一副主任王祖和，副主任潘兴玺、范福临、朱献瑞、文廷良、郭仲生、常洪珍、汤建梅出席会议。王祖和主持会议。

会议议题：研究确定市十六届人大常委会第四次会议建议议程；听取人代室关于《菏泽市人民代表大会常务委员会人事任免办法》修改意见的汇报，同意提交市人大常委会会议审议通过；其他事项。

市十六届人大常委会第 10 次主任会议

2003 年 8 月 11 日，市十六届人大常委会第 10 次主任会议在菏泽举行。市人大常委会第一副主任王祖和，副主任潘兴玺、范福临、朱献瑞、文廷良、郭仲生、常洪珍、汤建梅、潘建荣，秘书长李顺广出席会议。王祖和主持会议。

会议议题：听取办公室关于市人大常委会机关规章制度修改意见和财务收支情况的汇报；听取研究室关于各委室调研课题确定情况的汇报；其他事项。

市十六届人大常委会第 11 次主任会议

2003 年 9 月 8 日，市十六届人大常委会第 11 次主任会议在菏泽举行。市人大常委会第一副主任王祖和，副主任潘兴玺、范福临、朱献瑞、文廷良、郭仲生、常洪珍、潘建荣、秘书长李顺广出席会议。王祖和主持会议。

会议议题：研究确定市十六届人大常委会第五次会议建议议程；研究市人大常委会机关副厅级以上离退休干部医疗费用等有关事宜。

市十六届人大常委会第 12 次主任会议

2003 年 10 月 10 日，市十六届人大常委会第 12 次主任会议在菏泽举行。市人大常委会第一副主任王祖和，副主任潘兴玺、范福临、朱献瑞、文廷良、常洪珍、汤建梅、潘建荣，秘书长李顺广出席会议。王祖和主持会议。

会议议题：研究有关人事任免事项。

市十六届人大常委会第 13 次主任会议

2003 年 10 月 17 日，市十六届人大常委会第13次主任会议在菏泽举行。市人大常委会第一副主任王祖和,副主任潘兴玺、范福临、郭仲生、常洪珍、潘建荣出席会议。王祖和主持会议。

会议议题：听取人代室关于市人大常委会组织人大代表评议市公安局、市交通局、市工商局工作实施方案（草案）的汇报，研究讨论做好评议工作；其他事项。

市十六届人大常委会第14次主任会议

2003年10月18日，市十六届人大常委会第14次主任会议在菏泽举行。市人大常委会第一副主任王祖和，副主任潘兴玺、范福临、郭仲生、常洪珍出席会议。王祖和主持会议。

会议议题：听取审议市人民检察院关于提请许可对市十六届人大代表高玉生因涉嫌受贿罪依法拘留的报告，会议决定准许对高玉生采取有关司法措施；其他事项。

市十六届人大常委会第15次主任会议

2003年10月30日，市十六届人大常委会第15次主任会议在菏泽举行。市人大常委会第一副主任王祖和，副主任潘兴玺、范福临、朱献瑞、文廷良、郭仲生、常洪珍、汤建梅、潘建荣，秘书长李顺广出席会议。王祖和主持会议。

会议议题：研究确定市十六届人大常委会第七次会议建议议程；研究通过《菏泽市人大常委会关于组织人大代表评议市公安局、市交通局、市工商局工作的实施方案（草案）》；听取财经工委关于《菏泽市市级预算审批监督办法（草案）》的汇报；审定《菏泽市人大常委会关于进一步严肃常委会会议纪律的决定》的有关内容。

市十六届人大常委会第16次主任会议

2003年11月12日，市十六届人大常委会第16次主任会议在菏泽举行。市委书记、市人大常委会主任陈光，市人大常委会第一副主任王祖和，副主任潘兴玺、范福临、朱献瑞、文廷良、郭仲生、常洪珍、汤建梅、潘建荣，秘书长李顺广出席会议。陈光主持会议。

会议议题：听取市人大常委会各调查组关于组织人大代表评议市公安局、市交通局、市工商局工作调查情况的汇报；听取市委组织部关于人事任免有关事项的说明；研究组织代表视察和走访联系代表有关事宜；市委书记、市人大常委会主任陈光通报全市几项重要工作；其他事项。

市十六届人大常委会第17次主任会议

2003年12月1日，市十六届人大常委会第17次主任会议在菏泽举行。市人大常委会第一副主任王祖和，副主任潘兴玺、范福临、朱献瑞、文廷良、郭仲生、常洪珍、汤建梅、潘建荣，秘书长李顺广出席会议。王祖和主持会议。

会议议题：传达学习省、市关于加快发展县域经济工作会议精神；研究组织人大代表视察有关事宜；研究市十六届人大二次会议筹备工作；安排做好市人大常委会2003年工作总结；其他事项。

市十六届人大常委会第18次主任会议

2003年12月22日，市十六届人大常委会第18次主任会议在菏泽举行。市人大常委会第一副主任王祖和，副主任潘兴玺、范福临、朱献瑞、文廷良、郭仲生、常洪珍、汤建梅、潘建荣，秘书长李顺广出席会议。王祖和主持会议。

会议议题：研究确定市十六届人大常委会第八次会议建议议程；研究确定市十六届人大二次会议有关事宜；讨论市人大常委会工作报告稿；研究贯彻落实胡锦涛总书记视察菏泽重要讲话精神；其他事项。

市十六届人大常委会第19次主任会议

2003年12月30日，市十六届人大常委会第19次主任会议在菏泽举行。市人大常委会第一副主任王祖和，副主任潘兴玺、范福临、朱献瑞、文廷良、常洪珍、潘建荣，秘书长李顺广出席会议。王祖和主持会议。

会议议题：审议通过市人大常委会工作报告稿，同意提交市人大常委会会议审议；传达贯彻市委十届四次全委会精神；研究起草市人大常委会2003年工作总结和2004年工作计划；其他事项。

市十六届人大常委会第20次主任会议

2004年1月14日，市十六届人大常委会第20次主任会议在菏泽举行。市人大常委会第一副主任王祖和，副主任潘兴玺、范福临、朱献瑞、文廷良、郭仲生、常洪珍、汤建梅、潘建荣，秘书长李顺广出席会议。王祖和主持会议。

会议议题：研究市十六届人大二次会议筹备事宜；安排春节期间机关安全保卫、廉政建设和值班等工作；安排走访慰问市人大常委会机关副厅级以上离退休干部；研究成立市人大常委会机关工会有关问题；安排陪同省人大常委会原副主任董凤基赴东明县慰问有关事宜；其他事项。

市十六届人大常委会第21次主任会议

2004年2月10日，市十六届人大常委会第21次主任会议在菏泽举行。市人大常委会第一副主任王祖和，副主任潘兴玺、范福临、朱献瑞、文廷良、常洪珍、汤建梅、潘建荣，秘书长李顺广出席会议。王祖和主持会议。

会议议题：传达贯彻省委、省政府“突破菏泽”现场会和市委常委会扩大会议精神；研究讨论市人大常委会2004年工作要点；其他事项。

市十六届人大常委会第22次主任会议

2004年2月16日，市十六届人大常委会第22次主任会议在菏泽举行。市人大常委会第一副主任王祖和，副主任潘兴玺、范福临、朱献瑞、文廷良、常洪珍、汤建梅、潘建荣，秘书长李顺广出席会议。王祖和主持会议。

会议议题：讨论市人大常委会2004年工作要点和建议列入常委会的议题或重大事项；研究贯彻落实市委加快发展誓师大会精神；研究市人大常委会机关年终考核问题；研究市十六届人大常委会第九次会议筹备事宜；其他事项。

市十六届人大常委会第23次主任会议

2004年3月1日，市十六届人大常委会第23次主任会议在菏泽举行。市委书记、市人大常委会主任陈光，市人大常委会第一副主任王祖和，副主任潘兴玺、范福临、朱献瑞、郭仲生、文廷良、常洪珍、潘建荣，秘书长李顺广出席会议。陈光主持会议。

会议议题：市委书记、市人大常委会主任陈光讲话；研究确定市十六届人大常委会第九次会议建议议程；其他事项。

市十六届人大常委会第24次主任会议

2004年3月24日，市十六届人大常委会第24次主任会议在菏泽举行。市人大常委会第一副主任王祖和，副主任潘兴玺、范福临、朱献瑞、郭仲生、常洪珍、汤建梅、潘建荣，秘书长李顺广出席会议。王祖和主持会议。

会议议题：传达学习《中共中央关于进一步学习和贯彻实施〈中华人民共和国宪法〉的通知》精神；集体学习《中华人民共和国宪法》；其他事项。

市十六届人大常委会第25次主任会议

2004年4月20日，市十六届人大常委会第25次主任会议在菏泽举行。市人大常委会第一副主任王祖和，副主任潘兴玺、朱献瑞、文廷良、郭仲生、汤建梅、潘建荣，秘书长李顺广出席会议。王祖和主持会议。

会议议题：研究确定市十六届人大常委会第十次会议建议议程；其他事项。

市十六届人大常委会第 26 次主任会议

2004 年 5 月 8 日，市十六届人大常委会第 26 次主任会议在菏泽举行。市人大常委会第一副主任王祖和，副主任潘兴玺、范福临、朱献瑞、文廷良、郭仲生、常洪珍、潘建荣，秘书长李顺广出席会议。王祖和主持会议。

会议议题：研究市十六届人大常委会第十次会议准备工作；其他事项。

市十六届人大常委会第 27 次主任会议

2004 年 5 月 25 日，市十六届人大常委会第 27 次主任会议在菏泽举行。市委书记、市人大常委会主任陈光，市人大常委会第一副主任王祖和，副主任潘兴玺、朱献瑞、文廷良、常洪珍、汤建梅，秘书长李顺广出席会议。陈光主持会议。

会议议题：研究确定市十六届人大常委会第十一次会议建议议程；听取人代室关于《市人民检察院关于提请逮捕市人大代表刘怀柱的报告》情况的汇报；听取市委组织部关于《市人民政府关于提请任命李卫国职务的议案》情况的介绍；其他事项。

市十六届人大常委会第 28 次主任会议

2004 年 6 月 15 日，市十六届人大常委会第 28 次主任会议在菏泽举行。市人大常委会第一副主任王祖和，副主任潘兴玺、范福临、文廷良、常洪珍、汤建梅、潘建荣，秘书长李顺广出席会议。王祖和主持会议。

会议议题：研究确定市十六届人大常委会第十二次会议建议议程；研究确定市人大常委会调研和外出考察有关事宜；研究提高对“一府两院”监督工作质量问题；研究司法个案监督工作；研究创造性开展工作有关事宜；研究全市城市建设工作视察有关事宜；通报中国林产品交易会筹备工作动员会议精神；其他事项。

市十六届人大常委会第 29 次主任会议

2004 年 6 月 28 日，市十六届人大常委会第 29 次主任会议在菏泽举行。市人大常委会第一副主任王祖和，副主任潘兴玺、范福临、朱献瑞、文廷良、郭仲生、汤建梅、潘建荣，秘书长李顺广出席会议。王祖和主持会议。

会议议题：通报市十六届人大常委会第十二次会议筹备情况；研究关于市人大常委会组成人员参会期间与所在单位的工作协调问题。

市十六届人大常委会第 30 次主任会议

2004 年 7 月 5 日，市十六届人大常委会第 30 次主任会议在菏泽举行。市人大常委会第一副主任王祖和，副主任潘兴玺、朱献瑞、文廷良、郭仲生、常洪珍、潘建荣，秘书长李顺广出席会议。王祖和主持会议。

会议议题：研究提交市十六届人大常委会第十二次会议审议的有关人事任免事项；其他事项。

市十六届人大常委会第 31 次主任会议

2004 年 7 月 23 日，市十六届人大常委会第 31 次主任会议在菏泽举行。市委书记、市人大常委会主任陈光，市人大常委会第一副主任王祖和，副主任潘兴玺、范福临、朱献瑞、文廷良、郭仲生、常洪珍、汤建梅，秘书长李顺广出席会议。陈光主持会议。

会议议题：研究关于罢免李安现山东省第十届人民代表大会代表职务事宜，决定提交市十六届人大常委会第十三次会议审议表决。

市十六届人大常委会第 32 次主任会议

2004 年 7 月 29 日，市十六届人大常委会第

32 次主任会议在菏泽举行。市人大常委会第一副主任王祖和，副主任潘兴玺、范福临、朱献瑞、文廷良、郭仲生、汤建梅、潘建荣，秘书长李顺广出席会议。王祖和主持会议。

会议议题：传达市委常委会会议、全市领导干部会议和全市人才工作会议等会议精神；传达学习《中共中央转发中组部关于发展党员意见的通知》，中共中央政治局常委、国务院总理温家宝在青岛视察工作时的讲话精神和省委副书记、省纪委书记赵春兰到菏泽调研时的讲话精神等；研究安排机关学习调研、廉政建设和宣传等工作；其他事项。

市十六届人大常委会第 33 次主任会议

2004 年 8 月 24 日，市十六届人大常委会第 33 次主任会议在菏泽举行。市人大常委会第一副主任王祖和，副主任潘兴玺、范福临、朱献瑞、文廷良、郭仲生、常洪珍、汤建梅，秘书长李顺广出席会议。王祖和主持会议。

会议议题：研究确定市十六届人大常委会第十四次会议建议议程；通报人大代表推荐被评议部门情况和《菏泽市人大常委会关于评选优秀市人大代表的意见》；通报省人大关于推进生态省、市建设座谈会议精神；学习胡锦涛在邓小平同志诞辰 100 周年纪念大会上的讲话；其他事项。

市十六届人大常委会第 34 次主任会议

2004 年 9 月 7 日，市十六届人大常委会第 34 次主任会议在菏泽举行。市人大常委会第一副主任王祖和，副主任潘兴玺、范福临、郭仲生、汤建梅、潘建荣，秘书长李顺广出席会议。王祖和主持会议。

会议议题：听取关于市十六届人大常委会第十四次会议有关准备情况的汇报；安排迎接林交会有关工作；安排市人大常委会机关廉政建设工作；其他事项。

市十六届人大常委会第 35 次主任会议

2004 年 10 月 9 日，市十六届人大常委会第 35 次主任会议在菏泽举行。市人大常委会第一副主任王祖和，副主任范福临、朱献瑞、郭仲生、常洪珍、汤建梅、潘建荣，秘书长李顺广出席会议。王祖和主持会议。

会议议题：通报市委常委会会议精神；安排评议政府部门、评选优秀代表、评选“菏泽人民功臣”等工作；其他事项。

市十六届人大常委会第 36 次主任会议

2004 年 10 月 26 日，市十六届人大常委会第 36 次主任会议在菏泽举行。市人大常委会第一副主任王祖和，副主任潘兴玺、范福临、文廷良、郭仲生、常洪珍、汤建梅，秘书长李顺广出席会议。王祖和主持会议。

会议议题：研究确定市十六届人大常委会第十五次会议建议议程；研究补选市十六届人大代表有关事宜；研究人大代表评议政府有关部门事宜；其他事项。

市十六届人大常委会第 37 次主任会议

2004 年 11 月 6 日，市十六届人大常委会第 37 次主任会议在菏泽举行。市人大常委会第一副主任王祖和，副主任潘兴玺、范福临、朱献瑞、文廷良、常洪珍、汤建梅、潘建荣，秘书长李顺广出席会议。王祖和主持会议。

会议议题：研究市十六届人大常委会第十五次会议筹备事宜；其他事项。

市十六届人大常委会第 38 次主任会议

2004 年 11 月 22 日，市十六届人大常委会第 38 次主任会议在菏泽举行。市人大常委会第一副主任王祖和，副主任潘兴玺、范福临、文廷良、郭仲生、汤建梅、潘建荣，秘书长李顺广出席会议。王祖和主持会议。

会议议题：听取市人大常委会各评议调查组赴市直和县区走访调查被评议政府部门有关情况的汇报；研究代表评议工作会议有关事宜；研究关于增选代表和人事任免等事宜；其他事项。

会议决定，任命刘庆山为市人大常委会办公室老干部科科长，刘清晖为市人大常委会办公室信访室副主任科员；免去张伯元的菏泽市人大常委会办公室调研员职务。

市十六届人大常委会第39次主任会议

2004年11月29日，市十六届人大常委会第39次主任会议在菏泽举行。市人大常委会第一副主任王祖和，副主任潘兴玺、范福临、文廷良、郭仲生、常洪珍、汤建梅、潘建荣，秘书长李顺广出席会议。王祖和主持会议。

会议议题：研究市十六届人大三次会议筹备事宜；研究人大代表年终集中视察工作；其他事项。

市十六届人大常委会第40次主任会议

2004年12月3日，市十六届人大常委会第40次主任会议在菏泽举行。市人大常委会第一副主任王祖和，副主任潘兴玺、范福临、朱献瑞、文廷良、郭仲生、常洪珍、潘建荣，秘书长李顺广出席会议。王祖和主持会议。

会议议题：研究市十六届人大常委会第十六次会议筹备事宜；其他事项。

市十六届人大常委会第41次主任会议

2004年12月24日，市十六届人大常委会第41次主任会议在菏泽举行。市人大常委会第一副主任王祖和，副主任潘兴玺、范福临、朱献瑞、文廷良、郭仲生、常洪珍、汤建梅、潘建荣，秘书长李顺广出席会议。王祖和主持会议。

会议议题：研究贯彻全市经济工作会议和市委全委会会议精神；研究确定“菏泽人民功臣”正式候选人名单；讨论市人大常委会工作报告稿；研究市十六届人大三次会议筹备事宜；研究确定市十六届人大常委会第十七次会议有关事宜；其他事项。

市十六届人大常委会第42次主任会议

2005年1月31日，市十六届人大常委会第42次主任会议在菏泽举行。市人大常委会第一副主任王祖和，副主任潘兴玺、朱献瑞、文廷良、常洪珍、潘建荣，秘书长李顺广出席会议。王祖和主持会议。

会议议题：研究调整市人大常委会领导班子成员工作分工；其他事项。

市十六届人大常委会第43次主任会议

2005年2月21日，市十六届人大常委会第43次主任会议在菏泽举行。市人大常委会第一副主任王祖和，副主任潘兴玺、范福临、朱献瑞、常洪珍、潘建荣，秘书长李顺广出席会议。王祖和主持会议。

会议议题：听取关于市人大常委会2005年工作要点起草情况的汇报；听取关于市人大常委会2004年度财务收支情况的汇报；其他事项。

市十六届人大常委会第44次主任会议

2005年3月2日，市十六届人大常委会第44次主任会议在菏泽举行。市人大常委会第一副主任王祖和，副主任潘兴玺、范福临、朱献瑞、文廷良、常洪珍、潘建荣，秘书长李顺广出席会议。王祖和主持会议。

会议议题：研究确定市十六届人大常委会第十八次会议有关事宜；调度市人大常委会机关保持共产党员先进性教育活动；其他事项。

市十六届人大常委会第 45 次主任会议

2005 年 3 月 14 日，市十六届人大常委会第 45 次主任会议在菏泽举行。市人大常委会第一副主任王祖和，副主任潘兴玺、范福临、朱献瑞、文廷良、常洪珍、潘建荣，秘书长李顺广出席会议。王祖和主持会议。

会议议题：听取关于市十六届人大常委会第十八次会议筹备情况的汇报；传达市委常委会会议精神；其他事项。

市十六届人大常委会第 46 次主任会议

2005 年 4 月 27 日，市十六届人大常委会第 46 次主任会议在菏泽举行。市人大常委会第一副主任王祖和，副主任潘兴玺、范福临、朱献瑞、文廷良、常洪珍、潘建荣，秘书长李顺广出席会议。王祖和主持会议。

会议议题：传达贯彻市委十届八次全委会精神；研究市十六届人大常委会第十九次会议筹备事宜；安排做好“五一”期间机关安保和值班工作；其他事项。

市十六届人大常委会第 47 次主任会议

2005 年 5 月 8 日，市十六届人大常委会第 47 次主任会议在菏泽举行。市人大常委会第一副主任王祖和，副主任潘兴玺、范福临、朱献瑞、文廷良、常洪珍、潘建荣，秘书长李顺广出席会议。王祖和主持会议。

会议议题：研究确定市十六届人大常委会第十九次会议有关事宜；研究安排市人大常委会机关保持共产党员先进性教育活动；研究安排 2005 年度市人大常委会各位主任和各委室调研课题；其他事项。

市十六届人大常委会第 48 次主任会议

2005 年 5 月 19 日，市十六届人大常委会第 48 次主任会议在菏泽举行。市人大常委会第一副主任王祖和，副主任潘兴玺、范福临、朱献瑞、文廷良、常洪珍、汤建梅、潘建荣，秘书长李顺广出席会议。王祖和主持会议。

会议议题：研究讨论市人大常委会机关保持共产党员先进性教育活动查摆问题整改方案；其他事项。

市十六届人大常委会第 49 次主任会议

2005 年 6 月 22 日，市十六届人大常委会第 49 次主任会议在菏泽举行。市人大常委会第一副主任王祖和，副主任潘兴玺、范福临、朱献瑞、常洪珍、潘建荣，秘书长李顺广出席会议。王祖和主持会议。

会议议题：研究菏泽市与韩国金浦市缔结友好城市关系事宜；研究市人大常委会信访机构升格事宜；其他事项。

市十六届人大常委会第 50 次主任会议

2005 年 7 月 7 日，市十六届人大常委会第 50 次主任会议在菏泽举行。市人大常委会第一副主任王祖和，副主任潘兴玺、范福临、朱献瑞、文廷良、常洪珍、汤建梅，秘书长李顺广出席会议。王祖和主持会议。

会议议题：研究确定市十六届人大常委会第二十次会议有关事宜；研究有关人事任免事项；通报菏泽代表团出访韩国有关情况；其他事项。

市十六届人大常委会第 51 次主任会议

2005 年 7 月 27 日，市十六届人大常委会第 51 次主任会议在菏泽举行。市人大常委会第一副主任王祖和，副主任潘兴玺、范福临、文廷良、汤建梅、潘建荣，秘书长李顺广出席会议。王祖和主持会议。

会议议题：研究提交省人大常委会读书班的几个建议；研究关于调研、保持共产党员先进性教育活动、建设节约型机关、规范常委会视察和执法检查活动等工作；其他事项。

市十六届人大常委会第 52 次主任会议

2005 年 9 月 6 日，市十六届人大常委会第 52 次主任会议在菏泽举行。市人大常委会第一副主任王祖和，副主任潘兴玺、朱献瑞、文廷良、汤建梅、潘建荣，秘书长李顺广出席会议。王祖和主持会议。

会议议题：传达学习全省人大工作会议精神；研究确定市十六届人大常委会第二十一次会议有关事宜；研究对市政府部分组成人员进行述职评议有关事宜；其他事项。

市十六届人大常委会第 53 次主任会议

2005 年 9 月 28 日，市十六届人大常委会第 53 次主任会议在菏泽举行。市人大常委会第一副主任王祖和，副主任潘兴玺、朱献瑞、文廷良、常洪珍，秘书长李顺广出席会议。王祖和主持会议。

会议议题：通报市委关于市人大常委会机关干部任免的文件精神；其他事项。

市十六届人大常委会第 54 次主任会议

2005 年 11 月 2 日，市十六届人大常委会第 54 次主任会议在菏泽举行。市人大常委会第一副主任王祖和，副主任潘兴玺、朱献瑞、文廷良、常洪珍、汤建梅，秘书长李顺广出席会议。王祖和主持会议。

会议议题：传达学习市委十届九次全委会精神；传达学习全市人大工作会议精神；研究确定市十六届人大常委会第二十二次会议有关事宜；其他事项。

市十六届人大常委会第 55 次主任会议

2005 年 12 月 22 日，市十六届人大常委会第 55 次主任会议在菏泽举行。市人大常委会副主任潘兴玺、范福临、朱献瑞、文廷良、常洪珍、潘建荣，秘书长李顺广出席会议。潘兴玺主持会议。

会议议题：研究确定市十六届人大常委会第二十三次会议有关事宜；研究确定市十六届人大四次会议有关事宜；研究有关人事任免事项；其他事项。

市十六届人大常委会第 56 次主任会议

2006 年 1 月 9 日，市十六届人大常委会第 56 次主任会议在菏泽举行。市委书记、市人大常委会主任陈光，市人大常委会副主任潘兴玺、朱献瑞、文廷良、常洪珍、汤建梅、潘建荣，秘书长李顺广出席会议。市人大常委会党组副书记贾凤英列席会议。陈光主持会议。

会议议题：通报省委、市委关于市人大常委会有关人员的调整情况；研究补选部分市人大代表事宜；通过市十六届人大四次会议主席团组成人员建议范围和秘书长建议人选；研究市十六届人大四次会议筹备事宜；其他事项。

市十六届人大常委会第 57 次主任会议

2006 年 1 月 21 日，市十六届人大常委会第 57 次主任会议在菏泽举行。市人大常委会副主任潘兴玺、范福临、朱献瑞、文廷良、常洪珍、潘建荣，秘书长李顺广出席会议。市人大常委会党组副书记贾凤英列席会议。潘兴玺主持会议。

会议议题：研究确定市十六届人大常委会第二十四次会议有关事宜；其他事项。

会议确定市十六届人大常委会第二十四次会议于 2006 年 1 月 23 日在牡丹大酒店举行。

市十六届人大常委会第 58 次主任会议

2006 年 1 月 22 日，市十六届人大常委会第 58 次主任会议在菏泽举行。市人大常委会副主任潘兴玺、范福临、朱献瑞、文廷良、常洪珍、潘建荣，秘书长李顺广出席会议。市人大常委会党组副书记贾凤英列席会议。潘兴玺主持会议。

会议议题：研究有关人事任免事项；其他事项。

市十六届人大常委会第59次主任会议

2006年2月10日，市十六届人大常委会第59次主任会议在菏泽举行。市委书记、市人大常委会主任陈光，市人大常委会第一副主任贾凤英，副主任朱献瑞、文廷良、常洪珍、汤建梅、刘金俊、张秀长、李玉华，秘书长马春田出席会议。陈光主持会议。

会议议题：通报市委研究的有关人事任免事项，同意提交市十六届人大常委会第二十五次会议审议表决；听取市人民检察院关于提请许可逮捕市人大代表李峰志的报告，确定提交市十六届人大常委会第二十五次会议审议表决；其他事项。

市十六届人大常委会第60次主任会议

2006年2月24日，市十六届人大常委会第60次主任会议在菏泽举行。市人大常委会第一副主任贾凤英，副主任朱献瑞、文廷良、常洪珍、汤建梅、邵好学、刘金俊、张秀长、李玉华，秘书长马春田出席会议。贾凤英主持会议。

会议议题：研究市人大常委会2006年工作要点；传达市纪委第五次全委会暨党风廉政建设工作会议精神；研究通过市人大常委会机关车辆使用管理暂行办法；其他事项。

会议确定市十六届人大常委会第二十六次会议于2006年3月2日在菏泽举行。

市十六届人大常委会第61次主任会议

2006年3月2日，市十六届人大常委会第61次主任会议在菏泽举行。市人大常委会第一副主任贾凤英，副主任朱献瑞、文廷良、常洪珍、邵好学、刘金俊、李玉华，秘书长马春田出席会议。贾凤英主持会议。

会议议题：听取市委组织部关于人事任免事项的介绍，同意提交市十六届人大常委会第二十六次会议审议表决；研究确定市十六届人大常委会第二十六次会议建议议程；其他事项。

市十六届人大常委会第62次主任会议

2006年4月3日，市十六届人大常委会第62次主任会议在菏泽举行。市人大常委会第一副主任贾凤英，副主任朱献瑞、文廷良、常洪珍、汤建梅、邵好学、刘金俊、张秀长、李玉华，秘书长马春田出席会议。贾凤英主持会议。

会议议题：研究确定提交市十六届人大常委会第二十七次会议审议表决的有关人事任免事项；传达学习十届全国人大四次会议精神；传达学习省十届人大常委会第十九次会议精神；研究确定市十六届人大常委会第二十七次会议有关事宜；研究人口与计划生育法贯彻实施情况视察方案；研究市人大常委会各委室2006年调研课题、关于进一步规范接待工作的意见等；其他事项。

市十六届人大常委会第63次主任会议

2006年4月10日，市十六届人大常委会第63次主任会议在菏泽举行。市人大常委会第一副主任贾凤英，副主任朱献瑞、文廷良、常洪珍、汤建梅、邵好学、刘金俊、张秀长、李玉华，秘书长马春田出席会议。贾凤英主持会议。

会议议题：研究有关人事任免事项；其他事项。

市十六届人大常委会第64次主任会议

2006年4月24日，市十六届人大常委会第64次主任会议在菏泽举行。市人大常委会第一副主任贾凤英，副主任朱献瑞、文廷良、常洪珍、汤建梅、邵好学、刘金俊、李玉华，秘书长马春田出席会议。贾凤英主持会议。

会议议题：研究市十六届人大五次会议有关事宜；研究市人大常委会有关人事任免事项；听取市人大常委会秘书长马春田关于对人口与计划生育法贯彻实施情况视察准备工作的汇报；其他事项。

市十六届人大常委会第 65 次主任会议

2006 年 5 月 8 日，市十六届人大常委会第 65 次主任会议在菏泽举行。市委书记、市人大常委会主任陈光，市人大常委会第一副主任贾凤英，副主任朱献瑞、文廷良、常洪珍、汤建梅、邵好学、刘金俊、张秀长、李玉华，秘书长马春田出席会议。陈光主持会议。

会议议题：研究确定市十六届人大常委会第二十八次会议有关事宜；其他事项。

市十六届人大常委会第 66 次主任会议

2006 年 6 月 14 日，市十六届人大常委会第 66 次主任会议在菏泽举行。市人大常委会第一副主任贾凤英，副主任朱献瑞、文廷良、常洪珍、汤建梅、邵好学、刘金俊、张秀长，秘书长马春田出席会议。贾凤英主持会议。

会议议题：传达学习市委常委会扩大会议精神；传达学习全国人大常委会、省人大常委会关于《中华人民共和国监督法（草案）》修改稿座谈会精神；研究确定市十六届人大常委会第二十九次会议有关事宜；其他事项。

会议确定市十六届人大常委会第二十九次会议于 2006 年 6 月 20 日在牡丹大酒店举行。

市十六届人大常委会第 67 次主任会议

2006 年 7 月 20 日，市十六届人大常委会第 67 次主任会议在菏泽举行。市人大常委会第一副主任贾凤英，副主任朱献瑞、文廷良、常洪珍、汤建梅、邵好学、刘金俊、张秀长、李玉华，秘书长马春田出席会议。贾凤英主持会议。

会议议题：传达学习中共山东省委关于认真学习贯彻胡锦涛总书记重要批示的通知和市委书记陈光在市委常委会扩大会议上的讲话精神等；传达学习全省人大代表工作会议精神；研究确定市人大常委会 2006 年工作评议实施方案；审议市政府关于授予金惠星女士为“菏泽市荣誉市民”的议案，同意提交市十六届人大常委会第三十次会议审议；其他事项。

会议审议通过《关于评选市人大代表优秀建议、批评和意见的办法》《关于进一步加强和改进人大代表工作的意见》。

市十六届人大常委会第 68 次主任会议

2006 年 8 月 17 日，市十六届人大常委会第 68 次主任会议在菏泽举行。市人大常委会第一副主任贾凤英，副主任朱献瑞、文廷良、常洪珍、邵好学、刘金俊、李玉华，秘书长马春田出席会议。贾凤英主持会议。

会议议题：传达学习省委办公厅关于印发省委书记、省人大常委会主任张高丽关于当前工作三点意见的通知精神；听取关于对市政府 6 个部门进行工作评议进展情况的汇报；听取关于提请审议菏泽市与乌拉圭黑河省弗莱宾多市缔结友好城市议案的汇报；研究确定市十六届人大常委会第三十次会议有关事宜；其他事项。

会议确定市十六届人大常委会第三十次会议于 2006 年 8 月 23 日在牡丹大酒店举行。

市十六届人大常委会第 69 次主任会议

2006 年 10 月 12 日，市十六届人大常委会第 69 次主任会议在菏泽举行。市人大常委会第一副主任贾凤英，副主任朱献瑞、文廷良、常洪珍、汤建梅、邵好学、刘金俊、李玉华，秘书长马春田出席会议。贾凤英主持会议。

会议议题：学习党的十六届六中全会公报；研究确定市人大常委会关于对义务教育法贯彻实施情况的视察方案；研究确定市十六届人大常委会第三十一次会议有关事宜；研究有关人事任免事项；研究关于终止柴洪涛市十六届人大代表职务、接受军转干部张保敏到市人大常委会机关工作、评选“菏泽人民功臣”等事宜；其他事项。

会议确定市十六届人大常委会第三十一次会议于2006年10月26日在牡丹大酒店举行。

市十六届人大常委会第70次主任会议

2006年10月24日，市十六届人大常委会第70次主任会议在菏泽举行。市人大常委会第一副主任贾凤英，副主任朱献瑞、文廷良、常洪珍、汤建梅、邵好学、刘金俊、李玉华，秘书长马春田出席会议。贾凤英主持会议。

会议议题：研究确定市十六届人大常委会第三十二次会议有关事宜；其他事项。

市十六届人大常委会第71次主任会议

2006年11月17日，市十六届人大常委会第71次主任会议在菏泽举行。市人大常委会第一副主任贾凤英，副主任朱献瑞、文廷良、常洪珍、邵好学、刘金俊、李玉华，秘书长马春田出席会议。贾凤英主持会议。

会议议题：研究有关人事任免事项；研究市十六届人大常委会第三十三次会议有关事宜；研究人大代表年终集中视察有关事宜；研究关于市人大常委会机关车辆管理、公务接待、常委会组成人员联系代表等事项；其他事项。

会议决定，任命张中华为市人大常委会办公室秘书科科长，张保敏为市人大常委会人代室副主任科员。

市十六届人大常委会第72次主任会议

2006年11月28日，市十六届人大常委会第72次主任会议在菏泽举行。市人大常委会第一副主任贾凤英，副主任朱献瑞、文廷良、常洪珍、汤建梅、邵好学，秘书长马春田出席会议。贾凤英主持会议。

会议议题：传达学习省委书记张高丽、省长韩寓群在加快菏泽发展第二次现场会上的讲话精神和市委书记陈光在市委常委会会议上的讲话精神；研究讨论《贯彻实施监督法的若干意见（征求意见稿）》；研究有关人事任免事项，同意提交市十六届人大常委会第三十三次会议审议表决。

市十六届人大常委会第73次主任会议

2006年12月26日，市十六届人大常委会第73次主任会议在菏泽举行。市人大常委会第一副主任贾凤英，副主任朱献瑞、常洪珍、邵好学、刘金俊、张秀长、李玉华，秘书长马春田出席会议。贾凤英主持会议。

会议议题：传达学习市委常委会扩大会议精神；研究召开市十六届人大常委会第三十四次会议和市十六届人大六次会议有关事宜；传达学习全省人大代表小组建设观摩会议精神；其他事项。

市十六届人大常委会第74次主任会议

2007年1月8日，市十六届人大常委会第74次主任会议在菏泽举行。市人大常委会第一副主任贾凤英，副主任朱献瑞、文廷良、常洪珍、汤建梅、邵好学、刘金俊、张秀长、李玉华，秘书长马春田出席会议。贾凤英主持会议。

会议议题：研究有关人事任免事项；研究召开市十六届人大六次会议有关事宜；研究通过市人大常委会2007年工作要点（草案），决定提交市十六届人大常委会第三十四次会议审议；研究确定市十六届人大常委会第三十四次会议建议议程；研究通过市政府关于综合开发牡丹区18万亩优质小麦生产基地建设项目的议案，决定提交市十六届人大常委会第三十四次会议审议；其他事项。

市十六届人大常委会第 75 次主任会议

2007 年 1 月 17 日，市十六届人大常委会第 75 次主任会议在菏泽举行。市人大常委会第一副主任贾凤英，副主任朱献瑞、文廷良、常洪珍、汤建梅、刘金俊、李玉华，秘书长马春田出席会议。贾凤英主持会议。

会议议题：听取关于市十六届人大六次会议筹备情况的汇报；研究评选“菏泽人民功臣”有关事宜；其他事项。

市十六届人大常委会第 76 次主任会议

2007 年 2 月 5 日，市十六届人大常委会第 76 次主任会议在菏泽举行。市人大常委会第一副主任贾凤英，副主任常洪珍、汤建梅、邵好学、刘金俊、张秀长、李玉华，副主任兼秘书长马春田，副主任彭靖华出席会议。贾凤英主持会议。

会议议题：研究市人大常委会领导班子成员工作分工；通报林展馆有关情况；传达学习省委关于加强干部作风建设的若干意见；其他事项。

市十六届人大常委会第 77 次主任会议

2007 年 2 月 27 日，市十六届人大常委会第 77 次主任会议在菏泽举行。市人大常委会第一副主任贾凤英，副主任常洪珍、汤建梅、邵好学、刘金俊、李玉华，副主任兼秘书长马春田，副主任彭靖华出席会议。贾凤英主持会议。

会议议题：传达学习省十届人大五次会议精神；研究提交市十六届人大常委会第三十五次会议审议的有关人事任免事项；研究关于菏泽市与美国亚拉巴马州莫比尔市缔结友好城市事宜；研究确定市十六届人大常委会第三十五次会议有关事宜；其他事项。

市十六届人大常委会第 78 次主任会议

2007 年 3 月 19 日，市十六届人大常委会第 78 次主任会议在菏泽举行。市人大常委会第一副主任贾凤英，副主任常洪珍、汤建梅、邵好学、刘金俊、张秀长，副主任兼秘书长马春田出席会议。贾凤英主持会议。

会议议题：传达学习十届全国人大五次会议精神；研究关于菏泽市与黑龙江省牡丹江市缔结友好城市有关事宜；听取关于机关财务、接待工作情况的汇报；研究有关人事调整事项；听取关于 2006 年度机关考核方案有关情况的说明；研究在菏泽召开全省人大教科文卫工作座谈会有关事宜；其他事项。

会议决定，任命王海涔为市人大常委会办公室老干部科副科长，孔祥伟到信访室工作。

市十六届人大常委会第 79 次主任会议

2007 年 5 月 11 日，市十六届人大常委会第 79 次主任会议在菏泽举行。市人大常委会第一副主任贾凤英，副主任常洪珍、邵好学、刘金俊、张秀长、李玉华，副主任兼秘书长马春田出席会议。贾凤英主持会议。

会议议题：研究菏泽市与巴西巴拉那州哥伦布市缔结友好城市事宜；研究通过《关于表彰优秀市人大代表、先进市人大代表小组、代表工作先进个人和先进单位的决定》；研究通过市人大常委会各委室 2007 年调研课题；研究确定市十六届人大常委会第三十六次会议有关事宜；其他事项。

市十六届人大常委会第 80 次主任会议

2007 年 5 月 21 日，市十六届人大常委会第 80 次主任会议在菏泽举行。市人大常委会第一副主任贾凤英，副主任常洪珍、汤建梅、刘金俊、张秀长、李玉华，副主任兼秘书长马春田出席会议。贾凤英主持会议。

会议议题：研究同意关于将许素洋任菏泽市人大常委会副秘书长的议案提交市十六届人大常委会第三十六次会议审议表决。

市十六届人大常委会第 81 次主任会议

2007 年 7 月 6 日，市十六届人大常委会第 81 次主任会议在菏泽举行。市人大常委会第一副主任贾凤英，副主任常洪珍、刘金俊、张秀长、李玉华，副主任兼秘书长马春田，副主任彭靖华出席会议。贾凤英主持会议。

会议议题：听取有关人事任免事项的汇报，同意提交市十六届人大常委会第三十七次会议审议表决；研究确定市十六届人大常委会第三十七次会议有关事宜；研究通过防洪法执法检查实施方案；研究通过关于人大代表专题调研的意见；其他事项。

市十六届人大常委会第 82 次主任会议

2007 年 7 月 27 日，市十六届人大常委会第 82 次主任会议在菏泽举行。市人大常委会第一副主任贾凤英，副主任常洪珍、汤建梅、邵好学、刘金俊、张秀长、李玉华，副主任兼秘书长马春田，副主任彭靖华出席会议。贾凤英主持会议。

会议议题：传达学习省委书记李建国在全省领导干部会议上的讲话精神；传达学习省十届人大常委会第二十九次会议精神；研究通过市十六届人大常委会第三十七次会议有关事宜；其他事项。

市十六届人大常委会第 83 次主任会议

2007 年 8 月 8 日，市十六届人大常委会第 83 次主任会议在菏泽举行。市人大常委会第一副主任贾凤英，副主任常洪珍、汤建梅、刘金俊、张秀长、李玉华，副主任兼秘书长马春田，副主任彭靖华出席会议。贾凤英主持会议。

会议议题：传达学习全省人大换届选举工作会议精神，研究通过关于做好全市县乡两级人大换届选举有关工作的意见；听取市旅游局关于《菏泽市旅游产业发展总体规划（草案）》的说明，决定将规划草案提交市十六届人大常委会第三十八次会议审议；研究确定市十六届人大常委会第三十八次会议有关事宜；其他事项。

市十六届人大常委会第 84 次主任会议

2007 年 9 月 10 日，市十六届人大常委会第 84 次主任会议在菏泽举行。市人大常委会第一副主任贾凤英，副主任常洪珍、汤建梅、刘金俊、李玉华，副主任兼秘书长马春田，副主任彭靖华出席会议。贾凤英主持会议。

会议议题：研究关于菏泽市第十七届人民代表大会代表选举问题的议案（草案），同意提交市十六届人大常委会第三十九次会议审议表决；讨论研究《菏泽市人大常委会关于进一步加强和改进信访工作的意见（草案）》《菏泽市人大常委会信访工作考核办法（草案）》《菏泽市人大常委会信访督办工作办法（草案）》，同意提交市人大常委会会议审议表决；讨论研究《关于〈菏泽市人大常委会关于对司法机关个案监督的暂行办法〉废止案》，同意提交市十六届人大常委会第三十九次会议审议表决；研究确定市十六届人大常委会第三十九次会议有关事宜；其他事项。

市十六届人大常委会第 85 次主任会议

2007 年 11 月 13 日，市十六届人大常委会第 85 次主任会议在菏泽举行。市人大常委会第一副主任贾凤英，副主任汤建梅、刘金俊、张秀长、李玉华，副主任兼秘书长马春田，副主任彭靖华出席会议。贾凤英主持会议。

会议议题：听取市中级人民法院关于提请任免审判人员职务的汇报；传达学习省九届人大二次会议和市委常委会会议精神；研究市十六届人

大常委会第四十次会议有关事宜；其他事项。

市十六届人大常委会第 86 次主任会议

2007 年 12 月 21 日，市十六届人大常委会第 86 次主任会议在菏泽举行。市人大常委会第一副主任贾凤英，副主任汤建梅、邵好学、刘金俊、李玉华，副主任兼秘书长马春田，副主任彭靖华出席会议。贾凤英主持会议。

会议议题：研究确定市十六届人大常委会第四十一次会议建议议程；听取市十七届人大一次会议筹备情况的汇报；其他事项。

第三节　第十七届人大常委会历次主任会议

市十七届人大常委会第 1 次主任会议

2008 年 2 月 15 日，市十七届人大常委会第 1 次主任会议在菏泽举行，市人大常委会第一副主任杨永昌，副主任汤建梅、邵好学、刘金俊、李玉华、马春田、彭靖华出席会议。杨永昌主持会议。

会议议题：研究市人大常委会 2008 年工作计划（建议稿），同意提交市十七届人大常委会第一次会议审议；研究召开全市人大工作会议有关事宜；研究确定市十七届人大常委会第一次会议有关事宜；研究市人大常委会机关学习计划和争先创优计划；研究市人大常委会 2008 年度调研计划；其他事项。

市十七届人大常委会第 2 次主任会议

2008 年 2 月 20 日，市十七届人大常委会第 2 次主任会议在菏泽举行。市人大常委会第一副主任杨永昌，副主任汤建梅、邵好学、刘金俊、李玉华、彭靖华出席会议。杨永昌主持会议。

会议议题：传达学习赵润田关于对市人大常委会党组《关于召开市十七届人大常委会第一次会议及有关工作的请示》的批示精神；研究完善市人大常委会 2008 年视察、听取专项工作报告、执法检查、调研工作计划；研究制定市人大常委会开展视察、工作评议等有关规定；其他事项。

市十七届人大常委会第 3 次主任会议

2008 年 2 月 26 日，市十七届人大常委会第 3 次主任会议在菏泽举行。市人大常委会第一副主任杨永昌，副主任汤建梅、邵好学、刘金俊、李玉华、马春田、彭靖华出席会议。杨永昌主持会议。

会议议题：传达学习市委常委会会议精神；听取市十七届人大常委会第一次会议筹备情况的汇报；其他事项。

市十七届人大常委会第 4 次主任会议

2008 年 2 月 29 日，市十七届人大常委会第 4 次主任会议在菏泽举行。市人大常委会第一副主任杨永昌，副主任汤建梅、邵好学、刘金俊、李玉华、马春田、彭靖华出席会议。杨永昌主持会议。

会议议题：听取有关人事任免事项的汇报，同意提交市十七届人大常委会第一次会议审议表决；其他事项。

市十七届人大常委会第 5 次主任会议

2008 年 3 月 5 日，市十七届人大常委会第 5 次主任会议在菏泽举行。市人大常委会第一副主任杨永昌，副主任邵好学、刘金俊、李玉华、马春田、彭靖华，秘书长赵普出席会议。杨永昌主持会议。

会议议题：传达学习市委十一届三次全委会精神；听取市人大常委会各委室工作汇报；安排部署常委会及机关重点工作；其他事项。

市十七届人大常委会第 6 次主任会议

2008 年 3 月 20 日，市十七届人大常委会第

6 次主任会议在菏泽举行。市人大常委会第一副主任杨永昌，副主任汤建梅、邵好学、刘金俊、李玉华、马春田、彭靖华，秘书长赵普出席会议。杨永昌主持会议。

会议议题：传达学习十一届全国人大一次会议精神；研究安排“四型”机关建设、争先创优、全市人大工作会议筹备等重点工作；其他事项。

市十七届人大常委会第 7 次主任会议

2008 年 4 月 7 日，市十七届人大常委会第 7 次主任会议在菏泽举行。市人大常委会第一副主任杨永昌，副主任邵好学、刘金俊、马春田、彭靖华出席会议。杨永昌主持会议。

会议议题：听取各委室 3 月工作完成情况和 4 月工作安排汇报；研究市人大常委会制度修订工作；研究人大信访、刊物编印等工作；其他事项。

市十七届人大常委会第 8 次主任会议

2008 年 4 月 18 日，市十七届人大常委会第 8 次主任会议在菏泽举行。市人大常委会第一副主任杨永昌，副主任邵好学、刘金俊、李玉华、马春田、彭靖华，秘书长赵普出席会议。杨永昌主持会议。

会议议题：研究确定市十七届人大常委会第二次会议有关事宜；讨论修改全市人大工作会议领导讲话稿；研究安排市人大常委会工作制度汇编；其他事项。

市十七届人大常委会第 9 次主任会议

2008 年 5 月 4 日，市十七届人大常委会第 9 次主任会议在菏泽举行。市人大常委会第一副主任杨永昌，副主任邵好学、刘金俊、李玉华、马春田、彭靖华，秘书长赵普出席会议。杨永昌主持会议。

会议议题：听取各委室 4 月工作完成情况和 5 月工作安排汇报；其他事项。

市十七届人大常委会第 10 次主任会议

2008 年 5 月 12 日，市十七届人大常委会第 10 次主任会议在菏泽举行。市人大常委会第一副主任杨永昌，副主任邵好学、刘金俊、李玉华、彭靖华出席会议。杨永昌主持会议。

会议议题：研究确定全市县区人大工作现场会有关事宜；研究对土地管理法、水污染防治法、水法贯彻实施情况进行视察的有关事宜；听取关于全省各市人大常委会秘书长工作会议精神汇报；其他事项。

市十七届人大常委会第 11 次主任会议

2008 年 5 月 26 日，市十七届人大常委会第 11 次主任会议在菏泽举行。市人大常委会第一副主任杨永昌，副主任邵好学、刘金俊、彭靖华出席会议。杨永昌主持会议。

会议议题：研究修改关于对市政府贯彻实施土地管理法、水污染防治法、水法情况的视察反馈意见；其他事项。

市十七届人大常委会第 12 次主任会议

2008 年 6 月 2 日，市十七届人大常委会第 12 次主任会议在菏泽举行。市人大常委会第一副主任杨永昌，副主任邵好学、刘金俊、李玉华、马春田、彭靖华出席会议。杨永昌主持会议。

会议议题：听取各委室 5 月工作完成情况和 6 月工作安排汇报，安排常委会及机关 6 月重点工作；其他事项。

市十七届人大常委会第 13 次主任会议

2008 年 6 月 10 日，市十七届人大常委会第 13 次主任会议在菏泽举行。市人大常委会第一副主任杨永昌，副主任刘金俊、李玉华、马春田、彭靖华出席会议。杨永昌主持会议。

会议议题：研究确定市十七届人大常委会第三次会议有关事宜；研究确定召开全市人大增强

工作实效汇报会有关事宜；研究围绕抗震救灾、发挥代表作用筹备相关活动；安排部署常委会2008年上半年工作总结；研究推进石化基地建设有关工作；其他事项。

市十七届人大常委会第14次主任会议

2008年6月30日，市十七届人大常委会第14次主任会议在菏泽举行。市人大常委会第一副主任杨永昌，副主任邵好学、刘金俊、李玉华、马春田、彭靖华出席会议。杨永昌主持会议。

会议议题：听取各委室6月工作完成情况和7月工作安排汇报；研究关于开展人大代表建功立业活动的实施方案；其他事项。

市十七届人大常委会第15次主任会议

2008年7月16日，市十七届人大常委会第15次主任会议在菏泽举行。市人大常委会副主任汤建梅、邵好学、刘金俊、李玉华、马春田出席会议。邵好学主持会议。

会议议题：研究市十七届人大常委会第四次会议有关事宜；研究市十七届人大二次会议有关事宜；其他事项。

市十七届人大常委会第16次主任会议

2008年8月4日，市十七届人大常委会第16次主任会议在菏泽举行。市人大常委会第一副主任杨永昌，副主任汤建梅、邵好学、刘金俊、李玉华、马春田、彭靖华，秘书长赵普出席会议。杨永昌主持会议。

会议议题：传达学习省委工作会议、全省人大工作会议、市委十一届四次全委会精神；听取各委室7月工作完成情况汇报，安排部署常委会及机关8月重点工作；其他事项。

市十七届人大常委会第17次主任会议

2008年8月18日，市十七届人大常委会第17次主任会议在菏泽举行。市人大常委会第一副主任杨永昌，副主任汤建梅、刘金俊、李玉华、马春田、彭靖华出席会议。杨永昌主持会议。

会议议题：研究市十七届人大常委会第五次会议有关事宜；其他事项。

市十七届人大常委会第18次主任会议

2008年8月26日，市十七届人大常委会第18次主任会议在菏泽举行。市人大常委会第一副主任杨永昌，副主任邵好学、刘金俊、李玉华、彭靖华，秘书长赵普出席会议。杨永昌主持会议。

会议议题：研究确定市十七届人大常委会第五次会议有关事宜；研究市人大常委会机关工作若干运行机制和工作制度；其他事项。

市十七届人大常委会第19次主任会议

2008年9月1日，市十七届人大常委会第19次主任会议在菏泽举行。市人大常委会第一副主任杨永昌，副主任邵好学、刘金俊、李玉华、马春田、彭靖华出席会议。杨永昌主持会议。

会议议题：听取各委室8月工作完成情况汇报，安排部署常委会及机关9月重点工作；研究讨论市人大常委会第一副主任杨永昌在全市人大阶段性工作会议上的讲话稿；其他事项。

市十七届人大常委会第20次主任会议

2008年9月16日，市十七届人大常委会第20次主任会议在菏泽举行。市人大常委会第一副主任杨永昌，副主任汤建梅、邵好学、刘金俊、李玉华、马春田、彭靖华，秘书长赵普出席会议。杨永昌主持会议。

会议议题：研究通过市人大常委会及机关工作制度；听取财经委关于视察节能降耗、工业和基础设施大项目工作情况的汇报；听取关于市政府贯彻市人大常委会对土地管理法、水污染防治法、水法视察反馈意见回查情况的汇报；其他事项。

市十七届人大常委会第 21 次主任会议

2008 年 10 月 13 日，市十七届人大常委会第 21 次主任会议在菏泽举行。市人大常委会第一副主任杨永昌，副主任邵好学、刘金俊、李玉华、马春田、彭靖华，秘书长赵普出席会议。杨永昌主持会议。

会议议题：传达学习市委书记、市人大常委会主任赵润田在全市领导干部会议上的讲话精神；听取各委室 9 月工作完成情况和 10 月工作安排汇报；研究市十七届人大常委会第六次会议有关事宜；其他事项。

市十七届人大常委会第 22 次主任会议

2008 年 11 月 3 日，市十七届人大常委会第 22 次主任会议在菏泽举行。市人大常委会第一副主任杨永昌，副主任汤建梅、邵好学、刘金俊、李玉华、马春田，秘书长赵普出席会议。杨永昌主持会议。

会议议题：传达学习全市大项目建设观摩会议精神；听取各委室 10 月工作完成情况和 11 月工作安排汇报，安排部署常委会及机关 11 月重点工作；其他事项。

市十七届人大常委会第 23 次主任会议

2008 年 11 月 24 日，市十七届人大常委会第 23 次主任会议在菏泽举行。市人大常委会第一副主任杨永昌，副主任汤建梅、邵好学、李玉华、马春田，秘书长赵普出席会议。杨永昌主持会议。

会议议题：听取关于市十七届人大三次会议筹备方案的汇报；听取关于市人大常委会工作报告起草思路的汇报；听取关于市人大常委会 2009 年工作思路的汇报；听取关于人大代表集中视察和代表建功立业现场观摩活动方案的汇报；听取关于菏泽市人大常委会代表建功立业活动评选办法的汇报；其他事项。

市十七届人大常委会第 24 次主任会议

2008 年 12 月 3 日，市十七届人大常委会第 24 次主任会议在菏泽举行。市人大常委会第一副主任杨永昌，副主任汤建梅、邵好学、刘金俊、李玉华、马春田、彭靖华，秘书长赵普出席会议。杨永昌主持会议。

会议议题：传达学习市直县级领导班子和领导干部年度考察工作动员会精神；研究确定提交市十七届人大常委会第七次会议审议表决的有关人事任免事项；听取各委室 11 月工作完成情况和 12 月工作安排汇报，安排部署常委会及机关 12 月重点工作；其他事项。

市十七届人大常委会第 25 次主任会议

2008 年 12 月 26 日，市十七届人大常委会第 25 次主任会议在菏泽举行。市人大常委会第一副主任杨永昌，副主任邵好学、刘金俊、李玉华、马春田、彭靖华出席会议。杨永昌主持会议。

会议议题：研究安排市人代会筹备、组织人大代表年终观摩等工作；其他事项。

市十七届人大常委会第 26 次主任会议

2008 年 12 月 31 日，市十七届人大常委会第 26 次主任会议在菏泽举行。市人大常委会第一副主任杨永昌，副主任邵好学、刘金俊、马春田、彭靖华出席会议。杨永昌主持会议。

会议议题：研究市人大常委会 2009 年工作思路和工作计划；其他事项。

市十七届人大常委会第 27 次主任会议

2009 年 1 月 12 日，市十七届人大常委会第 27 次主任会议在菏泽举行。市人大常委会第一副主任杨永昌，副主任汤建梅、邵好学、刘金俊、

李玉华、马春田、彭靖华，秘书长赵普出席会议。杨永昌主持会议。

会议议题：研究通过市人大常委会2008年工作总结；研究市人大常委会2009年工作计划；通报市委关于召开市十七届人大三次会议及补选人大代表的意见；研究确定市十七届人大常委会第八次会议有关事宜；其他事项。

市十七届人大常委会第28次主任会议

2009年2月2日，市十七届人大常委会第28次主任会议在菏泽举行。市人大常委会第一副主任杨永昌，副主任汤建梅、邵好学、刘金俊、李玉华、马春田、彭靖华，秘书长赵普出席会议。杨永昌主持会议。

会议议题：听取各委室2月工作安排汇报，安排常委会及机关2月重点工作；通报市十七届人大三次会议筹备情况；其他事项。

市十七届人大常委会第29次主任会议

2009年2月11日，市十七届人大常委会第29次主任会议在菏泽举行。市人大常委会第一副主任杨永昌，副主任邵好学、李玉华、马春田、彭靖华，秘书长赵普出席会议。杨永昌主持会议。

会议议题：研究市十七届人大常委会第九次会议筹备有关事宜；研究市十七届人大三次会议有关事宜；研究关于加强机关建设有关事宜；其他事项。

市十七届人大常委会第30次主任会议

2009年3月16日，市十七届人大常委会第30次主任会议在菏泽举行。市人大常委会第一副主任杨永昌，副主任汤建梅、邵好学、刘金俊、李玉华、马春田、彭靖华，秘书长赵普出席会议。杨永昌主持会议。

会议议题：听取各委室2月工作完成情况和3月工作安排汇报，安排常委会及机关3月重点工作；其他事项。

市十七届人大常委会第31次主任会议

2009年4月3日，市十七届人大常委会第31次主任会议在菏泽举行。市人大常委会第一副主任杨永昌，副主任汤建梅、邵好学、刘金俊、李玉华、马春田、彭靖华，秘书长赵普出席会议。杨永昌主持会议。

会议议题：研究确定提交市十七届人大常委会第十次会议审议表决的有关人事任免事项；听取市外侨办代表市政府作的关于菏泽市与美国路易斯安那州巴吞鲁日市缔结友好城市关系议案的说明，同意将该议案提交市十七届人大常委会第十次会议审议表决；研究确定市十七届人大常委会第十次会议有关事宜；听取各委室3月工作完成情况和4月工作安排汇报；其他事项。

市十七届人大常委会第32次主任会议

2009年5月4日，市十七届人大常委会第32次主任会议在菏泽举行。市人大常委会第一副主任杨永昌，副主任汤建梅、邵好学、刘金俊、李玉华、马春田、彭靖华，秘书长赵普出席会议。杨永昌主持会议。

会议议题：传达学习全市领导干部会议精神；听取各委室4月工作完成情况和5月工作安排汇报，安排部署常委会及机关5月重点工作；其他事项。

市十七届人大常委会第33次主任会议

2009年6月4日，市十七届人大常委会第33次主任会议在菏泽举行。市人大常委会第一副主任杨永昌，副主任汤建梅、邵好学、刘金俊、李玉华、马春田、彭靖华，秘书长赵普出席会议。杨永昌主持会议。

会议议题：听取各委室5月工作完成情况和6月工作安排汇报；研究确定市十七届人大常委

会第十一次会议有关事宜；其他事项。

市十七届人大常委会第 34 次主任会议

2009 年 7 月 1 日，市十七届人大常委会第 34 次主任会议在菏泽举行。市人大常委会第一副主任杨永昌，副主任汤建梅、邵好学、刘金俊、李玉华、马春田、彭靖华出席会议。杨永昌主持会议。

会议议题：传达学习省委书记、省人大常委会主任姜异康关于做好当前人大工作的意见；传达学习全省人大教科文卫工作会议精神；其他事项。

市十七届人大常委会第 35 次主任会议

2009 年 7 月 6 日，市十七届人大常委会第 35 次主任会议在菏泽举行。市人大常委会第一副主任杨永昌，副主任汤建梅、邵好学、刘金俊、李玉华、马春田、彭靖华，秘书长赵普出席会议。杨永昌主持会议。

会议议题：听取各委室 2009 上半年工作总结和下半年及 7 月工作安排汇报；研究确定市十七届人大常委会第十二次会议有关事宜；讨论修改《菏泽市人大常委会 2009 年工作评议实施细则（征求意见稿）》《菏泽市人大代表建功立业、争创一流活动方案（征求意见稿）》《菏泽市人大常委会关于争创融入大局参与发展一流工作实施方案（草案）》；其他事项。

市十七届人大常委会第 36 次主任会议

2009 年 8 月 3 日，市十七届人大常委会第 36 次主任会议在菏泽举行。市人大常委会第一副主任杨永昌，副主任汤建梅、邵好学、刘金俊、李玉华、马春田、彭靖华，秘书长赵普出席会议。杨永昌主持会议。

会议议题：研究确定市十七届人大常委会第十二次会议有关事宜；传达学习市委办公室市政府办公室《关于进一步改进市领导同志到基层考察调研接待工作的规定（讨论稿）》；研究确定关于对市政府贯彻实施《关于加强食品安全和安全生产工作的决议》视察情况的反馈意见，研究确定向市委报送的视察报告；研究确定《中共菏泽市人大常委会党组深入学习实践科学发展观活动整改落实方案》；听取各委室 8 月工作安排汇报，研究确定各委室 2009 年下半年会议、活动有关事宜；研究市人大常委会机关包村工作；其他事项。

市十七届人大常委会第 37 次主任会议

2009 年 8 月 21 日，市十七届人大常委会第 37 次主任会议在菏泽举行。市人大常委会第一副主任杨永昌，副主任汤建梅、邵好学、刘金俊、马春田、彭靖华，秘书长赵普出席会议。杨永昌主持会议。

会议议题：听取关于学习实践科学发展观活动情况的汇报，研究推进下一步工作；研究安排市人大常委会视察工作；其他事项。

市十七届人大常委会第 38 次主任会议

2009 年 9 月 2 日，市十七届人大常委会第 38 次主任会议在菏泽举行。市人大常委会第一副主任杨永昌，副主任汤建梅、邵好学、刘金俊、李玉华、马春田、彭靖华，秘书长赵普出席会议。杨永昌主持会议。

会议议题：听取各委室 8 月工作完成情况和 9 月工作安排汇报；研究确定市人大常委会视察全市“四大基地一大产业”重大项目和城市建设重点工程有关事宜；其他工作。

市十七届人大常委会第 39 次主任会议

2009 年 9 月 9 日，市十七届人大常委会第 39 次主任会议在菏泽举行。市人大常委会第一副主任杨永昌，副主任汤建梅、邵好学、刘金俊、

李玉华，秘书长赵普出席会议。杨永昌主持会议。

会议议题：传达学习市委书记、市人大常委会主任赵润田对市人大《关于化解信访老案积案的请示》的批示精神；其他事项。

市十七届人大常委会第 40 次主任会议

2009 年 9 月 28 日，市十七届人大常委会第 40 次主任会议在菏泽举行。市人大常委会第一副主任杨永昌，副主任汤建梅、邵好学、彭靖华，秘书长赵普出席会议。杨永昌主持会议。

会议议题：听取审议关于提请许可对市人大代表孔祥训采取刑事拘留等强制措施的报告，同意将该报告提交市十七届人大常委会第十三次会议审议表决；研究确定市十七届人大常委会第十三次会议有关事宜；其他事项。

市十七届人大常委会第 41 次主任会议

2009 年 10 月 10 日，市十七届人大常委会第 41 次主任会议在菏泽举行。市人大常委会第一副主任杨永昌，副主任邵好学、刘金俊、李玉华、彭靖华，秘书长赵普出席会议。杨永昌主持会议。

会议议题：研究确定市十七届人大常委会第十四次会议有关事宜；审议通过市十七届人大常委会代表资格审查委员会关于个别代表的代表资格终止的报告；研究市人大常委会关于对全市“四大基地一大产业”重大项目和城市建设重点工程视察情况的反馈意见；听取各委室 9 月工作完成情况和 10 月工作安排汇报，安排部署常委会及机关 10 月重点工作；其他事项。

市十七届人大常委会第 42 次主任会议

2009 年 11 月 4 日，市十七届人大常委会第 42 次主任会议在菏泽举行。市人大常委会第一副主任杨永昌，副主任汤建梅、邵好学、李玉华、彭靖华，秘书长赵普出席会议。杨永昌主持会议。

会议议题：听取各委室 10 月工作完成情况和 11 月工作安排汇报；研究确定市人大常委会关于基础教育和农村卫生工作视察有关事宜；研究全市人大代表工作座谈会和乡镇人大干部培训班有关事宜；讨论修改《菏泽市人大常委会关于进一步加强人大代表小组建设的意见》《菏泽市人大常委会关于规范乡镇人大工作的意见》等文件；其他事项。

市十七届人大常委会第 43 次主任会议

2009 年 12 月 2 日，市十七届人大常委会第 43 次主任会议在菏泽举行。市人大常委会第一副主任杨永昌，副主任汤建梅、邵好学、刘金俊、李玉华、马春田、彭靖华，秘书长赵普出席会议。杨永昌主持会议。

会议议题：听取各委室 11 月工作完成情况和 12 月工作安排汇报，安排部署常委会及机关 12 月重点工作；研究关于加强基础教育和农村卫生工作的视察报告和反馈意见；其他事项。

市十七届人大常委会第 44 次主任会议

2009 年 12 月 18 日，市十七届人大常委会第 44 次主任会议在菏泽举行。市人大常委会第一副主任杨永昌，副主任邵好学、刘金俊、李玉华、马春田、彭靖华，秘书长赵普出席会议。杨永昌主持会议。

会议议题：听取各委室 2009 年争先创优工作完成情况和 2010 年工作计划及争先创优计划情况的汇报；研究《菏泽市人大常委会工作报告（讨论稿）》《菏泽市人大常委会 2010 年工作计划要点（讨论稿）》；其他事项。

市十七届人大常委会第 45 次主任会议

2010 年 1 月 12 日，市十七届人大常委会第 45 次主任会议在菏泽举行。市人大常委会第一副主任杨永昌，副主任汤建梅、邵好学、刘金俊、

李玉华、马春田、彭靖华，秘书长赵普出席会议。杨永昌主持会议。

会议议题：传达学习市委常委会会议精神；听取市十七届人大四次会议有关筹备情况的汇报；研究确定市十七届人大常委会第十五次会议有关事宜；研究“一府两院”关于贯彻落实市人大常委会有关审议意见的报告，决定提交市十七届人大常委会第十五次会议审议；其他事项。

市十七届人大常委会第 46 次主任会议

2010 年 1 月 12 日，市十七届人大常委会第 46 次主任会议在菏泽举行。市人大常委会第一副主任杨永昌，副主任汤建梅、邵好学、刘金俊、李玉华、马春田、彭靖华，秘书长赵普出席会议。杨永昌主持会议。

会议议题：传达学习市委常委会会议精神；听取有关人事任免事项的汇报，决定提交市十七届人大常委会第十六次会议审议表决；听取关于个别代表的代表资格报告，决定提交十七届人大常委会第十六次会议审议表决；其他事项。

市十七届人大常委会第 47 次主任会议

2010 年 1 月 22 日，市十七届人大常委会第 47 次主任会议在菏泽举行。市人大常委会第一副主任杨永昌，副主任汤建梅、邵好学、刘金俊、李玉华、马春田、彭靖华，秘书长赵普出席会议。杨永昌主持会议。

会议议题：总结市十七届人大四次会议筹办工作；研究安排市人大常委会 2010 年整体工作；研究市人大常委会年度先进委室和先进个人评选工作；其他事项。

市十七届人大常委会第 48 次主任会议

2010 年 2 月 1 日，市十七届人大常委会第 48 次主任会议在菏泽举行。市人大常委会第一副主任杨永昌，副主任汤建梅、邵好学、刘金俊、李玉华、马春田、彭靖华，秘书长赵普出席会议。杨永昌主持会议。

会议议题：传达学习省十一届人大三次会议精神；听取各委室 2 月工作安排，安排春节前常委会及机关有关工作；研究市十七届人大常委会第十七次会议有关事宜；其他事项。

市十七届人大常委会第 49 次主任会议

2010 年 2 月 24 日，市十七届人大常委会第 49 次主任会议在菏泽举行。市人大常委会第一副主任杨永昌，副主任汤建梅、邵好学、刘金俊、李玉华、马春田、彭靖华，秘书长赵普出席会议。杨永昌主持会议。

会议议题：研究有关人事任免事项；其他事项。

市十七届人大常委会第 50 次主任会议

2010 年 3 月 2 日，市十七届人大常委会第 50 次主任会议在菏泽举行。市人大常委会第一副主任杨永昌，副主任邵好学、刘金俊、李玉华、马春田、彭靖华，秘书长赵普出席会议。杨永昌主持会议。

会议议题：学习《中国共产党党员领导干部廉洁从政若干准则》；研究常委会及机关开展“学习年”活动的实施方案；研究常委会及机关 2010 年工作实施方案，安排部署常委会及机关 3 月重点工作；其他事项。

市十七届人大常委会第 51 次主任会议

2010 年 4 月 2 日，市十七届人大常委会第 51 次主任会议在菏泽举行。市人大常委会第一副主任杨永昌，副主任汤建梅、刘金俊、马春田、彭靖华，秘书长赵普出席会议。杨永昌主持会议。

会议议题：研究市中级人民法院关于提请免去法院审判人员职务的报告，同意提交市十七届人大常委会第十八次会议审议表决；研究确定市十七届人大常委会第十八次会议有关事宜；听取关于对乡镇人大工作检查情况的汇报；听取各委室3月工作完成情况和4月工作安排汇报；其他事项。

市十七届人大常委会第52次主任会议

2010年5月4日，市十七届人大常委会第52次主任会议在菏泽举行。市人大常委会第一副主任杨永昌，副主任汤建梅、邵好学、刘金俊、李玉华、马春田、彭靖华，秘书长赵普出席会议。杨永昌主持会议。

会议议题：听取各委室4月工作完成情况和5月工作安排汇报，安排部署常委会及机关5月重点工作；其他事项。

市十七届人大常委会第53次主任会议

2010年6月1日，市十七届人大常委会第53次主任会议在菏泽举行。市人大常委会第一副主任杨永昌，副主任汤建梅、邵好学、李玉华、彭靖华，秘书长赵普出席会议。杨永昌主持会议。

会议议题：听取各委室5月工作完成情况和6月工作安排汇报；研究确定市十七届人大常委会第十九次会议有关事宜；其他事项。

市十七届人大常委会第54次主任会议

2010年6月17日，市十七届人大常委会第54次主任会议在菏泽举行。市人大常委会第一副主任杨永昌，副主任汤建梅、邵好学、刘金俊、李玉华、马春田、彭靖华，秘书长赵普出席会议。杨永昌主持会议。

会议议题：研究推进“千件信访案件督办活动”“万件社会矛盾化解活动”；安排机关学习培训、党员教育等工作；其他事项。

市十七届人大常委会第55次主任会议

2010年7月6日，市十七届人大常委会第55次主任会议在菏泽举行。市人大常委会第一副主任杨永昌，副主任汤建梅、邵好学、刘金俊、马春田、彭靖华，秘书长赵普出席会议。杨永昌主持会议。

会议议题：听取各委室2010年上半年工作完成情况和下半年工作安排汇报；研究关于食品安全和安全生产视察有关事宜；研究关于对“一府两院”办理市人大常委会2010年度有关审议意见情况实行票决事宜；研究关于组织开展菏泽市人大常委会成立10周年纪念活动有关事宜；研究《关于规范闭会期间市人大代表小组活动的意见》；其他事项。

市十七届人大常委会第56次主任会议

2010年7月30日，市十七届人大常委会第56次主任会议在菏泽举行。市人大常委会第一副主任杨永昌，副主任汤建梅、邵好学、李玉华、马春田、彭靖华，秘书长赵普出席会议。杨永昌主持会议。

会议议题：听取市发改委代表市政府作的关于提请审议菏泽市与濮阳市缔结友好城市议案的说明，同意将该议案提交市十七届人大常委会第二十次会议审议；听取有关委室8月工作安排汇报；研究市十七届人大常委会第二十次会议有关事宜；其他事项。

市十七届人大常委会第57次主任会议

2010年8月9日，市十七届人大常委会第57次主任会议在菏泽举行。市人大常委会第一副主任杨永昌，副主任邵好学、刘金俊、李玉华、马春田、彭靖华，秘书长赵普出席会议。杨永昌主持会议。

会议议题：传达学习市委常委会会议精神；传达学习省人大常委会理论学习中心组学习会议精神；安排部署常委会及机关8月重点工作；其他事项。

市十七届人大常委会第 58 次主任会议

2010 年 9 月 2 日，市十七届人大常委会第 58 次主任会议在菏泽举行。市人大常委会第一副主任杨永昌，副主任汤建梅、刘金俊、李玉华、马春田、彭靖华，秘书长赵普出席会议。杨永昌主持会议。

会议议题：听取有关委室 8 月工作完成情况和 9 月工作安排汇报；研究全市“四大基地一大产业”和城镇化工作视察有关事宜；其他事项。

市十七届人大常委会第 59 次主任会议

2010 年 9 月 30 日，市十七届人大常委会第 59 次主任会议在菏泽举行。市人大常委会第一副主任杨永昌，副主任汤建梅、邵好学、刘金俊、李玉华、马春田、彭靖华，秘书长赵普出席会议。杨永昌主持会议。

会议议题：研究关于提请任命付伟为菏泽市人民政府副市长职务的议案，决定提交市十七届人大常委会第二十一次会议审议表决；研究关于提请审议李卫国、朱培吉辞去菏泽市人民政府副市长职务的议案，决定提交市十七届人大常委会第二十一次会议审议表决。

市十七届人大常委会第 60 次主任会议

2010 年 10 月 8 日，市十七届人大常委会第 60 次主任会议在菏泽举行。市人大常委会第一副主任杨永昌，副主任邵好学、刘金俊、马春田、彭靖华，秘书长赵普出席会议。杨永昌主持会议。

会议议题：研究关于菏泽市与俄罗斯联邦奥廖尔市缔结友好城市的议案；听取各委室 9 月工作完成情况和 10 月工作安排汇报；研究确定市十七届人大常委会第二十二次会议有关事宜；其他事项。

市十七届人大常委会第 61 次主任会议

2010 年 11 月 25 日，市十七届人大常委会第 61 次主任会议在菏泽举行。市人大常委会第一副主任杨永昌，副主任汤建梅、邵好学、刘金俊、李玉华、马春田，秘书长赵普出席会议。杨永昌主持会议。

会议议题：研究市人代会筹备有关事宜；研究组织实施票决制有关事宜；研究机关建设座谈会、基础教育和农村卫生工作视察有关事宜；研究信访工作、乡镇人大工作、市人大常委会设立 10 周年纪念活动筹备工作、石化产业发展等工作；其他事项。

市十七届人大常委会第 62 次主任会议

2010 年 12 月 8 日，市十七届人大常委会第 62 次主任会议在菏泽举行。市人大常委会第一副主任杨永昌，副主任汤建梅、邵好学、刘金俊、李玉华、马春田，秘书长赵普出席会议。杨永昌主持会议。

会议议题：听取各委室 11 月工作完成情况汇报，安排部署常委会及机关 12 月重点工作；调度市人大常委会第 61 次主任会议研究确定的工作事项；其他事项。

市十七届人大常委会第 63 次主任会议

2010 年 12 月 16 日，市十七届人大常委会第 63 次主任会议在菏泽举行。市人大常委会第一副主任杨永昌，副主任汤建梅、邵好学、刘金俊、李玉华、马春田，秘书长赵普出席会议。杨永昌主持会议。

会议议题：听取关于《菏泽市第十七届人民代表大会第五次会议筹备方案》《菏泽市人大常委会 2011 年工作计划（要点）》《菏泽市人大常委会 2010 年度票决制实施方案》以及市人大常委会成立 10 周年庆祝活动和元旦节日安排等工作汇报；研究确定市十七届人大常委会第二十三次会议有关事宜；其他事项。

市十七届人大常委会第 64 次主任会议

2010 年 12 月 23 日，市十七届人大常委会第 64 次主任会议在菏泽举行。市人大常委会第一副主任杨永昌，副主任汤建梅、邵好学、刘金俊、李玉华、马春田、彭靖华，秘书长赵普出席会议。杨永昌主持会议。

会议议题：研究票决制有关事宜。

市十七届人大常委会第 65 次主任会议

2010 年 12 月 31 日，市十七届人大常委会第 65 次主任会议在菏泽举行。市人大常委会第一副主任杨永昌，副主任汤建梅、刘金俊、马春田、彭靖华，秘书长赵普出席会议。杨永昌主持会议。

会议议题：研究有关人事任免事项；其他事项。

市十七届人大常委会第 66 次主任会议

2011 年 1 月 10 日，市十七届人大常委会第 66 次主任会议在菏泽举行。市人大常委会第一副主任杨永昌，副主任汤建梅、邵好学、李玉华、马春田、彭靖华，秘书长赵普出席会议。杨永昌主持会议。

会议议题：研究确定市十七届人大常委会第二十四次会议有关事宜；研究市十七届人大五次会议有关事宜；其他事项。

市十七届人大常委会第 67 次主任会议

2011 年 2 月 20 日，市十七届人大常委会第 67 次主任会议在菏泽举行。市人大常委会第一副主任杨永昌，副主任汤建梅、邵好学、马春田、彭靖华，秘书长赵普出席会议。党组成员丁志刚列席会议。杨永昌主持会议。

会议议题：传达贯彻省十一届人大四次会议精神；听取各委室 2011 年工作计划、争先创优目标及工作措施的汇报；研究确定市十七届人大常委会第二十五次会议有关事宜；其他事项。

市十七届人大常委会第 68 次主任会议

2011 年 4 月 6 日，市十七届人大常委会第 68 次主任会议在菏泽举行。市人大常委会第一副主任杨永昌，副主任汤建梅、邵好学、马春田、彭靖华，秘书长赵普出席会议。杨永昌主持会议。

会议议题：听取各委室 3 月工作完成情况和 4 月工作安排汇报；研究市人大常委会菏泽经济开发区工作委员会工作职责；研究市十七届人大常委会第二十六次会议有关事宜；其他事项。

市十七届人大常委会第 69 次主任会议

2011 年 5 月 4 日，市十七届人大常委会第 69 次主任会议在菏泽举行。市人大常委会第一副主任杨永昌，副主任汤建梅、邵好学、马春田，秘书长赵普出席会议。杨永昌主持会议。

会议议题：听取各委室 4 月工作完成情况和 5 月工作安排汇报，安排部署常委会及机关 5 月重点工作；其他事项。

市十七届人大常委会第 70 次主任会议

2011 年 6 月 1 日，市十七届人大常委会第 70 次主任会议在菏泽举行。市人大常委会第一副主任杨永昌，副主任汤建梅、邵好学、彭靖华，秘书长赵普出席会议。杨永昌主持会议。

会议议题：听取各委室 5 月工作完成情况和 6 月工作安排汇报，安排部署常委会及机关 6 月重点工作；听取各委室争先创优实施方案情况汇报；研究确定市人大常委会预算工作委员会工作职责和工作规程（审议稿）；其他事项。

市十七届人大常委会第 71 次主任会议

2011 年 7 月 6 日，市十七届人大常委会第 71 次主任会议在菏泽举行。市人大常委会第一副主任杨永昌，副主任汤建梅、邵好学、马春田、彭靖华，秘书长赵普出席会议。杨永昌主持会议。

会议议题：听取各委室6月工作完成情况和7月工作安排汇报；研究对全市社会保障体系建设工作进行视察的有关事宜；其他事项。

市十七届人大常委会第72次主任会议

2011年8月5日，市十七届人大常委会第72次主任会议在菏泽举行。市人大常委会第一副主任杨永昌，副主任汤建梅、邵好学、彭靖华，秘书长赵普出席会议。杨永昌主持会议。

会议议题：传达学习市委十一届十二次全委会精神；听取各委室7月工作完成情况和8月工作安排汇报；研究确定市十七届人大常委会第二十八次会议有关事宜；其他事项。

市十七届人大常委会第73次主任会议

2011年8月8日，市十七届人大常委会第73次主任会议在菏泽举行。市人大常委会第一副主任杨永昌，副主任汤建梅、马春田、彭靖华，秘书长赵普出席会议。党组成员丁志刚列席会议。杨永昌主持会议。

会议议题：传达学习全省县乡人大换届工作会议精神；研究部署全市县乡人大换届工作；其他事项。

市十七届人大常委会第74次主任会议

2011年9月2日，市十七届人大常委会第74次主任会议在菏泽举行。市人大常委会第一副主任杨永昌，副主任汤建梅、邵好学、彭靖华，秘书长赵普出席会议。党组成员丁志刚列席会议。杨永昌主持会议。

会议议题：听取各委室8月工作完成情况和9月工作安排汇报，安排部署常委会及机关9月重点工作；其他事项。

市十七届人大常委会第75次主任会议

2011年10月8日，市十七届人大常委会第75次主任会议在菏泽举行。市人大常委会第一副主任杨永昌，副主任汤建梅、邵好学、马春田、彭靖华，秘书长赵普出席会议。党组成员丁志刚列席会议。杨永昌主持会议。

会议议题：听取各委室9月工作完成情况和10月工作安排汇报；研究确定市十七届人大常委会第二十九次会议有关事宜;研究关于全市“五大基地一大产业”重点项目和城镇建设重点工程视察、保障性安居工程建设情况视察有关事宜；其他事项。

市十七届人大常委会第76次主任会议

2011年10月18日，市十七届人大常委会第76次主任会议在菏泽举行。市人大常委会第一副主任杨永昌，副主任汤建梅、邵好学、马春田、彭靖华，秘书长赵普出席会议。党组成员丁志刚列席会议。杨永昌主持会议。

会议议题：研究市人大常委会工作机制建设有关事宜；其他事项。

市十七届人大常委会第77次主任会议

2011年11月1日，市十七届人大常委会第77次主任会议在菏泽举行。市人大常委会第一副主任杨永昌，副主任汤建梅、邵好学、彭靖华，秘书长赵普出席会议。党组成员丁志刚列席会议。杨永昌主持会议。

会议议题：听取各委室10月工作完成情况和11月工作安排汇报；研究贯彻党的十七届六中全会精神、开展民生工作视察、代表工作等事宜；其他事项。

市十七届人大常委会第78次主任会议

2011年12月2日，市十七届人大常委会第78次主任会议在菏泽举行。市人大常委会第一副主任杨永昌，副主任汤建梅、邵好学、马春田出席会议。党组成员丁志刚列席会议。杨永昌主持会议。

会议议题：听取各委室11月工作完成情况和12月工作安排汇报，安排部署常委会及机关12月重点工作；研究市十七届人大常委会第三十次会议有关事宜；其他事项。

市十七届人大常委会第79次主任会议

2011年12月16日，市十七届人大常委会第79次主任会议在菏泽举行。市人大常委会第一副主任杨永昌，副主任汤建梅、邵好学、马春田、彭靖华，秘书长赵普出席会议。党组成员丁志刚列席会议。杨永昌主持会议。

会议议题：审议关于刘士合辞去菏泽市人民政府市长职务的报告；审议关于提请任命孙爱军职务的报告；其他事项。

市十七届人大常委会第80次主任会议

2011年12月27日，市十七届人大常委会第80次主任会议在菏泽举行。市人大常委会第一副主任杨永昌，副主任汤建梅、邵好学、马春田、彭靖华，秘书长赵普出席会议。党组成员丁志刚列席会议。杨永昌主持会议。

会议议题：研究确定市十七届人大常委会第三十一次会议有关事宜；其他事项。

市十七届人大常委会第81次主任会议

2011年12月31日，市十七届人大常委会第81次主任会议在菏泽举行。市人大常委会第一副主任杨永昌，副主任汤建梅、邵好学、马春田、彭靖华，秘书长赵普出席会议。党组成员丁志刚列席会议。杨永昌主持会议。

会议议题：传达学习全市经济工作会议精神；听取各委室关于2011年工作总结以及2012年工作计划和争先创优目标情况的汇报；其他事项。

市十七届人大常委会第82次主任会议

2012年1月16日，市十七届人大常委会第82次主任会议在菏泽举行。市人大常委会第一副主任杨永昌，副主任汤建梅、邵好学、马春田、彭靖华，秘书长赵普出席会议。党组成员丁志刚列席会议。杨永昌主持会议。

会议议题：研究确定市十八届人大一次会议有关事宜；听取市人民检察院检察长朱庆安作的关于提请批准任命县区检察院检察长职务的报告；其他事项。

市十七届人大常委会第83次主任会议

2012年1月31日，市十七届人大常委会第83次主任会议在菏泽举行。市人大常委会第一副主任杨永昌，副主任邵好学、马春田、彭靖华出席会议。党组成员丁志刚列席会议。杨永昌主持会议。

会议议题：传达学习全市科学发展考核奖惩兑现大会精神；研究市十八届人大一次会议筹备工作；研究制定2012年市人大常委会学习计划；研究关于打造菏泽人大工作高地的调研工作；研究制定市人大常委会重点工作实施方案；研究市人大代表培训方案和代表小组编组工作；研究石化基地建设工作；其他事项。

第四节　第十八届人大常委会历次主任会议

市十八届人大常委会第1次主任会议

2012年2月13日，市十八届人大常委会第1次主任会议在菏泽举行。市人大常委会第一副主任杨永昌，副主任兼秘书长赵传山，副主任汤建梅、丁志刚、孙忠生出席会议。党组副书记彭靖华列席会议。杨永昌主持会议。

会议议题：传达学习市“两会”精神；细化分解市人大常委会工作报告确定的目标任务；新一届市人大常委会各位副主任及部分委室负责人就做好2012年工作作表态发言；其他事项。

市十八届人大常委会第2次主任会议

2012年3月2日，市十八届人大常委会第2次主任会议在菏泽举行。市人大常委会第一副主任杨永昌，副主任兼秘书长赵传山，副主任丁志刚、孙忠生出席会议。党组副书记彭靖华列席会议。杨永昌主持会议。

会议议题：听取各委室3月工作安排汇报，安排部署常委会机关3月重点工作；研究确定市十八届人大常委会第一次会议有关事宜；研究市人大常委会有关工作实施方案；其他事项。

市十八届人大常委会第3次主任会议

2012年4月1日，市十八届人大常委会第3次主任会议在菏泽举行。市人大常委会第一副主任杨永昌，副主任兼秘书长赵传山，副主任丁志刚、孙忠生出席会议。党组副书记彭靖华列席会议。杨永昌主持会议。

会议议题：听取各委室3月工作完成情况和4月工作安排汇报，安排部署常委会及机关4月重点工作；其他事项。

市十八届人大常委会第4次主任会议

2012年5月3日，市十八届人大常委会第4次主任会议在菏泽举行。市人大常委会第一副主任杨永昌，副主任兼秘书长赵传山，副主任汤建梅、丁志刚、孙忠生出席会议。党组副书记彭靖华列席会议。杨永昌主持会议。

会议议题：听取各委室4月工作完成情况和5月工作安排汇报；研究市政府关于提请将菏泽城区污水管网泵站及城市防汛应急工程BT项目回收款列入财政土地收益预算的议案，同意提交市十八届人大常委会第二次会议审议；研究确定市十八届人大常委会第二次会议有关事宜。

市十八届人大常委会第5次主任会议

2012年5月15日，市十八届人大常委会第5次主任会议在菏泽举行。市人大常委会第一副主任杨永昌，副主任兼秘书长赵传山，副主任丁志刚、孙忠生出席会议。党组副书记彭靖华列席会议。杨永昌主持会议。

会议议题：研究有关人事任免事项，同意提交市十八届人大常委会第二次会议审议表决；研究在东明县召开“全市人大打造工作创新高地座谈会”有关事宜；其他事项。

市十八届人大常委会第6次主任会议

2012年6月1日，市十八届人大常委会第6次主任会议在菏泽举行。市人大常委会第一副主任杨永昌，副主任兼秘书长赵传山，副主任汤建梅、丁志刚、孙忠生出席会议。党组副书记彭靖华列席会议。杨永昌主持会议。

会议议题：传达学习中共山东省第十次代表大会和市委常委会扩大会议精神；听取各委室5月工作完成情况和6月工作安排汇报；其他事项。

市十八届人大常委会第7次主任会议

2012年6月25日，市十八届人大常委会第7次主任会议在菏泽举行。市人大常委会第一副主任杨永昌，副主任兼秘书长赵传山，副主任汤建梅、丁志刚、孙忠生出席会议。党组副书记彭靖华列席会议。杨永昌主持会议。

会议议题：听取相关委室工作汇报，安排部署常委会及机关重点工作；其他事项。

市十八届人大常委会第8次主任会议

2012年7月5日，市十八届人大常委会第8

次主任会议在菏泽举行。市人大常委会第一副主任杨永昌，副主任兼秘书长赵传山，副主任汤建梅出席会议。党组副书记彭靖华列席会议。杨永昌主持会议。

会议议题：传达学习全市大项目建设观摩会议精神；总结上半年工作经验，安排部署下半年工作；研究确定市十八届人大常委会第三次会议有关事宜；其他事项。

市十八届人大常委会第9次主任会议

2012年7月13日，市十八届人大常委会第9次主任会议在菏泽举行。市人大常委会第一副主任杨永昌，副主任兼秘书长赵传山，副主任汤建梅、丁志刚、孙忠生出席会议。党组副书记彭靖华列席会议。杨永昌主持会议。

会议议题：听取各委室上半年任务完成情况汇报，研究完成下半年任务目标的有关措施；研究确定土地管理法执法检查、代表小组建设现场会、千名代表听百案看执行、石化基地建设现场调度会4个实施方案；研究开发区人大工委有关人事任免事项；其他事项。

市十八届人大常委会第10次主任会议

2012年8月2日，市十八届人大常委会第10次主任会议在菏泽举行。市人大常委会第一副主任杨永昌，副主任兼秘书长赵传山，副主任丁志刚、孙忠生出席会议。党组副书记彭靖华列席会议。杨永昌主持会议。

会议议题：听取各委室7月工作完成情况和8月工作安排汇报；研究确定市十八届人大常委会第四次会议有关事宜；研究“千名代表听百案、千名代表看执行”活动方案及启动仪式方案；研究涉法涉诉信访案件联席会议制度讨论稿；其他事项。

市十八届人大常委会第11次主任会议

2012年9月5日，市十八届人大常委会第11次主任会议在菏泽举行。市人大常委会第一副主任杨永昌，副主任兼秘书长赵传山，副主任汤建梅、丁志刚、孙忠生出席会议。党组副书记彭靖华列席会议。杨永昌主持会议。

会议议题：听取各委室8月工作完成情况和9月工作安排汇报；讨论修改市人大常委会询问暂行办法、涉法涉诉信访案件联席会议制度、“万件社会矛盾化解”和“千件信访案件督办”暂行办法等有关制度；其他事项。

市十八届人大常委会第12次主任会议

2012年10月12日，市十八届人大常委会第12次主任会议在菏泽举行。市人大常委会第一副主任杨永昌，副主任兼秘书长赵传山，副主任汤建梅、丁志刚出席会议。党组副书记彭靖华列席会议。杨永昌主持会议。

会议议题：听取各委室9月工作完成情况和10月工作安排汇报；审议《询问暂行办法》《涉法涉诉信访案件联席会议制度》《“万件社会矛盾化解”和“千件信访案件督办”暂行办法》；研究提交市十八届人大常委会第五次会议审议表决的有关人事任免事项；其他事项。

市十八届人大常委会第13次主任会议

2012年11月2日，市十八届人大常委会第13次主任会议在菏泽举行。市人大常委会第一副主任杨永昌，副主任兼秘书长赵传山，副主任汤建梅、丁志刚出席会议。党组副书记彭靖华列席会议。赵传山主持会议。

会议议题：听取各委室10月工作完成情况和11月工作安排汇报，安排部署常委会及机关11月重点工作；其他事项。

市十八届人大常委会第14次主任会议

2012年12月4日，市十八届人大常委会第14次主任会议在菏泽举行。市人大常委会第一副主任杨永昌，副主任兼秘书长赵传山，副主任汤建梅、丁志刚、孙忠生出席会议。赵传山主持会议。

会议议题：听取各委室 11 月工作完成情况和 12 月工作安排汇报，安排部署常委会及机关 12 月重点工作；其他事项。

市十八届人大常委会第 15 次主任会议

2012 年 12 月 10 日，市十八届人大常委会第 15 次主任会议在菏泽举行。市人大常委会第一副主任杨永昌，副主任兼秘书长赵传山，副主任汤建梅、丁志刚、孙忠生出席会议。党组副书记彭靖华列席会议。赵传山主持会议。

会议议题：研究市人代会筹备有关事宜。

市十八届人大常委会第 16 次主任会议

2012 年 12 月 20 日，市十八届人大常委会第 16 次主任会议在菏泽举行。市人大常委会第一副主任杨永昌，副主任兼秘书长赵传山，副主任汤建梅、丁志刚出席会议。党组副书记彭靖华列席会议。赵传山主持会议。

会议议题：研究确定市十八届人大常委会第六次会议有关事宜；研究讨论市人大常委会工作报告稿；研究讨论市人大常委会 2013 年工作计划要点（审议稿）；听取关于 2012 年创先争优工作目标完成情况的汇报；听取关于市人代会筹备工作情况的汇报；其他事项。

市十八届人大常委会第 17 次主任会议

2013 年 1 月 4 日，市十八届人大常委会第 17 次主任会议在菏泽举行。市人大常委会第一副主任杨永昌，副主任兼秘书长赵传山，副主任汤建梅、丁志刚、孙忠生出席会议。赵传山主持会议。

会议议题：研究确定市十八届人大常委会第七次会议有关事宜；听取各委室 2012 年 12 月工作完成情况和 2013 年 1 月工作安排汇报，安排部署常委会及机关 1 月重点工作；其他事项。

市十八届人大常委会第 18 次主任会议

2013 年 1 月 12 日，市十八届人大常委会第 18 次主任会议在菏泽举行。市人大常委会第一副主任杨永昌，副主任兼秘书长赵传山，副主任汤建梅、孙忠生出席会议。党组副书记彭靖华列席会议。赵传山主持会议。

会议议题：传达贯彻市十八届人大二次会议精神；研究市人大常委会 2013 年工作任务责任分工；其他事项。

市十八届人大常委会第 19 次主任会议

2013 年 1 月 21 日，市十八届人大常委会第 19 次主任会议在菏泽举行。市人大常委会第一副主任杨永昌，副主任兼秘书长赵传山，副主任汤建梅、丁志刚、孙忠生出席会议。党组副书记彭靖华列席会议。杨永昌主持会议。

会议议题：听取各委室关于 2013 年工作任务责任分工实施方案的汇报；其他事项。

市十八届人大常委会第 20 次主任会议

2013 年 2 月 17 日，市十八届人大常委会第 20 次主任会议在菏泽举行。市人大常委会第一副主任杨永昌，副主任兼秘书长赵传山，副主任丁志刚、孙忠生出席会议。赵传山主持会议。

会议议题：听取各委室 1 月工作完成情况和 2 月工作安排汇报；讨论市人大常委会和机关各委室 2013 年重点工作实施方案（审议稿）和《菏泽市人大常委会调查研究暂行办法》；研究提交市十八届人大常委会第八次会议审议表决的有关人事任免事项；其他事项。

市十八届人大常委会第 21 次主任会议

2013 年 3 月 4 日，市十八届人大常委会第 21 次主任会议在菏泽举行。市人大常委会副主任兼秘书长赵传山，副主任汤建梅、丁志刚、孙忠生出席会议。赵传山主持会议。

会议议题：听取各委室2月工作完成情况和3月工作安排汇报；其他事项。

市十八届人大常委会第22次主任会议

2013年4月3日，市十八届人大常委会第22次主任会议在菏泽举行。市人大常委会第一副主任杨永昌，副主任兼秘书长赵传山，副主任丁志刚出席会议。赵传山主持会议。

会议议题：听取各委室3月工作完成情况和4月工作安排汇报；研究确定市十八届人大常委会第九次会议有关事宜；其他事项。

市十八届人大常委会第23次主任会议

2013年4月9日，市十八届人大常委会第23次主任会议在菏泽举行。市人大常委会第一副主任杨永昌，副主任兼秘书长赵传山，副主任汤建梅、丁志刚、孙忠生出席会议。杨永昌主持会议。

会议议题：听取关于学习贯彻全国“两会”精神成果汇报；其他事项。

市十八届人大常委会第24次主任会议

2013年5月3日，市十八届人大常委会第24次主任会议在菏泽举行。市人大常委会第一副主任杨永昌，副主任兼秘书长赵传山，副主任汤建梅、丁志刚、孙忠生出席会议。赵传山主持会议。

会议议题：听取各委室4月工作完成情况和5月工作安排汇报；其他事项。

市十八届人大常委会第25次主任会议

2013年6月6日，市十八届人大常委会第25次主任会议在菏泽举行。市人大常委会第一副主任杨永昌，副主任兼秘书长赵传山，副主任汤建梅、孙忠生出席会议。赵传山主持会议。

会议议题：传达贯彻省十二届人大二次会议精神；听取各委室5月工作完成情况和6月工作安排汇报；研究拟向《中国人大》推荐发表的3篇成果：许素洋撰写的《充分发挥市级人大常委会工作委员会及专职委员作用的思考》，王清华撰写的《关于加强人大对政府全口径预决算审查监督的思考》，常俊哲撰写的《专题调研，人大监督新方式》；其他事项。

市十八届人大常委会第26次主任会议

2013年7月5日，市十八届人大常委会第26次主任会议在菏泽举行。市人大常委会第一副主任杨永昌，副主任兼秘书长赵传山，副主任汤建梅、丁志刚、孙忠生出席会议。赵传山主持会议。

会议议题：研究提交市十八届人大常委会第十次会议审议表决的有关人事任免事项和议案；听取各委室6月工作完成情况和7月工作安排汇报；研究讨论《关于对提请任命人员实行任前法律知识考试的暂行办法（审议稿）》《关于对提请任命人员实行供职发言的暂行办法（审议稿）》；其他事项。

市十八届人大常委会第27次主任会议

2013年7月15日，市十八届人大常委会第27次主任会议在菏泽举行。市人大常委会第一副主任杨永昌，副主任兼秘书长赵传山，副主任汤建梅、丁志刚、孙忠生出席会议。杨永昌主持会议。

会议议题：研究讨论机关离退休干部座谈会所提意见建议的落实办理情况；其他事项。

市十八届人大常委会第28次主任会议

2013年8月1日，市十八届人大常委会第28次主任会议在菏泽举行。市人大常委会第一副主任杨永昌，副主任兼秘书长赵传山，副主任孙忠生出席会议。赵传山主持会议。

会议议题：听取各委室7月工作完成情况和8月工作安排汇报；其他事项。

市十八届人大常委会第29次主任会议

2013年8月28日，市十八届人大常委会第29次主任会议在菏泽举行。市人大常委会第一副主任杨永昌，副主任兼秘书长赵传山，副主任汤建梅、丁志刚、孙忠生出席会议。杨永昌主持会议。

会议议题：研究提交市十八届人大常委会第十一次会议审议表决的有关人事任免事项；研究讨论有关意见、制度和办法；其他事项。

市十八届人大常委会第30次主任会议

2013年9月2日，市十八届人大常委会第30次主任会议在菏泽举行。市人大常委会第一副主任杨永昌，副主任兼秘书长赵传山，副主任汤建梅、丁志刚出席会议。赵传山主持会议。

会议议题：听取各委室8月工作完成情况和9月工作安排汇报；其他事项。

市十八届人大常委会第31次主任会议

2013年10月8日，市十八届人大常委会第31次主任会议在菏泽举行。市人大常委会第一副主任杨永昌，副主任汤建梅、孙忠生出席会议。杨永昌主持会议。

会议议题：听取各委室9月工作完成情况和10月工作安排汇报；研究确定市十八届人大常委会第十二次会议有关事宜；其他事项。

市十八届人大常委会第32次主任会议

2013年11月4日，市十八届人大常委会第32次主任会议在菏泽举行。市人大常委会第一副主任杨永昌，副主任汤建梅、丁志刚、孙忠生出席会议。杨永昌主持会议。

会议议题：听取各委室10月工作完成情况和11月工作安排汇报；其他事项。

市十八届人大常委会第33次主任会议

2013年11月29日，市十八届人大常委会第33次主任会议在菏泽举行。市人大常委会第一副主任杨永昌，副主任兼秘书长赵传山，副主任丁志刚、孙忠生出席会议。赵传山主持会议。

会议议题：研究提交市十八届人大常委会第十三次会议的有关事项：关于建议对2013年全市经济社会发展主要指标计划进行调整的报告；关于召开市十八届人大三次会议的决定（草案）；投票确定市人大常委会2013年度票决事项；市人大常委会代表资格审查委员会关于个别代表的代表资格审查报告；市政府对市人大常委会4项审议意见研究处理情况的报告：市政府关于对2013年上半年国民经济和社会发展计划执行情况报告审议意见研究处理情况的报告、市政府关于对2013年上半年预算执行情况报告审议意见研究处理情况的报告、市政府关于对加强国税征管工作情况报告审议意见研究处理情况的报告、市政府关于对加强地税征管工作情况报告审议意见研究处理情况的报告；其他事项。

市十八届人大常委会第34次主任会议

2013年12月4日，市十八届人大常委会第34次主任会议在菏泽举行。市人大常委会第一副主任杨永昌，副主任兼秘书长赵传山，副主任汤建梅、丁志刚、孙忠生出席会议。赵传山主持会议。

会议议题：听取各委室11月工作完成情况和12月工作安排汇报；研究确定市十八届人大常委会第十四次会议有关事宜；其他事项。

市十八届人大常委会第35次主任会议

2013年12月23日，市十八届人大常委会第35次主任会议在菏泽举行。市人大常委会第一副主任杨永昌，副主任兼秘书长赵传山，副主任汤建梅、丁志刚、孙忠生出席会议。杨永昌主持会议。

会议议题：研究市人大常委会机关公务用车清理整顿工作；其他事项。

市十八届人大常委会第36次主任会议

2014年1月6日，市十八届人大常委会第36次主任会议在菏泽举行。市人大常委会第一副主任杨永昌，副主任兼秘书长赵传山，副主任汤建梅、丁志刚、孙忠生出席会议。杨永昌主持会议。

会议议题：听取各委室2013年12月工作完成情况和2014年1月工作安排汇报；研究安排市人大常委会2014年整体工作及1月重点工作；其他事项。

市十八届人大常委会第37次主任会议

2014年1月13日，市十八届人大常委会第37次主任会议在菏泽举行。市人大常委会第一副主任杨永昌，副主任兼秘书长赵传山，副主任汤建梅、丁志刚、孙忠生出席会议。杨永昌主持会议。

会议议题：研究落实市人大常委会机关办公用房专项整治工作；其他事项。

市十八届人大常委会第38次主任会议

2014年2月10日，市十八届人大常委会第38次主任会议在菏泽举行。市人大常委会第一副主任杨永昌，副主任兼秘书长赵传山，副主任汤建梅、丁志刚、孙忠生出席会议。赵传山主持会议。

会议议题：听取各委室1月工作完成情况和2月工作安排汇报，安排部署常委会及机关2月重点工作；研究确定市十八届人大常委会第十五次会议有关事宜；其他事项。

市十八届人大常委会第39次主任会议

2014年3月6日，市十八届人大常委会第39次主任会议在菏泽举行。市人大常委会第一副主任杨永昌，副主任兼秘书长赵传山，副主任汤建梅、丁志刚、孙忠生出席会议。赵传山主持会议。

会议议题：听取各委室2月工作完成情况和3月工作安排汇报；其他事项。

市十八届人大常委会第40次主任会议

2014年4月2日，市十八届人大常委会第40次主任会议在菏泽举行。市人大常委会第一副主任杨永昌，副主任兼秘书长赵传山，副主任汤建梅、丁志刚、孙忠生出席会议。赵传山主持会议。

会议议题：听取各委室3月工作完成情况和4月工作安排汇报，安排部署常委会及机关4月重点工作；研究确定市十八届人大常委会第十六次会议有关事宜；其他事项。

市十八届人大常委会第41次主任会议

2014年4月14日，市十八届人大常委会第41次主任会议在菏泽举行。市人大常委会第一副主任杨永昌，副主任兼秘书长赵传山，副主任汤建梅、丁志刚、孙忠生出席会议。杨永昌主持会议。

会议议题：研究街道人大监督员相关制度；其他事项。

市十八届人大常委会第42次主任会议

2014年5月4日，市十八届人大常委会第42次主任会议在菏泽举行。市人大常委会第一副主任杨永昌，副主任兼秘书长赵传山，副主任汤建梅、丁志刚、孙忠生出席会议。赵传山主持会议。

会议议题：听取各委室4月工作完成情况和

5月工作安排汇报，安排部署常委会及机关5月重点工作；其他事项。

市十八届人大常委会第43次主任会议

2014年6月3日，市十八届人大常委会第43次主任会议在菏泽举行。市人大常委会第一副主任杨永昌，副主任兼秘书长赵传山，副主任汤建梅、丁志刚、孙忠生出席会议。赵传山主持会议。

会议议题：听取各委室5月工作完成情况和6月工作安排汇报；研究确定市十八届人大常委会第十七次会议有关事宜；其他事项。

市十八届人大常委会第44次主任会议

2014年7月1日，市十八届人大常委会第44次主任会议在菏泽举行。市人大常委会第一副主任杨永昌，副主任兼秘书长赵传山，副主任丁志刚、孙忠生出席会议。赵传山主持会议。

会议议题：听取各委室6月工作完成情况和7月工作安排汇报，安排部署常委会及机关7月重点工作；其他事项。

市十八届人大常委会第45次主任会议

2014年7月22日，市十八届人大常委会第45次主任会议在菏泽举行。市人大常委会第一副主任杨永昌，副主任兼秘书长赵传山，副主任汤建梅、丁志刚、孙忠生出席会议。赵传山主持会议。

会议议题：听取关于精简人大机关简报和内部刊物的汇报；审议讨论《关于进一步加强人大宣传工作的意见》《菏泽市人大常委会机关在职人员带薪年休假实施办法》；听取关于进一步提高《菏泽人大》办刊质量的汇报；其他事项。

市十八届人大常委会第46次主任会议

2014年8月1日，市十八届人大常委会第46次主任会议在菏泽举行。市人大常委会第一副主任杨永昌，副主任兼秘书长赵传山，副主任汤建梅、丁志刚、孙忠生出席会议。赵传山主持会议。

会议议题：传达学习市委十二届七次全体（扩大）会议精神；听取各委室7月工作完成情况和8月工作安排汇报，安排部署常委会及机关8月重点工作；研究确定市十八届人大常委会第十八次会议有关事宜；其他事项。

市十八届人大常委会第47次主任会议

2014年8月8日，市十八届人大常委会第47次主任会议在菏泽举行。市人大常委会第一副主任杨永昌，副主任兼秘书长赵传山，副主任汤建梅、丁志刚、孙忠生出席会议。赵传山主持会议。

会议议题：研究关于进一步加强代表建议办理工作的意见、关于全市街道人大联络处工作的调研报告、关于全市乡镇人大工作情况的调研报告；听取关于进一步加强人大宣传报道工作的意见和精简内部刊物工作方案修改完善情况的汇报；听取关于提高《菏泽人大》办刊质量落实情况的汇报；其他事项。

市十八届人大常委会第48次主任会议

2014年9月2日，市十八届人大常委会第48次主任会议在菏泽举行。市人大常委会第一副主任杨永昌，副主任兼秘书长赵传山，副主任丁志刚、孙忠生出席会议。赵传山主持会议。

会议议题：传达全省人大工作座谈会和全省各市人大常委会秘书长座谈会精神；听取各委室8月工作完成情况和9月工作安排汇报，安排部署常委会及机关9月重点工作；研究确定市十八届人大常委会第十九次会议有关事宜；其他事项。

市十八届人大常委会第 49 次主任会议

2014 年 10 月 9 日，市十八届人大常委会第 49 次主任会议在菏泽举行。市人大常委会第一副主任杨永昌，副主任兼秘书长赵传山，副主任丁志刚、孙忠生出席会议。赵传山主持会议。

会议议题：传达学习习近平总书记在党的群众路线教育实践活动总结大会上的重要讲话精神；听取各委室 9 月工作完成情况和 10 月工作安排汇报，安排部署常委会及机关 10 月重点工作；研究确定市十八届人大常委会第二十次会议有关事宜；其他事项。

市十八届人大常委会第 50 次主任会议

2014 年 11 月 3 日，市十八届人大常委会第 50 次主任会议在菏泽举行。市人大常委会第一副主任杨永昌，副主任兼秘书长赵传山，副主任丁志刚出席会议。赵传山主持会议。

会议议题：听取各委室 10 月工作完成情况和 11 月工作安排汇报，安排部署常委会及机关 11 月重点工作；其他事项。

市十八届人大常委会第 51 次主任会议

2014 年 12 月 1 日，市十八届人大常委会第 51 次主任会议在菏泽举行。市人大常委会第一副主任杨永昌，副主任兼秘书长赵传山，副主任汤建梅、丁志刚、孙忠生出席会议。赵传山主持会议。

会议议题：听取各委室 11 月工作完成情况和 12 月工作安排汇报，安排部署常委会及机关 12 月重点工作；研究确定市十八届人大常委会第二十一次会议有关事宜；其他事项。

市十八届人大常委会第 52 次主任会议

2014 年 12 月 5 日，市十八届人大常委会第 52 次主任会议在菏泽举行。市人大常委会第一副主任杨永昌，副主任兼秘书长赵传山，副主任汤建梅出席会议。赵传山主持会议。

会议议题：审议有关人事任免事项；审议《菏泽市人大常委会专题调研暂行办法（审议稿）》《菏泽市市级全口径预算决算审查监督办法（审议稿）》《菏泽市人大常委会组成人员联系代表办法（审议稿）》《菏泽市人大常委会规范性文件备案审查办法（审议稿）》《菏泽市人大常委会聘请律师参与信访工作暂行办法（审议稿）》《菏泽市人大常委会关于进一步加强和改进学习的意见（审议稿）》《菏泽市人大常委会机关差旅费管理办法（审议稿）》《菏泽市人大常委会机关督查工作暂行办法（审议稿）》等有关制度；研究确定市十八届人大常委会第二十二次会议有关事宜；其他事项。

市十八届人大常委会第 53 次主任会议

2015 年 1 月 4 日，市十八届人大常委会第 53 次主任会议在菏泽举行。市人大常委会第一副主任杨永昌，副主任兼秘书长赵传山，副主任汤建梅、丁志刚、孙忠生出席会议。赵传山主持会议。

会议议题：听取各委室 2014 年 12 月工作完成情况和 2015 年 1 月工作安排汇报，安排部署常委会及机关 1 月重点工作；研究市十八届人大常委会第二十三次、第二十四次会议有关事宜；其他事项。

市十八届人大常委会第 54 次主任会议

2015 年 2 月 10 日，市十八届人大常委会第 54 次主任会议在菏泽举行。市人大常委会第一副主任杨永昌，副主任赵传山、汤建梅、丁志刚、孙忠生，秘书长郭景堂出席会议。郭景堂主持会议。

会议议题：传达学习省十三届人大四次会议和市十八届人大四次会议精神；安排部署常委会及机关 2 月重点工作；其他事项。

市十八届人大常委会第55次主任会议

2015年3月2日，市十八届人大常委会第55次主任会议在菏泽举行。市人大常委会第一副主任杨永昌，副主任赵传山、汤建梅、丁志刚、孙忠生，秘书长郭景堂出席会议。郭景堂主持会议。

会议议题：听取各委室2月工作完成情况和3月工作安排汇报，安排部署常委会及机关3月重点工作；研究确定市十八届人大常委会第二十五次会议有关事宜；其他事项。

市十八届人大常委会第56次主任会议

2015年3月17日，市十八届人大常委会第56次主任会议在菏泽举行。市人大常委会第一副主任杨永昌，副主任赵传山、汤建梅、丁志刚、孙忠生，秘书长郭景堂出席会议。郭景堂主持会议。

会议议题：听取各委室《关于落实好市委领导同志批示的实施方案》《关于2015年度创先争优工作实施方案》《关于落实常委会工作报告和2015年计划（要点）有关重点工作的实施方案》的情况汇报，推进落实常委会各项重点工作；其他事项。

市十八届人大常委会第57次主任会议

2015年3月25日，市十八届人大常委会第57次主任会议在菏泽举行。市人大常委会第一副主任杨永昌，副主任赵传山、汤建梅、丁志刚、孙忠生，秘书长郭景堂出席会议。郭景堂主持会议。

会议议题：研究各委室《关于落实好市委领导同志批示的实施方案》《关于2015年度创先争优工作实施方案》《关于落实常委会工作报告和2015年计划（要点）有关重点工作的实施方案》；其他事项。

市十八届人大常委会第58次主任会议

2015年4月3日，市十八届人大常委会第58次主任会议在菏泽举行。市人大常委会第一副主任杨永昌，副主任丁志刚、孙忠生，秘书长郭景堂出席会议。郭景堂主持会议。

会议议题：听取关于设区市地方立法权筹备工作情况的汇报；听取各委室3月工作完成情况和4月工作安排汇报，安排部署常委会及机关4月重点工作；其他事项。

市十八届人大常委会第59次主任会议

2015年5月5日，市十八届人大常委会第59次主任会议在菏泽举行。市人大常委会第一副主任杨永昌，副主任赵传山、汤建梅、孙忠生，秘书长郭景堂出席会议。郭景堂主持会议。

会议议题：听取各委室4月工作完成情况和5月工作安排汇报，安排部署常委会及机关5月重点工作；研究确定市十八届人大常委会第二十六次会议有关事宜；其他事项。

市十八届人大常委会第60次主任会议

2015年6月1日，市十八届人大常委会第60次主任会议在菏泽举行。市人大常委会第一副主任杨永昌，副主任赵传山、汤建梅、丁志刚、孙忠生，秘书长郭景堂出席会议。郭景堂主持会议。

会议议题：听取各委室5月工作完成情况和6月工作安排汇报，安排部署常委会及机关6月重点工作；研究确定市十八届人大常委会第二十七会议有关事宜；其他事项。

市十八届人大常委会第61次主任会议

2015年7月3日，市十八届人大常委会第61次主任会议在菏泽举行。市人大常委会第一副主任杨永昌，副主任汤建梅、丁志刚、孙忠生，秘书长郭景堂出席会议。郭景堂主持会议。

会议议题：听取各委室6月工作完成情况和7月工作安排汇报，安排部署常委会及机关7月重点工作；其他事项。

市十八届人大常委会第62次主任会议

2015年8月3日，市十八届人大常委会第62次主任会议在菏泽举行。市人大常委会第一副主任杨永昌，副主任汤建梅、丁志刚、孙忠生，秘书长郭景堂出席会议。郭景堂主持会议。

会议议题：听取各委室7月工作完成情况和8月工作安排汇报，安排部署常委会及机关8月重点工作；研究确定市十八届人大常委会第二十八次会议有关事宜；其他事项。

市十八届人大常委会第63次主任会议

2015年9月1日，市十八届人大常委会第63次主任会议在菏泽举行。市人大常委会第一副主任杨永昌，副主任赵传山、丁志刚、孙忠生，秘书长郭景堂出席会议。郭景堂主持会议。

会议议题：听取各委室8月工作完成情况和9月工作安排汇报，安排部署常委会及机关9月重点工作；其他事项。

市十八届人大常委会第64次主任会议

2015年9月15日，市十八届人大常委会第64次主任会议在菏泽举行。市人大常委会第一副主任杨永昌，副主任汤建梅、孙忠生，秘书长郭景堂出席会议。杨永昌主持会议。

会议议题：专题研究贯彻落实全市人大工作会议精神有关材料。

市十八届人大常委会第65次主任会议

2015年10月13日，市十八届人大常委会第65次主任会议在菏泽举行。市人大常委会第一副主任杨永昌，副主任汤建梅、孙忠生，秘书长郭景堂出席会议。郭景堂主持会议。

会议议题：听取各委室9月工作完成情况和10月工作安排汇报，安排部署常委会及机关10月重点工作；研究确定市十八届人大常委会第二十九次会议有关事宜；其他事项。

市十八届人大常委会第66次主任会议

2015年11月2日，市十八届人大常委会第66次主任会议在菏泽举行。市人大常委会第一副主任杨永昌，副主任赵传山、汤建梅、孙忠生，秘书长郭景堂出席会议。郭景堂主持会议。

会议议题：传达学习党的十八届五中全会精神；听取各委室10月工作完成情况和11月工作安排汇报，安排部署常委会及机关11月重点工作；其他事项。

市十八届人大常委会第67次主任会议

2015年12月1日，市十八届人大常委会第67次主任会议在菏泽举行。市人大常委会第一副主任杨永昌，副主任汤建梅、孙忠生，秘书长郭景堂出席会议。郭景堂主持会议。

会议议题：听取各委室11月工作完成情况和12月工作安排汇报，安排部署常委会及机关12月重点工作；审议市人大常委会2016年地方立法计划；其他事项。

市十八届人大常委会第68次主任会议

2016年1月4日，市十八届人大常委会第68次主任会议在菏泽举行。市人大常委会第一副主任杨永昌，副主任赵传山、汤建梅、丁志刚、孙忠生，秘书长郭景堂出席会议。郭景堂主持会议。

会议议题：安排部署常委会及机关1月重点工作；研究市十八届人大常委会第三十次会议有关事宜；其他事项。

市十八届人大常委会第69次主任会议

2016年1月11日，市十八届人大常委会第

69 次主任会议在菏泽举行。市人大常委会第一副主任杨永昌，副主任赵传山、汤建梅、丁志刚、孙忠生，秘书长郭景堂出席会议。郭景堂主持会议。

会议议题：研究有关人事任免事项；研究市十八届人大五次会议有关事宜；研究市人大常委会工作报告稿；研究市人大常委会 2016 年工作计划（要点）；研究市十八届人大常委会第三十一次会议有关事宜；其他事项。

市十八届人大常委会第 70 次主任会议

2016 年 1 月 22 日，市十八届人大常委会第 70 次主任会议在菏泽举行。市人大常委会第一副主任段伯汉，副主任赵传山、汤建梅、丁志刚、孙忠生，秘书长郭景堂出席会议。郭景堂主持会议。

会议议题：安排部署常委会及机关重点工作；其他事项。

市十八届人大常委会第 71 次主任会议

2016 年 2 月 3 日，市十八届人大常委会第 71 次主任会议在菏泽举行。市委书记、市人大常委会主任孙爱军，市人大常委会第一副主任段伯汉，副主任赵传山、汤建梅、丁志刚、孙忠生，秘书长郭景堂出席会议。段伯汉主持会议。

会议议题：书面汇报各委室 1 月工作完成情况和 2 月工作安排；听取立法工作有关情况汇报；研究市人大常委会 2016 年学习方案；市委书记、市人大常委会主任孙爱军讲话；其他事项。

市十八届人大常委会第 72 次主任会议

2016 年 2 月 22 日，市十八届人大常委会第 72 次主任会议在菏泽举行。市人大常委会第一副主任段伯汉，副主任赵传山、汤建梅、孙忠生，秘书长郭景堂出席会议。段伯汉主持会议。

会议议题：研究确定市十八届人大常委会第三十二次会议有关事宜；听取有关人事任免事项的汇报；听取办公室关于常委会会议筹备方案和票决事项准备情况的汇报；听取教科文卫委关于常委会会议听取审议《市政府关于“全面改薄”和解决城镇普通中小学“大班额”问题情况的报告》准备情况的汇报；听取民侨外委关于常委会会议听取审议《市政府关于电子商务产业发展情况的报告》准备情况的汇报；其他事项。

市十八届人大常委会第 73 次主任会议

2016 年 4 月 19 日，市十八届人大常委会第 73 次主任会议在菏泽举行。市人大常委会第一副主任段伯汉，副主任赵传山、汤建梅、孙忠生，秘书长郭景堂出席会议。段伯汉主持会议。

会议议题：听取市政府关于定陶县撤县设区有关情况的报告；听取有关人事任免等事项的汇报；听取办公室关于市十八届人大常委会第三十三次会议筹备情况的汇报；听取法工委关于常委会会议审议《菏泽市大气污染防治条例（草案）》准备情况的汇报；听取预算工委关于常委会会议听取审议《市政府关于 2014 年度市级预算执行和其他财政收支审计查出问题整改情况的报告》准备情况的汇报；听取内司委关于常委会会议听取审议《市政府关于城市道路交通秩序整治工作情况的报告》准备情况的汇报；听取农业与农村委关于常委会会议听取审议《市政府关于农村饮水安全工作情况的报告》准备情况的汇报；审议研究《菏泽市地方立法协调联席会议制度（审议稿）》《菏泽市人大常委会立法评估办法（审议稿）》；审议研究《菏泽市人民代表大会及其常务委员会宪法宣誓仪式组织实施细则（草案）》；审议研究《菏泽市人大常委会关于组建预算审查监督咨询专家库实施方案（草案）》及预算审查监督咨询专家库成员初选名单；其他事项。

市十八届人大常委会第 74 次主任会议

2016 年 6 月 21 日，市十八届人大常委会第 74 次主任会议在菏泽举行。市人大常委会第一副主任段伯汉，副主任赵传山、汤建梅、丁志刚、孙忠生，秘书长郭景堂出席会议。段伯汉主持会议。

会议议题：听取有关人事任免等事项的汇报；听取办公室关于市十八届人大常委会第三十四次会议筹备情况的汇报；听取法制委关于常委会会议审议《菏泽市大气污染防治条例（草案修改稿）》《菏泽市城镇容貌和环境卫生条例（草案）》准备情况的汇报；听取预算工委关于常委会会议听取审议市政府有关报告准备情况的汇报；听取农业与农村委关于常委会会议听取审议《市政府关于扶贫开发工作情况的报告》准备情况的汇报；听取教科文卫委关于常委会会议审议表决《市政府关于对“全面改薄”和解决普通中小学“大班额”问题情况报告审议意见研究处理情况的报告》准备情况的汇报；听取民侨外委关于常委会会议审议表决《市政府关于对电子商务产业发展情况报告审议意见研究处理情况的报告》准备情况的汇报；其他事项。

市十八届人大常委会第 75 次主任会议

2016 年 8 月 15 日，市十八届人大常委会第 75 次主任会议在菏泽举行。市人大常委会第一副主任段伯汉，副主任赵传山、汤建梅、丁志刚，秘书长郭景堂出席会议。段伯汉主持会议。

会议议题：听取有关人事任免事项的汇报；听取市司法局关于常委会会议听取审议我市依法治市规划和“七五”普法规划有关情况的汇报；听取人代工委关于全省县乡两级人大换届选举工作学习班精神的汇报；听取办公室关于市十八届人大常委会第三十五次会议筹备情况的汇报；听取法工委关于常委会会议审议有关法规条例准备情况和主任会议审议《菏泽市人大常委会立法咨询工作规则》有关情况的汇报；听取预算工委关于常委会会议听取审议《市政府关于 2016 年上半年预算执行情况的报告》和审议表决《市政府关于对审计查出问题整改情况报告审议意见研究处理情况的报告》准备情况的汇报；听取财经委关于常委会会议听取审议《市政府关于 2016 年上半年国民经济和社会发展计划执行情况的报告》和审议表决《市政府关于对安全生产法执法检查反馈意见研究处理情况的报告》准备情况的汇报；听取内司委关于常委会会议听取审议《市中级人民法院关于行政审判工作情况的报告》和审议表决《市政府关于对城市道路交通秩序整治情况报告审议意见研究处理情况的报告》准备情况的汇报；听取农业与农村委关于常委会会议审议表决《市政府关于对农村饮水安全工作情况报告审议意见研究处理情况的报告》准备情况的汇报；研究讨论关于加强人大监督工作宣传的策划方案；其他事项。

市十八届人大常委会第 76 次主任会议

2016 年 10 月 20 日，市十八届人大常委会第 76 次主任会议在菏泽举行。市人大常委会第一副主任段伯汉，副主任赵传山、汤建梅、丁志刚，秘书长郭景堂出席会议。段伯汉主持会议。

会议议题：听取有关人事任免等事项的汇报；听取办公室关于市十八届人大常委会第三十六次会议筹备情况的汇报；听取办公室、研究室关于常委会会议听取审议《市政府关于民生实事进展情况的报告》准备情况的汇报；听取法工委关于常委会会议审议有关法规条例准备情况的汇报；听取预算工委关于常委会会议听取审议《市政府关于新预算法贯彻实施情况的报告》和审议表决市政府关于对 2015 年财政决算、审计、2016 年上半年预算执行 3 项审议意见研究处理情况报告准备情况的汇报；听取财经委关于常委会会议听取审议《市政府关于重大基础设施建设情况的报告》和审议表决《市政府关于对 2016 年上半年国民经济和社会发展计划执行情况报告审议意见研究处理情况的报告》准备情况的汇报；听取内司委关于常委会会议听取审议《市人民检察院关于刑事执行检察工作情况的报告》准备情况的汇报；听取教科文卫委关于常委会会议审议表决《市人大教科文卫委关于全市食品安全工作情况的调研报告》准备情况的汇报；听取城环委关于常委会会议听取审议《市政府关于全市棚户区改造工作情况的报告》和审议表决《市人大常委会关于创建省级文明城市有关城市基础设施建设和提升城市管理工作情况的视察报告》准备情况的汇报；其他事项。

市十八届人大常委会第 77 次主任会议

2016 年 12 月 15 日，市十八届人大常委会第 77 次主任会议在菏泽举行。市人大常委会第一副主任段伯汉，副主任赵传山、汤建梅、丁志刚、孙忠生，秘书长郭景堂出席会议。段伯汉主持会议。

会议议题：听取有关人事任免事项的汇报；听取办公室关于市十八届人大常委会第三十七次会议筹备情况的汇报；听取办公室关于市人大常委会 2016 年度票决事项选择和 2017 年监督议题征集筛选情况的汇报；听取法工委关于常委会会议审议表决《菏泽市煤炭清洁生产使用监督管理条例（草案表决稿）》准备情况的汇报；听取预算工委关于常委会会议听取审议《市政府关于 2015 年审计查出问题整改情况的报告》《市政府关于 2016 年全市政府债务限额的报告》准备情况的汇报，就《菏泽市人大常委会关于加强市本级部门预算审查监督的若干规定》的起草情况作出说明；书面提交办公室关于常委会会议审议表决《市政府关于对民生实事进展情况报告审议意见研究处理情况的报告》准备情况的汇报、预算工委关于常委会会议审议表决《市政府关于对新预算法贯彻实施情况报告审议意见研究处理情况的报告》准备情况的汇报、财经委关于常委会会议审议表决《市政府关于对全市重大基础设施建设情况报告审议意见研究处理情况的报告》准备情况的汇报、内司委关于常委会会议审议表决《市中级人民法院关于对行政审判工作情况报告审议意见研究处理情况的报告》《市人民检察院关于对刑事执行检察工作情况报告审议意见研究处理情况的报告》准备情况的汇报、教科文卫委关于常委会会议审议表决《市政府关于对食品安全专题调研反馈意见研究处理情况的报告》准备情况的汇报、城环委关于常委会会议审议表决《市政府关于对创建省级文明城市有关城市基础设施建设和提升城市管理工作视察反馈意见研究处理情况的报告》《市政府关于对全市棚户区改造工作情况报告审议意见研究处理情况的报告》准备情况的汇报；听取人代工委关于市直十九届人大代表候选人有关情况的说明；其他事项。

市十八届人大常委会第 78 次主任会议

2017 年 1 月 17 日，市十八届人大常委会第 78 次主任会议在菏泽举行。市人大常委会第一副主任段伯汉，副主任赵传山、汤建梅、丁志刚、孙忠生，秘书长郭景堂出席会议。段伯汉主持会议。

会议议题：听取有关人事任免事项的汇报；听取办公室关于市十八届人大常委会第三十九次会议筹备情况的汇报；听取人代工委关于常委会会议审议市十九届人大一次会议有关事宜准备情况的汇报；听取办公室关于市人大常委会 2017 年工作要点（审议稿）和 2016 年度监督事项票决准备情况的汇报；听取法工委关于市人大常委会 2017 年地方立法计划和五年地方立法规划（草案）有关情况的汇报；听取研究室关于市人大常委会工作报告（审议稿）起草情况的汇报；其他事项。

第五节 第十九届人大常委会历次主任会议

市十九届人大常委会第 1 次主任会议

2017 年 2 月 26 日，市十九届人大常委会第 1 次主任会议在菏泽举行。市委书记、市人大常委会主任孙爱军，市人大常委会副主任杨晓玲、丁志刚、汤建梅、孙忠生、谷瑞灵，秘书长郭景堂出席会议。杨晓玲主持会议。

会议议题：市委书记、市人大常委会主任孙爱军讲话；市人大常委会副主任杨晓玲代表新一届市人大常委会领导班子作表态发言；安排部署市人大常委会及机关 3 月重点工作；其他事项。

市十九届人大常委会第 2 次主任会议

2017 年 3 月 22 日，市十九届人大常委会第 2 次主任会议在菏泽举行。市人大常委会副主任杨晓玲、丁志刚、孙忠生、谷瑞灵，秘书长郭景堂出席会议。杨晓玲主持会议。

会议议题：研究市十九届人大常委会第一次会议方案；听取有关人事任免等事项的汇报（听取有关市政府组成人员任命事项的汇报，听取有关法院审判人员任免事项的汇报，听取有关提请批准任免县区人民检察院检察长职务的汇报，听取宪法宣誓准备情况的汇报）；听取内司委关于常委会会议听取审议《市人民检察院关于未成年人检察工作情况的报告》准备情况的汇报；听取农业与农村委关于常委会会议听取审议《市政府关于“一乡一业、一村一品”发展情况的报告》准备情况的汇报；其他事项。

会议确定市十九届人大常委会第一次会议于 2017 年 3 月 30 日 9：00 在和平大酒店举行。

市十九届人大常委会第 3 次主任会议

2017 年 5 月 3 日，市十九届人大常委会第 3 次主任会议在菏泽举行。市人大常委会副主任杨晓玲、丁志刚、汤建梅、孙忠生、谷瑞灵，秘书长郭景堂出席会议。杨晓玲主持会议。

会议议题：研究确定市十九届人大常委会第二次会议有关事宜：研究市十九届人大常委会第二次会议方案；听取有关人事任免等事项的汇报；听取财经委关于常委会会议听取审议《市政府关于全市金融工作情况的报告》准备情况的汇报；听取农业与农村委关于常委会会议听取审议《市政府关于脱贫攻坚工作情况的报告》准备情况的汇报；听取内司委关于常委会会议听取审议《市中级人民法院关于执行工作情况的报告》准备情况的汇报；听取预算工委关于常委会会议审议《市政府关于菏泽市民政医养服务中心 PPP 项目相关费用纳入财政预算的议案》有关情况的汇报；听取各委室 4 月工作完成情况和 5 月工作安排情况的汇报，安排部署常委会及机关 5 月重点工作；审议研究“后来居上，代表先行”系列活动意见和 4 项单项代表活动实施方案；其他事项。

会议确定市十九届人大常委会第二次会议于 2017 年 5 月 10 日 9：00 在市人大常委会机关五楼会议室举行。

市十九届人大常委会第 4 次主任会议

2017 年 6 月 21 日，市十九届人大常委会第 4 次主任会议在菏泽举行。市人大常委会副主任杨晓玲、丁志刚、孙忠生，秘书长郭景堂出席会议。杨晓玲主持会议。

会议议题：传达学习省党代会和市委常委会（扩大）会议精神；研究市十九届人大常委会第三次会议方案；听取有关人事任免等事项的汇报（市委组织部介绍市政府部分组成人员的任免事项，市人民检察院汇报有关检察人员的任免事项）；听取法制委关于常委会会议审议《菏泽市供热条例（草案）》准备情况的汇报；听取预算工委关于常委会会议听取审议市政府有关工作报告准备情况的汇报；听取内司委关于常委会会议审议表决《市人民检察院关于对未成年人检察工作情况报告审议意见研究处理情况的报告》准备情况的汇报；听取城环委关于常委会会议听取审议市政府创城工作报告和审议表决大气污染防治“一法两条例”执法检查报告准备情况的汇报；听取农委关于常委会会议审议表决《市政府关于对“一乡一业、一村一品”发展情况报告审议意见研究处理情况的报告》准备情况的汇报；听取民侨外委关于常委会会议审议表决全市民族工作专题调研报告准备情况的汇报；其他事项。

会议确定市十九届人大常委会第三次会议于2017年6月28日9：00在市人大常委会机关五楼会议室举行。

市十九届人大常委会第5次主任会议

2017年7月31日，市十九届人大常委会第5次主任会议在菏泽举行。市人大常委会副主任杨晓玲、丁志刚、汤建梅、孙忠生，秘书长郭景堂出席会议。杨晓玲主持会议。

会议议题：听取人代工委关于对市十九届人大代表石文记采取行政拘留处罚措施的汇报。听取预算工委关于终止执行菏泽市城市建设发展基金和城市投资发展基金2项决定的汇报。

市十九届人大常委会第6次主任会议

2017年8月11日，市十九届人大常委会第6次主任会议在菏泽举行。市人大常委会副主任杨晓玲、丁志刚、汤建梅、孙忠生，秘书长郭景堂出席会议。杨晓玲主持会议。

会议议题：听取市公安局关于提请许可对市十九届人大代表余洪智采取强制措施有关情况的汇报。

市十九届人大常委会第7次主任会议

2017年8月21日，市十九届人大常委会第7次主任会议在菏泽举行。市人大常委会副主任杨晓玲、丁志刚、汤建梅、孙忠生，秘书长郭景堂出席会议。杨晓玲主持会议。

会议议题：研究市十九届人大常委会第四次会议方案；听取有关人事任免等事项的汇报（市中级人民法院汇报有关审判人员的任免事项；人代工委汇报调整市人大常委会代表资格审查委员会部分组成人员事宜；人代工委汇报个别代表的代表资格审查情况）；听取法制委关于常委会会议审议《菏泽市供热条例（草案修改稿）》《菏泽市物业管理条例（草案）》准备情况的汇报；听取预算工委关于常委会会议听取审议《市政府关于2017年上半年预算执行情况的报告》准备情况的汇报；听取财经委关于常委会会议听取审议《市政府关于2017年上半年国民经济和社会发展计划执行情况的报告》和审议表决《市政府关于对全市金融工作情况报告审议意见研究处理情况的报告》准备情况的汇报；听取内司委关于常委会会议审议表决《市中级人民法院关于对执行工作情况报告审议意见研究处理情况的报告》准备情况的汇报；听取教科文卫委关于常委会会议听取审议《市政府关于公立医院综合改革情况的报告》和审议表决全市科技创新工作专题调研报告准备情况的汇报；听取城环委关于常委会会议审议表决《菏泽市城镇容貌和环境卫生管理条例》执法检查报告准备情况的汇报；其他事项。

会议确定市十九届人大常委会第四次会议于2017年8月30日9：00在市人大常委会机关五楼会议室举行。

市十九届人大常委会第8次主任会议

2017年9月12日，市十九届人大常委会第8次主任会议在菏泽举行。市人大常委会副主任杨晓玲、丁志刚、汤建梅、孙忠生、谷瑞灵，秘书长郭景堂出席会议。杨晓玲主持会议。

会议议题：审议关于个别代表的代表资格审

查报告；听取关于代表民情日记有关情况的汇报；听取关于代表经费有关情况的汇报；其他事项。

市十九届人大常委会第9次主任会议

2017年10月23日，市十九届人大常委会第9次主任会议在菏泽举行。市人大常委会副主任杨晓玲、丁志刚、汤建梅、孙忠生、谷瑞灵，秘书长郭景堂出席会议。杨晓玲主持会议。

会议议题：研究市十九届人大常委会第六次会议方案；听取有关人事任免事项的汇报（市中级人民法院汇报有关审判人员的任免事项，市人民检察院汇报有关检察人员的任免事项）；听取办公室、研究室关于常委会会议听取审议《市政府关于民生实事进展情况的报告》准备情况的汇报；听取法制委关于常委会会议审议表决《菏泽市供热条例（草案表决稿）》和审议《菏泽市物业管理条例（草案修改稿）》准备情况的汇报；听取预算工委关于常委会会议听取审议《市政府关于提请审议2017年全市政府债务限额的议案》《市政府关于2016年审计查出问题整改情况的报告》和审议表决市政府关于对2016年财政决算、审计、2017年上半年预算执行3项报告审议意见研究处理情况报告准备情况的汇报；听取财经委关于常委会会议审议表决《市政府关于对2017年上半年国民经济和社会发展计划执行情况报告审议意见研究处理情况的报告》准备情况的汇报；听取内司委关于常委会会议听取审议《市政府关于全民创业工作情况的报告》和审议表决对市政府贯彻实施工会"一法两条例"执法检查报告准备情况的汇报；听取教科文卫委关于常委会会议审议表决市政府关于对公立医院综合改革情况报告审议意见研究处理情况报告、科技创新专题调研反馈意见研究处理情况报告准备情况的汇报；听取城环委关于常委会会议审议表决《全市棚户区改造工作情况视察报告》和市政府关于对大气污染防治"一法两条例"、《菏泽市城镇容貌和环境卫生管理条例》2项执法检查反馈意见研究处理情况报告准备情况的汇报；听取农委关于常委会会议审议表决《全市农村土地流转工作情况专题调研报告》准备情况的汇报；听取民侨外委关于常委会会议审议表决《全市电子商务产业发展情况专题调研报告》《市政府关于对全市民族工作专题调研反馈意见研究处理情况的报告》准备情况的汇报；其他事项。

会议确定市十九届人大常委会第六次会议于2017年10月31日9：00在市人大常委会机关五楼会议室举行。

市十九届人大常委会第10次主任会议

2017年12月14日，市十九届人大常委会第10次主任会议在菏泽举行。市人大常委会副主任杨晓玲、丁志刚、汤建梅、孙忠生、谷瑞灵，秘书长郭景堂出席会议。杨晓玲主持会议。

会议议题：听取有关人事任免和市十九届人大二次会议等有关事项的汇报（市委组织部介绍市十九届人大二次会议有关事项和市政府有关人事任免事项，市中级人民法院汇报有关审判人员的任免事项，市人民检察院汇报有关检察人员的任免事项，人代工委汇报市十九届人大二次会议有关事项和市人大常委会有关人事任免事项）；听取办公室关于市十九届人大常委会第七次会议筹备情况和2017年票决事项准备情况的汇报，书面提交关于召开市十九届人大二次会议的决定（草案）；听取研究室关于市人大常委会工作报告起草情况的汇报；听取法工委关于常委会会议表决《菏泽市物业管理条例（草案表决稿）》准备情况的汇报，审议《菏泽市人大常委会立法工作规程》；听取预算工委关于《市政府关于提请审议调整2017年政府性基金收支预算的议案》准备情况的汇报；听取各位副秘书长关于市政府对市人大常委会6项审议意见研究处理情况报告准备情况的汇报；其他事项。

会议确定市十九届人大常委会第七次会议于2017年12月中下旬在市人大常委会机关五楼会议室举行。

市十九届人大常委会第11次主任会议

2018年1月6日，市十九届人大常委会第11次主任会议在菏泽举行。市人大常委会副主任杨晓玲、丁志刚、汤建梅、孙忠生、谷瑞灵，秘书长郭景堂出席会议。杨晓玲主持会议。

会议议题：听取审议市监察委关于有关监察人员任命事项的汇报；听取审议人代工委关于李茂楠辞去市人大常委会委员职务的汇报；研究确定市十九届人大常委会第八次会议有关事宜；其他事项。

市十九届人大常委会第12次主任会议

2018年2月5日，市十九届人大常委会第12次主任会议在菏泽举行。市人大常委会副主任杨晓玲、丁志刚、汤建梅、孙忠生，秘书长郭景堂出席会议。杨晓玲主持会议。

会议议题：研究提交市十九届人大常委会第九次会议的有关议题（听取市人大常委会、市政府、市人民检察院有关人事任免事项的汇报，研究市十九届人大常委会第九次会议筹备方案，审议市人大常委会2018年工作要点，审议市人大常委会2018年地方立法计划），听取关于市人大常委会党组民主生活会筹备情况的汇报；其他事项。

会议确定市十九届人大常委会第九次会议于2018年2月下旬在菏泽举行。

市十九届人大常委会第13次主任会议

2018年4月3日，市十九届人大常委会第13次主任会议在菏泽举行。市人大常委会副主任杨晓玲、丁志刚、汤建梅、孙忠生、谷瑞灵，秘书长郭景堂出席会议。杨晓玲主持会议。

会议议题：研究提交市十九届人大常委会第十次会议审议表决的有关人事任免事项（提请任命陈平为副市长，提请接受解维俊辞去市长职务的请求，提请决定陈平为代理市长）。

市十九届人大常委会第14次主任会议

2018年4月20日，市十九届人大常委会第14次主任会议在菏泽举行。市人大常委会副主任杨晓玲、丁志刚、汤建梅、孙忠生、谷瑞灵，秘书长郭景堂出席会议。杨晓玲主持会议。

会议议题：研究市十九届人大常委会第十一次会议方案；听取有关人事任免事项的汇报（市中级人民法院汇报有关审判人员的任免事项）；听取法制委关于常委会会议审议《菏泽市非物质文化遗产条例（草案）》准备情况的汇报；听取财经委关于常委会会议听取审议《市政府关于化工产业转型升级工作情况的报告》准备情况的汇报；听取内司委关于常委会会议听取审议《市政府关于全市农村移风易俗工作情况的报告》准备情况的汇报；听取城环委关于常委会会议审议表决《市人大常委会执法检查组关于对市政府贯彻落实〈菏泽市供热条例〉情况的执法检查报告》准备情况的汇报；听取农委关于常委会会议听取审议《市政府关于生态循环农业发展情况的报告》准备情况的汇报；其他事项。

会议确定市十九届人大常委会第十一次会议于2018年4月26日9：00在市人大常委会机关五楼会议室举行。

市十九届人大常委会第15次主任会议

2018年5月26日，市十九届人大常委会第15次主任会议在菏泽举行。市人大常委会副主任杨晓玲、丁志刚、汤建梅、孙忠生、谷瑞灵，秘书长郭景堂出席会议。杨晓玲主持会议。

会议议题：研究提交市十九届人大常委会第十二次会议的有关事项［听取市委组织部关于市

十九届人大三次会议主席团、秘书长建议名单（草案）的介绍；听取办公室关于召开市十九届人大三次会议的决定（草案）起草情况的汇报；听取人代工委关于代表资格审查和人事任免情况的汇报]。

市十九届人大常委会第16次主任会议

2018年6月15日，市十九届人大常委会第16次主任会议在菏泽举行。市人大常委会副主任杨晓玲、丁志刚、汤建梅、孙忠生、谷瑞灵，秘书长郭景堂出席会议。杨晓玲主持会议。

会议议题：研究市十九届人大常委会第十三次会议方案；听取有关人事任免事项的汇报（市委组织部介绍有关人事任免事项）；听取法制委关于常委会会议审议《菏泽市非物质文化遗产条例（草案修改稿）》《菏泽市城乡规划条例（草案）》准备情况的汇报；听取预算工委关于常委会会议听取审议《市政府关于2017年财政决算（草案）的报告》《市政府关于2017年市级预算执行和其他财政收支的审计工作报告》准备情况的汇报；听取财经委关于常委会会议审议表决《关于对市政府贯彻实施〈菏泽市煤炭清洁生产使用监督管理条例〉情况的执法检查报告》准备情况的汇报；听取教科文卫委关于常委会会议审议表决《关于全市职业教育和特殊教育发展情况的专题调研报告》准备情况的汇报；听取城环委关于常委会会议听取审议《市政府关于环境保护工作情况的报告》准备情况的汇报；听取民侨外委关于常委会会议审议表决《关于全市旅游工作的专题调研报告》准备情况的汇报；听取人代工委关于《菏泽市人民代表大会代表履职规范（草案）》起草情况的汇报；其他事项。

会议确定市十九届人大常委会第十三次会议于2018年6月25日9：00在市人大常委会机关五楼会议室举行。

市十九届人大常委会第17次主任会议

2018年7月20日，市十九届人大常委会第17次主任会议在菏泽举行。市人大常委会副主任杨晓玲、丁志刚、汤建梅、孙忠生、谷瑞灵，秘书长郭景堂出席会议。杨晓玲主持会议。

会议议题：研究提交市十九届人大常委会第十四次会议审议表决的有关人事任免事项。

市十九届人大常委会第18次主任会议

2018年7月27日，市十九届人大常委会第18次主任会议在菏泽举行。市人大常委会副主任丁志刚、汤建梅、孙忠生、谷瑞灵，秘书长郭景堂出席会议。丁志刚主持会议。

会议议题：听取审议市公安局《关于许可对菏泽市人大代表李亮采取刑事强制措施的报告》。

市十九届人大常委会第19次主任会议

2018年8月10日，市十九届人大常委会第19次主任会议在菏泽举行。市人大常委会副主任杨晓玲、丁志刚、汤建梅、孙忠生、谷瑞灵，秘书长郭景堂出席会议。杨晓玲主持会议。

会议议题：研究市十九届人大常委会第十五次会议方案；听取有关人事任免等事项的汇报（市中级人民法院汇报有关审判人员的任免事项）；听取法制委关于常委会会议表决《菏泽市非物质文化遗产条例（草案建议表决稿）》和审议《菏泽市城乡规划条例（草案修改稿）》准备情况的汇报；听取预算工委关于常委会会议听取审议《市政府关于2018年上半年预算执行情况的报告》准备情况的汇报；听取财经委关于常委会会议听取审议《市政府关于2018年上半年国民经济和社会发展计划执行情况的报告》和审议表决《市政府关于对化工产业转型升级工作情况报告审议意见研究处理情况的报告》准备情况的汇报；听取内司委关于常委会会议审议表决《市人

大内司委关于对城市道路交通拥堵情况的专题调研报告》《市政府关于对全市农村移风易俗工作情况报告审议意见研究处理情况的报告》准备情况的汇报；听取教科文卫委关于常委会会议听取审议《市政府关于食品安全工作情况的报告》准备情况的汇报；听取城环委关于常委会会议审议表决《市政府关于对〈菏泽市供热条例〉执法检查情况审议意见研究处理情况的报告》准备情况的汇报；听取农委关于常委会会议审议表决《市政府关于对生态循环农业发展情况报告审议意见研究处理情况的报告》准备情况的汇报；研究讨论《菏泽市人大常委会审议意见研究处理办法(审议稿)》；其他事项。

会议确定市十九届人大常委会第十六次会议于2018年10月29日9：00在市人大常委会机关五楼会议室举行。

市十九届人大常委会第20次主任会议

2018年10月23日，市十九届人大常委会第20次主任会议在菏泽召开。市人大常委会副主任杨晓玲、丁志刚、汤建梅、孙忠生出席会议。杨晓玲主持会议。

会议议题：研究市十九届人大常委会第十六次会议方案；听取有关人事任免等事项的汇报（市委组织部介绍有关人事任免事项，市人民检察院汇报有关检察人员的任免事项，人代工委汇报市人大常委会有关人事任免事项）；听取研究室关于常委会会议审议《菏泽市人民代表大会常务委员会讨论决定重大事项的规定（草案）》准备情况的汇报；听取法制委关于常委会会议表决《菏泽市城乡规划条例（草案表决稿）》和审议《菏泽市水污染防治条例（草案修改三稿）》准备情况的汇报；听取预算工委关于常委会会议听取审议《市政府关于2017年审计查出问题整改情况的报告》和审议表决《市政府关于对2017年财政决算（草案）报告审议意见研究处理情况的报告》《市政府关于对2017年市级预算执行和其他财政收支审计工作报告审议意见研究处理情况的报告》《市政府关于对2018年上半年预算执行情况报告审议意见研究处理情况的报告》准备情况的汇报；听取财经委关于常委会会议审议表决《关于对黄河滩区脱贫迁建工作的视察报告》《市政府关于对2018年上半年国民经济和社会发展计划执行情况报告审议意见研究处理情况的报告》《市政府关于对〈菏泽市煤炭清洁生产使用监督管理条例〉执法检查审议意见研究处理情况的报告》准备情况的汇报；听取内司委关于常委会会议听取审议《市中级人民法院关于知识产权审判工作情况的报告》《市人民检察院关于公诉工作情况的报告》和审议表决《市政府关于对城市道路交通拥堵专题调研情况审议意见研究处理情况的报告》准备情况的汇报；听取教科文卫委关于常委会会议审议表决《市政府关于对全市职业教育和特殊教育发展专题调研情况审议意见研究处理情况的报告》《市政府关于对食品安全工作情况报告审议意见研究处理情况的报告》准备情况的汇报；听取城环委关于常委会会议审议表决《关于市政府落实〈土壤污染防治行动计划〉情况的专题调研报告》《市政府关于对环境保护工作情况报告审议意见研究处理情况的报告》准备情况的汇报；听取民侨外委关于常委会会议审议表决《市政府关于对全市旅游工作专题调研情况审议意见研究处理情况的报告》准备情况的汇报；听取法工委关于将《菏泽市文明行为促进条例》纳入2018年立法调研预备项目情况的汇报；其他事项。

会议确定市十九届人大常委会第十六次会议于2018年10月29日9：00在市人大常委会机关五楼会议室举行。

市十九届人大常委会第21次主任会议

2018年12月19日，市十九届人大常委会第21次主任会议在菏泽举行。市人大常委会副主任杨晓玲、丁志刚、汤建梅、谷瑞灵，秘书长郭景堂出席会议。杨晓玲主持会议。

会议议题：听取办公室关于市十九届人大常委会第十七次会议有关筹备情况的汇报；听取有关人事任免等事项的汇报（市委组织部介绍市政府有关人事任免事项，市中级人民法院汇报有关审判人员的任免事项和对有关员额法官备案事项，市人民检察院汇报有关检察人员的任免事项和对有关员额检察官备案事项）；听取法制委关于常委会会议表决《菏泽市水污染防治条例（草案表决稿）》准备情况的汇报；听取预算工委关于常委会会议听取审议《市政府关于2017年度全市及市级企业国有资产管理情况的专项报告》、审议《市政府关于2017年度全市国有资产管理情况的综合报告》、听取审议《市政府关于提请审议2018年全市政府债务限额的议案》及说明准备情况和《中共菏泽市委办公室关于人大预算审查监督重点向支出预算和政策拓展的实施意见（代拟稿）》起草情况的汇报；听取财经委关于常委会会议审议表决《市政府关于对黄河滩区脱贫迁建工作视察情况审议意见研究处理情况的报告》准备情况的汇报；听取内司委关于常委会会议审议表决《市中级人民法院关于对知识产权审判工作报告审议意见研究处理情况的报告》《市人民检察院关于对公诉工作报告审议意见研究处理情况的报告》准备情况的汇报；听取城环委关于常委会会议听取审议《市政府关于提请审议〈菏泽市城市总体规划（2018—2035年）〉的议案》及说明、审议表决《市政府关于对落实〈土壤污染防治行动计划〉专题调研情况审议意见研究处理情况的报告》准备情况的汇报；其他事项。

会议确定市十九届人大常委会第十七次会议于2018年12月26日9：00在市人大常委会机关五楼会议室举行。

市十九届人大常委会第22次主任会议

2019年1月8日，市十九届人大常委会第22次主任会议在菏泽举行。市人大常委会副主任杨晓玲、丁志刚、汤建梅、孙忠生、谷瑞灵，秘书长郭景堂出席会议。杨晓玲主持会议。

会议议题：听取市委组织部关于市政府组成部门有关人事任免事项的介绍；听取人代工委有关事项的汇报［市十九届人大四次会议议案审查委员会建议名单（草案），市十九届人大四次会议计划预算审查委员会建议名单（草案），市十九届人大二次会议代表建议、批评和意见办理情况的书面报告（草案），市人大常委会有关人事任免事项］；听取办公室有关事项的汇报［第十八次常委会会议筹备情况，关于召开市十九届人大四次会议的决定（草案）］；听取研究室关于常委会工作报告起草情况的汇报；其他事项。

会议确定市十九届人大常委会第十八次会议于2019年1月10日14：30在市人大常委会机关五楼会议室举行。

市十九届人大常委会第23次主任会议

2019年1月10日，市十九届人大常委会第23次主任会议在菏泽举行。市人大常委会副主任杨晓玲、丁志刚、汤建梅、孙忠生、谷瑞灵，秘书长郭景堂出席会议。杨晓玲主持会议。

会议议题：听取市委组织部关于市十九届人大四次会议主席团、秘书长建议名单（草案）和列席人员范围（草案）的介绍；听取人代工委关于市人大常委会代表资格审查委员会关于个别代表的代表资格审查报告的汇报；其他事项。

市十九届人大常委会第24次主任会议

2019年1月22日，市十九届人大常委会第24次主任会议在菏泽举行。市人大常委会主任尹玉明，副主任杨晓玲、丁志刚、汤建梅、孙忠生、谷瑞灵，秘书长郭景堂出席会议。尹玉明主持会议。

会议议题：听取审议关于补选陈平为山东省第十三届人民代表大会代表的报告。

市十九届人大常委会第 25 次主任会议

2019 年 2 月 21 日，市十九届人大常委会第 25 次主任会议在菏泽举行。市人大常委会主任尹玉明，副主任杨晓玲、丁志刚、汤建梅、孙忠生、谷瑞灵，秘书长郭景堂出席会议。党组成员张洪兴列席会议。尹玉明主持会议。

会议议题：传达学习省十三届人大二次会议精神；研究市十九届人大常委会第二十次会议筹备方案；听取办公室关于市人大常委会 2019 年工作要点起草和 2018 年度票决事项选择工作情况的汇报；听取法工委关于市人大常委会 2019 年地方立法计划编制情况的汇报；听取预算工委关于常委会会议审议表决《市政府关于对 2017 年度全市国有资产管理情况综合报告及 2017 年度全市及市级企业国有资产管理情况专项报告审议意见研究处理情况的报告》准备情况的汇报；听取有关人事任免事项的汇报；其他事项。

会议确定市十九届人大常委会第二十次会议于 2019 年 3 月上旬在菏泽举行。

市十九届人大常委会第 26 次主任会议

2019 年 3 月 19 日，市十九届人大常委会第 26 次主任会议在菏泽举行。市人大常委会主任尹玉明，副主任杨晓玲、汤建梅、孙忠生、谷瑞灵，秘书长郭景堂出席会议。党组成员张洪兴列席会议。尹玉明主持会议。

会议议题：传达学习十三届全国人大二次会议精神；听取人代工委关于交办 2019 年度代表建议及表彰 2018 年度代表建议办理工作先进单位（个人）、优秀代表建议情况的汇报；其他事项。

市十九届人大常委会第 27 次主任会议

2019 年 4 月 23 日，市十九届人大常委会第 27 次主任会议召开。市人大常委会主任尹玉明，副主任汤建梅、孙忠生、谷瑞灵，秘书长郭景堂出席会议。党组成员张洪兴列席会议。尹玉明主持会议。

会议议题：研究市十九届人大常委会第二十一次会议方案；听取有关人事任免事项的汇报（市人民检察院汇报有关检察人员的任免事项；人代工委汇报市人大常委会有关人事任免事项）；听取法制委关于常委会会议审议《菏泽市烟花爆竹燃放管理条例（草案）》准备情况的汇报；听取财经委关于常委会会议听取审议《市政府关于全市民营经济发展情况的报告》、审议表决《市政府关于对化工产业转型升级工作报告审议意见办理落实情况的报告》准备情况的汇报；听取监察和司法委关于常委会会议听取审议《市中级人民法院关于家事审判工作情况的报告》、审议表决《市政府关于对城市道路交通拥堵专题调研情况审议意见办理落实情况的报告》《市政府关于对全市农村移风易俗工作报告审议意见办理落实情况的报告》准备情况的汇报；听取教科文卫委关于常委会会议听取审议《市政府关于全市基层医疗卫生事业发展情况的报告》、审议表决《市政府关于对全市职业教育和特殊教育发展专题调研情况审议意见办理落实情况的报告》准备情况的汇报；听取城环委关于常委会会议审议表决《市人大常委会执法检查组关于对市政府贯彻实施大气污染防治“一法两条例”情况的执法检查报告》《市政府关于对环境保护工作报告审议意见办理落实情况的报告》《市政府关于对〈菏泽市供热条例〉执法检查情况审议意见办理落实情况的报告》准备情况的报告；其他事项。

会议确定市十九届人大常委会第二十一次会议于 2019 年 4 月 29 日 9：00 在市人大常委会机关五楼会议室举行。

市十九届人大常委会第 28 次主任会议

2019 年 6 月 12 日，市十九届人大常委会第 28 次主任会议在菏泽举行。市人大常委会副主任杨晓玲、丁志刚、汤建梅、孙忠生、谷瑞灵，秘书长郭景堂出席会议。党组成员张洪兴列席会议。杨晓玲主持会议。

会议议题：研究市十九届人大常委会第二十二次会议方案；听取预算工委关于常委会会议听取审议《市政府关于全市行政事业性国有资产管理情况的专项报告》、审议《市政府关于全市国有资产管理情况的综合报告》准备情况的汇报；听取法制委关于常委会会议审议《菏泽市烟花爆竹燃放管理条例（草案修改稿）》准备情况的汇报；听取教科文卫委关于常委会会议审议《菏泽市文明行为促进条例（草案）》准备情况的汇报；听取城环委关于常委会会议听取审议《市政府关于全市环境状况和环境保护目标完成情况的报告》准备情况的汇报；听取民侨外委关于常委会会议听取审议《市政府关于全市现代商贸物流产业发展情况的报告》准备情况的汇报；听取农业与农村委关于常委会会议审议表决《市人大常委会视察组关于全市乡村振兴工作情况的视察报告》准备情况的汇报；其他事项。

会议确定市十九届人大常委会第二十二次会议于 2019 年 6 月 20 日 9：00 在市人大常委会机关五楼会议室举行。

市十九届人大常委会第 29 次主任会议

2019 年 8 月 5 日，市十九届人大常委会第 29 次主任会议在菏泽举行。市人大常委会副主任杨晓玲、丁志刚、汤建梅、孙忠生，秘书长郭景堂出席会议。党组成员张洪兴列席会议。杨晓玲主持会议。

会议议题：传达学习市委十三届九次全委会精神；研究市十九届人大常委会第二十三次会议方案；听取有关人事任免事项的汇报（人代工委汇报有关监察人员的任免事项）；听取法制委关于常委会会议表决《菏泽市烟花爆竹燃放管理条例（草稿表决稿）》、审议《菏泽市文明行为促进条例（草案修改稿）》准备情况的汇报；听取预算工委关于常委会会议听取审议《市政府关于 2018 年财政决算和 2019 年上半年预算执行情况的报告》《市政府关于 2018 年度市级预算执行和其他财政收支的审计工作报告》准备情况的汇报；听取财经委关于常委会会议听取审议《市政府关于 2019 年上半年国民经济和社会发展计划执行情况的报告》、审议表决《市政府关于对全市民营经济发展情况报告审议意见研究处理情况的报告》准备情况的汇报；听取监察和司法委关于常委会会议审议表决《市中级人民法院关于对家事审判工作报告审议意见研究处理情况的报告》准备情况的汇报；听取教科文卫委关于常委会会议审议表决《市人大教科文卫委关于对全市生物医药产业发展情况的专题调研报告》《市政府关于对全市基层医疗卫生事业发展情况报告审议意见研究处理情况的报告》准备情况的汇报；其他事项。

会议确定市十九届人大常委会第二十三次会议于 2019 年 8 月 16 日 9：00 在市人大常委会机关五楼会议室举行。

市十九届人大常委会第 30 次主任会议

2019 年 10 月 24 日，市十九届人大常委会第 30 次主任会议在菏泽举行。市人大常委会主任尹玉明，副主任杨晓玲、汤建梅、孙忠生、谷瑞灵，秘书长郭景堂出席会议。党组成员张洪兴列席会议。尹玉明主持会议。

会议议题：传达学习全省人大代表工作座谈会、全省各市人大常委会秘书长工作交流会精神；研究市十九届人大常委会第二十四次会议方案；听取有关人事任免等事项的汇报（人代工委汇报市人大常委会有关人事任免事项，市中级人民法院汇报有关审判人员的任免事项，市人民检察院汇报有关检察人员的任免事项）；听取研究室关于市人大常委会有关制度修订情况的汇报，审议有关制度；听取法制委关于常委会会议表决《菏泽市文明行为促进条例（草稿表决稿）》准备情况的汇报；听取预算工委关于常委会会议听取审议《市政府关于2018年度市级预算执行和其他财政收支审计查出问题整改情况的报告》、审议表决《市政府关于对全市国有资产管理情况综合报告和行政事业性国有资产管理情况专项报告审议意见研究处理情况的报告》《市政府关于对2018年财政决算和2019年上半年预算执行情况报告及2018年度市级预算执行和其他财政收支审计工作报告审议意见研究处理情况的报告》准备情况的汇报；听取财经委关于常委会会议审议表决《市政府关于对2019年上半年国民经济和社会发展计划执行情况报告审议意见研究处理情况的报告》准备情况的汇报；听取监察和司法委关于常委会会议听取审议《市人民检察院关于公益诉讼工作情况的报告》准备情况的汇报；听取城环委关于常委会会议听取审议《市政府关于城乡规划实施情况的报告》、审议表决《市人大常委会执法检查组关于对〈山东省物业管理条例〉〈菏泽市物业管理条例〉贯彻实施情况的执法检查报告》《市政府关于对全市环境状况和环境保护目标完成情况报告审议意见研究处理情况的报告》准备情况的汇报；听取农业与农村委关于常委会会议审议表决《市人大农业与农村委关于对全市创建国家森林城市工作整体推进情况的专题调研报告》《市政府关于对乡村振兴工作视察情况审议意见研究处理情况的报告》准备情况的汇报；听取民侨外委关于常委会会议审议表决《市政府关于对全市现代商贸物流产业发展情况报告审议意见研究处理情况的报告》准备情况的汇报；听取社会建设委关于常委会会议审议表决《市人大社会建设委关于对“归雁兴菏”行动贯彻落实情况的专题调研报告》《市政府关于对安全生产“一法一条例”执法检查情况审议意见研究处理情况的报告》准备情况的汇报；其他事项。

会议确定市十九届人大常委会第二十四次会议于2019年10月30日9：00在市人大常委会机关五楼会议室举行。

市十九届人大常委会第31次主任会议

2019年12月20日，市十九届人大常委会第31次主任会议在菏泽举行。市人大常委会副主任杨晓玲、丁志刚、汤建梅、孙忠生、谷瑞灵，秘书长郭景堂出席会议。杨晓玲主持会议。

会议议题：听取办公室关于2019年度创先争优工作目标完成情况的汇报；研究市十九届人大常委会第二十五次会议方案；听取有关人事任免事项的汇报（市中级人民法院汇报有关审判人员的任免事项，市人民检察院汇报有关检察人员的任免事项，人代工委汇报有关人事任免事项）；研究市十九届人大五次会议的有关事宜［关于召开菏泽市第十九届人民代表大会第五次会议的决定（草案），关于常委会工作报告的起草情况，市十九届人大五次会议议案审查委员会建议名单（草案），市十九届人大四次会议代表建议、批评和意见办理情况的书面报告（草案）］；听取预算工委关于常委会会议审议《市政府关于提请审议2019年全市政府债务限额的议案》及其说明准备情况的汇报；听取监察和司法委关于常委会会议审议表决《市人民检察院关于对公益诉讼工作报告审议意见研究处理情况的报告》准备情况的汇报；听取教科文卫委关于常委会会议审议表决《市政府关于对全市生物医药产业发展专题调研情况审议意见研究处理情况的报告》准备情况的汇报；听取城环委关于常委会会议审议表决《市政府关于对〈山东省物业管理条例〉〈菏泽市物业管理条例〉执法检查情况审议意见研究处理情况的报告》《市政府关于对城乡规划实施情况报告审议意见研究处理情况的报告》准备情况的汇报；听取农业与农村委关于常委会会议审议表决《市政府关于对全市创建国家森林城市工作整体推进专题调研情况审议意见研究处理情况的报告》准备情况的汇报；听取社会建设委关于常委会会议审议表决《市政府关于对"归雁兴菏"行动贯彻落实专题调研情况审议意见研究处理情况的报告》准备情况的汇报;其他事项。

会议确定市十九届人大常委会第二十五次会议于2019年12月27日9：00在市人大常委会机关五楼会议室举行。

市十九届人大常委会第32次主任会议

2019年12月26日，市十九届人大常委会第32次主任会议在菏泽举行。市人大常委会主任尹玉明，副主任杨晓玲、丁志刚、汤建梅、孙忠生、谷瑞灵，秘书长郭景堂出席会议。党组成员张洪兴列席会议。尹玉明主持会议。

会议议题：听取市委组织部关于市十九届人大五次会议主席团、秘书长建议名单（草案），列席人员范围（草案）的介绍；听取市人民检察院有关人事任免事项的汇报；听取研究室关于市人大常委会工作报告（审议稿）起草情况的汇报；听取人代工委关于市十九届人大五次会议议案审查委员会建议名单（草案）、计划预算审查委员会建议名单（草案）、市人大常委会代表资格审查委员会关于个别代表的代表资格审查报告以及有关人事任免事项准备情况的汇报；其他事项。

市十九届人大常委会第33次主任会议

2020年2月17日，市十九届人大常委会第33次主任会议在菏泽举行。市人大常委会主任尹玉明，副主任杨晓玲、丁志刚、汤建梅、谷瑞灵、魏琳，秘书长郭景堂出席会议。尹玉明主持会议。

会议议题：听取法工委关于市人大常委会2020年地方立法计划编制情况的汇报；听取办公室关于市人大常委会2020年工作要点起草情况的汇报；听取人代工委关于市人大常委会有关人事任免事项的汇报；其他事项。

市十九届人大常委会第34次主任会议

2020年2月28日，市十九届人大常委会第34次主任会议召开。市人大常委会主任尹玉明，副主任杨晓玲、丁志刚、汤建梅、谷瑞灵、魏琳，秘书长郭景堂出席会议。尹玉明主持会议。

会议议题：听取办公室关于市十九届人大常委会第二十六次会议有关工作准备情况的汇报；听取有关人事任免等事项的汇报（市委组织部介绍市政府组成人员的任免事项，市监察委汇报有关监察人员的任命事项，由市法院汇报有关审判人员的任免事项，市检察院汇报有关检察人员的任免事项，由人代工委汇报有关代表事宜）；其他事项。

会议确定市十九届人大常委会第二十六次会议于2020年3月5日9：00在市人大常委会机关五楼会议室举行。

市十九届人大常委会第35次主任会议

2020年4月15日，市十九届人大常委会第35次主任会议在菏泽举行。市人大常委会主任尹玉明，副主任杨晓玲、丁志刚、汤建梅、谷瑞灵、魏琳，秘书长郭景堂出席会议。尹玉明主持会议。

会议议题：听取审议关于补选李干杰为山东省第十三届人民代表大会代表的报告。

市十九届人大常委会第36次主任会议

2020年4月21日，市十九届人大常委会第36次主任会议在菏泽举行。市人大常委会主任尹玉明，副主任杨晓玲、丁志刚、汤建梅、谷瑞灵、魏琳，秘书长郭景堂出席会议。尹玉明主持会议。

会议议题：研究市十九届人大常委会第二十八次会议方案；听取有关人事任免等事项的汇报（市检察院汇报有关检察人员的任免事项，人代工委汇报市人大常委会有关人事任免事项，人代工委汇报有关代表事宜）；听取研究室关于《菏泽人大志（1984—2020）》编纂工作准备情况和市人大常委会有关制度修订情况的汇报，审议有关制度；听取法工委关于常委会会议审议《菏泽市餐厨废弃物管理条例（草案）》准备情况的汇报；听取预算工委关于常委会会议审议表决《市政府关于对全市国有资产管理情况综合报告和行政事业性国有资产管理情况专项报告审议意见办理落实情况的报告》准备情况的汇报；听取监察和司法委关于常委会会议听取审议《市中级人民法院关于诉讼服务中心建设情况的报告》准备情况的汇报；听取教科文卫委关于常委会会议听取审议《市政府关于扩增学前教育资源及中小学教师队伍建设情况的报告》、审议表决《市政府关于对全市基层医疗卫生事业发展情况报告审议意见办理落实情况的报告》准备情况的汇报；听取城环委关于常委会会议审议表决《市政府关于对〈山东省物业管理条例〉〈菏泽市物业管理条例〉执法检查情况审议意见办理落实情况的报告》《市政府关于对环境状况和环境保护目标完成情况报告审议意见办理落实情况的报告》《市政府关于对城乡规划实施情况报告审议意见办理落实情况的报告》等准备情况的汇报；听取农业与农村委关于常委会会议听取审议《市政府关于农村人居环境综合整治工作情况的报告》、审议表决《市政府关于对全市乡村振兴工作视察情况审议意见办理落实情况的报告》准备情况的汇报；其他事项。

会议确定市十九届人大常委会第二十八次会议于2020年4月28日在市人大常委会机关五楼会议室举行。

市十九届人大常委会第37次主任会议

2020年6月10日，市十九届人大常委会第37次主任会议在菏泽举行。市人大常委会主任尹玉明，副主任杨晓玲、丁志刚、汤建梅、谷瑞灵、魏琳，秘书长郭景堂出席会议。尹玉明主持会议。

会议议题：传达学习十三届全国人大三次会议精神；研究市十九届人大常委会第二十九次会议方案；听取有关人事任免等事项的汇报（市监察委汇报有关监察人员的任免事项，市法院汇报有关审判人员的任免事项，市检察院汇报有关检察人员的任免事项）；听取法工委关于常委会会议审议《菏泽市餐厨废弃物管理条例（草案修改稿）》《菏泽市城市供水条例（草案）》准备情况的汇报；听取预算工委关于常委会会议听取审议《市政府关于菏泽市2019年度国有自然资源（资产）管理情况的专项报告》、审议《市政府关于菏泽市2019年度国有资产管理情况的综合报告》准备情况的汇报；听取财经委关于常委会会议审议表决《市人大常委会执法检查组关于对〈中华人民共和国食品安全法〉贯彻实施情况的执法检查报告》准备情况的汇报；听取教科文卫委关于常委会会议审议表决《市人大常委会执法检查组关于对〈中华人民共和国传染病防治法〉贯彻实施情况的执法检查报告》准备情况的汇报；听取城环委关于常委会会议听取审议《市政府关于全市环境状况和环境保护目标完成情况的报告》准备情况的汇报；听取农业与农村委关于对《菏泽市城市供水条例（草案）》初审情况的汇报；听取民侨外委关于常委会会议审议表决《市人大民侨外委关于全市全域旅游工作情况的专题调研报告》准备情况的汇报；听取社会建设委关于常委会会议听取审议《市政府关于推进“放管服”和“一次办好”改革情况的报告》准备情况的汇报；

审议《菏泽市人大常委会关于推进建立健全国有资产管理情况报告和监督制度的实施意见（草案）》；研究争创全国文明单位的有关事宜；其他事项。

会议确定市十九届人大常委会第二十九次会议于2020年6月18日在市人大常委会机关五楼会议室举行。

市十九届人大常委会第38次主任会议

2020年8月18日，市十九届人大常委会第38次主任会议在菏泽举行。市人大常委会主任尹玉明，副主任杨晓玲、丁志刚、谷瑞灵、魏琳，秘书长郭景堂出席会议。尹玉明主持会议。

会议议题：研究市十九届人大常委会第三十次会议方案；听取有关人事任免等事项的汇报（市委组织部介绍市政府有关组成人员的任免事项，市法院汇报有关审判人员的任免事项，人代工委汇报市人大常委会有关人事任免事项）；听取法工委关于常委会会议表决《菏泽市餐厨废弃物管理条例（草案表决稿）》、审议《菏泽市城市供水条例（草案修改稿）》准备情况的汇报；听取预算工委关于常委会会议听取审议《市政府关于2019年财政决算和2020年上半年预算执行情况的报告》《市政府关于2019年度市级预算执行和其他财政收支的审计工作报告》准备情况的汇报；听取财经委关于常委会会议听取审议《市政府关于2020年上半年国民经济和社会发展计划执行情况的报告》准备情况的汇报；听取监察和司法委关于常委会会议审议表决《市人大监察和司法委关于对“七五”普法决议贯彻实施情况的专题调研报告》《市中级人民法院关于对诉讼服务中心建设情况报告审议意见研究处理情况的报告》准备情况的汇报；听取教科文卫委关于常委会会议审议表决《市政府关于对扩增学前教育资源及中小学教师队伍建设情况报告审议意见研究处理情况的报告》准备情况的汇报；听取农业与农村委关于常委会会议审议表决《市政府关于对全市农村人居环境整治工作情况报告审议意见研究处理情况的报告》准备情况的汇报；听取社会建设委关于常委会会议听取审议《市政府关于推进“放管服”和“一次办好”改革情况的报告》准备情况的汇报；审议《菏泽市人大常委会预算审计专家库成员名单（草案）》；其他事项。

会议确定市十九届人大常委会第三十次会议于2020年8月24日在和平大酒店召开。

市十九届人大常委会第39次主任会议

2020年10月20日，市十九届人大常委会第39次主任会议在菏泽举行。市人大常委会主任尹玉明，副主任杨晓玲、丁志刚、汤建梅、谷瑞灵，秘书长郭景堂出席会议。尹玉明主持会议。

会议议题：研究市十九届人大常委会第三十一次会议方案；听取有关人事任免等事项的汇报（市监察委汇报有关监察人员的任免事项，人代工委汇报市人大常委会有关人事任免事项）；听取法工委关于常委会会议表决《菏泽市城市供水条例（草案表决稿）》准备情况的汇报；听取人代工委关于常委会会议听取审议《市政府关于代表建议办理情况的报告》准备情况的汇报；听取预算工委关于常委会会议听取审议《市政府关于2019年度市级预算执行和其他财政收支审计查出问题整改情况的报告》、审议表决《市政府关于对全市2019年度国有自然资源（资产）管理情况专项报告审议意见研究处理情况的报告》《市政府关于对全市2019年度国有资产管理情况综合报告审议意见研究处理情况的报告》《市政府关于对2019年财政决算和2020年上半年预算执行情况报告审议意见研究处理情况的报告》《市政府关于对2019年度市级预算执行和其他财政收支审计工作报告审议意见研究处理情况的报告》准备情况的汇报；听取财经委关于常委会会议审议表决《市政府关于对〈中华人民共和国食品安全法〉执法检查情况审议意见研究处理情况的报告》《市政府关于对2020年上半年国民经济和社会发展计划执行情况报告审议意见研究处理情况的报告》准备情况的汇报；听取监察和司法委关于常委会会议听取审议《市人民检察院关于全面加强法律监督工作情况的报告》准备情况的汇报；听取教科文卫委关于常委会会议审议表决《市政府关于对〈中华人民共和国传染病防治法〉执法检查情况审议意见研究处理情况的报告》准备情况的汇报；听取城环委关于常委会会议审议表决《市人大常委会视察组关于全市交通重点工程建设情况的视察报告》《市政府关于对全市环境状况和环境保护目标完成情况报告审议意见研究处理情况的报告》准备情况的汇报；听取农业与农村委关于常委会会议审议表决《市人大农业与农村委关于我市黄河保护与治理工作情况的专题调研报告》准备情况的汇报；听取民侨外委关于常委会会议审议表决《市政府关于对全市全域旅游工作专题调研情况审议意见研究处理情况的报告》准备情况的汇报；听取社会建设委关于常委会会议审议表决《市人大社会建设委关于全市养老服务工作情况的专题调研报告》；听取法工委关于第二届淮海经济区立法协作联席会议精神及工作建议的汇报；传达学习全省人大预算联网监督工作会议精神；其他事项。

会议确定市十九届人大常委会第三十一次会议于2020年10月27日9：00在市人大常委会机关五楼会议室召开。

市十九届人大常委会第40次主任会议

2020年11月17日，市十九届人大常委会第40次主任会议在菏泽举行。市人大常委会主任尹玉明，副主任杨晓玲、丁志刚、汤建梅、魏琳出席会议。尹玉明主持会议。

会议议题：研究《菏泽人大志（1984—2020）》编纂工作。

市十九届人大常委会第41次主任会议

2020年12月22日，市十九届人大常委会第41次主任会议在菏泽举行。市人大常委会主任尹玉明，副主任杨晓玲、丁志刚、汤建梅、谷瑞灵出席会议。尹玉明主持会议。

会议议题：听取办公室关于常委会2020年度创先争优工作目标完成情况的汇报；听取办公室关于市十九届人大常委会第三十二次会议有关准备情况的汇报；听取有关人事任免事项的汇报（由市法院汇报有关审判人员的任免事项，由市检察院汇报有关检察人员的任免事项，由人代工委汇报市人大常委会有关人事任免事项）；听取法工委关于常委会会议审议菏泽市人民政府关于提请审议《菏泽市城镇容貌和环境卫生管理条例修正案（草案）》议案准备情况的汇报；听取人代工委关于常委会会议审议表决《市政府关于对代表建议办理情况报告审议意见研究处理情况的报告》《市十九届人大五次会议代表建议、批评和意见办理情况的书面报告（草案）》准备情况的汇报；听取预算工委关于常委会会议听取审议《市政府关于提请审议批准2020年菏泽市新增政府债务限额调整方案（草案）的议案》《市政府关于提请审议2020年市级及开发区财政预算调整方案（草案）的议案》及其说明准备情况的汇报；听取监察和司法委关于常委会会议审议表决《市人民检察院关于对全面加强法律监督工作报告审议意见研究处理情况的报告》等准备情况的汇报；听取教科文卫委关于常委会会议审议表决《市人大教科文卫委关于市十九届人大五次会议主席团交付审议的代表议案审议结果的报告（草案）》准备情况的汇报；听取城环委关于常委会会议审议表决《市政府关于对全市交通重点工程建设视察情况审议意见研究处理情况的报告》《市人大城环委关于市十九届人大五次会议主席团交付审议的代表议案审议结果的报告（草案）》、关于修改《菏泽市城镇容貌和环境卫生管理条例》准备情况的汇报；听取农业与农村委关于常委会会议审议表决《市政府关于对我市黄河保护与治理专题调研情况审议意见研究处理情况的报告》准备情况的汇报；听取社会建设委关于常委会会议审议表决《市政府关于对推进“放管服”和“一次办好”改革情况报告审议意见研究处理情况的报告》《市政府关于对全市养老服务工作专题调研情况审议意见研究处理情况的报告》准备情况的汇报；其他事项。

会议确定市十九届人大常委会第三十二次会议于12月29日9：00在市人大常委会机关五楼会议室召开。

第五章　人大常委会重要履职活动

2001年以来，菏泽市人大常委会始终坚持在中共菏泽市委的坚强领导下，深入贯彻落实党的路线、方针、政策，紧紧围绕全市经济社会发展大局，积极回应广大人民群众期盼，坚持与党委同向、与“一府一委两院”同力、与人民群众同心、与人大代表同行、与时代同步，忠实履行宪法和法律赋予的职责，积极行使地方立法、监督、决定、任免等各项职权，创新开展“建功立业”“后来居上、代表先行”等代表活动，充分发挥地方人大职能作用，有力助推全市经济社会发展和改革攻坚任务。坚持行职权于法律所赋、寓支持于监督之中，聚焦发展重点、改革难点、民生焦点、社会热点，综合采取听取专项工作报告、组织视察、开展执法检查、开展专题调研等方式，实施正确监督、有效监督，监督工作针对性和实效性不断增强。2015年，市人大常委会获得地方立法权以来，紧紧围绕全市经济社会发展所需、人民群众所盼，坚持科学立法、民主立法、依法立法，着力提高地方立法工作质量，完成《菏泽市大气污染防治条例》《菏泽市城镇容貌和环境卫生管理条例》等13部地方性法规的立法工作，为全市经济社会持续快速发展提供有力的法制保障。

第一节　第十五届人大常委会重要履职活动

工作视察

全市交通和公路工作视察　2001年11月30日，市人大常委会组织视察全市交通和公路工作，实地察看曲菏高速、东兰路元旗营公铁立交桥、沿黄公路建设情况，形成视察报告，并及时反馈市政府研究处理。市人大常委会副主任阎世海、潘兴玺、范福临、周书运、文廷良、汤建梅，秘书长李顺广和部分常委会委员及部分驻菏全国、省人大代表参加视察。

人大代表年终视察　2001年12月4日至7日，市人大常委会组织部分驻菏全国、省、市人大代表进行集中视察。代表们先后视察成武县、郓城县工业生产经营和农业结构调整情况，视察市直部分企业和菏泽师专等单位，听取市直8个部门的工作汇报，为提出高质量的代表议案、建议打好基础。市委书记、市人大常委会主任李明先作总结讲话，市人大常委会副主任阎世海、潘兴玺、李胜华、范福临、周书运、文廷良、郭仲生，秘书长李顺广及部分常委会委员参加视察。副市长杜昌文、贾凤英、李德章、侯成君分别陪同视察。

防汛工作视察 2002年7月1日至2日，市人大常委会对防汛工作情况进行视察，形成视察报告，并及时反馈市政府研究处理。市政府针对指出的问题和提出的建议认真进行整改。市人大常委会副主任阎世海、潘兴玺、李胜华、范福临、周书运、文廷良、常洪珍、汤建梅，秘书长李顺广和部分常委会委员及驻菏全国、省、市人大代表参加视察。副市长孙义福陪同视察。

人民防空工作视察 2002年8月15日至16日，市人大常委会对人民防空工作进行视察，听取市人防办主任王泽启所作的工作汇报，实地察看市区人防工程，观看人防通信警报建设专题片，形成视察报告，并及时反馈市政府研究处理。市人大常委会副主任阎世海、李胜华、范福临、周书运、郭仲生、常洪珍、汤建梅，秘书长李顺广及部分驻菏全国、省人大代表参加视察。

执法检查

科技进步“一法一条例”执法检查 2001年6月1日，市人大常委会对《中华人民共和国科学技术进步法》《山东省科学技术进步条例》的贯彻实施情况进行执法检查，形成执法检查报告，并及时反馈市政府研究处理。市人大常委会副主任阎世海、李胜华、范福临、周书运、常洪珍，秘书长李顺广及部分驻会常委会委员参加检查。

工会法和省实施办法执法检查 2002年9月2日至13日，市人大常委会对《中华人民共和国工会法》《山东省实施〈中华人民共和国工会法〉办法》的贯彻实施情况进行执法检查。市人大常委会副主任范福临、常洪珍带领由内司工委、部分人大代表组成的执法检查组，分别到牡丹区、曹县、定陶县、成武县、单县、东明县、鄄城县、郓城县、巨野县及市直53个单位进行检查抽查。检查组采取听、查、看、访的办法，详细了解工会“一法一条例”的贯彻实施情况。

第二节 第十六届人大常委会重要履职活动

工作视察

防洪法贯彻实施情况视察 2003年7月14日至15日，市人大常委会对《中华人民共和国防洪法》的贯彻实施情况进行视察。视察组重点视察黄河、内河和城市防汛工作，形成视察报告，并及时反馈市政府研究处理。市人大常委会第一副主任王祖和，副主任常洪珍、汤建梅参加视察。副市长夏鲁青陪同视察。

全市经济社会发展情况视察 2003年12月8日至10日，市人大常委会对全市经济社会发展情况进行视察，形成视察报告，并及时反馈市政府研究处理。市委书记、市人大常委会主任陈光，市人大常委会第一副主任王祖和，副主任潘兴玺、范福临、朱献瑞、文廷良、郭仲生、常洪珍、汤建梅、潘建荣，秘书长李顺广及部分驻菏全国、省、市人大代表参加视察。

2003年12月8日至10日，市人大常委会对全市经济社会发展情况进行集中视察

村民委员会换届选举工作视察 2004年4月7日至8日，市人大常委会对村民委员会换届

选举工作情况进行视察。市人大常委会副主任朱献瑞带队视察，部分省、市人大代表参加视察，视察分3个视察小组，分别视察全市9个县区的18个乡镇、36个行政村，并广泛召开座谈会，查看有关资料，听取市、县区、乡镇有关情况汇报。

城市重点工程建设情况视察 2004年10月21日至22日，市人大常委会对全市城市重点工程建设情况进行视察。视察组听取副市长张存金代表市政府所作的工作汇报，实地察看市容市貌、环城公园、赵王河公园等城建重点工程建设现场，形成视察报告，并及时反馈市政府研究处理。市人大常委会第一副主任王祖和，副主任潘兴玺、范福临、文廷良、郭仲生、常洪珍、汤建梅、潘建荣，秘书长李顺广和部分常委会委员及驻菏全国、省人大代表参加视察。

人大代表年终视察 2004年12月8日至9日，市人大常委会组织部分驻菏全国、省、市人大代表，分别到巨野县、鄄城县就经济发展和“平安菏泽”建设情况进行视察，并及时将视察发现的问题和有关建议反馈市政府研究处理。市人大常委会第一副主任王祖和，副主任潘兴玺、范福临、朱献瑞、汤建梅，秘书长李顺广参加视察。

水污染防治法贯彻实施情况和城市污水处理厂建设及运营情况视察 2005年6月30日至7月1日，市人大常委会组织部分常委会组成人员和驻菏全国、省人大代表，对水污染防治法贯彻实施情况和城市污水处理厂建设及运营情况进行视察。视察组听取市建设局局长党文生代表市政府所作的工作汇报，实地察看牡丹区、定陶县、成武县、单县的部分老企业水污染治理和新建企业落实项目环境评价、“三同时”情况及城市污水处理厂建设现场，并提请市人大常委会作出《关于进一步加强水污染防治法和城市污水处理厂建设的决议》。

人大代表年终视察 2005年12月8日至9日，市人大常委会组织驻菏全国人大代表和部分省、市人大代表进行年终集中视察，并及时将发现的问题和提出的建议反馈市政府研究处理，同时也为人大代表在人代会上提出高质量的代表建议做好准备。市人大常委会第一副主任王祖和，副主任潘兴玺、文廷良、常洪珍、潘建荣，秘书长李顺广参加视察。副市长何茂远、邵好学陪同视察。

义务教育法贯彻实施情况视察 2006年10月18日至20日，市人大常委会第一副主任贾凤英，副主任朱献瑞、文廷良、常洪珍、汤建梅、邵好学、刘金俊、李玉华，带领市人大常委会部分组成人员和人大代表，对《中华人民共和国义务教育法》的贯彻实施情况进行视察。副市长张存金陪同视察。视察组听取市、县区政府和相关部门关于义务教育法贯彻实施情况的汇报，到全市九县区18个乡镇36所学校，查阅相关资料，并进行个别走访、听取师生代表意见建议，形成视察报告，并及时反馈市政府研究处理。

2006年10月18日至20日，市人大常委会开展义务教育法视察

人大代表年终视察 2006年12月12日至13日，市人大常委会组织驻菏全国、省人大代表和部分市人大代表进行年终集中视察。视察组先后视察牡丹区、巨野县、东明县、鄄城县、菏泽城区的城市建设、开发区建设和有关社会事业发展情况，并召开座谈会，听取市政府有关工作汇报，代表们进行认真讨论发言，形成视察报告，

并及时反馈市政府研究处理。市委书记、市人大常委会主任陈光，市人大常委会第一副主任贾凤英，副主任朱献瑞、文廷良、常洪珍、汤建梅、邵好学、刘金俊、张秀长、李玉华参加视察。

执法检查

村民委员会组织法执法检查 2003年5月7日至9日，市人大常委会对《中华人民共和国村民委员会组织法》的贯彻实施情况进行执法检查。市人大常委会组成6个专门检查组，分别由市人大常委会第一副主任王祖和，副主任潘兴玺、范福临、文廷良、常洪珍、潘建荣带队，抽调各委室和部分省、市人大代表参加，对定陶县马集镇、曹县普连集镇、东明县武胜桥乡、牡丹区杜庄乡、单县孙溜镇、郓城县黄堆集乡的60个行政村进行检查。听取乡镇、行政村有关工作汇报，查阅选举情况原始资料和村委会有关组织建设材料，并召开村干部座谈会120余次，与300余名乡镇、村干部及400余名村民座谈，深入掌握村民委员会组织法在全市的贯彻实施情况。

老年人权益保障“一法一条例”执法检查 2003年9月15日至16日，市人大常委会副主任范福临带领部分驻菏省、市人大代表和市直有关部门负责人，组成3个检查组，分别到单县、郓城县、鄄城县、东明县、牡丹区，就落实《中华人民共和国老年人权益保障法》《山东省老年人权益保障条例》及老年人优待政策情况进行执法检查。

村民委员会组织法执法检查 2004年12月8日，市人大常委会对《中华人民共和国村民委员会组织法》的贯彻实施情况进行执法检查，组成3个检查组，分别由市人大常委会第一副主任王祖和，副主任范福临、朱献瑞、常洪珍、潘建荣带队，对成武县、郓城县、牡丹区的6个乡镇、15个行政村进行检查。检查组分别听取县区、乡镇有关工作汇报，察看有关选举材料，走访座谈部分村民。

《山东省人口与计划生育条例》执法检查 2005年7月21日至22日，市人大常委会组成执法检查组，先后到牡丹区、单县检查《山东省人口与计划生育条例》的贯彻实施情况，形成执法检查报告，及时反馈市政府研究处理，并跟踪督办，确保发现的问题和提出的建议得到有效整改落实。市人大常委会第一副主任王祖和，副主任朱献瑞、汤建梅和部分常委会委员参加检查。副市长何茂远陪同检查。

水污染防治“一法一条例”执法检查 2006年5月29日至30日，市人大常委会对《中华人民共和国水污染防治法》《山东省水污染防治条例》的贯彻实施情况进行执法检查。执法检查组首先听取副市长杨永昌代表市政府所作的关于贯彻实施水污染防治法情况的汇报，随后分成3个检查小组，分别到牡丹区、定陶县、东明县、鄄城县、成武县、单县6个县区，实地察看有关文件资料、环境执法档案、污水处理厂建设、工业点源治理和重要河流断面等情况，并就检查中发现的问题与有关部门座谈。市人大常委会第一副主任贾凤英，副主任朱献瑞、刘金俊及部分人大代表参加检查。

劳动法执法检查 2006年6月29日至30日，市人大常委会对《中华人民共和国劳动法》的贯彻实施情况进行执法检查。检查采取市人大常委会开展执法检查和委托县区人大开展执法检查相结合的方式进行，分别由市人大常委会第一副主任贾凤英，副主任文廷良、邵好学带队，抽查郓城县、曹县、成武县3个县，听取市、县政府关于贯彻实施劳动法情况的汇报，抽查有关文件资料，召开部分企业负责人座谈会和职工代表座谈会，并实地察看一些企业。

防洪法执法检查 2006年7月2日至3日，市人大常委会对《中华人民共和国防洪法》的贯彻实施情况进行执法检查。检查组听取副市长段伯汉代表市政府所作的关于贯彻实施防洪法情况的综合汇报及有关部门的书面汇报，冒雨察看黄河高村险工、刘庄险工和黄河堤防、内河马庄桥、路菜园闸、物资仓库和部分城市防洪设施等有关现场，检查有关部门的防洪规划、河道治理和防护、防洪工程设施与管理、防汛队伍建设、防洪物料储备及责任落实等情况。市人大常委会第一副主任贾凤英，副主任刘金俊、张秀长，秘书长马春田及部分常委会委员参加检查。

《山东省南水北调工程沿线区域水污染防治条例》执法检查 2007年8月17日至18日，市人大常委会第一副主任贾凤英带领执法检查组，对《山东省南水北调工程沿线区域水污染防治条例》的贯彻实施情况进行执法检查。检查组听取副市长杨永昌代表市政府所作的有关工作汇报，到牡丹区、东明县、成武县进行现场检查，听取县区政府关于实施水污染防治条例情况的汇报，实地察看有关文件资料、环境执法档案、污水处理厂建设、工业点源治理和重要河流断面等情况，形成执法检查报告，并及时反馈市政府研究处理。市人大常委会副主任刘金俊和部分常委会委员参加检查。

专题会议

代表评议工作会议 2003年11月14日召开，根据宪法、代表法等有关法律规定，按照市委的要求和市十六届人大常委会第二次会议的决定，市人大常委会组织300名人大代表，对人民群众比较关注的市公安局、市交通局、市工商局的工作进行评议。市人大常委会组成人员、参评代表、市政府、市纪检委、市委组织部负责人、市法检两院主要负责人、市政府序列部门主要负责人，共400余人参加会议。这次活动分为宣传发动、调查走访、民主评议、评后整改4个阶段进行。市人大常委会先后召开民主测评会和座谈会90次，民主测评和座谈3000余人，发放民主测评表913份，走访群众700余人次，掌握大量第一手资料。全体参评代表在深入调查研究、广泛听取意见的基础上，对3个部门按信任、基本信任、不信任3个档次进行无记名投票，现场公布计票结果。根据得票情况，市工商局被评为信任单位，市交通局、市公安局被评为基本信任单位。这次评议活动是市人大常委会成立以来的第一次。

人大代表评议部门会议 2004年11月24日召开，这次评议组织部分驻菏全国、省、市人大代表约200人参加，对市国土资源局、市环境保护局、市劳动和社会保障局、市民政局、市质量技术监督局的工作进行评议。市国土资源局、市劳动和社会保障局、市民政局、市质量技术监督局被评为信任单位，市环境保护局被评为基本信任单位。评议活动从2004年10月中旬开始，历时1个月，先后召开民主测评会和座谈会90余次，民主测评和座谈2000余人次，走访群众700余人次，掌握大量第一手资料。通过评议，5个部门的精神面貌、工作态度、服务水平都发生明显的积极变化。

全市人大工作会议 2005年11月1日召开，会议主要任务是以邓小平理论、“三个代表”重要思想和科学发展观为指导，深入贯彻党的十六大和十六届五中全会精神，进一步加强和改善党对人大工作的领导、充分发挥地方国家权力机关

2005年11月1日，全市人大工作会议召开

作用。市委书记、市人大常委会主任陈光代表市委讲话，市人大常委会第一副主任王祖和、市长杜昌文、市中级人民法院副院长宋展、市人民检察院副检察长范玉国分别代表市人大常委会、市政府、市中级人民法院、市人民检察院作发言。会议印发《关于贯彻省委〈关于进一步加强人大工作的意见〉的意见》。市领导陈光、杜昌文、王祖和、孔令昌、赵润田、崔建平、马平昌，原菏泽地区人大工委主任于法杰、毕可文出席会议。市委、市人大常委会、市政府、市政协有关领导，市中级人民法院、市人民检察院负责人，曾在市人大常委会担任领导职务的老领导，市人大常委会秘书长，市政府秘书长，市人大常委会委员及市直各部门、单位负责人参加会议。

第三节 第十七届人大常委会重要履职活动

工作视察

土地管理法、水污染防治法、水法贯彻实施情况视察 2008 年 5 月 21 日至 23 日，市人大常委会第一副主任杨永昌，副主任邵好学、刘金俊、李玉华、马春田、彭靖华和部分市人大常委会组成人员及人大代表，到定陶县、成武县、单县、东明县、牡丹区，对市政府贯彻实施《中华人民共和国土地管理法》《中华人民共和国水污染防治法》《中华人民共和国水法》情况进行视察。视察过程中，既听汇报也看现场，既看好的典型更看问题突出的现场。好的典型由市政府有关部门提报，问题突出的现场从市委群众工作办公室采集的群众反映强烈的问题中选取，并结合市政府有关部门掌握的情况，由市委群众工作办公室和市政府有关部门共同提报。定陶县、成武县、单县、东明县、牡丹区 5 个县区的 21 个现场均按照抽签的方式确定，其中有问题的现场占 11 个，超过一半的比例。每到一个县区，视察组都到企业车间、项目工地和相关部门进行视察，认真听取汇报、察看现场，并现场分析产生问题的原因，提出改进工作的意见和建议。为切实增强视察效果，参加视察的部分人员还分成 4 个组，分别到 5 个县区对水污染防治情况进行夜查暗访，夜查结果与视察情况一并进行审议。

食品安全和安全生产工作视察 2008 年 8 月 12 日至 13 日，市人大常委会对食品安全、安全生产工作情况进行视察。视察组听取市政府有关工作情况汇报，分别实地察看成武县、曹县、定陶县、牡丹区、东明县 5 个县区的 19 个涉及食品安全和安全生产的重要环节和部分现场，提请市人大常委会形成《关于加强食品安全和安全生产工作的决议》。2009 年 7 月 27 日至 28 日，市人大常委会又对《关于加强食品安全和安全生产工作的决议》的贯彻落实情况进视察。视察组听取市政府关于食品安全、安全生产工作情况的汇报，现场察看单县、巨野县、鄄城县、郓城县的 16 个现场，听取部分人大代表的发言。2010 年 7 月 8 日至 9 日，市人大常委会组织常委会组成人员及部分全国、省、市人大代表对食品安全和安全生产工作进行视察。视察组听取市政府有关工作情况汇报，视察曹县、成武县、定陶县、东明县、牡丹区 5 个县区，实地察看曹县圣奥化工、成武达驰有限公司、定陶鲁花有限公司、东明石化集团、牡丹区睿鹰先锋四厂等 19 个现场，形成视察报告，并及时反馈市政府研究处理。市人大常委会第一副主任杨永昌，副主任邵好学、刘金俊、李玉华、马春田、彭靖华，秘书长赵普参加视察。

节能降耗、重点项目和城市建设工作视察 2008 年 9 月 22 日至 24 日，市人大常委会对市政府节能降耗、重点项目和城市建设工作情况进行视察。视察组先后到开发区、牡丹区、巨野县、单县，察看市区长江路、菏泽汽车西站、花都百货大市场、垃圾处理厂、大剧院、演武楼、八一路改造、新天地公园、香格里拉国际广场等城市重点工程建设情况，详细了解德商高速、华润电厂、洙水河航运、巨润玻璃、铁雄新沙、舜亦新能源、国能生物发电等大项目建设及有关工程节能降耗情况，并指出工作中存在的问题和改进工作的意见建议。市人大常委会第一副主任杨永昌，副主任邵好学、刘金俊、李玉华、马春田、彭靖华，秘书长赵普和部分常委会组成人员及驻菏全国、省、市人大代表参加视察。

2008 年 9 月 22 日至 24 日，市人大常委会对市政府节能降耗、重点项目、城市建设情况进行视察

人大代表年终视察 2008 年 12 月 29 日至 30 日，市人大常委会组织驻菏全国人大代表和部分省、市人大代表对全市大项目建设和招商引资、新农村建设和有关社会事业发展情况进行视察，并对人大代表“建功立业”活动进行现场观摩。视察组实地察看牡丹区、开发区、单县、巨野县、成武县、东明县的 25 个现场，重点察看大项目建设和招商引资、新农村建设和社会事业发展情况，既促进代表“建功立业”活动的开展，也为人大代表在人代会上提出代表议案、建议奠定基础。市人大常委会第一副主任杨永昌，副主任汤建梅、邵好学、刘金俊、李玉华、马春田、彭靖华，秘书长赵普参加视察。市委常委、常务副市长刘勇陪同视察。

全市“四大基地一大产业”重大项目和城市建设重点工程视察 2009 年 9 月 24 日至 26 日，市人大常委会对全市“四大基地一大产业”重大项目和城市建设重点工程进行视察。视察组在听取市政府关于“四大基地一大产业”重大项目和城市建设重点工程进展情况汇报后，对全市 9 个县区和开发区的 60 余个项目进行现场视察，并召开座谈会，形成视察报告，及时反馈市政府研究处理，并跟踪督办落实，推动全市“四大基地一大产业”重大项目和城市建设重点工程的建设。市人大常委会第一副主任杨永昌，副主任汤建梅、邵好学、刘金俊、李玉华、马春田、彭靖华，秘书长赵普和常委会组成人员，部分驻菏全国、省、市人大代表及县区人大常委会负责人参加视察。

全市基础教育和农村卫生工作视察 2009 年 11 月 24 日至 25 日，市人大常委会对全市基础教育和农村卫生工作情况进行视察。视察组先后到曹县、成武县、定陶县、东明县 4 个县的卫生院和学校，视察 16 个现场，形成视察报告，并及时反馈市政府研究处理，推动全市基础教育和农村卫生工作的健康发展。市人大常委会第一副主任杨永昌，副主任汤建梅、邵好学、李玉华、彭靖华，秘书长赵普及部分驻菏全国、省、市人大代表参加视察。

全市基础教育和农村卫生工作视察 2010 年 11 月 23 日至 24 日，市人大常委会对全市基础教育和农村卫生工作情况进行视察。视察组听取市政府关于全市基础教育和农村卫生工作情况的汇报，并实地察看单县、巨野县、东明县、牡丹区、开发区的有关现场，指出问题，提出建议，并及时反馈市政府研究处理。市人大常委会第一副主任杨永昌，副主任邵好学、刘金俊、李玉华、马春田，秘书长赵普，部分常委会委员和驻菏全国、省、市人大代表参加视察。

社会保障体系建设工作视察 2011 年 7 月 18 日至 20 日，市人大常委会对全市社会保障体系建设工作情况进行视察。视察组听取市政府特邀咨询童彩云代表市政府所作的关于全市社会保障体系建设工作情况的汇报，随后分3个视察组，分别到全市9个县区进行现场视察，形成视察报告，并及时反馈市政府研究处理。市人大常委会第一副主任杨永昌，副主任邵好学、马春田、彭靖华，秘书长赵普以及部分常委会委员和人大代表参加视察。

“五大基地一大产业”重大项目、城镇建设重点工程和迎淮核查工程建设情况视察 2011年11月22日至23日，市人大常委会对全市“五大基地一大产业”重大项目建设、城镇建设重点工程和迎淮核查工程建设情况进行视察。视察组听取市政府有关工作情况汇报，随后分别到牡丹区、东明县、曹县、开发区和市区进行现场视察，共察看17个“五大基地一大产业”项目、10个城建项目、7个迎淮核查项目。视察结束后召开座谈会，对视察情况进行总结，指出问题，提出建议。市人大常委会第一副主任杨永昌，副主任邵好学、马春田、彭靖华，秘书长赵普，市人大常委会党组成员丁志刚，部分常委会委员和人大代表参加视察。

民生实事落实情况视察（与代表年终视察合并进行） 2011年12月23日至24日，市人大常委会对市政府2011年承诺的十件民生实事办理落实情况进行视察。视察组听取副市长黄秀玲代表市政府所作的关于十件民生实事开展情况的汇报，随后实地察看市区、鄄城县、郓城县、巨野县、单县、成武县、定陶县的20多个民生工程，现场听取各县区有关民生实事落实情况的汇报，形成视察报告，并及时反馈市政府研究处理。市人大常委会第一副主任杨永昌，副主任汤建梅、邵好学、彭靖华，秘书长赵普，市人大常委会党组成员丁志刚参加视察。

执法检查

行政诉讼法执法检查 2008年6月27日，市人大常委会组成执法检查组，对全市法院系统贯彻实施《中华人民共和国行政诉讼法》情况进行执法检查。市中级人民法院院长孙寿海介绍市县两级法院贯彻实施行政诉讼法的基本情况，检查组还召开行政诉讼当事人座谈会，走访行政案件当事人，并实地察看基层法院建设情况，形成执法检查报告，及时反馈市中级人民法院办理落实，并跟踪督办。市人大常委会第一副主任杨永昌，副主任汤建梅、马春田、彭靖华参加检查。

劳动合同法执法检查 2009年5月14日至15日，市人大常委会组成执法检查组，对《中华人民共和国劳动合同法》的贯彻实施情况进行执法检查。检查组首先听取市劳动和社会保障局关于劳动就业、社会保障及贯彻实施劳动合同法情况的汇报，随后检查组分别到市直和东明县、牡丹区、巨野县、郓城县、曹县、定陶县的企业、人力资源市场、学校、乡镇进行检查。检查组每到一个单位，首先听取有关情况汇报，查找存在的问题，提出整改意见和建议。实地检查结束后，检查组又分组进行讨论，并召开劳动合同法执法检查座谈会，听取各检查组执法检查情况汇报。市人大常委会第一副主任杨永昌，副主任邵好学、刘金俊、李玉华、彭靖华，秘书长赵普，部分常委会委员和人大代表参加检查。

2009年5月14至15日，市人大常委会对市政府贯彻实施劳动合同法情况进行执法检查

水污染防治法执法检查 2011年5月9日，市人大常委会组成执法检查组，对市政府贯彻实

施《中华人民共和国水污染防治法》情况进行执法检查。检查组察看城区污水管网建设现场以及牡丹区步长制药、兔八哥食品等企业，东明县陆圈镇环保所、县污水处理厂、东明石化集团污水处理情况。在随后召开的执法检查座谈会上，市委常委、副市长付伟代表市政府作关于水污染防治法贯彻实施情况的汇报。执法检查结束后，形成执法检查报告，提请常委会会议审议通过后，及时反馈市政府研究处理，并跟踪督办。市人大常委会副主任汤建梅、邵好学、马春田参加检查。

代表活动

代表“建功立业”主题活动 人大代表“建功立业”活动是市人大常委会自2008年以来，在广大代表中倡导开展的一项长期性的主题活动，旨在凝聚代表力量，激发代表干事创业的热情，为代表融入大局、发挥作用、提升自身价值搭建平台。经过7年多的大力推进、提升完善，该项工作成为菏泽市人大工作的创新和亮点。2008年为活动的启动年，主题是推动“四大基地一大产业”建设，参与人员是市级人大代表；2009年为活动的拓展年，将参与活动范围扩大到全市各级人大代表；2010年为活动的完善年，活动主题增加推进城镇化建设的内容，同时开展“推进节能降耗、发展低碳经济”和“环保世纪行”两个专项活动；2011年为活动的深化年，突出“五大基地一大产业”建设；2012年为活动的创新年，围绕打造鲁苏豫皖交界地区科学发展高地主题，形成“一主多专”的活动架构；2013年为活动的拓展年，主题是“打造高地当先锋、建成小康率先行”；2014年为活动的提升年，倡导代表在各行争做楷模、在各业争当旗手，并把1728名街道人大监督员纳入其中；2015年为活动的巩固年，主题是“为实现科学赶超后来居上目标而建功、为增进菏泽1000万人民福祉而立业”。代表建功立业活动是一个由浅入深、由低到高，内涵和外延不断深化和拓展的过程。为提高活动的针对性和实效性，在总结以往工作的基础上，市人大常委会制定《人大代表建功立业活动暂行办法》，对活动作进一步完善和规范。这一套成熟的办法和机制，对保障活动的开展起到重要作用，确保活动的实践性和成效性。各县区人大结合各自实际，进一步丰富代表履职形式，赋予更加丰富的内容，如东明县开展的“人大代表率先行”活动、定陶县的“双引领”活动、成武县的“五带头”活动等，都开展得有声有色，产生良好的社会效应。

“万件社会矛盾化解”专题活动 从2010年始连续6年开展“万件社会矛盾化解”活动。活动坚持“两位一体”“两翼扩展”“四轮驱动”的工作机制，即以全市1163个代表小组为基础，以全市14400多名代表尽责为基点，代表小组和代表共同构成矛盾化解活动主体；坚持前翼扩展早预防，后翼扩展求实效，把矛盾抓早、事情抓小、情况抓细、工作抓实；强化动员倡导、科学指导、调度督导、典型引导，激发各级人大代表参与化解矛盾纠纷的积极性，促进活动的深入开展。建立上下联动信访网络，设立代表小组接访室，公布接访电话，实行代表定期挂牌接访，6年来共排查化解矛盾纠纷66795件。

“百万册图书进校园”专题活动 2010年，围绕教育事业发展，针对视察中发现的全市中小学生图书匮乏现象，开展“百万册图书进校园”活动，动员广大代表勇于承担社会责任，积极为中小学捐款捐书。活动共捐赠图书110余万册，价值2600余万元，全部为国家规定的中小学图书书目。

“百家文艺团体装备改善”专题活动 2011年，围绕促进文化强市建设，创新开展“百家文艺团体装备改善”活动，倡议人大代表捐资提升文艺团体的演出装备水平，以满足文化下乡的需要，推动文艺走进基层百姓，繁荣发展文化事业。

活动共捐资1280多万元，采购11辆高档流动舞台车和一批音响道具，268家文艺团体装备得到改善，解决200多个文艺剧团“送戏下乡”的老大难问题。

专题会议

全市人大创新工作座谈会 2011年5月20日召开，市人大常委会第 副主任杨永昌，副主任汤建梅、邵好学、彭靖华，秘书长赵普，部分常委会委员、各县区人大常委会主任、市人大常委会各委室负责人参加会议。2011年5月12日至18日，市人大常委会考察组一行57人先后到晋城、临汾、延安、西安、运城、郑州等地，学习人大在观念理念、方式方法、体制机制等方面创新的经验做法。在这次座谈会上，部分县区人大常委会主任、常委会委员畅谈考察学习的感受、感想，就人大工作如何创新，各自发表意见和建议。会议要求，要进一步创新工作思路，树立突破是创新、借鉴是创新、完善也是创新的观念，围绕法律预留空间去创新，围绕科学整合和借鉴去创新，打破思维定式去创新；要进一步创新工作重点，创新审议意见形成和督办方式，创新预算监督、专题询问监督方式，创新开展代表活动，创新乡镇人大工作，要积极去争、去创，要确保“实”和“真”；要进一步创新工作机制，在坚持和完善原有工作机制的基础上，创建新的工作机制，优化执行工作机制。

2011年5月20日，全市人大创新工作座谈会召开

第四节 第十八届人大常委会重要履职活动

法规颁布

《菏泽市制定地方性法规条例》颁布施行 市人大法制委自2015年8月起着手进行《菏泽市制定地方性法规条例》（以下简称“条例”）的起草工作，在学习借鉴的基础上，结合菏泽实际，补充完善立法法修改新增内容，采取多种方式听取市人大各专门委员会、市政府有关部门、法律专家、人大代表、立法咨询员等有关方面的意见建议，认真研究论证，形成“条例”草案审议稿。2015年8月11日、10月28日，市十八届人大常委会第二十八次、第二十九次会议对“条例”先后进行两次审议。市人大法制委根据各方面意见进行修改完善。“条例”于2016年1月21日经菏泽市第十八届人民代表大会第五次会议表决通过，2016年3月30日经山东省第十二届人民代表大会常务委员会第二十次会议批准，自2016年4月8日起施行。“条例”共六章五十一条，主要对市人民代表大会及其常务委员会制定地方性法规的权限、应当遵循的原则、立法准备、立法程序以及地方性法规的修改、废止、解释以及地方性法规的报批、公布、解释等方面作出详细规定，确立“两审三通过”、重要条款单独表决、隔次审议等审议表决机制。“条例”的颁布施行，标志着菏泽市立法工作有一部全面的程序性法规，立法工作开启新的征程。

《菏泽市大气污染防治条例》颁布施行 2016年9月29日，《菏泽市大气污染防治条例》（以下简称“条例”）颁布施行新闻发布会在市图书馆举行。市人大常委会新闻发言人、研究室主任常俊哲，市人大常委会法工委主任姜东生，市政府法制办副主任潘守康、市环保局副调研员王玉东参加新闻发布会，介绍“条例”的制定背景、制定过程、主要内容等，并回答记者提问。为保护和改善大气环境，推进生态文明建设，防治大气污染，保障公众健康，促进全市经济社会可持续发展，市人大常委会将“条例”列入2016年立法计划审议项目。2016年1月23日，市十八届人大常委会第三十次会议确定将“条例”作为2016年第一个拟审议项目。2016年4月28日、6月29日，市十八届人大常委会第三十三次、第三十四次会议对“条例”先后进行两次审议。在立法过程中，两次在市人大网站发布公告，面向社会广泛征求意见建议。同时向市直有关部门、县区人大、人大代表、政协委员书面征求意见建议，并多次召开立法专家、立法咨询员座谈会，从立法技术、法律语言规范等方面对“条例”进行研究、讨论和修改。“条例”于2016年8月30日经市十八届人大常委会第三十五次会议表决通过，于2016年9月23日经山东省第十二届人民代表大会常务委员会第二十三次会议批准，自2016年12月1日起施行。“条例”共五章七十八条，坚持预防为主、防治结合，政府主导、社会参与，共同治理、损害担责的原则，强化污染排放的总量控制，规定燃煤、工业、机动车、扬尘等重点领域的大气污染防治措施，细化明确政府及其部门职责，科学规范防治措施，强化责任追究，加大处罚力度。作为菏泽市第一部实体性地方性法规，“条例”准确把脉大气污染“病症”，做到因病施治，更好地解决实际问题，彰显地方特色。

《菏泽市城镇容貌和环境卫生管理条例》颁布施行 2016年12月30日，《菏泽市城镇容貌和环境卫生管理条例》（以下简称“条例”）颁布施行新闻发布会在市图书馆举行。市人大常委会法工委主任姜东生介绍“条例”的制定背景、制定过程、主要内容等，并回答记者提问。为切实加强城镇容貌和环境卫生管理，创造整洁优美的城镇环境，2016年1月23日，市十八届人大常委会第三十次会议确定将“条例”作为第二个拟审议项目列入2016年立法计划。2016年6月29日、8月30日，市十八届人大常委会第三十四次、第三十五次会议对“条例”先后进行两次审议。在立法过程中，组织赴县区开展立法调研、外出学习考察，并多次召开座谈会对“条例”进行研究、讨论和修改。“条例”于2016年10月28日经市十八届人大常委会第三十六次会议表决通

2016年12月30日，《菏泽市城镇容貌和环境卫生管理条例》颁布施行新闻发布会举行

过，于2016年11月26日经山东省第十二届人民代表大会常务委员会第二十四次会议批准，自2016年12月1日起施行。“条例”共六章七十六条，设有总则、责任区管理、城镇容貌管理、城镇环境卫生管理、法律责任、附则等内容。针对市容秩序、市政设施、户外广告、城市绿化等方面管理难度不断加大的现实问题，“条例”将这四个方面作为城镇容貌管理的重要内容，对相关内容进行责任划分。同时，将城市绿化管理纳入城镇容貌管理范畴，对城市绿化养护管理、城市绿地占用挖掘、绿化苗木和设施保护、树木更新、城市公园管理作出相应规定。

工作视察

全市“五大基地一大产业”重大项目和城镇化重点工程建设情况视察 2012年9月13日至

15日，市人大常委会对全市“五大基地一大产业”重大项目和城镇化重点工程建设情况进行视察。视察组到项目工地、企业车间，察看全市的39个“五大基地一大产业”项目以及25个重点城建工程，看到大项目和重点工程建设的喜人成绩。通过视察，进一步推动全市工业化和城镇化进程，为菏泽市打造鲁苏豫皖交界地区科学发展高地做出积极贡献。市人大常委会第一副主任杨永昌，副主任兼秘书长赵传山，党组副书记彭靖华，副主任汤建梅、丁志刚、孙忠生，部分常委会委员和驻菏全国、省、市人大代表参加视察。

民生实事完成情况视察 2012年11月30日至12月1日，市人大常委会对市政府承诺的十件民生实事完成情况进行视察。在2012年2月召开的菏泽市十八届人大一次会议上，市政府将努力扩大就业、提高社会保障水平、加快保障性住房建设、改善办学条件、改善医疗卫生条件等十件民生实事写入政府工作报告，向全市人民作出郑重承诺。经过近一年的努力，十件民生实事的办理取得良好成效。市人大常委会第一副主任杨永昌，副主任兼秘书长赵传山，副主任汤建梅、丁志刚、孙忠生，部分常委会委员参加视察。市委常委、常务副市长段伯汉，副市长任仲义陪同视察。

全市“五大主导产业”重大项目和城镇化重点工程建设情况视察 2013年9月28日至29日，市人大常委会对全市“五大主导产业”重大项目和城镇化重点工程建设情况进行视察。视察组到全市8县2区和市直的有关项目建设工地，入现场、看项目、听汇报，每到一处，视察组成员都专注倾听，详细询问。座谈会上，市委常委、常务副市长段伯汉代表市政府作关于“五大主导产业”发展和城镇化建设情况的汇报。部分视察组成员结合视察中发现的问题提出针对性的意见建议。市人大常委会第一副主任杨永昌，副主任汤建梅、丁志刚、孙忠生，部分驻菏省、市人大代表参加视察。市委常委、常务副市长段伯汉，副市长黄秀玲、刘国生、任仲义、刘传谨分别陪同有关活动。

民生实事完成情况视察 2013年12月3日至4日，市人大常委会对市政府承诺的民生实事完成情况进行视察。视察组深入部分县区和市直的30多个现场，边听边看，边议边行。每到一处，视察组成员都专注倾听工作汇报，详细询问工程进度。座谈会上，市委常委、常务副市长段伯汉代表市政府就全市33件民生工作和7项民生工程建设情况进行汇报，视察组部分成员结合视察所见所闻、所感所悟提出意见和建议。市人大常委会第一副主任杨永昌，副主任兼秘书长赵传山，副主任汤建梅、丁志刚、孙忠生，部分常委会委员和人大代表参加视察。

全市“五大主导产业”项目和城镇化工程建设情况视察 2014年9月25日至26日，市人大常委会对全市“五大主导产业”项目和城镇化工程建设情况进行视察。视察组深入全市8县3区和市直有关单位，详细询问项目和工程建设有关情况。座谈会上，市委常委、常务副市长段伯汉就全市“五大主导产业”项目和城镇化建设情况作汇报，视察组部分成员结合视察中发现的问题提出针对性的意见建议，市政府进行认真研究处理。市人大常委会第一副主任杨永昌，副主任兼秘书长赵传山，副主任丁志刚、孙忠生，部分常委会驻会委员和驻菏省、市人大代表参加视察。

民生实事完成情况视察 2014年12月24日至25日，市人大常委会对市政府承诺的民生实事完成情况进行视察。视察组深入部分县区和市直的39个民生现场，边听边看，边议边行。每到一处，视察组成员都专注倾听工作汇报，详细询问完成情况。对市政府关于城乡就业、社会保障、教育发展、医疗服务、改善居民生活条件、文化体育、扶贫开发7个方面的30件民生工程进度，视察组部分成员结合视察见闻、感悟提出意见和建议。市人大常委会第一副主任杨永昌，副主任兼秘书长赵传山，副主任汤建梅、丁志刚、孙忠生，部分常委会委员和市人大代表参加视察。

民生实事完成情况视察 2015年12月25日至26日，市人大常委会对市政府承诺的10项民生实事完成情况进行视察。视察前召开专门会议安排部署，要求以贯彻落实市委十二届十二次全体会议精神为契机，与政府同力抓好民生工程建设。视察中，视察组深入部分县区和市直民生工程建设现场，边听边看，边议边行，走一程惠民项目，翻一册"民生账单"，看得认真，问得仔细，每到一处都详细了解项目有关情况。10项民生实事6项提前超额完成、4项提前完成。视察组部分成员结合视察见闻、感悟提出意见和建议。市人大常委会第一副主任杨永昌，副主任赵传山、汤建梅、丁志刚、孙忠生，秘书长郭景堂，部分驻会常委会委员和驻菏全国、省、市人大代表参加视察。

2015年12月25日至26日，市人大常委会对市政府承诺的10件民生实事完成情况进行视察

创建省级文明城市有关城市基础设施建设和提升城市管理工作情况视察 2016年9月28日至29日，市人大常委会对创建省级文明城市有关城市基础设施建设和提升城市管理工作情况进行视察。视察组先后到牡丹区、市高新区、开发区、定陶区和市直的18个现场。每到一处，视察组成员都仔细察看，认真听取项目介绍，详细了解项目进展，并就如何解决创城工作中存在的突出困难和问题，同相关部门负责人进行深入探讨。在刘菜园棚户区改造和市实验小学中华路过街天桥项目现场，视察组围绕工地扬尘治理、过街天桥建设、城区道路交通等热点问题，创新开展现场询问，市住建、城管、交警等相关部门单位负责人进行认真解答。视察座谈会上，视察组听取市政府关于创城工作情况的汇报，并围绕创城工作重点和群众关心的热点问题集中开展专题询问。视察组成员轮流发问，共提出10个问题，市住建、城管、公安、交通、水利等部门负责人直面问题、诚恳应询，并就下一步如何改进工作、圆满兑现承诺作出明确表态。视察组部分成员结合视察见闻和政府汇报提出意见建议。市人大常委会第一副主任段伯汉作总结讲话，副市长刘传谨代表市政府作表态发言。视察结束后，综合视察情况，形成视察报告，于2016年10月28日，经市十八届人大常委会第三十六次会议审议通过后，形成反馈意见，于2016年11月30日反馈市政府研究处理。市政府针对指出的问题和提出的建议认真整改，并于2016年12月23日向市十八届人大常委会第三十七次会议书面报告研究处理情况。通过开展视察，进一步推动城市基础设施建设提速、城市管理水平提高、市区城市管理体制理顺。市人大常委会第一副主任段伯汉，副主任赵传山、汤建梅、丁志刚，秘书长郭景堂，部分常委会驻会委员参加视察。副市长刘传谨陪同视察。

执法检查

土地管理法执法检查 2012年7月17日至18日，市人大常委会对市政府贯彻实施《中华人民共和国土地管理法》情况进行执法检查。执法检查采取"九步递进法"进行，综合采取听取汇报、察看现场、查阅资料、专题询问、召开座谈会等形式。检查组听取副市长任仲义代表市政府所作的关于全市贯彻实施土地管理法情况的汇报，观看土地管理法执法检查汇报专题片。在随后的检查活动中，执法检查组分成两个小组，深入到全市8县2区，听取各县区工作情况汇报，对各县区城乡建设用地增减挂钩、废弃地复垦、土地整理、违法用地拆除等多种类型30余个现场进行实地检查，察看近3年来贯彻实施土地管理法的相关案卷和执法记录等资料。现场检查结束后，检查组在牡丹大酒店召开专题询问会，部分常委会委员就土地管理中的热点难点问题进行专题询问，国土资源部门一一作详细的回答。检查结束后，综合执法检查情况，形成执法检查报告，经常委会会议审议通过后反馈市政府研究办理。市人大常委会第一副主任杨永昌，副主任兼秘书长赵传山，副主任汤建梅、丁志刚、孙忠生，部分常委会委员参加视察。副市长任仲义陪同视察。

环境保护法执法检查 2013年5月27日至28日，市人大常委会对市政府贯彻实施《中华人民共和国环境保护法》情况进行执法检查。检查组实地察看各县区和市直的41个现场，听取有关情况汇报。执法检查中，7名常委会委员结合检查见闻和自身感受，聚焦环保工作热点难点，提出问题，开展询问。通过一问一答的方式，拓展人大监督形式，进一步增强执法检查效能。面对委员们提出的问题，市政府及环保部门负责人进行认真回答。检查结束后，综合执法检查情况，形成执法检查报告，经常委会会议审议通过后反馈市政府研究办理。市人大常委会第一副主任杨永昌，副主任兼秘书长赵传山，副主任汤建梅、丁志刚、孙忠生，部分常委会委员和驻菏全国、省人大代表参加检查。市委常委、副市长付伟，副市长王桂松陪同检查。

大气污染防治法执法检查 2014年5月20日至21日，市人大常委会对市政府贯彻实施《中华人民共和国大气污染防治法》情况进行执法检查。检查组深入各县区的建筑工地、重点企业、机动车尾气检测站等地，实地察看贯彻实施大气污染防治法和保障机制建立等情况。通过一个个治理现场，检查组感受到全市上下齐心协力、攻坚克难、共抗雾霾的决心。执法检查座谈会上，围绕百姓关注的雾霾治理、露天烧烤整治、黄标车污染治理、解决焚烧秸秆等问题，检查组部分成员进行专题询问，市环保、城管、交警、农业等部门单位负责人到会应询，进行认真回答。市人大常委会第一副主任杨永昌，副主任兼秘书长赵传山，副主任汤建梅、丁志刚、孙忠生，部分常委会委员和驻菏全国、省人大代表参加检查。

土地管理法执法检查 2014年8月5日至6日，市人大常委会对市政府贯彻实施《中华人民共和国土地管理法》情况进行执法检查。检查组深入到各县区，实地察看节约集约用地、增减挂钩、工矿废弃地复垦、土地整理、违法用地查处等现场，全面了解全市各级政府及其有关部门贯彻实施土地管理法情况，查找法律实施过程中存在的问题和不足，提出有针对性的整改意见和建议，重点解决群众反映强烈的突出问题，维护群众的合法权益，保护耕地、保证发展、保障民生，合理利用每一寸土地。执法检查座谈会上，围绕百姓关注的问题，检查组部分成员进行专题询问。市人大常委会第一副主任杨永昌，副主任兼秘书长赵传山，副主任汤建梅、丁志刚、孙忠生，部分常委会委员和驻菏全国、省人大代表参加检查。

职业教育“一法一条例”执法检查 2015年4月14日至15日，市人大常委会副主任丁志刚率执法检查组，就市政府贯彻实施《中华人民共和国职业教育法》《山东省职业教育条例》情况进行执法检查。检查组先后实地察看巨野县教育中心学校、技工学校，郓城县恒基机械有限公司、县职业中专、技工学校，听取市县有关部门贯彻实施职业教育“一法一条例”情况的汇报，详细了解法律法规的贯彻实施情况，指出检查中发现的问题，提出有针对性的意见和建议，并及时反馈市政府研究处理。

行政许可法执法检查 2015年5月21日至22日，市人大常委会对市政府贯彻实施《中华人民共和国行政许可法》情况进行执法检查。检查组先后实地察看市政务服务中心、牡丹区、东明县、巨野县、定陶县等地，仔细检查行政许可法规定、程序实施、配套制度、干部队伍建设以及相关法律法规的学习宣传等情况。执法检查座谈会上，围绕群众关注的行政审批环节、行政许可和非许可性行政审批项目合法性审查、工商登记制度、卫生审批、环保审批等问题，常委会组成人员和人大代表进行专题询问。执法检查结束后，综合执法检查情况，形成执法检查报告，经常委会会议审议通过后及时反馈市政府研究办理，并跟踪督办、票决问责。市人大常委会第一副主任杨永昌，副主任赵传山、丁志刚，秘书长郭景堂，部分常委会委员和人大代表参加检查。

2015年5月21日至22日，市人大常委会开展行政许可法执法检查

安全生产法执法检查 2016年5月17日，市人大常委会对《中华人民共和国安全生产法》的贯彻实施情况进行执法检查。市人大常委会第一副主任段伯汉，副主任赵传山、汤建梅、丁志刚、孙忠生，秘书长郭景堂参加检查。副市长王忠想陪同检查。检查组一行先后深入到郓城洪达化工、巨野佳和购物广场、东明石化管线监控平台等地，认真察看安全生产法的普法宣传、安监机构建设和相关事故处置的流程，详细了解安全设施设备维护、安全制度落实以及隐患排查等情况。执法检查中，部分常委会委员和人大代表聚焦安全生产工作中的热点焦点问题，通过一问一答的方式，向市政府有关部门开展专题询问，相关部门负责人作认真答复，段伯汉作总结讲话，王忠想代表市政府作表态发言。执法检查结束后，综合执法检查情况，形成反馈意见，于2016年5月24日反馈市政府研究处理。市政府针对指出的问题和提出的建议认真整改，并于2016年8月30日向市十八届人大常委会第三十五次会议书面报告研究处理情况，于2017年1月24日向市十八届人大常委会第三十九次会议报告办理落实情况并进行满意度票决，票决结果为满意。

专题调研

商贸物流产业发展情况专题调研 2015年4月中下旬，市人大常委会副主任汤建梅率调研组对全市商贸物流产业发展情况进行专题调研。调研组深入单县等县区，现场察看振华国际汽贸城、银座商城、山东朱氏药业集团、山东星控电子商务产业园等30余个商贸物流项目、园区和市场，并于2015年5月8日召开调研座谈会，听取市商务局关于全市商贸物流产业发展情况的汇报和市发改委等14个部门有关情况的汇报。调研结束后，综合调研情况，形成专题调研报告，于2015年6月3日经市十八届人大常委会第二十七次会议审议通过后，形成反馈意见，并于2015年6月9日反馈市政府研究处理。市政府针对指出的问题和提出的建议认真整改，于2015年10月28日向市十八届人大常委会第二十九次会议书面报告研究处理情况，于2016年2月29日向市十八届人大常委会第三十二次会议报告办理落实情况并进行满意度票决，票决结果为满意。

文化大市建设和文化产业发展情况专题调研（与人大代表年中专题调研合并进行） 2015年9

月2日，市人大常委会组成调研组，对全市文化大市建设和文化产业发展情况进行专题调研。市人大常委会副主任丁志刚，部分驻菏全国、省、市人大代表参加调研。副市长刘传谨陪同调研。调研组实地察看定陶县陈集镇综合文化站、鲁西南记忆文化项目、定陶县文化中心，成武县“两馆”建设现场、湖心岛、周自齐公园等地，听取关于全市文化事业和文化产业发展情况的汇报。调研结束后，综合调研情况，形成专题调研报告，于2015年10月28日经市十八届人大常委会第二十九次会议审议通过后，形成反馈意见，于2015年11月2日反馈市政府研究处理。市政府针对指出的问题和提出的建议认真整改，并于2016年1月12日向市十八届人大常委会第三十次会议书面报告研究处理情况。

食品安全工作专题调研（与人大代表年中专题调研合并进行） 2016年8月16日至17日，市人大常委会副主任丁志刚率部分驻菏全国、省、市人大代表，对全市食品安全工作情况进行专题调研。副市长曹升灵陪同调研。调研组实地察看曹县巨鑫源集团、银香伟业集团、银香伟业第四牧场，巨野花冠集团、海东渔业养殖专业合作社等有关现场。每到一处，调研组都详细了解食品生产、加工、检验、销售各环节情况，并召开座谈会，认真听取各相关单位食品安全工作情况汇报。调研结束后，综合调研情况，形成专题调研报告，于2016年10月28日经市十八届人大常委会第三十六次会议审议通过后，形成反馈意见，于2016年11月2日反馈市政府研究处理。市政府针对指出的问题和提出的建议认真整改，于2016年12月27日向市十八届人大常委会第三十七次会议书面报告研究处理情况，于2017年2月15日向市十八届人大常委会第三十九次会议报告办理落实情况并进行满意度票决，票决结果为满意。

代表活动

“万户群众脱贫致富帮扶”专题活动 从2012年始连续4年开展“万户群众脱贫致富帮扶”活动，按照一户一策确定帮扶方案，多措并举开展帮扶活动。市人大常委会在认真调研的基础上，制定《万户群众脱贫致富帮扶活动实施方案》。各县区人大根据本县区实际情况，制定具体的推进方案，市人大常委会帮扶领导小组进行严格把关。为把帮扶活动开展得扎实有效，各县区人大注重工作的规范操作。在具体操作中，严格按照“户有卡、村有台账、乡镇（办事处）有册”的要求建档立卡。对建档立卡内容，立足实际，认真规范，主要涉及被帮扶户基本情况、帮扶代表情况、实施帮扶的具体措施等。各县区人大每个帮扶年度都始终按照要求，严谨操作程序，并且都根据贫困家庭的实际差异，制定“精神上扶志、能力上扶技、经济上扶业”的一套办法，因人制宜，一户一策，分类帮扶。4年间，累计动员14336名代表结对帮扶贫困家庭19136户，惠及群众12万余人，超额完成原定任务目标，且有相当一部分被帮扶户成了当地创业明星和致富带头人，帮扶活动得到群众的高度赞誉。2013年，中共中央政治局常委、全国人大常委会委员长张德江在山东调研召开座谈会，东明县发言汇报“万户群众脱贫致富帮扶”等代表特色活动，得到张德江的充分肯定和高度评价。2014年，“万户群众脱贫致富帮扶”活动在106项市直部门开展的惠民活动中脱颖而出，被评为2014年度市直机关“最佳实事”。

“助千名学子圆梦”专题活动 从2012年始连续4年开展“助千名学子圆梦”活动。为全面贯彻落实党的十八大精神，落实好党的十八大提出的“努力办好人民满意的教育”的号召，按照市委确保贫困家庭孩子都能受到良好教育和加快义务教育均衡发展的要求，市人大常委会决定在全市人大机关和人大代表中继续开展“助千名学子圆梦”活动。活动由各级人大牵头筹资，政府支持，教育主管部门和学校具体操作。目标是对全市家庭贫困、品学兼优的中学生进行资助，不仅在物质上给予帮助，而且在精神上给予关爱；不仅帮助其完成学业，而且设法帮助其提高学业水平；不仅资助中学生本人，而且帮扶其家庭，将有致富条件的家庭纳入人大“万户群众脱贫致富帮扶”活动范围，助其实现脱贫；对家庭没有致富条件的中学生，不仅一次性资助，而且建立跟踪资助机制，直至其完成学业。4 年间，共号召代表踊跃捐资 1417 万元，资助中学生 6169 名。

“千名代表听百案看执行”专题活动 从 2012 年始连续 4 年开展“千名代表听百案看执行”活动，共组织 8721 名代表听取审理案件 648 件，对案件实体部分、程序部分、庭审作风和掌控能力等进行评议，察看执行案件 542 件，案件的服判率、执结率均达到 90% 以上。

“百所农村小学设备改善”专题活动 2014 年，围绕落实“贫困家庭的孩子也能受到良好的教育”的精神，组织开展“百所农村小学设备改善”活动，代表捐资 1100 余万元，严格依法依规采购高质量名牌电脑 3073 台、多媒体教学一体机 247 套，改善 130 所农村小学教学条件。

“百个新型社区领建”专题活动 从 2014 年始开展“百个新型农村社区领建”活动，从全市各级人大代表中遴选 114 名代表，领建 114 个新型农村社区，同时又从市、县区直单位是人大代表的主要领导干部中挑选 114 名人大代表，一对一联系领建代表，指导开展工作，协调解决问题。114 名领建代表和 114 名帮建代表，尽心尽责，稳步推进，启动建设工程 114 个，规划建设面积 1500 万平方米，共协调帮扶资金 3.2 亿元，建设公共配套设施 195 项。

2015 年 8 月 28 日，全市人大“万户群众脱贫致富帮扶”暨“百个新型农村社区领建”活动工作会议在曹县召开

专题会议

全市人大打造工作创新高地座谈会 2012 年 5 月 21 日在东明县召开，总结交流近年来全市人大系统创新经验，按照打造鲁苏豫皖交界地区人大工作创新高地的实施意见，安排部署大力推进全市人大系统工作创新。市人大常委会第一副主任杨永昌，副主任兼秘书长赵传山，党组副书记彭靖华，副主任汤建梅、丁志刚、孙忠生参加会议。与会人员观摩东明县武胜桥镇人大工作现场、驻东明县各级人大代表建功立业项目、驻东明县市人大代表第二小组活动室等。观看东明县人大工作创新专题片，听取东明县委、县政府有关工作汇报和东明县人大常委会创新工作汇报。会议要求，全市人大系统要进一步提高对人大工作创新和打造创新高地的认识，正确判断形势，统一思想认识，既要充分估计困难，更要看到积极因素，牢固树立强烈的创新意识，以昂扬向上、奋发有为的状态，开拓创新，奋勇争先，确保实现既定目标。会议强调，创新是永恒的主题，人大工作创新永无止境。要正确处理继承与创新的关系，树立没有继承就没有创新的观念，对全市人大系统近年来被实践证明行之有效的创新成果，必须一以贯之地坚持和完善，使创新工作在继承中改革，在改革中创新，在创新中发展。要在强化监督意见落实、加强信访监督、开展专题询问、推进预决算公开等方面加强创新。要继

续创新代表工作，在服务代表、小组建设、代表活动、建议办理等工作上进一步进行创新。要继续创新参与发展工作，全市人大系统和各级代表要积极主动参与发展，进一步完善“一岗双责”机制，搭建好信息交流平台，突出培养参与发展的典型。要继续创新乡镇人大工作，不断加强乡镇人大建设，强化工作指导，实行考核评比表彰制。要继续创新自身建设，在继续开展“两学”、建设“四型机关”和打造“求实、创新、和谐、一流”的人大文化的同时，确保完成争创目标。会议印发《打造鲁苏豫皖交界地区人大工作创新高地实施意见》。此后，又先后在6个县区召开10次专题现场会，进行强力推进。各县区人大积极响应，及时调整工作思路，结合本地实际，全力打造创新亮点。全市人大系统呈现出创先争优、开拓创新，共识化共为、实干创实效的良好局面。每年都有10项以上工作争创省级一流，整体工作走在全省同级人大前列，其中人大监督员、乡镇人大、代表活动、信访等5项工作在全国人大系统产生重大影响。

全市推行街道人大监督员工作会议 2014年2月27日召开，会议主要目的是统一思想，提高认识，总结街道人大监督员试点工作经验，全面推进街道人大监督员各项工作。市人大常委会第一副主任杨永昌，副主任兼秘书长赵传山参加会议。会议指出，推行街道人大监督员，是贯彻落实党的十八大和十八届三中全会精神的具体实践探索。由于街道没有本级人大代表，街道办事处工作缺少有效监督，2013年定陶县、成武县在深入调查研究的基础上，积极探索，大胆创新，推行街道人大监督员，拓宽民意反映渠道，更好地让群众参政议政。市人大常委会在广泛征求各方面意见后，决定在全市推广定陶和成武两县街道人大监督员的经验做法。全市共产生街道人大监督员1728名，其中农民899名、工人335名、干部338名、专业技术人员156名；妇女237名，少数民族21名，非中共党员303名。市人大常委会制定《街道人大监督员履职暂行办法》《关于加强街道人大监督员小组工作的意见》等一系列文件和意见，明确街道人大监督员的职责为负责联系辖区内居民群众，听取并反映群众的意愿和诉求，并在街道人大联络处的组织下，协助辖区内人大代表参与基层国家事务的管理和监督。县区人大以常委会决定的形式，授权街道人大联络处组织本辖区内的县级人大代表和街道人大监督员，通过召开议事会议、开展视察、调研、工作评议等形式，实施对县区“一府两院”在街道派出机构的监督。2015年，各街道人大联络处主动发挥组织协调、联系保障等方面的职能作用，充分调动街道人大监督员的履职热情，围绕与人民群众息息相关的公路维护、用水用电、教育卫生、项目建设等问题组织人大代表和监督员开展视察、调研、工作评议等活动352次，提出意见和建议6851件，化解社会矛盾纠纷5213件。街道人大监督员体制创新，被省委改革办作为山东省第一批重要改革典型案例报送中央改革办。

全市人大工作会议 2015年7月2日召开，会议主要任务是贯彻落实习近平总书记在庆祝全国人民代表大会成立60周年大会上的重要讲话及全省人大工作会议精神，回顾总结全市人大系统十年来的工作成绩，对加强和改进全市人大工作进行全面部署，奋力开创全市人大工作新局面，为推动菏泽“科学赶超、后来居上”提供有力的政治和法治保证。市委书记、市人大常委会主任孙爱军出席会议并讲话，市委副书记、市长解维俊主持会议，市人大常委会第一副主任杨永昌讲话。会议指出，十年来，全市各级人大及其常委会坚持正确政治方向，认真行使宪法法律赋予的职权，与时俱进、常为常新，团结实干、奋力争先，各项工作均取得显著成绩，整体工作位居全省一流，不少单项工作走在全国前列。全市人大工作已经进入巩固优势、打造品牌、整体提升、保持先进的重要时期，站在一个新的历史起点上。会议要求，要与时俱进推动人大工作创新发展，力争在依法履职上有更大作为，在改革创新上有更大力度，在代表管理上有更严标准，在自身建设上有更高境界，奋力开创全市人大工作新局面。始终坚持党的领导，把党的领导贯穿于人大工作各方面，贯穿于依法履职全过程，始终做到与党委同向、与“一府两院”同力、与人民群众同心。深入推进科学民主立法，认真研究，提前谋划，争取菏泽成为全省首批试点市。建立健全立法工作机制，扩大群众有序参与途径，着力提升立法质量，做到立良法、求善治。进一步加强和改进监督工作，努力在实施依法监督上拓展领域、深化层次、丰富形式、增加频次，做到既敢于监督又善于监督，确保法律法规得到有效实施，确保行政权、审判权、检察权得到正常行使。切实做好决定重大事项和人事任免工作，支持人大及其常委会依法研究决定重大事项，通过法定程序推动党委重大决策部署贯彻落实。“一府两院”的工作凡是需经人大决定的，必须按程序提请人大审议并作出决议决定。积极参与经济社会发展，紧紧围绕同级党委确定的中心工作，引导人大干部、人大代表，以义不容辞的担当、顽强拼搏的精神、抓铁有痕的作风，积极投身经济社会建设主战场。充分发挥人大代表主体作用，通过工作指导、业务培训、严格考核、强化保障等措施，切实增强代表履职能力，深入开展主题、专题活动，引导广大代表致力于建功立业活动。各级党委要切实加强和改善对人大工作的领导，支持和保证人大及其常委会依法履职、开展工作。会上，还印发《中共菏泽市委关于进一步加强和改进人大工作的意见》，市政府、市中级人民法院、市人民检察院分别提交书面发言，报告近年来自觉接受人大监督的情况和下一步的工作打算。市委常委，副市级以上领导干部，市人大常委会、市政府、市政协秘书长，各县区党委书记、人大常委会主任或第一副主任，市人大常委会委员、副秘书长、各专门委员会组成人员、各委室主要负责人，驻菏部分全国和省人大代表，市直有关部门、单位主要负责人，市中级人民法院、市人民检察院党组成员等参加会议。

2015年7月2日，全市人大工作会议召开

全市县乡人大工作座谈会 2015年12月31日召开，会议主要目的是深入贯彻中央、省委有关文件和全省县乡人大工作座谈会精神，进一步加强县乡人大工作和建设，努力提高全市人大工作水平。市委书记、市人大常委会主任孙爱军出席会议并讲话，市人大常委会第一副主任杨永昌主持会议。会议指出，加强县乡人大工作和建设，是加强基层民主政治建设的迫切需要，是推动人大工作创新发展的迫切需要，是实现“科学赶超、后来居上”的迫切需要。会议要求，作为基层国家权力机关，县乡人大依法行使职权，是人民的重托，是义不容辞的责任，要按照“三同、两于、一流”的工作要求，坚持“行职权于法律所赋、寓支持于监督之中”，全面加强对“一府两院”的监督，在依法履职上勇于担当、积极作为，全面提升工作水平。认真开好县乡人大会议，依法决定重大事项，依法做好任免工作。要规范开展县乡人大代表工作，积极开展代表活动，充分发挥代表作用。县乡人大代表选举工作中，要加强

党的领导，严把代表“入口关”，强化全过程监督，严肃查处违纪违法行为，确保选举风清气正。进一步拓宽联系代表的渠道，积极搭建代表履职服务网络平台，强化代表履职保障，促使人大代表切实增强责任意识，真正履行好人大代表的应尽职责，发挥好人大代表的应有作用。会议强调，要始终把加强思想政治建设放在首位，把坚持党的领导贯彻于人大工作的各方面、全过程，确保正确的政治方向。进一步完善人大机构设置，规范设立专门委员会、工作委员会和办事机构，按规定落实编制和人员。要重视人大干部队伍建设，把人大干部的培养、选拔、任用纳入干部队伍建设总体规划，努力打造一支政治坚定、业务精通、素质过硬的县乡人大干部队伍。会上书面印发《中共菏泽市委关于加强全市县乡人大工作和建设的实施意见》。市委常委、高新区党工委书记张晓海，市委常委、组织部部长王磊，市人大常委会副主任赵传山、汤建梅、丁志刚、孙忠生，秘书长郭景堂出席会议。

全市县乡人大换届选举工作会议 2016年9月13日召开，会议深入贯彻落实中央和省、市委关于县乡人大换届选举工作的安排部署，统一思想，明确任务，落实措施，确保换届选举工作依法有序进行。市人大常委会第一副主任段伯汉，市委常委、宣传部部长王永江，市委常委、组织部部长王磊，市人大常委会副主任丁志刚，市人大常委会秘书长郭景堂出席会议。会议指出，搞好这次换届选举，对于巩固党的执政地位，夯实党的执政基础，推进党和国家各项事业健康发展至关重要。要吃透中央和省、市委精神，准确把握形势特点，强化责任担当，增强做好县乡人大换届选举工作的责任感和使命感。会议强调，这次县乡人大换届选举时间与同级党委的换届时间统筹安排，县乡人大换届同步进行，于12月31日前选出县、乡人大代表。要突出重点，把握关键，推动县乡人大换届选举各项工作依法有序进行。具体工作中，要依法做好选区划分工作，依法做好选民登记工作，依法组织选民投票，依法加强代表资格审查等工作，开好新一届人大第一次会议。县乡人大换届选举工作政治性、政策性、法律性强，涉及面广、工作量大，必须加强组织领导，强化统筹协调，营造良好氛围，严肃纪律规矩。通过加强领导，周密组织，高标准完成县乡人大换届选举任务。会议要求，要坚持党的领导毫不动摇，全市县乡人大换届选举工作，必须坚持党的领导、人民当家作主、依法治国有机统一，必须把坚持党的领导贯穿换届工作的始终。严把人选关口绝不放松，突出强调党组织的领导把关作用，进一步严格人选资格条件，认真组织考察，强化正风肃纪，以更严的措施、更高的标准，切实把好人选入口关。严明换届纪律，坚决整治不正之风，特别重要的是抓主体责任落实、抓问责，对违反换届纪律的行为，坚持“零容忍”，绝不姑息迁就。进一步严肃换届纪律，始终保持整治不正之风的高压态势，营造风清气正的换届环境。会议强调，要提高认识，切实把人大换届选举的宣传报道工作作为一项重要政治任务来抓，圆满完成人大换届选举工作的各项宣传报道任务。大力宣传换届选举的重要意义，深入宣传人民代表大会制度，准确宣传换届选举政策要求，突出宣传营造风清气正换届环境的措施成效，同时认真做好换届选举重要程序的报道。要进一步搞好人大换届选举宣传工作的统筹协调，加强统筹、深入策划、把握导向，为换届选举营造积极健康的舆论环境。

第五节 第十九届人大常委会重要履职活动

法规颁布

《菏泽市煤炭清洁生产使用监督管理条例》颁布施行 2017年2月28日，《菏泽市煤炭清洁生产使用监督管理条例》(以下简称“条例”)颁布施行新闻发布会在市图书馆举行。菏泽市煤炭管理局局长宋述亮等参加新闻发布会，并介绍“条例”制定的基本情况和主要内容。为规范煤炭清洁生产使用和监督管理，改善环境空气质量，2016年1月23日，市十八届人大常委会第三十次会议确定将“条例”作为第三个拟审议项目列入2016年立法计划。2016年8月30日、10月28日，市十八届人大常委会第三十五次、第三十六次会议对“条例”先后进行两次审议。在立法过程中，采取发布公告、书面征求意见等方式，广泛征求社会公众、市直有关部门、县区人大、人大代表、政协委员等各方面意见建议，并认真研究吸纳，对“条例”从立法技术、法律语言规范等方面进行修改完善。“条例”于2016年12月23日经市十八届人大常委会第三十七次会议表决通过，于2017年1月18日经山东省第十二届人民代表大会常务委员会第二十五次会议批准，自2017年3月1日起施行。“条例”共六章三十条，设有总则、煤炭生产经营、煤炭使用、监督管理、法律责任和附则等。“条例”体现对煤炭生产环节、经营运输环节、使用环节进行全过程监管；鼓励煤炭生产企业推行煤炭洗选加工，降低煤炭的硫分和灰分，提高煤炭洁净品质；科学规划储煤场地，明确建设标准，防止煤粉尘污染；在煤炭使用上，用煤单位将记录煤炭来源、采购数量、煤质情况，同时加强民用散煤清洁化治理，鼓励居民取暖和生活燃煤采用洁净型煤等清洁煤炭。法律责任部分综合运用经济、司法、行政等各种治理手段，根据不同的违法行为设定不同处罚幅度。“条例”是山东省首部专门对煤炭清洁生产使用工作进行立法的地方性法规，也标志着菏泽市煤炭清洁生产使用工作正式走向法制化、规范化轨道。

《菏泽市供热条例》颁布施行 2017年12月4日，《菏泽市供热条例》(以下简称“条例”)颁布施行新闻发布会在市图书馆举行，市人大常委会法工委主任姜东生、市政府法制办副主任潘守康、市城市管理局副局长孙军等出席发布会，介绍“条例”的制定背景、制定过程和主要内容，并就市民关心的供热收费标准、供热退费、投诉与争议的处理等问题回答记者提问。为规范供热用热行为，提高供热服务质量，维护供热用热双方的合法权益，2017年1月24日市十八届人大常委会第三十九次会议确定将“条例”作为第一个拟审议项目列入2017年立法计划。2017年6月28日、8月30日，市十九届人大常委会第三次会议、第四次会议对“条例”先后进行两次审议。在立法过程中，通过发布公告、书面征求意见等方式，广泛征求社会公众、市直有关部门、县区人大、人大代表、政协委员等各方面意见建议，并根据征求的意见建议，对“条例”从立法技术、法律语言规范等方面进行认真修改完善。“条例”于2017年10月31日经市十九届人大常委会第六次会议表决通过，于2017年12月1日经山东省第十二届人民代表大会常务委员会第三十三次会议批准，自2017年12月2日起施行。“条例”共八章五十九条，分为总则、规划与建设、供热管理、用热管理、设施管理、投诉与争议处理、法律责任和附则等，主要设置五个方面的内容：一是明确供用热行为遵循的原则和适用范围；二是对供热专项规划、供热工程建设、新建住宅供热设施保修等提出具体要求；三是对供热时间、费用、供用热双方的权利义务等作出具体规定；四是对供热设施的管理维护、供热退费、投诉与争议的处理等问题明确程序办法；五是设置相关法律责任。

《菏泽市物业管理条例》颁布施行 2018年1月24日《菏泽市物业管理条例》(以下简称“条例”)颁布施行新闻发布会在市图书馆举行。市委外宣办主任马德，市人大常委会副秘书长、法工委调研员顿文英，市住建局调研员周朝义、市法制办副主任韩允谦出席发布会，对“条例”制定的基本情况及主要内容进行介绍，并就大众关注的热点问题回答记者提问。为规范物业管理活动中各方行为，促进物业管理事业健康发展，提高物业管理服务质量，维护物业管理各方的合法权益，推动物业管理向专业化、市场化、法制化方向发展，2017年1月24日市十八届人大常委会第三十九次会议确定将“条例”作为第二个拟审议项目列入2017年立法计划。2017年8月28日，市政府第13次常务会议研究形成“条例”草案。2017年8月30日、10月31日市十九届人大常委会第四次会议、第六次会议对“条例”先后进行两次审议。在立法过程中，多次召开不同层面的座谈会，对“条例”进行研究、讨论和修改。2017年9月和11月，将“条例”两次上报省人大常委会法工委进行审查，分别征求省人大有关专门委员会、省法检“两院”和省直有关部门的意见。自“条例”审议工作启动以来，共收到意见建议510余条，研究采纳190余条，修改条款40余条（项）。“条例”于2017年12月25日经市十九届人大常委会第七次会议表决通过，于2018年1月22日经山东省第十二届人民代表大会常务委员会第三十五次会议批准，自2018年5月1日起施行。“条例”共七章五十三条，分为总则、业主自治、前期物业管理、物业管理服务、物业的使用与维护、法律责任和附则，主要设置五个方面的内容。“条例”就群众关心的部门职责、物业服务收费、住宅改变用途、前期物业查验、业主公共收益处置等问题作详细规定。

《菏泽市非物质文化遗产条例》颁布施行 2018年9月29日，《菏泽市非物质文化遗产条例》（以下简称“条例”）颁布施行新闻发布会在市图书馆举行，市委外宣办、市人大常委会法工委、市文广新局、市政府法制办有关负责人出席发布会，对“条例”制定过程、主要内容进行介绍，并回答记者提问。为有效解决菏泽市在非物质文化遗产保护方面存在的问题，切实加强非物质文化遗产的保护，进一步传承与弘扬优秀传统文化，整体提升区域文化品质，服务经济社会发展，2018年3月1日市十九届人大常委会第九次会议将“条例”作为2018年立法计划第一个审议项目。2018年4月21日，市政府第32次常务会议研究后形成“条例”草案，2018年4月26日、6月25日，市十九届人大常委会第十一次会议、第十三次会议对“条例”先后进行两次审议。在立法过程中，广泛征求社会公众的意见建议，并两次赴县区进行立法调研，召开10余次涉及有关部门单位、立法研究服务基地、立法咨询员、项目保护单位和非遗代表性传承人等不同层面的座谈会或讨论会，收集230余条意见建议，吸收采纳110余条，修改20余条（款）。“条例”于2018年8月28日经市十九届人大常委会第十五次会议表决通过，于2018年9月21日经山东省第十三届人民代表大会常务委员会第五次会议批准，2018年10月1日颁布，自2018年12月1日起施行。“条例”共二十五条，包括非遗保护的基本原则、保护范围、部门责任、保护方式、人才培养引进、评估表彰、法律责任等。为突出地方特色，解决实际问题，打破常规惯例，对“条例”采取不设置章节处理，重点对调研发现的、相关主体反映比较集中、亟须解决的突出问题进行分析研究，逐一作出具体规定，切实提高法规的针对性和可操作性。“条例”是对国家非遗法、省非遗条例的继承和拓展，在不少方面有新突破、新阐释。2019年6月3日，“条例”的颁布施行入选山东省非遗保护十大亮点工作。

《菏泽市城乡规划条例》颁布施行 2018年12月6日，《菏泽市城乡规划条例》（以下简称“条例”）颁布施行新闻发布会在市图书馆举行。市人大常委会法工委主任姜东生、市规划局副局长吴爱国、市政府法制办副主任潘守康出席发布会，详细介绍“条例”的立项、起草、审查、修改、审议和主要内容等情况，并回答记者提问。为进一步规范城乡规划管理，更好发挥城乡规划对城乡建设和发展的综合指导作用，促进全市经济社会发展，2018 年 3 月 1 日市十九届人大常委会第九次会议将“条例”作为 2018 年立法计划第二个审议项目。2018 年 6 月 15 日，市政府第 37 次常务会议研究后形成“条例”草案。2018 年 6 月 25 日、8 月 28 日，市十九届人大常委会第十三次会议、第十五次会议对“条例”先后进行两次审议。2018 年 9 月下旬，法工委将“条例”呈报市委、市人大常委会、市政府、市政协领导征求意见，并根据市领导提出的意见建议，进行认真研究修改。同时将“条例”先后 3 次上报省人大常委会法工委进行审查，并根据反馈意见进行修改完善。“条例”于 2018 年 10 月 29 日经市十九届人大常委会第十六次会议表决通过，于 2018 年 11 月 30 日经山东省第十三届人民代表大会常务委员会第七次会议批准，自 2019 年 1 月 1 日起施行。“条例”共六章五十八条，分为总则、城乡规划的制定与修改、城乡规划的实施、监督管理、法律责任和附则。

《菏泽市水污染防治条例》颁布施行 2019 年 3 月 7 日，《菏泽市水污染防治条例》（以下简称“条例”）颁布施行新闻发布会在市图书馆举行，市人大常委会法工委主任李克文及市司法局、市生态环境局有关负责人介绍“条例”的有关情况，并回答记者提问。为保护和改善水环境，防治水污染，市人大常委会将“条例”列入 2016 年立法计划。2016 年 8 月 30 日、10 月 28 日，市十八届人大常委会第三十五次、第三十六次会议对“条例”先后进行两次审议。因全国人大、省人大分别启动对《中华人民共和国水污染防治法》《山东省水污染防治条例》的修订修改工作，根据省人大要求，两次暂停对“条例”的审议。上位法通过后，法工委重新启动“条例”的修改工作，结合菏泽市水污染防治工作实际，与市生态环境局进行两次集中研究讨论，形成“条例”草案修改三稿。因“条例”修改幅度较大、修改内容较多，根据《菏泽市制定地方性法规条例》的有关规定，于 2018 年 10 月 29 日将“条例”提请市十九届人大常委会第十六次会议进行第三次审议。在立法过程中，广泛征求省人大、省直有关部门、市直有关部门、各县区人大、人大代表、立法研究服务基地、立法咨询员等各方面意见建议。同时，深入基层进行立法调研，并召开座谈会，收集 210 余条意见建议，吸收采纳 100 余条，修改 20 余条（款）。“条例”于 2018 年 12 月 26 日经市十九届人大常委会第十七次会议表决通过，于 2019 年 2 月 12 日经山东省第十三届人民代表大会常务委员会第十次会议批准，2019 年 3 月 8 日颁布，自 2019 年 4 月 1 日起施行。“条例”共六章五十一条，分为总则、监督管理、水污染防治措施、饮用水水源安全防护、法律责任和附则。“条例”对《中华人民共和国水污染防治法》《山东省水污染防治条例》的内容进行细化和拓展，增设新的内容，在生态补偿、环境约谈、涉水限批、河长制湖长制等方面进行制度创新；增加按日连续处罚的种类，且处罚上不封顶，提高违法成本，使菏泽市的水污染防治工作更加系统全面。

《菏泽市烟花爆竹燃放管理条例》颁布施行 2019 年 10 月 16 日，《菏泽市烟花爆竹燃放管理条例》（以下简称“条例”）颁布施行新闻发布会在市图书馆举行，市人大常委会法工委、市公安局、市司法局有关负责人出席发布会，对“条例”的制定背景、制定过程、主要内容进行介绍，并回答记者提问。为保障公共安全和公民人身、财产安全，改善大气环境质量，控制噪声污染，推进文明城市创建，使烟花爆竹燃放管理工作有章可循、有法可依，2019 年 3 月 6 日市十九届人大常委会第二十次会议将“条例”列入 2019 年立法计划审议项目。2019 年 4 月 22 日，市政府第 59 次常务会议研究后形成“条例”草案。2019

年4月29日、6月21日，市十九届人大常委会第二十一次会议、第二十二次会议对“条例”先后进行两次审议。在立法过程中，坚持民主立法、开门立法、精准立法的原则，先后召开立法协调会、县区立法调研座谈会，并广泛征求市直有关部门、县区人大、人大代表及社会公众的意见建议，共收集意见建议200余条，吸收采纳40余条，修改20余条（款）。经数次调研、论证、协商、修改，“条例”于2019年8月16日经市十九届人大常委会第二十三次会议表决通过，于2019年9月27日经山东省第十三届人民代表大会常务委员会第十四次会议批准，自2020年1月1日起施行。“条例”共二十条，每一条都力求做到务实管用，内容涵盖立法目的、禁放区域、禁放时间，政府及部门职责、宣传引导、单位义务、法律责任等内容。在总结全市烟花爆竹燃放管理实践经验的基础上，进一步对烟花爆竹燃放管理的体制机制、工作路径等方面进行具体规范。“条例”坚持教育与处罚相结合的原则，积极倡导市民移风易俗，转变思想，培养安全文明燃放观念。

《菏泽市文明行为促进条例》颁布施行 2019年12月12日，《菏泽市文明行为促进条例》（以下简称“条例”）颁布施行新闻发布会在市图书馆举行，市文明办、市人大常委会法工委、市司法局有关负责人出席发布会，介绍“条例”制定的基本情况和主要内容。为提升城市文明程度和市民文明素质，推进文明城市创建工作不断深入，2019年3月6日市十九届人大常委会第二十次会议将“条例”列入2019年立法计划审议项目。为切实提高立法质量，增强立法的科学性和可行性，市人大常委会有关委室与市文明办、市司法局共同研究协商，根据上位法规定，借鉴外市做法，确定“条例”的框架结构、条款设置等。2019年6月5日，市政府第61次常务会议研究后形成“条例”草案。2019年6月21日、8月16日，市十九届人大常委会第二十二次、第二十三次会议对“条例”先后进行两次审议。在立法过程中，召开县区立法调研座谈会，并广泛征求市直有关部门、县区人大、人大代表及社会公众等方面意见建议，共收集意见建议300余条，吸收采纳40余条，修改20余条（款）。经过反复调研、论证、协商、修改，“条例”于2019年10月30日经市十九届人大常委会第二十四次会议表决通过，于2019年11月29日经山东省第十三届人民代表大会常务委员会第十五次会议批准，于2019年12月13日予以公布，自2020年1月1日起施行。“条例”共六章二十二条，主要包括总则、文明行为基本规范、鼓励与倡导、促进与保障、法律责任和附则等。“条例”内容涵盖禁止行为、鼓励行为、倡导行为、文明城市等创建活动、文明创建宣传、公共信用信息平台建设、不文明行为劝阻等方面，努力做到既严格规范，又弘扬正能量、塑造新风尚。“条例”是菏泽市首部落实社会主义核心价值观要求的专项地方性法规，填补菏泽市精神文明立法的空白。

《菏泽市餐厨废弃物管理条例》颁布施行 2020年10月23日，《菏泽市餐厨废弃物管理条例》（以下简称“条例”）颁布施行新闻发布会在市图书馆举行，市人大常委会法工委、市城市管理局、市司法局有关负责人出席发布会，对“条例”的制定背景、制定过程、主要内容进行介绍，并回答记者提问。为加强餐厨废弃物管理，保障食品安全，维护城乡环境卫生，促进资源循环利用，2020年3月5日市十九届人大常委会第二十六次会议将“条例”列入2020年立法计划审议项目。为切实提高立法质量，增强立法的科学性和可行性，市人大常委会有关委室与市城市管理局、市司法局共同研究协商，在没有明确上位法的情况下，借鉴外省市做法，确定“条例”的框架结构、条款设置等。2020年4月18日，市政府第79次常务会议研究后形成“条例”草案。2020年4月28日、6月18日，市十九届人大常委会第二十八次、第二十九次会议对“条例”先后进行两次审议。审议期间，多次召开市直有关部门、县区人大、立法研究服务基地、立法咨询员、餐饮企业等参加的立法座谈会、论证会，收集整理各类意见建议230余条，吸收采纳40余条，易稿20余次。2020年8月24日，“条例”经市十九届人大常委会第三十次会议表决通过，2020年9月25日，“条例”经省十三届人大常委会第二十三次会议批准，于2020年9月28日予以公布，自2021年1月1日起施行。“条例”共五章二十八条，分为总则、基本规范、监督管理、法律责任、附则等。在总结菏泽市在餐厨废弃物管理实践经验的基础上，进一步明确调整范围、对餐厨废弃物管理的体制机制、资金保障等方面进行具体规范。“条例”作为全省首部餐厨废弃物管理方面的地方性法规，立足菏泽实际，聚焦餐厨废弃物管理工作过程中的痛点、堵点、难点，主动谋划、前瞻规范，全力筑牢食品安全防线，守护广大群众“舌尖上的安全”，为推动菏泽城乡环境卫生管理工作持续完善、进一步实现餐厨废弃物管理的法治化奠定重要基础。

《菏泽市城市供水条例》颁布施行 2020年12月28日，《菏泽市城市供水条例》（以下简称“条例”）颁布施行新闻发布会在市图书馆举行，市人大常委会法工委、市水务局、市司法局有关负责人出席发布会，对“条例”的制定背景、制定过程、主要内容进行介绍，并回答记者提问。为进一步规范城市供用水及其相关管理活动，促进我市城市供用水事业持续快速健康发展，2020年3月5日市十九届人大常委会第二十六次会议将“条例”列入2020年立法计划审议项目。市人大常委会有关委室与市水务局、市司法局共同研究协商，确定“条例”的框架结构、条款设置等。2020年6月5日，市政府第82次常务会议研究后形成“条例”草案。2020年6月18日、8月24日，市十九届人大常委会第二十八次、第二十九次会议对“条例”先后进行两次审议。审议期间，多次召开市直有关部门、县区人大、立法研究服务基地、立法咨询员、供水企业等参加的立法座谈会、论证会，收集整理各类意见建议300余条，吸收采纳50余条，易稿20余次。2020年10月27日，“条例”经市十九届人大常委会第三十一次会议表决通过，2020年11月27日，“条例”经省十三届人大常委会第二十四次会议批准，于2020年11月30日予以公布，自2021年1月1日起施行。“条例”共六章三十五条，有总则、规划建设、设施管理、供水用水管理、法律责任、附则。该“条例”作为我市民生重点需求领域的地方性法规，其核心目的是保障饮用水安全，维护用户和供水企业的合法权益，为城市供水的健康发展提供了法治保障。

工作视察

全市棚户区改造工作视察 2017年9月26日至27日，市人大常委会对全市棚户区改造工作情况进行视察。市人大常委会副主任杨晓玲、丁志刚、汤建梅、孙忠生，秘书长郭景堂参加视察。副市长曹升灵、王忠想分别陪同有关活动。市人大常委会组成4个视察组，分别深入全市各县区棚改现场，看项目、听汇报、点问题，每到一处，视察组成员都专注倾听，详细询问。在视察座谈会上，曹升灵代表市政府汇报全市棚户区改造工作情况，部分常委会委员结合视察见闻提出有针对性的意见建议，杨晓玲作总结讲话，曹升灵代表市政府作表态发言。视察结束后，综合视察情况，形成视察报告，于2017年10月31日经市十九届人大常委会第六次会议审议通过后，形成审议意见，并于2017年11月15日反馈市政府研究处理。市政府针对指出的问题和提出的建议认真整改，并于2017年12月15日向市十九届人大常委会第七次会议书面报告研究处理情况，于2018年3月1日向市十九届人大常委会第九次会议报告办理落实情况并进行满意度票决，票决结果为满意。

2018年10月11日，市人大常委会开展黄河滩区脱贫迁建工作视察

黄河滩区脱贫迁建工作视察 2018年10月11日，市人大常委会组成视察组，对黄河滩区脱贫迁建工作进行视察。市委副书记、鄄城县委书记张伦参加在鄄城县的视察活动。市人大常委会副主任杨晓玲、丁志刚、汤建梅、孙忠生，秘书长郭景堂参加视察，副市长侯婕陪同视察。视察组先后深入鄄城县李进士堂镇辛庄社区，牡丹区李村镇郝寨社区，东明县长兴集乡8号村台、1号村台，听取各县区相关工作汇报，并现场察看村台建设和外迁社区建设情况。视察座谈会上，市扶贫办负责人汇报全市黄河滩区脱贫迁建工作情况，视察组部分成员结合视察情况提出意见建议，杨晓玲作总结讲话，侯婕代表市政府作表态发言。视察结束后，综合视察情况，形成视察报告，于2018年10月29日经市十九届人大常委会第十六次会议审议通过后，形成审议意见，于2018年11月12日反馈市政府研究处理。市政府针对指出的问题和提出的建议认真整改，并于2018年12月26日向市十九届人大常委会第十七次会议书面报告研究处理情况。

人大代表年终视察 2018年12月18日，市人大常委会组织部分驻菏全国、省人大代表对菏泽市2018年部分民生实事完成情况进行视察。市人大常委会副主任丁志刚参加视察，副市长王忠想陪同视察。视察组一行先后到牡丹路人行过街天桥、点将台路、菏泽城际公交公司、牡丹区“四小工程”、长江路人民路渠化路口等实地视察，听取有关情况汇报。在随后召开的座谈会上，视察组成员交流发言，一致认为，一年来，市政府及其有关部门在市委的正确领导下，坚持民生优先、共享发展的理念，紧紧围绕政府工作报告中承诺的民生实事，高度重视、科学规划，强化措施、全力推进，各项民生实事办理扎实有序、进展良好。同时，对于存在的一些困难和问题，视察组成员也提出有针对性的意见和建议。

全市乡村振兴工作视察 2019年5月22日至23日，市人大常委会组成视察组，对全市乡村振兴工作情况进行视察。市人大常委会主任尹玉明，副主任杨晓玲、汤建梅、孙忠生、谷瑞灵，秘书长郭景堂，党组成员张洪兴参加视察。副市长曹升灵陪同视察。视察组先后深入牡丹区、东明县、鄄城县、郓城县、巨野县等县区，听取各县区有关工作汇报，实地察看开展乡村振兴工作部分有代表性的村庄、社区。5月23日召开视察座谈会，视察组部分成员结合视察情况提出意见建议，尹玉明作总结讲话，曹升灵代表市政府作表态发言。视察结束后，综合视察情况，形成视察报告，于2019年6月21日经市十九届人大常

2019年5月22日至23日，市人大常委会开展乡村振兴工作视察

委会第二十二次会议审议通过后，形成审议意见，于2019年7月8日反馈市政府研究处理。市政府针对指出的问题和提出的建议认真整改，并于2019年10月30日向市十九届人大常委会第二十四次会议书面报告研究处理情况，于2020年4月28日向市十九届人大常委会第二十八次会议报告办理落实情况并进行问责表决，表决结果为满意。

人大代表年终视察 2019年12月4日，市人大常委会组织部分驻菏省、市人大代表，围绕有关部门依法行政、服务民生等情况以及群众普遍关心的热点难点问题进行年终视察。市人大常委会副主任丁志刚参加视察。视察组一行先后到菏泽火车站广场、市公安局高速公路交警支队、菏泽一中，定陶区车管所、定陶区第三实验小学、山大附中等地实地视察，听取有关情况汇报。视察组认为，各相关单位在市委的正确领导下，坚持民生优先、共享发展的理念，加强制度建设，严格执法监督，着力提高依法行政水平，各项民生实事办理扎实有序、进展良好。对于存在的一些困难和问题，视察组也提出意见和建议。

全市交通重点工程建设情况视察 2020年9月23日至24日，市人大常委会对全市交通重点工程建设情况进行视察，深入了解情况，精准发现问题，科学提出建议，更好地助推交通重点工程建设提速增效。市人大常委会副主任丁志刚参加视察，秘书长郭景堂参加视察并主持视察座谈会。副市长王忠想陪同活动。视察组先后深入到人民路与南外环互通立交桥、高铁菏泽东站、牡丹机场、新万福河复航工程、广州路公交枢纽站、菏宝高速东明黄河大桥等13个有代表性的项目现场，进行实地察看。视察结束后召开座谈会，观看全市交通工程建设专题片，视察组成员座谈交流，提出意见建议，丁志刚作总结讲话。丁志刚充分肯定近年来全市交通事业发展取得的显著成绩。他强调，交通重点工程建设对经济社会发展起着基础性、先导性作用，各级各有关部门要树牢大局意识，汇聚工作合力，加大推进力度，确保按照既定时间保质保量完成建设任务。要科学合理规划，优化交通布局，坚持互联互通，完善交通网络体系，努力构建“水、陆、空”现代化立体交通网络。要强化工作措施，破解建设难题，加强项目监管，完善配套设施，严把工程安全关、质量关，真正把交通重点工程建设成民心工程、幸福工程。会上，市政府相关负责人作表态发言，表示将自觉接受人大监督，虚心采纳意见建议，进一步完善工程项目推进、督导和建设考核机制，以更大力度推进交通重点工程建设，更好促进发展、改善民生。视察结束后，综合视察情况，形成视察报告，于2020年10月27日经市十九届人大常委会第三十一次会议审议通过后，形成审议意见，于2020年11月5日反馈市政府研究办理。市政府针对指出的问题和提出的建议认真整改，并于2020年12月29日向市十九届人大常委会第三十二次会议书面报告研究处理情况。

执法检查

大气污染防治“一法两条例”执法检查 2017年5月24日至25日，市人大常委会组成执法检查组，对市政府贯彻实施大气污染防治“一法两条例”情况进行执法检查，并依法开展专题询问。市人大常委会副主任杨晓玲、丁志刚、孙忠生、谷瑞灵，秘书长郭景堂和部分常委会组成人员参加检查。副市长高荣国陪同检查。检查组先后察看开发区、巨野县、郓城县、鄄城县、牡丹区、东明县等县区的20余个现场，听取有关工作汇报。执法检查座谈会上，执法检查组部分成员作交流发言，提出有针对性的意见建议。专题询问会上，执法检查组部分成员就有关问题进行专题询问，市政府相关部门负责人到会应询，杨晓玲作总结讲话，高荣国代表市政府作表态发言。执法检查结束后，综合执法检查和专题询问情况，形成执法检查报告，于2017年6月28日经市十九届人大常委会第三次会议审议通过后，形成审议意见，并于2017年7月13日反馈市政府研究处理。市政府针对指出的问题和提出的建议认真整改，于2017年10月31日向市十九届人大常委会第六次会议书面报告研究处理情况，于2018年3月1日向市十九届人大常委会第九次会议报告办理落实情况并进行满意度票决，票决结果为满意。

《菏泽市城镇容貌和环境卫生管理条例》执法检查 2017年7月12日至13日，市人大常委会组成执法检查组，对市政府贯彻落实《菏泽市城镇容貌和环境卫生管理条例》情况进行执法检查。市人大常委会副主任杨晓玲、丁志刚、汤建梅、孙忠生，秘书长郭景堂参加检查。副市长王忠想陪同检查。执法检查组先后实地察看定陶区、成武县、单县、曹县、牡丹区、高新区、开发区的20余个现场，听取有关工作汇报。执法检查座谈会上，执法检查组听取市政府有关工作汇报，执法检查组部分成员作交流发言，提出有针对性的意见建议，杨晓玲作总结讲话，王忠想代表市政府作表态发言。执法检查结束后，综合执法检查情况，形成执法检查报告，于2017年8月30日经市十九届人大常委会第四次会议审议通过后，形成审议意见，并于2017年9月12日

2017年7月12日至13日，市人大常委会对市政府贯彻落实《菏泽市城镇容貌和环境卫生管理条例》情况进行执法检查

反馈市政府研究处理。市政府针对指出的问题和提出的建议认真整改，于2017年10月31日向市人大常委会书面报告研究处理情况，于2018年3月1日向市十九届人大常委会第九次会议报告办理落实情况并进行满意度票决，票决结果为基本满意。

工会"一法两条例"执法检查 2017年9月28日，市人大常委会组成执法检查组，对《中华人民共和国工会法》《山东省厂务公开条例》《山东省企业工资集体协商条例》（简称"一法两条例"）贯彻实施情况进行执法检查。市人大常委会副主任杨晓玲、秘书长郭景堂参加检查。副市长曹升灵陪同有关活动。检查组一行先后到山东菏建建筑集团有限公司、山东玉皇盛世化工股份有限公司、山东盛陶化工有限公司、山东天久集团实业有限公司等地进行现场检查。在随后召开的座谈会上，曹升灵代表市政府汇报"一法两条例"实施情况，杨晓玲作总结讲话。执法检查结束后，综合执法检查情况，形成执法检查报告，于2017年10月31日经市十九届人大常委会第六次会议审议通过后，形成审议意见，于2017年11月15日反馈市政府研究处理。市政府针对指出的问题和提出的建议认真整改，于2017年12月25日向市十九届人大常委会第七次会议书面报告研究处理情况。

《菏泽市供热条例》执法检查 2018年3月27日至28日，市人大常委会组成执法检查组，对市政府贯彻实施《菏泽市供热条例》情况进行执法检查。市人大常委会副主任杨晓玲、丁志刚、汤建梅，秘书长郭景堂参加检查。副市长王忠想陪同检查。执法检查组先后深入到开发区、定陶区、曹县、单县、成武县、牡丹区6个县区的热力公司、小区换热站，听汇报、查现场，点问题、提建议，每到一处，检查组成员都认真听、详细问。执法检查座谈会上，依法开展专题询问，检查组部分成员结合前期调研和实地检查情况，提

出有关问题，市政府相关部门负责人现场答复，杨晓玲作总结讲话，王忠想代表市政府作表态发言。执法检查结束后，综合执法检查情况，形成执法检查报告，于2018年4月26日经市十九届人大常委会第十一次会议审议通过后，形成审议意见，于2018年5月24日反馈市政府研究处理。市政府针对指出的问题和提出的建议认真整改，于2018年8月28日向市十九届人大常委会第十五次会议书面报告研究处理情况，于2019年4月29日向市十九届人大常委会第二十一次会议报告办理落实情况并进行问责表决，表决结果为满意。

2018年3月27日至28日，市人大常委会开展《菏泽市供热条例》执法检查

《菏泽市煤炭清洁生产使用监督管理条例》执法检查 2018年5月9日，市人大常委会组成执法检查组，对市政府贯彻实施《菏泽市煤炭清洁生产使用监督管理条例》情况进行执法检查。市人大常委会副主任孙忠生参加检查。执法检查组召开座谈会，听取市政府有关工作汇报，并深入到巨野县巨铭能源公司、继盛煤业公司、龙美公司、新巨龙公司，单县广鑫洁净能源有限公司、三立煤炭经营有限公司、陈蛮庄煤矿进行实地察看，听汇报，指问题，提建议。执法检查结束后，综合执法检查情况，形成执法检查报告，于2018年6月25日经市十九届人大常委会第十三次会议审议通过后，形成审议意见，于2018年7月4日反馈市政府研究处理。市政府针对指出的问题和提出的建议认真整改，于2018年10月29日向市十九届人大常委会第十六次会议书面报告研究处理情况。

大气污染防治"一法两条例"执法检查 2019年3月25日，市人大常委会组成执法检查组，赴定陶区、单县、成武县，对市政府贯彻实施大污染防治"一法两条例"情况进行执法检查。市人大常委会秘书长郭景堂参加有关活动。执法检查结束后，综合执法检查情况，形成执法检查报告，于2019年4月29日经市十九届人大常委会第二十一次会议审议通过。鉴于大气污染防治"一法两条例"执法检查与听取审议市政府关于全市环境状况和环境保护目标完成情况的报告两项监督工作时间安排接近、内容存在包含关系且具体牵头办理部门均为市生态环境局，为提高办理质效，于2019年7月8日把对大气污染防治"一法两条例"执法检查情况的审议意见合并到对全市环境状况和环境保护目标完成情况报告的审议意见中，一并反馈市政府研究处理。市政府针对指出的问题和提出的建议进行认真整改，于2019年10月30日向市十九届人大常委会第二十四次会议书面报告研究处理情况。

安全生产"一法一条例"执法检查 2019年6月18日至19日，按照省市县三级联动项目安排，省人大常委会委员、社会建设委主任委员张光峰率省人大安全生产"一法一条例"执法检查组到菏泽，就贯彻实施安全生产法律法规情况进行执法检查。市人大常委会副主任杨晓玲，市人大常委会党组成员、市人大社会建设委主任委员张洪兴参加检查。副市长曹升灵陪同检查。检查组先后到菏泽澳泽幸福里建筑工地、郓城县安信天然气有限公司等进行实地检查。座谈会上，检查组下发并组织填写《省人大常委会安全生产执法检查调查问卷》，进行现场问答，详细了解全市安全生产"一法一条例"贯彻实施等情况，并针对执法检查中发现的问题提出意见和建议。执法检查结束后，综合执法检查情况，形成执法检查报告，于2019年6月21日经市十九届人大常委会第二十二次会议审议通过后，形成审议意见，于2019年7月8日反馈市政府研究处理。市政府对指出的问题和提出的建议认真整改，于2019年10月30日向市十九届人大常委会第二十四次会议书面报告研究处理情况。

省市物业管理“两条例”执法检查 2019年10月10日至11日，市人大常委会组成执法检查组，对市政府贯彻实施《山东省物业管理条例》《菏泽市物业管理条例》情况进行执法检查，并召开专题询问会和座谈会。市人大常委会主任尹玉明出席会议并讲话，副主任杨晓玲、丁志刚、汤建梅、孙忠生、谷瑞灵，秘书长郭景堂参加活动。副市长王忠想陪同活动。检查组先后深入到牡丹区、开发区、曹县、单县、成武县、定陶区6个县区，实地察看18个小区的物业管理情况。实地检查结束后，丁志刚主持召开专题询问会和座谈会。9名执法检查组成员开门见山提出问题，市住建、城管等12个相关部门单位负责人主动认领、认真作答。5名执法检查组成员结合实地见闻和切身感受，谈体会，指问题，提建议，尹玉明作总结讲话，王忠想代表市政府作表态发言。执法检查结束后，综合执法检查情况，形成执法检查报告，于2019年10月30日经市十九届人大常委会第二十四次会议审议通过后，形成审议意见，并于2019年11月19日反馈市政府研究处理。市政府针对指出的问题和提出的建议认真整改，于2019年12月27日向市十九届人大常委会第二十五次会议书面报告研究处理情况，并于2020年4月28日向市十九届人大常委会第二十八次会议报告办理落实情况并进行问责表决，表决结果为满意。

传染病防治法执法检查 2020年5月27日至28日，受市人大常委会主任尹玉明委托，市人大常委会副主任丁志刚率执法检查组，对市政府贯彻实施《中华人民共和国传染病防治法》情况进行执法检查，并就有关问题依法开展专题询问。市人大常委会秘书长郭景堂主持活动。副市长曹升灵陪同活动。检查组先后深入到市疾控中心、市中心血站、市传染病医院和部分县区实地察看现场，听取有关汇报。专题询问会上，7名执法检查组成员开门见山、积极发问，市卫健、疾控等11个相关部门负责人主动认领、认真作答。在座谈会上，4名执法检查组成员作针对性发言，提出意见建议，丁志刚作总结讲话，曹升灵代表市政府作表态发言。执法检查结束后，综合执法检查和专题询问情况，形成执法检查报告，于2020年6月18日，经市十九届人大常委会第二十九次会议审议通过后，形成审议意见，于2020年6月30日反馈市政府研究处理。市政府针对指出的问题和提出的建议认真整改，于2020年10月27日向市十九届人大常委会第三十一次会议书面报告研究处理情况。

2020年5月27日至28日，市人大常委会开展传染病防治法执法检查

食品安全法执法检查 2020年5月21日，受市人大常委会委托，市人大财经委对市政府贯彻实施《中华人民共和国食品安全法》情况进行执法检查。市人大常委会副主任谷瑞灵参加检查。检查组先后赴开发区、定陶区的部分食品安全工作现场进行实地检查，并召开座谈会，听取市、

区两级关于食品安全法贯彻实施情况的汇报，并进行交流发言。执法检查结束后，综合执法检查情况，形成执法检查报告，于2020年6月18日经市十九届人大常委会第二十九次会议审议通过后，形成审议意见，于2020年6月30日反馈市政府研究处理。市政府针对指出的问题和提出的建议认真整改，于2020年10月27日向市十九届人大常委会第三十一次会议书面报告研究处理情况。

专题调研

全市民族工作情况专题调研 2017年5月8日至9日，市人大常委会副主任汤建梅率调研组，对全市民族工作情况进行专题调研。调研组先后深入到牡丹区、定陶区、曹县的少数民族企业、学校、社区等现场进行实地调研，认真听取各县区政府有关工作汇报，并召开调研座谈会，听取市民宗局关于全市民族工作情况的汇报，调研组成员进行交流发言，汤建梅作总结讲话。调研结束后，综合调研情况，形成专题调研报告，于2017年6月28日经市十九届人大常委会第三次会议审议通过后，形成审议意见，于2017年7月10日反馈市政府研究处理。市政府针对指出的问题和提出的建议认真整改，并于2017年10月31日向市十九届人大常委会第六次会议书面报告研究处理情况。

全市科技创新工作情况专题调研（与人大代表年中专题调研合并进行） 2017年7月20日至21日，市人大常委会组织部分驻菏全国、省、市人大代表，就全市科技创新工作情况进行专题调研。市人大常委会副主任丁志刚参加调研。市政府党组成员郭保存陪同调研。调研组先后深入到成武呈祥电工电气、华驰变压器、达驰电气，曹县圣奥化工、龙跃橡胶、巨鑫源等企业实地调研，听取各县情况汇报，与县发改、经信、科技、财政、农业等部门负责人座谈交流，丁志刚作总结讲话。调研结束后，综合调研情况，形成专题调研报告，于2017年8月30日经市十九届人大常委会第四次会议审议通过后，形成审议意见，于2017年9月12日反馈市政府研究处理。市政府针对指出的问题和提出的建议认真整改，并于2017年10月31日向市十九届人大常委会第六次会议书面报告研究处理情况。

全市农村土地流转工作专题调研 2017年9月29日，市人大农业与农村委会同市农业局组成调研组，对全市土地流转工作情况进行专题调研。调研组先后赴成武县、定陶区，采取座谈交流、察看走访、听取汇报等方式，对全市农村土地流转工作情况进行深入调研。调研结束后，综合调研情况，形成专题调研报告，于2017年10月31日经市十九届人大常委会第六次会议审议通过后，形成审议意见，于2017年11月15日反馈市政府研究处理。市政府针对指出的问题和提出的建议认真整改，并于2017年12月25日向市十九届人大常委会第七次会议书面报告研究处理情况。

全市电子商务产业发展情况专题调研 2017年9月6日至7日，市人大常委会副主任汤建梅率调研组，深入到牡丹区、鄄城县、郓城县、巨野县等县区，对全市电子商务发展情况进行专题调研。调研组先后到牡丹区淘宝村高峰论坛主会场、天华电商产业园、牡丹创意家居小镇，鄄城县伯灵云谷电商产业园、新达发制品有限公司，郓城县艾尚羽羽绒制品有限公司、绅联跨境电商产业园、随西村，巨野县凤凰街道办事处草坡村、国翔纸箱厂，听取企业负责人有关情况介绍，深入了解全市电子商务企业发展、电商产业园区建设及“为村”发展现状等相关情况。调研结束后，综合调研情况，形成专题调研报告，于2017年10月31日经市十九届人大常委会第六次会议审议通过后，形成审议意见，并于2017年11月13日反馈市政府研究处理。市政府针对指出的问题和提出的建议认真整改，于 2017 年 12 月 25 日向市十九届人大常委会第七次会议书面报告研究处理情况。

全市职业教育和特殊教育发展情况专题调研 2018 年 5 月 17 日至 18 日，市人大常委会副主任丁志刚率调研组，对全市职业教育和特殊教育发展情况进行专题调研。调研组先后来到郓城县职业中专、聋哑学校，菏泽职业学院、市特教中心，成武县特殊教育学校、职业中专进行实地考察，听取有关情况汇报，并座谈交流，就下一步工作提出意见建议。调研结束后，综合调研情况，形成专题调研报告，于 2018 年 6 月 25 日经市十九届人大常委会第十三次会议审议通过后，形成审议意见，并于 2018 年 7 月 4 日反馈市政府研究处理。市政府针对指出的问题和提出的建议认真整改，于 2018 年 10 月 29 日向市十九届人大常委会第十六次会议书面报告研究处理情况，并于 2019 年 4 月 29 日向市十九届人大常委会第二十一次会议报告办理落实情况并进行问责表决，表决结果为满意。

全市旅游工作情况专题调研 2018 年 5 月 8 日至 9 日，市人大常委会副主任汤建梅率调研组，深入郓城县、曹县，对全市旅游工作情况进行专题调研。调研组听取县政府有关工作情况汇报，并在市人大常委会机关召开调研座谈会，听取市旅游局关于全市旅游工作情况的汇报。调研结束后，综合调研情况，形成专题调研报告，于 2018 年 6 月 25 日经市十九届人大常委会第十三次会议审议通过后，形成审议意见，于 2018 年 7 月 10 日反馈市政府研究处理。市政府针对指出的问题和提出的建议认真整改，于 2018 年 10 月 29 日向市十九届人大常委会第十六次会议书面报告研究处理情况。

城市道路交通拥堵情况专题调研（与人大代表年中专题调研合并进行） 2018 年 7 月 31 日，市人大常委会副主任杨晓玲率调研组对城市道路交通拥堵情况进行专题调研。副市长王忠想陪同调研。调研组深入市区主要道路和交通拥堵点实地察看，并现场听取汇报。在随后召开的座谈会上，王忠想代表市政府汇报有关情况。与会人员围绕城市道路交通拥堵情况展开讨论，并提出意见建议，杨晓玲作总结讲话。调研结束后，综合调研情况，形成专题调研报告，于 2018 年 8 月 28 日经市十九届人大常委会第十五次会议审议通过后，形成审议意见，并于 2018 年 9 月 6 日反馈市政府研究处理。市政府针对指出的问题和提出的建议认真整改，于 2018 年 10 月 29 日向市十九届人大常委会第十六次会议书面报告研究处理情况，于 2019 年 4 月 29 日向市十九届人大常委会第二十一次会议报告办理落实情况并进行问责表决，表决结果为满意。

《土壤污染防治行动计划》贯彻落实情况专题调研 2018 年 9 月 28 日至 29 日，市人大常委会副主任丁志刚率调研组对《土壤污染防治行动计划》的贯彻落实情况进行专题调研。调研组先后到曹县圣奥化工及原址、银香伟业，单县尚舜化工、垃圾发电厂，东明县崔寨行政村、东明石化集团进行实地调研，详细听取有关情况汇报，并召开调研座谈会。调研结束后，综合调研情况，形成专题调研报告，于 2018 年 10 月 29 日经市十九届人大常委会第十六次会议审议通过后，形成审议意见，于 2018 年 11 月 12 日反馈市政府研究处理。市政府针对指出的问题和提出的建议认真整改，并于 2018 年 12 月 26 日向市十九届人大常委会第十七次会议书面报告研究处理情况。

全市生物医药产业发展情况专题调研（与人大代表年中专题调研合并进行） 2019 年 7 月 17 日至 18 日，市人大常委会副主任丁志刚率调研组对全市生物医药产业发展情况进行专题调研。副市长曹升灵、市政府党组成员郭保存陪同有关活动。调研组先后到曹县、定陶区、市高新区，深入医药企业、卫生材料公司等地进行实地考察，详细了解企业发展与运行情况，并针对存在的问题提出合理化意见和建议。座谈会上，调研组在听取关于全市生物医药产业发展情况汇报后认为，全市生物医药产业规模加速膨胀，产品结构不断优化，骨干企业不断崛起，形成良好的发展势头，但也存在政策落实不到位、县区发展不平衡、企业创新能力不足等问题。针对调研中发现的问题，调研组提出意见和建议。调研结束后，综合调研情况，形成专题调研报告，于2019年8月16日经市十九届人大常委会第二十三次会议审议通过后，形成审议意见，于2019年9月2日反馈市政府研究处理。市政府针对指出的问题和提出的建议认真整改，于2019年12月27日向市十九届人大常委会第二十五次会议书面报告研究处理情况。

2019年7月17日至18日，市人大常委会对全市生物医药产业发展情况进行专题调研

创建国家森林城市工作整体推进情况专题调研 2019年9月26日至27日，市人大农业与农村委会同市林业局组成调研组，对全市创建国家森林城市工作整体推进情况进行专题调研。调研组先后到牡丹区、郓城县，实地察看7个有代表性的创森项目，召开有相关部门负责人参加的座谈会，认真研讨分析全市创建国家森林城市工作整体推进情况和工作中存在的困难问题。调研结束后，综合调研情况，形成专题调研报告，于2019年10月30日经市十九届人大常委会第二十四次会议审议通过后，形成审议意见，于2019年11月20日反馈市政府研究处理。市政府针对指出的问题和提出的建议认真整改，于2019年12月27日向市十九届人大常委会第二十五次会议书面报告研究处理情况。

“归雁兴菏”行动贯彻落实情况专题调研 2019年9月18日至22日，市人大常委会党组成员、市人大社会建设委员会主任委员张洪兴率调研组，对“归雁兴菏”行动贯彻落实情况进行专题调研。调研组分成两个小组，到牡丹区、单县、郓城县和开发区进行调研，实地察看20多个返乡创业企业，与相关部门负责人和返乡创业者座谈交流，详细了解政策落实情况和企业存在的困难问题。2019年9月20日，调研组和北京、苏州、杭州、南京的菏泽市返乡创业服务站站长座谈交流，详细了解返乡创业服务站运行情况和返乡创业存在的困难问题。2019年9月23日，组织召开有市直相关部门负责人参加的座谈会，积极探讨交流解决困难问题的思路和办法。调研结束后，综合调研情况，形成专题调研报告，于2019年10月30日经市十九届人大常委会第二十四次会议审议通过后，形成审议意见，于2019年11月20日反馈市政府研究处理。市政府针对指出的问题和提出的建议认真整改，于2019年12月27日向市十九届人大常委会第二十五次会议书面报告研究处理情况。

全市全域旅游工作专题调研 2020年5月20日至22日，市人大常委会副主任汤建梅率调研组，对全市全域旅游工作情况进行专题调研。调研组先后到郓城县、巨野县、单县部分工业、农业、生态、文化等旅游景点进行实地调研，现场听取有关情况汇报，并召开调研座谈会，听取市文化和旅游局关于全市全域旅游工作情况的汇报。调研结束后，综合调研情况，形成专题调研报告，于2020年6月18日经市十九届人大常委会第二十九次会议审议通过后，形成审议意见，于2020年6月30日反馈市政府研究处理。市政府针对指出的问题和提出的建议认真整改，于2020年10月27日向市十九届人大常委会第三十一次会议书面报告研究处理情况。

“七五”普法决议贯彻实施情况专题调研 2020年7月23日，市人大常委会副主任杨晓玲率调研组对全市“七五”普法决议贯彻实施情况进行专题调研。调研组先后深入到郓城县南赵楼镇六合苑社区、南城中学和巨野县宪法主题公园、青少年法治教育基地实地调研，听取市、县两级有关工作情况汇报，并召开座谈会，详细了解全市“七五”普法决议贯彻实施情况。调研结束后，综合调研情况，形成专题调研报告，于2020年8月24日提交市十九届人大常委会第三十次会议审议通过。鉴于普法工作牵头部门属市委部门序列，专题调研报告经审议通过后未再反馈审议意见。

人大代表年中专题调研 2020年7月24日，市人大常委会组织部分驻菏全国、省、市人大代表对“七五”普法决议贯彻实施情况进行专题调研。市人大常委会副主任丁志刚参加调研。调研组先后深入到单县、定陶区部分法治教育体验基地、学校、社区等进行实地调研，听取市、县两级有关工作情况汇报，并召开座谈会。调研组对全市贯彻实施“七五”普法决议所做的工作给予充分肯定，同时指出工作中存在的问题，提出进一步做好普法工作的意见和建议。

黄河保护与治理工作情况专题调研 2020年9月2日至4日，市人大常委会副主任杨晓玲、谷瑞灵率调研组，对黄河保护与治理工作情况进行专题调研。调研组先后到郓城县、鄄城县、牡丹区、东明县实地察看黄河工程建设、生态湿地保护区、沿黄产业等现场，召开有相关部门负责人参加的座谈会，认真研讨分析全市黄河保护与治理工作开展情况和存在的困难与问题。调研结束后，综合调研情况，形成专题调研报告，于2020年10月27日经市十九届人大常委会第三十一次会议审议通过后，形成审议意见，于2020年11月5日反馈市政府研究处理。市政府针对指出的问题和提出的建议认真整改，并于2020年12月29日向市十九届人大常委会第三十二次会议书面报告研究处理情况。

全市养老服务工作情况专题调研 2020年9月16日至18日，市人大社会建设委主任委员、二级巡视员张洪兴带领调研组，先后深入到开发区、牡丹区、东明县、定陶区、曹县、成武县、郓城县，对全市养老服务工作情况进行专题调研。调研组通过实地察看、座谈交流等形式，全面了解《山东省养老服务条例》的贯彻落实、居家和社区养老服务改革试点、示范性居家和社区养老服务中心和养老服务站等养老机构运营、农村敬老院和新型农村幸福院建设管理等情况。每到一处，调研组都认真听取养老机构在经营发展中存在的困难、问题和建议，并与各养老机构入住老人交谈，了解他们的日常生活和护理情况。调研结束后，综合调研情况，形成专题调研报告，于2020年10月27日经市十九届人大常委会第三十一次会议审议通过后，形成审议意见，于2020年11月5日反馈市政府研究处理。市政府针对指出的问题和提出的建议认真整改，并于2020年12月29日向市十九届人大常委会第三十二次会议书面报告研究处理情况。

代表活动

“后来居上、代表先行”系列活动 自2017年始连续3年多开展“后来居上、代表先行”系列活动，旨在激励引导全市各级人大代表牢记职责使命，立足岗位、发挥优势，积极投身经济社会发展主战场，充分发挥模范带头作用，为菏泽“决胜全面小康、实现后来居上”做出积极贡献。系列活动共分“立岗建功促发展”“牵手帮扶促脱贫”“化解矛盾促和谐”“听评庭审促公正”4个专题活动。2017年5月，召开全市人大开展系列活动动员会，会上印发《关于在全市人大代表中开展“后来居上、代表先行”系列活动的意见》。为通报活动进展情况，学习交流经验做法，宣传推介先进典型，营造系列活动开展的浓厚氛围，市人大常委会各相关委室及时搜集、整理市人大常委会相关委室和各县区人大开展系列活动的动态和代表事迹，定期编发系列活动信息。2017年8月，召开全市县区人大常委会主任座谈会，专题调度系列活动开展情况。2018年6月，召开全市人大系列活动推进会，对系列活动进行再安排再部署。2018年12月，印发《菏

2018年6月13日，市人大常委会召开“后来居上、代表先行”系列活动推进会

泽市人大常委会关于表彰“后来居上、代表先行”系列活动先进单位、先进个人和优秀代表的通报》，激励先进、鞭策后进。2019年，联合菏泽日报社创新策划开设“庆祝新中国成立70周年——后来居上、代表先行”报纸专栏，集中采访报道全市111名代表的典型事迹，在社会上产生良好反响。通过典型带动、集中宣传、调度督导等措施，系列活动持续深化，成果不断凸显，赢得各方好评。系列活动开展以来，在“立岗建功促发展”活动中，各级代表牢记初心使命，积极投身经济社会发展主战场，立足岗位勇创一流业绩。2017年受表彰的4个全国文明村镇、1个全国文明校园均由人大代表领衔创建；2018年，全市入库税金过千万元的112家工业企业中，86家由人大代表领办，其中3家跻身“中国民营企业500强”；2019年，全市入库税金过亿元的16家工业企业和5家服务业企业中，由人大代表领办的分别达到11家和3家；全市22个省级知名农产品品牌中，由人大代表领创的达到8个。在“牵手帮扶促脱贫”活动中，各级代表累计牵手帮扶贫困群众25197户，提供就业岗位13290个，资助贫困学子2154名。在“化解矛盾促和谐”活动中，广大代表累计排查化解各类矛盾纠纷15731件，一批党委政府重视、基层群众关注的矛盾热点问题得到妥善解决。在“听评庭审促公正”活动中，市县两级人大先后组织1908名代表，现场旁听197个庭审案件，提出评议意见436条。

专题会议

2016年度代表建议办理工作表彰会暨2017年度代表建议交办会 2017年3月23日召开，会议学习《菏泽市人民代表大会代表建议、批评和意见办理办法》，并对2016年度代表建议办理工作先进单位及先进个人进行颁奖。市委常委、常务副市长闫剑波，市人大常委会副主任丁志刚出席会议，市人大常委会秘书长郭景堂主持会议。闫剑波指出，近年来，全市各级人大组织和人大代表，依法履行监督职能，充分发挥职能作用，积极建言献策，为促进全市经济发展、保障和改善民生、维护社会和谐稳定做出重要贡献。各有关部门要高度重视，办理好人大代表建议。要规范办理程序，创新办理形式，层层落实责任；要进一步建立完善与市人大常委会人代室的联系沟通机制；要探索新媒体和网上办理机制，对办理结果公开，自觉接受公众和代表的监督；要认真负责、保质保量、高效率、高效益完成2017年代表建议办理任务，努力以实际成效让代表满意、

让人民群众满意、让社会各界满意。丁志刚强调，各有关部门要在思想上认识到位，办好代表建议能够密切联系人民群众，有利于改进工作；要明确承办责任，涉及多个部门的代表建议，要做到明确牵头单位，统一组织，协调管理，要抓重点、攻难点、求突破、求实效，注重在解决实际问题上下功夫；要加强对承办单位的调度检查，全力以赴做好人大代表建议办理工作。

全市县区人大常委会主任座谈会 2017年3月30日召开，会议贯彻落实市委书记、市人大常委会主任孙爱军在市十九届人大常委会第一次会议和第1次主任会议上的重要讲话精神，听取各县区人大工作情况汇报，并就做好2017年全市人大工作作出安排部署。市人大常委会副主任杨晓玲主持会议并讲话，副主任丁志刚、汤建梅、孙忠生、谷瑞灵，秘书长郭景堂出席会议。在听取完各县区人大发言后，杨晓玲指出，近年来，各县区人大坚持围绕中心、服务大局，依法履职，既为全市经济社会持续健康发展做出积极贡献，也为市人大工作保持全省先进行列提供有力支持。在下一步工作中，杨晓玲要求，全市各级人大要深入贯彻落实孙爱军书记在第一次市人大常委会会议和第1次主任会议上的重要讲话精神，明确新定位，研究新思路，探讨新办法，不断推动全市人大工作再上新水平。要进一步认清形势，统一思想，增强做好人大工作的责任心、使命感；要切实把思想和行动统一到中央和省、市委加强人大工作和建设的决策部署上来，紧紧围绕党委中心，积极融入发展大局，充分发挥人大在立法、监督、决定、任免等方面的职权，为全市经济社会发展保驾护航。

全市人大“后来居上、代表先行”系列活动动员会 2017年5月23日召开，会议对开展“立岗建功促发展”“牵手帮扶促脱贫”“化解矛盾促和谐”“听评庭审促公正”系列活动进行动员部署。市人大常委会副主任杨晓玲出席会议并讲话，副主任丁志刚主持会议，副主任汤建梅、孙忠生，秘书长郭景堂出席会议。杨晓玲指出，在全市各级人大代表中组织开展“后来居上、代表先行”系列活动，既是突出代表主体地位、充分发挥代表作用的一个有力抓手，也是全市各级人大的一项重点工作。开展代表系列活动是激励代表发挥模范带头作用，助推菏泽“决胜全面小康、实现后来居上”的应有之义，是创新全市人大工作，保障位居全省前列的重要抓手，也是履行好代表职务，实现代表自身价值的良好平台。杨晓玲强调，要紧紧围绕市委工作中心和重大决策部署，激励引导全市人大代表牢记职责使命，积极投身于全市经济社会发展一线，充分发挥模范带头作用，为菏泽“决胜全面小康、实现后来居上”做出积极贡献。创新开展“立岗建功促发展”活动，倡导全市人大代表当好经济社会发展的“引领者”；创新开展“牵手帮扶促脱贫”活动，引导动员全市人大代表当好脱贫攻坚的“实践者”；创新开展“化解矛盾促和谐”活动，倡导全市人大代表当好社会和谐稳定的“维护者”；创新开展“听评庭审促公正”活动，组织动员人大代表当好司法公正的“监督者”。

2017年度代表建议办理工作表彰会暨2018年度代表建议交办会 2018年3月29日召开，会议表彰2017年度市人大代表建议办理工作先进单位、先进个人及优秀代表建议，集中交办市十九届人大二次会议期间市人大代表提出的建议、批评和意见。市委常委、常务副市长闫剑波，市人大常委会副主任丁志刚出席会议并讲话。会议指出，市十九届人大一次会议期间，代表们围绕全市中心工作以及人民群众关心、关注的热点难点问题，共提出建议、批评和意见130件。截至2017年底，问题已经解决或正在解决的128件，占98.5%；受条件限制，待以后解决的2件，占1.5%。建议答复率为100%，代表满意率达98%。市十九届人大二次会议期间，代表们共提出建议、批评和意见122件，涉及41个单位和部门。会议要求，各有关部门要进一步提高对代表建议办理重要性的认识，增强工作的自觉性和主动性；要坚持实事求是，创新办理模式，做好结合文章，将办理代表建议与推动工作、自身建设、为民办实事结合起来；要强化建议办理工作保障，切实做到“强化领导、强化协作、强化调研、强化督办”，从讲政治的高度，认真履行职责，扎实完成2018年的代表建议办理工作。会议强调，各有关部门要切实提高思想认识，明确承办任务、责任和时限，确保按时、高效地完成办理工作任务。要加大跟踪督办力度，将督办贯穿于代表建议办理工作的始终，确保实现代表建议办结率、答复率、见面率、满意率四个100%，落实率达到95%以上，为菏泽“决胜全面小康、实现后来居上”做出新的更大贡献。

2018年度代表建议办理工作表彰会暨2019年度代表建议交办会 2019年3月27日召开，会议表彰2018年度代表建议办理工作先进单位、先进个人及优秀代表建议，集中交办市十九届人大四次会议期间代表提出的建议、批评和意见。市委常委、常务副市长王磊，市人大常委会副主任谷瑞灵出席会议并讲话，市人大常委会秘书长郭景堂主持会议。王磊表示，近年来，全市各级人大组织和人大代表依法履行监督职责，充分发挥职能作用，积极建言献策，为促进全市经济发展、保障和改善民生、维护社会和谐稳定，做出积极贡献。通过办理代表建议，有效解决一批代表关注、群众关心的热点、难点、痛点、堵点问题，进一步改进政府工作，提升群众满意度。他要求，各承办单位一定要高度重视人大代表建议办理工作，充分沟通、规范程序、严格落实、狠抓督导，确保每件建议都落到实处、见到实效，使代表满意、群众满意。谷瑞灵指出，经过各承办单位的辛苦努力，市十九届人大二次会议期间代表提出的122件建议，全部在规定期限内答复完毕。2019年的市人大代表建议办理工作数量多、任务重，代表、群众以及社会各界期望高，要以解决问题为导向，深入践行以人民为中心的发展理念，采取扎实的措施，发扬务实的作风，明确承办责任、认真具体办理、扎实解决问题、严格督办工作，努力推动代表建议办理工作再上新台阶。

市委人大工作会议 2019年11月1日召开，会议坚持以习近平新时代中国特色社会主义思想为指导，深入学习贯彻习近平总书记关于坚持和完善人民代表大会制度的重要思想、省委人大工作会议精神，对加强新时代全市人大工作作出部署安排。市委书记张新文出席会议并讲话；市委副书记、市长陈平，市人大常委会主任尹玉明，市政协主席单立新出席会议；市委副书记张伦主持会议；市人大常委会副主任参加会议。张新文在讲话中指出，近年来，全市各级人大及其常委会深入学习贯彻习近平新时代中国特色社会主义思想，紧紧围绕全市发展大局，忠实履行宪法和法律赋予的职责，整体工作稳居全省人大系统第一方阵。张新文强调，全市各级要认真学习领会、深入贯彻落实习近平总书记对地方人大及其常委会工作作出的重要指示要求，按照省委人大工作会议部署，加强和改善党对人大工作的领导，支持人大及其常委会依法履职，推动全市人大工作取得新成效。一要加强党对人大工作的全面领导。增强坚持和完善人民代表大会制度的自信自觉，健全完善党委领导人大工作的制度机制，充分发挥人大常委会党组作用，确保人大工作始终沿着正确政治方向不断向前发展。二要认真履行各项法定职权。准确把握新时代人大工作新定位新要求，切实履行好宪法和法律赋予的各项职权，扎实做好地方立法，加强和改进人大监督，认真讨论决定重大事项，依法行使人事任免权，为全市发展和民主法治建设贡献更大力量。三要着力提高代表工作水平。把加强同人大代表联系作为对人民负责、受人民监督的重要内容，认真把握新时代代表工作规律特点，尊重代表主体地位，完善代表工作机制，拓宽代表履职渠道，保障代表依法履行职责。四要全面加强人大自身建设。切实解决好基层基础薄弱、专业能力不强等问题，以主题教育成效提升思想境界和工作标准，提升人大工作水平，不断开创人大工作新局面，为菏泽实现“后来居上”做出新的更大贡献。会上，印发《中共菏泽市委关于做好新时代人大工作的意见》（菏发〔2019〕21号），市人民检察院检察长，市中级人民法院、市生态环境局、郓城县委、曹县人大常委会有关负责人先后作发言。

2019年11月1日，市委人大工作会议召开

2019年度代表建议办理工作表彰会暨2020年度代表建议办理工作交办会 2020年3月26日召开，会议通报表扬2019年度代表建议办理工作先进单位、先进个人及优秀代表建议，对2020年市人代会期间代表提出的建议进行集中交办。市委常委、常务副市长王磊，市人大常委会副主任丁志刚出席会议并讲话。王磊表示，近年来，全市各级人大组织和人大代表，依法履行监督职责，充分发挥职能作用，积极建言献策，为促进全市经济发展、保障和改善民生、维护社会和谐稳定，做出积极贡献。通过办理代表建议，有效解决一批代表关注、群众关心的热点、难点、痛点、堵点问题，进一步改进政府工作，提升群众满意度。他要求，各承办单位一定要高度重视人大代表建议办理工作，充分沟通、规范程序、严格落实、狠抓督导，确保每件建议都落到实处、见到实效，使代表满意、群众满意。丁志刚指出，经过各承办单位的辛苦努力，市十九届人大四次会议期间代表提出的155件建议，全部在规定期限内答复完毕。2020年的代表建议办理工作，各有关部门要以解决问题为导向，采取扎实的措施，规范办理，及时答复，认真反馈，高质量、高标准地完成今年的办理任务，真正让代表满意、群众满意。

创建全国文明单位动员大会 2020年6月19日召开，对市人大常委会机关创建全国文明单位工作进行再动员再部署，号召机关全体干部职工以决战决胜姿态全力发起争创冲刺，推动机关文明创建迈向更高境界更高标准更高水平。市人大常委会主任尹玉明出席会议并讲话，副主任汤建梅、谷瑞灵出席会议，秘书长郭景堂主持会议。市委宣传部、市文明办有关负责人到会指导。尹玉明指出，全国文明单位是一个单位综合实力、整体形象的集中体现，也是加强机关建设、提升服务保障水平的强大动力。创建全国文明单位是助推全市“双城同创”的现实需要，是推动人大工作与时俱进创新发展的重要动力，是充分发挥人大职能、提升人大形象的有力抓手。要充分认识创建全国文明单位的必要性可行性紧迫性艰巨性，进一步提高政治站位，增强创则必成的决心和信心，自觉把创建工作作为机关上下最为重要的任务，以决战决胜姿态奋力冲刺，为全市人大整体工作稳居全省人大系统第一方阵提供更加强大的精神动力和思想保障。尹玉明要求，要坚持对标对表，在深化学习教育上求实效，在助力“双城同创”上求实效，在创新活动载体上求实效，在夯实工作基础上求实效，在推进依法履职上求实效，全力以赴投入到创建工作中去，对照每一项测评项目、测评内容，做好活动组织、制度制订、项目推进、资料收集整理等工作，扎实推动创建各项工作落实。尹玉明强调，创建冲锋号已经吹响，机关全体人员要严格按照要求，拧成一股绳、拼尽一份力，通力协作、齐抓共建，精心组织实施，全面提升创建成效和水平。要压实工作责任，健全工作机制，强化协作配合，勇于担当作为，以志在必得、创则必成的决心，以“功成不必在我、功成必定有我”的境界，以严的标准、细的任务、实的作风，迅速掀起冲刺热潮，为成功通过考核验收、全面提升机关工作水平、助推全市“双城同创”做出积极贡献。

第四编

菏泽市人民代表大会专门委员会

1984—2020

菏泽人大志

HEZE RENDA ZHI

专门委员会是人民代表大会的常设机构，受人民代表大会领导；在大会闭会期间，受人民代表大会常务委员会领导，依据有关法律法规赋予的职责开展工作。

菏泽市人民代表大会专门委员会的主要职责：向市人民代表大会或市人大常委会提出同本专门委员会相关的议案；审议市人民代表大会主席团或市人大常委会及其主任会议交付的议案，并提出审议报告；拟定和初审同本专门委员会相关的市人大及其常委会决定、决议草案；拟定和初审由本专门委员会提出的法规案。对市人民政府提出的法规案，相关专门委员会应当召开全体会议，进行先行审议，并提出审议报告；组织开展同本专门委员会相关问题的调查研究，写出调研报告，提出意见和建议；根据市人大常委会委托，在常委会听取和审议专项工作报告前，就相关议题组织开展视察或调研，提出视察或调研报告；在常委会听取和审议专项工作报告后，应按照“三审会商”机制及时形成审议意见，并跟踪督办；根据市人大常委会工作计划安排，组织实施同本专门委员会相关的执法检查、视察，具体负责其实施方案制定、相关报告起草、审议意见拟定、跟踪督办组织等工作；根据市人大及其常委会的委托，具体组织实施同本专门委员会相关议题的专题询问；审议相关质询案，听取受质询机关对质询案的答复，并提出审议报告；对相关特定问题组织调查，并提出调查报告；审查同本专门委员会相关的规范性文件，提出书面审查意见。对其中与宪法和法律法规相抵触的问题，提出处理意见报告；法制委员会具体负责地方立法计划的制定，协同其他专门委员会做好制定地方性法规的论证工作，统一审议向市人民代表大会或市人大常委会提出的法规案，提出审议结果的报告，并做好地方性法规的报批工作。法制委员会统一审议法规案时，可以邀请相关专门委员会人员列席会议，发表意见；财政经济委员会负责提出对市国民经济和社会发展计划及其执行情况的审查报告，提出市财政预算及其执行情况的审查报告，提出对市财政决算的审查报告，提出对市国民经济计划、市财政预算调整情况的审查报告，开展部门预算审查监督等。

第一章　法制委员会

第一节　组织和人事沿革

2015 年 2 月 7 日，菏泽市第十八届人民代表大会第四次会议通过决定，设立市第十八届人民代表大会法制委员会。

2017 年 2 月 26 日，菏泽市第十九届人民代表大会第一次会议通过决定，设立市第十九届人民代表大会法制委员会。

市第十八届人大法制委员会组成人员
（2015.2—2017.2）

主任委员　赵传山（兼）
副主任委员　李金民（ —2016.6）
刘　波（2016.2— ）
马志伟（2016.2— ）
张柱军（2016.2— ）
委　员（按姓名笔画排序）
于海寅（2015.10— ）
杨东波（2015.10— ）
周继东（2015.10— ）
梁惠民（女，2015.10—2016.10）

市第十九届人大法制委员会组成人员
（2017.2— ）

主任委员　杨晓玲（女，兼）
副主任委员　姜东生（ —2019.1）
成洪雷
于海寅
委　员（按姓名笔画排序）
杜　勇
李志献
张　琨
曹建文
潘若松

第二节　重要工作

法制委员会统一审议会议　2016 年 6 月 27 日，市人大法制委召开会议，对《菏泽市城镇容貌和环境卫生管理条例（草案）》进行统一审议，市人大常委会副主任赵传山出席会议。

法制委员会统一审议会议　2016 年 8 月 22 日，市人大法制委召开会议，对《菏泽市城镇容貌和环境卫生管理条例（草案修改稿）》进行讨论修改，对《菏泽市水污染防治条例（草案）》《菏泽市煤炭清洁使用监督管理条例（草案）》进行统一审议，市人大常委会副主任赵传山出席会议。

法制委员会统一审议会议　2016 年 10 月 21 日，市人大法制委召开会议，对《菏泽市城镇容貌和环境卫生管理条例（草案建议表决稿）》进行讨论修改，市人大常委会副主任赵传山出席会议。

法制委员会统一审议会议　2016 年 12 月 16 日，市人大法制委召开会议，对《菏泽市煤炭清洁生产使用监督管理条例（草案建议表决稿）》进行统一审议，形成条例（草案表决稿）。

法制委员会统一审议会议　2017 年 7 月 14 日，市人大法制委召开会议，对《菏泽市供热条例（草案修改建议一稿）》进行统一审议，形成条例（草案修改一稿）。

法制委员会统一审议会议 2017年8月28日，市人大法制委召开会议，统一审议《菏泽市供热条例（草案修改建议二稿）》，市人大常委会副主任、党组副书记杨晓玲出席会议。

法制委员会统一审议会议 2017年10月20日，市人大法制委召开会议，对《菏泽市物业管理条例（草案建议修改稿）》《菏泽市供热条例（草案建议表决稿）》进行统一审议。

法制委员会统一审议会议 2017年11月24日，市人大法制委召开会议，统一审议《菏泽市水污染防治条例（草案修改二稿）》《菏泽市人大常委会2018年地方立法计划（审议稿）》，市人大常委会副主任、党组副书记杨晓玲出席会议。

法制委员会统一审议会议 2017年12月14日，市人大法制委召开会议，对《菏泽市物业管理条例（草案建议表决稿）》进行统一审议，市人大常委会副主任、党组副书记杨晓玲出席会议。

法制委员会统一审议会议 2018年6月22日，市人大法制委召开会议，统一审议《菏泽市非物质文化遗产条例（草案建议修改稿）》，形成条例（草案修改稿）和审议结果报告。

法制委员会统一审议会议 2018年8月23日，市人大法制委召开会议，对《菏泽市非物质文化遗产条例（草案建议表决稿）》《菏泽市城乡规划条例（草案建议修改稿）》进行统一审议。

法制委员会统一审议会议 2018年10月28日，市人大法制委召开会议，对《菏泽市城乡规划条例（草案建议表决稿）》《菏泽市水污染防治条例（草案建议修改三稿）》进行统一审议，市人大常委会副主任、党组副书记杨晓玲出席会议。

法制委员会统一审议会议 2018年12月25日，市人大法制委召开会议，对《菏泽市水污染防治条例（草案建议表决稿）》进行统一审议，并研究了市人大常委会2019年地方立法计划，市人大常委会副主任、党组副书记杨晓玲出席会议。

法制委员会统一审议会议 2019年6月11日，市人大法制委召开会议，对《菏泽市烟花爆竹燃放管理条例（草案建议修改稿）》进行统一审议，市人大常委会副主任、党组副书记杨晓玲出席会议。

2019年6月11日，市人大法制委召开会议，对《菏泽市烟花爆竹燃放管理条例》进行统一审议

法制委员会统一审议会议 2019年8月14日，市人大法制委召开会议，对《菏泽市烟花爆竹燃放管理条例（草案建议表决稿）》《菏泽市文明行为促进条例（草案建议修改二稿）》进行统一审议，市人大常委会副主任、党组副书记杨晓玲出席会议。

法制委员会统一审议会议 2019年10月15日，市人大法制委召开会议，对《菏泽市文明行为促进条例（草案建议表决稿）》进行统一审议，市人大常委会副主任、党组副书记杨晓玲出席会议。

法制委员会统一审议会议 2020年6月2日，市人大法制委召开会议，对《菏泽市餐厨废弃物管理条例（草案建议修改二稿）》进行统一审议，市人大常委会副主任、党组副书记杨晓玲出席会议。

法制委员会统一审议会议 2020年8月7

日，市人大法制委召开会议，对《菏泽市餐厨废弃物管理条例（草案建议表决稿）》《菏泽市城市供水条例（草案建议修改稿）》进行统一审议，市人大常委会副主任、党组副书记杨晓玲出席会议。

法制委员会统一审议会议 2020 年 9 月 28 日，市人大法制委员会召开会议，对《菏泽市城市供水条例（草案建议表决稿）》进行统一审议，市人大常委会副主任、党组副书记杨晓玲出席会议。

第二章 财政经济委员会

第一节 组织和人事沿革

2015 年 2 月 7 日，菏泽市第十八届人民代表大会第四次会议通过决定，设立市第十八届人民代表大会财政经济委员会。

2017 年 2 月 26 日，菏泽市第十九届人民代表大会第一次会议通过决定，设立市第十九届人民代表大会财政经济委员会。

市第十八届人大财政经济委员会组成人员

（2015.2—2017.2）

主 任 委 员 孙忠生（兼）

副主任委员 赵晓英（ —2015.10）

王令海

范新印（ —2016.1）

徐 平（ —2016.6）

孔令海（2016.2— ）

杨晓军（2016.2— ）

委 员（按姓名笔画排序）

李 波（2016.2— ）

陈 刚（2016.2— ）

郝敬忠（2016.2— ）

秦立生（2016.2— ）

秦 毅（2016.2— ）

市第十九届人大财政经济委员会组成人员

（2017.2— ）

主 任 委 员 孙忠生（兼）

副主任委员 张中华

张道学（2018.3—2018.10）

秦英魁

邵新宇

委 员（按姓名笔画排序）

王淑昌

车景仁

尚中栋

袁绍飞

夏俊祥

第二节 重要工作

全市人大财经预算审查监督座谈会暨对口部门联系会 2015 年 3 月 13 日，全市人大财经预算审查监督座谈会暨对口部门联系会在菏泽牡丹大酒店三楼会议室召开，市人大常委会副主任孙忠生，市人大财经委、预算工委有关人员，对口联系部门的主要负责人，各县区人大分管财经工作的副主任和财经委负责人出席会议。座谈会上，市人大常委会委员、预算工委副主任刘巧云通报《市人大财经委、预算工委与相关市直部门及中央、省直驻菏单位加强工作的联系办法》，各县区、市直各单位书面交流了2014年工作情况和2015年工作计划，市人大常委会副主任孙忠生作了重要讲话，从政治和全局工作的高度，阐述了加强对口联系工作和人大财经预算工作的重要性，并就进一步加强对口联系工作和做好人大财经预算工作，提出具体要求。

财经预算农委对口部门联席会 2016年3月16日，市人大财经预算农委对口部门联席会在市人大常委会机关五楼会议室召开。市人大常委会副主任孙忠生，市人大财经委、农委、预算工委有关人员，对口联系部门的主要负责人出席会议。市人大常委会副主任孙忠生阐述了加强对口工作联系和人大财经预算及农业与农村工作的重要性，要求各单位高度重视票决问责制度。会议还印发了市人大常委会财经工委、预算工委、农工委2016年重点工作实施方案及相关制度，并书面交流了各部门（单位）2015年工作情况和2016年工作计划。

《菏泽市煤炭清洁生产利用监督管理条例》立法调研 2016年4月12日至13日，市人大财经委与市政府法制办、市煤炭局组成调研组，赴巨野县、郓城县、单县对煤炭清洁生产利用监督管理情况进行调研。调研组通过听取汇报、现场察看、召开座谈会等方式，广泛听取对《菏泽市煤炭清洁生产利用监督管理条例（草案）》的修改意见建议。在认真梳理意见建议的基础上，8月29日，召开财经委全体会议，对条例草案进行审议，形成关于《菏泽市煤炭清洁生产利用监督管理条例（草案）》审议情况的报告，提出6条具体修改意见，提交市十八届人大常委会第三十五次会议。

全市人大财经预算农业与农村工作座谈会 2018年4月28日，全市人大财经预算农业与农村工作座谈会在天宏大酒店召开，市人大常委会副主任孙忠生，市人大财经委、农委、预算工委有关人员，市直对口联系部门负责人，各县区人大常委会分管副主任和相关委室负责人出席会议。会议书面印发交流了市县人大财经、预算、农委2017年工作情况和2018年工作安排等相关材料。市人大常委会副主任孙忠生讲话，通报市人大财经、预算、农业与农村2017年工作情况和2018年工作安排，站在政治和全局工作的高度阐述了人大工作的性质和职能，对下步如何共同做好全市财经、预算、农业与农村工作提出建议和要求。

《菏泽市煤炭清洁生产使用监督管理条例》执法检查 2018年5月9日，市人大常委会副主任孙忠生带领执法检查组，通过召开座谈会、察看现场、听取汇报、查阅资料等形式，对全市贯彻实施煤炭清洁生产使用监督管理条例情况进行执法检查。检查组召开座谈会，听取市政府关于《菏泽市煤炭清洁生产使用监督管理条例》贯彻实施情况的汇报，观看了煤炭清洁生产使用监督管理执法检查汇报专题片。在随后的检查活动中，实地察看巨野县巨铭能源公司、继盛煤业公司、龙美公司、新巨龙公司，以及单县广鑫洁净能源公司、十里铺煤质检查站、陈蛮庄煤矿，听取有关县区工作汇报。检查结束后，形成执法检查报告，于2018年6月25日，经市十九届人大

2020年5月21日，受市人大常委会委托，市人大财经委对市政府贯彻实施食品安全法情况进行执法检查

常委会第十三次会议审议通过后交由市政府研究处理。市政府针对指出问题和提出的建议认真整改，于2018年10月29日向市十九届人大常委会第十六次会议报告研究处理情况。

食品安全法执法检查 2020年5月21日，市人大常委会副主任谷瑞灵率市人大常委会执法检查组，通过听取汇报、察看现场、召开座谈会等形式，对全市贯彻实施《中华人民共和国食品安全法》情况进行执法检查。在检查活动中，执法检查组深入到开发区、定陶区，对鸿发市场管理服务有限公司、润泽餐饮有限公司、稻香村食品有限公司、茗嘉兴农作物种植专业合作社4个现场进行实地检查。现场检查结束后，执法检查组在定陶区召开座谈会，听取市市场监督管理局及开发区、定陶区政府对贯彻实施《中华人民共和国食品安全法》情况汇报，部分执法检查组成员进行发言。检查结束后，形成执法检查报告，于2020年6月28日，经市十九届人大常委会第二十九次会议审议通过后交由市政府研究处理。

第三章　内务司法委员会

第一节　组织和人事沿革

2015年2月7日，菏泽市第十八届人民代表大会第四次会议通过决定，设立市第十八届人民代表大会内务司法委员会。

2017年2月26日，菏泽市第十九届人民代表大会第一次会议通过决定，设立市第十九届人民代表大会内务司法委员会。

市第十八届人大内务司法委员会组成人员

（2015.2—2017.2）

主 任 委 员　赵传山（兼）

副主任委员　焦守进（—2016.1）

秦玉亭

姜继彬（2016.2—）

罗衍玲（女，2016.2—）

市第十九届人大内务司法委员会组成人员

（2017.2—2019.1）

主 任 委 员　杨晓玲（女，兼）

副主任委员　李克和

宁友明

李　亮

刘超峰（2017.12—）

委　　　员（按姓名笔画排序）

马建敏

邓小华

刘瑞芳（女）

张雅维

高登福

第二节　重要工作

城市道路交通秩序整治专题调研 2016年3月3日，市人大常委会副主任、党组副书记赵传山率调研组，通过听取汇报、察看现场、查阅资料、召开座谈会等形式，对全市城市道路交通秩序整治工作开展情况进行调研。调研组实地察看市区和巨野县的部分现场，随后，召开座谈会，听取市公安局政委朱继法作的全市城市道路交通秩序整治情况的汇报，并详细了解全市城市道路交通秩序整治情况。在深入调研、全面掌握第一手资料的基础上，形成《关于对全市城市道路交通秩序整治工作情况的调研报告》。于2016年4月28日，经市十八届人大常委会第三十三次会议审议通过后交由市政府研究处理。市政府针对指出问题和提出的建议认真整改，于2016年6月29日向市十八届人大常委会第三十四次会议报告研究处理情况。

“听评庭审促公正”活动交流会 2017年6月7日，内务司法委员会在市中级人民法院召开人大代表“听评庭审促公正”活动开展情况交流会，委员会全体成员和法院相关人员参加会议。会议听取市中级人民法院对“听评庭审促公正”活动开展的意见和建议，市人大常委会副主任、党组副书记杨晓玲出席会议并讲话。会议要求内司委要加强与法院的沟通协调，重点选择与民生关系密切、社会关注度高、有较大影响的案件，检察院抗诉再审的案件，法院、检察院拟打造精品的案件作为听评案件；要求法院要高度重视，积极配合活动开展，共同推进活动取得新的成效。

工会法执法检查 2017年9月29日，市人大常委会副主任、党组副书记杨晓玲率执法检查组，通过听取汇报、察看现场、查阅资料、召开座谈会等形式，对全市贯彻《中华人民共和国工会法》《山东省厂务公开条例》《山东省企业工资集体协商条例》情况进行执法检查。检查组实地察看菏建集团、定陶区盛陶化工、天久集团和开发区新洋丰肥业、玉皇盛世化工五家企业。现场检查结束后，召开座谈会，听取副市长曹升灵代表市政府作的全市贯彻实施《中华人民共和国工会法》《山东省厂务公开条例》《山东省企业工资集体协商条例》情况汇报，并与市人社局、经信委、安监局、市总工会、市工商联等相关部门座谈交流。执法检查结束后，内司委形成执法检查报告，于2017年10月31日，经市十九届人大常委会第六次会议审议通过后交由市政府研究处理。市政府针对指出问题和提出的建议认真整改，于2017年12月25日向市十九届人大常委会第七次会议报告研究处理情况。

2018年7月31日，市人大内司委调研组对城市道路交通拥堵情况进行专题调研

城市道路交通拥堵专题调研 2018年7月31日，市人大常委会副主任、党组副书记杨晓玲率调研组，通过听取汇报、察看现场、查阅资料、召开座谈会等形式，对城市道路交通拥堵情况进行专题调研。调研组实地察看牡丹区、开发区、高新区主要道路和交通拥堵点。随后，召开调研座谈会，听取副市长王忠想代表市政府作的关于城市道路交通拥堵治理工作情况的汇报，并与市交警支队、市规划局、市城管局、市住建局和市交通局等部门负责人进行深入座谈，认真听取意见建议。调研结束后，形成调研报告，于2018年8月28日，经市十九届人大常委会第十五次会议审议通过后交由市政府研究处理。市政府针对指出问题和提出的建议认真整改，于2018年10月29日向市十九届人大常委会第十六次会议报告研究处理情况。

第四章　监察和司法委员会

第一节　组织和人事沿革

2019 年 1 月 22 日，菏泽市第十九届人民代表大会第四次会议通过决定，市十九届人大内务司法委员会更名为市十九届人大监察和司法委员会。

市第十九届人大监察和司法委员会组成人员
（2019.1— ）

主 任 委 员　杨晓玲（女，兼）

副主任委员　李克和

宁友明

刘超峰

委　　　员（按姓名笔画排序）

马建敏

邓小华

刘瑞芳（女）

张雅维

第二节　重要工作

“听评庭审促公正”活动推进会　2019 年 8 月 27 日，监察和司法委员会召开全市“听评庭审促公正”活动推进会。委员会全体人员、各县区人大常委会负责人和对口委室负责人参加会议。会上，委员会和各县区人大总结交流了“听评庭审促公正”活动开展以来的经验做法，对下步如何深入推进活动并取得新的成效进行研究和探讨。会议要求每个县区都要选配一至两名组织协调能力强、文字水平高的专职工作人员，确保活动顺利实施。各县区人大要加强与法院、检察院的沟通协调，重点选择与民生关系密切、社会关注度高、有较大影响的案件，检察院抗诉再审的案件，法院、检察院拟打造精品的案件作为听评案件。每次“听评”活动结束后，各县区要认真分析总结，及时向市人大报送活动开展情况和典型案件信息。要不断加大对“听评”活动的宣传力度，及时总结经验体会，每个县区每年原则上在市级以上新闻媒体发表稿件不少于 1 篇。

“七五”普法专题调研　2020 年 7 月 23 日，市人大常委会副主任、党组副书记杨晓玲率专题调研组，通过听取汇报、察看现场、查阅资料、召开座谈会等形式，对全市“七五”普法决议贯彻实施情况进行专题调研。调研组听取市司法局局长赵中华作的全市“七五”普法决议贯彻实施情况的汇报，随后，调研组深入到郓城县和巨野县，听取两县工作汇报，对郓城县南赵楼镇六合苑社区、南城中学和巨野县宪法主题公园、青少年法治教育基地等现场进行实地调研，察看近五年来市内贯彻实施“七五”普法决议的相关资

2020 年 7 月 23 日，市人大监司委调研组对全市“七五”普法决议贯彻实施情况进行专题调研

料。现场调研结束后，召开座谈会详细了解全市“七五”普法决议贯彻实施情况。在深入调研、全面掌握第一手资料的基础上，形成《关于全市“七五”普法决议贯彻实施情况的调研报告》，于2020年8月24日，经市十九届人大常委会第三十次会议审议通过后交由市政府司法局研究处理。

第五章　教育科学文化卫生委员会

第一节　组织和人事沿革

2015年2月7日，菏泽市第十八届人民代表大会第四次会议通过决定，设立市第十八届人民代表大会教育科学文化卫生委员会。

2017年2月26日，菏泽市第十九届人民代表大会第一次会议通过决定，设立市第十九届人民代表大会教育科学文化卫生委员会。

市第十八届人大教育科学文化卫生委员会组成人员

（2015.2—2017.2）

主任委员　丁志刚（兼）

副主任委员　李怀堂（—2016.1）

刘　彬（—2016.1）

黄高潮（2016.2—）

市第十九届人大教育科学文化卫生委员会组成人员

（2017.2—）

主任委员　丁志刚（兼）

副主任委员　周美兰（女）

郑　欣

冯计富

席　巍（2019.1—）

委　员（按姓名笔画排序）

王英杰

孙艳玲（女）

何西良

邵　瑞（女）

曾广国

第二节　重要工作

全市人大教科文卫工作座谈会　2015年3月10日召开。市直联系部门及各县区人大有关人员参加会议。会议重点回顾总结2014年工作完成情况，安排部署2015年工作任务，部分联系部门及县区人大作了交流发言。市人大常委会副主任丁志刚出席会议并讲话。

2015年3月10日，全市人大教科文卫委召开工作座谈会

职业教育“一法一条例”执法检查　2015年4月14日至15日，受省人大常委会委托，市人大常委会副主任丁志刚带领执法检查组，通过

听取汇报、察看现场、召开座谈会等形式，对市政府贯彻实施《中华人民共和国职业教育法》《山东省职业教育条例》情况进行执法检查。实地察看巨野职业教育中心学校、巨野县技工学校、郓城县职业中专、郓城县技工学校等现场。根据检查情况和检查组人员意见，形成执法检查报告，按要求报省人大教科文卫委。

全市教育工作情况调研 2015年8月5日至6日，受省人大教科文卫委委托，市人大常委会副主任丁志刚带领调研组，通过听取汇报、察看现场、召开座谈会等形式，对全市教育工作开展情况进行调研。调研组先后深入到鄄城县、巨野县和菏泽职业学院，听取2个县政府情况汇报，研究提出4个建议问题，按时报省人大教科文卫委。委员会提出的“我省如何统筹指导”“分类推进义务教育均衡发展验收工作”“采取哪些措施帮扶西部市实现县域义务教育均衡发展”等3个问题纳入省人大专题询问范围。

文化大市建设和文化产业发展情况专题调研 2015年9月2日，市人大常委会副主任丁志刚带领调研组，通过听取汇报、察看现场、召开座谈会等形式，对全市文化大市建设和文化产业发展情况进行专题调研。调研组首先听取市政府工作情况汇报，随后深入到成武县、定陶县进行实地调研，听取县政府情况汇报，察看文化馆站、文化产业项目等10余个现场。调研结束后，形成调研报告，于2015年10月28日，经市十八届人大常委会第二十九次会议审议通过后交由市政府研究处理。

公共卫生事业调研 2015年12月8日至9日，市人大常委会副主任丁志刚带领调研组，通过听取汇报、察看现场、召开座谈会等形式，对全市公共卫生事业发展情况进行调研。调研组听取市卫计委工作情况汇报，深入到牡丹区和东明县，听取县区工作汇报，实地察看陆圈镇姚寨村卫生室、东明县妇幼保健院、牡丹区吴店镇卫生院等6个现场，并实地察看市传染病医院、市疾控中心等4个市直现场。调研结束后，召开调研组人员座谈会，汇总了意见建议。调研结束后，形成调研报告，经市人大常委会副主任丁志刚审定后，发市政府办公室，转呈市政府领导参阅。

食品安全工作调研 2016年8月16日至17日，市人大常委会副主任丁志刚带领调研组，通过听取汇报、察看现场、召开座谈会等形式，对全市食品安全工作进行调研。调研组听取副市长曹升灵代表市政府作的全市食品安全工作情况汇报，与市食药监、卫计、农业、林业、水产、畜牧等部门负责人座谈交流。在随后的调研活动中，调研组深入到曹县和巨野县，听取两个县政府情况汇报，察看巨鑫源集团、银香伟业、花冠集团有限公司等7个现场。调研结束后，形成调研报告，于2016年10月28日，经市十八届人大常委会第三十六次会议审议通过后交由市政府研究处理。市政府针对指出问题和提出的建议认真整改，于2016年12月23日向市十八届人大常委会第三十七次会议报告研究处理情况。

文物保护“一法一条例”执法检查 2016年8月24日至25日，受省人大常委会委托，市人大常委会副主任丁志刚带领执法检查组，通过听取汇报、察看现场、召开座谈会等形式，对全市贯彻实施文物保护“一法一条例”情况进行执法检查。执法检查组听取副市长黄秀玲代表市政府作的全市贯彻实施文物保护“一法一条例”情况汇报，与市文物局、发改委、财政局等部门座谈交流。在随后的检查活动中，检查组深入到定陶区和单县，听取县区政府工作情况汇报，与有关部门座谈，实地察看定陶区博物馆、定陶王陵汉墓、单县张堌堆、朱家大院、牌坊和单县文化中心等文物保护情况。根据执法检查情况，形成执法检查报告，经广泛征求意见、修改完善后，按时报省人大教科文卫委。

省级卫生城市复审调研 2016年10月13日至14日，市人大常委会副主任丁志刚带领调研组，通过听取汇报、察看现场、召开座谈会等形式，对全市迎接省级卫生城市复审工作进行调研。调研组听取副市长刘传谨代表市政府作的全市迎接省级卫生城市复审工作情况汇报，与市城管、住建、交通、卫计、食药监等部门座谈交流。在随后的调研活动中，调研组深入到牡丹区、开发区、高新区和定陶区，对四个区学校健康教育、小区卫生治理、建筑工地专项整治等几种类型20多个现场进行实地察看。为凸显人大监督刚性，组织人大代表现场点评和询问，四位人大代表分别点评四区工作，取得良好的效果。调研结束后，形成调研报告，发市政府办公室，转呈市政府领导参阅。

教科文卫委员会全体人员会议 2017年3月29日召开。会议通报2017年教科文卫委工作要点，重点结合教科文卫委工作职责，围绕如何提高履职能力、进一步做好人大教科文卫工作进行探讨和交流。市人大常委会副主任、党组副书记丁志刚出席会议并讲话。

全市人大教科文卫工作座谈会 2017年4月11日召开。市直联系部门及各县区人大有关人员参加会议。会议重点回顾总结2016年工作完成情况，安排部署2017年工作任务，部分联系部门及县区人大作了交流发言。市人大常委会副主任、党组副书记丁志刚出席会议并讲话。

著作权“一法一条例”执法检查 2017年6月7日至8日，受省人大常委会委托，市人大常委会副主任、党组副书记丁志刚带领执法检查组，通过听取汇报、察看现场、召开座谈会等形式，对全市贯彻实施著作权“一法一条例”情况进行执法检查。检查组听取市政府党组成员鲁志成代表市政府作的全市贯彻实施著作权“一法一条例”情况汇报，与市文广新、经信、公安、商务、知识产权、文化市场综合执法等部门座谈交流。在随后的检查活动中，检查组深入到牡丹区和郓城县，听取县区政府情况汇报，实地检查了酒类包装文化产业园、郓城书画院千幅作品展、郓城烟郓盖业有限公司等9个现场。检查活动结束后，召开检查组成员会议，汇总了意见建议，形成执法检查报告，按时报省人大教科文卫委。

科技创新工作调研 2017年7月20日至21日，市人大常委会副主任、党组副书记丁志刚带领调研组，通过听取汇报、察看现场、召开座谈会等形式，对全市科技创新工作情况进行专题调研。调研组首先听取市政府党组成员郭保存代表市政府作的全市科技创新工作情况汇报，与市发改、经信、科技、农业等部门座谈交流。在随后的调研活动中，调研组深入到成武县和曹县，听取县政府情况汇报，实地察看成武昱祥电工电气、曹县圣奥化工等6个现场，并召开调研组座谈会。调研结束后，形成调研报告，于2017年8月30日，经市十九届人大常委会第四次会议审议通过后交由市政府研究处理。市政府针对指出问题和提出的建议认真整改，于2017年10月31日向市十九届人大常委会第六次会议报告研究处理情况。

2017年7月20日至21日，市人大教科文卫委开展科技创新工作调研

全市人大教科文卫工作座谈会 2018年4

月 9 日召开。市直联系部门及各县区人大有关人员参加会议。会议重点回顾总结 2017 年工作完成情况，安排部署 2018 年工作任务，部分联系部门及县区人大作了交流发言。市人大常委会副主任、党组副书记丁志刚出席会议并讲话。

《山东省食品小作坊小餐饮和食品摊点管理条例》贯彻实施情况调研 2018 年 4 月 23 日，受省人大常委会委托，市人大常委会副主任、党组副书记丁志刚带领调研组，通过听取汇报、察看现场、召开座谈会等形式，对全市贯彻实施《山东省食品小作坊小餐饮和食品摊点管理条例》进行调研。调研组听取市政府情况汇报，与食药监、工商等部门座谈交流。在随后的调研活动中，调研组深入到巨野县、牡丹区，听取县区政府情况汇报，实地察看巨野县职业中等专业技术学校、佳和美食街、牡丹区东方红大街、菏泽一中老校区学校食堂、菏泽市第三人民医院等现场。调研结束后，形成调研报告，按要求报省人大教科文卫委员会。

职业教育和特殊教育发展情况专题调研 2018 年 5 月 17 日至 18 日，市人大常委会副主任、党组副书记丁志刚带领调研组，通过听取汇报、实地察看、召开座谈会等形式，对全市职业教育和特殊教育发展情况进行专题调研。调研组听取市政府副秘书长、办公室主任孟凡荣代表市政府作的全市职业教育和特殊教育工作情况汇报，与市经信、教育、科技、财政、人社、残联等单位座谈交流。实地察看市职业学院、市特教中心，成武县特殊教育学校等 6 个现场。形成专题调研报告，于 2018 年 6 月 25 日，经市十九届人大常委会第十三次会议审议通过后交由市政府研究处理。市政府针对指出问题和提出的建议认真整改，于 2018 年 10 月 29 日向市十九届人大常委会第十六次会议报告研究处理情况。

教科文卫委员会全体会议 2019 年 6 月 13 日召开。会议对《菏泽市文明行为促进条例（草案）》进行审议，表决通过了市人大教科文卫委关于条例（草案）审议情况的报告（审议稿）。市人大常委会副主任、党组副书记丁志刚出席会议并讲话。

生物医药产业发展情况专题调研 2019 年 7 月 17 日至 18 日，市人大常委会副主任、党组副书记丁志刚带领调研组，通过听取汇报、实地察看、召开座谈会等形式，对全市生物医药产业发展情况进行专题调研。调研组听取市政府副市长曹升灵代表市政府作的全市生物医药产业发展情况汇报，与市发改、科技、财政、人社、自然资源和规划、卫健、医保等部门座谈交流。在随后的调研活动中，调研组先后深入到曹县、定陶区、高新区，实地察看曹县尚威医疗、定陶区润鑫产业园、高新区步长制药等 9 家生物医药企业。调研结束后，形成调研报告，于 2019 年 8 月 16 日，经市十九届人大常委会第二十三次会议审议通过后交由市政府研究处理。市政府针对指出问题和提出的建议认真整改，于 2019 年 12 月 27 日向市十九届人大常委会第二十五次会议报告研究处理情况。

全省人大教科文卫工作座谈会 2019 年 11 月 4 日至 6 日在济南召开。会议传达学习了习近平总书记关于坚持和完善人民代表大会制度的重要思想和对地方人大及其常委会工作的重要指示精神，采取分组交流和大会交流相结合的方式，总结交流经验做法，研究探讨如何进一步做好新时代人大教科文卫工作。市人大常委会副主任、党组副书记丁志刚参加会议并作典型发言。

第六章　城乡建设与环境资源保护委员会

第一节　组织和人事沿革

2015年2月7日，菏泽市第十八届人民代表大会第四次会议通过决定，设立市第十八届人民代表大会城乡建设与环境资源保护委员会。

2017年2月26日，菏泽市第十九届人民代表大会第一次会议通过决定，设立市第十九届人民代表大会城乡建设与环境资源保护委员会。

市第十八届人大城乡建设与环境资源保护委员会组成人员

（2015.2—2017.2）

主任委员　丁志刚（兼）

副主任委员　王利言（—2016.1）
吴东华（女）
陈自飞（2016.2—）
王乃光（2016.2—）

委　　员（按姓名笔画排序）
朱玉烨（2016.2—）
孙　鹏（2016.2—）
李信强（2016.2—）
杨金强（2016.2—）
赵文东（2016.2—）

市第十九届人大城乡建设与环境资源保护委员会组成人员

（2017.2—）

主任委员　丁志刚（兼）

副主任委员　祝金忠
宋　波（2018.3—2019.1）
胡钦畅（2019.1—2019.12）
白圣同
宋爱珍（女）

委　　员（按姓名笔画排序）
杨金强
李信强
赵文东
赵　磊
靳松鹏

第二节　重要工作

全市人大城乡建设与环境资源保护工作座谈会　2015年3月27日在市人大常委会机关五楼会议室召开，会议的目的主要是回顾总结2014年工作情况，对2015年有关工作进行安排部署，进一步加强城环委与各县区人大、市直对口部门的联系，交流工作、增进了解，加强联系、形成合力。会上，城环委副主任委员吴东华通报市人大城环委2014年工作情况和2015年工作安排，市直对口联系部门、各县区人大常委会进行交流发言，市人大常委会副主任丁志刚讲话。丁主任在讲话中对增强民主法治意识，自觉接受人大监督作了阐述，就深入贯彻党中央“四个全面”决策部署，扎实做好2015年工作提出具体要求。

《菏泽市大气污染防治条例（草案）》立法调研　2016年4月25日，城环委副主任委员陈自飞带领城环委调研组，赴巨野县、郓城县对《菏泽市大气污染防治条例（草案）》进行立法调研。调研组通过召开座谈会，广泛听取环境保护、住房和城乡建设、城市管理等部门对《菏泽市大气污染防治条例（草案）》的修改意见建议。4月26日上午，城环委会同市人大常委会法制工作委员会、市环境保护局共同召开座谈会，听取部分立法咨询员和人大代表对《菏泽市大气污染防治条例（草案）》的修改意见建议。在认真梳理意见建议的基础上，4月26日下午，委员会召开全体会议对《菏泽市大气污染防治条例（草案）》进行审议，形成关于《菏泽市大气污染防治条例（草案）》审议情况的报告，提出17条具体修改意见，委员会通过表决同意将《菏泽市大气污染防治条例（草案）》《〈菏泽市大气污染防治条例（草案）〉审议情况的报告》提交市十八届人大常委会第三十三次会议。

审议《菏泽市城镇容貌和环境卫生管理条例（草案）》 2016年6月28日上午，委员会召开全体会议，审议《菏泽市城镇容貌和环境卫生管理条例（草案）》《〈城镇容貌和环境卫生管理条例（草案）〉审议情况的报告》，委员会通过表决同意将《菏泽市城镇容貌和环境卫生管理条例（草案）》《〈城镇容貌和环境卫生管理条例（草案）〉审议情况的报告》提请市十八届人大常委会第三十四次会议进行审议。

审议《菏泽市水污染防治条例（草案）》 2016年8月26日，组织召开市人大城环委全体会议，对《菏泽市水污染防治条例（草案）》进行审议，形成《〈菏泽市水污染防治条例（草案）〉审议意见的报告》，委员会通过表决同意将《菏泽市水污染防治条例（草案）》《〈菏泽市水污染防治条例（草案）〉审议意见的报告》提请市十八届人大常委会第三十五次会议。

全市土壤污染防治情况视察 受省人大常委会委托，2016年10月21日，市人大常委会副主任丁志刚带领视察组，通过听取汇报、察看现场、查阅资料、召开座谈会等形式，对全市土壤污染情况进行考察。视察组先后到牡丹区菏泽睿昌化工有限公司、东明县中岳化工有限公司、东明油区污染场地等现场进行实地察看，并听取县区人民政府有关土壤污染防治情况的工作汇报，随后在东明县召开视察座谈会，听取市环保局代表市政府所作的工作情况汇报，与市发改、经信、财政、国土、城管、农业、环保等部门负责人座谈交流，详细了解全市土壤污染防治工作情况。视察结束后，形成《关于土壤污染防治工作情况的视察报告》，按要求及时上报省人大城环委。

全市人大城乡建设与环境资源保护工作座谈会 2017年3月31日上午在市人大五楼会议室召开，会议目的是加强与县区人大和市直部门的联系，凝聚工作合力，形成全市上下联动的工作局面，共同推进全市城建环保工作再上新台阶。县区分管主任、城环委室负责人；市直对口联系部门主要负责人、办公室主任；城环委及城环工委工作室全体人员，共计75人参加。会上，城环委副主任委员祝金忠通报市人大城环委近五年工作情况和2017年工作安排，市直对口联系部门、各县区人大常委会进行交流发言，市人大常委会副主任、党组副书记、城环委主任委员丁志刚讲话。

《菏泽市供热条例（草案）》立法调研 2017年6月22日、23日、26日，市人大常委会副主任、城环委主任委员丁志刚带领城环委组成调研组，开展《菏泽市供热条例（草案）》立法调研。通过召开座谈会的方式，听取发改、经信、财政、国土、规划、住建、城管、环保、物价等有关部门和供热企业代表的意见建议。随后调研组先后到郓城县、开发区、牡丹区和东明县对《菏泽市供热条例（草案）》进行实地调研，全面听取县区有关部门、社区工作者、人大代表、供热企业等方面对《菏泽市供热条例（草案）》的修改意见建议。在认真梳理意见建议的基础上，6月26日下午，委员会召开全体会议对《菏泽市供热条例（草案）》进行审议，形成关于《〈菏泽市供热条例（草案）〉审议情况的报告》，提出9个方面12条具体修改意见建议，委员会通过表决同意将《菏泽市供热条例（草案）》《〈菏泽市供热条例（草案）〉审议情况的报告》提交市十九届人大常委会第三次会议进行审议。

环境保护法、固体废物污染环境防治法执法检查 受省人大城环委委托，2017年6月27日，市人大常委会副主任、党组副书记丁志刚带领城环委组成执法检查组，通过听取汇报、察看现场、查阅资料、召开座谈会等形式，对全市贯彻实施环保法、固废法的情况进行执法检查。检查组首先听取市环保局代表市政府汇报全市贯彻实施环保法、固废法的工作情况，随后到鲁恒建材砖厂粉煤灰再利用项目、中联水泥石膏锅炉废渣再利用项目、菏泽玉皇化工废气回收净化及危废管理等项目进行现场检查。检查结束后，检查组及时总结发现的问题，形成执法检查报告，按时提报省人大城环委。

开展环境保护专项督导活动 2017年8月15日至16日，市人大常委会副主任、党组副书记丁志刚带领城环委组成督导组，对全市环境保护突出问题综合整治情况进行专项督导。督导组以中央、省、市环保督查中发现的问题为导向，先后到开发区、东明县、鄄城县9家企业进行实地察看，对企业存在的36个问题整改落实情况进行逐项督导，随行的7家媒体记者对企业负责人进行采访报道，形成舆论监督压力，增强人大监督实效，推动全市环境保护工作中的问题的解决。

《菏泽市物业管理条例（草案）》立法调研 2017年8月21日、25日，市人大常委会副主任、党组副书记丁志刚带领城环委组成调研组，对《菏泽市物业管理条例（草案）》进行立法调研。调研组21日上午在市人大常委会机关三楼会议室召开市直有关部门座谈会，听取物价、公安、住建、城管、工商、质监等有关部门及物业管理企业代表对《菏泽市物业管理条例（草案）》的修改意见建议，25日到单县、成武县进行实地调研，多方听取县区有关部门、人大代表、物业管理企业对《菏泽市物业管理条例（草案）》的修改意见建议。经过认真梳理调研和征求的各县区意见建议，8月25日下午，委员会召开全体会议，对《菏泽市物业管理条例（草案）》进行审议，形成《〈菏泽市物业管理条例（草案）〉审议情况的报告》，提出3个方面和3条具体修改意见，委员会通过表决同意将《菏泽市物业管理条例（草案）》《〈菏泽市物业管理条例（草案）〉审议情况的报告》，提交市十九届人大常委会第四次会议进行审议。

全市人大城乡建设与环境资源保护工作座谈会 2018年4月24日在市人大五楼会议室召开，会议目的是为更好地促进工作交流，加强沟通联系，形成做好人大城建环保工作的合力。各县区人大常委会分管副主任和城环委（科室）主任、市直对口联系部门负责人、市人大城环委及城环工委工作室全体人员参加会议。会上，城环委副主任委员祝金忠通报市人大城环委2018年工作要点；部分县区人大分管副主任作交流发言；市直有关部门负责人交流发言；市人大常委会副主任、党组副书记、城环委主任委员丁志刚讲话。

审议《菏泽市城乡规划条例（草案）》 2018年6月22日，委员会召开全体会议，审议《菏泽市城乡规划条例（草案）》《〈菏泽市城乡规划条例（草案）〉审议情况的报告》，委员会通过表决同意将《菏泽市城镇容貌和环境卫生管理条例

2018年6月16日，市人大城环委调研组对全市城乡规划实施情况进行调研

（草案）》《〈菏泽市城乡规划条例（草案）〉审议情况的报告》提请市十九届人大常委会第十三次会议进行审议。

《土壤污染防治行动计划》专题调研 2018年9月28日至29日，市人大常委会副主任、党组副书记丁志刚带领城环委组成调研组，对全市贯彻落实《土壤污染防治行动计划》（“土十条”）情况开展专题调研。调研组通过召开座谈会、听取汇报、实地察看等形式对全市土壤污染防治情况进行深入细致的调研。调研组首先听取市环保局代表市政府作的有关土壤污染防治工作情况汇报，与发改、经信、财政、国土、规划、住建、城管、农业等部门座谈，听取意见建议，随后调研组到曹县、单县、东明县进行实地调研，到圣奥化工、银香伟业、永舜化工固废处理项目、单县垃圾发电厂等项目详细了解全市土壤污染防治的情况。调研结束后，形成调研报告，提交市十九届人大常委会第十五次会议进行审议。

2020年4月14日，市人大城环委调研组就《菏泽市餐厨废弃物管理条例》开展立法初审调研

《菏泽市餐厨废弃物管理条例（草案）》立法初审调研 2020年4月14日，市人大常委会副主任、党组副书记丁志刚带领城环委组成调研组，对《菏泽市餐厨废弃物管理条例（草案）》开展立法初审调研。调研组首先召开座谈会，听取市直有关部门和餐厨废弃物处理企业代表的意见建议，随后赴曹县开展实地调研，与县区各有关部门和企业代表负责人座谈交流。大家积极踊跃发言，结合工作实际对条例（初审稿）提出有针对性的修改意见建议。会后，在认真梳理意见建议的基础上，4月24日，委员会召开全体会议对《菏泽市初餐厨废弃物管理（草案）》进行认真审议，形成《〈菏泽市初餐厨废弃物管理（草案）〉审议情况的报告》，提出6个方面和9条具体修改意见建议，委员会通过表决同意将《菏泽市物业管理条例（草案）》《〈菏泽市物业管理条例（草案）〉审议情况的报告》，提交十九届常委会第二十八次会议进行审议。

代表议案办理调研座谈会 2020年6月3日，委员会召开代表议案办理调研座谈会，对市十九届人大五次会议期间任兰花等10位代表提出的《关于制定〈菏泽市土壤污染防治条例〉的议案》办理情况座谈。会议目的是为了更好地了解有关情况，听取意见建议，推动议案办理落实。座谈会上，按照《菏泽市人民代表大会议案办理办法》的相关要求，听取市生态环境局汇报了全市土壤污染防治工作的情况和制定《菏泽市土壤污染防治条例》的必要性、目的、意义及目前具备的时机条件等情况，与会代表们对全市土壤污染防治工作和制定《菏泽市土壤污染防治条例》提出意见建议。

代表议案办理调研 2020年6月3日，市人大常委会副主任、党组副书记丁志刚带领城环委组成调研组，对代表议案办理进行调研。市十九届人大五次会议期间，任兰花等10位代表提出《关于制定〈菏泽市土壤污染防治条例〉的议案》，大会主席团交付市人大城乡建设环境资源保护委员会在闭会期间进行审议，为更好地了解有关情况，听取意见建议，推动议案办理落实，按照《菏泽市人民代表大会议案办理办法》的相关要求，委员会决定组织代表进行调研。首先召开调研座谈会，听取市生态环境局汇报了全市土壤污染防治工作的情况和制定《菏泽市土壤污染防治条例》的必要性、目的、意义及目前具备的时机条件等情况，与会代表们对全市土壤污染防治工作和制定《菏泽市土壤污染防治条例》提出意见建议。随后，调研组一行到鄄城县第二污水处理厂、沃蓝化工、富春乡垃圾焚烧发电厂等地进行实地调研。

开展“菏泽环保世纪行”活动 “菏泽环保世纪行”活动作为中华环保世纪行活动在菏泽市的延伸和拓展，是山东省齐鲁环保世纪行活动的重要组成部分。活动自1993年开展以来，紧密结合全市实际，连续举办27年，已经成为菏泽市环境保护宣传工作一张响当当的名片。委员会成立以来，持续开展“菏泽环保世纪行”活动，每年定期召开活动启动仪式会议，市人大常委会分管领导、市委宣传部分管领导、各县区人大常委会分管领导及相关科室负责人、宣传部新闻科科长、环保局政策法规科科长及“菏泽环保世纪行”组委会成员单位参加活动启动仪式。活动紧紧围绕党委和政府工作大局，紧扣市人大常委会年度监督工作重点，大力宣传环境资源保护方针政策、法律法规，采取集中组织新闻媒体记者采访与人大环保监督活动记者跟随采访相结合的形式，充分发挥人大监督和舆论监督组合效应，坚持正面报道环保先进典型的同时也对违反环保法律法规的反面典型进行曝光，自2015年以来，共开展集中采访8次，跟随环保监督活动采访21次，形成较好的社会反响，有力提高了广大人民群众特别是各级领导干部的环境资源保护意识和法治意识，有力推动了资源节约型、环境友好型社会建设，有效推动全市环境保护工作，有力促进了生态菏泽建设，助力全市打赢“蓝天碧水净土保卫战”。

第七章　农业与农村委员会

第一节　组织和人事沿革

2015年2月7日，菏泽市第十八届人民代表大会第四次会议通过决定，设立市第十八届人民代表大会农业与农村委员会。

2017年2月26日，菏泽市第十九届人民代表大会第一次会议通过决定，设立市第十九届人民代表大会农业与农村委员会。

市第十八届人大农业与农村委员会组成人员

（2015.2—2017.2）

主任委员 孙忠生（兼）

副主任委员 潘信文（—2015.10）
梁振坤
刘自杰（2016.1—）

市第十九届人大农业与农村委员会组成人员

（2017.2—）

主任委员 孙忠生（兼，—2019.2）
魏　琳（兼，2019.2—）

副主任委员 南　雁（女）
张治安
王安民

委　　员（按姓名笔画排序）
任　丽（女）
宋世朋
郑灵芝（女）
樊继文
潘先军

第二节 重要工作

全市人大农业与农村工作座谈会 2015年3月26日，全市人大农业与农村工作座谈会召开。市人大常委会副主任孙忠生出席会议。农委对口联系市直部门和各县区农工委负责人参加会议。会上，各部门、各县区交流了2014年工作情况及2015年工作计划，市人大常委会副主任孙忠生讲话，通报市人大农委2014年工作情况和2015年重点工作计划，并对下步工作中加强沟通联系、紧密配合协作，开展好“万户群众脱贫致富帮扶”和“百个新型农村社区领建”两个活动，最大限度地形成工作合力提出具体要求。

人大工作及代表小组活动开展情况调研 2015年6月12日，农业与农村委到单县北城办事处和李新庄镇，就两地人大工作及代表小组活动开展情况和“万户群众脱贫致富帮扶”“百个新型农村社区领建”等代表活动开展情况进行深入调研，实地察看北城办事处的帮扶现场和李新庄镇孟楼社区建设情况，并就相关问题加强了工作指导。

全省人大农业与农村工作座谈会 2015年7月8日至9日，全省人大农业与农村工作座谈会议在济南召开。市人大常委会副主任孙忠生参加会议，并作了题为《依法履职，积极探索，不断开创人大农业与农村工作新局面》的发言，得到了与会领导的高度评价，是会上唯一一个被重点点名表扬的市，省人大农委副主任委员侯英民在会议总结时专门指出，“希望各市认真看一看菏泽市的交流材料，菏泽市人大在监督创新方面作了非常好的探索，形成很好的监督机制，特别是‘三次票决问责制’，对发挥人大监督作用、取得工作实效非常好”。

全市农村土地流转工作情况专题调研 2017年9月29日，农业与农村委会同市农业局有关人员组成调研组，先后赴成武县、定陶区，对全市农村土地流转工作情况进行调研。调研采取座谈、走访、询问和察看现场、听取汇报等形式，取得良好的效果。根据调研情况，撰写了调研报告，提交常委会审阅，并认真做好审议、反馈、督办等相关后续工作。

市人大农业与农村委员会全体会议 2018年1月26日，市人大农业与农村委员会全体会议召开。市十九届人大农委全体委员出席会议，市人大常委会委员、副秘书长王清华，市人大常委会委员、农工委副主任梁振坤和农工委工作室的有关人员参加会议。会议围绕贯彻落实市十九届人大二次会议精神，进一步强化责任意识、使命意识，了解工作方法、工作规律，明确工作重点、工作任务，以进一步做好2018年度市人大农业与农村委员会各项工作。

全市脱贫攻坚工作情况调研 2018年8月，受省人大农委委托，市人大农业与农村委会同市扶贫办组成调研组，对全市脱贫攻坚工作情况进行调研。调研组于8月30日至31日先后赴郓城县、定陶区，采取座谈、察看现场、走访、听取汇报、询问等形式，对全市脱贫攻坚工作情况进行调研，根据调研情况，形成调研报告，反馈省人大农委。

《菏泽市湿地保护管理条例》立法预调研 2018年9月1日至7日，农业与农村委员会会同法工委、市政府法制办、市林业局相关人员赴新疆、宁夏、山西、河南等地就湿地保护管理条例进行立法预调研，市人大常委会副主任孙忠生参加调研。调研主要目的是学习考察湿地保护与管理立法先进经验，为进一步修改完善湿地保护管理条例草稿提供依据。

全省人大农业与农村工作座谈会 2018年12月11日至12日，全省人大农业与农村工作座谈会在济南召开，市人大常委会副主任孙忠生参加会议。并围绕实施乡村振兴战略，打造乡村振兴齐鲁样板，努力做好新时代人大农业与农村工作，推动习近平总书记视察山东重要讲话精神落实落地这一主题进行发言，同时在下步对策措施方面与其他地市进行研讨。

全市“牵手帮扶促脱贫”活动推进会 2019年8月23日，全市“牵手帮扶促脱贫”活动推进会在曹县召开。各县区人大农委负责人、市人大农委委员及农工委工作室相关人员参加会议。会议总结了上半年帮扶工作取得的成绩、经验做法及存在的不足，各县区人大农委负责人共同探讨了下步工作开展的方式方法。

全市创建国家森林城市工作整体推进情况专题调研 2019年9月26日至27日，市人大农业与农村委会同市林业局相关负责人组成调研组，先后赴牡丹区、郓城县实地察看7个具有代表性的创森项目，召开有相关部门负责人参加的座谈会，认真研讨分析了全市创建国家森林城市工作整体推进情况和推进中存在的困难与问题。根据调研情况，撰写调研报告，提交常委会审阅，并认真做好审议、反馈、督办等相关后续工作。

全市乡村振兴实施路径调研 2020年2月，受省人大农委委托，市人大农业与农村委按照疫情防控要求对全市乡村振兴实施路径进行书面调研。联系农业农村、林业、发改、住建、生态环境等部门，了解工作情况，收集汇报材料，经分析整理形成调研报告，反馈省人大农委。

全市农村饮水安全情况调研 2020年4月，受省人大农委委托，市人大农业与农村委按照疫情防控要求，对全市农村饮水安全情况进行书面调研。联系市水务局等相关部门，了解工作情况，收集汇报材料，经分析整理形成调研报告，反馈省人大农委。

市人大农业与农村委员会全体会议 2020年6月5日，市人大农业与农村委员会全体会议召开，对《菏泽市城市供水条例（草案）》进行审议。市人大常委会副主任、市人大农业与农村委主任委员魏琳出席会议。会议对条例（草案）、条例（草案）审议情况的报告（审议稿）进行审议，并就具体内容提出意见和建议。

农业机械促进法执法检查 2020年6月19日，受省人大农委委托，市人大常委会副主任魏琳带领农业与农村委组成执法检查组，对全市各级各部门贯彻实施《中华人民共和国农业机械促进法》情况进行执法检查。检查组先后赴定陶区、成武县实地察看部分农机综合服务大厅、农机专业合作社，并召开座谈会，听取市相关部门关于《中华人民共和国农业机械促进法》贯彻实施情况汇报。根据检查情况，形成执法检查报告。

2020年6月19日，受市人大常委会委托，市人大农业与农村委对全市贯彻实施《中华人民共和国农业机械促进法》情况进行执法检查

野生动物保护法执法检查 2020年6月23日，受省人大农委委托，市人大常委会副主任魏琳带领农业与农村委对《全国人民代表大会常务委员会关于全面禁止非法野生动物交易、革除滥食野生动物陋习、切实保障人民群众生命健康安全的决定》《中华人民共和国野生动物保护法》贯彻实施情况开展执法检查。执法检查组先后深入郓城县宋江湖鸟类栖息地、牡丹区野生动物园实地开展执法检查，看现场、听汇报、问情况，并召开执法检查座谈会，与市直有关部门座谈交流，详细了解全市野生动物保护法贯彻实施情况。结合执法检查情况，形成执法检查报告。

第八章 民族侨务外事委员会

第一节 组织和人事沿革

2015年2月7日，菏泽市第十八届人民代表大会第四次会议通过决定，设立市第十八届人民代表大会民族侨务外事委员会。

2017年2月26日，菏泽市第十九届人民代表大会第一次会议通过决定，设立市第十九届人民代表大会民族侨务外事委员会。

市第十八届人大民族侨务外事委员会组成人员

（2015.2—2017.2）

主任委员 汤建梅（女，回族，兼）

副主任委员 李兆成（—2016.1）

沙启忠（回族，2016.2—）

侯宪会（2016.1—）

市第十九届人大民族侨务外事委员会组成人员

（2017.2—）

主任委员 汤建梅（女，回族，兼）

副主任委员 刘景西

王宝军（—2020.8）

侯宪会

委　　员（按姓名笔画排序）

马化彬（回族）

王　光（回族）

赵建峰

夏建胜（回族）

黄　波

第二节 重要工作

全市人大民侨外工作座谈会 2015年3月18日，民侨外委召开全市人大民侨外工作座谈会，根据常委会改进会风的要求，将市直对口联系部门会议与县区人大民侨外工作会议合并召开。委员会全体人员、市直对口联系部门（单位）负责人、各县区人大常委会负责人和对口委室负责人参加会议。会上，总结交流2014年工作情况，相互通报2015年工作安排，对如何做好新形势下的民侨外工作进行研讨。市人大常委会副主任汤建梅出席会议并讲话，对做好2015年全市民侨外工作提出建议和要求。会议要求，各县区、各部门（单位）要强化创新意识，发扬创新精神，确保各项重点工作高效有序推进，密切联系，协同配合，共同做好人大民侨外工作。

全市商贸物流产业发展情况专题调研 2015年4月15日至21日，受常委会委托，市人大常委会副主任汤建梅带领民侨外委组成调研组，通过听取汇报、察看现场、查阅资料、召开座谈会等形式，对全市商贸物流产业发展情况进行专题调研。5月上旬组织召开调研座谈会，听取市商务局关于全市商贸物流业发展情况的汇报和市发改委等14个部门单位支持服务商贸物流业发展情况的汇报，广泛听取各方面意见建议。对调研搜集到的情况进行分析研究，形成调研报告，经修改完善后，于2015年6月3日上报市十八届人大常委会第二十七次会议审议，并根据会议审议情况，形成审议意见，以常委会文件形式及时将有关审议意见反馈市政府及有关部门研究处理。市政府针对指出问题和提出的建议认真整改，于 2015 年 10 月 28 日，向市十八届人大常委会第二十九次会议报告研究处理情况，并经表决通过。市政府及商务部门认真贯彻落实市人大常委会的审议意见，有力促进全市商贸物流产业发展，委员会创新专题调研监督方式，总结经验做法，形成宣传稿件，2015 年 11 月 10 日，省人大《人民权利报》刊登发表。

2015 年 4 月 15 日至 21 日，受市人大常委会委托，市人大民侨外委就全市现代商贸物流产业发展情况进行专题调研

旅游“一法一条例”执法检查 2015 年 8 月 6 日，受省人大民侨外委委托，由市人大常委会副主任汤建梅带队，委员会全体人员参加，并邀请了熟悉旅游工作的常委会委员侯宪会和市人大代表潘若松参加，组成执法检查组，赴郓城县、鄄城县进行实地检查。8 月 7 日召开执法检查座谈会，听取市旅游局的汇报和部分旅行社的意见建议，认真撰写了执法检查报告，修改完善后按时上报了省人大民侨外委。

全市人大民侨外工作座谈会 2016 年 3 月 15 日，市人大民侨外委召开全市人大民侨外工作座谈会。委员会全体人员、市直对口联系部门（单位）负责人、各县区人大常委会负责人和对口委室负责人参加会议。会上，与各联系部门、县区人大交流了 2015 年工作情况，相互通报 2016 年工作安排，就如何做好新形势下的民侨外工作进行探讨。市人大常委会副主任汤建梅出席会议并讲话。会议要求，要根据新形势新要求，通过加强联系，搞好配合，更好地发挥各自职能，共同做好新形势下民侨外工作。

全省人大民侨外工作座谈会 2016 年 4 月 20 日至 22 日，全省人大民侨外工作座谈会暨骨干培训班在聊城召开。市人大常委会副主任汤建梅和民侨外委有关人员参加会议。会前，委员会按照通知要求，认真准备了会议交流材料，按时上报省人大民侨外委员会。会上，认真学习了全国人大民族委、省民委、省外办、省旅游局、省侨办、省台办等部门领导作的专题报告，学习了与民侨外工作相关的基本理论和知识、法律法规及有关会议精神，共同探讨交流了开展人大民侨外工作的经验和做法，受到了省人大领导和其他兄弟市人大的一致好评。会后，委员会全体人员进行学习，并向县区人大传达了会议精神。

全市人大民侨外工作座谈会 2017 年 3 月 17 日，市人大民侨外委召开全市人大民侨外工作座谈会暨对口部门联系会。委员会全体人员、市直对口联系部门（单位）负责人、各县区人大常委会负责人和对口委室负责人参加会议。会上，与各联系部门、县区人大交流 2016 年工作情况，相互通报 2017 年工作安排，就如何做好 2017 年民侨外工作进行探讨。市人大常委会副主任汤建梅出席会议并讲话。会议要求，要认清形势，提高认识，进一步提高做好民侨外工作的责任感、使命感，要强化联系、积极作为，密切配合、整体提升，推动民侨外工作再上新台阶。

全市民族工作情况专题调研 2017 年 5 月 8 日至 9 日，受市人大常委会委托，市人大民侨外委组成调研组，在市人大常委会副主任汤建梅的带领下，先后赴牡丹区、定陶区、曹县对全市民族工作情况进行专题调研。分别听取 3 县区政府关于民族工作情况的汇报和意见建议，召开调研座谈会，听取市民宗局关于全市民族工作情况的汇报。调研结束后，对调研了解的情况进行系统分析研究，广泛征求意见，形成专题调研报告，于2017年6月28日，提交市十九届人大常委会第三次会议审议，经表决通过。按照“三审会商”机制，形成反馈意见，协助办公室以常委会文件形式反馈市政府研究处理。委员会积极与市政府及市民宗局联系沟通，了解他们对反馈意见的办理落实情况，督促他们认真办理落实，将办理落实情况形成书面报告，于2017年10月31日，提交市十九届人大常委会第六次会议进行审议，经表决通过。市政府及民宗部门，认真办理落实市人大常委会的反馈意见，有力推动了全市民族工作的深入开展。

全省人大民侨外工作座谈会 2017年5月24日至26日，全省人大民侨外工作座谈会暨骨干培训班在青岛召开。会前，委员会按照通知要求，认真准备了会议交流材料。省人大常委会副主任温孚江和民侨外委组成人员以及各市人大常委会分管主任、民侨外委及工作室负责人参加会议。市人大常委会副主任汤建梅、民侨外委有关人员参加会议。会上，省人大常委会副主任温孚江讲话，传达了省委书记、省人大常委会主任刘家义对人大工作的讲话精神，省人大民侨外委副主任委员杨思诚通报委员会有关工作情况，菏泽市人大及济南、青岛等8市人大作了典型交流发言，全国人大常委会委员、中国社会科学院世界宗教研究所所长卓新平作宗教知识专题讲座。最后，省人大民侨外委主任委员卢得志作总结讲话，对贯彻落实省委书记、省人大常委会主任刘家义对人大工作的讲话精神和如何进一步做好民侨外工作作了安排部署。会后，委员会全体人员进行学习，并向县区人大传达了会议精神。

全市乡村旅游发展情况专题调研 2017年8月18日，受省人大民侨外委员会委托，市人大民侨外委组成调研组，在市人大常委会副主任汤建梅的带领下，先后赴单县、成武县、定陶区，对全市乡村旅游发展情况进行专题调研。分别听取3县区政府关于乡村旅游发展情况的汇报和意见建议，召开调研座谈会，听取市旅游局关于全市乡村旅游发展情况的汇报。对调研搜集到的情况进行分析研究，形成专题调研报告，广泛听取各方面意见建议，对调研报告进行进一步修改完善，报分管领导审阅定稿后，按时上报省人大民侨外委。

全市电子商务产业发展情况专题调研 2017年9月6日至7日，受市人大常委会委托，市人大民侨外委组成调研组，在市人大常委会副主任汤建梅的带领下，先后赴牡丹区、鄄城县、郓城县、巨野县，对全市电子商务产业发展情况进行专题调研。分别听取四县区政府关于电子商务产业发展情况的汇报和意见建议。召开调研座谈会，听取市商务局关于全市电子商务产业发展情况的汇报。调研结束后，对调研了解的情况进行系统分析研究，提出有针对性、建设性的意见建议，形成调研报告。于2017年10月31日，提交市十九届人大常委会第六次会议审议，经表决通过。根据常委会会议审议情况，按照“三审会商”机制，形成审议意见，协助办公室以常委会文件形式将审议意见反馈市政府研究处理。委员会及时与市政府及市商务局联系沟通，了解审议意见的研究处理情况，督促认真办理落实，确保审议意见落实到位，将办理落实情况形成书面报告，于2017年12月25日，提交市十九届人大常委会第七次会议进行审议，经表决通过。市政府及商务部门认真贯彻落实市人大常委会的审议意见，有力推动了全市电子商务发展。全市淘宝村、淘宝镇分别由去年的61个、6个发展到168个、24个，分别占全国的1/12、1/10，均占全省的2/3，数量在全国地级市中均居第一位。第五届中国淘宝村高峰论坛在菏泽成功举办，打造了高端化、特色化、国际化电商盛会。

全市人大民侨外工作座谈会 2018年3月

13日，市人大民侨外委召开全市人大民侨外工作座谈会。委员会全体人员、市直对口联系部门单位负责人、各县区人大常委会负责人和对口委室负责人参加会议，会上总结交流2017年工作情况，通报2018年工作安排。市人大常委会副主任汤建梅出席会议并讲话。会议要求，要创新思想理念、方式方法和督办机制，使人大民侨外工作适应新时代的发展要求，努力开创人大民侨外工作新局面，为菏泽决胜全面小康、后来居上作出新的更大贡献。

全市旅游工作情况专题调研 2018年5月8日至9日，受常委会委托，市人大民侨外委组成调研组，在市人大常委会副主任汤建梅的带领下，赴郓城县、曹县对全市旅游工作情况进行专题调研。分别听取两县政府关于旅游工作情况的汇报和意见建议，在市人大常委会机关召开调研座谈会，听取市旅游局关于全市旅游工作情况的汇报。调研结束后，对调研了解的情况进行系统分析研究，提出意见建议，形成调研报告（征求意见稿），征求市旅游局意见，多次修改完善，报常委会领导审阅定稿后，于2018年6月25日提交市十九届人大常委会第十三次会议进行审议，经表决通过。按照“三审会商”机制，及时形成审议意见，协助办公室以常委会文件形式反馈市政府研究处理。委员会积极与市政府及市旅游局联系沟通，了解审议意见的办理落实情况，督促其认真办理落实，将研究处理情况形成书面报告，委员会对该报告在内容、格式上严格把关，并提出修改意见建议，市旅游局修改后，于2018年10月29日提交市十九届人大常委会第十六次会议进行审议，经表决通过。市政府及旅游部门认真贯彻落实市人大常委会的审议意见，有力推动了全市旅游业发展。2018年，第27届菏泽牡丹文化旅游节期间共接待中外游客963.63万人次，同比增长9.79%；实现游客消费63.85亿元，同比增长14.90%。截至2018年9月底，全市共有在建旅游项目67个，前三季度实际投资36.16亿元，同比增长超过30%。

全省人大民侨外工作座谈会 2018年5月23日，全省人大民侨外工作座谈会在济南召开。会前，按照通知要求，认真准备了会议交流材料。省人大常委会副主任王随莲和民侨外委组成人员以及各市人大常委会分管主任、民侨外委及工作室负责人参加会议。市人大常委会副主任汤建梅、民侨外委有关人员参加会议。会上，省人大民侨外委主任委员梁波通报委员会的基本情况和2018年主要工作安排。菏泽市人大及济南、青岛、淄博、烟台、潍坊、济宁、临沂、德州等9市人大作了典型交流发言。省人大常委会副主任王随莲讲话，对如何做好新时代民侨外工作进行安排部署。会后，委员会全体人员进行学习，并向县区人大传达会议精神。

《山东省台湾同胞投资促进和权益保护条例（草案）》立法调研 2018年6月27日，受省人大民侨外委委托，市人大民侨外委对《山东省台湾同胞投资促进和权益保护条例（草案）》进行立法调研。调研前，委员会全体人员对条例（草案）进行学习。同时，及时通知市台办，征求其意见建议，并委托市台办征求台胞和台商的意见建议。市台办将条例（草案）印发台胞和台商，并召开座谈会听取他们的意见建议。委员会将调研情况形成书面报告，按时上报省人大民侨外委。

全市侨资企业发展情况进行专题调研 2018年10月26日，市人大民侨外委组成调研组，在市人大常委会副主任汤建梅的带领下，对全市侨资企业发展情况进行专题调研。先后赴曹县珠峰木艺公司、成武汇盟生物科技股份有限公司、成武大森木业集团、恒力天能新技术科技有限公司、步长药业集团进行实地察看，现场听取有关情况汇报。并在市人大常委会机关召开调研座谈会，听取市外侨办关于全市侨资企业发展情况的汇报，对调研情况进行梳理汇总。委员会对调研了解的情况进行系统分析研究，形成调研报告，征求了调研组成员和市外侨办的意见，认真修改完善，报分管领导审阅定稿后，及时反馈市外侨办研究处理。市外侨办高度重视，认真办理落实意见建议，全市侨资企业迅速发展壮大，截止到2018年，全市共有32家侨商投资企业，其中规模企业16家，有的已成为行业龙头。

《山东省台湾同胞投资保护条例》执法调研 2019年10月31日，受省人大民侨外委委托，市人大民侨外委组成调研组，在市人大常委会副主任汤建梅的带领下，对全市《山东省台湾同胞投资保护条例》贯彻实施情况进行执法调研。调研组先后深入牡丹区山东佳美食品有限公司，开发区挺卫健康产业园进行实地察看，详细了解全市在贯彻实施条例过程中的特色做法和困难问题。并召开调研座谈会，听取市委统战部、市台办关于“条例”贯彻实施情况的汇报，征求了牡丹区政府、开发区管委会及台资企业负责人的意见建议。委员会在深入调研的基础上，经过反复研究，并征求市委统战部的意见，最后形成调研报告，按时报送省人大民侨外委。

全市全域旅游工作专题调研 2020年5月20日至22日，受市人大常委会委托，市人大民侨外委组成调研组，在市人大常委会副主任汤建梅的带领下，对全市全域旅游工作进行专题调研。调研组先后赴郓城、巨野、单县部分工业、农业、生态、文化等旅游景点进行实地调研，现场听取有关情况汇报。召开调研座谈会，听取市文化和旅游局关于全市全域旅游工作情况的汇报。调研结束后，对调研了解的情况进行系统分析研究，提出有针对性、建设性的意见建议，形成调研报告。于2020年6月18日，提交市十九届人大常委会第二十九次会议审议，经表决通过。根据常委会会议审议情况，按照“三审会商”机制，形成审议意见，协助办公室以常委会文件形式将审议意见反馈市政府研究处理。及时与市政府及市文化和旅游局联系沟通，了解审议意见的研究处理情况，督促其认真办理落实，确保审议意见落实到位。

2020年5月20日至22日，市人大民侨外委就全市全域旅游工作进行专题调研

归侨侨眷“一法一条例”执法检查 2020年7月16日，受省人大民侨外委委托，市人大民侨外委组成检查组，在市人大常委会副主任汤建梅的带领下，对全市《中华人民共和国归侨侨眷权益保护法》《山东省归侨侨眷权益保护条例》的贯彻实施情况开展执法检查。检查组实地察看定陶区汽车小镇、山东和诺倍康药业有限公司项目建设现场、菏泽高新区步长制药股份有限公司，听取相关情况的汇报，指出现阶段存在的问题。委员会在深入调研的基础上，经过反复研究，并征求市委统战部的意见，最后形成执法检查报告，按时上报省人大民侨外委。

第九章　社会建设委员会

第一节　组织和人事沿革

2019年1月19日，菏泽市第十九届人民代表大会第四次会议通过决定，增设市第十九届人民代表大会社会建设委员会。

市第十九届人大社会建设委员会组成人员

（2019.1— ）

主任委员　张洪兴

副主任委员　黄福平

王金聚（ —2020.4）

委　　员（按姓名笔画排序）

王西胜

冯　震

李宪君

张　钊

张新德

第二节　重要工作

省人大安全生产及应急管理执法检查组来菏检查　2019年6月18日至19日，省人大常委会委员、社会建设委主任委员张光峰带领安全生产及应急管理执法检查组，就全市贯彻实施安全生产和应急管理法律法规情况进行执法检查，并于19日上午召开座谈会。市人大常委会副主任、党组副书记杨晓玲，市人大常委会党组成员、社会建设委主任委员张洪兴参加座谈会。在执法检查中，检查组一行分别到菏泽澳泽幸福里建筑工地、菏泽富海能源发展有限公司、郓城县安信天然气有限公司进行实地察看。调研结束后，形成执法检查报告，于2019年6月21日，经市十九届人大常委会第二十二次会议审议通过后交由政府研究处理。市政府针对指出的问题和提出的建议认真整改，于2019年10月30日向市十九届人大常委会第二十四次会议报告研究处理情况。

“归雁兴菏”行动贯彻落实情况专题调研　2019年9月18日至22日，市人大常委会党组成员，社会建设委员会主任委员张洪兴带领调研组，通过听取汇报、察看现场、查阅资料、召开座谈会等形式，对全市“归雁兴菏”行动贯彻落实情况进行专题调研。调研组分成两队，赴牡丹区、单县、郓城县和开发区进行调研，实地察看20多个返乡创业企业，与相关部门负责人和返乡创业者座谈交流，详细了解政策落实情况和企业存在的困难及问题。9月20日，和北京、苏州、杭州、南京返乡创业服务站站长座谈交流，详细了解返乡创业服务站运行情况和返乡创业存在的问题和困难。并于9月23日和调研涉及困难和问题较多的市直部门相关负责人座谈交流，积极探讨解决困难的意见和建议。在深入调研、详细座谈、全面掌握第一手资料的基础上，形成《菏泽市人大社会建设委员会关于对“归雁兴菏”行动贯彻落实情况的专题调研报告》，于2019年10月30日，经市十九届人大常委会第二十四次会议审议通过后交由市政府研究处理。市政府针对指出问题和提出的建议认真整改，于2019年12月27日向市十九届人大常委会第二十五次会议报告研究处理情况。

安全生产“一法一条例”执法检查　2020年5月22日，受市人大常委会委托，市人大社会建设委对市政府贯彻实施安全生产“一法一条例”情况进行执法检查。市人大社会建设委员会主任委员、二级巡视员张洪兴参加活动。检查组先后赴菏泽高新区、东明县部分安全生产工作现场进行实地检查，并召开座谈会，听取市、县两级关于安全生产“一法一条例”贯彻实施情况的汇报，进行交流发言。检查组充分肯定市政府及有关部门在安全生产工作方面所作的努力，同时也指出现阶段存在的问题。检查结束后，形成调研报告。

2020年5月22日，受市人大常委会委托，市人大社会建设委对市政府贯彻实施安全生产“一法一条例”情况开展执法检查

“放管服”和“一次办好”改革情况调研 2020年6月17日，市人大社会建设委员会会同市政府相关部门组成调研组，到东明县、菏泽高新区调研“放管服”和“一次办好”改革工作开展情况。2020年6月28日、29日市人大社会建设委员会主任委员、二级巡视员张洪兴带领调研组再次进行专题调研，赴牡丹区、开发区、菏泽高新区实地调研，走访企业，座谈交流。调研结束后，分别形成调研报告，为市十九届人大常委会第二十九次会议、第三十次会议审议市政府关于推进“放管服”和“一次办好”改革情况的报告提供参考。

全市养老服务工作情况专题调研 2020年9月16日至18日，市人大社会建设委员会主任委员、二级巡视员张洪兴带领调研组对全市养老服务工作开展情况进行专题调研。调研组先后到开发区、牡丹区、东明县、定陶区、曹县、成武县、郓城县进行调研。调研组通过实地查看、座谈交流等形式全面调研我市《山东省养老服务条例》宣传贯彻落实情况，居家和社区养老服务改革试点情况，示范性居家和社区养老服务中心、养老服务站等养老机构运营情况，农村敬老院、新型农村幸福院建设管理情况。每到一处，调研组都认真听取养老机构在经营发展中存在的困难、问题和建议，并与各养老机构入住老人交谈，了解其日常生活和护理情况。调研结束后，形成专题调研报告，2020年10月27日经市十九届人大常委会第三十一次会议审议通过后，形成审议意见，反馈市政府研究处理。市政府针对指出问题和提出的建议认真整改，于2020年12月29日向市十九届人大常委会第三十二次会议报告研究处理情况。

第五编

菏泽市人民代表大会常务委员会机关

1984-2020

菏泽人大志

HEZE RENDA ZHI

2001年1月，菏泽市第十五届人民代表大会第一次会议选举产生菏泽市第十五届人民代表大会常务委员会（沿用原县级菏泽市人民代表大会常务委员会的届次），市人大常委会机关下设办公室、研究室、人事代表工作室3个正县级综合办事机构和财政经济工作委员会、内务司法工作委员会、教育科学文化卫生人口工作委员会、城乡建设环境保护工作委员会、农业与农村工作委员会、民族侨务外事工作委员会6个工作机构，各工作委员会主任一般由常委会副主任兼任；工作委员会下设工作室，正县级规格。2005年8月，菏泽市人大常委会办公室信访室由办公室管理的副县级机构升格为市人大常委会管理的正县级机构。2009年3月，经中共菏泽市委组织部同意成立中共菏泽市人民代表大会常务委员会机关委员会。2010年8月，菏泽市第十七届人大常委会第二十次会议决定，设立市人大常委会预算工作委员会、人事代表工作委员会。2010年12月，经菏泽市机构编制委员会批复，预算工作委员会下设工作室，正县级规格。2015年8月，经菏泽市机构编制委员会批复，设立市人大常委会法制工作委员会，正县级规格。2019年6月经菏泽市机构编制委员会批复，设立市人大社会建设委员会工作室，正县级规格。2020年7月经中共菏泽市委同意成立中共菏泽市人民代表大会常务委员会机关党组。

第一章 机关党组

第一节 组织和人事沿革

中共菏泽市人民代表大会常务委员会机关党组（以下简称机关党组）于 2020 年 7 月经中共菏泽市委同意成立，按照《关于设立中共菏泽市人民代表大会常务委员会机关党组的通知》（菏委〔2020〕208 号）要求，机关党组接受市委和市人民代表大会常务委员会党组领导，遵照《中国共产党党组工作条例》《中共菏泽市人大常委会机关党组工作规则》开展工作、履行职能。

书　记 郭景堂（2020.7— ）
副书记 许素洋（2020.7— ）
成　员 王清华（2020.7— ）
陈允全（2020.7— ）
常俊哲（2020.7— ）
吴凤荣（女，2020.7— ）

第二节 工作职责

（2020 年 10 月 22 日市人大常委会机关党组会议通过）

1. 机关党组在市人大常委会机关发挥把方向、管大局、保落实的领导作用，全面履行领导责任，加强对市人大常委会机关业务工作和党的建设的领导，确保党的理论和路线方针政策的贯彻落实。

2. 机关党组讨论和决定市人大常委会机关下列重大问题：

（1）认真学习贯彻习近平新时代中国特色社会主义思想，贯彻党的路线、方针、政策和上级党组织有关决定、部署、要求，研究制定具体落实措施；

（2）履行全面从严治党责任，研究决定市人大常委会机关党的建设、党风廉政建设和反腐败工作等方面的重要事项；

（3）研究决定市人大常委会机关党组向市委和市人大常委会党组请示报告的重要事项；

（4）按干部管理权限，加强对干部的教育、管理和监督，研究机关四级调研员及以下职级、科级及以下干部任免、调动、调整、交流和干部培养、后备、推荐等事项；

（5）研究市人大常委会机关重大项目安排；

（6）研究市人大常委会机关年度资金预算、大额资金使用、大宗国有资产采购和处置；

（7）研究干部职工考核、评先树优、奖惩等事项；

（8）研究协调和检查落实市人大常委会党组安排的重要工作任务；

（9）研究反馈给市人大常委会机关的巡视巡察、督查检查、审计等重大事项和相关问题的整改落实；

（10）研究讨论机关重大突发事件和紧急情况的处理意见；

（11）研究机关意识形态工作、精神文明创建、统战工作和工会、共青团、妇联等群团工作；

（12）研究其他应当由机关党组讨论和决定的重大问题。

3. 机关党组必须坚持党建工作与市人大常委会机关业务工作同谋划、同部署、同推进、同考核，加强对市人大常委会机关党的建设的领导，落实新时代党的建设总要求，不断提高机关党的建设质量，具体包括：

（1）把党的政治建设摆在首位，提高政治站位，始终在政治立场、政治方向、政治原则、政治道路上同以习近平同志为核心的党中央保持高度一致；

（2）强化理论武装，组织学习习近平新时代中国特色社会主义思想，引导机关党员干部坚定理想信念，自觉加强党性锻炼；

（3）落实意识形态工作责任制，确保人大工作体现意识形态工作要求、维护意识形态安全；

（4）贯彻党管干部原则，按照德才兼备、以德为先的标准，加强机关干部队伍建设，完善人事相宜、人岗相适的干部培养选拔机制，加强干部教育培训，从严管理监督干部；

（5）指导加强机关党组织建设和党员队伍建设，适时讨论和决定市人大常委会机关党委、支部设置调整和发展党员、处分党员等重要事项；

（6）加强和改进机关作风，密切联系群众，严格落实中央八项规定精神及实施细则和省委、市委实施办法，坚决抵制和反对“四风”特别是形式主义、官僚主义；

（7）加强党的纪律建设，履行党风廉政建设主体责任，支持和配合驻机关纪检监察组和机关纪委履行监督和执纪责任；

（8）严肃党内政治生活，严格执行《关于新形势下党内政治生活的若干准则》，认真召开民主生活会，深入开展批评与自我批评。机关党组成员要严格执行双重组织生活制度，以普通党员身份按期参加所在党支部组织生活会；

（9）推进建章立制，建立健全体现党中央要求、符合市人大常委会机关特点、比较完备、务实管用的党建工作制度，并抓好落实；

（10）机关党组书记必须认真履行抓党建第一责任人职责，机关党组其他成员按照“一岗双责”要求抓好职责范围内党的建设工作。

4．机关党组书记主持机关党组全面工作，负责召集和主持机关党组会议，组织机关党组活动，签发机关党组文件。机关党组副书记和党组成员根据机关党组研究决定，按照分工和授权负责有关工作，行使相应职权。

第二章　机关党委

第一节　组织和人事沿革

中共菏泽市人民代表大会常务委员会机关委员会（以下简称机关党委）是市人大常委会机关党建的专责机构，于2009年3月经中共菏泽市委组织部同意成立，机关党委归市委市直机关工委管理，在市委市直机关工委指导下开展工作，按照《中国共产党章程》《中国共产党基层组织选举工作条例》规定进行换届选举。

书　记　赵　普（2009.4—2012.2）
赵传山（2012.9—2017.7）
郭景堂（2017.7—）

副书记　郭景堂（2012.9—2017.7）
许素洋（2017.7—）

委　员　郭景堂（2009.4—2012.9）
王令海（2009.4—2017.7）
李胜华（2009.4—2015.9）
吴凤荣（女，2009.4—）
刘祥德（2012.9—2015.10）
许素洋（2012.9—2017.7）
李顺广（2017.7—）
王清华（2017.7—）

陈允全（2017.7— ）
姜东生（2017.7—2019.1）
常俊哲（2019.3— ）

第二节　工作职责

1. 坚持和落实中国特色社会主义根本制度、基本制度、重要制度，宣传和执行党的路线、方针、政策，宣传和执行党中央、党的上级组织和本组织的决议，充分发挥党组织战斗堡垒作用和党员先锋模范作用，积极创先争优，团结、组织党内外干部和群众，努力完成所担负的各项任务。

2. 组织党员深入学习党的创新理论，学习党的路线、方针、政策和决议，学习党的基本知识和党史、新中国史、改革开放史，学习党章党规党纪和国家法律法规，学习业务知识和经济、政治、文化、社会、生态文明等各方面知识。

3. 对党员进行教育、管理、监督和服务，严格党的组织生活，维护和执行党的纪律，监督党员切实履行义务，保障党员权利不受侵犯。监督党员干部职工严格遵守国家法律法规，加强党风廉政建设，坚决同各种违纪违法行为作斗争。

4. 密切联系群众，经常了解群众对党员、党的工作的批评和意见，了解群众诉求，维护群众正当权力和利益。

5. 对要求入党的积极分子进行教育、培养和考察，做好发展党员工作。

6. 做好思想政治工作和意识形态工作，推进机关精神文明建设，培育和践行社会主义核心价值观。

7. 坚持市人大常委会党组领导，协助市人大常委会党组落实好机关党建主体责任，指导督促机关党支部认真落实各项标准规范；配合人事部门对机关领导干部进行考察、考核和民主评议，对机关干部的选拔任用和奖惩提出意见。

8. 领导机关工会、共青团、妇女组织等群团组织，支持这些组织依照各自的章程独立负责地开展工作。

9. 及时向市委市直机关工委报告市人大常委会机关党建重点工作任务完成情况。

10. 切实抓好机关党委自身建设。

第三章　秘书长、副秘书长

第一节　组织和人事沿革

2001 年 1 月，菏泽市第十五届人民代表大会第一次会议选举产生菏泽市人民代表大会常务委员会秘书长。根据《中华人民共和国地方各级人民代表大会和地方各级人民政府组织法》，设立副秘书长。

秘 书 长　李顺广（2001.1—2006.2）
马春田（2006.2—2007.1；兼，2007.1—2008.1）
赵　普（2008.1—2012.2）
赵传山（兼，2012.2—2015.1）
郭景堂（2015.2— ）

副秘书长　张伯元（2001.3—2003.6）
宋　波（2003.7—2009.1）
王永成（2003.7—2005.11）
刘祥德（2005.11—2015.10）
许素洋（2007.5— ）
郭景堂（2010.1—2015.2）
王清华（2012.3— ）

田文建（2012.3—2016.6）
伊敬国（2015.10—2016.8）
姚艳萍（女，2016.1—2017.12；2019.10— ）
陈允全（2016.6— ）
顿文英（女，2017.12—2019.10）

第二节　工作职责

（2008 年 9 月 16 日菏泽市第十七届人大常委会第 20 次主任会议通过）

秘书长是机关的法人代表，协助主任和第一副主任处理常委会的重要工作，主持市人大常委会机关的日常工作，领导办公室的全面工作。其具体职责：

1. 负责市人民代表大会、人大常委会、主任会议及其他重要会议会务工作的组织实施，并检查落实会议的决定事项。

2. 向常委会主任会议，常委会主任、第一副主任、副主任提供有关工作情况和建议。

3. 根据常委会主任会议决定事项或研究的意见，组织安排人大常委会职权范围内的重大活动。

4. 协调处理各委室之间的工作关系；督促检查各委室职权范围内的重要工作。

5. 组织起草以市人大常委会和常委会党组名义印发的文件、报告及常委会主要领导的讲话稿等。

6. 联系“一府两院”，协调处理有关重要工作。

7. 负责机关的党建、思想政治工作和机关的精神文明建设。

8. 负责机关财务管理工作。

9. 负责定期召集委室负责人会议，通报情况，听取意见，组织安排机关重要工作。

10. 组织办理人大常委会、主任会议和常委会主任、第一副主任、副主任交办的其他事项。

第四章　办公室

第一节　组织和人事沿革

2001 年 1 月，菏泽市第十五届人民代表大会第一次会议决定，设立市人大常委会办公室，正县级规格。办公室下设信访科、秘书科、人事监察科、行政科。2002 年 7 月，设立老干部科。2003 年 1 月，撤销信访科，设立信访室，副县级规格；撤销行政科，设立接待科、机关后勤服务中心，机关后勤服务中心为科级全额预算事业单位。2005 年 8 月，信访室升格为正县级机构，为常委会下综合办事机构，不再隶属办公室。2015 年 1 月，设立值班室，正科级规格。2017 年 11 月，设立信息科。2020 年 6 月，撤销秘书科，设立秘书一科、秘书二科。

主　　任　张伯元（兼，2001.3—2003.6）
宋　波（兼，2003.7—2009.1）
郭景堂（2009.3—2010.1；兼，2010.1—2015.11）
许素洋（兼，2015.11— ）

副 主 任　刘祥德（2001.3—2003.7）
许素洋（2001.5—2005.9）
郭景堂（2003.7—2007.5）
田文建（2005.9—2009.3）
姜东生（2009.3—2016.1）
赵福龙（2009.3—2011.2）
朱宪龙（2012.7—2015.10）

刘庆山（2016.1— ）
张保敏（2016.1— ）
王建民（2017.5— ）

二级巡视员

张洪兴（2020.4— ）

一级调研员

张洪兴（2020.1—2020.4）
许素洋（2020.4— ）
陈允全（2020.4— ）
王清华（2020.4— ）
刘景西（2020.4— ）
陈化明（2020.4— ）
周美兰（女，2020.4— ）
南　雁（女，2020.4— ）
梁振坤（2020.4—2020.10）
田言林（2020.4—2020.9）

调 研 员 徐福增（2001.1—2003.12）
马文选（2001.1—2003.9）
张伯元（2003.6—2004.11）

副调研员 王　敏（女，2006.4—2006.10）
姜东生（2006.10—2009.3）
许宜福（2006.10—2011.2）
吴凤荣（女，2009.3—2012.7）
刘庆山（2011.2—2016.1）

四级调研员

王彦林（2020.7— ）
张庆华（2020.11— ）

一级主任科员

宋　攀（2020.3— ）
黄昌胜（2020.3—2020.9）
王彦林（2020.3—2020.7）
孔祥伟（2020.3—2020.9）
张庆华（2020.7—2020.11）

二级主任科员

侯保林（2019.8—2020.11）

一级科员 张　薇（女，2019.9— ）
祝　闯（2020.1— ）
赵悦冰（2019.12— ）

科　　员 刘庆山（2001.1—2002.8）

试用期人员（副科级）

孙　飞（2011.7—2011.12）
常彩霞（女，2015.11—2016.6）

试用期人员

贾承政（2011.7—2011.12）
宋　攀（2011.7—2011.12）
王彦林（2011.7—2011.12）
韩　伟（2011.7—2011.12）
黄昌胜（2011.7—2011.12）
魏宏伟（2011.7—2011.12）
王俊红（女，2011.7—2011.12）
王丽荣（女，2011.7—2011.12）
吕俊波（2011.7—2011.12）
马法磊（2011.7—2011.12）
张　朋（2011.7—2011.12）
张文凯（2016.9—2017.9）
高海刚（2016.12—2017.6）
张　薇（女，2018.9—2019.9）

信访科

科　　长 王敏英（2001.1—2003.7）

信访室

主　　任 王敏英（2003.7—2005.11）

主任科员 刘清晖（2005.3—2005.8）

副主任科员

刘清晖（2004.11—2005.3）

秘书科

科　　长 许素洋（2001.1—2001.5）
田文建（2001.5—2003.7）
王清华（2003.10—2004.8）
姜东生（2004.8—2006.11）
张中华（2006.11—2009.3）
程相起（2009.3—2012.7）
贾承政（2015.7—2016.12）

宋　攀（2017.8—2020.6）
副科长　张中华（2005.3—2006.11）
孔祥伟（2012.12—2015.7）
宋　攀（2014.12—2017.8）
高海刚（2019.5—2020.6）
主任科员　田文建（2001.1—2001.5）
张中华（2005.7—2006.11）
副主任科员
彭德启（2001.1—2001.5）
康　谦（女，2009.8—2012.5）
贾承政（2012.12—2015.7）
科　员　贾承政（2011.12—2012.12）
宋　攀（2011.12—2014.12）
高海刚（2017.6—2019.5）
职　工　刘月华（2001.1—2003.1）
李建军（2001.1—2003.1）
于　飞（2001.1—2003.1）

人事监察科

科　长　吴东华（女，2001.1—2001.5）
彭德启（2001.5—2005.9）
吴凤荣（女，2005.9—2012.5）
朱宪龙（2012.5—2012.7）
孙　飞（2015.7—2017.11）
黄昌胜（2019.5—2020.9）
副科长　吴凤荣（女，2003.10—2005.9）
刘清晖（2005.12—2007.7）
程相起（2007.7—2009.3）
陈　琰（女，2009.4—2010.4）
常彩霞（女，2016.6—2017.8）
主任科员　吴晓凤（女，2001.5—2003.10）
吴凤荣（女，2004.8—2005.9）
刘清晖（2005.12—2007.7）
陈　琰（女，2010.4—2014.9）
副主任科员
吴晓凤（女，2001.1—2001.5）

行政科

副科长　田素兰（女，正科级，2001.1—2001.4）
职　工　聂元鑫（2001.1—2003.1）
张继法（2001.1—2003.1）
范继先（2001.1—2003.1）
马之明（2001.1—2003.1）
张兴刚（2001.1—2003.1）
曹长禹（2001.1—2003.1）
刘双安（2001.1—2003.1）
刘绍安（2001.1—2003.1）

老干部科

科　长　刘庆山（2004.11—2007.7）
刘清晖（2007.7—2009.3）
王海涔（2009.3—2012.7）
张保敏（2012.12—2016.1）
张庆华（2016.2—　）
副科长　刘庆山（2002.8—2004.11）
王海涔（2007.3—2009.3）
孔维楠（2014.3—2015.7）
主任科员　张保敏（2010.4—2012.12）
副主任科员
张保敏（2009.3—2010.4）

接待科

科　长　许宜福（2003.7—2006.11）
刘庆山（2007.7—2012.5）
王彦林（2015.7—　）
副科长　王彦林（2012.12—2015.7）
科　员　王彦林（2012.1—2012.12）

值班室

主　任　孔祥伟（2015.7—2020.9）
副主任　刘海波（2020.9—　）
副主任科员
孔祥伟（2011.4—2012.12）
科　员　孔祥伟（2009.3—2011.4）
张文凯（2017.9—2019.5）

信息科

科　　长　马法磊（2017.12—2019.8）
　　　　　李龙超（2020.7— ）

秘书一科

科　　长　宋　攀（2020.7— ）
副 科 长　高海刚（2020.7— ）

秘书二科

（人员空缺）

机关后勤服务中心

主　　任　郭景堂（兼，2003.7—2007.7）
　　　　　许宜福（兼，2007.7—2009.3）
　　　　　刘庆山（兼，2009.3—2011.4）
　　　　　聂元鑫（2011.4— ）
副 主 任　聂元鑫（2003.7—2011.4）
　　　　　张继法（2003.7—2015.3）
　　　　　李建军（2011.4— ）
　　　　　刘双安（2015.10— ）
　　　　　刘绍安（2015.10— ）
　　　　　于　飞（2020.2— ）
　　　　　朱　蕾（2020.2— ）
职　　工　聂元鑫（2003.1—2003.7）
　　　　　刘月华（2003.1— ）
　　　　　李建军（2003.1—2011.4）
　　　　　于　飞（2003.1—2020.2）
　　　　　范继先（2003.1—2015.2）
　　　　　张继法（2003.1—2003.7）
　　　　　马之明（2003.1—2008.4）
　　　　　张兴刚（2003.1—2018.12）
　　　　　曹长禹（2003.1—2019.10）
　　　　　刘双安（2003.1—2015.10）
　　　　　刘绍安（2003.1—2015.10）
　　　　　李守林（2003.12— ）

第二节　工作职责

（2008 年 9 月 16 日菏泽市第十七届人大常委会第 20 次主任会议通过）

1. 协调组织机关各部门搞好市人大常委会会议、主任会议和其他重要工作会议的服务工作，组织实施并督办落实会议决定的事项。

2. 负责常委会主任会议、党组会议的记录、纪要的整理工作。

3. 协助秘书长组织安排常委会领导的公务活动，并做好服务工作。

4. 负责抓好人大宣传工作。

5. 编印《人代会文件汇编》《常委会公报》《人大工作动态》《主任会议议题材料》等，起草常委会及办公室有关文电、常委会工作要点等文字材料，审核其他委室以市人大常委会办公室名义发布的文件。

6. 负责机关电子公文传输及网络的管理工作。

7. 负责机关报刊、图书、学习资料的订阅和分发工作。

8. 协助秘书长不定期召开各委室碰头会，组织协调各委室的工作，对有关问题提出处理意见。

9. 负责组织办理机关值班、文电、档案、保密等方面的工作及机关财务、行政、接待、基建以及卫生、安全保卫等工作。

10. 负责常委会组织的视察、执法检查等项活动的后勤保障工作。

11. 组织办理机关人事监察、老干部、党建、学习等方面工作的有关具体事宜。

12. 负责机关文印工作。

13. 负责机关车辆的管理工作。

14. 负责常委会党组、常委会及办公室印鉴的使用和管理工作。

15. 加强对县区人大常委会办公室工作的联

系与指导。

16．做好市人大常委会领导交办的其他工作。

第五章　研究室

第一节　组织和人事沿革

2001年1月，菏泽市第十五届人民代表大会第一次会议决定，设立市人大常委会研究室，正县级规格。2015年1月下设综合科、调研科。

主　　任　王永成（2001.3—2003.7；兼，2003.7—2005.9）
许素洋（2005.9—2007.5；兼，2007.5—2015.11）
常俊哲（2015.11—　）

副 主 任　田文建（2003.7—2005.9）
彭德启（2005.9—2009.3）
常俊哲（2012.7—2015.11）
李继秋（2017.5—　）

调 研 员　王永成（2005.9—2006.2）
王清华（2010.1—2011.2）

助理调研员
王笃庆（2001.1—2001.9）

主任科员　姜东生（2001.5—2004.8）
庞亚林（女，2012.12—2015.7）

副主任科员
姜东生（2001.1—2001.5）
程相起（2005.3—2007.7）
王海涔（2005.3—2005.12）
庞亚林（女，2009.3—2012.12）
韩　伟（2012.12—2016.6）

科　　员　程相起（2004.11—2005.3）
王海涔（2004.11—2005.3）
庞亚林（女，2007.10—2009.3）
韩　伟（2011.12—2012.12）

综合科

科　　长　庞亚林（女，2015.7—2019.4）
一级科员　韩　旭（2020.1—　）

调研科

科　　长　韩　伟（2016.6—2017.12）
副 科 长　周文豪（2019.5—　）
科　　员　周文豪（2017.6—2019.5）
试用期人员
周文豪（2016.12—2017.6）

第二节　工作职责

（2008年9月16日菏泽市第十七届人大常委会第20次主任会议通过）

1．负责市人大常委会的工作报告、主要领导讲话等综合性文字材料的起草工作。

2．加强与全国、省人大，兄弟市地人大、本市各级人大及其常委会的信息沟通，及时了解和掌握全市政治、经济和社会发展等方面的情况、资料。

3．根据常委会工作需要和领导的安排，进行调查研究，为领导决策和处理问题提供调查报告、参考建议和解决某些问题的可行性论证。

4．负责组织关于人民代表大会制度的理论研究和工作研究。

5．主办《菏泽人大》刊物，搞好与省内外人大机关报刊的合作与交流。

6．负责组织编纂地方人大史志。

7. 负责收集和整理《菏泽市人大常委会大事记》。

8. 加强对县区人大常委会研究室工作的联系与指导。

9. 做好市人大常委会领导交办的其他工作。

第六章 人事代表工作室

第一节 组织和人事沿革

2001年1月，菏泽市第十五届人民代表大会第一次会议决定，设立市人大常委会人事代表工作室，正县级规格。

2010年8月，菏泽市人大常委会人事代表工作室更名为人事代表工作委员会（市编办未备案）。2012年11月设立选举任免科和代表联络科。

人事代表工作室

主　　任　宋　波（2001.3—2003.7）
　　　　　刘祥德（2003.7—2005.9）
　　　　　陈化明（2005.9—2011.2）
副 主 任　陈化明（2001.5—2005.9）
　　　　　周美兰（女，2005.9—2011.2）
　　　　　刘清晖（2016.1—2020.9）
　　　　　魏宏伟（2020.9— ）
调 研 员　郭国怀（2001.1—2001.9）
主任科员　陈化明（2001.1—2001.5）
　　　　　周美兰（女，2003.10—2005.9）
　　　　　刘清晖（2009.3—2011.2）
副主任科员
　　　　　张保敏（2006.11—2009.3）
科　　员　魏宏伟（2011.12—2012.12）

人事代表工作委员会

主　　任　马春田（兼，2011.3—2012.3）
　　　　　彭靖华（兼，2012.3—2013.7）
副 主 任　李建国（2011.3—2012.3）
　　　　　朱洪亮（2011.3—2012.3）
　　　　　季敬存（2012.3—2016.1）
　　　　　高艳民（女，2012.3—2016.1）
　　　　　史步军（2013.10—2016.8）
　　　　　陈化明（2011.3— ）

工作室

主　　任　陈化明（2011.2—2011.3；
　　　　　　　　　兼，2011.3— ）
副 主 任　周美兰（女，2011.2—2012.7）
　　　　　吴凤荣（女，2012.7—2016.1）
副调研员　刘清晖（2011.2—2016.1）

选举任免科

一级主任科员
　　　　　魏宏伟（2020.3—2020.9）
科　　长　魏宏伟（2015.7—2020.9）
　　　　　侯保林（2020.11— ）
副主任科员
　　　　　魏宏伟（2012.12—2015.7）

代表联络科

科　　长　常彩霞（女，2017.8—2019.5）
副 科 长　张文凯（2019.5— ）
科　　员　师亚杰（2017.6—2018.12）
试用期人员
　　　　　师亚杰（2016.12—2017.6）

第二节　工作职责

（2008年9月16日菏泽市第十七届人大常委会第20次主任会议通过）

1. 负责草拟市人大常委会有关人事任免、选举、联系代表工作方面的办法、规定等。承办市人大常委会人事任免的有关工作。

2. 协同有关部门调查市人大常委会免职、撤职和罢免职务人员的申诉，并负责向市人大常委会主任会议汇报。组织对市人大常委会任命、决定任命人员的考试工作。

3. 负责联系省、市人大代表的工作。组织培训人大代表。组织和协助代表、代表小组开展活动，为代表执行职务做好服务工作。处理和督促办理市人大代表提出的建议、批评和意见。负责承办市人大常委会代表资格审查委员会有关代表资格审查和省、市人大代表罢免、补选的具体工作。

4. 负责草拟本市各级人大换届选举和选举省人大代表方案。负责承办市人大换届选举和选举省人大代表的有关工作。为市人大常委会指导县乡两级换届选举提供服务。

5. 了解县级人大及其常委会有关人事任免、选举、代表工作方面的决议、决定是否适当，并负责向主任会议提出处理建议。

6. 负责搜集选举、人事任免、代表工作的有关情况、信息资料及理论研究成果，为市人大常委会改进工作提供依据。

7. 负责代表活动经费的管理及使用。

8. 负责起草本室业务范围内的工作计划、总结、报告、简报和领导讲话等文字材料。

9. 组织代表视察活动和专题调研活动，并做好相关服务工作。

10. 负责做好市人大常委会组织的工作评议的相关工作。

11. 负责对本市代表工作情况进行调查研究，总结推广代表工作先进经验，宣传报道代表先进事迹。

12. 承办省人大常委会人事代表工作委员会安排的工作任务；做好与县乡两级人大有关人事代表工作方面的联系。

13. 接待处理各级人大代表的来信来访。

14. 做好市人大常委会领导交办的其他工作。

第七章　信访室

第一节　组织和人事沿革

2005年8月，菏泽市人大常委会办公室信访室由办公室管理的副县级升格为市人大常委会管理的正县级机构。2015年1月设信访室综合科。

主　　任　刘祥德（2005.9—2005.11；兼，2005.11—2015.11）
刘超峰（2015.11—2017.12）

副 主 任　王敏英（2005.11—2007.5）
樊爱众（2009.3—2010.1）
王海涔（2012.7— ）

调 研 员　樊爱众（2010.1—2015.4）

主任科员　刘清晖（2005.8—2005.12）
孙　飞（2012.12—2015.7）

副主任科员
王海涔（2005.12—2007.3）
孙　飞（2011.12—2012.12）

科　　员　孔祥伟（2007.12—2009.3）

试用期人员
孔祥伟（2006.12—2007.12）

孔维楠（副科级，2013.9—2014.3）

综合科

一级主任科员

高建新（2020.7— ）

科　　长 孔维楠（2015.7—2017.12）

高建新（2018.3— ）

第二节　工作职责

（2008年9月16日菏泽市第十七届人大常委会第20次主任会议通过）

1. 负责受理公民、法人或者其他组织向市人大及其常委会反映问题的来信、来访，办理属于市人大常委会职责范围内的信访事项。

2. 承办全国人大常委会、省人大常委会交办的信访事项。

3. 负责向有关责任单位或组织转办、交办相关信访事项，并对重要来信、来访的办理情况实施督查督办。

4. 开展人大信访工作研究，定期分析人民群众来信、来访情况，积极开展信访调研工作，并形成综合分析材料，为领导科学决策提供参考，为市人大常委会履行职责提供信息服务。

5. 组织召开信访工作座谈会、联系会、协调会、经验交流会，研究处理重要信访案件，督办处理领导交办信访事项，并切实做好对人大信访工作的宣传，组织对人大信访干部的培训工作。

6. 加强与省人大、各县区人大及有关部门的联系，传递和交流有关信访工作信息，积极配合，主动协调，共同做好人大信访工作。

7. 加强信访档案管理，做好信访保密工作。做好日常信访材料收集、整理、归档工作，对重要的信访材料统一管理，切实做好信访保密工作。

8. 做好市人大常委会领导交办的其他工作。

第八章　法制工作委员会

第一节　组织和人事沿革

2015年8月28日，菏泽市机构编制委员会根据《山东省机关编制委员会办公室关于部分设区的市人大常委会设立法制工作委员会的通知》（鲁编办〔2015〕105号）要求，下发《关于调整市人大常委会机关机构编制事项的批复》（菏编〔2015〕118号）。同意设立市人大常委会法制工作委员会，为市人大常委会工作机构，正县级规格，下设综合科、法规科。2018年11月，备案审查科由内司工委工作室内设机构调整为法工委内设机构。

主　　任 姜东生（2016.1—2019.1）

李克文（2019.1— ）

副 主 任 孔祥伟（2020.9— ）

调 研 员 顿文英（女，2016.12—2017.12；兼，2017.12—2019.6）

二级调研员

顿文英（女，兼，2019.6—2019.8）

法规科

科　　长 张　朋（2016.11—2019.9）

副 科 长 李卓群（女，2020.11— ）

副主任科员

李卓群（女，2019.5—2019.6）

四级主任科员

李卓群（女，2019.6—2020.11）

综合科

科　　长 王红举（2020.7— ）

副 科 长　王红举（2017.8—2020.7）

三级主任科员

王红举（2020.3—2020.7）

副主任科员

孙慧方（女，2019.5—2019.6）

四级主任科员

孙慧方（女，2019.6—2020.11）

闫继辉（2020.11— ）

科　　员　王红举（2016.4—2017.8）

刘海波（2016.11—2019.5）

孙慧方（女，2017.6—2019.5）

李卓群（女，2017.9—2019.5）

试用期人员

王红举（2015.11—2016.4）

李卓群（女，2016.9—2017.9）

孙慧方（女，2016.12—2017.6）

备案审查科

副 科 长　刘海波（2019.5—2020.9）

孙慧方（女，2020.11— ）

第二节　工作职责

（2020 年 11 月 17 日菏泽市第十九届人大常委会第 40 次主任会议通过）

1．提出市人民代表大会和市人大常委会制定地方性法规的规划和年度计划草案，根据立法规划、计划的落实情况，提出实施及调整意见；

2．对提请市人民代表大会和市人大常委会审议的地方性法规草案进行调查研究，提供有关资料，提出修改意见；

3．受主任会议委托，拟订有关地方性法规的议案草案；

4．承办地方立法规划、计划项目以及地方性法规表决前、出台后的评估工作；

5．负责对提请常委会修改和废止的地方性法规草案的初步审查工作，并向常委会提出审议意见的报告；

6．承办市“一府两院”、县区人大及其常委会制定的规范性文件的备案审查工作；

7．负责地方立法同宪法和国家法律的衔接、配套，保证国家法制的统一；负责地方性法规的解释和就法律问题向省人大常委会请示的具体工作；

8．承办地方性法规的公布、备案；

9．负责地方性法规的清理和废止工作；

10．承办国家和省法律法规草案征求修改意见工作；

11．承办市人大代表、市人大常委会组成人员、市政协委员提出的关于制定和修改地方性法规方面的议案、建议和意见工作；负责处理人民群众对制定地方性法规方面的建议和意见；

12．负责全市地方性法规的汇编工作；

13．负责市人大常委会立法咨询专家的日常联系工作；

14．办理市人大常委会领导交办的其他事项。

第九章　财政经济工作委员会

第一节　组织和人事沿革

2001 年 1 月，菏泽市第十五届人民代表大会第一次会议决定，设立市人大常委会财政经济工作委员会，工作委员会下设工作室，正县级规格。2012 年 11 月下设综合科。

主　　任　潘兴玺（兼，2001.1—2006.2）
朱献瑞（兼，2006.2—2007.3）
常洪珍（兼，2007.3—2008.3）
李玉华（兼，2008.3—2011.3）
彭靖华（兼，2011.3—2012.3）
孙忠生（兼，2012.3—2020.3）
谷瑞灵（兼，2020.3— ）
副 主 任　孔繁芝（2001.1—2006.2）
陶冶生（2003.3—2006.2）
张秋冬（2005.3—2008.3）
郭志民（2007.3—2011.3）
宋绍先（2008.3—2012.3）
陈志起（2008.3—2012.3）
赵晓英（2012.3—2015.10）
王令海（2012.3—2018.3）
范新印（2012.3—2016.1）
徐　平（2013.10—2016.6）
田言林（2019.1—2020.10）

工作室

主　　任　王令海（2003.7—2012.3）
王令海（兼，2012.3—2016.1）
张中华（2016.1— ）
副 主 任　王令海（2001.3—2003.7）
王　敏（女，2006.10—2009.3）
张中华（2009.3—2016.1）
吴晓玲（女，2017.7— ）
调 研 员　卢方亮（2001.1—2002.7）
孔繁芝（2006.2—2007.1）
张志华（2019.2—2019.6）
二级调研员
张志华（2019.6— ）
吴晓玲（女，2020.10— ）
三级调研员
吴晓玲（女，2020.9—2020.10）
主任科员　马　刚（2001.5—2006.8）
刘景西（2003.10—2004.8）
副主任科员
马　刚（2001.1—2001.5）

综合科

一级主任科员
常彩霞（女，2020.3— ）
科　　长　黄昌胜（2015.7—2019.5）
常彩霞（女，2019.5— ）
副主任科员
黄昌胜（2012.12—2015.7）
科　　员　黄昌胜（2011.12—2012.12）

第二节　工作职责

（2008 年 9 月 16 日菏泽市第十七届人大常委会第 20 次主任会议通过）

1. 初审全市国民经济和社会发展计划草案以及计划变更报告，并提出初审意见。

2. 调查了解有关财经方面的法律、法规实施情况，并向常委会报告。

3. 负责对有关财经方面的问题进行调查研究，并向常委会报告。

4. 协助市人大常委会审议有关财经方面的决定、决议草案，对有关决议、决定的落实情况进行督促检查。

5. 负责起草本工作委员会的工作计划、总结、报告及领导讲话等文稿。

6. 办理全国人大财经委、省人大财经委交付的有关财经方面的法律草案征求意见工作。

7. 加强同省人大财经委、县区人大财经委（科）及市政府财经部门的联系；加强同财经界人大代表的联系。

8. 接待办理有关财经方面的来信来访。检查督促市政府财经部门对代表建议、批评、意见的办理。

9. 做好市人大常委会领导交办的其他工作。

第十章　预算工作委员会

第一节　组织和人事沿革

2010年8月，菏泽市第十七届人大常委会第二十次会议决定，设立市人大常委会预算工作委员会，2010年12月，经菏泽市机构编制委员会批复，预算工作委员会下设工作室，正县级规格。2012年11月下设综合科。

主　　任　邵好学（兼，2011.3—2012.3）
赵传山（兼，2012.3—2017.3）
孙忠生（兼，2017.3—2018.5）
谷瑞灵（兼，2018.5—　）

副 主 任　彭　华（2011.3—2014.10）
冯建云（2011.3—2012.3）
张　甦（2012.3—2016.1）
刘巧云（女，2013.10—2016.6）
姚艳萍（女，2017.12—2019.10）
周福举（2019.12—　）

工作室

主　　任　王清华（2011.2—2012.3；兼，2012.3—2016.1）
姜来魁（2017.1—　）

副 主 任　姜来魁（2012.7—2017.1）

副调研员　姜来魁（2011.2—2012.7）

四级调研员
王俊红（女，2020.7—　）

科　　员　王俊红（女，2011.12—2012.12）

综合科

一级主任科员
王俊红（女，2020.3—2020.7）

科　　长　王俊红（女，2015.7—2020.9）

副 科 长　王俊红（女，2012.12—2015.7）
刘艳荣（女，2020.9—　）

四级主任科员
刘艳荣（女，2020.2—2020.9）

科　　员　朱敏静（女，2017.6—2019.5）

试用期人员
朱敏静（女，2016.12—2017.6）

第二节　工作职责

（2011年6月1日菏泽市十七届人大常委会第70次主任会议通过）

1. 承办市人民代表大会会议期间大会计划预算审查委员会有关预算审查方面的具体工作。

2. 负责市人大常委会审议财政、审计、税务工作报告和对其进行视察、执法检查的具体工作。

3. 负责依法提请市人大常委会关于本级财政预算草案、决算草案、预算调整方案的初步审查工作。

4. 负责或参与市人大常委会有关财政、审计、税务等方面的决议、决定草案的起草工作。

5. 对市人大常委会关于改进预算管理和预算执行意见的落实和整改情况进行检查督促。

6. 对市政府关于本级财政预算执行和其他财政收支情况的审计工作报告进行初步审查。

7. 对财政、审计、税务等方面法律、法规及其他具有法律、法规效力的决议、决定的贯彻执行情况进行检查和调研。

8. 经市人大常委会或主任会议批准，对各部门、各预算单位、重大建设项目资金使用和专项资金使用等预算执行中的重大事项或特定问题进行调查。

9. 承办市人大代表有关预算审查监督的建议、批评、意见的答复工作。

10. 承办上级人大常委会有关法律草案征求意见的具体工作。

11. 承办市人大常委会和主任会议交办的其他工作。

第十一章 内务司法工作委员会

第一节 组织和人事沿革

2001年1月，菏泽市第十五届人民代表大会第一次会议决定，设立市人大常委会内务司法工作委员会，工作委员会下设工作室，正县级规格。2012年11月下设综合科和备案审查科。2018年11月，备案审查科由内司工委工作室内设机构调整为法工委内设机构。

主　　任　范福临（兼，2001.1—2006.2）
　　　　　文廷良（兼，2006.2—2007.3）
　　　　　李玉华（兼，2007.3—2008.3）
　　　　　彭靖华（兼，2008.3—2012.3）
　　　　　赵传山（兼，2012.3—2017.3）
　　　　　杨晓玲（女，兼，2017.3— ）
副 主 任　张建瑛（2001.1—2003.1）
　　　　　晁岳坤（2001.1—2006.2）
　　　　　李振堂（2003.3—2006.2）
　　　　　时启坤（2005.3—2008.3）
　　　　　孟繁为（2006.2—2008.3）
　　　　　王永成（2006.2—2008.3）
　　　　　张友海（2008.3—2012.3）
　　　　　李建国（2008.3—2011.3）
　　　　　刘承贵（2008.3—2012.3）
　　　　　安克林（2011.3—2015.1）
　　　　　焦守进（2012.3—2016.1）
　　　　　李金民（2012.3—2016.6）
　　　　　秦玉亭（2015.10—2017.8）
　　　　　刘清晖（2017.12— ）

工作室

主　　任　安克林（2003.7—2011.2）
　　　　　张柱军（2012.7—2016.2）
　　　　　李克和（2016.2— ）
副 主 任　安克林（2001.3—2003.7）
　　　　　张柱军（2006.4—2012.7）
　　　　　张安金（2010.2— ）
　　　　　程相起（2012.7—2017.12）
调 研 员　张建瑛（2003.1—2004.8）
　　　　　侯玉忠（2001.1—2003.9）
　　　　　王永成（2008.3—2009.5）
助理调研员
　　　　　安克林（2001.1—2001.3）
副调研员　常俊哲（2007.5—2012.7）
主任科员　郭景堂（2001.1—2003.7）
　　　　　常俊哲（2003.10—2007.5）
副主任科员
　　　　　康　谦（女，2012.5—2012.12）

综合科

一级主任科员
　　　　　康　谦（女，2020.3— ）
科　　长　张庆华（2015.3—2016.2）
　　　　　康　谦（女，2017.12— ）

备案审查科

科　　长　康　谦（女，2015.7—2017.12）
主任科员　康　谦（女，2012.12—2015.7）

第二节　工作职责

（2008 年 9 月 16 日菏泽市第十七届人大常委会第 20 次主任会议通过）

1．负责与“一府两院”对口部门的工作联系。

2．负责检查有关内务司法方面的法律、法规的贯彻实施情况，并向常委会报告。

3．负责对与本工作委员会有关的问题进行调查研究，并提出建议和意见报告，为常委会决策提供依据。

4．协助市人大常委会审议有关内务司法方面的决议、决定草案，负责对常委会有关决议、决定落实情况的督促、检查。

5．参与全市普法教育和依法治理的组织领导工作，做好宪法和法律法规的宣传教育工作。

6．负责了解市中级人民法院、市人民检察院由市人大常委会任命的审判人员、检察人员依法履行职责的情况，参与对其任命前的法律考试工作。

7．负责受理人民群众的申诉、检举和控告及有关内务司法方面的来信来访工作。

8．负责规范性文件的备案审查工作。

9．按照上级人大及其常委会对本工作委员会有关的法律法规草案征求意见的要求，认真组织好修改和征求意见的工作。

10．负责起草本工作委员会业务范围内的工作计划、总结、报告以及领导讲话等。

11．督促内务司法部门对代表建议、批评、意见的办理和反馈。

12．承办全国和省人大内司委交办的工作任务，并负责指导县区人大常委会内务司法部门工作的开展。

13．做好市人大常委会领导交办的其他工作。

第十二章　教育科学文化卫生人口工作委员会

第一节　组织和人事沿革

2001 年 1 月，菏泽市第十五届人民代表大会第一次会议决定，设立市人大常委会教育科学文化卫生人口工作委员会，工作委员会下设工作室，正县级规格。2012 年 11 月下设综合科。

主　　任　李胜华（兼，2001.1—2003.3）
朱献瑞（兼，2003.3—2006.2）
邵好学（兼，2006.2—2012.3）
丁志刚（兼，2012.3—）

副 主 任　吕恒芝（女，2001.1—2006.2）
唐留书（2003.3—2006.2）
张晓云（女，2005.3—2008.3）
刘付德（2008.3—2012.3）
赵和平（2008.3—2012.3）
贾庆军（2008.3—2012.3）
冯建云（2009.6—2011.3）
李怀堂（2012.3—2016.1）
刘　彬（2012.3—2016.1）
许宜福（2017.1—）

工作室

主　　任　刘宝玉（2003.10—2006.10）
郭景堂（2007.5—2009.3）
彭德启（2009.3—2011.2）
周美兰（女，2012.7—）

副 主 任　朱喜迁（2001.3—2003.7）
王传敏（2006.10—2012.7）
李　玮（女，2020.4—）

调 研 员　刘玉平（女，2001.1—2002.9）
　　　　　刘宝玉（2006.10—2010.1）
副调研员　王传敏（2006.5—2006.10；2012.7—2018.1）
　　　　　瞿振兴（2006.10—2014.5）
四级调研员
　　　　　王丽荣（女，2020.7— ）
主任科员　刘振校（2001.1—2006.9）
　　　　　瞿振兴（2002.7—2006.10）
科　　员　王丽荣（女，2011.12—2012.12）

综合科

一级主任科员
　　　　　王丽荣（女，2020.3—2020.7）
科　　长　王丽荣（女，2015.7—2020.9）
副 科 长　王丽荣（女，2012.12—2015.7）
　　　　　朱敏静（女，2020.9— ）

第二节　工作职责

（2008 年 9 月 16 日菏泽市第十七届人大常委会第 20 次主任会议通过）

1．负责与所联系部门及县区人大教科文卫部门和兄弟市人大教科文卫委的工作联系。

2．协助常委会组织开展有关法律、法规和上级人大及其常委会决议、决定的贯彻执行情况的视察、执法检查、督促检查及听取工作汇报、执法调研等工作，并向常委会报告。

3．根据常委会和本委的计划安排，开展调查研究，并写出调查报告，为常委会决策提供依据。

4．认真为代表履行职责服务；检查督促所联系部门对有关议案和代表建议、批评、意见的办理、落实和反馈。

5．承担省人大教科文卫委员会交办的有关立法调研和法律、法规草案征求意见及其他工作任务。

6．负责起草本委业务范围内的工作计划、总结、报告、调查报告和领导讲话等。

7．接待办理有关教科文卫方面的来信、来访。

8．做好市人大常委会领导交办的其他工作。

第十三章　城乡建设环境保护工作委员会

第一节　组织和人事沿革

2001 年 1 月，菏泽市第十五届人民代表大会第一次会议决定，设立市人大常委会城乡建设环境保护工作委员会，工作委员会下设工作室，工作室为正县级规格。2012 年 11 月下设综合科。

主　　任　周书运（兼，2001.1—2003.3）
　　　　　文廷良（兼，2003.3—2006.2）
　　　　　刘金俊（兼，2006.2—2011.3）
　　　　　丁志刚（兼，2011.3— ）
副 主 任　刘宝祥（2001.1—2006.2）
　　　　　陈好孔（2003.3—2006.2）
　　　　　曹绪宝（2006.2—2008.3）
　　　　　徐光璞（女，2006.4—2008.3）
　　　　　党文生（2007.3—2011.3）
　　　　　宋占良（2008.3—2012.3）
　　　　　王泽启（2008.3—2012.3）

秦玉亭（2011.3—2015.10）
王利言（2012.3—2016.1）
吴东华（女，2012.3—2018.3）
邓　露（女，2019.1—2019.4）

工作室

主　　任　吴东华（女，2004.8—2012.3；兼，2012.3—2016.1）
祝金忠（2016.1— ）

调 研 员　李志华（2001.1—2003.9）

副 主 任　吴东华（女，2001.3—2004.8）
祝金忠（2006.10—2016.1）
徐衍森（2016.11— ）

主任科员　吴爱国（2001.1—2002.1）
祝金忠（2001.5—2006.10）

副主任科员
祝金忠（2001.1—2001.5）

科　　员　吕俊波（2011.12—2014.12）

综合科

科　　长　孙美华（女，2019.5— ）

副 科 长　吕俊波（2014.12—2016.12）
孙美华（女，2017.7—2019.5）

试用期人员（副科级）
孙美华（女，2016.12—2017.7）

副主任科员
邓　露（女，2019.4—2019.5）
李龙超（2019.5—2019.6）

四级主任科员
李龙超（2019.6—2020.7）

工作人员（正营级转业干部）
李龙超（2018.10—2019.5）

第二节　工作职责

（2008年9月16日菏泽市第十七届人大常委会第20次主任会议通过）

1. 负责与市政府对口部门和县区人大对口科室的工作联系。

2. 负责调查了解有关城乡建设环境资源方面的法律、法规实施情况，并向常委会报告。

3. 负责对与本委有关的问题进行调查研究，并提出有关建议和意见报告，为常委会决策提供依据。

4. 协助市人大常委会审议有关城乡建设环境资源方面的决议、决定草案，负责对常委会有关决议、决定落实情况的督促检查。

5. 负责起草本委的工作计划、总结、报告及有关领导讲话等。

6. 接待处理有关城乡建设环境资源等方面的来信来访。检查督促城乡建设环境资源等部门对代表建议、批评、意见的办理和反馈。

7. 办理全国和省人大城环委交办的有关法律、法规草案征求意见工作及省人大城环委交办的其他工作任务。

8. 做好市人大常委会领导交办的其他工作。

第十四章　农业与农村工作委员会

第一节　组织和人事沿革

2001年1月，菏泽市第十五届人民代表大会第一次会议决定，设立市人大常委会农业与农村工作委员会，工作委员会下设工作室，正县级规格。2012年11月下设综合科。

主　　任　文廷良（兼，2001.1—2003.3）
　　　　　常洪珍（兼，2003.3—2006.2）
　　　　　张秀长（兼，2006.2—2008.3）
　　　　　马春田（兼，2008.3—2012.3）
　　　　　孙忠生（兼，2012.3—2020.3）
　　　　　魏　琳（兼，2020.3— ）
副 主 任　丁继民（2001.1—2003.3）
　　　　　马欲圣（2001.11　2006.2）
　　　　　周连瑞（2003.3—2006.2）
　　　　　任茂廉（2006.2—2008.3）
　　　　　张保德（2008.3—2012.3）
　　　　　赵锋利（2008.3—2012.3）
　　　　　刘中琴（女，2010.1—2012.3）
　　　　　潘信文（2012.3—2015.10）
　　　　　梁振坤（2013.10—2020.10）

工作室

主　　任　田文建（2009.3—2012.3；
　　　　　　　　兼，2012.3—2015.11）
　　　　　南　雁（女，2015.11— ）
副 主 任　王清华（2004.8—2010.1）
　　　　　许宜福（2011.2—2017.1）
　　　　　孙　飞（2017.11— ）
调 研 员　黄先立（2001.1—2004.3）
　　　　　丁继民（2003.3—2005.8）
副调研员　姜来魁（2007.5—2011.2）
主任科员　姜来魁（2001.5—2007.5）
副主任科员
　　　　　姜来魁（2001.1—2001.5）

综合科

科　　长　马法磊（2015.7—2017.12）
副 科 长　马法磊（2012.12—2015.7）
　　　　　安　睿（女，2020.11— ）
副主任科员
　　　　　安　睿（女，2019.5—2019.6）
四级主任科员
　　　　　安　睿（女，2019.6—2020.11）
科　　员　马法磊（2011.12—2012.12）
　　　　　安　睿（女，2017.9—2019.5）
试用期人员
　　　　　安　睿（女，2016.9—2017.9）

第二节　工作职责

（2008 年 9 月 16 日菏泽市第十七届人大常委会第 20 次主任会议通过）

1. 负责本委工作计划、工作制度的制定，起草本委的工作总结、报告及有关领导讲话等。

2. 根据常委会计划和主任会议安排，针对有关涉农法律法规的贯彻实施情况，组织开展宣传、调查、视察、检查活动，并向常委会报告。

3. 负责对与本委有关的法律、法规的贯彻落实情况及有关问题进行调查研究，并写出调查报告，为常委会决策提供依据。

4. 协助市人大常委会审议有关方面的决议、决定草案、负责对常委会有关决议、决定落实情况的督促检查。

5. 走访联系人大代表，检查督促对口部门对有关代表议案、建议、批评、意见的办理和反馈，接待群众来信来访。

6. 负责与政府对口部门、兄弟市和上、下级人大农业与农村部门的工作联系。

7. 办理全国和省人大农委交办的有关法律、法规草案征求意见工作及省人大农委交办的其他工作。

8. 做好市人大常委会领导交办的其他工作。

第十五章　民族侨务外事工作委员会

第一节　组织和人事沿革

2001 年 1 月，菏泽市第十五届人民代表大会第一次会议决定，设立市人大常委会民族侨务外事工作委员会，工作委员会下设工作室，正县级规格。2012 年 11 月下设综合科。

主　　任　常洪珍（兼，2001.1—2003.3）
潘建荣（兼，2003.3—2006.2）
李玉华（兼，2006.2—2007.3）
彭靖华（兼，2007.3—2008.3）
汤建梅（女，回族，兼，2008.3— ）

副 主 任　崔冠民（2001.1—2006.2）
樊庆堂（2006.2—2008.3）
曹修寅（2008.3—2012.3）
朱洪亮（2008.3—2011.3）
梁志成（2011.3—2015.1）
王敏英（2011.3—2015.1）
李兆成（2012.3—2016.1）
吴凤荣（女，2016.1— ）

工作室

主　　任　王敏英（2007.5—2011.2）
刘景西（2011.2— ）

副 主 任　田素兰（女，2001.5—2003.10）
刘景西（2004.8—2011.2）
南　雁（女，2012.7—2015.11）
吴晓凤（女，2016.5— ）

调 研 员　崔冠民（2006.2—2007.6）

助理调研员
田素兰（女，2003.10—2006.1）

副调研员　田素兰（女，2006.1—2009.8）
吴晓凤（女，2010.2—2016.5）

科　　长　吴晓凤（女，2009.3—2010.2）

主任科员　许宜福（2001.5—2003.7）
吴晓凤（女，2003.10—2009.3）

副主任科员
许宜福（2001.1—2001.5）

科　　员　张　朋（2011.12—2012.12）

综合科

科　　长　张　朋（2015.7—2016.11）

副 科 长　朱敏静（女，2019.5—2020.9）

副主任科员
张　朋（2012.12—2015.7）

四级主任科员
戚　迪（女，2020.3— ）

一级科员　戚　迪（女，2019.6—2020.3）

科　　员　戚　迪（女，2017.9—2019.6）

试用期人员
戚　迪（女，2016.9—2017.9）

第二节　工作职责

（2008 年 9 月 16 日菏泽市第十七届人大常委会第 20 次主任会议通过）

1. 做好全市民侨外方面工作情况的了解掌握，具体负责与市政府对口部门的工作联系。

2. 协助市人大常委会组织本市全国、省人大代表和市人大代表视察有关民侨外方面的法律、法规和上级及本级人大及其常委会决议、决定的贯彻执行情况；负责市人大常委会会议应由本委承担的工作。

3. 参加或组织民侨外方面法律、法规实施情况的检查，听取市政府民侨外部门执法和工作情况的汇报；并对民侨外方面重大问题进行调查研究，提出意见和建议。

4．负责起草本工作委员会业务范围的工作计划、总结、报告和领导讲话等。

5．负责督促检查民侨外部门对市人大常委会交付的有关代表议案、建议、批评和意见的办理、落实；负责对市政府缔结友好城市议案的初审工作。

6．承办省人大民侨外委员会下达的工作任务，做好与县区人大常委会关于民侨外工作方面的联系，并做好与省内外兄弟市人大民侨外委的联系。

7．征求全国、省、市人大代表和有关部门对上级人大及其常委会有关民侨外方面的法律、法规草案的修改意见，并按要求上报。

8．接待处理有关民侨外方面的来信来访。

9．做好市人大常委会领导交办的其他工作。

第十六章　社会建设委员会工作室

第一节　组织和人事沿革

2019年1月19日，菏泽市第十九届人民代表大会第四次会议通过决定，增设市十九届人大社会建设委员会。2019年6月经菏泽市机构编制委员会批复，设立市人大社会建设委员会工作室，正县级规格。

主　　任　高洪斐（2020.8—）

副 主 任　黄昌胜（2020.9—）

第二节　工作职责

（2020年11月17日菏泽市第十九届人大常委会第40次主任会议通过）

1．对市人民代表大会及其常委会关于社会建设方面的决议、决定的贯彻执行情况进行调查研究，提出报告。

2．对提交市人大常委会和社会建设委员会审议的有关社会建设方面的议案进行研究和论证，并提出报告供审议参考。

3．对人大代表和人民群众反映的有关社会建设方面的重要问题提请社会建设委员会批准进行专题调查并提出报告。

4．坚持深入实际，搞好人大社会建设工作调查研究和理论研讨，调查了解社会建设工作出现的新情况、新问题，总结工作经验，不断提高工作水平。

5．做好市人大常委会和社会建设委员会对社会建设工作进行执法检查、视察、专题询问、专题调研前期筹备和服务工作。

6．加强同社会建设部门的联系，参加有关会议和重要活动。加强同各县区人大社会建设工作机构的联系，互通情况、交流信息。主动向省人大社会建设委员会汇报、请示，争取工作指导。

7．做好省人大社会建设委员会到菏泽开展的执法检查、视察、专题调研等后勤服务保障等事宜。

8．筹备组织社会建设委员会的会议，承办市人大常委会和社会建设委员会交办的其他事项。

9．做好市人大常委会和社会建设委员会交办的其他工作事项。

第六编

菏泽市人民代表大会代表

1984—2020

菏泽人大志

HEZE RENDA ZHI

国家和地方各级人民代表大会代表是本级国家权力机关组成人员，代表人民的利益和意志，依照宪法和法律赋予本级人民代表大会的各项职权，参加行使国家权力。人大代表受原选区选民或者原选举单位的监督。

根据《中华人民共和国全国人民代表大会和地方各级人民代表大会选举法》的有关规定，全国人民代表大会的代表，省、自治区、直辖市、设区的市、自治州的人大代表，由下一级人民代表大会选举。不设区的市、市辖区、县、自治县、乡、民族乡、镇的人民代表大会的代表，由选民直接选举。中华人民共和国年满十八周岁的公民，不分民族、种族、性别、职业、家庭出身、宗教信仰、教育程度、财产状况和居住期限，都有选举权和被选举权。依照法律被剥夺政治权利的人没有选举权和被选举权。人民解放军单独进行选举。菏泽作为设区的市，市人大代表实行间接选举，由县（区）人民代表大会选举产生。自2001年设区的菏泽市成立以来，共选举产生5届市人大代表。

第一章　历届市人民代表大会代表的选举

第一节　选举机构

市第十五届人大代表换届选举工作领导小组

组　长

李延良　地委副书记

副组长

王祖和　地委委员、组织部部长

李胜华　地区人大工委副主任

成　员

张存金　地委组织部副部长

梁抗美　地区纪委副书记兼监察局局长

郭国怀　地区人大工委人事代表工作室主任

领导小组下设办公室，办公室设在地委组织部，张存金兼任办公室主任。

市第十六届人大代表换届选举工作委员会

主　任

阎世海　市人大常委会副主任、党组副书记

副主任

郭仲生　市人大常委会副主任

委　员（按姓名笔画排序）

王永成　市人大常委会研究室主任

朱洪亮　市人事局副局长

李顺广　市人大常委会秘书长

吴修印　市政府副秘书长

宋　波　市人大常委会人事代表工作室主任

张存金　市委组织部常务副部长

张伯元　市人大常委会副秘书长、办公室主任

岳喜存　市委统战部副部长

鹿令聘　市财政局副局长

选举工作委员会下设办公室，宋波兼任办公室主任。

市第十七届人大代表换届选举工作委员会

主　任

马春田　市人大常委会副主任、秘书长

副主任

程民光　市委组织部常务副部长

委　员（按姓名笔画排序）

于松巍　市委组织部副部长、市人事局局长

刘建威　市委宣传部常务副部长

宋　波　市人大常委会副秘书长、办公室主任

陈化明　市人大常委会人事代表工作室主任

林建安　市委统战部常务副部长

高艳民（女）市委组织部副部长、组织员办公室主任，市国资委党委副书记

曹升灵　市政府副秘书长、办公室主任

鹿令聘　市财政局副局长

选举工作委员会下设办公室，陈化明兼任办公室主任。

市第十八届人大代表换届选举工作联席会议

召集人

赵　普　市人大常委会秘书长

成　员

郭景堂　市人大常委会副秘书长、办公室主任

许素洋　市人大常委会副秘书长、研究室主任
陈化明　市人大常委会人代工委副主任兼工作室主任
张柱军　市人大常委会内司工委工作室副主任
王有杰　市委组织部副部长
祖士常　市委宣传部副部长
乔忠义　市委统战部副部长
姚现民　市纪委干部室主任
陈自飞　市委政法委副书记、综治办主任
祝兰华　市公安局副局长
张玉星　市国家安全局副局长
赵　斌　市民政局副局长、冀鲁豫纪念馆馆长
鹿令聘　市财政局副局长

联席会议下设办公室，办公室成员如下：

联席会议办公室主任

郭景堂　市人大常委会副秘书长、办公室主任

联席会议办公室常务副主任

陈化明　市人大常委会人代工委副主任兼工作室主任

联席会议办公室副主任

许素洋　市人大常委会副秘书长、研究室主任
姜东生　市人大常委会办公室副主任
周美兰(女)市人大常委会人代工委工作室副主任
张柱军　市人大常委会内司工委工作室副主任
刘清晖　市人大常委会人代工委工作室副调研员

市第十九届人大代表换届选举工作委员会

主　任

丁志刚　市人大常委会副主任，市总工会主席

副主任

赵豪情　市委组织部常务副部长

委　员（按姓名笔画排序）

马喜荣(女)市委宣传部常务副部长
王乃光　市委统战部常务副部长
王有杰　市人社局局长
朱启建　市财政局副局长
许素洋　市人大常委会副秘书长、办公室主任
孙　慧　市委组织员办公室主任
陈化明　市人大常委会人代工委副主任兼工作室主任
陈允全　市人大常委会副秘书长
孟凡荣　市政府副秘书长、办公室主任

选举工作委员会下设办公室，陈化明兼任办公室主任。

第二节　选举情况

市第十五届人民代表大会代表选举情况

省九届人大常委会第十七次会议确定，菏泽市第十五届人民代表大会代表名额为 576 名。按照中共菏泽地区人大工委党组、中共菏泽地委组织部《关于菏泽市第十五届人民代表大会代表选举问题的通知》的有关规定，在代表总名额中，预留 14 名机动名额，将 562 名代表名额分配到各县区和菏泽军分区，分别按照《中华人民共和国全国人民代表大会和地方各级人民代表大会选举法》《中国人民解放军选举全国人民代表大会和县级以上地方各级人民代表大会代表的办法》选举产生。

各县区和菏泽军分区等选举单位按照有关法律规定，于2000年12月25日前，依法选举产生菏泽市第十五届人民代表大会代表562名。

市第十六届人民代表大会代表选举情况

省九届人大常委会第三十一次会议确定，菏泽市第十六届人民代表大会代表名额为576名。根据市选举工作委员会研究的意见和《关于菏泽市第十六届人民代表大会代表选举问题的通知》的有关规定，在代表总名额中，预留8名机动名额，将568名代表名额分配到各县区和菏泽军分区，分别按照《中华人民共和国全国人民代表大会和地方各级人民代表大会选举法》《中国人民解放军选举全国人民代表大会和县级以上地方各级人民代表大会代表的办法》选举产生。

各县区和菏泽军分区等选举单位按照有关法律规定，于2003年1月25日前，依法选举产生菏泽市第十六届人民代表大会代表568名。

市第十七届人民代表大会代表选举情况

省十届人大常委会第二十九次会议确定，菏泽市第十七届人民代表大会代表名额为576名。根据市选举工作委员会研究的意见和《关于菏泽市第十七届人民代表大会代表选举问题的通知》的有关规定，在代表总名额中，预留1名机动名额，将575名代表名额分配到各县区和菏泽军分区，分别按照《中华人民共和国全国人民代表大会和地方各级人民代表大会选举法》《中国人民解放军选举全国人民代表大会和县级以上地方各级人民代表大会代表的办法》选举产生。

各县区和菏泽军分区等选举单位按照有关法律规定，于2008年1月8日前，依法选举产生菏泽市第十七届人民代表大会代表575名。

市第十八届人民代表大会代表选举情况

省十一届人大常委会第二十六次会议确定，菏泽市第十八届人民代表大会代表名额为624名。根据市选举工作联席会议研究的意见和《关于菏泽市第十八届人民代表大会代表选举问题的通知》的有关规定，在代表总名额中，预留13名机动名额，将611名代表名额分配到各县区和菏泽军分区，分别按照《中华人民共和国全国人民代表大会和地方各级人民代表大会选举法》《中国人民解放军选举全国人民代表大会和县级以上地方各级人民代表大会代表的办法》选举产生。

各县区和菏泽军分区等选举单位按照有关法律规定，于2012年1月20日前，依法选举产生菏泽市第十八届人民代表大会代表611名。

市第十九届人民代表大会代表选举情况

省十二届人大常委会第二十三次会议确定，菏泽市第十九届人民代表大会代表名额为624名。根据市选举工作委员会研究的意见和《关于菏泽市第十九届人民代表大会代表选举问题工作的安排意见》的有关规定，在代表总名额中，预留3名机动名额，将621名代表名额分配到各县区和菏泽军分区，分别按照《中华人民共和国全国人民代表大会和地方各级人民代表大会选举法》《中国人民解放军选举全国人民代表大会和县级以上地方各级人民代表大会代表的办法》选举产生。

各县区和菏泽军分区等选举单位按照有关法律规定，于2017年1月31日前，依法选举产生菏泽市第十九届人民代表大会代表621名。

第三节　资格审查机构

市第十五届人大常委会代表资格审查委员会

主任委员　李胜华

副主任委员

张存金

董茂伦
宋　波
委　　员（按姓名笔画排序）
王铁祥
王银香（女）
田永亮
吕恒芝((女)
刘金俊
刘维亭
何常丽（女）
张庆海
晁岳坤
徐光璞（女）
曹修寅

市第十六届人大常委会代表资格审查委员会

主任委员　郭仲生（—2006.1）
朱献瑞（2006.1—2006.7）
常洪珍（2006.7—）
副主任委员
程民光
宋　波
委　　员（按姓名笔画排序）
于海寅（2006.7—）
王永成
王银香（女）
吕恒芝（女，—2006.7）
刘金俊（—2006.7）
李　民（—2006.7）
何常丽（女）
张玉昌
尚瑞芬（女，2006.7—）
晁岳坤（—2006.7）
徐光璞（女）
唐留书（—2006.7）
曹修寅（2006.7—）

市第十七届人大常委会代表资格审查委员会

主任委员　马春田
副主任委员
程民光
陈化明
委　　员（按姓名笔画排序）
于海寅
王银香（女）
刘巧云（女）
何常丽（女）
张友海
尚瑞芬（女）
侯永信
曹修寅

市第十八届人大常委会代表资格审查委员会

主任委员　赵传山（—2016.10）
丁志刚（2016.10—）
副主任委员
高艳民（女，—2016.10）
赵豪情（2016.10—）
陈化明
委　　员（按姓名笔画排序）
于海寅
王乃光（2016.10—）
王银香（女）
乔忠义（—2016.10）
刘巧云（女，—2016.10）
刘　彬（—2016.10）
杨东波（2016.10—）
李龙蛟（—2016.10）
李茂楠（2016.10—）

张洪兴（2016.10— ）
陈自飞（2016.10— ）
侯宪会
潘信文（ —2016.10）

市第十九届人大常委会代表资格审查委员会

主任委员 丁志刚
副主任委员
陈允全
陈化明
委　　员（按姓名笔画排序）
于海寅
王乃光
杨东波（ —2018.3）
李建林
李冠斌
侯宪会
高　强（女）
谢圣稳（ —2017.12）

第二章　历届市人大代表的构成名录及变动

第一节　代表名额及分配

市第十五届人民代表大会代表名额及分配

省九届人大常委会第十七次会议通过的《关于设区的滨州市、菏泽市人民代表大会有关问题的决定》，确定菏泽市第十五届人民代表大会代表名额为576名。按农村人口与城镇人口1∶4的比例进行分配，具体为：牡丹区78名，曹县75名，定陶县36名，成武县36名，单县61名，巨野县47名，郓城县54名，鄄城县41名，东明县40名，市直单位94名（含军分区和武警部队3名），机动名额14名。2000年12月，选举产生市十五届人大代表562名。

市第十六届人民代表大会代表名额及分配

省九届人大常委会第三十一次会议通过的《关于山东省设区的市、县（市、区）人民代表大会换届时间和新一届代表及常务委员会组成人员名额的决定》，确定菏泽市第十六届人民代表大会代表名额为576名。按农村人口与城镇人口1∶4的比例进行分配，具体为：牡丹区78名，曹县75名，定陶县36名，成武县37名，单县61名，巨野县47名，郓城县55名，鄄城县41名，东明县40名，市直单位98名（含军分区和武警部队3名），机动名额8名。2003年1月，选举产生市十六届人大代表568名。

市第十七届人民代表大会代表名额及分配

省十届人大常委会第二十九次会议通过的《关于山东省设区的市、县（市、区）人民代表大会换届时间和新一届代表及常委会组成人员名额的决定》，确定菏泽市第十七届人民代表大会代表名额为576名。按农村人口与城镇人口1∶4的比例进行分配，具体为：牡丹区79名，曹县75名，定陶县36名，成武县37名，单县61名，巨野县47名，郓城县55名，鄄城县41名，东明县40名，市直单位104名（含军分区和武警部队3名），机动名额1名。2008年1月，选举产生市十七届人大代表575名。

市第十八届人民代表大会代表名额及分配

省十一届人大常委会第二十六次会议通过的

《关于山东省设区的市新一届人民代表大会代表及常务委员会组成人员名额的决定》，确定菏泽市第十八届人民代表大会代表名额为624名。按农村人口与城镇人口1∶1的比例进行分配，具体为：牡丹区66名，曹县77名，定陶县37名，成武县38名，单县62名，巨野县50名，郓城县60名，鄄城县44名，东明县43名，开发区16名，市直单位118名（含驻菏部队4名），机动名额13名。2012年1月，选举产生市十八届人大代表611名。

市第十九届人民代表大会代表名额及分配

省十二届人大常委会第二十三次会议通过的《关于设区的市新一届人民代表大会代表和常务委员会组成人员名额的决定》，确定菏泽市第十九届人民代表大会代表名额为624名。按农村人口与城镇人口1∶1的比例进行分配，具体为：牡丹区61名，曹县77名，定陶县38名，成武县38名，单县62名，巨野县50名，郓城县62名，鄄城县44名，东明县43名，开发区17名，市高新区14名，市直单位115名（含驻菏部队2名），机动名额3名。2017年1月，选举产生市十九届人大代表621名。

第二节　代表的构成

市第十五届人民代表大会代表构成情况

2000年12月，各选举单位选举产生菏泽市第十五届人民代表大会代表562名。其中：工人120名，占21.4%；农民118名，占21%；干部170名，占30.2%；知识分子122名，占21.7%；民主党派及无党派人士26名，占4.6%；侨眷3名，占0.5%；解放军和武警3名，占0.5%。中共党员411名，占73.1%；少数民族17名，占3%；妇女135名，占24%。35岁以下的110名，占19.6%；36岁至55岁的427名，占76%；56岁至65岁的23名，占4%；66岁以上的2名，占0.4%。文化程度大专以上408名，占72.6%；高中和中专122名，占21.7%；初中31名，占5.5%；小学1名，占0.2%。

市第十六届人民代表大会代表构成情况

2003年1月，各选举单位选举产生菏泽市第十六届人民代表大会代表568名。其中：工农和其他劳动者242名，占42.6%；干部181名，占31.9%；知识分子112名，占19.7%；民主党派及无党派人士28名，占4.9%；侨眷2名，占0.4%；解放军和武警3名，占0.5%。中共党员435名，占76.5%；大专以上文化程度的200名，占35.2%。代表的平均年龄为44岁，其中35岁以下的80名，占14.1%；36岁至55岁的437名，占76.9%；56岁以上的51名，占9%。

市第十七届人民代表大会代表构成情况

2008年1月，各选举单位选举产生菏泽市第十七届人民代表大会代表575名。其中：工人、农民及其他劳动者208名，占36.2%；干部240名，占41.7%；知识分子96名，占16.7%；民主党派及无党派人士27名，占4.7%；解放军和武警3名，占0.5%；侨眷1名，占0.2%。中共党员460名，占80%；少数民族18名，占3.1%；妇女77名，占13.4%。35岁以下的43名，占7.5%；36岁至55岁的506名，占88%；56岁以上的26名，占4.5%。大学以上342名，占59.5%；大专及高职157名，占27.3%；高中和中专70名，占12.2%；初中6名，占1%。上届连任代表232名，占40.3%。

市第十八届人民代表大会代表构成情况

2012年1月，各选举单位选举产生菏泽市第十八届人民代表大会代表611名。其中：工人、农民及其他劳动者253名，占41.4%；干部202

名，占 33.1%；知识分子 129 名，占 21.1%；民主党派及无党派人士 24 名，占 3.9%；解放军和武警 2 名，占 0.3%；侨眷 1 名，占 0.2%。中共党员 503 名，占 82.3%；少数民族 14 名，占 2.3%；妇女 61 名，占 10%。35 岁以下的 15 名，占 2.45%；36 岁至 55 岁的 535 名，占 87.56%；56 岁以上的 61 名，占 9.98%。大学以上 444 名，占 72.67%；大专及高职 105 名，占 17.18%；高中和中专 61 名，占 9.98%;初中 1 名，占 0.16%。上届连任代表 276 名，占 45.2%。

市第十九届人民代表大会代表构成情况

2017 年 1 月，各选举单位选举产生菏泽市第十九届人民代表大会代表 621 名。其中：工人、农民及其他劳动者 268 名，占 43.2%；干部 197 名，占 31.7%；专业技术人员 113 名，占 18.2%；民主党派及无党派人士 32 名，占 5.2%；解放军和武警 4 名，占 0.6%；其他方面 7 名，占 1.1%。中共党员 430 名，占 69.2%；少数民族 19 名，占 3.1%；妇女 139 名，占 22.4%。35 岁以下的 70 名，占 11.3%;36 岁至 55 岁的 490 名，占 78.9%；56 岁以上的 61 名，占 9.8%。研究生及以上 87 名，占 14%；大学 324 名，占 52.2%；大专及高职 120 名，占 19.3%；中专、职高及高中 82 名，占 13.2%；初中及以下 8 名，占 1.3%。上届连任代表 190 名，占 30.6%。

第三节　代表名录及变动

市第十五届人民代表大会代表

2000 年 12 月，各选举单位选举产生菏泽市第十五届人民代表大会代表 562 名。其中：牡丹区代表团 96 名，曹县代表团 88 名，定陶县代表团 44 名，成武县代表团 44 名，单县代表团 72 名，巨野县代表团 56 名，郓城县代表团 65 名，鄄城县代表团 49 名，东明县代表团 48 名;中共党员 411 名，占 73.1%，少数民族 17 名，占 3%；妇女 135 名，占 24%；文化程度大专以上 408 名，占 72.6%，高中和中专 122 名，占 21.7%，初中 31 名，占 5.5%，小学 1 名，占 0.2%。届中，共终止菏泽市第十五届人民代表大会代表资格 10 名，增补菏泽市第十五届人民代表大会代表 6 名。

一、届初当选代表名录

牡丹区代表团一览表

表 1

姓名	现任（或原任）职务	性别	出生年月	民族	籍贯	学历	党派	界别	备注
丁传英	牡丹区华英食品有限公司经理	男	1965.8	汉族	牡丹区东城	大专	无党派	工人	
胡化民	牡丹区人大常委会副主任兼裕鲁集团总裁	男	1944.6	汉族	河南范县	大学	中共党员	工人	
李林海	牡丹区洲达集团董事长	男	1966.6	汉族	牡丹区庞王乡	大学	中共党员	工人	
冯天杰	牡丹区广源铜带有限责任公司董事长、总经理	男	1948.7	汉族	牡丹区吴店镇	中专	中共党员	工人	
彭继先	山东大学菏泽化学试验厂厂长	男	1962.7	汉族	牡丹区南城	研究生	中共党员	工人	
侯晓峰	牡丹区热电厂厂长	男	1963.1	汉族	郓城城关	研究生	中共党员	工人	

续表 1

姓名	现任（或原任）职务	性别	出生年月	民族	籍贯	学历	党派	界别	备注
谢清河	牡丹区第二百货大楼董事长	男	1962.1	汉族	聊城东昌府区	大学	中共党员	工人	
马建敏	牡丹区煤气公司经理	男	1966.12	汉族	牡丹区马村乡	大学	中共党员	工人	
庞承全	牡丹区振兴经贸集团董事长	男	1951.9	汉族	牡丹区东城	大专	中共党员	工人	
李贵章	青啤菏泽有限公司经理	男	1953.12	汉族	山东莱西	大学	中共党员	工人	
杨德启	牡丹区国花酒厂党委书记、厂长	男	1958.12	汉族	单县孙溜镇	大学	中共党员	工人	
范鲁华	牡丹区鲁腾服装公司经理	男	1962.11	汉族	牡丹区北城	高中	无党派	工人	
邓　涛	牡丹区青龙地毯有限公司董事长兼总经理	男	1954.6	汉族	牡丹区辛集镇	高中	中共党员	工人	
姚　凯	牡丹区龙燕集团有限公司党委书记、总经理	男	1959.4	汉族	安徽寿县	大学	中共党员	工人	
康思安	牡丹区东城康庄市场管理办公室主任	男	1945.1	汉族	牡丹区东城	高中	中共党员	工人	
孟令启	牡丹区德乾食品有限公司董事长	男	1956.4	汉族	牡丹区东城	中专	无党派	工人	
杜荷法	天香集团总经理、党委书记	男	1945.4	汉族	河南清丰	大专	中共党员	工人	
洪艳丽	牡丹区南华购物广场儿童用品部经理	女	1970.2	汉族	牡丹区丹阳	高中	无党派	工人	
王玉珍	牡丹区卫生局医政股副股长	女	1966.1	汉族	山东荣成	大学	无党派	工人	2002 年 1 月代表资格终止
侯良义	牡丹区科达化工厂厂长	男	1965.7	汉族	牡丹区解元集	研究生	无党派	工人	
赵奎明	牡丹区残联理事长	男	1960.1	汉族	成武南鲁	大专	无党派	工人	
刘根柱	牡丹区水利局施工队副队长	男	1962.9	汉族	牡丹区牡丹办事处	大学	无党派	工人	
张文建	牡丹区畜牧兽医站站长	男	1959.8	汉族	牡丹区西城	大学	中共党员	工人	
孙洪成	牡丹区白虎乡袁堌堆村党支部书记	男	1949.11	汉族	牡丹区白虎乡	高中	中共党员	农民	
杨宪印	牡丹区岳程办事处王集村党支部书记	男	1954.12	汉族	牡丹区岳程	初中	中共党员	农民	
郜宪印	牡丹区皇镇乡皇镇村党支部书记	男	1955.5	汉族	牡丹区皇镇乡	大专	中共党员	农民	
吕连胜	牡丹区新兴乡吕庄村党支部书记	男	1943.3	汉族	牡丹区新兴乡	高中	中共党员	农民	
赵宪中	牡丹区李庄集乡安庄村党支部书记	男	1952.8	汉族	牡丹区李庄集乡	高中	中共党员	农民	
白素良	牡丹区胡集乡东马垓村党支部书记	男	1948.7	回族	牡丹区胡集乡	初中	中共党员	农民	

续表 1

姓名	现任（或原任）职务	性别	出生年月	民族	籍贯	学历	党派	界别	备注
杨雷云	牡丹区黄集镇冰山食品有限公司经理	男	1964.1	汉族	牡丹区黄集镇	高中	无党派	农民	
侯敬平	牡丹区马岭岗镇寺西侯村党支部书记	男	1959.1	汉族	牡丹区马岭岗	高中	中共党员	农民	
马西顺	牡丹区都司镇西马垓村委会主任	男	1945.5	回族	牡丹区都司镇	初中	无党派	农民	
刘庆忍	牡丹区东城办事处杨庄村党支部书记	男	1949.10	汉族	牡丹区东城	大专	中共党员	农民	
王春芝	牡丹区金堤镇刘城村妇女主任	女	1944.10	汉族	牡丹区金堤镇	初中	中共党员	农民	
王洪强	牡丹区王浩屯镇王浩屯村党支部书记	男	1970.6	汉族	牡丹区王浩屯	高中	中共党员	农民	
朱玉烨	牡丹区南城办事处南关村党支部书记	男	1953.6	汉族	牡丹区南城	大专	中共党员	农民	
李明先	菏泽地委书记兼地区人大工委主任	男	1945.1	汉族	山东蓬莱	大学	中共党员	干部	
贾学英	菏泽地委委员、菏泽市（县级）委书记	男	1953.9	汉族	鄄城县	大专	中共党员	干部	2002 年 1 月代表资格终止
李德章	菏泽地区行署副专员	男	1946.8	汉族	郓城县	大专	中共党员	干部	
郭仲生	菏泽地区人大工委副主任	男	1944.10	汉族	曹县	大学	中共党员	干部	
董茂伦	菏泽地区纪委副书记	男	1951.5	汉族	东平县	大专	中共党员	干部	
曹修寅	菏泽市直机关党委书记	男	1952.11	汉族	梁山县	研究生	中共党员	干部	
李福祥	菏泽地区公安局党委书记、局长	男	1952.2	汉族	聊城东昌府区	大学	中共党员	干部	
王永成	菏泽地区人大工委研究室主任	男	1949.3	汉族	牡丹区西城	大专	中共党员	干部	
李顺广	菏泽行署副秘书长、办公室主任	男	1946.2	汉族	牡丹区白虎乡	大学	中共党员	干部	
张秋冬	菏泽地区财政局局长	男	1948.10	汉族	河南南乐	大专	中共党员	干部	
张玉荣	菏泽开发区党委书记	女	1954.8	汉族	山东临朐	大专	中共党员	干部	2002 年 1 月代表资格终止
许　光	原菏泽地委顾问	男	1922.2	汉族	山东莘县	高中	中共党员	干部	
王　浩	牡丹区委书记	男	1963.10	汉族	单县	研究生	中共党员	干部	
赵锋利	牡丹区委副书记	男	1951.12	汉族	曹县	研究生	中共党员	干部	
尹玉明	牡丹区委副书记、区长	男	1962.1	汉族	东明小井	研究生	中共党员	干部	
尹正仁	牡丹区人大常委会主任	男	1946.12	汉族	东明王店	大学	中共党员	干部	

续表 1

姓名	现任（或原任）职务	性别	出生年月	民族	籍贯	学历	党派	界别	备注
赵方花	牡丹区妇联主任	女	1955.11	汉族	梁山县	大专	中共党员	干部	
陶学森	牡丹区检察院检察长	男	1949.12	汉族	单县城关镇	大专	中共党员	干部	
李　聘	牡丹区国税局局长	男	1956.7	汉族	定陶县	大学	中共党员	干部	
司继春	牡丹区劳动和社会保障局局长	男	1950.10	汉族	牡丹区高庄镇	大专	中共党员	干部	
张团昌	牡丹区委组织部副部长	男	1962.11	汉族	巨野县	大学	中共党员	干部	
姚文变	牡丹区人事局局长	男	1950.6	汉族	牡丹区王浩屯	大专	中共党员	干部	
刘建国	牡丹区东城办事处党委书记	男	1961.10	汉族	东明大屯	大学	中共党员	干部	
邓冠芝	牡丹区沙土镇党委书记	男	1956.12	汉族	牡丹区丹阳	大学	中共党员	干部	
刘学思	牡丹区吕陵镇人大主席	男	1953.1	汉族	东明王店	大专	中共党员	干部	
张爱华	牡丹区人大常委会财经工委主任	女	1954.6	汉族	东明王店	大专	中共党员	干部	
陈锡华	牡丹区公安局副局长	男	1954.6	汉族	四川自贡	研究生	中共党员	干部	
袁月亮	牡丹区丹阳派出所所长	男	1953.3	汉族	牡丹区马村	大专	中共党员	干部	
刘燕平	牡丹区丹阳法庭副庭长	女	1970.6	汉族	牡丹区小留镇	大学	中共党员	干部	
陈晓君	菏泽地区环境监测中心站长	女	1954.10	汉族	牡丹区	大专	无党派	知识分子	
梁衍春	牡丹区实验小学校长	男	1957.8	汉族	牡丹区胡集乡	大学	中共党员	知识分子	
姜秀生	牡丹区二十一中校长	男	1951.3	汉族	牡丹区辛集镇	大专	中共党员	知识分子	
张　一	牡丹区教委妇女主任	女	1963.12	汉族	郓城县	大学	中共党员	知识分子	
胡玉保	牡丹区教委主任	男	1952.8	汉族	牡丹区胡集乡	大学	中共党员	干部	
何常英	牡丹区小留医院副院长	女	1967.12	汉族	牡丹区王浩屯	大专	无党派	知识分子	
高金銮	牡丹区医院主治医师	女	1968.11	汉族	郓城县	大学	无党派	知识分子	
何西良	牡丹区大平调剧团团长	男	1963.11	汉族	牡丹区新兴乡	中专	中共党员	知识分子	
李殿彬	牡丹区贾坊乡党委书记	男	1967.11	汉族	牡丹区高庄镇	研究生	中共党员	知识分子	
王洪渊	牡丹区经委主任	男	1958.11	汉族	牡丹区侯集乡	大学	中共党员	知识分子	

续表 1

姓名	现任（或原任）职务	性别	出生年月	民族	籍贯	学历	党派	界别	备注
蔡文厚	牡丹区牡丹办事处党委书记	男	1963.11	汉族	牡丹区马岭岗	大学	中共党员	知识分子	
刘增运	牡丹区高庄镇党委书记	男	1957.2	汉族	牡丹区解元集	大专	中共党员	知识分子	
王义科	牡丹区庞王乡党委书记	男	1955.11	汉族	牡丹区李村镇	大学	中共党员	知识分子	
张文法	牡丹区西城办事处党委书记	男	1958.1	汉族	牡丹区李村镇	大专	中共党员	知识分子	2002 年 8 月代表资格终止
楚延君	牡丹区丹阳办事处党委书记	男	1958.8	汉族	牡丹区	大学	中共党员	知识分子	
邓　露	牡丹区北城办事处党委书记	女	1967.11	汉族	牡丹区黄罡镇	研究生	中共党员	知识分子	
刘守文	牡丹区南城办事处党委书记	男	1963.9	汉族	牡丹区岳程	研究生	中共党员	知识分子	
何晓文	牡丹区计生委主任	男	1957.8	汉族	牡丹区高庄镇	大学	中共党员	知识分子	
付克喜	牡丹区南城人大联络处主任	男	1952.11	汉族	牡丹区北城	大学	中共党员	知识分子	
吴秋华	牡丹区东城人大联络处主任	女	1956.10	汉族	鄄城县	大学	中共党员	知识分子	
张广德	牡丹区何楼乡党委书记	男	1956.10	回族	牡丹区解元集	大专	中共党员	知识分子	
晁中胜	菏泽市农业局农艺师	男	1941.2	汉族	牡丹区	大专	九三学社	民主党派	
王思林	牡丹区民盟副主委	男	1948.4	汉族	牡丹区	大专	民盟	民主党派	
张伟生	牡丹区二院内科医生	男	1957.9	汉族	牡丹区杜庄乡	大专	九三学社	民主党派	
赵广举	牡丹区二中教师	男	1964.9	汉族	牡丹区马岭岗	大学	民盟	民主党派	
张荣荣	牡丹区拆迁办会计	女	1959.7	汉族	曹县	大专	民革	民主党派	
田满满	牡丹区人民医院医师	女	1965.4	汉族	成武县	大专	致公党	民主党派	
吴瑞英	牡丹区西城办事处南华居委会组委	女	1945.2	汉族	牡丹区西城	初中	中共党员	侨眷	
陈孝金	菏泽市委常委，菏泽军分区政委	男	1948.1	汉族	山东肥城	大学	中共党员	解放军和武警	
杨炳河	菏泽军分区司令员	男	1949.11	汉族	山东泰安	大专	中共党员	解放军和武警	
张庆海	武警菏泽支队支队长	男	1954.10	汉族	郓城县	大学	中共党员	解放军和武警	

曹县代表团一览表

表 2

姓名	现任（或原任）职务	性别	出生年月	民族	籍贯	学历	党派	界别	备注
陈　光	菏泽市委副书记，行署专员、党组书记	男	1956.11	汉族	山东寿光	大学	中共党员	干部	
潘兴玺	菏泽地区行署副专员	男	1945.9	汉族	山东巨野	大学	中共党员	干部	
文廷良	菏泽地区政协工委副主任、党组成员	男	1946.4	汉族	山东菏泽	大学	中共党员	干部	
朱效明	曹县县委书记	男	1953.4	汉族	山东定陶	大学	中共党员	干部	
宋　波	菏泽地区人大工委人事代表室主任	男	1959.11	汉族	河南清丰	大学	中共党员	干部	
徐光璞	菏泽地区妇联主席、党组书记	女	1950.2	汉族	山东曹县	大学	中共党员	干部	
张建瑛	菏泽市委政法委副书记	男	1944.8	汉族	山东梁山	大学	中共党员	干部	
晁岳坤	菏泽市司法局党组书记、局长	男	1946.12	汉族	山东菏泽	大学	中共党员	干部	
朱　斌	菏泽地区粮食局局长、党组书记	男	1960.7	汉族	曹县安仁集	大学	中共党员	干部	
董玉忠	山东北联印刷物资公司董事长、总经理	男	1956.8	汉族	曹县孙老家	大学	中共党员	工人	
梁抗美	菏泽市委党校党委书记	男	1951.5	汉族	山东曹县	大专	中共党员	知识分子	
刘付德	菏泽电视台党委书记、台长	男	1953.5	汉族	山东曹县	中专	中共党员	知识分子	
董桂玲	菏泽医学专科学校五官科教研室副主任	女	1952.8	汉族	山东曹县	大学	无党派	知识分子	
王振钦	曹县县委副书记、县长	男	1962.10	汉族	山东鄄城	大学	中共党员	干部	
赵和平	曹县县委副书记	男	1953.3	汉族	山东菏泽	大专	中共党员	干部	
邵清成	曹县人大常委会主任、党组书记	男	1944.10	汉族	曹县苏集	大学	中共党员	干部	
张芳华	曹县县委常委，县纪委书记	男	1950.4	汉族	山东菏泽	大学	中共党员	干部	
蔡玉河	曹县县委常委、副县长	男	1954.10	汉族	山东定陶	大专	中共党员	干部	
孙忠生	曹县县委常委、曹城镇党委书记	男	1959.10	汉族	曹县常乐集乡	大学	中共党员	干部	
张玉芝	曹县人大常委会副主任、党组成员	女	1943.10	汉族	山东梁山	大学	中共党员	干部	
李旭光	曹县人民法院院长、党组书记	男	1953.2	汉族	山东莱芜	大专	中共党员	干部	
孙忠华	曹县人民检察院检察长、党组书记	男	1952.8	汉族	菏泽刘寨乡	大学	中共党员	干部	
曹玉兰	曹县妇联主任、党组书记	女	1952.10	汉族	曹县龚楼乡	大专	中共党员	干部	

续表 2

姓名	现任（或原任）职务	性别	出生年月	民族	籍贯	学历	党派	界别	备注
高福来	曹县计委主任、党组书记	男	1949.10	汉族	曹县曹城镇	大专	中共党员	干部	
张芝建	曹县农委主任、党组书记	男	1952.1	汉族	曹县青堌集镇	大学	中共党员	干部	
程远祥	曹县人事局局长、党组书记	男	1948.9	汉族	曹县莘冢集乡	大学	中共党员	干部	
李学孟	曹县公安局局长、党组书记	男	1952.2	汉族	山东东平	大专	中共党员	干部	
徐德民	曹县司法局局长、党组书记	男	1950.3	汉族	曹县莘冢集乡	大专	中共党员	干部	
张东贤	曹县庄寨镇党委书记、镇长	男	1958.1	汉族	曹县韩集镇	大学	中共党员	干部	
阎　凌	曹县普连集镇党委书记	男	1962.11	汉族	曹县砖庙镇	大学	中共党员	干部	
李同山	曹县青堌集镇党委书记	男	1962.9	汉族	曹县安蔡楼乡	大学	中共党员	干部	
秦　锋	曹县苏集镇党委书记	男	1961.10	汉族	曹县南李集乡	大专	中共党员	干部	
万伟之	曹县人大常委会副主任、曹县一中教师	男	1935.12	汉族	曹县大集乡	大学	无党派	无党派人士	
高玉生	曹县财政局局长、党组书记	男	1957.1	汉族	曹县砖庙镇	大学	中共党员	知识分子	
王泽坤	曹县广播电视局（台）党组副书记、局（台）长	男	1953.11	汉族	河南清丰	大专	中共党员	知识分子	
祝远奎	曹县畜牧局副局长、党组成员	男	1960.10	汉族	山东曹县	大学	中共党员	知识分子	
马书勤	曹县外经委主任、党组书记	男	1950.12	汉族	曹县桃源镇	中专	中共党员	知识分子	
秦魁民	曹县商业总公司总经理、党组书记	男	1966.11	汉族	山东曹县	大学	中共党员	知识分子	
韦　斌	曹县人民医院院长、党总支副书记	男	1957.10	汉族	曹县青堌集镇	大专	中共党员	知识分子	
徐　春	曹县防疫站站长、党支部副书记	女	1962.5	汉族	山东曹县	大学	中共党员	知识分子	
张爱臣	曹县朱洪庙乡副乡长	男	1960.10	汉族	山东曹县	大学	无党派	知识分子	
赵中华	曹县邵庄镇副镇长	男	1972.5	汉族	曹县阎店楼镇	大学	无党派	知识分子	
王家民	曹县一中团委书记	男	1969.10	汉族	曹县梁堤头镇	大学	中共党员	知识分子	
郭继标	曹县农业局技术推广站站长	男	1961.11	回族	曹县侯集镇	大学	中共党员	知识分子	
郑荣秀	曹县科协主任、党组书记	女	1955.4	汉族	曹县曹城镇	大专	中共党员	知识分子	
田玉江	曹县政府县长助理、电力集团公司党委书记	男	1947.1	汉族	曹县孙老家镇	大专	中共党员	知识分子	

续表 2

姓名	现任（或原任）职务	性别	出生年月	民族	籍贯	学历	党派	界别	备注
师庆功	曹县交通局局长、党组书记	男	1950.11	汉族	曹县常乐集乡	大学	中共党员	知识分子	
刘存华	曹县团委书记、党组书记	男	1964.12	汉族	山东曹县	大学	中共党员	知识分子	
邵珠林	曹县安蔡楼乡副乡长	男	1975.8	汉族	曹县侯集镇	大专	无党派	无党派人士	
于爱凤	曹县郑庄乡副乡长	女	1972.12	汉族	曹县倪集乡	大专	无党派	无党派人士	
刘艳婷	曹县倪集乡副乡长	女	1973.12	汉族	曹县邵庄镇	大专	无党派	无党派人士	
王建华	曹县大寨集乡副乡长	女	1975.12	汉族	曹县魏湾镇	大专	无党派	无党派人士	
苏龙斌	曹县王集乡副乡长	男	1975.11	回族	曹县安蔡楼乡	大学	无党派	无党派人士	
孙　欣	曹县曹城镇六完小教师	女	1955.10	汉族	曹县孙老家镇	中专	无党派	侨眷	
尚智勇	曹县经贸委主任、党组书记兼工业公司经理	男	1965.12	汉族	山东曹县	大专	中共党员	工人	
马　勇	曹县房产局局长、党组书记、城建委副主任	男	1962.4	回族	山东曹县	大专	中共党员	工人	
户付生	曹县县社副主任、党组成员兼棉麻公司经理	男	1964.10	汉族	曹县常乐集乡	大专	中共党员	工人	
安　军	三利轮胎公司董事长、经理	男	1956.11	汉族	安徽砀山县	大专	中共党员	工人	
马凤芹	曹县财政局行财股股长	女	1965.7	汉族	曹县大寨乡	大学	中共党员	工人	
赵德荣	百隆公司（曹县）党委书记	女	1964.3	汉族	曹县侯集镇	中专	中共党员	工人	
李永兰	曹县永昌集团董事长	女	1960.4	汉族	曹县邵庄镇	大专	中共党员	工人	
李迎春	曹县水利局工程师	女	1963.12	汉族	山东单县	大专	无党派	工人	
程志娟	曹县雪冠食品公司董事长	女	1960.9	汉族	山东单县	中专	无党派	工人	
蔡俊玲	曹县杜宾公司经理	女	1963.12	回族	曹县孙老家镇	高中	无党派	工人	
石　松	圣奥公司生产计划部技术员	男	1974.12	汉族	曹县倪集乡	大专	无党派	工人	
王　光	曹县曹城镇党委副书记（聘任）、王光集团董事长	男	1964.10	回族	山东曹县	大专	中共党员	工人	
袁恭引	曹县青堌集镇副镇长（聘任）、朱老家村党支部书记	男	1952.10	汉族	曹县青堌集镇	高中	中共党员	农民	
王银香	曹县曹城镇党委副书记（聘任）、五里墩村党支部书记	女	1960.8	汉族	山东曹县	大专	中共党员	农民	
孙学平	曹县大集乡副乡长（聘任）、孙庄村党支部书记	男	1965.7	汉族	曹县大集乡	大专	中共党员	农民	

续表 2

姓名	现任(或原任)职务	性别	出生年月	民族	籍贯	学历	党派	界别	备注
杨保真	曹县梁堤头镇冯庄村党支部书记	男	1947.3	汉族	曹县安仁集	高中	中共党员	农民	
焦孟秋	曹县庄寨镇马坊村党支部书记	男	1954.6	汉族	曹县庄寨镇	高中	中共党员	农民	
李宪君	曹县安仁集乡安仁集村党支部书记	男	1964.10	汉族	曹县安仁集	大专	中共党员	农民	
李金亮	曹县普连集镇副镇长(聘任)、曹普公司总经理	男	1959.6	汉族	曹县普连集镇	大专	中共党员	工人	
孙德林	曹县巨鑫源食品公司经理	男	1967.8	汉族	曹县苏集镇	高中	中共党员	工人	
田永亮	曹县团县委副书记(聘任)、仵楼农业开发服务中心主任	男	1971.8	汉族	曹县仵楼乡	大专	中共党员	农民	
樊海鹏	曹县文化馆美术部副主任	男	1968.2	汉族	山东曹县	大专	无党派	工人	
刘　杰	曹县野味食品有限公司董事长	男	1969.2	汉族	曹县魏湾镇	大专	无党派	农民	
梁爱民	曹县中策食品厂厂长	男	1958.10	汉族	曹县青堌集镇	大专	无党派	工人	
李苏民	曹县香远斋公司技术开发部主任	女	1970.12	汉族	山东曹县	中专	无党派	工人	
史瑞芹	曹县新华婚纱影楼经理	女	1956.4	汉族	山东曹县	高中	无党派	工人	
吴跃亭	曹县草业科研中心主任	男	1965.9	汉族	曹县孙老家镇	大专	中共党员	农民	
赵汝学	曹县韩集镇科技副镇长(聘任)	男	1964.6	汉族	曹县倪集乡	大专	无党派	农民	
王彦行	曹县花木股份有限公司经理	男	1963.12	汉族	曹县桃源镇	大专	无党派	农民	
刘庆龙	曹县古营集镇副镇长(聘任)、天龙工艺品厂厂长	男	1965.5	汉族	曹县古营集镇	大专	无党派	农民	
丁怀信	曹县金鲁森制品公司总经理	男	1946.1	汉族	曹县庄寨镇	高中	中共党员	农民	
沙庆华	曹县环卫处处长	女	1969.10	回族	山东曹县	高中	无党派	工人	
张晓春	曹县青岗集乡郭老家村计生主任	女	1977.8	汉族	曹县青岗集乡	大专	无党派	农民	
王凤兰	曹县计生委业务股股长	女	1954.10	汉族	曹县郑庄乡	中专	中共党员	工人	

定陶县代表团一览表

表 3

姓名	现任(或原任)职务	性别	出生年月	民族	籍贯	学历	党派	界别	备注
杨成训	菏泽地区政协工委主任、党组书记	男	1942.6	汉族	山东成武	大专	中共党员	干部	

续表 3

姓名	现任（或原任）职务	性别	出生年月	民族	籍贯	学历	党派	界别	备注
范福临	菏泽地区人大工委副主任	男	1945.8	汉族	山东菏泽	大学	中共党员	干部	
孙义福	菏泽地区行署副专员	男	1953.9	汉族	山东文登	大学	中共党员	干部	
刘殿毅	菏泽市委常委、秘书长	男	1955.2	汉族	山东菏泽	大学	中共党员	干部	
李玉华	菏泽地区经贸委党委书记、主任	男	1951.2	汉族	山东定陶	大专	中共党员	干部	
阎传银	菏泽市闫氏制衣公司经理	女	1948.9	汉族	山东定陶	高中	无党派	工人	
孙建民	菏泽医学专科学校党委书记	男	1944.3	汉族	山东鱼台	大专	中共党员	知识分子	
沙启忠	菏泽地区民族事务委员会(行署宗教局)副主任(副局长)	男	1957.7	回族	山东定陶	大专	中共党员	知识分子	
段伯汉	定陶县委书记	男	1958.2	汉族	山东巨野	研究生	中共党员	干部	
赵传山	定陶县委副书记、县长	男	1957.1	汉族	山东菏泽	大学	中共党员	干部	
刘春兰	定陶县人大常委会副主任、党组副书记	女	1946.7	汉族	山东定陶	大专	中共党员	干部	
孙凤云	定陶县政府副县长	女	1962.3	汉族	山东成武	大专	无党派	无党派人士	
王乃忠	定陶县人民法院院长	男	1955.12	汉族	山东鄄城	大学	中共党员	干部	
王鲁陶	定陶县政府办公室主任	男	1958.1	汉族	山东定陶	大学	中共党员	干部	
王瑞臣	定陶县财政局党组书记、局长	男	1962.9	汉族	山东定陶	大学	中共党员	知识分子	
孔庆雪	定陶县经济贸易委员会主任	男	1952.7	汉族	山东定陶	大专	中共党员	知识分子	
杨文涛	共青团定陶县委书记	男	1969.5	汉族	山东菏泽	大学	中共党员	知识分子	
王利平	定陶县农技站副站长，邓集乡政府聘任科技副乡长	男	1962.12	汉族	山东定陶	中专	中共党员	知识分子	
董继英	定陶县第一中学教师	女	1966.1	汉族	山东定陶	大专	无党派	知识分子	
魏庆禄	山东圣龙集团党委书记、董事长、总经理	男	1953.8	汉族	山东定陶	大专	中共党员	工人	
徐文芹	山东林盾木业有限公司党委书记、董事长、总经理	男	1962.10	汉族	山东定陶	大学	中共党员	工人	
吴保良	定陶县农村信用联社党组书记、主任	男	1960.7	汉族	山东定陶	大专	中共党员	工人	
初善波	山东九发食用菌股份有限公司菏泽分公司经理	男	1962.7	汉族	山东牟平	初中	中共党员	工人	
田同修	定陶县政府县长助理、定陶镇党委书记	男	1957.1	汉族	山东定陶	大学	中共党员	干部	

续表 3

姓名	现任（或原任）职务	性别	出生年月	民族	籍贯	学历	党派	界别	备注
刘照进	定陶县邓集乡党委书记	男	1962.9	汉族	山东定陶	大学	中共党员	干部	
孔祥坤	定陶县力本屯乡党委书记、人大主席	男	1964.11	汉族	山东定陶	大学	中共党员	知识分子	
张代卿	定陶县陈集外向型经济示范镇管委会主任（聘三年）、陈集镇党委副书记、镇长（副县级）	男	1963.3	汉族	山东定陶	大学	中共党员	工人	
孔凡恩	定陶县定陶镇党委副书记、镇建筑公司经理	男	1957.9	汉族	山东定陶	大学	中共党员	农民	
王德杰	定陶县张湾镇张湾村党支部书记	男	1966.12	汉族	山东定陶	大专	中共党员	农民	
秦美英	定陶县一千王乡中东村小学幼师	女	1960.1	汉族	山东定陶	高中	无党派	农民	
左新华	定陶县马集乡马集村计生主任	女	1971.5	汉族	山东定陶	中专	无党派	农民	
韩　鸿	定陶县南王店乡吴楼村计生主任	女	1971.11	汉族	山东定陶	高中	无党派	农民	
张芝英	定陶县田集乡北陈村计生主任	女	1974.6	汉族	山东定陶	初中	无党派	农民	
胡丕东	定陶县冉堌镇丕东实业公司总经理	男	1960.12	汉族	山东定陶	高中	无党派	农民	
刘　梅	定陶县王双楼乡洪寺刘村村民	女	1968.12	汉族	山东定陶	高中	无党派	农民	
刘秀梅	定陶县黄店镇闫楼村村民	女	1960.9	汉族	山东定陶	初中	无党派	农民	
王玉英	定陶县姑庵乡李阁村妇女主任	女	1969.11	汉族	山东定陶	初中	无党派	农民	
黄复经	定陶县孟海镇黄庄村党支部书记	男	1937.1	汉族	山东定陶	初中	中共党员	农民	
孙海娟	定陶县半堤乡孙堂村幼师	女	1975.12	汉族	山东定陶	中专	无党派	农民	
张善绪	定陶县陈集镇菏达纸业有限公司董事长	男	1957.7	汉族	山东定陶	大专	中共党员	工人	
肖金瑞	定陶县保宁乡保宁村村民委员会主任	男	1959.5	汉族	山东定陶	高中	无党派	农民	
晁祥云	定陶县游集乡游集村村民	女	1966.2	汉族	山东定陶	初中	无党派	无党派人士	
谢冬梅	定陶县杜堂乡许堂村计生主任	女	1966.7	汉族	山东定陶	初中	无党派	农民	
楚德录	定陶县德录木器厂厂长	男	1963.2	汉族	山东定陶	初中	无党派	农民	

成武县代表团一览表

表 4

姓名	现任（或原任）职务	性别	出生年月	民族	籍贯	学历	党派	界别	备注
戴秀福	成武县张楼乡中学教师	男	1964.10	汉族	成武白浮镇	中专	无党派	工人	
刘兰升	成武县供电局办公室综合管理员	男	1969.6	汉族	成武成武镇	中专	无党派	工人	
王玉梅	成武县南鲁镇医院医师	女	1958.11	汉族	成武宝峰乡	中专	无党派	工人	
杨玉阁	成武县智楼乡土管所会计	女	1970.5	汉族	成武九女乡	高中	无党派	工人	
陈秀金	成武县汶上镇医院护师	女	1959.5	汉族	成武汶上镇	中专	无党派	工人	
姚　林	成武县森利人造板有限公司董事长、总经理	男	1954.11	汉族	单县城关镇	大专	中共党员	工人	
郭保印	成武县银翔棉纺织有限公司董事长、总经理	男	1953.5	汉族	山东成武	大专	中共党员	工人	
刘天秀	成武县造纸厂党总支副书记、副厂长	男	1951.2	汉族	山东成武	大专	中共党员	工人	
谭振彬	菏泽银河纺织有限公司信息处处长兼分厂副厂长	男	1961.10	汉族	山东平度	大学	无党派	工人	
马效坤	山东现代达驰集团有限公司董事长兼总经理	男	1947.9	汉族	成武苟村镇	中专	中共党员	工人	
邓桂云	成武县九女乡九女村党支部委员、妇女主任	女	1953.9	汉族	成武九女乡	高中	中共党员	农民	
初明德	成武县孙庙乡行政村党支部书记	男	1946.12	汉族	成武孙庙乡	高中	中共党员	农民	
吴胜斌	成武县党集乡药厂厂长	男	1955.11	汉族	成武党集乡	高中	无党派	农民	
马付印	成武县桃花寺乡印龙冷藏有限公司经理	男	1972.11	汉族	成武桃花寺乡	中专	无党派	农民	
李成祥	山东呈祥电工有限公司董事长	男	1961.2	汉族	成武大田集镇	大专	无党派	农民	
侯振祥	成武县孙寺镇侯楼行政村党支部书记	男	1953.12	汉族	成武孙寺镇	大专	中共党员	农民	
王秀芳	成武县苟村集镇孔李楼行政村妇女主任	女	1970.8	汉族	成武苟村集镇	高中	无党派	农民	
马玉兰	成武县天宫镇西黄行政村祝庄计生主任	女	1963.6	汉族	曹县安蔡楼镇	高中	无党派	农民	
郭美荣	成武县郜鼎乡毛洼行政村计生专职主任	女	1953.9	汉族	单县李新庄	高中	中共党员	农民	
王庆海	成武县伯乐镇王楼行政村主任	男	1966.8	汉族	成武伯乐镇	高中	无党派	农民	
王祖和	菏泽市委常委，市纪委书记	男	1947.1	汉族	山东临朐	大学	中共党员	干部	
崔建平	菏泽市委常委、政法委书记	男	1957.11	汉族	山东临淄	研究生	中共党员	干部	
朱献瑞	菏泽地区检察分院检察长、党组书记	男	1947.3	汉族	山东成武	大学	中共党员	干部	

续表 4

姓名	现任（或原任）职务	性别	出生年月	民族	籍贯	学历	党派	界别	备注
张伯元	菏泽地区人大工委副秘书长、委员、办公室主任	男	1944.11	汉族	成武孙寺镇	大学	中共党员	干部	
张玉昌	省总工会菏泽地区办事处主任、党组书记	男	1952.6	汉族	山东成武	大普	中共党员	干部	
吕恒芝	菏泽市科学技术协会主任	女	1945.8	汉族	定陶张湾乡	大学	中共党员	干部	
杨永昌	成武县委书记	男	1955.7	汉族	山东东明	大学	中共党员	干部	
付守明	成武县委副书记、县长	男	1963.9	汉族	山东曹县	研究生	中共党员	干部	
庞如圣	成武县人大常委会主任	男	1945.8	汉族	成武伯乐镇	高中	中共党员	干部	
温德启	成武县人大常委会副主任	男	1947.5	汉族	成武党集镇	大专	中共党员	干部	
庞宗合	成武县计划委员会主任	男	1956.7	汉族	成武伯乐镇	大学	中共党员	干部	
田知慧	成武县经贸委主任、党组书记	男	1955.10	汉族	成武汶上镇	大专	中共党员	干部	
刘建华	成武县成武镇党委书记	男	1958.10	汉族	成武党集镇	大专	中共党员	干部	
翟瑞华	成武县人民医院副主任医师	女	1951.12	汉族	山东金乡	大专	无党派	知识分子	
郭良进	成武县财政局高级会计师	男	1956.12	汉族	成武大田集	大学	中共党员	知识分子	
王利洪	成武县公安局一级警督	男	1948.10	汉族	山东郓城	大专	中共党员	知识分子	
杨建立	成武县宝峰乡党委副书记	男	1970.11	回族	山东定陶	大学	中共党员	知识分子	
宋述省	成武县康集乡人大主席	男	1954.12	汉族	山东成武	大专	中共党员	知识分子	
包谊春	菏泽师专党委书记	男	1943.1	汉族	山东成武	初中	中共党员	知识分子	
石建民	人民银行成武支行经济师	男	1962.10	汉族	山东单县	大学	中共党员	知识分子	
刘雪荣	成武县妇联主席	女	1957.7	汉族	成武汶上镇	大专	中共党员	知识分子	
秦宗义	成武一中教务处主任	男	1960.10	汉族	成武党集	大学	中共党员	知识分子	
魏则民	成武县白浮图镇中心卫生院院长	男	1967.9	汉族	成武孙庙	大专	无党派	无党派人士	
魏凤云	成武县林业局中级兽医师	女	1965.9	汉族	山东成武	大学	无党派	无党派人士	

单县代表团一览表

表 5

姓名	现任（或原任）职务	性别	出生年月	民族	籍贯	学历	党派	界别	备注
杜昌文	菏泽地委副书记、行署副专员	男	1957.10	汉族	山东嘉祥	研究生	中共党员	干部	
孟祥伦	菏泽地委常委、统战部部长	男	1948.12	汉族	山东郓城	大专	中共党员	干部	
张玉佩	菏泽地区中级人民法院院长	男	1954.7	汉族	山东费县	大学	中共党员	干部	
霍保银	菏泽地区审计局局长	男	1951.11	汉族	单县杨楼镇	大学	中共党员	干部	
张秀长	菏泽地区交通局局长、党委书记	男	1950.2	汉族	山东单县	大专	中共党员	干部	
时启坤	菏泽地区行政公署专员助理	男	1948.11	汉族	山东单县	大专	中共党员	干部	
丁继民	菏泽地区教委主任	男	1945.9	汉族	单县花园乡	大学	中共党员	干部	
郭志民	菏泽地委副秘书长、地委行署信访局局长	男	1950.10	汉族	山东梁山	大专	中共党员	干部	
何常丽	菏泽师专外语系副主任	女	1958.6	汉族	单县单城镇	大学	无党派	知识分子	
何茂远	单县政府副县长	男	1952.6	汉族	山东定陶	大专	无党派	无党派人士	
李恩义	菏泽发电厂厂长	男	1963.6	汉族	山东海阳	研究生	中共党员	工人	2002 年 1 月代表资格终止
宋绍先	单县县委书记	男	1952.4	汉族	鄄城李进堂乡	大学	中共党员	干部	
李学军	单县县委副书记、县长	男	1951.11	汉族	山东定陶	大学	中共党员	干部	
瞿印庭	单县人大常委会副主任	男	1946.3	汉族	单县李新集乡	大专	中共党员	干部	
段文喜	单县县委副书记	男	1949.1	汉族	曹县桃源乡	大学	中共党员	干部	
张忠江	单县县委常委、县纪委书记	男	1955.1	汉族	曹县苏集镇	大学	中共党员	干部	
徐淑珍	单县政府副县长	男	1956.7	汉族	郓城五界乡	大学	中共党员	干部	
桑世允	单县计划委员会主任	男	1947.2	汉族	单县陈蛮庄乡	中专	中共党员	干部	
孟庆魁	单县财政局局长	男	1958.9	汉族	单县单城镇	研究生	中共党员	干部	
邵　军	单县公安局局长	男	1954.12	汉族	枣庄市山亭区	大专	中共党员	干部	
刘宝玉	单县计划生育委员会主任	男	1957.6	汉族	单县龙王庙乡	大专	中共党员	干部	
姜守民	单县单城镇党委书记	男	1963.5	汉族	单县朱集镇	大专	中共党员	干部	
何茂洪	单县莱河镇党委书记	男	1962.7	汉族	单县曹庄乡	大学	中共党员	干部	

续表 5

姓名	现任（或原任）职务	性别	出生年月	民族	籍贯	学历	党派	界别	备注
张红旗	单县杨楼镇党委书记	男	1967.8	汉族	单县李新集乡	大学	中共党员	干部	
黄福平	单县朱集镇党委书记	男	1962.12	汉族	单县时楼乡	大学	中共党员	干部	
于凤珍	单县中心医院骨科主任	男	1962.3	汉族	单县花园乡	大专	无党派	知识分子	
韦　钰	单县实验小学副校长	女	1953.10	汉族	单县高韦庄镇	大专	中共党员	知识分子	
段培旭	单县水产局技术站站长	男	1956.6	汉族	单县花园乡	大专	中共党员	知识分子	
徐承秋	单县化工有限公司董事长	男	1944.8	汉族	定陶半堤乡	大学	中共党员	工人	
王可正	单县第一中学校长	男	1962.9	汉族	单县聂付庄	大学	中共党员	知识分子	
马中锋	单县水利局局长	男	1952.2	汉族	单县单城镇	大专	中共党员	知识分子	
曹培慧	单县妇联办公室主任	女	1974.12	汉族	单县李新庄镇	大学	中共党员	知识分子	
马生科	单县师范学校高级讲师	男	1965.3	汉族	梁山县韩垓乡	大学	无党派	知识分子	
关兆科	单县审计局局长	男	1958.3	汉族	单县时楼乡	大学	中共党员	知识分子	
李爱华	单县体委副主任	女	1964.9	汉族	单县单城镇	大专	中共党员	知识分子	
刘仰伸	单县第五中学校长	男	1946.6	汉族	单县曹庄乡	大学	中共党员	知识分子	
时圣旺	单县工业集团总公司总经理	男	1949.7	汉族	单县李田楼乡	大学	中共党员	工人	
孟庆梅	单县棉纺织厂副厂长	女	1953.10	汉族	单县曹马集镇	大学	中共党员	工人	
石宁菡	单县职业中等专业学校教师	女	1962.9	汉族	鄄城李进士乡	大学	无党派	知识分子	
朱彦梅	单县粮食局计统股股长	女	1956.8	汉族	单县龙王庙乡	大专	无党派	知识分子	
郭祥海	单县人大常委会副主任	男	1956.1	汉族	单县郭村镇	大专	民盟	民主党派	
黄秀玲	单县聂付庄乡副乡长	女	1970.9	汉族	单县大李海乡	大学	无党派	无党派人士	
苏　翼	单县中心医院外三科副主任	男	1960.11	汉族	江苏南京	大专	无党派	侨眷	
马秀芝	单县民族武校教务主任	女	1958.11	回族	单县单城镇	高中	中共党员	工人	
李秀芝	单县四君子酒业有限公司监事会主任	女	1965.1	回族	单县单城镇	中专	中共党员	工人	
陈凤荣	单县公安局西关派出所所长	女	1958.11	汉族	单县单城镇	大专	中共党员	知识分子	

续表 5

姓名	现任（或原任）职务	性别	出生年月	民族	籍贯	学历	党派	界别	备注
董清文	单县人民检察院批捕科科长	男	1956.9	汉族	单县浮岗镇	大专	中共党员	知识分子	
谢孔焕	单县地税局副主任科员	男	1969.8	汉族	单县曹庄乡	大专	中共党员	知识分子	
王青山	单县麻纺集团董事长	男	1958.11	汉族	单县芦墓乡	高中	无党派	工人	
帅志雪	单县环卫处清扫班长	女	1967.9	汉族	单县单城镇	高中	无党派	工人	
牛玉霞	单县中心医院信息科科长	女	1958.3	汉族	单县单城镇	大专	无党派	工人	
黄汝航	单县金盾车辆销售中心经理	男	1968.2	汉族	单县单城镇	中专	无党派	工人	
王素丽	单县陈蛮庄乡邵庄村计生主任	女	1965.5	汉族	单县陈蛮庄	初中	无党派	农民	
丁书法	单县丁楼乡丁楼村党支部书记	男	1953.8	汉族	单县丁楼乡	高中	中共党员	农民	
吴庆虎	单县大李海乡大李海村党支部书记	男	1961.11	汉族	单县大李海乡	大专	中共党员	农民	
赵翠玲	单县高老家乡董吴庄村会计	女	1958.5	汉族	单县高老家乡	初中	中共党员	农民	
马田云	单县曹庄乡秦庄村党支部书记	女	1952.11	汉族	单县高韦庄镇	中专	中共党员	农民	
杨宝莲	单县高韦庄镇高庄村农民	女	1960.11	汉族	单县高韦庄镇	高中	无党派	农民	
李俊亭	单县李新集乡东村党支部书记	男	1950.5	汉族	单县李新集乡	初中	中共党员	农民	
李付灵	单县曹巨集乡韦洼村委会主任	男	1955.6	汉族	单县曹巨集乡	中专	中共党员	农民	
田　芸	单县毛庄乡养殖场技术员	女	1976.9	汉族	单县毛庄乡	大专	无党派	农民	
郭玉华	单县罗庄乡小孟庄村农民	女	1962.11	汉族	单县罗庄乡	高中	中共党员	农民	
丁继真	单县花园乡汤楼村村民组长	女	1955.9	汉族	单县花园乡	高中	无党派	农民	
蔡玉坤	单县蔡堂镇苏双楼村农民	男	1968.3	汉族	单县蔡堂镇	高中	无党派	农民	
时桂芹	单县终兴镇杨营小学主任	女	1965.3	汉族	单县终兴镇	中专	无党派	农民	
吴爱玲	单县马楼乡朱庙村妇女主任	女	1961.5	汉族	单县马楼乡	大专	中共党员	农民	
齐行玉	单县张集乡齐楼村党支部书记	男	1955.1	汉族	单县张集乡	中专	中共党员	农民	
赵艳平	单县黄堆乡花园村委会主任	女	1974.5	汉族	单县黄堆乡	高中	无党派	农民	
时圣玉	单县时楼乡关黄庄村党支部书记	男	1952.8	汉族	单县时楼乡	高中	中共党员	农民	

续表 5

姓名	现任（或原任）职务	性别	出生年月	民族	籍贯	学历	党派	界别	备注
胡凤玲	单县李田楼乡王河口村党支部书记	女	1949.3	汉族	单县李田楼乡	中专	中共党员	农民	
牛保金	单县李新庄镇胜利窑厂厂长	男	1961.3	汉族	单县李新庄镇	高中	无党派	农民	
李秀珍	单县芦目乡毛庄村会计	女	1964.12	汉族	单县芦目乡	中专	中共党员	农民	

巨野县代表团一览表

表 6

姓名	现任（或原任）职务	性别	出生年月	民族	籍贯	学历	党派	界别	备注
阎世海	菏泽地区人大工委党组副书记	男	1942.8	汉族	山东定陶	大学	中共党员	干部	
周书运	菏泽地区人大工委副主任、党组成员	男	1944.6	汉族	山东菏泽	大专	中共党员	干部	
常洪珍	巨野县委书记	男	1949.8	汉族	山东郓城	大专	中共党员	干部	
孙述涛	菏泽地区行署专员助理、党组成员（挂职），山东农业大学林学院院长	男	1965.1	汉族	山东高密	研究生	中共党员	干部	2002 年 1 月代表资格终止
孔繁芝	菏泽地区人大工委财经处处长	男	1947.1	汉族	山东巨野	大学	中共党员	干部	
彭　华	菏泽地区科委主任、党组书记	男	1954.9	汉族	山东郓城	大专	中共党员	干部	
史崇亮	菏泽地区交通集团总公司党委书记、总经理	男	1947.2	汉族	山东巨野	大专	中共党员	工人	
刘莲秋	菏泽地区人民医院妇产科副主任医师	女	1954.2	汉族	山东郓城	中专	无党派	知识分子	
赵思常	菏泽地区邮政局邮联发展总公司总经理	男	1953.8	汉族	山东巨野	大专	无党派	无党派人士	
常贵民	巨野县人大常委会主任	男	1946.7	汉族	山东巨野	高中	中共党员	干部	
赵　普	巨野县委副书记、县长	男	1955.6	汉族	山东定陶	大学	中共党员	干部	
史步军	巨野县委副书记	男	1957.7	汉族	山东定陶	大专	中共党员	干部	
王作念	巨野县人大常委会副主任	男	1944.5	汉族	山东巨野	大学	中共党员	干部	
王希亮	巨野县政府副县长	男	1955.11	汉族	山东定陶	大专	中共党员	干部	
李　维	巨野县人民法院院长	男	1959.5	汉族	山东鄄城	大专	中共党员	干部	
蒋银院	巨野县人民检察院检察长	男	1954.8	汉族	山东菏泽	大专	中共党员	干部	
杨松琴	巨野县妇联主任	女	1953.7	汉族	山东巨野	大专	中共党员	干部	

续表 6

姓名	现任（或原任）职务	性别	出生年月	民族	籍贯	学历	党派	界别	备注
张洪贺	巨野县财政局局长	男	1950.9	汉族	山东巨野	大专	中共党员	干部	2002 年 1 月代表资格终止
史同立	巨野县昌邑乡党委书记	男	1965.1	汉族	山东巨野	大专	中共党员	干部	
伊敬国	巨野县大谢集镇党委书记	男	1962.11	汉族	山东巨野	大专	中共党员	干部	
于　良	巨野县团委书记	男	1969.5	汉族	山东即墨	大学	中共党员	干部	
张广立	巨野县核桃园镇党委书记	男	1963.8	汉族	山东巨野	大学	中共党员	干部	
孙振国	巨野县巨野镇党委书记	男	1955.12	汉族	山东巨野	大学	中共党员	干部	
李保进	巨野县农业局土肥站站长	男	1958.4	汉族	山东巨野	大学	中共党员	知识分子	
王克仓	巨野县教委教研室副主任	男	1962.6	汉族	山东巨野	大学	中共党员	知识分子	
商义凤	巨野县一中副校长	男	1951.2	汉族	山东巨野	大专	中共党员	知识分子	
杨中晓	巨野县人民医院院长	男	1953.9	汉族	山东巨野	中专	中共党员	知识分子	
陈允望	巨野县中医院院长	男	1954.3	汉族	山东巨野	大专	中共党员	知识分子	
杨绍兴	巨野县卫生局局长	男	1960.12	汉族	山东巨野	大学	中共党员	知识分子	
单长久	巨野县经贸委主任	男	1949.10	汉族	山东巨野	大专	中共党员	知识分子	
魏玉宽	巨野县信用联社主任	男	1958.10	汉族	山东巨野	大专	中共党员	知识分子	
于全新	巨野县电信局局长	男	1965.10	汉族	山东菏泽	大学	中共党员	知识分子	
欧广良	巨野县林业局果树站副站长	男	1964.2	汉族	山东巨野	大学	无党派	无党派人士	
逮瑞萍	巨野县翔宇服装店经理	女	1963.7	汉族	山东巨野	高中	无党派	无党派人士	
王中坤	巨野县工会主席	男	1957.5	汉族	山东巨野	大专	中共党员	工人	
傅道杰	巨野县供销社主任	男	1958.4	汉族	山东巨野	大专	中共党员	工人	
刘念成	巨野县建筑工程公司经理	男	1952.4	汉族	山东巨野	大专	中共党员	工人	
刘法来	山东花冠酒业公司经理	男	1952.8	汉族	山东巨野	大专	中共党员	工人	
吕枝华	巨野县泵业公司经理	男	1947.3	汉族	山东巨野	大专	中共党员	工人	
杨克超	巨野县双扬面粉公司经理	男	1955.2	汉族	山东巨野	大专	中共党员	农民	

续表 6

姓名	现任（或原任）职务	性别	出生年月	民族	籍贯	学历	党派	界别	备注
张善仲	巨野县绿园纺织公司经理	男	1967.6	汉族	山东巨野	大专	中共党员	工人	
黄兴吉	巨野县凤凰山水泥厂经理	男	1948.9	汉族	山东巨野	高中	中共党员	农民	
刘梅花	巨野县梅花理发店经理	女	1962.12	汉族	山东巨野	初中	无党派	农民	
张百来	巨野县南关居委会党支部书记	男	1957.3	汉族	山东巨野	大专	中共党员	农民	
王少先	巨野县章缝镇后仓集村党支部书记	男	1956.12	汉族	山东巨野	高中	中共党员	农民	
祝仰宏	巨野县亚龙肉类公司经理	男	1961.11	汉族	山东巨野	初中	中共党员	农民	
徐新华	巨野县棉花加工四厂厂长	男	1948.12	汉族	山东巨野	大专	中共党员	工人	
张庆雨	巨野县麒麟镇获麟集村党支部书记	男	1956.8	汉族	山东巨野	大专	中共党员	农民	
赵立荣	巨野县太平镇小集子村党支部书记	男	1947.2	汉族	山东巨野	高中	中共党员	农民	
夏正坤	巨野县陶庙乡夏庄村党支部书记	男	1941.7	回族	山东巨野	初中	中共党员	农民	
杨恩成	巨野县独山镇粮所所长	男	1962.11	汉族	山东嘉祥	大专	中共党员	工人	
刘连成	巨野县田庄镇田庄村农民	男	1951.2	汉族	山东巨野	高中	无党派	农民	
蒋继冉	巨野县田桥乡朱烟墩村委会主任	男	1958.12	汉族	山东巨野	中专	无党派	农民	
刘玉钦	巨野县大李集信用合作社出纳	女	1959.10	汉族	山东巨野	高中	无党派	工人	
孙玉芹	巨野县葛店乡吴集村计生主任	女	1964.3	汉族	山东巨野	高中	无党派	农民	
刘冬梅	巨野县新城信用社副主任	女	1969.3	汉族	山东巨野	中专	无党派	工人	

郓城县代表团一览表

表 7

姓名	现任（或原任）职务	性别	出生年月	民族	籍贯	学历	党派	界别	备注
李胜华	菏泽地区人大工委副主任	男	1943.3	汉族	山东菏泽	大专	中共党员	干部	
贾凤英	菏泽地区行署副专员、党组成员	女	1950.11	汉族	山东梁山	研究生	中共党员	干部	
侯成君	郓城县委书记	男	1962.8	汉族	山东文登	研究生	中共党员	干部	
于法杰	原菏泽地区人大工委主任、党组书记	男	1931.3	汉族	山东郓城	高中	中共党员	干部	

续表 7

姓名	现任（或原任）职务	性别	出生年月	民族	籍贯	学历	党派	界别	备注
刘金俊	菏泽地委副秘书长、办公室主任	男	1950.12	汉族	山东郓城	大学	中共党员	干部	
张存金	菏泽地委组织部副部长（正县级）	男	1955.2	汉族	山东郓城	大专	中共党员	干部	
陈好孔	菏泽行署秘书长、办公室党组书记	男	1946.10	汉族	山东郓城	大专	中共党员	干部	
马欲圣	菏泽地区城建委党委书记、主任	男	1946.3	汉族	郓城梳洗楼乡	大专	中共党员	干部	
张振和	菏泽日报社总编、党组书记	男	1944.10	汉族	山东菏泽	大学	中共党员	知识分子	
段有志	人民银行菏泽市支行行长	男	1947.11	汉族	郓城大潭乡	大学	中共党员	知识分子	2002年1月代表资格终止
张圣朝	菏泽亚星仪表有限公司副总经理	男	1964.11	汉族	山东郓城	大学	无党派	工人	
高木斗	郓城县委副书记、县长	男	1953.10	汉族	山东曹县	大学	中共党员	干部	
杨志森	郓城县人大常委会主任、党组书记	男	1944.11	汉族	山东菏泽	大专	中共党员	干部	
王宜海	郓城县计委主任	男	1948.8	汉族	郓城徐垓镇	大专	中共党员	干部	
孙万慈	郓城县随官屯镇党委书记、人大主席	男	1955.7	汉族	郓城苏阁乡	大专	中共党员	干部	
康全忠	郓城县政府办公室主任	男	1952.2	汉族	郓城杨庄集	大学	中共党员	干部	
李文霞	郓城县审计局局长	男	1953.7	汉族	郓城随官屯镇	大学	中共党员	干部	
亓玉芹	郓城县八里庄乡人大主席	男	1951.9	汉族	郓城八里庄乡	大专	中共党员	干部	
李迎科	郓城县郓城镇党委书记	男	1956.10	汉族	郓城丁庙乡	大学	中共党员	干部	
范梅君	郓城县人民法院城关法庭副庭长	女	1971.12	汉族	郓城丁庙乡	大专	无党派	干部	
梁素云	郓城县总工会副主席	女	1965.11	汉族	郓城双桥乡	大专	中共党员	干部	
孙德贞	郓城县公安局刑警大队教导员	男	1963.8	汉族	郓城八里庄乡	大专	中共党员	干部	
孙从华	郓城县委宣传部主任科员	男	1954.1	汉族	郓城杨庄集镇	大专	中共党员	干部	
袁占金	郓城县实验中学教师	男	1968.11	汉族	郓城杨庄集镇	大学	中共党员	知识分子	
黄承瞻	郓城县计生委主任	男	1950.8	汉族	郓城黄集乡	大学	中共党员	知识分子	
乔效振	郓城县一中校长	男	1952.12	汉族	郓城丁里长镇	大学	中共党员	知识分子	
李艳秋	郓城县人民医院副院长	女	1952.12	汉族	郓城黄堆集乡	大学	中共党员	知识分子	

续表 7

姓名	现任（或原任）职务	性别	出生年月	民族	籍贯	学历	党派	界别	备注
王秀玲	郓城县中医院护理部主任	女	1962.8	汉族	梁山杨营乡	大专	无党派	知识分子	
褚景云	郓城县梳洗楼乡党委副书记、乡长	女	1963.12	汉族	郓城郭屯镇	大学	中共党员	知识分子	
任宪明	郓城县供销社理事会主任	男	1949.9	汉族	郓城黄集乡	高中	无党派	知识分子	
谭新同	郓城县郭庄乡党委副书记、乡长	男	1965.10	汉族	郓城汉石桥乡	大专	中共党员	知识分子	
朱道民	郓城县农业局经管站站长	男	1958.2	汉族	郓城大潭乡	大学	无党派	知识分子	
李兴格	郓城县伟庄乡党委书记、人大主席	男	1963.9	汉族	郓城李集乡	大学	中共党员	知识分子	
曹春灵	郓城县程屯镇中心幼儿园园长	女	1968.2	汉族	郓城程屯镇	中师	无党派	知识分子	
颜洪军	郓城县人民检察院技术科科长	男	1954.12	汉族	山东滕州	大专	中共党员	知识分子	
刘缵坤	郓城县教委教研室化学教研员	男	1962.9	汉族	郓城潘渡乡	大学	民盟	民主党派	
周传问	郓城县重点项目办公室主任、县工业园区管委会主任	男	1957.7	汉族	郓城丁里长镇	大学	中共党员	工人	
刘　梅	郓城县树人高中教师	女	1970.11	汉族	郓城杨庄集镇	大专	中共党员	工人	
王红梅	郓城县交通局财务科副科长	女	1971.11	汉族	郓城五界首乡	大专	无党派	工人	
李孝莲	青岛国棉六厂郓城分厂职工	女	1971.5	汉族	成武县成武镇	大专	无党派	工人	
桑圣钦	郓城县圣达集团实业有限公司董事长	男	1961.3	汉族	郓城黄安镇	大专	中共党员	工人	
修建周	郓城县水浒酒业有限责任公司董事长	男	1958.9	汉族	海阳市东村镇	大专	中共党员	工人	
王传辉	郓城县丁庙乡粮所所长	男	1965.10	汉族	郓城潘渡乡	高中	中共党员	工人	
王善坤	郓城县商业大厦有限公司董事长	男	1963.2	汉族	郓城常庄乡	中专	中共党员	工人	2002 年 1 月代表资格终止
魏一全	郓城县城建委环卫处主任	男	1956.10	汉族	郓城郓城镇	高中	无党派	工人	
司丙涛	郓城县黄集乡钢球厂厂长	男	1968.4	汉族	郓城黄集乡	中专	中共党员	工人	
吕永清	郓城县文化馆创作员	男	1968.2	汉族	郓城黄安镇	高中	中共党员	工人	
王西燕	郓城县物资局服务公司营业员（下岗职工）	女	1968.1	汉族	郓城玉皇庙镇	高中	无党派	工人	
杨秀凡	郓城县郭屯镇计生服务站工作人员	女	1973.12	汉族	郓城郭屯镇	中专	无党派	工人	
彭咏梅	郓城县供电局西郊变电站站长	女	1970.4	汉族	郓城郭屯镇	高中	无党派	工人	

续表 7

姓名	现任（或原任）职务	性别	出生年月	民族	籍贯	学历	党派	界别	备注
王秀美	郓城县人民银行会计国库科副科长	女	1973.1	汉族	郓城潘渡乡	大学	中共党员	工人	
高文慧	郓城县地税局直属分局征管股长	女	1969.12	汉族	曹县城关镇	大专	无党派	工人	
张建勋	郓城县搪瓷厂厂长	男	1968.10	汉族	郓城水堡乡	大学	中共党员	工人	
闫继存	郓城县宏远肠衣有限公司董事长	男	1968.5	汉族	郓城三屯乡	大专	无党派	农民	
张宪会	郓城县亨达地毯集团有限公司董事长	男	1942.10	汉族	郓城郓城镇	初中	无党派	农民	
吴宏伟	郓城县宏伟集团食品有限公司董事长	男	1969.12	汉族	郓城黄安镇	高中	无党派	农民	
宋雪松	郓城县蒋庙乡蒋庙村妇女主任	女	1958.1	汉族	郓城八里庄乡	高中	无党派	农民	
刘拥贤	郓城县杨庄集镇宏祥、家具厂厂长	男	1966.12	汉族	郓城杨庄集镇	高中	无党派	农民	
李玉华	郓城县黄堆集乡西杨村委会主任	男	1955.3	汉族	郓城黄堆集乡	大专	中共党员	农民	
刘丙景	郓城县林江裘革制品有限公司总经理	男	1973.6	汉族	郓城常庄乡	大专	无党派	农民	
赵效东	郓城县郭庄乡苗木繁育场场长	男	1967.10	汉族	郓城郭庄乡	大专	中共党员	农民	
陈　灵	郓城县华灵集团有限公司董事长	男	1950.3	汉族	郓城随官屯镇	高中	中共党员	农民	
于文卿	郓城县徐垓镇于楼村党支部书记、村委会主任	男	1948.11	汉族	郓城徐垓镇	高中	中共党员	农民	
李明杰	郓城县李集乡李集村党支部书记	男	1955.5	汉族	郓城李集乡	大专	中共党员	农民	
冷学诗	郓城县南赵楼乡户东北村党支部书记	男	1942.7	汉族	郓城南赵楼乡	高中	中共党员	农民	

鄄城县代表团一览表

表 8

姓名	现任（或原任）职务	性别	出生年月	民族	籍贯	学历	党派	界别	备注
任保忠	鄄城县建融公司总经理	男	1962.2	汉族	鄄城凤凰乡	中专	中共党员	工人	
孙　华	鄄城县生产资料公司收款员	女	1970.8	汉族	鄄城彭楼乡	中专	无党派	工人	
李伟凡	鄄城县黄河河务局技师	男	1963.4	汉族	山东聊城	大专	中共党员	工人	
张　蕊	鄄城县热电厂工人	女	1974.7	汉族	鄄城梁堂乡	中专	无党派	工人	
靳爱军	鄄城县人行办事员、助理经济师	女	1971.5	汉族	鄄城鲁王仓乡	大学	中共党员	工人	

续表 8

姓名	现任（或原任）职务	性别	出生年月	民族	籍贯	学历	党派	界别	备注
蔡红英	鄄城县地税局工会主任	女	1961.12	汉族	河南尉氏县	大专	中共党员	工人	
丁山林	鄄城县梁堂乡达面粉厂厂长	男	1966.2	汉族	鄄城梁堂乡	高中	无党派	农民	
王永兰	鄄城县葛庄乡姜楼行政村妇女主任	女	1960.9	汉族	鄄城葛庄乡	高中	中共党员	农民	
王建奇	鄄城县彭楼乡心平地毯厂厂长	男	1969.8	汉族	鄄城彭楼乡	高中	无党派	农民	
史　军	菏泽领将家具有限公司经理	男	1969.8	汉族	鄄城梁屯乡	大专	中共党员	农民	
梁长江	鄄城县左营乡左北行政村村委会副主任	男	1969.6	汉族	鄄城左营乡	初中	无党派	农民	
董绪宽	鄄城县菏祥发制品有限公司经理	男	1963.4	汉族	鄄城郑营乡	初中	无党派	农民	
樊庆华	鄄城县残疾人康复中心主任	男	1960.2	汉族	鄄城县鄄城镇	大专	中共党员	工人	
王忠美	菏泽地区文化局局长、党组书记	男	1946.12	汉族	鄄城凤凰乡	大专	中共党员	干部	
孔令昌	菏泽地委副书记	男	1948.10	汉族	山东定陶	大专	中共党员	干部	
任茂廉	菏泽地区农业局局长、党组书记	男	1949.11	汉族	鄄城县鄄城镇	大学	中共党员	干部	
张本进	鄄城县委副书记、县长	男	1951.11	汉族	曹县魏湾镇	大学	中共党员	干部	
张存占	鄄城县委组织部副部长	男	1948.7	汉族	鄄城张志门乡	大学	中共党员	干部	
邵好学	鄄城县委书记	男	1952.3	汉族	定陶马集乡	大专	中共党员	干部	
范天柱	鄄城县人大常委会主任	男	1946.9	汉族	鄄城张志门乡	大专	中共党员	干部	
史长胜	鄄城县富春乡长胜发制品厂厂长	男	1965.10	汉族	鄄城富春乡	中专	无党派	农民	
仪忠建	鄄城县吉山镇仪楼村委会委员	男	1966.12	汉族	鄄城吉山镇	初中	无党派	农民	
刘桂英	鄄城县闫什镇楚集行政村妇女主任	女	1952.2	汉族	鄄城闫什镇	初中	中共党员	农民	
刘维亭	鄄城县引马乡土车刘村党支部书记	男	1957.10	汉族	鄄城引马乡	大专	中共党员	农民	
张广营	鄄城县董口乡聘任副书记兼前园行政村党支部书记	男	1958.5	回族	鄄城董口乡	大专	中共党员	农民	
张峻青	鄄城县大埝乡张楼行政村计生主任	女	1967.9	汉族	鄄城大埝乡	高中	中共党员	农民	
陈安青	鄄城县陈良乡陈良行政村党支部书记	男	1949.9	汉族	鄄城陈良乡	初中	中共党员	农民	
陈效存	鄄城县鲁王仓乡陈集行政村党支部书记	男	1957.10	汉族	鄄城鲁王仓乡	中专	中共党员	农民	

续表 8

姓名	现任（或原任）职务	性别	出生年月	民族	籍贯	学历	党派	界别	备注
康保才	鄄城县红船镇红船村村民	男	1949.9	汉族	鄄城红船镇	高中	无党派	农民	
梁　云	鄄城县什集镇什集行政村计生主任	女	1968.1	汉族	山东肥城	高中	无党派	农民	
周连瑞	菏泽地区行署专员助理，农委主任、党组书记、开发办主任	男	1946.2	汉族	鄄城什集镇	高中	中共党员	干部	
姜全升	鄄城县人民法院院长	男	1951.3	汉族	曹县阎店楼镇	大专	中共党员	干部	
董庆立	鄄城县鄄城镇党委书记	男	1960.10	汉族	鄄城临濮乡	大学	中共党员	干部	
韩广洁	菏泽地委常委、宣传部部长	男	1948.4	汉族	山东郓城	大专	中共党员	干部	
韩念元	鄄城县人民检察院检察长	男	1952.9	汉族	巨野丁官屯乡	大专	中共党员	干部	
赫宪明	鄄城县财政局局长	男	1948.11	汉族	菏泽市白虎乡	大专	中共党员	干部	
樊思宝	原菏泽地区政协工委主任	男	1936.7	汉族	山东郓城	大专	中共党员	干部	
龙　灏	菏泽地区电信局局长	男	1958.5	汉族	山东汶上	大学	中共党员	知识分子	
邢玉军	鄄城县人民医院副院长	男	1953.9	汉族	鄄城左营乡	中专	无党派	知识分子	
刘春华	鄄城县张志门乡党委书记	女	1971.4	汉族	鄄城左营乡	研究生	中共党员	知识分子	
刘清峰	鄄城县李进士堂镇人大主席	男	1958.3	汉族	鄄城李进士堂	大专	中共党员	知识分子	
张仁朝	鄄城县第一中学校长	男	1948.12	汉族	鄄城引马乡	大学	中共党员	知识分子	
张忠卿	鄄城县人大常委会副主任	男	1943.8	汉族	鄄城梁屯乡	大学	无党派	知识分子	
范宗魁	鄄城县计划委员会主任、县长助理	男	1956.4	汉族	鄄城引马乡	大学	中共党员	知识分子	
姜培建	鄄城县宋楼乡乡长	男	1963.2	汉族	曹县阎店楼镇	大学	中共党员	知识分子	
秦　毅	鄄城县农业局经管站副站长	男	1966.4	汉族	鄄城麻寨乡	大学	无党派	知识分子	
韩　萍	鄄城县妇女联合会主席	女	1953.8	汉族	章丘市埰庄乡	大专	中共党员	知识分子	
薛衍俊	鄄城县城建委施工股股长	男	1970.8	汉族	鄄城临濮乡	大学	中共党员	知识分子	
汤建梅	菏泽市畜禽良种推广中心主任、畜牧工作站副站长、民盟菏泽市筹委会副主任委员	女	1957.8	回族	上海宝山	大学	民盟	民主党派	

东明县代表团一览表

表 9

姓名	现任（或原任）职务	性别	出生年月	民族	籍贯	学历	党派	界别	备注
韩锦德	菏泽地区经济开发公司总经理、投资开发公司总经理	男	1961.10	汉族	山东曹县	大专	中共党员	工人	
李文玲	菏泽卷烟厂党委书记	女	1948.2	汉族	山东青岛	高中	中共党员	工人	2002 年 1 月代表资格终止
王铁祥	东明县纺织厂厂长	男	1950.4	汉族	东明沙窝	大学	中共党员	工人	
赵凌阁	东明县造纸厂厂长	男	1960.10	汉族	东明高村	大专	中共党员	工人	
余庆明	东明县方明建筑公司总经理	男	1955.8	汉族	东明城关	大专	中共党员	工人	
许留根	东明县环卫处清洁工	男	1948.12	汉族	东明城关	初中	无党派	工人	
孟素云	东明县计生服务站主治医师	女	1951.2	汉族	山东东明	中专	无党派	工人	
胡素云	东明县张寨乡民政助理员	女	1960.1	汉族	东明胡庄	大专	中共党员	工人	
宋爱枝	东明县刘楼中心校教师	女	1952.7	汉族	东明刘楼	中专	无党派	工人	
海素娥	东明县城关镇西关妇联主任	女	1963.9	回族	河南长垣	高中	无党派	工人	
贤凤竹	东明县高村乡教委会计	女	1969.10	汉族	东明渔沃	大学	中共党员	工人	
孙桂真	东明县陆圈医院妇产科主任	女	1963.10	汉族	东明陆圈	中专	无党派	工人	
尚胜法	东明县东方武校董事长	男	1952.10	汉族	东明城关	初中	中共党员	农民	
郑文革	东明县物资调剂站经理	女	1970.8	汉族	东明城关	大专	无党派	农民	
王金书	东明县海头乡副乡长、玉皇庙村党支部书记	男	1957.1	汉族	东明海头	高中	中共党员	农民	
李俊堂	东明县沙窝副乡长、沙窝村党支部书记	男	1944.3	汉族	东明沙窝	初中	中共党员	农民	
张殿起	东明县东明集段末营村党支部书记	男	1955.9	汉族	东明东明集	大专	中共党员	农民	
徐桂荣	东明县长兴集西黑岗村党支部书记	女	1943.10	汉族	东明长兴集	初中	中共党员	农民	
王兰枝	东明县焦园温占村委会主任	女	1949.7	汉族	东明焦园	小学	中共党员	农民	
李延良	菏泽地委副书记	男	1946.11	汉族	山东蒙阴	大专	中共党员	干部	
马平昌	菏泽地委常委、组织部部长	男	1957.2	汉族	山东淄博	大学	中共党员	干部	
毕可文	原菏泽地区人大工委主任、党组书记	男	1937.6	汉族	山东文登	大学	中共党员	干部	
唐留书	菏泽地委组织部副部长兼老干部局局长、人事局局长	男	1946.11	汉族	山东东明	大学	中共党员	干部	

续表 9

姓名	现任（或原任）职务	性别	出生年月	民族	籍贯	学历	党派	界别	备注
刘宝祥	菏泽地区地矿局局长	男	1945.9	汉族	山东东明	大学	中共党员	干部	
崔冠民	菏泽地区人大工委民侨外处处长	男	1946.4	汉族	东明刘楼	大专	中共党员	干部	
刘　勇	东明县委书记	男	1957.1	汉族	山东曹县	大专	中共党员	干部	
王泽启	东明县委副书记	男	1952.10	汉族	山东莘县	研究生	中共党员	干部	
牛喜凡	东明县人大常委会主任、党组书记	男	1947.10	汉族	东明陆圈	初中	中共党员	干部	
刘　鲁	东明县政府副县长	男	1963.11	汉族	山东梁山	大学	中共党员	干部	
庄付阁	东明县委常委、临河店乡党委书记	女	1957.8	汉族	东明菜园集	大学	中共党员	干部	
袁雷增	东明县城关镇党委书记	男	1954.4	汉族	东明陆圈	大学	中共党员	干部	
荣茂民	东明县大屯镇党委书记	男	1964.9	汉族	东明城关	大学	中共党员	干部	
张长青	东明县小井乡党委书记	男	1962.9	汉族	东明陆圈	大学	中共党员	干部	
郝新法	东明县司法局局长	男	1949.8	汉族	东明陆圈	中专	中共党员	干部	
倪庆印	东明县教委主任	男	1950.2	汉族	东明沙窝	大专	中共党员	知识分子	
彭宝善	东明县科委主任	男	1951.11	汉族	东明大屯	大专	中共党员	知识分子	
鲁志成	东明县马头镇党委书记	男	1965.10	汉族	东明菜园集	大学	中共党员	知识分子	
张超英	东明县妇联主任	女	1957.3	汉族	东明大屯	研究生	中共党员	知识分子	
张剑平	东明县一中校长	男	1953.4	汉族	东明海头	大专	中共党员	知识分子	
张同法	东明县医院院长	男	1952.8	汉族	东明五营	大专	中共党员	知识分子	
王洪恩	东明县菜园集镇副书记、乡长	男	1964.1	汉族	东明海头	大学	中共党员	知识分子	
郝明然	东明县文物所所长	男	1950.12	汉族	东明东明集	大专	无党派	知识分子	
姜　勇	东明石化集团总工程师	男	1965.12	汉族	山东淄博	大学	中共党员	知识分子	
张宽富	东明县农业局高级农艺师	男	1946.1	汉族	浙江绍兴	大学	中共党员	知识分子	
殷英杰	东明县石华集团开发公司经理	男	1957.3	汉族	东明大屯	大学	无党派	无党派人士	
庞培林	东明县医院外一科副主任	男	1964.9	汉族	东明刘楼	大学	无党派	无党派人士	

续表 9

姓名	现任（或原任）职务	性别	出生年月	民族	籍贯	学历	党派	界别	备注
王成文	东明县林业局副局长	男	1958.10	汉族	东明高村	中专	无党派	无党派人士	
顿文英	东明县人民法院立案庭庭长	女	1967.5	汉族	东明长兴	大专	无党派	无党派人士	

二、届内增补代表名录

表 10

姓名	现任（或原任）职务	性别	出生年月	民族	籍贯	学历	党派	界别	备注
王　乾	牡丹区检察院检察长	男	1959.1	汉族	山东巨野	大学	中共党员	干部	2002 年 1 月补选
王长松	巨野县委书记	男	1956.12	汉族	山东博山	研究生	中共党员	干部	2002 年 1 月补选
朱保华	巨野县委副书记、县长	男	1963.3	汉族	山东巨野	研究生	中共党员	干部	2002 年 1 月补选
刘国生	郓城县委副书记、县长	男	1963.10	汉族	山东单县	大学	中共党员	干部	2002 年 1 月补选
王永华	单县县委副书记、县长	男	1962.12	汉族	山东曹县	大学	中共党员	干部	2002 年 1 月补选
任仲义	鄄城县委副书记、县长	男	1962.8	汉族	山东郓城	大学	中共党员	干部	2002 年 1 月补选

市第十六届人民代表大会代表

2003 年 1 月，各选举单位选举产生菏泽市第十六届人民代表大会代表 568 名。其中：牡丹区代表团 98 名，曹县代表团 89 名，定陶县代表团 44 名，成武县代表团 45 名，单县代表团 72 名，巨野县代表团 56 名，郓城县代表团 65 名，鄄城县代表团 49 名，东明县代表团 50 名；中共党员 435 名，占 76.5%；妇女 105 名，占 18.5%。大专以上文化程度的 200 名，占 35.2%。届中，共终止菏泽市第十六届人民代表大会代表资格 18 名，增补菏泽市第十六届人民代表大会代表 35 名。

一、届初当选代表名录

牡丹区代表团一览表

表 11

姓名	现任（或原任）职务	性别	出生年月	民族	学历	党派	界别	备注
李明先	菏泽市委书记，市人大常委会主任	男	1945.1	汉族	大学	中共党员	干部	2003 年 4 月代表资格终止
杜昌文	菏泽市委副书记、代市长	男	1957.12	汉族	研究生	中共党员	干部	2006 年 5 月代表资格终止
赵润田	菏泽市委副书记	男	1956.9	汉族	大学	中共党员	干部	
郭仲生	菏泽市人大常委会副主任	男	1944.10	汉族	大学	中共党员	干部	

续表 11

姓名	现任（或原任）职务	性别	出生年月	民族	学历	党派	界别	备注
许　光	原菏泽地委顾问	男	1922.2	汉族	高中	中共党员	干部	
李顺广	菏泽市人大常委会秘书长	男	1946.2	汉族	大学	中共党员	干部	
程民光	菏泽市委组织部副部长兼市委老干部局局长	男	1955.3	汉族	大学	中共党员	干部	
曹修寅	菏泽市委市直机关工委书记	男	1952.11	汉族	研究生	中共党员	干部	
张秋冬	菏泽市财政局局长	男	1948.11	汉族	大专	中共党员	干部	
李福祥	菏泽市公安局局长	男	1952.2	汉族	大学	中共党员	干部	
王永成	菏泽市人大常委会委员、研究室主任	男	1949.3	汉族	大专	中共党员	干部	
陶治生	菏泽市人大常委会财经工委副主任	男	1947.4	汉族	大学	中共党员	干部	
李玉华	菏泽开发区党工委书记、管委会主任	男	1951.2	汉族	大专	中共党员	干部	
李怀堂	菏泽开发区党工委副书记、管委会副主任	男	1955.5	汉族	大学	中共党员	干部	
程海建	菏泽开发区岳程办事处党委书记	男	1964.6	汉族	大学	中共党员	干部	
董桂玲	菏泽医学专科学校五官科教研室副主任	女	1952.10	汉族	大学	无党派	无党派人士	
侯宪会	菏泽康辉旅行社董事长兼总经理	男	1975.8	汉族	大专	无党派	无党派人士	
陈晓君	菏泽市环境监测站综合分析科科长	女	1954.10	汉族	大学	无党派	无党派人士	
陈孝金	菏泽军分区政委	男	1948.1	汉族	大学	中共党员	解放军和武警	
王永江	菏泽市外经贸委主任	男	1957.3	汉族	大学	中共党员	干部	
陈维文	武警菏泽支队支队长	男	1959.11	汉族	大专	中共党员	解放军和武警	
王广金	菏泽市第二人民医院院长	男	1965.11	汉族	大学	中共党员	其他劳动者	
何东方	菏泽市立医院特检科主任	男	1969.4	汉族	大专	中共党员	其他劳动者	
李　聘	菏泽市国税局牡丹分局局长	男	1956.7	汉族	大学	中共党员	知识分子	
王　浩	牡丹区委书记	男	1963.10	汉族	研究生	中共党员	干部	
尹正仁	牡丹区人大常委会主任	男	1946.12	汉族	大学	中共党员	干部	
尹玉明	牡丹区委副书记、区长	男	1962.1	汉族	研究生	中共党员	干部	

续表 11

姓名	现任（或原任）职务	性别	出生年月	民族	学历	党派	界别	备注
孙世平	牡丹区委副书记、纪委书记	男	1952.7	汉族	大学	中共党员	干部	
乔廷龙	牡丹区委副书记	男	1957.8	汉族	大专	中共党员	干部	
邓冠芝	牡丹区政府副区长	男	1956.2	汉族	大学	中共党员	干部	
张广德	牡丹区何楼镇党委书记	男	1953.6	回族	大学	中共党员	干部	
李殿彬	牡丹区黄罡镇党委书记	男	1967.11	汉族	大学	中共党员	知识分子	
李教记	牡丹区吴店镇党委书记	男	1958.3	汉族	大学	中共党员	知识分子	
石绪鹏	牡丹区杜庄乡党委书记	男	1966.9	汉族	大学	中共党员	知识分子	
邓　露	牡丹区委常委、政法委书记	女	1967.11	汉族	研究生	中共党员	知识分子	
王海林	牡丹区南城办事处党委书记	男	1961.7	汉族	大学	中共党员	干部	
李　治	牡丹区北城办事处党委书记	男	1964.4	汉族	大学	中共党员	知识分子	
范茂林	牡丹区东城办事处党委书记	男	1964.8	汉族	大学	中共党员	知识分子	
赵福兰	牡丹区人事局局长	女	1951.11	汉族	大专	中共党员	干部	
张团昌	牡丹区委组织部副部长	男	1962.11	汉族	大学	中共党员	干部	
王洪渊	牡丹区经贸局局长	男	1958.8	汉族	大学	中共党员	知识分子	
王化臣	牡丹区粮食局局长	男	1952.12	汉族	大学	中共党员	知识分子	
常　青	牡丹区建设局局长	男	1954.10	汉族	大专	中共党员	干部	
朱继法	牡丹区公安局局长	男	1961.4	汉族	大专	中共党员	干部	
李利华	牡丹区农业局局长	男	1959.8	汉族	大专	中共党员	其他劳动者	
肖培献	牡丹区何楼镇人大主席	男	1959.9	汉族	大专	中共党员	知识分子	
吴秋华	牡丹区东城人大联络处主任	女	1956.10	汉族	大学	中共党员	知识分子	
司继春	牡丹区政协副主席、劳动保障局局长	男	1950.8	汉族	大学	中共党员	其他劳动者	
林　东	牡丹区财政局局长	男	1962.1	汉族	大学	中共党员	知识分子	
胡玉宝	牡丹区教育局局长	男	1950.8	汉族	大学	中共党员	知识分子	

续表 11

姓名	现任（或原任）职务	性别	出生年月	民族	学历	党派	界别	备注
张爱华	牡丹区人大常委会财经委主任	女	1957.3	汉族	大专	中共党员	知识分子	
晁忠亭	牡丹区牡丹人大联络处主任	男	1957.7	汉族	大专	中共党员	知识分子	
何晓文	牡丹区交通局局长	男	1957.8	汉族	大学	中共党员	知识分子	
郝丕进	牡丹区招商局局长	男	1964.8	汉族	大学	中共党员	知识分子	
梁衍春	牡丹区实验小学校长	男	1957.8	汉族	大学	中共党员	知识分子	
何西良	牡丹区大平调剧团团长	男	1963.11	汉族	中专	中共党员	其他劳动者	
蒋正林	牡丹区二十二中校长	男	1964.11	汉族	大专	中共党员	知识分子	
姜秀生	牡丹区二十一中校长	男	1951.3	汉族	大专	中共党员	知识分子	
刘燕平	牡丹区人民法院丹阳法庭副庭长	女	1970.6	汉族	大学	中共党员	其他劳动者	
陈锡华	菏泽市公安局交警支队市区大队长	男	1954.6	汉族	大学	中共党员	其他劳动者	
任新华	菏泽市工商局牡丹分局东城工商所所长	男	1972.10	汉族	大专	中共党员	其他劳动者	
安卫国	牡丹区卫生局副局长、中医院院长	男	1963.3	汉族	大学	中共党员	其他劳动者	
张　一	牡丹区教育局科员	女	1965.12	汉族	大学	中共党员	其他劳动者	
袁月亮	菏泽市公安局开发区分局副局长	男	1953.3	汉族	大专	中共党员	其他劳动者	
李贵章	青岛啤酒（菏泽）有限公司总经理	男	1953.12	汉族	大学	中共党员	工农	
彭继先	菏泽睿源化工有限公司董事长	男	1962.7	汉族	研究生	中共党员	工农	
冯天杰	菏泽广源铜带公司董事长	男	1942.5	汉族	中专	中共党员	工农	
姚　凯	菏泽龙燕化纤制造有限公司总经理	男	1959.4	汉族	大学	中共党员	工农	
刘鲁湘	山东步长恩奇制药有限公司总经理	男	1954.6	汉族	大学	无党派	工农	
李志挺	牡丹区第四棉厂厂长	男	1968.12	汉族	大专	中共党员	工农	
侯晓峰	菏泽鲁晨实业有限公司董事长、总经理	男	1962.12	汉族	研究生	中共党员	工农	
杨建民	菏泽统和木业有限公司董事长	男	1962.12	汉族	中专	无党派	工农	
马建敏	牡丹区煤气公司经理	男	1962.12	汉族	大学	中共党员	工农	

续表 11

姓名	现任（或原任）职务	性别	出生年月	民族	学历	党派	界别	备注
范鲁华	菏泽鲁腾服装公司总经理	男	1963.11	汉族	高中	无党派	工农	
邓小华	菏泽三信公司总经理	男	1964.12	汉族	大学	无党派	工农	
孟令启	菏泽德乾食品公司总经理	男	1956.4	汉族	中专	无党派	工农	
康思安	牡丹区康庄市场物业管理办主任	男	1945.1	汉族	高中	中共党员	工农	
邱清仁	牡丹区棉纺色织厂厂长	男	1950.8	汉族	中专	中共党员	工农	
张之玉	菏泽煤炭运销有限公司总经理	男	1966.8	汉族	大专	无党派	工农	
王晓蕾	菏泽远程商贸公司总经理	女	1970.1	汉族	大学	无党派	工农	
丁新甫	菏泽惠慈医院院长	男	1952.2	汉族	大专	无党派	工农	
史　源	菏泽新世纪技能培训学校校长	男	1965.5	汉族	大专	无党派	无党派人士	
张文建	牡丹区畜牧兽医站站长	男	1959.8	汉族	大学	中共党员	工农	
姜新建	菏泽兴隆房地产开发有限公司董事长	男	1965.3	汉族	高中	中共预备党员	工农	
张毅斌	山东国花酒业公司董事长	男	1965.11	汉族	大学	无党派	工农	
李建功	菏泽绿野化工厂厂长	男	1961.12	汉族	大专	中共党员	工农	
洪艳丽	菏泽南华购物广场儿童用品部经理	女	1970.2	汉族	高中	无党派	工农	
朱玉烨	牡丹区南城办朝阳社区管委会党总支书记	男	1953.6	汉族	大专	中共党员	工农	
孙洪成	牡丹区高庄镇袁堌堆村党支部书记	男	1945.11	汉族	初中	中共党员	工农	
朱柱山	牡丹区北城办事处北关居委会主任	男	1955.10	汉族	大专	中共党员	工农	
卞同海	牡丹区西城办事处龙亭社区党支部书记	男	1958.3	回族	中专	中共党员	工农	
白素良	牡丹区胡集乡东马垓村党支部书记	男	1954.8	回族	中专	中共党员	工农	
马西顺	牡丹区都司镇西马垓村委会主任	男	1955.5	回族	初中	无党派	工农	
邵学坤	牡丹区东城办事处仓房社区党总支书记	男	1952.7	汉族	大专	中共党员	工农	
赵效金	牡丹区牡丹办事处赵楼村党支部书记	男	1968.3	汉族	大学	中共党员	工农	
高金銮	牡丹区人民医院主治医师	女	1968.11	汉族	大专	无党派	无党派人士	

续表 11

姓名	现任（或原任）职务	性别	出生年月	民族	学历	党派	界别	备注
桑文娜	牡丹区胜利小学校长	女	1974.10	汉族	大专	无党派	无党派人士	

曹县代表团一览表

表 12

姓名	现任（或原任）职务	性别	出生年月	民族	学历	党派	界别	备注
潘兴玺	菏泽市人大常委会副主任	男	1945.9	汉族	大学	中共党员	干部	
文廷良	菏泽市人大常委会副主任、党组成员	男	1946.4	汉族	大学	中共党员	干部	
夏鲁青	菏泽市政府副市长、党组成员	男	1962.1	汉族	研究生	中共党员	干部	2007 年 1 月代表资格终止
梁抗美	菏泽市委党校党委书记	男	1951.5	汉族	大专	中共党员	干部	
李　民	菏泽市纪委副书记	男	1961.11	汉族	大学	中共党员	干部	
晁岳坤	菏泽市人大常委会内司委副主任	男	1945.11	汉族	大学	中共党员	干部	
宋　波	菏泽市人大常委会副秘书长、办公室主任	男	1959.11	汉族	大学	中共党员	干部	
孙寿海	菏泽市中级人民法院代院长	男	1952.3	汉族	大学	中共党员	干部	
徐光璞	菏泽市妇联主席	女	1950.3	汉族	大专	中共党员	干部	
刘付德	菏泽市广播电视局（台）局（台）长	男	1953.5	汉族	中专	中共党员	知识分子	
于海寅	山东贵和律师事务所主任	男	1959.11	汉族	大学	中共党员	知识分子	
张修田	菏泽市教育局局长	男	1956.2	汉族	大学	中共党员	干部	
杨炳河	菏泽军分区司令员	男	1949.11	汉族	大专	中共党员	解放军和武警	
韩明理	菏泽发电厂厂长	男	1956.7	汉族	大学	中共党员	工农	2003 年 12 月代表资格终止
王振钦	曹县县委书记、县人大常委会主任	男	1962.10	汉族	研究生	中共党员	干部	
李安现	曹县县委副书记、县长	男	1955.3	汉族	大学	中共党员	干部	2005 年 1 月代表资格终止
蔡玉河	曹县县委副书记	男	1954.10	汉族	大专	中共党员	干部	
陈建华	曹县县委副书记、纪委书记	男	1963.4	汉族	大学	中共党员	干部	
刘怀柱	曹县县委常委	男	1962.3	汉族	研究生	中共党员	干部	2005 年 1 月代表资格终止

续表 12

姓名	现任（或原任）职务	性别	出生年月	民族	学历	党派	界别	备注
王明杰	曹县人大常委会副主任	男	1949.12	汉族	大专	中共党员	干部	
王又兰	曹县人大常委会副主任	女	1952.4	汉族	大学	中共党员	干部	
阎　凌	曹县人大常委会副主任、普连集镇党委书记	男	1962.12	汉族	大学	中共党员	干部	
郑荣秀	曹县科学技术协会主席	女	1955.4	汉族	大学	中共党员	干部	
李学孟	曹县公安局局长	男	1954.2	汉族	大专	中共党员	干部	
孙忠华	曹县人民检察院检察长	男	1952.9	汉族	大学	中共党员	干部	
王思华	曹县人民法院院长	男	1968.4	汉族	大学	中共党员	干部	
王洪杰	曹县政府办公室主任	男	1954.1	汉族	中专	中共党员	干部	
高　嵩	曹县安监局局长	男	1965.12	汉族	大学	中共党员	干部	
张钦举	曹县人事局党组书记	男	1957.5	汉族	大专	中共党员	干部	
陈卫国	曹县农业局局长	男	1958.1	汉族	大学	中共党员	干部	
沙爱华	曹县卫生局党组书记	女	1953.7	回族	大学	中共党员	干部	
张东贤	曹县庄寨镇党委书记	男	1958.11	汉族	大学	中共党员	干部	
王学忠	曹县苏集镇党委书记	男	1963.4	汉族	大学	中共党员	干部	
贾相如	曹县梁堤头镇党委书记	男	1963.2	汉族	大学	中共党员	干部	
张春华	曹县王集镇镇长	女	1973.3	回族	大学	中共党员	干部	
袁朝晖	曹县大集乡乡长	女	1968.5	汉族	大学	中共党员	干部	
刘忠华	曹县国家税务局局长	男	1955.12	汉族	大专	中共党员	干部	
高玉生	曹县财政局局长	男	1954.1	汉族	大学	中共党员	干部	2003 年 12 月代表资格终止
袁宗献	曹县工商局局长	男	1947.12	汉族	大专	中共党员	干部	
王泽坤	曹县广播电视局（台）局（台）长	男	1953.12	汉族	大专	中共党员	知识分子	
王德运	曹县电业局局长	男	1966.12	汉族	大学	中共党员	知识分子	
孙红星	曹县交警大队大队长	男	1961.4	汉族	研究生	中共党员	知识分子	

续表 12

姓名	现任(或原任)职务	性别	出生年月	民族	学历	党派	界别	备注
户付生	曹县棉麻公司经理	男	1964.10	汉族	大学	中共党员	知识分子	
马凤芹	曹县财政局会计师	女	1965.7	汉族	大学	中共党员	知识分子	
冯中山	曹县县委党校副校长	男	1965.6	汉族	大学	中共党员	知识分子	
孙元涛	曹县第一中学校长	男	1965.9	汉族	大学	中共党员	知识分子	
韦　斌	曹县人民医院院长	男	1959.10	汉族	大学	中共党员	知识分子	
赵　丽	曹县师范学校讲师	女	1972.2	汉族	大学	无党派	知识分子	
李忠兰	曹县魏湾镇中学一级教师	女	1966.4	汉族	大学	无党派	知识分子	
郭素英	曹县华康骨科医院院长	女	1963.6	汉族	大学	无党派	知识分子	
赵德荣	曹县百隆公司党委书记	男	1964.4	汉族	高中	中共党员	工人	
安　军	山东省三利轮胎公司董事长	男	1956.11	汉族	大专	中共党员	工人	
王　光	山东王光集团董事长	男	1963.4	回族	大专	中共党员	工人	
史瑞勤	曹县新华婚纱影楼经理	女	1959.12	汉族	高中	无党派	工人	
张超君	曹县超君孵化场场长	女	1962.1	汉族	高中	无党派	工人	
王银香	曹县曹城镇五里墩村支书	女	1960.8	汉族	大专	中共党员	农民	
冯占立	曹县曹城镇沙果园村支书	男	1951.11	汉族	初中	中共党员	农民	
沈保魁	曹县曹城镇卢寨村支书	男	1968.12	汉族	大学	中共党员	农民	
谢周德	曹县郑庄乡班庄村支书	男	1944.5	汉族	高中	中共党员	农民	
崔业为	曹县亚鲁工艺品公司董事长	男	1968.10	汉族	大专	无党派	农民	
郭俊海	曹县青岗集乡郭楼村委会主任	男	1966.12	汉族	高中	无党派	农民	
武中华	曹县青岗集乡鑫华加油站经理	男	1972.2	汉族	高中	无党派	农民	
李金亮	曹县曹普工艺公司董事长	男	1959.6	汉族	大学	中共党员	农民	
李宪君	曹县古营集镇安仁集村支书	男	1954.10	汉族	大专	中共党员	农民	
高洪旗	曹县砖庙镇孙高庄村支书	男	1962.11	汉族	中专	中共党员	农民	

续表 12

姓名	现任（或原任）职务	性别	出生年月	民族	学历	党派	界别	备注
伊德山	曹县韩集镇伊庄村支书	男	1954.1	汉族	高中	中共党员	农民	
李凤丽	曹县常乐集乡马楼村计生主任	女	1972.10	汉族	高中	无党派	农民	
孙　其	曹县金宇木制工艺品厂厂长	男	1951.12	汉族	初中	无党派	农民	
郭继春	曹县王集镇郭庄村支书	男	1956.12	回族	大专	中共党员	农民	
金付学	曹县民族工业公司总经理	男	1950.2	回族	大专	中共党员	农民	
王爱民	曹县三羊皮革服装厂厂长	男	1962.9	回族	高中	无党派	农民	
孙德林	菏泽巨鑫源食品公司董事长	男	1964.2	汉族	研究生	中共党员	农民	
袁公引	曹县青堌集镇朱老家村支书	男	1943.10	汉族	大专	中共党员	农民	
李　军	曹县壮大食品有限公司总经理	男	1968.9	汉族	大专	无党派	农民	
张美芹	曹县安蔡楼镇望鲁集小学教师	女	1969.5	回族	高中	无党派	农民	
陈复金	曹县阎店楼镇陈楼寨村支书	男	1969.10	汉族	大学	中共党员	农民	
赵凤兰	曹县梁堤头镇祝口村妇联主任	女	1952.12	汉族	初中	中共党员	农民	
田永亮	曹县永亮科技公司总经理	男	1971.12	汉族	大专	中共党员	农民	
李云兰	曹县邵庄镇旗杆庄村支书	女	1945.5	汉族	初中	中共党员	农民	
吴跃亭	曹县草业科技研究中心主任	男	1968.9	汉族	大专	中共党员	农民	
柴洪涛	曹县科协高新科技中心经理	男	1964.8	汉族	大学	中共党员	农民	
冯中和	曹县华鲁卫生材料公司总经理	男	1963.4	汉族	中专	中共党员	农民	
张庆剑	曹县林业局工程师	男	1967.10	汉族	大学	无党派	无党派人士	
张爱臣	曹县朱洪庙乡人大副主席	男	1960.10	汉族	大学	无党派	无党派人士	
刘艳婷	曹县青堌集镇副镇长	女	1973.12	汉族	大专	无党派	无党派人士	
王彦行	曹县花木制品有限公司董事长	男	1968.12	汉族	大专	无党派	无党派人士	
刘庆龙	菏泽美家家居用品公司经理	男	1965.5	汉族	高中	无党派	无党派人士	
赵汝学	曹县大集乡科技副乡长	男	1964.6	汉族	大专	无党派	无党派人士	

续表 12

姓名	现任（或原任）职务	性别	出生年月	民族	学历	党派	界别	备注
张爱萍	曹县科学技术局副局长	女	1956.10	汉族	大学	中共党员	侨眷	

定陶县代表团一览表

表 13

姓名	现任（或原任）职务	性别	出生年月	民族	学历	党派	界别	备注
阎世海	菏泽市人大常委会原副主任、党组副书记	男	1942.8	汉族	大学	中共党员	干部	
杨成训	菏泽市政协原主席、党组书记	男	1942.6	汉族	大专	中共党员	干部	
范福临	菏泽市人大常委会副主任	男	1945.8	汉族	大学	中共党员	干部	
刘殿毅	菏泽市委常委、秘书长	男	1955.2	汉族	大学	中共党员	干部	2005 年 1 月代表资格终止
邵好学	菏泽市政府副市长、党组成员	男	1952.3	汉族	大专	中共党员	干部	
李学军	菏泽市政府市长助理、市发展计划委员会主任	男	1951.9	汉族	大学	中共党员	干部	
孙建民	菏泽医学专科学校党委书记	男	1944.8	汉族	大专	中共党员	知识分子	
汤建梅	菏泽市人大常委会副主任、菏泽市畜牧工作站副站长、市畜禽良种推广中心主任、民盟山东省委常委、民盟菏泽市委主委	女	1957.8	回族	大学	民盟	民主党派	
段伯汉	定陶县委书记	男	1958.2	汉族	研究生	中共党员	干部	
王彤宇	定陶县委副书记、县长	男	1965.6	汉族	大学	中共党员	干部	
李清安	定陶县人大常委会主任	男	1951.11	汉族	大学	中共党员	干部	
王鲁陶	定陶县政府办公室主任	男	1958.1	汉族	大学	中共党员	干部	
王乃忠	定陶县人民法院院长	男	1955.12	汉族	大学	中共党员	干部	
孔庆雪	定陶县经贸局局长	男	1952.7	汉族	大专	中共党员	干部	
初善波	山东九发食用菌股份有限公司菏泽分公司经理	男	1962.7	汉族	初中	中共党员	工人	
王利平	定陶县农技站副站长	男	1962.12	汉族	中专	无党派	知识分子	
蔡忠河	定陶县公路局局长	男	1962.5	汉族	大专	中共党员	工人	
吴保良	定陶县农村信用联社主任、定陶县农联社董事长	男	1960.7	汉族	大专	中共党员	工人	
魏庆禄	山东圣龙集团董事长	男	1953.8	汉族	大专	中共党员	工人	

续表 13

姓名	现任（或原任）职务	性别	出生年月	民族	学历	党派	界别	备注
马法运	定陶县人民医院院长	男	1961.1	汉族	大专	中共党员	知识分子	
任会路	定陶县发展计划局局长	男	1957.5	汉族	大专	中共党员	知识分子	
李心智	定陶县劳动和社会保障局局长	男	1953.2	汉族	大学	中共党员	知识分子	
杨培杰	定陶县计划生育局局长	男	1953.7	汉族	大专	中共党员	知识分子	
田同修	定陶县定陶镇党委书记	男	1957.1	汉族	大学	中共党员	干部	
孙惠平	定陶县腾达制衣有限责任公司经理	女	1951.12	汉族	高中	无党派	工人	
张代卿	定陶县陈集镇党委书记	男	1963.3	汉族	大学	中共党员	干部	
孔凡恩	定陶县定陶镇建筑公司经理	男	1957.9	汉族	大学	中共党员	工人	
张善绪	定陶县菏达纸业公司董事长	男	1957.7	汉族	大专	中共党员	工人	
乔方臣	定陶县冉堌镇党委书记	男	1966.11	汉族	研究生	中共党员	干部	
胡丕东	定陶县冉堌镇丕东实业公司经理	男	1960.12	汉族	高中	无党派	农民	
阎兆伦	定陶县黄店镇阎楼村党支部书记	男	1962.6	汉族	高中	中共党员	农民	
万巧云	定陶县南王店乡电石厂工人	女	1954.3	汉族	高中	无党派	工人	
陈尔桥	定陶县马集镇镇长	男	1962.8	汉族	大学	中共党员	知识分子	
左新华	定陶县马集镇马集村村民	女	1971.5	汉族	中专	无党派	农民	
谢冬梅	定陶县杜堂乡许堂村村民	女	1966.1	汉族	高中	无党派	农民	
李　颖	定陶县仿山乡乡长	女	1971.11	汉族	研究生	中共党员	知识分子	
朱雪梅	定陶县仿山乡开发区制衣厂厂长	女	1955.8	汉族	中专	无党派	工人	
史庆雷	定陶县半堤乡党委副书记	男	1959.3	汉族	大学	中共党员	知识分子	
徐贵云	定陶县孟海镇琉璃庙村村民	女	1963.11	汉族	高中	无党派	农民	
王德杰	定陶县张湾镇张湾村党支部书记	男	1966.12	汉族	大专	中共党员	农民	
张俊霞	定陶县张湾镇东寨村村民	女	1964.6	汉族	初中	无党派	农民	
王瑞臣	定陶县财政局局长	男	1962.9	汉族	大学	中共党员	知识分子	

续表 13

姓名	现任（或原任）职务	性别	出生年月	民族	学历	党派	界别	备注
何小荣	定陶县黄店镇千古酒厂厂长	女	1962.12	汉族	高中	无党派	工人	
尹庆民	定陶农村信用联社副主任	男	1970.4	白族	大学	无党派	工人	
宫　超	山东鲁华集团总裁委员会委员、调味品中心副总经理、生产采购管理中心副总经理	男	1969.6	汉族	大专	无党派	工人	2003 年 12 月代表资格终止

成武县代表团一览表

表 14

姓名	现任（或原任）职务	性别	出生年月	民族	学历	党派	界别	备注
王祖和	菏泽市委常委，市纪委书记	男	1947.1	汉族	大学	中共党员	干部	
崔建平	菏泽市委常委、政法委书记	男	1957.1	汉族	研究生	中共党员	干部	
朱献瑞	菏泽市人民检察院原检察长、党组书记	男	1947.3	汉族	大学	中共党员	干部	
丁伟民	菏泽市人民检察院代理检察长	男	1956.10	汉族	大学	中共党员	干部	
党文生	菏泽市建委主任	男	1951.1	汉族	大专	中共党员	干部	
吕恒芝	菏泽市人大常委会教科文卫委副主任	女	1945.8	汉族	大专	中共党员	干部	
张玉昌	菏泽市总工会主席	男	1952.6	汉族	大专	中共党员	干部	
包谊春	菏泽师专党委书记	男	1943.1	汉族	初中	中共党员	干部	
付守明	成武县委书记	男	1963.9	汉族	研究生	中共党员	干部	
庞如圣	成武县人大常委会主任	男	1945.8	汉族	高中	中共党员	干部	
曹宇翔	成武县委副书记、县长	男	1966.1	汉族	大学	中共党员	干部	2005 年 1 月代表资格终止
刘广来	成武县委常委、组织部部长	男	1954.9	汉族	大学	中共党员	干部	
庞宗合	成武县宏达造纸厂总经理	男	1956.7	汉族	大学	中共党员	工人	
郭　刚	成武县经贸局局长	男	1964.2	汉族	大学	中共党员	知识分子	
刘雪荣	成武县妇联主席	女	1957.7	汉族	大学	中共党员	知识分子	
肖友振	成武县人事局局长	男	1957.1	汉族	大学	中共党员	干部	
陈秀兰	成武县财政局会计师	女	1952.10	汉族	大学	中共党员	知识分子	

续表 14

姓名	现任（或原任）职务	性别	出生年月	民族	学历	党派	界别	备注
杨建立	成武县团委书记	男	1970.1	回族	大学	中共党员	知识分子	
秦宗义	成武县一中教务处主任	男	1960.10	汉族	大学	中共党员	知识分子	
翟瑞华	成武县人民医院院长	女	1951.12	汉族	大学	无党派	知识分子	
孙景明	成武县农业局局长	男	1953.10	汉族	大学	中共党员	知识分子	
李洪光	成武县交通局局长	男	1963.8	汉族	大学	中共党员	知识分子	
马效坤	山东现代达驰集团总经理	男	1947.8	汉族	大专	中共党员	工人	
谷启贤	成武县政府顾问	男	1949.1	汉族	大专	中共党员	知识分子	
郭保印	成武县银翔集团总经理	男	1953.5	汉族	大专	中共党员	工人	
姚　林	成武县森利集团总经理	男	1954.11	汉族	大专	中共党员	工人	
王利民	成武县电业公司总经理	男	1955.2	汉族	大专	中共党员	工人	
孟宪东	成武县人行经济师	男	1969.5	汉族	大学	中共党员	知识分子	
郭兆雷	成武县人民法院院长	男	1955.10	汉族	大专	中共党员	干部	
王厚元	成武县人民检察院检察长	男	1955.10	汉族	大学	中共党员	干部	
刘建华	成武县成武镇党委书记	男	1958.10	汉族	大专	中共党员	干部	
李金忠	成武县鑫鑫饲料公司总经理	男	1969.4	汉族	大专	无党派	农民	2005 年 1 月代表资格终止
邓桂云	成武县九女镇九女村村民	女	1969.4	汉族	高中	无党派	农民	
马玉兰	成武县天宫庙镇西黄村村民	女	1963.5	汉族	高中	无党派	农民	
侯振祥	成武县孙寺镇科技园园长	男	1952.12	汉族	大专	中共党员	农民	
张素华	成武县苟村镇政府职工	女	1964.12	汉族	大学	中共党员	工人	
孙存德	成武县绿野集团有限公司董事长	男	1954.3	汉族	高中	无党派	农民	
田质先	成武县张楼乡人大主席	男	1955.2	汉族	中专	中共党员	干部	
李成祥	成武县田集镇呈祥电工电气公司经理	男	1959.1	汉族	大学	无党派	农民	
马付印	成武县印龙公司总经理	男	1971.3	汉族	大专	无党派	农民	

续表 14

姓名	现任（或原任）职务	性别	出生年月	民族	学历	党派	界别	备注
朱　黎	成武县党集乡政府干部	女	1975.7	汉族	大专	中共党员	干部	
姜知方	成武县南鲁动物药品厂厂长	男	1947.10	汉族	中专	无党派	农民	
侯长坤	成武县汶上集镇党委书记、人大主席	男	1957.10	汉族	大学	中共党员	干部	
赵元民	成武县汶上集镇三元公司董事长	男	1954.6	汉族	中专	无党派	农民	
王兆国	成武县伯乐集镇乐宝奶牛厂厂长	男	1957.10	汉族	中专	中共党员	工人	

单县代表团一览表

表 15

姓名	现任（或原任）职务	性别	出生年月	民族	学历	党派	界别	备注
孟祥伦	菏泽市委统战部部长，菏泽市政协副主席、党组成员	男	1948.12	汉族	大专	中共党员	干部	
潘建荣	菏泽市政协副主席、党组成员	男	1945.12	汉族	大专	中共党员	干部	
张玉佩	菏泽市委常委、政法委书记	男	1954.7	汉族	大学	中共党员	干部	
时启坤	菏泽市政府市长助理	男	1949.1	汉族	研究生	中共党员	干部	
焦守进	菏泽市民政局局长	男	1955.6	汉族	大学	中共党员	干部	
刘俊生	菏泽市通信分公司总经理	男	1956.6	汉族	大学	中共党员	工人	
霍保银	菏泽市审计局局长	男	1951.11	汉族	大学	中共党员	知识分子	
王德业	中国人民银行菏泽市中心支行行长	男	1953.2	汉族	大专	中共党员	知识分子	2006 年 5 月代表资格终止
吴爱国	菏泽市规划建筑设计院院长	男	1967.5	汉族	研究生	中共党员	知识分子	
何茂远	九三学社省委常委、菏泽市委主委，菏泽市政府副市长	男	1952.6	汉族	大专	九三学社	干部	
何常丽	菏泽师专外语系副主任	女	1958.6	汉族	大学	无党派	知识分子	
宋绍先	单县县委书记	男	1952.4	汉族	大学	中共党员	干部	
赵传山	单县县委副书记、县长	男	1957.1	汉族	大学	中共党员	干部	
段文喜	单县人大常委会主任	男	1949.1	汉族	大学	中共党员	干部	
张忠江	单县县委副书记、县委党校校长	男	1955.11	汉族	大学	中共党员	干部	

续表 15

姓名	现任（或原任）职务	性别	出生年月	民族	学历	党派	界别	备注
赵汝坤	单县县委副书记、副县长	男	1963.3	汉族	大学	中共党员	干部	
成　伟	单县县委副书记、纪委书记	男	1962.8	汉族	大学	中共党员	干部	
袁洪升	单县县委常委、组织部部长	男	1957.3	汉族	大学	中共党员	干部	
孟祥巨	单县发展计划局局长	男	1957.9	汉族	大学	中共党员	干部	
董清文	单县人民检察院批捕科科长	男	1956.9	汉族	大专	中共党员	干部	
祝兰华	单县公安局局长	男	1961.7	汉族	大专	中共党员	干部	
刘宝玉	单县计划生育局局长	男	1953.6	汉族	大专	中共党员	干部	
张福龙	单县单城镇党委书记	男	1961.11	汉族	大专	中共党员	干部	
张新雷	单县郭村镇党委书记	男	1962.3	汉族	大学	中共党员	干部	
付道春	单县高韦庄镇党委书记	男	1963.3	汉族	大学	中共党员	知识分子	
于凤珍	单县中心医院骨科主任	男	1962.3	汉族	大专	无党派	知识分子	
韦　钰	单县实验小学副校长	女	1953.10	汉族	大专	中共党员	知识分子	
孟兰华	单县保健院院长	女	1958.1	汉族	大专	中共党员	知识分子	
刘兴宽	单县广电中心主任	男	1953.3	汉族	大专	中共党员	知识分子	
何茂红	单县农办主任	男	1962.10	汉族	大学	中共党员	知识分子	
马中锋	单县水务局局长	男	1952.9	回族	大专	中共党员	知识分子	
谢孔焕	单县地方税务局稽查局副局长	男	1969.8	汉族	大专	中共党员	知识分子	2003 年 12 月代表资格终止
曹培慧	单县妇联办公室主任	女	1974.12	汉族	大学	中共党员	知识分子	
马生科	单县师范教务处主任	男	1965.3	汉族	大专	无党派	知识分子	
关兆科	单县政府办公室主任	男	1958.3	汉族	大学	中共党员	知识分子	
刘仰坤	单县五中党支部书记	男	1949.10	汉族	大学	中共党员	知识分子	
魏荣超	单县经贸局局长	男	1962.8	汉族	大专	中共党员	知识分子	
王卫东	单县李新庄镇党委书记	男	1962.8	汉族	大学	中共党员	干部	

续表 15

姓名	现任（或原任）职务	性别	出生年月	民族	学历	党派	界别	备注
刘守进	单县杨楼镇党委书记	男	1960.11	汉族	大学	中共党员	干部	
朱艳霞	单县一中政教处副主任	女	1971.4	汉族	研究生	无党派	知识分子	
孟庆魁	单县财政局局长	男	1958.9	汉族	大学	中共党员	干部	
苏　翼	单县中心医院外三科主任	男	1960.11	汉族	大专	无党派	侨眷	
郭祥海	单县人大常委会副主任	男	1955.12	汉族	大专	民盟	民主党派	
王进龙	单县一中语文教研室主任	男	1964.1	汉族	大学	民盟	民主党派	
李爱华	单县体育中心副主任	女	1964.9	汉族	大专	无党派	无党派人士	
段培旭	单县水产中心技术站站长	男	1957.7	汉族	大专	中共党员	工人	
徐承秋	单县有机化工厂厂长	男	1944.8	汉族	大学	中共党员	工人	
李新民	单县四君子酒业有限公司董事长、总经理	男	1956.6	汉族	大专	中共党员	工人	
朱艳梅	单县粮食局会计	女	1956.10	汉族	大专	无党派	工人	
王青山	单县麻纺集团总经理	男	1958.11	汉族	高中	无党派	工人	
帅志雪	单县环卫处班长	女	1968.4	汉族	高中	无党派	工人	
高粱栋	单县公路局局长	男	1955.3	汉族	大专	中共党员	工人	
李峰志	单县棉纺织厂厂长	男	1952.3	汉族	大专	中共党员	工人	
马秀芝	单县民族武校教练	女	1958.1	回族	高中	无党派	工人	
黄汝航	单县金盾车辆销售总公司总经理	男	1968.2	汉族	高中	无党派	农民	
丁书法	单县莱河镇丁楼村主任	男	1958.5	汉族	高中	中共党员	农民	
纪　娟	单县孙溜镇中学教师	女	1966.6	汉族	大专	无党派	其他劳动者	
丁玉玲	单县谢集乡王桥村农民	女	1966.5	汉族	初中	无党派	农民	
李付灵	单县高老家乡韦洼村主任	男	1959.6	汉族	中专	中共党员	农民	
马田云	单县曹庄乡秦庄村支书	女	1952.7	汉族	高中	中共党员	农民	
韦统生	单县浮岗镇双庙村支书	男	1952.5	汉族	高中	中共党员	农民	

续表 15

姓名	现任（或原任）职务	性别	出生年月	民族	学历	党派	界别	备注
丁继真	单县黄岗镇汤楼村农民	女	1955.9	汉族	高中	无党派	农民	
王爱社	单县朱集镇朱集村支书	男	1952.9	汉族	中专	中共党员	农民	
蔡玉坤	单县蔡堂镇苏双楼村支书	男	1968.3	汉族	初中	中共党员	农民	
李金亮	单县龙王庙镇罗庄制管厂厂长	男	1952.8	汉族	高中	无党派	农民	
时桂芹	单县终兴镇杨营小学教务主任	女	1965.3	汉族	中专	无党派	农民	
齐行玉	单县张集镇大齐楼村支书	男	1955.1	汉族	高中	中共党员	农民	
时圣玉	单县时楼镇关黄庄村支书	男	1952.8	汉族	高中	中共党员	农民	
胡凤玲	单县李田楼乡王河口村支书	女	1949.3	汉族	大学	中共党员	农民	
齐俊亮	单县徐寨镇齐庄村支书	男	1955.2	汉族	中专	中共党员	农民	
牛保金	单县李新庄镇胜利窑厂厂长	男	1961.3	汉族	高中	无党派	农民	

巨野县代表团一览表

表 16

姓名	现任（或原任）职务	性别	出生年月	民族	学历	党派	界别	备注
周书运	菏泽市人大常委会原副主任、党组成员	男	1944.6	汉族	大专	中共党员	干部	
于法杰	原菏泽地区人大工委主任、党组书记	男	1931.3	汉族	高中	中共党员	干部	
王文升	菏泽市政府副市长、党组成员	男	1954.4	汉族	大学	中共党员	干部	
孔繁芝	菏泽市人大常委会财经工委副主任	男	1947.1	汉族	大学	中共党员	干部	
孙庆华	菏泽市国税局局长	男	1960.10	汉族	研究生	中共党员	干部	
付章丽	菏泽市外经贸局局长	男	1957.5	汉族	大学	中共党员	干部	
史崇亮	菏泽交通集团总公司党委书记、总经理	男	1947.2	汉族	大专	中共党员	工人	
彭　华	菏泽市科技局局长	男	1954.9	汉族	大专	中共党员	知识分子	
刘莲秋	菏泽市立医院妇产科主任	女	1954.6	汉族	大专	无党派	无党派人士	
王长松	巨野县委书记	男	1956.12	汉族	研究生	中共党员	干部	

续表 16

姓名	现任（或原任）职务	性别	出生年月	民族	学历	党派	界别	备注
朱保华	巨野县委副书记、县长	男	1963.3	汉族	研究生	中共党员	干部	
王有杰	巨野县委副书记	男	1964.7	汉族	大学	中共党员	干部	
常贵民	巨野县人大常委会主任	男	1964.9	汉族	高中	中共党员	干部	
李　维	巨野县人民法院院长	男	1959.5	汉族	研究生	中共党员	干部	
申爱君	巨野县团委书记	女	1972.4	汉族	大学	中共党员	干部	
庞恩启	巨野县田庄镇党委书记	男	1963.10	汉族	大学	中共党员	干部	
张庆玺	巨野县龙堌镇党委书记	男	1966.3	汉族	大学	中共党员	干部	
韩法政	巨野县麒麟镇党委书记	男	1962.11	汉族	大专	中共党员	干部	
燕　华	巨野县柳林镇党委书记	男	1963.11	汉族	大学	中共党员	干部	
杨绍兴	巨野县纪委副书记	男	1960.12	汉族	大学	中共党员	干部	
郭本杰	巨野县建设局局长	男	1957.4	汉族	大专	中共党员	干部	
李保进	巨野县农业局土肥站站长	男	1958.8	汉族	大学	中共党员	知识分子	
郭本曦	巨野县畜牧局兽医师	女	1966.12	汉族	大专	无党派	知识分子	
商义凤	巨野县一中校长	男	1951.12	汉族	大专	中共党员	知识分子	
赵家新	巨野师范学校校长	男	1954.11	汉族	大学	中共党员	知识分子	
杨钟晓	巨野县人民医院院长	男	1953.9	汉族	中专	中共党员	知识分子	
陈允望	巨野县中医院院长	男	1954.3	汉族	大专	中共党员	知识分子	
徐效峰	巨野县如丝公司总工程师	男	1965.2	汉族	大学	中共党员	知识分子	
刘法来	山东花冠酒业有限公司总经理	男	1952.8	汉族	大专	中共党员	工人	
吕枝华	巨野县泵业有限公司总经理	男	1947.8	汉族	大学	中共党员	工人	
孙念恩	巨野县农业局干部	男	1938.6	汉族	中专	中共党员	工人	
尚瑞芬	巨野县新世纪银星购物广场总经理	女	1964.12	汉族	大专	无党派	无党派人士	
李建格	巨野县公路局材料科科长	男	1969.8	汉族	大学	中共党员	工人	

续表 16

姓名	现任（或原任）职务	性别	出生年月	民族	学历	党派	界别	备注
孔凤英	巨野县国税局人教科副科长	女	1963.10	汉族	大专	中共党员	工人	
张高燕	巨野县润华药业有限公司办公室副主任	女	1963.9	汉族	大专	无党派	工人	
刘自杰	巨野县佳农果蔬有限公司经理	男	1974.10	汉族	大学	无党派	工人	
魏洪豪	巨野县麟州家电公司经理	男	1963.6	汉族	高中	中共党员	工人	
赵诗谦	巨野县玉麟印刷厂厂长	男	1947.9	汉族	大专	中共党员	工人	
张百来	巨野县巨野镇南关居委会支部书记	男	1957.7	汉族	大专	中共党员	农民	
杨克超	巨野县双扬面粉公司经理	男	1956.2	汉族	大专	中共党员	农民	
张福运	巨野县国华工艺品厂厂长	男	1962.2	汉族	高中	无党派	农民	
张善仲	巨野县绿园纺织有限公司总经理	男	1970.8	汉族	大专	中共党员	工人	
毕鹏山	巨野县龙翔肉类公司经理	男	1975.12	汉族	大学	无党派	工人	
王光立	巨野县麟州筛粉机厂厂长	男	1963.9	汉族	大专	中共党员	农民	
于泉庆	巨野县太平洋果蔬公司经理	男	1961.7	汉族	大专	无党派	工人	
刘宜福	巨野县万丰镇苏集村农民	男	1964.6	汉族	高中	无党派	农民	
孙玉环	巨野县营里镇政府职工	女	1972.5	汉族	大专	无党派	其他劳动者	
邢存亮	巨野县绿科饲料有限公司工人	男	1972.12	汉族	大专	无党派	其他劳动者	
吕新芳	巨野县柳林镇一中教师	男	1964.4	汉族	大专	无党派	其他劳动者	
梁之宪	巨野县鹏泉油业公司经理	男	1966.4	汉族	高中	无党派	农民	
夏乾轩	巨野县陶庙镇夏庄村村民	男	1956.9	回族	高中	中共党员	农民	
祝仰宏	巨野县鲁春肉制品公司经理	男	1961.9	汉族	高中	中共党员	农民	
韩爱玲	巨野县维斯达制衣公司总经理	女	1963.4	汉族	大专	无党派	其他劳动者	
张献婷	巨野县董官屯镇政府职工	女	1970.10	汉族	高中	无党派	其他劳动者	
黄海峰	巨野县凤凰山水泥制品公司总经理	男	1968.4	汉族	中专	中共党员	农民	
杨恩成	巨野县独山粮所职工	男	1961.11	汉族	大学	无党派	工人	

郓城县代表团一览表

表 17

姓名	现任(或原任)职务	性别	出生年月	民族	学历	党派	界别	备注
贾凤英	菏泽市委副书记	女	1950.11	汉族	研究生	中共党员	干部	
李胜华	菏泽市人大常委会副主任、党组成员	男	1943.3	汉族	大专	中共党员	干部	
常洪珍	菏泽市人大常委会副主任、党组成员	男	1949.8	汉族	大专	中共党员	干部	
刘金俊	菏泽市委副秘书长、办公室主任	男	1950.12	汉族	大学	中共党员	干部	
张存金	菏泽市委组织部副部长(正县级)	男	1955.2	汉族	大学	中共党员	干部	
陈好孔	菏泽市人大常委会城建环保工委副主任	男	1946.10	汉族	大专	中共党员	干部	
马欲圣	菏泽市人大常委会农工委副主任	男	1946.3	汉族	大专	中共党员	干部	
童彩云	菏泽市政府副市长、党组成员	女	1952.9	汉族	大学	中共党员	干部	
王胜军	颐中公司菏泽卷烟厂厂长	男	1958.6	汉族	大专	中共党员	工人	
李振亮	菏泽市立医院党委副书记	男	1958.9	汉族	大学	中共党员	知识分子	
周传问	郓城县工业园区主任	男	1957.7	汉族	大学	中共党员	工人	
杨　平	郓城县富仕达食品有限公司经理	男	1964.12	汉族	大专	中共党员	工人	
修建周	郓城县水浒酒厂厂长	男	1958.9	汉族	大专	中共党员	工人	
桑圣钦	郓城县圣达集团实业有限公司董事长	男	1961.3	汉族	大专	中共党员	工人	
魏一全	郓城县环卫处主任	男	1956.10	汉族	高中	无党派	工人	
高文慧	郓城县地税局征管分局副局长	女	1969.12	汉族	大专	中共党员	工人	
王秀美	郓城县人行国库科副科长	女	1973.1	汉族	大学	中共党员	工人	
王红梅	郓城县交通局财务科副科长	女	1971.11	汉族	大专	无党派	工人	
王秀玲	郓城县中医院护士长	女	1962.8	汉族	大专	无党派	工人	
梁素云	郓城县工会副主席	女	1964.10	汉族	大专	中共党员	工人	
杨秀凡	郓城县郭屯镇计生办职员	女	1973.12	汉族	中专	无党派	工人	
陈　灵	郓城县华灵集团董事长	男	1950.3	汉族	高中	中共党员	工人	
李庆雷	郓城县侯集麒麟纺织有限公司董事长	男	1968.7	汉族	高中	中共党员	工人	

续表 17

姓名	现任（或原任）职务	性别	出生年月	民族	学历	党派	界别	备注
杜瑞梅	郓城县玉皇庙金源纱厂厂长	女	1973.5	汉族	大学	无党派	工人	
崔　炜	郓城县陈坡乡副乡长	男	1966.8	汉族	大专	无党派	工人	
樊继文	郓城县南城社区居委会主任	男	1963.8	汉族	大专	中共党员	农民	
刘建伦	郓城县城关镇刘孟庄村党支部书记	男	1951.2	汉族	高中	中共党员	农民	
赵效东	郓城县双桥乡郭屯苗木繁育场场长	男	1967.10	汉族	大专	中共党员	农民	
闫继存	郓城县武安镇宏远肠衣有限公司董事长	男	1968.5	汉族	大专	无党派	农民	
刘广建	郓城县黄安镇兴安木业公司董事长	男	1966.7	汉族	大专	无党派	农民	
仲崇标	郓城县唐庙乡游龙农工商有限公司经理	男	1961.2	汉族	高中	中共党员	农民	
吴宏伟	郓城县黄安镇宏伟集团董事长	男	1969.12	汉族	高中	无党派	农民	
朱华山	郓城县黄集永昌钢球厂厂长	男	1963.4	汉族	高中	无党派	农民	
刘丙景	郓城县森江制革有限公司董事长	男	1973.6	汉族	大专	无党派	农民	
刘拥贤	郓城县宏祥家具厂厂长	男	1966.2	汉族	高中	无党派	农民	
杨兆前	郓城县黄堆集乡西杨村党支部书记	男	1949.7	汉族	大专	中共党员	农民	
于文卿	郓城县黄安镇于楼村党支部书记	男	1948.1	汉族	高中	中共党员	农民	
冷学诗	郓城县南赵楼乡户屯村党支部书记	男	1942.7	汉族	高中	中共党员	农民	
司丙涛	郓城县黄集乡钢球厂厂长	男	1968.4	汉族	中专	中共党员	农民	
吴庆启	郓城县张营镇车市庆启养牛场场长	男	1950.2	汉族	中专	无党派	农民	
杨德元	郓城县程屯恒世纺织有限公司董事长	男	1953.7	汉族	高中	无党派	农民	
杜凤云	郓城县张集乡于垓村党支部书记	女	1957.3	汉族	高中	中共党员	农民	
高木斗	郓城县委书记	男	1953.10	汉族	大学	中共党员	干部	
刘国生	郓城县委副书记、县长	男	1963.10	汉族	大学	中共党员	干部	
刘清先	郓城县人大常委会主任	男	1954.4	汉族	大学	中共党员	干部	
李文霞	郓城县审计局局长	男	1951.7	汉族	大学	中共党员	干部	

续表 17

姓名	现任（或原任）职务	性别	出生年月	民族	学历	党派	界别	备注
孙万慈	郓城县人事局局长	男	1955.7	汉族	大专	中共党员	干部	
邵　军	郓城县公安局局长	男	1954.12	汉族	大专	中共党员	干部	
张　平	郓城县郓城镇党委书记	男	1958.1	汉族	大专	中共党员	干部	
曹京黎	郓城县杨庄集镇党委书记	男	1963.1	汉族	大学	中共党员	干部	
孙从华	郓城县委宣传部副部长	男	1954.6	汉族	大专	中共党员	干部	
赵念旭	郓城县水堡乡人大主席	男	1953.5	汉族	中专	中共党员	干部	
颜洪军	郓城县人民检察院技术科科长	男	1954.12	汉族	大专	中共党员	干部	
褚景云	郓城县黄堆集乡乡长	女	1964.12	汉族	大专	中共党员	干部	
王秀忠	郓城县双桥乡党委书记	男	1964.9	汉族	研究生	中共党员	知识分子	
李广才	郓城县侯集镇党委书记	男	1963.10	汉族	研究生	中共党员	知识分子	
贺　民	郓城县潘渡镇党委书记	男	1964.1	汉族	研究生	中共党员	知识分子	
李艳秋	郓城县人民医院原副院长	女	1952.12	汉族	大专	中共党员	知识分子	
刘秀英	郓城县梳洗楼中学副校长	女	1955.12	汉族	大专	中共党员	知识分子	
吕永清	郓城县文化馆创作员	男	1968.12	汉族	高中	中共党员	知识分子	
刘　梅	郓城县树人中学教师	女	1970.7	汉族	高中	中共党员	知识分子	
张彩霞	郓城县丁里长镇中学教师	女	1971.10	汉族	大专	无党派	知识分子	
刘培芳	郓城县李集乡教师	女	1972.7	汉族	大专	无党派	知识分子	
刘缵坤	郓城县教学研究室主任	男	1962.5	汉族	大学	民盟	民主党派	
朱道民	郓城县农业局经管站站长	男	1958.2	汉族	大学	无党派	无党派人士	
吴吉铭	郓城县人行行长	男	1957.11	汉族	大学	中共党员	知识分子	

鄄城县代表团一览表

表 18

姓名	现任（或原任）职务	性别	出生年月	民族	学历	党派	界别	备注
孔令昌	菏泽市政协主席、党组书记	男	1948.10	汉族	大专	中共党员	干部	
韩广洁	菏泽市委常委、宣传部部长	男	1948.4	汉族	大专	中共党员	干部	
樊思宝	原菏泽地区政协工委主任	男	1936.7	汉族	大专	中共党员	干部	
邵信斋	原菏泽地委副书记	男	1919.4	汉族	初中	中共党员	干部	
周连瑞	菏泽市人大常委会农业与农村工委副主任	男	1946.1	汉族	高中	中共党员	干部	
任茂廉	菏泽市农业局局长	男	1949.10	汉族	大普	中共党员	干部	
张学俊	菏泽供电公司工会主席	男	1957.4	汉族	大学	中共党员	干部	
刘春华	菏泽市团委书记	女	1971.5	汉族	研究生	中共党员	知识分子	
岳　滨	鄄城县委书记	男	1963.2	汉族	大学	中共党员	干部	
任仲义	鄄城县委副书记、县长	男	1962.8	汉族	大学	中共党员	干部	
赵豪情	鄄城县委副书记、县委党校校长	男	1960.11	汉族	大学	中共党员	干部	
范天柱	鄄城县人大常委会主任	男	1946.9	汉族	大专	中共党员	干部	
张逢继	鄄城县人民法院院长	男	1954.11	汉族	大学	中共党员	干部	
韩念元	鄄城县人民检察院检察长	男	1952.9	汉族	大专	中共党员	干部	
董庆立	鄄城县鄄城镇党委书记	男	1960.8	汉族	大学	中共党员	干部	
聂　林	鄄城县委组织部副部长	男	1957.6	汉族	大学	中共党员	干部	
秦英魁	鄄城县财政局局长	男	1961.5	汉族	大学	中共党员	干部	
任保忠	鄄城县建融有限公司经理	男	1962.4	汉族	大专	中共党员	工人	
孙　华	鄄城县农业生产资料公司业务批发员	女	1970.8	汉族	中专	无党派	工人	
靳爱军	人民银行鄄城县支行行长	女	1971.5	汉族	大学	中共党员	工人	
张广营	鄄城县董口镇前园村党支部书记	男	1958.5	回族	大专	中共党员	农民	
刘桂英	鄄城县闫什镇楚集村党支部委员兼妇女主任	女	1952.3	汉族	初中	中共党员	农民	
王永兰	鄄城县旧城镇姜楼村妇女主任	女	1960.4	汉族	高中	中共党员	农民	

续表 18

姓名	现任（或原任）职务	性别	出生年月	民族	学历	党派	界别	备注
陈效存	鄄城县郑营乡陈集行政村党支部书记	男	1957.10	汉族	中专	中共党员	农民	
史长胜	鄄城县长胜工艺制品公司经理	男	1964.10	汉族	大专	中共党员	农民	
刘维亭	鄄城县引马乡土车刘行政村党支部书记	男	1953.4	汉族	大专	中共党员	农民	
王建奇	鄄城县彭楼镇心平地毯厂厂长	男	1969.7	汉族	初中	无党派	农民	
仪忠建	鄄城县吉山镇仪楼村委会成员	男	1966.12	汉族	初中	无党派	农民	
梁长江	鄄城县左营乡左北村委会副主任	男	1969.5	汉族	高中	无党派	农民	
梁　云	鄄城县什集镇什集行政村计生主任	女	1968.10	汉族	中专	无党派	农民	
董绪宽	鄄城县欧瑞公司总经理	男	1962.4	汉族	高中	无党派	农民	
丁山林	鄄城县鸿达面粉厂厂长	男	1965.2	汉族	高中	无党派	农民	
胡长江	鄄城县长江纺织集团有限公司董事长	男	1966.7	汉族	高中	无党派	农民	
高玉环	鄄城县临濮镇东马党行政村妇女主任	女	1972.4	汉族	高中	无党派	农民	
王洪霞	鄄城县红船镇霍庄村妇女主任	女	1964.7	汉族	初中	无党派	农民	
樊庆华	鄄城县残疾人康复中心主任	男	1960.2	汉族	大专	中共党员	其他劳动者	
李仁朝	鄄城县一中校长	男	1948.11	汉族	大学	中共党员	知识分子	
刘清峰	鄄城县李进士镇人大主席	男	1958.3	汉族	大专	中共党员	知识分子	
范宗魁	鄄城县发展计划局局长	男	1956.4	汉族	大学	中共党员	干部	
王世联	鄄城县委党校党委书记	男	1953.9	汉族	大学	中共党员	知识分子	
张卫华	鄄城县人民医院院长	男	1965.1	汉族	大专	中共党员	知识分子	
刘　勇	鄄城县公安局局长	男	1968.7	汉族	大学	中共党员	干部	
杨　建	鄄城县黄河河务局局长	男	1956.12	汉族	大专	中共党员	干部	2003 年 12 月代表资格终止
李建新	鄄城县宣传部副部长、广电局局长	男	1961.10	汉族	大专	中共党员	知识分子	
窦占京	鄄城县计划生育局局长	男	1956.12	汉族	大专	中共党员	知识分子	
李含英	鄄城县农村信用联社主任	男	1963.6	汉族	大专	中共党员	知识分子	

续表 18

姓名	现任（或原任）职务	性别	出生年月	民族	学历	党派	界别	备注
秦　毅	鄄城县农业局经管站站长	男	1966.3	汉族	大学	无党派	知识分子	
周爱红	鄄城县中医院手术室护士长	女	1973.7	汉族	大专	无党派	无党派人士	
张忠卿	鄄城县人大常委会副主任	男	1943.8	汉族	大学	无党派	无党派人士	

东明县代表团一览表

表 19

姓名	现任（或原任）职务	性别	出生年月	民族	学历	党派	界别	备注
陈　光	菏泽市委副书记、市长	男	1956.11	汉族	大学	中共党员	干部	
马平昌	菏泽市委常委、组织部部长	男	1957.2	汉族	大学	中共党员	干部	
毕可文	原菏泽地区人大工委主任、党组书记	男	1937.6	汉族	大学	中共党员	干部	
李德章	菏泽市政府副市长、党组成员	男	1946.8	汉族	大学	中共党员	干部	
朱效明	菏泽市政府副市长、党组成员	男	1953.4	汉族	大学	中共党员	干部	
杨永昌	菏泽市政府副市长、党组成员	男	1955.7	汉族	大学	中共党员	干部	
刘宝祥	菏泽市人大常委会城环工委副主任	男	1945.9	汉族	大学	中共党员	干部	
李振堂	菏泽市劳动局局长	男	1947.1	汉族	大学	中共党员	干部	
唐留书	菏泽市人大常委会教科文卫工委副主任	男	1946.11	汉族	大专	中共党员	干部	
崔冠民	菏泽市人大常委会民侨外工委副主任	男	1946.4	汉族	大专	中共党员	干部	
刘　勇	东明县委书记	男	1957.1	汉族	大学	中共党员	干部	
牛喜凡	东明县人大常委会主任	男	1947.10	汉族	大专	中共党员	干部	
刘　鲁	东明县委副书记、县长	男	1964.11	汉族	大学	中共党员	干部	
钟明伟	东明县委组织部副部长、人事局局长	男	1961.8	汉族	大学	中共党员	干部	
宗学成	东明县土地局局长	男	1955.9	汉族	大学	中共党员	干部	
何永宁	东明县城关镇党委书记	男	1959.7	汉族	大学	中共党员	干部	2006 年 6 月代表资格终止
孔跃进	东明县公安局局长	男	1958.2	汉族	大专	中共党员	干部	

续表 19

姓名	现任（或原任）职务	性别	出生年月	民族	学历	党派	界别	备注
刘双喜	东明县建设局局长	男	1954.2	汉族	大专	中共党员	干部	
窦建喜	东明县陆圈镇党委书记	男	1963.1	汉族	大学	中共党员	干部	
武合亮	东明县审计局局长	男	1952.11	汉族	大专	中共党员	干部	
李海滨	东明县财政局局长	男	1963.12	汉族	研究生	中共党员	知识分子	
郝明然	东明县文管所所长	男	1951.1	汉族	大专	无党派	无党派人士	
庞培林	东明县人民医院主任	男	1964.9	汉族	大学	无党派	无党派人士	
海素娥	东明县城关镇西关居委会主任	女	1963.9	回族	高中	无党派	无党派人士	
张　勇	东明县供电局局长	男	1966.12	汉族	大学	中共党员	工农	
金广荣	东明县工商联会长	男	1954.4	汉族	中专	中共党员	工农	2003 年 12 月代表资格终止
李湘平	东明石化集团董事长	男	1962.8	汉族	大学	中共党员	工农	
王铁祥	东明县棉纺厂厂长	男	1950.4	汉族	大学	中共党员	工农	
余庆明	东明县方明集团总经理	男	1955.8	汉族	大专	中共党员	工农	
尚胜法	东明县东方武校董事长	男	1956.10	汉族	高中	中共党员	工农	
王金书	东明县玉皇实业集团董事长	男	1957.1	汉族	高中	中共党员	工农	
刘庆喜	东明县长兴集乡党委书记	男	1962.10	汉族	大学	中共党员	干部	
许培金	东明县发展计划局局长	男	1953.8	汉族	大专	中共党员	干部	
张剑平	东明一中校长	男	1953.4	汉族	大专	中共党员	知识分子	
赵文达	东明县人民医院院长	男	1954.2	汉族	大专	中共党员	知识分子	
刘铁锁	东明县公路局局长	男	1959.4	汉族	大学	中共党员	知识分子	
张留印	东明县菜园集乡党委书记	男	1964.10	汉族	大学	中共党员	知识分子	
张长青	东明县小井乡党委书记	男	1963.10	汉族	大学	中共党员	知识分子	
王万青	东明县民政局局长	男	1954.12	汉族	大学	中共党员	知识分子	
张超英	东明县妇联主席	女	1957.2	汉族	研究生	中共党员	知识分子	

续表 19

姓名	现任（或原任）职务	性别	出生年月	民族	学历	党派	界别	备注
徐永太	东明县教育局局长	男	1962.9	回族	大学	中共党员	知识分子	
郑文革	东明县物资调剂站总经理	女	1970.9	汉族	大专	无党派	工农	
彭春秋	东明县大屯镇彭庄村党支部书记	男	1953.11	汉族	初中	中共党员	工农	
魏存山	东明县经贸局局长	男	1963.2	汉族	大学	中共党员	工农	
袁红兵	东明县武胜乡党委书记	男	1968.2	汉族	大学	中共党员	工农	
袁雨顺	东明县交通局局长	男	1952.10	汉族	大学	中共党员	工农	
杨瑞莲	东明县一中教师	女	1968.8	汉族	大学	无党派	工农	
许东敏	东明县旅行社经理	女	1964.1	汉族	大专	中共党员	工农	
王凤梅	东明县水利局助理工程师	女	1973.12	汉族	大专	无党派	工农	
杨秋敏	东明县计生局药剂师	女	1954.8	汉族	大学	无党派	工农	

二、届内增补代表名录

表 20

姓名	现任（或原任）职务	性别	出生年月	民族	学历	党派	界别	备注
宋　健	菏泽发电厂厂长	男	1957.12	汉族	大学	中共党员	工人	2003 年 12 月补选，2005 年 1 月资格终止
宋新立	菏泽市委常委，菏泽军分区政委	男	1954.7	汉族	大学	中共党员	解放军和武警	2005 年 1 月补选
丁志刚	牡丹区委副书记、区长	男	1961.9	汉族	大学	中共党员	干部	2005 年 1 月补选
傅清卿	曹县县委副书记、县长	男	1962.11	汉族	大学	中共党员	干部	2005 年 1 月补选
王永华	菏泽市审计局局长	男	1962.12	汉族	大学	中共党员	干部	2005 年 1 月补选
杨祥良	菏泽发电厂厂长	男	1960.7	汉族	大学	中共党员	工人	2005 年 1 月补选
范明伟	曹县公路局局长	男	1962.7	汉族	大学	中共党员	干部	2005 年 1 月补选
支建立	菏泽市委常委、组织部部长	男	1955.10	汉族	大学	中共党员	干部	2005 年 1 月补选
杨晓玲	成武县委副书记、县长	女	1963.3	汉族	大学	中共党员	干部	2005 年 1 月补选
朱培吉	单县县委书记	男	1963.4	汉族	大学	中共党员	干部	2005 年 1 月补选

续表 20

姓名	现任（或原任）职务	性别	出生年月	民族	学历	党派	界别	备注
郭保存	巨野县委副书记、县长	男	1964.4	汉族	研究生	中共党员	干部	2005 年 1 月补选
李卫国	菏泽市政府副市长、党组成员	男	1953.5	汉族	大学	中共党员	干部	2005 年 1 月补选
李会勤	鄄城县九洲农药公司董事长	女	1955.10	汉族	中专	中共党员	农民	2005 年 1 月补选
朱　斌	菏泽市政府秘书长、办公室主任	男	1960.7	汉族	大学	中共党员	干部	2005 年 1 月补选
党明娜	菏泽市银监局党委书记、局长	女	1962.10	汉族	大学	中共党员	知识分子	2005 年 1 月补选
张晓云	菏泽市卫生局局长	女	1948.12	汉族	大学	中共党员	干部	2005 年 1 月补选
刘祥德	菏泽市人大常委会人事代表工作室主任	男	1963.5	汉族	大学	中共党员	干部	2005 年 1 月补选
曹绪宝	菏泽市林业局局长、党组书记	男	1949.11	汉族	大专	中共党员	干部	2006 年 1 月补选
樊庆堂	菏泽市纪委副书记	男	1949.9	汉族	大专	中共党员	干部	2006 年 1 月补选
刘士合	菏泽市委常委、副市长	男	1955.1	汉族	大专	中共党员	干部	2006 年 1 月补选
刘新云	菏泽市公安局局长、党委书记	男	1962.9	汉族	大专	中共党员	干部	2006 年 1 月补选
马春田	菏泽市水利局局长、党组书记	男	1952.1	汉族	大学	中共党员	干部	2006 年 1 月补选
孟繁为	菏泽市委副秘书长	男	1949.11	汉族	大专	中共党员	干部	2006 年 1 月补选
张秀长	菏泽市交通局局长、党委书记	男	1950.2	汉族	大专	中共党员	干部	2006 年 1 月补选
李法洪	菏泽市政府副市长、党组成员	男	1957.2	回族	大学	中共党员	干部	2007 年 1 月补选
周铁伦	曹县县委副书记、县长	男	1966.3	汉族	大学	中共党员	干部	2007 年 1 月补选
刘贞坚	巨野县委书记	男	1962.11	汉族	大学	中共党员	干部	2007 年 1 月补选
王希亮	巨野县人大常委会主任	男	1954.2	汉族	大学	中共党员	干部	2007 年 1 月补选
宋文启	鄄城县人大常委会主任	男	1955.10	汉族	研究生	中共党员	干部	2007 年 1 月补选
孙丰华	菏泽市委常委、宣传部部长	女	1968.12	汉族	研究生	中共党员	干部	2007 年 1 月补选
庄付阁	东明县人大常委会主任	女	1957.8	汉族	大学	中共党员	干部	2007 年 1 月补选
郭志民	菏泽市委组织部副部长、人事局局长、市编办主任	男	1950.10	汉族	大专	中共党员	干部	2007 年 1 月补选
陶体华	定陶县委副书记、县长	男	1960.5	汉族	大学	中共党员	干部	2007 年 1 月补选

续表 20

姓名	现任(或原任)职务	性别	出生年月	民族	学历	党派	界别	备注
彭靖华	菏泽市计划生育委员会主任	男	1952.8	汉族	研究生	中共党员	干部	2007 年 1 月补选
万存周	郓城县委副书记、县长	男	1962.1	汉族	大学	中共党员	干部	2007 年 1 月补选

市第十七届人民代表大会代表

2008 年 1 月，各选举单位选举产生菏泽市第十七届人民代表大会代表 575 名。其中：牡丹区代表团 94 名，曹县代表团 86 名，定陶县代表团 46 名，成武县代表团 47 名，单县代表团 73 名，巨野县代表团 57 名，郓城县代表团 66 名，鄄城县代表团 52 名，东明县代表团 52 名；中共党员 460 名，占 80%；少数民族 18 名，占 3.1%；妇女 77 名，占 13.4%；大学以上 342 名、占 59.5%，大专及高职 157 名、占 27.3%，高中和中专 70 名、占 12.2%，初中 6 名、占 1%。届中，共终止菏泽市第十七届人民代表大会代表资格 32 名，暂停执行菏泽市第十七届人民代表大会代表职务 3 名，增补菏泽市第十七届人民代表大会代表 30 名。

一、届初当选代表名录

牡丹区代表团一览表

表 21

姓名	现任(或原任)职务	性别	出生年月	民族	学历	党派	界别	备注
陈　光	菏泽市委书记、市人大常委会主任	男	1956.11	汉族	大学	中共党员	干部	2009 年 1 月代表资格终止
王　浩	菏泽市委常委、秘书长	男	1963.10	汉族	研究生	中共党员	干部	2011 年 1 月代表资格终止
朱培吉	菏泽市政府副市长、党组成员	男	1963.4	汉族	大学	中共党员	干部	2011 年 1 月代表资格终止
刘新云	菏泽市政府市长助理、市公安局局长	男	1962.9	汉族	大学	中共党员	干部	
许　光	原菏泽地委顾问	男	1922.2	汉族	高中	中共党员	干部	
程民光	菏泽市委组织部常务副部长（正县级）	男	1955.3	汉族	大学	中共党员	干部	
张洪兴	菏泽市委副秘书长、办公室主任	男	1962.2	汉族	大学	中共党员	干部	
朱洪亮	菏泽市委组织部副部长、老干部局局长	男	1952.2	汉族	大专	中共党员	干部	
曹修寅	菏泽市委市直机关工委书记	男	1952.11	汉族	研究生	中共党员	干部	
赵和平	菏泽市卫生局局长、党组书记	男	1953.4	汉族	大学	中共党员	干部	
侯永信	菏泽市工会常务副主席	男	1955.12	汉族	大学	中共党员	干部	2011 年 10 月暂停代表职务
吴东华	菏泽市人大常委会城建环保工委工作室主任	女	1957.12	汉族	大专	中共党员	干部	

续表 21

姓名	现任（或原任）职务	性别	出生年月	民族	学历	党派	界别	备注
陈维文	武警菏泽支队支队长	男	1959.11	汉族	大学	中共党员	解放军和武警	2009 年 1 月代表资格终止
尹玉明	牡丹区委书记、区委党校校长	男	1962.1	汉族	研究生	中共党员	干部	
孙世平	牡丹区人大常委会主任	男	1952.7	汉族	大学	中共党员	干部	
丁志刚	牡丹区委副书记、区长	男	1961.9	汉族	大学	中共党员	干部	
张洪昌	牡丹区委副书记	男	1964.6	汉族	大学	中共党员	干部	2011 年 1 月代表资格终止
秦要武	牡丹区人大常委会副主任	男	1953.3	汉族	大学	中共党员	干部	
练建军	牡丹区政府常务副区长	男	1965.4	汉族	研究生	中共党员	干部	
郝丕进	牡丹区政府副区长，牡丹工业园区管委会主任	男	1965.5	汉族	大学	中共党员	干部	
马喜荣	牡丹区人大常委会副主任、西城办事处党委书记	女	1963.10	汉族	大学	中共党员	干部	
王永轩	牡丹区委组织部常务副部长	男	1965.6	汉族	大学	中共党员	干部	
李教记	牡丹区人事局局长	男	1958.3	汉族	研究生	中共党员	干部	
王海林	牡丹区劳动保障局局长	男	1961.7	汉族	大学	中共党员	干部	
祝兰华	菏泽市公安局牡丹分局局长	男	1961.9	汉族	大学	中共党员	干部	
刘增运	牡丹区审计局局长	男	1957.2	汉族	大专	中共党员	干部	
范茂林	牡丹区东城办事处党委书记	男	1964.8	汉族	大学	中共党员	干部	
从保安	牡丹区南城办事处党委书记	男	1964.2	汉族	大学	中共党员	干部	
赵孔灵	牡丹区北城办事处党委书记	男	1969.12	汉族	大专	中共党员	干部	
季士峰	牡丹区万福办事处党委书记	男	1968.10	汉族	大学	中共党员	干部	
陈效存	牡丹区马岭岗镇党委书记	男	1957.3	汉族	大专	中共党员	干部	2011 年 1 月代表资格终止
王西胜	牡丹区沙土镇党委书记	男	1965.12	汉族	大学	中共党员	干部	
陈新海	牡丹区黄罡镇党委书记	男	1964.3	汉族	大学	中共党员	干部	
尹庆良	牡丹区高庄镇党委书记	男	1964.3	汉族	大学	中共党员	干部	
吴进岭	牡丹区民政局局长	男	1965.6	汉族	大学	中共党员	干部	

续表 21

姓名	现任（或原任）职务	性别	出生年月	民族	学历	党派	界别	备注
李玉建	牡丹区经济贸易局局长	男	1963.3	汉族	大学	中共党员	干部	
孙忠生	菏泽经济开发区党工委常务副书记（正县级）、管委会副主任	男	1959.10	汉族	大学	中共党员	干部	
魏 琳	菏泽经济开发区党工委纪检书记	男	1963.5	汉族	大学	中共党员	干部	
康 健	菏泽经济开发区岳程办事处党委书记	男	1961.9	汉族	大专	中共党员	干部	
郭良友	菏泽市看守所所长	男	1963.9	汉族	大学	中共党员	干部	
张之轩	菏泽市中心血站书记	男	1960.4	汉族	大专	中共党员	干部	
马建敏	牡丹区建设局党组成员	男	1963.5	汉族	大学	中共党员	工人	
马俊华	山东（牡丹区）华信制药有限公司总经理	男	1957.5	汉族	大学	中共党员	工人	
王一兵	菏泽市瑞欣置业有限公司总经理	男	1968.12	汉族	研究生	中共党员	工人	
王晓蕾	山东（牡丹区）新正合工贸有限公司总经理	女	1970.1	汉族	大学	非党	工人	
冯天杰	牡丹区广源铜带股份有限公司董事长	男	1948.7	汉族	中专	中共党员	工人	
李玉堂	牡丹区裕鲁西达食品有限公司总经理	男	1961.11	汉族	大专	中共党员	工人	
苏红军	牡丹区天华实业有限公司总经理	男	1967.12	汉族	大学	中共党员	工人	
邱志金	牡丹区福泰木业有限公司董事长	男	1969.4	汉族	中专	非党	工人	
邱清仁	牡丹区棉纺色织厂厂长	男	1950.8	汉族	中专	中共党员	工人	
孟令启	菏泽德乾集团董事长	男	1956.4	汉族	中专	中共党员	工人	
范鲁华	山东（牡丹区）鹤福食品有限公司总经理	男	1962.11	汉族	大专	非党	工人	
姜晓红	中国长江纺织有限公司总经理	女	1970.10	汉族	大学	非党	工人	
姚 凯	菏泽牡丹区龙燕化纤制造有限公司总经理	男	1959.4	汉族	大学	中共党员	工人	
姜新建	牡丹区新永建筑工程有限公司董事长	男	1965.3	汉族	大专	中共党员	工人	
晁岱勇	山东（牡丹区）健民药业有限公司董事长	男	1969.8	汉族	大专	非党	工人	
赵 磊	菏泽鲁西南汽车城总经理	男	1973.7	汉族	大专	非党	工人	
卞同海	牡丹区西城龙厅社区党支部书记	男	1958.3	回族	中专	中共党员	农民	

续表 21

姓名	现任（或原任）职务	性别	出生年月	民族	学历	党派	界别	备注
朱玉烨	牡丹区南城朝阳社区党总支书记	男	1953.6	汉族	大学	中共党员	农民	
朱柱山	牡丹区北城办事处北关居委会主任	男	1955.10	汉族	高中	中共党员	农民	
沙爱莲	牡丹区胡集乡东马垓行政村党支部书记	女	1947.10	回族	中专	中共党员	农民	
肖焕立	牡丹区胜达冷冻食品有限公司董事长	男	1960.6	汉族	高中	非党	农民	
赵文东	菏泽经济开发区丹阳办事处赵堂社区党支部书记	男	1971.11	汉族	大专	中共党员	农民	
秦玉春	牡丹区东城办事处东岳社区支部书记	男	1957.5	汉族	高中	中共党员	农民	
任民勇	菏泽市规划局开发区分局局长	男	1969.10	汉族	大专	中共党员	其他劳动者	
任新华	菏泽市工商行政管理局牡丹分局东城工商所所长	男	1972.10	汉族	大学	中共党员	其他劳动者	
白明学	牡丹区地税局征收二分局局长	男	1969.6	汉族	大学	中共党员	其他劳动者	
张　红	牡丹区都司镇镇长	女	1979.6	回族	研究生	中共党员	其他劳动者	
李　聘	菏泽市国家税务局稽查局局长	男	1956.8	汉族	大学	中共党员	其他劳动者	
郭秋霞	菏泽七巧板幼儿教育发展集团董事长	女	1966.8	汉族	大专	非党	其他劳动者	
张团昌	牡丹区教育局局长	男	1962.11	汉族	大学	中共党员	其他劳动者	
何东方	菏泽市立医院特检科主任	男	1969.4	汉族	大专	中共党员	知识分子	
刁颜青	牡丹区第二十一中学校长	男	1966.10	汉族	大学	中共党员	知识分子	
石绪鹏	牡丹区农业局局长	男	1966.9	汉族	研究生	中共党员	知识分子	
史　源	菏泽市新世纪电脑学校校长	男	1964.5	汉族	大专	非党	知识分子	
安卫国	菏泽市牡丹区人民医院院长	男	1963.3	汉族	大学	中共党员	知识分子	
李含英	牡丹区农村信用社党组书记	男	1963.11	汉族	大学	中共党员	知识分子	
任宝生	山东（牡丹区）玉皇化工有限公司董事长	男	1965.1	汉族	大学	中共党员	知识分子	2011 年 1 月代表资格终止
林　东	牡丹区财政局局长	男	1962.1	汉族	大学	中共党员	知识分子	
何西良	牡丹区文化艺术研究所所长	男	1963.11	汉族	中专	中共党员	知识分子	
杨明欣	牡丹区卫生局局长	女	1958.10	汉族	大专	中共党员	知识分子	

续表 21

姓名	现任（或原任）职务	性别	出生年月	民族	学历	党派	界别	备注
高金銮	牡丹人民医院主治医师	女	1968.11	汉族	大学	非党	知识分子	
郑　钧	湖北洋丰股份有限公司菏泽分公司总经理	男	1962.8	汉族	高中	中共党员	知识分子	2009 年 1 月代表资格终止
梁衍春	牡丹区实验小学校长	男	1959.8	汉族	大学	中共党员	知识分子	
蒋正林	牡丹区二十二中学校长	男	1962.11	汉族	大专	中共党员	知识分子	
彭继先	菏泽睿鹰制药集团总裁	男	1962.7	汉族	研究生	中共党员	知识分子	
赵步长	山东（牡丹区）步长集团董事长	男	1942.11	汉族	大学	中共党员	知识分子	
孔保华	山东（牡丹区）华尔美电器有限公司总经理	男	1964.12	汉族	大学	民革	民主党派	
董桂玲	菏泽医学专科学校眼科教研室	女	1952.8	汉族	大学	无党派	无党派人士	
邓小华	山东（牡丹区）三信实业有限公司总经理	男	1964.12	汉族	大学	无党派	无党派人士	
孙建国	菏泽步步高大酒店有限公司总经理	男	1972.2	汉族	大专	无党派	无党派人士	
刘鲁湘	山东（牡丹区）步长制药有限公司总经理	男	1954.6	汉族	大学	无党派	无党派人士	
张之昱	山东（开发区）佳润实业有限公司董事长	男	1966.8	汉族	大专	无党派	无党派人士	
桑文娜	牡丹区胜利小学校长	女	1974.10	汉族	大专	无党派	无党派人士	

曹县代表团一览表

表 22

姓名	现任（或原任）职务	性别	出生年月	民族	学历	党派	界别	备注
支建立	菏泽市委常委、组织部部长	男	1955.10	汉族	大学	中共党员	干部	
李玉华	菏泽市人大常委会副主任、党组成员	男	1951.2	汉族	大专	中共党员	干部	
李法洪	菏泽市政府副市长、党组成员	男	1957.2	回族	大学	中共党员	干部	
林　健	菏泽军分区党委副书记、司令员	男	1954.12	汉族	研究生	中共党员	解放军和武警	
付守明	菏泽市委党校常务副校长、市行政干部管理学院常务副院长	男	1963.9	汉族	研究生	中共党员	干部	
朱　斌	菏泽市政府秘书长、党组成员、市政府办公室党组书记	男	1960.7	汉族	大学	中共党员	干部	
宋　波	菏泽市人大常委会副秘书长、办公室主任	男	1959.11	汉族	大学	中共党员	干部	

续表 22

姓名	现任（或原任）职务	性别	出生年月	民族	学历	党派	界别	备注
张修田	菏泽市教育局局长、党委书记	男	1956.1	汉族	大学	中共党员	干部	
刘付德	菏泽市广播电视局（台）局（台）长	男	1953.5	汉族	中专	中共党员	干部	
赵锋利	菏泽市日报社党委书记、社长	男	1951.12	汉族	研究生	中共党员	干部	
蔡玉河	菏泽市卫生局副局长、党组成员，市立医院院长	男	1954.10	汉族	大专	中共党员	干部	
刘巧云	菏泽市妇联主席、党组书记	女	1956.1	汉族	大专	中共党员	干部	
刘承贵	菏泽市民政局副局长、党组副书记，菏泽市双拥办公室主任	男	1953.11	汉族	大学	中共党员	干部	
傅清卿	曹县县委书记、县委党校校长	男	1962.11	汉族	研究生	中共党员	干部	2011 年 1 月代表资格终止
周铁伦	曹县县委副书记、县长	男	1966.3	汉族	大学	中共党员	干部	
程传政	曹县县委副书记	男	1964.12	汉族	大学	中共党员	干部	
冉广东	曹县人大常委会副主任、党组成员	男	1954.1	汉族	大专	中共党员	干部	
康　兵	曹县县委常委，县政府副县长、党组副书记，县经济开发区党工委书记	男	1968.5	汉族	研究生	中共党员	干部	
曾庆诗	曹县县委常委、组织部部长	男	1962.10	汉族	大学	中共党员	干部	
李允贵	曹县县委常委，县纪委书记	男	1965.7	汉族	大学	中共党员	干部	
张东贤	曹县人大常委会副主任、党组成员	男	1958.1	汉族	大学	中共党员	干部	
李振菊	曹县人大常委会副主任、党组成员	男	1957.1	汉族	大学	中共党员	干部	
陈庆同	曹县政府副县长、党组成员，公安局局长、党委书记	男	1961.9	汉族	大学	中共党员	干部	
孔令健	曹县人民法院院长、党组书记	男	1969.10	汉族	大学	中共党员	干部	
周文伟	曹县人民检察院检察长	男	1968.5	汉族	大学	中共党员	干部	
王铁军	曹县政府党组成员，办公室主任、党组书记	男	1968.12	汉族	大学	中共党员	干部	
陈卫国	曹县农业局局长、党组书记	男	1958.1	汉族	大学	中共党员	干部	
范明伟	曹县公路局局长、党委书记	男	1962.7	汉族	大学	中共党员	干部	
张本朝	曹县人事局局长、县编委办主任	男	1967.1	汉族	大学	中共党员	干部	
韩保亮	曹县发展和改革局局长、党组书记，县统计局党组书记	男	1964.10	汉族	大普	中共党员	干部	

续表 22

姓名	现任（或原任）职务	性别	出生年月	民族	学历	党派	界别	备注
贾相如	曹县民政局局长、党组书记	男	1963.3	汉族	大学	中共党员	干部	
李正文	曹县人口和计划生育局局长、党组副书记	男	1961.10	汉族	大学	中共党员	干部	
刘传毕	曹县地方税务局局长、党组书记	男	1958.9	汉族	大专	中共党员	干部	
秦魁民	曹县财政局局长、党组书记，县投资公司经理	男	1964.9	汉族	大学	中共党员	干部	
袁朝晖	曹县大集乡党委书记	女	1968.5	汉族	大学	中共党员	干部	
王东风	曹县磐石街道办事处党委书记	男	1968.8	汉族	大专	中共党员	干部	
郭　峰	曹县庄寨镇党委书记	男	1962.2	汉族	大学	中共党员	干部	
王建华	曹县青菏街道办事处党委书记	男	1961.9	汉族	研究生	中共党员	干部	
王西岭	曹县安蔡楼镇党委书记	男	1961.2	汉族	大专	中共党员	干部	2011 年 1 月代表资格终止
李璐璐	曹县王集镇党委副书记、镇长	女	1974.8	汉族	大学	中共党员	干部	
刘艳婷	曹县郑庄乡副乡长	女	1973.12	汉族	大专	无党派	干部	
户福生	曹县县社理事会主任、县棉麻公司经理	男	1964.10	汉族	大专	中共党员	工人	
王德元	曹县商业总公司总经理、党组书记	男	1958.8	汉族	大学	中共党员	工人	
康广相	曹县供电公司经理	男	1965.1	汉族	大学	中共党员	工人	
安　军	山东（曹县）三利轮胎制造公司董事长、总经理兼党支部书记	男	1956.11	汉族	大专	中共党员	工人	
王　光	曹县王光集团有限公司董事长兼总经理	男	1963.4	回族	大专	中共党员	工人	
程千文	曹县圣奥实业有限公司监事会主席	男	1969.5	汉族	大学	非党	工人	
郭卫东	曹县百隆纺织有限公司总经理	男	1959.4	汉族	大学	中共党员	工人	
孙永伦	曹县众地集团有限公司食品业务单元副总经理、山东丽得食品有限公司董事长	男	1965.3	汉族	大学	中共党员	工人	
高　宇	曹县爱伦金属加工有限公司总经理	男	1971.9	汉族	大学	中共党员	工人	
王银香	山东（曹县）银香伟业集团董事长	女	1960.8	汉族	大专	中共党员	农民	
侯宝生	曹县韩集镇韩集村党支部书记	男	1950.10	汉族	初中	中共党员	农民	
武中华	曹县鑫华加油站总经理	男	1972.2	汉族	大专	非党	农民	

续表 22

姓名	现任（或原任）职务	性别	出生年月	民族	学历	党派	界别	备注
仇　剑	曹县波斯达毛绒制品有限公司总经理	男	1966.4	汉族	高中	非党	农民	
李宪君	曹县古营集镇安仁集村党支部书记	男	1954.10	汉族	大专	中共党员	农民	
郭继春	曹县王集镇郭庄行政村党支部书记	男	1954.10	回族	大专	中共党员	农民	
李永明	山东（曹县）永明制粉有限公司董事长	男	1970.2	汉族	大专	中共党员	农民	
孙德林	曹县巨鑫源食品有限公司董事长	男	1964.12	汉族	大专	中共党员	农民	
李　军	曹县壮大食品有限公司董事长、总经理	男	1968.9	汉族	大专	非党	农民	
蔡秀芳	曹县云龙木雕工艺有限公司董事长、总经理	女	1962.11	汉族	大专	中共党员	农民	
李金亮	山东（曹县）曹普工艺有限公司董事长、总经理	男	1959.6	汉族	大学	中共党员	农民	
刘文轩	山东（曹县）东奥面粉有限公司厂长	男	1964.9	汉族	高中	中共党员	农民	
史成亮	曹县闫店楼镇土山集行政村党支部书记	男	1966.7	汉族	中专	中共党员	农民	
刘振义	曹县鲁艺公司董事长	男	1953.7	汉族	中专	中共党员	农民	
焦广海	山东（曹县）隆森木业有限公司董事长、总经理	男	1966.12	汉族	高中	中共党员	农民	
洪海山	曹县紫山集团有限公司总裁	男	1960.4	汉族	大专	非党	其他劳动者	2011 年 1 月代表资格终止
张景元	曹县绿化琳木业有限公司总经理	男	1954.10	汉族	大专	中共党员	农民	
刘志杰	曹县侯集回族镇西张楼村党支部书记、山东辉煌电力设备制造有限公司董事长	男	1952.4	汉族	大专	中共党员	农民	
崔业为	曹县亚鲁工艺品有限公司董事长、总经理	男	1968.10	汉族	大专	非党	农民	
石秀勇	山东（曹县）青林家居用品有限公司董事长	男	1968.1	汉族	大专	中共党员	农民	
田永亮	曹县仵楼乡后张楼村党支部书记、民兵连长	男	1971.12	汉族	大学	中共党员	农民	
祝少华	曹县朱洪庙土元养殖场场长	男	1963.6	汉族	中专	中共党员	农民	
申广海	曹县申盛木业有限公司董事长、总经理	男	1975.4	汉族	高中	非党	农民	
崔荣国	曹县农村信用合作联社党组书记、理事长	男	1965.12	汉族	大专	中共党员	其他劳动者	
王德广	曹县楼庄乡中学校长	男	1974.9	汉族	大学	中共党员	其他劳动者	
吕家伦	曹县常乐集乡卫生院院长	男	1958.4	汉族	大专	中共党员	其他劳动者	

续表 22

姓名	现任(或原任)职务	性别	出生年月	民族	学历	党派	界别	备注
康兴玉	曹县公安局青堌集镇派出所干警	男	1974.12	汉族	中专	中共党员	其他劳动者	
付守国	曹县教育局局长、党组书记、县二中党支部书记	男	1959.4	汉族	大学	中共党员	知识分子	
孙元涛	曹县第一中学党支部副书记、校长	男	1965.9	汉族	大学	中共党员	知识分子	
韩亚丽	曹县妇幼保健院党支部书记、院长	女	1970.12	汉族	大学	中共党员	知识分子	
韦　斌	曹县人民医院党总支书记、董事长兼院长	男	1957.10	汉族	大学	中共党员	知识分子	
张钦举	曹县党校党委书记、副校长	男	1955.5	汉族	大专	中共党员	知识分子	
郭守云	曹县教育局党组成员、纪检书记	女	1963.4	汉族	大专	中共党员	知识分子	
韩春兰	曹县妇联党组书记、主席	女	1963.3	汉族	大学	中共党员	知识分子	
冯中山	曹县县委党校党委委员、副校长	男	1965.6	汉族	研究生	中共党员	知识分子	
赵　丽	曹县一中教师	女	1971.12	汉族	大学	非党	知识分子	
代　瑜	曹县魏湾镇中学校长	男	1972.9	汉族	大学	中共党员	知识分子	
孙　鹏	曹县睿达化工有限公司总经理	男	1971.4	汉族	研究生	中共党员	知识分子	

定陶县代表团一览表

表 23

姓名	现任(或原任)职务	性别	出生年月	民族	学历	党派	界别	备注
刘　勇	菏泽市委常委，菏泽经济开发区党工委书记、管委会主任	男	1957.1	汉族	研究生	中共党员	干部	
邵好学	菏泽市人大常委会副主任、党组成员、教科文卫人口工委主任	男	1952.3	汉族	大专	中共党员	干部	
马春田	菏泽市人大常委会副主任、党组成员、秘书长	男	1952.1	汉族	大学	中共党员	干部	
段伯汉	菏泽市政府副市长、党组成员	男	1958.2	汉族	研究生	中共党员	干部	
杨成训	菏泽市政协原主席、党组书记	男	1942.6	汉族	大专	中共党员	干部	
郭志民	菏泽市人大常委会委员、财经工委副主任	男	1950.10	汉族	大专	中共党员	干部	
许素洋	菏泽市人大常委会副秘书长、研究室主任	男	1965.11	汉族	大学	中共党员	干部	
安克林	菏泽市人大常委会内司工委工作室主任	男	1954.11	汉族	大专	中共党员	干部	

续表 23

姓名	现任（或原任）职务	性别	出生年月	民族	学历	党派	界别	备注
李建国	菏泽市信访局调研员	男	1951.8	汉族	大学	中共党员	干部	
王彤宇	定陶县委书记	男	1965.6	汉族	大学	中共党员	干部	2011 年 7 月代表资格终止
石　军	定陶县委组织部副部长、县人事局局长	男	1956.1	回族	大学	中共党员	干部	
田同修	定陶县人大常委会副主任、定陶镇党委书记	男	1957.1	汉族	大学	中共党员	干部	
毕经福	定陶县公安局局长	男	1957.1	汉族	大专	中共党员	干部	
李俊英	定陶县陈集镇党委书记	男	1964.10	汉族	研究生	中共党员	干部	
杨汝增	定陶县张湾镇党委书记	男	1965.9	汉族	大学	中共党员	干部	
吴三军	定陶县人民检察院检察长	男	1963.10	汉族	大学	中共党员	干部	
陈承杰	定陶县马集镇党委书记	男	1967.10	汉族	研究生	中共党员	干部	
陶体华	定陶县委副书记、县长	男	1960.5	汉族	学士	中共党员	干部	
崔敬涛	定陶县人民法院院长	男	1966.4	回族	大学	中共党员	干部	
潘素霞	定陶县南王店乡党委副书记、乡长	女	1965.7	汉族	大专	中共党员	干部	
吕丽英	菏泽白云建筑公司经理	女	1970.12	汉族	大学	中共党员	工人	
于国华	山东（定陶）艺达家纺有限公司菏泽工业园管委会主任	男	1949.9	汉族	大学	中共党员	工人	
王德运	定陶县供电公司经理	男	1966.12	汉族	研究生	中共党员	工人	
孔凡成	定陶县定陶镇东城社区党总支书记	男	1963.5	汉族	大专	中共党员	农民	
朱重升	定陶县冉固镇冉固集村党支部书记	男	1963.9	汉族	大专	中共党员	农民	
朱慎金	菏泽晨鸣板材公司党委副书记	男	1968.9	汉族	大学	中共党员	工人	
刘　昕	山东（定陶县）力邦化工有限公司总经理	男	1960.1	汉族	大专	中共党员	工人	
刘述山	山东（定陶县）普天纺织有限公司董事长	男	1965.9	汉族	大学	非党	工人	
米超杰	山东（定陶县）润鑫精细化工有限公司董事长	男	1968.1	汉族	高中	非党	工人	
何芳金	定陶县黄店镇西台集村党支部书记	男	1956.8	汉族	大专	中共党员	农民	
余仕华	定陶金豆饲料有限公司总经理	男	1974.2	汉族	大专	非党	工人	

续表 23

姓名	现任（或原任）职务	性别	出生年月	民族	学历	党派	界别	备注
张善绪	山东（定陶）菏达纸业有限公司董事长	男	1957.7	汉族	大学	中共党员	工人	
张富国	山东（定陶）丽天抽纱有限公司董事长兼总经理	男	1966.4	汉族	中专	非党	工人	
陈成银	菏泽利德尔食品有限公司总经理	男	1975.10	汉族	大专	非党	工人	
胡咏梅	定陶县半堤乡大常村计划生育专职副主任	女	1970.12	汉族	高中	非党	农民	
郝芳雷	定陶林盾化工有限公司董事长	男	1963.11	汉族	大学	中共党员	工人	
马法运	定陶县人民医院院长、县卫生局局长	男	1961.1	汉族	大学	中共党员	知识分子	
孔令潭	定陶县水务局局长	男	1964.10	汉族	大学	中共党员	知识分子	
孔祥训	定陶县一中书记、县教育局局长	男	1962.5	汉族	大学	中共党员	知识分子	2010 年 1 月代表资格终止
王瑞臣	定陶县财政局局长	男	1962.12	汉族	大学	中共党员	知识分子	
宁淑跃	定陶县审计局局长	男	1958.10	汉族	大专	中共党员	知识分子	
刘玉华	定陶县孟海镇中学教师	女	1974.2	汉族	大专	非党	知识分子	
许和文	定陶县公路管理局局长	男	1969.10	汉族	大学	中共党员	知识分子	
李庆福	定陶县国土资源局局长	男	1964.7	汉族	大学	中共党员	知识分子	
张　微	定陶县农业局农技站站长	女	1969.12	汉族	大学	非党	知识分子	
韩宪玉	定陶县交通局局长	男	1958.6	汉族	大学	中共党员	知识分子	

成武县代表团一览表

表 24

姓名	现任（或原任）职务	性别	出生年月	民族	学历	党派	界别	备注
刘士合	菏泽市委副书记	男	1955.1	汉族	研究生	中共党员	干部	
丁伟民	菏泽市人民检察院检察长、党组书记	男	1956.10	汉族	大学	中共党员	干部	2011 年 1 月代表资格终止
付章丽	菏泽医学专科学校党委书记	男	1957.5	汉族	大学	中共党员	干部	
刘永凤	菏泽市职业技术学院院长、党委副书记	男	1954.10	汉族	大学	中共党员	干部	
阎世海	菏泽市人大常委会原副主任、党组副书记	男	1942.8	汉族	大学	中共党员	干部	

续表 24

姓名	现任（或原任）职务	性别	出生年月	民族	学历	党派	界别	备注
党文生	菏泽市人大常委会城建环保工委副主任	男	1951.1	汉族	大专	中共党员	干部	
张友海	菏泽市委政法委常务副书记	男	1952.6	汉族	大专	中共党员	干部	
耿振华	共青团菏泽市委书记	男	1971.9	汉族	大学	中共党员	干部	
杨晓玲	成武县委书记	女	1963.3	汉族	大学（工商管理硕士）	中共党员	干部	
刘广来	成武县人大常委会主任	男	1954.9	汉族	大学	中共党员	干部	
鲁志成	成武县委副书记、县长	男	1963.10	汉族	研究生	中共党员	干部	
史长华	成武县委常委、组织部部长	男	1965.3	汉族	研究生	中共党员	干部	
郭良进	成武县人大常委会副主任	男	1954.12	汉族	大学	中共党员	干部	
权金牛	成武县人民法院院长	男	1969.11	汉族	大学	中共党员	干部	
陈天生	成武县人民检察院检察长	男	1962.6	汉族	大学	中共党员	干部	
孙复生	成武县公安局局长	男	1963.11	汉族	大学	中共党员	干部	
刘雪荣	成武县妇联主席	女	1957.7	汉族	大学	中共党员	干部	
肖友振	成武县人事局局长	男	1957.1	汉族	大专	中共党员	干部	
李洪光	成武县交通局局长	男	1963.8	汉族	大学	中共党员	干部	
王培力	成武县成武镇党委书记	男	1962.7	汉族	研究生	中共党员	干部	
邵明杰	成武县伯乐集镇党委书记	男	1967.10	汉族	大学	中共党员	干部	
朱瑞彪	成武县九女镇人大主席	男	1970.3	汉族	大学	中共党员	干部	2011 年 1 月代表资格终止
杨建立	成武县苟村镇镇长	男	1970.11	回族	大学	中共党员	干部	
李海鹰	成武县党集乡乡长	女	1971.10	汉族	大学	中共党员	干部	
王利民	成武县供电公司经理	男	1955.2	汉族	大学	中共党员	工人	
李兰增	成武县畜牧服务中心主任	男	1962.7	汉族	大学	中共党员	工人	
刘良臣	山东（成武县）达驰电气公司总经理	男	1967.2	汉族	大学	中共党员	工人	
郭保印	成武县银翔棉纺织公司董事长	男	1953.5	汉族	大专	中共党员	工人	

续表 24

姓名	现任（或原任）职务	性别	出生年月	民族	学历	党派	界别	备注
姚 林	山东（成武县）东力雅木业公司董事长	男	1954.12	汉族	大专	中共党员	工人	2011年4月暂停代表职务
邹成船	成武骏兴纺织公司董事长	男	1975.6	汉族	大专	非党	工人	2011年1月代表资格终止
张景跃	山东（成武县）绿尔化工公司董事长	男	1969.10	汉族	大学	非党	工人	
姜运华	山东（成武县）鲁诺药业公司总经理	男	1974.7	汉族	大专	非党	工人	
察海生	菏泽金威实业公司董事长	男	1973.12	汉族	大专	非党	工人	
侯振祥	山东（成武县）大恒种子公司董事长	男	1952.12	汉族	大专	中共党员	农民	
李成祥	山东（成武县）呈祥电工电气公司董事长	男	1961.2	汉族	大专	非党	农民	
孙存德	成武绿野塑编公司经理	男	1955.3	汉族	高中	非党	农民	
马付印	成武印龙公司董事长	男	1972.12	汉族	大专	非党	农民	
赵文生	成武盛达公司总经理	男	1969.11	汉族	中专	非党	农民	
党明娜	菏泽市银监局党委书记、局长	女	1962.10	汉族	大学	中共党员	知识分子	
毛丕显	菏泽市特殊教育中心党支部书记、主任	男	1965.9	汉族	大专	中共党员	知识分子	
杨鲁伟	成武县财政局局长	男	1960.8	汉族	大学	中共党员	知识分子	
王方奇	成武县公路局局长	男	1962.12	汉族	大学	中共党员	知识分子	
谢体泉	成武县人民医院院长	男	1955.6	汉族	大学	中共党员	知识分子	
黄启平	成武县中医院院长	男	1964.12	汉族	大学	中共党员	知识分子	
尹庆民	成武县农村信用联社理事长	男	1970.4	白族	大学	中共党员	知识分子	
赵 娜	成武县第二中教师	女	1973.10	汉族	大学	中共党员	知识分子	
宋国英	成武县天宫中学教师	女	1977.9	汉族	大专	非党	知识分子	

单县代表团一览表

表 25

姓名	现任（或原任）职务	性别	出生年月	民族	学历	党派	界别	备注
宋新立	菏泽市委常委，菏泽军分区党委书记、政治委员	男	1954.7	汉族	研究生	中共党员	解放军和武警	2009 年 1 月代表资格终止
张秀长	菏泽市人大常委会副主任、党组成员、农业与农村工作委员会主任	男	1950.2	汉族	大专	中共党员	干部	
黄秀玲	菏泽市环保局局长（副市长提名人选）	女	1970.9	汉族	研究生	非党	干部	
孟祥伦	菏泽市政协副主席、党组副书记	男	1948.12	汉族	大专	中共党员	干部	
焦守进	菏泽市民政局局长、党组书记	男	1955.6	汉族	大学	中共党员	干部	
张保德	菏泽市农业局局长、党组书记	男	1952.6	汉族	大学	中共党员	干部	
成　伟	菏泽市房产局局长、党组书记	男	1962.8	汉族	大学	中共党员	干部	
王泽启	菏泽市人防办主任、党组书记	男	1952.10	汉族	研究生	中共党员	干部	
孙庆华	菏泽市国税局局长、党组书记	男	1960.10	汉族	研究生	中共党员	干部	2011 年 1 月代表资格终止
陈志起	菏泽市安监局局长、党组书记	男	1952.10	汉族	大专	中共党员	干部	
郭保存	菏泽市经贸委主任、党组书记，市政府国有资产监督管理委员会主任、党组副书记	男	1964.4	汉族	研究生	中共党员	干部	
王永江	单县县委书记	男	1957.3	汉族	大学	中共党员	干部	
张忠江	单县人大常委会主任	男	1955.1	汉族	大学	中共党员	干部	
王忠想	单县县委副书记、县长	男	1964.12	汉族	大学	中共党员	干部	
谷瑞灵	单县县委副书记	男	1963.3	汉族	大学	中共党员	干部	
赵　琦	单县公安局局长	男	1963.7	汉族	大学	中共党员	干部	
陈文法	单县人民法院院长	男	1961.6	汉族	大学	中共党员	干部	
许澎涛	单县人民检察院检察长	男	1973.10	汉族	大学	中共党员	干部	
关兆科	单县教育局局长	男	1958.3	汉族	大学	中共党员	干部	
孟祥巨	单县发展计划局局长	男	1957.9	汉族	大专	中共党员	干部	
李雪瑞	单县人口和计划生育局局长	男	1963.10	汉族	大学	中共党员	干部	
付道春	单县卫生局局长	男	1963.3	汉族	大学	中共党员	干部	
赵福泉	单县曹庄乡党委书记	男	1966.2	汉族	大专	中共党员	干部	

续表 25

姓名	现任（或原任）职务	性别	出生年月	民族	学历	党派	界别	备注
袁丽霞	单县高韦庄镇党委书记	女	1965.3	汉族	大学	中共党员	干部	
王　敏	单县龙王庙镇党委书记	男	1963.10	汉族	大学	中共党员	干部	
孙　涛	单县单城镇镇长	男	1966.10	汉族	大学	中共党员	干部	
盛冬梅	单县郭村镇镇长	女	1974.12	汉族	大学	中共党员	干部	
许金友	单县信访局局长	男	1962.6	汉族	大学	中共党员	干部	
杨霁虹	单县开发区管委会副主任	男	1963.7	汉族	大学	中共党员	干部	
曹培慧	单县妇联办公室主任	女	1974.12	汉族	大学	中共党员	干部	
王连桂	单县供电公司经理	男	1963.5	汉族	大学	中共党员	工人	
董思学	单县公路局局长	男	1969.8	汉族	大学	中共党员	工人	
尹鸿冰	单县网通公司总经理	男	1969.10	汉族	大学	中共党员	工人	
徐承秋	单县化工有限公司董事长	男	1944.8	汉族	大学	中共党员	工人	
李新民	单县四君子集团董事长	男	1956.12	汉族	大专	中共党员	工人	
纪立新	山东（单县）泰信纺织有限公司常务副总经理	男	1966.9	汉族	大专	中共党员	工人	2011 年 1 月代表资格终止
白文娟	单县科信轴承有限公司总经理	女	1969.6	回族	大专	非党	工人	
张玉福	单县博达医疗有限公司总经理	男	1966.7	汉族	大学	非党	工人	
齐向辉	单县东升木业有限公司董事长兼总经理	男	1974.9	汉族	大专	非党	工人	
王雅芹	单县宏宇纺织有限公司董事长	女	1966.4	回族	高中	非党	工人	
黄汝航	单县宇航纺织有限公司董事长	男	1968.2	汉族	大专	非党	农民	
庞全恩	山东（单县）莱河乳业有限公司总经理	男	1966.6	汉族	大专	中共党员	农民	
高　潮	单县高棉棉业有限公司总经理	男	1967.12	汉族	中专	非党	农民	
韦安芳	单县高韦庄镇老韦庄村党支部书记	男	1962.3	汉族	高中	中共党员	农民	
裴延慧	单县黄岗镇计生专职主任	女	1965.2	汉族	高中	非党	农民	
李文星	单县兴文工艺品有限公司总经理	男	1967.3	汉族	高中	中共党员	农民	

续表 25

姓名	现任（或原任）职务	性别	出生年月	民族	学历	党派	界别	备注
张　兵	单县朱集镇张寨村党支部书记	男	1969.4	汉族	高中	中共党员	农民	
孟祥棵	单县人和天宇贸易有限公司总经理	男	1967.7	汉族	中专	非党	农民	
侯心果	单县终兴镇北常集村村委会主任	男	1970.12	汉族	大专	中共党员	农民	
徐福祥	单县张集镇秦庙村党支部副书记、村委会副主任	男	1962.10	汉族	中专	中共党员	农民	
牛保金	单县李新庄镇胜利窑厂厂长	男	1961.3	汉族	大专	非党	农民	
葛　强	菏泽弘达武术学校校长	男	1972.3	汉族	大学	非党	其他劳动者	
王　鑫	单县时楼镇信用社主任	男	1968.12	汉族	大专	非党	其他劳动者	
张珠银	菏泽家政职业学院党委书记、院长	男	1957.9	汉族	大学	中共党员	知识分子	
刘仰成	单县一中校长	男	1965.10	汉族	大学	中共党员	知识分子	
赵利华	单县中心医院院长	男	1958.7	汉族	大专	中共党员	知识分子	
孟庆魁	单县财政局局长	男	1958.9	汉族	中专	中共党员	知识分子	
孟兰华	单县妇幼保健院院长	女	1958.1	汉族	大学	中共党员	知识分子	
徐法宽	单县畜牧中心主任	男	1962.10	汉族	大专	中共党员	知识分子	
景新明	单县经济贸易局局长	男	1962.7	汉族	大学	中共党员	知识分子	
李爱华	单县体育中心副主任	女	1964.9	汉族	大专	非党	知识分子	
朱艳霞	单县一中政教处副主任、孙溜镇副镇长	女	1971.4	汉族	研究生	非党	知识分子	
时圣旭	单县医疗保险处主任	男	1970.10	汉族	大学	中共党员	知识分子	
刘宪芳	单县专业技术人员管理办公室主任	男	1963.12	汉族	大学	中共党员	知识分子	
张方俊	单县土地储备中心主任	男	1965.7	汉族	大学	中共党员	知识分子	
段培旭	单县水产中心技术站长	男	1956.6	汉族	大学	中共党员	知识分子	
刘月芹	单县李田楼乡中学校长	女	1964.12	汉族	大学	非党	知识分子	
郭祥海	单县人大常委会副主任	男	1955.12	汉族	大专	民盟	民主党派	
杨金强	单县建筑设计院院长	男	1973.3	汉族	大学	民革	民主党派	

续表 25

姓名	现任（或原任）职务	性别	出生年月	民族	学历	党派	界别	备注
何常丽	菏泽学院外语系主任	女	1958.6	汉族	大学	无党派	无党派人士	
苏　翼	单县东大医院泌尿科主任	男	1960.11	汉族	大专	无党派	无党派人士	
马生科	单县师范学校教研科科长	男	1965.3	汉族	大学	无党派	无党派人士	
王慧敏	单县天元纸业有限公司副总经理	男	1984.11	汉族	大学	无党派	归侨	

巨野县代表团一览表

表 26

姓名	现任（或原任）职务	性别	出生年月	民族	学历	党派	界别	备注
李卫国	菏泽市委常委，市政府副市长、党组成员，市政府国有资产监管委员会党委书记	男	1953.5	汉族	研究生	中共党员	干部	2011 年 1 月代表资格终止
汤建梅	菏泽市人大常委会副主任，市科协副主席，民盟山东省委常委	女	1957.8	回族	大学	民盟	干部	
樊思宝	原菏泽地区政协工委主任	男	1936.7	汉族	大专	中共党员	干部	
宋占良	菏泽市政府副秘书长、办公室党组副书记，督察室主任	男	1952.4	汉族	大普	中共党员	干部	
陈建华	菏泽市纪委副书记	男	1962.4	汉族	大学	中共党员	干部	
刘新建	菏泽市地税局局长	男	1957.6	汉族	大学	中共党员	干部	
陈化明	菏泽市人大常委会人事代表工作室主任	男	1964.7	汉族	大学	中共党员	干部	
刘贞坚	巨野县委书记	男	1962.11	汉族	研究生	中共党员	干部	
王希亮	巨野县人大常委会主任	男	1954.2	汉族	大学	中共党员	干部	
刘传谨	巨野县委副书记、县长	男	1962.2	汉族	大学	中共党员	干部	
陈凡岭	巨野县人民法院代理院长	男	1964.6	汉族	大学	中共党员	干部	
辛同军	巨野县人民检察院代理检察长	男	1961.6	汉族	大学	中共党员	干部	
张国栋	巨野县公安局局长	男	1964.12	汉族	大专	中共党员	干部	
谢新学	巨野县一中校长	男	1963.10	汉族	大学	中共党员	干部	
韦统印	巨野县交通局局长	男	1963.3	汉族	大学	中共党员	干部	
李　玮	巨野县核桃园镇党委书记	男	1964.8	汉族	大学	中共党员	干部	

续表 26

姓名	现任（或原任）职务	性别	出生年月	民族	学历	党派	界别	备注
杨怀军	巨野县财政局局长	男	1965.8	汉族	大学	中共党员	干部	
杨绍兴	巨野县纪委副书记、监察局局长	男	1960.12	汉族	大学	中共党员	干部	
张　岩	巨野县妇联主席	女	1963.2	汉族	大学	中共党员	干部	
张卫东	巨野县独山镇党委书记	男	1970.10	汉族	大学	中共党员	干部	
祝令华	巨野县发改局局长	男	1963.8	汉族	大学	中共党员	干部	
谢云金	巨野县国土资源局局长	男	1959.11	汉族	大学	中共党员	干部	
王宁新	菏泽网通公司总经理	男	1963.11	汉族	大学	中共党员	工人	
魏洪豪	巨野县麟州家电有限公司总经理	男	1964.6	汉族	中专	中共党员	工人	
张百来	巨野县巨野镇南关居委会党支部书记	男	1957.3	汉族	大专	中共党员	农民	
王关资	巨野县董官屯镇舒王庄村党支部书记	男	1971.12	汉族	高中	中共党员	农民	
魏衍廷	巨野县开发区东关居委会党支部书记	男	1961.6	汉族	高中	中共党员	农民	
姚念超	巨野县龙堌镇管庄村党支部书记	男	1957.2	汉族	高中	中共党员	农民	
祝仰宏	巨野县大义镇前祝庄村党支部书记	男	1961.9	汉族	高中	中共党员	农民	
夏乾轩	巨野县陶庙镇夏庄村党支部书记	男	1955.10	回族	初中	中共党员	农民	
朱衍周	巨野县巨野镇朱庄村村委会主任	男	1968.3	汉族	大专	非党	农民	
张善仲	巨野县绿园纺织集团总经理	男	1970.3	汉族	大专	中共党员	其他劳动者	
于得洋	巨野县国税局稽查分局局长	男	1969.7	汉族	大学	中共党员	其他劳动者	
秦宗君	菏泽申隆商品混凝土有限公司董事长	男	1961.9	汉族	高中	中共党员	其他劳动者	
黄海峰	菏泽凤凰山水泥制品有限公司董事长	男	1968.5	汉族	大学	中共党员	其他劳动者	
张福运	巨野县国华工艺品有限公司总经理	男	1962.2	汉族	大专	非党	其他劳动者	
王清涛	巨野县铁雄新沙能源有限公司董事长	男	1962.2	汉族	大学	非党	其他劳动者	
欧阳见	巨野县金山旅游开发有限公司总经理	男	1974.10	汉族	大专	非党	其他劳动者	
赵德文	巨野县鲁奇皮革有限公司总经理	男	1968.5	汉族	大学	非党	其他劳动者	

续表 26

姓名	现任（或原任）职务	性别	出生年月	民族	学历	党派	界别	备注
郭艳春	巨野县新上海家具有限公司董事长	女	1966.2	汉族	大专	非党	其他劳动者	
庞保德	巨野县营里镇众发纺织有限公司总经理	男	1961.8	汉族	高中	非党	其他劳动者	
陆新建	巨野县田桥镇派出所干警	男	1968.12	汉族	大专	非党	其他劳动者	
徐传武	巨野县麟丰水泥有限公司董事长	男	1966.8	汉族	大学	非党	其他劳动者	
郁章玉	菏泽学院院长、党委副书记	男	1960.9	汉族	理学博士	中共党员	知识分子	
吴长春	巨野县中医院院长	男	1966.7	汉族	大专	中共党员	知识分子	
刘法来	山东花冠集团有限公司董事长	男	1952.8	汉族	大学	中共党员	知识分子	
王志国	巨野县供电公司经理	男	1965.4	汉族	大学	中共党员	知识分子	
张乃勇	巨野县鑫龙粮油工贸有限公司董事长	男	1968.2	汉族	大专	中共党员	知识分子	
梁丽娟	巨野县疾控中心主任	女	1964.3	汉族	大学	中共党员	知识分子	
王传善	兖矿集团如丝纺织有限公司董事长	男	1955.11	汉族	大学	中共党员	知识分子	
辛恒奇	山东（巨野县）新巨龙能源有限责任公司总经理	男	1962.12	汉族	博士	中共党员	知识分子	
李凤岭	巨野县农村信用合作联社理事长	男	1962.5	汉族	大专	中共党员	知识分子	
侯宪会	菏泽康辉旅行社经理	男	1975.8	汉族	大专	无党派	无党派人士	
郭　栋	菏泽鲁西南旧机动车鉴定评估公司巨野办事处主任	男	1971.3	汉族	大学	无党派	无党派人士	
尚瑞芬	巨野县银星购物广场总经理	女	1964.12	汉族	大专	无党派	无党派人士	
郭承德	巨野县承德绿色食品有限公司、承德超市总经理	男	1956.11	汉族	高中	无党派	无党派人士	
刘自杰	巨野县佳农果蔬有限公司总经理	男	1974.10	汉族	大学	无党派	无党派人士	

郓城县代表团一览表

表 27

姓名	现任（或原任）职务	性别	出生年月	民族	学历	党派	界别	备注
贾凤英	菏泽市人大常委会第一副主任（正厅级）、党组副书记	女	1950.11	汉族	研究生	中共党员	干部	
王文升	省纪委委员，菏泽市委常委，市纪委书记	男	1954.4	汉族	研究生	中共党员	干部	2009 年 1 月代表资格终止

续表 27

姓名	现任（或原任）职务	性别	出生年月	民族	学历	党派	界别	备注
常洪珍	菏泽市人大常委会副主任、党组成员兼市人大常委会财政经济工作委员会主任	男	1949.8	汉族	大专	中共党员	干部	
刘金俊	菏泽市人大常委会副主任、党组成员兼城建环保工作委员会主任	男	1950.12	汉族	大学	中共党员	干部	
彭靖华	菏泽市人大常委会副主任、党组成员兼民族侨务外事工作委员会主任	男	1952.8	汉族	研究生	中共党员	干部	
张存金	菏泽市政府副市长、党组成员	男	1955.2	汉族	大学	中共党员	干部	
童彩云	菏泽市政府副市长、党组成员	女	1951.9	汉族	大学	中共党员	干部	
史国生	菏泽市食品药品监督管理局局长、党组书记	男	1961.12	汉族	大学	中共党员	干部	
刘守志	中国联通有限公司菏泽分公司党委书记、总经理	男	1967.9	汉族	大学	中共党员	干部	2009 年 1 月代表资格终止
于海寅	山东贵和律师事务所主任、市律师协会副会长	男	1959.11	汉族	大专	中共党员	知识分子	
马永章	菏泽银座商城总经理	男	1962.11	回族	大专	中共党员	工人	2011 年 8 月代表资格终止
刘国生	郓城县委书记	男	1963.10	汉族	大学	中共党员	干部	
刘清先	郓城县人大常委会主任	男	1956.4	汉族	大学	中共党员	干部	
万存周	郓城县委副书记、县长	男	1962.1	汉族	大学	中共党员	干部	
李广才	郓城县交通局局长	男	1963.10	汉族	研究生	中共党员	干部	
褚景云	郓城黄堆集乡乡长	女	1964.12	汉族	大专	中共党员	干部	2011 年 1 月代表资格终止
周传问	郓城县工业园区主任	男	1957.7	汉族	大学	中共党员	干部	
任　华	郓城县国土资源局局长	男	1959.4	汉族	大学	中共党员	干部	
程明远	郓城县工商局局长	男	1965.3	汉族	大学	中共党员	干部	
耿继敏	郓城县国税局局长	男	1965.12	汉族	大学	中共党员	干部	
周传国	郓城杨庄集镇党委书记	男	1969.8	汉族	研究生	中共党员	干部	
周玉华	郓城水堡乡党委书记	男	1962.10	汉族	大学	中共党员	干部	
王敬松	郓城陈坡乡党委书记	男	1971.12	汉族	硕士学位	中共党员	干部	2009 年 10 月代表资格终止
魏宏峰	郓城县人事局局长	男	1968.10	汉族	大学	中共党员	干部	
高文慧	郓城县地税局征管分局副局长	女	1969.12	汉族	大专	中共党员	干部	

续表 27

姓名	现任（或原任）职务	性别	出生年月	民族	学历	党派	界别	备注
杨　平	郓城富仕达食品有限公司董事长	男	1964.12	汉族	大专	中共党员	工人	
刘树民	郓城县供电公司经理	男	1956.6	汉族	大学	中共党员	工人	
王秀美	郓城县人民银行国库科科长	女	1973.11	汉族	大学	中共党员	工人	
魏一全	郓城县环卫处主任	男	1956.10	汉族	高中	非党	工人	
孙桂芬	郓城县水浒酒业销售部经理	女	1962.6	汉族	大专	非党	工人	
赵继涛	郓城县瑞丰搪瓷有限公司董事长	男	1969.3	汉族	大专	非党	工人	
杜瑞梅	郓城县玉皇庙金源纱厂厂长	女	1975.6	汉族	大专	非党	工人	
王彦军	郓城县潘渡镇三羊食品进出口有限公司总经理	男	1968.5	汉族	大专	中共党员	工人	
朱道允	郓城县黄集乡宏达钢球有限公司董事长	男	1958.5	汉族	大专	中共党员	工人	
郑从军	郓城县远大工程机械厂厂长	男	1958.10	汉族	大专	中共党员	工人	
樊继文	郓城县南城社区居委会支部书记兼主任	男	1963.8	汉族	大专	中共党员	农民	
仲崇标	郓城县唐庙乡华宇木业有限公司总经理	男	1961.2	汉族	高中	中共党员	农民	
闫继存	郓城县武安宏远肠衣厂厂长	男	1968.5	汉族	大专	非党	农民	
刘广建	郓城县黄安镇兴安木业有限公司董事长	男	1966.7	汉族	大专	非党	农民	
朱华山	郓城县黄集乡永昌钢球厂厂长	男	1968.5	汉族	高中	非党	农民	
刘拥贤	郓城县宏祥家具厂厂长	男	1966.2	汉族	高中	非党	农民	
吕继祥	郓城县乐园社区主任	男	1963.12	汉族	大专	中共党员	农民	
李文立	郓城县丁里长利民纺织有限公司董事长	男	1958.10	汉族	中专	非党	农民	
薛良省	郓城县水堡乡油罐厂厂长	男	1974.7	汉族	大专	非党	农民	
刘培河	郓城县李集乡海河纺织有限公司总经理	男	1968.10	汉族	大专	非党	农民	
张修文	郓城县郭屯镇郭屯村党支部书记	男	1960.9	汉族	高中	中共党员	农民	
孙万峰	郓城县华峰纺织有限公司董事长	男	1962.5	汉族	高中	非党	农民	
贾　彬	郓城县黄安镇春达木业有限公司董事长	男	1963.6	汉族	高中	非党	农民	

续表 27

姓名	现任（或原任）职务	性别	出生年月	民族	学历	党派	界别	备注
吴彦超	郓城县黄安镇黄北村党支部书记	男	1966.3	汉族	高中	中共党员	农民	
霍进学	郓城县南赵楼乡中科木业公司总经理	男	1962.2	汉族	高中	中共党员	农民	
杨延宽	郓城县黄堆集乡明星集团公司总经理	男	1975.4	汉族	大学	非党	农民	
宋化君	郓城县张集乡四合村党支部书记	男	1947.4	汉族	高中	中共党员	农民	
赵西如	郓城县双桥乡中街村党支部书记	男	1962.9	汉族	高中	中共党员	农民	
李继锋	郓城县圣隆纺织董事长	男	1964.3	汉族	高中	中共党员	农民	
颜洪军	郓城县人民检察院技术科科员	男	1954.12	汉族	大专	中共党员	知识分子	
张彩霞	郓城县丁里长镇中学教师	女	1971.10	汉族	大专	非党	知识分子	
牛红彦	郓城县公路局局长	男	1968.7	汉族	大学	中共党员	知识分子	
王艳峰	郓城县工商银行行长	男	1965.8	汉族	大学	中共党员	知识分子	
武雪平	郓城县计生站副站长、主任医师	女	1958.10	汉族	大专	中共党员	知识分子	
唐雪青	郓城县张营镇小屯新村小学教师	女	1978.12	汉族	大专	非党	知识分子	
王福花	郓城侯咽集镇初级中学教师	女	1974.8	汉族	大学	非党	知识分子	
张爱芝	郓城程屯镇中心校副校长	女	1969.10	汉族	大专	非党	知识分子	
吴卫华	郓城县人民医院副院长	女	1965.12	汉族	大学	中共党员	知识分子	
刘缵坤	郓城县教育局教研室副主任	男	1962.9	汉族	大学	民盟	民主党派	
王运华	郓城县运华通讯公司经理	男	1969.11	汉族	大专	无党派	无党派人士	
彭志强	郓城县正大动力科技有限公司经理	男	1963.8	汉族	大专	无党派	无党派人士	

鄄城县代表团一览表

表 28

姓名	现任（或原任）职务	性别	出生年月	民族	学历	党派	界别	备注
孔令昌	菏泽市政协主席、党组书记	男	1948.10	汉族	大专	中共党员	干部	
高木斗	菏泽市委常委、统战部部长	男	1953.10	汉族	大专	中共党员	干部	

续表 28

姓名	现任（或原任）职务	性别	出生年月	民族	学历	党派	界别	备注
孙寿海	菏泽市中级人民法院院长、党组书记	男	1952.3	汉族	大学	中共党员	干部	2010 年 1 月代表资格终止
于法杰	原菏泽地区人大工委主任、党组书记	男	1931.3	汉族	高中	中共党员	干部	
刘祥德	菏泽市人大常委会副秘书长兼信访室主任	男	1963.4	汉族	大学	中共党员	干部	
王令海	菏泽市人大常委会财经工委工作室主任	男	1957.12	汉族	大学	中共党员	干部	
彭　华	菏泽市科技局局长、党组书记	男	1954.9	汉族	大专	中共党员	干部	
方辉杰	菏泽开发区公安分局刑警队长	男	1967.4	汉族	大学	中共党员	干部	
任仲义	鄄城县委书记	男	1962.8	汉族	大学（工程硕士）	中共党员	干部	
王有杰	鄄城县委副书记、县长	男	1964.7	汉族	研究生	中共党员	干部	
贾庆军	菏泽市文联主席、党组书记	男	1953.3	汉族	大学	中共党员	干部	
朱瑞军	鄄城县委副书记	女	1965.8	汉族	研究生	中共党员	干部	
宋文启	鄄城县人大常委会主任	男	1955.10	汉族	研究生	中共党员	干部	
谷存修	鄄城县人大常委会副主任	男	1953.12	汉族	大专	中共党员	干部	
仵宗立	鄄城县人民法院院长	男	1962.5	汉族	大学	中共党员	干部	
李爱国	鄄城县人民检察院检察长	男	1960.1	汉族	大专	中共党员	干部	
宋述清	鄄城县公安局局长	男	1958.2	汉族	大专	中共党员	干部	
曹存道	鄄城县发展计划局局长	男	1959.4	汉族	大学	中共党员	干部	
边鲁颖	鄄城县国土资源局局长、党组书记	男	1959.10	汉族	大学	中共党员	干部	2011 年 7 月暂停代表职务
陈文增	鄄城县鄄城镇党委书记	男	1961.12	汉族	大学	中共党员	干部	
王麦方	鄄城县什集镇党委书记	男	1961.4	汉族	大学	中共党员	干部	
陈安柱	鄄城县郑营乡党委书记	男	1962.11	汉族	大学	中共党员	干部	
孙文英	菏泽供电公司总经理	女	1960.1	汉族	大学	中共党员	工人	2011 年 1 月代表资格终止
张新杰	鄄城县城区派出所所长	男	1967.2	回族	大专	中共党员	工人	
苏　华	鄄城县华意化工有限公司董事长	男	1970.8	汉族	大学	中共党员	工人	

续表 28

姓名	现任（或原任）职务	性别	出生年月	民族	学历	党派	界别	备注
刘维亭	鄄城县引马乡土车刘行政村党支部书记	男	1955.4	汉族	大学	中共党员	农民	
申玉华	山东（鄄城县）中通能源发展有限公司总经理	男	1971.5	汉族	高中	中共党员	农民	
陈正渠	鄄城县旧城镇屠庄村党支部书记	男	1962.9	汉族	初中	中共党员	农民	
魏凤环	鄄城县鹰昊裘皮有限公司总经理	女	1964.9	汉族	初中	非党	农民	
任学彬	鄄城县三林发制品厂总经理	男	1965.12	汉族	高中	非党	农民	
贾　锋	鄄城县阳光木业有限公司执行董事	男	1974.12	汉族	大专	非党	农民	
刘桂英	鄄城县闫什镇楚集村支委，妇女主任	女	1952.3	汉族	中专	中共党员	农民	2011 年病故
胡孟德	菏泽（鄄城县）鼎融工贸有限公司总经理	男	1964.2	汉族	高中	中共党员	农民	
董绪宽	鄄城县欧瑞发制品有限公司董事长兼总经理	男	1963.4	汉族	中专	非党	农民	
高玉环	鄄城县临卜镇马堂村养殖专业户	女	1973.11	汉族	高中	非党	农民	
史长胜	鄄城县泓亚工艺品有限公司总经理	男	1965.10	汉族	大专	中共党员	农民	
梁长江	鄄城县左营乡左北村村委会主任	男	1969.5	汉族	高中	中共党员	农民	
张广营	鄄城县董口镇前园村党支部书记	男	1958.5	回族	高中	中共党员	农民	
樊庆华	鄄城残疾人康复中心主任	男	1960.2	汉族	大专	中共党员	其他劳动者	
孙明安	鄄城县国税局局长	男	1960.11	汉族	研究生	中共党员	知识分子	
张景进	鄄城县财政局局长	男	1963.8	汉族	大学	中共党员	知识分子	
崔景华	鄄城县鄄城镇一完小校长	女	1971.8	汉族	大专	中共党员	知识分子	
秦朝华	鄄城县第一中学校长	男	1963.11	汉族	大学	中共党员	知识分子	
任保忠	鄄城县建融公司董事长、总经理	男	1962.4	汉族	大专	中共党员	知识分子	
秦　毅	鄄城县农业局经管站站长	男	1966.3	汉族	大学	非党	知识分子	
潘若松	牡丹晚报记者	男	1973.8	汉族	大学	中共党员	知识分子	
刘树森	鄄城晨鸣板材有限公司董事长	男	1956.1	汉族	高中	中共党员	知识分子	
周爱红	鄄城县中医院手术室护士长	女	1973.7	汉族	大专	非党	知识分子	

续表 28

姓名	现任（或原任）职务	性别	出生年月	民族	学历	党派	界别	备注
窦 勇	菏泽圆通建材有限公司董事长	男	1963.10	汉族	大专	无党派	无党派人士	
陈晓君	菏泽市环保局环境监测站综合分析科科长	女	1953.10	汉族	大学	无党派	无党派人士	
胡长江	山东（鄄城县）长江纺织集团董事长	男	1968.7	汉族	大学	无党派	无党派人士	
于鲁卫	鄄城县欧亚化工有限公司总经理	男	1976.8	汉族	大学	无党派	无党派人士	

东明县代表团一览表

表 29

姓名	现任（或原任）职务	性别	出生年月	民族	学历	党派	界别	备注
赵润田	菏泽市委副书记、市长	男	1956.8	汉族	大学	中共党员	干部	
杨永昌	菏泽市委常委、副市长、市政府党组副书记	男	1955.7	汉族	研究生（工程硕士）	中共党员	干部	
孙丰华	菏泽市委常委、宣传部部长	女	1968.12	汉族	研究生	中共党员	干部	
岳 滨	菏泽市委常委、政法委书记	男	1963.2	汉族	大学	中共党员	干部	
毕可文	原菏泽地区人大工委主任、党组书记	男	1937.6	汉族	大学	中共党员	干部	
赵 普	菏泽市交通局局长、党委书记	男	1955.6	汉族	大学	中共党员	干部	
于松巍	菏泽市人事局局长	男	1957.11	汉族	大学	中共党员	干部	
宋绍先	菏泽市委党校副书记	男	1952.4	汉族	大学	中共党员	干部	
王永华	菏泽市审计局局长	男	1962.12	汉族	大学	中共党员	干部	
刘 鲁	东明县委书记	男	1963.11	汉族	研究生	中共党员	干部	2011 年 1 月代表资格终止
庄付阁	东明县人大常委会主任	女	1957.8	汉族	大学	中共党员	干部	
王卫东	东明县委副书记、县长	男	1966.3	汉族	大学	中共党员	干部	
马长安	东明县委副书记、组织部部长	男	1964.1	汉族	大学	中共党员	干部	
李金岭	东明县人民法院院长	男	1961.10	汉族	大学	中共党员	干部	
张新德	东明县人民检察院检察长	男	1964.6	汉族	大学	中共党员	干部	
牛明光	东明县武胜桥乡党委书记	男	1963.2	汉族	大专	中共党员	干部	

续表 29

姓名	现任（或原任）职务	性别	出生年月	民族	学历	党派	界别	备注
彭异彩	东明县大屯镇党委书记	男	1963.12	汉族	大学	中共党员	干部	
游德华	东明县刘楼镇党委书记	男	1964.6	汉族	大学	中共党员	干部	
王海林	东明县城关镇党委书记	男	1963.3	汉族	大学	中共党员	干部	
司　霖	东明县小井乡党委书记	男	1965.11	汉族	大学	中共党员	干部	
王洪恩	东明县沙窝乡党委书记	男	1963.1	汉族	大学	中共党员	干部	
乔廷勇	菏泽烟草专卖公司总经理	男	1957.6	汉族	大学	中共党员	工人	
张广周	菏建集团公司董事长	男	1961.11	汉族	大学	中共党员	工人	
察应坤	东明联通公司经理	男	1979.2	汉族	研究生	非党	工人	2009 年 10 月代表资格终止
李湘平	东明县石化集团董事长	男	1962.8	汉族	大学	中共党员	工人	
窦建喜	东明县建设局局长	男	1963.1	汉族	大学	中共党员	工人	
李革新	东明县人事局局长	男	1965.11	汉族	大学	中共党员	工人	
刘铁锁	东明黄河大桥管理处处长	男	1959.4	汉族	大专	中共党员	工人	
宗学成	东明县国土资源局局长	男	1955.9	汉族	大专	中共党员	工人	
马　飞	菏泽信息工程学校校长	男	1962.11	汉族	大学	中共党员	知识分子	
刘洪杰	东明县劳动保障局局长	男	1962.10	汉族	大专	中共党员	工人	
鹿兰伟	东明县水务局局长	男	1956.9	汉族	大学	中共党员	工人	
徐兰记	东明县民政局局长	男	1963.5	汉族	大学	中共党员	工人	
杨　军	东明县马头镇党委书记	男	1964.5	汉族	大学	中共党员	工人	
魏佩显	东明化工公司总经理	男	1951.1	汉族	中专	中共党员	工人	
王清选	东明县公路局党委书记	男	1962.12	汉族	大学	中共党员	工人	
尚胜法	东明东方教育集团董事长	男	1956.10	汉族	高中	中共党员	农民	
李金领	东明县三春林场场长	男	1965.7	汉族	大学	中共党员	农民	
杨秋莲	东明县菜园集乡财所所长	女	1966.7	汉族	中专	中共党员	农民	

续表 29

姓名	现任（或原任）职务	性别	出生年月	民族	学历	党派	界别	备注
刘远东	菏泽市交通高级技校校长	男	1958.12	汉族	大学	中共党员	知识分子	
赵玉生	东明县发展计划局局长	男	1965.11	汉族	大学	中共党员	知识分子	
袁文增	东明县财政局局长	男	1965.10	汉族	大学	中共党员	知识分子	
徐永太	东明县教育局局长	男	1962.9	回族	大学	中共党员	知识分子	
魏存山	东明县经贸局局长	男	1963.2	汉族	大学	中共党员	知识分子	
张长青	东明县环保局局长	男	1963.10	汉族	大学	中共党员	知识分子	
张新民	东明县防空办副主任	男	1962.9	汉族	大学	中共党员	知识分子	
申瑞芳	东明县国税局局长	女	1969.10	汉族	大学	中共党员	知识分子	
辛继梅	东明县党史委主任	女	1964.3	汉族	大学	中共党员	知识分子	
王洪洲	东明县一中党委书记、校长	男	1956.1	汉族	大专	中共党员	知识分子	
周魁生	东明县大平调剧团副团长	男	1963.12	汉族	大学	无党派	无党派人士	
许素英	东明县人民医院内二科护士长	女	1964.5	汉族	大学	无党派	无党派人士	
张艳丽	东明县交通局职工	女	1975.5	汉族	大学	无党派	无党派人士	

二、届内增补代表名录

表 30

姓名	现任（或原任）职务	性别	出生年月	民族	学历	党派	界别	备注
胡上山	菏泽市委常委、组织部部长	男	1961.9	汉族	大学学士	中共党员	干部	2009 年 1 月补选
张本进	省国土资源厅副巡视员，菏泽市国土资源局局长	男	1951.11	汉族	大学	中共党员	干部	2009 年 1 月补选
冯建云	菏泽市体育局局长	男	1953.11	汉	大专	中共党员	干部	2009 年 1 月补选
王志强	菏泽军分区政治委员、党委书记	男	1956.10	汉族	研究生	中共党员	解放军和武警	2009 年 1 月补选
张启文	武警菏泽支队支队长	男	1964.10	汉族	大学	中共党员	干部	2009 年 1 月补选，2011 年 1 月资格终止
刘　峰	菏泽军分区司令员	男	1958.10	汉族	研究生	中共党员	解放军和武警	2010 年 1 月补选，2011 年 1 月资格终止

续表 30

姓名	现任（或原任）职务	性别	出生年月	民族	学历	党派	界别	备注
王　玮	菏泽市中级人民法院代院长	男	1961.6	汉族	大学	中共党员	干部	2010 年 1 月补选
刘中琴	菏泽市畜牧局局长	女	1954.3	汉族	大学	中共党员	干部	2010 年 1 月补选
郭景堂	菏泽市人大常委会副秘书长、办公室主任	男	1965.2	汉族	大学	中共党员	干部	2010 年 1 月补选
陈明磊	菏泽市鲁能煤电公司董事长	男	1963.2	汉族	大学	中共党员	工农	2010 年 1 月补选
尚胜友	山东明胜纺织有限公司董事长	男	1958.6	汉族	大专	中共党员	工农	2010 年 1 月补选
孙爱军	菏泽市委副书记	男	1972.3	汉族	研究生（博士）	中共党员	干部	2011 年 1 月补选
付　伟	菏泽市委常委，市政府副市长、党组成员	男	1962.6	汉族	研究生	中共党员	干部	2011 年 1 月补选
张敬堂	武警菏泽支队支队长	男	1967.1	汉族	大学	中共党员	干部	2011 年 1 月补选
王桂松	菏泽市政府副市长、党组成员	男	1963.12	汉族	大学	中共党员	干部	2011 年 1 月补选
许志强	菏泽军分区司令员	男	1958.6	汉族	大专	中共党员	解放军和武警	2011 年 1 月补选
曹升灵	菏泽市政府党组成员、菏泽经济开发区党工委书记	男	1964.4	汉族	大学	中共党员	干部	2011 年 1 月补选
张福龙	牡丹区委副书记、区长	男	1964.2	汉族	大学	中共党员	干部	2011 年 1 月补选
李书京	牡丹区人大常委会主任	男	1961.9	汉族	大学	中共党员	干部	2011 年 1 月补选
张红旗	曹县县委副书记、县长	男	1967.8	汉族	大学	中共党员	干部	2011 年 1 月补选
梁志成	菏泽市司法局局长	男	1954.12	汉族	大专	中共党员	干部	2011 年 1 月补选
朱庆安	菏泽市人民检察院代检察长	男	1959.6	汉族	研究生	中共党员	干部	2011 年 1 月补选
穆　杰	单县县委副书记、县长	男	1970.11	汉族	研究生	中共党员	干部	2011 年 1 月补选
刘文林	巨野县委副书记、县长	男	1968.6	汉族	研究生	中共党员	干部	2011 年 1 月补选
蔡维超	郓城县委副书记、县长	男	1969.10	汉族	大学	中共党员	干部	2011 年 1 月补选
朱文魁	菏泽市国税局局长	男	1967.12	汉族	研究生	中共党员	干部	2011 年 1 月补选
王敏英	菏泽市人大常委会民侨外工委副主任	男	1954.7	汉族	大专	中共党员	干部	2011 年 1 月补选
王胜伟	菏泽玉皇化工有限公司总经理	男	1981.10	汉族	大学	非党	工农	2011 年 1 月补选
周玲娟	成武玖德实业有限公司董事长	女	1968.7	汉族	大专	非党	工农	2011 年 1 月补选

续表 30

姓名	现任（或原任）职务	性别	出生年月	民族	学历	党派	界别	备注
刘加国	菏泽供电公司总经理	男	1964.8	汉族	研究生	中共党员	工农	2011 年 1 月补选

市第十八届人民代表大会代表

2012 年 1 月，各选举单位选举产生菏泽市第十八届人民代表大会代表 611 名。其中：牡丹区代表团 80 名，曹县代表团 90 名，定陶县代表团 47 名，成武县代表团 49 名，单县代表团 74 名，巨野县代表团 63 名，郓城县代表团 72 名，鄄城县代表团 54 名，东明县代表团 54 名，开发区代表团 28 名；中共党员 503 名，占 82.3%；少数民族 14 名，占 2.3%；妇女 61 名，占 10%；大学以上 444 名、占 72.67%，大专及高职 105 名、占 17.18%，高中和中专 61 名、占 9.98%，初中 1 名、占 0.16%。届中，共终止菏泽市第十八届人民代表大会代表资格 57 名，暂停执行菏泽市第十八届人民代表大会代表职务 4 名，增补菏泽市第十八届人民代表大会代表 66 名。

一、届初当选代表名录

牡丹区代表团一览表

表 31

姓名	现任（或原任）职务	性别	出生年月	民族	学历	党派	界别	备注
孙爱军	菏泽市委副书记、代市长	男	1972.3	汉族	研究生（博士）	中共党员	干部	
尹玉明	菏泽市委常委、政法委书记	男	1962.1	汉族	研究生	中共党员	干部	
丁志刚	菏泽市人大常委会副主任，市总工会党组书记、第一副主席	男	1961.9	汉族	大学	中共党员	干部	
朱庆安	菏泽市人民检察院检察长	男	1959.6	汉族	研究生	中共党员	干部	2015 年 1 月代表资格终止
于法杰	原菏泽地区人大工委主任、党组书记	男	1931.3	汉族	高中	中共党员	干部	
单立新	菏泽市副市级干部、市公安局局长、党委书记	男	1961.1	汉族	大学	中共党员	干部	
练建军	菏泽市房产局局长	男	1965.4	汉族	研究生	中共党员	干部	
高艳民	菏泽市委组织部副部长	女	1955.8	汉族	大学	中共党员	干部	
焦守进	菏泽市民政局局长	男	1955.6	汉族	大专	中共党员	干部	
张敬堂	武警菏泽支队支队长	男	1967.1	汉族	研究生	中共党员	干部	2012 年 12 月代表资格终止
吴东华	菏泽市人大常委会城建环保工委工作室主任	女	1957.12	汉族	大专	中共党员	干部	
赵利华	菏泽市立医院院长	男	1958.7	汉族	大专	中共党员	知识分子	
侯宪会	菏泽康辉国际旅行社有限公司总经理	男	1975.8	汉族	大学	致公党	民主党派	

续表 31

姓名	现任（或原任）职务	性别	出生年月	民族	学历	党派	界别	备注
刘传谨	牡丹区委书记、高新区党工委书记	男	1964.12	汉族	大学	中共党员	干部	
张福龙	牡丹区委副书记、区长	男	1964.2	汉族	大学	中共党员	干部	
李书京	牡丹区人大常委会主任	男	1961.9	汉族	大学	中共党员	干部	
孟凡荣	牡丹区委副书记	男	1964.1	汉族	大学	中共党员	干部	
郝丕进	菏泽高新区党工委副书记、管委会主任	男	1965.5	汉族	大学	中共党员	干部	
李永辉	牡丹区委常委、副区长	男	1972.12	汉族	大学	中共党员	干部	
贾祥轩	菏泽市公安局党委委员、牡丹分局局长	男	1963.1	汉族	大学	中共党员	干部	
吴进岭	牡丹区民政局局长	男	1965.9	汉族	大学	中共党员	干部	
尹庆良	牡丹区交通运输局局长	男	1964.3	汉族	大学	中共党员	干部	
李玉建	牡丹区发展和改革局局长	男	1963.3	汉族	大学	中共党员	干部	
赵君成	牡丹区财政局局长	男	1966.11	汉族	大学	中共党员	干部	
石绪鹏	牡丹区农业局局长	男	1966.9	汉族	研究生	中共党员	干部	
赵　剑	牡丹区公路局局长	男	1970.6	汉族	大学	中共党员	干部	
陈新建	牡丹区胡集镇党委书记	男	1972.10	汉族	研究生	中共党员	干部	
张　旭	牡丹区马岭岗镇党委书记	男	1973.5	汉族	大专	中共党员	干部	
何中东	牡丹区吕陵镇党委书记	男	1968.1	汉族	研究生	中共党员	干部	
张绍斌	牡丹区高庄镇党委书记	男	1972.11	汉族	大学	中共党员	干部	
张团昌	菏泽第二中学书记	男	1962.11	汉族	大学	中共党员	知识分子	
王西胜	菏泽第二中学校长	男	1965.12	汉族	大学	中共党员	知识分子	
刁颜青	牡丹区实验中学校长	男	1966.10	汉族	大学	中共党员	知识分子	
安卫国	菏泽市牡丹人民医院院长	男	1963.3	汉族	大学	中共党员	知识分子	2016 年 2 月暂停代表职务
蒋正林	牡丹区第二十二中学校长	男	1962.11	汉族	大专	中共党员	知识分子	
史　源	菏泽新世纪电脑学校校长	男	1964.5	汉族	大专	非党	知识分子	

续表 31

姓名	现任（或原任）职务	性别	出生年月	民族	学历	党派	界别	备注
郭秋霞	菏泽七巧板幼儿教育集团董事长	女	1966.8	汉族	大学	非党	知识分子	
何西良	牡丹区文化艺术研究所所长	男	1963.11	汉族	大学	中共党员	知识分子	
彭继先	菏泽睿鹰集团高级工程师	男	1962.7	汉族	大学	中共党员	知识分子	
崔玉光	牡丹区信用联社理事长、高级会计师	男	1965.11	汉族	大学	中共党员	知识分子	
王振中	牡丹区实验小学校长	男	1970.10	汉族	大学	中共党员	知识分子	
刘鲁湘	菏泽步长制药有限公司总经理	男	1954.6	汉族	大学	非党	无党派人士	
邓小华	菏泽三信实业有限公司总经理	男	1964.12	汉族	大学	非党	无党派人士	
孔保华	菏泽华尔美电器有限公司总经理	男	1964.12	汉族	大学	民革	民主党派	
张之昱	菏泽佳润实业有限公司董事长	男	1966.8	汉族	大学	非党	无党派人士	
杜当玉	菏泽市早教集团董事长	女	1962.11	汉族	大学	非党	无党派人士	
马俊华	山东（菏泽）华信制药有限公司总经理	男	1957.5	汉族	大学	中共党员	工农	
冯天杰	菏泽广源铜带股份有限公司董事长	男	1948.7	汉族	大学	中共党员	工农	
赵步长	山东步长集团董事长	男	1942.11	汉族	大学	中共党员	工农	
李玉堂	菏泽裕鲁西达食品有限公司总经理	男	1961.11	汉族	大学	中共党员	工农	
肖焕立	菏泽胜达冷冻食品有限公司董事长	男	1960.6	汉族	大学	中共党员	工农	
范鲁华	菏泽鹤福食品有限公司总经理	男	1962.11	汉族	大学	非党	工农	
孟令启	菏泽德乾集团董事长	男	1956.4	汉族	中专	中共党员	工农	
赵　磊	菏泽中汇集团董事长	男	1973.7	汉族	大学	非党	工农	
马建敏	牡丹区城管办副主任兼墙改办主任	男	1963.5	汉族	大学	中共党员	工农	
卞同海	牡丹区西城龙厅社区党支部书记	男	1958.3	回族	中专	中共党员	工农	
朱玉烨	牡丹区南城朝阳社区党总支书记	男	1953.6	汉族	高中	中共党员	工农	
孙建国	菏泽步步高大酒店总经理	男	1972.2	汉族	大学	非党	工农	
秦玉春	牡丹区东城办事处东岳社区党支部书记	男	1957.5	汉族	高中	中共党员	工农	

续表 31

姓名	现任（或原任）职务	性别	出生年月	民族	学历	党派	界别	备注
沙爱莲	牡丹区胡集镇东马垓行政村党支部书记	女	1947.10	回族	中专	中共党员	工农	
李　聘	菏泽市国税局稽查局局长	男	1956.8	汉族	大学	中共党员	其他劳动者	
孙　鹏	菏泽睿鹰集团副总裁	男	1971.4	汉族	研究生	中共党员	工农	
察海生	菏泽金威实业公司董事长	男	1973.12	汉族	大专	非党	工农	
尹鸿冰	牡丹区联通公司总经理	男	1969.10	汉族	大学	中共党员	工农	
刘允兴	泰达新型环保材料有限公司总经理	男	1963.2	汉族	高中	中共党员	工农	
周玲娟	菏泽市海轩能源科技有限公司董事长	女	1972.8	汉族	大学	中共党员	工农	2013 年 12 月代表资格终止
季国梅	菏泽海普电器有限公司董事长	女	1969.6	汉族	大学	中共党员	工农	
苏照华	菏泽卓越皮业有限公司董事长	男	1963.1	汉族	大学	非党	工农	
刘文法	菏泽天邦粮油有限公司董事长	男	1962.5	汉族	大学	非党	工农	
李　平	菏泽中盛房地产有限公司董事长	男	1975.9	汉族	大学	中共党员	工农	
孙建国	菏泽市中达房地产开发公司总经理	男	1965.10	汉族	大专	非党	工农	
吴　霞	菏泽鑫利华实业有限公司总经理	女	1969.6	汉族	大专	非党	工农	
曹德建	山东太皓科技有限公司总经理	男	1971.5	汉族	大学	非党	工农	2016 年 6 月暂停代表职务
晁忠良	牡丹区北城办事处北辰社区党支部书记	男	1961.8	汉族	大专	中共党员	工农	
时　剑	山东天时钢结构集团总裁	男	1964.2	汉族	博士	非党	工农	
张　琨	菏泽市交警支队副支队长、市区大队大队长	男	1969.4	汉族	大学	中共党员	其他劳动者	
李瑞红	菏泽宏瑞纺织有限公司董事长	女	1962.3	汉族	大学	非党	工农	
刘乾阁	菏泽圣军置业有限公司总经理	男	1965.10	汉族	大学	非党	工农	
王在良	菏泽沙土食品有限公司总经理	男	1956.5	汉族	大专	中共党员	工农	
丁传英	山东华英食品有限公司董事长	男	1966.8	汉族	研究生	非党	工农	

曹县代表团一览表

表 32

姓名	现任（或原任）职务	性别	出生年月	民族	学历	党派	界别	备注
胡上山	菏泽市委常委、组织部部长	男	1961.9	汉族	大学	中共党员	干部	2013 年 12 月代表资格终止
许志强	菏泽军分区司令员	男	1958.6	汉族	大专	中共党员	解放军和武警	2016 年 1 月代表资格终止
李法洪	菏泽市政府副市长、党组成员	男	1957.2	回族	大学	中共党员	干部	
李玉华	菏泽市人大常委会原副主任、党组成员	男	1951.2	汉族	大专	中共党员	干部	
张洪兴	菏泽市委副秘书长、办公室主任	男	1962.2	汉族	大学	中共党员	干部	
史步军	菏泽市人力资源和社会保障局局长、党组书记	男	1956.7	汉族	大学	中共党员	干部	
闫传银	菏泽市安全生产监督管理局局长、党组书记	男	1963.10	汉族	大学	中共党员	干部	
于松巍	菏泽市委组织部副部长，市机构编制委员会办公室主任	男	1957.11	汉族	大学	中共党员	干部	
刘付德	菏泽市人大常委会委员，市人大常委会教科文卫工委副主任	男	1953.5	汉族	中专	中共党员	干部	
张　甦	菏泽市委副秘书长，市信访局局长、党组书记	男	1955.10	汉族	大专	中共党员	干部	
李兆成	菏泽市政府副秘书长（正县），市政府办公室党组副书记	男	1955.8	汉族	大学	中共党员	干部	
安克林	菏泽市人大常委会委员、内司工委副主任	男	1954.11	汉族	大专	中共党员	干部	
李信强	山东菏建建筑集团有限公司董事长、总经理、党委副书记	男	1963.5	汉族	大专	中共党员	工人	
石耿立	菏泽学院中文系主任	男	1964.10	汉族	大学	中共党员	知识分子	
王忠想	曹县县委书记、县人大常委会主任、县委党校校长	男	1964.12	汉族	大学	中共党员	干部	
张红旗	曹县县委副书记、县长	男	1967.10	汉族	大学	中共党员	干部	
彭德启	曹县县委副书记	男	1968.11	汉族	大学	中共党员	干部	
韩红岗	曹县人大常委会第一副主任	男	1961.7	汉族	大学	中共党员	干部	
王　东	曹县县委常委，县政府党组副书记、常务副县长	男	1969.10	汉族	大学	中共党员	干部	
楚德勤	曹县县委常委，县纪委书记	男	1970.10	汉族	研究生	中共党员	干部	
霍德欣	曹县县委常委、组织部部长	男	1968.12	汉族	研究生	中共党员	干部	2016 年 1 月代表资格终止
赵海林	曹县县委常委、县委办公室主任	男	1970.11	汉族	研究生	中共党员	干部	
张东贤	曹县人大常委会副主任	男	1958.11	汉族	大学	中共党员	干部	

续表 32

姓名	现任（或原任）职务	性别	出生年月	民族	学历	党派	界别	备注
徐　春	曹县人大常委会副主任	女	1962.5	汉族	大学	中共党员	干部	
王　磊	曹县政府党组成员、县公安局党委书记、局长	男	1964.1	汉族	大学	中共党员	干部	
高贤钊	曹县人民法院党组书记、院长	男	1969.10	汉族	大学	中共党员	干部	
刘绍军	曹县人民检察院党组书记、检察长	男	1966.5	汉族	研究生	中共党员	干部	
张海昶	曹县发展和改革局局长	男	1962.11	汉族	中专	中共党员	干部	
韩春兰	曹县科技局党组书记、局长	女	1963.3	汉族	大学	中共党员	知识分子	
孟凡珠	曹县财政局党组书记、局长	男	1963.3	汉族	研究生	中共党员	知识分子	
张本朝	曹县县委组织部副部长、县人力资源和社会保障局党组书记、局长	男	1967.1	汉族	大学	中共党员	知识分子	
赵洪军	曹县水务局党组书记、局长	男	1967.7	汉族	大学	中共党员	知识分子	
夏　焱	曹县审计局党组书记、局长	男	1961.6	汉族	研究生	中共党员	知识分子	
朱　峰	曹县人口和计划生育局党组副书记、副局长	男	1963.7	汉族	大学	中共党员	知识分子	
户福生	曹县城市管理局党组副书记、局长	男	1964.10	汉族	大专	中共党员	其他劳动者	2013 年 12 月代表资格终止
赵广雷	曹县第一中学校长	男	1963.8	汉族	大学	中共党员	知识分子	
岳荣振	曹县人民医院党委副书记、院长	男	1962.7	汉族	大学	中共党员	知识分子	
韩亚丽	曹县妇幼保健院党支部书记、院长	女	1970.12	汉族	大学	中共党员	知识分子	
仝麦全	曹县楼庄乡党委书记	男	1966.7	汉族	大学	中共党员	其他劳动者	
史显海	曹县桃源集镇党委书记	男	1967.11	汉族	大学	中共党员	其他劳动者	
胡成祥	曹县曹城街道办事处党委书记	男	1967.5	汉族	大学	中共党员	其他劳动者	
李　勇	曹县倪集镇党委书记	男	1976.7	汉族	大学	中共党员	其他劳动者	
刘　茵	曹县王集镇党委书记	女	1974.11	汉族	大学	中共党员	其他劳动者	
申传民	曹县侯集回族镇党委书记	男	1971.9	汉族	大学	中共党员	其他劳动者	
郭凤民	曹县阎店楼镇党委书记	男	1968.2	汉族	大学	中共党员	其他劳动者	
李玉国	曹县仵楼乡党委书记	男	1967.11	汉族	大学	中共党员	其他劳动者	

续表 32

姓名	现任（或原任）职务	性别	出生年月	民族	学历	党派	界别	备注
陈观海	曹县庄寨镇党委书记	男	1970.5	汉族	大学	中共党员	其他劳动者	
陈先忠	曹县朱洪庙乡党委副书记	男	1971.3	汉族	大学	中共党员	其他劳动者	
耿继敏	曹县国税局局长	男	1965.12	汉族	研究生	中共党员	知识分子	
刘传毕	曹县地税局党组书记、局长	男	1958.9	汉族	研究生	中共党员	知识分子	
程明远	曹县工商局党组书记、局长	男	1965.3	汉族	大学	中共党员	知识分子	
张俊福	曹县交警大队大队长	男	1962.11	汉族	大专	中共党员	知识分子	
刘源炎	中国农业发展银行曹县支行党支部书记、行长	男	1962.1	汉族	大学	中共党员	知识分子	
吴启斌	曹县移动公司经理	男	1973.9	汉族	大学	中共党员	知识分子	
胡　伟	曹县供电公司经理	男	1965.5	汉族	大学	中共党员	知识分子	
焦仁平	山东凯雷圣奥化工有限公司总经理	男	1972.10	汉族	大学	中共党员	知识分子	
高　宇	曹县爱伦金属加工有限公司总经理	男	1971.9	汉族	大专	中共党员	知识分子	2012 年 12 月代表资格终止
安　军	山东三利轮胎制造有限公司董事长兼总经理	男	1956.11	汉族	大专	中共党员	知识分子	
王红君	曹县中联水泥有限公司总经理	男	1966.7	汉族	大学	中共党员	知识分子	
郭卫东	曹县百隆纺织有限公司总经理	男	1959.5	汉族	大专	中共党员	知识分子	
李金亮	山东曹普工艺有限公司董事长	男	1959.6	汉族	研究生	中共党员	农民	
王　光	山东王光集团有限公司董事长	男	1963.4	回族	大专	中共党员	工人	
盛　伟	曹县盛玛特商贸有限公司总经理	男	1964.11	回族	高中	中共党员	工人	
吴治福	曹县联云工艺品有限公司总经理	男	1968.7	汉族	高中	中共党员	农民	
王银香	曹县磐石办事处五里墩村党支部书记、银香伟业集团董事长	女	1960.8	汉族	大专	中共党员	农民	
蔡秀芳	曹县云龙木雕工艺有限公司党支部书记、总经理	女	1962.11	汉族	大专	中共党员	农民	
石秀勇	山东青林家居用品有限公司董事长	男	1968.1	汉族	中专	中共党员	工人	
李永明	山东永明粮油有限公司董事长	男	1971.7	汉族	大专	中共党员	农民	
刘振义	曹县鲁艺公司董事长	男	1953.7	汉族	中专	中共党员	农民	

续表 32

姓名	现任（或原任）职务	性别	出生年月	民族	学历	党派	界别	备注
李　军	曹县盛丰食品有限公司董事长	男	1968.9	汉族	大专	无党派	农民	
孙德林	菏泽巨鑫源食品有限公司董事长	男	1964.12	汉族	研究生	中共党员	农民	
崔业为	曹县亚鲁工艺品有限公司董事长	男	1968.10	汉族	大专	中共党员	农民	
张　涛	菏泽深港环球工艺品有限公司副总经理	男	1982.4	汉族	大专	非党	工人	
李少雷	山东坤泰食品有限公司董事长	男	1967.9	汉族	大专	无党派	无党派人士	
靳松鹏	菏泽福林木业有限公司总经理	男	1977.12	汉族	中专	无党派	无党派人士	
申广海	山东申盛木业有限公司董事长兼总经理	男	1975.4	汉族	大专	无党派	无党派人士	
仇　剑	菏泽波斯达毛绒制品有限公司副董事长兼总经理	男	1966.4	汉族	大专	非党	工人	
孙瑞敏	曹县国运驾校总经理	女	1986.10	汉族	大学	无党派	无党派人士	2013 年 12 月代表资格终止
姬传军	曹县邵庄镇姬庄村党支部书记，曹县森鹏木业经理	男	1967.1	汉族	大专	中共党员	农民	
李越峰	菏泽珠峰木艺有限公司总经理	男	1974.10	汉族	大学	中共党员	工人	
郭炳治	曹县郑庄镇郭庄村党支部书记	男	1946.9	汉族	高中	中共党员	农民	
李宪君	曹县古营集镇安仁集村党支部书记	男	1954.10	汉族	大专	中共党员	农民	
安森杰	曹县安蔡楼镇安蔡楼村党支部书记	男	1954.7	汉族	中专	中共党员	农民	
侯宝生	曹县韩集镇韩集村党支部书记	男	1950.12	汉族	高中	中共党员	农民	
刘志杰	曹县侯集回族镇西张楼村党支部书记、山东辉煌电力设备制造有限公司董事长	男	1952.10	汉族	高中	中共党员	农民	
郭龙化	曹县中远毛纺有限公司总经理	男	1982.8	回族	大学	无党派	无党派人士	
洪水河	曹县紫山集团股份有限公司总裁	男	1969.8	汉族	大学	中共党员	工人	
王云业	曹县众地众想食品有限公司董事长	男	1965.12	汉族	大学	无党派	无党派人士	
王凤芝	曹县大集乡安庄行政村党支部书记	女	1970.4	汉族	中专	中共党员	农民	
刘文轩	山东东奥面粉有限公司董事长	男	1964.9	汉族	大专	中共党员	农民	
冯庆宾	曹县吉庆木业有限公司经理	男	1965.11	汉族	大专	中共党员	农民	

定陶县代表团一览表

表 33

姓名	现任（或原任）职务	性别	出生年月	民族	学历	党派	界别	备注
张毓华	菏泽市委常委、定陶县委书记、县委党校校长	男	1967.11	汉族	大学	中共党员	干部	2016 年 1 月代表资格终止
王桂松	菏泽市政府副市长、党组成员	男	1963.12	汉族	大学	中共党员	干部	
邵好学	菏泽市人大常委会副主任、党组副书记，市人大常委会教科文卫人口工作委员会主任、预算工作委员会主任，市总工会主席	男	1952.3	汉族	大专	中共党员	干部	
马春田	菏泽市人大常委会副主任、党组成员，市人大常委会农业与农村工作委员会主任，市人大常委会人事代表工作委员会主任	男	1952.1	汉族	大学	中共党员	干部	
杨成训	菏泽市政协原主席、党组书记	男	1942.6	汉族	大专	中共党员	干部	
孔令昌	菏泽市政协原主席、党组书记	男	1948.10	汉族	大专	中共党员	干部	
阎世海	菏泽市人大常委会原副主任、党组副书记	男	1942.8	汉族	大学	中共党员	干部	
乔忠义	菏泽市委统战部常务副部长	男	1963.10	汉族	大学	中共党员	干部	
闫　凌	菏泽市经济和信息化委员会主任、党组书记，市政府国有资产监督管理委员会党委副书记	男	1961.11	汉族	大学	中共党员	干部	
李怀堂	菏泽市交通运输局局长、党委书记	男	1955.5	汉族	大学	中共党员	干部	
张　峰	定陶县人大常委会主任	男	1957.8	汉族	大学	中共党员	干部	
陈宝华	定陶县委副书记、县长	男	1966.11	汉族	大学	中共党员	干部	
崔敬涛	定陶县人民法院院长	男	1966.7	回族	大学	中共党员	干部	
袁建东	定陶县人民检察院检察长	男	1968.12	汉族	大学	中共党员	干部	
李　勤	定陶县公安局局长、党委书记	男	1966.9	汉族	大学	中共党员	干部	
于国华	山东艺达家纺有限公司总经理	男	1949.9	汉族	大专	中共党员	工农	
马常斌	定陶县滨河街道党委书记	男	1972.12	汉族	大学	中共党员	工农	
王连桂	定陶县供电公司经理	男	1963.5	汉族	大学	中共党员	工农	
王建华	定陶县委政法委副书记、城市管理局局长	男	1965.8	汉族	大专	中共党员	工农	
孔凡成	定陶县天中街道东城社区党总支书记	男	1963.5	汉族	大专	中共党员	工农	
孔瑞华	定陶县残疾人联合会理事长、党组书记	女	1963.4	汉族	大学	中共党员	工农	

续表 33

姓名	现任（或原任）职务	性别	出生年月	民族	学历	党派	界别	备注
刘　昕	山东力邦化工有限公司董事长兼总经理	男	1960.1	汉族	大专	无党派	工农	
刘传龙	定陶县冉堌镇党委书记	男	1963.9	汉族	大学	中共党员	工农	
刘金锋	定陶县南王店乡刘桥村村民	男	1982.11	汉族	大专	无党派	工农	
米超杰	山东润鑫精细化工有限公司董事长	男	1968.1	汉族	本科	无党派	工农	
苏　颖	定陶县陈集镇人大主席	女	1967.4	汉族	大专	中共党员	工农	
吴　彬	定陶县马集镇党委书记	男	1972.5	汉族	研究生	中共党员	工农	
宋东升	山东日升电子科技有限公司董事长	男	1958.12	汉族	大学	无党派	工农	
张华春	定陶县张湾镇党委书记	男	1972.12	汉族	大学	中共党员	工农	
张来宾	菏泽鑫正钢构工程有限公司董事长兼总经理	男	1974.10	汉族	大学	无党派	工农	
张善绪	山东泉润纸业有限公司总经理	男	1957.7	汉族	高中	中共党员	工农	
陈正方	菏泽天源农产品市场有限公司董事长	男	1959.11	汉族	大学	无党派	工农	
孟　杰	定陶县天中街道党委书记	男	1966.10	汉族	大学	中共党员	工农	
赵玉亭	定陶县发展和改革局局长	男	1967.2	汉族	大专	中共党员	工农	
席云明	定陶县孟海镇党委副书记	男	1967.12	汉族	大学	中共党员	工农	
马法运	定陶县卫生局局长	男	1961.1	汉族	大学	中共党员	知识分子	
王瑞臣	定陶县财政局局长	男	1962.12	汉族	大学	中共党员	知识分子	
孔令潭	定陶县水务局局长	男	1964.10	汉族	大学	中共党员	知识分子	
田　冰	共青团定陶县委书记	女	1982.9	汉族	研究生	中共党员	知识分子	
许中强	定陶县人口和计划生育局局长、党组书记	男	1963.10	汉族	研究生	中共党员	知识分子	
杨文涛	定陶县审计局局长、党组书记	男	1968.5	汉族	研究生	中共党员	知识分子	
李庆福	菏泽市国土资源局总经济师，定陶县国土资源局局长、党组书记	男	1964.7	汉族	大学	中共党员	知识分子	
冷福生	菏泽市地税局副调研员，定陶县地税局局长、党组书记	男	1957.10	汉族	大学	中共党员	知识分子	
陈承杰	定陶县教育局局长、党组书记	男	1967.10	汉族	研究生	中共党员	知识分子	

续表 33

姓名	现任（或原任）职务	性别	出生年月	民族	学历	党派	界别	备注
游福起	定陶县交通运输局局长、党组书记	男	1963.12	汉族	大学	中共党员	知识分子	
王凤娟	定陶县人大常委会副主任、县技工学校校长	女	1965.8	汉族	大学	无党派	无党派人士	
陈成银	菏泽利德尔食品有限公司总经理	男	1975.10	汉族	大学	无党派	无党派人士	

成武县代表团一览表

表 34

姓名	现任（或原任）职务	性别	出生年月	民族	学历	党派	界别	备注
解维俊	菏泽市委副书记	男	1962.1	汉族	大学	中共党员	干部	
王　玮	菏泽市中级人民法院党委书记、院长	男	1961.6	汉族	大学	中共党员	干部	2016 年 1 月代表资格终止
郁章玉	菏泽学院院长、党委副书记	男	1960.9	汉族	博士	中共党员	干部	2014 年 9 月代表资格终止
付章丽	菏泽医学专科学校党委书记	男	1957.5	汉族	大学	中共党员	干部	
刘巧云	菏泽市妇女联合会主席、党组书记	女	1956.1	汉族	大专	中共党员	干部	
赵豪情	菏泽市卫生局局长、党委书记	男	1958.10	汉族	大学	中共党员	干部	
张钢强	菏泽市农业局局长、党组书记	男	1962.4	汉族	大学	中共党员	干部	
朱文魁	菏泽市国税局党组书记、局长	男	1967.12	汉族	研究生	中共党员	干部	2014 年 9 月代表资格终止
刘祥德	菏泽市人大常委会委员、副秘书长、信访室主任	男	1963.4	汉族	大学	中共党员	干部	
鲁志成	成武县委书记、县人大常委会主任	男	1963.10	汉族	研究生	中共党员	干部	
谭相海	成武县委副书记、县长	男	1969.2	汉族	学士	中共党员	干部	
孙迁国	成武县委常委、组织部部长	男	1974.8	汉族	研究生	中共党员	干部	
刘广来	成武县人大常委会原主任	男	1955.9	汉族	大学	中共党员	干部	
刘湛清	成武县人大常委会第一副主任（正县级）	男	1964.1	汉族	大学	中共党员	干部	
吴三军	成武县人民检察院党组书记、检察长	男	1963.10	汉族	大学	中共党员	干部	
权金牛	成武县人民法院党组书记、院长	男	1969.11	汉族	研究生	中共党员	干部	
孙玉魁	成武县公安局党委书记、局长	男	1965.7	汉族	大专	中共党员	干部	

续表 34

姓名	现任（或原任）职务	性别	出生年月	民族	学历	党派	界别	备注
刘加国	菏泽市供电公司总经理	男	1964.8	汉族	大学	中共党员	工人	2012年12月代表资格终止
刘远东	菏泽市交通高级技校校长	男	1958.12	汉族	大学	中共党员	工人	
王方奇	成武县公安管理局书记、局长	男	1961.8	汉族	大学	中共党员	工人	
刘良臣	山东达驰电气有限公司总经理	男	1967.2	汉族	大学	中共党员	工人	
王建彬	成武泰丰水泥有限公司总经理	男	1967.9	汉族	高中	非党	工人	
王念广	成武县供电公司经理	男	1965.2	汉族	本科	中共党员	工人	2012年12月代表资格终止
侯照义	成武县富达置业有限公司总经理	男	1969.6	汉族	大专	非党	工人	
张科军	成武文亭街道信用社主任	男	1969.9	汉族	大学	非党	工人	
赵文生	成武县盛达纺织公司经理	男	1976.7	汉族	中专	非党	农民	
孙存德	成武绿野塑编有限公司董事长	男	1955.3	汉族	高中	非党	农民	
侯振祥	山东大恒种子有限公司董事长	男	1946.12	汉族	大学	中共党员	农民	
苏卫东	成武县天宫庙镇苏张庄村党支部书记	男	1969.3	汉族	中专	中共党员	农民	
杨鲁伟	成武县政协副主席、县财政局局长	男	1960.8	汉族	本科	中共党员	知识分子	
李兰增	成武县畜牧局局长	男	1962.7	汉族	大学	中共党员	知识分子	2013年12月代表资格终止
杨建立	成武县食品药品监督管理局局长	男	1970.11	回族	大学	中共党员	知识分子	
朱利静	成武县妇联主席	女	1971.8	汉族	大学	中共党员	知识分子	
王若魁	成武县信访局局长	男	1967.1	汉族	大学	中共党员	知识分子	
袁建国	成武县教育局党组书记、局长	男	1962.4	汉族	大学	中共党员	知识分子	
王元斌	成武县白浮图镇党委书记	男	1966.8	汉族	大学	中共党员	知识分子	2013年12月代表资格终止
白圣强	成武县党集镇党委书记	男	1962.7	汉族	大学	中共党员	知识分子	
侯居平	成武县汶上集镇党委书记	男	1964.9	汉族	大专	中共党员	知识分子	
车宪法	成武工业园区党委书记	男	1972.9	汉族	大学	中共党员	知识分子	
祝兆东	成武县苟村集镇党委书记	女	1972.1	汉族	大学	中共党员	知识分子	

续表 34

姓名	现任（或原任）职务	性别	出生年月	民族	学历	党派	界别	备注
李清法	成武县永昌街道办事处党委副书记、主任	男	1974.10	汉族	研究生	中共党员	知识分子	
黄启平	成武县中医院院长	男	1964.12	汉族	大学	中共党员	知识分子	
孙艳玲	成武县一中教师	女	1972.9	汉族	大学	中共党员	知识分子	
岳修宪	成武县发展和改革局局长	男	1963.2	汉族	大学	中共党员	知识分子	
魏凤云	成武县人大常委会副主任	女	1965.9	汉族	大学	无党派	无党派人士	
李呈祥	山东省呈祥电工电气有限公司董事长	男	1961.2	汉族	大学	无党派	无党派人士	
林　波	菏泽市交通警察支队成武大队队长	男	1967.1	汉族	大学	中共党员	其他劳动者	2012 年 12 月代表资格终止
王晓敏	成武县九女集镇人大主席	女	1971.6	汉族	大学	中共党员	其他劳动者	
陈丽平	成武县伯乐集镇党委副书记	女	1967.7	汉族	大学	中共党员	其他劳动者	

单县代表团一览表

表 35

姓名	现任（或原任）职务	性别	出生年月	民族	学历	党派	界别	备注
王永江	菏泽市委常委、宣传部部长	男	1957.3	汉族	大学	中共党员	干部	
黄秀玲	菏泽市政府副市长	女	1970.9	汉族	研究生	农工党	干部	
张珠银	菏泽家政职业学院党委书记、院长	男	1957.9	汉族	大学	中共党员	知识分子	
周铁伦	菏泽市财政局副局长、党组书记	男	1966.3	汉族	大学	中共党员	干部	
刘新建	菏泽市地税局党组书记、局长	男	1957.7	汉族	大学	中共党员	干部	
陈化明	菏泽市人大常委会委员、人事代表工作委员会副主任兼工作室主任	男	1964.7	汉族	大学	中共党员	干部	
潘若雷	菏泽市广播电视台台长、党委书记	男	1965.2	汉族	大学	中共党员	干部	
范业赞	菏泽市工商行政管理局党组书记、局长	男	1964.11	汉族	研究生	中共党员	干部	
刘　彬	菏泽市委副秘书长，菏泽市委 610 办公室主任	男	1955.5	汉族	大学	中共党员	干部	
冯建云	菏泽市人大常委会委员、预算工作委员会副主任	男	1953.11	汉族	大专	中共党员	干部	
曾广国	菏泽市实验小学校长兼党支部书记	男	1967.7	汉族	大学	中共党员	知识分子	

续表 35

姓名	现任（或原任）职务	性别	出生年月	民族	学历	党派	界别	备注
王子谦	菏泽移动公司党委书记、总经理	男	1969.9	汉族	研究生	中共党员	其他劳动者	2015 年 1 月代表资格终止
王卫东	单县县委书记、县委党校校长	男	1966.3	汉族	研究生	中共党员	干部	
陈允全	单县人大常委会主任	男	1963.9	汉族	研究生	中共党员	干部	
穆　杰	单县县委副书记、县长	男	1970.11	汉族	研究生	中共党员	干部	
张忠江	单县人大常委会党组书记	男	1955.1	汉族	大学	中共党员	干部	
王桂荣	单县县委副书记	女	1964.4	汉族	研究生	中共党员	干部	
李贵福	单县县委常委、组织部部长	男	1971.10	汉族	研究生	中共党员	干部	
徐青峰	单县人民法院院长	女	1969.10	汉族	大学	中共党员	干部	
郑建生	单县人民检察院检察长	男	1962.11	汉族	大学	中共党员	干部	
万剑青	单县园艺街道党委书记	男	1972.11	汉族	大学	中共党员	干部	
苏成玉	单县杨楼镇党委书记	男	1965.11	汉族	大学	中共党员	干部	
王德运	单县供电公司经理	男	1965.12	汉族	大学	中共党员	工人	
董思学	单县公路管理局局长	男	1969.8	汉族	大学	中共党员	工人	
徐承秋	中国尚舜化工股份有限公司董事局主席	男	1944.8	汉族	大学	中共党员	工人	
李新民	山东（单县）四君子集团董事长、总经理	男	1956.12	汉族	大专	中共党员	工人	
王绪成	单县丰源（煤矿）实业有限公司总经理	男	1966.2	汉族	大学	中共党员	工人	2014 年 9 月代表资格终止
张玉福	山东单县博达医疗有限公司总经理	男	1966.7	汉族	大学	无党派	工人	
刘　军	单县商贸协会会长	男	1965.4	汉族	大专	中共党员	工人	
高俊海	单县云海建筑公司经理	男	1956.8	汉族	大学	中共党员	工人	
窦全安	单县能源责任有限公司（陈蛮庄煤矿矿长）总经理	男	1963.11	汉族	大专	中共党员	工人	2014 年 9 月代表资格终止
许新民	单县环亚商场总经理	男	1957.8	汉族	大专	中共党员	工人	
朱启军	山东湖西王集团董事长	男	1970.8	汉族	大学	中共党员	工人	
张树清	山东龙盛供热公司总经理	男	1963.2	汉族	大学	中共党员	工人	2014 年 9 月代表资格终止

续表 35

姓名	现任（或原任）职务	性别	出生年月	民族	学历	党派	界别	备注
张建民	山东聚鑫农副产品加工有限公司董事长	男	1965.11	汉族	大专	无党派	工人	
郑　涛	单县郑大肥业有限公司总经理	男	1976.2	汉族	大专	无党派	工人	
李新国	山东单县宁丰木业有限公司总经理	男	1975.5	汉族	大专	无党派	工人	
林建清	山东立兴食品有限公司总经理	男	1965.4	汉族	高中	无党派	工人	
王雅芹	单县鲁纱纺织有限公司董事长	女	1966.4	回族	高中	无党派	工人	
陈章瑜	山东弘润新能源科技有限公司总经理	女	1968.5	汉族	中专	无党派	工人	2016 年 4 月暂停代表职务
庞全岭	山东莱河集团有限公司总经理	男	1955.3	汉族	大专	中共党员	农民	
高　潮	山东（单县）高棉棉业有限公司总经理	男	1967.12	汉族	中专	非党	农民	
韦安芳	单县高韦庄镇老韦庄村党支部书记、村委会主任	男	1962.3	汉族	高中	中共党员	农民	
侯心果	单县终兴镇北常集村党支部书记、村委会主任	男	1970.6	汉族	大专	中共党员	农民	
徐福祥	单县张集镇秦庙村党支部副书记、村委会主任	男	1962.10	汉族	中专	中共党员	农民	
牛保金	单县李新庄镇利信窑厂厂长	男	1961.3	汉族	大专	非党	农民	
刘铁涛	单县富民农工贸公司总经理	男	1969.7	汉族	大专	非党	农民	
郑其玉	单县时楼镇郑新庄村党支部书记、村委会主任	男	1968.8	汉族	大专	中共党员	农民	
刘仰成	单县教育局局长、一中校长	男	1965.10	汉族	大学	中共党员	知识分子	
付道春	单县中心医院党委书记、院长	男	1963.3	汉族	大学	中共党员	知识分子	2014 年 12 月代表资格终止
李雪瑞	单县卫生局局长	男	1963.10	汉族	大学	中共党员	知识分子	
许金友	单县国土资源局局长	男	1962.6	汉族	大学	中共党员	知识分子	
徐法宽	单县农业局局长	男	1962.10	汉族	大专	中共党员	知识分子	
袁丽霞	单县审计局局长	女	1965.3	汉族	大学	中共党员	知识分子	
赵福泉	单县安全生产监督管理局局长	男	1966.2	汉族	大专	中共党员	知识分子	
杨霁虹	单县林业局局长	男	1963.7	汉族	大学	中共党员	知识分子	
王　敏	单县物价局局长	男	1963.10	汉族	大学	中共党员	知识分子	

续表 35

姓名	现任（或原任）职务	性别	出生年月	民族	学历	党派	界别	备注
石永睿	单县南城街道党委书记	男	1967.2	汉族	研究生	中共党员	知识分子	
朱文莉	单县龙王庙镇党委书记	女	1970.4	汉族	大学	中共党员	知识分子	
耿明坤	单县黄岗镇党委书记	男	1964.7	汉族	大学	中共党员	知识分子	
赵世忠	单县财政局局长	男	1965.7	汉族	大学	中共党员	知识分子	
王彦青	单县计生局副局长	女	1969.2	汉族	大学	中共党员	知识分子	
王新力	单县水务局局长	男	1965.2	汉族	大学	中共党员	知识分子	
潘若松	菏泽市日报社副总编辑、党委委员	男	1973.8	汉族	大学	中共党员	知识分子	
王慧敏	山东单县天元纸业有限公司副总经理	男	1984.11	汉族	大学	无党派	归侨	
杨金强	单县建筑设计院院长	男	1973.3	汉族	大学	民革	民主党派	
刘翠芳	单县豫剧团团长	女	1962.10	汉族	中专	无党派	无党派人士	
刘玉宝	单县移动公司总经理	男	1970.5	汉族	大学	中共党员	其他劳动者	
时圣才	单县烈士陵园主任，县民政局局长	男	1961.11	汉族	大学	中共党员	其他劳动者	
时圣旭	单县人力资源和社会保障局副局长、医疗保险处主任	男	1970.10	汉族	大学	中共党员	其他劳动者	
瞿孝坤	单县经济开发区党工委副书记、管委会主任	男	1969.6	汉族	大学	中共党员	其他劳动者	
李茂升	单县交通运输局局长	男	1966.12	汉族	大学	中共党员	其他劳动者	
黄显峰	单县徐寨镇党委副书记、镇长	男	1974.3	汉族	大学	中共党员	其他劳动者	
李节平	中国人民银行单县支行党组书记、行长	男	1973.7	汉族	大学	中共党员	其他劳动者	

巨野县代表团一览表

表 36

姓名	现任（或原任）职务	性别	出生年月	民族	学历	党派	界别	备注
段伯汉	菏泽市委常委、统战部部长	男	1958.2	汉族	研究生	中共党员	干部	
刘贞坚	菏泽市政府副市长、党组成员	男	1962.11	汉族	研究生	中共党员	干部	2013 年 12 月代表资格终止
汤建梅	菏泽市人大常委会副主任、民盟山东省委常委、民盟菏泽市委主委、市科协副主席	女	1957.8	回族	大学	民盟	干部	

续表 36

姓名	现任（或原任）职务	性别	出生年月	民族	学历	党派	界别	备注
赵传山	菏泽学院副院长、党委委员，市财政局局长、党组副书记	男	1957.1	汉族	大学	中共党员	干部	
樊思宝	原菏泽地区政协工委主任	男	1936.7	汉族	大专	中共党员	干部	
李金民	菏泽市纪委副书记	男	1956.2	汉族	大学	中共党员	干部	
王利言	菏泽市规划局局长、党组书记	男	1955.10	汉族	大专	中共党员	干部	
张修田	菏泽市教育局局长、党委书记	男	1956.1	汉族	大学	中共党员	干部	
刘洪来	中国人民银行菏泽市中心支行行长党委书记兼国家外汇管理局菏泽市中心支局局长	男	1965.9	汉族	研究生	中共党员	干部	2012 年 12 月代表资格终止
秦玉亭	菏泽市人大常委会城建环保工作委员会副主任	男	1957.7	汉族	大学	中共党员	干部	
范新印	菏泽市物价局局长、党组书记	男	1955.10	汉族	大学	中共党员	干部	
田文建	菏泽市人大常委会农业与农村工作委员会工作室主任	男	1969.6	汉族	研究生	中共党员	干部	
成　伟	巨野县委书记	男	1962.8	汉族	研究生	中共党员	干部	
张广立	巨野县人大常委会主任	男	1963.8	汉族	大学	中共党员	干部	
刘文林	巨野县委副书记、县长	男	1968.6	汉族	研究生	中共党员	干部	
王希亮	巨野县人大常委会原主任	男	1955.2	汉族	大学	中共党员	干部	
李华北	巨野县政府党组成员	男	1958.10	汉族	大学	中共党员	干部	
程相峰	巨野县人民法院院长	男	1972.11	汉族	研究生	中共党员	干部	
周文伟	巨野县人民检察院检察长	男	1968.5	汉族	大学	中共党员	干部	
李昌柱	巨野县公安局局长	男	1962.4	汉族	研究生	中共党员	干部	
王广德	巨野龙堌镇党委书记	男	1977.8	汉族	大学	中共党员	干部	
申爱君	巨野县章缝镇党委书记	女	1972.4	汉族	大学	中共党员	干部	
于得洋	山东省巨野县国家税务局吕官屯分局局长	男	1969.7	汉族	大学	中共党员	工人	
王中武	巨野县开发区老贯张村党支部书记	男	1945.6	汉族	初中	中共党员	农民	
王安民	巨野县独山镇烟王庄村党支部书记	男	1969.12	汉族	本科	中共党员	农民	
王关资	巨野县董官屯镇舒王庄村党支部书记	男	1971.12	汉族	高中	中共党员	农民	

续表 36

姓名	现任（或原任）职务	性别	出生年月	民族	学历	党派	界别	备注
王志国	巨野县供电公司经理	男	1965.4	汉族	大学	中共党员	工人	
王端才	山东巨野亿展路桥有限公司总经理	男	1962.5	汉族	大专	非党	农民	
田信文	巨野县天丰纸业有限公司总经理	男	1964.4	汉族	大学	非党	其他劳动者	
朱衍周	巨野县永丰街道办事处朱庄村党支部书记、村委会主任	男	1968.3	汉族	大专	中共党员	农民	
刘自杰	巨野县佳农果蔬有限公司董事长兼总经理	男	1974.10	汉族	大学	非党	工人	
刘法来	花冠集团酿酒有限公司党委书记、董事长	男	1952.8	汉族	大专	中共党员	工人	
李汇丰	山东宝舜化工科技有限公司总经理	男	1987.7	汉族	大学	非党	工人	
辛恒奇	山东新巨龙能源有限责任公司总经理	男	1962.12	汉族	研究生	中共党员	工人	2012 年 12 月代表资格终止
张百来	巨野县永丰街道办事处南关居委会党支部书记、居委会主任	男	1957.3	汉族	大专	中共党员	农民	
张善仲	山东巨野绿园纺织集团有限公司董事长	男	1970.3	汉族	大专	中共党员	工人	
庞宝德	巨野县众发纺织有限公司董事长兼总经理	男	1961.8	汉族	中专	非党	其他劳动者	
赵德文	巨野县鲁奇皮革有限公司董事长	男	1968.5	汉族	大学	非党	其他劳动者	
姚念超	巨野县龙堌镇管庄村党支部书记	男	1958.2	汉族	高中	中共党员	农民	
秦念海	巨野县公安局大义派出所所长	男	1968.9	汉族	大专	中共党员	工人	
秦宗君	菏泽申隆商品混凝土有限公司董事长	男	1961.9	汉族	高中	中共党员	农民	
夏　军	巨野县陶庙镇夏庄村村委会主任	男	1975.1	回族	高中	非党	农民	2016 年 1 月代表资格终止
徐凤秋	巨野董官屯镇刘官屯鲁西书画院院长	女	1967.4	汉族	专科	非党	农民	
徐传武	巨野县麟丰水泥有限公司总经理	男	1966.8	汉族	中专	非党	工人	
郭承德	巨野承德绿色食品有限公司总经理	男	1954.12	汉族	经济师	非党	其他劳动者	
郭艳春	山东省巨野县新上海家具有限公司董事长	女	1966.2	汉族	大专	非党	其他劳动者	
黄海峰	巨野县建安水泥有限公司总经理	男	1968.8	汉族	大专	中共党员	其他劳动者	
魏衍廷	巨野县信和纺织有限公司总经理	男	1961.3	汉族	大学	中共党员	农民	
魏洪豪	巨野县麟州家电有限公司总经理	男	1964.6	汉族	中专	中共党员	工人	

续表 36

姓名	现任（或原任）职务	性别	出生年月	民族	学历	党派	界别	备注
谢新学	巨野县政府党组成员、教育局局长	男	1964.10	汉族	研究生	中共党员	知识分子	
谢云金	菏泽市国土资源局副调研员、巨野县国土资源局党组书记、局长	男	1959.11	汉族	大学	中共党员	知识分子	
王备松	巨野县食品药品监督管理局局长	男	1963.8	汉族	大学	中共党员	知识分子	
韦统印	巨野县交通运输局党组书记、局长	男	1963.3	汉族	大学	中共党员	知识分子	
杨怀军	巨野县财政局党组书记、局长	男	1965.8	汉族	大学	中共党员	知识分子	
张　岩	巨野县妇联主席	女	1963.2	汉族	大学	中共党员	知识分子	
季建国	巨野县国税局党组书记、局长	男	1963.5	汉族	本科	中共党员	知识分子	
单建国	巨野县纪委常务副书记、监察局局长	男	1965.1	汉族	大学	中共党员	知识分子	
姜来省	巨野县审计局党组书记、局长	男	1962.1	汉族	大专	中共党员	知识分子	
徐广汉	巨野县公路局党总支书记	男	1960.11	汉族	大学	中共党员	知识分子	
吴长春	巨野县中医院院长、党总支书记	男	1966.7	汉族	大专	中共党员	知识分子	
姜丰寿	巨野国运商务餐饮有限公司董事长兼总裁	男	1955.12	汉族	大本	民盟	民主党派	
彭志强	巨野县悦达汽贸有限公司董事长	男	1963.8	汉族	大学	无党派	无党派人士	

郓城县代表团一览表

表 37

姓名	现任（或原任）职务	性别	出生年月	民族	学历	党派	界别	备注
岳　滨	菏泽市委常委、市纪委书记	男	1963.2	汉族	大学	中共党员	干部	2013 年 12 月代表资格终止
刘国生	菏泽市政府党组成员	男	1963.10	汉族	大学	中共党员	干部	2014 年 9 月代表资格终止
贾凤英	菏泽市政协原主席、党组书记	女	1950.11	汉族	研究生	中共党员	干部	
刘金俊	菏泽市人大常委会原副主任	男	1950.12	汉族	大学	中共党员	干部	
童彩云	菏泽市政府党组成员（特邀咨询）	女	1951.9	汉族	大学	中共党员	干部	
许素洋	菏泽市人大常委会委员、副秘书长、研究室主任	男	1965.11	汉族	大学	中共党员	干部	
李龙蛟	菏泽市委政法委常务副书记（正县级）	男	1965.1	汉族	大学	中共党员	干部	2016 年 1 月代表资格终止

续表 37

姓名	现任（或原任）职务	性别	出生年月	民族	学历	党派	界别	备注
乔廷龙	菏泽市人口和计划生育委员会主任、党组书记	男	1956.12	汉族	大学	中共党员	干部	
胡钦畅	菏泽市商务局局长、党委书记	男	1963.1	汉族	大学	中共党员	干部	
黄迁亮	菏泽市公安消防支队支队长	男	1965.6	汉族	大学	中共党员	干部	2012 年 12 月代表资格终止
王敏英	菏泽市人大常委会委员、民侨外工委副主任	男	1954.7	汉族	大专	中共党员	干部	
潘信文	菏泽市林业局局长、党组书记	男	1955.3	汉族	大学	中共党员	干部	
王永华	郓城县委书记、县人大常委会主任	男	1962.12	汉族	大学	中共党员	干部	
蔡维超	郓城县委副书记、县长	男	1969.2	汉族	大学	中共党员	干部	
王广岱	郓城县人大常委会第一副主任（正县级）	男	1962.10	汉族	大学	中共党员	干部	
刘清先	郓城县人大常委会原主任	男	1956.4	汉族	大学	中共党员	干部	
李允贵	郓城县委常委、组织部部长	男	1965.7	汉族	大专	中共党员	干部	
褚景云	郓城县人大常委会副主任、黄堆集乡党委书记	女	1965.12	汉族	大学	中共党员	干部	
曹建文	郓城县人大常委会副主任、随官屯镇党委书记	男	1964.6	汉族	大学	中共党员	干部	
张万松	郓城县人民法院院长、党组书记	男	1963.6	汉族	中专	中共党员	干部	
逯其彦	郓城县人民检察院检察长	男	1970.1	汉族	大学	中共党员	干部	
李合力	郓城县公安局局长	男	1964.2	汉族	大学	中共党员	干部	
任　华	菏泽市国土资源局副调研员，郓城县国土资源局党组书记、局长	男	1959.4	汉族	大专	中共党员	干部	
陈修社	县政府党组成员、县政府办公室主任	男	1965.5	汉族	研究生	中共党员	干部	
李春生	郓城一中党总支书记	男	1964.3	汉族	研究生	中共党员	知识分子	
牛红彦	郓城县公路局局长	男	1968.8	汉族	大学	党员	知识分子	
申瑞芳	郓城县国家税务局党组书记、局长	女	1969.10	汉族	大学	中共党员	知识分子	2013 年 12 月代表资格终止
吕端方	郓城县教育局党组副书记、局长	男	1963.2	汉族	大学	中共党员	知识分子	
付邦冉	郓城县农业局局长	男	1962.9	汉族	大专	中共党员	知识分子	
张耀华	中国农业股份有限公司郓城县支行党委书记、行长	男	1965.5	汉族	大学	中共党员	知识分子	

续表 37

姓名	现任（或原任）职务	性别	出生年月	民族	学历	党派	界别	备注
崔荣国	郓城县农村信用合作联社理事长	男	1965.12	汉族	大学	中共党员	知识分子	
侯殿修	郓城县卫生局局长、党组书记	男	1962.7	汉族	大专	中共党员	知识分子	
康广相	郓城县供电公司总经理	男	1964.12	汉族	大学	中共党员	知识分子	
吴卫华	郓城县人民医院副院长	女	1965.12	汉族	大学	中共党员	知识分子	
陈道稳	陈坡乡中心校校长	男	1969.9	汉族	大专	中共党员	知识分子	
王福花	郓城县侯咽集镇中学教务副主任	女	1974.8	汉族	大学	非党	知识分子	
张彩霞	郓城县丁里长镇初级中学教师	女	1971.10	汉族	大学	非党	知识分子	
唐雪青	郓城县张营镇小屯小学教师	女	1978.12	汉族	大专	中共党员	知识分子	
陈明磊	山东鲁能菏泽煤电开发有限公司总经理、党委副书记	男	1965.7	汉族	研究生	中共党员	工农	2012 年 12 月代表资格终止
刘　锋	兖煤菏泽能化有限公司赵楼煤矿党委书记	男	1958.4	汉族	本科	中共党员	工农	
孔令建	山东世元置业有限公司、圣润实业有限公司董事长兼总经理	男	1974.3	汉族	高中	非党	工农	
刘培河	郓城县河海纺织有限公司总经理	男	1968.10	汉族	高中	非党	工农	
闫继存	郓城宏远肠衣有限公司董事长兼总经理	男	1968.5	汉族	高中	非党	工农	
孙万峰	华峰纺织服装有限公司董事长兼总经理	男	1962.5	汉族	中专	非党	工农	
孙明强	郓城县公安局郭屯派出所指导员	男	1980.8	汉族	大专	中共党员	工农	
李　亮	菏泽银联担保有限公司总公司郓城县汇通担保有限公司总经理	男	1971.3	汉族	大专	非党	工农	
李　鹏	郓城县长江纤维有限公司董事长、总经理	男	1974.11	汉族	大专	中共党员	工农	
李文立	郓城县利民纺织有限公司董事长、总经理	男	1958.1	汉族	高中	非党	工农	
仲崇标	山东省郓城县华宇科技有限公司董事长	男	1964.2	汉族	高中	中共党员	工农	2013 年 12 月代表资格终止
吕继祥	郓城县郓城镇乐园社区党总支书记、居委主任	男	1963.12	汉族	高中	中共党员	工农	
李含英	山东神舟食品集团有限公司副总经理	男	1963.11	汉族	大学	中共党员	工农	
朱华山	郓城县永昌钢球有限公司董事长	男	1968.5	汉族	高中	非党	工农	
李继锋	山东圣隆纺织集团有限公司总经理	男	1964.3	汉族	大学	中共党员	工农	

续表 37

姓名	现任（或原任）职务	性别	出生年月	民族	学历	党派	界别	备注
杨　平	菏泽富仕达食品有限公司董事长兼总经理	男	1964.12	汉族	大学	中共党员	工农	
吴延超	森鹏木业公司董事长兼总经理	男	1969.3	汉族	中专	中共党员	工农	
余庆明	山东洪达化工有限公司董事长	男	1955.8	汉族	高中	中共党员	工农	
宋化君	郓城县张鲁集乡四合村党支部书记	男	1947.4	汉族	高中	中共党员	工农	2013 年 12 月代表资格终止
张建彬	郓城县烟郓盖业彩印有限公司总经理	男	1963.8	汉族	大学	中共党员	工农	
苑　斌	山东郓城成达专用汽车制造有限公司总经理	男	1975.2	汉族	大专	中共党员	工农	
周玉华	郓城县工业园区管委会主任、郓城县企业协会理事长	男	1962.10	汉族	研究生	中共党员	工农	
郑洪波	郓城县恒基工程机械有限公司总经理	男	1980.5	汉族	大学	中共党员	工农	
赵西如	郓城县双桥乡中街村党支部书记	男	1962.9	汉族	高中	中共党员	工农	
侯本建	郓城县龙泉油脂有限公司、郓城县泰和纺织有限公司董事长	男	1970.1	汉族	高中	非党	工农	
贾　彬	郓城县春达木业有限公司董事长兼总经理	男	1963.6	汉族	高中	非党	工农	
蔡依超	山东亨达煤业有限公司董事长、总经理、党委书记	男	1970.6	蒙古族	大学	中共党员	工农	
樊继文	郓城县郓城镇南城社区党总支书记、居委主任	男	1963.7	汉族	大学	中共党员	工农	
霍进学	郓城中科木业有限公司总经理	男	1962.2	汉族	高中	中共党员	工农	
王林臣	山东协力生物科技有限公司董事长	男	1974.10	汉族	研究生	非党	工农	
王一兵	菏泽富海能源发展有限公司董事长	男	1968.12	汉族	大学	中共党员	工农	
王立波	郓城江北化纤公司总经理	男	1965.1	汉族	大专	中共党员	工农	
王昌志	郓城县天瑞木业有限公司总经理	男	1975.3	汉族	大专	非党	工农	
王彦军	郓城县三羊食品进出口有限公司董事长	男	1968.5	汉族	大专	非党	工农	

鄄城县代表团一览表

表 38

姓名	现任（或原任）职务	性别	出生年月	民族	学历	党派	界别	备注
杨东明	菏泽市委常委，菏泽军分区政委	男	1962.4	汉族	研究生	中共党员	解放军和武警	2013 年 12 月代表资格终止

续表 38

姓名	现任（或原任）职务	性别	出生年月	民族	学历	党派	界别	备注
高木斗	菏泽市委常委、秘书长	男	1953.10	汉族	大专	中共党员	干部	
任仲义	菏泽市政府党组成员	男	1962.8	汉族	大学（工程硕士）	中共党员	干部	
王乃光	菏泽市城乡建设局局长、党委书记	男	1963.10	汉族	研究生	中共党员	干部	
刘建威	菏泽市委宣传部常务副部长（正县级）	男	1956.12	汉族	大学	中共党员	干部	
季敬存	菏泽市委党校副校长	男	1955.8	汉族	大学	中共党员	干部	
王令海	菏泽市人大常委会财经工委工作室主任	男	1957.12	汉族	大学	中共党员	干部	
李增华	中国联通菏泽市分公司总经理、党委书记	男	1960.10	汉族	研究生	中共党员	工人	2015年1月代表资格终止
郭保存	菏泽市水利局局长、党组书记	男	1964.4	汉族	研究生	中共党员	干部	
于海寅	山东贵和律师事务所主任	男	1959.11	汉族	大学	中共党员	知识分子	
谷瑞灵	郓城县委书记	男	1963.3	汉族	大学	中共党员	干部	
张乾山	郓城县委副书记、县长	男	1963.12	汉族	大学	中共党员	干部	
史同立	郓城县委副书记	男	1965.1	汉族	研究生	中共党员	干部	2016年4月暂停代表职务
周生林	郓城县人大常委会第一副主任	男	1962.3	汉族	大学	中共党员	干部	2015年3月代表资格终止
宋文启	郓城县人大常委会原主任	男	1955.10	汉族	研究生	中共党员	干部	
王凤芹	郓城县人大常委会副主任	女	1965.3	汉族	大学	中共党员	干部	
杜　勇	郓城县人民法院院长	男	1971.9	汉族	大学	中共党员	干部	
张景进	郓城县财政局局长	男	1963.8	汉族	大学	中共党员	干部	2016年1月代表资格终止
赵　东	郓城县人民检察院检察长	男	1970.6	汉族	大学	中共党员	干部	
冯华奇	郓城古泉街道党委书记	男	1966.7	汉族	大学	中共党员	干部	
李继德	郓城县公安局局长	男	1970.5	汉族	大学	中共党员	干部	
李超杰	郓城县发改局局长	男	1968.7	汉族	大学	中共党员	干部	
于鲁卫	郓城欧亚化工公司董事长	男	1976.8	汉族	大学	非党	农民	
方夕涛	郓城县恒涛热能公司董事长	男	1965.10	汉族	大学	非党	工人	2015年1月代表资格终止

续表 38

姓名	现任（或原任）职务	性别	出生年月	民族	学历	党派	界别	备注
史长胜	鄄城县泓亚工艺品公司总经理	男	1965.10	汉族	大专	中共党员	工人	
申玉华	鄄城县中通能源公司总经理	男	1971.5	汉族	高中	中共党员	农民	2015 年 1 月代表资格终止
张广营	鄄城县董口镇前园村党支部书记	男	1958.5	回族	高中	中共党员	农民	
冯福坤	鄄城县柏斯莱特有限公司董事长	男	1969.10	汉族	大专	中共党员	工人	
任保忠	鄄城县建融化工有限公司董事长	男	1962.4	汉族	大专	中共党员	工人	
刘东杰	鄄城县沃蓝化工有限公司总经理	男	1971.8	汉族	大专	中共党员	工人	
刘洪章	鄄城晨鸣板材有限公司经理	男	1963.9	汉族	大学	非党	工人	2015 年 1 月代表资格终止
刘　键	鄄城县地税局中心税务所所长	男	1968.10	汉族	大学	非党	工人	
杨玉霞	鄄城鲁鑫纺织有限公司董事长	女	1959.10	汉族	大专	中共党员	工人	
杨奉钦	鄄城县嘉通机械制造有限公司	男	1981.6	汉族	大学	中共党员	工人	
杨传宾	菏泽八方家电有限公司董事长	男	1974.3	汉族	中专	非党	工人	
赵仁祥	菏泽冠通铁塔厂厂长	男	1961.8	汉族	高中	中共党员	工人	
胡孟德	山东菏泽鼎融有限公司总经理	男	1964.2	汉族	大专	非党	工人	
侯春生	鄄城县陈王酒业公司董事长	男	1960.12	汉族	大学	非党	工人	
贾　峰	鄄城阳光木业公司总经理	男	1974.12	汉族	大专	非党	工人	
夏俊祥	鄄城县康泰化工有限公司总经理	男	1973.8	汉族	大专	非党	工人	
高玉环	鄄城县临卜镇马堂村养殖场场长	女	1973.11	汉族	高中	非党	农民	
曹向东	鄄城县泰丰纺织公司总经理	男	1967.11	汉族	大专	中共党员	工人	
靳兆新	鄄城县新华发制品厂厂长	男	1972.6	汉族	大专	非党	农民	
雷　琦	鄄城县舜王城科技园有限公司董事长	男	1974.11	汉族	大学	非党	工人	
杜万国	鄄城县信用联社理事长	男	1965.3	汉族	大学	中共党员	知识分子	
秦朝华	鄄城县一中校长	男	1963.11	汉族	大学	中共党员	知识分子	
秦　毅	鄄城县农业经管站站长	男	1966.3	汉族	大学	中共党员	知识分子	

续表 38

姓名	现任（或原任）职务	性别	出生年月	民族	学历	党派	界别	备注
吴金林	鄄城县国土资源局局长	男	1960.4	汉族	大学	中共党员	知识分子	
张新杰	鄄城城关派出所所长	男	1967.11	回族	大学	中共党员	知识分子	
陈安柱	鄄城县民政局局长	男	1962.11	汉族	大学	中共党员	知识分子	2014 年 12 月代表资格终止
武宪忠	鄄城县国税局局长	男	1968.11	汉族	大学	中共党员	知识分子	
尚庆峰	鄄城县公路局局长	男	1966.10	汉族	大学	中共党员	知识分子	
王明霞	鄄城德克士连锁店总经理	女	1973.1	汉族	大学	非党	知识分子	
石启华	鄄城县审计局局长	男	1965.7	汉族	大学	中共党员	知识分子	

东明县代表团一览表

表 39

姓名	现任（或原任）职务	性别	出生年月	民族	学历	党派	界别	备注
赵润田	菏泽市委书记、市人大常委会主任	男	1956.9	汉族	大学	中共党员	干部	2013 年 12 月代表资格终止
杨永昌	菏泽市人大常委会第一副主任（正厅级）、党组书记	男	1955.7	汉族	研究生（工程硕士）	中共党员	干部	
孙丰华	菏泽市委常委、宣传部部长	女	1968.12	汉族	研究生	中共党员	干部	2016 年 1 月代表资格终止
毕可文	原菏泽地区人大工委主任、党组书记	男	1937.6	汉族	大学	中共党员	干部	
李玉明	菏泽市国土资源局局长	男	1955.4	汉族	大学	中共党员	干部	
杨自源	菏泽市环保局局长	男	1958.9	汉族	大学	中共党员	干部	
郭景堂	菏泽市人大常委会副秘书长、办公室主任	男	1965.2	汉族	大学	中共党员	干部	
彭　华	菏泽市人大常委会预算工作委员会副主任	男	1954.9	汉族	大专	中共党员	干部	
乔廷勇	菏泽市烟草专卖局局长	男	1957.7	汉族	大学	中共党员	工人	
王世明	菏泽市工商银行行长	男	1962.1	汉族	研究生	中共党员	工人	2012 年 12 月代表资格终止
白彤文	菏泽市建设银行行长	男	1970.10	汉族	大学	中共党员	工人	2016 年 1 月代表资格终止
万存周	东明县委书记	男	1962.1	汉族	大学	中共党员	干部	
庄付阁	东明县人大常委会主任	女	1957.08	汉族	大学	中共党员	干部	

续表 39

姓名	现任（或原任）职务	性别	出生年月	民族	学历	党派	界别	备注
朱瑞军	东明县委副书记、县长	女	1969.2	汉族	大学	中共党员	干部	
聂元科	东明县委副书记	男	1970.9	汉族	大学	中共党员	干部	
谷永强	东明县委常委、副县长	男	1973.6	汉族	研究生	中共党员	干部	
范茂林	东明县委常委、组织部部长	男	1964.8	汉族	大学	中共党员	干部	
苑　涛	东明县委常委、办公室主任	男	1977.9	汉族	大学	中共党员	干部	
李湘平	东明石化集团董事局主席	男	1962.8	汉族	大学	中共党员	工人	
李金岭	东明县人民法院院长	男	1961.10	汉族	大学	中共党员	干部	
张光辉	东明县人民检察院检察长	男	1968.12	汉族	大学	中共党员	干部	
刘顺海	东明县公安局局长	男	1963.11	汉族	大学	中共党员	干部	
刘铁锁	东明县大桥管理处处长	男	1959.4	汉族	大专	中共党员	工人	
王清选	东明县公路局局长	男	1962.12	汉族	大学	中共党员	工人	
刘洪杰	东明县教育局局长	男	1962.10	汉族	大专	中共党员	知识分子	
赵玉生	东明县财政局局长	男	1965.11	汉族	大学	中共党员	知识分子	
游德华	东明县民政局局长	男	1964.6	汉族	大学	中共党员	知识分子	
窦建喜	东明县住建局局长	男	1963.1	汉族	大学	中共党员	工人	
杨　军	东明县人口和计生局局长	男	1964.5	汉族	大学	中共党员	知识分子	
徐永太	东明县人社局局长	男	1962.9	回族	大学	中共党员	知识分子	
王洪恩	东明县审计局局长	男	1963.1	汉族	大学	中共党员	知识分子	
张长青	东明县环保局局长	男	1963.1	汉族	大学	中共党员	工人	
辛继梅	东明县妇联主席	女	1964.3	汉族	大学	中共党员	知识分子	
李　民	东明县武胜桥镇党委书记	男	1966.3	汉族	大学	中共党员	干部	
李华伟	东明县开发区党委书记	男	1966.12	汉族	大学	中共党员	干部	2016 年 1 月代表资格终止
靳风光	东明县东明集党委书记	男	1971.5	汉族	大学	中共党员	干部	

续表 39

姓名	现任（或原任）职务	性别	出生年月	民族	学历	党派	界别	备注
曹传杰	东明县大屯镇党委书记	男	1971.7	汉族	大学	中共党员	干部	
张庆彪	东明县陆圈镇党委书记	男	1968.3	汉族	大学	中共党员	干部	
李东燕	东明县三春集镇党委书记	女	1973.5	汉族	大学	中共党员	干部	
程学刚	东明县交通局局长	男	1963.11	汉族	研究生	中共党员	工人	
纪立国	东明县水务局局长	男	1965.8	汉族	大学	中共党员	工人	
张洪洲	东明县政府办主任	男	1962.8	汉族	研究生	中共党员	知识分子	
苑玉超	东明县监察局局长	男	1968.7	汉族	研究生	中共党员	知识分子	
王培亭	东明县安监局局长	男	1964.8	汉族	大学	中共党员	工人	
郭卫兵	东明县信访局局长	男	1970.8	汉族	大学	中共党员	工人	
程洪涛	东明县发改局局长	男	1972.1	汉族	研究生	中共党员	知识分子	
黄　腾	东明县医院院长	男	1964.8	汉族	本科	非党	知识分子	
尹怀波	东明县一中副校长	男	1963.1	汉族	大学	非党	知识分子	
尚胜法	东方集团董事长	男	1956.10	汉族	高中	非党	农民	
魏佩显	方明化工项目部经理	男	1951.1	汉族	大专	无党派	无党派人士	
王进山	东明石化集团副总经理	男	1968.10	汉族	研究生	非党	工人	
王胜伟	山东玉皇化工总经理	男	1981.1	汉族	大学	无党派	无党派人士	
侯福顺	东明兆邦化工董事长	男	1963.9	汉族	中专	无党派	无党派人士	
郑灵华	东方武校教师	女	1973.1	汉族	大专	非党	知识分子	

菏泽经济开发区代表团一览表

表 40

姓名	现任（或原任）职务	性别	出生年月	民族	学历	党派	界别	备注
刘　勇	菏泽市委常委，市政府副市长、党组副书记，市行政干部管理学院院长	男	1957.1	汉族	研究生	中共党员	干部	
付　伟	菏泽市委常委，市政府副市长	男	1962.6	汉族	研究生	中共党员	干部	2016 年 1 月代表资格终止

续表 40

姓名	现任（或原任）职务	性别	出生年月	民族	学历	党派	界别	备注
孙忠生	菏泽经济开发区党工委常务副书记、管委会主任	男	1959.10	汉族	大学	中共党员	干部	
彭靖华	菏泽市人大常委会副主任、党组成员，市人大常委会财经工作委员会主任，市人大常委会内务司法工作委员会主任	男	1952.8	汉族	研究生	中共党员	干部	
程民光	菏泽市技术学院党委书记，菏泽市委组织部常务副部长	男	1955.3	汉族	大学	中共党员	干部	
史国生	菏泽市食品药品监督管理局局长、党组书记	男	1961.4	汉族	大学	中共党员	干部	2014 年 9 月代表资格终止
赵晓英	菏泽市发展和改革委员会主任、党组书记，菏泽市国防动员委员会办公室主任	男	1955.1	汉族	大学	中共党员	干部	
姜守民	菏泽市城市管理局局长、党组书记	男	1963.5	汉族	大学	中共党员	干部	
梁志成	菏泽市人大常委会委员、民侨外工委副主任	男	1954.12	汉族	大专	中共党员	干部	
党明娜	中国银行业监督管理委员会菏泽监管分局局长、党委书记	女	1962.10	汉族	大学	中共党员	干部	2014 年 9 月代表资格终止
王可正	菏泽市教育局副局长、党委委员，菏泽第一中学校长、党委副书记	男	1962.9	汉族	大学	中共党员	知识分子	
王卫东	山东菏泽发电厂厂长	男	1966.3	汉族	研究生	中共党员	工人	2014 年 9 月代表资格终止
曹升灵	菏泽市政府党组成员、菏泽经济开发区党工委书记	男	1964.4	汉族	研究生	中共党员	干部	
李守玉	菏泽经济开发区人大工委主任	男	1957.6	汉族	大学	中共党员	干部	
李国珍	菏泽经济开发区党工委委员、管委会副主任（列第一位）	男	1962.8	汉族	大学	中共党员	干部	
任民勇	开发区规划分局局长	男	1969.1	汉族	大学	中共党员	干部	
王金书	山东玉皇化工有限公司董事长	男	1957.1	汉族	高中	中共党员	工农	
高义武	菏泽金正大有限公司董事长兼总经理	男	1972.9	汉族	大学	非党	工农	2014 年 9 月代表资格终止
刘保宏	菏泽市德润化工有限公司董事长	男	1972.9	汉族	大学	非党	工农	
王风滩	山东东药药业总经理	男	1972.5	汉族	大学	致公党	工农	
王福波	菏泽伯特利置业有限公司董事长	男	1962.5	汉族	大学	中共党员	工农	
赵建华	菏泽华升玻璃有限公司董事长	男	1960.12	汉族	大专	中共党员	工农	
杨　军	菏泽聚隆能源有限公司总经理	男	1969.9	汉族	大学	中共党员	工农	
赵文东	开发区丹阳办事处赵堂社区支部书记	男	1971.11	汉族	高中	中共党员	工农	
张永生	菏泽工商银行开发区支行行长	男	1960.12	汉族	大学	中共党员	知识分子	

续表 40

姓名	现任（或原任）职务	性别	出生年月	民族	学历	党派	界别	备注
姜　勇	菏泽玉皇化工股份有限公司董事长	男	1965.12	汉族	大学	中共党员	知识分子	
郝敬忠	菏泽市中医医院院长	男	1962.12	汉族	大学	中共党员	知识分子	
张西慈	菏泽银座商城总经理	男	1965.9	汉族	中专	中共党员	知识分子	2014 年 9 月代表资格终止

二、届内增补代表名录

表 41

姓名	现任（或原任）职务	性别	出生年月	民族	学历	党派	界别	备注
任孔记	武警菏泽支队支队长	男	1970.8	汉族	大学	中共党员	干部	2012 年 12 月补选，2016 年 1 月资格终止
周继东	菏泽市总工会常务副主席（正县级）、党组副书记	男	1958.6	汉族	研究生	中共党员	干部	2012 年 12 月补选
李冠斌	菏泽市委市直机关工委书记	男	1962.2	汉族	研究生	中共党员	干部	2012 年 12 月补选
王　勇	曹县建安集团工程总公司总经理	男	1977.9	汉族	大专	中共党员	工农	2012 年 12 月补选
周　羽	菏泽市供电公司总经理、党委副书记	男	1966.4	汉族	研究生	中共党员	工农	2012 年 12 月补选，2016 年 1 月资格终止
游春亭	菏泽供电公司副总经济师兼成武县供电公司经理	男	1964.12	汉族	大学	中共党员	工农	2012 年 12 月补选
柯明财	成武美森木业有限公司董事长	男	1973.11	汉族	大专	非党	工农	2012 年 12 月补选
陈　刚	菏泽市人民银行党委副书记、副行长（主持工作）	男	1962.6	汉族	大学	中共党员	知识分子	2012 年 12 月补选
杨东波	共青团菏泽市委员会书记、党组书记	男	1984.10	汉族	研究生	中共党员	干部	2012 年 12 月补选
刘玉果	山东新巨龙能源有限责任公司总经理	男	1968.9	汉族	研究生	中共党员	工农	2012 年 12 月补选
王玉磊	菏泽市公安消防支队党委书记、政委	男	1969.11	汉族	大学	中共党员	干部	2012 年 12 月补选
张培华	菏泽市发改委主任	男	1960.3	回族	大学	中共党员	干部	2012 年 12 月补选
刘国庆	郓城宋江武术学校副校长	男	1958.8	汉族	大学	无党派	无党派人士	2012 年 12 月补选
冯建军	菏泽市工商银行行长	男	1973.8	汉族	大学	中共党员	知识分子	2012 年 12 月补选，2016 年 1 月资格终止
张新德	菏泽经济开发区人民检察院检察长	男	1964.6	汉族	大学	中共党员	干部	2012 年 12 月补选
徐　平	菏泽市经信委党组副书记、国资委主任	男	1956.3	汉族	大学	中共党员	干部	2012 年 12 月补选

续表 41

姓名	现任（或原任）职务	性别	出生年月	民族	学历	党派	界别	备注
孔令海	菏泽市委副秘书长，市委接待办主任，市机关事务管理局局长	男	1963.7	汉族	大学	中共党员	干部	2013 年 1 月补选
于晓明	省委委员，菏泽市委书记，市委党校校长	男	1957.7	汉族	大学	中共党员	干部	2013 年 12 月补选，2015 年 1 月资格终止
张晓海	菏泽市委常委，菏泽高新技术产业开发区党工委书记	男	1968.6	汉族	大学硕士	中共党员	干部	2013 年 12 月补选
张廷善	菏泽军分区司令员	男	1960.8	汉族	大学	中共党员	解放军和武警	2013 年 12 月补选，2016 年 1 月资格终止
刘　波	菏泽市委副秘书长，市维稳办主任	男	1957.8	汉族	大学	中共党员	干部	2013 年 12 月补选
张富国	曹县国家税务局局长、党组书记	男	1964.7	汉族	大学	中共党员	干部	2013 年 12 月补选
耿振华	成武县委副书记、县长	男	1971.9	汉族	研究生	中共党员	干部	2013 年 12 月补选
史长华	成武县委副书记	男	1967.3	汉族	研究生	中共党员	干部	2013 年 12 月补选
马志伟	菏泽市政府副秘书长，市政府办公室党组副书记、法制办主任	男	1957.8	汉族	大学	中共党员	干部	2013 年 12 月补选
杨晓军	菏泽市委宣传部常务副部长（正县级）	男	1962.10	汉族	大学	中共党员	干部	2013 年 12 月补选
梁惠民	菏泽市妇联主席、党组书记	女	1969.11	汉族	大学	中共党员	干部	2013 年 12 月补选
黄高潮	菏泽市政府副秘书长，市政府办公室党组副书记、督查室主任	男	1957.12	汉族	大学	中共党员	干部	2013 年 12 月补选
袁洪波	郓城县国税局局长、党组书记	男	1969.7	汉族	大学	中共党员	干部	2013 年 12 月补选
王金庆	菏泽市人民检察院检察长人选	男	1968.9	汉族	大学	中共党员	干部	2015 年 1 月补选
秦立生	菏泽银监分局党委书记、局长	男	1963.10	汉族	研究生	中共党员	干部	2015 年 1 月补选
李　波	中国银行菏泽分行行长	男	1964.12	汉族	大学	中共党员	知识分子	2015 年 1 月补选
潘升全	国电菏泽发电有限公司总经理	男	1963.10	汉族	研究生	中共党员	工农	2015 年 1 月补选
郑孝义	菏泽经济开发区人民法院党组书记、院长	男	1965.12	汉族	大学	中共党员	干部	2015 年 1 月补选
赵宗玺	菏泽经济开发区党工委委员、岳程办事处党委书记	男	1962.10	汉族	大学	中共党员	干部	2015 年 1 月补选
王焕良	菏泽学院党委副书记、院长	男	1965.6	汉族	研究生	中共党员	知识分子	2015 年 1 月补选
王　进	菏泽市国税局党组书记、局长	男	1979.2	汉族	大学	中共党员	干部	2015 年 1 月补选
聂学敏	单县人民检察院检察长	男	1968.11	汉族	大学	中共党员	干部	2015 年 1 月补选

续表 41

姓名	现任（或原任）职务	性别	出生年月	民族	学历	党派	界别	备注
闫正超	山东龙盛供热有限公司董事长	男	1977.1	汉族	大学	中共党员	工农	2015 年 1 月补选
时培行	单县农村信用联社理事长	男	1970.3	汉族	大学	中共党员	知识分子	2015 年 1 月补选
张爱民	山东鑫泽铜业有限公司总经理	男	1963.8	汉族	中专	中共党员	工农	2015 年 1 月补选
梁振坤	菏泽市人大常委会农工委副主任	男	1961.9	汉族	大专	中共党员	干部	2015 年 1 月补选
王清华	菏泽市人大常委会副秘书长、预算工委工作室主任	男	1963.9	汉族	大学	中共党员	干部	2015 年 1 月补选
王昌华	巨野县委副书记、县长	男	1970.8	汉族	研究生	中共党员	干部	2015 年 1 月补选
王有强	菏泽市农业银行行长	男	1970.6	汉族	大学	中共党员	知识分子	2015 年 1 月补选，2016 年 1 月资格终止
杨光忠	菏泽市纪委副书记	男	1969.1	汉族	研究生	中共党员	干部	2015 年 1 月补选
时　伟	菏泽农村商业银行股份有限公司董事长	男	1969.12	汉族	大学	中共党员	知识分子	2015 年 1 月补选
胡国华	鄄城县古泉街道党委书记	男	1970.10	汉族	大学	中共党员	干部	2015 年 1 月补选
顾广义	鄄城县地方税务局党组书记、局长	男	1971.8	汉族	大学	中共党员	干部	2015 年 1 月补选
刘　振	鄄城县供电公司经理	男	1965.7	汉族	大学	中共党员	工农	2015 年 1 月补选
康　兵	菏泽市司法局党组书记、局长	男	1968.5	汉族	研究生	中共党员	干部	2015 年 1 月补选
姜同松	菏泽学院院长、党委副书记	男	1962.6	汉族	研究生	中共党员	知识分子	2016 年 1 月补选
张泽中	牡丹区委副书记、区长	男	1968.11	汉族	大学	中共党员	干部	2016 年 1 月补选
刘启同	菏泽高新区党工委副书记、管委会主任	男	1964.12	汉族	大学	中共党员	干部	2016 年 1 月补选
陈　武	武警菏泽支队支队长	男	1973.9	汉族	大学	中共党员	干部	2016 年 1 月补选
李建华	菏泽市委副书记	女	1966.2	汉族	大学	中共党员	干部	2016 年 1 月补选
丁　峰	菏泽军分区司令员	男	1964.7	汉族	研究生	中共党员	解放军和武警	2016 年 1 月补选
张正智	菏泽市中级人民法院代院长	男	1970.6	汉族	大学	中共党员	干部	2016 年 1 月补选
张柱军	菏泽市人大常委会内司工委工作室主任	男	1958.1	汉族	大学	中共党员	干部	2016 年 1 月补选
陈自飞	菏泽市委政法委常务副书记	男	1958.8	汉族	大学	中共党员	干部	2016 年 1 月补选
姜继彬	菏泽市纪委派驻第一纪检组组长	男	1957.3	汉族	大专	中共党员	干部	2016 年 1 月补选

续表 41

姓名	现任（或原任）职务	性别	出生年月	民族	学历	党派	界别	备注
孙彦军	鄄城县人大常委会主任	男	1963.5	汉族	大学	中共党员	干部	2016 年 1 月补选
罗衍玲	菏泽市纪委派驻第三纪检组组长	女	1959.2	汉族	大学	中共党员	干部	2016 年 1 月补选
王　磊	菏泽市委常委、组织部部长	男	1971.2	汉族	研究生	中共党员	干部	2016 年 1 月补选
李茂楠	菏泽市纪委常务副书记	男	1975.6	汉族	大学	中共党员	干部	2016 年 1 月补选
魏　琳	东明县委副书记、县长	男	1963.5	汉族	大学	中共党员	干部	2016 年 1 月补选

市第十九届人民代表大会代表

2017 年 1 月，各选举单位选举产生菏泽市第十九届人民代表大会代表 621 名。其中：牡丹区代表团 72 名，定陶区代表团 49 名，曹县代表团 89 名，成武县代表团 49 名，单县代表团 71 名，巨野县代表团 59 名，郓城县代表团 71 名，鄄城县代表团 54 名，东明县代表团 53 名，开发区代表团 28 名，高新区代表团 26 名；中共党员 430 名，占 69.2%；少数民族 19 名，占 3.1%；妇女 139 名，占 22.4%；研究生及以上 87 名、占 14%，大学 324 名、占 52.2%，大专及高职 120 名、占 19.3%，中专职高及高中 82 名、占 13.2%，初中及以下 8 名、占 1.3%。届中，共终止菏泽市第十九届人民代表大会代表资格 63 名，增补菏泽市第十九届人民代表大会代表 44 名。

一、届初当选代表名录

牡丹区代表团一览表

表 42

姓名	现任（或原任）职务	性别	出生年月	民族	籍贯	学历	党派	备注
孙爱军	菏泽市委书记、市人大常委会主任、市委党校校长	男	1972.3	汉族	山东平度	研究生（博士）	中共党员	2019 年 12 月代表资格终止
尹玉明	菏泽市委常委、秘书长，市委改革办主任	男	1962.1	汉族	山东东明	研究生	中共党员	
单立新	菏泽市委常委、政法委书记	男	1961.1	汉族	山东利津	大学	中共党员	
王金庆	菏泽市人民检察院检察长	男	1968.9	汉族	山东临朐	大学	中共党员	2019 年 12 月代表资格终止
姜同松	菏泽学院院长	男	1962.6	汉族	山东莱阳	研究生	中共党员	
陈北国	菏泽市委副秘书长	男	1963.2	汉族	山东东平	硕士	中共党员	
闫传银	菏泽市卫计委主任	男	1962.10	汉族	山东定陶	大学	中共党员	
王清华	菏泽市人大常委会副秘书长	男	1963.9	汉族	山东菏泽	大学	中共党员	
刘景西	菏泽市人大常委会民侨外工委工作室主任	男	1965.11	汉族	山东菏泽	研究生	中共党员	

续表 42

姓名	现任（或原任）职务	性别	出生年月	民族	籍贯	学历	党派	备注
王玉磊	菏泽市消防支队政委	男	1969.11	汉族	山东郓城	研究生	中共党员	2017 年 12 月代表资格终止
任兰花	菏泽市植物保护站站长	女	1964.12	汉族	山东郓城	大学	非党	
张福龙	牡丹区委书记	男	1964.2	汉族	山东单县	大学	中共党员	
张泽中	牡丹区委副书记、区长	男	1968.11	汉族	山东郓城	大学	中共党员	
李书京	牡丹区人大常委会主任	男	1961.9	汉族	山东鄄城	大学	中共党员	
刘培廷	牡丹区委副书记	男	1966.8	汉族	山东巨野	大学	中共党员	
王永轩	牡丹区委常委、常务副区长	男	1964.6	汉族	山东曹县	大学	中共党员	
杜　勇	牡丹区人民法院院长	男	1971.2	汉族	山东曹县	大学	中共党员	
时维建	牡丹区人民检察院检察长	男	1971.3	汉族	山东定陶	大学	中共党员	
贾祥轩	市公安局牡丹分局局长	男	1962.1	汉族	山东曹县	大学	中共党员	
张团昌	牡丹区教育局局长	男	1962.11	汉族	山东巨野	大学	中共党员	
李玉建	牡丹区发改局局长	男	1963.3	汉族	山东鄄城	大学	中共党员	
赵　剑	牡丹区公路局局长	男	1970.6	汉族	山东菏泽	大学	中共党员	
程明远	牡丹区市场监管局局长	男	1965.3	汉族	山东金乡	大学	中共党员	
马建敏	牡丹区住建局副局长、区城乡综合执法大队大队长、区城市综合管理办公室主任	男	1963.5	汉族	山东菏泽	大学	中共党员	
邓小华	菏泽三信实业有限公司总经理	男	1964.12	汉族	山东巨野	大学	非党	
王在良	菏泽沙土食品有限公司总经理	男	1956.6	汉族	山东菏泽	大学	中共党员	
孙建国	菏泽中达房地产有限公司总经理	男	1965.8	汉族	山东菏泽	大学	非党	
吴　霞	菏泽鑫利华实业有限公司总经理	女	1969.6	汉族	山东郓城	大学	非党	
李　平	菏泽中盛房地产有限公司总经理	男	1975.9	汉族	山东济南	大学	中共党员	
孟令启	菏泽德乾集团董事长	男	1956.4	汉族	山东菏泽	大学	中共党员	
孙建国	菏泽步步高大酒店总经理	男	1972.2	汉族	山东菏泽	大学	非党	
苏照华	菏泽卓越皮业有限公司董事长	男	1963.1	汉族	山东菏泽	大学	非党	

续表 42

姓名	现任（或原任）职务	性别	出生年月	民族	籍贯	学历	党派	备注
肖焕立	菏泽胜达食品有限公司总经理	男	1960.6	汉族	山东菏泽	大学	中共党员	
张之昱	菏泽佳润实业有限公司总经理	男	1966.8	汉族	山东菏泽	大学	非党	
刘文法	菏泽天邦粮油有限公司董事长	男	1962.5	汉族	山东菏泽	大学	非党	
董少华	菏泽毅德商贸城总经理	男	1978.12	汉族	河南商丘	大学	中共党员	
高凤良	菏泽华润电力有限公司总经理	男	1973.9	蒙古族	内蒙古奈曼旗	大学	中共党员	
时　伟	菏泽农村商业银行董事长	男	1968.6	汉族	山东鄄城	研究生	中共党员	
沙永慈	青岛保税港区菏泽进口汽车总部基地有限公司销售主管	男	1970.9	回族	山东菏泽	大学	非党	
康延利	菏泽康庄服装市场管委会办公室主任	男	1965.8	汉族	山东菏泽	大学	中共党员	
刘　萍	山东银田农贸集团有限公司工会主席	女	1969.1	汉族	上海市	大专	非党	
袁　军	菏泽九通建材有限公司销售经理	男	1979.5	汉族	山东菏泽	大学	非党	
尚中栋	山东睿鹰先锋制药有限公司总工程师	男	1969.2	汉族	山东单县	大学	中共党员	
李红飞	菏泽江正食品公司产品研发主任	男	1980.11	汉族	山东菏泽	大学	非党	
潘先军	菏泽好旺花木专业合作社苗木经纪人	男	1976.7	汉族	山东菏泽	大学	非党	
李修京	菏泽天荣实业集团有限公司总工程师	男	1963.5	汉族	山东曹县	大学	中共党员	
晁忠良	北城办事处北辰社区党支部书记	男	1961.8	汉族	山东菏泽	大学	中共党员	
孙建国	东城办事处东岳社区党支部书记	男	1962.4	汉族	山东菏泽	大专	中共党员	
李法明	南城办事处朝阳社区管委会党总支书记	男	1957.8	汉族	山东菏泽	大专	中共党员	
王爱芹	西城办事处南华社区党支部书记	女	1957.9	汉族	山东菏泽	大专	中共党员	
张　谦	牡丹办事处张集社区党支部书记	男	1970.4	汉族	山东菏泽	大学	中共党员	
刘庆生	王浩屯镇西前刘行政村党支部书记	男	1962.9	汉族	山东菏泽	中专	中共党员	2018 年 6 月去世
刘冠英	李村镇高李行政村党支部书记	男	1971.9	汉族	山东菏泽	中专	中共党员	
晁中启	黄堽镇晁庄行政村党支部书记	男	1972.8	汉族	山东菏泽	大专	中共党员	
李建林	马岭岗镇穆李行政村党支部书记	男	1968.9	汉族	山东菏泽	大专	中共党员	

续表 42

姓名	现任（或原任）职务	性别	出生年月	民族	籍贯	学历	党派	备注
郭　灵	高庄镇付庄行政村计生专职主任	女	1988.7	汉族	山东菏泽	大学	非党	
何西良	牡丹区文化艺术研究所所长	男	1963.11	汉族	山东菏泽	大学	中共党员	
王振中	牡丹区实验小学校长	男	1970.9	汉族	山东菏泽	大学	中共党员	
王兆勇	菏泽工商银行牡丹支行行长高级金融理财师	男	1966.11	汉族	山东巨野	大学	中共党员	
王光厚	菏泽济铁物流园有限公司高级会计师	男	1963.12	汉族	山东费县	大学	中共党员	2017 年 12 月代表资格终止
李华伟	菏泽市牡丹人民医院院长	男	1963.12	汉族	山东郓城	大学	中共党员	
李香凤	牡丹区第二十一中学校长	女	1965.9	汉族	山东菏泽	大学	中共党员	
郑灵芝	菏泽花乡酒业集团技术总监	女	1969.4	汉族	山东菏泽	大学	非党	
赵建峰	菏泽音乐舞蹈学校校长	男	1971.5	汉族	山东菏泽	大学	中共党员	
余洪智	菏泽尧舜牡丹生物科技有限公司技术总监	男	1986.12	汉族	山东东明	大学	非党	2017 年 8 月代表资格终止
袁艳萍	牡丹区云荷小学校长	女	1977.1	汉族	山东菏泽	大学	非党	
李　楠	小留镇卫生院妇产科副主任	女	1985.8	汉族	山东菏泽	大学	非党	
张红专	都司镇朱屯小学校长	女	1983.1	汉族	山东巨野	大学	非党	
孔保华	菏泽海蓝照明工程公司工程师	男	1964.12	汉族	山东菏泽	大学	民革	
杜当玉	菏泽市早教集团加盟中心主任	女	1962.11	汉族	山东菏泽	大学	非党	
吴佩英	牡丹区第一小学校长	女	1969.1	汉族	山东菏泽	大学	致公党	
王西胜	菏泽第二中学校长	男	1965.12	汉族	山东定陶	大学	中共党员	

定陶区代表团一览表

表 43

姓名	现任（或原任）职务	性别	出生年月	民族	籍贯	学历	党派	备注
王　磊	菏泽市委常委、组织部部长	男	1971.2	汉族	山东沂源	研究生	中共党员	
汤建梅	菏泽市人大常委会副主任、民盟山东省委常委、民盟菏泽市委主委、市科协主席	女	1957.8	回族	上海宝山	大学	民盟	
丁志刚	菏泽市人大常委会副主任、党组副书记，市总工会主席	男	1961.9	汉族	山东定陶	大学	中共党员	

续表 43

姓名	现任（或原任）职务	性别	出生年月	民族	籍贯	学历	党派	备注
乔忠义	菏泽技师学院院长、党委副书记	男	1963.9	汉族	山东曹县	大学	中共党员	
孔令昌	菏泽市政协原主席、党组书记	男	1948.10	汉族	山东定陶	大专	中共党员	
许素洋	菏泽市人大常委会委员、副秘书长、办公室主任	男	1965.11	汉族	山东定陶	大学	中共党员	
李冠斌	菏泽市委政法委副书记，市社会治安综合治理委员会办公室主任	男	1962.2	汉族	江苏丰县	研究生	中共党员	
周铁伦	菏泽市财政局局长	男	1966.3	汉族	山东菏泽	大学	中共党员	2020 年 4 月代表资格终止
程传政	菏泽市交通运输局局长、党委书记	男	1964.12	汉族	山东成武	研究生	中共党员	
耿振华	成武县委原副书记、县政府原县长	男	1971.9	汉族	山东定陶	研究生	中共党员	
郭　慧	菏泽市民族宗教局副局长	女	1974.12	回族	山东定陶	研究生	中共党员	
聂元科	定陶区委书记	男	1970.11	汉族	山东曹县	研究生	中共党员	
朱中华	定陶区委副书记、区长	男	1967.4	汉族	山东菏泽	研究生	中共党员	
张　峰	定陶区人大常委会原主任	男	1957.8	汉族	河南台前	大学	中共党员	
张新雷	定陶区人大常委会主任	男	1961.3	汉族	山东单县	大学	中共党员	
王铁军	定陶区委副书记	男	1968.1	汉族	山东曹县	大学	中共党员	
权金牛	定陶区人民法院院长	男	1969.11	汉族	山东东明	大学	中共党员	
周文伟	定陶区人民检察院检察长	男	1968.5	汉族	河南兰考	大学	中共党员	
孔令潭	定陶区水务局局长	男	1964.10	汉族	山东定陶	大学	中共党员	2019 年 12 月代表资格终止
滑喜良	定陶区发展和改革局局长	男	1964.1	汉族	山东定陶	大专	中共党员	
穆　森	定陶区天中街道党工委书记	男	1974.8	汉族	山东定陶	大学	中共党员	2019 年 12 月代表资格终止
姜爱香	定陶区实验小学校长	女	1970.12	汉族	山东定陶	大学	中共党员	
耿战秋	定陶区政协副主席、区人民医院院长	男	1966.9	汉族	山东定陶	大学	无党派	
侯彦丽	定陶区两夹弦非遗保护传承中心主任	女	1966.2	汉族	山东定陶	大学	中共党员	
陈立军	定陶区山大附中实验学校执行校长	男	1963.1	汉族	山东郓城	大学	中共党员	
张　微	定陶区农业局农技站站长	女	1969.12	汉族	山东定陶	大学	无党派	

续表 43

姓名	现任（或原任）职务	性别	出生年月	民族	籍贯	学历	党派	备注
张春黎	定陶区人民医院肿瘤血液科护士长	女	1972.2	汉族	山东定陶	大学	无党派	
杨国伟	山东鲁花浓香花生油有限公司总经理	男	1968.4	汉族	山东莱州	大学	中共党员	2019 年 12 月代表资格终止
黄福斌	定陶区农商银行董事长	男	1969.9	汉族	山东巨野	大学	中共党员	
王连桂	定陶区供电公司经理	男	1963.5	汉族	山东曹县	大学	中共党员	2017 年 12 月代表资格终止
刘宪进	定陶鲁意建设开发工程有限公司董事长、总经理	男	1960.10	汉族	山东定陶	大学	中共党员	
吴小灿	菏泽传化公路港物流有限公司总经理	男	1971.8	汉族	浙江杭州	大专	无党派	2019 年 12 月代表资格终止
李小波	山东鼎森木业有限公司董事长	男	1978.11	汉族	山东济宁	大专	无党派	
刘　鹏	山东本草食品有限公司董事长	男	1974.8	汉族	山东菏泽	大专	中共党员	
倪建成	山东跨越王电子商务有限公司董事长	男	1962.5	汉族	浙江杭州	大学	无党派	
张　文	山东五洲医疗器械有限公司董事长	男	1976.3	汉族	浙江苍南	大专	无党派	
米　奇	山东赛托生物科技有限公司销售总监	男	1990.8	汉族	山东曹县	大学	无党派	
张　钊	山东天智绿叶生物有限公司发酵车间主任	男	1983.10	汉族	山东定陶	大学	中共党员	
刘海芳	山东（定陶）艺达家纺有限公司菏泽工业园培训部主任	女	1974.8	汉族	山东文登	大专	无党派	2019 年 12 月代表资格终止
徐先雷	山东尚舜化工有限公司副总经理兼山东圣陶化工有限公司董事长、总经理	男	1979.6	汉族	山东定陶	大学	无党派	
李　珍	国信建设集团有限公司工程部负责人	女	1968.2	汉族	山东莒县	大学	无党派	
陈成银	菏泽市利德尔食品有限公司总经理	男	1975.10	汉族	山东定陶	大专	无党派	
任　丽	山东尚谷农业合作社社长	女	1974.3	汉族	山东定陶	大专	中共党员	
郝有彪	定陶区金硕生态农产品种植专业合作社理事长	男	1958.10	汉族	山东定陶	中专	中共党员	
杨　立	定陶区中远蔬菜种植专业合作社理事长	男	1976.9	汉族	山东定陶	高中	中共党员	
马化彬	定陶区天中街道南城社区居委会主任	男	1964.2	回族	山东定陶	中专	中共党员	
马兴美	菏泽市鲲鹏皮草有限公司经理	女	1953.8	回族	山东定陶	初中	中共党员	
杨俊红	定陶区张湾镇湾子张村村民	女	1983.5	汉族	山东定陶	初中	无党派	
王明霞	定陶区德克士连锁餐厅大堂经理	女	1973.1	汉族	山东菏泽	大学	无党派	

曹县代表团一览表

表 44

姓名	现任（或原任）职务	性别	出生年月	民族	籍贯	学历	党派	备注
李建华	菏泽市委副书记	女	1966.2	汉族	山东莱西	研究生	中共党员	2017 年 12 月代表资格终止
丁　峰	菏泽军分区司令员、市人大常委会委员	男	1964.7	汉族	江苏如皋	研究生	中共党员	2019 年 1 月代表资格终止
李法洪	菏泽市委原常委、政法委书记	男	1957.2	回族	山东曹县	大学	中共党员	
王忠想	菏泽市政府副市长、党组成员	男	1964.12	汉族	山东成武	大学	中共党员	
王乃光	菏泽市人大常委会委员，市委统战部常务副部长	男	1962.10	汉族	山东郓城	研究生	中共党员	
梁振坤	菏泽市人大常委会委员、市人大农业与农村委员会副主任委员、市人大常委会农业与农村工作委员会副主任	男	1960.9	汉族	山东曹县	大专	中共党员	
常俊哲	菏泽市人大常委会研究室主任	男	1969.4	汉族	山东曹县	大学	中共党员	
陈宝华	菏泽市教育局局长、党委书记	男	1966.11	汉族	山东菏泽	大学	中共党员	
邵新宇	中国银行菏泽分行行长	男	1972.9	汉族	山东曹县	大学	中共党员	
王宗兵	济南铁路局聊城车务段副段长（副处级）、工程师	男	1974.12	汉族	山东蓬莱	大学	中共党员	2019 年 1 月代表资格终止
陈　武	武警菏泽支队支队长	男	1973.9	汉族	安徽五河	大学	中共党员	2019 年 1 月代表资格终止
于海寅	菏泽市人大常委会委员，山东贵和律师事务所主任、菏泽市律师协会副会长	男	1959.11	汉族	山东曹县	大学	中共党员	
张乾山	曹县县委书记	男	1962.10	汉族	山东菏泽	大学	中共党员	
梁惠民	曹县县委副书记、县长	女	1969.11	汉族	山东单县	大学	中共党员	
韩红岗	曹县人大常委会主任	男	1961.10	汉族	山东单县	大学	中共党员	2020 年 12 月代表资格终止
朱　雷	曹县县委常委、组织部部长	男	1972.10	汉族	山东单县	研究生	中共党员	
曹　刚	曹县县委常委、办公室主任	男	1975.11	汉族	山东鄄城	研究生	中共党员	
贾相如	曹县人大常委会副主任	男	1962.6	汉族	山东曹县	大学	中共党员	
李本卿	曹县政府副县长、县公安局局长	男	1972.4	汉族	山东单县	大学	中共党员	
李继亮	曹县人民法院院长	男	1969.5	汉族	山东鄄城	大学	中共党员	
逯其彦	曹县人民检察院检察长	男	1970.1	汉族	山东巨野	研究生	中共党员	
张富国	曹县国税局局长	男	1964.7	汉族	山东东明	大学	中共党员	

续表 44

姓名	现任（或原任）职务	性别	出生年月	民族	籍贯	学历	党派	备注
曹先银	曹县地税局局长	男	1973.5	汉族	山东郓城	研究生	中共党员	
安森立	曹县曹城街道党工委书记	男	1969.10	汉族	山东曹县	大学	中共党员	
苗国庆	曹县青岗集镇党委书记	男	1972.11	汉族	山东曹县	研究生	中共党员	
赵广民	曹县苏集镇党委书记	男	1971.7	汉族	山东曹县	研究生	中共党员	
郭凤民	曹县庄寨镇党委书记	男	1968.2	汉族	山东曹县	本科	中共党员	
吴兴国	曹县仵楼镇党委书记	男	1977.3	汉族	山东曹县	本科	中共党员	
安　军	曹县三利轮胎制造有限公司董事长	男	1956.11	汉族	安徽砀山	大专	中共党员	
王　勇	曹县建安集团建筑安装公司总经理	男	1977.9	汉族	山东曹县	大专	中共党员	
王　慧	曹县百隆纺织有限公司车间班长	女	1983.9	汉族	山东曹县	高中	非党	
王　光	山东王光集团有限公司董事长	男	1963.4	回族	山东曹县	大专	中共党员	
于沧龙	山东银香伟业集团销售业务员	男	1989.6	汉族	山东曹县	大学	非党	
石秀峰	山东青林家居用品有限公司员工	男	1972.11	汉族	山东曹县	大专	非党	
王海涛	曹县信友置业有限公司董事长	男	1973.10	汉族	河南郑州	中专	非党	
刘振义	曹县鲁艺木业有限公司董事长	男	1953.7	汉族	山东曹县	中专	中共党员	
谷瑾瑾	曹县百泽木艺品有限公司总经理	女	1982.10	汉族	山东曹县	大专	非党	
吴　奇	曹县华信种植养殖农民合作社社员	男	1982.3	汉族	山东曹县	大专	中共党员	
王桂芹	曹县万得纺织有限公司总经理	女	1970.11	汉族	山东曹县	本科	中共党员	
程　维	山东省曹县亚鲁工艺品有限公司业务主管	女	1993.12	汉族	山东曹县	大学	非党	
刘深霞	山东金谷食品有限公司董事长	女	1970.2	汉族	河南商丘	大学	非党	
李　伟	曹县富洋工艺有限公司董事长	男	1984.4	汉族	山东曹县	本科	非党	
李永明	山东永明集团董事长	男	1970.2	汉族	山东曹县	大专	中共党员	
李宪君	曹县古营集镇安仁集村党支部书记	男	1954.10	汉族	山东曹县	大专	中共党员	
岳荣振	曹县人民医院院长、主任医师	男	1962.7	汉族	山东曹县	大学	中共党员	

续表 44

姓名	现任（或原任）职务	性别	出生年月	民族	籍贯	学历	党派	备注
刘志杰	曹县侯集镇西张楼村党支部书记	男	1952.4	汉族	山东曹县	高中	中共党员	
马敬霞	曹县侯集镇社会事业服务中心主任	女	1974.9	回族	山东曹县	高中	中共党员	
赵广雷	曹县一中校长	男	1963.8	汉族	山东曹县	大学	中共党员	
丁振启	曹县孙老家镇中村党支部书记	男	1957.8	汉族	山东曹县	高中	中共党员	
白秀芝	曹县安蔡楼镇韩双楼村党支部书记	女	1953.1	汉族	山东曹县	小学	中共党员	
袁胜永	曹县青堌集镇朱老家村委会主任	男	1968.12	汉族	山东曹县	高中	中共党员	2018 年 5 月代表资格终止
靳松鹏	山东菏泽福林木业有限公司总经理	男	1974.4	汉族	山东曹县	中专	中共党员	
焦广海	山东隆森木业有限公司经理	男	1966.4	汉族	山东曹县	高中	中共党员	
吴治福	曹县联云工艺品有限公司董事长	男	1968.7	汉族	山东曹县	大专	中共党员	
黄亚鹏	曹县全民专业种植合作社理事长	男	1981.8	汉族	山东曹县	中专	非党	2019 年 12 月代表资格终止
申广海	曹县桃源集镇申盛木业法人代表	男	1975.4	汉族	山东曹县	高中	非党	
张玉亮	曹县常乐集镇宋庄村党支部书记	男	1969.8	汉族	山东曹县	高中	中共党员	
刘红宪	曹县韩集镇刘岗村党支部书记	男	1973.12	汉族	山东曹县	高中	中共党员	2019 年 12 月代表资格终止
仇　剑	菏泽波斯达毛绒制品有限公司总经理	男	1966.4	汉族	江苏南通	大学	非党	
兰守安	曹县砖庙镇十三村党支部书记	男	1950.2	汉族	山东曹县	高中	中共党员	2019 年 1 月代表资格终止
丁培玉	曹县大集镇丁楼村村民，大集镇产业园淘宝商会会长	男	1966.8	汉族	山东曹县	初中	非党	
陈友献	曹县磐石医院院长	男	1962.3	汉族	山东成武	大专	中共党员	
韩亚丽	曹县妇幼保健计划生育服务中心主任	女	1970.12	汉族	山东曹县	大学	中共党员	
李零一	曹县梁堤头镇杨集村党支部书记	男	1981.2	汉族	山东曹县	大专	中共党员	
姬传军	曹县邵庄镇姬庄村党支部书记	男	1967.1	汉族	山东曹县	中专	中共党员	
王静静	曹县金牡丹文化产业有限公司员工	女	1989.2	汉族	山东曹县	大学	非党	
李　翀	山东曹县牧原农牧有限公司总经理	男	1989.6	汉族	山西高平	本科	中共党员	
刘平建	曹县白草庄园农业开发有限公司总经理	男	1981.1	汉族	山东成武	大学	非党	

续表 44

姓名	现任（或原任）职务	性别	出生年月	民族	籍贯	学历	党派	备注
史显瑞	曹县阎店楼镇统计站站长	女	1978.1	汉族	山东曹县	高中	非党	
王建刚	曹县财政局内部资金结算中心出纳	男	1980.8	汉族	山东菏泽	大学	中共党员	
孙秀慈	山东圣奥化工公司财务主管	女	1971.10	汉族	山东曹县	大专	非党	
李　岩	曹县供电公司电气工程师、用电监察技师	男	1975.6	汉族	山东曹县	大专	中共党员	
高　洁	曹县千姿生态园林有限公司园林景观设计师	女	1978.12	汉族	山东曹县	大学	非党	
时培莹	山东坤泰食品有限公司会计	女	1968.11	汉族	山东曹县	中专	非党	
翟忠庆	曹县农商银行董事长	男	1969.1	汉族	山东巨野	本科	中共党员	
张　莉	山东商都恒昌牧业有限公司技术总监	男	1980.8	汉族	山东曹县	大专	非党	
徐冬梅	曹县第二人民医院妇产科护士长	女	1976.7	汉族	山东曹县	大学	非党	
张力玲	曹县建设银行个人业务服务中心经理	女	1970.3	汉族	山东曹县	大专	非党	
高　强	曹县桃源集镇谷寨小学校长	男	1980.5	汉族	山东曹县	大学	非党	
徐　姗	曹县县委党校讲师	女	1978.12	白族	贵州毕节	大学	非党	
朱　莉	曹县人民医院小儿科主任	女	1961.3	汉族	山东曹县	大学	非党	
张东兰	曹县庄寨镇卫生和计划生育办公室主任	女	1968.6	汉族	山东曹县	中专	非党	
王　铎	曹县育英中学校长	男	1969.1	汉族	山东曹县	大学	中共党员	
王　伟	曹县梁堤头镇水管站站长	男	1968.10	汉族	山东曹县	大专	中共党员	
郗孟燕	曹县民革支部副主委	女	1969.1	汉族	山东曹县	本科	民革	
张　涛	菏泽深港环球工艺品有限公司经理	男	1982.4	汉族	江苏	大专	无党派	
郭龙化	山东曹县中远毛纺有限公司总经理	男	1982.8	回族	山东曹县	大专	无党派	
孙　研	菏泽巨鑫源集团食品发酵车间技术主管	男	1991.1	汉族	山东曹县	大学	民革	
尹清荃	曹县发展和改革局办事员	男	1983.9	汉族	山东菏泽	大学	中共党员	

成武县代表团一览表

表 45

姓名	现任（或原任）职务	性别	出生年月	民族	籍贯	学历	党派	备注
马　骏	菏泽市委常委	男	1970.8	汉族	山东冠县	研究生	中共党员	2019 年 12 月代表资格终止
杨晓玲	菏泽市政协副主席、党组成员，市审计局局长、党组书记	女	1963.3	汉族	山东曹县	大学（工商管理硕士）	中共党员	
樊庆斌	省政协常委，菏泽市政协副主席、市工商联主席	男	1958.8	汉族	山东郓城	省委党校大学	无党派	
郭保存	菏泽市政府秘书长、党组成员，市政府办公室党组书记	男	1964.4	汉族	山东成武	省委党校研究生	中共党员	
鲁志成	菏泽市政府党组成员	男	1963.10	汉族	山东东明	省委党校研究生	中共党员	
闫　凌	菏泽市经信委主任、党组书记，市政府国有资产监督管理委员会党委副书记	男	1961.11	汉族	山东曹县	省业余大学	中共党员	
陈化明	市人大常委会委员、人事代表工作委员会副主任兼工作室主任	男	1964.7	汉族	山东菏泽	大学	中共党员	
潘若松	菏泽日报副总编兼牡丹晚报总编	男	1972.3	汉族	山东郓城	省委党校大学	中共党员	
夏建胜	菏泽市立医院副院长	男	1959.7	回族	山东巨野	大学	无党派	
车景仁	菏泽华星油泵油嘴有限公司董事长	男	1961.4	汉族	山东曹县	大学	中共党员	
袁绍飞	菏泽融达创业投资有限公司董事长	男	1985.6	汉族	山东定陶	大学	民革	
崔学民	成武县委书记	男	1967.1	汉族	山东莒南	大学	中共党员	
黄福常	成武县委副书记、县长	男	1969.12	汉族	山东单县	研究生	中共党员	
刘湛清	成武县人大常委会党组书记、主任	男	1964.1	汉族	山东成武	大学	中共党员	
张中斌	成武县人民法院院长	男	1972.10	汉族	山东定陶	大学	中共党员	
张光辉	成武县人民检察院检察长	男	1968.12	汉族	山东单县	大学	中共党员	
朱利静	成武县妇联主席	女	1971.8	汉族	山东成武	研究生	中共党员	
汪雁征	成武县文化体育局局长	男	1968.7	回族	济宁市市中区	大专	中共党员	
黄圣伦	成武县国家税务局党组书记、局长	男	1962.2	汉族	山东单县	大学	中共党员	
祝汉运	山东成武呱呱鸭食品有限公司职工	男	1987.6	汉族	山东成武	大专	非党	
陈同坤	山东华驰变压器股份有限公司职工	男	1968.5	汉族	山东成武	中专	中共党员	
居传领	山东谊源动物药业有限公司生产部部长	男	1969.2	汉族	济宁任城	大专	中共党员	

续表 45

姓名	现任（或原任）职务	性别	出生年月	民族	籍贯	学历	党派	备注
王海成	山东达驰电气有限公司销售员	男	1968.6	汉族	山东成武	高中	非党	
孙宝进	山东成武绿野塑编有限公司职工	男	1983.10	汉族	山东成武	本科	非党	
郝雪玲	成武县好亿家仁和医药公司店长	女	1969.9	汉族	山东成武	中专	非党	
谷超群	成武县泰丰水泥有限公司职工	男	1985.10	汉族	山东巨野	高职	非党	
王满义	成武县九女集镇河里王村村委会主任	男	1965.11	汉族	山东成武	高中	中共党员	
孙悬忠	成武县伯乐集镇伯乐村党支部书记	男	1961.11	汉族	山东成武	中专	中共党员	
游春亭	国网山东电力公司成武供电公司总经理	男	1964.12	汉族	山东定陶	硕士	中共党员	2019 年 12 月代表资格终止
平雨华	成武县人民医院院长、主任医师	男	1964.8	汉族	山东成武	本科	中共党员	
刘　艳	成武农商银行党委书记、董事长	女	1973.3	汉族	山东成武	大学	中共党员	2020 年 12 月代表资格终止
刘良臣	山东达驰电气有限公司总经理	男	1967.2	汉族	山东成武	研究生	中共党员	
肖才根	山东汇盟生物科技有限公司董事长	男	1962.11	汉族	江苏金坛	大学	非党	
刘茂森	成武县方圆公司副总裁、总经理	男	1965.1	汉族	南京市建邺区	大专	非党	2019 年 1 月代表资格终止
瞿国生	山东越兴化工有限公司董事长	男	1957.8	汉族	江苏常州	本科	非党	
韩继英	菏泽双阳食品有限公司总经理	女	1968.1	汉族	山东成武	大专	中共党员	
赵东方	成武县易信环保科技有限公司董事长	男	1965.5	汉族	山东博兴	本科	中共党员	
孙成宾	成武县盛阳热力有限公司董事长	男	1969.10	汉族	山东济南	大专	中共党员	
李宏伟	成武县中联水泥有限公司总经理	男	1976.12	汉族	山东巨野	大学	中共党员	
孙艳玲	成武一中高级教师	女	1972.9	汉族	山东成武	大学	中共党员	
李羡平	成武县实验中学教师	女	1967.8	汉族	山东成武	大学	非党	
李冬梅	成武县第二中学高级教师	女	1974.9	汉族	山东成武	大学	非党	
王春荣	成武县职教中心专业部主任	女	1972.10	汉族	山东成武	本科	非党	
祝宗美	成武县农业局种植业管理股副股长	女	1975.3	汉族	山东成武	本科	非党	
陈安营	成武县公路局工程处副处长	男	1975.11	汉族	山东成武	大学	中共党员	

续表 45

姓名	现任（或原任）职务	性别	出生年月	民族	籍贯	学历	党派	备注
李凤荣	成武县永昌街道办事处社区卫生服务中心主任、主管护师	女	1963.3	汉族	山东成武	中专	非党	2019 年 12 月代表资格终止
张玉玲	成武县苟村集镇中心卫生院院长、主治医师	女	1961.2	汉族	山东成武	中专	中共党员	
杨德峰	成武县中医院院长	男	1968.2	汉族	山东成武	本科	九三学社	
柯明财	大森（菏泽）生物质能源有限公司董事长	男	1973.11	汉族	福建石狮	本科	无党派	

单县代表团一览表

表 46

姓名	现任（或原任）职务	性别	出生年月	民族	籍贯	学历	党派	备注
王永江	菏泽市委原常委、宣传部部长	男	1957.3	汉族	山东曹县	大学	中共党员	2017 年 9 月代表资格终止
高荣国	菏泽市政府党组成员、市公安局局长、党委书记	男	1962.8	汉族	山东泰安	研究生	中共党员	
王卫东	菏泽市政府党组成员	男	1966.3	汉族	山东曹县	研究生	中共党员	
何茂远	菏泽市政协原副主席	男	1952.6	汉族	山东定陶	中专	九三学社	
刘超峰	菏泽市人大常委会信访室主任	男	1962.7	汉族	山东梁山	大专	中共党员	
祝金忠	菏泽市人大常委会城环工委工作室主任	男	1962.9	汉族	山东单县	大学	中共党员	
王桂荣	菏泽市城管局局长	女	1963.4	汉族	山东郓城	研究生	中共党员	
高登福	大众网菏泽站站长	男	1975.11	汉族	山东成武	大学	非党	2019 年 12 月代表资格终止
邵玉平	中国人寿菏泽分公司副总经理	女	1971.11	汉族	山东曹县	大学	中共党员	
穆　杰	单县县委书记	男	1969.11	汉族	山东菏泽	研究生	中共党员	
张庆国	单县县委副书记、县长	男	1969.8	汉族	山东菏泽	大学	中共党员	
王占华	单县人大常委会主任、党组书记	男	1964.9	汉族	山东单县	大学	中共党员	
张　晖	单县县委常委、副县长	女	1976.1	汉族	山东鄄城	研究生	中共党员	
邓林军	单县县委常委、组织部部长	男	1974.12	汉族	山东菏泽	研究生	中共党员	2020 年 8 月代表资格终止
张宪民	单县县委常委、县纪委书记	男	1965.3	汉族	山东定陶	大学	中共党员	
徐青峰	单县人民法院院长	女	1969.10	汉族	山东定陶	大学	中共党员	

续表 46

姓名	现任（或原任）职务	性别	出生年月	民族	籍贯	学历	党派	备注
聂学敏	单县人民检察院检察长	男	1968.11	汉族	山东菏泽	大学	中共党员	
刘仰成	单县教育局局长、单县第一中学党委书记	男	1961.10	汉族	山东单县	大学	中共党员	
瞿孝坤	单县经济开发区党工委书记、管委会主任	男	1969.3	汉族	山东单县	大学	中共党员	
许金友	菏泽市国土资源局副调研员，单县国土资源局局长	男	1962.11	汉族	山东单县	大专	中共党员	
董思学	菏泽东明黄河大桥管理处党委书记、单县公路管理局局长	男	1969.8	汉族	山东单县	大学	中共党员	
刘瑞芳	单县妇女联合会主席	女	1967.3	汉族	山东单县	研究生	中共党员	
孙中国	单县丰源实业有限公司张集煤矿党总支书记、总指挥	男	1971.3	汉族	枣庄峄城	研究生	中共党员	
孙江华	单县中联混凝土有限公司总经理	男	1979.6	汉族	山东单县	高中	无党派	
朱启军	山东湖西王集团董事长、总经理	男	1970.8	汉族	山东单县	大学	中共党员	
孟祥彬	单县华康集团董事长	男	1962.10	汉族	山东单县	中专	中共党员	
许新民	山东环亚家电有限公司董事长	男	1957.8	汉族	山东单县	大专	中共党员	
高　潮	山东（单县）高棉集团有限公司总经理	男	1967.12	汉族	山东单县	中专	中共党员	
马　林	单县祥瑞纺织有限公司总经理	男	1987.4	汉族	山东单县	大学	无党派	
刘海东	山东（单县）东沃肥业科技有限公司总经理	男	1982.1	汉族	山东单县	大专	无党派	
刘浩亮	山东飞翔面粉有限公司董事长、总经理	男	1983.3	汉族	山东菏泽	本科	无党派	
高俊海	单县单州大饭店有限责任公司董事长	男	1956.8	汉族	山东单县	大学	中共党员	
马跃彬	山东尚舜化工股份有限公司生产经理	男	1969.10	汉族	山东单县	大专	中共党员	
王慧敏	山东天元集团有限公司总经理助理兼3150造纸车间主任	男	1984.11	汉族	山东单县	大学	非党	2019年1月代表资格终止
赵文联	菏泽万都木业有限公司副总经理	男	1967.5	汉族	济宁任城	大专	无党派	
刘云霞	单县鑫辰电器有限公司业务经理	女	1973.6	汉族	山东单县	大专	非党	
苏姗姗	山东朱氏药业集团公司生产部主任	女	1988.9	汉族	山东单县	大专	中共党员	
李新国	山东（单县）宁丰木业有限公司研发中心主任	男	1975.5	汉族	济宁任城	大专	中共党员	
张玉福	山东博达医疗用品有限公司工会主席、生产技术部主任	男	1966.10	汉族	山东单县	大学	中共党员	

续表 46

姓名	现任（或原任）职务	性别	出生年月	民族	籍贯	学历	党派	备注
闵　姝	单县中岭国际酒店总服务台接待员	女	1976.4	汉族	山东单县	高中	非党	
丁　莉	单县六合饲料有限公司职工	女	1989.8	回族	山东单县	大学	非党	
刘铁涛	单县谢集镇王桥村村委会委员	男	1969.7	汉族	山东单县	大专	中共党员	
庞全岭	单县莱河奶牛养殖场场长	男	1955.3	汉族	山东单县	大专	中共党员	
庞圣刚	山东单县莱河镇许河村农民、庞大集团农民技术员	男	1963.5	汉族	山东单县	大专	非党	
吴玉东	单县郭村镇吴三庙村党支部书记	男	1967.11	汉族	山东单县	高中	中共党员	
韦安芳	单县高韦庄镇老韦庄村党支部书记	男	1962.3	汉族	山东单县	高中	中共党员	
李茂东	单县杨楼镇尤庄村党支部书记	男	1961.10	汉族	山东单县	高中	中共党员	
徐福祥	单县张集镇秦庙村党支部副书记、村委会副主任	男	1962.10	汉族	山东单县	中专	中共党员	
牛保金	单县李新庄镇修庄村村民	男	1961.3	汉族	山东单县	大专	非党	
高　刚	单县朱集镇张寨村党支部书记	男	1984.2	汉族	山东单县	大专	中共党员	
常洪坤	单县黄岗创艺种植合作社经理	男	1969.6	汉族	山东单县	大专	中共党员	
井玉真	单县曹庄乡张武庄村党支部书记	女	1966.1	汉族	山东单县	高中	中共党员	
闫瑞娟	单县南城办事处西郊社区居委会委员	女	1967.3	回族	山东单县	高中	中共党员	
王　磊	单县财政局集中支付中心主任	男	1974.3	汉族	山东单县	大学	中共党员	
朱　林	单县移动公司经理	男	1976.2	汉族	山东菏泽	大学	中共党员	
李晓娟	单县新华书店职工	女	1971.10	汉族	山东单县	大专	非党	
周慧敏	单县妇幼保健计划生育服务中心护师	女	1975.6	汉族	山东单县	大学	非党	
刘翠芳	单县豫剧团团长、国家一级演员	女	1962.10	汉族	山东单县	中专	非党	
孙香玲	单县北辰实验学校校长	女	1963.6	汉族	山东单县	中专	无党派	
王东东	山东荣清律师事务所主任、单县政府法律顾问	女	1964.6	汉族	山东单县	大学	中共党员	
时培行	单县农村商业银行股份有限公司董事长	男	1970.3	汉族	山东鄄城	研究生	中共党员	2018 年 5 月代表资格终止
王腾香	单县职业中专负责人、中学一级教师	男	1972.9	汉族	山东单县	研究生	无党派	

续表 46

姓名	现任（或原任）职务	性别	出生年月	民族	籍贯	学历	党派	备注
侯庆民	单县疾病预防控制中心主管医师	男	1973.10	汉族	山东单县	大专	中共党员	
杨金强	单县东瑞规划建筑设计院院长	男	1973.3	汉族	山东单县	大学	民革	
全　勇	单县中心医院院长助理、副主任医师	男	1971.10	汉族	辽宁沈阳	研究生	民革	
苏　翼	单县海吉亚医院聘任副院长、泌尿外科主任	男	1960.11	汉族	江苏南京	大专	无党派	
王淑昌	山东法正项目管理集团公司单县分公司招标造价部项目主管	男	1957.7	汉族	山东单县	大专	无党派	
姜　健	单县东大医院董事长、单县卓信建筑投资有限公司董事长	女	1966.12	汉族	山东单县	研究生	无党派	
刘永梅	单县天龙燃气有限公司董事长	女	1969.4	汉族	山东单县	大学	无党派	
孙凤梅	山东勇阳车业有限公司董事长	女	1979.12	汉族	山东单县	大学	无党派	
李先航	单县大汉村文化发展有限公司董事长	男	1956.3	汉族	山东单县	大学	民盟	

巨野县代表团一览表

表 47

姓名	现任（或原任）职务	性别	出生年月	民族	籍贯	学历	党派	备注
段伯汉	菏泽市人大常委会第一副主任（正厅级）、党组书记	男	1958.2	汉族	山东巨野	研究生	中共党员	
侯　婕	菏泽市政协副主席、九三学社菏泽市委主委、市科技局局长	女	1962.1	汉族	山东成武	大学	九三学社	
张正智	菏泽市中级人民法院院长	男	1970.6	汉族	山东嘉祥	大学	中共党员	
陈允全	菏泽市人大常委会副秘书长（正县级）	男	1963.9	汉族	山东巨野	研究生	中共党员	
姚艳萍	菏泽市人大常委会副秘书长	女	1972.10	汉族	山东巨野	大学	无党派	
王尊亮	菏泽市水利局局长	男	1963.6	汉族	山东巨野	大学	中共党员	
谢圣稳	原菏泽学院附属中学校长，民盟机关支部主委	男	1960.8	汉族	山东单县	大学	民盟	
毛丕显	菏泽市特教中心校长	男	1965.9	汉族	山东菏泽	大专	中共党员	
李振杰	国网菏泽供电公司总经理	男	1970.5	汉族	山东广饶	大学	中共党员	2020 年 8 月代表资格终止
王昌华	巨野县委书记	男	1970.8	汉族	山东鄄城	研究生	中共党员	
王　东	巨野县委副书记、县长	男	1969.10	汉族	山东单县	研究生	中共党员	

续表 47

姓名	现任（或原任）职务	性别	出生年月	民族	籍贯	学历	党派	备注
张广立	巨野县人大常委会主任、党组书记	男	1963.8	汉族	山东巨野	大学	中共党员	
程相峰	巨野县人民法院院长	男	1972.11	汉族	菏泽定陶	研究生	中共党员	
袁建东	巨野县人民检察院检察长	男	1968.12	汉族	山东鄄城	大学	中共党员	
王备松	巨野县市场监督管理局局长、党组书记	男	1963.8	汉族	山东巨野	大学	中共党员	
马德进	巨野县国土资源局党组书记、局长	男	1963.10	汉族	山东巨野	大专	中共党员	
季建国	巨野县国家税务局党组书记、局长	男	1963.5	汉族	山东单县	大学	中共党员	
张保国	巨野县公安局刑警大队教导员	男	1963.9	汉族	山东巨野	大专	中共党员	
徐兰英	巨野县环境保护局于楼自动监测站站长	女	1967.7	汉族	山东巨野	大学	中共党员	
漆海霞	巨野县人大常委会办公室副主任科员	女	1984.6	汉族	山东巨野	大学	无党派人士	
王安民	巨野县独山镇烟王庄村党支部书记	男	1969.12	汉族	山东巨野	大学	中共党员	
王端才	巨野县中联混凝土公司总经理	男	1962.5	汉族	山东巨野	硕士研究生	中共党员	
张善仲	山东巨野绿园纺织集团有限公司董事长总经理	男	1970.3	汉族	山东巨野	大专	中共党员	
赵德文	巨野县鲁奇皮革有限公司董事长	男	1968.7	汉族	山东巨野	大学	中共党员	
王青木	山东巨铭能源有限公司车间主任	男	1965.6	汉族	山东沂源	高中	中共党员	
秦宗君	菏泽申隆商品混凝土有限公司	男	1961.9	汉族	山东巨野	高中	中共党员	
郭承德	巨野县永丰街道南关居委会居民	男	1954.12	汉族	山东巨野	高中	中共党员	
郭艳春	巨野县太平镇太平村农民	女	1966.2	汉族	山东巨野	大学	无党派	
魏衍廷	巨野县凤凰街道办事处东关居委会党支部书记	男	1961.3	汉族	山东巨野	高中	中共党员	2020 年 4 月代表资格终止
魏洪豪	巨野县麟州家电有限公司董事长	男	1964.6	汉族	山东巨野	高中	中共党员	
徐凤秋	鲁西书画院院长	女	1971.4	汉族	山东巨野	大学	无党派	
侯月木	巨野县商贸流通协会职工	男	1962.1	汉族	山东巨野	中专	中共党员	
王海峰	山东麒麟农化有限公司技术主管	男	1966.3	汉族	山东巨野	大专	非党	
宗　源	山东巨源恒硕玻璃科技有限公司技术主管	男	1983.7	汉族	山东滕州	大学	中共党员	

续表 47

姓名	现任（或原任）职务	性别	出生年月	民族	籍贯	学历	党派	备注
林海军	山东宝舜化工科技有限公司技术主管	男	1970.1	汉族	河南安阳	大专	中共党员	2019 年 12 月代表资格终止
刘伟全	山东巨野万山伟业化工有限公司车间主任	男	1985.3	汉族	山东昌乐	大学	中共党员	
吴延祥	巨野县万丰镇阚店村党支部书记	男	1959.10	汉族	山东巨野	高中	中共党员	
耿建刚	山东巨润建材有限公司总经理	男	1971.6	汉族	河北阜平	研究生	中共党员	2017 年 12 月代表资格终止
夏海龙	巨野县陶庙镇夏苗庄村村委会主任	男	1976.12	回族	山东巨野	初中	中共党员	
张福运	巨野县国华工艺品有限公司总经理	男	1962.2	汉族	山东巨野	大专	非党	
李　锐	巨野县市场监督管理局开发区市场监管所职工	男	1977.10	汉族	山东巨野	大专	非党	
冯　震	山东花冠集团有限公司总经理	男	1970.3	汉族	山东巨野	大专	中共党员	
公凡秋	巨野县宏运养殖专业合作社社长	男	1968.5	汉族	山东巨野	初中	中共党员	
孔祥军	山东巨野县大义镇孔楼村农民	男	1968.10	汉族	山东巨野	高中	非党	
郭秋霞	巨野县核桃园镇黄山头村农民	女	1974.9	汉族	山东菏泽	大专	非党	
孔祥杰	巨野县章缝镇政府办公室副主任	男	1968.11	汉族	山东巨野	大专	非党	
张兆松	巨野县凤凰街道一街居民	女	1969.12	回族	山东巨野	高中	非党	
徐广汉	巨野县公路局党总支书记	男	1959.11	汉族	山东济宁	大学	中共党员	
刁　辉	山东巨野农村商业银行股份有限公司党委书记、董事长	男	1979.12	汉族	山东郓城	大学	中共党员	
杨　华	巨野县第一中学副校长	女	1970.3	汉族	山东巨野	大学	中共	
徐　燕	巨野县中医院急诊科主任	女	1969.10	汉族	山东巨野	大学	无党派	
陈　静	巨野县文化馆副馆长	女	1975.9	汉族	山东巨野	大学	无党派	
冯计富	巨野煤田中心医院院长	男	1975.10	汉族	山东邹城	博士	无党派	
王　丽	巨野县人民医院护理部主任	女	1964.6	汉族	山东巨野	大学	中共党员	
田翠玲	巨野县农业局植物保护站站长	女	1974.3	汉族	山东巨野	大专	无党派	
庞守恩	山东聚祥机械股份有限公司董事长、总经理	男	1963.2	汉族	山东巨野	大专	中共党员	
高　献	巨野县文昌路小学校长	女	1976.12	汉族	山东巨野	大学	中共党员	2019 年 12 月代表资格终止

续表 47

姓名	现任（或原任）职务	性别	出生年月	民族	籍贯	学历	党派	备注
李庆建	山东乾坤塑胶地板制造有限公司董事长兼总经理	男	1968.12	汉族	山东金乡	大学	非党	2020 年 12 月代表资格终止
杨爱香	巨野县鸿兴达塑业有限公司董事长、总经理	女	1966.12	汉族	山东巨野	大专	非党	

郓城县代表团一览表

表 48

姓名	现任（或原任）职务	性别	出生年月	民族	籍贯	学历	党派	备注
解维俊	菏泽市委副书记、市长	男	1962.1	汉族	山东淄博	研究生	中共党员	2018 年 5 月代表资格终止
杨晓军	菏泽家政职业学院院长	男	1961.10	汉族	山东成武	大学	中共党员	
贾凤英	菏泽市政协原主席、党组书记	女	1950.11	汉族	山东梁山	研究生	中共党员	
李克和	菏泽市人大常委会内务司法工作委员会工作室主任	男	1963.10	汉族	山东鄄城	大学	中共党员	
杨东波	共青团菏泽市委书记	男	1984.10	汉族	内蒙古阿荣旗	研究生	中共党员	
李士三	菏泽市民政局长、党组书记	男	1963.5	汉族	山东郓城	大学	中共党员	
白圣同	菏泽市经济和信息化委员会调研员	男	1961.2	汉族	山东郓城	大学	中共党员	
宁友明	菏泽市商务局调研员	男	1961.5	汉族	山东即墨	大学	中共党员	
王　升	菏泽银监分局局长、党委书记	男	1972.5	汉族	山东栖霞	研究生	中共党员	2019 年 12 月代表资格终止
刘文林	郓城县委书记	男	1968.6	汉族	山东曹县	大学	中共党员	
王广岱	郓城县人大常委会主任、党组书记	男	1962.10	汉族	山东郓城	大学	中共党员	
谷永强	郓城县委副书记、县长	男	1973.6	汉族	山东曹县	大学	中共党员	
董良峰	郓城县委常委、组织部部长	男	1975.1	汉族	山东单县	大学	中共党员	
曹建文	郓城县人大常委会副主任、党组副书记、县总工会主席	男	1964.6	汉族	山东郓城	大学	中共党员	
崔　冰	郓城县人民法院院长	男	1972.11	汉族	山东曹县	大学	中共党员	
刘绍军	郓城县人民检察院检察长	男	1965.5	汉族	菏泽定陶	研究生	中共党员	2019 年 12 月代表资格终止
牛红彦	郓城县公路局局长	男	1968.8	汉族	山东郓城	大学	中共党员	
袁洪波	郓城县国税局局长	男	1969.6	汉族	山东曹县	大学	中共党员	

续表 48

姓名	现任（或原任）职务	性别	出生年月	民族	籍贯	学历	党派	备注
李宗玉	郓城县教育局局长	男	1965.7	汉族	山东郓城	大学	中共党员	
黄　波	郓城县旅游局局长	男	1964.3	汉族	山东郓城	大学	中共党员	
黄守江	郓城县随官屯镇党委书记	男	1966.5	汉族	山东郓城	大学	中共党员	
韩福华	郓城县唐庙镇党委书记	女	1974.11	汉族	山东郓城	大学	中共党员	
李春生	郓城一中校长	男	1964.3	汉族	山东郓城	研究生	中共党员	
陈桂莲	中国人民银行郓城支行行长	女	1967.3	汉族	山东郓城	大学	中共党员	
尹利广	郓城农商行董事长	男	1977.9	汉族	山东郓城	大学	中共党员	
王　磊	郓城供电公司总经理	男	1965.7	汉族	山东东平	大学	中共党员	
吴卫华	郓城县人民医院副院长	女	1965.12	汉族	山东郓城	大学	中共党员	
曹务成	郓城第一初级中学校长	男	1962.7	汉族	山东郓城	大学	中共党员	
杨秀玲	郓城县文化馆馆员	女	1975.7	汉族	山东郓城	大学	非党	
樊奇陇	郓城县公明小学校长	男	1986.10	汉族	山东郓城	研究生	中共党员	
林海旭	大福源购物广场财务总监	男	1983.10	汉族	山东郓城	大专	非党	
谭金辉	郓城县双桥镇初级中学校长	男	1974.9	汉族	山东郓城	大学	中共党员	
王福花	郓城县侯咽集镇中学教师	女	1974.8	汉族	山东郓城	大学	非党	
刘　强	山东百蔬园果蔬种植专业合作社农艺师	男	1972.2	汉族	山东郓城	大专	非党	
李志浩	山东圣隆纺织集团有限公司工程师	男	1989.2	汉族	山东郓城	研究生	非党	
王立波	郓城县圣达如意印染有限公司车间主任	男	1965.1	汉族	山东郓城	高中	中共党员	
郭　伟	郓城县五洲肉类食品有限公司财务总监	女	1978.5	汉族	山东郓城	大专	非党	
刘成亮	郓城县亿万汽车配件制造有限公司总经理	男	1970.4	汉族	山东郓城	高中	非党	
梁邦林	郓城县冶金机械制造有限公司经理	男	1953.12	汉族	山东郓城	中专	中共党员	
马圣杰	山东旺家实业发展集团有限公司经理	男	1978.3	汉族	山东郓城	大专	非党	
徐龙超	郓城县旺达纺织有限公司经理	男	1974.10	汉族	山东郓城	大专	中共党员	

续表 48

姓名	现任（或原任）职务	性别	出生年月	民族	籍贯	学历	党派	备注
霍进学	郓城县中科木业有限公司车间主任	男	1962.2	汉族	山东郓城	高中	中共党员	
侯本建	郓城县泰和纺织有限公司车间主任	男	1970.1	汉族	山东郓城	高中	中共党员	
陈更新	郓城县鲁锦纺织有限公司经理	男	1968.9	汉族	山东郓城	高中	非党	
陈振修	山东华灵集团有限公司车间主任	男	1978.8	汉族	山东郓城	研究生	中共党员	
李韶华	洪业集团董事局副主席	男	1970.8	汉族	山东东明	研究生	中共党员	
刘凤伟	富海能源发展有限公司车间主任	男	1965.6	汉族	山东东营	大专	非党	
李文立	郓城县嘉泰纺织有限公司技术总监	男	1958.10	汉族	山东郓城	大学	非党	
张建彬	郓城县烟郓金属彩印有限公司副总经理	男	1963.8	汉族	山东郓城	大学	中共党员	
曹翠英	郓城硕宇动物药业有限公司经理	女	1967.12	汉族	山东郓城	大专	中共党员	
孔令建	山东世元置业有限公司经理	男	1974.3	汉族	山东郓城	初中	非党	
苑尚英	郓城县龙泉淀粉制造有限公司工人	女	1972.10	汉族	山东郓城	大专	非党	
陈　博	山东优路通汽配有限公司经理	男	1986.3	汉族	山东郓城	大专	非党	
王彦军	郓城县三羊食品进出口有限公司董事长	男	1968.5	汉族	山东郓城	高中	非党	
张展翔	山东神舟食品集团有限公司工人	男	1989.2	汉族	山东郓城	大学	非党	
刘培河	郓城县海河纺织有限公司车间主任	男	1968.10	汉族	山东郓城	高中	中共党员	
颜玉霞	郓城县隆顺纺织有限公司工人	女	1973.6	汉族	山东郓城	高中	非党	
王昌志	郓城县陈坡乡天瑞木业有限公司经理	男	1973.3	汉族	山东郓城	中专	中共党员	
樊继文	郓城县郓州街道南城社区党总支书记、居委会主任	男	1963.7	汉族	山东郓城	大专	中共党员	
徐　良	郓城县郓州街道徐屯社区党总支书记、居委会主任	男	1979.6	汉族	山东郓城	大学	中共党员	
吕继祥	郓城县唐塔街道乐园社区党总支书记、居委会主任	男	1963.12	汉族	山东郓城	大专	中共党员	
赵西如	郓城县双桥镇中街村党支部书记	男	1962.9	汉族	山东郓城	大专	中共党员	
于文卿	郓城县黄安镇于楼村党支部书记	男	1948.7	汉族	山东郓城	初中	中共党员	
仲　辉	郓城县唐庙镇仲堂村党支部书记	男	1969.7	汉族	山东郓城	高中	中共党员	

续表 48

姓名	现任（或原任）职务	性别	出生年月	民族	籍贯	学历	党派	备注
吴复林	郓城县张营镇大人村党支部书记	男	1961.1	汉族	山东郓城	高中	中共党员	
曾宪钦	郓城县张鲁集乡曾楼村党支部书记	男	1966.11	汉族	山东郓城	高中	中共党员	
薛良省	郓城县水堡罐业有限公司经理	男	1974.10	汉族	山东郓城	中专	中共党员	
孙万峰	郓城县华峰针织服装有限公司董事长	男	1961.5	汉族	山东郓城	中专	民盟	
王爱霞	郓城县水浒工艺有限公司经理	女	1971.3	汉族	山东郓城	高中	非党	
闫继存	郓城县宏远肠衣有限公司董事长	男	1968.5	汉族	山东郓城	大专	非党	
石文记	山东多友科技有限公司总经理	男	1964.12	汉族	山东郓城	大学	中共党员	2017 年 8 月代表资格终止

鄄城县代表团一览表

表 49

姓名	现任（或原任）职务	性别	出生年月	民族	籍贯	学历	党派	备注
杨东明	菏泽市委常委，菏泽军分区政委	男	1962.4	汉族	湖北云梦	研究生	中共党员	2017 年 12 月代表资格终止
任仲义	菏泽市委常委、副市长	男	1962.8	汉族	山东郓城	大学（工程硕士）	中共党员	
李茂楠	菏泽市纪委常务副书记	男	1975.6	汉族	山东嘉祥	大学	中共党员	
周美兰	菏泽市人大常委会教科文卫人口工作委员会工作室主任	女	1964.2	汉族	山东鄄城	大学	中共党员	
吴凤荣	菏泽市人大常委会民族侨务外事工作委员会副主任	女	1969.10	汉族	山东鄄城	大学	中共党员	
成洪雷	菏泽市纪委（市监察局）派驻第七纪检组（监察室）组长（主任）	男	1961.5	汉族	山东菏泽	大学	中共党员	
王　进	菏泽市国家税务局党组书记、局长	男	1979.2	汉族	山东广饶	研究生	中共党员	
张治安	菏泽市林业局调研员	男	1961.9	汉族	山东曹县	大学	中共党员	
殷正红	菏泽市公共汽车公司经理	男	1965.11	汉族	山东济南	大学	中共党员	
刘海生	菏泽中达宜居置业有限公司董事长	男	1972.9	汉族	山东菏泽	大专	无党派	
谷瑞灵	鄄城县委书记	男	1963.3	汉族	山东定陶	大学	中共党员	
袁红兵	鄄城县委副书记、县长	男	1967.6	汉族	山东东明	研究生	中共党员	
孙彦军	鄄城县人大常委会主任	男	1963.5	汉族	山东鄄城	大学	中共党员	

续表 49

姓名	现任（或原任）职务	性别	出生年月	民族	籍贯	学历	党派	备注
王　雷	鄄城县人民法院院长	男	1973.1	汉族	山东曹县	研究生	中共党员	
张　勤	鄄城县人民检察院检察长	女	1966.2	汉族	山东曹县	大学	中共党员	
吴金林	菏泽市国土局副调研员、鄄城县国土局局长	男	1963.8	汉族	山东鄄城	大专	中共党员	
仪建明	鄄城县委组织部副部长，人社局局长	男	1968.10	汉族	山东鄄城	大学	中共党员	
张孔学	鄄城县审计局党组书记	男	1962.5	汉族	山东鄄城	大学	中共党员	
武宪忠	鄄城县国税局局长	男	1968.11	汉族	山东定陶	大学	中共党员	
顾广义	鄄城县地税局局长	男	1971.8	汉族	山东菏泽	大学	中共党员	
杨　雁	鄄城县公安局户籍科科长	女	1963.4	汉族	山东鄄城	大学	中共党员	
丁天生	中国银行鄄城支行行长	男	1972.10	汉族	山东菏泽	大学	中共党员	
马志远	山东鼎泰新能源有限公司董事长	男	1979.12	回族	山东鄄城	大学	无党派	
尹洪涛	菏泽北方发制品有限公司总经理	男	1950.11	汉族	山东青岛	大专	中共党员	
史长胜	鄄城泓亚工艺品有限公司总经理	男	1965.10	汉族	山东鄄城	大学	中共党员	
刘东杰	山东沃蓝生物集团董事长	男	1971.8	汉族	山东鄄城	大专	中共党员	2019 年 1 月代表资格终止
刘　振	国网山东省电力公司鄄城县供电公司总经理	男	1965.7	汉族	山东曹县	大学	中共党员	
杜万国	鄄城农商银行董事长、高级政工师	男	1965.10	汉族	山东菏泽	大学	中共党员	
杨玉霞	鄄城县鲁鑫纺织有限公司董事长	女	1959.10	汉族	山东鄄城	大专	中共党员	
苗安库	菏泽百吉利工艺品有限公司董事长兼总经理	男	1970.1	汉族	山东鄄城	高中	无党派	
侯春生	山东省陈王酒业有限公司董事长	男	1960.12	汉族	山东郓城	大专	无党派	
夏俊祥	鄄城康泰化工有限公司董事长	男	1973.8	汉族	山东鄄城	研究生	无党派	
曹向东	鄄城县泰丰纺织有限公司董事长	男	1967.11	汉族	山东郓城	大专	无党派	
董绪宽	鄄城县欧瑞工艺品有限公司董事长	男	1962.4	汉族	山东鄄城	高中	无党派	
靳兆新	鄄城新华发制品有限公司董事长	男	1972.6	汉族	山东鄄城	大学	无党派	
王　丽	鄄城人行货币信贷调统科副科长	女	1969.6	汉族	山东鄄城	大学	非党	

续表 49

姓名	现任（或原任）职务	性别	出生年月	民族	籍贯	学历	党派	备注
甘　慧	鄄城县联通公司集团客户部主任	女	1975.7	汉族	山东鄄城	大专	中共党员	
石　娜	中国银行鄄城支行职员	女	1990.10	汉族	山东鄄城	大学	非党	
杨兆福	鄄城县公安局职工	男	1972.2	汉族	山东鄄城	大专	中共党员	
张志友	鄄城县供电公司运维检修部电网建设班班长	男	1983.3	汉族	山东聊城	大学	非党	
秦　鹏	鄄城县交通运输局职工	男	1984.6	汉族	山东鄄城	大学	非党	
古现锋	鄄城县红船镇红船村党支部书记	男	1970.5	汉族	山东鄄城	大学	中共党员	
卢景生	鄄城县旧城镇葵堌堆村党支部书记	男	1971.12	汉族	山东鄄城	中专	中共党员	
张广营	鄄城县董口镇前元党支部书记	男	1958.5	回族	山东鄄城	高中	中共党员	
古广年	鄄城县人民医院副院长	男	1969.1	汉族	山东鄄城	大学	无党派	
孙明江	鄄城县第二人民医院院长	男	1965.4	汉族	山东鄄城	大学	中共党员	
苏瑞华	鄄城县陈王中心校副校长	女	1967.4	汉族	山东鄄城	大专	无党派	
吴艳丽	鄄城县中医院副院长、副研究馆员	女	1975.6	汉族	山东鄄城	大学	中共党员	
姚元福	鄄城县第二中学校长	男	1964.2	汉族	山东鄄城	大学	中共党员	
董艳华	鄄城县古泉街道办事处第三完全小学校长	女	1967.4	汉族	山东鄄城	大专	中共党员	
刘晓婷	鄄城县第十二中学教师	女	1976.5	汉族	山东鄄城	大学	非党	
苏玉明	鄄城县通达路桥工程有限公司总工	男	1977.11	汉族	山东鄄城	大学	中共党员	
臧海峰	鄄城县第一中学教师	男	1978.12	汉族	山东鄄城	大学	非党	
孙凤兰	鄄城润聪医院院长	女	1963.12	汉族	山东鄄城	大专	无党派	

东明县代表团一览表

表 50

姓名	现任（或原任）职务	性别	出生年月	民族	籍贯	学历	党派	备注
杨永昌	省人大城乡建设与环境资源保护委员会副主任委员，菏泽市人大常委会原第一副主任（正厅级）、党组书记	男	1955.7	汉族	山东东明	研究生（工程硕士）	中共党员	
杨光忠	菏泽市委常委、市纪委书记	男	1969.1	汉族	山东招远	研究生	中共党员	2019 年 12 月代表资格终止

续表 50

姓名	现任（或原任）职务	性别	出生年月	民族	籍贯	学历	党派	备注
万存周	菏泽市委党校常务副校长	男	1960.5	汉族	山东曹县	大学	中共党员	
郭景堂	菏泽市人大常委会秘书长、党组成员	男	1965.2	汉族	山东东明	大学	中共党员	
王宝军	菏泽市委统战部副部长，菏泽市工商业联合会党组书记、副主席	男	1960.5	汉族	山东单县	大学	中共党员	
郑　欣	菏泽市委市直机关工委调研员	男	1960.12	汉族	山东郓城	大学	中共党员	
秦英魁	菏泽市金融办（市地方金融监管局）调研员	男	1961.5	汉族	山东单县	大学	中共党员	
狄艳林	中国移动通信集团山东有限公司菏泽分公司总经理、党委书记	男	1966.9	汉族	山东滕州	硕士	中共党员	2017 年 12 月代表资格终止
张雅维	山东邦治律师事务所主任	男	1975.4	汉族	山东菏泽	大学	非党	
成爱忠	菏泽银河纺织有限责任公司车间轮班长	女	1970.4	汉族	山东菏泽	初中	中共党员	
魏　琳	东明县委书记	男	1963.5	汉族	山东菏泽	大学	中共党员	
张继争	东明县委副书记、县长	男	1969.9	汉族	山东鄄城	大学	中共党员	
张留印	东明县人大常委会主任	男	1964.9	汉族	山东东明	大学	中共党员	
季士峰	东明县委副书记	男	1968.7	汉族	山东菏泽	大学	中共党员	
杨　彬	东明县委常委、组织部部长	男	1970.3	汉族	山东鄄城	大学	中共党员	
蓝　涛	东明县人民法院院长	男	1971.9	汉族	山东青岛	大学	中共党员	
孙振宇	东明县人民检察院检察长	男	1964.5	汉族	山东单县	大学	中共党员	
张建国	东明县焦园乡党委书记	男	1974.6	汉族	山东定陶	大学	中共党员	
田　丽	东明县武胜桥镇党委副书记、镇长	女	1982.7	汉族	山东菏泽	大学	中共党员	
王德运	东明县供电公司经理	男	1966.12	汉族	山东东明	大学	中共党员	
缪振起	东明石化集团安委会主任、副总裁	男	1963.12	汉族	山东东明	大学	中共党员	
赵　亭	东明洪业化工集团总工程师	男	1970.7	汉族	山东东明	大学	非党	2019 年 1 月代表资格终止
刘文杰	东明县长兴食用菌协会会长	男	1984.1	汉族	山东东明	大专	非党	
彭志华	东明县财政局预算股股长	男	1970.4	汉族	山东东明	大学	中共党员	
魏永增	中海亚环保材料有限公司部门经理	男	1978.1	汉族	山东东明	大专	非党	

续表 50

姓名	现任（或原任）职务	性别	出生年月	民族	籍贯	学历	党派	备注
刘文生	东明县水利工程公司职工	男	1969.9	汉族	山东东明	大学	中共党员	
李景卫	东明县小井镇小井村党支部书记	男	1980.12	汉族	山东东明	中专	中共党员	
马桃菊	东明县教育局少先队总辅导员	女	1977.4	回族	山东东明	大学	中共党员	
耿巧丽	东明县国土资源局规划科副科长	女	1976.3	汉族	山东东明	大学	非党	
张了良	东明农商银行海头所主任	男	1967.2	汉族	山东东明	大专	中共党员	
侯福顺	兆邦化工东明分公司经理	男	1963.9	汉族	山东东明	大学	非党	
宋世朋	东明县景观绿色苗木种植有限公司经理	男	1975.8	汉族	山东东明	大专	非党	
程　驰	东明县城关街道办事处雷庄村大学生村官	女	1993.12	汉族	山东东明	大学	中共党员	
郭安军	东明吉安物流公司经理	男	1975.3	汉族	山东东明	高中	中共党员	
王朝玉	东明县城管局宣教科科长	男	1971.1	汉族	山东东明	大学	中共党员	
郭红建	方明建筑公司工地施工员	男	1973.6	汉族	山东东明	中专	中共党员	
段亚辰	菏泽市麦古银花农业科技有限公司经理	男	1985.10	汉族	山东东明	大专	非党	
翟俊霞	东明县华联商厦妇联主任	女	1972.12	汉族	山东东明	大学	非党	
许春英	东明县环境检测中心职工	女	1975.12	汉族	山东东明	大学	非党	
王恩建	东明县房屋征收办副主任	男	1975.12	汉族	山东东明	中专	中共党员	
费跃超	东明明胜纺织企业部主任	男	1987.8	汉族	山东东明	大专	非党	
赵永涛	东明县联通公司客户服务部主任	男	1978.7	汉族	山东东明	大专	非党	
黄艳萍	东明县爱心义工志愿者协会副会长	女	1970.8	汉族	山东东明	中专	非党	
车　华	东明县一中教师	女	1969.9	汉族	山东东明	大学	非党	
张继涛	东明第一初中校长	男	1974.8	汉族	山东菏泽	大学	中共党员	
李金忠	东明县焦园乡卫生院院长	男	1972.9	汉族	山东东明	大学	中共党员	
张东兰	东明县文化馆研究员	女	1975.1	汉族	山东东明	大学	非党	
胡辰生	东明县妇幼保健院院长	男	1965.4	汉族	山东东明	大学	中共党员	

续表 50

姓名	现任（或原任）职务	性别	出生年月	民族	籍贯	学历	党派	备注
许庆丰	东明县兴鲁明律师事务所律师	男	1962.9	汉族	山东东明	大学	中共党员	2019年12月代表资格终止
程玉庆	东明实验中学高级语文教师	女	1972.10	汉族	山东东明	本科	非党	
李美荣	东明县广电中心技术部副部长	女	1974.11	汉族	山东东明	大学	中共党员	
陈　曦	东明县地震局助理工程师	女	1987.1	汉族	山东东明	研究生	中共党员	
李月莲	东明县康宁老年福利服务中心护工	女	1964.1	汉族	山东东明	大专	非党	

菏泽经济开发区代表团一览表

表 51

姓名	现任（或原任）职务	性别	出生年月	民族	籍贯	学历	党派	备注
刘　勇	菏泽市政协主席、党组书记	男	1957.1	汉族	山东曹县	研究生	中共党员	
闫剑波	菏泽市委常委，市政府常务副市长	男	1971.12	汉族	山东诸城	工商管理硕士	中共党员	2018年5月代表资格终止
赵传山	菏泽市人大常委会副主任、党组副书记	男	1957.1	汉族	山东菏泽	大学	中共党员	
孙忠生	菏泽市人大常委会副主任、党组成员	男	1959.10	汉族	山东曹县	大学	中共党员	
高　强	菏泽市妇联主席	女	1972.1	汉族	山东菏泽	大学	中共党员	
刘守文	市总工会副主席（正县级）党组副书记	男	1963.9	汉族	山东菏泽	大学	中共党员	
张中华	菏泽市人大常委会财经工委工作室主任	男	1969.11	汉族	山东菏泽	大学	中共党员	
周登宪	中国人民银行菏泽市中心支行党委副书记、副行长（主持全面工作）	男	1964.5	汉族	山东鄄城	大学	中共党员	2019年12月代表资格终止
侯宪会	菏泽康辉国际旅行社总经理	男	1975.8	汉族	山东菏泽	大学	致公党	
李信强	山东菏建建筑集团有限公司党委书记、董事长	男	1963.5	汉族	山东菏泽	大专	中共党员	
郑子昌	菏泽市诚信集团有限公司董事长	男	1964.5	汉族	山东曹县	研究生	无党派	
李国珍	菏泽经济开发区党工委书记、管委会主任	男	1962.8	汉族	山东东明	大学	中共党员	
练建军	菏泽经济开发区党工委副书记、管委会常务副主任	男	1965.4	汉族	山东曹县	研究生	中共党员	
李守玉	菏泽经济开发区人大工委主任	男	1957.6	汉族	山东曹县	大专	中共党员	
郑孝义	菏泽经济开发区人民法院党组书记、院长、审判委员会委员	男	1965.10	汉族	山东曹县	大学	中共党员	

续表 51

姓名	现任（或原任）职务	性别	出生年月	民族	籍贯	学历	党派	备注
张新德	菏泽经济开发区人民检察院党组书记、检察长	男	1964.6	汉族	山东郓城	大学	中共党员	
刘述勤	菏泽市公安局开发区分局党委书记、局长	男	1967.9	汉族	山东菏泽	大学	中共党员	
孔鲁民	菏泽经济开发区岳程街道党工委书记	男	1971.5	汉族	山东定陶	大学	中共党员	
任红姣	菏泽开发区招商一局局长	女	1967.8	汉族	山东东明	研究生	致公党	
赵文东	菏泽开发区丹阳街道办事处赵堂、和平社区党支部书记	男	1971.11	汉族	山东菏泽	大专	中共党员	
宋爱珍	菏泽泉汇汽车出租有限公司、菏泽金盾汽车出租有限公司总经理	女	1969.5	汉族	山东郓城	大专	无党派	
王进山	山东玉皇化工有限公司董事、炼化集团总经理	男	1968.10	汉族	山东菏泽	研究生	中共党员	
彭志强	菏泽正大动力科技有限责任公司董事长	男	1963.8	汉族	山东菏泽	大专	无党派	
徐恒军	菏泽金正大生态工程有限公司总经理	男	1973.1	汉族	山东临沂	研究生	中共党员	2019 年 1 月代表资格终止
李　丽	恒丰银行菏泽分行党组书记、行长	女	1974.6	汉族	山东巨野	大学	中共党员	2017 年 12 月代表资格终止
刘保宏	道中道国际控股有限公司董事长	男	1972.9	汉族	山东东明	大专	无党派	
马红岩	山东菏泽德泰化工有限公司支部书记、执行董事	男	1970.10	汉族	山东东明	大学	中共党员	
刘绍海	菏泽山塑置业有限公司、菏泽天安房地产有限公司董事长	男	1963.11	汉族	山东定陶	本科	中共党员	

菏泽高新区代表团一览表

表 52

姓名	现任（或原任）职务	性别	出生年月	民族	籍贯	学历	党派	备注
王永华	菏泽市委常委、统战部部长	男	1962.12	汉族	山东曹县	大学	中共党员	
曹升灵	菏泽市政府副市长、党组成员，菏泽高新区党工委书记	男	1964.4	汉族	山东菏泽	研究生	中共党员	
姜东生	菏泽市人大常委会法制工作委员会主任	男	1967.2	汉族	山东鄄城	大学	中共党员	
南　雁	菏泽市人大常委会农业与农村工作委员会工作室主任	女	1961.10	汉族	山东鄄城	大学	中共党员	
孙　慧	菏泽市委组织员办公室主任	男	1962.6	汉族	山东巨野	研究生	中共党员	
马喜荣	菏泽市委宣传部常务副部长	女	1962.10	汉族	山东菏泽	大学	中共党员	
郝丕进	菏泽市食品药品监督管理局（市食品安全委员会办公室）局长（主任）	男	1964.5	汉族	山东菏泽	大学	中共党员	

续表 52

姓名	现任（或原任）职务	性别	出生年月	民族	籍贯	学历	党派	备注
李志献	菏泽第一中学副校长、党委书记	男	1961.7	汉族	山东郓城	大学	中共党员	
曾广国	菏泽市实验小学校长	男	1967.7	汉族	山东郓城	大学	中共党员	
许从法	菏泽市地方税务局局长、党组书记	男	1962.9	汉族	山东嘉祥	大学	中共党员	2020 年 4 月代表资格终止
邵　瑞	菏泽学院文学与传播系副主任	女	1979.2	汉族	山东定陶	研究生	中共党员	
张　琨	菏泽市交警支队副支队长	男	1969.4	汉族	山东菏泽	大学	中共党员	
刘启同	菏泽高新区党工委副书记、管委会主任	男	1964.12	汉族	山东定陶	大学	中共党员	2017 年 8 月代表资格终止
党　勇	菏泽高新区万福街道党工委书记	男	1976.6	汉族	山东成武	研究生	中共党员	
谷　艳	菏泽市地税局高新区分局局长	女	1972.6	汉族	山东菏泽	研究生	中共党员	
刘鲁湘	山东步长制药股份有限公司生产副总裁	男	1954.3	汉族	山东莒南	大学	无党派	
赵　菁	山东丹红制药有限公司董事长	女	1972.3	汉族	陕西西安	研究生	无党派	
范鲁华	山东范府食品有限公司董事长	男	1962.11	汉族	山东菏泽	高中	无党派	
王立业	菏泽兔巴哥食品有限公司经理	男	1969.9	汉族	山东淄博	大专	中共党员	
李　亮	菏泽中融实业有限公司董事长兼总经理	男	1971.3	汉族	山东菏泽	大专	中共党员	2019 年 12 月代表资格终止
赵　磊	菏泽中汇汽车集团公司董事长，菏泽市汽车行业协会会长	男	1973.7	汉族	山东菏泽	大专	无党派	
刘　倩	山东中厦电子科技有限公司经理	女	1976.5	汉族	山东菏泽	大学	中共党员	
马俊华	山东华信制药集团股份有限公司董事长兼总经理	男	1957.5	汉族	山东菏泽	大学	中共党员	
时　剑	山东天时空间钢结构工程有限公司总裁兼总经理	男	1964.2	汉族	山东单县	大学	中共党员	2019 年 1 月代表资格终止
好　强	黄河窑陶瓷博物馆有限公司技术总监	男	1981.6	汉族	山东郓城	大学	民盟	
王英杰	山东宇生文化股份有限公司董事长兼技术总监	男	1984.11	汉族	山东菏泽	大学	中共党员	

二、届内增补代表名录

表 53

姓名	现任（或原任）职务	性别	出生年月	民族	籍贯	学历	党派	备注
宋　涛	菏泽市委常委，菏泽军分区政委	男	1965.12	汉族	山东莱阳	大学	中共党员	2017 年 12 月补选

续表 53

姓名	现任（或原任）职务	性别	出生年月	民族	籍贯	学历	党派	备注
王有杰	菏泽市委组织部常务副部长	男	1964.7	汉族	山东定陶	研究生	中共党员	2017 年 12 月补选
张道学	菏泽市老龄办主任	男	1958.8	汉族	山东栖霞	大学	中共党员	2017 年 12 月补选
宋　波	菏泽市人民防空办公室主任	男	1959.11	汉族	河南清丰	大学	中共党员	2017 年 12 月补选
姜来魁	菏泽市人大常委会预算工委工作室主任	男	1968.1	汉族	山东菏泽	大学	中共党员	2017 年 12 月补选
许宜福	菏泽市人大常委会教科文卫工委副主任	男	1968.4	汉族	山东巨野	大学	中共党员	2017 年 12 月补选
范阳春	菏泽市人大常委会市经济开发区工委主任	男	1964.1	汉族	山东菏泽	大学	中共党员	2017 年 12 月补选
尤　胜	菏泽市公安消防支队支队长	男	1975.8	汉族	山东临沂	大学	中共党员	2017 年 12 月补选，2020 年 12 月资格终止
唐　军	山东新巨龙能源有限责任公司总经理	男	1962.10	汉族	山东新泰	大专	中共党员	2018 年 5 月补选，2019 年 1 月资格终止
陈　平	菏泽市委副书记、代市长	男	1967.8	汉族	山东寿光	研究生	中共党员	2018 年 5 月补选
张　伦	菏泽市委副书记，鄄城县委书记、县委党校校长	男	1969.11	汉族	山东枣庄	大学	中共党员	2018 年 5 月补选
王新国	共青团菏泽市委员会书记、党组书记	男	1979.3	汉族	山东巨野	研究生	中共党员	2018 年 5 月补选
李春英	菏泽市委常委、组织部部长	女	1970.1	汉族	山东临清	大学	中共党员	2019 年 1 月补选
王　宏	菏泽军分区司令员	男	1968.10	汉族	河北东光	大学	中共党员	2019 年 1 月补选
张洪兴	市委副秘书长兼办公室主任	男	1962.2	汉族	山东济南	大学	中共党员	2019 年 1 月补选
黄福平	市发展和改革委员会党组成员，市重点项目办公室主任	男	1960.12	汉族	山东单县	研究生	中共党员	2019 年 1 月补选
王金聚	市委第五巡察组组长	男	1960.2	汉族	山东菏泽	大专	中共党员	2019 年 1 月补选
张志华	市发改委党组副书记，原市粮食局党组书记、局长	男	1962.12	汉族	山东单县	大学	中共党员	2019 年 1 月补选
胡钦畅	原市国土资源局党组书记、局长	男	1963.1	汉族	山东巨野	研究生	中共党员	2019 年 1 月补选
席　巍	原市政务服务中心管理办公室党组书记、主任	男	1961.3	汉族	河北盐山	大学	中共党员	2019 年 1 月补选
郝永言	定陶区委常委、区纪委书记、区监察委员会主任	男	1974.9	汉族	山东曹县	研究生	中共党员	2019 年 1 月补选，2019 年 12 月资格终止
王冬梅	曹县县委常委、县纪委书记、县监察委员会主任	女	1968.11	汉族	山东鄄城	研究生	中共党员	2019 年 1 月补选
葛广亮	成武县委常委、县纪委书记、县监察委员会主任	男	1967.5	汉族	山东鄄城	研究生	中共党员	2019 年 1 月补选

续表 53

姓名	现任（或原任）职务	性别	出生年月	民族	籍贯	学历	党派	备注
刘存长	郓城县委常委、县纪委书记、县监察委员会主任	男	1965.4	汉族	山东巨野	研究生	中共党员	2019 年 1 月补选，2019 年 12 月资格终止
宋广振	东明县委常委、县纪委书记、县监察委员会主任	男	1966.10	汉族	山东曹县	研究生	中共党员	2019 年 1 月补选
张新文	菏泽市委书记、市委党校校长	男	1964.10	汉族	山东肥城	研究生	中共党员	2019 年 12 月补选
陈　强	菏泽市委常委、宣传部部长，市委教育工委书记	男	1967.6	汉族	江苏沛县	大学	中共党员	2019 年 12 月补选
王新建	菏泽市人民检察院检察长	男	1974.7	汉族	山东滨州	研究生	中共党员	2019 年 12 月补选
曹格林	菏泽市林业局党组书记、局长	男	1962.3	汉族	山东菏泽	大学	中共党员	2019 年 12 月补选
杜　岩	菏泽市科技局局长	男	1970.11	汉族	山东高唐	研究生	民建	2019 年 12 月补选
程　波	定陶区委常委、区纪委书记，区监察委员会副主任、代理主任	男	1980.6	汉族	山东单县	大学	中共党员	2019 年 12 月补选
陈建伟	单县县委常委、县纪委书记、监察委代理主任	男	1973.3	汉族	山东嘉祥	大专	中共党员	2019 年 12 月补选
阎齐明	巨野县纪委书记、监委主任	男	1979.12	汉族	山东单县	大学	中共党员	2019 年 12 月补选
周广峰	郓城县委常委、县纪委书记、县监委代主任	男	1976.8	汉族	山东鄄城	大学	中共党员	2019 年 12 月补选
李永辉	菏泽高新区党工委副书记、管委会主任	男	1972.12	汉族	山东菏泽	大学	中共党员	2019 年 12 月补选，2020 年 8 月资格终止
季国梅	菏泽金霸商贸有限公司财务总监、副总经理	女	1969.6	汉族	山东菏泽	大专	中共党员	2019 年 12 月补选
王立场	山东鲁花浓香花生油有限公司总经理	男	1980.11	汉族	河南沈丘	大学	中共党员	2019 年 12 月补选
周广军	（山东）稻香村食品集团有限公司总裁	男	1961.11	汉族	山东定陶	大学	中共党员	2019 年 12 月补选
张　健	山东二叶制药有限公司董事长	女	1962.12	汉族	江苏无锡	硕士研究生	中共党员	2019 年 12 月补选
李越峰	菏泽珠峰木艺有限公司总经理	男	1974.10	汉族	山东曹县	研究生	中共党员	2019 年 12 月补选
李　伟	山东新巨龙能源有限责任公司总经理	男	1969.3	汉族	山东泰安	大学	中共党员	2019 年 12 月补选，2020 年 8 月资格终止
樊庆芳	菏泽经济开发区税务局局长	女	1971.5	汉族	山东郓城	研究生	中共党员	2019 年 12 月补选，2020 年 12 月资格终止
闫正超	菏泽民生热力有限公司董事长	男	1977.1	汉族	山东济宁	大专	中共党员	2019 年 12 月补选
禹用涛	中铁置业集团济南有限公司党委委员、菏泽有限公司总经理	男	1981.8	汉族	山东嘉祥	大学	中共党员	2019 年 12 月补选

第七编

1984—2020

县区人大

第一章 牡丹区人民代表大会

牡丹区前身为菏泽市（县级），是菏泽市委市政府所在地，位于山东省西南部，北纬35°02′～35°28′，东经115°11′～115°47′。辖东城、西城、南城、北城、牡丹、何楼、皇镇7个街道办事处和小留镇、都司镇、沙土镇、王浩屯镇、高庄镇、吴店镇、安兴镇、李村镇、黄堽镇、大黄集镇、胡集镇11个镇，面积1047平方公里，2020年常住人口115万人，是中国牡丹之都和著名的书画之乡、戏曲之乡、曲艺之乡、武术之乡、民间艺术之乡。

牡丹区人民代表大会前身是菏泽县各界人民代表会议。1948年9月，菏泽县全境解放。按照《中国人民政治协商会议共同纲领》的规定，成立菏泽县各界人民代表会议，并于1949年12月10日召开第一届会议，至1953年11月止，经历4届，共举行13次会议。

1953年，根据中央人民政府委员会《关于召开全国人民代表大会的决议》和选举法的规定，菏泽县由各区、乡、镇人民代表大会和驻菏部队选举产生县人民代表，于1954年6月24日召开菏泽县第一届人民代表大会第一次会议，揭开人民当家作主的社会主义制度的新的一页。至1966年“文化大革命”前，菏泽县人民代表大会经历6届，共举行13次会议。

“文化大革命”期间，菏泽县人民代表大会活动中断，1967年4月成立菏泽县首届革命委员会，取代人民代表大会和县人民委员会的职权。

1976年10月，“文化大革命”结束。1978年12月，党的十一届三中全会召开，人民代表大会制度得到恢复和发展。按照地方组织法和选举法的规定，菏泽县于1981年1月9日召开第九届人民代表大会第一次会议，选举产生菏泽县第九届人民代表大会常务委员会。

1960年1月撤销菏泽县，改为菏泽市。1963年4月撤销菏泽市，恢复菏泽县。1983年9月，菏泽县改为菏泽市。2001年1月，菏泽市改为牡丹区。牡丹区（县、市）人大自1981年设立常务委员会至2020年的39年间，人民代表大会共经历10届，举行人民代表大会会议42次，举行人大常委会会议285次。

2009年6月5日，牡丹区人大常委会主任孙世平带领区人大常委会组成人员和部分人大代表视察牡丹区法院机关和法庭建设工作

第一节 人民代表大会会议

第一届人民代表大会会议

菏泽县第一届人民代表大会任期自1954年6月至1957年1月，共有人大代表435名，共召开4次代表大会。听取审议工作报告15项，作出决议、决定15项，提出提案924件。第一次代表大会选举6名出席山东省人民代表大会的

代表，第四次代表大会选举产生菏泽县人民委员会和县长、副县长以及法院院长。

第二届人民代表大会会议

菏泽县第二届人民代表大会任期自1957年1月至1958年5月，共有人大代表367名，共召开2次代表大会。听取审议工作报告3项，作出决议、决定2项。第一次代表大会选举产生第二届人民委员会和县长、副县长。

第三届人民代表大会会议

菏泽县第三届人民代表大会任期自1958年5月至1961年2月，共有人大代表367名，共召开2次代表大会。听取审议工作报告3项，作出决议、决定2项。第一次代表大会通过《菏泽县1958年农业经济及第二个五年发展指标规划》，选举产生菏泽县第三届人民委员会和县长、副县长、县人民法院院长，以及出席山东省第二届人民代表大会代表。（1960年1月撤销菏泽县，改为菏泽市。）

第四届人民代表大会会议

菏泽市第四届人民代表大会任期自1961年2月至1963年10月，共有人大代表415名，共召开2次代表大会。听取审议工作报告5项，作出决议、决定2项。第一次代表大会选举产生菏泽市第四届人民委员会和市长、副市长，补选市人民法院院长。（1963年4月撤销菏泽市，恢复菏泽县。）

第五届人民代表大会会议

菏泽县第五届人民代表大会任期自1963年10月至1966年3月，共有人大代表365名，共召开2次代表大会。听取审议工作报告3项，作出决议、决定2项。第一次代表大会选举产生县长、副县长、人民委员会组成人员、县人民法院院长，以及出席山东省第三届人民代表大会代表。

第六届人民代表大会会议

菏泽县第六届人民代表大会共召开1次代表大会。1966年3月14日在县人民剧院开幕，16日闭幕，共有人大代表363名，听取审议工作报告4项，作出决议、决定2项。选举产生菏泽县第六届人民委员会和县长、副县长、县法院院长。

第七届人民代表大会会议

“文化大革命”期间，菏泽县人民代表大会活动中断，1967年4月成立菏泽县首届革命委员会，取代人民代表大会和县人民委员会的职权。根据1978年3月五届全国人大一次会议通过的宪法第三十七条规定：“地方各级革命委员会，即地方各级人民政府，是地方各级人民代表大会的执行机关，是地方各级国家行政机关。”故将菏泽县革命委员会作为一届政权，按顺序排列在第七届人民委员会的位置上。

第八届人民代表大会会议

菏泽县第八届人民代表大会任期自1978年7月至1981年1月，共有人大代表771名，共召开2次代表大会。听取审议工作报告2项，作出决议、决定2项。第一次代表大会审查批准菏泽县工农业生产发展规划，选举产生新的革命委员会和县法院院长、县检察院检察长。第二次代表大会补选出席山东省第五届人民代表大会代表。

第九届人民代表大会会议

菏泽县第九届人民代表大会任期自1981年1月至1984年5月，共有人大代表420名，共召开3次代表大会。听取审议工作报告16项，作出决议、决定16项，提出提案437件。第一次代表大会决定撤销菏泽县革命委员会，改为菏泽县人民政府；制定菏泽县1981年至1985国民经济发展规划；选出菏泽县人民代表大会常务委员会主任、副主任、委员，县人民政府县长、副县长，县人民法院院长和县人民检察院检察长。第二次代表大会增选菏泽县第九届人民代表大会常务委员会委员。第三次代表大会增选菏泽县第九届人民代表大会常务委员会副主任，选举产生出席山东省第六届人民代表大会代表。（1983年9月，菏泽县改为菏泽市。）

第十届人民代表大会会议

菏泽市第十届人民代表大会任期自1984年5月至1987年3月，共有人大代表435名，共召开3次代表大会。听取审议工作报告16项，作出决议、决定16项，提出建议、批评和意见401件。第一次代表大会选举产生菏泽市人民代表大会常务委员会主任、副主任、委员，市人民政府市长、副市长，市人民法院院长和市人民检察院检察长。第二次代表大会增选、补选菏泽市第十届人民代表大会常务委员会委员，选举市人民法院院长和市人民检察院检察长。第三次代表大会补选、增选菏泽市第十届人民代表大会常务委员会主任、副主任，补选市人民政府市长。

第十一届人民代表大会会议

菏泽市第十一届人民代表大会任期自1987年3月至1990年4月，共有人大代表386名，共召开3次代表大会。听取审议工作报告16项，作出决议、决定16项，提出建议、批评和意见530件。第一次代表大会通过菏泽市国民经济和社会发展第七个五年规划，选举产生菏泽市人民代表大会常务委员会主任、副主任、委员，市人民政府市长、副市长，市人民法院院长和市人民检察院检察长。第二次代表大会选举产生菏泽市出席山东省第七届人民代表大会的代表。第三次代表大会选举产生菏泽市人民政府市长。

第十二届人民代表大会会议

菏泽市第十二届人民代表大会任期自1990年4月至1993年3月，共有人大代表394名，共召开3次代表大会。听取审议工作报告19项，作出决议、决定19项，提出建议、批评和意见868件。第一次代表大会选举产生菏泽市第十二届人民代表大会常务委员会主任、副主任、委员，市人民政府市长、副市长，市人民法院院长和市人民检察院检察长。第二次代表大会通过菏泽市十年规划及“八五”计划。第三次代表大会补选菏泽市人民代表大会常务委员会委员。

第十三届人民代表大会会议

菏泽市第十三届人民代表大会任期自1993年3月至1998年3月，共有人大代表375名，共召开5次代表大会。听取审议工作报告30项，作出决议、决定31项，提出建议、批评和意见737件。第一次代表大会选举产生菏泽市第十三届人民代表大会常务委员会主任、副主任、委员，市人民政府市长、副市长，市人民法院院长和市人民检察院检察长；选举出席山东省第八届人民代表大会的代表。第二次代表大会补选菏泽市第十三届人民代表大会常务委员会副主任。第三次代表大会补选菏泽市第十三届人民代表大会常务委员会副主任、市人民政府市长和市人民检察院检察长。第四次代表大会通过菏泽市国民经济和社会发展第九个五年计划及2010年远景目标纲要；补选菏泽市人民代表大会常务委员会副主任。第五次代表大会补选菏泽市人民代表大会常务委员会副主任和市人民检察院检察长。

第十四届人民代表大会会议

菏泽市第十四届人民代表大会任期自1998年3月至2003年1月，共有人大代表361名，共召开6次代表大会。听取审议工作报告32项，作出决议、决定33项，提出建议、批评和意见

416 件。第一次代表大会选举产生菏泽市第十四届人民代表大会常务委员会主任、副主任、委员，市人民政府市长、副市长，市人民法院院长和市人民检察院检察长；选举出席山东省第九届人民代表大会的代表。第二次代表大会补选菏泽市人民政府副市长、市人民法院院长。第四次代表大会选举出席地级菏泽市第十五届人民代表大会的代表。第五次代表大会通过牡丹区国民经济和社会发展第十个五年计划纲要；选举牡丹区人民政府区长。第六次代表大会补选牡丹区人民代表大会常务委员会副主任，牡丹区人民检察院检察长。（2001 年 1 月，菏泽市改为牡丹区。）

第十五届人民代表大会会议

牡丹区第十五届人民代表大会任期自 2003 年 1 月至 2007 年 12 月，共有人大代表 359 名，共召开 5 次代表大会。听取审议工作报告 30 项，作出决议、决定 31 项，提出建议、批评和意见 375 件。第一次代表大会选举产生牡丹区第十五届人民代表大会常务委员会主任、副主任、委员，区人民政府区长、副区长，区人民法院院长和区人民检察院检察长；选举出席菏泽市第十六届人民代表大会的代表。第三次代表大会选举牡丹区人民政府区长，补选牡丹区人大常委会委员，补选菏泽市第十六届人民代表大会代表。第四次代表大会通过牡丹区国民经济和社会发展第十一个五年计划纲要；选举牡丹区人民政府区长。第五次代表大会补选牡丹区人大常委会副主任、委员，区人民政府副区长。

第十六届人民代表大会会议

牡丹区第十六届人民代表大会任期自 2007 年 12 月至 2012 年 1 月，共有人大代表 398 名，共召开 5 次代表大会。听取审议工作报告 30 项，作出决议、决定 31 项，提出建议、批评和意见 195 件。第一次代表大会选举产生牡丹区第十六届人民代表大会常务委员会主任、副主任、委员，区人民政府区长、副区长，区人民法院院长和区人民检察院检察长；选举出席菏泽市第十七届人民代表大会的代表。第五次代表大会通过牡丹区国民经济和社会发展第十二个五年计划纲要；补选牡丹区人大常委会主任、副主任、委员，补选区人民政府区长、副区长。

第十七届人民代表大会会议

牡丹区第十七届人民代表大会任期自 2012 年 1 月至 2017 年 1 月，共有人大代表 430 名，共召开 5 次代表大会。听取审议工作报告 30 项，作出决议、决定 31 项，提出建议、批评和意见 534 件。第一次代表大会选举产生牡丹区第十七届人民代表大会常务委员会主任、副主任、委员，区人民政府区长、副区长，区人民法院院长和区人民检察院检察长；选举出席菏泽市第十八届人民代表大会的代表。第五次代表大会通过牡丹区国民经济和社会发展第十三个五年计划纲要；补选牡丹区人民政府区长，区人民检察院检察长、区人大常委会委员。

第十八届人民代表大会会议

牡丹区第十八届人民代表大会任期自 2017 年 1 月开始，截至 2020 年 12 月，共有人大代表 431 名，已召开 4 次代表大会。听取审议工作报告 24 项，作出决议、决定 24 项，提出建议、批评和意见 332 件。第一次代表大会选举产生牡丹区第十八届人民代表大会常务委员会主任、副主任、委员，区人民政府区长、副区长，区人民法院院长和区人民检察院检察长；选举出席菏泽市第十九届人民代表大会的代表；表决通过区人大常委会各专门委员会组成人员。第二次代表大会选举牡丹区监察委员会主任，表决通过牡丹区人民代表大会专门委员会人员、补选区人大常委会委员。第三次代表大会选举牡丹区监察委员会主任、区人大常委会副主任，区人民政府副区长，区人大常委会委员；表决通过牡丹区第十八届人民代表大会专门委员会主任委员、副主任委员、委员。

第二节 人大常委会会议

菏泽县第九届人民代表大会常务委员会，于1981年1月9日召开的第九届人民代表大会第一次会议上选举产生。1983年9月19日菏泽县改为菏泽市（县级），2001年1月改为菏泽市牡丹区。至2020年12月，历经10届285次会议。牡丹区人民代表大会常务委员会是牡丹区人民代表大会的常设机构，设预算工作委员会、人事代表工作委员会2个工作机构，办公室、研究室、信访室3个办事机构，以及区人民代表大会6个专门委员会的办事机构：监察和司法委员会工作室、教育科学文化卫生委员会工作室、财政经济委员会工作室、城乡建设与环境资源保护委员会工作室、农业与农村委员会工作室、社会建设委员会工作室。

第九届人大常委会会议

第九届人大常委会举行会议22次，听取审议关于工业发展情况、打击经济犯罪活动情况等工作报告32项，开展城镇清洁卫生和食品卫生、“全民文明礼貌月”活动等工作视察6次，作出《关于批准〈菏泽县人民政府关于做好棉花收购工作布告〉的决议》《关于批准〈菏泽县人民政府关于发动群众集资办学办法〉的决议》等决议、决定21项，依法任免国家机关工作人员139人次，任命人民陪审员102名。督办代表提案437件。

第十届人大常委会会议

第十届人大常委会举行会议21次，听取审议关于教育基金筹集和使用情况、城区煤球供应情况等工作报告21项，开展城区道路、城内防汛、环境卫生和食品卫生情况、“治理脏乱差、创建文明城”活动等工作视察5次，作出《关于在公民中基本普及法律常识的决议》《关于〈菏泽市城市规划建设管理暂行规定〉的决议》等决议、决定9项，依法任免国家机关工作人员131人次。督办代表建议、批评和意见534件。

第十一届人大常委会会议

第十一届人大常委会举行会议21次，听取审议关于全市饮水、调水和春灌情况、关于1989年春节物资供应情况、关于深化劳动体制改革等工作报告50项，开展部分乡镇企业和100多家食品生产单位的食品卫生及贯彻执行计量法情况，全市好、中、差三种类型8家工业企业生产情况等工作视察4次，组织开展土地管理法、计量法等法律法规执法检查2次，作出《关于牡丹为我市市花的决定》《关于批准〈菏泽市人民群众来信来访工作暂行规定〉的决议》等决议、决定12项，依法任免国家机关工作人员179人次。督办代表建议、批评和意见530件。

第十二届人大常委会会议

第十二届人大常委会举行会议19次，听取审议关于棉花收购工作情况、关于打击假冒伪劣商品情况等工作报告50项，开展计划生育和夏粮收购情况、第一届菏泽国际牡丹花会筹备工作情况等工作视察11次，组织开展《农民承担费用和劳务管理条例》《山东省农民负担管理条例》等法律法规执法检查2次，作出《关于搞好棉花收购工作的决定》《关于坚决制止乱收费、乱罚款和各种摊派的决议》《关于加强工商行政管理暂行规定》等决议、决定26项。1992年3月21日，菏泽市第十二届人大常委会第十三次会议作出《关于在全市范围内开展人大代表评议“一府两院”工作的决议》。1992 年 7 月、8 月，常委会组织全国、省、市、乡各级人大代表 2000 余名，首次对全市 36 个乡镇、办事处，654 个职能部门进行评议。评出信任单位 298 个，基本信任单位 332 个，不信任单位 24 个。依法任免国家机关工作人员 199 人次。督办代表建议、批评和意见 868 件。

第十三届人大常委会会议

第十三届人大常委会举行会议 33 次，听取审议关于乡镇企业发展情况、关于打击经济犯罪和廉政建设情况、关于惩治贪污腐败情况等工作报告 76 项，开展种植业结构调整、私营经济发展和洲达高新技术工业园、城市道路建设和环卫基础设施建设情况等工作视察 16 次，组织开展《全民所有制工业企业转换经营机制条例》《村镇建设管理条例》等法律法规执法检查 3 次，作出《关于批准〈菏泽市预算外资金管理办法〉的决定》《关于坚决制止乱收费、乱罚款和各种摊派的决议》《关于批准〈菏泽市科技兴市规划〉的决定》等决议、决定 20 项。依法任免国家机关工作人员 375 人次。督办代表建议、批评和意见 737 件。

第十四届人大常委会会议

第十四届人大常委会举行会议 41 次，听取审议关于《中华人民共和国人口与计划生育法》《山东省人口与计划生育条例》贯彻执行情况、关于执法和队伍建设等工作报告 78 项，开展市政府承诺民生实事办理落实情况、农村电网改造、牡丹工业园开发建设、黄河防汛、城市防汛和内河防汛等工作视察 19 次，组织开展食品卫生法、税收征管法、社会力量办学条例等法律法规执法检查 6 次。1998 年、1999 年和 2001 年对“一府两院”的 38 名干部进行述职评议，评出优秀等次 12 人、称职等次 24 人、基本称职等次 1 人、不称职等次 1 人。作出《关于批准〈菏泽市城市集中供热管理试行办法〉的决定》《关于批准〈菏泽市国家级生态农业示范县建设规划〉的决定》等决议、决定 31 项。依法任免国家机关工作人员 563 人次。督办代表建议、批评和意见 416 件。

第十五届人大常委会会议

第十五届人大常委会举行会议 34 次，听取审议关于防治传染性非典型肺炎工作情况，关于提高行政效能、优化经济发展环境工作情况，关于围绕加快发展、创建优良法制环境等工作报告 66 项，开展区公安分局 110 接警服务中心、拘留所、看守所及部分基层派出所建设，村村通公路建设、危桥改造和乡村饮水解困工程建设，牡丹工业园区、重点项目建设及城市开发等工作视察 30 次，组织开展环境保护法、建筑法和《山东省文化市场管理条例》等法律法规执法检查 8 次。2003 和 2005 年，对“一府两院”的 23 名干部进行述职评议，2004 年对驻牡丹区 7 个垂直管理部门进行工作评议。作出《关于〈牡丹区 2006—2010 年依法治区五年规划〉的决议》等决议、决定 23 项。依法任免国家机关工作人员 366 人次。督办代表建议、批评和意见 375 件。

第十六届人大常委会会议

第十六届人大常委会举行会议 30 次，听取审议规模以上工业经济运行和民营经济发展、统筹城乡发展和新农村建设、刑事审判、民事审判和反贪反渎等工作报告 124 项，开展城市开发和城市建设、商贸物流市场建设管理和民生等工作视察 24 次，组织开展劳动法、安全生产法、义务教育法等法律法规执法检查 10 次。先后对 26 个区直部门和 10 个垂直管理部门进行工作评议。围绕医药产业发展、大项目建设、平安牡丹区建设等 24 项专题开展调研活动。作出《关于批准〈牡丹区生态区建设规划（2006—2020 年）〉的决议》《关于批准〈牡丹区与浙江省台州市椒江区缔结友好城市〉的决议》等决议、决定 45 项。受理人民群众来信来访 1216 件次。依法任免国家机关工作人员 149 人次。督办代表建议、批评和意见 226 件。

第十七届人大常委会会议

第十七届人大常委会举行会议 30 次，听取审议招商引资和重点项目建设、人力资源和社会保障、义务教育、社会治安等工作报告 97 项，开展“乡村文明行动”、惠农政策落实、养老场所建设与服务等工作视察 29 次，组织开展食品安全法、环境保护法等法律法规执法检查 5 次。首次开展学校周边环境治理工作专题询问，开展代表特色活动 10 项，分两年共对 67 个政府工作部门进行工作评议。开展牡丹产业发展、电子商务发展、“三农”等专题调研 35 次。对年度决算预算调整、政府融资、行政区划调整等作出决议、决定 45 项。受理人民群众来信来访 1202 件次。依法任免国家机关工作人员 151 人次。督办代表建议、批评和意见 534 件。

第十八届人大常委会会议

截至 2020 年 12 月，牡丹区第十八届人大常委会共举行会议 34 次，听取审议脱贫攻坚、加快新旧动能转换推动节能降耗工作、扫黑除恶等工作报告 76 项，开展棚户区改造、美丽乡村建设等工作视察 21 次，组织开展大气污染防治“一法两条例”、安全生产“一法一条例”等法律法规执法检查 8 次。开展代表特色活动 4 项，开展优化营商环境和“一次办好”、物业管理条例实施情况等专题调研 49 次。对临港经济区道路及配套工程建设、区政府债务限额等作出决议、决定 47 项。受理人民群众来信来访 274 件次。依法任免国家机关工作人员 225 人次。督办代表建议、批评和意见 416 件。

2018 年 7 月 13 日，牡丹区人大常委会主任李书京走访联系人大代表

第三节　历届人大常委会组成人员

第九届人大常委会组成人员

（1979.7—1984.5）

主　任　宋国华

副主任　范连登

马子杰

李培岭

尘金安（1983.1— ）

委　员（按姓名笔画排序）

王立祥

王瑞珠（女，1981.12— ）

刘进华（女，1981.12— ）

杜希鹏（1981.12— ）

杨玉珍（女）

李金海

张冬莲

赵广祯

赵素伟（女）

胡景灿

袁巧莲（女）

桑义君

第十届人大常委会组成人员

（1984.5—1987.3）

主　任　王兆吉（ —1986.3）
　　　　李宝珊（1986.3— ）
副主任　吕新才
　　　　尘金安
　　　　侯全才
　　　　李培岭
　　　　韩　棣（女）
　　　　王登亮（1986.3— ）
委　员（按姓名笔画排序）
　　　　王立祥
　　　　王瑞珠（女）
　　　　邓付华（1985.5— ）
　　　　刘进华（女）
　　　　刘桂真（女）
　　　　杨德荣（1985.5— ）
　　　　李振德
　　　　李继纯（1985.5— ）
　　　　李德祯
　　　　肖钦臣
　　　　张培成（1985.5— ）
　　　　孟祥忠（1985.5— ）
　　　　祝令涛
　　　　袁巧莲
　　　　惠　敏（1985.5— ）

第十一届人大常委会组成人员

（1987.3—1990.4）

主　任　李宝珊
副主任　尘金安
　　　　侯全才
　　　　李培岭
　　　　都兴娥（女）
　　　　张俊德
　　　　沈虹珠（女）
委　员（按姓名笔画排序）
　　　　王正路
　　　　司春雨
　　　　刘如梦
　　　　刘进华（女）
　　　　孙平生
　　　　牟善保
　　　　杨玉亭（女）
　　　　李振德
　　　　李继纯
　　　　张世清
　　　　张国庆
　　　　张爱春（女）
　　　　陈继恩
　　　　孟祥忠
　　　　郭庆珠（女）
　　　　郭志文
　　　　翟东顺
　　　　樊丽平（女）

第十二届人大常委会组成人员

（1990.4—1993.3）

主　任　李永亮
副主任　尘金安
　　　　李培岭
　　　　杨凤生
　　　　都兴娥（女）
　　　　沈虹珠（女）
　　　　刘守生
委　员（按姓名笔画排序）
　　　　冯克田
　　　　司春雨
　　　　刘如梦
　　　　刘进华（女）
　　　　杨玉亭（女）
　　　　李继纯

张广德（回族）
张世清
张国庆
张俊德
张爱春（女）
陈云建
陈秀英（女）
袁志存
高宪锋
郭庆珠（女）
郭志文
韩福三

第十三届人大常委会组成人员

（1993.3—1998.3）

主　任　李永亮
副主任　尘金安
李培岭
都兴娥（女）
刘守生
朱德升
郭志文
刘传峰（1994.3—　）
刘如梦（1995.3—　）
宋廉林（1996.3—　）
袁志存（1997.3—　）
委　员（按姓名笔画排序）
王义科
王洪民
王菏生
刘如梦
刘进华（女）
刘祥德
孙世平
杨玉婷（女）
张广德（回族）
陈云建
陈秀英（女）
陈秀萍（女）
赵凤凯
胡九学
袁志存
高艳民（女）
郭庆珠（女）
曹修全

第十四届人大常委会组成人员

（1998.3—2003.1）

主　任　尹正仁
副主任　都兴娥（女，—2001.5）
刘守生（—2001.5）
胡化民
郭志文
刘如梦（—2001.5）
宋廉林（—2001.5）
袁志存
彭　杰（2002.1—　）
姚文变（2002.1—　）
刘若亮（2002.1—　）
委　员（按姓名笔画排序）
丁新甫
王忠聚
王洪民
王高平
刘建芝（女）
张广德（回族）
张国强
张爱华（女）
陈云建
岳增亮
周同喜
赵凤凯

赵方花（女）
赵奎明
高爱梅（女）
郭广荣
崔明山
彭　杰
楚延林

第十五届人大常委会组成人员

（2003.1—2007.12）

主　任　尹正仁（ —2006.2）
孙世平（2006.2— ）
副主任　孙世平（ —2006.1）
彭　杰（ —2006.2）
秦要武
姚文变（ —2007.1）
刘若亮
梁乃修（ —2006.2）
王晓梅（女）
王洪渊（2006.2— ）
李殿彬（2006.2—2007.1）
马喜荣（女，2006.2— ）
邓冠芝（2007.1— ）
委　员（按姓名笔画排序）
丁新甫
王永轩（2006.2— ）
卢海军
毕德峰
刘建芝（女）
李　林（2007.1— ）
李昌家
张广德（回族，2007.1— ）
张团昌
张国强
张爱华（女）
岳增亮
赵方花（女）
耿金良
高世明
高宪峰
高爱梅（女）
崔红艳（女）
楚延林
鲍文佩
魏祥军

第十六届人大常委会组成人员

（2007.12—2012.1）

主　任　孙世平（ —2011.1）
李书京（2011.1— ）
副主任　秦要武（ —2011.1）
邓冠芝
刘若亮
王晓梅（女）
王洪渊
仝兆卫（2011.1— ）
委　员（按姓名笔画排序）
王永轩（ —2011.1）
王佳隽（2011.1— ）
王清奎
毛佩军
孔　鹏
刘建文
刘建坤
杨锦升（2011.1— ）
李　林
李昌家
李　明
李建林
肖培献
宋　涛（女）
张　一（女）

张广德（回族）
张之昱
张书平
张国强
张爱华（女）
苑方云
孟　鹏
侯永宾
晁明玉
高先峰
崔红艳（女）
楚延林

第十七届人大常委会组成人员

（2012.1—2017.1）

主　任　李书京
副主任　王晓梅（女）
王洪渊
仝兆卫
刘广珍
王佳隽
王海林（2014.1— ）
委　员（按姓名笔画排序）
王清奎（2016.1— ）
毛佩军
邓兴福（2016.1— ）
孔　鹏
卢金华
刘　宁（2016.1— ）
刘艳敏（女，2016.1— ）
杨锦升
杨慧娟（女）
李　平（2016.1— ）
李存喜
李　林
李昌家
李　明
李建林
李复忠
李　哲（2016.1— ）
李教记
侣传周
张　一（女，—2014.4）
张之昱
张书平
张克超
张国强
季国梅（女）
赵　剑
侯永宾
侯晓丽（女，2016.1— ）
晁明玉
高宪峰
崔红艳（女）
楚延林

第十八届人大常委会组成人员

（2017.1— ）

主　任　李书京
副主任　王晓梅（女）
兰昌华（ —2020.1）
李希靖
张建国（ —2019.3）
陈金峰（ —2018.6）
李　哲（2019.3— ）
油凤莲（女，2019.3— ）
委　员（按姓名笔画排序）
王洪渊（ —2018.1）
王振中
王海林
王清奎
王　静
毛佩军（ —2017.11）
孔　鹏

邓兴福
卢万存（2018.1— ）
卢金华仝兆卫（ —2019.12）
朱国玺（ —2019.3）
刘　宁（ —2017.11）
刘仰金（2018.1—2020.8）
刘启禄（2018.1— ）
刘保安（2018.1—2019.3）
刘艳敏（女）
闫　玲（女，2018.1— ）
许洪举
孙洪卫
杜建民
李　平
李存喜
李　林
李昌家
李　明
李学昌
李复忠
李教记（ —2018.1）
张之昱
张书平
张克超（2018.1— ）
张国强
张佳路（2019.3— ）
陈义山
陈　莹（女，2018.1— ）
季国梅（女）
庞志建
胡尊博（2018.1— ）
赵　剑
侯永宾
洪继勋
晁明玉（ —2017.11）
高宪峰
郭秋霞（女，—2018.1）
崔红艳（女，—2018.1）
楚延林

第二章　定陶区人民代表大会

定陶古称陶，位于菏泽市中部，因商圣范蠡在此定居经商而得名，是民政部首批命名的“千年古县”。2016 年 4 月 29 日撤县设区，辖马集镇、黄店镇、张湾镇、冉堌镇、孟海镇、半堤镇、仿山镇、杜堂镇、南王店镇 9 个镇，天中、滨河 2 个街道办事处和 1 个省级经济开发区，341 个村社、953 个自然村，762 平方公里，83.53 万亩耕地，2020 年人口 19.9 万户、64 万人。近年来，全区上下担当作为、狠抓落实，经济社会呈现全面发展、全面进步的良好态势，2019 年获得全市经济社会发展综合考核综合奖一等奖，在全市 8 个单独奖项中，定陶获得 6 项第一、2 项第二。全省县域经济高质量发展排名第 19 位，比 2018 年提高 61 个位次。先后被授予“全省干事创业好班子”“全省脱贫攻坚先进集体”等荣誉称号。

抗日战争和解放战争时期，定陶抗日政府设立的参议会和新中国成立后的各界人民代表会议是定陶县人民代表大会的前身。

1954 年，《中华人民共和国宪法》正式确立人民代表大会制度为我国的根本政治制度。定陶县于 1954 年 7 月召开第一届人民代表大会第一次会议，标志着人民代表大会制度在定陶县正式建立。至1958年5月，共召开3届7次人民代表大会会议。1958年11月，定陶县建制撤销，定陶、成武两县合并为成武县。1961年10月恢复定陶县，至1965年1月，共召开3届4次人民代表大会会议。

“文化大革命”期间，定陶县人民代表大会活动中断。1967年5月17日，成立由军、干、群参加的定陶县革命委员会（按规定列为定陶县第七届人民代表大会）。1978年7月6日至9日，根据新宪法有关规定和上级有关指示，定陶县召开第八届人民代表大会。

1980年5月28日至6月1日，定陶县召开九届人大一次会议，首次设立定陶县人民代表大会常务委员会，定陶人大进入新的发展时期。2016年4月，定陶撤县设区。至2020年12月，定陶区（县）共召开10届44次人民代表大会会议。

1999年6月1日，定陶县纪念地方人大常委会设立20周年知识竞赛现场

第一节　人民代表大会会议

第一届人民代表大会会议

定陶县第一届人民代表大会，任期自1954年7月至1957年1月，历时2年半，代表303名，举行人民代表大会会议4次，听取审议工作报告5个，作出决议、决定5项。

县一届人大一次会议于1954年7月2日至5日在定陶县城党校礼堂召开，会议听取审查县人民政府上半年工作报告，听取并认真讨论《中华人民共和国宪法（草案）》和“中共定陶县委员会夏季工作建议”，通过关于政府工作报告的决议，审查通过大会提案和关于夏季工作意见的决议。会前会后共收到代表意见和建议1202条。会议选举张书印为定陶县人民政府县长，杨肇宇、张玉明为定陶县人民政府副县长；选举陈文其、李进学、葛玉珍为定陶县出席山东省第一届人民代表大会代表。

县一届人大四次会议于1955年12月27日至30日在定陶县城召开，历时4天。会议根据《中华人民共和国地方各级人民代表大会和地方各级人民委员会组织法》的规定，改县人民政府为县人民委员会。选举产生县人民委员会组成人员：孙士光为定陶县县长，杜寿亭为定陶县副县长，杨玉卿、芦普林、李信、张玉明、胡兴魁、李绍文、杨双根、马万言、王云霄、孙振嵩、陈印坡、高殿金、杨朝忠、李东荣、魏兆伦等15人为定陶县人民委员会委员。选举王学礼为定陶县人民法院院长，杨玉琴为定陶县人民检察院检察长。

第二届人民代表大会会议

定陶县第二届人民代表大会，任期自1957年1月至1958年5月，历时1年零5个月，代表285名，举行人民代表大会会议2次，听取审议工作报告4个。县二届人大一次会议收到代表提案227份，所提意见共478案1002条，会议期间全部进行答复。县二届人大二次会议听取中共定陶县委书记卢洪传达的毛主席关于正确处理人民内部矛盾的报告，审查通过定陶县人民委员会关于上半年工作汇报与下半年工作安排的意见，通过有关决议。会议收到代表提案278案777条。

第三届人民代表大会会议

定陶县第三届人民代表大会，任期自1958年5月至1959年1月，历时8个月。举行人民代表大会会议1次，于1958年5月29日至31日召开，出席代表286名。会议听取并审议孙士光县长所作的《定陶县人民委员会关于积极贯彻“鼓足干劲、力争上游，多快好省地建设社会主义”的总路线，为争取1958年全面跃进的意见的报告》，并通过相应的决议。会议选举产生定陶县县长、副县长、县人民委员会委员，县人民法院院长，县人民检察院检察长。

第四届人民代表大会会议

定陶县第四届人民代表大会，任期自1961年4月至1963年9月，历时2年零5个月，共召开2次代表大会会议。定陶、成武两县于1959年1月合并为成武县，于1961年4月2日至5日在成武县城召开合并后的第四届人民代表大会第一次会议，这次会议实际上也视为定陶县第四届人民代表大会第一次会议。定陶县1962年1月正式恢复办公，定陶县四届人大二次会议于1962年7月11日至13日在党校召开。

第五届人民代表大会会议

定陶县第五届人民代表大会，任期自1963年9月至1965年1月，历时1年零4个月。共召开1次人民代表大会会议，于1963年9月17日至20日召开，历时三天半。应出席代表281人，请假50人，实出席代表231人，列席会议14人。会议选举马万言、刘殿才、王振荣、郝春雅为定陶县出席山东省第三届人民代表大会代表。

第六届人民代表大会会议

定陶县第六届人民代表大会，任期自1965年1月至1967年5月，历时2年零4个月，代表281名。举行人民代表大会会议1次，于1965年1月13日至16日召开，会议听取、审议批准县长孙士光代表县人民委员会所作的工作报告和副县长吕文斋所作的关于1964年财政决算的报告，听取中共定陶县委副书记梁子华关于国际形势的报告，副县长赵厚怀布置当前工作。

第七届人民代表大会会议

1967年5月17日至19日召开县革命委员会成立后的第一次全体会议（按有关规定，“文化大革命”中的革命委员会算作县第七届人民代表大会）。会议听取前段工作情况和下一步工作打算。会议选出43名县革命委员会委员、13名县革命委员会常务委员和1名主任委员、2名副主任委员（1968年3月，菏泽地区革命委员会对定陶县革命委员会进行改组，县革命委员会行使县人民委员会的职权）。

第八届人民代表大会会议

定陶县第八届人民代表大会，任期自1978年7月至1980年5月，历时1年零10个月，代表605名。举行人民代表大会会议1次，于1978年7月6日至9日召开。会议听取审议县革命委员会主任邹学信所作的工作报告，讨论高速度发展县农业的规划，并通过相应决议。会议明确提出当前和今后一个时期的战斗任务是：抓纲治县，把揭批“四人帮”的伟大斗争进行到底；鼓足干劲，力争上游，高速度发展国民经济；开展社会主义劳动竞赛，大搞技术革命和技术革新；向科学现代化进军，大力发展社会主义文化教育事业，在三大革命斗争中加强革命委员会的建设。会议以无记名投票的方式选举产生定陶县新的革命委员会主任、副主任、委员和定陶县人民法院院长、定陶县人民检察院检察长。

第九届人民代表大会会议

定陶县第九届人民代表大会，任期自1980

年5月至1984年5月，历时4年，代表413名，举行人民代表大会会议3次，听取审议工作报告17个，并作出相应决议。县九届人大一次会议，采取无记名投票、不等额选举的方法，选举产生定陶县第九届人民代表大会常务委员会、定陶县人民政府组成人员和定陶县人民法院院长、定陶县人民检察院检察长。会议收到代表提案641条，其中联合提案232件511人次。县九届人大二次会议，代表共提出各种议案101件，其中联合议案55件227人次。县九届人大三次会议选举路绍昌、王贵景、齐传玉（女）、马光华、刘国梁5人为定陶县出席山东省第六届人民代表大会代表。

第十届人民代表大会会议

定陶县第十届人民代表大会，任期自1984年5月至1987年3月，历时2年零10个月，代表245名，举行人民代表大会会议3次，听取审议工作报告18个，并作出相应决议，提出代表议案、建议415件。县十届人大一次会议选举产生定陶县第十届人民代表大会常务委员会、定陶县人民政府组成人员和定陶县人民法院院长、定陶县人民检察院检察长。县十届人大三次会议补选马近舜为定陶县第十届人民代表大会常务委员会主任。

第十一届人民代表大会会议

定陶县第十一届人民代表大会，任期自1987年3月至1990年2月，历时2年零11个月，代表219名，举行人民代表大会会议3次，听取审议工作报告18个，并作出相应决议。县十一届人大一次会议选举产生定陶县第十一届人民代表大会常务委员会、定陶县人民政府组成人员和定陶县人民法院院长、定陶县人民检察院检察长，会议期间，共收到代表提出的各种建议、批评和意见85件。县十一届人大二次会议共收到代表建议、批评和意见64件。县十一届人大三次会议补选张作田为定陶县人民政府县长。

第十二届人民代表大会会议

定陶县第十二届人民代表大会，任期自1990年2月至1993年3月，历时3年零1个月，代表310名，举行人民代表大会会议3次，听取审议工作报告18个，并作出相应决议。县十二届人大一次会议，选举定陶县第十二届人民代表大会常务委员会、定陶县人民政府组成人员和定陶县人民法院院长、定陶县人民检察院检察长，共收到代表批评、意见和建议126件。县十二届人大二次会议审议通过《定陶县人民代表大会议事规则》，代表共提出建议、批评和意见141件。县十二届人大三次会议审议通过《定陶县关于实行村民代表会议制度的规定》。

第十三届人民代表大会会议

定陶县第十三届人民代表大会，任期自1993年3月至1998年3月，历时5年，代表310名，举行人民代表大会会议5次，听取审议工作报告30个，作出决议、决定30项，提出代表议案、建议418件。县十三届人大一次会议选举产生定陶县第十三届人民代表大会常务委员会、定陶县人民政府组成人员和定陶县人民法院院长、定陶县人民检察院检察长。县十三届人大四次会议收到人大代表联合提出的议案1件，即“关于建立全县村级账目公开日制度的议案”。

第十四届人民代表大会会议

定陶县第十四届人民代表大会，任期自1998年3月至2003年1月，历时4年零10个月，代表230名，举行人民代表大会会议6次，听取审议工作报告30个，作出决议、决定30项，提出代表议案、建议299件。县十四届人大一次会议选举产生定陶县第十四届人民代表大会常务委员会、定陶县人民政府组成人员和定陶县人民法院院长、定陶县人民检察院检察长。县十四届人大四次会议根据菏泽撤地设市规定要求，选举定陶县出席菏泽市第十五届人民代表大会代表共44名。

第十五届人民代表大会会议

定陶县第十五届人民代表大会，任期自2003年1月至2007年12月，历时4年零11个月，代表230名，举行人民代表大会会议5次，听取审议工作报告30个，作出决议、决定31项，提出代表议案、建议306件。县十五届人大一次会议选举产生定陶县第十五届人民代表大会常务委员会、定陶县人民政府组成人员和定陶县人民法院院长、定陶县人民检察院检察长和定陶县出席菏泽市第十六届人民代表大会代表。县十五届人大四次会议审查、批准定陶县国民经济和社会发展第十一个五年规划纲要。

第十六届人民代表大会会议

定陶县第十六届人民代表大会，任期自2007年12月至2012年1月，历时4年零11个月，代表245名，举行人民代表大会会议5次，听取审议工作报告24个，作出决议、决定24项，提出代表议案、建议243件。县十六届人大一次会议选举产生定陶县第十六届人民代表大会常务委员会、定陶县人民政府组成人员和定陶县人民法院院长、定陶县人民检察院检察长和出席菏泽市第十七届人民代表大会代表。县十六届人大三次会议选举定陶县人民政府县长，安排部署深入开展人大代表“建功立业”活动。

第十七届人民代表大会会议

定陶县第十七届人民代表大会，任期自2012年1月至2017年1月，历时5年，代表253名，举行人民代表大会会议6次，听取审议工作报告30个，作出决议、决定32项，提出代表议案、建议310件。县十七届人大一次会议选举定陶县国家机关领导人员和定陶县出席菏泽市第十八届人民代表大会代表。县十七届人大三次会议选举定陶县人民政府县长。县十七届人大六次会议通过关于定陶县国民经济和社会发展第十三个五年规划纲要的决议和关于设立定陶县第十七届人民代表大会专门委员会的决定。

第十八届人民代表大会会议

菏泽市定陶区第十八届人民代表大会，任期自2017年1月开始，代表253名，至2020年12月，已举行人民代表大会会议5次，听取审议工作报告24个，作出决议、决定25项，提出代表议案、建议364件。区十八届人大一次会议选举定陶区国家机关领导人员和定陶区出席菏泽市第十九届人民代表大会代表。区十八届人大二次会议补选菏泽市定陶区监察委员会主任。区十八届人大三次会议表决通过菏泽市定陶区第十八届人民代表大会第三次会议关于增设菏泽市定陶区第十八届人民代表大会社会建设委员会和更名菏泽市定陶区第十八届人民代表大会法制（内务司法）委员会为菏泽市定陶区第十八届人民代表大会监察和司法委员会的决定。区十八届人大四次会议补选菏泽市定陶区人大常委会副主任。区十八届人大五次会议补选菏泽市定陶区监察委员会主任、菏泽市定陶区人大常委会委员。

第二节　人大常委会会议

定陶县人民代表大会常务委员会始建于1980年6月县九届人大一次会议，最初办事机构设办公室。2016年4月撤县设区，至2020

年，区人大常委会设置7个办事机构：办公室、研究室、来信来访工作室、人事代表工作委员会、预算工作委员会、民族侨务外事工作委员会、老干部服务中心；设置区人民代表大会6个专门委员会工作室：财政经济委员会工作室、监察和司法委员会工作室、教育科学文化卫生委员会工作室、农业与农村委员会工作室、城乡建设和环境资源保护委员会工作室、社会建设委员会工作室。

第九届人大常委会会议

第九届人大常委会共举行会议28次。县第九届人大常委会第一次会议于1980年6月2日举行，共进行四项议程：邹学信主任讲话，着重讲人大常委会的地位、作用和大家肩负的光荣任务；根据邹学信主任的提议，明确各位副主任的分工；确定县人大常委会办公地址暂定在县政府院内东楼二楼；确定县人大常委会办事机构暂设1个办公室。

第十届人大常委会会议

第十届人大常委会举行会议29次。先后听取审议县人民政府和县人民法院、县人民检察院及县公安局、司法局、财政局、工商行政管理局、林业局、卫生局、教育局、粮食局、民政局、物价局、计划委员会、城乡建设委员会等部门25次工作汇报，并分别作出相应的决议或决定，认真履行县级人民代表大会常务委员会的14项职权，主要讨论决定本县的政治、经济、教育、科学、文化、卫生、民政、民族等工作的重大事项。依法任免国家机关工作人员237人次。加强代表工作，县第十届人大第一次会议后，人大常委会首次会议就讨论制订《关于加强同代表联系的暂行规定》，以乡镇和县直大口为单位，建立代表联络小组。

第十一届人大常委会会议

第十一届人大常委会举行会议22次。先后听取县财政局、审计局、工商局、物价局、卫生局、公安局、农业局、监察局、民政局和县人民法院、县人民检察院等十几个部门的工作汇报。先后对义务教育法、森林法、土地管理法、文物保护法、食品卫生法、计量法、《山东省计划生育条例》《山东省关于保护妇女儿童合法权益的若干规定》等法律法规的实施情况和县行政拘留所、看守所及部分乡镇法庭、派出所的执法情况进行视察和调查，先后审议通过、决定任命国家机关工作人员192名，免去29名工作人员的职务。县人大常委会第10次、第14次会议，分别批准《定陶县县城规划建设管理暂行规定》《定陶县贯彻执行〈山东省计划生育条例〉实施细则》。

第十二届人大常委会会议

第十二届人大常委会举行会议21次。听取审议县“一府两院”的工作汇报27项，对《中华人民共和国全民所有制工业企业法》《中华人民共和国全民所有制工业企业转换经营机制条例》等10余部法律法规的实施执行情况，有计划地听取县“一府两院”的汇报，组织代表进行视察，开展座谈讨论。常委会围绕全县经济建设的重大问题，作出决议、决定19项，依法任免国家机关工作人员120人次，通过组织代表评议、视察、要求被任命干部所在单位报送年度工作总结等形式，做好任后监督。紧紧抓住人民群众反映强烈的、涉及农民切身利益的夏征、提留、棉花扶持政策落实和假玉米种四个方面的问题，县人大常委会第11次会议在认真学习的基础上，结合全县实际作出《关于贯彻执行〈山东省农民负担管理条例〉的决议》。

第十三届人大常委会会议

第十三届人大常委会采取听取审议工作汇报，组织代表开展视察，专题调查和评议等形式，集中听取审议县“一府两院”的工作汇报36个，组织22次视察和专题调查活动，评议政府职能部门和法检“两院”43个（次），依法履行对县“一府两院”的监督职能，作出关于定陶县“九五”科教兴县规划和定陶县1995年至2000年科技发展规划等决议、决定14项，依法任免国家机关工作人员227人次。

第十四届人大常委会会议

第十四届人大常委会举行会议34次。听取审议县“一府两院”77项工作汇报，组织开展40次视察、执法检查和专题调查。共作出决议、决定12个，常委会第24次会议审议通过《定陶县在公民中开展法制宣传教育的第四个五年规划》《定陶县2001—2005年依法治县规划》。五年来，共依法任免国家机关工作人员275人，其中，任命190人，免职70人，批准辞职14人，撤职1人。为落实好代表法中有关人大代表“言论免究权”和“人身特别保护权”的规定，常委会制定《关于县人民代表大会代表执行职务司法保障的规定》，县人民法院、县检察院、县公安局等单位都制定具体落实措施，对一些牵涉到人大代表的案件，都及时按规定向县人大常委会汇报，维护代表的合法权益。

第十五届人大常委会会议

第十五届人大常委会举行会议35次。听取审议“一府两院”工作报告66项，组织开展视察、调查、执法检查38次，其中，常委会牢牢把握农业增效、农民增收、农村稳定这个主题，五年先后听取事关“三农”工作的汇报、组织视察调查近20次。五年来，常委会着重加强对实施法官法、检察官法、山东省司法工作人员违法办案责任追究条例，以及反贪污贿赂、解决“执行难”、规范化建设等工作的监督，督促司法机关坚持司法为民，依法办案，廉洁执法，切实加强队伍建设，以教育促公正。五年来，常委会共依法决定任免国家机关工作人员400人次，接受辞职4人，因故暂缓任命3人，因赞成票未过半数不予任命11人。

第十六届人大常委会会议

第十六届人大常委会举行会议34次。听取审议“一府两院”专项工作报告49项，组织开展视察和执法检查33次，专题调研55次，为促进全县民主政治建设发挥重要作用。四年来，审议决定国民经济、社会发展、财政预算、城乡规划、生态建设、法治建设等一系列重大事项16项，为促进全县经济社会发展提供有力保障。严把任前法律知识考试、到会作供职报告、无记名投票表决、颁发任命书、任后工作评议五个环节，共依法任免国家机关工作人员190人次，推进人事任免工作的规范化、程序化。

第十七届人大常委会会议

第十七届人大常委会举行会议51次。听取审议“一府两院”工作报告54项，开展安全生产法、土地管理法等执法检查6次，农田水利、城镇管理等视察18次，电子商务、一村一品等专题调研28次，对民用天然气和物业管理等进行专题询问。针对全区经济发展、民生改善、民主法治建设等重大问题，分别就财政决算、预算调整、依法治区、七五普法、换届选举等重大事项，依法作出决议决定25项。共依法任免国家机关工作人员257人次，任命人民陪审员48名。2013年，常委会对24个政府工作部门进行述职评议，其中17个部门被评为满意，7个部门被评为基本满意。大力开展“代表小组建设提升年”活动，在有场所、有器材、有制度、有计划、有活动、有档案的“六有”标准基础上，增设群众接待室、热线电话和代表联系卡、代表信箱，全区58个人大代表（人大监督员）小组活动室全部达到“十有”标准，并健全工作制度和工作职责。

第十八届人大常委会会议

截至2020年12月，第十八届人大常委会举行会议36次。听取审议脱贫攻坚、环境保护、食品安全等工作报告52项，组织开展工会“一法一条例”、《菏泽市物业管理条例》等法律法规执法检查4次，开展重点项目建设、棚户区改造等工作视察12次，开展专题调研19次，作出决议、决定12项，依法任免国家机关工作人员223人次，任免人民陪审员117人。建立任前法律知识在线学习系统、法律考试自动评分系统，督促拟任命人员认真学习法律知识，增强法治观念。完善人事任免工作流程，建立电子表决系统，落实宪法宣誓制度，规范宣誓仪式，提升被任命人员的国家观念和履职意识。积极响应市人大常委会号召，加强组织引导，强化督导调度，促进“后来居上、代表先行”代表系列活动深入开展。面对2020年初突如其来的新冠肺炎疫情，区人大常委会按照区委要求，将疫情防控作为重大政治任务，各级人大代表主动参与疫情防控，积极捐款捐物，助推企业复工复产、学校停课不停学，保障贫困群众生活。

2017年3月15日，在定陶区第十八届人大常委会第一次会议上，新任命国家机关工作人员集体向宪法宣誓

第三节　历届人大常委会组成人员

第九届人大常委会组成人员

（1980.5—1984.5）

主　任　邹学信

副主任　赵志福

刘春兰（女）

王庆祯

孟庆顺

澹台方涛

朱延忠

庄静亭（1981.12— ）

委　员（按姓名笔画排序）

马云岭

王应聘

刘国梁

杨慎君（女，回族）

李升高

吴凤池

何振华

沙瑞义（回族）

张永梅（女）

陈丕魁

周伯合

盛含臣

第十届人大常委会组成人员

（1984.5—1987.3）

主　任　刘传荣（ —1986.5）

马近舜（1986.5— ）

副主任　卢俊杰

赵志福

王守之

王庆祯

孔庆思
黄克安（1986.5— ）
刘春兰（女，1986.5— ）
委　员（按姓名笔画排序）
甘永兰
卢桂珂
刘文祥
闫世瑞
李春福（1985.5— ）
李洪新
李慧敏（女，1985.5— ）
张月成
张富荣（1985.5— ）
陈丕魁
邵志祥
姜允雷
程文学
薛廷泉

第十一届人大常委会组成人员

（1987.3—1990.2）

主　任　马近舜
副主任　黄克安
赵志福
王守之
刘春兰（女）
郭耀恩
周合元
委　员（按姓名笔画排序）
王瑞祯
申庆顺
史步军
齐兴华
杨学功
李春福
余洪泉
范学琴（女）
赵淑华（女）
姜允雷
程文学
薛廷泉

第十二届人大常委会组成人员

（1990.2—1993.3）

主　任　马近舜
副主任　刘春兰（女）
郭耀恩
周合元
王笃庆
马殿卿
李振兴
委　员（按姓名笔画排序）
丁志刚
王永阁（女）
王步云
牛辉霭
申庆顺
齐兴华
李春福
李洪新
杨学功
苑宪章
姜允雷
姜兰英（女）
曹绪胜
程文学
程传敏
薛廷泉

第十三届人大常委会组成人员

（1993.3—1998.3）

主　任　程玉峰
副主任　刘春兰（女）
王笃庆

周合元
李振兴
杨慎波（回族）
刘献佩
苏敏波（1994.3— ）
祝传金（1995.3— ）
苑宪章（1996.2— ）

委　员（按姓名笔画排序）
马雪瑜
王凤娟（女）
王永阁（女）
王昌玉
王保芬
申庆顺
齐兴华
杨学功
李春福
李洪新
张华君（女，—1997.11）
张　勇
阎玉岭
程传敏（ —1995.11）
焦翠云（女）
薛廷泉

第十四届人大常委会组成人员

（1998.3—2003.1）

主　任　刘殿毅（ —2000.12）
段伯汉（2001.1— ）

副主任　孔凡云（2000.1— ）
刘春兰（女）
刘献佩
周合元（ —2000.1）
苏敏波
祝传金
陈启忠
申传根（2002.1— ）
程西魁（2002.1— ）
杨文涛（2002.1— ）

委　员（按姓名笔画排序）
王凤娟（女）
王光和
田万春
田　霞（女）
朱素梅（女）
杨汝增（ —1998.7）
杨秋娥（女）
李洪新
何晓步
岳　蕴（女）
阎照合
韩祥华（女）
董传珠
鲍加玉

第十五届人大常委会组成人员

（2003.1—2007.12）

主　任　李清安

副主任　申传根
程西魁
孔凡云
赵庆泉
张鲁建（ —2004.9）
王凤娟（女）
田同修（2005.1— ）
陈尔桥（2006.2— ）
李广根（2006.2— ）
李　颖（2006.2—2007.1）
李清斌（2007.1— ）

委　员（按姓名笔画排序）
万鲁岱
王玉华

王德存（2006.2— ）
王德运（2006.2— ）
刘大用（2006.2— ）
刘广杰（ —2005.11）
刘明芬（女）
刘鸿雁（女）
许晓生
杨秋娥（女）
何晓步
张永春（2006.2— ）
张善绪
陈衍存（2006.2—2007.7）
岳　蕴（女）
袁绍林
聂宪钦
贾翠平（女）
盛选印

第十六届人大常委会组成人员

（2007.12—2012.1）

主　任　王彤宇
副主任　田同修
王凤娟（女）
陈尔桥
李广根（ —2011.1）
郭玉灿
李清斌
宁淑跃（2010.1— ）
韩宪玉（2011.1— ）
委　员（按姓名笔画排序）
王义耀
王玉华
王永亮
王连桂（2010.1— ）
王善林
王瑞忠（ —2008.5）
王德存
王德运
牛月考
邓学科
史洪宪
冯勋安
任志法（2011.1— ）
刘相新
米超杰
许晓生（ —2008.1）
何晓步
张永春
张善绪
袁绍林
袁朝平（女）
郭效本
韩东升（2010.1— ）

第十七届人大常委会组成人员

（2012.1—2017.1）

主　任　张　峰
副主任　王凤娟（女）
陈海棠
韩宪玉
宁淑跃
游福泉
委　员（按姓名笔画排序）
王义耀
王玉华
王永亮
王连桂
王善林
王德存
王德杰
牛月考
田　冰（女）

史洪宪
冯勋安
任志法
刘金生
闫世瑞
米超杰
吴福生
谷远冰（女）
张善绪
韩东升
彭宏启
游秋亭（ —2016.7）

第十八届人大常委会组成人员
（2017.1— ）

主　任 张新雷
副主任 王凤娟（女）
游福泉（ —2019.4）
潘素霞（女）
刘传龙
孟　杰
孔令潭（2019.4— ）
委　员（按姓名笔画排序）
王义耀
王志强
王建华（2020.9— ）
王　峰（ —2017.8）
王　敏（ —2020.7）
王德存
王德杰
牛鑫燕（女，2020.9— ）
田　冰（女）
田明展
朱宝书
刘艳红（女）
孙保林
苏　颖（女）
杨广民（ —2019.12）
李义波（ —2017.8）
李骥鸿
张九勋
张中原（2020.9— ）
张俊英（女）
张善法
张善绪
岳雪景（ —2019.12）
郑洪生（2020.9— ）
赵　方（女，—2017.12）
赵玉铭
赵宪锁（2020.9— ）
袁朝平（女）
耿继安
聂志刚（2020.9— ）
曹　坤
曹国清（ —2018.7）
盛良峰（2020.9— ）
崔胜菊（女）
樊国庆（2020.9— ）

第三章　曹县人民代表大会

曹县位于山东省西南部、鲁豫两省十县交界处，面积1969平方公里，辖砖庙镇、韩集镇、庄寨镇、魏湾镇、邵庄镇、梁堤头镇、阎店楼镇、安蔡楼镇、苏集镇、侯集回族镇、王集镇、孙老家镇、青堌集镇、古营集镇、普连集镇、青岗集镇、常乐集镇、大集镇、仵楼镇、楼庄镇、朱洪庙镇21个镇，曹城、青菏、磐石、郑庄、倪集5个街道办事处和1个省级经济开发区，807个行政村（居），2020年人口175万人，是全省人口第一大县。

曹县历史悠久，文化灿烂，民风淳朴。被称为“商汤开国地，华夏第一都”。明洪武四年开始设县，始称曹县。曾养育成就过夏禹、商汤、伊尹、吴起、氾胜之、庄周等众多先哲先贤。曹县素有“戏曲之乡”“书画之乡”“武术之乡”“举重之乡”的美称，先后被评为中国柳编之乡、中国芦笋之乡、中国杨木加工之乡、中国泡桐加工之乡、中国食品工业百强县、中国平原绿化先进县、中国百万担优质棉生产基地、中国首批规模化克隆牛实验基地、全国粮食生产先进县、全国民族团结进步模范单位、全国社会治安综合治理先进集体。

中华人民共和国成立后的1949年12月至1953年3月，曹县各界人民代表会议是人民参与政权建设的机关，是曹县人民代表大会的前身（1954年12月，曹县第一届人民代表大会第三次会议批准撤销）。在此时期，曹县各界人民代表会议召开过8届共13次会议。

1954年，根据中央人民政府关于召开各级人民代表大会的决定，曹县成立选举委员会，基层选举全面开展。1954年7月3日，按照《中华人民共和国宪法（草案）》规定，召开曹县第一届人民代表大会第一次会议，标志着人民代表大会制度在曹县正式确立。至1978年5月，曹县人民代表大会历经7届，共召开13次会议。

1981年5月15日至20日，曹县第八届人民代表大会第一次会议召开，选举产生曹县人民代表大会常务委员会。自此，曹县人民代表大会制度建设进入一个新的历史发展时期，人大各项工作逐渐走上正常化、制度化、规范化的轨道。

自1981年5月至2020年12月，曹县人民代表大会经历第八至十七届，期内共举行40次人民代表大会会议，325次常委会会议，充分发挥地方国家权力机关的重要作用，为加强社会主义民主和法治建设、保障和促进全县各项事业的发展做出积极贡献。

2018年1月，曹县第十七届人民代表大会第二次会议召开

第一节　人民代表大会会议

第一届人民代表大会会议

曹县第一届人民代表大会任期自1954年7月至1957年1月，代表400名。举行人民代表大会会议4次，听取审议工作报告2个，作出决议、决定20项。第一次会议，选出县长1名、副县长3名以及出席山东省第一届人民代表大会的代表4名。第三次会议，经过讨论，同意建立中国人民政治协商会议曹县委员会。第四次会议，曹县人民政府改称为曹县人民委员会。

第二届人民代表大会会议

曹县第二届人民代表大会任期自1957年1月至1958年5月，代表411名。举行人民代表大会会议2次，听取审议工作报告2个，作出决议、决定2项，提出代表议案、建议874件。第一次会议，选出县长1名、副县长5名，人民委员会委员20名，县人民法院院长1名。第二次会议，补选县长。

第三届人民代表大会会议

曹县第三届人民代表大会任期自1958年5月至1961年5月，代表373名。举行人民代表大会会议2次，听取审议工作报告3个，作出决议、决定3项。第一次会议，选出县长1名、副县长4名，人民委员会委员22名，县人民法院院长1名，出席山东省第二届人民代表大会代表6名。

第四届人民代表大会会议

曹县第四届人民代表大会任期自1961年5月至1962年9月，代表324名。举行人民代表大会会议1次，听取审议工作报告3个，作出决议、决定3项，提出代表议案、建议254件。第一次会议，选出县长1名、副县长6名，人民委员会委员22名，组成曹县第四届人民委员会；补选省人大代表2名。

第五届人民代表大会会议

曹县第五届人民代表大会任期自1962年9月至1968年3月，代表409名。举行人民代表大会会议2次，听取审议工作报告4个，作出决议、决定4项，提出代表议案、建议418件。第一次会议，选出县长1名、副县长3名，人民委员会委员25名，县人民法院院长1名及出席山东省第三届人民代表大会代表8名。第二次会议，增选1名副县长。

第六届人民代表大会会议

曹县第六届人民代表大会任期自1968年3月至1978年5月。会议重点工作情况：1968年3月4日在人民广场召开县革命委员会成立大会，全县92个群众组织1万余人参加大会。会上宣布革委会成员名单，主任1名，副主任6名，常委13名，人民委员会委员42名。

第七届人民代表大会会议

曹县第七届人民代表大会任期自1978年5月至1981年5月，代表797名。举行人民代表大会会议1次，听取审议工作报告1个，作出决议、决定1项。会议选出县革委主任1名，副主任8名，人民委员会委员68名，县人民法院院长、县人民检察院检察长各1名。

第八届人民代表大会会议

曹县第八届人民代表大会任期自1981年5月至1984年5月，代表431名。举行人民代表大会会议2次，听取审议工作报告10个，作出决议、决定10项，提出代表议案、建议466件。第一次会议选举产生县人大常委会，将县革命委员会改为县人民政府。选出县人大常委会主任1名、副主任4名、委员12名，县人民政府县长1名、副县长6名，县人民法院院长、县人民检察院检察长各1名。第二次会议，选举出席山东省第六届人民代表大会代表9名，增选人大常委会副主任1名，补选政府县长、检察院检察长各1名。

第九届人民代表大会会议

曹县第九届人民代表大会任期自1984年5月至1987年3月，代表433名。举行人民代表大会会议3次，听取审议工作报告18个，作出决议、决定18项，提出代表议案、建议220件。第一次会议，通过“七五”规划纲要，选出县人大常委会主任1名、副主任5名、委员17名，县人民政府县长1名、副县长5名，县人民法院院长、县人民检察院检察长各1名。第二次会议，补选人大常委会委员2名，政府副县长1名。第三次会议，补选县人大常委会副主任2名，委员1名，县法院院长1名。

第十届人民代表大会会议

曹县第十届人民代表大会任期自1987年3月至1990年2月，代表393名。举行人民代表大会会议3次，听取审议工作报告19个，作出决议、决定19项，提出代表议案、建议165件。第一次会议，选出县人大常委会主任1名、副主任7名，县人民政府县长1名、副县长6名，县人民法院院长、县人民检察院检察长各1名。第二次会议，选出县长1名，选举出席山东省第七届人民代表大会代表9名。

第十一届人民代表大会会议

曹县第十一届人民代表大会任期自1990年2月至1993年4月，代表381名。举行人民代表大会会议3次，听取审议工作报告21个，作出决议、决定24项，提出代表议案、建议278件。第一次会议，选出县人大常委会主任1名、副主任6名，县人民政府县长1名、副县长5名，县人民法院院长、县人民检察院检察长各1名。第二次会议，通过“八五”规划纲要。

第十二届人民代表大会会议

曹县第十二届人民代表大会任期自1993年2月至1998年3月，代表394名。举行人民代表大会会议5次，听取审议工作报告31个，作出决议、决定34项，提出代表议案、建议534件。第一次会议，选出县人大常委会主任1名、副主任6名，县人民政府县长1名、副县长5名，县人民法院院长、县人民检察院检察长各1名。第四次会议，通过“九五”规划纲要。

第十三届人民代表大会会议

曹县第十三届人民代表大会任期自1998年3月至2003年1月，代表399名。举行人民代表大会会议6次，听取审议工作报告31个，作出决议、决定31项，提出代表议案、建议351件。第一次会议，选举县人大常委会主任1名、副主任7名、委员17名，县人民政府县长1名、副县长6名，县人民法院院长、县人民检察院检察长各1名，出席山东省第九届人民代表大会的代表9名。第二次会议，补选县人民检察院检察长1名。第三次会议，补选县人大常委会委员3名。第四次会议，补选县人民政府县长1名，选举出席菏泽市第十五届人民代表大会代表88名。第五次会议，通过“十五”规划纲要，补选县人大常委会副主任2名、委员1名，副县长2名。第六次会议，补选县法院院长1名。

第十四届人民代表大会会议

曹县第十四届人民代表大会任期自2003年1月至2007年12月，代表402名。举行人民代表大会会议5次，听取审议工作报告31个，作出决议、决定31项，提出代表议案、建议317件。第一次会议，选举县人大常委会主任1名、副主任7名、委员19名，县人民政府县长1名、副县长6名，县人民法院院长、县人民检察院检察长各1名，出席菏泽市第十六届人民代表大会代表89名。第二次会议，补选县人大常委会副主任1名、委员4名。第三次会议，补选县人大常委会主任1名、副主任1名、委员3名，选出县政府县长1名，县法院院长、县检察院检察长各1名。第四次会议，通过“十一五”规划纲要，补选县人大常委会副主任2名，补选县人民政府县长1名、副县长1名。

第十五届人民代表大会会议

曹县第十五届人民代表大会任期自2007年12月至2012年1月，代表396名。举行人民代表大会会议4次，听取审议工作报告25个，作出决议、决定25项，提出代表议案、建议248件。第一次会议，选举县人大常委会主任1名、副主任5名、委员26名，县政府县长1名，副县长6名，县法院院长、县检察院检察长各1名，出席菏泽市第十七届人民代表大会代表88名。第二次会议，补选县人大常委会委员5名。第三次会议，补选县人大常委会委员4名。第四次会议，通过“十二五”规划纲要，补选县人大常委会主任1名，县人民政府县长1名。

第十六届人民代表大会会议

曹县第十六届人民代表大会任期自2012年1月至2017年1月，代表436名。举行人民代表大会会议5次，听取审议工作报告31个，作出决议、决定31项，提出代表议案、建议473件。第一次会议，选举县人大常委会主任1名、副主任5名、委员27名，县政府县长1名、副县长6名，选举县法院院长1名，县检察院检察长1名，出席菏泽市第十八届人民代表大会代表90名。第三次会议，补选县人民政府县长1名，补选县人大常委会委员7名。第五次会议，通过“十三五”规划纲要；表决通过关于设立县十六届人大专门委员会的决定，决定设立5个专门委员会；补选县人大常委会主任1名、副主任2名、委员6名；补选县人民政府副县长1名。

第十七届人民代表大会会议

曹县第十七届人民代表大会自2017年1月开始，截至2020年12月，代表441名，举行人民代表大会会议4次，听取审议工作报告24个，作出决议、决定24项，提出代表议案、建议420件。第一次会议，表决通过关于设立县十七届人大专门委员会的决定，决定设立5个专门委员会，选举县人大常委会主任1名、副主任5名、委员38名，县政府县长1名、副县长5名，县法院院长、县检察院检察长各1名，出席菏泽市十九届人大代表88名。第二次会议，选举县监察委员会主任1名。第三次会议，决定增设县十七届人大社会建设委员会，内务司法委员会更名为监察和司法委员会，补选县人大常委会委员3名。

第二节 人大常委会会议

1981年5月，曹县第八届人民代表大会第一次会议决定设立曹县人民代表大会常务委员会，选举产生县人大常委会主任1人、副主任4人、委员12人，设立办公室为日常工作机构，至2020年，共历10届。

第八届人大常委会会议

第八届人大常委会举行会议18次，听取审议“一府两院”工作报告13个，任免国家机关工作人员200人次，组织视察、专题调查4次，督办代表建议466件。本届人大常委会会议分别作出关于学习讨论宪法修改草案、搞好城镇卫生美化环境、严厉打击刑事犯罪活动、积极进行殡葬改革大力推行火葬等决议。常委会加强组织建设，除保留原办公室外，增设代表联络科、调查研究科，配备必要的工作人员。

第九届人大常委会会议

第九届人大常委会举行会议21次，听取审议“一府两院”工作报告54个，作出决议、决定43项，任免国家机关工作人员240人次，组织视察、调研39次。常委会的组织建设和制度建设逐步完善，在“一室两科”的基础上，增设政治组织科，充实工作人员，先后制定《曹县人大常委会工作制度》《关于加强同县人大代表联系的暂行规定》等规范性文件。

第十届人大常委会会议

第十届人大常委会举行会议23次，听取审议“一府两院”关于教育工作情况、物价管理、种子经营管理等工作报告48个，作出决议、决定39项，任免国家机关工作人员241人次。根据省人大常委会的决定和县委文件精神，常委会从1988年11月到1989年4月，在全县范围内开展以宪法为核心内容的执法大检查，共查处各类违法案件2457件。结合曹县实际，常委会对任免工作进行三改，即：改举手表决为无记名投票，改简单介绍情况为知人知情，改集体颁发任命书为到任职单位举行颁发任命书仪式。

第十一届人大常委会会议

第十一届人大常委会举行会议23次，听取审议“一府两院”关于五年普法工作、社会治安工作、农业综合开发、计划生育等工作报告46个，作出决议、决定39项，对城市规划法、税法、商标法、企业法等法律法规贯彻实施情况进行视察和检查。1992年组织1757名人大代表，对35个县直部门和329个基层双管单位，先后开展两次全面认真的民主评议活动。1991年，常委会办事机构由原来的“一室四科”增加到“二室五委”。

第十二届人大常委会会议

第十二届人大常委会举行会议36次，听取审议“一府两院”工作报告96个，作出决议、决定22项，任免国家机关工作人员454人次，组织视察、检查127次，督办代表建议537件。1993年建立常委会组成人员分工联系代表制度，在坚持每年一次集中走访联系的基础上，通过接待来访、个别走访和召开代表座谈会的形式，与代表保持经常性联系。在各级人大代表中深入开展“六带头”“十个一”活动及“五好代表”评比活动。

第十三届人大常委会会议

第十三届人大常委会举行会议42次，听取审议“一府两院”工作报告96个，作出决议、决定59项，任免国家机关工作人员206人次，组织专题调查、视察和执法检查90多次，督办代表建议257件。2000年10月和2002年8月，分别对15名县政府组成人员和14名县法院审委会委员、10名县检察院检委会委员进行述职评议。在代表中组织开展建功立业创建活动，鼓励和支持代表投身于改革和建设的主战场。

第十四届人大常委会会议

第十四届人大常委会举行会议49次，听取审议“一府两院”工作报告80余项，作出决议、决定42项，对土地管理法、环境保护法、劳动法等30多部法律的贯彻实施情况进行执法检查。任免国家机关工作人员297人次，先后组织常委会组成人员和部分代表对县政府组成人员、执法执纪部门负责人、垂直管理部门负责人和法院审判委员会、检察院检察委员会组成人员进行述职评议。

第十五届人大常委会会议

第十五届人大常委会举行会议33次，听取审议“一府两院”工作报告60余项，组织视察、专题调研等24次，任免国家机关工作人员317人次。先后围绕财政预决算、普法工作、城市规划等重大事项依法做出决议、决定20余项，对道路交通安全法、消防法、环境保护法等多部法律法规的实施情况进行执法检查。2010年，县委在听取县人大常委会的专题汇报后印发《中共曹县县委关于加强乡镇人大工作的意见》，进一步加大对乡镇人大工作的指导，配齐乡镇人大主席、副主席和专职工作人员，推动乡镇人大工作走上规范化的轨道。

第十六届人大常委会会议

第十六届人大常委会举行会议43次，听取审议重点工业项目、城镇化建设、产业园区建设等工作报告53项，组织开展食品安全法、环境保护法等法律法规执法检查5次，开展民生实事完成情况、城镇化建设情况等工作视察15次，开展专题调研42次，依法任免国家机关工作人员259人次，督办代表建议374件，作出决议、决定40项。开展“建功立业”“千件信访案件督办”“万件社会矛盾化解”“百家文艺团体装备改善”“千名贫困学子救助”“助千名学子圆梦”“百所农村小学设备改善”“万户群众脱贫致富帮扶”“百个新型农村社区领建”等一系列代表主专题活动。常委会设立5个专门委员会工作室，增设研究室、预算工作委员会，组织建设进一步加强。

第十七届人大常委会会议

截至2020年12月，第十七届人大常委会共举行会议37次，听取审议关于脱贫攻坚、环境状况和环境保护目标完成情况、行政事业性国有资产管理等工作报告43项，组织开展大气污染防治“一法两条例”、安全生产“一法一条例”等法律法规执法检查5次，开展民生实事完成情况、监察委工作情况、城区基础设施建设及管护情况等专题视察11次，开展城区供水、地方税收征管、现代农业发展和脱贫攻坚工作等专题调研26次，依法任免国家机关工作人员271人次。

2020年12月29日，曹县人大视察政府民生实事完成情况

深入开展“后来居上、代表先行”系列活动，不断激发代表履职热情。常委会增设社会建设委员会工作室，内务司法委员会工作室更为名监察和司法委员会工作室。

第三节　历届人大常委会组成人员

第八届人大常委会组成人员

（1981.5—1984.5）

主　任　魏富国

副主任　刘振国

徐存库

左宏林

赵殿科

刘效冉（1983.5—　）

委　员（按姓名笔画排序）

马望福（回族）

王文熙

王东红（女）

龙旭初

朱慕品

刘洪章

孙宝聚

杨茂久

赵金梅（女）

祝桂庭

聂富生

高贵银

第九届人大常委会组成人员

（1984.5—1987.3）

主　任　谢新治

副主任　焦显清

徐存库

孙学臣（　—1986.4）

左宏林（回族，—1986.4）

谢慕政（女，—1986.1）
韩大志（1986.4— ）
付全林（1986.4— ）

委　员（按姓名笔画排序）
丁福兰（女）
马望福（回族）
王从方
王书耀
王东红（女）
孔繁惠
孙保聚
李庆彦（1986.4— ）
李保海
李效亮
李　雷
沈秉铃
张国盈
赵效增（1985.4— ）
祝纪惠
祝桂庭
秦景仁
梁玉梅（女）
逯敬斌（1985.4— ）
韩秀云（女）

第十届人大常委会组成人员

（1987.3—1990.2）

主　任　谢新治
副主任　王卫生
焦显清
徐存库
韩大志
付全林
刘宝山
万伟之

委　员（按姓名笔画排序）
马望福（回族）
王从方
王玉莲（女）
王洪艾
孔凡华
关爱芝（女）
孙保聚
李秋军
李效亮
李　雷
李新花（女）
胡秀瑞（女）
赵效增
赵　瑞（女）
祝纪惠
祝桂庭
秦保田

第十一届人大常委会组成人员

（1990.2—1993.4）

主　任　谢新治
副主任　王卫生
韩大志
刘宝山
万伟之
翟广义
孟祥运

委　员（按姓名笔画排序）
万存周
马望福（回族）
王晓静（女）
王慈舟
吕志高
关爱之（女）
孙保聚
李庆彦

李秋军
李效亮
李新成
宋桂英（女）
胡秀瑞（女）
赵效增
赵　瑞（女）
祝桂庭
逯敬斌
韩秀云（女）

第十二届人大常委会组成人员

（1993.4—1998.3）

主　任　谢新治
副主任　王卫生
刘宝山
万伟之
翟广义
孟祥运
赵守谦
委　员（按姓名笔画排序）
王万生
王泽坤
王建德
王显亭
王保华
王慈舟
师祥田
朱文豪
孙保聚
李效亮
宋桂英（女）
张冠一
周玉珍（女）
赵效增
赵　瑞（女）
祝孟君
祝桂庭
曹玉兰（女）
韩秀云（女）
董翠兰（女）
管启法

第十三届人大常委会组成人员

（1998.3—2003.1）

主　任　邵清成
副主任　王沂坤（ —2001.3）
张玉芝（女）
万伟之（ —2001.3）
翟广义（ —2001.3）
常高山
李秀生
商福民
王明杰（2001.3— ）
李秋军（2001.3— ）
委　员（按姓名笔画排序）
王万生
王泽坤（ —2000.3）
王顺勇（2000.1— ）
王慈舟
韦　斌
田玉江
刘存华
杨桂英（女，2000.1— ）
李永兰（女，2001.3— ）
李宪君
邹存良
张本新
张树申
岳文选
祝孟君
祝桂庭

聂富生
徐　健（2000.1— ）
崔付军（2000.1— ）
韩秀云（女）
董梁英（女）
董翠兰（女）

第十四届人大常委会组成人员

（2003.1—2007.12）

主　任　王振钦（ —2005.1）
　　　　王明杰（2005.1— ）
副主任　王明杰（ —2005.1）
　　　　李秋军（ —2006.2）
　　　　沙德堂（回族，—2006.2）
　　　　王又兰（女）
　　　　李秀生（ —2007.9）
　　　　阎　凌（ —2004.5）
　　　　周培勇（满族）
　　　　孙贵生（2004.2— ）
　　　　冉广东（2005.1— ）
　　　　张东贤（2006.2— ）
　　　　李振菊（2006.2— ）
委　员（按姓名笔画排序）
　　　　王学忠（2005.1— ）
　　　　王建华（2004.2— ）
　　　　王　柯（ —2007.1）
　　　　王铁军（2005.1—2005.3）
　　　　王德运
　　　　韦　斌
　　　　付守国（ —2005.3）
　　　　刘振义
　　　　杨桂英（女）
　　　　李永兰（女）
　　　　李同山
　　　　吴利源
　　　　邹存良
　　　　宋广振
　　　　张树申
　　　　张钦林（2004.2— ）
　　　　张海昶（2004.2— ）
　　　　郑荣秀（女）
　　　　徐玉泉
　　　　徐　健（ —2004.2）
　　　　郭继标（回族）
　　　　崔付军
　　　　康广相（2005.1— ）
　　　　韩亚丽（女，2004.2— ）
　　　　韩春兰（女）
　　　　薛君堂（ —2004.2）

第十五届人大常委会组成人员

（2007.12—2012.1）

主　任　傅清卿（ —2011.8）
　　　　王忠想（2011.8— ）
第一副主任
　　　　冉广东
副主任　周培勇（满族）
　　　　张东贤
　　　　李振菊
　　　　徐　春（女）
委　员（按姓名笔画排序）
　　　　丁建平
　　　　王德元（2010.2— ）
　　　　卢　群（女，2009.2— ）
　　　　朱　峰
　　　　刘　茵（女，—2010.2）
　　　　刘振义
　　　　刘培同（2010.2— ）
　　　　安　军
　　　　安呈浩（2009.2— ）
　　　　孙德林（2009.2— ）
　　　　李金亮

李　雷
邹存良
宋广振（—2009.5）
张钦林
张海昶（—2008.2）
张　然（—2010.2）
张耀华
陈卫国（2010.2— ）
孟庆亮（—2011.12）
修玉文
秦明生（2010.2— ）
袁朝晖（女，—2011.12）
夏　焱（—2008.2）
郭卫东
郭继标（回族）
高　宇
唐艳生（2009.2— ）
崔付军
崔荣国
康广相（—2011.12）
韩亚丽（女）
韩春兰（女，—2011.12）
程春征（女，2009.2—2010.2）
曾　涛（—2010.2）

第十六届人大常委会组成人员

（2012.1—2017.1）

主　任　王忠想（—2016.1）
韩红岗（2016.1— ）

第一副主任
韩红岗（—2016.1）

副主任　周培勇（满族，—2015.6）
张东贤
徐　春（女）
贾相如
孟庆亮（2016.1— ）
徐光进（2016.1— ）

委　员（按姓名笔画排序）
王立彦（女）
王留成（2016.1— ）
石秀勇
卢献柱
卢　群（女）
付守训（2016.1— ）
冯中山
师祥体（—2015.10）
任永福（2014.1— ）
刘秀民（2014.1— ）
刘洪军（2014.1— ）
刘振义
安　军
安呈浩（—2013.12）
杜汉斌（—2016.1）
杨永红（2016.1— ）
杨根成（2014.1— ）
李正文
李玉国（2014.1— ）
李英杰（2016.1— ）
李金亮
李荣超（2014.1— ）
李宪君
李祥坤
李　雷
邹存良
张茂亭（—2012.2）
陈志浩
陈国升（2014.1— ）
陈秋生（—2013.12）
胡世根（—2013.7）
姚　峰（—2015.1）
贺　丽（女，—2015.6）
徐振祥（2016.1— ）

唐艳生
曹纯谦（ —2013.12）
崔付军（ —2013.12）
韩亚丽（女）
葛庆忠（ —2013.12）
智洪军（2016.1— ）

第十七届人大常委会组成人员

（2017.1— ）

主　任　韩红岗（ —2020.12）

副主任　贾相如
孟庆亮
徐光进
韩春兰（女）
尹本田

委　员（按姓名笔画排序）
王长文
王　东
王立彦（女）
王胜战
王洪彦（女）
王留成
王新文
石秀勇
卢献柱
卢　群（女）
付守训
冯中山
任安莹（女）
任　轶
刘存华（2019.1— ）
刘秀民
刘洪军
杨永红（女）
杨根成
杨　震（ —2017.12）
李圣安（2019.1— ）
李　伟
李英杰
李金亮
李荣超
李宪君
邹存良
陈　振（女）
孟庆伦（ —2017.12）
孟祥刚（ —2020.12）
郝洪勤（女）
姚宗民（女）
都玉国
徐振祥（2019.1— ）
郭现启
郭素英（女）
黄建军
黄照彬
韩亚丽（女）
智洪军
曾昭杰

第四章　成武县人民代表大会

成武县隶属牡丹之都菏泽市，地处鲁苏豫皖四省交界处，总面积988平方公里，辖九女集镇、天宫庙镇、孙寺镇、苟村集镇、白浮图镇、大田集镇、南鲁集镇、汶上集镇、伯乐集镇、张楼镇、党集镇11个镇，文亭、永昌2个街道办事处和1个省级经济开发区，478个行政村（居），2020年总人口72万人。历史悠久，是伯乐故里、郜国之都；交通便利，德上、枣菏高速在县境内十字交汇，距离菏泽机场20公里；产业特色鲜明，形成机电设备制造、精细化工、新能源新材料、农副产品加工四大产业集群；农业基础雄厚，是全国著名的“大蒜之乡”“芸豆之乡”，是全国粮食生产基地县、国家农产品质量安全县、全国高标准平原绿化县、全国科技先进县、山东省改革开放试点县、平安山东建设先进县、山东省双拥模范县、山东省园林城市、山东省卫生城市、山东省文明城市、山东省输变电设备生产基地。

人民代表大会制度，是我国的根本政治制度。成武县历届人大代表的选举都是依据选举法进行，人民通过自己选出的代表管理国家，实现当家作主。

1949年4月，成武县解放，建立人民政权。11月1日，成武县各界人民代表会议第一届会议召开，县各界人民代表会议代表原则上自下而上民主选举产生。至1953年2月，成武县共召开十一届各界人民代表会议。从第二届开始，设立常务委员会，选举主席、副主席和委员若干人组成。第十一届起，代行县人民代表大会职权，并选举产生常务委员会专职驻会人员，袁舒为常委会主席，袁荫堂、李方合为副主席。县各界人民代表会议是当时特定历史条件下，带有过渡性质的地方政权组织形式。

1954年7月，在实行人民普选的基础上召开成武县第一届人民代表大会第一次会议。从此，人民代表大会制度在本县正式确立。至1967年2月，成武县共召开6届13次县人民代表大会会议，分别选举产生成武县历届人民委员会成员，从政治制度上保证人民管理国家的权力。由于当时人大未设常务委员会，历次会议都由县人民委员会负责筹备和召集。“文化大革命”期间，县人民代表大会活动中断。对于1967年2月以后所建立的革命委员会，按照中共山东省委关于“文化大革命”中建立的革命委员会是一届政权的指示精神，顺序列为县第七届人民代表大会。党的十一届三中全会以后，根据宪法、选举法、地方组织法的规定和中共山东省委、菏泽地委的部署，1981年6月，成武县第九届人民代表大会第一次会议胜利召开，选举产生成武县第九届人大常委会成员，县级人大常委会即正式设立，中断16年的人民代表大会制度得以恢复，人大工作逐渐走上正常化、制度化、规范化的轨道。

2017年6月16日，成武县人大常委会视察棚户区改造及城区“两河”治理工作

第一节　人民代表大会会议

自1954年至2020年，成武县人民代表大会历经18届57次会议。

第一届人民代表大会会议

第一届人民代表大会任期自1954年7月至1956年12月，代表256名。举行人民代表大会会议4次，听取审议工作报告7个，作出决议、决定5项，受理代表提案703件。第一次会议选举袁子扬、张俊德、王桂芝（女）为出席山东省首届人民代表大会代表；第四次会议选举产生县人民委员会成员，段景尼为县长，刘润德为副县长。

第二届人民代表大会会议

第二届人民代表大会任期自1957年1月至1958年5月，代表249名。举行人民代表大会会议3次，听取审议工作报告2个，作出决议、决定3项，受理代表提案524件。第一次会议选举产生县第二届人民委员会成员，王玉修任县长，翟敬庶、刘润德、张其贤、刘金才、朱启贤任副县长。

第三届人民代表大会会议

第三届人民代表大会任期自1958年5月至1961年3月，代表190名。举行人民代表大会会议1次，听取审议工作报告2个，作出决议、决定5项，受理代表提案369件。选举产生县第三届人民委员会成员，王玉修任县长，王绍庭、刘金才任副县长，选举王允位为县人民法院院长，选举王玉修、许和进、李桂芝为省第二届人民代表大会代表。

第四届人民代表大会会议

第四届人民代表大会任期自1961年4月至1963年6月，代表361名。举行人民代表大会会议2次，听取审议工作报告8个，作出决议、决定8项，受理代表提案697件。第一次大会作出大力推广“三包一奖”“四固定”的劳动管理制度的决议，选举产生县第四届人民委员会成员，费朝新任县长，苏丹墀、翟敬庶、刘金才、巴信清、马万言任副县长。

第五届人民代表大会会议

第五届人民代表大会任期自1963年6月至1966年2月，代表241名。举行人民代表大会会议2次，听取审议工作报告6个，作出决议、决定7项，受理代表提案465件。第一次会议选举产生县第五届人民委员会成员，费朝新任县长，翟敬庶、李步祥任副县长。第二次会议作出《集中主要力量，发展农业生产的决议》。

第六届人民代表大会会议

第六届人民代表大会任期自1963年6月至1967年2月，代表285名。举行人民代表大会会议1次，听取审议工作报告3个，作出决议、决定3项，受理代表提案103件。会议选举产生县第六届人民委员会成员，刘德新任县长，程玉云、李步祥、张道明任副县长。

第七届人民代表大会会议

第七届人民代表大会（革命委员会）。1967年2月，成立县革命委员会，实行党、政、财、文“一元化”领导。至1975年5月，革命委员会与县委分开办公，行使人民委员会职权。

第八届人民代表大会会议

第八届人民代表大会任期自1978年5月至1981年5月，代表600名。举行人民代表大会会议1次，听取审议工作报告1个，作出决议、决定2项。选举产生县革命委员会成员，魏正亭任主任，钟金宝、刘统振、张子联、艾复华、石衍太、杨介眉任副主任；选举刘廷臣为县人民法院院长，刁建贵为县人民检察院检察长。

第九届人民代表大会会议

第九届人民代表大会任期自1981年6月至1984年4月，代表229名。举行人民代表大会会议4次，听取审议工作报告15个，作出决议、决定15项，受理代表议案、建议221件。第一次会议根据《中华人民共和国地方各级人民代表大会和地方各级人民政府组织法》的规定，改县革命委员会为县人民政府，选举产生县第九届人大常委会成员，魏正亭任主任，刘统振、艾复华、田玉梅任副主任，选举刘庆斌为县人民政府县长，亓永杰、石衍太、张子联、杨介眉为副县长，刘廷臣为县人民法院院长，王允位为县人民检察院检察长。第三次会议选举马同恩、于秀莲、郭永坤、曹睿祯、樊思宝为省人大代表。

第十届人民代表大会会议

第十届人民代表大会任期自 1984 年 4 月至 1987 年 2 月，代表 236 名。举行人民代表大会会议 3 次，听取审议工作报告 18 个，作出决议、决定 18 项，受理代表议案、建议 84 件。第一次会议选举产生县第十届人大常委会成员，刘统振任主任，阎德龙、田玉梅、亓永杰、曹睿祯任副主任；选举李育才为县人民政府县长，王汝密、祝传收、范尚贵、卢新文为副县长，张天君为县人民法院院长，张咸俊为县人民检察院检察长。第二次会议补选卢新文为第十届县人大常委会副主任，补选倪华刚为县人民法院院长。第三次会议批准《成武县人民政府关于实行农民负担包干的暂行规定》《成武县人民政府关于加强土地管理的暂行规定》，补选李胜华为县人民政府县长、党文生为副县长、胡慈亮为县人民法院院长。

第十一届人民代表大会会议

第十一届人民代表大会任期自 1987 年 2 月至 1990 年 2 月，代表 208 名。举行人民代表大会会议 3 次，听取审议工作报告 18 个，作出决议、决定 18 项，提出代表议案、建议 243 件。第一次会议选举县第十一届人民代表大会常务委员会组成人员 15 人，选举李胜华为县人民政府县长，王汝密、祝传收、王振谦、田文之、赵金友为副县长，胡慈亮为县人民法院院长，张咸俊为县人民检察院检察长。第二次会议选举出席山东省第七届人民代表大会代表 5 人。第三次会议补选王汝密为县人民政府县长。

第十二届人民代表大会会议

第十二届人民代表大会任期自 1990 年 2 月至 1993 年 3 月，代表 285 名。举行人民代表大会会议 3 次，听取审议工作报告 18 个，作出决议、决定 18 项，提出代表议案、建议 316 件。第一次会议选举县第十二届人民代表大会常务委员会组成人员 17 人，选举霍正气为县人民政府县长，田文之、陈先福、王礼法、李学德、李怀堂为副县长，钱朝一为县人民法院院长，张咸俊为县人民检察院检察长。第二次会议审查批准《成武县国民经济和社会发展第八个五年计划及十年规划》，审议通过《关于大力发展棉花生产的决议》。第三次会议审议通过《关于减轻农民负担的决议》，补选丁继民为县人民政府县长。

第十三届人民代表大会会议

第十三届人民代表大会任期自 1993 年 3 月至 1998 年 2 月，代表 307 名。举行人民代表大会会议 5 次，听取审议工作报告 30 个，作出决议、决定 30 项，提出代表议案、建议 346 件。第一次会议选举县第十三届人民代表大会常务委员会组成人员 19 人，选举丁继民为县人民政府县长，陈宪法、李学德、李怀堂、郭志杰、田家轩为副县长，钱朝一为县人民法院院长，刘建国为县人民检察院检察长和出席山东省第八届人民代表大会代表 6 人。第二次会议补选蔡相存为县人大常委会副主任、牛志春为县人民政府县长。第三次会议补选卢建刚为县人民政府县长。第四次会议审查批准《成武县国民经济和社会发展第九个五年计划及 1996—2010 年规划》。第五次会议补选陈保魁为县人大常委会副主任、刘冠芳为委员，张武生为县人民法院院长，梁法民为县人民检察院检察长。

第十四届人民代表大会会议

第十四届人民代表大会任期自1998年3月至2003年1月，代表242名。举行人民代表大会会议6次，听取审议工作报告30个，作出决议、决定30项，提出代表议案、建议205件。第一次会议选举县第十四届人民代表大会常务委员会组成人员21人，选举付守明为县人民政府县长，王振钦、曹大力、张传训、秦建国、李维亚、李峰为副县长，张武生为县人民法院院长，梁法民为县人民检察院检察长和出席山东省第九届人民代表大会代表6人。第四次会议选举出席菏泽市第十五届人民代表大会代表44人。第五次会议审查批准《成武县国民经济和社会发展第十个五年计划》。

第十五届人民代表大会会议

第十五届人民代表大会任期自2003年1月至2007年12月，代表242名。举行人民代表大会会议5次，听取审议工作报告30个，作出决议、决定30项，提出代表议案、建议141件。第一次会议选举县第十五届人民代表大会常务委员会组成人员23人，选举曹宇翔为县人民政府县长，杨晓玲、张善甲、赵卫民、侯捷、曹洪祥、周长革为副县长，郭兆雷为县人民法院院长，王厚元为县人民检察院检察长和出席菏泽市第十六届人民代表大会代表45人。第三次会议补选杨晓玲为县人民政府县长、陈天生为县人民检察院检察长。第四次会议审查批准《成武县国民经济和社会发展第十一个五年计划》，补选刘广来为县人大常委会主任。第五次会议补选鲁志成为县人民政府县长，刘建华为县人大常委会副主任。

第十六届人民代表大会会议

第十六届人民代表大会任期自2007年12月至2012年1月，代表242名。举行人民代表大会会议5次，听取审议工作报告30个，作出决议、决定30项，提出代表议案、建议84件。第一次会议选举县第十六届人民代表大会常务委员会组成人员27人，选举鲁志成为县人民政府县长，张善甲、周长革、刘湛清、韩瑞广、刘新海、倡素勇为副县长，权金牛为县人民法院院长，陈天生为县人民检察院检察长和出席菏泽市第十七届人民代表大会代表47人。第四次会议补选王培力为县人大常委会副主任，补选郑建生为县人民检察院检察长。

第十七届人民代表大会会议

第十七届人民代表大会任期自2012年1月至2017年1月，代表258名。举行人民代表大会会议5次，听取审议工作报告30个，作出决议、决定30项，提出代表议案、建议246件。第一次会议选举县第十七届人民代表大会常务委员会组成人员27人，选举谭相海为县人民政府县长，马崇峰、刘新海、李璐璐、宋宪青、邵明合、郭刚为副县长，权金牛为县人民法院院长、吴三军为县人民检察院检察长和出席菏泽市第十八届人民代表大会代表49人。第三次会议补选耿振华为县人民政府县长。

第十八届人民代表大会会议

第十八届人民代表大会自2017年1月开始，截至2020年12月，代表256名，已举行人民代表大会会议4次，听取审议工作报告24个，作出决议、决定24项，提出代表议案、建议236件。第一次会议选举县第十八届人民代表大会常务委员会组成人员32人，选举黄福常为县人民政府县长，王梦琳、孙玉魁、阎齐明、尚彦龙、单翔为副县长，张中斌为县人民法院院长，张光辉为县人民检察院检察长；选举出席菏泽市第十九届人民代表大会代表47人；县人民代表大会首次设立专门委员会，表决通过内务司法、财政经济、教育科学文化卫生、城乡建设与环境资源保护、农业农村5个专门委员会的组成人员。第三次会议补选王若魁、侯凌雁为县人大常委会副主任，县人民代表大会增设成武县十八届人民代表大会社会建设委员会，更名内务司法委员会为监察和司法委员会。

第二节 人大常委会会议

根据1978年宪法规定，1981年6月，成武县第九届人民代表大会选举产生成武县第九届人大常委会成员，县人大常委会即正式设立，历经数次工作机构设置调整，至2020年12月，设有办公室、研究室、信访室、人事代表工作委员会、预算工作委员会、内务司法委员会工作室、财政经济委员会工作室、教育科学文化卫生委员会工作室、农业农村委员会工作室、城乡建设与环境资源保护委员会工作室，社会建设委员会工作室，共11个工作机构。

第九届人大常委会会议

第九届人大常委会举行会议22次，听取审议全县教育工作等专项报告13项，审议通过县政府有关布告、通告和条例、规定14项，开展全县中小学教育、城乡集市贸易等工作视察3次，作出《关于建设精神文明，搞好爱国卫生运动的决议》《关于严厉打击刑事犯罪活动，争取社会治安进一步好转的决议》等决议、决定12项，任免国家机关工作人员121人次，督办代表议案、建议221件。

第十届人大常委会会议

第十届人大常委会举行会议22次，听取12个县直单位工作报告24项，审议通过县政府有关布告和条例、规定10项，作出《关于移风易俗文明过春节的决议》《关于保护“两户”合法权益的决定》等决议、决定12项，开展市场物价、乡村企业发展等工作视察11次，组织开展药品管理法、食品卫生法（试行）法律法规执法检查2次，开展农业生产、农民负担、全民普法等调查研究17次，依法任免国家机关工作人员160人次，督办代表议案、建议84件。

第十一届人大常委会会议

第十一届人大常委会举行会议26次，听取审议“一府两院”专项工作报告24项，组织开展义务教育法、森林法等法律法规执法检查15次，提出关于对棉籽返还问题质询案1次，开展棉花收购、环境保护等工作视察11次，开展乡镇企业发展、科技工作等专题调研9次，作出《关于1988年国民经济计划部分变更意见的决定》《关于全县村民委员会改选工作的决议》等决议、决定38项，依法任免国家机关工作人员246人次，对常委会任命的政府部门主要负责人进行评议12人次，督办代表议案、建议243件。

第十二届人大常委会会议

第十二届人大常委会举行会议19次，听取审议“一府两院”专项工作报告33项，组织开展食品卫生法、未成年人保护法等法律法规执法检查7次，开展农用生产资料市场管理、棉花生产等工作视察22次，作出《关于依法治县的决议》《关于促进和保障扩大对外开放、加快发展外向型经济的决议》等决议、决定24项，依法任免国家机关工作人员351人次，督办代表建议316件。

第十三届人大常委会会议

第十三届人大常委会举行会议38次，听取审议“一府两院”专项工作报告40项，对20部国家法律和5部地方性法规开展执法检查14次、听取审议专题汇报11次，开展县属工业企业、城区餐饮和食品加工等工作视察34次，开展农民负担、科技兴成等专题调研12次，作出《关于切实减轻农民负担的决议》《关于在全县公民中开展第三个五年法制教育的决议》等决议、决定33项，审查批准地方规范性文件16个，依法任免国家机关工作人员223人次，对“一府两院”53个职能部门工作进行评议4次，督办代表建议346件。

第十四届人大常委会会议

第十四届人大常委会举行会议39次，听取审议“一府两院”专项工作报告113次，组织开展预算法、劳动法等法律法规执法检查30次，开展企业发展、重大工程建设等工作视察52次，作出《关于成武县城市建设总体规划的决议》《关于成武县2001—2005年依法治县五年规划的决议》等决议、决定41项，审查批准地方规范性文件5个，依法任免国家机关工作人员399人次，对常委会任命的45名“一府两院”工作人员进行评议2次，督办代表建议205件，通过代表议案1件并全程跟踪督办。

第十五届人大常委会会议

第十五届人大常委会举行会议38次，听取审议“一府两院”专项工作报告106次，组织开展食品卫生法、农业法等法律法规执法检查18次，开展招商引资和大项目建设、新型农村合作医疗等工作视察63次，作出《关于成武县城市建设总体规划（2004—2020）的决定》《关于在全县公民中开展法制教育第五个五年规划的决议》等决议、决定32项，依法任免国家机关工作人员322人次，对32个政府职能部门和27个驻成武单位工作进行评议4次，督办代表建议141件。

第十六届人大常委会会议

第十六届人大常委会举行会议30次，听取审议全县农业工作、公安工作等工作报告56次，组织开展人口与计划生育法、农业法等法律法规执法检查10次，开展道路交通建设、城区社区建设等工作视察35次，作出《关于〈成武县国民经济和社会发展第十二个五年规划纲要（草案）〉的决议》《关于财政收支预算调整的决议》等决议、决定26项，备案审查“一府两院”规范性文件31份，依法任免国家机关工作人员124人次，督办代表建议84件，开展人大代表主专题活动3项。

第十七届人大常委会会议

第十七届人大常委会举行会议33次，听取审议年度预算安排（草案）、预算执行审计、政府环境保护目标完成情况等工作报告28项，组织开展安全生产法、大气污染防治法等法律法规执法检查7次，开展“百个项目增后劲、百家企业促升级”工程建设、“十项民生实事”落实等工作视察40次，开展教育安全工作、基层农村信用社信贷支农工作等专题调研14次，作出《关于批准〈成武县城市建设总体规划（2012—2030）修编〉的决议》《关于成武县2012年财政决算草案的决议》等决议、决定28项，依法任免国家机关工作人员305人次，分别对全县各职能部门、垂直管理机构及基层法庭、检察室进行工作评议4次，督办代表建议246件，开展代表主专题活动7项。2013年，组织编写并批准实施全市第一部县级《城市绿化管理办法》；试点创建街道人大监督员制度，经验做法被全市推广。

第十八届人大常委会会议

截至2020年12月，第十八届人大常委会共举行会议33次，听取审议环境保护、脱贫攻坚、“放管服”改革等工作报告40项，组织开展安全生产法、食品安全法和《菏泽市物业管理条例》等法律法规执法检查9次，开展招商引资和大项目建设、交通重大基础设施建设、土地增减挂钩、“十项民生实事”落实等工作视察26次，开展校园安全、城乡建设规划实施等专题调研14次，作出《关于成武县2017年财政决算（草案）的决议》《关于开展优化发展环境工作评议的决定》等决议、决定24项，依法任免国家机关工作人员174人次，开展全县优化发展环境工作评议1次，督办代表建议173件，开展“后来居上、代表先行”系列活动4项。

2020年4月28日，成武县召开第十八届人大常委会第二十八次会议

第三节　历届人大常委会组成人员

第九届人大常委会组成人员

（1981.6—1984.4）

主　任　魏正亭

副主任　刘统振

艾复华

田玉梅（女）

委　员（按姓名笔画排序）

王义德

王凤云（女）

毛福遂

申怀川

刘雨文

李效彦

梁兆富

第十届人大常委会组成人员

（1984.4—1987.2）

主　任　刘统振

副主任　闫德龙

田玉梅（女）

亓永杰

曹瑞祯

卢新文

委　员（按姓名笔画排序）

于秀连（女）

吕兴振

张传训

胡桂芳

袁守岭

郭永坤

第十一届人大常委会组成人员

（1987.2—1990.2）

主　任　刘统振

副主任　闫德龙

田玉梅（女）

刘庆斌

卢新文

瞿世良

委　员（按姓名笔画排序）

王礼彬

王盛真

孙长贵

何东方

宋立瑾

赵宗太

胡桂芳

徐廷菊（女）

郭永坤

第十二届人大常委会组成人员

（1990.2—1993.3）

主　任　秦新春

副主任　闫德龙

田玉梅（女）

刘庆斌

卢新文

李进才

程秀峰

委　员（按姓名笔画排序）

王礼彬

刘殿忠

李占魁

李邦环

宋立瑾

宋宪友

孟庆珍

秦桂银

徐廷菊（女）

徐翠英（女）

第十三届人大常委会组成人员

（1993.3—1998.2）

主　任　庞汝圣

副主任　田玉梅（女）

卢新文

程秀峰

陈先福

王礼法

张广振

委　员（按姓名笔画排序）

申明钦

刘昌富

刘殿忠

李玉芹（女）

李占魁

李邦环

宋宪友

张天君

陈保魁

庞玉荣（女）

徐廷菊（女）

翟瑞华（女）

第十四届人大常委会组成人员

（1998.3—2003.1）

主　任　庞汝圣

副主任　田玉梅（女）

卢新文

陈先福

温德启

陈保魁

孙栋臣

李忠让

委　员（按姓名笔画排序）

田素香（女）

付正乾

吕秀明

刘勉宗

刘冠芳

李　涛

宋宪友

邵长霁

赵祉瑞

侯振祥

祝汉伟

祝永杰（女）

翟瑞华（女）

第十五届人大常委会组成人员

（2003.1—2007.12）

主　任　庞汝圣（　—2006.2）

刘广来（2006.2— ）

副主任　张传训

鲍言亭

郭良进

刘玉明

刘湛清

魏凤云（女）

委　员（按姓名笔画排序）

王利民

申世坤

史乃荣

付正乾

吕秀明

刘勉宗

刘雪荣（女）

李　涛

张志富

张冠忠

陈继广

赵祉瑞

侯振祥

姚　林

程相稳

谢体泉

第十六届人大常委会组成人员

（2007.12—2012.1）

主　任　刘广来

副主任　郭良进

刘玉明

魏凤云（女）

刘建华

宋宪青（ —2010.1）

王培力（2010.2— ）

委　员（按姓名笔画排序）

王利民

申世坤

史乃荣

吕秀明

刘　平（女）

刘良臣

刘昌文

刘勉宗

刘统洲

刘雪荣（女）

许守纪

杨东波（ —2011.5）

张冠忠

陈延芳

赵祉瑞

柳　林

侯振祥

姚　远

姚　林（ —2011.5）

高海民

程相稳（ —2008.6）

傅正乾（ —2008.6）

谢体泉

第十七届人大常委会组成人员

（2012.1—2017.1）

主　任　鲁志成（ —2016.12）

第一副主任

刘湛清

副主任　魏凤云（女）

王培力

张冠忠

邵明杰（2016.6— ）

委　员（按姓名笔画排序）

王树民

平雨华（2014.1— ）

申世坤

史乃荣
朱利静（女）
刘　平（女，—2013.6）
刘良臣　刘昌文
刘勉宗（—2013.6）
刘统洲
刘　靖（女，2014.1—）
许守纪
吴广才
张　开
陈永明（—2013.6）
陈亚斌
陈　光
陈延芳
陈继祥
侯振祥
姚　远（—2013.6）
徐兆新
徐显成
徐振起（2014.1—）
游春亭（2014.1—）

第十八届人大常委会组成人员

（2017.1—）

主　任　刘湛清

副主任　魏凤云（女）
王培力
张冠忠
徐　伟（—2018.10）
王若魁（2019.4—）
侯凌雁（2019.4—）

委　员（按姓名笔画排序）
万结玉（—2018.12）
王方奇（—2017.6）
王树民
王　洋（2020.5—）
王继存（2020.5—）
王照国（2018.1—）
牛东升
申世坤
申向英（—2019.9）
田文霞（女）
田　伟（—2019.12）
史乃荣（—2019.12）
刘昌文
刘　靖（女）
孙庆贺（2020.5—）
孙胜锋（2018.1—）
李洪光（—2020.1）
杨冰芝（女）
杨建立（回族）
时圣雨（2020.5—）
吴广才
张　开
张建春
陈亚斌
陈　光
陈延芳
陈继祥
范青环（2020.5—）
宗树春
侯振祥
袁　湘（—2019.12）
徐玉君（女，2020.5—）
徐吉宏（女）
徐兆新
徐显成
董良民（—2020.5）

第五章　单县人民代表大会

单县位于山东省西南部，鲁苏豫皖四省八县交界处，辖莱河镇、郭村镇、高韦庄镇、黄岗镇、浮岗镇、蔡堂镇、龙王庙镇、朱集镇、杨楼镇、终兴镇、时楼镇、张集镇、徐寨镇、李新庄镇、谢集镇、李田楼镇16个镇，高老家乡、曹庄乡2个乡，南城、北城、园艺、东城4个街道办事处，1个省级经济技术开发区，1个浮龙湖省级旅游度假区，502个行政村，总面积1702平方公里，2020年人口127万人。单县古称单父，因舜帝的老师单卷在此居住得名。单县是中国长寿之乡、国家园林县城、国家卫生县城、国家知识产权强县工程示范县、全国科技进步先进县、全国新能源产业百强县、全国绿色能源示范县和省级文明县城、党建工作先进县、平安建设先进县、休闲农业与乡村旅游示范县、电子商务示范县、省级装配式建筑示范城市。

单县人民代表大会的前身是单县各界人民代表大会。1940年3月12日在单县张寨召开各界代表和绅士参加的单县第一届各届人民代表会议。会议选举出单县抗日县政府县长、秘书。1949年11月，根据《中国人民政治协商会议共同纲领》，成立单县各级各界人民代表会议筹委会，并于同月召开第一次会议，听取县政府关于施政方针和各项工作报告，提出批评和建议，反映各界人民意见和要求。1952年10月，单县第五届各代会开始行使人民代表大会的职权，听取审查政府的工作报告，决定单县的施政方针、政策和重大事项，审查通过财政预决算，建议与决议县政府改革事宜，选举县长、副县长、委员，选举各代会常务委员。1954年7月，单县首届人民代表大会召开会议，产生单县人民委员会。“文化大革命”期间，单县人民代表大会中断。1981年5月，单县第八届人民代表大会第一次会议召开，选举产生单县人民代表大会常务委员会，县级人大常委会正式设立。至2020年12月，单县人民代表大会经历17届代表大会。

2014年9月，单县人大举行“农村小学设备改善”“助学圆梦”活动捐赠仪式暨表彰大会

第一节　人民代表大会会议

第一届人民代表大会会议

第一届人民代表大会任期自1954年7月至1957年1月，代表425人。举行人民代表大会会议3次。共听取审议工作报告3个，选举出第一届人民委员会委员、县长、副县长。选举出席山东省首届人民代表大会的代表。

第二届人民代表大会会议

第二届人民代表大会任期自1957年1月至1958年5月，代表377人，举行人民代表大会会议1次。共听取审议工作报告2个，作出决议2项。选举产生单县人民委员会委员、县长、副县长、法院院长。

第三届人民代表大会会议

第三届人民代表大会任期自1958年5月至1961年4月，代表397人。举行人民代表大会会议3次。共听取审议工作报告9个，作出决议9项。选举单县人民委员会委员、县长、副县长、法院院长和出席山东省第二届人民代表大会的代表。

第四届人民代表大会会议

第四届人民代表大会任期自1961年4月至1963年8月，代表393人，举行人民代表大会会议2次。共听取工作报告4个，作出决议4项。选举第四届人民委员会委员、县长、副县长和法院院长。

第五届人民代表大会会议

第五届人民代表大会任期自1963年8月至1966年1月，代表390人。举行人民代表大会会议3次。共听取审议工作报告6个，作出决议6项。选举单县人民委员会委员、县长、副县长、法院院长和出席山东省第三届人民代表大会的代表。

第六届人民代表大会会议

第六届人民代表大会任期自1966年1月至1967年1月，代表393人。举行人民代表大会会议1次。共听取审议工作报告3个，作出决议3项。选举单县人民委员会委员、县长、副县长和法院院长。

第七届人民代表大会会议

“文化大革命”期间，县人民代表大会活动中断。1967年3月建立县革命委员会。1968年3月，召开单县革命委员会代表大会，代表147人，会议通过重建的单县革命委员会。县八届人大决定，将革命委员会列为县第七届人民代表大会。

第八届人民代表大会会议

第八届人民代表大会任期自1981年5月至1984年5月，代表379人。举行人民代表大会会议3次。选举李宝珊为县人大常委会主任，袁学义、冯绍勤、张中为副主任，委员13人，选举张立亭为县长，陈永福、周岐峻、李登水、阎德龙、李保贵、张保夫为副县长，郝静霞为法院院长，韦昌俭为检察院检察长。三年共听取审议工作报告15个，作出决议15项。提出代表提案431件。

第九届人民代表大会会议

第九届人民代表大会任期自1984年5月至1987年4月，代表417人，举行人民代表大会会议3次。选举王笃信为县人大常委会主任，袁学义、郭育普、张汉卿、朱道川、白敬芝（女）为副主任，委员13人；选举夏树生为县长，张保夫、周岐峻、刘玉平（女）、张启鸿为副县长；选举任兰亭为法院院长，韦昌俭为检察院检察长。1986年4月第三次会议补选王冠举为县长；补选李保贵为人大常委会副主任。三年共听取审议工作报告15个，作出决议15项。提出代表提案409件。

第十届人民代表大会会议

第十届人民代表大会任期自1987年4月至1990年3月，代表360人，举行人民代表大会会议3次。大会选举王笃信为县人大常委会主任，袁学义、郭育普、张汉卿、朱道川、周岐峻、李保贵、刘景修为副主任，委员11人；选举王冠举为县长，黄启祥、刘玉平（女）、崔玉金、陶继田、任兰才为副县长；选举任兰亭为法院院长，韦昌俭为检察院检察长。1988年1月第二次会议，选举出席山东省第七届人民代表大会代表。三年共听取审议工作报告 15 个，作出决议 16 项。提出代表议案 1 件，建议、批评、意见 389 件。

第十一届人民代表大会会议

第十一届人民代表大会任期自 1990 年 3 月至 1993 年 3 月，代表 390 人，举行人民代表大会会议 3 次。会议选举温新月为县人大常委会主任，袁学义、郭育普、张汉卿、周岐峻、李保贵、刘景修为副主任，委员 16 人；选举周书运为县长，崔玉金、陶继田、任兰才、华振亭为副县长；选举胡慈亮为法院院长，任兰亭为检察院检察长。1992 年 4 月第三次会议补选黄启祥为县人大常委会副主任。1991 年 3 月十一届二次会议，审查批准单县国民经济和社会发展第八个五年计划。三年共听取审议工作报告 18 个，作出决议 18 项。提出代表建议、批评、意见 313 件。

第十二届人民代表大会会议

第十二届人民代表大会任期自 1993 年 3 月至 1998 年 3 月，代表 388 人，举行人民代表大会会议 5 次。会议选举龚彦海为县人大常委会主任，张汉卿、黄启祥、陶吉彬、韦昌俭、刘景修、李保山为副主任，委员 18 人；选举侯宪秀为县长，陶继田、任兰才、华振亭、田云川、刘元军为副县长；选举胡慈亮为法院院长，梁法民为检察院检察长；选举出席山东省第八届人民代表大会代表。1994 年 3 月第二次会议，补选张保夫为人大常委会副主任。1995 年 3 月第三次会议，补选张存金为县长，补选李新魁为县人大常委会副主任。1997 年 3 月第五次会议，补选张存启为县人大常委会副主任；补选张明珠为县法院院长、曹忠印为县检察院检察长。1996 年 3 月十二届四次会议，审查批准《单县国民经济和社会发展第九个五年计划和 2010 年远景目标纲要》。五年共听取审议工作报告 30 个，作出决议 30 项，提出代表建议、批评、意见 281 件。

第十三届人民代表大会会议

第十三届人民代表大会任期自 1998 年 3 月至 2003 年 1 月，代表 343 人，举行人民代表大会会议 6 次。大会选举宋占良为县人大常委会主任，瞿印庭、黄启祥、韦昌俭、李新魁、任兰才、张存启、郭祥海为副主任，委员 18 人；选举李学军为县长，李超、夏冬青（女）、徐淑珍、张进忠、马年桥、何茂远为副县长；选举张明珠为法院院长，曹忠印为检察院检察长。选举出席山东省第九届人民代表大会的代表。1999 年 3 月第二次会议，补选田云川为县人大常委会副主任。2000 年 12 月第四次会议，选举产生出席菏泽市第十五届人民代表大会的代表 72 人。2001 年 4 月第五次会议，补选段文喜为县人大常委会主任，孙守兰（女）、樊廷海为县人大常委会副主任；补选王永华为县长，补选张金亮、黄福平为副县长。2001 年 4 月十三届五次会议，审查批准单县国民经济和社会发展第十个五年计划纲要。五年共听取审议工作报告 25 个，作出决议 25 项。提出代表建议、批评、意见 316 件。

第十四届人民代表大会会议

第十四届人民代表大会任期自 2003 年 1 月至 2007 年 12 月，代表 333 名，举行人民代表大会会议 5 次。大会选举段文喜为县人大常委会主任，孙守兰（女）、郭祥海、樊廷海、刘守坤、孟繁文为副主任，委员 19 人；选举赵传山为县长，赵汝坤、夏冬青（女）、韩雪慧、张金亮、宋茂民、王效彤为副县长；选举李忠海为法院院长，张捍民为检察院检察长；选举出席菏泽市第十六届人民代表大会的代表 72 人。2004 年 2 月第二次会议，补选吴吉美为县人大常委会副主任。2005 年 1 月第三次会议，补选张忠江为县人大常委会主任，张金亮为县人大常委会副主任；补选王永江为县长，王瑞宇为副县长。2007年1月第五次会议，补选王忠想为县长，张福龙、王桂荣为副县长。2006年2月十四届四次会议，批准单县国民经济和社会发展第十一个五年总体规划纲要。五年共听取审议工作报告30个，作出决议30项，提出代表建议、批评、意见318件。

第十五届人民代表大会会议

第十五届人民代表大会任期自2007年12月至2012年1月，代表334名，举行人民代表大会会议4次。大会选举张忠江为县人大常委会主任，选举孙守兰（女）、郭祥海、张金亮、黄正光为县人大常委会副主任，委员27人；选举王忠想为县长，张福龙、王桂荣、宋茂民、王效彤、王瑞宇、杨彬为副县长；选举陈文法为法院院长，许澎涛为检察院检察长。选举产生出席菏泽市第十七届人民代表大会代表73人。2010年2月第三次会议，补选孟庆魁为县人大常委会副主任。在2011年1月第四次会议，批准单县国民经济和社会发展第十二个五年总体规划纲要。五年共听取审议工作报告24个，作出决议24项。提出代表建议、批评、意见154件。

第十六届人民代表大会会议

第十六届人民代表大会任期自2012年1月至2017年1月，代表355名，举行人民代表大会会议5次。大会选举陈允全为县人大常委会主任，选举孟庆魁、付道正、时针、曹丰月、朱艳霞为副主任，委员27人；选举穆杰为县长，黄福常、王占华、杨彬、苏春英、李军、李磊为副县长；选举徐青峰为法院院长，郑建生为检察院检察长。选举产生出席菏泽市第十八届人民代表大会代表74人。2014年1月第三次会议，补选聂学敏为检察院检察长；2016年1月第五次会议，补选袁丽霞为县人大常委会副主任，补选3名县人大常委会委员，批准单县国民经济和社会发展第十三个五年总体规划纲要。五年共听取审议工作报告30个，作出决议30项，提出代表建议、批评、意见182件。

第十七届人民代表大会会议

第十七届人民代表大会任期自2017年1月开始，代表358名，至2020年12月，举行人民代表大会会议4次。大会选举王占华为县人大常委会主任，选举付道正、曹丰月、朱艳霞（女）、程振宇、袁丽霞（女）为副主任，委员35人；选举张庆国为县长，张晖（女）、李勇宏、石永睿、高素娟（女）、林永敬为副县长；选举徐青峰为法院院长，聂学敏为检察院检察长。决定设立内务司法委员会、财政经济委员会、教育科学文化卫生委员会、城乡建设与环境资源保护委员会、农业与农村委员会5个专门委员会，选举出席市十九届人民代表大会的代表71人。2018年1月第二次会议，补选张宪民为单县监察委员会主任；补选县人大常委会委员6人；2019年1月，第三次会议决定增设单县第十七届人民代表大会社会建设委员会，决定更名单县第十七届人民代表大会内务司法委员会为单县第十七届人民代表大会监察和司法委员会；2020年1月第四次会议，补选陈建伟为县监察委员会主任；补选县人大常委会委员2人。至第四次会议共听取审议工作报告18个，作出决议18项。提出代表建议、批评、意见172件。

第二节　人大常委会会议

1981年，人民代表大会制度恢复，召开第八至十七届人民代表大会会议，至2020年12月共历经10届人民代表大会。大会均产生常务委员会。自第八届人大常委会成立后，历经多次工作机构设置调整，至2020年设有办公室、信访室、研究室、人事代表工作委员会、预算工作委员会、监察和司法委员会工作室、财政经济委员会工作室、教育科学文化卫生委员会工作室、农业农村委员会工作室、城乡建设与环境资源保护委员会工作室，社会建设委员会工作室，共11个工作机构。

第八届人大常委会会议

第八届人大常委会举行会议12次，听取审议工作报告21项，组织开展中小学教育、精神文明建设、多种经营活动等视察5次，召开36次代表座谈会，依法作出《关于组织全县人民学习讨论〈中华人民共和国宪法修改〉（草案）的决议》《全县人民行动起来，学习、宣传、执行新宪法的决议》等决议、决定17项，依法任免国家机关工作人员127人，督办代表提案431件。

第九届人大常委会会议

第九届人大常委会举行会议18次，听取审议工作报告28项，开展教育改革工作、沙河林场植树造林工作等视察6次，联系代表、召开代表座谈会40余次。作出《关于在全县公民中基本普及法律常识的决议》等决议、决定22项。常委会以乡镇为单位建立代表联系小组，陆续配备乡镇人大代表联络员。依法任免国家机关工作人员89人，督办代表提案322件。

第十届人大常委会会议

第十届人大常委会举行会议22次，听取审议工作报告41项，组织开展对价格管理条例、治安管理处罚条例、土地管理法等法律法规执法检查和工作视察15次。常委会依法作出各项决议、决定32项，依法任免国家机关工作人员107人，联系代表、召开代表座谈会50余次。督办代表建议、批评和意见389件。

第十一届人大常委会会议

第十一届人大常委会举行会议18次，听取、审议县政府关于贯彻执行国务院《农民负担费用和劳务管理条例》和《山东省农民负担管理条例》等报告32项。先后对食品安全法、矿产资源法等法律法规贯彻执行情况开展执法检查7次，组织开展企业法、未成年人保护法等法律法规视察14次。作出各项决议、决定35项，依法任免国家机关工作人员118人，联系代表、召开代表座谈会70余次，督办代表建议、批评和意见313件。

第十二届人大常委会会议

第十二届人大常委会举行会议31次，听取审议工作报告62项，先后对药品管理法、科技进步法和《全民所有制工业企业转换经营机制条例》等法律法规的贯彻执行情况开展执法检查13次，对城区环境污染、计划生育、农资市场管理等开展视察38次。常委会依法作出各项决议、决定29项。改乡镇人大工作处为乡镇人大主席团。依法任免国家机关工作人员376人，联系代表、召开代表座谈会70余次，督办代表建议、批评和意见281件。

第十三届人大常委会会议

第十三届人大常委会举行会议31次，听取审议68项工作报告，先后对农业技术推广法、文物保护法、税法、农业法、义务教育法等法律法规的贯彻执行情况，组织开展56次执法检查和视察。对“一府两院”35名领导干部进行述职评议，对20个执纪执法部门进行评议。常委会制定组成人员分工联系代表制度，将全县人大代表划分为9个片区，42个代表小组。常委会依法作出各项决议、决定41项，依法任免国家机关工作人员350人，联系代表、召开代表座谈会90次，督办代表建议、批评和意见316件。

第十四届人大常委会会议

第十四届人大常委会举行会议36次，听取审议专项工作报告48项，组织开展药品管理法、农村五保供养工作条例、森林法和《广播电视管理条例》等执法检查23次，组织开展针对禽流感防治、民营企业发展、新型农村合作医疗等视察30次，对社会治安、民营经济发展、大项目建设等40多个议题进行调查研究，对县政府26个组成部门及县法院、县检察院进行评议。作出《关于通过〈单县城市总体规划〉的决定》《关于开展实施“五五”普法的决议》等决议、决定38项，建立人民陪审员和人民监督员制度，依法任免国家机关工作人员360人，任命人民陪审员18人，联系代表、召开代表座谈会91次，督办代表建议、批评和意见282件。

第十五届人大常委会会议

第十五届人大常委会举行会议28次，听取审议专项工作报告36项，向“一府两院”反馈重点审议意见59件，组织开展看守所条例、城乡规划法、人口与计划生育法等法律法规贯彻执行情况执法检查7次，组织开展针对节能减排、农村公路养护管理、工业企业发展、村级卫生服务站改扩建等视察12次，围绕“三农”、工业企业发展、招商引资等工作进行调查研究，形成二十余篇调研报告。常委会共作出《关于进一步加强水污染防治工作的决议》《关于加强代表建议和意见办理的决定》等决议、决定17项，依法任免国家机关工作人员195人，任命人民陪审员44人。联系代表、召开代表座谈会107次，督办代表建议、批评和意见153件。

第十六届人大常委会会议

第十六届人大常委会举行会议53次，听取审议专项工作报告84项，组织开展消防法、电力法、水法、道路交通安全法等执法检查6次，组织开展针对城市开发建设、农业产业化经营、土地增减挂钩等视察14次。对教育局、交通局、物业管理办公室、交警大队等48个部门进行工作评议。作出《单县2011—2015年依法治县规划的决议》《关于在全县公民中开展法制宣传教育的第六个五年规划的决议》等各项决议、决定37项。依法任免国家机关工作人员224人，承办全市人大有关工作现场会4次。联系代表、召开代表座谈会110余次，督办代表建议、批评和意见182件。

第十七届人大常委会会议

第十七届人大常委会自2017年1月开始，至2020年12月，已举行会议36次，听取审议专项工作报告87项，组织开展对大气污染“一法两条例”、安全生产“一法一条例”、食品安全法、环境保护法等法律法规贯彻执行情况执法检查10次，组织开展对乡村振兴、重点工业项目建设、物业管理等视察13次，开展“后来居上，代表先行”等专题活动4项，开展针对传染病防治法、脱贫攻坚、中医药产业发展等调研64次，配合上级人大开展执法检查9次。围绕政府购买服务、政府债券、棚户区改造、城市建设等依法作出各项决议、决定25项，任免国家机关工作人员161人，人民陪审员168人。联系代表、召

2020年7月，单县人大常委会组织部分省、市、县人大代表视察全县重点工业项目建设情况

开代表座谈会 108 次，督办代表建议、批评和意见 113 件。

第三节　历届人大常委会组成人员

第八届人大常委会组成人员

（1981.5—1984.5）

主　任　李宝珊（ —1984.2）
副主任　袁学义
　　　　冯绍勤
　　　　张　中
委　员（按姓名笔画排序）
　　　　马秀春（女）
　　　　王福田
　　　　朱经玉
　　　　刘言杰
　　　　李玉恩
　　　　李福进
　　　　李翠荣（女）
　　　　张林厚
　　　　庞秀芝（女）
　　　　胡建华
　　　　施运河
　　　　崔玉龙
　　　　谢秀奎（女）

第九届人大常委会组成人员

（1984.5—1987.4）

主　任　王笃信
副主任　袁学义
　　　　郭育普
　　　　张汉卿
　　　　朱道川
　　　　白敬芝（女，回族）
　　　　李保贵（1986.3— ）
委　员（按姓名笔画排序）
　　　　马秀春（女）
　　　　王恩平
　　　　韦　珏（女）
　　　　司建民
　　　　任兰才
　　　　刘志学
　　　　李福进
　　　　杨厚君
　　　　杨　蕾（女）
　　　　张玉芝（女）
　　　　陈彦磊
　　　　袁宜玲（女）
　　　　梁爱兰（女）

第十届人大常委会组成人员

（1987.4—1990.3）

主　任　王笃信
副主任　袁学义
　　　　郭育普
　　　　张汉卿
　　　　朱道川
　　　　周岐峻
　　　　李保贵
　　　　刘景修
委　员（按姓名笔画排序）
　　　　王敬侠（女）
　　　　石济跃（女）
　　　　司建民
　　　　任立用
　　　　杨厚君
　　　　孟宪钊
　　　　侯兆菊（女）
　　　　袁秀真（女）
　　　　袁宜玲（女）
　　　　郭育真（女）
　　　　陶吉彬

第十一届人大常委会组成人员

（1990.3—1993.3）

主　任　温新月

副主任　袁学义（—1992.4）

郭育普

张汉卿

周岐峻

李保贵（—1992.7）

刘景修

黄启祥（1992.4—）

委　员（按姓名笔画排序）

王敬侠（女）

王新忠

石　松

石济跃（女）

田桂英（女）

包亚杰

刘维敬

许怀轩

李海云（女）

杨厚君

宋爱英（女）

张彦梅（女）

陈艳玲（女）

庞乐天

种代云（女）

贾佑存

第十二届人大常委会组成人员

（1993.3—1998.3）

主　任　龚彦海

副主任　张汉卿（—1996.3）

黄启祥

陶吉彬

韦昌俭

刘景修

李保山

张保夫（1994.3—1995.4）

李新魁（1995.3—）

张存启（1997.3—）

委　员（按姓名笔画排序）

马巧美（女）

马成伦（回族）

韦　珏（女）

石济跃（女）

包亚杰

朱信一

刘桂荣（女）

刘维敬

许怀轩

李秀芝（女，回族）

杨厚君

张存启（—1997.3）

胡洪河

种代云（女）

姜守民

贾佑存

徐长普

黄启元

第十三届人大常委会组成人员

（1998.3—2003.1）

主　任　宋占良（—2000.5）

段文喜（2001.4—）

副主任　瞿印庭

黄启祥

韦昌俭

李新魁

任兰才

张存启

郭祥海

田云川（1999.3—）

孙守兰（女，2001.4— ）
樊廷海（2001.4— ）
委　员（按姓名笔画排序）
马成伦（回族）
韦　珏（女）
牛玉霞（女）
包亚杰
齐继坤
李秀芝（女，回族）
李逢志
杨雪芳（女）
沈景雷
张怀举
林伟光
庞全岭
赵规文
种代云（女）
袁　冰
贾佑存
徐长普
高　慧（女）

第十四届人大常委会组成人员

（2003.1—2007.12）

主　任　段文喜（ —2005.1）
张忠江（2005.1— ）
副主任　孙守兰（女）
郭祥海
樊廷海
刘守坤
孟凡文（ —2004.7）
吴吉美（2004.2— ）
张金亮（2005.1— ）
委　员（按姓名笔画排序）
韦　珏（女）
牛玉霞（女）
史宝亮
付道俭
李秀芝（女，回族）
李建民
李逢志（ —2006.1）
杨雪芳（女）
吴吉利
陈德才
林伟光
周建云
庞全岭
徐长普
徐林光
高　慧（女）
黄世翠
黄汝航
谢启创

第十五届人大常委会组成人员

（2007.12—2012.1）

主　任　张忠江
副主任　孙守兰（女，—2011.1）
郭祥海
张金亮
黄正光（ —2011.1）
孟庆魁（2010.2— ）
委　员（按姓名笔画排序）
王　伟（ —2008.10）
王关文
王　超
王慧敏
史宝亮
刘瑞芳（女）
许　涛（ —2008.5）
孙少青
李秀芝（女，回族）

吴吉利
张守文
林伟光
周建云
庞全岭
孟庆召
孟　皓（—2010.5）
赵志魁
秦庆涛
徐长普
徐　均
高鹏程
高　慧（女）
黄汝航
蒋振华
韩瑞焕
谢启创
满启祥

第十六届人大常委会组成人员

（2012.1—2017.1）

主　任 陈允全（—2016.8）
副主任 孟庆魁（—2016.4）
付道正
时　针（—2015.7）
曹丰月
朱艳霞（女）
袁丽霞（女，2016.1—）
委　员（按姓名笔画排序）
王广宏（—2015.7）
王灿稳
王淑舜
王　超
王新民（—2016.3）
王慧敏
王德运（—2014.1）
尹　颖（女）
刘瑞芳（女）
孙钦留
杨　征（女）
李秀芝（女，回族）
张世珍
张守文（—2014.11）
张　瑛（女）
林伟光
周建云
姚俊宽
秦庆涛
徐　均
郭雷鸣
高　慧（女，—2014.5）
黄汝航
黄鲁玉
韩瑞焕
董　楠（女）
谢启创

第十七届人大常委会组成人员

（2017.1—　）

主　任 王占华
副主任 付道正
曹丰月（—2020.12）
朱艳霞（女）
程振宇
袁丽霞（女）
委　员（按姓名笔画排序）
王占蕴（女）
王灿稳
王京华
王晓玉（女，—2019.9）
王淑舜
从　敏

尘冬梅（女）
尘永魁（ —2020.9）
朱瑞广
刘 英（女）
刘彦娥（女）
闫瑞民（女，回族）
许 涛（2018.1— ）
孙钦留（ —2017.7）
孙新华
杨 征（女，—2020.12）
杨晓静（女）
杨爱军
杨霁虹（2018.1— ）
李志卫（2018.1— ）
时圣才（2018.1— ）
吴坤铜（ —2019.1）
张在杰（ —2020.3）
张 瑛（女）
陈毅国
邵明安
林伟光
周建云
郑合强（2018.1— ）
赵健尉（2018.1— ）
姚俊宽
秦庆涛（ —2017.12）
秦青彬
耿明坤（2020.1— ）
夏 欣
徐 均
徐法宽
郭雷鸣
黄汝航
黄鲁玉
曹兆金
董 楠（女）
魏文彦（2020.1— ）

第六章 巨野县人民代表大会

巨野县位于菏泽市东部，与济宁市嘉祥县接壤，辖麒麟镇、田庄镇、田桥镇、龙堌镇、太平镇、柳林镇、万丰镇、章缝镇、营里镇、董官屯镇、大义镇、大谢集镇、陶庙镇、独山镇、核桃园镇15个镇，凤凰、永丰2个街道办事处和1个省级经济技术开发区，总面积1302平方公里，耕地面积146.4万亩，2020年人口109万人。是国家命名的“中国麒麟之乡”“中国农民绘画之乡”“中国工笔画之乡”“中国杂技之乡”“武术之乡”和“戏曲之乡”。先后荣获全国科技进步先进县、国家园林县城、全省县域发展“两个同步”先进单位、省国土资源节约模范县、省级文明县、省级卫生城、文化强省建设先进县、省林业科技工作先进集体、省“四好农村路”示范县、全省农村安全饮水示范县、省级农产品质量安全县、省“平安农机”示范县、全国“四好农村路”示范县等荣誉称号。

新中国成立后，在中国共产党的领导下，巨野县为建立人民代表大会制度，采取过渡形式先后召开六届各界人民代表会议，代表会议不是权力机构，只是个咨询性机构，只能反映人民的意见和要求，对政府工作进行讨论，提出批评和建议。1953年3月，中央人民政府公布《中华人民共和国全国人民代表大会及地方各级人民代表大会选举法》，4月又发布《关于基层选举工作的指示》，巨野县在全县公民中展开第一次普选工作，选出人大代表355名，于1954年7月、1954年10月分别召开巨野县第一届人民代表大会第一次会议和第二次会议，会议根据第一届全国人民代表大会第一次会议通过的《中华人民共和国地方各级人民代表大会和地方各级人民委员会组织法》的规定，选举产生巨野县第一届人民委员会，县长、副县长由任命制改为选举制。1979年7月，第五届全国人民代表大会第二次会议通过《中华人民共和国地方各级人民代表大会和地方各级人民政府组织法》，规定县级以上地方人大设立常务委员会，县人民委员会改为人民政府。1981年1月14日，巨野县第九届人民代表大会第一次会议召开，选举产生巨野县人民代表大会常务委员会和县人民政府，自此巨野县人民代表大会始有常设机关，巨野县人大常委会正式设立。至2020年，巨野县人民代表大会已经历18届人民代表大会。

2020年1月16日，巨野县第十八届人民代表大会第四次会议召开

第一节　人民代表大会会议

第一届人民代表大会会议

第一届人民代表大会任期自1954年7月至1957年1月，代表355名。举行人民代表大会会议3次，听取审议工作报告4个，作出决议、决定4项，提出代表议案、建议762件。第一次会议选举省第一届人大代表4人，第二次会议将巨野县人民政府改为巨野县人民委员会。选举巨野县第一届人民委员会县长1名，副县长2名。委员17名。选举法院院长1名。

第二届人民代表大会会议

第二届人民代表大会任期自1957年1月至1958年5月，代表345名。举行人民代表大会会议2次，听取审议工作报告5个，作出决议、决定1项，提出代表议案、建议537件。第一次会议选举巨野县第二届人民委员会县长1名，副县长5名，委员21名。

第三届人民代表大会会议

第三届人民代表大会任期自1958年5月至1961年4月，代表179名。举行人民代表大会会议3次，听取审议工作报告8个，作出决议、决定1项，提出代表议案、建议200件。第一次会议进行换届选举，选举巨野县第三届人民委员会县长1名，副县长4名，委员21名；选举县法院院长1名，选举省第二届人大代表4名。第三次会议补选县人民委员会副县长2名。

第四届人民代表大会会议

第四届人民代表大会任期自1961年4月至1963年9月，代表434名。举行人民代表大会会议2次，听取审议工作报告5个，提出代表议案、建议625件。第一次会议选举第四届人民委员会县长1名，副县长5名，委员25名；补选省第二届人大代表1名。

第五届人民代表大会会议

第五届人民代表大会任期自1963年9月至1965年12月，代表335名。举行人民代表大会会议2次，听取审议工作报告6个，提出代表议案、建议665件。第一次会议选举巨野县第五届人民委员会县长1名，副县长2名，委员21名；选举县人民法院院长1名，选举省第三届人大代表3名。第二次会议补选县人民委员会副县长1名。

第六届人民代表大会会议

第六届人民代表大会第一次会议1965年12月17日至20日召开。代表362名，听取审议工作报告5个，选举巨野县第六届人民委员会县长1名，副县长2名，委员22名。本届人民代表大会会议只召开1次，以后就没再召开。

第七届人民代表大会会议

第七届人民代表大会会议由于“文化大革命”没有召开。1967年2月27日成立县革命委员会，为临时权力机构。根据省、地革委通知精神，在1978年9月召开的县第八届人民代表大会上，明确宣布1967年2月27日成立的县革命委员会为第七届人民委员会，县革命委员会由主任1名，副主任2名，常委9名，委员16名组成。

第八届人民代表大会会议

第八届人民代表大会任期自1978年9月至1981年1月，代表691名。举行人民代表大会会议1次，听取审议工作报告1个，会议进行换届选举，选举巨野县革命委员会主任1名，副主任6名，委员61名，县人民法院院长1名，县人民检察院检察长1名。

第九届人民代表大会会议

第九届人民代表大会任期自1981年1月至1984年5月，代表352名。举行人民代表大会会议3次，听取审议工作报告15个，作出决议、决定15项，提出代表议案、建议329件。第一次会议选举县人大常委会主任1名，副主任5名，委员15名，选举县人民政府县长1名，副县长5名，县人民法院院长1名，县人民检察院检察长1名。巨野县人大常委会从本次人代会设立，按照宪法和地方组织法的规定行使职权、主持日常工作。第三次会议补选县人大常委会副主任1名，选举县人民检察院检察长1名，选举山东省第六届人民代表大会代表6名。

第十届人民代表大会会议

第十届人民代表大会任期自1984年5月至1987年3月，代表372名。举行人民代表大会会议3次，听取审议工作报告19个，作出决议、决定19项，提出代表议案、建议142件。第一次会议选举县人大常委会主任1名、副主任4名、委员12名，选举县人民政府县长1名、副县长4名，县人民法院院长1名，县人民检察院检察长1名；第三次会议审查批准巨野县国民经济和社会发展第七个五年计划，补选县人民政府县长1名，县人大常委会副主任1名。

第十一届人民代表大会会议

第十一届人民代表大会任期自1987年3月至1990年2月，代表325名。举行人民代表大会会议3次，听取审议工作报告19个，作出决议、决定19项，提出代表议案、建议9件。第一次会议选举县人大常委会主任1名，副主任6名，委员12名，选举县人民政府县长1名，副县长6名，县人民法院院长1名，县人民检察院检察长1名；第二次会议选举省第七届人大代表5名；第三次会议补选县人大常委会副主任1名，县人民政府副县长1名，县人民法院院长1名。

第十二届人民代表大会会议

第十二届人民代表大会任期自1990年2月至1993年3月，代表330名。举行人民代表大会会议3次，听取审议工作报告19个，作出决议、决定19项，提出代表议案、建议45件。第一次会议选举县人大常委会主任1名，副主任6名，委员10名，选举县人民政府县长1名，副县长5名，县人民法院院长1名，县人民检察院检察长1名；第二次会议审查批准巨野县国民经济和社会发展第八个五年计划和十年规划要点，补选县人大常委会委员2名。

第十三届人民代表大会会议

第十三届人民代表大会任期自1993年3月至1998年3月，代表322名。举行人民代表大会会议5次，听取审议工作报告30个，作出决议、决定30项，提出代表议案、建议58件。第一次会议选举县人大常委会主任1名，副主任6名，委员16名，选举县人民政府县长1名，副县长5名，县人民法院院长1名，县人民检察院检察长1名，选举省第八届人大代表7名；第三次会议补选县人大常委会副主任1名，县人民政府县长1名，副县长2名；第四次会议听取并批准巨野县国民经济和社会发展第九个五年计划及2010年远景目标纲要的报告，补选县人大常委会主任1名，副主任1名，县人民政府县长1名；第五次会议补选县人大常委会副主任1名，县人民法院院长1名，县人民检察院检察长1名。

第十四届人民代表大会会议

第十四届人民代表大会任期自1998年3月至2003年1月，代表293名。举行人民代表大会会议6次，听取审议工作报告31个，作出决议、决定30项，提出代表议案、建议146件。第一次会议选举县人大常委会主任1名，副主任6名，委员16名，选举县人民政府县长1名，副县长6名，县人民法院院长1名，县人民检察院检察长1名，选举省第九届人大代表6名；第三次会议补选县人大常委会副主任1名，县人民法院院长1名；第四次会议选举市第十五届人民代表大会代表56名；第五次会议听取并批准巨野县国民经济和社会发展第十个五年计划纲要的报告，补选县人民政府县长1名，副县长2名。

第十五届人民代表大会会议

第十五届人民代表大会任期自2003年1月至2007年12月，代表289名。举行人民代表大会会议5次，听取审议工作报告30个，作出决议、决定30项，提出代表议案、建议204件。第一次会议选举县人大常委会主任1名，副主任6名，委员15名，选举县人民政府县长1名，副县长5名，县人民法院院长1名，县人民检察院检察长1名，选举市第十六届人大代表56名；第三次会议补选县人大常委会副主任1名，委员2名，补选县人民政府县长1名，县人民法院院长1名，县人民检察院检察长1名；第四次会议审查和批准县国民经济和社会发展第十一个五年规划纲要，补选县人大常委会主任1名，副主任2名。

第十六届人民代表大会会议

第十六届人民代表大会任期自2007年12月至2012年1月，代表305名。举行人民代表大会会议4次，听取审议工作报告25个，作出决议、决定25项，提出代表议案、建议328件。第一次会议选举县人大常委会主任1名，副主任5名，委员21名，选举县人民政府县长1名，副县长6名，县人民法院院长1名，县人民检察院检察长1名，选举市第十七届人大代表56名；第四次会议审查和批准县国民经济和社会发展第十二个五年总体规划纲要，补选县人民政府县长1名，县人大常委会副主任2名。

第十七届人民代表大会会议

第十七届人民代表大会任期自2012年1月至2017年1月，代表305名。举行人民代表大会会议6次，听取审议工作报告30个，作出决议、决定30项，提出代表议案、建议102件。第一次会议选举县人大常委会主任1名，副主任5名，委员21名，选举县人民政府县长1名，副县长6名，县人民法院院长1名，县人民检察院检察长1名，选举市第十八届人大代表62名；第三次会议补选县人大常委会委员1名；第四次会议补选县人民政府县长1名；第六次会议审查和批准巨野县国民经济和社会发展第十三个五年规划纲要，补选县人大常委会副主任1名，县人民政府副县长1名。

第十八届人民代表大会会议

第十八届人民代表大会自2017年1月开始，至2020年12月，代表310名，已举行人民代表大会会议4次，听取审议工作报告24个，作出决议、决定26项，提出代表议案、建议166件。第一次会议决定设立内务司法委员会、财政经济委员会、教育科学文化卫生委员会、城乡建设与环境资源保护委员会、农业与农村委员会5个专门委员会，选举县人大常委会主任1名，副主任5名，委员39名，选举县人民政府县长1名，副县长5名，县人民法院院长1名，县人民检察院检察长1名，选举市第十九届人大代表59名；第二次会议选举巨野县监察委员会主任1名；第三次会议决定增设巨野县第十八届人民代表大会社会建设委员会，决定更名巨野县第十八届人民代表大会内务司法委员会为巨野县第十八届人民代表大会监察和司法委员会，补选县人大常委会委员2名；第四次会议选举县监察委员会主任1名，县人大常委会委员5名。

第二节　人大常委会会议

1979年7月，第五届全国人民代表大会第二次会议通过《中华人民共和国地方各级人民代表大会和地方各级人民政府组织法》，规定县级以上地方人大设立常务委员会。1981年1月14日，巨野县第九届人民代表大会第一次会议召开，选举产生巨野县人民代表大会常务委员会。自此巨野县人民代表大会始有常设机关。

第九届人大常委会会议

第九届人大常委会举行会议23次，听取审议调整国民经济计划和财政预算的报告、计划生育、农业生产等工作报告39项，作出《关于计划生育若干问题的试行规定的决议》《关于继续打击经济领域中严重犯罪活动的决议》等决议、决定8项，依法任免国家机关工作人员170人次。

第十届人大常委会会议

第十届人大常委会举行会议23次，听取审议秋种工作安排意见及备播情况、县城总体规划、疏通商品流通渠道、工业生产等工作报告42项，作出《关于大力进行法制宣传活动的决议》《关于加强林木管理的决定》《关于保护妇女、儿童合法权益的决议》等决议、决定15项，依法任免国家机关工作人员196人次。

第十一届人大常委会会议

第十一届人大常委会举行会议19次，听取审议财政预算安排、税收工作、粮食工作、外贸工作等工作报告42项，作出《关于巨野县人民政府县城综合管理暂行规定的决议》《关于建立乡镇人民代表大会工作处的决定》等决议、决定11项，依法任免国家机关工作人员240人次。

第十二届人大常委会会议

第十二届人大常委会举行会议21次，听取审议调整国民经济计划和财政预算的报告、计划生育、社会治安、农业生产等工作报告43项，作出《关于巨野县农村宅基地有偿使用暂行办法的决议》《关于在全县公民中进行第二个五年法制宣传教育的决议》《关于依法治县五年规划的决议》等决议、决定17项，依法任免国家机关工作人员223人次。

第十三届人大常委会会议

第十三届人大常委会举行会议35次，听取审议棉花种植、减轻农民负担、工业企业生产、科技兴县、惩治贪污贿赂斗争等工作报告75项，开展企业生产经营和建设情况、公路建设情况等工作视察14次，作出《关于批准巨野县城区综合治理暂行办法的决定》《关于〈巨野县科技兴县规划〉和〈巨野县九五科学技术发展规划及2010年远景目标纲要〉的决议》《关于在全县公民中开展第三个五年法制宣传教育的决议》等决议、决定24项，依法任免国家机关工作人员308人次。

第十四届人大常委会会议

第十四届人大常委会举行会议39次，听取审议国民经济和发展计划执行情况、县属工业企业改制、“普九”工作、农业和农民负担等工作报告72项，组织开展防洪法、动物防疫法等法律法规执法检查9次，开展抗旱防汛、乡镇法庭建设、民办教育、食品卫生等工作视察23次，作出《关于部分刑事民事行政案件备案的决定》《关于巨野县在公民中开展法制宣传教育第四个五年规划的决议》《关于巨野县2001—2005年依法治县规划的决议》等决议、决定21项，依法任免国家机关工作人员287人次。

第十五届人大常委会会议

第十五届人大常委会举行会议33次，听取审议招商引资和项目建设、工业企业运行、优化发展环境、劳动和社会保障等工作报告76项，组织开展动物防疫法、防洪法等法律法规执法检查6次，开展大项目建设、城市建设、网吧治理、基层派出所及基层法庭建设等工作视察18次，作出《关于审查同意巨野县城市总体规划的决定》《关于在全县公民中开展法制宣传教育的第五个五年规划的决议》《关于巨野县2006—2010年依法治县规划的决议》《关于批准巨野生态县建设规划的决定》等决议、决定9项，依法任免国家机关工作人员227人次。

第十六届人大常委会会议

第十六届人大常委会举行会议30次，听取审议招商引资和大项目建设、重点工业企业运行、农业工作、科技工作、城市建设与管理等工作报告64项，组织开展防洪法、交通安全法、行政诉讼法、环保法等法律法规执法检查12次，开展大项目建设、工业园区、中小学校园安全、强农惠农政策落实等工作视察36次，作出《关于在全县公民中开展法制宣传教育的第六个五年规划的决议》《关于巨野县2011—2015年依法治县规划的决议》等决议、决定8项，依法任免国家机关工作人员128人次。

第十七届人大常委会会议

第十七届人大常委会举行会议37次，听取审议重点工业企业运行、农业产业化、新型农村合作医疗等工作报告165项，组织开展安全生产法、食品安全法、环境保护法、土地管理法等法律法规执法检查13次，开展工业经济运行、交通运输、民生工程完成情况等工作视察17次，作出《关于审查同意巨野县城市总体规划（2012—2030）的决定》《关于同意县政府将巨野县棚户区改造项目建设购买服务资金列入县级预算的决议》《关于在全县公民中开展法治宣传教育的第七个五年规划的决议》《关于巨野县2016—2020年依法治县规划的决议》等决议、决定17项，依法任免国家机关工作人员345人次。

第十八届人大常委会会议

截至2020年12月，第十八届人大常委会举行会议22次，听取审议工业经济运行、土地流转、脱贫攻坚、食品药品安全监管等工作报告63项，组织开展安全生产法、大气污染防治法、环保法和《山东省大气污染防治条例》等法律法规执法检查5次，开展招商引资和项目建设、脱贫攻坚、教育改薄、文化旅游、乡村振兴、民生实事完成情况等工作视察14次，作出《关于同意将县污水处理厂建设项目——田桥污水处理厂PPP项目资金和城南污水处理厂、城北污水处理厂PPP项目资金列入财政预算的决议》《关于同意将丽天商都南等片区房屋征收项目纳入2020年国民经济和社会发展年度计划的决定》等决议、决定13项，依法任免国家机关工作人员286人次。

2018年10月24日，巨野县人大常委会开展招商引资和大项目视察

第三节　历届人大常委会组成人员

第九届人大常委会组成人员

（1981.1—1984.5）

主　任　刘广新

副主任　王振华

袁存岭

汤继孔

郭瑞英（女）

吕纯仁

邵庆慈（1983.2—）

委　员（按姓名笔画排序）

于玉连

王友信

孔庆党

刘坤英（女）

刘桂松（女）

杨九海

李维起

李朝壁

吴天霭

吴健彪

段永才

崔全祯

董瑞卿

韩衍聚

傅长云（女）

第十届人大常委会组成人员

（1984.5—1987.3）

主　任　杨立品

副主任　张明伦

刘子孝（—1986.4）

奚德义

吕纯仁（—1986.4）

国庆仁（1985.5—）

郭秉雍（1986.4—）

委　员（按姓名笔画排序）

王超凡（1985.5—）

孔庆党

刘坤英（女）

刘桂松（女）

李庆生

李维起（—1985.1）

吴天霭
吴健彪
张清知
段伯汉
殷治礼
傅长云（女）

第十一届人大常委会组成人员

（1987.3—1990.2）

主　任　杨立品
副主任　张明伦
奚德义
国庆仁
郭承雍
孟凡正
杨九海
王秀伶（女，1989.3— ）
委　员（按姓名笔画排序）
王东海
王学月
王爱萍（女）
王超凡
孔庆党
吴天霭
张西宪
张兴森
张清知
周凤芹（女）
殷治礼
傅长云（女）

第十二届人大常委会组成人员

（1990.2—1993.3）

主　任　王效春
副主任　国庆仁
郭承雍
王作念
杨九海
孟凡正
王秀伶（女）
委　员（按姓名笔画排序）
王玉忠
王春玲（女，1991.3— ）
王超凡
申兆庆
李昌兴（1991.3— ）
张清知（ —1991.3）
周凤芹（女）
高冠柱
商义森
程玉英（女）
傅长云（女）
魏玉杰

第十三届人大常委会组成人员

（1993.3—1998.3）

主　任　王效春（ —1996.3）
常贵民（1996.3— ）
副主任　常贵民（1995.2— ）
国庆仁（ —1996.3）
郭承雍（ —1996.3）
王作念
杨九海
孟凡正
王秀伶（女）
姚树涛（1996.3— ）
徐德林（1997.2— ）
委　员（按姓名笔画排序）
卜凡明
王春玲（女）
王超凡
申兆庆

回凤高
刘树美
杨时英
张凤云（—1995.2）
张永德（—1994.1）
陈登云（—1997.8）
侯忠民
郭兆金
高冠杜
商义森
傅长云（女，—1996.3）
楚爱民（女）

第十四届人大常委会组成人员

（1998.3—2003.1）

主　任 常贵民
副主任 王作念
崔林祥
杨九海
王秀伶（女）
姚树玉
徐德林
委　员（按姓名笔画排序）
于良
王中坤
王春玲（女）
申兆庆
冯玉皆
回凤高
刘全运
杨松琴（女）
沈保连
孟祥忠
高合宽
常贵桥
商义森
智庆全
谢云范
楚爱民（女）

第十五届人大常委会组成人员

（2003.1—2007.12）

主　任 常贵民（—2006.2）
王希亮（2006.2— ）
副主任 国洪印
姚树玉（—2006.2）
李长举
单长久（—2006.2）
伊敬国（—2004.7）
王海英（女）
张凤云（2005.2— ）
欧广生（2006.2— ）
张庆海（2006.2— ）
委　员（按姓名笔画排序）
王中坤
王明训
申爱君（女）
刘法来
江衍敏
孙自云
杨彬华（女）
张百来
张体峰
陈为民
尚瑞芬（女）
岳义华（2005.2— ）
单建国
孟祥柱（2005.2— ）
智庆全
解瑞民（—2003.7）
魏忠诚（—2003.12）

第十六届人大常委会组成人员

（2007.12—2012.1）

主　任　王希亮

副主任　张凤云（女，—2011.1）
国洪印（—2011.1）
欧广生
李长举（—2011.1）
王海英（女）
张洪安（2011.1—）
杨绍兴（2011.1—）

委　员（按姓名笔画排序）
王中坤
王建国
邬德硕
刘法来
刘　晓（女）
江衍敏
杨克超
杨彬华（女）
张为轩
张百来
张庆海
张志栋
张体峰
张　岩（女）
张宝华
尚瑞芬（女）
单建国（—2011.8）
孟祥柱
高　原
智庆全
谢云平

第十七届人大常委会组成人员

（2012.1—2017.1）

主　任　张广立

副主任　王海英（女）
张洪安（—2016.8）
杨绍兴
谢新平（—2014.10）
孙自军
姜来省（2016.1—）

委　员（按姓名笔画排序）
于际军
牛树昱
朱衍周
邬德硕
刘法来
杨克超
杨彬华（女）
李传东
李兆山
张乃勇
张为轩
张百来
张体峰
张　岩（女）
张宝华
张福桥
尚瑞山
侯月木
祝令华
姚金元
秦宗昌
高　原
高谭军
黄宝芹
梁丽娟（女）
谢云平
谢云金（2014.1—）

第十八届人大常委会组成人员

（2017.1— ）

主　任　张广立

副主任　王海英（女）

韩法政

张志栋

孙自军

姜来省

委　员（按姓名笔画排序）

于际军

马艳华（女）

王文琪（ —2019.4）

王红梅（女，2020.1— ）

王备松（2019.1— ）

王宜良

王贵生

牛祥勇

申爱君（女）

吕东海（ —2020.1）

乔友成

邬德硕

刘法来

杨长征

杨绍兴（ —2020.6）

杨彬华（女）

李传东

李新印（2019.1— ）

张乃勇

张为轩

张百来

张体峰

张　岩（女，—2019.1）

张宝华

张洪安（ —2018.1）

张德民（2020.1— ）

陈广恩

陈允林（ —2017.8）

罗　军

赵殿法

姚金元

徐大为

奚文惠

高冠强（ —2017.12）

高谭军

高潭印

黄宝芹

崔正福（2020.1— ）

梁丽娟（女，—2020.1）

韩廷清

韩　强

谢广建（ —2019.8）

谢云平

谢春兰（女，2020.1— ）

解卫国（2020.1— ）

解瑞民

第七章　郓城县人民代表大会

郓城县位于菏泽市东北部，北邻梁山县，东与嘉祥县接壤，南接巨野县、牡丹区，西与鄄城县毗邻，隔黄河与河南省范县、台前县相望。全境南北最长约44.39公里，东西最宽约35.71公里，总面积1643平方公里。辖武安镇、黄安镇、郭屯镇、随官屯镇、杨庄集镇、程屯镇、潘渡镇、侯咽集镇、玉皇庙镇、双桥镇、南赵楼镇、黄泥冈镇、唐庙镇、李集镇、黄集镇、张鲁集镇16个镇，水堡乡、陈坡乡2个乡，唐塔、郓州、丁里长、张营4个街道办事处和1个省级开发区，690个村（社区），2020年人口129万人。

郓城是水浒故事的发祥地和著名的武术之乡、戏曲之乡、书画之乡、古筝之乡。被授予全国新型城镇化建设示范县城、全国电子商务进农村综合示范县、全国农产品质量安全县、国家园林县城，获评中国地名文化遗产“千年古县”。

郓城县于1949年11月召开首届各界人民代表会议，至1954年，各界人民代表会议历经两届12次会议；各界人民代表会议代行地方人民代表大会职权，是具有过渡性质的权力机关。郓城县第一届人民代表大会第一次会议于1954年5月7日至9日召开，至1966年9月，历经六届19次会议。“文化大革命”期间的郓城县革命委员会列为第七届人民代表大会。1978年11月27日至30日，郓城县第八届人民代表大会第一次会议召开。1981年4月9日至13日，郓城县第九届人民代表大会第一次会议召开，成立郓城县人大常委会，至2020年12月，历经10届46次会议。

2017年9月15日，郓城县人大常委会视察郓城县教育“全面改薄”工作

第一节　人民代表大会会议

第一届人民代表大会会议

第一届人民代表大会任期自1954年5月至1956年12月，代表429名。举行会议6次，听取审议工作报告13个，作出决议6项。第一次会议听取审查政府工作报告和对于当前国际形势的报告，组织代表参观机器油坊；选举政府县长、副县长2人、委员28人；通过夏季工作决议。第二次会议通过政府工作报告；选举省人大代表5人；并通过夏季工作决议；收到代表提案246件。第三次会议听取审查通过政府关于秋征秋购工作报告；通过秋季工作决议；收到代表提案140件。第四次会议听取审查县政府关于政府工作基本情况总结报告、国际形势报告和关于征集补充兵员工作的报告；收到代表提案296件。第五次会议听取审查政府和法院工作报告；决定将县人民政府改称为县人民委员会，选举县长、副县长2人、委员22人和法院院长；补选省人大代表1人；收到代表提案233件。第六次会议听取和审查县人民委员会工作报告，通过县人民委员会关于第一个五年计划时期后二年的农业增产计划和1955年度征兵工作计划；收到代表提案233件。

第二届人民代表大会会议

第二届人民代表大会任期自1956年12月至1958年5月，代表375名。举行会议3次，听取审议工作报告7个，作出决议7项。第一次会议听取审议县人民委员会工作报告，审查县兵役委员会制定的1956年度征兵计划；选举县长、副县长5人、委员19人；收到代表提案455件。第二次会议听取审查县人民委员会、法院和财政工作报告；补选副县长1人。第三次会议批评某些领导的官僚主义作风和法院的“右倾思想”。

第三届人民代表大会会议

第三届人民代表大会任期自1958年5月至1961年4月，代表376名。举行会议4次，听取审议工作报告13个，作出决议4项。第一次会议听取审议县人民委员会、法院、财政、基层选举工作报告和县人民委员会关于夏季工作安排意见；选举县长、副县长5人、委员19人和法院院长；选举省人大代表6人；大会收到代表提案323件。第二次会议听取审查县人民委员会和法院工作报告，批准财政报告，收到代表提案334件。第三次会议听取审查县人民委员会和法院工作报告；补选副县长3人和法院院长；收到代表提案206件。第四次会议听取审查县人民委员会、财政和法院工作报告；补选副县长1人；收到代表提案264件。

第四届人民代表大会会议

第四届人民代表大会任期自1961年4月至1963年9月，代表417名。举行会议3次，听取审议工作报告7个，作出决议3项。第一次会议审查通过县人民委员会和法院工作报告；选举县长、副县长6人，委员20人；收到代表提案281件。第二次会议审查通过县人民委员会工作计划、财政和法院工作报告；收到代表提案273件。第三次会议听取审查县人民委员会上半年工作报告；收到代表提案226件。

第五届人民代表大会会议

第五届人民代表大会任期自1963年9月至1966年9月，代表375名。举行会议2次，听取审议工作报告3个，作出决议2项。第一次会议通过县人民委员和财政预、决算报告。选举县长、副县长2人、委员22人和法院院长；选举省人大代表7人。第二次会议听取审查县人民委员会工作报告；收到代表提案184件。

第六届人民代表大会会议

第六届人民代表大会第一次会议于1966年9月3日至5日举行。代表375名。通过县人民委员会、财政和法院工作报告。选举县长，副县长2人、委员24人。（本届只开一次会议）

第七届人民代表大会会议

第七届人民代表大会未曾召开。1968年5月13日，经山东省革命委员会批准，成立郓城县革命委员会。1978年召开县人民代表大会前，山东省革命委员会规定，“文化大革命”期间的县革命委员会算作一届政府，也算作一届人民代表大会，因此把郓城县革命委员会列为第七届人民代表大会。

第八届人民代表大会会议

第八届人民代表大会第一次会议于1978年11月27日至30日在县城举行。应到代表746名。会议通过县革命委员会工作报告；选举县革命委员会主任、副主任7人、委员63人、法院院长和检察院检察长。

第九届人民代表大会会议

第九届人民代表大会任期自1981年4月至1984年5月，代表375名。举行会议3次，听取审议工作报告15个，作出决议11项。第一次会议审议通过县革命委员会、计划、财政、法院和检察院工作报告，并通过相应决议；选举县人大常委会组成人员；此次会议将县革命委员会改名为县人民政府，选举县长、副县长5人、法院院长和检察院检察长；收到代表所提议案243件。第二次会议审议通过县政府、财政、人大常委会、法院和检察院工作报告，并通过相应决议；补选县人大常委会委员1人；收到代表议案245件。第三次会议审议通过县政府、财政、县人大常委会、法院和检察院工作报告，并通过相应决议；

选举省人大代表 9 人；收到并督办代表所提议案、建议 164 件。

第十届人民代表大会会议

第十届人民代表大会任期自 1984 年 5 月至 1987 年 3 月，代表 386 名。举行会议 3 次，听取审议工作报告 17 个，作出决议 13 项。第一次会议审议通过县政府、财政、人大常委会、法院和检察院工作报告，并通过相应的决议；选举人大常委会组成人员、县长、副县长 5 人、法院院长和检察院检察长；收到代表所提议案 9 件，建议、批评和意见 26 件。第二次会议听取审议县政府、财政、一次会议议案办理情况、人大常委会、法院和检察院工作报告，并通过相应的决议；补选县人大常委会委员 1 人；收到代表所提议案 17 件，建议、批评和意见 44 件。第三次会议审议通过县政府、计划、财政、人大常委会、法院和检察院工作报告，并通过相应的决议；补选县长、增选县人大常委会副主任 1 人；收到代表所提议案 3 件，建议、批评和意见 54 件。

第十一届人民代表大会会议

第十一届人民代表大会任期自 1987 年 3 月至 1990 年 2 月，代表 326 名。举行会议 3 次，听取审议工作报告 16 个，作出决议 13 项。第一次会议听取审议县政府、财政、人大常委会、法院和检察院工作报告，并通过相应的决议；选举县人大常委会组成人员，县人民政府县长、副县长 5 人，县人民法院院长，县人民检察院检察长；收到代表所提议案 23 件，建议、批评和意见 44 件。第二次会议听取审议县政府、人大常委会、法院和检察院工作报告，并通过相应的决议；选举省人大代表 8 人；收到代表所提议案 5 件，建议、批评和意见 26 件。第三次会议听取审议县政府、计划、财政、人大常委会、法院和检察院工作报告，并通过相应决议；补选政府县长；收到代表所提议案 11 件，建议、批评和意见 31 件。

第十二届人民代表大会会议

第十二届人民代表大会任期自 1990 年 2 月至 1993 年 3 月，代表 385 名。举行会议 3 次，听取审议工作报告 18 个，作出决议 15 项。第一次会议听取审议县政府、计划、财政、人大常委会、法院和检察院工作报告，并通过相应的决议；选举县人大常委会组成人员，县人民政府县长、副县长 5 人，县人民法院院长，县人民检察院检察长；收到代表所提议案 9 件，建议、批评和意见 182 件。第二次会议听取审议县政府、“七五”计划执行情况和十年规划及“八五”计划、财政、人大常委会、法院和检察院工作报告，并通过相应的决议；收到代表所提议案 2 件，建议、批评和意见 141 件。第三次会议听取审议县政府、计划、财政、人大常委会、法院和检察院工作报告，并通过相应的决议；增选县人大常委会副主任 1 人，补选县政府县长；收到代表所提议案 4 件，建议、批评和意见 168 件。

第十三届人民代表大会会议

第十三届人民代表大会任期自 1993 年 3 月至 1998 年 2 月，代表 396 名。举行会议 5 次，听取审议工作报告 18 个，作出决议 15 项。第一次会议听取审议县政府、计划、财政、人大常委会、法院和检察院工作报告，并通过相应的决议；选举县人大常委会组成人员，县人民政府县长、副县长 6 人，县人民法院院长，县人民检察院检察长；选举省人大代表 8 人；收到代表所提议案 8 件，建议、批评和意见 189 件。第二次会议听取审议县政府、计划、财政、人大常委会、法院和检察院工作报告，并通过相应的决议；收到代表所提议案 4 件，建议、批评和意见 138 件。第三次会议听取审议县政府、计划、财政、人大常委会、法院和检察院工作报告，并通过相应的决议；补选政府县长；收到代表所提议案 3 件，建议、批评和意见 169 件。第四次会议听取审议县政府、计划、财政、人大常委会、法院和检察院工作报告，并通过相应的决议；增选人大常委会副主任 1 人，补选县政府县长；收到代表所提议案 2 件，建议、批评和意见 160 件。第五次会议听取审议县政府、计划、财政、人大常委会、法院和检察院工作报告，并通过相应的决议；增选人大常委会副主任 1 人，补选检察院检察长。收到代表提出的议案 5 件，建议、批评和意见 127 件。

第十四届人民代表大会会议

第十四届人民代表大会任期自 1998 年 2 月至 2003 年 1 月，代表 329 名。举行会议 6 次，听取审议工作报告 30 个，作出决议 30 项。第一次会议听取审议县政府、计划、财政、人大常委会、法院和检察院工作报告，并通过相应的决议；选举县人大常委会组成人员，县人民政府县长、副县长 6 人，县人民法院院长，县人民检察院检察长；选举省人大代表 9 人；收到代表所提议案 1 件，建议、批评和意见 123 件。第二次会议听取审议县政府、计划、财政、人大常委会、法院和检察院工作报告，并通过相应的决议；接受 1 人辞去县人大常委会副主任职务，补选县人大常委会副主任 2 人；收到代表所提议案 3 件，建议、批评和意见 101 件。第三次会议听取审议县政府、计划、财政、人大常委会、法院和检察院工作报告，并通过相应决议；收到代表所提议案 3 件，建议、批评和意见 99 件。第四次会议选举市人大代表 65 名。第五次会议听取审议县政府、计划、财政、人大常委会、法院和检察院工作报告，并通过相应决议；补选县政府县长、法院院长、检察院检察长；收到代表所提议案 2 件，建议、批评和意见 66 件。第六次会议听取审议县政府、计划、财政、人大常委会、法院和检察院工作报告，并通过相应决议；接受 3 人辞去县人大常委会副主任职务，补选县人大常委会副主任 4 人；收到代表所提议案 3 件，建议、批评和意见 50 件。

第十五届人民代表大会会议

第十五届人民代表大会任期自 2003 年 1 月至 2007 年 12 月，代表 329 名。举行会议 5 次，听取审议工作报告 26 个，审查报告 5 个（自四次会议始，计划、财政报告书面提交），作出决议 31 项。第一次会议听取审议县政府、计划、财政、人大常委会、法院和检察院工作报告，并通过相应的决议；选举县人大常委会组成人员，县人民政府县长、副县长 6 人，县人民法院院长，县人民检察院检察长；选举市人大代表 65 人；收到代表所提议案 3 件，建议、批评和意见 69 件。第二次会议听取审议县政府、计划、财政、人大常委会、法院和检察院工作报告，并通过相应的决议；收到代表所提建议、批评和意见 51 件。第三次会议听取审议县政府、计划、财政、人大常委会、法院和检察院工作报告，并通过相应决议；收到代表所提建议、批评和意见 59 件。第四次会议听取审议县政府、人大常委会、法院和检察院工作报告，审查“十一五”规划纲要和计划、财政报告，并通过相应决议；接受 4 人辞去县人大常委会副主任职务，补选县人大常委会副主任 2 人，补选县政府县长、法院院长、检察院检察长；会议对 11 名郓城人民好公仆进行表彰；收到代表建议、批评和意见 40 件。第五次会议听取审议县政府、人大常委会、法院和检察院工作报告，审查计划、财政报告，并通过相应决议；收到代表所提议案 1 件，建议、批评和意见 36 件。

第十六届人民代表大会会议

第十六届人民代表大会任期自 2007 年 12 月至 2012 年 1 月，代表 329 名。举行人民代表大会会议 4 次，听取审议工作报告 16 个，审查报告9个，作出决议21项。第一次会议听取审议县政府、人大常委会、法院和检察院工作报告，审查计划、财政报告，并通过相应的决议；选举县人大常委会组成人员，县人民政府县长、副县长6人，县人民法院院长，县人民检察院检察长；选举市人大代表66人；收到代表所提议案2件，建议、批评和意见68件。第二次会议听取审议县政府、人大常委会、法院和检察院工作报告，审查计划、财政报告，并通过相应的决议；收到代表所提议案1件，建议、批评和意见30件。第三次会议听取审议县政府、人大常委会、法院和检察院工作报告，审查计划、财政报告，并通过相应的决议；收到代表所提议案1件，建议、批评和意见32件。第四次会议听取审议县政府、人大常委会、法院和检察院工作报告，审查“十二五”规划纲要、计划、财政报告，并通过相应决议；接受2人辞去县人大常委会副主任职务，补选县人大常委会副主任2人，补选县政府县长、副县长1人；会议对25名“建功立业”优秀代表进行表彰；收到代表所提议案2件，建议、批评和意见34件。

第十七届人民代表大会会议

第十七届人民代表大会任期自2012年1月至2017年1月，代表365名。举行会议7次，听取审议工作报告20个，审查报告11个，作出决议31项。第一次会议听取审议县政府、人大常委会、法院和检察院工作报告，审查计划、财政报告，并通过相应的决议；选举县人大常委会组成人员，县人民政府县长、副县长6人，县人民法院院长，县人民检察院检察长；选举市人大代表72人；收到代表所提议案2件，建议、批评和意见46件。第二次会议听取审议县政府、人大常委会、法院和检察院工作报告，审查计划、财政报告，并通过相应的决议；收到代表所提议案2件，建议、批评和意见70件。第三次会议听取审议县政府、人大常委会、法院和检察院工作报告，审查计划、财政报告，并通过相应的决议；收到代表所提建议、批评和意见58件。第四次会议补选县政府县长。第五次会议听取审议县政府、人大常委会、法院和检察院工作报告，审查计划、财政报告，并通过相应决议；收到代表所提建议、批评和意见68件。第六次会议补选县人大常委会主任、县政府县长、县人大常委会委员1人。第七次会议听取审议县政府、人大常委会、法院和检察院工作报告，审查“十三五”规划纲要、计划、财政报告，并通过相应决议；补选县人大常委会主任、副主任2人，政府副县长1人；收到代表所提建议、批评和意见67件。

第十八届人民代表大会会议

第十八届人民代表大会任期自2017年1月开始。代表365名。至2020年12月举行会议4次，听取审议工作报告16个，审查报告8个，作出决议24项。第一次会议听取审议县政府、人大常委会、法院和检察院工作报告，审查计划、财政报告，并通过相应的决议；选举县人大常委会组成人员，县人民政府县长、副县长5人，县人民法院院长，县人民检察院检察长；选举市人大代表71人；收到代表所提议案2件，建议、批评和意见46件。第二次会议听取审议县政府、人大常委会、法院和检察院工作报告，审查计划、财政报告，并通过相应的决议；选举监察委主任，补选人大常委会委员2人；表彰“后来居上、代表先行”活动优秀代表；收到代表所提议案2件，建议、批评和意见87件。第三次会议听取审议县政府、人大常委会、法院和检察院工作报告，审查计划、财政报告，并通过相应的决议；补选检察院检察长，人大常委会委员1人；表彰“后来居上、代表先行”活动优秀代表；收到代表所提议案1件，建议、批评和意见95件。第四次会议听取审议县政府、人大常委会、法院和检察院工作报告，审查计划、财政报告，并通过相应决议；补选人大常委会副主任1人、检察院检察长、人大常委会委员1人；表彰“后来居上、代表先行”活动优秀代表；收到代表所提建议、批评和意见72件。

第二节　人大常委会会议

1981年4月，郓城县第九届人民代表大会第一次会议产生郓城县人民代表大会常务委员会，下设办公室。1984年5月，增设联络科、调研科、组织科。1987年9月，撤销联络科、调研科，增设文教科、法制科和财经科。1988年12月增设农业科。1991年2月增设调研室、信访科。1998年3月，撤销组织科，增设代表组织科。2003年1月，撤销代表组织科、信访科、文教科、法制科、财经科和农业科，增设人事代表工作室、信访室、内务司法工作委员会、财政经济工作委员会、教育科学文化卫生人口工作委员会、农业与农村工作委员会。2016年12月，增设预算工作委员会，城乡建设与环境资源保护委员会。2018年12月，增设社会建设工作委员会。

第九届人大常委会会议

第九届人大常委会举行会议16次，听取审议“一府两院”工作报告32项；作出决议决定5项；任免国家机关工作人员121人次；组织开展7次视察活动。

第十届人大常委会会议

第十届人大常委会举行会议19次，听取审议“一府两院”工作报告38项；作出决议决定2项；任免国家机关工作人员172人次；组织开展3次视察活动。

第十一届人大常委会会议

第十一届人大常委会举行会议20次，听取审议“一府两院”工作报告61项；作出决议决定2项；任免国家机关工作人员340人次；组织开展8次视察活动。

第十二届人大常委会会议

第十二届人大常委会举行会议20次，听取审议“一府两院”工作报告74项；作出决议决定6项；任免国家机关工作人员151人次；组织开展5次视察活动。

第十三届人大常委会会议

第十三届人大常委会举行会议35次，听取审议“一府两院”工作报告36项；作出决议决定6项；任免国家机关工作人员430人次；组织开展7次视察、执法检查活动。

第十四届人大常委会会议

第十四届人大常委会举行会议31次，听取审议“一府两院”工作报告57项；作出决议决定3项；任免国家机关工作人员330人次；组织开展35次视察、执法检查活动。

第十五届人大常委会会议

第十五届人大常委会举行会议38次，听取审议“一府两院”工作报告79项；作出决议决定6项；任免国家机关工作人员336人次；组织开展16次视察、执法检查活动。

第十六届人大常委会会议

第十六届人大常委会举行会议28次，听取审议“一府两院”工作报告59项；作出决议决定6项；任免国家机关工作人员157人次；组织开展 8 次视察、执法检查活动。

第十七届人大常委会会议

第十七届人大常委会举行会议 35 次，听取审议“一府两院”工作报告 75 项；作出决议、决定 28 项；任免国家机关工作人员 322 人次；组织开展执法检查 8 次、工作视察 8 次。

第十八届人大常委会会议

至 2020 年 12 月，第十八届人大常委会举行会议 29 次，听取审议“一府两院”工作报告 65 项，作出决议、决定 30 项；依法任免国家机关工作人员 326 人次，组织宪法宣誓 85 人次，对 51 名县法院首批员额法官、42 名县检察院首批员额检察官进行备案；组织开展执法检查 4 次、视察 4 次。

2019 年 11 月 6 日，郓城县人大视察人居环境综合整治工作

第三节 历届人大常委会组成人员

1981 年 4 月召开的郓城县第九届人民代表大会第一次会议，依据《中华人民共和国宪法》和《中华人民共和国地方各级人民代表大会和地方各级人民政府组织法》，选举产生该届常务委员会。此后，历届人民代表大会换届选举时，均选举产生该届常务委员会。县人大常委会由主任 1 人、副主任若干人、委员若干人组成。

第九届人大常委会组成人员

（1981.4—1984.5）

主　任　刘明台
副主任　李厚昌
　　　　王登岱
　　　　车仲实
委　员（按姓名笔画排序）
　　　　丁葆成
　　　　马文章（—1983.1）
　　　　王玉音
　　　　王兴珍（女）
　　　　王振禹（1982.3—）
　　　　刘云
　　　　刘会株
　　　　米永勤（回族，—1982.5）
　　　　吴玮（女）
　　　　张玉环（女）
　　　　张明才
　　　　周长军
　　　　孟祥伦
　　　　徐保勤（女）

第十届人大常委会组成人员

（1984.5—1987.3）

主　任　吴方才
副主任　范传勤
　　　　鲁成
　　　　李传孔
　　　　车仲实
　　　　徐玉坤
　　　　孟庆昌（1986.5—）
委　员（按姓名笔画排序）
　　　　王广存
　　　　王兴珍（女）
　　　　石建丽（女）
　　　　白云福

刘会珠
许思存（1985.4— ）
孙从华
李作帅
肖玉平
吴　玮（女）
何利海
秦桂银
徐树权
徐保勤（女）
童彩云（女）
谭秀亭（女）

第十一届人大常委会组成人员

（1987.3—1990.2）

主　任　吴方才
副主任　范传勤
李传孔
孟庆昌
刘干秀
徐玉坤
委　员（按姓名笔画排序）
王兴珍（女）
王秀珍（女）
庄金荄（女）
许思存
孙建都
李爱国（女）
肖玉平
何历海
陈广信
和中杰（纳西族）
赵延金
祝长春
钱继山

第十二届人大常委会组成人员

（1990.2—1993.3）

主　任　吴方才
副主任　范传勤
李传孔
孟庆昌
刘干秀
徐玉坤
樊兆兴
单承坤（1992.3— ）
委　员（按姓名笔画排序）
王兴珍（女）
王体学
朱法龙
刘永强
孙宝元
杨翠兰（女）
李尊勤
肖玉平
陈广信
和中杰（纳西族）
赵延金
祝长春
顾品新
钱继山
童彩云（女，—1993.2）
戴思远

第十三届人大常委会组成人员

（1993.3—1998.2）

主　任　周庆文
副主任　王长存
刘干秀（ —1997.3）
徐玉坤
樊兆兴（ —1996.3）
梁可建

王敏峰
樊兆坤（1996.3— ）
郭成林（1997.3— ）
委　员（按姓名笔画排序）
王思义
王登秀
朱法龙
刘永强
刘建伦
孙宝元
孙桂芬（女）
杨从玺
杨翠兰（女）
李尊勤
吴玉东
宋体敏
张友良
张承佑
范玉芝（女）
孟凡江
祝长春
高全立
曹景洲（ —1994.8）
霍瑞芹（女）

第十四届人大常委会组成人员

（1998.2—2003.1）

主　任　杨志森
副主任　王长存
徐玉坤（ —1999.3）
王敏峰
郭成林
郭齐顺（1999.3—2002.3）
陈德明（1999.3—2002.3）
陈有民（2002.3— ）
曹先玉（2002.3— ）
何邦义（2002.3— ）
康传忠（2002.3— ）
委　员（按姓名笔画排序）
王金仲
朱延德
刘建伦
刘缵坤
孙万勇
李圣先
李建英（女）
李梦考
杨翠兰（女）
吴绪祥
陈德明（ —1999.3）
范玉芝（女）
孟凡江
胡兴刚
修建周
侯士俊
郭齐顺（ —1999.3）
彭咏梅（女）
葛文涛
樊继文

第十五届人大常委会组成人员

（2003.1—2007.12）

主　任　刘清先
副主任　曹先玉（ —2006.2）
郭成林（ —2006.2）
陈有民（ —2006.2）
何邦义（ —2006.2）
杨彩云（女）
张玉秀
康传忠
李迎科
王以海（2006.2— ）

孙万慈（2006.2— ）

委　员（按姓名笔画排序）

王永利（ —2006.1）

王留喜

车　力（女）

田广东

边广忠

朱道民

刘性礼（ —2006.1）

刘缵坤

李玉欢

李传先

李秀玲（女）

李建英（女）

宋保华

陈　灵

范玉芝（女）

房殿礼

孟凡江

修建周

彭咏梅（女）

魏文义

第十六届人大常委会组成人员

（2007.12—2012.1）

主　任 刘清先

副主任 杨彩云（女，—2011.1）

王以海（ —2011.1）

张玉秀

李迎科

孙万慈

褚景云（女，2011.1— ）

曹建文（2011.1— ）

委　员（按姓名笔画排序）

于文卿

王留喜

车　力（女）

田广东

刘建伦

刘树民（2009.2— ）

刘寅华（ —2009.2）

刘瓒坤孙从华

孙兆同（ —2008.7）

孙桂芬（女）

李玉欢

李传先

李庆利

李秀玲（女）

李　兵

宋保华

张素云（女）

陈广晓（2011.1— ）

陈　慧（女）

范奎新

房殿礼

房殿光

孟凡江

赵传雨

祝玉潺

徐学用

郭良生（2011.1— ）

樊庆亮

魏文义

第十七届人大常委会组成人员

（2012.1—2017.1）

主　任 王永华（ —2015.8）

刘文林（2015.8—2016.1）

王广岱（2016.1— ）

第一副主任

王广岱（ —2016.1）

副主任 朱　琳（女，—2015.2）

褚景云（女，—2013.10）
曹建文
钱建华（ —2016.4）
孙兴忠（2014.1— ）
王秀丽（女，2016.1— ）
陈修社（2016.1— ）

委　员（按姓名笔画排序）

于文卿
王秀宽
王振亚
王海涛
付邦冉（2014.1— ）
任仲国
任仰年（2015.8— ）
刘树民
刘缵坤
孙桂芬（女）
杨际作
杨洪涛
李玉欢
李庆利
李建民（ —2016.1）
李晓景（女）
张玉芝
张传峰
张素云（女）
张恩从
陈贵祥
陈桂莲（女）
陈敬东
陈慧（女）
罗永波
郭　斌
曹景福（2014.1— ）
董城郊
樊兆国（ —2015.4）

第十八届人大常委会组成人员

（2017.1— ）

主　任　王广岱

副主任　曹建文

王秀丽（女）
孙兴忠
陈修社
王奎益（ —2018.3）
黄守江（2020.7— ）

委　员（按姓名笔画排序）

刁兆存（2018.1— ）
王春霞（女）
王振亚
王海涛（ —2019.3）
石学森
付邦冉
朱道玉
任仲国
任仰年
庄心民
刘国庆
刘缵坤
孙万文（2020.7— ）
孙自蔚
孙桂芬（女）
杨现旺
杨洪涛
李伯林
李晓景（女）
李瑞芹
李献刚
张玉芝
张传锋
陈贵祥
陈　勇
陈敬东

陈慧（女）
陈鹤龄
罗永波
周玉华
赵秀兰（女）
侯殿修
郭　斌

桑圣钦（2018.1— ）
曹向东
曹景福
梁素云（女）
韩海臣（ —2019.1）
董城郊
智建国（2019.1— ）

第八章　鄄城县人民代表大会

鄄城县位于山东省西南部，西北两面跨黄河与河南省毗邻，因境内有鄄邑、鄄城而得名，面积1037平方公里，耕地98万亩，辖红船镇、李进士堂镇、临濮镇、彭楼镇、阎什镇、董口镇、旧城镇、什集镇、箕山镇、凤凰镇、郑营镇、引马镇、大埝镇、左营镇、富春镇15个镇，古泉、陈王2个街道办事处和1个省级经济技术开发区，390个行政村（社区），2020年人口93万人。

鄄城是中华民族开发较早的区域之一，“三皇五帝”中的尧、舜二帝都曾在境内活动，周时为卫国之鄄邑，西汉初置县，是民政部命名的“千年古县”，是古代军事家、一代兵师孙膑的故里，境内存有尧王墓、孙膑墓、苏御史牌坊、舜耕历山等古迹遗址，是中国最大的孙膑文化、孙膑兵法、孙膑军事思想研究基地。鲁锦、砖雕、商羊舞被列入国务院非物质文化遗产名录，抬阁、二洪拳、担经等6项民间艺术被列入省级非物质文化遗产名录，斗鸡、斗羊、武术、戏曲、马叉、抬阁、舞狮等民俗文化源远流长。同时鄄城县也是国家级生态示范区，全国粮食生产基地县，全国平原绿化先进县，全国鲁西黄牛和中国斗鸡保种基地。

1949年5月，鄄城县解放建立人民政权。同年11月，鄄城县召开第一届各界人民代表会议第一次会议。至1954年7月，鄄城县召开过1届9次各界人民代表会议，并选举产生常委会。这是当时特定历史条件下地方政权组织形式，带有过渡性质。1954年7月，在实行人民普选的基础上召开鄄城县第一届人民代表大会第一次会议。从此，人民代表大会制度在本县正式确立。至1966年4月，鄄城共召开6届14次县人民代表大会会议，从政治制度上保证人民管理国家的权力。由于当时人大未设常务委员会，历次会议都由县人民政府或县人民委员会负责筹备和召集。“文化大革命”期间，县人民代表大会活动中断。党的十一届三中全会以后，根据宪法、选举法、地方组织法的规定和中共山东省委的部署，1983年3月，鄄城县第七届人民代表大会第一次会议胜利

2020年7月17日，鄄城县第十八届人民代表大会第四次会议召开

召开，中断18年的人民代表大会得以恢复，人大工作逐渐走上正常化、制度化、规范化的轨道。至2020年12月，历经18届36次会议。

第一节　人民代表大会会议

第一届人民代表大会会议

第一届人民代表大会任期自1954年至1956年，共召开5次会议。第一次会议选举邵仰华、宋文田、吴崇华、路秀英为出席山东省人民代表大会代表。第二次会议提出“为完成第一个五年计划而奋斗”。第三次会议号召掀起反对美蒋发动原子战争签名运动。第四次会议撤销政府委员会和常务委员会，选举产生由17人组成的人民委员会，选出县长、副县长和法院院长，补选李玉花为省人大代表。第五次会议听取和讨论政府工作报告，通过各项决议。

第二届人民代表大会会议

第二届人民代表大会任期自1957年至1958年，共召开2次会议。第一次会议，选举产生人民委员会，并通过各项决议。第二次会议补选缺额县长。

第三届人民代表大会会议

第三届人民代表大会任期自1958年至1961年。1958年5月26日至29日召开第一次会议通过《全民动员、鼓足干劲、力争上游、苦干三年改变整个鄄城面貌》的大会决议，选举新的县长、副县长和人民委员会委员，选出省人大代表。

第四届人民代表大会会议

第四届人民代表大会任期自1961年至1963年，共召开2次会议。第一次会议选举县长、副县长和委员。第二次会议听取形势报告和政府工作报告、省人代会精神传达报告，通过大会决议。

第五届人民代表大会会议

第五届人民代表大会任期自1963年至1966年。1963年9月22日至25日召开第一次会议，会议议定今后的工作方针与任务，选举县长、副县长和委员，选举省人大代表。

第六届人民代表大会会议

第六届人民代表大会任期自1966年至1968年。1966年7月18日至21日召开第一次会议，会议部署1956年工作任务，规划今后五年的设想。选举本届县长、副县长和委员，选举法院院长。

鄄城县革命委员会会议

1968年4月3日在工会广场召开万余人参加的鄄城县革命委员会成立大会，宣布县革委主任、副主任、常委、委员。

第八届人民代表大会会议

第八届人民代表大会任期自1978年至1980年。1978年12月27日至30日召开第一次会议，会议通过县革委工作报告，选举产生革命委员会主任、副主任、委员，县人民法院院长，县人民检察院检察长。

第九届人民代表大会会议

第九届人民代表大会任期自1981年至1983年，共召开3次会议。第一次会议选举县人民代表大会常务委员会，将县革命委员会改为县人民政府，选举县长、副县长、法院院长、检察院检察长。第二次会议受理代表提案96件。第三次会议受理代表提案68件。

第十届人民代表大会会议

第十届人民代表大会任期自1984年至1986年，共召开3次会议。第一次会议受理代表提案52件。大会选举县人大常委会主任、副主任、委员，选举县长、副县长、县法院院长、检察院检察长。第二次会议受理代表提案26件，建议、批评和意见35件。第三次会议受理代表提案1件，建议、批评和意见93件，选举县人大常委会主任、县人民政府县长。

第十一届人民代表大会会议

第十一届人民代表大会任期自1987年至1989年，共召开3次会议。第一次会议选举产生县人大常委会主任、副主任、委员，选举县人民政府县长、副县长，县人民法院院长，县人民检察院检察长。第二次会议受理代表议案34件，建议、批评和意见30条，选举山东省第七届人民代表大会代表。第三次会议受理代表议案64件，建议、批评和意见62件，选举鄄城县县长。

第十二届人民代表大会会议

第十二届人民代表大会任期自1990年至1992年，共召开3次会议。第一次会议选举县人大常委会主任、副主任，选举县长、副县长，县人民法院院长，县人民检察院检察长。第二次会议受理代表议案79件，代表直接提出建议、批评和意见131条。第三次会议受理代表议案51件，代表直接提出建议、批评和意见84条。

第十三届人民代表大会会议

第十三届人民代表大会任期自1993年至1997年，共召开5次会议。第一次会议受理代表议案40件，选举县人大常委会主任、副主任、委员，选举县政府县长、副县长，县人民法院院长，县人民检察院检察长，选举出席山东省第八届人民代表大会代表。第二次会议受理代表议案54件，代表直接提出的建议、批评和意见40件。第三次会议受理代表议案76件，补选县人大常委会副主任、委员，补选县政府县长。第四次会议受理代表议案78件，补选县人大常委会副主任、委员。第五次会议受理代表议案80件，补选县人大常委会副主任，县人民法院院长，县人民检察院检察长。

第十四届人民代表大会会议

第十四届人民代表大会任期自1998年至2002年，共召开6次会议。第一次会议受理代表议案63件，选举县人大常委会主任、副主任、委员，选举县政府县长、副县长，县人民法院院长，县人民检察院检察长，选举出席山东省第九届人民代表大会代表。第二次会议受理代表议案73件，补选县人大常委会副主任、县政府副县长。第三次会议受理代表议案70件。第四次会议选举产生鄄城县出席菏泽市第十五届人民代表大会代表50人。第五次会议受理代表议案43件，补选县人大常委会副主任，县政府县长、副县长。第六次会议受理代表议案56件，补选县人大常委会委员。

第十五届人民代表大会会议

第十五届人民代表大会任期自2003年至2007年，共召开5次会议。第一次会议受理代表议案54件，选举县人大常委会主任、副主任、委员，选举县政府县长、副县长，县人民法院院长，县人民检察院检察长，选举鄄城县出席菏泽市第十六届人民代表大会代表49人。第二次会议受理代表议案51件。第三次会议受理代表议案41件，补选县人大常委会副主任，县人民检察院检察长。第四次会议受理代表议案41件，补选县人大常委会主任、副主任，县政府县长，县人民法院院长，县人民检察院检察长。第五次会议受理代表议案37件，补选县人大常委会副主任。

第十六届人民代表大会会议

第十六届人民代表大会任期自2007年至2012年，共召开5次会议。第一次会议受理代表议案52件，选举县人大常委会主任、副主任、委员，选举县政府县长、副县长，县人民法院院长，县人民检察院检察长，选举出席菏泽市第十七届人民代表大会代表53人。第二次会议受理代表议案40件。第三次会议选举县政府县长，补选县人大常委会委员。第四次会议受理代表议案34件。第五次会议受理代表议案52件。

第十七届人民代表大会会议

第十七届人民代表大会任期自2012年至2016年，共召开6次会议。第一次会议选举产生县人大常委会主任、副主任、委员，县政府县长、副县长，县人民法院院长，县人民检察院检察长，出席菏泽市第十八届人民代表大会代表。第二次会议表彰“乡（镇）人大工作先进单位”和“有突出贡献的人大代表”、“优秀人大代表”，受理代表议案23件。第三次会议表彰“优秀人大代表”等，受理代表议案31件。第四次会议受理代表议案19件。第五次会议投票选举县人大常委会第一副主任。第六次会议受理代表议案29件。

第十八届人民代表大会会议

第十八届人民代表大会自2017年1月开始，至2020年12月，共召开4次会议。第一次会议选举县人大常委会主任、副主任、委员，县政府县长、副县长，县人民法院院长，县人民检察院检察长，出席菏泽市第十九届人民代表大会代表，表决通过县十八届人大各专门委员会组成人员人选名单，受理代表议案37件。第二次会议选举县监察委员会主任，补选县第十八届人大常委会委员，受理代表议案29件。第三次会议选举县人大常务委员会委员，表决通过县人大有关专门委员会组成人员人选名单，受理代表议案35件。第四次会议选举县人大常委会副主任、县监察委员会主任、县人大常委会委员，表决通过县人大有关专门委员会组成人员人选名单，受理代表议案33件。第五次会议选举县人大常委会副主任、县人民检察院检察长、县人大常委会委员，受理代表议案39件。

第二节　人大常委会会议

县人民代表大会设立监察和法制、财政经济、教育科学文化卫生、城乡建设与环境资源保护、农业与农村、社会建设6个专门委员会。县人大常委会机关设立办公室、研究室、信访室、人事代表工作委员会和预算工作委员会。县十八届人大常委会组成人员33人，其中主任1人，副主任5人，委员29人。

第八届人大常委会会议

第八届人大常委会举行会议21次，听取审议“一府两院”工作报告11个，任免国家机关工作人员130人次，组织视察、专题调查4次。本届人大常委会会议分别作出关于学习讨论宪法修改草案、严厉打击刑事犯罪活动、积极进行殡葬改革大力推行火葬等决议，听取县委对县人大工作的几点意见等。常委会加强组织建设，设置办公室、代表联络科、调查研究科，配备必要的工作人员。

第九届人大常委会会议

第九届人大常委会举行会议25次，听取审议“一府两院”工作报告38个，作出决议、决定43项，任免国家机关工作人员124人次，组织视察、调研39次。常委会修改完善1984年县人大常委会制定的各项制度、办法等，加强组织建设和制度建设，充实机关工作人员。

第十届人大常委会会议

第十届人大常委会举行会议20次，听取审议“一府两院”工作报告51个，作出决议、决定39项，任免国家机关工作人员187人次。根据省人大常委会的决定和县委文件精神，常委会从人大常委会的性质、地位和作用出发，正确处理好党委、人大、“一府两院”的关系，加强对“一府两院”的法律监督和工作监督，改进任免工作，同时进一步加强人大常委会的自身建设，完善人大常委会的工作制度。

第十一届人大常委会会议

第十一届人大常委会举行会议23次，听取审议“一府两院”工作报告38个，作出决议、决定42项，组织视察、调研28次。1992年通过《鄄城县人大常委会关于任命乡（镇）、县直选举委员会组成人员的决定》，审议通过《鄄城县人大常委会关于确定一九九一年县、乡（镇）人大换届选举代表名额的意见》。1993年审议县人大常委会提请县十二届人大一次会议审议的工作报告草案；听取关于鄄城县第十二届人民代表大会代表资格审查报告；听取鄄城县选举委员会关于全县换届选举情况的报告；议决第十二届人民代表大会第一次会议各项事项。

第十二届人大常委会会议

第十二届人大常委会举行会议19次，听取“一府两院”关于农村提留方案、县计划生育委员会、乡镇企业局工作情况的报告等58项，听取县政府关于开展“质量品种效益年”活动情况、关于《中华人民共和国义务教育法》贯彻实施情况、关于《中华人民共和国计量法》和《中华人民共和国标准化法》实施情况等的汇报，组织开展视察、调研24次。

第十三届人大常委会会议

第十三届人大常委会举行会议25次，听取并审议“一府两院”关于1992年全县农民负担监督管理工作和清理情况、关于农业科技服务情况、关于《全民所有制工业企业转换经营机制条例》落实情况、关于水产开发情况的汇报等52项，批准通过县人民政府关于《鄄城县城乡规划建设管理暂行规定》的补充规定，组织开展视察、调研21次。

第十四届人大常委会会议

第十四届人大常委会举行会议36次，听取并审议“一府两院”关于妇女权益保障法贯彻实施情况、药品管理法贯彻实施情况、民营经济工作情况的汇报等54项，组织开展视察调研19次。

第十五届人大常委会会议

第十五届人大常委会举行会议39次，听取并审议“一座两院”关于科技推广、工商工作、质量技术监督工作、社会保障体系建设工作、民事审判工作和反贪、渎职犯罪情况的汇报等63项，开展视察8次。

第十六届人大常委会会议

第十六届人大常委会举行会议39次，把强化农业基础设施建设、道路交通建设、扶贫开发、环境资源保护作为关注和监督的重点，听取审议县政府关于县级预算执行和其他财政收支的审计报告、关于国民经济和社会发展计划执行情况的报告、关于预算执行情况的报告、关于“十件实事”落实情况的报告等69项。组织开展贯彻落实防洪法情况、全县校安工程及学前教育工作情况、全县发展农村经济工作情况等视察26次，依法作出决定决议28项。

第十七届人大常委会会议

第十七届人大常委会举行会议42次，听取

审议县政府关于县级预算执行和其他财政收支的审计报告、关于国民经济和社会发展计划执行情况的报告、关于预算执行情况的报告、关于“十件实事”落实情况的报告；县人民法院关于审判执行工作情况的报告；县人民检察院关于民事行政检察工作情况的报告等 61 项。组织开展发展农村经济工作情况、大项目建设和城镇化重点工程建设情况等视察 27 次，开展环保法贯彻实施情况执法检查 1 次。

第十八届人大常委会会议

截至 2020 年 12 月，第十八届人大常委会举行会议 38 次，听取审议县政府关于国民经济和社会发展计划执行情况的报告、县级财政决算（草案）和预算执行情况的报告、县级预算执行和其他财政收支情况的审计报告、县人民法院关于诉讼服务中心建设情况的报告、县人民检察院关于

2020 年 7 月 17 日，鄄城县人大常委会举行新任命国家机关工作人员向宪法宣誓仪式

加强法律监督情况的报告、县十八届人大代表议案建议办理情况的报告等 62 项，组织开展乡村振兴、重点工程建设、民生实事完成情况等视察 22 次。开展脱贫攻坚和社会救助工作情况、招商引资和大项目建设情况、省级卫生县城创建工作情况等专题调研 6 次。

第三节　历届人大常委会组成人员

第九届人大常委会组成人员

（1981.1—1984.5）

主　任　刘温如

副主任　曹根田

阎自兰（女）

陈宗祥

倪德山

委　员（按姓名笔画排序）

王世联

王建林

王清浩

朱朝范

刘翠峰（女）

邹建春

汪孚臣

张凤如（女）

张兆军

张志达

陈心义

陈洪彦（女）

陈继全

范继宗

第十届人大常委会组成人员

（1984.5—1987.3）

主　任　邵庆慈

副主任　王尊贤

曹根田

焦恩宪

张书聚

汪孚臣

委　员（按姓名笔画排序）

马桂程（女）

王国信

史乃庆
连明扬
吴昌英
邹建春
宋文启
张崇祥
陈洪雁（女）
祝桂阁
郭永西
彭　宏（女）
谢学超

第十一届人大常委会组成人员

（1987.3—1990.2）

主　任　管元道
副主任　董允彦
焦恩宪
杨化杰
王在乾
汪孚臣
委　员（按姓名笔画排序）
马桂程（女）
马瑞娇（女）
连明杨
吴凤香（女）
吴昌英
邹建春
宋文启

第十二届人大常委会组成人员

（1990.2—1993.3）

主　任　张福连
副主任　董允彦
杨化杰
王在乾
汪孚臣
仪春江
刘圣聚
委　员（按姓名笔画排序）
孙秀芝（女）
孙作峰
杜希全
连明扬
吴昌英
张存占
张忠卿
陶体华
温传玉（女）

第十三届人大常委会组成人员

（1993.3—1998.3）

主　任　张福连
副主任　董允彦
杨化杰
王在乾
汪　孚
仪春江
刘圣聚
李念学（1995.3—1995.4）
王培思（1996.3—　）
钱朝一（1997.7—　）
委　员（按姓名笔画排序）
王培思
皮连仲
刘开胜
刘利钦
刘建勇（1995.3—　）
苏　玉（女）
杜希全
李书京
吴昌英
张存占

张仲卿
赵东湘（1995.3— ）
郭心斋（1996.3— ）

第十四届人大常委会组成人员

（1998.3—2003.1）

主　任　范天柱

副主任　杨化杰（ —2001.3）
杨松梅（女）
汪孚臣（ —1999.3）
刘圣聚（ —2001.3）
钱朝一（ —2001.3）
史大成（ —2001.3）
祝贵阁（ —2001.3）
张忠卿（1999.3— ）
孙秀芝（女，2001.3— ）
赫宪明（2001.3— ）

委　员（按姓名笔画排序）
马少力
刘利钦
刘建永
苏　玉（女）
苏庆和（2002.3— ）
杜希全
张存占
张忠卿
陈泽诗
周俊玉（女）
赵东湘
侯立贵（2002.3— ）
秦　毅
郭心斋
韩　萍（女）

第十五届人大常委会组成人员

（2003.1—2007.12）

主　任　范天柱（ —2006.3）
宋文启（2006.1— ）

副主任　孙秀芝（女，—2006.3）
张忠卿（ —2006.3）
赫宪明（ —2006.3）
谷存修
李长山（ —2004.6）
李建刚（ —2004.6）
冯瑞卿（2005.1—2007.2）
张存占（2005.1—2006.3）
王厚元（2006.3— ）
范宗魁（2006.3— ）
周生林（2006.3— ）
聂　林（2007.2— ）

委　员（按姓名笔画排序）
于海亭
王凤芹（女）
任保忠
苏　玉（女）
苏庆和
李建新
李保东
张卫华
张春联（女）
张景进
周凤斋
侯立贵
姚树成
秦　毅
常俊海
彭海波

第十六届人大常委会组成人员

（2007.12—2012.1）

主　任　宋文启

副主任　谷存修（ —2011.1）

王厚元

范宗魁

周生林（ —2010.2）

聂　林

王凤芹（女）

侯养学（2010.2— ）

委　员（按姓名笔画排序）

于海亭

王　东（女）

史宝玉

仪传珍

任保忠

刘　峰

刘善杰

苏庆和

李香云（女）

杨克亭

宋书君

张卫华

周凤斋

赵　忠

皇甫忠言

秦　毅

彭海波

第十七届人大常委会组成人员

（2012.1—2017.1）

主　任　谷瑞灵（ —2016.1）

孙彦军（2016.1— ）

第一副主任

周生林（ —2015.4）

孙彦军（2015.6—2016.1）

副主任　霍崇玉

王凤芹（女）

冯银亭

侯贵华（ —2014.2）

甘玉峰（2016.1— ）

委　员（按姓名笔画排序）

于海亭

王　东（女）

仪传珍

冯福坤

任保忠

刘建华

刘　峰

刘海波

刘善杰

刘　鑫

杨敏（女）

李香云（女）

宋书君

张卫华

赵　忠

皇甫忠言

秦　毅

徐增宪

高尚庆

崔景华（女）

彭海波

第十八届人大常委会组成人员

（2017.1— ）

主　任　孙彦军

副主任　冯银亭（ —2020.7）

王凤芹（女）

甘玉峰（ —2020.8）

石启华

冯　涛

王玉浩（2020.7— ）

委　员（按姓名笔画排序）

于海亭

王玉浩（ —2020.7）

王景义（2019.3— ）

吕福仲

刘海波

刘捷（2018.1— ）

刘率东

刘善杰

许化民

孙明海

杨敏（女）

肖广聚

吴玉波

吴修刚

宋绍军

张孔学（2018.1— ）

张　宁（女）

张桂花（女，2018.1— ）

周方林（2019.3— ）

赵丕怀

赵　忠

秦朝振（2020.7— ）

秦　毅

顾方见（2018.1—2018.8）

高尚庆

郭兆路

郭志建

崔景华（女）

彭海波

董绪杰（ —2019.7）

第九章　东明县人民代表大会

东明县位于鲁西南平原黄河南岸，是黄河入鲁第一县。东临菏泽市牡丹区、曹县，南与河南兰考接壤，西北与河南长垣、濮阳隔河相望，史有“三省通衢”之称。东明县是先秦思想家庄子故里，著名的中国武术之乡、书法之乡、西瓜之乡和山东省长寿之乡、山东省门球之乡。辖大屯镇、三春集镇、刘楼镇、马头镇、东明集镇、陆圈镇、武胜桥镇、菜园集镇、沙窝镇、小井镇10个镇，长兴集乡、焦园乡2个乡，城关、渔沃2个街道办事处，406个行政村，总面积1370平方公里，2020年总人口87万人。新中国成立后，东明属平原省菏泽专区。1952年平原省撤销后，东明归属河南省郑州专区，1955年改属开封专区，1963年改属菏泽专区，后属菏泽。

1940年3月，东明县抗日民主政府成立，建立东明县参议会。1940年6月，该会解体。1943年3月，东垣县参议会成立，1945年8月解体。1948年6月，东明县城解放。1949年12月，召开东明县第一届各界人民代表会议。1952年，平原省撤销后，东明县划归河南省郑州专区。到

2019年，东明县人大常委会视察园区建设

1953年12月止，共经历8届各界人民代表会议，先后举行会议16次。在县各界人民代表会议历届历次会议期间，除选举工作外，主要是学习党的路线、方针、政策和上级的有关指示精神，听取审议政府工作报告并做出相应的决议、决定，安排布置工作任务。通过会议和代表，适时组织和指导全县人民开展农副业生产运动、抗美援朝运动、生产自救运动及黄河复堤、参军、秋征等各项重大工作，对于巩固人民民主专政，加强东明政权建设，促进东明经济发展，发挥重要作用。各界人民代表会议的建立，在当时的历史条件下，起着向人民代表大会制度过渡的作用，为后来人民代表大会制度的形成奠定基础。1954年，县各界人民代表会议改设为县人民代表大会，确立地方政权机关为人民代表大会和人民委员会。人民代表大会闭会期间，由人民委员会代行其职权，从此，人民代表大会制度正式形成。1954年7月，召开东明县第一届人民代表大会第一次会议，县人民代表大会正式成立。1955年6月，东明由郑州专署改为开封专署管辖。1963年4月，东明县由河南省开封专区划归山东省菏泽专区管辖。到1967年1月止，经历6届人民代表大会，共召开14次会议。1968年2月，成立东明县革命委员会。“文化大革命”期间，人民代表大会活动中断。1978年，召开东明县第八届人民代表大会第一次会议，人民代表大会制度在东明县得以恢复。1981年1月，经东明县第九届人民代表大会第一会议选举产生常务委员会，下设办公室。至2020年12月，共历经18届人民代表大会。

第一节　人民代表大会会议

第一届人民代表大会会议

东明县第一届人民代表大会任期自1954年7月至1956年12月，代表349名。举行人民代表大会会议4次，听取审议工作报告17个，作出决议、决定12项，提出代表议案、建议162件。第一届人民代表大会第一次会议选举县长、副县长、出席山东省人民代表大会的代表，审查通过代表提案。第二次会议作出贯彻过渡时期总路线和总任务的决议，号召全县人民团结起来，为完成第一个五年计划努力奋斗。第三次会议改县人民政府为县人民委员会，大会选举产生第一届东明县人民委员会委员，选举第一副县长、第二副县长、法院院长。第四次会议提出东明县的工作方针必须以冬季副业生产为中心，在灾区以生产自救为中心，紧密结合整顿、巩固农业生产合作社和完成其他各项工作。

第二届人民代表大会会议

东明县第二届人民代表大会任期自1957年6月至1958年5月，代表300名。举行人民代表大会会议2次，听取审议工作报告8个，作出决议、决定6项，提出代表议案、建议201件。确定全县总的工作方针，选举东明县人民委员会县长、副县长、委员、法院院长。

第三届人民代表大会会议

东明县第三届人民代表大会任期自1958年5月至1962年9月，代表300名。举行人民代表大会会议4次，听取审议工作报告5个，作出决议、决定5项。选举县长、副县长、委员、法院院长、出席河南省第三届人民代表大会代表。

第四届人民代表大会会议

东明县第四届人民代表大会任期自1963年5月至1966年1月，代表280名。举行人民代表大会会议2次，听取审议工作报告4个，作出决议、决定4项。大会选举县人民委员会县长、副县长、委员、法院院长，选举出席山东省第四届人民代表大会代表。

第六届人民代表大会会议

东明县第六届人民代表大会任期自1966年1月至1968年2月，代表281名。举行人民代表大会会议2次，听取审议工作报告5个，作出决议、决定5项。大会明确奋斗目标，选举县长、副县长、委员。（本届应为东明县第五届人民代表大会，由于当时疏忽，误排为六届，此后，按既成顺序往下排）。

东明县革命委员会

根据菏泽地区革命委员会的通知，1968年2月7日东明县革命委员会成立。根据1978年3月五届全国人大一次会议通过的宪法第三十七条规定："地方各级革命委员会，即地方各级人民政府，是地方各级人民代表大会的执行机关，是地方各级国家行政机关。"1968年2月建立的县革命委员会，按顺序应排列在第七届人民委员会的位置上。

第八届人民代表大会会议

东明县第八届人民代表大会任期自1978年11月至1981年元月，代表500名。举行人民代表大会会议1次，听取审议工作报告1个，作出决议、决定1项。大会选举东明县革命委员会主任、副主任、委员及人民法院院长和人民检察院检察长。

第九届人民代表大会会议

东明县第九届人民代表大会任期自1981年1月至1984年5月，代表351名。举行人民代表大会会议3次，听取审议工作报告17个，作出决议、决定14项，提出代表议案、建议347件。大会选举县第九届人大常委会主任、副主任、委员，县人民政府县长、副县长、县人民法院院长和县人民检察院检察长，增补东明县第九届人大常委会委员，选举6名出席山东省第六届人民代表大会代表，作出关于义务植树、制止农村建房侵占耕地和实行殡葬改革的决议。

第十届人民代表大会会议

东明县第十届人民代表大会任期自1984年5月至1987年3月，代表370名。举行人民代表大会会议3次，听取审议工作报告20个，作出决议、决定16项，提出代表议案、建议371件。选举产生东明县国家机关组成人员。

第十一届人民代表大会会议

东明县第十一届人民代表大会任期自1987年3月至1990年2月，代表336名。举行人民代表大会会议3次，听取审议工作报告18个，作出决议、决定15项，提出代表议案、建议206件。大会选举东明县国家机关组成人员和出席山东省第七届人民代表大会代表。

第十二届人民代表大会会议

东明县第十二届人民代表大会任期自1990年2月至1993年3月，代表328名。举行人民代表大会会议3次，听取审议工作报告19个，作出决议、决定16项，提出代表议案、建议356件。大会差额选举东明县国家机关组成人员。

第十三届人民代表大会会议

东明县第十三届人民代表大会任期自1993年3月至1998年2月，代表331名。举行人民代表大会会议5次，听取审议工作报告33个，作出决议、决定35项，提出代表议案、建议368件，大会选举东明县国家机关组成人员和出席山东省第八届人民代表大会代表。

第十四届人民代表大会会议

东明县第十四届人民代表大会任期自1998年2月至2003年1月，代表254名。举行人民代表大会会议6次，听取审议工作报告36个，作出决议、决定36项，提出代表议案、建议206件。会议选举东明县国家机关组成人员。第十四届人民代表大会一次会议选举出席山东省第九届人民代表大会代表，第十四届人民代表大会四次会议选举出席菏泽市第十五届人民代表大会代表。

第十五届人民代表大会会议

第十五届人民代表大会任期自2003年1月至2007年12月，代表253名。举行人民代表大会会议5次，听取审议工作报告30个，作出决议、决定30项，提出代表议案、建议198件。选举东明县国家机关组成人员，选举出席菏泽市第十六届人民代表大会代表。

第十六届人民代表大会会议

第十六届人民代表大会任期自2007年12月至2012年1月，代表256名。举行人民代表大会会议4次，听取审议工作报告36个，作出决议、决定36项，提出代表议案、建议123件。选举、补选东明县国家机关组成人员。选举出席菏泽市第十七届人民代表大会代表。

第十七届人民代表大会会议

第十七届人民代表大会任期自2012年1月至2017年1月，代表275名。举行人民代表大会会议7次，听取审议工作报告43个，作出决议、决定43项，提出代表议案、建议223件。通过东明县国民经济和社会发展第十三个五年规划纲要，选举东明县国家机关组成人员，选举出席菏泽市第十八届人民代表大会代表。

第十八届人民代表大会会议

第十八届人民代表大会任期自2017年1月开始，代表283名。截至2020年12月，举行人民代表大会会议5次，听取审议工作报告24个，作出决议、决定25项，提出代表议案、建议360件。选举、补选国家机关领导人员，选举出席菏泽市第十九届人民代表大会代表。

第二节　人大常委会会议

根据地方组织法的规定，1981年1月，东明县第九届人民代表大会第一次会议选举产生人民代表大会常务委员会，下设办公室作为办事机构。1984年4月增设代表联络科、调查研究科。1988年3月增设代表组织科、法制科、财经科、文教科。1989年2月增设东明县人大常委会农业科。1989年县人大常委会机构调整为办公室、代表组织科、法制科、财经科、文教科、农业科。1991年4月设信访科。1991年8月改设为办公室、人事代表工作室、信访工作室、法制工作委员会、财经工作委员会、教科文卫工作委员会、农村经济工作委员会。2015年1月增设研究室。2015年5月增设预算工作委员会、城环委。2016年1月，县人民代表大会设立法制委员会、财政经济委员会、教育科学文化卫生委员会、城乡建设与环境资源保护委员会、农业与农村委员会5个专门委员会。2019年1月将法制工作委员会更名为监察与司法委员会。2019年1月增设社会建设委员会。各专门委员会下设工作室作为办事机构。

第九届人大常委会会议

第九届人大常委会举行会议23次，听取审议政治、经济、文化等30多项工作报告，开展对全县税收和市场管理情况、对谢砦、阎潭两个引黄大闸和三春集公社部分大队的引黄灌淤情况及马头、胡庄公社部分大队实行生产责任制情况等工作视察5次，作出《关于禁止农村建房侵占耕地的规定的决定》《关于全面实行殡葬改革推行火化的规定的决定》等决议、决定3项，依法任免国家机关工作人员 136 人次。

第十届人大常委会会议

第十届人大常委会举行会议 24 次，听取审议关于物价工作情况、工业经济体制改革的汇报等工作报告 28 项，组织开展土地管理法、经济合同法等法律法规的执法检查 8 次，开展对县木器厂与上海联营以来的改革情况、扶贫及监所管理工作视察 2 次，作出《关于县城综合治理若干问题的暂行规定的决议》等决议、决定 2 项，依法任免国家机关工作人员 185 人次。

第十一届人大常委会会议

第十一届人大常委会举行会议 18 次，听取审议信访工作、执法大检查等工作报告 28 项，组织开展义务教育法等法律法规执法检查 6 次，开展棉花收购工作视察 1 次，作出《关于东明县人民群众来信来访工作的暂行规定》《东明县药品管理的实施条例》等决议、决定 3 项，依法任免国家机关工作人员 240 人次。

第十二届人大常委会会议

第十二届人大常委会举行会议 20 次，听取审议黄河防汛工作、计划生育工作情况的汇报等工作报告 44 项，组织开展企业法、烟草专卖法等法律法规执法检查 5 次，开展县棉麻公司所属的六个棉厂的棉花收购工作和武胜桥乡的秋种生产情况等工作视察 7 次，作出《关于教育、卫生、广播电视三项事业建设集资方案的决议》《关于我县社会治安综合治理情况的决议》等决议、决定 6 项，依法任免国家机关工作人员 183 人次。

第十三届人大常委会会议

第十三届人大常委会举行会议 32 次，听取审议棉花生产、农民负担管理工作的汇报等工作报告 84 项，组织开展农业法、劳动法等法律法规执法检查 7 次，开展计划生育、土地管理、环境保护等工作视察 9 次，作出《关于认真搞好棉花生产的决定》《关于减轻农民负担的决定》等决议、决定 10 项，依法任免国家机关工作人员 313 人次。

第十四届人大常委会会议

第十四届人大常委会举行会议 38 次，听取审议土地管理、夏粮收购工作情况的报告等工作报告 85 项，组织开展教育法、科技进步法等法律法规执法检查 6 次，开展普及九年义务教育、夏粮收购和减轻农民负担等工作视察 7 次，作出《2001 年至 2005 年依法治县规划的决议》《东明县在公民中开展法制宣传教育第四个五年计划的决议》等决议、决定 16 项，依法任免国家机关工作人员 314 人次，对执法执纪等 14 个部门工作进行评议，评出满意单位 8 个，基本满意单位 5 个，不满意单位 1 个。

第十五届人大常委会会议

第十五届人大常委会举行会议 36 次，听取审议政府企业改革、农业结构调整等 78 项，组织开展劳动法、水污染防治法等法律法规执法检查 5 次，开展对全县工业、民营经济等工作视察 9 次，开展新型农村合作医疗调研等专题调研 3 次，作出《关于国民经济发展规划的决定》《关于社会治安综合治理的决定》等决议、决定 39 项，依法任免国家机关工作人员 210 人次，对公安局、交通局、交警大队、工商局 4 个部门工作进行评议，督办代表建议 274 件，开展代表向选民述职等代表专题活动 2 项。

第十六届人大常委会会议

第十六届人大常委会举行会议 34 次，听取审议县政府关于城镇化建设、就业和社会保障情况等工作报告 41 项，组织开展种子法、安全生产法等法律法规执法检查11次，开展农村卫生、计划生育等工作视察12次，开展社会治安、林业产业化等专题调研6次，作出《关于城市总体规划的决议》《关于依法治县的规划的决议》等决议、决定21项，依法任免国家机关工作人员258人次，对县公路局、质量技术监督局、城市管理行政执法局、广播电视局等16个部门工作进行评议4次，督办代表建议123件，开展人大代表率先行等代表专题活动4项。

第十七届人大常委会会议

第十七届人大常委会举行会议40次，听取审议关于就业与社会保障、生态文明建设和新型工业化情况等工作报告62项，组织开展妇女权益保护法、大气污染防治法等法律法规执法检查16次，开展重点镇建设、“两院”等工作视察14次，开展对商贸物业产业发展、公共卫生事业发展等专题调研12次，作出《关于批准东明县上年度县级财政决算的决议》等决议、决定36项，依法任免国家机关工作人员160人次，对民政局、卫生局、环保局、住建局等20个部门工作进行评议5次，督办代表建议223件，开展人大代表率先行、万件社会矛盾化解等代表专题活动9项。

第十八届人大常委会会议

截至2020年12月，第十八届人大常委会举行会议35次，听取审议脱贫攻坚、农村安全饮水等工作报告64项，组织开展安全生产法、药品管理法等法律法规执法检查13次，开展城市建设、黄河滩区迁建等工作视察18次，开展医疗保障、环境保护等专题调研52次，作出《关于进一步推动县人民法院执行工作的决议》等决议、决定30项，依法任免国家机关工作人员256（次），对常委会任命的37名员额法官、23名员额检察官进行述职评议，对农业农村、自然资源和规划、水务、林业等21个部门工作进行评议5次，督办代表建议357件，开展“后来居上、代表先行”等代表专题活动4项。

2019年7月30日，东明县人大常委会举行新任命国家机关工作人员向宪法宣誓仪式

第三节　历届人大常委会组成人员

第九届人大常委会组成人员

（1981.1—1984.5）

主　任　杨一贝

副主任　王金镒

　　　　刘道明

委　员（按姓名笔画排序）

马永平

王全建

王秀曼（女）

王新月

王福杰

巩保增

杨　昊

杨政生

吴明永

宋树春

陈日光

范世阁（女）

范增义

倪庆印

徐香萍（女）
郭胜高（1982.3— ）
高贤美

第十届人大常委会组成人员

（1984.5—1987.3）

主　任 祝仰钦
副主任 吕宗明
王传德
孟庆昌
史月恒
赵继绪
苗新献
委　员（按姓名笔画排序）
王全建
王秀曼（女）
孔令善
杨政生
何宝泉
宋树春
宋雪莲（女）
陈日光
范增义
郭胜高
崔广田（回族）
董素英（女）

第十一届人大常委会组成人员

（1987.3—1990.2）

主　任 祝仰钦
副主任 吕宗明
史月恒
赵继绪
艾东修
孙书听
陈传铭
委　员（按姓名笔画排序）
王全建
王秀曼（女）
权广邦
杨永昌
何宝泉
宋雪莲（女）
张献国
袁廷举

第十二届人大常委会组成人员

（1990.2—1993.3）

主　任 孔令昌
副主任 史月恒
艾东修
孙书听
陈传铭
靳庆和
马永平
委　员（按姓名笔画排序）
王秀曼（女）
尹玉明
权广邦
李振东
宋志才
张献国
金焕民
袁廷举
蔡恒义

第十三届人大常委会组成人员

（1993.3—1998.2）

主　任 周培真
副主任 牛喜凡
艾东修
陈传铭

崔广田（回族）
靳庆和
吴玉峰
马利亭（1997.3— ）

委　员（按姓名笔画排序）
马　琳（女）
王秀曼（女）
牛翠阁（女）
刘洪杰
李学文
吴　翠（女）
宋志才
金焕民
姜广生
蔡恒义

第十四届人大常委会组成人员

（1998.2—2003.1）

主　任　牛喜凡

副主任　马俊明
陈传铭（ —2000.1）
崔广田（回族，—2001.3）
靳庆和（ —2001.3）
吴玉峰（ —2000.6）
马利亭
张洪昌
冯宝银（2000.1— ）
牛翠阁（女，2002.1— ）
倪庆印（2002.1— ）
袁雷增（2002.1— ）

委　员（按姓名笔画排序）
于凤春
牛明光
刘庆喜
刘翠芝（女）
孙培民（ —1999.5）
杜盼军
杨中华
李如意
李海滨（ —2000.6）
张超英（女）
陈学明
庞培林
郝明然

第十五届人大常委会组成人员

（2003.1—2007.12）

主　任　牛喜凡（ —2006.2）
庄付阁（女，2006.2— ）

副主任　牛翠阁
张洪昌
冯宝银
倪庆印（ —2006.2）
袁雷增
周惠民
王成文
赵存昌（2007.2— ）

委　员（按姓名笔画排序）
毕玉勇
刘翠芝（女）
杜盼军
杨中华
李怀存
李治国
李艳丽（女，2005.1—2007.1）
李湘平
余庆明
张旭光
张剑平（2005.1— ）
张超英（女）
陈学明（ —2006.5）
庞培林

郝明然
侯新民
曹衍军

第十六届人大常委会组成人员

（2007.12—2012.1）

主　任　庄付阁（女）
副主任　牛翠阁（女）
袁雷增
周惠民
王成文
赵存昌
徐兰记（2011.1— ）
委　员（按姓名笔画排序）
王金书
车　华（女）
权卫平
毕玉勇
吕海刚
杜盼军
杨中华
李仲高
余庆明
张剑平
张　勇
尚胜友
周石林
郝雨生
姜　勇
郭　剑
唐立红

第十七届人大常委会组成人员

（2012.1—2017.1）

主　任　庄付阁（女）
副主任　王成文
赵存昌
徐兰记
魏存山
孙凤建
委　员（按姓名笔画排序）
王胜伟
王　彬
车　华（女）
司　霖（—2014.3）
权卫平
毕玉勇
吕海刚
关永浩
李金领
李洪真
余洪勇
辛继梅（女）
张云杉
张　勇（—2014.3）
尚胜友
郭　剑
唐立红
盛建立
程向阳
温仁龙（—2015.10）

第十八届人大常委会组成人员

（2017.1— ）

主　任　张留印
副主任　徐兰记
王留锋（2019.5— ）
魏存山
孙凤建
辛继梅（女）
委　员（按姓名笔画排序）
王伯昌

王胜伟（—2019.1）
王阁杰（女）
牛春燕（女）
邢月娥（女）
毕玉勇
吕海刚
刘长利
刘旭阳
刘贵生
关永浩（—2017.3）
苏留范（—2020.9）
李凤梧（2018.1—2020.8）
李胜利（—2019.1）
李洪真
吴新庄（2019.1— ）
余洪勇
张云杉
陈卫华
尚玉梅（女，2019.5—2020.9）
尚胜友
郑佩生
侯美菊（女）
秦 杰（女）
盛建立
彭异彩（2019.1— ）
程向阳
程学刚（2018.1— ）
程洪恩（2019.1—2020.8）
温彦民
窦建喜（2018.1— ）

第十章 开发区人大工委

1992 年 12 月，经省政府批准设立菏泽经济开发区。2001 年 3 月，经市委、市政府批准，丹阳、岳程、佃户屯 3 个街道办事处成建制划入。2018 年 7 月，陈集镇划归开发区代管，管辖面积拓展到 232.5 平方公里，2020 年常住人口 37 万人。

2011 年 1 月，开发区人大工委设立，编制 4 人，主任、副主任各 1 人，是市人大常委会派驻开发区的工作机构，受市人大常委会和开发区党工委的双重领导。2012 年 12 月，设立人大工委办公室，配备专职工作人员，隶属开发区党工委。2018 年 7 月，陈集镇划归开发区代管，陈集镇人大同步隶属开发区人大工委代管。2020 年，驻开发区各级人大代表 100 名，其中全国人大代表 1 名、省人大代表大 2 名、市级人大代表 39 名（含市直）、区级人大代表 59 名。

第一节 开发区人大工委主要工作

2011 年起，独立组成代表团，出席牡丹区人民代表大会。从市第十八届人民代表大会开始，开发区开始独立组成代表团出席市人民代表大

2019 年 1 月 20 日，菏泽市第十九届人民代表大会第四次会议开发区代表团组团会议

会。多年来在市人大常委会的领导下，开拓创新，担当作为，积极履行各项职责。

一、组织代表参加市、区人民代表大会。开发区人大工委顺利组织开发区代表团人大代表参加菏泽市第十八届人民代表大会历次会议，牡丹区第十七届人民代表大会历次会议，菏泽市第十九届人民代表大会第一次会议、第二次会议、第三次会议、第四次会议、第五次会议，牡丹区第十八届人民代表大会第一次会议、第二次会议、第三次会议、第四次会议，圆满完成会议各项任务。准备各类文件的起草、审核及印刷，对会议的程序、日期等作出合理的安排，组织人大代表按时参加各项会议议程，收集各级人大代表提出的议案和建议，并保障会议室各项设施良好及住宿服务工作。在参加牡丹区人民代表大会期间，组织召开开发区代表团会议，听取开发区经济社会发展情况、开发区检察院、开发区法院和开发区人大工委工作情况汇报，向人大代表、政协委员征求意见和建议。

二、扎实组织开展各类代表活动。在“立岗建功促发展”活动中，围绕党工委中心工作，开发区人大工委组织辖区内各级人大代表，调动积极性、主动性，认真履职，发挥开发区优势，改革创新，发展经济，努力做出应有贡献。2020 年，驻开发区各级人大代表中企业代表 44 人，纳税前 10 名的企业有 9 家是人大代表领军企业，各级人大代表已成为开发区经济发展的突出力量。在“牵手帮扶促脱贫”活动中，区、街镇人大分别组成帮扶工作领导小组，以部分人大代表为小组成员，采取集体帮扶、“多帮多”“一对一”“一帮多”等形式，与扶贫办结合，对指定的贫困户进行长期有效帮扶。2020 年已有 33 名代表与贫困户成功对接，共帮扶贫困户 113 户、365 人，提供就业岗位 52 个，投资扶贫车间 3 个，资助贫困学子 62 名。在“化解矛盾促和谐”活动中，面对国内外经济社会发展的新形势，面对生态文明、环境保护、金融投资等领域的新矛盾、新问题，组织代表进行专题调研和检查，并充分发挥广大代表群众威望高、协调能力强等优势，积极化解矛盾和纠纷。2020 年，先后有 42 名人大代表参与“化解矛盾促和谐”活动，协调化解各类矛盾纠纷 110 起，有力推动平安开发区建设。在“听评庭审促公正”活动中，开发区人大工委组织动员人大代表当好司法公正的“监督者”，通过“听、评”活动机会，提高自身法律意识，汲取在庭审中学到的经验教训，弥补工作中的管理漏洞，支持法院依法公正办案，创造良好的司法环境。2017 年 7 月 19 日，开发区人大工委筛选一起经济诈骗案，组织 12 名市区人大代表进行“听评庭审促公正”活动。2019 年 12 月 4 日，组织部分人大代表在开发区法院第一审判庭旁听盗窃案。

三、做好街道人大监督员工作。2014 年，市人大常委会在全市推行街道人大监督员选举工作，开发区认真操作、严格程序，3 个街道办事处共选出第一届人大监督员 163 名。此后，各位人大监督员，在人大开展的各项活动中，积极发挥作用。他们贴近群众，贴近基层，最了解群众的困难和问题，最懂得群众的心声，在代表小组活动开展过程中，街道人大监督员成为主力军，创新活动形式，丰富活动内容。街道人大监督员

2020 年 1 月 12 日，菏泽市第十九届人民代表大会第五次会议开发区代表团组团会议

的产生填补街道办事处没有乡一级人大代表的空白，增强对街道办事处工作机制的监督，对促进经济发展、民生建设、群众安居乐业都具有重要作用和深远意义。

四、做好代表小组建设工作。及时合理划分代表小组。2020 年，开发区共有市级人大代表 39 名，区级人大代表 59 名。根据市人大常委会的指导意见，为便于代表小组开展活动，开发区人大工委从实际出发，本着便于组织和开展活动的原则进行编组，共划分为 1 个市人大代表小组，4 个区人大代表小组。区级代表小组的召集人全部由街镇人大主要负责人担任，市级代表小组的召集人由开发区代表团团长担任，以有利于代表小组活动的顺利有序开展。

第二节　开发区人大工委组成人员

主　任　李守玉（2011.3—2017.4）
范阳春（2017.4—　）

副主任　赵福龙（2011.2—2012.5）
田玉卿（2012.5—2020.6）
任红姣（女，2020.6—　）

办公室主任
杨　宏（女，2013.2—　）

第八编

1984—2020

人物

第一章　历届人大领导

第一节　菏泽地区人大工作联络处领导

张登昆　山东省鄄城县人，1930年10月生，1947年2月加入中国共产党，1944年10月参加工作。1944年在冀鲁豫边区一中就学时参加革命活动。解放战争时期，先后任郓巨县四区武装部干事、郓巨县武装部干事、郓巨县青委会宣传委员、郓巨县委宣传部干事等职。菏泽解放后，历任中共菏泽县城关镇工委宣传干事、宣传部部长、镇委副书记；中共菏泽地委统战部秘书、中共济宁地委办公室副主任、中共菏泽地委统战部秘书、副部长；中共山东省统战部二处副处长、统战部领导小组组长、党支部书记；山东拖拉机厂会战指挥部办事组负责人；菏泽地革委办公室副主任，中共菏泽地委副秘书长；1984年11月任中共菏泽地委副秘书长、菏泽地区人大工作联络处主任；1985年10月离职；1985年12月离休；1993年5月去世。

吴倩之　山东省龙口市人，1933年1月生，1956年4月加入中国共产党。1948年11月在胶东北海中学学习；1951年9月在山东省军区机要训练大队学习；1952年7月毕业分配到山东省军区司令部机要处任机要员；1952年12月任中共山东省惠民地委机要科科员；1954年12月调中共菏泽地委机要科工作；1958年11月调中共山东省委机要处工作；1959年6月中共菏泽地委恢复后回机要科工作；1962年8月任中共菏泽地委办公室县级秘书；1968年1月在五七干校劳动；1969年10月任菏泽地区革命委员会政治部秘书；1971年3月任菏泽地区革命委员会政治部秘书组副组长；1974年12月任中共菏泽地直机关委员会副书记；1979年12月任中共菏泽地委纪律检查委员会副书记；1984年4月任中共菏泽地委统战部副部长；1985年10月任菏泽地区人大工作联络处主任；1988年9月任山东省人民代表大会常务委员会菏泽地区联络组副组长、党组成员；1989年1月任山东省人民代表大会常务委员会菏泽地区工作委员会副主任、党组成员；1993年8月离职；1993年12月退休；2003年2月去世。系山东省第七届人大代表。

郭国怀　山东省郓城县人，1941年2月生，1965年6月加入中国共产党，1962年10月参加工作。1962年10月任郓城县陈坡供销社出纳员；1964年10月任菏泽何楼公社子母树四清工作组队员；1965年1月任曲阜陵城公社马庙四清工作组队员；1965年10月任郓城县侯集公社赵营四清工作组队员；1966年7月任郓城四清文教会议材料员；1966年11月任菏泽地区供销社办公室办事员；1968年11月在梁山县小安山五七干校学习；1969年9月任菏泽地区商业局政工组组员；1971年1月任菏泽地革委生产指挥部办公室秘书；1971年9月任

菏泽地革委办公室秘书；1978 年 9 月任菏泽地区行署办秘书；1984 年 12 月任菏泽地区人大工作联络处科级副主任；1985 年 10 月任菏泽地区人大工作联络处科级秘书；1988 年 11 月任山东省人民代表大会常务委员会菏泽地区联络组办公室副主任；1990 年 8 月任菏泽地区人大工委联络处处长；1994 年 1 月任菏泽地区人大工委委员、联络处处长；1997 年 1 月任菏泽地区人大工委委员、人事代表工作室主任；2001 年 9 月退休；2003 年 6 月去世。

第二节　山东省人民代表大会常务委员会菏泽地区联络组领导

于法杰　山东省郓城县人，1931 年 3 月生，1956 年 9 月加入中国共产党，1946 年 8 月参加工作。1951 年 2 月历任中国人民银行菏泽地区中心支行分理处副主任、科长；1959 年 6 月任中共菏泽地委财贸部干事；1963 年 7 月任菏泽地区人事监察局科员、副局长；1970 年 11 月任菏泽地区水利建设指挥部副指挥长、党的核心领导小组副组长；1975 年 7 月任中共巨野县委副书记；1978 年 11 月任中共巨野县委书记，巨野县人民武装部第一政治委员、党委第一书记；1982 年 9 月任中共菏泽地委常委、曹县县委书记，曹县人民武装部第一政治委员、党委第一书记；1983 年 12 月任菏泽地区行署副专员；1988 年 9 月任山东省人民代表大会常务委员会菏泽地区联络组组长、党组书记；1989 年 1 月任山东省人民代表大会常务委员会菏泽地区工作委员会主任、党组书记；1993 年 3 月离职；1993 年 12 月离休。系山东省第四次党代会代表，山东省第七届、八届人大代表。

李玉祥　山东省淄博市人，1940 年生，1966 年 4 月加入中国共产党。1960 年考入济南工学院农业机械设计与制造专业学习；1964 年 11 月参加曲阜县“四清”工作队，任团支部书记；1965 年 6 月在菏泽专区档案局工作；1965 年 9 月任菏泽县杜庄公社“四清”工作组副组长；1970 年 10 月任菏泽地区计划委员会劳资组组长；1972 年 12 月任菏泽地区劳动局调配科科长；1978 年 8 月任菏泽地区科学技术委员会副主任；1981 年 9 月任菏泽地区科学技术委员会党组副书记、副主任；1982 年 6 月任菏泽地区科学技术委员会党组书记、主任；1983 年 12 月任中共菏泽地委委员、组织部部长；1988 年 9 月任山东省人民代表大会常务委员会菏泽地区联络组副组长；1989 年 3 月任山东省人民代表大会常务委员会菏泽地区工作委员会副主任、党组副书记；1990 年 1 月任菏泽地区行署副专员、党组成员；2000 年 12 月任菏泽市人民政府副市长、党组成员；2001 年 6 月退休。系山东省第四次党代会代表，中共山东省第四届委员会候补委员。

刘广新　山东省梁山县人，1936 年 7 月生，1953 年 5 月加入中国共产党，1956 年 9 月参加工作，中专学历。1956 年 9 月任菏泽专署农业科技术员；1957 年到巨野县帮助工作；1961 年任中共巨野县委组织部秘书；1971 年 11 月任中共巨野县委委员；1972 年 1 月任巨野县革命委员会办公室副主任；1973 年 5 月任中共巨野县委常委；1975 年 3 月任中共巨野县委办公室主任；1978 年 4 月任中共巨野县委副书记；1981 年 1 月任巨野县人民代表大会

常务委员会主任、党组书记；1982年9月任中共巨野县委代理书记；1983年4月任中共巨野县委书记，巨野县人民武装部第一政治委员、党委第一书记；1984年3月调任中共单县县委书记，单县人民武装部第一政治委员、党委第一书记；1988年9月任山东省人民代表大会常务委员会菏泽地区联络组副组长；1989年1月任山东省人民代表大会常务委员会菏泽地区工作委员会副主任、党组成员；1995年12月任山东省人民代表大会常务委员会菏泽地区工作委员会副主任、党组副书记；1997年4月退休。

吴倩之 （简介见菏泽地区人大工作联络处领导）

第三节 山东省人民代表大会常务委员会菏泽地区工作委员会领导

于法杰 （简介见山东省人民代表大会常务委员会菏泽地区联络组）

毕可文 山东省文登市人，1937年6月生，1960年6月加入中国共产党，1964年8月参加工作，大学学历。1964年8月毕业分配到中共菏泽地委组织部工作；1968年6月起先后任菏泽油泵油嘴厂技术员，政工科科长，厂革命委员会副主任、党的核心领导小组成员；1978年3月任菏泽油泵油嘴厂党委副书记、革命委员会副主任；1978年9月任菏泽油泵油嘴厂党委副书记；1981年7月任菏泽油泵油嘴厂党委书记、厂长；1983年12月任中共菏泽地委委员、菏泽地区行政公署副专员、党组副书记；1992年12月任山东省人民代表大会常务委员会菏泽地区工作委员会主任、党组书记；1998年1月离职；1998年7月退休；2019年5月去世。系山东省第七届、八届、九届人大代表。

路绍昌 山东省定陶县人，1940年11月生，1960年5月参加工作，大专学历。1960年5月任成武县烟酒公司办事员；1961年12月任定陶县烟酒公司业务员、秘书；1965年6月起历任定陶县马集公社党委副书记、书记；1976年12月起历任定陶县万福公社、半堤公社党委书记；1980年5月任定陶县副县长；1980年8月任中共定陶县委副书记、副县长；1981年12月任中共定陶县委副书记、副县长、县政协主席；1982年6月任中共定陶县委副书记、县长、县政协主席；1985年9月在菏泽地委党校干修科学习；1988年1月任中共曹县县委副书记、县长；1989年7月任中共曹县县委书记、曹县人民武装部党委书记；1992年12月任中共菏泽地委副书记；1994年5月任中共菏泽地委副书记、党校校长；1997年12月任山东省人民代表大会常务委员会菏泽地区工作委员会主任、党组书记，地委党校校长；1998年6月任山东省人民代表大会常务委员会菏泽地区工作委员会主任、党组书记；2000年8月任山东省人民代表大会常务委员会菏泽地区工作委员会正县级干部；2002年7月退休。系山东省第六届、七届、九届人大代表。

李明先 山东省蓬莱市人，1945年1月生，1982年7月加入中国共产党，1970年8月参加工作，大学学历。1964年8月在西北工业大学直升飞机设计与制造专业学习，1969年9月毕业留校待分配；1970年8月到云南长

征机械厂工作；1974年3月起先后任菏泽油泵油嘴厂技术员，车间主任；1983年11月任菏泽油泵油嘴厂党委副书记；1984年3月任菏泽地区经济委员会副主任、党组成员；1985年11月任中共菏泽市（县级）委副书记，菏泽市（县级）人民政府市长、党组书记；1988年9月任菏泽地区行署副专员、党组成员；1992年12月任中共菏泽地委副书记，菏泽地区行署专员、党组书记；1992年12月任中共菏泽地委书记，菏泽军分区党委第一书记；2000年8月任中共菏泽地委书记，山东省人民代表大会常务委员会菏泽地区工作委员会主任、党组书记，菏泽军分区党委第一书记；2000年11月任中共菏泽市委书记，山东省人民代表大会常务委员会菏泽地区工作委员会主任、党组书记，菏泽军分区党委第一书记；2001年1月任中共菏泽市委书记，菏泽市人民代表大会常务委员会主任、党组书记，菏泽军分区党委第一书记；2002年12月任山东省人民代表大会常务委员会党组成员；2003年4月任山东省人民代表大会常务委员会副主任、党组成员，省人民代表大会农业与农村委员会主任委员；2009年8月退休。系第七届、八届全国人大代表，山东省第七次党代会代表，山东省第九届人大代表。

李玉祥 （简介见山东省人民代表大会常务委员会菏泽地区联络组领导）

张宝光 江苏省丰县人，1935年12月生，1965年12月加入中国共产党，1955年7月参加工作，大学学历。1955年7月志愿报名支援临沂山区，分配到郯城县刘港口完小任教；1956年7月在山东师范学院历史系学习；1960年7月任山东师范学院教师；1972年2月任菏泽师范专科学校教师；1981年8月任菏泽师范专科学校副校长；1983年12月任中共菏泽地委委员、宣传部部长；1990年1月任山东省人民代表大会常务委员会菏泽地区工作委员会副主任、党组副书记；1995年12月退休。系山东省第五次党代会代表。

王启杰 山东省单县人，1935年10月生，1956年7月加入中国共产党，1952年7月参加工作，大学学历。1951年8月在平原省行政干部学校学习，1952年7月历任菏泽地区公路段会计、秘书、副区级组织员、青年干事；1958年3月任菏泽地区水利指挥部政工科副区级科员；1960年7月在山东水利学院农水系学习；1962年7月起先后任菏泽地区水利指挥部设计室副主任、办公室主任；1973年8月任菏泽地区革命委员会办公室秘书；1978年8月任菏泽地区行署办公室副主任；1984年1月任中共东明县委书记，东明县人民武装部第一政治委员、党委第一书记；1988年9月任中共菏泽地委委员、组织部部长；1992年12月任山东省人民代表大会常务委员会菏泽地区工作委员会副主任、党组副书记；1995年3月退休。

刘广新 （简介见山东省人民代表大会常务委员会菏泽地区联络组领导）

吴倩之 （简介见菏泽地区人大工作联络处领导）

李家玉 山东省东平县人，1939年8月生，1961年1月加入中国共产党，1963年8月参加工作，大专学历。1963年8月于菏泽师范专科学校毕业分配到菏泽专区行政干校工作；1965年5月任菏泽专署人事监察局科员；1970年10月任菏泽地区革命委员会计划统计局副局长；1971年9月任中共菏泽地委常委；1972年3月任菏泽地区革命委员会计划办公室副主任；1973年4月任中共菏泽地委常委、共青团菏泽地委书记、共青团山东省委委员；1975年3月任中共菏泽地委常委、宣传部副部长；1979年5月挂职中共菏泽县委副书记；1980年9月任中共菏泽县委副书记；1984年10月任菏泽地区第一轻工业公司党委书记、经理；1989年4月任菏泽地区第一轻工业局局长、党组书记；1992年12月任山东省人民代表大会常务委员会菏泽地区工作委员会副主任；1993年2月任山东省人大常委会菏泽地区工委党组成员、副主任；1997年5月任山东省人大常委会菏泽地区工委党组副书记、副主任；1999年3月退休；2009年3月去世。

许修堂 山东省梁山县人，1940年1月生，1958年12月加入中国共产党，大学学历。1963年在北京政法学院法律系学习，1968年在解放军六〇五七部队农场劳动；1970年起先后任郓城县化肥厂团支部书记、政工组组长、厂革命委员会委员、党总支委员、支部书记；1974年调郓城县革命委员会工作；1975年任郓城县人民法院副院长；1977年任郓城县陈坡公社党委副书记；1978年任郓城县人民检察院副检察长、党组副书记；1981年任郓城县人民法院院长、党组书记；1983年任中共郓城县委常委、政法委书记；1984年1月任中共郓城县委副书记；1984年11月任菏泽地区中级人民法院院长、党组书记；1993年7月任山东省人民代表大会常务委员会菏泽地区工作委员会副主任、党组成员；1999年3月任山东省人民代表大会常务委员会菏泽地区工作委员会党组副书记、副主任；2000年8月离职；2001年6月退休。

张朝玉 山东省东明县人，1938年10月生，1966年3月加入中国共产党，1965年7月参加工作，大学学历。1965年7月山东大学数学系毕业分配至国防科学技术委员会第十院第二十二所研究室工作；1970年5月任中共定陶县委组织部秘书；1983年3月任定陶县游集公社党委书记；1984年3月任中共定陶县委副书记，定陶县人民政府县长、党组书记；1988年12月任中共定陶县委书记、定陶县人民武装部党委书记；1989年8月任菏泽地区经济委员会主任、党组书记；1993年12月任菏泽地区行署专员助理、行署党组成员；1995年11月任山东省人民代表大会常务委员会菏泽地区工作委员会副主任、党组成员；1999年6月退休。系山东省第六次党代会代表，山东省第七届人大代表。

李胜华 山东省菏泽市人，1943年3月生，1962年9月参加工作，大专学历。1962年9月任曹县煤建公司会计；1963年在菏泽财政干校会计专业学习；1964年9月在曲阜县姚村公社参加四清工作；1965年8月任曹县苏集公社团委干事；1966年8月起先后任曹县苏集公社管理委员会副社长、革命委员会常委、党委常

委，曹县革命委员会政治部宣传组副组长，曹县城关公社党委副书记，中共曹县县委宣传部副部长；1976年5月任曹县革命委员会副主任；1980年10月任中共曹县县委常委，曹县革命委员会副主任；1981年5月任中共曹县县委常委、曹县人民政府常务副县长、党组副书记；1984年5月任中共梁山县委常委，梁山县人民政府常务副县长、党组副书记；1985年12月任中共成武县委副书记，成武县人民政府县长、党组书记；1988年2月任中共成武县委书记、成武县人民武装部党委书记；1991年7月任菏泽地区农业委员会主任、党组书记，菏泽地区行署专员助理、行署党组成员、菏泽地区畜牧业开发中心主任、牧工商总公司总经理；1995年11月任山东省人民代表大会常务委员会菏泽地区工作委员会副主任、党组成员；2001年1月任菏泽市人民代表大会常务委员会副主任、党组成员；2003年1月任菏泽市人民代表大会常务委员会党组成员；2003年2月离职；2004年11月任菏泽市关心下一代工作委员会副主任；2008年3月退休；2015年9月去世。系山东省第五次党代会代表，山东省第七届人大代表。

范福临　山东省菏泽市人，1945年8月生，1975年7月加入中国共产党，1969年8月参加工作，中国人民大学法律系毕业，大学学历。1969年8月在北京石油化工总厂劳动锻炼；1970年8月在武汉部队一五八农场劳动锻炼；1971年12月在河南省开封市第六中学任教；1972年3月任菏泽地区军管会办事员；1976年3月任菏泽地区公安处办公室副主任；1982年6月任中共菏泽地委政法委办公室副主任；1984年3月任中共菏泽地委政法委员会副书记；1984年4月任中共菏泽地委组织部副部长；1988年11月任中共菏泽地委组织部副部长、老干部局局长；1992年12月任中共菏泽地委党校党委书记；1997年12月任山东省人民代表大会常务委员会菏泽地区工作委员会副主任、党组成员，中共菏泽地委党校党委书记；1998年6月任山东省人民代表大会常务委员会菏泽地区工作委员会副主任、党组成员；2001年1月任菏泽市人民代表大会常务委员会副主任、党组成员；2006年2月离职；2012年2月退休。

周书运　山东省菏泽市人，1944年6月生，1965年10月加入中国共产党，1964年8月参加工作，大专学历。1964年8月起历任大集农业中学教师，菏泽社教工作队队员，中共曹县县委办公室秘书，曹县广播站编辑，曹县革命委员会政治部组织组干事、宣传（文化）组副组长，曹县文教局副局长（主持工作），曹县城关公社党委书记；1981年5月任曹县人民政府副县长；1984年11月任中共曹县县委常委、农工部部长；1985年9月任中共曹县县委副书记；1989年3月任中共单县县委副书记，政协单县委员会主席、党组书记；1990年3月任中共单县县委副书记，单县人民政府县长、党组书记；1993年1月任中共单县县委书记、单县人民武装部党委书记；1995年1月任菏泽地区农业委员会主任、党委书记；1997年12月任山东省人民代表大会常务委员会菏泽地区工作委员会副主任、党组成员；2001年1月任菏泽市人民代表大会常务委员会副主任、党组成员；2003年1月任菏泽市人民代表大会常务委员会党组成员；2003年2月离职；2008年3月退休。系山东省第六次党代会代表。

郭仲生 山东省曹县人，1944年10月生，1972年2月加入中国共产党，1970年8月参加工作，山东工学院水利工程系农田水利工程专业毕业，大学学历。1970年8月起先后任菏泽地区建筑公司办事员，菏泽地区基本建设局政工科干事、科长；1981年9月任菏泽地区基本建设委员会副主任；1983年11月任菏泽地区基本建设委员会副主任、菏泽地区建筑公司党委书记（正县级）；1984年1月任中共菏泽市（县级）委副书记（正县级）；1989年4月任菏泽市（县级）委副书记，市长、市政府党组书记；1993年2月任菏泽地区计划委员会主任、党组书记；2000年8月任山东省人民代表大会常务委员会菏泽地区工作委员会副主任、党组成员，菏泽地区计划委员会主任、党组书记；2001年1月任菏泽市人民代表大会常务委员会副主任、党组成员；2004年12月任菏泽市人民代表大会常务委员会党组成员；2005年1月离职；2012年2月退休。系山东省第七次党代会代表，山东省第九届人大代表。

边家亭 山东省齐河县人，1933年8月生，1949年7月加入中国共产党，1948年1月参加工作。1948年1月在冀鲁豫四中学习；1949年11月在平原军区军政干校任学员、分队长；1950年8月任中共湖西地委机要员、保密委员会秘书；1953年8月任中共山东分局、山东省委机要处科员、档案组长；1955年8月任中共单县芳桂区委委员；1956年7月任中共单县县委组织部秘书；1958年7月任中共单县县委办公室副主任；1962年7月任单县统计局局长；1964年4月任中共单县孙六公社委员会书记；1971年6月任中共单县杨楼公社委员会书记；1975年6月任中共单县县委常委；1975年7月任中共菏泽地委政研室副主任；1984年3月任中共菏泽地委调研处主任；1984年10月任中共菏泽地委农工部副部长；1988年11月任中共菏泽地委农工部部长；1989年3月任菏泽地区人大工委委员、秘书长；1994年1月离职；1994年9月离休；2018年9月去世。

李继明 山东省郓城县人，1939年7月生，1958年11月加入中国共产党，1959年11月参加工作。1959年11月先后任郓城县商业局、郓城县供销合作社办事员；1965年底被选派到中共菏泽地委党校学习，结业后被分配到菏泽专署人事监察局工作；1966年任菏泽专署人事监察局正科级科员；“文化大革命”期间，被下放到梁山县小安山“五七”干校劳动；1970年调菏泽地区革命委员会生产指挥部政工办公室工作；1972年1月任生产指挥部办公室副主任；1975年6月任菏泽地区革命委员会办公室副主任；1978年7月任菏泽地区行署办公室副主任、党组副书记（其间：曾兼任菏泽地区无线电管理委员会副主任、地区征兵办公室副主任、地区抗震救灾办公室主任、新菏铁路工程建设指挥部副指挥长）；1984年任菏泽地区外贸局党委书记；1989年9月任山东省人民代表大会常务委员会菏泽地区工作委员会委员、副秘书长（正县级）；1994年1月任山东省人大常委会菏泽地区工作委员会委员、秘书长；1997年2月离职；1999年6月退休。

徐福增 山东省莱州市人，1943年11月生，1968年12月参加工作。1968年12月起先后任鄄城县农机站技术员、农机训练班教师，农机局科研所技术员，农机局副局长；1983年3月任鄄城县人民政府副县长；1984年2月任中共菏泽地委企业政治工作部副部长；1987年7月任菏泽地区经济委员会副主任；1992年2月任菏泽地区供销合作社主任、党组书记；1997年2月任山东省人民代表大会常务委员会菏泽地区工作委员会委员、党组成员、秘书长、机关党总支书记；2000年12月任山东省人民代表大会常务委员会菏泽地区工作委员会办公室调研员；2001年1月任菏泽市人民代表大会常务委员会办公室调研员；2004年1月退休；2016年6月去世。

第四节　菏泽市人民代表大会历届常务委员会领导

第十五届人民代表大会常务委员会领导

李明先 （简介见山东省人民代表大会常务委员会菏泽地区工作委员会领导）

阎世海 山东省定陶县人，1942年8月生，1960年6月加入中国共产党，1962年9月参加工作，北京人文函授大学法律专业毕业，大学学历。1962年9月任定陶县城关市民委员会办事员；1964年4月考入菏泽财经学校，后分配到菏泽地区农行政治处任办事员；1965年9月任菏泽地区专署人事局办事员；1968年10月在菏泽地区梁山小安山五七干校劳动；1970年6月任菏泽地革委政治部组织组干事；1972年4月任菏泽地革委生产指挥部政工办公室副主任；1975年6月任菏泽地革委人事局副局长；1975年10月任菏泽团地委书记；1982年8月任郓城县委副书记（正县级）；1983年4月任郓城县委书记、郓城县人民武装部第一政治委员、党委第一书记；1988年9月任菏泽地区行署副专员、党组成员；1992年12月任菏泽地委委员、行署常务副专员、党组副书记；1995年6月任菏泽地委副书记、行署常务副专员、党组副书记；1997年12月任菏泽地委副书记；2001年1月任菏泽市人民代表大会常务委员会副主任、党组副书记（主持工作）；2003年2月离职，享受正厅级待遇；2013年4月退休（2004年经市委研究任菏泽市关心下一代工作委员会主任至今）。1987年被山东省委、省政府、省军区授予“山东省民兵预备役先进个人”称号。系共青团第十次全国代表大会代表，山东省第五次、七次、八次党代会代表，山东省第六届、七届、八届、九届、十届人大代表。

潘兴玺 山东省巨野县人，1945年9月生，1970年4月加入中国共产党，1964年8月参加工作，空军工程学院地下工程专业毕业，大学学历。1964年8月在空军工程学院地下工程专业学习；1968年8月任空军工程兵五团二营技术员；1971年4月任空军工程兵五团二营工程师；1978年4月任巨野县革委基建局办事员；1978年8月任巨野县基建局施工科科长；1980年12月任巨野县建委副主任；1983年2月任巨野县政府副县长；1984年1月任菏泽市（县级）委副书记、市长；1985年11月任菏泽市（县级）委书记；1988年9月任菏泽地委委员、菏泽市（县级）委书记；1990年1月任菏泽地委委员、宣传部部长；1992年12月任菏泽地区行署副专员；

2001年1月任菏泽市人民代表大会常务委员会副主任、党组副书记；2006年2月离职；2006年7月去世。系山东省第五届人大代表。

李胜华 （简介见山东省人民代表大会常务委员会菏泽地区工作委员会领导）

范福临 （简介见山东省人民代表大会常务委员会菏泽地区工作委员会领导）

周书运 （简介见山东省人民代表大会常务委员会菏泽地区工作委员会领导）

文廷良 山东省菏泽市人，1946年4月生，1973年6月加入中国共产党，1970年8月参加工作，山东工学院一机系热处理专业毕业，大学学历，工程师。1970年8月起先后任菏泽自行车零件厂技术股副股长、厂党支部副书记、革委会主任，党支部书记；1980年10月任菏泽县经委副主任、党组成员；1983年2月任菏泽县副县长、政府党组成员；1984年1月任菏泽市（县级）委常委，市政府（县级）副市长、党组副书记；1985年11月任菏泽地区经委副主任、党组成员；1989年7月任梁山县委书记；1989年12月任定陶县委书记；1997年5月任菏泽地区人事局局长、党组书记，编委办公室主任；1997年12月任菏泽地区政协工委副主任、党组成员，地区人事局局长、党组书记，编委办公室主任；2000年5月任菏泽地区政协工委副主任、党组成员；2001年1月任菏泽市人民代表大会常务委员会副主任、党组成员；2007年1月离职；2012年2月退休。系山东省第六次党代会代表。

郭仲生 （简介见山东省人民代表大会常务委员会菏泽地区工作委员会领导）

常洪珍 山东省郓城县人，1949年8月生，1971年5月加入中国共产党，1968年12月参加工作，菏泽师专政治专业函授毕业，在职大专学历。1968年12月任郓城县李集公社常楼小学教师；1969年6月任郓城县李集联中教师；1970年6月任郓城县刘集联中负责人；1971年4月在郓城县李集公社党委帮助工作；1972年6月在郓城县李集公社教育组帮助工作；1972年7月任郓城县李集联中负责人；1975年5月在郓城县教委帮助工作；1975年9月任郓城县委办公室干事；1980年8月任郓城县委宣传部干事；1980年11月任菏泽地委组织部干事；1984年6月任菏泽地委组织部科级干事；1984年11月任菏泽地委组织部组织科副科长；1986年3月任菏泽地委组织部组织科科长；1988年12月任菏泽地委副县级组织员、组织员办公室主任；1991年3月任曹县县委副书记；1994年6月任曹县县委副书记、代县长；1995年3月任曹县县委副书记、县长；1997年12月任巨野县委书记；2001年1月任菏泽市人民代表大会常务委员会副主任、党组成员；2008年1月离职；2012年6月退休。系山东省第七次党代会代表。

汤建梅 女，回族，上海市宝山区人，1957年8月生，民盟盟员，1976年4月参加工作，山东农学院畜牧兽医系牧医专业毕业，大学学历。1976年4月任菏泽地区农林局畜牧兽医站工人；1976年12月在山东农学院畜牧兽医系牧医专业学习；1979年7月任菏泽

地区畜牧兽医工作站技术员；1981年9月任菏泽地区畜牧兽医工作站助理兽医师；1986年10月任菏泽地区畜牧兽医工作站兽医师；1994年10月任菏泽地区兽医工作站高级兽医师；1997年7月任菏泽地区畜牧工作站副站长、高级兽医师；1999年8月任菏泽地区畜禽良种推广中心主任、畜牧工作站副站长、高级兽医师；1999年12月任民盟菏泽地区筹委会副主委，地区畜禽良种推广中心主任、畜牧工作站副站长、研究员；2001年1月任菏泽市人民代表大会常务委员会副主任，民盟菏泽市筹委会副主委，市畜禽良种推广中心主任、畜牧工作站副站长、研究员；2002年2月任菏泽市人民代表大会常务委员会副主任，民盟菏泽市委主委、市畜禽良种推广中心主任、畜牧工作站副站长、研究员；2002年5月任菏泽市人民代表大会常务委员会副主任，民盟山东省委常委，民盟菏泽市委主委，市畜禽良种推广中心主任、畜牧工作站副站长、研究员；2004年8月任菏泽市人民代表大会常务委员会副主任，民盟山东省委常委，民盟菏泽市委主委，市科协副主席，研究员；2007年5月任菏泽市人民代表大会常务委员会副主任，民盟山东省委常委，市科协副主席，研究员；2008年3月任菏泽市人民代表大会常务委员会副主任，民盟山东省委常委，市科协副主席；2012年1月任菏泽市人民代表大会常务委员会副主任，民盟山东省委常委、民盟菏泽市委主委，市科协副主席；2016年8月任菏泽市人民代表大会常务委员会副主任，民盟山东省委常委、民盟菏泽市委主委，市科协主席；2017年6月任菏泽市人民代表大会常务委员会副主任，市科协主席。系第九届、十届、十一届全国人大代表。

李顺广 山东省菏泽市人，1946年1月生，1980年7月加入中国共产党，1969年7月参加工作，曲阜师范学院数学系毕业，大学学历。1965年9月在曲阜师范学院数学系学习；1969年7月在济南军区工程兵农场锻炼；1971年12月在菏泽地区农业局工作；1984年3月任菏泽地区行署办公室秘书；1984年1月任菏泽地区行署办公室科级秘书；1986年7月任菏泽地区行署办公室副主任；1989年5月任菏泽地区行署副秘书长、办公室主任、党组副书记；2000年12月任菏泽地区人大工委党组成员；2001年1月任菏泽市人民代表大会常务委员会党组成员、秘书长；2006年2月离职；2008年1月退休。

第十六届人民代表大会常务委员会领导

陈　光 山东省寿光市人，1956年11月生，1975年12月加入中国共产党，1974年8月参加工作，山东省委党校业余本科班经济管理专业毕业，省委党校大学学历，工程硕士。1974年8月起先后任寿光县纪台公社下乡知青、县供销社办事员、县委宣传部干事；1976年11月起先后任昌潍团地委秘书、昌潍地委办公室秘书、潍坊市委办公室秘书；1986年6月起先后任潍坊市委研究室城市经济科副科长、科长；1989年5月任潍坊团市委书记；1991年10月任诸城市委副书记、市长；1993年1月任诸城市委书记；1994年5月任潍坊市委常委、诸城市委书记；1997年6月任菏泽地委副书记、行署副专员；1997年12月任菏泽地委副书记、

行署专员；2001 年 1 月任菏泽市委副书记、市长；2002 年 12 月任菏泽市委书记，市委党校校长；2003 年 2 月任菏泽市委书记，市人大常委会主任、党组书记，市委党校校长；2008 年 2 月任山东省省长助理、省政府党组成员，菏泽市人大常委会主任；2008 年 3 月任山东省省长助理、省政府党组成员（其间：2010 年 1 月—2011 年 5 月兼任山东省推进黄河三角洲高效生态经济区建设办公室主任）；2012 年 2 月任山东省政协副主席、党组成员；2019 年 12 月退休。系第十七次全国党代会代表，第九届全国人大代表，中共山东省第九届委员会委员。

王祖和　山东省临朐县人，1947 年 1 月生，1973 年 8 月加入中国共产党，1969 年 9 月参加工作，山东干部函授大学经济管理专业毕业，省业余大学学历。1969 年 9 月任苍山县化肥厂团总支书记；1975 年 4 月在临沂地委党校学习；1975 年 11 月任苍山县委办公室秘书；1976 年 12 月任苍山县经委副主任；1984 年 4 月任苍山县经委主任；1984 年 9 月任苍山县委常委、经委主任；1986 年 7 月任苍山县委常委、企工部长；1987 年 2 月任临沭县委常委、组织部部长；1990 年 2 月任临沭县委副书记；1992 年 12 月任临沭县委书记；1997 年 12 月任菏泽地委委员、组织部部长；2001 年 1 月任菏泽市委常委、市纪委书记；2002 年 1 月任菏泽市委副书记、市纪委书记；2003 年 2 月任菏泽市人民代表大会常务委员会第一副主任、党组副书记；2005 年 12 月任山东省临沂市人民政府顾问；2013 年 4 月退休。系山东省第五次、六次、七次、八次党代会代表，省纪委委员，山东省第十届人大代表。

贾凤英　女，山东省梁山县人，1950 年 11 月生，1971 年 4 月加入中国共产党，同年 12 月参加工作，中共中央党校党政理论专业毕业，中共中央党校研究生学历。1971 年 12 月任梁山县大路口公社干事；1972 年 12 月任梁山县革命委员会政治部群工组干事；1973 年 3 月任共青团梁山县委副书记；1975 年 7 月任共青团梁山县委书记；1976 年 6 月任梁山县戴庙公社党委副书记；1977 年 3 月任梁山县广播事业局副局长；1982 年 6 月任梁山县农业委员会副主任；1983 年 3 月任梁山县人民政府副县长；1983 年 11 月任梁山县人民政府副县长、菏泽地区妇女联合会主任；1983 年 12 月任中共菏泽地委委员、菏泽地区妇女联合会主任；1984 年 3 月任中共菏泽地委委员、地区妇女联合会主任、党组书记；1984 年 9 月任中共菏泽地委委员；1986 年 7 月任中共菏泽地委委员、共青团菏泽地委书记；1992 年 12 月任中共菏泽地委委员、宣传部部长；1997 年 12 月任菏泽地区行署副专员；2001 年 1 月任菏泽市人民政府副市长；2003 年 2 月任中共菏泽市委副书记；2006 年 2 月任菏泽市人民代表大会常务委员会第一副主任（正厅级）、党组副书记；2008 年 1 月任政协菏泽市委员会主席、党组书记；2010 年 12 月任政协菏泽市委员会主席；2011 年 1 月任政协菏泽市委员会正厅级干部；2011 年 2 月任政协山东省委员会常委；2013 年 11 月退休。1988 年获中国共产主义青年团“五四奖章”。系山东省第五次、六次、九次党代会代表。

潘兴玺　（简介见第十五届人民代表大会常务委员会领导）

范福临 （简介见第十五届人民代表大会常务委员会领导）

文廷良 （简介见第十五届人民代表大会常务委员会领导）

郭仲生 （简介见第十五届人民代表大会常务委员会领导）

常洪珍 （简介见第十五届人民代表大会常务委员会领导）

汤建梅 （简介见第十五届人民代表大会常务委员会领导）

朱献瑞 山东省成武县人，1947年3月生，1973年4月加入中国共产党，1968年12月参加工作，山东农学院农学专业毕业，大学学历。1964年9月在山东农学院农学系农学专业学习；1968年12月在菏泽县都司公社劳动锻炼；1970年6月任菏泽县拖拉机站办公室秘书；1973年4月任菏泽县革委生产指挥部办公室干事；1974年12月任成武县城关公社党委干事、秘书；1976年8月任成武县城关公社党委常委、秘书；1978年8月任成武县城关公社党委副书记；1981年9月任成武县政府党组成员、办公室主任；1983年4月任成武县副县长；1983年9月任成武县委常委、副县长；1984年1月任曹县县委副书记、县长；1988年1月任巨野县委副书记（主持工作）；1988年3月任巨野县委书记、武装部党委书记；1989年7月任菏泽地委副秘书长、办公室主任；1993年6月任省人民检察院菏泽地区检察分院检察长、党组书记；2001年1月任菏泽市检察院检察长、党组书记；2002年12月任菏泽市检察院检察长；2003年1月任菏泽市人民代表大会常务委员会党组成员、副主任；2007年1月离职；2012年2月退休。

潘建荣 山东省定陶县人，1945年12月生，1973年6月加入中国共产党，1963年8月参加工作，菏泽师专干修科中文专业毕业，大专学历。1963年8月在8150部队服役；1968年1月任定陶县广播站合同工；1970年11月任梁山轴承厂工人；1973年9月任梁山轴承厂人武部、菏泽建筑公司人武部、地直武装部干事；1980年2月任菏泽毛纺厂人武部部长；1981年2月任菏泽毛纺厂党委委员、人武部部长；1981年11月任菏泽地区职教办干事；1985年8月任菏泽地区职教办业务科科长；1988年7月任菏泽地区职教办副主任；1990年6月任单县副县长；1993年1月任菏泽地区计生委副主任、党组副书记；1993年6月任菏泽地区计生委主任、党组书记；2001年1月任菏泽市政协副主席、党组成员；2003年2月任菏泽市人民代表大会常务委员会党组成员、副主任；2006年2月离职；2012年2月退休。1995年4月被山东省政府评为“山东省劳动模范”。

邵好学 山东省定陶县人，1952年3月生，1975年8月加入中国共产党，1976年11月参加工作，山东师范学院干修科中文专业毕业，大专学历。1976年11月任定陶团县委副书记；1980年3月任菏泽团地委办事员；1980年11月任菏泽团地委办公室主任；1981年1月在山东师范学院干修科中文专业学习；1982年

12 月任菏泽团地委办公室主任；1984 年 2 月任菏泽团地委书记；1986 年 5 月任菏泽团地委书记、梁山县委副书记；1987 年 1 月任梁山县委副书记（正县级）；1989 年 8 月任梁山县委副书记、县政协主席；1990 年 2 月任菏泽地委宣传部副部长（正县级）；1993 年 5 月任菏泽地委副秘书长、调研室主任；1997 年 5 月任菏泽地委副秘书长、政研室主任；1997 年 12 月任鄄城县委书记；2002 年 12 月任菏泽市市长助理、党组成员；2003 年 2 月任菏泽市副市长、党组成员；2006 年 2 月任菏泽市人民代表大会常务委员会副主任、党组成员；2008 年 1 月任菏泽市人民代表大会常务委员会党组副书记、副主任；2012 年 2 月任菏泽市人民代表大会常务委员会党组副书记；2012 年 4 月离职；2013 年 4 月退休。

刘金俊 山东省郓城县人，1949 年 12 月生，1971 年 8 月加入中国共产党，1974 年 8 月参加工作，山东农学院农学系农学专业毕业，大学学历。1969 年 12 月任郓城县城关镇陈路口村民办教师；1972 年 4 月在山东农学院农学系农学专业学习；1974 年 8 月在郓城县大人公社农技站工作；1976 年 11 月在郓城县农业局农技站工作；1977 年 6 月在郓城县农委工作；1978 年 12 月任郓城县革委办公室办事员；1981 年 12 月任菏泽地委办公室干事；1984 年 5 月任菏泽地委办公室秘书科副科长；1984 年 7 月任菏泽地委办公室秘书科科长；1987 年 4 月任菏泽地委办公室副主任；1993 年 12 月任菏泽地委副秘书长；1995 年 6 月任菏泽地委副秘书长、办公室主任；2001 年 1 月任菏泽市委副秘书长、办公室主任；2006 年 2 月任菏泽市人民代表大会常务委员会副主任、党组成员；2011 年 1 月任菏泽市人民代表大会常务委员会党组成员；2011 年 2 月离职；2013 年 4 月退休。

张秀长 山东省单县人，1949 年 8 月生，1971 年 5 月加入中国共产党，1975 年 8 月参加工作，省委党校干修科政治理论专业毕业，大专学历。1970 年 8 月任单县龙王庙公社团委副书记；1975 年 8 月任中共单县县委“工业学大庆”工作员；1976 年 5 月任单县张集公社党委常委;1979 年 5 月任共青团单县县委书记;1982 年 12 月任单县郭村公社党委书记；1984 年 2 月任中共单县县委常委、单县纪律检查委员会书记；1985 年 10 月任中共单县县委副书记、县委政法委书记；1989 年 7 月任中共定陶县委副书记，政协定陶县委员会主席、党组书记；1993 年 1 月任菏泽地区交通局党组书记、局长；2001 年 1 月任菏泽市交通局党委书记、局长；2006 年 2 月任菏泽市人民代表大会常务委员会副主任、党组成员；2008 年 1 月离职；2012 年 6 月退休。2005 年 3 月被国家人事部、交通部授予“全国交通系统先进工作者”称号，享受省部级劳模待遇。系山东省第十届人大代表。

李玉华 山东省定陶县人，1951 年 2 月生，1982 年 8 月加入中国共产党，1970 年 5 月参加工作，菏泽市委党校国民经济管理专业毕业，大专学历。高级经济师。1970 年 5 月任曹县橡胶厂技术员；1982 年 10 月任曹县棉纺厂生产科副科长；1983 年 3 月任曹县橡胶厂厂长；1984 年 2 月任曹县橡胶厂厂长、党支部副书记；1986 年 8 月任曹县橡胶厂厂长、党支部书记；1991 年 2 月任曹县工业局局长、党组书记，曹县橡胶厂厂长、党支部书记；1993 年 4

月任曹县人民政府副县长、党组成员；1997年1月任菏泽地区经济贸易委员会党委委员、副主任；1997年12月任中共菏泽市（县级）委副书记；2000年6月任菏泽地区经济贸易委员会主任、党组书记；2001年1月任菏泽市经济贸易委员会主任、党组书记；2001年3月任中共菏泽市委菏泽开发区工作委员会书记、菏泽开发区管理委员会主任；2006年2月任菏泽市人民代表大会常务委员会副主任、党组成员；2009年2月任菏泽市人民代表大会常务委员会副主任、党组成员，菏泽市总工会主席、党组书记；2011年1月任菏泽市人民代表大会常务委员会党组成员；2011年2月离职；2013年4月退休。1985年2月被国家经委、团中央评为"全国百名优秀青年厂长"，1986年5月被山东省政府评为"山东省劳动模范"，1987年5月被全国总工会授予"全国五一劳动奖章"，1989年9月被国务院授予"全国劳动模范"称号。系山东省第五次、八次党代会代表。

马春田 山东省定陶县人，1952年1月生，1970年10月加入中国共产党，1969年12月参加工作，山东省委党校业余本科班经济管理专业毕业，省委党校大学学历。1969年12月起历任陆军第49师炮兵团2营5连战士，军械员、文书、班长；1973年12月任陆军第49师炮兵团85加农炮营2连指挥排排长；1975年2月任陆军第49师炮兵团85加农炮营3连政治指导员；1976年7月任陆军第56师炮兵团85加农炮营3连政治指导员；1978年3月在石家庄高级陆军学校政治学专业学习；1979年7月任陆军第56师炮兵团政治处组织股股长；1980年2月任陆军第19军政治部干部处副营职干事；1983年5月任陆军第19军政治部干部处副处长；1984年10月任陆军第19军政治部干部处处长；1986年1月任菏泽地委组织部干事；1988年12月任菏泽地委组织员办公室副主任；1990年3月任菏泽市(县级)委常委、组织部部长；1993年12月菏泽市（县级）委副书记；1997年12月菏泽地区行署副秘书长（正县级）、办公室党组副书记；1999年3月任菏泽地区水利局局长、党组书记；2001年1月任菏泽市水利局局长、党组书记；2003年6月任菏泽市水利局局长、党组书记，市抗旱防汛指挥部办公室主任；2005年10月任菏泽市水利局局长、党组书记；2005年12月任菏泽市水利局局长；2006年2月任菏泽市人民代表大会常务委员会秘书长、党组成员；2007年1月任菏泽市人民代表大会常务委员会副主任、党组成员、秘书长；2012年2月离职；2013年4月退休。

彭靖华 山东省东明县人，1952年8月生，1975年8月加入中国共产党，1972年12月参加工作，山东省委党校在职研究生班政治学专业毕业，省委党校研究生学历。1973年12月任胜利油田胜采一大队宣传干事；1975年9月任胜利油田胜采指挥部党委秘书；1981年1月任东明城关公社宣传干事；1982年3月任东明城关公社党委秘书；1983年8月在山东农业大学干修科农学专业学习；1985年9月任东明县陆圈镇副镇长；1986年1月任菏泽地委组织部干事；1988年12月任菏泽地委组织部科级巡视员；1992年2月任菏泽地委组织部科级巡视员、组织科副科长；1993年1月任曹县县委常委、组织部部长；1995年1月任曹县县委副书记；1997年12月任曹县县委副书记、县长；2000年6月任菏泽地区行署副秘书长（正县级）、办公室党组副书记；2001年3月任菏泽市计生委

主任、党组书记；2004 年 12 月任菏泽市人口和计划生育委员会主任、党组书记；2007 年 1 月任菏泽市人民代表大会常务委员会副主任、党组成员，市人口和计划生育委员会主任；2007 年 2 月任菏泽市人民代表大会常务委员会副主任、党组成员；2012 年 2 月任菏泽市人民代表大会常务委员会党组副书记；2013 年 4 月退休。

李顺广 （简介见第十五届人民代表大会常务委员会领导）

第十七届人民代表大会常务委员会领导

陈　光 （简介见第十六届人民代表大会常务委员会领导）

赵润田　河南省台前县人，1956 年 9 月生，1984 年 8 月加入中国共产党，1975 年 5 月参加工作，山东师范大学中文系汉语言文学专业本科毕业，大学学历。1974 年 5 月任河南省台前县一中代课教师；1975 年 5 月起历任山东省阳谷县运输公司搬运站工人，运输公司团支部书记，县交通局团总支部副书记；1977 年 5 月任山东省阳谷县革委会工业办公室干事；1978 年 10 月在山东师范大学中文系汉语言文学专业学习；1982 年 8 月任山东省阳谷县文教局教研室教研员、县人民政府办公室秘书；1984 年 7 月任山东省阳谷县人民政府办公室副主任、县委整党办公室副主任；1986 年 7 月任山东省阳谷县闫楼乡党委副书记、乡长；1987 年 7 月任山东省阳谷县供销社主任；1989 年 2 月任山东省聊城地委办公室秘书、副主任（其间：1991 年挂职中共山东省高唐县委副书记）；1993 年 2 月任山东省莘县县委副书记；1994 年 1 月任山东省莘县县委副书记、副县长；1995 年 3 月任山东省莘县县委副书记、县长；1997 年 12 月任山东省临清市委书记；2001 年 1 月任山东省潍坊市副市长；2002 年 10 月任菏泽市委副书记；2003 年 2 月任菏泽市委副书记、副市长；2006 年 3 月任菏泽市委副书记、代市长、市政府党组书记；2006 年 5 月任菏泽市委副书记、市长、市政府党组书记；2008 年 2 月任菏泽市委书记，市人大常委会党组书记，市委党校校长；2008 年 7 月任菏泽市委书记，市人大常委会主任、党组书记，市委党校校长；2010 年 12 月任菏泽市委书记，市人大常委会主任，市委党校校长；2013 年 1 月任山东省人民政府副省长，菏泽市委书记，市人大常委会主任、党组书记，市委党校校长；2013 年 2 月任山东省人民政府副省长、党组成员；2017 年 2 月任山东省政协副主席、党组成员。系第十八次全国党代会代表，第十一届全国人大代表，山东省第十一届、十二届、十三届人大代表。

杨永昌　山东省东明县人，1955 年 7 月生，1980 年 12 月加入中国共产党，1977 年 8 月参加工作，中央党校导师制研究生班经济学专业毕业，中央党校研究生学历，工程硕士，高级经济师、高级政工师。1975 年 8 月在成武师范学习；1977 年 8 月任东明县农业学大寨工作队队员；1978 年 10 月任东明一中教务处教导员；1980 年 1 月任东明县教育局少先队总辅导员；1981 年 4 月任东明团县委学少部副部长；1982 年 9 月任东明团县委学少部部长；1983 年 7 月在菏泽师专干修科中文专业学习；1985 年 6 月任东明县委组织部组织员；1985 年 11 月任东明团县委书记；1986 年 12 月任东明团县委书记、东明县石油化工厂筹建处

党支部书记；1988年11月任东明县石油化工厂厂长、党委书记；1993年3月任东明县副县长，东明县石油化工厂厂长、党委书记；1994年9月任菏泽市（县级）委副书记、副市长、代市长；1995年3月任菏泽市（县级）委副书记、市长；1997年12月任成武县委书记；2002年12月任菏泽市市长助理、党组成员；2003年2月任菏泽市副市长、党组成员；2007年1月任菏泽市副市长、党组副书记；2007年3月任菏泽市委常委、市政府常务副市长、党组副书记；2007年9月任菏泽市委常委、市政府常务副市长、党组副书记，菏泽市行政干部管理学院院长；2008年1月任菏泽市人民代表大会常务委员会第一副主任（正厅级）、党组副书记，菏泽市行政干部管理学院院长；2008年2月任菏泽市人民代表大会常务委员会第一副主任（正厅级）、党组副书记；2010年12月任菏泽市人民代表大会常务委员会党组书记、第一副主任（正厅级）；2016年1月任山东省人民代表大会城乡建设与环境保护委员会副主任委员；2018年8月退休。1992年4月被山东省政府评为“山东省劳动模范”。系山东省第七次、八次党代会代表，山东省第八届、十一届、十二届人大代表。

汤建梅（简介见第十五届人民代表大会常务委员会领导）

邵好学（简介见第十六届人民代表大会常务委员会领导）

刘金俊（简介见第十六届人民代表大会常务委员会领导）

李玉华（简介见第十六届人民代表大会常务委员会领导）

马春田（简介见第十六届人民代表大会常务委员会领导）

彭靖华（简介见第十六届人民代表大会常务委员会领导）

赵　普　山东省定陶县人，1955年5月生，1974年9月加入中国共产党，1972年12月参加工作，山东农业大学农学专业毕业，大专学历。1972年12月在陆军145师（53229部队）历任侦察连侦察员、军械员、文书；1976年3月待分配；1976年9月任菏泽地区定陶县杜堂公社管区工作队文书；1976年12月任菏泽地区定陶县人民法院书记员、助审员、审判员；1979年10月任菏泽地区定陶县人民法院刑庭副庭长；1982年9月在山东农业大学干部专修科农学专业学习；1984年6月任菏泽地区定陶县法院党组成员；1984年11月任菏泽市（县级）法院副院长、党组副书记；1987年6月任菏泽地区定陶县委政法委副书记；1988年4月任菏泽地区定陶县法院副院长、审判委员会委员；1989年5月任菏泽地区定陶县张湾乡党委书记；1989年12月任菏泽地区郓城县法院院长、党组书记；1993年1月任菏泽地区郓城县委常委、政法委书记；1993年12月任菏泽地区中级人民法院副院长（正县级）、党组成员；1997年12月任巨野县委副书记、县长（其间：1996年10月—1998年11月在东北师范大学硕士研究生课程进修班经济管理专业学习）；2001年3月任菏泽市公安局政委、党委副书记；2006年2月任菏泽市交通局党委书记；2006年3月任菏泽市交通局局长、党委书记；2008年1月任菏泽市人民代表大会常务委员会秘书长、党组成员，菏泽市交通局局长、党委

书记；2008年3月任菏泽市人民代表大会常务委员会秘书长、党组成员，市交通局党委书记；2009年1月任菏泽市人民代表大会常务委员会秘书长、党组成员；2011年11月任菏泽市人民代表大会常务委员会秘书长、党组成员，菏泽学院党委副书记；2012年2月任菏泽学院党委副书记；2015年4月任菏泽市人民代表大会常务委员会副厅级干部；2015年6月退休。

第十八届人民代表大会常务委员会领导

赵润田（简介见第十七届人民代表大会常务委员会领导）

于晓明 山东省海阳市人，1957年7月生，1983年7月加入中国共产党，1975年8月参加工作，1983年7月山东大学中文系汉语言文学专业毕业，大学学历，文学学士。1975年8月济南市历城县港沟镇下乡知青；1976年12月任山东省交通厅工程大队工会干事；1978年5月任济南黄河公路大桥会战指挥部政治处干事；1979年9月在山东大学中文系汉语言文学专业学习；1983年7月任山东省委办公厅综合室、秘书处、秘书二处干部；1986年12月任山东省委办公厅办公室副科级秘书；1988年11月任山东省委办公厅办公室副处级秘书；1990年12月任山东省委办公厅办公室副主任；1992年10月任山东省委办公厅办公室正处级秘书；1993年2月任山东省委办公厅督查处副处长（正处级）；1993年9月任山东省委办公厅督查处处长；1997年9月任山东省委办公厅助理巡视员、督查处处长；1998年9月任山东省委办公厅助理巡视员；2000年7月任山东省委办公厅副主任；2002年10月任山东省委副秘书长、办公厅副主任；2003年10月任山东省委副秘书长；2005年3月任山东省委副秘书长，省信访局局长；2011年9月任山东省纪委副书记，省监察厅厅长；2012年12月任山东省纪委副书记，省监察厅厅长、省预防腐败局局长；2013年2月任菏泽市委书记、市委党校校长；2014年1月任菏泽市委书记、市人大常委会主任、市委党校校长；2014年11月任山东省人民政府副省长、党组成员，菏泽市委书记、市人大常委会主任、市委党校校长；2015年1月任山东省人民政府副省长、党组成员；2015年6月任山东省委常委、秘书长，山东省人民政府副省长、党组成员；2015年7月任山东省委常委、秘书长；2017年2月任山东省委常委、秘书长，省人大常委会副主任；2017年6月任山东省人大常委会党组副书记、副主任；2018年2月任山东省人大常委会党组书记、副主任。系第十三届全国人大代表、山东省第九次、十次党代会代表，中共山东省第十届、十一届委员会委员，第九届、十届山东省纪委委员，山东省第十二届、十三届人大代表。

孙爱军 山东省平度市人（出生地：上海），1972年3月生，1993年5月加入中国共产党，2000年12月参加工作，清华大学经济管理学院企业管理专业毕业，研究生学历，管理学博士。1990年9月在清华大学汽车工程系汽车工程专业学习；1995年9月在清华大学经济管理学院工业外贸专业学习（硕士研究生）；1997年1月在清华大学经济管理学院企业管理专业学习（博士研究生）；2000年12月任清华大学讲师、校团委副书记（副处级）；2001年3月任山东省委办公厅干部、助理调研

员；2001年11月任山东省委办公厅助理调研员，挂职任烟台市市长助理；2001年12月任山东省委办公厅调研员、挂职任烟台市市长助理；2002年9月任共青团山东省委副书记；2008年2月任共青团山东省委副书记、省青年管理干部学院党委书记；2010年12月任菏泽市委副书记（正厅级）；2011年12月任菏泽市委副书记，副市长、代市长，市政府党组书记；2012年2月任菏泽市委副书记、市长、市政府党组书记；2015年1月任菏泽市委书记、市委党校校长；2015年2月任菏泽市委书记、市人大常委会主任、市委党校校长；2017年2月任菏泽市委书记，市人大常委会主任、党组书记，市委党校校长；2019年1月任聊城市委书记、市委党校校长；2019年3月任聊城市委书记、市委党校校长，市人大常委会主任。系第十九次全国党代会代表，中共山东省第十一届委员会委员，山东省第十三届人大代表。

杨永昌 （简介见第十七届人民代表大会常务委员会领导）

段伯汉 山东省巨野县人，1958年2月生，1976年4月加入中国共产党，1982年1月参加工作，山东省委党校党政干部研究生班毕业，省委党校研究生学历，工学学士。1976年12月任巨野县田庄公社民办教师；1978年3月在山东工学院电子工程系无线电技术专业学习；1982年1月任巨野县五金交电站办事员；1983年5月任巨野县人事局办事员；1984年3月任巨野团县委书记；1985年1月任巨野县田桥乡党委书记；1987年8月在山东省委党校党政干部研究生班学习；1989年7月任巨野县委组织员办公室正科级组织员；1990年2月任巨野县城关镇党委副书记、镇长；1990年8月任菏泽团地委副书记；1993年1月任巨野县副县长；1995年1月任定陶县委副书记；1997年2月任定陶县委副书记、副县长；1997年12月任定陶县委副书记、代县长；1998年3月任定陶县委副书记、县长；2000年12月任定陶县委书记；2001年1月任定陶县委书记、县人大常委会主任；2003年1月任定陶县委书记；2003年4月任定陶县委书记、县委党校校长；2005年12任菏泽市人民政府副市长、党组成员；2010年12月任菏泽市委常委、副市长、统战部部长；2011年3月任菏泽市委常委、统战部部长；2012年2月任菏泽市委常委，市政府常务副市长、党组副书记，市行政学院院长；2016年1任菏泽市人民代表大会常务委员会第一副主任、党组书记；2017年2月任山东省人民代表大会农业与农村委员会副主任委员。系山东省第八次党代会代表，山东省第九届、十二届、十三届人大代表。

赵传山 山东省菏泽市人，1957年1月生，1983年2月加入中国共产党，1980年7月参加工作，山东省委党校业余本科班经济管理专业毕业，省委党校大学学历。1976年3月任菏泽县佃户屯公社农田基本建设指挥部文书；1978年7月在菏泽师范中师专业学习；1980年6月任菏泽市（县级）何楼公社团委干事；1981年5月任菏泽市（县级）何楼公社团委书记；1984年4月任菏泽地委调研室干事；1984年7月任菏泽地委调研室副科级研究员；1986年9月在济宁市曲阜师范大学干部专修科中文系汉语言文学专业学习；1988年6月任菏泽地委调研室副科级研究员；1988年10月任菏泽地委调研室正科级研究员；1993年6月任菏泽地委调

研室副县级研究员（其间：1994 年 4 月—1995 年 1 月挂职任定陶县副县长）；1995 年 1 月任定陶县委常委、组织部部长（其间：1995 年 9 月—1997 年 12 月在省委党校业余本科班经济管理学专业学习）；1997 年 12 月任定陶县委副书记；2000 年 9 月任定陶县委副书记、县委党校校长；2000 年 12 月任定陶县委副书记、县长；2002 年 12 月任单县县委副书记、代县长；2003 年 1 月任单县县委副书记、县长；2004 年 6 月任菏泽市财政局党组书记；2004 年 11 月任菏泽市财政局局长、党组书记；2009 年 9 月任菏泽学院党委委员，市财政局局长、党组书记；2009 年 10 月任菏泽学院副院长、党委委员，市财政局局长、党组书记；2010 年 12 月任菏泽学院副院长、党委委员，市财政局局长、党组副书记；2011 年 12 月任菏泽市财政局局长、党组副书记；2012 年 2 月任菏泽市人民代表大会常务委员会副主任、党组副书记、秘书长；2015 年 2 月任菏泽市人民代表大会常务委员会副主任、党组副书记；2017 年 2 月离职；2017 年 3 月退休。系山东省第十届、十一届、十二届人大代表。

汤建梅 （简介见第十五届人民代表大会常务委员会领导）

丁志刚 山东省定陶县人，1961 年 9 月生，1983 年 8 月加入中国共产党，1982 年 7 月参加工作，山东省政法管理干部学院业余本科班法律专业毕业，省业余大学学历。1980 年 9 月在菏泽师专物理系物理专业学习；1982 年 7 月任定陶二中团委书记；1984 年 6 月任定陶县人事局干事、副股长；1985 年 3 月任定陶团县委副书记；1990 年 1 月任定陶团县委书记；1993 年 2 月任定陶县定陶镇党委书记；1995 年 1 月任鄄城县委常委、办公室主任；1997 年 12 月任鄄城县委常委、纪委书记；2001 年 3 月任鄄城县委副书记；2003 年 1 月任菏泽市房产管理局局长；2003 年 4 月任菏泽市房产管理局局长、党组书记；2004 年 6 月任菏泽市牡丹区委副书记、代区长，菏泽市房产管理局局长、党组书记；2004 年 7 月任菏泽市牡丹区委副书记、代区长；2005 年 1 月任菏泽市牡丹区委副书记、区长；2010 年 12 月任菏泽市人民代表大会常务委员会党组成员，菏泽市总工会党组书记、牡丹区区长；2011 年 1 月任菏泽市人民代表大会常务委员会党组成员、菏泽市总工会党组书记；2011 年 3 月任菏泽市人民代表大会常务委员会党组成员，菏泽市总工会党组书记、副主席；2012 年 2 月任菏泽市人民代表大会常务委员会副主任、党组成员，菏泽市总工会党组书记、副主席；2012 年 4 月任菏泽市人民代表大会常务委员会副主任、党组成员，菏泽市总工会主席、党组书记；2015 年 12 月任菏泽市人民代表大会常务委员会副主任、党组成员，菏泽市总工会主席；2017 年 2 月任菏泽市人民代表大会常务委员会副主任、党组副书记，菏泽市总工会主席。系山东省第十一届人大代表。

孙忠生 山东省曹县人，1959 年 10 月生，1983 年 12 月加入中国共产党，1981 年 7 月参加工作，中央党校函授学院经济管理专业毕业，中央党校大学学历。1979 年 7 月在山东省曹县师范学习；1981 年 7 月任曹县倪集公社张胡同学校教师；1983 年 6 月任曹县韩集中心校教师；1984 年 1 月任曹县刘岗乡政府文书；1986 年 5 月任曹县刘岗乡党委宣传委员；1986 年 9 月在山东师范大学干修科中文专业学习；1988 年 7 月任曹县刘岗乡党委组织委员；1988 年 12 月任曹县大寨集乡党委组织委员；1991 年 4 月任曹

县庄寨镇党委副书记；1993年3月任曹县橡胶厂党支部副书记、副厂长；1993年10月任曹县韩集镇党委书记；1997年5月任曹县县委常委、韩集镇党委书记；1997年6月任曹县县委常委、曹城镇党委书记；2001年3月任菏泽经济开发区党工委副书记；2005年6月任菏泽经济开发区党工委常务副书记（正县级）、管委会副主任；2009年2月任菏泽经济开发区党工委常务副书记、管委会主任；2012年2月任菏泽市人民代表大会常务委员会副主任、党组成员，菏泽经济开发区党工委常务副书记、管委会主任；2012年5月任菏泽市人民代表大会常务委员会副主任、党组成员；2017年3月任菏泽市人民代表大会常务委员会副主任、党组成员；2020年1月退休。

郭景堂 山东省东明县人，1965年2月生，1987年10月加入中国共产党，1982年5月参加工作，山东省政法管理干部学院法律专业毕业，大学学历。1982年5月任东明县五金交电公司业务员；1985年5月任曹县副食品公司专职保卫干事；1985年9月在菏泽地区商业职工中专商业企业管理专业学习；1987年7月任曹县副食品公司秘书；1989年6月任曹县人民检察院助检员（其间：1991年9月—1994年7月在山东政法干部管理学院法律专业学习）；1995年1月任曹县人民检察院检察员；1995年7月任曹县人民检察院政研室副主任；1996年8月任曹县人民检察院副科级检察员；1998年12月任菏泽地区人大工委内务司法处副主任科员；1999年11月任菏泽地区人大工委内务司法处主任科员；2001年1月任菏泽市人民代表大会常务委员会内务司法工作委员会工作室主任科员；2003年7月任菏泽市人民代表大会常务委员会办公室副主任；2003年8月任菏泽市人民代表大会常务委员会办公室副主任、机关后勤服务中心主任；2007年5月任菏泽市人民代表大会常务委员会教育科学文化卫生人口工作委员会工作室主任；2009年3月任菏泽市人民代表大会常务委员会办公室主任；2009年5月任菏泽市人民代表大会常务委员会办公室主任，市机关事务管理局副局长；2010年1月任菏泽市人民代表大会常务委员会委员、副秘书长、办公室主任，市机关事务管理局副局长；2015年2月任菏泽市人民代表大会常务委员会秘书长、办公室主任，市机关事务管理局副局长；2015年4月任菏泽市人民代表大会常务委员会秘书长、党组成员、办公室主任，市机关事务管理局副局长；2015年5月任菏泽市人民代表大会常务委员会秘书长、党组成员、办公室主任；2015年11月任菏泽市人民代表大会常务委员会秘书长、党组成员；2020年7月任菏泽市人民代表大会常务委员会秘书长、党组成员、机关党组书记。

第十九届人民代表大会常务委员会领导

孙爱军 （简介见第十八届人民代表大会常务委员会领导）

尹玉明 山东省东明县人，1962年1月生，1984年6月加入中国共产党，1984年7月参加工作，山东省委党校研究生学历。1980年9月在曲阜师范学院历史系历史专业学习；1984年7月任菏泽师专政史系教师；1984年10月在东明县委党校工作；1985年3月任东明团县委副书记；1989年12月任东明团县委书记；1990年12月任菏泽第二毛纺

厂副厂长；1992 年 9 月任菏泽地区纺织局副局长；1995 年 1 月任郓城县委常委、办公室主任；1997 年 12 月任菏泽市（县级）委常委、副市长；1999 年 3 月任菏泽市（县级）委副书记、副市长；1999 年 11 月任菏泽市（县级）委副书记、副市长、市行政学校校长；2000 年 12 月任菏泽市牡丹区委副书记、区长；2004 年 6 月任菏泽市牡丹区委书记、区委党校校长；2008 年 1 月任菏泽市委常委、牡丹区委书记、区委党校校长；2010 年 12 月任菏泽市委常委、政法委书记；2012 年 2 月任菏泽市委常委、秘书长；2014 年 5 月任菏泽市委常委、秘书长、市委改革办主任；2017 年 2 月任菏泽市政协主席、党组书记；2019 年 1 月任菏泽市人民代表大会常务委员会主任、党组书记。系山东省第十届、十二届人大代表。

杨晓玲 女，山东省曹县人，1963 年 3 月生，1986 年 3 月加入中国共产党，1979 年 12 月参加工作，山东省高等教育自学考试财政专业毕业，大学学历，工商管理硕士。1979 年 12 月任定陶县农业银行会计；1984 年 8 月任菏泽地区财政局办事员；1985 年 9 月在江西财经管理干部学院会计专业学习；1987 年 7 月任菏泽地区财政局办事员；1989 年 11 月任菏泽地区财政局驻厂员管理所副科级驻厂员；1992 年 11 月任菏泽地区财政局驻厂员管理所副所长；1995 年 1 月任菏泽地区国资局副局长；1997 年 3 月任菏泽地区财政局工交驻厂所所长；1999 年 3 月任成武县副县长；2001 年 3 月任成武县委副书记、副县长；2004 年 5 月任成武县委副书记、代县长；2005 年 1 月任成武县委副书记、县长；2006 年 12 月任成武县委书记；2007 年 1 月任成武县委书记、县委党校校长；2011 年 12 月任菏泽市政协党组成员；2012 年 2 月任菏泽市政协副主席、党组成员；2012 年 3 月任菏泽市政协副主席、党组成员，市审计局局长、党组书记；2017 年 2 月任菏泽市人民代表大会常务委员会副主任、党组副书记（其间，2017 年 2 月—2019 年 1 月主持市人大常委会工作）。系山东省第九次党代会代表，山东省第十三届人大代表。

丁志刚 （简介见第十八届人民代表大会常务委员会领导）

汤建梅 （简介见第十五届人民代表大会常务委员会领导）

孙忠生 （简介见第十八届人民代表大会常务委员会领导）

谷瑞灵 山东省定陶县人，1963 年 3 月生，1984 年 11 月加入中国共产党，1982 年 7 月参加工作，山东农业大学经济管理专业毕业，山东省业余大学学历。1979 年 8 月在山东省农机化学校农业机械化专业学习；1982 年 7 月任定陶县陈集镇农机站技术员；1983 年 5 月任定陶县陈集镇农机站站长；1984 年 6 月任定陶县陈集镇政府办公室主任；1990 年 1 月任定陶县陈集镇副镇长；1993 年 2 月任定陶县孟海乡党委副书记、乡长；1994 年 3 月任定陶县孟海镇党委书记；1997 年 12 月任单县县委常委；1998 年 1 月任单县县委常委、政法委书记；2004 年 12 月任单县县委副书记；2005 年 4 月任单县县委副书记、纪委书记；2007 年 1 月任单县县委副书记；2009 年 1 月任菏泽经济开发区党工委副书记（正县级）；2009 年 2 月任菏泽经济开发区党工委副书记（正县级）、管委会常务

副主任；2009年5月任鄄城县委副书记、菏泽经济开发区管委会常务副主任；2009年6月任鄄城县委副书记；2009年7月任鄄城县委副书记、县长；2011年11月任鄄城县委书记；2011年12月任鄄城县委书记、县委党校校长；2012年1月任鄄城县委书记、县人大常委会主任、县委党校校长；2016年1月任鄄城县委书记、县委党校校长；2017年2月任菏泽市人民代表大会常务委员会副主任、党组成员，鄄城县委书记、县委党校校长；2018年4月任菏泽市人民代表大会常务委员会副主任、党组成员。系山东省第十次党代会代表。

魏　琳　山东省菏泽市人，1963年5月生，1984年7月加入中国共产党，1984年7月参加工作，曲阜师范学院政治系政治学专业毕业，大学学历。1980年9月在曲阜师范学院政治系政治学专业学习；1984年7月任曲阜师范学院马列教研室教师；1986年12月任菏泽地区人事局干部科办事员；1991年5月任菏泽地区人事局干部科副科长；1993年9月任菏泽地区人事局档案科科长；1997年3月任菏泽地区人事局考核任免科科长；1999年3月任菏泽地区（市）人事局助理调研员、考核任免科科长；2001年3月任菏泽开发区党工委委员；2001年6月任菏泽开发区党工委委员、党群工作部主任；2006年7月任菏泽经济开发区党工委委员、纪工委书记、党群工作部主任；2009年1月任菏泽经济开发区党工委副书记（正县级）、纪工委书记、党群工作部主任；2009年8月任菏泽经济开发区党工委副书记（正县级）、纪工委书记；2010年1月任菏泽经济开发区党工委副书记（正县级）；2012年5月任菏泽市机构编制委员会办公室副主任（正县级）；2013年7月任菏泽市委组织部副部长，市机构编制委员会办公室主任；2015年7月任东明县委副书记、副县长、代县长；2015年9月任东明县委副书记、县长；2016年11月任东明县委书记；2017年1月任东明县委书记、县委党校校长；2020年1月任菏泽市人民代表大会常务委员会副主任、党组成员。

郭景堂　（简介见第十八届人民代表大会常务委员会领导）

第二章　出席历届全国人民代表大会代表

第一届全国人民代表大会、第二届全国人民代表大会，菏泽专区没有出席代表。自第三届全国人民代表大会起，菏泽专区、菏泽地区、菏泽市均有出席代表。

第一节　菏泽专区出席第三届全国人民代表大会代表

菏泽专区出席第三届全国人民代表大会代表共3名，其中男性2名、妇女1名，中共党员1名、无党派人士2名。第三届全国人民代表大会第一次会议召开后，受“文化大革命”影响，未再召开过会议。

菏泽专区出席第三届全国人民代表大会代表名录（1964.12—1975.1）

表 54

姓名	现任（或原任）职务	性别	年龄	民族	籍贯	党派	备注
任轮升	菏泽专署专员	男	49	汉族	河南范县	中共党员	
张含英	水利电力部副部长	男	64	汉族	山东菏泽	无党派	
周姜兰	政协曹县委员会副主席	女	72	汉族	山东曹县	无党派	

注：年龄计算截止日期为 1964 年 10 月

第二节　菏泽地区出席第四届全国人民代表大会代表

菏泽地区出席第四届全国人民代表大会代表共 7 名，其中男性 5 名、妇女 2 名，中共党员 5 名、无党派人士 1 名、共青团员 1 名，汉族 6 名、回族 1 名，高小学历 3 名、初中学历 1 名、初小学历 1 名、文盲 2 名。第四届全国人民代表大会第一次会议召开后，受“文化大革命”影响，未再召开过会议。

菏泽地区出席第四届全国人民代表大会代表名录（1975.1—1978.2）

表 55

姓名	现任（或原任）职务	性别	年龄	民族	籍贯	学历	党派	备注
王玉兰	曹县革委委员，邵庄公社革委常委，金庄大队革委副主任	女	22	汉族	山东曹县	高小	中共党员	
吴洪铎	单县曹庄公社王砦大队革委副主任	男	53	汉族	山东单县	文盲	无党派	
何本银	成武县田集公社四刘庄大队革委副主任，民兵排长	男	25	汉族	山东成武	初中	共青团员	
宋明汉	郓城县郭屯公社革委委员，车楼大队革委主任	男	58	汉族	山东郓城	文盲	中共党员	
胡景灿	菏泽县革委副主任，安兴公社胡集大队革委主任	男	74	汉族	山东菏泽	高小	中共党员	
杨朝忠	菏泽地革委常委，定陶县革委副主任，城关公社南关大队革委主任	男	46	回族	山东定陶	初小	中共党员	
刘东兰	梁山县革委常委，小路口公社革委委员，蔡楼大队革委副主任	女	32	汉族	山东梁山	高小	中共党员	

注：年龄计算截止日期为 1975 年 1 月

第三节　菏泽地区出席第五届全国人民代表大会代表

菏泽地区出席第五届全国人民代表大会代表共 7 名，其中男性 5 名、妇女 2 名，中共党员 7 名，汉族 6 名、回族 1 名，中专学历 1 名、初中学历 3 名、高小学历 3 名。

菏泽地区出席第五届全国人民代表大会代表名录（1978.2—1983.6）

表 56

姓名	现任（或原任）职务	性别	年龄	民族	籍贯	学历	党派	备注
魏正亭	成武县委书记	男	53	汉族	山东梁山	初中	中共党员	
兰志朴	汽车五队（梁山）党支书	男	54	汉族	山东即墨	高小	中共党员	
马同恩	菏泽地区农校兽医专业副主任	男	39	回族	山东菏泽	中专	中共党员	
申玉仁	菏泽县小留公社前王楼大队党支书	男	37	汉族	山东菏泽	高小	中共党员	
李德之	定陶县陈集公社七一大队副大队长	男	29	汉族	山东定陶	初中	中共党员	
韩秀云	曹县苏集公社党委书记	女	36	汉族	山东曹县	初中	中共党员	
付长云	巨野县董官屯公社党委副书记	女	38	汉族	山东巨野	高小	中共党员	

注：年龄计算截止日期为 1979 年 5 月

第四节　菏泽地区出席第六届全国人民代表大会代表

菏泽地区出席第六届全国人民代表大会代表共 9 名，其中男性 6 名、妇女 3 名，中共党员 6 名、无党派人士 3 名，汉族 8 名、高山族 1 名，大学学历 2 名、中专学历 1 名、初中学历 4 名、高小学历 2 名。

菏泽地区出席第六届全国人民代表大会代表名录（1983.6—1988.3）

表 57

姓名	现任（或原任）职务	性别	年龄	民族	籍贯	学历	党派	备注
于波海	菏泽地委书记	男	56	汉族	山东荣成	初中	中共党员	
申玉仁	菏泽市小留镇前王楼大队党支书	男	42	汉族	山东菏泽	高小	中共党员	
任忠宽	单县城关镇西郊大队党支部副书记、大队长	男	41	汉族	山东单县	初中	中共党员	
江　时	曹县政协副主席、城关镇四完小幼儿班教师	女	55	高山族	台湾台南	初中	无党派	
李善修	东明县刘楼乡邮电支局投递员	男	37	汉族	山东东明	初中	中共党员	
陈兴芝	巨野县政府副县长、农艺师	男	38	汉族	山东嘉祥	中专	中共党员	
徐学娟	梁山县石棉厂二车间手工组组长	女	44	汉族	山东青岛	高小	无党派	
赵瑞麟	菏泽师专体育系主任、副教授	男	51	汉族	山东菏泽	大学	中共党员	

续表 57

姓名	现任（或原任）职务	性别	年龄	民族	籍贯	学历	党派	备注
王惠芳	菏泽地区畜牧兽医站副站长、兽医师	女	46	汉族	上海市	大学	无党派	

注：年龄计算截止日期为 1983 年 6 月

第五节　菏泽地区出席第七届全国人民代表大会代表

菏泽地区出席第七届全国人民代表大会代表共 8 名，其中男性 4 名、妇女 4 名，中共党员 7 名、无党派人士 1 名，汉族 7 名、高山族 1 名，大学学历 3 名、大专学历 1 名、中专学历 1 名、高中学历 1 名、初中学历 2 名。

菏泽地区出席第七届全国人民代表大会代表名录（1988.3—1993.3）

表 58

姓名	现任（或原任）职务	性别	年龄	民族	籍贯	学历	党派	备注
刘洪仁	菏泽地委副书记、菏泽地区行署专员	男	52	汉族	山东昌乐	初中	中共党员	
李明先	菏泽市委副书记、市长	男	43	汉族	山东蓬莱	大学	中共党员	
张留林	郓城县郓城镇张兴庄村委会主任、张兴庄地毯厂厂长	男	33	汉族	山东郓城	高中	中共党员	
马善伦	菏泽地区农科所副所长、农艺师	男	55	汉族	山东郓城	大专	中共党员	
韩　棣	菏泽医学专科学校副校长、教授	女	55	汉族	天津市	大学	中共党员	
黄佩伟	菏泽电讯十厂副总工程师	女	42	汉族	上海市	大学	中共党员	
江　时	曹县政协副主席、城关镇四完小教师	女	60	高山族	台湾台南	初中	无党派	
李新芝	菏泽市北关小学校长	女	46	汉族	山东定陶	中专	中共党员	

注：年龄计算截止日期为 1988 年 3 月

第六节　菏泽地区出席第八届全国人民代表大会代表

菏泽地区出席第八届全国人民代表大会代表共 6 名，其中男性 5 名、妇女 1 名，中共党员 4 名、无党派人士 2 名，汉族 6 名，大学学历 2 名、大专学历 1 名、中专学历 1 名、高中学历 1 名、初中学历 1 名。

菏泽地区出席第八届全国人民代表大会代表名录（1993.3—1998.3）

表 59

姓名	现任（或原任）职务	性别	出生年月	民族	籍贯	学历	党派	备注
李明先	菏泽地委副书记、菏泽地区行署专员	男	1945.1	汉族	山东蓬莱	大学	中共党员	
卢新文	成武县人大常委会副主任	男	1940.7	汉族	山东鄄城	大学	无党派	
张留林	郓城县郓城镇张兴庄党支书、张兴庄地毯厂厂长	男	1955.7	汉族	山东郓城	高中	中共党员	
苑宪章	山东省国华实业总公司董事长	男	1936.12	汉族	山东定陶	中专	中共党员	
李格森	菏泽师专英语系教师	男	1965.2	汉族	山东单县	大专	无党派	
孟红霞	菏泽地区第二毛纺厂织造车间织布挡车工	女	1966.11	汉族	山东菏泽	初中	中共党员	

第七节　菏泽地区出席第九届全国人民代表大会代表

菏泽地区出席第九届全国人民代表大会代表共 6 名，其中男性 4 名、妇女 2 名，中共党员 4 名、九三学社 1 名、民盟 1 名，汉族 4 名、回族 2 名，研究生学历 1 名、大学学历 1 名、大专学历 3 名、高中学历 1 名。

菏泽地区出席第九届全国人民代表大会代表名录（1998.3—2003.3）

表 60

姓名	现任（或原任）职务	性别	出生年月	民族	籍贯	学历	党派	备注
陈　光	菏泽地委副书记、行政公署专员	男	1956.11	汉族	山东寿光	大专	中共党员	
田德全	菏泽师范专科学校校长、党委副书记	男	1952.2	汉族	山东嘉祥	研究生	中共党员	
晁中胜	菏泽地区农业局总农艺师	男	1941.1	汉族	山东菏泽	大专	九三学社	
汤建梅	菏泽地区畜牧工作站副站长	女	1957.8	回族	上海宝山	大学	民盟	
孟红霞	山东省天香集团团委副书记	女	1966.11	汉族	山东菏泽	大专	中共党员	
马思爱	定陶县陈集镇前沙海村党支书、前沙海皮厂厂长	男	1951.2	回族	山东定陶	高中	中共党员	

第八节　菏泽市出席第十届全国人民代表大会代表

菏泽市出席第十届全国人民代表大会代表共 7 名，其中男性 4 名、妇女 3 名，中共党员 4 名、农工党 1 名、民盟 1 名、无党派人士 1 名，汉族 6 名、回族 1 名，研究生学历 1 名、大学学历 2 名、大专学历 4 名。

菏泽市出席第十届全国人民代表大会代表名录（2003.3—2008.3）

表 61

姓名	现任（或原任）职务	性别	出生年月	民族	籍贯	学历	党派	备注
杜昌文	菏泽市委副书记、市长	男	1957.12	汉族	山东嘉祥	研究生	中共党员	
楚德留	山东现代达驰电工电气股份有限公司董事长兼党委书记	男	1952.9	汉族	山东成武	大专	中共党员	2004 年 12 月去世
张儿勋	山东都庆股份有限公司董事长	男	1956.3	汉族	山东定陶	大专	中共党员	
尚瑞芬	菏泽市巨野县新世纪银星购物广场总经理	女	1964.12	汉族	山东金乡	大专	中共党员	
汤建梅	菏泽市人大常委会副主任、市畜牧工作站副站长、市畜禽良种推广中心主任、民盟山东省委常委、民盟菏泽市委主委	女	1957.8	回族	上海宝山	大学	民盟	
张凤仙	菏泽市第三人民医院门诊部护士长	女	1955.11	汉族	江苏涟水	大专	中共党员	
李建军	菏泽市政协副主席，市立医院副院长、普外科主任，农工党省委委员、菏泽市支部主委	男	1962.2	汉族	山东单县	大学	农工党	

第九节　菏泽市出席第十一届全国人民代表大会代表

菏泽市出席第十一届全国人民代表大会代表共 7 名，其中男性 4 名、妇女 3 名，中共党员 5 名、民盟 1 名、无党派人士 1 名，汉族 6 名、回族 1 名，研究生学历 2 名、大学学历 4 名、大专学历 1 名。

菏泽市出席第十一届全国人民代表大会代表名录（2008.3—2013.3）

表 62

姓名	现任（或原任）职务	性别	出生年月	民族	籍贯	学历	党派	备注
赵润田	菏泽市委书记、市委党校校长	男	1956.9	汉族	河南台前	大学	中共党员	
汤建梅	菏泽市人大常委会副主任、市科协副主席、民盟山东省委常委	女	1957.8	回族	上海宝山	大学	民盟	
郁章玉	菏泽学院党委副书记、院长	男	1960.9	汉族	山东临沂	研究生	中共党员	
王银香	曹县磐石办事处五里墩村党支部书记、山东银香伟业集团董事长	女	1960.8	汉族	山东曹县	大专	中共党员	
李湘平	东明石化集团有限公司党委书记、董事长、总经理	男	1962.8	汉族	山东东明	研究生	中共党员	
尚瑞芬	巨野县新世纪银星购物广场总经理	女	1964.12	汉族	山东金乡	大学	无党派	
赵步长	山东（菏泽）步长制药集团董事长	男	1942.11	汉族	陕西西安	大学	中共党员	

第十节　菏泽市出席第十二届全国人民代表大会代表

菏泽市出席第十二届全国人民代表大会代表共10名，其中男性6名、妇女4名，中共党员7名、农工党1名、无党派人士2名，汉族9名、回族1名，研究生学历3名、大学学历3名、大专学历2名、高中学历2名。

菏泽市出席第十二届全国人民代表大会代表名录（2013.3—2018.3）

表63

姓名	现任（或原任）职务	性别	出生年月	民族	籍贯	学历	党派	备注
孙爱军	菏泽市委副书记，市长	男	1972.3	汉族	山东平度	研究生（管理学博士）	中共党员	
黄秀玲	农工党菏泽市委主委，菏泽市政府副市长	女	1970.9	汉族	山东单县	研究生	农工党	
马效坤	山东（成武）达驰电气有限公司董事长	男	1947.9	汉族	山东成武	大专	中共党员	
王金书	东明县武胜桥镇玉皇庙村党总支书记，山东玉皇化工集团董事长、党委书记	男	1957.1	汉族	山东东明	高中	中共党员	
王银香	曹县磐石办事处五里墩村党支部书记、银香伟业集团董事长	女	1960.8	汉族	山东曹县	大专	中共党员	
李湘平	东明石化集团党委书记、董事局主席兼总裁	男	1962.8	汉族	山东东明	研究生	中共党员	
沙元菊	曹县诚辉皮毛经贸有限公司业务经理	女	1960.3	回族	河南商丘	高中	无党派	
尚瑞芬	巨野丽天明泽大酒店总经理，县政协副主席、县工商联主席	女	1964.12	汉族	山东金乡	大学	无党派	
赵步长	步长制药集团（菏泽）董事长	男	1942.11	汉族	陕西西安	大学	中共党员	
徐承秋	中国（单县）尚舜化工控股有限公司董事局执行主席	男	1944.8	汉族	山东定陶	大学	中共党员	

第十一节　菏泽市出席第十三届全国人民代表大会代表

菏泽市出席第十三届全国人民代表大会代表共11名，其中男性6名、妇女5名，中共党员9名、无党派人士2名，汉族9名、回族2名，研究生学历3名、大学学历4名、大专学历1名、高中学历3名。

菏泽市出席第十三届全国人民代表大会代表名录（2018.3— ）

表64

姓名	现任（或原任）职务	性别	出生年月	民族	籍贯	学历	党派	备注
张新文	菏泽市委书记、市委党校校长	男	1964.10	汉族	山东肥城	研究生	中共党员	2019年7月调入

续表 64

姓名	现任（或原任）职务	性别	出生年月	民族	籍贯	学历	党派	备注
解维俊	菏泽市委副书记、市长	男	1962.1	汉族	山东淄博	研究生	中共党员	2018 年 3 月调离
王秋玲	菏泽市农业科学院大豆研究所所长	女	1964.7	汉族	山东菏泽	大学	中共党员	
马化彬	定陶区茗嘉兴农作物专业种植合作社董事、天中街道南城社区居委会主任	男	1964.2	回族	山东菏泽	高中	中共党员	
王金书	山东玉皇化工有限公司董事长	男	1957.1	汉族	山东东明	高中	中共党员	
王银香	曹县磐石办事处五里墩村党支部书记、银香伟业集团董事长	女	1960.8	汉族	山东曹县	大专	中共党员	
许富华	成武县二中正高级教师	女	1966.2	汉族	山东成武	大学	无党派	
尚瑞芬	巨野县政协副主席	女	1964.12	汉族	山东金乡	大学	无党派	
张广营	鄄城县董口镇前园村党支部书记	男	1958.5	回族	山东鄄城	高中	中共党员	
李湘平	全国工商联副主席，东明石化集团党委书记、董事局主席兼总裁	男	1962.8	汉族	山东东明	研究生	中共党员	
仪爱文	东明县人民医院消化内科主任	女	1968.1	汉族	山东鄄城	大学	中共党员	

第三章　出席历届山东省人民代表大会代表

第一节　菏泽专区出席山东省第一届人民代表大会代表

菏泽专区出席山东省第一届人民代表大会代表共 30 名，其中男性 24 名、妇女 6 名，汉族 28 名、回族 2 名。

菏泽专区出席山东省第一届人民代表大会代表名录（1954.8—1957.8）

表 65

姓名	现任（或原任）职务	性别	年龄	民族	籍贯	选举单位	备注
王玉山	曹县十一区鲁庄乡曲步口村手工业者	男	39	汉族	山东曹县	曹县	
王玉均	复程县高韦庄区大刘庄乡支部书记	男	23	汉族	山东复程	单县	
王尹阁	巨野县太平区鄔屯乡乡长	男	37	汉族	山东巨野	巨野县	
王桂芝	城武县田七区白庙村妇女主任	女	50	汉族	山东城武	城武县	

续表 65

姓名	现任（或原任）职务	性别	年龄	民族	籍贯	选举单位	备注
王冠军	山东省政协委员会驻会委员	男	67	汉族	山东菏泽	巨野县	
王培兰	曹县孙老家区何楼乡	女	28	汉族	山东曹县	曹县	
王星楼	菏泽第一中学副教导主任	男	55	汉族	山东郓城	菏泽县	
马同忠	曹县魏湾区大马庄农业社第一社主任	男	39	汉族	山东曹县	曹县	
马子杰	菏泽县公私合营恒大火柴厂经理	男	42	回族	山东菏泽	菏泽县	
马义振	菏泽县供销社土副产品经理部干部	男	50	回族	山东菏泽	菏泽县	
邓福龙	梁山县十四区司垓乡司垓村社长	男	41	汉族	山东梁山	梁山县	
朱乐亭	菏泽县公私合营恒大火柴厂技师	男	43	汉族	山东胶县	菏泽县	
刘　政	菏泽县人民委员会副县长	女	30	汉族	山东寿张	巨野县	
刘百家	菏泽县十三区都司集乡白刘庄村高级社社长	男	35	汉族	山东菏泽	菏泽县	
刘继龙	梁山县委副书记	男	42	汉族	山东梁山	梁山县	
任轮升	菏泽专署副专员	男	39	汉族	山东范县	郓城县	
李玉花	鄄城县临卜区临卜村生产队长	女	36	汉族	山东鄄城	鄄城县	
李进学	定陶县仿山区委副书记	男	29	汉族	河南清丰	定陶县	
李培坤	菏泽专区供销社铁工厂基层工会主席	男	30	汉族	山东单县	单县	
邢克超	单县黄岗区委书记	男	47	汉族	山东单县	单县	
吴崇华	鄄城县治黄科科员	男	32	汉族	山东鄄城	鄄城县	
周艳丽	郓城县三区周庄乡副乡长、妇联主任	女	23	汉族	山东郓城	郓城县	
邵仰华	菏泽县城关镇卫生所中医师	男	66	汉族	山东鄄城	鄄城县	
张全功	郓城县黄堆集区黄堆集村党支部书记	男	45	汉族	山东郓城	郓城县	
张宗堂	单县七区李庄村农业社长	男	41	汉族	山东单县	单县	
张俊德	城武县一区西洼农业生产合作社社长	男	51	汉族	山东城武	城武县	
韩念芳	曹县十区莱朱乡华光农业生产社社长	女	41	汉族	山东曹县	曹县	

续表 65

姓名	现任（或原任）职务	性别	年龄	民族	籍贯	选举单位	备注
鲍汝现	郓城县张集区轩楼乡育民生产社高级社社长	男	52	汉族	山东郓城	郓城县	
葛玉珍	定陶县七区葛庄村农社长	男	39	汉族	山东定陶	定陶县	
狄　生	菏泽地委副书记	男	36	汉族	山东邹县	梁山县	

注：年龄计算截止日期为 1954 年 8 月

第二节　菏泽专区出席山东省第二届人民代表大会代表

菏泽专区出席山东省第二届人民代表大会代表共 33 名，其中男性 24 名、妇女 9 名，中共党员 17 名、民革 1 名、无党派人士 4 名，汉族 31 名、回族 2 名。

菏泽专区出席山东省第二届人民代表大会代表名录（1958.10—1962.12）

表 66

姓名	现任（或原任）职务	性别	年龄	民族	籍贯	学派	选举单位	备注
于　淞	郓城县灯塔人民公社副社长	男	31	汉族	山东郓城	非党	郓城县	
王玉修	成武县县长	男	38	汉族	山东曹县	中共党员	成武县	
王冠军	山东省政协委员	男	70	汉族	山东菏泽	民革	巨野县	
王星楼	菏泽第一中学副校长	男	59	汉族	山东郓城	预备党员	菏泽县	
左宏林	曹县副县长	男	34	回族	山东莘县	中共党员	曹县	
刘东兰	梁山第一人民公社第一大队长	女	20	汉族	山东梁山	共青团员	梁山县	
刘守图	单县新华铁工厂技师、基层工会主席	男	26	汉族	江苏建胡	非党	单县	
刘百家	菏泽县都司乡东方红公社合作部副部长	男	38	汉族	山东菏泽	中共党员	菏泽县	
任毓秀	单县妇联主席	女	28	汉族	山东金乡	中共党员	单县	
任轮升	菏泽专署副专员	男	41	汉族	山东范县	中共党员	郓城县	
朱乐亭	菏泽县政协委员、县工会副主席、恒大火柴厂技术工人	男	45	汉族	山东胶县	中共党员	菏泽县	
李巧莲	成武县陈集公社东李庄“七一”农业社副社长	女	18	汉族	山东定陶	非党	定陶县	
李桂云	成武县上游人民公社第二大队大队长	女	19	汉族	山东成武	共青团员	成武县	

续表 66

姓名	现任（或原任）职务	性别	年龄	民族	籍贯	学派	选举单位	备注
时秀兰	共青团曹县县委委员	女	19	汉族	山东曹县	共青团员	曹县	
时维子	单县黄岗乡党委副书记	男	40	汉族	山东单县	中共党员	单县	
吴崇华	鄄城县水利局工作人员	男	37	汉族	山东鄄城	中共党员	鄄城县	
邵仰华	菏泽县城关镇卫生所中医师	男	68	汉族	山东鄄城	无党派	鄄城县	
周艳丽	郓城县东风人民公社七大队团支书	女	25	汉族	山东郓城	非党	郓城县	
姚念周	巨野县姚庄村农业社社长	男	42	汉族	山东巨野	中共党员	巨野县	
马子杰	菏泽县副县长、县政协主席、工商联副主任、公私合营恒大火柴厂经理	男	42	回族	山东菏泽	无党派	菏泽县	
马秀珍	菏泽县城牡丹乡五星农业社副社长	女	20	汉族	山东菏泽	中共党员	菏泽县	
柴德山	曹县农具制造修配合作工厂副厂长	男	48	汉族	山东曹县	非党	曹县	
郭子亮	曹县红旗公社大队支书	男	35	汉族	山东曹县	中共党员	曹县	
郭少云	巨野县解庄村农业生产队队长	女	28	汉族	山东巨野	非党	巨野县	
郭　真	梁山县委书记处书记	男	34	汉族	河南南乐	中共党员	梁山县	
许玉堂	定陶县力本屯乡支书	男	33	汉族	山东菏泽	中共党员	定陶县	
许和进	成武县红星社生产队长	男	33	汉族	山东成武	中共党员	成武县	
张全功	郓城县东风人民公社中队党支书	男	48	汉族	山东郓城	中共党员	郓城县	
张宗堂	单县孙六乡李庄农业社社长	男	42	汉族	山东单县	非党	单县	
杨英谱	巨野县人民委员会副县长	男	37	汉族	山东高唐	中共党员	巨野县	
魏兰玉	鄄城县阎什口人民公社第二队长	女	28	汉族	山东鄄城	共青团员	鄄城县	
籍献西	菏泽专署专员、地委副书记	男	45	汉族	河北高邑	中共党员	梁山县	

注：年龄计算截止日期为 1958 年 10 月

第三节　菏泽专区出席山东省第三届人民代表大会代表

菏泽专区出席山东省第三届人民代表大会代表共 22 名，其中男性 17 名、妇女 5 名，中共党员 17 名、无党派人士 4 名，汉族 19 名、回族 3 名。

菏泽专区出席山东省第三届人民代表大会代表名录（1963.12—1965.12）

表 67

姓名	现任（或原任）职务	性别	年龄	民族	籍贯	党派	备注
任轮升	菏泽专署副专员	男	46	汉族	山东范县	中共党员	
左宏林	曹县副县长	男	38	回族	山东莘县	中共党员	
王缵三	东明县委副书记，县长	男	47	汉族	山东东明	中共党员	
张敏英	巨野县城关合作饭店第一食堂服务员	女	31	汉族	山东巨野	非党	
舒长存	巨野县大义公社舒王庄大队队长	男	43	汉族	山东巨野	中共党员	
于秀莲	成武县印刷厂副厂长	女	23	汉族	山东成武	中共党员	
袁　舒	菏泽地委统战部部长	男	24	汉族	山东长清	中共党员	
樊献勤	成武县南鲁公社鲍田庄大队支书	男	35	汉族	山东成武	中共党员	
王福田	单县城关公社西郊大队党支部书记	男	45	汉族	山东单县	中共党员	
任毓秀	单县妇联主席	女	33	汉族	山东金乡	中共党员	
王玉修	成武县县长	男	43	汉族	山东曹县	中共党员	
宋明汉	郓城县郭屯公社革委委员，车楼大队革委主任	男	46	汉族	山东郓城	中共党员	
王振荣	定陶县南王店公社制管厂党支部书记	女	46	汉族	山东定陶	中共党员	
刘东兰	梁山第一人民公社第一大队长	女	25	汉族	山东梁山	共青团员	
马子杰	菏泽县副县长	男	50	回族	山东菏泽	无党派	
王星楼	菏泽一中副校长	男	63	汉族	山东菏泽	中共党员	
翟为祯	菏泽地区人民医院外科副主任	男	39	汉族	上海市	无党派	
张开川	鄄城县董口公社军屯大队支书	男	39	回族	山东鄄城	中共党员	
邵仰华	菏泽县城关镇卫生所中医	男	72	汉族	山东鄄城	无党派	
甄兆科	巨野县副县长	男	43	汉族	江苏沛县	中共党员	
张增勋	梁山县副县长	男		汉族	山东平度	中共党员	
费朝新	成武县县长	男	37	汉族	山东曹县	中共党员	

注：年龄计算截止日期为 1963 年 12 月

第四节　菏泽地区出席山东省第四届人民代表大会代表

“文化大革命”期间，山东省人民代表大会停止活动。山东省第四届人民代表大会没有举行会议，没有产生山东省第四届人民代表大会代表。

第五节　菏泽地区出席山东省第五届人民代表大会代表

菏泽地区出席山东省第五届人民代表大会代表共90名，其中男性64名、妇女26名，中共党员72名、无党派人士4名，汉族81名、回族8名，大学学历6名、大专学历2名、中专学历11名、高中学历19名、初中学历19名、高小学历21名、初小学历7名、文盲3名。

菏泽地区出席山东省第五届人民代表大会代表名录（1979.9—1983.4）

表68

姓名	现任（或原任）职务	性别	年龄	民族	籍贯	学历	党派	界别	备注
周振兴	山东省副省长兼菏泽地委书记	男	50	汉族	山东齐河	高中	中共党员	干部	
董玉仁	菏泽地委副书记	男	53	汉族	山东曹县	初中	中共党员	干部	
任轮升	菏泽地委顾问	男	62	汉族	河南范县	高中	中共党员	干部	
马敬义	菏泽建筑公司汽车队司机	男	27	回族	山东定陶	初中	共青团员	工人	
兰志朴	菏泽汽车五队党支部书记	男	53	汉族	山东即墨	高小	中共党员	工人	
王连进	菏泽铸造厂供销科科长	男	51	汉族	山东济宁	高小	中共党员	工人	
刘志业	菏泽油嘴油泵厂工人	男	32	汉族	山东昌乐	中专	中共党员	工人	
赵瑞麟	菏泽师专体育系主任、副教授	男	45	汉族	山东菏泽	大学	中共党员	知识分子	
马同恩	菏泽农校教务处副主任	男	38	回族	山东菏泽	中专	中共党员	知识分子	
樊　忠	菏泽地区人民医院副院长、主任医师	男	49	汉族	江苏徐州	大专	无党派	知识分子	
张玉霞	菏泽地区豫剧团副团长	女	44	汉族	河南商丘	中专	中共党员	知识分子	
鲍占武	菏泽地区化工局局长	男	42	汉族	山东郓城	中专	中共党员	干部	
王敬贵	菏泽地区农科所党支部书记	男	49	汉族	山东菏泽	初中	中共党员	干部	
马善伦	菏泽地区农科所粮食室副主任、农业技师	男	44	汉族	山东郓城	中专	非党	知识分子	
申玉仁	菏泽县小留公社前王楼大队党支部书记	男	36	汉族	山东菏泽	高小	中共党员	农民	

续表 68

姓名	现任（或原任）职务	性别	年龄	民族	籍贯	学历	党派	界别	备注
胡景灿	菏泽县胡集公社胡集大队党支部书记	男	81	汉族	山东菏泽	高小	中共党员	农民	
冯德旺	菏泽县安兴公社安兴大队党支部书记	男	50	汉族	山东菏泽	高小	中共党员	农民	
马思太	菏泽县胡集公社东马垓大队党支部书记	男	51	回族	山东菏泽	高小	中共党员	农民	
张汉栋	菏泽县解元集公社干部	男	44	汉族	山东菏泽	高小	中共党员	农民	
徐秀荣	菏泽县沙土公社苏庄大队养蚕技术员	女	22	汉族	山东菏泽	中专	共青团员	农民	
黄爱珍	菏泽县农机公司保管员	女	31	汉族	山东菏泽	中专	中共党员	其他	
马子杰	菏泽县人大常委会副主任	男	62	回族	山东菏泽	初中	无党派	爱国人士	
张　军	菏泽县外贸保管员	女	27	汉族	山东鄄城	初中	共青团员	工人	
邹学信	定陶县委书记	男	47	汉族	山东栖霞	初中	中共党员	干部	
盛含臣	定陶县机床厂党总支书记	男	53	汉族	山东定陶	高小	中共党员	工人	
杨学功	定陶县陈集公社党委副书记、管委会主任	男	40	汉族	山东历城	高中	中共党员	干部	
李德之	定陶县陈集公社七一大队副大队长	男	28	汉族	山东定陶	初中	中共党员	农民	
李照省	定陶县城关公社王洪庙大队第三生产队妇女队长	女	23	回族	山东定陶	高小	非党	农民	
杨联英	定陶县邓集公社王良庄大队杨庄生产队社员	女	20	汉族	山东定陶	高小	中共党员	农民	1982 年调离
丁秀英	定陶县饮食服务公司副经理	女	26	汉族	山东定陶	高中	中共党员	其他	
左宏林	曹县人大常委会副主任	男	50	回族	山东莘县	高中	中共党员	干部	
郭世森	曹县农机厂副厂长	男	41	汉族	山东曹县	高小	中共党员	工人	
韩秀云	曹县妇联主任	女	35	汉族	山东曹县	初中	中共党员	农民	
孙保聚	曹县楼庄公社孙庄大队党支部书记	男	42	汉族	山东曹县	高小	中共党员	农民	
倪巧云	曹县韩集公社刘岗大队党支部副书记	女	64	汉族	山东曹县	文盲	中共党员	农民	
郑荣秀	曹县团县委副书记	女	22	汉族	山东曹县	高中	中共党员	农民	
王　霞	曹县倪集公社卫生院职工	女	18	汉族	山东曹县	高中	共青团员	农民	
高洪泉	曹县梁堤头公社梁东大队团支部副书记	男	23	汉族	山东曹县	高中	共青团员	农民	

续表 68

姓名	现任（或原任）职务	性别	年龄	民族	籍贯	学历	党派	界别	备注
李荣德	曹县县医院小儿科副主任	男	50	汉族	山东曹县	大学	非党	知识分子	
魏正亭	成武县委书记	男	52	汉族	山东梁山	高中	中共党员	干部	
樊宪勤	成武县南鲁公社革委副主任	男	50	汉族	山东成武	高中	中共党员	农民	
王丕民	成武县教研室干部	男	43	汉族	山东单县	大专	中共党员	知识分子	
周继存	成武县九女公社革委副主任	男	57	汉族	山东成武	高小	中共党员	农民	
邱雪莲	成武县妇联副主任	女	22	汉族	山东成武	高中	中共党员	农民	
于秀莲	成武县印刷厂副厂长	女	37	汉族	山东成武	初中	中共党员	工人	
张爱美	单县麻纺厂副厂长	女	28	汉族	山东单县	初中	中共党员	工人	
周桂兰	单县芦目公社联店大队妇女主任	女	44	汉族	山东单县	文盲	中共党员	农民	
张玉贵	单县李半庄公社陈楼大队党支部书记	男	51	汉族	山东单县	初小	中共党员	农民	
贾桂亭	单县北关街电影管理站放映员	男	20	汉族	山东单县	高中	共青团员	农民	
许秀荣	单县朱集公社农业技术员	女	29	汉族	山东单县	中专	中共党员	农民	
王福田	单县城关公社西郊大队党支部书记	男	59	汉族	山东单县	高小	中共党员	农民	
单衍琴	单县城关四校教师	女	40	汉族	山东单县	中专	中共党员	知识分子	
杨立品	巨野县委副书记、县长	男	42	汉族	山东巨野	初中	中共党员	干部	
田素明	巨野县粮食局副局长	男	42	汉族	山东巨野	高小	中共党员	农民	
付长云	巨野县吕官屯公社党委副书记	女	39	汉族	山东巨野	高小	中共党员	农民	
蒋瑞莲	巨野县陶庙公社孙庄大队妇联主任	女	36	汉族	山东巨野	初小	中共党员	农民	
舒长存	巨野县董官屯公社舒庄大队党支部副书记、大队长	男	57	汉族	山东巨野	初小	中共党员	农民	1982 年逝世
张庆福	巨野县农机厂副厂长	男	30	汉族	山东巨野	高中	中共党员	工人	
李勉助	巨野县夏官屯公社杨官屯联中教导主任	男	36	汉族	山东巨野	中专	中共党员	知识分子	
马心备	梁山县城关公社后集大队党支部书记	男	39	汉族	山东梁山	高中	中共党员	农民	
宋兰峰	梁山县中医院院长	男	38	汉族	山东梁山	高中	无党派	知识分子	

续表 68

姓名	现任（或原任）职务	性别	年龄	民族	籍贯	学历	党派	界别	备注
刘继亮	梁山县化肥厂机修车间党支部书记	男	32	汉族	山东梁山	高小	中共党员	工人	
王兰芝	梁山县斑店公社魏河大队党支部书记	女	39	汉族	山东梁山	高小	中共党员	农民	
宋桂芬	梁山县代庙公社三里庄大队妇女主任	女	31	汉族	山东梁山	高小	中共党员	农民	
林成河	梁山县馆驿公社后林大队第二生产队队长	男	59	汉族	山东梁山	文盲	非党	农民	
韩建刚	郓城县委书记	男	56	汉族	山东东平	初中	中共党员	干部	
林英高	郓城县政协副主席	男	47	汉族	山东梁山	初中	中共党员	干部	
仝玉林	郓城县农机厂车间副主任	男	38	汉族	山东郓城	初中	中共党员	工人	
何利和	郓城县丁里长公社何垓大队党支部书记	男	54	汉族	山东郓城	文盲	中共党员	农民	
侯兆殿	郓城县黄集公社李桥大队党支部书记	男	33	汉族	山东郓城	初中	中共党员	农民	
吴怀春	郓城县张营公社车市大队赤脚医生	男	27	汉族	山东郓城	高中	中共党员	农民	
房兰芝	郓城县玉皇庙公社房村大队第二生产队社员	女	20	汉族	山东郓城	初小	中共党员	农民	
宫长地	郓城县侯集公社路庄大队代销员	男	24	汉族	山东郓城	初中	中共党员	农民	
吴文吉	郓城县良种场技术员	男	41	汉族	福建龙海	大学	中共党员	知识分子	
董建平	郓城县团县委干事	女	22	汉族	山东陵县	高中	中共党员	其他	
石秀莲	鄄城县旧城公社屠庄大队一队社员	女	38	汉族	山东鄄城	初小	中共党员	农民	
徐淑卿	鄄城县大埝吴公社团委书记	男	24	汉族	山东鄄城	高中	中共党员	农民	
李广位	鄄城县彭楼公社什李大队党支部书记	男	49	汉族	山东鄄城	高小	中共党员	农民	
张兆军	鄄城县董口公社军队大队党支部副书记、大队长	男	48	回族	山东鄄城	初小	中共党员	农民	
谢学超	鄄城县医院中医科医生	男	52	汉族	山东鄄城	初中	非党	知识分子	
祝仰钦	东明县委副书记兼政协主席	男	46	汉族	山东郓城	初中	中共党员	干部	
崔景芝	东明县武胜公社海头大队社员	女	21	汉族	山东东明	高小	共青团员	农民	
范增义	东明县医院医师	男	33	汉族	山东东明	大学	中共党员	知识分子	
徐香苹	东明县临河公社王庄联中民办教师	女	20	回族	山东东明	高中	中共党员	农民	

续表 68

姓名	现任（或原任）职务	性别	年龄	民族	籍贯	学历	党派	界别	备注
马　岗	东明县造纸厂副厂长	男	39	汉族	山东东明	中专	非党	知识分子	
沈华堂	东明县城关公社雷庄大队党支部书记	男	44	汉族	山东东明	初小	中共党员	农民	
杨一贝	东明县人大常委会主任	男	56	汉族	山东鄄城	初中	中共党员	干部	1981 年补选
王星楼	省立菏泽一中副校长	男	77	汉族	山东郓城	大学	中共党员	知识分子	1979 年逝世
翟为祯	菏泽地区人民医院外科副主任	男	53	汉族	上海市	大学	无党派	知识分子	
李声一	单县第一中学原副校长	男	66	汉族	山东东明	中师	无党派	爱国人士	1980 年逝世

注：年龄计算截止日期为 1977 年 12 月

第六节　菏泽地区出席山东省第六届人民代表大会代表

菏泽地区出席山东省第六届人民代表大会代表共68名，其中男性51名、妇女17名，中共党员47名、九三学社1名、无党派人士5名，汉族63名、回族5名，大学学历11名、大专学历6名、中专学历6名、高中学历14名、初中学历22名、高小学历8名、小学学历1名，干部15名、工人14名、农民13名、知识分子19名、爱国人士6名、华侨1名。

菏泽地区出席山东省第六届人民代表大会代表名录（1983.4—1988.1）

表 69

姓名	现任（或原任）职务	性别	年龄	民族	籍贯	学历	党派	界别	备注
于波海	菏泽地委书记	男	58	汉族	山东荣成	初中	中共党员	干部	1985 年补选
李兆新	菏泽地委副书记、行署专员	男	51	汉族	山东阳谷	高中	中共党员	干部	1984 年初调离
刘洪仁	菏泽地委副书记、行署专员	男	47	汉族	山东昌乐	初中	中共党员	干部	1983 年 12 月补选
董玉仁	菏泽地委副书记	男	58	汉族	山东曹县	初中	中共党员	干部	
任轮升	菏泽地委顾问	男	67	汉族	河南范县	初中	中共党员	干部	
刘志业	菏泽油泵厂科研所副所长	男	39	汉族	山东昌乐	中专	中共党员	工人	
马敬义	菏泽地区建筑公司工人	男	33	回族	山东定陶	初中	非党	工人	
倪雪云	菏泽仪表厂加工车间二班班长	女	36	汉族	山东菏泽	高小	中共党员	工人	
周德华	菏泽棉纺厂副厂长、工程师	男	52	汉族	江苏句容	大专	非党	知识分子	

续表 69

姓名	现任（或原任）职务	性别	年龄	民族	籍贯	学历	党派	界别	备注
黄佩韦	菏泽电讯十厂副总工程师	女	40	汉族	上海市	大学	中共党员	知识分子	1984 年补选
马同恩	菏泽农校教务处副主任、讲师	男	44	回族	山东菏泽	中专	中共党员	知识分子	
韩　棣	菏泽医专教务处副主任、副教授	女	50	汉族	天津市	大专	无党派	知识分子	
王惠芳	菏泽地区畜牧兽医站兽医师	女	46	汉族	上海市	大专	无党派	知识分子	1984 年调离
马善伦	菏泽地区农科所粮食研究室副主任	男	50	汉族	山东郓城	大学	无党派	知识分子	
朱桂芹	菏泽地区豫剧团副团长	女	33	汉族	山东单县	高小	中共党员	知识分子	
杨锡范	菏泽地区医院副院长、主任医师	男	70	汉族	山东威海	大学	九三学社	爱国人士	
黄利群	菏泽地区医科所	女	41	汉族	福建金门	大学	中共党员	华侨	
宋国华	菏泽县委副书记、县人大常委会主任	男	59	汉族	山东东明	初中	中共党员	干部	
孙洪成	菏泽市白虎乡袁堌堆村党支书	男	42	汉族	山东菏泽	初中	中共党员	农民	1983 年补选
胡景灿	菏泽县胡集大队党支部书记、县委委员	男	87	汉族	山东菏泽	高小	中共党员	农民	1984 年去世
马子杰	菏泽县人大常委会副主任	男	69	回族	山东菏泽	初中	无党派	爱国人士	
陈鑫元	菏泽县医院副院长、主治医师	男	50	汉族	上海市	大学	无党派	知识分子	
张冬莲	菏泽城关第二小学特级教师	女	47	汉族	山东菏泽	中专	中共党员	知识分子	
赵学增	菏泽县赵楼公社赵楼大队社员	男	42	汉族	山东菏泽	初中	非党	农民	
从德普	曹县县委副书记	男	43	回族	山东单县	高中	中共党员	干部	
徐秀兰	曹县土产杂品公司统计员	女	39	汉族	山东曹县	初中	中共党员	工人	
卢　平	曹县运输公司团支部副书记	女	23	汉族	江苏如皋	高中	共青团员	工人	
陈世文	曹县梁堤头农中校长	男	39	汉族	山东曹县	高中	中共党员	知识分子	
王永清	曹县邵庄农具厂党支部书记、厂长	男	53	汉族	山东曹县	高小	中共党员	工人	
马永治	曹县侯集公社侯集大队党支书	男	45	汉族	山东曹县	初中	中共党员	农民	
路绍昌	定陶县委副书记、县长	男	43	汉族	山东定陶	大专	中共党员	干部	
王贵景	定陶县经委科研所技师	男	30	汉族	山东定陶	高中	中共党员	工人	

续表 69

姓名	现任（或原任）职务	性别	年龄	民族	籍贯	学历	党派	界别	备注
齐传玉	定陶县半堤公社泮寺大队党支书	女	47	汉族	山东定陶	高小	中共党员	农民	
刘国梁	定陶县医院副院长、主治医师	男	47	汉族	江苏镇江	大学	中共党员	知识分子	
樊思宝	成武县委副书记	男	47	汉族	山东郓城	中专	中共党员	干部	
于秀莲	成武县印刷厂副厂长	女	43	汉族	山东成武	初中	中共党员	工人	
郭永坤	成武县孙寺公社刘庄大队党支书	男	38	汉族	山东成武	高小	中共党员	农民	
曹瑞祯	成武县农技站副站长、农技师	男	47	汉族	山东曹县	大学	非党	知识分子	
张立亭	单县县委副书记、县长	男	45	汉族	山东单县	高中	中共党员	干部	
张爱美	单县麻纺厂党支部副书记、厂长	女	35	汉族	山东单县	高中	中共党员	工人	
吕忠荣	单县徐寨公社刘寨大队党支书	男	49	汉族	山东单县	初中	中共党员	农民	
梁爱兰	单县李半庄公社梁庄大队团支书	女	20	汉族	山东单县	高中	共青团员	农民	
苏光亮	单县中心医院外科主任、主治医师	男	59	汉族	江苏六合	大专	无党派	爱国人士	
马秀春	单县园艺场助理农艺师	女	38	汉族	山东曹县	大专	非党	知识分子	
杨立品	巨野县委副书记、县长	男	49	汉族	山东巨野	初中	中共党员	干部	
赵生存	巨野县农机厂党支部书记	男	37	汉族	山东巨野	初中	中共党员	工人	
孔庆党	巨野县大义公社孔楼大队党支书	男	49	汉族	山东巨野	高小	中共党员	农民	
李钦信	巨野一中教师	男	42	汉族	山东巨野	大学	非党	知识分子	
穆衍峰	梁山县徐集公社党委书记	男	41	汉族	山东梁山	大学	中共党员	干部	
田均福	梁山县教育局教研室教研员	男	45	汉族	山东梁山	大学	非党	知识分子	
刘登仁	梁山县医院副院长	男	62	汉族	山东梁山	高中	无党派	知识分子	
马心备	梁山县城关镇后集大队党支书	男	45	汉族	山东梁山	高中	中共党员	农民	
刘继亮	梁山化肥厂机修车间党支书	男	45	汉族	山东梁山	小学	中共党员	工人	
刘桂荣	梁山县拳铺供销社营业员	女	39	汉族	山东梁山	初中	中共党员	工人	
阎世海	郓城县委书记	男	41	汉族	山东定陶	大学	中共党员	干部	

续表 69

姓名	现任（或原任）职务	性别	年龄	民族	籍贯	学历	党派	界别	备注
仝玉林	郓城县农机厂车间副主任	男	45	汉族	山东郓城	初中	中共党员	工人	
何立海	郓城县丁里长公社何垓大队党支部副书记、大队长	男	37	汉族	山东郓城	初中	中共党员	农民	
仝素贞	郓城县程屯公社仝老家小学副校长	女	25	汉族	山东郓城	高中	中共党员	知识分子	
刘会珠	郓城县医院内科主治医师	男	48	汉族	山东兖州	大专	无党派	爱国人士	
李澍林	郓城县文化馆考古助理研究员	男	60	汉族	山东郓城	高中	无党派	爱国人士	
刘延谟	鄄城县委副书记、县长	男	43	汉族	山东梁山	中专	中共党员	干部	
牛桂云	鄄城县外贸局团支书	女	24	汉族	山东鄄城	初中	中共党员	工人	
张兆军	鄄城县董口公社军屯大队党支部副书记、大队长	男	55	回族	山东鄄城	高小	中共党员	农民	1983 年去世
汪孚臣	鄄城县农委副主任、农艺师	男	53	汉族	山东泰安	大学	无党派	知识分子	
谢学超	鄄城县医院中医科主治医师	男	60	汉族	山东鄄城	初中	无党派	爱国人士	
温新月	东明县委副书记、县长	男	42	汉族	山东东明	高中	中共党员	干部	
沈华堂	东明县城关镇雷庄大队党支书	男	50	汉族	山东东明	初中	中共党员	农民	
张渭敏	东明县水利局农田股股长、工程师	男	47	汉族	山东东明	中专	中共党员	知识分子	

注：年龄计算截止日期为 1983 年 4 月

第七节　菏泽地区出席山东省第七届人民代表大会代表

菏泽地区出席山东省第七届人民代表大会代表共65名，其中男性52名、妇女13名，中共党员50名、九三学社1名、民盟1名、无党派人士6名，汉族62名、回族3名，大学学历17名、大专学历10名、中专学历9名、高中学历11名、初中学历16名、高小学历1名，干部18名、工人9名、农民16名、知识分子12名、民主党派2名、无党派人士6名、侨台属1名。

菏泽地区出席山东省第七届人民代表大会代表名录（1988.1—1993.4）

表 70

姓名	现任（或原任）职务	性别	出生年月	民族	籍贯	学历	党派	界别	备注
李宝珊	菏泽地区政协联络组副组长、菏泽市人大常委会主任	男	1935.7	汉族	河南孟县	高中	中共党员	干部	

续表 70

姓名	现任（或原任）职务	性别	出生年月	民族	籍贯	学历	党派	界别	备注
李振德	菏泽市都司乡西马垓村党支书	男	1940.10	回族	山东菏泽	初中	中共党员	农民	
孙洪成	菏泽市白虎乡袁堌堆村党支书	男	1944.9	汉族	山东菏泽	初中	中共党员	农民	
桑义伦	菏泽市沙土镇党委书记、市政协常委	男	1932.10	汉族	山东菏泽	中专	中共党员	农民	
陈鑫元	菏泽市卫生局调研员	男	1935.12	汉族	上海	大学	中共党员	知识分子	
于波海	山东省第六届人大常委会委员	男	1925.8	汉族	山东荣成	初中	中共党员	干部	
刘志业	菏泽油嘴油泵厂设计科副科长	男	1945.7	汉族	山东昌乐	中专	中共党员	工人	
马敬义	菏泽地区建筑公司汽车队队长	男	1950.8	回族	山东定陶	初中	中共党员	工人	
陈东洲	菏泽地区林科所所长	男	1936.4	汉族	安徽固镇	大学	九三学社	民主党派	
何玉玲	菏泽地区实验小学教师	女	1936.2	汉族	山东菏泽	高中	中共党员	侨台属	
路绍昌	曹县县委副书记、县长	男	1940.11	汉族	山东定陶	大学	中共党员	干部	
王超美	曹县百货公司储保股副股长	男	1958.3	汉族	山东曹县	中专	中共党员	工人	
刁建民	曹县朱洪庙乡杨堂村团支书	男	1959.10	汉族	山东曹县	高中	共青团员	农民	
叶贵清	曹县县医院院长	女	1935.8	汉族	福建福州	大学	中共党员	知识分子	
关爱芝	曹县龚楼乡周庄联中教师	女	1938.12	汉族	山东曹县	中专	中共党员	知识分子	
万伟之	曹县人大常委会副主任、县一中数学教研组组长	男	1935.12	汉族	山东曹县	大学	无党派	无党派人士	
马同恩	菏泽地区农校校长	男	1940.1	汉族	山东菏泽	中专	中共党员	知识分子	
曹莲舫	菏泽地区水利局副总工程师	男	1929.4	汉族	山东菏泽	高中	中共党员	知识分子	
张朝玉	定陶县委书记	男	1938.10	汉族	山东东明	大学	中共党员	干部	
李胜合	定陶县皮革厂厂长、党支书	男	1952.9	汉族	山东定陶	高中	中共党员	工人	
沙德元	定陶县陈集镇中沙海村党支部、中沙海村皮厂厂长	男	1933.11	回族	山东定陶	初中	中共党员	农民	1990 年去世
周合元	定陶县人大常委会副主任、县二中教师	男	1935.1	汉族	山东定陶	大专	无党派	无党派人士	
苑宪章	定陶县陈集镇国华贸易公司经理	男	1934.2	汉族	山东定陶	初中	中共党员	农民	1988 年补选
张作田	定陶县委副书记、县长	男	1937.7	汉族	山东梁山	高中	中共党员	干部	1990 年补选

续表 70

姓名	现任（或原任）职务	性别	出生年月	民族	籍贯	学历	党派	界别	备注
李胜华	成武县委书记	男	1943.3	汉族	山东菏泽	大专	中共党员	干部	
杨绪更	成武县苟村集乡小留集村村民	男	1951.5	汉族	山东成武	高中	非党	农民	
王忠举	成武县孙庙乡人大工作联络员	男	1927.8	汉族	山东成武	高小	中共党员	农民	
曹瑞祯	曹县农业局技术推广中心主任，高级农艺师	男	1936.3	汉族	山东曹县	大学	中共党员	知识分子	
王冠举	单县县委副书记、县长	男	1938.10	汉族	山东鄄城	大专	中共党员	干部	
任忠宽	单县城关镇西郊村党支书	男	1940.9	汉族	山东单县	初中	中共党员	农民	
吕忠荣	单县徐寨乡刘寨村党支书	男	1934.6	汉族	山东单县	初中	中共党员	农民	
马秀春	单县园艺场副厂长	女	1945.12	汉族	山东曹县	大专	中共党员	知识分子	
苏光亮	单县中心医院外科主任	男	1924.1	汉族	江苏六合	大专	民盟	民主党派	
毕可文	菏泽地委委员，菏泽行署副专员	男	1937.6	汉族	山东文登	大学	中共党员	干部	
田德全	菏泽师专副校长、副教授	男	1952.2	汉族	山东嘉祥	大学	中共党员	知识分子	
穆衍峰	巨野县委副书记、县长	男	1943.3	汉族	山东梁山	大学	中共党员	干部	
王春玲	巨野县农村信用社合作科办事员	女	1950.9	汉族	山东巨野	高中	中共党员	工人	
孔庆党	巨野县大义镇孔楼村党支书	男	1935.7	汉族	山东巨野	初中	中共党员	农民	
于汉铎	巨野县中医院副院长	男	1952.7	汉族	山东巨野	大专	无党派	无党派人士	
吴倩之	菏泽地区人大工委副主任	男	1933.12	汉族	山东黄县	中专	中共党员	干部	
霍正气	梁山县委副书记、县长	男	1950.11	汉族	山东鄄城	大专	中共党员	干部	
史素梅	梁山县油漆厂生产计划科统计兼计划员	女	1949.10	汉族	江苏丰县	高中	非党	工人	
马心备	梁山县梁山镇经委办事员	男	1938.2	汉族	山东梁山	高中	非党	农民	
王传琦	梁山县医院院长兼外科主任	男	1943.9	汉族	山东梁山	大学	无党派	知识分子	
樊思宝	菏泽地委副书记	男	1936.7	汉族	山东郓城	大专	中共党员	干部	
于法杰	菏泽地区人大工委主任、党组书记	男	1931.3	汉族	山东郓城	高中	中共党员	干部	
吴方才	郓城县人大常委会主任	男	1933.6	汉族	山东郓城	初中	中共党员	干部	

续表 70

姓名	现任（或原任）职务	性别	出生年月	民族	籍贯	学历	党派	界别	备注
张宗彦	郓城黄堆集乡酒厂厂长	男	1939.4	汉族	山东郓城	初中	中共党员	工人	
何立海	郓城县丁里长乡何垓村党支书	男	1946.3	汉族	山东郓城	初中	中共党员	农民	
郑爱花	郓城县八里庄乡西代庄村妇女主任	女	1966.7	汉族	山东郓城	中专	共青团员	农民	
唐有虞	郓城县医院副院长	男	1934.11	汉族	浙江兰溪	大学	中共党员	知识分子	
胡公厘	菏泽地区经委主任、党组书记	男	1939.12	汉族	山东成武	中专	中共党员	干部	
黄利群	菏泽地区侨办主任	女	1943.7	汉族	福建金门	大学	中共党员	华侨	
卢孝玉	鄄城县委副书记、县长	男	1945.1	汉族	山东定陶	大专	中共党员	干部	
吴凤香	鄄城县榨油机厂现金会计	女	1952.6	汉族	山东鄄城	高中	非党	工人	
连明杨	鄄城县大埝乡合理张庄管区党总支书记	男	1932.5	汉族	山东鄄城	初中	中共党员	农民	
汪孚臣	鄄城县人大常委会副主任	男	1932.12	汉族	山东泰安	大学	无党派	无党派人士	
朱桂芹	菏泽地区豫剧团党支书	女	1950.4	汉族	山东单县	初中	中共党员	知识分子	
孔令昌	东明县委书记	男	1948.10	汉族	山东定陶	大专	中共党员	干部	
董素英	东明县商业局副食品公司六门市部主任	女	1946.12	汉族	山东东明	初中	中共党员	工人	
吴二刚	东明县城关镇东吴庄村民	男	1956.2	汉族	山东东明	初中	中共党员	农民	
金焕民	东明县水利局农田股股长	男	1937.8	汉族	河南正阳	中专	无党派	无党派人士	
钱本忠	菏泽地区人民医院院长	男	1936.7	汉族	江苏苏州	大学	中共党员	知识分子	
刘云兰	菏泽地区妇联主任	女	1945.4	汉族	山东单县	大学	中共党员	干部	1988 年补选

第八节　菏泽地区出席山东省第八届人民代表大会代表

菏泽地区出席山东省第八届人民代表大会代表共 56 名，其中男性 46 名、妇女 10 名，中共党员 47 名、九三学社 2 名、民盟 1 名、无党派人士 5 名，汉族 52 名、回族 4 名，大学学历 15 名、大专学历 13 名、中专学历 10 名、高中学历 7 名、初中学历 10 名，干部 15 名、工人 11 名、农民 11 名、知识分子 16 名、民主党派 3 名。

菏泽地区出席山东省第八届人民代表大会代表名录（1993.4—1998.4）

表 71

姓名	现任（或原任）职务	性别	出生年月	民族	籍贯	学历	党派	界别	备注
林廷生	菏泽地委书记	男	1946.6	汉族	山东招远	大专	中共党员	干部	
贾学英	菏泽市委副书记、市长	男	1953.3	汉族	山东鄄城	大专	中共党员	干部	
李永亮	菏泽市人大常委会主任	男	1938.11	汉族	山东菏泽	初中	中共党员	干部	
杨大显	菏泽印刷厂厂长、党委书记	男	1938.9	汉族	山东菏泽	高中	中共党员	工人	
李振德	菏泽市都司乡西马垓村党支书	男	1940.10	回族	山东菏泽	初中	中共党员	农民	
孙洪成	菏泽市白虎乡袁堌堆村党支书	男	1944.9	汉族	山东菏泽	初中	中共党员	农民	
李锡林	菏泽市教育局局长	男	1945.12	汉族	山东菏泽	大学	中共党员	知识分子	
杨秋云	菏泽酒厂总工程师	女	1940.10	汉族	山东曹县	大学	中共党员	知识分子	
李进民	曹县县委副书记、代县长	男	1944.3	汉族	山东成武	中专	中共党员	干部	
马存生	山东曹县橡胶助剂厂副厂长	男	1952.2	回族	山东曹县	大专	中共党员	工人	
王超美	曹县百货公司副经理	男	1958.3	汉族	山东曹县	中专	中共党员	工人	
关爱芝	曹县龚楼乡周庄联中校长	女	1938.12	汉族	山东曹县	中专	中共党员	知识分子	
马　玲	菏泽地区医院副主任医师	女	1941.5	回族	山东济宁	中专	中共党员	知识分子	
万伟之	曹县一中教师	男	1935.12	汉族	山东曹县	大学	非党	知识分子	
祝桂庭	曹县中医院副院长	男	1944.6	汉族	山东曹县	大专	中共党员	知识分子	
阎世海	菏泽地委委员、行署常务副专员	男	1942.8	汉族	山东定陶	大学	中共党员	干部	
李松亭	定陶县委副书记、县长	男	1946.9	汉族	山东曹县	大学	中共党员	干部	
曹绪胜	定陶县御思香酒厂厂长	男	1945.7	汉族	山东定陶	大学	中共党员	工人	
郭绪福	定陶县陈集镇沙海村党支书	男	1949.3	回族	山东定陶	初中	中共党员	农民	
周合元	定陶县人大常委会副主任、县二中副校长	男	1935.1	汉族	山东定陶	大学	非党	知识分子	
丁继民	成武县委副书记、县长	男	1945.9	汉族	山东单县	大学	中共党员	干部	
楚德留	山东成武达驰变压器厂厂长、党支书	男	1952.9	汉族	山东成武	初中	中共党员	工人	
刘昌富	成武县宝峰集乡前苗楼村党支书	男	1949.11	汉族	山东成武	初中	中共党员	农民	

续表 71

姓名	现任（或原任）职务	性别	出生年月	民族	籍贯	学历	党派	界别	备注
李成祥	成武县绝缘材料厂厂长（个体）	男	1959.12	汉族	山东成武	高中	非党	农民	
刘兰钦	菏泽地区妇联主任	女	1943.7	汉族	山东巨野	大专	中共党员	知识分子	
陈东洲	菏泽地区林科所所长	男	1936.4	汉族	安徽固镇	大学	九三学社	民主党派	
毕可文	菏泽地区人大工委主任、党组书记	男	1937.6	汉族	山东文登	大学	中共党员	干部	
龚彦海	单县人大常委会主任	男	1937.5	汉族	山东单县	大专	中共党员	干部	
韦昌勤	单县曹庄集乡韦洼村党支部书记	男	1933.10	汉族	山东单县	初中	中共党员	农民	
任忠宽	单县蔬菜研究所所长	男	1941.9	汉族	山东单县	初中	中共党员	农民	
马秀春	单县园艺场场长	女	1945.12	汉族	山东单县	大学	中共党员	知识分子	
苏光亮	单县中心医院主任医师、教授	男	1925.1	汉族	江苏六合	大专	民盟	民主党派	
王效春	巨野县人大常委会主任	男	1935.12	汉族	山东巨野	高中	中共党员	干部	
史崇亮	菏泽地区汽运公司党委书记、经理	男	1947.12	汉族	山东巨野	大专	中共党员	工人	
姚树涛	巨野县花冠酒厂厂长	男	1940.8	汉族	山东巨野	高中	中共党员	工人	
申兆庆	巨野县巨野镇南关居委会党支书	男	1946.5	汉族	山东巨野	中专	中共党员	农民	
王春玲	巨野县农行副行长	女	1950.8	汉族	山东巨野	中专	中共党员	知识分子	
晁中胜	菏泽地区农业局环保站站长	男	1941.1	汉族	山东菏泽	大专	九三学社	民主党派	
董茂伦	郓城县委副书记、县长	男	1951.5	汉族	山东东平	大专	中共党员	干部	
朱　琳	郓城县拖配厂厂长	女	1954.11	汉族	江苏南京	大专	非党	工人	
吴绪祥	郓城县苏阁乡皮革厂厂长	男	1943.10	汉族	山东郓城	中专	中共党员	农民	
张宗彦	郓城县黄堆集乡酒厂厂长	男	1939.4	汉族	山东郓城	中专	中共党员	农民	
田德全	菏泽师专副校长、教授	男	1952.2	汉族	山东嘉祥	研究生	中共党员	知识分子	
朱振华	菏泽地区建设设计院院长	男	1942.9	汉族	江苏沛县	大学	中共党员	知识分子	
唐有虞	郓城县人民医院副院长	男	1934.11	汉族	浙江兰溪	大学	中共党员	知识分子	
常贵民	鄄城县委副书记、县长	男	1946.9	汉族	山东巨野	高中	中共党员	干部	

续表 71

姓名	现任（或原任）职务	性别	出生年月	民族	籍贯	学历	党派	界别	备注
王培思	鄄城县酒厂厂长	男	1942.1	汉族	山东鄄城	初中	中共党员	工人	
侯翠贞	鄄城县宋楼乡吴老家村党支书	女	1959.12	汉族	山东鄄城	高中	中共党员	农民	
朱桂芹	菏泽地区文化局工会主席、地区豫剧团党支书	女	1950.10	汉族	山东单县	初中	中共党员	知识分子	
汪孚臣	鄄城县人大常委会副主任	男	1930.12	汉族	山东泰安	大学	非党	知识分子	
于法杰	原菏泽地区人大工委主任、党组书记	男	1931.3	汉族	山东郓城	高中	中共党员	干部	
李振堂	东明县委副书记、县长	男	1947.1	汉族	山东曹县	大学	中共党员	干部	
杨永昌	东明县政府副县长兼东明县石油化工厂厂长、党委书记	男	1955.7	汉族	山东东明	大专	中共党员	工人	
赵凤梅	东明县棉麻公司副经理、棉纺织厂党支书	女	1943.4	汉族	山东东明	大专	中共党员	工人	
金焕民	原东明县水利局农田股股长	男	1937.8	汉族	河南正阳	中专	非党	知识分子	
张玉佩	菏泽地区中级人民法院院长	男	1954.7	汉族	山东费县	大学	中共党员	干部	1997 年 12 月调入

第九节　菏泽地区出席山东省第九届人民代表大会代表

菏泽地区出席山东省第九届人民代表大会代表共 63 名，其中男性 52 名、妇女 11 名，中共党员 52 名、民革 1 名、无党派人士 6 名，汉族 63 名，大学学历 17 名、大专学历 23 名、中专学历 6 名、高中学历 10 名、初中学历 4 名，干部 20 名、工人 11 名、农民 10 名、知识分子 15 名、民主党派 1 名、无党派人士 6 名。

菏泽地区出席山东省第九届人民代表大会代表名录（1998.4—2003.3）

表 72

姓名	现任（或原任）职务	性别	出生年月	民族	籍贯	学历	党派	界别	备注
李明先	菏泽地委书记	男	1945.1	汉族	山东蓬莱	大学	中共党员	干部	
郭仲生	菏泽地区计划委员会主任	男	1944.10	汉族	山东曹县	大学	中共党员	干部	
尹正仁	菏泽市人大常委会主任	男	1946.12	汉族	山东东明	大学	中共党员	干部	
李　胜	菏泽地区酒厂党委书记、厂长	男	1945.9	汉族	山东菏泽	大学	中共党员	知识分子	
宋焕云	菏泽市环卫处清扫保洁公司经理	女	1948.9	汉族	山东菏泽	初中	中共党员	工人	

续表 72

姓名	现任（或原任）职务	性别	出生年月	民族	籍贯	学历	党派	界别	备注
李林海	山东洲达集团董事长、总经理	男	1966.6	汉族	山东菏泽	大专	中共党员	知识分子	
郑子昌	菏泽诚信沙发家具厂厂长	男	1964.5	汉族	山东曹县	大专	非党	无党派人士	
孙洪成	菏泽市袁堌堆行政村党支部书记	男	1949.11	汉族	山东菏泽	初中	中共党员	农民	
陈　光	菏泽地委副书记、行署专员	男	1956.11	汉族	山东寿光	大学	中共党员	干部	
李荣海	地区文联主席、曹州书画院院长	男	1950.9	汉族	山东曹县	中专	中共党员	知识分子	1999 年 11 月调离
朱效明	曹县县委书记	男	1953.4	汉族	山东定陶	大专	中共党员	干部	
王银香	山东中大集团董事长、曹县曹城镇五里墩行政村党支部书记	女	1960.8	汉族	山东曹县	大专	中共党员	农民	
王　光	山东王光集团有限公司董事长兼总经理	男	1966.11	回族	山东曹县	大专	中共党员	工人	
袁公引	曹县青堌集镇副镇长、朱老家村党支部书记	男	1952.10	汉族	山东曹县	高中	中共党员	农民	
万伟之	曹县一中教师、县人大常委会副主任	男	1935.12	汉族	山东曹县	大学	非党	无党派人士	
祝桂庭	曹县中医院院长	男	1944.6	汉族	山东曹县	大专	中共党员	知识分子	
毕可文	菏泽地区人大工委原主任、党组书记	男	1937.6	汉族	山东文登	大学	中共党员	干部	
段伯汉	定陶县委副书记、县长	男	1958.2	汉族	山东巨野	研究生	中共党员	干部	
王凤娟	定陶县一中教师	女	1965.8	汉族	山东定陶	大学	无党派	无党派人士	
张九勋	山东都庆集团公司董事长、总经理	男	1956.3	汉族	山东定陶	大专	中共党员	农民	
华保章	定陶县第三棉厂厂长兼党支书	男	1946.4	汉族	山东定陶	高中	中共党员	工人	
朱桂芹	菏泽地区文联副主席	女	1950.10	汉族	山东单县	初中	中共党员	知识分子	
庞如圣	成武县人大常委会主任	男	1945.6	汉族	山东成武	高中	中共党员	干部	
谷启贤	成武县宏达造纸集团董事长、总经理	男	1949.2	汉族	山东成武	高中	中共党员	工人	
楚德留	山东达驰集团总公司党委书记、总经理	男	1952.9	汉族	山东成武	高中	中共党员	知识分子	
李成祥	成武县绝缘材料厂厂长	男	1961.2	汉族	山东成武	大专	非党	农民	
崔庆长	菏泽地区经贸委主任	男	1943.10	汉族	山东曹县	大学	中共党员	知识分子	
张建华	菏泽地区教育学院副教授	男	1946.8	汉族	山东单县	大学	民革	民主党派	

续表 72

姓名	现任（或原任）职务	性别	出生年月	民族	籍贯	学历	党派	界别	备注
宋绍先	单县县委书记	男	1952.4	汉族	山东鄄城	大学	中共党员	干部	
张存启	单县人大常委会副主任	男	1946.9	汉族	山东单县	大专	中共党员	干部	
庞全岭	单县莱河酒厂厂长	男	1955.3	汉族	山东单县	大专	中共党员	农民	
何茂远	单县中心医院副院长、心胸外科主任	男	1952.6	汉族	山东定陶	大专	非党	知识分子	
黄秀玲	单县聂付庄乡副乡长	女	1970.9	汉族	山东单县	大专	无党派	无党派人士	
檀兴民	单县一中高级教师	男	1945.2	汉族	山东单县	大学	无党派	无党派人士	
史崇亮	菏泽地区交通集团总公司党委书记、总经理	男	1947.2	汉族	山东巨野	大专	中共党员	工人	
常贵民	巨野县人大常委会主任	男	1946.7	汉族	山东巨野	高中	中共党员	干部	
陈为民	巨野县人民医院副院长	男	1955.3	汉族	山东单县	高中	中共党员	知识分子	
申兆庆	巨野县巨野镇南关居委会党支部书记	男	1946.5	汉族	山东巨野	中专	中共党员	农民	
王春玲	巨野县农行行长	女	1952.8	汉族	山东巨野	大专	中共党员	知识分子	
阎世海	菏泽市人大常委会副主任、党组副书记	男	1942.8	汉族	山东定陶	大学	中共党员	干部	2001 年 2 月补选
路绍昌	菏泽地区人大工委主任	男	1940.11	汉族	山东定陶	大专	中共党员	干部	
杜荷法	菏泽天香毛纺织集团公司总经理	男	1946.6	汉族	河南清丰	大专	中共党员	工人	
侯成君	菏泽市政府副市长	男	1962.8	汉族	山东文登	研究生	中共党员	干部	1999 年 5 月调入
高木斗	郓城县委副书记、县长	男	1953.10	汉族	山东曹县	大专	中共党员	干部	
张留林	郓城县郓城镇副镇长、张兴庄村党支书记、地毯厂厂长	男	1955.3	汉族	山东郓城	高中	中共党员	农民	
张宗彦	郓城县黄堆集乡副乡长、黄泥岗酒厂厂长	男	1939.4	汉族	山东郓城	中专	中共党员	农民	
孙桂芬	郓城县水浒酒厂劳资科科长	女	1962.6	汉族	山东郓城	大学	非党	工人	
吴绪祥	郓城县苏阁乡党委副书记、制革厂厂长	男	1943.10	汉族	山东郓城	中专	中共党员	知识分子	
范玉芝	郓城县人民医院急诊科副主任	女	1952.4	汉族	山东郓城	中专	非党	知识分子	
徐光璞	菏泽地区妇联主任、党组书记	女	1950.2	汉族	山东曹县	大专	中共党员	干部	
张本进	鄄城县委副书记、县长	男	1951.11	汉族	山东曹县	大专	中共党员	干部	

续表 72

姓名	现任（或原任）职务	性别	出生年月	民族	籍贯	学历	党派	界别	备注
周俊玉	鄄城县经贸委总工程师	女	1946.2	汉族	山东鄄城	大学	中共党员	工人	
刘利钦	鄄城县平原地毯公司总经理	男	1949.10	汉族	山东鄄城	高中	中共党员	农民	
张忠卿	鄄城县人民医院院长	男	1943.8	汉族	山东鄄城	大学	无党派	无党派人士	
胡月臣	菏泽地区粮油集团总公司总经理	男	1948.10	汉族	山东郓城	大专	中共党员	工人	
牛喜凡	东明县人大常委会主任	男	1947.10	汉族	山东东明	初中	中共党员	干部	2001 年 2 月补选
崔玉金	东明县委书记	男	1948.11	汉族	山东单县	大专	中共党员	干部	2001 年 2 月罢免
马利亭	东明县石化集团有限公司董事长、总经理	男	1945.7	汉族	山东东明	大专	中共党员	知识分子	
赵凤梅	东明县棉麻公司总经理兼棉纺厂党委书记	女	1944.10	汉族	山东东明	大专	中共党员	知识分子	
董素英	东明县国税局渔沃分局副局长	女	1948.12	汉族	山东东明	高中	中共党员	工人	

第十节　菏泽市出席山东省第十届人民代表大会代表

菏泽市出席山东省第十届人民代表大会代表共 61 名，其中男性 52 名、妇女 9 名，中共党员 51 名、致公党 1 名、无党派人士 3 名，汉族 59 名、回族 2 名，研究生学历 7 名、大学学历 28 名、大专学历 22 名、中专学历 1 名、高中学历 2 名、初中学历 1 名，干部 22 名、工人 9 名、农民 9 名、知识分子 14 名、民主党派 1 名、无党派人士 3 名、其他劳动者 3 名。

菏泽市出席山东省第十届人民代表大会代表名录（2003.3—2008.1）

表 73

姓名	现任（或原任）职务	性别	出生年月	民族	学历	党派	界别	备注
陈　光	菏泽市委副书记（主持工作）	男	1956.11	汉族	大学	中共党员	干部	
杜昌文	菏泽市委副书记、市长	男	1957.11	汉族	研究生	中共党员	干部	
王祖和	菏泽市人大常委会第一副主任	男	1947.11	汉族	大学	中共党员	干部	
阎世海	菏泽市人大常委会原副主任、党组副书记	男	1942.8	汉族	大学	中共党员	干部	
徐光璞	菏泽市妇联主席	女	1950.2	汉族	大学	中共党员	干部	
张秀长	菏泽市交通局局长、党委书记	男	1950.2	汉族	大专	中共党员	干部	

续表 73

姓名	现任（或原任）职务	性别	出生年月	民族	学历	党派	界别	备注
史崇亮	菏泽交通集团总经理、党委书记	男	1947.2	汉族	大专	中共党员	工人	
朱　斌	菏泽市人民政府秘书长、办公室主任	男	1960.7	汉族	大学	中共党员	干部	
刘丛连	菏泽师专校长	男	1957.3	汉族	大学	中共党员	知识分子	
王德业	菏泽市人民银行行长	男	1953.2	汉族	大专	中共党员	知识分子	
杨传欣	菏泽市立医院副院长	男	1961.4	汉族	大学	中共党员	知识分子	
李　浩	菏泽市实验小学校长	男	1957.10	汉族	大学	中共党员	知识分子	
谭振彬	菏泽银河纺织有限公司信息处处长	男	1961.10	汉族	大学	致公党	民主党派	2006 年 7 月代表资格终止
尹玉明	牡丹区委副书记、区长	男	1962.1	汉族	研究生	中共党员	干部	
王　乾	菏泽市牡丹区人民检察院检察长	男	1959.1	汉族	大学	中共党员	干部	
李贵章	菏泽（青啤）有限公司总经理	男	1953.12	汉族	大学	中共党员	工人	
李林海	菏泽洲达实业有限公司总经理	男	1966.6	汉族	大学	中共党员	工人	
丁传英	菏泽市华英食品有限公司总经理	男	1966.8	汉族	大专	非党	农民	
侯良义	菏泽市牡丹区科达化工厂厂长	男	1965.7	汉族	研究生	非党	知识分子	
马喜荣	菏泽市牡丹区西城办事处党委副书记、主任	女	1963.10	汉族	大学	中共党员	知识分子	
李安现	曹县县委副书记、县长	男	1955.3	汉族	大学	中共党员	干部	2004 年 7 月代表资格终止
阎　凌	曹县普连集镇党委书记	男	1962.12	汉族	大专	中共党员	干部	
沙翠玲	曹县鑫乐园商贸公司经理	女	1968.10	回族	大专	非党	工人	
王银香	曹县曹城镇五里墩村党支部书记	女	1960.8	汉族	大专	中共党员	农民	
袁公引	曹县青堌集镇朱老家村党支部书记	男	1943.10	汉族	初中	中共党员	农民	
孙德林	曹县聚鑫源食品有限公司董事长	男	1964.12	汉族	研究生	中共党员	农民	
韦　斌	曹县人民医院院长	男	1959.10	汉族	大学	中共党员	知识分子	
王彤宇	定陶县委副书记、县长	男	1965.6	汉族	大学	中共党员	干部	
魏庆禄	定陶圣龙集团公司总经理	男	1953.8	汉族	大专	中共党员	工人	

续表 73

姓名	现任（或原任）职务	性别	出生年月	民族	学历	党派	界别	备注
石　军	定陶县委组织部副部长、县人事局局长	男	1956.1	回族	大学	中共党员	知识分子	
曹宇翔	成武县委副书记、县长	男	1966.1	汉族	大学	中共党员	干部	2004 年 5 月调离
庞宗合	成武县宏达集团公司总经理	男	1956	汉族	大学	中共党员	工人	
李成祥	成武县呈祥电工电气公司总经理	男	1959.2	汉族	大专	非党	农民	
马兰欣	成武县国有资产管理局局长	女	1963.6	汉族	大学	中共党员	知识分子	
赵传山	单县县委副书记、县长	男	1957.1	汉族	大学	中共党员	干部	
李新民	单县四君子酒业有限公司董事长兼总经理	男	1956.12	汉族	高中	中共党员	工人	
陈凤荣	单县公安局西关派出所所长	女	1958.12	汉族	大专	中共党员	其他劳动者	
庞全岭	单县蚕业发展有限公司总经理	男	1955.3	汉族	大专	中共党员	农民	
王培印	单县津单幕墙公司董事长	男	1962.3	汉族	高中	非党	其他劳动者	
王可正	单县一中校长	男	1962.9	汉族	大学	中共党员	知识分子	
朱保华	巨野县委副书记、县长	男	1963.3	汉族	研究生	中共党员	干部	
刘法来	山东花冠酒业有限公司董事长、总经理	男	1952.8	汉族	大专	中共党员	工人	
王　任	巨野县公安局巡警大队负责人	男	1966.11	汉族	大学	中共党员	其他劳动者	
杨克超	巨野县巨野镇新生居委会党支部书记，双扬面粉公司经理	男	1956.2	汉族	大专	中共党员	农民	
陈为民	巨野县人民医院副院长	男	1955.3	汉族	大专	中共党员	知识分子	
刘国生	郓城县委副书记、县长	男	1963.10	汉族	大学	中共党员	干部	
刘国庆	郓城县宋江武校业务校长	男	1958.8	汉族	大专	非党	农民	
张宗彦	郓城县黄泥岗酒业有限公司总经理	男	1939.4	汉族	大专	中共党员	农民	
乔效振	郓城县一中校长	男	1954.12	汉族	大专	中共党员	知识分子	
孙桂芬	郓城县水浒酒业有限公司计生办主任、妇委会主任	女	1962.6	汉族	大专	非党	无党派人士	
任仲义	鄄城县委副书记、县长	男	1962.8	汉族	大学	中共党员	干部	
张忠卿	鄄城县人大常委会副主任	男	1943.8	汉族	大学	非党	无党派人士	

续表 73

姓名	现任（或原任）职务	性别	出生年月	民族	学历	党派	界别	备注
张卫华	鄄城县人民医院院长	男	1965.1	汉族	大专	中共党员	知识分子	
刘　鲁	东明县委副书记、县长	男	1964.11	汉族	大学	中共党员	干部	
李湘平	东明石化集团有限公司董事长	男	1962.8	汉族	大专	中共党员	工人	
宋东鹏	东明县棉纺厂副厂长	男	1964.12	汉族	研究生	中共党员	知识分子	
郑文戈	东明县明大实业有限公司总经理	女	1970.8	汉族	大专	非党	无党派人士	
朱培吉	单县县委书记	男	1963.4	汉族	大学	中共党员	干部	2004 年 1 月调入
傅清卿	曹县县委书记	男	1962.11	汉族	大学	中共党员	干部	2006 年 1 月补选
赵润田	菏泽市委副书记、市长、市政府党组书记	男	1956.9	汉族	大学	中共党员	干部	2007 年 2 月补选
贾凤英	菏泽市人大常委会第一副主任（正厅级）、党组副书记	女	1950.11	汉族	研究生	中共党员	干部	2007 年 2 月补选

第十一节　菏泽市出席山东省第十一届人民代表大会代表

菏泽市出席山东省第十一届人民代表大会代表共 58 名，其中男性 50 名、妇女 8 名，中共党员 48 名、无党派人士 10 名，汉族 57 名、回族 1 名，研究生学历 11 名、大学学历 29 名、大专学历 15 名、中专学历 1 名、高中学历 2 名。

菏泽市出席山东省第十一届人民代表大会代表名录（2008.1—2013.1）

表 74

姓名	现任（或原任）职务	性别	出生年月	民族	籍贯	学历	党派	备注
陈　光	省委委员，菏泽市委书记，菏泽市人大常委会主任，菏泽市委党校校长	男	1956.11	汉族	山东寿光	研究生	中共党员	2008 年 2 月调离
赵润田	省委委员，菏泽市委副书记、市长	男	1956.9	汉族	河南台前	大学	中共党员	
王　浩	菏泽市委常委、副市长	男	1963.10	汉族	山东单县	研究生	中共党员	2010 年 12 月调离
杨永昌	菏泽市人大常委会第一副主任（正厅级）、党组副书记	男	1955.7	汉族	山东东明	研究生（工程硕士）	中共党员	
赵传山	菏泽市财政局局长、党组书记	男	1957.1	汉族	山东菏泽	大学	中共党员	
赵晓英	菏泽市发改委主任、党组书记	男	1955.1	汉族	山东金乡	中央党校大学	中共党员	
程民光	菏泽市委组织部常务副部长（正县级）	男	1955.3	汉族	河南南乐	大学	中共党员	

续表 74

姓名	现任（或原任）职务	性别	出生年月	民族	籍贯	学历	党派	备注
王可正	菏泽市教育局副局长、党委委员，菏泽一中校长、党委书记	男	1962.9	汉族	山东单县	在职大学	中共党员	
祖洪涛	人民银行菏泽市中心支行行长、党委书记、外管局菏泽市中心支局局长	男	1955.1	汉族	山东沂南	大学	中共党员	
史崇亮	菏泽交通集团总经理、党委书记	男	1947.1	汉族	山东巨野	在职大专	中共党员	
付明时	菏泽发电厂厂长	男	1956.10	汉族	山东曹县	研究生	中共党员	
赵建华	山东华升玻璃有限公司董事长、总经理	男	1960.12	汉族	山东荣成	大专	中共党员	
丁志刚	菏泽市牡丹区委副书记、区长	男	1961.9	汉族	山东定陶	大学	中共党员	
张敬艳	牡丹区检察院检察长	男	1967.4	汉族	山东单县	在职大学	中共党员	
王立义	菏泽市兔巴哥食品有限公司董事长	男	1963.11	汉族	山东淄博	研究生	中共党员	
王英敏	牡丹区第二十二中学教务处副主任、妇女主任	女	1966.1	汉族	山东菏泽	研究生	无党派	
侯良义	山东良艺化工新材料有限公司董事长	男	1965.5	汉族	山东菏泽	研究生	无党派	
丁传英	山东（菏泽）华英食品有限公司董事长、总经理	男	1966.8	汉族	山东菏泽	研究生	无党派	
周铁伦	曹县县委副书记、县长	男	1966.3	汉族	山东菏泽	大学	中共党员	
孙德林	菏泽巨鑫源食品有限公司董事长	男	1964.12	汉族	山东曹县	大学	中共党员	
李金亮	山东省曹普工艺公司董事长	男	1959.6	汉族	山东曹县	大学	中共党员	
程千文	山东圣奥实业集团有限公司监事会主席	男	1969.5	汉族	山东曹县	大专	无党派	
韦　斌	曹县人民医院院长	男	1959.10	汉族	山东曹县	大学	中共党员	
郭卫东	曹县百隆纺织有限公司总经理	男	1959.4	汉族	安徽砀山	大专	中共党员	
沙翠玲	曹县鑫乐养殖服务中心总经理	女	1968.10	回族	山东曹县	大学	无党派	
陶体华	定陶县委副书记、县长	男	1960.5	汉族	山东鄄城	大学	中共党员	
张九勋	中食都庆（山东）生物技术股份有限公司董事长	男	1956.3	汉族	山东定陶	大专	中共党员	
宫旭洲	山东鲁花集团党委副书记、总经理，山东鲁花浓香花生油有限公司总经理	男	1974.6	汉族	山东莱阳	大专	中共党员	
鲁志成	成武县委副书记、县长	男	1963.10	汉族	山东东明	省委党校研究生	中共党员	
马效坤	山东达驰电气股份有限公司董事长	男	1947.8	汉族	山东成武	中专	中共党员	

续表 74

姓名	现任（或原任）职务	性别	出生年月	民族	籍贯	学历	党派	备注
孙艳玲	成武县第一中学教师	女	1972.9	汉族	山东成武	大学	中共党员	
王忠想	单县县委副书记、县长	男	1964.12	汉族	山东成武	大学	中共党员	
李新民	山东四君子集团有限公司董事长、总经理	男	1956.12	汉族	山东单县	大学	中共党员	
徐承秋	中国尚舜化工控股有限公司董事局执行主席	男	1944.8	汉族	山东定陶	大学	中共党员	
刘仰成	单县第一中学校长	男	1965.10	汉族	山东单县	在职大学	中共党员	
庞全岭	单县蚕业发展有限公司总经理	男	1955.3	汉族	山东单县	大专	中共党员	
陈凤荣	单县公安局副局长兼城市执法局副局长	女	1958.12	汉族	山东单县	大学	中共党员	
刘传谨	巨野县委副书记、县长	男	1964.12	汉族	山东郓城	大学	中共党员	
刘法来	巨野县政府县长助理，花冠集团有限公司董事长、总经理、党委书记	男	1952.8	汉族	山东巨野	大学	中共党员	
张善仲	山东巨野绿园纺织集团董事长、总经理	男	1970.3	汉族	山东巨野	大专	中共党员	
郭艳春	山东巨野新上海家具有限公司董事长	女	1966.2	汉族	山东巨野	大专	无党派	
万存周	郓城县委副书记、县长	男	1962.1	汉族	山东曹县	省委党校大学	中共党员	
刘国庆	郓城宋江武校副校长	男	1958.8	汉族	山东郓城	大学	无党派	
陈　灵	山东华灵集团有限公司董事长、总经理	男	1951.3	汉族	山东郓城	大专	中共党员	
桑圣钦	山东圣达实业有限公司董事长兼总经理	男	1961.3	汉族	山东郓城	大专	中共党员	
张勤成	山东神舟食品集团有限公司董事长、总经理	男	1962.11	汉族	山东郓城	高中	无党派	
乔效振	郓城县第一中学校长兼党总支书记	男	1954.12	汉族	山东郓城	在职大学	中共党员	
姚兰芹	中国联通郓城分公司总经理	女	1973.6	汉族	山东巨野	大学	无党派	
王有杰	鄄城县委副书记、县长	男	1964.7	汉族	山东定陶	省委党校研究生	中共党员	
李会勤	山东九洲农药有限公司董事长	女	1955.10	汉族	山东鄄城	大专	中共党员	
时　伟	鄄城县农村信用合作联社理事长	男	1969.12	汉族	山东鄄城	大学	中共党员	
张卫华	鄄城县人民医院院长、党总支书记	男	1965.3	汉族	山东鄄城	大专	中共党员	
王卫东	东明县委副书记、县长	男	1966.3	汉族	山东曹县	中央党校大学	中共党员	

续表 74

姓名	现任（或原任）职务	性别	出生年月	民族	籍贯	学历	党派	备注
王金书	东明县玉皇庙村党总支书记、山东玉皇化工有限公司董事长	男	1957.1	汉族	山东菏泽	高中	中共党员	
余庆明	山东洪业化工集团董事局主席兼总经理	男	1955.8	汉族	山东东明	大专	中共党员	
张　勇	东明县供电公司经理	男	1966.12	汉族	山东东明	研究生	中共党员	
郑文戈	山东明大实业集团有限公司董事长、总经理	女	1973.9	汉族	山东东明	大专	无党派	
刘士合	菏泽市委副书记、市长	男	1955.1	汉族	山东沾化	中央党校研究生	中共党员	2008 年 11 月补选
孙爱军	菏泽市委副书记、市长	男	1972.3	汉族	山东平度	研究生（管理学博士）	中共党员	2011 年 12 月补选

第十二节　菏泽市出席山东省第十二届人民代表大会代表

菏泽市出席山东省第十二届人民代表大会代表共 63 名，其中男性 46 名、妇女 17 名，中共党员 44 名、无党派人士 19 名，汉族 60 名、回族 3 名，研究生学历 19 名、大学学历 36 名、大专学历 7 名、中专学历 1 名。

菏泽市出席山东省第十二届人民代表大会代表名录（2013.1—2018.1）

表 75

姓名	现任（或原任）职务	性别	出生年月	民族	籍贯	学历	党派	备注
赵润田	菏泽市委书记、市人大常委会主任	男	1956.9	汉族	河南台前	大学	中共党员	2013 年 2 月调离
于晓明	菏泽市委书记	男	1957.9	汉族	山东海阳	大学	中共党员	2013 年 2 月由聊城代表团转入
孙爱军	菏泽市委副书记、市长	男	1972.3	汉族	山东平度	研究生（管理学博士）	中共党员	
杨永昌	菏泽市人大常委会第一副主任（正厅级）、党组书记	男	1955.7	汉族	山东东明	研究生（工程硕士）	中共党员	
解维俊	菏泽市委副书记	男	1962.1	汉族	山东淄博	大学	中共党员	
段伯汉	菏泽市委常委，市政府常务副市长，市行政学院院长	男	1958.2	汉族	山东巨野	研究生	中共党员	
尹玉明	菏泽市委常委、秘书长	男	1962.1	汉族	山东东明	研究生	中共党员	
胡上山	菏泽市委常委、组织部部长	男	1961.9	汉族	山东莱西	大学	中共党员	2013 年 6 月调离

续表 75

姓名	现任（或原任）职务	性别	出生年月	民族	籍贯	学历	党派	备注
赵传山	菏泽市人大常委会党组副书记、副主任兼秘书长	男	1957.1	汉族	山东菏泽	大学	中共党员	
王　玮	菏泽市中级人民法院院长、党组书记	男	1961.6	汉族	山东蒙阴	大学（法律硕士）	中共党员	2015 年 7 月调离
朱庆安	菏泽市人民检察院检察长、党组书记	男	1959.6	汉族	山东莱芜	研究生	中共党员	2015 年 1 月调离
张培华	菏泽市发改委主任	男	1960.3	回族	山东曹县	大学	中共党员	
周饫伦	菏泽市财政局局长	男	1966.3	汉族	山东菏泽	大学	中共党员	
张效节	菏泽市农村信用社主任	男	1959.2	汉族	山东临沂	研究生	中共党员	
王可正	菏泽一中校长、党委副书记，市教育局副局长	男	1962.9	汉族	山东单县	大学	中共党员	
郁章玉	菏泽学院党委副书记、院长	男	1960.9	汉族	山东临沂	研究生（理学博士）	中共党员	2014 年 1 月调离
张福龙	牡丹区委副书记、区长	男	1964.2	汉族	山东单县	大学	中共党员	
张敬艳	菏泽市人民检察院副检察长，牡丹区人民检察院检察长	男	1967.4	汉族	山东单县	研究生	中共党员	2017 年 1 月调离
丁传英	山东（菏泽）华英食品有限公司董事长、总经理	男	1966.8	汉族	山东菏泽	研究生	无党派	
郭秋霞	菏泽七巧板幼儿教育集团董事长	女	1966.8	汉族	山东巨野	大学	无党派	
季国梅	菏泽海普电器有限公司董事长	女	1969.6	汉族	山东郓城	大学	中共党员	
彭继先	菏泽睿鹰制药集团总裁	男	1962.7	汉族	山东菏泽	大学	中共党员	
张红旗	曹县县委副书记、县长	男	1967.8	汉族	山东单县	大学	中共党员	2017 年 1 月调离
李金亮	山东曹普工艺有限公司董事长	男	1959.6	汉族	山东曹县	研究生	中共党员	
孙德林	菏泽巨鑫源食品有限公司董事长	男	1964.12	汉族	山东曹县	研究生	中共党员	
刘新刚	山东龙跃橡胶有限公司车间主任	男	1981.1	汉族	山东寿光	大学	无党派	
蔡秀芳	曹县云龙木雕工艺有限公司党支部书记、经理	女	1962.11	汉族	山东曹县	大专	中共党员	
苏永环	曹县恒信巾业有限公司经理	女	1961.12	回族	山东曹县	大专	无党派	
郭素英	曹县华泰骨科医院院长	女	1963.6	汉族	山东曹县	大学	无党派	
陈宝华	定陶县委副书记、县长	男	1966.11	汉族	山东菏泽	大学	中共党员	
王凤娟	定陶县技工学校校长，县人大常委会副主任	女	1965.8	汉族	山东定陶	大学	无党派	

续表 75

姓名	现任（或原任）职务	性别	出生年月	民族	籍贯	学历	党派	备注
张九勋	中食都庆（山东）生物技术有限公司董事长	男	1956.3	汉族	山东定陶	大专	中共党员	
孔瑞华	定陶县残疾人联合会理事长，县特殊教育体育学校校长	女	1963.4	汉族	山东定陶	大学	中共党员	
谭相海	成武县委副书记、县长	男	1969.2	汉族	山东郓城	研究生	中共党员	
马效坤	山东达驰电气有限公司董事长	男	1947.9	汉族	山东成武	大专	中共党员	
李先举	山东省呈祥电工电气有限公司副总经理	男	1978.8	汉族	山东成武	大学	无党派	
李孝春	成武县聋哑学校校长，中学高级教师	女	1970.4	汉族	山东单县	大学	无党派	
穆　杰	单县县委副书记、县长	男	1970.11	汉族	山东菏泽	研究生	中共党员	
朱艳霞	单县第一中学高级教师，县人大常委会副主任	女	1971.3	汉族	山东单县	大学	无党派	
崔殿文	高级工程师，山东泰信纺织、鑫泽铜业有限公司董事长	男	1965.12	汉族	山东临淄	研究生	中共党员	
李新民	山东四君子集团有限公司党委书记、董事长兼总经理	男	1956.12	汉族	山东单县	大学	中共党员	
王雅芹	山东单县鲁纱纺织有限公司董事长	女	1966.4	汉族	山东单县	大专	无党派	
白文娟	山东北方明星轴承有限公司董事长	女	1969.6	回族	山东单县	中专	无党派	
刘文林	巨野县委副书记、县长	男	1968.6	汉族	山东曹县	大学	中共党员	
刘法来	山东花冠集团董事长	男	1951.8	汉族	山东巨野	大专	中共党员	
刘玉果	山东新巨龙能源有限责任公司总经理	男	1968.9	汉族	山东宁阳	研究生	中共党员	
刘自杰	巨野县佳农果蔬有限公司总经理	男	1974.1	汉族	山东巨野	大学	无党派	
魏衍杰	巨野县一中高三班主任	女	1977.12	汉族	山东巨野	大学	无党派	
蔡维超	郓城县委副书记、县长	男	1969.2	汉族	山东曹县	研究生	中共党员	
陈　灵	山东华灵集团有限公司董事长、总经理	男	1951.3	汉族	山东郓城	大学	中共党员	
桑圣钦	山东圣达实业集团董事长	男	1961.3	汉族	山东郓城	大学	中共党员	
张勤成	山东神舟食品集团有限公司董事长、山东省肉类协会理事	男	1962.11	汉族	山东郓城	大专	无党派	
甄爱华	山东绅联生物科技有限公司总经理	女	1971.11	汉族	山东郓城	大学	无党派	
樊庆芳	郓城县地税局局长	女	1971.5	汉族	山东郓城	研究生	中共党员	

续表 75

姓名	现任（或原任）职务	性别	出生年月	民族	籍贯	学历	党派	备注
张乾山	鄄城县委副书记、县长	男	1963.12	汉族	山东定陶	大学	中共党员	
刘建华	菏泽华意化工有限公司董事长、工程师	男	1970.8	汉族	山东鄄城	大专	中共党员	
黄文昕	鄄城县畜牧兽医局农艺师	女	1971.2	汉族	山东成武	大学	无党派	
王凤芹	鄄城县人大常委会副主任	女	1965.3	汉族	山东鄄城	大学	无党派	
朱瑞军	东明县委副书记、县长	女	1965.8	汉族	山东单县	研究生	中共党员	
张　勇	东明县供电公司经理	男	1966.12	汉族	山东东明	研究生	中共党员	
余洪勇	东明县洪业集团总经理	男	1979.1	汉族	山东东明	大学	中共党员	
王胜伟	山东玉皇化工总经理	男	1981.1	汉族	山东东明	大学	无党派	
李国珍	菏泽经济开发区管委会常务副主任	男	1962.8	汉族	山东东明	大学	中共党员	
高义武	菏泽金正大生态工程有限公司总经理	男	1972.9	汉族	山东临沭	大学	无党派	

第十三节　菏泽市出席山东省第十三届人民代表大会代表

菏泽市出席山东省第十三届人民代表大会代表共63名，其中男性45名、妇女18名，中共党员40名、民革3名、致公党1名、无党派人士9名，汉族60名、回族1名、蒙古族1名、白族1名，研究生学历15名、大学学历35名、大专学历8名、中专学历2名、高中学历2名、初中学历1名。

菏泽市出席山东省第十三届人民代表大会代表名录（2018.1— ）

表 76

姓名	现任（或原任）职务	性别	出生年月	民族	籍贯	学历	党派	备注
张新文	市委书记，市委党校校长	男	1964.10	汉族	山东肥城	研究生	中共党员	2019年7月由青岛代表团转入
陈　平	市委副书记、市长	男	1967.8	汉族	山东寿光	研究生	中共党员	2019年1月补选
孙爱军	市委书记，市人大常委会主任	男	1972.3	汉族	山东平度	研究生	中共党员	2019年2月调离
解维俊	市委副书记、市长	男	1962.1	汉族	山东淄博	中央党校研究生	中共党员	2018年3月调离
段伯汉	省人大农业与农村委员会副主任委员	男	1958.2	汉族	山东巨野	研究生	中共党员	

续表 76

姓名	现任（或原任）职务	性别	出生年月	民族	籍贯	学历	党派	备注
杨光忠	市委常委、市纪委书记、市监察委员会主任	男	1969.1	汉族	山东招远	研究生	中共党员	2019 年 9 月调离
杨晓玲	市人大常委会副主任、党组副书记	女	1963.3	汉族	山东曹县	大学(工商管理硕士)	中共党员	
张正智	市中级人民法院院长、党组书记	男	1970.6	汉族	山东嘉祥	大学	中共党员	
王金庆	市检察院检察长、党组书记	男	1968.9	汉族	山东临朐	大学	中共党员	2020 年 1 月调离
康　兵	市发改委主任、党组书记	男	1967.1	汉族	山东梁山	省委党校研究生	中共党员	
周铁伦	市财政局局长、党组书记	男	1966.3	汉族	山东菏泽	大学	中共党员	2020 年 6 月代表资格终止
赵中华	市司法局局长，市政协常委	男	1972.5	汉族	山东曹县	大学	无党派	
赵胜利	市卫计委副主任，民革菏泽市委主委	男	1971.2	汉族	山东菏泽	大学	民革	
任兰花	市人大常委会委员，市植物保护站站长	女	1962.12	汉族	山东单县	大学	无党派	
侯宪会	市人大常委会委员，菏泽康辉国际旅行社总经理	男	1975.8	汉族	山东菏泽	大学	致公党	
宋爱珍	市人大常委会委员，菏泽泉汇（金盾）汽车出租有限公司总经理	女	1969.5	汉族	山东郓城	大专	无党派	
张雅维	山东（菏泽）邦治律师事务所主任	男	1975.4	汉族	山东菏泽	大学	无党派	
赵建峰	山东侨商协会副会长，市侨资企业家联谊会会长	男	1971.5	汉族	山东菏泽	大学	中共党员	
邵　瑞	菏泽学院人文与新闻传播学院副院长	女	1979.2	汉族	山东菏泽	研究生	中共党员	
郝敬忠	市中医院院长、党总支书记	男	1960.7	汉族	山东鄄城	大学	中共党员	
张泽中	牡丹区委副书记、区长	男	1968.11	汉族	山东郓城	大学	中共党员	
郭秋霞	菏泽七巧板幼儿教育集团董事长	女	1966.8	汉族	山东巨野	大学	无党派	
彭继先	山东（菏泽）睿鹰先锋制药有限公司总裁	男	1962.7	汉族	山东菏泽	研究生	中共党员	
时　伟	菏泽农村商业银行党委书记、董事长	男	1968.6	汉族	山东鄄城	大学	中共党员	
高凤良	华润电力菏泽有限公司总经理、华润电力山东销售有限公司总经理	男	1973.10	蒙古族	内蒙古奈曼旗	大专	中共党员	
孔保华	牡丹区牡丹办事处孔花园行政村主任，华晨农作物种植专业合作社理事长	男	1964.10	汉族	山东菏泽	大学	民革	
朱中华	定陶区委副书记、区长	男	1967.4	汉族	山东菏泽	省委党校研究生	中共党员	

续表 76

姓名	现任（或原任）职务	性别	出生年月	民族	籍贯	学历	党派	备注
侯彦丽	定陶区两夹弦非遗保护传承中心主任	女	1966.2	汉族	山东菏泽	大学	中共党员	
郭绪福	定陶区陈集镇中沙海村党支部书记	男	1949.3	回族	山东菏泽	大专	中共党员	
杨　立	定陶区中远蔬菜专业合作社理事长	男	1976.9	汉族	山东菏泽	中专	中共党员	
徐玉静	山东（菏泽）玉皇化工有限公司财务管理部副经理	女	1989.2	汉族	山东东明	大学	中共党员	
张乾山	曹县县委书记	男	1962.10	汉族	山东菏泽	大学	中共党员	
李金亮	山东省（菏泽）曹普工艺有限公司董事长	男	1959.6	汉族	山东曹县	大学	中共党员	
靳松鹏	山东菏泽福林木业有限公司总经理	男	1974.4	汉族	山东曹县	研究生	中共党员	
任庆生	曹县大集镇丁楼村党支部书记	男	1967.4	汉族	山东曹县	大专	中共党员	
郭玉宝	曹县三宝种植专业合作社社长	男	1964.1	汉族	山东曹县	大专	非党	
徐　姗	曹县县委党校讲师	女	1974.12	白族	贵州毕节	省委党校大学	无党派	
丁　丽	曹县畜牧中心检测员	女	1972.12	汉族	山东曹县	大学	非党	
刘良臣	山东（菏泽）达驰电气有限公司董事长、总经理	男	1967.2	汉族	山东成武	省委党校大学	中共党员	
李孝春	成武县特殊教育中心校长	女	1970.4	汉族	山东单县	大学	非党	
张化良	成武县金桥菜豆种植专业合作社党支部书记	男	1968.7	汉族	山东成武	大专	中共党员	
王秀芹	成武县人民医院妇产科主任	女	1971.1	汉族	山东成武	大学	非党	
穆　杰	单县县委书记	男	1969.11	汉族	山东菏泽	研究生	中共党员	
朱艳霞	单县人大常委会副主任、单县一中高级教师	女	1971.3	汉族	山东单县	大学	无党派	
全　勇	单县中心医院医学影像科主任	男	1971.1	汉族	辽宁沈阳	研究生	民革	
徐清华	山东（菏泽）尚舜化工有限公司技术科长	男	1974.4	汉族	山东单县	大学	非党	
苏姗姗	山东（菏泽）朱氏药业集团生产部主任	女	1988.9	汉族	山东单县	大专	中共党员	
王昌华	巨野县委书记	男	1969.6	汉族	山东鄄城	研究生	中共党员	
刘念波	菏泽花冠集团党委副书记、董事长	男	1972.7	汉族	山东巨野	研究生	中共党员	
魏衍杰	巨野县凤凰中学高级教师、副校长	女	1977.12	汉族	山东巨野	大学	非党	

续表 76

姓名	现任（或原任）职务	性别	出生年月	民族	籍贯	学历	党派	备注
魏春芝	巨野县农业技术推广站站长	女	1964.6	汉族	山东巨野	大学	中共党员	
王光立	巨野县田桥镇王土墩村党支部书记	男	1963.9	汉族	山东巨野	高中	中共党员	
刘文林	郓城县委书记	男	1968.6	汉族	山东曹县	大学	中共党员	
王明华	郓城县副县长	男	1974.7	汉族	山东东平	大学	无党派	
甄爱华	山东（菏泽）绅联生物科技有限公司技术总监	女	1971.11	汉族	山东郓城	大学	非党	
李继锋	山东（菏泽）圣隆纺织集团有限公司销售部经理	男	1964.3	汉族	山东郓城	中专	中共党员	
孔令建	山东世元置业有限公司经理	男	1974.3	汉族	山东郓城	初中	非党	
袁红兵	鄄城县委副书记、县长	男	1967.6	汉族	山东东明	省委党校研究生	中共党员	
王凤芹	鄄城县人大常委会副主任、县一中高级教师	女	1965.3	汉族	山东鄄城	大学	无党派	
夏俊祥	鄄城康泰化工有限公司董事长	男	1973.8	汉族	山东鄄城	研究生	非党	
刘万国	鄄城县红船镇韩桥村党支部书记	男	1970.8	汉族	山东鄄城	高中	中共党员	
张继争	东明县委副书记、县长	男	1969.9	汉族	山东鄄城	中央党校大学	中共党员	
侯福顺	中信国安（菏泽）化工有限公司总经理	男	1963.9	汉族	山东东明	大学	非党	
张冬菊	东明县农业局植保站站长	女	1969.12	汉族	山东东明	大学	中共党员	
马国兴	东明县麦丰小麦种植专业合作社理事长、马头镇邵庄村村民	男	1963.4	汉族	山东东明	大专	中共党员	

第九编

重要文献

1984—2020

第一章 规范性文件

第一节 市委关于人大工作的文件名录

1. 中共菏泽市委关于加强全市乡镇人大工作的意见（菏发〔2009〕14 号）

2. 中共菏泽市委转发《菏泽市人大常委会关于进一步加强监督工作的意见》的通知（菏发〔2010〕4 号）

3. 中共菏泽市委关于进一步加强和改进人大工作的意见（菏发〔2015〕15 号）

4. 中共菏泽市委关于加强全市县乡人大工作和建设的实施意见（菏发〔2015〕26 号）

5. 中共菏泽市委办公室印发《关于人大预算审查监督重点向支出预算和政策拓展的实施意见》的通知（菏办发〔2019〕3 号）

6. 中共菏泽市委关于做好新时代人大工作的意见（菏发〔2019〕21 号）

第二节 常委会重要规章制度名录

1. 菏泽市人民代表大会常务委员会议事规则（2001 年 1 月 16 日菏泽市第十五届人大常委会第一次会议通过，2008 年 10 月 20 日菏泽市第十七届人大常委会第六次会议第一次修订，2019 年 10 月 30 日菏泽市第十九届人大常委会第二十四次会议第二次修订）

2. 菏泽市人民代表大会代表建议、批评和意见处理办法（2006 年 6 月 20 日菏泽市第十六届人大常委会第二十九次会议通过，2008 年 10 月 20 日菏泽市第十七届人大常委会第六次会议第一次修订，2019 年 10 月 30 日菏泽市第十九届人大常委会第二十四次会议第二次修订）

3. 菏泽市人民代表大会常务委员会执法检查暂行办法（2008 年 10 月 20 日菏泽市第十七届人大常委会第六次会议通过，2011 年 12 月 27 日菏泽第市十七届人大常委会第三十一次会议修订）

4. 菏泽市人民代表大会常务委员会主任会议议事规则（2008 年 10 月 20 日菏泽市第十七届人大常委会第六次会议通过，2020 年 4 月 28 日菏泽市第十九届人大常委会第二十八次会议修订）

5. 菏泽市人民代表大会常务委员会听取和审议专项工作报告暂行办法（2011 年 12 月 27 日菏泽市第十七届人大常委会第三十一次会议通过）

6. 菏泽市人民代表大会常务委员会视察暂行办法（2011 年 12 月 27 日菏泽市第十七届人大常委会第三十一次会议通过）

7. 菏泽市人民代表大会常务委员会调查研究办法（2013 年 2 月 26 日菏泽市第十八届人大常委会第八次会议审议通过，2020 年 4 月 28 日菏泽市第十九届人大常委会第二十八次会议修订）

8. 菏泽市人民代表大会常务委员会专题询问暂行办法（2013 年 12 月 2 日菏泽市第十八届人大常委会第十三次会议通过）

9. 菏泽市人民代表大会常务委员会专题调研办法（2014 年 12 月 5 日菏泽市第十八届人大常委会第二十一次会议审议通过，2020 年 4 月 28 日菏泽市第十九届人大常委会第二十八次会议修订）

10．菏泽市市级全口径预算决算审查监督暂行办法（2014年12月5日菏泽市第十八届人大常委会第二十一次会议通过）

11．菏泽市人民代表大会常务委员会讨论决定重大事项的规定（2015年10月28日菏泽市第十八届人大常委会第二十九次会议审议通过，2018年10月29日菏泽市第十九届人大常委会第十六次会议修订）

12．菏泽市人民代表大会常务委员会监督事项跟踪督办办法（2015年10月28日菏泽市第十八届人大常委会第二十九次会议审议通过，2019年10月30日菏泽市第十九届人大常委会第二十四次会议修订）

13．菏泽市人民代表大会专门委员会工作规则（2015年10月28日菏泽市第十八届人大常委会第二十九次会议审议通过）

14．菏泽市人民代表大会常务委员会地方性法规草案征求意见工作办法（2015年10月28日菏泽市第十八届人大常委会第二十九次会议通过）

15．菏泽市人民代表大会常务委员会立法听证办法（2015年10月28日菏泽市第十八届人大常委会第二十九次会议通过）

16．菏泽市人民代表大会常务委员会年度地方立法计划编制办法（2015年10月28日菏泽市第十八届人大常委会第二十九次会议通过）

17．菏泽市人民代表大会常务委员会关于预算审查前听取市人大代表和社会各界建议的若干规定（2016年1月12日菏泽市第十八届人大常委会第三十次会议通过）

18．菏泽市人民代表大会常务委员会规范性文件备案审查暂行办法（2016年1月12日菏泽市第十八届人大常委会第三十次会议通过）

19．菏泽市人民代表大会常务委员会关于听取审计查出突出问题整改情况报告的暂行办法（2016年1月12日菏泽市第十八届人大常委会第三十次会议通过）

20．菏泽市人民代表大会常务委员会立法评估办法（2016年4月28日菏泽市第十八届人大常委会第三十三次会议通过）

21．菏泽市人民代表大会常务委员会审议意见研究处理办法（2018年8月28日菏泽市第十九届人大常委会第十五次会议通过）

22．菏泽市人民代表大会常务委员会信访工作办法（2019年10月30日菏泽市第十九届人大常委会第二十四次会议审议通过）

23．菏泽市人民代表大会常务委员会秘书长办公会议议事规则（2020年4月28日菏泽市第十九届人大常委会第二十八次会议通过）

24．菏泽市人民代表大会代表联系办法（2020年4月28日菏泽市第十九届人大常委会第二十八次会议通过）

25．菏泽市人民代表大会常务委员会关于加强和规范市人民代表大会闭会期间代表活动的若干意见（2020年4月28日菏泽市第十九届人大常委会第二十八次会议通过）

第三节　地方性法规名录

1．菏泽市制定地方性法规条例（2016年1月21日菏泽市第十八届人民代表大会第五次会议通过，2016年3月30日山东省第十二届人民代表大会常务委员会第二十次会议批准）

2．菏泽市大气污染防治条例（2016年8月30日菏泽市第十八届人民代表大会常务委员会第三十五次会议通过，2016年9月23日山东省第十二届人民代表大会常务委员会第二十三次会议批准）

3．菏泽市城镇容貌和环境卫生管理条例（2016年10月28日菏泽市第十八届人民代表大会常务委员会第三十六次会议通过，2016年11月26日山东省第十二届人民代表大会常务委员会第二十四次会议批准）

4．菏泽市煤炭清洁生产使用监督管理条例（2016年12月23日菏泽市第十八届人民代表大会常务委员会第三十七次会议通过，2017年1月18日山东省第十二届人民代表大会常务委员会第二十五次会议批准）

5．菏泽市供热条例（2017年10月31日菏泽市第十九届人民代表大会常务委员会第六次会议通过，2017年12月1日山东省第十二届人民代表大会常务委员会第三十三次会议批准）

6．菏泽市物业管理条例（2017年12月25日菏泽市第十九届人民代表大会常务委员会第七次会议通过，2018年1月22日经山东省第十二届人民代表大会常务委员会第三十五次会议批准）

7．菏泽市非物质文化遗产条例（2018年8月28日菏泽市第十九届人民代表大会常务委员会第十五次会议通过，2018年9月21日山东省第十三届人民代表大会常务委员会第五次会议批准）

8．菏泽市城乡规划条例（2018年10月29日菏泽市第十九届人民代表大会常务委员会第十六次会议通过，2018年11月30日山东省第十三届人民代表大会常务委员会第七次会议批准）

9．菏泽市水污染防治条例（2018年12月26日菏泽市第十九届人民代表大会常务委员会第十七次会议通过，2019年2月12日山东省第十三届人民代表大会常务委员会第十次会议批准）

10．菏泽市烟花爆竹燃放管理条例（2019年8月16日菏泽市第十九届人民代表大会常务委员会第二十三次会议通过，2019年9月27日山东省第十三届人民代表大会常务委员会第十四次会议批准）

11．菏泽市文明行为促进条例（2019年10月30日菏泽市第十九届人民代表大会常务委员会第二十四次会议通过，2019年11月29日山东省第十三届人民代表大会常务委员会第十五次会议批准）

12．菏泽市餐厨废弃物管理条例（2020年8月24日菏泽市第十九届人民代表大会常务委员会第三十次会议通过，2020年9月25日山东省第十三届人民代表大会常务委员会第二十三次会议批准）

13．菏泽市城市供水条例（2020年10月27日菏泽市第十九届人民代表大会常务委员会第三十一次会议通过，2020年11月24日山东省第十三届人民代表大会常务委员会第二十四次会议批准）

第二章　市人大常委会工作报告

第一节　第十五届人大历次会议常委会工作报告

菏泽市人大常委会工作报告

——2002年2月24日在菏泽市第十五届人民代表大会第二次会议上

菏泽市人大常委会主任　李明先

各位代表：

我代表市人民代表大会常务委员会向大会报告市十五届人大一次会议以来的工作，请予审议。

一、一年来的主要工作

2001年，是菏泽撤地设市召开市十五届人大一次会议选举产生的市十五届人大常委会任期的第一年。一年来，市人大常委会在市委的领导下，以邓小平理论和党的十五大、十五届五中、六中全会精神为指导，认真贯彻落实“三个代表”重要思想，紧紧围绕实现全市改革开放和经济建设的奋斗目标，积极履行宪法和法律赋予的各项职责，解放思想，开拓进取，在依法搞好监督、发挥代表作用、加强常委会自身建设等方面开创了人大工作新局面，为保障和促进全市经济发展和社会全面进步做出了积极的贡献。

（一）以“三个代表”重要思想指导常委会工作，努力提高认识，明确职责，打好基础

市人大常委会成立后，人大工作面临着新的形势和任务。为适应形势发展的要求，常委会利用多种途径和形式，组织常委会组成人员认真学习党的十五大和十五届五中、六中全会精神，学习贯彻江泽民总书记“七一”讲话精神，进一步明确新形势下人大工作的任务和目标。通过学习，常委会统一了思想，充分认识到，做好新形势下的人大工作，必须以邓小平理论和“三个代表”重要思想为指导，在市委的正确领导下，认真履行宪法和法律赋予的职权，自觉服从和服务于经济建设和改革开放的大局，大力加强社会主义民主与法治建设，通过卓有成效的工作，来保障和促进全市现代化建设的顺利进行。

提高全社会对人民代表大会制度的认识，为人大工作的顺利开展创造良好的环境，是做好新诞生的市人大常委会工作的重要前提条件。为此，常委会专门组织撰写了一些介绍人民代表大会制度，宣传地方人大及其常委会的性质、地位和作用的文章，在大众媒体上进行连续宣传，广造舆论；并邀请全国人大常委会研究室的有关领导为市人大常委会和机关全体工作人员作辅导报告。通过学习、研究、宣传人民代表大会制度理论和宪法、法律，提高了全社会的人大意识和民主法制意识，增强了常委会组成人员履行法定职权、做好人大工作的信心和决心，增强了代表人民管理好国家事务和社会事务的责任感和使命感。

为确保市人大常委会的工作依法有序开展，市人大常委会分别在第一次和第三次会议上制定和出台了《菏泽市人大常委会议事规则》《菏泽市人大常委会人事任免办法》《菏泽市人大常委会联系代表办法》《菏泽市人大常委会关于办理市人大代表建议、批评和意见的办法》等一系列规范性文件，对常委会主要工作的内容、范围、步骤、程序和方法等进行了明确界定，从而为各项工作的顺利开展打下了良好的基础。

市人大及其常委会是一级地方国家权力机关，如何充分发挥地方国家权力机关的作用，常

委会在过去的一年进行了不懈的探索和努力。在总结原地区人大工委的工作和借鉴外市地人大工作经验的基础上，常委会提出并认真坚持了以下几条工作原则：一是坚持依靠党的领导，善于把党的主张和意图经过法定程序变为国家意志，坚持主要工作和重大问题向市委请示报告，自觉把人大工作置于党的领导之下。二是坚持以经济建设为中心，根据全市改革、发展、稳定大局的需要，开展工作监督和法律监督，积极为改革开放和经济建设创造良好的法制环境和社会环境。三是坚持把加强社会主义民主法制建设作为根本任务，充分发扬民主，严格依法办事，依法行使职权，维护人民群众的切身利益，处理好监督与被监督的关系，推进依法治市进程。四是坚持群众路线，加强同人大代表和人民群众的联系，深入基层、深入实际，调查研究，认真听取群众的意见和要求，自觉接受群众的监督，全心全意为人民服务。这些原则的实行，对常委会工作的深入开展，起了重要的指导和促进作用。

（二）围绕全市经济和社会发展的中心任务，积极开展监督工作

监督权是宪法和法律赋予人大常委会的一项重要职权。为督促市政府和法检两院依法行政和公正司法，常委会及各工作委员会切实加强了监督工作，年内先后召开了6次常委会会议，开展了13次对有关法律法规执行情况和部门工作开展情况的视察和执法检查，听取了17个部门的工作汇报，作出了9项决议、决定。

围绕改革、发展中的重大问题开展监督。去年是实施“十五”计划的第一年，为促进全市国民经济和各项社会事业的发展开好头、起好步，市人大常委会和各工作委员会从全市改革、发展、稳定的需要出发，分别针对防汛、水污染防治、科技进步、电业、邮政、电信、交通、公路以及中小学规模调整和危房改造等方面的工作进行了视察和检查。同时还分别听取审议了农业、教育、财政、统计、环境保护、社会治安、劳动和社会保障、动物防疫、工商、税务、外经贸、技术监督、民营经济、气象等方面的工作汇报。在视察检查和听取汇报过程中，针对存在的问题提出建设性意见和建议，督促、支持市政府及有关部门切实改进工作。在市人大常委会第六次会议上，常委会组成人员对全市经济发展环境问题提出许多针对性较强的建议、批评、意见，引起市委、市政府的高度重视，今年初即专门召开了全市治理经济发展环境会议，并出台了治理经济发展环境的具体意见，对促进全市经济和各项社会事业的健康快速发展起到重要推动作用。

围绕国民经济计划和预算执行情况进行监督。为落实市十五届人大一次会议关于“十五”计划的决议，常委会第四次会议听取并审议了菏泽市2001年上半年国民经济计划和预算执行情况的报告，审议了关于菏泽市2001年度本级预算执行和其他财政收支情况的审计工作报告。同时，在常委会第五次会议上，听取审议了市人民政府关于调整2001年市级支出预算的报告，并作出了相应的决议。常委会组成人员在审议时，充分肯定了全市经济发展和财政工作所取得的成绩，指出了当前经济和社会发展中存在的问题，建议和要求市政府切实正视和克服经济工作中的困难，进一步解放思想，转变职能，加大工作力度，确保全市国民经济计划和预算目标的实现。

围绕有关法律法规的贯彻实施情况开展监督。一年来，常委会和各工作委员会分别就村民委员会组织法、消防法、科技进步法、防洪法、农业法、山东省文化市场管理条例等法律法规在我市的贯彻实施进行执法检查。这些执法检查有些是配合省人大进行的，有些是根据年度工作计划并结合我市实际分别开展的。在执法检查中，有关人员每次都深入实际，深入群众，了解情况，发现问题，提出建议，写出报告，及时反馈，促进有关问题的解决，有力地促进了法律法规在我

市的深入贯彻执行。同时，为确保公正司法，常委会还听取了关于《山东省司法工作人员违法办案责任追究条例》贯彻执行情况的汇报。在审议中，与会人员实事求是地指出了司法工作中存在的问题，并提出了有针对性的意见和建议，要求司法机关切实搞好队伍教育整顿，提高法律素质，抓好错案追究，确保司法公正，切实维护法律尊严。

围绕人民群众反映的热点、难点问题，加强对信访工作的领导。办理人民群众的来信来访，是常委会监督执法、司法部门依法行政、公正司法和为群众排忧解难的重要途径。一年来，共接待和办理群众来信来访902件次，其中来信236件，来访666人次，召开案例分析会6次，承办省人大交办的来信5件，均认真予以办结。在接待、办理信访案件中，常委会有关工作委员会发现我市刑事案件超期羁押问题比较突出，即作为个案进行监督，协调有关部门，督促问题的解决，促进了刑诉法的正确贯彻实施。通过信访工作，督促司法机关和行政执法部门查处和纠正了一些违法案件，切实保护了人民群众的合法权益，维护了宪法和法律的尊严。

（三）强化代表工作，进一步密切与县（区）、乡（镇）人大的联系

做好代表工作，是发挥地方国家权力机关职能作用的基础和保证。常委会通过建立各项制度加强同代表的联系，为代表搞好服务。一是建立了常委会组成人员分工联系代表制度，利用走访、召开座谈会、节日慰问等方式，与驻我市的全国、省人大代表和市人大代表普遍进行了联系，听取代表的意见和要求。二是坚持邀请代表列席常委会会议制度，认真听取他们对有关工作的意见和建议。三是对全市人大代表进行了分组，下发活动通知，提出活动的建议和要求。各代表小组任务明确，积极主动地开展了各种活动。四是为驻我市的全国、省人大代表和市人大代表订阅报刊资料，及时向代表转发有关信息，通报人大工作情况，为代表行使职权、履行义务、发挥代表作用提供良好的服务。

重视做好代表议案和建议的办理工作。市十五届人大一次会议结束后，常委会有关办事机构及时制作了代表建议登记表、代表建议反馈意见表，对人代会上代表提出的83件建议进行了分类整理，并召开了代表建议办理会议，提出了办理工作的明确要求。市政府和“两院”认真对待代表建议，逐件予以详细答复，积极落实各项改进措施。目前，涉及26个单位的代表建议已全部办理完毕，满意率在95%以上。一年来，驻菏全国、省人大代表和全体市人大代表，依法执行代表职务，认真履行代表职责，积极反映群众的呼声和要求，在密切党同人民群众的联系，管理国家和社会事务中发挥了重要作用，为促进我市两个文明建设做出了积极的贡献。

认真组织代表开展集中视察活动。根据省人大常委会办公厅关于在人代会前安排驻本地的全国、省人大代表开展集中视察活动的通知精神，市人大常委会一方面下发通知，要求各县（区）人大常委会在市十五届人大二次会议前组织驻本地的全国、省、市人大代表开展集中视察活动；另一方面组织了由常委会组成人员和驻市直的全国、省、市人大代表参加的集中视察活动，视察人员深入市、县有关企业和部分乡镇，实地了解全市工业企业生产经营和农业结构调整情况，并听取了市政府8个工作部门的汇报。代表们在讨论发言中，针对菏泽经济发展中存在的困难和问题，提出了许多建议和意见。全体代表在较短的时间内，初步了解了全市的政情、社情和民意，为出席全国、省和市人代会做了充分准备。

重视加强与县（区）、乡（镇）人大的工作联系。坚持邀请县（区）人大常委会主任（副主任）列席市人大常委会会议。针对市人大常委会成立后机构、人员调整的新情况，常委会各工作委员会分别召开了全市人大各项专门工作座谈会，常委

会分管领导到会讲话，加强沟通了解，并对新形势下人大工作的开展提出明确意见和要求。为确保今冬明春乡镇人大换届选举工作顺利进行，常委会举办了全市乡镇人大换届选举工作培训班，加强了对这项工作的指导。常委会领导经常深入县（区）、乡（镇）人大，调查研究、指导工作，加强联系和交流，促进人大工作开展。一年来，全市各县（区）人大常委会紧紧围绕党和国家工作大局，从本地实际出发，依法履行职权，积极开辟监督工作的新途径，认真开展执法检查、代表评议、述职评议、工作评议、个案监督等活动，保证了宪法和法律法规及上级人大决议、决定在本行政区域内的贯彻实施，在促进本地两个文明建设和推进民主法制建设工作中发挥了重要作用。

依法开展了人事任免工作。人事任免是市人大常委会的一项重要职权。借鉴外市任免工作经验，根据市人大常委会人事任免办法，严格履行法定程序，对拟任职人员进行任前考察和法律考试，在常委会会议上拟任职人员分别做了供职、述职报告，经过常委会组成人员无记名投票，决定了对市人大常委会各工作机构和“一府两院”被提请人员的任免，并为任职人员举行了庄重的颁发任命书仪式。一年来，常委会共任免干部396人，其中任命376人，批准任命1人，免职16人，批准辞职2人，批准撤职1人。

（四）搞好常委会自身建设，重视发挥各工作委员会的作用

适应形势发展的需要，加强常委会自身建设，提高全体人员的整体素质，是做好人大工作的基本保证。在市人大常委会第一次会议上，通过关于加强自身建设的决定，从坚持党的领导、加强理论和业务学习、坚持民主集中制原则、坚持群众路线、加强廉政建设和制度建设等方面提出了明确要求。一年来，常委会针对日益繁重的工作任务和组成人员中新成分较多的实际，始终把自身建设作为一项重要工作来抓。

首先，按照市委统一部署，深入开展了“三个代表”重要思想学习教育活动。组织机关全体人员集中学习了江泽民在建党80周年纪念大会上的讲话和党的十五届六中全会精神，学习了全国、省九届人大四次会议精神和中央及省委、市委的重要文件等，同时还进行了人大工作业务培训、举办了WTO知识讲座，观看了反腐倡廉及金融知识录像等，并组织了相关知识考试。通过学习和教育，提高了常委会组成人员和机关工作人员的思想理论水平和业务素质，增强了贯彻执行党的基本路线和基本纲领的自觉性。

其次，大力倡导调查研究，密切联系群众，促进作风转变。调查研究是搞好各项工作的基础，也是常委会理论联系实际，密切联系群众，集中民智，反映民意，求真务实的重要体现。一年来，常委会组成人员带领有关委室人员，围绕工业企业改革、预算监督、个案监督、水污染防治、畜牧业发展、少数民族经济发展、农村卫生立法、科技成果转化、老年人权益保障以及职业病防治、旅游业开发等方面的工作，开展了大量的调查研究。有些是配合省人大的立法调研活动，有些是为常委会的审议工作作准备，在掌握第一手资料的基础上，分别写出了有价值的调查报告、工作报告或有关文章、建议，为常委会各项工作的开展提供了可靠依据，增强了工作的主动性、针对性和实效性。

第三，常委会各工作委员会重视自身建设，充分发挥了职能作用。各工作委员会作为常委会的工作机构，在常委会的统一部署下，分别制定了工作细则和联系市直部门工作办法，相继召开了与市直有关部门联系工作座谈会。一年来，各工作委员会认真履行职责，围绕常委会的主要工作和会议议题，积极开展调查研究，认真筹备提交常委会会议的有关议案和事项，协助常委会搞好视察、执法检查和监督，做了

大量卓有成效的工作，为常委会依法行使职权发挥了应有的作用。

第四，抓好人大宣传和普法教育工作，增强了全社会民主法制意识。一年来，常委会通过召开全市人大宣传工作座谈会，积极参与省人大常委会组织的人大好新闻评选活动，并认真办好常委会机关内部刊物《菏泽人大》等项工作，推动了全市人大宣传工作的深入开展。常委会第五次会议上，通过菏泽市2001—2005年依法治市规划和“四五”普法规划，为民主法制建设和法律宣传与普及奠定了基础。一年来，常委会利用普法活动日、有关法律颁布纪念日等时机，组织有关部门，采取现场法律咨询、散发宣传材料、召开纪念会议、撰写报刊文章、发表电视讲话等形式，开展了对有关法律法规的宣传活动，起到了良好的宣传效应，普及了法律常识，提高了人民群众的法律意识。

市人大常委会成立的第一年，在市委的正确领导下，在“一府两院”的积极配合下，在全市人大代表和人民群众的监督支持下，在常委会组成人员和机关全体工作人员的共同努力下，取得了很大成绩，为新时期的人大工作开创了一个良好的局面。但是，应当看到，在常委会的工作开展中，还存在着一些问题和不足，主要是：常委会工作开展的力度不够大；针对全市经济和社会发展中存在的突出问题实施监督的刚性不够强；监督工作的途径、方式和方法还需要进一步探索和完善；常委会会议的审议质量有待进一步提高；视察、检查、调查研究工作需要进一步深入等。这些问题应当在今后的工作中认真加以解决。

二、今年工作的指导思想和主要任务

在新的一年里，常委会工作的指导思想是：坚持以邓小平理论为指导，按照“三个代表”重要思想的要求，全面贯彻党的十五大、十五届六中全会精神和依法治国的基本方略，在市委的领导下，紧紧围绕全市的中心工作，积极推进社会主义民主法制建设，进一步解放思想，开拓创新，更好地发挥地方国家权力机关的作用，保障和促进菏泽改革开放和现代化建设的顺利进行。

（一）加大监督工作力度，增强监督实效

监督工作是宪法、法律赋予人大及其常委会的重要职责。强化监督，注重实效既是形势发展的需要，也是人民群众的迫切要求。今年的监督工作重点有以下几个方面：

一是制定行使重大事项决定权的规范性文件，认真行使好重大事项决定权。地方人大常委会行使重大事项决定权，讨论决定本行政区域内的重大问题，能充分体现地方国家权力机关的根本特征。常委会将根据有关法律法规的规定，制定出讨论、决定重大事项的具体规定，对全市两个文明建设和民主法制建设中应当由市人大常委会讨论、决定的重大事项及时讨论、审议，作出决议、决定，并对“一府两院”实施决议、决定情况进行检查监督，以维护常委会作出的决议、决定的权威性、严肃性。

二是把保障法律法规的实施作为重点，强化法律监督。主要听取审议有关公司法、森林法、土地管理法、人口和计划生育法、归侨侨眷权益保护法、妇女权益保障法等项法律的执行情况的汇报；听取市中级人民法院、市人民检察院有关工作情况的汇报；听取市公安局关于严打整治情况、市民政局关于第七届村民委员会换届选举情况的汇报；并对农业法、城市规划法、工会法、药品管理法、税收征管法、宗教管理条例等法律法规实施情况开展执法检查。听取和审议有关汇报时要抓住主要问题，有针对性地提出意见和建议，并认真督促整改。在组织视察、执法检查时要深入实际、了解真实情况，力戒形式主义，坚持实行反馈制度，抓好跟踪检查监督，进一步提高执法检查工作的质量，增强监督工作实效。

三是围绕经济和社会发展中的热点、难点问题，加强工作监督。主要是听取审议国民经济计划、预算执行情况，预算外资金管理情况，加入世贸组织后扩大开放、招商引资情况以及经济发展环境的治理、社会保障体系的建立等方面工作情况的汇报。

上述各项工作有些将列入常委会的会议议题，有些将在常委会的统一安排下，由工作委员会组织开展。

四是制定关于对司法机关个案实施监督的暂行办法，抓好个案监督。常委会将依据法律法规和规范性文件的规定，从人民群众反映强烈的有关司法机关及其国家工作人员违法办理的案件中，选择几个典型案件实施监督，督促司法机关依法纠正，促进司法公正，维护法律的权威。

五是搞好对常委会任命的国家机关工作人员的述职评议和对有关职能部门的工作评议。评议是监督工作的重要形式之一。常委会将按照人事任免办法的规定和评议办法的具体程序，分期分批对由常委会任命的国家机关工作人员遵守和执行宪法、法律法规情况，贯彻落实人大及其常委会决议、决定情况，履行职责情况以及廉洁自律、勤政为民情况等进行评议，根据评议结果，优秀的给予表扬、肯定，存在问题的提出批评意见，对确定为不称职的按照法定程序免职。对属于垂直管理的行政职能部门，常委会也将分别对其进行工作评议，将评议结果公布于众并通报其上级主管部门。

（二）加强常委会同各级人大代表和人民群众的联系

为了保证常委会更好地行使各项职权，要坚持并完善联系代表制度，拓宽同人大代表和人民群众联系的途径，认真听取他们的意见、建议和要求。进一步改进代表所提议案的审议和代表建议、意见的办理工作，加强跟踪检查和督促，提高人大代表议案、建议办理的质量和效率。加强信访工作，及时、准确、全面地反映人大代表和人民群众的意见和呼声，维护人民群众的政治和经济权益。加强对乡镇人大换届选举和第七届村民委员会换届选举工作的检查指导；认真做好明年全国、省、市、县（区）四级人大换届选举应由市人大常委会承担的各项准备工作和有关服务工作；充分发扬民主，严格依法办事，切实保障人大代表和人民群众的民主权利。

（三）重视和加强人大宣传工作，增强全社会的民主法制意识

要进一步加强对人大宣传和研究工作的领导，开好全市人大宣传工作会议，加强通讯员队伍建设，完善新闻宣传奖励制度，办好常委会内部刊物《菏泽人大》。加强对人大代表先进事迹的宣传，充分调动代表执行职务的主动性、积极性，发挥代表在两个文明建设中的模范作用。推动“四五”普法工作深入开展，搞好新宪法颁布20周年及代表法颁布10周年纪念活动。加大对人民代表大会制度、人大工作和社会主义民主法制建设的宣传力度，积极探索做好人大工作的有效形式和方法。

（四）进一步加强常委会自身建设，努力提高履行职责的水平

要继续努力学习邓小平理论和“三个代表”重要思想，学习贯彻党的路线、方针、政策，学习人大业务知识、法律知识、经济知识和科技知识，进一步提高常委会组成人员的整体素质。要围绕常委会视察、检查和审议的各项议题，搞好调查研究，有针对性地学习相关法律、规定和办法，增强工作的针对性和实效性。要进一步加强人大机关的思想、组织、作风和制度建设，培养和造就高素质的人大干部队伍，提高办事效率和办事质量，更好地为常委会依法履行职权提供优质高效的服务。

各位代表，新春伊始，中国的改革和发展呈现出勃勃生机，时代赋予我们的任务也更加繁重和艰巨。让我们在中共菏泽市委的领导下，高举邓小平理论伟大旗帜，按照“三个代表”重要思

想的要求，进一步解放思想，团结奋斗，与时俱进，为坚持和完善人民代表大会制度，加强社会主义民主与法治建设，为保障和促进全市的改革、发展和稳定做出新的更大贡献，以优异的成绩迎接党的十六大胜利召开！

第二节　第十六届人大历次会议常委会工作报告

菏泽市人大常委会工作报告

——2003 年 2 月 19 日在菏泽市第十六届人民代表大会第一次会议上

菏泽市人大常委会副主任　阎世海

各位代表：

我受李明先主任委托，代表市人大常委会向大会报告市十五届人大一次会议以来的主要工作，请予审议。

2001 年初，菏泽市第十五届人民代表大会第一次会议召开，选举产生了菏泽市第十五届人民代表大会常务委员会。两年来，市人大常委会在市委的领导下，以邓小平理论和党的十五大、十六大精神为指导，认真贯彻落实“三个代表”重要思想，紧紧围绕实现全市改革开放和经济建设的奋斗目标，积极履行宪法和法律赋予的各项职权，解放思想，开拓进取，在依法搞好监督、发挥代表作用、加强常委会自身建设等方面做了大量卓有成效的工作，为保障和促进全市经济发展和社会全面进步做出了积极的贡献。

一、围绕坚持和完善人民代表大会制度，开创人大工作新局面

菏泽市人民代表大会及其常委会的成立，成为我市人大工作历史进程中新的里程碑。为适应形势发展的要求，市人大常委会利用多种途径和形式，组织常委会组成人员进行政治、业务和法律学习，明确了新形势下人大工作的任务和目标，认识到做好新形势下的人大工作，必须以邓小平理论和“三个代表”重要思想为指导，在市委的正确领导下，认真履行宪法和法律赋予的职权，大力加强社会主义民主与法律建设，自觉服从和服务于经济建设和改革开放的大局。通过卓有成效的工作，来保障和促进全市物质文明、政治文明和精神文明建设的顺利进行。

提高全社会对人民代表大会制度的认识，为人大工作的顺利开展创造良好的环境，是做好新诞生的市人大常委会工作的前提条件。为此，常委会成立之初，专门组织撰写了一些介绍人民代表大会制度，宣传地方人大及其常委会的性质、地位和作用的文章，在大众媒体上进行连续宣传，广造舆论；并邀请全国人大常委会研究室的领导为市人大常委会和机关全体工作人员作辅导报告。通过学习、宣传人民代表大会制度理论和宪法及有关法律，提高了全社会的人大意识和民主法制意识，增强了常委会组成人员履行法定职权、做好人大工作的信心和决心，增强了代表人民管理好国家事务和社会事务的责任感和使命感。

为确保市人大常委会的工作依法有序开展，市人大常委会分别在第一次、第三次和第八次会议上制定和出台了《菏泽市人大常委会议事规则》《菏泽市人大常委会人事任免办法》《菏泽市人大常委会联系代表办法》《菏泽市人大常委会关于办理市人大建议、批评和意见的办法》《菏泽市人大常委会评议工作办法》《菏泽市人大常委会关于对司法机关个案监督的暂行办法》等一系列规范性文件，对常委会主要工作的内容、范围、步骤、程序和办法等进行了明确界定，从而为各项工作的顺利开展打下了良好的基础。

市人民代表大会及其常委会是一级地方国家权力机关，如何充分发挥地方国家权力机关的作用，常委会在成立后进行了不懈的探索和努力。在总结原地区人大工委工作和借鉴外市人大工作经验的基础上，常委会提出并认真坚持了以下几条工作原则：一是坚持依靠党的领导，善于把党的主张和意图经过法定程序变为国家意志，坚持主要工作和重大问题向市委请示报告，自觉把人大工作置于党的领导之下。二是坚持以经济建设为中心，根据全市改革、发展、稳定大局的需要，开展工作监督和法律监督，积极为改革开放和经济建设创造良好的法制环境和社会环境。三是坚持把加强社会主义民主法制建设作为根本任务，充分发挥民主，严格依法办事，依法行使职权，维护人民群众的切身利益，处理好监督与被监督的关系，推进依法治市进程。四是坚持群众路线，加强同人大代表和人民群众的联系，深入基层、深入实际，调查研究，认真听取群众的意见和要求，自觉接受群众的监督，全心全意为人民服务。这些原则的实行，对常委会工作的深入开展，起了重要的指导和促进作用。

二、围绕全市经济和社会发展的中心任务，积极开展监督工作

监督权是宪法和法律赋予人大常委会的一项重要职权。为督促市政府和法检两院依法行政和公正司法，常委会及其各工作委员会切实加强了监督工作。常委会成立后，按照法定程序先后召开了16次常委会会议，开展了21次对有关法律法规执行情况和部门工作开展情况的视察与执法检查，听取了26个部门的工作汇报，作出了16项决议、决定。

围绕改革、发展中的重大问题开展监督。为落实“十五”计划，促进全市国民经济和各项社会事业的发展，市人大常委会及其各工作委员会从全市改革、发展、稳定的大局出发，分别针对工业企业改革、农业结构调整、科技进步、城市建设、水污染防治、防汛、交通、公路、电业、邮政、电信等方面的工作进行了视察和检查，同时还分别听取审议了农业、教育、财政、工商、环境保护、社会治安、劳动和社会保障、民族宗教、外经外贸、民营经济、巨野煤田综合开发等方面的工作汇报。在视察检查和听取汇报过程中，针对存在的问题提出了一些建设性意见和建议，督促、支持市政府及有关部门切实改进工作。在市人大常委会第六次会议上，常委会组成人员对全市经济发展环境问题提出许多针对性较强的建议、批评和意见，引起市委、市政府的高度重视，2002年初即专门召开了全市治理经济发展环境会议，并出台了治理经济发展环境的具体意见。常委会第九次会议专门听取了市政府治理和优化经济发展环境工作情况的汇报，并针对存在的问题进一步提出了改进工作的意见和建议，对促进全市经济和各项社会事业的健康发展起到了重要作用。

围绕国民经济计划和预算执行情况进行监督。为落实市十五届人大一次会议关于“十五”计划的决议，常委会第四次会议和第十次会议分别听取并审议了菏泽市本年度上半年国民经济计划和预算执行情况的报告，审议了关于菏泽市年度本级预算执行和其他财政收支情况的审计工作报告。常委会组成人员在审议时，充分肯定了全市经济发展和财政工作所取得的成绩，指出了当前经济和社会发展中存在的突出问题，建议和要求市政府切实正视和克服经济工作中的困难，进一步解放思想，转变职能，遵循市场经济规律，加大宏观调控力度，确保全市国民经济计划和预算目标的实现。

围绕有关法律法规的贯彻实施情况开展监督。市人大常委会成立两年来，常委会和所属各工作委员会分别就村民委员会组织法、工会法、消防法、科技进步法、防洪法、农业法、食品卫生法、药品管理法、种子法、山东省文化市场管理条例等法律法规在我市的贯彻实施情况进行执法检查。在执法检查中，有关人员深入基层，深入群众，了解情况，发现问题，提出建议，写出报告，及时反馈，促使有关问题的解决，有力地促进了法律法规在我市的深入贯彻执行。同时，为保障公正司法，常委会还听取了关于《山东省司法工作人员违法办案责任追究条例》贯彻执行情况的汇报，以及市中级人民法院关于执行工作情况的汇报、市人民检察院关于查办职务犯罪情况的汇报。在审议中，与会人员在充分肯定成绩的同时，实事求是地指出了司法工作中存在的突出问题，并提出了有针对性的意见和建议，要求司法机关切实搞好队伍教育整顿，提高执法人员的政治业务素质，自觉接受人大和人民群众的监督，坚持公正司法。

围绕人民群众反映的热点、难点问题，注重和加强了人大信访工作。办理人民群众的来信来访，是常委会监督执法、司法部门依法行政、公正司法和为群众排忧解难的重要途径。两年来，共接待和办理群众来信来访 1200 件次，召开案例分析会 10 次，承办省人大交办的来信 12 件，均认真予以办结。在接待、办理信访案件中，常委会有关工作委员会发现我市刑事案件超期羁押问题比较突出，即作为专门问题，协调有关部门，督促问题的解决，促进了刑事诉讼法的正确贯彻实施。通过信访工作，督促司法机关和行政执法部门查处和纠正了一些违法案件，切实保护了人民群众的合法权益，维护了宪法和法律的尊严。

三、强化代表工作，进一步密切与县区、乡镇人大的联系

做好代表工作，是发挥地方国家权力机关职能作用的基础和保证。常委会通过建立各项制度加强同代表的联系，为代表执行职务搞好服务。一是建立了常委会组成人员分工联系代表制度，每年都利用走访、慰问、召开座谈会等方式，与驻我市的全国、省人大代表和市人大代表普遍进行了联系，听取代表的意见和要求。二是坚持邀请有关代表列席常委会会议制度，认真听取他们对有关工作的意见和建议。三是为便于代表的视察活动，对全市人大代表进行了分组，下发活动通知，提出活动的建议和要求。各代表小组任务明确，积极主动地开展了各种活动。四是为驻我市的全国、省人大代表和市人大代表订阅报刊资料，及时向代表转发有关信息，通报人大工作情况，为代表行使职权、履行义务、发挥代表作用提供良好的服务。

重视做好代表议案和建议的办理工作。审议和办理代表提出的议案和建议，是尊重代表民主权利、发挥代表作用的一项重要工作。在市十五届人大一次会议和二次会议上，代表共提出建议、批评和意见 195 件。常委会有关办事机构会后及时制作了代表建议登记表、代表建议反馈意见表，对人代会上代表提出的建议及时进行分类整理，并召开代表建议办理会议，提出了办理工作的明确要求。市政府和“两院”认真对待代表建议，逐件予以详细答复，积极落实各项改进措施。2002 年 1 月，市人大常委会召开“办理人大代表建议、批评和意见表彰会”，对办理认真、积极改进工作的市直有关部门进行了表彰，取得了很好的效果。两年来，驻菏全国、省人大代表和市人大代表，以高度的责任感和使命感，依法执行代表职务，认真履行代表职责，积极反映群众的呼声和要求，在密切党同人民群众的联系、管理国家和社会事务中发挥了重要作用，为促进我市两个文明建设做出了积极的贡献。

认真组织代表开展集中视察活动。根据省人大常委会办公厅关于在人代会前安排驻本地的全国、省人大代表开展集中视察活动的通知精神，2001 年底，市人大常委会组织了由常委会组成人员和驻市直的全国、省、市人大代表参加的大规模的集中视察活动。视察人员深入市、县有关企业和部分乡镇，实地了解全市工业企业生产经营和农业结构调整情况，并听取了市政府有关部门的汇报。代表们在讨论发言中，针对菏泽经济发展中存在的困难和问题，提出了许多建议和意见。全体代表在较短的时间内，初步了解了全市的政情、社情和民意，为出席全国、省和市人代会作了充分准备。

重视加强与县区、乡镇人大的工作联系。坚持邀请县区人大常委会主任列席市人大常委会会议。常委会各工作委员会每年都召开全市人大专门工作座谈会，常委会分管领导到会讲话，加强沟通了解，并对新形势下人大工作的开展提出明确意见和要求。为确保2002年春乡镇人大换届选举工作顺利进行，常委会举办了全市乡镇人大换届选举工作培训班，加强了对这项工作的指导。常委会领导经常深入县区、乡镇人大，调查研究、指导工作，加强联系和交流，促进了人大工作的开展。两年来，全市各县区人大常委会紧紧围绕党和国家工作大局，从本地实际出发，依法履行职权，积极开辟监督工作的新途径，认真开展执法检查、代表评议、述职评议、工作评议、个案监督等活动，保证了宪法和法律法规及上级人大决议、决定在本行政区域内的贯彻实施，在促进本地两个文明建设和推进民主法制建设工作中发挥了重要作用，也为市人大常委会工作的开展提供了许多好的经验和有力支持。

依法开展了人事任免工作。人事任免是市人大常委会的一项重要职权。根据市人大常委会人事任免办法，严格履行法定程序，对拟任职人员进行任前考察和法律考试，在常委会会议上拟任职人员分别做了供职、述职报告，经过常委会组成人员无记名投票，决定了对市人大常委会各工作机构和“一府两院”被提请人员的任免，并为任职人员举行了庄重的颁发任命书仪式。常委会成立以来，依法任免地方国家机关工作人员335人次，其中决定任免市人大常委会机关工作人员25人次，决定任免市政府组成人员50人次，接受辞职6人，并决定任命了市政府代理市长、市中级人民法院代院长、市检察院代检察长，同时任免法检两院审判、检察人员248人次，批准任免县区人民检察院检察长5人次，批准撤销县法院院长职务1人。此外，还补选了省九届人大代表3名。

四、加强常委会自身建设，重视发挥各工作委员会的作用

加强常委会自身建设，提高全体人员的整体素质，是做好人大工作的基本保证。在市人大常委会第一次会议上，通过关于加强自身建设的决定，从坚持党的领导、加强理论和业务学习、坚持民主集中制原则、坚持群众路线、加强廉政建设和制度建设等方面提出了明确要求。两年来，常委会针对日益繁重的工作任务和形势发展的要求，始终把自身建设作为一项重要工作来抓。

首先，按照市委统一部署，深入开展了“三个代表”重要思想学习教育活动。组织机关全体人员集中学习了江泽民在建党80周年纪念大会上的讲话和“5·31”讲话，学习了全国、省九届人大四次和五次会议精神。通过收看电视、集中学习、举办讲座、分组讨论等形式，组织机关全体人员认真学习了党的十六大报告和决议。同时还进行了人大工作业务培训、举办了WTO知识讲座，观看了反腐倡廉及金融知识录像等，并组织了相关知识考试。通过学习和教育，提高了常委会组成人员和机关工作人员的思想理论水平和业务工作能力，增强了贯彻执行党的基本路线和基本纲领的自觉性、主动性和创造性。

其次，大力倡导调查研究，密切联系群众，促进作风转变。调查研究是搞好各项工作的基础，也是常委会理论联系实际，密切联系群众，集中民智，反映民意，求真务实的重要体现。两年来，常委会组成人员带领有关委室人员，围绕工业企业改革、农业高科技产业发展、预算监督、水污染治理、畜牧业发展、少数民族经济发展、农村卫生立法、村委会换届、科技成果转化、老年人权益保障以及职业病防治、旅游业开发等方面的工作，开展了大量的调查研究。在掌握第一手资料的基础上，分别写出了有价值的调查报告、工作报告或有关文章、建议，为常委会各项工作的开展提供了可靠依据，增强了工作的主动性、针对性和实效性。

第三，常委会各工作委员会重视自身建设，充分发挥了职能作用。各工作委员会作为常委会的工作机构，在常委会的统一部署下，分别制定了工作细则和联系市直部门工作办法，每年都召开与市直有关部门联系工作座谈会和全市人大专门工作座谈会。两年来，各工作委员会认真履行职责，围绕常委会的主要工作和会议议题，积极开展调查研究，认真筹备提交常委会会议的有关议案和事项，协助常委会搞好视察、执法检查和监督，做了大量工作，为常委会依法行使职权发挥了应有的作用。

第四，抓好人大宣传和普法教育工作，增强了全社会民主法制意识。常委会通过每年召开一次全市人大宣传工作座谈会，积极参与省人大常委会组织的人大好新闻评选活动，并认真办好常委会机关内部刊物《菏泽人大》等项工作，推动了全市人大宣传工作的深入开展。常委会第五次会议上，通过菏泽市 2001—2005 年依法治市规划和“四五”普法规划，为民主法制建设和法律宣传与普及奠定了基础。两年来，常委会利用普法活动日、有关法律颁布纪念日等时机，组织有关部门，采取开展路游活动、现场法律咨询、散发宣传材料、召开纪念会议、撰写报刊文章、发表电视讲话等形式，开展了对有关法律法规的宣传活动，在社会上起到了良好的宣传效应，普及了法律常识，提高了人民群众的法制观念和法律意识。

总之，市人大常委会成立两年来，在市委的正确领导下，在“一府两院”的积极配合下，在全市人大代表和人民群众的监督支持下，在常委会组成人员和机关全体工作人员的共同努力下，取得了很大成绩，为新时期的人大工作开创了一个良好的局面，为今后人大工作的进一步开展打下了很好的基础。但是，应当看到，在常委会的工作开展中，还存在着一些问题和不足，主要表现在：对全市经济和社会发展中存在的突出问题实施监督的刚性不够强；监督工作的途径、方式和方法还需要进一步探索和完善；法律监督和工作监督的反馈制度不健全；常委会会议的审议质量有待进一步提高；视察、检查、调查研究工作需要进一步深入等。这些问题应当在今后的人大工作中认真加以研究和解决。

各位代表，在过去的两年中，市十五届人大常委会的工作取得了很大进展，顺利完成了自己的历史使命。这次换届正值党的十六大召开之后，下一届常委会面临着新的形势和更为艰巨的任务。党的十六大报告提出：“发展社会主义民主、建设社会主义政治文明，是全面建设小康社会的重要目标。”同时指出：“坚持和完善人民代表大会制度，保证人民代表大会及其常委会依法履行职权，保证立法和决策更好地体现人民的意志，优化人大常委会组成人员结构”等。这就对新时期的人大工作和人大常委会自身建设提出了更高的要求。我们建议：要继续坚持以邓小平理论和“三个代表”重要思想为指导，深入贯彻党的十六大精神，坚持和完善人民代表大会制度，加强社会主义政治文明和法制建设，认真履行宪法和法律赋予的各项职权，强化法律监督和工作监督，依法行使好人事任免权和重大事项决定权，密切同代表和人民群众的联系，保障代表依法执行职务。同时，切实加强常委会自身建设，树立人大工作权威，不断开创人大工作新局面。我们相信，新的一届市人民代表大会及其常委会，将在市委的领导下，进一步解放思想，振奋精神，与时俱进，开拓创新，不断把人大工作推向新的更高水平！

菏泽市人大常委会工作报告

——2004年2月1日在菏泽市第十六届人民代表大会第二次会议上

菏泽市人大常委会第一副主任　王祖和

各位代表：

我受陈光主任委托，代表市人大常委会向大会报告一年来的工作，请予审议。

换届以来，市人大常委会在中共菏泽市委的领导下，以党的十六大和十六届三中全会精神为指导，认真实践“三个代表”重要思想，积极贯彻落实中央、省、市委重要会议精神，紧紧围绕加快菏泽发展这个中心任务，切实履行宪法和法律赋予的职权，依靠全体代表和全市人民，卓有成效地推进各项工作，充分发挥了地方国家权力机关的职能作用。

一、坚持党的领导，以“三个代表”重要思想统领人大工作

过去的一年，是本届人大常委会任期的第一年，也是贯彻落实党的十六大精神，全面建设小康社会的开局之年。换届以来，常委会把坚持和依靠党的领导，认真学习贯彻中央和省、市委一系列会议精神作为首要任务来抓，始终坚持以“三个代表”重要思想统领人大工作。认真学习贯彻胡锦涛总书记“七一”和视察菏泽时的重要讲话、党的十六届三中全会精神，省委八届五次全会、市委十届二次全委会、省、市委工作会议和张高丽书记在菏泽辅导学习“三个代表”重要思想的讲话精神，作出了《中共菏泽市人大常委会党组学习贯彻中共菏泽市十二届二次全委会和市委工作会议精神的意见》，向市委写出了《关于落实胡锦涛总书记重要讲话精神，进一步做好人大工作意见的报告》《关于落实张高丽同志讲话精神的报告》。深入开展了“解放思想，干事创业大讨论”和学习实践“三个代表”重要思想新高潮活动。常委会组成人员统一了思想，提高了认识，明确了坚持和依靠党的领导，以“三个代表”重要思想为统帅，紧紧围绕党委中心工作，切实履行宪法和法律赋予的职权，努力加强社会主义民主法制建设，保障和促进全市物质文明、政治文明和精神文明建设健康协调发展的思路。一年来，常委会在工作中，始终坚持解放思想、实事求是、与时俱进，积极探索新时期人大工作的新途径、新形式；坚持做到权为民所用、情为民所系、利为民所谋，倾听群众呼声、反映群众意见、集中群众智慧，全心全意地为广大人民群众服务；坚持以经济建设为中心，始终把发展作为第一要务，认真行使宪法和法律赋予的各项职权，通过坚持不懈地努力和探索，有效地保证和促进了常委会各项工作的顺利开展。

二、围绕菏泽改革、发展、稳定的大局，积极行使各项职权

换届以来，常委会先后召开8次会议，作出了6项决议、决定，开展了5次执法检查活动，听取了22个部门的工作汇报。

依法行使好重大事项决定权。审查批准市级财政决算，是常委会行使决定权的重要体现。常委会听取审议了市政府关于菏泽市2002年度财政决算的报告，对市财政工作所取得的成绩给予肯定，并要求市政府及其有关部门，进一步深化财政体制改革，提高依法理财水平，强化预算外资金和专项资金管理，严肃财经纪律，加大审计监督力度，切实发挥好财政的宏观调控作用。经过审议讨论，作出了《关于批准菏泽市2002年市级财政决算的决议》。

对市直机关和事业单位国有资产由市政府授权机关统一管理和运营，是我市国有资产管理体制改革的重大举措。常委会听取了市政府关于加强市直机关和事业单位国有资产管理和运营实施意见的报告。认为改革国有资产管理和运营体制，有利于优化资产结构，盘活资产存量，防止资产流失，纠正行业不正之风，充分调动广大干部职工的积极性。经过审议，通过《关于菏泽市人民政府〈关于加强市直行政事业单位国有资产管理和运营的意见〉的决议》，要求市政府制定实施办法，精心组织实施，确保国有资产管理体制改革的顺利进行。

去年上半年发生的“非典”疫情，是一场突如其来的灾害，对人民群众的身体健康和生命安全造成了严重威胁。常委会及时听取了市政府关于全市防治“非典”工作情况的汇报,作出了《关于贯彻落实传染病防治法，加强非典型肺炎防治工作的决定》，要求市政府认真学习宣传传染病防治法，进一步增强法制观念，恪尽职守，群策群力，一手抓“非典”防治，一手抓经济建设。市政府根据上级统一部署，认真落实人大常委会的决定，把防治“非典”作为紧迫任务来抓，带领全市人民打了一场漂亮的攻坚战，取得了抗击“非典”和经济建设的双胜利。

积极开展监督工作。计划、预算监督是人大工作监督的一个重要方面。常委会听取了市政府关于2002年度市本级预算执行和其他财政收支的审计工作报告，以及2003年全市上半年计划和预算执行情况的报告。充分肯定了我市经济发展和财政、审计工作所取得的成绩，指出了当前菏泽经济和社会发展中存在的突出问题，建议市政府及其有关部门，正视和克服经济工作中的困难，认真解决审计中发现的问题，进一步解放思想，转变作风，搞好政府工作提速，加大改革力度，采取得力措施，确保全年国民经济计划和预算目标的实现。

环境保护是一项基本国策，也是经济社会发展中的重大问题。常委会配合省人大环保执法检查组，对地处南水北调重要地段的我市水污染防治工作情况进行了检查，对在检查中发现的个别企业偷排偷放污水事件进行了处理。组织协调有关部门，开展了规模宏大的2003年“菏泽环保世纪行”活动和以“碧水工程”为主题的宣传教育活动，增强了全民环保意识，发挥了很好的舆论监督作用，督促政府加快了对保护环境方面热点、难点问题的解决。

黄河、内河、城市防汛工作事关人民群众生命财产安全和经济社会发展的大局。去年汛期到来之前，常委会组织部分组成人员对《中华人民共和国防洪法》贯彻实施情况进行了视察。视察人员针对我市防汛工作中存在的薄弱环节，提出了许多切实可行的意见，促进了政府有关工作的改进和提高，为下半年我市抗洪抢险工作取得重大胜利打下了良好的基础。

村民委员会换届选举工作是基层民主政治建设的一件大事，直接关系着全市农村经济的发展和社会的稳定。常委会组织6个调查组，分别深入到6个县区的60个行政村进行了实地调查，掌握了大量第一手材料，听取了市政府关于贯彻实施《中华人民共和国村民委员会组织法》情况的汇报。常委会组成人员根据调查中发现的突出问题，提出了许多有针对性的意见和建议，有力地推动了市政府及其职能部门有关工作的改进和加强，促进了《中华人民共和国村民委员会组织法》的深入贯彻实施。

在对司法工作的监督中，听取了市人民检察院关于查办预防渎职犯罪工作的汇报，并从强化预防教育、加大打击渎职犯罪力度、提高执法队伍素质、提高执法水平和办案质量等方面提出了意见和建议。办理群众来信来访，是常委会监督执法、司法部门依法行政、公正司法和为群众排忧解难的重要途径。换届以来，共受理人民群众来信来访765件次，承办省人大常委会交办和协助省人大有关专门委员会调查案件8件，完成市委和有关领导批办案件11件，均认真予以办理和办结，切实保护了人民群众的合法权益，维护了宪法和法律的尊严。

换届以来，常委会还先后对《中华人民共和国药品管理法》《中华人民共和国森林法》等执行情况进行了视察，听取了市政府关于《中华人民共和国劳动法》《中华人民共和国土地管理法》《中华人民共和国科技进步法》贯彻执行情况和关于畜牧产业化以及侨务、旅游等项工作情况的汇报，并分别提出了审议意见。

认真开展了人事任免工作。人事任免权是人大常委会的一项重要职权。为确保这项工作的科学性、权威性和可操作性，常委会对《菏泽市人民代表大会常务委员会人事任免办法》进行了修改。换届以来，常委会严格按照法定程序，依法任免了市人大常委会机关及“一府两院”工作人员 197 名，其中任命常委会机关工作人员 19 名，决定任命市政府组成人员 33 名，任免法检两院审判、检察人员 136 名，批准任命县区人民检察院检察长 9 名。

重视加强代表工作。人大代表是人民代表大会的主体。做好代表工作，是发挥地方国家权力机关职能作用的基础和保证。换届之后，常委会针对新代表成分较多的实际，举办了市人大代表培训班。通过培训，大家进一步提高了对人民代表大会制度的性质、地位和作用的认识，明确了人大代表的权利、义务和履行职责的方式途径，增强了责任感和使命感，为依法执行代表职务奠定了良好的基础。

组织代表开展评议工作，是发挥代表作用，加强对“一府两院”监督的有效途径。为了做好这项工作，常委会通过《关于组织人大代表对政府部分职能部门进行评议的决定》。去年下半年，常委会组织 300 名驻菏泽的全国、省人大代表和市人大代表，对市公安局、市交通局、市工商局三个部门的工作进行评议。参评代表分成 10 个调查组，分赴市直和九县区进行调查走访，在开展群众性民主测评和充分调查研究的基础上，对“三个部门”贯彻执行党的路线、方针、政策和市人大及其常委会决议情况，依法行政、廉政建设情况，尤其是如何为加快菏泽发展优化环境、搞好服务等情况进行评议发言。经过无记名投票，市工商局被评为信任单位，市交通局、市公安局被评为基本信任单位。这次代表评议活动，有力地促进了政府职能部门依法行政的自觉性，切实提高了工作效率和执法水平，进一步优化了菏泽经济社会发展环境，赢得了广大干部群众的广泛赞誉，取得了良好的社会效果。

组织代表开展集中视察活动是人代会召开前的一项重要工作。去年底，常委会组织了由驻市直的全国、省、市人大代表参加的较大规模的集中视察活动，视察人员深入鄄城、郓城、曹县、东明和菏泽城区，实地视察了民营企业发展、抗洪救灾和城市规划建设等方面的工作情况，听取了市政府关于全市经济社会发展情况的汇报。通过视察活动，代表们进一步了解了市政府今年的工作情况及社情和民意，为出席全国和省、市人代会，审议好各项议题作了充分准备。

审议和办理代表提出的议案和建议，是尊重代表民主权利，发挥代表作用的一项重要工作。在市十六届人大一次会议上，代表共提出建议、批评和意见 94 件。按照常委会要求，有关部门均按照法定期限予以办理、答复完毕，满意率达到 97%。

常委会还重视加强与代表的联系，注重为代表执行职务搞好服务。换届后，常委会健全了组成人员分工联系代表制度，采取走访、慰问和召开座谈会等方式，听取代表的意见和建议。坚持邀请有关代表列席常委会会议制度，主动为各级人大代表订阅报刊资料，及时向代表通报人大信息和人大工作情况，为代表履行职责创造了便利条件。

换届以来，我市各级人大代表，以高度的责任感和使命感，依法执行代表职务，认真履行代表职责，积极反映人民群众的呼声和要求，在密切党和政府与人民群众的联系，参与管理国家和社会事务，以及在各自岗位上带领广大干部群众争先创优、建功立业中发挥了重要作用，为保障和促进我市“三个文明”建设健康协调发展做出了积极的贡献。

三、高度重视常委会自身建设，切实提高履行职责的能力和水平

加强常委会自身建设，提高全体人员的整体素质，是做好人大工作的基本保证。常委会通过关于进一步加强自身建设的决定，从坚持党的领导、注重自身学习、充分发扬民主、严格依法办事、密切联系群众、加强廉政建设、提高工作效率等方面提出了明确要求。换届以来，注重加强了机关思想、作风、组织、制度建设，开展了机关整顿活动，增强了机关全体人员做好人大工作的使命感和责任感，机关面貌有了明显好转。坚持学习制度，采取集中学习、观看录像、座谈讨论、举办讲座等灵活多样的方式，重点学习了政治理论、方针政策、宪法、法律、人大业务知识等。通过学习和教育，提高了常委会组成人员和机关工作人员的政治理论水平和业务工作能力。大力倡导调查研究，促进作风转变。换届以来，常委会紧紧围绕市委中心工作和人大工作的开展，深入实际，调查研究，写出了 9 篇有情况有分析有建议的调查报告，为党委决策提供了依据，也增强了人大工作的针对性和实效性。认真落实党风廉政建设责任制，注重党纪党规和廉政建设各项规定的学习教育，增强了领导干部廉洁自律意识，提高了拒腐防变能力。加强了制度建设，进一步完善了市人大常委会机关各项规章制度，狠抓了落实，使机关各项工作步入了制度化、规范化轨道。重视加强了人大干部队伍建设。换届以来，提拔交流了 7 名县级领导干部，新进 5 名年轻干部，增添了机关的生机和活力，调动了机关工作人员的积极性、主动性和创造性。

注重加强和改进人大宣传工作。换届以来，利用普法活动日、有关法律法规颁布纪念日等时机，组织有关部门，采取开展路游活动、散发宣传材料、现场法律咨询、召开座谈会、发表电视讲话等形式，开展对相关法律法规的宣传活动，在社会上起到了良好的宣传效应，提高了人民群众的法制观念和法律意识，为人大工作的开展创造了良好的法律氛围。积极组织全市人大系统参加全省人大优秀调研论文评选活动，及时组织稿件参加省人大常委会组织的宣传人大制度好新闻评选活动，在各级人大报刊上组织撰写有关文章，加强对人民代表大会制度、民主法制建设和代表先进事迹的宣传，提高了全社会的人大意识，树立了地方人大及其常委会的权威形象。积极组织协调新闻媒体参与人大及其常委会各类会议与活动的宣传报道，认真办好常委会机关内部刊物《菏泽人大》，制定了人大宣传报道工作奖励办法，有效地推动了全市人大宣传工作的深入开展。

去年我市遭受了百年不遇的洪涝灾害，常委会积极投入到全市抗洪抢险救灾工作中去。主任、副主任参加了市抗洪抢险指挥部，多次到现场检查指导工作。常委会机关踊跃为灾区群众捐献棉衣棉被，向灾区人民奉献了一片爱心。

一年来，新一届市人大常委会，在市委的坚强领导下，在全市人大代表和人民群众的监督支持下，经过常委会组成人员和机关全体工作人员的共同努力，各项工作取得了很大成绩，人大工作开创了新的局面。但是，由于我市撤地设市晚，人大及其常委会工作经验少，工作中还存在着一些问题和不足，主要表现在：常委会审议意见的落实存在薄弱环节；监督工作的途径和形式有待创新，监督质量和效果有待进一步提高；重大事项决定权的行使有待探索；视察、检查、调查研究等工作需要改进；常委会组成人员需要继续加强学习，进一步提高自身的政治素质和工作水平等。这些问题，应当在今后的人大工作中认真加以研究和解决。

各位代表，2004 年是我国人民代表大会成立 50 周年，也是实现“突破菏泽”，加快发展，全面建设小康社会目标的关键一年。做好今年的工作，意义重大。新的一年，常委会要以毛泽东思想、邓小平理论和“三个代表”重要思想为指导，全面贯彻落实党的十六大、十六届三中全会精神和胡锦涛总书记视察菏泽的讲话精神，在中共菏泽市委的领导下，坚持以经济建设为中心，始终把加快发展作为执政兴国的第一要务，围绕完善人民代表大会制度和推进社会主义民主法制建设重要任务，积极履行宪法和法律赋予的各项职权，进一步解放思想，实事求是，与时俱进，干事创业，为保障和促进全市经济和社会全面协调持续发展做出积极的贡献。按照这一指导思想，今年重点做好以下几方面的工作：

第一，依法行使好各项职权，不断开辟人大工作新途径。围绕党的中心任务，以不断创新的精神，创造性地开展人大工作。依法行使好重大事项决定权，对事关全市改革发展稳定大局的重大事项及时作出决议决定，切实把党委的意图和决策通过法律程序变为国家意志，变为人民群众的自觉行动。依法行使好监督权，为加快发展创造良好条件。本着突出重点、讲求实效和少而精的原则，积极开展视察、执法检查、听取汇报等活动，特别是对农业、农村、农民问题中事关农民切身利益的土地问题、农民负担问题、农业结构调整工作等，加强监督检查，切实实现好、维护好、发展好最广大人民群众的根本利益。逐步探索和运用法律赋予的询问、质询、特定问题调查、罢免等监督手段，不断提高监督效果和质量，切实增强人大监督工作的实效性和权威性。依法行使好人事任免权，营造鼓励干事创业的用人机制。要保证宪法和法律在我市的遵守和执行，为加快发展创造宽松的法制环境。

第二，不断提高代表素质，充分发挥代表作用。加强对代表的培训，努力提高代表素质，不断提高代表履行职务的能力和水平。继续探索代表闭会期间执行职务的新途径，进一步搞好代表评议工作，充分发挥代表在“三个文明”建设中的重要作用。继续做好代表建议、批评和意见的办理工作，提高办理质量和效率。坚持常委会组成人员分工联系代表制度，积极为代表执行职务创造条件，努力帮助解决代表反映的困难和问题，充分调动代表执行职务的主动性和积极性。

第三，进一步加大对人大制度和人大工作的宣传力度。以人民代表大会成立50周年为契机，认真组织好各类形式的纪念活动，大张旗鼓地宣传人民代表大会制度，宣传民主法制建设取得的重大成就。进一步拓宽宣传领域，采取多种形式，宣传人大工作取得的新成绩和新经验，宣传各级人大代表的先进事迹。要结合我市“四五”普法规划的实施，深入开展法制宣传教育，尤其要大力宣传新修订的宪法修正案，宣传和普及有关社会主义市场经济的法律知识，进一步增强广大干部群众的法律意识和法制观念，推进依法治市进程。

第四，加强常委会自身建设，努力提高工作效率和决策水平。切实抓好常委会组成人员的政治和业务学习，认真学习政治理论和党的路线方针政策，学习宪法法律和人大业务以及经济、科技、历史等知识，不断增强综合素质。继续加强作风建设，牢固树立党的观念、大局观念和群众观念，牢记“两个务必”，认真实践“三个代表”重要思想，深入实际，调查研究，了解民情，反映民意，切实做到为民、务实、清廉，扎扎实实为群众办实事、办好事。要认真贯彻民主集中制原则，坚持依法集体行使职权，逐步完善各项工作规程，努力提高工作效率和工作水平。继续加强常委会机关工作人员的思想、组织、作风和纪律建设，大力培养和造就高素质的人大干部队伍，为人大及其常委会依法行使职权提供坚实的组织保证。

各位代表，在新的历史时期，抓住机遇，干事创业，加快发展，是全市人民的殷切期望，也是我们的神圣职责。让我们在中共菏泽市委的领导和支持下，进一步解放思想，振奋精神，与时俱进，开拓创新，充分发挥地方国家权力机关的职能作用，为我市全面、协调、可持续快速发展做出新的更大贡献！

菏泽市人大常委会工作报告

——2005 年 1 月 28 日在菏泽市第十六届人民代表大会第三次会议上

菏泽市人大常委会第一副主任　王祖和

各位代表：

我受陈光主任委托，代表市人大常委会向大会报告一年来的工作，请予审议。

过去的一年，市人大常委会在市委的领导下，以党的十六大和十六届三中、四中全会精神为指导，认真实践“三个代表”重要思想，落实科学发展观，紧紧围绕“突破菏泽”、加快发展这个中心任务，切实履行宪法和法律赋予的各项职权，依靠全体代表和全市人民，卓有成效地推进各项工作，充分发挥了地方国家权力机关的职能作用。

一、围绕大局，依法行使好重大事项决定权

去年以来，市人大常委会围绕改革、发展、稳定的工作大局，为落实科学发展观，保障经济和社会的全面、协调、可持续发展，动脑筋，出思路，对事关我市“三个文明”建设的大事要事，及时依法行使重大事项决定权。去年市人大常委会先后作出了 8 项决议、决定，有力地促进了全市经济和社会事业的发展。

审查批准市级财政决算，是常委会行使决定权的重要体现。常委会听取审议了市政府关于菏泽市 2003 年度财政决算的报告，对财政工作所取得的成绩给予肯定，并要求市政府及其有关部门，进一步深化财政体制改革，提高依法理财水平，强化预算外资金和专项资金管理，严肃财经纪律，加大审计监督力度，切实发挥好财政的宏观调控作用。经过审议讨论，作出了《关于批准菏泽市 2003 年市级财政决算的决议》。为加强对市级预算的监督管理，常委会在深入调查研究和反复论证的基础上，研究制定并审议通过《菏泽市市级预算审批监督办法》，进一步规范预算行为，使市级预算更好地发挥促进经济和社会事业发展的作用。

防治高致病性禽流感，是关系经济发展和人民群众身体健康的一件大事。去年初，常委会及时听取并审议了市政府关于防治高致病性禽流感工作情况的汇报，作出了《关于加强高致病性禽流感防治工作的决议》，要求市政府及其有关部门加大动物防疫法宣传力度，落实各项防疫措施，研究和建立畜牧防疫工作的长效机制，一手抓疫情防治，一手抓经济建设。市政府认真落实人大常委会的决议，切实加强组织领导，正确把握舆论导向，狠抓防治措施落实，做了大量卓有成效的工作，确保了我市没有发生疫情。

去年，我市按照国务院和省政府的统一部署，开展了土地市场治理整顿。常委会听取了市政府关于治理整顿土地市场情况的汇报，经过审议，通过《关于贯彻土地管理法搞好土地市场清理整顿工作的决议》，要求市政府加大土地管理法律法规的宣传力度，落实耕地保护政策，建立和完善土地招标拍卖过程中的监督机制，继续深化土地市场秩序治理整顿，正确处理好经济发展和土地保护的关系，珍惜和合理利用每一寸土地。从运行情况看，我市土地市场秩序进一步规范，土地经营力度进一步加大，政府土地收益大幅度提高，治理整顿取得了显著效果。

“三农”问题是当前工作的重中之重，搞好土地承包是解决“三农”问题的基础。常委会听取了市政府关于贯彻农村土地承包法情况的汇报，作出了《关于贯彻〈中华人民共和国农村土地承包法〉及〈山东省实施中华人民共和国农村土地承包法办法〉的决议》，认为市政府对我市第二轮土地承包工作高度重视，态度积极，准备充分，政策把握准确，措施落实有力，取得了明显效果。同时要求有关部门采取有效形式，广泛学习宣传农村土地承包法，深入调查研究，制定相应配套措施，严格依法办事，认真做好第二轮土地承包完善工作，确保农村土地承包法的贯彻实施，维护和实现好广大农民的根本利益。

城市总体规划是调控经济社会协调发展、优化城市发展布局、加快城市化进程的重要手段。常委会对《菏泽市城市总体规划（2003—2020）》进行了认真审议，认为总体规划指导思想正确，区域定位准确，提出的城市性质、规模、城市发展方向和总体布局基本合理，符合我市实际，体现了以人为本，对我市发展必将起到良好的促进作用。在进一步修改的基础上，作出了《关于通过〈菏泽市城市总体规划（2003—2020）〉的决定》，并提出要建立规划实施的监督管理机制，切实防止城市建设的随意性，排除各种干扰，真正使城市总体规划发挥应有的作用。

授予荣誉称号是人大常委会行使决定权的形式之一。为在全市进一步推动解放思想、干事创业，促进“突破菏泽”战略的实施，常委会开展了评选“菏泽人民功臣”活动。在广泛征求人大代表和人民群众意见的基础上，经过层层推荐，由常委会组成人员无记名投票选出了两名“菏泽人民功臣”。通过评选活动，增强了全市干部群众的责任意识、创新意识和奉献意识，倡导和弘扬了树正气、鼓干劲、办实事的良好社会风尚。

二、突出重点，积极开展监督工作

常委会按照市委中心工作的要求，不断增强监督意识，拓宽监督渠道，加大监督力度，力求监督实效。去年以来，共召开9次常委会会议，进行了6次执法检查，开展了6次视察活动，听取了17个部门的工作汇报，针对15个专题开展了调研活动，人大监督工作取得了新的成效。

（一）突出发展第一要务，围绕中心抓监督。去年，常委会始终把促进经济发展作为监督的重点。一是加大了对“三农”工作的监督力度。专题听取了市政府“三农”工作汇报，开展农业法执法检查，积极围绕农村稳定、结构调整、农民增收和减负等开展视察、调研，督促有关部门不折不扣地落实各项政策，切实减轻农民负担，增加农民收入。二是加大了对民族经济发展的监督力度。听取并审议了市政府关于我市少数民族经济工作情况的汇报，为推动少数民族经济的快速健康发展提出了建议意见。三是加大了对贯彻科学技术进步法和科学技术普及法情况的监督力度。先后监督检查了科学技术进步法、科学技术普及法等项法律的贯彻落实情况，有针对性地提出意见和建议，督促有关部门认真研究落实，促进了经济发展。

（二）落实依法治国方略，围绕依法治市抓监督。经济和社会要健康有序发展，法治建设是保障。常委会把加强法律监督摆在重要位置，按照经济和社会各项事业的发展要求，有针对性地确立法律监督的重点，开创了依法治市的新局面。一是发挥人大监督在推动城市建设中的作用。加大对城市规划法执行情况和城市建设的监督力度，强调制定规划要在高起点、新特色、永久性上下功夫，执行规划要在严肃性、权威性、连续性上不动摇，基础设施建设要在绿化美化、污水处理、垃圾无害化上有新举措，促进了城市面貌的不断改善。二是发挥人大监督在环境保护工作中的作用。去年，配合省人大环保执法检查组，对地处南水北调重要地段的水污染防治工作情况进行了检查，督促市政府加快了对保护环境方面各个环节责任制的落实。三是发挥人大监督在维护公民合法权益中的作用。常委会监督检查了村民委员会组织法、监狱法等法律法规的执行情况，依法保障了公民的合法权益。村民委员会换届选举工作是基层民主政治建设的一件大事，直接关系着广大农村群众民主权利的依法行使。常委会先后组织6个调查组，深入到9县区24个乡镇51个行政村，对市政府贯彻落实村民委员会组织法和市人大常委会审议意见情况进行了检查，有针对性地提出了多项建议，为第八届村委会换届选举工作的顺利开展打下了良好基础，促进了村民委员会组织法的深入贯彻落实。

（三）一切从人民的利益出发，围绕热点问题抓监督。黄河、内河、城市防汛工作事关人民群众生命财产安全和经济社会发展的大局。去年汛期到来之前，常委会对防洪法实施情况进行了视察检查，针对全市防汛工作中存在的薄弱环节，提出了许多切实可行的建议意见，促进了政府有关职能部门工作的改进和提高。东明黄河滩区移民迁建工作事关群众切身利益，常委会视察后，要求相关部门深入做好群众的思想工作，保证建房质量，加快建设速度，促进了移民迁建工作的顺利完成。在前年抗击非典斗争中，我市公共卫生体系经受住了严峻的考验，但也暴露出体系不健全、机构建设薄弱、应急能力差等突出问题。为此，去年5月，听取了市政府关于公共卫生两个体系建设进展情况的汇报，指出了存在的问题，提出了相关建议，促进了疾病预防控制和传染病救治体系建设。社会治安是人民群众关心的焦点问题。常委会听取了市政府关于社会治安的工作汇报，在肯定成绩的同时，提出了进一步抓好社会稳定、打击刑事犯罪、完善治安防控体系等审议意见，督促有关部门狠抓落实，促进了社会治安状况的好转。下岗再就业是全社会关注的问题。常委会把促进就业再就业放在突出位置，对职业教育法贯彻实施情况进行执法检查和调研，并检查了全市下岗失业人员再就业和基本生活保障工作的情况，就缓解结构性就业压力、转变就业理念、落实优惠政策、加大“三金”征缴力度，提出了意见和建议，并督促有关部门认真落实，受到人民群众的普遍欢迎和赞誉。办理群众来信来访，是常委会密切与人民群众联系的重要途径。去年以来，共受理人民群众来信来访713件次，其中承办省人大机关转办和协助调查案件39件，完成市委和有关领导批办案件32件，切实保护了人民群众的合法权益。

（四）维护司法公正，加大对“两院”工作的监督力度。人大对司法机关实施有效监督是从源头上防止司法不公、维护司法公正的有效形式。常委会高度重视司法监督，通过组织代表视察、召开座谈会、听取法检两院工作汇报等形式，加大监督力度。去年9月市人大常委会第十四次会议，听取了市中级人民法院关于法官法贯彻实施情况的汇报和市人民检察院关于推行人民监督员制度试点工作情况的汇报，并分别提出了相应的审议意见，督促法院进一步加强法官队伍建设，指导检察院进一步完善办事程序，强化内部监控，扩大工作透明度，维护司法公正。

依法任免国家机关工作人员，是人大常委会的一项重要职权。为确保这项工作的科学性、权威性和严肃性，常委会组成人员认真执行《菏泽市人民代表大会常务委员会人事任免办法》的规定，严格按照程序依法任免。去年以来，任命市人大常委会机关工作人员7名，决定任免市政府组成人员16名，任免法检两院审判、检察人员43名，接受副市长辞职1名，批准县人民检察院检察长辞职4名，罢免省人大代表1名。

三、创造条件，充分发挥代表作用

人大代表是人民代表大会的主体。做好代表工作，是发挥地方国家权力机关职能作用的基础和保证。去年以来，认真贯彻落实代表法，通过开展代表评议、组织代表视察等项活动，努力创造条件，充分发挥了代表作用。

（一）积极组织代表开展评议工作。去年10月开始，常委会在充分征求代表意见的基础上，由常委会组成人员无记名投票确定对市国土资源局、质量技术监督局、环境保护局、民政局、劳动和社会保障局4个部门进行评议。随后200余名驻菏泽的全国、省人大代表和市人大代表分成10个调查组，按照评议工作实施方案的要求，分赴市直和9个县区进行调查走访，采取召开民主测评会、座谈会和个别走访相结合的方法，广泛搜集群众意见，深入了解情况，认真开展调查研究。调查中，代表们以高度的主人翁责任感，对被评议单位贯彻执行党的路线、方针、政策和市人大及其常委会的决议、决定情况，依法行政情况，廉政建设和思想作风建设情况，特别是围绕被评议单位如何为“突破菏泽”、加快发展、优化环境、搞好服务情况等进行了全面的了解。最后，经过代表无记名投票，有4个单位被评为信任单位，1个单位被评为基本信任单位。这次代表评议活动，有力地促进了政府职能部门依法行政的自觉性，切实提高了执法水平和工作效率，进一步优化了我市经济社会发展环境，取得了良好的社会效果。

（二）组织代表开展集中视察活动。代表对本级或下级国家机关和有关单位的工作进行视察，是代表们行使职权、执行代表职务的重要形式。去年12月，常委会组织部分代表视察了巨野、鄄城两县经济发展和建设“平安菏泽”的情况，听取了有关部门的工作汇报，视察了21个机关、社区和企事业单位。代表们深入基层，耳闻目睹，口问心记，进一步了解了社情和民意，为出席全国、省和市人代会，审议好各项议题作了充分准备。同时，针对视察中发现的问题，代表们提出了许多建设性意见，推动了相关工作的开展。

（三）加强制度建设，为代表执行职务创造条件。根据代表法和省实施办法的规定，结合我市实际，常委会制定了《关于提高代表素质、发挥代表作用的意见》，并认真组织实施。通过组织代表活动、常委会组成人员分工联系代表、邀请代表列席常委会会议等措施，为代表执行职务创造了便利条件，增强了代表执行职务的可操作性和实效性。

（四）及时办理代表提出的建议、批评和意见。在市十六届人大二次会议上和闭会期间，代表共提出建议、批评和意见82件。按照常委会要求，有关部门均按照法定期限予以办理、答复完毕，办理效率和质量比往年都有所提高。

四、加强自身建设，切实提高履行职责的能力和水平

加强常委会自身建设，提高全体人员的整体素质，是做好人大工作的基本保证。常委会从加强思想作风建设入手，注重自身学习，坚持党的领导，充分发扬民主，严格依法办事，密切联系群众，加强廉政建设，不断提高依法履职的能力和水平。

（一）加强思想建设，提高政治业务素质。一年来，常委会组成人员先后学习了党的十六届三中、四中全会精神，学习中央领导同志在纪念人民代表大会成立50周年大会和民主法制座谈会上的重要讲话。坚持举办法制讲座制度，先后举办了关于宪法修正案、科学发展观和行政许可法等方面的讲座。利用读书会、座谈会等形式，组织学习宪法、地方组织法、选举法、代表法和中央及省、市委有关树立和落实科学发展观的文件，并注意联系实际，研究新情况，探索新方法，解决新问题，不断拓宽人大工作的思路。

（二）大力倡导调查研究，促进作风转变。常委会紧紧围绕市委中心工作和人大工作的实际，充分发挥民主，注重调动各工作委员会的积极性，深入开展调研活动。一年来，先后就落实科学发展观、政府采购、司法监督、劳务输出、城市建设、规范建筑市场、农业发展、农民增收、科教兴菏、职业教育、旅游资源开发、人大信访、执法检查等方面的问题进行了深入调研，写出15篇有情况、有分析、有建议的调查报告，既为市委决策提供了可靠依据，又增强了人大工作的针对性和实效性。其中关于人大执法检查和落实科学发展观的调研文章分别获得全省人大系统调研论文评选一、二等奖。进一步加强了人大理论研究工作，首次召开了全市人大监督工作研讨会，总结交流我市人大监督工作的成绩和经验，研究探索新形势下人大监督工作的新思路、新形式，从而促进了全市人大理论研究和整体监督水平的提高。

（三）改进人大宣传工作，提高法制观念。常委会利用普法活动日、有关法律法规颁布纪念日等有利时机，组织有关部门，采取开展路游活动、散发宣传材料、现场法律咨询、召开座谈会、发表电视讲话等形式，加大了对法律法规的宣传力度。十届全国人大二次会议通过宪法修正案后，结合实施“四五”普法规划，采取专题学习、法制讲座、舆论宣传、宪法法律电视知识竞赛等方式，积极开展以宪法为主要内容的学法、守法、用法的宣传教育活动，在社会上起到良好的宣传效应，提高了人民群众的法制观念和法律意识。以人民代表大会成立50周年为契机，组织了一系列纪念和庆祝活动，为人大工作的开展创造了良好的舆论环境。认真办好常委会机关内部刊物《菏泽人大》；积极组织协调新闻媒体参与人大及其常委会各类会议与活动的宣传报道；在全国、省、市报刊上组织撰写有关文章，加强对人民代表大会制度、民主法制建设和代表先进事迹的宣传；组织稿件参加全省宣传人大制度好新闻评选活动等。通过宣传提高了全社会的人大意识，树立了地方人大及其常委会的权威形象。为进一步发扬民主，密切市人大常委会与人民群众的关系，实行了公民旁听常委会会议制度，使公民更好地了解常委会行使职权的情况，拓宽了公民参与管理国家事务的渠道。

一年来，在市委的正确领导下，在全市人大代表和广大人民群众的监督支持下，通过常委会组成人员和机关全体工作人员的共同努力，常委会的工作取得了很大成绩，但也存在一些问题和不足。主要表现在：对人大工作面临的新情况、新问题研究不够深入，创新意识需进一步提高；监督工作的刚性和实效性有待进一步增强；视察、评议、检查、调查研究的方式方法需要改进；审议意见的落实有待进一步加强；重大事项决定权的运用仍需要深入探讨等。这些问题，需要在今后的工作中认真加以研究了解决。

各位代表，2005年是全面实现我市“十五”计划目标、衔接“十一五”发展的重要一年，做好今年的工作，意义重大。在新的一年里，常委会要继续坚持以邓小平理论和“三个代表”重要思想为指导，认真贯彻党的十六大和十六届三中、四中全会精神，全面贯彻落实科学发展观，把加强社会主义民主法制建设作为根本任务，紧紧围绕市委十届七次全会确定的发展思路和工作重点，认真履行各项职责，进一步促进全市经济发展和社会全面进步。

第一，依法行使好各项职权，创造性地开展工作。常委会要不断解放思想、更新观念，坚持与时俱进、开拓创新。要紧紧围绕市委的中心工作，努力拓宽思路，不断创新工作方式、工作方法和工作制度。依法行使好重大事项决定权，对事关全市改革发展稳定大局的重大事项及时作出决议决定，切实把党委的意图和决策通过法律程序变为国家意志，变为人民群众的自觉行动。依法行使好监督权，为加快发展创造良好条件。本着突出重点、讲求实效和少而精的原则，重点针对以工促农、社会稳定、环境保护、城市建设、防灾减灾、行政许可等方面的问题积极开展视察、执法检查、调查研究等活动，为加快发展创造宽松的法制环境，特别是对事关农民切身利益的土地承包、村务公开、民主管理、农业结构调整等问题，加强监督检查，切实实现好、维护好、发展好最广大人民群众的根本利益。把监督事与监督人结合起来，开展述职评议，逐步探索和运用法律赋予的询问、质询、特定问题调查、撤职、罢免等监督手段，不断提高监督效果和质量，切实增强人大监督工作的实效性和权威性。依法行使好人事任免权，积极探索和不断完善对人大及其常委会所任命干部的监督方式，营造鼓励干事创业的用人机制。

第二，不断提高代表素质，充分发挥代表作用。加强对代表的培训，努力提高代表素质，不断提高代表履行职务的能力和水平。继续探索代表闭会期间执行职务的新途径，进一步搞好评议工作，充分发挥代表在“突破菏泽”中的重要作用。继续做好代表建议、批评和意见的办理工作，提高办理质量和效率。坚持常委会组成人员分工联系代表制度，积极为代表执行职务创造条件，努力帮助解决代表反映的困难和问题，充分调动代表执行职务的主动性和积极性。

第三，进一步加大对人大制度和人大工作的宣传力度。认真组织好各类形式的宣传活动，大张旗鼓地宣传人民代表大会制度，宣传民主法制建设取得的重大成就。进一步拓宽宣传领域，采取多种形式，宣传人大工作取得的新成绩和新经验，宣传各级人大代表的先进事迹。要结合我市“四五”普法规划的实施，深入开展法制宣传教育，宣传和普及有关社会主义市场经济的法律知识，进一步增强广大干部群众的法律意识和法制观念，推进依法治市进程。

第四，加强常委会自身建设，努力提高工作效率和决策水平。切实抓好常委会组成人员的政治和业务学习，认真学习政治理论和党的路线方针政策，学习宪法法律和人大业务知识以及经济、科技、历史等知识，不断增强综合素质，提高依法履行职责的能力和水平。继续加强作风建设，牢固树立党的观念、大局观念、群众观念和法律观念，牢记“两个务必”，把权为民所用、情为民所系、利为民所谋作为工作准则，切实转变作风，深入实际，深入群众，调查研究，了解民情，努力使各项工作顺应民心、反映民意、贴近民生。要认真贯彻民主集中制原则，充分发扬民主，坚持依法集体行使职权，逐步完善各项工作规程，努力提高工作效率和工作水平。继续加强常委会机关工作人员的思想、组织、作风和纪律建设，大力培养和造就高素质的人大干部队伍，为人大及其常委会依法行使职权提供坚实的组织保证。

各位代表，在新的历史时期，抓住机遇，干事创业，加快发展，是全市人民的殷切期望，也是我们的神圣职责。让我们在中共菏泽市委的领导下，进一步解放思想，振奋精神，与时俱进，开拓创新，充分发挥地方国家权力机关的职能作用，全面贯彻落实科学发展观，为我市经济和社会全面、协调、可持续快速发展做出新的更大贡献！

菏泽市人大常委会工作报告

——2006年2月8日在菏泽市第十六届人民代表大会第四次会议上

菏泽市人大常委会副主任　朱献瑞

各位代表：

我受陈光主任委托，代表市人大常委会向大会报告市十六届人大三次会议以来的工作和今后一年的主要任务，请予审议。

一年来，市人大常委会在中共菏泽市委领导下，坚持以邓小平理论和“三个代表”重要思想为指导，以科学发展观统领全局，认真贯彻党的十六届三中、四中、五中全会精神，紧紧围绕市委关于全市经济社会发展的总体工作思路和市十六届人大三次会议确定的发展目标，积极履行宪法法律赋予的各项职责，以求实创新的精神扎实工作，较好地发挥了地方国家权力机关的作用，促进了全市民主法制建设和经济社会的全面发展。

一、认真贯彻中央9号文件和全省人大工作会议精神，正确坚持新时期的人大工作方向

去年5月，中共中央发出9号文件，转发了《中共全国人大常委会党组关于进一步发挥全国人大代表作用，加强全国人大常委会制度建设的若干意见》；9月，省委又召开了全省人大工作会议，并出台了《关于进一步加强人大工作的意见》，明确提出了新形势下坚持和完善人民代表大会制度的指导思想、工作重点和主要措施，这对在新时期自觉坚持和完善人民代表大会制度，全面推进人大工作的开展，具有深远的政治意义和重大的现实意义。

为了深入贯彻中央9号文件和全省人大工作会议精神，市委及时发出了《关于贯彻〈中共山东省委关于进一步加强人大工作的意见〉的意见》,并适时召开了全市人大工作会议。市委书记、市人大常委会主任陈光同志在会上讲话，深刻阐述了新形势下坚持和完善人民代表大会制度、做好人大工作的重大意义，全面分析了我市人大工作面临的形势和任务，对进一步加强和改善党对人大工作的领导，支持全市各级人大及其常委会依法行使职权，提出了明确要求。陈光同志的重要讲话和市委意见，为进一步做好全市的人大工作提供了坚实保障和大好机遇。

抓住机遇，促进人大工作发展是常委会的共识。常委会不失时机地把深入学习贯彻中央9号文件和省、市人大工作会议精神当作促进工作、开创新局面的一项重要政治任务，先后采取召开常委会会议、主任会议、专题座谈会等多种方式，认真学习、深刻领会其精神实质，并紧密结合实际，围绕在新形势下如何更好地坚持和完善人民代表大会制度、做好人大工作，统一思想，共谋良策,及时提出了“围绕一个目标,做到三个坚持，突出四个重点”的创新工作思路。“围绕一个目标”，就是要紧紧围绕市委“一二三四”的发展目标和工作安排，解放思想，开拓创新，认真履行各项法定职责，努力维护全市改革发展稳定的大局，促进经济社会又快又好地发展。“做到三个坚持”，就是坚持正确的政治方向，以马克思列宁主义、毛泽东思想、邓小平理论和“三个代表”重要思想为指导，自觉接受和依靠党的领导，坚持走中国特色的社会主义政治发展道路；坚持民主集中制，严格依法办事，集体决定问题，集体行使职权，更好地实现民主决策和科学决策；坚持走群众路线，以人为本，密切联系群众，把维护和实现最广大人民的根本利益作为工作的出发点和归宿。“突出四个重点”，就是突出落实科学发展观、增强监督实效、充分发挥代表作用、加强自身建设四个工作重点，全面推进各项工作扎实深入地开展。这个新的工作思路更准确、更实际地把坚持人大工作的正确方向，同履行职责促发展的目标相融合，使全市各级人大及其常委会更加坚定了做好人大工作的信心。这是去年人大工作中的一项重要成果。

二、围绕实施“突破菏泽”战略，积极行使各项职权

一年来，常委会围绕“突破菏泽、加快发展”这个工作中心，牢固树立党的观念、政治观念、群众观念和大局观念，认真履行职责，对促进全市的经济和社会事业发展做出了积极贡献。

（一）服务大局，依法行使好重大事项决定权。去年，常委会对事关我市“三个文明”建设的重大事项，先后作出了8项决议、决定，其中突出的有三项。

一是认真依法审查市级财政决算，作出了批准决议。5月常委会听取了市政府关于菏泽市2004年度财政决算的报告，经过审议，对进一步深化财政体制改革，提高依法理财水平，强化预算外资金和专项资金管理，严肃财经纪律，加大审计监督力度，切实发挥好财政的宏观调控作用等提出了建议意见，促进了财政工作的规范运行。

二是切实关注人民群众的身体健康，推进环保工作的开展。依法对全市水污染防治法贯彻实施和城市污水处理厂建设及运营情况进行调研、视察，作出了《关于进一步加强水污染防治工作的决议》。要求政府及其相关部门进一步提高对贯彻实施水污染防治法重要性的认识，加强舆论宣传，严格执法执纪，注意运用市场经济的方法，解决资金和技术问题，对加快城市污水处理工程建设、尽快营造良好的生态环境起到了促进作用。

三是加强对外交流，及时决定批准了与韩国金浦市缔结友好城市关系。市政府为提升我市的开放形象，提高对外开放水平，提交了《关于提请审议我市与韩国金浦市缔结友好城市关系的议案》。常委会认为借助缔结友好城市可以扩大我市对外合作交流领域，提高我市的知名度，促进我市经济和社会的发展，是一件大好事，尽快形成了决定予以批准。

（二）突出重点，努力增强监督实效。突出重点，增强监督的实效性是去年市人大常委会实施监督的一个显著特点。一年来，常委会围绕大局抓重点，先后进行了6次执法检查，开展了5次视察活动，听取了23个部门的工作汇报，对5位市政府组成人员进行了述职评议，促进了“一府两院”依法行政、公正司法。

一是加强对经济社会事业重点领域的监督。发展农村经济、增加农民收入，是解决“三农”问题的关键。常委会围绕“三农”问题，对以工促农、土地延包、结构调整、税费改革、农民职业技能培训等工作，采取视察、执法检查、听取和审议工作报告等形式，督促有关部门认真贯彻落实农业法等涉农法律、法规，切实做好保护耕地和土地延包工作，培植壮大农业龙头企业，带动产业发展，促进农村富余劳动力转移，加强农村社会化服务体系建设，为农民增收提供了保障。为促进科技进步和省、市科技大会精神的贯彻落实，常委会认真听取了市政府关于发展科技事业、促进全市经济发展情况的汇报，提出了七条建议意见，推动了“科技创新”和经济增长方式转变。为加强对市直机关和事业单位国有资产管理、运营的监督，常委会听取了市政府对市直行政事业单位国有资产监督管理情况的报告，提出了要严格规范国有资产产权交易行为，探索和建立加强运营监管的新机制，做到盘活、管住、用好现有资源，实现国有资产收益的最大化的建议、意见，收到了良好的效果。

二是加强对重要法律法规执行情况的监督。村民委员会换届选举工作是基层民主政治建设的一件大事，直接关系着农村社会的稳定。常委会组织了三个检查组，对我市村民委员会换届选举工作进行执法检查。检查组深入到3个县区6个乡镇15个行政村，查看了有关选举材料，入户走访村民。在掌握了换届选举工作第一手资料的基础上，结合检查中出现的苗头性问题，有的放矢地提出了5项建议，并跟踪督促市政府及相关部门抓好落实，促进了农村基层民主政治建设。人口问题是经济社会可持续发展的战略问题。去年7月，常委会对我市执行省人口与计划生育条例情况进行了检查，督促市政府及有关部门健全和完善齐抓共管、综合治理的机制，使该项工作走出了一条依法行政、依法管理，政府、专业队伍和村民自治三位一体的新路子。为促进环保整治，常委会还适时组织开展了“菏泽环保世纪行”活动，围绕产业结构调整、流域污染治理、生态市建设等项工作，加强舆论监督，促成了一批环境热点、难点问题的解决。此外，对律师法、未成年人保护法、城市规划法、建筑法、土地管理法、矿产资源法、产品质量法、计量法、公路法、气象法、民族工作条例、旅游管理条例等法律法规的实施情况也分别进行了执法检查、视察或调研，提出了一些有针对性意见建议，促进了市政府及有关部门依法行政和相关事业的发展。

三是加强对人民群众普遍关注问题的监督。“平安菏泽”建设直接关系人民群众的切身利益。为推动这项工作，常委会听取了市政府关于社会治安综合治理情况的汇报，对“平安菏泽”建设情况进行了视察，提出要进一步加强领导，落实责任，健全完善治安防控体系，继续开展严打整治斗争，确保社会秩序稳定，优化发展环境的建议、意见。去年高致病性禽流感在我国部分区域时有发生，为确保不传入我市，常委会高度重视禽流感的防治工作，对其及时进行了检查，要求有关部门，充分认识防疫工作的重要性，进一步完善和落实各项防治措施，建立动物防疫工作的长效机制，保证我市畜牧业健康发展和人民生命财产安全。为减轻洪涝灾害的侵袭，在汛期到来之前，常委会便对防洪法实施情况进行了视察，针对全市防汛工作中存在的薄弱环节，提出了一些切实可行的建议意见，促进了有关工作的改进和提高。为促进公正司法，常委会加强了对“两院”工作的监督。听取了市中级人民法院关于加强全市法院基层建设情况的汇报，督促法院加强审判、执行工作和纪律作风建设，提高基层法院和人民法庭的司法水平。听取了市人民检察院贯彻实施检察官法情况的汇报，要求检察机关进一步加强法制教育，严格监督管理，不断增强检察官依法履行职责的自觉性，切实提高检察员的办案水平。高度重视信访工作，努力架好人大与人民群众的连心桥。去年，常委会共受理人民群众来信来访738件1175人次，其中承办全国及省人大机关转办和协助调查案件120件，化解、缓冲了社会矛盾，维护了群众的合法权益。

四是加强对常委会任命人员的监督。去年常委会首次开展了对其任命人员的述职评议工作。在充分征求代表意见的基础上，常委会以无记名投票方式，确定对市教育局、司法局、人事局、市政管理局、水利局五名局长进行述职评议。工作中，坚持实事求是、客观公正的原则，深入调查了解，广泛听取意见，全面把握，综合分析，评议后及时将意见向市政府及被评人员进行了反馈。被评人员态度积极，认真述职，深入查摆问题，虚心接受评议，并积极制定整改措施，认真抓好整改，取得了良好效果。常委会还听取了2004年度市国土资源局、劳动和社会保障局、民政局、环境保护局、质量技术监督局关于代表评议整改工作情况的报告，分别作出了相关决议，进一步巩固了先前开展的代表评议工作的成果。

严格按照程序，依法任免国家机关工作人员是常委会的一项重要职责。一年来，先后依法任命了市人大常委会机关工作人员4名，决定任免市政府组成人员9名，任免法、检两院审判、检察人员7名，批准任命县人民检察院检察长4名。与此同时，又进一步规范了相关程序，保证了此项工作的质量。

三、切实加强代表工作，充分发挥代表作用

常委会高度重视代表工作，采取积极措施，完善制度，密切与代表的联系，为代表依法执行职务提供了良好的服务。

（一）规范和加强代表闭会期间的活动。为保障代表闭会期间的活动，促进代表依法履行职责，常委会制定了《关于加强和规范市人民代表大会闭会期间代表活动的若干意见》，对代表在闭会期间活动的内容、组织形式等进行了规范，为做好代表工作提供了制度保证。积极抓好代表小组建设，及时指导代表小组开展活动，向全国和省人大代表小组提出了活动建议内容，总结推广了代表依法执行职务和代表小组活动的经验。在报刊开辟了人大代表风采录专栏，宣传执行代表职务方面的优秀典型，对评选出的66位优秀市人大代表进行了表彰，激发了人大代表积极执行代表职务的热情。

（二）组织代表开展集中视察活动。去年12月，常委会组织部分代表视察了农村经济发展、国有企业改革、建设资源节约型社会和“平安菏泽”等情况，听取了有关部门的工作汇报，视察了部分社区、行政村和企事业单位。代表们深入基层，耳闻目睹，口问心记，进一步了解了社情民意，为出席全国、省和市人代会，审议好各项议题作了充分准备。同时，针对视察中发现的问题，代表们提出了许多建设性意见，推动了相关工作的开展。

（三）及时办理代表提出的建议、批评和意见。在市十六届人大三次会议上和闭会期间，代表共提出建议、批评和意见65件。按照常委会要求，有关部门均按照法定期限予以办理、答复完毕，办理效率和质量比往年都有所提高。对办理工作中的好单位、好经验，常委会还及时进行了表彰和总结推广。对难度较大的建议办理情况，常委会重点督查，召开建议办理工作座谈会，听取相关部门汇报，共同研究办理方案，努力解决代表关注的实际问题。

（四）认真做好代表服务工作。为保障代表知情知政，及时向代表通报常委会会议、重要工作和重大活动的情况，寄送常委会公报、《菏泽人大》等有关资料，为代表执行职务提供信息服务。继续邀请全国和省、市人大代表列席常委会会议，做好常委会组成人员分工联系代表工作。开展代表学习培训和经验交流，提高代表履行职责的能力和水平。组织驻菏全国人大代表对我市下岗人员再就业情况进行专题调研，为代表了解基层情况、执行职务创造便利条件。

四、加强自身建设，切实提高履行职责的能力和水平

加强常委会自身建设，提高全体人员的整体素质，是做好人大工作的基本保证。常委会从加强思想作风建设入手，注重自身学习，坚持党的领导，充分发扬民主，严格依法办事，密切联系群众，加强廉政建设，不断提高依法履职的能力和水平。

（一）加强思想建设，提高政治业务素质。常委会坚持把提高组成人员的政治和理论素质摆在重要位置，通过读书会、讨论会、举办讲座等方式，认真学习邓小平理论、“三个代表”重要思想、党的十六届三中、四中、五中全会精神，学习中央、省和市委关于坚持人大制度、做好人大工作的一系列重要文件精神，学习宪法法律、市场经济理论和现代科技知识，整体素质和依法履行职责的能力明显提高。常委会十分重视机关建设，加强对机关共产党员先进性教育活动的指导，支持机关深入开展创建“学习型、研究型、创新型”机关活动，营造积极向上、团结和谐、想事干事、清正廉洁的良好氛围，为人大及其常委会依法履行职责提供了服务。

（二）注重调查研究，转变工作作风。去年，常委会组成人员和各工作委员会、工作室，围绕常委会的工作计划和工作重点，着重就增强监督实效、提高常委会会议质量、代表履职、发展循环经济、旅游资源开发等问题，进行了调查研究，为常委会履行职责提供了重要参考。一年来，共开展调研活动16次、形成调研报告16份。在全省人大系统调研论文评选中，有1篇论文获一等奖，1篇获二等奖，2篇获三等奖。根据工作需要，常委会先后制定完善了有关行使重大事项决定权、代表活动、机关信访等方面的工作制度，促进了工作的规范化、制度化。

（三）改进人大宣传工作，强化法治观念。常委会结合实施“四五”普法规划，采取专题学习、法制讲座、舆论宣传等方式，积极开展以宪法为主要内容的学法、守法、用法的宣传教育活动，在社会上起到良好的宣传效应。认真办好常委会机关内部刊物《菏泽人大》；在全国、省、市报刊上组织撰写有关文章，加强对人民代表大会制度、民主法制建设和代表先进事迹的宣传。通过宣传，提高了全社会的人大意识，树立了地方人大及其常委会的权威形象。

一年来，在市委的正确领导下，在全市人大代表和广大人民群众的监督支持下，通过常委会组成人员和机关全体工作人员的共同努力，常委会的工作取得了显著的成绩，但仍存在一些问题和不足。主要表现在：对人大工作面临的新情况、新问题研究不够深入，创新意识需要进一步提高；监督工作的针对性和实效性有待进一步增强；视察、评议、执法检查、调查研究的方式方法需要进一步规范；审议意见的落实有待进一步加强；重大事项决定权的运用仍需要深入探讨等。这些问题，需要在今后的工作中认真加以研究了解决。

各位代表，2006 年是实施“十一五”规划的开局之年。做好今年的工作，对于今后五年全面开创我市经济建设和各项社会事业的新局面，关系重大。常委会要以严肃认真、高度负责的精神做好今后的工作。今年工作的指导思想是：在中共菏泽市委的领导下，坚持以邓小平理论和“三个代表”重要思想为指导，深入学习贯彻党的十六届五中全会精神，以科学发展观统领全局，紧紧围绕市委的中心工作，认真行使各项法定职权，大力推进我市的社会主义民主法制建设，推动实施“十一五”规划开好头、起好步，为“突破菏泽、加快发展”做出新的更大贡献。常委会将重点做好以下几方面的工作：

第一，自觉坚持党的领导，牢牢把握人大工作的正确方向。要做到自觉坚持党的领导，就必须继续把学习贯彻中央 9 号文件、全省和全市人大工作会议精神作为一项重要任务。常委会要通过深入学习贯彻中央和省、市委的文件精神，使整体工作构筑在坚持和依靠党的领导、坚持服从服务全市工作大局、坚持科学发展观、坚持为人民群众谋利益的规范框架内，把常委会的工作方向同党和人民利益紧密统一在履行职责的实践中。继续巩固扩大党员先进性教育成果，充分发挥机关党组织和党员的先进性作用，把执政为民的政治理念化为工作行动。今年，常委会将在市委领导下，对《关于贯彻〈中共山东省委关于进一步加强人大工作的意见〉的意见》和全市人大工作会议精神的贯彻落实情况进行检查，确保市委提出的各项决策、措施真正落到实处。

第二，围绕促进实施“十一五”规划，认真履行各项法定职责。促进全市“十一五”发展规划的顺利实施，是今年常委会工作的主旋律，必须用依法履职来保证。对事关推进加快发展的重大事项，常委会要通过调查研究，选准议题，正确运用重大事项决定权，不失时机地作出决定、决议。对市委提出的在今年经济和社会发展中突出把握好的重要问题，例如“平安菏泽”建设、建设社会主义新农村、提高招商引资质量、促进支柱产业发展、注重人才培养、推动科技创新等，要选准监督重点，注重讲求实效，分别利用视察、执法检查、专题调研等手段加以推进。另外，针对人民群众关注的环境保护、城市建设、社会保障、文化繁荣、合作医疗等问题，也要适时开展监督活动。要认真总结监督工作的实践经验，不断创新和完善执法检查、工作视察、述职评议、个案监督等有效监督形式，建立健全会议审议、执法检查、述职评议等意见的落实反馈制度，使监督机制渐进规范，监督质量继续提高。在依法行使人事任免权方面，要突出加强对常委会所任命干部的监督，积极探索和不断改进监督方式，努力营造鼓励干事创业的用人机制。

第三，努力提高代表素质，充分发挥代表作用。今年要继续深入地抓好代表的培训工作，努力在提高履职水平上下功夫。在代表和代表小组履职活动中，要注重总结经验，评选先进，推广典型，为代表履职创造更好的条件。要进一步落实市人大常委会《关于加强和规范市人民代表大会闭会期间代表活动的若干意见》，规范代表活动，激发其履职热情，使代表工作进一步充满活力。常委会组成人员要继续把联系代表制度坚持好，力求方法效果上有新进步。

第四，进一步加大人大宣传工作的力度。今年要继续通过加强督促、指导的方式，推进宪法和法律法规的宣传教育。要进一步拓宽宣传领域，采取多种形式，大张旗鼓地宣传人民代表大会制度和民主法制建设取得的重大成就，宣传人大工作取得的新成绩和新经验，宣传各级人大代表的先进事迹，努力提高全社会的法治观念和人大意识，强化依法治市的社会理念。

第五，加强常委会自身建设，努力提高工作效率和决策水平。加强自身建设是保证常委会各项工作顺利进行的基础条件。要根据新形势、新任务、新要求，切实抓好常委会组成人员的政治和业务学习，不断提高综合素质，提高依法履行职责的能力和水平。要切实转变作风，深入群众，体察民情，努力使各项工作顺应民心、反映民意、贴近民生。要认真贯彻民主集中制原则，充分发扬民主，坚持依法集体行使职权，逐步完善各项工作规程，努力提高工作效率和工作水平。继续加强常委会机关工作人员的思想、组织、作风和纪律建设，大力培养和造就高素质的人大干部队伍，为人大及其常委会依法行使职权提供坚实的组织保证。

各位代表，在新的历史时期，抓住机遇，干事创业，加快发展，是全市人民的殷切期望，也是我们的神圣职责。让我们在中共菏泽市委的领导下，进一步解放思想，振奋精神，与时俱进，开拓创新，全面贯彻落实科学发展观，为胜利实现“十一五”首年发展目标，促进我市经济和社会全面、协调、持续、快速发展做出新的更大贡献！

菏泽市人大常委会工作报告

——2007 年 1 月 24 日在菏泽市第十六届人民代表大会第六次会议上

菏泽市人大常委会第一副主任　贾凤英

各位代表：

我受陈光主任委托，代表市人大常委会向大会报告一年来的工作和今后一年的主要任务，请予审议。

过去的一年，市人大常委会在市委的领导下，坚持以邓小平理论和“三个代表”重要思想为指导，认真贯彻落实党的十六大和十六届五中、六中全会精神，以科学发展观统领全局，以促进和谐社会建设为着力点，紧紧围绕“突破菏泽、加快发展”这个中心任务，牢固树立党的观念、大局观念、群众观念和民主法制观念，依靠全体代表和全市人民，突出工作重点，积极履行职责，较好地发挥了地方国家权力机关的作用，为促进全市经济、政治、文化、社会建设做出了积极贡献。

一、围绕大局，依法行使好重大事项决定权

2006 年，市人大常委会立足我市改革发展稳定的大局，就事关全市国民经济和社会发展的重大事项，及时作出决议、决定，有力地促进了经济社会发展和依法治市的进程。

一是认真审查市级财政决算，作出了批准决议。常委会第二十九次会议，听取审议了市政府关于菏泽市 2005 年度财政决算的报告，并做出决议。决议在肯定成绩的基础上，要求市政府及其有关部门，进一步深化财政体制改革，提高依法理财水平，强化预算外资金和专项资金管理，严肃财经纪律，加大审计监督力度，切实发挥好财政的宏观调控作用，促进了财政工作的规范运行。

二是关注民主法制建设，推动依法治市进程。为大力实施依法治国方略，保证全市经济和社会健康发展，我市制定了《2006—2010 年依法治市规划》《关于在全市公民中开展法制宣传教育的第五个五年规划》。常委会认为制定两个规划是实施我市“十一五”规划、构建社会主义和谐社会和全面建设小康社会的重要保障，作出了批准两个规划的决议，并要求“一府两院”认真贯彻实施，提高依法行政、公正司法水平，推动了依法治市的进程。

三是加强对外交流和友好城市建设，提高对外开放水平。加强对外交流和友好城市建设，可以扩大我市对外合作交流领域，拓宽国外市场，提高我市的知名度，有利于“突破菏泽、加快发展”战略的实施。市人大常委会对市政府提交的《关于提请审议菏泽市与乌拉圭黑河省弗莱宾多市缔结友好城市的议案》《关于授予金惠星女士为“菏泽市荣誉市民”的议案》，及时作出了批准决议，提高了我市对外开放的水平，优化了外部发展环境，使我市对外友好城市和友好合作关系建设取得历史性进展。

二、突出重点，努力增强监督实效

常委会按照市委中心工作的要求，不断增强监督意识，加大监督力度，对发展的重点、亮点鼎力支持，对发展中的一些“瓶颈”环节靠上去督促，取得了明显成效。去年共进行了3次执法检查，开展了3次视察，听取了21个部门的工作汇报，对12个政府部门进行了工作评议，进行了11项专题调研活动。

一是贴近发展第一要务，围绕依法治理抓监督。常委会根据中央推进社会主义新农村建设的要求和市委的重大决策部署，把“三农”工作列入监督工作的重点，加大监督力度，专题听取了市政府社会主义新农村建设情况的汇报，积极围绕农业发展、农村稳定、农民增收等开展视察和调研，督促有关部门不折不扣地落实各项政策，以实施“四四一一”工程为切入点，加快推进社会主义新农村建设。人口问题是经济社会持续发展的战略问题。去年4月，常委会对我市贯彻实施计划生育法情况进行了视察。视察组深入到18个乡镇办事处、36个行政村，走访调查了70多个县区单位，200多个社区居民和农民家庭，提出了八条推进计划生育工作的意见和建议，督促政府及有关部门健全和完善了齐抓共管、综合治理的运行机制。此外，对义务教育法、交通安全法、公务员法、环境保护法、城市规划法、建筑法、公路法、防洪法、电力法、动物防疫法、节能法、资源综合利用条例、旅游条例等法律法规的实施情况也分别进行了视察、听取专项汇报或专题调研，促进了一批与发展大局密切相关的法律、法规在我市的贯彻实施。

二是坚持执政为民，围绕热点问题抓监督。药品、医疗器械管理直接关系人民群众的身体健康。去年4月，常委会听取了市政府贯彻实施药品管理法情况的汇报，提出了进一步抓好药品安全宣传、加大药品市场整治力度、强化日常监管等6项审议意见，并注重抓好审议意见的落实，使公众用药安全得到了切实保障。为切实保护劳动者合法权益，维护劳动关系的和谐稳定，6月，常委会对劳动法贯彻落实情况进行了执法检查。根据存在的问题，检查组提出了加强劳动法宣传、做好就业再就业工作、严格实行劳动合同制度、完善劳动保险制度和劳动保障监察工作机制5项建议，并督促政府及有关部门认真落实，受到群众的普遍好评。

三是促进公平正义，围绕司法公正抓监督。常委会高度重视司法监督工作。常委会第二十九次会议、第三十二次会议分别听取了全市法院审判监督工作情况和市人民检察院关于民事行政检察工作情况的汇报，要求法检两院进一步坚持以人为本，强化司法为民理念，加强基础和队伍建设，完善内部工作和监督机制，依法创新办案手段，提高办案的质量和效率，力争将每一个案件都办成“铁案”，为社会公正守好最后一道防线。常委会把加强信访工作作为依法行使监督职能的有效途径。去年，常委会共受理人民群众来信来访891件（次），承办全国和省人大转办和协助调查信件115件，均认真予以办理，有效地化解、缓冲了社会矛盾，维护了群众的合法权益。

四是积极做好实施监督法的有关准备工作。监督法的颁布实施，对各级人大常委会依法有序开展监督工作，具有重要意义。常委会为做好实施监督法的衔接工作，组织常委会组成人员、机关干部、各县区人大常委会负责人进行学习和培训，并结合工作实际，研究提出了贯彻实施监督法的若干意见。同时，按照监督法的规定和要求，对现行工作制度进行了全面梳理，做好了实施监督法的各项准备工作。

常委会坚持党管干部与人大依法任免干部相统一的原则，认真做好人事任免工作。去年以来，共任免市人大常委会机关及“一府两院”工作人员106名，其中任免常委会机关工作人员27名，决定任免市政府组成人员20名，任免法检两院审判、检察人员56名，批准任命县级人民检察院检察长3名，为地方国家机关的正常运转提供了组织保障。

三、创造条件，充分发挥代表作用

人大代表是人民代表大会的主体，代表工作是人大常委会的一项基础性工作。一年来，常委会始终把代表工作列入重要议事日程，突出重点，创新机制，加大力度，代表工作取得新的进展。

一是进一步加强和规范代表工作。为进一步提升代表工作水平，去年10月，常委会召开了全市人大代表工作会议，全面总结换届以来代表工作的经验，研究制定了《关于进一步加强和改进人大代表工作的意见》。并结合工作实际，对代表建议、批评和意见办理办法进行了修改和完善，为进一步做好代表工作提供了制度保证。

二是积极为代表执行职务搞好服务。常委会组成人员按照分工联系代表制度，采取走访、召开座谈会等方式，广泛征求代表的意见和建议。组织开展集中视察活动，为代表们出席人代会、审议各项议题做好准备。积极抓好代表小组建设，及时指导代表小组开展活动，总结推广代表依法执行职务和代表小组活动的经验。利用新闻媒体开辟人大代表风采专栏，宣传代表执行职务方面的好典型，提高人大代表执行职务的积极性。坚持邀请有关代表列席常委会会议制度，为各级人大代表订阅报刊资料，及时向代表通报人大信息和人大工作情况，为代表履行职责创造便利条件。

三是及时办理代表提出的建议、批评和意见。在市十六届人大四次会议上，代表共提出建议、批评和意见83件。按照常委会要求，有关部门均已按照法定期限办理、答复完毕，办理效率和质量都有很大提高。对办理难度较大的建议，常委会重点督查，召开建议办理工作座谈会，听取相关部门汇报，共同研究办理方案，努力解决代表关注的实际问题。

四、加强自身建设，切实提高履行职责的能力和水平

加强常委会自身建设，提高全体人员的整体素质，是做好人大工作的基本保证。常委会从加强思想作风建设入手，狠抓了自身建设。

一是加强思想建设，提高政治业务素质。常委会坚持把提高组成人员的政治和业务素质摆在重要位置，利用读书会、座谈会、举办讲座等方式，认真学习党的十六届三中、四中、五中、六中全会精神，学习中央、省和市委关于坚持人民代表大会制度、做好人大工作的一系列重要文件，并注意联系实际，研究新情况，探索新方法，解决新问题，拓宽人大工作的思路，整体素质和依法履行职责的能力明显提高。

二是注重调查研究，转变工作作风。常委会紧紧围绕市委中心工作，深入开展调研活动，先后就落实科学发展观、社会主义新农村建设、新型农村合作医疗、工业园区建设、提高人大代表素质、人大信访、常委会自身建设等问题进行了调研，形成了一批有价值的调研成果，推动了相关工作的开展。进一步加强了与县区人大常委会的联系，继续坚持邀请县区的人大常委会负责人列席常委会会议制度，加强信息沟通和工作交流，重要工作上下联动，整体推进，确保了全市人大工作的协调健康发展。

三是改进人大宣传工作，强化民主法制观

念。常委会召开了全市人大宣传工作会议，形成了《关于进一步加强和改进人大宣传工作的意见》。各县区和各新闻单位认真贯彻会议精神，人大宣传工作得到进一步加强。认真办好常委会机关内部刊物《菏泽人大》，积极组织协调新闻媒体参与人大及其常委会各类会议和活动的宣传报道，在全国、省、市报刊上组织撰写有关文章，加强对人民代表大会制度和民主法制建设的宣传。通过宣传，强化了全社会的人大意识和民主法制观念。

一年来，在市委的正确领导下，在全市人大代表和人民群众的监督支持下，经过常委会组成人员和机关全体工作人员的努力，常委会的工作取得了显著成绩，但也存在一些问题和不足。主要表现在：对人大工作面临的新情况、新问题研究不够深入，创新意识需进一步提高；监督工作的针对性和实效性有待进一步增强；视察、执法检查、调查研究的方式方法需要进一步改进；审议意见的落实有待进一步强化等，这些问题，需要在今后的工作中认真加以研究和解决。

各位代表，2007年是深入贯彻落实科学发展观、积极推进社会主义和谐社会建设的重要一年，也是全市经济社会发展站在新起点、谋求新发展、实现新突破的关键一年，做好今年的工作意义重大。在新的一年里，常委会工作的指导思想是：在中共菏泽市委的领导下，坚持以邓小平理论和“三个代表”重要思想为指导，深入学习贯彻党的十六大和十六届五中、六中全会精神，全面落实科学发展观，紧紧围绕市委的重大决策部署，认真行使各项法定职权，大力推进社会主义民主法制建设，积极发挥地方国家权力机关的作用，促进全市经济社会又好又快发展。常委会将重点做好以下几方面的工作：

第一，围绕全市工作大局，依法履行各项职责。要紧紧围绕市委的中心工作，努力拓宽思路，不断创新工作方式和工作制度，依法行使好各项职权。一是依法行使好重大事项决定权，对事关全市改革发展稳定大局的重大事项，及时作出决议决定，切实把党委的意图通过法律程序变为国家意志，化为人民群众的自觉行动。二是严格按照监督法的要求，依法行使监督权。本着突出重点、讲求实效和少而精的原则，重点针对社会主义新农村建设、“和谐菏泽”建设、环境保护、义务教育、社会保障、行政执法、司法公正等项工作及相关法律、法规的贯彻实施情况，积极开展视察、执法检查、调查研究活动，有计划地听取一些专项工作汇报，为加快发展创造良好的法制环境。三是依法行使人事任免权。要加强对人大及其常委会所选举、任命干部的监督，积极探索和不断改进监督方式，努力营造鼓励干事创业的用人机制。

第二，不断提高代表素质，充分发挥代表作用。要认真落实市人大常委会《关于进一步加强和改进人大代表工作的意见》，加大对代表的教育培训力度，努力提高代表依法履行职务的能力和水平。加强代表小组建设，规范代表活动，不断完善制度，丰富内容，加强指导，总结经验，推广典型，提高代表小组活动质量。要大力宣传各级人大代表的先进事迹，激励代表积极履行职责。认真做好代表建议、批评和意见的办理工作，落实办理责任制度，进一步提高办理质量。

第三，加强常委会自身建设，努力提高工作效率和决策水平。切实抓好常委会组成人员的政治和业务学习，认真学习政治理论和党的路线方针政策，学习宪法法律、人大业务以及经济、科技、管理等知识，不断增强综合素质，提高依法履行职责的能力和水平。要切实转变工作作风，深入群众，体察民情，努力使各项工作顺应民心，反映民意，贴近民生。要认真贯彻民主集中制原则，充分发扬民主，坚持依法集体行使职权，逐步完善各项工作规程，努力提高工作效率和工作水平。继续加强常委会机关工作人员的思想、组织、作风和纪律建设，大力培养和造就高素质的人大干部队伍，为人大及其常委会依法行使职权提供坚实的组织保证。

第四，加强组织指导，认真做好人大换届选举工作。今年全市县乡两级人大换届，是我市政治生活中的一件大事。常委会要按照中央和省、市委的统一部署，把加强党的领导、充分发扬民主和严格依法办事有机结合起来，精心组织，周密部署，认真做好县乡人大换届选举的各项工作，切实加强我市基层政权建设。接下来就是省市人大换届，常委会要认真做好有关准备工作，适时做出决议、决定，做好省人大代表的选举工作。要加强舆论宣传，为换届选举营造良好的社会氛围。要做好换届、选举工作的人员培训，深入调查研究，加强工作指导，确保全市人大换届选举工作的顺利进行。

各位代表，在新的历史时期，抓住机遇，干事创业，加快发展，是全市人民的殷切期望，也是我们的神圣职责。让我们在中共菏泽市委的坚强领导下，紧紧围绕全市工作大局，认真履行法定职责，团结一致，求真务实，开拓进取，扎实工作，为促进我市经济和社会又好又快发展做出新的更大贡献！

第三节 第十七届人大历次会议常委会工作报告

菏泽市人大常委会工作报告

——2008年1月6日在菏泽市第十七届人民代表大会第一次会议上

菏泽市人大常委会第一副主任 贾凤英

各位代表：

我受陈光主任委托，代表市十六届人大常委会向大会报告五年来的主要工作，请予审议。

五年工作回顾

五年来，市人大常委会在中共菏泽市委的正确领导下，坚持以邓小平理论和“三个代表”重要思想为指导，全面贯彻党的十六大、十七大精神，深入落实科学发展观，紧紧围绕全市工作大局，依法履行各项职责，共举行常委会会议41次，主任会议86次；开展执法检查和视察38次；听取审议市级行政、审判和检察机关专项工作汇报94次，向“一府两院”反馈审议意见50件；作出决议、决定33项；任免国家机关工作人员447人次，较好地发挥了地方国家权力机关的作用。

一、服务改革发展稳定大局，依法行使重大事项决定权

换届以来，常委会围绕全市带有根本性、全局性、长远性的重大问题，把依法行使重大事项决定权与事关我市改革、发展、稳定的重大决策结合起来，与监督权的行使结合起来，保证和促进了全市经济社会全面协调可持续发展。

一是强化发展观念，及时对事关菏泽发展大计的重大事项作出决议决定。常委会每年都听取和审议市政府关于国民经济计划和预算执行情况的报告，结合我市经济发展情况，批准计划、预算，作出相关决议，提出完成计划、预算的建议和要求，促进全市经济社会又好又快发展。城市总体规划是优化城市发展布局、加快城市化进程的重要手段。常委会第十六次会议对《菏泽市城市总体规划（2003—2020）》进行了认真审议，并作出了通过决定，保障了城市开发秩序，规范了建设行为，避免了城市开发建设的无序性和随意性。为促进菏泽旅游业发展，常委会在听取审议市政府有关汇报的基础上，批准了《关于菏泽市旅游产业发展总体规划》，并作出相关决定，确定了菏泽作为中国牡丹城、中国平原森林城市、水浒英雄故里主体形象定位，为菏泽旅游业发展奠定了基础。为配合全省统一开展的土地市场治理整顿工作，常委会听取了市政府有关汇报，经过审议通过《关于贯彻土地管理法搞好土地市场清理整顿工作的决议》，为依法规范土地市场提供了法律支持。同时常委会还听取了市政府关于贯彻实施土地承包法及山东省实施办法的汇报，并作出了相关决议，要求市政府及有关部门严格依法办事，认真做好第二轮土地承包工作，促进了农村经济的发展和农村社会的稳定。

二是强化大局观念，及时对事关我市全局的重大事项作出决议决定。对市直机关和事业单位国有资产由市政府授权机关进行统一管理，是我市国有资产管理体制改革的重大举措，常委会及时听取了市政府的有关汇报，经过审议作出了相关决议。随后常委会又先后两次听取了市政府关于国有资产监督管理情况的汇报，对国有资产管理体制改革进行跟踪监督，确保了改革的顺利进行。随着南水北调工程和我市工业化进程的加快，加强水污染防治成了事关我市发展大局的重大问题。常委会组织视察了全市水污染防治法贯彻实施情况，听取了政府工作汇报，并在常委会第二十次会议上作出了关于进一步加强水污染防治工作的决议，要求市政府及有关部门进一步提高认识，加大水污染防治力度，既要发展经济，又要保护环境，走新型工业化道路，促进我市经济社会持续健康发展。为实施依法治国方略，推进菏泽依法治市进程，常委会听取审议了市政府《2006—2010依法治市规划》和“五五”普法规划，作出了批准两个规划的决议，对“五五”普法工作和依法治市做了全面部署，提出了明确要求。加强友好城市建设，扩大对外合作交流，有利于借助国内外两个市场、两种资源，促进菏泽经济发展。市人大常委会先后批准了市政府提交的关于菏泽市与韩国金浦市、乌拉圭弗莱宾多市、巴西哥伦布市、美国莫比尔市和黑龙江省牡丹江市缔结友好城市的议案，我市对外友好城市建设取得突破性进展。

三是强化群众观念，及时对事关人民群众身心健康和切身利益的重大事项作出决议决定。针对“非典”疫情在我国部分地区蔓延的严峻局面，常委会及时听取市政府汇报，作出了《关于贯彻落实传染病防治法，加强非典型肺炎防治工作的决定》，确保了抗击“非典”和经济建设的双胜利。高致病性禽流感到来时，常委会及时对全市禽流感防治工作情况进行了视察，并在常委会第九次会议上听取了市政府工作汇报，作出了《关于加强高致病性禽流感防治工作的决议》，促进了有关工作的开展，杜绝了该疫病在我市的发生。

二、突出监督工作重点，努力增强监督实效

监督“一府两院”依法行政和公正司法，是宪法和法律赋予人大常委会的一项重要职责。为推动“突破菏泽”战略实施，促进有关法律法规在我市的贯彻落实，常委会围绕大局，突出重点，认真贯彻实施监督法，不断加强和改进监督工作，努力增强监督实效。

一是贴近发展第一要务，围绕依法治理抓监督。常委会始终把“三农”问题作为监督工作的重点，先后听取了市政府关于社会主义新农村建设和贯彻实施农业法情况的汇报，对市政府关于社会主义新农村示范村建设情况进行视察，积极围绕农业发展、农村稳定、农民增收等开展调研，督促有关部门不折不扣地落实各项惠农政策，促进了我市社会主义新农村建设的进程。同时，常委会还分别就义务教育法、交通安全法、公务员法、环境保护法、城市规划法、建筑法、公路法、残疾人保障法、防洪法、电力法、动物防疫法、节能法等法律法规的实施情况听取专项汇报，开展执法检查和视察，促进了有关法律、法规在我市的贯彻实施。

二是坚持执政为民，围绕热点问题抓监督。

全市公共卫生体系建设和药品、医疗器械管理直接关系到人民群众的身体健康。常委会先后听取了市政府关于全市公共卫生体系建设进展情况和贯彻实施药品管理法情况的汇报，提出了针对性的意见和建议，并注重抓好审议意见的落实，促进了我市公共卫生两个体系建设的顺利进行，使公众用药安全得到了有效保障，维护了人民群众的切身利益。为切实保护劳动者合法权益，常委会对全市劳动法贯彻落实情况进行了执法检查。根据存在的问题，提出了加强劳动法宣传，做好就业再就业工作，严格实行劳动合同制度，完善劳动保险制度和劳动保障监察工作机制等建议，并督促政府及有关部门认真落实，受到群众的普遍好评。常委会还分别对我市村民委员会换届选举、计划生育、平安菏泽建设等工作进行视察，促进有关热点难点问题的解决，推动了和谐菏泽建设。

三是维护公平正义，围绕司法公正抓监督。常委会高度重视司法监督工作，先后听取了全市法院关于贯彻实施法官法情况、审判监督工作和行政审判工作情况的汇报，听取了市人民检察院关于贯彻实施检察官法情况、民事行政检察工作和刑事监督工作情况的汇报，要求法检“两院”进一步坚持以人为本，强化司法为民理念，加强队伍建设，完善内部监督机制，依法创新办案手段，提高办案质量和效率，力争将每一个案件都办成“铁案”，为社会公正守好最后一道防线。常委会把做好信访工作作为依法行使监督职能的有效途径，加强领导，完善制度，强化信访综合分析和信息化建设，认真受理人民群众来信来访。换届以来，共受理人民群众来信来访3790件（次），承办全国人大和省人大转办或协助调查信件550件，积极帮助群众解决问题，努力化解社会矛盾，督促国家机关改进工作，为维护社会稳定和谐做出了积极的贡献。

四是依法行使任免权，围绕干部任后履职抓监督。常委会认真贯彻落实党的干部路线和干部政策，把坚持党的领导、充分发扬民主、严格依法办事结合起来，对提请任命人员情况进行认真审议，严格按照规定程序依法任免。同时把对事和对人的监督、任前和任后监督结合起来，保证了任免工作的严肃性、权威性。为强化任后监督，常委会先后对8个市直部门开展了工作评议，对5个市政府组成人员进行了述职评议，对20个市政府组成部门的工作汇报进行了审议，完成了在本届人大常委会任期内对所有市政府组成人员和组成部门的工作进行评议或审议的目标。在对市直部门的工作评议中，常委会邀请200余名各级人大代表参与，分组深入到基层和被评议部门进行调查走访，综合各方面情况形成调查报告，最后召开评议大会，评出信任单位和基本信任单位，增强了被评议干部的公仆意识、法律意识和主动接受人大监督的意识。通过工作评议、述职评议和常委会会议审议，促进了政府组成部门依法行政的自觉性，优化了菏泽经济社会发展环境，赢得了广大干部群众的赞誉，取得了良好的社会效果。

三、注重发挥代表作用，积极做好代表工作

常委会坚持把提高代表素质、充分发挥代表作用，作为提高常委会整体工作水平的基础，积极为代表履职创造条件，代表工作质量和服务水平有了新的提高。

一是进一步加强和规范代表工作。根据中共中央转发的《中共全国人大常委会党组关于进一步发挥全国人大代表作用，加强全国人大常委会制度建设的若干意见》，常委会进一步加强和改进代表工作，出台了《关于加强和规范市人民代表大会闭会期间代表活动的若干意见》，以法定形式对代表履行职责加以规范和保证。为进一步提升代表工作水平，常委会召开了全市人大代表工作会议，全面总结换届以来代表工作的经验，研究制定了《关于进一步加强和改进人大代表工作的意见》，并结合工作实际，对代表建议、批评和意见办理办法进行了修改和完善，为进一步做好代表工作提供了制度保证。

二是努力做好代表建议意见办理工作。对每次人代会上代表提出的建议、批评和意见，能现场答复的，就组织有关部门现场答复。大会结束后，及时召开交办会，对代表提出的建议、意见交由承办单位处理。坚持重点办理代表建议跟踪督办制度，确保重点代表建议落到实处。坚持每年召开办理工作经验交流会，总结经验，表彰先进，努力提高办理效率和质量。五年来，代表共提出意见、建议384件，每年办复率均达到100%，对促进“一府两院”工作发挥了积极的作用。

三是着力提高代表执行职务的能力。换届以来，常委会举办了两期人大代表培训班，请专家、学者讲授宪法、组织法、代表法等有关法律法规和人民代表大会理论，同时邀请优秀人大代表介绍执行代表职务的经验和体会。通过开展辅导讲座、经验交流等活动，代表的使命感、责任感进一步增强，履行职责的能力明显提高。

四是积极为代表执行职务搞好服务。常委会组成人员按照分工联系代表制度，每年定时走访代表，广泛征求代表的意见和建议。坚持邀请代表列席常委会会议，参加常委会组织的视察、执法检查活动。每年年中组织代表进行调研，年底开展集中视察活动，为代表知情知政和出席人代会做好准备。积极抓好代表小组建设，开展了评选先进代表小组和优秀代表活动。利用新闻媒体开辟人大代表风采专栏，宣传代表依法执行职务的好典型，调动了代表执行职务的积极性和主动性。坚持为各级人大代表订阅报刊资料，及时向代表通报人大信息和人大工作情况，增加了代表活动经费，注重协助解决代表履职活动中的困难和问题，为代表联系群众、开展活动、履行职责创造了便利条件。

四、加强地方政权建设，认真组织指导人大换届选举

去年以来的全市人大换届选举，是宪法修改后第一次省、市、县、乡四级同时换届。常委会对此高度重视，按照省、市委统一部署，严密组织，加强指导，保障换届选举工作依法有序进行。根据省委、省人大常委会的有关决定，市委转发了《中共菏泽市人大常委会党组关于做好全市县、乡两级人民代表大会换届选举有关工作的意见》，召开了全市人大换届选举工作会议，对换届选举工作的指导思想、时间安排、工作任务作出具体部署。市、县、乡都成立了换届选举工作领导小组和工作机构，培训选举骨干，加强宣传发动，严格依法选举，圆满完成了换届选举工作任务。共选出市人大代表575名，县级人大代表2785名，乡级人大代表11001名。

五、注重加强自身建设，切实提高履职能力和水平

加强常委会及其机关自身建设，是做好人大工作的前提和基础。换届以来，常委会主动适应新形势新任务的要求，认真贯彻中共中央和省、市委的决策部署，努力加强自身建设，不断提高履职能力和服务水平。

一是加强思想政治建设。深入开展保持共产党员先进性教育活动，认真学习邓小平理论、“三个代表”重要思想和党的十六大、十七大精神，深刻领会科学发展观的内涵，努力把握加强党的执政能力建设、构建社会主义和谐社会的部署要求，理解和把握市委的重大决策，明确人大工作的目标和任务。注重理论联系实际，指导实践，不断研究新情况，探索新思路，解决新问题，工作质量和服务水平明显提高。

二是加强制度建设。人大工作程序性强，必须有完善的制度作保障。换届以来，常委会不断加强制度建设，目前已制定完善了人大常委会议事规则、人事任免办法、预算监督办法、联系代表办法、信访工作意见等9项工作制度，其中关于进一步加强人大信访工作的意见和信访督办工作办法、信访工作考核办法被省人大常委会全文转发。同时，常委会还建立完善了岗位职责、学习制度、接待管理等16项机关管理制度，常委会各项工作步入了制度化、规范化轨道。

三是加强组织建设。始终坚持民主集中制原则，集体行使职权，严格依法办事，常委会组成人员的法律意识和履职能力不断增强。认真落实党风廉政建设责任制，注重党纪党规和廉政建设各项规定的学习教育，增强了领导干部廉洁自律意识，提高了拒腐防变能力。重视机关干部的培养和使用，加强对干部的学习培训，选拔了一批德才兼备的领导干部，干部队伍的整体素质明显提高。

四是加强调查研究和宣传。换届以来，常委会每年都围绕审议的议题和提高人大工作质量等课题，深入基层，深入群众，开展调查研究，形成50余篇调研报告，并多次在省人大开展的优秀调研论文评选中获奖，多篇调研报告受到市委的重视并批转。在人大宣传工作中，以纪念全国人民代表大会成立50周年、监督法颁布实施、换届选举等重大活动为契机，通过电视报刊等新闻媒体，加强对人民代表大会制度、民主法制建设和人大工作的宣传，增强了人大工作的透明度，提高了全社会的人大意识，树立了地方人大权力机关的形象。

各位代表，市十六届人大常委会即将完成历史使命。常委会工作取得的每一项成绩，都是在市委的正确领导下，经过常委会组成人员、各工作委员会和广大代表共同努力的结果，是全市人民大力支持和参与的结果，也是“一府两院”和各县区人大积极支持与密切配合的结果。在此，我代表市十六届人大常委会，对所有关心和支持人大工作的同志和各界人士表示衷心的感谢和崇高的敬意！

在充分肯定成绩的同时，我们也清醒地看到，对照宪法和法律的规定，对照经济发展和社会全面进步的要求，对照党和人民的期望，常委会工作还存在一些问题和不足：创新意识有待进一步提高；监督工作的针对性和实效性有待进一步增强；行使重大事项决定权有待进一步深化；代表工作还要进一步推进等。这些都需要在今后的工作中认真研究和解决。

五年工作体会

五年的工作实践，使我们进一步坚定了对人民代表大会制度的信念，加深了对新时期地方人大工作规律性的认识，对如何坚持和完善人民代表大会制度，做好人大工作，也有了更加深刻的体会。

第一，必须坚持党的领导。人大工作是党的工作的重要组成部分。人大必须坚持依靠党的领导，认真执行党的路线、方针、政策和市委重大决策，努力使党的主张经过法定程序变为国家意志。必须坚持重大事项向党委请示报告，取得党委支持，确保人大工作沿着正确的方向发展。

第二，必须坚持服务大局。人大要在促进经济发展和社会和谐中有所作为，必须贴近中心，服务大局，始终把促进发展作为第一要务，把党委重大决策、群众普遍关注、政府着力推进的事项作为人大工作重点，依法履行职责，充分发挥职能作用，努力促进全市经济又好又快发展。

第三，必须坚持依法办事。人大工作的规范性和程序性很强，必须始终坚持在宪法和法律范围内开展人大工作，严格按程序行使人大各项职权。必须坚持依法开展监督，正确处理好监督和支持的关系，把敢于监督和善于监督有机结合起来。要逐步建立完善各项工作制度，做到行事有章可循，工作有条不紊。

第四，必须坚持人民当家作主。做好人大工作，必须坚持走群众路线，不断加强同人大代表和人民群众的联系，注重发挥人大代表的主体作用，注重关注民生、反映民意、维护民利，充分调动人民群众当家作主的积极性。要紧紧依靠代表和群众开展人大工作，保障公民对人大工作的知情权，扩大公民有序的政治参与，使人大工作始终具有广泛的民意基础。

第五，必须坚持创新发展。宪法法律赋予了人大崇高地位和神圣职责，新的形势和任务对人大工作不断提出新的更高要求。做好人大工作，必须保持创新精神，在实践中探索，在探索中提高，不断创新思路，改进方法，完善制度，求真务实，扎实工作，努力取得党和人民群众满意的成果。

今后工作建议

各位代表，现在新的一届市人民代表大会已经组成，新的一届市人大常委会也即将选举产生。我们完全相信，在中共菏泽市委的正确领导下，在全市人民的大力支持下，新的一届市人大及其常委会一定能够继往开来，开拓进取，在历届人大工作的基础上取得新的更大成绩，不断开创我市人大工作新局面。根据市第十一次党代会精神和新时期人大工作的形势和任务，建议新一届人大常委会重点做好以下几个方面的工作：

一、坚持党的领导，着力围绕中心议大事。认真贯彻党的十七大和省市委党代会精神，紧紧围绕市委重大决策和工作中心开展人大工作。重点围绕全市国民经济与社会发展计划和财政预算执行、工业强市战略推进、新农村建设，以及事关我市改革发展稳定大局的重大问题，开展视察和执法检查，听取专项汇报，作出决议决定，提出意见和建议，督促解决存在的问题，推动市委重大决策部署的落实。

二、坚持以人为本，着力促进民生问题的解决。牢固树立以人为本理念，高度关注民生问题，坚持权为民所用、情为民所系、利为民所谋，督促市政府切实抓好民生工程建设，解决好教育、医疗、就业、住房、社会保障等群众最关心、最直接、最现实的利益问题，维护公平正义，促进和谐菏泽建设。

三、坚持依法履职，着力增强监督实效。以贯彻实施监督法为契机，进一步加强和改进监督工作，依法规范监督形式，努力增强监督实效。紧紧围绕事关人民群众切身利益和社会普遍关注的热点难点问题，围绕有关法律法规的贯彻实施，积极开展法律监督和工作监督。支持政府依法行政，规范执法行为，提高行政效能和服务水平，建设法治政府。

四、坚持创新发展，着力增强代表工作活力。认真抓好对新一届人大代表的培训工作，不断提高代表的思想政治素质、法律素质和履职能力。围绕充分发挥代表作用这一主题，积极探索新时期做好代表工作的新思路、新方法，加强工作指导，强化保障措施，提高服务质量，支持和保障代表依法履行职责。切实抓好代表所提议案和建议批评意见的办理工作，创新工作方法，注重实际效果，提高办理质量。

五、坚持加强自身建设，着力提高整体素质和工作水平。加强思想政治建设，采取各种灵活有效的方法，不断提高常委会组成人员和机关工作人员的政治理论素养和人大业务水平；加强作风建设，发扬求真务实作风，深入开展调查研究，实事求是地反映人民群众的愿望和呼声，不断增强人大工作的针对性和实效性；加强制度建设，狠抓各项制度的落实，进一步提高人大常委会工作的制度化、规范化水平；加强组织建设，努力造就政治坚定、作风过硬、忠于职守、业务精通的人大干部队伍。

各位代表，今年是新一届市人大常委会承前启后、继往开来的开局之年，任务繁重，责任重大。我们一定要紧密地团结在以胡锦涛同志为总书记的党中央周围，高举中国特色社会主义伟大旗帜，坚持以邓小平理论和“三个代表”重要思想为指导，认真贯彻党的十七大精神，全面落实科学发展观，在中共菏泽市委的坚强领导下，切实履行宪法和法律赋予的职责，团结一心，开拓奋进，为建设富强民主文明和谐的新菏泽做出新的更大贡献！

菏泽市人大常委会工作报告

——2009 年 2 月 7 日在菏泽市第十七届人民代表大会第三次会议上

菏泽市人大常委会第一副主任　杨永昌

各位代表：

我受赵润田主任的委托，代表市十七届人大常委会，向大会报告工作，请予审议。

一、2008 年工作回顾

2008 年是本届人大常委会任期的第一年。常委会在市委的坚强领导下，坚持以邓小平理论和“三个代表”重要思想为指导，认真落实科学发展观，全面贯彻党的十七大和十七届三中全会精神，积极依法履职，自觉融入发展，努力开拓创新，各项工作均取得了新的进展。

（一）明确思路，准确把握人大工作基本原则

人民代表大会制度是我国的根本政治制度。坚持和完善人民代表大会制度，对于发展社会主义民主政治，促进经济社会发展和国家长治久安，具有十分重要的意义。换届以来，党和国家对坚持和完善人民代表大会制度，增强人大工作实效，促进经济社会发展，提出了新的更高的要求。市委对人大工作寄予很高期望，要求人大按照“四高”标准，树立大局意识，突出发展主题，积极依法履职，努力推进依法治市和经济社会发展。据此，市人大常委会确立了以下工作原则：一是坚持党的领导。始终自觉维护市委的领导核心地位，通过依法履职，努力促进市委重大决策部署的贯彻落实。二是坚持服务大局。紧紧围绕全市大局，积极开展工作，为经济社会更好更快发展创造良好条件。三是坚持依法履职。按照监督法等有关法律要求，依法履行职责，促进依法行政、公正司法，确保法律正确贯彻实施。四是坚持以人为本。高度关注民生，为实现好广大人民群众的根本利益尽职尽责。

（二）围绕中心，依法履行各项职责

围绕党的中心履行职责，是人大常委会工作的基本遵循。一年来，常委会紧贴市委中心依法履职，较好完成了各项工作任务。

1．依法行使监督权。在监督工作中，常委会注重突出“四个围绕”：围绕市委重大决策抓监督。市委以发展为第一要务，以工业化为发展取向，以大项目建设为总抓手，实施了“四大基地一大产业”发展战略。为推动这一战略实施，常委会对重点项目、基础设施建设进行了视察，建议市政府采取有效措施，积极应对国际金融危机，努力破解项目建设“瓶颈”，全力推进大项目建设，促进了市委决策的落实。围绕推进政府工作抓监督。结合市政府年度工作计划，常委会听取审议了市政府计划、预算及审计工作报告，城乡规划法、交通安全法贯彻实施情况和防汛工作报告，对土地管理法、水污染防治法、水法贯彻实施情况和节能降耗工作等进行了视察，开展了“环保世纪行”活动。围绕维护司法公正抓监督。分别对市中级人民法院、市人民检察院贯彻实施行政诉讼法、刑事诉讼法情况进行了执法检查。做好涉法信访工作，全年共受理来信来访 748 件，全国和省人大交办 43 件，均得到较好办理。围绕民生问题抓监督。对食品安全、安全生产、基础教育、农村卫生、老年人权益保护等工作进行了视察，开展了“人民满意乡镇卫生院”评选活动，促进了相关民生问题的解决。

2．依法行使决定、任免权。对事关我市国计民生的重大事项，常委会及时作出了《关于批准 2007 年市级决算的决议》《关于加强食品安全和安全生产工作的决议》《关于加强基础教育和农村卫生工作的决定》。坚持党管干部原则与

人大依法行使任免权的有机统一，依法任免国家工作人员104名，为我市发展奠定了坚实的组织基础。

3. 充分发挥人大代表作用。在发挥代表作用方面，常委会做到“三个注重”：注重发挥代表模范带头作用。以促进“四大基地一大产业”建设为主题，开展了代表“建功立业”活动，召开了新闻发布会；向代表发出倡议；集中宣传代表先进事迹；现场观摩代表发展业绩；对优秀代表进行表彰。活动的开展，为代表提供了大显身手的舞台，激发了代表的责任意识、奉献意识和建功立业的热情，取得了良好的政治效益、经济效益和社会效益。在60强企业中有43家为代表领军企业，2008年纳税过千万元的40家企业中代表领军企业占27家，其中纳税5000万元以上的10家。注重发挥代表履职作用。举办代表培训班，组建43个代表小组，邀请代表参加常委会活动，努力为代表执行职务提供良好条件；代表提出的55件意见、建议全部办结，满意率和基本满意率达到98%以上。注重发挥代表联系群众的主渠道作用。坚持常委会组成人员分工联系代表制度，通过加强代表联系，认真倾听群众呼声，并把代表反映比较集中的问题，在审议、反馈意见中进行充分体现，积极为民代言，维护群众利益。

（三）服务大局，积极融入经济社会发展

发展是科学发展观的第一要义，是解决一切问题的“总钥匙”。常委会主动参与发展，取得较好成效。

1. 积极营造参与发展的良好氛围。市委决定几大班子成员共同参与“四大基地一大产业”建设，齐心协力共促经济社会发展。常委会各主任按照市委要求，积极主动参与了发展工作。一是统一思想认识。常委会迅速召开了主任会议和机关全体会议，传达市委决策精神，迅速在参与发展上达成了共识，认为人大直接参与发展，既是市委赋予人大的新任务，也是人大更好地融入发展、服务大局的重要机遇，有利于增强人大监督实效，使人大职能发挥与促进发展相得益彰。二是实行“一岗双责”。根据市委对几大班子成员实行“一岗双责”的要求，常委会机关也实行“一岗双责”，在工作调度、情况掌握、日常工作等方面，为各位主任承担的发展任务全方位搞好服务。三是积极推动县区人大参与发展。先后召开了单县现场会、县区人大主任座谈会，推动县区人大在思想上尽快统一，在工作上尽快参与。目前，县区人大常委会领导大都牵头负责某项产业或若干项目建设，全市人大系统参与发展的良好局面已经形成。

2. 大力推进项目建设。常委会认真研究参与思路，制定调度办法，建立推进机制，大力推动项目建设。常委会领导对所负责的重点企业和重点项目，深入一线，靠前指挥，加强调度，与县区和企业共同推进项目加快建设。市县人大常委会负责的100多个项目均进展顺利，得到了市委的充分认可，在社会上产生了良好的影响。

3. 努力破解发展难题。常委会领导按照职责分工，认真负责，帮助解决企业发展“瓶颈”制约，及时协调相关部门解决备案核准、建设用地、环评批复、信贷扶持、安全消防等方面的问题；指导企业大力加强管理、开拓市场、技术创新、节能降耗，努力为项目建设创造良好条件，提高企业经营效益和运行质量。

（四）强基固本，切实加强自身建设

自身建设，是做好人大工作的重要保障。常委会出台了《关于加强自身建设的意见》，着力抓好自身建设。

1. 加强学习，提高整体素质和履职能力。学习是提升境界和能力的基本途径。常委会狠抓学习，选学的重点是中国特色社会主义理论、党的方针政策、宪法法律、市场经济和人大业务知识。并坚持集中学习与自学相结合，定期举办专家讲座与专题培训相结合，书本学习与现场观摩相结合，成效检验与交流研讨相结合，取得了良好的学习效果。

2．完善制度，提高工作规范化水平。制度建设是提高人大工作规范化水平的保证。常委会高度重视制度建设，明确一名副主任牵头，组织专门班子，历时半年，制定和修改了42项工作制度，包括常委会议事规则、执法检查暂行办法、视察暂行办法、工作评议办法、人事任免办法、讨论决定重大事项的规定等，形成了较为完整的制度体系。这些制度报请全国、省人大有关部门进行了审查，他们给予高度评价。目前，由省人大常务副主任高新亭亲自作序的制度汇编，已由山东人民出版社正式出版。

3．转变作风，努力提高工作效能。作风建设是自身建设的关键。常委会大力倡导真抓实干、务求实效的工作作风，积极开展调查研究，形成了16篇较高水平的调研报告。开展了争先创优活动，共获省级以上奖励10项，6项工作得到省人大肯定和推广，在省级以上报刊发表研究文章20多篇。

通过一年的努力，常委会形成了建设学习型、创新型、规范型、和谐型“四型”机关的良好氛围，拥有了争先创优、争创一流的进取精神，具备了高境界、高标准、高效率、高效益做好工作的基本条件，自身建设取得了明显效果。

（五）开拓创新，努力增强工作实效

创新是推动工作不断发展的动力源泉。常委会大力倡导创新，各项工作都取得了一些新的成效。

1．听取审议专项工作报告实行“七环相扣法”。常委会会议前，认真组织学习相关法律，然后进行调研，对发现的问题提出有针对性的审议意见，并对审议意见要求限期整改，跟踪督办，最后常委会会议听取并表决办理结果的报告。这样就把学法、调研、审议、反馈、整改、督办、表决七个环节，紧密相连，环环相扣，形成了完整的监督链，增强了规范性、可操作性和实效性，提高了常委会会议质量和效率。

2．执法检查实行“九步递进法”。执法检查重点抓好以下九个步骤：搞好调研。深入基层调查研究，了解有关法律执行情况。制定方案。明确检查的重点、方法和步骤。精选人员。重点邀请法律素质较高的代表参加检查，提高检查的专业性和监督质量。汇报座谈。听取汇报并召开座谈会，全面了解法律贯彻实施情况。查阅卷宗。详细了解案件办理的原始资料和第一手情况。携卷走访。选择部分典型案例，与双方当事人进行面对面交流。及时反馈。常委会会议形成审议意见，交由“两院”研究处理。会议表决。常委会会议听取研究处理情况的报告，并进行表决。跟踪检查。对审议意见办理情况进行跟踪检查，确保落到实处。

3．视察工作实行“六个结合法”。明察与暗访相结合。在视察前先进行暗访，制作成录像片，向视察人员播放。好现场与差现场相结合。更加注重查看差现场，差现场必须占50%以上，从市委群众工作办公室、市长公开电话、市信访局和人大信访室采集的信访信息中抽签选定。视察与现场执法相结合。在视察活动中，组织市政府有关部门进行现场执法。如对超市、餐馆、城区饮用水厂等进行了随机检查，夜查了26个重点污染源。对视察发现的问题，市政府均依法进行了处理。监督权与决定权相结合。食品安全、安全生产和基础教育、农村卫生工作均是社会关注的民生问题，常委会视察后，以人大常委会决议、决定代替视察反馈意见，强化了视察的效力。督办与帮办相结合。视察后形成反馈意见，不仅局限于交市政府解决，而且体谅政府的困难，主动发挥人大职能作用帮助政府解决问题。视察与回查相结合。根据情况，适时组织回查，促进问题解决和工作开展。

经过一年的实践和探索，常委会对做好人大工作有了更加深刻的体会：一是只有坚持党的领导，才能把握正确的政治方向。人大工作是党的工作的重要组成部分，是党实现科学执政、民主执政、依法执政的重要途径。人大工作只有与党委同心、同向、同步，才能有正确的政治方向。这是做好人大工作的基本原则和根本保证。二是只有寓支持于监督，才能与“一府两院”和衷共济。人大与“一府两院”尽管分工不同，但方向相同、目标一致，应该和衷共济、共促发展。人大对“一府两院”既要监督，更要支持，寓支持于监督之中，与“一府两院”形成落实党委决策、共促发展的合力。三是只有发挥代表作用，才能增强人大工作活力。代表工作是人大工作的基础。人大工作要不断增强活力，就必须充分发挥代表作用。常委会各项工作之所以开展得扎实有效，就是因为得到了代表的广泛参与。四是只有高度关注民生，才能赢得人民群众的信任。常委会作为代议机关，只有坚持以人为本，高度关注民生，才能赢得人民群众的信任和支持。五是只有不断开拓创新，才能开创人大工作新局面。实践在发展，创新无止境。人大工作存在着很大的创新空间，要开创人大工作新局面，就必须增强创新意识，提升创新能力，不断增强人大工作的生机与活力。

各位代表，人大工作成绩的取得，是市委正确领导和大力支持的结果，是“一府两院”真诚合作和密切配合的结果，是人大代表、常委会组成人员以及机关工作人员团结奋斗、辛勤工作的结果，也是县区人大常委会和社会各界关心帮助的结果。在此，我代表市人大常委会，向全体人大代表以及所有关心和支持人大工作的同志们，表示衷心的感谢！

各位代表，虽然常委会2008年工作取得了一定成绩，但也存在一些问题和不足，主要表现在：对新形势下人大工作面临的新情况、新问题，党委对人大工作的新定位、新要求，研究得还不够深透，职能作用发挥还不够充分；尽管提出了寓支持于监督的理念，但在具体工作中，监督与支持的成效还需要进一步加强；虽然对工作制度进行了修改和完善，但还没有形成科学机制，执法检查、视察、工作评议等工作还需要进一步规范；干部队伍素质与市委“四高”要求相比，还有不少差距，创新意识需要进一步增强，工作作风需要进一步改进。以上这些，常委会将在今后工作中进一步完善和提高。

二、2009年工作基本思路

2009年是新中国成立60周年，是深入学习实践科学发展观活动年，也是应对金融危机、实现经济平稳较快发展的关键一年。常委会工作指导思想是：在市委的坚强领导下，坚持以邓小平理论和“三个代表”重要思想为指导，认真贯彻党的十七大和十七届三中全会精神，深入学习实践科学发展观，紧紧围绕全市发展大局，依法履行各项职责，充分发挥职能作用，为促进我市经济社会科学发展、和谐发展、跨越发展、更好更快发展做出积极的贡献。工作中，要坚持“四三二一”的总体目标，即“四高”“三同”“两创”“一增”：“四高”是坚持高境界、高标准、高效率、高效益，“三同”是与市委同心、同向、同步，“两创”是争先创优、开拓创新，“一增”是努力增强工作实效，推动人大工作再上新台阶。按照这一指导思想和总体目标，常委会将着力抓好以下几个方面的工作。

（一）突出实践特色，深入开展学习实践科学发展观活动。开展学习实践科学发展观活动，是党中央的统一部署，是推动经济社会又好又快发展、促进社会和谐稳定的重要保证，也是市委今年的一项重要工作。常委会将按照市委的统一安排，认真开展好学习实践科学发展观活动。重点做好活动开展与人大工作实践相结合的文章，达到提高思想认识、解决突出问题、创新体制机制、促进科学发展的目标。

（二）突出监督重点，依法做好监督工作。在监督工作方面，今年拟重点做好以下几项工作：一是听取专项工作报告。有计划听取“一府两院”计划、预算、金融、工业经济运行、新农村建设、城市建设、重大基础设施建设、外经外贸、就业和社会保障、商事审判、渎职犯罪等14项专项工作报告。二是搞好执法检查和视察。安排2次执法检查和4次视察活动，主要对全市“四大基地一大产业”重大项目建设情况，关于加强基础教育、农村卫生及食品安全、安全生产工作决议、决定执行情况等进行视察；对劳动合同法、电力法贯彻实施情况进行执法检查。三是开展工作评议。计划对部分政府部门进行工作评议。评议对象经常委会组成人员民主推荐，由主任会议抽签确定，并由公证机构公证，新闻媒体公布，接受社会监督。评议大会在常委会会议上进行，通过无记名投票，评出满意、基本满意和不满意三个档次，对评为满意档次的进行公开表彰。

（三）突出服务意识，进一步加强代表工作。人大代表是推动经济社会发展的重要力量，理应在应对金融危机、保增长促发展中发挥更大作用。一是继续开展好人大代表“建功立业”活动。去年这项活动开局不错，赢得了社会的普遍好评。今年将继续围绕“四大基地一大产业”建设来展开，进一步激发广大代表干事创业的热情，确保承担的发展任务超额完成。二是加大代表建议、意见办理力度。今年常委会将在代表建议、意见办理方面进行创新，年初，市政府在本次人代会期间现场答复部分代表建议、意见；年中，开展一次代表建议、意见督办专项活动；年终，评选办理代表建议、意见先进单位和先进个人，对成绩突出的进行表彰。三是组织好代表闭会期间的活动。尊重代表的主体地位，增强为代表服务的意识，提高代表工作规范化水平。坚持常委会联系代表制度，搞好代表专题调研和年终视察，扩大代表对常委会活动的参与，努力把常委会建成人大代表之家。

（四）突出发展实效，确保完成发展任务。今年，我市面临的发展形势异常严峻，人大作为地方国家权力机关，要围绕党委中心，在参与发展中做出更大贡献。一是大力推进项目建设。我市今年经济工作的重点是抓投资保增长，推进大项目建设。常委会要确保完成承担的项目建设任务，加快在建项目建设，确保按期竣工投产；对具备开工条件的项目，帮助解决困难和问题，力争尽早开工；抓好项目储备，增强项目建设后劲；积极破解项目建设“瓶颈”制约，为大项目建设搞好服务。二是提高服务发展的能力。密切关注经济形势和国家宏观调控政策，特别是与承担的产业发展和项目建设相关的政策，提高预见、分析和把握能力，为所负责的企业搞好服务，帮助其尽快走出困境，渡过难关。三是加大工作推动力度。继续实行“一岗双责”，常委会各主任及相关人员，要拿出更多的精力研究和推动发展工作，每月至少深入县区和企业一次，帮助县区和企业解决核准、土地、环评、资金、安全等方面的困难和问题，重要问题要靠上协调，确保圆满完成承担的各项发展任务。

（五）突出能力提升，切实加强自身建设。常委会将继续推进“四型”机关建设，努力提高履职能力和服务大局的水平。一是加强学习研究。在抓好机关学习的同时，重点强化常委会组成人员的学习，每次常委会会议选择一个专题，邀请专家举办讲座。重点学习科学发展观、法律法规、人大业务、市场经济等方面的知识，提高依法履职和服务发展的能力。二是规范履职行为。依照法定职权和程序履行各项职责，做到于法有据、权行法随。狠抓制度落实，严格以制度办文、办会、办事，形成科学、高效的运行机制。完善制度体系，把实践中创造的好经验、好做法及时充实到制度中去，进一步提高工作规范化水平。三是开展“两创”活动。认真研究新形势下人大工作的特点和规律，在理念、工作、机制等方面不断创新，并把创新成效体现在争先创优中，努力在执法检查、视察、工作评议、“建功立业”活动、人大宣传调研等10个方面，创全省一流成绩，推动全市人大工作整体上台阶、上水平。

各位代表，我们肩负的任务光荣而繁重，担当的使命神圣而艰巨。让我们在市委的坚强领导下，高举中国特色社会主义伟大旗帜，以科学发展观为统领，以民主法制建设为己任，以经济建设为中心，以更好更快发展为目标，奋力拼搏，扎实工作，为全面开创人大工作新局面而努力奋斗！

菏泽市人大常委会工作报告

——2010年1月21日在菏泽市第十七届人民代表大会第四次会议上

菏泽市人大常委会第一副主任　杨永昌

各位代表：

我受赵润田主任的委托，代表市十七届人大常委会，向大会报告工作，请予审议，并请列席的同志提出意见。

一、2009年工作回顾

过去的一年，常委会在市委的坚强领导下，深入贯彻落实科学发展观，紧紧围绕全市发展大局，按照“坚持高境界、高标准、高效率、高效益的要求，与市委同向、与‘一府两院’同力、与人民群众同心，争先创优、开拓创新，努力增强工作实效，推动人大工作上台阶上水平”的工作思路，坚持监督、支持、参与“三位一体”，依法履行职责，积极参与发展，各项工作均取得新的进展。一年来，共听取审议“一府两院”14项工作报告，组织了2次执法检查、4次视察，开展了代表“建功立业”主题活动和“环保世纪行”专项活动；年初确定的执法检查、视察、参与发展、代表“建功立业”活动、“环保世纪行”活动、乡镇人大工作、信访工作等10项争先创优目标全部完成。

（一）依法履行监督职权，围绕中心支持发展

常委会根据市委的总体部署，以应对金融危机冲击、实现经济平稳较快发展为主线，围绕国家“保增长、保民生、保稳定”各项政策措施的落实，依法行使监督职权，保证市委决策的贯彻实施。

1．围绕保增长加强监督。保增长是我市经济工作的重点。常委会把支持经济发展作为工作的重中之重，对计划、财政、金融、“四大基地一大产业”重大项目、城市建设重点工程、工业运行、新农村建设、外经贸等事关经济发展的重点领域，对电力、水利等对经济发展具有支撑作用的重点工作，分别听取了工作报告，进行了执法检查和视察。

2．围绕保民生加强监督。民生问题事关改革发展稳定大局。常委会对代表反映较为集中的就业、社会保障、教育、医疗等民生问题，听取了就业和社会保障工作报告，对劳动合同法贯彻实施情况进行了执法检查，对基础教育和农村卫生、食品安全和安全生产在2008年作出决议、决定的基础上再次进行了视察。

3．围绕保稳定加强监督。稳定是发展的基础和前提。常委会高度关注社会稳定工作，分别听取了市政府社会治安、市中级人民法院商事审判、市检察院反渎职侵权工作报告。常委会共督办信访案件662件，做到了接访、转办、督办、回复“四个100%”；加强对部分有代表性老案积案的督办，实行“三个一批”督办机制（常委会主任、副主任、信访室分别牵头督办一批），全年重点督办的37个老案积案全部办结。

（二）充分发挥代表作用，动员代表致力发展

人大代表是人民代表大会的主体，是经济社会发展的生力军。常委会高度重视代表工作，凝

聚全体代表力量，积极为全市经济社会发展作贡献。

1. 深入开展代表“建功立业”活动。常委会对以促进“四大基地一大产业”建设为主题的代表“建功立业”活动不断深化和提升。活动范围从582名市级以上代表扩大到全市14400多名各级代表，使覆盖面和社会影响扩大到全市范围；在《菏泽日报》、市电视台开辟活动专栏，宣传代表先进事迹50余人次，在省级以上媒体宣传代表10余人次；召开了代表建功立业座谈会；评选优秀代表进行表彰。市委、市政府对活动高度重视，赵润田书记、刘士合市长分别批示给予鼓励和支持。在广大代表的共同努力下，活动取得良好成效。据初步统计，市级以上代表共获得省级以上荣誉80余项；2009年1—11月，市级以上代表领办的企业在全市60强企业中占47家，在37家纳税千万元以上的企业中占32家，6家纳税亿元以上的企业全部为市级以上代表领办。

2. 努力增强代表建议办理实效。去年人代会前，常委会就组织代表进行了集中视察，为代表审议议题、提出建议做好相关准备；在人代会上，组织了代表建议现场答复会，邀请市政府及有关部门对代表反映较为集中的教育、卫生等方面的9条建议现场答复，实现了政府与代表的良性互动，《大众日报》、山东电视台进行了专题报道；年中，召开了代表建议办理工作会议，对代表建议进行集中督办；年底，评选出了优秀代表建议和建议办理先进单位。市十七届人大三次会议上代表提出的65件建议已全部办结，满意率和基本满意率达98.5%。

3. 积极搭建代表履职平台。通过发送《常委会公报》《菏泽人大》，组织代表视察、调研等活动，使代表及时了解经济社会发展和常委会工作情况。制定了《关于进一步加强人大代表小组建设的意见》，提出了代表小组建设“六有”标准（有场所、有器材、有制度、有计划、有活动、有档案）。邀请代表列席常委会会议，组织代表参与政风行风评议等活动，落实了各级代表活动经费，为代表履职提供了必要保障。

（三）坚决贯彻市委决策，积极作为参与发展

围绕中心、参与发展是市委赋予人大的新任务。常委会按照市委要求，努力做好承担的发展工作。

1. 在参与发展任务方面。常委会把参与发展作为发挥人大作用的重要机遇和平台，对市委安排的各项发展任务，坚决贯彻落实，全力以赴推进。据统计，去年市和县区人大参与的企业和项目分别为107个和178个，分别比上年增加28个和73个，其中26个企业位列全市60强，项目计划总投资达260多亿元。

2. 在参与发展机制方面。常委会各主任深入承担的企业和项目，及时了解生产经营情况，积极帮助解决项目核准、土地、环评、安评、资金等方面的问题；常委会机关各委室实行“一岗双责”，为分管主任承担的发展任务搞好服务；成立了参与发展办公室，配备了专职工作人员，及时调度工作情况，广泛搜集资料信息，共编发《工作参阅》18期、《工作通报》26期，为领导和企业提供决策参考。

3. 在参与发展成效方面。常委会各主任牵头或参与的大项目中，东明石化120万吨高硫重油综合利用、1000万吨日照—东明原油管道、玉皇化工20万吨聚丙烯、凯雷圣奥10万吨RT培司和8万吨4020防老剂、尚舜化工6万吨4020防老剂、菏泽玉皇7.5万吨乙醇胺、金正大100万吨控释肥、洪达化工200万吨煤焦化等32个新开工或续建亿元以上项目进展顺利；玉皇化工10万吨顺丁橡胶、菏泽玉皇20万吨苯乙烯、洪业化工10万吨环己酮、德泰化工100万吨芳烃抽提等29个亿元以上项目竣工投产。其中石化产业预计完成固定资产投资64亿元，增长35%，亿元以上项目在建22个、竣工投产16个；完成

主营业务收入430亿元，增长40%；实现利税30亿元，增长48%，年度计划全面完成。

（四）加强乡镇人大工作，夯实基础促进发展

乡镇人大是农村改革发展稳定的重要力量。去年以来，常委会高度重视、大力推动乡镇人大工作。

1．加强基础建设，创造良好环境。常委会在深入调研的基础上，向市委提报了《关于加强乡镇人大工作的请示》。市委非常重视和支持，专门下发了《关于加强全市乡镇人大工作的意见》。各县区委坚决落实，在较短时间内，对全市162个乡镇的人大主席、专职副主席、专职工作人员进行了优化调配，其中新配备乡镇人大干部128名，办公条件明显改善，办公经费、代表活动经费均列入本级财政预算，为乡镇人大工作开展提供了必备条件。

2．加强干部培训，提高工作水平。经市委同意，常委会举办了全市乡镇人大干部培训班，邀请市委领导同志讲了全市总体工作布局、经济社会发展情况和对乡镇人大工作的要求；市人大常委会有关领导讲授了人大的性质、地位和作用，我市人大工作面临的形势任务和乡镇人大履职要求等内容；邀请省内部分县区和乡镇人大负责同志做了经验介绍。提高了乡镇人大干部工作的针对性和实效性，取得了较好的学习效果。

3．加强业务指导，规范履职行为。常委会根据有关法律规定和《山东省乡镇人民代表大会工作若干规定》，结合我市实际，正在研究制定《菏泽市人大常委会关于进一步规范乡镇人大工作的意见》，指导和帮助乡镇人大制定乡镇人民代表大会会议、主席团会议、代表工作等方面的制度和运行机制，促使乡镇人大工作制度化、规范化。

（五）切实加强自身建设，提高能力服务发展

常委会按照“四高”要求，以建设“学习型、规范型、创新型、和谐型”“四型”机关为抓手，切实加强自身建设。

1．突出实践特色，开展学习实践活动。按照市委统一安排和争创学习实践活动先进单位的要求，深入开展了学习实践活动。在全面完成规定学习内容的同时，创新学习形式，丰富学习内容，观看了应对金融危机、新中国成立60周年、反腐倡廉等10余部专题片，邀请张敬艳、张弓等同志作了专题报告；广泛征求意见，深刻查摆问题，对7个方面21条整改措施，落实责任，逐项整改。为提高活动的实效，常委会把做好市委安排的包村工作作为学习实践活动的重要内容，帮助所包村庄制定了发展规划，建设了道路、水利工程和农家书屋；对调研中发现的黄河滩区两个村庄多年来未解决的电力和道路问题，进行积极协调，很快得到了解决。学习实践活动满意度测评群众满意率100%，得到了市委学习实践活动领导小组的高度评价。

2．注重制度建设，完善工作运行机制。常委会《关于进一步加强监督工作的意见》已经市委同意并进行转发，《关于进一步提高常委会会议质量的办法》《常委会机关问责制》已开始执行。在2008年出版《菏泽市人大常委会工作制度汇编》的基础上，新制定的《人代会工作规程》《常委会会议工作规程》《执法检查工作细则》《视察工作细则》等9项规程和细则已全部完成。

3．营造和谐氛围，发挥整体效能。一方面，自觉坚持市委领导，做到与市委同向，在政治上坚决与市委保持高度一致，把落实市委决策作为履职重点。在监督工作上，坚持寓支持于监督之中，大力支持“一府两院”依法行政、公正司法，与“一府两院”形成了各司其职、相互支持的和谐局面。另一方面，加强常委会机关思想作风建设，改善工作条件，弘扬团队精神，注重人大系统上下之间的联系，努力在全市人大系统营造和谐氛围。

4．开展“两创”活动，提升工作境界标准。按照市委要求，常委会开展了“争先创优、开拓

创新”活动，全年共12项工作达到了省级一流标准，其中2项受到全国人大奖励，超额完成了年初确定的10项争创目标任务，其中参与经济社会发展、信访案件“三个一批”督办机制、规范性文件备案审查、财政预算审查、持续关注民生5个方面的创新做法被省人大推广。

总之，常委会在2008年确立工作原则、工作思路，开创人大工作新局面的基础上，2009年在以下几个方面进行了创新和加强：一是在工作标准上，按照“四高”要求，把工作标准定位为在全市整体工作中有作为、在全省人大系统有名次，瞄准高目标，付出大努力，追求好效果。二是在工作理念上，坚持寓支持于监督之中，既立足于监督，更着力于支持，与“一府两院”形成了落实市委决策的合力。三是在工作重点上，把市委重大决策、“一府两院”着力推进、人民群众普遍关心的重大事项作为工作的重点，充分发挥职能作用，全力以赴进行推动。四是在工作作风上，争先创优，开拓创新，使全体人员在工作境界、标准、效率和效益上有了新的提升。

各位代表，人大工作成绩的取得，得益于市委的正确领导，得益于“一府两院”的真诚合作，得益于广大代表和各级人大的共同努力，得益于社会各界的大力支持。在此，我代表市人大常委会，向全体人大代表以及所有关心和支持人大工作的同志们，表示衷心的感谢！

各位代表，虽然市人大常委会工作取得了一定成绩，但仍存在一些问题和不足，主要表现在：对新时期人大工作特点和规律研究得还不深不透，人大作用发挥不充分不到位；监督工作机制还不够完善，监督实效仍需增强；代表工作存有薄弱环节，履职平台有待于进一步拓展；个别代表的代表意识不强，代表队伍的整体素质有待于进一步提高等，常委会将在今后工作中认真改进。

二、2010年工作打算

2010年是实施“十一五”规划的最后一年，也是应对国际金融危机冲击、巩固经济回升，为“十二五”规划奠定良好基础的关键一年。常委会工作的指导思想是：全面贯彻党的十七大和十七届三中、四中全会精神，以邓小平理论和“三个代表”重要思想为指导，深入贯彻落实科学发展观，在市委的坚强领导下，按照“四高”要求，坚持“三同”“两创”“一增”工作思路，紧紧围绕全市改革发展稳定大局，依法履职，积极作为，求实创新，为促进我市经济社会科学发展、和谐发展、跨越发展、更好更快发展做出积极贡献。按照这一指导思想，常委会将计划听取14项工作报告，组织1次执法检查、4次视察；将深入开展代表“建功立业”主题活动和“环保世纪行”“节能降耗、走低碳经济发展之路”2个专项活动；13项工作争创全省一流，其中2—3项进入全国先进行列。

（一）着力研究新时期人大工作的特点和规律

人大工作是党的工作的重要组成部分，只有按照党委要求，充分体现时代性、把握规律性、富有创新性，才能更好地担当起历史重任。

1．准确把握人大工作的新形势，体现人大工作的时代性。当今世界正处于大发展大变革大调整时代，我国正处于改革发展的关键时期，我市正处于奋力爬坡、全力赶超的关键时刻。常委会将深刻领会中央和省、市委对国内外形势的科学判断，立足人大职能，与时俱进，开拓创新，努力使人大各项工作体现时代特点，符合时代要求。

2．准确把握人大工作的新特点，探索人大工作的规律性。民主法制建设是各级人大及其常委会的根本任务。随着依法治国不断推进，公民民主法治意识日益增强，民主法制建设呈现出新的特点。常委会将在换届以来实践创新的基础上，研究和探讨新时期人大工作的规律，科学运用多种形式，依法履行职责，为“一府两院”依法行政、公正司法和法律法规正确贯彻实施创造良好环境。

3. 准确把握人大工作的新任务，彰显人大工作的创新性。市委高度重视人大工作，对人大工作进行了新的定位，赋予了新的任务；"一府两院"大力支持人大工作，对与人大形成合力落实党委决策寄托了新的希望；人民群众希望通过多种途径参与国家公共事务，维护自身的权利和利益，对人大工作寄予了新的期待。常委会将不负众望，紧紧围绕市委重大决策、"一府两院"着力推进、人民群众普遍关心的重大事项，依法履行职责，创造性地开展工作，努力适应新任务要求，增强工作实效，彰显人大工作的创新性。

（二）着力提升监督工作水平

市委对人大加强监督工作、提高监督质量提出了新的要求，常委会将认真贯彻落实，进一步坚持和完善好寓支持于监督之中的理念，切实增强监督实效。

1. 突出监督重点。紧紧围绕市委中心工作和保增长保民生保稳定、转变经济发展方式，拟听取计划、财政、"一六五五"工业发展规划、十项重点民生工作、强农惠农政策落实、"十一五"规划实施和"十二五"规划编制、"五五"普法规划实施和"六五"普法规划编制、法院执行、检察院法律监督、消防、交通公路、民族等工作报告；对节约能源法实施情况进行执法检查；对"四大基地一大产业"和城镇化、食品安全和安全生产、基础教育和农村卫生等工作进行再视察。

2. 完善监督方式。重点推行"监督问责制"。对听取的专项工作报告、人大常委会所作决议决定执行情况、审议意见办理情况、执法检查和视察意见落实情况等，常委会组成人员将进行投票表决。表决结果为"满意"或"基本满意"的视为通过；表决结果为"不满意"的，要求相关部门整改后重新报告，并再次表决。两次表决均为"不满意"的，报经市委同意，常委会将依法启动质询、特定问题调查、撤职等监督程序。

3. 提升监督质量。突出抓好"四个环节"：一是调研环节。在重大会议和重要活动前，从群众工作办公室、信访局、市长公开电话等渠道搜集信息，以暗访等方式，深入基层和一线调研，摸清情况，找准问题。二是审议环节。紧紧围绕议题，通过辩论、询问等方式，把问题议深议透，力求提出高质量的意见和建议。三是督办环节。对某些久议不决、长督无效的问题，实施质询、特定问题调查等监督手段，进行跟踪监督。四是依法公布环节。及时将常委会的决议决定、审议意见、执行或办理情况、票决结果，依法向代表通报，向社会公布，接受代表和社会监督。

（三）着力发挥人大代表作用

人大代表是国家权力机关的组成人员，代表人民行使国家权力。加强代表工作，充分发挥代表的主体作用，是常委会工作的重中之重。

1. 深入开展"建功立业"主题活动。人大代表"建功立业"活动是本届人大常委会开展的一项主题活动，按照市委的要求，常委会确定今年为"建功立业"活动提升年，同时开展"节能降耗、走低碳经济发展之路""环保世纪行"2个专项活动。活动以促进"四大基地一大产业"、城镇化建设为主题，3月召开会议进行再动员，7月召开座谈会再调度，10月进行现场观摩再促进，年底对优秀代表进行评选表彰再鼓励。通过广大代表的共同努力，在全市唱响建功立业的主旋律，打响发展低碳经济的攻坚战，为我市实现"四个发展"、建设四省交界科学发展高地做出更大的贡献。

2. 大力抓好代表小组建设。常委会将把代表小组建设作为一项基础性工作，为代表闭会期间开展活动创造良好的平台。重点抓好《关于进一步加强人大代表小组建设的意见》的落实，春节后对代表小组建设情况进行一次抽查，确保代表小组建设达到"六有"标准，提高活动质量和规范化水平。5月召开全市人大代表工作座谈会，进一步总结交流和推动代表小组建设。

3. 切实加强代表建议办理。办理好代表建议，支持代表依法执行职务，是人大常委会的法定职责。常委会将按照“交办及时、督办有力、办理高效”的要求，今天下午邀请市政府及有关部门负责人对代表提出的6条建议进行现场答复，3月召开交办会，7月进行集中督办，年底对优秀代表建议和办理工作先进单位评选、表彰，力争实现办结率、答复率、代表见面率、代表满意率“四个100%”，确保代表建议落到实处。

（四）着力提高参与发展成效

今年，市委市政府确定为大项目建设推进年、提升年，以“转方式、调结构、增效益”为主线，着力推动“四个发展”，努力打造四省交界处科学发展高地。常委会将按照这一要求，加大力度，强化措施，确保全面完成承担的发展任务。

1. 抢抓机遇，突出重点。抓住国家推动产业优化升级、培植新兴产业、发展低碳经济、推进节能减排、鼓励自主创新和产业转移等方面的政策机遇，着力促进产业结构调整，提升产品质量档次，壮大产业和企业规模，增强市场竞争力和可持续发展能力。

2. 明确任务，落实责任。对照市委市政府确定的年度内产业发展规划和300个重点项目，对各位主任承担的发展任务进行梳理，做到任务明确，责任落实，力度加大，成效增强。其中，石化产业发展主要预期目标是：主营业务收入完成600亿元，增长40%；固定资产投资完成80亿元，增长25%；重点抓好东明石化120万吨高硫重油综合利用、300万吨高硫重油加工、日照—东明原油管道、30万吨原油码头、玉皇化工20万吨丙烯、洪业化工16万吨己内酰胺、凯雷圣奥10万吨RT培司和8万吨4020防老剂、尚舜化工6万吨4020防老剂、菏泽玉皇40万吨芳构化等26个亿元以上项目建设，力争4个项目列入省重点项目或省重点技改项目。

3. 加强调度，优化服务。进一步加大调度和推动力度，努力解决企业发展和项目建设中遇到的困难和问题。市人大常委会参与发展办公室将广泛搜集产业发展信息，及时编发《工作参阅》《工作通报》，为有关领导和企业决策提供依据和参考。8月召开全市人大参与发展座谈会，进一步巩固全市人大参与发展的良好局面。

（五）着力推动乡镇人大工作

乡镇人大是最基层的地方国家权力机关，是全市人大工作的重要组成部分。常委会将在去年的基础上，与县区人大常委会一起，努力促进乡镇人大工作正常化、规范化开展，使其在加强基层政权建设、促进农村经济社会发展等方面发挥更大的作用。

1. 适时督促检查。3月，常委会将组织一次专项检查，重点检查乡镇人大办公场所落实、工作条件保障、经费按标准列入本级预算并专款专用等情况，确保市委《关于进一步加强乡镇人大工作的意见》落到实处。

2. 加强业务指导。实行常委会主任联系乡镇人大办法，每个主任每年联系3个乡镇人大，有针对性地帮助乡镇人大开展工作。常委会及相关工作机构，要经常深入乡镇人大，了解工作情况，帮助解决工作中遇到的困难和问题。6月召开全市乡镇人大工作交流会，进一步研究加强乡镇人大工作的措施。

3. 完善工作制度。根据监督法和地方组织法等有关法律规定，借鉴外地经验，结合我市乡镇人大工作实践，尽快完成我市乡镇人大工作制度建设，促进乡镇人大规范履职。

4. 创造良好环境。及时将乡镇人大工作情况向市委报告，争取市委更大的支持。加强与县区委的沟通，请县区委更加关注乡镇人大，支持乡镇人大依法履职、参与发展等各项工作，关心乡镇人大干部的培养、选拔和交流，为乡镇人大开展工作创造良好的环境。

（六）着力加强常委会自身建设

“高境界、高标准、高效率、高效益”是市委对各项工作的总体要求，也是人大工作的基本遵循。常委会将坚持做到：工作境界和工作标准向党委政府学习，工作效率和工作效益向党委政府看齐。具体工作中，将进一步加强“四型”机关建设，努力提升履职能力和工作水平。

1. 在建设学习型机关方面。在市人大机关深入开展“学习年活动”，按照市委要求组织好理论中心组学习，围绕常委会议题组织集中学习，每季度设一个专题进行学习和研讨，努力提高理论素养和业务能力。

2. 在建设规范型机关方面。认真落实好市委转发的《关于进一步加强监督工作的意见》，改进和深化监督工作；抓好《常委会机关问责制》的落实，进一步明确任务和职责，增强事业心和责任感；根据工作需要，进一步健全和完善各项工作制度，不断提高工作规范化水平。

3. 在建设创新型机关方面。大力弘扬创新精神，营造良好的创新氛围；制定创新奖励办法，鼓励和支持创新；重点围绕监督工作质量的提高、参与发展成效的提升、人大代表作用的发挥等方面，不断进行工作理念、机制、方式创新，力争3项以上创新成果被省人大推广。

4. 在建设和谐型机关方面。努力改善工作和学习条件，关心干部职工身心健康，开展有益活动，营造和谐温馨氛围；积极参加省人大组织的活动，做好省人大安排的各项工作；坚持全市人大工作“一盘棋”思想，密切与县（区）、乡镇（办）人大的联系，努力建设和谐机关、和谐系统。

各位代表，在新的一年里，我们肩负的任务光荣而繁重，担当的使命神圣而艰巨。市人大常委会将在市委的坚强领导下，与全体代表一起，争先创优、争创一流，在执法检查和视察、参与发展、提高常委会会议质量、代表“建功立业”活动、代表小组建设、代表建议办理、预算审查、乡镇人大工作、“环保世纪行”活动、规范性文件备案审查、信访、调研、宣传13个方面创全省一流业绩，其中2—3项进入全国先进行列，以优良的作风、扎实的工作、优异的成绩，为我市经济社会科学发展、和谐发展、跨越发展、更好更快发展做出积极的贡献！

菏泽市人大常委会工作报告

——2011年1月22日在菏泽市第十七届人民代表大会第五次会议上

菏泽市人大常委会第一副主任　杨永昌

各位代表：

我受赵润田主任的委托，代表市十七届人大常委会，向大会报告工作，请予审议，并请列席的同志提出意见。

一、2010年工作回顾

过去的一年，在市委的坚强领导下，市人大常委会深入贯彻落实科学发展观，紧紧围绕全市改革发展稳定大局，依法履行职责，积极参与发展，圆满完成了各项工作任务。一年来，共听取14项工作报告，组织1次执法检查、3次视察，决定批准了与俄罗斯奥廖尔市、河南省濮阳市缔结友好城市的议案，在各级代表中开展了1个主题、3个专项活动，任免了75名国家机关工作人员，开展了常委会设立10周年纪念活动，13项工作创出了全省一流成绩。

（一）关于监督工作

常委会始终坚持围绕中心依法履职，积极行使监督职权，努力提高监督工作质量。

1. 突出监督重点。一是以转方式调结构为重点，加强对经济发展的监督。听取了计划执行、“一六五五”企业成长计划进展、“十一五”规划实施和“十二五”规划编制情况的工作报告，对“四大基地一大产业”重大项目和城镇建设重点工程连续第三年视察，对节约能源法实施情况进行了执法检查。二是以改善民生为重点，加强对民生问题的监督。听取了强农惠农政策落实、十项重点民生工作等工作报告，对食品安全和安全生产、基础教育和农村卫生工作连续第三年视察。三是以维护社会公平正义为重点，加强对司法工作的监督。听取了“五五”普法依法治理、法院执行、检察院法律监督工作报告，完成了24件规范型文件备案审查。

2. 强化监督措施。一是大力推行票决制。常委会按照市委批准的票决办法，组织常委会组成人员和89名人大代表分别投票，从去年监督涉及的15项工作中选出6项进行票决，其中3项被评为满意，3项为基本满意。二是强化信访监督。按照市委把群众工作贯穿各项工作始终的要求，以化解信访老案积案为重点，开展了“千件信访案件督办”活动。市县乡三级人大，采取“三个一批”办法（常委会主任、副主任、信访室分别牵头督办一批），成功督办信访老案积案1243件。市人大全年新接办的569件信访案件，实现了接访、转办、督办、回复“四个100%”，办结率达82%。三是加强预算监督。成立了预算工作委员会，修改完善了《菏泽市市级预算审批监督办法》，审议了3次预算调整议案，人代会批准的预算全面落实。

3. 提升监督质量。重点抓好“四个环节”：一是调研环节。在会议和活动前，从市委信访局、群工办、市长热线筛选反映较为集中的问题进行暗访，摸清情况，找准问题，提出有针对性的建议。二是监督意见形成环节。提前发放材料，认真审议讨论，充分听取常委会组成人员和代表的建议，集思广益形成高质量的监督意见。三是督办环节。监督意见反馈之后，相关委室跟踪督办，常委会年底进行集中督办。四是依法公布环节。依法将监督意见办理情况、票决结果向代表通报，向社会公布，做到人大监督与社会监督相结合。

（二）关于代表工作

常委会始终坚持尊重代表主体地位，充分发挥广大代表的作用，努力提高代表工作水平。

1. 加强代表小组建设。优化组建了1163个各级代表小组，所有代表小组全部建立了代表活动室，并达到了“六有”标准（有场所、有器材、有制度、有计划、有活动、有档案），实现了活动场所从“无”到“有”的转变、活动制度从“缺失”到“健全”的转变、活动内容从“虚功”到“实效”的转变。

2. 拓宽代表活动领域。一是开展了“建功立业”活动。在各级代表中继续深入开展“建功立业”主题活动，启动了“推进节能减排、发展低碳经济”“环保世纪行”2个专项活动，鼓励和支持广大代表建功立业，引领经济发展方式转变。2010年，市级以上人大代表领军的工业企业，在全市60强中占47家，在纳税过5000万元的13家企业中占11家，在过亿元的9家企业中占8家。我市推选的7名全国劳模，其中5名为人大代表。2位“菏泽市重大科技贡献奖”获得者均为市人大代表。二是开展了“万件社会矛盾化解”活动。常委会按照市委“矛盾纠纷大化解大治理”活动的要求，切实发挥代表与群众联系密切的优势，动员代表共化解11553件矛盾纠纷。三是开展了代表述职活动。建立述职试点，组织县乡代表向选民述职、市级以上代表向选举单位报告履职情况共500多次。四是开展了“百万册图书进校园”捐赠活动。常委会与市总工会、团市委、市妇联、市教育局联合组织，目前活动已正式启动，取得良好开局。

3. 狠抓代表建议落实。在市十七届人大四次会议上，市人大代表共提出52件建议。人代会期间邀请市政府及有关部门，对节能减排、新农合等方面的6条代表建议，进行现场答复。7月召开了建议督办会，对代表建议进行集中督办。目前，52件建议已全部办理完毕，落实率达88.5%。为进一步提高建议落实率，今天上午由各代表团推选的部分代表，对10件建议办理情况进行投票表决，对表决结果为“不满意”的，将加强跟踪督办，直到代表满意为止。

（三）关于参与发展工作

常委会始终坚持围绕中心工作，积极融入发展大局，努力提高参与发展成效。

1. 落实工作责任。在我市重点推进的300个亿元以上大项目中，常委会各位主任参与的共有71个。我们把这些项目明确工作目标，逐一落实责任。在常委会机关实行“一岗双责”，做到本职工作和参与发展相互促进、相得益彰。

2. 搞好服务协调。实行调度通报和现场观摩制度，及时解决项目建设遇到的困难和问题；积极帮助企业搞好发展规划和项目策划，谋划长远发展战略；召开了全市人大参与发展座谈会，进一步研究强化参与发展的工作措施；参与发展办公室全力搞好信息服务，编发《工作参阅》《工作通报》26期。

3. 注重发展实效。常委会各位主任参与的项目中，睿鹰大头孢项目、东明石化120万吨高硫重油综合利用、玉皇化工10万吨顺丁橡胶、凯雷圣奥（一期）、洪达煤化工（一期）等项目竣工；步长中西药工业园、巨森木业、东明石化300万吨高硫重油综合利用、1000万吨日东输油管线、玉皇化工8万吨稀土顺丁橡胶和7.5万吨乙醇胺、洪业化工16万吨己内酰胺等项目进展顺利。其中，石化产业3个项目被列为省重点工程，1个项目被列为国家重点技改项目；完成固定资产投资80亿元，增长28%；实现主营业务收入620亿元，增长35%；实现利税52亿元，增长64%。

（四）关于县乡人大工作

常委会始终坚持全市人大“一盘棋”，加强对县乡人大的指导和支持，努力提高人大系统的工作合力。

1. 加强县乡人大建设。按照省人大的要求，积极推动县区人大成立预算工作委员会。认真落实市委《关于加强全市乡镇人大工作的意见》，及时优化调配了乡镇人大干部，各乡镇全部配备了人大办公室、代表活动室，按每位代表不少于500元的标准，将代表活动经费列入了财政预算。全市所有乡镇人大全部建立了较为完善的工作制度，基本实现了工作制度化、规范化。

2. 加强支持指导。常委会加强与县（区）党委的沟通，大力支持和指导县（区）乡（镇）人大依法开展工作，县（区）乡（镇）人大工作赢得了党委的充分肯定，2010年，县区人大机关干部提拔重用26人，乡镇人大干部提拔重用21人。按照《关于主任联系县区、委室联系乡镇人大工作的意见》，常委会各位主任分别联系1个县区人大，各委室分别联系2个乡镇人大，建立工作机制，加强工作交流，支持和指导县乡人大工作开展。

3. 加强工作联动。常委会加强人大工作形势、特点和规律的分析研究，采取座谈会、现场会、研讨会等形式，促进全市人大系统相互借鉴、共同提高。在参与发展、代表小组建设等重点工作和“建功立业”“万件社会矛盾化解”“千件信访案件督办”等重要活动中，注重发挥县（区）乡（镇）人大的作用，形成了全市人大工作的合力。

（五）关于常委会自身建设

常委会始终坚持市委“四高”要求，切实加强“四型”机关建设，努力提高依法履职能力。

1. 学习型机关建设方面。开展了“学习年”活动，设置了政策理论、法律法规、业务知识、综合知识4个专题，坚持常委会会前学习、机关周五集体学习等制度，举办了转变发展方式、加强预算监督等专题讲座，开展了监督工作、机关建设等研讨活动，以加强学习促进履职能力的不断提高。

2. 规范型机关建设方面。全面落实《关于进一步加强监督工作的意见》等各项制度，新制定了《关于加强社会矛盾化解工作的意见》《关于加强信访老案积案督办工作的意见》等6项工作制度，以制度建设促进运行机制的不断完善。

3．创新型机关建设方面。开展了开拓创新、争先创优活动，推进票决问责、“万件社会矛盾化解”“千件信访案件督办”等工作创新，参与发展、代表工作、信访工作、乡镇人大工作等13项工作在省内创出了一流成绩，以创新创优促进工作实效的不断增强。

4．和谐型机关建设方面。坚持与市委同向、与“一府两院”同力、与人民群众同心，在维护大局和谐的前提下积极开展工作。争取了省人大对我市经济发展情况连续三年跟踪调研，今年形成的《关于菏泽经济发展情况的调研报告》，得到省委省政府的高度重视和大力支持，为我市“十二五”期间更好更快发展创造了良好条件。加强与各级代表的联系和对县乡人大的指导，努力营造相互尊敬、相互支持和谐机关氛围，形成有强大战斗力的和谐团队，以和谐创建促进人大系统合力的不断提升。

各位代表，过去一年市人大常委会取得的成绩，是市委正确领导、全面支持的结果，是“一府两院”密切配合、协同工作的结果，是全体代表和人大工作者依法履职、共同努力的结果。在此，我代表市人大常委会，向所有关心和支持人大工作的同志们，向全体人大代表和人大工作者，表示崇高的敬意和衷心的感谢！

各位代表，回顾过去一年的工作，虽然我们取得了一定成绩，但也必须清醒地看到，常委会工作还存在不少差距和不足。主要有：人大监督实效还不够突出，监督质量需要进一步提高；代表小组、乡镇人大建设还不够完善，代表作用发挥需要进一步创新；机关工作运行机制还不够健全，人大干部工作作风和依法履职能力需要进一步提升。对此，常委会将高度重视，采取有效措施，认真加以改进。

二、进一步增强责任感和使命感

当前和今后一个时期，世情、国情继续发生深刻变化，我市经济社会发展将面临新的机遇和挑战，人大承担的工作任务更重，对人大工作的标准要求更高。常委会将进一步统一思想、提高认识，切实增强做好人大工作的责任感和使命感。

（一）准确把握人大政治机关的性质，始终坚持正确的政治方向。党章规定：“中国共产党领导人民发展社会主义民主政治。坚持党的领导、人民当家作主、依法治国的有机统一……坚持和完善人民代表大会制度”。胡锦涛总书记强调：“发展社会主义民主政治，建设社会主义政治文明，最重要的就是要坚持和完善人民代表大会制度。”由此可见，人大是我们党重要的政治机关，在国家经济政治生活中发挥着不可替代的作用。正是因为如此，人大必须更加牢固树立党的领导意识和政治意识，紧紧围绕党委中心开展工作，认真贯彻落实党委决策，始终保持正确的政治方向。我市人大工作的实践充分证明，人大只有始终坚持党的领导，与党委同向，才能真正做到保持正确政治方向，各项工作才会拥有坚强的政治保障。

（二）准确把握人大国家权力机关的性质，始终坚持依法履行职责。宪法规定：“地方各级人民代表大会是地方国家权力机关。”“国家行政机关、审判机关、检察机关都由人民代表大会产生，对它负责，受它监督。”吴邦国委员长指出：“各国家机关分工不同、职责不同，都在中国共产党领导下、在各自职权范围内贯彻落实党的路线方针政策和宪法法律……人大通过制定法律、作出决议，决定国家大政方针，并监督和支持‘一府两院’依法行政、公正司法”。由此可见，人大与“一府两院”都是重要的国家机关，工作目标一致、政治方向相同。正是因为如此，人大必须更加牢固树立大局意识，与“一府两院”同舟共济，齐心协力推动经济社会发展。我市人大工作的实践充分证明，人大只有始终坚持依法履职，与“一府两院”同力，才能真正做到寓支持于监督之中，各项工作才会取得更大的成效。

（三）准确把握人大代表机关的性质，始终坚持密切联系群众。宪法规定：“中华人民共和国的一切权力属于人民。人民行使国家权力的机关是全国人民代表大会和地方各级人民代表大会。”“全国人民代表大会和地方各级人民代表大会都由民主选举产生，对人民负责，受人民监督。”胡锦涛总书记指出：“衡量一个政治制度是不是民主的，关键要看最广大人民的意愿是否得到了充分反映，最广大人民当家作主的权利是否得到了充分实现，最广大人民的合法权益是否得到了充分保障。”由此可见，人大是同人民群众保持密切联系的代表机关，代表人民行使国家权力。正是因为如此，人大必须更加牢固树立群众意识，情为民所系，权为民所用，保证人民当家作主，切实维护人民群众的利益。我市人大工作的实践充分证明，人大只有始终坚持密切联系群众，与人民群众同心，才能真正做到一切为了人民群众，各项工作才会得到群众的支持和信任。

总之，人大承担着宪法法律赋予的神圣职责，肩负着党委交给的重任，承载着全市人民的重托。各位代表要倍加珍惜人大代表这个光荣称号，进一步增强代表意识，依法履行职责，当好经济发展的生力军、社会和谐的维护者、人民群众的代言人；全体人大工作者要倍加珍惜肩负的重大责任，进一步增强履职为民的观念，积极开展工作，在人大工作岗位上展现人生价值，提升人生境界；全市人大系统要倍加珍惜当前我市经济发展、政治稳定、社会和谐的大好形势，进一步增强大局观念，紧紧围绕党委重大决策、“一府两院”着力推进和人民群众普遍关心的事项，坚持与党委同向、与“一府两院”同力、与人民群众同心，行职权于法律之赋，寓支持于监督之中，积极作为、科学务实，坚决做到不辱使命、不负重托。

三、2011 年工作打算

“十二五”时期是我市更好更快发展期和战略转型期，今年是“十二五”规划实施的开局之年，也是我市经济社会发展加快赶超、实现 2012 年发展目标的关键一年。综合分析面临的形势和任务，常委会确定今年工作的指导思想是：全面贯彻党的十七大和十七届三中、四中、五中全会精神，以邓小平理论和“三个代表”重要思想为指导，深入落实科学发展观，在市委的坚强领导下，坚持“四高”“三同”“两创”“一增”的工作思路，紧紧围绕科学发展这一主题，围绕转方式、调结构、增效益、上水平这一主线，积极依法履职，全力服务大局，为促进我市科学发展、和谐发展、跨越发展、更好更快发展做出新的更大的贡献。按照这一指导思想，常委会将听取计划、财政、审计、物价、商务、住房保障、水资源管理、基础教育和农村卫生、“一六五五”企业成长计划、“六五”普法依法治理规划、法院立案、检察院反贪污贿赂等 13 项工作报告，对“五大基地一大产业”重大项目和城镇建设重点工程、十项重点民生工作、社会保障体系建设等进行视察，对水污染防治法实施情况进行执法检查；深入开展“建功立业”1 个主题和“环保世纪行”“万件社会矛盾化解”“千件信访案件督办”“百万册图书进校园”4 个专项活动；15 项工作争创全省一流，其中 2 项以上跨入全国先进行列。

（一）进一步加强监督工作

监督权是法律赋予人大的一项重要职权，依法监督是人大落实党委决策的重要途径。常委会将把行使监督权作为关键环节来强化，坚决坚持寓支持于监督之中的理念，始终把支持“一府两院”贯穿于监督工作的全过程，在加强监督中尽好支持之责。

一是强化对监督意见的督办。把提高监督意见质量作为支持“一府两院”工作的主要措施，深入调查研究，广泛听取意见，提高建议的科学性。加强监督意见督办，经常性督办靠调度，跟踪性督办靠通报，年终性督办靠票决，以求市委作出的重大决策、“一府两院”推动的重点工作、人民群众关注的重大事项落到实处。

二是强化对代表建议的督办。把办理好代表建议作为发挥代表作用的重要方面，鼓励代表及时反映人民群众的意愿，为经济社会发展多提建议、提好建议。继续坚持年初交办、年中督办、年底票决等办法加大建议办理力度，确保实现代表建议办结率、答复率、见面率、满意率“四个100%”，落实率提高到90%以上。

三是强化对信访案件的督办。把信访案件督办作为促进社会和谐稳定的重点工作，排解民忧，化解民怨，维护群众的合法权益。继续采取“三个一批”办法，联合县乡人大开展“千件信访案件督办”活动，确保全年督办化解1000件以上，使人大系统信访老案积案基本消除，当年新接办信访案件办结率达到85%以上。

（二）进一步加强代表工作

人大代表是人民代表大会的主体，代表人民行使国家权力，同人民群众保持着密切联系，这是人大的最大资源，也是最大的优势。常委会将把代表工作作为基础性工作来加强，始终坚持依靠代表开展工作，支持和保障代表依法履职，在发挥优势中聚好群众之智。

一是加强代表小组建设。在各级代表小组达到“六有”标准的基础上，实行指导员制度和活动备案制度，加强对代表小组的指导，不断总结代表小组活动的典型和经验，不断创新代表小组活动的内容和形式，不断提升代表小组活动的实效和水平，实现代表小组工作科学化、活动正常化，为代表闭会期间履行职责搭建良好平台。

二是深入开展代表活动。进一步拓展代表发挥作用的平台，继续在各级代表中开展“建功立业”“环保世纪行”“万件社会矛盾化解”“百万册图书进校园”活动。通过活动开展，支持代表围绕“五大基地一大产业”建设主题，人人建功立业，个个率先发展，以求做到一个代表、一面旗帜；鼓励代表践行低碳发展理念，监督支持环境保护工作，以求我市在国家淮河流域水污染防治考核中取得优异成绩；动员代表胸怀全市发展大局，心系群众切身利益，积极化解社会矛盾纠纷，全年确保化解10000件以上，以求社会更加和谐稳定；发动代表关心教育事业，倾爱中小学生，积极捐赠图书，确保捐赠100万册以上，以求中小学图书缺乏问题得到缓解。

三是提高代表服务水平。扩大代表对常委会工作参与度，常委会开展的重要工作都充分听取代表的意见和建议。邀请“一府两院”及时向代表通报工作，组织好代表集中视察、专题调研和“双联”活动，为代表了解民情、集中民智、反映民意创造条件。全面开展代表述职活动，今年做到县、乡代表50%以上向选民述职，省、市代表履职情况全部向选举单位备案，让代表走进选民，使选民了解代表。

（三）进一步加强参与发展工作

“十二五”时期，我市将着力打造四省交界地区科学发展高地，成为山东经济发展重要增长极。这是全市人民的期盼，更是全市人大系统义不容辞的责任。常委会将把参与发展作为重要使命来完成，始终坚持突出发展主题，在融入大局中担好发展之责。

一是着力抓好责任落实。按照市委分工，常委会将把参与的产业和项目任务，细化分解到常委会各位主任。坚持“一岗双责”机制，实行“二分之一工作法”，做到参与发展的责任感不断增强，参与发展的精力更为集中，确保全面完成承担的各项任务。

二是着力抓好政策争取。抢抓“十二五”规划启动实施的机遇，及早着手，积极争取，确保分包的项目按规划顺利实施。其中，石化产业将做好发展规划，确保2012年炼油能力达到1200

万吨以上，主营业务收入达到1200亿元以上，做好大乙烯工程的前期工作，为“十二五”期间石化产业发展奠定良好基础。

三是着力抓好企业发展和项目建设。常委会各位主任将以解决立项、用地、环评、资金等难题为重点，全力支持分包企业发展和项目建设。其中，石化产业发展主要预期目标是：主营业务收入完成840亿元，固定资产投资完成98亿元；确保1000万吨日东输油管线、玉皇化工8万吨稀土顺丁橡胶和7.5万吨乙醇胺、洪业化工16万吨己内酰胺等项目竣工投产，东明石化160万吨延迟焦化、玉皇化工20万吨丙烯和碳酸二甲酯、东方化工10万吨丁辛醇等项目开工建设，东明石化300万吨高硫重油综合利用、凯雷圣奥（二期）、华恒生化、尚舜化工防老剂扩建等项目加快推进。

（四）进一步加强乡镇人大工作

乡镇人大是最基层的人大组织，在基层民主法制建设和经济社会发展中发挥着重要作用。常委会将把乡镇人大工作作为加强基层工作的重点来推进，始终坚持上下联动、和谐共进，在加强指导中夯实人大工作之基。

一是加强对乡镇人大的指导。常委会将继续抓好机关委室联系乡镇人大工作，进一步加强乡镇人大制度建设，加大对乡镇人大工作的宣传力度，组织工作观摩交流活动，着力促进乡镇人大工作正常化、科学化、规范化。

二是促进乡镇人大工作开展。常委会将把组织开展的重点工作和重要活动，继续向乡镇人大延伸。组织乡镇人大开展好“建功立业”“环保世纪行”“万件社会矛盾化解”“千件信访案件督办”4项活动，以乡镇人大为重点开展好“双联”“述职”活动，使乡镇人大代表小组建设水平不断提高，使乡镇人大的作用发挥不断扩大。

三是保障乡镇人大依法履职。进一步认真落实市委《关于加强全市乡镇人大工作的意见》，对乡镇人大干部及时优化调配，使乡镇人大工作条件不断改善，保乡镇人大代表活动经费全部落实、逐步提高，为乡镇人大依法履职提供必要保障。

（五）进一步加强常委会自身建设

加强常委会自身建设，是新形势新任务的必然要求。常委会将把自身建设作为战略性任务来抓好，始终坚持“四高”要求，坚持工作境界和标准向党委政府学习、工作效率和效益向党委政府看齐，建设“四型”机关，打造“求实、创新、一流、和谐”人大精神，在工作实践中增强履职之功。

一是大力倡导求实精神。坚持求真务实、真抓实干，无论是监督意见、代表建议、信访案件的督办，还是各项工作的开展，都坚持说实话、办实事、求实干、讲实效，不搞形式主义，不做表面文章，使我市人大的工作实效进一步提升。

二是大力倡导创新精神。既履职于法律规定，更注重在实践中创新。重点加强监督意见督办等工作创新，加强机关岗位责任、业绩量化考核等制度创新，确保3项以上创新成果被省人大推广，使我市人大的创新活力进一步提升。

三是大力倡导一流精神。深入开展争先创优活动，确保参与发展、代表工作、乡镇人大工作、信访工作、执法检查和视察、机关建设等15项工作创省级一流成绩，整体工作在全省人大系统名次要前移，2项单项工作在全国人大系统有地位，使我市人大的境界标准进一步提升。

四是大力倡导和谐精神。常委会将确保在市委领导下依法履职，与“一府两院”相互支持，把上级人大安排的工作完成好，把支持和指导县乡人大的事宜办理好，把市人大机关温馨的工作环境营造好，把各级人大代表服务好，使我市人大和谐程度进一步提升。

各位代表，我们肩负的任务光荣而繁重，担

当的使命神圣而艰巨。常委会将在市委的坚强领导下，以科学发展观为统领，以民主法制建设为己任，凝聚各级人大代表之心，激发全体人大工作者之志，整合全市人大系统之力，围绕中心、服务大局，争先创优、开拓创新，为我市实现“四个发展”、建设四省交界地区科学发展高地做出更大的贡献！

第四节　第十八届人大历次会议常委会工作报告

菏泽市人大常委会工作报告

——2012 年 2 月 10 日在菏泽市第十八届人民代表大会第一次会议上

菏泽市人大常委会第一副主任　杨永昌

各位代表：

我受赵润田主任的委托，代表市十七届人大常委会，向大会报告工作，请予审议，并请列席的同志提出意见。

2008 年以来工作回顾

换届以来，在市委的坚强领导下，市人大常委会圆满完成了本届人大常委会的各项工作任务。共听取审议工作报告 54 项，组织执法检查 6 次、视察 17 次，开展了代表“建功立业”“万件社会矛盾化解”“千件信访案件督办”“百万册图书进校园”等一系列主、专题活动，任免国家机关工作人员 347 人次，15 项工作创全省一流，3 项工作走在了全国同级人大的前列。

一、与时俱进，开拓创新，人大工作有新思路

科学的工作理念和工作思路是开创工作新局面的重要前提和保证。根据新时期民主法治建设特点和菏泽发展大局，常委会确立了基本的工作理念、原则、思路和布局。一是确立了两个基本工作理念。即：“行职权于法律所赋、寓支持于监督之中”。二是确立了四项基本工作原则。即：“坚持党的领导、融入大局、依法履职、以人为本”。三是确立了“四三二一”基本工作思路。即：“四高、三同、两创、一增”，坚持市委“四高”要求，与党委同向、与“一府两院”同力、与人民群众同心，争先创优、开拓创新，努力增强工作实效。四是确立了“一三二一”基本工作布局。即：围绕“一个中心”（党委工作中心），行使好“三项职权”（决定权、监督权、任免权），突出“两个服务”（服务发展、服务代表），抓好“一项建设”（自身建设）。工作理念的创新，使人大工作的定位、方向和目标进一步明确、具体、科学。

二、围绕中心，服务大局，依法履职有新作为

围绕中心、依法履职是人大工作的基本遵循。常委会突出工作重点，坚持做到在加强监督中尽好支持“一府两院”之责。

（一）依法行使监督权

1．突出监督重点。围绕市委重大决策抓监督。为落实市委工业化和城镇化“双轮驱动”战略，连续四年对“五大基地一大产业”重点项目和城镇建设重点工程进行了视察；为落实市委维稳重大决策，市县乡人大三级联动开展了“千件信访案件督办”活动，共督办老案积案 2573 件，办结率 100%。围绕政府着力推进的重点工作抓监督。听取了计划、财政、金融、物价、“十一五”规划实施、“一六五五”企业成长计划等工作报告；对土地管理法、道路交通安全法、电力法、劳动合同法、水污染防治法、节约能源法等进行了执法检查和视察；持续开展了“发展低碳经济”和“环保世纪行”活动。围绕维护司法公正抓监督。听取了法院商事审判、执行，检察院反贪污、法律监督等项工作报告；对行政诉讼法、刑事诉讼法贯彻实施情况进行了执法检查；督办涉法涉诉信访案件 2489 件，当事人满意率达到 90% 以上；备案审查规范性文件 35 件。围绕民生问题抓监督。连续三年对食品安全、安全生产、基础教育、农村卫生工作进行视察，开展了人民满意乡镇卫生院评选活动；听取了惠农政策落实、住房保障、劳动就业等工作报告；采取多种方式，对社会保障体系建设、十件民生实事等工作进行监督和支持。

2. 创新监督方式。根据监督法等法律法规，对监督方式方法进行了有益探索，形成了听取工作报告采取学法、调研、审议、反馈、督办、表决、公布“七环相扣法”，执法检查采取事前调研、制定方案、精选人员、汇报座谈、查阅资料、随案走访、及时反馈、会议表决、跟踪检查“九步递进法”，工作视察采取明察与暗访相结合、定点与选点相结合、视察与现场执法相结合、监督权与决定权相结合、督办与帮办相结合、视察与回访相结合“六个结合法”，监督事项实行“票决问责”，信访案件督办实行“三个一批、三级联动”等新机制，监督工作进一步科学和规范。

3. 增强监督实效。为提高监督意见质量和办理实效，形成了议题确定环节精心调研选择、审议意见形成环节“三审会商”、办理环节跟踪监督、落实环节“票决问责”等工作机制。四年来，“一府两院”对常委会82项监督意见和决议决定，高度重视，强化措施，及时办理，办复率达到100%。常委会选定的12项票决事项，满意率和基本满意率为100%。

（二）依法行使决定权、任免权

1. 围绕重大事项行使决定权。针对全市经济发展、民生改善、民主法治建设等重大事项，分别就计划、财政预决算、食品安全、安全生产、基础教育、农村卫生、“六五”普法规划、依法治市五年规划等项工作，作出决议和决定21次。

2. 围绕实现市委人事意图行使任免权。始终坚持党管干部原则和人大依法行使任免权的统一，充分体现市委凭实绩用干部的导向，共依法任免国家机关工作人员347人次。

三、优化服务，强化保障，代表工作有新突破

代表工作是人大的基础性工作。常委会始终依靠、支持代表依法履职，坚持做到在发挥代表作用中聚好群众之智。

（一）加强履职平台建设。出台了《关于进一步加强代表小组建设的意见》，全市1163个代表小组全部达到了“六有”标准（有场所、有器材、有制度、有计划、有活动、有档案），实现了代表小组活动场所从“无”到“有”的转变、活动制度从“缺”到“全”的转变、活动内容从“虚”到“实”的转变。

（二）扎实开展代表活动。一是开展“建功立业”系列活动。围绕经济社会发展，号召广大代表为增进人民福祉而建功，为提升自身价值而立业。共评出“建功立业”优秀代表43名。2011年，人大代表领军的工业企业，在全市60强中占48家，纳税过亿元的10家企业全部为市级以上人大代表领办。新评的全国劳模、全国“五一劳动奖章”获得者10人中，有7名是人大代表。二是开展“万件社会矛盾化解”活动。围绕社会和谐稳定，鼓励广大代表积极化解社会矛盾纠纷，2010年活动开展以来，共化解矛盾纠纷25132件。三是开展“百万册图书进校园”活动。围绕教育事业发展，动员广大代表勇于承担社会责任，积极为中小学捐赠图书110余万册、价值2600余万元。四是开展代表述职活动。围绕增强代表的责任意识和代表意识，组织各级代表开展述职活动，574名市人大代表全部向选举单位述职一遍，测评满意率达到99.5%。

（三）提高建议办理实效。高度重视和认真办理代表建议，形成了大会期间现场答复、年初交办、年中督办、年底票决、表彰等工作机制。共办理代表建议、批评和意见215件，办结率、答复率、见面率和满意率达到100%，落实率由85%提高到90%以上。

四、精心指导，全力支持，县乡人大建设有新加强

县乡人大是全市人大工作的重要组成部分。常委会对此高度重视，坚持做到在加强指导中夯实人大工作之基。

（一）加强乡镇人大建设。认真落实市委《关于加强全市乡镇人大工作的意见》，全市168个乡镇（办事处）全部设立人大工作机构，经费纳入财政预算，对专职工作人员进行优化调配，改善提升了办公条件，规范建立了工作制度。举办了全市乡镇人大干部培训班，实行了常委会各主任、机关各委室联系乡镇人大制度，努力为乡镇人大干部培养、交流、进步创造条件。

（二）强化对县区人大工作的指导支持。在全省各市中率先设立开发区人大工委。实行常委会领导分工联系县区人大制度，坚持邀请县区人大负责同志列席常委会会议、参加常委会组织的视察、执法检查等活动。组织召开全市人大工作座谈会、现场会、研讨会36次，办好《菏泽人大》《人大工作通报》《常委会公报》、菏泽人大网站，交流参与发展、社会矛盾化解、信访案件督办、乡镇人大建设工作，形成了全市人大系统的上下互动。

（三）依法组织人大换届选举。按照市委要求，依法组织好市县乡人大换届选举工作。严把代表入口关，联合纪检、组织、统战、计生、公安等部门，对代表候选人进行严格审查，共选出市人大代表611名、县乡人大代表13405名，县乡国家机关领导班子成员均全票或高票当选。

五、融入大局，上下联动，参与发展工作有新成效

参与发展是市委赋予人大的新任务。常委会把参与发展作为重要使命，坚持做到在融入大局中担当发展之任。

（一）严格落实责任。四年来，常委会各主任参与市委、市政府确定的重点项目156个，坚持做到落实市委决策坚定不移，推动工作真抓实干，解决问题及时有效。常委会机关实行“一岗双责”，做到本职工作和参与发展相互促进、相得益彰。

（二）加强协调服务。常委会各主任共召开重点项目调度会36次，解决项目建设难题100多项。市人大参与发展办公室积极搞好综合协调和服务，编发《工作参阅》《人大工作通报》131期。召开3次全市人大参与发展现场会、座谈会，树立了一批县、乡人大干部参与发展的典型，有效促进了市县乡三级人大共同参与发展。积极争取省人大领导对我市经济发展情况连续三年跟踪调研，在省委、省政府决策支持菏泽打造鲁苏豫皖交界地区科学发展高地战略的过程中，省人大常委会发挥了重要作用。

（三）注重发展实效。常委会各主任分包的重点项目中，竣工投产118个，在建38个。重点参与的石化产业项目，列入省重点9个，列入国家重点产业振兴规划及省重点技改节能项目29个。我市“建成全国重要的大型石油化工基地”“全省精细化工产业基地”列入了省“十二五”规划纲要，43个石化项目进入了省“十二五”重点项目计划。全市规模以上石化企业由2007年的93家增加到231家，主营业务收入由150亿元增加到897亿元，利税由10亿元增加到100亿元，全市过100亿元的两家企业均是石化企业，1家企业新进入了全国高新技术企业行列。东明石化实现了与中石油的战略合作，日东输油管线已经建成，现有600万吨能力生产正常，新上300万吨重质油综合利用项目进展顺利，规模在全国地方炼油企业中名列第一，列全国500强企业第430位；玉皇化工成为全国最大的顺丁橡胶、MTBE生产基地，列中国化工企业500强第71位；洪业化工规模连续四年翻番，已二酸生产能力全国最大；菏泽金正大成为亚洲最大的控释肥生产企业；尚舜化工、凯雷圣奥、沃蓝化工等企业在全国同行业中处于前列。

六、强基固本，争先创优，履职能力有新提高

加强自身建设是人大履职的保障。常委会狠抓“四型”机关建设，坚持做到在锻造队伍中提升服务之功。

（一）加强“学习型”机关建设。制定了常委会会前学习、集体学习等制度，持续开展了“机关学习年”活动，共组织集体学习45次、专题讲座10期、研讨交流12次，在市级以上报刊及各大网站发表学习研究成果46篇。

（二）加强“规范型”机关建设。新制定加强监督工作意见、询问暂行办法、监督问责办法等制度17项，修改完善常委会议事规则、听取专项工作报告、执法检查、视察、机关管理制度42项，形成了较为完整的制度体系。

（三）加强“创新型”机关建设。持续开展争先创优、开拓创新“两创”活动，制度建设、参与发展等15项工作走在全省前列，代表工作、信访工作、乡镇人大工作经验被《人民日报》《中国人大》、中国人大网等媒体报道推介，30多个兄弟市来我市考察学习。

（四）加强“和谐型”机关建设。坚持做到在市委领导下依法履职，与“一府两院”相互支持，协调好上下级人大关系。着力打造“求实、创新、和谐、一流”的人大文化，营造机关温馨的工作环境，人大系统呈现出风正、气顺、心齐、劲足的和谐局面。

各位代表，四年的创新和实践，为我们积累了宝贵的经验：

一是必须始终坚持党的领导。党的领导是做好人大工作的根本保证。人大必须紧紧依靠党的领导，围绕中心依法履职。实践充分证明：人大只有始终坚持党的领导，与党委同向，才能保持正确的政治方向，拥有坚强的政治保障。

二是必须全力支持“一府两院”的工作。人大与“一府两院”方向相同、目标一致。人大必须与“一府两院”同心协力、和衷共济。实践充分证明：人大只有全力支持“一府两院”的工作，与“一府两院”同力，才能做到寓支持于监督之中，切实提升监督实效。

三是必须切实维护好人民群众利益。中华人民共和国的一切权力属于人民。人大必须忠于人民，代表人民行使职权。实践充分证明：人大只有切实维护好人民群众的利益，与人民群众同心，才能不负人民群众重托，赢得人民群众的支持和信任。

四是必须充分发挥代表作用。人大代表是人民代表大会的主体。人大必须尊重代表的主体地位，依靠和支持代表开展工作。实践充分证明：人大只有充分发挥代表作用，与人大代表同行，才能增强聚合力和向心力，激发代表干事创业的主动性、积极性。

五是必须勇于开拓创新。创新是时代精神的核心。人大必须忠实维护法律尊严，依法创新履职理念、思路和方式方法。实践充分证明：人大只有勇于开拓创新，与时代同步，才能使人大工作充满朝气和生机，不断开创工作新局面。

各位代表！过去的四年，是我市加快赶超、阔步前进的四年，是我市历史上发展最好最快的时期，本届人大工作也有了新的进展，取得了一些成绩。这些成绩的取得，得益于市委的正确领导，得益于“一府两院”的协同努力，得益于各级人大和全体代表的辛勤付出，得益于广大人民群众的大力支持。在此，我代表市人大常委会，向所有关心、支持市人大常委会工作的各位同志、各位代表、全市人民，表示崇高的敬意和衷心地感谢！

在肯定成绩的同时，我们也清醒地看到，人大工作仍存在一些问题和不足，主要是：监督实效有待进一步提升，代表工作还存有薄弱环节，参与发展还有一定差距，自身建设还需要进一步加强等。对此，常委会将高度重视，采取有效措施，切实加以解决。

今后五年及2012年工作建议

今后五年，是我市乘势而上、跨越赶超的关键期，也是艰难爬坡、战略转型的重要机遇期。国家实施中原经济区发展战略，将菏泽纳入中原经济区范围；省委、省政府作出了支持菏泽打造鲁苏豫皖交界地区科学发展高地的重大战略决策，研究制定了《关于进一步支持菏泽加快科学发展的意见》。两大政策叠加，为我市发展提供了千载难逢的历史机遇。刚刚结束的市第十二次党代会，为我市新一轮跨越发展描绘了宏伟蓝图，开辟了广阔前景。人大作为重要的政治机关、地方国家权力机关、联系人民群众的代表机关，必须紧紧围绕打造科学发展高地这一目标，解放思想、坚定信心，开拓奋进、扎实苦干，为发展大局担当重任、贡献力量。

今后五年，市人大常委会工作的指导思想是：以邓小平理论和“三个代表”重要思想为指导，深入贯彻落实科学发展观，在市委的坚强领导下，坚持“四高、三同、两创、一增”的工作思路，围绕中心、服务大局，依法履职、积极作为，为我市“四个发展”和鲁苏豫皖交界地区科学发展高地建设做出新贡献。总体目标是：保持全省市级人大一流水平；打造鲁苏豫皖交界地区人大工作创新高地；全面完成承担的参与发展任务，其中石化产业2016年炼油能力达到2000万吨以上，主营业务收入达到2400亿元以上，力争培育主营业务收入过1000亿元的企业1家，过500亿元的2家，建成全国重要的大型石油化工基地和交界地区最大的现代精细化工基地。

2012年是我市打造交界地区科学发展高地的全面启动年，也是我市人大打造交界地区工作创新高地的开局之年。今年常委会将听取计划、财政、审计、“一六五五”企业成长计划、金融、高新技术产业发展、文化事业和产业改革、农业基础设施建设、外事侨务、法院诉前调解、检察院民事行政检察等12项工作报告，对“五大基地一大产业”重大项目和城镇化重点工程、十件民生实事进行视察，对土地管理法进行执法检查；继续深入开展代表“建功立业”“万件社会矛盾化解”“千件信访案件督办”活动，新组织开展“万户群众脱贫致富帮扶”“千名贫困学子救助”“百家文艺团体装备改善”等活动；12项工作争创全省人大一流，3项工作跨入全国同级人大先进行列。

一、关于监督工作

加强监督工作是打造人大工作创新高地的重要着力点。常委会将围绕我市打造区域“产业发展、自主创新、城乡统筹发展、对外开放、生态发展、社会事业发展”高地的重点工作，依法强化监督。

（一）进一步完善监督机制。在继续坚持“七环相扣、九步递进、六个结合”等机制和办法的同时，重点完善好以下三个方面的工作机制。一是将专题询问引入监督机制。把专题询问延伸到执法检查和视察中，计划选取1—2项事关高地建设的重要议题，开展专题询问。二是完善监督意见形成反馈机制。进一步完善“三审会商”机制，即：在常委会会议、执法检查、视察后，认真研究、形成初步监督意见；与“一府两院”及相关部门协调，就初步监督意见进行沟通论证；主任会议或常委会会议审议通过，形成正式监督意见，交由“一府两院”研究办理。三是强化监督意见督办问责机制。坚持将意见反馈和跟踪督办同计划、同安排、同落实，年底将选取8项事关发展和民生的重点工作，就监督意见落实情况进行票决，票决结果在新闻媒体和菏泽人大网公布。

（二）进一步强化人大信访监督。继续开展“千件信访案件督办”活动，坚持好“三个一批、三级联动”的办法，按照案例筛选、搞好对接、集中交办、跟踪督办、信息反馈、回访查看步骤扎实推进。今年将把涉法涉诉案件作为督办重点，与公检法机关建立联席会议制度，定期会商解决。市县乡三级人大全年督办案件总量达到1000件以上，结案率达到100%，息诉息访率达到85%以上。

（三）进一步加强规范性文件备案审查。创新备案审查机制，建立审查听证、审查纠错和监督检查制度，推动备案审查制度化、规范化。进一步完善程序，加强人员培训，确保备审的规范性文件以法律为准绳、以市情为依据，为依法治市提供制度规范。

二、关于代表工作

做好代表工作是打造人大工作创新高地的强大支撑。常委会将切实强化服务、完善机制，进一步增强代表工作活力。

（一）优化代表履职环境。新当选的市级人大代表培训力争达到100%。为每位市级代表订阅、寄送人大相关报刊、资料。每次常委会会议、视察、执法检查邀请5名以上代表列席参加。实行主任接待代表日、常委会组成人员联系代表制度，每月都有1天时间由一名常委会主任接待代表，及时听取代表的意见建议。开展评选优秀代表活动，市级以上媒体宣传优秀代表60人次以上。

（二）提高代表活动质量。开展“代表小组建设提升年”活动。根据新当选代表情况，合理划分代表小组；坚持“六有”标准，进一步完善活动室建设；选好代表小组活动召集人；指导代表小组制定好活动计划，每季度至少开展1次活动；严肃代表活动纪律，建立代表履职考核制度；县区代表小组建设和活动情况报市人大备案。

（三）开展建功立业系列活动。一是深化“建功立业”主题活动。突出打造“科学发展高地”主题，创新宣传发动、现场观摩、举办论坛、评选表彰等活动机制，鼓励和支持代表率先发展，成为“五大基地一大产业”建设的主力军。二是深化“万件社会矛盾化解”活动。坚持前移关口抓苗头，后移化解求实效，有条件的代表小组要设立代表热线、建立群众接待室，开展代表进社区近群众活动，确保全年化解矛盾总量达到10000件以上。三是开展“万户群众脱贫致富帮扶”活动。倡议全市各级人大代表采取结对帮扶的方式，使10000户以上困难家庭尽快脱贫致富。四是开展“千名贫困学子救助”活动。组织代表向1000名品学兼优、家庭贫困的学生进行救助。五是开展“百家文艺团体装备改善”活动。针对我市文艺团体装备较差现状，号召人大代表捐资，基本解决演出必需装备问题，支持艺术走进基层、走近百姓，繁荣发展文化事业。

（四）强化代表建议办理。探索建立代表建议办理责任制、重点建议分管主任领衔督办制，试行“建议内容、承办单位、承办责任人、办理结果、代表评价、票决结果”六公开。继续实行建议办理情况票决制，对表决为不满意的承办单位，按照监督问责暂行办法实施问责，实现代表建议办结率、答复率、见面率、满意率四个100%，力争落实率达到93%。

三、关于参与发展工作

参与发展是打造人大工作创新高地的重大任务。常委会将勇于担当，不辱使命，全力以赴，坚决完成。

积极主动参与发展。人大参与发展，既有利于党委决策的贯彻落实，又能有效支持“一府两院”的工作，还能发挥人大的优势，为人大融入大局、发挥作用提供了阵地和平台。按照市委分工，把各位主任分包的重点产业、重点项目细化量化，明确工作标准和完成时限，加强调度督导。常委会将按照“一岗双责”要求，把委室服务参与发展工作作为年终评选先进的重要条件。尽管人大拥有的人力和资源有限，尽管人大的同志能力和水平上有不少差距，但面对我市艰巨的发展任务，我们要加倍珍惜机遇、加倍努力工作、加倍付出奉献，在工作境界和标准上向党委政府学习，在工作效率和效益上向党委政府看齐，确保各项任务按计划推进落实。

加快石化基地建设。抢抓我国进入重化工时期的机遇，认真研究省支持菏泽打造高地的政策，努力帮助企业解决立项、用地、环评、安评、资金等难题，力争3个项目列入省重点，20个项目列入国家重点产业振兴规划及省重点技改节能项目，确保东明石化300万吨重质油综合利用、玉皇化工30万吨异丁烷脱氢、洪业化工20万吨己内酰胺、玉皇盛世160万吨延迟焦化、金正大120万吨硝基肥、曹县龙跃2000万套半钢子午轮胎、鄄城欧亚化工5万吨氰尿酸等54个投资过亿元在建项目按期竣工投产，牡丹区翰联化工5万吨丁基橡胶、开发区山能集团15万吨己内酰胺等37个项目全部开工。加快东明石化100万吨乙烯、开发区恒盛化工20万吨丙烯腈等39个储备项目的前期工作。围绕打造千亿级产业集群，加快企业膨胀，确保3家石化企业主营业务收入超百亿，2家进入全国500强，其中1家进入前300名，确保石化产业主营业务收入达到1200亿元以上，增长35%以上。

四、关于自身建设

强化自身建设是打造人大工作创新高地的迫切要求。常委会将继续抓好“四型”机关建设，以“求实、创新、和谐、一流”的人大文化引领工作全面上台阶、上水平。

（一）把“求实”作为立足点。大力弘扬“求实”文化：坚持围绕中心，突出重点，以推动打造高地为指向，提升履职实效；监督工作注重调查研究，深入实际，贴近基层，研究新情况，解决新问题，积极为发展谋实策、出实招、求实效。

（二）把“创新”作为主旋律。大力弘扬创新文化：坚持用创新思维拓展工作思路，创新工作机制，提升履职水平；强化创新意识，培养创新能力，提升创新质量，使专题询问、新开展的三项代表活动、机关文化建设等创新成果成为新亮点。

（三）把“和谐”作为新境界。大力倡导和谐文化：坚持“三同”理念，做到与党委同向、与“一府两院”同力、与人民群众同心，实现政治和谐；把以人为本作为管理宗旨，营造机关内部和谐；积极争取上下级人大支持，促进人大系统和谐。

（四）把“一流”作为总目标。大力倡导一流文化：坚持加强干部培训培养，探索干部内部交流、竞争上岗机制，锻造一流队伍；制定机关岗位目标考核奖惩机制，争创一流管理；继续创先争优，整体工作保持全省一流水平，3项工作跨入全国同级人大先进行列。

各位代表，我市发展已进入了新的历史机遇期。新起点孕育新希望，新征程铸就新辉煌。让我们在市委的坚强领导下，依法履职，不辱使命，扎实苦干，开拓创新，努力为我市“四个发展”和科学发展高地建设做出新的更大贡献！

菏泽市人大常委会工作报告

——2013年1月9日在菏泽市第十八届人民代表大会第二次会议上

菏泽市人大常委会第一副主任　杨永昌

各位代表：

我受赵润田主任的委托，代表市十八届人大常委会，向大会报告工作，请予审议，并请列席的同志提出意见。

2012年工作回顾

本届人大常委会产生后，积极响应市委打造科学发展高地的号召，确立了打造人大工作创新高地的目标，研究出台了《打造鲁苏豫皖交界地区人大工作创新高地实施意见》。省人大常委会高度评价，全省推广；市委高度重视，大力支持；市人大常委会全力以赴，全面推进，共识化共为，实干创实效，人大工作创新高地建设取得良好开局。一年来，共听取审议“一府两院”工作报告

12 项，组织执法检查 1 次、视察 3 次，备案审查规范性文件 12 件，作出决议决定 3 件，任免国家机关工作人员 115 人次，有效开展了代表“建功立业”主题活动和“双万、双千、双百”专题活动，15 项工作争创了全省一流，4 项工作走在了全国同级人大前列。

一、增强监督实效，强化创新高地支撑

增强监督实效是打造人大工作创新高地的重要支撑。常委会围绕年初确定的议题，依法开展监督创新，监督实效又有新提升。

（一）关于听取专项工作报告。按照学法、调研、审议、反馈、督办、表决、公布“七环相扣法”，听取了金融、“一六五五”企业成长计划、诉前调解、民事行政检察等工作报告。会前印发相关政策法规、专题调研报告，会中实行即席审议发言与填写审议意见相结合，会后跟踪督办意见落实。如市政府根据常委会提高存贷比、优化金融环境的建议，及时制定支持金融机构发展奖励办法，把新增贷款、存贷比作为主要奖励指标，全年新增贷款 185.2 亿元，增量存贷比达到 66.3%。市法院根据常委会建设大调解格局的建议，及时完善人民调解、行政调解与司法调解“三位一体”机制，共办结诉前调解案件 7525 件，增长 20%。市检察院根据常委会加强法律监督的建议，及时完善抗诉案件跟踪监督机制，所提 156 件抗诉、再审检察建议，136 件得到改判、调解或发回重审，维护了当事人合法权益。

（二）关于工作视察。按照明察与暗访、定点与选点、查看与执法、监督与决议、督办与帮办、回查与票决“六个结合法”，视察了“五大基地一大产业”重大项目和城镇化重点工程、十件民生实事落实情况。视察时注重科学编组，多吸收有影响力的一线代表参加；注重随机选点，定点选点各半，好差现场同看；注重依法反馈，视察意见通过常委会审议后，反馈给政府研究办理。根据审议意见，市政府认真研究产业发展规划和布局，要求每个县区确立 2—3 个产业重点培育，“五大基地一大产业”集聚优势进一步明显。根据十件民生实事审议意见，市政府多次召开专题会议，强化措施，逐一落实，民生事业进一步得到改善。

（三）关于执法检查。按照事前调研、制定方案、精选人员、汇报座谈、查阅资料、随案走访、及时反馈、会议表决、跟踪检查“九步递进法”，对土地管理法进行了执法检查。执法检查深入基层一线，现场随机抽查，并针对社会普遍关注的基本农田保护、农村宅基地管理等热点问题进行专题询问。根据常委会提出的节约集约用地、遏制违法用地等审议意见，市政府集中开展专项治理活动，挖潜盘活存量土地 1 万亩，增减挂钩和工矿废弃地调整腾出指标 3 万亩，投资强度由 150 万元 / 亩提高到 200 万元 / 亩，违法违规占地率下降到 4.34%，同步实现了保发展、保红线两大目标。

（四）关于信访案件督办。按照“三个一批、三级联动”机制，以“千件信访案件督办”为抓手，以涉法涉诉案件为重点，从受理的 5014 件信访案件中筛选 1363 件集中督办。探索建立了涉法涉诉信访案件督办联席会议制度，整合公、检、法、司资源，合力化解案件，案件办结率达到 100%，一批久拖未决的老案积案得到较好解决。

二、发挥代表作用，激发创新高地活力

发挥代表作用是打造人大工作创新高地的活力源泉。常委会积极搭建平台，支持代表依法履职，代表工作又有新突破。

（一）加强履职平台建设。换届后，及时调整建立各级人大代表小组 938 个，选配小组召集人 1560 名。举办代表培训班 19 次，培训新当选代表 7860 人次。275 个代表小组设立了群众接待室和热线电话，代表活动室普遍达到“八有”（有场所、有器材、有资料、有制度、有计划、有流程、有活动、有档案）标准。代表小组开展活动

3852次，提出意见建议11563条，代表职责得到较好履行。

（二）拓展代表活动领域。一是“建功立业”主题活动继续深化。全体代表为增进人民福祉而建功，为提升自身价值而立业，在全市60强工业企业中，人大代表领军的达52家，占比87%，提高7个百分点；上缴税金55.5亿元，占比93%，提高8个百分点；11家纳税过亿元企业、新评的2家国家高新技术企业、1家国家创新型试点企业、2家市重大科技贡献奖企业、3家市长质量奖企业的法人代表，全部为市级以上人大代表。二是“万件社会矛盾化解”活动扎实有效。积极与市委“百日会战”活动相结合，组织各级人大代表深入一线，挂牌接访，共化解社会矛盾15178件，群众满意率达90%以上。三是创新开展“万、千、百”活动。“万户群众脱贫致富帮扶”活动是动员各级人大代表用3年时间，帮扶10000户有致富基础和条件的困难家庭脱贫致富。通过采取提高创业技能、寻找就业门路、解决创业难题等方式，完成结对帮扶贫困家庭3682户。“千名贫困学子救助”活动是倡导各级人大代表积极奉献爱心，解决贫困大学新生入学难问题。市县乡三级人大共筹措资金518万元，资助1362名贫困大学新生顺利入学。“千名代表听百案、看执行”活动是市、县两级人大分别组织1000名各级人大代表，采取听审、察看、评议等方式，现场监督全市法院100件庭审案件、100件执行案件的审理和执行。“百家文艺团体装备改善”活动是发动各级人大代表捐资，帮助文艺团体提升装备水平。活动共筹资1280多万元，采购11辆高档流动舞台车和一批音响、道具，260多家文艺团体装备得到改善。“人大代表号”舞台车已送戏下乡1380场，人大代表的社会形象进一步提升。

（三）提高建议办理实效。实行“现场答复、年初交办、年中督办、年终审议、代表票决”五措并举，建立“建议内容、承办单位、责任人员、办理情况、代表评价、票决结果”六公开机制，共督促办理代表建议90件。开展了“百名代表票决建议办理”活动，在十八届人大一次会议期间，组织100名代表对10项代表建议办理情况进行票决，满意率达100%，建议办理质量得到了保证。

三、融入发展大局，拓展创新高地舞台

参与发展是打造人大工作创新高地的广阔舞台。常委会坚决贯彻落实市委决策，全力抓实抓好，参与发展又有新成效。

全市人大系统积极参与。市人大各位主任参与“五大基地一大产业”和城镇化重点项目166个，召开调度会36次，解决难题128项。58位县区人大领导同志，担任工业化、城镇化和农业产业化等领导小组组长和重点项目指挥长46个，分包项目176个，协调解决难题283个。168个乡镇（办事处）人大负责同志全部参与了党委中心工作分工，承担了588个项目。全市人大系统已全面融入发展大局，较好完成了各级党委赋予的新任务。

石化基地建设加快推进。石化基地领导小组完成了《我市建成全国重要的大型石油化工基地和四省交界地区最大的现代精细化工基地论证报告》，明确了未来五年石化产业的发展方向。东明石化基地和开发区精细化工基地纳入了山东半岛蓝色经济联动区，35个项目列入近期发展规划。东明石化随着日东输油管线投用和300万吨/年重油综合利用项目投产，形成了1200万吨原油加工能力，连续六年进入全国500强企业；玉皇化工异丁烷脱氢生产技术国际领先，实现主营业务收入220亿元，可望进入全国500强；洪业化工己内酰胺工艺装备国际一流，主营业务收入突破百亿；金正大、尚舜化工、凯雷圣奥、跃龙化工、辰信新能源、沃蓝化工等企业在全国同行业中都处于前列。全市石化产业主营业务收入完成

1300亿元，增长44%。

四、加强自身建设，夯实创新高地基础

自身建设是打造人大工作创新高地的基础保障。常委会注重培育“八字”文化，深化“四型”机关建设，自身建设又有新加强。

（一）加强学习，强化素质。坚持“走出去”与“请进来”“请人讲”与“自己讲”相结合，认真学习政治理论、法律法规和业务知识。共组织机关集体学习19次，邀请专家进行国际国内局势、“十八大”报告专题讲座2次，举办法律监督、社会管理、党史知识等竞赛5次，干部整体素质普遍得到提高。

（二）转变作风，提高效能。开展了“转作风、提效能”集中活动，找问题、查原因、抓整改，切实提高实务能力和工作效率。重要工作和活动实行现场启动、典型带动、机制推动的办法，全年共召开现场会11次。加强调查研究，形成调研成果25件，其中3件被市委市政府主要领导批转。5件在省获奖，位居全省第一位。

（三）加强宣传，扩大影响。办好《常委会公报》《菏泽人大》《工作动态》、人大信息网，形成了多元化的宣传载体。制定了加强人大宣传工作意见，创新形式，突出实效，实现了宣传内容、宣传主体、宣传平台“三个转变”。全市人大系统在国家级媒体发表稿件31篇，在省级媒体发表稿件410余篇。

（四）注重联系，形成合力。完善常委会领导联系县区人大、工作机构联系乡镇人大制度，做到市县乡人大三位一体、统筹推进。全市168个乡镇（办事处）人大，共配备专职主席163名、专职副主席5名、专职工作人员161名，44名乡镇人大干部得到了提拔重用，基层人大干部队伍建设得到加强。

各位代表，以上成绩的取得，主要得益于市委的正确领导，得益于“一府两院”的同力共进，得益于各级人大和全体代表的辛勤付出，得益于广大人民群众的大力支持。在此，我代表市人大常委会，向所有关心、支持人大工作的各位同志、各位代表、全市人民，表示崇高的敬意和衷心的感谢！

过去的一年，我们工作中存在的主要问题和不足是：监督工作实效有待进一步增强，代表主体作用有待进一步发挥，参与发展力度有待进一步加大，自身建设水平有待进一步提升等。对此，常委会一定高度重视，认真解决。敬请各位代表监督、帮助和支持。

2013年工作安排

2013年是全面贯彻落实十八大精神的开局年，是我市加快科学发展高地建设的攻坚年，也是打造人大工作创新高地的提升年。面对新形势新要求，常委会今年工作的指导思想是：深入学习贯彻落实党的十八大精神，以邓小平理论、“三个代表”重要思想、科学发展观为指导，在市委的坚强领导下，坚持“四高、三同、两创、一增”的工作思路，围绕大局，依法履职，务实创新，积极作为，全力打造人大工作创新高地，为我市科学发展高地建设和全面建成小康社会做出新的更大贡献。常委会将听取和审议计划、财政、审计、重点产业园区建设、城区规划和重点镇建设、税收征管、社会治安、医疗改革、食品安全、农业产业化龙头企业发展、审判监督、控告申诉等13项工作报告；组织开展环保法执法检查；对“五大基地一大产业”重大项目和城镇化重点工程、民生实事落实进行视察；深入开展代表“建功立业”主题活动和“万件社会矛盾化解”“万户群众脱贫致富帮扶”“千件信访案件督办”“千名代表听百案、看执行”“千名贫优生关爱”“百名代表票决建议办理”6个专题活动。

一、落实“十八大”精神再创新思路

只有与时俱进才能适应时代。常委会将继续坚持“继承和创新”并重，更新思想观念，把准时代脉络，全面提升人大工作水平。

（一）以高地建设为己任。发展才是硬道理。十八大确立全面建成小康社会的美好蓝图，省委政府实施支持菏泽打造科学发展高地的发展战略，市委政府确定“翻两番”的宏伟目标，让全市人民对小康社会更加充满期待。这意味着加快发展是我党新时期民族复兴更加突出的主题，服务和参与发展已经成为人大工作必须承担的新使命。常委会将在市委坚强领导下，进一步强化发展意识，支持“一府两院”全力推动发展，整合人大系统全心投入发展，组织各级代表全面带头发展，为我市科学发展高地建设做出积极贡献。

（二）以民主法治为核心。国家的一切权力属于人民。十八大对坚持政治发展道路和推进政治体制改革作出了重要部署。习近平总书记在宪法施行30周年大会上强调，“只要切实尊重和有效实施宪法，人民当家作主就有保证”。这表明了民主法治是我党新时期依法治国更加突出的特征，加快推进民主法制建设已经成为人大工作必须面对的新考验。常委会将在市委坚强领导下，进一步强化法治意识，依法行使监督、决定和任免权，督促普法教育，落实依法治市规划，有效推动我市民主法制建设。

（三）以改善民生为根本。国之根本在于民生。十八大把保障和改善民生作为工作的出发点和落脚点。习近平总书记提出，“人民对美好生活的向往，就是我们的奋斗目标”。这标志着改善民生是我党新时期服务宗旨更加突出的重点，加强监督保障和改善民生已经成为人大工作必须具备的新境界。常委会将在市委坚强领导下，进一步强化民本意识，在监督方面，选择与民生相关的工作和事宜作为重点，让人民共享改革发展成果；在代表工作方面，组织开展与民生利益相关的活动，为人民福祉建功立业。

（四）以改革创新为动力。创新是时代精神的核心。十八大明确要求把改革创新精神贯彻到治国理政的各个环节。习近平总书记在广东考察时指出，改革开放是实现民族复兴的“关键一招”，必须以更大的政治勇气和智慧，不失时机深化重点领域改革。这宣示了改革创新是我党新时期永葆活力更加突出的执政取向，解放思想、改革创新已经成为人大工作必须坚持的新标准。常委会将在市委坚强领导下，进一步强化创新意识，与时俱进，开拓进取，不断推动理念、工作、制度创新，全面打造人大工作创新高地。

（五）以真抓实干为保障。空谈误国，实干兴邦。十八大提出要大力弘扬求真务实的党风政风。中央政治局出台了改进作风八项规定，展现了言必行、行必果的执政新姿态。这昭示着求真务实是我党新时期作风建设更加突出的任务，具备务实作风和实务能力已经成为人大工作必须解决的新课题。常委会将在市委坚强领导下，进一步强化实干意识，在境界和标准上向党委政府学习，在效率和效益上向党委政府看齐，着力提升人大系统、全体代表的实务性工作能力，为打造人大工作创新高地提供坚强保障。

二、监督工作再创新举措

只有监督创新才能增强实效。常委会将继续坚持“行职权于法律所赋、寓支持于监督之中”并重，加大监督力度，务求工作成效。

（一）突出监督重点。一是围绕发展、民生两大重点，继续视察“五大基地一大产业”重大项目和城镇化重点工程、民生实事落实情况，听取重点产业园区建设、城区规划和重点镇建设、医疗改革、食品安全等工作报告。二是围绕提高财政资金使用效率，在加强公共预算监督的同时，探索对国有资本经营、政府性基金、社会保障专项预算的监督，逐步实现全口径预决算审查监督。三是围绕司法公正和社会稳定，听取审判监督、控告申诉和社会治安工作报告。进一步完善“千件信访案件督办”机制，发挥督办联席会议作用，力争案件息访率达到90%，营造良好的发展环境。

（二）拓展监督形式。一是在听取审议工作报告、执法检查、视察的同时，就涉及改革发展稳定的重大事项，及时作出相关决议决定。二是加强任免监督，探索推行被任命人员任前法律考试、供职承诺等制度，实现工作监督与任免监督的有机统一。三是对重大议题的监督，事前进行专题调研，事中开展专题询问，事后专题回查落实情况。在环保法执法检查期间，将对水污染治理、服务项目建设等进行专题询问，增强监督刚性，促进生态文明建设。

（三）提升监督质量。一是增强审议意见的可操作性。严格按照“三审会商”机制形成审议意见，加强可行性论证，使审议意见科学具体。二是加强专题事项督办。从审议意见中筛选时限性强、社会影响大的专题事项，成立专门督办组，实行办结责任制。三是实行办理情况票决制。按照监督问责暂行办法，年终从年度监督议题中筛选 8 项重点工作，对审议意见落实情况票决，票决为不满意的，视情依法启动特定问题调查、质询、撤职、罢免等程序。

三、代表工作再创新局面

只有依靠代表才能凝聚力量。常委会将继续坚持“引导和服务”并重，发挥代表作用，激励代表在各行作楷模、在各业当旗手。

（一）以小组建设为着力点，发挥代表履职作用。开展代表小组竞赛活动，每个代表小组开展活动 4 次以上，年底组织全面检查，评选表彰 100 个先进代表小组。发放“代表便民联系卡”，设立“代表民情信箱”，多渠道收集民意。规范代表履职档案，建档率达到 100%。开展代表述职活动，代表述职率达到 40% 以上。对述职评议为不称职的、未经批准 2 次不参加代表活动的，劝其辞去代表职务；对个别违法违纪的代表，坚决依法予以罢免。

（二）以构建载体为支撑点，丰富代表活动内容。“建功立业”主题活动要以“打造高地当先锋、建成小康率先行”为主题，完善提升宣传发动、现场观摩、评比表彰等机制，人大代表领办的项目在全市大项目观摩中力争占到 70%，领军的企业上缴税金在 60 强中的占比再有新提高。“万件社会矛盾化解”活动要以搭建矛盾化解平台为重点，80% 以上的代表小组设立群众接待室和热线电话，力争全年化解社会矛盾 15000 件以上。“万户群众脱贫致富帮扶”活动要以困难家庭调查到村、帮扶方案制定到户为基础，通过精神上扶志、能力上扶技、创业上扶资，年内完成帮扶 3500 户以上，帮扶对象人均收入达到本县区平均水平以上。“千名代表听百案、看执行”活动要以建立长效机制为保障，年内分别组织 1000 名各级人大代表旁听全市法院公开审理案件 100 件、随案现场监督执行案件 100 件。创新开展“千名贫优生关爱”活动，动员各级人大代表采取结对方式，对全市 1000 名家庭贫困的中学生进行助学关爱，对生活困难的予以救助，对品学兼优的予以奖励，并将有致富条件的贫困生家庭纳入“万户群众脱贫致富帮扶”范围，没有条件的，对学生跟踪关爱，引导他们立志成才，报效国家。

（三）以服务代表为切入点，保障代表依法履职。加强代表培训，举办 2 次专题培训班，提高代表履职能力。加强代表联系，设立专门代表联络机构，完善联系机制；设立“主任接待日”，定期接待代表；建立代表短信群发平台，拓宽代表知情知政渠道。加强建议办理，实行建议办理“回头看”，年终选取重点督办的 10 件代表建议，进行满意度票决，力争落实率达到 95% 以上。

四、参与发展再创新成效

只有融入大局才能有所作为。常委会将继续坚持“本职工作和参与发展”并重，积极依法履职，全心服务大局，全力参与发展。

全面完成发展任务。根据市委要求，常委会

将继续坚持“一岗双责”，各位主任用于参与发展的时间、精力不少于50%，努力抓好分包的产业和重点项目建设。要切实担负起项目建设主谋人职责，加强调度，倒排工期，现场办公，跟踪服务，定任务、定时间、定奖惩，及时解决难题，限期落实到位，加快推进产业发展和项目建设。县、乡两级人大要按照同级党委要求，做到责任增强，精力集中，措施到位，全面完成承担的各项发展任务。

突出抓好石化产业。当前我国正进入重化工阶段，石化产业尽管面临后金融危机时代竞争成本提高的国际形势，但仍处于率先复苏的发展机遇期。市石化基地领导小组将在市委、市政府正确领导下，强力推进与中石油、中石化、中化、韩国梨树等大集团的合作，增强我市企业资金、市场、管理等战略联盟优势；加强与中科院等重点科研设计单位的合作，提高我市企业竞争力和产业发展水平。新上重点项目全部选用最先进的设备和工艺，节能环保指标达到同行业最低水平，力争16个项目列入省重点和省重点技改工程。炼油能力达到1800万吨，进入全国重要的大型石油化工基地行列。围绕炼化一体化目标，重点抓好10万吨丁苯橡胶、10万吨异戊橡胶、5万吨乙丙橡胶等项目，加快推进全国最大的新型合成橡胶生产基地建设；重点抓好60万吨己内酰胺、10万吨聚合纺丝、60万吨环己酮等项目，加快推进全国重要的新型合成纤维生产基地建设；重点抓好30万吨异丁烷脱氢、20万吨丙烯、12万吨碳酸二甲酯等项目，加快推进全国重要的新型合成树脂生产基地建设。石化产业主营业务收入达到1700亿元，增长30%以上。

五、自身建设再创新水平

只有强化能力才能担当重任。常委会将继续坚持“强素质和树形象”并重，弘扬务实作风，提高决策力，增强执行力，形成凝聚力。

（一）提高常委会决策力。决策科学方能事半功倍。常委会将把学习贯彻十八大精神作为首要政治任务，坚持决策前调研和集体学习制度，严格落实常委会议事规则，提高决策的民主性、科学性和合法性。制定《加强工作委员会建设的意见》，建立常委会组成人员履职档案，增强专职委员的履职责任感和使命感。聘请专家学者和人大工作经验丰富的老同志，组建人大工作研究会，为常委会科学决策提供专业性咨询服务。

（二）强化机关执行力。执行有力方能克难制胜。继续加强“学习型、规范型、创新型、和谐型”四型机关建设，开展“实务能力提升年”活动，改进工作作风，强化机关效能建设，提高机关干部的政治素养和业务能力。坚持工作月调度、年考核机制，建立具体的岗位目标和绩效考核办法，将岗位目标及年度创先争优目标完成情况，作为年终考核的重要内容。继续开展创先争优活动，力争15项工作创全省一流，其中“代表建功立业”“万件社会矛盾化解”“万户群众脱贫致富帮扶”等工作走在全国前列。

（三）增强系统凝聚力。文化引领方能凝心聚力。加强人大文化建设，通过核心价值构建和文化氛围营造，培育和弘扬“求实、创新、和谐、一流”的系统文化。强化对县区人大工作的指导，坚持好座谈会、现场会、经验交流会等有效机制，推动重要工作上下联动、整体推进。完善市人大委室动态联系乡镇人大制度，探索办事处人大加强代表工作的新途径，健全乡镇人大制度体系，开展乡镇人大工作评选活动，评选40个先进单位、20个明星单位、30名优秀专职干部，提高乡镇人大依法履职水平。

各位代表，国徽高悬、重任在肩。让我们在市委的坚强领导下，振奋精神、团结实干，创先争优、积极作为，努力打造人大工作创新高地，为推动全市科学发展、跨越发展做出新的更大贡献！

菏泽市人大常委会工作报告

——2014年1月10日在菏泽市第十八届人民代表大会第三次会议上

菏泽市人大常委会第一副主任　杨永昌

各位代表：

我受市十八届人大常委会的委托，向大会报告工作，请予审议，并请列席的同志提出意见。

一、2013年工作回顾

一年来，在市委的坚强领导下，市人大常委会深入贯彻落实党的十八大和十八届三中全会精神，坚持与党委同向、与“一府两院”同力、与人民群众同心，行职权于法律所赋，寓支持于监督之中，共听取审议14项工作报告，组织2次视察、1次执法检查，开展6项代表主专题活动，备案审查17项规范性文件，15项工作创全省一流，3项工作走在全国同级人大前列，圆满完成了各项工作任务。

（一）在监督工作方面。创新工作机制，监督工作有新提升。一是听取工作报告与专题调研相结合。坚持学法、调研、审议、反馈、督办、表决、公布“七环相扣法”，听取和审议了城市规划、重点镇建设、食品安全、审判监督、控告申诉等工作报告。坚持调研先行，为常委会审议提供科学参考。二是视察与常委会审议相结合。坚持明察与暗访、定点与选点、查看与执法、监督与决议、督办与帮办、回查与票决“六个结合法”，推行反馈意见常委会审议机制，对“五大主导产业”项目和城镇化工程、民生实事办理情况进行了视察。于晓明书记对“五大主导产业”和城镇化视察反馈意见给予充分肯定，认为反馈的意见很好，问题把握准，可操作性强，并批转有关部门认真办理落实。孙爱军市长对民生实事办理非常重视，视察前亲自调度安排，视察后作出重要批示，要求市县区政府和部门加快办理，确保全部按时兑现承诺，让人民满意。三是执法检查与专题询问相结合。坚持事前调研、制定方案、精选人员、汇报座谈、查阅资料、随案走访、及时反馈、会议表决、跟踪检查“九步递进法”，对环境保护法进行执法检查。创新引入专题询问，针对公众普遍关注的大气、水污染治理、环保案件查处等7个问题进行了现场询问。四是自身力量与社会资源相结合。通过媒体、热线电话、问卷调查等途径向社会广泛征集监督议题，共收到议题建议100余条；探索组建全口径预决算审查监督“智库”，省人大常委会副主任柏继民批转全省借鉴；试行律师参与人大信访，发挥案件督办联席会议作用，开展“千件信访案件督办”活动，办理信访案件1359件，办结率达100%。解维俊副书记批示，该项活动在维护全市社会和谐稳定中发挥了重要作用，做出了积极贡献。五是跟踪督办与票决相结合。成立审议意见专题督办组，实行一对一销号督办制。市政府根据常委会加强食品监管的建议，开展了综合整治专项活动，排查食品安全隐患10800处；市法院根据常委会强化审判监督的建议，启动再审案件169件；市检察院根据常委会改进控申工作的建议，立案复查不服生效裁判案件113件，提出再审检察建议95条。常委会年底从17项监督事项中，按照代表问卷投票、主体责任部门抽签、常委会组成人员无记名投票分值各占30%、10%、60%的权重，选定8项审议意见的落实情况进行了票决，满意率达100%。

（二）在代表工作方面。优化履职平台，代表工作有新提升。一是加强履职平台建设。全市938个代表小组普遍设立了选民接待室和代表热线电话，80%的县级以上代表小组活动室达到“八有”标准。开展代表小组活动竞赛，各级代表小组开展视察、专题调研活动2816次，提出意见建议8859条；市县乡人大共举办126期培训班，培训代表5906人次；开通“代表短信群发平台”，发送政务短信10080条次；开展代表述职活动，

251名市级代表向选举单位进行现场或书面述职，现场述职率达到81%。代表服务工作的做法在《中国人大》刊发。二是创新开展代表活动。“建功立业”活动中，各级代表在各行争做楷模、在各业争当旗手。全市百强企业的法人代表，68人是人大代表；10家纳税过亿元企业的法人代表，8人是人大代表；3家获得第三届市长质量奖企业的法人代表，2人是人大代表；新增1件中国驰名商标和14件山东省著名商标企业的法人代表，11人是人大代表；全市4家主营业务收入过百亿元和2家进入全国500强企业的法人代表均是人大代表。该项活动产生了较大影响，被省内外多市人大学习借鉴。“万户群众脱贫致富帮扶”活动扎实推进，协调各类资金5619万元，已结对帮扶7576户。于晓明书记对该活动高度评价，指出这是一项很好的工作，体现了宗旨，传承了作风，也是为民、务实、清廉的应有之义，要求在全市更大范围开展；省人大常委会副主任贾万志批示全省人大学习推广。“万件社会矛盾化解”活动不断深化，各级代表共化解社会矛盾纠纷15374件，矛盾化解率、群众满意率均达到95%以上。于晓明书记批示，这项工作既体现了人大的监督作用，又适应了当前全市工作的迫切需要，很有意义，很有价值，值得推广。该活动被评为市直机关年度“最佳实事”。“千名代表听百案、看执行”活动全面启动，全年组织2760名代表旁听庭审案件121件，察看执行案件101件，《人民权利报》以头版头条刊登。“助千名学子圆梦”活动创新开展，代表踊跃捐资232万元，救助1160名品学兼优的中学生，并将其中389个贫困家庭纳入“万户群众脱贫致富帮扶”范围。孙爱军市长高度评价，指出这项活动如雪中送炭，圆了孩子的读书梦、求学梦，将对他们的一生产生积极的重要影响，建议结合帮扶长期关爱，取得更好效果。三是提高建议办理实效。按照“现场答复、年初交办、年中督办、年终审议、票决增效”五措并举机制，共督促办理代表建议、意见53件，落实率达90%，代表满意率达100%。实行“主任接待代表日”制度，每月10日常委会各主任轮流接待代表。深化“百名代表票决建议办理”活动，在市人代会期间，票决了10件代表建议办理情况，满意率达100%。

（三）*在参与发展方面*。积极融入大局，参与工作有新提升。一是全市人大系统广泛参与。常委会各位主任在参与主导产业发展中，共参与分包各类项目68个，推动工作真抓实干，解决问题亲临一线。常委会机关实行“一岗双责”，本职工作与参与发展两手抓、两手硬。县区人大负责同志担任各类领导小组组长和重点项目指挥长48个，分包项目186个，7县区人大机关在本县区考核中位居前三。168个乡镇（办事处）人大负责同志全部参与了党委中心工作分工，分包项目616个，圆满完成了党委赋予的各项任务。二是能源化工产业健康发展。参与能源化工产业发展领导小组的3位市人大常委会副主任与市委、政府、政协、军分区、检察院的5位领导同志一起，贯彻落实市委、政府总体部署，按照于晓明书记、孙爱军市长批示要求，对产业发展的目标定位、模式布局和发展重点等进行认真分析和研究，确定了到2015年将我市基本建成全国重要的现代能源化工基地目标。聘请国内能源化工权威专家，按照全国同行业一流标准，编制了全市能源化工产业发展规划大纲。帮助项目建设单位和企业破解融资、节能、环保、用地、安全生产等瓶颈问题，2个项目列为省重点项目，9个项目列为省重点培育项目，28个项目列入省级以上规划；26个项目竣工，28个项目开工建设，完成投资196亿元；新增创新型企业4家、省级企业技术中心4家、工程研究中心3家，新成立全市第一家博士后科研工作站；实现主营业务收入2016.9亿元、利税219.6亿元，3家企业主营业务收入过百亿元，全市纳税前10位企业能源化工企业占 7 家。

（四）在自身建设方面。增强实务能力，自身建设有新提升。一是加强学习研究。采取干部论坛、研讨交流、知识竞赛等方式，强化机关干部政策理论和业务学习。认真学习贯彻党的十八大和十八届三中全会精神，开展专题研讨活动，对常委会工作运行机制、工作委员会及专职委员作用发挥、全口径预决算审查监督等 8 个课题进行专题研究，形成研究成果 21 项，8 项转化为实用性工作机制，9 篇在人民网、《山东人大工作》刊发。二是强化联系指导。召开全市人大工作创新、万户群众脱贫致富帮扶、乡镇人大工作等 6 次座谈会，重点工作做到市县乡人大三位一体、统筹推进。实行动态联系乡镇人大制度，选择 22 个乡镇人大进行工作指导。针对办事处没有本级人大代表、群众参政议政渠道不畅、办事处工作监督缺失的现实，积极探索办事处人大监督员制度，并在成武、定陶两县的 4 个办事处进行了试点。三是注重务实增效。创新开展机关“实务能力提升年”活动，5 篇调研成果在省获奖，位居全省 17 市第一位；8 篇宣传稿件在《人民日报》《中国人大》等国家级媒体发表，62 篇在省级媒体发表；6 项工作被省人大在全省推广；19 个省内外地市人大来考察学习。认真做好驻村“第一书记”工作，为定陶县庞楼村多方筹集资金，完成了道路桥涵、饮水灌溉、电网改造、健身广场、文化大院等工程建设。认真整改“四风”问题，“庸懒散”现象得到有效治理。人大机关连续 4 年被评为省级文明单位。

各位代表，以上成绩的取得，是市委坚强领导、全力支持的结果，是“一府两院”密切配合、团结同力的结果，是市政协和社会各界携手共进、协力相助的结果，是全体代表和各级人大依法履职、共同努力的结果。在此，我代表市人大常委会，向所有关心支持人大工作的同志们，表示崇高的敬意和衷心的感谢！

工作中，我们深深感悟到，在发挥代表作用、增强监督刚性、参与发展实效、加强自身建设等方面，与市委的要求、代表的期盼、人民的重托相比还有明显差距。常委会将在今后工作中高度重视，自觉接受人民监督，虚心听取代表意见，认真改进，切实提高。

二、以改革创新精神开创人大工作新局面

党的十八届三中全会对深化改革作出了全面部署。“善战者，求之于势”。市人大常委会将在市委的坚强领导下，顺势而为，乘势而上，加大改革创新力度，不断开创工作新局面。

（一）坚持改革创新。改革是决定当代中国命运的关键一招，创新是中华民族实现复兴梦的不竭动力。党的十八届三中全会对全面深化改革制定了总体方案，明确提出必须坚定信心，凝聚共识，统筹谋划，协同推进，确保成功。菏泽正处于深化改革的关键时期，市委作出了深化改革的全面部署。人民代表大会制度是我国根本的政治制度，与时俱进是其永葆生机活力的源泉。常委会将以改革创新为动力，主动适应新形势，认真研究新问题，为贯彻落实市委改革部署出好力，为推动人大工作理念、体制机制创新履好职，为支持“一府两院”全面推进改革创新尽好责。

（二）坚持融入大局。发展是第一要务，是解决一切问题的总钥匙。党的十八届三中全会围绕全面建成小康社会、实现两个一百年目标，明确提出坚持社会主义市场经济改革方向，发挥市场在资源配置中的决定性作用，推动经济社会持续健康发展。菏泽作为欠发达地区，面临千载难逢的历史发展机遇，既要“转”又要“赶”的任务艰巨。人大是重要的政治机关，人大的工作必须围绕中心、服务发展。常委会将以融入大局为己任，贯彻落实好市委发展战略，支持好“一府两院”全力推动发展，整合好人大系统力量积极参与发展，组织好各级人大代表“建功立业”率先发展，助推我市早日赶上全省发展步伐，同全国人民一道实现小康。

（三）坚持民生为本。群众利益无小事，民生工作大于天。党的十八届三中全会更加注重保障和改善民生，明确提出必须以增进人民福祉为出发点和落脚点，实现发展成果更多更公平惠及全体人民，解决好人民最关心最直接最现实的利益问题。菏泽民生事业现状还不乐观，人民群众对改善民生热切期盼。人大是人民群众的代议机关，肩负着为民代言、为民行权、为民谋利的重要职责。常委会将以改善民生为根本，加强民生监督以求维护民利，开展民生活动以求纾解民忧，帮扶困难家庭以求解除民困，共同编织兜住困难群众基本生活安全网，让广大人民群众共享改革发展成果。

（四）坚持民主法治。社会主义民主是社会主义政治制度的重要内容，依法治国是党领导人民治理国家的基本方略。党的十八届三中全会确立了完善和发展中国特色社会主义制度的目标，明确提出坚持党的领导、人民当家作主、依法治国的有机统一，加快推进社会主义民主政治制度化、规范化、程序化。菏泽有近千万人口、14000多名人大代表，蕴藏着改革发展的巨大能量。人大是人民行使国家权力的机关，是推动依法治国的重要力量。常委会将以民主法治为核心，加强民主建设，密切常委会与代表、代表与群众的联系，扩大公民有序政治参与；加强法治建设，有效行使职权，依法进行监督，推进依法行政、公正司法，促进社会公平正义。

（五）坚持创先争优。事业是实现人生价值的平台，实干是创造业绩的重要保障。党的十八届三中全会对加强党员干部能力和作风建设进行了具体部署，明确提出要坚持求真务实，发扬钉钉子精神，做到抓铁有痕、踏石留印。菏泽的环境和条件正在发生深刻变化，树立志向、长期坚持、后来居上已成为全市干部群众的广泛共识和自觉行动。人大工作是全市工作大局的重要组成部分，承担着党和人民赋予的重任。常委会将以创先争优为目标，思想境界和工作作风向党委政府学习，实务能力和工作实效向党委政府看齐，凝心聚力，勇创一流，为全市改革发展稳定贡献力量。

三、2014年工作安排

今年是贯彻落实十八届三中全会精神、全面深化改革的开局年，也是完成“十二五”规划的关键年。我们的工作必须深入学习贯彻落实党的十八大和十八届三中全会、习近平总书记视察山东及菏泽重要讲话精神，以邓小平理论、“三个代表”重要思想、科学发展观为指导，在市委的坚强领导下，坚持与党委同向、与“一府两院”同力、与人民群众同心，行职权于法律所赋、寓支持于监督之中，依法履职、务实创新，勇于改革、敢于担当，为我市科学发展、加快发展做出新的更大贡献。常委会将听取审议12项工作报告，组织2次执法检查、2次视察；开展8项代表主专题活动；整体工作保持全省一流水平，3项工作走在全国同级人大先进行列。

（一）关于监督工作。监督是人大工作的核心，常委会将再创新成效。一是优化监督议题。根据三中全会扩大公民有序政治参与的要求，拓展监督议题征集渠道和途径，认真与“一府两院”沟通，提请主任会议研究，呈报市委批准，经常委会会议审议通过，向代表通报，向社会公布。二是突出监督重点。强化发展领域监督，重点听取计划、财政、金融、政府性债务、牡丹产业化等工作报告，组织“五大主导产业”项目和城镇化工程视察、土地管理法执法检查。强化民生领域监督，重点听取扶贫开发、城市防汛等工作报告，视察民生实事办理情况，开展大气污染防治法执法检查。强化司法领域监督，听取法院人民陪审员制度和检察院刑事诉讼法实施情况的报告；深化“千件信访案件督办”活动，完善公检法司联席会议督办机制，确保案件息访率达到

90% 以上。三是创新监督机制。按照三中全会健全和完善人大工作机制的要求，进一步完善听取工作报告“七环相扣法”、执法检查“九步递进法”、视察“六个结合法”等工作机制。在大气污染防治法、土地管理法执法检查时，就群众普遍关心的热点问题开展专题询问。创新预决算审查监督，强化预算编制、执行、变更、公开一体化监督，组建预算审查监督专家咨询组，逐步实现对公共预算、国有资本经营、政府性基金、社保基金的全口径监督。四是增强监督实效。加强阳光监督，实行议题选择、监督程序、跟踪督办、票决问责全过程公开。推行“三次表决”办法，对听取的专项工作报告进行审议表决，对审议意见研究处理情况进行评议表决，年终对 8 项重点审议意见办理结果进行问责表决。组织委员和代表对审议意见中的重点事项进行实地察看，现场销号督办，确保常委会审议意见落到实处。

（二）关于代表工作。代表工作是人大的基础性工作，常委会将再求新突破。一是重视人大代表主体地位。举办 2 期代表培训班，2 次代表论坛，提高代表履职能力；强化代表小组阵地建设，90% 的县级以上代表小组活动室达到“八有”标准；邀请代表列席常委会会议、参加政情通报会，组织代表开展视察、调研等活动，为代表执行职务搞好全方位服务。二是建立代表激励约束机制。研究制定《充分发挥人大代表作用的意见》，实行代表活动履职情况通报制度。坚持代表述职制度，年度现场述职率达到 80% 以上。制定《人大代表管理服务暂行办法》，完善代表辞职、罢免制度，凡不按规定参加活动、不联系选民、不依法履职的代表，劝其辞去代表职务；凡违法乱纪、涉嫌犯罪的代表，依法罢免代表职务。三是开展代表系列专题活动。按照市委打好扶贫攻坚战的要求，继续开展好“万户群众脱贫致富帮扶”活动，动员各级代表通过精神上扶志、能力上扶技、经济上扶业，今年再结对帮扶 3500 户以上，确保圆满完成三年 10000 户的总目标；按照市委创新化解社会矛盾体制的要求，继续开展好“万件社会矛盾化解”活动，针对深化改革和转型期社会矛盾多的特点，发动代表从身边矛盾纠纷入手，当好调解员，确保全年化解矛盾 10000 件以上；按照市委加强司法监督和司法公正的要求，继续开展好“千名代表听百案、看执行”活动，组织千名以上代表亲临现场，监督和支持审判机关公正审判、严格执法，全年听、看案件各 100 件以上；按照市委确保贫困家庭孩子都能受到良好教育的要求，继续开展好“助千名学子圆梦”活动，以家庭贫困、品学兼优的中学生为资助对象，实行跟踪关爱，年度资助贫困学子 1000 名以上，并使纳入“万户群众脱贫致富帮扶”范围的学生家庭实现脱贫；按照市委加强新型农村社区建设的要求，创新开展好“百个新型农村社区领建”活动，筛选 100 名有能力的农村人大代表，引领创建 100 个新型农村社区；按照市委加快义务教育均衡发展的要求，创新开展好“百所农村小学设备改善”活动，发动各级代表踊跃捐资，提升 100 所农村小学的教学设备水平。四是加强代表议案建议办理。开展优秀代表建议征集评选活动，评选十佳年度代表建议。实行代表建议分类督办机制，重点建议由常委会分管主任领衔督办，一般建议由市人大、市政府相关工作机构跟踪督办。深化“百名代表票决建议办理”活动，在人代会期间组织百名代表进行满意度票决，票决为不满意的，责成承办单位重新办理，并再次票决。

（三）关于参与发展。参与发展是市委赋予人大的时代重任，常委会将再有新作为。一是全力支持科学发展。常委会将按照市委决策，对发展中的重大问题，及时作出相关决议决定。支持政府突出特色，培育优势，加快“转调创”步伐，不断提高发展的质量和效益。支持法检两院依法公正行使审判权、检察权，为发展创造良好环境。

二是着力促进代表建功立业。组织各级人大代表为改变我市欠发达面貌而建功、为增进人民福祉而立业。激励企业界代表抢抓国家鼓励、支持非公经济发展的机遇，强化改革意识，提高创新能力，做大做强企业；支持农业方面代表积极投身扶贫开发，引领科技兴农，推动农业增产增效，巩固我市农业优势地位；鼓励社会事业方面代表立足本职，提高技能，推动科教文卫体等社会事业创新发展；倡导干部等方面代表树立远大志向，以“功成不必在我”的境界，实干苦干，敬业奉献。三是全面完成参与发展任务。面对市委交给的发展任务，常委会将不负重任，敢于担当。坚持“一岗双责”，各位主任拿出足够的时间、精力用于参与发展工作。对分包的重点产业和重点项目进行细化量化，明确工作标准和完成时限，各委室协助分管主任积极搞好服务。县、乡两级人大按照同级党委要求，做到责任增强，措施到位，全面完成承担的各项发展任务。四是突出抓好能源化工产业发展。能源化工产业是支撑现代经济发展的基础产业，是一个国家或地区经济发展综合水平的重要标志，坚持经济效益、环境效益与社会效益相统一，实现产业发展与人类和谐共处已是成功之路。按照习总书记视察菏泽时提出要“因地制宜、突出特色”发展的要求，市能源化工产业发展领导小组将坚持在高端和集聚上多下功夫、在质量和效益上多做文章，以建设全国重要的综合性现代能源化工基地为目标，以推动能源化工产业向价值链前后两端延伸为着力点，向高端高质高效迈进，尽快实现“转”和“赶”。瞄准全国同行业一流水平，精心策划论证一批符合国家产业政策的高精端项目，新上项目在设备和生产工艺上达到全国同行业高标准，在节能环保上达到全国同行业高水平。抓好能源化工产业50个重点项目建设，集中各类要素，全力加快推进。引导企业建立现代企业制度，创新管理模式，确保生产成本降低、生产运行安全，全市能源化工产业完成投资229亿元，实现主营业务收入2500亿元。

（四）关于自身建设。加强自身建设是依法履职的保障，常委会将再上新台阶。一是加强思想建设，提升境界。注重学习研究，深刻领会十八大和十八届三中全会精神实质。不断解放思想，强化遵程序但要敢于创新、循规律也要与时俱进的观念，树立改革创新靠悟性去谋划、靠党性去尽责、靠追求去开拓的境界。进一步增强常委会组成人员的责任意识，完善工作委员会运行机制，搭建发挥专职委员作用的平台，提高常委会决策水平。二是加强作风建设，务实为民。扎实开展群众路线教育实践活动，把“照镜子、正衣冠、洗洗澡、治治病”的总要求贯穿始终，深入查摆问题，狠抓整改落实，建立长效机制。以云南怒江自治州人大常委会副主任高德荣同志为榜样，胸怀为民之心，多行利民之举，争做群众路线的模范实践者。把弘扬“求实、创新、和谐、一流”的人大文化与践行菏泽精神相结合，提士气、振精神、聚活力。三是加强能力建设，争创一流。把提高人大干部实务性工作能力作为机关建设的重点，严格工作要求，加强实践锻炼。推行工作交流制，鼓励干部谈问题、谈建议、谈思路。实行年度工作方案制，细化任务，定岗定责。建立秘书长会议协调制，开展重大专项工作督查。健全工作奖惩制，完善机关考核办法，激励创先争优、开拓创新。常委会整体工作保持全省一流水平，3项工作走在全国同级人大先进行列。四是加强系统建设，协调联动。坚持常委会主任联系县区人大、工作机构动态联系乡镇人大制度，重点工作推进实行上下联动。按照市委推进人大制度改革创新的要求，认真总结推广定陶、成武的试点经验，3月底完成全市31个办事处人大监督员的推选工作。制定《办事处人大监督员履职办法》，参照乡镇人大代表的工作机制和标准，充分发挥好人大监督员的作用，率先在全国人大系统探创出经验。

各位代表，改革孕育生机，创新驱动发展。让我们在市委的坚强领导下，深入贯彻落实党的十八大和十八届三中全会精神，围绕中心、服务大局，锐意改革、务实创新，为全面建成小康社会、实现后来居上而努力奋斗！

菏泽市人大常委会工作报告

——2015 年 2 月 6 日在菏泽市第十八届人民代表大会第四次会议上

菏泽市人大常委会第一副主任　杨永昌

各位代表：

我受市人大常委会委托，向大会报告工作，请予审议，并请列席的同志提出意见。

2014 年工作回顾

一年来，在市委的坚强领导下，市十八届人大常委会深入贯彻党的十八大和十八届三中、四中全会精神，坚持与党委同向、与“一府两院”同力、与人民群众同心，行职权于法律所赋、寓支持于监督之中，共听取审议 12 项工作报告，组织 2 项视察、2 项执法检查，开展 8 项代表主、专题活动，作出决议决定 4 项，任免国家工作人员 86 人，14 项工作创全省一流，其中街道人大监督员制度、预算监督、信访 3 项工作走在全国同级人大前列。

一、依法履行监督职能。围绕年初确定的议题，认真履行法定职责，监督实效进一步提升。

（一）听取专项工作报告。围绕中心，服务大局，听取了发展计划、财政预算与审计、扶贫开发、政府债务、金融、城镇化、牡丹产业、城市防汛、人民陪审员制度、刑事诉讼法实施等 12 项工作报告。按照学法、调研、审议、反馈、督办、表决、公布“七环相扣法”，推行“三次表决”机制，对听取的报告进行审议表决，对审议意见研究处理情况进行评议表决，对重点审议意见办理结果进行问责表决，年终选定的 6 项报告审议意见办理落实情况经过票决，全部获得满意或基本满意评价，“一府两院”公信力进一步提高。

（二）开展重点工作视察。坚持镜头不换，焦点不变，连续 7 年对“五大主导产业”项目和城镇化建设工程、连续 3 年对民生实事办理进行视察。按照明察与暗访、定点与选点、查看与执法、监督与决议、督办与帮办、回查与票决“六个结合法”，在招大引强、提质增效、产城融合、民生保障等方面提出的 20 多条反馈意见，市政府高度重视，及时研究具体落实意见，强化责任，强力调度，做到有承必兑、尽力而为，群众对政府的满意度进一步提高。

（三）组织实施执法检查。顺应人民群众的要求和期盼，对大气污染防治法和土地管理法贯彻情况进行了执法检查。按照事前调研、制定方案、精选人员、汇报座谈、查阅资料、随案走访、及时反馈、会议表决、跟踪检查“九步递进法”，重点对雾霾污染、异味治理、土地利用等 15 项热点问题，组织现场专题询问，开展执法检查“回头看”活动。及时向社会宣传相关法律法规，动员各级代表关注、支持、参与工业异味治理和节约集约用地工作。去年全市“蓝天白云”天数达到 145 天，居全省第 8 位；土地规划执行较好，居全省第 3 位，我市科学发展的能力进一步提高。

（四）抓好信访案件督办。树立人大信访无小事理念，按照“三个一批、三级联动”机制，继续开展“千件信访案件督办”活动，筛选督办的 1337 件重点案件群众满意率达 90% 以上。利用涉法涉诉信访案件督办联席会议制度平台，与公检法司合力化解 36 件疑难案件，在社会上产生了良好反响，公正司法水平进一步提高。

（五）创新街道人大监督。我国现有行政体制中的街道办事处承担着乡镇政府职能，但因不是一级政府，没有设立本级人民代表大会和人大代表，致使人民监督出现“空档”。我市有街道办事处31个，常住人口207万人，占全市总人口的21%。为加强基层民主政治建设，弥补人大监督方面的空白，在市委坚强领导和县区委大力支持下，市人大常委会大胆创新、科学论证，先行试点、逐步推开，在31个街道均设立了人大联络处，推选人大监督员1728名，组建109个活动小组，建立健全了监督员履职办法、街道人大联络处工作职责等8项制度。共组织开展视察、调研180余次，提出意见建议242条，化解矛盾纠纷2340件，取得预期效果。这项工作开创了全国先例，省委召开的全省人大工作会议给予充分肯定，省人大在全省予以推介，我市人大工作创新影响力进一步提高。

二、充分发挥代表作用。突出代表主体地位，积极构建服务平台，代表工作进一步加强。

（一）加强履职平台建设。全市县级以上259个代表小组全部达到“八有”标准，组织开展视察、调研活动1120次。市人大“主任接待日”接待各级代表82人。各级人大举办68期培训班，培训代表6200人次。组织257名市级代表向选举单位进行述职，接受选民评议。开通政务微博、电子信箱、《公民之声》网站栏目，提供重要民意支持。组织1200名各级代表参加行风民主评议、政府听证会，代表的知情权、参与权和监督权进一步得到保障。

（二）创新开展代表活动。继续开展“万户群众脱贫致富帮扶”活动，一户一策确定帮扶方案，多措并举展开帮扶活动，3378名帮扶代表结对3890户困难家庭，协调资金4100万元，争取政策资金435万元，使15500多人实现了脱贫，其中1329人成为新的帮扶致富能手。该活动被评为市直机关年度“最佳实事”。继续开展“万件社会矛盾化解”活动，坚持工作前移排查抓苗头、工作后移化解求实效，建立上下联动信访网络，设立代表小组接访室，公布接访电话，实行代表定期挂牌接访，共排查化解矛盾纠纷14708件。继续开展“千名代表听百案、看执行”活动，组织1730名代表，旁听庭审案件118件，对案件实体部分、程序部分、庭审作风和掌控能力等进行评议；对115件执行案件进行随案察看，并开展现场评议。继续开展“助千名学子圆梦”活动，坚持回报社会、奉献爱心，号召代表踊跃捐资222万元，资助中学生1108名，并将其中355个贫困家庭纳入脱贫致富帮扶范围，帮助他们走出了困境。创新开展“百所农村小学设备改善”活动，把教育扶贫作为扶贫的根本之策，发动各级代表捐资1100万元，严格依法依规采购名牌微机3073台、多媒体教学一体机247套，赠送给以“第一书记”派驻村小学为重点的130所农村小学，让农村孩子享受到了优质教育资源。创新开展“百个新型农村社区领建”活动，从基层代表中挑选108名人大代表，领建108个新型农村社区，从是人大代表的市县（区）直单位主要负责人中挑选108个代表进行结对帮领，目前已协调资金6518万元，启动建设工程106项，代表作用进一步得到发挥。

（三）强化代表建议工作。出台《关于进一步加强市人大代表建议工作的意见》，完善代表建议工作机制。各级代表共提出建议10899件，其中360件重点建议被及时交办和跟踪督办，450多个涉及产业发展、基础设施建设、民生改善等方面的问题得到有效解决。市人代会确定的53件代表建议全部办结，并按照“百名代表票决建议办理”的规定，对10件重点代表建议办理情况进行了票决，代表建议办理实效进一步得到提高。

三、积极融入发展大局。贯彻落实市委要求，全力服务中心工作，参与发展成效进一步增强。

（一）人大干部积极参与发展。按照市委实行主导产业发展领导小组责任制的要求，市人大常委会几位主任参与分包项目66个、企业35家。

在工作中，大家坚持问题导向，对分包产业和企业的项目建设、经营管理、安全环保、电力供应等方面126个问题进行帮助解决。积极推动产业转型升级，用心指导企业对外合作，主动参与项目招商引资。县区人大负责同志担任各类领导小组组长和项目指挥长46个，分包项目198个，乡镇（街道）人大负责同志全部参与党委中心工作分工，分包项目698个。6个县区人大在县区委政府的调度考核中位次领先,63个乡镇（街道）人大受到同级以上党委表扬。

（二）各级代表踊跃建功立业。继续开展“建功立业”主题活动，倡导代表在各行争做楷模、在各业争当旗手。企业方面的代表主动适应新常态，积极做大做强企业，在全市百强工业企业中，人大代表领军的68家，主营业务收入1955亿元，上缴税金54亿元，分别占百强企业的87%和88%。在纳税前100名的非工业企业中，人大代表领军的32家，纳税额占到51%。农业方面的代表积极投身扶贫开发，引领科技兴农，推动农业增产增效，领办规模以上农业龙头企业460家、带动农产品生产基地40万亩，领办农民合作社1860个。社会事业方面的代表立足本职，争先进位，推动科教文卫体事业创新发展，56名人大代表获得省级以上荣誉。干部方面的代表以“功成不必在我”的境界，勇于担责，扎实苦干，以实际工作成效取信于民。省级以上新闻媒体对109名代表先进事迹进行了宣传报道，进一步增强了代表建功立业的内在自觉。

四、全面加强自身建设。坚持把增强履职能力摆在首位，弘扬务实作风，整体素质能力进一步提高。

（一）以教育实践活动为契机，加强作风建设。按照中央和省、市委的部署，明确每个步骤、每个环节的工作要求，整个活动既有突出的主题、明确的目标，又有实在的成效、人大的特色。坚持“规定动作”做到位、“自选动作”有创新，开展向云南怒江人大干部高德荣同志学习的活动，人大干部爱岗敬业、恪尽职守意识得到增强。坚持边查边改、立行立改，整改问题51项，减少会议30%，削减简报刊物50%，修改完善机关管理、专题询问、专题调研、联系代表等制度15项。

（二）以不断深化改革为动力，推动民主法制建设。按照市委民主法制领域改革专项小组的要求，成立工作机构，制定工作方案，逐项分解任务，承担的审议表决、预算监督、备案审查等9项改革顺利推进。在全省率先建立全口径预决算审查机制，制定了市级全口径预决算审查监督办法。常委会表决方式由举手表决改为按表决器表决，意愿表达更加便捷民主。按照规范性文件备案审查规定，8件文件得到规范备案。

（三）以开展创先争优活动为抓手，提升实务能力。认真开展创先争优活动，整体工作位于全省人大系统前列，14项创先争优目标全省一流，人大机关连续5年被评为省级文明单位。《中国人大》《法制日报》《大众日报》《人民权利报》、人民网、凤凰网等省级以上媒体给予宣传报道。我市5篇调研成果在省人大获奖，全省两篇一等奖中有我市1篇，获奖数量和档次均居全省第一。省人大和市委、市政府主要领导作出重要批示16次，省内外地市人大来菏考察学习30批次。

（四）以建设和谐人大为目标，增强工作合力。完成省人大6次来菏调研和执法检查，承办了省人大组织的驻鲁全国人大代表视察。坚持常委会班子成员联系县区人大、委室动态联系乡镇人大制度，选择22个乡镇人大进行定点指导。常委会连续3年召开乡镇人大工作会议，乡镇（街道）人大制度建立、整体工作成效、人员配备、经费保障等工作，走在了全省前列。认真做好驻村“第一书记”和精神文明共建村工作，筹资286万元，开展了土地整理、扶贫开发、绿化亮化等工程建设，村民生产生活条件得到改善。

各位代表，以上成绩的取得，得益于市委的正确领导，得益于“一府两院”的协同配合，得益于政协、社会各界和广大人民群众的关心支持，得益于各级人大和全体代表的辛勤付出。在此，我代表市人大常委会表示衷心的感谢！

我们也清醒地认识到，在推进法治菏泽建设、提升监督效能、发挥代表作用、增强能力素质等方面，与市委的要求、代表的期盼、人民的重托相比，还有明显差距。对上述问题，在今后的工作中，我们一定高度重视，认真加以解决。

2015 年工作安排

今年是全面深化改革的关键之年，是全面推进法治菏泽建设的开局之年，也是全面完成“十二五”规划的收官之年。常委会将深入贯彻落实党的十八大和十八届三中、四中全会精神，以习近平总书记系列重要讲话精神为指引，以中央“四个全面”战略布局为遵循，在市委的坚强领导下，坚持“三同”“两于”“一流”理念，围绕中心、依法履职，改革创新、主动作为，积极参与“四项工程”建设，全力支持“一府两院”工作，努力为我市早日实现“科学赶超、后来居上”目标做出新的更大贡献。年内计划听取审议12项工作报告，组织1项执法检查、1项视察、3项专题调研；开展“建功立业”主题活动和“双万”“双千”“双百”专项代表活动；整体工作走在全省同级人大前列，代表工作、街道人大工作和信访工作走到全国同级人大前列。

一、法治为本，依法治市再有新进展。全面推进依法治国是中央作出的重大战略抉择。常委会将适应形势，主动作为，努力在法治菏泽建设中发挥作用。

*（一）着力推进法治菏泽建设。*坚持党的领导、人民当家作主、依法治国有机统一，围绕法治菏泽建设履职尽责。一是推进科学立法。善治源自良法。常委会将抓住赋予设区的市人大立法权改革机遇，科学谋划，稳步推进，立有必要、能管住、低成本的良法。二是促进严格执法。法律的生命力在于实施。常委会将根据法治菏泽建设部署，综合运用多种方式，强化对行政权力的监督，促进法治政府建设。三是维护公正司法。公正是法治的生命线。常委会将加强对司法工作的监督，确保审判权、检察权依法独立正确行使，确保人民群众的合法权益得到尊重和维护。四是引领社会守法。法律的权威源自人民的内心拥护和真诚信仰。常委会将组织代表参加法律知识培训，引导15233名人大代表、监督员带头尊法学法守法用法，引导全体人民崇尚、遵守、捍卫法治。

（二）着力加强人大立法工作。“治国凭圭臬，安邦靠准绳。”全面加强立法机构、人才、制度建设，充分发挥常委会的立法主导作用。一是健全机构。依法设立市人民代表大会法制委员会，具体负责人大立法相关工作。组建立法专家咨询委员会，聘请高等院校教授、资深律师、法律专家参与立法工作，为立法提供人才和智力上的保障。二是建立制度。研究出台地方性法规制定办法，配套制定相关立法制度，规范立法建议、法规起草、论证审议和实施评估等工作，为立法提供制度和机制上的保障。三是稳步推进。抓好专业知识培训与素质提高，加强前期调研与计划拟定，做好分清轻重缓急与稳妥制定等工作，为立法提供科学和实效上的保障。

二、围绕中心，监督工作再有新作为。监督权是宪法赋予人大的重要职权。常委会将行职权于法律所赋，寓支持于监督之中，进一步提升监督工作成效。

*（一）监督重点要突出。*紧紧围绕实现科学赶超、后来居上目标，广泛听取代表意见，选准选精选优监督议题，综合运用听取报告、视察、执法检查、专题调研等方式，对“一府两院”依法行政、公正司法进行监督。在经济发展方面，

重点听取计划、财政、审计、产业提升、重大基础设施、生态市建设等工作报告，对文化产业、商贸物流产业发展情况进行专题调研。在民生改善方面，重点听取扶贫攻坚、安全生产和食品安全工作情况报告，对民生实事完成情况进行视察。在法治菏泽建设方面，重点听取市政府“六五”普法规划实施、市法院少年审判、市检察院规范司法行为等工作报告，对《行政许可法》贯彻实施情况进行执法检查。

（二）监督机制要创新。一是提升街道人大工作。进一步完善好街道人大监督员大会、季度议事会议、意见建议办理、联系社区居民、工作评议等制度，搭建好小组建设平台，利用好热线电话、便民联系卡、群众接待室等监督员与居民联系沟通载体，推动街道人大工作逐步完善、成熟、科学。二是加强预算审查监督工作。严格执行市级全口径预决算审查监督办法，支持政府建立好全口径预决算体系。组织相关人大代表在预算审查前提出意见建议，聘请有财税专业知识的代表作为审查监督联络员参与预决算审查监督。三是强化人大信访监督工作。深入开展“千件信访案件督办”活动，充分发挥公检法司联席会议督办作用，推行律师参与人大信访工作，确保市县乡三级人大督办案件达到1000件以上，息访率提高到92%以上，提升人大信访工作法治化水平。

（三）监督实效要提升。一是专题询问要深化。着眼于主题重大、人民关切的询问内容，有效扩大询问阵容，适度提升应询规格，科学采取指定询问、随机询问、深度追问补问等形式抓好专题询问，体现制度的刚性约束。二是专题督办要细化。坚持归口督办原则，拉出清单、全程督办，一督到底、销号管理，严格落实责任制，增强督办实效。三是专题问责要强化。按照监督问责暂行办法，年终从年度监督议题中筛选6项重点工作，对审议意见办理落实情况进行票决，票决为不满意的，视情依法启动特定问题调查、质询、撤职、罢免等程序。

三、突出主体，代表工作再有新提升。代表工作是人大工作的坚实基础和重要内容。常委会将丰富内涵、拓展外延，创新形式、精心组织，不断增强代表工作活力。

（一）以服务保障为切入点，增强代表主体意识。坚持突出活动需求、重在利用实效的原则，各级代表小组活动室力争达到“八有”标准，打造成依法履职的阵地、开展活动的载体、联系群众的场所，真正成为“代表之家”。健全代表培训和政情通报机制，邀请代表列席常委会会议和视察、调研等活动。加强代表管理工作，对先进代表典型，广泛对其宣传；对不依法履职的代表，依序劝其辞职；对违法乱纪、涉嫌犯罪的代表，依法对其罢免。

（二）以深化拓展为着重点，提高代表活动质量。继续开展好代表“建功立业”主题活动，贯彻落实好市委全委会精神，动员和组织代表全身心投入“四项工程”建设，主动适应经济发展新常态，为实现“科学赶超、后来居上”目标而建功、为增进968万人民福祉而立业。其中人大代表领军的工业企业主营业务收入、纳税额两项指标，确保在百强工业企业中的占比分别提高3和2个百分点，均达到90%以上；领军的非工业企业纳税，在前100名纳税企业中占比提高5个百分点，力争达到60%；其他行业的代表都要牢固树立“功成不必在我”的理念，始终坚持人民的利益高于一切，拼搏奉献，比强攀高，在全面建成小康社会进程中建功立业、创先争优。继续开展好“万户群众脱贫致富帮扶”活动，围绕扶贫攻坚，实施精准扶贫，动员代表在精神上扶志、能力上扶技、经济上扶业，确保年内完成三年帮扶12000户脱贫致富目标，有能力的脱贫致富户再带动帮扶14000户贫困家庭脱贫致富，使26000户共10万人达到脱贫标准。继续开展好“万件社会矛盾化解”活动，围绕和谐菏泽建设，以代表小组为基础，以各级人大代表为基点，动员代表发挥熟悉群众所思、愿解群众所忧的优势，从身边人、身边事做起，力争年内排查化解矛盾纠纷10000件以上，切实维护社会和谐稳定。继续开展好“千名代表听百案、看执行”活动，围绕促进司法公正，组织千名以上代表现场随案监督和支持审判机关公正审判、严格执法，全年听、看案件各100件以上，让群众切实感受到司法的公平正义。继续开展好“助千名学子圆梦”活动，围绕让贫困家庭的孩子都能接受公平、有质量的教育，坚持动态管理、有进有出，跟踪资助、持续关爱，组织代表对1000名家庭贫困的中学生进行捐资助学，并将有致富条件的贫困生家庭纳入“万户群众脱贫致富帮扶”范围予以帮扶，努力阻断贫困的代际传递。继续开展好“百个新型农村社区领建”活动，围绕生态文明乡村建设，坚持分类推进、因地制宜、彰显特色，动员领建代表和联系代表整合资源，用心用力，量力而行，力争3年内把108个新型农村社区建设成示范社区，对全市新农村建设起到引领作用。

（三）以确保办结为落脚点，加强代表建议工作。按照全局性、规范性、可行性原则，组织和引导代表重点在产业转型升级、实施精准扶贫、创新社会管理、保障改善民生、保护生态环境、弘扬文明新风等方面，精心选题，深入调研，科学论证，提出有深度、有分量的代表议案和意见、建议。推行代表意见建议办理销号制、重点建议常委会主任牵头督办制，力争实现代表建议办结率、答复率、见面率、满意率“四个100%”。继续开展好“百名代表票决建议办理”活动，坚持在人代会期间100名代表对10项代表建议办理情况进行票决制度，提高代表建议办理的意识和质量。

四、筑牢根基，自身建设再有新提高。加强自身建设是提高履职能力的根本支撑。常委会将增强能力，提升素质，在新常态下创造人大新作为。

（一）勇于担当，奋发有为。实现“科学赶超、后来居上”目标是市委立足我市实际、顺应群众意愿作出的战略决策，符合内外、上下、方方面面的新期待、新要求。各级人大务必以义不容辞的担当、顽强拼搏的精神、抓铁有痕的作风，积极参与全市发展，推动实现奋斗目标。人大干部要认真学习“四个全面”的战略布局，加强对经济新常态的研究，围绕我市的产业转型升级，提高破解难题、推动发展的实务性工作能力。市人大常委会各主任要按照市委产业发展领导小组的安排，细化分解任务，落实分包责任，解决突出问题，推动分工的主导产业转型升级，努力实现产业链向高端产品演进、向价值链迈进。指导分包的企业完善现代企业制度，提升金融信用等级，强化自主创新，加快对外合作，在全省、全国同行业争名夺位，在全国、全球抢市场占份额。县区、乡镇（街道）人大要按照同级党委要求，坚持问题导向，明确奋斗目标，强化节点控制，加强过程管理，确保全面完成所担负的项目建设和产业发展任务。

（二）深化改革，开拓创新。习近平总书记指出，在时代竞争面前，惟改革者进，惟创新者强，惟改革创新者胜。常委会要坚持以改革的思维、创新的理念、务实的举措，大力推进人大在工作、制度、机制上的创新。认真贯彻落实市委关于推进民主法制领域改革的重大部署，完善改革方案，明确时间表、路线图，扎实推进立法机制、备案审查、议案处理等6项改革任务，推动人大改革纵深发展。落实宪法宣誓制度，开展宪法宣誓工作，增强决定任命人员的宪法意识。根据设立人民代表大会专门委员会的实际，研究制定专门委员会工作规则和相关制度，做到工作规范起步、依法运转、科学推进。

（三）务求实效，稳居一流。科学赶超、后

来居上需要全市共同努力，上下真抓实干。人大作为地方国家权力机关，必须提升精神境界，提升工作标准，高点定位，勇创一流。按照“三严三实”的要求，严格执行中央“八项规定”，巩固群众路线教育实践活动成果，下决心纠正“四风”问题。继续开展向高德荣同志学习的活动，锻造一流干部队伍。加强“学习型、规范型、创新型、和谐型”机关建设，严格实行岗位责任制，完善工作月调度、年考核办法，保持省级文明单位称号。立足民主政治进入“网络时代”实际，高质量办好人大网站，扩大群众知情权和参与权。继续开展创先争优活动，使立法体制机制建设、监督工作创新、宣传调研成果等15项工作继续走在全省同级人大前列，代表工作、街道人大工作、信访工作走到全国同级人大前列。

（四）凝聚合力，创建和谐。和谐创建是实现科学赶超、后来居上目标的重要保障。全市人大要认真遵守政治纪律和政治规矩，严格落实廉政建设“两个责任”，积极践行“崇文尚德、务实图强”的菏泽精神，大力弘扬“求实、创新、和谐、一流”的人大系统文化。市人大常委会要加强与上级人大的联系，积极配合完成全国、省人大安排的调研、视察和执法检查。坚持常委会班子成员联系县区、委室动态联系乡镇（街道）人大制度，实行重要工作市县乡人大“三级联动”机制。全体人大代表要发挥独特优势，积极向群众宣传好党的路线方针政策，主动向党委、政府反映好社情民意，使党委决策部署成为广大群众的共同意志。要带头多做理顺情绪、化解矛盾的工作，多办移风易俗、倡树新风的事情，汇集推进和谐菏泽建设的强大正能量。

各位代表，重任在肩，使命光荣。让我们在市委的坚强领导下，开拓创新，依法履职，为推动菏泽早日实现科学赶超、后来居上目标而努力奋斗！

菏泽市人大常委会工作报告

——2016年1月20日在菏泽市第十八届人民代表大会第五次会议上

菏泽市人大常委会第一副主任　杨永昌

各位代表：

我受孙爱军主任的委托，代表市十八届人大常委会，向大会报告工作，请予审议，并请列席的同志提出意见。

2015年工作回顾

一年来，在市委的坚强领导下，常委会深入贯彻党的十八大和十八届三中、四中、五中全会精神，坚持与党委同向、与“一府两院”同力、与人民群众同心，行职权于法律所赋，寓支持于监督之中，共听取审议13项工作报告，组织1次执法检查、1次视察、3次专题调研，开展6项代表主专题活动，作出7项决议决定，任免122名国家工作人员，圆满完成了各项工作任务。

一、坚决贯彻落实市委决策。常委会自觉坚持党的领导，紧扣党委工作中心，市委决策部署得到全面落实。

（一）认真落实市委重要意见精神。严格按照市委《关于进一步加强和改进人大工作的意见》和全市人大工作会议精神，新制定监督事项跟踪督办、审计查出问题整改监督、人大代表退出管理办法等12项工作制度，立法筹备、代表述职、专门委员会建设等5项工作任务全部完成。严格按照市委《关于加强县乡人大工作和建设的实施意见》和全市县乡人大工作座谈会精神，针对县乡人大工作和建设中存在的突出问题，与组织、编制等部门深入调研、充分论证，形成具体建议报市委研究决定，并协助抓好贯彻落实。《意见》的实施，使县区人大常委会主任专职化、机构规范设置、机关编制增加、乡镇人大副主席配备等7个重点事项得到全面解决，为推动人大整体工作创新发展创造了更好条件。

（二）扎实开展“三严三实”专题教育。根据市委统一部署，认真制定实施方案，及时启动“三严三实”专题教育。采取专题党课、集中辅导、观看视频、专家讲座等形式，共开展28次集体学习。在党组理论中心组和机关党委两个层面，分别组织5场专题研讨。深刻剖析问题根源，认真撰写对照检查材料。召开专题民主生活会，严肃开展批评和自我批评。坚持边查边改、立行立改，整改落实不严不实问题46项，实现了专题教育与日常工作的统筹推进。

（三）持续深化民主法治领域改革。根据市委民主法制领域改革领导小组要求，制定了《市人大常委会民主法制领域改革重要举措（2015—2020年）规划》和2015年重点改革事项工作计划，建立任务台账，细化分解目标，实行定期调度，坚持问题导向，注重质量实效，完成了健全立法工作机构、人大代表议案处理、规范性文件备案审查、预算审查前听取人大代表和社会各界建议等6项改革任务，其中街道人大监督员体制创新，被省委改革办作为我省第一批重要改革典型案例报送中央改革办。

（四）积极融入经济社会发展大局。市人大常委会各主任全部参与产业发展领导小组，分包项目68个、企业36家。工作中坚持以产业转型升级为重点，帮助解决项目建设、安全环保、电力供应等问题135个，组织金融部门与能源化工产业的银企对接，使11家金融机构为159家能源化工企业解决资金409.5亿元。县区人大负责同志担任各类领导小组组长和重点项目指挥长48个，分包项目210个，乡镇（街道）人大负责同志全部参与党委中心工作分工，分包项目716个，都较好地完成了同级党委交给的任务。

（五）有效推进“双联双创”活动开展。将开展“双联双创”活动作为重要政治任务，组成3个工作组分别联系曹县袁大庙、杨河和“第一书记”所驻荣菜园村。整合多方资源，协调争取资金95万元，解决群众难题86个，给18家特困户送去棉衣、棉被、食品和现金9000元，重建桥涵11座，电网改造8公里，启动温室大棚、蛋鸡养殖、蔬菜市场、高标准农田4个帮扶项目建设。

二、依法履行人大各项职权。常委会坚持突出工作重点，创新工作方式，履职实效得到不断提升。

（一）立法工作开局良好。一是超前准备。成立地方立法筹备领导小组，2次赴青岛、淄博等市实地考察学习，2次邀请专家讲授立法基本规程和业务知识；先后5次向省人大汇报争取，顺利成为全省第一批被授予地方立法权的市。二是设立机构。率先选举产生法制委员会，及时设立法制工作委员会，选任了主任委员、副主任委员，配备了懂法律、能力强的工作人员。聘请25名立法咨询员，建立了立法咨询专家库。三是建立制度。常委会审议通过了《菏泽市制定地方性法规条例（草案）》，制定了立法计划编制、听证、评估、协调联席会议、法规草案征求意见等5项立法制度。四是制定计划。按照“有特色、可操作、重实效”原则，制定了2016年立法计划，确定2项立法审议项目、4项立法调研项目，已报经市委研究批准，在全省同级人大立法工作中走在了前列。

（二）监督实效逐步增强。一是听取审议专项工作报告。坚持“七环相扣法”，听取审议了扶贫攻坚工程实施、食品安全、生态市建设、市法院少年审判、市检察院规范司法行为等13项工作报告，提出意见建议62条。市政府针对保障全市人民饮食安全的审议意见，开展“餐桌污染”和“守护舌尖安全”综合整治行动，累计查处食品违法犯罪案件8166起，食品安全形势明显好转。市法院针对加强少年审判的审议意见，在基层法院设立了“三审合一”的独立少年审判庭，实现少年审判工作的统一归口管理。市检察院针对规范司法行为的审议意见，开展了“规范司法回头看”整治活动，共整改司法不规范问题37个，规范司法水平明显提升。二是开展执法检查。坚持“九步递进法”，对行政许可法实施情况进行执法检查。期间，针对9个普遍关注的热点问题，组织开展专题询问。市政府根据常委会反馈意见，积极整改落实，出台行政审批监管办法，构建立体监督网络，312项市级行政审批事项进入政务服务中心，行政审批效率提高70%以上。三是组织工作视察。坚持“六个结合法”，连续5年视察民生实事落实情况，今年全市民生投入达310.5亿元，占公共财政预算支出的77.7%，年初市政府承诺的10件民生事项全部兑现。四是开展专题调研。坚持“五步调研法”，专题调研商贸物流、文化大市建设和文化产业发展情况。市政府针对加快文化产业转型升级的建议，重点培育演艺娱乐、现代传媒等八大产业，牡丹文化、曹县工艺品等独具特色的产业集群初步形成。五是加强跟踪督办。实行“三次表决制”，对17项报告进行了审议表决，对16项审议意见研究处理情况进行了评议表决，年终选定6项重点审议意见办理结果进行问责表决，监督力度和强度明显增强，与“一府两院”同力的实效得到新的提升。

（三）决议决定及时跟进。修订了《讨论决定重大事项的规定》，科学界定听取审议后必须作出决定的17种情形、可以作出决定的19种情形、依法审批后报备的4种情形。围绕市委重大决策部署，及时作出了市级公共财政预算调整、政府性基金预算调整、地方政府债务限额、菏泽至兰考高铁预留引入工程融资等决议决定7项，寓支持于监督之中的理念得到充分体现。

（四）人事任免规范有序。认真落实全国人大常委会实行宪法宣誓制度的决定，制定了《宪法宣誓仪式组织实施细则》，对宣誓对象、仪式组织、基本规程等作出明确规定。始终坚持党管干部原则和人大依法行使任免权相统一，健全完善工作机制，共依法任免国家机关工作人员122人次，市委人事意图得到全面体现。

三、创新开展人大代表工作。常委会坚持强化服务保障，优化履职平台，代表主体作用得到有效发挥。

（一）代表服务水平有新提高。制定了《加强代表培训意见》，市县乡人大共举办代表培训班19期，培训代表2816人次。实行“主任接待日”制度，共接待代表83人次。建立“代表信息服务平台”，共发送政务短信13690条次。组织1300余名代表参加政情通报会、行风评议等活动。组织213名市级代表向选举单位述职，述职率已达到91%。制定代表辞职暂行办法，畅通了代表退出渠道，共接受和批准代表辞职17人，暂停执行代表职务1人。

（二）代表系列活动有新成效。按照“一主多专、长短结合”的总体要求，组织各级人大代表持续开展代表“建功立业”主题活动和“双万、双千、一百”专题活动。一是深化开展“建功立业”主题活动。各级代表坚持“为实现科学赶超后来居上目标而建功、为增进菏泽1000万人民福祉而立业”的主题，在不同的行业和岗位上勇于担当，创先争优。如企业方面的代表，在全市重点培育的百强工业企业中，人大代表领军的79家，实现主营业务收入2810.6亿元、上缴税金73.8亿元，分别占百强工业企业的90%和91%；在重点培育的百强非工业企业中，人大代表领军的41家，纳税额占60%。如农业方面的代表，领办规模以上农业龙头企业486家、农民合作社1926个，带动农产品生产基地46万亩；如社会事业等方面的代表，58名获得省级以上荣誉。二是深化开展“双万”专题活动。“万户群众脱贫致富帮扶”活动，坚持一户一策，多措并举，共协调资金5481万元，帮扶困难家庭4460户，使1.7万人实现脱贫致富，涌现的新致富能手，脱贫不忘感恩社会，致富尽情帮助他人，又带动1.9万人脱贫致富。目前，三年计划超额完成，累计代表帮扶12063户，新致富能手又帮扶13906户，达到10万人。“万件社会矛盾化解”活动，利用代表小组接访、挂牌接访、电话接访等化解平台，共化解社会矛盾纠纷11581件，群众满意率达90%以上。三是深化开展“双千”专题活动。“助千名学子圆梦”活动，代表共捐资238万元，资助贫困中学生1189名，并将其中356个贫困家庭纳入“万户群众脱贫致富帮扶”范围。“千名代表听百案看执行”活动，选择社会关注度高的典型案件，共组织1036名代表旁听庭审案件109件，随案察看执行案件108件。四是深化开展“百个新型农村社区领建”专题活动。114名领建代表和114名帮建代表，尽心尽责，稳步推进，启动建设工程114个，规划建设面积1500万平方米，已建成956万平方米；协调资金1.7亿元，新建和完善了114个新型农村社区的316项公共配套设施建设。

（三）代表建议办理有新举措。坚持以提升代表建议质量为抓手，以规范办理程序为保障，以提高代表满意率为标准，通过当面交办、现场答复、上门督办、听取汇报、评比表彰、票决问责等多种方式，促使代表提出的102件建议，全部办理答复完毕，其中75%的代表建议转化为促进科学发展的成果。

（四）人大监督员作用有新提升。严格落实《实施街道人大监督员制度的意见》，健全人大监督员工作机制，指导召开人大监督员大会、季度议事会议，认真开展监督员小组活动，共组织开展视察、调研、工作评议等活动352次，提出意见和建议6851件，化解社会矛盾纠纷5213件，街道人大监督员制度逐步完善。

四、着力夯实人大自身建设。常委会坚持“敬业、创新、实干”的人大精神，“四型机关”建设得到稳步推进。

（一）健全机构，创新机制。按照法定程序，将6个常委会工作委员会转为人大专门委员会。坚持“依法、创新、科学、实用”原则，制定了专门委员会工作规则、跟踪监督暂行办法等9项工作规范，常委会和人大机关制度总量达到61项。实行重点工作推进“方案制”，将工作报告和年度计划确定的重点工作、调研课题、学习内容，逐一制定实施方案，保证各项工作任务扎实有序推进。

（二）创先争优，稳居一流。《人民日报》《法制日报》《中国人大》《人民代表报》《大众日报》等省级以上媒体18次宣传推广我市创新经验。5项调研成果在全省人大系统参评中全部获奖，获奖层次和数量均位居全省第一。年初确定的15项重点工作走到了全省同级人大前列，人大机关连续6年被评为省级文明单位，制度建设、代表活动、街道人大监督员体制创新、人大信访等工作在全国同级人大产生了较大影响。

（三）协同联动，共建和谐。坚持常委会班子成员联系县区人大、委室动态联系乡镇人大制度，对10县区、22个乡镇（街道）人大定点指导。配合省人大来菏执法检查、视察、调研14次，承接日照、德州、江苏无锡、湖北黄冈、四川凉山等11批省内和12批省外市级人大来菏考察学习。重点工作主动向省人大和市委请示报告，赢得主要领导批示16次，人大工作得到强有力支持。

各位代表，以上成绩的取得，主要得益于市委的正确领导，得益于“一府两院”的同力共为，得益于各级人大和全体代表的勇于担当，得益于广大人民群众的大力支持。在此，我代表市人大常委会，向所有关心、支持人大工作的各位同志、各界人士、各位代表、全市人民，表示崇高地敬意和衷心地感谢！

在看到成绩的同时，我们也清醒认识到存在的问题和不足，特别是在增强监督实效、发挥代表作用、加强自身建设等方面，与党委的要求、代表的期盼、人民的重托还有不小差距。常委会将在今后工作中高度重视，依靠市委坚强领导，自觉接受人民监督，虚心听取代表意见，认真改进，切实提高。

2016 年工作安排

今年是“十三五”规划实施的开局之年，是菏泽抢抓机遇、乘势而上、加快赶超的关键之年，也是本届人大常委会履职的最后一年。面对新形势新要求，常委会今年工作的指导思想是：深入贯彻落实党的十八大和十八届三中、四中、五中全会及习近平总书记系列重要讲话精神，坚持以中央“四个全面”战略布局、“五大发展理念”为引领，坚持以市委“三个主攻方向”、“四项工程”建设为指向，坚持以“三同、两于、一流”工作理念为遵循，围绕中心、依法履职，改革创新、主动作为，努力为我市加快实现“科学赶超、后来居上”目标作出积极贡献。常委会将完成2件地方性法规的审议，启动4件立法项目的预调研，听取审议14项专项工作报告，组织开展1次执法检查、2次视察和2次专题调研活动，深入开展代表“建功立业”等6项主专题活动，完成16项创先争优目标，确保整体工作继续走在全省同级人大前列。

一、关于立法工作。立法是法律赋予我市人大的新使命。常委会将严格落实市委批准的立法计划，充分发挥立法主导作用，推进法治菏泽建设。一要保证立法质量。按照《菏泽市制定地方性法规条例》，坚持一流标准，认真做好大气污染防治、城镇容貌和环境卫生管理2项法规草案的起草、论证、审议和全过程评估，确保所立之法顺大势、合民意、可操作，8月份完成审议，10月份报省人大常委会批准实施。二要搞好立法调研。坚持开门立法，实行立法预调研责任制，开展好水污染防治、煤炭清洁生产利用监督管理、物业管理、城乡规划管理4项条例的预备调研，其中将水污染防治条例下半年转为正式审议项目，10月份提交常委会审议，年内报省人大常委会批准实施。三要加强备案审查。根据规范性文件备案审查暂行办法，加强与政府备案审查工作机构的协作配合，完善备审程序和标准，做到有件必备、有备必审、有错必纠。

二、关于监督工作。监督是人大工作的核心职能。常委会将坚持行职权于法律所赋、寓支持于监督之中，着力增强监督实效。一要围绕“产业提升”强化监督。听取审议电子商务、生物医药、商贸物流产业发展专项报告，开展安全生产法执法检查，专题询问产业创新驱动、高端发展、集群培育等热点难点问题，加快产业转型升级步伐。二要围绕“基础突破”强化监督。听取审议重大基础设施建设、城市道路交通整治等专项报告，组织省级文明城市创建有关城市基础设施建设管理视察，推动菏泽加快建成全国重要的综合交通枢纽和区域中心城市。三要围绕“扶贫攻坚”强化监督。听取审议扶贫开发、农村安全饮水、教育系统全面改薄等专项报告，凝聚各方力量，监督支持精准扶贫措施落实，为全市2018年如期完成脱贫任务助力。四要围绕“和谐创建”强化监督。听取审议民生实事、行政审判、刑事执行检察等专项报告，开展社会保障体系、平安菏泽建设等专题调研，组织代表听审、察看司法案件各100件以上，切实维护公平正义，促进社会和谐稳定。

三、关于代表工作。代表是做好人大工作的基础。常委会将不断完善服务保障机制，拓展代表履职平台，激发代表工作活力。一要依法做好换届选举。严格落实换届选举工作纪律，强化指导监督，确保依法有序进行。规范代表候选人提名推荐，把好代表政治关、素质关、结构关，做到“两升一降一保证”，使党外代表比例达到35%左右。二要深入开展代表活动。强化代表述职活动，确保市级代表届内全部述职一遍，现场述职率达到80%以上。指导代表小组开展学习、视察、调研等活动，每个小组活动全年要达到4次以上。持续开展代表“建功立业”主题活动，代表领军的工业企业主营业务收入和纳税额，在全市百强工业企业中占比分别提高5个和4个百分点，力争达到95%以上；代表领军的非工业企业纳税额，在全市百强非工业企业中占比提高5个百分点，力争达到65%以上。深化开展系列代表专题活动，化解社会矛盾13000件，帮扶困难家庭脱贫致富3500户，救助贫困中学生1000名以上，基本完成领建114个新型农村社区的全部任务。三要认真办理代表建议。严格落实代表议案建议处理办法，组织代表深入基层，广泛听取群众意愿和诉求，提出接地气的代表议案建议。加强代表议案建议督办，确保办结率、答复率、见面率、满意率达到“四个100%”。

四、关于县乡人大工作。县乡人大是新时期人大工作的重点。常委会将认真落实市委加强县乡人大工作和建设的新要求，支持县乡人大发挥更大作用。一是县区人大工作重提升。研究制定专门委员会工作规则，保障依法有效行使议案、审议、监督等职权。创新开展专题询问、专题调研，增强监督的科学性、有效性。二是乡镇人大工作重实效。制定主席团会议规则，保证每季度召开1次主席团会议。加大视察、调研和工作评议力度，增强跟踪督办实效。三是街道人大工作重规范。健全街道人大监督员大会、季度议事会议、意见建议办理、联系社区居民、履职考核等5项制度，推动人大监督员制度成熟可复制。

五、关于自身建设。自身建设是担当重任的保障。常委会将不断加强素质能力建设，提高依法履职水平。一要在理论武装上持续用力，牢牢把握正确方向。认真学习党的十八大和十八届三中、四中、五中全会及习近平总书记系列重要讲话精神，加强对中央“四个全面”战略布局、“五大发展理念”和市委“三个主攻方向”、“四项工程”建设的系统研究，强化理论武装、坚定理想信念，把实现“科学赶超、后来居上”目标的各项决策部署，贯彻落实到人大工作全过程，始终保持与党委同向。二要在作风建设上持续用力，切实强化责任担当。深化“三严三实”专题教育，严守党的政治纪律和政治规矩，厚植“敬业、创新、实干”精神。立足“十三五”发展目标，围绕中心、服务大局、勇于担当，为实现全面建成小康社会担责、出力、尽职。按照市委产业发展领导小组的安排，增强参与发展、破解难题的实务能力，着力推进产业转型升级，促进价值链向高端迈进，实现裂变式膨胀，全力打造有竞争力的产业集群，完成好所担负的项目建设和产业发展任务。三要在创先争优上持续用力，继续保持一流水平。以开展创先争优活动为抓手，明确争创责任，严格考核标准，继续保持“省级文明单位”荣誉称号，确保立法工作、预算审查监督、代表专题活动、乡镇人大工作和建设、街道人大监督员体制创新等16项工作走在全省乃至全国同级人大前列，既为一域争光，又为全局添彩。

各位代表，让我们在市委的坚强领导下，务实图强，开拓创新，依法履职，积极作为，为实现“十三五”良好开局、夺取全面建成小康社会新胜利而努力奋斗！

第五节　第十九届人大历次会议常委会工作报告

菏泽市人大常委会工作报告

——2017年2月25日在菏泽市第十九届人民代表大会第一次会议上

菏泽市人大常委会第一副主任　段伯汉

各位代表：

我受市十八届人大常委会的委托，向大会报告工作，请予审议，并请列席的同志提出意见。

本届工作回顾

五年以来，在市委的坚强领导下，市人大常委会深入贯彻党的十八大及十八届三中、四中、五中、六中全会精神，坚持与党委同向、与“一府两院”同力、与人民群众同心，行职权于法律所赋，寓支持于监督之中，共听取审议专项工作报告67项，组织执法检查6次、视察10次，开展代表主专题活动8项，作出决议决定29项，任免国家机关工作人员485人次，出台地方性法规4部，圆满完成了本届各项工作任务。

一、坚决贯彻党的决策部署

常委会始终坚持和依靠党的领导，牢固树立“四个意识”，特别是核心意识、看齐意识，确保党委有关决策部署全面贯彻落实。

（一）深入开展系列党内学习教育。根据市委统一部署，相继开展了党的群众路线教育实践活动、“三严三实”专题教育和“两学一做”学习教育。采取集中辅导、专家讲座、专题研讨等方式，深入学习马列主义、毛泽东思想和中国特色社会主义理论，深入学习党章党规和习近平总书记系列重要讲话精神。坚持问题导向，做到边查边改、立行立改，共查找整改“四风”和“不严不实”问题43项，削减内部简报文件50%，压缩会议活动30%，健全完善了专题调研、联系代表、公务用车、行政接待等18项长效机制，进一步坚定了理想信念，转变了工作作风，提升了人大工作的整体效能。

（二）稳步推进民主法制领域改革。按照市委深化改革领导小组的要求，成立了市人大民主法制改革领导小组，制定了市人大常委会民主法制改革（2014—2020年）规划。每年年初都针对改革任务目标，拉出清单，建立台账，制定具体落实方案，明确责任领导、责任委室和完成时间，按照时间节点扎实推进。2014年以来，共完成立法机构设立、代表议案处理、部门预算审查监督、大气污染防治条例制定等改革任务21项。其中，街道人大监督员、专题询问、全口径预算审查监督等改革成果被省人大作为典型案例宣传推介。

（三）精心组织包村扶贫专项活动。根据市委统一安排，认真做好驻村“第一书记”工作，为定陶区庞楼村、曹县荣莱园村多方筹集资金960多万元，完成了道路桥涵、电网改造、健身广场、文化大院等工程建设15项。积极参加“城乡文明共建”活动，与郓城县前营村结为精神文明共建村，筹资286万元，帮助该村开展了绿化亮化、移风易俗等文明创建活动。扎实开展“双联双创”活动，结对帮扶贫困家庭61户，协调资金70万元，帮助曹县袁大庙、杨河等行政村解决发展难题105个，修建桥涵11座，电网改造8公里，建成2500平方米的蔬菜批发市场1个、4600平方米的温室大棚2个、26平方米的光伏发电机组4个。

（四）积极参与经济社会发展。根据市委产业发展领导小组分工，常委会各主任共分包项目98个、企业42家。强化责任担当，实行“一岗双责”，针对所承担的任务，逐项拉出清单，做到任务明确、目标量化。加强产业发展趋势研究，督导制定产业发展规划计划，明确“时间表”，画好“路线图”。定期召开现场办公会、工作座谈会，组织金融部门与能化企业银企对接，帮助解决土地征收、拆迁安置、电力供应、项目融资等问题167个，有力推动了相关产业和企业的快速发展。

二、认真履行各项法定职权

常委会始终坚持突出工作重点，创新工作机制，不断提升履职实效。

（一）立法工作开局良好。常委会高度重视立法工作，强化措施，落实责任，全力推进，立法工作走在了全省前列。一是首批获得立法授权。按照市委积极主动、走在前列的要求，及时成立了承接地方立法权工作领导小组，组织有关人员赴青岛、淄博等市实地考察学习，先后5次向省人大汇报争取，成功获得全省首批地方立法授权。二是最早设立立法机构。市十八届人大四次会议决定设立了法制委员会，选举产生了组成人员。成立了法制工作委员会，配备了7名工作人员。聘请25名实践经验丰富、法律业务精通的立法咨询员，建立了立法咨询专家库，为立法工作开展奠定了坚实的组织基础。三是率先建立立法制度。及时制定了立法计划编制办法、立法听证办法、立法评估办法等6项立法制度，形成了较为完备的法规立项、起草、论证、协调、审议、评估等工作机制。四是出台法规数量领先。采取专门委员会先行审议、法制委员会统一审议、常委会集中审议的方式，市十八届人大五次会议审议通过《菏泽市制定地方性法规条例》，报经省人大常委会批准，于去年4月8日正式实施。常委会审议通过《菏泽市大气污染防治条例》《菏泽市城镇容貌和环境卫生管理条例》，报经省人大常委会批准，于去年12月1日正式实施。今年1月18日，《菏泽市煤炭清洁生产使用监督管理条例》已经省人大常委会批准，将于3月1日正式实施。这些条例的出台，为我市科学发展提供了强有力的法制保障。

（二）监督工作成效显著。常委会按照“敢于监督、善于监督、增强监督刚性”的要求，创新监督方法，加大监督力度，监督实效明显增强。

突出监督重点。紧紧围绕市委工作中心，充分发挥监督职能，促进经济社会科学发展。一是围绕产业提升，先后听取审议了文化产业改革、高新技术产业提升、电子商务发展和牡丹产业化等21项工作报告，开展了“五大主导产业”重大项目视察和行政许可法、环境保护法、安全生产法执法检查，推进了重点产业转型升级。二是围绕基础突破，先后听取审议了重大基础设施建设、道路交通整治、城市防汛、城镇化建设和政府性债务管理等13项工作报告，开展了省级文明城市创建基础设施建设和城市管理工作视察，促进了基础设施服务水平的提升。三是围绕扶贫攻坚，先后听取审议了扶贫开发、农田水利建设、农村安全饮水、教育系统全面改薄和解决城镇中小学“大班额”问题等19项工作报告，开展了扶贫攻坚工程建设、电商产业精准扶贫等专题调研，助推了扶贫攻坚工作的健康发展。四是围绕和谐创建，先后听取审议了社会治安、行政审判、审判监督、执行检察和司法规范等14项工作报告，开展了平安菏泽建设、社会保障体系建设等专题调研，组织了“千件信访案件督办活动”，成功督办信访案件5236件，维护了社会和谐稳定、公平正义。

创新监督机制。在监督方式创新方面：创新实行了听取工作报告“七环相扣法”，执法检查“九步递进法”，工作视察“六个结合法”，专题询问“五阶推进法”等。在监督环节创新方面：创新实行了监督议题公开征集机制，坚持早谋划、早安排，每年年底通过新闻媒体、人大网站、调查问卷向社会广泛征集监督议题，尽早制定下一年度监督计划，以便“一府两院”早做准备，提高了监督的主动性、针对性。创新实行了监督公开机制，制定了创新监督工作宣传意见，突出监督现场宣传，组织媒体记者对常委会会议分组审议、专题询问等现场进行录音录像，在电视、电台同声播发，在报纸刊登精彩发言和专题询问实录，实现了舆论监督与人大监督的有机结合。健全完善了“票决问责”机制，修订了监督问责暂行办法，进一步规范了“三次表决制”。五年来，共对36项重点审议意见办理结果进行了年终问责表决，满意率、基本满意率和不满意率分别为86%、11%、3%，增强了监督刚性。

提高监督实效。制定了跟踪督办办法，实行

跟踪督办小组负责制，不断加大督办力度，确保了监督事项的有效落实。一是促进了产业发展。2015年，在商贸物流产业专题调研时，常委会提出了加快电子商务产业发展的反馈意见。市政府高度重视，强化措施，及时制定了电子商务发展（2015—2017年）三年行动计划，出台了加快全市农村电子商务发展意见，2016年全市电子商务交易额突破1200亿元，在全国率先实现“千县万村”试点县区全覆盖，获批创建全国电子商务示范城市。二是促进了民生改善。2012年，在常委会视察民生实事完成情况时，提出财政投入向民生倾斜的反馈意见，并连续5年进行跟踪督办。市政府及时研究措施，制定整改落实方案，加大民生实事办理力度，民生投入占财政支出的比重由2011年的66.1%提高到2016年的79.6%。三是促进了司法公正。市法院针对常委会提出的加强审判监督的审议意见，及时建立了全流程、无缝隙审判监督管理机制，充分发挥审级监督职能，一批疑难复杂案件得到妥善处理。市检察院针对常委会提出的规范司法行为的审议意见，推出了检察服务大厅、检察宣告庭、“一台三室”等系列新举措，司法规范化水平明显提升。

（三）决定事项准确高效。修订了讨论决定重大事项的规定，对常委会听取审议有关报告后，必须作出决定的17种情形、可以作出决定的19种情形、依法审批后报备的4种情形作出明确界定。围绕市委重大决策部署，及时作出了食品安全、安全生产、棚户区改造、“七五”普法规划、政府性基金预算调整、地方政府债务限额、老年活动中心建设资金纳入财政预算等决议决定29项，保证了市委重大决策部署的贯彻落实。

（四）任免工作更加规范。坚持党管干部和人大依法行使任免权相统一的原则，严格会议审议、投票表决、颁发任命书等程序，五年来共依法任免国家机关工作人员485人次。2016年开展宪法宣誓以来，按照全国人大实行宪法宣誓制度的要求，共组织宪法宣誓43人次，提高了被任命人员的宪法意识、公仆意识。

三、充分发挥代表主体作用

常委会坚持突出代表主体地位，积极构建服务平台，代表工作逐步提升。

（一）提高代表服务水平。制定了加强代表培训的意见，采取初任培训、履职培训、专题培训等方式，市、县区共举办代表培训班557期，培训代表26300余人次。坚持代表列席常委会会议和参加活动制度，共邀请代表列席常委会会议和参加执法检查、视察、调研等活动536人次。拓展代表信息服务平台，通过人大网站、《常委会公报》《菏泽人大》等载体及时向代表通报人大工作信息。

（二）完善代表履职平台。加强代表小组建设，全市869个代表小组普遍达到了有场所、有器材、有制度、有计划、有活动、有档案的“六有”标准。普遍建立了代表小组学习、视察、调研、联系选民等制度，健全代表履职档案，提升了代表小组制度化、规范化水平。开展了代表小组活动竞赛年和小组建设提升年活动，组织视察、调研等小组活动17200余次。持续开展了代表述职活动，各级代表届内述职率达到100%，现场述职率达到65%。组织代表参加政情通报会、行风评议等活动6000余人次，保障了代表的知情权、监督权。

（三）持续开展代表活动。按照“一主多专”的总体要求，组织各级人大代表深入开展了系列特色活动。一是持续开展了“建功立业”主题活动，坚持“年初动员、年中调度、年底表彰”的工作机制，每年一个活动主题、一个实施方案，鼓励和支持全市各级代表立足本职，为改变我市欠发达面貌而建功，为增进人民福祉而立业，代表真正成为了全市经济社会发展的开拓者、引领者。二是持续开展了“贫困群众脱贫帮扶”专题活动，采取精神上扶志、能力上扶技、经济上扶业等方式，动员14336名代表结对帮扶贫困家庭19136户，惠及困难群众12万余人。三是持续开展了“万件社会矛盾化解”专题活动，鼓励代表深入一线，挂牌接访，积极调解，共化解矛盾纠纷68181件。四是持续开展了“助学圆梦”专题活动，倡议代表捐资1417万元，资助家庭贫困的学生6169名。五是持续开展了“千名代表听百案看执行”专题活动，共组织8721名代表听取审理案件648件，察看执行案件542件，听看案件的服判率、执结率均达到90%以上。六是持续开展了“新型农村社区领建”专题活动，组织代表帮扶领建114个新型农村社区，共协调资金3.2亿元，建设公共配套设施195项。同时，还开展了“百家文艺团体装备改善”和“百所农村小学设备改善”年度专题活动，发动代表共捐资2000多万元，帮助206家文艺团体、130所农村小学改善了硬件设施。

（四）强化代表建议办理。实行“集中交办、重点督办、票决问责”机制，年初将代表建议进行整理、归类、编号，召开代表建议现场交办会，由承办单位集中现场签收。年中召开代表建议督办会，筛选部分群众普遍关注、代表反映集中的热点建议进行重点督办，组织代表和媒体记者到建议办理现场实地察看、现场督办。年底开展“代表建议办理票决”活动，每年选定10件重点代表建议，组织100名代表对建议办理结果进行满意度票决。本届共提出代表建议344件，办结率达100%，其中78%的代表建议转化为促进科学发展的成果。

四、着力夯实县乡人大基础

常委会认真贯彻落实市委关于加强县乡人大工作的文件精神，强化对县乡人大工作的指导和支持，县乡人大建设水平得到有效提升。

（一）制定县乡人大工作规范。建议市委召开了全市人大工作会议和全市县乡人大工作座谈会，出台了《中共菏泽市委关于进一步加强和改进人大工作的意见》《中共菏泽市委关于加强县乡人大工作和建设的实施意见》，进一步明确了县乡人大依法履职、代表选举、会议召开、机构设置等6个方面的内容，为全市人大工作和县乡人大建设提供了制度保障。

（二）加强县乡人大组织建设。严格落实市委两个文件精神，督导县区人大统一设立了法制（内务司法）、财政经济、教科文卫、城建环保、农业农村5个专门委员会，预算、人事代表2个工作委员会，办公室、研究室、信访室3个办事机构，机关人员编制普遍增加了30%以上。县区人大常委会主任全部实行了专职配备，168个乡镇（街道）全部配备了人大专职主席（主任）和专职工作人员，40%的乡镇配备了乡镇人大副主席。创建了街道人大监督员制度，推选产生人大监督员1728名，组建人大代表和监督员混合活动小组109个，填补了街道人大监督空白。

（三）精心指导县乡人大换届工作。在党委的坚强领导下，常委会统筹安排，周密部署，精心组织，圆满完成了县乡人大换届选举任务。一是强化组织领导。成立了全市县乡人大换届选举工作联席会议和市人大换届选举工作委员会，制定了《县乡两级人民代表大会换届选举工作意见》。各县区依法成立了县乡选举委员会，细化了工作流程，保证了换届选举工作的有序开展。二是周密部署安排。制定了换届选举具体实施方案，定期调度，掌握工作动态，及时研究了解决有关问题，对县乡人大换届选举进行了全方位监督和指导。三是严格审查把关。坚持把党的领导、发扬民主和依法办事相结合，全力配合组织部门严把代表候选人提名推荐关，准确认定代表身份，优化代表结构，实现了“两高一控一保证”。共选举产生市人大代表621名，县区人大代表3001名，乡镇人大代表12827名。

五、全面加强人大自身建设

常委会坚持内强素质、外树形象，不断加强

自身建设，努力提高履职水平。

（一）加强学习，提升境界。严格落实“机关学习日”制度，不断加强党的方针政策、法律法规、人大业务理论的学习。注重年轻干部的培养和锻炼，定期组织开展专题研讨、演讲竞赛、岗位培训等活动。组织人大干部到浙江大学进行了综合能力提升培训，安排有关人员先后参加全国人大、省人大举办的立法、预算、监督等培训班28批、160人次，组织86人次到长沙、徐州、青岛等市人大实地学习先进经验，提升了人大机关干部整体素质。

（二）健全机构，创新机制。坚持健全机构和创新机制并重，设立了市人大法制、财政经济、内务司法等7个专门委员会，成立了法工委、预算工委，组建了立法咨询和预算审查专家库，新招录、遴选工作人员26名，机构设置和人员配备得到加强。制定完善了专门委员会工作规则、监督事项跟踪督办办法、专题询问暂行办法、部门预算审查监督规定和机关管理制度等36项，制度体系进一步健全完善。

（三）创先争优，争创一流。持续开展了创先争优活动，每年都有10余项重点工作走在全省同级人大前列，人大机关连续7年被评为省级文明单位。22项调研成果在全省人大系统评选中获奖，获奖质量和数量均居全省第一位。《中国人大》《大众日报》《人民权利报》等省级以上媒体先后35次宣传推介了我市人大的创新做法。在省人大组织的专项工作会议上先后18次作典型发言，省内外市级人大来菏考察学习76批次。

（四）协同联动，凝心聚力。坚持常委会班子成员联系县区、委室动态联系乡镇（街道）人大制度，共对全市104个乡镇（街道）人大进行了定点联系指导。加强上下联动，配合省人大来菏开展执法检查、视察、调研26次，邀请县区人大负责同志列席会议、参加活动49次。大力弘扬“求实、创新、和谐、一流”的人大文化，营造了心齐气正、干事创业的和谐氛围，汇聚了全市人大工作的强大合力。

各位代表，过去的五年是我市人大创新发展的五年，也是人大工作成绩显著的五年。这些成绩的取得，是市委坚强领导的结果，是“一府两院”和社会各界大力支持的结果，更是全市各级人大和全体代表共同努力的结果。在此，我代表市人大常委会，向所有关心、支持人大工作的各位代表、各位同志和社会各界，表示崇高的敬意和衷心的感谢！

在看到成绩的同时，我们也应清醒地认识到，人大工作仍存在一些问题和不足，在科学立法、增强监督实效、发挥代表作用、加强自身建设等方面，与党委的要求、代表的期盼、人民的重托还有一定差距。常委会要在今后工作中高度重视，认真改进，切实提高。

几点工作体会

五年的工作实践，让我们对更好地坚持人民代表大会制度、推动人大工作创新发展，有了更加深刻的认识和体会。

（一）做好人大工作，必须始终坚持党的领导。事业兴衰，关键在党。坚持党的领导是做好人大工作的根本保证，常委会必须在思想上政治上行动上与党中央保持高度一致。多年来，常委会党组始终坚持重要工作、重大问题及时向市委请示报告，把党的领导贯穿到人大工作的全过程，确保市委的重大决策部署通过法定程序上升为国家意志，转化为全市人民的共同行动。实践证明，只有始终坚持和依靠党的领导，才能把握正确的政治方向，拥有坚实的政治保障。

（二）做好人大工作，必须维护人民根本利益。国之根本，在于民生。常委会必须植根于民，密切关注民生，维护群众根本利益。多年来，常委会紧紧围绕重大民生事项进行监督，着力推动解决人民群众普遍关注的热点难点问题，督促“一府两院”将惠民政策落到实处，提升了人民群众的获得感、幸福感。实践证明，只有坚持以民为本、造福人民，才能彰显人民代表大会制度的优越性，赢得人民的拥护和支持。

（三）做好人大工作，必须充分发挥代表作用。代表是人民代表大会的主体。常委会必须尊重代表的主体地位，依靠和支持代表依法开展工作。多年来，常委会积极为代表履职搭建平台，保障代表的各项权利得到依法行使，促进了代表工作的开展。实践证明，只有充分发挥代表作用，才能增强人大工作的凝聚力、向心力，为经济社会发展做出更大贡献。

（四）做好人大工作，必须寓支持于监督之中。监督与支持是辩证统一的有机整体。常委会必须将监督和支持相结合，在监督中实现支持，使二者相辅相成、相得益彰。多年来，常委会始终坚持行职权于法律所赋、寓支持于监督之中，促进“一府两院”依法行政、公正司法，推动了全市经济社会科学发展。实践证明，只有正确处理好监督与支持的关系，才能形成强大的工作合力，汇聚人大监督的正能量。

（五）做好人大工作，必须不断加强改革创新。改革创新是时代发展的主旋律。常委会必须与时俱进，依法创新履职理念、工作思路和方式方法。多年来，常委会始终坚持改革创新，立法、监督、代表等工作都创出了菏泽特色，多项改革创新成果被省人大予以推广，推动了人大工作的创新发展。实践证明，只有审时度势、改革创新，才能把握新规律、应对新挑战，不断开创人大工作新局面。

今后工作建议

市第十三次党代会为我们绘制了未来五年的宏伟发展蓝图。今后五年，是我市全面建成小康社会的决胜阶段，也是贯彻落实我市“十三五”规划的关键时期。人大作为重要的政治机关、地方国家权力机关、联系人民群众的代表机关，必须紧紧围绕“四个全面”战略布局，依法履职，与时俱进，推进人大工作创新发展。一要勇于担当，助推实现“全面建成小康社会”目标。要树立“功成不必在我”的境界，保持“滴水穿石”的韧劲，依法履行人大各项职权，着力推进供给侧结构性改革，提高发展质量和效益；着力推进扶贫攻坚工程建设，切实改善民生。继续倡导代表建功立业，助力决胜全面小康、实现后来居上。二要开拓创新，持续加大“全面深化改革”力度。主动适应经济发展新常态，带头凝聚改革共识，充分发扬改革创新精神，用新视野、新理念谋划人大工作，对人大工作的各方面、各环节进行全面探索，不断创新体制机制，积极推进民主法制改革。三要科学立法，加快推进“全面依法治国”进程。根据常委会五年地方立法规划，紧紧围绕市委决策部署和我市经济社会发展需要，充分发挥地方立法的引领、推动和保障作用，确保立好一批有特色、可操作、务实管用的地方良法。同时，充分发挥人大的监督作用，推进法律法规的贯彻实施，保证依法治市五年规划的落实。四要严守规矩，坚决贯彻“全面从严治党”要求。把加强人大常委会党组建设和推进人大工作紧密结合起来，始终坚持正确的政治方向，主动围绕中心、依法履职，全力保证市委重大决策部署的贯彻落实。不断加强廉政建设，切实转变工作作风，打造务实高效、廉洁勤政的人大机关，努力营造良好的政治生态和履职环境。

2017年，是新一届人大常委会的开局之年，也是贯彻落实市第十三次党代会精神的关键一年。常委会要深入贯彻落实党的十八大及十八届三中、四中、五中、六中全会精神，认真学习习近平总书记系列重要讲话特别是视察菏泽重要讲话精神，以中央“四个全面”战略布局、“五大发展理念”为引领，以市委“三个主攻方向”“四项工程”建设为指向，以人大“三同”“两于”

工作理念为遵循，依法履职、积极作为，不忘初心、继续前进，努力为我市决胜全面小康、实现后来居上做出积极贡献。

（一）认真做好立法工作。立法是法律赋予我市人大的新使命。常委会要坚持发挥立法主导作用，推动科学立法、精准立法。一是科学制定地方法规。注重探索和把握立法规律，拓宽公民有序参与渠道，进一步提高立法质量。制定实施《菏泽市供热条例》《菏泽市物业管理条例》《菏泽市水污染防治条例》，启动城乡规划、非物质文化遗产保护、农村公路管理养护等条例的预调研。二是加大宣传实施力度。通过召开新闻发布会、法规解读等多种形式，做好新出台法规的宣传工作。采取执法检查、听取汇报、专题调研等方式，监督颁布法规的贯彻实施，维护法制权威。三是强化规范性文件备案审查。建立备案审查联动机制，明确规范性文件备案审查的范围，做到有件必备、有备必审、有错必纠，有效维护国家法制的统一。

（二）创新开展监督工作。监督是人大的核心职能。常委会要不断创新监督方式，加大监督力度，提高监督质量。一是敢于监督。凡是法定的监督事项，都要纳入人大的监督范围，坚持监督议题公开征集机制，广泛听取人大代表和社会各界意见，选准监督的切入点、突破口，敢于较真，敢于碰硬，一督到底，积极回应社会关切。二是善于监督。积极探索和改进监督方式，运用多种法定监督形式，把工作监督与法律监督结合起来，把专项监督与综合监督结合起来，把听取专项工作报告与视察、专题询问结合起来，把推动自行整改与依法纠正结合起来，不断增强人大监督实效。三是增强监督刚性。认真落实监督事项跟踪督办暂行办法，实行督办小组负责制和监督事项“销号”办结制，确保监督事项落实到位。坚持“三次表决制”，强化监督问责，对票决为不满意的，依法启动特定问题调查、质询等刚性监督程序。强化监督公开，发挥舆论监督、公众监督的重要作用，增强监督合力。

（三）依法行使决定、任免权。决定和任免是人大的法定职责。常委会要强化责任，严格程序，实现好党委意图。一是认真落实讨论决定重大事项的规定，紧紧围绕经济社会发展重大事项、市委重大决策部署、人民群众普遍关注的热点问题，依法及时作出决议决定。二是完善人事任免工作机制，严把被任命人员的法律素质关、票决任命关和任后监督关，实现党管干部和人大依法行使任免权的有机统一。

（四）充分发挥代表作用。代表是人大工作的根基。常委会要不断完善服务保障机制，激发代表履职的热情和活力。一是加强代表培训。开展代表初任培训，对新当选代表进行轮训。研究制定代表培训长效机制，针对审议工作报告、撰写议案建议、开展视察调研等内容进行专题培训，不断提高代表的履职水平。二是加强代表小组建设。合理划分市县乡三级人大代表小组，选好代表小组召集人，认真组织代表开展视察、调研和系列特色活动，将代表小组打造成代表依法履职的阵地、开展活动的载体、联系群众的平台。进一步健全代表履职档案，严格代表履职考核，激发代表履职积极性。三是加强代表议案建议办理。落实代表议案建议处理办法，组织代表深入基层，广泛听取群众意愿和诉求，引导代表提出有深度、有分量的代表议案建议。加强代表议案建议督办，提高代表议案建议办理质量，确保代表议案建议件件有落实、事事有成效。四是加强街道人大监督员工作。健全完善街道人大监督员议事会议、意见建议办理等工作机制，规范人大监督员视察、调研、工作评议等履职活动，进一步发挥好人大监督员作用。

（五）不断加强自身建设。加强自身建设是依法履职的重要保障。要不断加强人大自身建设，提高履职能力和服务水平。一是加强常委会建设。

修改完善常委会议事规则，坚持民主集中制原则，提高决策的民主性、科学性。严格落实常委会组成人员守则，不断增强履职的责任感、使命感。二是加强专门委员会建设。制定各专门委员会工作细则，提高依法履职的主体性、规范性。支持各专门委员会在常委会委托下，依法开展执法检查、视察和专题调研活动，充分发挥专门委员会作用。三是加强人大机关建设。深化“两学一做”学习教育成果，厚植“敬业、创新、实干”的人大精神，不断提高机关干部的执行力。大力加强廉政建设，严格落实中央和省、市委各项规定，进一步严肃纪律，转变作风，树立人大机关的良好形象。四是加强系统和谐建设。积极配合全国人大、省人大开展好执法检查、视察、调研等活动，实行重点工作市县乡人大“三级联动”机制，汇聚系统合力，提高人大工作整体效能。

各位代表，今年是新一届市人大常委会承前启后、继往开来的一年，任务繁重，责任重大。让我们在市委的坚强领导下，务实图强，开拓创新，依法履职，积极作为，为全面推进法治菏泽建设、实现后来居上目标而努力奋斗！

菏泽市人大常委会工作报告

——2018年1月5日在菏泽市第十九届人民代表大会第二次会议上

菏泽市人大常委会副主任　杨晓玲

各位代表：

我受孙爱军主任委托，代表市十九届人大常委会，向大会报告工作，请予审议，并请列席的同志提出意见。

一、接力奋进，去年工作再创新业绩

过去一年，新一届人大常委会在市委的坚强领导下，在历届人大打下的良好基础上，全面贯彻党的十八大、十九大精神，深入学习贯彻习近平总书记系列重要讲话特别是视察菏泽重要讲话精神，紧紧围绕全市大局，依法履职、开拓创新、积极作为，扎实开展“后来居上、代表先行”系列活动，审议通过地方性法规2部，听取审议专项工作报告14项，组织执法检查3次、视察2次、专题调研5次，15项工作争创了全省一流，整体工作位居全省人大系统第一方阵。

（一）强化政治意识，在贯彻市委决策部署上坚定有力。始终把坚持党的领导作为人大工作的根本原则，坚决维护党的领导权威，确保了各项工作与市委决策部署协调一致。

1．始终坚持党的领导。自觉把人大工作置于市委领导之下，坚持重点工作、重大事项、重要活动向市委请示汇报，赢得了市委大力支持。常委会党组自觉以党的理论武装头脑，坚定理想信念，提高政治站位，紧紧围绕市委决策部署，领导常委会务实推进立法、监督、决定、任免和代表等各项工作，确保了人大工作沿着正确方向创新发展。

2．依法行使决定任免权。坚持把贯彻市委决策与充分发扬民主、严格依法办事紧密结合起来，按照讨论决定重大事项的规定，作出民政医养服务中心PPP项目、地方政府债务限额等决议决定7项，把市委决策通过法定程序及时转化为全市人民的共同意志和自觉行动。坚持党管干部和人大依法任免相统一原则，严格会议审议、投票表决、颁发任命书、宪法宣誓等程序，任免国家机关工作人员162人次，组织宪法宣誓118人次，彰显了宪法权威，增强了新任命人员的法律意识、责任意识、公仆意识。

3．全力落实市委安排部署。按照市委要求，围绕推进“两学一做”学习教育常态化制度化，健全完善理论中心组学习、党员谈心谈话等5项制度，增强了班子的凝聚力、战斗力；围绕深化民主法制领域改革，认真制定实施方案，明确责任委室和完成时限，推动了4项改革任务落地见效；围绕助推脱贫攻坚，统筹做好“双联双创”、驻村“第一书记”工作，走访慰问困难群众536人次，协调筹集资金125万元，帮助联系村建设扶贫车间4个、3060平方米，文化广场3个、900平方米，解决群众生产生活难题120多件；围绕助力经济发展，引进投资2.2亿元的生物科技项目，超额完成招商引资任务。

（二）强化责任意识，在加快法治菏泽建设上积极作为。始终高擎民主法治旗帜，弘扬法治精神，加快重点领域立法，切实担负起了法治菏泽建设维护者、实践者、推动者的光荣职责。

1. 扎实推进地方立法。坚持“不抵触、有特色、可操作、重实效”原则，积极完善立法机制，着力提高立法质量，增强了立法的及时性、针对性、有效性。一是扩大有序参与，提高立法民主化水平。坚持把科学立法、民主立法贯穿于立法全过程，采取人大网站发布、《菏泽日报》公布、定向发函等方式，就立法项目、法规草案等向社会公开征集意见，广泛汇聚民意、吸纳民智，增强立法的“民主底色”。注重加强立法智库建设，聘任29名专家学者为立法顾问和立法咨询员，依托市委党校、菏泽学院，建立2个立法研究服务基地，出台地方立法研究服务基地管理办法，为立法工作开展提供了“外脑”支持。二是健全工作机制，提高立法规范化水平。在全省率先制定立法工作规程，明确立法标准，理顺立法流程，厘清立法相关单位职责。充分发挥人大在立法工作中的主导作用，完善“统筹协调、提前介入、主动跟进”工作机制，推进了立法工作的规范化、程序化。三是强化问题导向，提高立法精准化水平。坚持为民立法、为解决问题立法，主动回应社会关切，着力把人民群众的新需求新期盼融入法规里、体现在条文上。围绕规范供用热行为、破解物业管理难题、助推污染防治攻坚，颁布实施了《菏泽市供热条例》，审议通过《菏泽市物业管理条例》，报省人大常委会审查了《菏泽市水污染防治条例》，完成了城乡规划、非物质文化遗产保护等条例的调研起草，立法工作继续保持全省领先。

2. 着力监督法律实施。把维护法律尊严作为重要职责、摆在突出位置，不断加大法律法规贯彻实施的监督力度。综合采取事前调研、听取汇报、察看现场、意见反馈、小组督办、表决问责等方法，分别对大气污染防治“一法两条例”、《菏泽市城镇容貌和环境卫生管理条例》、工会“一法两条例”等7部法律法规的贯彻落实情况，组织开展执法检查；围绕社会普遍关注的“散乱污”企业清理取缔、煤炭清洁生产利用、建筑工地扬尘治理、机动车尾气治理等14个方面的热点问题，开展专题询问，促进了政府依法行政，保障了法律法规在我市的有效贯彻实施。

3. 坚决维护法制统一。遵照职权法定和权责一致原则，坚持有备必审，对市政府报备的7件规范性文件主动审查，对行政许可、行政处罚、行政强制的设定，以及容易滋生腐败、发生权力寻租的关键节点严格把关，织密、扎牢了制度笼子。坚持应备必备，向省人大常委会报备规范性文件4件，全部顺利通过审查。坚持有错必纠，对我市制定实施的涉及生态文明建设和环境保护方面的法规进行自查清理，维护了法制的权威和统一。

（三）强化大局意识，在助推经济社会发展上聚焦发力。始终把促进经济发展、社会进步作为重大使命，紧扣市委工作中心和全市大局，精选议题，持续发力，不断加大监督力度，助推了全市经济社会科学发展。

1. 促进经济转型升级。面对经济发展新常态，紧紧盯住经济运行中出现的新情况新问题，先后听取审议计划、金融、全民创业等专项工作报告，开展科技创新、电子商务、农村土地流转等专题调研，为加快新旧动能转换、深化供给侧结构性改革，提出意见建议42条，助推了全市大众创业深入开展，去年3.1万名在外人员返乡创业，新领办、创办经济实体1万多家；助推了电子商务产业领先发展，淘宝村、淘宝镇分别新增107个、18个，总量均居全国地级市第一位。

2. 促进民生改善。面对人民群众共享发展成果的新期待，紧紧抓住关系民生的热点难点问题实施监督，先后听取审议公立医院改革、省级文明城市创建、民生实事进展等专项工作报告，开展棚户区改造工作视察，组织“菏泽环保世纪行”活动，实现人大监督和媒体监督的有机结合，增强了监督实效，促进了民生事业快速发展。去年全市财政用于民生支出的占比提高到80.4%，让人民群众拥有了更多的幸福感、获得感。

3. 促进脱贫攻坚。面对我市脱贫攻坚的繁重工作任务，紧紧围绕破解瓶颈、补齐短板，听取审议脱贫攻坚、“一乡一业、一村一品”发展等专项工作报告，开展脱贫攻坚、电商扶贫、黄河滩区迁建等调研，推动各类资源向扶贫一线倾斜，去年全市共筹集扶贫专项资金16.2亿元，整合各类涉农资金34亿元，财政扶贫资金投入超过44亿元，促进40万名贫困群众如期脱贫。

4. 促进财政资金安全高效。致力于民生财政取向和全口径预算，建立预算审查咨询专家库，完善预算初审机制，推进预算编制审查关口前移，听取审议市政府财政决算、预算执行、审计查出问题整改等报告，严格履行审查批准预决算和监督预算执行职责，促进市政府出台了《全面推进预算绩效管理的实施意见》《市级财政支出绩效管理暂行办法》，提高了预算管理透明度和财政资金使用效益。

5. 促进司法公正。致力于维护法律尊严和社会公平正义，听取审议市法院执行工作情况报告、市检察院未成年人检察工作情况报告，出台《关于进一步推动人民法院执行工作的意见》。根据常委会审议意见，市法院完善执行联动、惩戒失信、严厉打击“拒执罪”等措施，一批久执未果的案件得到妥善解决；市检察院全面推行“捕、诉、监、防一体化”工作模式，提高了未成年人检察工作的专业化、规范化。

（四）强化服务意识，在充分发挥代表作用上求实创新。始终把代表作为人大工作的根基，强化依靠代表、服务代表的理念，尽心竭力创造条件、搭建平台、完善机制，支持保障代表依法履职，推进了代表作用的更好发挥。

1. 提高代表履职服务水平。按照便于组织和方便活动的原则，全市共组建代表小组855个，全部达到有场所、有器材、有制度、有计划、有活动、有档案的“六有”标准，组织开展代表视察、专题调研3606次，提出意见建议11000余条，95%以上被采纳落实，有力拓展了代表履职渠道。采取初任培训、履职培训、专题培训等方式，举办培训班108次，培训代表5178人次。邀请代表列席常委会会议和参加执法检查、视察、调研活动137人次；倡导代表定期进村入户，记录民情日记，实现了代表联系群众的常态化。

2. 创新开展代表系列活动。为激励各级人大代表充分发挥模范带头作用，在全市“决胜全面小康、实现后来居上”的进程中做出应有贡献，创新开展了“后来居上、代表先行”系列活动。通过精心制定实施方案、广泛宣传发动、深入调度督导，全市各级人大和广大代表积极响应、踊跃参与、主动作为，推动活动深入扎实开展，取得了明显成效。在“立岗建功促发展”活动中，各级代表牢记职责使命，立足本职岗位，自觉投身经济社会发展主战场，勇于担当作为，争创一流业绩。去年1—11月，全市入库税金过亿元的15家工业企业中，12家由人大代表领办，入库税金总额过百亿元、同比增长55%；新受表彰的4个全国文明村镇、1个全国文明校园均由人大代表领衔创建。在“牵手帮扶促脱贫”活动中，各级代表积极采取精神上扶志、能力上扶技、经济上扶业等方式，竭力帮助贫困群众脱贫致富。各级代表共牵手帮扶贫困群众6326户，提供就业岗位3468个，协调帮扶资金1493万元，援建扶贫车间339个，资助贫困学子469人。在“化解矛盾促和谐”活动中，各级代表充分发挥社会威望高、协调能力强的优势，主动担当作为，累计化解各类矛盾纠纷7260件，一批涉及面广、敏感性强、解决难度大的突出问题得到妥善处理，有效维护了社会和谐稳定。在“听评庭审促公正”活动中，各级代表切实履行监督职责，认真旁听评议案件庭审，组织637名代表深入庭审现场62次，提出意见建议185条，有力促进了阳光办案、公正司法。这些做法，多次被《山东人大工作》《人民权利报》等省级以上媒体刊登推介，赢得了市委的充分肯定和全市人民群众的广泛认可，在社会上产生了良好反响。

3．增强代表建议办理实效。以提高代表建议质量为抓手，以规范建议运行程序为保障，以增强建议办理实效为目标，推行了“集中交办、限期答复、委室督办、票决问责、过程公开”办理机制，去年共督办代表建议130件，全部答复、办理完毕；对2件代表不满意的建议答复，责成有关部门重新进行办理，提高了建议办理质量和效率。

（五）强化担当意识，在全面加强自身建设上从严出新。始终把打造一流机关作为干好工作的基本保障，坚持高点定位、从实从严，营造了竞相务实作为的浓厚氛围，汇聚了人人勇于担当的正能量。

1．加强学习，提升能力。坚持集中学与交流学、请进来与走出去相结合，严格落实机关周四定期学习制度，不断深化习近平总书记治国理政新理念新思想新战略和法律法规、人大业务知识的学习。组织机关集体学习39次、研讨交流12次、辅导讲座7次，参加全国、省人大组织的专业知识培训班11批次，赴先进地市考察学习35人次，举办了人大系统综合能力提升班，机关干部整体素质和工作能力明显提高。

2．创先争优，保持一流。围绕确保实现“整体工作稳居全省人大系统第一方阵”的工作目标，提高争创标准，严格验收程序，深入开展创先争优活动，激励机关干部奋发进取、勇创一流业绩。去年，15项重点工作位居全省先进行列；4项调研成果在全省人大系统评选中获奖，获奖数量和层次均居全省第一位；省级以上媒体先后22次宣传推介我市人大创新做法。人大机关连年获得省级文明单位、省人大宣传工作先进单位等荣誉称号。

3．协调联动，和谐共进。坚持上下联动，主动向省人大请示汇报工作，配合省人大来菏开展执法检查、视察、调研9次，全面展示了我市发展成果和人大工作亮点，赢得了省人大的充分肯定和大力支持。坚持重点工作市县乡人大“三级联动”，深入县区调研386人次，邀请县区人大负责同志列席会议、参加活动125人次，强化了对县乡人大工作的指导和支持。开通菏泽人大微信公众号，拓展市县乡人大联系平台，畅通交流渠道，形成了全市人大工作“一盘棋”的良好格局。

各位代表，以上成绩的取得，是市委正确领导的结果，是广大代表奋发努力、履职尽责的结果，是在历届人大奠定的坚实基础上接续发展的结果。“一府两院”自觉接受人大监督，认真执行人大决议决定、落实审议意见、办理代表建议，做了大量深入细致、卓有成效的工作。县乡人大从基层发力，履职深入扎实、亮点纷呈，为市人大工作创新发展提供了重要借鉴。广大群众和社会各界始终高度关注、热情支持人大工作，为人大依法履职创造了良好条件。在此，我代表市人大常委会，向所有关心、支持人大工作的同志们、朋友们，表示崇高的敬意和衷心的感谢！

在总结工作、肯定成绩的同时，我们也清醒地认识到，与市委的要求相比，与人民群众的期盼相比，与新形势新任务的需要相比，常委会工作还有一定差距。主要是：立法能力建设还需加强，监督实效还需提高，代表工作还需深化，与人民群众的联系还需紧密，机关干部推动人大创新发展的能力还需提升等。对这些问题，在今后工作中，常委会将高度重视，认真研究，切实加以改进。

二、提高站位，奋力开拓为民履职新境界

“时代是思想之母，实践是创新之源。”党的十九大对新时代中国特色社会主义擘画了宏伟蓝图，从“加强人民当家作主制度保障”的高度，为做好人大工作指明了方向、提供了遵循。常委会将深入贯彻落实十九大提出的新思想新战略新要求，全面坚持党的领导、人民当家作主、依法治国有机统一，提高政治站位，践行“五同”理念，全力开拓新境界、创造新业绩、树立新形象。

一是坚定政治方向，做到与市委同向。“党政军民学，东西南北中，党是领导一切的。”人大工作作为党的工作的重要组成部分，只有坚持党的领导，才能确保正确政治方向。常委会将进一步强化政治意识，始终把坚持党的领导作为人大工作的根本保证，严格落实重点工作、重大事项向市委请示报告制度，紧紧围绕中心谋划推动各项工作，确保把党的领导贯穿于依法履职的全过程、落实到人大工作的各方面。坚持党管干部与人大依法任免相统一原则，认真做好人事任免工作，确保党委意图顺利实现。紧紧围绕事关全市改革发展稳定的重大问题，及时作出决议决定，扎实推动市委重大决策部署通过法定程序转化为全市人民的共同行动。

二是牢记初心使命，做到与人民同心。“不忘初心，方得始终。”中国共产党人的初心和使命，就是为人民谋幸福、为民族谋复兴。人大及其常委会是由人民选举产生的，代表人民行使国家权力，只有与人民同呼吸、共命运、心连心，才能更具旺盛的生命力。常委会将进一步强化民本意识，始终把人民利益摆在至高无上的地位，坚持做到一切工作思路按照践行为人民服务的根本宗旨来谋划，一切工作布局围绕维护人民的根本利益来展开，一切工作成效依据群众的获得感、满意度来衡量，更加密切与代表和群众的联系，充分听取代表和群众的意见建议，不断深化人民群众有序政治参与，让人大工作更加贴合民情、顺应民意、赢得民心。

三是突出主体地位，做到与代表同行。人大代表是人民代表大会的主体，是推动经济社会发展的重要力量。只有尊重代表主体地位，紧紧依靠和全力支持代表开展工作，才能夯实人大工作的根基。常委会将进一步强化代表意识，注重搭建更多服务载体、创建更多履职平台，为代表积极履行职务、建言督政创造更好条件；创新开展丰富多彩的活动，激励引导广大代表牢记职责使命，积极投身于经济社会发展一线，带头干事创业，依法履职行权，充分发挥反映民意、集中民智、凝聚民心的作用。

四是监督支持并重，做到与“一府一委两院”同力。监督是一种制约，更是一种支持和促进。“一府一委两院”虽然由人大选举产生，对人大负责，但同在党的领导下开展工作，目标是一致的。常委会将进一步强化监督意识，坚持行职权于法律所赋、寓支持于监督之中，对“一府一委两院”既严格按照法定职权、法定程序正确监督、有效监督，又全力支持其改进工作、依法行政、公正司法，努力做到与“一府一委两院”同力合拍、同频共振，形成共同推动市委决策部署贯彻落实的强大合力。

五是深化改革创新，做到与时代同步。新时代必须有新气象、新作为。只有顺应时代发展要求，不断改革创新，才能保障人大工作与时俱进。常委会将进一步强化改革创新意识，坚持“继承、完善、提高”的原则，不断加强探索实践，着力创新工作机制和方式方法，健全组织制度和工作制度，推动人大工作更加民主化、法治化、规范化，确保人大履职行权更加充分、更加有效、更富活力，更好发挥出人民代表大会这一国家根本政治制度的巨大优势。

三、砥砺前行，努力实现今年工作新发展

今年是全面贯彻党的十九大精神的开局之年，是我市实施“十三五”规划承上启下的关键之年，也是全市人大工作创新发展的提升之年。面对新形势新任务新要求，常委会将在市委的坚强领导下，全面贯彻党的十九大精神，以习近平新时代中国特色社会主义思想为指导，坚持党的领导、人民当家作主、依法治国有机统一，深入践行“五同”理念，不忘初心、牢记使命，锐意进取、埋头苦干，扎实履行好宪法法律赋予的各项职权，充分发挥地方国家权力机关职能作用，确保全市人大整体工作继续位居全省人大系统第一方阵，为我市“决胜全面小康、实现后来居上”做出更大贡献。

（一）以务实管用为原则，着力提高立法质量。法律是治国之重器，良法是善治之前提。要把加强地方立法摆在更加突出位置，深入推进科学立法、民主立法、依法立法，确保立法工作提质增效。一要精准科学选题，提高立法针对性。按照抓重点、求实效、出精品的原则，立足经济社会发展急需、人民群众强烈期盼改进的突出事项，就水污染防治、湿地保护、城乡规划、城市供水、非物质文化遗产保护等方面，制定实施和调研预备一批地方性法规，为全市经济社会发展提供有力的法制保障。二要严格操作规程，提高立法规范性。认真执行立法工作规程，对法规的立项、调研、起草、审议、报批、公布等环节，明确时限要求，把握推进节奏，确保所立之法站得住、行得通、真管用。三要坚持问题导向，提高立法实效性。加强调查研究，广泛征集民意、听取民声、吸纳民智。对立法需要解决的问题，拉出清单，逐一进行相应的制度设计和条文草拟，确保所立之法符合实际，能够化解矛盾、解决问题，真正经得起实践和历史的检验。四要积极借助外脑，提高立法专业性。落实立法前、立法后第三方评估制度，拓展人民群众、人大代表有序参与立法的新途径。加强立法智库建设，充分发挥立法研究服务基地、立法咨询员在立法调研、法规起草、论证修改等方面的专业优势，提高立法的质量和水平。五要强化实施监督，维护法律权威性。综合采取执法检查、听取汇报、专题询问等方式，加大监督力度，保障宪法法律和我市已颁布法规的贯彻实施。完善宪法宣誓机制，组织被选举任命人员进行宪法宣誓，强化宪法意识，维护宪法权威。六要加强备案审查，保障法制统一性。按照“有件必备、有备必审、有错必纠”的原则，完善备案审查工作制度，健全备案审查联动机制，增强纠错刚性和力度，实现规范性文件备案审查全覆盖。

（二）以服务大局为核心，着力增强监督实效。监督是宪法法律赋予人大及其常委会的重要职权。按照“敢于监督、善于监督，增强监督刚性”的要求，着力在提高监督实效上下功夫。一要突出监督重点。坚持与时俱进，主动把握经济发展新常态、社会进步新特点和人民群众新期盼，健全监督议题公开征集机制，广泛听取人大代表和社会各界意见，科学选择监督议题，积极回应社会关切。重点围绕市委着力推进的供给侧结构性改革、环境保护、脱贫攻坚、化工产业转型升级等重点工作，人民群众普遍关注的食品安全、交通治理、移风易俗等重要事项开展监督，支持“一府一委两院”创造性地开展工作，提高监督的针对性、有效性。二要创新监督方式。在坚持听取报告“七环相扣法”、执法检查“九步递进法”、工作视察“六个结合法”的基础上，完善专题询问监督机制，在听取专项工作报告时，就群众普遍关心的热点难点问题，适时开展专题询问，提高监督效力。创新预决算审查监督机制，建立预算联网监督平台，对预算执行全过程予以实时动态监督。创新监督公开机制，完善表决现场实况播发、整改落实现场定期曝光、邀请人大代表全程参与等行之有效的公开机制，提高监督的透明度和公信力。三要提高监督实效。实行办结销号制，对监督事项进行细化分解，列出督办清单，建立工作台账，逐项跟踪督办，直至办结销号。坚持“三次表决制”，对听取审议的工作报告进行“审议表决”，对审议意见研究处理情况进行“评议表决”，对审议意见办理落实情况进行“问责表决”。完善监督问责制，对票决结果为不满意的，依法启动特定问题调查、质询等刚性监督程序，打通人大监督问责“最后一公里”。

（三）以深化活动为重点，着力发挥代表作用。代表由人民选举产生，必须为人民代好言、行好权、服好务。要健全完善代表履职服务保障机制，创新代表活动开展方式，激励代表履职担当、勤勉敬业、奋发进取，勇创一流工作业绩。一要密切与代表和群众的联系。健全常委会组成人员联系代表、代表联系群众的“双联”制度，充分利用人大网站、微信公众号等载体，及时向代表和人民群众通报情况、听取意见。扩大代表对常委会、专门委员会工作的参与，邀请代表列席有关会议、参加执法检查和视察等活动，紧紧依靠代表和人民群众开展工作。建立代表履职网络平台，完善代表履职电子档案，增强代表履职的积极性。全面推行代表民情日记，引导广大代表定期进村入户联系选民，打造更多联系群众的“直通车”“连心桥”。二要保障代表依法执行职务。健全代表培训长效机制，重点围绕审议工作报告、撰写议案建议、开展视察调研等组织专题培训，提高代表的履职能力和水平。深化代表小组建设，实现代表小组活动的经常化、规范化和制度化。建立代表议案建议在线处理平台，完善“建议内容、承办单位、责任人员、办理情况、代表评价、票决结果”六公开工作机制，规范建议“提出、归类、交办、督办”运行流程，提高代表建议办理质量和效率。健全代表述职和代表辞职、罢免等制度，强化代表履职监督管理，引导代表依法履职。三要深化代表系列活动。认真总结“后来居上、代表先行”系列活动的成功经验和做法，完善组织领导、宣传发动、倡树典型、调度督导等措施，以更大的力度推动“立岗建功促发展”“牵手帮扶促脱贫”“化解矛盾促和谐”“听评庭审促公正”四项活动深入开展。充分激发广大代表履职为民、服务群众、参与发展的热情，引导广大代表牢记职责使命，立足岗位、勇于担当、主动作为，争当经济社会发展的“引领者”、脱贫攻坚的“推动者”、社会和谐稳定的“维护者”、司法公正的“监督者”，勇于创造不辜负党委信任、人民期盼、历史重托，对得起人大代表这一光荣职务的一流业绩。

（四）以强基培元为根本，着力提升履职效能。打铁必须自身硬。要按照十九大提出的“八个增强”要求，坚持干字当头、实处着力，全面加强自身建设。一要提高人大民主决策水平。健全常委会议事规则，规范常委会会议程序，严格执行民主集中制，推进科学决策、民主决策、依法决策。巩固扩大“两学一做”学习教育常态化制度化成果，组织开展“不忘初心、牢记使命”主题教育，提高常委会党组的领导力、凝聚力。加强专门委员会建设，支持其在常委会委托下依法开展执法检查、视察和专题调研活动，强化主体意识，增强工作主动性。二要增强人大机关落实本领。以工作提速、本领提升、服务提质为目标，以深入开展创先争优活动为抓手，严格落实“五四三二一”的机关建设思路：着力增强机关全体人员的法治、为民、责任、担当、团结五个意识，提升参谋辅政、服务保障、执行落实、沟通协调四种能力，倡树敬业、创新、实干三种精神，严守工作、廉政两项纪律，打造能够全面担负起各项法定职责的一流工作机关。三要加快人大系统信息化建设。加快建设“两微一端一网”智慧平台，配套完善预算联网监督、规范性文件备案审查、代表履职、办公自动化、电子阅文等子系统，全面开启人大工作“互联网+”新模式。指导县乡人大与市智慧平台融合互通，推进三级人大数据共享、重点工作协同联动。以信息化技术的广泛应用，助推人大工作更加便捷高效，汇聚起人大工作创新发展的强大合力。

各位代表，新目标催人奋进，新征程任重道远。不忘初心，方能不负人民期待；牢记重托，定当不辱神圣使命。让我们在市委的坚强领导下，凝心聚力，拼搏实干，以更高境界履行法定职责，以更大气魄推动工作创新，以更好业绩展现应有作为，为全面推进法治菏泽建设、实现后来居上而努力奋斗！

菏泽市人大常委会工作报告

——2019 年 1 月 21 日在菏泽市第十九届人民代表大会第四次会议上

菏泽市人大常委会副主任　杨晓玲

各位代表：

我受孙爱军主任委托，代表市十九届人大常委会，向大会报告工作，请予审议，并请列席的同志提出意见。

刚刚过去的 2018 年，是全市上下抢抓“突破菏泽”机遇，埋头苦干、聚力攻坚，“后来居上”步伐明显加快的一年，也是市十九届人大常委会继往开来、奋发有为，开创工作新局面的一年。一年来，在中共菏泽市委的坚强领导下，市人大常委会以习近平新时代中国特色社会主义思想为指导，全面贯彻党的十九大和十九届二中、三中全会精神，深入践行与市委同向、与“一府一委两院”同力、与人民群众同心、与人大代表同行、与时代同步的“五同”工作理念，扎实履行宪法法律赋予的职权，审议通过地方性法规 4 部，听取审议专项工作报告 14 项，组织执法检查 2 次、视察 2 次、专题调研 4 次，16 项工作创全省一流，圆满实现了“整体工作位居全省人大系统第一方阵”的目标，为推动全市经济社会高质量发展和民主法治建设做出了积极贡献。

一、坚持把加强党的领导作为根本原则，着力提高政治站位，坚决贯彻落实市委决策部署。坚持从讲政治、讲大局、讲担当的高度，把握形势、高点定位、忠实履职，确保了各项工作与市委决策部署同向发力、同频共振。

1. 自觉服从市委领导。始终把保持正确政治方向作为人大工作的生命线，自觉把人大工作置于市委领导之下，严格执行请示报告制度，先后就工作要点制定、地方性法规出台、代表系列活动开展、预算审查监督改革等重点工作及时向市委请示汇报，坚决维护市委总揽全局、协调各方的领导核心地位。自觉强化政治意识、大局意识，紧紧围绕市委中心工作和决策部署，主动融入、主动跟进、主动作为，扎实做好立法、监督、决定、任免和代表等各项工作，把党的领导贯穿于人大工作全过程各方面。

2. 依法行使决定任免权。自觉运用法治思维服务大局、推动发展，及时修订了讨论决定重大事项的规定。按照决定事项协商确定、合法性审查、调研审议、执行监督等制度安排，作出城市总体规划、政府债务限额、财政预算调整等决议决定 6 项，及时把市委决策通过法定程序转化为全市人民的共同意志和自觉行动。坚持党管干部和人大依法任免相统一，严格会议审议、投票表决等程序，任免国家机关工作人员 76 人次，组织宪法宣誓 47 人次，增强了被任命人员的法律意识、担当意识、宗旨意识。

3. 全力落实市委安排部署。深入推进“两学一做”学习教育常态化制度化，认真开展“大学习、大调研、大改进”，健全完善了学习、调研等制度，机关干部定期到基层调查研究，征求意见建议 180 多条，查摆整改问题 16 项，改进了工作作风，提升了服务效能。坚持全员参与，选优配强驻村扶贫工作队，扎实做好“双联双创”“第一书记”和联系扶贫重点村、重点户工作，走访群众1500余户，协调帮扶资金450万元，帮助联系村硬化街道4.3公里、安装路灯289盏、种植绿化苗木2500棵，建设村级活动场所1处、文化广场4处，解决群众生产生活难题200多件。积极参与全国文明城市创建，主动为包联企业排忧解难，超额完成招商引资任务，展现了人大服务大局、担当作为的新时代风貌。

二、坚持把深化改革创新作为动力之源，着力提高工作标准，扎实推动人大工作与时俱进。牢记“整体工作位居全省人大系统第一方阵”的目标定位，大力弘扬“敬业、创新、实干”人大精神，坚定不移做深化改革的推动者、实践者。

1. *积极推进民主法制改革*。坚持目标导向、效果导向，紧盯民主法制领域的弱项和短板，及时研究确定改革事项，逐一制定实施方案，排定时间表、划出路线图，明确责任人、签订责任书，实行清单式、台账化精准督察，以钉钉子精神狠抓落实。全年高质量完成地方性法规制定、预算审查监督重点拓展、国有资产报告制度建立等6项改革任务，确保了中央和省市委改革部署落地见效。

2. *勇于创新履职方式方法*。坚持以创新促进履职水平提升，制定了审议意见研究处理办法，创新实行年终问责表决百分制，将跟踪监督整改范围拓展到“基本满意”，促进了人大监督更加科学、更具刚性。建成启用预算联网监督中心，实现与财政数据的对接联通，加强对政府预算的全口径审查、全过程监管，提高了预算审查监督的针对性、有效性。探索建立备案审查衔接联动机制，规范备案审查流程，细化合法性标准，主动审查规范性文件14件，实现了规范性文件备案审查全覆盖。创新建立重大事项沟通协商机制和提交清单制度，重新界定了常委会应当作出和可以作出决议决定的31种情形，进一步细化边界、规范程序、强化追责，推动了重大决策科学化、民主化、法治化。

3. *全力争创一流业绩*。坚持自加压力、提升标杆，鼓励机关干部扎实开展创先争优活动，16项工作创全省一流。探索实行的事前调研、会中审议、意见形成、反馈督办、问责问效“五环相扣监督法”，被省人大作为典型经验推介到全国人大。在全省人大系统优秀调研成果评选中，报送的5篇成果全部获奖，其中《设区的市推进科学立法的探索与思考》在全省所有参评成果中得分最高，获奖数量和质量均居17市第一位。省级以上媒体宣传推介我市人大经验做法20余次，连年获得全省人大系统宣传工作先进单位、信息工作先进单位和省级文明单位等称号。组织驻菏省人大代表向省人代会提出的议案占议案总数的四分之一，其中2件分别被列为1号和2号议案；提出建议75件，其中3件被省人大列为重点督办建议，占省人大重点督办建议总数的五分之一，提出议案、建议均实现质和量的历史性突破。

三、坚持把法治菏泽建设作为重要职责，着力提高立法质量，切实为科学健康发展引领护航。坚持为民立法、为解决问题立法，主动回应社会关切，注重突出菏泽特色，提高了立法效率和效益。

1. *紧扣时代主题，实现与菏泽改革发展同步*。牢固树立服务发展、促进发展的立法指导思想，紧紧围绕市委决策部署、全市重点工作和人民群众普遍关注的重大事项，积极整合立法资源，科学调整立法项目，实现了立法工作与全市改革进程相衔接、与发展需要相适应，提高了立法的前瞻性、及时性、针对性。围绕助推“三城”同创，将五年立法规划中与创城相关的电动车管理、城市停车场管理等4个立法项目前移，将文明行为促进条例纳入立法规划、增补为预调研项目，从立法层面全力为“三城”同创提供法制保障。围绕助推生态环境加快改善，优先把湿地保护管理条例列入立法计划，为法规及时出台、充分发挥应有作用努力创造条件。

2. 加快立法节奏，制定法规数量实现倍增。坚持问题导向，按照应立则立、急需先立要求，全力加快立法步伐，为全市高质量发展提供及时有力的法制保障。强化立法协商，引导人大代表、专家学者、立法咨询员和人民群众积极参与，最大限度听取民声、集中民智。健全立法起草、论证、协调、审议机制，把握立法规律，细化立法流程，加快立法节奏，推动立法工作提质、提速、提效。围绕破解物业管理难题、加强文化遗产保护、规范城乡建设行为、促进水污染防治等，颁布实施了《菏泽市物业管理条例》《菏泽市非物质文化遗产条例》《菏泽市城乡规划条例》，审议通过《菏泽市水污染防治条例》。为助推全国文明城市创建、打造生态宜居环境，加快推进文明行为促进条例、烟花爆竹燃放管理条例、餐厨废弃物管理条例、城市供水条例、养犬管理条例5部法规的调研起草进程，及时形成了高质量的法规草案，立法数量和规模实现成倍增长。

3. 强化贯彻实施，确保所立之法落地见效。法律的生命力在于实施。围绕营造实施氛围、夯实实施基础，采取发布会、座谈会、讲座等多种形式，对法规制定背景、主要内容、重点条文等进行解读释义、宣传普及，推动法规“活起来”“落下去”。坚持立改废释并举，建立常态化法规清理机制，对常委会制定的法规和制度及时进行清查修订，坚决维护法制的统一。强化跟踪监督，对供热条例、煤炭清洁生产使用监督管理条例等组织开展执法检查；围绕社会普遍关注的供热价格制定、城市低收入困难家庭采暖补贴发放等12个方面的问题，开展专题询问，促进了政府依法行政，保障了法律法规的有效贯彻实施。

四、坚持把服务中心大局作为履职重点，着力提高监督效能，精准助推经济社会高质量发展。紧扣市委中心工作和全市大局，盯牢重点任务、热点领域、难点问题，创新举措、精准发力，切实提高了监督实效。

1. 聚焦新旧动能转换强化监督。实施新旧动能转换是我市实现高质量发展、加快突破赶超的重大历史机遇。围绕助推新旧动能转换十大工程，听取审议化工产业转型升级等专项报告，开展旅游、侨资企业发展、“一次办好”改革等专题调研，组织民营经济发展情况视察，提出意见建议23条，助推了新动能、新业态、新引擎的加速形成。去年，在新旧动能加快转换的拉动下，全市新增市场主体10.6万户，新认定高新技术企业48家，规模以上工业企业入库税金同比增长13.4%，经济稳中向好态势更加凸显。

2. 聚焦污染防治攻坚战强化监督。良好生态环境是人民对美好生活的迫切期盼。围绕助力打赢污染防治攻坚战，听取审议环境保护等专项报告，开展《菏泽市煤炭清洁生产使用监督管理条例》执法检查和市政府落实土壤污染防治行动计划情况、清洁能源推广应用情况等专题调研，组织“菏泽环保世纪行”活动，实现了人大监督、媒体监督和社会监督的有机结合，打出了监督“组合拳”，促进生态环境保护工作取得了显著成效。去年空气优良天数达到191天、同比增加24天，增加天数居全省第一位，以看得见、感得到的实际成效回馈了全市人民对蓝天碧水的美好期盼。

3. 聚焦国有资产管理强化监督。国有资产是全体人民共同的宝贵财富。围绕加强国有资产监督，保障国有资产更好服务发展、造福人民，建立了市政府向市人大常委会报告国有资产管理情况制度，明确了报告的内容、方式、时间和程序。首次审议了全市及市级企业国有资产管理情况专项报告和全市国有资产管理情况综合报告，提出建立自然资源资产核算统计制度、全口径国有资产数据库、国有资产管理绩效评价体系等5个方面的意见建议，促进市政府制定出台了《菏泽市市级国有资本经营预算管理暂行办法》，在推进国有资产摸清家底、规范管理、保值增值上迈出坚实步伐。

4. 聚焦乡村振兴强化监督。实施乡村振兴战略是新时代“三农”工作的总抓手，是决胜全面小康的关键点。围绕助推乡村振兴，听取审议生态循环农业发展、农村移风易俗等专项报告，组织开展黄河滩区脱贫迁建视察和乡村旅游发展情况、农村公路建设情况等专题调研，提出意见建议26条，推动了更多优势资源、更多先进要素向乡村流动聚集，加快了农业强农村美农民富步伐。去年全市创建国家级特色小镇5个、中国美丽休闲乡村3个，农村居民人均可支配收入同比增长9.2%。

5. 聚焦民生改善强化监督。增进民生福祉是发展的根本目的。围绕保障和改善民生，紧紧抓住涉及群众切身利益、社会普遍关注的热点难点问题，先后听取审议预算执行、食品安全等专项报告，开展民生实事完成情况视察，组织道路交通拥堵、职业教育和特殊教育等专题调研，促进了更多财力向民生领域倾斜、更多民生红利加速释放。去年全市财政用于民生支出同比增长9.4%，占一般公共预算支出的比重达到80%，人民群众的获得感、幸福感节节攀升。

6. 聚焦司法公正强化监督。司法公正是社会和谐稳定的重要保证。围绕推进司法公正，听取审议市法院知识产权审判工作情况报告、市检察院公诉工作情况报告。根据市人大常委会的审议意见，市法院优化知识产权审判机制，提高知识产权司法保护能力，知识产权案件审限内结案率提高到100%，实现了“零错案、零投诉、零上访”目标；市检察院坚持惩防并举，强化协调联动，构建公诉案件质量保障长效机制，更好发挥了公诉环节公正司法的引领作用，有力促进了司法效能和司法权威提升，维护了法律尊严和社会公平正义。

五、坚持把发挥代表作用作为基本要求，着力提高服务水平，全面激发代表履职潜能。牢固树立依靠代表、服务代表的理念，多方强化代表角色意识，鼓励支持代表发出好声音、弹好协奏曲、释放正能量。

1. 提升代表履职能力。采取专题培训、以会代训等形式，举办各级代表培训班87次，培训代表4893人次，提高了代表依法履职的综合素质和水平。坚持软硬件同抓、建管相结合，推动代表小组建设提档升级，使其真正成为代表联系群众、依法履职的载体和开展活动、参与发展的阵地。扩大代表对常委会工作的参与，邀请代表参加执法检查、视察、调研等活动126人次。完善政情通报机制，采取人大网站发布、微信公众号推送和免费寄送常委会公报、《菏泽人大》刊物等形式，及时向代表提供信息，拓宽了代表知情知政渠道。

2. 激发代表履职动力。制定出台《菏泽市人民代表大会代表履职规范》，组织开展人大代表述职活动，增强了代表自觉接受监督意识。建成代表履职网络平台，启用议案建议、询问约见、联系互动、履职档案等12项功能，随时录入、动态更新、定期公布代表履职情况，实现了人民群众对代表监督的便利化、常态化，促进了代表从“要我履职”向“我要履职”转变。

3. 增强代表履职活力。深化代表联系群众制度，拓展代表联系群众渠道，引导代表定期进村入户联系选民，记录民情日记，列出民情清单，代表累计提出高质量意见建议1万多条。坚持以落实见效为核心，以代表满意、群众点赞为标准，创新实行分管主任领衔督办、委室对口督办、邀请代表现场督办、代表工作机构跟踪督办工作机制，去年集中交办的122件代表建议全部答复、办理完毕。并按照评选办法，严格标准和程序，组织开展优秀代表建议评选表彰，激发了代表为民履职热情。

4. 挖掘代表履职潜力。采取典型推介带动、深入督导调度等多重措施，持续深化“后来居上、代表先行”系列活动，倡导各级人大积极推动，激励广大代表踊跃参与、充分发挥模范带头作用。在“立岗建功促发展”活动中，广大代表积极投身经济社会发展主战场，立足岗位勇创一流业绩。去年全市入库税金过千万元的112家工业企业中，86家由人大代表领办，其中3家跻身“中国民营企业500强”。在“牵手帮扶促脱贫”活动中，各级代表共牵手帮扶贫困群众9736户，提供就业岗位4872个，协调帮扶资金3514.8万元，援建扶贫车间111个，资助贫困学子768人、资助金额140万元。在“化解矛盾促和谐”活动中，广大代表累计排查化解各类矛盾纠纷4439件，一批党委政府高度重视、人民群众关心关注的矛盾热点问题得到妥善解决，有效维护了社会和谐稳定。在“听评庭审促公正”活动中，市县两级人大先后组织546名代表，现场旁听了73个庭审案件，提出评议意见139条，促进了审判质量持续提升，增强了司法透明度、公信力。

六、坚持把加强自身建设作为基础保障，着力提高履职本领，奋力打造务实担当一流机关。始终把“打铁必须自身硬”牢记心中，全面加强思想、组织、作风、能力、制度和廉政建设，有力提高了工作科学化水平。

1. 以思想建设为引领，提升素质能力。聚焦履行党建责任、规范组织生活、丰富主题党日活动等持续发力，以党建强作风、带队伍、促工作的主体作用更加凸显，机关党组织的凝聚力、战斗力明显增强。坚持以学为本、学用结合，组织集中学习、交流研讨、辅导讲座56次，参加专题培训班、赴先进地市交流学习20余批次，成功举办人大干部综合能力提升班，干部整体素质和业务能力明显提高。严格落实党风廉政建设责任制，成立机关纪委，组织参加党纪法规和德廉知识学习测试、实地接受廉政教育，营造了风清气正、竞相干事的浓厚氛围。

2. 以信息技术为支撑，提高工作效能。立足运转提速、质量提高、效能提升，顺应新时代发展需要，加快推进信息化建设。首次利用人大网站、“菏泽人大”微信公众号，就问责表决事项面向社会公开征集意见，取得了公众参与面扩大、社会关注度提升、监督实效性增强的多赢效果。新建成投用常委会会议表决系统、机关电子阅文系统，丰富了代表履职网络平台功能，推进了预算联网监督系统、规范性文件备案审查系统建设，人大工作全面驶向了上下互联互通、数据共享共用、运转便捷高效的信息化快车道。

3. 以协调联动为重点，汇聚整体合力。主动与省人大联系沟通，及时请示汇报立法、监督等重点工作，承接并高质量完成省人大研究课题2项，配合来菏开展执法检查、视察、调研19次。认真落实常委会主任联系县区、委室联系乡镇人大制度，加强对县乡人大工作的支持和指导，深入县区调研398人次，邀请县区人大负责同志列席会议、参加活动100余人次，重点工作市县乡人大“三级联动、一体共为”的格局更加巩固、更富成效。

过去的一年，市人大常委会各项工作都有了新进步、新成效。这些成绩的取得，是市委正确领导的结果，是常委会组成人员、全体人大代表共同努力的结果，也是“一府一委两院”主动接受监督、通力协作和社会各界、全市人民高度关注、大力支持的结果。在此，我代表市人大常委会，向所有关心支持人大工作的各位领导、同志们、朋友们，表示崇高的敬意和衷心的感谢！

在肯定成绩的同时，我们也清醒地认识到，与市委的要求相比，与人民群众的期盼相比，与新时代发展的需要相比，常委会的工作还存有一些差距。主要是：立法力量较为薄弱，立法的主导作用有待进一步发挥；跟踪督办机制不够完善，监督实效还需进一步增强；“双联系”制度落实不够严格，集中民意、汇聚民智还需进一步深入；服务代表的方式不够丰富，推动人大工作创新发展的能力还需进一步提升等。所有这些，都需要在今后的工作中予以高度重视，认真研究，切实加以改进。

各位代表，2019年是新中国成立70周年，是全面建成小康社会的关键之年，也是我市巩固扩大改革发展成果、加速突破赶超的重要一年。新的一年，人大常委会将在市委的坚强领导下，以习近平新时代中国特色社会主义思想为指引，准确把握时代发展新要求，主动适应经济社会新变化，积极顺应人民群众新期盼，坚持党的领导、人民当家作主、依法治国有机统一，主动担当，积极作为，依法履职，更好服务全市改革发展大局，更有力推动人大工作与时俱进，切实把市人大及其常委会建设成为全面担负起宪法法律赋予各项职责的工作机关、同人民群众保持密切联系的代表机关，为我市“决胜全面小康、实现后来居上”做出新的更大贡献。

一是强化思想引领，在旗帜鲜明讲政治上提升新境界。将深入学习贯彻习近平新时代中国特色社会主义思想作为首要政治任务，树牢“四个意识”，坚定“四个自信”，做到“两个维护”。自觉把人大工作置于党的领导之下，认真落实重点工作、重大事项向市委请示报告制度，切实做到凡是党和人民需要的就及时跟进，凡是市委安排部署的就勇于担当、善于作为，始终保持与市委同向发力、与人民群众齐心协力。

二是强化法治保障，在加快法治菏泽建设上迈出新步伐。坚持主动适应改革发展需要的立法原则，按照“不抵触、有特色、可操作、重实效”的要求，扭住立法质量这个关键，全力提高立法的水平和成效。坚持科学立法，实行立法过程精细化管理，对列入年度计划的文明行为促进、烟花爆竹燃放管理2个审议项目，以及湿地保护、城市停车场管理等5个预调研项目，逐一明确责任单位、责任人员和完成时限，提前介入，主动跟进，充分发挥人大的立法主导作用。坚持民主立法，健全完善起草论证、听证评估、协商反馈等工作机制，引导人大代表、专家学者、社会各界深度参与，广察民情、广纳民意、广聚民智，真正做到人民有所呼、立法有所应。坚持依法立法，强化“红线”意识，严格依照立法权限和立法程序行使立法权，确保制定的每一部法规都能经得起历史和实践的检验。

三是强化监督实效，在服务改革发展稳定大局上实现新突破。按照“敢于监督、善于监督、增强监督刚性”的要求，突出监督重点，改进监督方式，为全市高质量发展贡献更多人大力量。坚持正确监督，主动把握时代发展新特点、人民群众新期盼，健全监督议题公开征集机制，科学选择监督议题，积极回应社会关切，促进依法行政、依法监察、公正司法。坚持精准监督，瞄准经济社会发展中困难大、矛盾多的领域，把工作监督与法律监督、专项监督与综合监督、自行整改与依法纠正结合起来，打好监督“组合拳”。健全完善横向联通、纵向贯通的预算联网监督网络，拓展监督领域，营造人大监督新格局。坚持有效监督，严格落实审议意见研究处理办法，深化“三次表决”，实行跟踪督办小组负责制，对监督事项细化分解，逐项跟踪督办，确保监督事项有效落实。

四是强化责任担当，在依法行使决定任免权上展示新作为。认真执行讨论决定重大事项的规定，紧盯事关全市改革发展全局性、根本性、长远性的重大事项，建立党委、人大与被监督对象之间的协调机制，完善社情民意反映机制，确保作出的决议决定符合市委要求、符合人民意愿、符合菏泽实际。坚持党管干部与人大依法任免相统一，严把被任命人员的任前审查关、票决任命关和任后监督关，增强被任命人员的责任意识、公仆意识。

五是强化激励约束，在充分发挥代表主体作用上取得新成效。健全完善“双联系”制度，推动常委会组成人员与代表、代表与群众的联系常态化制度化。推动民情日记跟踪问效，开启密切联系代表和群众的“高速路”“直通车”。加大代表议案建议督办力度，深化代表建议票决，推动代表议案建议办理由“工作答复型”向“建议落实型”转变、由“注重满意率”向“追求解决率”转变。完善代表履职网络平台功能，健全代表履职电子档案，实行代表履职公开制度，增强代表履职的责任心、使命感。持续深化代表系列活动，动员各级代表找准服务大局与本职岗位的结合点、切入点，充分发挥模范表率作用，争当经济社会发展的“引领者”、脱贫攻坚的“实践者”、社会和谐稳定的“维护者”、司法公正的“监督者”。

六是强化一流意识，在全面加强自身建设上开创新局面。坚持与时俱进、规范提升，修订完善常委会会议和主任会议议事规则，提高决策科学化水平；理顺和明确各专门委员会职责，激发更强工作活力，促进发挥更大作用。坚持高点定位、对标一流，深入开展创先争优活动，引领人大干部活力迸发、竞相作为，全力打造保障有力、运转高效、服务优质、作风过硬的一流工作机关。坚持协调联动、合力共进，加快智慧人大建设，推动人大信息化省市互联互通、市县配套融合、乡镇及时跟进，释放出新时代人大工作创新发展的更大合力。

各位代表，新思想引领新时代，新使命召唤新作为。让我们在中共菏泽市委的坚强领导下，深入贯彻落实习近平总书记关于坚持和完善人民代表大会制度的重要思想，不忘初心、牢记使命，开拓进取、扎实工作，在新的起点上推动人大工作与时俱进、创新发展，为全面推进法治菏泽建设、加快实现后来居上而努力奋斗！

菏泽市人大常委会工作报告

——2020年1月12日在菏泽市第十九届
人民代表大会第五次会议上

菏泽市人大常委会主任　尹玉明

各位代表：

现在，我代表市人大常委会，向大会报告工作，请予审议，并请列席的同志提出意见。

过去一年的主要工作

一年来，在市委的坚强领导下，市人大常委会以开展“不忘初心、牢记使命”主题教育为抓手，认真学习贯彻习近平新时代中国特色社会主义思想，深入践行与市委同向、与人民群众同心、与人大代表同行、与“一府一委两院”同力、与时代同步的“五同”工作理念，严格履行宪法法律赋予的职权，制定出台地方性法规3部，听取审议专项工作报告12项，组织执法检查5次、视察3次、专题调研11次，13项工作争创全省一流，圆满实现了“整体工作位居全省人大系统第一方阵”的目标。

一、全面提高政治站位，牢牢把握人大工作正确政治方向

坚定不移把坚持党的领导作为首要政治原则，强化市委有号召、人大有行动的高度自觉意识，不断提高政治站位，积极主动作为，确保人大工作始终在正确方向、正确道路上前进。

1. *着力强化政治引领。*坚持把学习贯彻习近平新时代中国特色社会主义思想作为贯穿人大工作的主线，树牢“四个意识”，坚定“四个自信”，做到“两个维护”。坚持把贯彻落实习近平总书记关于坚持和完善人民代表大会制度的重要思想，作为必修课和基本功，深刻领会、认真践行，自觉做到学思用贯通、知信行统一。扎实开展“不忘初心、牢记使命”主题教育，精心组织学习研讨，认真开展调查研究，广泛征求意见建议，深刻检视剖析问题，逐条进行认真整改，教育引导机关党员干部以更高的标准校正偏差，着力锤炼忠诚干净担当的政治品格，为人大充分发挥职能作用奠定坚实政治基础。

2. 自觉服从市委领导。坚持把党的领导贯彻于人大工作全过程各方面，严格执行请示报告制度，先后就常委会党组工作要点和常委会工作计划制定、地方性法规出台、代表活动经费调整等重点工作，及时向市委请示汇报，坚决维护市委总揽全局、协调各方的领导地位。坚持党管干部和人大依法任免相统一，严格会议审议、投票表决、颁发任命书、宪法宣誓等程序，依法任免国家机关工作人员88人次。坚持把贯彻市委决策与充分发扬民主、严格依法办事紧密结合起来，依法作出政府债务限额、开发区财政预算调整等决议决定5项，为推动党委决策部署落实、提高政府依法行政水平提供了有力法治保障。

3. 全力落实市委部署。自觉把全面落实市委人大工作会议精神摆在突出位置，制定具体落实方案，细化分解工作任务，确保了人大工作与市委决策部署同频共振、同向发力。主动融入脱贫攻坚大局，选优配强驻村“第一书记”、乡村振兴服务队，协调筹措帮扶资金700余万元，帮助联系村新修道路4.5公里、安装路灯369盏、改造危房46处，解决群众生产生活难题200多件。深入推进“双报到”和共驻共建，积极参与“三城同创”、农村人居综合环境整治督导、联系服务异地商会等工作，主动为包联重点项目、重点企业排忧纾困，超额完成招商引资任务，展现了人大自觉服务大局的责任担当。

二、发挥立法主导作用，切实履行法治菏泽建设光荣职责

坚定不移把提高立法质量作为推进治理体系和治理能力现代化的重要举措，树立工匠精神，推进科学立法、精准立法，为全市高质量发展加大有效制度供给。

1. 加强重点领域立法。牢固树立服务发展、促进发展的立法指导思想，紧扣全市改革发展所需、人民群众所盼，积极整合立法资源，科学调整立法项目，实现了立法安排与市委决策和全市改革进程的紧密衔接。健全“党委领导、人大主导、政府依托、各方参与”工作机制，推行立法工作者、职能部门、法律专家“三结合”工作模式，探索立法咨询、立法协商、立法评估工作制度，严格把好立项关、起草关、审议关，全年开展立法调研12次，召开座谈会、论证会18场，收集意见建议1100余条，增强了立法的专业性、精准性、有效性。面对人民群众对“繁星朗月、蓝天白云”回归的呼吁和期待，把生态环境损害赔偿、黑臭水体治理、地热资源保护、违法按日连续处罚等措施，用法规形式固定下来，制定出台了水污染防治条例，与已经出台的大气污染防治条例、煤炭清洁生产使用监督管理条例相互补充、协同发力，为我市打赢污染防治攻坚战筑牢了生态法制屏障。针对人民群众反映强烈的燃放烟花爆竹问题，精简立法体例，出台富有地方特色的烟花爆竹燃放管理20条，为地方“小切口”立法、精细化立法提供了经验探索。围绕助推文明城市创建，促进文明行为养成，把文明软实力加快打造成“后来居上”硬支撑，制定出台了文明行为促进条例，量身定制了菏泽专属的正面清单和负面清单，以法的强制力助推了创建工作的常态化长效化。

2. 着力监督法规实施。法律的生命在于实施。坚持一手抓立法一手抓实施，灵活运用发布会、座谈会、专题讲座等多种方式，对法规制定背景、主要内容、重点条文等进行解读释义、宣传普及，推动法规为群众所了解、所熟知，营造实施氛围，夯实实施基础。综合采取事前调研、听取汇报、察看现场、意见反馈、小组督办、表决问责等方法，分别对大气污染防治条例、物业管理条例等法规的贯彻实施情况，组织开展执法检查；围绕社会普遍关注的物业服务水平提升、公共收益资金监管、老旧小区整治、收费标准确定等18个方面的热点问题，开展执法检查专题询问，促进了政府依法行政，保障了法律法规在我市的有效贯彻实施。

3. 坚决维护法制统一。围绕切实担负起法治菏泽建设维护者、实践者、推动者的光荣职责，建立常态化法规清理机制，聚焦合法性审查重点，启动4部地方性法规集中修改工作。完善省市县三级联动的备案审查综合信息平台，加强审查建议研究，落实审查意见告知制度，提高备案审查工作规范化、智能化水平。全年审查规范性文件11件，向省人大报备地方性法规2件、规范性文件4件，做到了“有件必备、有备必审、有错必纠”，维护了法制的权威和统一。

三、聚焦服务中心大局，聚力助推经济社会高质量发展

坚定不移把服务中心大局作为人大工作的使命和主题，强化责任担当，盯紧重点任务、热点领域、难点问题，打好监督“组合拳”，实现人大工作在崇尚实干中聚力推进高质量发展。

1. 围绕经济发展强化监督。发展是解决一切问题的关键。面对经济下行压力持续加大的实际，听取审议计划执行、预算执行、审计查出问题整改、国有资产管理等专项报告，及时对全市经济运行情况把脉问诊，为稳增长添底气、加动力。聚焦落实新发展理念，听取审议现代商贸物流产业发展情况专项报告，开展生物医药产业发展专题调研和乡村振兴工作视察，督促各级进一步深化供给侧结构性改革，推动经济转型升级、提质增效。聚焦优化营商环境，听取审议民营经济发展情况专项报告，开展“归雁兴菏”行动、台湾同胞投资保护专题调研，督促有关部门推进减证便民、服务流程再造，优化投资创业环境，增强我市对外影响力、吸引力和竞争力。

2. 围绕环境保护强化监督。良好的生态环境是最普惠的民生福祉。聚焦落实“绿水青山就是金山银山”的新发展理念，听取审议生态环境状况和环境保护目标完成情况专项报告，提出狠抓环境污染综合整治、加快产业和能源结构优化升级、凝聚社会共治合力等多个方面的意见建议，督促各级坚决筑牢绿色发展底线，加快补齐生态环境短板。聚焦加快打造“本地人留恋、外地人向往”的区域性中心城市，听取审议城乡规划实施情况专项报告，开展创建国家森林城市推进情况专题调研，提出意见建议21条，促进城市精彩蝶变、品质提升。聚焦发挥“法律巡视”利剑作用，对大气污染防治、水污染防治、可再生能源等生态环境保护领域法律法规进行执法检查，助推打赢蓝天、碧水、净土“三大保卫战”。

3. 围绕民生改善强化监督。民生是人民幸福之基、社会和谐之本。面对人民群众共享发展成果的新期待，紧紧抓住涉及群众切身利益的热点难点问题，听取审议基层医疗卫生事业发展情况专项报告，组织物业管理“两条例”、安全生产“一法一条例”执法检查，开展少数民族脱贫攻坚专题调研、学前教育立法调研和交通安全工作视察，提出意见建议32条，促进了更多财力向民生领域倾斜，去年全市用于民生的支出占一般公共预算支出的比重达到80.8%，人民群众的获得感、幸福感持续攀升。

4. 围绕司法公正强化监督。司法公正是社会和谐稳定的重要保障。关注司法，就是关注公平正义。聚焦让人民群众在每一个司法案件中都能感受到公平正义，听取审议市法院家事审判工作情况报告、市检察院公益诉讼工作情况报告。根据常委会的审议意见，市法院创新调解方法、健全多元化纠纷解决机制、强化心理疏导和案后回访，进一步提高了家事审判工作水平；市检察院拓展公益诉讼范围，完善一体化办案机制，加强执法司法信息共享与联动协作，切实当好公共利益守护人。

四、突出代表主体地位，持续激发代表为民履职活力

坚定不移把保障代表履职作为人大工作的重要课题，深入践行依靠代表、服务代表理念，改善条件、搭建平台、完善机制，支持代表在“后来居上”进程中更好发挥示范引领作用。

1. 强化代表履职服务保障。重视代表综合素质和履职能力提升，组织代表参加各类培训学习3769人次。用心用力为代表履职创造更好条件，争取市委市政府支持，市人大代表年活动经费标准由480元提高到2500元，代表履职保障经费跃居全省前列。深化代表向选举单位述职活动，引导代表定期进村入户，记录民情日记，实现代表联系群众的常态化。拓展代表对常委会工作参与的广度和深度，邀请代表列席常委会会议，参加执法检查、专题询问、视察、调研等187人次。采取人大网站发布、微信公众号推送和免费寄送常委会公报、《菏泽人大》刊物等形式，及时向代表传递信息，拓宽代表知情知政渠道。完善代表履职网络平台，开通代表履职“网络直通车”，随时录入、动态更新代表履职情况，实现代表履职活动的信息化、实时化、公开化。

2. 全面深化代表系列活动。为激励广大代表充分发挥模范带头作用，在全市“后来居上”的进程中做出应有贡献，采取强化典型带动、集中宣传推介、深入调度督导等措施，持续深化“后来居上、代表先行”系列活动。在“立岗建功促发展”活动中，各级代表牢记初心使命，积极投身经济社会发展主战场，立足岗位勇创一流业绩。去年，全市入库税金过亿元的16家工业企业和5家服务业企业中，由人大代表领办的分别达到11家和3家；全市22个省级知名农产品品牌中，由人大代表领创的达到8个。在“牵手帮扶促脱贫”活动中，各级代表牵手帮扶贫困群众9135户、20169人，出资和捐赠帮扶资金1264万元，提供就业岗位4950个，资助贫困学子917名。在“化解矛盾促和谐”活动中，广大代表累计排查化解各类矛盾纠纷4032件，一批党委政府重视、基层群众关注的矛盾热点问题得到妥善解决。在“听评庭审促公正”活动中，市县两级人大先后组织725名代表，现场旁听62个庭审案件，提出评议意见112条，有力促进了阳光办案、公正司法。

3. 提高代表建议办理质效。坚持以落实见效为核心，以代表满意、群众满意为标准，健全“集中交办、媒体公示、票决问责、过程公开”办理工作机制，采取分管主任领衔督办、委室对口督办、邀请代表现场督办等形式，加大全程跟踪督办力度，去年集中交办的155件代表建议全部答复、办理完毕。严格标准和程序，对社会关注度高的代表建议办理情况进行了满意度票决，对评议出的10件优秀代表建议、10个代表建议办理工作先进单位进行了表彰，有力推动了代表建议工作再上新台阶。

五、深化改革实践创新，扎实推动人大工作与时俱进

坚定不移把改革创新作为履职尽责的动力之源，大力弘扬“敬业、创新、实干”人大精神，持续强化改革实践，推动人大工作更具时代特色、更有创造活力、更富实际成效。

1. 积极推进民主法制改革。聚焦民主法制领域的难点、痛点、堵点，坚持对标落实和自主探索相结合，明确改革目标，细化改革任务，严格推进标准，落实责任委室，实行清单式、台账化精准督察，扎实稳妥推进民主法制领域改革，高质量完成创新性实事5件、制度创新成果6件，创出具有影响力的改革典型3项，确保了中央和省市委改革部署落地见效。

2. 认真修订完善制度规定。围绕贯彻落实十九届四中全会关于健全人大工作制度机制的部署要求，牢牢把握“紧跟时代步伐、彰显自身特色、谋求工作创新、科学指导实践”原则，认真总结履职实践经验，深刻把握人大工作规律，对常委会及机关出台的制度规定，仔细排查梳理，全面启动“立改废释”工作，积极推进人大工作制度创新、流程再造。废止不合时宜的制度规定12项，启动制定新制度5项、修改完善38项，审议通过常委会议事规则、跟踪督办办法和代表建议办理办法等4项，为常委会及机关工作规范运行、提质增效奠定了坚实基础、提供了有力保证。

3. 组织开展人大纪念活动。围绕弘扬主旋律、提振精气神、凝聚正能量，成功举办“庆祝中华人民共和国成立70周年暨纪念地方人大设立常委会40周年”征文、演讲、摄影等系列活动，生动展现了全市各级人大工作者紧跟时代、积极向上、担当作为的良好风貌。围绕扩大人大影响，厚植人大文化，积极参加“中国梦·新时代·祖国颂”菏泽市百姓宣讲比赛，荣获全市第一名。

4. 探索创新履职方式方法。坚持以创新促进履职水平提升，建成省市县三级人大预算联网监督系统，首次实行审计报告附问题清单和整改报告附整改清单制度，增强了整改透明度和监督的实效性。按照标准、网络、内容、数据“四统一”要求，建成备案审查综合信息平台，完善常委会会议电子表决系统、电子阅文系统，人大工作信息化水平大幅提升。联合菏泽日报设立“后来居上、代表先行”专栏，集中宣传展示了111位人大代表感人事迹和履职风采，实现了人大工作在党媒集中专题连续报道的重大突破。创新专题询问方式，首次只划定询问范围、不设定题目，首次不指定询问人、实行自由询问，真正问出了人大监督的刚性和实效。

5. 精心组织创先争优活动。围绕确保实现“整体工作位居全省人大系统第一方阵”目标，寻找先进、对标对表，深入开展创先争优，13项重点工作位居全省先进行列。《菏泽市非物质文化遗产条例》颁布实施被评为山东省非遗保护十大亮点工作；组织驻菏省人大代表向省人代会提出议案4件、建议75件，分别居全省第一位、第二位。省级以上媒体宣传推介我市人大工作经验做法20余次，继续保持全省人大系统宣传工作先进单位、信息工作先进单位和省级文明单位等荣誉称号。

各位代表，过去一年工作成绩的取得，得益于习近平新时代中国特色社会主义思想的科学指引，得益于市委的坚强领导，得益于全体人大代表、常委会组成人员和机关工作人员的共同努力，得益于“一府一委两院”和县乡人大的密切配合，得益于社会各界和广大人民群众的信任支持。在此，我代表市人大常委会，表示衷心的感谢！

在肯定成绩的同时，我们也清醒地认识到，面对新时代赋予人大的新目标新任务，面对人民群众的新期盼新需求，常委会的工作还存有一些差距和问题。主要是：立法主导作用发挥还不到位，立法的精准度、精细度还需进一步提升；法定监督形式还没有用足用好，监督的刚性、韧性还需进一步增强；重大事项清单制度还未落实，统筹协调、科学决策机制还需进一步完善；代表履职服务保障还不够全面，履职效果还需进一步强化等。对此，常委会将高度重视，虚心听取各方面意见，切实加以改进。

新一年的主要任务

2020年是我市撤地设市20周年，也是全面建成小康社会和“十三五”规划收官之年。新的一年，市人大常委会将在市委的坚强领导下，高举习近平新时代中国特色社会主义思想伟大旗帜，全面贯彻党的十九大和十九届二中、三中、四中全会精神，坚持党的领导、人民当家作主、依法治国有机统一，紧扣市委十三届十次全体会议和市委人大工作会议部署要求，紧扣回应人民群众期盼关切，紧扣服务推动经济社会高质量发展，践行初心使命，主动担当作为，扎实履行好宪法法律赋予的各项职权，充分发挥地方国家权力机关职能作用，确保人大整体工作继续位居全省前列，为突破菏泽、后来居上做出新的更大贡献。

一、突出党的核心地位，着力推动市委部署落实。牢牢把握人大是国家权力机关的政治属性，树牢“四个意识”，坚定“四个自信”，坚决做到“两个维护”，始终保证人大工作正确的政治方向。自觉接受市委的全面领导，严格执行重点工作、重要活动、重大事项向市委请示报告制度，发挥好人大常委会党组把方向、管大局、保落实的重要作用，切实把党的领导贯穿于人大工作的全过程各方面。深入贯彻市委人大工作会议精神，全面落实市委加强和改进新时代人大工作的部署安排，自觉把人大工作放在市委总体布局中来思考，放在全市发展大局中来推动，切实做到市委战略部署在哪里、人大目标任务就定在哪里，市委决策重点在哪里、人大工作重点就放在哪里，凝心聚力推动市委决策部署落地落实。

二、突出服务中心大局，着力提高担当履职实效。紧紧围绕市委工作中心和全市发展大局，找准依法履职的切入点、结合点、着力点，自觉做到立法服从大局、监督服务大局、决定维护大局、任免保障大局，全面提高履职效能。一是提高立法质量。充分发挥人大在立法中的主导作用，深入推进科学立法、民主立法、依法立法，着力提升所立之法的针对性、实效性和精细化水平，以良法促进发展、保障善治。健全完善地方立法重大利益调整论证咨询、对争议较大的重要立法事项引入第三方评估等工作机制，加强立法咨询专家库和立法研究服务基地建设，拓宽公众参与立法途径，切实提高立法质量和效率。坚持立法决策与改革决策相统一，推行滚动式立法新模式，加快生态环保、民生保障等重点领域立法步伐，更好发挥地方性法规的引领推动作用。制定餐厨废弃物管理条例，促进资源循环利用，保障食品安全与公众健康；制定城市供水条例，把供水工作纳入法制化轨道；扎实做好生活垃圾分类管理、土壤污染防治、乡村环境综合整治等立法项目的调研起草工作，为全市高质量发展提供更加充分的法制保障。二是提升监督质效。坚持正确监督、有效监督，紧盯发展重点、改革难点、民生热点，完善“全链条”监督举措，实现人大监督质效最大化。健全监督议题公开征集机制，广泛听取民声汇集民意，主动回应社会关切，紧紧围绕市委提出的重点产业、乡村振兴、城市功能、营商环境“四个突破”和人民群众高度关注的重点工作、重要事项开展监督，促进“一府一委两院”依法行政、依法监察、公正司法。持续完善专题询问组织方式和工作机制，探索随机询问、深度追问、现场直播，推进专题询问过程公开化、结果实效化。加强对预算决算的审查监督，强化国有资产管理监督，健全完善横向联通、纵向贯通的预算联网监督系统，监督政府为人民管好用好“钱袋子”。强化监督跟踪问效问责，坚持对审议报告审议票决、审议意见研究处理情况评议票决、审议意见办理落实情况年终问责票决的“三次票决制”，对票决结果为不满意的，依法启动质询、罢免等刚性监督程序，真正让人大监督“长出牙齿”、发挥实效，不使人大监督成为“稻草人”。三是认真讨论决定重大事项。建立健全讨论决定重大事项统筹协调机制，紧紧抓住经济社会发展中带有全局性、根本性、长远性的问题，改革中的重点难点问题，事关人民群众切身利益的重大民生问题，依法做出决议决定，促进保障市委决策和重点工作的落实落地。四是依法行使人事任免职权。坚持党管干部原则和人大依法任免相统一，规范做好人事任免工作，确保党委意图顺利实现。加强对拟任命人员的任前审查和被任命人员的任后监督，促使其尊崇宪法、恪尽职守、为民尽责，增强人事监督质效。

三、突出代表主体地位，着力激发代表履职潜能。深化“双联系”制度，密切常委会组成人员与代表、代表与群众的联系，扩大代表对常委会、专门委员会工作的参与，组织开展好代表向选民、选举单位述职活动，引导代表定期进村入户，记录民情日记，打通联系服务群众“最后一公里”。优化代表建议办理机制，实行代表建议网上办理、全程跟踪督办，开展代表建议办理情况“回头看”，扩大代表建议和办理结果公开范围，深化代表建议票决，切实提高代表建议办理落实率和满意率。强化代表履职服务保障，探索实行代表远程在线学习教育，对常委会组成人员和人大代表开展菜单式培训，实现基层代表任期内培训全覆盖。加强专业代表小组、代表联络站、代表之家建设，促进各级人大代表全部“分组、进站、认家”。持续深化“后来居上、代表先行”系列活动，激励和引导广大代表牢记职责使命、主动担当作为，争当高质量发展的“引领者”、脱贫攻坚的“推动者”、社会和谐稳定的“维护者”、司法公正的“监督者”。

四、突出党建引领推动，着力夯实人大工作基础。以政治建设为统领，把学习贯彻习近平总书记关于坚持和完善人民代表大会制度的重要思想作为必修课和基本功，认真履行从严治党主体责任，持续巩固深化“不忘初心、牢记使命”主题教育成果，在学思践悟中坚守人大履职行权的初心使命。以组织建设为基础，设立常委会机关党组，将驻会常委会委员的组织关系全部转入，深入推进“红旗高扬”示范党支部建设，充分发挥党组织的战斗堡垒和党员的先锋模范作用。以作风建设为抓手，厚植“敬业、创新、实干”的人大精神，深入开展创先争优活动，打造一流队伍，争创一流业绩。以廉政建设为重点，强化自我约束，严守纪律规矩，营造人大风清气正的政治生态环境。以系统建设为支撑，加强人大系统上下联动和对县乡人大工作的指导，深化人大政务网络建设，推进市县乡三级人大网络互通、平台互联、数据共享、工作协同，汇聚起全市人大工作创新发展的整体合力。

各位代表，时代重任艰巨光荣，人民期盼殷切厚重。让我们在市委的坚强领导下，深入学习贯彻落实习近平新时代中国特色社会主义思想，不忘初心、牢记使命，担当作为、狠抓落实，以优异成绩庆祝菏泽撤地设市20周年，为推动我市早日实现“后来居上”目标贡献更多的人大智慧和力量！